Heuser · Theile
IFRS-Handbuch

IFRS Handbuch

Einzel- und Konzernabschluss

herausgegeben von

Dr. Paul J. Heuser
Wirtschaftsprüfer und Steuerberater
Düsseldorf und Leipzig

Prof. Dr. Carsten Theile
Professor für Unternehmensrechnung
Bochum

bearbeitet von

Dr. Paul J. Heuser
Wirtschaftsprüfer und Steuerberater
Düsseldorf und Leipzig

Dr. Britta Leippe
Essen

Dr. Kai Udo Pawelzik
Wirtschaftsprüfer und Steuerberater
Düsseldorf

Prof. Dr. Carsten Theile
Professor für Unternehmensrechnung
Bochum

4., neu bearbeitete Auflage

2009

Verlag
Dr. Otto Schmidt
Köln

Zitierempfehlung:
Pawelzik in Heuser/Theile, IFRS-Handbuch, 2009, Rz. ...

Dr. Paul J. Heuser · Dr. Kai Udo Pawelzik
Karl Berg GmbH Wirtschaftsprüfungsgesellschaft
Niederrheinstraße 40–42, 40474 Düsseldorf
Paul.J.Heuser@KarlBerg.de
Kai.Udo.Pawelzik@KarlBerg.de

Prof. Dr. Carsten Theile
Professor für Unternehmensrechnung und
Internationale Rechnungslegung
Hochschule Bochum, Postfach 10 07 41, 44707 Bochum
carsten.theile@fh-bochum.de

*Bibliografische Information
der Deutschen Nationalbibliothek*

Die Deutsche Nationalbibliothek verzeichnet diese
Publikation in der Deutschen Nationalbibliografie;
detaillierte bibliografische Daten sind im Internet
über http://dnb.d-nb.de abrufbar.

Verlag Dr. Otto Schmidt KG
Gustav-Heinemann-Ufer 58, 50968 Köln
Tel. 02 21/9 37 38-01, **Fax** 02 21/9 37 38-943
info@otto-schmidt.de
www.otto-schmidt.de

ISBN 978-3-504-35013-0

©2009 by Verlag Dr. Otto Schmidt KG, Köln

Das Werk einschließlich aller seiner Teile ist
urheberrechtlich geschützt. Jede Verwertung, die nicht
ausdrücklich vom Urheberrechtsgesetz zugelassen ist,
bedarf der vorherigen Zustimmung des Verlages. Das
gilt insbesondere für Vervielfältigungen, Bearbeitungen,
Übersetzungen, Mikroverfilmungen und die Einspeicherung und Verarbeitung in elektronischen Systemen.

Das verwendete Papier ist aus chlorfrei gebleichten
Rohstoffen hergestellt, holz- und säurefrei, alterungsbeständig und umweltfreundlich.

Einbandgestaltung: Jan P. Lichtenford, Mettmann
Gesamtherstellung: Bercker, Kevelaer
Printed in Germany

Vorwort zur 4. Auflage

In seinem Geleitwort zur 1. Auflage unseres Handbuchs hat *Busse von Colbe* im Dezember 2002 prophezeit: „Ziemlich sicher erscheint aber, dass die IAS bzw. IFRS ... die deutschen Rechnungslegungsgrundsätze nachhaltig beeinflussen werden." Kaum sieben Jahre später liegt mit dem Bilanzrechtsmodernisierungsgesetz (BilMoG) die größte Bilanzrechtsreform seit 1985 vor, und viele HGB-Änderungen haben entsprechende IFRS-Regelungen zum Vorbild. Damit wird das HGB noch lange nicht zu IFRS „light", doch mehr und mehr werden sich auch die reinen HGB-Anwender mit den IFRS beschäftigen (müssen).

Der Einfluss der IFRS gilt aber nicht nur für das HGB, sondern hat längst auch das Steuerrecht erreicht. Mit der Escape-Klausel zur Vermeidung der Zinsschranke kann ein IFRS-Konzernabschluss auf die Höhe der Abzugsfähigkeit von Zinsaufwendungen wirken.

Ob es aber der richtige Weg ist, den der IASB mit seiner Forcierung des Fair value in den vergangenen Jahren eingeschlagen hat, wird angesichts der Finanzkrise zunehmend kritisch gesehen. Immerhin sind bereits im Oktober 2008 die Umgliederungsvorschriften für Finanzinstrumente gelockert worden. Außerdem haben die G 20 der wichtigsten Industrieländer den IASB aufgefordert, die Bilanzierung von Finanzinstrumenten neu zu durchdenken.

In diesem Spannungsfeld legen wir die wiederum runderneuerte und vollständig aktualisierte Neuauflage des IFRS Handbuchs vor. Das Handbuch berücksichtigt die Rechtsentwicklung bis Mai/Juni 2009. Dadurch konnten wir die von der EU-Kommission am 12.6.2009 übernommenen Neufassungen von IFRS 3 und IAS 27 mit Wirkung per **1.7.2009** und das BilMoG (BGBl. I 2009, 1102) mit Wirkung per **1.1.2010** vollumfänglich einarbeiten.

Gegenüber der Vorauflage sind wegen der beiden jährlichen Verbesserungsstandards (Mai 2008 und April 2009) und zahlreicher weiterer Ergänzungen und Neuerungen kaum ein Standard und damit kaum eine Kommentierung unverändert geblieben; hervorzuheben sind die Änderungen an und Neufassungen von

IAS 1 Darstellung des Abschlusses,

IAS 23 Fremdkapitalkosten,

IAS 32 und 39 Eigenkapitalabgrenzung, Finanzinstrumente,

IFRS 1 Erstmalige Anwendung der IFRS.

Völlig neu gefasst und wesentlich erweitert haben wir Teil D „Konsolidierung". Hier mussten IFRS 3 (2008) Unternehmenszusammenschlüsse sowie IAS 27 (2008) eingearbeitet werden.

Doch nicht nur die Neuerungen am IFRS-Regelwerk nebst entsprechender Literatur waren zu berücksichtigen. Wir haben auch neue Schwerpunkte gesetzt. In einem besonderen Kapitel (Rz. 155 ff.) und jeweils in den einzelnen IFRS-Kommentierungen sind wir auf das HGB i.d.F. des Bilanzrechtsmodernisierungsgesetzes eingegangen. IFRS-Anwender können so das verbliebene Delta zum weiterhin aufzustellenden HGB-Jahresabschluss besser abschätzen, und HGB-Anwender können den Hintergrund und die Anwendung der für sie wichtigen neuen Vorschriften leichter einordnen.

Teil G. erläutert die rechnungslegungsbezogenen Fragestellungen und Aspekte der steuerlichen Zinsschrankenregelung (§ 4h EStG) und gibt Hinweise zur praktischen Durchführung des Eigenkapitaltests (sog. Escape-Klausel). Die Ausführungen über das KMU-Projekt im früheren Abschnitt G. sind entfallen; sie sind derzeit nicht relevant.

Die IFRS-Anhangcheckliste ist überarbeitet und kann für Abschlüsse ab 2009 verwendet werden. Zur Erleichterung der praktischen Arbeit liegt die Checkliste unserem Handbuch erstmals auch in elektronischer Form bei; der Datenträger enthält zusätzlich die Checkliste mit Rechtsstand 1.7.2009.

Bei der Neuauflage sind wir wieder von der Wirtschaftsprüfungsgesellschaft Karl Berg GmbH in Düsseldorf/Essen/Leipzig und von der Hochschule Bochum, hier insbesondere durch Frau Msc Melanie Stahnke, unterstützt worden. Herr WP/StB Dr. Kai Udo Pawelzik und Frau Dr. Britta Leippe haben nun ganz offiziell das Autorenteam verstärkt; darüber freuen wir uns sehr. Die größte Freude aber wird sein, wenn unser Handbuch seinen Lesern weiterhin und hoffentlich verstärkt hilft, das (Berufs-)Leben mit den IFRS oder den Zugang zu dieser Materie zu erleichtern.

Düsseldorf und Bochum, im Juni 2009

Paul J. Heuser   Carsten Theile

Geleitwort zur 1. Auflage

Als die Autoren mich baten, ein kurzes Geleitwort zu dem vorliegenden Handbuch zu schreiben, habe ich gern zugestimmt. Carsten Theile kenne ich seit 16 Jahren, als er seine Diplom-Arbeit an meinem Lehrstuhl für Betriebswirtschaftslehre an der Ruhr-Universität schrieb. Seitdem sind wir vor allem über Fragen der Konzernrechnungslegung in Kontakt geblieben. Die Verbindung von Dr. Heuser zu mir und zu meinem Lehrstuhl entstand über meinen akademischen Lehrer WP Prof. Dr. Karl Schwantag. Die Zusammenarbeit der beiden Autoren schließlich geht auf meine Empfehlung zurück.

Das IAS-Handbuch erscheint zu einem Zeitpunkt, zu dem auf Grund der EU-Verordnung von 2002 der Konzernabschluss nach IAS für kapitalmarktorientierte Mutterunternehmen ab 2005 zur Pflicht wird. Diejenigen kapitalmarktorientierten Mutterunternehmen, die bislang nicht bereits durch Ausnutzung des Wahlrechtes nach § 292a HGB einen Konzernabschluss nach IAS aufgestellt haben, werden sich nunmehr auf die IAS-Umstellung vorbereiten müssen. Vermutlich werden Muttergesellschaften auch anderer Konzerne das Recht erhalten, mit befreiender Wirkung nach IAS Rechnung zu legen und dieses Recht auch wahrnehmen.

In welchem Umfang und ab wann darüber hinaus Einzelabschlüsse nach IAS den Jahresabschluss nach bisherigem HGB als Option oder Pflicht ersetzen werden, ist zurzeit nicht zu übersehen. Zunächst muss entschieden werden, ob die Maßgeblichkeit der handelsrechtlichen für die steuerrechtliche Bilanz trotz ihrer inzwischen eingetretenen Durchlöcherung im Prinzip aufrechterhalten oder aufgegeben werden soll, sowie ob oder wie die gesellschaftsrechtlichen Implikationen des Jahresabschlusses insbesondere nach dem Aktiengesetz mit der IAS-Bilanzierung vereinbar sind.

Ziemlich sicher erscheint aber, dass die IAS bzw. IFRS nach Verabschiedung der seit Juli 2002 im Entwurf vorliegenden Richtlinie zur Anpassung der 4. und 7. EG-Richtlinie an die IAS und nach ihrer Umsetzung in deutsches Recht die deutschen Rechnungslegungsgrundsätze nachhaltig beeinflussen werden. Das IAS-Handbuch wird zu diesem Anpassungs- und Lernprozess in der Praxis deutscher Unternehmen einen nützlichen Beitrag leisten.

Die Umstellung der Rechnungslegung auf die IAS, sei es für den Konzern oder für die einzelne Gesellschaft, erfordert ein Umdenken in mancherlei Hinsicht. In Deutschland waren wir es bisher gewohnt, dass der Gesetzgeber die Rechnungslegungsvorschriften vor allem im HGB festlegt und diese Vorschriften dann für ein oder zwei Jahrzehnte im Wesentlichen unverändert blieben. Die in anglo-amerikanischen Ländern üblichen Standards für die Rechnungslegung befinden sich dagegen in einem ständigen Entwicklungsprozess. Das gilt auch für die IAS. Sobald sich in der Praxis neue Bilanzierungsfragen stellen, wird vom sog. standard setting body, hier also vom IASB, versucht, sie in einem neuen Standard zu regeln. Zu Einzelheiten veröffentlicht das Interpretation Committee (IFRIC) mitunter verbindliche Auslegungen von Zweifelsfragen. Im Vergleich zum deutschen Rechnungslegungsrecht enthalten die Standards und Interpretationen weniger Grundsätze, unter die dann die einzelnen in der Praxis auftretenden Sachverhalte zu subsumieren sind, als Einzelregelungen. Trotz eines vorgeschalteten Frameworks, das zahlreiche Grundregeln postuliert, harmonieren die Einzelregelungen auch nicht immer miteinander. In jüngster Zeit will das IASB den damit verbundenen Nachteilen mit einem principal based accounting entgegenwirken. Das könnte zu einer Annäherung an die uns vertraute Denkweise führen, bleibt aber abzuwarten.

Ich habe die fertige Druckvorlage mit Interesse gelesen. Dabei haben mich der sachlogische Aufbau des Buches nach Problembereichen, nicht nach der Abfolge der Standards, die klare Sprache und didaktisch geschickte Graphiken erfreut. Die den Hauptabschnitten der zentralen Kapitel C. bis E. vorangestellten Einführungen mit dem Titel „Überblick und Wegweiser" erleichtern die Orientierung.

Aufbauend auf einer fundierten wissenschaftlichen Auswertung nicht nur des IAS-Normenwerks, sondern auch der einschlägigen Fachliteratur, bietet das Buch eine Handreichung für die Praxis zur Erstellung von sog. Handelsbilanzen II und schließlich des Konzernabschlusses nach IAS. Für offene Fragen der Rechnungslegung nach IAS werden begründete und praxisorientierte Lösungsvorschläge entwickelt; überdies enthält das Buch viele nützliche Hinweise auf weiterführende Literatur. Das IAS-Handbuch stellt aus meiner Sicht ein Arbeitsmittel im besten Sinne dar.

Bochum, im Dezember 2002   Walther Busse von Colbe

Wegweiser für die internationalen Rechnungslegungsstandards

Verlautbarung	Inhalt	Rz.
Framework	Abschlussgrundsätze	250
	Bilanzansatz	300
	Aufwendungen und Erträge	600
IAS 1	Abschlussgrundsätze	250
	Gliederungsgrundsätze	4001
	Bilanzgliederung	4100
	Gliederung der Gewinn- und Verlustrechnung	4200
	Gesamtergebnisrechnung	4300
	Eigenkapitalspiegel	4350
	Anhang	4500
IAS 2	Vorräte	1600
IAS 7	Kapitalflussrechnung	4400
IAS 8	Anwendung und Änderung von Rechnungslegungsmethoden, Schätzungen und Fehler	800
IAS 10	Stichtagsprinzip, Wertaufhellung und Ereignisse nach dem Bilanzstichtag	700
IAS 11	Fertigungsaufträge	1700
IAS 12	Latente Steuern	2600
IAS 16	Sachanlagen	1100
IAS 17	Leasing	1300
IAS 18	Erträge	600
IAS 19	Pensionsverpflichtungen und andere Leistungen an Arbeitnehmer	2400
IAS 20	Zuwendungen der öffentlichen Hand	1250
IAS 21	Währungsumrechnung im Einzelabschluss	550
	Währungsumrechnung im Konzernabschluss	3100
IAS 23	Aktivierung von Fremdkapitalkosten	1141
IAS 24	Angaben über Beziehungen zu nahe stehenden Unternehmen und Personen	4750
IAS 26	Pensionskassen, Pensionsfonds u.Ä.	2402
IAS 27	Konzernabschlüsse	3001
	Vollkonsolidierungskreis	3015
	Übergangskonsolidierung	3700

Verlautbarung	Inhalt	Rz.
	Konsolidierungsmaßnahmen (ohne Kapitalkonsolidierung)	3800
IAS 28	Assoziierte Unternehmen	3045
	Equity-Methode	3650
IAS 29	Hyperinflation	3160
IAS 31	Gemeinschaftsunternehmen	3040
	Quotenkonsolidierung	3600
IAS 32	Eigenkapital	2000
IAS 33	Ergebnis je Aktie	4700
IAS 34	Zwischenberichterstattung	4800
IAS 36	Wertminderungen	1500
IAS 37	Rückstellungen	2300
IAS 38	Immaterielle Vermögenswerte	1001
IAS 39	Finanzielle Vermögenswerte	1800
	Finanzielle Verbindlichkeiten	2100
	Sicherungsgeschäfte (Hedge Accounting)	2200
IAS 40	Anlageimmobilien	1400
IAS 41	Landwirtschaft	1602
IFRS 1	Erstmalige Anwendung der IFRS	5000
IFRS 2	Aktienorientierte Vergütungen	2500
IFRS 3	Unternehmenserwerbe (Kapitalkonsolidierung)	3200
	Übergangskonsolidierung	3700
IFRS 4	Versicherungsverträge	1801
IFRS 5	Zur Veräußerung gehaltene langfristige Vermögenswerte und aufgegebene Geschäftsbereiche	2700
IFRS 6	Mineralische Ressourcen	1004
IFRS 7	Angaben zu finanziellen Vermögenswerten	1970
	Angaben zu finanziellen Verbindlichkeiten	2170
	Risikoberichterstattung	2285
IFRS 8	Segmentberichterstattung	4600
IFRIC 1	Änderung von Entsorgungs- und ähnlichen Verpflichtungen	1173
IFRIC 2	Anteile an Genossenschaften u.Ä.	2001
IFRIC 4	Verdeckte Leasingverhältnisse	1330
IFRIC 5	Anteile an Entsorgungsfonds	–

Verlautbarung	Inhalt	Rz.
IFRIC 6	Entsorgung von Elektroschrott	2370
IFRIC 7	Erstmalige Bilanzierung von Hyperinflation	3163
IFRIC 8	Anwendungsbereich von IFRS 2	2506
IFRIC 9	Neubewertung eingebetteter Derivative	1944
IFRIC 10	Wertminderungen im Zwischenabschluss	4851
IFRIC 11	IFRS 2 – Eigene Aktien und konzerninterne Gestaltungen	2556
IFRIC 12	Öffentliche Konzessionen (Dienstleistungslizenzen)	1709
IFRIC 13	Kundenbindungsprogramme	647
IFRIC 14	Die Begrenzung eines leistungsorientierten Vermögenswertes, Mindestdotierungsverpflichtungen und ihre Wechselwirkung	2468
IFRIC 15	Vereinbarungen über die Errichtung von Immobilien	1707
IFRIC 16	Absicherung einer Nettoinvestition in einen ausländischen Geschäftsbetrieb	3142
IFRIC 17	Sachausschüttungen an Eigentümer	2078
IFRIC 18	Übertragungen von Vermögenswerten von Kunden	607
SIC-7	Einführung des Euro	–
SIC-10	Beihilfen der öffentlichen Hand	–
SIC-12	Konsolidierung von Zweckgesellschaften	3025
SIC-13	Gemeinschaftlich geführte Unternehmen – Nicht monetäre Einlagen durch Partnerunternehmen	–
SIC-15	Operating-Leasingverhältnisse – Anreizvereinbarungen	1360
SIC-21	Latente Steuern auf neubewerteten Grund und Boden	2600
SIC-25	Änderungen im Steuerstatus von Unternehmen und seinen Anteilseignern	2654
SIC-27	Leasingtransaktionen ohne wirtschaftliche Substanz	1340
SIC-29	Angabepflichten bei öffentlichen Konzessionen (Dienstleistungslizenzen)	1709
SIC-31	Umsatzrealisierung bei Bannertausch	617
SIC-32	Aufwendungen für den Internetauftritt	1045

Inhaltsübersicht

	Seite
Vorwort zur 4. Auflage	V
Geleitwort zur 1. Auflage	VII
Wegweiser für die internationalen Rechnungslegungsstandards	IX
Inhaltsverzeichnis	XVII
Abkürzungsverzeichnis	LVII

	Rz.	Seite
A. Internationale Normen statt HGB-Rechnungslegung	1	1
I. Konzeption kapitalmarktorientierter Rechnungslegung nach IFRS	1	1
II. Organisation und Verlautbarungen des IASC/IASB	20	9
III. IFRS als EU-Recht	50	18
IV. Anwendung der EU-IFRS in Deutschland	100	28
V. Verhältnis von IFRS und HGB nach BilMoG	155	40
B. Rahmenkonzept und Rechnungslegungsmethoden für den IFRS-Abschluss	200	59
I. Grundlagen	201	59
II. Abschlussgrundsätze (Rahmenkonzept, IAS 1)	250	62
III. Bilanzansatz (Rahmenkonzept)	300	72
IV. Bewertung	400	80
V. Währungsumrechnung im Einzelabschluss (IAS 21)	550	105
VI. Erträge und Aufwendungen (Rahmenkonzept) sowie Realisationsprinzip (IAS 18)	600	107
VII. Stichtagsprinzip, Wertaufhellung und Ereignisse nach dem Bilanzstichtag (IAS 10)	700	116
VIII. Anwendung und Änderung von Rechnungslegungsmethoden, Schätzungen und Fehler (IAS 8)	800	125

	Rz.	Seite
C. Ansatz und Bewertung der Bilanzposten sowie Angabepflichten	1000	145
I. Immaterielle Vermögenswerte des Anlagevermögens (IAS 38)	1001	145
II. Sachanlagen (IAS 16)	1100	167
III. Zuwendungen der öffentlichen Hand (IAS 20)	1250	200
IV. Leasing (IAS 17)	1300	206
V. Anlageimmobilien (IAS 40)	1400	231
VI. Wertminderungen im Anlagevermögen (IAS 36)	1500	250
VII. Vorräte (IAS 2)	1600	289
VIII. Fertigungsaufträge (IAS 11)	1700	304
IX. Finanzielle Vermögenswerte (IAS 39, IAS 32, IFRS 7)	1800	321
X. Eigenkapital (IAS 32)	2000	385
XI. Finanzielle Verbindlichkeiten (IAS 39, IAS 32, IFRS 7)	2100	406
XII. Sicherungsgeschäfte und Risikoberichterstattung (IAS 39, IFRS 7)	2200	415
XIII. Rückstellungen (IAS 37)	2300	438
XIV. Pensionsverpflichtungen und andere Leistungen an Arbeitnehmer (IAS 19)	2400	461
XV. Aktienorientierte Vergütungen (IFRS 2)	2500	497
XVI. Latente Steuern (IAS 12)	2600	518
XVII. Zur Veräußerung gehaltene langfristige Vermögenswerte und aufgegebene Geschäftsbereiche (IFRS 5)	2700	559
D. Konsolidierung	3000	575
I. Aufstellung des Konzernabschlusses und Konsolidierungskreis (IAS 27, 28, 31)	3001	575
II. Ansatz und Bewertung im Konzernabschluss	3070	590
III. Währungsumrechnung (IAS 21, IAS 29)	3100	592
IV. Unternehmenserwerb und Kapitalkonsolidierung (IFRS 3)	3200	608
V. Quotenkonsolidierung (IAS 31)	3600	692
VI. Equity-Methode (IAS 28)	3650	695
VII. Übergangskonsolidierungen (IFRS 3, IAS 27)	3700	705
VIII. Weitere Konsolidierungsmaßnahmen (IAS 27)	3800	732

	Rz.	Seite
E. Berichtsinstrumente und weitere Angabepflichten	4000	739
I. Gliederungsgrundsätze des Abschlusses (IAS 1)	4001	739
II. Bilanz (IAS 1)	4100	745
III. Gewinn- und Verlustrechnung (IAS 1)	4200	757
IV. Gesamtergebnisrechnung (IAS 1)	4300	767
V. Eigenkapitalspiegel (IAS 1)	4350	774
VI. Kapitalflussrechnung (IAS 7)	4400	779
VII. Anhang (IAS 1)	4500	799
VIII. Segmentberichterstattung (IFRS 8)	4600	809
IX. Ergebnis je Aktie (IAS 33)	4700	822
X. Angaben über Beziehungen zu nahe stehenden Unternehmen und Personen (IAS 24)	4750	830
XI. Zwischenberichterstattung (IAS 34)	4800	844
F. Erstmalige Anwendung von IFRS (IFRS 1)	5000	855
I. Überblick und Wegweiser	5000	855
II. Anwendungsbereich des IFRS 1	5010	857
III. Aufstellung der IFRS-Eröffnungsbilanz	5020	859
G. Zinsschranke nach § 4h EStG und IFRS-Abschluss	6000	882
I. Zusammenhänge zwischen Rechnungslegung nach IFRS und dem steuerlichen Konzept der Zinsschranke	6001	882
II. Steuerlicher Konzernkreis gem. § 4h Abs. 2 EStG	6010	887
III. Durchführung des Eigenkapitaltests	6021	891
IV. Zinsvortrag und latente Steueransprüche	6064	906
V. Zusammenfassende Fallstudie	6070	907
VI. Gestaltungsfragen	6090	910
H. Anhang-Checkliste		918
Literaturverzeichnis		979
Stichwortverzeichnis		1011

Inhaltsverzeichnis

	Seite
Vorwort zur 4. Auflage	V
Geleitwort zur 1. Auflage	VII
Wegweiser für die internationalen Rechnungslegungsstandards	IX
Inhaltsübersicht	XIII
Abkürzungsverzeichnis	LVII

	Rz.	Seite
A. Internationale Normen statt HGB-Rechnungslegung	1	1
I. Konzeption kapitalmarktorientierter Rechnungslegung nach IFRS	1	1
1. Angelsächsische versus kontinentaleuropäische Rechnungslegung	1	1
1.1 Prinzipienorientierung versus Fallorientierung	2	1
1.2 Zahlungsbemessungsfunktion versus Informationsfunktion	4	2
2. Unterschiede in der Ausgestaltung der Rechnungslegungssysteme	10	4
2.1 Ausschüttungsbegrenzung versus periodengerechte Gewinnermittlung	11	4
2.2 Anschaffungskostenprinzip versus Marktbewertung	13	5
2.3 Unterschiedliche Bedeutung von Anhangangaben	15	7
3. Annäherung der Rechnungslegungssysteme	16	7
II. Organisation und Verlautbarungen des IASC/IASB	20	9
1. Organisationsstruktur und Aufgaben	20	9
2. Verlautbarungen des IASB	30	11
2.1 Überblick	30	11
2.2 Vorwort	31	12
2.3 Rahmenkonzept (Framework)	32	13
2.4 Standards (IFRS/IAS)	33	13
2.5 Interpretationen (IFRIC/SIC)	35	15
2.6 Anwendungsleitlinien und erläuternde Beispiele	36	15
3. Zustandekommen von Standards und Interpretationen	40	16
3.1 Prozessablauf innerhalb des IASB (due process)	40	16
3.2 Konvergenz mit US-amerikanischen Rechnungslegungsvorschriften (US-GAAP)	46	17
III. IFRS als EU-Recht	50	18
1. IFRS-Anwendung innerhalb der EU	50	18

	Rz.	Seite
1.1 Übersicht	50	18
1.2 Pflichtanwendung: Kapitalmarktkonzerne	51	18
1.3 Mitgliedstaatenwahlrechte	52	18
2. Übernahme der IFRS in das EU-Recht	55	19
2.1 Vorbehalt der EU-Freischaltung von IFRS („endorsement")	55	19
2.2 Gegenstand der Freischaltung	56	20
2.3 Übernahmeverfahren	60	21
3. Verhältnis von Original-IFRS zu EU-IFRS	62	22
3.1 Anwendung der EU-IFRS	62	22
3.2 Zweifelsfragen	63	22
3.2.1 Problemstellung	63	22
3.2.2 Rückwirkende Anwendung („Wertaufhellungszeitraum")	64	24
3.2.3 Vorzeitige IFRS-Anwendung bei noch ausstehender EU-Freischaltung	65	24
3.2.4 Verweigerte EU-Freischaltung	68	25
3. Auslegung und richterliche Überprüfung der EU-IFRS	80	26
4. Exkurs: IFRS auf dem amerikanischen Kapitalmarkt	90	27
IV. Anwendung der EU-IFRS in Deutschland	100	28
1. Übersicht	100	28
2. Aufstellungspflicht des Konzernabschlusses	102	29
2.1 Konzernaufstellungspflicht nach HGB, Konsolidierungskreis nach IFRS	102	29
2.2 IFRS-Pflicht für kapitalmarktorientierte Mutterunternehmen	110	30
2.2.1 Wertpapierhandel auf einem geregelten Markt in der EU	110	30
2.2.2 Marktsegmente des Freiverkehrs	115	31
2.2.3 Beantragung des Wertpapierhandels im Inland	116	32
2.3 Freiwillige IFRS-Anwendung für nicht kapitalmarktorientierte Mutterunternehmen	120	32
2.4 Erhalt der Befreiungswirkungen für Jahresabschlüsse nach § 264 Abs. 3 und § 264b HGB	122	33
2.5 Prüfschema zur Konzernrechnungslegungspflicht	123	33
3. Offenlegung eines IFRS-Einzelabschlusses im elektronischen Bundesanzeiger	130	34
4. Abschlussprüfung	140	36
5. Offenlegung	141	36
6. Rechtswirkungen der IFRS-Abschlüsse	142	36
6.1 Handels- und Gesellschaftsrecht, Strafrecht	142	36
6.2 Steuerrecht	145	37

	Rz.	Seite
7. Prüfstelle für Rechnungslegung („enforcement")	150	37
8. Zur Weiterentwicklung des deutschen Bilanzrechts	151	38
V. Verhältnis von IFRS und HGB nach BilMoG	155	40
1. Vorbemerkung	155	40
2. Hintergrund und Ziel einer HGB-Reform	156	40
2.1 Funktionen der HGB-Rechnungslegung	156	40
2.2 Umsetzung von EG-Richtlinien	157	41
2.3 Auslegung des HGB nach IFRS?	158	41
3. Erstanwendungszeitpunkte des BilMoG	160	42
4. Annäherung des Jahresabschlusses an IFRS	165	43
4.1 Bilanzierung und Bewertung	165	43
4.1.1 Aufhebung der umgekehrten Maßgeblichkeit	165	43
4.1.2 Immaterielle Vermögensgegenstände (Entwicklungskosten)	169	45
4.1.3 Herstellungskosten	171	47
4.1.4 Währungsumrechnung	173	47
4.1.5 Sonstige Rückstellungen	175	48
4.1.6 Pensionsverpflichtungen	178	50
4.1.7 Bewertungseinheiten	182	51
4.1.8 Latente Steuern	184	52
4.2 Ausweis und Anhangangaben	186	54
4.2.1 Eigene Anteile	186	54
4.2.2 Nahe stehende Unternehmen und Personen	187	54
4.3 Kleinere Änderungen	188	54
4.4 Verbleibende wesentliche Unterschiede	189	56
5. Annäherung des Konzernabschlusses an IFRS	190	56
6. Fazit und Würdigung	192	57
B. Rahmenkonzept und Rechnungslegungsmethoden für den IFRS-Abschluss	200	59
I. Grundlagen	201	59
1. Zielsetzung des Abschlusses: Information	201	59
2. Anwendung auf alle Unternehmen, Einzel- und Konzernabschluss	202	60
3. IFRS für kleine und mittlere Unternehmen	203	60
4. Branchenspezifische Besonderheiten	204	60
5. Bestandteile des IFRS-Abschlusses	205	61
6. Vollständige IFRS-Anwendung	206	61
7. Lagebericht	207	61

	Rz.	Seite
II. Abschlussgrundsätze (Rahmenkonzept, IAS 1)	250	62
1. Überblick und Wegweiser	250	62
1.1 Standards und Anwendungsbereich	250	62
1.2 Wesentliche Abweichungen zum HGB	255	63
1.3 Neuere Entwicklungen	257	63
2. Rechnungslegungsgrundsätze auf Basis der Zielsetzung von IFRS-Abschlüssen	260	64
3. Basisannahmen im IFRS-Abschluss	261	65
3.1 Periodengerechte Aufwands- und Ertragszuordnung	261	65
3.2 Unternehmensfortführung	264	67
4. Qualitative Anforderungen	266	68
4.1 Verständlichkeit	266	68
4.2 Relevanz und Wesentlichkeit	267	68
4.3 Verlässlichkeit	269	69
4.4 Vergleichbarkeit und Stetigkeit	275	70
4.5 Einschränkungen der qualitativen Anforderungen Relevanz und Verlässlichkeit	277	71
III. Bilanzansatz (Rahmenkonzept)	300	72
1. Aktivierung	301	72
1.1 Vermögenswertdefinition	301	72
1.1.1 Übersicht: Abstrakte und konkrete Aktivierungsfähigkeit	301	72
1.1.2 Verfügungsmacht des Unternehmens	302	72
1.1.3 Ereignis der Vergangenheit	303	73
1.1.4 Wahrscheinlichkeit zukünftigen wirtschaftlichen Nutzens	304	73
1.1.5 Zuverlässige Wertermittlung	305	73
1.2 Spezielle Aktivierungsvoraussetzungen und Aktivierungsverbote	308	74
1.3 Wesentliche Abweichungen zum HGB	310	74
1.3.1 Rechnungsabgrenzungsposten	310	74
1.3.2 Einzelveräußerbarkeit	311	74
1.3.3 Aktivierungswahlrechte nach HGB und ihre Abbildung in IFRS	312	75
1.4 Prüfschema zu den Aktivierungsvoraussetzungen	313	76
2. Passivierung	320	77
2.1 Schuldendefinition	320	77
2.1.1 Übersicht: Abstrakte und konkrete Passivierungsfähigkeit	320	77
2.1.2 Gegenwärtige Verpflichtung aus vergangenen Ereignissen	322	77
2.1.3 Wahrscheinlichkeit künftigen Ressourcenabflusses	325	78
2.1.4 Verlässliche Wertermittlung	326	78

	Rz.	Seite
2.2 Spezielle Passivierungsvoraussetzungen und Passivierungsverbote	327	78
2.3 Wesentliche Abweichungen zum HGB	328	78
2.3.1 Rechnungsabgrenzungsposten	328	78
2.3.2 Aufwandsrückstellungen	329	78
2.3.3 Sonderposten mit Rücklageanteil	330	79
2.3.4 Passivierungswahlrechte nach HGB und ihre Abbildung nach IFRS	331	79
2.4 Prüfschema zu den Passivierungsvoraussetzungen	332	80
IV. Bewertung	**400**	**80**
1. Überblick und Wegweiser	400	80
1.1 Standards und Anwendungsbereich	400	80
1.2 Wesentliche Abweichungen zum HGB	405	82
1.3 Neuere Entwicklungen	407	83
2. Einzelbewertung versus Bewertungseinheiten	410	84
3. Zugangs- und Folgebewertung	412	84
3.1 Systematik	412	84
3.2 Vermögenswerte	413	84
3.3 Schulden	420	86
4. Fair value (beizulegender Zeitwert)	450	87
4.1 Definition	450	87
4.1.1 Wortlaut	450	87
4.1.2 Beschaffungs- oder Absatzpreis	451	88
4.1.3 Übertragung oder Begleichung einer Verbindlichkeit	452	88
4.2 Ermittlungsgrundsätze	453	89
4.2.1 Annahme der Unternehmensfortführung und Stichtagsprinzip	453	89
4.2.2 Liquidester versus vorteilhaftester Markt, Transaktionskosten	455	89
4.2.3 Hypothetische bestmögliche Verwendung von Vermögenswerten	459	91
4.3 Ermittlungshierarchie	470	92
4.3.1 Übersicht	470	92
4.3.2 Inputfaktoren für die Bewertungsverfahren	473	93
4.3.3 Referenzmodell: Der aktive Markt	475	95
4.3.4 Marktorientierte Vergleichsverfahren	480	97
4.3.5 Discounted Cashflow Verfahren	483	97
4.3.6 Optionspreismodelle	485	98
4.3.7 Wiederbeschaffungskosten	487	98
4.3.8 Fair value-Ermittlung nach verschiedenen Verfahren	489	99
4.3.9 Ausnahme: Nicht ermittelbarer Fair value	491	99
4.3.10 Zusammenfassung: Welches Fair value-Ermittlungsverfahren für welchen Anwendungsbereich?	492	100

	Rz.	Seite
4.4 Praktische Relevanz der Fair value-Bewertung	500	100
4.4.1 Neubewertung von Sachanlagen bei Erstanwendung von IFRS	501	100
4.4.2 Neubewertung von Sachanlagen bei laufender IFRS-Bilanzierung	502	101
4.4.3 Anlageimmobilien	503	101
4.4.4 Beteiligungen und Aktien	504	101
4.4.5 Unternehmenserwerb (Kapitalkonsolidierung)	505	101
4.4.6 Derivate und Sicherungsgeschäfte	507	102
4.4.7 Aktienorientierte Vergütungen	508	102
4.4.8 Insbesondere: Fair value-Bilanzierung im Mittelstand	509	102
4.5 Zusammenhang von Fair value, Anschaffungskosten, Nettoveräußerungswert und Nutzungswert	520	103
V. Währungsumrechnung im Einzelabschluss (IAS 21)	**550**	**105**
1. Anwendungsbereich	550	105
2. Ersterfassung	551	105
3. Folgebewertung	552	105
4. Anhangangaben	556	106
VI. Erträge und Aufwendungen (Rahmenkonzept) sowie Realisationsprinzip (IAS 18)	**600**	**107**
1. Überblick und Wegweiser	600	107
1.1 Standards und Anwendungsbereich	600	107
1.2 Wesentliche Abweichungen zum HGB	605	108
1.3 Neuere Entwicklungen	606	108
2. Lieferungen	610	109
2.1 Grundregelung der Ertragserfassung	610	109
2.2 Einzelheiten	612	110
2.2.1 Lieferung unter Eigentumsvorbehalt, Rücktrittsrecht, Gewährleistungsrisiken	612	110
2.2.2 Teilzahlungskäufe, Gewährung von Zahlungszielen	613	110
2.2.3 Kommissionsgeschäfte	615	111
2.2.4 Tauschgeschäfte	616	111
3. Leistungen	630	112
4. Mehrkomponentengeschäfte/Systemgeschäfte	632	112
5. Sonstige Forderungen	635	113
6. Zinsen, Nutzungsentgelte, Lizenzen, Dividenden	640	113
7. Bewertung der Erträge	646	115

	Rz.	Seite

VII. Stichtagsprinzip, Wertaufhellung und Ereignisse nach dem Bilanzstichtag (IAS 10) ... 700 116
  1. Überblick und Wegweiser ... 700 116
    1.1 Standards und Anwendungsbereich ... 700 116
    1.2 Wesentliche Abweichungen zum HGB ... 705 116
    1.3 Neuere Entwicklungen ... 706 116
  2. Wertaufhellungszeitraum ... 710 117
  3. Abgrenzung von wertaufhellenden und wertbegründenden Ereignissen ... 713 118
  4. ABC der wertaufhellenden Ereignisse ... 720 120
  5. Wertbegründende Ereignisse ... 730 124
  6. Anhangangaben ... 740 125

VIII. Anwendung und Änderung von Rechnungslegungsmethoden, Schätzungen und Fehler (IAS 8) ... 800 125
  1. Überblick und Wegweiser ... 800 125
    1.1 Standards und Anwendungsbereich ... 800 125
    1.2 Wesentliche Abweichungen zum HGB ... 805 126
    1.3 Neuere Entwicklungen ... 808 126
  2. Stetigkeitsprinzip ... 810 126
  3. Rechnungslegungsmethoden und Schätzungen ... 812 127
    3.1 Abgrenzung ... 812 127
      3.1.1 Begriff der Rechnungslegungsmethode und Schätzungen ... 812 127
      3.1.2 Verfahrenswahlrechte ... 817 129
      3.1.3 Im Zweifel Schätzungsänderung ... 818 130
    3.2 Auswahl von Rechnungslegungsmethoden ... 820 131
    3.3 Lückenfüllung ... 825 132
  4. Änderung von Rechnungslegungsmethoden ... 830 133
    4.1 Zulässigkeit der Stetigkeitsdurchbrechung ... 830 133
      4.1.1 Anwendung neuer Standards und Interpretationen ... 831 134
      4.1.2 Ausübung offener IFRS-Wahlrechte ... 833 134
    4.2 Kein Stetigkeitsgebot bei neuen Geschäftsvorfällen und verdeckten Wahlrechten ... 834 135
    4.3 Durchführung der Methodenänderung ... 836 135
      4.3.1 Retrospektive Methode ... 836 135
      4.3.2 Prospektive Methode ... 839 138
  5. Darstellungsstetigkeit und ihre Durchbrechung ... 850 139
  6. Änderung von Schätzungen ... 860 141
  7. Abbildung entdeckter Fehler ... 870 142
  8. Anhangangaben ... 880 144

	Rz.	Seite
C. Ansatz und Bewertung der Bilanzposten sowie Angabepflichten	1000	145
I. Immaterielle Vermögenswerte des Anlagevermögens (IAS 38)	1001	145
1. Überblick und Wegweiser	1001	145
1.1 Standards und Anwendungsbereich	1001	145
1.2 Wesentliche Abweichungen zum HGB	1008	147
1.3 Neuere Entwicklungen	1009	147
2. Ansatz	1010	147
2.1 Definitionsmerkmale immaterieller Vermögenswerte .	1010	147
2.1.1 Begriff des immateriellen Vermögenswerts	1010	147
2.1.2 Identifizierbarkeit	1011	148
2.1.3 Physische Substanz	1013	149
2.1.4 Verfügungsmacht	1014	149
2.2 Allgemeine Ansatzkriterien	1020	150
2.3 Einzelerwerb und Erwerb im Rahmen von Unternehmenszusammenschlüssen	1022	151
2.4 Spezielle Ansatzkriterien für selbstgeschaffene immaterielle Vermögenswerte	1030	152
2.4.1 Trennung von Forschung und Entwicklung	1030	152
2.4.2 Voraussetzungen für die Aktivierung von Entwicklungsausgaben	1035	154
2.4.3 Praxis der Aktivierung von Entwicklungskosten .	1039	156
2.5 ABC der Aktivierung immaterieller Sachverhalte . . .	1045	156
3. Zugangsbewertung	1050	160
4. Folgebewertung	1060	161
4.1 Bedingtes Wahlrecht: Fortgeführte Kosten oder Neubewertungsmethode	1060	161
4.2 Fortgeführte Kosten	1061	162
4.2.1 Begrenzte oder unbegrenzte Nutzungsdauer . . .	1061	162
4.2.2 Planmäßige Abschreibungen	1064	163
4.2.3 Wertminderungstest, außerplanmäßige Abschreibungen und Zuschreibungen	1069	163
4.3 Besonderheit bei erworbenen Forschungs- und Entwicklungsprojekten	1070	164
5. Ausbuchung und Umbuchung	1080	164
6. Ergebniskennzahlen und selbsterstellte immaterielle Vermögenswerte	1081	164
7. Ausweis	1086	165
8. Anhangangaben	1090	165
8.1 Anlagenspiegel	1090	165
8.2 Sonstige Erläuterungen und Einzelangaben	1094	167

	Rz.	Seite
II. Sachanlagen (IAS 16)	1100	167
1. Überblick und Wegweiser	1100	167
1.1 Standards und Anwendungsbereich	1100	167
1.2 Wesentliche Abweichungen zum HGB	1106	168
1.3 Neuere Entwicklungen	1108	169
2. Ansatz	1110	169
2.1 Definitionsmerkmale von Sachanlagen und allgemeine Ansatzkriterien	1110	169
2.2 Geringwertige Sachanlagen	1111	169
2.3 Ersatzteile	1112	169
2.4 Komponentenansatz: Abgrenzung von Sachanlagen zueinander	1113	170
2.4.1 Einzelne Komponenten versus einheitlicher Nutzungs- und Funktionszusammenhang	1113	170
2.4.2 Generalüberholungen, Erweiterungen und Erhaltungsaufwand	1117	171
2.4.3 Zusammenfassung und Praxishinweise	1120	174
3. Zugangsbewertung	1125	175
3.1 Zugangsformen	1125	175
3.2 Anschaffungskosten	1126	175
3.2.1 Bestandteile der Anschaffungskosten – Übersicht	1126	175
3.2.2 Anschaffungspreis	1128	176
3.2.3 Anschaffungsnebenkosten	1130	176
3.2.4 Als Rückstellung passivierte Entsorgungsverpflichtung	1132	176
3.3 Herstellungskosten	1140	179
3.4 Aktivierung von Fremdkapitalkosten (IAS 23)	1141	179
3.4.1 Aktueller Stand des IAS 23	1141	179
3.4.2 Anwendungsbereich: Qualifying asset	1142	179
3.4.3 Aktivierung der Fremdkapitalkosten	1144	180
3.4.4 Übergangsvorschrift bei Methodenänderung	1147	183
3.5 Zugangsbewertung beim Tausch	1150	185
4. Folgebewertung	1160	185
4.1 Wahlrecht: Fortgeführte Kosten oder Neubewertungsmethode	1160	185
4.2 Fortgeführte Kosten	1163	187
4.2.1 Planmäßige Abschreibungen	1163	187
4.2.2 Insbesondere: Komponentenansatz	1168	188
4.2.3 Anpassungen von als Rückstellungen aktivierten Entsorgungsverpflichtungen	1173	191
4.2.4 Festwertansatz	1174	191
4.3 Neubewertungsmethode	1180	191
4.3.1 Charakteristik	1180	191
4.3.2 Anwendungsbereich: Gruppen von Sachanlagen	1181	192
4.3.3 Erstmalige Anwendung	1183	193

	Rz.	Seite
4.3.4 Folgebewertung	1186	194
4.3.5 Beurteilung	1191	197
5. Stilllegungen, Abgänge, Ausbuchung, Umbuchung	1192	198
6. Ausweis	1200	198
7. Anhangangaben	1210	198
7.1 Anlagenspiegel	1210	198
7.2 Praxisbeispiel der sonstigen Erläuterungen und Einzelangaben	1211	199
III. Zuwendungen der öffentlichen Hand (IAS 20)	1250	200
1. Übersicht und Wegweiser	1250	200
1.1 Standards und Anwendungsbereich	1250	200
1.2 Wesentliche Abweichungen zum HGB	1255	202
1.3 Neuere Entwicklungen	1256	202
2. Ansatz der Zuwendungen	1260	203
3. Bewertung und Ausweis	1270	204
3.1 Grundsatz	1270	204
3.2 Investitionszuschüsse und -zulagen	1271	204
3.3 Aufwands- und Ertragszuschüsse	1275	204
3.4 Latente Steuern	1277	205
3.5 Rückzahlungsverpflichtungen	1280	205
4. Anhangangaben	1290	205
IV. Leasing (IAS 17)	1300	206
1. Überblick und Wegweiser	1300	206
1.1 Standards und Anwendungsbereich	1300	206
1.2 Wesentliche Abweichungen zum HGB	1306	208
1.3 Neuere Entwicklungen	1307	208
2. Zurechnung von Leasinggegenständen	1310	209
2.1 Klassifizierung von Leasingverträgen bei Vertragsbeginn	1310	209
2.2 Vertragsänderungen	1311	209
2.3 Die Abgrenzung des Finanzierungsleasing vom Operating-Leasing im Detail	1312	210
2.3.1 Wirtschaftliche Betrachtungsweise	1312	210
2.3.2 Übergang des zivilrechtlichen Eigentums	1314	211
2.3.3 Günstige Kaufoption und günstige Mietverlängerungsoption	1315	211
2.3.4 Nutzungsdauerkriterium	1317	213
2.3.5 Barwertkriterium	1318	213
2.3.6 Spezialleasing	1321	216
2.3.7 Weitere Indizien	1322	216
2.4 Besonderheiten beim Immobilienleasing	1325	217
2.4.1 Leasingvertrag ausschließlich über Grund und Boden	1325	217

	Rz.	Seite
2.4.2 Leasingvertrag über Grund und Boden einschließlich Gebäude	1326	217
2.4.3 Besonderheiten bei Anlageimmobilien	1327	218
2.5 Indirekte Nutzungsrechte/Verdeckte Leasingverhältnisse (IFRIC 4)	1330	218
2.5.1 Begriff	1330	218
2.5.2 Spezifizierter Vermögenswert	1331	219
2.5.3 Nutzungsrecht	1332	220
2.5.4 Zeitpunkt des Beurteilens der Voraussetzungen	1334	221
2.6 Transaktionen ohne wirtschaftliche Substanz (SIC-27)	1340	221
2.7 Untermietverhältnisse	1341	221
2.8 Leasingobjektgesellschaften (SIC-12)	1342	222
3. Bilanzierung von Leasingverhältnissen	1350	223
3.1 Finanzierungsleasing	1350	223
3.1.1 Beim Leasingnehmer	1350	223
3.1.2 Beim Leasinggeber	1355	224
3.2 Operating-Leasing	1360	226
3.2.1 Beim Leasingnehmer	1360	226
3.2.2 Beim Leasinggeber	1361	226
3.3 Bilanzierung indirekter Nutzungsverhältnisse	1365	226
3.3.1 Aufteilung des Zahlungsstroms	1365	226
3.3.2 Finanzierungsleasing	1366	226
3.3.3 Operating-Leasing	1367	227
3.4 Sale and lease back	1370	227
3.4.1 Finanzierungsleasing	1371	227
3.4.2 Operating-Leasing	1373	228
4. Anhangangaben	1390	230
4.1 Leasingnehmer	1390	230
4.2 Leasinggeber	1392	230
V. Anlageimmobilien (IAS 40)	1400	231
1. Überblick und Wegweiser	1400	231
1.1 Standards und Anwendungsbereich	1400	231
1.2 Wesentliche Abweichungen zum HGB	1405	233
1.3 Neuere Entwicklungen	1406	233
2. Ansatz	1410	233
2.1 Definitionsmerkmale von Anlageimmobilien und Abgrenzung zu anderen Immobilien	1410	233
2.1.1 Immobilienbegriff: Eigenständige Cashflow-Erzielung	1411	234
2.1.2 Wirtschaftliches Eigentum und Operating-Leasing	1413	234
2.1.3 Immobilien in Bau und Verkauf im Rahmen der gewöhnlichen Geschäftstätigkeit	1416	236

	Rz.	Seite
2.1.4 Selbstnutzung von Immobilien versus Anlageimmobilien, Mischnutzung	1417	236
2.1.5 Noch unbestimmte Nutzung, Dokumentation	1422	238
2.2 Allgemeine Ansatzkriterien	1430	238
3. Zugangsbewertung	1435	239
3.1 Zugangsarten	1435	239
3.2 Anschaffungs- und Herstellungskosten	1439	239
4. Folgebewertung	1442	240
4.1 Wahlrecht: Fortgeführte Kosten oder erfolgswirksame Fair value-Bewertung	1442	240
4.2 Fair value model	1445	241
4.3 Fortgeführte Kosten	1446	242
4.4 Fair value-Ermittlung	1447	242
4.4.1 Aktiver Immobilienmarkt	1447	242
4.4.2 Vergleichsverfahren, DCF-Methode und Verkehrswert	1449	243
4.4.3 Häufigkeit der Fair value-Ermittlung, Zwischenberichterstattung	1451	244
4.4.4 Fair value nicht bestimmbar	1452	244
4.5 Wechsel der Bilanzierungsmethode: vom Cost model zum Fair value model	1455	245
5. Ausbuchung und Nutzungsänderung	1460	248
5.1 Veräußerung und Veräußerungsabsicht	1460	248
5.2 Nutzungsänderungen	1462	248
6. Ausweis	1470	249
7. Anhangangaben	1471	249
VI. Wertminderungen im Anlagevermögen (IAS 36)	**1500**	**250**
1. Überblick und Wegweiser	1500	250
1.1 Standards und Anwendungsbereich	1500	250
1.2 Wesentliche Abweichungen zum HGB	1505	252
1.3 Neuere Entwicklungen	1507	253
2. Grundkonzeption des IAS 36	1510	254
2.1 Definition der Wertminderung und Ermittlung eines Wertminderungsbedarfs	1510	254
2.2 Auf Wertminderung zu prüfende Vermögenswerte	1512	254
2.2.1 Überblick: Konstellationen	1512	254
2.2.2 Einzelne Vermögenswerte	1513	255
2.2.3 Gruppe von Vermögenswerten	1515	256
3. Abgrenzung von zahlungsmittelgenerierenden Einheiten (CGU)	1518	257
3.1 Grundsatz: Zahlungsströme unabhängig von anderen Unternehmenseinheiten	1518	257
3.2 Obergrenze Segmente	1519	258

	Rz.	Seite
3.3 Untergrenze und Abgrenzungshinweise	1520	258
3.3.1 Berücksichtigung technischer, rechtlicher und wirtschaftlicher Aspekte	1520	258
3.3.2 CGU-Abgrenzung bei vertikal integrierten Unternehmen	1525	260
3.4 Stetigkeit der CGU-Abgrenzung	1527	261
3.5 Praxishinweise	1528	261
4. Zuordnung von Goodwill zu zahlungsmittelgenerierenden Einheiten (CGU)	1530	262
4.1 Grundregel: Zuordnung nach Synergieeffekten	1530	262
4.2 Obergrenze Segmente	1531	263
4.3 Untergrenze Berichtswesen	1532	264
4.4 Beispiel zur Goodwillzuordnung	1533	265
4.5 Zeitpunkt der Goodwillzuordnung	1534	266
4.6 Stetigkeit der Goodwillzuordnung/Neuorganisation	1535	266
4.7 Abgang von Goodwill bei der Veräußerung von Teilbereichen bzw. Entkonsolidierung	1536	267
4.8 Besonderheiten bei der Full Goodwill-Methode nach IFRS 3 (2008)	1538	268
4.9 Praxishinweise	1541	269
5. Wertminderungsindikatoren: Wann ist eine Wertminderungsprüfung durchzuführen?	1545	270
5.1 Einzelne Vermögenswerte und CGU ohne Goodwill	1545	270
5.2 Überprüfung des Abschreibungsplans	1547	271
5.3 Jährlicher Wertminderungstest, insbesondere beim Goodwill	1548	272
6. Durchführung des Impairment-Tests	1555	273
6.1 Ermittlung des Nettoveräußerungspreises	1555	273
6.2 Ermittlung des Nutzungswertes	1557	273
6.2.1 Begriff	1557	273
6.2.2 Schätzung künftiger Cashflows	1558	274
6.2.3 Einbeziehung von Zinsen und Ertragsteuern	1559	276
6.2.4 Maßgeblichkeit des aktuellen Zustandes eines Vermögenswertes/einer CGU	1560	276
6.2.5 Diskontierungssatz	1562	278
6.2.6 Multiplikatorverfahren	1566	280
6.3 Buchwerte von CGU	1570	280
6.3.1 Zuordnung von Vermögenswerten und Schulden zu CGU	1570	280
6.3.2 Goodwill	1571	281
6.3.3 Zuordnung gemeinsam genutzter Vermögenswerte	1572	281
7. Berücksichtigung von Wertminderungsaufwendungen im Jahresabschluss	1575	281
7.1 Erfassung von Wertminderungen bei einzelnen Vermögenswerten	1575	281

	Rz.	Seite
7.2 Erfassung von Wertminderungen bei CGU	1578	282
7.2.1 Grundsätze	1578	282
7.2.2 Beispiel	1580	283
7.2.3 Impairment-Test für eine CGU ohne Goodwill	1581	284
7.2.4 Impairment-Test für eine CGU inklusive Goodwill	1582	284
7.2.5 Besonderheiten bei Minderheitenanteilen	1583	285
8. Wertaufholung	1587	288
9. Anhangangaben	1590	289
VII. Vorräte (IAS 2)	1600	289
1. Überblick und Wegweiser	1600	289
1.1 Standards und Anwendungsbereich	1600	289
1.2 Wesentliche Abweichungen zum HGB	1607	291
1.3 Neuere Entwicklungen	1608	292
2. Ansatz- und Bewertungsregel	1610	292
3. Zugangsbewertung (Anschaffungs- und Herstellungskosten)	1615	292
3.1 Übersicht	1615	292
3.2 Anschaffungskosten ohne sonstige Kosten	1616	293
3.3 Herstellungskosten ohne sonstige Kosten	1620	294
3.4 Sonstige Kosten und Aktivierungsverbote	1622	295
3.5 Einzelfälle	1624	296
3.5.1 Verrechnung von Abschreibungen	1624	296
3.5.2 Kalkulation von Gemeinkosten	1626	297
3.5.3 Einzelbewertung und Verbrauchsfolgeverfahren	1628	299
3.5.4 Festwertansatz und Kuppelprodukte	1632	300
4. Folgebewertung (Niederstwertprinzip, Zuschreibung)	1640	300
4.1 Strenges Niederstwertprinzip	1640	300
4.2 Nettoveräußerungswert	1641	301
4.3 Zuschreibung	1645	303
5. Ausbuchung	1650	304
6. Ausweis	1651	304
7. Anhangangaben	1652	304
VIII. Fertigungsaufträge (IAS 11)	1700	304
1. Überblick und Wegweiser	1700	304
1.1 Standards und Anwendungsbereich	1700	304
1.2 Wesentliche Abweichungen zum HGB	1706	306
1.3 Neuere Entwicklungen	1707	306
2. Ansatz	1710	307
3. Bewertung	1712	308
3.1 Percentage of completion-Methode versus Completed contract-Methode	1712	308

	Rz.	Seite
3.2 Anwendungsvoraussetzungen der Percentage of completion-Methode	1720	309
3.2.1 Vertragstypen und Schätzung des Gesamtergebnisses	1720	309
3.2.2 Auftragserlöse	1722	309
3.2.3 Wahrscheinlicher Nutzenzufluss	1723	310
3.2.4 Auftragskosten	1724	310
3.2.5 Verfahren zur Ermittlung des Fertigstellungsgrads	1727	311
3.3 Beispiel	1730	312
3.3.1 Zuverlässige Schätzung der Auftragskosten nicht möglich	1730	312
3.3.2 Bestimmung des Fertigstellungsgrades	1731	312
3.3.3 Vertragsänderungen	1733	314
3.3.4 Verlustaufträge	1734	315
4. Ausweis	1740	317
4.1 Ausweis als Forderung	1740	317
4.2 Abgerechnete Leistungen und erhaltene Anzahlungen	1742	318
5. Anhangangaben	1750	320
IX. Finanzielle Vermögenswerte (IAS 39, IAS 32, IFRS 7)	1800	321
1. Überblick und Wegweiser	1800	321
1.1 Standards und Anwendungsbereich	1800	321
1.2 Wesentliche Abweichungen zum HGB	1807	324
1.3 Neuere Entwicklungen	1808	325
2. Ansatz	1810	326
2.1 Definition finanzieller Vermögenswerte und finanzieller Verbindlichkeiten	1810	326
2.1.1 Übersicht	1810	326
2.1.2 Anteile an anderen Unternehmen und eigenes Eigenkapital	1811	326
2.2 Ansatzkriterien	1813	327
2.2.1 Vertragsbeziehung (schwebendes Geschäft)	1813	327
2.2.2 Austausch von Finanzmitteln	1814	327
2.3 Derivate	1815	328
3. Kategorien	1820	329
3.1 Klassifizierung und Bewertung	1820	329
3.2 Praktische Bedeutung der Variantenvielfalt	1822	331
3.3 Kredite und Forderungen (loans and receivables)	1825	331
3.4 Bis zur Endfälligkeit zu haltende finanzielle Vermögenswerte (held-to-maturity)	1827	332
3.5 Erfolgswirksames Fair value-Finanzvermögen (at fair value through profit or loss)	1833	334
3.5.1 Handelsbestand (held for trading)	1833	334
3.5.2 Fair value-Option	1836	334
3.6 Zur Veräußerung verfügbare finanzielle Vermögenswerte (available-for-sale)	1840	335

	Rz.	Seite
3.7 Zusammenfassung: Zuordnungsentscheidung bei Ersterfassung	1842	336
3.8 Stetigkeit und Wechsel zwischen den Kategorien	1843	337
3.8.1 Stetigkeit	1843	337
3.8.2 Umgliederungsverbote	1844	338
3.8.3 Sanktionen und Umgliederungen bei held-to-maturity	1845	339
3.8.4 Übrige zulässige Umgliederungen	1848	339
4. Zeitpunkt des Ansatzes: Handels- oder Erfüllungstag	1850	341
5. Zugangsbewertung	1860	342
5.1 Fair value	1860	342
5.2 Anschaffungsnebenkosten	1862	343
6. Folgebewertung	1865	344
6.1 Übersicht	1865	344
6.2 Grundsätzlich: Eigenkapitaltitel ohne aktiven Markt zu Anschaffungskosten	1866	345
6.3 Fortgeführte Anschaffungskosten	1867	345
6.3.1 Nominalwert und Barwert	1867	345
6.3.2 Effektivzinsmethode	1869	345
6.4 Erfolgswirksames Fair value-Finanzvermögen	1872	348
6.5 Zur Veräußerung verfügbare finanzielle Vermögenswerte	1873	348
6.5.1 Gehaltene Fremdkapitaltitel	1874	348
6.5.2 Gehaltene Eigenkapitaltitel zum Fair value	1875	348
6.5.3 Wechsel zwischen Anschaffungskosten und Fair value bei gehaltenen Eigenkapitaltiteln	1878	349
6.5.4 Ausbuchung der Neubewertungsrücklage	1881	349
6.6 Fair Value in inaktiven Märkten	1882	350
6.7 Zusammenfassendes Beispiel	1883	350
6.7.1 Kategoriezuordnung	1883	350
6.7.2 Konstanz der Bewertungsfaktoren	1884	351
6.7.3 Schwankende Marktzinssätze	1885	351
7. Wertminderung und Wertaufholung	1890	354
7.1 Anwendungsbereich	1890	354
7.2 Wertminderungsindikatoren	1891	354
7.3 Wertberichtigungen auf Kredite und Forderungen sowie bis zur Endfälligkeit zu haltende finanzielle Vermögenswerte	1893	355
7.4 Zur Veräußerung verfügbare finanzielle Vermögenswerte	1894	356
7.4.1 Erfolgsneutrale Wertberichtigung bei vorübergehender Wertminderung	1894	356
7.4.2 Erfolgswirksame Wertberichtigung bei dauernder Wertminderung	1895	356
7.5 Zu Anschaffungskosten bewertete Eigenkapitaltitel	1899	357

	Rz.	Seite
7.6 Folgebewertung nach Durchführung einer Wertminderung	1900	358
7.7 Wertaufholung (Zuschreibung)	1901	358
7.8 Zusammenfassendes Beispiel zur Wertminderung	1903	359
7.8.1 Kurs sinkt wegen Marktzinsänderung unter die Anschaffungskosten	1903	359
7.8.2 Wertminderung: Erwartete Zahlungen fallen aus	1904	360
8. Ausbuchung	1910	362
8.1 Gegenstand und Wirkung der Ausbuchung	1910	362
8.2 Vertragliche Rechte laufen aus	1913	363
8.3 Vertragliche Rechte werden übertragen	1914	363
9. Einzelfälle zu Ansatz, Bewertung und Ausbuchung finanzieller Vermögenswerte	1920	365
9.1 Forderungen aus Lieferungen und Leistungen	1920	365
9.2 Factoring und Asset Backed Securities Gestaltungen	1923	366
9.3 Pensionsgeschäfte	1929	369
9.4 Anteile an anderen Unternehmen	1933	371
9.4.1 Im Konzernabschluss	1933	371
9.4.2 Im Einzelabschluss	1935	371
9.5 Stückzinsen und Dividenden	1939	372
9.6 Strukturierte Produkte (Eingebettete Derivate)	1941	373
9.6.1 Problemstellung	1941	373
9.6.2 Abtrennung des Derivats vom Basisvertrag	1944	375
9.6.3 Anwendung der Fair value-Option	1948	377
10. Ausweis	1961	377
10.1 Bilanz	1961	377
10.2 Gewinn- und Verlustrechnung	1963	378
10.3 Eigenkapitalveränderung	1964	378
10.4 Kapitalflussrechnung	1965	378
11. Anhangangaben	1970	379
11.1 Betonung der Wesentlichkeit	1970	379
11.2 Rechnungslegungsmethoden	1971	379
11.3 Buchwerte der Kategorien und Fair value	1973	380
11.3.1 Überleitungsrechnung	1973	380
11.3.2 Angaben zum Fair value	1976	382
11.4 Angaben zur Aufwands- und Ertragserfassung	1978	382
11.4.1 Zinserträge	1978	382
11.4.2 Übrige Erträge und Aufwendungen	1979	382
11.5 Sonstige Angaben	1980	383
11.6 Finanzanlagenspiegel	1981	383
X. Eigenkapital (IAS 32)	**2000**	**385**
1. Überblick und Wegweiser	2000	385
1.1 Standards und Anwendungsbereich	2000	385
1.2 Wesentliche Abweichungen zum HGB	2006	386
1.3 Neuere Entwicklungen	2007	386

	Rz.	Seite
2. Eigenkapitaldefinition	2010	387
3. Eigenkapital bei Personengesellschaften	2020	388
3.1 Gesellschaftsrechtliche Grundlagen	2020	388
3.2 Ausnahmeregelung für den Eigenkapitalausweis von Personengesellschaften	2022	389
3.2.1 Voraussetzungen	2022	389
3.2.2 Umgliederungen zwischen Eigenkapital und Verbindlichkeiten	2030	392
3.2.3 Angabe der Abfindungsklausel und der Abfindungshöhe im Anhang	2035	393
3.3 Bilanzierung bei Nichtanwendung der Ausnahmeregelung	2040	394
3.3.1 Ausweis in der Bilanz	2040	394
3.3.2 Ausweis in der Gewinn- und Verlustrechnung	2041	394
3.3.3 Folgen für die Bewertung	2042	395
3.4 Quintessenz für Personengesellschaften	2050	396
4. ABC des Eigenkapitals	2060	398
5. Ausweis	2070	402
5.1 Kapitalausweis	2070	402
5.2 Eigene Anteile	2071	402
5.3 Eigenkapitalbeschaffungskosten	2072	403
5.4 Ausstehende Einlagen	2073	403
5.5 Barkapitalerhöhungen	2074	403
5.6 Sacheinlagen	2077	405
5.7 Dividenden	2078	405
6. Anhangangaben	2080	406
XI. Finanzielle Verbindlichkeiten (IAS 39, IAS 32, IFRS 7)	**2100**	**406**
1. Überblick und Wegweiser	2100	406
1.1 Standards und Anwendungsbereich	2100	406
1.2 Wesentliche Abweichungen zum HGB	2106	407
1.3 Neuere Entwicklungen	2107	407
2. Ansatz	2110	407
3. Kategorien	2120	408
3.1 Übersicht	2120	408
3.2 Erfolgswirksame Fair value-Finanzschulden	2121	408
3.3 Übrige finanzielle Verbindlichkeiten	2124	409
3.4 Stetigkeit und Wechsel zwischen den Kategorien	2125	409
4. Zugangsbewertung	2130	409
5. Folgebewertung	2135	410
5.1 Übrige finanzielle Verbindlichkeiten	2135	410
5.2 Zu Handelszwecken gehaltene finanzielle Verbindlichkeiten	2141	411
6. Ausbuchung	2145	411

	Rz.	Seite
7. Einzelfälle	2150	411
7.1 Verbindlichkeiten aus Lieferungen und Leistungen	2150	411
7.2 Umschuldung	2152	411
7.3 Bürgschaften	2153	412
7.4 Options- und Wandelanleihen beim Emittenten	2154	412
7.5 Strukturierte Produkte	2155	412
8. Ausweis	2161	413
8.1 Bilanz	2161	413
8.2 Gewinn- und Verlustrechnung	2162	413
8.3 Kapitalflussrechnung	2163	413
9. Anhangangaben	2170	413
9.1 Betonung der Wesentlichkeit	2170	413
9.2 Rechnungslegungsmethoden	2171	413
9.3 Buchwerte der Kategorien und Fair value	2172	414
9.3.1 Überleitungsrechnung	2172	414
9.3.2 Verbindlichkeitenspiegel	2173	414
9.4 Angaben zur Aufwands- und Ertragserfassung	2178	414
9.4.1 Zinsaufwand	2178	414
9.4.2 Übrige Erträge und Aufwendungen	2179	414
9.5 Sonstige Angaben	2180	414
XII. Sicherungsgeschäfte und Risikoberichterstattung (IAS 39, IFRS 7)	2200	415
1. Überblick und Wegweiser	2200	415
1.1 Standards und Anwendungsbereich	2200	415
1.2 Wesentliche Abweichungen zum HGB	2206	417
1.3 Neuere Entwicklungen	2208	418
2. Risiken und Sicherungsstrategien	2210	419
2.1 Absicherung bilanzierter Vermögenswerte und Schulden	2210	419
2.2 Absicherung schwebender Geschäfte	2213	420
2.3 Absicherung erwarteter Transaktionen	2214	420
3. Fair value-Option	2220	421
4. Hedge Accounting	2230	422
4.1 Sicherungsbeziehungen, Grundgeschäfte und Sicherungsinstrumente	2230	422
4.1.1 Sicherungsbeziehungen	2230	422
4.1.2 Grundgeschäfte	2232	423
4.1.3 Sicherungsinstrumente	2236	424
4.2 Voraussetzungen für das Hedge Accounting	2245	425
4.2.1 Dokumentation und Organisation	2246	426
4.2.2 Nachweis und Messung der Effektivität	2250	427
4.2.3 Besondere Voraussetzung bei künftigen Transaktionen	2252	429
4.2.4 Nichterfüllung der Voraussetzungen	2253	429

	Rz.	Seite
4.3 Bilanzierung der Absicherung von Änderungen des Fair value	2255	429
4.4 Bilanzierung der Absicherung des Cashflow	2265	432
5. Anhangangaben zum Hedge-Accounting	2280	437
6. Risikoberichterstattung	2285	437

XIII. Rückstellungen (IAS 37) 2300   438
   1. Überblick und Wegweiser 2300   438
      1.1 Standards und Anwendungsbereich 2300   438
      1.2 Wesentliche Unterschiede zum HGB 2306   440
      1.3 Neuere Entwicklungen 2307   441
   2. Ansatz von Rückstellungen 2310   442
      2.1 Gegenwärtige Verpflichtung aus vergangenem Ereignis 2310   442
          2.1.1 Unentziehbarkeit 2311   442
          2.1.2 Beschränkung auf Außenverpflichtungen 2314   443
          2.1.3 Faktische Verpflichtungen 2318   444
      2.2 Wahrscheinlichkeit der Inanspruchnahme 2320   444
          2.2.1 Überwiegen der Gründe für eine Inanspruchnahme 2321   445
          2.2.2 Eventualverbindlichkeiten 2325   446
      2.3 Zuverlässige Schätzung möglich 2330   446
      2.4 Sonderfall Drohverlustrückstellungen 2335   448
      2.5 Sonderfall Restrukturierungsrückstellungen 2340   448
   3. Bewertung 2350   451
      3.1 Erstbewertung (Erfüllungs- oder Ablösebetrag) 2350   451
          3.1.1 Bestmögliche Schätzung 2351   452
          3.1.2 Künftiges Kostenniveau 2353   452
          3.1.3 Einbeziehung von Gemeinkosten 2354   453
          3.1.4 Rückgriffsansprüche/Bewertungseinheiten ... 2355   453
          3.1.5 Erlöse aus Anlageabgängen 2356   453
          3.1.6 Abzinsung 2357   454
      3.2 Folgebewertung (Anpassung, Inanspruchnahme und Auflösung) 2360   454
   4. ABC der Rückstellungen 2370   455
   5. Ausweis 2380   459
   6. Anhangangaben 2390   459
      6.1 Rückstellungsspiegel und Erläuterungen 2390   459
      6.2 Angaben zu Eventualverbindlichkeiten und -forderungen 2392   461
      6.3 Unterlassen von Angaben auf Grund Schutzklausel . 2393   461

XIV. Pensionsverpflichtungen und andere Leistungen an Arbeitnehmer (IAS 19) 2400   461
   1. Überblick und Wegweiser 2400   461

	Rz.	Seite
1.1 Standards und Anwendungsbereich	2400	461
1.2 Wesentliche Abweichungen zum HGB	2405	463
1.3 Neuere Entwicklungen	2408	465
2. Pensionspläne und Durchführungswege	2410	465
2.1 Arten von Versorgungsverpflichtungen	2410	465
2.2 Abgrenzung von beitrags- und leistungsorientierten Plänen	2412	466
2.3 Gemeinschaftliche Versorgungseinrichtungen (multi employer plans)/Staatspläne	2417	469
3. Bilanzierung von beitragsorientierten Pensionsplänen	2418	470
4. Bilanzierung von leistungsorientierten Pensionsplänen	2420	470
4.1 Berechnung der tatsächlichen Pensionsverpflichtung (Defined Benefit Obligation, DBO)	2420	470
4.1.1 Anwartschaftsbarwertverfahren (projected unit credit method)	2420	470
4.1.2 Bewertungsparameter	2423	472
4.2 Berechnung des tatsächlichen Planvermögens	2426	473
4.3 Turnus der Wertermittlung der Verpflichtung bzw. des Planvermögens	2427	474
4.4 Keine Zusammenfassung verschiedener Versorgungspläne	2428	474
4.5 Begriff der versicherungsmathematischen Gewinne und Verluste	2430	474
4.5.1 Definition	2430	474
4.5.2 Ursachen für versicherungsmathematische Gewinne und Verluste	2432	475
4.6 Bilanzierung der versicherungsmathematischen Gewinne und Verluste	2435	476
4.6.1 Bilanzierungsalternativen im Überblick	2435	476
4.6.2 Korridormethode	2436	477
4.6.3 Praxishinweis: Auswertung von Pensionsgutachten	2441	479
4.6.4 Kein Korridor bei Unternehmenserwerben oder IFRS Erstanwendung	2442	479
4.6.5 Wahlrecht zur schnelleren erfolgswirksamen Erfassung („Mehrverrechnung")	2443	479
4.6.6 Wahlrecht zur sofortigen erfolgsneutralen Verrechnung mit dem Eigenkapital	2445	480
4.6.7 Beurteilung der Korridormethode und der erfolgsneutralen Verrechnung	2447	481
4.6.8 Bilanzpolitische Spielräume	2450	482
4.7 Nachzuverrechnender Dienstzeitaufwand	2453	483
4.8 Plankürzungen und Planabgeltungen inkl. Übertragung von Pensionsverpflichtungen	2456	484
4.9 Einzelheiten zum Planvermögen	2460	486
4.9.1 Anforderungen an Planvermögen	2460	486

	Rz.	Seite
4.9.2 Unterstützungskassen	2462	487
4.9.3 Treuhandgestaltungen (CTA's)	2463	488
4.9.4 Rückdeckungsversicherungen	2464	489
4.9.5 Vermögenswerte, die die Voraussetzungen von Planvermögen i.S.v. IAS 19.7 nicht vollständig erfüllen	2465	489
4.9.6 Bilanzierung von Überdotierungen	2466	489
4.10 Konsolidierung von Pensionsfonds/Unterstützungskassen u.Ä.	2470	492
4.11 Ausweis	2473	492
4.12 Anhangangaben	2475	493
5. Sonstige Leistungen an Arbeitnehmer	2480	494
5.1 Kurzfristig fällige Leistungen an Arbeitnehmer	2480	494
5.2 Andere langfristig fällige Leistungen an Arbeitnehmer	2482	494
5.3 Abfindungen	2484	496
5.4 Anhangangaben	2490	496

XV. Aktienorientierte Vergütungen (IFRS 2) ... 2500 497

	Rz.	Seite
1. Überblick und Wegweiser	2500	497
1.1 Standards und Anwendungsbereich	2500	497
1.2 Wesentliche Abweichungen zum HGB	2508	499
1.3 Neuere Entwicklungen	2509	500
2. Begriffe	2510	500
2.1 Sperrfrist, Ausübungsfrist, Einräumung und Ausübung von Optionen	2510	500
2.2 Innerer Wert, Gesamtwert, Zeitwert von Optionen	2511	501
2.3 Optionspreisbestimmung	2513	502
2.3.1 Optionspreismodelle	2513	502
2.3.2 Bewertungsparameter	2514	502
2.3.3 Unterscheidung von Ausübungsbedingungen	2517	503
3. Aktienorientierte Barvergütungen (cash-settled)	2520	504
4. Aktienoptionsprogramme (equity-settled)	2530	506
4.1 Grundsätze	2530	506
4.2 Grundfall: Ausgabe von Optionen durch bedingte Kapitalerhöhung	2531	507
4.3 Bedeutung von Wert- und Mengengerüst bei echten Optionen	2534	508
4.4 Variable Sperrfristen	2537	509
4.5 Ausnahmefall: Bewertung der Option zum inneren Wert	2540	510
4.6 Bedienung von Aktienoptionen durch eigene Anteile	2541	510
4.7 Planänderungen	2544	511
4.7.1 Veränderung der Zahl der gewährten Optionen	2544	511
4.7.2 Herabsetzung des Ausübungspreises (repricing)	2545	511

	Rz.	Seite
4.7.3 Widerruf von Optionen/Beendigung von Optionsplänen	2548	512
5. Kombinationsmodelle	2550	513
5.1 Wahlrecht beim Arbeitnehmer	2551	513
5.2 Wahlrecht des Unternehmens	2552	514
6. Belegschaftsaktien	2555	515
7. Konzernverbund	2556	516
8. Latente Steuern	2560	517
9. Ausweis	2570	517
10. Anhangangaben	2580	518
XVI. Latente Steuern (IAS 12)	2600	518
1. Übersicht und Wegweiser	2600	518
1.1 Standards und Anwendungsbereich	2600	518
1.2 Wesentliche Abweichungen zum HGB	2604	518
1.3 Neuere Entwicklungen	2606	519
2. Konzept latenter Steuern nach IFRS	2610	521
3. Ansatz	2615	524
3.1 Ansatzvoraussetzungen	2615	524
3.1.1 Temporäre Differenzen	2615	524
3.1.2 Künftiges zu versteuerndes Ergebnis bei aktiven latenten Steuern	2617	524
3.1.3 Keine latenten Steuern auf permanente Differenzen	2618	524
3.2 Latente Steuern auf Verlustrückträge und Verlustvorträge	2620	525
3.2.1 Verlustrückträge	2620	525
3.2.2 Verlustvorträge und Zinsvorträge nach § 4h EStG	2621	525
3.3 Ansatzverbote	2625	528
3.3.1 Goodwill aus Kapitalkonsolidierung	2626	528
3.3.2 Erfolgsneutraler Erstansatz von Vermögenswerten und Schulden sowie steuerfreie Anschaffungskostenminderungen	2632	530
3.3.3 Thesaurierte Ergebnisse bei Tochtergesellschaften, Gemeinschafts- und assoziierten Unternehmen – Inside- und Outside-Differenzen	2633	531
(a) Vollkonsolidierte Tochtergesellschaften und quotal konsolidierte Gemeinschaftsunternehmen	2634	531
(b) At equity bewertete Gemeinschaftsunternehmen und assoziierte Unternehmen	2639	533
(c) Quintessenz	2640	534
3.3.4 Latente Steuern auf Währungsumrechnungsdifferenzen im Konzernabschluss	2641	534

	Rz.	Seite
3.3.5 Abschreibungen auf Beteiligungen	2644	535
3.4 Erfolgswirksame und erfolgsneutrale Bildung	2645	535
3.4.1 Erfolgswirksamer Ansatz	2645	535
3.4.2 Erfolgsneutraler Ansatz	2646	536
4. Bewertung	2648	539
4.1 Erstbewertung	2648	539
4.1.1 Grundsatz: aktueller Steuersatz	2648	539
4.1.2 Steuersatzänderungen im Wertaufhellungszeitraum	2649	539
4.1.3 Steuersatz bei Zwischengewinnen	2650	540
4.1.4 Thesaurierungssatz/Körperschaftsteuererhöhungen und -minderungen	2651	541
4.1.5 Keine Abzinsung latenter Steuern	2652	541
4.2 Folgebewertung	2653	541
4.2.1 Steuersatzänderungen	2653	541
4.2.2 Änderungen des Steuerstatus/Rechtsformwechsel (SIC 25)	2654	541
4.2.3 Werthaltigkeitsprüfung/Nachaktivierung	2656	542
5. Sonderfälle	2657	542
5.1 Organschaft	2657	542
5.2 Personengesellschaften	2658	543
5.2.1 Ergänzungsbilanzen	2658	543
5.2.2 Steuersatz	2659	543
5.2.3 Ergebnisthesaurierungen	2660	544
5.2.4 Steuerliche Sonderbilanzen (Sonderbetriebsvermögen)	2661	544
5.2.5 Umklassifizierung von Personengesellschaftskapital in Verbindlichkeiten nach IAS 32	2662	544
5.3 Latente Steuern auf eigene Anteile	2663	545
5.4 Latente Steuern und steuerliche Betriebsprüfung	2665	545
5.4.1 Keine Anpassung der IFRS-Bilanz	2666	546
5.4.2 Anpassung der IFRS-Bilanz	2670	547
6. Abstimmung latenter Steuern	2675	547
7. Ausweis	2680	551
7.1 Bilanzausweis und Saldierung	2680	551
7.1.1 Tatsächliche Steueransprüche und Steuerschulden	2680	551
7.1.2 Latente Steueransprüche und Steuerschulden	2683	551
7.2 Gewinn- und Verlustrechnung	2685	552
8. Anhangangaben	2690	553
8.1 Allgemeine Angaben	2690	553
8.2 Überleitungsrechnung	2691	553
8.3 Aufgliederung temporärer Differenzen	2699	558

	Rz.	Seite
XVII. Zur Veräußerung gehaltene langfristige Vermögenswerte und aufgegebene Geschäftsbereiche (IFRS 5)	2700	559
1. Überblick und Wegweiser	2700	559
1.1 Standards und Anwendungsbereich	2700	559
1.2 Wesentliche Unterschiede zum HGB	2705	561
1.3 Neuere Entwicklungen	2707	561
2. Veräußerung langfristiger Vermögenswerte	2710	561
2.1 Übersicht	2710	561
2.2 Abgrenzung der Vermögensmassen	2711	562
2.2.1 Aufgegebene Geschäftsbereiche	2711	562
2.2.2 Veräußerungsgruppe	2714	563
2.2.3 Langfristige Vermögenswerte	2715	564
2.3 Objektivierung der Verkaufsabsicht	2720	565
2.3.1 Klassifizierungskriterien	2720	565
2.3.2 Verkaufsfähiger Zustand	2721	565
2.3.3 Höchstwahrscheinlicher Verkauf	2722	565
2.4 Bilanzierung von assets held for sale	2730	566
2.5 Ausweis und Anhangangaben	2740	568
2.5.1 Gewinn- und Verlustrechnung bzw. Gesamtergebnisrechnung	2740	568
2.5.2 Kapitalflussrechnung	2745	569
2.5.3 Bilanz	2747	570
2.5.4 Ergebnis je Aktie	2749	570
2.5.5 Sonstige Angaben	2750	570
2.6 Rückklassifizierung	2754	571
3. Anteile an anderen Unternehmen	2755	571
3.1 Mit Weiterveräußerungsabsicht erworbene Anteile	2755	571
3.1.1 Beteiligungshöhe unterhalb der Assoziierungsschwelle	2755	571
3.1.2 Assoziierte Unternehmen und Gemeinschaftsunternehmen	2756	571
3.1.3 Tochterunternehmen	2758	572
3.2 Verkauf von Tochterunternehmen	2761	573
4. Stilllegungen	2765	573
D. Konsolidierung	3000	575
I. Aufstellung des Konzernabschlusses und Konsolidierungskreis (IAS 27, 28, 31)	3001	575
1. Überblick und Wegweiser	3001	575
1.1 Standards und Anwendungsbereich	3001	575
1.2 Wesentliche Unterschiede zum HGB	3006	577
1.3 Neuere Entwicklungen	3008	578
2. Konzernabschlussstichtag	3010	578

	Rz.	Seite
3. Tochterunternehmen (IAS 27)	3015	579
3.1 Beherrschung nach dem Control-Konzept	3015	579
3.1.1 Definition: Beherrschung	3015	579
3.1.2 Widerlegbare Beherrschungsvermutung bei Stimmrechtsmehrheit	3016	579
3.1.3 Unwiderlegbare Beherrschungsvermutungen	3017	580
3.1.4 Berechnung der Stimmrechtsmehrheit	3018	581
3.1.5 Potenzielle Stimmrechte	3019	581
3.2 Faktische Beherrschung	3022	583
3.3 Keine Ausnahmen für Beteiligungsgesellschaften	3024	584
3.4 Einbeziehung von Zweckgesellschaften (SIC-12)	3025	584
3.5 Einbeziehungsverbote und Einbeziehungswahlrechte	3035	587
4. Gemeinschaftsunternehmen und Arbeitsgemeinschaften (IAS 31)	3040	588
5. Assoziierte Unternehmen (IAS 28)	3045	589
6. Anhangangaben	3050	590
7. Aufstellung von Teilkonzernabschlüssen	3060	590
II. Ansatz und Bewertung im Konzernabschluss	3070	590
1. Überblick und Wegweiser	3070	590
1.1 Standards und Anwendungsbereich	3070	590
1.2 Wesentliche Abweichungen zum HGB	3071	590
1.3 Neuere Entwicklungen	3072	590
2. Konzerneinheitliche Bilanzierung und Bewertung	3080	591
III. Währungsumrechnung (IAS 21, IAS 29)	3100	592
1. Überblick und Wegweiser	3100	592
1.1 Standards und Anwendungsbereich	3100	592
1.2 Wesentliche Unterschiede zum HGB	3102	593
1.3 Neuere Entwicklungen	3103	593
2. Konzept der funktionalen Währung	3110	593
3. Bestimmung der funktionalen Währung/Einteilung der Tochtergesellschaften	3120	595
4. Modifizierte Stichtagskursmethode	3130	597
4.1 Grundfall	3130	597
4.2 Umrechnung eines Goodwill	3133	599
4.3 Währungsumrechnung bei Schuldenkonsolidierung	3140	599
4.3.1 Kurzfristige Forderungen und Verbindlichkeiten	3140	599
4.3.2 Einlageähnliche Forderungen (net investment in a foreign operation)	3141	600
4.4 Bilanzierung und Auflösung erfolgsneutraler Umrechnungsdifferenzen	3143	602
4.5 Latente Steuern	3145	603
5. Zeitbezugsmethode	3150	603

	Rz.	Seite
6. Stetigkeit und Methodenwechsel	3159	606
7. Hyperinflation (IAS 29)	3160	606
7.1 Anwendungsbereich	3160	606
7.2 Kriterien für Hyperinflation	3161	607
7.3 Vorgehensweise	3162	607
7.4 Methodenwechsel	3163	608
8. Anhangangaben	3170	608
IV. Unternehmenserwerb und Kapitalkonsolidierung (IFRS 3)	**3200**	**608**
1. Überblick und Wegweiser	3200	608
1.1 Standards und Anwendungsbereich	3200	608
1.2 Wesentliche Abweichungen zum HGB	3206	610
1.3 Neuere Entwicklungen	3207	611
2. Abgrenzung des Unternehmenserwerbs	3210	612
2.1 Erwerb eines business versus Kauf einzelner Vermögenswerte	3210	612
2.2 Abgrenzung des Unternehmenserwerbs von anderen Transaktionen	3215	614
3. Grundlagen der Kapitalkonsolidierung nach der Erwerbsmethode	3220	614
3.1 Fiktion des Einzelerwerbs von Vermögenswerten und Schulden	3220	614
3.2 Konsolidierungsschritte	3221	615
3.3 Konsolidierungspraxis: Bedeutung der Bilanzebenen HB II und HB III	3222	615
4. Erwerber und Erwerbszeitpunkt	3230	617
4.1 Identifikation des Erwerbers	3230	617
4.2 Erwerbszeitpunkt	3240	618
5. Gegenleistung/Anschaffungskosten des Unternehmenserwerbs	3250	619
5.1 Definition und Grundbestandteile der Gegenleistung	3250	619
5.2 Anschaffungsnebenkosten	3255	620
5.3 Sonderfälle	3260	621
5.3.1 Bedingte Kaufpreiszahlungen (Earn-out-Klauseln)	3260	621
5.3.2 Wertsicherungsklauseln	3265	623
5.3.3 Eigenkapital- und Bilanzgarantien	3266	624
5.3.4 Nach Erwerb an Mitarbeiter und Verkäufer gezahlte Leistungsvergütungen	3268	624
5.3.5 Ersatzansprüche für aktienorientierte Vergütungen (replacement awards)	3270	625
5.4 Zusammenfassung: Schema zur Ermittlung der Gegenleistung/Anschaffungskosten	3275	627
6. Ansatz in der Handelsbilanz III	3280	628
6.1 Sicht des hypothetischen Erwerbers	3280	628

	Rz.	Seite
6.2 Aktive latente Steuern auf Verlustvorträge	3285	629
6.2.1 Verlustvorträge des Tochterunternehmens	3285	629
6.2.2 Verlustvorträge des Erwerbers	3287	629
6.3 Immaterielle Vermögenswerte	3290	630
6.3.1 Abgrenzung vom Goodwill	3290	630
6.3.2 Erleichterte Ansatzvoraussetzungen für bisher nicht bilanzierte immaterielle Vermögenswerte	3300	630
6.3.3 Checkliste immaterieller Vermögenswerte	3301	631
6.3.4 Überschneidungsfreie Abgrenzung immaterieller Vermögenswerte	3310	634
6.3.5 Zuverlässige Bewertbarkeit	3315	635
6.3.6 Marktwertadjustierung schwebender Verträge inkl. Leasingverträgen	3320	636
6.4 Erstattungsansprüche aus Bilanzgarantien	3325	637
6.5 Eventualforderungen	3330	637
6.6 Schulden	3340	638
6.6.1 Sonderregelung für Eventualschulden	3341	638
6.6.2 Restrukturierungsrückstellungen	3343	639
7. Bewertung in der Handelsbilanz III	3350	640
7.1 Grundsatz: Fair value-Bewertung aus Sicht eines hypothetischen Erwerbers	3350	640
7.2 Ausnahmen von der Fair value-Bewertung	3351	640
7.3 Welchen Bilanzposten nach welcher Methode bewerten?	3355	641
7.4 Insbesondere: Bewertung immaterieller Vermögenswerte nach DCF-Verfahren	3360	645
7.4.1 Methode der unmittelbaren Cashflow-Prognose	3361	645
7.4.2 Methode der Lizenzpreisanalogie	3362	645
7.4.3 Mehrgewinnmethode	3363	645
7.4.4 Residualwertmethode	3364	645
7.4.5 Erfassung des abschreibungsbedingten Steuervorteils (tax amortisation benefit)	3365	647
7.4.6 Cashflow-Planung und Nutzungsdauerbestimmung	3370	648
7.4.7 Beurteilung	3371	648
7.5 Ausweis- und Klassifizierungsänderungen	3380	649
8. Bilanzierung eines Goodwill bzw. bargain purchase	3400	650
8.1 Wahlrecht: Neubewertungsmethode oder Full Goodwill-Methode	3400	650
8.2 Neubewertungsmethode	3410	651
8.2.1 Schema zur Berechnung von Goodwill und bargain purchase	3410	651
8.2.2 Folgebewertung des Goodwill	3411	652
8.2.3 Ausnahme: bargain purchase	3412	652
8.3 Full Goodwill-Methode	3420	654
8.3.1 Schema zur Berechnung des Full Goodwill	3420	654

	Rz.	Seite
8.3.2 Ermittlung des Unternehmensgesamtwerts/Minderheitenanteils	3421	655
8.3.3 Beurteilung der Full Goodwill-Methode	3422	655
8.3.4 Ausnahmefall: Bargain purchase und Full Goodwill	3424	656
9. Konsolidierung von vorläufigem Nettovermögen	3440	657
10. Erst-, Folge- und Entkonsolidierung: Zusammenfassende Fallstudie	3450	658
10.1 Erstkonsolidierung	3451	658
10.1.1 Ausgangsdaten	3451	658
10.1.2 Ermittlung des Goodwill	3452	659
10.1.3 Auswirkung auf das Konzerneigenkapital	3453	660
10.2 Folgekonsolidierung	3460	660
10.2.1 Grundsatz der Wertfortschreibung	3460	660
10.2.2 Forschungs- und Entwicklungskosten	3461	661
10.2.3 Finanzielle Vermögenswerte und Verbindlichkeiten	3462	661
10.2.4 Eventualschulden	3463	662
10.2.5 Goodwill und Umrechnungsdifferenzen	3464	662
10.2.6 Minderheitenanteile	3465	662
10.2.7 Beispiel zur Folgekonsolidierung	3470	663
10.2.8 Auswirkung auf das Konzerneigenkapital	3473	665
10.3 Entkonsolidierung	3480	665
10.3.1 Konstellationen	3480	665
10.3.2 Entkonsolidierungszeitpunkt	3481	666
10.3.3 Ermittlung des Entkonsolidierungserfolgs	3482	666
10.3.4 Bilanzierung kumulierter erfolgsneutraler Ergebnisse inkl. Umbuchung in die GuV (reclassification)	3484	667
10.3.5 Beispiel	3490	668
10.3.6 Auswirkung auf das Konzerneigenkapital	3492	668
11. Sonderfälle	3500	670
11.1 Transaktionen vor Konzernzugehörigkeit (pre-existing relationships)	3500	670
11.1.1 Lieferungen/Verkäufe vor Konzernzugehörigkeit	3501	670
11.1.2 Abwicklung günstiger und ungünstiger Verträge	3502	670
11.1.3 Zurückerworbene Rechte	3505	672
11.1.4 Eventualforderungen und -verbindlichkeiten	3506	672
11.1.5 Wertberichtigungen auf Forderungen	3508	673
11.2 Konsolidierung von Tochterpersonengesellschaften	3520	674
11.2.1 Ausweis von Minderheiten im Konzernabschluss	3520	674
11.2.2 Kapitalkonsolidierung bei Erwerb aller Anteile	3522	674

	Rz.	Seite
11.2.3 Erwerb von weniger als 100 % der Anteile (Antizipierter Erwerb der Minderheitenanteile)	3523	675
11.3 Verkaufsoptionen über Minderheitenanteile	3526	677
11.4 Mehrstufige Kapitalkonsolidierung	3530	678
11.5 Erwerb eines Teilkonzerns	3535	679
11.6 Transaktionen unter gemeinsamer Kontrolle (common control)	3540	680
11.6.1 Anwendungsbereich	3540	680
11.6.2 Bilanzierungsfolgen: Wahlrecht zwischen Erwerbsmethode und Interessenzusammenführungsmethode	3543	681
11.7 Konzerninterne Transaktionen	3550	683
11.7.1 Innerhalb eines Gesamtkonzerns	3550	683
11.7.2 Zwischen berichtendem Teilkonzern und Gesamtkonzern	3551	683
11.8 Umgekehrter Unternehmenserwerb (reverse acquisition)	3560	684
11.8.1 Sachverhalt	3560	684
11.8.2 Bilanzierung	3562	685
11.9 Neugründung von Holdings (Sacheinlagen)	3570	689
11.10 Interessenzusammenführung	3575	691
12. Anhangangaben	3590	691
V. Quotenkonsolidierung (IAS 31)	3600	692
1. Überblick und Wegweiser	3600	692
1.1 Standards und Anwendungsbereich	3600	692
1.2 Wesentliche Abweichungen zum HGB	3605	693
1.3 Neuere Entwicklungen	3606	693
2. Durchführung der Quotenkonsolidierung	3610	693
3. Ausweis	3620	695
4. Anhangangaben	3630	695
VI. Equity-Methode (IAS 28)	3650	695
1. Überblick und Wegweiser	3650	695
1.1 Standards und Anwendungsbereich	3650	695
1.2 Wesentliche Abweichungen zum HGB	3655	696
1.3 Neuere Entwicklungen	3657	697
2. Vorbereitung der Equity-Methode	3660	697
3. Erstkonsolidierung	3665	697
4. Folgekonsolidierung	3670	699
4.1 Fortschreibung des Beteiligungsansatzes	3670	699
4.2 Wertminderung	3675	702
4.3 Wertaufholung	3678	703
4.4 Negative Equity-Wertansätze	3680	704

	Rz.	Seite
5. Entkonsolidierung	3685	704
6. Ausweis	3688	704
7. Anhangangaben	3690	705

VII. Übergangskonsolidierungen (IFRS 3, IAS 27) ... 3700 705

    1. Überblick und Wegweiser ... 3700 705
        1.1 Standards und Anwendungsbereich ... 3700 705
        1.2 Wesentliche Abweichungen zum HGB ... 3706 706
        1.3 Neuere Entwicklungen ... 3707 707
    2. Sukzessive Beteiligungserwerbe ... 3710 707
        2.1 Problemstellung ... 3710 707
        2.2 Lösungsansätze ... 3713 709
            2.2.1 Lösung nach HGB alt (Tranchenweise Konsolidierung) ... 3713 709
            2.2.4 Lösung nach HGB i.d.F. BilMoG ... 3715 711
            2.2.3 Lösung nach IFRS 3 (2004) ... 3717 711
            2.2.4 Lösung nach IFRS 3 (2008) ... 3720 713
            2.2.5 Sukzessiver Beteiligungserwerb nach IFRS 3 (2008) mit Minderheiten und erfolgsneutralen Ergebnissen ... 3721 714
        2.3 Kontrollerlangung ohne zusätzliche Anteile ... 3725 716
        2.4 Sukzessiver Beteiligungserwerb bis zur Equity-Bewertung oder Quotenkonsolidierung ... 3726 716
    3. Statusverlust von Tochterunternehmen, assoziierten und Gemeinschaftsunternehmen ... 3730 717
        3.1 Ausscheiden von Tochtergesellschaften aus dem Konsolidierungskreis ... 3730 717
            3.1.1 Überblick ... 3730 717
        3.2 Statusverlust von assoziierten und Gemeinschaftsunternehmen ... 3735 721
    4. Auf- und Abstockungen ohne Statuswechsel ... 3740 721
        4.1 Aufstockungen von Mehrheitsbeteiligungen ... 3740 721
        4.2 Abstockungen von Mehrheitsbeteiligungen ... 3745 723
        4.3 Disproportionale Kapitalerhöhungen ... 3750 726
        4.4 Konzerninterne Umstrukturierungen ... 3760 728
    5. Gestaltungsmöglichkeiten/Missbrauchsvorschriften (Gesamtplan) nach IAS 27 (2008) ... 3770 730
        5.1 Split von Anteilsverkäufen ... 3770 730
        5.2 Split von Anteilskäufen (sukzessiver Erwerb mit Kaufoption) ... 3772 731
    6. Anhangangaben ... 3780 732

VIII. Weitere Konsolidierungsmaßnahmen (IAS 27) ... 3800 732

    1. Überblick und Wegweiser ... 3800 732
        1.1 Standards und Anwendungsbereich ... 3800 732

	Rz.	Seite
1.2 Wesentliche Abweichungen zum HGB	3805	732
1.3 Neuere Entwicklungen	3806	733
2. Schuldenkonsolidierung	3810	733
3. Aufwands- und Ertragseliminierung	3820	734
4. Zwischenergebniseliminierung	3830	735
4.1 Vollkonsolidierung	3830	735
4.2 Assoziierte Unternehmen	3836	737
4.3 Gemeinschaftsunternehmen	3837	737
5. Auswirkungen unterschiedlicher Bewertungskategorien	3840	738
6. Auswirkungen auf Minderheitenanteile	3850	738

E. Berichtsinstrumente und weitere Angabepflichten ... 4000   739

I. Gliederungsgrundsätze des Abschlusses (IAS 1) ... 4001   739

1. Überblick und Wegweiser	4001	739
1.1 Standards und Anwendungsbereich	4001	739
1.2 Wesentliche Abweichungen zum HGB	4006	742
1.3 Neuere Entwicklungen	4008	742
2. Gliederungsgrundsätze	4010	742
2.1 Darstellungsstetigkeit	4010	742
2.2 Vergleichswerte der Vorperiode	4011	743
2.3 Angabe aller wesentlichen Posten und Informationen	4012	743
2.4 Saldierung	4015	744

II. Bilanz (IAS 1) ... 4100   745

1. Überblick und Wegweiser	4100	745
1.1 Standards und Anwendungsbereich	4100	745
1.2 Wesentliche Abweichungen zum HGB	4105	745
1.3 Neuere Entwicklungen	4107	746
2. Aktiv- und Passivseite nach Fristigkeit	4110	746
2.1 Gliederung nach Fristigkeit versus Liquiditätsnähe	4110	746
2.2 Definitionsmerkmale kurzfristiger Posten	4111	746
2.2.1 Übersicht	4111	746
2.2.2 Realisierung innerhalb des normalen Geschäftszyklus	4112	747
2.2.3 Zwölf-Monats-Regel	4116	748
2.2.4 Sonderfall: Finanzinstrumente	4121	749
2.2.5 Klassifizierung nach Verwendung	4124	750
3. Gliederungsschemata für die IFRS-Bilanz	4130	750
4. Einzelne Bilanzposten	4140	752
4.1 Aktiva	4140	752
4.1.1 Langfristige Vermögenswerte	4140	752
4.1.2 Kurzfristige Vermögenswerte	4146	753

	Rz.	Seite
4.2 Passiva	4155	755
4.2.1 Eigenkapital	4155	755
4.2.2 Langfristige Schulden	4160	755
4.2.3 Kurzfristige Schulden	4161	756
5. Anhangangaben	4170	756

III. Gewinn- und Verlustrechnung (IAS 1) 4200 757

	Rz.	Seite
1. Überblick und Wegweiser	4200	757
1.1 Standards und Anwendungsbereich	4200	757
1.2 Wesentliche Abweichungen zum HGB	4205	757
1.3 Neuere Entwicklungen	4207	758
2. Gliederungsschemata für die GuV: Gesamtkostenverfahren und Umsatzkostenverfahren	4210	758
3. Einzelne GuV-Posten	4220	760
3.1 Umsatzerlöse	4220	760
3.2 Andere Erträge und operative Aufwendungen	4221	760
3.3 Operatives Ergebnis (EBIT)	4230	762
3.3.1 Zuordnung von Posten zum Betriebsergebnis oder zum Finanzergebnis	4230	762
3.3.2 Praxishinweis: EBIT-Steigerung	4234	763
3.4 Finanzergebnis	4237	764
3.5 Ausweis von Sondereffekten/Abgrenzung zum außerordentlichen Ergebnis	4239	765
3.6 Ergebnis vor Steuern/Ertragsteuern	4240	765
3.7 Ergebnis aufgegebener Geschäftsbereiche	4241	765
3.8 Jahresergebnis	4242	766
3.9 Ergebnis je Aktie	4243	766
3.10 Ergebnisverwendungsrechnung	4244	766
4. Anhangangaben	4250	766

IV. Gesamtergebnisrechnung (IAS 1) 4300 767

	Rz.	Seite
1. Überblick und Wegweiser	4300	767
1.1 Standards und Anwendungsbereich	4300	767
1.2 Wesentliche Abweichungen zum HGB	4305	767
1.3 Neuere Entwicklungen	4306	767
2. Erfolgsneutral zu erfassende Aufwendungen und Erträge	4310	768
2.1 Kategorien	4310	768
2.2 Ersetzen erfolgsneutraler durch erfolgswirksame Ergebnisse (reclassification)	4312	768
2.3 Latente Steuern	4314	769
3. Darstellungsalternativen für die Gesamtergebnisrechnung	4315	770
3.1 Wahlrecht	4315	770
3.2 Beispiel für eine Gesamtergebnisrechnung	4316	771
3.3 Beurteilung der Gesamtergebnisrechnung. Es fehlt: Das Gesamtergebnis je Aktie	4320	773

	Rz.	Seite
V. Eigenkapitalspiegel (IAS 1)	4350	774
1. Überblick und Wegweiser	4350	774
1.1 Standards und Anwendungsbereich	4350	774
1.2 Wesentliche Abweichungen zum HGB	4355	775
1.3 Neuere Entwicklungen	4356	775
2. Struktur	4361	775
2.1 Unterteilung der Rücklagen	4362	775
2.2 Versicherungsmathematische Gewinne und Verluste	4363	777
2.3 Gesamtergebnis	4365	777
2.4 Ergebnisverwendung	4370	778
2.5 Sonstige Kapitalveränderungen	4372	778
VI. Kapitalflussrechnung (IAS 7)	4400	779
1. Überblick und Wegweiser	4400	779
1.1 Standards und Anwendungsbereich	4400	779
1.2 Wesentliche Abweichungen zum HGB	4403	780
1.3 Neuere Entwicklungen	4404	780
2. Darstellung und Aufbau	4410	780
2.1 Gliederung	4410	780
2.2 Abgrenzung des Finanzmittelfonds	4412	781
2.3 Nicht zahlungswirksame Transaktionen	4413	781
2.4 Ermittlung und Darstellung der Zahlungsströme	4420	782
2.4.1 Mittelfluss aus operativer Tätigkeit	4421	782
2.4.2 Mittelfluss aus Investitionstätigkeit	4425	784
2.4.3 Mittelfluss aus Finanzierungstätigkeit	4427	785
2.5 Saldierung	4428	785
3. Inhalt der drei Bereiche der Finanzmittelflüsse	4430	786
3.1 Mittelfluss aus laufender Geschäftstätigkeit	4430	786
3.2 Mittelfluss aus Investitionstätigkeit	4436	787
3.3 Mittelfluss aus Finanzierungstätigkeit	4438	788
3.4 Einzelfragen	4440	789
3.4.1 Zinsen, Dividenden, Ertragsteuern	4440	789
3.4.2 Sicherungsgeschäfte (Hedging)	4442	789
3.4.3 Aufgegebene Geschäftsbereiche (IFRS 5)	4443	789
4. Besonderheiten im Konzernabschluss	4450	790
4.1 Übersicht	4450	790
4.2 Fremdwährungstransaktionen	4451	790
4.3 Erwerb und Veräußerung von Tochtergesellschaften	4454	791
4.4 Beispiel für eine Konzernkapitalflussrechnung	4460	792
4.4.1 Angaben aus den Anlagenspiegeln	4461	792
4.4.2 Angaben aus der Bilanzveränderungsrechnung	4462	794
4.4.3 Weitere Angaben	4467	797
4.4.4 Kapitalflussrechnung für das Geschäftsjahr 02	4470	797
5. Anhangangaben	4480	799

	Rz.	Seite

VII. Anhang (IAS 1) 4500   799
  1. Übersicht und Wegweiser 4500   799
    1.1 Standards und Anwendungsbereich 4500   799
    1.2 Wesentliche Abweichungen zum HGB 4503   800
    1.3 Neuere Entwicklungen 4504   800
  2. Erklärung, dass der Abschluss mit den EU-IFRS übereinstimmt 4510   800
    2.1 Generalnorm 4510   800
    2.2 Übereinstimmungserklärung 4511   801
    2.3 Zusätzlich: Nennung neuer Standards und deren Auswirkungen 4513   801
    2.4 Ausnahmefälle 4515   802
        2.4.1 Ausnahmefall 1: Übereinstimmungserklärung bei Abweichen von einzelnen Standards unter Berufung auf die Generalnorm 4515   802
        2.4.2 Ausnahmefall 2: Übereinstimmungserklärung bei Anwendung von durch die EU-Kommission nicht genehmigten Standards 4520   804
  3. Wesentliche Rechnungslegungsmethoden 4530   804
    3.1 Angabe der Rechnungslegungsmethoden 4530   804
    3.2 Wahlrechtsausübung 4531   804
    3.3 Diskussion zu Schätzungsunsicherheiten 4534   805
  4. Einzelerläuterungen 4540   806
  5. Andere Angaben 4541   806
  6. HGB-Angaben im IFRS-Abschluss 4560   807
    6.1 Konzernabschluss 4560   807
    6.2 Einzelabschluss 4561   808
  7. Anhang-Checkliste 4562   809

VIII. Segmentberichterstattung (IFRS 8) 4600   809
  1. Überblick und Wegweiser 4600   809
    1.1 Standard und Anwendungsbereich 4600   809
    1.2 Wesentliche Abweichungen zum HGB 4605   811
    1.3 Neuere Entwicklungen 4606   812
  2. Segmentabgrenzung 4610   812
    2.1 Grundsatz 4610   812
    2.2 Definition der Geschäftssegmente 4611   812
    2.3 Berichtspflichtige Segmente 4615   814
        2.3.1 Möglichkeiten zur Zusammenfassung von Geschäftssegmenten 4615   814
        2.3.2 Zusammenfassung ähnlicher Segmente 4616   814
        2.3.3 Zusammenfassung unwesentlicher Segmente . 4621   816
  3. Segmentangaben 4640   817
    3.1 Anzuwendende Bilanzierungs- und Bewertungsmethoden 4640   817

	Rz.	Seite
3.2 Zuordnungskriterien	4642	817
3.3 Ergebnis, Vermögen und Schulden	4643	818
3.3.1 Ergebnis	4644	818
3.3.2 Vermögen	4645	819
3.3.3 Schulden	4646	819
3.4 Überleitung zu Konzerngesamtwerten	4647	819
3.5 Beispiel	4650	820
3.6 Sonstige Angaben	4651	821
IX. Ergebnis je Aktie (IAS 33)	**4700**	**822**
1. Überblick und Wegweiser	4700	822
1.1 Standards und Anwendungsbereich	4700	822
1.2 Wesentliche Abweichungen zum HGB	4705	824
1.3 Neuere Entwicklungen	4706	824
2. Unverwässertes Ergebnis je Aktie	4710	824
3. Verwässertes Ergebnis je Aktie	4720	826
4. Ausweis	4729	828
5. Anhangangaben	4730	828
X. Angaben über Beziehungen zu nahe stehenden Unternehmen und Personen (IAS 24)	**4750**	**830**
1. Überblick und Wegweiser	4750	830
1.1 Standards und Anwendungsbereich	4750	830
1.2 Wesentliche Unterschiede zum HGB	4753	831
1.2.1 HGB vor BilMoG	4753	831
1.2.2 Abänderungsrichtlinie	4755	831
1.2.3 HGB nach BilMoG	4757	832
1.2.4 Angabepflichten im Zwischenabschluss	4762	834
1.3 Neuere Entwicklungen	4763	835
2. Abgrenzung nahe stehender Unternehmen und Personen zum Konzern	4765	836
2.1 Nahe stehend: Begriff	4765	836
2.2 Nahe stehende Unternehmen und Konzern	4766	836
2.2.1 Unternehmen aus dem Konsolidierungskreis	4766	836
2.2.2 Andere Unternehmen	4769	838
2.3 Natürliche Personen und Konzern	4771	838
2.4 Negativabgrenzung: Nicht nahe stehende Unternehmen und Personen	4774	839
3. Anhangangaben	4777	840
3.1 Ohne Geschäftsvorfälle	4777	840
3.2 Mit Geschäftsvorfällen	4779	840
3.3 Beispiel und Praxishinweise	4787	842
XI. Zwischenberichterstattung (IAS 34)	**4800**	**844**
1. Überblick und Wegweiser	4800	844
1.1 Standards und Anwendungsbereich	4800	844

	Rz.	Seite
1.2 Wesentliche Abweichungen zum HGB	4807	846
1.3 Neuere Entwicklungen	4808	846
2. Berichtsinstrumente im Zwischenbericht	4810	847
2.1 Überblick	4810	847
2.2 Verkürzte Bilanz	4815	847
2.3 Verkürzte Gesamtergebnisrechnung	4817	848
2.4 Ergebnis je Aktie	4819	849
2.5 Verkürzter Eigenkapitalspiegel	4820	849
2.6 Verkürzte Kapitalflussrechnung	4822	850
3. Ausgewählte Anhangangaben	4830	851
3.1 Bilanzierungs- und Bewertungsmethoden	4831	851
3.2 Saison- oder Konjunktureinflüsse	4835	852
3.3 Ungewöhnliche Ereignisse	4836	852
3.4 Änderungen von Schätzungen	4837	852
3.5 Kapitalveränderungen	4838	852
3.6 Segmentangaben	4839	853
3.7 Änderungen der Unternehmensstruktur	4840	853
3.8 Eventualschulden oder Eventualforderungen	4841	853
3.9 Wesentliche Ereignisse nach Ende der Zwischenberichtsperiode	4842	853
4. Bilanzierung und Bewertung	4850	853

F. Erstmalige Anwendung von IFRS (IFRS 1) 5000   855

I. Überblick und Wegweiser 5000   855

1. Standards und Anwendungsbereich	5000	855
2. Wesentliche Abweichungen zum HGB	5005	856
3. Neuere Entwicklungen	5006	856

II. Anwendungsbereich des IFRS 1 5010   857

1. Persönlicher Anwendungsbereich	5010	857
1.1 Übereinstimmungserklärung: Dokumentation des Erstanwenderstatus	5010	857
1.2 Abgrenzung und Grenzfälle	5011	858
2. Zeitlicher Anwendungsbereich bei Quartalsabschlüssen	5016	858

III. Aufstellung der IFRS-Eröffnungsbilanz 5020   859

1. Grundsatz der rückwirkenden Normanwendung	5020	859
1.1 Verfahrensweise	5020	859
1.2 Mengengerüst in der IFRS-Eröffnungsbilanz	5024	860
1.3 Praktische Grenzen der Rückwirkung	5025	861
2. Ausnahmen von rückwirkender Normanwendung	5030	861
2.1 Verbot der Berücksichtigung später zugegangener Informationen	5030	861

		Rz.	Seite
2.2	Unternehmenszusammenschlüsse	5040	862
	2.2.1 Zeitpunkt rückwirkender Anwendung von IFRS 3/IAS 27	5040	862
	2.2.2 Klassifikation von Unternehmenszusammenschlüssen	5047	864
	2.2.3 Goodwill	5048	864
	2.2.4 Ansatz der übrigen Vermögenswerte und Schulden	5052	865
	2.2.5 Bewertung der übrigen Vermögenswerte und Schulden	5055	866
	2.2.6 Kein vormaliger Konzernabschluss	5063	869
2.3	Sachanlagen, Anlageimmobilien und immaterielle Vermögenswerte des Anlagevermögens	5070	870
	2.3.1 Korrekturen fortgeführter Kosten	5070	870
	2.3.2 Wahlrecht zur punktuellen Neubewertung	5074	872
2.4	Leasing	5080	873
2.5	Finanzinstrumente	5085	873
	2.5.1 Kategorisierung	5085	873
	2.5.2 Ausbuchung	5087	874
	2.5.3 Strukturierte Produkte	5089	874
	2.5.4 Ersteinbuchung zum Fair value	5090	874
	2.5.5 Derivate und Hedging	5094	875
2.6	Pensionsverpflichtungen	5100	876
2.7	Aktienorientierte Vergütungen	5105	877
2.8	Währungsdifferenzen	5110	877
2.9	Zinskosten	5112	878
2.10	Diensleistungskonzessionsvereinbarungen	5113	878
3. Praxishinweise		5120	878
3.1	Wesentliche Bilanzierungsentscheidungen	5120	878
3.2	Unterschiedliche Erstanwendungszeitpunkte von Mutter- und Tochterunternehmen	5130	879
3.3	Beurteilung	5139	880
4. Anhangangaben		5140	880
4.1	Allgemeine Angaben	5140	880
4.2	Überleitungsrechnungen	5141	881

G. Zinsschranke nach § 4h EStG und IFRS-Abschluss ... 6000   882

I. Zusammenhänge zwischen Rechnungslegung nach IFRS und dem steuerlichen Konzept der Zinsschranke 6001   882

1. Erläuterung des Konzepts der Zinsschranke (§ 4h EStG) .. 6001   882
2. Konzernexterne (schädliche) Gesellschafterfremdfinanzierung 6007   886

	Rz.	Seite
II. Steuerlicher Konzernkreis gem. § 4h Abs. 2 EStG	6010	887
1. Unterordnungskonzern	6010	887
2. Besonderheiten bei Organschaft	6012	889
3. Gleichordnungskonzern	6013	889
4. GmbH & Co. KGs	6015	890
III. Durchführung des Eigenkapitaltests	6020	891
1. Bestimmung der anzuwendenden Rechnungslegungsgrundsätze	6020	891
1.1 Für den Eigenkapitalquotenvergleich maßgeblicher Konzernabschluss	6020	891
1.2 Maßgeblicher Rechnungslegungsstandard für den Eigenkapitalvergleich	6022	891
2. Zeitliche Aspekte	6024	892
3. Ermittlung der Eigenkapitalquote des Konzerns	6025	893
4. Ermittlung der Eigenkapitalquote des Betriebs	6030	894
4.1 Grundsatz der Einheitlichkeit der anzuwendenden Rechnungslegungsstandards auf Konzern- und Unternehmensebene	6031	894
4.2 Ermittlung des Eigenkapitals	6032	895
4.2.1 Ermittlungsschema	6032	895
4.2.2 Stille Reserven/Lasten und Firmenwerte	6033	896
4.2.3 Insbesondere: Zuordnung von Firmenwerten zu Betrieben	6034	896
4.2.4 Konsolidierungseffekte	6037	899
4.2.5 Anteile an anderen Konzerngesellschaften	6038	899
4.2.6 Besonderheiten bei Organschaft	6039	900
4.2.7 Sonderposten mit Rücklageanteil	6040	900
4.2.8 Eigenkapital, das keine Stimmrechte vermittelt	6041	900
4.2.9 Einlagen vor dem Abschlussstichtag	6042	900
4.2.10 Sonderbetriebsvermögen der Mitunternehmerschaft	6043	900
4.2.11 Gesellschaftsrechtliche Kündigungsrechte	6045	901
4.3 Ermittlung der Bilanzsumme	6050	901
4.3.1 Ermittlungsschema	6050	901
4.3.2 Grundsätzlich: Korrespondenzprinzip	6052	902
4.3.3 Modifizierung der Bilanzsumme um Sonderbetriebsvermögen	6053	902
4.3.4 Korrektur um „Kapitalforderungen"	6055	904
4.4 Überleitungsrechnung	6061	905
IV. Zinsvortrag und latente Steueransprüche	6065	906
V. Zusammenfassende Fallstudie	6070	907
1. Annahmen	6070	907
2. Ermittlung der Eigenkapitalquoten	6071	908

	Rz.	Seite
2.1 Eigenkapital des Organkreises und der Mitunternehmerschaft	6071	908
2.2 Eigenkapital des Konzerns	6076	910
2.3 Bilanzsumme des Organkreises und der Mitunternehmerschaft	6077	910
2.4 Bilanzsumme des Konzernabschlusses	6078	910
3. Ergebnis des Eigenkapitaltests	6079	910
VI. Gestaltungsfragen	6090	910
1. Fragestellung	6090	910
2. Erhöhung der Eigenkapitalquote des Unternehmens („Betriebs")	6092	911
2.1 Grundsatz der Stetigkeit	6092	911
2.2 Unternehmenswahlrechte	6093	911
2.2.1 Neubewertung von Sachanlagen	6093	911
2.2.2 Bewertung von Anlageimmobilien	6094	912
2.2.3 Zuwendung der öffentlichen Hand	6095	912
2.2.4 Bilanzierung der versicherungsmathematischen Gewinne und Verluste	6096	912
2.2.5 Erstmalige Anwendung von IFRS	6097	912
2.3 Nicht unternehmenseinheitliche Ausübung von Wahlrechten	6098	913
2.3.1 Fair value-Bewertung nach IAS 39	6098	913
2.3.2 Ermessensspielräume	6099	913
(1) Aktivierung von Entwicklungskosten	6100	913
(2) Aktivierung von Fremdkapitalkosten bei Anschaffung und Herstellung (IAS 23)	6101	914
(3) Langfristige Fertigung nach IAS 11	6102	914
(4) Weitere Beispielsfälle für bilanzpolitische Ermessensspielräume	6103	914
2.4 Bilanzpolitik durch Sachverhaltsgestaltung	6104	914
2.4.1 Leasing	6105	914
2.4.2 Restrukturierungsrückstellung gem. IAS 37.72	6106	915
2.4.3 Verrechnungen und Saldierungen	6107	915
2.5 Allokation von Eigenkapital im Konzern	6108	915
2.6 Änderung des Konsolidierungskreises	6109	916
2.7 Zuordnung von Akquisitionsschulden und Firmenwerten	6110	916
3. Zusammenfassende Beurteilung des Instrumentariums	6111	916
H. Anhang-Checkliste		918
Literaturverzeichnis		979
Stichwortverzeichnis		1011

Abkürzungsverzeichnis

a.A.	anderer Ansicht
Abb.	Abbildung
ABl.	Amtsblatt
ABS	Asset Backed Securities
Abs.	Absatz
Abschn.	Abschnitt
Abt.	Abteilung
abzgl.	abzüglich
ADS	Adler/Düring/Schmaltz (s. Literaturverzeichnis)
a.F.	alte Fassung
AfA	Absetzung für Abnutzung
AG	Aktiengesellschaft
AHK	Anschaffungs- und Herstellungskosten
AktG	Aktiengesetz
Anm.	Anmerkung(en)
APB	Accounting Principles Board
ARC	Accounting Regulatory Committee
Art.	Artikel
Aufl.	Auflage
BB	Betriebs-Berater (Zeitschrift)
Bd.	Band
BDI	Bundesverband der Deutschen Industrie e.V.
BetrAV	Betriebliche Altersversorgung (Zeitschrift)
BFH	Bundesfinanzhof
BFuP	Betriebswirtschaftliche Forschung und Praxis (Zeitschrift)
BGB	Bürgerliches Gesetzbuch
BGBl.	Bundesgesetzblatt
BGH	Bundesgerichtshof
BilKoG	Bilanzkontrollgesetz
BilMoG	Bilanzrechtsmodernisierungsgesetz
BilReG	Bilanzrechtsreformgesetz vom 4.12.2004, BGBl. I 2004, 3166
BörsG	Börsengesetz
BörsZulV	Börsenzulassungs-Verordnung
BR-Drs.	Bundesrats-Drucksache
Bsp.	Beispiel
bspw.	beispielsweise
BStBl.	Bundessteuerblatt
BT-Drs.	Bundestags-Drucksache
Buchst.	Buchstabe
bzw.	beziehungsweise

ca.	circa
CAPM	Capital Asset Pricing Model
CEO	Chief Executive Officer
CGU	cash generating unit(s)
CoDM	Chief Operating Decision Maker
COO	Chief Operating Officer
c.p.	ceteris paribus
DB	Der Betrieb (Zeitschrift)
DBO	Defined Benefit Obligation
DBW	Die Betriebswirtschaft (Zeitschrift)
DCF	Discounted Cashflow
d.h.	das heißt
DM	Deutsche Mark
DRS	Deutscher Rechnungslegungsstandard (des DRSC)
DRSC	Deutsches Rechnungslegungs Standards Committee e.V.
DStR	Deutsches Steuerrecht (Zeitschrift)
DVFA	Deutsche Vereinigung für Finanzanalyse
EAR	European Accounting Review (Zeitschrift)
EBIT	Earnings Before Interest and Tax
EBITDA	Earnings Before Interest, Taxes, Depreciation and Amortization
ED	Exposure Draft
E-DRS	Entwurf Deutscher Rechnungslegungsstandard
EFRAG	European Financial Reporting Advisory Group
e.G.	eingetragene Genossenschaft
EGHGB	Einführungsgesetz zum Handelsgesetzbuch
EG-Richtlinie	Richtlinie der Europäischen Gemeinschaften
EGV	EG-Vertrag
EK	Eigenkapital
EStG	Einkommensteuergesetz
EStH	Einkommensteuer-Hinweise
EStR	Einkommensteuer-Richtlinien
et. al.	et alii
etc.	et cetera
EU	Europäische Union
EuGH	Europäischer Gerichtshof
EUR	Euro
F + E-Kosten	Forschungs- und Entwicklungskosten
F.	Framework
f./ff.	folgende(r, s)
fAHK	fortgeführte Anschaffungs- und Herstellungskosten
FAS	Financial Accounting Standard
FASB	Financial Accounting Standards Board
FAZ	Frankfurter Allgemeine Zeitung
FG	Finanzgericht

FIFO	First in – first out
Fn.	Fußnote
FN-IDW	IDW-Fachnachrichten
FR	Finanz-Rundschau (Zeitschrift)
FS	Festschrift
GAAP	Generally Accepted Accounting Principles
GB	Geschäftsbericht
GE	Geldeinheiten
gem.	gemäß
GewSt.	Gewerbesteuer
ggf.	gegebenenfalls
GKV	Gesamtkostenverfahren
gl.A.	gleicher Ansicht
GmbH	Gesellschaft mit beschränkter Haftung
GmbHG	Gesetz betreffend die Gesellschaften mit beschränkter Haftung
GmbHR	GmbH-Rundschau (Zeitschrift)
GoB	Grundsätze ordnungsmäßiger Buchführung
GrS	Großer Senat
GuV	Gewinn- und Verlustrechnung
Halbs.	Halbsatz
HB	Handelsbilanz
HdJ	Handbuch des Jahresabschlusses (s. Literaturverzeichnis)
HGB	Handelsgesetzbuch
HHR	Herrmann/Heuer/Raupach, EStG/KStG, Kommentar
h.M.	herrschende Meinung
Hrsg.	Herausgeber
IAS	International Accounting Standard(s)
IASB	International Accounting Standards Board
IASC	International Accounting Standards Committee
i.d.F.	in der Fassung
i.d.R.	in der Regel
IDW HFA	IDW Hauptfachausschuss
IDW RH HFA	IDW Rechnungslegungshinweise des Hauptfachausschusses
IDW RS HFA	IDW Stellungnahme zur Rechnungslegung
IDW	Institut der Wirtschaftsprüfer in Deutschland e.V.
IFRIC	International Financial Reporting Interpretations Committee
IFRS	International Financial Reporting Standard(s)
IGC	Implementation Guidance Committee
i.H.v.	in Höhe von
IRZ	Zeitschrift für Internationale Rechnungslegung
i.S.d.	im Sinne des/der
IStR	Internationales Steuerrecht (Zeitschrift)

i.V.m.	in Verbindung mit
i.Z.m.	im Zusammenhang mit
JoPE	Journal of Political Economy (Zeitschrift)
KA	Konzernabschluss
Kap.	Kapitel
KapCoRiLiG	Kapitalgesellschaften- und Co.-Richtlinie-Gesetz
Kfz	Kraftfahrzeug
KG	Kommanditgesellschaft
KIFO	Konzern in – first out
KMU	kleine und mittelgroße Unternehmen
KMU-IFRS	Spezial-IFRS für kleine und mittelgroße Unternehmen
KonTraG	Gesetz zur Kontrolle und Transparenz im Unternehmensbereich
KoR	Zeitschrift für kapitalmarktorientierte Rechnungslegung
KStR	Körperschaftsteuer-Richtlinien
KSt.	Körperschaftsteuer
LIFO	Last in – first out
lt.	laut
MarkenG	Gesetz über den Schutz von Marken und sonstigen Kennzeichen
Mio.	Million(en)
Mrd.	Milliarde(n)
MU	Mutterunternehmen
m.w.N	mit weiteren Nachweisen
n.F.	neue Fassung
NJW	Neue Juristische Wochenschrift (Zeitschrift)
Nr.	Nummer(n)
NYSE	New York Stock Exchange
o.Ä.	oder Ähnliche(s)
o.g.	oben genannte(r, s)
OLG	Oberlandesgericht
o.O.	ohne Ortsangabe
p.a.	per anno
PHG	Personenhandelsgesellschaft
PiR	Praxis der internationalen Rechnungslegung
PKW	Personenkraftwagen
PoC	Percentage of Completion
Pos.	Position, Posten
PSVaG	Pensionssicherungsverein auf Gegenseitigkeit
PUCM	projected unit credit method

RAP	Rechnungsabgrenzungsposten
resp.	respektive
RHB	Roh-, Hilfs- und Betriebsstoffe
RIW	Recht der Internationalen Wirtschaft (Zeitschrift)
Rz.	Randzahl
S.	Seite
s.	siehe
SAC	Standards Advisory Council
SAR	Stock Appreciation Rights (aktienkursorientierte Vergütungen)
sbr	Schmalenbach Business Review (Zeitschrift)
SBV	Sonderbetriebsvermögen
SD	Staff Draft (Vorstufe zu Standardentwürfen)
SEC	Securities and Exchange Commission
SFAS	Statement of Financial Accounting Standards
SIC	Standing Interpretations Committee
SME	small and medium sized entities
sog.	so genannte(r, s)
SolZ	Solidaritätszuschlag
SORIE	Statement of recognised income and expense
SPE	Special Purpose Entity
StuB	Steuern und Bilanzen (Zeitschrift)
Tab.	Tabelle
TDM	Tausend Deutsche Mark
TransPuG	Gesetz zur weiteren Reform des Aktien- und Bilanzrechts, zu Transparenz und Publizität (Tranzparenz- und Publizitätsgesetz)
Tsd. Euro	Tausend Euro
Tsd.	Tausend
TU	Tochterunternehmen
TUG	Transparenzrichtlinie-Umsetzungsgesetz
Tz.	Textzahl
u.a.	unter anderen/anderem; und andere
u.Ä.	und Ähnliche(s)
u.E.	unseres Erachtens
UKV	Umsatzkostenverfahren
US-GAAP	United States Generally Accepted Accounting Principles
USA	United States of America
UStR	Umsatzsteuer-Richtlinien
usw.	und so weiter
u.U.	unter Umständen
v.	von, vom
vgl.	vergleiche
v.H.	vom Hundert

VMEBF	Vereinigung zur Mitwirkung an der Entwicklung des Bilanzrechts für Familiengesellschaften
WACC	Weighted Average Cost of Capital
WP	Wirtschaftsprüfer
WPg	Die Wirtschaftsprüfung (Zeitschrift)
WP-Handbuch	Wirtschaftsprüfer-Handbuch
WpHG	Gesetz über den Wertpapierhandel
z.B.	zum Beispiel
ZfB	Zeitschrift für Betriebswirtschaft
ZfbF	Schmalenbachs Zeitschrift für betriebswirtschaftliche Forschung
Ziff.	Ziffer
z.T.	zum Teil
ZVersWiss	Zeitschrift für die gesamte Versicherungswissenschaft
zzgl.	zuzüglich

A. Internationale Normen statt HGB-Rechnungslegung

I. Konzeption kapitalmarktorientierter Rechnungslegung nach IFRS

1. Angelsächsische versus kontinentaleuropäische Rechnungslegung

Das IFRS-Rechnungslegungssystem ist geprägt durch die **angelsächsische Rechnungslegungsphilosophie**, während die deutschen HGB-Rechnungslegungsnormen auch nach BilMoG auf dem **kontinentaleuropäischen Modell** der Rechnungslegung beruhen. Die historisch gewachsene Ausprägung des kontinentaleuropäischen Modells der Rechnungslegung im deutschen HGB geht auf europäisches Bilanzrecht (EU-Bilanzrichtlinien) zurück, das ursprünglich unter starkem deutschem Einfluss entstanden ist.[1] Demgegenüber stand (und steht) das IASC bzw. der IASB seit seiner Gründung 1973 unter starkem britisch-amerikanischem Einfluss.[2] Zwischen der kontinentaleuropäischen und der angelsächsischen Rechnungslegungsphilosophie besteht eine erhebliche Antinomie.

1

Die IFRS-Welt der Rechnungslegung erschließt sich leichter, wenn die **grundsätzlichen Unterschiede** der beiden Modelle der Rechnungslegung in groben Strichen skizziert werden.

1.1 Prinzipienorientierung versus Fallorientierung

Das kontinentaleuropäische (römische) Rechtssystem („**Code law**") äußert sich in Deutschland durch ein **kodifiziertes Bilanzrecht** (vor allem im HGB, aber auch in ergänzenden, einschlägigen aktienrechtlichen Regelungen und Vorschriften im GmbHG), das als **Teil des Gesellschaftsrechts** zu betrachten ist. Diese Gesetze formulieren Obersätze (Prinzipien), die Einzelheiten der Anwendung werden ausgefüllt durch die Grundsätze ordnungsmäßiger Buchführung.

2

Demgegenüber wird das IFRS-Regelwerk – die „Standards" sowie ergänzende Materialien – von einer **privaten Organisation** und ihren Gremien erarbeitet (s. Rz. 20 ff.). Das IFRS-Regelwerk ist historisch nicht eingebunden in das Gesellschaftsrecht[3], da die weltweite Harmonisierung der Rechnungslegung vom

3

---

1 Die 4. und 7. EG-Richtlinie beruhen auf Vorschlägen einer Studiengruppe, die unter dem Vorsitz des WP Dr. Elmendorff stand, vgl. *Kaminski*, Vorwort, in Schruff, Rechnungslegung und Prüfung der AG und GmbH nach neuem Recht 1978, S. 1.
2 Das IASC ist als angelsächsisches Gegengewicht zur Harmonisierung der Rechnungslegung in der EU zu verstehen, von vornherein mit dem Anspruch einer weltweiten Harmonisierung nach dem angelsächsischen Modell, vgl. *Hopwood*, EAR 1994, 241 (243). Der deutsche Berufsstand der Wirtschaftsprüfer als Gründungsmitglied des IASC hatte *ursprünglich* die Absicht, „wenigstens mit von der Partie – und informiert – zu bleiben, und so gut wie möglich gegenzusteuern", vgl. Hermann Clemm, unveröffentlichtes Manuskript, zitiert bei *Leffson*, Transnationale Einflüsse auf das deutsche Bilanzrecht, in Gross (Hrsg.), FS v. Wysocki, 1985, S. 11.
3 Das schließt nicht aus, dass das Gesellschaftsrecht auf IFRS-Normen Bezug nimmt, vgl. bereits *Breker/Naumann/Tielmann*, WPg 1999, 140 (143); die EU-Verordnung zur Anwendung der IFRS ist als ein solcher Schritt zu verstehen, vgl. hierzu Rz. 50 ff.

IASC beabsichtigt ist. Im EU-Bereich haben jedoch jene Standards, die von der EU-Kommission freigeschaltet worden sind, den Status von Gemeinschaftsrecht (Rz. 55 ff.)

In den Standards werden keine Obersätze, sondern jeweils **Einzelfragen** der Rechnungslegung relativ detailliert behandelt. Dieser vom kontinentaleuropäischen und damit auch vom deutschen HGB abweichende IFRS-Ansatz entstammt dem angelsächsischen „common law", das durch seine Fallbezogenheit („**case law**") charakterisiert werden kann: Aus der Lösung von Einzelfällen wird versucht, „principles" oder „standards" abzuleiten[1], während umgekehrt nach dem kontinentaleuropäischen Modell ausgehend von kodifizierten Prinzipien durch Subsumtion Einzelfälle gelöst werden.

Dem Kreis der Länder, die dem kontinaleuropäischen Modell nahe stehen, gehören an: Deutschland, Frankreich, Italien, Spanien, Belgien, Schweden und Japan.[2] Das angelsächsische Rechnungslegungsmodell findet sich in Großbritannien, den USA, Dänemark, Kanada, Australien sowie weiteren Staaten des Commonwealth.[3] Den Niederlanden wird eine Sonderstellung eingeräumt.[4] *Nobes/Parker* sprechen von einer „sui generis"-Rechnungslegung, die aber im Ergebnis eher dem anglo-amerikanischen Kreis zugerechnet werden kann.[5]

Das IASB bezeichnet seine Normen als prinzipienorientiert: „We plan to develop standards based on clear principles, rather than rules that attempt to cover every eventuality".[6] In der Literatur[7] wird diese These sehr kritisch beurteilt und vor allem darauf hingewiesen, dass die Standards selbst eine sehr ausgeprägte Einzelfallorientierung beinhalten. Das – in der Tat eher prinzipienorientierte – Rahmenkonzept geht demgegenüber keinem Standard (F. 2) vor (Rz. 32).

1.2 Zahlungsbemessungsfunktion versus Informationsfunktion

4 Ein weiterer wesentlicher Unterschied in der Rechnungslegungsphilosophie der beiden Modelle besteht in der unterschiedlichen Fokussierung der jeweili-

---

1 Vgl. *Haller*, Die Grundlagen der externen Rechnungslegung in den USA, 4. Aufl. 1994, S. 13–16.
2 Vgl. *Kleekämper/Kuhlewind/Alvarez* in Baetge u.a. (Hrsg.), Rechnungslegung nach IFRS, 2007 Teil A. II Rz. 6.
3 Vgl. *Risse*, International Accounting Standards für den deutschen Konzernabschluss, Wiesbaden 1996, S. 20.
4 Vgl. *Nobes/Parker*, Comparative International Accounting, 3rd Edition, New York et al. 1991, S. 229.
5 Vgl. *Kleekämper/Kuhlewind/Alvarez* in Baetge u.a. (Hrsg.), Rechnungslegung nach IFRS, 2007 Teil A. II Rz. 8.
6 *Tweedie*, Statement of Sir David Tweedie, Chairman, International Accounting Standards Board before the Committee on Banking, Housing and Urban Affairs of the United States Senate, Washington, D.C., February 14, 2002 (Stand: 25. April 2004), S. 13.
7 Vgl. *Ballwieser*, IFRS-Rechnungslegung 2006. S. 20, *Kußmaul/Tcherveniachki*, DStR 2005, 616–621; *Preißler*, DB 2002, 2389–2395, *Schildbach*, BFuP 2003, 247–266.

gen **Zielsetzung**, dessen Grund in den unterschiedlichen geschichtlichen, kulturellen und wirtschaftlichen Rahmenbedingungen zu sehen ist.[1]

Das kontinentaleuropäische Modell der Rechnungslegung dient einerseits als Informations- und Kontrollinstrument für **sämtliche Unternehmensbeteiligte** und hat andererseits die Aufgabe, die **Vermögenszuordnung** – Zahlungen – auf Eigen- und Fremdkapitalgeber und mitunter auch auf den Fiskus vorzunehmen. Auf Grund der historischen Dominanz der Bankenfinanzierung stehen die Interessen der Fremdkapitalgeber im Vordergrund, die sich im Hinblick auf Sicherung und Beurteilung ihrer Zahlungsansprüche auf normierte, Rechtsfolgen auslösende Rechnungslegungsdaten stützen können.[2]

Einziges Ziel der IFRS-Rechnungslegung ist demgegenüber die Vermittlung entscheidungsrelevanter Informationen im Sinne des decision usefulness-Konzepts (F.12) und damit der Schutz der Eigenkapitalgeber.[3] Das IFRS-Regelwerk geht zwar davon aus (F.10), dass bei Befriedigung der Informationsbedürfnisse der Investoren zugleich auch jene der meisten anderen Abschluss-Adressaten befriedigt werden;[4] die Information der aktuellen und potenziellen Risikokapitalgeber steht jedoch im Vordergrund (sog. **kapitalmarktorientierte Rechnungslegung**). Dieser Adressaten-Fokus der angelsächsisch geprägten Rechnungslegung ist ebenso wie der davon unterschiedliche Fokus des kontinentaleuropäischen Modells historisch bedingt: Vor allem in den USA ist der Aktienmarkt deutlich weiter entwickelt als in Europa (Deutschland).[5]

Inhaltlich wollen Investoren darüber informiert werden, mit welchen aus dem Unternehmen künftig fließenden Zahlungsströmen sie rechnen können.[6] Damit wären auch Aussagen über den Unternehmenswert (Marktwert des Eigen-

---

1 Einen Überblick der zahlreichen Forschungsarbeiten zu den Einflüssen der unterschiedlichen Rahmenbedingungen auf die Rechnungslegung bieten *Haller/Walton*, Unternehmenspublizität im Spannungsfeld nationaler Prägung und internationaler Harmonisierung, in Haller/Raffournier/Walton (Hrsg.), Unternehmenspublizität im internationalen Wettbewerb, 2000, S. 3 (51 ff.), vgl. auch *Baetge* in Schmalenbach-Gesellschaft e.V. (Hrsg.), Internationalisierung der Wirtschaft, Stuttgart 1993, S. 113.
2 Vgl. *Pellens u.a.*, Internationale Rechnungslegung, 7. Aufl. 2008, S. 7 ff. und S. 34 ff. *Schildbach*, US-GAAP, 2. Aufl. 2002, S. 14–16, Pellens weist darauf hin, dass in amerikanischen Kreditverträgen zum Schutz der Gläubiger häufig Regelungen (sog. „financial covenants") getroffen werden, die den deutschen *normierten* Kapitalerhaltungsvorschriften entsprechen. Den relativ einfachen Kreditverträgen deutschen Zuschnitts stehen daher häufig umfangreiche, komplexe Kreditverträge angelsächsischer Art gegenüber.
3 Vgl. *Ballwieser*, Die Entwicklung der Theorie der Rechnungslegung in den USA, ZfbF-Sonderheft 32/1993, S. 107 (119). Zu einer empirischen Studie siehe *Marten u.a.*, BB 2002, 2007.
4 Diese Prämisse der IFRS-Rechnungslegung wird nicht begründet.
5 Vgl. *Rost*, Der internationale Harmonisierungsprozess der Rechnungslegung, 1991, S. 94–100 sowie *Küting*, BB 1993, 30 (36).
6 So auch explizit IAS 1.9. Zur Literatur siehe statt vieler nur *Moxter*, Grundsätze ordnungsmäßiger Rechnungslegung, Düsseldorf 2003, S. 251 ff.; *Streim/Bieker/Esser* in Dirrigl/Wellisch/Wenger (Hrsg.), FS Wagner, Wiesbaden 2004, S. 229 ff., insbesondere S. 231.

kapitals) möglich. Ein solches Informationsinteresse kann konzeptionell grundsätzlich nur mit Hilfe von veröffentlichten **Finanzplänen** befriedigt werden. Indes: Das IFRS-Regelungswerk verlangt nicht die Veröffentlichung von Finanzplänen.

Dennoch ist das Bemühen des IASB erkennbar, auf einem anderen Weg, und zwar durch Ansatz und Bewertung von Bilanzposten, zu einer Aussage über den aktuellen Unternehmenswert, also den **Marktwert des Eigenkapitals**, zu gelangen. Der IASB hat im vergangenen Jahrzehnt zunehmend den Ansatz von Bilanzposten zum Marktwert bzw. Einzeltauschwert (Fair value, s. Rz. 450 ff.) gefordert oder lässt zumindest solche Werte (angesichts der Schwierigkeiten der Bestimmung des Fair value) als Wahlrecht zu. Trotz dieses Bemühens des IASB wird man feststellen müssen: Das bilanzielle Eigenkapital im IFRS-Abschluss nähert sich damit bestenfalls dem tatsächlichen Marktwert (Börsenwert) an[1], es kann aber, wie die Krise in 2007 und 2008 auf den Kapitalmärkten zeigt, durchaus auch den Börsenwert einer Gesellschaft übersteigen[2].

8–9 frei

2. Unterschiede in der Ausgestaltung der Rechnungslegungssysteme

10 Die vorstehend skizzierten unterschiedlichen Zielsetzungen haben zu einer unterschiedlichen, aber prinzipiell jeweils **zielentsprechenden Ausgestaltung** des jeweiligen Rechnungslegungssystems geführt. Drei zentrale Unterschiede lassen sich benennen:

2.1 Ausschüttungsbegrenzung versus periodengerechte Gewinnermittlung

11 Die **Begrenzung der Ausschüttung** im Sinne der Kapitalerhaltung und des Gläubigerschutzes ist von höchster Priorität für die Rechnungslegung nach HGB. Ein HGB-Jahresabschluss ist Teil des gesellschaftsrechtlichen Schutzsystems zur (nominellen) Kapitalerhaltung, das dafür sorgt, dass den Gläubigern ein bestimmtes Mindestkapital als Verlustpuffer zur Verfügung steht.[3] Im Hinblick auf den Gläubigerschutz wird der „Objektivierung und Verlässlichkeit" der Rechnungslegung mehr Bedeutung beigemessen als der Relevanz

---

1 Vgl. *Ballwieser*, IFRS-Rechnungslegung 2006, S. 20, *Kußmaul/Tcherveniachki*, DStR 2005, 616–621; *Preißler*, DB 2002, 2389–2395; *Schildbach*, BFuP 2003, 247–266.

2 So belief sich der Börsenkurswert von Daimler am 31.7.2008 auf Euro 35,6 Mrd., das bilanzielle Eigenkapital im Konzern am Ende des Geschäftsjahres 2007 auf Euro 38,2 Mrd. (analog bei BMW Börsenkurswert am 31.7.2008 Euro 16,3 Mrd; Eigenkapital Ende 2007 Euro 21,7 Mrd.).

3 Vgl. *Heuser*, Kapitalerhaltung aus Sicht des Abschlussprüfers – Solvenztest versus Überleitungsrechnung in Status: Recht, 2008, S. 176; KPMG Feasibility Study on an alternative to the capital maintenance regime established by the Second Company Law Directive 77/97/EEC of 13 December 1976 and an examination of the impact on profit distribution of the new EU-Accounting regime – abrufbar unter: „Kapitalerhaltung, KPMG-Studie i.A. der EU-Kommission, Januar 2008"; *Rammert*, Der Solvenztest – eine unausgereifte Alternative zur Kapitalerhaltung, in Ballwieser/Grewe (Hrsg.), FS 100 Jahre Südtreu/Deloitte 1907–2007, S. 429 ff. (449).

der Informationsvermittlung.¹ Die stärkere Betonung des **Gläubigerschutzes** im Interesse der **Fremdkapitalgeber** verpflichtet die Unternehmen, nach dem Vorsichtsprinzip ihre wirtschaftlichen Verhältnisse auf keinen Fall zu optimistisch zu beurteilen, so dass es nicht zu überhöhten Gewinnentnahmen und der damit verbundenen Reduzierung des Eigenkapitals (Haftungskapitals) kommt.² Die **Bildung stiller Reserven** wird im kontinentaleuropäischen Modell im Sinne kaufmännischer Tradition durchaus positiv beurteilt;³ die HGB-Rechnungslegung (das kontinental-europäische Modell) ist geprägt durch den Vorrang des Vorsichtsprinzips i.V.m. dem Realisations- und Imparitätsprinzip.

Demgegenüber rückt die primäre Orientierung an den Bedürfnissen der Eigenkapitalgeber im angelsächsischen Modell das Prinzip der **periodengerechten Gewinnermittlung i.S.d. „matching principle"** als ein dominierendes Rechnungslegungsprinzip in den Vordergrund: Das matching principle (vgl. zu seiner Interpretation und Ausfüllung nach IFRS Rz. 261) *dominiert im Grundsatz das Vorsichtsprinzip.*⁴

12

2.2 Anschaffungskostenprinzip versus Marktbewertung

Die **Zahlungsbemessungsfunktion** des handelsrechtlichen Jahresabschlusses verlangt eine streng anschaffungskostenorientierte Rechnungslegung. Sie ist (ohne Rückgriff auf Besteuerungs- und Ausschüttungsbeschränkungen) mit einer **Fair value-Bewertung**, die einen Gewinnausweis bereits erlaubt, wenn dieser nach dem Realisationsprinzip im Sinne des HGB noch nicht möglich ist, nicht vereinbar.

13

Demgegenüber wird von anglo-amerikanischen Standard-Settern in Frage gestellt, ob eine ausschließlich **anschaffungskostenorientierte Rechnungslegung** dem Investor die benötigten entscheidungsrelevanten Informationen liefert.⁵ Bei der Abbildung von Finanzinstrumenten im Jahresabschluss wird dies aus IFRS-Sicht z.B. verneint; stattdessen rückt die marktorientierte Bewertung zum Fair value stärker in den Vordergrund.

---

1 Vgl. *Breker/Naumann/Tielmann*, WPg 1999, 140 (142) sowie *Moxter*, Das System der handelsrechtlichen Grundsätze ordnungsmäßiger Bilanzierung, in Gross (Hrsg.), FS v. Wysocki, 1985, S. 17 (24–26).
2 Vgl. *Leffson*, Grundsätze ordnungsmäßiger Buchführung, in Busse von Colbe/Pellens (Hrsg.), Lexikon des Rechnungswesens, 4. Aufl. 1998, S. 323 (328).
3 Vgl. *Havermann*, Internationale Entwicklungen in der Rechnungslegung, in Ballwieser u.a. (Hrsg.), FS Moxter, 1994, S. 655 (661 f.), sowie im Tenor auch Deutsche Bundesbank, Monatsbericht Juni 2002, S. 41 ff. und Monatsbericht Oktober 2004, S. 64.
4 Vgl. *Havermann*, Internationale Entwicklungen in der Rechnungslegung, in Ballwieser u. a. (Hrsg.), FS Moxter, 1994, S. 655 (663), sowie zur internationalen Bedeutung des matching principles *Strobl*, Matching Principle und deutsches Bilanzrecht, in Ballwieser u.a. (Hrsg.), FS Moxter, 1994, S. 407–432.
5 Der Anstoß zu diesen Überlegungen kam Anfang der 1990er Jahre aus den USA, vgl. *Wiedmann*, Fair Value in der internationalen Rechnungslegung, in Lanfermann (Hrsg.), FS Havermann, 1995, S. 779 (783 ff.).

Beispiel:

Ein Unternehmen erwirbt ein Portfolio von Aktien aus dem DAX 30 zum Preis von 10 Mio. Euro. Am Jahresende sind die Aktien noch im Bestand, der Kurswert beträgt jedoch 15 Mio. Euro. Die Wertsteigerung wird im HGB-Abschluss nicht abgebildet. Die Aktien sind weiterhin mit Anschaffungskosten von 10 Mio. Euro zu aktivieren, weil noch keine Gewinnrealisation durch Verkauf stattgefunden hat. Ein Gewinn entsteht erst dann, wenn eine Markttransaktion beobachtbar ist; Wertsteigerungen am ruhenden Vermögen werden solange nicht erfasst, bis sie sich am Markt realisiert haben (Realisationsprinzip). Dagegen werden Wertminderungen am ruhenden Vermögen unabhängig von einer Markttransaktion antizipiert (Imparitätsprinzip).

14 Auf diese Weise wird dem **Gläubigerschutz im Interesse der Fremdkapitalgeber** gedient; ein Gewinn wird so nur dann ausgewiesen, wenn er unbedenklich, d.h. ohne Schädigung der Gläubigerinteressen entnommen werden kann.[1] Im HGB-Abschluss ist damit aber die Wertsteigerung für einen Abschlussleser nicht erkennbar. Das Unternehmen hat „stille Reserven" in Höhe von 5 Mio. Euro (s. Rz. 11). Im IFRS-Abschluss müssen demgegenüber die Aktien **zwingend zu ihrem Marktwert** am Bilanzstichtag, also zu 15 Mio. Euro angesetzt werden. Die Gegenbuchung erfolgt entweder im Ertrag, erhöht also das Jahresergebnis, oder sie erfolgt außerhalb der Gewinn- und Verlustrechnung unmittelbar im Eigenkapital (Rz. 414). Für den Abschlussadressaten wird jedoch in beiden Fällen der **Marktwert der Aktie sichtbar**. Die Bilanzierungspraxis steht der Fair value-Bewertung kritisch und reserviert bis ablehnend gegenüber.[2] Auch der deutsche Gesetzgeber ist unter dem Eindruck der gegenwärtigen Finanz- und (realen) Wirtschaftskrise von der im Entwurf des BilMoG noch vorgesehenen generellen Fair value-Bewertung für „zu Handelszwecken erworbene Finanzinstrumente" abgerückt. Diese ist im verabschiedeten BilMoG **nicht** mehr für **alle** Handelsunternehmen, sondern nur noch für **Kreditinstitute** i.S.v. § 340 ff. HGB vorgeschrieben (§ 340e Abs. 3 HGB i.d.F. BilMoG). Es bleibt also auch unter dem BilMoG beim strengen handelsrechtlichen Realisationsprinzip, das nur die erfolgswirksame Vereinnahmung von durch einen Umsatzakt realisierten Gewinnen zulässt. „Nur **realisierbare Gewinne**" auf Grund einer Fair value-Bewertung können auch zukünftig **nicht** erfolgswirksam vereinnahmt werden. Die befürchtete Abkehr vom insoweit traditionellen deutschen Bilanzrecht und eine noch stärkere Hinwendung zum internationalen Bilanzrecht erfolgt damit durch das BilMoG nicht.[3]

Die Fair value-Bewertung und die damit verbundene Möglichkeit des Ausweises von aus HGB-Perspektive noch nicht realisierten Gewinnen ist im angel-

---

[1] Vgl. *Merkt*, IFRS und die Folgen für den Kapitalschutz im Gesellschaftsrecht, in Börsig/Wagenhofer (Hrsg.), IFRS in Rechnungswesen und Controlling, 2006, S. 92.
[2] Vgl. hierzu die empirische Studie von *von Keitz*, Praxis der IASB-Rechnungslegung, 2. Aufl., 2005.
[3] Vgl. *Küting*, DStR 2009, 288 ff.

sächsischen Rechnungslegungsmodell grundsätzlich möglich, da es die Verbindung zwischen Handels- und Steuerbilanz auf Grund eines **Maßgeblichkeitsprinzips** nicht gibt.[1] Durch das BilMoG wird in Deutschland die enge Verbindung zwischen Handels- und Steuerbilanz auf Grund des Wegfalls der sog. *umgekehrten* Maßgeblichkeit/„formellen Maßgeblichkeit" (Streichung von § 5 Abs. 1 S. 2 EStG a.F.) zwar aufgehoben. Es bleibt aber dabei, dass die Maßgeblichkeit des handelsrechtlichen Jahresabschlusses für die steuerliche Gewinnermittlung gewahrt bleibt. Damit bleibt es auch – zumindest vorerst – dabei („materielle Maßgeblichkeit"), dass die Besteuerungsgrundlagen grundsätzlich aus der Handelsbilanz abgeleitet werden und nicht wie in der Welt der IFRS-Rechnungslegung eine gesonderte steuerliche Gewinnermittlung „sui generis"[2] vorgeschrieben wird. Der HGB-Jahresabschluss erfüllt – im Gegensatz zum IFRS-Abschluss – auf Basis einer vorsichtigen Gewinnermittlung eine Zahlungsbemessungsfunktion sowohl für die Ausschüttung als auch über das Maßgeblichkeitsprinzip im Sinne der materiellen Maßgeblichkeit für die Besteuerung.

2.3 Unterschiedliche Bedeutung von Anhangangaben

Wegen der vergleichsweise geringeren Bedeutung der Informationsfunktion haben im kontinentaleuropäischen Modell **erläuternde Anhangangaben** sowie die Frage der Anzahl der **Berichtsinstrumente** im Abschluss keine fundamentale Bedeutung.[3] Demgegenüber nehmen im angelsächsischen, kapitalmarktorientierten Modell der Rechnungslegung die qualitativen Bilanzierungsgrundsätze (eigentlich besser: Informationsgrundsätze) eine zentrale Stellung ein. Diese Grundsätze werden flankiert und ausgefüllt durch umfangreiche erläuternde Anhangangaben („**disclosures**")[4] und die Informationsvermittlung über die Kapitalflussrechnung, den Eigenkapitalspiegel und die Segmentberichterstattung.[5]

3. Annäherung der Rechnungslegungssysteme

Die fortschreitende **Internationalisierung der Geschäftstätigkeit** verlangt eine **weltweite Harmonisierung und Vereinheitlichung der Rechnungslegung**, um die gebotene Transparenz (Vergleichbarkeit) von Unternehmensinformatio-

---

1 Vgl. *Pellens u.a.*, Internationale Rechnungslegung, 7. Aufl. 2008, S. 13. Zur Zukunft der Maßgeblichkeit der Handelsbilanz für die Steuerbilanz vgl. *Prinz*, Maßgeblichkeit versus eigenständige Steuerbilanz – Auswirkungen einer HGB-Reform auf das Steuerrecht, FS Raupach, 2006, S. 279 ff.
2 Vgl. *Wagner*, DB 1998, 2068 (2074).
3 Vgl. auch *Ballwieser*, KoR 2002, 115: „Informations-GoB führen bis heute ... in Deutschland ein Schattendasein".
4 Vgl. *Baetge* in Baetge u.a. (Hrsg.), Rechnungslegung nach IFRS, 2007, Teil A II Rz. 5 f.
5 Es soll jedoch nicht unerwähnt bleiben, dass Privatanleger dem Anhang praktisch keine und selbst institutionelle Anleger diesem Berichtsinstrument nur geringe Aufmerksamkeit schenken. „Die geringe Nutzungsintensität des Anhangs ist ... als dramatisch zu bezeichnen.", *Pellens u.a.* in Börsig/Wagenhofer (Hrsg.), IFRS in Rechnungswesen und Controlling, 2006, S. 22.

nen zu erreichen. Die Plattform zur Erreichung dieses Ziels bieten die IFRS; sie gelten als international akzeptiertes Rechnungslegungssystem.[1] Deutliches Zeichen für den Einfluss der IFRS auf das kontinental-europäische Modell der Rechnungslegung ist die Weiterentwicklung des europäischen Bilanzrechts, wie sie in der Fair value-Richtlinie[2] und der Modernisierungsrichtlinie[3] zum Ausdruck gekommen ist. Diese Richtlinien wurden auf Grund des Bilanzrechtsreformgesetzes[4] und des Bilanzrechtsmodernisierungsgesetzes[5] in nationales Recht transformiert. In der Vorauflage haben wir an dieser Stelle unsere Einschätzung festgehalten, dass der zukünftige Weg des deutschen Bilanzrechts durch eine Entwicklung vorgezeichnet wird, die dadurch charakterisiert ist, dass das kontinentaleuropäische (deutsche) Modell der Rechnungslegung sich auf das angelsächsische Modell der Rechnungslegung zubewegt. Diese Entwicklung ist nunmehr eingetreten: Mit dem BilMoG wird das Ziel verfolgt, den Unternehmen – im Verhältnis zu den IFRS – eine gleichwertige, aber einfachere und kostengünstigere Alternative zu bieten. Hierbei werden die Eckpunkte des Bilanzrechts jedoch nicht aufgegeben, nämlich:

– Die HGB-Bilanz bleibt Grundlage der Ausschüttungsbemessung und

– die HGB-Bilanz dient weiterhin der steuerlichen Gewinnermittlung.[6]

Die Hinwendung des BilMoG zu den IFRS[7] ist verständlich vor folgender Ausgangslage des Gesetzgebers:

– Die Internationalisierung der Wirtschaft auf Grund der Öffnung der Märkte in Europa und weltweit führt zur Internationalisierung der Rechnungslegung.

– Diese Entwicklung berührt auch den Mittelstand.

– Um den Druck auf den Mittelstand zu verringern, ist die Annäherung des HGB an die IFRS durch das BilMoG grundsätzlich die richtige Antwort des Gesetzgebers auf diese bilanzrechtliche Herausforderung in Deutschland.

Der Detaillierungsgrad der IFRS wird durch das BilMoG (erfreulicherweise) nicht angestrebt; es bleibt jedoch abzuwarten, inwieweit trotz der Annäherung des HGB an das IFRS-Regelwerk es bei der allseits geforderten Prinzipienorientierung des HGB bleibt oder es doch zu einer stärkeren fallorientierten Rechnungslegungslandschaft (rules-based accounting) in Deutschland zukünftig kommt.[8]

---

1 Die internationale Akzeptanz der IFRS wird auch von Kritikern nicht in Frage gestellt, vgl. etwa *Schildbach*, BFuP 2002, 263.
2 Richtlinie 2001/65/EG v. 27.9.2001, ABl. EG L 283 v. 27.10.2001, 28.
3 Richtlinie 2003/51/EG v. 18.6.2003, ABl. EG L 178 v. 17.7.2003, 16.
4 BilReG v. 4.12.2004, BGBl. I 2004, 3166.
5 BilMoG v. 25.5.2009, BGBl. I 2009, 1102.
6 Vgl. BilMoG, Begründung zum RegE, S. 67, BT-Drs. 16/10067 v. 30.7.2008, § 32.
7 Vgl. *Hoffmann/Lüdenbach*, DStR, Beihefter zu Heft 30/2008, S. 1.
8 Vgl. *Theile*, Bilanzrechtsmodernisierungsgesetz, 2. Aufl. 2009, S. 12 f.; *Pellens u.a.*, Internationale Rechnungslegung, 7. Aufl. 2008, S. 980 f.; *Kirsch*, PiR 2008, 224 ff.; *Fülbier/Gassen*, DB 2007, 2605.

Die durch das BilMoG veranlassten HGB-Änderungen und ihre Verbindung zu den IFRS haben wir in Rz. 155 ff. dargestellt.

Zur Konvergenz der IFRS mit US-GAAP vgl. Rz. 46. 17

frei 18–19

II. Organisation und Verlautbarungen des IASC/IASB

1. Organisationsstruktur und Aufgaben

Das *International Accounting Standards Committee (IASC)* wurde 1973 als privatrechtlicher Verein nationaler Verbände von Rechnungslegern und Wirtschaftsprüfern gegründet und zum 1.4.2001 umstrukturiert und umbenannt.[1] Seitdem stellt sich die aktuelle Namensgebung wie folgt dar: 20

Die Organisation in der Rechtsform der Stiftung heißt nunmehr *International Accounting Standards Committee Foundation („IASC Foundation")*. Der *standard-setting body* der IASC Foundation ist der *International Accounting Standards Board („IASB")*.[2]

Die **Zielsetzungen** der IASC Foundation sind:[3] 21

(a) im Interesse der Öffentlichkeit einheitliche, qualitativ hochwertige, verständliche und durchsetzbare weltweite Rechnungslegungsstandards zu entwickeln, die zu einer qualitativ hochwertigen, transparenten und vergleichbaren Informationsdarstellung in Abschlüssen und anderen Finanzberichten führen, um den Teilnehmern an Kapitalmärkten und anderen Nutzern zu helfen, ökonomische Entscheidungen zu treffen;

(b) die Förderung der Nutzung und konsequenten Anwendung dieser Standards;

(c) im Hinblick auf die Zielerreichung zu (a) und (b) auch, soweit möglich, die besonderen Belange kleiner und mittlerer Unternehmen sowie von Schwellenländer zu beachten und[4]

(d) die Schaffung von Konvergenz zwischen nationalen Standards und IFRS im Interesse qualitativ hochwertiger Lösungen.

Die **IASC Foundation** besteht aus 22 Treuhändern (Trustees) unterschiedlicher geographischer und beruflicher Herkunft. Sie wählen und berufen die Mitglieder des Board (s. Rz. 23), des IFRIC (s. Rz. 24) und des Standards Advisory Council (SAC; s. Rz. 25), überwachen deren Aktivitäten und sind verant- 22

---

1 Vgl. IFRS-preface, Rz. 4; zur historischen Entwicklung s. ausführlich *Kleekämper/Kuhlewind/Alvarex* in Baetge u.a. (Hrsg.), Rechnungslegung nach IFRS, 2. Aufl., Teil A, I, Rz. 20 ff. sowie zum rechtlichen Status ebenda Rz. 75.
2 Vgl. IASC Foundation Constitution, 2005, Part A, Rz. 1.
3 Vgl. IASC Foundation Constitution, 2005, Part A, Rz. 2; im Hinblick auf (a), (b) und (d) gleich lautend zu den Zielen des IASB, dargelegt im IFRS-preface, Rz. 6.
4 Unterpunkt (c) eingefügt in Folge der Neufassung der Satzung am 21.6.2005.

wortlich für die Finanzierung der Organisation. Sie sind jedoch nicht mit inhaltlichen Fragen der Rechnungslegung betraut.[1]

Die Abb. 1 bietet einen Überblick zur derzeitigen Organisationsstruktur.

23 Dem **International Accounting Standards Board** (IASB) obliegt die fachliche Arbeit. Er ist das oberste Gremium zur Veröffentlichung von Diskussionspapieren (Discussion Paper), Verabschiedung von Standardentwürfen (Exposure Drafts), **Standards** (IAS bzw. IFRS), **Interpretationen** (SIC bzw. IFRIC) und anderen Verlautbarungen. Der Board besteht aus zwölf hauptamtlichen und zwei nebenamtlichen Mitgliedern, die sämtlich von den Trustees für eine Amtszeit von fünf Jahren gewählt werden; eine einmalige Wiederwahl ist möglich. Die Trustees benennen aus den hauptamtlichen Mitgliedern den Chairman, der zugleich Direktor der IASC Foundation ist. Um eine ausgewogene Erfahrung und Sichtweise zu gewährleisten, sollen mindestens fünf Board-Mitglieder als Wirtschaftsprüfer, mindestens jeweils drei als Ersteller und Nutzer (Finanzanalysten) von Abschlüssen und mindestens einer als Wissenschaftler gearbeitet haben.[2] Zur Zeit hat der IASB kein deutsches Mitglied.

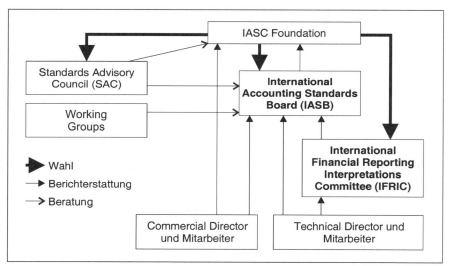

Abb. 1: Organisationsstruktur des IASC

Standards und ihre Entwürfe sowie die Interpretationen müssen mit einer qualifizierten Mehrheit von neun der 14 Mitglieder des Board verabschiedet werden. Für übrige Verlautbarungen (z.B. Vorentwürfe) ist die einfache Mehrheit der Board-Mitglieder ausreichend, wobei mindestens neun Mitglieder (persönlich oder über Konferenzschaltung) anwesend sein müssen.[3]

---

1 Zu Einzelheiten s. IASC Foundation Constitution, 2005, sowie *Kleekämper/Kuhlewind/Alvarex* in Baetge u.a. (Hrsg.), Rechnungslegung nach IFRS, 2007, Teil A I Rz. 44 ff.
2 Vgl. IASC Foundation Constitution, 2005, Rz. 18 ff.
3 Vgl. IASC Foundation Constitution, 2005, Rz. 30.

Board-Sitzungen sind, soweit Fragen der Rechnungslegung diskutiert werden, immer öffentlich und finden i.d.R. monatlich an drei bis fünf Tagen[1] und durchaus an unterschiedlichen Orten (nicht nur London, sondern z.B. auch Berlin, Tokio, New York) statt. Verfahrensfragen im Hinblick auf die Arbeit des IASB sind in einer Geschäftsordnung („*Due Process Handbook for the IASB*") niedergelegt.

Dem **International Financial Reporting Interpretations Committee** (IFRIC; vormals Standing Interpretations Committee, SIC) kommt die Aufgabe zu, **Interpretationen** zu **Anwendungs- und Auslegungsfragen** existierender Standards zu entwickeln. Mehrheitlich vom IFRIC verabschiedete Interpretationen müssen dem Board zur endgültigen Genehmigung vorgelegt werden. Das IFRIC besteht aus 14 Mitgliedern.[2] Auch für die Arbeit des IFRIC liegt seit Januar 2007 eine Geschäftsordnung vor („*Due Process Handbook for the IFRIC*"). Deutsche Mitglieder des IFRIC sind seit Juli 2007 Guido Fladt (PWC) und Bernd Hacker (Siemens), beide für eine Amtszeit von zunächst drei Jahren. 24

Das **Standards Advisory Council** (SAC) ist ein aus Repräsentanten verschiedener Interessengruppen und Organisationen bestehendes **Beratungsgremium** des Board und der Trustees. Es soll sich aus mindestens 30 Mitgliedern zusammensetzen.[3] 25

Neben den vorgenannten, fest installierten Gremien richtet der Board zur fachlichen Unterstützung bei wichtigen Projekten sog. **Working Groups** ein. Derzeit bestehen sechs solcher Arbeitsgruppen, etwa zum Leasing oder zum Projekt IFRS für private Unternehmen (ehemals IFRS für kleine und mittlere Unternehmen, sog. KMU-Projekt). 26

Zur Unterstützung der Facharbeit besteht eine technische und für organisatorische/administrative Aufgaben eine kommerzielle Abteilung. Geschäftsführer der Verwaltung, die etwa 15 hauptberufliche Kräfte umfasst, ist der Chairman des Board.[4] 27

frei 28–29

2. Verlautbarungen des IASB

2.1 Überblick

Das Regelungswerk des IASC/IASB besteht aus folgenden Elementen: 30

(a) Vorwort zu den International Financial Reporting Standards (*IFRS preface*) sowie auch Vorwort zum International Financial Reporting Interpretations Committee (*IFRIC preface*);

---

[1] Vgl. IASC Foundation, Due Process Handbook for the IASB, 2006, Rz. 67.
[2] Zu Einzelheiten vgl. IASC Foundation Constitution, 2005, Rz. 33 ff.
[3] Zu Einzelheiten vgl. IASC Foundation Constitution, 2005, Rz. 37 ff. sowie *Kleekämper/Kuhlewind/Alvarex* in Baetge u.a. (Hrsg.), Rechnungslegung nach IFRS, 2007, Teil A I Rz. 66 ff.
[4] Vgl. IASC Foundation Constitution, 2005, Rz. 40 ff. sowie *Kleekämper/Kuhlewind/Alvarex* in Baetge u.a. (Hrsg.), Rechnungslegung nach IFRS, 2007, Teil A I Rz. 70 ff.

(b) Rahmenkonzept (*Framework*);

(c) Standards (*International Accounting Standards, IAS* sowie *International Financial Reporting Standards, IFRS*) inklusive ggf. erläuternde Anhänge und Begründung (*Basis for Conclusions*);

(d) Interpretationen (*SIC* und *IFRIC*) inkl. ggf. Anhänge und Begründung;

(e) Anwendungsleitlinien (*Guidance on Implementing, IG*) und erläuternde Beispiele (*Illustrative Examples, IE*), fallweise sowohl zu Standards als auch Interpretationen.

Für die Abschlusserstellung sind – aus der Perspektive des IASB – unter Berücksichtigung des Wesentlichkeitsvorbehalts alle am Abschlussstichtag gültigen IAS/IFRS und SIC/IFRIC heranzuziehen (IAS 8.7 f.). Standards und Interpretationen, die sich erst im Entwurfsstadium befinden (*Exposure Draft*), dürfen grundsätzlich nicht berücksichtigt werden.[1]

2.2 Vorwort

31 Das *IFRS preface* soll die Ziele und Verfahrensregeln des IASB darlegen und den Anwendungsbereich sowie die Autorität der Standards erläutern. Es wurde ursprünglich 1975 veröffentlicht, 1982 überarbeitet und liegt seit Mai 2002 in einer neuen Fassung als *Preface to International Financial Reporting Standards* vor. Es wird seit März 2006 ergänzt durch das *Due Process Handbook for the IASB* (s. Rz. 23).

Zu Beginn eines jeden Standards wird darauf hingewiesen, dass die Ausführungen des Standards in Verbindung mit dem *IFRS preface* zu betrachten sind. Wegen der wenig spezifischen Aussagen im *IFRS preface* dürfte es jedoch für Auslegungsfragen durch den Anwender kaum praktische Relevanz haben.

Das Vorwort stellt klar, dass die vormaligen International Accounting Standards (IAS) sowie die Interpretationen des ehemaligen Standing Interpretations Committee (SIC) weiterhin gültig sind, solange sie nicht durch neue IFRS bzw. IFRICs ersetzt werden (*IFRS preface*, Rz. 5). Ferner klärt das *IFRS preface* in Rz. 14 die Frage (die in der Vergangenheit gelegentlich zu Irritationen geführt hat)[2] über den Verpflichtungsgrad der in den Standards enthaltenen Abschnitte in Fett- und Normaldruck: Beide haben den gleichen Verpflichtungsgrad. Der Unterschied liegt nur darin, dass die Abschnitte in Fettdruck typischerweise die grundlegenden Prinzipien bzw. Aussagen enthalten.[3]

Auch das IFRIC hat sich ein Vorwort gegeben. Es ist für den Anwender der Regelungen jedoch ohne Belang.

---

[1] Vgl. Baetge u.a. in Baetge u.a. (Hrsg.), Rechnungslegung nach IFRS, 2007, Teil A II Rz. 27.
[2] Vgl. IASC (Hrsg.), International Accounting Standards Explained, 2000, S. IX.
[3] Ursprünglich hatte der Board in dem *draft preface* vorgesehen, dass künftige IFRS keine fett gedruckten Absätze mehr enthalten. Diese vorgesehene Änderung wurde auf Grund zahlreicher Proteste zurückgezogen. Tatsächlich bietet die Unterscheidung in Fett- und Normaldruck für den Anwender eine wesentliche Arbeitserleichterung, um die Inhalte der Regelungen schnell zu erfassen.

2.3 Rahmenkonzept (Framework)

Das im Juli 1989 veröffentlichte „Rahmenkonzept für die Aufstellung und Darstellung von Abschlüssen" (im Folgenden kurz „Rahmenkonzept" oder „Framework", hier zitiert als *F.Paragraph*) bildet die **theoretische Basis** für die Entwicklung der einzelnen Standards. Das Rahmenkonzept selbst stellt keinen Standard dar und geht auch keinem Standard vor (F. 2). Es enthält jedoch die Definitionsmerkmale von Vermögenswerten, Schulden, Aufwendungen und Erträgen, die auf Grund des Verweises in IAS 1.15 generell und bei der Lückenfüllung – im Falle der Abwesenheit expliziter Regelungen – wegen IAS 8.11b von den Anwendern zu beachten sind. Außerdem enthält das Rahmenkonzept die qualitativen Bilanzierungs- und Abschlussgrundsätze, die im Wesentlichen in IAS 1 noch einmal wiederholt werden. Schließlich ist, wie auch schon das *IFRS preface*, auch das Rahmenkonzept bei der **Auslegung** der Standards heranzuziehen; hierauf wird vor jedem Standard hingewiesen. 32

Auf Inhalt, Bedeutung für den Abschlussersteller und neueste Entwicklung beim Rahmenkonzept gehen wir in Rz. 250 ff. ausführlich ein.

2.4 Standards (IFRS/IAS)

Neu verabschiedete Standards tragen den Namen *International Financial Reporting Standards* (IFRS, zitierweise in diesem Buch „IFRS Nr. Paragraph"). Ältere Standards heißen *International Accounting Standards* (IAS, zitierweise in diesem Buch: IAS *Nr.Paragraph*). Es kommt durchaus auch heute vor, dass ältere Standards überarbeitet werden und dabei ihren Namen beibehalten. Darüber hinaus steht der Name IFRS für die Summe der von den Unternehmen verpflichtend anzuwendenden Verlautbarungen des IASB, bestehend aus IFRS (den Standards), IAS, IFRIC und SIC. 33

Die einzelnen Standards behandeln jeweils eine oder mehrere **Rechnungslegungs-** und/oder **Darstellungsfragen**. Die Anwendung der gültigen Standards einschließlich der Interpretationen SIC und IFRIC ist für eine Bestätigung der Übereinstimmung des Abschlusses mit den IFRS verpflichtend (s. Rz. 4511). Im Vorspann zu jedem Standard wird ausgeführt, dass der Standard unter Beachtung seiner Zielsetzung, der Begründungserwägungen *Basis for Conclusions* (bei allen neuen oder veränderten Standards seit 2001 vorhanden), des *IFRS preface* und des Rahmenkonzepts zu würdigen und auszulegen ist.

Die Standards werden vom IASB der zeitlichen Reihenfolge ihrer Verabschiedung nach durchnummeriert. Das Normwerk der IAS reicht bis IAS 41, wobei wegen des zwischenzeitlichen Außerkraftsetzens einige Nummern nicht belegt sind. Die IFRS sind derzeit nummeriert von 1 bis 8. Die Standards und Interpretationen erscheinen jedes Frühjahr in einem gebundenen Band.

Häufig wird den Standards eine knappe Einführung mit Hintergrundinformationen zur historischen Entwicklung sowie Hinweisen zu den letzten Änderungen vorangestellt. Sodann ist der **typische Standardaufbau** wie folgt: 34

Zielsetzung (*objective*): Was ist Gegenstand dessen, was mit den Regelungen erreicht werden soll? Die Zielsetzung ist zusammen mit dem *IFRS preface* und dem Rahmenkonzept für die Auslegung des Standards heranzuziehen.

Anwendungsbereich (*scope*): Auf welche Unternehmen und/oder Sachverhalte ist der Standard anzuwenden? Es werden der persönliche und/oder sachliche Anwendungsbereich geklärt.

Beispiel:

IFRS 8 zur Segmentberichterstattung ist nur von Unternehmen anzuwenden, die den Kapitalmarkt mit Eigenkapital- oder Schuldtiteln in Anspruch nehmen. Umkehrschluss: Im Abschluss eines nicht kapitalmarktorientierten Unternehmens ist eine Segmentberichterstattung entbehrlich.

Definitionen (*definitions*): Die in den einzelnen Standards wiedergegebenen Definitionen gelten prinzipiell nur für den jeweiligen Standard. Dadurch wird das Regelungswerk schon optisch umfangreicher, als es etwa das geschriebene deutsche Rechnungslegungsrecht ist. In den neueren IFRS finden sich die einschlägigen Definitionen häufig in einem separaten Anhang, der dann integraler Bestandteil des Standards ist.

Regelungsbereich (*gegliedert nach inhaltsbezogenen Überschriften, z.B. „measurement", „recognition" oder auch „method of accounting"*): Der eigentliche Regelungsbereich nimmt den größten Raum in Anspruch. Je nach Gegenstand des Standards werden hier beispielsweise Bilanzierungs- oder Zuordnungsfragen geklärt. Die Regelungen sind erheblich detaillierter als die Vorschriften im Dritten Buch des HGB, wenngleich ihnen noch kein „Kochbuch"-Charakter zukommt.

Angaben (*disclosure*): Da die Zielsetzung des gesamten Regelungswerks darin besteht, in Abschlüssen entscheidungsrelevante Informationen zu transportieren, nehmen die Vorschriften zu den Angaben in den einzelnen Berichtsinstrumenten (Bilanz, GuV, Kapitalflussrechnung usw.), vor allem aber im Anhang des Abschlusses (*notes*), einen breiten Raum ein. Es gibt jedoch keinen Standard, der sich ausschließlich mit dem Anhang des Abschlusses beschäftigt.

Beispiel:

Angabepflichten zu den Anschaffungs- und Herstellungskosten von Vorräten finden sich in IAS 2. Ob in diesem Zusammenhang jedoch Zinskosten zu aktivieren waren, ist wiederum Gegenstand der Angabepflichten in IAS 23.

Wir haben die erforderlichen Anhangangaben in einer Checkliste in Abschnitt H zusammengestellt.

Übergangsvorschriften und Inkrafttreten (*transitional provisions and effective date*): Die erstmalige Anwendung eines (ggf. überarbeiteten) Standards wird regelmäßig in der Form formuliert, dass er auf Berichtsperioden anzuwenden sei, die am oder nach einem bestimmten angegebenen Datum beginnen. Häufig wird auch die frühere Anwendung empfohlen. Gelegentlich enthalten die Standards auch Übergangsvorschriften. Fehlen diese, ist in der Periode der erstmaligen Anwendung neuer Regelungen gemäß IAS 8 zu verfahren (s. Rz. 831 f.).

Anhänge (*Appendices*): Manche Standards enthalten einen oder mehrere Anhänge, die mit fortlaufenden Großbuchstaben gekennzeichnet werden. In der Regel enthalten diese Anhänge erläuternde Angaben; ob der Anhang integraler Bestandteil eines Standards ist, ist jeweils zu Beginn des Anhangs vermerkt. Bei den jüngeren IFRS finden sich häufig die auf den IFRS bezogenen Definitionen im Anhang.

Begründungserwägungen (*Basis for conclusions*): Gelegentlich schon bei den IAS, pflichtgemäß seit 2001 bei den IFRS und den IFRIC sind die Begründungserwägungen des Board einschließlich ggf. abweichender Stellungnahmen einzelner Board-Mitglieder (*dissenting opinions*) für die Regelungen des Standards zu veröffentlichen. Sie sind für die Interpretation des Standards heranzuziehen; tatsächlich ist ihre Wahrnehmung für das Verständnis der Regelungen oft von großer Bedeutung. Auf der anderen Seite gehören sie nicht mehr zum eigentlichen Standardumfang und sind damit auch nicht Bestandteil des EU-IFRS-Rechts (Rz. 56).

Die fett- und normalgedruckten Absätze in den Standards haben denselben Verpflichtungsgrad (Rz. 31).

2.5 Interpretationen (IFRIC/SIC)

In der Vergangenheit war zu beobachten, dass die Regelungen in den Standards von den Unternehmen zum Teil unterschiedlich ausgelegt wurden. Um dem entgegenzutreten, hatte das IASC ein „Standing Interpretation Committee" eingerichtet, das sich in seinen Interpretationen (SIC, zitiert als „SIC-*Nr.Paragraph*") solchen Auslegungsfragen und auch offen gebliebenen Problemen widmet. Die ersten Interpretationen traten zum 1.1.1998 in Kraft. Auf Grund der organisatorischen Umbenennung tragen neue Interpretationen den Namen IFRIC. Ihre **Anwendung** ist, wie die der Standards selbst, **verpflichtend**. 35

2.6 Anwendungsleitlinien und erläuternde Beispiele

Um die Regelungen der Standards besser verstehen zu können, werden gelegentlich Anwendungsleitlinien (*Implementation Guidance*) veröffentlicht. Diese Anwendungsleitlinien haben normalerweise **keinen Standardrang und sind deshalb nicht Bestandteil des EU-IFRS-Rechts**. Sollten Anwendungsleitlinien ausnahmsweise Standardrang haben, wäre das im Standard vermerkt. In diesem Fall wären die Unternehmen gehalten, bei der Auswahl der Rechnungslegungsmethoden nach IAS 8.7 auch die Ausführungen der Anwendungsleitlinien zu beachten (Rz. 59). Für EU-IFRS-Anwender wäre das aus rechtlicher Perspektive unproblematisch, da *solche* Anwendungsleitlinien auch zum Bestandteil des EU-IFRS-Rechts würden. 36

Neben den Anwendungsleitlinien werden zunehmend zu Standards und Interpretationen auch **erläuternde Beispiele** veröffentlicht. Diese haben **keinen Standardrang und sind nicht Bestandteil des EU-IFRS-Rechts**, helfen aber sehr, die Standardregelungen und Interpretationen zu verstehen.

37–39 frei

3. Zustandekommen von Standards und Interpretationen

3.1 Prozessablauf innerhalb des IASB (due process)

40 Die **Herstellung der Öffentlichkeit** und die Berücksichtigung kritischer Hinweise beim Zustandekommen von Standards und Interpretationen (*due process*) ist für ein privates Gremium ohne demokratische Legitimation die notwendige Voraussetzung, um überhaupt allgemein akzeptiert zu werden. Schon aus diesem Grund haben die Änderungen bei den Umgliederungsvorschriften für Finanzinstrumente, die der IASB auf politischen Druck der EU im Schnellverfahren und unter Außerachtlassung des üblichen Prozessablaufs im Oktober 2008 verabschiedet hat, großes Aufsehen erregt (Rz. 1803).

Die einzelnen Schritte des Prozesses über das Zustandekommen von Standards und Interpretationen sind im *IFRS preface*, Ziff. 18 (zu Standards) und 19 (zu Interpretationen) dargelegt und werden im Folgenden skizziert.

41 Die Anregung, sich mit bestimmten Bilanzierungsfragen auseinander zu setzen, kann von nationalen Interessengruppen und Standardsettern sowie dem SAC an den Board herangetragen werden. Mit dem SAC wird dann beraten, ob das Problem auf die Agenda gesetzt werden soll. Das jeweils aktuelle **Arbeitsprogramm mit beabsichtigten Umsetzungsterminen** ist auf der Homepage des IASB abrufbar.[1] Eine Zusammenfassung der wesentlichen Inhalte in deutscher Sprache stellt das DRSC zur Verfügung.[2]

Bei wesentlichen Projekten wird üblicherweise eine Projektgruppe („*Working Group*", Rz. 26) eingesetzt, deren Ergebnisse in einem Diskussionspapier zusammengefasst werden. Solche **Diskussionspapiere** werden mit dem Zweck, Stellungnahmen aus interessierten Kreisen zu erhalten, veröffentlicht. In diesem frühen Stadium kann die interessierte Öffentlichkeit noch am besten Einfluss auf mögliche künftige Regelungen nehmen.

42 Nach **Auswertung der Stellungnahmen** wird ein **Standardentwurf** (*exposure draft*, „ED") mit $^9/_{14}$-Mehrheit im Board verabschiedet und inklusive der Begründungen (*basis for conclusions*) und ggf. abweichender Stellungnahmen von Board-Mitgliedern (*dissenting opinions*) ebenfalls der Öffentlichkeit zur **Kommentierung** zur Verfügung gestellt. Die Kommentierungsfrist beträgt i.d.R. drei Monate, bei kleineren Standardänderungen ist sie auch kürzer. Im Zuge der Auswertung der Stellungnahmen kann auch über die Notwendigkeit **öffentlicher Anhörungen** oder Durchführung von **Feldstudien** beraten werden; ggf. werden solche Maßnahmen durchgeführt.

---

1 Vgl. http://www.iasb.org/Current+Projects/intro.htm.
2 Siehe http://www.standardsetter.de/drsc/projects_drsc/index.php.

Die **Verabschiedung eines endgültigen Standards** erfordert ebenfalls eine 43
$^9/_{14}$-Mehrheit beim IASB. Die Veröffentlichung ggf. abweichender Meinungen
von Board-Mitgliedern sowohl beim exposure draft als auch beim endgültigen
Standard ist verpflichtend vorgesehen. Zwischen der Verabschiedung eines
Standards und dessen **erstmaliger Anwendungspflicht** soll ein Zeitraum von
mindestens einem Jahr liegen.

Das Zustandekommen der **Interpretationen** unterliegt einem kürzeren Verfahren. 44
Nach Beratungen im Committee wird ein Interpretationsentwurf (*draft
interpretation*) veröffentlicht, wenn nicht mehr als drei IFRIC-Mitglieder gegen
den Entwurf stimmen. Eingegangene Kommentierungen zum Entwurf werden
beraten und eine endgültige Interpretation formuliert und im IFRIC beschlossen,
wenn nicht mehr als drei Mitglieder dagegen stimmen. Sodann ist die
Interpretation dem Board vorzulegen, der die Interpretation mit $^9/_{14}$-Mehrheit
verabschieden kann.

Diskussionspapiere, Standard- und Interpretationsentwürfe sind kostenlos auf 45
der **Homepage des Board** (www.iasb.org) abrufbar. Endgültige, also verabschiedete
Standards, sind kostenpflichtig. Die amtlichen EU-Übersetzungen im
Amtsblatt sind wiederum kostenlos im Internet abrufbar.[1]

3.2 Konvergenz mit US-amerikanischen Rechnungslegungsvorschriften (US-GAAP)

Die Entwicklung der IFRS steht jedoch nicht im alleinigen Ermessen des 46
IASB: Vielmehr hat sich der IASB mit dem US-amerikanischen Standardsetter
FASB bereits in 2002 im sog. **Norwalk Agreement** und in 2006 im sog. **Memorandum
of Understanding** auf die gemeinsame Fortentwicklung international
vergleichbarer Rechnungslegungsvorschriften mit dem **Fernziel eines einheitlichen
Rechnungslegungssystems** verständigt.[2] Dies ist konzeptionell nachvollziehbar,
da beide Rechnungslegungssysteme ähnliche Zielsetzungen verfolgen
(Rz. 4 ff.). Daneben hat das IASB ein ganz praktisches Interesse daran,
dass die **IFRS-Rechnungslegung endlich auch von der SEC als Zulassungsvoraussetzung
für den amerikanischen Kapitalmarkt akzeptiert** wird, so dass bei
dessen Inanspruchnahme auf eine Überleitung auf US-GAAP verzichtet werden
kann. Zum derzeitigen Stand der Anerkennung der IFRS beim Listing am
amerikanischen Kapitalmarkt s. Rz. 90 ff.

frei 47–49

---

1 Siehe http://ec.europa.eu/internal_market/accounting/index_de.htm.
2 Siehe http://www.iasb.org/Current+Projects/Memorandum+of+Understanding+with+the+FASB.htm.

III. IFRS als EU-Recht

1. IFRS-Anwendung innerhalb der EU

1.1 Übersicht

50 Es ist ein Gebot des Rechtsstaates, dass Rechtsnormen von der Legislative oder, falls eine entsprechende Ermächtigung[1] vorliegt, von der Exekutive verabschiedet werden und erst dann Rechtswirkung entfalten. Das Europäische Parlament und der Rat der Europäischen Union (die Legislative) haben in ihrer **IAS-Verordnung (EG) Nr. 1606/2002**[2]

(1) den Kreis der IFRS-Anwender in der EU bestimmt (Rz. 51 ff.) und

(2) das Verfahren zur Übernahme der IFRS festgelegt; dabei haben sie im Ergebnis die EU-Kommission (die Exekutive) ermächtigt, die Übernahme zu prüfen und für die entsprechende Freischaltung der Standards zu sorgen, wobei jüngst die Einflussnahme des Europäischen Parlaments deutlich erweitert worden ist (Rz. 55 ff).

Die Standards sind zwar schon vom IASB verabschiedet worden, aber vor ihrer Freischaltung durch die EU-Kommission sind sie für EU-Unternehmen rechtlich grundsätzlich noch nicht relevant.[3] Daraus folgende Probleme werden in Rz. 62 ff. erörtert.

1.2 Pflichtanwendung: Kapitalmarktkonzerne

51 Die IAS-Verordnung sieht die **verpflichtende Anwendung der IFRS für den Konzernabschluss börsennotierter Muttergesellschaften mit Sitz in der EU** vor. Damit soll im Interesse des Kapitalmarktes „die Vergleichbarkeit der Abschlüsse kapitalmarktorientierter Unternehmen"[4] verbessert werden.

1.3 Mitgliedstaatenwahlrechte

52 Die IAS-Verordnung bestimmt nicht nur die Pflicht der IFRS-Anwendung für Kapitalmarktkonzerne, sondern räumt den Mitgliedstaaten das Wahlrecht ein, die verpflichtende oder wahlweise Anwendung der IFRS auch für den Konzernabschluss von Gesellschaften, die den Kapitalmarkt nicht in Anspruch nehmen, sowie für den Einzelabschluss vorzusehen; s. Abb. 2.

---

1 Die rechtliche Zulässigkeit zum Erlass der IAS-Verordnung auf Basis von Art. 95 Abs. 1 EGV im Ergebnis bejahend *Wojcik*, Die internationalen Rechnungslegungsstandards IAS/IFRS als europäisches Recht, 2008, S. 72–96.

2 Verordnung (EG) Nr. 1606/2002 des europäischen Parlaments und des Rates vom 19.7.2002 betreffend die Anwendung internationaler Rechnungslegungsstandards, in ABl. L 243/1 v. 11.9.2002. (IAS-Verordnung).

3 Zum Umfang der von der EU-Kommission freigeschalteten Standards und Interpretationen (Kommissionsverordnung) siehe Rz. 56. Die Verordnungen lassen sich abrufen unter **http://ec.europa.eu/internal_market/accounting/ias_de.htm#adopted-commission**.

4 IAS-Verordnung 2002, Erwägungsgrund (1).

III. IFRS als EU-Recht

	Einzelabschluss	Konzernabschluss
MU nimmt Kapitalmarkt in Anspruch	Mitgliedstaatenwahlrecht: Mitgliedstaaten können – IFRS zwingend oder – IFRS wahlweise vorsehen	IFRS-Abschluss zwingend
MU nimmt Kapitalmarkt nicht in Anspruch		Mitgliedstaatenwahlrecht: Mitgliedstaaten können – IFRS zwingend oder – IFRS wahlweise vorsehen
Tochterunternehmen Einzelunternehmen		Entfällt

Abb. 2: Rechnungslegung in der EU

Wie die Mitgliedstaatenwahlrechte umgesetzt werden, steht im Befinden der einzelnen Mitgliedstaaten; es handelt sich *nicht* um ein Unternehmenswahlrecht. Zur Umsetzung in Deutschland siehe Rz. 120 ff. Im Hinblick auf die Umsetzung in anderen Mitgliedstaaten der EU hält die EU-Kommission laufend aktualisierte Informationen bereit, auf die wir verweisen.[1] 53

frei 54

2. Übernahme der IFRS in das EU-Recht
2.1 Vorbehalt der EU-Freischaltung von IFRS („*endorsement*")

Die vom IASB herausgegebenen Regelungen – also die Standards (IAS und IFRS) und Interpretationen (früher SIC, jetzt IFRIC) – sind nur dann von Kapitalmarktkonzernen (Rz. 51, für Deutschland ausführlich Rz. 110 ff.) und gegebenenfalls anderen Unternehmen (Rz. 52, für Deutschland Rz. 120 ff.) anzuwenden, wenn sie von der EU-Kommission **freigeschaltet** und als **Kommissionsverordnung in allen Amtssprachen im Amtsblatt der Europäischen Gemeinschaften** veröffentlicht worden sind.[2] Man kann insoweit von **EU-IFRS** sprechen („*endorsed* IFRS", s. auch Abb. 3, Rz. 56). Dieses Verfahren dient dazu, den von einem privaten Standardsetter verfassten Rechnungslegungsnormen die notwendige **verfassungsrechtliche Legitimation** zu verschaffen.[3] Freigeschaltete IFRS haben innerhalb der Europäischen Union Gesetzeskraft; es handelt sich um **Rechnungslegungs*normen*,** sie haben den Status von Gemeinschaftsrecht.[4] 55

---
1 Die diesbezüglichen Vorschriften in den Mitgliedstaaten divergieren sehr stark voneinander, siehe die Zusammenstellung unter http://ec.europa.eu/internal_market/accounting/docs/ias/ias-use-of-options_en.pdf (Stand: 25.2.2008, abgerufen am 6.2.2009).
2 Art. 3. Abs. 4. der IAS-Verordnung.
3 Vgl. *Wojcik*, Die internationalen Rechnungslegungsstandards IAS/IFRS als europäisches Recht, 2008, S. 111–121 sowie mit zahlreichen kritischen Hinweisen S. 121–220.
4 Vgl. *Schön*, BB 2004, 763 (766) und *Wüstemann/Kierzek*, Transnational legalization of accounting, in Law and Legalization in Transnational Relations, hrsg. von Christian Brütsch und Dirk Lehmkuhl, London: Routledge 2007, S. 33–57.

2.2 Gegenstand der Freischaltung

56 Im Fall der Freischaltung gehören zu diesem Gemeinschaftsrecht alle Standards (IAS, IFRS) und Interpretationen (SIC, IFRIC) einschließlich ggf. ihrer jeweiligen integralen Bestandteile, z.B.Anhänge. Umgekehrt **gehören die folgenden Bestandteile der Original-IFRS** *nicht* zu den übernommenen IASB-Verlautbarungen (s. Rz. 30 ff.) und damit *nicht zum europäischen Bilanzrecht* (s. auch Abb. 3):[1]

– das **Rahmenkonzept** (*Framework*),
– die jeweiligen **Begründungserwägungen** zu Standards und Interpretationen (*Basis for Conclusions*) sowie
– ggf. die nicht integralen **Anwendungsleitlinien** (*Guidance on Implementing*) und erläuternden Beispiele (*Illustrative Examples*)

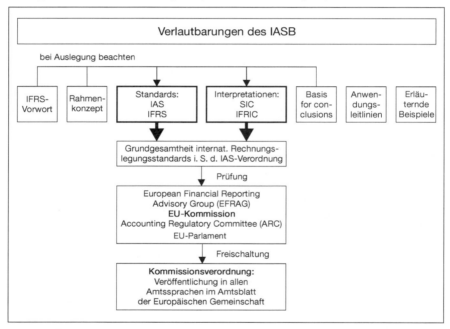

Abb. 3: Übernahme internationaler Rechnungslegungsstandards in europäisches Recht

57 Rechtlich bedeutsam ist die per se **unvollständige Übernahme** der IASB-Verlautbarungen vor allem im Hinblick auf das Rahmenkonzept. Im **Rahmenkonzept** finden sich die Definitionsmerkmale für Vermögenswerte, Schulden, Aufwendungen und Erträge sowie die wichtigsten qualitativen Anforderungen, die an einen der Informationsvermittlung verpflichteten Abschluss zu stellen sind. An zahlreichen Stellen in den Standards wird insbesondere auf

---

1 Das ist auch der Grund, warum die im Handel erhältlichen Textsammlungen der EU-IFRS diese Elemente nicht enthalten; gelegentlich aber das Rahmenkonzept, s. Rz. 58.

die Definitionsmerkmale des Rahmenkonzepts Bezug genommen. Darüber hinaus wird in der (EU-rechtlich übernommenen) Präambel vor jedem Standard ausgeführt, dass die Aussagen jedes Standards vor dem Hintergrund des **Rahmenkonzepts** sowie der **Begründungserwägungen** zu würdigen sind.[1]

Der EU-Kommission ist das Problem bewusst. Im Anhang zu einem Arbeitspapier von November 2003[2] hat sie daher das Rahmenkonzept in den damals 20 Amtssprachen der EU veröffentlicht. Zugleich weist sie darauf hin, dass die Anwender die Standards in ihrer vom IASB herausgegebenen Originalfassung einsehen sollten, „um sicherzustellen, dass etwaige Anhänge und Umsetzungsleitlinien bei der Bestimmung der angemessenen Anwendung der IAS entsprechend berücksichtigt werden."[3] Um Anwendungsprobleme zu vermeiden, muss die **Bilanzierungspraxis** letztlich doch die nicht als EU-IFRS geltenden IFRS-Bestandteile zur Lückenfüllung oder Auslegung heranziehen.[4] Materielle Bedeutung kann diese Frage bei einem gerichtlich ausgetragenen Dissens über Auslegungsfragen gewinnen (vgl. Rz. 80 f. und zur Prüfstelle Rz. 150). 58

Durch eine Änderung des IAS 8[5] hat sich das Problem etwas entschärft. Vormals waren auch die **Anwendungsleitlinien** als *nicht* integraler Standardbestandteil bei der Auswahl der Rechnungslegungsmethoden (IAS 8.7 a.F.) und bei der Lückenfüllung (IAS 8.11a a.F.) zu beachten. Das gilt ab 2009 nur noch für solche Anwendungsleitlinien, *die* integraler Standardbestandteil sind (IAS 8.9, Rz. 822). Für diese entsteht aber EU-rechtlich kein Problem, weil sie als integraler Bestandteil auch Bestandteil des EU-Rechts werden. Freilich: Uns sind bisher keine Anwendungsleitlinien bekannt, *die* integrale Standardbestandteile sind. Umkehrschluss: Die bisher vom IASB veröffentlichten Anwendungsleitlinien sind kein integraler Standardbestandteil und liegen deshalb nicht in amtlicher deutscher Übersetzung vor, sind aber gleichwohl für das *Verständnis* der Regelungen von großer Bedeutung. 59

2.3 Übernahmeverfahren

Das Verfahren zur Übernahme der IFRS in europäisches Recht ist vom sog. „Regelungsverfahren" durch Änderung der IAS-Verordnung im März 2008 auf 60

---

1 Zu berücksichtigen sind ferner das – allerdings für die Praxis wegen seiner unspezifischen Aussagen kaum relevante – *IFRS preface* sowie die in das EU-Recht übernommene und deshalb aus rechtlicher Perspektive unproblematische *Zielsetzung* des jeweiligen Standards.
2 Kommission der Europäischen Gemeinschaften, Kommentare zu bestimmten Artikeln der Verordnung (EG) Nr. 1606/2002 des Europäischen Parlaments und des Rates v. 19.7.2002 betreffend die Anwendung internationaler Rechnungslegungsstandards und zur 4. Richtlinie 78/660/EWG des Rates vom 25.7.1978 sowie zur 7. Richtlinie 83/349/EWG des Rates v. 13.6.1983 über die Rechnungslegung, Brüssel 2003.
3 Ebenda. S. 6.
4 Vgl. *Buchheim/Gröner/Kühne*, BB 2004, 1783 (1785).
5 Im Rahmen des jährlichen Verbesserungsstandards 2008, der am 23.1.2009 in europäisches Recht übernommen wurde.

das sog. „**Regelungsverfahren mit Kontrolle**" umgestellt worden. Durch das neue Verfahren werden die Rechte des **europäischen Parlaments** erheblich gestärkt: Das Parlament hat die Möglichkeit, die Übernahme zu verhindern.

Neben dem **Parlament** und der **EU-Kommission** sind weitere Verfahrensbeteiligte die privatwirtschaftliche *European Financial Reporting Advisory Group (EFRAG)* sowie das aus Vertretern der Mitgliedstaaten bestehende *Accounting Regulatory Committee (ARC)*. Für die Einzelheiten des Verfahrens verweisen wir auf einschlägige Literatur.[1]

Befürchtet wird, dass sich infolge der Verfahrensumstellung der Zeitraum von der Verabschiedung eines IFRS seitens des IASB bis zur Übernahme in europäisches Recht – bislang durchschnittlich knapp unter 9 Monate[2] – weiter verlängern wird.

61 frei

3. Verhältnis von Original-IFRS zu EU-IFRS

3.1 Anwendung der EU-IFRS

62 Auf Abschlüsse, die nach Maßgabe der IAS-Verordnung zwingend oder infolge der Ausübung von Mitgliedstaatenwahlrechten nach IFRS zu erstellen sind (Rz. 51 f.), müssen nach Art. 4 der IAS-Verordnung die EU-IFRS angewendet werden. Abschlussersteller müssen in einer Erklärung nach IAS 1.16 – falls zutreffend – bestätigen, dass der Abschluss mit allen anzuwendenden IFRS übereinstimmt (sog. **Übereinstimmungserklärung**, s. Rz. 4511). Nur dann handelt es sich um einen IFRS-Abschluss. Aus EU-Sicht kann sich die Erklärung nur auf die EU-rechtlich übernommenen IFRS beziehen; andernfalls wäre das Übernahmeverfahren (Rz. 60) obsolet.[3]

3.2 Zweifelsfragen

3.2.1 Problemstellung

63 Aufgrund der zeitlichen Verzögerung zwischen der Veröffentlichung eines IFRS seitens des IASB und der positiven oder negativen Entscheidung über seine Übernahme in europäisches Recht können für den Rechtsanwender eine Reihe von Fragen entstehen:

(1) Kann oder muss ein Standard, der erst *nach* dem Bilanzstichtag, aber *vor* Bilanzaufstellung für das vergangene Geschäftsjahr europarechtlich freigeschaltet worden ist, auf das vergangene Geschäftsjahr angewendet werden? (Rz. 64)

---

1 Vgl. *Buchheim/Knorr/Schmidt*, KoR 2008, 334; *Lanfermann/Röhricht*, BB 2008, 826; *Biebel*, IRZ 2008, 79 (80 f.).
2 Berechnung von *Pellens/Jödicke/Jödicke*, BB 2007, 2503.
3 So zutreffend *Buchheim/Gröner/Kühne*, BB 2004, 1783 (1787); *Wojcik*, Die internationalen Rechnungslegungsstandards IAS/IFRS als europäisches Recht, 2008, S. 127.

III. IFRS als EU-Recht

Beispiel:
Im Januar 2009 sind eine Reihe von Standards in europäisches Recht übernommen worden (z.B. die Standardänderungen auf Grund des jährlichen Verbesserungsstandards und die Änderungen an IAS 32), die auf Geschäftsjahre anzuwenden sind, die am oder nach dem 1.1.2009 beginnen. Ist eine Anwendung auch auf das Geschäftsjahr 2008 zulässig?

(2) Kann ein Standard, über dessen Freischaltung am Bilanzstichtag *noch nicht entschieden* worden ist, auf das vergangene Geschäftsjahr angewendet werden? (Rz. 65)

Beispiel:
Im Januar 2008 hat der IASB einen neuen IFRS 3 über Unternehmenszusammenschlüsse veröffentlicht, der die Full-Goodwill-Methode als Wahlrecht zulässt. Der Standard ist auf Unternehmenszusammenschlüsse nach dem 1.7.2009 anzuwenden, kann aber freiwillig früher angewendet werden (IFRS 3.64 (rev. 2008)). Bei Bilanzaufstellung für das Geschäftsjahr 2008 ist der Standard noch nicht in europäisches Recht übernommen worden. Darf ein EU-Unternehmen die Full Goodwill-Methode auf Unternehmenszusammenschlüsse des Jahres 2008 anwenden?

(3) Kann ein Standard (oder der Teil eines Standards), dessen Freischaltung *bereits versagt* worden ist, gleichwohl von einem Unternehmen mit Sitz in der EU angewendet werden? (Rz. 68)

Beispiel:
Die im März 2004 vom IASB verabschiedeten Regelungen zum Portfolio-Hedge von Zinsrisiken in IAS 39 sind nach wie vor nur teilweise in europäisches Recht übernommen worden. Von praktischer Bedeutung ist dieser derzeit einzige sog. *carve out* vor allem für Finanzdienstleistungsunternehmen: Weil die (strengeren) IAS 39-Regeln nicht übernommen worden sind, haben sie die Möglichkeit, auch Sicht- oder Spareinlagen in das Portfolio-Hedge von Zinsrisiken einzubeziehen. Darf ein EU-Unternehmen gleichwohl den Original-IAS 39 anwenden, um sich z.B. die Überleitungsrechnung auf US-GAAP (Rz. 91) zu ersparen?

Die hier in Bezug auf den (Konzern-)Jahresabschluss gemachten Aussagen sind auf den IFRS-Halbjahres- und Quartalsabschluss zu übertragen (Rz. 4802).

3.2.2 Rückwirkende Anwendung („Wertaufhellungszeitraum")

64 Ein neuer oder geänderter Standard wird vor dem Bilanzaufstellungstag eines Unternehmens für das Geschäftsjahr x1 von der EU freigeschaltet (Fall (1) in Rz. 63), z.B. im Januar x2. Der Standard selbst sieht die Pflichtanwendung der neuen Regelungen für das Geschäftsjahr x2 vor. Dann gilt nach einer Mitteilung der EU-Kommission an die Mitgliedstaaten[1] Folgendes:

a) Für das Geschäftsjahr x2 *müssen* die neuen Regelungen angewendet werden.

b) Für das Geschäftsjahr x1 *dürfen* die neuen Regelungen dann angewendet werden, *wenn* der Standard selbst in seinen Übergangsvorschriften die frühere Anwendung erlaubt; das ist der Regelfall.

3.2.3 Vorzeitige IFRS-Anwendung bei noch ausstehender EU-Freischaltung

65 Ein neuer oder geänderter Standard ist bis zum Bilanzaufstellungstag eines Unternehmens für das Geschäftsjahr x1 noch nicht von der EU freigeschaltet (Fall (2) in Rz. 63), darf aber ausweislich seiner Übergangsvorschriften seitens des IASB angewendet werden. Nach Auffassung der EU-Kommission kommt es nun auf die inhaltliche Güte des neuen Standards im Verhältnis zu den bisherigen EU-IFRS an:[2]

a) Ist der neue Standard inhaltlich kohärent mit den EU-IFRS und genügt er den Bedingungen des IAS 8.10 f., darf er als „Anhaltspunkt" verwendet werden. Das trifft im Ergebnis auf bisherige EU-IFRS-Regelungslücken zu; hier kann der neue, noch nicht übernommene Standard zur Lückenfüllung herangezogen werden.

b) Widerspricht der neue Standard allerdings den bisherigen EU-IFRS, darf er vor einer Entscheidung über die Übernahme oder ihrer Versagung grundsätzlich nicht angewendet werden. Demzufolge darf beispielsweise die Full-Goodwill-Methode (Rz. 63 (2)) noch nicht vorzeitig angewendet werden.

Die Prüfung auf inhaltliche Kohärenz des neuen Standards obliegt dem Abschlussersteller (und -prüfer). Hier besteht das Problem unterschiedlicher Auffassungen verschiedener Abschlussersteller. Das kann die Vergleichbarkeit veröffentlichter Abschlüsse stören.

66 Darüber hinaus weisen *Buchheim/Knorr/Schmidt* selbst bei einem festgestellten Widerspruch darauf hin, dass es ggf. auch auf die Güte des Widerspruchs ankomme. Ggf. kann mit zusätzlichen Angaben oder Überleitungsrechnungen der Widerspruch behoben werden, und ohnehin erlaube auch der EU-rechtlich

---

[1] Vgl. http://ec.europa.eu/internal_market/accounting/docs/arc/2005-11-30-extract-summary-record_en.pdf (abgerufen am 9.2.2009).

[2] Vgl. Kommission der Europäischen Gemeinschaften, Kommentare zu bestimmten Artikeln der Verordnung (EG) Nr. 1606/2002 des Europäischen Parlaments und des Rates v. 19.7.2002 betreffend die Anwendung internationaler Rechnungslegungsstandards und zur 4. Richtlinie 78/660/EWG des Rates v. 25.7.1978 sowie zur 7. Richtlinie 83/349/EWG des Rates v. 13.6.1983 über die Rechnungslegung, Brüssel 2003, S. 4 f.

übernommene IAS 8.8 die Nicht-Anwendung von Bilanzierungs-und Bewertungsmethoden, wenn die Auswirkung ihrer Anwendung unwesentlich ist.[1]
U.E. wäre auch eine Argumentation auf Basis des IAS 1.19 in Betracht zu ziehen. Hiernach kann von (EU-)IFRS abgewichen werden, wenn ansonsten eine irreführende Darstellung erfolgen würde. Das wäre vor allem dann eine Argumentationsbasis, wenn der IASB selbst seine Altregelung nunmehr als irreführend klassifizieren würde. In anderen Fällen wäre dies vom Abschlussersteller selbst zu prüfen.

Letztlich obliegt die Einschätzung der Zulässigkeit einer vorzeitigen Anwendung eines noch nicht freigeschalteten IFRS dem Abschlussersteller, und diese Einschätzung ist vom Abschlussprüfer zu prüfen. Der Hauptfachausschuss des IDW hatte sich beispielsweise gegen die vorzeitige Anwendung des IFRS 8 in Halbjahresberichten ausgesprochen mit der Folge, dass ggf. die Bescheinigung der prüferischen Durchsicht einzuschränken sei.[2] 67

Übertragen auf Jahresberichte besteht bei vorzeitiger Anwendung noch nicht freigeschalteter IFRS jedenfalls die Gefahr der Testatseinschränkung. Falls diese erfolgt ist, kann sie bei späterer Freischaltung ggf. durch eine Nachtragsprüfung geheilt werden.[3] Bei diesem Befund ist – auch aus Kostengründen – regelmäßig die Nichtanwendung noch nicht freigeschalteter IFRS empfehlenswert.

3.2.4 Verweigerte EU-Freischaltung

Aktuell liegt nur der Fall einer verweigerten EU-Freischaltung eines Teils von IAS 39 vor. Auch hierzu hat die EU-Kommission Stellung bezogen:[4] 68

(a) Sollte ein vom IASB herausgegebener und von der EU-Kommission abgelehnter neuer oder veränderter Standard mit seiner Vorgängerversion, die von der EU-Kommission genehmigt worden ist, inhaltlich kollidieren, so darf der neue Standard von den Unternehmen *nicht* beachtet werden. Maßgeblich ist allein die Vorgängerversion.

(b) Ist ein vom IASB herausgegebener und von der EU-Kommission abgelehnter Standard gleichwohl mit den übrigen von der EU-Kommission genehmigten Standards inhaltlich kohärent *und* genügt auch den Bedingungen des IAS 1.22 (alte Fassung, jetzt IAS 8.10), so können die Unternehmen den abgelehnten Standard gleichwohl als Anhaltspunkt für die Beurteilung der in seinem Anwendungsbereich liegenden Sachverhalte verwenden.

Auf den ersten Blick fällt die *Würdigung der Meinung der EU-Kommission* unter Rz. 68 Buchst. (b) zwiespältig aus: Wieso sollte überhaupt ein IFRS von 69

---
1 Vgl. *Buchheim/Knorr/Schmidt*, KoR 2008, 373 (376 f.).
2 Vgl. IDW-FN 2007, 442.
3 Vgl. *Pellens/Jödicke/Jödicke*, BB 2007, 2503 (2505 f.).
4 Vgl. Kommission der Europäischen Gemeinschaften, Kommentare zu bestimmten Artikeln der Verordnung (EG) Nr. 1606/2002 des Europäischen Parlaments und des Rates v. 19.7.2002 betreffend die Anwendung internationaler Rechnungslegungsstandards und zur 4. Richtlinie 78/660/EWG des Rates v. 25.7.1978 sowie zur 7. Richtlinie 83/349/EWG des Rates v. 13.6.1983 über die Rechnungslegung, Brüssel 2003, S. 4 f.

der Kommission abgelehnt werden, wenn er mit den übrigen genehmigten Standards kohärent ist und den Anforderungen des IAS 8.10 entspricht? Ist nicht die Ablehnung eines Standards eher ein Zeichen dafür, dass diese Bedingungen *nicht* erfüllt sind?

Freilich gilt diese berechtigte Kritik nicht uneingeschränkt, wie mit Blick auf den Fall des IAS 39 (Rz. 63 (3)) schnell klar wird: Der Original-IFRS ist in seinen Anforderungen *strenger* als der Teil, der in EU-Recht übernommen worden ist. Man wird einem Abschlussersteller aber kaum verweigern können, sich freiwillig strengeren Regelungen zu unterwerfen.

70 Wirtschaftspolitisch führt Fall (a) in Rz. 68 zu einer Divergenz zwischen Original-IFRS und EU-IFRS. Die Folgen, die sich daraus ergeben können, sind derzeit relevant für jene EU-Kapitalmarktkonzerne, die auch den amerikanischen Kapitalmarkt in Anspruch nehmen; hierzu Rz. 90 ff.

71–79 Einstweilen frei

3. Auslegung und richterliche Überprüfung der EU-IFRS

80 Kommt es zum Streit um die zutreffende IFRS-Anwendung, kann der Rechtsweg beschritten werden. Da es sich bei den EU-IFRS um Handelsrecht handelt, spielt die Finanzgerichtsbarkeit zunächst (s. aber Rz. 85) keine Rolle, sondern ausschließlich die ordentliche Gerichtsbarkeit. Ferner handelt es sich um Gemeinschaftsrecht, und somit ist letztinstanzliches Gericht faktisch der **Europäische Gerichtshof**. Gem. Art. 234 EG-Vertrag ist ein nationales unterinstanzliches Gericht berechtigt und ein nationales letztinstanzliches verpflichtet, den EuGH mit einem Vorabentscheidungsersuchen anzurufen, wenn eine Vorschrift des Gemeinschaftsrechts ein Interpretationsproblem aufwirft.[1] Der EuGH befindet daher letztlich über die Interpretation der europäischen internationalen Rechnungslegungsnormen. Im Bereich der Bilanzrichtlinien war dies in der Vergangenheit schon häufiger zu beobachten.[2]

81 Unter Rückgriff auf die gesicherten Erkenntnisse, die mit der Auslegung europäischen Richtlinienrechts gewonnen worden sind (hier kann auf umfangreiche Erfahrungen auf steuerlichem Gebiet, nämlich der 6. Umsatzsteuer-Richtlinie, zurückgegriffen werden), stehen im Vordergrund der Auslegung der EU-IFRS die Ziele der IAS-Verordnung bis hin zu den Zielen des EU-Vertrages selbst. Da die EU-IFRS qua Freischaltung durch die Kommission auch mit den Zielen der EG-Bilanzrichtlinien kompatibel sind, wird der EuGH auch diese Ziele würdigen. Im Zweifel sind alle Amtssprachen heranzuziehen, um eine

---

1 Zu weiteren Einzelheiten des Verfahrens s. z.B. *Schön*, BB 2004, 763 (764); *Wüstemann/Kierzek*, Transnational legalization of accounting, in Brütsch/Lehmkuhl (Hrsg.), Law and Legalization in Transnational Relations, London: Routledge 2007, S. 33–57 (47 ff.).
2 Erstmals im Verfahren Tomberger (EuGH v. 27.6.1996 – Rs. C-234/96) und später nochmals zur Publizitätspflicht der GmbH & Co. KG (EuGH v. 23.9.2004 – verb. Rs. C-435/02 und C-103/03, BB 2004, 2456 mit Anm. *Schulze-Osterloh*).

einheitliche Auslegung in allen Mitgliedstaaten zu gewährleisten.[1] Dabei ist jedoch das Prinzip der autonomen Auslegung zu beachten, wonach nicht ein möglicherweise vorhandenes nationales Vorverständnis in der Terminologie zum Maßstab einer europarechtlichen Auslegung gemacht werden darf. Insoweit sind der klassischen Wortauslegung Grenzen gesetzt, so dass tatsächlich der teleologischen Methode eine überragende Bedeutung zukommt.[2] Die Frage der Auslegungsmethoden beginnt nunmehr auch das Bilanzierungsschrifttum zu beschäftigen.[3]

frei 82–84

Durch die Einführung der Zinsschrankenregelung (Rz. 6000 ff.) kann ein IFRS-Abschluss Bedeutung erlangen für die Frage der Abzugsfähigkeit von Zinsaufwendungen bei der Ermittlung der ertragsteuerlichen Bemessungsgrundlage. Im Fall von Auseinandersetzungen zwischen Steuerpflichtigen und Finanzverwaltung wäre hier die Finanzgerichtsbarkeit maßgeblich. Entsteht ein Interpretationsproblem, so ist das zuständige Finanzgericht berechtigt und der BFH verpflichtet, den EUGH mit einem Vorabentscheidungsersuchen anzurufen.[4] Vergleichbare Vorlagefragen von Finanzgerichten gab es bereits in der Vergangenheit. Hierbei ging es jedoch um Fragen, die über § 5 Abs. 1 Satz 1 EStG bei der Auslegung der §§ 238 ff. HGB auf die zugrundeliegende Bilanzrichtlinien rekurrierten.[5] Im Fall der Zinsschranke würde sich die Auslegungskompetenz des EUGH auf die unmittelbare IFRS-Anwendung erstrecken.[6] 85

frei 86–89

4. Exkurs: IFRS auf dem amerikanischen Kapitalmarkt

Die US-amerikanische Börsenaufsicht Securities and Exchange Commission (SEC) hat für ausländische Wertpapieremittenten das Erfordernis einer IFRS-Überleitungsrechnung auf US-GAAP abgeschafft. Die neue Regelung[7] ist am 21.12.2007 veröffentlicht worden und am 4.3.2008 in Kraft getreten. Sie gilt für Abschlüsse von Geschäftsjahren, die nach dem 15.11.2007 enden. 90

Zugrunde gelegt werden allerdings die Original-IFRS („Full IFRS") und nicht die EU-IFRS. Bei Abweichungen zwischen Original- und EU-IFRS (s. Rz. 62 ff.) sind insoweit Anpassungen vorzunehmen. Gleichwohl kann diese Entscheidung der SEC als **Durchbruch** der IFRS auf dem amerikanischen Kapitalmarkt bezeichnet werden. Sie bedeutet auch für EU-IFRS-Anwender eine erhebliche Arbeitserleichterung. 91

---

1 So schon *Bleckmann*, NJW 1982, 1177 (1180).
2 Vgl. grundlegend *Schön*, Die Auslegung europäischen Steuerrechts, 1993, S. 49 (52 f.).
3 S. *Küting/Ranker*, BB 2004, 2510.
4 Vgl. *Schön*, BB 2004, 763 (764).
5 Vgl. *Schön* in Klein u.a. (Hrsg.), FS Flick, 1997, S. 573 ff.
6 Vgl. *Schön*, BB 2004, 763 (764).
7 Siehe SEC, Final Rule Release No. 33-8879.

92 Die vorbezeichnete Regelung ist aber auch eine US-**Inländerdiskriminierung**: Unternehmen mit Sitz in den USA haben nicht die Möglichkeit, für Zwecke der Börsennotierung auf dem heimischen Markt IFRS anzuwenden. Insoweit hat jedoch die SEC am 14.12.2008 ihre „Roadmap for the potential use of Financial Statements preparded in Accordance with IFRS by U.S. Issures"[1] veröffentlicht. Geplant ist, die IFRS auch für Inlandsemittenten ab 2014, für manche Unternehmen schon ab 2011, zuzulassen. Der Vorschlag konnte bis 20.4.2009 kommentiert werden.

93–99 frei

IV. Anwendung der EU-IFRS in Deutschland

1. Übersicht

100 Der Gesetzgeber hat die Verknüpfung zu den IFRS und insbesondere die Mitgliedstaatenwahlrechte der IAS-Verordnung (Rz. 52) wie folgt umgesetzt:

- Zwingende Anwendung der IFRS im Konzernabschluss kapitalmarktorientierter Mutterunternehmen (*kein* Umsetzungsspielraum wegen der IAS-Verordnung, § 315a Abs. 1 HGB, Rz. 110 ff.).
- Zwingende Anwendung der IFRS im Konzernabschluss von Mutterunternehmen, die ihren Wertpapierhandel an einer *inländischen* Börse beantragt haben (§ 315a Abs. 2 HGB, Rz. 116).
- Wahlrecht zwischen der Anwendung von HGB oder IFRS auf den Konzernabschluss der übrigen Mutterunternehmen (§ 315a Abs. 3 HGB, § 11 Abs. 6 Satz 1 Nr. 2 PublG, Rz. 120).
- Kapitalgesellschaften bzw. § 264a-HGB-Gesellschaften (z.B. GmbH & Co. KG) können statt eines HGB-Jahresabschlusses einen IFRS-Einzelabschluss im elektronischen Bundesanzeiger bekannt machen lassen (§ 325 Abs. 2a HGB, Rz. 130 ff.). Dasselbe gilt für Unternehmen, die nach dem PublG offen legen müssen (§ 9 Abs. 1 Satz 1 PublG).

Für alle bilanzierenden[2] Kaufleute bleibt es aber dabei, dass ein HGB-Jahresabschluss aufgestellt werden muss. Der **HGB-Jahresabschluss** ist weiterhin auf Grund des Maßgeblichkeitsprinzips Ausgangspunkt der Ermittlung der **ertragsteuerlichen Bemessungsgrundlage** und dient der **Entscheidung über die Ausschüttung**.

Die nachfolgende Abbildung fasst die aktuelle Rechtslage bei **offenlegungspflichtigen Gesellschaften** zusammen:

---

1 SEC, Proposed Rule Release No. 33-8982.
2 Kleine Einzelkaufleute sind nach § 241a HGB i.d.F. BilMoG von der Bilanzierungspflicht befreit, zu Details vgl. *Theile*, DStR 2009, Beihefter zu Heft 18.

Unternehmen im Anwendungsbereich der EG-Bilanzrichtlinien	Jahres-abschluss	Jahres- bzw. Einzelabschluss	Konzern-abschluss
	Unternehmens-registerpublizität	Publizität im elektronischen Bundesanzeiger	Aufstellung und Publizität
Mutterunternehmen nimmt Kapitalmarkt in Anspruch	HGB	HGB oder IFRS	IFRS
Mutterunternehmen nimmt Kapitalmarkt nicht in Anspruch	HGB	HGB oder IFRS	HGB oder IFRS
Tochterunternehmen Einzelunternehmen	HGB	HGB oder IFRS	*Entfällt*

Abb. 5: Übersicht zur Anwendung der IFRS in Deutschland

Zur Umstellung von der HGB- auf die IFRS-Rechnungslegung, insbesondere zur Erstellung der IFRS-Eröffnungsbilanz, s. Rz. 5000.

frei 101

2. Aufstellungspflicht des Konzernabschlusses

2.1 Konzernaufstellungspflicht nach HGB, Konsolidierungskreis nach IFRS

Ob überhaupt ein **Konzernabschluss aufzustellen** ist, bestimmt sich unverändert nach den Vorschriften der 7. EG-Richtlinie in ihrer jeweiligen nationalen Umsetzung, also in Deutschland nach den **§§ 290–293 HGB**. Ausgangspunkt ist die Prüfung einer Mutter-Tochter-Beziehung nach § 290 HGB. Besteht diese nicht, gibt es keinen Anlass, einen Konzernabschluss aufzustellen. Im Fall einer Mutter-Tochter-Beziehung ist die Befreiung wegen Größe nach § 293 HGB bzw. wegen eines übergeordneten Konzernabschlusses nach § 291 Abs. 1–2 HGB bzw. § 2 Abs. 2 KonBefrV zu prüfen (beachte aber Rz. 110). Ferner ist ein Mutterunternehmen von der Konzernrechnungslegungspflicht befreit, wenn es nur Tochterunternehmen hat, die gem. § 296 HGB nicht einbezogen zu werden brauchen (§ 290 Abs. 5 HGB i.d.F. BilMoG). Zu Einzelheiten im Hinblick auf § 290 HGB verweisen wir auf die einschlägige Literatur.[1] 102

Ist das Mutterunternehmen kapitalmarktorientiert (Rz. 110 ff.) oder wird freiwillig ein IFRS-Konzernabschluss aufgestellt (Rz. 120 f.), bestimmt sich die Abgrenzung des **Konsolidierungskreises** demgegenüber nach den IFRS;[2] insbe- 103

---

1 Z.B. *Heuser/Theile* in Centrale für GmbH (Hrsg.), GmbH-Handbuch, Rz. II 2056 ff.
2 Tatsächlich erfordert das Zusammenspiel von Aufstellungspflicht nach HGB und Abgrenzung des Konsolidierungskreises nach IFRS *auch künftig* eine Abstimmung zwischen den Rechtskreisen, damit folgender theoretischer Grenzfall *nicht* auftritt: Es wird *eine* Mutter-Tochter-Beziehung nach § 290 HGB bejaht, nach IFRS-Kriterien handelt es sich jedoch bei der Beteiligungsgesellschaft nicht um ein Tochterunternehmen, so dass die Aufstellung des IFRS-Konzernabschlusses möglicherweise unterbleiben kann. *Knorr/Buchheim/Schmidt* (BB 2005, 2399, 2402) sprechen sich in einer solchen Konstellation für einen IFRS-Konzernabschluss „ohne Konsolidierungstechnik" aus.

sondere finden § 294 Abs. 1 und 2 HGB keine Anwendung (vgl. § 315a Abs. 1 HGB). Zum Konsolidierungskreis nach IFRS s. Rz. 3015 ff.

104–109 frei

2.2 IFRS-Pflicht für kapitalmarktorientierte Mutterunternehmen

2.2.1 Wertpapierhandel auf einem geregelten Markt in der EU

110 Ein Mutterunternehmen, das kapitalmarktorientiert im Sinne von Art. 4 der IAS-Verordnung ist, hat die von der EU-Kommission freigeschalteten internationalen Rechnungslegungsstandards (s. Rz. 62) auf den Konzernabschluss anzuwenden (§ 315a Abs. 1 HGB). Wie das Prüfschema in Rz. 123 zeigt, kommt eine Befreiung für kapitalmarktorientierte Teilkonzerne genauso wenig in Betracht (§ 291 Abs. 3 Nr. 1 HGB, § 2 Abs. 2 KonBefrV) wie eine größenabhängige Befreiung (§ 293 Abs. 5 HGB). Hierbei handelt es sich um eine **Rückausnahme** für den Fall des übergeordneten Konzernabschlusses sowie wegen der Größe, da § 315a Abs. 1 Satz 1 HGB grundsätzlich die Anwendung der §§ 290–293 („Erster Titel") postuliert.

Beispiele:
Auch nach Übernahme der Aktienmehrheit der Schering AG durch die Bayer AG im Sommer 2006 musste die Schering AG weiterhin einen Konzernabschluss nach IFRS aufstellen, solange ihre Aktien und/oder Schuldtitel an einem regulierten Markt notiert waren. Dasselbe gilt im Verhältnis der Porsche Automobil Holding SE zur Volkswagen AG seit Januar 2009. Ein kapitalmarktorientierter Teilkonzern kann nicht von der Aufstellung des Konzernabschlusses befreit werden (§ 291 Abs. 3 Nr. 1 HGB).

111 Art. 4 der IAS-Verordnung nennt zwei Voraussetzungen für die Pflichtanwendung der IFRS auf den Konzernabschluss des Mutterunternehmens:
– Die Gesellschaft (= das Mutterunternehmen) unterliegt dem Recht eines Mitgliedstaates und
– am jeweiligen Bilanzstichtag sind ihre Wertpapiere (Eigenkapital- und/oder Schuldtitel) in einem beliebigen Mitgliedstaat zum Handel in einem **geregelten Markt**[1] zugelassen.

112 Als **Gesellschaften**[2] gelten
– Unternehmen im Anwendungsbereich der 4. und 7. EG-Richtlinie (Kapitalgesellschaften und Personenhandelsgesellschaften ohne natürliche Person als persönlich haftenden Gesellschafter),

---

1 „Geregelter Markt" i.S.v. Art. 4 Nr. 14 der Richtlinie 2004/39/EG entspricht für Deutschland dem *organisierten Markt* gem. § 2 Abs. 5 WpHG und für deutsche Börsenplätze dem *regulierten Markt* (§ 38 BörsG).
2 Einschließlich der Europäischen Gesellschaft (SE), s. Art. 61 f. SE-VO.

– Banken und andere Finanzinstitutionen im Anwendungsbereich der Bankbilanzrichtlinie und

– Versicherungsunternehmen im Anwendungsbereich der Versicherungsbilanzrichtlinie.[1]

Aus diesem Kreis der Gesellschaften sind aus deutscher Sicht jene **Wertpapieremittenten** betroffen, deren Wertpapiere mindestens an einem geregelten Markt der Börsenplätze Berlin, Düsseldorf, Frankfurt[2], Hamburg, Hannover, München[3] oder Stuttgart zugelassen sind; hinzu kommt der Startup Market der Hanseatischen Wertpapierbörse (Hamburg). Der Handel im Freiverkehr (§ 48 BörsG) hingegen verpflichtet nicht zur IFRS-Anwendung (vgl. Rz. 115). 113

Von der IFRS-Anwendung sind aber auch deutsche Gesellschaften betroffen, deren Wertpapiere an den entsprechenden **Finanzplätzen in anderen Mitgliedstaaten** gehandelt werden. Die EU-Kommission hat auf Grund der Bedeutung des Begriffs des geregelten Marktes eine Übersicht über alle geregelten Märkte in der europäischen Union erstellt, die laufend aktualisiert wird.[4]

Ein *nicht* kapitalmarktorientiertes Mutterunternehmen, das in seinem Konzernkreis ein Tochterunternehmen hat, welches den Kapitalmarkt im Sinne von Art. 4 der IAS-Verordnung in Anspruch nimmt, muss **keinen IFRS-Konzernabschluss** aufstellen. Das Mutterunternehmen hat das Wahlrecht, einen IFRS oder HGB Konzernabschluss aufzustellen (§ 315a Abs. 3 HGB). 114

Ist das kapitalmarktorientierte Tochterunternehmen seinerseits Mutterunternehmen, so muss *dessen* Konzernabschluss[5] allerdings **nach IFRS** aufgestellt werden; eine Befreiungsmöglichkeit für diesen Konzernabschluss besteht auch bei Einbeziehung in den Konzernabschluss des obersten Mutterunternehmens *nicht*.

2.2.2 Marktsegmente des Freiverkehrs

Der **Freiverkehr** ist nicht durch staatliche Stellen geregelt und überwacht und deshalb **kein geregelter Markt**. Eine ausschließliche Emission von Wertpapieren auf dem Freiverkehr verpflichtet ein Mutterunternehmen daher *nicht* zur IFRS-Anwendung. 115

Dessen ungeachtet kann der Betreiber einer Börse besondere Segmente schaffen und mit den Emittenten, die Mitglied eines solchen Segments sein wollen,

---

1 Vgl. EU-Kommission, Kommentare zu bestimmten Artikeln der Verordnung (EG) Nr. 1606/2002, 2003, S. 6 f.
2 Auch die EUREX gehört dazu; einziger Emittent ist jedoch die EUREX Frankfurt AG.
3 Im Marktsegment M:access der Börse München haben sowohl Emittenten des Freiverkehrs als auch solche aus dem regulierten Markt Zugang. Nur Emittenten (Mutterunternehmen) aus dem regulierten Markt sind von der IFRS-Pflichtanwendung betroffen.
4 Abrufbar unter http://eur-lex.europa.eu/LexUriServ/LexUriServ.do?uri=OJ:C:2008:280:0005:0011:de:PDF (abgerufen am 9.2.2009), zuletzt im Abl. C 280/5 v. 4.11.2008.
5 Aus Sicht des obersten Mutterunternehmens handelt es sich um einen Teilkonzernabschluss.

besondere Teilnahmeregeln oder Vereinbarungen treffen. Als eine dieser Teilnahmevoraussetzungen könnte auch die Anwendung von IFRS vorgesehen werden, wie es auf dem früheren „Neuen Markt" der Fall war. Der auf dem Freiverkehr aufbauende, derzeitige „Entry Standard" der Frankfurter Wertpapier Börse etwa lässt die IFRS-Anwendung explizit zu, verpflichtet aber nicht dazu.[1]

2.2.3 Beantragung des Wertpapierhandels im Inland

116 § 315a Abs. 2 HGB schreibt die Anwendung der in das EU-Recht übernommenen IFRS für die Fälle vor, in denen für das Mutterunternehmen bis zum Bilanzstichtag die **Zulassung eines Wertpapiers zum Handel am *inländischen organisierten Markt*** beantragt worden ist.

Maßgeblich ist damit der Zeitpunkt der Antragstellung des Emittenten gegenüber der Geschäftsführung der jeweiligen Börse vor dem Bilanzstichtag.[2] Rechtsfolge ist die IFRS-Anwendung auf den Konzernabschluss zum nächsten Bilanzstichtag (mit den Vergleichszahlen der Vorperiode), soweit entweder positiv oder noch nicht entschieden worden ist. Im Fall der Ablehnung besteht u.E. jedoch keine Pflicht der IFRS-Anwendung. Da angesichts des Zeitaufwandes für die Umstellung von HGB auf IFRS (Rz. 5000 ff.) schon weit vor Antragstellung mit der Umstellung begonnen werden muss, hat diese Frage jedoch zumindest unter Kostengesichtspunkten für antragstellende Unternehmen nur theoretische Bedeutung.

117 Stellt ein Tochterunternehmen, das nicht zugleich Mutterunternehmen ist, einen entsprechenden Zulassungsantrag, verpflichtet dieser weder zur IFRS-Anwendung bei dem Tochter-, noch bei dem Mutterunternehmen.[3] Das Tochterunternehmen hat dann jedoch den HGB-Jahresabschluss um eine Kapitalflussrechnung und einen Eigenkapitalspiegel zu erweitern (§ 264 Abs. 1 Satz 2 HGB i.V.m. § 264d HGB i.d.F. BilMoG).

118–119 frei

2.3 Freiwillige IFRS-Anwendung für nicht kapitalmarktorientierte Mutterunternehmen

120 Nicht kapitalmarktorientierte Mutterunternehmen haben gem. § 315a Abs. 3 HGB die Möglichkeit, den **Konzernabschluss** statt nach den Vorschriften des HGB **nach IFRS** aufzustellen. Damit gibt der Gesetzgeber ein Wahlrecht der IAS-Verordnung an die mittelständische Wirtschaft weiter, einen IFRS-Konzernabschluss mit befreiender Wirkung für Aufstellung und Offen-

---

[1] Vgl. § 18 Abs. 3 Buchst. e) der AGB der Deutschen Börse AG für den Freiverkehr an der Frankfurter Wertpapierbörse, Stand 1.12.2008.
[2] Zum Zulassungsverfahren vgl. *Trapp* in Habersack/Mülbert/Schlitt (Hrsg.), Unternehmensfinanzierung am Kapitalmarkt, 2. Aufl. 2008, § 31 Rz. 40 ff.
[3] Vgl. auch *Pfitzer/Oser/Orth*, DB 2004, 2593 (2598).

legung zu publizieren, wie es von betroffenen Kreisen auch gefordert worden ist.[1]

Hervorzuheben ist, dass – im Gegensatz zu den kapitalmarktorientierten Mutterunternehmen – sowohl die Möglichkeiten der **Teilkonzernabschlussbefreiung** (§ 291 HGB) als auch die **größenabhängige Befreiung** (§ 293 HGB) weiterhin einschlägig sind. Im Hinblick auf die Größenbefreiung sind Bilanzsumme und Umsatzerlöse dabei nach HGB-Werten zu beurteilen. Erst wenn nach Überschreiten der Größenmerkmale die Aufstellung des Konzernabschlusses verpflichtend wird, kann *zur Erfüllung der Konzernrechnungslegungspflicht* auf die Rechnungslegung nach IFRS gewechselt werden.[2] Unbeachtlich ist dann, ob – gemessen an IFRS-Werten – die Grenzen wieder unterschritten würden.[3]

121

2.4 Erhalt der Befreiungswirkungen für Jahresabschlüsse nach § 264 Abs. 3 und § 264b HGB

Alle EU-Recht-konformen (Rz. 62) **IFRS-Konzernabschlüsse** befreien außerdem von der Offenlegung der Jahresabschlüsse von Tochterpersonengesellschaften (§ 264b HGB)[4] und Tochterkapitalgesellschaften (§ 264 Abs. 3 HGB) unter den dort jeweils angegebenen Bedingungen.[5] Das gilt auch bei freiwillig nach IFRS aufgestellten Konzernabschlüssen (Rz. 120).

122

2.5 Prüfschema zur Konzernrechnungslegungspflicht

Das nachfolgende Prüfschema verdeutlicht die Aufstellungspflicht des Konzernabschlusses und das Zusammenspiel von HGB und IFRS. Für die Einzelkommentierung der §§ 290 bis 296 HGB verweisen wir auf die einschlägige Literatur.[6]

123

---

1 Vgl. Stellungnahme der Centrale für GmbH Dr. Otto Schmidt v. 23.1.2003 zur Verordnung (EG) Nr. 1606/2002 v. 19.7.2002 betreffend die Anwendung internationaler Rechnungslegungsstandards, GmbHR 2003, 350.
2 Selbstverständlich steht es jedem nicht zur Konzernrechnungslegung verpflichteten Konzern frei, einen freiwilligen Konzernabschluss nach HGB oder IFRS (oder jedem anderen beliebigen Rechnungslegungssystem) aufzustellen. Soll dieser allerdings Rechtswirkungen entfalten – z.B. im Hinblick auf das Unterlassen der Publizität des Jahresabschlusses einbezogener Tochtergesellschaften gem. § 264 Abs. 3 HGB oder § 264b HGB (Rz. 122) –, so sind entweder HGB oder IFRS (gem. § 315a Abs. 1 HGB) vollumfänglich anzuwenden.
3 A.A. *Senger/Brune*, Beck'sches IFRS-Handbuch, 2. Aufl. 2006, § 30 Rz. 4; *Wollmert/Oser/Molzahn* in Baetge u.a., Rechnungslegung nach IFRS, 2007, A. III Rz. 21.
4 Klarstellend IDW RS HFA 7, Tz. 10 n.F.
5 Vgl. *Heuser* in Centrale für GmbH (Hrsg.), GmbH-Handbuch, Rz. II 158 und II 1808.
6 Z.B. *Heuser/Theile* in Centrale für GmbH (Hrsg.), GmbH-Handbuch, Rz. II 2055 ff.

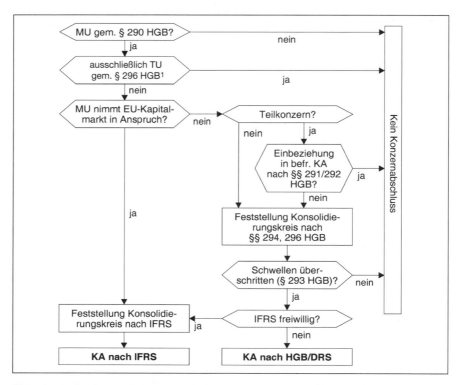

Abb. 6: Aufstellung des Konzernabschlusses nach HGB oder IFRS

124–129 frei

3. Offenlegung eines IFRS-Einzelabschlusses im elektronischen Bundesanzeiger

130 Die gesetzlichen Vertreter von Kapitalgesellschaften (und diesen gleichgestellten Rechtsformen nach § 264a HGB) haben den HGB-Jahresabschluss
- beim Betreiber des elektronischen Bundesanzeigers[2] elektronisch **einzureichen** (§ 325 Abs. 1 Satz 1 HGB) und
- unverzüglich nach der Einreichung im elektronischen Bundesanzeiger **bekannt machen** zu lassen (§ 325 Abs. 2 HGB).

Die **Frist** zur Einreichung beträgt längstens zwölf Monate (§ 325 Abs. 1 Satz 2 HGB) und verkürzt sich für kapitalmarktorientierte Unternehmen auf vier Monate (§ 325 Abs. 4 HGB).

Der Betreiber des elektronischen Bundesanzeigers übermittelt den Jahresabschluss zur Einstellung in das Unternehmensregister an dieses weiter

---

1 Abfrage erforderlich durch § 290 Abs. 5 HGB i.d.F. BilMoG.
2 Der elektronische Bundesanzeiger wird vom BMJ herausgegeben und von der Bundesanzeiger Verlagsges. mbH betrieben.

(§ 8b Abs. 3 HGB). Damit bestehen **zwei Offenlegungsorte**: Der elektronische Bundesanzeiger und das ebenfalls elektronisch geführte Unternehmensregister.[1]

Für **Offenlegungszwecke im elektronischen Bundesanzeiger** kann aber an die Stelle eines HGB-Jahresabschlusses ein IFRS-Einzelabschluss treten (§ 325 Abs. 2a Satz 1 HGB). Dabei sind die in das EU-Recht übernommenen IFRS vollständig zu befolgen (§ 325 Abs. 2a Satz 1 und 2 HGB). Das Unternehmenswahlrecht steht jedem offenlegungspflichtigen Mutterunternehmen, ob kapitalmarktorientiert oder nicht, jedem Tochterunternehmen sowie auch nicht konzernverbundenen Unternehmen zu. 131

Insbesondere mittelständische Unternehmen haben so die Möglichkeit, einen IFRS-Abschluss zum Gegenstand ihrer Pflichtveröffentlichung im elektronischen Bundesanzeiger zu machen und sich dem Publikum so besonders nachdrücklich als Unternehmen mit internationaler Rechnungslegung zu präsentieren. Dies kann vor allem für solche Gesellschaften von Interesse sein, die sich ausländischen Geschäftspartnern gegenüber mit einem international verständlichen Abschluss darstellen wollen.[2] Aber auch Gesellschaften, die in einen IFRS-Konzernabschluss einbezogen werden und zur Offenlegung verpflichtet sind, können von diesem Wahlrecht Gebrauch machen: Sie müssen ohnehin eine sog. HB II nach IFRS für Konzernzwecke erstellen und intern zahlreiche ergänzende Angaben an die Konzernspitze melden; aus diesen Daten kann leicht und ohne größeren Mehraufwand ein zu veröffentlichender IFRS-Einzelabschluss abgeleitet werden. 132

Die **Befreiung** der Gesellschaft **von der Pflicht zur Offenlegung** ihres Jahresabschlusses im elektronischen Bundesanzeiger ist von folgenden **Voraussetzungen** abhängig (§ 325 Abs. 2b HGB): 133

– Statt des **Bestätigungsvermerks** des Abschlussprüfers zum HGB-Jahresabschluss ist der Bestätigungsvermerk zum IFRS-Einzelabschluss in die Pflichtveröffentlichung einzubeziehen.

– In die Bundesanzeigerpublizität sind der Vorschlag für die **Verwendung des HGB-Jahresergebnisses** und ggf. der Beschluss über seine Verwendung unter Angabe des Jahresüberschusses oder Jahresfehlbetrages einzubeziehen. Da der Verwendungsvorschlag oder -beschluss auf dem HGB-Jahresabschluss basiert, ist mit der Angabe des Jahresüberschusses oder -fehlbetrages das HGB-Ergebnis gemeint.

– Der HGB-Jahresabschluss und der zugehörige Bestätigungsvermerk sind nach § 325 Abs. 1 HGB beim Betreiber des elektronischen Bundesanzeigers einzureichen und über die Internetseite des Unternehmensregisters jedermann zugänglich zu machen (§ 8b Abs. 2 Nr. 4 HGB).

---

1 Zu Einzelheiten vgl. *Heuser* in Centrale für GmbH (Hrsg.), GmbH-Handbuch, Rz. II 1050 ff.
2 Eine Diskussion der Argumente für und wider IFRS im Einzelabschluss findet sich in *Mandler*, Der deutsche Mittelstand vor der IAS-Umstellung 2005, 2004, S. 77–104.

Bei diesem Verfahren wird daher der IFRS-Einzelabschluss im elektronischen Bundesanzeiger und der HGB-Jahresabschluss im Unternehmensregister offen gelegt. Dabei ist im Bundesanzeiger *nicht* auf die Hinterlegung des Jahresabschlusses im Unternehmensregister hinzuweisen.

134–139 frei

4. Abschlussprüfung

140 Für die formale Wahl und Bestellung des Abschlussprüfers eines IFRS-Konzernabschlusses einschließlich Lagebericht gelten die Bestimmungen der §§ 316 bis 324 HGB.

Als Abschlussprüfer eines IFRS-Einzelabschlusses gilt der für die Prüfung des Jahresabschlusses – dessen Aufstellungs- und Prüfungspflicht ja nicht entfällt – bestellte Prüfer als bestellt. Die Prüfungsberichte von IFRS-Einzel- und HGB-Jahresabschluss können zusammengefasst werden (§ 324a Abs. 2 HGB).

5. Offenlegung

141 Die nationalen Vorschriften zur Offenlegung (§§ 325 ff. HGB) sind unabhängig davon zu beachten, ob Gegenstand der Offenlegung ein HGB oder IFRS-Konzernabschluss und -lagebericht ist.

Die Offenlegung eines IFRS-Einzelabschlusses im elektronischen Bundesanzeiger befreit von der Pflicht, einen HGB-Jahresabschluss dort offen zu legen, nicht aber von der Pflicht, einen HGB-Jahresabschluss in das Unternehmensregister einzustellen (Rz. 130 ff.).

6. Rechtswirkungen der IFRS-Abschlüsse

6.1 Handels- und Gesellschaftsrecht, Strafrecht

142 Aus der Anwendung der internationalen Rechnungslegungsnormen ergeben sich folgende Rechtswirkungen:
- Der Abschlussprüfer prüft die Einhaltung der „maßgeblichen Rechnungslegungsgrundsätze" (§ 322 Abs. 3 Satz 1 HGB). Meinungsverschiedenheiten zwischen Abschlussprüfer und der zu prüfenden Gesellschaft werden regelmäßig durch berufsständische Gremien entschieden; im Übrigen steht der Zivilrechtsweg offen.[1]
- Der Vorstand einer Aktiengesellschaft hat den IFRS-Abschluss (Einzel- und/ oder Konzernabschluss) dem Aufsichtsrat vorzulegen (§ 170 Abs. 1 Satz 2 AktG). Der Aufsichtsrat einer Aktiengesellschaft hat am Schluss seines Berichtes an die Hauptversammlung zu erklären, ob er den vom Vorstand aufgestellten IFRS-Abschluss billigt (§ 171 Abs. 2 Satz 4 und 5 i.V.m. Abs. 4 AktG). Ein nicht gebilligter IFRS-Einzelabschluss darf nicht offen gelegt

---

1 Vgl. Begr. BilMoG, BT-Drs. 16/10067, S. 91.

werden (§ 171 Abs. 4 Satz 2 AktG).[1] Hat der Aufsichtsrat den Konzernabschluss nicht gebilligt, entscheidet die Hauptversammlung über die **Billigung** (§ 173 Abs. 1 Satz 2 AktG). Ob durch das erstmals durch das TransPuG 2002 eingefügte und durch das Bilanzrechtsreformgesetz erweiterte Billigkeitserfordernis hinsichtlich des Konzernabschlusses eine analoge Anwendung des § 256 AktG (Nichtigkeitsklage) möglich ist, wird derzeit im Schrifttum diskutiert.[2]

- Wer (als Vorstand/Geschäftsführer) einen IFRS-Einzelabschluss, in dem die Verhältnisse der Kapitalgesellschaft unrichtig wiedergegeben oder verschleiert worden sind, vorsätzlich oder leichtfertig offen legt, wird mit Freiheitsstrafe bis zu drei Jahren oder mit Geldstrafe bestraft (§ 331 Nr. 1a HGB). Dasselbe gilt analog für den Konzernabschluss (§ 331 Nr. 2 HGB).
- Grundsätzlich zu beachten sind auch die Bußgeldvorschriften des § 334 HGB, insbesondere § 334 Abs. 2 HGB und im Hinblick auf den IFRS-Konzernabschluss auch § 334 Abs. 1 Nr. 2, soweit § 315a Abs. 1 HGB auf die dort genannten Vorschriften verweist.

Kommt es zu Rechtsstreitigkeiten bei der Anwendung und Auslegung materiellen IFRS-Rechts, ist die ordentliche Gerichtsbarkeit zuständig, letztlich der EuGH (Rz. 80 ff.). 143

IFRS-Abschlüsse sind nicht maßgeblich für **Ausschüttungsentscheidungen** der Gesellschafter. Diese Funktion erfüllt nur der HGB-Jahresabschluss (Rz. 11). 144

6.2 Steuerrecht

Durch Einführung der Zinsschrankenregelung (Rz. 6000 ff.) in das EStG (§ 4h EStG) nimmt ein IFRS-Abschluss Einfluss auf die Frage der Abzugsfähigkeit von Zinsaufwendungen. Damit wirken erstmals Steuergestaltungsüberlegungen auf die IFRS-Bilanzierung. Hierdurch bekommen auch IFRS-Abschlüsse erstmals eine (zumindest partielle) Steuerbemessungsfunktion.[3] 145

frei 146–149

7. Prüfstelle für Rechnungslegung („*enforcement*")

Die Deutsche Prüfstelle für Rechnungslegung hat seit 2005 die Aufgabe[4], über Stichproben und anlassbezogene Prüfungen die Rechnungslegung kapitalmarktorientierter Unternehmen zu prüfen (§ 342b HGB). Die Einrichtung der 150

---

[1] Dies führt dann *nicht* zu einer Verletzung der Offenlegungspflichten, sofern ein HGB-Jahresabschluss offen gelegt wird.
[2] Vgl. *Schön*, BB 2004, 763; *Busse von Colbe* u.a., Konzernabschlüsse, 8. Aufl. 2006, S. 655 f.
[3] Vgl. ausführlich *Küting/Weber/Reuter*, DStR 2008, 1602.
[4] Gründung am 14.5.2004; die zur Aufnahme der Prüftätigkeit notwendige Anerkennung durch das Justizministerium erfolgte am 30.3.2005.

Prüfstelle ist eine der politischen Maßnahmen, das Vertrauen in Unternehmensinformationen und damit generell die Funktionsfähigkeit von Kapitalmärkten zu verbessern.

In der Praxis der Arbeit der Prüfstelle dominieren Stichprobenprüfungen von IFRS-Konzernabschlüssen. Die Prüfstelle hat 2008 insgesamt 138 Prüfungen abgeschlossen und dabei eine Fehlerquote von 27 % festgestellt, was etwa dem Niveau des Vorjahres entspricht. Dabei lassen sich folgende Schlüsse ziehen: Je kleiner (gemessen am Umsatz) die Unternehmen, desto häufiger wurden Fehler festgestellt. Das lässt sich auch an der Indexzugehörigkeit festmachen: Bei 6 geprüften DAX-30-Unternehmen wurden keine Fehler festgestellt, wohingegen bei 94 Prüfungen von Unternehmen ohne Indexzugehörigkeit 30 Fehler festgestellt wurden.[1]

Die Prüfstelle berichtet der Bundesanstalt für Finanzdienstleistungsaufsicht (§ 342b Abs. 6 HGB); festgestellte Fehler sind unter den Bedingungen des § 37q WpHG im elektronischen Bundesanzeiger zu veröffentlichen.

8. Zur Weiterentwicklung des deutschen Bilanzrechts

151 Für die Zukunft des HGB-Jahresabschlusses ist die Maßgeblichkeit der Handels- für die Steuerbilanz von großem praktischen Interesse: Können die Regelungen der IFRS den HGB-Jahresabschluss verdrängen, die Ermittlung der steuerlichen Bemessungsgrundlage und die Bestimmungen der Ausschüttung also von einem IFRS-Abschluss erledigt werden?[2] Der Gesetzgeber hat sich vorerst in seiner Begründung zum Bilanzrechtsreformgesetz und schließlich mit Verabschiedung des Bilanzrechtsmodernisierungsgesetzes (BilMoG) eindeutig geäußert: Für steuerliche und Ausschüttungszwecke bleibt es bis auf weiteres beim HGB-Abschluss. Dessen ungeachtet soll auch seine Informationsfunktion gestärkt werden.

152 Mit Fortbestand des und Festhalten am HGB-Jahresabschluss folgt der Gesetzgeber den Empfehlungen, die im Wesentlichen nach Veröffentlichung der IAS-Verordnung 2002 überwiegend von der Wissenschaft und den Sachverständigen formuliert wurden.[3] Trotz der nun mit dem BilMoG vollzogenen

---

1 Vgl. Deutsche Prüfstelle für Rechnungslegung, Tätigkeitsbericht 2008 v. 28.1.2009 (www.frep.info, abgerufen am 10.2.2009).
2 Zur Frage nach der Zukunft des Maßgeblichkeitsgrundsatzes im Kontext der IFRS und zur Neukonzeption der Gewinnermittlung bei Aufgabe des Maßgeblichkeitsgrundsatzes s. umfassend das Forschungsgutachten von *Herzig*, IAS/IFRS und steuerliche Gewinnermittlung, Düsseldorf 2004. Zu insbesondere gesellschaftsrechtlichen Aspekten siehe *Raupach*, Das Verhältnis zwischen Gesellschaftsrecht und Bilanzrecht unter dem Einfluss international anerkannter Rechnungslegungsgrundsätze, in Crezelius/Hirte/Vieweg (Hrsg.), FS Röhricht, 2005, S. 1033–1054. Ausschüttungssperren thematisiert *Hossfeld*, Fair Value-Bewertung und Ausschüttung, in Bieg/Heyd (Hrsg.) Fair Value, 2005, S. 155–177 und zur Maßgeblichkeit ebenda *Kußmaul*, Fair Value-Bewertung und Maßgeblichkeit, S. 179–202.
3 So z.B. Arbeitskreis Bilanzrecht der Hochschullehrer Rechtswissenschaft: Stellungnahme zum Referentenentwurf eines Bilanzrechtsreformgesetzes, BB 2004, 546; Stellungnahme des Handelsrechtsausschusses des Deutschen Anwaltvereins, Stellung-

Annäherung des HGB an die IFRS entspricht die vom Gesetzgeber gewählte Lösung grundsätzlich dem von *Theile* vorgeschlagenen und von der *Centrale für GmbH* aufgegriffenen Konzept einer „funktionsabhängigen, zweigeteilten Rechnungslegung":[1] In dem einen Regelwerk, das mit dem HGB-Jahresabschluss und der Steuerbilanz abschließt[2], geht es um Ausschüttungsbemessung, Kapitalerhaltung und die Ermittlung der ertragsteuerlichen Bemessungsgrundlage. Das andere Regelwerk – nach IFRS – dient einzig der Informationsvermittlung und berücksichtigt primär die Anforderungen des Kapitalmarkts.[3]

153 Einen (weiteren) Schritt in die vorstehend skizzierte Richtung geht nun auch die Europäische Kommission. Am 26.2.2009 hat sie einen Vorschlag zur Änderung der 4. EG-Richtlinie veröffentlicht. Der Änderungsvorschlag würde es den Mitgliedstaaten ermöglichen, Kleinstunternehmen – sog. „micro entities" – aus dem Anwendungsbereich der Richtlinie zu entlassen. Als micro entities gelten Unternehmen im Anwendungsbereich der 4. EG-Richtlinie, die an zwei aufeinander folgenden Stichtagen zwei der folgenden Kriterien nicht überschreiten:

– Bilanzsumme i.H.v. 500 TEUR

– Nettoumsatzerlöse i.H.v. 1000 TEUR

– Durchschnittlich 10 Arbeitnehmer im Geschäftsjahr

Angesichts der Wirtschaftskrise sollen so die Belastungen von Kleinstunternehmen verringert werden. In Deutschland würden insoweit micro-Kapitalgesellschaften sowie Gesellschaften nach § 264a HGB aus dem Anwendungsrahmen der 4. EG-Richtlinie herausfallen. Die Rechnungslegungspflichten würden sich dann nur noch nach den entsprechenden Regelungen der Mitgliedstaaten richten. Bei Übernahme der Vereinfachungen in deutsches Recht würde dies eine Gleichstellung der micro-Kapitalgesellschaften und § 264a HGB-Gesellschaften mit den Personenhandelsgesellschaften bedeuten. Abschnitt 2 des dritten Buches des HGB wäre für diese Gesellschaften nicht mehr verpflichtend; diese Unternehmen brauchten dann insbesondere ihren Jahresabschluss nicht mehr offen zu legen.

---

nahme Nr. 01/03, Januar 2003, S. 5 f.; *Schulze-Osterloh*, ZIP 2003, 93 (99 m.w.N.); *Hennrichs* in Henze/Hoffmann-Becking (Hrsg.), RWS-Forum 25, Gesellschaftsrecht 2003; IDW, WPg 2002, 983 ff.; Arbeitskreis externe Unternehmensrechnung der Schmalenbach-Gesellschaft für Betriebswirtschaft, DB 2001, 160 (161 These 7).

1 Vgl. *Theile*, GmbHR 2001, 892 (897) sowie Stellungnahme der Centrale für GmbH Dr. Otto Schmidt v. 23.1.2003 zur Verordnung (EG) Nr. 1606/2002 v. 19.7.2002 betreffend die Anwendung Internationaler Rechnungslegungsstandards, GmbHR 2003, 350.

2 Nach dem Konzept der funktionsabhängigen, zweigeteilten Rechnungslegung; vgl. *Theile*, GmbHR 2001, 892 (897), sollen diese wieder zur Einheitsbilanz zusammengeführt werden und im nächsten Schritt – dazu aber bedarf es europarechtlicher Änderungen – soll der Jahresabschluss von nicht kapitalmarktorientierten Unternehmen auch nicht mehr publiziert werden müssen. Das Konzept ist aufgegriffen worden von *Küting* u.a., vgl. *Küting*, Saarbrücker Thesen zur Fortentwicklung des deutschen Bilanzrechts, BB 2004, Heft 30 „Die erste Seite".

3 Vgl. *Heuser*, GmbHR 2003, 340 (342).

Damit dürfte eines sicher sein: Auch in den kommenden Jahren wird das HGB – auch nach BilMoG – nicht statisch bleiben.

154 frei

V. Verhältnis von IFRS und HGB nach BilMoG

1. Vorbemerkung

155 Für Zwecke der Erstellung eines IFRS-Konzernabschlusses hat jedes in den Konzernabschluss einbezogene Unternehmen einen statistischen Jahresabschluss, den wir Handelsbilanz II (HB II) nennen, nach IFRS zu erstellen und an die Konsolidierungsstelle zu übermitteln. Zugleich müssen bilanzierungspflichtige Unternehmen mit Sitz in Deutschland auch einen Jahresabschluss nach HGB erstellen und ggf. prüfen lassen und offen legen. Für die solchermaßen von HGB und IFRS betroffenen Unternehmen besteht häufig das nachvollziehbare Bedürfnis, den Umfang der Abweichungen zwischen HGB und IFRS möglichst klein zu halten. Das führt auf jeden Fall zur Arbeitserleichterung, unabhängig davon, ob von der HB II zur HB I (was zunehmend häufig der Fall ist, da die HB II-Daten i.d.R. zur Quartalsberichterstattung gebraucht werden, die HB I-Daten jedoch nur einmal im Jahr relevant sind) oder umgekehrt übergeleitet wird.

Unsere Ausführungen konzentrieren sich ab Rz. 165 auf diesen Punkt: Wir stellen die HGB-Neuerungen durch das BilMoG aus der Interessenlage der in der HB II nach IFRS bilanzierenden Unternehmen dar.

2. Hintergrund und Ziel einer HGB-Reform

2.1 Funktionen der HGB-Rechnungslegung

156 Dem HGB Jahresabschluss kommt steuerlich die Funktion zu, Ausgangsgröße zur Ermittlung der ertragsteuerlichen Bemessungsgrundlage zu sein („Steuerbemessung"). Gesellschaftsrechtlich ist der Jahresabschluss das Instrument zur Gewinn- und Verlustzurechnung an die Gesellschafter („Ausschüttungsbemessung"). In inhaltlicher Ausfüllung sollen dabei die schutzwürdigen Interessen der Gläubiger gewahrt werden (Gläubigerschutz durch Realisations- und Imparitätsprinzip, vorsichtige Bewertung). Schließlich soll ein HGB-Abschluss der Information dienen, wobei die Gruppe der Informationsempfänger unspezifisch ist (anders bei der kapitalmarktorientierten Rechnungslegung nach IFRS, Rz. 6).

Diese Funktionen sollen mit dem BilMoG bei Verstärkung der Informationsfunktion gewahrt bleiben. Ziel der Bundesregierung war es daher, „das bewährte HGB-Bilanzrecht zu einer dauerhaften und im Verhältnis zu den internationalen Rechnungslegungsstandards vollwertigen, aber kostengünstigeren und einfacheren Alternative weiterzuentwickeln".[1]

---
1 Gesetzentwurf BilMoG, BT-Drucks. 16/10067, S. 1.

2.2 Umsetzung von EG-Richtlinien

Mit dem BilMoG wurden auch die Abschlussprüferrichtlinie[1] und die Abänderungsrichtlinie[2] in nationales Recht überführt. Auch einige Elemente der Fair value Richtlinie[3] und der Modernisierungsrichtlinie[4] wurden übernommen.

157

2.3 Auslegung des HGB nach IFRS?

Im ursprünglichen Referentenentwurf zum BilMoG vom 8.11.2007 wurde in den Begründungen zu den gesetzlichen Neuerungen regelmäßig auf IFRS verwiesen. Zum Teil wurden in der Begründung seitenlang IFRS-Standards als Textbausteine verwendet. Das hat die Befürchtung geweckt, durch die Hintertür würde IFRS eingeführt, und dass zur Auslegung von Begriffen wie etwa „aktiver Markt" nun IFRS heranzuziehen seien.

158

Davon war dann im Regierungsentwurf vom 21.5.2008 nichts mehr zu lesen. Die expliziten Verweise auf die IFRS wurden gestrichen, obwohl weiterhin viele Elemente des neuen Bilanzrechts aus den IFRS bekannt waren. Mit der Tilgung expliziter Verweise auf IFRS soll, so die explizite Begründung[5], Eigenständigkeit ausgedrückt werden. Das ist allerdings aus EU-rechtlicher Sicht nicht haltbar.[6]

Zudem muss das Rad nicht neu erfunden werden. Beispielsweise wird tatsächlich der Begriff des „aktiven Marktes" im HGB i.d.F. BilMoG nicht definiert;

---

1 Richtlinie 2006/43/EG des Europäischen Parlaments und des Rates v. 17.5.2006 über Abschlussprüfungen von Jahresabschlüssen und konsolidierten Abschlüssen, zur Änderung der Richtlinien 78/660/EWG und 83/349/EWG des Rates und zur Aufhebung der Richtlinie 84/253/EWG des Rates, ABl. L 157/87 v. 9.6.2006. Diese Richtlinie – die die 8. EG-Richtlinie (84/253/EWG) aufhebt – hätte bis zum 29.6.2008 in nationales Recht transformiert werden müssen.
2 Richtlinie 2006/46/EG des Europäischen Parlaments und des Rates v. 14.6.2006 zur Änderung der Richtlinien des Rates 78/660/EWG über den Jahresabschluss von Gesellschaften bestimmter Rechtsformen, 83/349/EWG über den konsolidierten Abschluss, 86/635/EWG über den Jahresabschluss und den konsolidierten Abschluss von Banken und anderen Finanzinstituten und 91/674/EWG über den Jahresabschluss und den konsolidierten Abschluss von Versicherungsunternehmen, ABl. L 224/1 v. 16.8.2006. Diese Richtlinie hätte bis zum 5.9.2008 in nationales Recht transformiert werden müssen.
3 Richtlinie 2001/65/EG des Europäischen Parlaments und des Rates v. 27.9.2001 zur Änderung der Richtlinien 78/660/EWG, 83/349/EWG und 86/635/EWG des Rates im Hinblick auf die im Jahresabschluss bzw. im konsolidierten Abschluss von Gesellschaften bestimmter Rechtsformen und von Banken und anderen Finanzinstituten zulässigen Wertansätze, ABl. L 283/28 v. 27.10.2001.
4 Richtlinie 2003/51/EG des Europäischen Parlaments und des Rates v. 18.6.2003 zur Änderung der Richtlinien 78/660/EWG, 83/349/EWG, 86/635/EWG und 91/674/EWG über den Jahresabschluss und den konsolidierten Abschluss von Gesellschaften bestimmter Rechtsformen, von Banken und anderen Finanzinstituten sowie von Versicherungsunternehmen, ABl. L 178/16 v. 17.7.2003.
5 Vgl. BT-Drs. 16/10067 v. 30.7.2008, S. 35.
6 Vertiefend *Theile*, Bilanzrechtsmodernisierungsgesetz, 2. Aufl. 2009, S. 10 ff.

es können künftig Entwicklungskosten aktiviert werden und Zweckgesellschaften, bei denen der Konzern „bei wirtschaftlicher Betrachtung die Mehrheit der Risiken und Chancen trägt", sind zu konsolidieren (Rz. 191).[1] Warum sollte man sich nicht die mittlerweile einigermaßen gesicherten Erkenntnisse der IFRS in diesen und anderen Fragen zunutze machen, zumal, wenn diese und andere Neuerungen erkennbar auf IFRS beruhen? Trotz unterschiedlicher Zielsetzungen des Bilanzrechts nach HGB und nach IFRS (Rz. 14, 156) sehen wir in einem Aufeinanderzubewegen der Systeme eher Vor- als Nachteile (Rz. 16). Aus rechtlicher und praktischer Sicht kommt das dann auch in der Verwendung der Begriffe und Begriffsinhalte zum Ausdruck. Das vereinfacht Kommunikation und Verständnis, führt zu mehr Effizienz in der Rechnungslegung.

159 frei

3. Erstanwendungszeitpunkte des BilMoG

160 Folgende Erstanwendungszeitpunkte kennzeichnen das BilMoG:

Anwendung bei Geschäftsjahresbeginn nach	Inhalt	Vorschrift
31.12.2007	– **Befreiung kleiner Einzelkaufleute** von der Buchführungs- und Jahresabschlusserstellungspflicht (Rz. 161) – Anhebung der **Schwellenwerte für den Jahresabschluss** von Kapitalgesellschaften und § 264a HGB-Gesellschaften (Rz. 162) und – Anhebung der **Schwellenwerte für die Befreiung kleiner Konzerne** zur Aufstellung eines Konzernabschlusses (Rz. 162)	Art. 66 I EGHGB
31.12.2008	– Eine Reihe von **Anhangangaben** sowie die veränderten Vorschriften zur **Prüfung** sind auf das nach dem 31.12.2008 beginnende Geschäftsjahr anzuwenden[2]	Art. 66 II EGHGB
31.12.2009 (wahlweise 31.12.2008)	– Alle **materiellen Bilanzierungsvorschriften** (Rz. 165 ff.) – Es besteht das Wahlrecht, *diese* Vorschriften *insgesamt* auch bereits auf das nach dem 31.12.2008 beginnende Geschäftsjahr anzuwenden	Art. 66 III EGHGB
ab 1.1.2010, unabhängig vom Beginn des Geschäftsjahres	– Vorschriften zur **Einrichtung eines Prüfungsausschusses** für kapitalmarktorientierte Kapitalgesellschaften	Art. 66 IV EGHGB

---

1 Im Zusammenhang mit Zweckgesellschaften wird explizit auf SIC 12 verwiesen, vgl. BT-Drs. 16/12407, S. 117.
2 Es handelt sich hierbei um die von der Abänderungsrichtlinie und der Prüfungsrichtlinie veranlassten Änderungen, die schon in 2008 hätten in nationales Recht überführt werden müssen.

V. Verhältnis von IFRS und HGB nach BilMoG

Einzelkaufleute, die an den Abschlussstichtagen von zwei aufeinander folgenden Geschäftsjahren nicht mehr als 500 000 Euro Umsatzerlöse und 50 000 Euro Jahresüberschuss aufweisen (§ 241a HGB), brauchen für steuerliche Zwecke nur noch eine Einnahmen-Überschuss-Rechnung (§ 4 III EStG) zu erstellen. Sie werden insoweit den gewerbetreibenden Nichtkaufleuten gleichgestellt.[1] 161

Die neuen Schwellenwerte für den Jahres- (§ 267 HGB) und Konzernabschluss (§ 293 HGB) sind wie folgt: 162

Schwellenwerte Jahresabschluss (§ 267 HGB)	klein		mittelgroß		groß	
	alt	neu	alt	neu	alt	neu
Bilanzsumme in TEUR	bis 4 015	bis 4 840	bis 16 060	bis 19 250	über 16 060	über 19 250
Umsatzerlöse in TEUR	bis 8 030	bis 9 680	bis 32 120	bis 38 500	über 32 120	über 38 500
Arbeitnehmer	bis 50	bis 50	bis 250	bis 250	über 250	über 250

Schwellenwerte Konzernabschluss (§ 293 HGB)	Bruttomethode (unkonsolidiert)		Nettomethode (konsolidiert)	
Befreiung greift bei:	alt	Neu	alt	neu
Bilanzsumme in TEUR	bis 19 272	bis 23 100	bis 16 060	bis 19 250
Umsatzerlöse in TEUR	bis 38 544	bis 46 200	bis 32 120	bis 38 500
Arbeitnehmer	bis 250	bis 250	bis 250	bis 250

Kleine und mittlere Kapitalgesellschaften, die infolge eines Umsatz- und Bilanzsummenwachstums *ohne* die Anhebung der Schwellenwerte in das nächsthöhere Format hineingewachsen wären, bleiben nunmehr ggf. etwas länger im bisherigen Format. Für die kleine Kapitalgesellschaft hat die Nichterreichung des Mittelformats die bedeutende Konsequenz, weiterhin nicht prüfungspflichtig zu sein, keinen Lagebericht aufstellen zu müssen und bei der Offenlegung auf die GuV und die Anhangangaben zur GuV verzichten zu können.

frei 163–164

4. Annäherung des Jahresabschlusses an IFRS

4.1 Bilanzierung und Bewertung

4.1.1 Aufhebung der umgekehrten Maßgeblichkeit

Bisherige Regelung: Vor dem BilMoG konnten nur auf Steuerrecht basierende Wahlrechte – idR steuerliche Begünstigungsnormen – nur in Anspruch genommen werden, wenn auch in der Handelsbilanz so verfahren wurde („um- 165

---

1 Zu Einzelheiten vgl. Theile, DStR 2009, Beil. zu Heft 18.

gekehrte" oder „formelle" Maßgeblichkeit, § 5 Abs. 1 Satz 2 EStG a.F.), beispielsweise für die Inanspruchnahme einer § 6b EStG-Rücklage. Der Nichtausweis eines Veräußerungsgewinns und stattdessen seine Einstellung in eine Rücklage widerspricht jedoch handelsrechtlichen Grundsätzen. Um dennoch eine gleichgerichtete Bilanzierung in Handels- und Steuerbilanz zu ermöglichen, enthielt das HGB sog. **Öffnungsklauseln**:

- §§ 254, 279 Abs. 2, 281 HGB a.F. zu Einzelheiten der Übernahme von nur auf Steuerrecht basierenden Abschreibungen.
- §§ 247 Abs. 3, 273 HGB a.F. zum Sonderposten mit Rücklageanteil.

Die umgekehrte Maßgeblichkeit führte demnach zur **engen Verzahnung von Handels- und Steuerbilanz**, wenn steuerrechtliche Begünstigungsnormen wie Sonderabschreibungen (früher z.B. § 4 FGG) in Anspruch genommen oder eben steuerfreie Rücklagen gebildet wurden. Konsequenz war die „Verfälschung" der Handelsbilanz durch Vornahme von nicht den GoB entsprechenden Abschreibungen oder den Nichtausweis von Gewinnen. Das ist schon lange von Rechtswissenschaftlern und Betriebswirten beklagt worden.[1]

166 **Neue Regelung**: Die umgekehrte („formelle") Maßgeblichkeit ist mit dem BilMoG nun aufgehoben worden: § 5 Abs. 1 Satz 2 EStG a.F. ist gestrichen und Satz 1 – das Maßgeblichkeitsprinzip („materielle Maßgeblichkeit") – um den Zusatz „es sei denn, im Rahmen der Ausübung eines steuerlichen Wahlrechts wird oder wurde ein anderer Ansatz gewählt" ergänzt worden. Für die Steuerbilanz bedeutet das künftig, dass den GoB weiterhin zu folgen ist, es sei denn, das Steuerrecht enthält eine zwingende Durchbrechung (das ist unverändert, z.B. Ansatzverbot für Drohverlustrückstellungen) oder ein Wahlrecht, welches vom Steuerpflichtigen auch *anders* (als nach GoB) ausgeübt werden kann (das ist neu).

In der Handelsbilanz nach BilMoG sind die Öffnungsklauseln (Rz. 165) nunmehr entbehrlich und folgerichtig aufgehoben worden. Eine § 6b EStG-Rücklage kann daher in der Steuerbilanz angesetzt, aber nicht mehr in die Handelsbilanz übernommen werden. Im Jahr der Bildung der Rücklage ist in der Handelsbilanz stattdessen ein Ertrag zu zeigen und ggf. eine latente passive Steuerabgrenzung vorzunehmen (Rz. 184).[2]

167 **Übergangsregelung**: Im letzten Abschluss vor Anwendung des HGB i.d.F. BilMoG vorhandene **Sonderposten mit Rücklageanteil** können beibehalten

---

1 Vgl. nur *AK Bilanzrecht der Hochschullehrer Rechtswissenschaft*, DStR 2008, 1057 und die dort angegebene Literatur.
2 Die Aufhebung der umgekehrten Maßgeblichkeit und die Einführung der selbständigen, von den handelsrechtlichen GoB unabhängigen Ausübung von steuerlichen Wahlrechten zielt zwar darauf, die Inanspruchnahme steuerlicher Begünstigungsnormen nicht zu versagen, dürfte aber wohl darüber hinaus gehen: U.E. ist *jedes* steuerliche Wahlrecht betroffen, z.B. auch die Teilwertabschreibung. Die Nichtvornahme einer steuerlichen Teilwertabschreibung kann interessant sein für Unternehmen, die sich bereits in einer Verlustvortragssituation befinden, vgl. *Herzig*, DB 2008, 1339 (1340) mit Hinweis auf die Infineon-Entscheidung des BFH v. 26.9.2007 – I R 58/06, sowie *Theile/Hartmann*, DStR 2008, 2031 (2034).

werden (Art. 67 Abs. 3 Satz 1 EGHGB). Wird von diesem Beibehaltungswahlrecht kein Gebrauch gemacht, ist der Sonderposten (ggf. ex latente Steuern) unmittelbar in die Gewinnrücklagen einzustellen (Art. 67 Abs. 3 Satz 2 EGHGB). Analog dazu können auch **niedrigere, nur auf Steuerrecht basierende Wertansätze** beibehalten werden (Art. 67 Abs. 4 Satz 1 EGHGB). Sollte hiervon kein Gebrauch gemacht werden, ist der Zuschreibungsbetrag in die Gewinnrücklagen einzustellen, es sei denn, es handelt sich um Abschreibungen, die im letzten vor dem 1.1.2010 beginnenden Geschäftsjahr vorgenommen worden sind (Art. 67 Abs. 4 Satz 2 EGHGB).

Konsequenz für das Verhältnis HB I (HGB) und HB II (IFRS): 168
Steuerliche Sonderposten oder Sonderabschreibungen haben im IFRS-Abschluss keinen Raum. Die Neuregelung führt daher zur Angleichung von HB I und HB II.

Der Arbeitsaufwand für den HGB *und zugleich* IFRS Anwender hat sich jedoch durch das BilMoG nicht verändert: War der Sonderposten mit Rücklageanteil vormals an der Schnittstelle HB I zur HB II aufzulösen, so ist er jetzt schon an der Schnittstelle Steuerbilanz und HB I zu beseitigen. HGB-Konzernabschlusserseller kennen im Übrigen das Problem: Hier ist schon seit dem TransPuG 2002 die Übernahme von rein steuerlichen Werten untersagt.[1]

4.1.2 Immaterielle Vermögensgegenstände (Entwicklungskosten)

Bisherige Regelung: Vor dem BilMoG bestand für immaterielle Vermögens- 169
gegenstände des Anlagevermögens, die nicht entgeltlich erworben worden sind, ein Aktivierungsverbot (§ 248 Abs. 2 HGB a.F.).

Neue Regelung: Aus diesem allgemeinen **Aktivierungsverbot** ist nun ein **spezielles** für selbst geschaffene Marken, Drucktitel, Verlagsrechte, Kundenlisten oder vergleichbare immaterielle Vermögensgegenstände des Anlagevermögens geworden (§ 248 Abs. 2 Satz 2 HGB). Die Formulierung dieses Ansatzverbots stimmt fast wörtlich mit jener aus IAS 38.63 überein.

Für übrige selbst geschaffene immaterielle Vermögensgegenstände des Anlagevermögens besteht nun ein **Aktivierungswahlrecht** (§ 248 Abs. 2 Satz 1 HGB). Damit können künftig die Aufwendungen für Produkt- oder Verfahrensneu- bzw. -weiter**entwicklungen** (§ 255 Abs. 2a Satz 2 HGB) aktiviert werden. Für Forschungsaufwendungen (§ 255 Abs. 2a Satz 3 HGB) besteht genauso ein Aktivierungsverbot (§ 255 Abs. 2 Satz 4 HGB) wie für den Fall, dass Forschung und Entwicklung nicht verlässlich voneinander unterschieden werden können (§ 255 Abs. 2a Satz 4 HGB). Der Gegenwert des aktivierten Betrages (abzüglich passiver latenter Steuern) ist ausschüttungsgesperrt (§ 268 Abs. 8 HGB).[2] In der Steuerbilanz bleibt es beim Aktivierungsverbot (§ 5 Abs. 2 EStG).

---
1 Vgl. *Theile*, GmbHR 2002, 231 (232).
2 Für KGs vgl. § 172 Abs. 4 Satz 3 HGB.

Übergangsregelung: Die Aktivierung ist jedoch nur möglich bei Projekten, die in Geschäftsjahren begonnen worden sind, die nach dem 31.12.2009 beginnen (Art. 66 Abs. 7 EGHGB). Sollten die Vorschriften des BilMoG freiwillig ein Jahr früher angewendet werden (Rz. 160), so ist u.E. auch diese Übergangsvorschrift entsprechend ein Jahr früher anzuwenden.

170 **Konsequenz für das Verhältnis HB I (HGB) und HB II (IFRS):**

Die Neuerungen entsprechen praktisch vollständig den Regelungen des IAS 38, mit Ausnahme davon, dass IAS 38 ein **Aktivierungsgebot** für Entwicklungskosten vorsieht.[1] Infolge entsprechender Wahlrechtsausübung kann insoweit Übereinstimmung zwischen der HB I und der HB II erreicht werden.

Dabei besteht für begonnene Entwicklungsprojekte, die am Abschlussstichtag noch nicht beendet sind, hier wie da das Problem, die Vermögensgegenstands- bzw. Vermögenswerteigenschaft zu überprüfen und bejahen zu können. Formal sind die Begriffe Vermögensgegenstand und Vermögenswert jedoch nicht deckungsgleich: Grundsätzlich fehlt dem Begriff Vermögenswert das Kriterium der Einzelveräußerbarkeit bzw. -verwertbarkeit. Gerade aber zur Abgrenzung immaterieller Sachverhalte verwendet der IASB mit der Identifizierbarkeit (Separierbarkeit) ein praktisch inhaltsgleiches Kriterium (Rz. 311, 1011). Insoweit dürften sich für die Praxis keine Unterschiede ergeben. Dann ist es u.E. auch möglich, die vom IASB entwickelten Kriterien zur Prüfung der Werthaltigkeit eines selbst geschaffenen immateriellen Sachverhalts (Rz. 1035 ff.) auch und gerade in der Entstehung („immaterieller Gegenstand in Bau") auf das HGB zu übertragen. Auch die Schmalenbach-Gesellschaft hat hilfreiche Kriterien entwickelt.[2] Dabei geht es immer um das gerade bei immateriellen Sachverhalten so heikle Thema der Objektivierung;[3] es soll keine „Luft" aktiviert werden können. Dessen ungeachtet bleiben hohe Ermessensspielräume (*faktisches Aktivierungswahlrecht* auch nach IFRS, Rz. 1040).

Die Änderung des HGB durch BilMoG ermöglicht es den Bilanzierenden, im Hinblick auf den *Ansatz* selbst geschaffener immaterieller Sachverhalte die bisherige Lücke zu den IFRS vollständig zu schließen. Ob das auch für die Bewertung gilt, hängt von möglichen Unterschieden in der Höhe der Aufwendungen ab. Keine Unterschiede dürfte es bei *laufenden* Personalaufwendungen geben, die bei Entwicklungsprojekten typischerweise eine große Rolle spielen. Zu prüfen ist, ob Unterschiede in der periodischen Dotierung von Pensionsverpflichtungen bestehen (Rz. 178 ff.) und ob für das Entwicklungsprojekt auch abnutzbare Anlagen verwendet werden, deren Abschreibungen in der HB I und HB II differieren. Etwaige kleinere Unterschiede können ggf. mit dem Wesentlichkeitsargument beseitigt werden. Zu Einzelheiten im Umfang der Herstellungskosten siehe auch nachfolgend Rz. 171 f.

---

1 Und eine Ausschüttungssperre, weil auch gegenstandslos, nicht existiert.
2 Vgl. *AK „Immaterielle Werte im Rechnungswesen" der Schmalenbach-Gesellschaft*, DB 2001, 989 (992 f.) sowie *AK*, DB 2008, 1813 (1817).
3 Hierauf weist *Moxter*, DB 2008, 1514, zutreffend hin.

4.1.3 Herstellungskosten

Bisherige Regelung: Vor dem BilMoG bestand ein Wahlrecht der Aktivierung von Material- und Fertigungs*gemeinkosten* inklusive Abschreibungen auf Fertigungsanlagen. Das Wahlrecht spielte in der Handelsbilanz keine große Rolle, da die genannten Aufwendungen in der Steuerbilanz zu aktivieren waren.

Neue Regelung: Mit dem BilMoG besteht nun eine Aktivierungspflicht der vorgenannten Kostenbestandteile (§ 255 Abs. 2 HGB). Insoweit besteht jetzt auch formal Übereinstimmung von Handels- und Steuerbilanz. Nur jene Unternehmen, die Entwicklungskosten aktiviert haben (Rz. 169), haben ggf. höhere Abschreibungen als Bestandteil der Herstellungskosten für die Bewertung von fertigen und unfertigen Erzeugnissen zu bedenken als in der Steuerbilanz, in der die Entwicklungskosten nicht aktiviert werden durften. Für Zinskosten, allgemeine Verwaltungskosten sowie soziale Einrichtungen, freiwillige soziale Leistungen und für die betriebliche Altersversorgung bestehen handels- wie steuerrechtlich unverändert Aktivierungswahlrechte.

Übergangsregelung: Keine. Ggf. ist eine erfolgswirksame Anpassung im ersten BilMoG-Abschluss erforderlich.

Konsequenz für das Verhältnis HB I (HGB) und HB II (IFRS):

Da zur Bewertung von fertigen und unfertigen Erzeugnissen (aber auch bei selbst erstellten Sachanlagen oder immateriellen Vermögenswerten) nach IFRS **grundsätzlich Vollkosten** anzusetzen sind, konnte auch schon vor BilMoG durch entsprechende HGB-Wahlrechtsausübung dem Grunde nach Übereinstimmung erzielt werden. Im Detail sind unterschiedliche Höhen von Gemeinkosten (beispielsweise durch unterschiedliche Abschreibungen) zu bedenken.

Nach IAS 23 besteht nun Aktivierungspflicht von **Zinskosten** bei Anschaffung oder Herstellung sog. qualifying assets, also Vermögenswerten, die einen längeren Zeitraum der Anschaffung (bei Anzahlungen, Bauzeitzinsen) oder Herstellung aufweisen (Rz. 1141 ff.).

4.1.4 Währungsumrechnung

Bisherige Regelung: Keine explizite Regelung; Lückenfüllung durch GoB.

Neue Regelung: Erstmals enthält das HGB in § 256a eine Vorschrift zur Währungsumrechnung (zur Währungsumrechnung im Konzernabschluss, § 308a HGB, s. Rz. 191). Auf fremde Währung lautende Vermögensgegenstände und Verbindlichkeiten sind bei Restlaufzeiten bis einschließlich einem Jahr erfolgswirksam zum Devisenkassamittelkurs am Abschlussstichtag umzurechnen. Das Anschaffungskosten- und Realisationsprinzip greift explizit nur noch für Restlaufzeiten von über einem Jahr. Gegenüber der bisherigen, auf GoB gestützten Auffassung[1] ergeben sich so zwei Unterschiede: Für alle umzurechnenden Vermögensgegenstände und Verbindlichkeiten ist der Devisenkassamittelkurs und nicht mehr der Geld- bzw. Briefkurs maßgeblich, und für

---

1 Vgl. *Hommel/Laas*, BB 2008, 1666 (1666 f.).

kurzfristige Posten (bis einschließlich einem Jahr) werden Anschaffungskosten- und Realisationsprinzip außer Kraft gesetzt. Das kann zum Ausweis unrealisierter Gewinne führen.

Übergangsregelung: Keine.

174 **Konsequenz für das Verhältnis HB I (HGB) und HB II (IFRS):**

Infolge der Aufhebung von Anschaffungs- und Realisationsprinzip besteht nun für die besonders betroffenen kurzfristigen Forderungen und Verbindlichkeiten (monetäre Posten) Übereinstimmung mit den IFRS (Rz. 551, 552a).

Nach IAS 21 ist jedoch bei monetären Posten laufzeitunabhängig *immer* eine Umrechnung zum Stichtagskurs vorzunehmen, so dass es bei Restlaufzeiten von mehr als einem Jahr zu Abweichungen kommen kann.

4.1.5 Sonstige Rückstellungen

175 **Bisherige Regelung**: Bisher bestanden folgende Wahlrechte der Bildung von Aufwandsrückstellungen:

- Rückstellungen für unterlassene Instandhaltung bei Nachholung vom 4. bis zum 12. Monat des folgenden Geschäftsjahres (§ 249 Abs. 1 Satz 3 HGB a.F.) und
- Allgemeine Aufwandsrückstellungen (§ 249 Abs. 2 HGB a.F.)

Neue Regelung: Die vorgenannten Wahlrechte fallen weg. Da diese Rückstellungen in der Steuerbilanz nicht anzusetzen waren, wird hier ein Gleichklang zwingend herbeigeführt. Weil auf der anderen Seite schon bisher die Rückstellungen für unterlassene Instandhaltung bei Nachholung innerhalb von 3 Monaten des folgenden Geschäftsjahres oder für Abraumbeseitigung, die im folgenden Geschäftsjahr nachgeholt wird (§ 249 Abs. 1 Satz 2 Nr. 1 HGB), sowohl in Handels- als auch in Steuerbilanz passiviert werden mussten, wird im Interesse der Steuerneutralität des BilMoG hieran festgehalten.

176 Bei der **Bewertung** sämtlicher Rückstellungen ist auf den nach vernünftiger kaufmännischer Beurteilung notwendigen **Erfüllungsbetrag** abzustellen (§ 253 Abs. 1 Satz 2 HGB). Damit sind nun – das war in der Vergangenheit in Anlehnung an die widersprechende BFH-Rechtsprechung oft anders gelebt worden – erwartete künftige Preis- und Kostensteigerungen, u.E. ggf. auch entsprechende Senkungen, zwingend zu berücksichtigen. Für die Steuerbilanz ist dagegen die bisherige BFH-Rechtsprechung durch Einfügung des strengen Stichtagsprinzips kodifiziert worden (§ 6 Abs. 1 Nr. 3a Buchst. f EStG).

Darüber hinaus sind Rückstellungen mit einer Restlaufzeit von mehr als einem Jahr mit dem ihrer Restlaufzeit entsprechenden durchschnittlichen Marktzinssatz der vergangenen sieben Geschäftsjahre **abzuzinsen** (§ 253 Abs. 2 Satz 1 HGB). Indes ist der Zinssatz nicht selbst zu berechnen, sondern wird von der Deutschen Bundesbank ermittelt und monatlich bekannt gemacht. Die hierzu noch zu erlassende Rechtsverordnung wird die Ermittlungsmethoden und Bekanntgabe näher bestimmen. Als Zinsstrukturkurve wird voraussichtlich eine Null-Koupon-Zinsswapkurve von auf Euro lautenden Festzinsswaps maßgeblich sein, und die Zinssätze werden auf der Homepage der Deutschen Bundesbank veröffentlicht werden.[1] Steuerlich bleibt es demgegenüber beim Zinssatz von 5,5 %.

Übergangsregelung: Vor Anwendung des BilMoG gebildete Aufwandsrückstellungen können (auch teilweise) beibehalten werden, also bis zu ihrer Inanspruchnahme oder bis zum Wegfall des Grundes ihrer Bildung. Wird von dieser Möglichkeit kein Gebrauch gemacht, ist der Betrag in die Gewinnrücklagen einzustellen, es sei denn, es handelt sich um im letzten Geschäftsjahr vor BilMoG gebildete Rückstellungen (Art. 67 Abs. 3 EGHGB; Rz. 167).

Die Einführung der Abzinsungspflicht kann bei Rückstellungen mit langer Restlaufzeit im Jahr der Erstanwendung des BilMoG zu hohen Auflösungsbeträgen führen. Es besteht jedoch das Wahlrecht, den höheren Wert beizubehalten, soweit der aufzulösende Betrag bis spätestens 31.12.2024 (!) wieder zugeführt werden müsste. Sollte hiervon kein Gebrauch gemacht werden, ist der Auflösungsbetrag unmittelbar in die Gewinnrücklagen einzustellen (Art. 67 Abs. 1 Satz 2, 3 EGHGB).

Konsequenz für das Verhältnis HB I (HGB) und HB II (IFRS): 177

Da nach IFRS **Aufwandsrückstellungen** nicht zulässig sind, lässt sich durch den Wegfall der Rückstellungswahlrechte insoweit Pflichtübereinstimmung erzielen; diese war freiwillig durch handelsrechtlichen Verzicht auf die Passivierung schon vorher möglich. Die zwingende Abweichung zwischen HGB und IFRS im Bereich der handelsrechtlichen Pflichtaufwandsrückstellungen (unterlassene Instandhaltung bei Nachholung im ersten Quartal des folgenden Geschäftsjahres, unterlassene Abraumbeseitigung bei Nachholung im Folgenden Geschäftsjahr) ist jedoch nicht beseitigt worden. Bei manchen jetzt handelsrechtlich nicht mehr zulässigen Rückstellungsarten, die nach IAS 16 unter den **Komponentenansatz** fallen – z.B. Generalüberholungen, größere Instandhaltungen –, werden sich die Abweichungen zu IFRS sogar noch verstärken: Handelsrechtlich schlägt zum Zeitpunkt der Durchführung der Maßnahme diese zwingend auf die GuV durch, so dass es zu Aufwandsspitzen kommt; im IFRS-Abschluss werden diese infolge einer anderen Aktivierungskonzeption dagegen vollständig vermieden (Rz. 1117).

Die Berücksichtigung **künftiger Preis- und Kostensteigerung** ist den IFRS bei der Rückstellungsbewertung dagegen immanent (Rz. 2353), und auch die Abzinsung wird gefordert, soweit der Zinseffekt wesentlich ist. Das muss jedoch nicht notwendigerweise schon bei Restlaufzeiten von mehr als einem Jahr der Fall sein; hier besteht Ermessensspielraum (Rz. 2357). Allerdings ist kein Durchschnittszinssatz, sondern ein der Fristigkeit entsprechender Marktzinssatz (Stichtagszinssatz) heranzuziehen (Rz. 2358). Nicht auszuschließen ist daher, dass in der Steuerbilanz, im HGB-Abschluss und in der HB II mit jeweils unterschiedlichen Zinssätzen gerechnet werden muss. Es ergäben sich dann auch Folgewirkungen im Hinblick auf unterschiedliche Höhen der latenten Steuern im HGB-Abschluss und in der HB II.

---

1 Vgl. Gesetzentwurf BilMoG, BT-Drucks. 16/10067, S. 54.

4.1.6 Pensionsverpflichtungen

178 **Bisherige Regelung**: Es bestehen Ansatzwahlrechte für Altzusagen (vor 1986) und mittelbare Zusagen (Art. 28 Abs. 1 EGHGB). Häufig erfolgte die Übernahme der steuerlichen Werte (Teilwertverfahren, Zinssatz 6 %, keine Erfassung zukünftiger Gehalts- und Pensionssteigerungen).

Neue Regelung: Entgegen ursprünglichen Plänen im RefE zum BilMoG sind die bisherigen **Ansatzwahlrechte** des Art. 28 Abs. 1 EGHGB **unverändert** geblieben. Bei der Bewertung allerdings sind wie auch bei sonstigen Rückstellungen **künftige Preis- und Kostensteigerungen** zu berücksichtigen, also Gehalts- und Rententrends; ob darunter auch Karrieretrends zu fassen sind, wird derzeit diskutiert.[1] Als **Diskontierungssatz** darf statt eines der Laufzeit entsprechenden Durchschnittszinssatzes auch ein durchschnittlicher Marktzinssatz herangezogen werden, der sich bei einer angenommenen Restlaufzeit von 15 Jahren ergibt (§ 253 Abs. 2 Satz 2 HGB). Damit ist sowohl im Hinblick auf den Verpflichtungsumfang als auch hinsichtlich des Diskontierungssatzes die Übernahme einer § 6a EStG-Rückstellung in die Handelsbilanz nicht mehr möglich. Über das Verteilungsverfahren trifft das HGB keine Aussage, so dass, wie bisher auch, sowohl das Teilwert-, als auch das Anwartschaftsbarwertverfahren als zulässig anzusehen ist.

179 Neu ist die Einführung eines **Verrechnungsgebots** der Pensions- und anderen vergleichbaren langfristig fälligen Verpflichtungen (z.B. aus Altersteilzeit) mit sog. insolvenzgesichertem Vermögen (§ 246 Abs. 2 Satz 2 HGB). Die zu verrechnenden Vermögensgegenstände sind mit ihrem beizulegenden Zeitwert zu bewerten (§ 253 Abs. 1 Satz 4 HGB), der wiederum in § 255 Abs. 4 HGB als Marktpreis auf einem aktiven Markt definiert und hilfsweise über allgemein anerkannte Bewertungsmethoden zu bestimmen ist (Rz. 450 ff., 475 ff.). Sollte der beizulegende Zeitwert der Vermögensgegenstände den Betrag der Schulden übersteigen, ist das überschießende Aktivum als letzter Posten in der Bilanz unter „E. Aktiver Unterschiedsbetrag aus der Vermögensverrechnung" auszuweisen (§§ 246 Abs. 2 Satz 3, 266 Abs. 2 HGB). Übersteigt der beizulegende Zeitwert des insolvenzgesicherten Vermögens seine Anschaffungskosten, unterliegt die Differenz abzüglich latenter Steuern einer Ausschüttungssperre (§ 268 Abs. 8 Satz 3 HGB).

Ebenfalls neu – auch gegenüber dem RegE BilMoG – ist die Einführung einer verpflichtenden Vereinfachung in § 253 Abs. 1 Satz 3 HGB: Soweit sich bei Altersversorgungszusagen der Umfang der Verpflichtung nach dem beizulegenden Zeitwert bestimmter Wertpapiere richtet (sog. **wertpapiergebundene Pensionszusagen**) und der beizulegende Zeitwert einen (in der Vereinbarung) garantierten Mindestbetrag übersteigt, ist auch die Rückstellung mit dem beizulegenden Zeitwert der Wertpapiere zu bewerten. Es braucht dann kein Pensionsgutachten mehr eingeholt zu werden. Im Übrigen gilt das Verrechnungsgebot auch hier.

---

1 Vgl. *Küting/Kessler/Keßler*, WPg 2008, 494 (499); offensiver *Hoffmann/Lüdenbach*, DStR 2008, Beihefter zu Heft 30, 49 (56).

Übergangsregelung: Kommt es im Jahr der Erstanwendung BilMoG auf Grund der vorstehend skizzierten geänderten Bewertung zu einer Erhöhung der Pensionsrückstellungen, kann der Zuführungsbetrag bis spätestens 31.12.2024 in jedem Geschäftsjahr zu mindestens 1/15 angesammelt werden (Art. 67 Abs. 1 Satz 1 EGHGB). Unabhängig von ihrer Größeneinstufung haben offenlegungspflichtige Gesellschaften die Unterdeckung im Anhang und im Konzernanhang anzugeben (Art. 67 Abs. 2 EGHGB).

180

Im umgekehrten Fall – bei Erstanwendung BilMoG ist die Pensionsverpflichtung gesunken – kann die höhere Rückstellung beibehalten werden, soweit dieser höhere Wert – voraussichtlich – bis zum 31.12.2024 wieder erreicht wird; auch in diesem Fall ist die Überdeckung im Anhang und im Konzernanhang anzugeben (Art. 67 Abs. 1 Satz 2, 4 EGHGB). Wird von dem Wahlrecht kein Gebrauch gemacht, ist der Auflösungsbetrag unmittelbar in die Gewinnrücklagen einzustellen (Art. 67 Abs. 1 Satz 3 EGHGB).

Konsequenz für das Verhältnis HB I (HGB) und HB II (IFRS):

181

Als **Verteilungsverfahren** vermeidet einzig die Anwendung des Anwartschaftsbarwertverfahrens (Rz. 2420) Abweichungen zwischen HGB und IFRS. Künftige Gehalts- und Rentenentwicklungen sowie Karrieretrends müssen berücksichtigt werden. Insoweit kann, ggf. mit Ausnahme des Karrieretrends, Übereinstimmung zwischen HGB und IFRS erzielt werden.

Als **Abzinsungsfaktor** sind nach IAS 19 dagegen fristenkongruente Marktzinssätze zu verwenden. Ob und inwieweit hier Abweichungen zum Durchschnittszins nach HGB bestehen, ist im Einzelfall zu analysieren.

Die neuen HGB-Vorschriften zur Saldierung von insolvenzgesichertem Vermögen haben ihr Vorbild in IAS 19 zur Saldierung von Planvermögen; die nach IAS 19 formulierten Anforderungen an Planvermögen können u.E. auch für den HGB-Abschluss eingesetzt werden (Rz. 2460 ff.).

Anders als nach HGB wird nach IAS 19 der Aufwand aus Pensionsverpflichtungen nicht am Jahresende, sondern am Jahresanfang bestimmt, so dass Aufwandsüberraschungen ausbleiben. Das Delta zu den dann am Jahresende eigentlich notwendigen Werten ist eine Schätzungsänderung und wird als „**versicherungsmathematischer Gewinn oder Verlust**" bezeichnet. Dieser kann nach IAS 19 erfolgswirksam, erfolgsneutral oder überhaupt nicht erfasst, sondern in einer Nebenrechnung vorgetragen werden (Rz. 2430 ff.). Wird das Anwartschaftsbarwertverfahren verwendet und stimmen die Bewertungsparameter überein, hängt es insoweit nur vom bilanziellen Umgang mit versicherungsmathematischen Gewinnen und Verlusten ab, ob zwischen HB I und HB II noch Unterschiede bestehen. Bei sofortiger erfolgswirksamer Erfassung versicherungsmathematischer Gewinne und Verluste dürfte die Aufwandsverteilung in HB I und HB II übereinstimmen.

4.1.7 Bewertungseinheiten

Bisherige Regelung: Bisher enthielt das HGB keine Vorschriften zur Bildung von Bewertungseinheiten bei Sicherungsgeschäften (Absicherung eines Grund-

182

geschäfts durch ein gegenläufiges Sicherungsinstrument, Rz. 2200 ff.). Durch Rechtsfortbildung der GoB waren diese aber schon in der Vergangenheit als zulässig angesehen worden, so dass der Einzelbewertungsgrundsatz sowie das Anschaffungskosten- und Imparitätsprinzip durchbrochen worden sind.

Neue Regelung: In § 254 HGB hat die Bildung von Bewertungseinheiten („hedge accounting") nun erstmals eine handelsrechtliche Grundlage. Die in der Handelsbilanz erzielten Ergebnisse sind auch für die Steuerbilanz einschlägig (§ 5 Abs. 1a EStG).

Übergangsregelung: Keine. Anwendung im ersten BilMoG-Abschluss.

183 **Konsequenz für das Verhältnis HB I (HGB) und HB II (IFRS):**

Als Daumenregel lässt sich formulieren: Wer nach IAS 39 zulässigerweise Bewertungseinheiten gebildet hat, hat auch die Anforderungen des § 254 HGB erfüllt. IAS 39 ist „strenger" als das HGB:

– es bestehen Einschränkungen in der Zulässigkeit von Portfolio- und Macro-Hedge-Beziehungen,

– als Sicherungsinstrumente sind nur Derivate und, beschränkt auf die Absicherung von Währungsrisiken, auch originäre Finanzinstrumente zugelassen, während nach HGB als Sicherungsinstrument generell Finanzinstrumente in Betracht kommen und

– IAS 39 enthält Vorgaben zur Dokumentation und Effektivitätsmessung (Rz. 2206, 2245 ff.).

Kann in diesen Punkten zwischen HB I und HB II Übereinstimmung erzielt werden, gilt das nicht für den bilanziellen Umgang mit Bewertungseinheiten: Nach IAS 39 werden alle in Bewertungseinheiten eingesetzte Sicherungsinstrumente **bilanzwirksam**, so dass ggf. Grundgeschäfte angepasst werden müssen (Fair value hedge) oder besondere Vorkehrungen zur erfolgsneutralen Erfassung des Sicherungsinstruments getroffen werden müssen (Cashflow hedge). Nach HGB wird dagegen umgekehrt verfahren: Die (gegenläufigen) Wertänderungen von Grundgeschäft und Sicherungsinstrument werden bilanziell überhaupt nicht erfasst, sondern in einer Nebenrechnung festgehalten. Die Vorgehensweise ist einfacher als nach IAS 39, bietet aber gerade bei der Absicherung erwarteter Transaktionen (Cashflow hedge) weniger Einblick.[1]

4.1.8 Latente Steuern

184 **Bisherige Regelung**: Im HGB-Abschluss wurden bisher latente Steuern nach dem GuV-orientierten sog. timing-Konzept ermittelt. Mit DRS 10 war z.T. bereits eine Annäherung an IAS 12 erfolgt, z.B. hinsichtlich der Aktivierung von Vorteilen aus Verlustvorträgen (Rz. 2605). In der Praxis der Jahresabschlusserstellung hat man sich in der Vergangenheit eher selten mit latenten Steuern befasst: Für passive bestand zwar Ansatzpflicht, für aktive jedoch ein

---

1 Vgl. *Theile*, Bilanzrechtsmodernisierungsgesetz, 2. Aufl. 2009, § 254, Rz. 31.

Wahlrecht, und verbunden mit dem Verrechnungsgebot und der Tatsache, dass wegen der Ausgestaltung des deutschen Steuerrechts überwiegend Aktivüberhänge zu verzeichnen waren, hat man auf die Aktivierung (und möglicherweise auch auf eine genaue Berechnung) überwiegend verzichtet.

Neue Regelung: Künftig ist das international gebräuchliche und auch nach IFRS vorgesehene sog. **Temporary-Konzept** zu verwenden. Nach dem Temporary-Konzept sind auch auf *erfolgsneutral* gebildete Bewertungsdifferenzen zwischen Handels- und Steuerbilanz grundsätzlich latente Steuern zu berechnen. Wegen des Kongruenzprinzips gibt es solche Bewertungsdifferenzen im HGB normalerweise nicht[1], so dass regelmäßig eine Bewertungsdifferenz auch zu einer Ergebnisdifferenz führt. Mit der Konzeptumstellung ist jedoch ein anderer Umgang mit **quasi-permanenten Buchwertdifferenzen** verbunden; sie sind künftig in die Berechnung mit einzubeziehen. Außerdem ist der ökonomische Vorteil eines vorhandenen **steuerlichen Verlustvortrags** dann in die Betrachtung einzubeziehen, wenn er voraussichtlich in den nächsten fünf Jahren steuermindernd geltend gemacht werden kann (§ 274 Abs. 1 Satz 4 HGB).

Nach langen und kontroversen Diskussionen bei der Entstehung des BilMoG hält der Gesetzgeber nun am **Aktivierungswahlrecht** und der **Passivierungspflicht** zusammen mit der vorherigen Verrechnung fest (§ 274 Abs.1 Satz 1, 2 HGB). Neu ist, dass aktive und passive latente Steuern explizit auch unverrechnet angegeben werden können (§ 274 Abs.1 Satz 3 HGB). Das läuft auf ein tatsächliches **Verrechnungswahlrecht** hinaus. Ein ausgewiesener bilanzieller Aktivüberhang ist im Übrigen ausschüttungsgesperrt (§ 268 Abs. 8 Satz 2 HGB).

Indes ist fraglich, ob die Praxis überwiegend weiterhin so entspannt mit dem Thema latente Steuern umgehen kann wie bisher. Immerhin mehren sich grundsätzlich die Sachverhalte, die zu passiven latenten Steuern führen, etwa auf Grund der Aufhebung der umgekehrten Maßgeblichkeit (Rz. 166) oder wenn von dem Wahlrecht der Aktivierung von Entwicklungskosten Gebrauch gemacht wird (Rz. 169). Auch die nun eingeführte Abzinsungspflicht für langfristige Rückstellungen (Rz. 176), die in der Steuerbilanz ja bereits bestanden hatte, kann zu einer geringeren Höhe aktiver latenter Steuern führen als bisher.

Kleine Kapitalgesellschaften (für Gewerbe- und Körperschaftsteuer) sowie **kleine Personenhandelsgesellschaften** i.S.v. § 264a HGB (für Gewerbesteuer) sind von der Vorschrift zu latenten Steuern befreit (§ 274a Nr. 5 HGB).

Übergangsregelung: Anpassungsbeträge bei erstmaliger Anwendung der §§ 274, 306 HGB i.d.F. BilMoG sind mit Gewinnrücklagen zu verrechnen (Art. 67 Abs. 6 EGHGB).

Konsequenz für das Verhältnis HB I (HGB) und HB II (IFRS): 185
Auf Grund der Konzeptumstellung und im Übrigen durch entsprechende Wahlrechtsausübung in der HB I lässt sich weitgehend Übereinstimmung er-

---

1 Ausnahmen: Umstellung auf BilMoG, Rz. 167, Aufdeckung stiller Reserven und Lasten bei Erstkonsolidierung, Währungsumrechnungsdifferenzen im Konzernabschluss.

zielen. Freilich gilt das wegen unterschiedlich hohen Buchwertdifferenzen an Vermögensgegenständen/-werten und Schulden zwischen HB I und HB II nicht auch für die absolute Höhe der ggf. anzusetzenden latenten Steuern.

Unterschiede bleiben – abgesehen vom Ausweis, auf den wir hier nicht eingehen – vor allem in folgenden Punkten:

- Formal enthält IAS 12 keine bilanzielle Fristbeschränkung im Hinblick auf Verlustvorträge.
- § 274 HGB enthält keine Ausnahmeregelung über den Nichtansatz latenter Steuern bei Differenzen beim Erstansatz von Vermögensgegenständen und Schulden in Handels- und Steuerbilanz. Die in IAS 12 bestehende Ausnahmeregelung soll zwar gestrichen werden, voraussichtlich jedoch ohne praktischen Effekt (Rz. 2606, 2632).

4.2 Ausweis und Anhangangaben

4.2.1 Eigene Anteile

186 Bisher mussten Aktien, die zum Zweck der Einziehung erworben wurden, passivisch vom Eigenkapital abgesetzt werden. Alle übrigen eigenen Anteile waren zu aktivieren, und zugleich musste eine Rücklage für eigene Anteile passiviert werden. Diese Differenzierung fällt nun auf Grund der neuen § 272 Abs. 1a und 1b HGB weg. Künftig sind eigene Anteile unabhängig vom Erwerbsgrund passivisch abzusetzen. Der Wiederverkauf ist grundsätzlich wie eine Kapitalerhöhung darzustellen. Transaktionskosten sind im Unterschied zu IAS 32 jeweils aufwandswirksam zu erfassen.

Durch diese Änderung wird (bis auf die Behandlung der Transaktionskosten) Übereinstimmung mit IFRS hergestellt (Rz. 2071).

4.2.2 Nahe stehende Unternehmen und Personen

187 Das HGB verpflichtet künftig, über Transaktionen des Bericht erstattenden Unternehmens mit nahe stehenden Unternehmen und Personen zu berichten. Veranlasst worden ist die Berichtspflicht durch eine Änderung der 4. und 7. EG-Richtlinie infolge der Abänderungsrichtlinie. Diese wiederum nimmt – erstmals für EG-Bilanzrichtlinien – unmittelbar Bezug auf IAS 24. Über diesen Zusammenhang ist daher auch das HGB zwingend nach IAS 24 auszulegen. Wir haben die Einzelheiten ausführlich in Rz. 4753 ff. dargestellt.

4.3 Kleinere Änderungen

188 Nachfolgend listen wir jene HGB-Änderungen in Bezug auf den Jahresabschluss (Bilanzierung und Bewertung), die nach unserer Einschätzung kaum einen größeren Einfluss auf das Verhältnis HB I/HB II haben werden:

Nr.	HGB i.d.F. BilMoG	HGB a.F.	IFRS
1	Aktivierungspflicht für den Geschäfts- oder Firmenwert (§ 246 Abs. 1 Satz 4 HGB)	Wahlrecht	Aktivierungspflicht ohne planmäßige Abschreibung, ausschließlich jährlicher Test auf Werthaltigkeit
2	Gebot der *Ansatz*stetigkeit (§ 246 Abs. 3 HGB)	GoB (strittig)	Stetigkeitsgebot, Rz. 275
3	Gebot der *Bewertungs*stetigkeit (§ 252 Abs. 1 Nr. 6 HGB)	Sollvorschrift, aber GoB: strenge Befolgung	Stetigkeitsgebot, Rz. 275
4	außerplanmäßige Abschreibungen im sächlichen und immateriellen Anlagevermögen: Gleichstellung bilanzierender Einzelkaufleute und Personenhandelsgesellschaften (mit natürlicher Person als Vollhafter) mit Kapitalgesellschaften, d.h. nur noch bei dauerhafter Wertminderung.	Für bilanzierende Einzelkaufleute und Personenhandelsgesellschaften (mit natürlicher Person als Vollhafter): Wahlrechte für außerplanmäßige Abschreibung bei vorübergehender Wertminderung und auf Grund vernünftiger kfm. Beurteilung	grundsätzlich keine Rechtsformdifferenzierungen (Rz. 202); Konzeption außerplanmäßiger Abschreibungen anders (Rz. 1505)
5	Verbot außerplanmäßiger Abschreibungen wegen **künftiger Wertschwankungen** im Umlaufvermögen	Wahlrecht	Verbot (beachte aber Einfluss des Wertaufhellungszeitraums, Rz. 700 ff.)
6	**Zuschreibungsgebot** über alle Vermögensgegenstände (mit Ausnahme des Geschäfts- oder Firmenwerts) und Rechtsformen (§ 253 Abs. 5 HGB)	Rechtsformabhängiges Zuschreibungsgebot	Zuschreibungsgebot mit Ausnahme des Goodwill; Sonderregelung für bestimmte Finanzinstrumente (Rz. 1901)
7	**Bewertungsvereinfachungen, Verbrauchsfolgefiktionen**: Durchschnittsmethode, LIFO, FIFO	Kaum Beschränkungen, z.B. auch KIFO, HIFO	Durchschnittsmethode, FIFO (Rz. 1628 ff.)
8	Verbot der Aktivierung von **Aufwendungen für die Ingangsetzung und Erweiterung des Geschäftsbetriebs**	Wahlrecht (§ 269 HGB a.F.)	Verbot (Rz. 1045)

4.4 Verbleibende wesentliche Unterschiede

189 Auch nach BilMoG verbleiben wesentliche Unterschiede zwischen HB I und HB II:

(1) Weil der Gesetzgeber die Frage des **wirtschaftlichen Eigentums** nur formal neu gefasst, aber inhaltlich gegenüber bisheriger Rechtsauffassung nicht geändert hat (§ 246 Abs. 1 Satz 2)[1], bleiben die Unterschiede in der Zurechnung von **Leasinggegenständen** bestehen (Rz. 1306). Ähnliches gilt für die **Ausbuchung von Finanzinstrumenten** (Factoring, ABS).

(2) Explizit hat der Gesetzgeber davon abgesehen, die Percentage of Completion-Methode zur Bewertung (langfristiger) **Auftragsfertigung** im HGB zuzulassen (Rz. 1706).

(3) Im Gesetzgebungsverfahren zum BilMoG war die erfolgswirksame Bewertung von **Finanzinstrumenten** des Handelsbestands eines der umstrittensten Themen. Ursprünglich für alle Unternehmen vorgesehen, ist sie nun nur noch für **Banken** obligatorisch (§ 340 Abs. 3 und 4 HGB). Darüber hinaus bleiben bei Finanzinstrumenten zahlreiche weitere Unterschiede bestehen (Rz. 1807).

(4) Das gesamte Konzept zur Bestimmung **außerplanmäßiger Abschreibungen** bei Wertminderungen (*impairment*) nach IAS 36 ist wegen der i.d.R. zwingenden Bildung sog. zahlungsmittelgenerierender Einheiten (CGU) grundsätzlich nicht mit dem HGB vergleichbar (Rz. 1505 f.). Die im Referentenentwurf zum BilMoG ursprünglich vorgesehene leichte Annäherung an IFRS[2] ist schon im Regierungsentwurf wieder gestrichen worden.

(5) Die **Eigenkapitalabgrenzung** ist in IAS 32 unbefriedigend gelöst (Rz. 2000 ff.), zuletzt aber entschärft worden (Rz. 2020 ff.).

(6) Eher eine Randnotiz, aber immer wieder ärgerlich: Im HGB-Gliederungsschema zur GuV (§ 275 HGB) findet sich nach dem Posten „Steuern vom Einkommen und Ertrag" noch der Posten „**Sonstige Steuern**", der z.B. die Grundsteuer, Stromsteuer oder Kfz-Steuer aufnimmt. Damit ist ein „Ergebnis vor Ertragsteuern" oder eine Ertragssteuerquote weiterhin nicht unmittelbar ablesbar.

5. Annäherung des Konzernabschlusses an IFRS

190 Abweichungen und Gemeinsamkeiten zwischen HGB und IFRS in *Konsolidierungsfragen* sind für den Ersteller von Konzernabschlüssen weit weniger relevant als die Abweichungen und Gemeinsamkeiten von HB I und HB II: Entweder wird ein HGB oder ein IFRS Konzernabschluss aufgestellt. Nur in seltenen Fällen wird eine Annäherung von HGB und IFRS seitens der Konzernabschlussersteller überhaupt als positives Bedürfnis gesehen werden, etwa wenn ein Teilkonzern einen Konzernabschluss nach HGB erstellt und zu-

---

[1] Dies beklagen *Hoffmann/Lüdenbach*, DStR 2008, Beihefter zu Heft 30, 49 ff. sowie *Lüdenbach/Hoffmann*, StuB 2009, 287 (288 ff.).
[2] Vgl. *Theile*, Bilanzrechtsmodernisierungsgesetz 2008, S. 58 f.

gleich die Vorkonsolidierung für das übergeordnete Mutterunternehmen, das einen Konzernabschluss nach IFRS aufstellt, für seinen Teilkonzernkreis übernimmt (auch entsprechend umgekehrt wäre das denkbar).
Seitens diverser Konzernabschlussadressaten (z.B. Finanzanalysten, Banken, Lieferanten usw.) stellt sich das jedoch anders dar: Nicht selten sind die Daten von Konzernen, die nach IFRS bilanzieren, mit solchen zu vergleichen, die nach HGB aufstellen. Wenn für diesen Adressatenkreis das Delta bei der Konzernrechnungslegung nach HGB und IFRS verringert wird, dürfte das einer verbesserten Analyse zumindest nicht abträglich sein. Auf der anderen Seite muss deutlich hervorgehoben werden: Soweit bereits Unterschiede in den Ausgangsdaten der Konsolidierung bestehen – auf der einen Seite HGB, auf der anderen Seite IFRS – würde selbst eine Übereinstimmung in Konsolidierungsfragen diese Unterschiede nicht beseitigen können. Zu erwähnen ist insbesondere der Unterschied in der **Folgebilanzierung von Goodwill**: Planmäßige Abschreibung nach HGB (§ 309 Abs. 1 Satz 1 i.V.m. § 253 Abs. 3 HGB i.d.F. BilMoG) versus lediglich außerplanmäßige Abschreibung (**Impairment-Only-Approach**) nach IAS 36 (Rz. 1505).

Wir haben den Vergleich HGB und IFRS bei Fragen der Konzernabschlusserstellung in Abschnitt D gezogen, so dass hier die Stichpunkte reichen: 191

Nr.	Wesentliche Neuerungen beim Konzernabschluss nach HGB durch BilMoG	Rz.
1	**Anhebung der Größenkriterien** (§ 293 HGB)	160
2	Aufhebung des Konzepts der einheitlichen Leitung, Einführung des Risiken/Chancen-Konzepts zur **Einbeziehung von Zweckgesellschaften** (§ 290 Abs. 2 Nr. 4 HGB)	3006
3	Aufhebung von Buchwert- und Interessenzusammenführungsmethode; einzige Konsolidierungsmethode ist die **Neubewertungsmethode** (§ 301 Abs. 1 HGB)	3206, 3400 ff.
4	**Erstkonsolidierungszeitpunkt** ist jener, zu dem das Tochterunternehmen eines geworden ist (§ 301 Abs. 1 S. 2 HGB)	3206, 3715
5	Im Zweifel muss mit **vorläufigen Werten** konsolidiert werden; Anpassungsfrist beträgt 12 Monate (§ 301 Abs. 2 HGB)	3442
6	Verpflichtende Anwendung der **modifizierten Stichtagskursmethode** bei der Währungsumrechnung (§ 308a HGB)	3102, 3130 ff.

6. Fazit und Würdigung

Das BilMoG ist **kein Paradigmenwechsel**. Es bleibt beim prinzipienorientierten deutschen Bilanzrecht, und auch die Prinzipien bleiben weitestgehend unangetastet. Darüber hinaus ist zu bemerken: 192

– Zu einer steuerlichen Mehrbelastung wird das BilMoG voraussichtlich nicht führen.
– Die Abschlusserstellung kann im Detail aufwendiger werden (Rückstellungsbilanzierung, Pensionsverpflichtungen, ggf. latente Steuern und durch

zusätzliche Angabepflichten). Gegenüber dem RegE ist hier aber im Interesse der Bilanzierenden noch einmal nachjustiert worden (Aktivierungswahlrecht für Entwicklungskosten und latente Steuern, keine Zeitwertbilanzierung für alle Kaufleute).

– Es sollte die Informationsfunktion des handelsrechtlichen Abschlusses gestärkt werden. Das erfordert eigentlich ein wahlrechtsfreies Rechnungslegungssystem. Zwar sind viele Wahlrechte aufgehoben worden (Aufwendungen für Ingangsetzung und Erweiterung des Geschäftsbetriebs, Gemeinkosten im Herstellungsbereich, Aufwandsrückstellungen), aber auch neue geschaffen worden (Entwicklungskosten). Vor allem spielten einige der abgeschafften Wahlrechte in der Praxis keine Rolle. Hier gibt es also Licht und Schatten.

Es ist eine vorsichtige Annäherung an IFRS erfolgt[1], das Delta zwischen HB I und HB II dürfte sich verringert haben und kann ggf. über Wahlrechtsausübungen weiter verringert werden. Das ist vor allem deshalb ein Erfolg, weil diese Annäherung *nicht* mit einer spürbaren Belastung der von dieser Frage gar nicht betroffenen Kaufleute einhergeht.

193–199 frei

---

[1] Annäherung in sinn- und maßvoller Weise an die internationalen Rechnungslegungsstandards, so *Ernst/Seidler*, BB 2009, 766 (771).

B. Rahmenkonzept und Rechnungslegungsmethoden für den IFRS-Abschluss

In Deutschland ist man gewohnt, im Bilanzrecht in **Prinzipien** zu denken, die in allgemeinen Vorschriften enthalten sind, und ausgehend vom Grundsätzlichen die Regelung von Detailproblemen in Spezialvorschriften unterzubringen. Dieser Grundidee folgt auch das Dritte Buch des HGB.

200

Für die Standards des IASB gilt dies nur bedingt. In den IFRS finden sich sowohl prinzipienbasierte Elemente (z.B. die Abgrenzung von Leasingverträgen in IAS 17) als auch deutliche Detailregelungen (etwa bei Finanzinstrumenten oder beim Aktivierungsverbot bestimmter immaterieller Vermögenswerte in IAS 38). Wichtige Grundprinzipien finden sich zwar im den Standards vorgelagerten **Rahmenkonzept (Framework)**, doch gerade dieses soll formal für die Anwendung nur von *nachrangiger* Bedeutung sein. Deshalb ergeben sich Wiederholungen zahlreicher Grundsätze in IAS 1. Weitere wichtige Grundsätze, wie etwa das Realisationsprinzip, finden sich zum Teil verstreut in mehreren Standards. Auch aus der Nummerierung der Standards selbst lässt sich kein sachlogischer Aufbau erkennen; sie sind entsprechend ihrer zeitlichen Entstehung durchnummeriert.

Im Interesse des **IFRS-Anwenders**, der sich schnell mit den **Grundelementen des IFRS-Abschlusses** vertraut machen muss, erläutern wir diese zunächst in diesem Teil des Buches. Die Aussagen sind sowohl für die Erstellung des Einzelabschlusses einschließlich der sog. Handelsbilanz II als auch für den eigentlichen Konzernabschluss einschlägig.

I. Grundlagen

1. Zielsetzung des Abschlusses: Information

„Die Zielsetzung eines Abschlusses ist es, Informationen über die Vermögens-, Finanz- und Ertragslage und die Cashflows eines Unternehmens bereitzustellen, die für ein breites Spektrum von Adressaten nützlich sind, um wirtschaftliche Entscheidungen zu treffen. Ein Abschluss legt ebenfalls Rechenschaft über die Ergebnisse der Verwaltung des dem Management anvertrauten Vermögens ab." Diese Informationen sollen den Adressaten helfen, „die künftigen Cashflows des Unternehmens sowie insbesondere deren Zeitpunkt und Sicherheit des Entstehens vorauszusagen" (IAS 1.9).

201

Die Rechenschaftslegung ist Subziel. Aus der VFE-Lagedarstellung und Darstellung vergangener Cashflows sollen Abschlussadressaten künftige Cashflows schätzen können. Daher muss die Zielsetzung der **Erfüllung der Informationsfunktion** Leitlinie bei der Abschlusserstellung sein. Diesem Ziel dienen insbesondere Erläuterungen und Zusatzinformationen im **Anhang.** In diesem Zusammenhang kommt dem Wesentlichkeitsgrundsatz überragende Bedeutung zu. Bedeutende Sachverhalte sind herauszustellen, genauso wie unbedeutende zusammengefasst mit anderen unbedeutenden Sachverhalten dargestellt werden.

2. Anwendung auf alle Unternehmen, Einzel- und Konzernabschluss

202 Da die IFRS möglichst weltweit und damit in unterschiedlichen Rechtskreisen Geltung erlangen sollen, setzen die Standards hinsichtlich der Frage, *wer* zu bilanzieren hat, nicht auf nationales Gesellschaftsrecht auf. Weder wird nach unterschiedlichen Rechtsformen noch nach der Haftungsbegrenzung oder der Frage, ob es sich bei der rechnungslegenden Einheit um eine profit- oder non-profit-Organisation handelt, differenziert. Bis auf wenige sachlogisch notwendige Ausnahmen macht das IFRS-System in der Anwendung der Normen keinen Unterschied, ob ein Einzel- oder Konzernabschluss aufgestellt wird. Insoweit richten sich die Standards unspezifisch an ein **„Unternehmen"** (*entity*).

3. IFRS für kleine und mittlere Unternehmen

203 Es existieren derzeit auch **keine größenabhängigen Erleichterungen**. Ein Unternehmen hat für einen IFRS-Abschluss das gesamte Normenwerk anzuwenden. Insbesondere gegenüber kleinen und mittleren Unternehmen besteht hier das Problem einer möglichen Überfrachtung und Überforderung.

Im Februar 2007 hat der IASB den ED „IFRS for Small and Medium-sized Entities" veröffentlicht[1], der das Regelwerk auch für kleine und mittlere Unternehmen attraktiv machen sollte. Zum Standardentwurf sind beim IASB 162 überwiegend kritische Stellungnahmen eingegangen. Auch der sog. Radwan-Bericht des Ausschusses für Wirtschaft und Währung des Europäischen Parlaments hat sich ablehnend geäußert.[2]

Den ursprünglichen Plan, einen endgültigen Standard in 2008 vorzulegen, hat der IASB in der Zwischenzeit verworfen. Das Projekt wird aber weiter geführt, nun unter dem Namen „IFRS for Non-publicly Accountable Entities". Doch selbst bei Verabschiedung eines endgültigen Standards wäre unklar, ob dieser auf Basis der IAS-Verordnung (Rz. 50 ff.) in Europäisches Recht transformiert werden dürfte.[3]

Nicht zuletzt diese Entwicklung war auch Motivation für den nationalen Gesetzgeber für das Bilanzrechtsmodernisierungsgesetz. Mit dem BilMoG soll das HGB zur dauerhaften Alternative zu den IFRS für solche Unternehmen ausgebaut werden, die nicht per se gezwungen sind, IFRS anzuwenden. Daher bewegt sich das HGB i.d.F. BilMoG vorsichtig auf die IFRS zu.

4. Branchenspezifische Besonderheiten

204 Branchenspezifische Bilanzierungs- und Ausweisregelungen bestehen aktuell für **landwirtschaftliche Tätigkeiten** (IAS 41), für **Versicherungen** (IFRS 4) und für **Ausgaben bei der Suche nach Mineralstoffen** (IFRS 6). Der frühere, für

---

1 Siehe Vorauflage, Rz. 5200 ff.; eine Gesamtdarstellung des Entwurfs hat *Kirsch*, IFRS-Rechnungslegung für kleine und mittlere Unternehmen, 2007, vorgelegt.
2 Vgl. Europäisches Parlament, Ausschuss für Wirtschaft und Währung, Bericht über die Internationalen Rechnungslegungsstandards (IFRS) und die Leitung des International Accounting Standards Board (IASB) (2006/2248 (INI)) v. 5.2.2008, Rz. 36 ff.
3 Vgl. *Beiersdorf/Davis*, BB 2006, 987 (989 f.); *Kußmaul/Henkes*, BB 2006, 2235.

I. Grundlagen

Banken einschlägige IAS 30 ist durch IFRS 7 „Finanzinstrumente: Angaben" außer Kraft gesetzt worden, wobei IFRS 7 von allen Unternehmen anzuwenden ist (ausführlich hierzu Rz. 1800 ff.).

Wir gehen in diesem Buch grundsätzlich **nicht** auf branchenspezifische Besonderheiten ein.

5. Bestandteile des IFRS-Abschlusses

Ein **vollständiger IFRS-Abschluss (Einzel- und/oder Konzernabschluss)** besteht gemäß IAS 1.10 aus (vgl. Rz. 4001): 205

(a) Bilanz,

(b) Gesamtergebnisrechnung (Gewinn- und Verlustrechnung zuzüglich erfolgsneutral im Eigenkapital erfasster Aufwendungen und Erträge),

(c) Eigenkapitalspiegel,

(d) Kapitalflussrechnung und

(e) Anhang.

Die Abschlussbestandteile müssen, sofern nichts anderes vermerkt ist, auch jeweils die Daten der Vorperiode enthalten. Bei der Änderung der Darstellung in der Bilanz und/oder bei der Änderung einer Rechnungslegungsmethode sowie bei der IFRS-Erstanwendung ist außerdem eine Bilanz auf den Beginn der Vorperiode zu veröffentlichen („dritte Bilanz").

Gesellschaften, deren Aktien oder schuldrechtliche Wertpapiere öffentlich gehandelt werden oder die einen Handel in die Wege geleitet haben, müssen den Anhang um eine **Segmentberichterstattung** nach IFRS 8 erweitern. Aktiengesellschaften, deren Stammaktienhandel öffentlich erfolgt oder in die Wege geleitet worden ist, müssen zusätzlich das **Ergebnis je Aktie** nach IAS 33 angeben.

Auf die **Gliederung** und Erläuterung der vorstehend genannten Berichtsinstrumente gehen wir in Teil E (Rz. 4000 ff.) ausführlich ein.

6. Vollständige IFRS-Anwendung

Bei der Abschlusserstellung sind sämtliche Standards (IAS und IFRS) und Interpretationen (SIC und IFRIC) zu beachten. Ein Abschluss darf nur dann als IFRS-Abschluss bezeichnet werden, wenn alle Standards und Interpretationen beachtet worden sind. Für EU-Unternehmen bezieht sich diese Anforderung auf EU-IFRS (zu Abgrenzungsfragen s. Rz. 62 ff.) und ist zu Beginn des Anhangs in einer **Übereinstimmungserklärung** des Abschlusserstellers darzulegen (Rz. 4511 ff.). 206

7. Lagebericht

Neben dem Einzel- bzw. Konzernabschluss müssen deutsche Kapitalgesellschaften einen Lagebericht gem. § 289 HGB bzw. einen **Konzernlagebericht** gem. § 315 HGB erstellen (§ 315a Abs. 1 HGB, § 325 Abs. 2a Satz 4 HGB). 207

Die IFRS selbst enthalten derzeit noch keine Verpflichtung zur Erstellung eines Managementberichts begleitend zum Abschluss. Im Oktober 2005 hat der IASB allerdings ein Diskussionspapier „Management Commentary" veröffentlicht, an dem auch das DRSC mitgewirkt hat.[1] Die internationale Resonanz auf das Diskussionspapier war positiv. In der Zwischenzeit hat der IASB entschieden, Best practice-Empfehlungen für einen Managementbericht zu formulieren. Die jeweiligen nationalen Gesetzgeber sollen dann entscheiden, ob die IFRS-Anwender diesen Empfehlungen nachkommen müssen oder nicht. Ein Standardentwurf hierzu ist für das 2. Quartal 2009 angekündigt.

208–249 frei

II. Abschlussgrundsätze (Rahmenkonzept, IAS 1)

1. Überblick und Wegweiser

1.1 Standards und Anwendungsbereich

250 In 1989 hat der damalige IASC ein „Rahmenkonzept für die Aufstellung und Darstellung von Abschlüssen" (kurz: *Framework*, hier zitiert als F.Nummer) formuliert, das im Wesentlichen die Rechnungslegungsgrundsätze beschreibt. Das Framework ist in 2001 vom IASB übernommen worden. Es dient dem Standardsetter als Basis zur Entwicklung neuer Standards.

251 Für den **Abschlussersteller** hat das Rahmenkonzept zwei Funktionen:
– **Auslegungsfunktion:** Die Standards sind vor dem Hintergrund des Rahmenkonzepts auszulegen. Dies ergibt sich aus der Präambel vor jedem Standard und aus F.1d.
– **Lückenfüllungsfunktion:** Gibt es im Regelungswerk Lücken im Hinblick auf die Abbildung von bestimmten Sachverhalten, ist der Abschlussersteller gehalten, diese unter Beachtung vergleichbarer Standards und Interpretationen und auch des Rahmenkonzepts zu schließen (IAS 8.10 f. und F.1d).

Außerdem enthält das Rahmenkonzept die **Definitionsmerkmale** für Vermögen, Schulden, Aufwendungen und Erträge, auf die in den Standards regelmäßig verwiesen wird (s. im Einzelnen Rz. 300 ff. und 600 ff.). Diese Merkmale erhalten dadurch quasi Standardrang.

Dem **Abschlussprüfer** schließlich soll das Rahmenkonzept bei der Prüfung auf vollständige Einhaltung der IFRS helfen (F.1e).

252 Das Rahmenkonzept stellt keinen Standard dar und geht auch keinem Standard vor. Es ist daher auch nicht Bestandteil der EU-IFRS. Wegen seiner Bedeutung hat die EU-Kommission es gleichwohl übersetzt und fordert vom

---

[1] Vgl. IASB Discussion Paper Management Commentary v. 28.10.2005, siehe hierzu *Beiersdorf/Buchheim*, BB 2006, 96 ff.; *Fink*, KoR 2006, 141 ff.

Anwender seine Beachtung.[1] Im Übrigen werden zahlreiche Abschlussgrundsätze in IAS 1 wiederholt und haben damit Standardrang.

frei   253–254

1.2 Wesentliche Abweichungen zum HGB

Bemüht man einen Vergleich des Rahmenkonzepts zum HGB, so könnte man es als schriftlich niedergelegte **Grundsätze ordnungsmäßiger Bilanzierung** bezeichnen. Im HGB finden sich manche Grundsätze kodifiziert (insbesondere in § 252 HGB), andere jedoch, wie etwa die Grundsätze der Wesentlichkeit oder Willkürfreiheit, sind hingegen Bestandteile nationalen GoB-Verständnisses. 255

Das gilt vor allem für die Definitionen der Abschlussposten. Zwar enthält § 246 Abs. 1 HGB den Vollständigkeitsgrundsatz, aber nirgendwo im Gesetz ist definiert, was Vermögensgegenstände, Schulden, Aufwendungen und Erträge sind. Ein nationaler Gesetzgeber kann sich das erlauben und auf Rechtsfortbildung via Rechtsprechung vertrauen. Ein Standardsetter wie der IASB mit „internationalem Sendungsbewusstsein" kann jedoch auf entsprechende Definitionen nicht verzichten. 256

1.3 Neuere Entwicklungen

Nachdem der IASB im Juli 2006 in Zusammenarbeit mit dem amerikanischen Standardsetter FASB ein Diskussionspapier „*Preliminary Views on an improved Conceptual Framework for Financial Reporting: The Objective of Financial Reporting and Qualitative Characteristics of Decision-useful Financial Reporting Information*" veröffentlicht hat, ist das Projekt zur **Reform des Rahmenkonzepts** weiter vorangeschritten: Unterteilt in acht Phasen soll ein neues, gemeinsames Rahmenkonzept entwickelt werden.[2] Zu jeder Phase sollen eigene und separat zu kommentierende Entwürfe vorgelegt werden. Die Phasen und der aktuelle Entwurfsstand sind wie folgt: 257

---

[1] Vgl. Kommission der Europäischen Gemeinschaften, Kommentare zu bestimmten Artikeln der Verordnung (EG) Nr. 1606/2002 des Europäischen Parlaments und des Rates v. 19.7.2002 betreffend die Anwendung internationaler Rechnungslegungsstandards und zur Vierten Richtlinie 78/660/EWG des Rates vom 25.7.1978 sowie zur Siebenten Richtlinie 83/349/EWG des Rates v. 13.6.1983 über die Rechnungslegung, Brüssel 2003, Nr. 2.1.5 sowie das dort im Anhang wiedergegebene Rahmenkonzept.
[2] Vertiefend *Wiedmann/Schwedler*, Die Rahmenkonzepte von IASB und FASB: Konzeption, Vergleich und Entwicklungstendenzen, in FS Baetge, 2007, S. 679–716.

Phase	Thema	Stand
A	Objectives and qualitative characteristics	Exposure Draft „An improved Conceptual Framework for Financial Reporting; Chapter 1: An Objective of Financial Reporting; Chapter 2: Qualitative Characteristics and Constraints of Decision-useful Financial Reporting Information" v. 29.5.2008; endgültiger Standard vor Abschluss der übrigen Phasen für 1. Halbjahr 2009 angekündigt
B	Elements and recognition	Discussion Paper für 1. Halbjahr 2010 angekündigt
C	Measurement	Discussion Paper für 1. Halbjahr 2009 angekündigt
D	Reporting entity	Discussion Paper „Preliminary Views on an improved Conceptual Framework for Financial Reporting – The Reporting Entity" v. 29.5.2008
E	Presentation and disclosure	Nicht terminiert
F	Purpose and status	Nicht terminiert
G	Application to not-for-profit entities	Nicht terminiert
H	Remaining Issues, if any	Nicht terminiert

Auf Details der Entwicklung gehen wir nicht ein.[1]

258–259 frei

2. Rechnungslegungsgrundsätze auf Basis der Zielsetzung von IFRS-Abschlüssen

260 Das einzige Ziel der Rechnungslegung nach IFRS ist die Erfüllung der **Informationsfunktion** (Rz. 201). Durch eine (nach den Rechnungslegungsgrundsätzen und den Detailregelungen bestimmte und damit nur insoweit den tatsächlichen Verhältnissen entsprechende) Darstellung der Vermögens-, Finanz- und Ertragslage sowie der Mittelzu- und -abflüsse eines Unternehmens sollen **entscheidungsrelevante Informationen** (*decision usefulness*) vermittelt werden (Zielsetzung von Abschlüssen gem. Rahmenkonzept, F.12 ff.; s. auch *IFRS preface*, Ziff. 10). Mit anderen Worten: Der IASB ist der Auffassung, dass unter Beachtung der Rechnungslegungsgrundsätze und der Detailregelungen das Ziel der Vermittlung entscheidungsrelevanter Informationen im Allgemeinen erreicht werde.

Aus dieser Zielsetzung heraus werden im Rahmenkonzept zwei Basisannahmen und vier qualitative Anforderungen genannt, deren Befolgung nötig sein soll, um das Ziel der Bereitstellung entscheidungsrelevanter Informationen zu erfüllen. Bei den Basisannahmen handelt es sich um die **Periodenabgrenzung** und die **Unternehmensfortführungsprämisse** (F.22 f.) und bei den qualitativen Anforderungen um die der **Verständlichkeit, Relevanz, Verlässlichkeit** und **Vergleichbarkeit**, die zum Teil durch weitere Grundsätze konkretisiert werden (F.24 ff.).

---

1 Vgl. stattdessen die Darstellung und Würdigung bei *Gassen/Fischkin/Hill*, WPg 2008, 874.

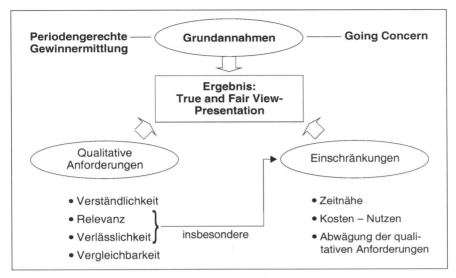

Abb. 7: Übersicht Rechnungslegungsgrundsätze

3. Basisannahmen im IFRS-Abschluss

3.1 Periodengerechte Aufwands- und Ertragszuordnung

Die Aufwands- und Ertragsperiodisierung (*accrual basis*, F.22 und IAS 1.27) ist die methodische Grundlage jeder bilanziellen Gewinnermittlung. Gemäß dem Rahmenkonzept werden die Aufwendungen auf der Grundlage eines direkten Zusammenhangs mit den entsprechenden Erträgen erfasst (***matching principle***)[1], allerdings unter dem bedeutsamen und das Prinzip relativierenden Vorbehalt, dass keine Posten in der *Bilanz* angesetzt werden, die den Ansatzkriterien nicht genügen (F.95). Hingegen ist die Formulierung in IAS 1.28, wonach unter Berücksichtigung der *accrual basis* keine Posten als Vermögenswerte, Schulden, Eigenkapital, Erträge und Aufwendungen angesetzt werden dürfen, die den Ansatzkriterien des Rahmenkonzepts nicht entsprechen, leerformelhaft, da sich ein Sachverhalt, sofern er dem Unternehmen überhaupt zuzuordnen ist, *immer* in der Erhöhung oder Minderung eines oder mehrerer der genannten Posten niederschlägt. Folglich nützt IAS 1.28 eher zur Begründung des Vollständigkeitsgebots, nicht aber zur zeitlichen und sachlichen Abgrenzung von Aufwendungen und Erträgen.

---

[1] Zur internationalen Bedeutung des matching principle vgl. *Strobl*, Matching Principle und deutsches Bilanzrecht, in Ballwieser u.a. (Hrsg.), FS für Moxter, 1994, S. 407–432.

262 Entscheidend für die Aufwandserfassung ist jene Periode, in der die zuzuordnenden Erträge realisiert werden.[1] Vorschriften zum **Zeitpunkt der Ertragsrealisation** finden sich jedoch nicht als Grundsatz, sondern in den Einzelstandards, insbesondere in IAS 18 (s. Rz. 610 ff.), hinsichtlich der Auftragsfertigung in IAS 11 (s. Rz. 1700 ff.) und bezüglich Finanzinstrumente in IAS 39 (s. Rz. 1800 ff.). Im Gegensatz zum HGB wird allerdings die den Gewinnausweis bestimmende Wirkung des (übergeordneten) Realisationsprinzips im IFRS-Regelwerk begrenzt bzw. gänzlich aufgehoben bei der bilanziellen Behandlung der Auftragsfertigung und der Finanzinstrumente. Hier werden nach IFRS in der Terminologie des HGB **unrealisierte Gewinne** ausgewiesen. Die Perioden des Gewinnausweises sind dann mit dem zugehörigen Aufwand zu belasten, um zu einer aus IFRS-Perspektive zutreffenden Periodisierung gem. matching principle zu gelangen.

263 Das *matching principle* führt auch zu einer Aktivierung von Ausgaben, sofern die Ansatzkriterien eines Vermögenswertes erfüllt werden, insbesondere der künftige Nutzenzufluss – also künftige Erträge – als hinreichend wahrscheinlich angesehen werden kann. Diese Sichtweise wird beispielsweise deutlich in der **Aktivierung von Entwicklungskosten**, die im Wege der Abschreibung zu einer periodengerechten Zuordnung der Aufwendungen zu den Erträgen führt, wie die Abb. 8 veranschaulicht. Nach HGB vor BilMoG bestand ein Aktivierungsverbot für Entwicklungskosten, worin ein aus dem Grundsatz vorsichtiger Vermögensdarstellung abgeleitetes Objektivierungserfordernis zu sehen ist[2], welches den Periodisierungsgrundsatz überlagert. Auch die IFRS erkennen das Objektivierungsproblem im Bereich der Entwicklungskosten an und versuchen, dieses durch spezielle Ansatzvoraussetzungen zu lösen (zu Einzelheiten s. Rz. 1030 ff.). Durch Einführung eines Aktivierungswahlrechts in § 248 HGB i.d.F. BilMoG gewinnen Fragen der Objektivierung im Falle des gewollten Bilanzansatzes auch im HGB an Bedeutung.[3]

---

1 *Kieso/Weygandt/Warfield*, Intermediate Accounting, 10. Aufl. 2001, S. 46, nennen das griffig „let the expense follow the revenues"; demgegenüber dominiert im geltenden Bilanzsteuerrecht stärker der Gedanke der Vermögensorientierung, und die angesprochene Periodisierungsfunktion des matching principle wird enger durch Objektivierungsgrundsätze begrenzt, vgl. hierzu *Herzig*, IAS/IFRS und steuerliche Gewinnermittlung, 2004, 47 f.
2 Vgl. *Moxter*, Bilanzrechtsprechung, 5. Aufl. 1999, S. 29; *Coenenberg*, Jahresabschluss und Jahresabschlussanalyse, 20. Aufl. 2005, S. 147.
3 Vgl. *Theile*, WPg 2008, 1064 (1068 f.).

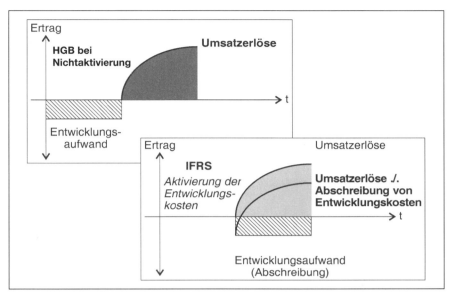

Abb. 8: Wirkungsweise des matching principle

Sollten die allgemeinen und ggf. auch speziellen Ansatzkriterien für Vermögenswerte (und Schulden) nicht erfüllt sein, kommt ein Bilanzansatz nicht in Betracht (F.95). Dementsprechend ist ein Aufwand erfolgswirksam zu erfassen, wenn eine Ausgabe keinen künftigen Nutzen bewirkt (F.97).

3.2 Unternehmensfortführung

Ein Abschluss ist so lange auf der Grundlage der Annahme der Unternehmensfortführung (**going concern**) aufzustellen, bis die Unternehmensleitung entweder beabsichtigt, das Unternehmen aufzulösen, das Geschäft einzustellen oder eine realistische Fortführungsmöglichkeit nicht mehr besteht (F.23 und IAS 1.25). Bei der Einschätzung der Annahme hierüber ist ein Zeitraum von mindestens **zwölf Monaten** nach dem Bilanzstichtag zugrunde zu legen (IAS 1.26). Auch sachverhalts*begründende* Ereignisse während der Bilanzaufstellungsphase (z.B. eine dramatische Verschlechterung der Vermögens-, Finanz- und Ertragslage) können gegen die Annahme der Unternehmensfortführung beim gerade zu erstellenden Abschluss sprechen (IAS 10.15).

264

Wird ein Abschluss *nicht* auf der Grundlage der Annahme der Unternehmensfortführung aufgestellt, ist diese Tatsache gemeinsam mit den Grundlagen anzugeben, auf denen die Abschlüsse basieren (in Betracht könnten Liquidationswerte oder „Fair values less cost to sell" gem. IFRS 5 kommen; s. hierzu Rz. 2700 ff.), und der Grund, warum von einer Fortführung des Unternehmens nicht ausgegangen wird (IAS 1.25). Auch über Unsicherheiten bei einer positiven Unternehmensfortführungsprognose soll berichtet werden. Da über be-

265

standsgefährdende Risiken auch im (**Konzern-)Lagebericht** zu berichten ist[1], dürfte eine zusätzliche Anhangangabe entbehrlich sein.[2]

4. Qualitative Anforderungen

4.1 Verständlichkeit

266 Dem Informationszweck des Abschlusses würde es zuwiderlaufen, wenn die Informationen nicht verständlich (***understandable***) wären. Daher müssen Abschlussinformationen für einen **fachkundigen Adressaten** leicht verständlich dargebracht werden (F.25). Wichtige Informationen dürfen aber nicht deswegen weggelassen werden, wenn vermutet wird, dass sie für bestimmte Adressaten zu schwer verständlich sein könnten.

4.2 Relevanz und Wesentlichkeit

267 Nach dem Grundsatz der Relevanz (***relevance***) hat ein Abschluss (nur) **entscheidungsrelevante Informationen** zu enthalten. Eine Information ist entscheidungsrelevant, wenn sie wirtschaftliche Entscheidungen des Adressaten beeinflussen kann. Daher sind Informationen zur Beurteilung der vergangenen, derzeitigen und vor allem künftigen Lage des Unternehmens zu vermitteln. Konkrete Prognoserechnungen – wie z.B. ein Finanzplan[3] – werden nicht verlangt, aber es wird als nützlich angesehen, wenn beispielsweise in der Gewinn- und Verlustrechnung außergewöhnliche und seltene Aufwendungen und Erträge separat angegeben werden (F.28); diese wären jedoch präzise zu benennen und dürfen nicht als „außerordentlich" bezeichnet werden (IAS 1.87).

268 Bis einschließlich 2002 wurde vor jedem Standard explizit darauf hingewiesen, dass er nur auf **wesentliche Sachverhalte** (***materiality***) anzuwenden ist. Seit 2003 fehlt dieser Hinweis. Daraus ist jedoch keine materielle Konsequenz zu ziehen, denn schon früher ging es nicht um das Weglassen bestimmter Sachverhalte – dann hätte sich die Frage der Ordnungsmäßigkeit der Buchführung gestellt –[4], sondern um die **Art der Darstellung** sowie um die **Anwen-**

---

1 Vgl. *Heuser/Theile* in GmbH-Handbuch, Rz. II 2772 f. und Rz. II 946.
2 Der (Konzern-)Lagebericht und der IFRS-Abschluss haben EU-rechtlich den gleichen Rang. Im Hinblick auf die Information über bestandsgefährdende Risiken kann u.E. jedoch nicht gefordert werden, dass dieselbe Information in den zu veröffentlichenden Unterlagen an zwei unterschiedlichen Stellen dargelegt werden muss. Unsere Empfehlung für den Lagebericht resultiert aus unserer Vermutung, dass Abschlussadressaten an dieser Stelle die Information über bestandsgefährdende Risiken auch tatsächlich erwarten. Für diese Auffassung spricht auch die Änderung von § 289 bzw. § 315 HGB auf Grund des Bilanzrechtsreformgesetzes, das insoweit die Vorgaben des durch die Modernisierungsrichtlinie (2003/51/EG des Europäischen Parlaments und des Rates v. 18.6.2003) geänderten Artikels 46 der Bilanzrichtlinie anpasst. Im Übrigen wird von professionellen Analysten der Lagebericht stärker wahrgenommen als der Anhang, vgl. *Pellens* u.a. in Börsig/Wagenhofer (Hrsg.), IFRS in Rechnungswesen und Controlling, Stuttgart 2006, S. 23.
3 Vgl. hierzu *Moxter*, Grundsätze ordnungsgemäßer Rechnungslegung, 2003, S. 251 ff.
4 Vgl. *Leffson*, Die Grundsätze ordnungsmäßiger Buchführung, 7. Aufl. 1987, S. 158 ff.

dung von **Rechnungslegungsmethoden** im Abschluss. Hierzu finden sich Wesentlichkeitsgrundsätze im Rahmenkonzept (F.29 f.) als auch in IAS 8.8 sowie IAS 1.29 ff.[1] Die Beurteilung der Wesentlichkeit soll sich an Größe und/oder Art des Postens orientieren, wobei jedoch quantitative Grenzwerte nicht vorgegeben werden (F.30 und IAS 1.7).

4.3 Verlässlichkeit

Abschlüsse, deren einziger Zweck die Informationsvermittlung ist, können diesen Zweck gegenüber den Abschlussadressaten nur dann erreichen, wenn die Informationen verlässlich sind, wenn also auf die **Richtigkeit der Information** vertraut werden kann. Die Verwendung eines Rechnungslegungssystems – gleichgültig, ob HGB, IFRS oder US-GAAP – kann nicht verhindern, dass mit krimineller Energie Bilanzfälschung betrieben wird[2], geltende Normen demnach wider besseren Wissens nicht beachtet werden. In den 90er Jahren, vor allem auch in diesem Jahrzehnt, sind zahlreiche Fälle von Bilanzmanipulationen bekannt geworden. Die Forderung nach Manipulationsfreiheit ist als Grundlage jeden Verständnisses über die Verlässlichkeit einer Information nicht besonders kodifiziert.[3] 269

Der Grundsatz der Verlässlichkeit (***reliability***) nach F.31 ff. zielt daher ab auf den vernünftigen Umgang mit dem Normengefüge: Abschlussadressaten sollen sich darauf verlassen können, dass etwa Abschlussposten auch zum Inhalt haben, was sie vorgeben darzustellen oder was vernünftigerweise von ihrem Inhalt erwartet werden kann (***faithful representation***).[4] Dies betrifft ausdrücklich sowohl Ansatz- als auch Bewertungsfragen und damit vor allem die zuverlässige und bestmögliche Verwendung von Schätzgrößen.[5] 270

(Nur) in diesem Zusammenhang ist auch das **Vorsichtsprinzip** zu sehen. Nach F.37 bedeutet Vorsicht (***prudence***) vor allem die **Sorgfalt der Ermessensausübung** im Falle erforderlicher Schätzungen, so dass Vermögenswerte oder Erträge nicht zu hoch und Schulden oder Aufwendungen nicht zu niedrig angesetzt werden. Eine in diesem Sinne vorsichtige Bewertung gestattet jedoch nicht, stille Reserven zu legen. Insoweit entspricht dies einer auch nach HGB 271

---

1 Der IASB spricht von zwei Dimensionen der Wesentlichkeit: In der Darstellung und bei den Rechnungslegungsmethoden (IAS 8.BC22).
2 *Börsig*, BB 2002, Heft 14, S. I: „Kein Rechnungslegungssystem der Welt (wird) die kriminelle Energie Einzelner stoppen können", vgl. zum Problemfeld *Ludewig*, WPg 2002, 613. Eine vertiefende Auseinandersetzung haben *Peemöller/Hofmann*, Bilanzskandale 2005, vorgelegt.
3 Sollten jedoch Manipulationen aufgetreten sein, die zu einer bewusst falschen Lagedarstellung des Unternehmens geführt haben, sind diese als Fehler grundsätzlich rückwirkend zu beseitigen, s. Rz. 870 ff.
4 Im „neuen" Framework (Rz. 257) soll der Grundsatz eine dominantere Stellung erhalten, vgl. *Lorson/Gattung*, KoR 2008, 556.
5 *Baetge/Zülch*, Rechnungslegungsgrundsätze nach HGB und IFRS, in HdJ, Abt. I/2 (2006) Rz. 237, sprechen von einem „Vertrauensverhältnis", das zwischen Abschlussadressaten und bilanzierendem Unternehmen zu schaffen sei. Dazu gehöre auch eine „kritische Abschlussprüfung sowie ein entsprechendes Enforcement".

geforderten sorgfältigen und vorsichtigen Bewertung; der *Grundsatz* einer imparitätischen Erfassung von Aufwendungen und Erträgen findet sich in den Standards allerdings nicht.[1]

272 Ferner dient auch der Grundsatz der **wirtschaftlichen Betrachtungsweise** (*substance over form*, F.35) der Konkretisierung des Grundsatzes der Verlässlichkeit. Es soll nicht nach formalrechtlichen, sondern nach wirtschaftlichen Kriterien bilanziert werden, wie dies beispielsweise in den Regelungen hinsichtlich der Zuordnung wirtschaftlichen Eigentums bei Leasingverhältnissen zum Ausdruck kommt.[2]

273 Schließlich gebietet das Rahmenkonzept in F.89 und F.91 nicht nur die vollständige Erfassung der Vermögenswerte und Schulden, sondern postuliert allgemeiner und darüber hinaus, dass die im Abschluss enthaltenen Informationen nur dann verlässlich sind, wenn sie in den Grenzen der Wesentlichkeit und Kosten vollständig sind (F.38). Damit geht der Aspekt der **Vollständigkeit** (*completeness*) über die Funktion als reines Ansatzkriterium gem. HGB hinaus und schließt die **Bewertung** sowie die **Art der Darstellung** mit ein.[3]

274 Endlich sind sämtliche Informationen **neutral**, also willkür- und verzerrungsfrei darzustellen. Das Management soll durch Auswahl und Darstellung der Informationen nicht bestimmte, möglicherweise gewünschte Handlungsweisen der Abschlussadressaten zu beeinflussen trachten (F.36).

4.4 Vergleichbarkeit und Stetigkeit

275 Kapitalmarktinformationen sind für Investoren nur dann nützlich, wenn sie hinsichtlich *eines* Unternehmens einen Zeitvergleich und darüber hinaus einen Vergleich der wirtschaftlichen Lage zwischen *verschiedenen* Unternehmen ermöglichen. Die Schaffung von Vergleichbarkeit in diesen beiden Dimensionen (***comparability***, F.39 ff.) hat daher in einem IFRS-Abschluss einen hohen Stellenwert. Zeitvergleiche und der Vergleich zwischen Unternehmen werden erleichtert, wenn es keine Wahlrechte gibt

---

1 Dem Regelungswerk ist aber im Einzelfall eine imparitätische Erfassung, etwa bei Auftragsfertigung (s. Rz. 1715), nicht fremd. Ausführlich zu den Ausprägungen des Vorsichtsprinzips in den einzelnen Standards s. *Naumann/Breker*, in HdJ, Abt. I/7 (2003) Rz. 200 ff.

2 Insoweit unterscheidet sich das Regelwerk US-GAAP von IFRS: Die kochbuchartig angelegten Regeln nach US-GAAP behandeln stärker den Einzelfall, während IFRS dazu tendiert, die Rechnungslegung mehr im Grundsätzlichen („substance over form") zu regeln. Der FASB hält im (dem Framework des IASC vergleichbaren) Statement of Concepts 2.160 den Grundsatz „substance over form" im Hinblick auf „quality of reliability" und „representational faithfulness" für redundant (kritisch hierzu *Schildbach*, US-GAAP, 2. Aufl. 2002, S. 45). Tatsächlich laden Einzelfallregeln mit einem starken Detaillierungsgrad dazu ein, sie mit Hilfe formalrechtlicher Gestaltungen zu umgehen, vgl. hierzu auch *Müller/Pfitzer*, Neue Rahmenbedingungen für die Wirtschaftsprüfung, in FAZ v. 29.4.2002, S. 25.

3 Vgl. auch *Förschle/Kroner*, Beck'scher Bilanz-Kommentar, 6. Aufl. 2006, § 246 HGB Rz. 200.

– in der Art der Darstellung (Gliederung) der Berichtsinstrumente (z.B. Bilanz, Gewinn- und Verlustrechnung, Kapitalflussrechnung) und

– bei der Verwendung von Rechnungslegungsmethoden zur Erstellung dieser Berichtsinstrumente.

Allerdings ist das IFRS-Rechnungslegungssystem *nicht wahlrechtsfrei*. Daher ist es konsequent, dass in den Standards ein umfangreiches **Stetigkeitsgebot** sowohl für die **Art der Darstellung** (IAS 1.45) als auch für die Verwendung von **Rechnungslegungsmethoden** (IAS 8.13) festgeschrieben ist, s. hierzu Rz. 810 ff.

276 Abschlussadressaten müssen über die Verwendung der **Rechnungslegungsmethoden**, ihre Änderungen und die Auswirkungen der Änderungen im **Anhang informiert** werden (F.40; IAS 1.117 und IAS 8.28). Auch über **Schätzungen** (IAS 1.122) **und Unsicherheitsfaktoren** (IAS 1.125) ist zu berichten. Neben diesen **Generalnormen** zu Angaben im Zusammenhang mit Rechnungslegungsmethoden und Schätzungen sehen zahlreiche Standards Einzel-Angabepflichten hierzu vor (zu Einzelheiten s. die jeweiligen Abschnitte im Teil C).

4.5 Einschränkungen der qualitativen Anforderungen Relevanz und Verlässlichkeit

277 Bei Erfüllung der Grundsätze der Relevanz und Verlässlichkeit können **Zielkonflikte** auftreten (F.43 ff.). Einer dieser Zielkonflikte besteht in zeitlicher Hinsicht: Je schneller ein Abschluss mit entscheidungsrelevanten Daten erstellt wird, desto unzuverlässiger können die enthaltenen Daten insbesondere im Hinblick auf notwendige Schätzungen sein. Das Management ist aufgefordert, im Interesse der Abschlussadressaten diesen Zielkonflikt zu lösen. Hieraus ist aber gerade nicht abzuleiten, sich bei der Abschlusserstellung unangemessen lange Zeit zu lassen; gefordert wird eine gewisse, ausreichende **Zeitnähe** der Bereitstellung der Informationen. Aus Sicht des Abschlussadressaten dürfte eine schnelle, aber womöglich nicht vollständig „richtige" Information besser sein als jene, die hundertprozentig stimmt, doch für wirtschaftliche Entscheidungen zu spät kommt.

278 Ein weiterer Zielkonflikt ergibt sich aus der Überlegung, dass eine sorgfältige Abschlusserstellung Aufwand verursacht, der zu Lasten des finanziellen Interesses der Investoren zu erfassen ist. Daher ist aus theoretischer Perspektive die Forderung vernünftig, dass die Kosten der Informationsbereitstellung den Nutzen bei den Informationsempfängern nicht überschreiten sollen (F.44). Allerdings wird auch eingeräumt, dass eine solche **Abwägung von Nutzen und Kosten** schwierig sei; Bilanzersteller und -adressaten sollten sich immerhin dieses Problems bewusst sein. U.E. wird eine solche Abwägung implizit dann vorgenommen, wenn der – allerdings ähnlich unbestimmte – Wesentlichkeitsgrundsatz beachtet wird (s. Rz. 268).

279 Schließlich wird für die Praxis generell ein **Abwägen aller qualitativen Anforderungen** angemahnt (F.45). Offensichtlich kann nicht ausgeschlossen werden, dass weitere, nicht genannte Zielkonflikte zur Erreichung eines true and

fair view bestehen können, die unter fachkundiger Beurteilung (*professional judgement*, im deutschen Sprachgebrauch eher „**vernünftige kaufmännische Beurteilung**") zu lösen sind.[1]

280–299 frei

III. Bilanzansatz (Rahmenkonzept)

300 Die Kriterien zur Bilanzierungsfähigkeit von Vermögenswerten und Schulden sind grundlegend im Rahmenkonzept niedergelegt und ggf. in Standards konkretisiert. Ist die Abgrenzung von Schulden geklärt (s. Rz. 2010 ff.), ergibt sich das Eigenkapital als Residualgröße (F.49c).

1. Aktivierung

1.1 Vermögenswertdefinition

1.1.1 Übersicht: Abstrakte und konkrete Aktivierungsfähigkeit

301 Ein **Vermögenswert** (*asset*) ist eine Ressource,
– die in der **Verfügungsmacht** des Unternehmens steht,
– die ein Ergebnis von Ereignissen der **Vergangenheit** darstellt,
– für die es wahrscheinlich ist, dass ein mit dem Posten verknüpfter künftiger **wirtschaftlicher Nutzen** dem Unternehmen zufließen wird **und**
– dessen **Anschaffungs- oder Herstellungskosten** bzw. der Wert des Postens verlässlich ermittelt werden können (F.83).

1.1.2 Verfügungsmacht des Unternehmens

302 Der Begriff der **Verfügungsmacht** (*control*, F.57) entspricht – ohne deckungsgleich zu sein – dem des wirtschaftlichen Eigentums im deutschen Bilanzrechtsverständnis: Verfügungsmacht ist gegeben, wenn sich das Unternehmen den künftigen wirtschaftlichen Nutzen aus der zu Grunde liegenden Ressource verschaffen und den Zugriff Dritter auf diesen Nutzen verhindern[2] kann (IAS 38.13). Juristische Kriterien wie etwa Verfügungs**rechte** und **zivilrechtliches Eigentum** können hier zwar wertvolle Hinweise geben (insbesondere bei immateriellen Vermögenswerten, s. Rz. 1014), allein ausschlaggebend ist aber die **wirtschaftliche Betrachtungsweise**. Dementsprechend sind unter Eigentumsvorbehalt gelieferte Gegenstände – wenn die sonstigen Voraussetzungen vorliegen – genauso beim Empfänger zu bilanzieren wie als Finanzierungsleasing klassifizierte Sachverhalte beim Leasingnehmer.[3] Anders aber als nach

---

1 Vgl. hierzu ausführlich *Baetge/Zülch*, Rechnungslegungsgrundsätze nach HGB und IFRS, in HdJ, I/2 (2006) Rz. 258 ff.
2 In der EU-Übersetzung des IAS 38.13 wird *restrict* mit „beschränken" übersetzt. U.E. ist *restrict* als „verhindern" zu interpretieren.
3 Zur Diskussion des Begriffs der Verfügungsmacht s. *Matena*, Bilanzielle Vermögenszurechnung nach IFRS, Düsseldorf 2004, S. 60 ff.

deutschem Bilanzrechtsverständnis gibt es in den IFRS kein Primat der Zivilrechtsstruktur.

1.1.3 Ereignis der Vergangenheit

Das Abstellen auf Ergebnisse von **Ereignissen der Vergangenheit** soll noch einmal verdeutlichen, dass die bloße Absicht, Gegenstände zu erwerben, noch keinen Vermögenswert erzeugt (F.58). Insoweit werden schwebende Geschäfte, solange die Ausgeglichenheitsvermutung greift, nicht bilanziert. Eine Abweichung besteht für bestimmte Finanzinstrumente (Derivate); diese sind bereits bei **Vertragsunterzeichnung** zu erfassen (s. Rz. 1813). 303

1.1.4 Wahrscheinlichkeit zukünftigen wirtschaftlichen Nutzens

Der künftige wirtschaftliche Nutzen schließlich ist das **zentrale Element** der Definition. Mit ihm soll das Potenzial zum Ausdruck kommen, das die Ressource direkt oder indirekt zum Zufluss von Zahlungsmitteln und Zahlungsmitteläquivalenten beizutragen vermag (F.53).[1] Hierin kommt die anglo-amerikanische Betrachtungsweise zum Ausdruck, wonach es beim Bilanzinhalt auf der Aktivseite eher nicht auf die derzeitigen Eigenschaften eines Sachverhalts, sondern auf dessen *künftige* Auswirkungen ankommt. Indirekte Nutzenzuflüsse ergeben sich beispielsweise aus Auszahlungsersparnissen oder Hilfsinvestitionen (Werksfeuerwehr). 304

Der **Nutzenzufluss** muss **wahrscheinlich** sein, wobei Wahrscheinlichkeitsgrenzen nicht angegeben werden.[2] Mit dem Begriff der Wahrscheinlichkeit soll eher zum Ausdruck kommen, dass die Zukunft natürlich von Unsicherheiten geprägt ist, gleichwohl auf Basis der am Bilanzstichtag bis zum Bilanzaufstellungstag zur Verfügung stehenden Informationen eine Beurteilung erfolgen muss.

Die Tätigung einer Ausgabe ist nicht notwendiger Bestandteil eines Vermögenswertes, so dass auch **Schenkungen** die Begriffsmerkmale erfüllen (F.59).

1.1.5 Zuverlässige Wertermittlung

Das Kriterium der **verlässlichen Ermittlung der Anschaffungs- oder Herstellungskosten bzw. des Werts des Postens** weist keine Besonderheiten gegenüber einer Bilanzierung nach HGB auf. Der Umfang der Anschaffungs- und Herstellungskosten wird in den einzelnen Standards geklärt. 305

frei 306–307

---

[1] Demgegenüber ist der Begriff des steuerlichen Wirtschaftsgutes durch die Rechtsprechung stark gegenständlich und objektivierend ausgerichtet, vgl. *Herzig*, IAS/IFRS und steuerliche Gewinnermittlung, 2004, 65.

[2] In der Literatur wird als grobe Richtschnur ein Wahrscheinlichkeitswert von mindestens 50 % angegeben, vgl. *Wagenhofer*, Internationale Rechnungslegungsstandards, 4. Aufl. 2003, S. 140 sowie *Pellens u.a.*, Internationale Rechnungslegung, 7. Aufl. 2008, S. 124.

1.2 Spezielle Aktivierungsvoraussetzungen und Aktivierungsverbote

308 Zu einer Aktivierung kommt es aber selbst bei Erfüllung der Voraussetzungen des Rahmenkonzepts erst dann, wenn ggf. weitere, **in den Standards genannte Aktivierungsvoraussetzungen** erfüllt sind und **Bilanzierungsverbote** nicht vorliegen. Diese zusätzlichen Prüfschritte sind derzeit z.b. bei **immateriellen Vermögenswerten** des Anlagevermögens zu beachten (s. Rz. 1030 ff.).

Gerade die im Bereich der Investitionen in immaterielle Werte zu beobachtenden **Bilanzierungsverbote** (z.B. für Kosten der Werbung, selbst geschaffene Markennamen und Kundenstammlisten) verdeutlichen anschaulich das Problem einer Aktivierungskonzeption, die auf Nutzenpotenziale abstellt, ohne generell die **Verkehrsfähigkeit** der Ausgabe zu berücksichtigen: Es mangelt an **Objektivierbarkeit**.[1] Versucht wird, diesen Mangel durch zusätzliche Kriterien oder eben Bilanzierungsverbote zu heilen.

309 frei

1.3 Wesentliche Abweichungen zum HGB

1.3.1 Rechnungsabgrenzungsposten

310 In vielen praxisrelevanten Fällen entsprechen sich der handelsrechtliche Begriff des Vermögens*gegenstands* und der des Vermögens*werts*. Allerdings schließt der Begriff des Vermögenswerts die aktiven **Rechnungsabgrenzungsposten** mit ein. Nach IFRS wird bei Ausgaben vor dem Bilanzstichtag nicht zwischen zeitbestimmtem Aufwand (= aktive Rechnungsabgrenzung nach HGB) und zeitunbestimmtem Aufwand (= ggf. geleistete Anzahlung, Forderung nach HGB) nach dem Bilanzstichtag unterschieden. So ist die vom Unternehmen für das nächste Geschäftsjahr vorausbezahlte Miete ein Ereignis der Vergangenheit; durch die Zahlung wird wirtschaftliche Verfügungsmacht erworben, die einen Nutzenzufluss verspricht.

1.3.2 Einzelveräußerbarkeit

311 Außerdem geht der Begriff des Vermögenswertes in gewisser Weise über den des Vermögensgegenstandes hinaus, weil die **Einzelveräußerbarkeit** bzw. **-verwertbarkeit** – abweichend vom deutschen Verständnis – kein Definitionsmerkmal des Vermögenswertes darstellt. Daher kann beim derivativen Good-

---

1 Mit einer Rechnungslegung mit dem Ziel der Gewinnermittlung zum Zwecke der Gewinnzurechnung an Gesellschafter (Ausschüttungsbemessung) und Steuerbemessung wäre eine solche Aktivierungskonzeption unvereinbar: „Die Bilanzgeschichte belegt, dass Vorstände von Aktiengesellschaften das Blaue vom Himmel herunter als ‚künftigen Nutzen stiftend' aktiviert haben, um die trostlose Lage ihrer Gesellschaft wenigstens zeitweilig noch zu verschleiern." (*Schneider*, Betriebswirtschaftslehre Bd. 2, 2. Aufl. 1997, S. 123). – Tatsächlich haben gerade in jüngster Zeit Unternehmen mit einer vergleichsweise schlechten Umsatzrendite die Beurteilungsspielräume bei selbsterstellten immateriellen Vermögenswerten zu Gunsten einer Aktivierung ausgeübt, vgl. *von Keitz*, DB 2003, 1801 (1803).

will aus der IFRS-Perspektive durchaus von einem Vermögenswert gesprochen werden.[1] Ferner wird durch das Fehlen des Kriteriums der Einzelveräußerbarkeit erst der sog. **Komponentenansatz** (*component approach*), wie er bei Sachanlagen (s. Rz. 1113 ff.) und bei Finanzinstrumenten (s. Rz. 1941 ff.) zum Ausdruck kommt, ermöglicht.

Auf der anderen Seite können die Standards nicht gänzlich auf den Begriff der Einzelveräußerbarkeit bzw. – verwertbarkeit (Verkehrsfähigkeit) verzichten. Deutlich wird dies bei der Bilanzierung von Unternehmenszusammenschlüssen: Hier ist die Verkehrsfähigkeit (*separability*) wieder ein Kriterium zur Abgrenzung von immateriellen Vermögenswerten und Goodwill (Rz. 3291b).

1.3.3 Aktivierungswahlrechte nach HGB und ihre Abbildung in IFRS

Nach HGB bestanden eine Reihe von Aktivierungswahlrechten bzw. Bilanzierungshilfen, die Möglichkeiten zur Bilanzpolitik boten. Die nachfolgende Tabelle zeigt die Veränderung durch BilMoG sowie deren Abbildung in IFRS. 312

Nr.	Sachverhalt: Aktivierungswahlrecht HGB a.F.	HGB i.d.F. BilMoG	Abbildung IFRS	Verweis Rz.
1	Disagio, § 250 III	Unverändert	Aktivierungsverbot. Verbindlichkeit wird in Höhe des Erhaltenen passiviert, Differenz zum Rückzahlungsbetrag wird über Effektivzinsmethode verteilt	2130
2	Derivativer Geschäfts- oder Firmenwert, §§ 255 IV, 309 I	Aktivierungspflicht, §§ 246 I, 301 III, 309 I	Aktivierungspflicht.[2] Keine planmäßige Abschreibung. Jährlicher Test auf Werthaltigkeit	3411
3	Aufwendungen für Ingangsetzung und Erweiterung des Geschäftsbetriebs, § 269	Verbot	Grundsätzlich Aktivierungsverbot. Im Einzelnen ist jedoch zu prüfen, ob in den Aufwendungen Sachverhalte enthalten sind, denen Vermögenswerteigenschaft zukommt, insbesondere selbstgeschaffene immaterielle Vermögenswerte gem. IAS 38. So hat die Hugo Boss AG bei ihrer Umstellung auf IFRS zum 1.1.2001 10,2 Mio. Euro Ingangsetzungskosten für den Bereich Damenoberbekleidung eliminiert	1045

---

1 Im deutschen Schrifttum ist umstritten, ob der derivative Firmenwert als *Vermögensgegenstand* zu qualifizieren ist; steuerrechtlich zählt er als Wirtschaftsgut (§ 7 Abs. 1 Satz 3 EStG), vgl. hierzu *Ballwieser*, Geschäftswert, in Busse von Colbe/Pellens (Hrsg.), Lexikon des Rechnungswesens, 4. Aufl. 1998, S. 283 (284). Nach § 246 Abs. 1 Satz 4 HGB i.d.F. BilMoG „gilt" der Geschäfts- oder Firmenwert als zeitlich begrenzt nutzbarer Vermögensgegenstand.
2 Zur Sonderregelung bei erstmaliger IFRS-Anwendung s. Rz. 5048 ff.

Nr.	Sachverhalt: Aktivierungswahlrecht HGB a.F.	HGB i.d.F. BilMoG	Abbildung IFRS	Verweis Rz.
			und stattdessen 4,7 Mio. Euro selbsterstellte immaterielle Vermögenswerte aktiviert.[1] Branchenspezifisch können Erkundungs- und Evaluierungskosten gem. IFRS 6 bei der Gewinnung von Bodenschätzen zu aktivieren sein.	
4	Latente Steuern, 274 II	Aktivierungswahlrecht in veränderter Konzeption, § 274 I HGB	Aktivierungspflicht	2604

Mit dem BilMoG ist durch Neufassung des § 248 HGB ein **Aktivierungsverbot** für bestimmte selbst erstellte immaterielle Vermögensgegenstände des Anlagevermögens und ein Aktivierungswahlrecht für **Entwicklungskosten** hinzugekommen. Bislang bestand ein generelles Aktivierungsverbot. IAS 38 sieht hier (bei gleichem Katalog der Bilanzierungsverbote) formal Aktivierungspflicht vor. Auf Grund der besonderen Ansatzvoraussetzungen, die der Objektivierung dienen sollen, spricht die Praxis aber von einem faktischen Aktivierungswahlrecht (Rz. 1040).

1.4 Prüfschema zu den Aktivierungsvoraussetzungen

313 Das nachfolgende Schema fasst die Prüfschritte zur Aktivierung zusammen. Da die Standards dem Rahmenkonzept vorgehen, können selbst dann Aktiva anzusetzen sein, wenn die Ansatzkriterien des Rahmenkonzepts nicht erfüllt sind. Voraussetzung ist, dass ein Standard den Bilanzansatz (trotz der Inkonsistenz mit dem Rahmenkonzept) vorschreibt oder erlaubt. Solche Fälle sind selten, aber existent. So stellen etwa versicherungsmathematische Verluste, die bei Überdotierungen von Pensionsplänen aktiviert werden können, keinen Vermögenswert dar (s. Rz. 2466).

---

1 Vgl. Geschäftsbericht 2002, S. 118.

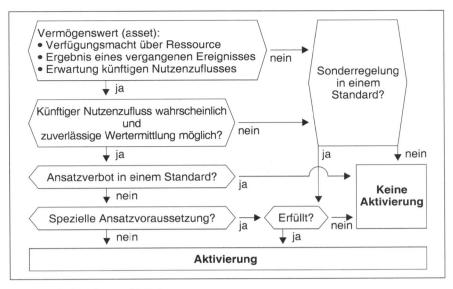

Abb. 9: Prüfschema Aktivierung

frei 314–319

2. Passivierung

2.1 Schuldendefinition

2.1.1 Übersicht: Abstrakte und konkrete Passivierungsfähigkeit

Nach den Standards wird auf der Ebene des Bilanzansatzes nicht zwischen 320
Verbindlichkeiten und Rückstellungen unterschieden; zu passivieren sind,
wenn die Voraussetzungen des Rahmenkonzepts vorliegen, **Schulden**. Bei der
Bewertung und beim Bilanzausweis ist freilich zwischen Verbindlichkeiten
und Rückstellungen zu differenzieren.

Eine **Schuld** ist definiert als (F.93): 321
– **gegenwärtige Verpflichtung** des Unternehmens,
– die aus **vergangenen Ereignissen stammt**,
– bei der wahrscheinlich ist, dass ein künftiger wirtschaftlicher Nutzen vom
  Unternehmen abfließen wird (Abfluss von Ressourcen) **und**
– deren Wert verlässlich ermittelt werden kann (F.83).

2.1.2 Gegenwärtige Verpflichtung aus vergangenen Ereignissen

Eine Verpflichtung kann sich ergeben aus Vertrag oder Gesetz, es kann sich 322
aber auch um faktische Verpflichtungen handeln. Damit umfasst – wie nach
HGB-Verständnis – der Schuldbegriff ausschließlich **Außenverpflichtungen**

des Unternehmens, die rechtlich begründet sein oder in einem faktischen Leistungszwang bestehen müssen.[1]

323 Verbindlichkeiten aus schwebenden Geschäften sind grundsätzlich nicht zu passivieren, soweit die Ausgeglichenheitsvermutung greift (F.91). Im Fall drohender Verluste ist jedoch eine Rückstellung zu bilden, s. Rz. 2335, und Finanzderivate sind bei Vertragsabschluss anzusetzen (Rz. 1817).

324 Mit dem Abstellen auf vergangene Ereignisse wird das Stichtagsprinzip zum Ausdruck gebracht. Wann genau allerdings ein vergangenes Ereignis vorliegt, ist in allen Rechnungslegungssystemen im Einzelfall umstritten, z.B. bei der Frage, ob bei einem Schadensfall die Verursachung oder die Geltendmachung durch den Geschädigten ausreichend und notwendig ist. Wir gehen darauf in Rz. 2310 ff. ein.

2.1.3 Wahrscheinlichkeit künftigen Ressourcenabflusses

325 Spiegelbildlich zu der Aktivierungsvoraussetzung setzt eine Verbindlichkeit einen künftigen Ressourcenabfluss (Geld oder Sachleistungen) voraus. Das Wahrscheinlichkeitskriterium ist insbesondere bei Rückstellungen relevant (s. Rz. 2320 ff.).

2.1.4 Verlässliche Wertermittlung

326 Die verlässliche Ermittlung schließt die Verwendung von **Schätzungen** nicht aus (F.86). Gerade im Rückstellungsbereich enthalten IAS 19 zu Pensionsverpflichtungen und IAS 37 zu sonstigen Rückstellungen objektivierende Hinweise zur Verwendung von Schätzungen.

2.2 Spezielle Passivierungsvoraussetzungen und Passivierungsverbote

327 Ebenso wie bei der Aktivierung ist auch bei der Passivierung zu prüfen, ob die Standards besondere Ansatzvoraussetzungen enthalten; dies betrifft etwa **Restrukturierungsrückstellungen** (s. Rz. 2340 ff.).

2.3 Wesentliche Abweichungen zum HGB

2.3.1 Rechnungsabgrenzungsposten

328 Sachverhalte, die nach HGB als **passive Rechnungsabgrenzungsposten** qualifiziert werden, sind nach IFRS unter den Schuldbegriff zu subsumieren (s. analog Rz. 310).

2.3.2 Aufwandsrückstellungen

329 Die HGB-Sonderregelungen zu Aufwandsrückstellungen finden sich nicht in den IFRS. Der Ansatz von Aufwandsrückstellungen kommt nicht in Betracht.

---

1 Vgl. ausführlich zum handelsrechtlichen Schuldbegriff *Hoyos/M. Ring* in Beck'scher Bilanz-Kommentar, 6. Aufl. 2006, § 247 HGB Rz. 201 ff.

2.3.3 Sonderposten mit Rücklageanteil

Im HGB-Abschluss nimmt ein **Sonderposten mit Rücklageanteil** die sog. unversteuerten (steuerfreien) Rücklagen (z.B. die § 6b EStG-Rücklage) und „Wertberichtigungen nach Steuerrecht" auf.[1] Mit Aufhebung der umgekehrten Maßgeblichkeit durch das BilMoG ist ein solcher Sonderposten nur noch für entsprechende Altfälle zulässig. Damit sind sowohl im HGB nach BilMoG für Neufälle als auch im IFRS-Abschluss steuerliche Sonderposten in einen Eigen- und Fremdkapitalanteil aufzuspalten. Im laufenden Geschäftsjahr neugebildete Sonderposten führen zwingend zu einer Abweichung zwischen der Steuerbilanz und der HGB/IFRS-Bilanz. Der Eigenkapitalanteil ist in der HGB/IFRS-Bilanz als laufender Ertrag zu buchen, die abzugrenzenden latenten Steuern werden aufwandswirksam erfasst.

330

2.3.4 Passivierungswahlrechte nach HGB und ihre Abbildung nach IFRS

Die nachfolgende Tabelle listet die Passivierungswahlrechte nach HGB a.F. und zeigt die Veränderung durch BilMoG und die entsprechende Abbildung in IFRS:

331

Nr.	Sachverhalt: Passivierungswahlrecht HGB a.F.	HGB i.d.F. BilMoG	Abbildung IFRS	Verweis Rz.
1	Rückstellung für unterlassene Instandhaltung bei Nachholung vom 4. bis 12. Monat des folgenden Geschäftsjahres, § 249 Abs. 1 Satz 3 HGB	Gestrichen	Passivierungsverbot, da keine Außenverpflichtung	2314
2	Aufwandsrückstellung, § 249 Abs. 2 HGB	Gestrichen	Passivierungsverbot, da keine Außenverpflichtung. Im Restrukturierungsfall können ggf. Beträge zurückgestellt werden, die noch keine Außenverpflichtung darstellen (strittig).	2314, 2340
3	Pensionsaltzusagen, Art. 28 Abs. 1 Satz 1 EGHGB	unverändert	Passivierungspflicht	2405
4	Mittelbare und ähnliche Pensionsverpflichtungen, Art. 28 Abs. 1 Satz 2 EGHGB	unverändert	Passivierungspflicht	2405

---

1 Siehe hierzu im Einzelnen *Heuser/Theile* in GmbH-Handbuch, Rz. II 753 ff.

2.4 Prüfschema zu den Passivierungsvoraussetzungen

332 Das nachfolgende Schema fasst die Prüfschritte für die Passivierung zusammen. Wie auf der Aktivseite kann auch bei der Passivierung die Konzeption des Rahmenkonzepts durch einzelne Standards außer Kraft gesetzt werden, so dass es durch Sonderregelungen doch zur Passivierung kommt. Dies trifft etwa für passivisch abgegrenzte **Investitionszuschüsse** (s. Rz. 1272) zu.

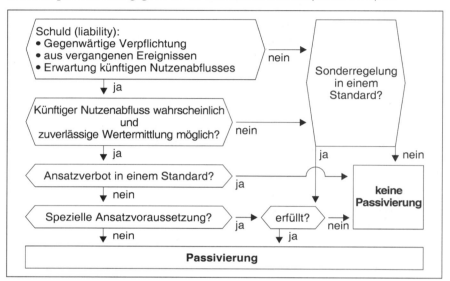

Abb. 10: Prüfschema Passivierung

333–399 frei

IV. Bewertung

1. Überblick und Wegweiser

1.1 Standards und Anwendungsbereich

400 Die IFRS enthalten keinen übergreifenden „Bewertungsstandard". Die Bewertungsvorschriften finden sich stattdessen verstreut über mehrere Standards. Der „Einstieg" in die Bewertung erfolgt somit nicht über Grundsätze und Prinzipien, die dann für alle Bilanzposten gelten, sondern unmittelbar über die Sachverhalte (Bilanzposten). Als wichtige Standards sind hier zu nennen:

IAS 38: Immaterielle Vermögenswerte,

IAS 16: Sachanlagen,

IAS 2: Vorräte,

IAS 11: Fertigungsaufträge,

IAS 19: Pensionsverpflichtungen (Leistungen an Arbeitnehmer) sowie

IAS 37: (Sonstige) Rückstellungen.

IV. Bewertung

Eine Sonderstellung nimmt IAS 39 ein: Der Standard hat die Bewertung finanzieller Aktiva (Beteiligungen, Wertpapiere, Forderungen, Ausleihungen usw.) und finanzieller Passiva (Bankverbindlichkeiten, Verbindlichkeiten aus Lieferungen und Leistungen, Anleihen usw.) zum Gegenstand; außerdem regelt er die Abbildung von Sicherungsbeziehungen (Hedge Accounting).

Diese Systematik ist gewöhnungsbedürftig. Es kommt hinzu, dass manche Bewertungsaspekte in übergreifend anzuwendenden Standards enthalten sind. So hat etwa IAS 17 die Zurechnung wirtschaftlichen Eigentums infolge von Leasingverträgen zum Gegenstand, regelt zugleich aber auch die Erstbewertung im Fall von Finanzierungsleasing. Ob Finanzierungskosten Bestandteil der Anschaffungs- und Herstellungskosten von bestimmten Vermögenswerten sein können, ist Gegenstand des IAS 23. Niederstwertbestimmungen für das sächliche und immaterielle langfristige Vermögen (Anlagevermögen) finden sich nicht etwa in den einschlägigen Standards IAS 38, IAS 16 und IAS 40, sondern übergreifend in IAS 36. Anders verhält es sich dagegen bei Vorräten, Fertigungsaufträgen und finanziellen Aktiva: Hier sind die Niederstwertbestimmungen in den einschlägigen Standards IAS 2, IAS 11 und IAS 39 enthalten. 401

Die formale (Un-)Systematik wird auf der materiellen Ebene flankiert von einer nicht minder gewöhnungsbedürftigen **Bewertungsvielfalt**. In Abhängigkeit vom Sachverhalt (Bilanzposten) lassen sich grob 402

– fortgeführte Anschaffungs- und Herstellungskosten,
– erfolgsneutrale und
– erfolgswirksame Marktbewertung (Fair value-Bewertung)

unterscheiden. Häufig bestehen zwischen diesen drei „Bewertungslinien" auch Wahlrechte. Rz. 412 ff. enthält einen kurzen Überblick zu dieser Bewertungsvielfalt, die dem IFRS-Einsteiger als Einführung und dem IFRS-Erfahrenen als Zusammenfassung dient.

Materiell bedeutsam sind die drei zentralen Wertbegriffe **Anschaffungskosten, Herstellungskosten und Fair value (beizulegender Zeitwert)**. Zum Teil redundant, zum Teil mit feinen (gewollten oder ungewollten) Unterschieden finden sich die genauen Inhalte dieser drei Wertbegriffe verstreut über mehrere Standards. Einen Kurzüberblick zu Gemeinsamkeiten und Unterschieden bieten wir ab Rz. 520. Die Details finden sich in den Einzelerläuterungen der Bilanzposten im Teil C. 403

Eine immer größere Bedeutung kommt dem **Fair value** zu, trotz der im Zuge der Finanzkrise zunehmenden Kritik. Der Fair value spielt für manche Sachverhalte in der Erst- und Folgebewertung, regelmäßig bei den Niederstwertbestimmungen und schließlich für zahlreiche Anhangangaben eine Rolle. Erläuterungen zur Fair value-Ermittlung finden sich daher vor allem in IFRS 2, IFRS 3 sowie in IAS 39 bis 41, aber auch in anderen Standards. 404

Eine solche Zersplitterung macht dann Sinn, wenn sachverhaltsabhängig unterschiedliche Bedeutungsinhalte des Fair value bestehen sollen. Freilich würde es sich dann anbieten, auch unterschiedliche Begriffe zu verwenden. Das geschieht in den Standards jedoch nicht: Der Fair value ist in allen Standards praktisch gleich lautend definiert[1], und er *soll* grundsätzlich auch mit demselben Bedeutungsinhalt verwendet werden.[2] Wir erläutern die Ermittlungssystematik des Fair value gewissermaßen „vor der Klammer" in Rz. 450 ff.

1.2 Wesentliche Abweichungen zum HGB

405 Sachverhaltsabhängig bestehen zahlreiche Detailunterschiede zwischen HGB und IFRS, die wir im Teil C des Buches aufgreifen. Die eher prinzipienorientierten Bewertungsunterschiede lassen sich nachfolgender Tabelle entnehmen:

	HGB alt	HGB i.d.F. BilMoG	IFRS
Zugangsprinzip	Anschaffungs- und Herstellungskosten		Sachverhaltsabhängig Anschaffungs- und Herstellungskosten, Fair value
Bewertungsobergrenze, Grundsatz	fortgeführte Anschaffungs- und Herstellungskosten		Sachverhaltsabhängig fortgeführte AHK, Fair Value
Wertzuwachs am ruhenden Vermögen a) erfolgsneutral	– Währungsumrechnung im Konzernabschluss (Stichtagskursmethode, GoB)	– Währungsumrechnung im Konzernabschluss (Stichtagskursmethode, § 308a)	– Währungsumrechnung im Konzernabschluss (Stichtagskursmethode) – Finanzinstrumente der Kategorie *available-for-sale* – Sachanlagen, immaterielle Vermögenswerte (Wahlrecht)
Wertzuwachs am ruhenden Vermögen b) erfolgswirksam	– Währungsumrechnung im Konzernabschluss (Zeitbezugsmethode, GoB) – Equity-Methode im Konzernabschluss	– Equity-Methode im Konzernabschluss – *Nur für Kreditinstitute*: Zeitwertbilanzierung für Wertpapiere des Handelsbestands (§ 340e III, Rz. 14)	– Währungsumrechnung im Konzernabschluss (Zeitbezugsmethode) – Finanzinstrumente der Kategorie at Fair value through profit or loss – Anlageimmobilien (Wahlrecht)

---

1 Vgl. IASB, Discussion Paper – Fair Value Measurements, 2006, Tz. 10.
2 Vgl. ebenda, Tz. 6.

	HGB alt	HGB i.d.F. BilMoG	IFRS
Niederstwert-prinzip	z.T. abhängig von Anlage-/Umlaufvermögen häufig beschaffungsmarktorientiert		regelmäßig absatz-marktorientiert, zur Ermittlung des Abwertungsbedarfs im immateriellen und sächlichen lang-fristigen Vermögen Bildung von Bewer-tungseinheiten
Verbindlichkeiten	Rückzahlungsbetrag	Erfüllungsbetrag	fortgeführter erhalte-ner Betrag (Effektiv-zinsmethode)
Bewertungseinhei-ten (Hedging)	GoB	Explizit (§ 254, Rz. 2206)	Explizit (IAS 39)

frei 406

1.3 Neuere Entwicklungen

Da der Fair value immer mit dem gleichen Bedeutungsinhalt verwendet werden soll, macht die Zersplitterung der Fair value-Ermittlungsvorschriften keinen Sinn. Die internationalen Standardsetter IASB und FASB (für die analoge Problemstellung bei den US-GAAP) haben das mittlerweile erkannt: Bereits im September 2006 hat der FASB den FAS 157 „Fair Value Measurements" veröffentlicht. Der Standard erweitert nicht den Anwendungsbereich der Fair value-Bewertung, sondern bietet ein Rahmenkonzept für die Fair value-Ermittlung (FAS 157.1). 407

Auch der IASB plant, die bislang verstreuten Ermittlungsvorschriften für den Fair value in einen Bewertungsstandard zusammenzufassen. Das ist zu begrüßen, weil es hilft, bisherige *formale* Redundanzen und etwaige *inhaltliche* Widersprüche aufzudecken und zu beseitigen. Zu diesem Zweck hat der IASB am 30.11.2006 ein *Discussion Paper – Fair Value Measurements* veröffentlicht. In diesem Diskussionspapier werden bisherige Aspekte der Fair value-Bewertung aus dem IFRS-Regelwerk mit den entsprechenden Vorschriften des FAS 157 gespiegelt. Ursprünglich war geplant, zu Beginn des Jahres 2008 einen Standardentwurf zur Fair value-Ermittlung zu veröffentlichen. Nicht zuletzt durch die Finanzkrise hat sich das Projekt verschoben, ist auf der anderen Seite aber auch drängender geworden. Derzeit ist ein Standardentwurf zwar geplant, aber nicht terminiert. 408

Wir haben in unseren Erläuterungen zum Fair value ab Rz. 450 sowohl den FAS 157 als auch das IASB-Discussion Paper berücksichtigt.

frei 409

2. Einzelbewertung versus Bewertungseinheiten

410 Einen ausdrücklichen **Einzelbewertungsgrundsatz** entsprechend § 252 Abs. 1 Nr. 3 HGB enthalten die IFRS nicht. Allerdings lässt er sich aus dem Rahmenkonzept sowie verschiedenen Formulierungen in einer Vielzahl einzelner Standards ableiten.[1] Dies bedeutet: Sofern in den Standards und Interpretationen keine Ausnahmen explizit vorgesehen sind, ist von einer Einzelbewertung auszugehen.

411 Insgesamt ist der Umgang mit Ausnahmen zur Einzelbewertung in den Standards wenig systematisch. Dass zur Ermittlung der Anschaffungskosten gleichartiger Vorräte die **Durchschnittsmethode** oder die **FIFO-Fiktion** (allerdings *keine weiteren* Verbrauchsfolgefiktionen, s. im Einzelnen Rz. 1628 ff.) zulässig ist, ist schlichte Notwendigkeit. Bei Sachanlagen aber sollen Teile eines Ganzen zerlegt und über ggf. unterschiedliche Nutzungsdauern abgeschrieben werden, um eine *fair presentation* zu erreichen (s. Rz. 1113 ff.). Auf der anderen Seite werden zur Ermittlung der Höhe außerplanmäßiger Abschreibungen regelmäßig **Bewertungseinheiten** (*cash generating units*) gebildet, innerhalb derer es nicht selten zur „Saldierung" kommt. Sollte dennoch eine Wertminderung festgestellt worden sein, ist diese wieder herunterzubrechen auf die einzelnen Vermögenswerte der Bewertungseinheit (s. ausführliches Beispiel in Rz. 1580 ff.). Der Effekt aus einer unterschiedlichen Abschreibung von Teilen einer Sachanlage dürfte aber, verglichen mit dem aus einer Wertminderung, vergleichsweise unwesentlich sein.

Bewertungseinheiten, die zur Durchbrechung der Einzelbewertung führen, werden notwendigerweise auch gebildet beim **Hedge Accounting** (s. Rz. 2200 ff.).

3. Zugangs- und Folgebewertung

3.1 Systematik

412 Wenn die Frage des Bilanzansatzes (*recognition*) geklärt ist, folgen die einzelnen, sich mit Bewertungsfragen bei Vermögenswerten und Schulden beschäftigenden Standards durchgängig dem Schema, zuerst die erstmalige Bewertung (Erst- oder Zugangsbewertung, *initial measurement*) und alsdann die Folgebewertung (*measurement subsequent to initial recognition*) zu erläutern. Erstmalige Bewertung ist der Zeitpunkt der Aufnahme eines Postens in der Buchhaltung (Bilanz), die Folgebewertung der darauf folgende Stichtag eines Jahres- oder Zwischenabschlusses.

3.2 Vermögenswerte

413 Vermögenswerte sind beim Zugang (**erstmalige Bewertung**) i.d.R. zu **Anschaffungs- und Herstellungskosten** anzusetzen. Zumindest bei Anschaffungsvorgängen unter fairen Marktbedingungen und zeitgleichem Leistungsaustausch gilt regelmäßig: Das für die Anschaffung Hingegebene (= der Anschaffungs-

---

1 Vgl. *Baetge u.a.* in Baetge u.a. (Hrsg.), Rechnungslegung nach IFRS, 2007, A II, Rz. 148.

preis) ist zugleich der Fair value (Marktwert) des Erhaltenen. Bei einem Ansatz zu Anschaffungskosten sind regelmäßig zusätzlich Anschaffungsnebenkosten zu berücksichtigen, was bei einem Ansatz zum Fair Value nicht unbedingt gilt (Rz. 520 ff.) Die *Schätzung* von Fair values für den Erstansatz ist im Übrigen erforderlich vor allem bei

– Objekten, die im Rahmen von **Finanzierungsleasing** dem Leasingnehmer zuzurechnen sind,
– Sachanlagen sowie immateriellen Vermögenswerten, die durch **Tausch** erworben wurden,
– aktivierungsfähigen erhaltenen Gegenleistungen für **aktienbasierte Vergütungen**,
– **Sacheinlagen** und
– Vermögenswerten und Schulden, die im Rahmen von **Unternehmenserwerben** zugegangen sind.

Die (nur leicht eingeschränkte) Einheitlichkeit der Zugangsbewertung endet spätestens bei der **Folgebewertung**. Das im HGB fest verankerte **Anschaffungskostenprinzip** (als Folge des strengen Realisationsprinzips), wonach die Anschaffungs- oder Herstellungskosten nicht überschritten werden dürfen, **existiert nicht**.[1] Stattdessen eröffnen die Standards für unterschiedliche Sachverhalte (Vermögenswerte) insgesamt drei voneinander zu unterscheidende Bewertungsverfahren bzw. Wertmaßstäbe: 414

– **Fortgeführte Anschaffungs- und Herstellungskosten** unter Berücksichtigung von Niederstwertbestimmungen (grundsätzlich kein Unterschied zum HGB),
– **Erfolgsneutrale Bewertung zum Fair value** (Neubewertungsmethode), wonach Wertsteigerungen zum vormaligen Stichtag erfolgsneutral im Eigenkapital in einer Neubewertungsrücklage zu erfassen sind und
– **Erfolgswirksame Bewertung zum Fair value**, wonach die Wertänderungen zum vormaligen Stichtag in voller Höhe erfolgswirksam in der Gewinn- und Verlustrechnung zu erfassen sind; daher erübrigen sich Niederstwertbestimmungen mit besonderen Regelungen zu außerplanmäßigen Abschreibungen. Aus der Perspektive der HGB-Rechnungslegung ist hier jedoch der Ausweis **unrealisierter Gewinne** möglich und zwingend.

Die Abb. 11 verdeutlicht die drei Bewertungsverfahren und zeigt, welche Posten nach welchen Verfahren bewertet werden können oder müssen. Auffällig 415

---

[1] In der Bilanztheorie werden Wertveränderungen am ruhenden Vermögen (Ansatz der Vermögenswerte zum „Ersatzwert [= Marktwert] des Bilanztages", S. 124) erstmals von Fritz Schmidt beschrieben, vgl. *Schmidt*, Die organische Bilanz im Rahmen der Wirtschaft, 1921. Das Allgemeine Deutsche Handelsgesetzbuch sah ab 1861 die Zeitwertbilanzierung zum beizulegenden Wert vor, die ebenfalls zu (unrealisiertem) Gewinnausweis führen konnte. Für Aktiengesellschaften wurde die Zeitwertbilanzierung 1884 wieder abgeschafft. Zu Einzelheiten siehe *Spindler*, Zeitwertbilanzierung nach dem ADHGB von 1861 und nach den IAS/IFRS, Sternenfels 2005, insbes. S. 108–152.

ist: Das Niederstwertprinzip, also die Prüfung auf Vornahme einer außerplanmäßigen Abschreibung, entfällt bei Vermögenswerten, die erfolgswirksam zum Fair value angesetzt werden.

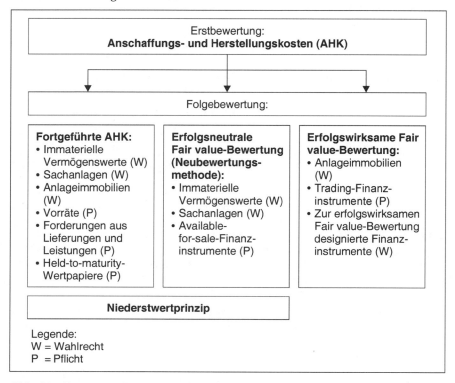

Abb. 11: Erst- und Folgebewertung von Vermögenswerten

416–419 frei

3.3 Schulden

420 Die Erstbewertung erfolgt grundsätzlich zu Anschaffungskosten, die im Erstbewertungszeitpunkt dem Betrag des Erhaltenen oder Marktwert (Fair value) entsprechen. Dies ist bei kurzfristigen **Verbindlichkeiten** der Rückzahlungsbetrag und bei langfristigen der Barwert.

421 **Sonstige Rückstellungen** sind im Rahmen bestmöglicher Schätzung zum Betrag anzusetzen, der zur Erfüllung der Verpflichtung *oder zur Übertragung der Verpflichtung auf einen Dritten* zum Bilanzstichtag notwendig ist (IAS 37.37); letzteres ist der Fair value der Verpflichtung.

In der Ausfüllung des unbestimmten Begriffs **Erfüllungsbetrag** hat sich das HGB nun den IFRS angenähert: Hier wie dort ist auf die voraussichtlichen Verhältnisse zum Erfüllungszeitpunkt (z.B. das künftige Kostenniveau) abzustellen, und langfristige Rückstellungen sind abzuzinsen.

IV. Bewertung

Pensionsrückstellungen dürfen nicht nach dem Teilwertverfahren (z.B. § 6a EStG), sondern müssen nach der *projected unit credit* Methode (**Anwartschaftsbarwertverfahren**) bewertet werden. Hiernach sind die gesamten künftigen Pensionsleistungen, welche den zurückliegenden Dienstjahren zuzurechnen sind, mit dem versicherungsmathematischen Barwert zu bewerten (Rz. 2420). Erwartete künftige Gehaltssteigerungen und andere Leistungsanpassungen sind, wie jetzt auch nach HGB i.d.F. BilMoG, zu berücksichtigen. 422

Bei der **Folgebewertung** kann unterschieden werden zwischen fortgeführten Anschaffungskosten und einer Fair value-Bewertung. 423

- **Fortgeführte Anschaffungskosten** kommen bei Verbindlichkeiten (z.B. Darlehen) zur Anwendung. Diese werden nach der Effektivzinsmethode, d.h. unter Berücksichtigung des bei Aufnahme geltenden Marktzinssatzes (nicht: Nominalzins) fortgeführt. Bei Auszahlung zu pari stimmen unter Vernachlässigung von Anschaffungsnebenkosten Markt- und Nominalzins überein, so dass kein Unterschied zum HGB besteht. Bei Auszahlung mit Disagio jedoch wird der Schuldbetrag unter Berücksichtigung des ursprünglichen Marktzinses aufgezinst.
- Im Übrigen wird der **Fair value** der Schuld angesetzt, indem Rückstellungen an die aktuellen Erwartungen angepasst und langfristige Rückstellungen mit dem aktuellen Marktzins diskontiert werden.

frei 424–449

4. Fair value (beizulegender Zeitwert)[1]

4.1 Definition

4.1.1 Wortlaut

Der Fair value ist in den IFRS definiert als der Betrag, zu dem ein Vermögenswert zwischen sachverständigen, vertragswilligen und voneinander unabhängigen Geschäftspartnern getauscht oder eine Schuld beglichen werden könnte (**„in an arm's length transaction"**; die Definition findet sich in zahlreichen Standards, z.B. IAS 16.6 und IAS 17.4). Der Fair value ist damit als Marktwert oder Verkehrswert zu begreifen. Dabei wird eine **hypothetische Transaktion** unterstellt („... getauscht oder ... beglichen werden *könnte*").[2] 450

Etwas abweichend definiert FAS 157.5: „Fair value is the price that would be received to sell an asset or paid to transfer a liability in an orderly transaction between market participants at the measurement date".

Der IASB problematisiert in seinem *Discussion Paper* (Rz. 408) im Wesentlichen zwei mögliche Unterschiede in den Definitionen:

---

[1] Die nachfolgenden Erläuterungen lehnen sich an *Theile*, PiR 2007, 1 (2 ff.) an.
[2] So auch SFAS 157.A2.

4.1.2 Beschaffungs- oder Absatzpreis

451 Aus Sicht des FASB ist der Fair value immer ein *exit price*: Was würde man bei der Veräußerung eines Vermögenswertes erhalten oder bei der Übertragung einer Schuld zahlen müssen (FAS 157.7)? Diese Klarheit ergibt sich aus der IFRS-Definition des Fair value nicht; sie lässt offen, ob der Fair value ein *entry* oder ein *exit price* sein soll. Allerdings: Die Sichtweise des *exit price*, so der IASB[1], sei konsistent mit dem Framework, wonach Vermögenswerte als künftige Nutzenzuflüsse und Schulden als künftige Nutzenabflüsse definiert sind (F.49).

Geht es um die Bewertung *vorhandener* Vermögenswerte und Schulden, sehen die IFRS schon heute eine Bewertung zum *exit price* vor. So ist es für Finanzinstrumente auf aktiven Märkten (Rz. 475 ff.) „üblicherweise sachgerecht" (IAS 39.AG72), für Vermögenswerte den Geldkurs (bid) und für Schulden den Briefkurs (ask) zu ermitteln.[2] Umgekehrt verhält es sich dagegen, wenn der Fair value für die Erstbewertung von Finanzinstrumenten benötigt wird.

Wegen dieses Unterschieds und der Abweichung zu US-GAAP hält der IASB daher eine tiefergehende Diskussion um die Eignung des *exit price* auch für **Erstbewertungsfälle**, z.B. aus Unternehmenserwerben, für erforderlich. Nicht ausgeschlossen wird, für Erstbewertungsfälle eine andere „Fair value"-Begrifflichkeit, etwa *current entry value*, zu verwenden.[3]

4.1.3 Übertragung oder Begleichung einer Verbindlichkeit

452 In der IFRS-Definition des Fair value wird für Verbindlichkeiten abgestellt auf ihre Begleichung (the amount for which a liability could be *settled*), währenddessen es nach FAS 157.5 auf ihre Übertragung (the price to *transfer* a liability) ankommt. Der Übertragungsfall ist der Tauschpreis mit einem Dritten, während der Begleichungsfall den Wegschaffungspreis gegenüber dem Inhaber der (ggf. unsicheren) Forderung so repräsentiert, dass diese untergeht.

Der IASB weist darauf hin, dass entgegen dem Wortlaut der Definition des Fair value in den IFRS eigentlich der **Übertragungsfall** gemeint ist. Das ergibt sich bereits für Finanzinstrumente aus IAS 39.AG71f und IAS 39.AG75 sowie für den Ansatz von Eventualschulden im Zusammenhang mit Unternehmenserwerben aus IFRS 3.B16l (2004).[4] Hinzuzufügen wäre, dass auch im Rückstellungsbereich der Übertragungsfall zur Bewertung angesprochen wird (IAS 37.37). Hier wird der Unterschied auch besonders deutlich: Zur Kalkulation der Begleichung einer ungewissen Sachleistungsverpflichtung (z.B. Gewährleistung) werden die internen Kosten des Unternehmens herangezogen. Gäbe es hingegen einen Markt für ungewisse Sachleistungsverpflichtungen,

---

1 Vgl. IASB, Discussion Paper – Fair Value Measurements, 2006, Tz. 13.
2 Der IASB macht sich die Ausführungen zur Geld/Brief-Spanne in IAS 39.AG72 allerdings nicht im Hinblick auf die Diskussion des *exit price* zu eigen.
3 Vgl. IASB, Discussion Paper – Fair Value Measurements, 2006, Tz. 16 f.
4 Vgl. IASB, Discussion Paper – Fair Value Measurements, 2006, Tz. 26 f.

IV. Bewertung

könnte der Marktpreis (Übertragungsfall) durchaus hiervon abweichen, soweit sich Unternehmen auf die Übernahme solcher Risiken spezialisieren.

4.2 Ermittlungsgrundsätze

4.2.1 Annahme der Unternehmensfortführung und Stichtagsprinzip

Für die Ermittlung des Fair value gilt die Annahme der **Unternehmensfortführung**. Das ergibt sich unmittelbar aus den Definitionen sowohl in FAS 157 als auch in den IFRS („orderly transaction", „willing parties in an arm's length transaction") und wird daher von den Standardsettern auch nicht besonders problematisiert. Keinesfalls stellt der Fair value einen Liquidationswert unter einer gezwungenen Transaktion dar (IAS 39.AG69). Auch ein Fair value, der für die beabsichtigte Veräußerung von Vermögenswerten ermittelt werden muss (z.B. bei assets held for sale gem. IFRS 5) ist kein Liquidationswert, da es sich nicht um eine erzwungene Veräußerung handelt. 453

Der Fair value ist ferner ein **Stichtagswert**. Explizit enthält FAS 157.5 diesen Hinweis, der wegen des bilanziellen Stichtagsprinzips freilich entbehrlich erscheint. Auch in den IFRS soll der Fair value die Marktbedingungen am Bewertungsstichtag widerspiegeln, für Folgebewertungen also die am jeweiligen Bilanzstichtag (IAS 40.38). 454

4.2.2 Liquidester versus vorteilhaftester Markt, Transaktionskosten

Besteht die Möglichkeit, Preisstellungen von mehreren Märkten zu erhalten, hat gem. FAS 157.8 der liquideste Markt Vorrang (*principal market = market with the greatest volume and level of activity*). 455

Beispiel:
Ein Unternehmen hat einen Bestand an Daimler-Aktien zum Fair value zu bewerten. Der Xetra-Handel in Frankfurt ist hierfür der liquideste Markt.

Sollte der liquideste Markt nicht bestimmbar sein, ist der aus Unternehmenssicht vorteilhafteste Markt heranzuziehen. Bei der Beurteilung der Vorteilhaftigkeit ist auf den Nettovorteil abzustellen. Das kann Bedeutung haben, wenn Transaktionskosten anfallen, da der Fair value sowohl nach US-GAAP als auch nach IFRS einen **Betrag ohne Transaktionskosten** darstellt:[1] 456

---

[1] Eine andere Frage ist, ob für den Bilanzansatz zum Fair value Transaktionskosten (Anschaffungsnebenkosten) mit zu aktivieren sind. Das wird in den Standards unterschiedlich gehandhabt, siehe Rz. 520 ff.

> **Beispiel:**[1]
>
> Beim Verkauf eines Wertpapiers auf dem Markt A würde ein Preis (Fair value) von 26 Euro erzielt werden, es fallen aber Transaktionskosten von 3 Euro an. Auf Markt B beträgt der Fair value nur 25 Euro bei Transaktionskosten von 1 Euro. Für das Unternehmen ist Markt B vorteilhaft, als Fair value sind 25 Euro zugrunde zu legen.
>
> Wäre hingegen Markt A der liquideste Markt, kommt es nicht auf dessen (Netto-)Vorteilhaftigkeit an. In dem Fall wäre der Fair value 26 Euro.

457 In den IFRS fehlt eine übergreifende Festlegung, ob der liquideste oder der vorteilhafteste Markt einschlägig ist. Allerdings lässt sich ein Grundsatz aus den Standards entwickeln:

– Bei Finanzinstrumenten ist jener Markt für die Bewertung maßgeblich, der für das Unternehmen am vorteilhaftesten wäre und zu dem es Zugang hat (IAS 39.AG71).

– Bei landwirtschaftlichen Erzeugnissen kommt es auf die Verwendungsabsicht an: Soll tatsächlich eine Transaktion stattfinden, ist der Markt zugrunde zu legen, auf dem die Transaktion beabsichtigt ist (IAS 41.17).

Unterstellt man rationales Handeln, führen beide Situationen zum selben Ergebnis, denn gerade bei beabsichtigten Transaktionen wird der **vorteilhafteste Markt** gewählt.[2]

458 Bei der – unzweifelhaft zu dokumentierenden – Festlegung des vorteilhaftesten Marktes mit unmittelbarem Zugang ist nach Auffassung des IDW[3] unter Hinweis auf IAS 8.13 der Grundsatz der Stetigkeit zu beachten. Dem ist formal und inhaltlich nicht zuzustimmen. Schon formal ist eine solche Festlegung kein Anwendungsfall der Bestimmung einer Rechnungslegungsmethode. Inhaltlich wäre die Forderung nach Stetigkeit ein Widerspruch zur Anforderung des IAS 39.AG71 (Bestimmung des vorteilhaftesten Marktes) dann, wenn die Vorteilhaftigkeit sich verändert: Die Veränderung der Vorteilhaftigkeit ist ein neues Ereignis. Daher ist zu jedem Bewertungsanlass erneut zu prüfen und zu dokumentieren, welches der vorteilhafteste Markt ist.

Dies wird auch bestätigt durch die Auffassung des IASB und ist für diesen zugleich ein Grund, auf die Linie des FAS 157.8 umzuschwenken und in einem künftigen Standard ein **Primat des liquidesten Marktes** vorzusehen. Die Unternehmen brauchten dann nicht mehr *„continuously monitor multiple markets in order to determine which market is most advantageous at the measurement date."*[4] Das ist letztlich ein schwaches Argument, da auch die Bestimmung des liquidesten Marktes eine gewisse Analyse erfordert, sofern die Verhältnisse

---

1 In Anlehnung an FAS 157.A23.
2 Unverständlich insoweit, wieso der IASB für sein Regelwerk *kein* „consistent guidance" behauptet, vgl. IASB, Discussion Paper – Fair Value Measurements, 2006, Tz. 34.
3 Explizit für Finanzinstrumente, vgl. IDW RS HFA 9, Tz. 82.
4 IASB, Discussion Paper – Fair Value Measurements, 2006, Tz. 35.

nicht so eindeutig sind wie etwa für Aktien im Xetra-Handel. Überzeugender ist da schon das Argument, auf liquiden Märkten seien eher repräsentative Fair values erhältlich, insoweit mit Repräsentativität die Abwesenheit von Zufallsschwankungen oder gar aktiven Beeinflussungen gemeint ist.

4.2.3 Hypothetische bestmögliche Verwendung von Vermögenswerten

FAS 157.12 fordert für die Fair value-Bewertung von Vermögenswerten die Berücksichtigung ihrer bestmöglichen Verwendung durch die Marktteilnehmer. Der IASB sieht hierin – zu Recht – keinen Widerspruch zu den Ausführungen in den IFRS, wie folgende Textstellen belegen: 459

Der Fair value spiegelt den Kenntnisstand und die Erwartungen sachverständiger und vertragswilliger Marktpartner wider. **Nicht maßgeblich** sind die **Erwartungen des bilanzierenden Unternehmens** bei der Selbstnutzung von Vermögenswerten einschließlich jener wertbestimmenden Faktoren, die nur auf das Unternehmen zutreffen (IAS 40.49).

Beispiel:
Unternehmen U muss den Fair value seiner vermieteten Immobilie bestimmen. Die vertraglich festgelegten Mieteinnahmen belaufen sich auf 12 Euro/qm. Vergleichbare Objekte ohne Preisbindung erzielen 14 Euro/qm. Bei einer Veräußerung der Immobilie fiele die Preisbindung weg (IAS 40.49c). Der Fair value der Immobilie ist auf Basis von 14 Euro/qm zu ermitteln.

Synergieeffekte sind bei der Fair value-Ermittlung von Vermögenswerten (nur) dann zu berücksichtigen, wenn sie dem fiktiven Tauschpartner ebenfalls zur Verfügung stehen würden (IAS 40.49). Folglich ist auch in den IFRS bei der Fair value-Ermittlung *immer* von der (bestmöglichen) Verwendung eines Vermögenswertes seitens der Marktteilnehmer auszugehen, so dass bei Vermögenswerten der Wert maximiert wird.[1] Auf die *tatsächliche* Nutzung im bilanzierenden Unternehmen kommt es nicht an. 460

Beispiel:[2]
Im Rahmen eines Unternehmenszusammenschlusses ist eine Immobilie erworben worden, die bisher und auch weiterhin als Gewerbeobjekt genutzt werden soll. Der Flächennutzungsplan der Gemeinde würde auch eine Nut-

---
1 So auch FAS 157.12: „A fair value measurement assumes the highest and best use of the asset by market participants, considering the use of the asset that is physically possible, legally permissible, and financially feasible at the measurement date. In broad terms, highest and best use refers to the use of an asset by market participants that would maximize the value of the asset or the group of assets within which the asset would be used."
2 In Anlehnung an FAS 157.A10 f.

zung als Eigentumswohnungen zulassen. Als Fair value ist der Betrag anzusetzen, der (unter Berücksichtung von Umbaukosten) den höchsten Wert der beiden Alternativen ergibt.

461 Der IASB sieht in diesem Zusammenhang ein besonderes Bedürfnis, die Abgrenzung des (z.B. über DCF-Methode ermittelten) Fair value vom (ebenso über DCF-Methode ermittelten) value in use gem. IAS 36 klarzustellen:[1] Der value in use ist ein unternehmensspezifischer Wert, der nur von dem berichtenden Unternehmen erzielt werden kann, weil er zu Ein- und Auszahlungen führende Elemente enthält, die anderen Marktpartnern nicht zur Verfügung stehen (Rz. 520).[2]

462 Damit lässt sich zusammenfassen: Eine Fair value-Ermittlung stellt ab auf einen **hypothetischen Marktteilnehmer**. Die speziellen Verhältnisse des Bilanzierenden sind unbeachtlich. Besondere Bedeutung hat das bei der Bilanzierung von Unternehmenserwerben (Rz. 3280, 3350).

463–469 frei

4.3 Ermittlungshierarchie

4.3.1 Übersicht

470 Für alle Anwendungsfälle der Fair value-Ermittlung besitzt der **Marktpreis auf einem aktiven Markt** die höchste Priorität.[3] FAS 157.24 ff. bezeichnet solche Preise als „Level 1 Input". Anpassungen an das Bewertungsobjekt sind dann praktisch nicht mehr erforderlich.[4]

471 Sollten aktive Märkte nicht vorliegen, ist der Marktpreis durch **Bewertungsverfahren zu schätzen**. In Betracht kommen Vergleichswertverfahren (ähnliche Bewertungsobjekte auf aktiven Märkten oder gleiche Bewertungsobjekte auf inaktiven Märkten), diverse Kapitalwertverfahren (DCF-Methoden) und Optionspreismodelle; kostenorientierte Verfahren (Wiederbeschaffungszeitwerte) kommen nur mit Einschränkung zur Anwendung. Die Bewertungsverfahren – siehe Abb. 12 – sind grundsätzlich als gleichwertig anzusehen, vorrangig ist – falls vorhanden – jedoch immer der Marktpreis auf einem aktiven Markt heranzuziehen.[5]

---

1 Vgl. IASB, Discussion Paper – Fair Value Measurements, 2006, Tz. 44 f.
2 Dessen ungeachtet bleibt der value in use ein fiktiver Wert, weil er die Nutzung von Vermögenswerten in ihrem derzeitigen Zustand vorsieht, was vom Management durch geplante Investitionen möglicherweise gerade nicht beabsichtigt ist, s. Rz. 1560.
3 Für die Bewertung von Anlageimmobilien sind die Bedingungen an einen aktiven Markt sachverhaltsbedingt weniger streng.
4 In Betracht kommen Anpassungen auf Grund von Geld/Brief-Spannen, FAS 157.31. Paketzu- oder abschläge dürfen nicht berücksichtigt werden, FAS 157.27. Zur Diskussion dieser Fragen in den IFRS vgl. IASB, Discussion Paper – Fair Value Measurements, 2006, Tz. 48 ff.
5 So explizit für Finanzinstrumente IAS 39.AG74; für Anlageimmobilien IAS 40.46. Bei Unternehmenserwerben lässt sich aus IFRS 3.B16 f. ebenfalls Gleichwertigkeit her-

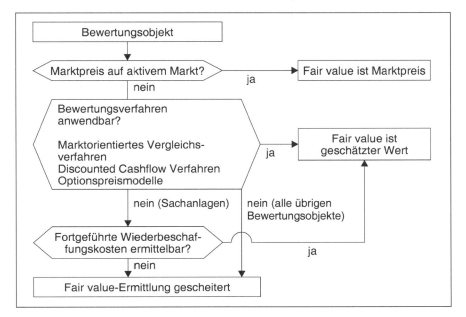

Abb. 12: Fair value-Ermittlung

Für die Verwendung eines einmal bestimmten Bewertungsverfahrens gilt der **Stetigkeitsgrundsatz**. Sollten in künftigen Perioden neue (bessere) Informationen zugehen oder bisher verwendete wegfallen, kann auch die Verwendung eines anderen Bewertungsverfahrens erforderlich sein. Der Übergang ist als Schätzungsänderung prospektiv abzubilden.[1]

4.3.2 Inputfaktoren für die Bewertungsverfahren

In der Regel ist die unmittelbare Ableitung eines Marktpreises auf einem aktiven Markt für ein bestimmtes Bewertungsobjekt – lässt man einmal Finanzinstrumente wie Aktien oder Anleihen außen vor – reine Fiktion. Der **aktive Markt** hat aber in den IFRS als **Referenzmodell** für die in die Bewertungsverfahren eingehenden Variablen wie Zinssätze, ß-Faktoren usw. höchste Bedeutung: Vorrang haben immer die Variablen, die auf aktiven Märkten beobachtbar sind (IAS 39.AG75 und IAS 39.AG82). Damit wird aber seitens des IASB die Verwendung eines bestimmten Bewertungsmodells nicht präjudiziert.[2]

Einen anderen Weg geht nunmehr der FASB. Durch die Einführung zweier weiterer Input-Levels wird die Verwendung der Bewertungsverfahren ver-

472

473

474

---

auslesen (so zu Unternehmenserwerben auch *Lüdenbach*, in Haufe IFRS-Kommentar, 7. Aufl. 2009, § 31 Rz. 61. Gleichwertigkeit auch SFAS 157.18 ff. Hierarchie marktpreisorientierte vor kapitalwertorientierte vor kostenorientierte Verfahren bei Unternehmenserwerben dagegen lt. IDW RS HFA 16, Rz. 15).
1 So auch FAS 157.20.
2 Vgl. *Lüdenbach/Freiberg*, KoR 2005, 437 (440).

knüpft mit der Erhältlichkeit von Marktdaten.[1] Zu den „Level 2 Inputs" gehören gem. FAS 157.28:[2]

(a) Beobachtbare Preise ähnlicher Vermögenswerte/Schulden auf aktiven Märkten,

(b) beobachtbare Preise gleicher oder ähnlicher Bewertungsobjekte auf inaktiven Märkten,

(c) andere für die Preisbildung wichtige Faktoren wie Zinssätze, ß-Faktoren usw. sowie

(d) durch statistische Methoden (z.B. Korrelationen, Interpolation) von Marktdaten abgeleitete Werte.

Level 3 Inputs schließlich sind die Schätzgrößen, die nicht auf beobachtbaren Marktdaten beruhen. Es handelt sich um die Annahmen des Unternehmens selbst. Die Verwendung von Level 3 Inputs löst umfangreiche Angabepflichten aus (FAS 157.32c, u.a. Überleitungsrechnung für Wertänderungen).

Durch diese Input-Level ergibt sich ein formaler Vorrang der vergleichsorientierten Bewertungsverfahren (Level 2a und 2b) vor DCF-Methoden (Level 2c) vor z.B. Monte-Carlo-Simulationen zur Optionspreisbestimmung (Level 2d). Darüber hinaus gilt: Werden innerhalb eines Bewertungsverfahrens mehrere wesentliche Inputfaktoren aus unterschiedlichen Levels benötigt, bestimmt jener Faktor aus dem geringsten Level auch die Einordnung des Bewertungsverfahrens insgesamt (FAS 157.22). Aus dem formalen Vorrang resultiert in der praktischen Anwendung häufig jedoch nur ein scheinbarer Vorrang, wie folgendes Beispiel zeigt:

Beispiel:[3]

– Zur Bewertung einer Beteiligung stehen Multiplikatoren für Vergleichsunternehmen (Level 2b) zur Verfügung, die die Anwendung des (annahmegemäß bisher verwendeten) DCF-Verfahrens (Level 2c) verdrängen. Allerdings führen die Multiplikatoren zu weit gespreizten Ergebnissen. Dann sind erhebliche (subjektive) Anpassungen erforderlich, die das gesamte Bewertungsverfahren auf Level 3 bringen (FAS 157.29).

– Bei einer alternativen Anwendung von DCF-Verfahren werden Einzahlungsüberschüsse und Zinssätze benötigt. Zinssätze lassen sich dem Level 2c zuordnen, die Schätzung von Einzahlungsüberschüssen aber häufig nur dem Level 3. Dann ist das gesamte Bewertungsverfahren ebenfalls als Level 3 zu klassifizieren. Ergebnis: Das Unternehmen kann in der Anwendung von Multiplikatorverfahren und DCF-Verfahren frei wählen; einen Beitrag zur Objektivierung der Fair value-Ermittlung leistet FAS 157 nicht.

---

1 Vgl. *Lüdenbach/Freiberg*, KoR 2005, 437 (440).
2 Wegen des Vorrangs beobachtbarer Marktpreise gem. FAS 157.21 auch in dieser Reihenfolge.
3 Beispiel und Ergebnis in Anlehnung an *Lüdenbach/Freiberg*, KoR 2005, 437 (441 f.).

Der IASB favorisiert die **Einführung einer Fair value-Hierarchie** analog FAS 157.[1]

4.3.3 Referenzmodell: Der aktive Markt

Ein aktiver Markt ist in den IFRS kumulativ durch drei Merkmale gekennzeichnet:[2]

(a) Es werden **homogene Produkte** gehandelt,

(b) **vertragswillige Parteien** können in der Regel jederzeit gefunden werden und

(c) die **Preise** sind **öffentlich**.

In ähnlicher Beschreibung findet sich dieser Bedeutungsinhalt auch in FAS 157.24, darüber hinaus jedoch kaum Erläuterungen. Auch in den IFRS finden sich nur an wenigen Stellen weitere Konkretisierungen. Die Vorstellung aber, dass ein beobachteter Preis einer Markttransaktion *immer* zugleich der Preis auf einem aktiven Markt sei, ist unzutreffend (s. Beispiele in Rz. 613, 1861). Was kennzeichnet im Einzelnen den aktiven Markt, in den IFRS immerhin Referenzmodell für sämtliche in Bewertungsverfahren eingehende Inputfaktoren?

Zu (a) Homogenität

Die Anforderungen an die **Homogenität** werden in den Standards nicht näher erläutert. Vom Wortsinn her zeichnen sich homogene (= gleichartige) Produkte durch **Abwesenheit von Produktdifferenzierung** aus. Definiert man den Begriff der Homogenität so streng, sind vor allem auf Finanzmärkten homogene Produkte zu beobachten. Im industriellen Bereich sind sie hingegen selten[3] und treten allenfalls in der Grundstoffindustrie auf.

Beispiele:
Die Namensaktien der deutschen Telekom sind untereinander homogen ebenso wie Benzin und Stahl bestimmter Qualität. Auch in der Landwirtschaft ist für viele Produkte die Homogenitätsbedingung erfüllt, man denke an Schweinebäuche oder Weizen bestimmter Qualität.

Aufschlussreich sind die in IAS 38.78 genannten Beispiele für immaterielle Vermögenswerte, für die in manchen Ländern jeweils ein aktiver Markt bestehen soll, nämlich frei übertragbare Taxilizenzen, Fischereilizenzen oder Produktionsquoten; auch der Emissionsrechtehandel in der EU ist hier zu nennen. Bei diesen Vermögenswerten dürfte in der Tat die Abwesenheit von Produktdifferenzierung erfüllt sein. Auf der anderen Seite lässt IAS 41.15 „die

---

1 Vgl. IASB, Discussion Paper – Fair Value Measurements, 2006, Tz. 47.
2 Jeweils gleich lautende Definitionen enthalten IAS 36.6, IAS 38.8 und IAS 41.8.
3 So auch *Hitz*, WPg 2005, 1013 (1015).

Gruppierung von biologischen Vermögenswerten oder landwirtschaftlichen Erzeugnissen nach wesentlichen Eigenschaften, beispielsweise nach Alter oder Qualität" zu, um die Ermittlung des Fair value zu vereinfachen. Dabei ist die Eigenschaft maßgeblich, die auf dem Markt preisbestimmend ist. Mit anderen Worten: Für unwesentliche Eigenschaften des Bewertungsobjekts, die keinen Einfluss auf den Marktpreis haben, braucht die strenge Homogenitätsbedingung nicht erfüllt zu sein.

477 Zu (b): Vertragswillige Parteien

Der beste Beweis für das Vorhandensein vertragswilliger Parteien liegt selbstverständlich dann vor, wenn das homogene Produkt tatsächlich gehandelt wird, der Markt also *liquide* ist. Das wird, um ein Beispiel aus dem Aktienhandel heranzuziehen, bei DAX- und MDAX-Unternehmen regelmäßig der Fall sein, kann aber bei SDAX oder im regulierten Markt notierten Nebenwerten schon in Frage zu stellen sein.

Allerdings ist ein tatsächlich zu beobachtender Handel keine notwendige Voraussetzung für den aktiven Markt.[1] Es kommt lediglich darauf an, dass ein Vertragspartner zum angegebenen Preis gefunden werden *könnte*. So sind von *market maker* für bestimmte Finanzinstrumente gestellte Preise Fair values, da sich ein *market maker* verpflichtet, zu dem notierten Preis tatsächlich einen Geschäftsabschluss zu tätigen.[2]

478 Zu (c): Öffentliche Preise

Bei dem Kriterium des öffentlichen Preises muss es sich nicht notwendigerweise um einen „amtlichen" Preis handeln. Für Finanzinstrumente weist IAS 39.AG71 darauf hin, dass der Preis von einem Händler, Broker, einer Branchengruppe, einem Preisberechnungs-Service oder einer Aufsichtsbehörde stammen könne. Die Preise müssen leicht und regelmäßig erhältlich sein. Ein Zeithorizont zur Beurteilung der Regelmäßigkeit wird nicht vorgegeben; er ist markt- und produktabhängig festzulegen.[3] So wird man für Finanzinstrumente höhere Anforderungen an die Zeitnähe stellen müssen als z.B. für Immobilien, für die ein Zeitfenster von maximal 36 Monaten zugrunde gelegt werden kann.[4]

479 Auch nach § 255 Abs. 4 HGB i.d.F. **BilMoG** ist nun der **beizulegende Zeitwert** definiert als Marktpreis auf einem aktiven Markt. Es gibt ausweislich der Regierungsentwurfsbegründung[5] keinen Anlass, eine von den IFRS abweichende Begriffsbildung anzunehmen. Der beizulegende Zeitwert wird im HGB zur Bewertung des „insolvenzgesicherten Vermögens" benötigt, mit dem Pensionsverpflichtungen zu saldieren sind (Rz. 2407).

---

1 Vgl. *Ernst & Young* (Hrsg.), International GAAP 2009, S. 2347.
2 Vgl. IDW RS HFA 9, Tz. 80.
3 Vgl. *Kuhn/Scharpf*, Rechnungslegung von Financial Instruments nach IAS 39, 3. Aufl. 2006, Rz. 1902.
4 So *Baumunk*, Anlageimmobilien (IAS 40), in Weber/Baumunk (Hrsg.), IFRS Immobilien, 2005, S. 82.
5 Vgl. BT-Drs. 16/10067, S. 61.

4.3.4 Marktorientierte Vergleichsverfahren

Bei den **marktorientierten Vergleichsverfahren** dient ein aktiver Markt als Referenzmodell zur Fair value-Ermittlung des Bewertungsobjekts. Die unmittelbare Ableitung des Fair values scheitert, weil das Bewertungsobjekt andere Eigenschaften aufweist (Verletzung der Homogenitätsbedingung, Rz. 476) oder weil keine aktuellen Preise erhältlich sind (Rz. 478). Abgestellt wird hier dann schlicht auf letzte, beobachtete Transaktionen. 480

Weist das Bewertungsobjekt andere Eigenschaften auf als jene Vergleichsobjekte, für die ein aktiver Markt besteht, sind die Unterschiede zu analysieren. Es muss sich immerhin noch um sehr ähnliche Objekte handeln (IAS 39.AG74: im Wesentlichen identische). 481

Beispiel:
Der Fair value einer Industrieanleihe (Vergleichsobjekt auf einem aktiven Markt) kann als Anhaltspunkt für die Fair value-Bestimmung eines Darlehens herangezogen werden, wenn beide Finanzinstrumente im Übrigen gleich ausgestattet sind (Zinssatz, Laufzeit, Vertragsbedingungen zur Rückzahlung) und eine Rating-Agentur beide Schuldner mit dem gleichen Rating versehen hat.

Liegen letzte Transaktionen eines identischen Vergleichsobjekts schon länger zurück, sind die wirtschaftlichen Verhältnisse zu den jeweils unterschiedlichen Zeitpunkten zu analysieren: Haben sich **wertrelevante Marktdaten** (Zinssätze, Wechselkurse, Bonitäten usw., siehe IAS 39.AG82) verändert? Für einen Vergleich zu nur sehr ähnlichen Objekten sind zusätzlich die Abweichungen in den Produkteigenschaften zu berücksichtigen. 482

Beispiel:
Im Immobilienbereich lassen sich z.B. **Richtwertsammlungen**[1] grundsätzlich als Vergleichsmaßstab heranziehen. Allerdings sind diese oft nicht vollständig und enthalten nicht die aktuellsten Transaktionen. Insbesondere ist zu prüfen, ob Lage, zulässige Bebauung etc. dem Vergleichsobjekt entsprechen. Zwischenzeitliche Markttrends (insb. Preisniveau) sind zu würdigen.

4.3.5 Discounted Cashflow Verfahren

Bei den **Discounted Cashflow Verfahren** (kapitalwertorientierte Verfahren) ist der Barwert künftiger Ein- bzw. Auszahlungsströme des Bewertungsobjekts zu schätzen. Die zentralen Bewertungsaufgaben sind mithin die Prognose künfti- 483

---

[1] Vgl. zur Eignung von Richtwertsammlungen für die Fair value-Ermittlung *Küting/Trappmann/Keßler*, DB 2006, 1853 ff.

ger Zahlungsströme und die Bestimmung des Kapitalisierungszinssatzes.[1] In die Berechnungsschemata sollen Marktdaten einfließen.

484 Folgende **vereinfachte Berechnungsweisen** sind zulässig:

- **Multiplikatormethode:** Anwendung eines risikoadäquaten Multiplikators auf einen durchschnittlich erwarteten Gewinn/Zahlungsüberschuss/Überrendite.
- **Kapitalisierung fremdüblicher Lizenz- und Nutzungsgebühren** vergleichbarer Vermögenswerte, üblicherweise in Prozent des erwarteten Umsatzes.
- **Ertragswertverfahren bei der Grundstücksbewertung** wie nach WertV, s. Rz. 1450.

4.3.6 Optionspreismodelle

485 Schließlich kommt ausdrücklich für die Bewertung von Finanzderivaten oder im Zusammenhang mit aktienorientierten Vergütungen die Verwendung von anerkannten **Optionspreismodellen**[2] in Betracht. Auch hier müssen zur Objektivierung Marktdaten in die Modellbildung einfließen. Ein bestimmtes Modell wird nicht vorgegeben, aber unstrittig dürften das **Binomialmodell** sowie das **Black & Scholes-Modell** anerkannt sein.[3]

486 Insbesondere bei aktienorientierten Vergütungen ist darauf zu achten, dass das verwendete Optionspreismodell auch die konkrete Ausgestaltung des Optionsplans abbilden kann. So scheidet etwa bei Wachstums- und Outperformance-Plänen[4] die Anwendung des Black & Scholes-Modell aus. Hier wäre eine **Monte-Carlo-Simulation** zu verwenden.

4.3.7 Wiederbeschaffungskosten

487 Hilfsweise kann zur Fair value-Ermittlung von Sachanlagen auf **fortgeführte Wiederbeschaffungskosten** (kostenorientierte Verfahren) aufgesetzt werden (IAS 16.33; IFRS 3.B16(f) [2004]). Hierbei ist der Wiederbeschaffungsneuwert zu ermitteln und durch fiktive Altersabschreibung auf den Wiederbeschaffungszeitwert überzuleiten.[5]

---

1 Vgl. IDW RS HFA 16, Rz. 24.
2 Ob auch außerhalb von Finanzinstrumenten Optionspreismodelle zur Fair value-Ermittlung herangezogen werden dürfen, lassen die Standards offen. **Realoptionen** werden in der Unternehmenspraxis zur Bewertung von Investitionsvorhaben und zur Unternehmenssteuerung eingesetzt, siehe die Beiträge in *Hommel/Scholich/Vollrath* (Hrsg.), Realoptionen in der Unternehmenspraxis, 2001. Soweit wir sehen, wird die Verbindung von Realoptionen zur externen Unternehmensrechnung noch nicht diskutiert.
3 Vgl. *Black/Scholes*, JoPE 1973, 637; eine Aufbereitung befindet sich in *Franke/Hax*, Finanzwirtschaft des Unternehmens und Kapitalmarkt, 4. Aufl. 1999, S. 364–374; kritisch zur Übertragung des Modells auf die Praxis *Schneider*, Investition, Finanzierung und Besteuerung, 7. Aufl. 1992, S. 526–545. Ein leicht verständliches Zahlenbeispiel zu Binomialmodellen befindet sich bei *Simons*, WPg 2001, 90 (92).
4 So wie sie etwa von Volkswagen oder der Deutschen Lufthansa verwendet werden.
5 Vgl. IDW RS HFA 16, Rz. 70.

Im Zusammenhang mit einem Unternehmenserwerb erworbene Rohstoffe **488** sind gem. IFRS 3.B16diii (2004) beim erwerbenden Unternehmen zu aktuellen **Wiederbeschaffungskosten** anzusetzen. Wir halten diesen Hinweis nicht für den Anwendungsfall eines kostenorientierten Bewertungsverfahrens. Vielmehr sind die Wiederbeschaffungskosten für Rohstoffe ggf. bereits der Preis auf einem aktiven Markt – das hängt von der Art des Rohstoffs ab – oder sie stellen einen diesem angenäherten Preis dar.

4.3.8 Fair value-Ermittlung nach verschiedenen Verfahren

Die vorgenannten Bewertungsverfahren (außerhalb von Marktpreisen, Rz. **489** 475 ff.) können zu unterschiedlichen Ergebnissen führen. Eine **Mehrfachberechnung** ist zumindest dann nicht erforderlich, soweit für bestimmte Bewertungsobjekte von den Marktteilnehmern üblicherweise dasselbe Verfahren verwendet wird, z.B. bei Finanzinstrumenten (IAS 39.AG74). Besteht ein solcher allgemeiner Konsens über ein Bewertungsverfahren *nicht*, ist eine Mehrfachberechnung wohl unumgänglich (IAS 40.47; IAS 39.AG80 implizit).

Beispiel:
Zur Fair value-Ermittlung von Immobilien finden marktorientierte Vergleichswertverfahren, DCF-Verfahren und Ertragswertverfahren Anwendung. U.U. ist eine Mehrfachberechnung erforderlich.

Sind die **Abweichungen** in den Ergebnissen gering, stellt sich kein Problem in **490** der Fair value-Findung. Bei hohen Abweichungen dagegen sollen, wenn möglich, Eintrittswahrscheinlichkeiten ermittelt und ein Erwartungswert gebildet werden (IAS 39.AG80; IAS 40.47: verlässlichen Schätzwert innerhalb einer Bandbreite ermitteln). Können keine Eintrittswahrscheinlichkeiten abgeschätzt werden, ist die Fair value-Ermittlung schließlich gescheitert.

4.3.9 Ausnahme: Nicht ermittelbarer Fair value

Für Anlageimmobilien und gehaltene Eigenkapitaltitel (z.B. GmbH-Anteile) **491** wird eingeräumt, dass eine an sich notwendige (Eigenkapitaltitel) oder vom Bilanzierenden per Wahlrechtsausübung bestimmte (Anlageimmobilien) Fair value-Bewertung für einzelne Objekte ausnahmsweise scheitert, weil der Fair value nicht ermittelbar ist. In diesem Fall dürfen diese einzelnen Objekte ausnahmsweise zu Anschaffungskosten angesetzt werden.

Zum Sonderproblem der Fair value-Ermittlung in **inaktiven Märkten** bei Finanzinstrumenten siehe Rz. 1882.

4.3.10 Zusammenfassung: Welches Fair value-Ermittlungsverfahren für welchen Anwendungsbereich?

492 Die folgende Tabelle stellt Fair value-Ermittlungsverfahren und typische Anwendungsbereiche praxisorientiert zusammen:

Verfahren	Vorgehensweise	Anwendungsbeispiele
Marktwerte	Ablesen vom Kurszettel	Börsennotierte Wertpapiere („Finanzinstrumente")
Marktorientierte Vergleichsverfahren	Überleitung beobachteter Marktpreise ähnlicher Vermögenswerte unter Berücksichtigung zwischenzeitlicher Entwicklungen oder abweichender Eigenschaften	Finanzielle Vermögenswerte (Beteiligungen, Wertpapiere) Immobilien
Discounted Cashflow Verfahren	Bestimmung des Barwerts zukünftiger Zahlungsströme	Immaterielle Vermögenswerte (Marken, Know-how, Lizenzen, Kundenstamm, Kundenbeziehungen u.Ä.) Immobilien (Gebäudeertragswerte)
Optionspreismodelle	In Rechenmodelle soweit wie möglich Marktdaten eingeben	Aktienoptionen, Finanzderivate
(fortgeschriebene) Wiederbeschaffungskosten	Neupreise vergleichbarer Vermögenswerte abzgl. fiktive Abnutzung	Sachanlagen

493–499 frei

4.4 Praktische Relevanz der Fair value-Bewertung

500 Zwar besteht nach IFRS ein Mischmasch („*Mixed Accounting Model*") aus Anschaffungskostenprinzip und wahlweiser oder obligatorischer Fair value-Bewertung, die erfolgsneutral, z.T. aber auch erfolgswirksam behandelt wird. In der Praxis ist jedoch nicht die Variantenvielfalt, sondern die konkrete praktische Konsequenz relevant. Die folgende Übersicht zeigt die wesentlichen Bereiche der Fair value-Bilanzierung:

4.4.1 Neubewertung von Sachanlagen bei Erstanwendung von IFRS

501 Bei Umstellung des gesamten HGB Abschlusses auf IFRS (IFRS-Erstanwendung) besteht ein Wahlrecht zur Neubewertung des Sachanlagevermögens zum Fair value. Dieses Wahlrecht kann auf *einzelne Anlagegegenstände* beschränkt werden, z.B. auf die zeitnähere Bewertung eines schon in der DM-Eröffnungsbilanz 1949 ausgewiesenen Grundstücks. Das Wahlrecht kann somit flexibel zwecks höheren Eigenkapitalausweises eingesetzt werden. Soll dies nicht mit zukünftigen Ergebnisbelastungen durch höhere Abschreibun-

gen erkauft werden[1], kommt für die Neubewertung insbesondere Grund und Boden in Betracht (zu Einzelheiten s. Rz. 5074 f.).

4.4.2 Neubewertung von Sachanlagen bei laufender IFRS-Bilanzierung

502 Im Gegensatz dazu wird das Wahlrecht zur Neubewertung von Gruppen des Sachanlagevermögens bei der Folgebilanzierung, wenn schon immer nach IFRS bilanziert wird (Rz. 1180 ff.), in der Praxis nur äußerst selten angewendet.[2] Die Ursache liegt darin, dass die Eigenkapitalerhöhung erfolgsneutral gebucht wird und anschließend erfolgswirksam von der höheren Basis abgeschrieben werden muss, was bilanzpolitisch unerwünscht sein kann. Außerdem muss regelmäßig an künftigen Bilanzstichtagen überprüft werden, ob der Buchwert nach wie vor dem Fair value entspricht. Daher sind aufwendige Fair value-Ermittlungen erforderlich.

4.4.3 Anlageimmobilien

503 Zwar besteht für Anlageimmobilien – das sind z.B. vermietete Gewerbeobjekte – das Bewertungswahlrecht, sie zu fortgeführten Anschaffungs- und Herstellungskosten oder erfolgswirksam zum Fair value zu bewerten, doch selbst bei einer Entscheidung zur Bewertung zu fortgeführten Kosten lässt sich eine Fair value-Ermittlung nicht vermeiden, da der Fair value in diesem Fall im Anhang anzugeben ist. Allerdings ist zunächst zu prüfen, ob das Unternehmen überhaupt über Anlageimmobilien verfügt (s. Rz. 1400).

4.4.4 Beteiligungen und Aktien

504 Bei Beteiligungen besteht grundsätzlich eine Pflicht zur Fair value-Bilanzierung (erfolgswirksam oder erfolgsneutral). Da IFRS in der Regel nur für den Konzernabschluss relevant sind, können nur Beteiligungen betroffen sein, die nicht bereits vollkonsolidiert oder at equity angesetzt sind. Entsprechend eng ist der Anwendungsbereich. Zudem ist die Bewertung selbst kein Problem: Liegen Börsennotierungen vor, sind diese zu verwenden. Andernfalls handelt es sich um nicht notierte Beteiligungen an GmbHs oder KGs: Dann kann mangels Kenntnis des Marktpreises auch eine Bilanzierung dieser Beteiligungen zu (fortgeführten) Anschaffungskosten vertreten werden (IAS 39.46c, Rz. 1866).

4.4.5 Unternehmenserwerb (Kapitalkonsolidierung)

505 Bei einem Unternehmenserwerb werden an Stelle des Beteiligungsbuchwerts (Gegenleistung, Kaufpreis) die einzelnen erworbenen Vermögenswerte und übernommenen Schulden angesetzt, und zwar i.d.R. zum Fair value. Eine verbleibende positive Differenz zum Kaufpreis ist als Goodwill zu bilanzieren. Weil nur die außerplanmäßige Goodwillabschreibung im Fall der Wertminde-

---

[1] Hiervon unberührt bleibt die Prüfung eines außerordentlichen Abwertungsbedarfs.
[2] Vgl. von Keitz, Praxis der IASB Rechnungslegung, 2. Aufl. 2005, S. 59.

rung geboten ist, kommt der Abgrenzung des Goodwill von anderen planmäßig abzuschreibenden immateriellen Vermögenswerten eine besondere Bedeutung zu (Rz. 3290 ff.): Während nach HGB in der Vergangenheit oft nur stille Reserven im materiellen Anlagevermögen aufgedeckt und der Rest dem Goodwill zugeordnet wurde[1], müssen nach IFRS auch Kundenbeziehungen, vorteilhafte Verträge, Know-how etc. separat neben dem Goodwill aktiviert und im Regelfall planmäßig abgeschrieben werden.

506 Die Vorgehensweise bei der Fair value-Ermittlung ähnelt jener bei den Teilwertvermutungen im deutschen Recht.[2] Sie ist somit jeder Steuerabteilung aus der Erstellung von Ergänzungsbilanzen bei Personengesellschaften geläufig. Zudem sind die Probleme, den Goodwill von anderen immateriellen Vermögenswerten abzugrenzen, aus der bis 1986 geltenden steuerlichen Rechtslage beim asset deal bekannt, denn bis 1986 waren steuerlich nur außerplanmäßige Goodwillabschreibungen zulässig, woraus das Bestreben resultierte, möglichst viele abnutzbare immaterielle Wirtschaftsgüter separat neben dem Goodwill anzusetzen.[3]

4.4.6 Derivate und Sicherungsgeschäfte

507 Derivate (Optionen, Swaps, Termingeschäfte usw.) sind zum Fair value anzusetzen. Regelmäßig werden Derivate allerdings nur zur Absicherung anderer Bilanzposten oder noch zu erwartender Geschäfte eingesetzt (Hedge Accounting, s. Rz. 2200). Somit hängt das Ausmaß der Fair value-Bilanzierung auch hier vom Sachverhalt ab. Die Bewertung ist in der Regel kein Problem, denn die entsprechenden Marktwerte werden von den beteiligten Kreditinstituten „auf Basis quotierter Marktpreise" zusammen mit den Saldenbestätigungen übermittelt, so dass Bilanzierende i.d.R. keine eigenen Berechnungen anstellen müssen.

4.4.7 Aktienorientierte Vergütungen

508 Erhalten Manager Optionen auf Aktien des Unternehmens, wird die geleistete Arbeit an dem Marktwert der in Aussicht gestellten Optionen gemessen und als Aufwand verrechnet. Hier besteht das Problem der Ermittlung des Wertes der Optionen, insbesondere bei fehlender Handelbarkeit (Rz. 2516). Bei Marktwertschätzungen mittels Optionspreis- und Binomialmodellen bestehen hier erhebliche Bewertungsspielräume und -unsicherheiten.

4.4.8 Insbesondere: Fair value-Bilanzierung im Mittelstand

509 Zutreffend ist, dass der IASB die Fair value-Bilanzierung grundsätzlich forciert. Allerdings gibt es Vorbehalte der Praxis, und auch aus Objektivierungsgründen bleiben die IFRS bislang um Längen hinter einer umfassenden Fair

---

1 „Im Zweifel Goodwill", *Hoffmann* in Haufe IFRS-Kommentar, 7. Aufl. 2009, § 13 Rz. 17.
2 Zum Vergleich Teilwert – Fair value siehe 2. Aufl., Rz. 313 ff.
3 Vgl. *Lüdenbach/Hoffmann*, BFuP 2004, 596 (603).

value-Bilanzierung zurück: Originärer Goodwill (IAS 38.48) und eine Reihe anderer immaterieller Vermögenswerte, z.B. Werbemaßnahmen, Mitarbeiterausbildung usw. dürfen explizit nicht aktiviert werden.[1]

Im Mittelstand wird es kaum aktienorientierte Vergütungen geben, und im *Konzern*abschluss stellt die Bewertung von Beteiligungen kein Problem dar.[2] Für die Fair value-Bilanzierung kommen im Mittelstand insbesondere folgende Fragestellungen in Betracht:

– Bei **IFRS-Erstanwendung** soll ein vor langer Zeit gekauftes Grundstück höher bewertet werden: Wie wird der Fair value dieses Grundstücks ermittelt?

– Bei **Erwerb einer zu konsolidierenden Mehrheitsbeteiligung** stellt sich die Frage, wie der Fair value (a) eines Grundstücks, (b) des Maschinenparks, (c) einer vorhandenen Marke oder eines Patents, (d) von Fertigungs-Knowhow, (e) des Auftragsbestands, (f) von Kundenbeziehungen etc. zu ermitteln ist (Rz. 3355 ff.). Das Problem, den Gesamtkaufpreis auf einzelne Vermögenswerte und Schulden herunterzubrechen, besteht allerdings auch bei der Konzernabschlusserstellung nach HGB.

frei   510–519

4.5 Zusammenhang von Fair value, Anschaffungskosten, Nettoveräußerungswert und Nutzungswert

Die in der Überschrift genannten IFRS-Bewertungskategorien haben **z.T. die gleiche Ausgangsbasis**, sie werden in bestimmter Weise korrigiert und führen so zu **unterschiedlichen Wertansätzen**.   520

(a) Plastisch und vereinfacht formuliert ist der **Fair value** der Betrag, der „im Kaufvertrag steht", *ohne weitere Korrekturen* (Rz. 456).

(b) Ob bei der sog. Fair value-Bewertung nur der Betrag (a) in der Bilanz angesetzt wird oder ob noch Korrekturen um Transaktionskosten erfolgen, wird unterschiedlich geregelt.

(c) **Anschaffungskosten** umfassen immer den Anschaffungspreis (a) zusätzlich Nebenkosten (und ggf. abzüglich Anschaffungspreisminderungen), bei einem Grundstückskauf z.B. Notarkosten und Grunderwerbsteuer.

(d) Beim Niederstwerttest (**Impairment-Test nach IAS 36**), der bei der Bilanzierung zu fortgeführten Anschaffungs- und Herstellungskosten relevant ist, existieren zwei Bewertungskategorien (Rz. 1510):

   (1) der **Nettoveräußerungswert**: bei diesem werden Veräußerungskosten vom Fair value gemäß (a) abgezogen und

   (2) der **Nutzungswert** (value in use) als Barwert unternehmensindividueller Cashflows. Dieser Wert kann vom Fair value gemäß (a) und auch vom Nettoveräußerungswert (d1) nach oben wie nach unten abweichen:

---

[1] Es ist somit auch nach IFRS eine Wertlücke zwischen ausgewiesenem IFRS-Eigenkapital und Unternehmenswert in beide Richtungen möglich (Rz. 7).
[2] Vgl. *Pawelzik*, DB 2006, 793 (795).

	Preis	Nebenkosten	Veräußerungskosten	Bilanzansatz
a) Fair Value (Ansatz *ohne* Transaktionskosten, z.B. Finanzinstrumente at fair value through profit or loss)	1000	50*		1000
b) Fair Value (Ansatz *mit* Transaktionskosten, z.B. Finanzinstrumente held-to-maturity)	1000	50		1050
c) Anschaffungs- und Herstellungskosten (z.B. Sachanlagen)	1000	50		1050
d1) Nettoveräußerungswert (Fair value less cost to sell)	1000		– 100	900
d2) Nutzungswert (value in use)	–	–	–	1300/700

* Aufwandserfassung

521 Diese Unterscheidung kann eine erhebliche praktische Bedeutung bei **erstmaliger Folgebilanzierung zum Fair value** haben:

> **Beispiel:**
> Unternehmen A erwirbt am 30.12.2001 zum Zwecke der Vermietung ein Bürohaus (Anlageimmobilie i.S.v. IAS 40) zum Preis von 1000. Es fallen Notarkosten und Grunderwerbsteuer von 5 % (50) an.
> – Die **Erstbilanzierung** am 30.12.2001 erfolgt zwingend zu Anschaffungskosten, d.h. *inkl. Nebenkosten* (Rz. 1439), also zu 1050.
> – Bei der **Folgebilanzierung** wird das Wahlrecht zum *fair value model* ausgeübt. Sofern am 31.12.2001 kein gestiegener Fair value begründbar ist, wäre das Bürogebäude zu 1000 anzusetzen mit der Folge, dass die Nebenkosten (50) aufwandswirksam abzuschreiben sind[1] (*one-day-loss*).
>
> Somit kommt es im Beispiel zu dem **paradoxen Phänomen**, dass der Fair value Ansatz im Gegensatz zur Anschaffungskostenbilanzierung zumindest temporär auch zu geringeren Ergebnissen führen kann.

522 Ein weiterer Anwendungsfall ist die **Nichtaktivierung von Nebenkosten beim Unternehmenserwerb nach IFRS 3 (2008)**. Diese beruht schlicht darauf, dass das erworbene Vermögen inkl. Goodwill nach IFRS 3.32 i.V.m. 3.37 (2008) zum „*Fair value* der Gegenleistung" anzusetzen ist und nicht mehr wie nach IFRS

---

1 Vgl. *Ernst & Young*, International GAAP 2009, S. 1155; *Heintges/Boggel/Wulbrand*, DB 2008, 2037 (2040); *Hoffmann/Freiberg* in Haufe IFRS-Kommentar, 7. Aufl. 2009, § 16 Rz. 48.

3.24 (2004) zu Anschaffungskosten. Die Aufwandsverrechnung von Nebenkosten (Rz. 3255) nach IFRS 3 (2008) ist insofern konsequent und zwingend; eine andere Frage ist, warum der Board bei der Erstbilanzierung (!) des Unternehmenserwerbs nicht mehr die Anschaffungskosten zugrundelegen wollte.

frei   523–549

V. Währungsumrechnung im Einzelabschluss (IAS 21)

1. Anwendungsbereich

Die Währungsumrechnung kann nicht nur bei Aufstellung eines IFRS-Einzelabschlusses (Ausnahmefall Rz. 130) relevant sein, sondern auch in Konzernabschlüssen, weil die in den Einzelabschlüssen (Handelsbilanz II) gebuchten Erträge grundsätzlich in den Konzernabschluss gelangen. Zur Währungsumrechnung im Jahresabschluss nach BilMoG s. Rz. 173 f.   550

Die Umrechnung von Tochter- und Gemeinschaftsunternehmen sowie at equity bewerteten Beteiligungen im Konzern ist ab Rz. 3100 ff. dargestellt.

2. Ersterfassung

Fremdwährungspositionen sind bei **erstmaliger Erfassung** mit dem **Kassakurs** (Devisenmittelkurs) zum Zeitpunkt des Geschäftsvorfalls umzurechnen (IAS 21.21). Bei nicht stark schwankenden Kursen kann zur Vereinfachung auch ein Näherungskurs festgelegt werden, der dann für alle Geschäftsvorfälle der laufenden Woche oder des laufenden Monats heranzuziehen ist (IAS 21.22).   551

3. Folgebewertung

In der Folgebewertung ist zu unterscheiden: 552

(a) **Monetäre Posten** (Geldmittel und Vermögenswerte und Schulden, für die das Unternehmen zu einem festen oder bestimmbaren Betrag Fremdwährungseinheiten erhält oder bezahlen muss, z.B. Forderungen aus Lieferungen und Leistungen, Verbindlichkeiten, i.d.R. Rückstellungen, latente Steuern, s. IAS 21.16) sind zum jeweiligen Stichtagskurs umzurechnen,

(b) **nicht monetäre Posten**, die **zu (fortgeführten) Anschaffungs- und Herstellungskosten** bewertet werden, sind weiterhin zum ursprünglichen Einbuchungskurs (historischer Kurs) umzurechnen (z.B. ein Anteil von 10 % an einer englischen *private limited company*, für den der Fair value nicht feststellbar ist) und

(c) **nicht monetäre Posten**, die zum **Fair value** bewertet werden (z.B. Anlageimmobilie in den USA, ein Anteil von 5 % an einer englischen *public limited company*), sind mit dem Kurs zum Bewertungszeitpunkt umzurechnen (IAS 21.23).

Umrechnungsdifferenzen zu (a) sind grundsätzlich **erfolgswirksam** zu erfassen (IAS 21.28), es sei denn, sie unterliegen dem Hedge Accounting (IAS 21.27;   553

s. hierzu Rz. 2200 ff.) oder es handelt sich um Finanzinstrumente (Fremdkapitaltitel) der Kategorie available-for-sale (s. Rz. 1874). Darüber hinaus werden Umrechnungsdifferenzen aus Forderungen und Verbindlichkeiten gegenüber zum Stichtagskurs umgerechneter konsolidierter Tochterunternehmen im Konzernabschluss erfolgsneutral erfasst (IAS 21.32), wenn diese Forderungen oder Verbindlichkeiten ihrem wirtschaftlichen Gehalt nach eine Erhöhung oder Minderung der Kapitaleinlage darstellen (Rz. 3141 ff.).

554 Sollte für Vermögenswerte zu (b) (Rz. 552) eine **Niederstwertvorschrift** greifen – Vorräte oder Sachanlagen auf Basis der Fremdwährung also mit dem niedrigeren Nettoveräußerungspreis oder erzielbaren Betrag anzusetzen sein –, ist wie folgt vorzugehen: Der niedrigere umgerechnete Betrag aus einem Vergleich von fortgeführten Anschaffungs- und Herstellungskosten multipliziert mit dem historischen Kurs und Nettoveräußerungspreis bzw. erzielbarer Betrag multipliziert mit dem Tageskurs ist anzusetzen. Dies entspricht einer Umrechnung nach dem **Zeitbezug** (IAS 21.25).

Beispiel:

In einem Auslieferungslager außerhalb des Euro-Raumes lagern Vorräte mit AK von 100 LW (LW = Landeswährung); zum Zeitpunkt der Einbuchung betrug der Kurs 1 Euro = 0,5 LW. Am Bilanzstichtag beträgt der Nettoveräußerungspreis der Vorräte nur noch 90 LW, aber der Kurs hat sich auf 1 Euro = 0,3 LW verändert. Die Vorräte sind anzusetzen mit

min {100 LW × 1/0,5 Euro/LW = 200 Euro; 90 LW × 1/0,3 Euro/LW = 300 Euro} = 200 Euro.

Ein Ansatz zu 300 Euro würde zu unrealisierten Gewinnen führen, die außerhalb monetärer Posten nicht zulässig sind. Insoweit bleibt es bei einem Ansatz von 200 Euro, stille Reserven werden gelegt.

555 Wenn Umrechnungsdifferenzen bei Vermögenswerten entstehen, die zum Fair value bewertet werden, Buchst. (c) (Rz. 552), teilen die Währungsgewinne oder -verluste das Schicksal des betroffenen Bilanzpostens: Bei Anwendung der **Neubewertungsmethode bei Sachanlagen** oder immateriellen Vermögenswerten des Anlagevermögens ist die Umrechnungsdifferenz erfolgsneutral, bei Anwendung der **erfolgswirksamen Fair value-Bewertung** (Anlageimmobilien) entsprechend erfolgswirksam zu erfassen (IAS 21.30).

4. Anhangangaben

556 Neben den schon im Eigenkapitalspiegel erfassten Differenzen (Rz. 4350) ist gem. IAS 21.52a der Betrag der in der Gewinn- und Verlustrechnung erfassten Umrechnungsdifferenzen anzugeben, der nicht auf erfolgswirksam bewertete Finanzinstrumente entfällt. Dabei enthält IAS 21 keine Vorschriften über den Ort des Ausweises der Umrechnungsdifferenzen in der GuV. In der Praxis finden sich drei Vorgehensweisen:

VI. Erträge und Aufwendungen (Rahmenkonzept) sowie Realisationsprinzip (IAS 18)

- Vollständige Erfassung im Betriebsergebnis,
- vollständige Erfassung im Finanzergebnis und
- differenzierte Erfassung; Währungsdifferenzen auf operative Sachverhalte im Betriebsergebnis, im Übrigen im Finanzergebnis.

Aus sachlogischer Perspektive ist die letzte Variante zu empfehlen.

frei   557–599

VI. Erträge und Aufwendungen (Rahmenkonzept) sowie Realisationsprinzip (IAS 18)

1. Überblick und Wegweiser

1.1 Standards und Anwendungsbereich

Das **Rahmenkonzept** definiert Erträge als Zunahme und Aufwendungen als Abnahme wirtschaftlichen Nutzens in der Berichtsperiode. Die Veränderung wirtschaftlichen Nutzens kann dabei in Form von Zu- und Abflüssen von Vermögenswerten und Schulden, aber auch durch Wertschwankungen vorhandenen Vermögens oder Schulden zu beobachten sein. Klar ist, dass Einlagen und Entnahmen keine Erfolgskomponenten sind (F.70).[1]   600

Im Rahmenkonzept und in den Standards werden für Erträge und Aufwendungen jeweils zwei Begriffe verwendet: **Erträge** (*income*) teilen sich auf in **Erlöse** (*revenues*) und **andere Erträge** (*gains*). **Aufwendungen** (*expenses*) werden einerseits als Oberbegriff, andererseits auch als Aufwendungen (*expenses*) im engeren Sinne und andere Aufwendungen (*losses*) unterteilt (F.74 f., F.78 f.). Die Abgrenzung zwischen den Begriffen lt. Rahmenkonzept ist in zweifacher Hinsicht unpräzise und wie folgt aufzulösen: 601

- Bei Erlösen (*revenues*) und Aufwendungen i.e.S. (*expenses*) handelt es sich um *laufende Ergebniskomponenten*[2], die zudem *immer erfolgswirksam* in der Gewinn- und Verlustrechnung erfasst werden. Hierzu gehören etwa Umsatzerlöse, Zinserträge, Materialaufwand, planmäßige Abschreibungen usw.

- Für andere Erträge (*gains*) und andere Aufwendungen (*losses*) gibt es diese eindeutigen Abgrenzungskriterien nicht; sie erfassen auch (aber nicht ausschließlich) aperiodische und ähnliche Vorgänge wie Anlagenabgänge, Rückstellungsauflösungen etc. und werden manchmal in der Gewinn- und Verlustrechnung erfasst (z.B. außerplanmäßige Abschreibungen, Wertänderungen bei Finanzinstrumenten der Kategorie held for trading), häufig aber auch außerhalb der Gewinn- und Verlustrechnung als Bestandteil des sonstigen Periodenergebnisses (*other comprehensive income*, z.B. Währungsdif-

---

1 Zu einer umfassenden Darstellung aller Erträge und Aufwendungen vgl. *Hollmann*, Reporting Performance, 2003, S. 28 ff.
2 Vor Streichung des außerordentlichen Ergebnisses (Rz. 4239) noch der laufenden Geschäftstätigkeit zugeordnet.

ferenzen aus der Umrechnung von Abschlüssen von Tochtergesellschaften nach der Stichtagskursmethode, Wertänderungen von Finanzinstrumenten der Kategorie available-for-sale).

602 Die praktische Relevanz der unterschiedlichen Begrifflichkeit ist begrenzt, da sich die Konkretisierung der Voraussetzungen des Nutzenzuflusses bzw. -abflusses aus den Standards ergibt; dort ist auch geregelt, was erfolgswirksam oder erfolgsneutral gebucht wird. Die Zusammenführung des erfolgswirksamen und erfolgsneutralen Ergebnisses zum **Gesamtergebnis** behandeln wir ausführlich in Rz. 4315 ff.

603 IAS 18, Erträge, enthält die Regelungen zum **Realisationszeitpunkt** von

(a) Lieferungen (*sale of goods*),

(b) Leistungen sowie

(c) Zinsen, Nutzungsentgelten und Dividenden (IAS 18.1).

Eine ganze Reihe von Sachverhalten, die zu Erträgen führen können, sind explizit vom Anwendungsbereich des IAS 18 ausgenommen (IAS 18.4 und 18.6). Zu nennen sind vor allem Fertigungsaufträge (s. Rz. 1700 ff.), Erträge aus Leasingverhältnissen (s. Rz. 1300 ff.) sowie Erträge aus Wertänderungen und der Ausbuchung von Finanzinstrumenten (s. Rz. 1800 ff.). Auf der anderen Seite wird, etwa beim Verkauf von Sachanlagen, auf die Grundsätze des IAS 18 verwiesen.

604 frei

1.2 Wesentliche Abweichungen zum HGB

605 Die Vorschriften des HGB zum Realisierungszeitpunkt (Gefahrenübergang, Leistungserbringung) und deren Interpretation sind durchaus mit IAS 18 vergleichbar. Unterschiede bestehen in der Definition des Realisierungszeitpunktes in Bezug auf Marktwertschwankungen (s. Rz. 262). Erträge aus Lieferungen, Leistungen und ggf. Nutzungsentgelte werden wie nach § 277 Abs. 1 HGB unter den **Umsatzerlösen**, Zinserträge und Dividenden im **Finanzergebnis** erfasst.

1.3 Neuere Entwicklungen

606 Gemeinsam mit dem FASB diskutiert der IASB seit 2002 im Projekt „*revenue recognition*" (vormals „*performance reporting*") Neuregelungen zur prinzipienbasierten Ertragserfassung und zur Darstellung in der Gewinn- und Verlustrechnung.[1] Im Dezember 2008 ist hierzu ein Discussion Paper veröffentlicht worden (s. Rz. 1708).

---

1 Zur Entwicklung siehe *Kühne*, WPg 2006, 1393; zu den theoretischen Erörterungen beim IASB bis 2005 siehe *Wüstemann/Kierzek*, BB 2005, 427 und 2799 sowie *Hachmeister*, Reporting Financial Performance und Fair Value, in Bieg/Heyd (Hrsg.), Fair Value, 2005, S. 371. Zur Diskussion bis 2002 siehe *Hollmann*, Reporting Performance, 2003, S. 247 ff.

VI. Erträge und Aufwendungen (Rahmenkonzept) sowie Realisationsprinzip (IAS 18)

Am 29.1.2009 ist IFRIC 18 „Übertragungen von Vermögenswerten von Kunden" veröffentlicht worden. Die Interpretation hat die bilanzielle Abbildung von Vermögenswerten (Sachanlagen) und Zahlungen zur Anschaffung von Vermögenswerten zum Gegenstand, die ein Kunde seinem Lieferanten übergibt, um dauerhaft beliefert werden zu können. Der Anwendungsbereich beschränkt sich damit im Wesentlichen auf die Betreiber von Versorgungsnetzen (Strom, Gas, Wasser). Geregelt wird auch die nachfolgende Ertragserfassung. Die Interpretation ist anzuwenden für Transaktionen, die nach dem 1.7.2009 stattfinden. Die EU-Freischaltung ist noch nicht erfolgt. 607

frei 608–609

2. Lieferungen

2.1 Grundregelung der Ertragserfassung

IAS 18.14 nennt fünf für die Buchung eines Umsatzes aus dem Verkauf von für die gewöhnliche Geschäftstätigkeit des Unternehmens typischen Erzeugnissen und Waren *abseits von Auftragsfertigung* notwendige Bedingungen, die in zwei Gruppen aufgeteilt werden können: 610

(a) Mit dem Eigentum verbundene Risiken und Chancen (wirtschaftliches Eigentum) gehen auf den Käufer über, der Verkäufer verliert die Verfügungsmacht; und

(b) Erlöse und mit diesen verbundene Kosten können verlässlich geschätzt werden; der künftige Nutzenzufluss aus dem Verkauf ist wahrscheinlich.

Die Bestimmung des Realisationszeitpunkts als Zeitpunkt des wirtschaftlichen Eigentumsübergangs und Verlusts der Verfügungsmacht (Kriterium (a)) entspricht grundsätzlich dem des handelsrechtlichen Verständnisses vom **Übergang von Besitz, Gefahr, Nutzen und Lasten** (IAS 18.14a, b).[1] Hinzu tritt nach Kriterium (b), dass die Zahlung hinreichend wahrscheinlich sein muss und außerdem – hier kommt das **matching principle** zum Ausdruck – die mit dem Verkauf angefallenen oder noch anfallenden Aufwendungen sowie die Erlöse verlässlich bestimmt werden können (IAS 18.14c, d, e). Sollte demnach der Zahlungszugang schon im Zeitpunkt der Lieferung sehr unsicher sein, (z.B. kann nicht eingeschätzt werden, ob eine ausländische Behörde eine etwaig erforderliche Zahlungsgenehmigung erteilt), unterbleibt von vornherein die Ertragserfassung. Wurde ein Ertrag erfasst und stellt sich die zuvor bezeichnete Unsicherheit erst später ein, ist die entsprechende Forderung abzuschreiben (IAS 18.18; zur **Einzel- und Pauschalwertberichtigung** s. Rz. 1921). 611

---

[1] Vgl. *Wüstemann/Wüstemann/Neumann* in Baetge u.a. (Hrsg.), Rechnungslegung nach IFRS, 2008, IAS 18 Rz. 22; *Moxter*, Bilanzrechtsprechung, 5. Aufl. 1999, S. 48 f.

2.2 Einzelheiten

2.2.1 Lieferung unter Eigentumsvorbehalt, Rücktrittsrecht, Gewährleistungsrisiken

612 Beim Verkäufer verbleibende „geschäftsübliche Gewährleistungsrisiken" („unmaßgebliche Eigentumsrisiken" nach IAS 18.17) verhindern die Ertragserfassung nicht. Hierzu gehören wie nach HGB **Lieferungen unter Eigentumsvorbehalt**. Das gilt auch für den Fall des **Rücktrittsrechts des Käufers**, wenn dies geschäftsüblich ist wie im Einzelhandel. Kann die Wahrscheinlichkeit des Rücktritts vom Verkäufer verlässlich geschätzt werden – z.B. auf Basis früherer Erfahrungen mittels statistischer Rücksendequoten –, ist der Ertrag realisiert, ggf. ist jedoch eine Rückstellung für das Risiko der Rücknahme zu passivieren (IAS 18.16 f.).

Ist ein Rücktrittsrecht des Käufers jedoch **individuell** im Kaufvertrag unter besonderen Bedingungen vereinbart (IAS 18.16d) und die Wahrscheinlichkeit eines Rücktritts **nicht** abschätzbar, so kommt bei Lieferung eine Ertragserfassung noch nicht in Betracht.

2.2.2 Teilzahlungskäufe, Gewährung von Zahlungszielen

613 Gerade beim Verkauf von Gütern werden Kunden gelegentlich sehr lange Zahlungsziele gewährt oder Teilzahlungskäufe vereinbart; im Consumer-Bereich ist dies etwa in der Automobilindustrie, bei hochwertigen Elektroartikeln oder Möbeln zu beobachten. Hier liegen zugleich ein Absatz- und ein Finanzierungsgeschäft vor, die getrennt zu behandeln sind (IAS 18.11).

Beispiel:

Ein Automobilhändler räumt dem Kunden zwei Zahlungsmöglichkeiten ein: Entweder bei Lieferung des Fahrzeugs in t_0 einen Barzahlungspreis von 30 000 Euro oder nach zwei Jahren in t_2 einen Betrag von 34 000 Euro (Listenpreis). Entscheidet sich der Kunde für die zweite Variante, vereinnahmt der Händler bei Lieferung das **Barpreisäquivalent** von 34 000 Euro als Ertrag.

Zur Ermittlung des Barpreisäquivalents kann nach IAS 18.11 entweder (a) der Marktzinssatz für vergleichbare Finanzierungsgeschäfte und Bonität des Schuldners oder (b) der interne Zinssatz verwendet werden, je nachdem, welcher von beiden verlässlicher bestimmt werden kann, was freilich kein geeignetes Kriterium zur Entscheidungsfindung darstellt.

Nimmt man an, der Marktzinssatz sei 8 %, dann sind die 34 000 Euro über 2 Jahre mit 8 % zu diskontieren; es ergibt sich ein Barwert von 29 148 Euro. Wendet man dagegen den internen Zinsfuss an (dieser beträgt 6,458 %), dann ergibt sich der Barzahlungspreis als Barwert (= 30 000 Euro) und wäre als Ertrag zu erfassen. Die jeweilige Differenz zu 34 000 Euro ist in den beiden Folgeperioden als **Zinsertrag** zu erfassen. Bei der Variante (a) wären das 2 331 Euro in t_1 und 2 521 Euro in t_2, und bei Variante (b) 1 937 Euro in t_1 und 2 063 Euro in t_2.

VI. Erträge und Aufwendungen (Rahmenkonzept) sowie Realisationsprinzip (IAS 18)

Werden Kunden *stark* unter Marktpreis liegende verzinsliche oder sogar unverzinsliche Kredite angeboten, ist für die Diskontierung der künftigen Zuflüsse nicht der interne Zinsfuss (effektiver Zinssatz des Finanzierungsgeschäfts), sondern der Marktzinssatz anzuwenden (IAS 39.AG64; s. auch Rz. 1861). 614

Beispiel (Fortsetzung aus Rz. 613):
Wenn der Autohändler dem Kunden das Angebot macht, den Listenpreis statt sofort erst in zwei Jahren zu zahlen, liegt ein unverzinslicher Kredit vor. Die Diskontierung mittels eines internen Zinssatzes scheidet aus, weil dieser (mangels Barzahlungsalternative) nicht ermittelbar ist. Unter der vorangegangenen Annahme wäre also mit 8 % zu diskontieren und der Barwert von 29 148 Euro bei Fahrzeuglieferung als Umsatz zu buchen.

2.2.3 Kommissionsgeschäfte

Beim Kommissionsgeschäft handelt der Kaufmann (Kommissionär) nach außen in eigenem Namen, im Innenverhältnis aber für einen anderen (Kommittenten, § 383 HGB). Als Umsatz hat der Kommissionär nur seine Marge/Provision auszuweisen (IAS 18, Anhang 6). Bis zur Lieferung ist die Ware beim Kommittenten auszuweisen. 615

2.2.4 Tauschgeschäfte

Der Tausch *gleichartiger und gleichwertiger* Erzeugnisse, Waren und Dienstleistungen führt *nicht* zu einem Umsatz (IAS 18.12). Unerheblich ist, ob die Transaktion ökonomisch sinnvoll ist (z.B. Senkung der Transportkosten). Eine Aufblähung der Umsatzerlöse wird vermieden. 616

Beispiel:
Das Stahlunternehmen T (Duisburg) beliefert regelmäßig Kunden in Kalkutta mit Edelstahl bestimmter Qualität. Das Stahlunternehmen M (Kalkutta) hat wiederum die gleiche Qualität an seine Kunden in Bochum zu liefern. Um Transportkosten zu vermeiden, vereinbaren T und M einen Tausch. Der Tausch führt nicht zum Umsatz zwischen T und M. Tauschfälle dieser Art finden sich häufig bei Rohstoffen bzw. qualitätsgleichen Massengütern (Öl, Benzin, Milch usw.).

Auch **Werbeleistungen** können getauscht werden. Zu Zeiten des Neuen Marktes war der Bannertausch der Versuch, Umsatz zu generieren. Zu den engen Anforderungen an den Umsatzausweis beim Tausch von Werbeleistungen s. SIC-31.5. 617

618 Zu einem Umsatz kommt es jedoch, wenn nicht gleichartige und gleichwertige Produkte getauscht werden, z.B. Dieselkraftstoff gegen Superbenzin, ggf. mit Zuzahlung. Sofern der Fair value des Erhaltenen ermittelbar ist, bestimmt dieser die Höhe des Umsatzes, andernfalls der Fair value des Hingegebenen, jeweils korrigiert um etwaige Zuzahlungen (IAS 18.12). Sind beide Fair values nicht ermittelbar, ist ein Umsatz in Höhe der angefallenen Kosten einzubuchen; ein Gewinnausweis wird vermieden.[1]

619 Zum Tausch von immateriellen Vermögenswerten des Anlagevermögens und Sachanlagen s. Rz. 1150 f.

620–629 frei

3. Leistungen

630 Im Gegensatz zum Verkauf von fertigen Erzeugnissen und Handelswaren erfolgt die Ertragserfassung bei **Dienstleistungsgeschäften** nach der **Percentage of completion-Methode**: Nach Maßgabe des Fertigstellungsgrades am Bilanzstichtag wird ein prozentualer Anteil am erwarteten Gesamtumsatz als Ertrag ausgewiesen. Auch die Aufwandserfassung folgt grundsätzlich dem Fertigstellungsgrad. Dementsprechend muss eine Methode zur Ermittlung des Fertigstellungsgrades bestimmt werden – häufig ist das die Cost-to-cost-Methode[2] –, um diesen verlässlich ermitteln zu können. Ferner müssen die erwarteten Gesamtumsätze und -aufwendungen verlässlich bestimmt werden können, und die erwarteten Zuflüsse müssen hinreichend wahrscheinlich (quasi-sicher) sein (IAS 18.20). Sollte eine dieser Anforderungen nicht erfüllt werden können, sind Umsätze nur in Höhe der tatsächlich abrechenbaren Aufwendungen zu erfassen, eine prozentuale Gewinnzurechnung vor Abschluss des Geschäfts erfolgt dann nicht (IAS 18.26).

Auch bei der Gewinnermittlung im Falle der **Auftragsfertigung** ist die Percentage of completion-Methode anzuwenden. Hier liegt mit IAS 11 ein eigener Standard vor, dessen Grundsätze auch auf die Gewinnrealisation bei Dienstleistungen anzuwenden sind (IAS 11.21); wir verweisen daher auf Einzelheiten und Beispiele in Rz. 1700 ff.

631 Die Anwendung der Percentage of completion-Methode kann auch zur **zeitproportionalen** (also über die Zeit linearen) **Ertragserfassung** führen. Ausdrücklich vorgesehen ist dies bei Lehrtätigkeiten (IAS 18 Anhang Rz. 16) und darüber hinaus allgemein, wenn die Dienstleistung durch eine unbestimmte Zahl von Teilleistungen über einen bestimmten Zeitraum erbracht wird (IAS 18.25). Das ist häufig bei **Beraterverträgen** der Fall.

4. Mehrkomponentengeschäfte/Systemgeschäfte

632 Aufgrund der unterschiedlichen Methoden der Gewinnrealisation einerseits beim Güterverkauf und andererseits bei Dienstleistungsgeschäften stellt sich

---

1 Vgl. *Pellens u.a.*, Internationale Rechnungslegung, 7. Aufl. 2008, S. 242 f.
2 Zur Erläuterung dieser und anderer Methoden s. Rz. 1728 und Rz. 1731 f.

VI. Erträge und Aufwendungen (Rahmenkonzept) sowie Realisationsprinzip (IAS 18)

die Frage, wie zu verfahren ist, wenn im Zuge eines Güterverkaufs auch die Erbringung wesentlicher Serviceleistungen vereinbart worden ist (sog. „**Systemgeschäfte**").[1] Sollte der Verkaufspreis inklusive des Preises für nachfolgende Dienstleistungen schon vereinnahmt worden sein, ist das Geschäft intern aufzuteilen und der Dienstleistungsanteil passivisch als Schuld abzugrenzen, die über den Zeitraum der tatsächlichen Erbringung der Dienstleistung nach der Percentage of completion-Methode ertragswirksam aufzulösen ist (IAS 18.13).

⊃ Man wird sicherlich den erwarteten Gesamterfolg aus dem Geschäft nicht nur dem Güterverkauf zurechnen können; gleichwohl bestehen in der Aufteilung **Beurteilungsspielräume**, die in gewissem Umfang eine frühere oder, wenn bilanzpolitisch gewünscht, auch spätere Gewinnrealisation ermöglichen.

frei   633–634

5. Sonstige Forderungen

Sonstige *vertragliche* Forderungen unterliegen als Finanzinstrumente dem IAS 39. Hierzu gehören auch vertragliche Schadenersatzansprüche.[2] Nicht vertragliche Forderungen (z.B. Rückforderungen von Sozialversicherungsbeiträgen, gesetzlicher Schadenersatz) sind nach den Ansatzvorschriften des Rahmenkonzepts für Vermögenswerte zu bilanzieren (Rz. 301 ff.). 635

Bei bestrittenen Ansprüchen liegt eine Eventualforderung vor, die grundsätzlich nicht aktiviert werden darf (Rz. 2305). Etwas anderes gilt nach überwiegender Meinung für Forderungen, die während der Wertaufhellungsfrist rechtskräftig bzw. endgültig anerkannt werden (Rz. 720 „Eventualforderungen"). Zur Bilanzierung bei Unternehmenserwerben s. Rz. 3330 f.

frei   636–639

6. Zinsen, Nutzungsentgelte, Lizenzen, Dividenden

Schließlich regelt IAS 18 auch die Ertragserfassung von Zinsen, Nutzungsentgelten und Dividenden auf Grund der Überlassung von Vermögenswerten. Grundvoraussetzung der Ertragserfassung ist erneut die hinreichende Wahrscheinlichkeit des Zuflusses wirtschaftlichen Nutzens und der verlässlichen Bestimmung der Ertragshöhe (IAS 18.29). 640

Die **Zinsrealisation** erfolgt nach der Effektivzinsmethode unter Berücksichtigung aller Unterschiede zwischen Auszahlungs- und Rückzahlungsbetrag (vgl. zur Effektivzinsmethode Rz. 1869 ff.). 641

Stückzinsen aus dem Erwerb eines Wertpapiers sind von diesem abzuspalten und als Forderung zu aktivieren (IAS 18.32), zu einem Beispiel s. Rz. 1939.

---

1 Systemgeschäfte sind ein Unterfall sog. Mehrkomponentengeschäfte, siehe hierzu ausführlich *Lüdenbach/Hoffmann*, DStR 2006, 153.
2 Vgl. *Scheinpflug* in Beck'sches IFRS-Handbuch, 2. Aufl. 2006, § 10 Rz. 27, ebenso zum Folgenden.

642 **Nutzungsentgelte** werden periodengerecht auf Basis der Bestimmungen des jeweils zugrunde liegenden Vertrages als Ertrag erfasst. In der Regel werden bei solchen Dauerschuldverhältnissen (z.B. **Vermietung**) periodische Zahlungen vereinbart; es kommt aber im Ergebnis nicht auf die Zahlungsmodalitäten an.

> **Beispiel:**
>
> Das forschungsintensive Unternehmen A räumt dem Unternehmen B an einem Patent ein nicht ausschließliches Nutzungsrecht (Lizenz) über zehn Jahre ein. B hat die Wahl, dem A
>
> (a) jährlich 1 Mio. Euro oder
>
> (b) bei Vertragsabschluss einmalig 6,71 Mio. Euro
>
> zu zahlen. Die Variante (b) ist der Barwert des Zahlungsstroms aus (a), diskontiert mit 8 %.
>
> Auf Grund der Einräumung des Nutzungsrechts hat kein Verkauf stattgefunden, B hat über die Lizenz nicht das wirtschaftliche Eigentum erworben. Unabhängig von der Zahlungsart ist die Vereinbarung bis zur jeweiligen (periodischen, also jährlichen) Erfüllung als **schwebendes Geschäft** zu charakterisieren, das auch nach IFRS grundsätzlich nicht bilanziert wird (F.91). Aber es ergeben sich Abgrenzungen im Hinblick auf die Zahlungszeitpunkte. Im Fall (a) erfasst A jährlich 1 Mio. Euro als Ertrag; gerät B in Zahlungsverzug, ist entsprechend eine Forderung zu aktivieren. Im Fall (b) hat B eine Vorauszahlung geleistet, die bei A zum Ausweis einer Schuld (erhaltene Anzahlung)[1] und bei B zu einem sonstigen Vermögenswert (aus HGB-Perspektive: Aktive Rechnungsabgrenzung) führt. A löst die Schuld in den kommenden zehn Jahren unter Berücksichtigung einer Verzinsung von 8 % ertragswirksam auf. Das **ökonomische Ergebnis** ist damit aus Sicht von A in beiden Fällen gleich. Analog schreibt B im Fall (b) den sonstigen Vermögenswert unter Einschluss der Verzinsung über zehn Jahre ab.

643 Gelegentlich, etwa bei **Filmlizenzen**, werden auch erfolgsabhängige Vergütungen vereinbart. Dann erfolgt die Ertragserfassung bei Eintritt des Erfolgsfalles (IAS 18, Anhang Ziff. 20), der wiederum vom Zahlungszeitpunkt abweichen kann.

644 Es ist zu beobachten, beispielsweise bei **Softwarelizenzen** und ebenfalls bei Filmlizenzen[2], dass nicht mehr nur ein Dauerschuldverhältnis vorliegt, son-

---

1 Es handelt sich hierbei *nicht* um ein Finanzinstrument nach IAS 39, weil die Gegenleistung nicht im Austausch von Finanzmitteln, sondern in der Erfüllung des Dauerschuldverhältnisses durch Übertragung von Gütern oder durch Erbringen von Dienstleistungen liegt, s. Rz. 1814.
2 Vgl. hierzu *Ruhnke/Nerlich*, WPg 2003, 753; zur praktischen Bedeutung der Bilanzierung von Filmrechten bei Film- und Medienunternehmen des Neuen Marktes vgl. *Küting/Zwirner*, FB, Beilage 3/2001.

dern der tatsächliche Übergang des wirtschaftlichen Eigentums über die Lizenz erfolgt ist. Hierzu bedarf es einer unkündbaren Absprache, die dem Lizenznehmer unbeschränkte Nutzung gewährt und keine verbleibenden Verpflichtungen des Lizenzgebers enthält (IAS 18, Anhang Ziff. 20). Es liegt ein Veräußerungsgeschäft vor, das zu einer Ertragserfassung im Zeitpunkt des Verkaufs führt. Falls, wie im Beispiel Rz. 642 Fall (a), die Zahlungen später erfolgen, ist mit dem Marktzinssatz der Barwert zu ermitteln.

Als letzte nach IAS 18 zu erfassende Ertragskomponente sind schließlich **Dividenden** mit der **Entstehung des Rechtsanspruchs auf Zahlung** zu erfassen. Wann ein Rechtsanspruch entsteht, ist nicht in den Standards geregelt, sondern lässt sich nur vor dem Hintergrund nationalen Zivilrechts klären. Im Bereich der Kapitalgesellschaften ist das in Deutschland der Tag des Hauptversammlungs- bzw. Gesellschafterbeschlusses über die Ausschüttung. Eine **phasengleiche Gewinnvereinnahmung** ist nach IAS 18.30c (wie im Steuerrecht)[1] unzulässig (Rz. 720 „Dividenden"). 645

Für die **ausschüttende Gesellschaft** gilt **korrespondierend** IAS 10.12 bzw. IFRIC 17.10: Eine **nach** dem Bilanzstichtag beschlossene Dividende darf zum Bilanzstichtag nicht bereits als Schuld erfasst werden.

7. Bewertung der Erträge

Erträge sind zum **Fair value der Gegenleistung** anzusetzen (IAS 18.9). Die Höhe der Gegenleistung ergibt sich aus den zugrunde liegenden Vertragsbedingungen. Bei langen Zahlungszielen ist entsprechend der Barwert anzusetzen (s. auch Rz. 613). 646

Vom Unternehmen gewährte Preisnachlässe und Mengenrabatte sind von den Erlösen abzusetzen (IAS 18.10). Davon zu trennen sind jedoch dem Kunden gewährte Prämien aus **Bonusprogrammen** wie miles & more oder bahncomfort-Punkte: Diese sind, bewertet zum Fair value, passivisch abzugrenzen und bei Inanspruchnahme der Prämie durch den Kunden ertragswirksam aufzulösen (IFRIC 13.7). 647

Zur Veranschaulichung der Bestimmungen zur Ertragsrealisation enthält IAS 18 einen vergleichsweise umfangreichen *Anhang* mit zahlreichen Beispielfällen, auf den an dieser Stelle verwiesen werden kann. 648

frei 649–699

---

1 BFH GrS, Beschl. v. 7.8.2000 – GrS 2/99, BStBl. II 2000, 632. Kritisch hierzu *Baum/Kessler*, StuB 2000, 1233 ff. Zum Anstoß der jüngeren Diskussion um die phasengleiche Gewinnvereinnahmung durch die Tomberger-Entscheidung des EuGH vgl. *Theile*, IStR 1996, 395.

VII. Stichtagsprinzip, Wertaufhellung und Ereignisse nach dem Bilanzstichtag (IAS 10)

1. Überblick und Wegweiser

1.1 Standards und Anwendungsbereich

700 Auch bei der Bilanzierung nach IFRS gilt wie nach HGB das **Stichtagsprinzip**: Vermögenswerte und Schulden sind mit ihren Wertverhältnissen auf einen Stichtag zu ermitteln. Wenn dem Abschlussersteller während der Abschlusserstellung (also nach dem Bilanzstichtag) Informationen zugehen, stellt sich insoweit die Frage, ob und wie diese Informationen berücksichtigt werden müssen. Dieser Frage geht IAS 10 nach; geregelt werden:

– der Zeitraum, bis zu dem wertaufhellende und wertbegründende Ereignisse zu berücksichtigen sind (Wertaufhellungszeitraum),

– die Abgrenzung von wertaufhellenden und wertbegründenden Ereignissen und

– die Darstellung wesentlicher wertbegründender Ereignisse im Anhang.

701–704 frei

1.2 Wesentliche Abweichungen zum HGB

705 Zwischen HGB und IFRS bestehen keine wesentlichen konzeptionellen Unterschiede:

	HGB (alt und BilMoG)	IFRS
Stichtagsprinzip	§ 252 Abs. 1 Nr. 3 HGB	IAS 10
Abweichungen	auf Grund unterschiedlicher Ansatz- und Bewertungsprinzipen	
Wertaufhellungskonzept	Im Ergebnis keine *konzeptionellen* Unterschiede	
Anhangangaben bei Wertbegründung	True and fair view (§ 264 II Satz 2 HGB); im Lagebericht Nennung von Ereignissen von besonderer Bedeutung	Explizit geregelt (IAS 10.22)
Nennenswerte punktuelle Unterschiede bei der Abgrenzung wertaufhellender von wertbegründenden Ereignissen	1. Dividendenforderungen (phasengleiche Vereinnahmung): Nach IFRS/Steuerrecht nicht zulässig, nach HGB unter bestimmten Voraussetzungen möglich (Rz. 720) 2. Konkretisierung von Eventualforderungen (z.B. Anerkennung Schadenersatzforderung nach Stichtag): nach HGB wertbegründend, nach IFRS u.E. wertaufhellend (Rz. 720)	

1.3 Neuere Entwicklungen

706 Keine.

707–709 frei

2. Wertaufhellungszeitraum

Der Wertaufhellungszeitraum reicht bis zum **Tag der Freigabe des Abschlus-** 710
ses zur Veröffentlichung (IAS 10.3). Im Abschluss ist sowohl dieses Datum als auch anzugeben, wer für die Freigabe **autorisiert** ist (IAS 10.17).[1] Der Sinn der Datumsangabe liegt für den Abschlussadressaten darin, zu erfahren, *dass der Abschluss Ereignisse nach diesem Datum nicht mehr enthalten kann* (IAS 10.18). Dieser Sinn ist für die Datumsbestimmung u.E. maßgeblich.

In der Literatur ist vorgeschlagen worden, als Freigabedatum den Zeitpunkt 711
der Weiterleitung des Abschlusses an den Aufsichtsrat (§ 170 Abs. 1 AktG) bzw. der Vorlage an die Gesellschafter (§ 42a Abs. 1 GmbHG) zu verstehen.[2] Ginge man so vor, entstünde jedoch das praktische Problem, dass die – geforderte – Datumsangabe nicht Teil des testierten Anhangs sein kann, da der Abschlussprüfer *vor* entsprechender Weiterleitung testiert haben muss.

Für den Abschlussadressaten liegt der Sinn der Datumsangabe nach IAS 10.17 darin, über den Wertaufhellungszeitraum und über den Zeitraum der möglichen Anhangangaben zu wertbegründenden Tatsachen zu informieren.

⊃ Da der Abschluss *nach* Erteilung des Bestätigungsvermerks grundsätzlich nicht mehr geändert werden kann – eine nachfolgende Änderung würde eine Nachtragsprüfung auslösen, die auch zur entsprechenden Änderung des Bestätigungsvermerks führt[3] –, markiert *spätestens* das Datum der Erteilung des Bestätigungsvermerks gem. § 322 Abs. 7 HGB das Ende des Wertaufhellungszeitraums.[4] Im Regelfall wird wenige Tage vor der Erteilung des Bestätigungsvermerks von der Geschäftsführung **durch Datum und Unterschrift dokumentiert, dass der Aufstellungsvorgang** beendet ist. Insoweit sichergestellt ist, dass bis zur Erteilung des Bestätigungsvermerks keine Änderung mehr vorgenommen worden ist, ist diese Angabe maßgeblich.[5]

---

1 Falls die Möglichkeit besteht, den Abschluss „nach der Veröffentlichung" (gemeint ist: Tag der Freigabe des Abschlusses zur Veröffentlichung, vgl. *ADS International*, Abschnitt 2, Rz. 198) noch zu ändern, soll nach IAS 10.17 auch diese Tatsache angegeben werden. Die Vorschrift läuft indes zumindest für deutsche Unternehmen ins Leere und ist insoweit gegenstandslos, weil jede spätere Änderung durch den Aufsichtsrat oder die Gesellschafterversammlung (bei der GmbH) zu einer erneuten Festsetzung des Tages der Freigabe des Abschlusses zur Veröffentlichung führen würde, vgl. *ADS International*, Abschnitt 2, Rz. 200.
2 Vgl. *Bischof/Doleczik* in Baetge u.a. (Hrsg.), Rechnungslegung nach IFRS, 2008, IAS 10 Rz. 9 f.; ähnlich *Hoffmann*, in Haufe, IFRS-Kommentar, 7. Aufl. 2009, § 4 Rz. 9.
3 Vgl. *ADS*, 6. Aufl., § 316 HGB Rz. 64.
4 So auch *Bohl/Mangliers*, in Beck'sches IFRS-Handbuch, 2. Aufl. 2006, § 2 Rz. 27. Das Datum der (in Anlehnung an die Feststellung des Einzelabschlusses durch das TransPuG eingeführten) Billigung des Konzernabschlusses ist vor dem Hintergrund der Beispiele in IAS 10.5 f. nicht in Betracht zu ziehen; zum TransPuG und zur Billigung des Konzernabschlusses s. *Theile*, GmbHR 2002, 231 (234 f.) sowie *Busse von Colbe*, BB 2002, 1583.
5 Vgl. *ADS*, 6. Aufl., § 245 HGB Rz. 8 und *ADS International*, IAS 10 Rz. 34 f.

712 Unter praktischen Gesichtspunkten ist der o. g. Datumsvorschlag weiter einzuschränken. In Literatur und Praxis herrscht Einigkeit darüber, dass nicht kurz vor dem Datum der Erteilung des Bestätigungsvermerks bzw. der Beendigung des Aufstellungsvorgangs nochmals alle Sachverhalte darauf überprüft werden müssen, ob sämtliche wertaufhellenden Ereignisse berücksichtigt worden sind. Vielmehr wird regelmäßig auf den Tag abzustellen sein, an dem die Bilanzierung und Bewertung des betreffenden Postens abgeschlossen ist.[1] Daran anschließend sind nur noch **wesentliche Ereignisse** zu berücksichtigen.

> **Beispiel:**
> Deutlich wird dies im internationalen Konzern: Die Bewertung der Forderungen wird bei einer Tochtergesellschaft am 8. Januar abgeschlossen. Am 15. Januar meldet die Tochtergesellschaft die Handelsbilanz II an die Konzernmutter. Aufstellung und Prüfung des Konzernabschlusses seien am **20. Februar** abgeschlossen.
>
> Wertaufhellende Ereignisse zur Bewertung der Forderungen können unter praktischen Gesichtspunkten bei der Tochtergesellschaft bis zum 8. Januar berücksichtigt werden. Nach diesem Tag zugehende Informationen lösen unter Beachtung der Wesentlichkeit (Rz. 268) und des Kosten-Nutzen-Grundsatzes (Rz. 278) i.d.R. keine neue Bewertung der Forderungen aus.
>
> Werden dagegen die Produktionsanlagen des Tochterunternehmens am 3. Februar durch eine Naturkatastrophe zerstört, so kann dies im Konzernabschluss ein angabepflichtiges wertbegründendes Ereignis *nach* dem Bilanzstichtag sein (Rz. 720 „außerplanmäßige Abschreibungen").

3. Abgrenzung von wertaufhellenden und wertbegründenden Ereignissen

713 Ereignisse oder Informationen, die nach dem Bilanzstichtag beobachtet werden bzw. zugehen und die weitere substanzielle Hinweise zu Gegebenheiten liefern, *die bereits am Bilanzstichtag vorgelegen haben*, sind bei der Abschlusserstellung zu berücksichtigen. Dabei kommt es nicht darauf an, ob sich diese Ereignisse/Informationen vorteilhaft oder nachteilig auswirken. Es handelt sich um **wertaufhellende Ereignisse**, die jedoch – entgegen dem Namen – nicht nur Einfluss haben können auf die **Bewertung**, sondern auch auf den **Ansatz** von Bilanzposten und auch auf die entsprechenden **Anhangangaben** (IAS 10.19 f.).

Hiervon sind jene Ereignisse abzugrenzen, die Gegebenheiten anzeigen, die nach dem Bilanzstichtag eingetreten sind, also **wertbegründende Ereignisse**. Diese spielen für die Bilanzierung und die weiteren Berichtsinstrumente im

---

[1] H.M., siehe statt vieler *Köster* in Thiele/von Keitz/Brücks, Internationales Bilanzrecht, 2008, IAS 10 Rz. 118 f. m.w.N. Diese Interpretation deckt sich im Ergebnis mit der steuer- und handelsrechtlichen Betrachtung (§ 252 Abs. 1 Nr. 4 HGB); anders *Herzig*, IAS/IFRS und steuerliche Gewinnermittlung, 2004, S. 58.

VII. Stichtagsprinzip, Wertaufhellung und Ereignisse nach dem Bilanzstichtag (IAS 10)

abgelaufenen Berichtsjahr keine Rolle, können aber (ausschließlich) zu **Angabepflichten** im Anhang („Ereignisse nach dem Bilanzstichtag") führen.

In der Formulierung des Grundsatzes der bilanziellen Berücksichtigung wertaufhellender und der bilanziellen Nichtberücksichtigung wertbegründender Ereignisse besteht insoweit zum HGB kein Unterschied. Im Detail jedoch bereitet die Abgrenzung sowohl nach HGB als auch nach IFRS Schwierigkeiten, wie folgendes Beispiel zeigt:

714

Beispiel:
Ein Mobiltelefonhersteller hat 10 000 Mobiltelefone einer auslaufenden Modellreihe auf Lager. Die Herstellungskosten betrugen 50 Euro/Stück. Am Bilanzstichtag werden folgende Umsätze erwartet:
- $1/3$ Anfang Januar zu 40 Euro/Stück
- $1/3$ Ende Januar (Bilanzaufstellung) zu 30 Euro/Stück; tatsächlich wird die Menge bis dahin aber nur zu 20 Euro/Stück verkauft
- $1/3$ wird nach den Erfahrungen der Vergangenheit gar nicht verkauft und daher nach Bilanzaufstellung verschrottet.

Wie muss am 31.12. bewertet werden?[1] Folgende Möglichkeiten kommen in Betracht:
(a) Zu 40 Euro/Stück, weil der Marktpreis am Stichtag entsprechend hoch ist und es sich bei den nachfolgenden Preisrückgängen um Ereignisse des neuen Jahres handelt?
(b) Entsprechend der erwarteten Preiskurve, wobei hinsichtlich der Veräußerung des zweiten Drittels der bis zur Bilanzaufstellung realisierte Preis
  – von 20 Euro/Stück entweder berücksichtigt oder
  – nicht berücksichtigt und mit dem ursprünglich erwarteten Preis (30 Euro/Stück) bewertet wird?
(c) Wie (b), nur ohne Berücksichtigung der Verschrottungen, weil die Verschrottung erst im neuen Jahr erfolgt ist (= neues Ereignis)?

Die Antwort kann nicht von allgemeinen Bilanzierungsprinzipien getrennt werden: Gemäß IAS 2.28 ff. dürfen die Vorräte maximal zum *künftigen* Nettoveräußerungserlös angesetzt werden. Da die Vorräte während einer gewissen Zeitspanne nach dem Stichtag veräußert werden, müssen bereits aus logischen Gründen auch nach dem Stichtag eintretende Entwicklungen berücksichtigt werden, andernfalls würde nicht zum *künftig* höchstens realisierbaren Wert bewertet.

Unter erzielbarem Nettoveräußerungserlös *am Bilanzstichtag* ist daher die per Bilanzstichtag erwartete *künftige Preistendenz* zu verstehen. Dies gilt im Beispiel auch für die Verschrottungen. Diese sind nicht etwa ein erst im neuen Jahr zu berücksichtigendes neues Ereignis, sondern der Extremfall des erwarteten Nettoveräußerungswertes, und zwar ein Erlös von 0 Euro/Stück.

---
1 Von ggf. noch anfallenden Veräußerungskosten werde abstrahiert.

Somit kommt nur Alternative (b) in Betracht. Die Frage, ob nach dem Stichtag eingetretene Erwartungsanpassungen (hier die nach dem Stichtag eingetretene Preisreduzierung von 30 Euro/Stück auf 20 Euro/Stück) zu berücksichtigen sind, wird durch IAS 10.9bii zutreffend bejaht.

715 Dieser Sichtweise entspricht konzeptionell auch IAS 10.15, wonach im alten Jahr dann nicht mehr unter der Annahme der Unternehmensfortführung bilanziert werden darf, wenn die **Going concern-Prämisse** durch eine erst im neuen Jahr, aber noch vor Bilanzaufstellung eingetretene Lageverschlechterung aufgehoben wird.[1]

716 Das Abgrenzungsproblem zwischen wertaufhellenden und wertbegründenden Ereignissen ist in der IFRS-Welt wegen der *allgemeinen Zukunftsbezogenheit* von Vermögenswerten („zukünftige Cashzuflüsse", s. Rz. 304) bzw. Schulden („zukünftige Cashabflüsse", s. Rz. 325) besonders komplex: Erfolgt die Abschätzung des zukünftigen Wertes im Rahmen des Wertaufhellungszeitraumes, ist also zum Bilanzstichtag zu berücksichtigen? Oder liegt ein wertbegründendes Ereignis nach dem Bilanzstichtag vor, das am Bilanzstichtag bei der Wertfindung nicht zu berücksichtigen ist?[2] Mangels dogmatischer Fundierung des IAS 10 ist eine trennscharfe Abgrenzung zwischen wertaufhellenden und wertbegründenden Ereignissen nicht immer möglich;[3] letztlich ist eine gewisse Kasuistik zu beobachten.

Das folgende ABC nennt Beispiele zu **wertaufhellenden Ereignissen**, die so auch auf ähnliche andere Sachverhalte übertragen werden können.

717–719 frei

4. ABC der wertaufhellenden Ereignisse

720 **Außerplanmäßige Abschreibungen:** Ein Autohersteller aktiviert 10 Mrd. Euro Entwicklungskosten für nicht fertig gestellte Projekte. Vor Bilanzaufstellung, aber nach Bilanzstichtag ereigne sich eine neue Ölkrise, die absehbar zu einer dauerhaften Verschlechterung der Autokonjunktur führe. Der erzielbare Betrag der Entwicklungskosten halbiere sich dadurch auf 5 Mrd. Euro. Hier ist zu unterscheiden:

– Ist die Auswirkung so gravierend, dass die **Going concern**-Prämisse nicht mehr aufrecht erhalten werden kann, muss im alten Jahr abgeschrieben

---

1 Dies wird aus Gläubigerschutzgründen zumindest bei bestandsgefährdenden „neuen" Verlusten auch für das HGB befürwortet, vgl. *Ciric*, Grundsätze ordnungsgemäßer Wertaufhellung, 1995, S. 138 ff.

2 *Herzig* weist zutreffend darauf hin, dass nach IFRS bei der Abbildung zukünftiger Zahlungsverpflichtungen auch wertbegründende Tatsachen zu berücksichtigen sind. Der Erfüllungsbetrag künftiger Verpflichtungen ist nach den Preisverhältnissen des Erfüllungstages zu bestimmen (IAS 37.38), steuerlich sind dagegen die Verhältnisse am Bilanzstichtag und nicht am Erfüllungsstichtag maßgebend, *Herzig*, IAS/IFRS und steuerliche Gewinnermittlung, 2004, S. 59; s. auch Rz. 2353.

3 Vgl. auch *Moxter*, BB 2003, 2559 (2564).

VII. Stichtagsprinzip, Wertaufhellung und Ereignisse nach dem Bilanzstichtag (IAS 10)

werden (IAS 10.15, s. Rz. 715). Außerdem sind im Zweifel sämtliche Bilanzposten zu Liquidationswerten anzusetzen.

- In anderen Fällen neigt die h.M. dazu, keine Abschreibung vorzunehmen (gleiches beispielsweise bei Vernichtung einer Maschine durch Brand), da ein wertbegründendes Ereignis vorliege. *Gegen* die scheinbar exakte zeitliche Zuordnung zur neuen Periode[1] könnte sprechen, dass sich die Stichtagsbetrachtung zwar zunächst auf die aufgewendeten Entwicklungsleistungen oder die vorhandene Maschine bezieht, deren Wert jedoch *insgesamt* von zukünftigen Zahlungsflüssen abhängt (Rz. 716), so dass sich durch die genannten Ereignisse lediglich *eine* mögliche, aber zunächst nicht in Erwägung gezogene Zukunftslage realisiert. Allerdings nennt IAS 10.22d die Vernichtung einer Maschine durch Brand explizit als wertbegründendes Ereignis, so dass in vergleichbaren Fällen nur eine Anhangangabe in Betracht kommen dürfte. Danach liegt *kein Fall* von Wertaufhellung vor.

Dividenden: Nach IAS 18.30c i.V.m. IAS 10.12f. bzw. IFRIC 17.10 ist (in Übereinstimmung mit dem Steuerrecht[2]) **keine phasengleiche Dividendenvereinnahmung** beim Empfänger zulässig, da vor Ausschüttungsbeschluss keine Dividendenforderung besteht. Anders nach HGB unter bestimmten Voraussetzungen[3] (100 % Konzerntochter, Feststellung JA der Tochter und Ausschüttungsbeschluss vor Beendigung der Prüfung der Mutter, übereinstimmende Geschäftsjahre). Umgekehrt darf das ausschüttende Unternehmen vor Dividendenbeschluss keine **Verbindlichkeit** passivieren. Ist das Entstehen **anderer Zahlungsverpflichtungen**, z.B. bei Vergütungen auf sog. ewige Anleihen **an Dividendenzahlungen gebunden**, entsteht eine Verbindlichkeit auch erst mit dem Ausschüttungsbeschluss.[4] Anders aber, wenn nur die Fälligkeit bereits entstandener Vergütungen von Dividendenzahlungen abhängt.

Eventualforderungen: Nach überwiegender Ansicht ist die Bestätigung von Eventualforderungen, sei es durch rechtskräftiges Urteil, Klagerücknahme, außergerichtlichen Vergleich oder bloße Einigung ein wertaufhellendes Ereignis. Hat ein Unternehmen z.B. eine Forderung gegen einen Lieferanten aus der Lieferung fehlerhafter Teile und wird der zunächst bestehende Schadenersatzanspruch nach dem Bilanzstichtag anerkannt, bestätigt die nach dem Stichtag erfolgte Einigung lediglich die bereits am Stichtag bestehende Forderung, so dass diese auch anzusetzen ist[5] (s. auch *Rückstellungen*). Das Handelsrecht sieht hierin in Anlehnung an die BFH Rechtsprechung jedoch ein wertbegrün-

---
1 Vgl. *Köster* in Thiele/von Keitz/Brücks (Hrsg) Internationales Bilanzrecht, 2008, IAS 10, Rz. 123; Gegen diese Auffassung spricht, dass der Ursprung etwa von Ereignissen wie am 11.9.2001 lange vor diesem Datum lag und insofern auch eine adäquate Kausalität vorliegt.
2 Vgl. BFH GrS v. 7.8.2000, BStBl II 2000, 632.
3 Vgl. BGH v. 12.1.1998, DStR 1998, 383.
4 Vgl. *Schaber/Isert*, BB 2006, 2401 (2402); *Köster* in Thiele/von Keitz/Brücks (Hrsg.), Internationales Bilanzrecht, 2008, IAS 10, Rz. 143.
5 Vgl. *Lüdenbach*, PiR 2007, 144; *Hoffmann* in Haufe IFRS-Kommentar, 7. Aufl. 2009, § 4 Rz. 23; *Köster* in Thiele/von Keitz/Brücks (Hrsg.), Internationales Bilanzrecht, 2008, IAS 10 Rz. 125; unklar *ADS International*, IAS 10 Rz. 78 vs. 79; a.A. *Bischof/Doleczik* in Baetge u.a. (Hrsg.), Rechnungslegung nach IFRS, 2008, IAS 10 Rz. 18.

dendes Ereignis.[1] Ohne Einigung, rechtskräftiges Urteil etc. bleibt es jedoch auch nach IFRS beim Aktivierungsverbot (IAS 37.31, Rz. 2305).

Finanzielle Vermögenswerte: In den Kategorien available-for-sale und held for trading sind finanzielle Vermögenswerte zum Fair value zu bewerten. Sofern Marktwerte auf liquiden Märkten existieren, reflektiert der Marktpreis am Bilanzstichtag sämtliche wertaufhellenden Erkenntnisse zu diesem Tag. Kursveränderungen nach dem Bilanzstichtag gelten gem. IAS 10.11 als ein wertbegründendes Ereignis, das nicht zu berücksichtigen ist. Nichts anderes kann gelten, wenn Bewertungsmodelle zur Fair value-Ermittlung herangezogen werden müssen. In die Modelle sollen als Parameter Marktpreise einfließen; es muss sich dann um Marktpreise am Bilanzstichtag handeln.

Forderungen: Ein Kunde stellt vor dem Bilanzstichtag einen Insolvenzantrag, von dem der Abschlussersteller nach dem Bilanzstichtag erfährt. Es liegt ein wertaufhellendes Ereignis vor.

Das Gleiche gilt üblicherweise, wenn der Kunde nach dem Bilanzstichtag den Insolvenzantrag gestellt hat, denn dieses Ereignis bestätigt lediglich die schon vor dem Bilanzstichtag vorliegende (unerkannte) Zahlungsunfähigkeit des Kunden (IAS 10.9bi). Unerheblich ist, ob der Insolvenzantrag des Kunden ggf. erst durch ein Ereignis nach dem Bilanzstichtag verursacht wurde. Entscheidend ist, dass die am Stichtag bestehende Forderung nicht realisiert werden wird.

Umgekehrt lässt sich aus Zahlungseingängen auf am Bilanzstichtag bestehende Forderungen bis zur Bilanzaufstellung ableiten, dass die Forderungen nicht risikobehaftet waren. Insoweit sind für diese Forderungen keine Wertberichtigungen vorzunehmen. Etwas anderes soll dagegen gelten, wenn ein Schuldner am Bilanzstichtag objektiv zahlungsunfähig gewesen ist (Insolvenzantrag), aber durch ein unvorhergesehenes Ereignis, z.B. einen Lottogewinn oder eine Erbschaft, nach dem Bilanzstichtag gleichwohl wieder zahlungsfähig geworden ist.[2] Diese Ansicht teilen wir nicht, da der Zahlungseingang als wertaufhellendes Ereignis und nicht der Insolvenzantrag zu bewerten ist. Ansonsten ergäben sich trotz Zahlungseingangs absurde Nachforschungsketten, etwa bei Kunden von Kunden usw.

Genehmigungen: Zivilrechtlich zurückwirkende Genehmigungen (z.B. von Verträgen) stellen wertaufhellende Ereignisse dar.

Handelt es sich bei **behördlichen Genehmigungen**: (a) um eine sog. **gebundene Entscheidung**, bei der am Stichtag sämtliche Voraussetzungen vorliegen und

---

1 Vgl. BFH v. 26.4.1989, BStBl. II 1991, 213.
2 Vgl. *Hoffmann* in Haufe IFRS-Kommentar, 7. Aufl. 2009, § 4 Rz. 19. Das Lotteriebeispiel stammt aus dem Urteil des BFH v. 4.4.1973, BStBl. II 1973, 485 ff.: Darin hatte der BFH aber nur ein griffiges Beispiel für seine Ansicht gewählt, die aber einen anderen Sachverhalt betraf, und zwar die Abschreibung einer Forderung an eine marode Tochtergesellschaft, die durch eine Einlage der Mutter (= Forderungsinhaberin) im neuen Jahr wieder solvent geworden war. Die Abschreibung ist zu bejahen, da sich an der Situation der Tochter nichts geändert hatte: Die Krise war nicht durch Zahlung durch einen Dritten, sondern durch den Forderungsinhaber selbst beseitigt worden, was ein wertbegründendes Ereignis darstellt.

VII. Stichtagsprinzip, Wertaufhellung und Ereignisse nach dem Bilanzstichtag (IAS 10)

die Behörde somit kein Ermessen hat, stellt die Erteilung ein wertaufhellendes Ereignis dar. (b) Besteht jedoch ein **Ermessen**, wie bei einer **Ministererlaubnis**, liegt ein wertbegründendes Ereignis vor.

Genehmigungen im Rahmen der **Fusionskontrolle** sind aber zu relativieren: Der Wertaufhellungscharakter bei der Fusionskontrolle führt nur dazu, dass eine unter dem Vorbehalt der Kartellamtsgenehmigung erworbene Beteiligung im **Einzelabschluss** angesetzt werden darf; für den Konzernabschluss fehlt es dagegen vor Erteilung im Regelfall an der Kontrolle i.S.v. IAS 27, so dass eine **Konsolidierung** nicht erfolgen darf.[1] Aber auch hiervon gibt es eine Ausnahme: Ist die Genehmigung nach menschlichem Ermessen **reine Formsache**[2], wie z.B. bei Bagatellfällen *und* wird die Kontrolle daher bereits ausgeübt (Rz. 3242), ist die Beteiligung zu konsolidieren.

Liegen die Voraussetzungen für **öffentliche Zuwendungen** am Stichtag vor, ist eine nachträgliche Genehmigung ein wertaufhellendes Ereignis. Darüber hinaus ist bei Zuwendungen mit Rechtsanspruch ((a) gebundene Entscheidung) eine Aktivierung auch vor Erteilung der Genehmigung zulässig (Rz. 1262).

Rückstellungen: Im Unternehmen sind für Führungskräfte erfolgsabhängige **Prämien** auf Basis bestimmter Abschlusskennzahlen vereinbart worden. Bei der Abschlusserstellung wird somit auch die Höhe der Prämien festgestellt, die entsprechend zu passivieren sind (IAS 10.9d). Aus IFRS-Perspektive handelt es sich hierbei freilich um sog. „accruals", die als Verbindlichkeiten auszuweisen sind und nicht, wie nach HGB, als Rückstellungen.

Ein Unternehmen ist auf Schadenersatz verklagt worden und hat vorläufig eine Rückstellung in Höhe von 2 Mio. Euro gebildet. Der Prozess findet noch während der Phase der Bilanzaufstellung statt und endet rechtskräftig mit 2,5 Mio. Euro zu Ungunsten des Unternehmens. Das **Urteil** ist ein **wertaufhellendes Ereignis**, weil es lediglich feststellt, was rechtens ist, aber nicht selbst Recht schafft, so dass die Rückstellung mit 2,5 Mio. Euro anzusetzen ist. Dasselbe gilt im Übrigen, wenn der Abschlussersteller vor dem Urteil der Meinung gewesen wäre, überhaupt keine Rückstellung ansetzen zu müssen (IAS 10.9a).

Sanierungsmaßnahmen nach dem Stichtag: Forderungsverzichte u.Ä. der Muttergesellschaft oder von Drittgläubigern, die innerhalb des Wertaufhellungszeitraums vereinbart sind, sind grundsätzlich nicht bereits am Stichtag zu berücksichtigen (sie müssen aber bei der Beurteilung der Going concern-Prämisse nach IAS 10.14 berücksichtigt werden). Etwas anderes gilt, wenn vor dem Stichtag bereits Sanierungsbedürftigkeit und Sanierungsabsicht bestand und Sanierungsverhandlungen bereits vor dem Stichtag abgeschlossen wurden und die schriftliche Fixierung lediglich nach dem Stichtag erfolgte.[3] In der Praxis besteht hier oft ein Beurteilungsspielraum.

---

1 Vgl. *ADS International*, IAS 10 Rz. 87.
2 Vgl. *Hoffmann* in Haufe IFRS Kommentar, 7. Aufl. 2009, § 4 Rz. 38.
3 Vgl. *ADS International*, IAS 10 Rz. 110, 112; *Hoffmann* in Haufe IFRS-Kommentar, 7. Aufl. 2009, § 4 Rz. 37; einschränkend *Bischof/Doleczik* in Baetge u.a. (Hrsg.), Rechnungslegung nach IFRS, 2008, IAS 10 Rz. 21: nur, wenn am Stichtag die Voraussetzungen für eine Ausbuchung nach IAS 39 vorliegen.

Vertragsaufhebungen oder -änderungen: Soweit diese nach dem Stichtag erfolgen, z.B. bei Verzicht auf eine bestehende Schadenersatzforderung oder nach dem Stichtag von Dritten gewährte Bürgschaften[1], liegen wertbegründende Ereignisse vor.

Vorräte Nach dem Stichtag eintretende Preisänderungen sind zu berücksichtigen (s. Rz. 714). Eine Abgrenzung von im neuen Jahr eintretenden wertbeeinflussenden Entwicklungen ist praktisch nicht möglich und konzeptionell zweifelhaft (s. Rz. 716).

718–729 frei

5. Wertbegründende Ereignisse

730 **Wertbegründende Ereignisse** *haben ihre Ursache nach dem Bilanzstichtag* und sind insoweit zum Bilanzstichtag bilanziell *nicht zu berücksichtigen*, sondern **nur im Anhang als Ereignis nach dem Bilanzstichtag anzugeben** (IAS 10.10). Gleichwohl kann es sich um Ereignisse handeln, die aus Sicht des Abschlussadressaten wichtig sind für die Beurteilung des Unternehmens. In diesem Fall muss

– die Art des Ereignisses benannt und

– dessen finanzielle Auswirkung abgeschätzt oder angegeben werden, dass eine solche Schätzung nicht vorgenommen werden kann (IAS 10.21).

IAS 10.22 enthält folgende Auflistung von Beispielen für solche Ereignisse.

– Bedeutende Unternehmenserwerbe, Aufgabe von Geschäftsbereichen (Rz. 2725), Umstrukturierung, Kauf und Verkauf wesentlicher Vermögenswerte,

– Zerstörung von Produktionsanlagen,

– Eigenkapitaltransaktionen mit Auswirkungen auf das Ergebnis je Aktie (Rz. 4700),

– ungewöhnlich große Wechselkursänderungen,

– Steuersatzänderungen (siehe aber i.E. Rz. 2649),

– Eingehen wesentlicher ungewisser Verbindlichkeiten inkl. Prozessbeginn (soweit nicht auf vergangenen Ereignissen resultierend und damit wertaufhellend, Rz. 720).

731–739 frei

---

[1] Vgl. *Hoffmann* in Haufe IFRS-Kommentar, 7. Aufl. 2009, § 4 Rz. 30 ff.; *Lüdenbach*, PiR 2007, 364.

6. Anhangangaben

Außer wertbegründenden Ereignissen (Rz. 730) ist für die Bilanz der **Abschlussstichtag** (IAS 1.51c) und das Datum der Freigabe des Abschlusses zu nennen (IAS 10.17). 740

Siehe auch Rz. 4543 zu nach dem Stichtag vorgeschlagenen oder beschlossenen, aber am Stichtag noch nicht passivierten Dividenden inkl. Dividende je Aktie (IAS 1.137a) sowie zu kumulierten rückständigen Dividenden auf Vorzugsaktien (IAS 1.137b).

frei 741–799

VIII. Anwendung und Änderung von Rechnungslegungsmethoden, Schätzungen und Fehler (IAS 8)

1. Überblick und Wegweiser

1.1 Standards und Anwendungsbereich

Abschlusserstellung besteht – hier sei es juristisch formuliert – im Wesentlichen darin, beobachtbare finanzielle Lebenssachverhalte unter einen Tatbestand (das IFRS-Regelungswerk) zu subsumieren; als Rechtsfolge (Ergebnis) ergibt sich dann der Abschluss. Die Auswahl von Rechnungslegungsmethoden (Tatbestände) ist Gegenstand des IAS 8. Im Einzelnen geht es um folgende Fragen: 800

Was sind Rechnungslegungsmethoden (*accounting policies*, Bilanzierungs- und Bewertungsmethoden) im Unterschied zu Schätzungen (*accounting estimates*)?	Rz. 812 ff.
Wie sind Rechnungslegungsmethoden und Schätzungen auszuwählen?	Rz. 820 ff.
Wie sind Regelungslücken in den Standards zu schließen?	Rz. 825
Unter welchen Bedingungen dürfen Rechnungslegungsmethoden geändert werden?	Rz. 830 ff.
Wie ist bei der Änderung von Rechnungslegungsmethoden und Schätzungen vorzugehen?	Rz. 836 ff./Rz. 860 ff.
Was sind Fehler im Abschluss und wie sind diese zu korrigieren?	Rz. 870 ff.

IAS 8 lässt sich auch begreifen als *lex specialis* für den Grundsatz der Schaffung von **Vergleichbarkeit** und dem damit verbundenen **Stetigkeitsgebot** (Rz. 275 f.).

frei 801–804

1.2 Wesentliche Abweichungen zum HGB

805

	HGB (alt und BilMoG)	IFRS
Ansatz- und Bewertungsstetigkeit	Gebot § 246 III, § 252 I Nr. 6 HGB[1]	Gebot IAS 8.13
Ausweisstetigkeit	Gebot § 265 I HGB (Nur Bilanz/GuV)	Gebot für alle Statements (inkl. Anhang, Kapitalflussrechnung, Segmentbericht)
Änderung von Bilanzierungs- und Bewertungsmethoden – Inhalt	Begründete Änderungen von Bilanzierungs- und Bewertungsmethoden sind zulässig und im Anhang zu erläutern (§ 284 II Nr. 3 HGB)	Wie HGB und insbesondere bei neuen Standards (Rz. 832)
– Durchführung	Erfolgswirksam in laufender Periode *Ausnahme: retrospektive Änderung, z.B. Erstanwendung des TransPuG (Art. 54 II EGHGB) und Erstanwendung BiRiLiG (Art. 24 und 27 EGHGB).*	Retrospektiv: Erfolgswirksam für Periodeneffekte der laufenden und Vorperiode; im Abschluss nicht mehr dargestellte Perioden erfolgsneutral *Ausnahme: Erfolgswirksam in laufender Periode*
Schätzungsänderungen	Erfolgswirksam prospektiv	Explizit: erfolgswirksam prospektiv
Korrektur *wesentlicher* Fehler	Rückwirkend[2]	Rückwirkend

806 Die Vorschriften zur Bilanzänderung haben nach HGB eine geringere Bedeutung als nach IFRS. Dies beruht schlicht auf der geringeren Änderungsgeschwindigkeit des HGB.

807 frei

1.3 Neuere Entwicklungen

808 Zur Zeit sind keine neuen Projekte geplant.

809 frei

2. Stetigkeitsprinzip

810 Soll die Berichterstattung eines Unternehmens in Rechnungslegungssystemen, die Wahlrechte zulassen, im Zeitablauf vergleichbar sein, ist das Stetigkeitsgebot erforderlich. Das Stetigkeitsgebot gilt für die

– Art der Darstellung (**Darstellungsstetigkeit**) und

---

1 Die Ansatzstetigkeit, die nach h.M. bereits bisher galt, ist nun gesetzlich in § 246 Abs. 3 HGB kodifiziert.
2 Zu Einzelheiten siehe insbes. IDW RS HFA 6.

– für die Verwendung der Rechnungslegungsmethoden (**Methodenstetigkeit**):[1]
– im Zeitablauf (**zeitliche** oder **horizontale** Stetigkeit) bzw.
– auf gleiche Sachverhalte (**sachliche** oder **vertikale** Stetigkeit).

Das Stetigkeitsgebot gilt aber **nicht für Schätzungen** (und erst recht nicht für **Fehler**).

Zwischen Rechnungslegungsmethoden und Schätzungen bzw. Fehlerkorrekturen ist sorgfältig zu trennen, weil sich bei Änderungen höchst unterschiedliche Bilanzierungsfolgen ergeben: 811

– Bei Anwendung von geänderten Rechnungslegungsmethoden (und wesentlichen Fehlern) führt eine Durchbrechung der Stetigkeit grundsätzlich zur **rückwirkenden Anpassung**.
– Demgegenüber führt die Änderung der Ausfüllung notwendiger Ermessens- und Beurteilungsspielräume (Schätzungen) zur **prospektiven und erfolgswirksamen Anpassung**.

3. Rechnungslegungsmethoden und Schätzungen

3.1 Abgrenzung

3.1.1 Begriff der Rechnungslegungsmethode und Schätzungen

Eine Trennung zwischen Rechnungslegungsmethoden und Schätzungen ist sachlogisch nicht einfach und wird auch dadurch noch erschwert, dass die Standards keine Definition der Schätzung enthalten. Immerhin findet sich der Begriff der Rechnungslegungsmethoden (*accounting policies*) vor allem in IAS 8 und IAS 1. Nach der umschreibenden Definition in IAS 8.5 sind Rechnungslegungsmethoden sämtliche spezifischen Grundsätze, Grundlagen, Konventionen, Regeln und Verfahren, die das Unternehmen anwendet, um seinen IFRS-Abschluss auf- und darzustellen. Nach IAS 1.117 bestehen *accounting policies* aus 812

(a) Bewertungsgrundlagen (*measurement bases*), z.B. (fortgeführte) Anschaffungs- und Herstellungskosten, Wiederbeschaffungskosten, erzielbarem Betrag, Fair value usw. sowie

(b) anderen Rechnungslegungsmethoden (*other accounting policies*), die für das Verständnis des Abschlusses relevant sind. Hierzu dürfte etwa zählen, ob Gemeinschaftsunternehmen at equity oder quotal konsolidiert werden oder ob für die Vorratsbewertung die FIFO-Fiktion oder die Durchschnittsmethode angewendet wird.

Klärungsbedürftig ist, ob und inwieweit beispielsweise die Wahl von Abschreibungsmethoden, die Verfahren zur Bemessung von Rückstellungen u.ä., also **Schätzungen und Beurteilungsspielräume** noch zu den anderen Rech- 813

---

[1] Vgl. zur folgenden Begrifflichkeit *Blaum/Holzwarth* in Baetge u.a. (Hrsg.), Rechnungslegung nach IFRS, 2007, IAS 8 Rz. 74 und *Köster* in Thiele/von Keitz/Brücks, Internationales Bilanzrecht, 2008, IAS 8 Rz. 125.

nungslegungsmethoden gem. (b) zählen. Dann wäre für diese Maßnahmen das Stetigkeitsgebot einschlägig.[1]

814 Dabei ist aber zu differenzieren, wie folgende Beispiele zeigen:

Beispiel 1:
Ein Konzern hat bisher alle Maschinen linear abgeschrieben. Eine neue Anlage ist eigens für einen Großauftrag angeschafft worden, der in den ersten drei Jahren einen 4-Schicht-Betrieb erfordert. Die Maschine soll daher degressiv abgeschrieben werden.

Im Unterschied zum HGB stellt sich die Frage der Stetigkeit hier gar nicht, denn nach § 253 Abs. 2 Satz 2 HGB besteht tatsächlich eine echte Wahl bei der Abschreibungsmethode (linear oder degressiv), wohingegen nach IAS 16.60 die zu bestimmende Abschreibungsmethode von Sachanlagen der *erwarteten zeitlichen Verteilung des Nutzenabflusses* entsprechen soll. Nach IAS 16 wie an vielen Stellen, an denen das HGB bewusst echte Wahlfreiheit lässt, ist also eine Einschätzung des Managements vonnöten, die nach HGB nicht erforderlich ist.

815 ⊃ U.E. ist folgende Abgrenzung zwischen Rechnungslegungsmethoden und Schätzungen nützlich und erforderlich: *Schätzungen (Nutzungsdauer, Abschreibungsverlauf) zur Ausfüllung von in den Standards vorgegebenen Regelungen (Festlegung von Abschreibungen nach dem Nutzungsverlauf)* gehören nicht mehr zu den *accounting policies*.[2] Zu den vorgegebenen Regelungen gehören auch solche, bei denen *judgement* erforderlich ist; das *judgement* selbst ist aber eine Schätzung.

Beispiel 2:
Die Nutzungsdauer einer Maschine, die sich in einer Bandbreite zwischen 8–12 Jahre bewegt, wird bei Anschaffung auf 10 Jahre festgelegt. Ein Jahr später will das Unternehmen die Nutzungsdauer (ohne neue Erkenntnisse) auf 12 Jahre erhöhen mit dem Argument, dass die Nutzungsdauer ja von Anfang an auch auf 12 Jahre hätte fixiert werden können.

Variante: Alle Maschinen wurden bisher bei entsprechendem Nutzungsverlauf linear abgeschrieben. Eine neue Maschine soll nunmehr degressiv abgeschrieben werden, obwohl sich der Nutzungsverlauf nicht von den bisherigen Maschinen unterscheidet.

---

[1] Vgl. *Blaum/Holzwarth* in Baetge u.a. (Hrsg.), Rechnungslegung nach IFRS, 2007, IAS 8 Rz. 73.
[2] Gl.A. *Driesch* in Beck'sches IFRS-Handbuch, 2. Aufl. 2006, § 44 Rz. 13.

Ohne neue Erkenntnisse (Beispiel) ist die Änderung der Abschreibungsdauer und ohne neuen Sachverhalt (Variante) ist die Änderung des Abschreibungsverfahrens jedoch unzulässig, da **Schätzungen** bzw. **Schätzungsänderungen willkürfrei** vorzunehmen sind.[1] Es gilt Stetigkeit im wörtlichen Sinn, d.h. Unabänderbarkeit.

816

Beispiel 3:
Ein Konzern hat bisher dem Komponentenansatz (Rz. 1113) keine ausreichende Beachtung geschenkt. Bei einer neuen Großanlage werden erstmals wesentliche Komponenten mit unterschiedlichen Abschreibungsdauern identifiziert (IAS 8.IG 3). Es stellt sich die Frage, ob (a) der Komponentenansatz bei der neuen Maschine angewendet werden darf, obwohl dies bisher nicht erfolgte und, falls dies bejaht wird, wie (b) die alten Maschinen zu behandeln sind.

Variante: Das Kriterium „überwiegender Teil der Nutzungsdauer" bei der Klassifizierung von Leasingverträgen (Rz. 1317) wurde bisher konzerneinheitlich mit 90 % festgelegt, soll aber nun entsprechend US-GAAP auf 75 % reduziert werden. Ist die Änderung zulässig, und wenn ja, nur für neue Gegenstände oder auch für bisher bereits bilanzierte?

In der Literatur wird das **Stetigkeitsgebot** auch auf die **Auslegung sog. unechter Wahlrechte** (Beispiel) oder die **Auslegung unbestimmter Rechtsbegriffe** (Variante) ausgedehnt. Daran ist zutreffend, dass die Begriffe nicht jedes Jahr neu ausgelegt werden dürfen.[2] Im Übrigen ist der Hinweis auf das Stetigkeitsgebot nicht etwa als Änderungssperre zu verstehen, denn: **Für Fehler gibt es keine Stetigkeit.** Entscheidet sich das Unternehmen *dauerhaft* für eine neue Auslegung, bedeutet dies automatisch, dass die bisherige Auslegung nunmehr als fehlerhaft angesehen wird. Daher müssen alle bisher davon betroffenen Abschlussposten (unter dem Wesentlichkeitsvorbehalt[3]) bereits zur Sicherstellung der einheitlichen Bilanzierung und Bewertung geändert werden, und zwar rückwirkend.

3.1.2 Verfahrenswahlrechte

Streiten mag man darüber, wie mit **Verfahrens-Wahlrechten** umzugehen ist; einige Beispiele erläutern das Problem:

817

---

1 Vgl. *Köster* in Thiele/von Keitz/Brücks, Internationales Bilanzrecht, 2008, IAS 8 Rz. 157.
2 Vgl. *Lüdenbach* in Haufe IFRS-Kommentar, 7. Aufl. 2009, § 24 Rz. 9, 15; *Köster* in Thiele/von Keitz/Brücks, Internationales Bilanzrecht, 2008, IAS 8 Rz. 154.
3 In IAS 8.IG3 wird das Problem der Altanlagen beim Komponentenansatz unter Hinweis auf „nicht verfügbare Daten" beiseite geschoben.

Beispiele:

- **Derivate Finanzinstrumente**, die nicht dem Hedge Accounting unterliegen, sind erfolgswirksam zum Fair value zu bewerten (= Rechnungslegungsmethode). Für nicht marktnotierte Derivate sind Schätzverfahren notwendig, beispielsweise das **Black & Scholes** oder das **Binomialmodell** (= Bewertungsverfahren). Es ist jenes Verfahren auszuwählen, welches in der Vergangenheit den Fair value am besten approximiert hat und üblicherweise von den Marktteilnehmern angewendet wird (s. Rz. 485). Die Vorgabe ist also eindeutig. Ändern sich die Umstände (ein anderes Verfahren führt zu besseren Ergebnissen), ist eine Verfahrensänderung vorzunehmen. Es handelt sich um eine Schätzungsänderung.

- **Fertigungsaufträge** sind nach der **Percentage of completion**-Methode zu bewerten (= Rechnungslegungsmethode). Innerhalb dieser Methode ist der Fertigstellungsgrad zu bestimmen; hierfür stehen verschiedene Verfahren zur Verfügung, die, sofern mit ihnen der Fertigstellungsgrad zuverlässig ermittelt werden kann, ohne weitere Vorbehalte herangezogen werden können. Bestimmt ein Unternehmen als zuverlässiges Verfahren die **Cost-to-cost**-Methode, so kommt ein Methodenwechsel beispielsweise zur **Labourhours**-Methode nur noch dann in Betracht, insoweit die vormals angewandte Methode nicht mehr als zuverlässig angesehen werden dürfte. Das dürfte gem. IAS 11.29 nur in Ausnahmen der Fall sein und wäre eine Schätzungsänderung.

- Bei drohenden Zahlungsausfällen sind **Forderungen aus Lieferungen und Leistungen** auf den erzielbaren Betrag abzuschreiben (= Rechnungslegungsmethode). Dabei gilt der Einzelbewertungsgrundsatz. Können bei einer Vielzahl von Forderungen diese in Risikoklassen eingeteilt werden, kommt die außerplanmäßige Abschreibung über die jeweiligen Risikoklassen pauschaliert in Betracht (pauschalierte Einzelwertberichtigung, s. Rz. 1921). Eine Änderung des Zuschnitts der Risikoklassen und eine Veränderung der Zuordnung ist dann erforderlich, insoweit es den tatsächlichen Verhältnissen besser entspricht. Es liegt eine Schätzungsänderung vor.

3.1.3 Im Zweifel Schätzungsänderung

818 In einer Art **Auffangklausel** löst der IASB das Problem der Abgrenzung zwischen Rechnungslegungsmethoden und Schätzungen pragmatisch: Sollten bei einer Durchbrechung der Stetigkeit Zweifel darüber bestehen, ob es sich um die Änderung einer Rechnungslegungsmethode oder um die Änderung einer Schätzung handelt, so ist die Änderung als **Schätzungsänderung** zu behandeln (IAS 8.35).

Bei unserer Einordnung der Wahl der Abschreibungsmethode und der Bestimmung der Nutzungsdauer (Rz. 814 f.) wird der Sinn dieser Auffangklausel offensichtlich: Systematisch wäre es wenig überzeugend, (bestimmte) Schätzungen zu den Rechnungslegungsmethoden zu zählen, deren Änderungen dann aber als Schätzungsänderungen zu behandeln, wie es in IAS 16.51 und 16.61 ausdrücklich vorgesehen ist.

frei 819

3.2 Auswahl von Rechnungslegungsmethoden

Wir verwenden hier den Begriff der Rechnungslegungsmethoden (*accounting policies*) zur Bezeichnung von **Ansatz- und Bewertungsregelungen** in der Bilanz. Darin eingeschlossen sind die Regelungen zur **Klassifikation** von Sachverhalten (z.B. Zuordnung von finanziellen Vermögenswerten zu den vier möglichen Klassen finanzieller Vermögenswerte, s. Rz. 1820 ff. oder auch die Abgrenzung der Segmente in der Segmentberichterstattung, s. Rz. 4610 ff.). 820

Auf die unterschiedlichen Sachverhalte sind die in den jeweils einschlägigen **Standards** (IAS/IFRS) und **Interpretationen** (IFRIC/SIC) genannten **Rechnungslegungsmethoden** anzuwenden. Ähneln sich die Sachverhalte, sind jeweils die gleichen Methoden anzuwenden (vertikale Stetigkeit, Rz. 810), es sei denn, ein Standard erlaubt oder schreibt etwas anderes vor (IAS 8.13). 821

Die Standards und Interpretationen sind einschließlich ihrer integralen Bestandteile zu beachten; was jeweils integraler Bestandteil ist, wird im jeweiligen Standard oder der jeweiligen Interpretation genannt. Regelmäßig gehören dazu die Anhänge (Rz. 56). 822

Die Frage, ob die IFRIC als Spezialregelung vorrangig oder den Standards gleichgestellt sind[1], stellt sich u.E. bei sachgerechter Auslegung nicht: Vorrangig ist, auch im Verhältnis von Standards untereinander, immer die **Spezialregel**.[2]

Auf Grund einer Rechtsänderung ab 2009 (Rz. 59) sind die jeweiligen **Anwendungsleitlinien** der Standards (*Implementation Guidance*) explizit nur noch dann zu beachten, wenn sie integraler Standardbestandteil sind, was regelmäßig nicht der Fall ist. Anwendungsleitlinien, die kein integraler Standardbestandteil sind, enthalten ausdrücklich keine Vorschriften zu den Abschlüssen (IAS 8.9); sie haben keinen Verbindlichkeitscharakter. Dies kann u.U. erhebliche Auswirkungen haben: Bspw. ist der umstrittene Ansatz nicht-vertraglicher Kundenbeziehungen bei der Kaufpreisallokation (Unternehmenserwerben) nach IFRS 3 nur in den Anwendungsleitlinien des IFRS 3 geregelt (Rz. 3304).

Bei der **Auslegung** der Standards müssen allerdings die Begründungen (*basis of conclusions*) beachtet werden.[3] Hilfreich zur Klärung von Zweifelsfragen sind ferner die sog. **NON-IFRICs**. Es handelt sich hierbei um Fragestellungen, die die Praxis an das IFRIC adressiert und dieses entscheidet, sich der Frage *nicht* anzunehmen, weil sie aus Sicht des IFRICs aus dem Regelwerk heraus geklärt werden kann. Damit enthalten NON-IFRICs indirekt über ihre Negativerklä-

---
1 Vgl. *Lüdenbach* in Haufe IFRS-Kommentar, 7. Aufl. 2009, § 1 Rz. 57.
2 Gl.A. *Köster* in Thiele/von Keitz/Brücks, Internationales Bilanzrecht, 2008, IAS 8 Rz. 113.
3 In einem kurzen Vorspann vor jedem Standard im Original ist das vermerkt; in jüngeren EU-IFRS fehlt dieser Passus allerdings.

rung¹ eine Klarstellung zu strittigen Fragen. Formal kommt ihnen allerdings kein Verbindlichkeitscharakter zu.

Keinen Verbindlichkeitscharakter haben ferner die übrigen Äußerungen in **IASB/IFRIC** *updates*, da sie keinen due Prozess durchlaufen haben.²

823 Auf **unwesentliche Sachverhalte** müssen die in den Standards genannten Rechnungslegungsmethoden nicht angewendet werden (IAS 8.7 ff.; zur Wesentlichkeit s. Rz. 268). Ein Lehrbuchbeispiel, das in der Praxis allerdings häufig vorkommt, ist die Behandlung unwesentlicher Pensionspläne als beitragsorientiert, obwohl es sich eigentlich um leistungsorientierte Pläne handelt (Rz. 2413 ff.).

824 frei

3.3 Lückenfüllung

825 Bestehen bei den Rechnungslegungsmethoden **Regelungslücken**³, fehlt also eine eindeutige Regelung, wie bestimmte Sachverhalte abzubilden sind (beispielsweise die immer noch diskutierte Frage der Bilanzierung von Versicherungsverträgen)⁴, hat das Management selbst entscheidungsrelevante (Rz. 267) und zuverlässige (Rz. 269 ff.) Methoden zu bestimmen (IAS 8.10). Dabei ist – in dieser Reihenfolge – wie folgt vorzugehen (IAS 8.11):

(a) Heranziehung von Standards und Interpretationen des IASB bzw. IFRIC, die **ähnliche Sachverhalte** regeln *und*

(b) Berücksichtigung der Definitionen sowie der Ansatz- und Bewertungskriterien des **Rahmenkonzepts** *(Framework)*.

Darüber hinaus können Entscheidungen in NON-IFRIC's und insbesondere Regelungen anderer Standard-Setter (z.B. FASB, DRSC), die über ein ähnliches Rahmenkonzept (gemeint ist: ähnliche Zielsetzung) verfügen, in Betracht kommen. Auch die Heranziehung der Literatur oder allgemein akzeptierter

---

1 NON-IFRIC's finden sich als „IFRIC agenda decisions" in den IFRIC update.
2 Als Folge kommt es in den updates bisweilen zu widersprüchlichen Äußerungen: Bspw. sind von der Muttergesellschaft geleistete anteilsorientierte Barzahlungen (*cash settled*) an Arbeitnehmer von Tochtergesellschaften erst mit der künftig beabsichtigten Änderung des IFRS 2 bei der Tochter als Aufwand zu buchen (Rz. 2504). In den IASB *updates* November und Dezember 2005 wurde demgegenüber die Ansicht vertreten, dass sich dies bereits aus IFRIC 8 (anwendbar ab 1.5.2006) ergebe. Diese unzutreffende Ansicht korrigierte der IASB dann in den *updates* Juli 2007, S. 3. Eine gut begründete eigene Ansicht kann den *updates* somit entgegengehalten werden.
3 *Ruhnke/Nerlich*, DB 2004, 389 (391), definieren Regelungslücke als „planwidrige Unvollständigkeit im internationalen Normensystem; Referenzpunkt für die Beurteilung bildet die Entscheidungsnützlichkeit der im Jahresabschluss geforderten Informationen. Eine Lücke kann sich erst nach Ausschöpfung der Möglichkeiten der Auslegung ergeben."
4 Sollte der IASB die Absicht verfolgen, für alle denkbaren Sachverhalte Bilanzierungsregelungen bereit zu stellen, so deutet dies eher auf ein regelbasiertes Rechnungslegungssystem hin. In einem prinzipienorientierten Rechnungslegungssystem ist die Regelungslücke hingegen systemimmanent.

Branchenpraktiken ist möglich, sofern diese Lösungen nicht in Konflikt zu den Standards, Interpretationen und dem Rahmenkonzept stehen (IAS 8.12).

> **Beispiel:**
> Zu Ansatz und Bewertung versicherungstechnischer Rückstellungen bei Versicherungsunternehmen fehlt ein entsprechender IFRS. Die Branche kann sich daher an den Regelungen der US-GAAP orientieren.[1]

frei 826–829

4. Änderung von Rechnungslegungsmethoden

4.1 Zulässigkeit der Stetigkeitsdurchbrechung

Eine **Änderung der angewandten Rechnungslegungsmethoden** kann die Vergleichbarkeit der Jahresabschlussinformationen im Zeitablauf beeinträchtigen. Daher *ist* die Durchbrechung der Stetigkeit *nur* vorzunehmen, wenn dies 830

a) von einem Standard (IAS/IFRS) oder einer Interpretation (IFRIC/SIC) verlangt wird oder

b) wenn diese Änderung zu nach wie vor zuverlässigen, aber *entscheidungsnützlicheren* Informationen im Abschluss führt (IAS 8.14).

Die Vorschrift entspricht dem § 252 Abs. 1 Nr. 6 HGB (**materielle Bilanzkontinuität**);[2] der Zusammenhang von Vergleichbarkeit und Stetigkeit ist Bestandteil deutschen GoB-Verständnisses.[3] Formal ist nicht nur nach (a), sondern auch gemäß (b) die Durchbrechung der Stetigkeit zwingend. Die Einschätzung darüber, was entscheidungsnützlichere Informationen im Einzelfall sind, stellt jedoch eine leicht überwindbare Hürde dar;[4] es besteht ein hoher **Beurteilungsspielraum**.

> **Beispiel:**
> Häufig findet sich der Hinweis auf höhere Transparenz, Branchenpraxis etc. (Rz. 1401). Besonders einfach fällt die Begründung dann aus, wenn der IASB Bilanzierende mit der Einführung von Wahlrechten „in die richtige Richtung lenken will". Bspw. wurde das Wahlrecht zur erfolgsneutralen Behandlung versicherungsmathematischer Gewinne und Verluste in 2005 mit dem Ziel eingeführt, in der Bilanz die volle Verbindlichkeit zu zeigen (im Ergebnis IAS 19.BC48B). In der Praxis wurde das Einschwenken auf diese Regelung auch regelmäßig so begründet.

---

1 Vgl. *Rockel* u.a., Versicherungsbilanzen, 2. Aufl. 2007, S. 170.
2 Vgl. *Heuser*, in GmbH-Handbuch, Rz. II 637 ff.
3 Vgl. *Leffson*, Die Grundsätze ordnungsmäßiger Buchführung, 7. Aufl. 1987, S. 186.
4 Zu Beispielen zur Durchbrechung des Stetigkeitsgrundsatzes nach HGB auf Grund veränderter Sachverhalte vgl. *Heuser* in GmbH-Handbuch, Rz. II 646 f.

4.1.1 Anwendung neuer Standards und Interpretationen

831 Eine Durchbrechung der Stetigkeit (Fall (a) in Rz. 830) kommt in Betracht bei Abschaffung von Wahlrechten oder wenn in Abwesenheit einer Regelung das Management bisher nach vernünftiger kaufmännischer Beurteilung unter Beachtung der Anforderungen in Rz. 825 bilanziert, der IASB aber nunmehr eine spezielle Regelung veröffentlicht hat.

832 Werden **neue oder überarbeitete Standards und Interpretationen** erstmals angewendet, ergibt sich aus dem jeweiligen Abschnitt „**Übergangsvorschriften**", wie zu verfahren ist. Fehlen solche Übergangsvorschriften, ist die erstmalige Anwendung entsprechend einer Änderung der Rechnungslegungsmethoden nach IAS 8 darzustellen (IAS 8.19). Wird das IFRS-**Normenwerk überhaupt zum ersten Mal angewendet**, greift IFRS 1; s. hierzu ausführlich Teil F, Rz. 5000 ff.

4.1.2 Ausübung offener IFRS-Wahlrechte

833 Fall (b) in Rz. 830 schließlich setzt die Existenz expliziter oder impliziter Methodenwahlrechte in den Standards und Interpretationen voraus, die nunmehr anders ausgeübt werden. Die nachfolgende Abbildung listet wichtige **Bewertungswahlrechte**[1] auf:

Wahlrecht	IAS	Verweis Rz.
Anlageimmobilien: Wechsel von der Anschaffungskosten- zur Fair value-Methode (bei einem umgekehrten Wechsel wird es als unwahrscheinlich angesehen, dass eine sachgerechtere Darstellung erreicht wird); stetig für alle investment properties	40.30	1455
Vorratsvermögen: FIFO oder Durchschnittsmethode; stetig anzuwenden für voneinander sachlich unterscheidbare Vorräte	2.25	1629
Finanzielle Vermögenswerte: Bestimmung des Zu- bzw. Abgangszeitpunktes: Handels- oder Erfüllungstag; stetig anzuwenden für jede Kategorie finanzieller Vermögenswerte	39.38	1850
Pensionsverpflichtungen: Erfassung versicherungsmathematischer Gewinne/Verluste: Anwendung des 10%-Korridors, Mehrverrechnung oder erfolgsneutrale Verrechnung (Änderungen in der *Ermittlung* der Gewinne/Verluste sind demgegenüber Schätzungsänderungen)	19.93	2435
Gemeinschaftsunternehmen: quotale Konsolidierung oder Bewertung at equity; stetig für alle Gemeinschaftsunternehmen	30.30	3600

Abb. 13: Offene Rechnungslegungswahlrechte nach IFRS

---

[1] Das Wahlrecht zur Anwendung der Neubewertungsmethode im Sachanlagevermögen oder bei immateriellen langfristigen Vermögenswerten findet sich in der Liste nicht, da bei einer Methodenänderung keine rückwirkende Anpassung erfolgt, Rz. 835.

4.2 Kein Stetigkeitsgebot bei neuen Geschäftsvorfällen und verdeckten Wahlrechten

Eine Durchbrechung des Stetigkeitsgrundsatzes liegt *nicht* vor, wenn eine (andere) Rechnungslegungsmethode gewählt wird, die sich auf veränderte Ereignisse oder Geschäftsvorfälle bezieht (IAS 8.16a). **834**

Beispiele:
- Die Veränderung des Abschreibungsplans einer Maschine, die auf Grund erheblicher Beanspruchung bislang degressiv abgeschrieben wurde und nunmehr wegen geringerer Beanspruchung künftig linear abgeschrieben werden soll, ist keine Änderung der Bewertungsmethode, sondern als „Änderung einer Schätzung" zu behandeln (IAS 16.61).
- Wird ein bedeutender Teil der Finanzinstrumente der Kategorie held-to-maturity veräußert, weil die Halteabsicht oder -fähigkeit nicht mehr besteht, so ist der Rest der Kategorie umzugliedern in available-for-sale (Rz. 1845 ff.). Für die Finanzinstrumente ist die Bilanzierungsmethode auf Grund der anderen Kategoriezuordnung zu ändern, aber es liegt kein Sachverhalt vor, der als Stetigkeitsdurchbrechung zu würdigen wäre.
- Gleiches gilt bei **verdeckten Wahlrechten**, etwa bei der Aktivierung von Entwicklungskosten, wenn die Einschätzung, ob ein Projekt voraussichtlich erfolgreich zum Abschluss gebracht werden wird (s. Rz. 1035), auf Grund neuerer Erkenntnisse anders lautet und Entwicklungskosten nun erstmalig aktiviert werden.

Ferner sind die Vorschriften über die Abbildung von Änderungen der Rechnungslegungsmethoden (IAS 8) *nicht* anzuwenden, **835**
- wenn auf neue oder **bislang unwesentliche Sachverhalte** erstmals IFRS-konforme Rechnungslegungsmethoden angewendet werden (IAS 8.16b) und
- bei erstmaliger Wahl der **Neubewertungsmethode** für immaterielle Vermögenswerte oder Sachanlagen (IAS 8.17 f.).

4.3 Durchführung der Methodenänderung

4.3.1 Retrospektive Methode

Für den oben abgegrenzten Anwendungsbereich sieht IAS 8.22 zur Darstellung der Änderung von Rechnungslegungsmethoden die **retrospektive Methode** vor. Die Änderung ist so vorzunehmen, als sei die nunmehr neu angewandte Methode schon immer angewendet worden. Die kumulierten Effekte aus im aktuellen Abschluss nicht mehr dargestellten Perioden sind mit dem Eröffnungsbilanzwert des Eigenkapitals (wir empfehlen: Gewinnrücklagen) der frühesten, im aktuellen Abschluss dargestellten Berichtsperiode zu verrechnen; das ist, da Vergleichszahlen des Vorjahres anzugeben sind, der Vorjahres-Eröffnungsbilanzwert. Ergebniswirksam werden damit nur solche Änderungen, die die aktuelle und die Vorjahres-Periode betreffen. Zur Feststellung des Mengengerüsts **836** der Sachverhalte, die ggf. den Vorjahres-Eröffnungsbilanzwert der Gewinnrücklagen verändern können, ist das Inventar zu diesem Zeitpunkt heranzuziehen.

Beispiel:

Ein Unternehmen habe zur Bewertung der Vorräte bislang die Durchschnittsmethode angewandt. Man will nun aber – Mitte 03 – auf die FIFO-Methode übergehen. Dann ist die FIFO-Methode rückwirkend auf die Vorräte anzuwenden. Hätte die FIFO-Methode bei ihrer Anwendung auf den 31.12.01/1.1.02 zu anderen Werten geführt? Bejahendenfalls ist per 1.1.02 der Vorratsbestand umzubewerten, mit Gegenbuchung bei den Gewinnrücklagen und Prüfung auf den Ansatz latenter Steuern. Auch das Geschäftsjahr 02, wie es im Abschluss 03 als Vergleichsvorjahr erscheint, wird geändert und ist nicht mehr identisch zum ursprünglich aufgestellten Abschluss 02. Bei der retrospektiven Änderung geht damit die **formelle Bilanzkontinuität** (Anfangsbilanz des Geschäftsjahres = Schlussbilanz des vorangegangenen Geschäftsjahres) verloren.

	1.1.02			31.12.02			31.12.03
	vor Änderung	Änderung	nach Änderung	vor Änderung	Änderung	nach Änderung	
Vorräte	3 500	– 100	3 400	3 300	– 300	3 000	3 600
Latente Steuerforderungen	0	30	30	0	90	90	90
Andere Vermögenswerte	6 500		6 500	7 400		7 400	8 200
Vermögenswerte	**10 000**	**– 70**	**9 930**	**10 700**	**– 210**	**10 490**	**11 890**
Eigenkapital	1 000	– 70	930	1 700	– 210	1 490	2 890
Schulden	9 000	0	9 000	9 000	0	9 000	9 000
Eigenkapital und Schulden	**10 000**	**– 70**	**9 930**	**10 700**	**– 210**	**10 490**	**11 890**
Umsatzerlöse				10 000		10 000	15 000
Materialaufwand				– 9 000	– 200	– 9 200	– 13 000
Laufende/Latente Steuern				– 300	60	– 240	– 600
Jahresüberschuss	**0**	**0**	**0**	**700**	**– 140**	**560**	**1 400**
Eigenkapital 1.1.				*1 000*		*930*	*1 490*
Eigenkapital 31.12.				*1 700*		*1 490*	*2 890*

Das Beispiel zeigt:

– Die „**erfolgsneutrale Änderung**" bezieht sich nur auf den *Beginn* der **Vorjahres-Vergleichsperiode** (hier: 1.1.02 = –70).

– Hinzu kommt die **Ergebnisauswirkung 02** (– 140): Diese ist aus der geänderten GuV zu erkennen und ergibt sich aus dem Vergleich der geänderten

VIII. Anwendung und Änderung von Rechnungslegungsmethoden

Bilanz 31.12.02 mit der Vorjahresanfangsbilanz (1.1.02) unter Erfassung latenter Steuern. Für den Abschluss 02 ist diese Änderung also erfolgswirksam; aus der Perspektive des Abschlusses 03 dagegen erfolgsneutral, so dass sie (zusammen mit den – 70 per 1.1.02) erst zu Beginn des laufenden Geschäftsjahres (1.1.03) gegen Gewinnrücklagen gebucht wird:

Buchungen per 1.1.03:	Soll	Haben
Gewinnrücklagen (– 70 – 140)	210	
latente Steuerforderungen	90	
Vorräte		300

– Die Anwendung der FIFO-Methode **in der laufenden Berichtsperiode** (03) wirkt sich auf das **Ergebnis** aus.

Schon durch diese Vorgehensweise beim Umgang mit der Änderung von Rechnungslegungsmethoden wird deutlich, dass es in der IFRS-Rechnungslegung ein strenges **Kongruenzprinzip**[1], wonach die Summe der Periodengewinne gleich dem Totalgewinn während der gesamten Existenz des Unternehmens ist, nicht gibt: Das Kongruenzprinzip erfordert die Einhaltung der formalen Bilanzidentität. Im Beispiel weicht der Totalgewinn um die Anpassung der Bilanz zum 1.1.02 (70) von der Summe der Periodengewinne ab.[2] Verstöße gegen das Kongruenzprinzip gibt es insbesondere auch durch die optionale Anwendung der Neubewertungsmethode bei Sachanlagen und immateriellen Vermögenswerten des Anlagevermögens sowie bei der Bilanzierung von Unternehmenszusammenschlüssen nach IFRS 3 (2004), Rz. 3717 ff.[3]

837

Die **retrospektive Anpassung** betrifft nicht nur die Bilanz und die Gewinn- und Verlustrechnung des **Vorjahres**, sondern hat Folgewirkungen auch auf andere Berichtsinstrumente, für die Vorjahreszahlen anzugeben sind:

838

– Der **Eigenkapitalspiegel** ist regelmäßig betroffen: Hier wird die Verrechnung des Anpassungsbetrages der Vorperioden mit den Rücklagen deutlich.
– Da der **Anlagenspiegel** nach IAS 16, IAS 38 und nach IAS 40 nicht nur das Berichtsjahr, sondern auch das Vergleichsvorjahr umfasst, sind entsprechende Korrekturen ggf. auch hier erforderlich.
– Das **Ergebnis je Aktie** kann zu korrigieren sein (IAS 33.64a), sofern das Jahresergebnis des Vorjahres geändert worden ist.
– Die **Segmentberichterstattung** kann betroffen sein.
– Bei der **Kapitalflussrechnung** kann sich auf Grund einer Bilanzierungsänderung am Finanzmittelfonds keine Änderung ergeben. Sofern sich jedoch in der Gewinn- und Verlustrechnung des Vergleichsvorjahres Beträge geändert haben, können sich diese auch in der Aufgliederung der Mittelverwendung aus laufender Geschäftstätigkeit bei indirekter Darstellung niederschlagen.

---

1 Vgl. *Busse von Colbe* in Moxter u.a. (Hrsg.), FS Forster, 1992, S. 125.
2 Unter Einbeziehung von „Fehlerkorrekturen und Bilanzierungs- und Bewertungsänderungen" herrscht jedoch wiederum Identität.
3 Vgl. *Theile/Pawelzik*, KoR 2004, 94 (98): „... die IAS (tragen) die Nichtbeachtung des Kongruenzprinzips wie einen Bauchladen vor sich her."

Wir haben zwei weitere Beispiele zur Vorgehensweise bei der Änderung von Rechnungslegungsmethoden in den Abschnitt C eingearbeitet. Diese betreffen
- den ab 2009 erforderlichen Übergang zur Aktivierung von Zinskosten bei qualifying assets (Rz. 1146) und
- den Übergang von einer Bewertung zu fortgeführten Anschaffungskosten zum Fair value bei Anlageimmobilien (Rz. 1455 ff.).

4.3.2 Prospektive Methode

839 In der Praxis ist es nicht immer möglich, neue Rechnungslegungsmethoden auf Grund veränderter Ausübung von Bilanzierungswahlrechten oder auf Grund der zwingenden Anwendung neuer Regelungen rückwirkend anzuwenden. Immerhin müsste, je nach Art der Änderung, mitunter in den originären Buchungsunterlagen der Konzerngesellschaften „nachgeforscht" werden. Daher limitieren bereits die **Aufbewahrungsfristen** für Geschäftsunterlagen, die obendrein in einem international operierenden Konzern ganz unterschiedlich sein können, von vornherein die Möglichkeit, rückwirkend anzupassen.

Dies erkennt auch der IASB an und lässt die **prospektive Änderung von Rechnungslegungsmethoden** ab einem bestimmten Zeitpunkt zu (Rz. 840), wenn die *retrospektive Änderung undurchführbar* wäre. Undurchführbarkeit liegt vor, wenn (IAS 8.5)

(a) der Anpassungseffekt nicht bestimmbar wäre,

(b) Annahmen über die Intentionen des Managements früherer Perioden zur Bestimmung des Anpassungsbetrags nötig wären (s. hierzu IAS 8.53) oder

(c) zur retrospektiven Anpassung in erheblichem Umfang Schätzungen notwendig wären, wobei deren Informationsgrundlagen bis zur Veröffentlichung der damaligen Abschlüsse entweder nicht bekannt waren oder von anderen Informationsgrundlagen nicht klar zu trennen sind. Anders gewendet: Bei retrospektiver Anpassung sollen für die früheren Perioden auch nur solche Schätzungen verwendet werden, die damals bekannt waren.

Beispiele:

Das Nichtvorhandensein von Aufzeichnungen ist etwa ein Anwendungsfall von (a). Dasselbe gilt, wenn die Daten zwar vorhanden, aber nicht entsprechend aufbereitet sind (IAS 8.50). Ein Anwendungsfall von (c) liegt explizit vor, wenn die rückwirkende Anpassung die Bestimmung vergangener Fair values erforderte, die schon damals wegen fehlender Marktpreise und Schätzgrundlagen nicht bestimmt werden konnten (IAS 8.52).

840 Demzufolge ist bei den Änderungen von Rechnungslegungsmethoden oder bei zwingender Anwendung neuer Regelungen wie folgt vorzugehen: Es ist jene Periode zu bestimmen, bis zu der die rückwirkende Anwendung durchführbar ist. Das ist die Periode, in der eine der in Rz. 839 genannten Ausnahmen greift. Dabei kann es sich auch um die **Berichtsperiode** handeln (IAS 8.24).

VIII. Anwendung und Änderung von Rechnungslegungsmethoden

> **Beispiel:**
> Das Management stellt fest, dass bei einer Änderung der Rechnungslegungsmethoden in 04 die Rückverfolgung der Sachverhalte, die per 1.1.03 inventarisiert sind, nicht bis zu ihrer Einbuchung, sondern nur bis zum 1.1.01 möglich ist. Damit sind (nur) die Auswirkungen der Änderungen der Rechnungslegungsmethoden der Jahre 01 und 02 per 1.1.03 mit den Gewinnrücklagen zu verrechnen.
> **Variante:** Die Rückverfolgung sei generell nicht möglich. Dann wirkt sich die Änderung der Rechnungslegungsmethode erst ab dem Zeitpunkt der Änderung (04) auf neue Sachverhalte aus.

frei 841–849

5. Darstellungsstetigkeit und ihre Durchbrechung

Auch für die **Art der Darstellung** gilt das Stetigkeitsgebot (s. Rz. 810), damit Zeitvergleiche der Abschlussinformationen möglich sind. Gerade aber im Hinblick auf die Darstellung des Abschlusses bestehen zahlreiche Wahlrechte. Die nachfolgende Abbildung listet einige wesentliche Darstellungswahlrechte auf: 850

Wahlrecht	IAS	Verweis Rz.
Bilanz: Zusammenfassung oder Auflösung von Posten, tiefere Untergliederung im Anhang oder in der Bilanz	1.77	4130 ff.
Gesamtergebnisrechnung: Single-Statement oder zwei Statements	1.81	4315
Gewinn- und Verlustrechnung: Gesamtkosten- oder Umsatzkostenverfahren	1.99	4210 ff.
Gewinn- und Verlustrechnung: Zuordnung von Posten zum Betriebs- oder Finanzergebnis, z.B. Zinsen oder Beteiligungen, die nach der Equity-Methode bewertet werden	1.BC55 f.	4230 ff.
Other comprehensive income und latente Steuern: Brutto- oder Nettodarstellung der einzelnen Komponenten	1.91	4318
Kapitalflussrechnung: indirekte oder direkte Darstellung des Mittelflusses aus operativer Tätigkeit	7.18	4420 ff.
Kapitalflussrechnung, Startpunkt bei indirekter Darstellung: Jahresergebnis oder EBIT	implizit	4431
Kapitalflussrechnung: Zuordnung von Zinsen, Dividenden und Steuern	7.31, 7.35	4440 f.
Zwischenberichterstattung: Verkürzung der Berichtsinstrumente	34.8	4810

Abb. 15: Wichtige Darstellungswahlrechte im IFRS-Abschluss

Schon die bloße Auflistung vermittelt einen Eindruck, wie schwierig nach wie vor der Vergleich unterschiedlicher Unternehmen ist.

851 Die **Darstellung** und der **Ausweis/die Klassifikation von Posten** im Abschluss sind von einer Periode zur nächsten **beizubehalten**, solange nicht

(a) eine wesentliche **Änderung des Tätigkeitsfeldes** des Unternehmens oder eine Überprüfung der Darstellung seines Abschlusses zeigt, dass eine Änderung zu einer **angemesseneren Darstellungsweise** unter Berücksichtigung der Auswahl von Rechnungslegungsmethoden führt (IAS 1.45a), oder

(b) eine Änderung der Darstellungsweise von einem IAS/IFRS oder einer Interpretation des SIC/IFRIC **verlangt** wird (IAS 1.45b).

Eine wesentliche Änderung des Tätigkeitsfeldes von Konzernen kann sich z.B. durch bedeutende Erwerbe oder Veräußerungen von Unternehmens-(Konzern-)teilen ergeben.

852 Wird die Darstellungsstetigkeit durchbrochen, müssen Art, Betrag und Grund für die Änderung angegeben und die **Vorjahreszahlen** im Abschluss angepasst werden. Sollte die Anpassung ausnahmsweise nicht praktikabel sein, müssen die Gründe für die unterlassene Anpassung und die Art der Änderung angegeben werden, die im Falle einer Umgliederung vorgenommen worden wären (IAS 1.41 f.). Dies entspricht § 265 Abs. 1 und Abs. 2 HGB, bezieht sich jedoch nicht nur auf Bilanz und Gewinn- und Verlustrechnung, sondern auf **alle Berichtsinstrumente**.

Beispiele:

(a) Im Abschluss 01 sind vermietete Immobilien (= Anlageimmobilien, *investment properties*) wegen Unwesentlichkeit nicht gesondert angegeben, sondern unter den Sachanlagen ausgewiesen worden. Durch den Zukauf weiterer Immobilien, die vermietet werden, werden Anlageimmobilien nunmehr als wesentlich angesehen und im Abschluss 02 gesondert ausgewiesen. Dann ist, sofern praktikabel, auch für das Vergleichsvorjahr 01 der Buchwert der Anlageimmobilien anzugeben. Entsprechende Änderungen sind auch im Anlagenspiegel vorzunehmen.

(b) Im Abschluss 02 ist wegen der Veränderung des Tätigkeitsfeldes die Segmentzuordnung geändert worden. Durch zugleich durchgeführte EDV-Systemänderungen wird eine rückwirkende Anpassung aber als unpraktikabel angesehen (IAS 1.41). Hierüber wird berichtet. Ebenso wird berichtet, welche Segmente und welche wesentlichen Posten betroffen gewesen wären, hätte man rückwirkend angepasst.

(c) **Deutsche Post World Net, Geschäftsbericht 2003, S. 101:** „Der Zinsaufwand aus abgezinsten Pensionsverpflichtungen und denjenigen sonstigen verzinslichen Rückstellungen, die nach IAS 19 zu bewerten sind, wird im Geschäftsjahr 2003 erstmals im Finanzergebnis ausgewiesen. Für das Geschäftsjahr 2003 ergab sich daraus eine Belastung des Finanzergebnisses in Höhe von 578 Mio. Euro. Dies betrifft in erster Linie den Zinsaufwand aus abgezinsten Pensionsrückstellungen. Die Vorjahreszahl wurde in Höhe von 548 Mio. Euro angepasst. (...)

Ausweisänderung in Mio. Euro	2002	2002 geändert	Veränderung
Personalaufwand	– 13 772	– 13 313	+ 459
Sonstiger betrieblicher Aufwand	– 6 946	– 6 857	+ 89
Sonstiges Finanzergebnis	– 115	– 663	– 548

Mit den Ausweisänderungen geht eine verbesserte Darstellung der Vermögens- und Ertragslage einher."

frei 853–859

6. Änderung von Schätzungen

Für viele Bilanzposten sind Schätzungen (Ausfüllung von Beurteilungs- und Ermessensspielräumen) erforderlich; im Bereich der Nutzungsdauern von Anlagevermögen, bei der Einschätzung von Forderungsausfällen oder bei Rückstellungen liegt das auf der Hand. Schätzungen sind aber auch vorzunehmen, wenn es um die Aktivierung selbst erstellter immaterieller Vermögenswerte des Anlagevermögens (s. Rz. 1030 ff.) oder die Feststellung erzielbarer Beträge im Rahmen eines Wertminderungstests (s. Rz. 1555 ff.) geht. Zahlreiche Einzelstandards sehen Angabepflichten über die Ausfüllung von Beurteilungsspielräumen vor (s. im Einzelnen jeweils Teil C, Rz. 1000 ff.). 860

Für zu schätzende Sachverhalte – IAS 8 enthält keine Definition von Schätzungen, sondern in IAS 8.32 einige Beispiele (zur Abgrenzung von Rechnungslegungsmethoden s. Rz. 812 ff.) – sind jeweils die letzten zur Verfügung stehenden, zuverlässigen Informationen zu beachten. Dem Management *neu zugegangene Informationen* können zu veränderten Schätzungen führen.

Die Auswirkungen von Schätzungsänderungen sind periodengerecht in der Berichtsperiode oder, soweit die Schätzung auch künftige Perioden betrifft (Nutzungsdauern, Rückstellungen), in eben diesen künftigen Perioden zu erfassen (IAS 8.36). Dabei gilt: 861

(a) Die **Anpassung** folgt in der Frage der Erfolgswirksamkeit der Bilanzierung des entsprechenden Bilanzpostens: Die Änderung eines Forderungsbestands durch erhöhte Abschreibung wegen gestiegener Ausfallwahrscheinlichkeit wird erfolgswirksam erfasst (IAS 8.36), wohingegen ein veränderter Fair value eines Wertpapiers der Kategorie available-for-sale zu einer erfolgsneutralen Anpassung führt (IAS 8.37 i.V.m. IAS 8.BC33), es sei denn, es läge eine Wertminderung vor.

(b) Es ist **prospektiv** anzupassen. Dies bedeutet z.B. bei einer Änderung der Abschreibungsdauer: Der Buchwert wird auf die Restnutzungsdauer verteilt[1] (*unzulässig* ist die Erfassung der bisher unterlassenen oder zu viel

---

[1] Vgl. *Driesch* in Beck'sches IFRS Handbuch, 2. Aufl. 2006, § 44 Rz. 35.

verrechneten Abschreibung in der Periode der Periodenänderung, sog. *cumulative catch up*, es sei denn, IFRS sieht eine solche Methode explizit vor, wie bei IAS 11.38 zu Fertigungsaufträgen[1]).

862 Der **Ergebniseffekt der Schätzungsänderung** ist bei der Korrektur von Forderungen/Rückstellungen u.ä. zweckmäßigerweise in sonstigen betrieblichen Aufwendungen bzw. Erträgen zu erfassen. Eine Korrektur gegen die ursprünglichen GuV-Posten ist wegen der Periodenverschiebung nicht sachgerecht.

863 Für die Veränderung von Schätzungen im Zusammenhang mit **Entsorgungsverpflichtungen** von Sachanlagen besteht mit IFRIC 1 eine Sonderregelung, die mit IAS 8 kompatibel ist (Rz. 1133 und Beispiel in Rz. 5072).

864 Bei der Änderung einer Schätzung handelt es sich regelmäßig *nicht* um eine **Fehlerkorrektur** (IAS 8.34). Von einem Fehler kann nur dann gesprochen werden, wenn wesentliche bewertungsrelevante Informationen eigentlich hätten bekannt gewesen sein müssen, jedoch nicht in der ursprünglichen Schätzung verarbeitet worden sind, so dass die Schätzung von Anfang an falsch und irreführend für den Abschlussadressaten gewesen ist.

865–869 frei

7. Abbildung entdeckter Fehler

870 Unter den Begriff des Fehlers fasst IAS 8.5 Rechenfehler, Fehlanwendung der Rechnungslegungsmethoden, das Übersehen oder fehlerhafte Interpretieren von Informationen und Betrug.

Beispiele für Fehler:
- Beim Erwerb eines Grundstückes sind Notargebühren nicht aktiviert worden.
- Bei der Umrechnung einer Fremdwährungsverbindlichkeit ist statt des Stichtagskurses der Jahresdurchschnittskurs verwandt worden.
- Bei Beurteilung der Einbeziehungspflicht einer anderen Gesellschaft wurde nur gewürdigt, dass Stimmrechtsmehrheit nicht vorliegt; der Vertrag, der es ermöglicht, die Mehrheit der Stimmen bei Sitzungen des Board of Directors beim Unternehmen zu bestimmen, wurde übersehen.
- Betrügerisches Vorgehen (das nach nationalem Verständnis zur Nichtigkeit des Jahresabschlusses nach § 256 Abs. 5 AktG führt, ungeachtet dessen, dass die Vorschrift weder unmittelbar noch analog auf den Konzernabschluss anzuwenden ist).[2]

---

[1] Vgl. *Blaum/Holzwarth* in Baetge u.a. (Hrsg.), Rechnungslegung nach IFRS, 2007, IAS 8 Rz. 122.

[2] Zur Auslegung des § 256 Abs. 5 AktG s. WP-Handbuch Bd. I, 13. Aufl. 2006, Abschn. U, Rz. 219 ff.

Die Existenz von Fehlern kann die Güte eines IFRS-Abschlusses negativ be- 871
einflussen. So steht nach IAS 8.41 ein Abschluss nicht in Übereinstimmung
mit den IFRS, wenn er entweder

(a) wesentliche Fehler oder

(b) unwesentliche Fehler, die absichtlich herbeigeführt worden sind, um ein
bestimmtes Bild des Unternehmens zu zeichnen (u.a. Betrug),

enthält. Bei der Beurteilung der Wesentlichkeit sind Größe und/oder Art des
Postens in seiner Wirkung auf (mögliche) ökonomische Entscheidungen der
Abschlussadressaten zu würdigen. (IAS 8.5).[1] Soll in der obigen Aufzählung
der Buchstabe (b) logisch nicht ins Leere laufen[2], können damit nur *qualitativ
wesentliche Fehler* gemeint sein, selbst wenn diese **betragsmäßig nicht ins
Gewicht** fallen, bspw. wenn ein geringer Anteil von Umsätzen verschoben
wird, um einen stetig steigenden Umsatztrend zu zeigen.[3]

Diese Überlegungen führen somit zu folgendem Umgang mit im Abschluss 872
entdeckten Fehlern:

– Werden während der Aufstellung des Abschlusses *unwesentliche* Fehler
  entdeckt, sind sie in der aktuellen Berichtsperiode zu korrigieren, unabhängig davon, wann sie sich ereignet haben.

– Wird ein *wesentlicher* Fehler entdeckt, der in der laufenden Periode verursacht worden ist, so ist er auch in der laufenden Periode zu korrigieren.

– Wurde hingegen ein *wesentlicher* Fehler in einer *früheren* Periode verursacht, so ist er in dieser früheren Periode retrospektiv zu korrigieren, so, als
  wäre der Fehler nicht gemacht worden. Sollte eine rückwirkende Korrektur
  undurchführbar sein, ist ab dem Zeitpunkt der Durchführbarkeit, hilfsweise
  also erst in der laufenden Berichtsperiode zu korrigieren. Die Erwägungen
  hierzu und das Verfahren entsprechen dem der Änderung von Rechnungslegungsmethoden (s. oben Rz. 836 ff.).

Änderungen der Steuerbilanzwerte auf Grund **steuerlicher Betriebsprüfungen** 873
schlagen nicht auf einen IFRS-Abschluss durch, sofern in diesem nach IFRS-
Kriterien „richtig" bilanziert worden ist. Die Änderungen der Steuerbilanzwerte können aber Konsequenzen haben für die Berechnung latenter Steuern
im IFRS-Abschluss. Zu diesen Sonderproblemen s. Rz. 2665 ff.

Zu einer Fehlerkorrektur kann es auch auf Grund des sog. **Enforcement** durch 874
die Deutsche Prüfstelle für Rechnungslegung kommen (Rz. 150).[4]

frei 875–879

---

1 Zur Beurteilung der Wesentlichkeit vgl. *Erchinger/Melcher*, KoR 2008, 616 (619 ff.).
2 Da eine Information immer dann als wesentlich gilt, wenn ihr Weglassen oder ihre
  fehlerhafte Darstellung die Entscheidungen der Abschlussadressaten beeinflussen
  können, IAS 1.7.
3 Vgl. *Zabel*, New York Law Journal, January 2002, 15 zur amerikanischen Gerichtspraxis, zit. nach *Lüdenbach* in Haufe IFRS Kommentar, 7. Aufl. 2009, § 1 Rz. 68 a.E.
4 Vgl. die Auswertung der bis Mitte 2007 erfolgten Prüfverfahren durch *von Keitz/
  Stolle*, KoR 2008, 213 ff.

8. Anhangangaben

880 Die Anhangangaben zu Rechnungslegungsmethoden sowie zur Erstanwendung eines neuen oder überarbeiteten Standards oder einer Interpretation (IAS 8.28) stellen wir ausführlich in Rz. 4510 ff. dar. Zu einem Formulierungsvorschlag bei der retrospektiven Anpassung von Vorjahresabschlüssen vgl. Rz. 852 (c).

881 Bei einer anderen Ausübung eines **Rechnungslegungsmethodenwahlrechts** sind Angaben nach IAS 8.29 erforderlich. Hervorzuheben ist hier das Erfordernis einer Begründung, warum die neue Methode zuverlässige und relevantere Informationen vermittelt.

882 In Bezug auf Schätzungsänderungen sind unter dem Vorbehalt der *Wesentlichkeit* **Art und Betrag der Schätzungsänderung** anzugeben, sofern sie sich auf die Berichtsperiode beziehen. Sind auch künftige Perioden betroffen, ist ebenfalls die Art der Schätzungsänderung anzugeben und, soweit möglich, der Betrag. Falls eine Schätzung des Betrags für künftige Perioden nicht durchführbar ist, ist dies anzugeben (IAS 8.39 f.).

883 Bei einer Korrektur **wesentlicher Fehler** sind die Angaben nach IAS 8.49 erforderlich. Sie entsprechen weitgehend jenen aus IAS 8.29, die bei Änderungen einer Rechnungslegungsmethode zu machen sind (Rz. 881).

884–999 frei

C. Ansatz und Bewertung der Bilanzposten sowie Angabepflichten

In diesem Teil des Buches erläutern wir die **Erstellung** der **Einzelbilanz** und der 1000
sog. **Handelsbilanz II** nach IFRS. Die Reihenfolge der Kapitel orientiert sich
grob am international üblichen Gliederungsschema der Bilanz (s. Rz. 4100 ff.).

Die Handelbilanz II ist Grundlage der Konsolidierung und damit für das Mutterunternehmen und alle vollkonsolidierten Unternehmen sowie nach der Quotenkonsolidierung einbezogene Gemeinschaftsunternehmen erforderlich. Auch bei assoziierten Unternehmen soll grundsätzlich der Beteiligungsansatz auf Basis eines IFRS-Abschlusses ermittelt werden.

Eine Bilanzierung nach IFRS führt zu zahlreichen Unterschieden zur **Steuerbilanz**, die in der Regel den Ansatz latenter Steuern erforderlich machen. Wir weisen bei praxisrelevanten Stellen in den einzelnen Kapiteln darauf hin. Die Details zur Bilanzierung latenter Steuern finden sich zusammengefasst in Kapitel XVI (Rz. 2600).

Schließlich geben wir an verschiedenen Stellen bereits Hinweise auf nachfolgende Konsolidierungsprobleme, so dass diese schon im Vorfeld berücksichtigt werden können.

I. Immaterielle Vermögenswerte des Anlagevermögens (IAS 38)

1. Überblick und Wegweiser

1.1 Standards und Anwendungsbereich

IAS 38 enthält Regelungen zum Ansatz und zur planmäßigen Erst- und Folge- 1001
bewertung **immaterieller Vermögenswerte des Anlagevermögens** sowie über
Anhangangabepflichten. Außerplanmäßige Abschreibungen (Wertminderungen, *impairment*) sind dagegen in IAS 36 geregelt; diese erläutern wir in Kapitel VI (Rz. 1500).

IAS 38 ist am 31.3.2004 neu gefasst worden. Seither hat es einige kleinere 1002
Änderungen gegeben, zuletzt durch IFRS 3 (Januar 2008) und die jährlichen
Verbesserungsstandards (Mai 2008, bereits von der EU genehmigt, und April
2009, noch nicht genehmigt). Diese Änderungen sind in unserem Text berücksichtigt.

Ergänzt wird IAS 38 durch SIC-32, der Spezialregelungen zur Aktivierung der 1003
Aufwendungen für die Erstellung von Internetseiten enthält.

Grundsätzlich soll IAS 38 auf die Bilanzierung *aller* immateriellen Vermö- 1004
genswerte angewendet werden, also nicht nur auf solche des Anlagevermögens. Tatsächlich aber ist IAS 38 auf Grund umfangreicher Ausnahmen im Anwendungsbereich nur ein **nachrangiger Standard**, denn jeder andere Standard, der (auch) immaterielle Vermögenswerte zum Gegenstand hat, geht im Anwendungsbereich vor. In der Praxis bedeutsam sind vor allem:

– Immaterielle Vermögenswerte, die für den **Verkauf im normalen Geschäftsgang** vorgesehen sind. Hier sind IAS 2 (Vorräte, z.B. die Massenherstellung von Software) und im Falle von Auftragsfertigung und bei Dienstleistungen IAS 11 (Fertigungsaufträge, z.B. die Ausführung einer kundenspezifischen Entwicklungsleistung) bzw. IAS 18 (Erträge) einschlägig.

– Die Bilanzierung eines im Rahmen eines Unternehmenszusammenschlusses entstandenen **Goodwill** richtet sich nach IFRS 3.

– Werden **Geschäftsbereiche eingestellt**, die immaterielle Vermögenswerte nach IAS 38 enthalten oder ist deren Veräußerung vorgesehen, kommt die Anwendung von IFRS 5 in Betracht.

– Es bestehen **branchenspezifische Ausnahmen**: Immaterielle Vermögenswerte aus Versicherungsverträgen eines Versicherers unterliegen dem IFRS 4, wohingegen sich die Angabepflichten wiederum nach IAS 38 richten. Ferner ist die Bilanzierung von Abbau- und Schürfrechten sowie die Behandlung von Ausgaben zur Erschließung, Förderung oder Abbau nicht regenerativer Urprodukte (Öl, Gas, Mineralien usw.) aus dem Anwendungsbereich des IAS 38 ausgenommen; zu diesem Problemfeld ist Ende 2004 IFRS 6 veröffentlicht worden. Bei diesen branchenspezifischen Ausnahmen ist jedoch zu beachten, dass *andere* (= nicht branchenspezifische) immaterielle Vermögenswerte nach wie vor in den Anwendungsbereich des IAS 38 fallen, also etwa die Software eines Versicherungsunternehmens oder eines Gasförderunternehmens (IAS 38.7).

– Die weiteren, in IAS 38.2 f. genannten Ausnahmen haben klarstellenden Charakter (z.B. Finanzinstrumente nach IAS 39, latente Steuern nach IAS 12).

1005 Immaterielle Vermögenswerte können auch auf Grund von **Leasingvereinbarungen** genutzt werden. In diesem Fall ist die Frage des wirtschaftlichen Eigentums nach IAS 17 zu prüfen, s. Rz. 1300.

Bestimmte **Lizenzvereinbarungen bzw. Überlassungsverhältnisse**, insbesondere aus dem wissenschaftlichen/künstlerischen Bereich[1] – z.B. über Patente und Filmrechte, Copyrights und Aufführungs- und Senderechte (IAS 17.2b und IAS 38.6) –, unterliegen jedoch im Hinblick auf die Prüfung der Zurechnung des wirtschaftlichen Eigentums nicht dem IAS 17. In diesen Fällen ist die wirtschaftliche Substanz des Vertrages zu analysieren. Ähnelt er einem Mietvertrag, erwirbt der **Lizenznehmer** von vornherein kein wirtschaftliches Eigentum.[2] Sollte jedoch der Lizenzgeber in wirtschaftlicher Betrachtungsweise „entäußert" haben, so dass sämtliche wesentlichen Nutzungsrechte und die Verfügungsmacht auf den Lizenznehmer übergegangen sind, aktiviert letzterer den immateriellen Vermögenswert (s. auch IAS 18, Anhang Ziff. 20 sowie Rz. 644).

1006–1007 frei

---

1 Siehe *Thiele/Kühle* in Thiele/von Keitz/Brücks, Internationales Bilanzrecht, 2008, IAS 38, Rz. 124.
2 Zu einem Beispiel der Bilanzierung solcher Lizenzvereinbarungen s. Rz. 642.

1.2 Wesentliche Abweichungen zum HGB

Mit dem Bilanzrechtsmodernisierungsgesetz sollen die HGB-Vorschriften im Hinblick auf immaterielle Sachverhalte den IFRS angenähert werden. Ursprünglich war eine Aktivierungspflicht für Entwicklungskosten vorgesehen; es ist nun ein Wahlrecht geworden.[1] 1008

	HGB alt	HGB BilMoG	IFRS
Forschungskosten	Ansatzverbot	Ansatzverbot	Ansatzverbot
Entwicklungskosten	Ansatzverbot	Ansatzwahlrecht (Rz. 169 f.)	(bedingtes) Ansatzgebot
Aufwendungen für Ingangsetzung und Erweiterung des Geschäftsbetriebs	Ansatzwahlrecht	Ansatzverbot	Ansatzverbot
Goodwill (Geschäfts- oder Firmenwert), Rz. 1505	Ansatzwahlrecht	Ansatzgebot	Ansatzgebot

Bei der Folgebewertung des Goodwills kommt nach IFRS 3 ausschließlich der sog. Impairment-only-Ansatz zur Anwendung: Der Goodwill ist nicht planmäßig abzuschreiben, sondern unterliegt einer jährlichen und ggf. zusätzlich anlassbezogenen Prüfung auf Werthaltigkeit (*Impairment-test*). Ein Goodwill nach HGB (BilMoG) ist zwar im Fall einer Wertminderung auch einer außerplanmäßigen Abschreibung zugänglich, muss jedoch vor allem über seine Nutzungsdauer planmäßig abgeschrieben werden.

1.3 Neuere Entwicklungen

Mit dem im April 2009 veröffentlichten jährlichen Änderungsstandard sind einige Klarstellungen beim Zugang und bei der Fair value-Bewertung immaterieller Vermögenswerte im Zusammenhang mit einem Unternehmenserwerb erfolgt, die jedoch ohne praktische Bedeutung sind.[2] Größere Änderungen an IAS 38 sind derzeit nicht geplant. 1009

2. Ansatz

2.1 Definitionsmerkmale immaterieller Vermögenswerte

2.1.1 Begriff des immateriellen Vermögenswerts

Grundvoraussetzung der Bilanzierung aller und damit auch immaterieller Sachverhalte ist die Vermögenswerteigenschaft. Im Übrigen bemüht sich IAS 38.8 in Abgrenzung zu anderen Sachverhalten um eine Beschreibung dessen, was einen **immateriellen Vermögenswert** (*intangible asset*) ausmacht: 1010

– ein **identifizierbarer** (*identifiable* = Abgrenzung zum Goodwill),

---

1 Vgl. zu den BilMoG-Neuerungen *Theile*, WPg 2008, 1064 ff.
2 Vgl. *Semjonow*, WPg 2009, 90 (95).

- **nicht monetärer** (*non-monetary* = Abgrenzung zu Zahlungsmitteln, Forderungen, Ausleihungen u.Ä., s. IAS 21.16. Die Abgrenzung ist indes überflüssig, da IAS 38 ein nachrangiger Standard ist und die genannten Sachverhalte ohnehin nach IAS 39 zu beurteilen sind),
- **Vermögenswert** (*asset*),
- **ohne physische Substanz** (*without physical substance* = Abgrenzung zu Sachanlagen).

IAS 38.9 f. listet Beispiele für immaterielle Sachverhalte auf, etwa Lizenzen, Warenzeichen, Patente, Kundenlisten, Absatzrechte usw. ungeachtet dessen, ob sie ansatzpflichtig sind oder nicht, beispielsweise infolge eines expliziten Ansatzverbots.

2.1.2 Identifizierbarkeit

1011 **Identifizierbar** ist ein immaterieller Vermögenswert, wenn er sich klar von einem Geschäfts- oder Firmenwert (Goodwill) abgrenzen lässt (IAS 38.11). Hierzu ist erforderlich, dass der Vermögenswert

- **separierbar** ist (= abtrennbar vom Unternehmen) und daher veräußert, vermietet, lizensiert, übertragen oder getauscht werden kann, entweder einzeln oder zusammen mit einem Vertrag, Vermögenswert oder einer Schuld *oder*
- mit einem **Recht** (Vertrag oder Gesetz) verbunden ist, wobei es dann auf die Separierbarkeit nicht ankommt.

Aufwendungen für die Ingangsetzung des Geschäftsbetriebes, die **Mitarbeiterschulung** und **Werbung** genauso wie positive Synergieeffekte aus einem Unternehmenserwerb gelten von vornherein nicht als spezielle immaterielle Vermögenswerte, die der obigen Definition genügen; es herrscht insoweit ein **Ansatzverbot**.

1012 Häufig sind immaterielle Vermögenswerte, die mit einem Recht verbunden sind, auch separierbar. Das ist aber nicht immer der Fall. Ein Gegenbeispiel stellen die Aufwendungen für den eigenen Internet-Auftritt dar: Die Internet-Seiten sind mit einem Recht verknüpft, so dass, sofern der künftige Nutzenzufluss nicht in Frage gestellt wird (SIC-32.8), bestimmte Aufwendungen als Entwicklungskosten zu aktivieren sind.[1] Auf die wohl in Frage zu stellende Separierbarkeit kommt es hier gar nicht an.

Im Ergebnis entspricht das Kriterium der Identifizierbarkeit dem der **Greifbarkeit** im deutschen Bilanzrechtsverständnis.[2]

---

[1] S. auch die IASB-Begründungserwägungen in IAS 38 BC10.
[2] S. hierzu *Moxter*, Bilanzrechtsprechung, 5. Aufl. 1999, S. 11 f. sowie *Herzig*, IAS/IFRS und steuerliche Gewinnermittlung, 2004, 94.

	Identifizierbar: Verwertbarkeit oder mit Recht verbunden	**Nicht identifizierbar:** Nur mit dem Unternehmen als Ganzes verbunden
separat (entgeltlich) erworben	Aktivierungspflicht*	*Entfällt*
mit anderen Vermögenswerten oder einem ganzen Unternehmen entgeltlich erworben	Aktivierungspflicht*	Aktivierungspflicht (Geschäfts- oder Firmenwert, Goodwill als Restgröße)
selbst erstellt	Aktivierungspflicht (der Aufwendungen der Entwicklungsphase) bei zusätzlicher Erfüllung besonderer Kriterien (s. Rz. 1035 ff.)	Aktivierungsverbot

* Bei Erfüllung der Ansatzkriterien (s. Rz. 1020).

Abb. 16: Identifizierbarkeit immaterieller Sachverhalte[1]

2.1.3 Physische Substanz

Hinsichtlich des Vorhandenseins physischer Substanz ist wie auch nach HGB eine Beurteilung der Wesentlichkeit erforderlich (IAS 38.4). So ist **Anwendungssoftware** insgesamt ein immaterieller Vermögenswert, weil beispielsweise eine Diskette oder CD-ROM als physisches Trägermedium unwesentlich ist. **Systemsoftware** zählt demgegenüber zu den Kosten der physischen Hardware.[2]

Entstehen im Rahmen eines Entwicklungsprojekts physische Güter – z.B. Prototypen –, bleibt die Einstufung als immaterieller Vermögenswert bestehen.[3] Das ist indirekt ableitbar aus IAS 38.59c: Sind Entwurf, Konstruktion und Betrieb einer Pilotanlage, *die für die kommerzielle Produktion wirtschaftlich ungeeignet ist*, als Entwicklungskosten zu aktivieren, dann ist auch die Anlage selbst als Bestandteil der Entwicklungskosten zu aktivieren. Wäre die Anlage hingegen auch für die kommerzielle Produktion geeignet, müsste sie als Sachanlage aktiviert werden.

1013

2.1.4 Verfügungsmacht

In IAS 38 werden ferner die Begriffsmerkmale eines Vermögenswertes selbst außerordentlich betont; tatsächlich ist IAS 38 der einzige *Standard*, in dem sich überhaupt eine Definition des Vermögenswertes findet. Die Definitionsmerkmale entsprechen dabei dem Framework, s. Rz. 301 ff.

1014

---

1 In konzeptioneller Anlehnung an *Schildbach*, Ansatz und Bewertung immaterieller Anlagewerte, in Ballwieser (Hrsg.), US-amerikanische Rechnungslegung, 4. Aufl. 2000, S. 99–113 (102).
2 Vgl. *Küting/Pilhofer/Kirchhof*, WPg 2002, 73 (75).
3 Vgl. *Esser/Hackenberger*, KoR 2004, 402 (404); *Baetge/von Keitz* in Baetge u.a. (Hrsg.), Rechnungslegung nach IFRS, 2006, IAS 38 Rz. 20.

Besonderer Wert wird in IAS 38 auf das Vorhandensein von **Verfügungsmacht** (*control*) über die Ressource gelegt (IAS 38.13–16), die regelmäßig dann gegeben ist, wenn rechtlich durchsetzbare Ansprüche vorliegen. Diese sind aber keine notwendige Voraussetzung für Verfügungsmacht; ausreichend und ausschlaggebend ist vielmehr, dass das Unternehmen **Dritte faktisch von der Nutzung ausschließen** kann, was etwa bei **geheim gehaltenem technischen Wissen** eben wegen der Geheimhaltung zu bejahen ist (F.57).[1] Allgemeines **Mitarbeiter-Know-how** soll umgekehrt nicht in der Verfügungsmacht des Unternehmens liegen und sei daher nicht als Vermögenswert anzusetzen, da Mitarbeiter jederzeit kündigen können (IAS 38.15)[2], obwohl, so muss man kritisch anmerken, hier Vertragsverhältnisse vorliegen (siehe aber zum Ansatz des *Vorteils aus günstigen Arbeitsverträgen* als immateriellen Vermögenswert, *nicht jedoch der Verträge selbst*, beim Unternehmenserwerb Rz. 3320).

1015 Ähnlich kritisch sind die Ausführungen in IAS 38.16 zur Bilanzierung von **Kundenbeziehungen** zu würdigen. Ausgaben für die interne Schaffung eines Kundenstamms oder Kundenbeziehungen sind mit einem Aktivierungsverbot belegt, sofern nicht Schutzrechte bestehen. Werden andererseits Kundenstammdaten extern erworben, soll es auf Schutzrechte nicht ankommen: Allein die Tatsache des externen Erwerbs sei Beweis (*provide evidence*) für Kontrolle.[3] Richtig ist u.E., dass infolge des externen Erwerbs Separierbarkeit vorliegt; der vorgelagerte Prüfschritt, ob überhaupt ein Vermögenswert gegeben ist, also eine Kontrollbeziehung besteht, ist damit noch nicht bewiesen und dürfte, sofern die Daten nur intern verwendet werden sollen, auch bezweifelt werden können. Hinzu kommt die Unsicherheit über den künftigen Nutzenzufluss.

1016–1019 frei

2.2 Allgemeine Ansatzkriterien

1020 Eine Ressource *ist* als immaterieller Vermögenswert zu aktivieren (IAS 38.18), wenn

– die **Definitionsmerkmale** eines immateriellen Vermögenswertes gegeben sind, s. oben Rz. 1010 ff.,

---

1 Vgl. auch *von Keitz*, Immaterielle Güter in der internationalen Rechnungslegung, 1997, S. 198.
2 Kritisch zu diesem „Verflüchtigungsargument" *Streim/Bieker/Leippe*, Anmerkungen zur theoretischen Fundierung der Rechnungslegung nach International Accounting Standards, in Schmidt/Ketzel/Prigge (Hrsg.), Gedenkschrift für Stützel, 2000, S. 177–206 (193): auch Nutzenpotenziale, deren Träger materielle Güter sind, können sich (z.B. bei Marktveränderungen) verflüchtigen; die Korrektur erfolgt dann über eine außerplanmäßige Abschreibung, also einer Bewertungsvorschrift; „Weshalb sollte für immaterielle Güter nicht dieselbe Regelung gelten?".
3 Kritisch auch *Hoffmann* in Haufe IFRS-Kommentar, 7. Aufl. 2009, § 13 Rz. 6: An Stelle einer konkreten Würdigung „träte die unwiderlegbare Annahme, dass alles, was im Geschäftsverkehr einen Preis haben könnte, auch faktischer oder rechtlicher Verfügungsmacht unterliegt."

I. Immaterielle Vermögenswerte des Anlagevermögens (IAS 38)

- es **wahrscheinlich** ist, dass dem Unternehmen der erwartete künftige wirtschaftliche Nutzen aus dem Vermögenswert zufließen wird (**konkreter künftiger Nutzenzufluss**) **und**
- die **Kosten** für den Vermögenswert **zuverlässig ermittelt** werden können (IAS 38.21), wobei dieses Kriterium redundant ist, da es bereits zu den Definitionsmerkmalen des Vermögenswertes gehört.

Von den Aktivierungsvoraussetzungen des Rahmenkonzepts (s. Rz. 301 ff.) unterscheidet sich der **wahrscheinliche Nutzenzufluss** nach IAS 38 durch die Forderung, dass der künftige wirtschaftliche Nutzen *genau dem betrachteten immateriellen Vermögenswert zuordenbar* sein soll. Dies deutet einerseits auf eine restriktivere Aktivierungsvoraussetzung als bei materiellen Gütern hin;[1] andererseits unterbleibt eine Aktivierung *nicht*, wenn der immaterielle Vermögenswert nur zusammen mit anderen Vermögenswerten Nutzenzuflüsse i.S.v. Cashflows generieren kann (IAS 38.60). Im Ergebnis dürften daher keine Unterschiede im Vergleich zu den Aktivierungsvoraussetzungen des Rahmenkonzepts vorliegen.[2]

1021

2.3 Einzelerwerb und Erwerb im Rahmen von Unternehmenszusammenschlüssen

Bei einem Einzelerwerb und bei einem Erwerb im Rahmen von Unternehmenszusammenschlüssen gilt die Aktivierungsvoraussetzung des *konkreten künftigen Nutzenzuflusses* (IAS 38.21a) apodiktisch immer als erfüllt (IAS 38.25 und .33); eine gesonderte Prüfung entfällt. Allerdings müssen nach wie vor die Definitionsmerkmale eines immateriellen Vermögenswertes vorliegen (s. Rz. 1010). Dies gilt explizit (vgl. hierzu im Einzelnen Rz. 3300) auch für so erworbene **Forschungs- und Entwicklungsprojekte** (IAS 38.42a), wohingegen für interne Forschungsprojekte ein Aktivierungsverbot und für interne Entwicklungsprojekte besondere Aktivierungsvoraussetzungen gelten.

1022

Beispiel:

Das Biotechnologieunternehmen M AG befindet sich mit der Entwicklung eines Medikaments gegen Lebermetastasen in der klinischen Erprobungsphase II. Die bisher aufgelaufenen Forschungs- und Entwicklungskosten können nicht aktiviert werden (s. Rz. 1036). Die M AG verkauft die bisherigen Projektergebnisse an die B AG für 15 Mio. Euro. Aus Sicht von B liegen die Definitionsmerkmale eines immateriellen Vermögenswertes vor (insbesondere die Identifizierbarkeit ist durch den Kaufvorgang bewiesen, Rz. 1011) und der künftige Nutzenzufluss wird zunächst nicht in Frage gestellt. Die besonderen Aktivierungskriterien für selbsterstellte Entwicklungsprojekte sind nicht einschlägig. Zur Folgebewertung s. Rz. 1070.

frei 1023

---
1 Vgl. *Wagenhofer*, Internationale Rechnungslegungsstandards, 4. Aufl. 2003, S. 204.
2 Vgl. auch *Küting/Pilhofer/Kirchhof*, WPg 2002, 73 (75).

1024 Bei einem Einzelerwerb stellt auch das Vermögenswert- bzw. Ansatzkriterium der „zuverlässigen Kostenermittlung" kein Problem dar (IAS 38.26). Bei einem Unternehmenserwerb kann jedoch die Ermittlung eines dann erforderlichen Fair value für den immateriellen Vermögenswert ausnahmsweise scheitern; s. hierzu Rz. 3315.

1025 Der Ansatz des **derivativen Firmenwertes** (Geschäfts- oder Firmenwert, *Goodwill*) richtet sich nach IFRS 3. Da die Standards prinzipiell keinen Unterschied zwischen Einzel- und Konzernabschluss machen, wird auch nicht – anders als nach HGB – zwischen einem Firmenwert im Rahmen eines „asset deal" oder eines „share deal" unterschieden. In jedem Fall besteht **Ansatzpflicht**. Zu Einzelheiten der Bilanzierung des Goodwill s. Rz. 3400 f.

Eine Ansatzpflicht gilt nun auch nach BilMoG, wobei insofern noch zwischen asset deal (§ 246 Abs. 1 S. 4 HGB i.d.F. BilMoG) im Jahres- und Konzernabschluss und share deal (resultierend aus der Kapitalkonsolidierung gem. § 301 Abs. 3 Satz 1 HGB) nur im Konzernabschluss unterschieden wird.

1026 Für den **originären Firmenwert** und einige andere immaterielle Sachverhalte bestehen explizite Bilanzierungsverbote; s. ABC unter Rz. 1045.

1027–1029 frei

2.4 Spezielle Ansatzkriterien für selbstgeschaffene immaterielle Vermögenswerte

2.4.1 Trennung von Forschung und Entwicklung

1030 Wissen, Fähigkeiten, Kenntnisse in Unternehmen, die letztlich in Forschungs- und Entwicklungstätigkeiten zum Ausdruck kommen, sind wichtige Werttreiber. Es macht Sinn darüber nachzudenken, ob Forschungs- und Entwicklungstätigkeiten aktiviert werden sollten, wie es jetzt auch mit dem BilMoG für das HGB diskutiert worden ist.[1] Dabei ist, gerade bei **mehrperiodischen Projekten** („Entwicklungsprojekte in Bau" oder „selbstgeschaffene immaterielle Vermögenswerte in der Entstehung") die Unsicherheit über die Werthaltigkeit des ggf. zu aktivierenden Betrags das besondere Bilanzierungsproblem. Voraussetzung der Aktivierung in der Konzeption der internationalen Standards muss daher sein, dass diese Tätigkeiten über den Tag hinaus nutzenstiftend sind. Dies dürfte für Abschlussadressaten eine relevante Information zur Beurteilung der künftigen Ertragsfähigkeit eines Unternehmens sein. Indes ist der Konflikt zwischen Relevanz und Zuverlässigkeit der Information zu lösen, damit nicht – gewissermaßen „auf Teufel komm raus" – alles Mögliche aktiviert werden kann.[2]

1031 Der IASB versucht den Zielkonflikt durch eine pragmatische Abstufung zu lösen: Für **Forschungsausgaben** besteht ein **Aktivierungsverbot** (IAS 38.54),

---

1 Hierzu ausführlich *Theile*, WPg 2008, 1064.
2 Vgl. auch *Balthasar* in Internationale Rechnungslegungsstandards für börsenunabhängige Unternehmen?, hrsg. von Ebke/Luttermann/Siegel, 2007, S. 247 (262).

währenddessen **Entwicklungsausgaben** nur unter bestimmten Bedingungen **zu aktivieren sind** (s. Rz. 1035 ff.).

Daher muss zwischen der Forschungs- und Entwicklungsphase unterschieden werden können. Im Verhältnis der „Produktionsstufen" immaterieller Werte zueinander unterstellt der Standard dabei eine **sequenzielle Vorgehensweise**: Erst Forschung, dann Entwicklung, dann Vermarktung/Nutzung. Kann zwischen einer Forschungs- und Entwicklungsphase projektbedingt *nicht* unterschieden werden, kommt eine Aktivierung der gesamten Ausgaben *nicht* in Betracht (IAS 38.53). Mit dem Argument, das interne Berichtswesen ließe eine Trennung von Forschung und Entwicklung nicht zu, lässt sich das Trennungserfordernis aber nicht umgehen: Das Unternehmen muss die Ordnungsmäßigkeit der Buchführung gewährleisten und die entsprechenden Strukturen schaffen.[1]

Nach IAS 38.8 ist **Forschung** die eigenständige und planmäßige Suche mit der Aussicht, zu neuen wissenschaftlichen oder technischen Erkenntnissen zu gelangen. Dazu gehören etwa die Grundlagen- und angewandte Forschung sowie die Suche nach Produkt- und Prozessalternativen (IAS 38.56). 1032

Demgegenüber ist **Entwicklung** die Anwendung von Forschungsergebnissen oder von anderem Wissen auf einen Plan oder Entwurf für die Produktion von neuen oder beträchtlich verbesserten Materialien, Vorrichtungen, Produkten, Verfahren, Systemen oder Dienstleistungen. Dazu zählen etwa der Entwurf und die Konstruktion von Prototypen und Modellen, Werkzeugen, Formen, das Testen neuer Materialien und Produkte usw. (IAS 38.59).

Der Fokus für die ggf. zu aktivierenden Entwicklungsausgaben liegt auf den **größeren Projekten**.[2] Die Aktivierung von Ausgaben für laufende Verbesserungen (**Weiterentwicklungskosten**) als eigenständiger Vermögenswert wird regelmäßig am Kriterium der **Identifizierbarkeit** (Rz. 1011) scheitern und kommt nur bei **wesentlichen Verbesserungen** im Sinne eines zusätzlichen Nutzenzuflusses in Betracht (IAS 38.20).[3] 1033

Beispiel:[4]
In eine bestehende Internet-Verkaufsplattform wird eine neue Zahlungsmodalität (z.B. Kreditkarte) integriert, die erhebliche Investitionen in die Sicherheitsvorkehrungen erforderlich macht. Es besteht die Erwartung, dass die neue Zahlungsart ein erweitertes Marktpotenzial begründet und zu erheblichen zusätzlichen Nutzenzuflüssen führen wird.

---

1 So schon *Arbeitskreis „Immaterielle Werte im Rechnungswesen"* der Schmalenbach-Gesellschaft, DB 2001, 989 (993).
2 So auch *Hoffmann* in Haufe IFRS-Kommentar, 7. Aufl. 2009, § 13 Rz. 24.
3 Vertiefend *Baetge/von Keitz* in Baetge u.a. (Hrsg.), Rechnungslegung nach IFRS, 2006, IAS 38 Rz. 102 ff.
4 Vgl. *Bader/Pickl*, PiR 2006, 141 (144).

1034 ○ Die Beschreibung zur Abgrenzung von Forschung und Entwicklung in IAS 38 ist notwendigerweise abstrakt. Sie ist daher in der **Bilanzierungsrichtlinie** des Unternehmens individuell mit Leben zu füllen. Die **Entwicklungsphase beginnt**, wenn konkrete Umsetzungspläne für die zu entwickelnden Produkte, Techniken oder Fertigungsverfahren vorliegen.[1]

2.4.2 Voraussetzungen für die Aktivierung von Entwicklungsausgaben

1035 Ab dem Zeitpunkt des **kumulativen Nachweises** der folgenden Voraussetzungen sind Entwicklungsausgaben zu aktivieren; es beginnt – auch unterjährig – der Herstellungszeitraum mit **aktivierungspflichtigen Herstellungs-(Entwicklungs-)kosten**:

(a) Die **technische Machbarkeit** der Fertigstellung eines immateriellen Vermögenswertes, damit er verwendbar oder veräußerbar wird;

(b) die **Absicht**, dies zu tun;

(c) die **Fähigkeit**, ihn dann auch tatsächlich zu verwenden oder zu veräußern;

(d) die Art, wie der immaterielle Vermögenswert künftigen **wirtschaftlichen Nutzen** stiften wird. Dazu gehört der Nachweis eines Marktes für den Vermögenswert selbst oder die mit ihm zu erstellenden Leistungen bzw. seine allgemeine Nützlichkeit bei unternehmensinterner Verwendung;

(e) die **Verfügbarkeit** entsprechender technischer, finanzieller und sonstiger **Ressourcen**, um die Entwicklung zum Abschluss und zur Einsatzbereitschaft zu bringen und

(f) die **zuverlässige Bestimmung der Herstellungskosten** während der Entwicklungszeit (IAS 38.57).

Vor dem entsprechenden Zeitpunkt angefallene Entwicklungsausgaben sind als Aufwand zu erfassen und können nicht nachaktiviert werden (IAS 38.71). Der jeweilige Nachweis der Voraussetzungen dürfte insbesondere dann unproblematisch sein, wenn Beginn und Ende der Fertigung (Entwicklung) des immateriellen Vermögenswertes in dieselbe Abrechnungsperiode fallen. Bei periodenübergreifender Fertigung (Entwicklung) liegt dagegen bis zur Fertigstellung noch kein durchentwickelter immaterieller Vermögenswert vor; es handelt sich um einen immateriellen Vermögenswert in der Entstehung. Sinn der obigen Kriterien ist letztlich, die Aktivierung von Sachverhalten zu verhindern, deren Durchentwicklung bei anschließender Werthaltigkeit am Abschlussstichtag nicht hinlänglich sicher erscheint.

1036 Die Nachweise der **technischen Machbarkeit** (a) und der **künftige Nutzenzufluss** (d) werden gerade in der besonders forschungs- und entwicklungsintensiven **chemischen und pharmazeutischen Industrie** einschließlich der **Biotechnologie** nur schwer zu erbringen sein. In der chemischen Industrie sind Fälle bekannt, dass ein innovativer Wirkstoff sehr wohl in einer kleinen Versuchsanlage erfolgreich hergestellt werden kann, ohne dass damit die Realisierbarkeit in einer großtechnischen Anlage gewährleistet wäre. In der Phar-

---

1 Vgl. *Scheinpflug* in Beck'sches IFRS-Handbuch, 2. Aufl. 2006, § 4 Rz. 30.

mainduistrie sind vor der Markteinführung eines neuen Produkts noch umfangreiche Tests sowie Genehmigungsverfahren zu durchlaufen, so dass vor Abschluss dieser Maßnahmen eine positive Beurteilung der technischen Machbarkeit und des Nutzenzuflusses praktisch nicht möglich ist.[1]

Beispiel:
Der Schering-Konzern hat im Geschäftsjahr 2005 für Forschung und Entwicklung 982 Mio. Euro aufgewendet; das waren 19 % des Konzernumsatzes. Als selbsterstellte immaterielle Vermögenswerte wurden jedoch lediglich 14 Mio. Euro für Software aktiviert. Die Aktivierung von Entwicklungskosten für pharmazeutische Produkte unterblieb.[2]

Die Kriterien (d) und (e) können im Wesentlichen über **Unternehmens- oder Finanzpläne** (IAS 38.60 f.) nachgewiesen werden.

IAS 36.10 fordert für aktivierte Entwicklungskosten, die noch nicht genutzt werden, sich also noch in der Herstellungsphase befinden, einen **jährlichen Wertminderungstest** (s. Rz. 1548). Dieser macht ohnehin die Aufstellung von Absatz- und Produktionsplänen notwendig.

1037

Beispiel:
Beträgt der Barwert der geschätzten künftigen finanziellen Überschüsse aus dem Verkauf eines neuen Automobiltyps (Absatzpreis multipliziert mit Absatzmenge abzüglich laufender Produktionsauszahlungen über den geschätzten Produktionszeitraum von z.B. 8 Jahren) 500 Mio. Euro, ist die Höhe der zu aktivierenden Entwicklungskosten auf diesen Betrag beschränkt.

Außerdem muss die Durchfinanzierung des Entwicklungsprojekts bis zu seinem Ende gesichert sein. Das kann bei jungen, entwicklungsintensiven Unternehmen ein Problem darstellen.

Beispiel:
Ein start-up Unternehmen beschäftigt sich mit der Entwicklung eines solarstrombetriebenen Fahrzeugs. Das Ende des Entwicklungsprojekts wird in fünf Jahren erwartet und bis dahin jährlich 20 Mio. Euro Auszahlungen verursachen. Aus einem Börsengang hat das Unternehmen 50 Mio. Euro eingenommen. Solange die Anschlussfinanzierung in zweieinhalb Jahren nicht gesichert ist, kommt die Aktivierung der Entwicklungskosten nicht in Betracht.

---

1 Vgl. z.B. *Merck*, Geschäftsbericht 2008, S. 85; zu Einzelheiten bei Biotechnologieunternehmen vgl. *Fülbier/Honold/Klar*, RIW 2000, 833 (837 f.).
2 Geschäftsbericht 2005, S. 108 und S. 125.

1038 Vergleichsweise sinnlos sind die Kriterien (b) und (c): Sie können eine vom Management gewollte Aktivierung i.d.R. nicht verhindern.

Die zuverlässige Ermittlung der Entwicklungsausgaben (f) schließlich unterscheidet sich nicht von der sonst üblichen Aktivierungsvoraussetzung der Herstellungskostenermittlung.

2.4.3 Praxis der Aktivierung von Entwicklungskosten

1039 Etwas mehr als die Hälfte der nach IFRS bilanzierenden deutschen Unternehmen aktiviert Entwicklungskosten. Dabei sind praktisch alle Branchen betroffen; besonders ausgeprägt ist die Aktivierung in der Automobilbranche.[1] Auch eher dem Mittelstand zuzurechnende Unternehmen des Maschinenbaus aktivieren Entwicklungskosten.

> **Beispiel (Koenig & Bauer Geschäftsbericht 2007, S. 64):**
> „Entwicklungskosten für neue oder wesentlich verbesserte Produkte werden mit den Herstellungskosten aktiviert, sofern der Aufwand eindeutig zugeordnet und mit hoher Wahrscheinlichkeit ein zukünftiger wirtschaftlicher Nutzen realisiert werden kann. Daneben müssen sowohl die technische Umsetzung als auch die Vermarktungsfähigkeit und -absicht sichergestellt sein. Der Nachweis für die genannten Kriterien wird mit der Erprobung der neuen Produkte am Markt erbracht. Somit werden Entwicklungskosten ab dem Zeitpunkt der Markterprobung erfasst und mit Gebrauchsfähigkeit über den geplanten Lebenszyklus des betroffenen Produkts linear abgeschrieben sowie jährlich durch einen Werthaltigkeitstest überprüft."

1040 ⊃ Wird nur eine der in Rz. 1035 genannten Voraussetzungen nicht erfüllt oder lassen sich die Forschungs- und Entwicklungsphase nicht hinreichend genau voneinander trennen, kommt eine Aktivierung nicht in Betracht. Wegen der bestehenden Möglichkeiten der Sachverhaltsgestaltung und der erheblichen Ermessensspielräume kann man insoweit von einem **faktischen Wahlrecht** sprechen.[2]

1041–1044 frei

2.5 ABC der Aktivierung immaterieller Sachverhalte

1045 **Anlaufkosten** für die Aufnahme neuer Tätigkeiten oder Einführung neuer Produkte und Verfahren: Aktivierungsverbot (IAS 38.69a).

Aus- und Weiterbildungskosten: Aktivierungsverbot (IAS 38.69b).

Betriebssystem eines Computers: Wird als integraler Bestandteil der Hardware zusammen mit dieser als Sachanlage bilanziert (IAS 38.4).

---

1 Vgl. *von Keitz*, Praxis der IASB-Rechnungslegung, 2. Aufl. 2005, S. 40 f.
2 Vgl. ausführlich *von Keitz*, Immaterielle Güter in der internationalen Rechnungslegung, 1997, S. 190–193.

I. Immaterielle Vermögenswerte des Anlagevermögens (IAS 38)

Domain: s. Internet-Domain.

Drucktitel, selbstgeschaffene: Aktivierungsverbot (IAS 38.63).

Eigenkapital, Aufwendungen für Beschaffung des ~: Transaktionskosten sind – nach Ertragsteuern – erfolgsneutral im Eigenkapital zu verrechnen (IAS 32.35). Zu Einzelheiten Hinweis auf Rz. 2072.

Emissionsrechte: Der Emissionsrechtshandel (sog. Treibhausgasemissionsberechtigungen) ist in der EU zum 1.1.2005 eingeführt worden.[1] Da IFRIC 3 zurückgezogen worden ist, hat die Beurteilung nach allgemeinen Kriterien zu erfolgen. Die zugeteilten Emissionsrechte können nach IAS 38.44 zum Fair value (der bei diesen an der Leipziger Börse gehandelten Rechten bekannt ist) oder zum Nominalwert, also „Null", angesetzt werden; letzteres scheint übliche Praxis zu sein. Bei Ansatz zum Fair value wird ein passiver Abgrenzungsposten in gleicher Höhe angesetzt. Zugekaufte Rechte werden zu Anschaffungskosten aktiviert. Für die Rückgabeverpflichtung ist eine Rückstellung zu passivieren, die der wirtschaftlichen Belastung des Unternehmens entsprechen muss. Nach herrschender Praxis wird die Rückstellung in Höhe des Betrages der aktivierten Emissionsrechte angesetzt.[2] Besteht ein Verpflichtungsüberhang, ist dieser zum Fair value der noch anzukaufenden Emissionsrechte zu bewerten.[3]

Entwicklungskosten: sind die *Herstellungskosten* eines selbsterstellten immateriellen Vermögenswertes; *Aktivierungspflicht bei Erfüllung spezieller Voraussetzungen* (s. Rz. 1035 ff.).

Erfindungen, geheim gehaltene: Wegen der Geheimhaltung wird der Zugriff Dritter auf die Erfindung beschränkt (IAS 38.13). Die Entwicklungskosten sind bei Erfüllung der speziellen Ansatzvoraussetzungen (Rz. 1035) zu aktivieren.[4]

Forschungskosten: Aktivierungsverbot (IAS 38.54) da ein künftiger Nutzenzufluss aus Forschungsaktivitäten noch zu unbestimmt ist. Dies gilt für alle Aufwendungen, die der Forschungsphase zuzurechnen sind, also etwa auch Ausgaben für die Anschaffung materieller und immaterieller Vermögenswerte[5], soweit eine anderweitige Nutzbarmachung nicht möglich ist. Abweichend hierzu sind jedoch einzeln oder im Rahmen eines Unternehmenszusammenschlusses erworbene Forschungs- und Entwicklungsprojekte aktivierungspflichtig (s. Rz. 1022 ff. sowie 3300).

Gebrauchsmusterrecht: s. Patentrecht.

Geschäfts- oder Firmenwert, derivativer: Aktivierungspflicht (IFRS 3.10), unabhängig davon, ob aus *asset* oder *share deal* entstanden.

---

[1] Zu den Hintergründen s. *Günther*, KoR 2003, 432 ff.
[2] Vgl. etwa RWE Geschäftsbericht 2007, S. 153. Zu weiteren zulässigen Bilanzierungsmethoden für Emissionsrechte vgl. PwC (Hrsg.), IFRS Manual of Accounting 2008, Tz. 21.255 ff.
[3] Dies entspricht grundsätzlich auch der Vorgehensweise nach HGB, vgl. IDW RS HFA 15. Zu weiteren Einzelheiten s. ferner *Hoffmann/Lüdenbach*, DB 2006, 57.
[4] S. hierzu auch *von Keitz*, Immaterielle Güter in der internationalen Rechnungslegung, 1997, S. 213 f.
[5] Vgl. *Küting/Pilhofer/Kirchhof*, WPg 2002, 73 (75).

Geschäfts- oder Firmenwert, originärer: Aktivierungsverbot (IAS 38.48).

Geschmacksmusterrecht: s. Patentrecht.

Gewerbliche Schutzrechte, wie Gebrauchsmusterrecht, Geschmacksmusterrecht, Markennamen: s. Patentrecht.

Goodwill: s. Geschäfts- oder Firmenwert.

Gründungskosten: Aktivierungsverbot (IAS 38.69a).

Ingangsetzungs- und Erweiterungsaufwand: Aktivierungsverbot (IAS 38.69a). Es ist aber zu prüfen, ob stattdessen nicht selbsterstellte immaterielle Vermögenswerte zu aktivieren sind, s. Beispiel Hugo Boss AG in Rz. 312.

Internetauftritt: Aufwendungen für die Erstellung des eigenen Internetauftritts sind als Anschaffungs- oder Herstellungskosten (Entwicklungsaufwand) zu aktivieren, wenn der künftige Nutzenzufluss wahrscheinlich ist (SIC-32.8).[1] Dies ist gegeben, wenn der Internetauftritt beispielsweise als (neuer oder einziger) Distributionskanal verwendet wird. Da für das Vorliegen von Nutzenzuflüssen Kosteneinsparungen ausreichend sind (IAS 38.17), ist u.E. bereits ein Investor-Relations-Auftritt nutzenstiftend, da er die Distributionskosten für Kapitalmarktinformationen senkt. Ein Internetauftritt ausschließlich zur Imagepflege wird jedoch den (nicht zu aktivierenden) Werbemaßnahmen zuzuordnen sein.[2] Bei der Bewertung ist zwischen einer Forschungs-(Planungs-)Phase und der Entwicklungsphase zu unterscheiden. Machbarkeitsstudien, Hardwareauswahl und die Auswahl verschiedener Produkte und Anbieter gehören zur nicht aktivierungsfähigen Planungsphase. Sollten die Aktivierungskriterien erfüllt sein, dann sind die Kosten etwa für den Erwerb der Domain, die Softwareentwicklung und die tatsächliche Einrichtung der Seite zu aktivieren. Die Pflege des Internet-Auftritts sowie Schulungskosten sind laufender Periodenaufwand. Bei grundlegenden Überholungen kommt auch eine Hinzuaktivierung zum bisherigen Buchwert in Betracht (SIC-32 Appendix „Operating").

Internet-Domain: Der Name wird entweder unmittelbar bei der DENIC e.G. oder von einem Dritten erworben.[3] Wird er für den eigenen Internet-Auftritt verwendet, ist er zusammen mit diesem ggf. zu aktivieren, s. Stichwort Internetauftritt. Ist eine Vermietung der Internet-Domain beabsichtigt, ist zweifelsfrei Aktivierungspflicht nach IAS 38 gegeben. Tritt das Unternehmen dagegen als Domain-Händler für den allgemeinen Markt auf, sind im Bestand befindliche Domains als Vorräte (IAS 2) zu bilanzieren.

Konzessionen: Aktivierungspflicht.[4]

Kundenlisten und -beziehungen: Zum Teil unklar: Einerseits apodiktisch Aktivierungsverbot für selbst geschaffene Kundenlisten und -beziehungen (IAS 38.63), andererseits Aktivierungsverbot nur dann, wenn die Kundenlisten und

---

1 Vgl. *Fischer/Vielmeyer*, BB 2001, 1294 (1297 f.), die die Bedingung des Nutzenzuflusses allerdings nicht problematisieren.
2 Vgl. *Schruff/Haaker*, in Wiley IFRS 2008, 4. Aufl. 2008, Abschnitt 9 Rz. 72.
3 Zur Begriffsbestimmung s. etwa *Schmittmann*, StuB 2002, 105 f.
4 Vgl. auch *von Keitz*, Immaterielle Güter in der internationalen Rechnungslegung, 1997, S. 207 f.

-beziehungen nicht rechtlich geschützt sind (IAS 38.16). Für erworbene Kundenlisten und -beziehungen soll der Nachweis der Kontrolle (Aktivierungsvoraussetzung für einen Vermögenswert) durch den Erwerbsvorgang erfüllt sein, unabhängig davon, ob rechtlicher Schutz vorliegt (IAS 38.16). Klar ist: Für beabsichtigten Handel mit Kundenlisten und -beziehungen sind diese dem Umlaufvermögen zuzuordnen und mit Anschaffungskosten anzusetzen.

Lizenzen: Erworbene Lizenzen (z.B. Softwarelizenz) sind zu Anschaffungskosten anzusetzen.[1] Handelt es sich demgegenüber um ein Dauerschuldverhältnis, wird wirtschaftliches Eigentum nicht erworben; die Lizenzgebühren sind Aufwand (IAS 17.2b, IAS 18 Anhang Ziff. 20).

Markennamen und -rechte, selbst geschaffene: Aktivierungsverbot (IAS 38.63). Im Falle eines **entgeltlichen Erwerbs** (z.B. im Zusammenhang mit dem Erwerb eines ganzen Unternehmens)[2] Aktivierungspflicht (IAS 38.14).

Marktanteile: s. Kundenlisten.

Mitarbeiter-Know-how: Aktivierungsverbot (IAS 38.15).

Patentrechte: Aktivierungspflicht. Selbsterstellte Patente sind mit ihren Entwicklungskosten zuzüglich der Nebenkosten (Patentanwalt, Anmeldegebühren) zu aktivieren.

Reorganisation, Ausgaben für ~: Aktivierungsverbot (IAS 38.69d).

Schulungskosten: Aktivierungsverbot (IAS 38.67c und 38.69b).

Software, dauerhafte Eigennutzung: In der Regel wird das Nutzungsrecht durch eine Lizenz erworben. Handelt es sich um Spezialsoftware, die integraler Bestandteil des Computers oder einer Maschine ist, dann liegen mit der Software Anschaffungsnebenkosten bzw. Herstellungskosten der Sachanlage vor, ansonsten ein immaterieller Vermögenswert. Selbsterstellte Software oder die Abstimmung und Einrichtung neu erworbener Software an betriebsindividuelle Bedürfnisse (z.B. SAP R 3) ist nach den Kriterien für selbsterstellte immaterielle Vermögenswerte zu beurteilen und ggf. mit den Entwicklungskosten zu aktivieren; für dabei anfallende Schulungskosten besteht allerdings ein Aktivierungsverbot.

Software, Fertigungsauftrag: Ist das Unternehmen beauftragt worden, für einen Dritten Software zu entwickeln, richtet sich die Bilanzierung nach IAS 11 (s. Rz. 1700 ff.).

Software, Quellprogramm und Massenfertigung: Wird Software für den anonymen Markt entwickelt, sind, wenn die Voraussetzungen (Rz. 1035) vorliegen, die Entwicklungskosten des Quellprogramms als Herstellungskosten zu aktivieren. Die davon gezogenen Kopien allerdings unterliegen nicht mehr IAS 38, sondern werden als Vorräte gem. IAS 2 bilanziert.

Software, Kosten der Anpassung für vorhandene: Anpassungsmaßnahmen können erforderlich sein, um Software an beispielsweise neue rechtliche Rah-

---

1 Vgl. auch *Küting/Pilhofer/Kirchhof*, WPg 2002, 73 (75).
2 Einzelübertragung durch europäisches (EG-Richtlinie 89/104 v. 21.12.1988, ABl. L 40, 1) Markenrecht (MarkenG v. 25.10.1994, BGBl. I 1994, 3082) ist gem. § 27 MarkenG möglich.

menbedingungen anzupassen; solche Maßnahmen sind Erhaltungsaufwand. Wesentliche Weiterentwicklungskosten sind dagegen in Analogie zu SIC-32, Appendix, zu aktivieren.

Urheber- und Leistungsschutzrechte: s. Patentrechte.

Verlegung des Unternehmens, Ausgaben für ~: Aktivierungsverbot (IAS 38.69d).

Versicherungsvertrag: Aufwendungen für den Abschluss von Versicherungsverträgen beim Versicherungsnehmer erfüllen nicht die Aktivierungsvoraussetzung des wahrscheinlichen künftigen wirtschaftlichen Nutzenzuflusses und sind – ebenso wie nach § 248 Ziff. 3 HGB i.d. F. BilMoG – nicht anzusetzen.[1] Auch der Vertrag selbst ist nicht zu aktivieren.

Warenzeichen: s. Markenname.

Web-Pages: s. Internetauftritt.

Werbung: Aktivierungsverbot (IAS 38.69c).

Zeitungs- und Verlagstitel, selbstgeschaffene: s. Drucktitel.

1046–1049 frei

3. Zugangsbewertung

1050 Immaterielle Vermögenswerte sind zu ihren Kosten (*at cost*) anzusetzen (IAS 38.24). Das sind, abhängig von der Zugangsart, jeweils bei
- separatem Erwerb: Anschaffungskosten (s. Rz. 1051)
- Zuwendung der öffentlichen Hand: Fair value oder Nominalbetrag (s. Rz. 1052)
- Tausch: i.d.R. Fair value (s. Rz. 1053)
- Selbsterstellung (Entwicklungsphase): Herstellungskosten (s. Rz. 1054)
- Unternehmenserwerb: Fair value (s. Rz. 1055)

1051 Die **Anschaffungskosten** setzen sich zusammen aus Anschaffungspreis zuzüglich Anschaffungsnebenkosten abzüglich Anschaffungspreisminderungen (IAS 38.27). Die einzelnen Elemente sowie Abgrenzungsfragen unterscheiden sich nicht von jenen, die für das Sachanlagevermögen einschlägig sind; insoweit verweisen wir auf die Erläuterungen in Rz. 1126 ff.[2]

1052 Gelegentlich werden immaterielle Vermögenswerte durch **Zuwendungen der öffentlichen Hand** zur Verfügung gestellt, wie dies in einigen Ländern etwa bei UMTS-Lizenzen geschehen ist. In diesem Fall besteht das Wahlrecht, entweder

---

1 Vgl. aber *Förschle* in Beck'scher Bilanz-Kommentar, 6. Aufl. 2006, § 248 HGB Rz. 28: Keine Anschaffungs(neben)kosten des Versicherungsvertrags mangels Vermögenswerteigenschaft, aber Wahlrecht zwischen sofortiger erfolgswirksamer Erfassung und Verteilung über die Vertragslaufzeit.

2 Allerdings benennt IAS 38 nicht die Aktivierung möglicher, als Rückstellung passivierter Entsorgungsverpflichtungen; wohl, weil diese wegen mangelnder physischer Substanz des immateriellen Vermögenswertes kaum in Betracht kommen.

I. Immaterielle Vermögenswerte des Anlagevermögens (IAS 38)

- den Vermögenswert mit seinem Fair value zu aktivieren und in gleicher Höhe eine passivische Abgrenzung vorzunehmen oder
- den immateriellen Vermögenswert zu seinem Nominalbetrag (beispielsweise einem der öffentlichen Hand gezahlten symbolischen Preis) zuzüglich Anschaffungsnebenkosten anzusetzen (IAS 38.44).

Zu Einzelheiten der Bilanzierung von Zuwendungen der öffentlichen Hand s. Rz. 1274.

Die Regelungen zur Fair value-Ermittlung beim **Tausch** entsprechen wortgleich jenen zum Sachanlagevermögen (s. insoweit Rz. 1150 f.). 1053

Die direkten Kosten der **Entwicklung**sphase sind ab dem Zeitpunkt der Erfüllung der Aktivierungsvoraussetzungen (s. Rz. 1035) bis zur Herstellung der Betriebsbereitschaft zu aktivieren. Die Bestandteile der **Herstellungskosten** für selbsterstellte immaterielle Vermögenswerte in der Entwicklungsphase sind analog zu denen bei Sachanlagen zu bestimmen (s. Rz. 1140). 1054

Einige Besonderheiten sind bei der Fair value-Bestimmung zu beachten, wenn im Rahmen eines Unternehmenserwerbs immaterielle Vermögenswerte zugehen (s. hierzu Rz. 3360 ff.). 1055

frei 1056–1059

4. Folgebewertung

4.1 Bedingtes Wahlrecht: Fortgeführte Kosten oder Neubewertungsmethode

Immaterielle Vermögenswerte sind entweder 1060

- zu **fortgeführten Kosten** (Zugangswert abzüglich planmäßiger und außerplanmäßiger Abschreibungen) **oder**
- nach der **Neubewertungsmethode** zum Fair value (*regelmäßiger* Fair value-Ansatz abzüglich planmäßiger und außerplanmäßiger Abschreibungen)

zu bewerten (IAS 38.72). Voraussetzung zur Anwendung der Neubewertungsmethode ist die Existenz eines *aktiven Markts* für den Vermögenswert. Die – im Vergleich zu Sachanlagen – *zusätzliche* Anwendungsvoraussetzung der Existenz aktiver Märkte (s. hierzu Rz. 475 ff.) schränkt die Bedeutung der Neubewertungsmethode für die Praxis drastisch ein; die Methode wird in Deutschland nicht angewendet.[1] Wir haben daher auf die Kommentierung der Neubewertungsmethode verzichtet.

---

[1] Auf Basis von jeweils 100 analysierten deutschen IFRS-Abschlüssen der Jahre 2001 bis 2003, vgl. *von Keitz*, Praxis der IASB-Rechnungslegung, 2005, S. 43.

4.2 Fortgeführte Kosten

4.2.1 Begrenzte oder unbegrenzte Nutzungsdauer

1061 Immaterielle Vermögenswerte sind daraufhin zu analysieren, ob sie

(a) eine begrenzte, endliche Nutzungsdauer oder

(b) eine unbegrenzte (*indefinite*) Nutzungsdauer bzw. Leistungsabgabe

aufweisen (IAS 38.88). Nur Vermögenswerte mit begrenzter Nutzungsdauer (a) sind planmäßig abzuschreiben. Vermögenswerte mit **unbegrenzter Nutzungsdauer** (b)

– unterliegen einem jährlichen **Test auf Werthaltigkeit** (*Impairment-Test*) gem. IAS 36; darüber hinaus ist der Test immer dann durchzuführen (also auch unterjährig), wenn Anzeichen auf eine Wertminderung bestehen (IAS 38.108) und

– sind jährlich auf ihre Eigenschaft als Vermögenswert mit unbegrenzter Nutzungsdauer zu überprüfen. Sollte im Rahmen einer solchen Überprüfung festgestellt werden, dass die Nutzungsdauer endlich geworden ist, unterliegt der Vermögenswert ab diesem Zeitpunkt der planmäßigen Abschreibung. Die Umstellung ist insoweit als Schätzungsänderung zu behandeln. Darüber hinaus ist auf den Zeitpunkt des Beginns der planmäßigen Abschreibung ein *Impairment-Test* durchzuführen (IAS 38.109 f.).

1062 In aller Regel wird die Nutzungsdauer immaterieller Vermögenswerte durch rechtliche, technische und/oder wirtschaftliche Gründe zu bestimmen und damit auch beschränkt sein (zu Bestimmungsgründen der Nutzungsdauer s. IAS 38.90). Sollte die Erwartung bestehen, dass künftige Cashflows aus einem immateriellen Vermögenswert zeitlich unbefristet fließen werden, so ist die Nutzungsdauer dieses Vermögenswertes unbegrenzt (IAS 38.BC62). Namentlich bei erworbenen Markenrechten oder Warenzeichen sind unbegrenzte Nutzungsdauern möglich.[1]

1063 IAS 38 problematisiert nur jene Fälle, in denen von unbegrenzter auf begrenzte Nutzungsdauer überzugehen ist. Aber auch der umgekehrte Fall ist denkbar.

Beispiel:

Bei einem Unternehmenserwerb ist ein Warenzeichen für eine Produktlinie erworben worden, wobei der Erwerber zunächst die Einstellung der Produktlinie in 10 Jahren beabsichtigt. Das Warenzeichen soll daher planmäßig über zehn Jahre abgeschrieben werden. Nach vier Jahren ändert das Management seine Pläne und will die Produktlinie auf unbestimmte Zeit fortführen. U.E. ist in diesem Fall die planmäßige Abschreibung zu stoppen und auf den jährlichen Impairment-Test überzugehen. Da der Übergang von unbegrenzter auf

---

1 S. beispielsweise Henkel, Geschäftsbericht 2008, S. 93 und die Beispiele 7 bis 9 in IAS 38 IE.

begrenzte Nutzungsdauer als Schätzungsänderung zu behandeln ist, kann für den umgekehrten Fall nichts anderes gelten: Die zuvor vorgenommenen planmäßigen Abschreibungen sind nicht zurückzudrehen.

◌ Das Beispiel zeigt aber auch die Anfälligkeit der Regelungen zur Abgrenzung von bestimmbarer und unbegrenzter Nutzungsdauer von der Einschätzung und dem Wollen des Abschlusserstellers. Tatsächlich werden hier **bilanzpolitische Freiheitsgrade** eröffnet, die mitunter nur von (zunächst) kaum objektivierbaren Behauptungen des Abschlusserstellers abhängen.

4.2.2 Planmäßige Abschreibungen

Immaterielle Vermögenswerte mit begrenzter, endlicher Nutzungsdauer sind planmäßig abzuschreiben. Das **Abschreibungsvolumen** entspricht dem Zugangswert abzüglich Restwert. Der **Restwert** ist regelmäßig mit dem Wert „Null" anzunehmen, es sei denn, ein Dritter hat sich bereits verpflichtet, den Vermögenswert am Ende der Nutzungsdauer zu erwerben oder es besteht am Ende der Nutzungsdauer voraussichtlich noch ein aktiver Markt (IAS 38.100). 1064

Die **Abschreibung beginnt** mit der Nutzungsmöglichkeit des Vermögenswertes („betriebsbereiter Zustand", IAS 38.97), so dass während des Herstellungsprozesses selbsterstellter immaterieller Vermögenswerte noch keine planmäßigen Abschreibungen anfallen können. 1065

Die **Nutzungsdauer** ist individuell zu schätzen. Bei Vermögenswerten, die einem raschen technologischen Wandel unterliegen (Software), wird die Nutzungsdauer eher kurz sein (IAS 38.92). Ist der immaterielle Vermögenswert mit einem **Rechtsschutz** versehen (z.B. Patent), so ist höchstens über die Laufzeit des Rechtsschutzes abzuschreiben, es sei denn, eine Erneuerung des Schutzes ist so gut wie sicher und ohne wesentliche Kosten zu bewerkstelligen (IAS 38.94). 1066

Es ist die **Abschreibungsmethode** heranzuziehen, die der Abnutzung am besten entspricht. Kann diese nicht verlässlich geschätzt werden, ist linear abzuschreiben (IAS 38.97). 1067

Mindestens zu jedem Geschäftsjahresende sind Nutzungsdauer und Abschreibungsmethode **zu überprüfen**. Ergeben sich wesentliche Abweichungen zu den früheren Annahmen, sind Anpassungen als Änderung von Schätzungen vorzunehmen (IAS 38.104). 1068

4.2.3 Wertminderungstest, außerplanmäßige Abschreibungen und Zuschreibungen

Immaterielle Vermögenswerte unterliegen den Regeln zu **außerplanmäßigen Abschreibungen** und **Zuschreibungen** nach IAS 36 (s. hierzu Rz. 1500 ff.). Ein **jährlicher Wertminderungstest** ist erforderlich für 1069

– immaterielle Vermögenswerte mit unbegrenzter Nutzungsdauer und
– für solche immateriellen Vermögenswerte, die noch nicht betriebsbereit sind (IAS 36.10a). Dazu gehören die sich noch im Herstellungsprozess befindlichen immateriellen Vermögenswerte (aktivierte **Entwicklungskosten**).

4.3 Besonderheit bei erworbenen Forschungs- und Entwicklungsprojekten

1070 Erworbene Forschungs- und Entwicklungsprojekte sind mit ihren Anschaffungskosten ansatzpflichtig (s. Rz. 1022 f.). Kosten, die *nach* dem Erwerb der Projekte für ihre Fertigstellung anfallen, sind hingegen wieder nach den allgemeinen Kriterien zu beurteilen: Sie sind Aufwand, solange es sich um ein Forschungsprojekt handelt. Handelt es sich um ein Entwicklungsprojekt, sind die gesonderten Aktivierungsvoraussetzungen zu prüfen.

Solange das erworbene Projekt auch aus Sicht des erwerbenden Unternehmens nicht unmittelbar betriebsbereit nutzbar ist, kommt eine planmäßige Abschreibung nicht in Betracht. Es ist aber ein jährlicher Impairment-Test erforderlich.

1071–1079 frei

5. Ausbuchung und Umbuchung

1080 Immaterielle Vermögenswerte sind auszubuchen bei Verkauf oder wenn keine künftigen Nutzenzuflüsse mehr erwartet werden können (IAS 38.112). Sollte im Verkaufsfalle noch ein positiver Restbuchwert bestehen, ist – unabhängig davon, ob der Vermögenswert noch genutzt wird oder nicht – bis zum Verkaufszeitpunkt weiterhin ggf. planmäßig abzuschreiben.

Die planmäßige Abschreibung endet aber bei einer Umgliederung des immateriellen Vermögenswertes in die Kategorie *held for sale* (IAS 38.117), die bei nicht spontanem, sondern geplantem Verkauf und bei Bereichseinstellungen in Betracht kommt (s. hierzu Rz. 2700 ff.).

6. Ergebniskennzahlen und selbsterstellte immaterielle Vermögenswerte

1081 ➲ Im Vergleich zum HGB *vor* BilMoG verbessert die Aktivierung von Entwicklungskosten systematisch und dauerhaft die Kennzahl Ergebnis vor Zinsen, Steuern und Abschreibungen (EBITDA). Beim Gesamtkostenverfahren werden die zu aktivierenden Aufwendungen als aktivierte Eigenleistungen gezeigt. Aufwandswirksam werden dann später die Abschreibungen der aktivierten Entwicklungskosten. Beim Umsatzkostenverfahren werden im Rahmen der Transformation des Primäraufwands in den in der GuV auszuweisenden Sekundäraufwand die zu aktivierenden Kosten „ergebniserhöhend" verrechnet. Werden beim Umsatzkostenverfahren die Abschreibungen nicht den Funktionsbereichen zugeordnet, sondern gesondert ausgewiesen (zur Zulässigkeit s. Rz. 4223), ist hier ebenfalls eine erhöhte EBITDA-Darstellung möglich.

Demgegenüber belasten die Entwicklungskosten im HGB-Abschluss a.F. das EBITDA in den Perioden, in denen sie anfallen.

frei   1082–1085

7. Ausweis

Immaterielle Vermögenswerte sind als eigenständiger Posten innerhalb des 1086 langfristigen Vermögens auszuweisen. Ein Goodwill muss auf der Bilanzebene nicht gesondert gezeigt werden. Zu Untergliederungen s. Rz. 4140, 4170.

frei   1087–1089

8. Anhangangaben

8.1 Anlagenspiegel

Die nach IAS 38.118 erforderlichen Angaben über Anschaffungs- und Herstel- 1090 lungskosten sowie die Entwicklung im Geschäftsjahr, getrennt nach Gruppen gleichartiger Vermögenswerte, werden in Form eines **Anlagenspiegels** vermittelt. Während nach HGB die Bewegungen im Anlagenspiegel zu Anschaffungs- und Herstellungskosten ausgewiesen werden (direkte Bruttomethode), soll der Ausweis nach IFRS zu Buchwerten erfolgen (direkte Nettomethode). Die deutsche Praxis weicht hiervon häufig ab[1] und zeigt wie in HGB-Abschlüssen üblich zusätzlich zu den Bewegungen der Anschaffungs- und Herstellungskosten auch die der kumulierten Abschreibungen.[2] Dies ist zulässig, da keine Informationen verloren gehen.[3] Wie für alle Zahlenangaben sind **Vergleichsinformationen** für die Vorperiode 01 erforderlich; der Anlagenspiegel ist über **zwei Perioden** darzustellen (im Folgenden Beispiel aus Platzgründen nur die laufende Periode 02):

	Immaterielle Vermögenswerte		
	Goodwill	sonstige immaterielle Vermögenswerte	Total
1. Bruttowerte			
1.1.02	10 000	5 000	15 000
Zugänge	1 000	600	1 600
Änderung Konsolidierungskreis		500	500
Abgänge		– 700	– 700
Währungsumrechnung	1 000	400	1 400
31.12.02	12 000	5 800	17 800

---

1 Ein Beispiel zur direkten Nettomethode findet sich im Geschäftsbericht 2007 der Deutschen Lufthansa, S. 137.
2 Vgl. *Heuser*, GmbH-Handbuch, Rz. II 280.
3 So bereits *Lüdenbach*, IFRS, 4. Aufl. 2004, S. 91 f.

	Immaterielle Vermögenswerte		Total
	Goodwill	sonstige immaterielle Vermögenswerte	
2. Kumulierte Abschreibungen			
1.1.02	0	−2 000	−2 000
Zuführung (erfolgswirksam)		−1 000	−1 000
Abgänge		500	500
Währungsumrechnung		−150	−150
31.12.02	0	−2 650	−2 650
3. Nettobuchwerte			
1.1.02	10 000	3 000	13 000
31.12.02	12 000	3 150	15 150

1091 Bei der Untergliederung hat sich eine Anlehnung an § 266 Abs. 2 Pos. A HGB bewährt. Gesondert auszuweisen sind auf jeden Fall
- Goodwill,
- aktivierte Entwicklungskosten (im Beispiel nicht vorhanden).

Sollte ausnahmsweise die Neubewertungsmethode in Anspruch genommen werden, so sind die jeweiligen Gruppen gesondert darzustellen. In diesem Fall wäre die Zeilenunterteilung um Veränderungen des beizulegenden Zeitwertes zu erweitern.

Beim Goodwill gibt es nach IFRS 3 keine kumulierten *planmäßigen* Abschreibungen (Rz. 1505).

1092 Die Angabe der **Buchwertzugänge** von Vermögenswerten aus Unternehmenserwerben („Änderung Konsolidierungskreis") ist zwingend. Das Beispiel zeigt die theoretisch richtige Handhabung, und zwar den Ausweis der aus Sicht des Erwerbers erworbenen Fair values unter den Brutto-Anschaffungs- und Herstellungskosten. Demgegenüber findet sich in der Praxis häufig nicht nur der Eintrag „Änderung Konsolidierungskreis" unter den Brutto-Anschaffungs- und Herstellungskosten, sondern *gleichzeitig* auch unter den kumulierten Abschreibungen. Dies hat praktische Gründe, wenn keine eigene Konzernanlagenbuchhaltung existiert und die bei Erstkonsolidierung übernommenen Vermögenswerte nicht auf eine neue Basis gestellt werden (können). In diesem Fall werden die historischen Anschaffungs- und Herstellungskosten und die kumulierten Abschreibungen aus dem Einzelabschluss der Tochtergesellschaft übernommen und der Saldo zumindest pauschal nach Anlagengruppen auf den aus Konzernsicht maßgebenden Fair value aufgestockt.

Auch werden Zu- und Abgänge bei Veränderungen des Konsolidierungskreises (Erwerb *und* Veräußerung von voll- oder quotal konsolidierten Beteiligungen) gelegentlich saldiert ausgewiesen. Das kann ggf. mit IAS 1.34 f. begründet werden.

1093 Die Zeile „Abgänge" enthält nicht nur die Werte aus unmittelbarer Veräußerung oder Ausbuchung, sondern auch jene aus der Umgliederung in die Kategorie „Vermögenswerte zum Verkauf bestimmt" (*assets held for sale*) gem. IFRS 5. Hierzu gehören auch Ausgliederungen aus beabsichtigten Bereichseinstellungen. Diese Vermögenswerte sind gesondert im Umlaufvermögen auszuweisen.

8.2 Sonstige Erläuterungen und Einzelangaben

IAS 38.118 ff. nennen die Angabepflichten; diese finden sich bei uns in der Checkliste in Teil H unter 6.4.4 und 7.1, 7.4. 1094

frei 1095–1099

II. Sachanlagen (IAS 16)

1. Überblick und Wegweiser

1.1 Standards und Anwendungsbereich

Der wesentliche Standard zur Bilanzierung von Sachanlagen ist **IAS 16**. Der Standard regelt grundsätzlich **Ansatz** und (planmäßige) **Folgebewertung** des gesamten **Sachanlagevermögens**, das dem bilanzierenden Unternehmen zuzuordnen ist. Folgende Abgrenzungen sind jedoch erforderlich: 1100

(a) **Grundstücke oder Gebäude(teile)**, die zur **Erzielung von Miet- und Pachterträgen oder zur Wertsteigerung** gehalten werden und damit nicht der Produktion, der Verwaltung oder dem Handel dienen, unterliegen als **Anlageimmobilien** (*investment properties*) den Regelungen des IAS 40. Zur Definition von Anlageimmobilien s. Rz. 1410 ff. und zum Bewertungswahlrecht Rz. 1442 ff.

(b) Bei **Leasinggegenständen** ist eine Zuordnung nach dem wirtschaftlichen Eigentum erforderlich. Ist der Leasinggegenstand beim Leasingnehmer zu bilanzieren, muss auf die Erstbewertung beim Leasinggeber und Leasingnehmer IAS 17 angewendet werden. Der **Leasingnehmer** bilanziert im Rahmen der Folgebewertung nach IAS 16 bei materiellen Vermögenswerten und nach IAS 38 bei immateriellen Vermögenswerten (Rz. 1351). Zur Zurechnung von Leasingverträgen s. Rz. 1310 ff.

(c) Auf **biologische Vermögenswerte** in der Landwirtschaft – hier ist IAS 41 einschlägig – und auf Abbaurechte sowie die Exploration und Gewinnung von Mineralien, Öl und Naturgas und ähnliche nicht-regenerative Ressourcen ist IAS 16 nicht anzuwenden.

(d) Darüber hinaus sind die Umgliederungen aus dem Sachanlagevermögen gem. IAS 16 in die Kategorie **held for sale** gem. IFRS 5 zu beachten, die bei beabsichtigtem Verkauf bzw. bei Bereichseinstellung zum Tragen kommen kann, s. Rz. 2700 ff.

Eine Reihe weiterer Standards ist ebenfalls auf Sachanlagen gem. IAS 16 anzuwenden: 1101

(a) **Außerplanmäßige Abschreibungen** von Sachanlagen werden in IAS 36 geregelt, s. Rz. 1500 ff.

(b) Die **Aktivierung von Zinskosten** nach IAS 23 kommt bei der Anschaffung und Herstellung von Sachanlagen in Betracht, s. Rz. 1141 ff.

(c) **Zuwendungen der öffentlichen Hand** (IAS 20) können von den Anschaffungs- und Herstellungskosten von Sachanlagen abgesetzt werden, s. Rz. 1271 ff.

1102 Schließlich wird IAS 16 durch IFRIC 1 ergänzt, der Bilanzierungsfragen im Zusammenhang mit Änderungen von Entsorgungs- und ähnlichen Verpflichtungen zum Gegenstand hat (Rz. 1173).

1103 IAS 16 ist zuletzt im Dezember 2003 grundlegend überarbeitet worden. Die letzten Änderungen wurden durch den jährlichen Verbesserungsstandard (Mai 2008) veranlasst und betreffen die Ertragserfassung beim Verkauf von zuvor vermieteten Sachanlagen (Rz. 1193).

1104–1105 frei

1.2 Wesentliche Abweichungen zum HGB

1106 Die wesentlichen Unterschiede zum HGB sind wie folgt:

- Aus dem Sachanlagevermögen sind die **Anlageimmobilien** (*investment properties*) abzugrenzen und unter gesondertem Bilanzgliederungsposten zu erfassen (Rz. 1400 ff.).
- Für die eigentlichen (übrigen) Sachanlagen besteht das Wahlrecht, sie zu **fortgeführten Anschaffungs- und Herstellungskosten** oder nach der **Neubewertungsmethode** erfolgsneutral zum Fair value zu bewerten (Rz. 1180 ff.).
- AHK umfassen nach IAS 23 i.d.R. auch Fremdkapitalzinsen (Rz. 1141 ff.).
- Sachanlagen sind gem. dem **Komponentenansatz** im Hinblick auf Nutzungsdauern und Nutzenabgabe voneinander abzugrenzen (Rz. 1113 ff., 1168 ff.); das Kriterium des einheitlichen Nutzungs- und Funktionszusammenhangs ist irrelevant.
- Besteht für Sachanlagen am Ende ihrer Nutzungsdauer eine **Entsorgungsverpflichtung**, die als Rückstellung angesetzt werden muss, erhöht diese die Anschaffungs- und Herstellungskosten der Sachanlagen (Rz. 1132).
- **Planmäßige Abschreibungen** und Nutzungsdauern sind nach den tatsächlichen betrieblichen Verhältnissen zu bestimmen; die Verwendung steuerlicher Vereinfachungen (Abschreibungstabellen) ist unzulässig (Rz. 1164).

1107 Nach HGB kann im Hinblick auf Nebenkosten und nachträgliche Kosten die Abgrenzung von Anschaffungs- und Herstellungsvorgängen bedeutsam sein, da für die Ermittlung der Anschaffungskosten nach HGB nur Einzelkosten maßgeblich sind, während in den Herstellungskosten auch Gemeinkosten berücksichtigt werden können bzw. nach BilMoG müssen. IFRS differenziert im Detail anders (vgl. Rz. 1130 und Rz. 1620 ff.).

1.3 Neuere Entwicklungen

Derzeit liegen keine Pläne zur Änderung des IAS 16 vor. 1108

frei 1109

2. Ansatz

2.1 Definitionsmerkmale von Sachanlagen und allgemeine Ansatzkriterien

Sachanlagen sind materielle Vermögenswerte, die ein Unternehmen für 1110 Zwecke der Herstellung oder der Lieferung von Gütern und Dienstleistungen, zur Vermietung an Dritte oder für Verwaltungszwecke besitzt und die erwartungsgemäß länger als eine Periode genutzt werden (IAS 16.6).

Sachanlagen sind zu aktivieren, wenn sie die **allgemeinen Aktivierungsvoraussetzungen** erfüllen (IAS 16.7), s. Rz. 301 ff. Besondere Aktivierungsvoraussetzungen, wie es sie etwa bei den immateriellen Vermögenswerten gibt, fehlen. Klarstellend wird erläutert, dass für die Aktivierungsvoraussetzung des künftigen Nutzenzuflusses ein indirekter Zusammenhang mit einer anderen Sachanlage ausreichend ist, so dass auch Sachinvestitionen in **Umweltschutz- oder Sicherheitsanlagen** zu aktivieren sind (IAS 16.11), da sie den wirtschaftlichen Nutzen dieser anderen Anlagen häufig erst ermöglichen.

2.2 Geringwertige Sachanlagen

Nach § 6 Abs. 2 Satz 1 EStG sind **geringwertige Wirtschaftsgüter** (< 150 Euro) 1111 sofort als Betriebsausgabe abzugsfähig. Die sofortige Aufwandserfassung auch im IFRS-Abschluss ohne Berührung des Anlagespiegels ist wegen des Wesentlichkeitsgrundsatzes regelmäßig unproblematisch.

Für geringwertige Wirtschaftsgüter mit Anschaffungs- und Herstellungskosten über 150 Euro, aber unter 1000 Euro sieht § 6 Abs. 2a EStG die verpflichtende Bildung eines Sammelpostens mit anschließender Poolabschreibung über 5 Jahre vor. Der HFA des IDW ist der Auffassung, dass der Posten in den HGB-Abschluss übernommen werden kann, wenn er insgesamt von untergeordneter Bedeutung ist.[1] Das dürfte grundsätzlich auch für den IFRS-Abschluss gelten, zumal IAS 16.9 die Zusammenfassung einzelner unbedeutender Sachanlagen ausdrücklich vorsieht.[2]

2.3 Ersatzteile

Gewöhnliche Ersatzteile des laufenden Gebrauchs (IAS 16.8) werden bei den 1112 Vorräten analog zum HGB als Betriebsstoffe ausgewiesen, gem. IAS 2 bilanziert und bei Verbrauch als Aufwand gebucht. Wesentliche Ersatzteile (*major spare parts*) werden dagegen von vornherein als Sachanlagen aktiviert.

---
1 Vgl. Berichterstattung über 208. Sitzung des HFA, IDW-FN 2007, 506.
2 Zu Einzelheiten siehe *Rade/Kropp*, WPg 2008, 13 (21); die dort unter Bezug auf IAS 16.37 geforderte „Gruppenbildung" ist jedoch nicht erforderlich, da IAS 16.37 nur für die Neubewertungsmethode einschlägig ist.

2.4 Komponentenansatz: Abgrenzung von Sachanlagen zueinander

2.4.1 Einzelne Komponenten versus einheitlicher Nutzungs- und Funktionszusammenhang

1113 Der Board verfolgt mit IAS 16 die Idee, Sachanlagen und Sachgesamtheiten nach den Nutzungsdauern und/oder Art der Abnutzung ihrer jeweiligen Teile und Komponenten voneinander abzugrenzen (*component approach*, Komponentenansatz).[1] Damit soll offensichtlich eine präzisere, den tatsächlichen Verhältnissen besser entsprechende Aufwandsverteilung erreicht werden, als sie bei eher Durchschnittsbetrachtungen möglich wäre.

Die Aufteilung und Abgrenzung der Sachanlagen ist idealerweise bei Zugang vorzunehmen. Materielle Konsequenzen ergeben sich

– bei der Bilanzierung nachträglicher Ausgaben, für die die Vermögenswerteigenschaft zu prüfen ist. Wird diese bejaht, sind die – in HGB-Terminologie – nachträglichen Anschaffungs- und Herstellungskosten (ggf. als eigenständige Komponenten) zu aktivieren; sowie für

– die planmäßigen Abschreibungen der Komponenten: Nutzungsdauern und Abschreibungsverlauf können sich voneinander unterscheiden.

1114 Eine solche Idee lässt sich in den internationalen Standards zwanglos verfolgen, weil es auf die Einzelveräußerbarkeit bzw. -verwertbarkeit als Definitionsmerkmal eines Vermögenswertes gerade nicht ankommt (s. Rz. 311). Demgegenüber lässt sich nach deutschem *handelsrechtlichen* Bilanzverständnis eine Sachgesamtheit nicht ohne weiteres in einzelne Komponenten zerlegen, wenn die Komponenten nicht getrennt voneinander *verwertbar* sind. Aus steuerrechtlicher Sicht kommt es dagegen im Detail nicht auf die Verkehrsfähigkeit, sondern nur auf die *selbständige Bewertbarkeit* bei der Abgrenzung eines Wirtschaftsguts an. Dies führt zu einer gewissen Kasuistik, wie nachfolgende Beispiele belegen:

Beispiele:
Eine umfangreiche steuerliche Rechtsprechung liegt zur Abgrenzung von **Gebäudeeinrichtungen** vor[2], wonach als Gebäudebestandteile alle Einrichtungen zu erfassen sind, die üblicherweise der Nutzung als Gebäude dienen (dies würde auch der handelsrechtlichen Auffassung der Verkehrsfähigkeit entsprechen), z.B. Heizungs-, Lüftungs-, Beleuchtungs- und Sprinkleranlagen, Fahr-

---

1 Aus deutscher Perspektive ist die Idee nicht neu; sie wurde in den 70er und 80er Jahren des vorigen Jahrhunderts unter dem Begriff „Atomisierungstheorie" diskutiert, vgl. insbesondere *Scheer*, Instandhaltungspolitik 1974 und *Kußmaul*, DStR 1987, 675 (678). Die Diskussion ist jüngst wieder aufgegriffen worden von *Mujkanovic/Raatz* (KoR 2008, 245) mit dem Hinweisen (250), dass bei Verwendung des Komponentenansatzes im HGB der Überleitungsaufwand zwischen HGB und IFRS sinke und ferner auch bei Wegfall des § 249 Abs. 2 HGB durch das BilMoG eine periodengerechte Aufwandsverteilung möglich bliebe; siehe hierzu auch Beispiel in Rz. 1117.
2 Zu den einzelnen Fundstellen s. *Hoyos/F. Huber* in Beck'scher Bilanz-Kommentar, 6. Aufl. 2006, § 247 HGB Rz. 460 f.

stühle, Rolltreppen, ja selbst Schranktrennwände, die ohne Beeinträchtigung ihrer Wiederverwendungsfähigkeit leicht abgebaut werden können. Demgegenüber sollen sog. **Betriebsvorrichtungen** auch dann *nicht* zu den Gebäudeeinrichtungen gehören, wenn sie durch feste Verbindung zivilrechtlich wesentlicher Bestandteil des Gebäudes geworden sind, z.B. Lastenaufzüge, Hochregallager (einschließlich seiner räumlichen Umschließung), Gärbeckenanlage einer Weinkellerei usw.

Obwohl zumindest von der jeweiligen theoretischen Konzeption her die steuerliche Abgrenzung des Wirtschaftsguts nach dem Kriterium der selbständigen Bewertbarkeit dem Komponentenansatz des IAS 16 prinzipiell näher steht als die handelsrechtliche Abgrenzung des Vermögensgegenstands nach dem Kriterium der Verkehrsfähigkeit, wird diese Konzeption in der Praxis vor allem durch uneinheitliche steuerliche Rechtsprechung überlagert: So können die einzelnen Komponenten einer Abfüllanlage wegen ihrer gemeinsamen und einheitlichen Funktion als ein Vermögensgegenstand/Wirtschaftsgut abgeschrieben werden, wohingegen bei einem Gasbetonwerk die einzelnen Maschinen, Heizkessel, Gebäude und Formen gesondert aktiviert und innerhalb der jeweiligen Nutzungsdauer abgeschrieben werden. In diesen Abgrenzungsfragen besteht offensichtlich auch nach deutschem Bilanzrechtsverständnis weiter **Ermessensspielraum**.[1]   1115

Der Board bemüht sich in IAS 16 erst gar nicht um Klärung solcher Abgrenzungsfragen (*This Standard does not prescribe the unit of measure for recognition*, IAS 16.9) und verweist stattdessen auf die kaufmännische Beurteilungsfähigkeit (*judgement*). Soweit danach erkennbar ist, dass sich wesentliche Teile, die einer Sachgesamtheit zuzurechnen sind, in der Nutzungsdauer und/oder Art der Abnutzung voneinander unterscheiden, sind diese Teile auch **gesondert abzuschreiben**. Auf die Beurteilung eines einheitlichen Nutzungs- und Funktionszusammenhangs kommt es also nicht an. Besteht demnach ein Vermögenswert aus Teilen mit unterschiedlichen Nutzungsdauern (Flugzeug, Turbine, Bordküche), so ist er in diese Teile zum Zwecke der Bewertung zu zerlegen (IAS 16.13). Grundsätzlich wird dies auch bei einem HGB-Abschluss für zulässig erachtet.[2]   1116

2.4.2 Generalüberholungen, Erweiterungen und Erhaltungsaufwand

IAS 16.14 geht jedoch noch weiter und rechnet auch Ausgaben für **Generalüberholungen** bzw. **-inspektionen** zum Komponentenansatz. Können bei Inbe-   1117

---

1 Vgl. *Hoyos/Schramm/M. Ring* in Beck'scher Bilanz-Kommentar, 6. Aufl. 2006, § 253 HGB Rz. 351.
2 *Ballwieser* in Baetge u.a. (Hrsg.), Rechnungslegung nach IFRS, 2005, IAS 16 Rz. 15 meint unter Hinweis auf *Jüttner*, GoB-System, Einzelbewertungsgrundsatz und Imparitätsprinzip, 1993, S. 126–129, die Vorgehensweise entspräche im Allgemeinen der Bilanzierung nach dem HGB; nach *ADS*, 6. Aufl., § 253 HGB Rz. 381 erscheint es z.T. abweichend von der steuerrechtlichen Kasuistik häufig geboten, wichtige Komponenten getrennt nach ihrer Nutzungsdauer abzuschreiben.

triebnahme einer Sachanlage die voraussichtlichen Kosten der nächsten planmäßigen Generalüberholung geschätzt werden, dann ist dieser in den Gesamtkosten enthaltene Anteil separat über den Zeitraum bis zur nächsten Generalüberholung abzuschreiben. Die Kosten für die nächste Generalüberholung sind anschließend wiederum zu aktivieren.

Beispiel:[1]

Ein Unternehmen erwirbt einen Hubschrauber mit einer Nutzungsdauer von 9 Jahren zum Preis von 450 am Anfang des Jahres 01. Alle drei Jahre werde eine Generalüberholung fällig, die notwendig ist, damit der Hubschrauber weiter eingesetzt werden kann. Die Kosten der Generalüberholungen am Anfang der Jahre 04 und 07 werden auf je 90 geschätzt.

In einer IFRS-Bilanz gilt die Möglichkeit der Inbetriebnahme des Hubschraubers als eine vom Hersteller *gekaufte Generalüberholung*, die von den Anschaffungskosten abzusetzen und als gesonderter Vermögenswert „getrennt" vom Hubschrauber abzuschreiben ist. Bei Durchführung der nächsten Generalüberholung werden die anfallenden Kosten dann aktiviert und bis zur folgenden Generalüberholung abgeschrieben. Am Anfang des Jahres 01 sind die Anschaffungskosten von 450 daher auf 360 für den Hubschrauber (Abschreibung jährlich 40 über 9 Jahre) und 90 für die Generalüberholung (Abschreibung jährlich 30 über 3 Jahre) aufzuteilen. Die Tabelle zeigt die vollständige Aufwandsglättung über den Zeitraum von 9 Jahren.

Nach HGB a.F. war es möglich, die Kosten der nächsten Generalüberholung als Aufwandsrückstellung gem. § 249 Abs. 2 HGB zu erfassen. Damit konnte eine teilweise Aufwandsglättung erreicht werden.

Nach HGB i.d.F. BilMoG schlagen dagegen die Kosten der Generalüberholungen im jeweiligen Jahr der Durchführung der Maßnahme als Aufwand zu Buche. Es ergeben sich im Vergleich folgende Buchwertentwicklungen und Aufwandsverteilungen:

	01	02	03	04	05	06	07	08	09	Summe
IFRS										
BW Hubschrauber	320	280	240	200	160	120	80	40	0	
BW Generalüberholung	60	30	0	60	30	0	60	30	0	
Abschr. Hubschrauber	40	40	40	40	40	40	40	40	40	
Abschr. Generalüberholung	30	30	30	30	30	30	30	30	30	
Summe Abschr.	70	70	70	70	70	70	70	70	70	630

---

1 In Anlehnung an *Theile/Stahnke*, DB 2008, 1757.

II. Sachanlagen (IAS 16)

	01	02	03	04	05	06	07	08	09	Summe
HGB alt										
BW Hubschrauber	400	350	300	250	200	150	100	50	0	
BW RSt	30	60	90	30	60	90				
Abschr. Hubschrauber	50	50	50	50	50	50	50	50	50	
Aufwand RSt	30	30	30	30	30	30				
Summe Aufw.	80	80	80	80	80	80	50	50	50	630
HGB BilMoG										
BW Hubschrauber	400	350	300	250	200	150	100	50	0	
Abschr. Hubschrauber	50	50	50	50	50	50	50	50	50	
Aufw. Generalüberholung				90			90			
Summe Aufwand	50	50	50	140	50	50	140	50	50	630

Das Beispiel macht deutlich, dass die *punktuelle* Übernahme von IFRS-Vorschriften (hier: Streichung der Rückstellungen für Großreparaturen mangels Außenverpflichtung *ohne* gleichzeitige Öffnung in Richtung Komponentenansatz) durch das BilMoG unter der Flagge „Modernisierung" (Annäherung an IFRS) nicht unbedingt zu sachgerechten Ergebnissen führt.

Ist eine Schätzung der Kosten der künftigen Generalüberholung nicht möglich, muss zunächst die separate Abschreibung unterbleiben. Wird die Generalüberholung später tatsächlich durchgeführt, so sind die dann anfallenden Kosten zu aktivieren und über die Dauer bis zur nächsten Generalüberholung abzuschreiben. Zugleich dienen die Kosten der durchgeführten Generalüberholung als Hinweis für den ursprünglichen Wert im Zeitpunkt der Ersterfassung des Vermögenswerts; *der Restbuchwert, der zunächst nicht gesondert betrachteten Kosten ist dann auszubuchen.* Zur Technik in diesem Fall siehe Rz. 1171.

Nachträgliche Anschaffungs- und Herstellungskosten (*costs incurred subsequently to add to*, IAS 16.10) sind anhand der allgemeinen Aktivierungskriterien auf ihre Ansatzpflicht hin zu analysieren und ggf. gem. Komponentenansatz zu bilanzieren. Sog. „**anschaffungsnahe Herstellungskosten**" i.S.v. § 6 Abs. 1a EStG (innerhalb von drei Jahren nach Anschaffung eines Gebäudes durchgeführte Instandsetzungs- und Modernisierungsmaßnahmen größer als 15 % der Anschaffungskosten) sind definitionsgemäß zwar keine Erweiterungen, können aber unter den Komponentenansatz zu subsumieren sein.

1118

Beispiel:
Bei Erwerb eines Gebäudes ist das Dach (eigene Komponente) schadhaft und wird mit 0 Euro angesetzt. Die anschließende Instandsetzung wird aktiviert.

1119 Normale **Erhaltungsausgaben** sind in der Periode, in der die Ausgaben anfallen, als Aufwand zu erfassen. Hierzu gehören Wartungskosten und kleinere Reparaturen (IAS 16.12). Zum Erhaltungsaufwand zählen insgesamt solche Ausgaben, die das Nutzenpotenzial nicht erhöhen, sondern lediglich dazu führen, dass die Anlage über den Zeitraum der ursprünglich geschätzten Nutzungsdauer und Beanspruchung auch tatsächlich genutzt werden kann.

2.4.3 Zusammenfassung und Praxishinweise

1120 Insgesamt lassen sich nach IAS 16 drei Anwendungsfälle des Komponentenansatzes ausmachen: Ausgaben,

(a) die das Nutzenpotenzial erhöhen,

(b) die wesentliche Komponenten einer Anlage ersetzen oder

(c) bei denen es sich um Generalüberholungen bzw. -inspektionen handelt,

müssen, soweit sich wesentliche Teile mit unterschiedlicher Nutzungsdauer und/oder Art der Nutzung auch bei Sachanlagen mit einheitlichem Nutzungs- und Funktionszusammenhang unterscheiden lassen, separat abgeschrieben werden. Im Gegensatz zur handels- und steuerrechtlichen Vorgehensweise kommt eine gewichtete Durchschnittsbetrachtung auch dann nicht in Frage, wenn Ersatzmaßnahmen durchgeführt werden müssen.

1121 ⊃ Eine sehr strenge Auslegung des Komponentenansatzes würde zu einer erheblichen Erweiterung des Buchungsstoffs in der **Anlagenbuchhaltung** führen („Atomisierung"), wobei der Informationsgewinn für den Abschlussadressaten im Vergleich zu einer eher gewichteten Durchschnittsbetrachtung marginal sein dürfte. Insoweit ist es unter Abwägung des Kosten-Nutzen-Grundsatzes (Rz. 278) zweckmäßig, sich in der Ausdifferenzierung des Anlagevermögens auf die wirklich wesentlichen Anlagen zu beschränken.

Beispiele:

- Die Auskleidung eines Hochofens oder die Turbinen eines Flugzeugs sind separat abzuschreiben, sofern ihre Nutzungsdauer signifikant kürzer ist als die des Hochofens bzw. die des Flugzeugs selbst.
- Bei einem Gebäude, dessen Nutzungsdauer mit 50 Jahren angenommen wird, mag damit zu rechnen sein, dass während der Nutzungsdauer das Dach einmal und die Heizungsanlage zweimal auszutauschen sind. Insoweit kommt eine separate Abschreibung in Betracht.
- Bei Großanlagen, die sich aus mehreren Aggregaten zusammensetzen (z.B. Abfüllanlage: Flaschenreinigung, Abfüllung, Verpackung) ist zu prüfen, ob sich die Aggregate in ihrer Nutzungsdauer unterscheiden.
- Die gesonderte Aktivierung der Kosten der „großen Inspektion" sowie der TÜV-Gebühren bei Fahrzeugen ist wegen Unwesentlichkeit nicht erforderlich.

1122–1124 frei

3. Zugangsbewertung

3.1 Zugangsformen

Sachanlagen sind bei erstmaliger Erfassung zu ihren Kosten (*at cost*) anzusetzen (IAS 16.15). Diese werden in Abhängigkeit der Zugangsform wie folgt konkretisiert: 1125

- Separater Erwerb: **Anschaffungskosten** (s. Rz. 1126 ff.).
- Selbsterstellung: Herstellungskosten. Die **Grundsätze der Herstellungskostenermittlung folgen jenen der Anschaffungskosten**, so dass kein Unterschied in der Bewertung in Abhängigkeit von der Zugangsform Anschaffung oder Herstellung entstehen soll. Bei den Einzelheiten zur Bestimmung der Herstellungskosten verweist IAS 16.22 auf IAS 2. Wir folgen dieser Systematik und erläutern die Herstellungskosten in Rz. 1620 ff.
- **Tausch:** i.d.R. Fair value (s. Rz. 1150 f.).
- **Unternehmenserwerb:** Fair value (s. Rz. 3280 ff.).
- Zuordnung auf Grund eines **Leasingvertrages**, der als Finanzierungsleasing qualifiziert ist: Hier greift für die Erstbewertung beim Leasinggeber und Leasingnehmer IAS 17 (s. Rz. 1350 f.). Für die Folgebewertung ist für den Leasingnehmer IAS 16 einschlägig.
- **Sacheinlage:** i.d.R. Fair value der Sachanlage (zu Einzelheiten s. Rz. 2075).

3.2 Anschaffungskosten

3.2.1 Bestandteile der Anschaffungskosten – Übersicht

Die **Anschaffungskosten** gem. IAS 16.16 ff. umfassen: 1126

(a) **Anschaffungspreis** einschließlich Einfuhrzölle und nicht abzugsfähiger Vorsteuer,

(b) **Anschaffungspreisminderungen** wie Rabatte, Skonti und Boni sind abzusetzen,

(c) alle **direkt zurechenbaren Kosten** (*any costs directly attributable*), die anfallen, um den Vermögenswert in den betriebsbereiten Zustand für seine vorgesehene Verwendung zu bringen (**Anschaffungsnebenkosten**),

(d) **als Rückstellung passivierte Entsorgungsverpflichtung**; s. Rz. 1132 ff. und

(e) für sog. **qualifying assets** seit 2009 **Fremdkapitalzinsen**, s. Rz. 1141 ff.

Der Anschaffungsvorgang (und auch ggf. der Herstellungsvorgang) ist beendet, wenn die Anlage bestimmungsgemäß genutzt werden kann. Etwaige Kosten, die nachfolgend bis zur tatsächlichen Inbetriebnahme noch entstehen, dürfen nicht aktiviert werden (IAS 16.20 f.).

Zur Bestimmung des Zeitpunktes der bestimmungsgemäßen Nutzung kommt es auf die **Betriebsbereitschaft** aus subjektiver Sicht an (IAS 16.16b). 1127

> **Beispiel:**
> Die TK AG betreibt auf ihrem Werksgelände eine Werksbahn in Normalspur. Es wird ein objektiv voll funktionsfähiger Güterwaggon in Schmalspur erworben und umgebaut, damit er auch *subjektiv von der TK AG* genutzt werden kann. Die Umbaukosten sind zu aktivieren.

3.2.2 Anschaffungspreis

1128 Wenn die Zahlung für einen Gegenstand des Sachanlagevermögens die üblichen Zahlungsfristen überschreitet, ist sein Anschaffungspreis das **Barpreisäquivalent** (IAS 16.23). Das entspricht der deutschen Bilanzierungspraxis.[1] In Analogie zu IAS 23.10 wird als **Diskontierungsfaktor** jener Zinssatz heranzuziehen sein, der für die Aufnahme von Fremdmitteln zur sofortigen Bezahlung der Sachanlage bei Erwerb angefallen wäre. Zur Aktivierung der Zinskosten aus der Aufzinsung des Barpreisäquivalents bei der Anschaffung von qualifying assets s. Rz. 1143.

1129 Anschaffungen in fremder Währung sind mit dem Kassakurs (aus Vereinfachungsgründen auch mit einem Durchschnittskurs) zum Transaktionszeitpunkt umzurechnen (IAS 21.21 f., s. Rz. 551).

3.2.3 Anschaffungsnebenkosten

1130 Voraussetzung der Aktivierung von Anschaffungsnebenkosten ist der **Anschaffungsbezug**: Es muss sich um Kosten handeln, die direkt auf Grund der Anschaffung angefallen sind (IAS 16.16b, IAS 16.17a i.V.m. IAS 16.19d). Hierzu zählen unstrittig die Einzelkosten wie Notargebühren, Grunderwerbsteuer, Kosten der Standortvorbereitung (z.B. Fundamente), Installationskosten, Architektenhonorare, Ingenieurleistungen usw. Aber auch variable Gemeinkosten, die einer Zeit- oder Mengenschlüsselung zugänglich sind, müssen grundsätzlich (Wesentlichkeit!) aktiviert werden, während die Zurechnung fixer Gemeinkosten (fehlender Anschaffungsbezug) abgelehnt wird.[2]

1131 Anlaufkosten und Kosten für Testläufe sind, ggf. nach Abzug der Erlöse aus dem Verkauf der Testprodukte, zu aktivieren. Hingegen bestehen für Einrichtungskosten des Geschäftsbetriebs (*costs of opening a new facility*), Kosten der Markteinführung oder Werbemaßnahmen sowie für Kosten der Fortbildung und des Trainings jeweils **Aktivierungsverbote** (IAS 16.19).

3.2.4 Als Rückstellung passivierte Entsorgungsverpflichtung

1132 Als Rückstellungen passivierte Entsorgungsverpflichtungen (z.B. für die Stilllegung bzw. den Abbau von Anlagen, Kernkraftwerken, Ölbohrinseln, aber

---
[1] Vgl. *Hoyos/M. Ring* in Beck'scher Bilanz-Kommentar, 6. Aufl. 2006, § 253 HGB Rz. 66.
[2] Vgl. ausführlich *Wohlgemuth* in HdJ Abt. I/9 (1999) Rz. 111.

auch Mietereinbauten und Ähnliches) sind den Anschaffungs- oder Herstellungskosten hinzuzurechnen (IAS 16.16c). Auf diese Weise ergibt sich im Zeitpunkt der Bildung der Rückstellung keine Auswirkung auf das Jahresergebnis. Die Norm findet **keine Entsprechung zum HGB**. Wegen des höheren Abschreibungspotenzials des Vermögenswertes wirkt die Regelung jedoch ergebnismäßig grundsätzlich[1] wie eine **Ansammlungsrückstellung** nach deutschem Verständnis.

Beispiel:
Ein stromproduzierendes Unternehmen nimmt zum 1.1.01 ein neues Kernkraftwerk in Betrieb. Die Anschaffungs- oder Herstellungskosten betrugen 2,5 Mrd. Euro; es wird eine Nutzungsdauer von 30 Jahren erwartet. Auf Grund atomgesetzlicher Bestimmungen besteht eine Entsorgungsverpflichtung nach Ende der Nutzung. Die Verpflichtung entsteht in voller Höhe bei Inbetriebnahme des Kraftwerks, da dieses dann unabhängig von der weiteren Nutzung verstrahlt ist. Der Barwert der Verpflichtung wird zum 1.1.01 mit 0,5 Mrd. Euro angegeben; mit diesem Wert werden die Anschaffungs- oder Herstellungskosten erhöht und zugleich eine Rückstellung angesetzt. Das Abschreibungspotenzial beträgt somit 3 Mrd. Euro. Anlass zu einer Wertminderungsprüfung (außerplanmäßige Abschreibung) des Kernkraftwerkes besteht nicht, denn das Unternehmen wird in Kenntnis seiner Entsorgungsverpflichtung die Stromtarife kalkulieren. Insoweit verkörpert auch der Gegenwert der Entsorgungsverpflichtung ein Nutzenpotenzial.

Da solche Rückstellungen regelmäßig langfristigen Charakter haben, sind sie zum **Barwert** anzusetzen. Spätere Erhöhungen der Rückstellung infolge des Zinseffektes sind als **Zinsaufwand** zu erfassen, berühren also den Vermögenswert nicht (IFRIC 1.8). Zu Anpassungen des Vermögenswertes bei der Folgebewertung siehe Rz. 1173. 1133

Nicht explizit geregelt ist, ob eine **nachträgliche Hinzuaktivierung** einer solchen Rückstellung für Entsorgung in Betracht kommt, wenn eine Entsorgungsverpflichtung etwa durch ein externes Ereignis (z.B. eine Gesetzesänderung) erst später entsteht – und nicht bereits schon bei erstmaliger Erfassung des Vermögenswertes. Im Exposure Draft zum neuen IAS 16 (2003) war in ED IAS 16.20A noch eine Regelung für eine Hinzuaktivierung enthalten, die der IASB aber nicht in die endgültige Fassung übernommen hat (IAS 16 BC14). Ungeachtet dessen meinen wir, dass die Regelungslücke nur durch eine Hinzuaktivierung geschlossen werden kann; dies entspricht der Intention des IAS 16 sowie auch des zwischenzeitlich verabschiedeten IFRIC 1.[2] Allerdings 1134

---

1 Sieht man von einigen Details ab, wie zum Beispiel unterschiedliche Aufwandsverteilung auf Grund unterschiedlicher Zinssätze bei der Abzinsung der Rückstellung nach HGB i.d.F. BilMoG und IFRS.
2 Wenngleich der oben erörterte Sachverhalt auch nicht vom Anwendungsbereich des IFRIC 1 abgedeckt wird (IFRIC 1.BC23).

ist in einem solchen Fall aus unserer Sicht ein Impairment-Test zwingend, um zu prüfen, ob dem Unternehmen tatsächlich in entsprechender Höhe (ggf. zusätzlicher) wirtschaftlicher Nutzen zufließen wird.

Beispiel (Abwandlung):

Entgegen dem Ausgangsfall (Rz. 1132) hat es bei Inbetriebnahme des Kraftwerks noch keine Entsorgungsverpflichtung gegeben, so dass auch keine Rückstellung gebildet worden ist. Nach zehn Jahren der Nutzung – der Buchwert des Kraftwerks beträgt 1,66 Mrd. Euro – erlässt die Regierung ein Gesetz, das die Betreiber von Kernkraftwerken zur Entsorgung verpflichtet. Der Barwert der Entsorgungsverpflichtung betrage zu diesem Zeitpunkt 0,9 Mrd. Euro.

Wird der Barwert der Entsorgungsverpflichtung passiviert und erfolgt in gleicher Höhe eine Hinzuaktivierung zum Kraftwerk, erhöht sich dessen Buchwert auf 2,56 Mrd. Euro. Dies müsste zugleich das Nutzenpotenzial sein, welches im Wege der Abschreibung auf die 20 Jahre der Restnutzungsdauer zu verteilen ist. Daher muss geprüft werden, ob die künftig zu erzielenden Einnahmen aus dem Stromverkauf die Werterhöhung des Kraftwerks rechtfertigen. Ist dies nicht der Fall, wäre eine außerplanmäßige Abschreibung des Kraftwerks gem. IAS 36 zu prüfen und dann vorzunehmen, wenn die auf das Unternehmen zukommende Belastung infolge der Gesetzesänderung offensichtlich nicht (in voller Höhe) an den Markt weitergegeben werden kann.

1135 Gelegentlich entstehen Entsorgungs- und ähnliche Verpflichtungen erst mit der Nutzung von Sachanlagen, wie es etwa bei Wiederauffüllungsverpflichtungen von im Tagebau ausgebeuteten Flächen zu beobachten ist: Hier baut sich die Verpflichtung sukzessive auf, besteht also bei Inbetriebnahme der Anlage noch nicht. Nach Maßgabe des IAS 37 ist die **Rückstellung** in diesem **Fall anzusammeln**. Die Gegenbuchung erfolgt hier weder unmittelbar im Aufwand (wie nach HGB) noch erfolgsneutral bei der Sachanlage (wie nach IAS 16 bei sofort entstehenden Verpflichtungen), sondern als Bestandteil der Herstellungskosten der mit der Anlage produzierten Leistungen, also Vorräten (IAS 16.18). Werden die Leistungen in der Periode verbraucht, entsteht insoweit der Aufwand. Bei Bestandserhöhungen in den Vorräten werden so Teile der Rückstellungsbildung zunächst erfolgsneutral erfasst.

1136 Eine Regelungslücke besteht, wie in diesem Fall bei Zinssatzänderungen oder Änderungen des Verpflichtungsumfangs zu verfahren ist; IFRIC 1 deckt diese Sachverhalte nicht ab (IFRIC 1.2). Hier dürfte, schon aus Gründen der Praktikabilität, die sofortige erfolgswirksame Erfassung des Änderungsbetrages der Rückstellung angezeigt sein.

1137–1139 frei

3.3 Herstellungskosten

Die Ermittlung der **Herstellungskosten** folgt denselben Grundsätzen wie die Er- 1140 mittlung der **Anschaffungskosten** (IAS 16.22) und bestimmt sich im Übrigen nach IAS 2 „Vorräte", s. hierzu Rz. 1620 ff. Damit gilt der Vollkostenansatz. Außerdem sind auch die als Rückstellung passivierten Entsorgungsverpflichtungen einzubeziehen. Ferner können Abschreibungen auf aktivierte immaterielle Vermögenswerte Bestandteil der Herstellungskosten von Sachanlagen sein (IAS 38.99). Für Herstellungsvorgänge ist insbesondere die Pflicht der Aktivierung von Zinskosten bei qualifying assets zu beachten, s. nachfolgend Rz. 1141 ff.

3.4 Aktivierung von Fremdkapitalkosten (IAS 23)

3.4.1 Aktueller Stand des IAS 23

Im März 2007 hat der IASB einen neuen IAS 23 veröffentlicht, der die Ab- 1141 schaffung des bisherigen Wahlrechts der Aktivierung von Zinskosten für *qualifying assets* vorsieht: Künftig sind die Zinskosten zu aktivieren.

Die Maßnahme ist Bestandteil des kurzfristigen Konvergenz-Projekts mit dem FASB (Rz. 46): Nach US-GAAP (FAS 34) besteht Aktivierungspflicht. Es verbleiben jedoch Unterschiede (die die SEC offensichtlich als nicht gravierend einstuft), insbesondere im Hinblick auf den Umfang der Aktivierung.

Der neue IAS 23 ist mit Verordnung (EG) Nr. 1260/2008 vom 10. Dezember 2008 in europäisches Recht übernommen worden.[1] Die neuen Vorschriften sind spätestens mit Beginn des Geschäftsjahres nach dem 31.12.2008 anzuwenden. Zur Übergangsregelung s. Rz. 1147.

3.4.2 Anwendungsbereich: Qualifying asset

Fremdkapitalkosten sind grundsätzlich in der Periode ihres Entstehens als 1142 Aufwand zu verrechnen (IAS 23.1). Eine Ausnahme gilt für sog. *qualifying assets*: Fremdkapitalkosten, die direkt dem **Erwerb**, dem **Bau** oder der **Herstellung** eines **qualifizierten Vermögenswertes** zugeordnet werden können, müssen als Teil der Anschaffungs- oder Herstellungskosten dieses Vermögenswertes aktiviert werden (IAS 23.8). Aus der Natur der Sache heraus kommt eine Aktivierung bei Bewertung zum Fair value nicht in Betracht (IAS 23.4a).

Als qualifiziert ist ein Vermögenswert zu bezeichnen, wenn für ihn ein beträchtlicher Zeitraum erforderlich ist, um ihn in seinen beabsichtigten *gebrauchs- oder verkaufsfähigen* Zustand zu versetzen (IAS 23.5). Damit kommt die **Aktivierung** grundsätzlich in Betracht bei

- **immateriellen Vermögenswerten**, insbesondere bei Selbsterstellung, z.B. Entwicklungskosten;
- selbst erstellten **Sachanlagen** und **Anlageimmobilien** (*cost model*);
- **Erwerb** der vorgenannten Vermögenswerte, und zwar nicht nur, wenn diese (a) erst nach Erwerb noch in einen gebrauchsfertigen Zustand versetzt werden

---

1 ABl. EG Nr. L 338/10 v. 17.12.2008.

müssen (z.B. Umbau eines Hauses), sondern auch (b) für Zinsaufwendungen aus Anzahlungen für einen gebrauchsfertig erworbenen Vermögenswert.[1] (b) soll jedoch nach IAS 23.7 a.E. ausgeschlossen sein, dies kollidiert aber mit IAS 23.1, worin der **Erwerb** (und nicht nur die Herstellung) explizit als Aktivierungsgrund genannt werden. Ansonsten würde der Sinn und Zweck des IAS 23 vereitelt, Anschaffungen und Herstellungen gleichnamig zu machen und Kosten bis zur Gebrauchsfähigkeit unabhängig von den Zahlungsvereinbarungen mit den Lieferanten zu aktivieren: (1) Kauf einer Maschine mit sofortiger Anzahlung von 1000 und Zinsaufwendungen von 100 bis zur gebrauchsfertigen Lieferung in 2 Jahren versus (2) Zahlung von 1100 in 2 Jahren;

– **Vorräten** (sofern nicht Massen- oder Kundenfertigung), also z.B. erst noch zu verkaufende Immobilienobjekte eines Bauträgers. Bei „normalen" Vorräten kann es über die Einbeziehung von Abschreibungen in die Herstellungskosten allenfalls zu einer indirekten Aktivierung kommen (Rz. 1621b).

1143 **Von der Aktivierung** sind jedoch **ausgenommen**:

– **Vorräte bei Massenfertigung**, und zwar auch dann nicht, wenn bei diesen ein längerer Herstellungsprozess (wie bei Käse oder Wein[2]) zu beobachten ist; das hat Vereinfachungsgründe (IAS 23.4b und 23.BC5 f.). Massenfertigung ist dabei unternehmensspezifisch zu interpretieren, auch der Bau von Flugzeugen fällt hierunter.[3]

– Bei der Aktivierung von **Fertigungsaufträgen** (Rz. 1701) spielen Fremdkapitalkosten ebenfalls keine Rolle; der IASB hat den früheren Verweis in IAS 11.18 gestrichen (IAS 23.BC27). Das ist systematisch überzeugend, da keine Herstellungskosten, sondern anteilige Umsätze (Forderungen aus poc) aktiviert werden. Außerdem ist die Einbeziehung von Zinsaufwand in die Auftragskosten (statt des Ausweises von Zinsaufwand) wegen des geringeren EBIT Ausweises bilanzpolitisch i.d.R. uninteressant (Rz. 1725).

3.4.3 Aktivierung der Fremdkapitalkosten

1144 Zu den direkt einem qualifizierten Vermögenswert zuzuordnenden Fremdkapitalkosten gehören

– solche aus speziell für die Anschaffung oder Herstellung des Vermögenswertes aufgenommenen Fremdmitteln, wobei Erträge aus Zwischenanlagen abgezogen werden (IAS 23.12) sowie

– die gewogenen Durchschnittskosten für allgemeine Fremdmittel, die nicht speziell aufgenommen worden sind (IAS 23.14), wobei diese konzernweit oder auf Basis der Finanzierung der einzelnen Konzerngesellschaften ermittelt werden können (IAS 23.15).

---

1 A.A. *Hoffmann/Freiberg* in Haufe IFRS-Kommentar, 7. Aufl. 2009, § 16 Rz. 29. Darüber hinaus ist zu beachten, dass sich die Frage einer Aktivierung von Zinsen bei gebrauchsfertig erworbenen Vermögenswerten ohne zuvor geleistete Anzahlungen bereits mangels Zahlungsfrist überhaupt nicht stellt.
2 A.A. *Hoffmann* in Haufe IFRS-Kommentar, 7. Aufl. 2009, § 9 Rz. 32.
3 Vgl. *Ernst&Young*, International GAAP 2009, S. 1271.

Die Aktivierung beginnt, wenn Ausgaben für den Vermögenswert und Aufwendungen für die Fremdfinanzierung anfallen und mit den erforderlichen Aktivitäten zur Anschaffung oder Herstellung begonnen worden ist (IAS 23.17). Nach IAS 23.22 endet die Aktivierung, wenn der Vermögenswert betriebsfähig genutzt werden kann. Diese Vorschrift steht im Widerspruch zur nach IAS 16.23 vorgesehenen Aktivierung der Aufzinsungsbeträge, wenn bei Anschaffungsausgaben die üblichen Zahlungsfristen überschritten worden sind und deshalb das Barpreisäquivalent angesetzt worden ist (s. Rz. 1128). Nach dem Sinn und Zweck einer Aktivierung von Zinskosten überlagert IAS 16.23 den IAS 23.22, so dass, wenn die üblichen Zahlungsfristen überschritten worden sind, die Aktivierung zum Zeitpunkt der letzten Zahlung endet.

Der praxisrelevante Regelfall dürfte eine Finanzierung sein, die sich aus Eigen- und allgemeinen Fremdmitteln zusammensetzt. Die Aktivierung von Opportunitätskosten für die Eigenfinanzierung kommt nicht in Betracht. Regelmäßig wird es aber erforderlich sein, die gewogenen Durchschnittskosten für allgemeine Fremdmittel, zu denen auch Kontokorrentkredite gehören, zu ermitteln. Zur Gesamtsumme der Zinskosten einer Periode gehören die nach der Effektivzinsmethode des IAS 39 ermittelten Aufwendungen für Schulden sowie Zinsaufwendungen aus Finanzierungsleasing (IAS 23.6), nicht jedoch die Aufzinsungsbeträge für Rückstellungen (vgl. IFRIC 1.8). 1145

Beispiel:

Die Herstell AG beauftragt einen Anlagenbauer mit der Errichtung einer neuen Fertigungsstraße zum Preis von 15 Mio. Euro. Die Herstell AG zahlt

– am 1.1.01 einen Betrag von 3 Mio. Euro,

– am 1.7.01 weitere 7 Mio. Euro und

– am 31.12.01 die Schlusszahlung von 5 Mio. Euro.

Der Anlagenbauer beginnt Anfang Januar mit seinen Arbeiten und übergibt die Fertigungsstraße Ende Dezember.

Zur Finanzierung der Fertigungsstraße nimmt die Herstell AG am 1.1.01 ein Darlehen A über 4 Mio. Euro auf (Laufzeit 10 Jahre, davon die ersten beiden Jahre tilgungsfrei), das sich mit 6 % p.a. verzinst. Der für Zahlungen zunächst nicht benötigte Darlehensteil kann vorübergehend für 5 % angelegt werden.

Darüber hinaus bestehen zwei weitere Darlehen, die der allgemeinen Unternehmensfinanzierung dienen (Kontokorrentkredite seien unwesentlich), mit folgenden Daten für das Geschäftsjahr:

	Durchschnittliche Darlehensvaluta Geschäftsjahr in Euro	Zinsaufwand Geschäftsjahr in Euro
Darlehen B	25 000 000	1 500 000
Darlehen C	15 000 000	1 050 000
Summe	40 000 000	2 550 000

Der durchschnittliche Finanzierungskostensatz der Darlehen B und C ergibt sich aus der Division von 2 550 000 Euro durch 40 000 000 Euro mit **6,375 %**.

Die Aktivierung der Fremdkapitalkosten lässt sich aus folgender Aufstellung ersehen:

Darlehen A ist speziell für die Finanzierung der Fertigungsstraße aufgenommen worden, und zwar zu Beginn des Aktivierungszeitraums. Ab diesem Zeitpunkt ist der Zinsaufwand für das gesamte Darlehen zu aktivieren, unabhängig davon, dass zunächst nicht die volle Darlehensvaluta zur Finanzierung der Anlage benötigt wird, denn die Differenz ist als Zinsertrag abzuziehen.	
Zinsaufwand: 4 000 000 × 6 %	240 000 Euro
Zinsertrag Zwischenanlage 1 000 000 × 5 % × $^6/_{12}$	− 25 000 Euro
Die Aktivierung der übrigen Fremdkapitalkosten (Darlehen B und C) richtet sich dagegen nach den Zahlungsterminen für die Fertigungsstraße. Das ist der Restbetrag der Zahlung vom 1.7. i.H.v. 6 Mio. Euro:	
Zinsaufwand: 6 000 000 × 6,375 × $^6/_{12}$	191 250 Euro
Die Schlusszahlung löst keine aktivierungsfähigen Fremdkapitalkosten mehr aus, weil der Aktivierungszeitraum beendet ist. Es ergibt sich eine **Summe an zu aktivierenden Fremdkapitalkosten** von	**406 250 Euro**

Wäre Darlehen A nicht speziell für die Fertigungsstraße aufgenommen worden, müsste es in die Berechnung der durchschnittlichen Finanzierungskosten einbezogen werden, es entfiele die Zwischenanlage und sämtliche zu aktivierenden Zinskosten richteten sich nach den Zahlungsterminen für die Anlage:

	Durchschnittliche Darlehensvaluta Geschäftsjahr in Euro	Zinsaufwand Geschäftsjahr in Euro
Darlehen A	4 000 000	240 000
Darlehen B	25 000 000	1 500 000
Darlehen C	15 000 000	1 050 000
Summe	44 000 000	2 790 000

Der durchschnittliche Finanzierungskostensatz ergibt sich aus der Division von 2 790 000 Euro durch 44 000 000 Euro mit **6,341 %**.

Zu aktivieren sind:

3 000 000 × 6,341 %	190 230
7 000 000 × 6,341 % × $^6/_{12}$	221 935
Summe	**412 165**

Man erkennt: Ohne eine Änderung am materiellen Sachverhalt lässt sich durch darstellungsgestaltende Maßnahmen ein „Feintuning" erreichen.

Insbesondere bei **Herstellungsvorgängen** sind auch für die Ausgaben Durchschnittsbetrachtungen nötig. Man wird die Einzelfeststellung der Auszahlungstermine und -höhen nicht verlangen können.

1146

3.4.4 Übergangsvorschrift bei Methodenänderung

Das alte Aktivierungswahlrecht ist in Deutschland in der Vergangenheit nur spärlich im Sinne einer Aktivierung ausgeübt worden.[1] Daher werden sehr viele Unternehmen nun erstmals vor dem Problem der Aktivierung von Fremdkapitalkosten stehen. IAS 23.27 erlaubt einen „fresh start" der Aktivierung für solche Sachverhalte, bei denen erstmals am oder nach dem 1.1.2009 die Aktivierungsvoraussetzungen (IAS 23.17, siehe Rz. 1144) vorliegen. In diesem Fall unterbleibt die Anpassung des Vergleichsvorjahrs 2008.

1147

Unternehmen können aber auch selbst einen Zeitpunkt bestimmen, ab dem sie den neuen IAS 23 anwenden wollen (IAS 23.28). Das folgende Beispiel verdeutlicht die dann erforderliche Vorgehensweise.

Beispiel:
Die schon länger nach IFRS bilanzierende Grappa AG vertreibt kunstvolle Grappaflaschen, die auch selbst hergestellt und abgefüllt werden. Die hierzu erforderlichen Anlagen sind hoch komplex und werden von der Grappa AG selbst erstellt. Die Bauzeit der einzelnen Anlagen beträgt jeweils zwischen sechs und 18 Monate. Die Gesellschaft hat bislang von der Möglichkeit der Aktivierung von Fremdkapitalkosten für diese qualifying assets abgesehen. Es werde angenommen, dass sich die Herstellungskosten der selbst erstellten Anlagen in Steuerbilanz und IFRS-Abschluss nicht unterscheiden.[2] Auch Abschreibungsmethoden (linear), Beginn der Abschreibung und Nutzungsdauer (10 Jahre) entsprechen sich, so dass die Anlagen bislang keine latenten Steuern ausgelöst haben. Die Gesellschaft unterliegt einem Steuersatz von 30 %.
Die Grappa AG will den neuen IAS 23 rückwirkend auf alle Sachverhalte ab 01 anwenden. Für das jetzt darzustellende Geschäftsjahr 06 ist dann auch das Vergleichsvorjahr 05 anzupassen. Noch weiter zurückliegende Anpassungen der Buchwerte der Anlagen sind mit dem Eröffnungsbilanzwert der Rücklagen (Gewinnrücklagen) per 1.1.05 zu verrechnen. Aus dem Inventar zum 31.12.04 ergeben sich folgende Anlagen, auf die die Definition eines qualifying assets jeweils zutrifft:
– Anlage I mit einem Erinnerungswert von 1 Euro. Eine Anpassung ist nicht erforderlich, weil diese nicht die Nutzungsdauer verlängert, so dass es bei einem Erinnerungsbuchwert von 1 Euro bliebe.
– Anlage II steht per 31.12.04 noch mit 700 000 Euro in den Büchern. Sie ist Anfang 01 mit Herstellungskosten von 1 000 000 Euro in Betrieb genom-

---
1 Vgl. *von Keitz*, Praxis der IASB-Rechnungslegung, 2. Aufl. 2005, S. 54 ff.
2 Mit dieser – nur unter bestimmten Voraussetzungen praxisrelevanten – Annahme kann der Effekt aus der Fremdkapitalkostenaktivierung zur Ermittlung latenter Steuern isoliert werden.

men worden. Eine Rückrechnung ergibt, dass sich im Falle der Aktivierung von Fremdkapitalkosten die Herstellungskosten auf 1 100 000 Euro belaufen hätten. Die nachfolgende Tabelle enthält die Gegenüberstellung der Abschreibungspläne ohne und mit Aktivierung der Fremdkapitalkosten.

	Ursprünglicher Abschreibungsplan StB = IFRS ohne Aktivierung von Fremdkapitalkosten		Neuer Abschreibungsplan IFRS mit Aktivierung von Fremdkapitalkosten	
Jahr	Abschreibung in Euro	Buchwert Anlage II in Euro	Abschreibung in Euro	Buchwert Anlage II in Euro
Herstellungskosten 01		1 000 000		1 100 000
02	100 000	900 000	110 000	990 000
03	100 000	800 000	110 000	880 000
04	100 000	**700 000**	110 000	**770 000**
05	100 000	600 000	110 000	660 000
06			110 000	550 000

Der Buchwert der Anlage ist bei Wechsel der Bilanzierungsmethode per 1.1.05 um 70 000 Euro zu erhöhen. Die Gegenbuchung erfolgt erfolgsneutral unter Berücksichtigung passiver latenter Steuern in den Gewinnrücklagen:

Anlage II   70 000   an   Gewinnrücklage   49 000
                                    Passive latente Steuern 21 000

Für das Geschäftsjahr 05 ist die ursprünglich schon gebuchte Abschreibung von 100 000 Euro um 10 000 Euro zu erhöhen. Zugleich sind anteilig die latenten Steuern aufzulösen:

Abschreibung   10 000   an   Anlage II   10 000
Passive latente Steuern 3 000   Steueraufwand   3 000

Ab dem Geschäftsjahr 06 – für das bislang keine Buchungen vorgenommen worden sind – lautet der Buchungssatz:

Abschreibung   110 000   an   Anlage II   110 000
Passive latente Steuern 4 000   Steueraufwand   4 000

Die rückwirkende Korrektur löst Anpassungen im **Anlagenspiegel** und im **Eigenkapitalspiegel** der Vorperiode aus. Außerdem ist in den Abschluss 06 eine angepasste Bilanz zum 31.12.04 aufzunehmen (IAS 1.39c, Rz. 4011).

1148–1149 frei

3.5 Zugangsbewertung beim Tausch

Werden Sachanlagen im Rahmen eines **Tauschs** oder generell gegen Hingabe nichtmonetärer Vermögenswerte erworben, ggf. auch mit Zuzahlung einer der Parteien, ist der zugegangene Vermögenswert mit seinem **Fair value** anzusetzen, sofern folgende Bedingungen kumulativ erfüllt sind (IAS 16.24 f.): 1150

(a) Das Tauschgeschäft hat wirtschaftlichen Gehalt (die Cashflows der Tauschgüter unterscheiden sich hinsichtlich Risiko, Zeitpunkte und Beträge oder der unternehmensspezifische Wert des vom Tauschgeschäft betroffenen Unternehmensteils ändert sich und der jeweilige Unterschied ist in Relation der Fair values der Tauschgegenstände bedeutsam) und

(b) der Fair value mindestens einer der beiden Tauschgüter ist zuverlässig bestimmbar.

Da Fair values definitionsgemäß bei einem fairen Tausch übereinstimmen, kann es keinen Unterschied zwischen dem Hingegebenen und dem Erhaltenen geben. Das Unternehmen bestimmt jenen Wert, der leichter zu ermitteln ist (IAS 16.26).

Sollten die Bedingungen nicht erfüllt sein, ist der bisherige Buchwert fortzuführen (IAS 16.24).

Die Regelung führt zur Erfolgswirksamkeit des Tauschvorgangs:[1] Liegt der Fair value des Erhaltenen über dem Buchwert des Hingegebenen, kommt es zu einem Ertrag, umgekehrt zu einem Aufwand. Im Falle einer Aufwandserfassung wäre diese möglicherweise unter Anwendung der Niederstwertvorschriften (= außerplanmäßige Abschreibung) auch ohne Tauschvorgang erfolgt. 1151

frei 1152–1159

4. Folgebewertung

4.1 Wahlrecht: Fortgeführte Kosten oder Neubewertungsmethode

Sachanlagen sind entweder zu fortgeführten Kosten (*Cost-Methode*, fortgeführter Erstbewertungsbetrag und damit i.d.R. **fortgeführte Anschaffungs- und Herstellungskosten**) oder nach der sog. **Neubewertungsmethode** zu bewerten (IAS 16.29), die zu einem Ansatz über den Anschaffungs- und Herstellungskosten führen kann (Aufdeckung stiller Reserven). Die Neubewertungsmethode ist mit dem HGB nicht vereinbar. Für **Anlageimmobilien**, für die das Wahlrecht einer Bewertung nach IAS 16 ausgeübt worden ist, kommt die Neubewertungsmethode allerdings *nicht* in Betracht. 1160

---

[1] Bei Sacheinlage gegen Ausgabe von Eigenkapitaltiteln: Erfolgsneutralität; vgl. *Pellens u.a.*, Internationale Rechnungslegung, 7. Aufl. 2008, S. 507.

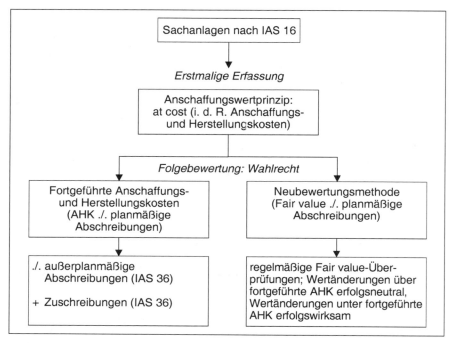

Abb. 17: Methoden der Folgebewertung für Sachanlagen nach IAS 16

1161 Ob und gegebenenfalls unter welchen Bedingungen ein **Wechsel zwischen** den beiden zulässigen **Bewertungsmethoden** möglich ist, wird durch IAS 16 nicht unmittelbar angesprochen. Ein willkürlicher Wechsel jedenfalls ist nicht zulässig, da dieser gegen die qualitative Anforderung der Vergleichbarkeit und somit gegen den **Grundsatz der Stetigkeit** verstoßen würde.[1]

Andererseits ist mit der Begründung, externen Bilanzadressaten einen verbesserten Einblick in die Vermögens-, Finanz- und Ertragslage zu vermitteln (IAS 8.14b), ein **Methodenwechsel** generell möglich (siehe Rz. 830 ff.).

1162 Bei der **erstmaligen Wahl der Neubewertungsmethode** für eine Gruppe von Sachanlagen ist jedoch die sonst bei Methodenänderungen grundsätzlich erforderliche *rückwirkende Anpassung der Bilanzwerte* ausdrücklich untersagt (IAS 8.17).

Im Folgenden wird zunächst die Cost-Methode und anschließend die Neubewertungsmethode erläutert.

---

1 Vgl. zu den Diskussionen um diese Frage bei der Entwicklung des Standards *Ballwieser* in Baetge u.a. (Hrsg.), Rechnungslegung nach IFRS, 2005, IAS 16 Rz. 67.

4.2 Fortgeführte Kosten

4.2.1 Planmäßige Abschreibungen

Nichtabnutzbare Sachanlagen (Grund und Boden) können nicht planmäßig abgeschrieben werden. Im Übrigen ermittelt sich das **Abschreibungsvolumen** eines Gegenstandes des Sachanlagevermögens wie nach HGB aus der Differenz von Anschaffungs- und Herstellungskosten und geschätztem **Restwert** am Ende der vom Unternehmen vorgesehenen Nutzungsdauer. In der Regel ist der Restwert mit „Null" anzunehmen (IAS 16.53).

1163

Die **Nutzungsdauern** für Sachanlagen sind **unternehmensindividuell** festzulegen (IAS 16.57).[1] Die steuerlichen AfA-Tabellen sind unbeachtlich. Insoweit können sich Abweichungen zwischen IFRS- und Steuerbilanz ergeben, die eine Steuerabgrenzung erforderlich machen. Zu einem Beispiel unter Einschluss latenter Steuern s. Rz. 2645.

1164

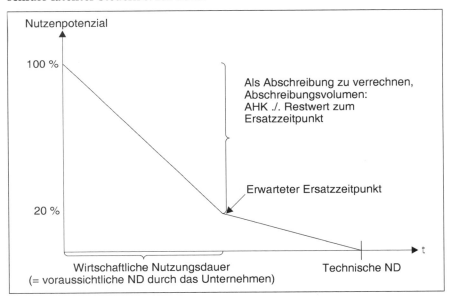

Abb. 18: **Nutzungsdauer und Abschreibungsvolumen**

Das Abschreibungsvolumen ist auf systematischer Grundlage über die Nutzungsdauer zu verteilen. Dabei hat die **Abschreibungsmethode** dem Verbrauch des wirtschaftlichen Nutzens des Vermögenswertes durch das Unternehmen zu entsprechen (IAS 16.60). Als Abschreibungsmethoden werden beispielhaft die lineare, die degressive und die leistungsabhängige Abschreibungsmethode genannt. Da es sich nur um eine beispielhafte Aufzählung handelt, kommen auch andere Methoden in Betracht. Die Abschreibungsmethode ist nach dem

1165

---

[1] Zu den theoretischen Grundlagen und praktischen Schwierigkeiten der Schätzung der wirtschaftlichen Nutzungsdauer vgl. *Döring* in Küting/Weber (Hrsg.), Handbuch der Rechnungslegung, Bd. Ia, 4. Aufl. 1995, § 253 HGB Rz. 117 ff.

erwarteten wirtschaftlichen Nutzenverlauf auszuwählen; ein Methodenwahlrecht liegt, anders als nach HGB, demnach nicht vor.

1166 Die **Abschreibung beginnt**, wenn die Anlage betriebsbereit ist. Bei unterjähriger Feststellung der Betriebsbereitschaft kommt daher nur die Pro-rata-temporis-Erfassung der Abschreibung in Betracht. Da vor Inbetriebnahme keine Nutzenabgabe erfolgt, kann, wenn sonst keine weiteren Gründe für eine Abnutzung ausgemacht werden können, die Abschreibung bis Nutzenbeginn auch „Null" sein (IAS 16.55).

1167 Die bei Aufstellung eines **Abschreibungsplans** zu bestimmenden Größen
 – Abschreibungsmethode,
 – Nutzungsdauer und
 – Restwert

sind mindestens zu jedem Geschäftsjahresende **zu überprüfen**. Ergeben sich Änderungen aus einem Vergleich des tatsächlich im Geschäftsjahr Beobachteten mit den Festlegungen im Abschreibungsplan, sind die Größen des Abschreibungsplans zu ändern. Dabei handelt es sich um eine **Schätzungsänderung** (IAS 16.51; IAS 16.61), die sich ab dem Zeitpunkt, zu dem die Änderung eingetreten ist, auswirkt (s. Rz. 860 ff.).

> **Beispiel:**
>
> Zu Beginn der Abschreibung wurde die gleichmäßige Abnutzung einer Anlage im 1-Schicht-Betrieb über ihre Nutzungsdauer (acht Jahre) erwartet. Es ist linear abzuschreiben.
>
> Wegen guter Auftragslage wird im zweiten Geschäftsjahr auf einen 3-Schicht-Betrieb umgestellt. Dies kann Auswirkungen haben auf die Nutzungsdauer (kürzer) und/oder auf die Abschreibungsmethode (degressiv). Damit ist, anders als z.B. nach deutschem Steuerrecht, der Wechsel von der linearen auf die degressive Methode grundsätzlich möglich und auch geboten.

Da der Sinn planmäßiger Abschreibungen jedoch in der Vereinfachung liegt, wird man an die Überprüfung und ggf. Korrektur von Abschreibungsplänen keine übertriebenen Erwartungen zu stellen haben.

Sollte in wesentlichen Fällen eine an sich in einem Vorjahr gebotene, aber unterlassene Anpassung des Abschreibungsplans in einer späteren Periode entdeckt werden, so handelt es sich um einen Fehler, der grundsätzlich retrospektiv zu korrigieren ist (Rz. 870 ff.).

4.2.2 Insbesondere: Komponentenansatz

1168 Nach dem **Komponentenansatz** sind alle Teile einer Sachanlage, die
 – im Verhältnis zu den Gesamtkosten der Anlage bedeutend sind und
 – sich in ihrer Nutzenabgabe und Nutzungsdauer voneinander unterscheiden,

jeweils gesondert abzuschreiben (IAS 16.43 i.V.m. IAS 16.45). Die jeweils nicht bedeutsamen Teile können zusammengefasst abgeschrieben werden (IAS 16.46).

Die Grundkonzeption des Komponentenansatzes haben wir schon in Rz. 1113 ff. erläutert. Die tatsächliche Durchführung setzt die Aufteilung des Ausgangswerts einer Anlage voraus, was insbesondere bei Anschaffung einer Schätzung bedarf, wenn vom Lieferanten keine Aufteilung des Rechnungsbetrages vorgenommen worden ist. Bei selbst erstellten Sachanlagen dürfte die Aufteilung der Herstellungskosten demgegenüber vergleichsweise unproblematisch sein. **1169**

Eine Einschätzung ist aber auch dahingehend erforderlich, ob überhaupt und in welchem Umfang Sachanlagen für Abschreibungszwecke zu zerlegen sind.

Beispiel:

Es wird eine Maschine zu einem Preis von 1 Mio. Euro angeschafft, die aus einem Hauptaggregat und einem Motor besteht. Aus handels- und steuerrechtlicher Sicht liegt ein einheitlicher Nutzungs- und Funktionszusammenhang vor, so dass die Maschine einheitlich abzuschreiben ist. Die steuerliche AfA-Tabelle weist eine Nutzungsdauer von 10 Jahren aus.

Aus der Vergangenheit ist bekannt, dass das Hauptaggregat eine Nutzungsdauer von etwa 12 Jahren aufweist, der Motor aber schon nach ca. 6 Jahren verschlissen ist. Die Kosten des Hauptaggregats werden auf 600 000 Euro geschätzt und die des Motors auf 400 000 Euro. Beide Bestandteile werden separat über ihre Nutzungsdauer abgeschrieben. Auf Grund der Unterschiede zur Steuerbilanz kommt es zum Ansatz latenter Steuern. Bei einem späteren Austausch des Motors wird dieser steuerlich in den Aufwand gebucht, wohingegen er in der IFRS-Bilanz aktiviert wird.

Der Komponentenansatz für die im Beispiel angesprochene Ersatzmaßnahme macht nur Sinn, wenn die Ersatzmaßnahme tatsächlich durchgeführt werden soll, also wirtschaftlich ist. Kann hiervon *nicht* ausgegangen werden, bestimmt die kürzeste Nutzungsdauer eines wesentlichen Teils einer Sachanlage die Gesamtnutzungsdauer; eine Aufteilung ist dann nicht erforderlich. **1170**

Mitunter ist bei Inbetriebnahme einer Anlage nicht bekannt, dass Ersatzmaßnahmen wahrscheinlich sind. Auch ist denkbar, dass während der Nutzung einer Anlage ein wesentliches Aggregat unvorhersehbar einem physischen Schaden unterliegt, der Ersatz aber wirtschaftlich lohnend ist. In diesen Fällen ist der bisherige Buchwert des Teils auszubuchen und die Ersatzmaßnahme zu aktivieren, unabhängig davon, ob bei Beginn der Abschreibung der Anlage eine Aufteilung in die einzelnen Komponenten vorgenommen worden ist oder nicht (IAS 16.70). **1171**

Beispiel (Abwandlung von Rz. 1169):

Die Maschine ist für die IFRS-Bilanz nicht in Komponenten zerlegt worden, weil bislang keine Erfahrungswerte vorliegen. Sie soll daher analog der steuerlichen AfA-Tabelle über 10 Jahre abgeschrieben werden; bei Verwendung der gleichen Abschreibungsmethode – hier wird die lineare Methode unterstellt – fallen keine latenten Steuern an.

Nach sieben Jahren – der Buchwert der Anlage beträgt 300 000 Euro – ist der Motor abgenutzt und nicht mehr zu gebrauchen. Das Hauptaggregat ist aber noch in einem guten technischen Zustand und man glaubt nun, dass es noch 6 Jahre nutzbar sein wird. Für 450 000 Euro wird ein Ersatzmotor angeschafft.

Um den alten Motor ausbuchen zu können, muss die Höhe seiner ursprünglichen Anschaffungskosten und seine Nutzungsdauer bekannt sein. Hinsichtlich der Nutzungsdauer ist das Unternehmen von 10 Jahren ausgegangen. Das war bei Beginn der Abschreibung und auch in den Perioden danach die offensichtlich bestmögliche Schätzung. Insoweit kommt eine rückwirkende Korrektur der Nutzungsdauer nicht in Betracht. Hinsichtlich der Höhe der ursprünglichen Anschaffungskosten soll man sich gem. IAS 16.70 an den Kosten der Ersatzmaßnahme orientieren. Offen bleibt danach, ob beispielsweise Inflationseffekte zwingend zu berücksichtigen sind oder nicht. Zur Fortführung des Beispiels werde auf den Nominalwert des Ersatzmotors abgestellt, d.h. es wird davon ausgegangen, dass der ursprüngliche Motor auch 450 000 Euro gekostet hätte. Dann wäre er bereits zu $^7/_{10}$ abgeschrieben, er hätte also noch einen Restwert von 135 000 Euro. Dieser Betrag ist aufwandswirksam auszubuchen. Zu aktivieren ist der neue Motor i.H.v. 450 000 Euro; die Nutzungsdauer beträgt nun 6 Jahre. Der Restwert des Hauptaggregats beträgt jetzt noch 300 000 Euro – 135 000 Euro = 165 000 Euro und ist ebenfalls über noch 6 Jahre abzuschreiben. Bei Durchführung der Ersatzmaßnahme kommt es zu Unterschieden zur Steuerbilanz, weil der Ersatzmotor dort i.d.R. in den Aufwand gebucht wird, so dass latente Steuern anfallen.

1172 ⊃ Das Beispiel zeigt: Selbst wenn man zunächst durch großzügige Abgrenzung die Anwendung des Komponentenansatzes zu vermeiden trachtet, so sind durchaus Fälle denkbar, die den Abschlussersteller später wieder einholen. Daher empfehlen wir, in der **unternehmensspezifischen Konzernrichtlinie** sorgfältig den Umgang mit dem Komponentenansatz festzulegen. Stellschrauben für die notwendigen **Ermessensentscheidungen** ergeben sich aus:

– Festlegung einer Wesentlichkeitsgrenze (absoluter Betrag), ab welcher Höhe der Anschaffungs- und Herstellungskosten von Vermögenswerten, die aus handels- bzw. steuerrechtlicher Perspektive in einheitlichem Nutzungs- und Funktionszusammenhang stehen, der Komponentenansatz überhaupt in Betracht zu ziehen ist;

– Festlegung eines Kriterienkatalogs, ob während der Nutzungszeit der Anlage mit Ersatzmaßnahmen/Generalüberholungen zu rechnen ist;

– Festlegung einer Grenze für die Relation des „wesentlichen Teils" zur gesamten Anlage.

4.2.3 Anpassungen von als Rückstellungen aktivierten Entsorgungsverpflichtungen

Bei Einbuchung einer Sachanlage kann eine zugehörige Entsorgungsverpflichtung passiviert worden sein, die ihre Anschaffungs- und Herstellungskosten erhöht hat (s. Rz. 1132 ff.). Werden wegen besserer Erkenntnisse über den **Nominalwert des Erfüllungsbetrags** im Laufe der Zeit **Anpassungen der Rückstellung** erforderlich, sind diese zu erfassen und als Änderung von Schätzungen zu behandeln (IAS 37.59; s. Rz. 860 ff.). Dann ist auch der Buchwert des Vermögenswertes analog zu ändern. Sollte der Verpflichtungsumfang sinken, sinkt insoweit auch der Buchwert des Vermögenswertes bis maximal „Null"; darüber hinausgehende Beträge sind sofort als Ertrag zu erfassen (IFRIC 1.5b).

1173

Anpassungen können sich aber auch ergeben, wenn der **Zinssatz** sich ändert, mit dem die Verpflichtung ursprünglich abgezinst worden ist. In diesem Fall ist mit dem neuen Zinssatz der neue Barwert auf den Zeitpunkt der Zinssatzänderung zu berechnen und die Anpassungen sind analog der Veränderung des Verpflichtungsumfangs erfolgsneutral mit der Rückstellung und dem Vermögenswert zu verrechnen (IFRIC 1.IE5). Zu einem Zahlenbeispiel s. Rz. 5072.

Sollte infolge von solchen Anpassungen der Buchwert des Vermögenswertes steigen, ist dies als Anzeichen für die Durchführung eines Wertminderungstests zu verstehen (IFRIC 1.5c).

Änderungen der Werthöhe des Vermögenswertes infolge von Anpassungsmaßnahmen sind im **Anlagenspiegel** als Zu- oder Abgänge zu zeigen.

4.2.4 Festwertansatz

Der **Festwertansatz** kommt gem. § 240 Abs. 3 HGB u.a. nur dann in Betracht, wenn der Gesamtwert für das Unternehmen von nachrangiger Bedeutung ist. IAS 16 thematisiert den Festwertansatz nicht; der Aspekt der nachrangigen Bedeutung dürfte jedoch in der Regel dem Wesentlichkeitsgrundsatz nach IAS 1 bzw. IAS 8 entsprechen, so dass im IFRS-Abschluss auch der Festwertansatz als zulässig anzusehen ist.[1]

1174

frei

1175–1179

4.3 Neubewertungsmethode

4.3.1 Charakteristik

Bei Anwendung der Neubewertungsmethode (*revaluation model*) werden Sachanlagen mit ihrem Fair value, also ihrem Einzeltauschwert, angesetzt. Ist der Fair value höher als die fortgeführten Anschaffungs- und Herstellungskosten

1180

---

[1] So *Wagenhofer*, Internationale Rechnungslegungsstandards, 4. Aufl. 2003, S. 195; ebenso *Ballwieser* in Baetge u.a. (Hrsg.), Rechnungslegung nach IAS, 2005, IAS 16 Rz. 66; a.A. *Busse von Colbe/Seeberg* (Hrsg.), Empfehlung des Arbeitskreises „Externe Unternehmensrechnung" der Schmalenbach-Gesellschaft, 2. Aufl. 1999, ZfbF-Sonderheft 43, S. 65.

werden insoweit **stille Reserven aufgedeckt**. Die Gegenbuchung erfolgt unter Berücksichtigung passiver latenter Steuern unmittelbar im Eigenkapital in einer **Neubewertungsrücklage**. Die Veränderung der Neubewertungsrücklage im Vergleich zur vorangegangenen Periode ist Bestandteil des *other comprehensive income* und wird in der Gesamtergebnisrechnung abgebildet (s. Rz. 4310).

4.3.2 Anwendungsbereich: Gruppen von Sachanlagen

1181 Anders als bei der Neubewertungsmethode für immaterielle Vermögenswerte (s. Rz. 1060) besteht für Sachanlagen *nicht* die Anwendungsvoraussetzung des aktiven Marktes, auf dem die Anlage gehandelt werden könnte. Die Fair values können auch durch Bewertungsmethoden, etwa fortgeführte Wiederbeschaffungskosten, ermittelt werden (zur Fair value-Ermittlung s. Rz. 450 ff.). Daher ist die Neubewertungsmethode grundsätzlich auf alle Sachanlagen anwendbar.

1182 Um auf der anderen Seite kein Rosinen-Picken zu ermöglichen, dürfen nur **Gruppen von Sachanlagen** neubewertet werden (IAS 16.36). Sachanlagen gehören zu einer Gruppe, wenn sie sich in ihrer Art ähneln und letztlich einem ähnlichen Verwendungszweck dienen. Als Beispiele werden in IAS 16.37 Grundstücke und Gebäude, Maschinen, Betriebsausstattungen, Flugzeuge u.Ä. angeführt. Bei einem Vergleich dieser Beispiele mit dem entsprechenden Ausschnitt aus dem Gliederungsschema des § 266 Abs. 2 HGB wird deutlich, dass man sich bei der notwendigen Gruppenbildung durchaus an diesem Gliederungsschema orientieren kann. Die Gruppierung kann jedoch auch auf einem weniger hohen Aggregationsgrad verwirklicht werden. Insoweit bestehen hier **Ermessensspielräume**.

Beispiel:

Ein Unternehmen verfügt in seinem Fuhrpark über LKW und PKW. Die Neubewertungsmethode kann für den gesamten Fuhrpark oder auch nur für LKW (PKW) angewendet werden.

Die Kriterien, die der Bildung einer solchen Gruppe zugrunde liegen, sollen intersubjektiv nachvollziehbar sein. Die Verpflichtung nach IAS 16.77, wonach für neubewertete Sachanlagen zusätzliche Informationen anzugeben sind, wird in der Praxis einer „Atomisierung" der Gruppenbildung entgegenstehen.[1]

---

[1] Gleichwohl lassen sich in der Praxis auch – aus unserer Sicht kaum als Gruppe des Sachanlagevermögens zu rechtfertigende – Einteilungen finden. So wendet die Saltus Technology AG (Geschäftsbericht 2000/2001) für eine (!) Immobilie die Neubewertungsmethode an (erforderliche Zuschreibung: TDM 388), bei einem Immobilienwert gem. Anlagenspiegel von AHK 10 404 TDM, Buchwert 9720 TDM.

4.3.3 Erstmalige Anwendung

Bei erstmaliger Anwendung der Methode sind die Fair values für *jede* einzelne Sachanlage der Gruppe festzustellen. Dabei ist die gesamte Gruppe grundsätzlich zum selben Zeitpunkt neu zu bewerten; vereinfachend ist eine rollierende Neubewertung innerhalb einer kurzen Zeitspanne zulässig (IAS 16.38). Liegt der Fair value bei einzelnen Sachanlagen unterhalb ihrer fortgeführten Anschaffungs- oder Herstellungskosten, ist für die Sachanlagen eine **erfolgswirksame Abwertung** vorzunehmen (IAS 16.40).[1] Eine Saldierung dieser Aufwendungen mit Aufwertungsbeträgen von Vermögenswerten derselben neubewerteten Gruppe kommt wegen des auch hier zu beachtenden **Einzelbewertungsgrundsatzes** nicht in Betracht. 1183

Im Regelfall wird jedoch festzustellen sein, dass der Fair value *über* den fortgeführten Anschaffungs- oder Herstellungskosten liegt. In diesem Fall ist der Vermögenswert in Höhe der Differenz zwischen diesen beiden Größen aufzuwerten und der Unterschiedsbetrag **erfolgsneutral** unter Berücksichtigung ebenfalls erfolgsneutral angesetzter **passiver latenter Steuern** innerhalb des Eigenkapitals in eine **Neubewertungsrücklage** einzustellen.

Die Anwendung der Neubewertungsmethode setzt bei Sachanlagen *nicht* die Existenz aktiver Märkte voraus. Gleichwohl ist zur **Fair value-Ermittlung** auf Marktpreise aufzusetzen, falls vorhanden. In Betracht kommen auch Sachverständigen-Gutachten (insbes. bei Gebäuden) und, das dürfte für abnutzbares Sachanlagevermögen der Normalfall sein, die Ermittlung fortgeführter Wiederbeschaffungspreise (IAS 16.32 f.). Zur Fair value-Ermittlung s. ausführlich Rz. 450 ff. 1184

Für die Behandlung der bisherigen **kumulierten Abschreibungen** eröffnet IAS 16.35 ein Wahlrecht zwischen einer indirekten und einer direkten Methode. 1185

Bei der **indirekten Methode** (IAS 16.35(a)) werden die bis zum Neubewertungszeitpunkt angefallenen Abschreibungen proportional zur Änderung des Bruttobuchwertes angepasst. Verrechnet man anschließend die angepassten Abschreibungen mit dem veränderten Bruttobuchwert, so ergibt sich der Neubewertungsbetrag (Fair value).

Beispiel:

Die Anschaffungskosten einer Maschine, deren Nutzungsdauer 10 Jahre beträgt und die linear abgeschrieben wird, belaufen sich auf 250 000 Euro.

Nach vier Jahren – der Buchwert der Maschine beträgt 150 000 Euro – entscheidet sich das Unternehmen zur Anwendung der Neubewertungsmethode. Die Wiederbeschaffungskosten einer neuen funktionsgleichen Maschine betragen in diesem Zeitpunkt 330 000 Euro.

---

[1] Dies gilt auch dann, wenn der Nutzungswert der Sachanlagen oder einer etwaig gebildeten zahlungsmittelgenerierenden Einheit höher ist. Außerdem ist unter bestimmten Bedingungen nach IAS 36.5 zusätzlich ein Wertminderungstest durchzuführen.

Die prozentuale Veränderung des Bruttobuchwertes einer neuen Maschine beträgt somit 32 %. Die kumulierten Abschreibungen (4 × 25 000 Euro = 100 000 Euro) sind proportional zu dieser Preisänderung anzupassen. Sie betragen demnach 132 000 Euro. Die fortgeführten Wiederbeschaffungskosten, die dem Fair value entsprechen, belaufen sich folglich auf 198 000 Euro (330 000 Euro – 132 000 Euro), so dass sich per Saldo ein Aufwertungsbedarf von 48 000 Euro (198 000 Euro – 150 000 Euro) ergibt. Der Buchungssatz lautet (Steuersatz 30 %):

Sachanlage	80 000	an kumulierte Abschreibungen	32 000
		Neubewertungsrücklage	33 600
		Passive latente Steuern	14 400

Bei der **direkten Methode** (IAS 16.35(b)) werden die kumulierten Abschreibungen unangepasst mit dem Bruttobuchwert verrechnet und der sich so ergebende Nettobuchwert wird neu bewertet.

4.3.4 Folgebewertung

1186 In Folgeperioden werden die neubewerteten Sachanlagen, falls abnutzbar, **planmäßig abgeschrieben**. Der Ausgangspunkt der Abschreibungen ist also der Neubewertungsbetrag. Im Übrigen ergeben sich hinsichtlich der planmäßigen Abschreibungen keine Unterschiede zu Rz. 1163 ff.

Innerhalb der Neubewertungsmethode ist die planmäßige Abschreibung eine Vereinfachung, denn auch zu nachfolgenden Stichtagen sollen die Sachanlagen zum Fair value angesetzt werden. Um zu überprüfen, ob der fortgeführte Neubewertungsbetrag in Folgeperioden immer noch in etwa dem Fair value entspricht, sind mit hinreichender Regelmäßigkeit **Neuermittlungen der Fair values** durchzuführen (IAS 16.31). Die Häufigkeit von Neubewertungen hängt von der Volatilität des Fair value ab (IAS 16.34). Unterliegt der Fair value im Zeitablauf nur marginalen Schwankungen, so ist es ausreichend, lediglich alle drei bis fünf Jahre eine Neubewertung vorzunehmen. Bei starken Schwankungen ist indes jährlich neu zu bewerten. Dabei ist grundsätzlich auf die Wertänderung bei jedem einzelnen Vermögenswert abzustellen. Bei **Quartals- und Halbjahresabschlüssen** braucht allerdings keine Überprüfung der Fair values vorgenommen zu werden (IAS 34.C7).

Beispiel:

Ein Konzern verfügt weltweit über mehrere Produktionsstätten. Für die zur Produktion genutzten Grundstücke wird die Neubewertungsmethode angewendet. Es stellt sich heraus, dass die Fair values der Grundstücke in Südamerika starken Schwankungen ausgesetzt sind, wohingegen sich die Werte der Grundstücke in Europa kaum verändern. Sind die Grundstücke in Südamerika von wesentlicher Bedeutung, ist hier eine jährliche Neubewertung vorzunehmen, wohingegen in Europa die Neubewertung nur alle drei bis fünf Jahre zu überprüfen ist.

II. Sachanlagen (IAS 16)

Insoweit es bei Anwendung der Neubewertungsmethode zur Aufdeckung stiller Reserven im abnutzbaren Anlagevermögen gekommen ist, belasten die künftig höheren Abschreibungen die künftigen Jahresergebnisse. Dies kann nicht durch beispielsweise anteilige Auflösung der Neubewertungsrücklage über die GuV kompensiert werden: Die **Neubewertungsrücklage ist keinesfalls erfolgswirksam aufzulösen**, sondern lediglich erfolgsneutral mit den Gewinnrücklagen zu verrechnen (IAS 16.41). 1187

Hinsichtlich des **Zeitpunkts der Auflösung der Neubewertungsrücklage** enthält IAS 16.41 dem Wortlaut nach *vermeintlich* ein Wahlrecht: Die Neubewertungsrücklage kann direkt den Gewinnrücklagen zugeführt werden („may be transferred directly"), sofern sie realisiert ist – oder eben, und dies wäre die Alternative, sie bleibt zunächst bestehen.[1] Eine endgültige Realisation ergibt sich bei Stilllegung (Vollabschreibung) oder Veräußerung der Sachanlage. Eine Teilrealisation kommt bei abnutzbaren Sachanlagen über den Abschreibungszeitraum in Höhe der Differenz zu den Abschreibungen auf Basis historischer Anschaffungs- und Herstellungskosten in Betracht. 1188

Das „Stehenlassen" der Neubewertungsrücklage etwa bei der Veräußerung einer zuvor neubewerteten Sachanlage – also bei endgültiger Realisation – bedeutete aber für den Bilanzadressaten eine Fehlinformation, denn es würde suggeriert, es seien noch neubewertete Vermögenswerte im Bestand. Zudem ist auf Basis einer zu fortgeführten Anschaffungskosten aufgestellten Handelsbilanz I der Erfolg ebenfalls realisiert und im Jahresergebnis zum Ausdruck gekommen. Im Gewinnfall – vollständige Thesaurierung vorausgesetzt – erhöhen sich dann die Gewinnrücklagen, also das den Anteilseignern prinzipiell zur Verfügung stehende Kapital.[2] Dies muss auch in der Handelsbilanz II zum Ausdruck kommen. Daher **sind** die Neubewertungsrücklage und die mit ihr verbundenen latenten Steuern aufzulösen, sofern sich die Rücklage **endgültig** realisiert hat. Das Wahlrecht der Auflösung der Neubewertungsrücklage besteht daher dem Wortlaut nach nur für den Fall, dass der Vermögenswert noch im Bestand und noch nicht vollständig abgeschrieben ist.[3] Wir meinen jedoch (und begründen weiter unten, s. Rz. 1190), dass bereits im Fall der Teilrealisierung eine erfolgsneutrale Umbuchung der Neubewertungsrücklage in die Gewinnrücklage **geboten** ist.

Liegt andererseits bei nachfolgenden Neubewertungen der Fair value *über* dem Buchwert des betreffenden Vermögenswertes, ist der sich ergebende Aufwertungsbedarf (Saldo zwischen Fair value und Buchwert) erst *dann* erfolgsneutral der Neubewertungsrücklage sowie den passiven latenten Steuern zuzuführen, wenn vormals vorgenommene *erfolgswirksame* Abwertungen rückgängig gemacht wurden (IAS 16.39). Allerdings muss in diesem Zusammenhang beachtet werden, dass die erfolgswirksame Rückgängigmachung früherer erfolgswirksamer Abwertungen nach der hier vorgenommenen Interpretation der IAS 16.39 f. durch die fortgeführten Anschaffungs- oder Herstellungskosten begrenzt wird. 1189

---

1 So auch in IAS 12.64.
2 Vgl. *Baetge/Beermann*, StuB 1999, 341 (346).
3 *Wagenhofer*, Internationale Rechnungslegungsstandards, 4. Aufl. 2003, S. 367 f., spricht von einem „wohl nicht sehr systematische(n)" Wahlrecht.

Sowohl für die Aufwertung als auch für die Abwertung von Sachanlagen bleibt also fest zu halten, dass die fortgeführten Anschaffungs- oder Herstellungskosten einen **Grenzwert** darstellen. Oberhalb dieses Grenzwertes sind Auf- und Abwertungen stets erfolgsneutral zu berücksichtigen. Nur dann, wenn Auf- und Abwertungen unterhalb der fortgeführten Anschaffungs- oder Herstellungskosten vorgenommen werden, sind sie *erfolgswirksam* zu behandeln.

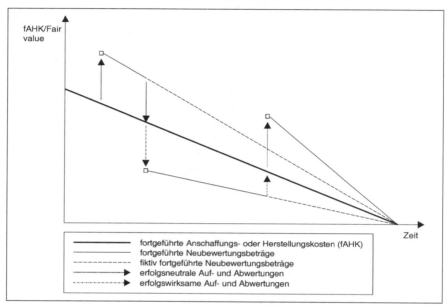

Abb. 19: Behandlung von Unterschiedsbeträgen bei Anwendung der Neubewertungsmethode

1190 Das vorstehend beschriebene Ergebnis – die Betrachtung der fortgeführten Anschaffungs- und Herstellungskosten als Grenzwert – lässt sich jedoch nur dann realisieren, wenn im Fall abnutzbarer Vermögenswerte die Neubewertungsrücklage *auch bei anteiliger Realisierung* in die Gewinnrücklage umgebucht wird. Das in IAS 16.41 genannte Auflösungswahlrecht für die Neubewertungsrücklage wird bei dieser Sichtweise zu einer **Auflösungspflicht**, da andernfalls, also im Fall seiner wörtlichen Beibehaltung als Wahlrecht, auch unterhalb der fortgeführten Anschaffungs- oder Herstellungskosten Wertminderungen erfolgsneutral erfasst werden können. Darüber hinaus ist es auch nicht ersichtlich, warum im Fall der Teilrealisierung anders verfahren werden sollte als bei Vollrealisierung der Rücklage.

Beispiel (Fortsetzung von Rz. 1185):

In der nächsten Periode ist die Sachanlage um 33 000 Euro abzuschreiben. In Höhe der Differenz zur Abschreibung in der Steuerbilanz (dort Abschreibung von 25 000 Euro) mal Steuersatz sind passive latente Steuern aufzulösen (8000

Euro × 0,3 = 2400). Ferner ist die Neubewertungsrücklage anteilig in die Gewinnrücklage (8000 Euro ÷ 2400 Euro) umzubuchen. Der Buchungssatz lautet:

Abschreibung	an Sachanlage	33 000
Passive latente Steuern	an Steueraufwand	2 400
Neubewertungsrücklage	an Gewinnrücklage	5 600

4.3.5 Beurteilung

Die **praktische Bedeutung** der Neubewertungsmethode bei laufender Bilanzierung ist bislang sehr gering.[1] Neubewertungen abnutzbaren Anlagevermögens sind im Handling nicht unproblematisch. Vor allem aber führen die im Vergleich zu fortgeführten Anschaffungs- und Herstellungskosten höheren Abschreibungsbeträge zu Ergebnisbelastungen künftiger Perioden, und eben dies ist häufig nicht erwünscht. So werden etwa Rentabilitätskennziffern gleich doppelt gemindert, und zwar durch den höheren Nettovermögensausweis und das geringere Ergebnis. 1191

◯ Andererseits kann aber ein höherer Nettovermögensausweis für sich genommen bereits ein Ziel sein. Sollen zusätzlich künftige Perioden nicht oder nur gering mit höheren Abschreibungen belastet werden, kann die Neubewertungsmethode bei zu Produktions- und Verwaltungszwecken genutzten **Grundstücken und Gebäuden** eine durchaus erwägenswerte Alternative darstellen.

Zu beachten ist in diesem Zusammenhang jedoch, dass bei einer späteren Veräußerung dieser Vermögenswerte zum Fair value ein Gewinn nicht mehr ausgewiesen wird. Die Neubewertungsrücklage *ist* – an der GuV vorbei – in die Gewinnrücklagen umzubuchen. Das unterscheidet die Neubewertungsmethode nach IAS 16 von der Neubewertung finanzieller Vermögenswerte der Kategorie available-for-sale (s. Rz. 1881).

Gleichwohl kann auch dies ein bilanzpolitisches Ziel sein: Die Durchführung einer Neubewertung mit anschließender Veräußerung der Vermögenswerte *verhindert* den Gewinnausweis[2], führt aber zu einem Mittelzufluss, der in der Kapitalflussrechnung auszuweisen ist.

Zur Neubewertung bei **IFRS-Erstanwendung** s. Rz. 5074.

---

1 Nur in zwei von 100 deutschen IFRS-Abschlüssen in 2001 fand sich auf Teile des Sachanlagevermögens die Anwendung der Neubewertungsmethode, und in 2002 und 2003 nur noch in jeweils einem Abschluss, vgl. *von Keitz*, Praxis der IASB-Rechnungslegung, 2. Aufl. 2005, S. 59.

2 So ist beispielsweise die Deutsche Post vorgegangen: Vor dem Börsengang wurde umfangreicher Wohnimmobilienbesitz mit erheblichen stillen Reserven zunächst neubewertet (IAS 40 gab es noch nicht) und anschließend veräußert, so dass kein Veräußerungsgewinn ausgewiesen werden konnte, zu Einzelheiten vgl. Geschäftsbericht 1999, S. 120.

5. Stilllegungen, Abgänge, Ausbuchung, Umbuchung

1192 Die planmäßige Abschreibung abnutzbaren Anlagevermögens, das noch nicht vollständig abgeschrieben ist, endet bei ihrer Ausbuchung oder wenn das Anlagevermögen in die Kategorie *held for sale* gem. IFRS 5 (s. hierzu Rz. 2700 ff.) umgegliedert wird (IAS 16.55). Sollte eine Sachanlage stillgelegt werden und künftiger Nutzen nicht mehr zu erwarten sein, ist der Restbuchwert erfolgswirksam auszubuchen (IAS 16.67). Im Falle eines Abgangs einer Sachanlage bemisst sich der Veräußerungserfolg als Differenz von Nettoveräußerungserlös abzüglich Buchwert (IAS 16.71). Bei Anwendung der Neubewertungsmethode ist der Betrag einer ggf. noch vorhandenen Neubewertungsrücklage ohne Berührung der GuV in die Gewinnrücklage umzubuchen.

1193 Durch den jährlichen Verbesserungsstandard (Mai 2008, Übernahme in europäisches Recht steht noch aus) ist mit Wirkung ab 1.1.2009 ein neuer IAS 16.68A angefügt worden. Üblicherweise vermietete Sachanlagen (z.B. Kfz von Autovermietungsgesellschaften), die routinemäßig nach Ende der Vermietungszeit verkauft werden, sind in das Umlaufvermögen umzugliedern; IFRS 5 kommt nicht zur Anwendung. Da es sich auch beim Verkauf der Vermögenswerte um operative Geschäftstätigkeit handelt, sind entsprechende Erlöse als Umsätze auszuweisen.[1] Die entsprechenden Cashflows sind bei der Kapitalflussrechnung dem operativen Bereich und nicht dem Investitionsbereich zuzuordnen (IAS 7.14, siehe Rz. 4436).

1194–1199 frei

6. Ausweis

1200 Sachanlagen sind als eigenständiger Posten innerhalb des langfristigen Vermögens auszuweisen. Zu Untergliederungen s. Rz. 4170.

1201–1209 frei

7. Anhangangaben

7.1 Anlagenspiegel

1210 Die nach IAS 16.73 erforderliche Darstellung der Entwicklung einzelner Anlagegruppen erfolgt sinnvollerweise in Form eines Anlagenspiegels, aus Platzgründen hier nur für eine statt wie vorgeschrieben für zwei Perioden. Zum Brutto-Spiegel, zur Zeilenergänzung um Neubewertungen sowie zur Aufgliederung in Anlehnung an § 266 Abs. 2 Pos. A HGB vgl. Rz. 1091. In der Praxis werden unter Anlagen im Bau auch geleistete Anzahlungen ausgewiesen.

---

1 So auch KPMG (Hrsg.), IFRS aktuell, 3. Aufl. 2008, S. 141.

II. Sachanlagen (IAS 16)

Beispiel:

	Sachanlagen				
	Grundstücke und Bauten	Maschinen	Betriebs- und Geschäftsausstattung	Anlagen im Bau	Total
1. Bruttowerte					
1.1.02	13 000	20 000	10 000	2 000	45 000
Zugänge	500	2 000	1 500	500	4 500
Änderung Konsolidierungskreis	1 500	500	2 000		4 000
Abgänge	0	– 600	– 400		– 1000
Umbuchungen		1 500	500	– 2 000	0
Währungsumrechnung	500	2 000	1 000		3 500
31.12.02	15 500	25 400	14 600	500	56 000
2. Kumulierte Abschreibungen					
1.1.02	– 3 000	– 10 000	– 7 000	0	– 20 000
Zuführung (erfolgswirksam)	– 1 000	– 4 000	– 1 000		– 6 000
Zuschreibungen	800	0			800
Abgänge	100	300	200		600
Währungsumrechnung	– 200	– 1 000	– 500		– 1 700
31.12.02	– 3 300	– 14 700	– 8 300	0	– 26 300
3. Nettobuchwerte					
1.1.02	10 000	10 000	3 000	2 000	25 000
31.12.02	12 200	10 700	6 300	500	29 700

7.2 Praxisbeispiel der sonstigen Erläuterungen und Einzelangaben

Das nachfolgende und mit unseren Hinweisen kommentierte Beispiel aus dem Schering-Geschäftsbericht 2005 zeigt exemplarisch, wie die Pflichtangaben nach IAS 16.74 ff. in der Praxis häufig gemacht werden.

Beispiel:

Schering Geschäftsbericht 2005, S. 114	Hinweise
„Sachanlagen	
Das Sachanlagevermögen wird zu Anschaffungs- bzw. Herstellungskosten, vermindert um planmäßige nutzungsbedingte Abschreibungen, angesetzt.	Bewertung nach dem Cost-model; die Neubewertungsmethode wird nicht angewandt.
In die Herstellungskosten der selbst erstellten Anlagen werden neben den direkt zurechenbaren Kosten auch anteilige Gemeinkosten und Abschreibungen einbezogen.	Beschreibung des Aktivierungsumfangs gem. IAS 16

C. Ansatz und Bewertung der Bilanzposten sowie Angabepflichten

Schering Geschäftsbericht 2005, S. 114	Hinweise
Zuwendungen Dritter mindern die Anschaffungs- und Herstellungskosten.	Ausübung des Wahlrechts in IAS 20.
Zinsen für Fremdkapital werden nicht in die Herstellungskosten einbezogen.	Ausübung des (bisherigen) Wahlrechts in IAS 23; bezieht sich aber auch auf Anschaffungskosten.
Reparaturkosten werden sofort als Aufwand verrechnet. Verpflichtungen zur Wiederherstellung eines früheren Zustands werden in die Anschaffungs- bzw. Herstellungskosten einbezogen und gleichzeitig als Rückstellung ausgewiesen.	Hinweis auf Passivierung von Entsorgungsverpflichtungen
Die Abschreibungen werden bei Gebäuden linear über eine Nutzungsdauer von maximal 40 Jahren vorgenommen. Das bewegliche Anlagevermögen wird grundsätzlich linear abgeschrieben; die Nutzungsdauer beträgt bei technischen Anlagen und Maschinen 3 bis 20 Jahre, bei anderen Anlagen, Betriebs- und Geschäftsausstattung 3 bis 10 Jahre. Bewegliches Anlagevermögen, das zur Produktion von Wirkstoffen und Zwischenprodukten eingesetzt ist, wird auf Grund des hohen Anteils von Spezialausrüstungen und den damit verbundenen Geschäftsrisiken degressiv abgeschrieben. Voll abgeschriebenes Sachanlagevermögen wird so lange unter Anschaffungs- und Herstellungskosten und kumulierten Abschreibungen ausgewiesen, bis die betreffenden Vermögensgegenstände außer Betrieb genommen werden.	Angabe der Nutzungsdauern und Abschreibungsmethoden. Aus Analystensicht wären gewichtete Durchschnittswerte wünschenswert, um künftige Abschreibungsbelastungen überschlägig zu ermitteln.
Bei Anlageabgängen werden die Anschaffungs- und Herstellungskosten sowie die kumulierten Abschreibungen abgesetzt, Ergebnisse aus Anlageabgängen (Abgangserlöse abzüglich Restbuchwerte) werden in der Gewinn- und Verlustrechnung unter den sonstigen betrieblichen Erträgen und Aufwendungen ausgewiesen. Planmäßige Abschreibungen auf Sachanlagen sind den nutzenden Funktionsbereichen zugeordnet".	Angabe des Orts der Aufwands- und Ertragserfassung in der GuV, der nach den Standards nicht vorgegeben ist.

1212–1249 frei

III. Zuwendungen der öffentlichen Hand (IAS 20)

1. Übersicht und Wegweiser

1.1 Standards und Anwendungsbereich

1250 IAS 20 zur Abbildung öffentlicher Zuwendungen stammt in der aktuell gültigen Fassung aus 1994 und ist letztmals durch den jährlichen Verbesserungsstandard (Mai 2008) mit Wirkung für Geschäftsjahre ab dem 1.1.2009 geändert worden. Die Änderung betrifft die Bilanzierung des Vorteils aus zinslosen oder

III. Zuwendungen der öffentlichen Hand (IAS 20)

niedrig verzinslichen Darlehen der öffentlichen Hand (siehe Rz. 1252). Sie ist am 23.1.2009 in europäisches Recht übernommen worden.[1]

Vom Regelungsbereich des IAS 20 werden erfasst

(a) **Investitionszuschüsse und -zulagen**, also solche Fördermittel, die sich auf unternehmerische Investitionen in Vermögenswerte beziehen,

(b) **Aufwands- bzw. Ertragszuschüsse**, die sich nicht auf zu aktivierende Investitionen beziehen, beispielsweise ein Zinsverbilligungszuschuss oder Fördermittel zur Durchführung von Forschungs- und Entwicklungstätigkeiten und

(c) sog. **erlassbare Darlehen**, auf deren Rückzahlung der Darlehensgeber bei Einhaltung von im Voraus festgelegten Bedingungen verzichtet.

Dabei müssen die dem Unternehmen zugewendeten Mittel von der **öffentlichen Hand** stammen, also etwa den nationalen Gebietskörperschaften oder EU-Institutionen. Auf die Rechtsform kommt es nicht an (*„similar bodies"*, IAS 20.3). Auch die indirekte Vergabe öffentlicher Mittel über zwischengeschaltete private Rechtsformen (diverse Förderungs-GmbHs u.Ä.) fällt nach wirtschaftlicher Betrachtungsweise in den Anwendungsbereich des IAS 20.[2]

1251

Von **privater Seite** gewährte Zuschüsse (Werkzeugkostenzuschüsse, Baukostenzuschüsse etc.) fallen damit *nicht* unter IAS 20; die IFRS bieten hier keine gesonderten Regelungen an.[3] Es gelten folglich die allgemeinen Grundsätze, eine analoge Anwendung von IAS 20 auf private Zuschüsse wird vom IFRIC abgelehnt.[4]

Bislang war der ökonomische Vorteil aus der Vergabe **zinsloser oder niedrig verzinslicher Darlehen** der öffentlichen Hand an das bilanzierende Unternehmen nicht nach IAS 20 abzugrenzen. Der entsprechende IAS 20.37 ist nun gestrichen und durch IAS 20.10A ersetzt worden. Solche Darlehen sind – wie zuvor auch – nach den allgemeinen Regelungen des IAS 39 zu bilanzieren: Die Darlehensverbindlichkeit ist bei Erhalt mit ihrem Fair value einzubuchen, also zum abgezinsten Betrag. Die Differenz zwischen höherem Erhaltenem und niedrigerer Verbindlichkeit unterliegt aber jetzt den Regelungen des IAS 20. Es ist also zu analysieren, zu welchem Zweck das Darlehen vergeben worden ist, um den Vorteil daraus periodengerecht nach den Regeln des IAS 20.12 erfolgswirksam zu verteilen (s. Rz. 1270 ff.). Vormals erfolgte die Erfassung eines Einmalertrags (**one day gain**), der wirtschaftliche Vorteil wurde also nicht abgegrenzt. In den Folgeperioden ist – unverändert – das Darlehen nach den allgemeinen Regeln des IAS 39 aufwandswirksam aufzuzinsen (siehe Rz. 2135 ff.). Die Neuregelung greift nur für neu vergebene Darlehen in Geschäftsjahren, die nach dem 1. Januar 2009 beginnen.

1252

---

1 Durch VO (EG) Nr. 70/2009 v. 23.1.2009, ABl. L 21 v. 24.1.2009, S. 16.
2 H.M., vgl. *Scheinpflug* in Beck'sches IFRS-Handbuch, 2. Aufl. 2006, § 5 Rz. 60; *Hoffmann* in Haufe IFRS-Kommentar, 7. Aufl. 2009, § 12 Rz. 4; *Grote* in Thiele/von Keitz/Brücks, Internationales Bilanzrecht, IAS 20 Rz. 105.
3 Vgl. auch *Hoffmann* in Haufe IFRS-Kommentar, 7. Aufl. 2009, § 12 Rz. 38.
4 IFRIC, update Juli 2007, S. 1.

Nach wie vor ist aber die Abbildung des ökonomischen Vorteils aus der Vergabe **öffentlicher Bürgschaften (Garantien)** zu Gunsten des Unternehmens, wie sie im Zuge der **Finanzkrise** gerade aktuell sind, kein Anwendungsfall des IAS 20 (IAS 20.35). Der IASB hält den ökonomischen Vorteil schlicht nicht für ermittelbar.

1253 Eher klarstellenden Charakter haben die weiteren Ausnahmen vom Anwendungsbereich des IAS 20, etwa die Bereitstellung der öffentlichen Infrastruktur (IAS 20.38, von vornherein keine Beihilfe), aber auch unentgeltliche Beratungsleistungen etwa zur Marktschließung (IAS 20.35). Ferner sind Vorteile bei der Ertragsbesteuerung (z.B. Steuererlass) nicht Gegenstand des Regelungsbereichs (IAS 20.2b), und zur Zuwendung der öffentlichen Hand im Zusammenhang mit biologischen Vermögenswerten enthält IAS 41.34 f. eine Sonderregelung.

1254 frei

1.2 Wesentliche Abweichungen zum HGB

1255 Die Abweichungen zum HGB sind gering:
- Nach Handelsrecht sind **Investitionszuschüsse und -zulagen** entweder von den Aktiva abzusetzen, als Passivposten abzugrenzen oder sofort erfolgswirksam zu erfassen; letzteres wird häufig bei steuerfreien Investitionszulagen praktiziert.[1] Steuerrechtlich kommt jedoch die passive Abgrenzung nicht in Betracht (R 6.5 EStR 2005). Nach IAS 20 ist die sofortige erfolgswirksame Erfassung unzulässig.
- **Aufwands- und Ertragszuschüsse** sind nach Handels- und Steuerrecht periodengerecht zu verteilen, also dann, wenn die Aufwendungen anfallen. Für schon zugeflossene Zuflüsse kommt insoweit nur die passive Abgrenzung in Betracht;[2] ein Unterschied zu IAS 20 besteht nicht.

1.3 Neuere Entwicklungen

1256 Schon seit längerem ist der IASB mit dem Standard unzufrieden und beabsichtigt grundsätzliche Änderungen, damit u.a. Inkonsistenzen zum Framework (die passive Abgrenzung eines Vorteils ist keine Schuld) abgebaut werden. Indessen sind die Überlegungen im Dezember 2007 vorläufig ausgesetzt worden. Verfolgt wird zurzeit nur noch die Frage der Bilanzierung von durch die öffentliche Hand zur Verfügung gestellter Emissionsrechte, die früher Gegenstand des zurückgezogenen IFRIC 3 waren. Die Terminierung von Projektfortschritten steht allerdings noch aus.

1257–1259 frei

---

1 Vgl. *Ellrott/Brendt* in Beck'scher Bilanz-Kommentar, 6. Aufl. 2006, § 255 HGB Rz. 115 ff.
2 *Ellrott/Brendt* in Beck'scher Bilanz-Kommentar, 6. Aufl. 2006, § 255 HGB Rz. 119.

2. Ansatz der Zuwendungen

Erfassungspflichtig ist die Zuwendung der öffentlichen Hand i.S.v. IAS 20 genau dann, wenn *angemessene Sicherheit* dafür besteht, dass 1260

(a) das Unternehmen die mit der Zuwendung verbundenen Bedingungen erfüllen wird **und**
(b) die Zuwendungen gewährt werden (IAS 20.7).

Eine schon zugeflossene Zuwendung ist kein Beweis dafür, dass die beiden vorgenannten Kriterien erfüllt sind (IAS 20.8). Bei noch-nicht-Erfüllung der Bedingungen ist insoweit der Zufluss als Verbindlichkeit zu passivieren. Das trifft insbesondere zu bei erlassbaren Darlehen (i.S.v. Rz. 1250 (c)): Erst bei Erfüllung der vorgenannten Kriterien wird aus dem Darlehen eine Zuwendung der öffentlichen Hand i.S.v. IAS 20.

Der unscharfe Begriff *angemessene Sicherheit*[1] verlangt vom Bilanzierenden Beurteilungsfähigkeit. Die folgende Fallunterscheidung mag dabei hilfreich sein.

Zu (a): Erfüllung der Bedingungen 1261

Gewöhnlich lassen sich die mit Zuwendungen verbundenen Bedingungen in Haupt- und Nebenbedingungen unterscheiden. Zu den **Hauptbedingungen** gehört die Vornahme einer Sachinvestition und zu den Nebenbedingungen deren Inbetriebnahme und Fortführung über einen bestimmten Zeitraum. Ist die Hauptbedingung zum Bilanzstichtag erbracht – ein Investitionsvorhaben beispielsweise (nahezu) abgeschlossen – und bestehen keine vernünftigen Zweifel an der Erfüllung auch der Nebenbedingungen, ist Kriterium (a) gegeben. Sowohl auf Antragstellung als auch gar auf den Erhalt des Bewilligungsbescheids kommt es nach diesem Kriterium nicht an, solange keine vernünftigen Zweifel bestehen, dass ein eigener Antrag noch gestellt wird.[2]

Zu (b): Gewährung der Zuwendung 1262

Zu unterscheiden ist in Zuwendungen mit und ohne Rechtsanspruch. Bei **Zuwendungen mit Rechtsanspruch** knüpft das Gesetz die Leistungspflicht an die Erfüllung der Voraussetzungen zu (a) an, so dass lediglich noch beurteilt werden muss, ob eine eigene Antragstellung erfolgt. Hingegen hat die Behörde bei **Zuwendungen ohne Rechtsanspruch** einen vom Unternehmen kaum einschätzbaren Ermessensspielraum, so dass eine Erfassung als Zuwendung kaum vor Erhalt des entsprechenden Bewilligungsbescheids in Betracht kommt.[3]

frei 1263–1269

---

[1] Zur tieferen Diskussion des Begriffs s. *ADS International*, Abschn. 11, Rz. 19 f. und *Pfitzer/Wirth/Staß* in Baetge u.a. (Hrsg.), Rechnungslegung nach IFRS, 2008, IAS 20 Rz. 18 ff.
[2] Vgl. *ADS International*, Abschn. 11 Rz. 23.
[3] Vgl. *Pfitzer/Wirth/Staß* in Baetge u.a. (Hrsg.), Rechnungslegung nach IFRS, 2008, IAS 20 Rz. 22.

3. Bewertung und Ausweis

3.1 Grundsatz

1270 Alle Zuwendungen der öffentlichen Hand sind planmäßig **erfolgswirksam als Ertrag** zu erfassen, und zwar in jenen Perioden, in denen die Aufwendungen anfallen, die die Zuwendungen kompensieren sollen. Eine erfolgsneutrale Erfassung unmittelbar im Eigenkapital ist nicht zulässig (IAS 20.12).

3.2 Investitionszuschüsse und -zulagen

1271 Investitionszuschüsse und -zulagen für **Investitionen in Vermögenswerte** sind in der Bilanz entweder als passivische Abgrenzung darzustellen oder vom Buchwert des Vermögenswertes abzusetzen (IAS 20.24). Im letzten Fall ergibt sich die Ertragswirkung durch die künftige verminderte Abschreibung, im ersten Fall ist der Passivposten entsprechend der Abschreibung des Vermögenswertes ertragswirksam aufzulösen (sonstiger betrieblicher Ertrag). Dabei kommt eine **Saldierung** mit den Abschreibungen in der GuV *nicht* in Betracht (IAS 20.26).

1272 Ein ggf. angesetzter Passivposten stellt keine Schuld des Unternehmens dar. Insoweit steht diese Alternative nicht in Übereinstimmung mit dem Framework, wonach als Passivposten in der Bilanz nur Schulden und Eigenkapital angesetzt werden können (s. Rz. 300). Der Standard geht freilich dem Framework vor (F.2). Wir empfehlen einen Ausweis als z.B. „**erhaltene Zuwendung**" zwischen Eigen- und Fremdkapital.

1273 Zuwendungen, die schon für den Erwerb nicht abnutzbarer Vermögenswerte gewährt worden sind (z.B. Grundstück), enthalten häufig die Nebenbedingung, dass weitere Investitionen folgen müssen (z.B. Errichtung eines Fabrikgebäudes). Dann ist die Zuwendung über die Nutzungsdauer des Gebäudes ertragswirksam zu erfassen (IAS 20.18). U.E. kann auch dann der Zuwendungsbetrag von den Anschaffungs- oder Herstellungskosten des Gebäudes abgesetzt werden. Im Übrigen kann auch in Betracht kommen, die Zuwendung über eine etwaige Mindestdauer zu verteilen, während der das bezuschusste Unternehmen den Vermögenswert selbst nutzen muss.[1]

1274 Besteht die Zuwendung aus der Überlassung eines zu aktivierenden Vermögenswertes, kann dieser zum Fair value angesetzt werden, wobei in gleicher Höhe wie in Rz. 1271 ein Passivposten anzusetzen ist. Alternativ kann der Vermögenswert auch mit dem symbolischen Wert von 1 Euro angesetzt werden; in diesem Fall entfällt der Passivposten (IAS 20.23).

3.3 Aufwands- und Ertragszuschüsse

1275 Bei Aufwands- und Ertragszuschüssen ist zu differenzieren:
  – Kompensiert der Zuschuss **bereits angefallene Aufwendungen** oder stellt er eine „Überlebenshilfe" für das Unternehmen dar, die nicht an weitere Be-

---

1 Vgl. *ADS International*, Abschn. 11 Rz. 51.

dingungen geknüpft ist, muss der Zuschuss sofort erfolgswirksam erfasst werden (IAS 20.20).
- Zuschüsse, die **künftige Aufwendungen** kompensieren sollen, sind hingegen zu passivieren und bei Anfall der künftigen Aufwendungen aufzulösen.
- Sollte es sich um **Zuschüsse für Forschung und Entwicklung** handeln, ist darauf zu achten, ob die Entwicklungskosten zu aktivieren sind. Der auf aktivierte Entwicklungskosten entfallende Zuschuss fällt in den Anwendungsbereich Rz. 1271.

Der Ertrag aus solchen Zuschüssen darf in der GuV mit den Aufwendungen saldiert werden (Nettoausweis); alternativ ist die unsaldierte Darstellung zulässig (Bruttoausweis, IAS 20.29). 1276

3.4 Latente Steuern

Bei der Gewährung einer **steuerfreien Investitionszulage** ergeben sich zwar Differenzen der betroffenen Buchwerte zwischen Steuerbilanz und IFRS-Bilanz; es besteht aber ein ausdrückliches Ansatzverbot für aktive latente Steuern (IAS 12.24b, 12.33 sowie Rz. 2632). 1277

Bei **steuerpflichtigen Zuschüssen** für Investitionen in Vermögenswerte ergeben sich bei zeitgleicher bilanzieller Einbuchung des Zuschusses in IFRS- und Steuerbilanz keine Differenzen; ein ggf. unterschiedlicher Ausweis in IFRS- und Steuerbilanz ist jeweils zusammengefasst zu beurteilen. Ist die Ertragsvereinnahmung des Zuschusses in IFRS- und Steuerbilanz in künftigen Perioden unterschiedlich oder wird ein steuerpflichtiger Zuschuss in der Steuerbilanz sofort erfolgswirksam erfasst, während er in der IFRS-Bilanz ratierlich vereinnahmt wird, müssen Steuerlatenzen abgegrenzt werden (IAS 12.22b). 1278

frei 1279

3.5 Rückzahlungsverpflichtungen

Bei Verletzung von Zuwendungsbedingungen kann es zur Rückzahlung erhaltener Zuwendungen kommen. Nach den allgemeinen Ansatz- und Bewertungskriterien für Rückstellungen (s. Rz. 2310 ff.) ist dann zu prüfen, ob eine Rückzahlungsverpflichtung zu passivieren ist (IAS 20.11). Eine ggf. anzusetzende Rückstellung ist dabei als **Schätzungsänderung** gem. IAS 20.32 zu behandeln. Es werden also nicht vergangene Abschlussperioden rückwirkend korrigiert. 1280

frei 1281–1289

4. Anhangangaben

Gemäß IAS 20.30 sind die Bilanzierungsgrundsätze, die im Geschäftsjahr erfassten Zuschüsse sowie (noch) nicht erfüllte Zuwendungsbedingungen anzugeben. 1290

frei 1291–1299

IV. Leasing (IAS 17)

1. Überblick und Wegweiser

1.1 Standards und Anwendungsbereich

1300 Die bilanzielle Abbildung von Leasingverträgen sowohl für den Leasingnehmer als auch für den Leasinggeber wird durch IAS 17 geregelt. Entscheidend für die Zurechnung und damit auch die bilanzielle Behandlung des Leasinggegenstandes ist, auf wen die wesentlichen Chancen und Risiken, die mit dem Eigentum verbunden sind, übertragen wurden (IAS 17.8), und zwar unabhängig vom tatsächlichen zivilrechtlichen Übergang des Eigentums.

Kommt der Leasingnehmer zu dem Schluss, dass auf ihn die wesentlichen Chancen und Risiken übertragen worden sind, handelt es sich aus seiner Sicht um **Finanzierungsleasing** (*finance lease*) mit der Folge der Zurechnung des Leasinggegenstands zu ihm, eben weil er **wirtschaftlicher Eigentümer** geworden ist. In allen anderen Fällen handelt es sich aus Sicht des Leasingnehmers um **Operating-Leasing** (*operating lease*), und der Leasinggegenstand ist ihm *nicht* zuzurechnen.

Da auch der Leasinggeber diese Prüfung vornimmt, ist denkbar, dass der Leasinggegenstand von beiden oder auch von keiner der beiden Parteien bilanziert wird (IAS 17.9).

Den Zusammenhang aus Sicht des Leasingnehmers veranschaulicht Abb. 20.

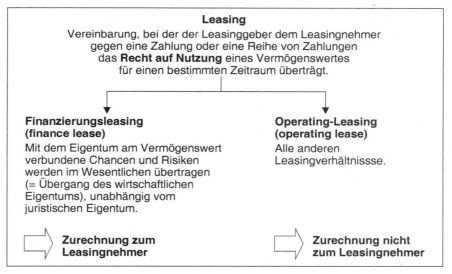

Abb. 20 Zurechnung von Leasinggegenständen aus Sicht des Leasingnehmers

1301 Leasinggegenstände können **materielle** und **immaterielle** Vermögenswerte sein. Allerdings erstreckt sich IAS 17 *nicht*

- auf Leasingvereinbarungen in Bezug auf die Entdeckung und Verarbeitung von natürlichen Ressourcen (für diesen Sonderfall ist der in diesem Handbuch nicht berücksichtigte IFRS 6 einschlägig)
- sowie auf Lizenzvereinbarungen etwa über Patente und Filme; diese fallen als immaterielle Vermögenswerte unter IAS 38 (s. hierzu Rz. 1005).

Für Zwecke der *Bewertung* ist IAS 17 *nicht* auf **Anlageimmobilien** anzuwenden, die dem Leasingnehmer im Rahmen eines Finanzierungsleasing zuzurechnen sind oder die beim Leasinggeber bilanziert und im Wege des Operating-Leasing überlassen worden sind. In beiden Fällen greift für Ansatz und Bewertung der Immobilien IAS 40 (Rz. 1400 ff.), wobei zur Beurteilung, ob Finanzierungs- oder Operating-Leasing vorliegt, wieder auf IAS 17 zurückgegriffen wird (IAS 40.3a).

Positiv formuliert kommen als Vermögenswerte, die Gegenstand einer Leasingvereinbarung sind und auf die IAS 17 anzuwenden ist, **vornehmlich Sachanlagen** wie Maschinen und Fahrzeuge, bebaute und unbebaute Grundstücke sowie zum Teil auch immaterielle Vermögenswerte in Betracht.

Die Leasing-Definition in (Abb. 20 in Rz. 1300) betrifft nur direkte Nutzungsüberlassungen. Darüber hinaus sind in der Praxis auch Vertragsgestaltungen anzutreffen, die aus wirtschaftlicher Betrachtungsweise (*substance over form*) als Einräumung eines **indirekten Nutzungsrechts** (**verdecktes Leasing**) anzusehen sind. Dabei wird keine gesicherte Rechtsposition an einer Maschine o.Ä. eingeräumt, sondern stattdessen lediglich ein Vertrag über die Abnahme des Outputs geschlossen. Es handelt sich hierbei häufig um Maßnahmen zum **Outsourcing**, z.B. von EDV, oder zur **Qualitätssicherung** oder **Exklusivitätswahrung**, z.B. in der Automobilindustrie[1], bei denen langfristige Liefer- und Leistungsverträge (sog. *pay-on-production* oder **take-or-pay-Vereinbarungen**) mit dem Abnehmer bzw. Käufer geschlossen werden. 1302

Ob derartige Verträge Leasing darstellen ist Gegenstand von **IFRIC 4** (Rz. 1330). Die Frage, ob das wirtschaftliche Eigentum des Vermögenswerts beim Leasingnehmer oder Leasinggeber liegt, ist wiederum in einem zweiten Schritt anhand der in IAS 17 enthaltenen Kriterien zur Klassifizierung von Leasingverhältnissen zu treffen.

Zur Erzielung einer off-balance-sheet Bilanzierung werden oft **Leasingobjektgesellschaften** gegründet. Hier ist im Vorfeld zu klären, ob nicht eine Konsolidierung als Zweckgesellschaft nach **SIC-12** erfolgen muss (Rz. 1342), die das bilanzpolitische Ziel der bilanziellen Auslagerung vereitelt. 1303

IAS 17 wird ferner ergänzt durch SIC-15 (Rz. 1360) und SIC-27 (Rz. 1340). 1304

frei 1305

---

[1] Vgl. *Götz/Spanheimer*, BB 2005, 259 (262).

1.2 Wesentliche Abweichungen zum HGB

1306 Das HGB stellt beim Bilanzansatz von Vermögensgegenständen (§ 246 HGB) ebenso wie die IFRS auf das wirtschaftliche Eigentum ab. Durch das BilMoG ergeben sich insoweit keine Änderungen. Das BilMoG kodifiziert zwar das Prinzip der wirtschaftlichen Zurechnung erstmals in § 246 HGB, ausweislich der Gesetzesbegründung dient die Neufassung des § 246 HGB jedoch insoweit lediglich der Klarstellung.[1] Bei der Frage, ob beim Leasinggeber oder Leasingnehmer das wirtschaftliche Eigentum liegt, orientiert sich die deutsche Bilanzierungspraxis im HGB-Bereich an den steuerlichen Leasingerlassen. Deren Kriterien (Voll-, Teilamortisation, günstige Kaufoption etc.) sind im Grundsatz vergleichbar mit den IFRS-Zurechnungsgrundsätzen, aber aus Objektivierungsgründen bestimmter als die Kriterien in IAS 17 (z.B. durch Abstellen auf die *steuerliche* Nutzungsdauer nach *AfA-Tabellen*). Daher kann es zu Abweichungen zwischen HGB und IFRS kommen.[2]

1.3 Neuere Entwicklungen

1307 Am 19.3.2009 haben der IASB und der FASB ein gemeinsames Diskussionspapier zur Leasingbilanzierung veröffentlicht, das bis zum 17.7.2009 kommentiert werden kann. Für das Jahr 2010 ist ein Exposure Draft und für das Jahr 2011 der neue Standard angekündigt. Darin wird die Abbildung des Nutzungsrechts als immaterielles Recht (*„right of use"*)[3] erwogen. Damit käme dem wirtschaftlichen Eigentum keine Bedeutung mehr zu und es wäre immer der Barwert der Leasingverpflichtungen während der Mindestleasingdauer zu aktivieren.

1308 Durch den im April 2009 veröffentlichten jährlichen **Verbesserungsstandard 2010** wird die Sonderregelung zu Immobilienleasing in IAS 17.14 f. abgeschafft, wonach bei fehlendem Eigentumsübergang am Ende des Leasingvertrages grundsätzlich ein Operating-Leasing Verhältnis vorliegt (Rz. 1325 f.). Es gelten vielmehr die allgemeinen Kriterien (IAS 17.15A). Der IASB stellt sich auf den Standpunkt, dass der Leasingnehmer z.B. bei sehr langen Laufzeiten (999 Jahre, IAS 17.BC8B) trotz fehlenden Eigentumsübergangs wirtschaftlich die Position eines Eigentümers einnimmt und damit Finanzierungsleasing vorliegen kann. Fraglich ist, wie dann mit den in Deutschland üblichen Erbpachtverträgen von 99 Jahren umzugehen ist.

Vorbehaltlich der EU-Umsetzung gilt die Regelung ab 1.1.2010, wobei bestehende Verträge rückwirkend zu beurteilen sind und ggf. eine retrospektive Anpassung der Bilanzierung gemäß IAS 8 erfolgen soll (IAS 17.68A). Stehen

---

1 Vgl. BT-Drucks. 16/10067 v. 30.7.2008, S. 102; *Theile*, Bilanzrechtsmodernisierungsgesetz, 2. Aufl. 2009, § 246, Rz. 4.
2 Vgl. zu unterschiedlichen personelle Zuordnungen nach IAS/IFRS und Steuerrecht auch *Herzig*, IAS/IFRS und steuerliche Gewinnermittlung, 2004, S. 135 und 140 f.
3 Vgl. *Fülbier/Fehr*, PiR 2008, 181 ff. In einer empirischen Studie sind bereits die Konsequenzen der Umstellung auf deutsche Unternehmen und deren Abschlusskennzahlen analysiert worden, s. *Fülbier/Silva/Pferdehirt*, sbr 2008, 122.

Informationen, insbesondere Fair values für die Aufteilung auf Grund und Boden bzw. Gebäude (Rz. 1326) nicht mehr zur Verfügung, kann die Beurteilung auf Grund aktueller Erkenntnisse und Werte erfolgen. Sollte danach eine Umklassifizierung in Finanzierungsleasing erfolgen, ist die Differenz zwischen Vermögenswert und Leasingverbindlichkeit erfolgsneutral mit den Gewinnrücklagen zu verrechnen (IAS 17.68Ab).

frei   1309

2. Zurechnung von Leasinggegenständen

2.1 Klassifizierung von Leasingverträgen bei Vertragsbeginn

Die Klassifizierung von Leasingverträgen als Finanzierungsleasing oder Operating-Leasing ist bei Vertragsabschluss vorzunehmen. Es ist der zu *diesem* Zeitpunkt **wahrscheinliche Verlauf** der Dinge zu beurteilen[1], z.B. bei der Frage, ob eine Kaufoption günstig ist und daher voraussichtlich ausgeübt werden wird (Rz. 1315 f.). 1310

2.2 Vertragsänderungen

Vertragsänderungen, die zu einer anderen Zuordnung geführt hätten, falls sie von Beginn an getroffen worden wären (z.B. **nachträgliche Restwertgarantien** oder **Kaufoptionen**), sind als neue Vereinbarung zu betrachten (IAS 17.13). Bei der Prüfung sind die ursprünglichen Parameter (Zinssätze, Nutzungsdauern u.Ä.) beizubehalten[2], d.h. *derartige* **Schätzungsänderungen** begründen keine Umklassifizierung. Kommt es zu einer geänderten Klassifizierung, erfolgt eine **prospektive Anpassung der Bilanzierung** ab Vertragsänderung.[3] Bei diesen Berechnungen sind dann wiederum die aktuellen Parameter (insb. Diskontierungssätze) zu berücksichtigen.[4] Die Behandlung beim **Leasingnehmer**[5] im Einzelnen: 1311

– Bei einer Änderung von operating lease in finance lease erfolgt die Aktivierung eines Vermögenswertes und die Passivierung einer Leasingverbindlichkeit gemäß Rz. 1350 ff.

– Bei einem Übergang von finance lease in operating lease werden der bislang bilanzierte Vermögenswert (z.B. 10 Mio. Euro) und die korrespondierende Leasingverbindlichkeit (z.B. 15 Mio. Euro) ausgebucht und die Differenz (5 Mio. Euro) grundsätzlich erfolgswirksam vereinnahmt, wenn und soweit der beizulegende Wert des Leasinggegenstandes (z.B. 16 Mio. Euro) die Leasingverbindlichkeit übersteigt. Hintergrund ist, dass die Transaktion wirtschaftlich wie ein Sale-and-lease-back-Geschäft (Rz. 1370) be-

---

1 Vgl. *Lüdenbach/Freiberg*, BB 2006, 259 (260).
2 Vgl. *ADS International*, Abschn. 12 Rz. 128.
3 Vgl. *Lüdenbach/Freiberg* in Haufe IFRS-Kommentar, 7. Aufl. 2009, § 15 Rz. 86.
4 Vgl. *Kümpel/Becker*, PiR 2006, 243 (245 f.).
5 Beim Leasinggeber wird grundsätzlich korrespondierend gebucht.

handelt wird.[1] Soweit der Zeitwert des Leasinggegenstandes (z.B. 13 Mio. Euro) die Leasingverbindlichkeit unterschreitet (also um 2 Mio. Euro), ist diese Differenz passiv abzugrenzen und über die Laufzeit des operating lease aufzulösen.

Ein Verlust (Buchwert des Leasinggegenstandes größer als Leasingverbindlichkeit) ist unmittelbar erfolgswirksam zu erfassen.

Keine Vertragsänderung ist die Aufhebung und der Neuabschluss eines Vertrages (IAS 17.13).

2.3 Die Abgrenzung des Finanzierungsleasing vom Operating-Leasing im Detail

2.3.1 Wirtschaftliche Betrachtungsweise

1312 Bei der **Einordnung der Leasingvereinbarungen** als Finanzierungs- oder Operating-Leasing kommt es in besonderem Maße auf den wirtschaftlichen Gehalt der Vereinbarung entsprechend dem Grundsatz **substance over form** an (IAS 17.10). Es gilt folgende **Leitlinie** (IAS 17.21):

> Finanzierungsleasing liegt vor, wenn der Leasingnehmer den wirtschaftlichen Nutzen aus dem Gebrauch des Leasinggegenstandes für den überwiegenden Teil der wirtschaftlichen Nutzungsdauer erwirbt und als Gegenleistung nahezu den Zeitwert des Gegenstandes entrichtet.

IAS 17.10 nennt fünf Kriterien und IAS 17.11 weitere Indizien für eine Klassifikation als Finanzierungsleasing aus Sicht des Leasingnehmers (s. Abb. 21). Ist nur eines der Kriterien des IAS 17.10 erfüllt, liegt *im Normalfall* **Finanzierungsleasing** vor und der Gegenstand ist **beim Leasingnehmer** zu bilanzieren. Andererseits sind die Kriterien – entgegen etwa den Leasing-Erlassen der Finanzverwaltung – vergleichsweise offen formuliert und eröffnen einen nicht unbeträchtlichen **Interpretationsspielraum**. Daher lassen sie sich nicht quasi „abarbeiten". Entscheidend ist vielmehr das Gesamtbild der Verhältnisse, um eine Zurechnung von Risiken und Chancen abwägen zu können.

---

[1] Vgl. *Lüdenbach/Freiberg* in Lüdenbach/Hoffmann (Hrsg.), Haufe IFRS Kommentar, 7. Aufl. 2009, § 15 Rz. 92.

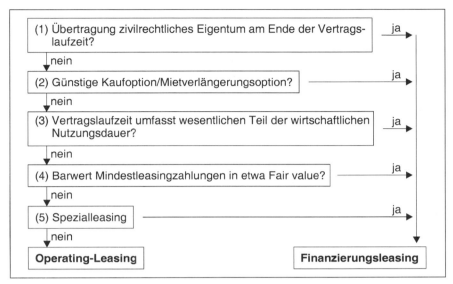

Abb. 21: Zurechnungskriterien für Leasinggegenstände (IAS 17.10)

frei

2.3.2 Übergang des zivilrechtlichen Eigentums

Das zivilrechtliche Eigentum geht am Ende der Laufzeit auf den Leasingnehmer über (**transfer of ownership test**). Diese Vertragsgestaltung entspricht einem **Raten- bzw. Mietkaufvertrag** und führt daher zu Finanzierungsleasing. In der bilanziellen Zurechnung besteht keine Abweichung zum handelsrechtlichen Verständnis.[1]

2.3.3 Günstige Kaufoption und günstige Mietverlängerungsoption

Der Leasingnehmer hat die **Kaufoption**, den Vermögenswert zu einem Preis zu erwerben, der erwartungsgemäß deutlich niedriger als der (zu schätzende) **Fair value** zum möglichen Optionsausübungszeitpunkt ist. Die Ausübung der Option ist dann ökonomisch rational und zu Beginn des Leasingverhältnisses hinreichend sicher (**bargain purchase option test**). Im Gegensatz zu Rz. 1314 liegt somit ein **wirtschaftlicher Ausübungszwang** vor.

Die Schwierigkeit liegt in der Schätzung eines in der Zukunft liegenden Fair value. Für Sachanlagen kann hier entsprechend den Fair value-Vermutungen (s. Rz. 487 f.) auf fortgeführte Wiederbeschaffungskosten aufgesetzt werden. Darüber hinaus muss der Begriff des „deutlich niedriger" interpretiert werden. Angesichts schwer absehbarer Marktwertschwankungen gilt ein **Abschlag von bis zu 20 % vom vermuteten künftigen Fair value noch als unschädlich**, d.h.

---

1 Vgl. *Küting/Hellen/Brakensiek*, DStR 1999, 39 (42).

führt *nicht* zu Finanzierungsleasing. Bei hohen Restwerten, insbesondere im Immobilienleasing, kommen aber auch geringere Abschläge in Betracht.[1]

Nach den **Leasing-Erlassen der Finanzverwaltung** erfolgt bei vereinbarten Kaufoptionen eine Zurechnung beim Leasingnehmer, wenn der bei Ausübung der Option vorgesehene Kaufpreis

– niedriger ist als der unter Anwendung der linearen AfA-Tabelle ermittelte Buchwert oder

– niedriger ist als der gemeine Wert im Zeitpunkt der Veräußerung.

Eine Abweichung zu den Leasing-Erlassen kann sich demnach dann ergeben, wenn der vereinbarte Kaufpreis leicht und der **geschätzte Fair value** deutlich über dem nach den Leasing-Erlassen ermittelten Grenzwert liegt; hier ergäbe sich nach IAS 17 eine Zurechnung zum Leasingnehmer, wohingegen es nach deutschem Verständnis beim Operating-Leasing bliebe.

> **Beispiel:**
>
> Der Leasing-Vertrag über eine Maschine mit einer Nutzungsdauer von 10 Jahren und Anschaffungskosten von 100 000 Euro habe eine Laufzeit von 8 Jahren und sei mit einer danach auszuübenden Kaufoption zum Preis von 21 000 Euro ausgestattet. Nach den steuerlichen Leasing-Erlassen beträgt der Buchwert am Ende von Jahr 08 20 000 Euro, so dass es nicht zu einer Zurechnung der Maschine zum Leasingnehmer kommt. Als Fair value wird bei Abschluss des Leasing-Vertrages ein Wert von 35 000 Euro zum Optionsausübungszeitpunkt geschätzt. Dieser liegt mit rd. 67 % deutlich über dem vereinbarten Kaufpreis von 21 000 Euro, so dass es ökonomisch sinnvoll ist, die Option auszuüben. Daher ist die Maschine bereits zu Beginn des Vertrages dem Leasingnehmer zuzurechnen.

Eine ähnliche Überlegung greift für die günstige **Mietverlängerungsoption**: eine wesentlich niedrigere als die marktübliche Miete führt nach IAS 17.11c zum Finanzierungsleasing.

1316 Eine günstige Kaufoption i.S.v. IAS 17.10c kann aber nicht nur bei günstigen Kaufpreisen vorliegen, sondern auch dann, wenn die **Ausübung der Option an sich für den Leasingnehmer attraktiv** ist, weil etwa die **Opportunitätskosten** einer ansonsten erforderlichen Ersatzbeschaffung so hoch sind, dass eine **Ausübung mit hoher Wahrscheinlichkeit zu erwarten** ist. Dies kann etwa beim Leasing von Anlagen der Fall sein, die für den Produktionsprozess unentbehrlich sind oder lange Genehmigungsdauern aufweisen.[2] Die Ausübungswahrscheinlichkeit ist bei Vertragsabschluss abzuschätzen (Rz. 1310).

Darüber hinaus führt eine **Kombination von Kaufoption des Leasingnehmers und Andienungsrecht des Leasinggebers** zum identischen Ausübungspreis zu

---

1 Vgl. *Kümpel/Becker*, DStR 2006, 1480 (1482).
2 Vgl. *Lüdenbach/Freiberg*, BB 2006, 259 (260); *ADS International*, Abschn. 12 Rz. 42.

Finanzierungsleasing, da der Leasingnehmer unabhängig von der Wertentwicklung entweder auf Grund seiner Option oder auf Grund des Andienungsrechts das Eigentum erlangen wird.[1]

2.3.4 Nutzungsdauerkriterium

Die Laufzeit des Leasingverhältnisses umfasst den *überwiegenden Teil* der wirtschaftlichen Nutzungsdauer des Vermögenswertes, auch wenn das Eigentumsrecht nicht übertragen wird (**Nutzungsdauertest, economic life test**). Die Laufzeit erstreckt sich dabei auch auf den Zeitraum einer **günstigen Mietverlängerungsoption i.S.v. IAS 17.11c**, da dann zu Beginn des Leasingverhältnisses mit hoher Sicherheit von der Ausübung der Option ausgegangen werden kann.[2]

1317

Nach den **Leasing-Erlassen** muss die Grundmietzeit 90 v.H. der betriebsgewöhnlichen Nutzungsdauer überschreiten. Da die betriebsgewöhnliche Nutzungsdauer nach den steuerlichen AfA-Tabellen bemessen wird[3], ist diese in der Regel kürzer als die nach IFRS zugrunde zu legende wirtschaftliche Nutzungsdauer. In der Praxis sind häufig Verträge anzutreffen, die bei diesem Kriterium nach den steuerlichen Leasing-Erlassen gerade noch zu einer Zuordnung zum Leasinggeber führen, etwa durch einen Prozentsatz von 80 % oder 85 %. Auf Basis der typischerweise längeren wirtschaftlichen Nutzungsdauer ergäbe sich nach IAS 16 dann möglicherweise ein Prozentsatz von 60 % oder 70 %.

⊃ Daher steht die Frage im Raum, was nach IAS 17 mit dem „überwiegenden Teil" gemeint sein könnte. In Anlehnung an US-GAAP (SFAS 13.7d) wird z.T. ein Wert von 75 % befürwortet[4], teilweise auch ein höherer[5] oder niedrigerer Wert.[6] In der Praxis kann man sich, vorbehaltlich weiterer Indizien (Rz. 1322), an eine Bandbreite von **75 % bis 90 %** halten.

2.3.5 Barwertkriterium

Finanzierungsleasing liegt vor, wenn zu Beginn des Leasingverhältnisses der **Barwert der Mindestleasingzahlungen** annähernd dem beizulegenden Zeitwert des Leasinggegenstandes entspricht (**Barwerttest, recovery of investment test**). Dieses Kriterium ist vergleichbar mit den steuerlichen **Vollamortisations-**

1318

---

1 Vgl. *ADS International*, Abschn. 12 Rz. 101; *Küting/Hellen/Brakensiek*, BB 1998, 1465 (1469).
2 Vgl. *ADS International*, Abschn. 12, Tz. 108.
3 Allerdings kann diese Vermutung im Einzelfall vom Steuerpflichtigen widerlegt werden, vgl. *Mellwig/Weinstock*, DB 1996, 2345 (2352).
4 Vgl. stellvertretend *Doll* in Beck'sches IFRS-Handbuch, 2. Aufl. 2006, § 22 Rz. 23 „allerdings stets unter Würdigung des Gesamtbilds im jeweiligen Einzelfall".
5 *Epstein/Mirza*, IAS 2004, S. 560, halten 80 % bis 90 % für möglich, schließen aber auch andere Lösungen nicht aus.
6 Unter Hinweis auf SIC-12 zu Zweckgesellschaften (Rz. 1342) ist auch vorgeschlagen worden, den „überwiegenden Teil" als 50 % + 1 auszulegen, so *Helmschrott*, WPg 2000, 426; dies erscheint jedoch zu weitgehend.

regeln; der unbestimmte Begriff „überwiegend" eröffnet jedoch erneut hohen Interpretationsspielraum.

Die **Mindestleasingzahlungen** des Leasingnehmers setzen sich gem. IAS 17.4 aus den vereinbarten Leasingraten, Leasingsonderzahlungen und Vertragsstrafen sowie den von ihm oder einer ihm nahe stehenden Partei (*related party*)[1] garantierten Restwerten zusammen.[2] Besteht eine **günstige Kaufoption**, ist der Kaufpreis noch hinzuzurechnen. Bei einem **Andienungsrecht des Leasinggebers** wird der Andienungspreis als garantierter Restwert in die Mindestleasingzahlungen einbezogen.[3] Ungesicherte oder nachrangige **Mieterdarlehen**, die nur das Verwertungsrisiko des Leasinggebers reduzieren, zählen u.E. nicht zu den Mindestleasingzahlungen, sind jedoch als weitere Indizien zu würdigen (Rz. 1322).

1319 **Nicht** zu den Mindestleasingzahlungen gehören allerdings **bedingte Zahlungen** (etwa umsatz- oder intensitätsabhängige Zahlungen), Zahlungen für Wartung und Instandhaltung sowie erstattete Steuern.[4] Sind bedingte Zahlungen aber **quasi sicher**, müssen sie bei wirtschaftlicher Betrachtung in die Mindestleasingzahlungen einbezogen werden.[5]

1320 Der Leasingnehmer hat diese Mindestleasingzahlungen mit dem **internen Zinsfuß des Leasinggebers** zu diskontieren, falls dieser bekannt ist, d.h. vom Leasinggeber mitgeteilt wird. Beim internen Zinsfuß handelt es sich um die *Rendite des Leasinggebers*, d.h. um den Zinssatz, bei dem der Barwert *aller* künftigen Zahlungsrückflüsse den Investitionsausgaben entspricht. Zu den künftigen Zahlungsrückflüssen **aus Sicht des Leasinggebers** gehört neben den genannten Mindestleasingzahlungen auch der erwartete, aber *nicht garantierte Restwert*.

> **Beispiel:**
>
> Die Anschaffungskosten (Fair value) einer Maschine betragen 200 000 Euro. Die vom Leasingnehmer zu zahlenden Mindestleasingraten betragen 50 000 Euro p.a. über 4 Jahre. Eine Kaufoption besteht ebenso wenig wie eine Vereinbarung über einen garantierten Restwert. Der Leasinggeber erwartet jedoch aus dem Verkauf der Maschine einen Erlös von 35 000 Euro (= nicht garantierter Restwert).

---

1 Zur – gerade bei Leasing-Verträgen in der Praxis wichtigen – Abgrenzung von *related parties* gem. IAS 24.9 s. Rz. 4766 ff.
2 Ein garantierter Restwert kann sich auch aus einer Kapitalbeteiligung an einer Zweckgesellschaft ergeben (die im Übrigen so konstruiert ist, dass sie vom Leasingnehmer nicht konsolidiert werden muss) und somit das angestrebte Ergebnis eines Operating-Leasing zunichte machen, s. IDW RS HFA 2, Rz. 70 Bsp. 1.
3 Vgl. *ADS International*, Abschn. 12 Rz. 65; *Mellwig*, DB 1998, will dies in Abhängigkeit von der Wahrscheinlichkeit vornehmen.
4 Vgl. *Kirsch* in Baetge u.a. (Hrsg.), Rechnungslegung nach IFRS, 2002, IAS 17 Rz. 11.
5 Vgl. *ADS International*, Abschn. 13 Rz. 73. Hierdurch sollen insbesondere Umgehungen des Barwerttests vereitelt werden.

IV. Leasing (IAS 17)

Gesucht wird der Zinssatz, zu dem der Barwert aller Zahlungsrückflüsse gerade den Anschaffungskosten entspricht. Das ist bei der Diskontierung mit 6 % p.a. der Fall:

Barwert der Mindestleasingraten:	50 000 Euro × ((1,06^4)-1) : (0,06 × 1,06^4)	= 173 000 Euro
+ Barwert des nicht garantierten Restwerts:	35 000 Euro : 1,06^4	= 27 000 Euro
= Anschaffungskosten (Fair value)		**200 000 Euro**

Ist dem Leasingnehmer der interne Zins des Leasinggebers nicht bekannt, muss der **Grenzfremdkapitalzinssatz des Leasingnehmers** herangezogen werden. Das ist derjenige Zinssatz eines vergleichbaren Leasingverhältnisses bzw. derjenige Zinssatz, der im Falle des Kaufs des Vermögenswertes für einen Kredit gleicher Dauer und Sicherheit entrichtet werden müsste.

○ Eine weitere Schwierigkeit liegt in der Interpretation der Formulierung, dass der Barwert der Mindestleasingzahlungen „im Wesentlichen mindestens" dem beizulegenden Zeitwert zu entsprechen habe, damit Finanzierungsleasing vorliege. Nach US-GAAP (SFAS 13.7d) werden 90 % verlangt, während die Literatur zu IAS 17 bis zu annähernd 100 % vorschlägt.[1] In der Praxis kann man sich vorbehaltlich weiterer schädlicher Indizien (Rz. 1322) an die **90 %-Grenze** halten.

Beispiel:

Der interne Zinssatz von 6 % p.a. wurde dem Leasingnehmer vom Leasinggeber mitgeteilt. Dann beträgt der Barwert der Mindestleasingzahlungen aus Sicht des Leasingnehmers 173 000 Euro (s.o.).

Variante: Der interne Zinssatz des Leasinggebers sei nicht bekannt und der Leasingnehmer muss für eine vergleichbare Bankfinanzierung 7 % Zinsen zahlen. Dann beträgt der Barwert der Mindestleasingraten 169 000 Euro.

Da der Barwert der Mindestleasingraten in beiden Varianten mit rd. 87 % bzw. 85 % nicht den überwiegenden Teil (> 90 %) der Investitionsausgaben (Fair value) des Leasinggegenstandes abdeckt, ist *dieses* Kriterium nicht erfüllt (*insofern* kein Finanzierungsleasing). Die Differenz von rd. 13 % bzw. 15 % zu 100 % Anschaffungskosten entspricht somit dem Barwert des nicht garantierten Restwerts. Je höher dieser ist, umso eher liegt Operating-Leasing vor.[2]

---

[1] Vgl. *Epstein/Mirza*, IAS 2004, S. 560; *Mellwig/Weinstock*, DB 1996, 2345 (2352); *Küting/Hellen/Brakensiek*, DStR 1999, 39 (42).
[2] Vgl. *Hassler/Kerschbaumer*, Praxisleitfaden zur internationalen Rechnungslegung, 2001, S. 38.

Das Beispiel macht zugleich deutlich, dass unterschiedliche Annahmen von Leasinggeber und Leasingnehmer u.U. im Einzelfall durchaus auch einmal zu abweichenden Klassifizierungen führen können.

2.3.6 Spezialleasing

1321 Haben Leasinggegenstände eine so spezielle Beschaffenheit, dass sie nur der Leasingnehmer nutzen kann (ohne dass wesentliche Veränderungen[1] vorgenommen werden), sind sie diesem zuzurechnen. Dies entspricht dem Spezial-Leasing, wonach auch nach den steuerlichen Leasing-Erlassen die Zurechnung beim Leasingnehmer zu erfolgen hat. Überwiegend wird diesem Kriterium nur eine **klarstellende Bedeutung** beigemessen[2], da der Leasinggeber sich bei rationalem Verhalten gegen sein wirtschaftliches Risiko so absichern wird, dass bereits die anderen Kriterien zum Finanzierungsleasing führen. U.E. hat das Spezialleasingkriterium auch unter Umgehungsgesichtspunkten einen engen Anwendungsbereich[3], da in der Praxis kein Leasinggeber vorstellbar ist, der sich ohne Verlustausgleich u.Ä. (s. folgende Rz. 1322) auf eine kurze Vertragslaufzeit, Teilamortisation etc. einlässt, wenn es keine Drittverwendungsmöglichkeit gibt. Sollten derartige Verträge dennoch vorkommen, dann nur bei vorliegender wirtschaftlicher Drittverwendungsmöglichkeit, womit *das* konstitutive Merkmal des Spezialleasing gerade widerlegt wäre.

⊃ Das Kriterium Spezialleasing dient allerdings dazu, bei einem speziellen Zuschnitt des Leasinggegenstands die Wahrscheinlichkeit der Ausübung von Kauf- oder Verlängerungsoptionen (Rz. 1315 f.) oder die Einbeziehung von Zweckgesellschaften (Rz. 1342) kritisch zu prüfen[4], z.B. bei Leasing von **ERP Software**.

2.3.7 Weitere Indizien

1322 IAS 17.11a) und b) nennt zwei weitere Kriterien[5], die für sich genommen oder mit anderen ebenfalls zur Einstufung des Vertrages als Finanzierungsleasing führen können. So können (a) **kündbare Leasingverhältnisse** dann als Finanzierungsleasing gelten, wenn zumindest wesentliche **Verluste des Leasinggebers** in Verbindung mit der Auflösung des Vertrages **vom Leasingnehmer getragen** werden (z.B. **First loss-Garantie**). Da es sich hierbei um eine Garantie des Leasingnehmers handelt, könnte dieses Kriterium eigentlich dem Barwerttest unter Rz. 1318 ff. zugeordnet werden.[6] Die gleiche Funktion wie förmliche Garantien können auch ungesicherte und nachrangige **Mieterdarlehen** erfüllen.[7]

---

1 Als Maßstab werden 10% der ursprünglichen Anschaffungs- und Herstellungskosten genannt, vgl. *Doll* in Beck'sches IFRS-Handbuch, 2. Aufl. 2006, § 22 Rz. 27.
2 Vgl. *Kümpel/Becker*, DStR 2006, 1480 (1485 f.).
3 A.A. *Lüdenbach/Freiberg*, BB 2006, 259 (261) „eigenständige Bedeutung".
4 Wie hier *ADS International*, Abschn. 13 Rz. 95.
5 Zur Mietverlängerungsoption s. bereits Rz. 1317.
6 Darauf weisen *Alvarez/Wotschofsky/Miethig*, WPg 2001, 933 (939) hin.
7 *Lüdenbach/Freiberg* in Haufe IFRS-Kommentar, 7. Aufl. 2009, § 15 Rz. 52, beziehen Mieterdarlehen demgegenüber als Mindestleasingzahlung in den Barwerttest ein (Rz. 1318).

Schließlich gelten (b) **Gewinne und Verluste auf Grund von Veränderungen des beizulegenden Restzeitwertes**, die dem Leasingnehmer vertragsgemäß zugerechnet werden, ebenfalls als Anzeichen für das Vorliegen eines Finanzierungsleasing. Hier wird in besonderem Maße deutlich, dass der Leasingnehmer das Investitionsrisiko trägt.[1] Beide – ergänzende – Kriterien können zu unterschiedlichen Zuordnungen im Vergleich zu den Leasing-Erlassen führen.

◌ Ein Kriterium, wonach auch bei einer Grundmietzeit von unter 40 % der betriebsgewöhnlichen Nutzungsdauer der Leasinggegenstand ohne weitere Prüfung regelmäßig beim Leasingnehmer zu bilanzieren ist, kennt IAS 17 so nicht; allerdings können Vollamortisation und eine günstige Kaufoption vorliegen (Rz. 1315 ff.).

frei 1323–1324

2.4 Besonderheiten beim Immobilienleasing

2.4.1 Leasingvertrag ausschließlich über Grund und Boden

Bei Grund und Boden hat sowohl der Nutzungsdauertest als auch der Barwerttest wegen der unbegrenzten Nutzungsdauer für die Klassifizierung des Leasingverhältnisses keine Bedeutung. Daher ist nur der Übergang des zivilrechtlichen Eigentums zu prüfen. Dieser ergibt sich entweder aus einer entsprechenden Vereinbarung oder aus einer günstigen Kaufoption: Nur wenn das zivilrechtliche Eigentum am Ende des Vertragsverhältnisses auf den Leasingnehmer übergeht (IAS 17.14), ist Grund und Boden beim Leasingnehmer zu bilanzieren; ansonsten verbleibt Grund und Boden beim Leasinggeber. Zur Änderung durch den Verbesserungsstandard 2010, die ebenfalls Rz. 1326 betrifft, s. Rz. 1308.

2.4.2 Leasingvertrag über Grund und Boden einschließlich Gebäude

Beinhaltet ein Leasingverhältnis das Recht auf Nutzung an Grund und Boden *und* Gebäude, ist es zweckmäßig, in einem ersten Schritt den **zivilrechtlichen Eigentumsübergang** zu prüfen (IAS 17.15). Ist ein solcher Eigentumsübergang vorgesehen, ist der gesamte Vertrag als Finanzierungsleasing einzustufen; eine Aufteilung des Vertrages auf die beiden Vermögenswerte Grund und Boden einerseits und Gebäude andererseits kann für Zwecke der Zuordnungsprüfung unterbleiben. Freilich ist die Aufteilung dann später für Bilanzierungszwecke vorzunehmen.

Ist **kein zivilrechtlicher Eigentumsübergang vorgesehen**, sind die anderen Leasing-Kriterien – getrennt für Grund und Boden[2] sowie Gebäude – zu prüfen. Für den Barwerttest (Rz. 1318) müssen die Mindestleasingzahlungen dabei aufgeteilt werden, und zwar entsprechend der Relation der Fair values der

---

1 Vgl. *Mellwig*, DB 1998, 7.
2 In Bezug auf Grund und Boden entfällt der Nutzungsdauertest lt. Rz. 1317 naturgemäß.

beiden Vermögenswerte (IAS 17.16). In der Regel wird dies möglich sein[1], insbesondere wenn der Leasinggeber die Werte mitteilt. Sollte danach der Wert des Grund und Bodens unbedeutend sein, kann das gesamte Grundstück einheitlich nach den Leasing-Kriterien für das Gebäude geprüft werden (IAS 17.17). Andernfalls ist der Grund und Boden-Anteil als *operating lease* zu qualifizieren (da kein Eigentumsübergang), und das Gebäude ist separat zu prüfen. Somit kann es im Einzelfall zu einer uneinheitlichen Zurechung des Grund und Bodens einerseits sowie des Gebäudes andererseits kommen.

2.4.3 Besonderheiten bei Anlageimmobilien

1327 Erfüllt ein auf Grund eines Leasingvertrags überlassenes Grundstück (ohne/mit Gebäude) die Voraussetzungen von Anlageimmobilien nach IAS 40 (Rz. 1400 ff.), z.B. weil es vom Leasingnehmer weitervermietet wird, hat der Leasingnehmer das **Wahlrecht**, diesen Gegenstand auch dann in seiner Bilanz anzusetzen, wenn der Leasingvertrag ansonsten die Kriterien eines operating lease erfüllt. Man könnte insofern von **gewillkürtem Finanzierungsleasing** sprechen. Wird von diesem Wahlrecht Gebrauch gemacht, ist die Zuordnungsprüfung insoweit völlig entbehrlich.

Voraussetzung für die Aufnahme eines unter einem operating lease geleastes Grundstück in die Bilanz ist jedoch, dass das Grundstück erfolgswirksam zum Fair value bewertet wird (IAS 40.6). Das Wahlrecht kann für jeden Operating-Leasing-Vertrag über ein Grundstück einzeln ausgeübt werden. Es verbleibt allerdings auch dann bei dem Ausweis in der Bilanz des Leasingnehmers, wenn später auf Grund einer Nutzungsänderung die Immobilie nicht mehr weiter vermarktet, sondern eigenbetrieblich durch den Leasingnehmer selbst genutzt wird (IAS 17.19a). Zu den weiteren Konsequenzen dieses Wahlrechts s. Rz. 1414.

1328–1329 frei

2.5 Indirekte Nutzungsrechte/Verdeckte Leasingverhältnisse (IFRIC 4)

2.5.1 Begriff

1330 Wirtschaftlich vergleichbar zu unmittelbaren Nutzungsüberlassungen, die von IAS 17 erfasst werden, können auch sog. indirekte Nutzungsrechte sein, wie folgendes Beispiel zeigt:

---

[1] Sollte dies ausnahmsweise nicht der Fall sein, handelt es sich um ein *finance lease*, es sei denn, es wäre völlig klar, dass es sich um ein *operating lease* handelte (IAS 17.16), z.B. bei kurzen Vertragslaufzeiten. Da in einem solchen Fall nur eine Gesamtbeurteilung des Vertrages möglich ist, muss insoweit auf die Regelung des IAS 17.17 abgestellt werden. Zur Prüfung der Zuordnung des Gesamtvertrages muss insoweit die Nutzungsdauer des Gebäudes herangezogen werden.

IV. Leasing (IAS 17)

Beispiel:
Der mittelständische Zulieferer Z erhält vom Automobilhersteller A einen Großauftrag zur Lieferung von Luftgütesensoren, dessen Abwicklung die Investition in eine neue maschinelle Anlage erforderlich macht. Der Großauftrag wird die Kapazität der Anlage zu mehr als 90 % auslasten; andere Abnehmer als A sind für die Luftgütesensoren nicht in Sicht, da die Anlage auf die speziellen Produktanforderungen des A zugeschnitten ist. A schließt mit Z einen Abnahmevertrag über die Luftgütesensoren ab; die Laufzeit von 8 Jahren entspricht der wirtschaftlichen Nutzungsdauer der Anlage. Bei normaler Auslastung ist A bereit, variable, aber am Marktpreis orientierte Preise – z.B. angepasst an Rohstoffpreisschwankungen – für die Sensoren zu bezahlen. Sinkt die Auslastung unter eine bestimmte Mindestabnahmemenge, leistet A gestaffelte Ausgleichszahlungen, die die jeweiligen Leerkosten der Anlage decken. Muss wider Erwarten die Produktion ganz eingestellt werden, verpflichtet sich A zum Ankauf der Anlage unter Vergütung der noch nicht amortisierten Anschaffungskosten (**take-or-pay-Vereinbarung**).

Die Vereinbarung fällt *zunächst* nicht in den Anwendungsbereich des IAS 17, da nicht unmittelbar die maschinelle Anlage, sondern nur deren Output Gegenstand des Vertrages ist. Ob es sich gleichwohl unter wirtschaftlicher Beurteilung (*substance over form*) um ein Leasingverhältnis einer maschinellen Anlage handelt, ist anhand von IFRIC 4 zu prüfen.

Ein Leasingverhältnis nach IFRIC 4 ist dann gegeben, wenn Zahlungen zwar an einen Output geknüpft sind, aber im wirtschaftlichen Ergebnis für die Nutzung eines bestimmten Vermögenswertes und nicht für den Erwerb von Gütern oder Dienstleistungen erfolgen (IFRIC 4.6, IFRIC 4.BC37 ff.). IFRIC 4.6 nennt zwei Anwendungsvoraussetzungen:

(a) Die Vertragserfüllung ist abhängig von einem bestimmten (spezifizierten) Vermögenswert und
(b) durch den Vertrag wird ein in bestimmter Weise definiertes Nutzungsrecht an diesem Vermögenswert übertragen.

2.5.2 Spezifizierter Vermögenswert

IFRIC 4 ist ausschließlich auf Verträge über den Output von Vermögenswerten i.S.v. IAS 16 (Sachanlagen) und IAS 38 (Immaterielle Vermögenswerte) anzuwenden (IFRIC 4.3). Reine Dienstleistungsverträge, mit denen kein Nutzungsrecht an einem Vermögenswert übertragen wird, bleiben wegen IAS 17.3 vom Anwendungsbereich ausgeschlossen.[1]

Im Normalfall ist ein bestimmter Vermögenswert im Vertrag genannt. Es kann jedoch auch ohne explizite Nennung ein spezifizierter Vermögenswert vorliegen, wenn klar ist, dass der Produzent nur über eine Maschine verfügt, die den Auftrag abwickeln kann. Umgekehrt liegt eine Spezifizierung und

---
1 Vgl. auch *Kümpel/Becker*, Leasing nach IFRS, 2006, S. 9.

damit ein Leasingverhältnis *nicht* vor, wenn die Produktion auch auf anderen (eigenen oder mit vertretbarem Aufwand von Dritten beschafften) Kapazitäten erfolgen kann (IFRIC 4.7).

> **Beispiel (Fortsetzung aus Rz. 1330):**
> Die maschinelle Anlage stellt einen spezifizierten Vermögenswert dar: Nur auf dieser Anlage können die Luftgütesensoren auftragsgemäß hergestellt werden.

2.5.3 Nutzungsrecht

1332 Ein Nutzungsrecht ist unter drei Voraussetzungen gegeben (IFRIC 4.9):

(a) der Käufer des Outputs betreibt die Anlage selbst, z.B. durch Auswahl und Überwachung des Personals *oder*

(b) der Käufer des Outputs kontrolliert den physischen Zutritt zum Vermögenswert *oder*

(c) die Preisgestaltung ist derart, dass für den Output weder ein fixer Preis je Einheit noch ein (variabler) Marktpreis gezahlt wird.

Zusätzlich ist bei *allen* drei Konstellationen notwendig, dass während der Vertragslaufzeit nur ein **unwesentlicher Teil des Outputs an andere Abnehmer** verkauft wird. In Anlehnung an US-GAAP ist unter „unwesentlich" ein Anteil bis zu 10 % zu verstehen[1], und zwar kumuliert für die Vertragslaufzeit.

Die Konstellationen (a) und (b) bringen direkt das Nutzungsrecht zum Ausdruck und sind in der Beurteilung unproblematisch. Gelegentliche Qualitätskontrollen, z.B. durch Automobilhersteller bei Zulieferern, erfüllen jedoch *nicht* schon die Kriterien (a) und (b).

1333 Fall (c) zielt auf den Übergang von Chancen und Risiken aus dem Vermögenswert auf den Abnehmer. Wohl aus Vereinfachungsgründen[2] führt dabei jede *variable Vergütung*, die vom Marktpreis abweicht, zu einem Leasingverhältnis, auch solche unterhalb der variablen Kosten, obwohl der Produzent das Produktionsrisiko trägt (IFRIC 4.IE1 f.). Schwankt der Stückpreis mit der Abnahmemenge, ist dies u.E. unschädlich[3], weil lediglich Degressionseffekte weitergegeben werden.

> **Beispiel (Fortsetzung von 1330):**
> Wegen des nur geringen Drittanteils und der nicht fixen Vergütung pro Produkteinheit sind auch die übrigen Voraussetzungen erfüllt: Der pauschale Take-or-pay-Vergütungsanteil führt trotz des im Übrigen variablen Marktpreises zu einem Leasingverhältnis nach IAS 17.

---

1 Vgl. EITF 01–8, *Götz/Spanheimer*, BB 2005, 259 (261), dort Fn. 20 m.w.N.
2 Vgl. *Götz/Spanheimer*, BB 2005, 259 (261).
3 A.A. *Götz/Spanheimer*, BB 2005, 259 (263).

Das Leasingverhältnis ist nun nach den Kriterien des IAS 17.10 f. (Rz. 1312 ff.) zu würdigen. Für die Prüfung der Kriterien (insbesondere des Barwerttests) muss ggf. eine Aufteilung pauschaler Vergütungen in einen Anteil für die Nutzung des Vermögenswerts und für den Output erfolgen, und zwar entsprechend den jeweiligen Fair values (IFRIC 4.12 ff.). Da die Vertragslaufzeit die gesamte wirtschaftliche Nutzugsdauer der Maschine umfasst und außerdem wegen der *take-or-pay*-Klausel Vollamortisation vorliegt, ist ein Finanzierungsleasing i.S.v. IAS 17 gegeben.

2.5.4 Zeitpunkt des Beurteilens der Voraussetzungen

Die Klassifizierung basiert auf den **bei Vertragsschluss** bestehenden Erwartungen (IFRIC 4.10). Spätere **Neueinschätzungen** können zu einer Änderung führen (IFRIC 4.10 f.), z.B. die Änderung des spezifizierten Vermögenswertes, etwa bei Anschaffung einer weiteren Maschine durch den Produzenten (IFRIC 4.10c). Unverständlicherweise sollen demgegenüber Erwartungsanpassungen hinsichtlich des Drittanteils (Anstieg über bzw. Sinken unter 10 %) nicht zu einer Änderung der Klassifizierung führen (IFRIC 4.11). 1334

frei 1335–1339

2.6 Transaktionen ohne wirtschaftliche Substanz (SIC-27)

Die Interpretation SIC-27 hat Einzelfragen zur Beurteilung des wirtschaftlichen Gehalts von Transaktionen in der rechtlichen Form von Leasingverhältnissen zum Gegenstand. So ist nach SIC-27.5b eine Vereinbarung mit dem Hauptzweck der Erzielung eines bestimmten Steuerergebnisses – und nicht etwa der der Übertragung des Rechts auf Nutzung eines Vermögenswerts – möglicherweise keine Leasing-Vereinbarung gem. IAS 17. Sog. **Cross-border-Leasingvereinbarungen**, die bis 2004 im US-Steuerrecht begünstigt waren, sind insoweit nach SIC-27 zu prüfen. 1340

2.7 Untermietverhältnisse

Wird ein Leasinggegenstand vom Leasingnehmer mittels eines neuen Leasingvertrages an einen anderen Leasingnehmer weitergegeben, liegt ein *Sublease* (Untervermietung) vor. Je nach Ausgestaltung kann eine 1:1-Weitergabe vorliegen, d.h. einem Finanzierungs- bzw. Operating-Leasing-Hauptvertrag (Headlease) steht ein Finanzierungs- oder Operating Sublease gegenüber. Denkbar ist auch der Transfer eines Finanzierungs-Headlease in ein Operating-Sublease, aber nicht umgekehrt.[1] Die Bilanzierung richtet sich nach den jeweili- 1341

---

1 Da der Hauptleasingnehmer kein wirtschaftliches Eigentum verschaffen kann, das er auf Grund des Operating Leasingvertrags nicht hat, vgl. *Doll*, in Beck'sches IFRS-Handbuch, 2. Aufl. 2006, § 22 Rz. 102. Eine Ausnahme gilt allerdings im Fall von Anlageimmobilien, s. Rz. 1327.

gen Vorschriften (Rz. 1350 ff.). Liegt zweimal Finanzierungsleasing vor, hat der Hauptleasingnehmer sowohl eine Leasingforderung an den Untermieter als auch eine Verbindlichkeit gegenüber dem ursprünglichen Leasinggeber zu bilanzieren. Eine Saldierung kommt nicht in Betracht. Gleiches gilt bei zweimal Operating-Lease für die Saldierung des Leasingobligos: Die Anhangangabe nach IAS 17.56a muss unsaldiert erfolgen, unter separater Angabe der Sublease-Erträge (Rz. 1390).

2.8 Leasingobjektgesellschaften (SIC-12)

1342 In der Praxis werden häufig Leasingobjektgesellschaften gegründet, die speziell auf die Bedürfnisse des Konzerns zugeschnitten und sonst nicht am Markt tätig sind, um bilanzpolitische Ziele wie eine geringere Bilanzsumme oder einen geringeren Schuldenausweis zu erreichen. Dies gelingt in einem Konzernabschluss jedoch nur, wenn eine **Konsolidierung dieser Objektgesellschaften vermieden** werden kann. Diese Prüfung hat somit grundsätzlich vorgelagert vor der Würdigung der allgemeinen Zurechungskriterien für Finanzierungsleasing i.S.v. IAS 17 zu erfolgen.

1343 Die Konsolidierungspflicht wird in IAS 27 mit Beherrschungsmöglichkeit zum Zwecke der Nutzenziehung durch **Stimmrechtsmehrheit** oder einiger anderer gesellschaftsrechtlicher Control-Kriterien begründet (Rz. 3015 ff.). IAS 27 greift jedoch nicht, wenn die Beherrschung und Nutzenziehung durch hiervon abweichende – z.B. schuldrechtliche – Gestaltungen erreicht wird. Diese Lücke schließt **SIC-12**[1], dessen Ratio wir im Detail ab Rz. 3025 ff. darstellen. Danach kann die Leasingobjektgesellschaft zu konsolidieren sein, wenn ein Konzern die Mehrheit der **Residual- oder eigentümertypischen Risiken** aus der Geschäftstätigkeit und ihrer Vermögenswerte trägt. Diese Voraussetzung ist z.B. in folgenden Fällen gegeben:

– Mehrheitliche Beteiligung des Konzerns am **Kapital** (auch ohne Stimmrechtsmehrheit)
– **Garantien** an die (Fremd)-Gesellschafter der Leasingobjektgesellschaft zum Ausgleich von Wertminderungen (sog. First-loss-, Restwert-, Rendite- oder Delkrederegarantien)
– Die gleiche Funktion können hohe und nachrangige **Mieterdarlehen** des Konzerns übernehmen (s. auch Rz. 1322).

1344 Fraglich ist, wie Leasingobjektgesellschaften von **nahe stehenden Personen** (*related parties* i.S.v. IAS 24) des berichterstattenden Unternehmens behandelt werden. IAS 17 enthält hierzu keine explizite Vorschrift. Unter Verweis auf US GAAP (SFAS 31.29) wird hierzu die Ansicht vertreten[2], dass die Related party-Beziehung nur dann *nicht* bei der Klassifikation nach IAS 17 zu erfassen seien, wenn alle wesentlichen Vertragskonditionen dem Fremdvergleich standhalten. Sei dies hingegen *nicht* der Fall (bspw., wenn der Leasing-

---
1 Vgl. IDW RS HFA 2, Rz. 50 ff.
2 Vgl. zum Folgenden *Freiberg*, PiR 2008, 22 (23 f.).

vertrag keine (günstige) Kaufoption enthält, die jedoch ein fremder Dritter fordern würde), sei die Kaufoption etc. nach dem Grundsatz substance-over-form als vereinbart anzusehen.

Hiergegen spricht jedoch, dass die IFRS keinen Grundsatz der Bilanzierung verdeckter Einlagen enthalten[1] und zwischen Gesellschafts- und Gesellschaftersphäre zu unterscheiden ist, so dass eine analoge Anwendung partieller expliziter Regelungen (etwa der Berücksichtigung von Garantien nahe stehender Personen in die Mindestleasingzahlungen nach IAS 17.4, Rz. 1318) u.E. derzeit nicht in Betracht kommt. Daran wird sich möglicherweise erst nach Umsetzung des im Dezember 2008 vorgestellten ED 10 (Nachfolger des IAS 27/SIC 12) etwas ändern (vgl. Rz. 3009).

frei   1345–1349

3. Bilanzierung von Leasingverhältnissen

3.1 Finanzierungsleasing

3.1.1 Beim Leasingnehmer

Leasingnehmer haben **Finanzierungs-Leasingverhältnisse** als Vermögenswerte und Schulden in gleicher Höhe in ihrer Bilanz anzusetzen, und zwar in Höhe des 1350

– Fair value des Leasingobjekts zu Beginn des Leasingverhältnisses oder
– mit dem Barwert der Mindestleasingzahlungen, sofern dieser Wert niedriger ist.

Bei der Berechnung des Barwertes der Mindestleasingzahlungen dient der beim Barwerttest verwendete Zinssatz als Abzinsungsfaktor (interner Zins des Leasinggebers oder Grenzfremdkapitalzins des Leasingnehmers, Rz. 1320). Anschaffungsnebenkosten (z.B. Abschlussgebühren) sind zu aktivieren (IAS 17.24).

Die **Folgebewertung** des beim **Leasingnehmer** bilanzierten Leasinggegenstands entspricht der seines sonstigen Anlagevermögens; für materielle Vermögenswerte ist also IAS 16 (Rz. 1100 ff.) und für immaterielle IAS 38 (Rz. 1000 ff.) anzuwenden. Es sind planmäßige Abschreibungen vorzunehmen und ein evtl. Wertminderungsbedarf ist nach IAS 36 zu prüfen (s. hierzu Rz. 1500 ff.). Auch die Anwendung der Neubewertungsmethode ist nicht ausgeschlossen.[2] Sollte der zivilrechtliche Eigentumsübergang zu Beginn des Leasingverhältnisses unsicher sein, ist der Vermögenswert über den kürzeren der beiden Zeiträume, Laufzeit des Leasingverhältnisses oder Nutzungsdauer, vollständig abzuschreiben (IAS 17.27). 1351

Die zu zahlenden **Leasingraten** sind in einen Zins- (Finanzierungskosten) und Tilgungsanteil aufzuteilen. In Höhe des Tilgungsanteils mindert sich die Leasingverbindlichkeit. Die Zinsanteile der Leasingraten sind so über die Laufzeit 1352

---

1 Vgl. *Hoffmann* in Haufe IFRS Kommentar, 7. Aufl. 2009, § 8 Rz. 51.
2 So auch *Cairns*, Applying International Accounting Standards, 3. Aufl. 2002, S. 501.

des Leasingverhältnisses zu verteilen, dass auf den jeweiligen Restbuchwert der Verbindlichkeit ein konstanter Zinssatz entfällt. Zur Vereinfachung können Näherungsverfahren angewendet werden (IAS 17.15 f.), also etwa die **Zinsstaffelmethode**.

Beispiel (Abwandlung von Rz. 1320):

Die Maschine mit einem Wert von 200 000 Euro werde über 4 Jahre geleast, habe aber wegen einer extrem hohen Beanspruchung durch Dauerbetrieb nur eine Nutzungsdauer von 5 Jahren. Die Leasingraten betragen (abweichend von Rz. 1320) TEuro 54,8 p.a. und der Restwert TEuro 10. Der Barwert der Mindestleasingraten bei einem Diskontierungssatz von 7 % p.a. (der interne Zins des Leasinggebers sei nicht bekannt) beträgt TEuro 185,7. Der Nutzungsdauertest (< 75 %) und der Barwerttest (< 90 %) führen hier abweichend von Rz. 1320 zu Finanzierungsleasing. Der Leasingnehmer aktiviert den geringeren Barwert der Mindestleasingraten (TEuro 185,7 < TEuro 200) und schreibt auf dieser Basis ab.

Jahr	Maschine	Abschreibung	Leasingrate	davon Zinsen (7 % p.a.)	davon Tilgung	Leasing-Verbindlichkeit
00	185,7					185,7
01	139,3	− 46,4	54,8	− 13,0	41,8	143,9
02	92,9	− 46,4	54,8	− 10,0	44,8	99,1
03	46,4	− 46,4	54,8	− 6,9	47,9	51,2
04	0,0	− 46,4	54,8	− 3,6	51,2	0,0
Total		− 185,7	219,2	− 33,5	185,7	

1353–1354 frei

3.1.2 Beim Leasinggeber

1355 Der **Leasinggeber** bilanziert bei einem Finanzierungsleasing nicht den Leasinggegenstand, sondern eine **Forderung** in Höhe des **Nettoinvestitionswertes aus dem Leasingverhältnis** (IAS 17.36). Das ist gem. IAS 17.4 die sog. Bruttoinvestition abzüglich des noch nicht realisierten Finanzertrags. Aufgelöst ergibt sich wiederum der Barwert der Mindestleasingzahlungen zuzüglich des Barwertes des nicht garantierten Restwertes aus Sicht des Leasinggebers; dieser Wert entspricht dem Fair value des Leasinggegenstands (s. oben Rz. 1320).

1356 Je niedriger der (interne) Zins ist, desto höher ist der Ertrag bei Einbuchung der Forderung und überschreitet so auch leicht die Anschaffungskosten, die der Leasinggeber selbst für den Vermögenswert gehabt hat. Daher sehen IAS 17.42 ff. bei künstlich niedrigen Zinsen im Falle des **Hersteller- oder Händler-**

Leasings[1] vor, die Höhe des Verkaufsgewinns auf einen Betrag zu begrenzen, der sich bei Verwendung eines marktüblichen Zinssatzes ergeben hätte.

Kosten, die direkt mit dem Vertragsabschluss im Zusammenhang stehen (Kosten je Neuvertrag, z.B. Provisionen, Gebühren), sind nach der internen Zinsfußmethode über die Laufzeit des Vertrages zu verteilen (IAS 17.38). Diese Methode führt zu einem höheren Vermögensausweis im Vergleich zum HGB[2], wonach solche Vertragskosten sofort als Aufwand zu berücksichtigen sind. Im Fall des **Hersteller- oder Händler-Leasings** sind allerdings gem. IAS 17.46 diese Kosten sofort zu erfassen, da sie in erster Linie mit dem Verkaufsgewinn in Zusammenhang zu sehen sind.

Spiegelbildlich sind bei der **Folgebilanzierung** des Leasinggebers die Finanzerträge zu erfassen, so dass sich eine konstante Verzinsung der in den Folgeperioden noch ausstehenden Forderung ergibt (IAS 17.39). 1357

Beispiel (Fortsetzung von Rz. 1352):

Durch unterschiedliche Zinssätze (beim Leasinggeber 6% statt 7% beim Leasingnehmer) und durch den nur beim Leasinggeber zu erfassenden nicht garantierten Restwert ergeben sich trotz identischer Leasingraten Unterschiede im Vergleich zur Bilanzierung beim Leasingnehmer:

Jahr	Leasing-forderung	Leasingrate	davon Zinsen (6% p.a.)	davon Tilgung
00	200,0			
01	156,6	54,8	– 11,4	43,4
02	110,5	54,8	– 8,8	46,0
03	61,7	54,8	– 6,0	48,8
04	10,0	54,8	– 3,1	51,7
Total		**219,2**	**– 29,2**	**190,0**

Am Ende des Jahres 4 steht noch der erwartete Restwert von TEuro 10 (5% der ursprünglichen Kosten) in den Büchern.

Die Höhe des nicht garantierten **Restwertes** ist regelmäßig zu überprüfen (IAS 17.41).

frei 1358–1359

---

1 Hersteller oder Händler sind in diesem Zusammenhang nicht nur auf Leasing spezialisierte Unternehmen, sondern solche, die die Vermögenswerte auch unmittelbar veräußern.
2 Die GRENKELEASING AG, Geschäftsbericht 2000, S. 3, bezeichnet dies als den für eine Leasinggesellschaft gravierendsten Unterschied zum HGB.

3.2 Operating-Leasing

3.2.1 Beim Leasingnehmer

1360 Beim Operating-Leasing hat der **Leasingnehmer** die Leasingraten – unabhängig von den tatsächlichen Zahlungszeitpunkten – als Aufwand linear über die Laufzeit des Leasingvertrages zu verteilen, es sei denn, dem zeitlichen Verlauf des Nutzens für den Leasingnehmer entspricht eine andere Verteilung besser (IAS 17.33[1]). Vom Leasinggeber gewährte **Anreize** (z.B. Übernahme von Umzugskosten, Mietfreiheitsjahre) mindern die Gesamtsumme der Mietzahlungen und sind insoweit ebenfalls linear bzw. entsprechend dem Nutzenverlauf zu verteilen (SIC-15.5).

3.2.2 Beim Leasinggeber

1361 Die Erfassung der Erträge beim **Leasinggeber** erfolgt hierzu spiegelbildlich (IAS 17.50). Wählen sowohl Leasingnehmer als auch Leasinggeber eine lineare Verteilung, ergibt sich sogar während der Vertragslaufzeit in jeder Periode eine Übereinstimmung der Aufwendungen und Erträge zwischen den beiden Vertragsparteien.

Die Bewertung des Leasinggegenstandes selbst folgt beim Leasinggeber den allgemeinen Bestimmungen und richtet sich vor allem danach, ob es sich um Anlageimmobilien – dann ist IAS 40 einschlägig – oder Sachanlagen (IAS 16) bzw. immaterielle Vermögenswerte (IAS 38) handelt.

1362–1364 frei

3.3 Bilanzierung indirekter Nutzungsverhältnisse

3.3.1 Aufteilung des Zahlungsstroms

1365 Bei indirekten Nutzungsrechten (Rz. 1330) besteht die Aufgabe zunächst darin, Zahlungen in Vergütungen für die Nutzung des Vermögenswerts und für die Abnahme der Produktion zu trennen. Dies erfolgt nach den Grundsätzen von „Mehrkomponentengeschäften" entsprechend den Fair values des Vermögenswertes und des Output.[2] Darüber hinaus ergeben sich grundsätzlich keine Unterschiede zur oben dargestellten Erst- und Folgebilanzierung.

3.3.2 Finanzierungsleasing

1366 Bei einem indirekten Nutzungsrecht aktiviert der **Leasinggeber** (= Produzent) anstatt des Vermögenswerts (z.B. Maschine) eine Leasingforderung. Da diese nicht abzuschreiben, sondern gemäß der Effektivzinsmethode zu amortisieren ist, ergeben sich andere Aufwandsverläufe im Vergleich zu einer i.d.R. linearen Abschreibung, wäre IFRIC 4 nicht angewandt worden.

---

1 Von vornherein vereinbarte inflationsbedingte Anpassungen begründen diese Annahme jedoch nicht, d.h. es bleibt bei einer linearen Verteilung, vgl. IFRIC Update, November 2005, S. 6 f.; *Schreiber*, BB 2006, 1842 (1848).
2 Vgl. zu Einzelheiten s. *Kümpel/Becker*, Leasing nach IFRS, 2006, 8 f.

Der **Leasingnehmer** (= Abnehmer) hat in Höhe des Barwerts der Mindestleasingraten einen Vermögenswert zu aktivieren und in gleicher Höhe eine Verbindlichkeit anzusetzen. Ggf. bedingte, aber quasi-sichere, z.B. umsatzabhängige Vergütungen sind ebenfalls zu erfassen (Rz. 1319).[1] Bei der Folgebilanzierung werden die über die gedanklichen Abschreibungs- und Zinsanteile hinaus geleisteten Zahlungen Aufwand (z.B. Wareneinsatz) oder sind zu aktivieren.

3.3.3 Operating-Leasing

Ist das Leasingverhältnis dagegen als **Operating-Leasing** zu klassifizieren, halten sich die Auswirkungen in Grenzen. Unterschiede im Vergleich zur Nichtanwendung von IFRIC 4 ergeben sich aus der linearen Verteilung von Mindestleasingraten nach IAS 17.50 entgegen der verbrauchsabhängigen Aufwandsverrechnung ohne IFRIC 4 (IFRIC 4.BC39). Wird bspw. eine Dreijahreskapazität abgenommen, ist jährlich $1/3$ der Gesamtzahlung als Aufwand zu verrechnen, während ohne IFRIC 4 nach Verbrauch abzurechnen ist.[2]   1367

frei   1368–1369

3.4 Sale and lease back

Auch die Bilanzierung von sale and lease back-Transaktionen fällt ausschließlich unter den Anwendungsbereich von IAS 17 (IAS 40.3e) und richtet sich ebenfalls danach, ob es sich nach dem Verkauf um Finanzierungs- oder Operating-Leasing handelt. Ist der Leasinggegenstand eine Immobilie und der Vorgang als Operating-Leasing qualifiziert worden, so hat der Leasinggeber im Anschluss an die Transaktion allerdings IAS 40 anzuwenden.   1370

3.4.1 Finanzierungsleasing

Im Falle eines Finanzierungsleasing ist ein ggf. entstehender Verkaufsgewinn (Veräußerungserlös abzgl. Buchwert) beim (künftigen) **Leasingnehmer** abzugrenzen und über die Vertragslaufzeit aufzulösen (IAS 17.59), da aus ökonomischer Perspektive kein Verkauf, sondern ein Finanzierungsvorgang stattgefunden hat (Darstellung der Transaktion als besicherte Kreditaufnahme, IAS 17.60). Aus deutscher Perspektive käme ein Ausweis als **passive Rechnungsabgrenzung** in Betracht.   1371

Im **Konzernabschluss** ergeben sich im Falle von sale and lease back-Transaktionen auf Grund der wirtschaftlichen Betrachtungsweise (*substance over form*) weitere Besonderheiten: Handelt es sich bei dem Leasinggeber um eine Zweckgesellschaft im Sinne von SIC-12 (*Special purpose entity*) und folgt hieraus eine Aufnahme des Leasinggebers in den Konzernabschluss (Rz. 1342), handelt es sich insoweit aus Konzernsicht *nicht* um einen Verkauf des Lea-

---

[1] Vgl. *Götz/Spanheimer*, BB 2005, 259 (264).
[2] Vgl. *Götz/Spanheimer*, BB 2005, 259 (264 f.).

singobjektes mit der Folge, dass sich ein passivischer Abgrenzungsposten – im Gegensatz zum Einzelabschluss – erübrigt. Die unterschiedliche bilanzielle Behandlung im **HGB-Jahresabschluss** (nicht jedoch im IFRS-Einzelabschluss, der insoweit einen passiven Abgrenzungsposten erfordert) und im Konzernabschluss kann für interessante steuerliche Gestaltungen eingesetzt werden: Die Realisierung eines Veräußerungsgewinns auf Grund einer Vermögensübertragung führt im HGB-Jahresabschluss zu einem steuerpflichtigen Ergebnis, das gegen bestehende Verlustvorträge aufrechenbar ist.[1] Der durch die Vermögensübertragung ausgelöste erhöhte Abschreibungsaufwand mindert das zukünftige steuerliche Einkommen; im Konzernabschluss werden diese Vorgänge zurückgedreht, cashflow-erhöhend wirkt sich jedoch die tatsächlich eintretende jährliche Ertragsteuerminderung aus.

Entsteht rein rechnerisch ein **Veräußerungsverlust**, wird der Buchwert nur reduziert, wenn eine Wertminderung nach IAS 36 vorliegt (IAS 17.64).

1372 Hinsichtlich des **GuV-Ausweises** der abgegrenzten Erträge eröffnet IAS 17.59 f. Interpretationsspielraum. Nahe liegend wäre der Ausweis als sonstiger betrieblicher Ertrag. Da aber die Leasingzahlungen und der Verkaufspreis, wie IAS 17.58 betont, normalerweise in einem Zusammenhang stehen, würde es u.E. nicht gegen das Saldierungsverbot in IAS 1.32 ff. verstoßen, die abgegrenzten Erträge gegen die künftigen Finanzierungskosten zu verrechnen und damit nur saldiert auszuweisen. Dies käme dem wirtschaftlichen Charakter des Vorgangs am nächsten.

3.4.2 Operating-Leasing

1373 Bei **sale and lease back-Transaktionen**, die danach als Operating-Leasing qualifiziert werden, sieht IAS 17.61 ff. eine Reihe von Sonderregelungen zur Ertragsrealisation vor, wenn der Veräußerungspreis und die künftigen Leasingzahlungen von den beiden Parteien *nicht zu sonst üblichen Marktbedingungen* festgelegt werden. Als Marktbedingung gilt, wenn die Veräußerung zum beizulegenden Zeitwert getätigt wird; dann sind Gewinne oder Verluste vom (künftigen) **Leasingnehmer** sofort zu erfassen.

1374 Abweichend hiervon kann aber auch ein besonders hoher, den beizulegenden Zeitwert **übersteigender Verkaufspreis** festgelegt worden sein (s. Abb. 22). In einem solchen Fall wird der Leasinggeber besonders hohe zukünftige Mieten verlangen, so dass ein wirklicher Gewinn in Höhe des den Fair value übersteigenden Betrages beim Leasingnehmer gar nicht entstanden ist. Dieser Teilbetrag ist **passivisch abzugrenzen** und über den Zeitraum der voraussichtlichen Nutzungsdauer des Vermögenswertes – was bei einem Operating-Leasing der Vertragslaufzeit entspricht – ertragswirksam aufzulösen, womit im Ergebnis die höheren Leasingzahlungen kompensiert werden.

---

[1] Diese Gestaltung ist notwendig, wenn die zukünftigen Gewinne nicht in der Gesellschaft anfallen, die über Verlustvorträge verfügt und kein Organkreis, aus welchen Gründen auch immer, vorliegt.

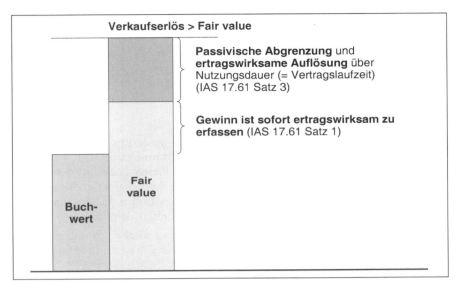

Abb. 22: **Gewinnerfassung bei sale and lease back als Operating lease: Verkauf über Fair value**

Der **Leasinggeber** bilanziert den Vermögenswert mit den Anschaffungskosten. Eine außerplanmäßige Abschreibung auf den Fair value ist nicht vorzunehmen[1], sofern die künftigen Leasingzahlungen den Nutzungswert widerspiegeln und der Leasingnehmer von unzweifelhafter Bonität ist.

Umgekehrt kann auch ein den **Fair value unterschreitender Verkaufspreis** vereinbart werden. Sollte der Verkaufspreis noch über dem Buchwert liegen, ist ein Gewinn sofort zu erfassen, obwohl auch hier denkbar wäre, dass die künftigen Leasingzahlungen nicht marktgerecht sind. Liegt der Verkaufspreis unter dem Buchwert, ist eine Fallunterscheidung nötig: Sind marktübliche Leasingraten vereinbart worden, handelt es sich um einen „echten" Verlust, der sofort zu berücksichtigen ist. Möglich ist aber auch, dass die künftigen Leasingzahlungen die übliche Marktmiete unterschreiten. Dann ist der Verlust entsprechend dem **Matching Principle** abzugrenzen.

Klarstellenden Charakter schließlich hat IAS 17.63, wonach der **Leasingnehmer** eine **außerplanmäßige Abschreibung** auf den Fair value vorzunehmen hat, wenn unmittelbar vor der Transaktion der Buchwert den beizulegenden Zeitwert überschreitet. Der Verlust ist sofort ergebniswirksam zu erfassen; im Falle der Anwendung der Neubewertungsmethode ist zunächst eine ggf. noch vorhandene Neubewertungsrücklage zu mindern.

Für den **Leasinggeber** bestehen hinsichtlich der sale and lease back-Transaktionen keine besonderen Vorschriften. Da solche Transaktionen aber häufig

---

1 A.A. *Alvarez/Wotschofsky/Miethig*, WPg 2001, 933 (945).

Immobilien betreffen, ist, wenn es sich um Operating-Leasing handelt, IAS 40 Anlageimmobilien zu beachten.

1379–1389 frei

4. Anhangangaben

4.1 Leasingnehmer

1390 Bei **Operating**-Leasingverhältnissen werden die geleasten Vermögenswerte nicht in die Bilanz des Leasingnehmers aufgenommen. Bei den künftigen Mindestleasingzahlungen auf Grund von unkündbaren Leasingverhältnissen handelt es sich daher um nicht zu passivierende Eventualverbindlichkeiten. Die nach IAS 17.35[1] notwendigen Angabepflichten finden sich in der Praxis häufig auch bei den Erläuterungen zu außerbilanziellen Verpflichtungen:

- **Erwartete Auszahlungen undiskontiert** und nach Fälligkeit (mindestens: bis ein Jahr, ein bis fünf Jahre, über fünf Jahre). Häufig findet sich freiwillig die *zusätzliche* Angabe der Barwerte.
- Erwartete **Untermieterträge** (unsaldiert, Rz. 1341).
- **Leasingaufwand** der Periode, getrennt nach Minimumleasingraten, bedingten Leasingzahlungen und Untermieten.
- Die **wesentlichen Leasingverhältnisse**, u.a. hinsichtlich Existenz und Bedingungen von Kaufoptionen, Einzelheiten zu bedingten Mieten, sind zu beschreiben.

1391 Vermögenswerte aus als **Finanzierungsleasing** klassifizierten Verträgen sind dem Leasingnehmer zuzurechnen und teilen in den Angabepflichten das Schicksal „originär" erfasster Vermögenswerte (IAS 17.32). IAS 17.31 verlangt außer einer Beschreibung der wesentlichen Leasingverhältnisse, zeitlicher Verteilung der Leasingraten und Angabe der Untermieterträge wie in Rz. 1390 die Angabe der Buchwerte der aktivierten Vermögenswerte und außerdem eine Angabe des Barwertes der künftigen Leasingzahlungen.

4.2 Leasinggeber

1392 Beim Leasinggeber werden korrespondierende Angaben verlangt: IAS 17.47 und IAS 17.56). Leasinggeberspezifisch ist beim **Finanzierungsleasing** folgende Überleitung (aus Platzgründen ohne die obligatorischen Vorjahreszahlen):

---

[1] Nach IAS 17.35 sind auch die Vorschriften des IFRS 7 zu beachten. Diese betreffen allerdings im vorliegenden Zusammenhang nur bilanzierte Verbindlichkeiten, kommen also nur bei fälligen, aber noch nicht gezahlten Leasingraten in Betracht (s. auch IAS 32.AG9 a.E.).

Beispiel (Fortführung von Rz. 1357)

	Total	< 1 Jahr	1–5 Jahre	> 5 Jahre
Restliche Mindestleasingzahlungen	219,2			
zzgl. nicht garantierter Restwert	12,8			
Bruttoinvestition	232,0	54,8	177,2	0,0
abzgl. unrealisierte Finanzerträge	− 32,0			
Nettoinvestition	200,0			
davon Barwert des nicht garantierten Restwerts	10,0			
davon Barwert der Mindestleasingzahlungen	190,0	51,7	138,3	0,0

frei   1393–1399

V. Anlageimmobilien (IAS 40)

1. Überblick und Wegweiser

1.1 Standards und Anwendungsbereich

Grund und Boden, Gebäude oder Gebäudeteile oder beides, die gehalten werden, um   1400

– Miet- oder Pachterträge (also auch Leasingerträge) oder

– Wertsteigerungen oder

– beides

zu erzielen (IAS 40.5), werden offiziell „als Finanzinvestition gehaltene Immobilien" (*investment properties*) bezeichnet. Wir verwenden meist den kürzeren und oft vorzufindenden Begriff **Anlageimmobilien**; es finden sich auch die Begriffe Finanzanlagen in Immobilien oder Renditeimmobilien. Für Ansatz, Bewertung und Erläuterungen der Anlageimmobilien ist IAS 40 einschlägig. Der Standard ist erstmals im Jahre 2000 veröffentlicht worden; er wurde 2003 überarbeitet und zuletzt durch den jährlichen Verbesserungsstandard (Mai 2008) materiell geändert (Rz. 1416, 1435).

Für Anlageimmobilien besteht ein **Bewertungswahlrecht**: Es kann einheitlich[1]   1401
für *alle* Anlageimmobilien gewählt werden[2] zwischen der

– **erfolgswirksamen Fair value-Bewertung** nach IAS 40 und einer

– **Bilanzierung zu fortgeführten Kosten** nach IAS 16 (**Cost model**).

In der deutschen Bilanzierungspraxis von Industrie- und Handelsunternehmen kommt fast ausschließlich die Bewertung zu fortgeführten Kosten zur Anwen-

---
1 Zu einer Ausnahme s. Rz. 1444.
2 Zu einer Sonderregelung, die zur Aufhebung des Wahlrechts führt, s. Rz. 1443.

dung.[1] Genau umgekehrt verhält es sich bei **Immobiliengesellschaften**, insbesondere bei der seit Einführung des REITG[2] im Jahre 2007 möglichen REIT-AG:[3] Für Zwecke der §§ 12, 14 und 15 REITG ist die Bewertung des Immobilienvermögens einer REIT-AG zum Fair value nach IAS 40 erforderlich.[4] Damit wirkt sich die Fair value-Bewertung der Anlageimmobilien einer REIT-AG auf die Einhaltung bestimmter Strukturmerkmale in der Bilanz und der GuV aus (§ 12 REITG), auf das Mindesteigenkapital nach § 15 REITG, auf die Abgrenzung des Immobilienbegriffs und auf den Umfang des Ausschlusses des Immobilienhandels nach § 14 REITG.

Vor der Finanzkrise[5] ist in der gesamten Immobilienbranche die Fair value-Bewertung der Anlageimmobilien mittlerweile „Best Practice".

Beispiel (IVG Immobilien AG, Geschäftsbericht 2007, S. 114):

Gemäß IAS 40 (Investment Property) werden die als Finanzinvestition gehaltenen Immobilien beim Zugang mit ihren Anschaffungskosten bewertet. Im IVG-Konzern erfolgte die Folgebewertung von Investment Properties bis zum 31.12.2006 nach dem Anschaffungskostenmodell. Demzufolge waren die Investment Properties zu ihren Anschaffungskosten abzüglich planmäßiger und außerplanmäßiger Abschreibung bewertet.

Da sich zwischenzeitlich die Fair Value-Methode bei der Folgebewertung von Investment Properties am Kapitalmarkt als Best Practice etabliert hat, wendet die IVG ab dem 1.1.2007 die Fair Value-Methode an.[6] Entsprechend dieser Methode werden im IVG Konzern die Investment Properties mit ihren beizulegenden Zeitwerten zum Bilanzstichtag bewertet. Die Marktwertveränderungen dieser Immobilien werden erfolgswirksam in der Gewinn- und Verlustrechnung erfasst. Der IVG-Konzern ist der Ansicht, dass die Bilanzierung entsprechend dem Fair Value-Modell dazu führt, dass die Vermögenslage in der Bilanz besser dargestellt wird, da stille Reserven bzw. Lasten aufgedeckt sind und im Ergebnis der Abschluss dadurch relevantere Informationen vermittelt und die Vergleichbarkeit innerhalb des Wettbewerbumfelds erhöht sowie im Einklang mit den Best Practice-Empfehlungen der European Public Real Estate Association EPRA steht.

---

1 Vgl. *Petersen/Zwirner*, PiR 2008, 218 (221 ff.); *von Keitz*, Praxis der IASB-Rechnungslegung, 2. Aufl. 2005, S. 80 f.
2 Durch Art. 1 Gesetz zur Schaffung deutscher Immobilien-Aktiengesellschaften mit börsennotierten Anteilen v. 28.5.2007, BGBl. I 2007, 914.
3 Zum REITG und den rechtlichen Anforderungen an eine REIT-AG vgl. etwa *Vaupel* in Habersack/Mülbert/Schlitt (Hrsg.), Unternehmensfinanzierung am Kapitalmarkt, 2. Aufl. 2008, § 21.
4 Vgl. hierzu *Kühnberger*, BB 2007, 1213.
5 Im Zuge der Finanzkrise scheint in der Immobilienbranche die Zustimmung zum Fair value zu bröckeln, vgl. *Jungk*, FAZ v. 6.2.2009, S. 39.
6 Mit rückwirkender Anpassung des Vergleichsvorjahrs und älterer Perioden, s. Rz. 1455.

Doch auch bei Anwendung des Cost model kann man das Thema nicht sozusagen ad acta legen, denn es sind bei der Entscheidung für eine Bewertung zu fortgeführten Kosten gleichwohl die Fair values der Anlageimmobilien **im Anhang anzugeben**. Daher ist eine Abgrenzung der Anlageimmobilien von anderen Immobilien erforderlich (s. Rz. 1410 ff.), und es besteht das Problem der Fair value-Ermittlung (s. Rz. 1442 ff.). 1402

Beispiel (Hochtief, Geschäftsbericht 2007, S. 133):
„Als Finanzinvestitionen gehaltene Immobilen (Investment Properties) werden zu fortgeführten Anschaffungs- und Herstellungskosten bilanziert ... Der beizulegende Zeitwert dieser Immobilien wird gesondert angegeben. Er wird nach international anerkannten Bewertungsmethoden wie durch die Ableitung aus dem aktuellen Marktpreis vergleichbarer Immobilien oder der Discounted-Cashflow-Methode ermittelt."

Auf die Angabe des Fair values bei Verwendung des Cost model kann (nur) bei Unwesentlichkeit der Anlageimmobilien verzichtet werden.

frei   1403–1404

1.2 Wesentliche Abweichungen zum HGB

Eine Aufteilung von Anlageimmobilien und eigentümergenutzten Immobilien ist dem HGB sowohl mit Blick auf die Bewertung als auch den Bilanzausweis fremd. Sämtliche Immobilien werden nach den allgemeinen Regeln des Anlagevermögens bewertet. Eine Durchbrechung des Anschaffungskostenprinzips, wie sie bei erfolgswirksamer Fair value-Bewertung erfolgen könnte, ist unzulässig. Es müssen keine Fair values für Anlageimmobilien ermittelt werden. 1405

1.3 Neuere Entwicklungen

Derzeit bestehen keine Pläne zur Änderung des IAS 40.   1406

frei   1407–1409

2. Ansatz

2.1 Definitionsmerkmale von Anlageimmobilien und Abgrenzung zu anderen Immobilien

Betrachtet man den Immobilienbestand eines Unternehmens, so kann eine Reihe von Standards auf diesen Bestand anzuwenden sein. Die jeweilige Standardanwendung löst mitunter unterschiedliche Bewertungsfolgen aus, vor allem aber unterschiedliche Ausweis- und Offenlegungserfordernisse. Daher ist eine Strukturierung der Zuordnungsfragen sehr nützlich, die wir in Abb. 23 grafisch vorgenommen haben und im Folgenden erläutern. 1410

2.1.1 Immobilienbegriff: Eigenständige Cashflow-Erzielung

1411 Grundvoraussetzung der Anwendung des IAS 40 ist die unmittelbare Existenz von Grund und Boden, Gebäuden oder Gebäudeteilen. Es wird allerdings nicht definiert, was unter einem Gebäude zu verstehen ist: Fallen Trockendocks, Flugzeughangars, Trafostationen oder Fußballstadien unter den Gebäudebegriff im Sinne des IAS 40?

1412 Nach Auffassung von *Hoffmann* und *Freiberg* könne auf das Kriterium der Eignung für den dauernden Aufenthalt von Menschen aus dem deutschen Bewertungsrecht abgestellt werden.[1] Indes scheint uns diese Grenzziehung zu eng: Hätte der IASB eine solche Einengung beabsichtigt, dann wäre wohl eine Definition in diese Richtung angegeben worden. Eine Auslegung nach dem Sinn und Zweck des Standards, wie sie von *Böckem/Schurbohm* vorgenommen wird, erscheint uns angebrachter. Hiernach kommt es auf die Möglichkeit einer marktlichen Verwertung von Immobilien an:[2] Können Immobilien **unabhängig von anderen Vermögenswerten des Unternehmens Cashflows** erzielen, kommt eine Klassifizierung als Anlageimmobilie in Betracht (IAS 40.7). Auf die konkrete technische Art der Nutzung der Immobilien kommt es hingegen nicht an. Die eigenständige Cashflow-Erzielung ist damit unabdingbare Voraussetzung für die Klassifikation als Anlageimmobilie.[3] Demzufolge fallen Trockendocks, Flugzeughangars und Fußballstadien grundsätzlich in den Anwendungsbereich des IAS 40, Trafostationen aber wohl kaum.

2.1.2 Wirtschaftliches Eigentum und Operating-Leasing

1413 Die auf die Klassifizierung zu prüfenden Immobilien müssen im wirtschaftlichen Eigentum des Bilanzerstellers liegen. Er muss zivilrechtlicher Eigentümer sein, oder er verfügt mindestens über wirtschaftliches Eigentum, indem er die Immobilie im Wege eines Finanzierungsleasings geleast hat.

Tritt das Unternehmen hingegen als Leasinggeber im Rahmen eines Finanzierungsleasings auf, verliert es das wirtschaftliche Eigentum an der Immobilie. Es kann aus Sicht des Leasinggebers kein Anwendungsfall des IAS 40 vorliegen (IAS 40.3d, IAS 40.9e).

1414 Nutzt ein Leasingnehmer eine Immobilie im Wege eines **Operating-Leasing-Verhältnisses** (damit bleibt das Grundstück normalerweise außerhalb der Bilanz des Leasingnehmers) und erfüllt die Immobilie im Übrigen das Kriterium der selbständigen Cashflow-Erzielung (z.B. bei Weitervermietung), so *kann* die Immobilie wie ein Finanzierungsleasing behandelt und als Anlageimmobilie klassifiziert und bilanziert werden mit der Folge der Aufnahme der Immobilie in die Bilanz (IAS 40.6). Voraussetzung ist allerdings, dass für die so designierte Anlageimmobilie das **Fair value model** angewendet wird. Der IASB will dem Bilanzierenden damit die Möglichkeit geben, beispielsweise unter **Erbpacht**

---

1 Vgl. *Hoffmann/Freiberg*, in Haufe IFRS-Kommentar, 7. Aufl. 2009, § 16 Rz. 4.
2 Vgl. *Böckem/Schurbohm*, IFRS Immobilien, 2005, Abschn. 2 Rz. 42 f.
3 Vgl. auch *Ernst & Young*, International GAAP 2009, S. 1143.

V. Anlageimmobilien (IAS 40)

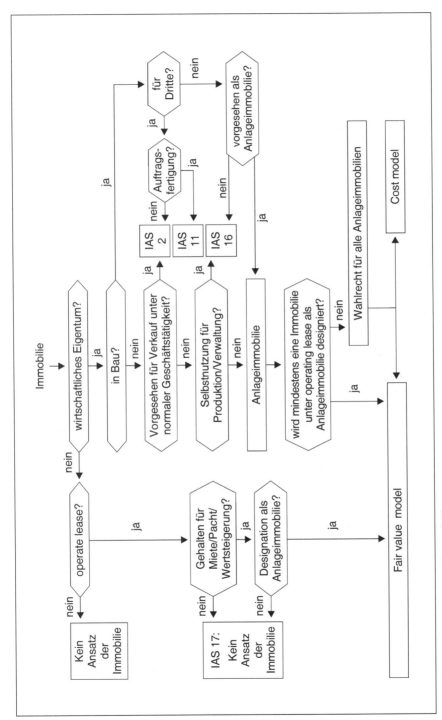

Abb. 23: Klassifikation von Immobilien

gemieteten Grund und Boden in seine Bilanz aufzunehmen (IAS 40.BC4), freilich unter der Einschränkung, dass das Grundstück weiter vermietet wird. Der Bilanzinhalt übertrifft dann den des Handels- und Steuerrechts.[1]

Auffällig ist, dass die Zuordnung einer solchen Immobilie wie ein Finanzierungsleasing auch dann nicht beendet wird, wenn **später** eine **Nutzungsänderung** erfolgt, die Immobilie ihre Eigenschaft als Anlageimmobilie also verliert und beispielsweise für Produktionszwecke verwendet wird (IAS 17.19a). Die Immobilie bleibt dann in der Bilanz, würde aber nicht mehr nach IAS 40, sondern etwa nach IAS 16 bilanziert.

1415 Das Wahlrecht, unter den genannten Voraussetzungen ein Operating-Leasing wie ein Finanzierungsleasing als Anlageimmobilie zu behandeln, kann für jeden Operating-Leasing-Vertrag, der die Voraussetzungen erfüllt, einzeln ausgeübt werden. Hierin ist eine **Durchbrechung des Stetigkeitsgrundsatzes** zu sehen, wonach vergleichbare Sachverhalte auch ähnlich abgebildet werden sollen.

⮕ Wird auf der anderen Seite von dem Wahlrecht *auch nur einmal* Gebrauch gemacht, muss auf *alle anderen eigenen Anlageimmobilien* ebenfalls das Fair value model angewendet werden (IAS 40.6; IAS 40.34).

2.1.3 Immobilien in Bau und Verkauf im Rahmen der gewöhnlichen Geschäftstätigkeit

1416 Werden Gebäude hergestellt, die veräußert werden sollen, ist IAS 2 anzuwenden, oder im Falle von Auftragsfertigung für Dritte, IAS 11 (IAS 40.9a, b). Erstellt der Bilanzierende Gebäude, die später als Anlageimmobilien eingesetzt werden sollen, ist – das ist neu – bereits während der Bauphase IAS 40 anzuwenden. Die alte Regelung der Anwendung von IAS 16 bis zur Fertigstellung ist durch den jährlichen Verbesserungsstandard mit Wirkung für Geschäftsjahre, die nach dem 1.1.2009 beginnen, aufgehoben worden. Abschlussersteller haben das Wahlrecht, die neue Rechtslage auf einen von Ihnen bestimmten Zeitpunkt rückwirkend anzuwenden (IAS 40.85B).

2.1.4 Selbstnutzung von Immobilien versus Anlageimmobilien, Mischnutzung

1417 Werden Immobilien zur Erstellung von Gütern und Dienstleistungen oder für Verwaltungszwecke eingesetzt (*owner-occupied property*), fallen sie nicht unter die Definitionsmerkmale von Anlageimmobilien, sondern sind entsprechend IAS 16 (entweder zu fortgeführten Kosten oder nach der Neubewertungsmethode) zu bilanzieren. Hierzu zählen auch (nicht genutzte) *Vorratsimmobilien* oder auch *an Mitarbeiter vermietete Wohnungen* (IAS 40.9c).

1418 Unstritig ist die Existenz **langfristiger Mietverträge** oder **Operating-Leasing** deutliches Anzeichen für eine Anlageimmobilie (IAS 40.8c und d). Daher sind Immobilien-(Leasing-)Gesellschaften häufig von der Anwendung des IAS 40 betroffen. Treten Immobilien-Gesellschaften auch als Händler auf, ist in be-

---

[1] BFH v. 7.4.1994 – IV R 11/92, BStBl. II 1994, 796.

sonderer Weise die Verwendungsabsicht der einzelnen Immobilien zu dokumentieren.[1]

Im Einzelfall kann die Abgrenzung der Vermietung von den Fällen schwierig sein, in denen lediglich die Betriebsfunktion ausgegliedert wird und der Immobilieneigentümer nicht nur eine **passive Vermieterrolle** einnimmt (dann Anlageimmobilie), sondern stattdessen weiterhin ein **Betreiberrisiko** trägt (dann eigengenutzt). 1419

Beispiel:
Ein Hotel, welches zu einem *festen* Pachtzins an einen Betreiber verpachtet wird, ist aus Sicht des Verpächters eine Anlageimmobilie. Ist der Pachtzins hingegen *variabel* gestaltet in Abhängigkeit der Auslastung des Hotels, ist dieses nach IAS 16 zu bilanzieren (IAS 40.13).[2]

Die Betreiberfunktion überwiegt insbesondere bei **kurzfristiger Vermietung**, etwa der stundenweisen Vermietung von Parkplätzen in einem Parkhaus.[3] Wird im Zusammenhang mit kurzfristigen Mietverträgen zudem ein ganzes Dienstleistungsbündel angeboten (z.B. in einem Hotel), ist die Frage geklärt: Es wird ein eigenes Geschäft betrieben, eine Anlageimmobilie liegt *nicht* vor (IAS 40.12). Anders aber bei kleineren Nebenleistungen des Vermieters, beispielsweise Rasenpflege in Verbindung mit einer ansonsten langfristigen Vermietung von Wohnraum an Dritte (siehe auch Beispiel in IAS 40.11).

Im Übrigen hat der IASB die Frage jedoch ausdrücklich offen gelassen und auf die Beurteilungsfähigkeit der Bilanzierenden nach dem Sinn und Zweck des IAS 40 (prinzipienbasiert) verwiesen (IAS 40.B38).

Gemischt genutzte Immobilien sind nach dem Kriterium der **Einzelveräußerbarkeit** aufzuteilen in Anlageimmobilien (IAS 40) und andere (IAS 16). Grund und Boden oder Gebäude, die nach diesem Kriterium nicht mehr weiter unterteilt werden können, sind dann unter IAS 40 einzuordnen, wenn der Nutzenanteil in der Produktion/Verwaltung von untergeordneter Bedeutung ist (IAS 40.10). Hier besteht **Ermessensspielraum**; ein untergeordneter Nutzenanteil wird im deutschsprachigen Schrifttum für 5 % bis 30 % diskutiert[4], international liegt er bei bis 20 %.[5] 1420

Folgendes Beispiel zeigt noch einmal deutlich das entscheidende Beurteilungskriterium zur Klassifikation einer Immobilie als Anlageimmobilie – die **Cashflow-Erzielung unabhängig von anderen Unternehmensteilen** (IAS 40.7) – sowie die Aufteilungsmöglichkeit bei Mischnutzung: 1421

---

1 Vgl. *Helmschrott*, DB 2001, 2457.
2 Vgl. *Böckem/Schurbohm-Ebneth*, KoR 2003, 335 (338).
3 So auch *Hoffmann/Freiberg*, in Haufe IFRS-Kommentar, 7. Aufl. 2009, § 16 Rz. 11.
4 Vgl. *Böckem/Schurbohm*, KoR 2002, 38 (40 f.: sollte aber niedriger sein); *Jung* in Beck'sches IFRS-Handbuch, 2. Aufl. 2006, § 6 Rz. 9.
5 Vgl. *Hoffmann/Freiberg*, in Haufe IFRS-Kommentar, 7. Aufl. 2009, § 16 Rz. 16.

Beispiel:[1]

Ein Fährunternehmer betreibt in unmittelbarer Nähe zur Anlegestelle ein fünfgeschossiges Parkhaus, in dem die Stellplätze kostenpflichtig zur Verfügung gestellt werden. Das Parkhaus wird nur von jenen genutzt, die die Beförderungsleistung (Hauptleistung) in Anspruch nehmen. Damit ist das Betreiben des Parkhauses keine Tätigkeit, deren Cashflows (Risiken und Chancen) unabhängig von der Hauptleistung sind: Fällt die Fähre aus, steht das Parkhaus leer. Das Parkhaus ist als Immobilie i.S.v. IAS 16 zu würdigen, unabhängig davon, wie man zur Frage der kurzfristigen Mietleistung steht (Rz. 1419).

Abwandlung: Von den fünf Geschossen werden zwei über einen langfristigen Mietvertrag an ein neu errichtetes Hotel vermietet. Unter der Voraussetzung, dass die Parkhausetagen einzeln veräußert werden können, sind die zwei an das Hotel vermieteten Etagen aus Sicht des Parkhausbetreibers eine Anlageimmobilie und damit nach IAS 40 zu bilanzieren. Liegt diese Voraussetzung nicht vor, ist das Parkhaus insgesamt als Immobilie gem. IAS 16 zu werten, da der Nutzungsteil im Hinblick auf die drei Etagen (Hauptleistung: Fährdienst) überwiegt.

2.1.5 Noch unbestimmte Nutzung, Dokumentation

1422 Ist bei einer Immobilie deren zukünftige Verwendung noch unbestimmt, handelt es sich um eine Anlageimmobilie (IAS 40.8b).

⊃ Es empfiehlt sich, die beabsichtigte Verwendung von bislang nicht genutzten Bestandsimmobilien zu dokumentieren. Versäumt man dies, werden diese wie Anlageimmobilien behandelt mit der Folge, regelmäßig Fair values ermitteln zu müssen. Eine Dokumentation als Vorratsimmobilie beispielsweise zur beabsichtigten Produktionserweiterung verhindert dies und erfordert u.E. nicht, ein konkretes Investitionsvorhaben schon geplant zu haben. Eine spätere Verwendungsänderung ist klar ein neues Ereignis und nicht als Methodenänderung, sondern als Schätzungsänderung zum Zeitpunkt der Änderung zu behandeln.

1423–1429 frei

2.2 Allgemeine Ansatzkriterien

1430 Anlageimmobilien sind zu aktivieren, wenn sie die allgemeinen Aktivierungsvoraussetzungen – abstrakte und konkrete Bilanzierungsfähigkeit – erfüllen (IAS 40.16, s. Rz. 301 ff.). Es gibt keine besonderen Aktivierungsvoraussetzungen, solange wirtschaftliches Eigentum vorliegt. Zum Sonderfall der Aktivierung von Immobilien im Fall von Operating-Leasing s. Rz. 1414.

1431–1434 frei

---

1 In Anlehnung an *Böckem/Schurbohm-Ebneth*, KoR 2003, 335 (336).

3. Zugangsbewertung

3.1 Zugangsarten

Der erstmalige Ansatz von Anlageimmobilien, die aus einem **Einzelanschaf-** 1435
fungs- oder Herstellungsvorgang resultieren, erfolgt zu Anschaffungs- und Herstellungskosten (*at its costs*, IAS 40.20).

Anlageimmobilien in Bau fallen jetzt unter den Anwendungsbereich des IAS 40 (s. Rz. 1416). Die Wahlrechtsausübung für die Folgebewertung von Anlageimmobilien – Cost model oder Fair value model (Rz. 1442) – gilt dann auch für die in Bau befindlichen Anlageimmobilien.

Bei Wahl des **Cost model** ändert sich gegenüber der alten Rechtslage für die Bewertung in der Bilanz insoweit nichts, allerdings muss für Zwecke der Anhangangaben der Fair value der Anlageimmobilien in Bau früher ermittelt werden.

Wird hingegen das **Fair value model** angewendet, unterliegen auch die Anlageimmobilien in Bau grundsätzlich dieser Bewertung. Sollte der Fair value nicht ermittelbar sein, ist spätestens nach Beendigung der Bauphase der Fair value anzusetzen (IAS 40.53) mit erfolgswirksamer Gegenbuchung in der GuV (IAS 40.65). Falls selbst dann immer noch keine Fair value Bewertung möglich sein sollte, bleibt es für diese eine Immobilie bei der Anwendung des IAS 16, obwohl für alle anderen das Fair value model bestimmt worden ist (s. Rz. 1452a).

Gehen Anlageimmobilien im Wege des **Finanzierungsleasings** zu, erfolgt die 1436
Erstbewertung gem. IAS 17 mit dem niedrigeren Wert aus Barwert der Mindestleasingzahlungen und Fair value (IAS 40.25, s. Rz. 1350). Dies gilt auch, wenn es sich um ein Operating-Leasing handelt, die Immobilie die Kriterien als Anlageimmobilie erfüllt und der Leasingnehmer von dem Wahlrecht (Behandlung wie Finanzierungsleasing) in Rz. 1414 Gebrauch macht.[1]

Die Erstbewertung beim **Tausch** entspricht jener bei Sachanlagen (IAS 40.27 ff., 1437
s. Rz. 1150 f.).

Im Falle eines **Unternehmenserwerbs** werden alle anzusetzenden Vermögens- 1438
werte mit ihrem Fair value bewertet. Eine beim erworbenen Unternehmen als Anlageimmobilie qualifizierte Immobilie verliert allerdings aus Konzernsicht diese Eigenschaft, wenn sie an ein Konzernunternehmen vermietet worden ist und dort beispielsweise als eigentümergenutzte Immobilie verwendet wird (s. auch Rz. 3840).

3.2 Anschaffungs- und Herstellungskosten

Zu den **Anschaffungskosten** gehören auch die Nebenkosten, soweit sie direkt 1439
zurechenbar sind (IAS 40.21). IAS 40 benennt jedoch nicht mögliche Anschaffungspreisminderungen oder **Abbruchverpflichtungen**. U.E. sind diese jedoch nicht anders zu behandeln als nach IAS 16 auch (s. Rz. 1132 ff.), da Anschaffung und Herstellung grundsätzlich gleich zu behandeln sind.

---

1 So auch *Jung* in Beck'sches IFRS-Handbuch, 2. Aufl. 2006, § 6 Rz. 30.

1440 Anlageimmobilien können auch qualifying assets sein, so dass die Aktivierung von **Zinskosten** in Betracht kommt (Rz. 1141 ff.).

Sollten die Kaufpreiszahlungen für eine Anlageimmobilie die normalen Zahlungsfristen übersteigen, ist als Wert der Immobilie das Barpreisäquivalent anzusetzen. In einem solchen Fall ist u.E in Analogie zu IAS 16.23 zu prüfen, ob Zinskosten aktiviert werden müssen.

1441 Der **Komponentenansatz** ist auch für Anlageimmobilien einschlägig (IAS 40.17 ff., s. Rz. 1113 ff.), im Anwendungsbereich beschränkt auf das Cost model.

4. Folgebewertung

4.1 Wahlrecht: Fortgeführte Kosten oder erfolgswirksame Fair value-Bewertung

1442 IAS 40 eröffnet ein Wahlrecht für Anlageimmobilien zur **erfolgswirksamen Bewertung zum Fair value** (Fair value model) oder zu **fortgeführten Anschaffungs- bzw. Herstellungskosten** (Cost model), das **einheitlich** für alle Vermögenswerte, die als Anlageimmobilien eingestuft worden sind, auszuüben ist. Bei Wahl des Cost model folgt die Bilanzierung den Regelungen des IAS 16 und IAS 36. Zu beachten ist jedoch, dass auch beim Cost model die **Fair values** der Anlageimmobilien **zwecks Anhangangaben** ermittelt werden müssen. Die Abb. 24 verdeutlicht die Unterschiede bei diesem Bewertungswahlrecht.

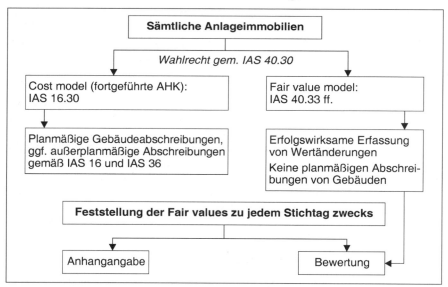

Abb. 24: Bewertungswahlrecht für Anlageimmobilien

1443 Das Bewertungswahlrecht wird aufgehoben, wenn ein Leasingnehmer ein **Operating-Leasing** über eine Anlageimmobilie als Finanzierungsleasing behandelt (Rz. 1414). In diesem Fall ist für *alle* Anlageimmobilien des Unternehmens (außer nachfolgend Rz. 1444) das Fair value model anzuwenden (IAS 40.34).

Ferner bestehen für (interne) **Immobilienfonds** zur Abdeckung von Verpflichtungen Sonderregelungen: Das Bewertungswahlrecht (Rz. 1442) kann hier pro Fonds ausgeübt werden und ist unabhängig davon, wie das Bewertungswahlrecht für andere Anlageimmobilien ausgeübt wird, die nicht mit Verbindlichkeiten im Zusammenhang stehen, deren Rendite von der Immobilie abhängt (IAS 40.32A ff.). 1444

4.2 Fair value model

Unter dem Fair value model nach IAS 40 wird eine **erfolgswirksame Erfassung** (aus HGB-Perspektive) **nicht realisierter Gewinne** außerhalb von Finanzinstrumenten gem. IAS 39 ermöglicht. Folgende Dinge sind dabei zu beachten: 1445

(1) Beim erfolgswirksamen Fair value model nach IAS 40 sind **keine planmäßigen Gebäudeabschreibungen** zu verrechnen. Damit ergeben sich bei Anlageimmobilien zwei Unterschiede unter dem Fair value model im Vergleich zur Neubewertungsmethode beim Sachanlagevermögen (s. Rz. 1180 ff.): (a) Bei der Neubewertungsmethode im Sachanlagevermögen erfolgt die Gegenbuchung erfolgsneutral im Eigenkapital, und (b) auf die Neubewertungsbeträge werden planmäßige Abschreibungen verrechnet.

(2) Die Berücksichtigung unternehmensindividueller Synergien, Steuervorteile etc. (also der Ansatz eines *value in use* [Rz. 1510] statt des Fair value) kommt *nicht* in Betracht (IAS 40.49). Der Fair value ist auf Basis eines **hypothetischen Marktteilnehmers** zu schätzen (Rz. 459 ff.).

(3) Der Fair value ist identisch mit dem Anschaffungspreis („Zahl, die im Kaufvertrag steht"), d.h. **ohne Anschaffungsnebenkosten** (Transaktionskosten), z.B. zusammen 5–6 % für Grunderwerbsteuer, Notargebühren, Maklerprovisionen etc. Daraus folgt, dass bei Anwendung des Fair value model kurz nach Anschaffung die bei Erstansatz zwingend anzusetzenden Transaktionskosten (Rz. 1439) erfolgswirksam abgeschrieben werden, sofern nicht eine kompensierende Fair value-Erhöhung eingetreten ist (Rz. 520 f.).

(4) Die Systematik (3) hat noch eine weitere Auswirkung in Bezug auf die **Verwertung der Ergebnisse von Gutachten**:

(a) Sollte der Fair value auf **Vergleichswertverfahren** beruhen (Rz. 1447, 1450), entspricht der so ermittelte Wert der „Zahl, die im Kaufvertrag steht" und bedarf daher keiner Korrektur mehr.

(b) Soweit der Wert jedoch auf **DCF- oder Ertragswertverfahren** beruht (Rz. 1449 f.), handelt es sich um die Preisobergrenze eines hypothetischen Erwerbers. Soweit dieser nach den Marktusancen Transaktionskosten zu tragen hat (3), würde ein solcher Erwerber den Kaufpreis („wie er im Kaufvertrag steht") um eben diese Transaktionskosten verringern (!). Damit stellt erst ein so geminderter Gutachtenwert den nach IAS 40 maßgeblichen Fair value dar[1], also: Ertragswert 900 TEuro abzgl. z.B. 4 % Transaktionskosten = Fair value TEuro 864. Oft wird dieser Abschlag bereits routinemäßig in den Bewertungsgutachten vorgenom-

---

1 Vgl. *Heintges/Boggel/Wulbrand*, DB 2008, 2037 (2040).

men. Der Transaktionskostenabschlag kann sich dabei an dem konkreten Ausstiegsszenario orientieren (**vorteilhaftester Markt**, Rz. 455 ff.) und fällt z.B. geringer aus, wenn ein Verkauf ohne Makler-(Courtage) realistisch ist.

(5) Der Fair value hat die Anlageimmobilie in ihrem **gegenwärtigen Zustand** zu reflektieren (**Stichtagswert**, Rz. 454), d.h. ohne Investitionen, die zu einer wesentlichen Verbesserung oder Erweiterung führen und folglich auch ohne die entsprechend höheren Mieterwartungen (IAS 40.51). Erhaltungsaufwendungen sind indessen zu berücksichtigen.

(6) Bei **im Bau befindlichen Anlageimmobilien** dürfte wegen Schwierigkeiten der Fair value-Ermittlung (Rz. 1452) regelmäßig bis zur Fertigstellung die Bewertung zu Herstellungskosten in Betracht kommen (IAS 40.BC17). Dies entspricht letztlich dem Substanzwertverfahren lt. Rz. 1450.

4.3 Fortgeführte Kosten

1446 Die Bewertung zu fortgeführten Kosten folgt den entsprechenden Vorschriften des IAS 16 (IAS 40.56, s. Rz. 1163) und für außerplanmäßige Abschreibungen jenen des IAS 36 (IAS 36.2 f., s. Rz. 1500).

4.4 Fair value-Ermittlung

4.4.1 Aktiver Immobilienmarkt

1447 Zur Fair value-Ermittlung ist auf die übliche Hierarchie – Handel auf einem aktiven Markt, sonst Vergleichswertverfahren oder DCF-Methode – zurückzugreifen (IAS 40.45 f., Rz. 470 ff.). Indes: Da Immobilien Unikate sind, kann es einen Handel *homogener* Produkte, wie er Bestandteil der Definition des aktiven Marktes ist (Rz. 476), gar nicht geben. Daher weicht auch die Beschreibung des aktiven Marktes in IAS 40.45 von der sonst üblichen Definition in den Standards (Rz. 475) ab, und es wird von vornherein auf *ähnliche Immobilien* abgestellt. Sprachlogisch sauberer – und ehrlicher – wäre freilich der Verzicht auf die Verwendung des Begriffs „aktiver Markt" in IAS 40.45 f. gewesen, denn im Grunde genommen handelt es sich bereits um ein Vergleichsverfahren.

1448 *Baumunk* charakterisiert einen „aktiven" Immobilienmarkt i.S.d. IAS 40.45 wie folgt:[1]

(a) Die Vergleichsobjekte sind sich in Lage, Ausstattung, Zustand (Baujahr, Bauweise) und Vermietungssituation ähnlich.

(b) Für diese Immobilien lassen sich auf absehbare Zeit, d.h. innerhalb der nächsten 36 Monate, transaktionsbereite Käufer bzw. Verkäufer finden.

(c) Die Transaktionspreise einzelner Vergleichsobjekte stehen der Öffentlichkeit, mindestens jedoch den mit der Bewertung mandatierten Sachverständigen, zur Verfügung.

---

[1] Siehe *Baumunk*, Anlageimmobilien (IAS 40) in Weber/Baumunk (Hrsg.), IFRS Immobilien, 2005, S. 82.

Problematisch ist auf dem deutschen Immobilienmarkt insbesondere die Erhältlichkeit einzelner Transaktionspreise. Die etwa in Gutachterausschüssen für Grundstückswerte[1] hierzu vorgehaltenen Daten stehen grundsätzlich und vollumfänglich nur den ihnen jeweils angehörenden Gutachtern zur Verfügung. Mit Immobilienbewertungen befasste Sachverständige, die nicht zugleich Mitglied in einem Gutachterausschuss sind, haben kein unbeschränktes Einsichtsrecht. Es wird ihnen aber bei Vorlage eines berechtigten Interesses (z.B. Verkehrswertermittlung) schriftlich Auskunft erteilt, wenn dienstliche Belange nicht entgegenstehen. Die Verwendung veröffentlichter Kaufpreisspannen (z.B. durch den Ring Deutscher Makler) ist wegen mangelndem Bezug zum zu bewertenden Objekt unzureichend im Hinblick auf (c).[2]

4.4.2 Vergleichsverfahren, DCF-Methode und Verkehrswert

Wenn ein aktiver Immobilienmarkt nicht vorliegt[3], sollen mehrere Informationen genutzt werden, um eine **Näherungslösung** für den Marktpreis zu erhalten. Sind die Vergleichsobjekte in mancherlei Hinsicht unähnlich (Rz. 1448 (a)) und/oder liegen Kaufpreise von Vergleichsobjekten schon einen längeren Zeitraum zurück (Rz. 1448 (b)), kommen zur Fair value-Ermittlung Vergleichsverfahren gem. IAS 40.46a, b in Betracht. Hier sind entsprechende Anpassungen im Hinblick auf festgestellte Unterschiede erforderlich. Außerdem kann der Fair value auch auf Basis diskontierter Zahlungsströme ermittelt werden (DCF-Methode, IAS 40.46c). Zur Rangfolge und Auswahl der Verfahren Hinweis auf Rz. 470 ff.

1449

Der Begriff des Fair value stimmt konzeptionell mit dem des Verkehrswertes in § 194 BauGB überein. Die zur Verkehrswertermittlung einschlägige **Verordnung über Grundsätze für die Ermittlung der Verkehrswerte von Grundstücken** (WertV) sieht die Anwendung eines **Vergleichswertverfahrens** in §§ 13, 14 und die Anwendung des **Ertragswertverfahrens** in §§ 15–20 vor. Beide Verfahren entsprechen grundsätzlich auch den Vorgaben des IAS 40.[4] Daher kann auf die entsprechende Kommentierung in der deutschen Spezialliteratur verwiesen werden.[5] Lediglich das in §§ 21–25 WertV genannte Sachwertverfahren

1450

---

1 Vgl. *Küting/Trappmann/Keßler*, DB 2006, 1853 ff.
2 Vgl. *Baumunk*, Anlageimmobilien (IAS 40) in Weber/Baumunk (Hrsg.), IFRS Immobilien, 2005, S. 82.
3 Dies war auch eine der Einwendungen im Entwurfsstadium von IAS 40, die den Board dazu bewogen haben, als Wahlrecht die Bewertung zu fortgeführten AHK zuzulassen, s. IAS 40.B46a und IAS 40.B47 f.; vgl. auch *Baetge/Zülch*, BFuP 2001, 543 (556).
4 Vgl. *Baumunk*, Anlageimmobilien (IAS 40), in Weber/Baumunk (Hrsg.), IFRS Immobilien, S. 84 ff. Zu einigen Detailunterschieden beim Ertragswertverfahren zum DCF-Verfahren siehe *Matzen*, Unternehmensbewertung von Wohnungsbauunternehmen, 2005, S. 38 ff.
5 Vgl. Großkommentar *Kleiber/Simon/Weyers* (Hrsg.), Verkehrswertermittlung von Grundstücken, 5. Aufl. 2006; ausführliche Darstellungen *Holzner/Renner*, Ermittlung des Verkehrswertes von Grundstücken und des Wertes baulicher Anlagen, 29. Aufl. 2005; *Simon* u.a., Schätzung und Ermittlung von Grundstückswerten, 8. Aufl. 2004.

(Substanzwert, Herstellungswert) hat keine Entsprechung in IAS 40 und ist für eine marktorientierte Wertfindung grundsätzlich ungeeignet.[1]

4.4.3 Häufigkeit der Fair value-Ermittlung, Zwischenberichterstattung

1451 Da der Fair value die Verhältnisse am Abschlussstichtag widerspiegeln soll (IAS 40.38), ist grundsätzlich jährlich eine Wertermittlung erforderlich. Sollten jedoch keine Anzeichen für eine Wertveränderung vorliegen, ist eine **Wertfortschreibung** nicht zu beanstanden.[2]

Dies gilt erst recht für die Zwischenberichterstattung. Explizit kann hier auf das Einholen von Gutachten verzichtet werden (IAS 34.C7).

4.4.4 Fair value nicht bestimmbar

1452 Sollte bei Wahl des **Fair value model** im Ausnahmefall für eine *einzelne* Immobilie[3] der *Fair value nicht bestimmbar* sein, ist wie folgt zu differenzieren:

(a) Wird eine fertige Immobilie *erstmals* als Anlageimmobilie qualifiziert, ist sie unverändert zu fortgeführten Anschaffungs- und Herstellungskosten gem. IAS 16 zu bewerten – und zwar auch dann, falls in kommenden Perioden Fair values ermittelbar wären. Abweichend hiervon ist der spätest mögliche Übergang zur Fair value Bewertung bei Anlageimmobilien in Bau der Zeitpunkt der Fertigstellung. Ist auch zu diesem Zeitpunkt der Fair value nicht bestimmbar, bleibt es für alle Folgeperioden bei der Bewertung zu fortgeführten Kosten nach IAS 16 (IAS 40.53).

(b) Wurde die Immobilie *vormals* bereits zu ihrem Fair value *bewertet* und können in späteren Perioden jeweils aktuelle beizulegende Zeitwerte *nicht* ermittelt werden, so kann die Immobilie offensichtlich nur mit dem *letzten* zur Verfügung stehenden Fair value bewertet werden (IAS 40.55). Ein Wechsel auf eine Bewertung zu fortgeführten Kosten ist trotz der Unmöglichkeit einer aktuellen und verlässlichen Fair value-Bewertung jedenfalls ausgeschlossen.[4]

1453 Wurde als Bewertungsverfahren hingegen das **Cost model** gewählt und sind wie vorstehend Fair values zur Erfüllung der **Angabepflicht** nicht ermittelbar, entfällt die Angabe des Fair values zu Rz. 1452 (a) für diese eine Immobilie (IAS 40.79e), wobei offen bleibt, ob die Angabepflicht wieder auflebt, wenn in späteren Perioden doch Fair values ermittelbar sind. Eine entsprechende ein-

---

1 Vgl. *Jung* in Beck'sches IFRS-Handbuch, 2. Aufl. 2006, § 6 Rz. 66: Anwendung ggf. dann, wenn Errichtung eines Neuobjekts echte Alternative zum Bewertungsobjekt darstellt.
2 Vgl. *Böckem/Schurbohm-Ebneth*, KoR 2003, 335 (341 f.).
3 Alle anderen Anlageimmobilien sind gleichwohl zum Fair value zu bewerten (IAS 40.54).
4 So auch *Zülch* in Thiele/von Keitz/Brücks (Hrsg.), Internationales Bilanzrecht, 2008, IAS 40 Rz. 276.

deutige Regelung hinsichtlich der Angabepflicht fehlt bei Rz. 1452 (b). Sachgerecht ist, hier ebenfalls den letzten zur Verfügung stehenden Fair value anzugeben.

frei 1454

4.5 Wechsel der Bilanzierungsmethode: vom Cost model zum Fair value model

Der Wechsel der Bilanzierungsmethode vom Cost model zum Fair value model ist möglich, wenn dadurch die Darstellung im Abschluss verbessert wird. Bei einem umgekehrten Wechsel wird die verbesserte Darstellung bezweifelt (IAS 40.31). Zu einem Beispiel der Begründung eines Methodenwechsels s. Rz. 1401. 1455

Bei einem Methodenwechsel ist IAS 8 anzuwenden, der regelmäßig die retrospektive Anpassung vorsieht (s. Rz. 836 ff.). Das nachfolgende Beispiel verdeutlicht den Methodenwechsel vom Cost model zum Fair value model unter Einschluss latenter Steuern: 1456

Beispiel:

Zu Beginn des Jahres 01 hat das nach IFRS bilanzierende Unternehmen U eine Gewerbeimmobilie zu Anschaffungskosten von 9 Mio. Euro erworben und an ein anderes Unternehmen vermietet. Aus Sicht von U handelt es sich um eine Anlageimmobilie. U hat sich für das Cost model entschieden und schätzt die Nutzungsdauer auf 33 Jahre. Die Immobilie wird mithin mit 3 v.H. auch mit steuerlicher Wirkung (§ 7 Abs. 4 EStG) linear abgeschrieben; der jährliche Abschreibungsbetrag beläuft sich (unter Abstraktion von Grund und Boden) auf 270 Tsd. Euro. U unterliege einem Steuersatz von 30 %.

Nach IAS 40.79e sind auch bei Wahl des Cost model die Fair values für Anlageimmobilien anzugeben, sofern der Wert – was hier unterstellt wird – zuverlässig ermittelt werden kann:

	Berichtsjahr 02	Vergleichsvorjahr 01
Fair value in Tsd. Euro	8800	9000

Im Jahr 03 beobachtet U einen spürbaren Anstieg der Immobilienpreise in der Region; der aktuelle Fair value der Gewerbeimmobilie wird mit 9 100 000 Euro ermittelt. Das Management beschließt daraufhin, die Bilanzierungsmethode zu ändern und zum Fair value model überzugehen. Da die Fair values vorliegen, ist die retrospektive Änderung vorzunehmen. Bei der **Abschlusserstellung 03** ist die Immobilie daher so zu bilanzieren, als sei schon immer das Fair value model angewandt worden.

C. Ansatz und Bewertung der Bilanzposten sowie Angabepflichten

Die folgende Tabelle stellt die benötigten Ausgangsdaten zur Verfügung:

	Cost model			Fair value model	
	Abschreibung	Buchwert	Buchwert-differenz	Buchwert	Erfolgswirksame Wertänderung
	in Tsd. Euro	in Tsd. Euro	in Tsd. Euro	in Tsd. Euro	in Tsd. Euro
Anschaffung		9000		9000	
01	270	8730	270	9000	
02	270	8460	340	8800	– 200
03	270	8190	910	9100	+ 300

Zur Änderung der Bilanzierungsmethode ist in folgenden Schritten vorzugehen:

Im Abschluss 03 wird das Vergleichsvorjahr 02 angegeben, aber nicht mehr das Jahr 01. Beim Fair value model hätte es im Jahr 05 keine planmäßige Abschreibung der Immobilie gegeben. Daher ist die Abschreibung des Jahres 01 zurückzudrehen und mit dem Eröffnungsbilanzwert der Immobilie und den Gewinnrücklagen zum 1.1.02 zu verrechnen, und zwar unter Einschluss von latenten Steuern:

Immobilie 270 000 an Gewinnrücklage 189 000
Passive latente Steuern 81 000

Damit weist die Immobilie zum 1.1.02 einen Fair value von 9 000 000 auf. Die Buchung korrigiert die in der Vorperiode vorgenommene Abschreibung, jetzt jedoch erfolgsneutral: Wäre nicht abgeschrieben worden, hätte sich das Eigenkapital auch nicht entsprechend gemindert. Da aber in der Steuerbilanz auf jeden Fall abgeschrieben wird, wären schon in 01 latente Steuern angefallen, die erfolgswirksam hätten gebucht werden müssen. Da die Korrektur aber erst zum 1.1.02 erfolgt, werden die latenten Steuern erfolgsneutral eingebucht.

Sodann ist das Vergleichsvorjahr 02 zu korrigieren. In 02 sind ursprünglich planmäßig 270 000 Euro an Abschreibungen verrechnet worden. Tatsächlich fallen im Fair value model jedoch keine planmäßigen Abschreibungen an, so dass diese korrigiert werden müssen. Stattdessen ergeben sich Fair value-Anpassungen. Sowohl IAS 40 als auch IAS 1 lassen jedoch offen, an welcher Stelle Fair value-Anpassungen in der GuV auszuweisen sind. Bei wesentlichen Beträgen (z.B. bei Immobiliengesellschaften) ist ein gesonderter Ausweis üblich, im Übrigen kommt der sonstige betriebliche Aufwand/Ertrag in Betracht (Rz. 4225).

Im vorliegenden Sachverhalt sinkt in 02 der Fair value um 200 000 Euro auf 8 800 000 Euro. Als Korrektur der in 02 ursprünglich eingebuchten Abschreibung ist daher zu buchen:

Sonstiger betrieblicher Aufwand 200 000
Immobilie 70 000 an Abschreibung 270 000

Ferner sind latente Steuern einzubuchen, denn das IFRS-Vermögen ist gegenüber der Steuerbilanz um weitere 70 000 Euro (= 340 000 – 270 000) angestiegen. Die Einbuchung der passiven latenten Steuern (70 × 0,3 = 21) erfolgt jetzt jedoch erfolgswirksam:

Latenter Steueraufwand   21 000   an   Passive latente Steuern   21 000

Gegenüber dem ursprünglichen Abschluss 02 erhöht sich somit das Jahresergebnis um 49 000 Euro (= 70 000 Euro – 21 000 Euro). Per 31.12.2002 ergibt sich daher eine Eigenkapitalerhöhung um 189 000 Euro (aus 01) + 49 000 Euro (aus 02) = 238 000 Euro.

Die Bilanzierung im Berichtsjahr 03 ist keine rückwirkende Korrektur, da in dieser Periode zuvor keine andere Bilanzierungsmethode angewandt worden ist. Die Buchung soll trotzdem der Vollständigkeit halber gezeigt werden. Zunächst hat sich der Fair value der Immobilie gegenüber dem Vorjahr um 300 000 Euro erhöht:

Immobilie   300 000   an   Sonstiger betrieblicher Ertrag   300 000

Zugleich ist in der Steuerbilanz wieder eine Abschreibung von 270 000 Euro vorgenommen worden, so dass die *Veränderung* der Vermögensdifferenz 570 000 Euro (= 910 000 – 340 000) beträgt. Die latenten Steuern darauf (570 000 × 0,3 = 171 000) sind einzubuchen:

Latenter Steueraufwand   171 000   an   Passive latente Steuern   171 000

Abwandlung

In Abwandlung des Ausgangsfalls habe U die Fair values für die Immobilie in den Jahren 01 und 02 *nicht* bestimmen können. In diesem Fall kommt bei einem Methodenwechsel eine retrospektive Anpassung nicht in Betracht, *und zwar auch dann nicht*, wenn jetzt, in 03, die Fair values für die vergangenen Abschlussstichtage vorliegen sollten (IAS 8.52).

Da angenommen wird, dass erstmals zum Bilanzstichtag 03 der Fair value mit 9 100 000 Euro ermittelt werden konnte, kann auch dann erst ein Methodenwechsel vorgenommen werden. In diesem Fall sind die in den Jahren 01 und 02 vorgenommenen Abschreibungen (540 000) erfolgswirksam (und aperiodisch, d.h., ein Abschreibungskonto wird nicht mehr angesprochen) zu korrigieren und die weitere Werterhöhung um 100 000 auf 9 100 000 einzubuchen (IAS 8.25):

Immobilie   640 000   an   Sonstiger betrieblicher Ertrag   640 000

In der Steuerbilanz werden in 03 noch einmal 270 000 Euro abgeschrieben, so dass sich die Vermögensdifferenz auf 640 000 Euro + 270 000 Euro = 910 000 Euro per 31.12.03 beläuft. Darauf sind latente Steuern i.H.v. 0,3 × 910 000 Euro = 273 000 Euro zu berechnen:

Latenter Steueraufwand   273 000   an   Passive latente Steuern   273 000

frei

5. Ausbuchung und Nutzungsänderung

5.1 Veräußerung und Veräußerungsabsicht

1460 Bei einer **Veräußerung** von Anlageimmobilien ist die Differenz zwischen dem Buchwert – unabhängig davon, ob zuvor das Cost oder Fair value model angewandt wurde – und dem Nettoveräußerungspreis erfolgswirksam zu erfassen. Zum Sonderfall des sale and lease back s. Rz. 1370 ff. (IAS 40.66 f.).

1461 Besteht die **Absicht der Veräußerung** und sind die Kriterien des IFRS 5 erfüllt (Rz. 2710 ff.), müssen Anlageimmobilien bis zum Zeitpunkt der Veräußerung unter „zur Veräußerung gehaltene langfristige Vermögenswerte und Veräußerungsgruppen" gesondert innerhalb des kurzfristigen Vermögens ausgewiesen werden. Darüber hinaus sind dann bis zum Zeitpunkt der Veräußerung für Anlageimmobilien, *die nach dem Cost model bewertet worden sind*, die Bewertungsvorschriften des IFRS 5 anzuwenden (Rz. 2700). Bei Anlageimmobilien, die zuvor nach dem Fair value model bewertet worden sind, bleibt es trotz des veränderten Ausweises bei der Bewertung nach IAS 40 (IFRS 5.5d).

5.2 Nutzungsänderungen

1462 **Umgliederungen** von und nach Anlageimmobilien sind bei **Nutzungsänderungen** erforderlich und können, je nach gewähltem Bewertungsverfahren, zum Ausweis nichtrealisierter Gewinne führen. Die Abb. 25 zeigt die Konsequenzen:

Fall (IAS 40.57)	bisherige Nutzung	künftige Nutzung	Bewertung und Realisation	
(a)	Anlageimmobilie	eigengenutztes Grundstück/ Gebäude	Buchwertfortführung	
(b)	Anlageimmobilie	Vorratsvermögen	Buchwertfortführung	
			Cost model	Fair value model
(c)	eigengenutztes Grundstück/ Gebäude	Anlageimmobilie	Buchwertfortführung	erfolgsneutrale Bewertungsanpassung (IAS 40.61 f.)
(d)	Vorratsvermögen	Anlageimmobilie	Buchwertfortführung	erfolgswirksame Bewertungsanpassung (IAS 40.63)

Abb. 25: Tabelle Umgliederung von Anlageimmobilien

1463 Im Fall (b) kommt eine Umgliederung in das Vorratsvermögen nur dann in Betracht, wenn einerseits Veräußerungsabsicht besteht, andererseits aber noch Aufwendungen geleistet werden müssen, um das Grundstück oder Gebäude überhaupt veräußern zu können (IAS 40.58). Sollte eine Veräußerung jedoch unmittelbar möglich und gewollt sein, ist auch unmittelbar aus der Kategorie Anlageimmobilie zu veräußern bzw. gem. IFRS 5 umzugliedern (Rz. 1460 f.). Eine Umgliederung gem. Zeile (d) kommt z.B. in Betracht, wenn der Vermögenswert künftig vermietet wird. Denkbar wäre aber auch, dass eine aktuelle Verkaufsabsicht für ein Grundstück nicht besteht und es auf Grund erhoffter Wertsteigerungen langfristig gehalten werden soll.

Eine Beibehaltung des bisherigen Wertansatzes ergibt sich immer in den Fällen (a) und (b), unabhängig davon, ob das Fair value model oder das Cost model zuvor gewählt worden war. Unter der Voraussetzung der Wahl des Cost models werden auch in den Fällen (c) und (d) die bisherigen Wertansätze beibehalten. 1464

Sollte demgegenüber für Anlageimmobilien das Fair value model gewählt worden sein, so ist im Fall (c) eine **erfolgsneutrale Bewertungsanpassung** (ggf. nach vorheriger Korrektur einer außerplanmäßigen Abschreibung, IAS 40.62) entsprechend der Neubewertungsmethode nach IAS 16 erforderlich (Einstellung der Bewertungsanpassung in die Neubewertungsrücklage, s. Rz. 1180 ff.). In diesem Posten sind die höchsten stillen Reserven zu erwarten, so dass es hier bei einer Umgliederung nicht zu umgliederungsinduzierten Ergebnisschwankungen kommt. **Künftige Wertänderungen** sind allerdings **erfolgswirksam** zu erfassen. Bei Abgang der Anlageimmobilie ist die Neubewertungsrücklage erfolgsneutral in Gewinnrücklagen umzubuchen (IAS 40.62 b ii).

Im Fall (d) schließlich ist – bei Wahl des Fair value models – bereits die Bewertungsanpassung infolge der Nutzenänderung erfolgswirksam zu buchen, wobei hier jedoch signifikante stille Reserven regelmäßig *nicht* zu erwarten sind.

frei 1465–1469

6. Ausweis

Anlageimmobilien sind in einem gesonderten Gliederungsposten innerhalb der langfristigen Vermögenswerte auszuweisen (Rz. 4141). 1470

7. Anhangangaben

Im Rahmen der Erläuterung der wesentlichen angewandten Rechnungslegungsmethoden ist anzugeben, ob das Cost- oder das Fair value model verwendet worden ist. Bei den Einzelerläuterungen sind außerdem die weiteren, umfangreichen Angaben gem. IAS 40.75 erforderlich (z.B. Verfügungsrechte, Sicherheiten, Verpflichtungen; s. Checkliste H). 1471

Unverzichtbar ist ein **Anlagenspiegel**, unabhängig vom Bewertungsmodel. Bei Wahl des Cost model ist eine Integration in den Sachanlagenspiegel unter Verwendung der Bezeichnung Anschaffungs- und Herstellungskosten (s. Rz. 1210) problemlos möglich. Schon aus Platzgründen erfolgt jedoch häufig ein gesonderter Anlagenspiegel. 1472

1473 Bei Wahl des Cost models sind die **Fair values** zu ermitteln und im Anhang anzugeben. Sollte in Ausnahmefällen der Fair value nicht ermittelbar sein, ist dies zu begründen und die betroffenen Anlageimmobilien sind zu beschreiben. Außerdem ist, soweit möglich, die Bandbreite anzugeben, in der der Fair value höchstwahrscheinlich liegt (IAS 40.78c; IAS 40.79eiii).

1474–1499 frei

VI. Wertminderungen im Anlagevermögen (IAS 36)

1. Überblick und Wegweiser

1.1 Standards und Anwendungsbereich

1500 In der Bilanzierungsphilosophie der internationalen Standards sollen mit dem Ansatz von Vermögenswerten (künftige) Nutzenpotenziale zum Ausdruck kommen. Soweit es sich um abnutzbare Vermögenswerte handelt, spiegelt die planmäßige Abschreibung den zeitlichen Verlauf der Nutzenabgabe bereits wider. Wenn durch unvorhergesehene Ereignisse der Wert der künftigen Nutzenabgabe jedoch unter den Buchwert sinkt, ist es nur folgerichtig, dass der Buchwert angepasst wird: Die eingetretene Wertminderung ist zu erfassen. Die entsprechenden Normen hierzu enthält IAS 36. Abb. 26 zeigt den Anwendungsbereich:

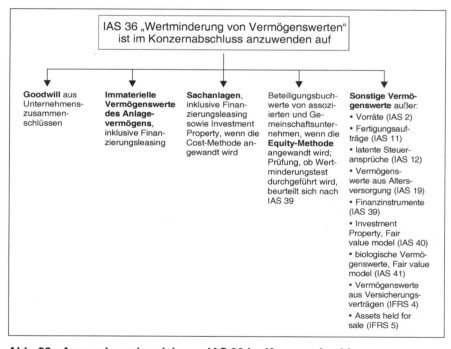

Abb. 26: Anwendungsbereich von IAS 36 im Konzernabschluss

VI. Wertminderungen im Anlagevermögen (IAS 36)

IAS 36 hat seinen Fokus ganz deutlich auf dem sächlichen und immateriellen 1501 langfristigen Vermögen (**Anlagevermögen**). Wertminderungen von Vermögenswerten außerhalb des Anwendungsbereichs des IAS 36 unterliegen den jeweiligen Spezialstandards (Finanzinstrumente nach IAS 39, Vorräte nach IAS 2 usw.). IAS 36.4 nennt ferner als Anwendungsbereich Investitionen in Tochter- (IAS 27) und Gemeinschaftsunternehmen (IAS 31) sowie in assoziierte Unternehmen (IAS 28). Hier ist aber sauber zu differenzieren:

- Wird ein **Konzernabschluss** aufgestellt und geht es um voll- bzw. quotal konsolidierte Unternehmen, ist die Anwendung von IAS 36 auf den *Beteiligungsbuchwert* gegenstandslos, aber natürlich nicht hinsichtlich der übernommenen und im Konzernabschluss abgebildeten Vermögenswerte (insbesondere den Goodwill aus der Kapitalkonsolidierung).
- Bei **assoziierten und Gemeinschaftsunternehmen**, die im Konzernabschluss **at equity** bewertet werden, ist in einem ersten Schritt nach IAS 39 *zu beurteilen, ob* ein Wertminderungstest durchzuführen ist; wird diese Frage bejaht, ist der Wertminderungstest nach den Regelungen des IAS 36 i.V.m. IAS 28.33 vorzunehmen. Die Besonderheiten der **Wertminderungsprüfung von at equity bewerteten** Beteiligungen haben **wir nicht** in diesem Kapitel, sondern in Rz. 3675 ff. dargestellt.
- Im **Einzelabschluss eines Mutterunternehmens** ist IAS 36 immer dann auf die **Beteiligungsbuchwerte** von Tochter- und Gemeinschaftsunternehmen sowie assoziierten Unternehmen anzuwenden, wenn diese Buchwerte weder nach IAS 39 noch nach IFRS 5, sondern in Ausnutzung eines Wahlrechts zu Anschaffungskosten bilanziert werden (IAS 27.38 i.V.m. IAS 36.4; s. auch Rz. 1935).

Die außerplanmäßige Abschreibung nach IAS 36 hat mit Einführung des 1502 IFRS 3 in 2004 erheblich an praktischer Bedeutung gewonnen. Nach IFRS 3.55 ist der bei Unternehmenserwerben anzusetzende Goodwill (die positive Differenz von Anschaffungskosten und übernommenem, zum Fair value angesetzten Reinvermögen) nicht mehr planmäßig abzuschreiben, sondern nur noch jährlich auf **außerplanmäßigen Wertminderungsbedarf** hin zu überprüfen (**„Impairment-only-Approach"**). Es ist offensichtlich, dass die Gefahr unerkannter Wertminderungen bzw. das Risiko außerplanmäßiger Abschreibungen steigt, wenn Buchwerte nicht bereits durch planmäßige Abschreibungen verringert werden. Daher werden bei nicht planmäßig abzuschreibenden Vermögenswerten strengere Maßstäbe an den durchzuführenden Impairment-Test angelegt, z.B. das Erfordernis einer jährlichen Überprüfung (Rz. 1548) sowie umfangreiche Berichtspflichten (Rz. 1590). Der **Hauptanwendungsfall** des IAS 36 liegt in der Praxis bei der Werthaltigkeitsprüfung eines aktivierten **Goodwill**.[1]

IAS 36 ist zuletzt grundlegend im Zusammenhang mit der Einführung von 1503 IFRS 3 in 2004 geändert worden. Als Folge der wahlweisen Einführung der

---

[1] Zur dominierenden Stellung des Postens Goodwill in den Bilanzen vgl. die empirische Untersuchung von *Küting*, DStR 2008, 1795.

Full Goodwill-Methode, d.h. Ansatz des Minderheiten-Goodwill mit IFRS 3 (2008), sind die Vorschriften zum Goodwill-Impairment-Test in einem neuen Appendix C gebündelt worden (Rz. 1583 ff.). Die Neuregelung ist synchron mit IFRS 3 (2008), d.h. spätestens in Geschäftsjahren ab 1.7.2009 anzuwenden (Rz. 3202).

Ab 1.1.2009 ist der neue IFRS 8 zur Segmentabgrenzung an die Stelle des bisherigen IAS 14 (s. Rz. 4606) getreten. Infolge neuer Segmentzuschnitte kann dies Auswirkungen auf die Zuordnung eines Goodwill für Zwecke des Impairment-Tests haben (s. Rz. 1531).

1504 frei

1.2 Wesentliche Abweichungen zum HGB

1505 Die wesentlichen Abweichungen zwischen HGB und IFRS bei außerplanmäßigen Abschreibungen von **immateriellen und materiellen langfristigen Vermögenswerten** sind wie folgt:

	HGB (alt)	HGB (i.d.F. BilMoG)	IAS 36
Konzept		Einzelbewertungsgrundsatz (hilfsweise Wiederbeschaffungskosten)	Sofern ein Vermögenswert Zahlungsflüsse nur im Verbund mit anderen Vermögenswerten generieren kann, z.B immer bei Goodwill, ist nach IFRS eine Gruppe von Vermögenswerten, die sog. zahlungsmittelgenerierende **Einheit** (*cash-generating unit*, CGU), zu bestimmen und auf Wertminderung zu prüfen.[1]
Dauerhaftigkeit der Wertminderung		Außerplanmäßige Abschreibung immaterielles und sächliches Anlagevermögen nur bei dauerhafter Wertminderung.	Dauerhaftigkeit konzeptionell irrelevant.[2] Die Bedeutung dieses Unterschieds relativiert sich jedoch, weil als erzielbarer Betrag nach IFRS nicht nur der stichtagsbezogene Nettoveräußerungspreis, sondern auch der Nutzungswert in Betracht kommt (Rz. 1510), der als **zukunftsorientierter Wert** die prognostizierten Zahlungszuflüsse abbildet (Rz. 1557).

---

1 Zur Ermittlung der Höhe einer Wertminderung (nicht jedoch bei ihrer Zurechnung zu den Vermögenswerten) wird der Einzelbewertungsgrundsatz somit aufgegeben.
2 Vgl. *Mayer-Wegelin*, DB 2009, 94 sowie *Pellens u.a.*, Internationale Rechnungslegung, 7. Aufl. 2008, S. 272; a.A. Herzig, IAS/IFRS und steuerliche Gewinnermittlung, 2004, S. 196. Danach ergibt sich die voraussichtliche Dauerhaftigkeit der Wertminderung nach IAS 36 implizit aus den Erläuterungen im Standard, so dass sowohl im Steuerrecht als auch nach IFRS es nur dann zu einer außerplanmäßigen Abschreibung komme, wenn die Wertminderung voraussichtlich dauerhaft ist.

	HGB (alt)	HGB (i.d.F. BilMoG)	IAS 36
Insb. Geschäfts- oder Firmenwert	**Jahresabschluss:** Sofortabschreibung (Nichtansatz) möglich; § 255 IV Satz 1 HGB. **Konzernabschluss:** Sofortverrechnung mit den Konzernrücklagen möglich (§ 309 I Satz 3 HGB)	**Unabhängig von Jahres- oder Konzernabschluss:** planmäßige Abschreibung (§ 246 I Satz 4, § 253 III i.V.m. § 309 I HGB). Angabe der Gründe für eine evtl. Nutzungsdauer > 5 Jahren	Impairment-Only Approach (keine planmäßige Abschreibung, nur außerplanmäßige Abschreibung)

Je mehr Vermögenswerte zu cash generating units zusammengefasst werden, umso eher kommt es zu einer Saldierung positiver und negativer Wertänderungen, wodurch Wertminderungen vermieden werden können, insb. beim Goodwill. Dennoch ist der Verzicht auf planmäßige Abschreibungen des Goodwill auch aus HGB-Sicht keineswegs so ungewohnt, wie es im ersten Moment scheint, denn im **HGB-***Jahresabschluss* **einer Konzernmutter** sind deren Beteiligungen jährlich ebenfalls auf außerplanmäßigen Wertminderungsbedarf hin zu überprüfen. Diese Werthaltigkeitsprüfung muss den Grundsätzen **für Unternehmensbewertungen** entsprechen[1] und ist nicht weniger anspruchsvoll als Wertminderungsprüfungen nach IAS 36.[2] Auch werden hier Bewertungseinheiten, ähnlich den CGU, gebildet.[3]

1506

1.3 Neuere Entwicklungen

Im Rahmen des Verbesserungsstandards 2009 wird (mit Wirkung ab 1.1.2010) klargestellt, dass die Geschäftssegmente i.S.v. IFRS 8 *vor Aggregierung* die Obergrenze für die Goodwillzuordnung beim Impairment-Tests darstellen. Dies ist bisher nicht explizit geregelt (vgl. i.E. Rz. 1531).

1507

frei

1508–1509

---

1 Vgl. IDW RS HFA 10; IDW S 1, Tz. 11.
2 Vgl. *Pawelzik*, DB 2006, 793 (794).
3 Vgl. IDW RS HFA 10, Tz. 6 zur Saldierung von Synergien, die bei verschiedenen Beteiligungen anfallen, im handelsrechtlichen Einzelabschluss. Angesprochen ist der Fall, dass bei Erwerb einer Tochterunternehmung TU 1 ein Synergieeffekt (Goodwill) bezahlt wird, der sich bei TU 2 realisiert. Der Goodwill *TU 1* muss dann zutreffend nicht etwa sofort abgeschrieben werden, weil sich die Werthaltigkeit des Beteiligungsansatzes von *TU 1* bei der Muttergesellschaft aus den Zahlungsrückflüssen aus *TU 2* ergibt. Daher kommt es auch nach HGB zu einer Verschiebung von Goodwill und damit zu einer Saldierung positiver und negativer Bereiche innerhalb eines Teilkonzerns, vgl. *Hayn/Ehsen*, FB 2003, 205 (206, 210 f.).

2. Grundkonzeption des IAS 36

2.1 Definition der Wertminderung und Ermittlung eines Wertminderungsbedarfs

1510 Die Erfassung einer Wertminderung ist nach IAS 36 immer dann erforderlich, wenn nach durchgeführtem **Impairment-Test** der **erzielbare Betrag** (*recoverable amount*) unter dem Buchwert liegt. Der erzielbare Betrag ist in IAS 36.6 definiert als **der höhere Wert** aus einem Vergleich des

- **Nettoveräußerungspreises** (*Fair value less costs to sell*) mit dem
- **Nutzungswert** (*value in use*)

des betrachteten Vermögenswertes. Beim Nutzungswert handelt es sich um den Barwert der zukünftigen Cashflows aus der fortgesetzten Nutzung inklusive *anschließender* Veräußerung. Der Nettoveräußerungspreis ist hingegen der Wert, der bei einem (sofortigen) Verkauf des Vermögenswertes unter Marktbedingungen nach Abzug der Veräußerungskosten erzielt werden könnte.

> **Beispiel:**
>
> Eine zu fortgeführten Anschaffungskosten bilanzierte Sachanlage hat zum 31.12.01 nach erfolgter planmäßiger Abschreibung noch einen Buchwert von 80 000 Euro. Im Rahmen eines durchgeführten Impairment-Tests ergibt sich, dass der Nettoveräußerungspreis der Anlage lediglich 50 000 Euro und ihr Nutzungswert 70 000 Euro beträgt.
>
> Es ist auf den erzielbaren Betrag (das ist hier der Nutzungswert von 70 000 Euro) außerplanmäßig abzuschreiben.

1511 Mit der Konzeption des erzielbaren Betrages lässt sich IAS 36 von folgender, aus der **Unternehmensbewertung** übernommener Überlegung leiten: Was verspricht das höchste Nutzenpotenzial eines Vermögenswertes, seine sofortige Veräußerung oder seine Weiternutzung? Eine Abschreibungsnotwendigkeit ergibt sich nur, wenn *beide Alternativen* zu Werten *unterhalb* des Buchwerts führen. Dabei wird unterstellt, dass die jeweils beste Verwendungsmöglichkeit gewählt wird, so dass auf den höheren der beiden Werte abzuschreiben ist, unabhängig davon, wie sich das Management in Bezug auf die Verwendung des Vermögenswertes *tatsächlich* entscheidet. IAS 36 schafft somit die Verbindung von Rechnungslegung und Unternehmensbewertung.

2.2 Auf Wertminderung zu prüfende Vermögenswerte

2.2.1 Überblick: Konstellationen

1512 IAS 36 unterscheidet bei der Wertminderungsprüfung und -durchführung folgende Konstellationen:

- **Einzelne** Vermögenswerte (die in den Anwendungsbereich von IAS 36 fallen, s. Rz. 1500),

– Gruppen von Vermögenswerten (CGU) **ohne** zugeordneten Goodwill und
– Gruppen von Vermögenswerten (CGU) **mit** zugeordnetem Goodwill.[1]

Im Hinblick auf die zeitliche Durchführung des Wertminderungstests ist zu unterscheiden: Der **Goodwill** und einige andere Vermögenswerte, insbesondere **aktivierte Entwicklungskosten in der Entwicklungsphase**, sind **jährlich auf Werthaltigkeit** zu testen (Rz. 1548). Für alle anderen Vermögenswerte im Anwendungsbereich des IAS 36 ist eine Wertminderungsprüfung nur erforderlich, wenn es Anzeichen auf eine Wertminderung gibt (Rz. 1545).

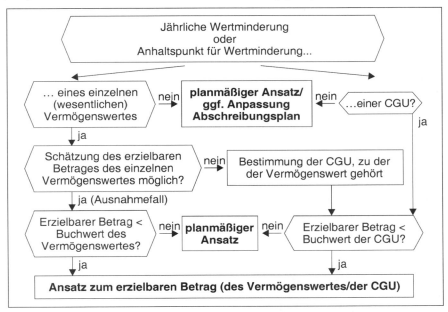

Abb. 27: Ablaufschema Wertminderungsprüfung

2.2.2 Einzelne Vermögenswerte

Bestehen Anhaltspunkte für die Wertminderung eines einzelnen Vermögenswertes, ist vorrangig zu prüfen, ob sich für diesen der erzielbare Betrag ermitteln lässt.

Sofern die Einzelveräußerbarkeit nicht gesetzlich oder vertraglich ausgeschlossen ist, wird der **Nettoveräußerungspreis** eines einzelnen Vermögenswertes im Regelfall bestimmbar sein. Der Impairment-Test *für diesen einzelnen Vermögenswert* wäre bereits dann abgeschlossen, wenn der Nettoveräußerungspreis den Buchwert übersteigt, denn in diesem Fall kann definitionsgemäß auch dann keine Wertminderung vorliegen, wenn der Nutzungswert den Buchwert unterschreiten sollte (Rz. 1511). Allerdings liegen die Nettoveräußerungspreise unter der Going Concern-Prämisse eher selten über den Buchwer-

---
1 Hierbei kann es sich auch um Gruppen von CGU handeln.

ten.[1] So ist bei Spezialmaschinen oder Anlagevermögen, das einem raschen technischen Wandel unterliegt (PC's, Software etc.), im Zweifel davon auszugehen, dass der Nettoveräußerungspreis die Buchwerte *unterschreitet*.

1514 In diesem Fall wäre somit zusätzlich der **Nutzungswert** zu ermitteln. Dies ist für einen einzelnen Vermögenswert jedoch nur dann möglich, wenn dieser Zahlungszuflüsse generiert, die weitgehend *unabhängig* von den Zahlungszuflüssen anderer Vermögenswerte sind (IAS 36.22). IAS 36 folgt insoweit konsequent der absatzmarktorientierten Betrachtung, wonach ein Vermögenswert durch seine Eigenschaft definiert wird, künftige (Nutzen) Zahlungszuflüsse zu erzielen (Rz. 304). Diese Sichtweise ist zwar auch dem HGB nicht fremd[2], doch löst das HGB das Problem der Zurechnung von Cashflows auf pragmatische Weise durch Rückgriff auf Wiederbeschaffungspreise.[3]

2.2.3 Gruppe von Vermögenswerten

1515 Wenn für einen einzelnen Vermögenswert der erzielbare Betrag nicht ermittelt werden kann, ist auf die nächste Gruppe von Vermögenswerten, die den betrachteten Vermögenswert mit einschließt, überzugehen; das ist dann eine CGU (IAS 36.22, IAS 36.66). Darüber hinaus, und das ist der Regelfall, können auch von vornherein CGU Gegenstand einer Wertminderungsprüfung sein (IAS 36.7), vor allem dann, wenn ihnen ein Goodwill zugeordnet ist. Nachfolgend ein Beispiel einer CGU-Wertminderungsprüfung ohne Goodwill:

Beispiel:

Eine Produktionsanlage für Lifestylegetränke wird um eine aufwendige Verpackungseinheit für neuartige Klappverschlüsse ergänzt, weil Marktstudien von einer hohen Marktakzeptanz für Getränkeflaschen mit diesen Verschlüssen ausgehen. Entgegen den Erwartungen kommen die neuen Verschlüsse aber nicht so gut an, so dass die neue Einheit nur zur Hälfte ausgelastet ist und die alte Verpackungsanlage weiter genutzt wird.

Nach HGB und auch steuerlich muss die neue Verpackungseinheit wegen dauerhafter Unterauslastung abgewertet werden, wobei der beizulegende Wert (wegen nicht einzeln dieser Maschine zurechenbarer Cashflows aus dem Produktabsatz) hilfsweise aus den Wiederbeschaffungskosten einer Maschine kleinerer Kapazität abgeleitet wird.

Nach IAS 36 wird zunächst geprüft, ob die Verpackungseinheit separat oder nur zusammen mit anderen Vermögenswerten Cashflows generieren kann. Da die Klappverschlüsse nicht einzeln verkauft werden, sondern nur als Kompo-

---

1 Vgl. *Hoffmann* in Haufe IFRS-Kommentar, 7. Aufl. 2009, § 11 Rz. 18 f.
2 Vgl. *Heuser/Theile* in GmbH-Handbuch, Rz. II 689.1 sowie *ADS*, § 253 HGB Rz. 464.
3 Steuerlich erfolgt die Teilwertermittlung grundsätzlich betriebs- und ertragsunabhängig und orientiert sich primär am Beschaffungsmarkt im Gegensatz zum IFRS-Verständnis, vgl. hierzu umfassend *Herzig*, IAS/IFRS und steuerliche Gewinnermittlung, 2004, S. 198.

nente der Getränkeflaschen, ist eine Zuordnung von Cashflows aus dem Produktabsatz zur Verpackungseinheit, die weitgehend unabhängig von den durch die restliche Produktionsanlage generierten Cashflows sind, nicht möglich. Daher wird nach IAS 36 ein Wertberichtigungsbedarf oft erst für eine Gruppe von Vermögenswerten ermittelt (zum Beispiel für die gesamte Produktionsanlage oder ein Werk).

Die neue Verpackungseinheit erfährt demgemäß nach IAS 36 dann keine Abwertung, wenn der Barwert der erwarteten Einzahlungsüberschüsse aus der künftigen Veräußerung der Getränkeflaschen den Buchwert der Gruppe von Vermögenswerten, die der Verpackungseinheit zugerechnet worden sind, übersteigt. Das HGB ist demgegenüber vom Gläubigerschutz geprägt und legt dabei typisierend fest, dass das Risiko der Gläubiger erst dann hinreichend abgesichert ist, wenn jede *einzelne* Verlustquelle abgebildet wird. Diese unterschiedliche Sichtweise und insbesondere die Ermessensspielräume in der Zuordnung von Vermögenswerten zu CGU können im Einzelfall zu Unterschieden in der Erfassung von Wertminderungen zwischen HGB und IFRS führen.

Wenn ein einzelner Vermögenswert **überhaupt keinen Nutzen** mehr stiftet (falls die Verpackungseinheit z.B. durch Kurzschluss zerstört wird), ist gerade deswegen die Einzelbetrachtung der Verpackungseinheit wieder möglich, denn Nettoveräußerungspreis und Nutzungswert nehmen den gleichen Wert (Null) an. Der Vermögenswert ist daher nach IAS 36 *ungeachtet der vorherigen CGU-Zuordnung* voll abzuschreiben.[1] Die Einzelbetrachtung ergibt sich im Übrigen auch bei beabsichtigtem Verkauf einer im Zweifel unzerstörten Anlage (IAS 36.21).[2]   1516

frei   1517

3. Abgrenzung von zahlungsmittelgenerierenden Einheiten (CGU)

3.1 Grundsatz: Zahlungsströme unabhängig von anderen Unternehmenseinheiten

Wie vorstehend erläutert, ist der Impairment-Test regelmäßig auf sog. zahlungsmittelgenerierende Einheiten (cash generating units, CGU) zu beziehen. Daher ist das Unternehmen (der Konzern) in einzelne CGU zu zerlegen. IAS 36.6 definiert eine CGU als kleinste Gruppe von Vermögenswerten, die   1518

---

1 Allerdings besteht ein *Konkurrenzverhältnis* zu IAS 16.67b, wonach ein Gegenstand des Sachanlagevermögens auszubuchen ist (*derecognition*), wenn er überhaupt keinen zukünftigen Nutzen mehr erwarten lässt. Da aber im Hinblick auf Wertminderungen IAS 16.63 ausdrücklich auf IAS 36 verweist, ist hierin ein Vorrang zu sehen, so dass im Fall der Ausbuchung auf Grund einer außerplanmäßigen Abschreibung auch die Angabepflichten nach IAS 36 zu beachten sind (auf die freilich bei unwesentlichen Posten zu verzichten ist).
2 In diesem Fall wäre freilich – IAS 36.21 weist leider nicht darauf hin – die Anwendung des IFRS 5 zu prüfen. Dies würde nicht zu einer anderen Bewertung, wohl aber zu einem anderen Ausweis und Erläuterungen führen, s. Rz. 2700 ff.

weitestgehend unabhängig (*largely independent*) von anderen Vermögenswerten oder Gruppen von Vermögenswerten Zahlungszuflüsse generiert.

3.2 Obergrenze Segmente

1519 IAS 36.80 enthält zur Festlegung von CGU eine eindeutig definierte Obergrenze: Eine CGU oder Gruppe von CGU, der Goodwill zuzurechnen ist, darf nicht größer als ein Geschäftssegment i.S.v. IFRS 8 sein. Bei nicht kapitalmarktorientierten Unternehmen, die nicht zur Segmentberichterstattung verpflichtet sind, ist diese Regelung als Fiktion zu verstehen. Der fiktive Segmentzuschnitt begrenzt somit die Goodwillzuordnung und damit auch die Abgrenzung von CGU selbst. Einzelheiten zur Definition eines Geschäftssegments im Kontext mit IAS 36 stellen wir ab Rz. 1531 dar.

3.3 Untergrenze und Abgrenzungshinweise

3.3.1 Berücksichtigung technischer, rechtlicher und wirtschaftlicher Aspekte

1520 Unterhalb der Segmentebene lassen sich auf Grund der Vielfältigkeit der Praxis für die Zerlegung eines Unternehmens in einzelne CGU nur abstrakte Leitlinien formulieren.[1] IAS 36.130d nennt als Beispiele etwa Produktionslinien, Werke, Geschäftsbereiche oder Regionen und enthält im Übrigen nur vergleichsweise wenig Abgrenzungshinweise, woraus die Notwendigkeit vernünftiger kaufmännischer Beurteilung (*judgement*) resultiert (IAS 36.68). In diesem Rahmen sollen ausdrücklich folgende Aspekte berücksichtigt werden (IAS 36.69):

– das **interne Berichtswesen** (*how management monitors the entity's operations*)[2] sowie

– **strategische Entscheidungen** über Fortsetzung und Einstellung der unternehmerischen Tätigkeit (*how management makes decisions about continuing or disposing of the entity's assets and operations*)

1521 Im Detail fordert IAS 36 zur Zusammenfassung von Vermögenswerten zu CGU, die jeweiligen **technischen** sowie **rechtlichen und wirtschaftlichen** Abhängigkeiten hinsichtlich der selbständigen Erzeugung von Cashflows zu analysieren.

Beispiel:

So liegt es **technisch** auf der Hand, dass innerhalb einer Fertigungsstraße eines Automobilwerkes der einzelne Roboter keine Cashflows erzielen kann, die unabhängig vom Einsatz anderer Roboter wären (s. auch Beispiel in Rz. 1515).

---

1 Zu Beispielen in der Energiewirtschaft vgl. *Telkamp/Bruns*, FB, Beilage 1/2000, 24 (26).
2 Dabei fordert IAS 36 *nicht*, dass zum Zwecke der CGU-Abgrenzung neue Berichtsstrukturen geschaffen werden.

Dies gilt selbst dann, wenn aus Überwachungsgründen jeder Roboter als separate Maschinenkostenstelle geführt wird. Gleiches gilt für verschiedene Aggregate bei technisch verbundener Produktion (**Kuppelproduktion**), wie sie etwa in der chemischen Industrie häufig ist.

Ist ein Verkehrsunternehmen qua Vertrag (**rechtlich**) mit einer Gebietskörperschaft an den Betrieb von beispielsweise fünf Buslinien gebunden, ist eine einzelne Buslinie schon deshalb keine CGU, weil der Vertrag nicht unabhängig von dem Betrieb der anderen Linien gekündigt werden kann. Obwohl sich den einzelnen Buslinien Zahlungsströme **zuordnen** lassen, sind die Zahlungsströme dennoch **nicht unabhängig voneinander**, da das Unternehmen keine Option hat, einzelne Buslinien aufzugeben. Somit bilden die fünf Buslinien zusammen und damit das Busunternehmen insgesamt eine CGU (IAS 36.68). Dies gilt auch dann, wenn die Gesellschaft fünf verschiedene Kostenstellen eingerichtet hat, um die Ergebnisse pro Linie zu ermitteln: Hier wird das Monitoring-Merkmal durch das Strategie-Merkmal verdrängt. 1522

Ein Unternehmen kann aus der Analyse seines **Kundenstamms** Entscheidungshilfen für die CGU-Abgrenzung gewinnen. So *kann* die einzelne Filiale einer Einzelhandelskette, welche auf Grund regionaler Unterschiede über einen separierbaren und eigenständigen Kundenstamm verfügt, als CGU qualifiziert werden (IAS 36.IE1 ff.).[1] Umgekehrt kann ein einheitlicher Kundenstamm auch zu einer Zusammenfassung von Unternehmensbereichen, etwa bei **horizontaler** Produktion, führen: 1523

Beispiel:
In einem Stahlwerk werden auf einer Kaltwalzstraße gerollte Walzbleche (sog. Coils) zu Elektroblechen weiterverarbeitet. Daneben betreibt das Stahlwerk eine Gießerei. Trotz fehlendem Produktionsverbund kann unter der Voraussetzung eines **Absatzverbundes** eine CGU vorliegen, wenn nämlich die Gießerei deswegen aufrechterhalten wird, um zu verhindern, dass Kunden des Bereichs Kaltwalzstrasse zu Wettbewerbern abwandern, die beides anbieten. Der **wirtschaftliche „Zwang" zur Fortführung** ist somit u.E. nicht anders zu beurteilen als technische oder rechtliche Notwendigkeiten.

frei 1524

---

[1] Dies hat der IASB entgegen der RIC Eingabe v. 12.10.2006 bestätigt, vgl. IFRIC update, März 2007, S. 4 f.: Danach kommt es auf die Unabhängigkeit der Zahlungsmittel*zuflüsse* jeder Filiale an und nicht darauf, ob es etwa durch gemeinsamen Einkauf etc. voneinander abhängige Zahlungsabflüsse gebe. Demgegenüber hatte der RIC die Frage aufgeworfen, ob auch die Zusammenfassung mehrerer nach einer einheitlichen Strategie geführter Einzelhandelsgeschäfte zulässig sein könnte.

3.3.2 CGU-Abgrenzung bei vertikal integrierten Unternehmen

1525 Bei vertikal integrierten Unternehmen stellt sich die Frage, ob Produktionsanlagen, die Vorprodukte herstellen, CGU sein können. IAS 36.70 erweckt den Anschein, dass dies zumindest immer dann zu bejahen sei, wenn die Vorprodukte auf einem aktiven Markt (zum Begriff s. Rz. 475) verkauft werden *könnten*. Tatsächlich kommt es aber auch hier auf die übergeordneten Management-Entscheidungen an (IAS 36.69).

> **Beispiel:**
>
> Ein Holzfensterproduzent bestehe aus den zwei Produktionseinheiten Flachglaswerk und Montage.
>
> Es sei zunächst (realitätsfern) angenommen, dass es für das im Flachglaswerk produzierte Glas keinen Markt gibt. In diesem Fall ist es offensichtlich, dass das *gesamte Unternehmen* eine CGU darstellt. Die Fensterglasproduktion ist abhängig vom Erfolg des Endprodukts. Nimmt man ferner an, dass das Unternehmen auf dem Holzfenstermarkt sehr erfolgreich ist, dann besteht auch kein Anlass, über eine Wertminderung nachzudenken.
>
> Nun werde realistischerweise angenommen, dass das im Flachglaswerk produzierte Glas auch unmittelbar an Externe veräußert werden kann. Besteht der Konzern wegen der **Existenz eines aktiven Marktes** für Fensterglas unmittelbar und ohne weitere Prüfschritte aus zwei CGU? Die Frage ist im Ergebnis dann irrelevant, wenn der Flachglasbereich isoliert betrachtet ebenfalls profitabel ist. Es kommt nicht zu einer Wertminderung des Flachglaswerkes. Brisant wird es dagegen, wenn die Kostenstruktur des Flachglaswerkes ungünstig ist, es für den Konzern also billiger wäre, das Fensterglas extern zu beziehen. Soll dann trotz annahmegemäß weiterhin hervorragender Cashflow-Rendite aus dem Holzfensterverkauf das Flachglaswerk als eine CGU außerplanmäßig abgeschrieben werden? Wie sollte diese Information den Abschlussadressaten glaubhaft gemacht werden, und wirklich: Werden dann nicht eher stille Reserven gelegt?
>
> Tatsächlich bildet das Flachglaswerk trotz Bestehen eines aktiven Marktes nicht zwingend eine eigene CGU, und zwar dann nicht, *wenn (aus strategischen Gründen) die Entscheidung über die Aufrechterhaltung oder Einstellung der Produktion nicht unabhängig von den anderen Bereichen erfolgt* (s. Rz. 1523). Wird die Produktion z.B. bewusst nicht ausgelagert, weil die Erhaltung des Produktions-Know-how und die Einhaltung der Qualitätsstandards erst den besonderen Ruf der Fenster begründet, dann dient die Produktion des Flachglases unter Inkaufnahme von Verlusten letztlich dazu, den besonderen Ertrag des Restkonzerns zu sichern. In diesem Fall können bzw. müssen das Flachglaswerk und die Montage zu einer CGU zusammengefasst werden. Eine außerplanmäßige Abschreibung würde zu stillen Reserven führen und wäre eine Fehlinformation der Abschlussadressaten; eine Wertminderung liegt nicht vor. Allerdings sollte das beschriebene Szenario Anlass genug sein, die künftige Mengen- und Preisentwicklung auf dem Fenstermarkt sorgfältig zu überprüfen.
>
> Ist umgekehrt die Entscheidung über die Aufrechterhaltung oder Einstellung der Glasproduktion *unabhängig* von den anderen Unternehmensbereichen,

dann bildet das Flachglaswerk eine CGU. Dann gäbe es rational wohl kaum noch Gründe, das Flachglaswerk weiter zu führen, denn die Aufgabe des Werkes würde das verbliebene Unternehmen insgesamt noch profitabler machen. Das, und in diesem Zusammenhang auch eine außerplanmäßige Abschreibung, wäre den Abschlussadressaten auch zu vermitteln. Bei der Cashflow-Schätzung des Flachglaswerks müssen für den Impairment-Test statt möglicherweise verzerrter Verrechnungspreise die Marktpreise des aktiven Marktes zugrunde gelegt werden (IAS 36.70 f.).

◌ Das **Kriterium des aktiven Marktes** ist damit **nicht** als **entscheidendes Abgrenzungskriterium** für mehrstufige Produktion als übergeordnet zu beachten und sozusagen Ausgangspunkt der Abgrenzung.[1] Es tritt vielmehr an zweiter Stelle hinter die nach IAS 36.69 vorzunehmende Beurteilung, ob Zahlungsmittelzuflüsse voneinander unabhängig sind. Erst nachfolgend, sozusagen unterhalb des übergeordneten Prinzips der unabhängigen Ermittlung von Zahlungsmittelzuflüssen, ist der Aspekt des aktiven Marktes relevant (IAS 36.70). In den Fällen nämlich, in denen die Produktion einer Gruppe von Vermögenswerten überwiegend intern verwendet wird (also auf den ersten Blick eigentlich gar keine unabhängigen Zahlungsmittelzuflüsse anzunehmen sind), eröffnet IAS 36.70 die Möglichkeit, von einer CGU auszugehen, falls ein aktiver Markt besteht. Werden hingegen Endprodukte hergestellt, erübrigt sich das Vorhandensein eines aktiven Markts als konstitutives Kriterium einer CGU. 1526

3.4 Stetigkeit der CGU-Abgrenzung

Für vorgenommene CGU-Abgrenzungen gilt das **Stetigkeitsgebot**, sofern sich die Umfeldbedingungen nicht verändert haben (IAS 36.72). Interne Umstrukturierungen können bereits zur Stetigkeitsdurchbrechung führen, s. Rz. 1535. 1527

3.5 Praxishinweise

CGU-Abgrenzungen eröffnen **bilanzpolitische Ermessensspielräume**. Je weiter die Einheiten definiert werden, desto größer ist der in der CGU vorhandene Saldierungsbereich von Chancen und Risiken (Gewinnen und Verlusten) zur Verhinderung von außerplanmäßigen Abschreibungen.[2] Hinzu kommt, dass die Abgrenzungskriterien „Berichtswesen" und „Managementstrategie" isoliert betrachtet stark unterschiedliche CGU Umfänge begründen: Das Berichtswesen erfordert bereits aus Überwachungsgründen eine feingliedrige Unterteilung und führt damit zu einem engen CGU-Zuschnitt. Demgegenüber 1528

---

1 A.A. *Bartels/Jonas* in Beck'sches IFRS-Handbuch, 2. Aufl. 2006, § 27 Rz. 62; *Brücks/Kerkhoff/Richter* in Thiele/von Keitz/Brücks (Hrsg.), Internationales Bilanzrecht, 2008, IAS 36 Rz. 214.
2 Diese und eine Zusammenstellung weiterer, mit dem Impairment-Test zusammenhängender Ermessensspielräume finden sich in *Kirsch*, Finanz- und erfolgswirtschaftliche Jahresabschlussanalyse nach IFRS, München 2004, S. 47–57.

rechtfertigt die Managementstrategie einen eher weiten CGU-Zuschnitt, wenn das Management begründen kann, dass bei einem Produktions- und Absatzverbund praktisch alle zugehörigen Unternehmensteile unabdingbar sind (Rz. 1525). Im letztgenannten Fall mag es gar nicht so selten vorkommen, dass (vorbehaltlich der Obergrenze „Segmente", Rz. 1519) letztlich das ganze Unternehmen eine CGU darstellt[1], wie auch in IAS 36.IE16 eingeräumt wird.[2]

1529 ➲ Die praktische Bedeutung der CGU-Abgrenzung *ohne* Zuordnung von Goodwill ist jedoch begrenzt: Diejenigen Vermögenswerte oder Gruppen von Vermögenswerten, die z.B. wegen Beschädigung oder Aufgabe gar nicht mehr genutzt werden, müssen ohnehin unabhängig vom sonstigen CGU-Zuschnitt abgewertet werden (Rz. 1516). Zudem sind bei CGU ohne Goodwill „nur" die Buchwerte von Grundvermögen, Maschinen etc. betroffen, die überwiegend ohnehin planmäßig abgeschrieben werden und bei fehlenden Wertminderungsindikatoren („normale" Rentierlichkeit, s. Rz. 1545) auch nicht betrachtet werden müssen. Somit verbleiben als praktisch relevanter Fall Anschaffungen, die sich relativ schnell als Fehlinvestition erweisen. Die hauptsächliche Bedeutung der CGU besteht jedoch darin, ein **Gerüst für die Zuordnung des gekauften Goodwill** bereitzustellen. Dabei gelten besondere Zuordnungsregeln, die im Folgenden erläutert werden.

4. Zuordnung von Goodwill zu zahlungsmittelgenerierenden Einheiten (CGU)

4.1 Grundregel: Zuordnung nach Synergieeffekten

1530 Aktivierte Goodwills sind zwingend einzelnen CGU oder Gruppen von CGU zuzuordnen, da sie einerseits jährlich auf Wertminderung zu testen sind, andererseits aber selbständig keine Zahlungsflüsse generieren können (IAS 36.81).

Zuordnungsmaßstab sind die erwarteten **Synergieeffekte** aus dem Unternehmenszusammenschluss. Dabei kann es sich um Kosteneinsparungen im Gemeinkostenbereich, Kostenvorteile aus größeren Einkaufsvolumen, ersparte Entwicklungskosten, Vorteile aus einer Komplettierung der Produktpalette u.v.m. handeln. Wenn sich Synergien in einem entsprechend weiten Bereich realisieren, kann Goodwill auch mehreren CGU bis zu ganzen Unternehmenssegmenten (Rz. 1531) zugeordnet werden. Dabei sind jenen CGU oder Gruppen von CGU die höchsten Goodwillbeträge zuzuordnen, bei denen die höchsten Synergieeffekte zu erwarten sind. Mögliche Aufteilungsmaßstäbe können die beizulegenden Zeitwerte der CGU oder Ertragswertanteile (EBIT, EBITDA) sein.[3] Daraus folgt auch, dass ein erworbener Goodwill (losgelöst vom erworbenen Unternehmen) durchaus anderen CGU zugeordnet werden kann als die erworbenen übrigen Vermögenswerte (IAS 36.80).

---

1 In einem Fußballverein können die Bereiche Zuschauereinnahmen, Fernsehrechte, Werbeeinnahmen und Merchandising letztlich nicht als unabhängig voneinander angesehen werden, da alle Einnahmen mit der Qualität und dem Erfolg der Mannschaft stehen und fallen, vgl. *Lüdenbach/Hoffmann*, DB 2004, 1442 (1445).
2 Dies wurde auch von kritischen Stellungnahmen zu IAS 36 angemerkt, s. IAS 36.BCZ113.
3 Vgl. IDW RS HFA 16, Rz. 94.

4.2 Obergrenze Segmente

Die Goodwillzuordnung ist *nach oben* begrenzt durch **Geschäftssegmente** i.S. der Segmentberichterstattung (IAS 36.80b). Bei fehlender Kapitalmarktorientierung ist diese Vorgabe als Fiktion zu verstehen. IAS 36 definiert bisher jedoch nicht, was in diesem Kontext unter Geschäftssegment i.S.v. IFRS 8 zu verstehen ist. Folgende Begriffe kommen in Betracht:

(a) Geschäftssegment i.S.v. IFRS 8.5 *vor Zusammenfassung* (Rz. 4610).

(b) Berichtssegmente, die wegen identischer Merkmale nach IFRS 8.12 zusammengefasst sind (Rz. 4616ff.).

(c) Berichtssegmente, die wegen Unwesentlichkeit (Unterschreiten der 10% Grenze) nach IFRS 8.13, 16 zusammengefasst sind (Rz. 4624).

1531

Nach dem Verbesserungsstandard 2009 wird **mit Wirkung ab 1.1.2010** (Rz. 1507) die Alternative (a) vorgegeben.[1] Bis dahin sind jedoch alle Auffassungen (a), (b) und (c) als zulässig anzusehen.[2]

Beispiel:

Der Vorstand einer im Bereich Medizintechnik tätigen Firma lässt sich monatlich folgende Reportingunterlagen vorlegen:

(1) Gesamtunternehmensergebnis

(2) Ergebnisse aller 50 rechtlichen Konzerntöchter.

Die 50 rechtlichen Einheiten stellen jeweils Geschäftssegmente i.S.v. IFRS 8.5 dar (Rz. 4610). Für die Zuordnung des Goodwill gilt dann Folgendes:

– Wenn der Vorstand begründen kann, die 50 rechtlichen Einheiten wegen Ähnlichkeit der Merkmale nach IFRS 8.12 oder jeweils wegen Unwesentlichkeit zusammenzufassen, muss auch der Goodwill **nach der gegenwärtigen Regelung** nicht auf 50 Geschäftssegmente aufgeteilt werden, sondern kann dem einen Segment „Medizintechnik" und damit dem Gesamtunternehmen zugeordnet werden, obige Alternativen (b) bzw. (c).

– Nach dem Annual Improvement Project 2009 müsste der Goodwill jedoch **mit Wirkung ab 1.1.2010** auf 50 Geschäftssegmente aufgeteilt werden, obige Alternative (a).

Variante:

Zusätzlich zum Gesamtunternehmensergebnis und zu den Ergebnissen der 50 rechtlichen Einheiten lässt sich der Vorstand die Ergebnisse der zwei Sparten „Krankenhaustechnik" (Anteil an Umsatz, Ergebnis und Vermögen ca. min. 92%) und „Arztpraxen" (Anteil je max. 8%) berichten.

Damit liegt eine **Matrix-Organisation** vor, bei der das Management entscheiden muss, welches Format es für die Berichterstattung als entscheidungsnützlich ansieht (Rz. 4614). Wenn das Management die Segmentierung nach den

---

1 Vgl. Improvements to IFRSs, 2009, IAS 36.80b.
2 Vgl *Heintges/Urbanczik/Wulbrand*, DB 2008, 2778 (dort FN 67).

zwei Sparten als entscheidungsnützlich ansieht (z.B. weil sich die Ressourcenzuteilung primär nach diesen Sparten und nicht nach den rechtlichen Einheiten richtet), wären diese (und nicht die 50 rechtlichen Einheiten) Geschäftssegmente i.S.v. IFRS 8.5.

- **Gegenwärtig** kann der Vorstand die Ansicht vertreten, dass das Geschäftssegment „Arztpraxen" unter dem kritischen Schwellenwert von 10 % gemäß IFRS 8.13 liegt (Rz. 4621), so dass die Gesellschaft nur über ein Berichtssegment verfügt. Werden nun die Berichtssegmente i.S.v. IFRS 8 gemäß obiger Alternative (c) als Obergrenze für die Goodwillzuordnung angesehen, wäre ebenfalls die Zuordnung des Goodwill zum Gesamtunternehmen zulässig.[1]
- **Zukünftig**, d.h. ab 1.1.2010, wäre der Goodwill auf die zwei Geschäftssegmente (Krankenhäuser und Arztpraxen) aufzuteilen.

⮕ Das Beispiel zeigt:
- Es liegt auf der Hand, dass durch die **Zusammenfassung von Geschäftssegmenten** positive und negative Wertentwicklungen kompensiert werden (etwa Ausgleich von Wertminderungen im Bereich „Krankenhäuser" durch stille Reserven bei „Arztpraxen" und somit der Ausweis eines Wertminderungsverlustes vermieden wird (Bildung von sog. cushions gemäß IAS 36.BC167).
- Die *bilanzpolitischen Möglichkeit* der Zusammenfassung von Geschäftssegmenten nehmen bei Umsetzung der Neuregelung ab 1.1.2010 erheblich ab. *Nach* Umsetzung der Neuregelung bestehen bilanzpolitische Möglichkeiten durch die Schaffung einer Matrixorganisation (soweit noch nicht vorhanden).

4.3 Untergrenze Berichtswesen

1532 *Nach unten* wird die Goodwillzuordnung auf die Stufe begrenzt, bis zu der das Management den Goodwill überwacht (IAS 36.80a). Mit dieser abstrakten Formulierung ist z.B. gemeint, dass ein Goodwill oder ein Teil davon bei der Ermittlung des zu verzinsenden Kapitals der betreffenden CGU einbezogen wird, welches die Bezugsgröße für eine vorgegebene Mindestverzinsung ist.[2] Diese Regelung soll verhindern, dass infolge der Einführung des jährlichen Wertminderungstests neue Berichtsstrukturen geschaffen werden müssen. Andererseits muss das Unternehmen an einer so getroffenen Goodwillzuordnung auch für Zwecke des IAS 36 festhalten. Fehlt es an derart formalisierten Goodwillzuordnungen, greift die Untergrenze folglich nicht. Unerheblich ist, dass sich das Management zur Überwachung der Geschäftsführungen die Ergebnisse einzelner Tochtergesellschaften berichten lässt. Dies führt nicht bereits dazu, dass der Goodwill auch den jeweiligen rechtlichen Einheiten zuzuordnen wäre.

---

1 Selbst wenn die Voraussetzung zur Zusammenfassung beider Sparten „Krankenhäuser" und „Arztpraxen" zu einem Geschäftssegment wegen Ähnlichkeit der Merkmale i.S.v. IFRS 8.12 nicht gegeben ist.
2 Vgl. IDW RS HFA 16, Rz. 96.

4.4 Beispiel zur Goodwillzuordnung

Die bisherigen Erörterungen können durch folgendes Beispiel zusammengefasst werden:

1533

> **Beispiel:**
> Der bisher aus den Segmenten Food und Einzelhandel bestehende Konzern K erwirbt im Sommer 01 das im Versandhandel tätige Unternehmen V.
> - Der Kaufpreis überstieg die Differenz der im Rahmen der Erstkonsolidierung zum beizulegenden Zeitwert angesetzten Vermögenswerte und Schulden, so dass ein Goodwill i.H.v. 260 anzusetzen ist.
> - V ist in die Sparten „Hausrat" und „Mode" aufgeteilt, die jeweils eine CGU darstellen und zusammen das Segment Versandhandel V bilden.
> - Der Vorstand ordnet mit 180 den Großteil des Goodwill dem Versandhandel V insgesamt zu, weil man eine Einzelaufteilung auf die beiden Sparten „Hausrat" und „Mode" nicht für möglich hält.
> - Allerdings glaubt man wegen größtenteils identischer Bezugsquellen im unteren Preissegment an Synergieeffekte im Geschäftszweig „Kaufhaus", so dass auch dieser CGU ein Goodwill-Anteil von 80 zugewiesen wird.
>
> Die nachfolgende Abbildung zeigt die Organisationsstruktur des Konzerns. Wegen der Goodwillzuordnung sind künftig die CGU „Kaufhaus" sowie als Gruppe von CGU das Segment „Versandhandel" einem jährlichen Impairment-Test zu unterziehen (s. hierzu Rz. 1548).

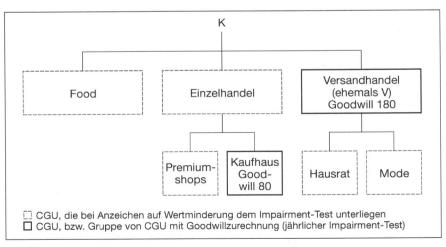

Abb. 28: Zuordnung von Goodwill zu zahlungsmittelgenerierenden Einheiten (CGU)

4.5 Zeitpunkt der Goodwillzuordnung

1534 Die Goodwillzuordnung ist spätestens bis zum Ende des auf den Unternehmenszusammenschluss folgenden Geschäftsjahrs abzuschließen (IAS 36.84). Sobald dergestalt eine Zurechnung erfolgt ist, hat ein Wertminderungstest zu erfolgen (IAS 36.96) und ist in der Folgezeit jährlich durchzuführen.

> **Beispiel (Fortsetzung von Rz. 1533):**
>
> Wenn der im Erstkonsolidierungszeitpunkt (Sommer 01) entstandene Goodwill i.H.v. 260 noch in 01 auf die CGU von K verteilt wird, ist auch der Impairment-Test noch in 01 durchzuführen. Sofern aber die organisatorische Eingliederung von V mehr Zeit benötigt, kann die Goodwillzuordnung auch in das Jahr 02 verschoben und erst dann erstmalig der Impairment-Test durchgeführt werden.

4.6 Stetigkeit der Goodwillzuordnung/Neuorganisation

1535 Eine einmal festgelegte Goodwillzuordnung ist grundsätzlich **stetig** fortzuführen. Auf der anderen Seite können organisatorische Änderungen im Unternehmen, die auch die CGU-Zuschnitte berühren, nicht untersagt werden. In diesem Fall ist der Goodwill nach dem **relativen Anteil am erzielbaren Betrag** der CGU (**relativer Unternehmenswertvergleich**[1]) insgesamt neu zu verteilen (IAS 36.87).

> **Beispiel (Fortsetzung von Rz. 1533):**
>
> Die CGU „Versandhandel" umfasse auch den Teilbereich „Internethandel", zu dem ein Teil des Sachanlagevermögens gehört. Infolge einer organisatorischen Änderung werde der Bereich „Internethandel" der CGU „Kaufhaus" zugeführt. Dann sind neben den Sachanlagen (100) auch 200/1000 des Buchwertes des Goodwill (= 36) der CGU „Kaufhaus" zuzuführen.
>
> | | sonstiger Versandhandel | Internethandel | Versandhandel Insgesamt |
> | --- | --- | --- | --- |
> | Buchwert Sachanlagen | 200 | 100 | 300 |
> | Erzielbarer Betrag | 800 | 200 | 1000 |
> | Erzielbarer Betrag % | 80 % | 20 % | 100 % |
> | Goodwill | 144 | 36 | 180 |

Tatsächlich besteht bei organisatorischen Maßnahmen gestalterisches Potenzial, das zu **bilanzpolitischen Zwecken** genutzt werden kann. Ist zu befürch-

---

1 Vgl. *Watrin/Hoehne*, WPg 2008, 695 (701).

ten, dass es bei bestimmten CGU bald zu außerplanmäßigen Abschreibungen des Goodwill kommt, kann durch organisatorische Änderungen und neue Zuschnitte der CGU versucht werden, diese zu verhindern.

4.7 Abgang von Goodwill bei der Veräußerung von Teilbereichen bzw. Entkonsolidierung

Wird eine **goodwilltragende CGU insgesamt** veräußert, ist auch der gesamte dieser CGU zugeordnete Goodwill als Abgang zu erfassen. Bei dieser CGU kann es sich um eine oder mehrere **Tochtergesellschaften** handeln oder aber um sog. **operations**: 1536

Der Begriff *operation* ist in IAS 36 nicht definiert. Man wird darunter – in Analogie zur *disposal group* in IFRS 5 – eine Gruppe von in sachlichem Funktionszusammenhang stehenden Vermögenswerten zu verstehen haben. Sicher wird ein **Teilbetrieb** i.S.v. § 16 Abs. 1 Satz 1 Nr. 1 EStG – ein organisch geschlossener, mit einer gewissen Selbständigkeit ausgestatteter Teil eines Gesamtbetriebes, der (für sich betrachtet) alle Merkmale eines Betriebs im Sinne des EStG aufweist und als solcher lebensfähig ist[1] – als *operation* aufzufassen sein, *nicht* jedoch ein bloßer **Betriebsteil**.

Werden hingegen **Teile einer CGU veräußert**, z.B. ein Tochterunternehmen oder eine *operation*, die einer größeren goodwilltragenden CGU zugeordnet wurden, hat die Bestimmung des abgehenden Goodwill wie bei der Neuorganisation (Rz. 1535) durch **relativen Unternehmenswertvergleich** zu erfolgen: 1537

Beispiel (Fortsetzung von Rz. 1533):

Der noch der CGU „Versandhandel" zugehörige, selbständig operierende Bereich „Internethandel" werde zu einem Preis von 200 GE veräußert. Dann gehen neben dem zuzurechnenden Sachanlagevermögen mit einem Buchwert von 100 GE auch anteilig 20% des Buchwertes des Goodwill (= 36) ab, so dass der Veräußerungsgewinn 64 GE beträgt. In Rz. 3731 zeigen wir ein ausführliches Beispiel zur **Entkonsolidierung** von Tochterunternehmen.

Von diesem Aufteilungsmaßstab kann nur ausnahmsweise abgewichen werden, wenn dies nicht zu sachgerechten Ergebnissen führt: Wurde z.B. einer verlustträchtigen CGU ohne Goodwill ein „neuer" Goodwill zugeordnet und wird wenig später der Verlustbereich veräußert, ist kein anteiliger Goodwillabgang zu buchen und das Veräußerungsergebnis wird nicht entsprechend gemindert (IAS 36.86b i.V.m. 36.BC156.).

Da die Goodwillzuordnung nicht an das erworbene Unternehmen gebunden ist, sondern nach Maßgabe der zu erwartenden Synergien auf die CGU des Konzerns vorzunehmen ist (Rz. 1530), kann der erworbene Goodwill durch

---
[1] St. Rspr., s. nur BFH v. 13.2.1996 – VIII R 39/92, BStBl. II 1996, 409 m.w.N.

den späteren Verkauf der goodwilltragenden CGU seinerseits „verkauft" werden, ohne dass es zu einer Veräußerung bzw. Entkonsolidierung der ursprünglich erworbenen Tochtergesellschaft gekommen ist.

Bei der **Verlagerung** oder **Veräußerung unselbständig operierender Betriebsteile** oder gar einzelner Vermögenswerte ist dagegen **kein Goodwilltransfer** zu berücksichtigen.

4.8 Besonderheiten bei der Full Goodwill-Methode nach IFRS 3 (2008)

1538 Wird (nach Freischaltung durch die EU) von dem Wahlrecht Gebrauch gemacht, bei Erwerb von Tochterunternehmen auch die Minderheitenanteile inklusive Goodwill zu bewerten (Rz. 3400), ist der Goowill

– für die Bestimmung des abgehenden Buchwertes bei einem evtl. späterem Abgang und

– für die Zurechnung möglicher Wertminderungen

in mehrerer Hinsicht zuzuordnen:

(1) Der aktivierte Goodwill ist zunächst **auf Konzernmehrheit und Minderheiten** aufzuteilen: Dies geschieht bereits bei der Goodwillermittlung: Auf Grund der Gegenleistung der Konzernmutter entfallen 900 auf MU; der Minderheitengoodwill (50) ergibt sich aus einer entsprechenden Fair value Ermittlung (Rz. 3421).

	Total	MU 80 %	Minderheiten 20 %
Gegenleistung	2100	2100	
Fair value Minderheiten	350		350
Zwischensumme	2450	2100	350
Nettovermögen	– 1500	– 1200	– 300
Goodwill	950	900	50
davon TU zugeordnet	*450*	*400*	*50*
davon Restkonzern zugeordnet	*500*	*500*	*0*

1539 (2) Der Goodwill ist sodann unabhängig von dem Ort bzw. Anlass seiner Entstehung **einer goodwilltragenden CGU zuzuordnen**:

(a) Regelmäßig wird dabei ein Teil des *Goodwill der Muttergesellschaft* dem Restkonzern zugeordnet werden, wenn sich Synergien an anderer Stelle realisieren (im Beispiel 500, vgl. IAS 36.IE68A ff.).

(b) Dagegen kann der **Minderheitengoodwill** nur der TU zugeordnet werden, da dieser die Gewinnaussichten der Minderheiten *bei TU* reflektiert.

Im dem hier unverändert wiedergegebenen Beispiel des IAS 36.IE68A f. entspricht die Relation der bei TU verbleibenden Goodwillanteile (450/50) *nicht* den Beteiligungsquoten (80/20). Als Ursache kommt eigentlich nur eine Kontrollprämie in Betracht, wobei sich die Frage stellt, ob die daraus resultierenden ökonomischen Vorteile nicht entweder (a) auch im Restkonzern anfallen (und daher umzugliedern wären) oder (b) sich zwar bei TU realisieren und sich dann aber im Fair value der Minderheiten niederschlagen müssten. Die Goodwillzuordnung ist u.E. kritisch zu hinterfragen.

(3) Die weitere Behandlung des Goodwill bei Neuorganisationen bzw. Abgang von *operations* oder Entkonsolidierung hängt davon ab, ob die **TU eine goodwilltragende CGU** oder **Teil einer größeren goodwilltragenden CGU** ist:

(a) Ist die **TU** selbst **eine goodwilltragende CGU** und werden Teile, z.B. einzelne operations, übertragen, bemisst sich der abgehende Goodwillanteil nach dem relativen Unternehmenswert *innerhalb der TU*. Die Aufteilung auf Konzernmehrheit und Minderheiten geschieht nach der Relation der Goodwills gemäß der Zuordnung (2).

(b) Ist die **TU Teil einer größeren CGU**, erfolgt die Ermittlung des von TU abgehenden Goodwill entsprechend dem relativen Unternehmenswertvergleich innerhalb der CGU (TU oder Teile hiervon im Vergleich zur gesamten CGU). Dieser Anteil wird anschließend gemäß den Goodwillanteilen (2) auf Konzernmehrheit und Minderheiten aufgeteilt.

Der abgehende Goodwillanteil der Minderheiten wird danach regelmäßig von dem bisher den Minderheiten zugeordneten Goodwillanteil abweichen. Da die Entkonsolidierung von Minderheiten erfolgsneutral zu erfolgen hat (IAS 27.34b (2008), Rz. 3506), muss in diesen Fällen eine Umbuchung der Differenz auf die Konzernmehrheit erfolgen, zweckmäßigerweise gegen Konzerngewinnrücklagen.[1] Gleiches gilt u.E. bei Neuorganisationen.

Zur Bestimmung und **Verteilung eines Wertminderungsaufwands** auf Konzernmehrheit und Minderheiten s. Rz. 1583 ff.

4.9 Praxishinweise

Die Entscheidung über die Zuordnung des Goodwills zu den einzelnen CGU hat große bilanzpolitische Konsequenzen und ist daher sorgfältig zu planen: Wird einer CGU mit einem vergleichsweise hohen Buchwert, aber niedrigem Nutzungswert auch noch ein Goodwill zugeordnet, so wird dieser beim nächsten Impairment-Test abzuschreiben sein, wenn der Nutzungswert unter den Buchwert (inkl. Goodwill) sinkt. Insoweit macht die Regelung, den Goodwill nach erwarteten Synergien zu verteilen, nicht nur inhaltlich, sondern auch bilanzpolitisch Sinn, wenn es das Ziel ist, außerplanmäßige Abschreibungen zu vermeiden. Auf der anderen Seite mag auch die entgegengesetzte Strategie verfolgt werden: Durch eine hohe außerplanmäßige Abschreibung wird die Bilanz auf Jahre gesehen „bereinigt". Freilich dürfte diese Strategie nur vorstellbar sein, wenn das Management, welches die Abschreibung vornimmt, nicht den vorherigen Unternehmenszusammenschluss zu verantworten hat.

◐ Im Einzelfall kann eine Zuordnung von Goodwill zum Gesamtunternehmen möglich sein, wenn sich ein Unternehmen im Wesentlichen auf ein Geschäftsfeld und ein Segment beschränkt, wie dies häufig im Mittelstand

---

1 Vgl. für den Fall der Entkonsolidierung *Watrin/Hoehne*, WPg 2008, 695 (702).

anzutreffen ist.[1] In diesem Fall vereinfacht sich der Goodwill-Impairment-Test erheblich, denn die auf eine Wertminderung zu prüfenden Buchwerte entsprechen dem Eigenkapital des Konzernabschlusses. Die Fragestellung lautet dann: Erreicht der **Unternehmenswert**[2] mindestens den Buchwert des Eigenkapitals? Falls nein, ist der aktivierte Goodwill außerplanmäßig abzuwerten, falls ja, muss gar nichts veranlasst werden.

1543 ⊃ Die gegenwärtig bestehenden bilanzpolitischen Möglichkeiten, die für den Goodwill Wertminderungstest maßgebliche CGU-Höchstgrenze durch Aggregation der Geschäftssegmente auszuweiten, werden jedoch voraussichtlich von 2010 an auf Grund des Verbesserungsstandards 2009 deutlich eingeschränkt (Rz. 1531).

1544 frei

5. Wertminderungsindikatoren: Wann ist eine Wertminderungsprüfung durchzuführen?

5.1 Einzelne Vermögenswerte und CGU *ohne* Goodwill

1545 Die tatsächliche Durchführung eines Impairment-Tests ist arbeitsaufwendig. Daher ist ein solcher Test i.d.R. nicht generell, sondern nur dann durchzuführen, wenn bestimmte **Anhaltspunkte** (Indikatoren) anzeigen, dass einzelne Vermögenswerte oder Gruppen von Vermögenswerten (cash generating units, CGU) wertgemindert sein könnten. Diese Prüfung ist **zu jedem Bilanzstichtag** vorzunehmen (IAS 36.9 i.V.m. IAS 36.7).

Auch in anderen Standards finden sich Hinweise auf Indikatoren für mögliche Wertminderungen und Anlässe für Wertminderungstests; die nachfolgende Checkliste fasst diese zusammen:

Nr.	Indikator bzw. Sachverhalte	IAS
1	Gesunkene Marktwerte (geringerer Nettoveräußerungspreis)	36.12
2	Schlechtere Ertragsaussichten, weil sich das technische, juristische oder ökonomische Umfeld ändert (Zahlungsstrom mindert sich, geringerer Nutzungswert)	36.12
3	Gestiegene Zinssätze (führen bei unveränderten Cashflow-Erwartungen zu geringeren Bar- bzw. Nutzungswerten)	36.12
4	Überalterung, mangelnde Verwertbarkeit (geringerer Nettoveräußerungspreis)	36.12
5	Physische Schäden (geringerer Nettoveräußerungspreis)	36.12
6	Ein (Teil-)Betrieb soll im Rahmen einer Restrukturierung veräußert werden (s. Rz. 2340)	37.79
7	Es werden künftige betriebliche Verluste erwartet (geringerer Nutzungswert)	37.65

---

1 Vgl. *Pawelzik*, DB 2006, 793 (794), *Lüdenbach/Hoffmann*, DStR 2005, 884 (885).
2 Genauer: Der Wert des Eigenkapitals; in der Unternehmensbewertung wird der Unternehmenswert oft als Wert eines finanzschuldenfreien Unternehmens definiert.

Nr.	Indikator bzw. Sachverhalte	IAS
8	Es werden drohende Verluste aus schwebenden Geschäften erwartet (s. hierzu Rz. 2335)	37.69
9	Für einen neubewerteten immateriellen Vermögenswert des Anlagevermögens besteht kein aktiver Markt mehr	38.83
10	Test, ob Aktivierungsvoraussetzung „future economic benefits" bei Entwicklungskosten erfüllt ist (s. Rz. 1035 ff.)[1]	38.60
11	Ermittlung erzielbarer Betrag bei Rückklassifizierung eines „held for sale" (s. Rz. 2754)	IFRS 5.27b

Abb. 29: Checkliste für Indikatoren bzw. Sachverhalte, die Anlass geben, einen Impairment-Test durchzuführen

Nur wenn derartige Sachverhalte vorliegen, ist grundsätzlich der Impairment-Test durchzuführen – also *nicht* zu jedem Bilanzstichtag (vgl. aber zum Goodwill-Impairment-Test Rz. 1548). Umgekehrt ist der Ausweis positiver Jahresergebnisse in der externen Berichterstattung für sich genommen noch kein Indikator, dass eine Wertminderung *nicht* vorliegt, da der Nutzungswert auf Basis der diskontierten künftigen Netto-Cashflows ermittelt wird.[2]

Entsprechend dem Wesentlichkeitsgrundsatz kann ein komplexer Impairment-Test trotz ggf. bestehender Indikatoren dann unterbleiben, wenn

– die Ausprägung des veränderten Indikators selbst unwesentlich ist bzw.
– der Test im Ergebnis **nicht** zu einer **wesentlichen Wertminderung** führen würde (IAS 36.15 f.).

Ein Anwendungsfall für den Verzicht auf den Impairment-Test liegt vor, wenn entsprechende Berechnungen in der jüngeren Vergangenheit einen im Vergleich zum Buchwert genügend hohen Bewertungspuffer ergeben haben und sich entweder alle relevanten Parameter nicht wesentlich geändert haben oder bei Stabilität aller anderen Parameter nur **eine** wesentliche Variable eine kritische Grenze nicht berührt.

5.2 Überprüfung des Abschreibungsplans

Sollte ein Indikator vorliegen, jedoch ein Wertminderungstest nicht durchgeführt werden oder eine Wertminderung nach IAS 36 nicht gegeben sein, sind gegebenenfalls die **Restnutzungsdauer**, die **Abschreibungsmethode** und/oder der **Restwert** des Vermögenswertes gemäß den Vorschriften des jeweils zu beachtenden Standards anzupassen (IAS 36.17). Anders formuliert: Ein Wertminderungsindikator ist zugleich auch Indikator zur Überprüfung des Abschreibungsplans nach IAS 16.51. Auch ohne Anwendung von IAS 36 kann es insoweit bei Betrachtung einzelner Vermögenswerte zu einer über die ur-

---
[1] Es handelt sich hierbei systematisch nicht um einen Test, der zu einer außerplanmäßigen Abschreibung führen kann, sondern ganz im Gegenteil um die Prüfung, ob selbst erstellte immaterielle Vermögenswerte aktiviert werden müssen.
[2] Vgl. *Beyhs*, Impairment of assets, 2002, S. 84.

sprünglich planmäßige Abschreibung hinausreichenden Abschreibung kommen.

> **Beispiel (Abwandlung von Rz. 1516):**
>
> Die Verpackungseinheit sei durch einen Kurzschluss nicht völlig zerstört, sondern in ihrer zeitlichen Verwendungsfähigkeit auf Grund einer verminderten Nutzungsdauer eingeschränkt worden. Obwohl im Beispiel die CGU insgesamt nicht im Wert gemindert ist, muss gleichwohl der Abschreibungsplan wegen kürzerer Restnutzungsdauer angepasst und die planmäßige Abschreibung erhöht werden.

5.3 Jährlicher Wertminderungstest, insbesondere beim Goodwill

1548 Unabhängig vom Vorliegen eines Wertminderungsindikators ist ein **jährlicher Impairment-Test** vor allem für den **Goodwill aus Unternehmenszusammenschlüssen** und bei **aktivierten Entwicklungsprojekten in der Entwicklungsphase** vorgesehen, da ein Goodwill nicht mehr planmäßig und die Entwicklungsprojekte noch nicht abgeschrieben werden. Die nachfolgende Checkliste fasst diesen und andere Sachverhalte, die unabhängig vom Vorliegen eines Indikators zur Durchführung eines Impairment-Tests zwingen, zusammen:

Nr.	Sachverhalt	IAS
12	Goodwill aus Unternehmenszusammenschlüssen	IFRS 3.55
13	Immaterieller Vermögenswert mit unbegrenzter Nutzungsdauer (wird nicht planmäßig abgeschrieben)	38.108; 36.10
14	Immaterieller Vermögenswert wechselt von unbegrenzter Nutzungsdauer zur endlichen (und damit zur planmäßigen) Abschreibung	38.110
15	Immaterieller Vermögenswert wird noch nicht genutzt, z.B. aktivierte Entwicklungskosten in der Entwicklungsphase	36.10

Abb. 30: Checkliste für Sachverhalte, die zur Durchführung eines Impairment-Tests zwingen, unabhängig davon, ob ein Wertminderungsindikator vorliegt

Der jährliche Impairment-Test für den Goodwill muss nicht notwendigerweise am Bilanzstichtag durchgeführt werden; er kann für verschiedene CGU über das Jahr verteilt werden, ist aber dann für die einzelnen CGU jährlich zum gleichen Zeitpunkt durchzuführen (IAS 36.96). Diese Regelung hilft, **Arbeitsspitzen** in Rechungswesen- und Controllingabteilungen **zu vermeiden**.

1549 ➲ Auch auf eine genaue Ermittlung des erzielbaren Betrags der goodwilltragenden CGU kann verzichtet werden, wenn
  – sich die Zusammensetzung der Vermögenswerte und Schulden der CGU seit der letzten Berechnung nicht signifikant verändert hat,

- der zuletzt für die CGU ermittelte erzielbare Betrag den Buchwert deutlich überschritten hat *und*
- eine Analyse der bisherigen Ereignisse und der zur Ermittlung des erzielbaren Betrages verwendeten Parameter die Wahrscheinlichkeit bestätigt, dass sich der erzielbare Betrag kaum verändert hat (IAS 36.99).

Ein Goodwill-Impairment-Test wird umgekehrt auch bei ausreichend hohen *vergangenen* Bewertungsreserven immer dann notwendig sein, wenn z.B. Zweifel an der strategischen Ausrichtung aufkommen, Qualitätsprobleme, Marktveränderungen oder Wettbewerbsaktivitäten auf einen künftigen Margendruck hindeuten, Abwanderung von Schlüsselpersonal eintritt u.v.m.

frei   1550–1554

6. Durchführung des Impairment-Tests

6.1 Ermittlung des Nettoveräußerungspreises

Der Nettoveräußerungspreis ist derjenige Betrag, den ein Unternehmen erzielen könnte, wenn es den Vermögenswert oder die CGU an einen Dritten unter **Marktbedingungen** („in an arm's length transaction", s. Rz. 450 ff.) veräußern würde; es handelt sich um den Fair value abzüglich direkt zurechenbarer Veräußerungskosten (Gerichts- und Anwaltskosten, Beseitigungsaufwand etc.). 1555

In Betracht kommen tatsächlich vorhandene oder geschätzte Vergleichspreise (IAS 36.26 f.), wenn nicht sogar **verbindliche Verkaufsverträge** (IAS 36.25) vorliegen. Bei einer zahlungsmittelgenerierenden Einheit dürfte dann zugleich ein Anwendungsfall für die Einstellung von Bereichen (IFRS 5) vorliegen. In diesem Fall erfolgt jedoch ebenfalls eine Abwertung, soweit der Vergleichspreis (abzgl. Veräußerungskosten) den Buchwert unterschreitet (Rz. 2702).

Die detaillierten Vorschriften zum Nettoveräußerungspreis laufen in der Praxis allerdings häufig ins Leere, soweit nicht eine Veräußerung vorgesehen ist. Bei einer CGU ist die Ableitung von Nettoveräußerungserlösen aus ggf. korrigierten Vergleichspreisen meist eine Illusion (und deshalb auch nicht erforderlich). Nur bei einzelnen Vermögenswerten lassen sich Marktpreise leicht ermitteln; diese sind unter Going Concern-Gesichtspunkten jedoch oft irrelevant, z.B. wenn der Marktpreis gerade eingekaufter PC wegen des schnellen technologischen Wandels unter den Buchwert sinkt (Rz. 1513).[1] In diesem Fall bleibt es beim Buchwert, wenn der Nutzungswert diesen mindestens erreicht. 1556

6.2 Ermittlung des Nutzungswertes

6.2.1 Begriff

Der Nutzungswert (*value in use*) ist der **Barwert** 1557
- der geschätzten künftigen **Einzahlungsüberschüsse**, die einem Unternehmen aus der fortgesetzten Nutzung des Vermögenswertes bzw. der CGU sowie

---
1 Vgl. *Dyckerhoff/Lüdenbach/Schulz*, FS für Klaus Pohle, 2003, S. 46.

– aus seinem/ihrem Abgang am Ende der voraussichtlichen Nutzungsdauer voraussichtlich zufließen werden (IAS 36.6; 36.31). Neben Nettoveräußerungserlösen sind ggf. auch Auszahlungen zu berücksichtigen, etwa für Entsorgungsmaßnahmen.[1]

Dieses Barwertkalkül gilt unabhängig davon, ob ein einzelner Vermögenswert oder eine CGU untersucht wird.

Die Ermittlung des Nutzungswertes entspricht der bei der Unternehmensbewertung eingesetzten **DCF-Methode** und erfordert wie diese eine zweistufige Vorgehensweise. Zunächst sind die künftigen jährlichen Netto-Cashflows, die der Vermögenswert (bzw. die CGU) aus seiner Nutzung erwirtschaften wird, zu schätzen; anschließend sind diese mit einem risikoadäquaten Diskontierungssatz auf den Bilanzstichtag abzuzinsen.

$$\text{Nutzungswert} = \sum_{t=1}^{T} \frac{CF_t}{(1+i)^t} + \text{Abgangswert}_T \times \frac{1}{(1+i)^T}$$

Legende:
CF = Free Cashflow = jährliche Einzahlungen abzüglich jährliche Auszahlungen
i = Zinssatz
T = Zeithorizont

Abb. 31: Discounted Cashflow-Methode

6.2.2 Schätzung künftiger Cashflows

1558 Die Cashflow-Planung basiert auf der vom Management ohnehin erstellten **Unternehmensplanung** (vgl. zur Korrektur um künftige Restrukturierungs- oder Investitionsmaßnahmen aber Rz. 1560).

Für die Cashflows ist der zuverlässigste Wert anzusetzen (ggf. der Erwartungswert, zu Einzelheiten IAS 36.A7 ff.).

Falls Güter und Leistungen nur intern verwendet werden, die entsprechenden CGU aber bei Existenz eines aktiven Marktes eine CGU bilden (Ausnahmefall, s. hierzu ausführlich Rz. 1525 f.), werden nicht tatsächliche Zahlungsflüsse (konzerninterne Verrechnungspreise), sondern geschätzte potenzielle Marktpreise angesetzt (IAS 36.70 f.).

Das Management soll überwiegend **externe Annahmen** über künftige wirtschaftliche Entwicklungen für die Cashflow-Prognosen berücksichtigen (IAS 36.33a)[2], damit die vom Management getroffenen Annahmen über das künftige ökonomische Umfeld eines Vermögenswertes plausibel und intersubjektiv nachvollziehbar sind.

Aus Objektivierungsgründen sind individuelle Cashflow-Prognosen grundsätzlich auf einen Detailplanungs-Zeitraum von **fünf Jahren** zu beschränken (IAS 36.33b), es sei denn, dass ein längerer Zeitraum gerechtfertigt werden kann. Sofern eine begrenzte (Rest-)Nutzungsdauer eines Vermögenswertes bzw. einer CGU den Zeitraum der genauen Planung überschreitet, sind die Cash-

---
1 Vgl. IDW RS HFA 16, Rz. 109.
2 Hier können bspw. Stellungnahmen von Wirtschaftsforschungsinstituten, Unternehmensberatungen, Branchenverbänden etc. genannt werden.

VI. Wertminderungen im Anlagevermögen (IAS 36)

flows mittels einer **geeigneten Wachstumsrate** bis zum Ende der jeweiligen Nutzungsdauer zu extrapolieren. Es besteht die widerlegbare Vermutung, dass eine steigende Wachstumsrate nicht gerechtfertigt werden kann, so dass die verwendete Wachstumsrate i.d.R. gleich bleibend oder rückläufig, ggf. auch negativ sein wird und zudem eine vergleichbare langfristige Durchschnittswachstumsrate, wie sie etwa für den entsprechenden Markt anzunehmen ist, nicht übersteigen wird (IAS 36.33c).

Beispiel:

Eine CGU mit einem Buchwert von 270 000 Euro und einer Restnutzungsdauer von 6 Jahren soll auf Werthaltigkeit geprüft werden. Ein Nettoveräußerungswert kann nicht ermittelt werden. Daher bestimmt ausschließlich der Nutzungswert den erzielbaren Betrag. Für die kommenden drei Jahre liegt eine detaillierte Finanzplanung vor, danach wird mit einer Wachstumsrate der Netto-Cashflows von „0" gerechnet. Bei einem Diskontierungssatz von 14 % ergibt sich ein Nutzungswert von 247 690 Euro, so dass eine außerplanmäßige Abschreibung von 22 310 Euro erforderlich ist.

Zum 31.12.01 wird die Werthaltigkeit einer CGU überprüft
- Buchwert: 270 000 Euro
- Restnutzungsdauer 6 Jahre
- Diskontierungssatz 14 %

	detailliert			Wachstumsrate 0			
	02	03	04	05	06	07	Summe
Netto-Cashflow	50 000	65 000	70 000	68 000	68 000	68 000	
Barwerte	43 860	50 017	47 250	40 263	35 319	30 981	247 690
Buchwert:							270 000
Abschreibung:							22 310

Abb. 32: **Beispiel Nutzungswert**

Bei Vermögenswerten mit unbestimmter Nutzungsdauer oder CGU (Unternehmensbereichen), deren Nutzungsdauer wegen Ersatzinvestitionen nicht absehbar ist, wird der nominale (inflationsbedingte) Anstieg der Cashflows nach Ablauf des Detailplanungszeitraums üblicherweise durch einen **Wachstumsabschlag** vom Zinssatz berücksichtigt (Rz. 1564).

Handelt es sich bei der CGU um einen Fall der **unbegrenzten Nutzungsdauer**, kommt die Kapitalisierung einer **ewigen Rente** nur dann in Betracht, soweit das Unternehmen den eingeschwungenen Zustand („steady state") erlangt hat.[1]

---

[1] Vgl. *Brücks/Kerkhoff/Richter* in Thiele/von Keitz/Brücks (Hrsg.), Internationales Bilanzrecht, 2008, IAS 36, Rz. 164.

6.2.3 Einbeziehung von Zinsen und Ertragsteuern

1559 Nach IAS 36.50 sind Ertragsteuerzahlungen und Zinszahlungen bei der Bestimmung des Nutzungswertes nicht zu erfassen, da der Diskontierungssatz ebenfalls ein Vor-Steuer-Zinssatz sein soll (s. Rz. 1565) bzw. der erzielbare Betrag mit dem Buchwert *vor* Abzug von *Finanz*schulden verglichen wird (s. Rz. 1570).

Diese Vorgabe ist jedoch erkennbar auf die Bewertung einzelner Vermögenswerte bzw. kleinerer Gruppen von Vermögenswerten zugeschnitten, passt jedoch nicht zu größeren CGU und erst recht nicht zu einem ggf. auf Unternehmensebene durchgeführten Goodwill-Impairment-Test. In diesen Fällen ist es u.E. zulässig, Ertragsteuer- und Zinszahlungen in die Cashflow-Planung einzubeziehen.[1] Zur Vergleichbarkeit (sog. **Äquivalenzprinzip**, IAS 36.75 und 36.79) sind dann Diskontierungszinssätze bzw. Buchwerte der CGU ebenfalls nach Ertragsteuern bzw. nach Abzug von Finanzschulden zu erfassen. Damit können die auf Excel Basis erhältlichen „normalen" DCF-Modelle ohne Korrektur auch für den Impairment-Test verwendet werden.

6.2.4 Maßgeblichkeit des aktuellen Zustandes eines Vermögenswertes/einer CGU

1560 Wichtig ist, die künftigen Cashflows auf Basis des **aktuellen Zustands** des Vermögenswertes bzw. der CGU zu schätzen. Künftige (aktivierungspflichtige) Erweiterungs- bzw. Rationalisierungsinvestitionen oder auch Restrukturierungsmaßnahmen sind grundsätzlich *nicht* zu berücksichtigen, wohl aber Erhaltungsinvestitionen (IAS 36.41, 36.44 f.). Eine Ausnahme gilt für Vermögenswerte, die noch nicht betriebsbereit genutzt werden können, sich also beispielsweise noch im Herstellungsprozess befinden: Hier sind die Auszahlungen für aktivierungspflichtige Herstellungskosten in den Cashflow-Prognosen zu berücksichtigen (IAS 36.42).

Insbesondere bei CGU, aber auch bei Einzelanlagen infolge des Komponentenansatzes markiert das Aggregat mit der längsten Nutzungsdauer das Ende des Planungshorizonts. Sind Aggregate mit kürzerer Nutzungsdauer enthalten und müssen diese im Zeitablauf zur Erhaltung der Betriebsfähigkeit ersetzt werden, handelt es sich insoweit um im Cashflow zu berücksichtigende Erhaltungsinvestitionen (IAS 36.49).

Beispiel:[2]

Das Management hat für eine bestimmte Produktlinie den in Abb. 33 wiedergegebenen, auf vier Perioden detailliert berechneten Finanzplan aufgestellt. Die erwarteten Einzahlungen resultieren aus dem Verkauf von Produkten, die mit maschinellen Anlagen einer CGU erzielt werden. In 03 erwartet man, für einen Motor eine Ersatzinvestition durchführen zu müssen. Darüber hinaus

---

1 So auch *Bartels/Jonas* in Beck'sches IFRS-Handbuch, 2. Aufl. 2006, § 27 Rz. 2, 59.
2 In grober Anlehnung an IAS 36 IE54 ff.

geht man ab 04 von einer gestiegenen Nachfrage aus, die nur durch eine Kapazitätserweiterungsinvestition befriedigt werden kann. Hierzu soll im Jahr 04 eine neue Steuerung eingebaut werden.

Wegen einer Zinssatzsteigerung soll die betrachtete CGU in 01 auf Werthaltigkeit gem. IAS 36 geprüft werden. Hierzu ist auf den vorliegenden, vom Management verabschiedeten Finanzplan aufzusetzen. Die Auszahlung für die Motor-Ersatzmaßnahme in 03 wird für die Cashflow-Prognose zur Ermittlung des Nutzungswertes nicht korrigiert, wohl aber die Auszahlung für die neue Steuerung in 04, da diese den aktuellen Zustand der CGU verändert. Durch die Kapazitätserweiterung werden zusätzliche Zahlungszuflüsse aus dem Verkauf der Produkte, erhöhte Zahlungsabflüsse beim Material und Personal sowie verringerte Zahlungsabflüsse bei der Wartung erwartet. Diese Effekte sind für Zwecke der Ermittlung des Nutzungswertes per 01 zu korrigieren. Insoweit die vom Management angedachten Maßnahmen tatsächlich umgesetzt werden, ist der per 01 ermittelte Nutzungswert ein fiktiver, weil nicht geplanter Wert. Bedeutende Konsequenzen dürfte dies beim Impairment-Test für den Goodwill haben; s. hierzu Rz. 1561.

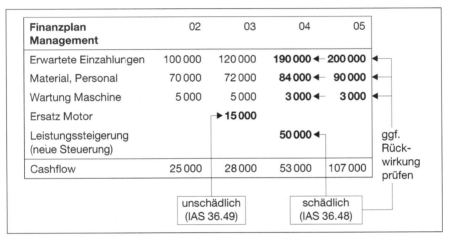

Abb. 33: Vom genehmigten Finanzplan zum fiktiven Nutzungswert

Sollte es in 01 zu einer außerplanmäßigen Abschreibung gekommen sein, wäre in 04 nach tatsächlicher Durchführung der Investition in die neue Steuerungsanlage erneut ein Werthaltigkeitstest auf Basis des aktuellen Zustands der CGU per 04 durchzuführen. Wegen der höheren Zahlungszuflüsse kann es dann zu einer Rücknahme der in 01 vorgenommenen außerplanmäßigen Abschreibung kommen, s. hierzu Rz. 1587.

Die Beschränkung der Cashflow-Planung auf den aktuellen Zustand gilt grundsätzlich auch bei (**goodwilltragenden**) CGU (IAS 36.65 i.V.m. IAS 36.74 und IAS 36.44 i.V.m. IAS 36.18). Dies dient zwar in gewisser Weise der Objektivierung des Impairment-Tests, indem es „ins Blaue hinein" erfolgende Planungen verhindert, wirft jedoch dann Probleme auf, wenn im Kaufpreis eines gerade erfolgten Unternehmenserwerbs bereits eine Prämie dafür entrichtet worden ist, dass in weiterer Zukunft hohe Einzahlungsüberschüsse erwartet werden, die jedoch ihrerseits von weiteren Investitionen abhängen. Für den aktuell durchzuführenden Impairment-Test dürfen allerdings bei der Ermittlung des **Nutzungswertes** weder die künftigen Erweiterungs- und Restrukturierungsinvestitionen noch die daraus möglicherweise resultierenden höheren Einzahlungsüberschüsse berücksichtigt werden. Der IASB löst dieses Problem mit der Argumentation, dass der gerade erfolgte Kauf als Indikator für einen höheren **Nettoveräußerungspreis** (s. Rz. 1555) herangezogen werden kann (IAS 36.BC67 ff.) und damit definitionsgemäß keine Wertminderung vorliegt.

U.E. muss zumindest der Ausbau auf die bereits *bei Kauf beabsichtigte* Betriebsgröße ebenfalls als Fertigstellung von „Anlagen im Bau" interpretiert und entsprechend berücksichtigt werden (**Maßgeblichkeit des gegenwärtigen Geschäftsmodells**[1]). Die gleiche Frage stellt sich auch bei Investitionen, die zum Erhalt eines Marktanteils in schnell wachsenden Märkten notwendig sind und die ggf. als Erhaltungsaufwendungen verstanden werden können.[2]

6.2.5 Diskontierungssatz

1562 Im Diskontierungszinssatz kommen die gegenwärtigen Markteinschätzungen des Zeitwertes des Geldes und die spezifischen Risiken des Bewertungsobjektes zum Ausdruck (IAS 36.5, IAS 36.A16). Mögliche Ausgangspunkte sind (IAS 36.A17):

– Die durchschnittlichen Kapitalkosten des Unternehmens (sog. **WACC**; in der Praxis wird hierbei regelmäßig das **Capital Asset Pricing Model** (CAPM)[3] zugrunde gelegt) *oder*

– Zinssatz für Neukredite *oder*

– andere marktübliche Zinssätze.

1563 Sind die prognostizierten Cashflows ausnahmsweise bereits um einen Risikoabschlag für sämtliche vermögenswertspezifischen Risiken vermindert, soll der verwendete Zinsfuß lediglich den Zeitwert des Geldes und somit einen risikolosen Zinssatz widerspiegeln.

1564 Regelmäßig wird der Unsicherheit prognostizierter Cashflows jedoch dadurch Rechnung getragen, dass der Diskontierungssatz um eine angemessene **Risikoprämie** erhöht wird, so dass der Zinssatz sowohl den Zeitwert des Geldes als auch das vermögenswertspezifische Risiko ausdrückt. Dabei darf das Risi-

---

1 Vgl. *Bartels/Jonas* in Beck'sches IFRS-Handbuch, 2. Aufl. 2006, § 27 Rz. 40 i.V.m. 2; *Brücks/Kerkhoff/Richter*, KoR 2005, 1 (5).
2 Vgl. *Hoffmann* in Haufe IFRS-Kommentar, 7. Aufl. 2009, § 11 Rz. 29.
3 S. hierzu z.B. *Brüggerhoff*, Capital Asset Pricing Model, in Busse von Colbe/Pellens (Hrsg.), Lexikon des Rechnungswesens, 4. Aufl. 1998, S. 157–159 m.w.N.; ausführlich auch *Beyhs*, Impairment of assets, 2002, S. 132–153; mit explizitem Bezug auf IAS 36 *Ruhnke*, BB 2008, 43 ff.

ko nicht noch zusätzlich und damit doppelt in der Cashflow-Schätzung berücksichtigt werden (IAS 36.56).

Der zu verwendende Zinsfuß hat dann derjenigen Rendite zu entsprechen, die Investoren von einer Alternativinvestition verlangen würden, die bezüglich ihrer Risikostruktur, der Höhe sowie der zeitlichen Verteilung ihrer Cashflows mit dem betrachteten Vermögenswert vergleichbar ist. Insoweit kommen etwa auch bei Vermögenswerten oder CGU-branchenspezifische Faktoren bei der Gewichtung der Marktrisikoprämie zur Anwendung, wie sie auch aus der Unternehmensbewertung bekannt sind.[1]

Beispiel:
Bei einer langfristig zu erwartenden Rendite der risikolosen Geldanlage[2] von 4%, einer Marktprämie des Risikos von 5% und einem ß-Faktor von 1,2 errechnet sich folgender Diskontierungszinssatz:

$$4\% + 5\% \times 1{,}2 = 10\%$$

Je nach Risiko des betrachteten Vermögenswertes bzw. der CGU werden die zu verwendenden Diskontierungszinssätze von dem hier lediglich beispielhaften Zahlenwert mehr oder weniger abweichen, bei Immobilienbereichen z.B. deutlich niedriger und bei forschungsabhängigen Bereichen deutlich darüber liegen. Bei der Ableitung von ß-Faktoren aus Vergleichsunternehmen besteht aber das praktische Problem, Effekte aus Steuern und unterschiedlichen Verschuldungsgraden und Portfoliostrukturen etc. herauszurechnen.[3] Da branchenspezifische Unterschiede nur näherungsweise abzuschätzen sein werden, haben Bilanzierende insoweit auch bei dem Diskontierungssatz erhebliche Ermessensspielräume.

Im **Detailplanungszeitraum** werden die Cashflows regelmäßig nominell, d.h. inklusive Preissteigerung geplant, so dass insoweit der Nominalzins anzuwenden ist. Üblicherweise wird das erwartete nominale Wachstum der danach geplanten Cashflows durch einen **Wachstumsabschlag** vom Zinssatz berücksichtigt.

IAS 36.A19 postuliert zwar, dass der Zinssatz unabhängig von der **Kapitalstruktur** des Unternehmens zu sein habe, weil die Nutzungswerte von der Kapitalstruktur nicht beeinflusst seien. Dies kollidiert aber mit IAS 36.A17a, wonach in erster Linie die unternehmensindividuellen durchschnittlichen Kapitalkosten (WACC) zugrunde zu legen sind.[4] Diese berücksichtigen umso

---

1 Vgl. IDW RS HFA 16, Rz. 28. Hier kann auf Datenbankinformationen zurückgegriffen werden, z.B. Bloomberg.
2 Das IDW veröffentlicht hierzu regelmäßig aktuelle Indikationen, vgl. www.idw.de.
3 Vgl. IDW Standard: Grundsätze zur Durchführung von Unternehmensbewertungen (IDW S 1 i.d.F. 2008) Rz. 131.
4 Vgl. ausführlich *Ballwieser* in Börsig/Wagenhofer (Hrsg.), IFRS in Rechnungswesen und Controlling, 2006, S. 265 (275 ff.) m.w.N.

mehr den jeweiligen Verschuldungsgrad, je stärker die CGU dem Gesamtunternehmen nahe kommt. Kann etwa der Wertberichtigungsbedarf eines Goodwill oder gemeinsam genutzter Vermögenswerte, wie Hauptverwaltung etc. erst auf Gesamtunternehmensebene geprüft werden, ist u.E. der unternehmensindividuelle Verschuldungsgrad im Diskontierungszinssatz zu berücksichtigen. IAS 36.A19 hatte offensichtlich eher die Fälle des Impairment-Tests einzelner Vermögenswerte oder kleinerer CGU vor Augen (Rz. 1559).

Gleiches gilt für Ertragsteuern (IAS 36.55, IAS 32.A20). Auch hier können u.E. bei CGU Zinssätze nach Steuern verwendet werden, wenn Cashflows nach Ertragsteuern zugrunde gelegt wurden.

6.2.6 Multiplikatorverfahren

1566 Unter Wesentlichkeitsgesichtspunkten sind auch Multiplikatorverfahren zulässig[1], bei denen eine durchschnittlich erwartete Größe mit einem risikoadäquaten Multiplikator vervielfacht wird, z.B. 7-facher EBIT oder 5-facher EBITDA. Die Höhe der Multiplikatoren richtet sich nach branchenüblichen, risikoadäquaten Maßstäben. Ggf. werden Finanzschulden abgezogen, wenn diese bei den Buchwerten ebenfalls berücksichtigt wurden (Rz. 1570).

1567–1569 frei

6.3 Buchwerte von CGU

6.3.1 Zuordnung von Vermögenswerten und Schulden zu CGU

1570 Zur Ermittlung eines möglichen Abwertungsbedarfs ist dem erzielbaren Betrag (Nettoveräußerungspreis oder Nutzungswert) des Vermögenswertes oder einer CGU der diesem *entsprechende* Buchwert gegenüberzustellen (IAS 36.74), wobei Abgrenzungsprobleme naturgemäß bei CGU auftreten können. Welche Vermögenswerte und Schulden jeweils einzubeziehen sind, richtet sich danach, was bei der Ermittlung des erzielbaren Betrages berücksichtigt wurde (**Äquivalenzprinzip**, IAS 36.79). Im Einzelnen:

– Allgemein sind die Buchwerte solcher Vermögenswerte einzubeziehen, die der CGU direkt oder nach einem vernünftigen Schlüssel zugeordnet werden können (IAS 36.76).

– **Umlaufvermögen** (Forderungen, Vorräte) sowie Steuerposten werden einbezogen[2], wenn die Cashflow-Planung auf der sog. „derivativen Ermittlungsmethode" unter Erfassung der Veränderung dieser Bilanzposten erfolgt (Rz. 4420).

– **Finanzschulden** (inklusive Pensionsverpflichtungen) sind dann abzuziehen, wenn der erzielbare Betrag die korrespondierenden Geldabflüsse ebenfalls berücksichtigt.

– Bestimmte **Verbindlichkeiten** sind zwingend abzusetzen, wenn der erzielbare Betrag (Nutzungswert) nicht ohne die Minderung des entsprechenden

---

1 Gl.A. *Bartels/Jonas* in Beck'sches IFRS-Handbuch, 2. Aufl. 2006, § 27 Rz. 30.
2 Vgl. IDW RS HFA 16, Rz. 89.

Cashabflusses ermittelbar ist. Denkbar wären hier bspw. Abbruch- oder Rekultivierungsverpflichtungen. Eine Buchwertkorrektur hat allerdings regelmäßig nur dann zu erfolgen, wenn der Nettoveräußerungspreis um die passivierte Verpflichtung gemindert und der Käufer diesen Geldabfluss vom Kaufpreis abziehen würde. Aus Gründen der Vergleichbarkeit verlangt IAS 36.78 dann neben der Buchwertkorrektur auch eine Anpassung des Nutzungswerts.

6.3.2 Goodwill

Bei goodwilltragenden CGU sind naturgemäß **Goodwill**-Buchwerte zu berücksichtigen, s. Rz. 1530 ff.

1571

6.3.3 Zuordnung gemeinsam genutzter Vermögenswerte

Neben dem Goodwill kann es andere Vermögenswerte geben, die durch mehrere CGU gemeinschaftlich genutzt werden, vor allem die Hauptverwaltung, die EDV-Abteilung, zentrale Service-Abteilungen oder Forschungs- und Entwicklungseinrichtungen. Diese sind den CGU nach einem vernünftigen Schlüssel zuzurechnen (IAS 36.102; IAS 36.IE75). Gelingt eine solche Zuordnung nicht, ist eine weitere CGU zu bestimmen, die einerseits die zu prüfende CGU *und noch andere Vermögenswerte oder CGU* umfasst und der außerdem die genannten gemeinschaftlichen Vermögenswerte vernünftig und stetig zuzuordnen sind (IAS 36.102b). Diese „größere" CGU kann beispielsweise das Werk oder ein Segment sein; diese ist dann auf Wertminderung zu prüfen. Ggf. ist eine Zuordnung erst zum Gesamtunternehmen möglich (IAS 36.IE78 f.). Die CGU auf unterer Ebene, denen solche Vermögenswerte *nicht* zugeordnet werden konnten, werden in einem ersten Schritt ohne diese Vermögenswerte auf eine Wertminderung geprüft und fließen dann mit ihren ggf. abgewerteten Buchwerten in den Impairment-Test höherer Stufe ein (Rz. 1578).

1572

➔ Bei der Zuordnung besteht Ermessensspielraum, der abschlusspolitisch genutzt werden kann. Da gemeinsam genutzte Vermögenswerte ggf. nur Ausgaben verursachen, werden Bilanzierende zur Vermeidung von Abwertungsaufwand dazu tendieren, die entsprechenden Vermögenswerte und deren Buchwerte CGU erst auf einer möglichst hohen Unternehmensebene zuzuordnen (s. Beispiel in Rz. 1580).

frei

1573–1574

7. Berücksichtigung von Wertminderungsaufwendungen im Jahresabschluss

7.1 Erfassung von Wertminderungen bei einzelnen Vermögenswerten

Kann der erzielbare Betrag für den einzelnen Vermögenswert ermittelt werden, so ist der Impairment-Test für diesen Vermögenswert individuell durchzuführen und eine festgestellte Wertminderung (der erzielbare Betrag unterschreitet den Buchwert des Vermögenswertes) ist **erfolgswirksam** zu erfassen (IAS 36.60). Sollte der **erzielbare Betrag negativ** sein, ist der Vermögenswert

1575

mit „Null" anzusetzen. Für den überschießenden Betrag darf bzw. muss nur dann eine Schuld angesetzt werden, wenn dies nach einem IFRS verlangt wird (IAS 36.62).

1576 Wird der Vermögenswert ausnahmsweise nach der Neubewertungsmethode[1] bilanziert, gilt Folgendes: Zunächst ist bis zur Höhe einer für diesen Vermögenswert bestehenden Neubewertungsrücklage eine **erfolgsneutrale** Abwertung vorzunehmen, d.h., der entsprechende Anteil der Neubewertungsrücklage sowie die hierauf entfallenden latenten Steuern sind mit der relevanten Vermögensposition zu verrechnen. Nur ein danach noch verbleibender Abwertungsbedarf ist wiederum erfolgswirksam in der GuV zu erfassen.

1577 Die außerplanmäßige Abschreibung eines einzelnen Vermögenswertes geht dem Impairment-Test jeder anderen CGU vor, der der Vermögenswert zugerechnet wird (IAS 36.97 f.).

7.2 Erfassung von Wertminderungen bei CGU

7.2.1 Grundsätze

1578 Hinsichtlich der Reihenfolge vorzunehmender Impairment-Tests ist zu beachten, dass CGU, die keine Goodwills tragen, nur dann zu prüfen sind, wenn es Anzeichen auf eine Wertminderung gibt (s. Rz. 1545). Ein dabei festgestellter Wertminderungsaufwand ist nur innerhalb dieser CGU zu verteilen, und zwar auch dann, wenn diese CGU zusammen mit anderen eine Gruppe bildet, der ein Goodwill zugeordnet worden ist (IAS 36.97 f.), die auf dieser (höheren) Stufe pflichtgemäß einem weiteren (jährlichen) Goodwill-Impairment-Test unterzogen wird (s. Rz. 1548).

Die Wertminderung **nicht goodwilltragender CGU** ist grundsätzlich proportional nach den Buchwerten der zugehörigen Vermögenswerte zu verteilen und nach IAS 36.60 zu erfassen. Dabei darf der Buchwert des einzelnen Vermögenswertes einer CGU *nach Abwertung* seinen erzielbaren Betrag jedoch nicht unterschreiten, falls dieser ermittelbar ist (IAS 36.105). Dies gilt insbesondere für Vermögenswerte, die ggf. zuvor bereits individuell abgewertet wurden[2] und für Vermögenswerte, für die ein Nettoveräußerungspreis ermittelbar ist. Der rechnerische Anteil des auf solche Vermögenswerte entfallenden Wertminderungsaufwands ist dann auf die *anderen* Vermögenswerte der Einheit im Anwendungsbereich des IAS 36 (Rz. 1500 f.) zu verteilen.

⊃ Praktisch bedeutet dies, dass die gesamte Wertminderung im Regelfall auf das Anlagevermögen verteilt wird. Vorräte, Kundenforderungen u.Ä. bleiben insoweit unverändert, da sie nicht Gegenstand der Wertminderungsprüfung des IAS 36 sind.

1579 Bei **goodwilltragenden CGU** mindert ein ggf. ermittelter Wertminderungsaufwand (der erzielbare Betrag der CGU ist niedriger als der Buchwert) zu-

---

1 Vgl. zu Besonderheiten bei der Wertermittlung nach IAS 36 für neubewertete Sachanlagen IAS 36.5.
2 Vgl. IDW RS HFA 16, Rz. 91.

nächst den Buchwert des dieser CGU zugewiesenen Goodwill (IAS 36.104a). Sollte dessen Buchwert zur Verrechnung des Wertminderungsaufwands nicht ausreichen, ist der weitere Aufwand entsprechend der in Rz. 1578 beschriebenen Vorgehensweise auf die einzelnen Vermögenswerte der CGU zu verteilen.

7.2.2 Beispiel

Zur Verdeutlichung soll folgendes Beispiel dienen: 1580

Beispiel (Fortsetzung von Rz. 1533):

Nach der Erstkonsolidierung hat K für die CGU „Kaufhaus" und die Gruppe von CGU „Versandhandel" jährliche Goodwill-Impairment-Tests durchgeführt, bei denen kein Abwertungsbedarf festgestellt worden ist.

Ende 02 erfährt das Management, dass eine weltweit sehr erfolgreiche, bisher aber nicht auf dem deutschen Markt tätige Firmengruppe aus England den deutschen Markt im Internet-Versandhandel (vor allem bei Mode) erobern wolle. Schon in der Vergangenheit hatte V bei direktem Aufeinandertreffen mit dem Konkurrenten auf diversen Auslandsmärkten empfindliche Einbußen hinnehmen müssen, und erste Erfolge der Konkurrenz im Weihnachtsgeschäft 02 sprechen für sich.

Das Management befürchtet nachteilige Konsequenzen für den Absatz der Produkte und sieht sich auf Grund dieses Wertminderungsindikators veranlasst, zunächst die CGU „Mode" (CGU_A) auf eine eventuelle Wertminderung hin zu überprüfen (IAS 36.12b), obwohl dieser kein Goodwill zugeordnet wurde. CGU_A gehört, ebenso wie CGU_B (Hausrat), zum Segment „Versandhandel".

Da der Goodwill keiner der beiden CGU zugeordnet worden ist, ist zusätzlich der erzielbare Betrag von V insgesamt zu schätzen. Außerdem ist dem Segment Versandhandel als gemeinschaftlicher Vermögenswert die Hauptverwaltung zuzurechnen, da eine vernünftige und stetige Aufteilung auf CGU_A und CGU_B nicht möglich sei.

Ausgangsdaten zum 31.12.02	CGU_A	CGU_B	CGU_V			
			Zwischensumme	HV	GoF	V gesamt
Buchwert lt. Bilanz	450	500	950	220	180	1350
Nettoveräußerungspreis		–		200	–	
Nutzungswert	400	650	1050	– 100	–	950

Legende:
CGU_A = Sparte „Mode"
CGU_B = Sparte „Hausrat"
HV = Hauptverwaltung
GoF = Goodwill
V = Segment „Versandhandel" (Gruppe von CGU)

Für die HV kann ein Nettoveräußerungspreis ermittelt werden. Außerdem verursacht die HV ausschließlich Ausgaben (s. Rz. 1572), deren Barwert in der Zeile Nutzungswert eingetragen wurden. Der Nutzungswert des Segments V ergibt sich aus der Summe der Nutzungswerte von CGU_A und CGU_B abzüglich der Ausgaben der HV.

7.2.3 Impairment-Test für eine CGU ohne Goodwill

1581 Der Impairment-Test der CGU_A „Mode" ist bereits durch Vergleich des Buchwerts (450) mit dem niedrigeren Nutzungswert (400) abgeschlossen. Die Buchwerte der CGU_A sind somit um 50 zu vermindern und nach den in Rz. 1578 geschilderten Grundsätzen auf die einzelnen Vermögenswerte im Anwendungsbereich des IAS 36 zu verteilen.

7.2.4 Impairment-Test für eine CGU inklusive Goodwill

1582 Da ein Goodwill sowohl der Gruppe von CGU „Versandhandel" und der CGU „Kaufhaus" zugeordnet worden ist (s. Rz. 1533), sind zwei jährliche Impairment-Tests vorzunehmen. Das folgende Beispiel beschränkt sich auf den „Versandhandel". Dabei ist das Segment V insgesamt zu testen, weil der Goodwill nicht auf die einzelnen CGU des Versandhandels („Mode" und „Hausrat") verteilt worden ist.

Wird auf dieser höheren Ebene ein Wertminderungsaufwand identifiziert (350), so ist dieser zunächst mit dem aktivierten Goodwill zu verrechnen (180); erst ein überschießender Betrag (170) wäre dann noch nach der Relation der Buchwerte auf die Vermögenswerte der beiden CGU und die gemeinsam genutzte Hauptverwaltung zu verteilen. Bei dieser Verteilung ist jedoch die Untergrenze Nettoveräußerungswert für die Hauptverwaltung (200) zu beachten. Von diesem vorläufig ermittelten, auf die HV entfallenden Abwertungsbetrag (33) sind 13 nicht bei der HV, sondern anteilig bei CGU_A und CGU_B zu erfassen:

Beispiel (Fortsetzung von Rz. 1580):

Ausgangsdaten zum 31.12.02	CGU_A	CGU_B	CGU_V Zwischensumme	HV	GoF	V gesamt
Buchwert nach Abwertung von CGU_A	400	500	900	220	180	1300
Nutzungswert Segment V insgesamt	400	650	1050	−100		950
Wertminderung von Segment V						−350
davon vorab Goodwill						−180
davon nach Relation der Buchwerte						−170

VI. Wertminderungen im Anlagevermögen (IAS 36)

Ausgangsdaten zum 31.12.02	CGU$_V$			HV	GoF	V gesamt
	CGU$_A$	CGU$_B$	Zwischensumme			
Abschreibung Goodwill					−180	−180
Zwischensumme Buchwerte	400	500	900	220	0	1120
Relation der Buchwerte	36 %	45 %		19 %		100 %
Rest nach Relation der Buchwerte	−61	−76	−137	−33		−170
Zwischensumme	339	424	763	187	0	950
Relation der Buchwerte CGU$_A$, CGU$_B$	44 %	56 %	100 %			
Umschichtung	−6	−7		13		0
Buchwerte endgültig	**333**	**417**	**750**	**200**	**0**	**950**

Es mag erstens irritieren, dass es bei CGU$_A$ zu einer weiteren Abwertung kommt, obwohl diese bereits separat auf Impairment getestet wurde. Die Ursache liegt darin, dass die Buchwerte der Hauptverwaltung dabei nicht berücksichtigt worden waren. Hätte das Management die Buchwerte der Hauptverwaltung (entgegen der getroffenen Annnahme) bereits anteilig der CGU$_A$ zugeordnet, wäre der Buchwert höher und zudem der Nutzungswert (wegen der dann zugerechneten Auszahlungen) entsprechend niedriger, so dass bereits beim Impairment-Test der CGU$_A$ eine höhere Abwertung entstanden wäre.

Zweitens mag irritieren, dass auch bei CGU$_B$ eine Abwertung vorzunehmen ist, obwohl der Nutzungswert höher als der Buchwert ist. Da aber der Abwertungsbedarf für *einen einzelnen Vermögenswert* nur dann beschränkt ist, falls sich für diesen der Nutzungswert oder der Nettoveräußerungspreis ermitteln lässt, trifft diese Beschränkung ausschließlich auf die HV zu. Daher tragen andere Vermögenswerte innerhalb der CGU$_B$ die entsprechende Abwertung.

7.2.5 Besonderheiten bei Minderheitenanteilen

Es sind folgende **Fallkonstellationen** zu unterscheiden: 1583

	TU ist goodwill-tragende CGU	TU ist Teil einer größeren goodwill-tragenden CGU
Minderheiten zum Buchwert (Rz. 3410)	Fall 1	Fall 2
Minderheiten zum Fair value (Full Goodwill) (Rz. 1538 ff.)	Fall 3	Fall 4

Die Fälle 3 und 4 sind erst nach Freischaltung des IFRS 3 (2008) durch die EU Kommsission relevant (Rz. 1503).

1584 Fall (1) Bewertung der Minderheiten zum anteiligen Buchwert *und*: TU ist eine CGU

Hierbei besteht das Problem, dass der erzielbare Betrag der CGU unabhängig davon ermittelt wird, ob die Beteiligungsquote 100 % oder weniger beträgt. Demgegenüber umfasst der Buchwert der CGU sämtliche fortgeschriebenen Fair values der erworbenen Vermögenswerte und Schulden, aber nur den auf die Konzernmutter entfallenden Goodwill. Um nicht gewissermaßen Äpfel mit Birnen zu vergleichen, ist der Buchwert des Goodwill um den **Minderheitenanteil** fiktiv hochzurechnen. Eine möglicherweise festgestellte Wertminderung des Goodwill ist dann anteilig nur auf den tatsächlich bilanzierten Betrag zu beziehen (IAS 36 Appendix C).

Beispiel (Abwandlung von Rz. 1582):

Die goodwilltragende CGU „Versandhandel" sei eine Tochtergesellschaft, an der 40 % Minderheiten beteiligt sind. Der erzielbare Betrag dieser CGU betrage 1200. Da dieser Betrag auch den gedanklich auf die Minderheiten entfallenden Anteil umfasst, sind die Buchwerte der CGU um den nicht ausgewiesenen Minderheitenanteil am Goodwill (180 : 60 % × 40 % = 120) hochzurechnen (IAS 36C4/IAS 36.91 ff. (2004)).

Der mit dem erzielbaren Betrag von 1200 nun vergleichbare Buchwert beträgt 1420 (= 1300 + 120); somit besteht ein Abwertungsbedarf von 220 (= 1420 − 1200).

31.12.02	Nettovermögen			GoF MU	V Gesamt im KA	GoF fiktiv Minderheiten	V fiktiv
	MU 60 %	Minderheiten 40 %	gesamt 100 %	(60 %)		(40 %)	
Buchwert nach Abwertung von CGU$_A$	672	448	1120	180	1300	*120*	*1420*
Wertminderung	0	0	0	− 132	− 132	− 88	− 220
Buchwerte nach Wertminderung	**672**	**448**	**1120**	48	1168	*32*	*1200*

Der Wertminderungsbedarf von 220 ist im Verhältnis 60/40 aufzuteilen (IAS 36.C6) und vorab dem Goodwill zuzuordnen (IAS 36.104 i.V.m. 36.C5). Der fiktive, auf den *Goodwillanteil* der Minderheiten entfallende Abwertungsbetrag (88) wird freilich nicht gebucht (IAS 36.C8). Im Konzern ist nur eine Wertminderung für den Goodwill in Höhe von 132 zu erfassen.

Verbliebe (abweichend vom Beispiel) ein über den Buchwert des Goodwill hinausgehender Abwertungsbedarf, wäre dieser im Übrigen (a) auf MU und die Minderheiten nach der Beteiligungsquote (60/40) aufzuteilen (IAS 36.C6) und (b) in Bezug auf die Vermögenswerte wie in Rz. 1582 zu verteilen (IAS 36.104 f.).

VI. Wertminderungen im Anlagevermögen (IAS 36)

Fall (2) Bewertung der Minderheiten zum anteiligen Buchwert *und*: TU ist Teil einer größeren CGU 1585

In diesem Fall ist die **Wertminderung für die CGU insgesamt festzustellen** (unter fiktiver Hochrechnung des Minderheitengoodwill wie bei (1)) und nach einem bestimmten Schema zu verteilen (IAS 36.C7):

Beispiel:

	CGU inkl. TU	Quote TU	davon TU		
			gesamt	davon MU 60%	davon Minderheiten 40%
Nettovermögen CGU	*5000*	*22%*	1120	672	448
Goodwill CGU inkl. 120 fiktivem Minderheiten-Goodwill TU	*1000*	*30%*	300	180	120
Buchwert CGU vor Abwertung erzielbarer Betrag CGU	*6000* *4500*		1420 1008	852 605	568 403
Wertminderung CGU	*– 1500*		– 412	– 247	– 165
davon Goodwill *davon Nettovermögen*	*– 1000* *– 500*	*30%* *22%*	– 300 – 112	– 180 – 67	– 120 – 45

a) Die **Wertminderung der CGU** ist erst dem gesamten Goodwill und danach dem gesamten Nettovermögen der CGU zu belasten. Im Beispiel übersteigt die Wertminderung (1500) den gesamten Goodwill (1000), so dass der Goodwill vollständig und das Nettovermögen der CGU um 500 abzuwerten ist.

b) Der **auf TU entfallende Teil der Wertminderung** am (a) Goodwill und (b) Nettovermögen beläuft sich auf den jeweiligen Anteil der TU an den Buchwerten vor Wertminderung, also auf 30% (300/1000) des Gesamtgoodwill (= 300) und rd. 22% (1120/5000) des Nettovermögens der TU (= 112).

c) **Innerhalb der TU** erfolgt die **Zurechnung auf Konzernmutter und Minderheiten** nach den Beteiligungsquoten (60/40); Die auf den fiktiven Minderheitengoodwill entfallende Wertminderung (120) wird wie bei (1) nicht gebucht:

31.12.02	Nettovermögen			GoF MU (60%)	V gesamt im KA	*GoF fiktiv Minderheiten (40%)*	*V fiktiv*
	MU	Minderheiten	gesamt				
Buchwert nach Abwertung von CGU$_A$ Wertminderung	672 – 67	448 – 45	1120 – 112	180 – 180	1300 – 292	*120* *– 120*	*1420* *– 412*
Buchwerte nach Wertminderung	605	403	1008	0	1008	*0*	*1008*

1586 Fälle (3) und (4) Full Goodwill-Methode (TU ist selbständige CGU oder Teil einer größeren CGU)

Die Berechnungen erfolgen im Prinzip wie bei den Fällen (1) und (2) mit dem Unterschied, dass die auf den Minderheitengoodwill entfallenden Wertminderungen auch zu buchen sind.

Die Relationen des der TU zugeordneten Mehrheits- und Minderheitengoodwill entspricht in den Fällen (1) und (2) den Beteiligungsquoten, da die fiktive Hochrechnung des Minderheitengoodwill im Zweifel beteiligungsproportional vorzunehmen ist (vgl. IAS 36.IE65). Daher ist es schlüssig, den Wertminderungsaufwand auch beteiligungsproportional zu verteilen.

Bei Anwendung der **Full Goodwill-Methode** kann die Relation des einer TU zugeordneten Goodwill jedoch von den Beteiligungsquoten abweichen (vgl. das in Rz. 1538 wiedergegebene Beispiel 7B lt. IAS 36.IE68Aff.: 450 Mehrheits- vs. 50 Minderheitengoodwill bei Beteiligungsquoten von 80/20). Sofern nicht die Goodwillzuordnung geändert und ein weiterer Teil des Mehrheitsgoodwill dem Restkonzern zugeordnet wird, wäre der auf den Goodwill der TU entfallende Wertminderungsaufwand u.E. nach der Relation der Goodwillanteile zu verteilen (andernfalls käme es bei hohen Wertminderungen [z.B. 450] zu einer Abwertung des Minderheitengoodwill [20 % = 90] über den Buchwert [50] hinaus).

8. Wertaufholung

1587 In den auf die Erfassung eines Wertminderungsaufwands folgenden Perioden ist **an jedem Bilanzstichtag** zu prüfen, ob ein **Anhaltspunkt** dafür vorliegt, dass die Gründe für die vorgenommene außerplanmäßige Abschreibung weggefallen sind und dem Vermögenswert oder der CGU insoweit wieder ein erhöhtes Leistungspotenzial beizumessen ist (IAS 36.110). Zu diesem Zweck führt IAS 36.111 wiederum einige Indikatoren beispielhaft an, wobei es sich im Wesentlichen um die Umkehrung jener Indikatoren handelt, die die Wertminderungsprüfung veranlasst hatten (IAS 36.112, Rz. 1545). Liegt am Bilanzstichtag ein solcher Anhaltspunkt vor, so ist unter erneuter Beachtung des **Wesentlichkeitsgrundsatzes** der erzielbare Betrag zu schätzen. Auf die Nachhaltigkeit der festgestellten Änderung kommt es dabei nicht an, was insbesondere bei gestiegenen Nettoveräußerungspreisen von Belang sein dürfte.

Wird infolge der Überprüfung des erzielbaren Betrags ein Wertaufholungsbedarf festgestellt, so ist der Buchwert des betreffenden Vermögenswertes oder der CGU entsprechend zu erhöhen.

Die **Zuschreibung** eines zuvor außerplanmäßig abgeschriebenen **Goodwill** ist jedoch **untersagt** (IAS 36.124).

1588 Bei der Wertaufholung eines Vermögenswertes (der auch Teil einer CGU sein kann) darf der an das erhöhte Leistungspotenzial angepasste Buchwert weder den fortgeführten Buchwert (fortgeführte Anschaffungs- oder Herstellungskosten oder fortgeführter Neubewertungsbetrag), der sich ergeben hätte, wenn in der Vergangenheit kein Wertminderungsaufwand erfasst worden wäre, noch seinen erzielbaren Betrag übersteigen, wobei der niedrigere dieser beiden Größen die zulässige Wertobergrenze definiert (IAS 36.117).

Dabei richtet sich die Behandlung der zu erfassenden Wertaufholung wiederum danach, nach welcher Methode der Vermögenswert in der Vergangenheit bewertet wurde.

- Bei der Bewertung auf Basis der **fortgeführten Anschaffungs- oder Herstellungskosten** ist die Wertaufholung stets **erfolgswirksam** vorzunehmen.
- Bei **neubewerteten Vermögenswerten** hingegen sind Wertaufholungen lediglich bis zur Höhe der fortgeführten Anschaffungs- oder Herstellungskosten erfolgswirksam und darüber hinaus **erfolgsneutral** vorzunehmen (IAS 36.120).

Die Berücksichtigung von Wertaufholungen bei CGU erfolgt in umgekehrter Reihenfolge zur Erfassung eines Wertminderungsaufwands. Zunächst ist der Buchwert der Vermögenswerte entsprechend ihrem Buchwertanteil zu erhöhen. Sofern die zuvor beschriebene Wertobergrenze (Rz. 1588) erreicht ist, ist ein gegebenenfalls noch verbleibender Aufwertungsbedarf analog auf die anderen Vermögenswerte zu verteilen (IAS 36.122 f.). 1589

9. Anhangangaben

Den Ermessensspielräumen, die dem Impairment-Test innewohnen, versucht IAS 36 mit zahlreichen Anhangangaben zu begegnen. Wir verweisen auf die Anhang Checkliste in Abschnitt H. 1590

frei 1591–1599

VII. Vorräte (IAS 2)

1. Überblick und Wegweiser

1.1 Standards und Anwendungsbereich

Geht man vom Gliederungsschema des § 266 Abs. 2 Pos. B I HGB aus, so können für Ansatz und Bewertung der Vorräte[1] gleich vier Standards in Betracht kommen: IAS 2 (Vorräte), IAS 11 (Fertigungsaufträge), IAS 18 (Erträge) sowie die branchenspezifischen Regelungen zur Landwirtschaft in IAS 41 (s. Abb. 34). Vorräte im Anwendungsbereich des IAS 2, der Gegenstand dieses Kapitels ist, sind zu **Anschaffungs- oder Herstellungskosten** unter Beachtung des **Niederstwertprinzips** anzusetzen. IAS 2 ist grundlegend im November 2003 überarbeitet und seither nur redaktionell geändert worden. 1600

Die Zuordnung der Sachverhalte zu einem der genannten Standards hat materielle Bedeutung: Basiert ein unfertiges Erzeugnis auf einem **Fertigungsauftrag**, ist auf diesen IAS 11 anzuwenden und unter bestimmten Bedingungen die **Gewinnrealisation nach der Percentage of completion-Methode** (Teilgewinn- 1601

---
1 Die Definition der Vorräte in IAS 2.6 unterscheidet sich nicht vom HGB-Verständnis.

realisierung während der Fertigungszeit) vorgesehen. Das gilt analog über IAS 18 und IAS 11 auch für Dienstleistungen.

Zur Abgrenzung von unfertigen Erzeugnissen i.S.d. IAS 2 und Fertigungsaufträgen i.S.d. IAS 11 sowie Dienstleistungen i.S.d. IAS 18 s. Rz. 1701 ff.

1602 Biologische Vermögenswerte (lebende Pflanzen und Tiere, z.B. Obstplantagen oder Kühe) unterliegen dem Anwendungsbereich des IAS 41 und sind *zu jedem Bilanzstichtag* zum Fair value abzüglich geschätzter Verkaufskosten zu bewerten (IAS 41.12). **Landwirtschaftliche Erzeugnisse** (= die Frucht aus biologischen Vermögenswerten, z.B. Obst, Milch) erfüllen zwar die Vorrätedefinition (IAS 2.6), sind aber unmittelbar nach der Ernte ebenfalls zum Fair value abzüglich geschätzter Verkaufskosten zu bewerten (IAS 41.13) und daher *zu diesem Zeitpunkt* aus dem Anwendungsbereich des IAS 2 ausgeschlossen (IAS 2.2c, IAS 41.3). Die Folgebewertung richtet sich dann nach anderen Standards, also regelmäßig nach IAS 2 (IAS 41.13).

Allerdings eröffnet IAS 2.3a für diese landwirtschaftlichen Erzeugnisse und im Übrigen auch für **Mineralien und mineralische Stoffe** (Erze, Erdöl usw.) wiederum ein **Bewertungswahlrecht**: Soweit es *best practice* der Branche[1] ist, diese Erzeugnisse regelmäßig erfolgswirksam zum Nettoveräußerungspreis (= Fair value abzüglich Veräußerungskosten) zu bewerten, darf das bilanzierende Unternehmen dem folgen. Die entsprechenden Erzeugnisse sind dann von der Anwendung der Bewertungsvorschriften des IAS 2 – nicht aber im Hinblick auf Anhangangaben – ausgenommen. Die Inanspruchnahme des Wahlrechts kann zum Ansatz der Erzeugnisse über die Anschaffungskosten führen.

1603 Ein ähnliches Wahlrecht, allerdings ohne die einschränkende Voraussetzung der Branchenusancen, besteht für **Makler/Händler** (*broker-traders*): Bewerten diese ihre Vorräte erfolgswirksam zum Fair value abzüglich Veräußerungskosten, sind sie aus der Anwendung der Bewertungsvorschriften des IAS 2 ausgenommen (IAS 2.3b). Der Anwendungsbereich betrifft etwa **Warentermingeschäfte**, bei denen tatsächlich physisch geliefert werden soll (sonst: Anwendung von IAS 39, s. IAS 39.AG10).

1604 Roh- und Hilfsstoffe nach HGB sind Vorräte nach IAS 2. Bei **Betriebsstoffen** ist formal zu unterscheiden (s. Abb. 34): Betriebsstoffe sind nach IAS 2.6c nur solche, die bei der Fertigung verbraucht werden, während sie nach HGB auch den übrigen betrieblichen Bereichen (z.B. Werbung, Kantine) dienen können. Wegen des Wesentlichkeitsgrundsatzes kann auf einen gesonderten Ausweis oder auf die Umgliederung in sonstige Vermögenswerte verzichtet werden[2], und für die Bewertung ist IAS 2 analog anzuwenden.[3]

---

[1] Auf rein nationale Verhältnisse kommt es insoweit bei international tätigen Unternehmen (Konzernen) nicht an.
[2] Vgl. *Jacobs* in Baetge u.a. (Hrsg.), Rechnungslegung nach IFRS, 2002, IAS 2 Rz. 6.
[3] Bei der Schließung von Regelungslücken ist gem. IAS 8.11a zuallererst auf Standards zu achten, die ähnliche Sachverhalte regeln.

Geleistete Anzahlungen auf Vorräte werden nach den allgemeinen Ansatzkriterien beurteilt (s. Rz. 301 ff.). Insbesondere handelt es sich bei geleisteten Anzahlungen *nicht* um Finanzinstrumente (s. Rz. 1814). Zum Ausweis geleisteter Anzahlungen Hinweis auf Rz. 4148.

1605

Die Zuordnung der Vorräte nach HGB auf die entsprechenden Standards lässt sich aus Abb. 34 unmittelbar ablesen.

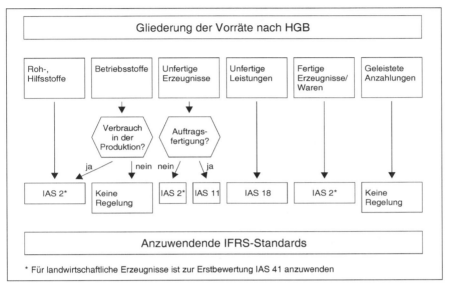

Abb. 34: Anzuwendende Standards bei Vorräten und Fertigungsaufträgen

frei

1606

1.2 Wesentliche Abweichungen zum HGB

Die wesentlichen Abweichungen bei den Vorräten i.S.d. IAS 2 zum HGB sind:

1607

– Für die Herstellungskosten gilt der **Vollkostenansatz**, während nach HGB i.d.F. *vor* BilMoG als Bewertungsuntergrenze die Einzelkosten fungieren. Durch das BilMoG nähert sich das HGB dem IAS 2 an, weil nun auch Material- und Fertigungsgemeinkosten – wie in der Steuerbilanz – aktiviert werden müssen (§ 255 Abs. 2 HGB i.d.F. BilMoG). HGB-Wahlrechte verbleiben nur bei den Fremdkapitalkosten, allgemeinen Verwaltungskosten sowie sozialen Einrichtungen, freiwilligen sozialen Leistungen und betrieblicher Altersvorsorge. Hier kann es im Detail noch Unterschiede zu IAS 2 geben.

– Als Verbrauchsfolgeverfahren sind nur die **Durchschnittsmethode** und die **FIFO-Fiktion** zulässig, während nach HGB weiterhin auch i.d.F. BilMoG die LIFO-Fiktion angewendet werden kann.

– Das **Niederstwertprinzip** des IAS 2 orientiert sich grundsätzlich am **Absatzmarkt**. Im HGB hat auch der Beschaffungsmarkt eine gewisse Bedeutung.

Daneben können sachverhaltsabhängig die Wahlrechte in Rz. 1602 f. eine gewisse Rolle spielen.

1.3 Neuere Entwicklungen

1608 Derzeit sind keine Neuerungen geplant.

1609 frei

2. Ansatz- und Bewertungsregel

1610 IAS 2 enthält keine Ansatzvorschriften. Es gelten die allgemeinen Aktivierungskriterien des Rahmenkonzepts (Verfügungsmacht, Nutzenzufluss, zuverlässige Bewertung, s. Rz. 301).

1611 Vorräte können nicht nur originär durch Anschaffungs- und Herstellungsvorgänge zugehen, sondern auch durch Umgliederungen aus dem langfristigen Vermögen. Zu einem Anwendungsfall bei zuvor vermieteten Sachanlagen s. Rz. 1193.

1612 Vorräte sind mit dem niedrigeren Wert aus einem Vergleich der Anschaffungs- und Herstellungskosten (*at cost*, Rz. 1615 ff.) und dem Nettoveräußerungswert (Rz. 1640 ff.) anzusetzen. Das entspricht der HGB-Systematik.

1613–1614 frei

3. Zugangsbewertung (Anschaffungs- und Herstellungskosten)

3.1 Übersicht

1615 In der Begrifflichkeit des IAS 2.10 werden drei Kostenkategorien unterschieden:
- Kosten des Erwerbs (*costs of purchase*, Rz. 1616 f.),
- Kosten der Be- und Verarbeitung (*costs of conversion*, Rz. 1620 f.) sowie
- sonstige Kosten (*other costs*, Rz. 1622 f.), die angefallen sind, um die Vorräte an ihren derzeitigen Ort und in ihren derzeitigen Zustand zu versetzen.

Diese Begrifflichkeit lässt sich zwanglos auf den deutschen Sprachgebrauch der **Anschaffungs- und Herstellungskosten** übertragen, wobei die Aktivierung von sonstigen Kosten sowohl bei Anschaffungs- als auch bei Herstellungsvorgängen in Betracht kommen kann:

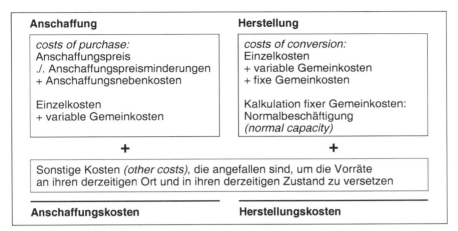

Abb. 35: Übersicht Anschaffungs- und Herstellungskosten

3.2 Anschaffungskosten ohne sonstige Kosten

Zu den Anschaffungskosten von RHB und Waren gehören demnach der **Anschaffungspreis** und die **Anschaffungsnebenkosten abzüglich der Anschaffungspreisminderungen**. Es handelt sich jeweils um Einzelkosten. Darüber hinaus sind nach h.M. auch variable Gemeinkosten an dieser Stelle – den *costs of purchase* – vom in IAS 2.11 verwendeten Begriff der *costs directly attributable* abgedeckt.[1] Da auch die sonstigen Kosten (*other costs*) bei Anschaffungsvorgängen zu berücksichtigen sind, wird deutlich, dass der IASB grundsätzlich einen umfassenden Anschaffungskostenbegriff verfolgt. 1616

In der jüngeren Literatur wird im Hinblick auf die Schlüsselung anschaffungsnaher Verwaltungsgemeinkosten unter Berücksichtigung des Kosten-Nutzen-Prinzips (Rz. 278) bzw. des Wesentlichkeitsgrundsatzes (Rz. 267) ein genereller Verzicht der Aktivierung vertreten.[2] Ob diese Kosten in der Praxis wesentlich oder unwesentlich sind, ist im Einzelfall zu untersuchen.[3] So können die Kosten der Eingangskontrolle im Hinblick auf die Qualitätssicherung der gekauften Produkte durchaus wesentlich sein. 1617

---

[1] Vgl. *Wohlgemuth* in HdJ, Abt. I/9 (1999), Rz. 127; *ADS International*, Abschn. 15 Rz. 41 f. Die Auffassung ist u.E. zutreffend. Wir sehen auch in den unterschiedlichen Begriffen – *costs directly attributable* bei Anschaffung und *costs directly related* bei Herstellung – angesichts der weiteren Ausführungen in dem Standard nur insoweit einen Unterschied, als die *costs directly related* auch die fixen Gemeinkosten umfassen. Der Unterschied ist allerdings belanglos, da ohnehin die sonstigen Kosten (*other costs*) sowohl bei Anschaffung als auch bei Herstellung zu aktivieren sind.

[2] Vgl. *Hoffmann* in Haufe IFRS-Kommentar, 7. Aufl. 2009, § 8 Rz. 13; *Kümpel*, DB 2003, 2609 (2610); relativierend *Kümpel*, Vorratsbewertung und Auftragsfertigung nach IFRS, 2005, S. 16.

[3] So auch *von Keitz* in Thiele/von Keitz/Brücks, Internationales Bilanzrecht, 2008, IAS 2, Rz. 145.

1618 Bei **längeren Zahlungszielen** des Kaufpreises ist das **Barpreisäquivalent** anzusetzen (IAS 2.18, s. auch Rz. 1128).

1619 Sonderregelungen im Falle eines **Erwerbs durch Tausch** enthält IAS 2 nicht. Daher sind die Vorschriften des IAS 16 heranzuziehen (s. Rz. 1150 f.).[1]

3.3 Herstellungskosten ohne sonstige Kosten

1620 Bei den **Herstellungskosten** der unfertigen und fertigen Erzeugnisse verfolgt IAS 2 – wie künftig nach dem BilMoG auch das HGB – einen **Vollkostenansatz** (zu Unterschieden s. Rz. 1607). Die Abb. 36 verdeutlicht die Unterschiede zu § 255 Abs. 2 und 3 HGB-E *i.d.F. BilMoG* und zur Steuerbilanz.

1621 **Fremdkapitalkosten** sind nur für sog. *qualifying assets* zu aktivieren (zum Begriff s. Rz. 1142). Dies kann sich bei der Vorratsbewertung wie folgt auswirken:

(a) Eine **direkte** Aktivierung kommt nur selten für unfertige und fertige Erzeugnisse in Betracht, da Vorräte in Massenfertigung kein qualifying asset sind (anders aber z.B. bei Bauträgerprojekten).

(b) Es kommt jedoch zu einer **indirekten** Aktivierung, wenn die Aktivierung von Fremdkapitalkosten zu einer Erhöhung der Buchwerte des in der Produktion eingesetzten abnutzbaren Sachanlagevermögens geführt hat. Folglich erhöhen sich auch die Abschreibungsbeträge, die für die Berechnung der Herstellungskosten der mit den Sachanlagen produzierten unfertigen und fertigen Erzeugnisse relevant sind. Eine Eliminierung *dieser* Zinskostenbestandteile für *nicht qualifying assets* ist völlig unpraktikabel und aus unserer Sicht daher verzichtbar.

Bezeichnung	§ 255 Abs. 2, 3 HGB i.d.F. BilMoG	§ 6 EStG i.V.m. R 6.3 EStR	IAS 2
Materialeinzelkosten	Pflicht	Pflicht	Pflicht
Fertigungseinzelkosten	Pflicht	Pflicht	Pflicht
Sondereinzelkosten der Fertigung	Pflicht	Pflicht	Pflicht
Materialgemeinkosten	Pflicht	Pflicht	Pflicht
Fertigungsgemeinkosten	Pflicht	Pflicht	Pflicht
Abschreibungen, sofern durch die Fertigung veranlasst – auf Sachanlagen – auf erworbene immaterielle Vermögensgegenstände des AV	Pflicht Pflicht	Pflicht Pflicht	Pflicht Pflicht

---

1 Vgl. *Kümpel*, Vorratsbewertung und Auftragsfertigung nach IFRS, 2005, S. 11 ff.

Bezeichnung	§ 255 Abs. 2, 3 HGB i.d.F. BilMoG	§ 6 EStG i.V.m. R 6.3 EStR	IAS 2
– auf selbsterstellte immaterielle Vermögensgegenstände des AV	Pflicht[1]	entfällt	Pflicht
Kosten der allgemeinen Verwaltung	Wahlrecht	Wahlrecht	Verbot, soweit nicht produktionsbezogen
Aufwendungen für soziale Einrichtungen des Betriebs, für freiwillige soziale Leistungen und für betriebliche Altersversorgung	Wahlrecht	Wahlrecht	Verbot, soweit nicht produktionsbezogen
Vertriebskosten	Verbot	Verbot	Verbot
Forschungskosten	Verbot	Verbot	Verbot
Zinsen für Fremdkapital	Wahlrecht unter bestimmten Voraussetzungen	Wahlrecht unter bestimmten Voraussetzungen	Pflicht für *qualifying assets*, sonst Verbot

Abb. 36: Herstellungskostenbestandteile nach HGB i.d.F. BilMoG, Steuerrecht und IFRS

3.4 Sonstige Kosten und Aktivierungsverbote

Verwaltungskosten des Fertigungsbereichs zählen nach HGB zu den Fertigungsgemeinkosten, welche nach BilMoG auch handelsrechtlich anzusetzen sind. Darüber hinaus besteht für die – produktionsfernen – **Kosten der allgemeinen Verwaltung** sowie für **Sozialleistungen** sowohl handels- als auch steuerbilanziell ein Einbeziehungswahlrecht.

Hinsichtlich dieser Kosten eröffnet IAS 2.15 Interpretationsspielraum: Einerseits sollen nur solche **sonstigen Kosten** Bestandteil der Anschaffungs- und Herstellungskosten sein, die dazu beitragen, die Vorräte an ihren derzeitigen Ort und in ihren derzeitigen Zustand zu versetzen; sie sind insoweit anschaffungs- oder produktionsbezogen. Andererseits sollen zu solchen Kosten beispielsweise auch die *nicht* in der Produktion anfallenden Gemeinkosten (*non-production overheads*) oder Kosten der Produktentwicklung für bestimmte Kunden gehören. Damit diese Beschreibung nicht leerformelhaft wird, muss sie dazu beitragen, bestimmte Kosten auszuschließen. Hier hilft IAS 2.16 mit weiteren Beispielen; **Aktivierungsverbote** bestehen für:

(a) Überhöhte Kosten für Material, Fertigung und andere Produktionskosten; damit gilt auch das handelsrechtlich bekannte Angemessenheitsprinzip.

1622

---

[1] Diese Abschreibungen entstehen nur, wenn von dem Aktivierungswahlrecht Gebrauch gemacht worden ist, Rz. 169 f.

(b) Lagerkosten, es sei denn, die Lagerung ist Bestandteil des Produktionsprozesses (wie Zwischenlager beim Herstellungsprozess oder das Lager zur Erreichung eines Reifegrades z.B. bei Weinen, Weinbrand usw.).

(c) Verwaltungsgemeinkosten, die nicht dazu beitragen, die Vorräte an ihren derzeitigen Ort und in ihren derzeitigen Zustand zu versetzen.

(d) Vertriebskosten.

1623 Unmittelbar zu den Anschaffungs- und Herstellungskosten gehören nach IAS 2 damit alle in der Produktion anfallenden Einzel- und Gemeinkosten unter Berücksichtigung des **Angemessenheitsaspekts**[1] (Aktivierung nur insoweit auf den Zeitraum der Herstellung entfallend, keine Aktivierung von Leerkosten oder überhöhten Kosten, keine Aktivierung außerplanmäßiger Abschreibungen). Von den nicht in der Produktion anfallenden Gemeinkosten (Verwaltungsgemeinkosten) sind solche als Anschaffungs- und Herstellungskosten zu aktivieren, bei denen ein Produktionsbezug bzw. Anschaffungsbezug vorliegt. Hiervon kann etwa die Lohnbuchhaltung oder die Beschaffungsabteilung (wenn man diese nicht von vornherein als *cost of purchase* betrachtet) betroffen sein. Nicht aktiviert werden dürfen hingegen Verwaltungskosten im Bereich Rechnungswesen oder Unternehmensplanung. Abgrenzungsfragen werden durch Kostenstellen wie Werkschutz oder Kantine aufgeworfen.

Es ist zu empfehlen, in der **Konzernrichtlinie** einmal eine Zuordnungsentscheidung des Gemeinkostenblocks in produktionsnah (aktiveren) und produktionsfern (nicht aktivieren) vorzunehmen.

3.5 Einzelfälle

3.5.1 Verrechnung von Abschreibungen

1624 Was die **Anschaffungskosten** anbelangt, werden sich i.d.R. keine Abweichungen im Vergleich zum HGB ergeben, sofern die nach IAS 2 an sich gebotene Aktivierung von anschaffungsnahen Verwaltungsgemeinkosten unterbleibt (Rz. 1617, 1623).

Bei den **Herstellungskosten** ist sowohl nach IFRS als auch nach HGB i.d.F. BilMoG ein Vollkostenansatz vorgesehen, so dass es – unter entsprechender Wahlrechtsausübung der verbleibenden Wahlrechte (vgl. Abb. 36 in Rz. 1621) nach HGB – dem Grunde nach nicht zu Abweichungen kommt. **Entwicklungskosten** für künftige Produkte können nach BilMoG und müssen in IFRS aktiviert werden. Deren spätere planmäßige Abschreibung führt zu einer Erhöhung der Herstellungskosten der Produkte (IAS 38.99) im Vergleich zum Steuerrecht.

Abseits von Entwicklungskosten hängt es trotz der Übereinstimmungen zwischen HGB und IFRS im Hinblick auf das Mengengerüst der zu aktivierenden Aufwendungen insbesondere im Bereich fixer Gemeinkosten von den verwendeten **Abschreibungsmethoden und Nutzungsdauern** ab, ob tatsächlich auch

---

1 Vgl. auch *Wohlgemuth/Ständer*, WPg 2003, 203 (210 f.).

eine wertmäßige Übereinstimmung erzielt werden kann. Nur im Falle einer solchen Übereinstimmung zwischen dem IFRS-Wert und den Herstellungskosten nach HGB/Steuerrecht – Entwicklungskosten nicht betrachtet – unterbleibt die im Vorratsvermögen aufwendige Ermittlung **latenter Steuern**.

Im **Konzernabschluss** kommt ein weiteres Problem hinzu: Sollten bei einem Unternehmenszusammenschluss die Fair values des erworbenen und abnutzbaren, in der Produktion eingesetzten Sachanlagevermögens höher sein als die Buchwerte im Einzelabschluss des erworbenen Unternehmens, so sind die im Vergleich zum Einzelabschluss höheren Abschreibungen auf Konzernebene für die Berechnung der Herstellungskosten im Konzern zu berücksichtigen.[1] Das gilt freilich auch nach HGB.

1625

3.5.2 Kalkulation von Gemeinkosten

Praktikabel sieht IAS 2.13 für die Zurechnung **fixer Gemeinkosten** als Basis die **Normalbeschäftigung** vor. Diese ist, sofern die Verhältnisse im Einzelfall dies zulassen[2], als Durchschnittswert vergangener Perioden zu bestimmen. Bei geringen Abweichungen von der Normalbeschäftigung kann auch die Ist-Beschäftigung herangezogen werden. Wird aber die Normalbeschäftigung (deutlich) unterschritten, kommt eine Kalkulation auf Basis der Ist-Beschäftigung nicht in Betracht, weil eine Aktivierung der Leerkosten nicht zulässig ist. Umgekehrt muss sich der einer Produktionseinheit zuzurechnende Anteil fixer Gemeinkosten vermindern, wenn die Normalbeschäftigung überschritten wird; in diesem Fall ist auf die Ist-Beschäftigung überzugehen.

1626

Variable Gemeinkosten werden immer auf Basis der **Ist-Beschäftigung** kalkuliert.

Beispiel:

Die Schramm GmbH stellt Straßenwalzen her. Folgende Daten sind bekannt:
- Normalbeschäftigung der Anlagen: 500 Stück Straßenwalzen pro Periode
- Einzelkosten: 10 000 Euro/Stück
- Material- und Fertigungsgemeinkosten: 9 Mio. Euro/Periode (variabel)
- Abschreibungen auf Produktionsanlagen: 2,25 Mio. Euro/Periode (fix)
- Verwaltungsgemeinkosten betragen 9 Mio. Euro/Periode (fix), davon
    - 20 % auf produktionsnahe Kosten (Einkauf, Wareneingang, Personalbüro),
    - 30 % auf produktionsferne Kosten (Geschäftsführung, Rechnungswesen) und
    - 50 % auf den Vertriebsbereich

---

1 Vgl. auch *Busse von Colbe u.a.*, Konzernabschlüsse, 8. Aufl. 2006, S. 392.
2 Vgl. *Ellrott/Brendt* in Beck'scher Bilanz-Kommentar, 6. Aufl. 2006, § 255 HGB Rz. 439 sowie *Knop/Küting* in Küting/Weber (Hrsg.), Handbuch der Rechnungslegung, Bd. Ia, 4. Aufl. 1995, § 255 HGB Rz. 329.

In der betrachteten Periode werden 450 Straßenwalzen hergestellt.
- Endbestand: 100 Stück
- Steuersatz: 30 %.

Beim Vollkostenansatz nach IAS 2 werden die fixen Gemeinkosten grundsätzlich auf Basis der Normalbeschäftigung zugerechnet. Angesichts der geringen Abweichung könnte im Beispiel auch die Ist-Beschäftigung verwendet werden. Bei Anwendung der Divisionskalkulation ergeben sich alternativ folgende Wertansätze:

Kostenart	Betrag in Euro/Periode	Normalbeschäftigung		Ist-Beschäftigung	
		Kalkulation	Euro/Stück	Kalkulation	Euro/Stück
Einzelkosten			10 000		10 000
MGK, FGK (variabel)	9 000 000	/450	20 000	/450	20 000
Abschreibungen (fix)	2 250 000	/500	4 500	/450	5 000
HGB- und ertragsteuerlicher Mindestwert			34 500		35 000
VerwGK, 20 % von 9 Mio. (fix)	1 800 000	/500	3 600	/450	4 000
IFRS-Ansatz			38 100		39 000
VerwGK, 30 % von 9 Mio. (fix)	2 700 000	/500	5 400	/450	6 000
HGB- und ertragsteuerlicher Höchstwert			43 500		45 000

Abb. 37: Tabelle Kalkulation von Herstellungskosten

Im Interesse einer steueroptimalen Gestaltung läge sicherlich der Wertansatz von 34 500 Euro/Stück, wohingegen im IFRS-(Konzern-)Abschluss häufig ein hoher Vermögensausweis bevorzugt wird, hier also 39 000 Euro/Stück. Dies allerdings würde – neben dem ohnehin schon erforderlichen erhöhten Erfassungs- und Rechenaufwand – zu passiven latenten Steuern von (39 000 – 34 500) × 0,3 = 1350 Euro/Stück des Endbestandes führen, deren Entwicklung in den Folgeperioden weiter verfolgt werden müsste. Ein Kompromiss wäre insoweit ein einheitlicher Wertansatz von 38 100 Euro/Stück. Darüber hinaus bestehen in der Praxis bei der Unterscheidung zwischen produktionsnahen und produktionsfernen Verwaltungsgemeinkosten erhebliche Spielräume, was auch für die Wahl der Schlüsselungsgrößen gilt. Freilich dürfte ein Gleichklang zwischen Steuer- und IFRS-Bilanz ohnehin *nur unter der Voraussetzung gleicher Gemeinkosten* möglich sein (s. Rz. 1624).

Wären in der betrachteten Periode 550 Stück Straßenwalzen gefertigt worden, so hätte die Kalkulation der fixen Gemeinkosten zwingend auf Basis der Ist-Beschäftigung vorgenommen werden müssen, um den Ansatz überhöhter Fixkosten pro Stück zu unterbinden. Insoweit entspricht diese Regelung dem handelsrechtlichen Verständnis des Realisationsprinzips.[1]

---
1 Vgl. *Jacobs* in Baetge u.a. (Hrsg.), Rechnungslegung nach IFRS, 2002, IAS 2 Rz. 38.

Die Ist-Beschäftigung darf bei deutlichem Unterschreiten der Normalbeschäftigung nicht mehr berücksichtigt werden. Hier führt die im Beispiel angewendete Divisionskalkulation auf Basis der Normalbeschäftigung automatisch zum notwendigen **Ausschluss der Leerkosten** in den Beständen.

Als Unterform der Kalkulation von Gemeinkosten auf Basis der Normalbeschäftigung kommt auch die **Standardkostenrechnung** in Betracht (IAS 2.21). Auch die **retrograde Methode**, wie sie vor allem im Einzelhandel angewendet wird, ist zulässig.[1] Dabei ist es nach IAS 2.22 ausdrücklich zulässig, *abteilungsbezogene* Durchschnittsprozentsätze zu bilden. Wir meinen, dass man Abteilung i.S.v. Warengruppe verstehen muss. 1627

3.5.3 Einzelbewertung und Verbrauchsfolgeverfahren

Bei der Bewertung der Vorräte gilt, sofern möglich, grundsätzlich der **Einzelbewertungsgrundsatz** (IAS 2.23). Dazu gehört auch die Verwendung einer **tatsächlichen Verbrauchsfolge** (IAS 2.24), also z.B. LIFO, sofern sie die tatsächlichen Verhältnisse widerspiegelt. 1628

Im Übrigen ist die Anwendung der **Vereinfachungsverfahren** bzw. **Verbrauchsfolgefiktionen** auf die **gewogene Durchschnittsmethode** und die **FIFO-Methode** beschränkt (IAS 2.25).[2] Dabei ist für alle Vorräte, die von **ähnlicher Beschaffenheit und Verwendung** für das Unternehmen (bei einem Konzernabschluss: für den Konzern) sind, das gleiche Verfahren anzuwenden. Bei Unterschieden in Beschaffenheit und Verwendung sind damit auch unterschiedliche Verfahren im Abschluss möglich. Ein Unterschied im geographischen Standort von Vorräten jedoch rechtfertigt allein nicht die Anwendung unterschiedlicher Verfahren (IAS 2.26; zu einem Beispiel s. Rz. 3082). 1629

frei 1630

Bedeutend im Hinblick auf die Erstellung des Konzernabschlusses dürfte sein, dass die **KIFO-Methode** (Konzern In-First Out) nach IFRS unzulässig ist. Werden im Konzern Vorräte sowohl von einbezogenen als auch von nicht in den Konzernabschluss einbezogenen Gesellschaften geliefert, entfällt unter Anwendung der KIFO-Methode technisch die Zwischengewinneliminierung im Bestand, solange der Verbrauch des Geschäftsjahres größer oder gleich den Zugängen aus dem Konsolidierungskreis ist.[3] Diese Vereinfachung ist im IFRS-Abschluss – wegen der Änderung in § 256 HGB genauso wie nun auch im Konzernabschluss nach HGB i.d.F. BilMoG – nicht möglich. 1631

---

1 S. hierzu etwa *Hundsdoerfer* in HdJ, Abt. II/4 (Januar 2004), Rz. 104 ff.
2 Ausführliche Beispiele zu den Verfahren finden sich in *Hundsdoerfer* in HdJ, Abt. II/4 (Januar 2004), Rz. 73 ff.
3 Vgl. *Busse von Colbe* u.a., Konzernabschlüsse, 8. Aufl. 2006, S. 399. Im HGB-Konzerngeschäftsbericht 2000 der Deutsche Steinzeug AG, S. 78, heißt es: „Soweit zum Bilanzstichtag Bestände aus konzerninternen Lieferungen vorhanden sind, sind die Zwischengewinne eliminiert. Dabei kommt das KIFO-Verfahren ... zur Anwendung."

3.5.4 Festwertansatz und Kuppelprodukte

1632 Der **Festwertansatz** nach § 240 Abs. 3 HGB wird in IAS 2 nicht erwähnt. Da er nach HGB nur dann in Betracht kommt, wenn der Gesamtwert für das Unternehmen von nachrangiger Bedeutung ist und im Übrigen der Festwert definitionsgemäß den tatsächlichen Wertansatz widerspiegeln soll, wird er auf Grund des Materiality-Grundsatzes auch in Abschlüssen nach IFRS als zulässig angesehen.[1]

1633 Die Kalkulation von **Kuppelprodukten** ist nach der Marktwert- und der Restwertmethode zulässig (IAS 2.14) und unterscheidet sich insoweit nicht von den nach handelsrechtlichen Grundsätzen zulässigen Verfahren.[2]

1634–1639 frei

4. Folgebewertung (Niederstwertprinzip, Zuschreibung)

4.1 Strenges Niederstwertprinzip

1640 Vorräte sind mit dem niedrigeren Wert aus **Anschaffungs- oder Herstellungskosten** und dem **Nettoveräußerungswert** anzusetzen (*at the lower of cost and net realisable value,* IAS 2.9). Damit gilt das **strenge Niederstwertprinzip**. Eine Abschreibung auf Grund *erwarteter* Wertschwankungen gem. § 253 Abs. 3 Satz 3 HGB a.F. ist nicht zulässig und ist auch im HGB nach BilMoG nicht mehr möglich. Auch die Übernahme rein steuerrechtlicher Abschreibungen, wie sie durch § 254 HGB i.V.m. § 279 Abs. 2 HGB a.F. bisher noch im HGB-Jahresabschluss[3] ermöglicht wurde (jedoch für das Umlaufvermögen irrelevant), kommt nach IFRS und auch nach BilMoG nicht in Betracht.[4]

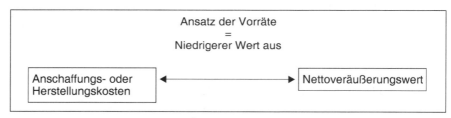

Abb. 38: Ansatz der Vorräte

---

1 Vgl. *Jacobs* in Baetge u.a. (Hrsg.), Rechnungslegung nach IFRS, 2002, IAS 2 Rz. 47; zum Sachanlagevermögen *Scheinpflug* in Beck'sches IFRS-Handbuch, 2. Aufl. 2006, § 5 Rz. 16; *ADS International,* Abschn. 9 Rz. 98.
2 Vgl. *Jacobs* in Baetge u.a. (Hrsg.), Rechnungslegung nach IFRS, 2002, IAS 2 Rz. 40 m.w.N. Zu Beispielen s. *Kümpel,* Vorratsbewertung und Auftragsfertigung nach IFRS, 2005, S. 52 ff.
3 Durch Änderung des § 298 Abs. 1 HGB i.d.F. des TransPuG v. 19.7.2002, BGBl. I 2002, 2681 gibt es keine Übernahme rein steuerrechtlicher Werte im *HGB-Konzernabschluss* mehr; s. zum ganzen Komplex *Theile,* GmbHR 2002, 231 (232).
4 Zur Aufhebung der umgekehrten Maßgeblichkeit s. *Theile/Hartmann,* DStR 2008, 2031.

4.2 Nettoveräußerungswert

Vorräte sollen nicht oberhalb eines Wertes angesetzt werden, der voraussichtlich nicht mehr erzielt werden kann. Daher ist der Nettoveräußerungswert ausschließlich **absatzmarktorientiert** zu ermitteln. 1641

Der **Nettoveräußerungswert** ist der geschätzte, im normalen Geschäftsgang erzielbare Verkaufserlös abzüglich der geschätzten Kosten bis zur Fertigstellung (das sind die nach IAS 2 aktivierungspflichtigen Herstellungskosten) und der geschätzten notwendigen Vertriebskosten (IAS 2.6). **Wertaufhellende Tatsachen** nach dem Bilanzstichtag sind zu berücksichtigen (IAS 2.27; zu einem ausführlichen Beispiel s. Rz. 714).

Was jeweils **notwendige Vertriebskosten** sind, kann nur aus dem jeweiligen Geschäftsmodell abgeleitet werden; eine allgemeine Detailaussage ist hier nicht möglich. 1642

Beispiel:
In einem Warenhaus und bei einem Discounter ist der Nettoveräußerungswert für den gleichen Fernseher zu ermitteln. Beim Discounter fallen praktisch keine Vertriebskosten mehr an. Dagegen ist die Präsentation des Fernsehers im Warenhaus aufwendig. Hier fallen auch typischerweise erhebliche Beratungsleistungen an, um überhaupt verkaufen zu können.

Roh-, Hilfs- und Betriebsstoffe (Teile und Materialien) werden nicht abgeschrieben, solange die Produkte, in die sie eingehen, noch kostendeckend veräußert werden können, und zwar auch dann nicht, wenn der Wiederbeschaffungspreis oder auch der Nettoveräußerungswert der RHB gesunken ist. Deutet jedoch ein Preisrückgang bei den RHB darauf hin, dass auch die mit diesen Stoffen zu fertigenden Erzeugnisse nicht mehr mindestens zu ihren Herstellungskosten abgesetzt werden können, dann – und nur dann – hat auch bei diesen Stoffen eine Abwertung unter ihre Anschaffungskosten zu erfolgen. Sofern eine genauere Schätzung (= Nettoveräußerungswert der RHB) nicht möglich ist, ist dann auf die **Wiederbeschaffungskosten der RHB** abzuschreiben (IAS 2.32). 1643

Beispiel (Fortsetzung von Rz. 1626):
Neben den 100 fertigen Straßenwalzen hat die Schramm GmbH am Geschäftsjahresende noch 60 Motoren mit Anschaffungskosten von jeweils 4000 Euro auf Lager, die für die Produktion im nächsten Geschäftsjahr bestimmt sind. Am Abschlussstichtag betragen die Wiederbeschaffungskosten der Motoren 3000 Euro/Stück. Für 3400 Euro/Stück könnte die Schramm GmbH die Motoren weiter veräußern (= Nettoveräußerungswert der Motoren).
Sowohl für die Bewertung der fertigen Erzeugnisse (Straßenwalzen) als auch für die der RHB (Motoren) ist zunächst der Nettoveräußerungswert der ferti-

gen Erzeugnisse, hier also der Straßenwalzen, zu bestimmen. Die nachfolgende Tabelle stellt zwei Szenarien A und B mit unterschiedlichen erwarteten Verkaufspreisen der Fertigerzeugnisse gegenüber:

Bewertungsobjekt	Szenario A		Szenario B	
	A1: Fertiges Erzeugnis (Straßenwalze)	A2: RHB (Motor)	B1: Fertiges Erzeugnis (Straßenwalze)	B2: RHB (Motor)
Erwarteter Verkaufspreis Fertigerzeugnis	50 000	50 000	42 000	42 000
Erwartete Vertriebskosten	– 5 400	– 5 400	– 5 400	– 5 400
Erwartete noch anfallende Kosten	–	– 34 100	–	– 34 100
Nettoveräußerungswert Straßenwalze	**44 600**	**10 500**	**36 600**	**2 500**
AHK Bewertungsobjekt	**38 100**	**4 000**	**38 100**	**4 000**
Wiederbeschaffungskosten Motor		irrelevant		3 000
Nettoveräußerungswert Motor		irrelevant		3 400
Bilanzansatz Bewertungsobjekt	**38 100**	**4 000**	**36 600**	**3 400**
Abschreibung			**1 500**	**600**

Szenario A:

Hier beträgt der erwartete Verkaufspreis der Straßenwalzen 50 000 Euro. Bei angenommenen Vertriebskosten von 5400 Euro ergibt sich ein Nettoveräußerungswert für die am Abschlussstichtag vorhandenen 100 Straßenwalzen von je 44 600 Euro, der über den Herstellungskosten von je 38 100 Euro (s. Rz. 1626) liegt.

Im Hinblick auf die Bewertung der RHB (Motoren, Spalte A2) ist *deren* Preisentwicklung irrelevant, solange die mit diesen Teilen zu fertigenden Straßenwalzen oberhalb der Herstellungskosten verkauft werden können. Damit wird zur Bewertung der Motoren am Abschlussstichtag eine Schätzung der *künftigen Herstellungskosten* notwendig. In der Praxis wird man sich dabei an der bisherigen Entwicklung orientieren können. Im Beispiel ergeben sich die noch anfallenden Kosten (34 100 Euro) aus den gesamten Herstellungskosten (38 100 Euro) abzüglich der Anschaffungskosten für die Motoren (4000 Euro). So rückgerechnet, beträgt der Nettoveräußerungswert der noch nicht gefertigten Straßenwalzen am Stichtag 10 500 Euro, und eine Abschreibung der Motoren kommt nicht in Betracht.

Szenario B:

Die einzige Änderung gegenüber Szenario A ist der nun auf 42 000 Euro gesunkene erwartete Verkaufspreis der Straßenwalzen. Der Nettoveräußerungswert der fertigen Straßenwalzen (Spalte B1) beträgt nun nur 36 100 Euro, so dass dieser angesetzt werden muss.

Die Motoren hingegen, die noch nicht weiterverarbeitet wurden, müssen nur dann niedriger bewertet werden, wenn (zusätzlich zur Wertminderung der Straßenwalzen) auch *ihr Nettoveräußerungswert* gesunken ist. Das ist im Beispiel der Fall: Der Nettoveräußerungswert der Motoren beträgt 3400 Euro, so dass eine Abschreibung von 600 Euro erforderlich ist. Der Restbetrag der Wertminderung – die 900 Euro für jede Straßenwalze – entfällt auf noch anfallende Herstellungskosten der Straßenwalzen in der kommenden Periode.

Im Regelfall ist jedoch die Kalkulation der noch anfallenden Herstellungskosten ausgehend von den im Bestand befindlichen RHB äußerst schwierig; das anerkennt implizit auch IAS 2.32. Liegen beispielsweise die Nettoveräußerungspreise der RHB nicht vor – wohl aber deren gesunkener Wiederbeschaffungspreis – und erhärtet der im Beispiel feststellbare Rückgang der Wiederbeschaffungspreise bei den Motoren die Prognose, dass auch die Absatzpreise der Straßenwalzen unter die Herstellungskosten sinken, so können die Motoren mit 3000 Euro/Stück angesetzt werden, falls eine bessere Schätzung nicht möglich ist.

Das Beispiel zeigt die konsequente Ausrichtung des Niederstwertprinzips auf den **Absatzmarkt**. Damit wird die nach h.M. gemäß HGB geforderte Orientierung am doppelten Niederstwertprinzip[1] bei Überbeständen an fertigen und unfertigen Erzeugnissen sowie bei Handelswaren vermieden und hierdurch, wie auch durch die Absatz- statt Beschaffungsmarktorientierung bei den Roh-, Hilfs- und Betriebsstoffen **das Legen stiller Reserven verhindert**. Auf der anderen Seite kann gerade die Bewertung der Roh-, Hilfs- und Betriebsstoffe (Teile und Materialien) mit beträchtlichen Schätzproblemen verbunden sein. 1644

4.3 Zuschreibung

Sind die Umstände, die zu einer Abwertung der Vorräte geführt haben, weggefallen, besteht **Zuschreibungspflicht** bis zum niedrigeren Wert aus einem Vergleich der ursprünglichen Anschaffungs- und Herstellungskosten und dem neuen Nettoveräußerungswert (IAS 2.33). Dies entspricht auch dem Handelsrecht, wonach gem § 253 Abs. 5 Satz 1 HGB i.d.F. BilMoG ein niedrigerer Wertansatz nicht beibehalten werden darf, wenn die Gründe für diesen niedrigeren Ansatz nicht mehr bestehen. Zuschreibungen sind gem. IAS 2.34 nicht als sonstiger betrieblicher Ertrag, sondern als Verminderung des Materialaufwands bzw. innerhalb der Bestandsveränderungen oder als Minderung der Umsatzkosten zu erfassen. 1645

frei 1646–1649

---

1 Vgl. *Heuser* in GmbH-Handbuch, 2007, Rz. II 724.

5. Ausbuchung

1650 IAS 2 enthält keine Vorschriften zur Ausbuchung (Realisation) fertiger Erzeugnisse und Waren. Die Leistungserbringung (Umsatz) ist nach IAS 18 zu beurteilen (s. Rz. 610 f.) und führt zur Ausbuchung (Aufwand) der veräußerten Erzeugnisse und Waren.

6. Ausweis

1651 Der bilanzielle Ausweis der Vorräte kann in einem Posten und die Untergliederung im Anhang entsprechend § 266 Abs. 2 B. I. HGB erfolgen (Rz. 4146, 4170).

7. Anhangangaben

1652 Im Anhang sind die **Bilanzierungs- und Bewertungsmethoden** einschließlich der **Zuordnungsverfahren** (Einzel- oder Durchschnittsbewertung bzw. FIFO-Methode) anzugeben, ferner der Buchwert der zum Nettoveräußerungswert angesetzten Vorräte, der Betrag der außerplanmäßigen Abschreibungen und Zuschreibungen einschließlich ihrer Gründe sowie die Buchwerte jener Vorräte, die als Sicherheit für Verbindlichkeiten verpfändet worden sind (IAS 2.36).

> **Beispiel (MAN AG, Geschäftsbericht 2008, S. 149):**
> „Vorräte werden zu Anschaffungs- oder Herstellungskosten oder zum niedrigeren Nettoveräußerungswert bewertet. Die Herstellungskosten umfassen die direkt zurechenbaren Produktionskosten und anteilige fixe und variable Produktionsgemeinkosten. Die zugerechneten Gemeinkosten sind überwiegend auf Basis der üblichen Kapazitätsauslastung ermittelt. Vertriebskosten, Kosten der allgemeinen Verwaltung sowie Fremdkapitalzinsen werden nicht aktiviert. Rohstoffe und Handelswaren werden zu durchschnittlichen Anschaffungskosten bewertet."

1653–1699 frei

VIII. Fertigungsaufträge (IAS 11)

1. Überblick und Wegweiser

1.1 Standards und Anwendungsbereich

1700 Gegenstand von IAS 11 ist die Regelung der Gewinnrealisierung – Verteilung der Auftragserlöse und Auftragsaufwendungen (Auftragskosten) – bei **periodenübergreifenden Fertigungsaufträgen** während der Bauphase (IAS 11, Zielsetzung). Ein Bilanzierungsproblem besteht nicht, wenn ein Fertigungsauftrag in derselben Berichtsperiode (z.B. Quartal) begonnen *und* abgerechnet wird. In der Terminologie des HGB handelt es sich bei dem Bewertungsobjekt um ein

VIII. Fertigungsaufträge (IAS 11)

unfertiges Erzeugnis (s. Abb. 34 in Rz. 1605). Da die Bewertung von Fertigungsaufträgen grundsätzlich zur **Teilgewinnrealisierung** schon während der Bauphase führt, ist eine Abgrenzung zu „normalen" unfertigen Erzeugnissen im Sinne von IAS 2 erforderlich.

Ein Fertigungsauftrag ist ein Vertrag über die **kundenspezifische Fertigung** 1701
Einzelner *oder einer Anzahl von Gegenständen*, die hinsichtlich

- Design, Technologie und Funktion oder
- ihrer Verwendung

aufeinander abgestimmt oder voneinander abhängig sind (IAS 11.3). Beispiele solcher Fertigungsaufträge sind der Bau einer Brücke, einer Straße oder eines Gebäudes, aber auch der Bau von Raffinerien oder anderer komplexer Anlagen oder Ausrüstungen (IAS 11.4). Es handelt sich insoweit um typische kundenspezifische **Einzelfertigung**[1], für die **kein Absatzrisiko** mehr besteht[2], da der Abnehmer schon gefunden ist. Umgekehrt sind unfertige Erzeugnisse,

- die für den anonymen Markt bestimmt sind oder
- die durch standardisierte Fertigung entstehen, und zwar selbst dann, wenn kundenspezifische Vorgaben beachtet werden[3] (z.B. Herstellung von KfZ nach Kundenwünschen; Kfz-Zulieferer, die für bestimmte Modelle Teile in Serie fertigen),

nicht nach IAS 11, sondern nach IAS 2 zu bilanzieren.

Die **Dauer** der Abwicklung des Fertigungsauftrages ist kein Abgrenzungskriterium;[4] es ist irrelevant, ob beispielsweise vier Monate oder vier Jahre veranschlagt werden. Ein Bilanzierungsproblem entsteht jedoch nur dann, wenn der Fertigungszeitraum über einen Bilanzstichtag (das kann auch der Stichtag eines Zwischenabschlusses sein) hinaus reicht, da nach IAS 11 die (vorgezogene) Ertragsrealisation nach dem Fertigstellungsgrad vorgesehen ist. Die Anwendung der **Percentage of completion-Methode** ist von der Erfüllung bestimmter Voraussetzungen abhängig, die das Unternehmen im Wesentlichen selbst steuern kann. Bei Nichterfüllung der Voraussetzungen bleibt es bei einem Ansatz des Vermögenswertes zu Herstellungskosten. In der praktischen Anwendung ist IAS 11 als „Begünstigungsstandard" zu verstehen, dem gerade im Bereich **langfristiger** Auftragsfertigung besondere Bedeutung zukommt. 1702

Ob bei einem Fertigungsauftrag ein **materielles** oder **immaterielles Produkt** 1703 entsteht, ist für die Anwendung von IAS 11 ohne Belang. Analog zum Abgrenzungskriterium der Einzelfertigung bei materiellen Gütern ist für immate-

---

1 Zivilrechtlich häufig als Werkvertrag (§§ 631 ff. BGB) oder Werklieferungsvertrag (§ 651 BGB); auf die zivilrechtliche Ausgestaltung kommt es im Hinblick auf die Anwendung des IAS 11 freilich nicht an; vgl. *Ammann/Müller*, BBK 2002, Fach 20, 601 (602).
2 Vgl. *Kümpel*, Vorratsbewertung und Auftragsfertigung nach IFRS, 2005, S. 113.
3 Vgl. *PriceWaterhouseCoopers*, Understanding IAS, 2. Aufl. 1998, S. 11–2 sowie *Patzak/Kerscher-Preis* in Baetge u.a. (Hrsg.), Rechnungslegung nach IFRS, 2008, IAS 11 Rz. 8.
4 Vgl. IDW RS HFA 2, Rz. 3.

rielle das Kriterium der **Einzelentwicklung** heranzuziehen, wie es beispielsweise bei der Programmierung individueller Softwarelösungen in Betracht kommt.[1]

1704 Dienstleistungen im Zusammenhang mit Fertigungsaufträgen werden nach IAS 11.5a den Fertigungsaufträgen zugerechnet. Die Klarstellung ist von geringer praktischer Relevanz, da auch **unfertige Leistungen** aus (reinen) **Dienstleistungsaufträgen** gem. IAS 18 nach der Percentage of completion-Methode zu bewerten sind, wobei die Grundsätze von IAS 11 anzuwenden sind (s. Rz. 630).

Von Bedeutung ist demgegenüber die Verbindung und Abgrenzung von Dienstleistungen und normalem Güterverkauf; s. hierzu bereits Rz. 632.

1705 frei

1.2 Wesentliche Abweichungen zum HGB

1706 Die Zulässigkeit der **Teilgewinnrealisierung** bei langfristiger Fertigung ist nach HGB umstritten und wird mehrheitlich abgelehnt.[2] Zuletzt hat sich das BMJ des Themas angenommen und im Zusammenhang mit dem BilMoG eine mögliche Gesetzesänderung des HGB verworfen. Um gleichwohl in der Praxis eine Teilgewinnrealisierung im HGB-Abschluss zu ermöglichen, werden gelegentlich Fertigungsaufträge so zerlegt, dass **einzeln realisierbare und endgültige Teilleistungen verabredet werden, die dazu führen, dass** die Vermögensgegenstände rechtlich und wirtschaftlich auf den Vertragspartner übergehen („Meilensteinvereinbarungen"). Umsatzsteuerrechtlich unterliegen derartige Leistungen grundsätzlich der Umsatzsteuer, wenn für die einzelnen Leistungsteile gesonderte Entgeltsabrechnungen durchgeführt werden (§ 13 Abs. 1 Nr. 1 lit. a Satz 3 UStG).[3]

Nach HGB erfolgt der Ausweis des unfertigen Erzeugnisses innerhalb der Vorräte, während der Fertigungsauftrag nach IAS 11 bereits während der Bauphase als **Forderung** auszuweisen und korrespondierend der **Umsatz** zu buchen ist.

1.3 Neuere Entwicklungen

1707 Am 3.7.2008 wurde IFRIC 15 zur Umsatzrealisation bei Immobilienbauprojekten veröffentlicht. Bei **Immobilienbauprojekten** ist zu prüfen, ob es sich um einen Fertigungsauftrag handelt und somit die *Percentage-of-Completion (PoC)*-Methode angewendet werden kann. Grundsätzlich ist der Vertrag vor der Prüfung in seine Komponenten zu zerlegen (wenn z.B. ein Dienstleis-

---

1 Vgl. auch *ADS International*, Abschn. 16 Rz. 11; *von Keitz* in Thiele/von Keitz/Brücks, Internationales Bilanzrecht, 2008, IAS 2, Rz. 113.
2 Zu den unterschiedlichen Auffassungen vgl. *Ellrott/Brendt* in Beck'scher Bilanz-Kommentar, 6. Aufl. 2006, § 255 HGB Rz. 457 ff.; steuerlich wird die Anwendung der Percentage of completion-Methode im Hinblick auf das Realisationsprinzip abgelehnt, vgl. hierzu *Herzig*, IAS/IFRS und steuerliche Gewinnermittlung, 2004, S. 144.
3 Vgl. auch Abschn. 180 UStR 2008.

tungsvertrag an das Bauvorhaben gekoppelt ist). Handelt es sich *nicht* um einen Fertigungsauftrag, ist IAS 18 einschlägig. In diesem Fall ist zu prüfen, ob ein reiner Dienstleistungsvertrag vorliegt mit der Folge, dass bei der Ertragsrealisation wiederum die PoC-Methode anzuwenden ist (IAS 18.20 f.). Handelt es sich jedoch um einen Güterverkauf, sind grundsätzlich die Regelungen nach IAS 18.14 ff ausschlaggebend. Findet insoweit der Gefahrenübergang erst *nach* Abschluss der Fertigung statt, ist nach der *Completed-Contract*-Methode zu verfahren. Neu ist jedoch, dass bei kontinuierlichem, mit dem Fertigungsfortschritt erfolgenden Übergang von Kontrolle, Risiko und Chancen auf den Käufer (*continuous transfer*) erneut die PoC-Methode gem. IAS 11 anzuwenden ist.[1]

IFRIC 15 ist für Geschäftsjahre anzuwenden, die am oder nach dem 1.1.2009 beginnen. Die europarechtliche Übernahme wird im 2. Quartal 2009 erwartet.

Die Idee des *continuous transfer* (IFRIC 15, s. Rz. 1707) ist auch einer der Gedanken, die sich in einem jüngst veröffentlichten **Diskussionspapier** zur Fragen der Ertragsvereinnahmung wieder finden.[2] Das Diskussionspapier ist ein Baustein des *revenue recognition* Projekts, das der IASB gemeinsam mit dem FASB verfolgt. Ziel ist es hierbei, IAS 18 und IAS 11 durch einen neuen Standard zu ersetzen und gleichzeitig Konvergenz von IFRS und US GAAP zu erreichen. Die Kommentierungsfrist für das Diskussionspapier läuft bis zum 19.6.2009. Wann ein Standardentwurf folgt, ist noch nicht terminiert. 1708

Am 30.11.2006 ist IFRIC 12 veröffentlicht worden. Die Interpretation hat die Bilanzierung des Betriebs öffentlicher Infrastruktur durch private Unternehmen als Lizenznehmer der öffentlichen Hand (sog. **public-private-partnerships**) zum Gegenstand. Sowohl bei der Erstellung der Infrastruktur als auch bei ihrem Betrieb kann es zur Anwendung von IAS 11 im Hinblick auf die Ertragserfassung kommen.[3] 1709

IFRIC 12 war prinzipiell erstmals anzuwenden für Geschäftsjahre, die am oder nach dem 1.1.2008 beginnen. Die Interpretation ist am 25.3.2009 in EU-Recht übernommen worden.[4] Wir gehen im Folgenden nicht auf diesen Spezialfall ein.

2. Ansatz

IAS 11 enthält keine speziellen Ansatzvoraussetzungen, so dass auf die allgemeinen Kriterien zurückzugreifen ist (Rz. 301). Für die Anwendung der Per- 1710

---

1 Zu weiteren Einzelheiten zu IFRIC 15 vgl. *Schreiber/Schmidt*, BB 2008, 2058 sowie *Oversberg*, PiR 2008, 247.
2 Discussion Paper „Preliminary Views on Revenue Recognition in Contracts with Customers, veröffentlicht vom IASB am 19.12.2008. Ein Kurzüberblick findet sich in *Fischer*, PiR 2009, 111 und eine vertiefende Analyse in *Hommel/Schmitz/Wüstemann*, BB 2009, 374.
3 Zu Einzelheiten siehe *Petersen/Bansbach/Dornbach (Hrsg.)*, IFRS Praxishandbuch, 4. Aufl. 2009, S. 139–141.
4 Durch VO (EG) Nr. 254/2009 v. 25.3.2009, ABl. Nr. L 80 v. 26.3.2009, S. 5.

centage of completion-Methode werden allerdings spezielle Voraussetzungen genannt, die eine verlässliche Bewertung und den künftigen Nutzenzufluss sichern sollen (Rz. 1720 ff.).

1711 Materialien, die *künftig* innerhalb des Fertigungsauftrags verarbeitet werden, sind als Vorräte zu bilanzieren (IAS 11.27).

3. Bewertung

3.1 Percentage of completion-Methode versus Completed contract-Methode

1712 Ist das Ergebnis eines Fertigungsauftrages verlässlich zu schätzen, so *sind* Auftragserlöse und Auftragskosten entsprechend dem Leistungsfortschritt am Bilanzstichtag als Erträge (**Umsatzerlöse**) und als Aufwendungen zu erfassen (IAS 11.22). Der Periodenerfolg ermittelt sich nach der **Percentage of completion-Methode** wie folgt:

Grundschema der Percentage of completion-Methode

erwartete Auftragserlöse × Leistungsfortschritt der Periode =	Periodenerlös
./. erwartete Auftragskosten × Leistungsfortschritt der Periode =	./. Periodenaufwand
Gesamterfolg	**Periodenerfolg**

1713 Kann das Ergebnis eines Fertigungsauftrages *nicht* verlässlich geschätzt werden, ist für die Teilgewinnrealisierung gem. IAS 11 kein Raum. Stattdessen ist der Ertrag nur in Höhe der angefallenen Auftragskosten zu erfassen, die wahrscheinlich einbringlich sind, wobei die Auftragskosten in der Periode, in der sie anfallen, als Aufwand zu erfassen sind (IAS 11.32). Es bleibt aber dabei, dass der zu buchende Ertrag als **Umsatzerlös** ausgewiesen wird.

Diese Vorgehensweise ähnelt der **Completed contract-Methode** in der Frage der Höhe des auszuweisenden Ergebnisses, nicht jedoch beim Ausweis in der GuV: Der Unterschied zwischen dem HGB-Verfahren und IFRS besteht darin, dass auch bei Nichtanwendung der Percentage of completion-Methode nach IAS 11 Umsatzerlöse bereits während der Auftragsabwicklung ausgewiesen werden (in Höhe der gedeckten Auftragskosten), während bei der Completed contract-Methode nach HGB dies erst nach Fertigstellung und Abnahme der Leistung zulässig ist.

1714 Sobald im Verlauf des Fertigungsprozesses das Ergebnis des Fertigungsauftrages verlässlich geschätzt werden kann, *ist* auf die Teilgewinnrealisierung überzugehen (IAS 11.35).

1715 Ist es wahrscheinlich, dass ein Fertigungsauftrag zu einem **Verlust** führt, ist dieser sofort als Aufwand zu erfassen (IAS 11.36). Im Verlustfall kommt demnach eine Verteilung des Verlusts auf künftige Perioden nicht in Betracht: Gewinne und Verluste aus Auftragsfertigung werden **imparitätisch** behandelt.

1716–1719 frei

VIII. Fertigungsaufträge (IAS 11)

3.2 Anwendungsvoraussetzungen der Percentage of completion-Methode

3.2.1 Vertragstypen und Schätzung des Gesamtergebnisses

In Abhängigkeit vom Vertragstyp enthält IAS 11.23 f. eine Reihe von Kriterien, die erfüllt sein müssen, damit von einer verlässlichen Schätzung des Gesamtergebnisses gesprochen werden kann (vgl. Abb. 39) und die Percentage of completion-Methode anzuwenden ist. Die Kriterien sind bei den für den Auftragnehmer komfortablen **Cost-plus-Verträgen** weniger streng als für die allerdings häufigeren **Festpreisverträge**, die auch an eine Preisgleitklausel gekoppelt sein können. Vermischen sich die beiden Vertragstypen bzw. ist eine eindeutige Einordnung nicht möglich, so sind die Kriterien für den Festpreisvertrag zu erfüllen (IAS 11.6). 1720

Nr.	Festpreisvertrag	Cost-plus-Vertrag
1	Verlässliche Ermittlung der gesamten Auftragserlöse	
2	Wahrscheinlicher Zufluss wirtschaftlichen Nutzens	
3	Verlässliche Ermittlung der bis zur Fertigstellung noch anfallenden Kosten und des Grades der Fertigstellung am Bilanzstichtag	
4	Eindeutige Zuordnung und verlässliche Ermittlung der Auftragskosten	

Abb. 39: Bedingungen für die Anwendung der Percentage of completion-Methode

Die in der Tabelle genannten Kriterien können nach der widerlegbaren Vermutung des IAS 11.29 dann verlässlich geschätzt werden, wenn 1721

– der abgeschlossene Vertrag jeder Vertragspartei durchsetzbare Rechte und Pflichten einräumt und die Bedingungen der Vertragserfüllung festgelegt sind,
– der Auftragnehmer über eine mitlaufende Auftragskalkulation verfügt[1] und
– regelmäßig die Auftragserlöse und Auftragskosten sowie der Fertigstellungsgrad überprüft und ggf. angepasst werden.[2]

3.2.2 Auftragserlöse

Bei einem Festpreisvertrag müssen zur Anwendung der Percentage of Completion-Methode zwingend die Auftragserlöse (der Gesamterlös) bestimmt werden können (Nr. 1 in der Abb. 39). Der Gesamterlös (IAS 11.11 ff.) setzt sich zusammen aus: 1722

– vereinbartem Preis,
– zuzüglich oder abzüglich **Preisänderungen** wegen nachträglicher Veränderungen der ursprünglich vereinbarten Leistung,

---

1 Vgl. IDW RS HFA 2, Rz. 13.
2 Vgl. auch *von Keitz* in Thiele/von Keitz/Brücks, Internationales Bilanzrecht, 2008, IAS 2, Rz. 206 sowie *Patzak/Kerscher-Preis* in Baetge u.a. (Hrsg.), Rechnungslegung nach IFRS, 2008, IAS 11 Rz. 39 ff.

- zuzüglich **Nachforderungen** durch höhere Kosten, die der Kunde durch sein Verhalten verursacht hat,
- zuzüglich **Prämien** wegen des Erreichens oder Überschreitens bestimmter Leistungsanforderungen,
- abzüglich entsprechender **Vertragsstrafen** („Pönale").

Die Schätzungen für die Höhe des Gesamterlöses können im Zeitablauf schwanken. Insbesondere Nachforderungen, Prämien und Vertragsstrafen sind erst bei entsprechendem Auftragsfortschritt hinlänglich zuverlässig zu schätzen.

3.2.3 Wahrscheinlicher Nutzenzufluss

1723 Beim wahrscheinlichen Nutzenzufluss (Nr. 2 in der Abb. 39) handelt es sich um das allgemeine Ansatzkriterium eines Vermögenswertes (Rz. 304). Bezogen auf den Fertigungsauftrag sollte bei beiden Vertragstypen über die Bonität des Auftraggebers nicht zu zweifeln sein.

3.2.4 Auftragskosten

1724 Die Definition der Auftragskosten (Gesamtkosten, Nr. 4 in der Abb. 39) umfasst nach IAS 11.16

- direkte Vertragskosten (Einzelkosten),
- indirekte Vertragskosten (Gemeinkosten) und
- sonstige Kosten, die dem Kunden vertragsgemäß in Rechnung gestellt werden können.

Die Gesamtkosten sind unter Berücksichtigung künftiger Preis- und Kostenveränderungen (z.B. Lohnsteigerungen) zu schätzen.[1] Im Übrigen entsprechen die Beispiele der Einzel und Gemeinkosten materiell dem Herstellungskostenumfang gem. IAS 2 (s. Rz. 1620 ff.) zuzüglich der erwarteten Kosten für Garantien, Nachbesserungen und Nachforderungen Dritter (IAS 11.17). Bei den sonstigen Kosten, die dem Kunden vertragsgemäß gesondert in Rechnung gestellt werden können, kann es sich beispielsweise um Verwaltungs- und F + E-Kosten handeln (IAS 11.19).

1725 Da bei langfristiger Auftragsfertigung regelmäßig die Kriterien eines qualifizierten Vermögenswertes erfüllt sind, stellt sich die Frage, wie mit **Fremdkapitalkosten** umzugehen ist. IAS 23 verpflichtet zur Aktivierung von Fremdkapitalkosten spätestens ab 2009 (s. Rz. 1141 ff.). Systematisch werden aber nach IAS 11 keine Kosten, sondern anteilige Umsätze aktiviert. Damit verbleibt nur die mögliche Einbeziehung von Fremdkapitalkosten in die Kostenkalkulation nach IAS 11. Eine Einbeziehung kann (geringen) Einfluss haben auf die Bestimmung des Fertigungsgrades bei der cost-to-cost-Methode und damit auf die Verteilung der Periodenergebnisse eines Fertigungsauftrags, nicht jedoch

---

[1] Vgl. *Patzak/Kerscher-Preis* in Baetge u.a. (Hrsg.), Rechnungslegung nach IFRS, 2008, IAS 11 Rz. 75.

auf dessen Gesamtergebnis. Im Übrigen wäre – bei einer Einbeziehung – der GuV-Ausweis betroffen, allerdings nur dann, wenn das Umsatzkostenverfahren verwendet wird (Eliminierung der Kosten aus dem Finanzergebnis, Hinzufügung zu den Herstellungskosten und damit die häufig nicht erwünschte Minderung des Bruttoergebnisses vom Umsatz bzw. EBIT). Daher kann u.E. auf die Berücksichtigung von Fremdkapitalkosten im Zusammenhang mit Fertigungsaufträgen verzichtet werden.[1]

Ein Einbeziehungsverbot besteht für **Vertriebsgemeinkosten** (IAS 11.20b), wohingegen **Vertriebseinzelkosten**, die vor Beginn der Fertigung angefallen sind, zu den Auftragskosten gehören (IAS 11.21). Mögliche Erträge aus Verkauf überschüssigen Materials oder nicht mehr benötigter Anlagen mindern die Auftragskosten (IAS 11.17). 1726

3.2.5 Verfahren zur Ermittlung des Fertigstellungsgrads

◌ Bei einem Festpreisvertrag muss zu jedem Stichtag der Grad der Fertigstellung bestimmt werden können (Nr. 3 in Abb. 39). Eine bestimmte Methode zur Messung des Grades der Fertigstellung wird nicht vorgeschrieben. Da die Höhe des Gewinnanteils pro Periode vom Verfahren zur Bestimmung des Leistungsfortschritts abhängt, besteht hier beträchtliches **bilanzpolitisches Potenzial**. 1727

Abhängig vom jeweiligen Vertrag ist eine Methode zu wählen, die die zuverlässige Ermittlung des Fertigstellungsgrades ermöglicht. International gebräuchlich ist in der Praxis die **Cost to cost-Methode**, nach der die bis zum Stichtag angefallenen Auftragskosten zu den geschätzten gesamten Auftragskosten ins Verhältnis gesetzt werden.[2] Möglich ist aber auch die ebenfalls input-orientierte **Effort expended-Methode**, bei der der bisherige Verbrauch eines (bedeutenden) Inputfaktors in das Verhältnis zum erwarteten Gesamtverbrauch dieses Faktors gesetzt wird. Zu denken ist hier etwa an die Fertigungszeit in Arbeitsstunden (**Labour hours-Methode**). Schließlich sind auch output-orientierte Verfahren möglich, bei denen auf den Anteil der erreichten physischen Leistung an der geschuldeten Gesamtleistung abgestellt wird (**Physical observation-Methode**).[3] 1728

Für die vertragsspezifisch gewählte Methode gilt das **Stetigkeitsgebot**. Eine Durchbrechung der Stetigkeit kommt in Betracht, wenn ein anderes Verfah- 1729

---

[1] Gl.A. – allerdings ohne Differenzierung zwischen Gesamt- und Umsatzkostenverfahren – *Lüdenbach* in Haufe IFRS-Kommentar, 7. Aufl. 2009, § 18 Rz. 63; a.A. wohl *Patzak/Kerscher-Preis* in Baetge u.a. (Hrsg.), Rechnungslegung nach IFRS, 2008, IAS 11 Rz. 78.
[2] Vgl. *Kieso/Weygandt/Warfield*, Intermediate Accounting, 10. Aufl. 2001, S. 1026. Auch in der deutschen IFRS-Praxis dominiert die Cost to cost-Methode, wenngleich auch die anderen genannten Methoden in nicht unwesentlichem Umfang zur Anwendung gelangen, vgl. *von Keitz*, Praxis der IASB-Rechnungslegung, 2. Aufl. 2005, S. 197.
[3] Vgl. zu diesen und anderen Methoden *Kümpel*, Vorratsbewertung und Auftragsfertigung nach IFRS, 2005, S. 144–150.

ren zu einer zuverlässigeren Bestimmung des Fertigstellungsgrades führt.[1] Da dies nur durch neu zugegangene Informationen denkbar ist (die am vorangegangenen Stichtag nicht vorliegen), ist die Stetigkeitsdurchbrechung als **Schätzungsänderung** – also prospektiv (s. Rz. 860 ff.) – zu behandeln.

3.3 Beispiel

3.3.1 Zuverlässige Schätzung der Auftragskosten nicht möglich

1730 Gelegentlich ist trotz Auftragsannahme bis zum nächsten Abschlussstichtag eine zuverlässige Schätzung der Auftragskosten noch nicht möglich.

> **Beispiel:**
> Die auf Expansionskurs befindliche Bau AG hat im März 01 den Zuschlag zur Erstellung eines Autobahnabschnitts über 40 km in Ungarn erhalten, einem Markt, in dem sie bislang nicht vertreten ist.
> - Das Auftragsvolumen liegt bei 100 Mio. Euro.
> - Die Leistung soll in 04 übergeben werden.
> - Vereinbart wurden Teilabrechnungen in Abhängigkeit des Baufortschritts von ca. jeweils 20 Mio. Euro in 02 und 03 und bei Übergabe die Endabrechnung in Höhe des Restbetrags von 60 Mio. Euro.
> - Mit der Arbeit ist unmittelbar nach Erteilung des Zuschlags begonnen worden. Bis Ende 01 sind Auftragskosten (Herstellungskosten) i.H.v. 8 Mio. Euro angefallen.
>
> Auf Grund der unsicheren Entwicklung bei den Rohstoffpreisen und den Löhnen in Ungarn hält das Projektcontrolling eine zuverlässige Schätzung der *gesamten* Auftragskosten zum Zeitpunkt Ende 01 nicht für möglich. Andererseits glaubt man nicht daran, dass der Auftrag zu einem Verlust führen wird (IAS 11.33).
>
> In diesem Fall sind in der Periode 01 die 8 Mio. Euro Auftragskosten als Aufwand zu erfassen und Umsatzerlöse in derselben Höhe einzubuchen (IAS 11.32).

3.3.2 Bestimmung des Fertigstellungsgrades

1731 Sobald Auftragserlöse und -kosten geschätzt werden können[2], muss ein Verfahren zur Bestimmung des Fertigstellungsgrades gewählt werden:

---

1 Vgl. IDW RS HFA 2, Tz. 15.
2 Und am Erhalt von Zahlungsmitteln nicht zu zweifeln ist.

VIII. Fertigungsaufträge (IAS 11)

Beispiel (Fortsetzung von Rz. 1730):
Die Gesamtkosten werden durch das Projektcontrolling am Ende der Periode 2 auf 90 Mio. Euro geschätzt, so dass der Auftrag zu einem geschätzten Gewinn von 10 Mio. Euro führen wird. In Periode 2 liegen folgende weitere Daten vor:
- Angefallene Auftragskosten: 19 Mio. Euro
- Kumulierte Auftragskosten (Periode 1 und 2): 27 Mio. Euro = 30 % der geschätzten Gesamtkosten
- Kumulierte Arbeitsstunden (Periode 1 und 2): 35 % der gesamten Arbeitsstunden, die der Auftrag voraussichtlich verursachen wird.
- Bis zum Geschäftsjahresende sind 6 der 40 km fertig gestellt, also 15 % der Gesamtleistung.
- Gegenüber dem Auftraggeber wurde für den fertig gestellten Autobahnabschnitt eine Teilabrechnung i.H.v. 20 Mio. Euro in Rechnung gestellt.

Die Zusammenstellung der Auftragserlöse und Auftragskosten ergibt:

		Periode 01	Periode 02
1	Gesamte Auftragserlöse	100	100
2	Gesamte Auftragskosten	konnten nicht zuverlässig geschätzt werden	90
3	Auftragskosten pro Periode	8	19
4	Auftragskosten kumuliert	8	27

Je nach verwendeter Methode zur Messung des Leistungsfortschritts ergeben sich unterschiedliche Gewinnhöhen in Periode 02:

		Berechnung	kumuliert	Vorjahr	Periode 02
Cost to cost					
1	Umsatzerlöse	100 × 0,3	30	8	22
2	Herstellungsaufwand	90 × 0,3	27	8	19
3	Gewinn				3
Labour hours					
4	Umsatzerlöse	100 × 0,35	35	8	27
5	Herstellungsaufwand	90 × 0,35	31,5	8	23,5
6	Gewinn				3,5
Physical observation					
7	Umsatzerlöse	100 × 0,15	15	8	7
8	Herstellungsaufwand	90 × 0,15	13,5	8	5,5
9	Gewinn				1,5

1732 Das Beispiel zeigt, dass nur bei der Cost to cost-Methode die Auftragskosten in der Periode ihres Anfalls als Aufwand verrechnet werden. Nach den im Beispiel gewählten Zahlen kommt es dagegen bei der Labour hours-Methode i.H.v. 4,5 Mio. Euro (19 – 23,5) zu einer passivischen und bei der Physical observation-Methode i.H.v. 13,5 Mio. Euro (19 – 5,5) zu einer aktivischen Abgrenzung der Aufwendungen. Diese Periodisierung ist bei anderen als der Cost to cost-Methode notwendig, weil nach dem Wortlaut in IAS 11.22 und IAS 11.25 f. nicht der erwartete Gesamtgewinn, sondern die Höhe der Auftragserlöse und die als Aufwand zu verrechnenden Auftragskosten nach dem Leistungsfortschritt bestimmt werden. Über die Art des Ausweises solcher Abgrenzungsposten enthält IAS 11 keine Hinweise.[1]

Da bereits 20 Mio. Euro abgerechnet worden sind (die bis zur Bezahlung als Forderungen aus Lieferungen und Leistungen auszuweisen sind), sind bei der Cost to cost-Methode als „künftige Forderungen aus Fertigungsaufträgen" 10 Mio. Euro (30 Mio. Euro ÷ 20 Mio. Euro) und bei der Labour hours-Methode 15 Mio. Euro (35 Mio. Euro ÷ 20 Mio. Euro) auszuweisen. Wird die Physical observation-Methode angewendet, werden 5 Mio. Euro (15 Mio. Euro ÷ 20 Mio. Euro) z.B. als „Verpflichtungen aus Fertigungsaufträgen" passiviert.

Im Beispiel entscheidet sich die Bau AG für die international gebräuchliche **Cost to cost-Methode**.

3.3.3 Vertragsänderungen

1733 Bei langfristiger Fertigung kommt es während der Bauphase häufig zu **Vertragsänderungen**, die Einfluss haben auf die ursprünglich vereinbarten Erlöse. Diese sind gem. IAS 11.11 ff. unmittelbar für die weitere Kalkulation zu berücksichtigen. Das Gleiche gilt für Änderungen in den Schätzungen von Auftragskosten.

Beispiel (Fortsetzung von Rz. 1731):

Zu Beginn der Periode 03 wird mit dem ungarischen Auftraggeber eine Vertragsänderung vereinbart, derzufolge mehr Parkplätze gebaut und an einigen Stellen Lärmschutzwände aufgestellt werden müssen. Es ergeben sich folgende Daten:

– Gesamterlöse steigen um 5 Mio. Euro auf 105 Mio. Euro.
– Auftragskosten steigen um 4 Mio. Euro auf 94 Mio. Euro.
– In der Periode 03 sind Auftragskosten von 38,8 Mio. Euro entstanden.
– Es ist wiederum eine Teilleistung von 20 Mio. Euro abgerechnet worden.

Die Kalkulation und die Gewinnermittlung nach der Cost to cost-Methode zeigen nun folgendes Bild:

---

[1] *ADS International*, Abschn. 16 Rz. 159 halten eine Zusammenfassung mit den „künftigen Forderungen aus Fertigungsaufträgen" bzw. mit entsprechenden Verbindlichkeiten für möglich. Pflicht insoweit nach IDW RS HFA 2, Rz. 9.

VIII. Fertigungsaufträge (IAS 11)

Kalkulation nach der Cost to cost-Methode, Periode 03

		Periode 01	Periode 02	Periode 03
1	Ursprünglich vereinbarte Erlöse	100	100	100
2	Abweichung	–	–	+ 5
3	**Gesamte Auftragserlöse**	**100**	**100**	**105**
4	Ursprünglich geschätzte Auftragskosten	–	90	90
5	Abweichung wegen Vertragsänderung	–	–	4
6	**Gesamte Auftragskosten**		**90**	**94**
7	Auftragskosten pro Periode	8	19	38,8
8	Auftragskosten kumuliert	8	27	65,8
9	Geschätzter Gesamtgewinn (3–6)	–	10	11
10	Fertigstellungsgrad (8:6)	–	30 %	70 %

Gewinnermittlung in Periode 03

		Berechnung	kumuliert	Periode 01	Periode 02	Periode 03
Cost to cost						
1	Umsatzerlöse	105 × 0,7	73,5	8	22	43,5
2	Herstellungs-aufwand	94 × 0,7	65,8	8	19	38,8
3	**Gewinn**		**7,7**		**3**	**4,7**

In der Bilanz der Bau AG werden als „künftige Forderungen aus Fertigungsaufträgen" 33,5 Mio. Euro ausgewiesen (Vorjahr 10 Mio. Euro + Zugang 43,5 Mio. Euro – weiterer abgerechneter Betrag 20 Mio. Euro in 03 oder alternative Berechnung: Umsatzerlöse kumuliert 73,5 Mio. Euro – abgerechnete Beträge 40 Mio. Euro = 33,5 Mio. Euro).

3.3.4 Verlustaufträge

Den Fertigstellungsgrad als Verhältnis der kumulierten Auftragskosten zu den gesamten Auftragskosten zu ermitteln, macht jedoch nur Sinn, soweit der gesamte Auftrag nicht zu einem **Verlust** führt, da Verluste sofort zu berücksichtigen sind (IAS 11.36). Dies kann leicht in Abwandlung des Beispiels für die Periode 03 gezeigt werden:

Beispiel (Abwandlung von Rz. 1733):

Im Verlaufe der Periode 03 setzt die Gewerkschaft außerdem erhebliche Lohnsteigerungen durch, und auch die Einkaufspreise für Materialien sind stärker als erwartet gestiegen. Beide Ereignisse kommen in der Periode 04 zur Wirkung. Die Bau AG geht nunmehr davon aus, dass der Auftrag zu einem Gesamtverlust i.H.v. 2 Mio. Euro führen wird.

Kalkulation nach der Cost to cost-Methode im Verlustfall, Periode 03

		Periode 01	Periode 02	Periode 03
1	Ursprünglich vereinbarte Erlöse	100	100	100
2	Abweichung	–	–	+5
3	**Gesamte Auftragserlöse**	100	100	105
4	Ursprünglich geschätzte Auftragskosten	–	90	90
5	Abweichung wegen Vertragsänderung	–	–	4
5a	Abweichung wegen Kostensteigerung	–	–	13
6	**Gesamte Auftragskosten**		90	107
7	Auftragskosten pro Periode	8	19	38,8
8	Auftragskosten kumuliert	8	27	65,8
9	Geschätzter Gesamtgewinn (3–6)	–	10	–2
10	Fertigstellungsgrad (8:6)	–	30%	**61,5%**

Der Fertigstellungsgrad ergäbe jetzt einen Wert von 61,5 %, obwohl die gleiche Leistung wie zuvor erbracht worden ist, weil die Kostensteigerungen erst in 04 wirksam werden. Im Verlustfall ist jedoch eine Berechnung der Umsatzerlöse nach diesem rechnerisch ermittelten Fertigstellungsgrad von 61,5 % irrelevant.

Stattdessen sind die zu antizipierenden Gesamtverluste von den angefallenen Auftragskosten abzusetzen, um die „künftigen Forderungen aus Fertigungsaufträgen" zu ermitteln, die wiederum in der Bilanz auszuweisen sind. Die kumulierten Auftragskosten belaufen sich am Ende der Periode 03 auf 65,8 Mio. Euro, nach Abzug des Verlustes von 2 Mio. Euro ergeben sich kumulierte Umsatzerlöse von 63,8 Mio. Euro. Da in den Perioden 01 und 02 bereits 30 Mio. Euro Umsatz gezeigt wurden, errechnet sich ein anteiliger Periodenumsatz für die Periode 03 in Höhe von 33,8 Mio. Euro.

Da in den Perioden 01 und 02 Auftragskosten von 27 Mio. Euro verrechnet wurden, die kumulierten Auftragskosten per Ende der Periode 03 sich auf 65,8 Mio. Euro belaufen, ergibt sich ein in der GuV der Periode 03 zu verrechnender Herstellungsaufwand von 38,8 Mio. Euro.

In der Periode 03 wird somit ein Verlust von 5 Mio. Euro ausgewiesen, der den in der Vorperiode auf Grund überholter Annahmen (fälschlich) ausgewiesenen Gewinn von 3 Mio. Euro überkompensiert:

VIII. Fertigungsaufträge (IAS 11)

Verlustberücksichtigung in Periode 03

		Berechnung	kumuliert	Periode 01	Periode 02	Periode 03
Cost to cost						
1	Umsatzerlöse	kumulierte Auftragskosten abzüglich Verlust	63,8	8	22	33,8
2	Herstellungsaufwand	kumulierte Auftragskosten	65,8	8	19	38,8
3	Gewinn			−2	3	−5

Der Verlust ist *nicht* als Rückstellung auszuweisen, sondern mit den „künftigen Forderungen aus Fertigungsaufträgen" zu verrechnen (IAS 11.43 f.).

Zur Verlustberücksichtigung hätten alternativ auch die kumulierten Auftragskosten um 2 Mio. Euro erhöht werden können. In diesem Fall wäre es beim kumulierten Umsatz von 65,8 Mio. Euro geblieben, und der Periodenumsatz in 03 hätte 35,8 Mio. Euro betragen bei Auftragskosten in 03 von 40,8 Mio. Euro.

Da es sich bei den gesamten Auftragserlösen und vor allem bei den gesamten Auftragskosten bis zum Zeitpunkt der tatsächlichen Abrechnung nur um (verlässliche) Schätzgrößen handelt, werden (geringe) Abweichungen in der letzten Periode die Regel sein. Diese werden auch erst in der Abrechnungsperiode ergebniswirksam. Auf die Darstellung im Beispiel wird verzichtet. 1735

frei 1736–1739

4. Ausweis

4.1 Ausweis als Forderung

Unabhängig davon, ob das Auftragsergebnis verlässlich geschätzt werden kann oder nicht, ist der Ertrag jeweils als **Umsatzerlös** zu buchen. Bei der entsprechenden Vermögensposition handelt es sich *nicht* um unfertige Erzeugnisse, sondern um **Forderungen**. Das IDW schlägt mangels einer konkreten Vorgabe die Bezeichnung „**Fertigungsaufträge mit aktivischem Saldo gegenüber Kunden**" vor.[1] Auch Bezeichnungen wie „Künftige Forderungen aus Fertigungsaufträge" oder „Forderungen aus POCM" sind sachgerecht. 1740

Der Posten „Künftige Forderungen aus Fertigungsaufträgen" wird unter den Forderungen aus Lieferungen und Leistungen ausgewiesen und besteht aus folgenden Elementen: 1741

---
1 Vgl. IDW RS HFA 2, Rz. 17.

(a) angefallene Auftragskosten
(b) zzgl. realisierter Teilgewinn oder
(c) abzgl. antizipierter Gesamtverlust.

Der Saldo aus den Veränderungen der Elemente (a), (b) und (c) ergibt den Umsatzerlös der Berichtsperiode. Die Höhe zu (a) und (b) bemisst sich nach dem gewählten Verfahren zur Bestimmung des Leistungsfortschritts.

4.2 Abgerechnete Leistungen und erhaltene Anzahlungen

1742 Soweit Teillieferungen vor Fertigstellung des Auftrages mit den Kunden *abgerechnet* werden, *sind* diese Beträge von dem Saldo aus den Elementen (a), (b) und (c) in Abzug zu bringen (IAS 11.43 f.). Diese Abrechnungsbeträge sind dann unter den „üblichen" Forderungen aus Lieferungen und Leistungen auszuweisen. Ergibt sich danach immer noch ein positiver Saldo, so wird er als „künftige Forderungen aus Fertigungsaufträgen" ebenfalls (als Unterposten) unter den Forderungen ausgewiesen. Errechnet sich ein negativer Saldo, wird eine „Verpflichtung aus Fertigungsaufträgen" unter Verbindlichkeiten in der Bilanz gezeigt. Eine Saldierung positiver und negativer Beträge aus verschiedenen Aufträgen kommt nicht in Betracht.

1743 Ob vom Saldo der Elemente (a)–(c) aus Rz. 1741 auch die vom Auftraggeber **erhaltenen Anzahlungen** abgesetzt werden können, ist strittig.[1] Hier ist zu differenzieren: Nach IAS 11.41 sind erhaltene Anzahlungen Beträge, die das Unternehmen erhalten hat, *bevor* die diesbezüglichen Arbeiten ausgeführt sind. *Diese* Anzahlungen sind zu passivieren. Hieraus kann umgekehrt abgeleitet werden, dass andere erhaltene Zahlungen, die in unmittelbarem Zusammenhang mit bisher *bereits erbrachten (aber noch nicht abgerechneten) Leistungen* stehen, gegen die entsprechenden Forderungen zu saldieren sind.[2] Anders gewendet: Erhaltene Zahlungen, die Forderungen aus der Auftragsfertigung finanzieren, sind zu saldieren; soweit erhaltene Anzahlungen noch nicht berechnete Auftragskosten betreffen, erfolgt keine Saldierung, sondern der entsprechende Brutto-Ausweis.

⊃ In der Praxis wird schon deshalb häufig saldiert[3], da die Qualifizierung einer erhaltenen Zahlung als Anzahlung für teilabgerechnete Leistungen und noch zu erbringende Leistungen schwierig ist.[4]

---

1 Saldierung zulässig *Lüdenbach* in Haufe IFRS-Kommentar, 7. Aufl. 2009, § 18 Rz. 76; ablehnend *ADS International*, Abschn. 16 Rz. 151 sowie *von Keitz* in Thiele/von Keitz/Brücks, Internationales Bilanzrecht, 2008, IAS 2, Rz. 239.
2 So auch IDW RS HFA 2, Rz. 17. Für diese Interpretation spricht auch, dass in dem Beispiel, das im Appendix zu IAS 11 unter Contract Disclosures aufgeführt ist, erhaltene Anzahlungen gem. IAS 11.41 ausgewiesen werden, die zur Finanzierung von noch nicht abgerechneten Auftragskosten dienen.
3 Vgl. *von Keitz/Schmieszek*, KoR 2004, 118 (127).
4 Vgl. *ADS International*, Abschn. 16 Rz. 166.

VIII. Fertigungsaufträge (IAS 11)

Die nachfolgende Abb. 40 verdeutlicht die Zusammenhänge: 1744

	Aufträge		
	A	B	C
– abzurechnende angefallene Auftragskosten (kumuliert)	1000	1000	600
+ (realisierter) Teilgewinn (kumuliert)	200		40
./. antizipierter Gesamtverlust	–	300	–
Umsatzerlöse (kumuliert)	**1200**	**700**	**640**
– abzgl. abgerechnete Teilleistungen (kumuliert) (progress billings)	./. 400	./. 800	
erhaltene Anzahlungen (kumuliert)	–	–	940
künftige Forderungen aus Fertigungsaufträgen	800		
Verpflichtungen aus Fertigungsaufträgen/erh. Anzahlungen		100	300

Abb. 40: Ausweis von Fertigungsaufträgen in Bilanz und GuV

Beim **Auftrag A** errechnet sich ein positiver Saldo der künftigen Forderungen aus Fertigungsaufträgen, der in der Bilanz auszuweisen ist. Sind die abgerechneten Teilleistungen vom Kunden noch nicht beglichen worden, ist der Betrag von 400 unter Forderungen aus Lieferungen und Leistungen zu zeigen.

In unserem Beispiel wird beim **Auftrag B** als Umsatzerlös in der GuV ein Betrag von 700 ausgewiesen. Da die angefallenen Auftragskosten von 1000 in der GuV verrechnet werden, ergibt sich hierdurch ergebnismäßig die Verlustantizipation von 300.[1]

Möglich ist auch, den Umsatz unverändert bei 1000 zu belassen und den Verlust durch eine Erhöhung des Aufwands zu berücksichtigen (sonstiger betrieblicher Aufwand im Gesamtkostenverfahren, Umsatzkosten im Umsatzkostenverfahren).[2] Wird so verfahren, ist die Gegenbuchung für die Verlustantizipation in Höhe von 300 in der Bilanz als Abschreibungen auf künftige Forderungen aus Fertigungsaufträgen zu erfassen. Damit ergibt sich folgende Rechnung:

---

1 Dieses Verfahren entspricht analog der handelsrechtlichen Vorgehensweise einer Korrektur der Bestandserhöhung beim Gesamtkostenverfahren, wenn unfertige Erzeugnisse bei Anwendung des Niederstwertprinzips unterhalb ihrer Herstellungskosten aktiviert werden müssen.
2 *ADS International*, Abschn. 16 Rz. 162 und 135 ff. sehen dies als einzig zulässig an. Allerdings ist dann zur Messung des Leistungsfortschritts bei der in der Praxis gebräuchlichen Cost to cost-Methode auf das Verhältnis der kumulierten Auftragskosten zu den erwarteten Gesamtkosten jeweils *vor* Verlustberücksichtigung (also gerade *nicht* auf die erwarteten *Gesamt*kosten) abzustellen.

Künftige Forderungen aus Fertigungsaufträgen = Umsatzerlöse	1000
Verlustantizipation = Abschreibung auf Forderungen	300
abzgl. abgerechnete Teilleistungen	700 800
Verpflichtung aus Fertigungsaufträgen	100

Damit ergibt sich wiederum eine Verpflichtung aus Fertigungsaufträgen gemäß IAS 11.44, denn: Auftragskosten abzgl. Verlustantizipation (1000 − 300 = 700) übersteigen die Forderungen aus abgerechneten Teilleistungen.

Beide Verfahren führen, wie gezeigt, bilanziell zum selben Ergebnis. Aus dem Wortlaut des IAS 11.40a, der insoweit nicht eindeutig ist, lässt sich keine Präferenz ausmachen, so dass beide Verfahren als zulässig anzusehen sind.

1745 Die **Passivierung einer Verpflichtung** (nicht als Rückstellung, sondern als Verbindlichkeit auszuweisen) kommt in Betracht, soweit der Verlust nicht mehr mit den (nach Abzug von abgerechneten Teilleistungen verbliebenen) künftigen Forderungen aus den Fertigungsaufträgen verrechnet werden kann (IAS 11.43 f.). Anders gewendet: Erst wenn der erwartete Gesamtverlust (300) höher ist als die bislang aufgelaufenen Auftragskosten (1000) abzüglich der abgerechneten Teilleistungen (800), kommt es unmittelbar zum Ansatz einer Verpflichtung. Dies ist beim Auftrag B der Fall (IAS 11.44). Die Rückstellungskriterien des IAS 37 sind *nicht* heranzuziehen (IAS 37.5a).

Für den **Auftrag C** sind noch keine Teilleistungen abgerechnet worden. Allerdings hat der Kunde eine Anzahlung in Höhe von 940 geleistet, von der ein Teilbetrag in Höhe von 640 gegen die Forderungen zu saldieren (Rz. 1743) und der verbleibende Saldo von 300 als erhaltene Anzahlung (für zukünftige Leistungen) zu passivieren ist (vgl. auch Beispiel Hochtief AG, Rz. 1750).

1746–1749 frei

5. Anhangangaben

1750 Im Anhang sind die in der abgeschlossenen Periode erfassten Auftragserlöse aus der Auftragsfertigung einschließlich der Ermittlungsmethode und die Methoden für die Ermittlung des Fertigstellungsgrades anzugeben (IAS 11.39). Außerdem sind für laufende Projekte die Summe der angefallenen Kosten und ausgewiesenen Gewinne (abzüglich etwaiger Verluste), der Betrag erhaltener Anzahlungen und der Betrag von Einbehalten anzugeben (IAS 11.40).

Beispiel (Hochtief AG, Konzern-Geschäftsbericht 2007, S. 134):

„**Kundenspezifische Fertigungsaufträge** (Construction-Contracts) werden nach dem Fertigungsfortschritt (Percentage of Completion-Methode) bilanziert. Die erbrachte Leistung einschließlich des anteiligen Ergebnisses wird entsprechend dem Fertigstellungsgrad in den Umsatzerlösen ausgewiesen. Der anzusetzende Fertigstellungsgrad wird entsprechend den angefallenen Aufwendungen (Cost to Cost-Methode) ermittelt. Der Ausweis der Aufträge erfolgt unter den Forderungen bzw. Verbindlichkeiten aus Percentage of Completion (PoC). Soweit die kumulierte Leistung (Auftragskosten und Auftragsergebnis) die Anzahlungen im Einzelfall übersteigt, erfolgt der Ausweis der Fertigungsaufträge aktivisch unter den Forderungen aus PoC. Verbleibt nach Abzug der Anzahlungen ein negativer Saldo, wird dieser als Verpflichtung aus Fertigungsaufträgen passivisch unter den Verbindlichkeiten aus PoC ausgewiesen. Zu erwartende Auftragsverluste werden auf Basis der erkennbaren Risiken berücksichtigt [...]."

frei 1751–1799

IX. Finanzielle Vermögenswerte (IAS 39, IAS 32, IFRS 7)

1. Überblick und Wegweiser

1.1 Standards und Anwendungsbereich

Forderungen und Verbindlichkeiten, Ausleihungen an andere Unternehmen, Wertpapiere, Anteile an anderen Unternehmen, Anleihen, Wechselverbindlichkeiten, aber auch Währungstermingeschäfte, Swaps, long calls usw. – die Aufzählung ist beileibe nicht vollzählig – werden in den Standards unter dem Begriff **Finanzinstrumente** zusammengefasst. In der Legaldefinition des IAS 32.11 ist ein Finanzinstrument „ein Vertrag, der gleichzeitig bei dem einen Unternehmen zu einem finanziellen Vermögenswert und bei dem anderen Unternehmen zu einer finanziellen Verbindlichkeit oder einem Eigenkapitalinstrument führt." Gleich drei Standards befassen sich mit Finanzinstrumenten: 1800

– IAS 39 regelt **Ansatz und Bewertung**,

– IAS 32 hat die Bilanzierung von Eigenkapital inklusive der **Abgrenzung von Eigen- und Fremdkapital** zum Gegenstand und

– IFRS 7 bündelt die **Angabepflichten**.

Finanzinstrumente unterliegen jedoch *nicht* dem Anwendungsbereich der IAS 39, IAS 32 und IFRS 7, *wenn und soweit* **Spezialregelungen** in anderen Standards bestehen (IAS 39.2), z.B. bei: 1801

– Rechte und Verpflichtungen aus **Leasingverhältnissen** (IAS 17, Rz. 1300 ff.)

– Rechte und Verpflichtungen aus **Altersversorgungsplänen** i.S.v. IAS 19 (Rz. 2460 ff.)

– **Rückgriffsansprüche** aus Verpflichtungen, für die **Rückstellungen** nach IAS 37 angesetzt worden sind (Rz. 2355)

– Finanzinstrumente, Verträge und Verpflichtungen im Zusammenhang mit **aktienorientierten Vergütungen** (IFRS 2, Rz. 2500 ff.)

– Rechte und Verpflichtungen *des Versicherers*[1] aus **Versicherungsverträgen** i.S.v. IFRS 4.

---

1 Versicherte Risiken gem. Anlage A Versicherungsaufsichtsgesetz dürften regelmäßig Versicherungsverträge nach IFRS 4 sein. Auch stellen regelmäßig in Versicherungsver-

Dabei ist aber zu beachten: IAS 39, IFRS 7 und ggf. IAS 32 enthalten zahlreiche Rückverweise, weil die Primärstandards nicht alle Aspekte regeln. Bspw. behandelt IAS 17 zu Leasing nicht die **außerplanmäßige Wertminderung** oder **Ausbuchung** von Leasingforderungen. Insofern ist dann IAS 39 relevant. Darüber hinaus kann IFRS 7 im Einzelfall Anhangangaben fordern, etwa in Bezug auf Verbindlichkeiten aus Finanzierungsleasingverträgen oder bei rückständigen Zahlungen im Fall des Operating-Leasing beim Leasingnehmer, obwohl diese Zahlungsverpflichtungen nicht Gegenstand des IAS 39 sind.

1802 Im Übrigen fallen in den Anwendungsbereich des IAS 39:

– Kreditzusagen, die dem **Handelsbestand** zugeordnet werden; dann Bewertung erfolgswirksam zum Fair value (IAS 39.4a)

– Kreditzusagen, die durch Zahlung oder Lieferung eines anderen Finanzinstruments abgelöst werden können (*loan commitments that can be settled net in a financial instrument*); es handelt sich um Derivate (IAS 39.4b)

– Zusagen, einen Kredit unterhalb des Marktzinssatzes zur Verfügung zu stellen (IAS 39.4c).

Für Risiken aus Kreditzusagen außerhalb des Anwendungsbereichs des IAS 39 sind ggf. Rückstellungen nach IAS 37 anzusetzen. Insgesamt dürften zum Thema Kreditzusagen Industrie-, Handels- und Dienstleistungsunternehmen i.d.R. selten betroffen sein[1], insbesondere dann nicht, wenn die Zusage mit marktüblichen Konditionen erfolgt.

1803 Der IASB hat die beiden Standards IAS 32 und IAS 39 zuletzt im Dezember 2003 grundlegend überarbeitet. Seither sind zahlreiche **Änderungen** erfolgt – inklusive der Veröffentlichung des IFRS 7 – und von der EU freigeschaltet worden.[2]

Die wichtigste jüngere Änderung an IAS 39 und IFRS 7 betrifft die **Umgliederungsvorschriften** von Finanzinstrumenten (s. Rz. 1843 ff.). Als Reaktion auf erwartete Verluste bei fortgesetzter Fair value-Bewertung im Zuge der **Finanzkrise** hat der IASB auf politischen Druck der EU im Schnellverfahren und unter Außerachtlassung jeder Selbstverpflichtung darüber, wie Rechnungslegungs-Standards zu Stande kommen, die Neuerungen am 13.10.2008 bekannt gemacht. Schon zwei Tage später wurde die Neuregelung von der Kommission mit der Verordnung 1004/2008 in europäisches Recht übernommen und am 16.10.2008 im Amtsblatt veröffentlicht, so dass sie am 17.10.2008 in Kraft getreten ist.[3] Die Umgliederungen ermöglichen einen Umstieg von der Fair

---

trägen eingebettete Derivate ihrerseits Versicherungsverträge dar. Zu Abgrenzungsfragen von IFRS 4 und IAS 39 – die vor allem für Versicherungsunternehmen von Bedeutung sind, da Erstversicherungsnehmer nicht in den Anwendungsbereich des IFRS 4 fallen – s. *Ebbers*, WPg 2004, 1377 und KPMG (Hrsg.), IFRS aktuell, 2004, S. 133 ff.

1 Zu Einzelheiten s. *Löw/Lorenz*, Ansatz und Bewertung von Finanzinstrumenten, in Löw (Hrsg.), Rechnungslegung für Banken nach IFRS, 2. Aufl. 2005, S. 435–439.

2 Noch nicht freigeschaltet worden sind die durch den Verbesserungsstandard 2010 (April 2009) veranlassten kleineren Änderungen (Rz. 1817, 1946).

3 Verordnung (EG) Nr. 1004/2008 der Kommission v. 15.10.2008, ABl. L 275 v. 16.10.2008, S. 37.

value-Bewertung hin zu (fortgeführten) Anschaffungskosten, womit derzeitige Markt- und Liquiditätsrisiken, die in einer Fair value-Bewertung zum Ausdruck kommen, ausgeblendet werden. Zu bewerten sind lediglich die noch zu erwartenden Zahlungen, also das Bonitätsrisiko (Rz. 1891 f.).

Die Standards werden unmittelbar durch zwei Interpretationen ergänzt: **1804**
- IFRIC 2: Geschäftsanteile an Genossenschaften und ähnliche Instrumente hat Fragen der Eigenkapitalabgrenzung zum Gegenstand (s. Rz. 2001).
- IFRIC 9: Neubeurteilung eingebetteter Derivate (Rz. 1944).

Von allen bislang veröffentlichten Standards nimmt IAS 39 mit seinen ergänzenden Unterlagen auf zusammen rd. 300 Seiten den breitesten Raum ein. Wer erstmals mit IAS 39 (und auch mit IAS 32) konfrontiert wird, mag sich von Aufbau, Sprache, den formulierten Bedingungen, Ausnahmen und Rückausnahmen schier erschlagen fühlen. IAS 39 ist durchsetzt von Regelungen, die die Abbildungen auch exotisch anmutender Finanzinstrumente zum Gegenstand haben und bedient sich nicht zuletzt deshalb einer sehr abstrakten Sprache. Dem IASB ist das Problem der Komplexität der Regelungen durchaus bewusst; seit 2008 liegt ein Diskussionspapier zu denkbaren Vereinfachungen auf dem Tisch (Rz. 1808). **1805**

Auf der anderen Seite spielen viele der komplexen Regeln zumindest für das (finanzielle) Massengeschäft von Industrie- und Dienstleistungsunternehmen keine Rolle. Hat man die tatsächlich existierenden Unterschiede bei der Bilanzierung von finanziellen Vermögenswerten und Verbindlichkeiten im Vergleich zur gewohnten HGB-Welt erst einmal verinnerlicht, dürfte die Anwendung des IAS 39 Routine werden.

Beispiel:
Der sperrige Begriff ***derecognition*** (Ausbuchung) kann etwas sehr Banales bezeichnen, etwa das Erlöschen von Kundenforderungen auf Grund schlichten Geldeingangs, aber auch komplexe Sachverhalte, etwa, ob der „Verkauf" einer Forderung zu der bilanzpolitisch gewünschten Bilanzverkürzung führt, wenn der Veräußerer noch gewisse Chancen und Risiken zurückbehält (Rz. 1926).

Von diesen Bedürfnissen der Praxis haben wir uns bei unserer Kommentierung leiten lassen. Wir richten den Fokus unserer Erläuterungen auf die **Belange von Industrie- und Dienstleistungsunternehmen**, nicht aber auf besondere Fragestellungen, die ggf. für Abschlüsse von Banken oder Versicherungen von Interesse sind.[1]

---

[1] Insoweit wird auf die Spezialliteratur verwiesen, z.B. *Löw/Lorenz*, Ansatz und Bewertung von Finanzinstrumenten, in Löw (Hrsg.), Rechnungslegung für Banken nach IFRS, 2. Aufl. 2005, S. 415–604.

1806 Darüber hinaus haben wir das Thema Finanzinstrumente viergeteilt:
- In *diesem Kapitel* erläutern wir Ansatz, Bewertung und Angabepflichten zu **finanziellen Vermögenswerten**, also Forderungen, Wertpapiere, Ausleihung, Anteile an anderen Unternehmen usw.
- In Kapitel C X gehen wir auf Fragen der **Eigenkapitalabgrenzung** und damit auf IAS 32 ein (Rz. 2000).
- Die Darstellung zu **finanziellen Verbindlichkeiten** ist Gegenstand von Kapitel C XI (Rz. 2100), und
- die Grundzüge der **Abbildung von Sicherungszusammenhängen** (Hedge Accounting) erläutern wir zusammen mit dem Wahlrecht der sog. Fair value-Option in Kapitel C XII (Rz. 2200).

Mit dieser Aufteilung dürfte der Anwender schnell finden, was er sucht. Auf der anderen Seite waren gelegentliche Querverweise erforderlich, um Redundanzen zu vermeiden. Wer nur über wenige unterschiedliche finanzielle Vermögenswerte verfügt (Forderungen aus Lieferungen und Leistungen, Beteiligungen), dem mag auch ein **Schnelleinstieg** über unsere Einzelfalldarstellung ab Rz. 1920 vorerst genügen.

1.2 Wesentliche Abweichungen zum HGB

1807 Im Hinblick auf **finanzielle Vermögenswerte** sind folgende wesentliche Unterschiede zum HGB auffällig:
- Die Zuordnung finanzieller Vermögenswerte in das Anlage- und Umlaufvermögen hat nach HGB Bewertungsrelevanz für Wertminderungen. Demgegenüber löst der Ort des Bilanzausweises nach IFRS keine Bewertungsfolgen aus. Stattdessen richtet sich die Bewertung finanzieller Vermögenswerte nach ihrer Zuordnung in eine von **vier Kategorien**.
- Zwei der vier Kategorien sehen eine Bewertung der finanziellen Vermögenswerte zum Fair value vor, wobei einmal die Gegenbuchung erfolgsneutral im Eigenkapital, das andere Mal erfolgswirksam in der GuV erfolgt. Damit kann es zum Ausweis von – aus HGB-Perspektive – **unrealisierten Gewinnen** kommen. Die ursprünglich noch für alle Kaufleute vorgesehene *Zeitwertbilanzierung* von Wertpapieren des Handelsbestands ist im endgültigen BilMoG *nur für Kreditinstitute* erlaubt und verpflichtend, § 340e Abs. 3 HGB, Rz. 14.
- Werden an der Börse gehandelte fest- oder variabel verzinsliche Wertpapiere erworben (z.B. Industrieanleihen), können diese im IFRS-Abschluss zum Fair value oder unter bestimmten Bedingungen auch zu fortgeführten Anschaffungskosten bewertet werden. Bei der Bewertung zu fortgeführten Anschaffungskosten ist die **Effektivzinsmethode** (interner Zinsfuß) anzuwenden. Ein **Disagio** darf nicht aktiviert werden.
- Finanzderivate sind immer in die Bilanz aufzunehmen. Im Hinblick auf unbedingte Termingeschäfte (Forwards, Futures) wird so der – ansonsten auch nach IFRS einschlägige – Grundsatz der Nichtbilanzierung **schwebender Geschäfte** durchbrochen. Nach HGB würde zwar ein negativer Marktwert ebenfalls abzubilden sein, und zwar über eine Drohverlustrückstel-

lung; bei positivem Marktwert müsste jedoch ein Ansatz unterbleiben (der durch das BilRefG eingefügte § 285 Abs. 1 Nr. 18 HGB – jetzt Nr. 19 i.d.F. des BilMoG – sieht jedoch eine *Anhangangabe* vor). Zu Unterschieden und Gemeinsamkeiten in der Abbildung von Finanzderivaten beim Hedging s. Rz. 2206.

– Bei der **Übertragung** finanzieller Vermögenswerte (Pensionsgeschäfte, Factoring) kann es zu Abweichungen kommen.

1.3 Neuere Entwicklungen

Im März 2008 hat der IASB das Diskussionspapier „*Reducing Complexity in Reporting Financial Instruments*" veröffentlicht. In einem **langfristigen Lösungsansatz** wird hier die erfolgswirksame Bewertung sämtlicher Finanzinstrumente zum Fair value vorgeschlagen (sog. **full Fair value**).[1] Damit wird eine Idee wieder aufgegriffen, die zuletzt von der *Joint Working Group of Standard Setters* im Jahr 2000 vertreten wurde.[2]

1808

Ob aber die full Fair value-Idee angesichts der **Finanzkrise** noch opportun erscheint, mag bezweifelt werden.[3] Die G 20 der wichtigsten Industrienationen haben am 15.11.2008 letztlich den IASB und FASB aufgefordert, die Bilanzierung von und die Berichterstattung über Finanzinstrumente deutlich zu verbessern.[4] Schon einen Monat zuvor haben IASB und FASB zu diesem Thema angekündigt, eine *Global Advisory Group* einzurichten[5], die in der Zwischenzeit als *Financial Crisis Advisory Group (FCAG)* ihre Arbeit aufgenommen hat. Am 24.4.2009 schließlich hat der IASB einen Zeitplan für seine Arbeiten zum Thema Finanzinstrumente vorgelegt.[6] Hiernach soll intern bis Juni 2009 vor allem an Verbesserungen zu Regeln über außerplanmäßige Abschreibungen, Kategorisierung von Finanzinstrumenten und Darstellung gearbeitet werden. Nach der Entscheidungsfindung beim IASB im Juli/August 2009 sollen im September/Oktober 2009 die Ergebnisse als Exposure Draft der Öffentlichkeit vorgestellt werden. Bereits im Mai 2009 wird ein Exposure Draft zur Fair value Bewertung (Rz. 450 ff.) erwartet.

Am 31.3.2009 hat der IASB den Änderungsentwurf „ED/2009/3 **Derecognition** – Proposed amendments to IAS 39 and IFRS 7" veröffentlicht. Die Vorschläge betreffen die Ausbuchung von Finanzinstrumenten in Übertragungsfällen (Rz. 1914 ff.). Statt wie bisher die Elemente mehrerer Ausbuchungskon-

1809

---

1 Eine Kurzdarstellung und Würdigung findet sich in *Zülch/Nellessen*, PiR 2008, 204.
2 Vgl. IASC, Joint Working Group of Standard Setters, Draft Standard and Basis for Conclusions Financial Instruments and Similar Items, Dezember 2000. Zur Entwicklung vgl. *Pape/Breker*, WPg 1999, 1; *Breker/Gebhardt/Pape*, WPg 2000, 729; *Pape*, WPg 2001, 1458.
3 „Diese Vision ... dürfte ... einen empfindlichen Dämpfer bekommen haben", *Bieker*, PiR 2008, 394.
4 Vgl. *G20, Declaration of the Summit on Financial Markets and the World Economy* v. 15.11.2008.
5 Vgl. *IASB/FASB* Presserklärung v. 16.10.2008.
6 Vgl. IASB Pressemitteilung v. 24.4.2009.

zepte zu kombinieren, beschränkt sich der neue Ansatz auf das Kriterium Beherrschung (Verfügungsmacht); diesem Kriterium soll, anders als derzeit (Rz. 1919), Vorrang eingeräumt werden. Damit entfiele auch der bisherige Test zur Beurteilung zurückbehaltener Chancen und Risiken (Rz. 1917). Das weitere zeitliche Vorgehen nach Ende der Kommentierungsfrist 31.7.2009 ist noch nicht bestimmt.

2. Ansatz

2.1 Definition finanzieller Vermögenswerte und finanzieller Verbindlichkeiten

2.1.1 Übersicht

1810 Finanzinstrumente sind gem. IAS 39.8 i.V.m. IAS 32.11 Vertragsverhältnisse, die bei der einen Partei – z.B. dem bilanzierenden Unternehmen – zu einem finanziellen Vermögenswert und bei der anderen Partei zu einer finanziellen Schuld oder zu einem Eigenkapitalinstrument führen.[1] Die **Definitionsmerkmale** sind in folgender Tabelle zusammengefasst:

Finanzinstrument	
Finanzielle Vermögenswerte sind	**Finanzielle Verbindlichkeit** ist jede vertragliche Verpflichtung,
– (a) Kassenbestände	
– (b) an anderen Unternehmen gehaltene Eigenkapitalinstrumente, z.B. Aktien, GmbH-Anteile	– (ai) finanzielle Vermögenswerte abzugeben, z.B. Verbindlichkeiten aus Lieferungen und Leistungen, Bankverbindlichkeiten
– (ci) Recht, finanzielle Vermögenswerte zu erhalten, z.B. Forderungen, Ausleihungen	– (aii) Finanzinstrumente unter potenziell nachteiligen Bedingungen austauschen zu müssen: Derivate mit negativem Marktwert oder
– (cii) Recht, Finanzinstrumente unter potenziell vorteilhaften Bedingungen austauschen zu können: Derivate mit positivem Marktwert oder	– (b) Vertrag, der durch Eigenkapitalinstrumente des bilanzierenden Unternehmens bedient werden kann (unter bestimmten Bedingungen)
– (d) Vertrag, der durch Eigenkapitalinstrumente des bilanzierenden Unternehmens bedient werden kann (unter bestimmten Bedingungen).	
	Eigenkapitalinstrument ist ein Vertrag, der einen Residualanspruch am Vermögen eines Unternehmens begründet.

Abb. 41: Finanzinstrumente nach IAS 32, IAS 39 und IFRS 7

2.1.2 Anteile an anderen Unternehmen und eigenes Eigenkapital

1811 Im Konzernabschluss konsolidierte oder at equity bewertete Anteile an **Tochter-, Gemeinschafts- oder assoziierten Unternehmen** unterliegen bereits sach-

---

[1] Die Definition in IAS 32.11 stellt ab auf Vertragsverhältnisse zwischen Unternehmen; das sind gem. IAS 32.14 Einzelpersonen, Personenhandelsgesellschaften, Kapitalgesellschaften und öffentliche Institutionen, also eine jeweils andere Partei.

logisch nicht dem IAS 39. In einem IFRS-*Einzelabschluss* sind die Anteile entweder zu Anschaffungskosten oder gem. IAS 39 zu bilanzieren (IAS 27.38). Gleiches gilt für übrige Beteiligungen bzw. Anteile an anderen Unternehmen im Einzel- und im Konzernabschluss. Zu Einzelheiten s. Rz. 1933 ff.

Eigenkapitalinstrumente sind zwar Finanzinstrumente, **das Eigenkapital des bilanzierenden Unternehmens selbst ist aber vom Anwendungsbereich des IAS 39 ausgenommen** und ermittelt sich als Residualgröße aus Vermögenswerten abzüglich Schulden (Rückstellungen und Verbindlichkeiten). Die notwendige **Abgrenzung** zwischen Schulden und Eigenkapital ist Gegenstand des IAS 32. Aus dieser Abgrenzung ergeben sich auch die speziellen, in der Abbildung in Rz. 1810 genannten Vertragsformen für finanzielle Vermögenswerte (d) und Verbindlichkeiten (b). Zur Eigenkapitalabgrenzung s. Rz. 2010 ff. 1812

2.2 Ansatzkriterien

2.2.1 Vertragsbeziehung (schwebendes Geschäft)

Finanzinstrumente sind dadurch gekennzeichnet, dass eine **Vertragsbeziehung** hinsichtlich der Rechte (oder Verpflichtungen) aus dem Vermögenswert (der Verbindlichkeit) vorliegt (IAS 39.14). Die Vertragsform selbst – schriftlich, mündlich oder durch bloßes Handeln – ist nicht entscheidend.[1] Weil es nur auf den Vertragsabschluss ankommt, sind *im Hinblick auf finanzielle Vermögenswerte und Verbindlichkeiten* anders als bei anderen Bilanzposten grundsätzlich bereits **schwebende Geschäfte** zu bilanzieren. Dies wirkt sich insbesondere bei Derivaten aus (Rz. 1815 ff.) 1813

Zum Ansatzzeitpunkt bei Kassageschäften s. Rz. 1850 f.

Steuerforderungen oder -verbindlichkeiten sind genauso wie **faktische Verpflichtungen** (Kulanz) **keine Finanzinstrumente** (kein Vertrag, IAS 32.AG12).

2.2.2 Austausch von Finanzmitteln

Um bilanzwirksam zu werden, muss die Vertragsbeziehung auf den **Austausch von Finanzmitteln** gerichtet sein. Das trifft auf Kreditverträge oder Anleiheemissionen zu, nicht aber auf Verträge über Güterlieferungen oder Dienstleistungen. Hierzu folgende Beispiele: 1814

Beispiele:
- **Sachleistungsvereinbarungen** sind insoweit nicht betroffen: Wird ein Vertrag zur Lieferung eines materiellen Gutes, z.B. über den Erhalt einer Maschine oder einer nicht finanziellen Dienstleistung abgeschlossen, so wird erst *nach* der Erbringung der Sachleistung/Dienstleistung eine Forderung oder Verbindlichkeit gebucht (IAS 39.AG35b). Dies gilt explizit auch für Verträge im Rahmen eines **Unternehmenszusammenschlusses** über den

---

[1] Vgl. *Bellavite-Hövermann/Barckow* in Baetge u.a. (Hrsg.), Rechnungslegung nach IFRS, 2002, IAS 39 Rz. 85.

künftigen Erwerb oder die Veräußerung des Zielunternehmens (IAS 39.2g), obwohl in diesem Rahmen auch Finanzinstrumente als einzeln erworben oder veräußert gelten (Rz. 3220).

Eine Ausnahme von der Nichtanwendung des IAS 39 auf Sachleistungsvereinbarungen besteht, wenn die Vereinbarung *auch* in Finanzinstrumenten erfüllt wird oder insgesamt gegen Finanzinstrumente *getauscht* werden kann (z.B. Warentermingeschäft) und die Absicht hierzu tatsächlich besteht. Es handelt sich dann um ein Derivat im Anwendungsbereich des IAS 39 (Rz. 1816).

– Erhaltene oder geleistete **Anzahlungen** sind ebenfalls keine Finanzinstrumente, soweit sie auf den Austausch von Sachgütern oder Dienstleistungen gerichtet sind (IAS 32.AG11).

2.3 Derivate

1815 Bei Derivaten handelt es sich um „vertragliche Vereinbarungen, Finanzinstrumente unter potenziell vorteilhaften (= Vermögenswert) oder nachteiligen (= Verbindlichkeit) Bedingungen tauschen zu können oder zu müssen". Ein **Derivat** ist nach IAS 39.9 durch folgende Merkmale gekennzeichnet:

– Der Wert des Finanzinstruments ändert sich auf Grund einer Änderung eines genannten Zinssatzes, Wertpapierkurses, Rohstoffpreises, Wechselkurses, Preis- oder Zinsindexes, Bonitätsratings oder Kreditindexes oder einer ähnlichen Variablen (Basisobjekt, Underlying),

– es erfordert keine oder nur eine geringe anfängliche Netto-Investition und

– wird zu einem späteren Zeitpunkt erfüllt.

1816 Deutlicher wird der ökonomische Gehalt von Derivaten bei einer Aufzählung der **Grundformen:**[1]

– **Termingeschäfte** (*Future* als standardisierter und *Forward* als unstandardisierter Vertrag), die das Recht und die Pflicht beinhalten, das Basisobjekt zu einem späteren Zeitpunkt zum festgelegten Preis zu kaufen (*Long-Position*) bzw. zu verkaufen (*short-Position*), z.B. ein Währungstermingeschäft.

– **Optionen**, die (beim Halter) lediglich ein Recht beinhalten, das Basisobjekt (z.B. Aktien) zu einem späteren Zeitpunkt zum festgelegten Preis zu erwerben (call) oder zu verkaufen (put). Der Optionskäufer zahlt der Gegenseite (Stillhalter) für den Erwerb der Option eine Prämie; und

– **Swapgeschäfte**, bei denen die künftigen Zahlungsströme aus zwei Basisobjekten über einen bestimmten Zeitraum getauscht werden (z.B. Zinsswap).

Warentermingeschäfte u.Ä. fallen nur dann in den Anwendungsbereich des IAS 39, wenn die Lieferung des Basisobjekts *nicht* beabsichtigt ist und ein

---

[1] Vgl. *von Dryander/Apfelbacher*, Derivate, in Habersack/Mülbert/Schlick (Hrsg.), Unternehmensfinanzierung am Kapitalmarkt, 2. Aufl. 2008, § 22 Rz. 9 ff.

Ausgleich in Finanzinstrumenten herbeigeführt werden kann. Wird das Geschäft hingegen abgeschlossen, um einen *nicht* finanziellen Vermögenswert zu beziehen oder zu liefern, insbesondere bei anschließender Verwendung im Unternehmen (*own use exemption*), handelt es sich *nicht* um ein Derivat im Anwendungsbereich des IAS 39 (IAS 39.5 ff.).[1]

Derivate werden grundsätzlich[2] immer **bilanzwirksam**, und zwar auch dann, wenn sie zu Absicherungszwecken abgeschlossen wurden (s. Rz. 2236 ff.).[3] Das gilt auch für **unbedingte Termingeschäfte**[4], die als schwebende Geschäfte (Rz. 1813) zu klassifizieren sind und ggf. mit dem Wert „Null" angesetzt werden (IAS 39.AG35c). 1817

Bei Verträgen, die eine Zahlung bei Eintritt bestimmter klimatischer, geologischer oder sonstiger physikalischer Variablen vorsehen, ist zu unterscheiden: Erfolgt die Zahlung nur dann, wenn bestimmte Schäden beim Begünstigten auszugleichen sind (z.B. Hagel, Sturm, Wasser), handelt es sich um **Versicherungsverträge**, die nach IFRS 4 zu bilanzieren sind. Der Versicherungs*nehmer* ist insoweit nicht betroffen. Im Übrigen handelt es sich um **Wetterderivate** (z.B. Zahlung an einen Touristikkonzern, wenn bestimmte Durchschnittstemperaturen im Mittelmeerraum nicht erreicht werden), auf die IAS 39 anzuwenden ist (IAS 39.AG1 i.V.m. IFRS 4.BC55 ff.). 1818

Bürgschaften, durch die sich der Bürge gegenüber dem Gläubiger verpflichtet, für die Erfüllung einer Verbindlichkeit des Hauptschuldners einzustehen, fallen grundsätzlich[5] in den Anwendungsbereich des IAS 39; zur Bilanzierung s. Rz. 2153. 1819

3. Kategorien

3.1 Klassifizierung und Bewertung

Nach IAS 39 werden **vier** (bzw. fünf) **Kategorien** finanzieller Vermögenswerte unterschieden, an die sich drei unterschiedliche **Bewertungskonsequenzen** anschließen. Die finanziellen Vermögenswerte eines Unternehmens sind bei ihrem Zugang (zum Zeitpunkt Rz. 1850) den Kategorien zuzuordnen; die Zuordnung hat daher *materielle* Bedeutung. Die Kategorisierung schlägt jedoch nicht auf den Ausweis in der Bilanz (z.B. Wertpapiere des langfristigen oder 1820

---

1 Zu Einzelheiten s. *Kuhn/Scharpf*, Rechnungslegung von Financial Instruments nach IFRS, 3. Aufl. 2006, Rz. 180–187.
2 Eine Ausnahme besteht bei Übertragung finanzieller Vermögenswerte (z.B. Wertpapiere) an eine andere Partei mit weit im Geld befindlichem Rückkaufsrecht (Kaufoption) des Veräußerers. In diesem Fall wird der Verkäufer die Option ziehen, so dass der Vermögenswert nicht auszubuchen ist. Das Derivat ist nicht zu erfassen, um Doppelerfassungen zu vermeiden (IAS 39.AG34 und AG51f).
3 Vgl. *Kuhn/Scharpf*, Rechnungslegung von Financial Instruments nach IFRS, 3. Aufl. 2006, Rz. 860.
4 Auch hier besteht mit IAS 39.2g i.d.F. des Verbesserungsstandards (April 2009) im Zusammenhang mit Unternehmenserwerben eine Ausnahme.
5 Zur Anwendung in der Versicherungswirtschaft vgl. *Grünberger*, KoR 2006, 81 (82 ff.).

kurzfristigen Vermögens) durch. So können beispielhaft Wertpapiere der Kategorie available-for-sale sowohl unter Finanzanlagen (langfristiges Vermögen) als auch unter Wertpapieren des kurzfristigen Vermögens auszuweisen sein.

1821 ⊃ Zum Teil richtet sich die Zuordnung nach den objektiven Eigenschaften des finanziellen Vermögenswerts, zum Teil bestehen aber auch Zuordnungswahlrechte. Für Zwecke der Kategorisierung ist es daher notwendig, unternehmensintern eindeutige und für Dritte nachvollziehbare **Zuordnungskriterien** zu formulieren und diese schriftlich zu **dokumentieren**[1], z.B. mittels Bilanzierungsrichtlinie. Die vier Kategorien (IAS 39.9) sind in der Tabelle in Abb. 42 genannt und werden nachfolgend erläutert.

	Kategorie	Bewertung	Anwendungsbeispiele
1	**Kredite und Forderungen** (loans and receivables)	Fortgeführte Anschaffungskosten	Forderung aus Lieferungen und Leistungen, Ausleihung
2	**Bis zur Endfälligkeit zu haltende Finanzinvestitionen** (held-to-maturity investments)	Fortgeführte Anschaffungskosten	Anleihe
3	**Erfolgswirksames Fair value Finanzvermögen** (financial asset at fair value through profit or loss):	Fair value, erfolgswirksam	
3a	– **Zu Handelszwecken gehaltene finanzielle Vermögenswerte** (held for trading) und		Derivat
3b	– **Designiert** (bedingtes Wahlrecht) beim erstmaligen Ansatz (upon initial recognition designated as at fair value through profit or loss)		
4	**Zur Veräußerung verfügbare finanzielle Vermögenswerte** (available-for-sale financial assets)	Fair value, erfolgsneutral; bei Fremdkapitaltiteln erfolgswirksame Ertragserfassung unter Anwendung der Effektivzinsmethode	Börsennotierte Aktie, Anleihe
		Ausnahme: EK-Titel, Fair value nicht ermittelbar: Anschaffungskosten	GmbH-Anteil

Abb. 42: Kategorien finanzieller Vermögenswerte

---

1 Vgl. *Scharpf*, FB 2000, 128; *Bellavite-Hövermann/Barckow* in Baetge u.a. (Hrsg.), Rechnungslegung nach IFRS, 2002, IAS 39 Rz. 56.

3.2 Praktische Bedeutung der Variantenvielfalt

◯ Bevor wir auf die Voraussetzungen der einzelnen Kategorien eingehen, wollen wir zunächst die Bedeutung der Variantenvielfalt relativieren. Für die praktische Handhabung kann folgende **Faustformel** benutzt werden: 1822

- Bei einer Vielzahl von „normalen" Bilanzposten stellt sich das Problem einer über die Anschaffungskosten hinausgehenden Fair value-Bewertung überhaupt nicht[1], z.B. bei kurzfristigen **Kundenforderungen**. Diese sind der Kategorie „Kredite und Forderungen" zuzuordnen und wie nach HGB zum Nennwert ggf. abzgl. Wertberichtigungen zu bewerten. Im Fall langfristiger **Ausleihungen** kann die Anwendung des internen Zinsfußes (Effektivzinsmethode) bei der Zinserfassung zu Unterschieden zum HGB führen.
- Sind für Eigenkapitaltitel **keine Marktpreise** vorhanden, z.B. für nicht notierte Aktien oder GmbH-Anteile, kann ausnahmsweise auch zu Anschaffungskosten bilanziert werden, und zwar unabhängig von der Kategorie, der diese Vermögenswerte zugeordnet werden (Rz. 1866). Diese Ausnahmevorschrift rechtfertigt sich in **Konzernabschlüssen** auch durch den Wesentlichkeitsgrundsatz, denn dort werden alle Beteiligungen von Gewicht voll oder quotal konsolidiert bzw. at equity angesetzt, kommen also für eine Bilanzierung nach IAS 39 überhaupt nicht in Betracht (Rz. 1811).
- Die zwingende Fair value-Bilanzierung bei Spekulationsabsicht („**Handelszwecke**", s. Nr. 3a in Rz. 1821) ist entweder unproblematisch, soweit Marktpreise vorhanden sind, oder bei normalen Handels- und Dienstleistungsunternehmen i.d.R. nicht relevant. Die Finanzkrise hat aber auch gezeigt, dass besondere Probleme entstehen, wenn Märkte „inaktiv" werden (s. Rz. 1882).

In der Praxis von Unternehmen außerhalb der Finanzbranche zeigt sich, dass die Kategorien loans and receivables (z.B. Forderungen aus Lieferungen und Leistungen) zusammen mit available-for-sale (z.B. nicht konsolidierte Beteiligungen) den überwiegenden Teil der finanziellen Vermögenswerte ausmachen.

frei 1823–1824

3.3 Kredite und Forderungen (loans and receivables)

Notwendige und objektive Kriterien zur Einordnung finanzieller Vermögenswerte in diese Kategorie sind 1825

- feste oder bestimmbare (= bei variablen Zinsvereinbarungen) Zahlungen aus dem Vermögenswert und
- der Vermögenswert wird **nicht auf einem aktiven Markt** (zum Begriff s. Rz. 475 ff.) gehandelt.

---

1 Ausnahme: Stichtagskursbewertung bei Währungsforderungen.

Es können auch von Dritten erworbene Kredite und Forderungen (**Factoring**) als solche ausgewiesen werden, vorausgesetzt, sie werden nicht auf einem aktiven Markt gehandelt.[1] In der Praxis vorherrschend dürfte jedoch sein, dass Kredite und Forderungen *üblicherweise* originär entstehen.

Als hinreichendes (subjektives) Zuordnungskriterium kommt die Absicht des Unternehmens hinzu: Die Kredite und Forderungen sollen *nicht* unverzüglich oder kurzfristig *veräußert* werden (andernfalls wären sie zwingend als zu Handelszwecken gehaltene finanzielle Vermögenswerte einzustufen und erfolgswirksam zum Fair value zu bewerten).

1826 Im Einzelnen gehören dieser Kategorie in der Regel an:

– Forderungen aus Lieferungen und Leistungen,

– Darlehen,

– Ausleihungen,

– Schuldtitel (z.B. nicht börsennotierte Inhaberschuldverschreibung[2], Schuldscheindarlehen[3])

– Konsortialkredite.

3.4 Bis zur Endfälligkeit zu haltende finanzielle Vermögenswerte (held-to-maturity)

1827 Hierzu zählen objektiv finanzielle Vermögenswerte

(a) mit **festen oder bestimmbaren Zahlungen** (z.B. Anleihen mit fester oder an Referenzzins wie EURIBOR etc. gekoppelter Verzinsung)

(b) und einer **festen Laufzeit** (keine ewige Rente, kein Eigenkapitalinstrument)

(c) die **auf einem aktiven Markt**[4] (zum Begriff s. Rz. 475 ff.) gehandelt werden und

als subjektives Kriterium –

(d) die das Unternehmen **bis zur Endfälligkeit halten kann und will**.

Hinzu kommt, dass auf die optional mögliche Zuordnung zur Kategorie 3b (unter Bedingungen) und 4 (also available-for-sale) lt. Rz. 1821 verzichtet wird.

---

1 Anteile an einem Pool *anderer* Vermögenswerte – z.B. ein Anteil an einem offenen Immobilienfonds – dürfen allerdings nicht den Krediten und Forderungen zugeordnet werden. Außerdem sind Kredite und Forderungen, für die der Inhaber aus Gründen, die *nicht* auf eine Verschlechterung des Portfolios zurückzuführen sind, nicht mehr den wesentlichen Teil seines ursprünglichen Investments zurückerhält, als available-for-sale einzuordnen. Es kann sich hierbei handeln um eher exotische Konstruktionen wie ein Kredit mit variabler Rückzahlung in Abhängigkeit bestimmter Indexentwicklungen, vgl. *Löw/Schildbach*, BB 2004, 875 (876).
2 Dies gilt auch für Eigenkapitaltitel eines Emittenten, die – wirtschaftlich aus IFRS-Perspektive betrachtet – bei diesem als Fremdkapital bilanziert werden, vgl. IAS 39.IG.B22.
3 Vgl. IDW RS HFA 9, Tz. 98.
4 Umkehrschluss der Legaldefinition in IAS 39.9, wonach Held-to-maturity-Investitionen nicht die (übrigen) Merkmale von Forderungen und Krediten aufweisen dürfen. Das verbleibende Merkmal ist der Handel auf einem aktiven Markt.

Die Kategorie zielt auf **börsennotierte Anleihen**: Auch hoch risikoreiche Anleihen (wie z.B. Junk bonds) können als held-to-maturity einzuordnen sein, da die Risikofrage nicht bei der Klassifikation (IAS 39.AG17), sondern bei der Bewertung berücksichtigt wird. 1828

Die Ratio der fortgeführten Anschaffungskostenbilanzierung trotz vorhandener Marktpreise besteht darin, dass bei Halteabsicht *bis zur Endfälligkeit* **keine marktzinsinduzierten Kursrisiken**[1] bestehen. Zwingend ist diese Bilanzierung indessen nicht, die Klassifizierung hat **Ausnahmecharakter** (s. auch IAS 39.AG20). 1829

Dieser Ausnahmecharakter kommt dadurch zum Ausdruck, dass bei der Zuordnung die Hürde der **dokumentierten Halteabsicht und -fähigkeit bis zur Endfälligkeit** zu überwinden ist. Das Unternehmen darf generell nicht bereit sein, den Vermögenswert bei veränderten Marktbedingungen zu verkaufen (zu weiteren Einzelheiten IAS 39.AG16 ff.). Neben der Absicht muss auch die **Fähigkeit** bestehen, **die Vermögenswerte bis zur Endfälligkeit halten zu können**; es dürfen also keine liquiden Mittel aus dem vorzeitigen Verkauf der Finanzinvestition zur geplanten Fortführung der Geschäftstätigkeit erforderlich sein (IAS 39.AG23). Daher empfiehlt es sich, „Held-to-maturity-Investments **gedanklich wie gesperrte Bestände** anzusehen, auf die grundsätzlich nicht vor vertraglicher Fälligkeit zurückgegriffen werden kann."[2] 1830

Halteabsicht und -fähigkeit der als bis zur Endfälligkeit klassifizierten Finanzinstrumente sind nicht nur bei Erwerb, sondern **zu jedem Bilanzstichtag** zu beurteilen und **zu prüfen** (IAS 39.AG25). Werden die Anforderungen verletzt, etwa durch vorzeitigen Verkauf, kommt es zur Zwangsumbuchung des gesamten Bestands und einer zweijährigen Sperrfrist für einen erneute Zuordnung zu dieser Kategorie (Rz. 1844 ff.). Unschädlich ist aber der Verkauf oder eine Umgliederung in eine andere Kategorie (IAS 39.9) 1831

– nahe am Endfälligkeitstag (ca. 3 Monate),

– wenn zuvor bereits rund 90% (*substantially all*) der ursprünglichen Investitionssumme zurückgeflossen sind oder

– aufgrund eines einmaligen, isolierten und unvorhersehbaren Ereignisses (z.B. nachteilige Steuerrechtsetzung oder wesentliche Verschlechterung der Bonität des Wertpapieremittenten, IAS 39.AG22) oder schließlich

– wenn der verkaufte oder umgegliederte Betrag, gemessen am Gesamtbetrag der als held-to-maturity klassifizierten Wertpapiere, unwesentlich ist.

frei 1832

---

[1] Es verbleiben aber Bonitätsrisiken und, bei Fremdwährungsanleihen, auch Wechselkursrisiken.
[2] *Prahl/Naumann* in HdJ, Abt. II/10 (2000), Rz. 280.

3.5 Erfolgswirksames Fair value-Finanzvermögen (at fair value through profit or loss)

3.5.1 Handelsbestand (held for trading)

1833 Als held for trading sind solche finanziellen Vermögenswerte (und Teile von Portfolien eindeutig identifizierbarer und gemeinsam verwalteter Finanzinstrumente) zu klassifizieren, die hauptsächlich mit der Absicht erworben wurden, aus *kurzfristigen* Preisschwankungen Gewinne zu erzielen. Das ist generell möglich durch **Spekulation** („Trading") oder durch die Ausnutzung von **Preisdifferenzen** („Arbitrage").[1] Daher gehören – neben originären Finanzinstrumenten, bei denen die entsprechende Absicht darzulegen ist – apodiktisch *sämtliche* **Derivate**, die *nicht wirksam* zu Sicherungszwecken eingesetzt sind (zum Hedge Accounting s. Rz. 2200), in diese Kategorie.

1834 Die Absicht der kurzfristigen Gewinnerzielung ist *nur zum Zeitpunkt des Erwerbs* darzulegen. Falls sich die Marktbedingungen oder ganz allgemein die Absichten des Managements dergestalt ändern, dass der Vermögenswert nun doch langfristig gehalten wird, kam ursprünglich eine Umgliederung in eine andere Kategorie finanzieller Vermögenswerte gleichwohl *nicht* in Betracht. Im Zuge der Finanzkrise sind jedoch die Umgliederungsvorschriften gelockert worden, s. Rz. 1848.

3.5.2 Fair value-Option

1836 Es besteht die Möglichkeit, finanzielle Vermögenswerte und Verbindlichkeiten unter bestimmten Bedingungen freiwillig, d.h. wahlweise, erfolgswirksam zum Fair value zu bewerten (sog. Fair value-Option).[2] Die **Bedingungen** sind:

(a) Es wird im Hinblick auf Bewertung und/oder das Jahresergebnis ein *accounting mismatch* beseitigt oder erheblich verringert,

(b) bei den Finanzinstrumenten handelt es sich um ein Portfolio, dessen Management und Performance-Messung auf Fair value-Basis gemäß einer dokumentierten Risikomanagement- und Anlagestrategie durchgeführt wird (IAS 39.9) oder

(c) es handelt sich um ein strukturiertes Produkt, bei dem – ohne freiwillige Fair value-Bewertung – das Derivat hätte abgespalten werden müssen (IAS 39.11A; zum Sonderfall der Pflicht zur erfolgswirksamen Fair value-Bewertung nach IAS 39.12 s. Rz. 1944).

---

[1] Vgl. *von Dryander/Apfelbacher*, Derivate in Habersack/Mülbert/Schlick (Hrsg.), Unternehmensfinanzierung am Kapitalmarkt, 2. Aufl. 2008, § 22 Rz. 15 f.

[2] Die ursprüngliche Fair value-Option sah ein unbedingtes Wahlrecht vor, ist aber nicht von der EU-Kommission übernommen und dann auf Druck u.a der Europäischen Zentralbank vom IASB eingeschränkt worden, s. etwa *Eckes/Weigel*, KoR 2006, 415. Eine Gegenüberstellung der beiden Optionen und eine kritische Würdigung der Neufassung enthält *Küting/Döge/Pfingsten*, KoR 2006, 597.

Die bedingte freiwillige Zuordnung kann für jedes Finanzinstrument (bzw. Portfolio gem. (b)) **einzeln** getroffen werden. Ausgeschlossen von der Zuordnungsmöglichkeit sind einzig Eigenkapitaltitel, die nicht auf einem aktiven Markt gehandelt werden und deren Fair value (darüber hinaus, s. IAS 39.AG80 f.) nicht zuverlässig bestimmt werden kann. 1837

◯ Die Option, finanzielle Vermögenswerte erfolgswirksam zum Fair value zu bilanzieren, sollte in der Praxis aus zwei Motiven heraus erwogen werden: 1838
  − Sie erleichtert die Abbildung von **Sicherungszusammenhängen**. Sollen finanzielle Vermögenswerte als Grundgeschäft mit einem Derivat gegen bestimmte Risiken abgesichert werden, so erfolgt durch die erfolgswirksame Fair value-Bilanzierung von Grundgeschäft und Derivat ein automatischer Ausgleich, ohne dass die formalen Anforderungen des Hedge Accounting erfüllt werden müssen. Auf der anderen Seite werden so allerdings auch andere Risikokomponenten zum Fair value abgebildet, was bei Anwendung des Hedge Accounting hätte vermieden werden können.[1] Zur Abbildung von Sicherungszusammenhängen unter Nutzung der Fair value-Option s. Rz. 2220 ff.
  − Bei **strukturierten Finanzinstrumenten** ist die (u.U. schwierige) Abtrennung eingebetteter Derivate nicht mehr erforderlich, wenn der finanzielle Vermögenswert insgesamt erfolgswirksam zum Fair value bewertet wird (s. Rz. 1948 f.).

frei 1839

3.6 Zur Veräußerung verfügbare finanzielle Vermögenswerte (available-for-sale)

Die Bezeichnung „available-for-sale" ist missverständlich, weil sie eine Veräußerungs*absicht* suggeriert (dann läge aber ein Handelsbestand lt. Rz. 1833 f. vor). Tatsächlich handelt es sich um eine **Restgröße**; hier sind alle finanziellen Vermögenswerte auszuweisen, die keiner der anderen Gruppen zugeordnet werden konnten. 1840

Außerdem besteht auch hier ein **Optionsrecht**: jeder finanzielle Vermögenswert mit Ausnahme der Unterkategorie held for trading kann freiwillig als zur Veräußerung verfügbar klassifiziert werden. Die Option kann einzeln für jeden finanziellen Vermögenswert getroffen werden.

In available-for-sale sind vor allem auszuweisen: 1841
− Im Konzernabschluss nicht voll- oder quotal konsolidierte sowie nicht at equity angesetzte Beteiligungen,
− Wertpapiere, die nicht als zu Handelszwecken oder als bis zur Endfälligkeit gehalten qualifiziert wurden.

---

[1] Vgl. *Löw/Schildbach*, BB 2004, 875 (877); *Löw/Blaschke*, BB 2005, 1727 (1731).

Finanzinstrumente in dieser Kategorie sind erfolgs*neutral* zum Fair value zu bewerten: Die jeweilige Wertänderung zur Vorperiode ist im Eigenkapital zu erfassen und in der Gesamtergebnisrechnung (sonstiges Ergebnis) zu zeigen, bei gehaltenen Fremdkapitaltiteln unter Beachtung der Effektivzinsmethode. Eigenkapitalinstrumente – Anteile an anderen Unternehmen wie GmbH-Anteile u.Ä. –, deren Fair value nicht ermittelbar ist, sind zu Anschaffungskosten zu bewerten (IAS 39.46c), s. Rz. 1866.

3.7 Zusammenfassung: Zuordnungsentscheidung bei Ersterfassung

1842 Als Zuordnungshilfe mag nachfolgend abgebildeter Entscheidungsbaum nützlich sein. Derivate, die zu Sicherungszwecken eingesetzt werden, unterliegen mit ihrem effektiven Teil den Regelungen zum Hedge Accounting. Im Übrigen besteht für jeden finanziellen Vermögenswert die bedingte Option, ihn erfolgwirksam zum Fair value zu bewerten oder (unbedingt) der Kategorie available-for-sale zuzuordnen mit der Folge einer erfolgsneutralen Fair value-Bewertung.

Beispiele:

– Gehaltene Eigenkapitaltitel (Aktien, GmbH-Anteile): Spätestens die Frage „Hat das Finanzinstrument feste oder bestimmbare Zahlungen?" ist zu verneinen, so dass an dieser Stelle nur noch die Zuordnung in available-for-sale in Betracht kommt.

– Festverzinsliches Wertpapier: Sollte es auf einem aktiven Markt gehandelt werden, hängt die Zuordnung von der Absicht und Fähigkeit ab, es bis zur Endfälligkeit zu halten.

IX. Finanzielle Vermögenswerte (IAS 39, IAS 32, IFRS 7)

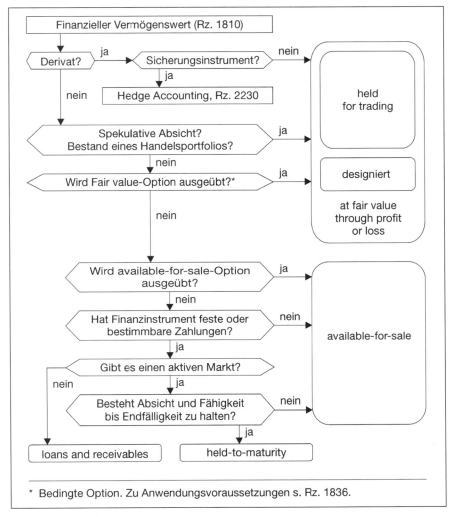

* Bedingte Option. Zu Anwendungsvoraussetzungen s. Rz. 1836.

Abb. 43: Zuordnungsentscheidung bei Ersterfassung

3.8 Stetigkeit und Wechsel zwischen den Kategorien

3.8.1 Stetigkeit

Die vier Kategorien finanzieller Vermögenswerte lösen unterschiedliche Bewertungsfolgen aus. Die Umgliederung zwischen den Kategorien würde es Bilanzierenden ermöglichen, aktiv Bilanzpolitik zu betreiben. Daher war in der Vergangenheit die Umgliederung grundsätzlich nicht möglich;[1] verboten war sie vor allem bei der Kategorie at fair value through profit or loss.[2]

1843

---
1 Zur insoweit unveränderten Ausnahme bei held-to-maturity s. Rz. 1845.
2 S. Vorauflage, Rz. 1843.

Im Zuge der Finanzkrise sind auf politischen Druck der EU die Umgliederungsvorschriften jedoch geändert worden (Rz. 1848). Die Regelungen zur Umgliederung stellt Abb. 43a übersichtlich dar.

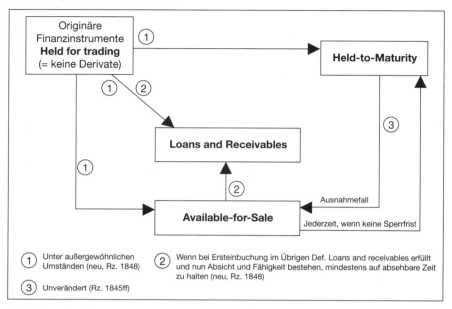

Abb. 43a Umgliederungen zwischen den Kategorien

3.8.2 Umgliederungsverbote

1844 Die nachfolgenden Umgliederungsverbote haben schon vor der Änderung des IAS 39 im Oktober 2008 bestanden:

Derivate sind immer bilanzwirksam zum Fair value zu bewerten, entweder in der Kategorie held for trading (erfolgswirksam) oder als Sicherungsinstrument beim Hedge Accounting (erfolgswirksam beim fair value hedge, Rz. 2256 bzw. erfolgsneutral beim cash flow hedge, Rz. 2267). Beginn und Ende einer Sicherungsbeziehung gelten nicht als Umgliederung (IAS 39.50A), und im Übrigen kommt ein Entfernen aus der Kategorie held for trading nicht in Betracht (IAS 39.50a).

Im Wege der **Fair value Option** zur erfolgswirksamen Fair value-Bewertung designierte Finanzinstrumente (Rz. 1836 ff.) können nicht umgegliedert werden (IAS 39.50b). Ein Umgliederungsverbot besteht auch bei zusammengesetzten Instrumenten, bei denen das Derivat nicht abgespalten werden kann (Rz. 1944 ff.).

In die Kategorie **held for trading** dürfen Finanzinstrumente nur bei erstmaligem Ansatz zugeordnet werden. Eine Umgliederung aus einer anderen Kategorie in die Kategorie held for trading ist damit nicht zulässig (IAS 39.50 a.E.).

Aus der Kategorie **loans and receivables** darf in keine andere Kategorie umgegliedert werden (Umkehrschluss aus den Regelungen des IAS 39).

3.8.3 Sanktionen und Umgliederungen bei held-to-maturity

Bei den als **bis zur Endfälligkeit zu haltenden finanziellen Vermögenswerten** (held-to-maturity) handelt es sich, wie oben unter Rz. 1830 ausgeführt, gedanklich um gesperrte Bestände. Daher ist auch hier eine Umgliederung in eine andere Kategorie *grundsätzlich* ausgeschlossen. Es ist aber denkbar, dass Absicht und Fähigkeit, bis zur Endfälligkeit zu halten, im Zeitablauf nicht mehr bestehen. Der vorzeitige Verkauf löst nur unter den Bedingungen des Rz. 1831 keine Sanktionen aus. Ohne das bereits ein Verkauf stattgefunden hat, erzwingt IAS 39.51 die *Umgliederung* einzelner Titel aus held-to-maturity in available-for-sale, wenn Absicht und Fähigkeit, bis zur Endfälligkeit zu halten, nicht mehr gegeben sind. Unproblematisch ist das aber nur für unwesentliche Teile des Wertbestands. 1845

Erfolgt nämlich ein unmittelbarer Verkauf aus held-to-maturity bzw. die Umgliederung einzelner Titel in available-for-sale *für einen mehr als nur unwesentlichen Teil des Wertbestandes der gesamten Kategorie*, dann

– ist auch der Restbestand zwingend in die Kategorie available-for-sale umzugliedern und damit zum Fair value zu bewerten und

– es dürfen in den nächsten zwei Geschäftsjahren keine Finanzinstrumente als held-to-maturity klassifiziert werden, denn das Unternehmen hat die Haltefähigkeit und -absicht selbst widerlegt (IAS 39.9 i.V.m. IAS 39.51).

Bei der Umgliederung in available-for-sale sind die Differenzen zwischen dem bisherigen Buchwert und dem Fair value in die Neubewertungsrücklage einzustellen (IAS 39.55b).

Innerhalb der **Sperrfrist** der folgenden beiden Jahre können neu erworbene Finanzinstrumente, die grundsätzlich die Anforderungen an ein held-to-maturity-Investment erfüllen, nur in available-for-sale oder ggf. fair value through profit or loss eingestellt werden. Nach Ablauf der Sperrfrist können sowohl der noch vorhandene ursprüngliche Altbestand als auch die Hinzuerwerbe der letzten zwei Jahre aus der Kategorie available-for-sale, wieder in die dann neu zu öffnende Kategorie held-to-maturity umgegliedert werden. Der Fair value gilt hierbei als Anschaffungskosten, und etwaige Neubewertungsrücklagen sind nach der Effektivzinsmethode aufzulösen (IAS 59.54a). 1846

Darüber hinaus kann, sofern keine Sperrfrist gegeben ist, *jederzeit* aus dem Bestand der available-for-sale Vermögenswerte in held-to-maturity umgegliedert werden, wenn die entsprechenden Vermögenswerte die Definitionsmerkmale erfüllen und nun bis zur Endfälligkeit gehalten werden können und sollen (IAS 39.54). 1847

3.8.4 Übrige zulässige Umgliederungen

Die folgenden zulässigen Umgliederungen werden genau an dem Tag der Umgliederung wirksam, wenn sie nach dem 1.11.2008 vorgenommen worden sind. Umgliederungen seit Inkrafttreten der Neuregelung am 17.10.2008 bis 31.10.2008 durften auch auf den 1.7.2008 zurückbezogen werden (IAS 39.103H 1848 i.d.F. der Ergänzung von November 2008).[1] Das ermöglichte eine rückwirkende Umgliederung in den Berichten zum 3. Quartal per 1.7.2008 und damit auch im Geschäftsbericht 2008. Die Deutsche Bank beispielsweise hat davon Gebrauch gemacht.[2]

(1) **Originäre Finanzinstrumente der Kategorie held for trading** (also: keine Derivate, keine im Wege der Fair value Option zugeordneten Instrumente) dürfen, soweit kurzfristige Handelsabsicht nicht mehr besteht (IAS 39.50c), wie folgt umgegliedert werden:,

a) **Unter außergewöhnlichen Umständen** ist eine Umgliederung in jede andere Kategorie zulässig, (IAS 39.50B), deren Definitionsmerkmale sie zum Zeitpunkt der Umgliederung erfüllen

Ein **außergewöhnlicher Umstand** soll ein einzelnes ungewöhnliches Ereignis sein, dass sich voraussichtlich in naher Zukunft nicht wiederholen wird (IAS 39.BC104D). Die Formulierung ist in hohem Maße auslegungsbedürftig; die EU-Kommission sieht die **Finanzkrise** als einen solchen Umstand an.[3]

b) Darüber hinaus ist eine Umgliederung in die Kategorie loans and receivables zulässig, wenn die Definitionsmerkmale dieser Kategorie schon beim erstmaligen Ansatz erfüllt waren und das Unternehmen nun die Absicht hat und in er Lage ist, die Finanzinstrumente mindestens auf absehbare Zeit zu halten (IAS 39.50D).

Damit ist die Umgliederung von **Eigenkapitaltiteln** auf Grund der Merkmale von *loans and receivables* nicht möglich (Rz. 1825f.). Im Übrigen ist das wesentliche Definitionsmerkmal, das schon beim erstmaligen Ansatz des Finanzinstruments hätte vorliegen müssen, die Abwesenheit eines **aktiven Marktes** (s. Rz. 1825). Damit können beispielsweise Wertpapiere, die ursprünglich auf aktiven Märkten gehandelt worden sind, auch dann *nicht gem. b)* umgliedert werden, wenn der Markt inaktiv geworden ist. U.E. liegt in dem Inaktivwerden eines Marktes aber ein außergewöhnlicher Umstand i.S.v. Fall a) vor.

(2) Ferner dürfen auch **Finanzinstrumente aus available-for-sale** unter den Voraussetzungen (1b) in loans and receivables umgegliedert werden (IAS 39.50E).

---

[1] Diese Ergänzung war bei Drucklegung noch nicht in europäisches Recht übernommen worden, ist aber nach Auffassung des DRSC bei der Auslegung der EU-IFRS zu beachten (vgl. DRSC-Neuigkeiten vom 28.11.2008). Im Übrigen finden sich die ursprünglichen Übergangsvorschriften in IAS 39.103H und nicht in IAS 39.103G (redaktioneller Fehler des IASB, von der EU-Kommission fälschlich übernommen). In der ursprünglichen Version der Übergangsvorschriften sind nur Umgliederungen, die in *Geschäftsjahren*, die nach dem 1.11.2008 beginnen, ab dem Umgliederungszeitpunkt wirksam.

[2] Vgl. *Deutsche Bank*, Zwischenbericht zum 30.9.2008, S. 53; hierzu *Theile*, BBK 2009, 21 (22 f.)

[3] Vgl. VO (EG) Nr. 1004/2008 v. 15.10.2008 in ABl. L Nr. 275 v. 16.10.2008, S. 37 Erwägungsgrund (2).

Die Umgliederungen haben folgende **Bilanzierungsfolgen**: 1849

Der Fair value zum Zeitpunkt der Umgliederung gilt als neue Anschaffungskosten, und bei der Umgliederung aus available-for-sale sind etwaige Neubewertungsrücklagen nach der *Effektivzinsmethode* über die Restlaufzeit aufzulösen (IAS 39.50F i.V.m. IAS 39.54a).

Die Umgliederung aus held for trading oder available-for-sale in loans and receivables oder held-to-maturity führt zu einem Umstieg von der Fair value-Bewertung hin zu (fortgeführten) Anschaffungskosten. Derzeitige **Markt- und Liquiditätsrisiken**, die in einer Fair value-Bewertung zum Ausdruck kommen, werden so **ausgeblendet**. Zu bewerten sind die Finanzinstrumente lediglich nach Maßgabe der vom Schuldner noch zu erwartenden Zahlungen, also unter Berücksichtigung des **Bonitätsrisikos** (s. Rz. 1891 f.). Das entspricht konzeptionell einer Bewertung nach HGB und ist damit vom kaufmännischen Ermessen abhängig.[1]

4. Zeitpunkt des Ansatzes: Handels- oder Erfüllungstag

Bei marktüblichen Verträgen (**Kassageschäften**) besteht nach IAS 39.38 das 1850 Wahlrecht, den An- oder Verkauf finanzieller Vermögenswerte entweder zum **Handelstag oder zum Erfüllungstag zu** bilanzieren. Die gewählte Methode kann für die vier Kategorien finanzieller Vermögenswerte (s. Rz. 1820) unterschiedlich angewendet werden, ist aber innerhalb der Kategorie für alle Vermögenswerte stetig anzuwenden. Dabei zählen held for trading und die einer erfolgswirksamen Fair value-Bewertung designierten Vermögenswerte als zwei Kategorien (IAS 39.AG53).

Der Unterschied zwischen den beiden Methoden ist wie folgt (IAS 39.AG55f.): 1851 Bei einer Erfassung zum **Handelstag** wird der finanzielle Vermögenswert als Zugang gezeigt, und sämtliche sich anschließenden Wertänderungen werden entsprechend der Einordnung des Vermögenswertes in eine der vier Kategorien abgebildet. Demgegenüber wird bei einer Erfassung zum **Erfüllungstag** der Vermögenswert erst zu diesem Zeitpunkt als Zugang gezeigt. Wertänderungen aber, die sich zwischen dem Handels- und Erfüllungstag eingestellt haben, sind ebenfalls entsprechend der (späteren) Einordnung des Vermögenswertes abzubilden. Auch bei einer Erfassung zum Erfüllungstag muss sich das Unternehmen daher schon zum Handelstag darüber klar sein, welcher Kategorie der Vermögenswert später zugeordnet wird.

Praktische Bedeutung hat das Wahlrecht wegen der bilanziellen Auswirkungen *nur dann*, wenn zwischen dem Handels- und Erfüllungstag ein **Bilanzstichtag/Quartalsstichtag** liegt. Zu einem Beispiel s. Rz. 1863.

frei 1852–1859

---

[1] Vgl. *Schildbach*, DStR 2008, 2381 (2385).

5. Zugangsbewertung

5.1 Fair value

1860 Sämtliche finanziellen Vermögenswerte aus den vier Kategorien (und im Übrigen auch alle finanziellen Verbindlichkeiten) sind bei erstmaliger Erfassung grundsätzlich zum **Fair value** anzusetzen (IAS 39.43), ggf. zuzüglich Anschaffungsnebenkosten (Transaktionskosten, Rz. 1862). Unter normalen Umständen – also bei *marktüblichen Konditionen* – entspricht der Fair value dem **Transaktionspreis**.

1861 Eine Ausnahme gilt für den Fall, dass sich der Transaktionspreis *auch auf etwas anderes bezieht als das Finanzinstrument*. Der Fair value des Finanzinstruments weicht dann vom vereinbarten Transaktionspreis ab und ist auf Basis beobachtbarer Marktdaten zu schätzen (IAS 39. AG76).

Ein Anwendungsfall können längerfristig ausgereichte, unverzinsliche Darlehen sein. Zur Bestimmung des Fair value im Zugangszeitpunkt sind dann die künftigen Zahlungsströme mit marktgerechten Zinssätzen zu diskontieren. Die Differenz zwischen im Zugangszeitpunkt Hingegebenem (oder Erhaltenem) und dem entsprechenden Barwert führt, falls es sich nicht um bilanzierungsfähige Vermögenswerte (bzw. Schulden) handelt, zu **Sofortaufwand bzw. -ertrag** (*one day profit or loss*), der in den Folgeperioden wieder zurückgedreht wird (IAS 39.AG64).

Beispiel:

Unternehmen U gewährt einem Kunden ein unverzinsliches, 3-jähriges Darlehen über 1 Mio. Euro. Der Marktzinssatz für laufzeitadäquate Kredite an Schuldner vergleichbarer Bonität beträgt 6 %. Im Zugangszeitpunkt ist nur der Barwert von 1 Mio. Euro (= 839 600 Euro) als Ausleihung zu aktivieren; die Differenz zum tatsächlich ausgereichten Betrag ist als Aufwand[1] zu erfassen. U bucht:

Ausleihung	839 600		
Aufwand	160 400	an Bank	1 000 000

Spiegelbildlich bucht der Kunde eine Verbindlichkeit von 839 600 Euro und einen Ertrag von 160 400 Euro.

In den Folgeperioden kehrt sich über die Aufzinsung der Ausleihung (und Verbindlichkeit) der Effekt um. Dies sei am Beispiel von U gezeigt:

01: Ausleihung 50 400 an Ertrag 50 400 (Die Ausleihung valutiert jetzt mit 89 000).
02: Ausleihung 53 400 an Ertrag 53 400 (Valuta Ausleihung: 943 400).
03: Ausleihung 56 600 an Ertrag 56 600 (Valuta Ausleihung: 1 000 000).

Damit stellt die Marktüblichkeit der Konditionen die „Benchmark" dar, ob als Fair value der Transaktionspreis anzusetzen oder eine explizite Fair value Schätzung erforderlich ist.

---

[1] Es sei denn, Bestandteil einer Gegenleistung des Kunden wäre ein bei U aktivierungspflichtiger Vermögenswert.

IX. Finanzielle Vermögenswerte (IAS 39, IAS 32, IFRS 7)

5.2 Anschaffungsnebenkosten

Bei finanziellen Vermögenswerten, die *nicht* erfolgswirksam zum Fair value bewertet werden, sind die **Transaktionskosten** als Anschaffungsnebenkosten in die Erstbewertung mit einzubeziehen (IAS 39.43). Eine aufwandswirksame Erfassung kann nur mit Wesentlichkeitsgesichtspunkten begründet werden.[1] Zu den Transaktionskosten gehören die direkt dem Erwerb des Vermögenswertes zurechenbaren Kosten, z.B. Gebühren, Provisionen, Courtage und, je nach Finanzplatz, auch Steuern und andere hoheitliche Abgaben. Nicht dazu zählen jedoch (interne) Verwaltungskosten sowie Agien oder Disagien (IAS 39.AG13). Es ergeben sich so die Anschaffungskosten eines finanziellen Vermögenswerts.

1862

Anschaffungsnebenkosten bei finanziellen Vermögenswerten der Kategorie at fair value through profit or loss (erfolgswirksames Finanzvermögen) gehen hingegen sofort in den Aufwand (IAS 39.43).

Nachfolgendes Beispiel zeigt die Vorgehensweise im Umgang mit Anschaffungsnebenkosten bei den Kategorien available-for-sale und held for trading in Abhängigkeit der Bestimmung des Handels- oder Erfüllungstags als Zugangszeitpunkt.

1863

Beispiel:
A erwirbt am 30.12. Aktien zum Kurs von 100 TEuro zuzüglich Nebenkosten von 1 TEuro (Handelstag). Am 31.12. (Bilanzstichtag) notieren die Aktien mit 103 TEuro und am 2.1. (Depotgutschrift = Erfüllungstag) mit 98 TEuro. Die Aktien können der Kategorie available-for-sale oder held for trading zugeordnet werden; die Bilanzierung ist in Abhängigkeit vom Ansatzzeitpunkt (Rz. 1850 f.) wie folgt:

Dat	Fair value	Handelstag		Erfüllungstag	
		Available-for-sale	Held for trading	Available-for-sale	Held for trading
30.12	100	Aktien an Verb. 101	Aktien 100 Aufwand 1 an Verb 101		
31.12.	103	Aktien an EK 2	Aktien 3 an Ertrag 3	Akt. Abgrenzung (Ford) an EK 2	Akt. Abgrenzung (Ford) an Ertrag 3
2.1.	98	EK an Aktien 5	Aufwand 5 an Aktien 5	EK 5 Aktien 98 an Verb. 101 Ford 2	Aufwand 6 Aktien 98 an Verb. 101 Ford 3

---

1 Vgl. *Kuhn/Scharpf*, Rechnungslegung von Financial Instruments nach IFRS, 3. Aufl. 2006, Rz. 1281.

Es zeigt sich: In der Kategorie available-for-sale (Handelstag) werden die Aktien wegen der Aktivierung der Anschaffungsnebenkosten mit einem Wert *über* ihrem Fair value angesetzt. Das wird erst über die Neubewertungsrücklage (EK) in der Folgebewertung aufgefangen.

Ferner ist die Periode der Aufwandsbuchung der Anschaffungsnebenkosten bei held for trading u.E. davon abhängig, ob die Ersterfassung zum Handels- oder Erfüllungstag erfolgt: Die Anschaffungsnebenkosten werden genau am Tag des Ansatzes des Vermögenswertes zu Aufwand (IAS 39.43); beim Ansatz zum Erfüllungstag werden aber nur die Fair value Änderungen des Vermögenswertes (also ohne Anschaffungsnebenkosten) entsprechend der Klassifizierung als held for trading erfolgswirksam erfasst (IAS 39.AG56).

1864 frei

6. Folgebewertung

6.1 Übersicht

1865 Die Folgebewertung finanzieller Vermögenswerte ist abhängig von der jeweiligen Kategorisierung der Vermögenswerte.

Zu **fortgeführten Anschaffungskosten** sind zu bewerten:
- Kredite und Forderungen (loans and receivables) sowie
- bis zur Endfälligkeit zu haltende finanzielle Vermögenswerte (held-to-maturity).

Zum **Fair value** sind zu bewerten:
- **erfolgswirksam**: Zu Handelszwecken gehaltene (held for trading) und zur erfolgswirksamen Bewertung designierte (Fair value-Option) sowie
- **erfolgsneutral** (mittels Neubewertungsrücklage): zur Veräußerung verfügbare finanzielle Vermögenswerte (available-for-sale);

s. die folgende Abb. 44.

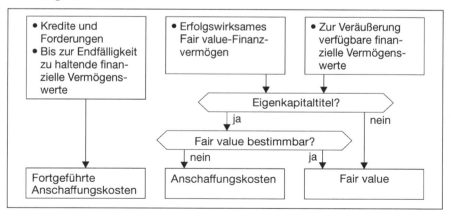

Abb. 44: Folgebewertung finanzieller Vermögenswerte

6.2 Grundsätzlich: Eigenkapitaltitel ohne aktiven Markt zu Anschaffungskosten

Gehaltene Eigenkapitaltitel, die *nicht* auf einem aktiven Markt gehandelt werden und deren Fair value auch nicht zuverlässig geschätzt werden kann[1], sind zu *Anschaffungskosten* anzusetzen, und zwar unabhängig davon, welcher Kategorie (held for trading[2] oder available-for-sale) sie zugeordnet worden sind. In der praktischen Anwendung wird dies häufig auf nicht börsennotierte Anteile, z.B. **GmbH-Anteile**, zutreffen. Dieselbe Ausnahme – also Bewertung zu Anschaffungskosten – gilt im Übrigen für Derivate, die nur durch Lieferung solcher nichtnotierten Anteile erfüllt werden können (IAS 39.46c). 1866

Im Umkehrschluss bedeutet diese Ausnahme: Der IASB geht apodiktisch davon aus, dass der Fair value von gehaltenen Fremdkapitalinstrumenten *immer* zuverlässig geschätzt werden kann. Davon zeugen auch die jüngeren Bemühungen um Anwendungsleitlinien für die Fair value-Ermittlung in inaktiven Märkten (Rz. 1882).[3]

6.3 Fortgeführte Anschaffungskosten

6.3.1 Nominalwert und Barwert

Kurzfristige finanzielle Vermögenswerte werden mit historischen Anschaffungskosten bewertet, es sei denn, die Diskontierung mittels eines kalkulatorischen Zinssatzes hätte wesentliche Auswirkungen.[4] Damit sind insbesondere **Forderungen aus Lieferungen und Leistungen** im Ergebnis regelmäßig zum **Nominalwert** anzusetzen (IAS 39.AG79). 1867

Bei Lieferungen mit langen Zahlungszielen ist als Forderung und Umsatz der **Barwert** des vereinbarten Kaufpreises zu erfassen (s. Rz. 613). In den künftigen Perioden wird die Forderung ertragswirksam aufgezinst, bis der vereinbarte Rückzahlungsbetrag erreicht ist. 1868

6.3.2 Effektivzinsmethode

Im Übrigen ergeben sich die fortgeführten Anschaffungskosten finanzieller Vermögenswerte, insb. Anleihen, aus der Verwendung der Effektivzinsmethode (IAS 39.46). Der Effektivzins ist der **interne Zinsfuß** einer Investition, also jener (gesuchte) Zinssatz, zu dem der Kapitalwert der Investition (Summe der erwarteten und diskontierten Kapitalrückflüsse abzüglich Anschaffungskos- 1869

---

1 Falls Bewertungsverfahren lediglich unbrauchbare Ergebnisse liefern (zu hohe Schwankungsbandbreite der Fair value-Schätzung und keine Wahrscheinlichkeitsschätzung möglich, IAS 39.AG80 f.)
2 Eine Zuordnung eines EK-Titels als *designierter* Vermögenswert (Fair value Option) ist ohne Fair value Bewertung von vornherein ausgeschlossen (s. Rz. 1837).
3 S. *IASB Expert Advisory Panel*, Measuring and disclosing the fair value of financial instruments in markets that are no longer active, Oktober 2008.
4 Formal liegt ebenfalls die Anwendung der Effektivzinsmethode (Rz. 1869 ff.) vor.

ten) den Wert „Null" annimmt (IAS 39.9). Alle Anschaffungsnebenkosten, Agien und Disagien werden so über die Laufzeit bzw. den nächsten Zinsanpassungstermin verteilt (IAS 39.AG6). Zur Schätzung der künftigen Zahlungsströme sind alle vertraglichen Bedingungen zugrunde zu legen, nicht jedoch erwartete künftige Zahlungsausfälle (diese lösen einen Impairment-Test aus, s. Rz. 1890 ff.).

1870 Bei **variabel verzinslichen** finanziellen Vermögenswerten, die zu pari erworben wurden, entspricht der Effektivzins dem Nominalzins bei Erwerb des Vermögenswertes. Eine spätere Änderung des Zinssatzes führt dann zu höheren oder niedrigeren künftigen Zinsen, aber auch zu einer entsprechenden Änderung des Effektivzinssatzes. Das bedeutet, dass sich der Buchwert des Vermögenswertes in den Folgeperioden *nicht* (wesentlich) ändert (IAS 39.AG7).

1871 Die Bewertung unter Verwendung der Effektivzinsmethode wird durch folgendes Beispiel veranschaulicht:

Beispiel:

Unternehmen U erwirbt zum 1.1.01 ein mit 6 % fest verzinsliches Wertpapier.
Nominalwert 100 Euro.
Ausgabekurs 88,51 Euro.
Restlaufzeit 8 Jahre.
Transaktionskosten fallen nicht an.
Jährliche Zinszahlungen zum 31.12.
Mit folgendem Zahlungsstrom kann gerechnet werden:

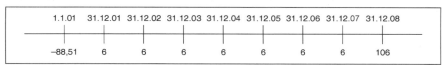

Abb. 45: Zahlungsstrom Wertpapier

Bei der Einbuchung ist das Wertpapier (unabhängig von der Zuordnung in eine der Kategorien) zum Fair value anzusetzen. Das sind bei einem Erwerb unter normalen Marktbedingungen die Anschaffungskosten, also 88,51 Euro. Zum 1.1.01 wird daher gebucht:

Wertpapier 88,51 an Bank 88,51

Auf dieser Basis ist der **Effektivzins** zu bestimmen. Der Effektivzins ist der gesuchte Zins, mit dem die künftigen Zinszahlungen von jeweils 6 und die Kapitalrückzahlung am Ende der Laufzeit von 100 diskontiert werden; die Summe dieser Barwerte muss den Wert von 88,51 annehmen:

$$88,51 = \sum_{t=1}^{8} 6 \times (1+i)^{-t} + 100(1+i)^{-8}$$

mit: t = Laufzeitindex, i = gesuchter Zinssatz

Wird die Formel nach i aufgelöst, ergibt sich für i der Zinssatz von 8 %. Handelsübliche Tabellenkalkulationsprogramme sind in der Lage, den Effektivzins – also den internen Zinsfuß – mittels **Zielwertsuche** zu bestimmen.

Da zu einem Kurs von 88,51 Euro unter Marktbedingungen erworben worden ist, entspricht der Effektivzins bei Einbuchung zugleich dem **Marktzinssatz für Wertpapiere vergleichbarer Bonität, Laufzeit und Währung**.

In den Folgeperioden ergibt sich bei angenommener Zuordnung des Wertpapiers in der Kategorie **held-to-maturity** der Zinsertrag durch Aufzinsung des jeweiligen Buchwertes mit dem Effektivzins, hier gezeigt für den 31.12.01:

Wertpapier 88,51 × 0,08 = 7,08.

Der neue Buchwert des Wertpapiers ergibt sich, wenn vom zu erfassenden Ertrag die erhaltenen Zinsen abgezogen werden und diese Veränderung zum alten Buchwert addiert wird:

88,51 + 7,08 – 6,00 = 89,59

Es empfiehlt sich, wie folgt zu buchen:

| Wertpapier | 7,08 | an | Ertrag | 7,08 |
| Bank | 6,00 | an | Wertpapier | 6,00 |

Die folgende Tabelle zeigt die weitere Wertentwicklung:

		held-to-maturity	
	Zu/Abfluss	Buchw. WP	Ertrag
1.1.01	– 88,51	88,51	
31.12.01	6,00	89,59	7,08
31.12.02	6,00	90,76	7,17
31.12.03	6,00	92,02	7,26
31.12.04	6,00	93,38	7,36
31.12.05	6,00	94,85	7,47
31.12.06	6,00	96,44	7,59
31.12.07	6,00	98,15	7,71
31.12.08	106,00	100,00	7,85
Zufluss/Ertrag gesamt:	59,49		59,49

Abb. 46: Tabelle Wertentwicklung held-to-maturity

Mögliche **Marktzinssatzänderungen** während der Haltedauer des Wertpapiers, die dessen Kurs beeinflussen, sind in der Kategorie held-to-maturity unbeachtlich: Vermögenswerte in dieser Kategorie sollen bis zur Endfälligkeit gehalten werden.

6.4 Erfolgswirksames Fair value-Finanzvermögen

1872 In dieser Kategorie wird jede Änderung des Fair value zum vorangegangenen Stichtag erfolgswirksam erfasst. Anschaffungsnebenkosten sind bereits zum Zugangszeitpunkt erfolgswirksam erfasst worden.

Mögliche (künftige) Transaktionskosten zum Zeitpunkt der Veräußerung bzw. Ausbuchung eines finanziellen Vermögenswertes beeinflussen nicht seinen Fair value in der Folgebewertung (IAS 39.46, s. auch Rz. 520 f.).

6.5 Zur Veräußerung verfügbare finanzielle Vermögenswerte

1873 Auch in der Kategorie available-for-sale sind grundsätzlich alle Vermögenswerte zum Fair value zu bewerten (zur Ausnahme bei *nicht notierten* Eigenkapitaltiteln Rz. 1866). Die Gegenbuchung erfolgt jedoch erfolgsneutral in der Neubewertungsrücklage im bilanziellen Eigenkapital. Dabei ist zwischen gehaltenen Fremdkapitaltiteln (z.B. festverzinsliche Wertpapiere) und gehaltenen Eigenkapitaltiteln (z.B. Aktien) zu unterscheiden.

6.5.1 Gehaltene Fremdkapitaltitel

1874 Die erfolgsneutrale Fair value-Bewertung bezieht sich nur auf die bonitäts- oder marktzinsinduzierten Wertänderungen bzw. das allgemeine Marktrisiko. Diese Wertänderungen sind unter Beachtung latenter Steuern in die Neubewertungsrücklage einzustellen (s. Beispiel in Rz. 2647). Demgegenüber sind laufende Zinserträge (abweichend von den tatsächlich gezahlten Zinsen!) gemäß der Effektivzinsmethode erfolgswirksam zu vereinnahmen (s. Beispiel in Rz. 1883 ff.).

Bei **Fremdkapitaltiteln in fremder Währung** sind die auf den Zinsanteil entfallenden Währungseffekte dementsprechend erfolgswirksam, die auf die restliche Wertveränderung entfallenden Effekte dagegen erfolgsneutral zu buchen.[1]

6.5.2 Gehaltene Eigenkapitaltitel zum Fair value

1875 Bei Eigenkapitaltiteln sind die Anschaffungsnebenkosten bei erstmaligem Ansatz des Vermögenswertes zu aktivieren. Für die Folgebewertung ist ausschließlich der Fair value anzusetzen, so dass der Gegenwert der Anschaffungsnebenkosten in die Neubewertungsrücklage einfließt (IAS 39.AG67).

Beispiel:

Erwerb einer Aktie zu 100 (= Fair value), Nebenkosten 2, Ansatz zu 102. Am nächsten Bilanzstichtag ist Fair value unverändert, Ansatz der Aktie zu 100 und Dotierung einer negativen Neubewertungsrücklage von 2. Siehe ferner Beispiel in Rz. 1863.

---

1 Abweichend vom Grundsatz, dass monetäre Posten normalerweise nach IAS 21 *erfolgswirksam* zum Stichtagskurs umzurechnen sind (s. Rz. 552 f.). Um die erfolgsneutrale Erfassung der Wertänderungen in dieser Kategorie nicht zu konterkarieren, sieht IAS 39.AG83 daher eine Aufspaltung vor.

Dagegen sind tatsächliche Dividendeneinnahmen erfolgswirksam zu erfassen, s. Rz. 1940. 1876

Für **Eigenkapitaltitel in fremder Währung** bestehen hinsichtlich der Umrechnung keine Besonderheiten, da es sich um nicht monetäre Posten handelt. Umrechnungsdifferenzen bei nicht monetären Posten teilen in der Frage ihrer erfolgsneutralen oder erfolgswirksamen Erfassung das Schicksal des Bilanzpostens. Da die Wertänderung von Eigenkapitaltiteln bei available-for-sale vollumfänglich erfolgsneutral erfasst wird, gilt das auch für die Währungsdifferenz (s. auch Rz. 555). 1877

6.5.3 Wechsel zwischen Anschaffungskosten und Fair value bei gehaltenen Eigenkapitaltiteln

Eine nicht verlässliche Bestimmung des Fair value wird nur bei nicht gehandelten Eigenkapitalinstrumenten (z.B. **GmbH-Anteilen**) eingeräumt (s. Rz. 1866). Diese Finanzinstrumente sind dann zu **Anschaffungskosten** zu bewerten (IAS 39.46c). 1878

War für solche Eigenkapitaltitel *vormals* eine Fair value-Ermittlung möglich und ist sie es in einer späteren Periode nicht mehr, markiert der letzte Buchwert (also der letzte Fair value) die Anschaffungskosten. Eine ggf. vorhandene Neubewertungsrücklage bei available-for-sale bleibt stehen, bis der Vermögenswert veräußert bzw. ausgebucht wird oder eine außerplanmäßige Abschreibung durchgeführt wird (IAS 39.54b). 1879

Sollte umgekehrt in einer späteren Periode bei einem vormals zu Anschaffungskosten angesetzten Eigenkapitaltitel der Fair value verlässlich bestimmt werden können, dann ist auf dieses Bewertungsverfahren überzugehen (IAS 39.53), und zwar erfolgswirksam, wenn zu Handelszwecken gehalten (Ausnahme) oder erfolgsneutral mittels Einstellung in die Neubewertungsrücklage, wenn zur Veräußerung verfügbar (es sei denn, im Falle eines Kursrückgangs handelt sich um eine Wertminderung, die als Impairment zu qualifizieren wäre; dann erfolgswirksame Erfassung, IAS 39.55).[1] 1880

6.5.4 Ausbuchung der Neubewertungsrücklage

Die Fair value-Änderungen zum vorangegangenen Stichtag werden (ggf. unter Berücksichtigung latenter Steuern) erfolgsneutral in der Gesamtergebnisrechnung erfasst und in einer Neubewertungsrücklage im Eigenkapital ausgewiesen, bis eine außerplanmäßige Abschreibung erforderlich wird oder der Vermögenswert ausgebucht wird. In diesen Fällen ist die Neubewertungsrücklage 1881

---

[1] Damit wird auch deutlich: Auch für Eigenkapitaltitel, deren Fair value von vornherein nicht verlässlich geschätzt werden kann, ist bei erstmaliger Erfassung grundsätzlich eine Zuordnung in held for trading oder available-for-sale vorzunehmen (also zu dokumentieren), denn die Folgebewertung, wenn später ein Fair value geschätzt werden kann, richtet sich nach dieser Zuordnung.

erfolgswirksam als Aufwand oder Ertrag umzubuchen (IAS 39.55b), sog. *reclassification* (s. Rz. 4312).[1]

6.6 Fair Value in inaktiven Märkten

1882 Auch für Finanzinstrumente folgt die Fair value-Ermittlung der normalen Ermittlungshierarchie (Rz. 470 f.): Der Fair value ist der Marktpreis auf einem aktiven Markt (IAS 39.AG71 ff.). Sollte der Markt inaktiv geworden sein, ein Marktpreis also schlicht nicht vorhanden sein (Kauf- und Verkaufspreisvorstellungen ergeben keine Schnittmenge), muss auf Bewertungsverfahren übergegangen werden. Dabei bleibt das Ziel bestehen, den Betrag zu suchen, der am Bilanzstichtag zwischen unabhängigen Geschäftspartnern vereinbart worden *wäre*.[2]

Hierzu enthalten die IAS 39.AG74 ff. Leitlinien, die – veranlasst durch die Finanzkrise – durch die Veröffentlichung *Measuring and disclosing the fair value of financial instruments in markets that are no longer active* des *IASB Expert Advisory Panel* vom Oktober 2008 noch einmal zu präzisieren versucht worden sind. Kurz skizziert gilt Folgendes (ebenda. Rz. 7 ff.):

(Auch) in die Bewertungsmodelle (marktorientierten Vergleichsverfahren oder DCF-Verfahren, s. Rz. 480 ff.) gehen am Bewertungsstichtag vorhandene **Marktdaten** ein; ggf. ist mit Risikoaufschlägen für Kredit- und Liquiditätsrisiken sowie mit Komplexitätszuschlägen zu rechnen. Vor allem sind (ausnahmsweise oder seltene) beobachtbare Marktdaten *nicht* mit der Begründung abzuweisen, der Markt habe überreagiert und Marktteilnehmer verhielten sich irrational.[3]

Das Papier hilft jedoch nicht in der Beurteilung der zentralen Frage, wann genau von einem inaktiven Markt auszugehen ist, wann also etwa Notverkäufe (= kein aktiver Markt) vorliegen.[4]

6.7 Zusammenfassendes Beispiel

6.7.1 Kategoriezuordnung

1883 Zu den Ausgangsdaten des folgenden Beispiels der Bilanzierung einer börsennotierten Anleihe (Wertpapier) s. Rz. 1871.

Für Bewertungszwecke ist das Wertpapier einer der Kategorien zuzuordnen. Folgende Kategorien kommen in Betracht:[5]

– Die Zuordnung in die Unterkategorie held for trading ist zwingend, wenn Handelsabsicht, also kurzfristige Veräußerungsabsicht, besteht.

---

1 Dies unterscheidet diese Methode der Neubewertung von der beim Sachanlagevermögen (Rz. 1183) und auch bei immateriellen Vermögenswerten zulässigen Neubewertungsmethode.
2 Vgl. *Schildbach*, DStR 2008, 2381 (2382).
3 Vgl. *Lüdenbach/Freiberg*, PiR 2008, 385 (387).
4 Vgl. *Bieker*, PiR 2008, 394 (397).
5 Von der Fair value-Option (Rz. 1836) wurde abgesehen.

- Besteht die Absicht und die Fähigkeit, das Wertpapier bis zur Endfälligkeit zu halten, kann es der Kategorie held-to-maturity zugeordnet werden.
- Im Übrigen verbleibt nur die Zuordnung in available-for-sale als Restkategorie.

Eine Zuordnung in die Kategorie Kredite und Forderungen ist wegen der Börsennotierung der Anleihe nicht möglich.

6.7.2 Konstanz der Bewertungsfaktoren

Auf den Marktwert (Fair value) eines börsennotierten Wertpapiers können im Zeitablauf folgende Faktoren wirken: **1884**

- Veränderung der Bonität des Emittenten (Fähigkeit, die vereinbarten Zahlungen fristgerecht zahlen zu können),
- Veränderung des Marktzinssatzes,
- Veränderung des allgemeinen Marktrisikos (zB auch politische Risiken oder Risiko, dass ein Markt inaktiv wird) und
- Veränderung der Wechselkurse bei Investitionen in fremder Währung (hier nicht relevant).

Unter der Annahme der Konstanz der Einflussfaktoren im Zeitablauf lässt sich eine interessante Beobachtung machen: Die **Bewertung zu fortgeführten Anschaffungskosten** und die **Bewertung zum Fair value** sind **deckungsgleich**.[1] In jeder künftigen Periode würden die Marktteilnehmer die aus dem Wertpapier noch zu erwartenden Zahlungen jeweils mit 8 % p.a. diskontieren. Damit ergibt sich für alle Kategorien die in der Tabelle in Rz. 1871 dargestellte Buchwertentwicklung, und auch die Ertragserfassung wäre für alle Kategorien gleich.

Tatsächlich ist diese Annahme nicht praxisrelevant. Marktzinssätze beispielsweise verändern sich nahezu täglich und außerdem für verschiedene Laufzeiten unterschiedlich. **Variiert** man nur die **Marktzinssätze** und lässt im Übrigen **alle anderen Einflussfaktoren konstant**, können bereits die wesentlichen Bilanzierungsfolgen bei Zuordnung in eine der drei möglichen Kategorien gezeigt und miteinander verglichen werden. Das soll im Folgenden geschehen.

6.7.3 Schwankende Marktzinssätze

Zum 31.12.02 betrage der Marktzinssatz für Wertpapiere mit 6-jähriger Restlaufzeit derselben Risikoklasse 4 %, und zwei Jahre später, per 31.12.04, entsprechend für Wertpapiere mit 4-jähriger Restlaufzeit derselben Risikoklasse 10 %. Dieser Marktzins bleibe auch für die künftige Restlaufzeit bis zur Endfälligkeit konstant. **1885**

Aus der Tabelle lässt sich die Buchwert- und Ertragsentwicklung in Gegenüberstellung der drei Kategorien ersehen:

---

[1] Ein Unterschied würde sich nur unter Berücksichtigung von – im Beispiel ausgeklammerten – Transaktionskosten ergeben.

		held-to-maturity		fair value through profit or loss		available-for-sale		
	Zu/Abfluss	Buchw. WP	Ertrag/ Aufwand	Buchw. WP	Ertrag/ Aufwand	Buchw. WP	Ertrag/ Aufwand	NBRI
	Marktzins beträgt 8 %							
1.1.01	−88,51	88,51		88,51		88,51		
31.12.01	6,00	89,59	7,08	89,59	7,08	89,59	7,08	
	Marktzins beträgt 4 %							
31.12.02	6,00	90,76	7,17	110,48	26,89	110,48	7,17	19,72
31.12.03	6,00	92,02	7,26	108,90	4,42	108,90	7,26	16,88
	Marktzins beträgt 10 %							
31.12.04	6,00	93,38	7,36	87,32	−15,58	87,32	7,36	−6,06
31.12.05	6,00	94,85	7,47	90,05	8,73	90,05	7,47	−4,80
31.12.06	6,00	96,44	7,59	93,06	9,01	93,06	7,59	−3,38
31.12.07	6,00	98,15	7,71	96,36	9,30	96,36	7,71	−1,79
31.12.08	106,00	100,00	7,85	100,00	9,64	100,00	7,85	
Ertrag			59,49		59,49		59,49	

Abb. 47: Buchwert- und Ertragsentwicklung bei den Kategorien held-to-maturity, fair value through profit or loss und available-for-sale

Die Tabelle zeigt deutlich, dass es bei der Fair value-Bewertung, soweit die Wertänderungen erfolgswirksam gebucht werden, bei einer Zinssenkung (per 31.12.02) zu einer früheren Erfassung von – aus der Perspektive einer Anschaffungskostenbilanzierung wie nach HGB – unrealisierten Gewinnen kommt. So beläuft sich der Ertrag im Jahr 02 bei der Variante fair value through profit or loss auf 26,89 Euro, wohingegen er sich bei held-to-maturity und bei available-for-sale jeweils auf 7,17 Euro beläuft. Zwei Effekte sind hervorzuheben:

- Die Entwicklung des Ertrags in den Kategorien held-to-maturity und available-for-sale stimmt in beiden Fällen überein wegen der Verwendung des Effektivzinssatzes und weil die Werterhöhung auf Grund des veränderten Marktzinses bei der available-for-sale-Kategorie erfolgsneutral im Eigenkapital (in der Neubewertungsrücklage) erfasst wird.

- Der Bilanzansatz der Kategorien fair value through profit or loss und available-for-sale stimmt in beiden Fällen überein, da immer der Fair value zum Ansatz kommt.

Die Fair value-Entwicklung des Wertpapiers im Vergleich zu den fortgeführten Anschaffungskosten zeigt folgende Abbildung:

IX. Finanzielle Vermögenswerte (IAS 39, IAS 32, IFRS 7)

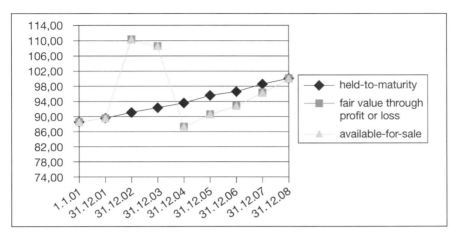

Abb. 48: Buchwertentwicklung des Wertpapiers

Nachfolgend wollen wir exemplarisch die Berechnungsschritte für die beiden Fair value-Kategorien per 31.12.02 darstellen (zur Fortführung der Anschaffungskosten s. Rz. 1871): 1886

fair value through profit or loss (held for trading oder Fair value-Option)

In dieser Kategorie ist das Wertpapier zum **Fair value** anzusetzen. Sämtliche Wertänderungen zum vormaligen Bilanzansatz sind **erfolgswirksam** zu erfassen. Da der Marktzinssatz gesunken ist (jetzt 4 %), muss der Kurswert des Wertpapiers, das mit einem Nominalzins von 6 % ausgestattet ist, gestiegen sein (Zinsen sinken = Kurse steigen und umgekehrt). Unter der genannten Bedingung der Konstanz aller übrigen Werteinflussfaktoren (s. Rz. 1884) werden die Marktteilnehmer die künftig zu erwartenden Zahlungen mit dem aktuellen **Marktzinssatz** von 4 % abzinsen (bzw. den Fair value vom Kurszettel ablesen). Der Fair value des betrachteten Wertpapiers beträgt **110,48 Euro**.

Als Differenz zum letztjährigen Fair value ergibt sich: 110,48 Euro – 89,59 Euro = 20,89 Euro. Um diesen Betrag ist das Wertpapier im Ergebnis zuzuschreiben; als Ertrag kommen die gezahlten Zinsen hinzu:

Wertpapier	26,89	an	Ertrag	26,89
Bank	6,00	an	Wertpapier	6,00

available-for-sale 1887

Auch in dieser Kategorie ist das Wertpapier per 31.12.02 zum **Fair value** von **110,48 Euro** anzusetzen. Allerdings ist die Wertänderung erfolgsneutral im Eigenkapital zu erfassen, soweit sie sich auf den Unterschied zu einem zum Effektivzins bewerteten Wertpapier bezieht (110,48 Euro – 90,76 Euro = 19,72 Euro), denn Agien/Disagien sind erfolgswirksam über die Laufzeit zu erfassen. Es ist zu buchen:

Wertpapier	26,89	an	Ertrag	7,17
			Neubewertungsrücklage	19,72
Bank	6,00	an	Wertpapier	6,00

In Rz. 2647 zeigen wir die Buchung der available-for-sale Kategorie *inklusive* latenter Steuern.

1888–1889 frei

7. Wertminderung und Wertaufholung

7.1 Anwendungsbereich

1890 Bei finanziellen Vermögenswerten sind ggf. Wertminderungen (außerplanmäßige Abschreibungen) zu berücksichtigen. IAS 39 enthält hierzu eigene Regelungen; finanzielle Vermögenswerte unterliegen also nicht den Regelungen des IAS 36. Eine Wertminderung ist eingetreten, wenn der Buchwert höher ist als der voraussichtlich erzielbare Betrag.[1] Allerdings beschränkt sich der Anwendungsbereich der Regelungen auf solche finanzielle Vermögenswerte, die zu **(fortgeführten) Anschaffungskosten** oder **erfolgsneutral zum Fair value** angesetzt werden. Bei erfolgswirksamer Fair value-Bewertung erübrigen sich wegen dieser Bewertung Vorschriften zur Wertminderung. Daher ist die **Prüfung** auf das Vorliegen einer Wertminderung nur für folgende Kategorien finanzieller Vermögenswerte erforderlich:

(a) Kredite und Forderungen (loans and receivables) sowie bis zur Endfälligkeit zu haltende finanzielle Vermögenswerte (held-to-maturity),

(b) zur Veräußerung verfügbare finanzielle Vermögenswerte (available-for-sale) und

(c) Eigenkapitaltitel, die eigentlich zum Fair value hätten angesetzt werden müssen, deren Fair value jedoch nicht ermittelbar ist.

7.2 Wertminderungsindikatoren

1891 Zu jedem Bilanzstichtag ist zu prüfen, ob objektive Hinweise darauf schließen lassen, dass eine Wertminderung vorliegt (IAS 39.58). IAS 39.59 ff. nennen hierzu einige Beispiele, die letztlich darauf hinauslaufen, dass der erwartete Nutzenzufluss kleiner als der Buchwert sein wird, d.h. **ursprünglich erwartete Zahlungen** demnach voraussichtlich ganz oder teilweise **ausfallen** werden. Ein aktueller Fair value kann auch dann unter die fortgeführten Anschaffungs- und Herstellungskosten sinken, *ohne* dass eine Wertminderung vorliegt.

Beispiel:

Ein Wertpapier (Anleihe) wird als available-for-sale-Finanzinstrument klassifiziert. Damit ist es immer zum Fair value zu bewerten; bei Wertveränderungen erfolgt die Gegenbuchung in der Neubewertungsrücklage. Auf Grund eines Zinsanstiegs am Markt ist der Kurs des Wertpapiers (= Fair value) gesunken.

---

1 IAS 39 verwendet den Begriff des erzielbaren Betrages nicht, freilich ohne materielle Konsequenzen.

Eine Wertminderung liegt dann nicht vor, sofern die mit dem Wertpapier verbundenen Zahlungen in ursprünglich erwarteter Höhe auch weiterhin dem Unternehmen zufließen werden, unabhängig von der aktuellen Zinsentwicklung am Markt. Demgegenüber wird die Neubewertungsrücklage wegen des gesunkenen Fair value jedoch negativ. Das ist aktuell im Zuge der Finanzkrise häufiger zu beobachten.

Kann der Emittent hingegen *neue* Anleihen nur mit einem (erheblichen) Zinsaufschlag absetzen, liegt offensichtlich eine Bonitätsverschlechterung vor. Dann ist auf Zahlungsstockungen/Zahlungsunfähigkeit zu prüfen.

Zusammenfassend sind somit folgende Punkte hervorzuheben: 1892

- Die Verschlechterung der Bonität eines Schuldners reicht als Indikator einer Wertminderung alleine nicht aus, sofern nicht bereits drohende Zahlungsunfähigkeit anzunehmen ist oder Zahlungsstockungen eingetreten sind.
- Die Erhöhung des Marktzinssatzes ist überhaupt kein Indikator, der auf einen Zahlungsausfall schließen lassen würde.
- Zur Beurteilung des Ausfallrisikos gleichartiger Vermögenswerte (insbesondere Forderungen aus Lieferungen und Leistungen) ist eine Gruppenbildung zulässig („pauschalierte Einzelwertberichtigung", IAS 39.64). Zur Gruppenbildung s. Rz. 1921 f.
- Bei Eigenkapitaltiteln ist ein bedeutender *oder* länger anhaltender Rückgang des Fair value Hinweis auf Wertminderung, s. Rz. 1896.[1]

Liegen solchermaßen Anhaltspunkte für eine Wertminderung vor, ist ein Wertminderungstest nach IAS 39 durchzuführen.

7.3 Wertberichtigungen auf Kredite und Forderungen sowie bis zur Endfälligkeit zu haltende finanzielle Vermögenswerte

In diesen beiden Kategorien sind (a) die noch erwarteten Cashflows mit (b) 1893 dem *ursprünglichen effektiven Zinssatz* abzuzinsen, um den erzielbaren Betrag zu erhalten (IAS 39.63). Damit sind im Zuge der **Finanzmarktkrise** gestiegene Risikozuschläge zwar grundsätzlich nicht zu berücksichtigen (b), sie können aber die Abschätzung künftiger Cashflows beeinflussen, also das Bonitätsrisiko (a), s. Beispiel in Rz. 1891).

Bei kurzfristigen Forderungen erübrigt sich die Abzinsung. Es gilt der **Einzelbewertungsgrundsatz**. Sollte der Vermögenswert abgesichert und eine Zwangsvollstreckung wahrscheinlich sein, markiert der beizulegende Zeitwert der Sicherung den erzielbaren Betrag (IAS 39.AG84). Zur Zulässigkeit von Pauschalwertberichtigungen s. Rz. 1921.

Eine festgestellte Wertminderung ist sofort aufwandswirksam zu buchen.

---

1 Bei Eigenkapitaltiteln, deren Fair value nicht ermittelbar ist, könnte, damit der Prüfschritt nicht ins Leere läuft, eine länger anhaltende negative Ertragsentwicklung ein geeignetes alternatives Kriterium sein.

7.4 Zur Veräußerung verfügbare finanzielle Vermögenswerte

7.4.1 Erfolgsneutrale Wertberichtigung bei vorübergehender Wertminderung

1894 Änderungen der Marktwerte, die auf die normale Volatilität der Kurse zurückzuführen sind, werden bei available-for-sale assets erfolgsneutral im Eigenkapital erfasst (Rz. 1885). Gleiches gilt für als vorübergehend angesehene Wertminderungen.

7.4.2 Erfolgswirksame Wertberichtigung bei dauernder Wertminderung

1895 Eine **dauernde Wertminderung** ist hingegen erfolgswirksam zu erfassen. Sowohl bei Eigenkapital- als auch bei Fremdkapitalinstrumenten sind beispielsweise Unternehmenskrisen oder nachteilige Umfeldveränderungen des Emittenten objektivierbare Nachweise für derartige dauernde Wertminderungen.[1]

1896 Speziell bei **Eigenkapitaltiteln** gilt eine signifikante *oder* länger anhaltende Abnahme des Fair value als deutlicher Hinweis auf eine Wertminderung (IAS 39.61).

Zur Operationalisierung von „signifikant und länger anhaltend" greift die Literatur häufig die vom Versicherungsfachausschuss des IDW aufgestellten[2] und der US-Bilanzierungspraxis folgenden Kriterien auf (Auffassung 1):[3]

– Der beizulegende Zeitwert lag in den letzten 6 Monaten vor dem Bilanzstichtag permanent um mehr als 20 % unter den Anschaffungskosten oder

– Der Durchschnittswert der täglichen Börsenkurse der letzten 12 Monate lag um mehr als 10 % unter den Anschaffungskosten.

Bei dieser Sichtweise werden jedoch die Kriterien signifikant sowie länger anhaltend mit einem „und" (wie nach SFAS 115 vorgesehen) verknüpft. IAS 39.61 enthält jedoch klar eine „oder" Verknüpfung. Demzufolge liegt nach einer anderen Auffassung ein Impairment schon dann vor, wenn der beizulegende Zeitwert (Auffassung 2)[4]

– in den letzten 9 Monaten vor dem Bilanzstichtag permanent unter den Anschaffungskosten lag (= länger anhaltend) oder

– am Bilanzstichtag um mehr als 20 % unter den Anschaffungskosten liegt (= signifikant).

Beide Grenzwerte sind dem Wortlaut der Norm IAS 39.61 nach allein stehend zu prüfen, d.h. nicht mit einem „und" zu verknüpfen. Das spräche für die Auffassung 2. Da aber der IASB und FASB an einer Konvergenz ihrer Rechnungslegungsnormen arbeiten und es bei den Grenzwerten signifikant und

---

1 Vgl. *Kuhn/Scharpf*, Rechnungslegung von Financial Instruments nach IFRS, 3. Aufl. 2006, Rz. 1560 ff. sowie *Prahl/Naumann*, in HdJ Abt. II/10 (2000), Rz. 292.
2 Vgl. FN-IDW 2002, S. 667 f.
3 Vgl. *Beine/Meyer* in Wiley IFRS 2008, Abschn. 5, Rz. 190; *Watrin/Scholz* in HdJ, Abt. II/8, Rz. 527.
4 Vgl. *Löw/Lorenz* in Rechnungslegung für Banken nach IFRS, 2. Aufl. 2005, S. 540 ff.; *Beine/Meyer* in Wiley IFRS 2008, Abschn. 5, Rz. 191.

länger andauernd um auslegungsbedürftige Richtwerte handelt, ist eine Interpretation gem. Auffassung 1 vertretbar.[1]

Bei **Schuldinstrumenten** ist auf den erzielbaren Betrag abzuschreiben, der sich aus der Diskontierung der noch zu erwartenden Zahlungen mit einem *aktuellen Marktzinssatz* ergibt (IAS 39.AG84). 1897

Wird eine Wertminderung festgestellt, ist eine ggf. vorhandene positive Neubewertungsrücklage zunächst mit der Wertminderung zu verrechnen, bevor der Restbetrag **erfolgswirksam zu erfassen** ist. Sollte die Neubewertungsrücklage bereits negativ sein (Regelfall), ist sie in den Aufwand umzubuchen (IAS 39.67), sog. *reclassification*.[2] 1898

Beispiel:

In 01 wurde eine GmbH-Beteiligung der Kategorie available-for-sale um 500 unter die Anschaffungskosten abgewertet, wobei die Wertminderung erfolgsneutral gegen die Neubewertungsrücklage gebucht wurde, weil die Wertminderung als vorübergehend angesehen wurde (Rz. 1894). Buchungen (jeweils ohne latente Steuern):

01: Neubewertungsrücklage an Wertpapiere „available-for-sale": 500

In 02 stellt die GmbH ihre Geschäftstätigkeit ein, so dass die Wertminderung nunmehr als dauerhaft anzusehen ist. Bei identischem Fair value wäre nunmehr zu buchen:

02: Abschreibung auf Finanzanlagen an Neubewertungsrücklage: 500

In Rz. 1984 zeigen wir, wie sich der Sachverhalt im Anlagenspiegel niederschlägt.

7.5 Zu Anschaffungskosten bewertete Eigenkapitaltitel

Schließlich können auch Eigenkapitaltitel, die eigentlich zum Fair value hätten angesetzt werden müssen, wertgemindert sein (IAS 39.66). Da eine Fair value-Ermittlung definitionsgemäß nicht möglich war, muss hier auf den *erzielbaren* Betrag, also den Barwert der noch zu erwartenden Cashflows, abgestellt werden. Dabei soll der *aktuelle Marktzins* eines vergleichbaren Finanzinstruments herangezogen werden. Da es sich in dieser (Ausnahme-)Kategorie in der Praxis um nicht am Markt gehandelte Eigenkapitaltitel handelt – z.B. GmbH-Anteile –, wird man beim Zinssatz auf Renditegrößen zurückgreifen 1899

---

1 „In Ausnahmefällen", s. *Kuhn/Scharpf*, Rechnungslegung von Financial Instruments nach IFRS, 3. Aufl. 2006, Rz. 1645.
2 Dies gilt auch für aufgelaufene, erfolgsneutral im Eigenkapital erfasste Verluste aus Währungsumrechnung, vgl. IAS 39.IG E.4.9. Nach US-GAAP (FAS 115.13) bleibt es demgegenüber bis zur endgültigen Realisation bei der Erfassung von Gewinnen und Verlusten im Eigenkapital.

müssen. Auch wird das Abschätzen künftiger Cashflows eine Unternehmensbewertung erforderlich machen. Wertminderungen auf Grund des Ansatzes des im Vergleich zum Buchwert geringeren erzielbaren Betrags werden erfolgswirksam in der GuV erfasst.

7.6 Folgebewertung nach Durchführung einer Wertminderung

1900 In den Perioden *nach* Erfassung einer Wertminderung ist der Zinsertrag bei **Fremdkapitaltiteln** auf Basis des bei der Ermittlung des erzielbaren Betrages zugrunde gelegten Zinssatzes zu berechnen (IAS 39.AG93). Das bedeutet:

– bei **held-to-maturity** bleibt es beim *ursprünglichen* effektiven Zinssatz und

– bei **available-for-sale** wird der zugrunde gelegte Diskontierungsfaktor (Marktzins) zum neuen „effektiven" Zinssatz, unabhängig von der weiteren Zinsentwicklung am Markt.

Durch die Aufzinsung eines wertberichtigten Postens entsteht daher künftiger Zinsertrag (sog. *unwinding*), und zwar auch dann, wenn der Posten nach den internen Richtlinien des Unternehmens zinslos gestellt worden ist. Nach Aufzinsung ergibt sich der (neue) erwartete Rückzahlungsbetrag.[1]

7.7 Wertaufholung (Zuschreibung)

1901 Sollte in den Perioden nach Erfassung einer Wertminderung der erzielbare Betrag eines finanziellen Vermögenswertes wieder steigen (beispielsweise führt das eingeleitete Insolvenzverfahren eines Schuldners zu einer positiven Entwicklung, oder der Kurs einer gehaltenen Aktie steigt nachhaltig), so ist im Hinblick auf die Erfassung einer Wertaufholung (**Zuschreibung**) wie folgt zu differenzieren:

– Die Höhe der erfolgswirksamen Zuschreibung ist bei Vermögenswerten, die zu **fortgeführten Anschaffungskosten** bewertet werden (loans and reiceivables, held-to-maturity), bis zum Buchwert vorzunehmen, der sich ergeben hätte, wenn die Wertminderung nicht erfasst worden wäre (IAS 39.65).

– Bei **Fremdkapitaltiteln der Kategorie available-for-sale** ist ebenfalls eine erfolgswirksame Zuschreibung erforderlich (IAS 39.70). Die Begrenzung auf die ursprünglich fortgeführten Anschaffungskosten gilt u.E. auch hier, so dass dann nachfolgend wieder der ursprüngliche effektive Zinssatz zur Anwendung kommt.

– Eine *erfolgswirksame* Wertaufholung bei gehaltenen **Eigenkapitaltiteln** der Kategorie available-for-sale ist in jedem Fall unzulässig. Zu unterscheiden sind:

(a) Instrumente, die mangels verlässlicher Fair value-Ermittlung (Rz. 1866) zu Anschaffungskosten (abzgl. außerplanmäßiger Abschreibungen, Rz. 1899) bewertet wurden (IAS 39.66). Bei diesen ist eine Wertaufholung (sowohl erfolgswirksam als auch erfolgsneutral) logisch deshalb ausgeschlossen, weil der Fair value nicht ermittelbar ist.

---

1 Zu einem weiteren Beispiel s. IDW RS HFA 9, Tz. 142 ff.

(b) Grundsätzlich zum Fair value bewertete Instrumente, auf die zuvor wegen voraussichtlich dauerhafter Wertminderung eine erfolgswirksame außerplanmäßige Abschreibung vorgenommen wurde (Rz. 1896), s. IAS 39.69. In diesem Fall ist jegliche künftige Fair value-Erholung jedoch erfolgsneutral in der Neubewertungsrücklage zu erfassen.

– Bei finanziellen Vermögenswerten der Kategorie **fair value through profit or loss** entfallen selbständige Wertaufholungen, da die erfolgswirksame Bewertung zum Fair value derartige Zuschreibungen impliziert.

Die nachfolgende Abb. 49 fasst die Erläuterungen zu Wertminderungen und Wertaufholungen zusammen: 1902

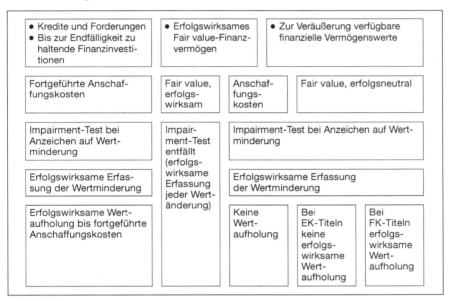

Abb. 49: Wertminderung und Wertaufholung finanzieller Vermögenswerte

7.8 Zusammenfassendes Beispiel zur Wertminderung

7.8.1 Kurs sinkt wegen Marktzinsänderung unter die Anschaffungskosten

Die Veränderung des Marktzinssatzes ist *kein* Hinweis auf das Vorliegen einer Wertminderung. Zur Erläuterung dieser Thematik soll folgendes Beispiel dienen: 1903

Beispiel (Fortsetzung von Rz. 1885 ff.):

Der Marktzinssatz für *Wertpapiere mit nur noch 4-jähriger Restlaufzeit der gleichen Risikoklasse* sei per 31.12.04 auf 10 % gestiegen. Zum 31.12.04 ergeben sich in den drei Kategorien folgende Konsequenzen:

held-to-maturity

Eine Zinssatzsteigerung bedeutet zugleich einen gesunkenen Kurswert. Dieser ist aber in der Kategorie held-to-maturity ohne Belang, da das Papier bis zur Endfälligkeit gehalten werden soll, ein Kursrisiko demnach nicht existiert. Für den Zinsertrag ergibt sich 92,02 Euro × 0,08 = 7,36 Euro. Es ist zu buchen:

Wertpapier	7,36	an	Ertrag	7,36
Bank	6,00	an	Wertpapier	6,00

Das Wertpapier wird infolgedessen mit **93,38 Euro** angesetzt.

fair value through profit or loss

Der von den Marktteilnehmern ermittelte Fair value beträgt **87,32 Euro**.[1]

Die Differenz zum Bilanzansatz des Vorjahres beträgt 21,58 Euro. Da in der Zwischenzeit eine Zinszahlung von 6 Euro vereinnahmt werden konnte, ist per Saldo ein Aufwand von 15,58 Euro aufwandswirksam zu erfassen:

Aufwand	15,58	an	Wertpapier	15,58
Bank	6,00	an	Wertpapier	6,00

available-for-sale

Auch in dieser Kategorie ist das Wertpapier per 31.12.04 zum Fair value von **87,32 Euro** anzusetzen. Ein Ertrag ist unverändert in Höhe der Effektivverzinsung zu erfassen. Die Neubewertungsrücklage mindert sich um 22,94 Euro auf einen *negativen* Wert von 6,06 Euro; sie ist nach wie vor im Eigenkapital zu erfassen, da *keine Wertminderung* vorliegt. Es ergeben sich folgende Buchungssätze:

Wertpapier	7,36	an	Ertrag	7,36
Neubewertungsrücklage	22,94			
Bank	6,00	an	Wertpapier	28,94

7.8.2 Wertminderung: Erwartete Zahlungen fallen aus

1904 Ein Jahr später, zum **31.12.05**, beträgt der Marktzinssatz für Wertpapiere *mit nur noch dreijähriger Restlaufzeit derselben Risikoklasse* 10 %, so dass sich für unser betrachtetes Wertpapier keine Änderung ergibt. Allerdings ist der Emittent in erhebliche finanzielle Schwierigkeiten geraten. Es konnten zwar noch die Zinsen für das Jahr 05 gezahlt werden, aber in 06, 07 und 08 werden keine Zinszahlungen mehr erwartet. Dafür wird die Rückzahlung von 100 Euro in 08 als sicher angesehen.

Auf Grund dieser Ausgangssituation ist in den Kategorien held-to-maturity und available-for-sale ein **Wertminderungstest** durchzuführen. In der Kategorie fair value through profit or loss sind die veränderten Ausgangsdaten zur Ermittlung des Fair value heranzuziehen.

---

[1] Bei schwankenden Marktzinssätzen und Konstanz aller übrigen Einflussfaktoren werden die Marktteilnehmer die noch zu erwartenden Zahlungen aus dem Wertpapier mit 10 % diskontieren.

IX. Finanzielle Vermögenswerte (IAS 39, IAS 32, IFRS 7)

	Zu-/ Abfluss (–)	held-to-maturity		fair value through profit or loss		available-for-sale		
		Buchwert Wertpapier	Ertrag/ Aufwand (–)	Buchwert Wertpapier	Ertrag/ Aufwand (–)	Buchwert Wertpapier	Ertrag/ Aufwand (–)	Neubewertungsrücklage
	Marktzinssatz beträgt 8 %							
1.1.01	– 88,51	88,51		88,51		88,51		
31.12.01	6,00	89,59	7,08	89,59	7,08	89,59	7,08	
	Marktzinssatz beträgt 4 %							
31.12.02	6,00	90,76	7,17	110,48	26,89	110,48	7,17	19,72
31.12.03	6,00	92,02	7,26	108,90	4,42	108,90	7,26	16,88
	Marktzinssatz beträgt 10 %							
31.12.04	6,00	93,38	7,36	87,32	– 15,58	87,32	7,36	– 6,06
	Zinszahlungen in 10, 11 und 12 fallen aus							
31.12.05	6,00	79,38	– 8,00	75,13	– 6,19	75,13	– 12,25	
1.1.06*	75,20		– 4,18		0,07		0,07	
	Summe Ertrag		*16,69*		*16,69*		*16,69*	

* Veräußerung; wegen Sanktionen bei vorzeitiger Veräußerung aus der Kategorie held-to-maturity vgl. Rz. 1845 ff.

Abb. 50: Tabelle Fortführung Beispiel Bilanzierung Wertpapier

held-to-maturity

Ohne Wertminderungsprüfung ergäbe sich ein Zinsertrag von 93,38 Euro × 0,08 = 7,47 Euro. Zugleich ist aber zu prüfen, ob auf Grund des wahrscheinlichen Ausfalls der künftigen Zinszahlungen das Wertpapier im Wert gemindert sein könnte. Die noch zu erwartenden Zahlungen (hier: 100 Euro Rückzahlung) sind mit dem *ursprünglichen Effektivzinssatz* zu diskontieren:

100 Euro × 0,7938[1] = **79,38 Euro**

Das Wertpapier ist zum 31.12.05 mit dem (geminderten) Wert von 79,38 Euro zu erfassen. Es ist zu buchen:

Wertpapier	7,47	an	Ertrag	7,47
Aufwand	15,47			
Bank	6,00	an	Wertpapier	21,47

Obwohl das Wertpapier intern zinslos gestellt ist (s. Rz. 1900), fallen in den künftigen Perioden aus der Aufzinsung der 79,38 Euro (mit 8 % p.a.) gleichwohl Zinserträge an (sog. *unwinding*).[2]

fair value through profit or loss

Um den Fair value zu ermitteln, werden die Marktteilnehmer die noch zu erwartenden Zahlungen mit dem *Marktzinssatz* von 10 % diskontieren:

100 Euro × 0,7513[3] = **75,13 Euro**

---

1 Abzinsungsfaktor für n = 3 und i = 8 %.
2 Zu einem Buchungsbeispiel s. auch IDW RS HFA 9, Tz. 142 ff.
3 Abzinsungsfaktor für n = 3 und i = 10 %.

Die Differenz zum Bilanzansatz des Vorjahres beträgt 12,19 Euro. Da in der Zwischenzeit eine Zinszahlung von 6 Euro vereinnahmt werden konnte, ist eine *Wertminderung* von 6,19 Euro aufwandswirksam zu erfassen:

Aufwand	6,19	an	Wertpapier	6,19
Bank	6,00	an	Wertpapier	6,00

available-for-sale

Der Fair value beträgt **75,13 Euro**, die Differenz zum letztjährigen Bilanzansatz 12,19 Euro. Die kumulierte negative Neubewertungsrücklage (6,06 Euro) ist in den Aufwand zu stellen. Unter Berücksichtigung des Zinsertrages – wir schlagen vor, den Zinsertrag in dieser Periode letztmalig auf Basis des ursprünglichen Effektivzinses zu bestimmen (= 7,47 Euro) – ergibt sich ein Aufwand von 19,72 Euro und per Saldo von 12,25 Euro.[1] Es ergeben sich folgende Buchungssätze:

Wertpapier	7,47	an	Ertrag	7,47
Bank	6,00	an	Wertpapier	6,00
Aufwand	19,72	an	Wertpapier	13,66
			Neubewertungsrücklage	6,06

In den künftigen Perioden ergibt sich der Zinsertrag aus der Aufzinsung der 75,13 Euro mit dem **neuen Effektivzinssatz** von 10 % p.a.

1905 In der Tabelle Abb. 50 ist das Wertpapier beispielhaft Anfang 2010 zu 75,20 Euro veräußert worden. Hieraus ist ersichtlich, dass sich über die totale Halteperiode in allen drei Kategorien derselbe Totalerfolg von 16,69 Euro ergibt.

1906–1909 frei

8. Ausbuchung

8.1 Gegenstand und Wirkung der Ausbuchung

1910 Ein finanzieller Vermögenswert ist auszubuchen, wenn

(a) die vertraglichen Rechte auf Cashflows aus dem Vermögenswert **auslaufen** (*expire*) oder

(b) der Vermögenswert **übertragen** (*transfer*) worden ist (IAS 39.17)

1911 Im ersten Schritt[2] der Ausbuchungsprüfung ist zunächst der **Umfang** des finanziellen Vermögenswertes[3], der auf Ausbuchung geprüft wird, zu bestimmen. Es kann ein Teil eines finanziellen Vermögenswertes ggf. auszubuchen sein, wenn dieser Teil (IAS 39.16)

– als genau spezifizierter Cashflow vom übrigen Teil abgrenzbar ist (z.B. beim Bondstripping: Die Aufteilung von Zinskupon und Stammrecht),

---

1 Wird als Zinsertrag ein Betrag von 6,00 Euro gebucht, dann beträgt der Bruttoaufwand 18,25 Euro und per Saldo ebenfalls 12,25 Euro.
2 Ein grafischer Prüfungsverlaufsplan findet sich in IAS 39.AG36.
3 Es kann sich auch um Gruppen ähnlicher finanzieller Vermögenswerte handeln, z.B. ein Forderungsbestand.

- einen proportionalen Anteil der Cashflows des gesamten Vermögenswertes ausmacht (es werden beispielsweise die Rechte an 60 % aller Zahlungen aus einer gehaltenen Anleihe übertragen) oder
- einen proportionalen Anteil der Cashflows eines zuvor abgegrenzten Teils eines Vermögenswertes ausmacht (es werden beispielsweise die Rechte an 70 % des Stammrechts einer Anleihe übertragen, nachdem zuvor der Zinskupon abgetrennt wurde).

In allen anderen Fällen ist der finanzielle Vermögenswert *als Ganzes* zu beurteilen. Dies trifft auch dann zu, wenn ein *nicht* genau proportionaler Anteil übertragen wird.

In den folgenden Ausführungen bezieht sich der Begriff finanzieller Vermögenswert auf einen abgegrenzten Teil oder die Gesamtheit eines bzw. einer Gruppe von finanziellen Vermögenswerten.

Kommt es zu einer vollständigen Ausbuchung eines finanziellen Vermögenswertes, so ist die **Differenz zwischen Buchwert und Veräußerungserlös** zuzüglich einer ggf. vorhandenen Neubewertungsrücklage (bei available-for-sale) **erfolgswirksam zu erfassen** (IAS 39.26, sog. *reclassification*). Im Unterschied zur alternativ zulässigen Neubewertungsmethode bei Sachanlagen (Rz. 1188) und immateriellen Vermögenswerten sind bei Veräußerung von Finanzinstrumenten *sämtliche Wertänderungen* somit *erfolgswirksam* zu erfassen. 1912

8.2 Vertragliche Rechte laufen aus

Im Allgemeinen unproblematisch ist das Auslaufen der vertraglichen Rechte auf Cashflows zu beurteilen. Folgende Beispiele können genannt werden: 1913
- Ein Kunde begleicht seine Verbindlichkeit.
- Eine Anleihe wird vom Emittenten zurückgezahlt.
- Die Ausübungsfrist eines Derivats ist abgelaufen.

8.3 Vertragliche Rechte werden übertragen

Differenzierter sind die Übertragungsfälle zu beurteilen. Sie sind dadurch gekennzeichnet, dass nicht die Rechte auf Erhalt von Cashflows untergehen, sondern diese auf eine andere Partei übertragen werden, der finanzielle Vermögenswert beispielsweise veräußert wird. 1914

Übertragungsfälle sind demnach nur solche Vereinbarungen, bei denen entweder
- die vertraglichen Rechte auf den Erhalt von Zahlungen transferiert worden sind oder
- diese zwar zurückbehalten wurden (Außenverhältnis), jedoch im Innenverhältnis die künftigen Zahlungen aus dem Vermögenswert an dessen Erwerber unter den Bedingungen des IAS 39.19 unverzüglich (*without material delay*) weitergereicht werden (sog. *pass-through arrangement*). Eine **stille Zession** ist daher i.d.R. als Übertragungsfall zu werten.

1915 Die Übertragung ist (nur) die notwendige Bedingung für die Ausbuchung; hinreichend ist, dass im Wesentlichen alle **Risiken und Chancen** aus den Eigentumsrechten übergegangen sind. In diesem Fall ist auszubuchen. Die Risiken/Chancen-Abwägung ist immer dann völlig unproblematisch, wenn *nur* die vertraglichen Rechte am Erhalt der Cashflows des Finanzinstruments übertragen werden.

> **Beispiel:**
>
> Ein Wertpapier wird (ohne weitere Vereinbarungen) an der Börse veräußert.

1916 Schwieriger sind die Fälle, in denen mit dem Käufer noch Rückübertragungsrechte oder -pflichten, Ausfallgarantien und Ähnliches vereinbart werden.

> **Beispiel (echtes Pensionsgeschäft):**
>
> Ein Wertpapier wird an einen Dritten veräußert und zugleich besteht die Verpflichtung, das Wertpapier zu einem festgelegten Zeitpunkt
>
> – zum dann gültigen Fair value zurückzuerwerben. Es ist auszubuchen (IAS 39.AG39b), weil der Veräußerer im Rückkauf weder Chancen noch Risiken trägt.
>
> – zu einem im Voraus festgelegten Preis zurückzuerwerben. Ein Anwendungsfall sind etwa **Wertpapierdarlehen**, bei denen nach Ablauf der vereinbarten Laufzeit Wertpapiere in gleicher Art, Güte und Menge zurückzugeben sind. Es ist *nicht* auszubuchen (IAS 39.AG40a), weil der Veräußerer das volle Wertschwankungsrisiko des Wertpapiers trägt.

1917 Es ist also die Chancen/Risiken-Position des Übertragenden zu beurteilen. Das soll über eine Vorher-Nachher-Vergleichsrechnung erfolgen. Verändert sich die **Risikoposition** des Übertragenden im Hinblick auf Höhe und Eintrittszeitpunkt der Netto-Cashflows durch die Übertragung im Vergleich zur Situation vor der Übertragung wesentlich, **ist auszubuchen** (IAS 39.20a). IAS 39 gibt keine explizite Vorgabe zur Wesentlichkeit. In Analogie zu Umschuldungsfällen (s. Rz. 2152) empfehlen wir, zur Beurteilung der Wesentlichkeit eine Grenze von 10 % der Netto-Cashflows anzunehmen. Zu einem Beispiel beim Factoring s. Rz. 1926.

Sollte sich die Risikoposition *nicht* wesentlich verändert haben, darf nicht ausgebucht werden (IAS 39.20b). Zu angedachten Neuerungen s. Rz. 1809.

1918 In **Ausbuchungsfällen** sind ggf. zurückbehaltene Rechte (z.B. Abwicklungsrecht bei Forderungen) oder eingegangene Verpflichtungen (z.B. Ausfallgarantie bei Forderungen) als Vermögenswerte bzw. Verbindlichkeiten zum Fair value anzusetzen (IAS 39.24 f.). Zu einem Beispiel beim Factoring s. Rz. 1926.

In **Nichtausbuchungsfällen** ist die erhaltene Gegenleistung wie eine besicherte Kreditaufnahme zu bilanzieren (IAS 39.29).

Nur wenn eine hinreichend eindeutige Beurteilung nach der Veränderung der Risikoposition nicht möglich ist, kommt es auf die **Verfügungsmacht** an (IAS 39.20c). Die Verfügungsmacht ist nur dann übergegangen (mit der Konsequenz einer Ausbuchung und ggf. Aktivierung/Passivierung zurückbehaltener Rechte und Verpflichtungen), wenn der *Erwerber* den finanziellen Vermögenswert einseitig an einen Dritten veräußern kann (IAS 39.23), was jedenfalls immer dann zu bejahen ist, sofern der Vermögenswert auf einem aktiven Markt gehandelt wird (IAS 39.AG42). Andernfalls ist der Vermögenswert im Umfang des anhaltenden Engagements (*continuing involvement*) weiter zu erfassen (IAS 39.30 ff.).[1]

Die folgende Abb. 51 fasst die Ausführungen zusammen.

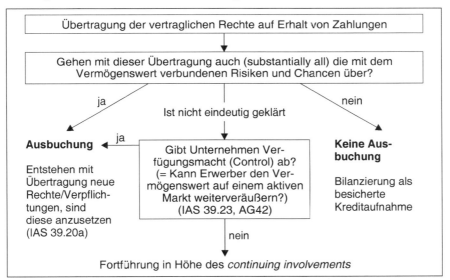

Abb. 51: **Ausbuchung finanzieller Vermögenswerte in Übertragungsfällen**

9. Einzelfälle zu Ansatz, Bewertung und Ausbuchung finanzieller Vermögenswerte

9.1 Forderungen aus Lieferungen und Leistungen

Forderungen aus Lieferungen und Leistungen entstehen mit dem Übergang des wirtschaftlichen Eigentums der Sachleistung an den Kunden oder bei Dienstleistungsumsätzen und bei Auftragsfertigungen, wenn diese abgerech-

---

[1] Zu diesem Spezialfall s. etwa *Löw/Lorenz*, Ansatz und Bewertung von Finanzinstrumenten, in Löw (Hrsg.), Rechnungslegung für Banken nach IFRS, 2. Aufl. 2005, S. 456–461 und *Kuhn/Scharpf*, Rechnungslegung von Financial Instruments nach IFRS, 3. Aufl. 2006, Rz. 1015 ff.

net sind. Diese Forderungen werden typischerweise der Kategorie „**Kredite und Forderungen**" zugeordnet. **Kurzfristige Forderungen** und Forderungen ohne feste Laufzeit werden zum ursprünglichen Rechnungsbetrag angesetzt (IAS 39.AG79). Bei längeren Zahlungszielen ist die Forderung (und der Umsatz) zum Barwert anzusetzen. Durch Aufzinsung (Effektivzinsmethode) in den Folgeperioden wird zum vereinbarten Zahlungszeitpunkt der Rechnungsbetrag erreicht. Zu einem Beispiel s. Rz. 613.

1921 Sollten Anhaltspunkte für die Uneinbringlichkeit vorliegen (s. Rz. 1891), ist ein **Wertminderungstest** erforderlich. Dabei gilt (IAS 39.64):

(a) Wesentliche Einzelforderungen sind einzeln auf Wertminderung zu analysieren.

(b) Unwesentliche Einzelforderungen können einzeln oder in Gruppen auf Wertminderung analysiert werden.

(c) Eine einzelwertberichtigte Forderung kann nicht noch einmal pauschal wertberichtigt werden.

(d) Jene Forderungen, bei denen nach Einzelanalyse kein Wertberichtigungsbedarf festgestellt worden ist, sind zusammen mit anderen Forderungen, die ähnlichen Kreditrisiken unterliegen, ggf. kollektiv (Portfoliobetrachtung) wertzuberichtigen.

Die gruppenweise Durchführung einer Wertminderung ((b), (d)) wird auch als **pauschalierte Einzelwertberichtigung** bezeichnet. Als Gruppierungskriterien kommen beispielsweise Überfälligkeitsfristen, Lieferregionen oder Kundenarten (Private, Unternehmen, öffentliche Hand) in Betracht (IAS 39.AG87). Die ungeprüfte Übernahme steuerlicher Nichtbeanstandungsgrenzen (z.B. bei Länderwertberichtigungen, allg. Kreditrisiko) ist hingegen unzulässig.[1]

1922 Die Minderung des Buchwerts ist entweder direkt oder indirekt unter Bildung einer Wertberichtigung – häufig bevorzugt, solange die Uneinbringlichkeit nicht definitiv feststeht – erfolgswirksam zu buchen (IAS 39.63). In beiden Fällen ergibt sich per Saldo ein verringerter Nettoforderungsausweis.[2]

Bei Wegfall der Gründe für eine außerplanmäßige Abschreibung besteht **Zuschreibungspflicht** (IAS 39.65).

9.2 Factoring und Asset Backed Securities Gestaltungen

1923 Beim Factoring überträgt das bilanzierende Unternehmen die ihm zustehenden Forderungen an einen Dritten (Factor) im Wege einer entgeltlichen Veräußerung; der Vorgang hat aus Sicht des Unternehmens **Finanzierungsfunktion**. Zwei Formen werden unterschieden:

– Beim **echten Factoring** übernimmt der Factor zugleich das Delkredererisiko; das Unternehmen haftet nur für den rechtlichen Bestand der Forderungen.

---

1 Vgl. *Kuhn/Scharpf*, Rechnungslegung von Financial Instruments nach IFRS, 3. Aufl. 2006, Rz. 1585 f.
2 Vgl. IDW RS HFA 9, Tz. 243.

Häufig ist im Factoringvertrag zugleich die Übernahme von Dienstleistungsfunktionen (Debitorenbuchhaltung, Mahn- und Inkassowesen) vereinbart.
- **Unechtes Factoring** dagegen liegt vor, wenn der Factor das Ausfallrisiko nicht übernimmt. Üblich ist hier, dass auch die Dienstleistungsfunktionen beim Unternehmen bleiben.

Beim **echten Factoring** überträgt das bilanzierende Unternehmen die Risiken über die vertraglichen Rechte aus den Forderungen, so dass die entsprechenden Debitoren auszubuchen sind (IAS 39.20a). Voraussetzung ist das Fehlen etwaiger (schädlicher) Rückkaufsvereinbarungen und, aus der Perspektive des **Konzernabschlusses**, dass es sich beim Factor nicht um eine konsolidierungspflichtige Gesellschaft handelt. 1924

In der Praxis finden sich jedoch häufig Vereinbarungen dergestalt, dass der Verkäufer zum Rückkauf der abgetretenen Forderungen verpflichtet ist, wenn die Forderung zweifelhaft wird (unechtes Factoring). In derartigen Fällen unbedingter Verkaufsoptionen hat der Verkäufer die Risiken (sofern diese nicht als unwesentlich einzustufen wären) über die Forderungen nicht verloren (IAS 39.20b i.V.m. IAS 39.AG40e), er muss die Forderungen weiter bilanzieren und die vom Factor erhaltenen liquiden Mittel als Schuld passivieren („Bilanzverlängerung", IAS 39.29). 1925

Zwischen den beiden aufgezeigten Fällen, die insoweit in ihrer Zuordnung klar sind, gibt es auch zahlreiche Grenz- und Mischfälle. Große Bedeutung haben vertragliche Gestaltungen, in denen das die Forderungen auf B (den Factor) übertragende Unternehmen A die Verpflichtung übernimmt, B gegen mögliche Ausfallverluste *bis zu einer bestimmten Höhe* schadlos zu halten. Über den garantierten Betrag hinausgehende Verluste trägt jedoch B. 1926

In diesem Fall ist über eine Vergleichsrechnung der Risikoposition des A vor und nach Veräußerung festzustellen, ob im Wesentlichen die **Risiken und Chancen** aus den Forderungen an B übertragen worden sind (s. Rz. 1917). Hierzu sind die Netto-Cashflows der beiden Alternativen zu vergleichen (IAS 39.21). Das folgende Beispiel verdeutlicht die Überlegungen.

Beispiel:

A verfüge über einen Nominalwert von Forderungen aus Lieferungen und Leistungen (vor Wertberichtigung) i.H.v. 100 Mio. Euro. Es wird ein künftiger Zahlungsausfall von 10 Mio. Euro erwartet. Außerdem wird für Verwaltung und Abwicklung der Forderungen (Debitorenbuchhaltung, Zahlungsinkasso, Mahnungen) ein Betrag von 5 Mio. Euro geschätzt. Der erwartete Netto-Cashflow aus den Forderungen beläuft sich somit auf 85 Mio. Euro.

A verkauft den gesamten Forderungsbestand an den Factor B zum Preis von 80 Mio. Euro mit folgenden weiteren Vereinbarungen:
- A bleibt für die Verwaltung und Abwicklung der Forderungen verantwortlich und erhält von B hierfür eine Gebühr i.H.v. 6 Mio. Euro.

– A garantiert dem B aus jeder Forderung einen Betrag von 20 % des Nominalwertes; darüber hinausgehende Verluste trägt B.

Die Garantie hat, gewichtet mit dem erwarteten künftigen Zahlungsausfall (10 %), demnach einen Fair value von 2 Mio. Euro. Der Netto-Cashflow aus dem Forderungsverkauf an den Factor beträgt 80 + 6 – 5 – 2 = 79 Mio. Euro. Die Abweichung der Netto-Cashflows (vor Veräußerung 85 Mio. Euro, nach Veräußerung 79 Mio. Euro) ist geringer als 10 %, so dass nach unserer Auffassung (s. Rz. 1917) im Wesentlichen die Risiken und Chancen aus den Forderungen an den Factor übergegangen sind mit der Folge der Ausbuchung der Forderungen. Die zurückbehaltenen Rechte und Verpflichtungen sind anzusetzen (Rz. 1918).

Damit ergeben sich folgende Buchungen:

	Soll Mio. Euro		Haben Mio. Euro
Bank	86	Abgang Forderungen aus Lieferungen und Leistungen	100
Abwicklungsrecht	1	Garantieverpflichtung	2
Aufwand	15		
	102		**102**

Das Recht auf Abwicklung der Forderungen muss in Höhe von 1 Mio. Euro aktiviert werden, da die erhaltene Gebühr (6 Mio. Euro) die erwarteten Aufwendungen (5 Mio. Euro) übersteigt. Im anderen Fall wäre eine Verbindlichkeit anzusetzen (IAS 39.24 f.).

1927 Das Beispiel zeigt: I.d.R. wird es beim Factoring *nicht* zu Ergebnissen im Hinblick auf die Bilanzierung eines *continuing involvements* (Rz. 1919) kommen, sofern die Vereinbarungen unter fairen Marktbedingungen getroffen werden und solange im Fall der gegebenen Ausfallgarantie der mögliche Ausfall beurteilbar ist. Wäre hingegen der Ausfall nicht beurteilbar, käme es darauf an, ob der Factor die Forderungen auf einem aktiven Markt weiterveräußern könnte. Wenn ja, würden die Forderungen auszubuchen sein, wenn nein, käme nur eine teilweise Ausbuchung der Forderung und eine Beibehaltung des anderen Teils in Höhe des *continuing involvements* gem. IAS 39.30 ff. in Betracht.

1928 Eine Weiterentwicklung des Factoring unter dem Gesichtspunkt der Unternehmensfinanzierung stellen **Asset Backed Securities (ABS)** dar.[1] Hierbei werden nicht marktfähige finanzielle Vermögenswerte – i.d.R. Forderungen – an eine Zweckgesellschaft veräußert, die sich ihrerseits durch Begebung von Schuldverschreibungen (securities) refinanziert (Verbriefung von Forderungen, „Securitization"). Die Schuldverschreibungen werden aus den Eingängen aus den übertragenen Forderungen bedient (asset backed).

---

[1] Vgl. grundlegend *Geiger* in Habersack/Mülbert/Schlitt (Hrsg.), Unternehmensfinanzierung am Kapitalmarkt, 2. Aufl. 2008, § 18.

Die Bilanzierung folgt auf der Ebene des **Einzelabschlusses** dem beim Factoring dargestellten Verfahren. Ob aber das vom bilanzierenden Unternehmen gewünschte *off-balance-sheet financing* auch auf der Ebene des **Konzernabschlusses** erreicht wird, hängt von der Beurteilung der Einbeziehungspflicht der **Zweckgesellschaft (Special Purpose Entity, SPE)** in den Konzernabschluss ab. Die entsprechenden Vorschriften enthält SIC-12; die Details werden eingehend in Rz. 3025 ff. erörtert.

9.3 Pensionsgeschäfte

Bei Pensionsgeschäften erfolgt die Übertragung rechtlichen Eigentums am Pensionsgut (i.d.R. Wechsel, Forderungen oder Wertpapiere; als Pensionsgut kommen finanzielle Vermögenswerte unabhängig von ihrer Einordnung in eine der vier Kategorien des IAS 39 in Betracht) vom Pensionsgeber an den Pensionsnehmer gegen Kaufpreiszahlung; zugleich wird vereinbart, dass 1929

– der Pensionsnehmer die *Pflicht* hat, das Pensionsgut zu einem im Voraus festgelegten oder vom Pensionsgeber zu bestimmenden Zeitpunkt zurückzuübertragen (**echtes Pensionsgeschäft**) oder

– der Pensionsnehmer das *Recht* hat, das Pensionsgut zu einem im Voraus festgelegten oder vom Pensionsnehmer zu bestimmenden Zeitpunkt zurückzuübertragen (**unechtes Pensionsgeschäft**, s. § 340b HGB sowie Abb. 52).

Zur Beurteilung, ob das Pensionsgut beim Pensionsgeber auszubuchen ist oder nicht, muss auf die künftigen Wertschwankungsrisiken beim Pensionsgut abgestellt werden. Liegen diese Risiken beim Pensionsnehmer, ist auszubuchen, andernfalls nicht. Die folgenden Ausführungen beleuchten die unterschiedlichen Fälle:

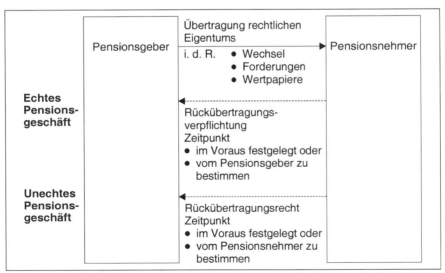

Abb. 52: Echte und unechte Pensionsgeschäfte

1930 Beim **echten Pensionsgeschäft** kommt es (nur) auf den Rücknahmepreis an:
- Ist ein **fester Rücknahmepreis** vereinbart, kommt es *nicht* zu einer Ausbuchung des Pensionsguts beim Pensionsgeber, da dieser weiterhin die Wertschwankungsrisiken (und -chancen) trägt (IAS 39.AG51a). Das Geschäft ist beim Pensionsgeber als **besicherte Kreditaufnahme** (per Bank an Verbindlichkeit) zu bilanzieren; entsprechend bucht der Pensionsnehmer eine Forderung (Aktivtausch, IAS 39.AG50). Der Pensionsgeber hat die Verbindlichkeit nach den Regeln des IAS 39 zu fortgeführten Anschaffungskosten zu bewerten. Die Verpflichtung zum Rückerwerb ist *kein Derivat* (IAS 39.AG49).
- Ist als Rücknahmepreis der **Fair value** zum Rücknahmetag vereinbart, kommt es zu einer **Ausbuchung** (IAS 39.AG51j).

1931 Bei **unechten Pensionsgeschäften** kommt es auf den Rücknahmepreis und ggf. auf die Art des Pensionsgutes an:
- Ist im Rahmen des vereinbarten Rückübertragungsrechts (call bzw. put option) als Rücknahmepreis der **Fair value** zum Rücknahmetag vereinbart, kommt es immer – ungeachtet der Art des Pensionsguts – zu einer **Ausbuchung** (IAS 39.AG51j).
- Ist bei einem vorher festgelegten Rücknahmepreis die Kaufoption aus Sicht des Pensionsgebers (Rücknahme*recht*) *weit aus dem Geld*, ist ebenfalls auszubuchen, weil die Rückübertragung unwahrscheinlich ist (IAS 39.AG51g). Im umgekehrten Fall – die Kaufoption ist *weit im Geld* – darf nicht ausgebucht werden (IAS 39.AG51f). Entsprechend verhält es sich mit Rücknahme*pflichten* des Pensionsgebers (geschriebene Put-Optionen, Pensionsgeber ist Stillhalter).
- Ist bei einem vorher festgelegten Rücknahmepreis die Kaufoption aus Sicht des Pensionsgebers *am Geld*, kommt es auf die Art des Pensionsgutes an. Handelt es sich um ein marktgängiges Finanzinstrument, ist auszubuchen, weil der Pensionsnehmer jederzeit glattstellen kann. Im umgekehrten Fall – bei einem nicht marktgängigen Finanzinstrument – kommt eine Ausbuchung nicht in Betracht (IAS 39.AG51h).
- Ein vorher festgelegter Rücknahmepreis im Falle einer geschriebenen Put-Option, bei der der Pensionsgeber Stillhalter ist, falls diese bei nicht marktgängigen Finanzinstrumenten *am Geld* ist: Hier soll – obwohl die Option am Geld ist – noch einmal beurteilt werden, wie wertvoll die Option ist. Auszubuchen ist, wenn der Wert der Verkaufsoption nicht hoch genug ist, um den Pensionsnehmer vom Verkauf des Vermögenswertes abzuhalten. Im anderen Fall ist eine teilweise Ausbuchung vorzunehmen und in Höhe des *continuing involvements* das Pensionsgut weiter anzusetzen (IAS 39.AG51i).

1932 Bei einem Pensionsgut, das als held-to-maturity eingeordnet war, ist im Falle der Ausbuchung die Sanktionsregelung zu beachten (s. Rz. 1845). Bei einer Ausbuchung innerhalb des Konzernkreises – z.B. an eine Zweckgesellschaft (s. Rz. 3025 ff.) – ist der Vorgang im Konzernabschluss zu konsolidieren, so dass die angestrebte Entlastung der Bilanz (Verbesserung der Bilanzrelationen) entfällt.

9.4 Anteile an anderen Unternehmen
9.4.1 Im Konzernabschluss

Im Konzernabschluss sind Anteile an Tochterunternehmen voll zu konsolidieren, für Gemeinschaftsunternehmen besteht ein Wahlrecht auf Quotenkonsolidierung oder einer Bewertung at equity, und assoziierte Unternehmen sind at equity zu bewerten. Von dieser Regelung bestehen zwei Ausnahmen: 1933

(a) Die jeweiligen Anteile sind mit Weiterveräußerungsabsicht innerhalb der nächsten 12 Monate erworben worden und auch die übrigen Kriterien des IFRS 5.11 sind erfüllt: Dann sind die Anteile der Kategorie held for sale gem. IFRS 5 zuzuordnen;[1] zur Bilanzierung in dieser Kategorie s. Rz. 2758.

(b) Die Anteile sind im Hinblick auf die Anwendung der Konsolidierungsmethoden für Tochter- und Gemeinschaftsunternehmen sowie assoziierte Unternehmen unwesentlich (allgemeiner Wesentlichkeitsgrundsatz).

Eine Anwendung von IAS 39 auf die entsprechenden Anteile ist also nur dann denkbar[2], wenn auf eine Einbeziehung wegen Unwesentlichkeit verzichtet wird. Es käme dann eine Einordnung als available-for-sale in Betracht mit der Folge einer Bewertung zum Fair value, falls ermittelbar bzw. Anschaffungskosten bei nicht notierten Anteilen (Rz. 1866).

Anteile unterhalb der Schwelle des maßgeblichen Einflusses (i.d.R. < 20 % der Stimmrechte) sind bei Spekulationsabsicht der Kategorie held for trading zuzuordnen und im Übrigen wie in Rz. 1933 zu bilanzieren. 1934

9.4.2 Im Einzelabschluss

Im Einzelabschluss sind Anteile an Tochter- oder Gemeinschaftsunternehmen oder assoziierten Unternehmen vorbehaltlich einer Anwendung von IFRS 5 (s. Rz. 2756 ff.) entweder 1935

(a) zu Anschaffungskosten oder

(b) in Übereinstimmung mit IAS 39

zu bilanzieren. Dabei ist für jede Gruppe das Wahlrecht in gleicher Weise auszuüben, also z.B. alle Tochterunternehmen zu Anschaffungskosten und alle assoziierte Unternehmen in Übereinstimmung mit IAS 39 (IAS 27.38).

Bei einer Bilanzierung in Übereinstimmung mit IAS 39 kommt eine Zuordnung in held for trading nicht in Betracht, da eine kurzfristige Spekulations- 1936

---
1 IFRS 5.39 stellt hinsichtlich des Ausweises nur auf Tochterunternehmen ab. Wir halten dies wegen IAS 28.14 und IAS 31.2a für einen redaktionellen Fehler.
2 Tatsächlich beschränkt sich der (wegen des Verzichts auf Tochterunternehmen im Übrigen unvollständige) Anwendungsbereich des IAS 27.40 auf nicht wesentliche Anteile, regelt damit unwesentliche Sachverhalte und ist insoweit gegenstandslos. Die Existenz der Norm belegt allerdings, dass Anteile an unwesentliche Gemeinschafts- und assoziierte Unternehmen nicht konsolidiert zu werden brauchen.

absicht ja nicht besteht. Folglich sind die Anteile der Kategorie available-for-sale zuzuordnen. Bei der Fair value-Ermittlung wird es zwar häufig an Tauschpreisen mangeln, aber angesichts der Informationslage dürfte die Anwendung von Bewertungsmodellen unproblematisch sein. Bei einer Bilanzierung in Übereinstimmung mit IAS 39 wird daher die Bewertung zu Anschaffungskosten, die IAS 39 ja ausnahmsweise (wenn Fair values nicht ermittelbar sind) zulässt, kaum zu begründen sein.

1937 Daher macht das explizite Wahlrecht einer Bewertung zu Anschaffungskosten, wie es IAS 27.38a vorsieht, Sinn. Da sich die Anteile bei einer Bewertung zu Anschaffungskosten gem. IAS 27.38a nicht im Anwendungsbereich des IAS 39 befinden, kommt im Hinblick auf Wertminderungsprüfungen nur die Anwendung des IAS 36 in Betracht (s. auch Rz. 1501). Anteile an bestimmten Gesellschaften wären dann u.E. jeweils eigene CGU; unter dieser Voraussetzung würden im Übrigen auch die Wertminderungsregelungen des IAS 39 zu denselben Ergebnissen führen.

Im Einzelabschluss erfasste Wertminderungen gegenüber im Konzernabschluss voll oder quotal konsolidierten oder at equity bewerteten Unternehmen sind, um Doppelerfassungen zu vermeiden, für Zwecke des Konzernabschlusses wieder zurückzudrehen.

1938 Für Anteile unterhalb der Schwelle des maßgeblichen Einflusses (i.d.R. < 20 % der Stimmrechte) gilt Rz. 1933 f. analog.

9.5 Stückzinsen und Dividenden

1939 Beim Erwerb zinstragender Wertpapiere sind häufig **Stückzinsen** zu entrichten. Wirtschaftlich betrachtet handelt es sich bei den Stückzinsen um eine erworbene Zinsforderung, die getrennt vom Wertpapier im Umlaufvermögen zu bilanzieren ist, d.h. die Stückzinsen gehören nicht zu den Anschaffungskosten des Wertpapiers.[1] Das folgende Beispiel zeigt die grundlegenden Buchungen:

Beispiel:

Kauf eines fest verzinslichen Wertpapiers am 20. August zu 100 %

Nennwert 1000 Euro

Nominalverzinsung 6 %

Kupontermin 30. September

Berechnung der Stückzinsen: $Z = \dfrac{1000 \times 6 \times 324}{365 \times 100} = 53{,}26$

Die Zahllast des Käufers beträgt 1000 + 53,26 = 1053,26

---

1 Umkehrschluss und Analogie zu IAS 39.16ai.

Die Buchungen lauten

a) am 20.8.:

Wertpapier	1000,00			
Zinsforderung	53,26	an	Bank	1053,26

b) am 30.9.:

Bank	60	an	Zinsforderung	53,26
			Zinsertrag	6,74

Bei **Dividendenpapieren** entsteht ein *Recht* auf Dividende – im Gegensatz zum Zinsanspruch – erst mit Beschlussfassung (Rz. 645). Folglich ist auch dann erst die Forderung einzubuchen. 1940

Bezieht sich eine Dividendenausschüttung auf den Gewinn aus der Zeit vor Erwerb eines Dividendenpapiers, wird die erwartete Dividende, wenn sie zuverlässig geschätzt werden kann, von den Anschaffungskosten des Papiers abgezogen und als Forderung aktiviert (IAS 18.32).

9.6 Strukturierte Produkte (Eingebettete Derivate)

9.6.1 Problemstellung

IAS 39.10 ff. enthalten Regelungen hinsichtlich der grundsätzlichen Pflicht zur Aufspaltung von in Finanzinstrumenten eingebetteten Derivaten (**embedded Derivatives**, sog. **hybride** oder **strukturierte Produkte**). Es handelt sich hierbei um Vermögenswerte oder Verbindlichkeiten (Basisvertrag), die mit mindestens einem *rechtlich nicht trennbaren* Derivat so verknüpft sind, dass sich in Abhängigkeit der Entwicklung des Basiswertes die Zahlungsströme des originären Instruments anders verhalten als ein originäres Instrument, welches *nicht* mit einem eingebetteten Derivat verknüpft ist. Damit in beiden Fällen eine zutreffende bilanzielle Abbildung erfolgt, ist das Derivat abzutrennen und gesondert zu bewerten. 1941

Typische Anwendungsfälle[1], bei denen eine bilanzielle Trennungspflicht zu prüfen ist, sind Wandelanleihen, Schuldverschreibungen mit variablem Rückzahlungsanspruch bei Endfälligkeit, Anleihen mit Rückzahlungsrecht in Aktien und Anleihen mit Zinsbegrenzungsvereinbarungen sowie Kreditverträge mit Kündigungsrecht nach § 489 BGB. Derivate können aber auch in nichtfinanzielle Vermögenswerte[2] sowie in Leasingverträgen oder normale Verkaufs- und Kaufverpflichtungen eingebettet sein und daher eine Trennungsprüfung auslösen.

---

[1] Vgl. *Löw/Lorenz*, Ansatz und Bewertung von Finanzinstrumenten, in Löw (Hrsg.), Rechnungslegung für Banken nach IFRS, 2. Aufl. 2005, S. 547.
[2] Die offizielle deutsche Übersetzung des IAS 39.10 im ABl. der EU ist (im Gegensatz z.B. zur offiziellen englischen Fassung im ABl.) mit ihrer Einschränkung auf Finanzinstrumente unzutreffend.

1942 Der ökonomische Zusammenhang sei anhand einer Optionsanleihe erläutert:

Beispiel:
Das Unternehmen U ist eine börsennotierte Aktiengesellschaft. Nach der Bonitätseinstufung beträgt der Marktzins für Anleihen des U 6 %. U emittiere zwei Anleihen:
- Anleihe A, Zinskupon 4 %, Laufzeit 10 Jahre, Ausgabekurs 88,28 %.
- Anleihe B, Zinskupon 4 %, Laufzeit 10 Jahre, Ausgabekurs 100 %, und Kaufoption auf U's Aktien (= Optionsanleihe).

U kann die Anleihe A mit dem Nominalzins von 4 % angesichts seines Marktzinssatzes von 6 % nur mit dem hohen Disagio veräußern, das der Zinsdifferenz über die Laufzeit entspricht. Bei der Anleihe B hingegen erhält der Investor statt eines Disagios die Kaufoption.

Die Investoren X und Y haben beide jeweils einen Geldbetrag von 1000 Euro zur Verfügung. X erwirbt die Anleihe A für 882,8 Euro und für den gesparten Geldbetrag zusätzlich freistehende Kaufoptionen auf U's Aktien. Y erwirbt für 1000 Euro unmittelbar die Anleihe B. Ökonomisch befinden sich X und Y daher in derselben Situation.

Beide, X und Y, klassifizieren ihre Anleihen als finanzielle Vermögenswerte der Kategorie held-to-maturity mit der Folge einer Bewertung zu fortgeführten Anschaffungskosten. X muss allerdings außerdem die freistehende Kaufoption der Kategorie held for trading zuordnen und erfolgswirksam zum Fair value bewerten.

Kurz nach der Anleiheemission sinkt der Aktienkurs von U drastisch. Damit wird die freistehende Kaufoption praktisch wertlos, aber auch der Kurs der Anleihe B sinkt durch die Entwertung des Optionsrechts. Dagegen bleibt der Kurs der Anleihe A stabil, weil sich an der Bonität des U nichts geändert haben mag. Folgende Konsequenzen ergeben sich für X und Y:
- X hat den Verlust an der freistehenden Kaufoption erfolgswirksam zu erfassen.
- Y bemerkt zwar den Kursrückgang der Anleihe B, erfasst ihn aber wegen der Zuordnung zu held-to-maturity nicht.

Damit ergeben sich unterschiedliche *bilanzielle und erfolgswirksame* Konsequenzen für X und Y, obwohl sie sich *ökonomisch* in derselben Situation befinden. Erst die Abtrennung des in die Anleihe B eingebetteten Derivats und dessen erfolgswirksame Fair value-Bewertung stellt die Gleichbehandlung her. Eine Gleichbehandlung ergäbe sich auch, wenn die Anleihe B insgesamt erfolgswirksam zum Fair value bewertet werden würde (Fair value-Option, s. Rz. 1836 ff.).

1943 IAS 39 behandelt aus der *Sicht des Investors* und aus *Sicht des Emittenten von Fremdkapitalprodukten* die einheitliche oder getrennte Bilanzierung strukturierter Produkte, während IAS 32 aus der *Sicht des Emittenten* die

Aufspaltung emittierter Finanzinstrumente in Eigenkapital- und Fremdkapital-Komponenten erläutert (Rz. 2060 „Zusammengesetzte Instrumente"). Betroffen von der Regelung des IAS 39 sind damit im Hinblick auf Finanzinstrumente:

– Emittenten von Finanzinstrumenten (Schuldtitel), die – ggf. nach vorheriger Abspaltung der Eigenkapitalkomponente (s. dazu Rz. 2060) – aus ihrer Sicht ausschließlich Fremdkapitalcharakter aufweisen. Nach Aufspaltung wäre das originäre Instrument den „übrigen Verbindlichkeiten" und das Derivat dem „Handelsbestand" zuzuordnen. Dies trifft beispielsweise zu auf eine Verbindlichkeit, die mit einem Recht oder einer Verpflichtung zur Laufzeitverlängerung ohne Anpassung des Zinssatzes verknüpft ist (IAS 39.AG30c).

– Inhaber von Finanzinstrumenten (Investor). Nach Aufspaltung wäre das originäre Instrument i.d.R. der Kategorie available-for-sale oder held-to-maturity und das Derivat dem Handelsbestand zuzuordnen. So ist der investierte Betrag z.B. bei einer Aktienanleihe in die beiden Komponenten Geldanlage und Verkaufsoptionen aufzuteilen, also in einen Vermögenswert der Kategorie available-for-sale oder held-to-maturity und in eine finanzielle Verbindlichkeit für die Stillhalterposition.[1]

Es können aber auch nichtfinanzielle Sachverhalte aufzuspalten sein (Leasingverträge, Lieferkontrakte in fremder, nicht funktionaler Währung[2]).

9.6.2 Abtrennung des Derivats vom Basisvertrag

Nach IAS 39.11 sind eingebettete Derivate vom Basisvertrag abzutrennen und getrennt als Derivat zu *bewerten*, wenn folgende Voraussetzungen *kumulativ* erfüllt sind: 1944

(a) die wirtschaftlichen Merkmale und Risiken des eingebetteten Derivats sind *nicht eng* mit denen des Basisvertrags verbunden (d.h. keine gleichförmige Entwicklung der Zahlungsströme),

(b) wäre das eingebettete Derivat allein stehend, würde es die Definition eines Derivats gem. IAS 39.9 erfüllen und

(c) das strukturierte Produkt wird nicht erfolgswirksam zum Fair value bilanziert.

Darüber hinaus muss das eingebettete Derivat (wie die Option in Rz. 1942) einer Fair value-Bewertung zugänglich sein. Die Beurteilung der Trennungspflicht hat einmalig bei Vertragsschluss zu erfolgen (IFRIC 9.7).[3]

---

[1] Vgl. z.B. *Bellavite-Hövermann/Barckow* in Baetge u.a. (Hrsg.), Rechnungslegung nach IFRS, 2002, IAS 39 Rz. 51 mit Beispiel.
[2] S. Beispiel in *Kuhn/Scharpf*, Rechnungslegung von Financial Instruments nach IAS 39, 3. Aufl. 2006, Rz. 3542.
[3] Nur bei späteren Vertragsänderungen, die zu einer erheblichen Änderung der Zahlungsströme führen, ist eine spätere Neubeurteilung zwingend. Hierzu Anwendungsbeispiele in *Roese/Trepte/Vielmeyer*, WPg 2006, 1089.

1945 Sind die Merkmale für die Trennungspflicht des Derivats erfüllt, eine Fair value-Bewertung aber nicht möglich, **muss** der **gesamte Vertrag** *wie* ein held for trading Finanzinstrument bewertet werden (IAS 39.12). Eine spätere Umgliederung aus dieser Kategorie, die ja neuerdings zulässig ist (Rz. 1848), setzt die Trennung vom Derivat aber voraus. Es mag sein, dass die spätere Derivatetrennung möglich ist. *Diese* Beurteilung hat ebenso nach Maßgabe der Verhältnisse zu erfolgen, als das Unternehmen Vertragspartei geworden ist.[1]

1946 Das wesentliche Kriterium für die Trennung ist in Rz. 1944 (a) genannt. Gleichwohl enthält IAS 39 keine Leitlinien, wann eine nicht enge Verbindung eines eingebetteten Derivats mit dem Basisvertrag vorliegt. Stattdessen werden in IAS 39.AG30 kasuistisch Positivbeispiele (die, wenn die übrigen Voraussetzungen vorliegen, zu einer *Trennung* führen sollen) und in IAS 39.AG33 entsprechende Negativbeispiele genannt, auf die hier verwiesen werden kann.[2]

Im Fall der Trennung ist der entsprechende Basisvertrag, falls es sich um ein Finanzinstrument handelt, gem. IAS 39 und im Übrigen nach dem jeweils einschlägigen IFRS zu bilanzieren. Außerhalb von Finanzinstrumenten dürften Leasingverträge mit Kauf- oder Mietverlängerungsoption von gewisser praktischer Relevanz sein. Die Trennung gilt jedoch nur für die Wertfindung; die Frage des **Bilanzausweises** soll durch IAS 39 ausdrücklich offen bleiben (IAS 39.11). Nach IFRS 7.8 sind jene Gruppen von Finanzinstrumenten, die jeweils unterschiedlich bewertet werden (zum Beispiel fortgeführte Anschaffungskosten vs. Fair value), entweder in der Bilanz oder im Anhang getrennt auszuweisen. Daher ist es vernünftig, eingebettete Derivate nach deren Abspaltung zu Bewertungszwecken auch getrennt vom Trägerinstrument zu bilanzieren.

Ein jeweils abgetrenntes Derivat kann auch zu **Sicherungszwecken** nach den Regelungen des Hedge Accounting[3] verwendet werden (s. Rz. 2237).

1947 Das folgende Ablaufschema fasst die Prüfschritte zusammen. Hinzuweisen ist auf die Möglichkeit der Fair value-Bewertung des gesamten Instruments, s. Rz. 1948.

---

1 Vgl. ED IFRIC 9.7 (Dezember 2008).
2 Zu zahlreichen Beispielen s. *Schaber/Rehm/Märkl*, Handbuch strukturierter Finanzinstrumente, 2008, S. 119 ff. IAS 39.AG30(g) ist zuletzt durch den Verbesserungsstandard (April 2009) mit Wirkung für Geschäftsjahre ab 1.1.2010 geändert worden.
3 Vgl. *Kuhn/Scharpf*, Rechnungslegung von Financial Instruments nach IFRS, 3. Aufl. 2006, Rz. 3310.

IX. Finanzielle Vermögenswerte (IAS 39, IAS 32, IFRS 7)

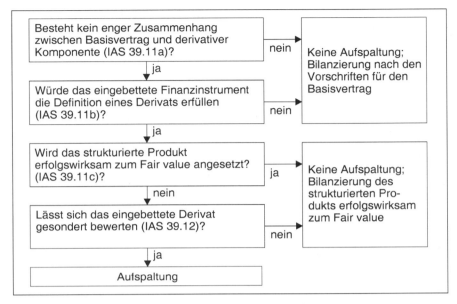

Abb. 53: Ablaufschema zur Aufspaltung strukturierter Produkte*

* In konzeptioneller Anlehnung an *Bellavite-Hövermann/Barckow* in Baetge u.a. (Hrsg.), Rechnungslegung nach IFRS, 2002, IAS 39 Rz. 48

9.6.3 Anwendung der Fair value-Option

Der Board hat bei der Überarbeitung von IAS 39 eingeräumt, dass die Vorschriften zur Aufspaltung strukturierter Produkte in der Praxis schwierig anzuwenden seien. Die Handhabung erfordere in der Regel Spezialkenntnisse über Derivate. Sollten seitens des Bilanzierenden Unsicherheiten bestehen, so kann das gesamte Finanzinstrument optional erfolgswirksam zum Fair value bewertet werden, was eine Aufspaltung schließlich entbehrlich macht.

Dies dürfte ein wesentlicher Anwendungsfall der sog. Fair value-Option sein (Rz. 1836c). Hervorzuheben ist, dass nicht nur Verträge über Finanzinstrumente erfolgswirksam zum Fair value bewertet werden können, sondern sämtliche Verträge (also auch z.B. Leasingverträge), die die Anforderungen des IAS 39.11A erfüllen.

frei 1950–1960

10. Ausweis

10.1 Bilanz

Die Mindestangabepflichten in IAS 1.54 fordern den gesonderten Ausweis von 1961
(a) Forderungen aus Lieferungen und Leistungen und sonstige Forderungen,
(b) Zahlungsmitteln und Zahlungsmitteläquivalenten und
(c) übrigen finanziellen Vermögenswerten.

Da aber außerdem die Bilanz nach der Fristigkeit zu gliedern ist, kommt man mit einer solchen Untergliederung nicht aus: Beträge zu (a) und (c) können lang- und kurzfristige Bestandteile enthalten. Es ist daher üblich,

- innerhalb des langfristigen Vermögens „übrige Finanzanlagen" (neben den Buchwerten aus der Bewertung at equity) und

- innerhalb des kurzfristigen Vermögens „Forderungen aus Lieferungen und Leistungen", „sonstige Forderungen", „Wertpapiere" und „liquide Mittel"

jeweils gesondert auszuweisen.

1962 Unüblich ist es vor allem, die Buchwerte der vier bzw. fünf Kategorien der finanziellen Vermögenswerte auf der Bilanzebene getrennt auszuweisen. IFRS 7.8 fordert die entsprechende Angabe entweder auf Bilanzebene oder im Anhang; letzteres ist einzig sinnvoll. Dabei muss eine Überleitungsrechnung von den *Bewertungskategorien* (des IAS 39) zu den Bilanzposten angegeben werden (IFRS 7.6, s. Rz. 1974). Eine Identitätsforderung von Bewertungskategorie und Bilanzposten besteht nicht.[1]

10.2 Gewinn- und Verlustrechnung

1963 Sämtliche gem. IFRS 7.20 gesondert anzugebenden Erträge und Aufwendungen im Zusammenhang mit finanziellen Vermögenswerten (s. Rz. 1978 f.) können in der Gewinn- und Verlustrechnung oder im Anhang aufgeführt werden. Der Aggregationsgrad in der Gewinn- und Verlustrechnung ist in der Praxis sehr unterschiedlich; hierzu und zur Mindestgliederung s. Rz. 4237 f.

10.3 Eigenkapitalveränderung

1964 Fair value-Differenzen der Kategorie available-for-sale sind unterhalb des Jahresergebnisses in der Gesamtergebnisrechnung, letztlich also unmittelbar im Eigenkapital zu buchen. Zu Einzelheiten der Darstellung in der Gesamtergebnisrechnung s. Rz. 4310 ff. und im Eigenkapitalspiegel s. Rz. 4365.

10.4 Kapitalflussrechnung

1965 Investitionen in Anteile anderer Unternehmen sowie Auszahlungen für ausgereichte Darlehen sind genauso wie die entsprechenden Rückflüsse der Investitionstätigkeit zuzuordnen. Für zugeflossene Zinsen und Dividenden besteht ein Zuordnungswahlrecht für alle drei Bereiche; es gilt der Stetigkeitsgrundsatz.

1966–1969 frei

---

[1] Vgl. *Löw*, Beilage 1 zu KoR 2006, 10.

11. Anhangangaben

11.1 Betonung der Wesentlichkeit

Den sehr umfangreichen Angabepflichten in IFRS 7 ist ein **besonderer Wesentlichkeitsgrundsatz** vorangestellt (IFRS 7.6, IFRS 7.B1 ff.). Abschlussersteller sind ausdrücklich aufgefordert, einen Mittelweg zu finden zwischen 1970

- einer zu detaillierten Darstellung, in der die wichtigen Informationen nicht mehr als solche erkannt werden und
- einer zu starken Zusammenfassung, in der wichtige Informationen gar nicht mehr einzeln auftauchen.

Nach der Bilanzierungskonzeption der IFRS geht es um den Ansatz künftiger Nutzenzu- und -abflüsse, im Hinblick auf Finanzinstrumente gewissermaßen auf der letzten Realisationsstufe, nämlich letztlich den Cashflows. Den Abschlussadressaten muss generell vermittelt werden, welche Risiken (und ggf. auch Chancen) in der Geldmittelwerdung der finanziellen Vermögenswerte stecken.

11.2 Rechnungslegungsmethoden

Für die verschiedenen Klassen von finanziellen Vermögenswerten sind jeweils die **Rechnungslegungsmethoden** anzugeben (IFRS 7.21). Da sich nach der Klassifizierung der Finanzinstrumente in der Bewertung keine Wahlrechte mehr anschließen, läuft die Erfüllung dieser Angabepflicht zunächst auf eine Nennung der durch IAS 39 vorgesehenen Bewertung hinaus. 1971

Beispiel:

„Wertpapiere, die wir bis zur Endfälligkeit halten wollen, werden zu fortgeführten Anschaffungskosten bewertet. Dabei werden Disagien und Anschaffungsnebenkosten nach der Effektivzinsmethode über die Laufzeit verteilt."

IFRS 7.B5 fordert weitere Angaben; hervorzuheben sind: 1972

(a) Kriterien für die Einstufung von Finanzinstrumenten in die Kategorie at fair value through profit or loss einschließlich Angabe ihrer Art. Hierzu gehören auch die näheren Umstände zur Anwendung der Fair value-Option (Rz. 1836 ff.).

(b) Kriterien für die Einstufung in available for sale (Rz. 1840).

(c) Angabe, ob als Zugangszeitpunkt der Handels- oder Erfüllungstag gewählt worden ist (Rz. 1850 f.).

(d) Angaben zur Verwendung eines Wertberichtigungskontos (Rz. 1922) und die näheren Gründe, nach denen ein Wertminderungsaufwand erfasst wird, welche der Indikatoren (Rz. 1891) also zutreffend sind.[1]

---

1 Vgl. auch *Scharpf*, Beilage 2 zu KoR 2006, 27.

> **Beispiel (ThyssenKrupp GB 2007/2008, S. 165):**
> „... Finanzinstrumente werden erfasst, sobald ThyssenKrupp Vertragspartei des Finanzinstruments wird. Wenn Handelstag und Erfüllungstag auseinander fallen, ist für die erstmalige bilanzielle Erfassung bzw. den bilanziellen Abgang der Erfüllungstag maßgeblich. ..."

11.3 Buchwerte der Kategorien und Fair value

11.3.1 Überleitungsrechnung

1973 Die Bilanzposten sind auf die fünf Kategorien des IAS 39 – at fair value through profit or loss zählt als zwei Kategorien, nämlich Handelsbestand und Fair value-Option – überzuleiten (IFRS 7.8). Da sich sowohl im langfristigen Vermögen als auch bei den kurzfristigen Vermögenswerten Bilanzposten befinden, die beispielsweise sowohl Vermögenswerte der Kategorie held-to-maturity als auch solche von available-for-sale aufnehmen, bietet sich eine Matrixdarstellung an.

1974 Zusätzlich sind für finanzielle Vermögenswerte und Verbindlichkeiten grundsätzlich auch die jeweiligen Fair values anzugeben, und zwar so, dass ein Vergleich mit dem Buchwert möglich ist (IFRS 7.25). Lediglich wenn der Buchwert dem Fair value entspricht – wie etwa bei kurzfristigen Posten – und wenn bei Eigenkapitaltiteln der Fair value nicht ermittelbar ist (Rz. 1866), entfällt gem. IFRS 7.29 die Angabepflicht.

> **Beispiel:**
> Eine Überleitungsrechnung könnte wie folgt aussehen (Ausschnitt, nur Vermögenswerte und ohne Vorjahreswerte)[1]
>
> | | Zu fortgeführten Anschaffungskosten bewertet | | Zum beizulegenden Zeitwert bewertet Buchwert | Nicht finanzielle Vermögenswerte | Buchwert lt. Bilanz 31.12.01 |
> |---|---|---|---|---|---|
> | | Buchwert 31.12.01 | beizulegender Zeitwert | | | |
> | | (1) | (nachrichtlich) | (2) | (3) | (1)–(3) |
> | Forderungen aus Lieferungen und Leistungen | 6 000 | | 0 | 0 | 6 000 |
> | Ausleihungen und Forderungen | 6 000 | | | | 6 000 |
> | Sonstige finanzielle Vermögenswerte | 1 000 | | 600 | 0 | 1 600 |
> | Ausleihungen und Forderungen | 700 | 690 | | | 700 |
> | Zur Veräußerung verfügbare finanzielle Vermögenswerte | 100 | | 200 | | 300 |

---

1 In Anlehnung an Bayer, Geschäftsbericht 2008, S. 222 f.

IX. Finanzielle Vermögenswerte (IAS 39, IAS 32, IFRS 7)

	Zu fortgeführten Anschaffungskosten bewertet		Zum beizulegenden Zeitwert bewertet Buchwert	Nicht finanzielle Vermögenswerte	Buchwert lt. Bilanz 31.12.01
	Buchwert 31.12.01	beizulegender Zeitwert			
	(1)	(nachrichtlich)	(2)	(3)	(1)–(3)
Bis zur Endfälligkeit zu haltende Finanzinvestitionen	200	195			200
Derivate mit bilanzieller Sicherungsbeziehung			150		150
Derivate ohne bilanzielle Sicherungsbeziehung			250		250
Sonstige Forderungen	500		0	1 100	1 600
Ausleihungen und Forderungen	500	480			500
Nicht finanzielle Vermögenswerte				1 100	1 100
Zahlungsmittel und Zahlungsmitteläquivalente	2 000		0	0	2 000
Ausleihungen und Forderungen	2 000				2 000
Finanzielle Vermögenswerte insgesamt	9 500		600	1 100	11 200
davon: Ausleihungen und Forderungen	9 200		0	0	9 200

- **Bilanzposten**, die **vollständig nicht unter IAS 39** fallen (z.B. at equity angesetzte Beteiligungen, Ertragsteuerforderungen), brauchen in die Überleitung überhaupt nicht aufgenommen zu werden.
- Fallen **Teile von Bilanzposten** nicht unter IAS 39 (z.B. Rechnungsabgrenzungsposten, Umsatzsteuersalden, Forderungen an Arbeitnehmer etc., Rz. 1801, im Beispiel bei sonstigen Forderungen), empfiehlt es sich, diese in die Überleitungsrechnung aufzunehmen.
- Ist ein Bilanzposten (z.B. „sonstige finanzielle Vermögenswerte" oder „sonstige Forderungen") in der Bilanz in langfristig („Finanzanlagen") und kurzfristig unterteilt, kann er für Überleitungszwecke zusammengefasst werden.

Die Kategoriezuordnung nach IAS 39 ist mit Bewertungsfolgen verknüpft. Auf der anderen Seite sind die Bewertungsfolgen nicht so eindeutig, wie es auf den ersten Blick scheint. Schon die Tabelle in Rz. 1974 verdeutlicht, dass sich innerhalb der Kategorie zur Veräußerung verfügbar (available-for-sale) zwei unterschiedliche Bewertungsfolgen anknüpfen. Hier finden sich offensichtlich auch EK-Titel, die zu Anschaffungskosten angesetzt sind. 1975

Unterschiedliche Bewertungsfolgen gelten aber auch für andere Kategorien, etwa Kredite und Forderungen, die ja normalerweise zu fortgeführten Anschaffungskosten zu bewerten sind. Wenn aber ein Teil der Forderungen über einen Fair value-Hedge (z.B. Zinsswap) gegen zinsinduzierte Fair value-Änderungen abgesichert wird, dann sind die abgesicherten Forderungen im Hinblick auf Fair value-Änderungen anzupassen (sog. *basis adjustment*). In diesem Fall kann von einer Bewertung zu fortgeführten Anschaffungskosten nicht mehr die Rede sein, und es könnte sich ein getrennter Ausweis der gesicherten und ungesicherten Forderungen anbieten (s. auch die Angabepflicht in IFRS 7.24aii).[1]

11.3.2 Angaben zum Fair value

1976 Besondere Abwägungen im Hinblick auf den Detaillierungsgrad erfordern die umfangreichen Angabepflichten zum Fair value (IFRS 7.25 ff.). Zur Erfüllung der Angabepflichten können die finanziellen Vermögenswerte und Schulden in *Klassen* von Finanzinstrumenten nach IFRS 7 gruppiert werden, die nicht deckungsgleich sein müssen zu den *Kategorien* von Finanzinstrumenten nach IAS 39.[2] Den Aggregationsgrad legt das Unternehmen selbst fest (IFRS 7.B1);[3] mindestens zu unterscheiden ist nach Finanzinstrumenten,

– die zu fortgeführten Kosten und

– die zum Fair value bewertet werden (IFRS 7.B2a).[4]

1977 Bei den Angabepflichten ist danach zu unterscheiden, ob der **Fair value** auf aktiven Märkten beobachtbar oder mittels Bewertungsverfahren geschätzt wurde. Bei der Verwendung von **Bewertungsverfahren** sind die Angabepflichten recht umfangreich, s. im Einzelnen IFRS 7.27 f.

Für **gehaltene Eigenkapitaltitel**, die – mangels einer verlässlichen Fair value-Bestimmung – zu Anschaffungskosten angesetzt werden, sind Angaben nach IFRS 7.30 erforderlich.

11.4 Angaben zur Aufwands- und Ertragserfassung

11.4.1 Zinserträge

1978 Für alle finanziellen Vermögenswerte, die nicht erfolgswirksam zum Fair value bewertet werden, sind die Zinserträge – berechnet nach der Effektivzinsmethode – gesondert anzugeben (IFRS 7.20b). Zinserträge aus zuvor außerplanmäßig abgeschriebenen Posten (Rz. 1900) sind ebenfalls gesondert anzugeben (IFRS 7.20d), zweckmäßigerweise in einer „davon"-Angabe.

11.4.2 Übrige Erträge und Aufwendungen

1979 Aufgegliedert nach den fünf Kategorien des IAS 39 sind die jeweiligen Nettogewinne oder -verluste anzugeben (IFRS 7.20a). Es handelt sich hierbei um *net gains or losses* (Rz. 601), also etwa Wertminderungen, Zuschreibungen,

---

1 Vgl. hierzu *Löw*, WPg 2005, 1337 (1339 f.)
2 IAS 39 spricht von *categories*, IFRS 7 von *classes*, und beide Begriffe sind nicht deckungsgleich. In der jeweiligen deutschen Übersetzung findet sich leider in beiden Standards der Begriff Kategorie.
3 Vgl. *Scharpf*, Beilage 2 zu KoR 2006, 6.
4 Gegenstandslos dürfte die Anforderung des IFRS 7.B2b sein, wonach die Finanzinstrumente *außerhalb des Anwendungsbereichs des IFRS 7* (gelistet in IFRS 7.3) eine eigene (also dritte) Klasse sein sollen.

Wertänderungen der Kategorie avialable-for-sale, Abgangserfolge[1], nicht aber um die in Rz. 1978 genannten Zinserträge. Außerdem ist für jede *Klasse* an Finanzaktiva (Rz. 1976) der etwaige Wertminderungsaufwand anzugeben (IFRS 7.20e).

11.5 Sonstige Angaben

Folgende weitere Angaben sind erforderlich: 1980
- Zu gegebenen und erhaltenen **Sicherheiten** (IFRS 7.14 f.).
- Zur **Umgliederung** von held-to-maturity nach available-for-sale und zurück (IFRS 7.12) sowie zu Umgliederungen aus held for trading und available-for-sale (IFRS 7.12A).
- Bei **Übertragungen** finanzieller Vermögenswerte, die nicht oder nicht vollständig zur Ausbuchung geführt haben (IFRS 7.13).
- Besondere Angabepflichten, sollten **Kredite oder Forderungen** erfolgswirksam zum Fair value angesetzt werden, unabhängig davon, ob Handelsbestand oder qua Fair value-Option (IFRS 7.9).
- Zur **Risikoberichterstattung** s. Rz. 2285 ff.

11.6 Finanzanlagenspiegel

Ein **Finanzanlagenspiegel** (Abb. 54) ist nicht vorgeschrieben, wird aber in der 1981 deutschen IFRS-Praxis häufig freiwillig aufgestellt, zumal die Aufstellung zur Abstimmung des Eigenkapitalspiegels (Rz. 4350) bzw. der Kapitalflussrechnung (Rz. 4460 ff.) ohnehin erforderlich ist. Auf die Darstellung der Entwicklung der jeweiligen Vorperiode haben wir verzichtet. Zwar fallen assoziierte Unternehmen nicht in den Anwendungsbereich des IAS 39, sie werden jedoch üblicherweise zusammen mit anderen langfristigen Finanzinstrumenten in den Finanzanlagenspiegel integriert.

Die Zu- und Abgänge bei **assoziierten Unternehmen** können aus „normalen" 1982 Käufen und Verkäufen stammen, aber auch aus der equity-Bilanzierung selbst. Bei Letzterem werden als Zugänge die anteiligen auf den Konzern entfallenden Ergebnisse ausgewiesen (ggf. gemindert um außerplanmäßige Goodwillabschreibungen), während es sich bei den Abgängen um die Ausschüttungen an den Konzern handelt. Bei per Saldo negativen Ergebnisbeiträgen assoziierter Unternehmen würden wir zwecks Unterscheidung von Ausschüttungen einen negativen Eintrag unter Zugängen bevorzugen.

Bei den Beteiligungen „**available-for-sale**" werden Fair value-Anpassungen 1983 grundsätzlich erfolgsneutral gebucht. Hier ist zu unterscheiden: Ein Teil der am 31.12.02 noch vorhandenen Beteiligungen wurde im Geschäftsjahr 02 erfolgsneutral um 400 aufgewertet. Diese Fair value-Bewertung

---

1 Vgl. *Scharpf*, Beilage 2 zu KoR 2006, 24.

findet sich als sonstiges Konzerneinkommen (other comprehensive income) im Eigenkapitalspiegel wieder.

Gleichzeitig fanden Beteiligungsverkäufe statt: Die Abgänge, bewertet zum Fair value, betrugen 700, davon historische Anschaffungskosten 600 („Abgänge") und bisherige Fair value Aufwertung 100, die mit Verkauf realisiert wurde. Die verkaufsbedingte Abnahme des Fair value (100) ist separat ausgewiesen, um zu verdeutlichen, inwieweit die Veränderung der Fair value (insgesamt per Saldo + 300) auf Bewertungsänderungen (+ 400) oder auf Realisierung (– 100) beruht. Die Bezeichnung der Abnahme von 100 als „erfolgswirksame Realisierung" bringt zum Ausdruck, dass dieser Abnahme ein Ertrag in der GuV entspricht.

	Finanzanlagen				
	assoziierte Unternehmen „at equity"	Beteiligungen „available for sale"	Wertpapiere „held to maturity"	Ausleihungen	Total
1. Bruttowerte					
1.1.02	1000	3000	2000	1500	7500
Zugänge	200	100	200	300	800
Änderung Konsolidierungskreis			50	100	150
Fair value-Bewertung (erfolgsneutral)		400			400
Abgänge	– 300	– 600	– 400	– 200	– 1500
erfolgswirksame Realisierung		– 100			– 100
Währungsumrechnung	250	50	0	50	350
31.12.02	1150	2850	1850	1750	7600
2. Kumulierte Abschreibungen					
1.1.02	0	– 500	0	– 200	– 700
Fair value-Bewertung (erfolgsneutral)		500			500
Zuführung (erfolgswirksam)		– 500		– 100	– 600
Währungsumrechnung				– 20	– 20
31.12.02	0	– 500	0	– 320	– 820
3. Nettobuchwerte					
1.1.02	1000	2500	2000	1300	6800
31.12.02	1150	2350	1850	1430	6780

Abb. 54: Beispiel Finanzanlagenspiegel

1984 Ein (anderer) Teil der Beteiligungen wurde in den Vorjahren auf einen um 500 unter den Anschaffungskosten liegenden Betrag abgewertet. Ob diese Abwertung erfolgsneutral oder erfolgswirksam vorgenommen wurde, ist am Anfangsstand der kumulierten Abschreibungen 1.1.02 nicht zu erkennen. Die Vorjahresbehandlung richtete sich danach, ob die Wertminderung als dauerhaft angesehen werden musste (dann erfolgswirksame Abschreibung) oder nur als vorübergehend (dann erfolgsneutrale Abwertung, Rz. 1894). Im Beispiel bringt jedoch die in 02 erfolgte Behandlung zum Ausdruck, dass die *Vorjahresabwertung* erfolgsneutral erfolgt ist, aber in 02 erfolgswirksam gebucht wird, weil die Wertminderung nun offenbar doch als dauerhaft angesehen wird: In diesem Fall ist die erfolgsneutrale Vorjahresabwertung von – 500 zu stornieren („Fair value-Bewertung, erfolgsneutral" + 500) und durch eine in der GuV erfasste Abschreibung („Zuführung zu kumulierten Abschreibungen") von – 500 zu ersetzen (Rz. 1898), sog. reclassification.

frei   1985–1999

X. Eigenkapital (IAS 32)

1. Überblick und Wegweiser

1.1 Standards und Anwendungsbereich

Die folgenden Standards beschäftigen sich mit dem eigenen Eigenkapital: 2000

IAS 32	Abgrenzung des Eigenkapitals von Verbindlichkeiten im Einzelabschluss und Konzernabschluss (Anteil Konzernmutter)	Rz. 2010 ff.
IAS 32.AG29A	Ausweis des Eigenkapitals von Minderheiten im Konzernabschluss	Rz. 3423 f.
IAS 1	Anhangangaben zum eigenen Eigenkapital	Rz. 2080
IAS 1	Darstellung der Veränderung des Eigenkapitals in einem Eigenkapitalspiegel	Rz. 4350 ff.
IFRS 2	Sacheinlage einzelner Vermögenswerte	Rz. 2077
IFRIC 17	Sachdividenden (anwendbar in Geschäftsjahren ab 1.7.2009)[1]	Rz. 2078

Ansatz und Bewertung der danach als Verbindlichkeiten klassifizierten Finanzinstrumente (Rz. 2100 ff.) sowie von Eigenkapitalinstrumenten an *anderen* Unternehmen (Rz. 1800 ff.) sind dagegen durch IAS 39 geregelt. Die entsprechenden Angabepflichten sind Gegenstand des IFRS 7 (Rz. 1970, 2170).

IAS 32 hat in Deutschland hohe Wellen geschlagen, weil die **reine Kündigungs- 2001 möglichkeit von Gesellschaftern** und der daraus resultierende Abfindungsanspruch bei **Personengesellschaften**, Genossenschaften u.Ä. dazu führte, dass diese Gesellschaften kein Eigenkapital mehr ausweisen können.[2]

Im Februar 2008 hat der IASB als Reaktion auf die Kritik eine begrenzte Ausnahmeregelung für Personengesellschaften u.Ä. verabschiedet (IAS 32 amend

---

1 Die EU-Umsetzung ist im Zeitpunkt der Drucklegung noch nicht erfolgt (Abfrage EU endorsement status report unter efrag.org am 27.4.2009).
2 Dieser Befund hat maßgeblich die Gründung der „Vereinigung zur Mitwirkung an der Entwicklung des Bilanzrechts für Familiengesellschaften (VMEBF)" im Januar 2006 veranlasst, s. www.vmebf.org.

2008, Rz. 2022 ff.). Die Regelung gilt für Geschäftsjahre ab 1.1.2009, wobei die frühere Anwendung zulässig ist (IAS 32.96A). Die EU-Freischaltung ist am 21.1.2009 erfolgt. Am 22.1.2009 hat der DRSC den RIC 3 „Auslegungsfragen zu den Amendments to IAS 32 Financial Instruments: Presentation and IAS 1 Presentation of Financial Statements" veröffentlicht, der zahlreiche Fragestellungen der Neuregelung vor dem Hintergrund des deutschen Gesellschaftsrechts klärt. Im **Normalfall** ist danach für Personengesellschaften wieder ein **Eigenkapital***ausweis* möglich (Rz. 2050).

Die Bilanzierung bei Personengesellschaften u.Ä., die die Voraussetzungen der Ausnahmeregelung *nicht* erfüllen sollten, wird in Rz. 2040 ff. dargestellt. IAS 32 wird durch den IFRIC 2 zu Genossenschaften u.Ä. („Members' Shares on Co-operative Entities and Similar Instruments") ergänzt, der jedoch auch nicht zu einer Klärung der Eigenkapitalfrage bei Personengesellschaften geführt hat. Dies geschieht erst durch die zuvor genannte Änderung des IAS 32.

2002–2005 frei

1.2 Wesentliche Abweichungen zum HGB

2006 Nach HGB besteht die Substanz von Eigenkapital darin, Gläubigern einen **Verlustpuffer** zur Verfügung zu stellen. Dabei können nicht nur Finanzmittel, die auf Grund des Gesellschaftsvertrages eingezahlt worden sind, Eigenkapital sein, sondern auch Mittel, die auf schuldrechtlichen Vereinbarungen beruhen, sofern sie nach den vereinbarten Bedingungen eine dem gesetzlich geregelten Eigenkapital mindestens vergleichbare Haftungsqualität aufweisen.[1] Aus diesem Grund ist etwa sog. Mezzanine-Kapital (z.B. stille Gesellschaft, Genussrechte) bei erfolgsabhängiger Vergütung, Verlustteilnahme und Nachrangigkeit im HGB-Abschluss als Eigenkapital auszuweisen.[2] Dies gilt auch, wenn die Verlustpufferfunktion zeitlich beschränkt ist (z.B. durch feste Laufzeit, Kündigungsmöglichkeit), vorausgesetzt, dass die Mittelüberlassung eine gewisse Dauer annimmt.[3] Maßgebend ist nach HGB somit die *temporäre Verlustpufferfunktion*.

1.3 Neuere Entwicklungen

2007 Der IASB hat im Februar 2008 ein breiter angelegtes Projekt zur Eigenkapitalabgrenzung begonnen und hierzu ein Diskussionspapier „Financial Instruments with Characteristics of Equity" veröffentlicht, dessen Kommentarfrist

---

1 Vgl. *Emmerich/Naumann*, WPg 1994, 677 (678).
2 Vgl. i.E. HFA 1/1994, Zur Behandlung von Genussrechten im Jahresabschluss von Kapitalgesellschaften; vgl. zur analogen Behandlung bei Personengesellschaften *Müller/Reinke*, WPg 1995, 569 (575).
3 Vgl. HFA 1/1994; dabei wird heute überwiegend eine Mindestlaufzeit von 5 Jahren gefordert, vgl. *Brüggemann/Lühn/Siegel*, KoR 2004, 340 (349), *Heymann* in Beck'sches HdR, Abschn. B 231 Rz. 19 sowie *Küting/Kessler/Hayn* in Küting/Weber (Hrsg.), Handbuch der Rechnungslegung, Einzelabschluss, 5. Aufl. 2003, § 272 Rz. 240 mit Hinweis auf § 10 Abs. 5 KWG.

am 5.9.2008 abgelaufen ist. Parallel hierzu verfolgt der FASB ein ähnliches Projekt.[1] Der FASB stellt darin mehrere Eigenkapitalansätze vor, wobei er den sog. *„basic ownership approach"* offen favorisiert. Danach sollen, ähnlich der Ausnahmeregelung des IAS 32 (amend 2008, s. Rz. 2001 und im Detail Rz. 2023), letztrangige Residualansprüche, aber auch nur diese, Eigenkapital darstellen. IASB und FASB beabsichtigen, beide Projekte zu einem späteren Zeitpunkt zusammenzuführen. Das Ergebnis kann im jetzigen Zeitpunkt nicht vorhergesehen werden.

Das EFRAG, der DRSC und vier weitere europäische Standardsetter haben bereits im Januar 2008 das Diskussionspapier „Distinguishing between Liabilities and Equity" veröffentlicht.[2] Hier wird der sog. *„Loss absoprtion approach"* favorisiert, der Parallelen zur HGB Eigenkapitaldefinition aufweist. 2008

frei 2009

2. Eigenkapitaldefinition

Formal ist Eigenkapital als **Restgröße** (Vermögenswerte abzgl. Verbindlichkeiten) definiert (F. 49c). Diese Vorgabe ergibt jedoch erst nach der Abgrenzung von Verbindlichkeiten und Eigenkapital einen Sinn. Materiell richtet sich die IFRS-Eigenkapitaldefinition vereinfacht formuliert nach der Frage: „Ist die Gesellschaft am Bilanzstichtag vertraglich zur Auszahlung verpflichtet oder nicht?" (IAS 32.16 f.). Falls ja, liegt Fremdkapital, ansonsten Eigenkapital vor. Maßgeblich sind dabei nur **individuelle Ansprüche**, nicht jedoch **kollektive**, die beispielsweise erst einen Beschluss der Gesellschafterversammlung voraussetzen.[3] 2010

Diese Unterscheidung führt dazu, dass **Kapitalgesellschaften** nach IAS 32 Eigenkapital haben, Personengesellschaften dagegen nicht: 2011
- Obwohl der Dividendenanspruch bei **Kapitalgesellschaften** dem Beteiligungsrecht innewohnt, entstehen Dividendenverbindlichkeiten erst mit dem **kollektiven Ausschüttungsbeschluss** (IAS 32.17 a.E.). Bis zu diesem Zeitpunkt liegt Eigenkapital vor.
- Umgekehrt führt der i.d.R. bei **Personengesellschaften** bestehende **individuelle Abfindungsanspruch** grundsätzlich zu Verbindlichkeiten. Es ist zu beachten, dass die Ausnahmeregelung für Personengesellschaften (Rz. 2001) den Verbindlichkeitscharakter unberührt lässt; sie führt lediglich zu einem *Ausweis als Eigenkapital*.

Die IFRS-Eigenkapitaldefinition hat zwar eine ökonomische Dimension, weil sie auf Auszahlungen aus Sicht der Gesellschaft (IAS 32.2) abstellt. Sie ist jedoch deutlich formaler als die Eigenkapitalabgrenzung nach HGB, weil es 2012

---

1 *FASB*, Preliminary Views „Financial Instruments with Characteristics of Equity", November 2007.
2 S. „http://www.efrag.org/projects/detail.asp?id=66" (abgerufen am 10. Dezember 2008).
3 Wie hier *Hennrichs*, WPg 2006, 1253, 1255 f.

nach IFRS auf die Fälligkeit und insbesondere auf die Wahrscheinlichkeit der Auszahlung *nicht* ankommt. Die lediglich am Bilanzstichtag bestehende *Möglichkeit* der Auszahlung reicht aus, um Eigenkapital zu verneinen. Dies ist immer dann der Fall, wenn das Kapital vom Emittenten von vornherein nur befristet zur Verfügung steht oder der Kapitalgeber eine Kündigungsmöglichkeit hat.[1] Eine Ausnahme besteht lediglich für solche Verpflichtungen, die erst bei Liquidation der Gesellschaft zu erfüllen sind (IAS 32.25b).

2013 Unerheblich ist, ob eine Auszahlungsverpflichtung vorübergehend aus wirtschaftlichen Gründen, z.B. durch Zahlungsstockung oder Hindernisse beim Devisentransfer, nicht erfüllt werden kann bzw. von erst später eintretenden Bedingungen abhängt, die von der Gesellschaft nicht beeinflusst werden können: Auch in diesen Fällen liegt Fremdkapital vor, weil die Zahlung durch die Gesellschaft nicht abgewendet werden kann (IAS 32.19).

2014–2019 frei

3. Eigenkapital bei Personengesellschaften

3.1 Gesellschaftsrechtliche Grundlagen

2020 Nach dem Regelstatut der Personengesellschaft kann jeder Gesellschafter seine Beteiligung kündigen.[2] Die Kündigung (gleiches gilt bei Tod des Gesellschafters) führt zur Auflösung der Gesellschaft, wobei sich der **Abfindungsanspruch** nach h.M. **gegen die Gesellschaft** richtet, also von der Gesellschaft zu erfüllen ist.[3] IAS 32.18b besagt nun, dass Fremdkapital vorliegt, wenn Gesellschafter von Personengesellschaften, Genossenschaften u.Ä. ihre Anteile gegen Abfindung zurückgeben können, also individuelle Rückforderungsansprüche vorliegen (vgl. Rz. 2060 „Finanzinstrumente mit Rückgabemöglichkeit – puttable instruments").[4]

2021 frei

---

1 Vgl. IDW RS HFA 9, Tz. 8 ff. sowie *Schaber/Kuhn/Eichhorn*, BB 2004, 315 (318); *Prinz*, FR 2006, 566 (569).

2 Vgl. § 723 BGB i.V.m. § 105 Abs. 3 HGB (OHG) bzw. § 161 Abs. 2 HGB (KG).

3 H.M., vgl. *Lorz* in Boujong/Ebenroth/Joost (Hrsg.), HGB 2001, Bd. 1, § 131 HGB Rz. 64 f. sowie *von Gerkan/Haas* in Röhricht/Graf v. Westphalen (Hrsg.), HGB, 3. Aufl. 2008, § 131 HGB Rz. 41 (zusätzlich haften die Gesellschafter); a.A. *Lüdenbach* in Haufe IFRS-Kommentar, 7. Aufl. 2009, § 20 Rz. 24, der eine Verpflichtung der Gesellschafter annimmt. *Baumbach/Hopt*, HGB-Kommentar, 33. Aufl. 2008, § 131 HGB Rz. 48 gehen von einer Verpflichtung von Gesellschaft *und* Gesellschafter aus. Wird die Abfindungszahlung jedoch (wie üblich) ohne weitere Beschlüsse aus dem Gesellschaftsvermögen geleistet, wäre dies so zu werten, als hätten die Gesellschafter für den Abfindungsfall ein entsprechendes individuelles Entnahmerecht vereinbart, das nach dem Grundsatz „substance-over-form" (IAS 32.18) wiederum zu Fremdkapital führt.

4 Kritisch zur (europa-)rechtlichen Grundlage des gegenwärtigen IAS 32: *Hennrichs*, WPg 2006, 1253 (1258 ff.).

3.2 Ausnahmeregelung für den Eigenkapitalausweis von Personengesellschaften

3.2.1 Voraussetzungen

IAS 32.16A ff. nach der in 2008 ergänzten Fassung (s. Rz. 2001) lässt trotz bestehender Verbindlichkeit den *Ausweis* von kündbaren Finanzinstrumenten als **„gewillkürtes Eigenkapital"**[1] zu, wenn die nachfolgenden Kriterien (Rz. 2023–2027) *kumulativ* erfüllt sind.

2022

Es muss sich um **Residualansprüche** bei einer am Bilanzstichtag unterstellten Liquidation handeln (IAS 32.16Aa). Der Anspruch muss sich demnach auf den *gesamten* Residualwert erstrecken.[2]

2023

Diese Residualansprüche müssen **jeweils *letztrangig***[3] sein (IAS 32.16Ab). Jede bevorzugte Rückzahlung, etwa die Vorabvergütung eines fixen Betrages an einen Gesellschafter, z.B. A (vor ansonsten quotaler Verteilung) verhindert den Eigenkapitalausweis von *dessen* Kapitalanteilen (IAS 32.AG14C). Haben andere Gesellschafter, z.B. B und C, dagegen keine Vorzugsrechte, gilt Folgendes: Nur die Anteile von B und C sind letztrangig. Daher können diese als Eigenkapital ausgewiesen werden. Der „infizierte" Anteil des A fällt dagegen aus der Gruppe der letztrangigen Ansprüche heraus (!), so dass *insoweit* nicht geprüft werden muss, ob *alle* letztrangigen Ansprüche auch gleichartig i.S.v. Rz. 2024 ausgestaltet sind (RIC 3.13).[4]

Die Anteile müssen in Bezug auf **finanzielle Ausstattungsmerkmale gleichartig** sein (IAS 32.16Ac).

2024

– Diese Voraussetzung ist verletzt, wenn nur ein Teil der Gesellschafter kündigen darf oder sich der Anspruch einiger Kommanditisten beispielsweise nach dem Buchwert ihres Kapitals, bei anderen dagegen nach dem Verkehrswert richtet.

– *Fremdübliche* Entgelte, z.B. die Haftungsprämie für einen Vollhafter oder gewinnabhängige Tätigkeitsvergütungen, führen aber *nicht* zu einem Vorrang, weil diese Funktionen von der Anteilseignerstellung getrennt betrachtet werden (IAS 32.AG14G, H, RIC 3.9 f.). Anders dagegen bei von Beteiligungsquoten abweichenden Gewinnanteilen, die *nicht* auf anderweitigen Funktionen beruhen (IAS 32.AG14H S. 3). In diesem Fall würden keine gleichartigen Ansprüche vorliegen.

– In Bezug auf **Stimmrechte** ist zu unterscheiden: Grundsätzlich ist es unschädlich, wenn ein Mehrheitsgesellschafter Entscheidungen auf Grund sei-

---

1 Vgl. *Schmidt*, BB 2006, S. 1563 (1565).
2 Eine Beteiligung an einem möglichen *negativen* Reinvermögen bei Liquidation ist dagegen nicht gefordert, so dass Kommanditanteile einer KG die Bedingung ebenfalls erfüllen, vgl. RIC 3.9; *Schmidt*, BB 2008, 434 (435).
3 Das Vorhandensein unkündbarer Eigenkapitalinstrumente (u.U. bestimmtes Mezzaninekapital, Rz. 2060) schließt den Ansatz kündbarer Instrumente als Eigenkapital dann nicht aus, wenn die kündbaren Instrumente bei der Liquidation Vorrang haben, vgl. RIC 3.19, IFRIC update, November 2008, S. 4; a.A. *Schmidt*, BB 2008, 434 (438).
4 A.A. *Lüdenbach* in Haufe IFRS-Kommentar, 7. Aufl. 2009, § 20 Rz. 30.

ner (ggf. qualifizierten) Mehrheit durchdrücken kann (RIC 3.18). Bei nicht beteiligungsproportionalen, z.B. überproportionalen Stimmrechten gilt dies jedoch nur, solange diese Mehrheit nicht dazu genutzt wird, die finanziellen Ausstattungsmerkmale (z.B. Kapital- und Ergebnisanteile) zu ändern (RIC 3.18 a.E.).[1]

- Unterschiedliche Informations- oder Geschäftsführungsbefugnisse etc. spielen grundsätzlich keine Rolle (RIC 3.15 ff.).

- Gibt ein Gesellschafter zusätzlich ein **Gesellschafterdarlehen** und erklärt hierzu einen **qualifizierten Rangrücktritt**, wonach eine Befriedigung nur zusammen mit den bei der Schlussverteilung Berechtigten erfolgen kann, wird das Gesellschafterdarlehen letztrangig (Rz. 2023). Weil es aber sachlich insoweit bei Verbindlichkeiten bleibt, sind diese nicht mit den *Einlagen* gleichartig, so dass innerhalb der Gruppe aller letztrangigen Ansprüche gegen das Erfordernis der Gleichartigkeit verstoßen wird (!). Im Unterschied zu Vorabvergütungen (Rz. 2023) wird nunmehr die gesamte Kategorie letztrangiger Ansprüche „infiziert". Daher können *alle* kündbaren Instrumente, auch die von Gesellschaftern ohne derartige Gesellschafterdarlehen trotz Letztrangigkeit *nicht* mehr als Eigenkapital ausgewiesen werden (RIC 3.39).

2025 Außer der Abfindungsverpflichtung dürfen die Anteile **keine weitere vertragliche Auszahlungsverpflichtung** i.S.v. IAS 32 verbriefen (IAS 32.16Ad).

- Vor RIC 3 war fraglich, ob eine nach dem **Regelstatut** vorgesehene Zuweisung der Gewinnanteile oder auch das Entnahmerecht der Verzinsung von Kapitalkonten bereits zu Fremdkapital führt. Dies ist nach RIC 3.21 ff. jedoch *nicht* der Fall, weil erst die kollektive **Feststellung des Jahresabschlusses** zu einem individuellen Auszahlungsanspruch führt[2] (durchaus der Situation bei Kapitalgesellschaften vergleichbar). Daraus folgt, dass Satzungsänderungen insoweit *nicht* notwendig sind, um einen Eigenkapitalausweis zu ermöglichen.[3] Entnahmerechte für Steuerzahlungen auf Gewinnanteile verletzen ebenfalls nicht die Bedingung des IAS 32.16Ad (RIC 3.24). Etwas anderes gilt jedoch, wenn von vornherein ein Entnahmerecht von bestimmten Rücklagen etwa für mögliche Erbschaftsteuerzahlungen besteht.[4] Um *den* Eigenkapitalausweis des Kapitals (außer der entsprechenden Rücklage) zu retten, wäre wohl eine vertragliche Trennung der Rücklage vom Residualanspruch notwendig, d.h., dass die (frühere) Rücklage in einem handelsrechtlichen Abschluss bereits als Fremdkapital ausgewiesen werden müsste.

---

1 Vgl. *Lüdenbach* in Haufe IFRS-Kommentar, 7. Aufl. 2009, § 20 Rz. 31.
2 Dies gilt auch ohne separaten, expliziten Beschluss über die Gewinnverwendung, wenn im Gesellschaftsvertrag in Übereinstimmung mit dem Regelstatut eine generelle Gewinnverwendungsentscheidung antizipiert wird (RIC 3.21).
3 A.A. *Lüdenbach* in Haufe IFRS-Kommentar 7. Aufl. 2009, § 20 Rz. 33.
4 Fraglich ist, ob das Kapital außer der Rücklage als Eigenkapital ausgewiesen werden darf, während die Rücklage wegen der Auszahlungsverpflichtung als Fremdkapital gezeigt werden muss. Hierfür sprechen die allgemeinen Regeln über zusammengesetzte Instrumente (Rz. 2060), dagegen spricht die Tatsache, dass die Rücklage Teil des Residualanspruchs ist und diese nach der Sonderregel mit keinerlei weiteren Auszahlungsverpflichtungen verbunden sein dürfen.

Als eine Art Generalklausel besagt IAS 32.16B, dass die Gesellschaft außer 2026 dem abfindungsbehafteten Personengesellschaftsanteil **keine weiteren Vereinbarungen** geschlossen hat, **die vom Gewinn, Buchwert oder Fair value abhängen** *oder* welche die Residualansprüche der Anteilseigner mit Abfindungsverpflichtung wesentlich auf einen fixen Betrag beschränken oder sonst wie deckeln.

IAS 32.AG 14J stellt aber klar, dass

(a) Teilgewinnabführungen („*total cashflows substantially based on specific assets of the entity*"),

(b) umsatzabhängige Vergütungen,

(c) Arbeitsverträge mit erfolgsabhängigen Vergütungsbestandteilen oder

(d) Verträge, die lediglich geringfügige Erfolgsanteile als Leistungsvergütung vorsehen,

einem Eigenkapitalausweis nicht entgegenstehen.

Schließlich müssen die **Ansprüche im weitesten Sinne gewinnabhängig** sein. 2027 Nach IAS 32.16Ae müssen sich die insgesamt (während des Bestehens des Instruments) an den Anteilseigner fließenden Cashflows *im Wesentlichen* nach

(a) dem Gewinn und Verlust *oder*

(b) der Änderung des Buchwerts der Anteile *oder*

(c) der Änderung der fair values der Anteile richten,

wobei mit (a) und (b) *IFRS Größen* gemeint sind (IAS 32.AG14E). Mit dieser umständlichen Formulierung sind insbesondere die **Abfindungsvereinbarungen** selbst angesprochen:

– Eine Abfindung zum **vollen Verkehrswert** wird demnach *nicht* gefordert.[1]

– Eine „im Wesentlichen" auf **IFRS Buchwerten** basierende Abfindungsklausel erfüllt die Voraussetzung per se (RIC 3.32), wobei in der Literatur noch zu tolerierende Abweichungen nach unten bis zu 10% genannt werden.[2]

– Die Abfindungsregelung muss sich aber *nicht zwingend* nach IFRS richten.[3] Vielmehr erfüllen **alle gängigen Abfindungsregelungen**, also Verkehrswertabfindungen, Abfindung in Höhe eines Anteils am Verkehrswert, HGB-Buchwertklauseln oder Abfindungen nach dem Stuttgarter Verfahren dann die Anforderung des IAS 32.16Ae, wenn die Abfindung einen wesentlichen Teil (deutlich > als 50%) des Verkehrswerts der Anteile (oben (c)), abdeckt (im Ergebnis RIC 3.27, 3.38). Soweit Abfindungen unangemessen niedrig

---

1 Obwohl die verbleibenden Gesellschafter einen Vorteil daraus erzielen, dass Abfindungen anderer Gesellschafter unterhalb des vollen Verkehrswerts liegen, ist keine Verletzung des Kriteriums des IAS 32.16Ac (gleiche Ausgestaltung) gegeben, sofern die Abfindungsklausel gleich gestaltet ist, weil dann ex ante, vor Abfindung, kein Gesellschafter benachteiligt ist (RIC 3.30 ff.).
2 Vgl. *Schmidt*, BB 2008, S. 434 (436) m.w.N.
3 So aber *Löw/Antonakopoulos*, KoR 2008, 261 (270). Wie hier: *Lüdenbach* in Haufe IFRS-Kommentar, 7. Aufl. 2009, § 20 Rz. 34.

sind und die Abfindungsklausel daher der gerichtlichen Anpassung an ein angemessenes Entgelt unterliegen[1], wäre die korrigierte Abfindung maßgebend, unabhängig davon, ob die Anpassung gerichtlich geltend gemacht oder durchgesetzt wird (RIC 3.29).

> **Beispiel:**
>
> Das (Eigen)-Kapital im IFRS Konzernabschluss betrage 90 Mio. Euro, der Verkehrswert (Fair value) der Anteile 200 Mio. Euro. Die Satzung sieht bei Ausscheiden eine Abfindung in Höhe von 60 % des Verkehrswerts (120 Mio. Euro) vor.
>
> Die Abfindungsklausel entspricht IAS 32.AG14E, da die Abfindung das gesamte nach IFRS ausgewiesene Nettovermögen (90 Mio. Euro) und darüber hinaus einen Teil des nicht bilanzierten Vermögens (30 Mio. Euro) umfasst (eine Abfindung in Höhe des Nettovermögens nach IFRS von 90 Mio. Euro wäre dagegen wegen Unterschreitung der in der Praxis genannten Bandbreite von 50–60 % des Verkehrswerts gesellschaftsrechtlich unwirksam[2]).

2028–2029 frei

3.2.2 Umgliederungen zwischen Eigenkapital und Verbindlichkeiten

2030 Sobald puttable instruments **nicht** die Eigenkapitalmerkmale erfüllen, sind sie als Verbindlichkeiten auszuweisen (und umgekehrt, IAS 32.16E). Diese an sich selbstredende Vorgabe ist insbesondere von Bedeutung, wenn bestehende Vereinbarungen angepasst oder weitere Vereinbarungen geschlossen werden, etwa mit neuen „Kapitalgebern", deren Ausgestaltung die in Rz. 2022 ff. genannten Eigenkapitalkriterien berühren. Dann ist eine Prüfung und ggf. innerjährliche Umgliederung notwendig.

2031 Bei der Umgliederung ergeben sich verschiedenartige **Bewertungsfolgen**:
– Bei **Umgliederung von Eigenkapital in Verbindlichkeiten** erfolgt die Bewertung zum Fair value. Abweichungen zum bisherigen Buchwert sind erfolgsneutral im Eigenkapital gegenzubuchen (IAS 32.16Fa), u.E. gegen Gewinnrücklagen.
– Bei **Umgliederung von Verbindlichkeiten in Eigenkapital** erfolgt die Bewertung zum bisherigen Buchwert der Verbindlichkeit (IAS 32.16Fb).

2032–2034 frei

---

1 Vgl. *Piltz*, BB 1994, 2023 ff.
2 Vgl. z.B. *Ulmer/Schäfer*, ZRG 1995, 134; i.d.R. bewegt man sich mit mindestens 60 % des Verkehrswerts auf der sicheren Seite.

3.2.3 Angabe der Abfindungsklausel und der Abfindungshöhe im Anhang

Die Ausnahmeregelung für Personengesellschaften enthält jedoch einen Wermutstropfen, weil Einzelheiten der Abfindungsklausel und die Abfindungshöhe im Anhang anzugeben sind (IAS 1.136A)[1]. Unklar ist jedoch, ob bei der Ermittlung der erwarteten Abfindungshöhe auf die Verhältnisse

(a) am Abschlussstichtag[2] (unter der Annahme eines Ausscheidens zum Stichtag) oder

(b) im erwarteten Rückzahlungszeitpunkt[3]

abzustellen ist.

Sofern eine Kündigung nicht jederzeit möglich ist, wären bei Alternative (a) die im frühestmöglichen Kündigungszeitpunkt drohenden Zahlungsabflüsse mit einem laufzeit- und risikoadäquaten Zinssatz analog der Regelung des IAS 39.49 zu puttable instruments zu diskontieren. Da IAS 39 jedoch explizit auf die Ausnahmeregelung keine Anwendung findet (IAS 39.2d) und sich die Bewertung der Auszahlungsverpflichtung damit auch nicht nach IAS 39 richtet[4], erscheint Alternative (a) nicht zwingend.

Vielmehr ist Alternative (b) sachgerecht, da der Verbindlichkeitsausweis gerade eine tatsächlich drohende und keine nur fiktiv (am Stichtag) mögliche Auszahlung abbilden soll. Sofern keine konkrete Abfindung droht, dürfte die Ermittlung des erwarteten Betrages gem. Alternative (b) jedoch regelmäßig daran scheitern, dass die Abfindung von vielen Unwägbarkeiten (z.B. Entwicklung der Verkehrswerte angesichts gerichtlicher Untergrenzen, Ausstiegsszenarien im Gesellschafterkreis, Abhängigkeit von persönlichen und unternehmerischen Interessen der Gesellschafter und deren mögliche Änderung im Zeitablauf u.v.m.) abhängt, so dass eine zuverlässige Schätzung über mehrere Jahrzehnte hinweg nicht möglich sein dürfte. Dies wäre im Anhang entsprechend auszuführen. Sollte eine Schätzung, z.B. bei einem sich konkretisierenden Ausstiegsszenario, im Ausnahmefall einmal möglich sein, wäre die mögliche Höhe der drohenden, d.h. ggf. durch gerichtliche Auslegung auf ein angemessenes Entgelt korrigierten Abfindung maßgebend.[5]

Eine detaillierte Unternehmensbewertung ist jedoch nicht erforderlich. Vielmehr sind auch branchenübliche **Vereinfachungsverfahren** zulässig (RIC 3.41), z.B. Muliplikatorverfahren.

Außerdem sind Einzelheiten des „Managements" dieser Rückzahlungsverpflichtung durch die Gesellschaft inklusive Veränderungen gegenüber dem Vorjahr anzugeben (IAS 1.136Ab). Hierunter ist insbesondere eine Abschät-

---

1 Die europarechtliche Zulässigkeit der Regelung wird von *Hennrichs* in Frage gestellt, vgl. Rechtsgutachten im Auftrag der Vereinigung zur Mitwirkung an der Entwicklung des Bilanzrechts für Familiengesellschaften (VMEBF), S. 19 ff. abrufbar unter www.vmebf.de.
2 Hierfür plädieren *Löw/Antonakopoulos*, KoR 2008, 261 (271).
3 Vgl. *Bömelburg/Landgraf/Luce*, PiR 2008 143 (147 f.), *Schmidt*, BB 2008, 434 (438).
4 Vgl. *Löw/Antonakopoulos*, KoR 2008, 261 (269).
5 Betrifft sittenwidrige oder, insbesondere bei ertragstarken Unternehmen, unangemessen niedrige Abfindungsklausel, vgl. *Hoffmann/Lüdenbach*, DB 2006, 1797 (1799).

zung der Wahrscheinlichkeit der Kündigung von Einlagen auf Grund von Entwicklungen im Gesellschafterkreis gemeint.

2037–2039 frei

3.3 Bilanzierung bei Nichtanwendung der Ausnahmeregelung

3.3.1 Ausweis in der Bilanz

2040 Falls die Kriterien für den Eigenkapitalausweis nicht erfüllt sind, soll nach IAS 32.IE32 ff. ein „Nettovermögen der Anteilseigner" ausgewiesen werden. Dieses kann in den Anhangerläuterungen als „wirtschaftliches Eigenkapital" bezeichnet werden.[1] Es bleibt jedoch, wie auch bei Inanspruchnahme der Ausnahmeregelung, sachlich bei **Verbindlichkeiten**. Da der Fremdkapitalausweis aus der Rückgabemöglichkeit der Anteile *insgesamt* resultiert, bezieht sich der Abfindungsanspruch *dem Grunde nach* auf die *Gesamtheit* aller Kapitalkomponenten. Die fehlende individuelle Rückforderungsmöglichkeit, z.B. bei **gesamthänderisch gebundenen Rücklagen**, wird praktisch durch den Abfindungsfall überlagert.[2]

3.3.2 Ausweis in der Gewinn- und Verlustrechnung

2041 Korrespondierend zur Fremdkapitaleigenschaft in der Bilanz würde in der **Gewinn- und Verlustrechnung** kein Jahresüberschuss mehr ausgewiesen, sondern nur noch die „Änderung des Anteilseignern zuzurechnenden Nettovermögens". Zudem sollen „Ausschüttungen" (bei Personengesellschaften Gewinnzuweisungen des handelsrechtlichen Jahresabschluss-Ergebnisses der Konzernmutter) als Aufwand gezeigt werden. Hierbei ist zu differenzieren:

Vergütungen für *nicht* letztrangige Kapitalteile (insb. **Zinsen auf Gesellschafterdarlehen** oder Verrechnungskonten) sind wie üblich Aufwand. Ausschüttungen auf letztrangige Kapitalteile (insb. **Gewinnzuweisungen für das Kommanditkapital**) sind dagegen u.E. einer Aufwandsbuchung nicht zugänglich, da der Aufwand von den letztrangigen **Kapitalinhabern** selbst getragen wird (s. auch Rz. 2043). U.E. sollte die Ausweisfrage pragmatisch durch Zwischensummen gelöst werden:[3]

---

[1] Vgl. *Clemens/Hebestreit* in Beck'sches IFRS-Handbuch, 2. Aufl. 2006, § 12 Tz. 91.
[2] Vgl. IDW RS HFA 9, Rz. 55. Ist der Abfindungsanspruch (z.B. 25 000) jedoch aus Gläubigerschutzgründen begrenzt und liegt er unter dem „Gesellschafterkapital" (im Beispiel 30 000), kann zumindest teilweise Eigenkapital ausgewiesen werden, vgl. z.B. Otto GmbH & Co KG, Konzernabschluss 2007/08, die zwischen „Eigenkapital" und „sonstigem von Gesellschaftern langfristig zur Verfügung gestellten Eigenkapital" unterscheiden und beide Kategorien als „Eigenkapital und sonstiges von den Gesellschaftern langfristig zur Verfügung gestelltes Kapital" zusammenfassen.
[3] In Anlehnung an Otto GmbH & Co KG, Konzernabschluss 2007/08.

X. Eigenkapital (IAS 32)

Beispiel

Gewinn- und Verlustrechnung

Erträge	3000
Aufwendungen	– 2000
Operativer Gewinn	1000
Zinsen	– 200
Jahresüberschuss vor Ergebniszuweisungen an Kommanditisten	800
„Den Kommanditisten der Muttergesellschaft und den Kommanditisten der Tochtergesellschaften zuzuweisendes Ergebnis"*	– 500
„Änderung des Anteilseignern zuzurechnenden Nettovermögens" (restliche Thesaurierung im Konzern)	300

* *ermittelt auf Basis der HGB Ergebnisse der jeweiligen Gesellschaften*

3.3.3 Folgen für die Bewertung

Die Klassifikation als Verbindlichkeit führt grundsätzlich dazu, dass dieses „Fremdkapital" erfolgswirksam auf den Fair value auf- oder abzustocken ist (wegen Kündigungsrecht (Derivat) Anwendungsfall des IAS 39.47a). Der Fair value entspricht dabei dem Abfindungsanspruch nach den Verhältnissen am Bilanzstichtag (IFRIC 2.10). Das IFRS-(Konzern)-Kapital kann in einigen, aber nicht in allen Fällen ein Näherungswert für den Abfindungsanspruch sein. 2042

In der Folge wäre die Differenz zwischen bisherigem Buchwert des Gesellschafter-„Fremdkapitals" (z.B. vorläufig 30 000) und dem Wert des Abfindungsanspruchs nach den Verhältnissen des Stichtages (z.B. 35 000) erfolgswirksam in der GuV zu erfassen. Bei gut verdienenden Unternehmen fiele somit Aufwand an und das Ergebnis wäre umso schlechter, je besser es dem Unternehmen ginge bzw. umgekehrt umso besser, je schlechter das Unternehmen dastünde.[1]

Allerdings würde eine Aufwandsbuchung (hier Aufwand an „Fremdkapital" 5000) überhaupt nur dann zu einem höheren „Fremdkapital" führen, wenn es mindestens eine Kapitalkomponente gäbe, die Eigenkapitalcharakter hätte und mit der ein Ergebnisvortrag dann verrechnet werden könnte. Dies ist aber nicht möglich, wenn alle am Ergebnis beteiligten Gesellschafter einen Abfindungsanspruch haben und daher die Abfindung *aller* Gesellschafter abgebildet wird, so dass niemand verbleibt, der die Last der über die Buchwerte hinausgehenden Abfindungen tragen könnte.[2] Aufwand ließe sich überhaupt nur dann begründen, wenn eine über den bisherigen Buchwert hinausgehende Abfindung von Gesellschaftern grundsätzlich zu Aufwand führen würde. Dies ist aber gerade nicht der Fall, vielmehr werden Abfin- 2043

---

1 Vgl. *Lüdenbach* in Haufe IFRS-Kommentar, 7. Aufl. 2009, § 20 Rz. 24.
2 A.A. *Löw/Antonkopoulos*, KoR 2008, 261 (265 f.).

dungen erfolgsneutral gegen das Eigenkapital gebucht[1], so explizit die Neuregelung bei Aufstockung von Mehrheitsbeteiligungen in Konzernabschlüssen (Rz. 3740 ff.).[2]

U.E. läuft die Fair value-Bewertung des Gesellschafter-Fremdkapitals demnach ins Leere.[3] Somit wäre nur eine Umgliederung von Eigen- in Fremdkapital i.H.v. 30 000 vorzunehmen.[4]

2044–2049 frei

3.4 Quintessenz für Personengesellschaften

2050 Die Beurteilung der Eigenkapitalvorschriften für Personengesellschaften fällt nach der Änderung des IAS 32 positiv aus. Hierzu trägt insbesondere die Interpretation des RIC 3 (Rz. 2001) bei, die eine Vielzahl von Zweifelsfragen in sachgerechter Weise zu Gunsten der Bilanzierenden auslegt (Rz. 2022 ff.) Nach unserer Einschätzung dürften Satzungsänderungen im Normalfall nicht erforderlich sein, um die neuen Vorschriften zu erfüllen.[5]

Allerdings wären gesellschaftsinterne Details wie Abfindungsklausel und Abfindungshöhe grundsätzlich im Anhang anzugeben (Rz. 2035 f.). Diese Angabe ließe sich nur vermeiden, wenn Personengesellschaftskapital *nicht* die *allgemeinen* Voraussetzungen von Schulden i.S.d. IAS 32 erfüllt (Rz. 2010). Folgende Möglichkeiten kommen in Betracht:

2051 (1) Der Fremdkapitalausweis kann theoretisch durch **Satzungsänderung** beseitigt werden, wonach die Abfindungsverpflichtung von der Gesellschaftsebene auf die Gesellschafterebene verlagert wird.[5] In der Literatur werden derartige

---

1 Vgl. *Lüdenbach*, in: Haufe, IFRS Kommentar, 6. Aufl. 2008, § 31 Rz. 172.
2 Alternativ könnte man an eine erfolgsneutrale Buchung „Vermögen an Fremdkapital 5000", also eine Bilanzverlängerung denken. Annahmegemäß ist aber das Gesellschafterkapital (30 000) nach IFRS-Kriterien zutreffend bewertet worden. Der Vermögensposten hätte demnach den Charakter eines originären Goodwill. Dessen Ansatz verstieße jedoch gegen ein explizites Ansatzverbot (IAS 38.48).
3 *Küting/Wirth/Dürr*, WPg 2006, 69 (75 ff.) diskutieren eine erfolgswirksame oder erfolgsneutrale Aufblähung des Gesellschafterkapitals (Abfindungsanspruch von 35 000 bei gleichzeitigem Ausweis eines Verlustvortrags von – 5000).
4 Vgl. Otto GmbH & Co KG, Konzernabschluss 2007/08, Anhangerläuterung 26b: „Das sonstige von den Gesellschaftern langfristig zur Verfügung gestellte Kapital umfasst das Kommanditkapital der Konzernobergesellschaft, die im Einzelabschluss nach HGB ausgewiesenen Gewinnrücklagen, Ergebnisvorträge und das Jahresergebnis der Otto (GmbH & Co KG) sowie die auf die Kommanditanteile anderer Gesellschafter entfallenden Anteile am Ergebnis nach HGB deutscher Tochtergesellschaften".
5 Wie hier *Winkeljohann*, Status Recht 2009, S. 45 (47). A.A. *Lüdenbach* in Haufe IFRS Kommentar, 7. Aufl. 2009, § 20 Rz. 33.
6 Hierzu wäre es erforderlich, das Statut der Kommanditgesellschaft dem Regelstatut der Kapitalgesellschaft anzunähern (unbegrenzte Dauer der Gesellschaft, Ausschluss des Kündigungsrechts der Kommanditisten und freie Übertragbarkeit der Anteile bzw. Ersatz des Kündigungsrechts durch Andienung des Kommanditanteils an die Mitgesellschafter, vgl. *Schmidt* in Schmidt (Hrsg.), Münchener Kommentar zum HGB, Bd. 2, 2004, § 132 HGB Rz. 31 m.w.N.

Satzungsänderungen aber wegen einer möglichen Subsidiärhaftung der Gesellschaft kritisch gesehen.[1]

(2) Eine **einschränkende Auslegung des IAS 32** kommt ebenfalls nicht in Betracht. Unter Bezugnahme auf die Rechtsformneutralität und den Grundsatz der „substance-over-form" (IAS 32.18) wird darauf verwiesen, dass der Mehrheitsgesellschafter einer Kapitalgesellschaft ohne weiteres die Ausschüttung der „freien Rücklagen" beschließen könne, was wirtschaftlich der Rückforderungsmöglichkeit bei Personengesellschaften gleiche.[2] Bei dem Vergleich mit Kapitalgesellschaften ist jedoch zu berücksichtigen, dass die Unterscheidung zwischen Auszahlungsverpflichtungen, die nur kollektiv, d.h. durch Gesellschafterbeschluss durchsetzbar sind (Eigenkapital), und individuell durchsetzbaren Ansprüchen (Fremdkapital) zu *der* tragenden Säule der Eigenkapitaldefinition des IAS 32 gehört. Ansonsten könnte IAS 32 nicht mehr eine Gruppe von Ansprüchen, die Eigenkapital darstellen sollen, gegen Fremdkapital abgrenzen, ohne andere Kriterien aufzustellen.[3]

2052

(3) Grundsätzlich ist eine Korrektur der verfehlten aktuellen Eigenkapitalabgrenzung nur durch ein offenes Abweichen von einem Standard möglich.[4] Dieses sog. **principle override** nach IAS 1.17 ist unter äußerst seltenen Umständen möglich, wenn das Management zu der Ansicht gelangt, dass die Anwendung eines Standards zu einem Konflikt mit den Zwecken des Rahmenkonzepts (Framework) führt (s. Rz. 4515 ff.). In diesem Fall wäre aber die Auswirkung des Abweichens vom IAS 32, insbesondere ein nicht gebuchter höherer Abfindungsanspruch, im Anhang zu nennen.

2053

⊃ U.E. ist ein **pragmatischer Umgang** mit dem IAS 32 anzuraten: Falls ein Eigenkapitalausweis nach der Ausnahmeregelung nicht in Betracht kommt, kann man in Bezug auf die Bewertung mit guten Gründen die Ansicht vertreten, dass der IAS 32 mit der Forderung einer Fair value-Bewertung ins Leere läuft (Rz. 2043), zumal sich der IASB beharrlich weigert, das Bewertungsproblem anzugehen.[5] Somit verbleibt nur der vom Eigenkapital abweichende Ausweis in Bilanz und GuV. Hier ist gegenwärtig der Ausweis eines „wirtschaftlichen Eigenkapitals" bzw. „Jahresüberschusses vor Ergebniszuweisung an die Kommanditisten" hinzunehmen. Angesichts der diskutierten Variantenvielfalt und der durch den IASB

2054

---

1 Vgl. *Broser/Hoffjan/Strauch*, KoR 2004, 452 (457); einschränkend und sehr kritisch unter Hinweis auf eine mögliche Subsidiärhaftung der Gesellschaft IDW RS HFA 9, Tz. 50; *Breker/Harrison/Schmidt*, KoR 2005, 469 (471); zu weiteren Aspekten *Balz/Ilina*, BB 2005, 2759 ff.
2 Vgl. *Brüggemann/Lühn/Siegel*, KoR 2004, 389 (392); IDW, Stellungnahme des IDW gegenüber dem IASB zur Abgrenzung von Eigenkapital und Fremdkapital nach ED IAS 32, WPg 2004, 86; *Hoffmann/Lüdenbach*, DB 2005, 404 (409).
3 Vgl. *Pawelzik*, KoR 2006, 153 (155).
4 Hierfür sprechen sich *Küting/Wirth/Duerr*, WPg 2006, 69 (78) aus.
5 Vgl. IFRIC 2.BC19, wonach die Umgliederung im Vordergrund stehe und die Folgebewertung einem weiteren Projekt vorbehalten sei (!). Kritisch zu Recht *Hoffmann/Lüdenbach*, DB 2005, 404 (408).

selbst verursachten Unsicherheit in Bezug auf die Bewertung ist die jeweils gewählte Bilanzierung im Anhang angemessen zu erläutern.[1]

2055–2059 frei

4. ABC des Eigenkapitals

2060 **Ausstehende Einlagen:** s. Rz 2073.

Dividendenverpflichtungen: Bei Kapitalgesellschaften entstehen Dividendenverbindlichkeiten mit Ausschüttungsbeschluss (IAS 32.17 a.E.; IAS 10.12 bzw. IFRIC 17.10), weil der kollektive Gewinnanspruch erst dann zu einem individuellen Recht des Anteilseigners erstarkt und damit für die Gesellschaft zu Fremdkapital wird. Dies gilt u.E. auch für Vorweg- oder Mehrdividenden bei stimmrechtslosen Vorzugsaktien nach § 139 AktG, da deren Zahlung voraussetzt, dass ein entsprechender kollektiver Ausschüttungsbeschluss gefasst wird und Gewinne nicht nach § 58 Abs. 3 AktG thesauriert werden.[2]

Eigene Anteile: s. Rz. 2071

Ewige Anleihen: s. Mezzaninekapital

Ewige Rente: Hierbei bezieht der Inhaber jährliche Zinsen, hat jedoch keinen Rückzahlungsanspruch in Bezug auf das Stammrecht. Dennoch liegt eine Verbindlichkeit vor, da die *Zinszahlungen* in Zeitpunkt und Höhe feststehen (bzw. bei variablem Zinssatz bestimmbar sind) und sich das Unternehmen dieser Zahlungsverpflichtung nicht entziehen kann. Auf das Stammrecht kommt es insofern nicht an. Der Wert der Verbindlichkeit ergibt sich aus der Kapitalisierung der Zinszahlungen (IAS 32.AG6): Bei jährlichen Zinszahlungen von 60 und einem Marktzins von 6 % p.a. beläuft sich die Verbindlichkeit somit auf 1000 (= 60 : 6 %).

Finanzinstrumente mit Rückgabemöglichkeit („puttable instruments"): Auszahlungsverpflichtungen ohne *festen* Rückzahlungszeitpunkt sind Fremdkapital, wenn der Inhaber die Rückzahlung verlangen und sich die Gesellschaft einer Auszahlung nicht entziehen kann (IAS 32.18), auch wenn die Rückforderung nur mit Kündigungsfrist erfolgen kann und diese Rückforderung am Bilanzstichtag tatsächlich noch nicht erfolgt ist. Beispiele:

– **Kredite mit unbestimmter Laufzeit:** Gem. § 488 Abs. 3 BGB besteht eine Kündigungsmöglichkeit mit Drei-Monats-Frist.

– **Kredite mit mehr als zehnjähriger Laufzeit:** Gem. § 489 Abs. 1 Nr. 3 BGB besteht zur Lösung aus dem Dauerverhältnis nach Ablauf der Zehnjahres-Frist ein Kündigungsrecht mit einer Kündigungsfrist von sechs Monaten, es liegt Fremdkapital vor.

– **Personengesellschaften mit Abfindungsklausel** bei Kündigung oder Tod (s. Rz. 2020 ff.). Der Verbindlichkeitsausweis soll den drohenden Zahlungs-

---
1 So auch *Clemens/Hebestreit* in Beck'sches IFRS-Handbuch, 2. Aufl. 2006, § 12 Rz. 87.
2 Vgl. IDW RS HFA 9 Tz. 61; anders jedoch Tz. 32 zu Mehrdividenden, die „keines weiteren Hauptversammlungsbeschlusses bedürfen", wobei unklar ist, inwieweit diese Einschränkung angesichts § 58 Abs. 3 AktG greift.

abfluss reflektieren.[1] Unter bestimmten Voraussetzungen kann dennoch der *Ausweis* als Eigenkapital möglich sein (Rz. 2022 ff.).

– **Kapitalgesellschaften mit Abfindungsklausel** bei Kündigung oder Tod. GmbH's stehen nicht im Mittelpunkt der Diskussion um „puttable instruments". Trotzdem finden sich Kündigungsklauseln häufig auch bei ihnen. Sie sind jedoch regelmäßig mit der Verpflichtung der verbleibenden Gesellschafter verknüpft, die Anteile des kündigenden Gesellschafters zu übernehmen[2], wobei diese Regelung auch im Zusammenhang mit den Restriktionen hinsichtlich des Erwerbs eigener Anteile der GmbH (§ 33 GmbHG) steht. Nur wenn eine Satzung im Einzelfall eine Rückgabeverpflichtung an die Kapitalgesellschaft vorsieht, wäre in Bezug auf das über das Stammkapital hinausgehende „Kapital" die gleiche Lage wie bei Personengesellschaften (s. Rz. 2020) gegeben.[3]

Genossenschaften: Auf Grund der Kündigungsmöglichkeit der Genossen (§§ 65, 73 GenG) liegt eine Rückgabemöglichkeit i.S.v. IAS 32.18 und damit Fremdkapital vor. Insofern ist die gleiche Lage wie bei Personengesellschaften gegeben (Rz. 2020 ff.). Dies gilt auch in Bezug auf die Ausnahmeregelung (Rz. 2022 ff.): Sofern Genossenschaften gem. § 8a GenG ein unkündbares Mindestkapital ausweisen oder gem. § 73 Abs. 4 GenG die Zahlung des Abfindungsguthabens einschränken, liegen insofern jedoch zusätzlich zu den kündbaren auch unkündbare Kapitalanteile vor, so dass die Anwendung der Ausnahmeregelung mangels identischer Merkmale auf der letztrangigen Stufe ausgeschlossen ist.[4]

Genussrechte s. Mezzanine-Kapital

Gesellschafterverrechnungskonten: Wegen individueller Entnahmerechte ist Fremdkapital gegeben. Nach dem Regelstatut vorgenommene Gewinnzuweisungen an Kommanditisten (§ 166 Abs. 2 HGB) führen erst per Bilanzstichtag zu Verbindlichkeiten[5], da zuvor kein individuelles Forderungsrecht der Kommanditisten vorliegt (RIC 3.21 ff., Rz. 2025).

KGaA: Mangels Kündbarkeit stellen Kommanditaktien Eigenkapital dar. Demgegenüber ist ein Komplementärkapital kündbar, daher Fremdkapital. Die Anwendung der Ausnahmeregelung des IAS 32.16A ff. kommt nicht in Betracht, da nicht kündbare und kündbare Anteile letztrangig, aber nicht gleichartig ausgestaltet sind[6] (Rz. 2024).

Kapitalherabsetzung: Auszahlungsverpflichtungen auf Grund von Kapitalherabsetzungen entstehen erst mit einem entsprechenden Beschluss der Gesellschafterversammlung. Vorher liegt kein individuell durchsetzbarer Anspruch,

---

1 „Put simply, the entity has an obligation to pay cash and could be made bankrupt if all holders exercised their right to redeem", IASB, Information for Observers, 23.6.2004.
2 Vgl. *Goette*, DStR 2001, 533 (540).
3 Vgl. IDW RS HFA 9 Tz. 59 f.
4 Vgl. *Löw/Antonakopoulos*, KoR 2008, 261 (270).
5 Wie hier *Broser/Hoffjan/Strauch*, KoR 2004, 452 (454 f.).
6 Vgl. *Löw/Antonakopoulos*, KoR 2008, 261 (270).

sondern nur ein kollektiver, d.h. auf Grund eines Beschlusses der Gesellschafterversammlung durchsetzbarer Anspruch vor.

Liquidationserlös: Auszahlungsverpflichtungen, die erst mit Liquidation zu erfüllen sind, führen *nicht* zu Fremdkapital (IAS 32.25b).

Mezzanine Kapital (Genussrechte, stille Einlagen etc.): Mezzanine Kapital trägt, jedenfalls nach HGB, Merkmale von Eigen- und Fremdkapital. Beispiele sind Genussrechte und stille Beteiligungen. Nach HGB (Rz. 2006) sind solche Finanzmittel als Eigenkapital auszuweisen, wenn sie durch erfolgsabhängige Vergütung, Verlustteilnahme, Nachrangigkeit im Insolvenzfall und eine gewisse Langfristigkeit eine Haftungsqualität erreichen, die derjenigen des sonstigen Eigenkapitals mindestens entspricht. Nach IAS 32 liegt dagegen Fremdkapital vor, wenn eine Rückzahlungsverpflichtung bei befristeter Kapitalüberlassung oder Rückgabemöglichkeit (Kündigungsmöglichkeit durch Kapitalgeber) vereinbart ist (Regelfall). Die Dauer der Kapitalüberlassung und eine ggf. vereinbarte Nachrangigkeit sind unerheblich.

Zum Teil wird versucht, den Eigenkapitalausweis mit sog. **ewigen Anleihen** zu erreichen. Hierbei ist kein Rückzahlungszeitpunkt vorgesehen, sondern die Rückzahlung des Nominalwertes als auch laufende Vergütungen für die Kapitalüberlassung hängen vom Ermessen des Emittenten ab. Da § 314 BGB für jedes Dauerschuldverhältnis ein außerordentliches Kündigungsrecht vorsieht, können ewige Anleihen jedoch auch dann nicht nach IAS 32 als Eigenkapital ausgewiesen werden.[1] Ein Eigenkapitalausweis ist u.E. nur dann möglich, wenn die Anleihe ausländischem Recht unterliegt, das ein außerordentliches Kündigungsrecht wirksam ausschließt.

Fremdkapital liegt auch bei Gestaltungen vor, in denen die Rückzahlung durch die Gesellschaft durch eine **Put-Option des Forderungsinhabers an Dritte**, z.B. Gesellschafter, ersetzt wird; das Fremdkapital ergibt sich dann aus den kapitalisierten *laufenden Vergütungen* (s. ewige Rente).

Perpetual bonds: s. Mezzaninekapital (ewige Anleihe).

Personengesellschaften auf Zeit: Es erfolgt mit Fristablauf eine automatische Rückgabe der Anteile. Solche Gesellschaften existieren vor allem im angelsächsischen Raum. Wegen der nicht abwendbaren Auszahlungsverpflichtung liegen Verbindlichkeiten vor. Es besteht jedoch unter ähnlichen Voraussetzungen wie bei Personengesellschaften (Rz. 2022 ff.) die Möglichkeit des Eigenkapitalausweises: Identische Voraussetzungen sind (a) Letztrangigkeit (b) Residualansprüche (c) gleiche Ausstattung. Die folgenden beiden weiteren Voraussetzungen werden jedoch nicht gefordert: (d) keine weiteren Auszahlungsansprüche (e) im weitesten Sinne gewinnabhängige Zahlungen.

---

1 Vgl. *Breker/Harrison/Schmidt*, KoR 2005, 469 (473); a.A. *Hennrichs*, WPg 2006, 1253 (1256) unter Hinweis auf IAS 32.25a i.V.m. IAS 32.AG28: Diese Ausnahmeregelung erlaubt den Eigenkapitalausweis, wenn die Auszahlungsverpflichtung „nicht genuine" ist (nicht echt). Hiermit ist jedoch nicht *jede* außerordentliche Kündigungsmöglichkeit gemeint, sondern abnormale Fälle, etwa die Verpflichtung der Gesellschaft zur Erstattung des Kaufpreises von Aktien auf Grund vorsätzlicher sittenwidriger Schädigung der Aktionäre, vgl. *Rammert/Meurer*, PiR 2006, 1 (2).

REIT: Bei konzernrechnungslegungspflichtigen Immobiliengesellschaften i.S.d. REITG richtet sich die Einhaltung bestimmter Vermögens-, Eigenkapital- und Ertragsquoten nach IFRS Abschlüssen (§ 12 Abs. 1 REITG, Rz. 1401). Die steuerliche Begünstigung dieser Gesellschaften sieht zudem grundsätzlich eine Zwangsausschüttung eines Anteils am *handelsrechtlichen* Ergebnis vor (zu Details s. § 13 REITG). Diese Zwangsausschüttung ist jedoch nicht mit einem individuellen Forderungsrecht der Anteilseigner (Rz. 2010) gleichzusetzen[1], da sie auf einer *gesetzlichen Anordnung* beruht. Aus diesem Grund wird durch die Zwangsausschüttung der Eigenkapitalausweis im IFRS-Abschluss gem. § 12 REITG nicht vereitelt.

Zusammengesetzte Instrumente (Optionsanleihen/Wandelanleihen u.Ä.): Enthalten Finanzinstrumente Eigen- und Fremdkapitalelemente („*compound instruments*"), ist eine Aufteilung vorzunehmen (IAS 32.28): Der Eigenkapitalanteil ergibt sich dabei als Restgröße, indem der Wert der Verbindlichkeit von dem erhaltenen Erlös abgezogen wird:

Optionsanleihen etwa gewähren *zusätzlich* zur Anleihe ein Optionsrecht auf den Bezug von Aktien (call). Dabei weisen sie eine unter dem Marktzins reiner Anleihen (hier 5 %) liegende Nominalverzinsung (hier: 3 %) auf, wobei der Barwert der Zinsdifferenz den Preis für das Optionsrecht des Inhabers der Anleihe darstellt. Der Verbindlichkeitsanteil ergibt sich aus dem Barwert der künftigen Zinszahlungen (30 p.a.) und Tilgungsleistungen (1000 am 31.12.03), diskontiert mit dem (höheren) Marktzins vergleichbarer Anleihen (5 %). Dieser Barwert beträgt im Beispiel 945,5, so dass die Differenz zum Emissionserlös (1000), d.h. ein Betrag von 54,5 als Agio ins Eigenkapital (Kapitalrücklage) einzustellen ist (IAS 32.32). In den Folgejahren ermittelt sich die jeweilige Verbindlichkeit am Jahresende durch jährliche Aufzinsung des Anfangsbetrages (beginnend mit 945,5) mit 5 % und unter Abzug der tatsächlich ausgezahlten Zinsen von 30 p.a. Zusätzlich erfolgt bei einer eventuellen Optionsausübung die Zahlung des Basispreises, der, aufgeteilt in Nominalkapital und Agio, ins Eigenkapital eingestellt wird.

Beispiel zur Aufteilung von Optionsanleihen

	01	02	03
Emissionserlös 1.1.01	1000,0		
Eigenkapitalanteil (Agio)	54,5		
Verbindlichkeit 1.1.	**945,5**	**962,8**	**980,9**
Zinsaufwand für „reine" Anleihen (5 % auf Barwert der Verbindlichkeit 1.1.)	47,3	48,1	49,1
Zinszahlungen (nominal 3 % auf 1000)	–30,0	–30,0	–30,0
Zwischensumme			1000,0
Rückzahlung 31.12.03			–1000,0
Verbindlichkeit 31.12.	**962,8**	**980,9**	**0**

---

[1] Vgl. *Dettmeier/Pöschke*, PiR 2008, 86 ff.

Wandelanleihen sind ähnlich zu behandeln. Im Unterschied zu Optionsanleihen sind sie nur bis zur Wandlung als Fremdkapital auszuweisen (IAS 32.30) und haben (bei Verzicht auf Wandlung) meist außer der Minderverzinsung noch einen Rückzahlungsabschlag (z.B. Rückzahlung von 800 statt 1000 am 31.12.03).

2061–2069 frei

5. Ausweis

5.1 Kapitalausweis

2070 Nach IAS 1.54 sind in der Bilanz mindestens das auf die Anteilseigner der (Mutter-)Gesellschaft entfallende Eigenkapital (Gezeichnetes Kapital und alle die auf diese Anteilseigner entfallenden Rücklagen) und das auf die Minderheiten entfallende Kapital auszuweisen. Ein zweizeiliger Ausweis ist demnach ausreichend. Weitere Untergliederungen sind in der Bilanz oder im Anhang vorzunehmen (IAS 1.77, 1.78e). Das betrifft beispielsweise die Aufteilung

– des **gezeichneten Kapitals** in Klassen (z.B. Stammaktien und Vorzugsaktien) sowie

– der Rücklagen in **Kapitalrücklagen** (z.B. ein Agio bei Ausgabe von Anteilen) und **Gewinnrücklagen**. Der Begriff *reserves* umfasst daneben auch den Ergebnisvortrag, das Periodenergebnis und alle Arten der IFRS-typischen kumulierten Gesamtergebnisse (siehe Rz. 4310).

In der Bilanz ist eine etwas aggregierte Gliederung gem. Rz. 4131 gängig, die im Anhang (Eigenkapitalspiegel gem. Rz. 4350) feiner untergliedert wird. Alle Bezeichnungen sind ggf. rechtsformspezifisch anzupassen, bei Personengesellschaften z.B. „Kommanditkapital" statt „gezeichnetes Kapital".

5.2 Eigene Anteile

2071 Eine wesentliche Abweichung gegenüber dem HGB *vor BilMoG* bestand bei der Behandlung **eigener Anteile**. Sie werden nach IFRS vom Eigenkapital abgezogen (IAS 32.33). Dem folgt nun auch das BilMoG: Der Nominalbetrag eigener Anteile wird in der Handelsbilanz vom Posten „Gezeichnetes Kapital" als Kapitalrückzahlung abgesetzt, der überschießende Betrag ist mit den Rücklagen zu verrechnen (§ 272 Abs. 1a HGB i.d.F. BilMoG).

In der IFRS Praxis werden Veränderungen der eigenen Anteile (Anschaffungskosten im Erwerbsjahr, Erlöse bei Verkauf) oft bei den Gewinnrücklagen erfasst.[1] Diese Vorgehensweise führt bei einem entsprechenden Ausweis im Eigenkapitalspiegel (Rz. 4350) und ergänzenden Anhangangaben über den aktuellen Bestand (IAS 32.34) zu keinem Informationsverlust und ist daher als zulässig anzusehen. Durch den Verkauf oder die Einziehung von eigenen Anteilen darf kein Aufwand oder Ertrag in der Gewinn- und Verlustrechnung ausgewiesen werden (IAS 32.33).

---

1 Vgl. z.B. Henkel KGaA, Geschäftsbericht 2008 (Eigenkapitalspiegel).

5.3 Eigenkapitalbeschaffungskosten

Die **Aufwendungen einer Kapitalerhöhung** bzw. **Kosten der Eigenkapitalbe-** 2072
schaffung werden nicht in der GuV erfasst, sondern sind als Abzug vom Eigenkapital zu bilanzieren und gesondert anzugeben (IAS 32.37), wenn die Kapitalbeschaffungsmaßnahmen erfolgreich waren (ansonsten Aufwand). Soweit diese Kosten ertragsteuerlich abzugsfähig sind, werden die angefallenen Transaktionskosten um die hierdurch ausgelösten Ertragsteuervorteile gemindert. Bei den vorbezeichneten Transaktionskosten handelt es sich um die „**direkt zurechenbaren externen Kosten**", z.B. Beurkundungs- und Beratungskosten, nicht jedoch um interne oder allgemeine Aufwendungen wie beispielsweise Gehaltskosten oder Aufwand aus einer Image-Kampagne zur Kapitalbeschaffung.[1]

Bei der Ausgabe zusammengesetzter Instrumente (Rz. 2060) sind Aufwendungen nach dem Verhältnis der Eigenkapital- und Fremdkapitalkomponente aufzuteilen (IAS 32.38). Steht die Eigenkapitalbeschaffung im Kontext mit anderen Transaktionen, insbesondere Börsengängen (IPO), ist eine sachgerechte Aufteilung der Aufwendungen vorzunehmen (IAS 32.38), z.B. nach der Relation der bestehenden zu den mit dem IPO neu geschaffenen Aktien.

5.4 Ausstehende Einlagen

Die Bilanzierung ausstehender Einlagen ist in den IFRS nicht explizit geregelt. 2073
- Bei **eingeforderten Einlagen** wird überwiegend ein Vermögenswert angenommen.[2]
- Bei **nicht eingeforderten Einlagen** entspricht es der Systematik des Nettoausweises (wie er auch bei eigenen Anteilen durchgeführt wird), diese offen vom Eigenkapital abzusetzen.[3] Im Eigenkapitalspiegel (Rz. 4350) ist dann das eingezahlte Eigenkapital zu entwickeln.

5.5 Barkapitalerhöhungen

Der Zeitpunkt des Eigenkapitalausweises hängt von den Modalitäten der Ka- 2074
pitalerhöhung ab:

Beispiel:

Am 1.7.01 wird durch den Anteilseigner X eine Kapitalerhöhung in bar von 1000 durchgeführt. Zugleich wird mit X vereinbart, dass dieser einen Rabatt von 100[4] erhält, falls die Gesellschaft bis zum 31.12.01 weitere Kapitalerhö-

---

1 Vgl. *Hayn/Waldersee*, IFRS/US-GAAP/HGB im Vergleich, 5. Aufl. 2004, S. 173.
2 Vgl. *Clemens/Hebestreit* in Beck'sches IFRS-Handbuch, 2. Aufl. 2006, § 12 Rz. 38; a.A *Lüdenbach* in Haufe IFRS-Kommentar, 7. Aufl. 2009, § 20 Rz. 57 (Eigenkapital generell erst nach Einzahlung).
3 Im Ergebnis *ADS International*, Abschnitt 22 Rz. 31.
4 Annahmegemäß werde der Rabatt aus dem bei der Kapitalerhöhung dotierten Agio (Kapitalrücklage) erbracht.

hungen vornimmt (was der Fall ist). Der Rabatt wird nach Wahl des X wie folgt gewährt, wobei dieser sich erst am 31.3.02 entscheidet:

(a) **Barrückzahlung** von 100.

(b) Ausgabe einer **variablen Anzahl von Aktien**, die am *31.3.02* einen Wert von 100 verkörpern.

(c) Ausgabe einer **festen Zahl von Aktien**, z.B. 5 Aktien zum Wert von je 20 am *1.7.01*.

Wie ist der Rabatt von 100 am 31.12.01 und am 31.3.02 zu bilanzieren?[1]

Lösung:

Am **31.12.01** ist eine Verbindlichkeit von 100 auszuweisen:

- Dies ist bei Alternative (a) wegen des drohenden Cashabflusses ohne weiteres nachvollziehbar (IAS 32.16ai).
- Bei Alternative (b) ist die Gesellschaft zwar nicht zu Auszahlungen verpflichtet; der Verbindlichkeitsausweis wird aber damit begründet, dass der Anteilseigner wegen des Ausgleichs von Kursschwankungen über eine Anpassung der Aktienanzahl eine einem Fremdkapitalgeber (a) vergleichbare Position innehat (!) und die Gesellschaft ihre Anteile praktisch als Währung benutzt (IAS 32.16bi, IAS 32.21, IAS 32.BC10b[2]).
- Die Ausgabe einer festen Anzahl von Anteilen, Alternative (c), führt *isoliert betrachtet* zwar zu Eigenkapital, weil der Anteilseigner das eigentümerähnliche Kursrisiko trägt (IAS 32.16a/bi), d.h. gäbe es nur Alternative (c), wäre am 31.12.01 Eigenkapital auszuweisen. Da aber die anderen möglichen Alternativen (a) und (b) zu Verbindlichkeiten führen würden, muss *vor der Entscheidung des Anteilseigners* auch bei (c) eine Verbindlichkeit von 100 ausgewiesen werden (IAS 32.26, 32.BC20).

Am **31.3.02** kommt es je nach Wahl des Anteilseigners zu einer Tilgung der Verbindlichkeit (a) oder infolge der zu diesem Zeitpunkt durchgeführten Kapitalerhöhung bei (b) und (c) zu einer Umbuchung der Verbindlichkeiten von 100 in das Eigenkapital. Die Verbindlichkeitsbuchung bei (b) und (c) am 31.12.01 wäre also nur temporär, und zwar so lange, wie der Anteilseigner das Kursrisiko trägt.[3] Soweit die Gesellschaft allerdings nicht neue Anteile ausgibt, sondern eigene Anteile zwecks Weitergabe an den Anteilseigner erwirbt, wäre zusätzlich der Kaufpreis vom Eigenkapital abzuziehen (Rz. 2071).

2075 frei

---

1 Insgesamt handelt es sich um ein zusammengesetztes Instrument, das in Eigenkapital und Fremdkapital aufzuteilen ist (IAS 32.28, Rz. 2060). Der Eigenkapitalausweis des Teilbetrags von 900 ist mangels Auszahlungsverpflichtung (Rz. 2012) jedoch unproblematisch.

2 Obwohl dies aus Sicht der Gesellschaft keine Rolle spielen dürfte, da diese Regelung nur die Anteilsquoten von Alt- und Neugesellschafter berührt. Kritisch zum Durchgriff auf die Anteilseigner daher *Lüdenbach* in Haufe IFRS Kommentar, 7. Aufl. 2009, § 20 Rz. 19.

3 Vgl. *Lüdenbach* in Haufe IFRS-Kommentar, 7. Aufl. 2009, § 20 Rz. 18.

Im Übrigen erhöhen zur **„Durchführung einer beabsichtigten Kapitalerhöhung** 2076
geleistete (Bar)-Einlagen" erst nach Eintragung in das Handelsregister das gezeichnete Kapital. Andererseits liegt vor Eintragung keine Verbindlichkeit vor, da die potenzielle Rückzahlungsverpflichtung wegen der beantragten Eintragung nicht echt (*genuine*) i.S.v. IAS 32.25a ist.[1] Es kommt somit ein Ausweis in einem Sonderposten des Eigenkapitals in Betracht.

5.6 Sacheinlagen

Die Einlage **einzelner** (nicht finanzieller) **Vermögenswerte**, z.B. Grundstücke, 2077
unterliegt IFRS 2: Der Ansatz erfolgt zum Fair value des eingelegten Vermögenswerts (IFRS 2.10). Die Eigenkapitalerhöhung wird nach IFRS 2.7 im Zeitpunkt der dinglichen Übertragung gebucht (mit Umbuchung von Kapitalrücklage zu gezeichnetem Kapital im Zeitpunkt der Eintragung im Handelsregister). Dies gilt u.E. auch bei Ausgabe einer variablen Anzahl von Anteilen (Rz. 2074), da IAS 32 nicht anwendbar ist (IAS 32.4f). Bei Wahlalternative (Cash/Anteile) gilt ebenfalls IFRS 2.34 ff. (Rz. 2550 ff.). Vgl. zu **Leistungsbezügen** gegen Anteilgewährung im Übrigen Rz. 2500 ff.

Der **Erwerb von Unternehmen** gegen Anteilsausgabe fällt unter IFRS 3: grundsätzlich Fair value der ausgegebenen Anteile im Erwerbszeitpunkt, es sei denn der Fair value der erhaltenen Anteile ist zuverlässiger bestimmbar (Rz. 3252). Entsprechendes gilt für Beteiligungen an assoziierten Unternehmen i.S.v. IAS 28.

„Einfache" Anteile werden nach IAS 39 mit dem Fair value im Handels- oder Erfüllungstag bewertet (Rz. 1850 f.). Für die Gegenbuchung im Eigenkapital gilt wiederum IAS 32 (Rz. 2074).

5.7 Dividenden

Dividenden sind (erst) im Zeitpunkt des Dividendenbeschlusses in Verbind- 2078
lichkeiten umzubuchen, auch wenn der Beschluss noch in der Wertaufhellungsfrist erfolgt (Rz. 720 „Dividenden"). Diese vormals in IAS 10.12 f. enthaltene Regelung ist nunmehr im IFRIC 17.10 enthalten (IFRIC 17.BC18 ff.).
IFRIC 17 (Rz. 2000) regelt darüber hinaus die Bilanzierung von **Sachdividenden**. Diese sind grundsätzlich zum Fair value zu bewerten. Bei Wahlfreiheit zwischen Bar- und Sachdividende ist der wahrscheinlichkeitsgewichtete Fair value anzusetzen (IFRIC 17.12). Für die Zeitspanne zwischen Dividendenbeschluss und Auskehrung (*settlement*, dinglicher Übertragung) der Sachdividende ist wie folgt zu unterscheiden:

- Die **Dividendenverbindlichkeit** ist immer zum Fair value der entsprechenden Vermögenswerte zu bewerten (Buchung: Gewinnrücklagen an Verbindlichkeit). Bis zur Auskehrung eingetretene Wertänderungen sind erfolgsneutral gegen Gewinnrücklagen anzupassen (IFRIC 17.13).

---

[1] Vgl. ADS International, Abschnitt 22 Rz. 86; a.A. *Clemens/Hebestreit* in Beck'sches IFRS-Handbuch, 2. Aufl. 2006, § 12, Rz. 43.

– In Bezug auf die **übertragenen Vermögenswerte** bleibt es hingegen bis *zur Auskehrung* beim Buchwertansatz (dies kann der Fair value sein, z.B. bei einfachen Beteiligungen oder Anlageimmobilien, es können aber auch bisherige Ansätze unterhalb des Fair value in Betracht kommen, z.B. bei vollkonsolidierten Tochtergesellschaften, IFRIC 17.BC57). Etwaige Differenzen zum bisherigen Buchwert müssen bei Auskehrung ergebniswirksam erfasst werden (IFRIC 17.14). Zum Ausweis nach IFRS 5 s. Rz. 2701.

IFRIC 17 gilt gemäß IFRIC 17.5 jedoch nicht bei Ausschüttungen innerhalb von Konzernen oder bei Ausschüttungen an einen Mehrheitsgesellschafter oder eine Gruppe von Gesellschaftern i.S.v. IFRS 3.B2 (*„common control"*, Rz. 3540 ff.). Ausschüttungen in Form von Anteilen an Tochtergesellschaften fallen zudem nur insoweit unter IFRIC 17, wie es zu einem Kontrollverlust kommt (IFRIC 17.5 i.V.m.17.7); bei der bloßen Abstockung von Mehrheitsbeteiligungen ist demgegenüber IAS 27 (2008) anzuwenden (Rz. 3745).

2079 frei

6. Anhangangaben

2080 IAS 1.134 verlangt Ausführungen über das **„Kapitalmanagement"**. Die Vorschrift zielt insbesondere auf Kreditinstitute und dort auf die Einhaltung gesetzlicher Eigenkapitalregeln. Es ist anzugeben, ob diese Vorgaben eingehalten wurden oder nicht, wobei quantitative Angaben empfohlen werden, aber nicht zwingend sind. Die Ergänzung des IAS 1 hat für „normale" gewerbliche Unternehmen eine geringere Bedeutung. Falls die Einhaltung bestimmter Finanzrelationen (sog. **covenants**, z.B. Verschuldungsgrad) überwacht wird, ist dies verbal zu beschreiben.

Im Übrigen verweisen wir auf die Anhang Checkliste (Abschnitt H).

2081–2099 frei

XI. Finanzielle Verbindlichkeiten (IAS 39, IAS 32, IFRS 7)

1. Überblick und Wegweiser

1.1 Standards und Anwendungsbereich

2100 Eine finanzielle Verbindlichkeit ist ein Vertragsverhältnis, welches bei der anderen Partei einen finanziellen Vermögenswert begründet. Hierzu gehören Verbindlichkeiten aus Lieferungen und Leistungen, Bankverbindlichkeiten, Anleihen, Derivate mit negativem Marktwert usw. Zur Einführung in die Systematik, die in den Standards unter dem Begriff Finanzinstrumente geregelt sind, s. Rz. 1800–1805.

Zur Abgrenzung finanzieller Verbindlichkeiten vom Eigenkapital (Genussrechtskapital, Wandelanleihen usw.) s. Rz. 2000 ff.

2101–2105 frei

XI. Finanzielle Verbindlichkeiten (IAS 39, IAS 32, IFRS 7)

1.2 Wesentliche Abweichungen zum HGB

Verbindlichkeiten sind nach HGB i.d.F. BilMoG mit dem Erfüllungsbetrag – 2106
das ist regelmäßig der Rückzahlungsbetrag –, und nicht, wie nach IFRS, mit dem erhaltenen Betrag anzusetzen. Ein Disagio kann aktiviert oder sofort abgeschrieben werden.

Die Möglichkeit, Verbindlichkeiten erfolgswirksam zum Fair value zu bewerten, besteht nach HGB nicht.

1.3 Neuere Entwicklungen

S. hierzu bereits Rz. 1808. 2107

frei 2108–2109

2. Ansatz

Die Definitionsmerkmale finanzieller Verbindlichkeiten sind spiegelbildlich 2110
zu denen finanzieller Vermögenswerte, s. Rz. 1810. Auch die Ausnahmen vom Anwendungsbereich des IAS 39, IAS 32 und IFRS 7 haben wir zusammen mit finanziellen Vermögenswerten in Rz. 1801 f. erläutert. Schließlich weichen auch die Ansatzkriterien finanzieller Verbindlichkeiten nicht von jenen für finanzielle Vermögenswerte ab: Es muss ein **Vertragsverhältnis** mit einer anderen Partei vorliegen, woraus das Unternehmen verpflichtet ist, finanzielle Vermögenswerte abzugeben (z.B. Anleihe, Bankverbindlichkeit) oder unter nachteiligen Bedingungen zu tauschen (Derivate); s. insoweit Rz. 1813 ff.

Verpflichtungen aus **schwebenden Geschäften** werden erst dann erfasst, wenn 2111
die andere Partei geleistet hat (IAS 39.AG 35). Eine Ausnahme bilden Derivate: Diese werden immer bilanzwirksam.

Die für die Praxis wichtigsten Ausnahmen vom Anwendungsbereich des 2112
IAS 39 im Hinblick auf Verbindlichkeiten sind hier noch einmal gelistet:[1]
- Verbindlichkeiten aus Steuern (kein Vertragsverhältnis, IAS 12, Rz. 2680)
- Verbindlichkeiten aus sozialer Sicherheit (kein Vertragsverhältnis, i.d.R. IAS 19, Rz. 2480)
- Erhaltene Anzahlungen auf Bestellungen (nicht auf den Austausch von Finanzinstrumenten gerichtet, allg. Framework-Kriterien, Rz. 4162)
- Sachleistungsverpflichtung (nicht auf den Austausch von Finanzinstrumenten gerichtet, allg. Framework-Kriterien bzw. bestmögliche Schätzung gem. IAS 37, Rz. 2354).

frei 2113–2119

---

[1] Vgl. auch *Schulze-Osthoff* in Beck'sches IFRS-Handbuch, 2. Aufl. 2006, § 14 Rz. 18 ff.

3. Kategorien

3.1 Übersicht

2120 Im Gegensatz zu den Aktiva werden bei finanziellen Verbindlichkeiten nur **zwei** (bzw. drei) **Kategorien** unterschieden, an die sich zwei unterschiedliche **Bewertungskonsequenzen** anschließen. Die finanziellen Verbindlichkeiten eines Unternehmens sind bei ihrem Zugang den Kategorien zuzuordnen; die Zuordnung hat *materielle* Bedeutung, schlägt aber nicht auf Ausweisfragen in der Bilanz (langfristige oder kurzfristige Schulden) durch.

Die zwei Kategorien (IAS 39.9) sind in Abb. 55 genannt und werden nachfolgend erläutert.

	Kategorie	Bewertungsmethode	Beispiele
1	**Erfolgswirksame Fair value-Finanzschulden** (financial liability at fair value through profit or loss):	Fair value, erfolgswirksam	
1a	– **Zu Handelszwecken gehaltene finanzielle Verbindlichkeiten** (held for trading) und		Derivat mit negativem Wert
1b	– Bedingtes Wahlrecht beim erstmaligen Ansatz (upon initial recognition designated as at fair value through profit or loss)		
2	Übrige finanzielle Verbindlichkeiten	Fortgeführte Anschaffungskosten	Verbindlichkeiten aus Lieferungen und Leistungen, Bankverbindlichkeiten, Anleihen

Abb. 55: Kategorien finanzieller Verbindlichkeiten

3.2 Erfolgswirksame Fair value-Finanzschulden

2121 Die Zuordnungskriterien für den **Handelsbestand** entsprechen denen bei finanziellen Vermögenswerten (s. Rz. 1833 f.). Außerhalb des Bankenbereichs sind Anwendungsfälle eher gering. In Betracht kommen Derivate mit negativem Marktwert, die nicht wirksam zu Sicherungszwecken eingesetzt werden, und Verbindlichkeiten aus *short sales*, z.B. Wertpapierleerverkäufe.

2122 Auch die **Fair value-Option** besteht für finanzielle Verbindlichkeiten unter den in Rz. 1836 ff. genannten Voraussetzungen, sachlogisch schon deshalb, um etwa *accounting mismatches* zu vermeiden.

2123 Wesentliche Anwendungsbereiche der Fair value-Option für Verbindlichkeiten sind:

– Vereinfachung der Abbildung von Sicherungsbeziehungen (Hedging, s. Rz. 2220 ff.).

– Keine Aufspaltung von Verbindlichkeiten mit eingebetteten Derivaten (Rz. 2155).

3.3 Übrige finanzielle Verbindlichkeiten

Die Kategorie der übrigen Verbindlichkeiten ist formal eine Restgröße, wird aber (außer bei Banken und anderen Finanzdienstleistungsunternehmen) nahezu **sämtliche Verbindlichkeiten** umfassen. Sie sind mit ihren **fortgeführten Anschaffungskosten** unter Verwendung der Effektivzinsmethode (interner Zinsfuß) anzusetzen. 2124

3.4 Stetigkeit und Wechsel zwischen den Kategorien

Die Zuordnung in die Kategorien ist bei Einbuchung vorzunehmen. Ein späterer Wechsel kommt *nicht* in Betracht (IAS 39.50). Der Hinweis auf die Umgruppierung finanzieller Verbindlichkeiten in IAS 39.54 läuft wegen IAS 39.50 ins Leere: Es gibt für eine solche Umgruppierung bei Verbindlichkeiten keinen Anwendungsbereich. 2125

frei 2126–2129

4. Zugangsbewertung

Bei erstmaliger Erfassung sind finanzielle Verbindlichkeiten mit den Anschaffungskosten anzusetzen; das ist der Fair value der erhaltenen Gegenleistung unter Abzug der Transaktionskosten (IAS 39.43). Ein **Disagio** wird nicht aktiviert, sondern über die Effektivzinsmethode amortisiert. Dasselbe gilt spiegelbildlich für ein Agio. 2130

Transaktionskosten für Verbindlichkeiten der Kategorie held for trading werden sofort erfolgswirksam erfasst.

Beispiel:
U emittiert eine Anleihe, Laufzeit 2 Jahre, Nennwert 100 Euro, zum Ausgabekurs von 96% zu Beginn des Jahres. Der Nominalzins beträgt 10%, die Transaktionskosten (Rechtsberatung, Druckkosten) belaufen sich auf 2 Euro. U bucht:
Bank   96,00   an Verbindlichkeit   96,00
Verbindlichkeit   2,00   an Bank (Transaktionskosten) 2,00
Die Transaktionskosten erhöhen damit das Disagio (mindern ein Agio).

---

frei 2131–2134

5. Folgebewertung

5.1 Übrige finanzielle Verbindlichkeiten

2135 Übrige finanzielle Verbindlichkeiten sind unter Anwendung der Effektivzinsmethode (IAS 39.9; ausführlich Rz. 1869 ff.) zu **fortgeführten Anschaffungskosten** zu bewerten (IAS 39.47).

> **Beispiel (Fortsetzung von Rz. 2130):**
> Da die Transaktionskosten erfolgswirksam über die Laufzeit der Anleihe verteilt werden, ermittelt sich der **Effektivzins** aus der Gegenüberstellung der netto erhaltenen 94 Euro zu den künftigen Zahlungen von 10 Euro in t_1 und 110 Euro in t_2, die mit dem gesuchten Zins zu diskontieren sind. Der Effektivzins beträgt dann 13,62 %. Daher beläuft sich der zu erfassende Aufwand nach einem Jahr auf 94 Euro × 13,62 % = 12,80 Euro. Es ist zu buchen:
>
> | Aufwand | 12,80 | an Verbindlichkeit | 12,80 |
> |---|---|---|---|
> | Verbindlichkeit | 10,00 | an Bank | 10,00 |
>
> Nach einem Jahr beträgt der Buchwert der Verbindlichkeit daher 96,80 Euro. Ein weiteres Jahr später ergibt sich ein Aufwand von 96,80 Euro × 13,62 % = 13,20 Euro und damit nach Zinszahlung der Rückzahlungsbetrag von 100 Euro.

2136 Die fortgeführten Anschaffungskosten ermitteln sich daher wie folgt:[1]

Rückzahlungsbetrag (z.B. Nennwert)

– Tilgungen

+ noch nicht verteiltes Agio abzüglich Transaktionskosten

– noch nicht verteiltes Disagio zuzüglich Transaktionskosten

= fortgeführte Anschaffungskosten

2137 Die gesonderte Ermittlung eines Effektivzinssatzes ist dann *nicht erforderlich*, wenn Verbindlichkeiten zu **marktüblichen Konditionen** ohne Disagio/Agio und Transaktionskosten aufgenommen werden: Die Diskontierung der künftigen Auszahlungen führt hier immer zum Ansatz des **Rückzahlungsbetrages**.

2138 **Kurzfristige Verbindlichkeiten** – etwa aus Lieferungen und Leistungen – brauchen nicht abgezinst zu werden und sind insoweit zum **Rückzahlungsbetrag** zu passivieren (IAS 39.AG79).

2139 Zur Bilanzierung von Verbindlichkeiten, die im Zusammenhang mit der (Nicht-) Ausbuchung von finanziellen Vermögenswerten entstanden sind, s. Rz. 1926.

2140 **Fremdwährungsverbindlichkeiten** sind zum Stichtagskurs umzurechnen. Daraus entstehende Gewinne oder Verluste sind erfolgswirksam zu erfassen (IAS 39.AG83; zur Fremdwährungsumrechnung s. Rz. 552 f.).

---

[1] Vgl. *Krumnow* u.a., Rechnungslegung der Kreditinstitute, 2. Aufl. 2004, IAS 39 Rz. 223.

5.2 Zu Handelszwecken gehaltene finanzielle Verbindlichkeiten

Finanzielle Verbindlichkeiten dieser Kategorie – zu der vor allem **Derivate mit** 2141
negativem Buchwert gehören – sind jeweils mit dem Fair value erfolgswirksam zu bewerten. Von dieser Bewertung **ausgenommen** sind Derivate,

- deren Basiswert ein nicht notiertes Eigenkapitalinstrument darstellt,
- deren Fair value nicht verlässlich ermittelt werden kann *und*
- die nur durch Lieferung erfüllt werden können;

diese sind weiterhin mit den Anschaffungskosten zu bewerten (IAS 39.47a).

frei   2142–2144

6. Ausbuchung

Eine finanzielle Verbindlichkeit ist auszubuchen, wenn diese getilgt ist, d.h. 2145
wenn die im Vertrag genannten Verpflichtungen beglichen, aufgehoben oder
ausgelaufen sind (IAS 39.39). Das kann durch Zahlung oder Hingabe anderer
finanzieller Vermögenswerte erfolgen, oder der Schuldner wird durch Gesetz
oder durch den Gläubiger von der Verpflichtung rechtlich entbunden (IAS
39.AG57). Bei vorzeitiger Rückzahlung ist jedoch nicht die Zahlung das Ausbuchungskriterium; vielmehr muss der Gläubiger den Schuldner auch rechtlich aus der Verpflichtung entlassen (IAS 39.AG59).

Die Tilgung soll nach IAS 39.AG57a aber auch durch die Hingabe von Liefe- 2146
rungen oder Leistungen möglich sein. Das erstaunt systematisch, weil definitionsgemäß eine finanzielle Verbindlichkeit nur dann vorliegt, wenn sie auf
den Austausch von Finanzinstrumenten gerichtet ist.

frei   2147–2149

7. Einzelfälle

7.1 Verbindlichkeiten aus Lieferungen und Leistungen

Verbindlichkeiten aus Lieferungen und Leistungen entstehen mit dem Erhalt 2150
des wirtschaftlichen Eigentums der Sach- oder Dienstleistung. Sie werden der
Kategorie „übrige Verbindlichkeiten" zugeordnet. Bei **kurzfristigen Zahlungszielen** erfolgt der Ansatz zum Rechnungsbetrag (IAS 39.AG79).

Bei **langen Zahlungszielen** ohne Zinssatzvereinbarung ist die Verbindlichkeit 2151
zum Fair value anzusetzen, so dass Liefer- und Kreditgeschäft voneinander
getrennt werden. Die Verbindlichkeit ist zum Barwert anzusetzen. Durch
Aufzinsung in den Folgeperioden (Zinsaufwand) wird zum vereinbarten Zahlungszeitpunkt der Rechnungsbetrag erreicht.

7.2 Umschuldung

Umschuldungen oder die Modifikation von Kreditbedingungen gelten dann als 2152
neue Verbindlichkeiten, wenn der Barwert der Verbindlichkeit unter geänder-

ten Bedingungen, berechnet mit dem ursprünglichen Effektivzins, um mindestens 10 % vom bisherigen Wert abweicht (IAS 39.40 i.V.m. IAS 39.AG62). Der alte Kredit ist aus-, der neue einzubuchen; die Differenz ist erfolgswirksam zu erfassen (IAS 39.41).[1] Auch beim Rückkauf von Anleihen erlischt die Schuld und lebt zu den dann gültigen Konditionen bei erneuter Platzierung wieder auf (IAS 39.AG58).

7.3 Bürgschaften

2153 Sofern unter Marktbedingungen kontrahiert wird (*in an arm's length transaction*), ist bei Vertragsabschluss eine evtl. Prämienforderung zu aktivieren und in gleicher Höhe eine Garantieverpflichtung zu passivieren. Wird die Verpflichtung nicht erfolgswirksam zum Fair value angesetzt, ist bei drohender Inanspruchnahme eine ggf. höhere Verpflichtung gem. IAS 37 zu bewerten und aufwandswirksam anzusetzen. Droht die Inanspruchnahme nicht, ist die Verpflichtung gem. IAS 18 ertragswirksam aufzulösen (IAS 39.47c). Dabei kann eine gleichmäßige Verteilung über die Laufzeit angemessen sein, bei Absicherung endfälliger Kredite u. U. aber erst am Ende der Laufzeit.[2]

7.4 Options- und Wandelanleihen beim Emittenten

2154 Options- und Wandelanleihen stellen beim Emittenten Finanzinstrumente dar, die sowohl Schuld- als auch Eigenkapitalelemente enthalten (*compound instruments*). Für die Bewertung und den Bilanzausweis sind bei allen Finanzinstrumenten, die beide Elemente enthalten, die jeweiligen Schuld- und Eigenkapitalanteile bei der Emission (= beim erstmaligen Ansatz) zu trennen (IAS 32.28 i.V.m. IAS 32.15). Dies entspricht § 272 Abs. 2 Nr. 2 HGB.[3]

Hinsichtlich der Aufteilung der beiden Komponenten s. das Beispiel in Rz. 2060 „Optionsanleihen".[4]

7.5 Strukturierte Produkte

2155 Zu den Merkmalen und zur Konzeption des IAS 39 über strukturierte Produkte s. Rz. 1941 ff. Auch die Aufspaltungspflicht (Rz. 1944) sowie die mögliche alternative Anwendung der Fair value-Option (Rz. 1948 f.) gelten für finanzielle Verbindlichkeiten gleichermaßen. Aufspaltungspflichtig bzw. der Fair value-Option zugänglich können Wandelanleihen oder (seltener) Anleihen mit Zinsbegrenzungsvereinbarungen sein.[5] Dagegen ist ein Kredit mit Vorfälligkeitsoption, die den Kreditnehmer zur vorzeitigen Rückzahlung zu

---

[1] Einige Berechnungsbeispiele enthält *Hachmeister*, Verbindlichkeiten nach IFRS, 2006, 40 ff.
[2] Zu Einzelheiten siehe *Grünberger*, KoR 2006, 81 (87 f.)
[3] Vgl. grundsätzlich *ADS*, 6. Aufl., § 272 HGB Rz. 108.
[4] Zu einem weiteren Beispiel IAS 32.IE34 ff. Ausführliche Beispiele der Trennung und Wertfindung finden sich auch bei *Drukarczyk*, Finanzierung, 8. Aufl. 1999, S. 431 ff. (Wandelschuldverschreibung) und S. 438 ff. (Optionsanleihe).
[5] Vgl. *Baetge/Schulz*, PiR 2006, 127 (130).

ungefähr den fortgeführten Anschaffungskosten berechtigt, kein strukturiertes Produkt (IAS 39.11Ab). Das wäre etwa bei Kreditverträgen mit Kündigungsrecht nach § 489 BGB zu prüfen.

frei 2156–2160

8. Ausweis

8.1 Bilanz

Die Mindestangabepflichten in IAS 1.54 fordern den gesonderten Ausweis von 2161
(a) Verbindlichkeiten aus Lieferungen und Leistungen und sonstigen Verbindlichkeiten und
(b) (übrigen) finanziellen Schulden.

Da die Passivseite nach Fristigkeit zu gliedern ist, wird sicherlich (b) sowohl innerhalb der lang- als auch kurzfristigen Schulden auszuweisen sein. Zu Zuordnungsfragen der Tilgungsbeträge des kommenden Geschäftsjahres sowie zu Prolongationsvereinbarungen s. Rz. 4117.

8.2 Gewinn- und Verlustrechnung

Sämtliche gem. IFRS 7.20 gesondert anzugebenden Erträge und Aufwendungen im Zusammenhang mit finanziellen Verbindlichkeiten können in der Gewinn- und Verlustrechnung oder im Anhang aufgeführt werden. Der Aggregationsgrad in der Gewinn- und Verlustrechnung ist in der Praxis sehr unterschiedlich; hierzu und zur Mindestgliederung s. Rz. 4237 f. 2162

8.3 Kapitalflussrechnung

Aufnahme und Tilgung finanzieller Verbindlichkeiten außerhalb des operativen Bereichs gehören zum Mittelfluss aus Finanzierungstätigkeit. Für Zinszahlungen besteht ein Zuordnungswahlrecht für alle drei Bereiche; es gilt der Stetigkeitsgrundsatz. 2163

frei 2164–2169

9. Anhangangaben

9.1 Betonung der Wesentlichkeit

Zur Frage der Wesentlichkeit von Angabepflichten im Zusammenhang mit finanziellen Verbindlichkeiten s. Rz. 1970 analog. 2170

9.2 Rechnungslegungsmethoden

Die Pflichtangaben zu den Rechnungslegungsmethoden (IFRS 7.21) können schon deshalb kurz ausfallen, weil es – anders als bei finanziellen Vermögenswerten – häufig nur eine Kategorie finanzieller Verbindlichkeiten gibt. 2171

IFRS 7.B5 fordert darüber hinaus die Angabe der Kriterien für die Einstufung von Finanzinstrumenten in die Kategorie at fair value through profit or loss einschließlich Angabe ihrer Art. Hierzu gehören auch die näheren Umstände zur Anwendung der Fair value-Option (Rz. 1836 ff.)

9.3 Buchwerte der Kategorien und Fair value

9.3.1 Überleitungsrechnung

2172 Die Bilanzposten sind auf die drei Kategorien des IAS 39 – at fair value through profit or loss zählt als zwei Kategorien, nämlich Handelsbestand und Fair value-Option – überzuleiten (IFRS 7.8). Auch für finanzielle Verbindlichkeiten sind **Fair values** anzugeben. S. bereits die Erläuterungen zu finanziellen Vermögenswerten unter Rz. 1973 ff. analog.

9.3.2 Verbindlichkeitenspiegel

2173 Die Aufstellung eines Verbindlichkeitenspiegels (wie alle Anhangangaben: über zwei Perioden) ist erforderlich, wobei die Bestimmung der Laufzeitenbänder den Unternehmen überlassen wird. IFRS 7.B11 empfiehlt die Einteilung in Fälligkeiten bis einen Monat, ein bis drei Monate, mehr als drei Monate bis ein Jahr sowie mehr als ein Jahr bis fünf Jahre. Man sollte dann der Vollständigkeit halber noch eine Spalte über fünf Jahre angeben.

2174–2177 frei

9.4 Angaben zur Aufwands- und Ertragserfassung

9.4.1 Zinsaufwand

2178 Für die Kategorie der übrigen finanziellen Verbindlichkeiten sind die Zinsaufwendungen – berechnet nach der Effektivzinsmethode – gesondert anzugeben (IFRS 7.20b).

9.4.2 Übrige Erträge und Aufwendungen

2179 Aufgegliedert nach den drei Kategorien des IAS 39 sind die jeweiligen Nettogewinne oder -verluste anzugeben (IFRS 7.20a), und zwar ohne die in Rz. 2178 genannten Zinsaufwendungen. Für Industrie- und Dienstleistungsunternehmen wird die Angabe häufig eine leere Menge darstellen.

9.5 Sonstige Angaben

2180 Folgende weitere Angaben sind erforderlich:

– Zu **strukturierten Produkten** mit **mehrfach eingebetteten Derivaten** (IFRS 7.17).

– Zu **Zahlungsstörungen und Vertragsverletzungen** bei finanziellen Verbindlichkeiten, z.B. **Darlehensverbindlichkeiten** (IFRS 7.18 f.). Nicht betroffen

sind Verbindlichkeiten aus Lieferungen und Leistungen, die zu üblichen Kreditbedingungen gewährt worden sind; hier sind keine Angaben erforderlich.[1]
– Besondere Angabepflichten, sollte eine finanzielle Verbindlichkeit erfolgswirksam zum Fair value angesetzt werden, unabhängig davon, ob Handelsbestand oder qua Fair value-Option (IFRS 7.10).

Zur **Risikoberichterstattung** s. Rz. 2285 ff. 2181

frei 2182–2199

XII. Sicherungsgeschäfte und Risikoberichterstattung (IAS 39, IFRS 7)

1. Überblick und Wegweiser

1.1 Standards und Anwendungsbereich

Das Eingehen von Sicherungsgeschäften – Hedging – bezeichnet die Absicherung von Vermögens- oder Schuldposten sowie erwarteter Zahlungszu- oder Abflüsse gegen Wert(Preis)- und Zinsänderungs- sowie Währungsrisiken.[2] Die Strategie der Absicherung liegt darin, im Hinblick auf das betrachtete Risiko eine gegenüber der abzusichernden Position (**Grundgeschäft**) in ihrer Wirkung entgegengesetzte Position (**Sicherungsinstrument, i.d.R. Derivat**) aufzubauen, so dass ein kompensatorischer Effekt (**Sicherungsbeziehung**) erzielt wird. 2200

Wenn insoweit die vorbezeichneten Risiken abgesichert werden, so sollte sich dieser Umstand auch in der Rechnungslegung widerspiegeln. Das ist *bei bilanzwirksamen Grundgeschäften* immer dann der Fall, wenn die Rechnungslegungsregeln so ausgestaltet sind, dass die Negativentwicklung bei einem Grundgeschäft und zugleich die entsprechende Positiventwicklung beim Sicherungsinstrument (und entsprechend umgekehrt) entweder beide erfolgswirksam erfasst oder gegeneinander aufgerechnet werden. In einem für die Praxis wichtigen Fall, nämlich bei der **Absicherung von Fremdwährungsforderungen oder -verbindlichkeiten** *gegen Währungsverluste*, ist das gegeben: Bestehen Forderungen und Verbindlichkeiten in gleicher Währung, Höhe und Laufzeit, ergibt sich der kompensatorische Effekt schon deswegen, weil die Währungsumrechnung erfolgswirksam vorzunehmen ist (Rz. 552(a)). Auch bei der Absicherung allein stehender Fremdwährungsforderungen und -verbindlichkeiten brauchen normale Rechnungslegungsregeln nicht durchbrochen zu werden, da ein zur Absicherung des Währungsrisikos eingesetztes Derivat ebenfalls erfolgswirksam zu bewerten ist; besondere **Anforderungen** eines **Hedge Accounting** sind hier also **entbehrlich**. 2201

Spezielle Vorschriften sind aber erforderlich, falls Grund- und Sicherungsgeschäft *nicht* kompensatorischen Regeln unterliegen. 2202

---
1 Vgl. auch die Hinweise zur unzureichenden Übersetzung im EU-Amtsblatt *Scharpf*, KoR 2006, Beil. 2, 23.
2 Zur Systematisierung der unterschiedlichen Risiken s. *Barckow*, Die Bilanzierung von derivativen Finanzinstrumenten und Sicherungsbeziehungen, 2004, S. 18–24.

> **Beispiel:**
> Erworbene Aktien werden als available-for-sale eingeordnet und *gegen Kursrückgänge* durch eine gekaufte Verkaufsoption (*long put*) abgesichert. Damit besteht kein Kursrisiko mehr. Allerdings werden nach den normalen Bilanzierungsregeln die Wertänderungen der Aktien erfolgsneutral[1], die der Verkaufsoption dagegen erfolgswirksam erfasst.

2203 Beziehen sich die Änderungen des Fair value des Sicherungsinstruments ferner auf Grundgeschäfte, die am Bilanzstichtag *noch nicht abgebildet werden können*, so kann es – ohne Sonderregelungen – ebenfalls nicht zur Kompensation der Gewinne und Verluste kommen, wie das nachfolgende Beispiel zeigt:

> **Beispiel:**
> Unternehmen U hat im November einen Vertrag über den Ankauf einer Maschine zum Preis von 1 Mio. Dollar geschlossen. Liefertermin ist Februar, gezahlt werden soll im März. Bis zur Lieferung handelt es sich um ein schwebendes Geschäft, das überhaupt nicht bilanziell erfasst wird, da der Vertrag nicht auf den Austausch von Finanzinstrumenten gerichtet ist.[2] U sichert aber den derzeit geltenden Kurs von 1 Euro = 1 Dollar mit einem Devisentermingeschäft ab.
>
> Beträgt am Bilanzstichtag der Kurs 1 Euro = 0,95 Dollar, so ist der Wert des Derivats gestiegen. Die Wertänderung muss erfolgswirksam erfasst werden, obwohl der Kontrakt zur Absicherung der künftigen Verbindlichkeit eingegangen wurde und, betrachtet man beide Geschäfte zusammen, weder ein Gewinn noch ein Verlust entstehen wird. Die isolierte Anwendung der Rechnungslegungsregeln würde zu einer unzutreffenden Darstellung der Lage des Unternehmens führen.

Um diese unzutreffende Darstellung zu vermeiden, enthält IAS 39 umfangreiche Vorschriften zur bilanziellen Abbildung von Sicherungsgeschäften, die die ansonsten geltenden Bewertungsvorschriften für Finanzinstrumente teilweise *außer Kraft setzen*.[3] Zum Anwendungsbereich und zur Entwicklung von IAS 39 s. Rz. 1800 ff.

2204 Wir beschränken uns hier auf die Darstellung des sog. **Mikro-Hedge Accounting**, bei dem Bewertungseinheiten mit jeweils einem Grund- und Sicherungsgeschäft gebildet werden. Außerdem stellen wir die Möglichkeiten der sog. **Fair value-Option** dar, die die Bildung von Sicherungsbeziehungen zulässt,

---

[1] Erfolgswirksam erst bei einem *impairment* (Wertminderung), Rz. 1895 ff.
[2] S. im Gegensatz hierzu Rz. 1813 f.
[3] So auch *Bellavite-Hövermann/Barckow* in *Baetge u.a.* (Hrsg.), Rechungslegung nach IFRS, 2002, IAS 39 Rz. 152.

ohne dass die Anforderungen der Regelungen des Hedge Accounting erfüllt werden müssten.

Wir gehen nicht ein auf die Regelungen zum *Fair value-Portfolio Hedging von Zinsänderungsrisiken* und die Absicherung *künftiger konzerninterner Grundgeschäfte, die auf Fremdwährung lauten*, da diese meist für Banken relevant sind.[2] Hier verweisen wir auf die Spezialliteratur. 2205

1.2 Wesentliche Abweichungen zum HGB

Das HGB *vor* BilMoG enthielt keine Vorschriften zur Zulässigkeit der Bildung von Bewertungseinheiten. Die paarweise Absicherung von Einzelgeschäften war aber unumstritten und wurde als GoB-konform anerkannt. Sie hat sich zunehmend auch bei Makro- und Portfolioabsicherungen durchgesetzt.[3] 2206

Mit dem BilMoG ist erstmals durch § 254 HGB eine gesetzliche Grundlage zur Bildung von Bewertungseinheiten geschaffen worden.[4] Die nachfolgende Tabelle enthält eine Gegenüberstellung der wesentlichen Regelungen des § 254 HGB mit IAS 39:

	§ 254 HGB i.d.F. BilMoG	IAS 39
Grundgeschäfte	Vermögensgegenstände/-werte und Schulden Schwebende Geschäfte Mit hoher Wahrscheinlichkeit erwartete Transaktionen	
Abzusichernde Risiken	Wertänderungsrisiken, Zahlungsstromrisiken	
Sicherungsinstrumente	Finanzinstrumente einschließlich Warentermingeschäfte	Derivate im Anwendungsbereich des IAS 39 Bei Währungsrisiken auch nichtderivative Finanzinstrumente
Zulässige Arten	Microhedge, Macrohedge/Portfoliohedge (ausweislich Gesetzesbegründung)	Microhedge, Macrohedge/Portfoliohedge nur mit Einschränkungen
Dokumentation/Nachweis der Effektivität	Erforderlich; zur Effektivitätsmessung wird kein Verfahren vorgegeben. Die Dokumentation von Bewertungseinheiten ist (formal) kein Tatbestandsmerkmal; statt dessen umfangreiche Angabepflichten nach § 285 Nr. 23 und § 314 Abs. 1 Nr. 15.	Erforderlich; zur Effektivitätsmessung wird kein Verfahren vorgegeben, Vorgabe aber einer Effektivitätsbandbreite von 80% bis 125%

---

1 Ausführlich IDW RS HFA 9, Tz. 358 ff.
2 Vgl. *Schmidt*, WPg 2006, 773 (774 ff.).
3 Vgl. *Prahl/Naumann*, Financial Instruments, in HdJ, Abt. II/10, Rz. 223 ff.
4 Ausführlich *Scharpf/Schaber*, KoR 2008, 532.

	§ 254 HGB i.d.F. BilMoG	IAS 39
Bilanzierung des effektiven Teils der Bewertungseinheit	Gegenläufige Wertänderungen/Cashflows von Grundgeschäft und Sicherungsinstrument werden außerbilanziell in einer Nebenrechnung aufgerechnet auf Grund Nichtgeltung folgender Vorschriften: § 249 Abs. 1 Rückstellungen § 252 Abs. 1 Nr. 3 Einzelbewertung § 252 Abs. 1 Nr. 4 Realisations- und Imparitätsprinzip § 253 Abs. 1 Satz 1 Anschaffungskostenprinzip § 256a Währungsumrechnung	Gegenläufige Wertänderungen/Cashflows von Grundgeschäft und Sicherungsinstrument werden immer bilanzwirksam, beim Fair value hedge zweiseitig (Grund- und Sicherungsinstrument), beim Cashflow hedge i.d.R. einseitig (nur Sicherungsinstrument): Fair value hedge: Grundgeschäft wird durch Änderung beim Sicherungsinstrument angepasst Cashflow hedge: Änderung des Sicherungsinstruments wird bei erfolgsneutralen oder noch nicht bilanzwirksamen Änderungen des Grundgeschäfts erfolgsneutral angepasst; Auflösung der EK-Position dann, wenn Grundgeschäft erfolgswirksam wird.
Bilanzierung des ineffektiven Teils des Sicherungsinstruments	Imparitätische Bilanzierung: keine Erfassung unrealisierter Gewinne, bei unrealisierten Verlusten Drohverlustrückstellung	Nach den normalen Regeln, d.h. bei Derivaten erfolgswirksame Erfassung im Gewinn- wie im Verlustfall
Übernahme der Hedge-Folgen in die Steuerbilanz	Ja	entfällt

2207 Buchhalterisch vollzieht sich damit im HGB – anders als nach IFRS – die Abbildung der Sicherungsbeziehung in einer Nebenrechnung außerhalb der Bilanz. Lediglich ein Passivüberhang wird mittels einer Drohverlustrückstellung berücksichtigt.[1]

1.3 Neuere Entwicklungen

2208 Mit der im Juli 2008 vom IASB veröffentlichten Ergänzung an IAS 39 „Eligible Hedged Items" (geeignete Grundgeschäfte für das Hedge Accounting) sind einige Klarstellungen zu den Grundgeschäften (AG99BA, AG99E, AG99F) und zur Effektivitätsmessung (AG110A, AG110B) in den Anhang zu IAS 39 eingefügt worden, die die Absicherung von Teilen eines Grundgeschäfts betreffen (Rz. 2233). Die Ergänzung ist rückwirkend anzuwenden für Geschäftsjahre, die am oder nach dem 1.7.2009 beginnen und war bei Drucklegung noch nicht in europäisches Recht übernommen worden. Auswirkungen im Hinblick auf

---
[1] Vgl. Löw/Blaschke, BB 2005, 1727 (1728).

die Beendigung einer Sicherungsbeziehung sind denkbar für jene Unternehmen, die bisher ein einseitiges Risiko eines Grundgeschäfts mit dem Gesamtwert einer Option (innerer Wert und Zeitwert) abgesichert haben, da der Zeitwert zur Ineffektivität führen kann (IAS 39.AG110B). Probleme können sich auch ergeben, wenn die Inflation als abzusicherndes Risiko designiert worden ist, ohne dass die Inflation als Komponente eines Finanzinstruments separat identifizierbar wäre.

frei 2209

2. Risiken und Sicherungsstrategien

2.1 Absicherung bilanzierter Vermögenswerte und Schulden

Die nachfolgende Abbildung zeigt typische Beispiele der Absicherung **bilan-** 2210 **zierter Vermögenswerte und Schulden** gegen unterschiedliche Risiken. Dabei werden beispielhaft auch mögliche Sicherungsinstrumente genannt.

	Vermögenswert/ Schuld	Risiko	Instrument	Art
1	Festverzinsliches Wertpapier	Änderung Marktwert	Zinsswap	Fair value-Hedge
2	Aktienbestand	Änderung Marktwert	Terminverkauf, Verkaufsoption	Fair value-Hedge
3	Forderung in Fremdwährung	Rückgang Rückzahlungsbetrag in Berichtswährung wegen WK-Änderung	Devisenterminverkauf, Devisenverkaufsoption, Verbindlichkeit in Fremdwährung	Fair value-Hedge
4	Begebene, variabel verzinsliche Anleihe	Änderung künftiger Zinszahlungen auf Grund von Zinsänderungen	Zinsswap	Cashflow-Hedge

Abb. 56: Beispiele zur Absicherung bilanzierter Vermögenswerte und Schulden

Wendet man die Rechnungslegungsregeln des Hedge Accounting an, handelt 2211 es sich in den Fällen 1–3 jeweils um einen Fair value-Hedge, während Fall 4 einen Cashflow-Hedge darstellt: Das Risiko der begebenen, variabel verzinslichen Anleihe liegt nicht in einer Kursschwankung, sondern darin, dass sich infolge von Zinssatzsteigerungen künftige Auszahlungen erhöhen können.

Für die bilanzierten Grundgeschäfte 1–3 müssen aber nicht notwendigerweise 2212 die Regelungen des Hedge Accounting angewendet werden. Hier kommt auch die Fair value-Option in Betracht, s. Rz. 2220 ff.

2.2 Absicherung schwebender Geschäfte

2213 Bei der Absicherung **schwebender Geschäfte** (*firm commitment*) gegen Wechselkursrisiken besteht das Wahlrecht, sie als Fair value-Hedge oder als Cashflow-Hedge zu bilanzieren (IAS 39.87, Fälle 1 und 2 der folgenden Abbildung). Fall 3 ist dagegen ein Fair value-Hedge.

	Schwebendes Geschäft	Risiko	Instrument	Art
1	Kauf von Rohstoffen/Anlagen in Fremdwährung	Erhöhung AK in Euro wegen WK-Änderung	Devisenterminkauf, Devisenkaufoption	Fair value-Hedge oder Cashflow-Hedge
2	Verkauf von Erzeugnissen in Fremdwährung	Reduzierung Veräußerungserlös in Euro wegen WK-Änderung	Devisenterminverkauf, Devisenverkaufoption	Fair value-Hedge oder Cashflow-Hedge
3	Kauf von Rohstoffen in Berichtswährung	Preisrisiko	Terminverkauf, Verkaufsoption	Fair value-Hedge

Abb. 57: Beispiele zur Absicherung schwebender Geschäfte

2.3 Absicherung erwarteter Transaktionen

2214 Schließlich verdeutlicht die folgende Abbildung einige Beispiele der Absicherung diverser Risiken aus **erwarteten Transaktionen**. Das sind hoch wahrscheinliche Geschäfte, über die aber noch keine Vertragsbeziehung geschlossen worden ist (sonst: schwebendes Geschäft). Die Absicherung erfolgt immer im Wege eines Cashflow-Hedges.

	Erwartete Transaktion	Risiko	Instrument	Art
1	Kauf von Rohstoffen/Anlagen in Fremdwährung	Erhöhung AK in Euro wegen WK-Änderung	Devisenterminkauf, Devisenkaufoption	Cashflow-Hedge
2	Verkauf von Erzeugnissen in Fremdwährung	Reduzierung Veräußerungserlös in Euro wegen WK-Änderung	Devisenterminverkauf, Devisenverkaufoption	Cashflow-Hedge
3	Kauf von Rohstoffen in Berichtswährung	Preisrisiko	Terminverkauf, Verkaufsoption	Cashflow-Hedge
4	Emission einer Anleihe	Zinsanstieg	Forward-Zinsswap	Cashflow-Hedge

Abb. 58: Beispiele zur Absicherung erwarteter Transaktionen

2215–2219 frei

3. Fair value-Option

Finanzielle Vermögenswerte und Verbindlichkeiten können „freiwillig" erfolgswirksam zum Fair value bewertet werden, wenn dadurch Bewertungsinkongruenzen und/oder Ergebniswirkungen beseitigt oder erheblich verringert werden (IAS 39.9; zu den weiteren Anwendungsfällen der Fair value-Option s. Rz. 1836 ff.). 2220

Ein **Anwendungsfall** ist das Beispiel in Rz. 2202: Die Aktien können unter Nutzung der Fair value-Option der Kategorie at fair value through profit or loss zugeordnet werden; das Derivat gehört in die (Unter-)Kategorie held for trading. Bei einem Kursrückgang der Aktien wird der Verlust erfolgswirksam gebucht und durch den gegenläufigen Erfolg der Verkaufsoption kompensiert. Ein *accounting mismatch* wird beseitigt, der bei Zuordnung der Aktien in die Kategorie available-for-sale aufgetreten wäre.

Beispiel (Evonik Geschäftsbericht 2007, S. 130):

„(d) Wertpapiere und wertpapierähnliche Ansprüche
(...) Zusätzlich sind hierin 289 Millionen Euro aus einem Aktienkauf enthalten. Diese Wertpapiere wurden als ‚At Fair Value through Profit or Loss' designiert (Fair Value Option) und gegen bedeutende Marktpreisschwankungen mit Optionen abgesichert."

Die Fair value-Option stellt eine Alternative zu den Regelungen des Hedge Accounting dar für den Fall, dass das Grundgeschäft ein **bilanzwirksames Finanzinstrument** darstellt, es also ohne Nutzung der Fair value-Option dem Fair value-Hedge zugänglich wäre (Ziff. 1–3 in Rz. 2210). Für die Absicherung schwebender Geschäfte (Rz. 2213) oder erwarteter Transaktionen (Rz. 2214) ist die Fair value-Option nicht möglich. 2221

Auf der anderen Seite geht die Fair value-Option über die Anwendungsmöglichkeiten des Hedge Accounting insoweit hinaus, als das Grundgeschäft nicht unbedingt durch ein Derivat abgesichert werden muss. 2222

Beispiel:

Der Erwerb einer zu Handelszwecken erworbenen Anleihe A wird durch Emission einer Anleihe B finanziert. Ohne Fair value-Option wäre A erfolgswirksam zum Fair value, B zu fortgeführten Anschaffungskosten zu bilanzieren. Bei fallenden Marktzinsen beispielsweise würde nur die Marktwertsteigerung der Anleihe A erfolgswirksam erfasst.[1]

---

[1] Vgl. *Baetge/Schulz*, PiR 2006, 127 (128). Zu weiteren Beispielen siehe IAS 39.AG4E.

Diese Absicherung wäre den Regelungen des Hedge Accounting überhaupt nicht zugänglich, da als Sicherungsinstrumente grundsätzlich nur Derivate eingesetzt werden können. Lediglich bei der Absicherung von Währungsrisiken kommt auch der Einsatz originärer Finanzinstrumente in Betracht (Rz. 2240).

2223 Der Vorteil der Fair value-Option liegt in ihrer **Einfachheit**. Es müssen nicht die erheblichen Anforderungen des Hedge Accounting im Hinblick auf Dokumentation und Messung der Effektivität erfüllt werden (Rz. 2245 ff.). Auf der anderen Seite werden so allerdings auch *andere* Risikokomponenten zum Fair value abgebildet, was bei Anwendung des Hedge Accounting hätte vermieden werden können.[1]

2224 Die Fair value-Option kann jedoch nur beim **erstmaligen Ansatz** des abzusichernden Finanzinstruments gewählt werden. Dabei muss nicht zum genau gleichen Zeitpunkt das entsprechend gegenläufige Finanzinstrument kontrahiert werden; ohne nähere zeitliche Konkretisierung wird eine „angemessene Verzögerung" zugestanden (IAS 39.AG4F).

2225 Sollte ein gegenläufiges Finanzinstrument hingegen nicht kontrahiert werden, hat rückblickend betrachtet die Anwendungsvoraussetzung der Fair value-Option – Vermeidung eines accounting mismatch – gar nicht vorgelegen. U.E. ist dies ein **Anwendungsfall einer Fehlerkorrektur**, so dass die bisher eingetretenen Vermögens- und Ergebniswirkungen u.U. rückwirkend zu korrigieren sind (s. Rz. 872).

2226–2229 frei

4. Hedge Accounting

4.1 Sicherungsbeziehungen, Grundgeschäfte und Sicherungsinstrumente

4.1.1 Sicherungsbeziehungen

2230 Nach IAS 39.86 werden **drei Arten von Sicherungsbeziehungen** unterschieden:
- Fair value-Hedge,
- Cashflow-Hedge und
- Hedge of a net investment in a foreign operation.

2231 Ordnet man diese Sicherungsgeschäfte den unterschiedlichen Grundgeschäften und abzusichernden Risiken zu (Rz. 2210 ff.), ergibt sich folgendes Bild

(a) **Absicherung des Risikos von Änderungen des Fair value** (Fair value-Hedge)
- bilanzierter Vermögenswerte (z.B. Marktpreis bzw. Kursrisiken von Wertpapieren) oder Schulden sowie
- vertraglicher Verpflichtungen (schwebendes Geschäft, *firm commitment*; z.B. eine vertragliche Lieferverpflichtung zu einem festgelegten Preis),

---

[1] Vgl. *Löw/Schildbach*, BB 2004, 875 (877).

(b) **Absicherung des Risikos von Änderungen der Cashflows** (Cashflow-Hedge)
- aus bilanzierten Vermögenswerten oder Schulden (z.B. Risiko des Zinsanstiegs bei variabel verzinslichen Anleihen),
- mit hoher Wahrscheinlichkeit eintretenden künftigen Transaktionen (*forecast transactions*; im Gegensatz zu *firm commitments* liegt also noch keine vertragliche Verpflichtung vor, z.B. Wechselkursrisiko aus erwarteten Zahlungseingängen aus Umsätzen in Fremdwährung im kommenden Jahr) und
- wahlweise (statt Fair value-Hedge *und beschränkt auf Wechselkursrisiken* – vertraglichen Verpflichtungen und

(c) **Absicherung einer Nettoinvestition in eine wirtschaftlich selbständige ausländische Teileinheit** (hedge of a net investment in a foreign operation); hierbei handelt es sich ökonomisch um einen *Cashflow-Hedge*. Diese Sicherungsbeziehung stellen wir in Rz. 3141 f. dar.

4.1.2 Grundgeschäfte

Bei den vorstehend genannten Grundgeschäften kann es sich jeweils um einzelne Sachverhalte handeln oder um Gruppen (Portfolien).[1] Für abzusichernde Vermögenswerte und Schulden ist dabei vorauszusetzen, dass die zusammengefassten Grundgeschäfte ein **vergleichbares Risikoprofil** nach den Bedingungen des IAS 39.83 aufweisen. Zu diesen Bedingungen gehört eine weitestgehend proportionale Veränderung des Fair value der einzelnen Posten der Gruppe im Verhältnis zur Gesamtgruppe.

2232

Beispiele:
- Ein Aktienportfolio, welches dem DAX 30 nachgebildet ist, kann nicht mit einem Optionsgeschäft auf den DAX 30 abgesichert werden, da sich in künftigen Perioden die Wertänderung der einzelnen Aktien nicht proportional zur Wertänderung des DAX 30 verhalten wird (IAS 39.IG F.2.20).
- Die Absicherung eines Forderungsbestandes mit nahezu gleicher/fast identischer Laufzeit gegenüber unterschiedlichen Kunden im selben Währungsraum gegen Wechselkursrisiken ist hingegen möglich. Zu beachten ist allerdings die Effektivitätsvoraussetzung (Rz. 2250).

Für finanzielle Vermögenswerte und Verbindlichkeiten als Grundgeschäfte können auch Teile des Risikos abgesichert werden (IAS 39.81).[2]

2233

---

[1] Auf die Möglichkeit der Absicherung von Portfolien gegen Zinsänderungsrisiken gehen wir nicht ein.
[2] Vgl. IDW RS HFA 9, Tz. 314.

Beispiel:
Bei einer Anleihe kann nur der risikolose Zins als Cashflow-Hedge gegen künftige Zinsänderungen gesichert werden.[1]

Eine im Juli 2008 vollzogene Änderung am Anhang des IAS 39 führt zu Klarstellungen bei der Designation von Teilen eines Grundgeschäfts als abzusicherndes Risiko, Rz. 2208.

2234 Auch **nicht finanzielle Vermögenswerte** und **Verbindlichkeiten** können Grundgeschäfte sein. Sie sind allerdings nur gegen (a) Währungsrisiken oder (b) gegen *alle* Risiken als abgesichert zu bestimmen (IAS 39.82).[2]

2235 Wertpapiere der Kategorie **held-to-maturity** sollen bis zur Endfälligkeit gehalten werden. Daher können sie nicht gegen Zinsänderungs- und Kündigungsrisiken abgesichert werden, wohl aber gegen Währungs- und Ausfallrisiken (IAS 39.79).[3]

4.1.3 Sicherungsinstrumente

2236 Als Sicherungsinstrumente kommen grundsätzlich **Derivate** in Betracht, deren Fair value verlässlich bestimmbar ist, da ohne eine Wertbestimmung die notwendige Einschätzung der **Effektivität** (s. Rz. 2250) nicht möglich ist. IAS 39 geht grundsätzlich davon aus, dass für alle Finanzinstrumente und damit auch für alle Derivate Fair values ermittelbar sind – mit Ausnahme von nicht notierten Eigenkapitaltiteln (Rz. 1866) und mit diesen verbundenen Derivaten (IAS 39.AG96); diese können dann keine Sicherungsinstrumente sein.

2237 Um eine Sicherungsbeziehung einzugehen, können Derivate neu erworben oder aus vorhandenen Beständen eingesetzt werden.[4] Dazu gehören auch jene Derivate, die zuvor aus strukturierten Produkten abgespalten worden sind. Geschäftspartner des Derivats für Zwecke des Konzernabschlusses muss eine *konzernfremde* Dritte Partei sein (IAS 39.73). Eine vom Unternehmen geschriebene Option (das Unternehmen nimmt die Stillhalterposition ein) ist wegen des Verlustrisikos hingegen kein Sicherungsinstrument (IAS 39.72), es sei denn, sie wird zur Glattstellung einer erworbenen Option eingesetzt (IAS 39.AG94).

2238 Ein Sicherungsinstrument ist über seine gesamte (Rest-)Laufzeit und grundsätzlich in seiner **Gesamtheit** einzusetzen. Hinsichtlich des Volumens kann es jedoch **anteilig** zur Absicherung eingesetzt werden (IAS 39.75); in diesem Fall wird der andere Teil unverändert dem Handelsbestand zugeordnet und erfolgswirksam behandelt.

---

1 S. hierzu ergänzend IAS 39.AG99A und AG99B sowie *Scharpf*, KoR 2004, Beilage 1, S. 6.
2 Alternative (b) dürfte in der Praxis kaum vorkommen.
3 Zu einer Auflistung weiterer Ausschlüsse der Designation von Grundgeschäften siehe IDW RS HFA 9, Tz. 316.
4 Vgl. IAS 39.IG F.3.9.

Beispiel:
Ein Aktienbestand von 50 Stück soll mit einem Put gegen Kursrückgänge abgesichert werden, dessen Stückelung aber 100 beträgt. Dann können 50% des Puts als Sicherungsinstrument eingesetzt werden.

Hiervon zu trennen ist die Möglichkeit, ein Derivat zu zerlegen und nur einen Teil als Gesamtheit des Sicherungsinstruments zu definieren. Diese Möglichkeit eröffnet IAS 39.74 für 2239

– Optionen, deren innerer Wert, und für
– Terminkontrakte, deren Kassakurs

jeweils als Sicherungsinstrument bestimmt werden kann.
Der Zeitwert der Option und die Zinskomponente des Terminkontrakts sind dann jeweils dem Handelsbestand zuzuordnen. Der Vorteil dieser Vorgehensweise liegt in der Verbesserung der **Effektivität**: Die Designation nur des inneren Werts einer Option oder nur des Kassakurses eines Terminkontrakts hat zur Folge, dass auch nur diese Elemente der Effektivitätsmessung zugrunde zu legen sind, was i.d.R. zu perfekten Hedges führt (s. Beispiel in Rz. 2266). In der Literatur wird darüber hinaus auch die Meinung vertreten, bei Designation der *gesamten* Option oder des *gesamten* Terminkontrakts als Sicherungsinstrument für die Effektivitätsmessung dann nur den jeweils inneren Wert bzw. die Kassakurskomponente zugrunde legen zu können.[1] Wir halten das seit Ergänzung des IAS 39 im Juli 2008 (Rz. 2208) für problematisch.

Beschränkt auf die Absicherung von Währungsrisiken können ferner **nicht-derivative Finanzinstrumente** eingesetzt werden (IAS 39.72). Da aber die Anforderungen des Hedge Accounting bei der Absicherung des Kursrisikos z.B. einer Fremdwährungsforderung mit einer Fremdwährungsverbindlichkeit wegen der gleichzeitigen erfolgswirksamen Erfassung der Währungsdifferenzen nicht erforderlich ist[2], dürfte der klassische Anwendungsfall hauptsächlich in der Absicherung des Währungsrisikos von zum Stichtagskurs umgerechneten Tochterunternehmen zu sehen sein (s. Rz. 3142). 2240

Da **eigene Eigenkapitalinstrumente** aus Sicht des bilanzierenden Unternehmens keine Finanzinstrumente darstellen, kommt deren Einsatz als Sicherungsinstrumente nicht in Betracht (IAS 39.AG97). 2241

frei 2242–2244

4.2 Voraussetzungen für das Hedge Accounting

Eine Sicherungsbeziehung kann nur dann den Bilanzierungsregeln des Hedge Accounting unterworfen werden, wenn folgende Anforderungen erfüllt sind (IAS 39.88): 2245

---
1 Vgl. *Scharpf*, KoR 2004, Beilage 1, S. 11.
2 Vgl. IAS 39.IG F.1.1; s. auch Rz. 2201.

(a) Interne **Dokumentation** jeder Sicherungsbeziehung *zu Beginn* eines Sicherungsgeschäfts und

(b) Nachweis der **Effektivität** des Sicherungszusammenhangs.

Den scheinbar formalen Anforderungen kommt materiell erhebliche Bedeutung zu, da hierdurch die nachträgliche Designierung bei Eintritt unerwarteter Entwicklungen ausgeschlossen ist.

4.2.1 Dokumentation und Organistation

2246 Zu dokumentieren sind die **Risikomanagementzielsetzungen und -strategien** im Hinblick auf die Absicherung. Das Sicherungsinstrument, das Grundgeschäft und die Art des abzusichernden Risikos sind genau zu bestimmen. Eine rückwirkende Bildung von Sicherungszusammenhängen ist damit ausgeschlossen.

2247 Bei der Dokumentation ergeben sich inhaltlich klare Überschneidungen (und damit Synergieeffekte) hinsichtlich der gesellschaftsrechtlichen Anforderungen des § 91 Abs. 2 AktG zur Einrichtung eines Überwachungssystems.[1] Festzulegen sind die aufbau- und ablauforganisatorischen Rahmenbedingungen; der Grundsatz der Funktionentrennung (Trennung von Geschäftsabschluss, Abwicklung und Kontrolle, Rechnungswesen und Überwachung), wie er für Kreditinstitute obligatorisch ist, sollte bei der Durchführung von Sicherungsmaßnamen Vorbild sein für Unternehmen anderer Branchen.[2]

2248 Ferner ist das zur **Bestimmung der Effektivität** des Sicherungsinstruments eingesetzte Verfahren zu beschreiben. Es werden keine bestimmten Verfahren vorgeschrieben, die festgelegten sollen aber in Übereinstimmung mit der Risikomanagementstrategie stehen (IAS 39.AG107). Daraus ist zu schließen, dass für ähnliche Geschäfte auch ähnliche Messmethoden zur Beurteilung der Effektivität einzusetzen sind. Die einmal bestimmte Methode ist stetig über die Sicherungsperiode anzuwenden.[3]

2249 Die interne Dokumentation ist auch Grundlage der **Berichtspflichten** zum Hedge Accounting gem. IFRS 7.21 ff.

---

[1] Für börsennotierte Gesellschaften gilt zusätzlich Ziffer 4.1.4 des Deutschen Corporate Governance Kodex, nach dem der Vorstand „für ein angemessenes Risikomanagement und Risikocontrolling im Unternehmen" zu sorgen hat. Für den Fall, dass Abweichungen hiervon auftreten, sind diese in der Entsprechenserklärung nach § 161 AktG offen zu legen, vgl. *Krieger/Sailer* in Karsten Schmidt/Marcus Lutter (Hrsg.), AktG, Köln 2008, § 91 Rz. 2 ff. mit weiteren Einzelheiten.

[2] Vgl. ausführlich und zu weiteren Einzelheiten *Prahl/Neumann* in HdJ Abt. II/10 (2000), Rz. 24–60.

[3] Vgl. *Scharpf*, KoR 2004, Beilage 1, S. 7.

Beispiel (Merck Geschäftsbericht 2008, S. 126):
„Wir setzen derivative Finanzinstrumente ausschließlich zur Sicherung von Währungs- und Zinspositionen ein, um durch Wechselkurs- bzw. Zinsschwankungen bedingte Währungsrisiken bzw. Finanzierungskosten zu minimieren. Die Strategie zur Absicherung des Transaktionsrisikos aus Währungsschwankungen wird von einem hierfür eingesetzten und in regelmäßigen Abständen tagenden Zins- und Währungsausschuss der Gruppe festgelegt. Grundlage ist in der Regel ein Betrachtungszeitraum bis zu 36 Monaten. Jede Absicherung muss sich auf bestehende oder sicher zu erwartende Grundgeschäfte beziehen (Verbot der Spekulation). Währungsrisiken aus Finanzanlagen und -aufnahmen in fremder Währung werden grundsätzlich abgesichert. Ein Einsatz solcher Derivatkontrakte ist durch Richtlinien geregelt. Die Abschlüsse derivativer Geschäfte unterliegen einer ständigen Risikokontrolle. Eine strikte Funktionstrennung von Handel, Abwicklung und Kontrolle ist sichergestellt und wird von unserer internen Revision überwacht. Derivative Finanzkontrakte werden nur mit Banken guter Bonität abgeschlossen und sind auf die Absicherung des operativen Geschäfts sowie der damit verbundenen Finanzierungsvorgänge beschränkt."

4.2.2 Nachweis und Messung der Effektivität

Die **Effektivität des Sicherungszusammenhangs** muss **messbar** (IAS 39.88d) und sowohl zu Beginn des Sicherungsgeschäfts für die Zukunft (IAS 39.88b, sog. *prospektive Effektivität*) als auch während der Dauer des Sicherungszusammenhangs (IAS 39.88e, sog. *retrospektive Effektivität*) als **hoch wirksam** eingestuft worden sein bzw. bestätigt werden.

Messbarkeit bedeutet, dass für das Grundgeschäft und das Sicherungsinstrument jeweils der Fair value bzw. die Zahlungsströme bestimmt werden können. So ist von vornherein ein Derivat, dessen Fair value nicht bestimmt werden kann, kein Sicherungsinstrument.

Hoch wirksam (= effektiv) ist der Sicherungszusammenhang dann, wenn hinsichtlich der *prospektiven Effektivität* ein nahezu vollständiger Ausgleich erwartet werden kann. Sollten die wesentlichen Bedingungen und Parameter von Sicherungs- und Grundgeschäft übereinstimmen, kann nach IAS 39.AG108 die prospektive Effektivität als erfüllt angesehen werden (*Critical Term Match*).[1] Allerdings muss gleichwohl die *retrospektive Effektivität* gemessen werden. Hierbei müssen die Wertänderungen oder Änderungen der Cashflows des Grundgeschäfts in einer **Bandbreite** von 80–125 % durch eine entsprechende gegenläufige Änderung des Sicherungsinstruments kompensiert werden (IAS 39.AG105). Das ist mindestens zu jedem Zwischenabschluss-Stichtag zu überprüfen (IAS 39.AG106).[2]

---
[1] Zu Beispielen s. *Scharpf*, KoR 2004, Beilage 1, S. 8. sowie IDW RS HFA 9, Tz. 328.
[2] Zu besonderen Problemen der Messung der Effektivität bei Futures-Kontrakten s. ausführlich *Jamin/Krankowsky*, KoR 2003, 502.

2251 IAS 39 gibt keine Vorgaben, nach welchen Verfahren die Effektivität zu messen ist. In der Praxis üblich sind die **Dollar-Offset-Methode** (periodisch oder kumuliert) oder statistische Verfahren.[1] Das Verfahren kann für die konkrete Sicherungsbeziehung nachträglich *nicht* geändert werden.

Beispiel zur Messung der retrospektiven Effektivität:
Bei der Dollar-Offset-Methode werden die Wertänderungen bzw. Cashflow-Änderungen von Grund- und Sicherungsgeschäft ins Verhältnis zueinander gesetzt, um die Effektivität zu bestimmen. Die folgenden beiden Tabellen zeigen daher nur die Änderungen der Ausgangsgrößen, und zwar einmal periodisch und einmal in kumulativer Betrachtung.

Kumulative Betrachtung			
	31.3.	30.6.	30.9.
Grundgeschäft	(100)	(150)	(40)
Sicherungsinstrument	90	160	50
Effektivität	111 %	94 %	80 %

Einzelperiodische Betrachtung			
	31.3.	30.6.	30.9.
Grundgeschäft	(100)	(50)	110
Sicherungsinstrument	90	70	(110)
Effektivität	111 %	71 %	100 %

Abb. 59: Messung der Effektivität nach der Dollar-Offset-Methode

Das Beispiel zeigt: In kumulierter Betrachtung sind in jeder Periode die Effektivitätsanforderungen erfüllt. Die gemessene Effektivität liegt jeweils in der geforderten Bandbreite von 80 % bis 125 %. In einzelperiodischer Betrachtung hingegen ist die retrospektive Effektivität zum 30.6. nur 71 % und fällt daher aus dem Korridor. Die Sicherungsbeziehung wäre aufzulösen, wenn zu Beginn des Sicherungszusammenhangs zur Messung der Effektivität die periodische Betrachtung bestimmt worden wäre. Ist zuvor jedoch die kumulierte Betrachtung als Methode bestimmt worden, kann die Sicherungsbeziehung aufrechterhalten werden.

---

[1] Vgl. *Scharpf*, KoR 2004, Beilage 1, S. 7. Diese Verfahren werden auch in IAS 39.AG105a genannt.

4.2.3 Besondere Voraussetzung bei künftigen Transaktionen

Zur Absicherung künftiger Transaktionen (**forecast transactions**, ausschließlich Cashflow-Hedge) gilt nach IAS 39.88c die **zusätzliche Voraussetzung**, dass die geplante Transaktion – z.B. der erwartete Umsatz in Fremdwährung – mit hoher Wahrscheinlichkeit eintreten wird. Zur Beurteilung der Wahrscheinlichkeit sollen Faktoren wie Häufigkeit ähnlicher Transaktionen in der Vergangenheit, die Fähigkeit, die geplante Transaktion tatsächlich durchführen zu können oder das Vorhandensein möglicher Alternativen zur geplanten Transaktion herangezogen werden.[1] Eine prozentuale Eintrittswahrscheinlichkeit wird nicht gefordert; die Literatur schlägt Eintrittswahrscheinlichkeiten von 80–90 % vor.[2]

2252

4.2.4 Nichterfüllung der Voraussetzungen

Sollten die vorbezeichneten Anforderungen nicht mehr erfüllt sein, ist die Bilanzierung als Sicherungsgeschäft einzustellen. Das gilt auch bei freiwilliger Einstellung und wenn das Sicherungsinstrument ausläuft, veräußert, beendet oder ausgeübt wird. Bei *forecast transactions* kommt als Beendigungsgrund hinzu, dass mit der Transaktion nicht mehr gerechnet wird, also das Grundgeschäft wegfällt (IAS 39.91, IAS 39.101).

2253

frei

2254

4.3 Bilanzierung der Absicherung von Änderungen des Fair value

Ein **Fair value-Hedge** ist die vollständige oder teilweise Absicherung bilanzierter Vermögenswerte oder Schulden oder schwebender Geschäfte gegen Änderungen des Fair value dieser Position (Rz. 2231(a)). In der bilanziellen Darstellung richtet sich die Bewertung des Grundgeschäfts nach der Bewertung des Sicherungsinstruments (IAS 39.89).

2255

Dies bedeutet konkret:[3] Im Zeitpunkt des Beginns des Sicherungszusammenhangs werden die Buchwerte von Sicherungsinstrument und Grundgeschäft – im Falle eines schwebenden Geschäfts die Vertragsbedingungen – festgehalten. Bei einem Derivat als Sicherungsinstrument bleibt es in den nachfolgenden Stichtagen, wie es IAS 39 auch außerhalb von Sicherungsbeziehungen vorsieht, bei einer erfolgswirksamen Bewertung zum Fair value. Im Falle eines nicht derivaten Sicherungsinstruments (Rz. 2240) ist dessen Währungskomponente ebenfalls erfolgswirksam zu erfassen. Gleichzeitig erfolgt eine **Anpassung des Buchwertes** des abgesicherten Vermögenswerts oder der abgesicherten Verbindlichkeit, soweit der Gewinn oder Verlust auf das abgesicherte

2256

---

1 Vgl. zu weiteren Kriterien IAS 39.IG F.3.7.
2 So etwa *Bellavite-Hövermann/Barckow* in Baetge u.a. (Hrsg.), Rechnungslegung nach IFRS, 2002, IAS 39 Rz. 169; *PriceWaterhouseCoopers*, Understanding, IAS 39, 2000, S. 80 nennen unter Rückgriff auf US-GAAP ca. 90 %.
3 Vgl. Ausschuss für Bilanzierung des Bundesverbands deutscher Banken, WPg 2001, 346.

Risiko entfällt; bei schwebenden Geschäften als Grundgeschäft[1] wird so ein Vermögenswert oder eine Verbindlichkeit begründet (Durchbrechung des Grundsatzes der Nichtbilanzierung schwebender Geschäfte). Die erfolgswirksame Buchwertanpassung gilt auch für solche Vermögenswerte und Verbindlichkeiten, bei denen Änderungen des Fair value (wie z.B. bei Available-for-sale-Wertpapieren) erfolgsneutral im Eigenkapital berücksichtigt werden oder die ansonsten zu fortgeführten Anschaffungskosten angesetzt würden. Bei einem perfekten Hedge gleichen sich damit die Ergebnisse aus dem Grund- und dem Sicherungsgeschäft aus, so dass sich per Saldo keine Gewinn- oder Verlustauswirkungen ergeben.[2]

2257 Bei **zinstragenden Finanzinstrumenten**, die zu fortgeführten Anschaffungskosten bewertet werden, ist die vorstehend beschriebene Buchwertanpassung über die Restlaufzeit nach der Effektivzinsmethode ergebniswirksam aufzulösen. Damit kann unmittelbar bei der ersten Anpassung begonnen werden, spätestens jedoch bei Beendigung der Sicherungsbeziehung (IAS 39.92).

2258 Die vorstehend beschriebene Bilanzierung eines Fair value-Hedge kann durch folgenden Fall illustriert werden:

Beispiel:
Ein Unternehmen emittiert eine fest verzinsliche Anleihe, die dem Risiko von Wertänderungen (**Schwankungen des Fair value**) ausgesetzt ist, die sich aus Marktzinsschwankungen ergeben (Rz. 1885 ff.). Um sich hiergegen abzusichern, schließt dieses Unternehmen gleichzeitig[3] ein Swap-Geschäft ab. Aus diesem Swap-Geschäft erhält das Unternehmen einen Festzins, der der Verzinsung der emittierten Schuldverschreibung entspricht und zahlt Zinsen auf LIBOR-Basis an den Swap-Kontrahenten. Damit dreht das Unternehmen die Festzinsverpflichtung über den Zinsswap in eine variable Verzinsung. Es kann von einer Effektivität des Sicherungsgeschäfts von 100 % ausgegangen werden.

Im Ergebnis hat das Unternehmen somit eine variabel verzinsliche Anleihe aufgenommen, deren Wert bei 100 % fixiert ist. Buchungstechnisch geschieht dies dadurch, dass die Marktwertschwankung der festverzinslichen Anleihe genau durch die Wertschwankung des Swaps ausgeglichen wird, und zwar jeweils erfolgswirksam in der Gewinn- und Verlustrechnung, so dass sich bei voller Effektivität des Sicherungsgeschäfts die Ergebnisauswirkungen ausgleichen.[4]

---

[1] Beispielsweise Terminverkauf von Rohstoffen, s. Rz. 2213.
[2] Vgl. auch *Graf Waldersee*, Bilanzierung von Finanzderivaten nach HGB, IAS und US-GAAP, in Küting/Langenbucher (Hrsg.), FS Weber, 1999, S. 240 (252).
[3] Bei Kombination beider Geschäfte (anstatt der direkten Aufnahme eines variabel verzinslichen Kredites) lassen sich Zinssatzreduzierungen erzielen (komparative Kostenvorteile).
[4] Zur Bilanzierung von Swap-Geschäften nach HGB vgl. *Clemm/Nonnenmacher*, Überlegungen zur Bilanzierung von Swapgeschäften, FS Döllerer, 1988, S. 65. Ein ausführliches Zahlenbeispiel enthält *Hachmeister*, Verbindlichkeiten nach IFRS, 2006, S. 53–56.

XII. Sicherungsgeschäfte und Risikoberichterstattung (IAS 39, IFRS 7)

Die **GuV-Auswirkungen** aus dem Sicherungsgeschäft sollten in den GuV-Posten erfasst werden, die durch das abgesicherte Grundgeschäft berührt werden. Stammen sie folglich aus dem operativen Geschäft, werden die Ergebnisauswirkungen (bei nicht vollständiger Effektivität) im Ergebnis der betrieblichen Tätigkeit berücksichtigt; sind übrige finanzielle Vermögenswerte bzw. finanzielle Verbindlichkeiten abgesichert, werden hieraus resultierende Gewinne und Verluste im Finanzergebnis ausgewiesen.[1] 2259

Das folgende Beispiel illustriert die Absicherung von Vermögenswerten gegen **Marktwertveränderungen**. Gezeigt werden auch die anfallenden Buchungen. 2260

Beispiel:
Unternehmen U erwirbt im Sommer 01 Aktien der Herstell AG zum Preis von 80 und ordnet sie der Kategorie available-for-sale zu. Am Beginn des Jahres 03 notiert die Aktie bei 100. U benötigt frühestens in zwei Jahren die Liquidität aus einem Verkauf der Aktien und möchte bis dahin an möglichen Kurssteigerungen teilhaben. Auf der anderen Seite will man sich gegen mögliche Kursrückgänge absichern. U erwirbt daher zu Beginn des Jahres 03 eine Verkaufsoption, Laufzeit bis 15.12.04, Basispreis 100, zum Preis von 3. Die künftigen Wertentwicklungen der Aktie und der Verkaufsoption sind wie folgt:

Datum	Aktienkurs = Fair value	Kum. Veränderung Aktienkurs	Verkaufsoption		
			Innerer Wert	Zeitwert	Gesamtwert
2.1.03	100	–	–	3	3
31.12.03	94	– 6	6	2	8
15.12.03	90	– 10	10	0	10

Wertentwicklung Aktie und Verkaufsoption

U designiert den inneren Wert der Verkaufsoption als Sicherungsgeschäft (Rz. 2239). Auf diese Weise ergibt sich vollständige Effektivität.

Per Anfang Januar 03 ist die Aktie mit 100 Euro aktiviert; zugleich ist ein Betrag von + 20 in der Neubewertungsrücklage (available-for-sale) gegengebucht. Ferner bucht U den Kauf der Option und dokumentiert die Sicherungsbeziehung.

Zeitwert Verkaufsoption   3
Innerer Wert Verkaufsoption 0 an Bank   3

Am Jahresende 03 beträgt der Fair value der Option 8, der innere Wert 6. Damit hat der Zeitwert um 1 abgenommen; dieser Teil unterliegt nicht dem Sicherungsgeschäft. U bucht:

Finanzaufwand   1 an Zeitwert Verkaufsoption 1

---

1 So auch *Flintrop* in Beck'sches IFRS-Handbuch, 2. Aufl. 2006, § 23 Rz. 67.

Für das Sicherungsgeschäft ist am 31.12.03 zu buchen:

Innerer Wert Verkaufsoption	6	an	Sicherungsertrag	6
Sicherungsaufwand	6	an	Wertpapier (available-for-sale)	6

Entsprechend gilt für den 15.12.04:

Finanzaufwand	2	an	Zeitwert Verkaufsoption	2
Innerer Wert Verkaufsoption	4	an	Sicherungsertrag	4
Sicherungsaufwand	4	an	Wertpapier (available-for-sale)	4

U wird am Verfallstag die Verkaufsoption für 10 Euro verkaufen und ausbuchen. Das Sicherungsgeschäft ist beendet. Die Aktie ist mit 90 Euro angesetzt, und in der *Neubewertungsrücklage (available-for-sale) befindet sich unverändert der Betrag von 20.* Wenn U die Aktie veräußert, sind die 20 als Ertrag umzubuchen.

2261 Bei **Beendigung der Sicherungsbeziehung** infolge Terminierung/Glattstellung des Derivats ist dieses auszubuchen. Sollte bei Terminierung eine Ausgleichszahlung erfolgen, ist diese mit dem Buchwert des Derivats zu verrechnen und eine mögliche Differenz erfolgswirksam zu erfassen.[1] Das Grundgeschäft ist ab diesem Zeitpunkt nicht mehr anzupassen; spätestens jetzt ist der aufgelaufene Anpassungsbetrag bei zinstragenden Finanzinstrumenten über die Restlaufzeit ergebniswirksam im Zinsergebnis[2] zu amortisieren. Dies gilt auch für den Fall, dass die Voraussetzungen des Fair value-Hedge nicht mehr gegeben sein sollten (Rz. 2253). Das Derivat ist dann wieder dem Handelsbestand zuzuordnen. Erfolgswirksame Wertänderungen des Derivats sind allerdings nicht mehr im Hedge-Ergebnis, sondern im Handelsergebnis zu erfassen. Eine solche Behandlung erfährt das Derivat auch dann, wenn das Grundgeschäft ausgebucht und deshalb die Sicherungsbeziehung aufgegeben wird.

2262–2264 frei

4.4 Bilanzierung der Absicherung des Cashflow

2265 Als zu sichernde Grundgeschäfte im Rahmen eines *Cashflow-Hedge* kommt die Absicherung des Risikos von Schwankungen der Cashflows in Betracht (Rz. 2231(b)),

– die im Zusammenhang stehen mit bereits bilanzierten Vermögenswerten und Verbindlichkeiten (z.B. die Absicherung *variabel* verzinslicher Forderungen und Verbindlichkeiten mittels eines Zinsswaps gegen Zinsrisiken)[3] oder

---

[1] Vgl. Ausschuss für Bilanzierung des Bundesverbandes deutscher Banken, WPg 2001, 346 (349).

[2] Vgl. Ausschuss für Bilanzierung des Bundesverbandes deutscher Banken, WPg 2001, 346 (349).

[3] Werden demgegenüber fest verzinsliche Verbindlichkeiten durch einen Zinsswap abgesichert, handelt es sich nicht um einen Cashflow-Hedge, sondern um einen Fair value-Hedge, vgl. IAS 39.IG F.3.1 sowie Rz. 2258.

XII. Sicherungsgeschäfte und Risikoberichterstattung (IAS 39, IFRS 7)

– die sich beziehen auf geplante Transaktionen (forecast transactions, z.B. die Absicherung von Kursrisiken aus *erwarteten* An- oder Verkäufen in Fremdwährung, für die eine feste Verpflichtung noch nicht besteht),

wenn diese Schwankungen jeweils Auswirkungen auf das Periodenergebnis haben werden.

Ferner kann die Absicherung des **Währungsrisikos** fester An- oder Verkaufsverpflichtungen in Fremdwährung (*firm commitments*) als Cashflow-Hedge statt als Fair value-Hedge behandelt werden (IAS 39.87, vgl. Beispiel in Rz. 2268), obwohl es „eher" um die Absicherung des Fair value geht. In diesem Fall bleibt es bei der Nichtbilanzierung des schwebenden Geschäfts.

Zum Zinsswap mit 100%iger Effektivität folgends Beispiel: 2266

Beispiel zum Zinsswap mit 100%iger Effektivität (Abwandlung von Rz. 2258):

Ein Unternehmen emittiert eine variabel verzinsliche Anleihe, wodurch zinsinduzierte Wertschwankungen ausgeschlossen sind. Allerdings besteht das Risiko erhöhter Zinszahlungen bei künftigen Zinssatzsteigerungen. Um sich gegen dieses Risiko abzusichern, schließt das Unternehmen einen Zinsswap (Payer) ab, womit ökonomisch die variable Zinsverbindlichkeit in eine festverzinsliche Verbindlichkeit gedreht wird: Aus dem Zinsswap erhält das Unternehmen variable Zinsen (die an die Gläubiger der Anleihe weitergereicht werden) und muss Festzinsen zahlen. Seit Abschluss des Zinsswaps ist das Zinsniveau angestiegen, so dass der Marktwert des Zinsswaps positiv geworden ist (andernfalls negativ). Der Marktwert ermittelt sich als Barwertdifferenz aus den künftigen Zahlungsströmen des Swaps. Der Marktwert wird in die Bilanz eingestellt (Forderung bzw. Verbindlichkeit aus Cashflow-Hedges), und zwar mit einer erfolgsneutralen Gegenbuchung in die entsprechende Kategorie des other compehensive income (Rz. 4310). Aus diesem Posten wird künftig die Differenz zwischen variablen und festen Zinsen über die GuV aufgelöst, so dass im Ergebnis nur die Festzinsen aus dem Swap erfolgswirksam werden.[1] Der EK-Posten selbst wird erfolgsneutral fortgeführt, bis er auf Grund der Umbuchungen am Ende der Sicherungsbeziehung „0" beträgt.

Liegt beim Cashflow-Hedge keine 100%ige, aber eine hinreichende Effektivität (Spannweite zwischen 80% und 125%) vor, ist wie folgt vorzugehen (IAS 39.95 f.): 2267

– Unterschreitet der kumulierte Gewinn oder Verlust des Sicherungsinstruments die kumulierten Änderungen künftiger Cashflows aus dem Grundgeschäft (sog. *under-hedge*), wird die gesamte Wertänderung des Sicherungsinstruments im Eigenkapital (als Teil des sog. „*other comprehensive income*", s. Rz. 4310) erfasst.

---

[1] Zu einem ausführlichen Zahlenbeispiel auch zur Berechnung von clean und dirty Price eines Swaps siehe *Freidl/Kühn*, BBK 2008, 1293.

– Im entgegengesetzten Fall (sog. *over-hedge*) wird bis zur 100 %igen Effektivität der Betrag im Eigenkapital und der überschießende Betrag erfolgswirksam erfasst.[1]

Bei den Folgeperioden ist wie folgt zu unterscheiden:

– Führt das abgesicherte schwebende Geschäft (firm commitment) oder die geplante Transaktion zum Ansatz eines **Finanzinstruments**, so ist der kumulierte, im Eigenkapital erfasste Betrag des Sicherungsinstruments in den Perioden erfolgswirksam zu erfassen, in denen auch das Grundgeschäft das Ergebnis beeinflusst (z.B. Zinsen, IAS 39.97 und Rz. 2266).

– Kommt es zum **Ansatz nicht finanzieller Vermögenswerte** (oder **Verbindlichkeiten**), besteht ein **Wahlrecht** der Verrechnung des kumulierten, im Eigenkapital erfassten Betrages mit den Anschaffungskosten oder der erfolgswirksamen Auflösung in den Perioden, in denen das angesetzte Grundgeschäft das Ergebnis beeinflusst (z.B. über die Abschreibungsdauer, IAS 39.98).

2268 Zur Verdeutlichung sei folgendes Beispiel angeführt:

> **Beispiel:**
>
> Unternehmen U hat am 1.11.01 einen Vertrag über den Ankauf einer Maschine zum Preis von 1 Mio. Dollar geschlossen (firm commitment). Liefertermin ist 1.2., gezahlt werden soll am 1.3. Bis zur Lieferung handelt es sich um ein *schwebendes Geschäft*. U sichert den derzeit geltenden Kurs von 1 Euro = 1 Dollar mit einem Devisentermingeschäft ab und designiert nur die Kassakurskomponente als Sicherungsinstrument (Rz. 2239). Die Zinskomponente wird damit separat als Derivat erfasst; auf dessen erfolgswirksame Darstellung sei hier verzichtet.
>
> Die unterstellte Kursentwicklung als Ausgangsdaten und der jeweilige Fair value des Devisentermingeschäfts sind in nachfolgender Tabelle abgebildet:
>
> | | | Kassakurs | Devisentermingeschäft | |
> | --- | --- | --- | --- | --- |
> | | | | Fair value | Veränderung |
> | | | | Euro | Euro |
> | 1.11.01 | Vertragsabschluss | 1,00 | 0 | |
> | 31.12.01 | Bilanzstichtag | 0,95 | 52 632 | 52 632 |
> | 1.2.02 | Lieferung | 0,94 | 63 830 | 11 198 |
> | 1.3.02 | Bezahlung | 0,93 | 75 269 | 11 439 |
>
> **Daten zum Beispiel Cashflow-Hedge**
>
> Sicherungsgeschäfte von festen Verpflichtungen werden als Fair value-Hedge behandelt und können, wenn es sich um die Absicherung des Wechselkurs-

---

1 Vgl. auch *Scharpf*, KoR 2004, Beilage 1, S. 18.

risikos handelt, wahlweise auch als Cashflow-Hedge dargestellt werden. Wir zeigen beide Varianten im Vergleich.

Unter der Annahme, dass die Voraussetzungen zur Durchführung von Hedge Accounting vorliegen (**Dokumentation** und Nachweis der **Effektivität**, Rz. 2245 ff.; hier liegt vollständige Effektivität vor) ergeben sich folgende Buchungen:

Darstellung als Cashflow-Hedge:

Zum 1.11.01 wird das Devisentermingeschäft mit seinem Marktwert von „Null" eingebucht:

| (1) | Devisentermingeschäft | 0 | an | Bank | 0 |

Am Bilanzstichtag 31.12.01 ist das Termingeschäft mit seinem beizulegenden Zeitwert (Marktwert) *erfolgsneutral* anzusetzen. Der Marktwert errechnet sich aus:

1 Euro/0,95 Dollar × 1 000 000 Dollar − 1 000 000 Dollar = 52 632 Euro.

| (2) | Devisentermingeschäft | 52 632 | an | Rücklage aus Sicherungsgeschäft | 52 632 |

Zum 1.2.02 wird die Maschine geliefert und ist mit dem aktuellen Kassakurs einzubuchen (3). Außerdem ist die Wertänderung des Termingeschäfts einzubuchen (4), um schließlich die aufgelaufene Rücklage aus dem Sicherungsgeschäft mit den Anschaffungskosten der Maschine zu verrechnen (5) (IAS 39.98b). Hierauf könnte auch verzichtet werden. Dann würde die Maschine mit dem höheren Buchwert eingebucht und die Rücklage über die Abschreibung der Maschine ergebniswirksam aufgelöst (IAS 39.98a). In unserem Beispiel hat die Maschine daher einen Buchwert von 1 Mio. Euro (Umrechnung von 1 Mio. Dollar zum Sicherungskurs von 1 Dollar = 1 Euro).

(3)	Maschine	1 063 830	an	Verbindlichkeit	1 063 830
(4)	Devisentermingeschäft	11 198	an	Rücklage aus Sicherungsgeschäft	11 198
(5)	Rücklage aus Sicherungsgeschäft	63 830	an	Maschine	63 830

Einen Monat später (1.3.02) wird die Verbindlichkeit beglichen. Da der Wechselkurs sich erneut verändert hat, sind nicht 1 063 830 Euro, sondern 1 075 269 Euro aufzubringen, um 1 Mio. Dollar zu bezahlen (6). Zugleich ist der Marktwert des Devisentermingeschäfts weiter gestiegen; diese Wertänderung kompensiert nun den Verlust aus der Begleichung der Verbindlichkeit (7) (IAS 39.100). Schließlich wird das Devisentermingeschäft abgerechnet (8):

(6)	Verbindlichkeit sonstiger Finanzaufwand	1 063 830 11 439	an	Bank	1 075 269
(7)	Devisentermingeschäft	11 439	an	sonstiger Finanzaufwand	11 439
(8)	Bank	75 269	an	Devisentermingeschäft	75 269

In kumulierter Betrachtung lässt sich das Ergebnis wie folgt zusammenfassen:

a)	Maschine	1 000 000	an	Bank	1 075 269
	Devisentermingeschäft	75 269			
b)	Bank	75 269	an	Devisentermingeschäft	75 269

Darstellung als Fair value-Hedge:

Bei der Behandlung als Fair value-Hedge sind Wertänderungen des Sicherungsinstruments nicht im Eigenkapital, sondern sofort erfolgswirksam zu erfassen. Zugleich ist ein Vermögenswert oder eine Verbindlichkeit anzusetzen, die diesen ergebniswirksamen Effekt kompensiert. Damit wird das Prinzip der Nichtbilanzierung schwebender Geschäfte durchbrochen. Die Buchungen werden im Folgenden dargestellt; Veränderungen sind mit * gekennzeichnet. In kumulierter Betrachtung wird dasselbe Ergebnis wie beim Cashflow-Hedge erzielt.

(1)	Devisentermingeschäft	0	an	Bank	0
(2)*	Devisentermingeschäft	52 632	an	Ertrag	52 632
(2a)*	Ertrag	52 632	an	Verbindlichkeit	52 632
(3)	Maschine	1 063 830	an	Verbindlichkeit	1 063 830
(4)*	Devisentermingeschäft	11 198	an	Ertrag	11 198
(5)*	Verbindlichkeit Ertrag	52 632 11 198	an	Maschine	63 830
(6)	Verbindlichkeit sonstiger Finanzaufwand	1 063 830 11 439	an	Bank	1 075 269
(7)	Devisentermingeschäft	11 439	an	sonstiger Finanzaufwand	11 439
(8)	Bank	75 269	an	Devisentermingeschäft	75 269

Hinweis: Im Beispiel ist durch Designation der Kassakurskomponente eine vollständige Effektivität des Sicherungsgeschäfts unterstellt; daher stellen sich per Saldo überhaupt keine Ergebniswirkungen ein. Etwas anderes gilt, wenn die Sicherungsbeziehung nicht vollständig effektiv ist.

2269 Läuft das Sicherungsinstrument aus oder wird es veräußert, beendet oder ausgeübt oder sind die Kriterien für Cashflow-Hedge nicht mehr gegeben, so ist die Bilanzierung als Cashflow-Hedge aufzugeben (IAS 39.101). Bislang im Eigenkapital aufgelaufene Beträge sind bis zum Zeitpunkt des eventuellen Zugangs des Vermögenswertes oder der Verbindlichkeit bzw. des erfolgswirksamen Eintritts des Grundgeschäfts im Eigenkapital zu belassen und dann mit den Anschaffungskosten bzw. den Aufwendungen und Erträgen zu verrechnen. Sollte dagegen die geplante Transaktion nicht mehr durchgeführt oder die feste Verpflichtung nicht mehr erfüllt werden, ist der bislang im Eigenkapital aufgelaufene Betrag in die GuV umzubuchen (IAS 39.101c). Das Derivat ist entsprechend ab diesem Zeitpunkt wieder der Kategorie held for trading zuzuordnen.[1]

frei   2270–2279

5. Anhangangaben zum Hedge-Accounting

Für jede Art von Sicherungsgeschäften (Fair value-Hedge, Cashflow-Hedge) ist 2280
diese zu beschreiben, welche Art von Sicherungsinstrumenten eingesetzt worden ist, deren Fair value am Stichtag sowie die Art des abgesicherten Risikos (z.B. Währungsrisiko) (IFRS 7.22). Besondere Angabepflichten ergeben sich bei Cashflow-Hedges aus IFRS 7.23 und bei beiden Arten aus IFRS 7.24.

Die Nutzung der Fair value-Option löst keine der vorgenannten Angabepflich- 2281
ten aus. Es sind aber die Kriterien der Designation anzugeben sowie insbesondere, wie der accounting mismatch durch die Designation vermieden wird (IFRS 7.B5a).

frei   2282–2284

6. Risikoberichterstattung

Im Rahmen einer umfassenden Risikoberichterstattung soll der Abschluss- 2285
adressat so informiert werden, dass er

– Art (Qualität) und
– Ausmaß (Quantität)

von Risiken aus Finanzinstrumenten, denen sich das Unternehmen am Bilanzstichtag ausgesetzt sieht, beurteilen kann (IFRS 7.31).

Daher sind umfangreiche qualitative (IFRS 7.33) und quantitative (IFRS 2286
7.34 ff.) Angaben über die wesentlichen Risiken und deren Steuerung erforderlich.[2] Die wesentlichen Risiken sind:

– Kreditausfälle (Kreditrisiko),
– finanzielle Verpflichtungen (Liquiditätsrisiko) und
– Preisrisiko (Marktrisiko), also Wechselkursrisiko, Zinsänderungsrisiko und sonstige Preisrisiken, die Einfluss haben können auf die Bewertung von Finanzinstrumenten.

Die Angaben müssen aber nicht notwendigerweise im Anhang gemacht wer- 2287
den, soweit durch die Angabe von Querverweisen eine Verlinkung zum zeitgleich veröffentlichten Angabeort erfolgt (IFRS 7.B6). Da im **Konzernlagebericht** ebenfalls über diese Risiken berichtet werden soll (§ 315 Abs. 2 Nr. 2 HGB sowie für den Lagebericht § 289 Abs. 2 Nr. 2 HGB), kann zumindest für

---
1 Vgl. Ausschuss für Bilanzierung des Bundesverbandes deutscher Banken, WPg 2001, 346 (351).
2 Siehe auch die einschlägige Literatur *Löw*, BB 2005, 2175 (2178 ff); *Scharpf*, Beilage 2 zu KoR 2006, 36 ff.; *Buchheim/Schmidt*, KoR 2005, 397 (400 ff.).

den beschreibenden Teil eine Verdoppelung der Angaben vermieden werden. Dies soll im Übrigen auch in umgekehrter Richtung möglich sein: Statt Angabe im Lagebericht nur im Anhang.[1] Wir präferieren indes den Lagebericht als Veröffentlichungsort. Hier muss ohnehin allgemein über die Risiken der künftigen Entwicklung berichtet werden[2], und es wäre auch begrüßenswert, dass die Lageberichterstattung nicht davon abhängt, ob das Unternehmen HGB- oder IFRS-Anwender ist.

2288–2299 frei

XIII. Rückstellungen (IAS 37)

1. Überblick und Wegweiser

1.1 Standards und Anwendungsbereich

2300 Die Bilanzierung von (sonstigen) **Rückstellungen** sowie **Eventualverbindlichkeiten und -forderungen** ist Gegenstand des IAS 37, es sei denn, es finden sich in anderen Standards Sonderregelungen (IAS 37.1c, IAS 37.5). Das betrifft namentlich:[3]

- Leistungen an Arbeitnehmer (s. Rz. 2400 ff.),
- drohende Verluste aus Fertigungsaufträgen (Rz. 1734 ff.),
- tatsächliche und latente Steuerschulden (Rz. 2600),
- Verpflichtungen aus Leasingverhältnissen aus Sicht des bilanzierenden Leasingnehmers mit Ausnahme von drohenden Verlusten aus Operating-Leasing (z.B. bei einer Weitervermietung oder fehlenden Nutzung des Leasingobjekts),
- Ansatz von Eventualschulden im Rahmen von Unternehmenserwerben nach IFRS 3 (Rz. 3341 ff.).

2301 IAS 37 wird ergänzt durch IFRIC 1 zu bestimmten **Wiederherstellungsverpflichtungen** (Rz. 1132 ff.) und IFRIC 6 über die Entsorgung von **Elektroschrott** (Rz. 2370).

2302 Es besteht **Passivierungspflicht** für eine **Rückstellung** (*provision*), wenn die allgemeinen Schulden-Passivierungsbedingungen des **Rahmenkonzepts** kumulativ vorliegen, die durch IAS 37.14 insoweit nur wiederholt werden (s. Rz. 321 ff.). Im Unterschied zu einer Verbindlichkeit besteht bei einer Rückstellung aber **Unsicherheit über *Höhe* oder *Zeitpunkt*** der Erfüllung (Fälligkeit). Den zum Ansatz einer Rückstellung erforderlichen Beurteilungsspiel-

---

1 *Buchheim/Schmidt*, KoR 2005, 397 (401) halten wegen § 315 Abs. 1 Satz 3 HGB und DRS 15.11 einen Verzicht auf Angaben im Lagebericht für zulässig bei Verweis auf die ausführlichen Erläuterungen im Anhang nach IFRS 7.
2 Vgl. *Prigge*, KoR 2006, 252 (257: „leserfreundlicher").
3 Die Abgrenzung IAS 37.5e stellt klar, dass auch Versicherer IAS 37 anzuwenden haben, insoweit nicht die Bilanzierung von Versicherungsverträgen betroffen ist.

raum versucht IAS 37 mit zahlreichen Erläuterungen einzugrenzen und zu strukturieren.

Eine nur geringe (Rest-)Unsicherheit über Fälligkeit und Höhe besteht bei den sog. *"accruals"* (abgegrenzte Schulden, z.B. Verbindlichkeiten aus erhaltenen Lieferungen ohne Rechnung, Urlaubsverpflichtungen gegenüber Arbeitnehmern, Beiträge zur Berufsgenossenschaft, Kosten der Abschlussprüfung), weshalb ihr Ausweis unter **Verbindlichkeiten** sachgerecht sei (IAS 37.11). Die beispielhafte Aufzählung des IAS 37.11 zur Abgrenzung von *accruals* und Rückstellungen ist indes unsystematisch, da erhaltene Lieferungen noch ohne Rechnung nach IAS 39 und Urlaubsverpflichtungen nach IAS 19 zu beurteilen sind und ohnehin kein Sachverhalt des IAS 37 vorläge. In der deutschen Bilanzierungspraxis werden *accruals* zum überwiegenden Teil in die Rückstellungen mit einbezogen.[1] In diesem Fall sind die Vorschriften des IAS 37 zu Anhangangaben, d.h. Erläuterung und Einbeziehung in den Rückstellungsspiegel (Rz. 2391) sowie die (definitionsgemäß allerdings unproblematischen) Bewertungsvorschriften vollumfänglich zu beachten. 2303

Außerdem nennt IAS 37.10 **Eventualschulden** (*contingent liabilities*) und **Eventualforderungen** (*contingent assets*), die jeweils nicht bilanzierungsfähig sind: 2304

– **Eventualschulden** sind

(a) mögliche Verpflichtungen, deren Existenz noch von künftigen Ereignissen abhängt, die nicht vollständig vom Unternehmen beeinflussbar sind oder

(b) gegenwärtige Verpflichtungen, bei denen die Inanspruchnahme unwahrscheinlich ist oder deren Verpflichtungshöhe nicht zuverlässig geschätzt werden kann.

Die Unterscheidung von (a) und (b) kann im Einzelfall unklar sein (bspw. bei einem Passivprozess auf Schadenersatz, der vom Unternehmen bestritten wird). Der IASB möchte daher (a) streichen (Rz. 2307). Eventualschulden sind nicht zu passivieren, sondern **nur im Anhang zu nennen**. Die Herausforderung bei der Bilanzierung besteht in der sachgerechten Beurteilung der Schwelle zur Rückstellungsbildung (Rz. 2320 ff.).

– **Eventualforderungen** sind mögliche Vermögenswerte, deren Existenz noch von künftigen Ereignissen abhängt, die nicht vollständig vom Unternehmen beeinflussbar sind, bspw. bestrittene Schadenersatzforderungen. Eventualforderungen dürfen unter explizitem Hinweis auf die Gefahr des Ausweises nicht realisierter Gewinne nicht aktiviert werden, sondern sind **nur im Anhang anzugeben** (IAS 37.31 ff.). Sobald der Nutzenzufluss aber so gut wie sicher ist, sind die Merkmale eines Vermögenswerts erfüllt (IAS 37.33), z.B. bei einer anerkannten Schadenersatzforderung. Erfolgt die Konkretisierung einer Eventualforderung innerhalb der Wertaufholungsfrist, ist u.E. bereits am Stichtag ein Vermögenswert anzusetzen (Rz. 720). Zum Ansatz von Eventualforderungen beim Unternehmenserwerb vgl. Rz. 3330 f. 2305

---

1 Vgl. *von Keitz*, Praxis der IASB-Rechnungslegung, 2. Aufl. 2005, S. 131.

Die nachfolgende Abb. 1 fasst die Begriffsabgrenzungen zusammen.

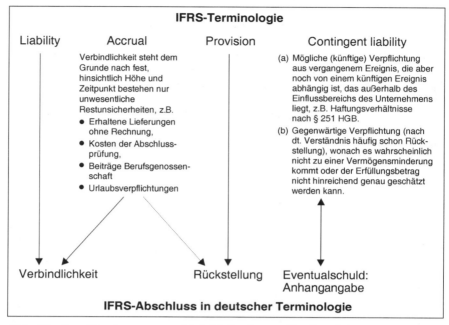

Abb. 60: Begriffsabgrenzung „Liability", „Accrual", „Provision" und „Contingent liability"

1.2 Wesentliche Unterschiede zum HGB

2306 Durch das BilMoG sind zahlreiche frühere Unterschiede zu den IFRS beseitigt worden. Dennoch bleiben beim **Ansatz** von Rückstellungen Unterschiede:

Bilanzansatz	HGB alt	HGB i.d.F. BilMoG	IFRS
Außenverpflichtungen	Ansatzpflicht		
Drohverlustrückstellung	Ansatzpflicht		
Faktische Verpflichtung	Ansatzpflicht		
Künftige Verluste	Ansatzverbot		
Restrukturierungsrückstellung	Nur bei drohenden Verlusten/Außenverpflichtungen		z.T. weiter als HGB (strittig)
Instandhaltung	z.T. Ansatzpflicht, z.T. Wahlrecht	Pflicht nur noch bei Instandhaltung < 3 Monate	Ansatzverbot
Unterlassene Abraumbeseitigung ohne rechtl. Verpflichtung	Ansatzpflicht bei Nachholung im nächsten Geschäftsjahr		Ansatzverbot
Allg. Aufwandsrückstellungen	Wahlrecht (§ 249 II)	Ansatzverbot	

Wegen der Abschaffung des Wahlrechts für allgemeine Aufwandsrückstellungen scheint auf den ersten Blick eine Annäherung zu IFRS erfolgt zu sein. Tatsächlich wird in Teilbereichen wegen unterschiedlicher **Aktivierungskonzeption** die Abweichung verstärkt (Rz. 1117).

Gemeinsamkeiten und Unterschiede bei der **Bewertung** listet folgende Tabelle auf:

Bewertung	HGB alt	HGB i.d.F. BilMoG	IFRS
Künftige Kostensteigerungen	Ja (h.M.)	Ja (explizit)	Ja
Abzinsung langfrisitiger RSt.	i.d.R. nein	Ja (explizit), Durchschnittszins	Ja, aber Stichtagszins
Eventualverbindlichkeiten	Unter Berücksichtigung des Vorsichtsprinzips kann es nach deutschem HGB Verständnis schon zum Ansatz einer Rückstellung kommen.[1]		Ansatzverbot, Angabepflicht im Anhang
Eventualforderungen	Ansatzverbot (auch bei Konkretisierung zum Vermögensgegenstand in Wertaufhellungsperiode[2])		Ansatzverbot mit Angabepflicht im Anhang

1.3 Neuere Entwicklungen

Im Rahmen des Konvergenzprojekts mit US-GAAP (Rz. 46) wurde am 30.6.2005 der Exposure Draft zu einer Änderung des IAS 37 (ED IAS 37) vorgelegt, der im Wesentlichen folgende Aspekte umfasst:

- Streichung der Sondervorschriften zu **Restrukturierungsrückstellungen** (Annäherung an SFAS 146). Abfindungen an Mitarbeiter, Drohverluste etc. sollen nur noch dann ansatzfähig sein, wenn dies auch ohne Restrukturierung zulässig wäre. Dies entspricht wiederum heutiger HGB-Praxis.[3]

- Die Ansatzvorschriften von **Eventualverbindlichkeiten** sollen geändert werden, weil das IASB die gegenwärtige Definition für widersprüchlich hält. Wenn nur bestehende Verbindlichkeiten anzusetzen seien (IAS 37.14a), könne nicht gleichzeitig eine Unsicherheit hinsichtlich des Bestehens existieren (Rz. 2304). Ist der Zahlungsabfluss bei einer bestehenden Verpflichtung (z.B. Übernahme von Garantieleistungen) dennoch von künftigen Ereignissen abhängig (z.B. Geräteausfall), soll sich dies nur noch bei der Bewertung der Rückstellung auswirken (Annäherung an FIN 45 und 47). Der Begriff der Eventualverbindlichkeit steht daher zur Disposition, womit zugleich die entsprechenden Sonderregelungen bei Unternehmenserwerben (Rz. 3341 f.) überflüssig würden.

2307

---

[1] Vgl. die Kommentierung des Beispiels 10a in Anhang C zu IAS 37 (Prozess wegen möglicher Lebensmittelvergiftung), in *Förschle/Kroner/Heddäus*, WPg 1999, 41 (44 f.) sowie *Hebestreit/Dörges* in Beck'sches IFRS-Handbuch, 2. Aufl. 2006, § 13 Rz. 176.
[2] Vgl. *Ellrott/St. Ring* in Beck'scher Bilanz-Kommentar, 6. Aufl. 2006, § 247 HGB Rz. 124 „Schadenersatz".
[3] Vgl. *Theile*, PiR 2007, 297 (301 f.).

Auf Grund erheblicher Kritik[1] wird der ursprünglich für 2009 geplante Standard neu diskutiert. Der IASB möchte aber wegen der Konvergenz zu US-GAAP an den Kernelementen des ED IAS 37 festhalten. Die Umsetzung ist zwar für 2010 angedacht, die genaue Ausrichtung und Terminierung sind zurzeit jedoch nicht absehbar.

2308–2309 frei

2. Ansatz von Rückstellungen

2.1 Gegenwärtige Verpflichtung aus vergangenem Ereignis

2310 Als zentrale Passivierungsvoraussetzung für Rückstellungen verlangt IAS 37.14a das Bestehen einer *gegenwärtigen* Verpflichtung als Ergebnis eines *vergangenen* Ereignisses (*obligating event*). Es kann sich um eine **rechtliche**, d.h. aus **Vertrag oder Gesetz** resultierende oder um **faktische Verpflichtungen** (Rz. 2318) handeln. Tritt eine Verpflichtung erst später ein, z.B. auf Grund eines ggf. rückwirkenden Gesetzes, stellt erst die Gesetzesänderung das rückstellungsauslösende Vergangenheitsereignis dar (IAS 37.21 f.).

Zur Unsicherheit hinsichtlich des Bestehens einer Verbindlichkeit vgl. Rz. 2321.

2.1.1 Unentziehbarkeit

2311 Die Kriterien der Gegenwärtigkeit und des Vergangenheitsbezugs werden dahingehend konkretisiert, dass sich das Unternehmen der Erfüllung nach realistischer Einschätzung *nicht entziehen* kann (IAS 37.17). Das Unentziehbarkeitskriterium soll und muss die Unbestimmtheit des vergangenen Ereignisses, aus dem eine gegenwärtige Verpflichtung resultiert, beseitigen, da sich – darauf weist *Moxter*[2] zutreffend hin – künftige Aufwendungen „im Allgemeinen beliebigen Vergangenheitsereignissen betriebswirtschaftlich zuordnen" lassen.

2312 Leitlinie zur Interpretation der Unentziehbarkeit ist nach IAS 37.19, dass die Verpflichtung **unabhängig von der künftigen Geschäftstätigkeit** besteht.

Beispiele:

Eine Fluggesellschaft hat die gesetzliche Verpflichtung, alle drei Jahre die Flugzeuge überholen zu lassen. Das vergangene Ereignis ist hier die Nutzung des Flugzeugs, aber das Unternehmen kann sich der Verpflichtung durch Verkauf des Flugzeugs entziehen, so dass eine Rückstellung nicht anzusetzen ist.[3]

---

1 Vgl. z.B. *Hommel/Wich*, WPg 2007, 509 ff.
2 *Moxter*, BB 1999, 519 (521).
3 Vgl. IAS 37 Anhang C Bsp. 11 B. Das Periodisierungsproblem wird durch die Aktivierung und Abschreibung einer Komponente „Überholungskosten" bereits bei Anschaffung des Flugzeugs gelöst; spätere Überholungskosten werden dann ebenfalls aktiviert und abgeschrieben. Zu diesem Komponentenansatz s. ausführlich Rz. 1117 ff.

XIII. Rückstellungen (IAS 37)

Gleiches gilt bei behördlichen Auflagen, durch bestimmte Maßnahmen (z.B. Einbau einer Rauchgasentschwefelungsanlage) *künftige* Schäden zu verhindern (sog. **Anpassungsverpflichtung**). Dies löst ebenfalls *keine* Rückstellungsbildung aus, da sich das Unternehmen etwa durch Änderung der Produktion der Erfüllung der Verpflichtung noch entziehen kann (IAS 37.19).

Soweit durch zu befolgende Maßnahmen ein künftiges Nutzenpotential geschaffen wird, ist eine Rückstellung grundsätzlich unzulässig (**keine Rückstellungen für *künftige* Investitionen oder *künftigen* Erhaltungsaufwand**). Nach IFRS gilt vielmehr grundsätzlich das matching principle (Rz. 261 ff.), nach dem der Rückstellungsaufwand, der *ergebnismäßig* verrechenbar ist, Umsätze der Vergangenheit alimentiert haben muss (vgl. Rz. 2370 zur gleichzeitigen Aktivierung von Aufwand aus der Rückstellungsbildung bei **Entsorgungsverpflichtungen**). Die Rechtsprechung des BFH ist hierzu uneinheitlich, z.B. ablehnend zur Rückstellung für turnusmäßige Hubschrauberüberholung[1], jedoch befürwortend (allerdings sehr umstritten) bei der Umrüstung einer Spänetrocknungsanlage.[2] 2313

Hat ein Unternehmen dagegen **Umweltschäden** verursacht und besteht eine **Beseitigungsverpflichtung**, so ist die Passivierungsvoraussetzung erfüllt.

2.1.2 Beschränkung auf Außenverpflichtungen

Begriffsnotwendig kann eine Verpflichtung **nur gegenüber Dritten** bestehen; die genaue Kenntnis der Partei ist nicht erforderlich, so dass auch öffentlich-rechtliche Verpflichtungen gegenüber der Allgemeinheit ausreichend sind (IAS 37.20). Der Ansatz von **Aufwandsrückstellungen** kommt nicht in Betracht. Wird eine Außenverpflichtung (z.B. Entsorgungsverpflichtung von Gefahrstoffen) von einer Innenverpflichtung überlagert (z.B. Aufräumen aus Platzgründen), hat die Außenverpflichtung Vorrang und ist zu passivieren.[3] 2314

Keine solche Überlagerung liegt dagegen bei Verpflichtungen zu **Instandhaltungsaufwand** vor; eine Rückstellungsbildung kommt dann bereits mangels Unentziehbarkeit i.S.v. IAS 37.19 nicht in Betracht.[4] 2315

frei 2316–2317

---

1 BFH v. 19.5.1987 – VIII R 327/83, BStBl. II 1987, 848.
2 Die subjektiv mögliche „Entziehbarkeit" war nach Ansicht des BFH (Urt. v. 27.6.2001 – I R 45/97, DStR 2001, 1384) als „Rückstellungsausschluss" bei rechtlicher Verpflichtung nicht ausreichend und die Anpassungsverpflichtung auch dann zu passivieren, wenn dieser Aufwand zukünftige Erträge alimentiert. Vgl. zu den divergierenden Ansichten des I. und VIII. Senats *Hoyos/M. Ring* in Beck'scher Bilanz-Kommentar, 6. Aufl. 2006, § 249 HGB Rz. 34 m.w.N. Zum Verhältnis der Alimentationsthese und dem IFRS-Grundsatz der Unentziehbarkeit im deutschen Steuerrecht s. *Herzig*, IAS/IFRS und steuerliche Gewinnermittlung, 2004, S. 238 ff.
3 Zutreffend *Lüdenbach/Hoffmann*, BB 2005, 2344 (2347) entgegen BFH v. 8.11.2000, BStBl. II 2001, 570.
4 A.A. *Lüdenbach/Hoffmann*, BB 2005, 2344 (2348 f.).

2.1.3 Faktische Verpflichtungen

2318 Sog. faktische Verpflichtungen (*constructive obligation*, IAS 37.10) liegen vor, wenn das Unternehmen in der Vergangenheit (IAS 37.17b) durch Ankündigungen oder Handlungen bei Dritten auch ohne rechtliche Verpflichtung die **berechtigte Erwartung** geweckt hat, bestimmte Leistungen zu erbringen. Beispiele sind Kulanzleistungen, freiwillige Umweltschutzmaßnahmen, Restrukturierungen.

Dabei verträgt sich das Unentziehbarkeitskriterium nicht mit faktischen Verpflichtungen. Da eine Erfüllung *rechtlich* nicht durchgesetzt werden kann, könnte sich das Unternehmen durch Nichthandeln jederzeit der Kulanzleistung entziehen, so dass eine Rückstellungsbildung unterbleiben müsste.[1] Zur Rettung und Konkretisierung des Unentziehbarkeitskriteriums verlangt IAS 37.20 bei faktischen Verpflichtungen, dass diese „den davon betroffenen Parteien vor dem Bilanzstichtag ausreichend ausführlich mitgeteilt wurde". Nach handelsrechtlichem Verständnis ist für die Passivierung ausreichend, dass der mögliche Schaden für das Unternehmen bei Nichterfüllung deutlich größer wäre. Die nach IAS 37 geforderte ausreichend ausführliche Mitteilung liegt u.E. schon dann vor, wenn das Unternehmen unzweifelhaft ein entsprechendes und in der Öffentlichkeit bekanntes Image hat, dass es seinen faktischen Verpflichtungen nachkommt.

2319 Unter investitionstheoretischen Gesichtspunkten – die den IFRS häufig innewohnen – sind indes faktische Verpflichtungen nicht zu rechtfertigen: Wenn der mögliche Schaden eines Unternehmens bei Nichterbringung von z.B. Kulanzleistungen höher wäre, liegt per Saldo gar keine wirtschaftliche Belastung vor.[2] Ein vergleichbares ökonomisches Kalkül hat den BFH im Apothekerfall[3] veranlasst, den Ansatz einer Drohverlustrückstellung zu versagen.

2.2 Wahrscheinlichkeit der Inanspruchnahme

2320 Neben der Unentziehbarkeit verlangt IAS 37 bestimmte Wahrscheinlichkeiten hinsichtlich des Eintretens des Grundes (des Entstehens) der Verbindlichkeit und der Inanspruchnahme hieraus. Diese Sichtweise entspricht grundsätzlich dem deutschen Bilanzsteuerrecht: Für dem Grunde nach ungewisse Verbindlichkeiten (§ 249 HGB) ist nach den GoB eine Rückstellung zu bilden, wenn sie mit hinreichender Wahrscheinlichkeit entstanden sind *und* der Bilanzierende daraus in Anspruch genommen wird (**Greifbarkeit/Konkretisierung**).[4]

---

1 IAS 37 hatte insoweit eher die im US-amerikanischen Rechtsraum existierenden *promissory estoppels* vor Augen, bei denen die Ankündigungen des Unternehmens eine auch rechtlich durchsetzbare Verpflichtung begründen („Treu und Glauben"), also genau genommen gar keine faktischen Verpflichtungen vorliegen. US-GAAP ist daher bei faktischen Verpflichtungen sehr viel restriktiver als IFRS, vgl. ED IAS 37.BC58 ff.
2 Ausführlich *Theile*, PiR 2007, 297 (302 f.); ihm folgend *Hoffmann* in Haufe IFRS-Kommentar, 7. Aufl. 2009, § 21 Rz. 28 ff.
3 Vgl. BFH, Beschluss v. 23.6.1997 – GrS 2/93, DB 1997, 1897.
4 Und wenn sie außerdem ihre wirtschaftliche Verursachung im Zeitraum vor dem Bilanzstichtag finden, ständige Rechtsprechung, vgl. z.B. BFH v. 30.1.2002 – I R 71/00, DStR 2002, 1295.

IAS 37 zeichnet sich allerdings durch einen „**dreiteiligen Wahrscheinlichkeitsbegriff**" (wahrscheinlich/möglich/unwahrscheinlich) hinsichtlich des Grundes *und* der Inanspruchnahme aus. Die nachfolgende Abb. 61 zeigt die jeweiligen Ansatz- und Angabepflichten in Abhängigkeit von der Wahrscheinlichkeitseinstufung:

Bestehen einer Verpflichtung	Mittelabfluss (Inanspruchnahme)		
	wahrscheinlich (probable) > 50 %	möglich (possible)	unwahrscheinlich (remote)
wahrscheinlich (probable) > 50 %	**Ansatz Rückstellung*** Rückstellungsspiegel Erläuterungen		
möglich (possible)		**Eventualverbindlichkeit** (Contingent Liability) Anhangangabe Erläuterungen	
unwahrscheinlich (remote)			**Weder Ansatz noch Angabe**

* Nur Angabe als Eventualverbindlichkeit, falls Betrag nicht schätzbar (Ausnahmefall).

Abb. 61: Wahrscheinlichkeitsbegriff, Ansatz- und Angabepflichten

2.2.1 Überwiegen der Gründe für eine Inanspruchnahme

In Einzelfällen kann unklar sein, ob tatsächlich eine gegenwärtige Verpflichtung **dem Grunde nach** besteht, insbesondere bei Rechtsstreitigkeiten.[1] Eine Rückstellung kann aber nur angesetzt werden, wenn mehr Gründe für als gegen das **Bestehen einer Verpflichtung** sprechen (IAS 37.15 f.), die Wahrscheinlichkeit also größer als 50 % ist.[2] Bei der Feststellung des „Mengengerüsts" kann man sich an Checklisten orientieren, wie sie Juristen bei der Prüfung von Unternehmenskäufen (Legal Due Diligence) verwenden.[3]

Darüber hinaus muss als **weitere Passivierungsvoraussetzung** eine größere Wahrscheinlichkeit für als gegen einen **Mittelabfluss** („Inanspruchnahme") sprechen (IAS 37.14b, 37.23 f.).

Beide Kriterien – Bestehen einer Verbindlichkeit und Wahrscheinlichkeit der Inanspruchnahme jeweils größer als 50 % – entsprechen der BFH-Rechtspre-

---

1 Vgl. IAS 37 Anhang C Bsp. 10.
2 Es kommt aber die Angabe einer Eventualschuld in Betracht, sofern nicht ein Abfluss finanzieller Mittel als unwahrscheinlich angesehen wird (s. Rz. 2325 ff. sowie IAS 37.86 und IAS 37 Anhang C Bsp. 10).
3 Auch aus HGB-Sicht wird in Bezug auf die Greifbarkeit von Verbindlichkeiten auf die Sicht eines gedachten Erwerbers abgestellt, vgl. *Moxter* in FS Forster 1992, S. 427 (430).

chung.[1] Die beiden Wahrscheinlichkeiten sind nicht zu einem Erwartungswert zusammenzufassen, sondern müssen jede für sich vorliegen.

2323 Die Probleme bei der Abschätzung von Wahrscheinlichkeiten für die künftige wirtschaftliche Belastung sind unabhängig vom verwendeten Rechnungslegungssystem. Regelmäßig geht es **um subjektive Einschätzungen** des Abschlusserstellers, und zwar auch dann, wenn er sich – etwa bei Rechtsstreitigkeiten – Expertenrat einholt. Die Wahrscheinlichkeit lässt sich nicht oder kaum quantifizieren; konkrete Wahrscheinlichkeitsangaben suggerieren häufig eine Scheingenauigkeit.[2] Das Problem, dass die Zukunft ungewiss ist, kann daher auch von IAS 37 nicht gelöst werden. In diesen Fällen ist das „Für und Wider" am Ende analytisch abzuwägen.

2324 Objektive Wahrscheinlichkeiten können letztlich nur bei einer **Vielzahl ähnlicher Verpflichtungen** (z.B. Produktgarantie) angewendet werden (Massenfälle). (Nur) hier kann die Wahrscheinlichkeit aus statistischen Erfahrungen quantifiziert werden (IAS 37.24).

2.2.2 Eventualverbindlichkeiten

2325 Ist das Bestehen einer Verpflichtung und der Mittelabfluss (nur) möglich, so ist keine Rückstellung zu bilden, sondern im Anhang eine **Eventualschuld** anzugeben. An jedem Bilanzstichtag muss jedoch auf Grund erneuter Risikoeinschätzung beurteilt werden, ob das bislang nur mögliche nun zu einem wahrscheinlichen Risiko mutiert ist, so dass eine Rückstellungsbildung ggf. in späteren Jahren in Betracht kommt. Hier ergeben sich **Überschneidungen** zu Fällen, in denen eine Schätzung nicht zuverlässig möglich ist (s. Beispiel in Rz. 2330).

2326 Wird schließlich das Bestehen einer Verpflichtung *und* die Inanspruchnahme als so gut wie ausgeschlossen (*remote*) beurteilt, dann bedarf es keiner Information der Abschlussadressaten: Es entfällt nicht nur der Bilanzansatz, sondern auch jegliche Anhangangabe (IAS 37.86).

2327 Zu Eventualverbindlichkeiten im Zusammenhang mit **Unternehmenserwerben** vgl. Rz. 3341 ff.

2328–2329 frei

2.3 Zuverlässige Schätzung möglich

2330 Die zuverlässige Schätzung der Verpflichtungshöhe als **drittes Ansatzkriterium** (IAS 37.14c) wirft keine neuen Probleme auf. Ist eine **Schätzung** des Rückstellungsbetrages nicht möglich, was in der Praxis *äußerst selten* ist (so auch die Auffassung in IAS 37.25), wird die Schuld (ausnahmsweise) nur als **Eventualschuld** offen gelegt.

---

[1] BFH v. 1.8.1984 – I R 88/80, BStBl. II 1985, 44 (46).
[2] Vgl. *Hoffmann* in Haufe IFRS-Kommentar, 7. Aufl. 2009, § 21 Rz. 35 ff.

XIII. Rückstellungen (IAS 37)

Beispiel (Bayer, Geschäftsbericht 2007, S. 188):
„Im Zuge der Auseinandersetzungen um Lipobay/Baycol sind mit Stand 1. Februar 2008 weltweit noch 335 Klagen gegen Bayer anhängig (davon ca. 295 in den USA, einschließlich mehrerer Sammelklagen, die Gesundheitsschäden, wirtschaftliche Schäden und die Notwendigkeit einer ärztlichen Überwachung geltend machen; eine dieser Sammelklagen ist bislang zugelassen worden). Uns sind derzeit in den USA weniger als fünf Fälle bekannt, in denen aus unserer Sicht noch ein Vergleich infrage kommt. Für weiter erwartete Verteidigungskosten hat Bayer auf der Grundlage der vorliegenden Informationen bilanzielle Vorsorgemaßnahmen getroffen. Nach eingetretener Ausschöpfung des bestehenden Versicherungsschutzes ist es – abhängig vom zukünftigen Verlauf der Verfahren – möglich, dass Bayer weiteren Belastungen ausgesetzt wird, die durch die bereits getroffenen bilanziellen Maßnahmen nicht mehr abgedeckt sind".

Die nachfolgende Abb. 62 fasst die Prüfschritte (in Anlehnung an IAS 37, Anhang B) zusammen:

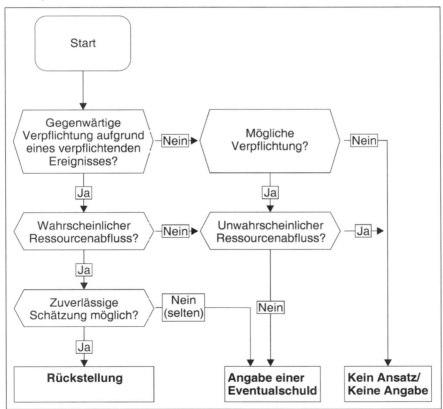

Abb. 62: Prüfschema zum Ansatz von Rückstellungen

frei

2.4 Sonderfall Drohverlustrückstellungen

2335 Als besondere Verpflichtungsgruppe hebt der Standard „belastende Verträge" – *onerous contracts* – hervor, also drohende Verluste aus schwebenden Geschäften (IAS 37.66 ff.). Diese können sich auf Absatz- wie auch Beschaffungsverträge (IAS 2.31) und auch auf Dauerschuldverhältnisse[1] beziehen. Vom Anwendungsbereich des IAS 37 sind allerdings erwartete Verluste aus Fertigungsaufträgen ausgenommen; s. hierzu Rz. 1734 ff.

Ein belastender Vertrag liegt vor, wenn die unvermeidbaren Kosten zur Erfüllung der vertraglichen Verpflichtungen („Leistung") höher sind als der erwartete wirtschaftliche Nutzen („Gegenleistung"), also ein **Verpflichtungsüberhang** besteht (IAS 37.68). Bloße entgehende Gewinne, z.B. gesunkene Wiederbeschaffungskosten bei Material, rechtfertigen hingegen keine Rückstellung. Der Verpflichtungsüberhang ist zu bewerten und vorbehaltlich Rz. 2336 zurückzustellen. Zur Einbeziehung von Gemeinkosten vgl. Rz. 2354. Im Falle von geringeren Vertragsauflösungskosten sind diese anzusetzen.

2336 Nach IAS 37.69 ist *vor* Rückstellungsbildung zunächst ein **Wertminderungsaufwand** für Vermögenswerte, die mit dem Vertrag verbunden sind, gem. **IAS 36** zu erfassen. Die Erfassung einer Wertminderung nach IAS 36 geht daher der Rückstellungsbildung vor, und die zweifache Erfassung von Aufwand wird verhindert.

Zwei Sachverhalte sind denkbar, auf die sich die Regelung beziehen kann:

– Es geht um die **Fertigungsanlagen**, die der Herstellung von Erzeugnissen dienen, aus deren Absatz wegen bereits abgeschlossener Verträge Verluste drohen. Eine außerplanmäßige Abschreibung ist erforderlich, wenn der erzielbare Betrag der Fertigungsanlagen unter den Buchwert gesunken ist (s. Rz. 1510), was in der Praxis nur bei einer Vielzahl von Verlusten auslösenden Verträgen gegeben sein dürfte.[2]

– Es geht um die **Einstellung von Bereichen**: Es besteht ein Verkaufsvertrag über die Veräußerung eines Unternehmensteils und ein Verpflichtungsüberhang beim Veräußerer. Eine Rückstellung kann erst angesetzt werden, wenn die Vermögenswerte außerplanmäßig abgeschrieben worden sind (IFRS 5, Rz. 2731 f.).

2337–2339 frei

2.5 Sonderfall Restrukturierungsrückstellungen

2340 Eine **Restrukturierung** ist eine wesentliche Änderung des Umfangs oder der Art und Weise der Durchführung des Geschäftsbetriebs. Hierzu gehören z.B. die Schließung, Verlagerung oder Veräußerung von (Teil-)Betrieben, aber auch interne Strukturänderungen wie die Auflösung einer Managementebene und grundsätzliche Umorganisationen (IAS 37.70). Unter Restrukturierung fällt

---

1 Vgl. IAS 37, Anhang C, Bsp. 8.
2 Zu einem Beispiel s. *ADS International*, Abschnitt 18 Rz. 154.

aber auch die **Reduzierung der Unternehmensgröße** (IAS 37.10 a.E. Buchstabe (a)), z.B. die Schließung von 25 % aller Läden bei einer Einzelhandelskette[1] oder der Abbau von Mitarbeitern über alle Funktionsbereiche, wie es aktuell in der Finanzkrise häufig zu beobachten ist.

Als **zusätzliche Ansatzvoraussetzungen** einer Rückstellung muss nach IAS 37.72 ein detaillierter **Restrukturierungsplan** vorliegen, der mindestens die folgenden Bestandteile benennt:

– betroffener Geschäftsbereich,
– hauptsächlich betroffene Standorte,
– Standorte, Funktionen und ungefähre Anzahl der Arbeitnehmer, die von Entlassungen betroffen sind,
– die zu erwartenden Aufwendungen und
– einen Zeitplan für die Umsetzung des Plans.

Da Restrukturierungen ein Sonderfall der faktischen Verpflichtung sind[2] (Rz. 2318), muss außerdem gegenüber den Betroffenen klar gemacht worden sein, dass die Maßnahme auch durchgeführt werden wird (IAS 37.72b).[3] Hierdurch soll die **Unentziehbarkeit** der beschlossenen Maßnahmen objektiviert werden. Zudem müssen die Maßnahmen zügig begonnen und in einem so überschaubaren Zeitrahmen abgewickelt werden, dass Planänderungen unwahrscheinlich sind (IAS 37.74). Als grobe Richtschnur gilt 1 Jahr.[4]

Beispiel:
Die bloße Pressemitteilung, dass innerhalb von drei Jahren sehr wahrscheinlich 1000 Mitarbeiter entlassen werden müssen, ohne aber einzelne Standorte zu nennen, rechtfertigt keine Rückstellung: Zum einen ist den Mitarbeitern nicht klar, dass gerade sie betroffen sein könnten. Zum anderen macht der lange Zeitraum von drei Jahren Planänderungen wahrscheinlich.

Andererseits ist nicht erforderlich, dass jeder potentiell betroffene Mitarbeiter individuell informiert wird. Die Unterrichtung der Arbeitnehmervertreter vor dem Stichtag ist ausreichend (IAS 37.73).

Sachverhalte im Zusammenhang mit Restrukturierungen werden systematisch von zwei Standards erfasst, nämlich IAS 19 (Abfindungen, Sozialplan) und IAS 37 (übriges). Dabei bemüht nur IAS 37 den Begriff der Restrukturierung. Die nachfolgende Abbildung zeigt den Zusammenhang; die gestrichel- 2341

---

1 Vgl. ADS International, IAS 37 Rz. 196.
2 Vgl. *Hebestreit/Dörges* in Beck'sches IFRS-Handbuch, 2. Aufl. 2006, § 13 Rz. 146.
3 Das Durchführungsinteresse der betroffenen Arbeitnehmer richtet sich u.E. auf den Empfang einer Abfindung und nicht auf die Maßnahme als solche; a.A. *Lüdenbach/Hoffmann*, BB 2005, 2344 (2346); wie hier *Hachmeister/Zeyer* in Thiele/von Keitz/Brücks (Hrsg.), Internationales Bilanzrecht, 2008, IAS 37, Rz. 200.
4 Vgl. ADS International, IAS 17 Rz. 198.

ten Abfragen sollen nach den Vorstellungen des IASB über einen neuen IAS 37 (s. Rz. 2307) entfallen:

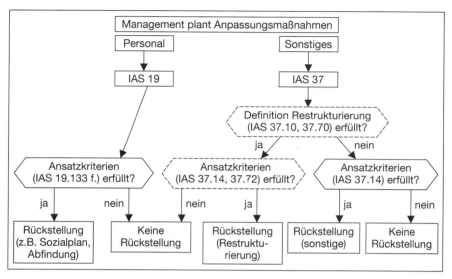

Abb. 63: IFRS-Systematik bei Restrukturierungen[1]

Tatsächlich ist der Anwendungsbereich für Restrukturierungsrückstellungen innerhalb des IAS 37 eher begrenzt: Für Sozialplanverpflichtungen gilt vorrangig IAS 19.134 (Rz. 2484 ff.), wobei dieser fast wortgleich mit IAS 37.72 ist. Sollte außerdem eine Maßnahme *nicht* als Restrukturierung qualifiziert werden, verbleibt immer noch die Prüfung, ob (nur) die allgemeinen Ansatzkriterien erfüllt sind. Das kommt insbesondere in Betracht bei Drohverlustrückstellungen (Mietraten bei Leerstand usw.). Die Abwertung von Aktiva (Vorräte, Sachanlagen) hat ohnehin Vorrang vor einer Rückstellungsbildung (Rz. 2336, 2344).

Die hauptsächliche Bedeutung des IAS 37.70 ff. liegt vielmehr in einer **Begrenzung der Rückstellungsbildung**, weil, plakativ formuliert, nur der Abbau alter Strukturen, nicht aber der Aufbau neuer Strukturen „gefördert wird" (Rz. 2343). Damit soll verhindert werden, dass der allgemeine Grundsatz des IAS 37.63 ausgehöhlt wird, wonach künftige Verluste nicht zurückgestellt werden dürfen.

2342 Materiell sind insbesondere die folgenden *direkt mit der Restrukturierung zusammenhängenden* Aufwendungen rückstellungsfähig:

(a) **Abfindungen** für ausscheidende Mitarbeiter inkl. Lohn- und Gehaltszahlungen während der Freistellungsphase (bereits nach IAS 19.133 f. passivierungspflichtig, Rz. 2341).[2]

---

1 Abb. entnommen aus *Theile*, PiR 2007, 297 (300).
2 Zu Einzelheiten des Passivierungszeitpunktes von Sozialplanverpflichtungen vgl. *Hain*, Restrukturierungsaufwendungen in der Rechnungslegung nach HGB, IAS und US-GAAP, 2000, S. 116–118 und S. 140–144.

(b) Restliche **Miet- und Leasingraten ab Leerstand** bzw. ab fehlender Nutzung (nicht jedoch Mieten etc. bei noch erfolgender Nutzung[1]).

(c) **Abbruchkosten,**

(d) Gehälter jener Mitarbeiter oder die Aufwendungen für **Beratung**sunternehmen, die den Abbau der alten Strukturen durchführen (s. aber Rz. 2343).

Nach HGB müssen dagegen jeweils die Voraussetzungen für eine Verbindlichkeitsrückstellung (a) oder eine Drohverlustrückstellung (b) vorliegen.[2] Die Sachverhalte (c) und (d) wären nicht rückstellungsfähig.

Rückstellungsfähig sind nur solche Aufwendungen, die *nicht* mit der Fortsetzung der Unternehmenstätigkeit in Zusammenhang stehen (IAS 37.80). Damit können **Kosten der künftigen Geschäftstätigkeit** (Umschulungen, Beratungskosten *für die Neuausrichtung*, Marketing- und Vertriebsinvestitionen, vorübergehend höherer Ausschuss auf Grund einer Produktionsumstellung[3]) **nicht zurückgestellt** werden. Zu den künftigen Kosten zählen alle *bis zur Beendigung der Nutzung* anfallenden Kosten, neben Mieten (Rz. 2342) auch z.B. Kosten der **Kurzarbeit**. 2343

Die **Einstellung eines Unternehmensbereiches** durch Veräußerung oder Aufgabe kann Bestandteil einer Restrukturierungsmaßnahme nach den in Rz. 2340 genannten Bedingungen sein. Solange bei der Einstellung von Bereichen ein bindender Verkaufsvertrag *nicht* existiert, kann *keine* Rückstellung gebildet werden; stattdessen sind die zu veräußernden Vermögenswerte auf eine Wertminderung gem. IAS 36 hin zu prüfen (IAS 37.79). Aber auch nach Vertragsabschluss kommt eine **Drohverlustrückstellung** nur bei einem Verpflichtungsüberhang in Betracht. Sollte die Bereichseinstellung nur Teil der Restrukturierung sein, kann freilich für andere Maßnahmen eine Rückstellung zu bilden sein (IAS 37.79 letzter Satz). Im Übrigen ist bei einer beabsichtigten Bereichseinstellung die Anwendung des IFRS 5 zu prüfen (s. Rz. 2700 ff.). 2344

Zu Restrukturierung im Zusammenhang mit Unternehmenserwerben Hinweis auf Rz. 3343 f., 3414. 2345

frei 2346–2349

3. Bewertung

3.1 Erstbewertung (Erfüllungs- oder Ablösebetrag)

Rückstellungen sind mit dem **besten Schätzwert** derjenigen Ausgaben anzusetzen, die notwendig sind, um die Verpflichtung am Abschlussstichtag zu begleichen oder die zur Übertragung der Verpflichtung auf einen Dritten gezahlt werden müsste (IAS 37.36 f.). Die Idee des externen Ablösebetrags (fair 2350

---

[1] Vgl. *Hachmeister/Zeyer* in Thiele/von Keitz/Brücks (Hrsg.), Internationales Bilanzrecht, 2008, IAS 37, Rz. 200.

[2] Vgl. *Förschle/Kroner/Heddäus*, WPg 1999, 41 (50).

[3] Vgl. *Hachmeister/Zeyer* in Thiele/von Keitz/Brücks (Hrsg.), Internationales Bilanzrecht, 2008, IAS 37 Rz. 393.

value) hat bislang keine praktische Bedeutung, so dass die bestmögliche Schätzung regelmäßig auf internen Werten beruht.

3.1.1 Bestmögliche Schätzung

2351 Ausgangspunkt der Bewertung ist somit die Schätzung jenes Betrages, der am voraussichtlichen Erfüllungszeitpunkt wahrscheinlich aufzubringen ist, um die Verpflichtung zu erfüllen. Bestehen für eine *einzeln* zu bildende Rückstellung für den Erfüllungsbetrag mehrere **Eintrittswahrscheinlichkeiten**, ist nach IAS 37.40 wie auch nach deutschem Bilanzrechtsverständnis grundsätzlich der Betrag mit der *höchsten Eintrittswahrscheinlichkeit* anzusetzen. Unter bestimmten Voraussetzungen, wenn z.B. für das bilanzierende Unternehmen ein *erhebliches* Risiko besteht, kann jedoch auch nach IFRS die bestmögliche Schätzung darin bestehen, statt des wahrscheinlichsten Werts den höchsten Wert als Rückstellung anzusetzen.

2352 Ist Gegenstand der Rückstellung eine **große Anzahl** von Vorgängen, für die Eintrittswahrscheinlichkeiten angegeben werden können, gilt Folgendes (IAS 37.39):

– Beinhaltet die Bandbreite *nicht gleichwahrscheinliche* Werte, ist der **statistische Erwartungswert** anzusetzen. Hierbei sind die einzelnen Vorgänge mit ihren Eintrittswahrscheinlichkeiten zu bewerten bzw. zu gewichten.

– Liegt eine Bandbreite *gleichwahrscheinlicher Werte* vor, reduziert sich der Erwartungswert auf den **Mittelwert der Bandbreiten**. In diesem Fall ist in einem HGB-Abschluss, dem Vorsichtsprinzip folgend, nach h.M. der höchste Betrag zugrunde zu legen.[1] Aufgrund der Freiheitsgrade bei der Wahrscheinlichkeitsschätzung ist dieser Unterschied häufig nur theoretischer Natur.

3.1.2 Künftiges Kostenniveau

2353 Sofern die Annahme (objektiv) gerechtfertigt ist, dass **künftige Entwicklungen** die Verpflichtungshöhe beeinflussen können, sind nicht die Verhältnisse am Bilanzstichtag, sondern zum **Erfüllungstag** zugrunde zu legen (IAS 37.48). Damit sind zunächst einmal **künftige Preis- und Kostensteigerungen** zu erfassen, z.B. bei Sachleistungsverpflichtungen. Das gilt auch nach HGB idF BilMoG.

Darüber hinaus sind Erfahrungskurveneffekte bei der **Anwendung bekannter Technologien** zu schätzen. Nicht gerechtfertigt – weil nicht objektivierbar – wäre aber die Annahme, eine (noch nicht bekannte) Technologie könnte zu einer Veränderung der Verpflichtungshöhe führen (IAS 37.49). Eine imparitätische Betrachtung zu erwartender Preis- und Kostensteigerungen einerseits sowie verpflichtungsmindernder Effekte andererseits kommt nicht in Betracht (IAS 37.42 f.).[2]

---

1 Vgl. *Förschle/Kroner/Heddäus*, WPg 1999, 41 (49); *Wiedmann*, Bilanzrecht, 1999, § 253 HGB Rz. 15.
2 Nach HGB dagegen stärkere Betonung des Vorsichtsprinzips, vgl. *ADS*, 6. Aufl. § 253 HGB Rz. 191 i.V.m. Rz. 196.

Gesetzesänderungen, die Auswirkung haben können auf die Höhe der Rückstellung, sind nur zu berücksichtigen, wenn sie am Abschlussstichtag erfolgt sind bzw. die Verabschiedung quasi-sicher ist (IAS 37.50).

3.1.3 Einbeziehung von Gemeinkosten

Zur Bewertung von Sachleistungsverpflichtungen sind Einzel- und Gemeinkosten analog zum **Vollkostenansatz** des IAS 2 (s. Rz. 1620 ff.) einschlägig. IAS 37.37 sieht den von einem Dritten verlangten Ablösebetrag als bestmögliche Schätzung an, und ein Dritter würde die Leistung nur unter Aufwendung von Gemeinkosten abwickeln können.[1] Dabei sind jedoch nur die durch die Erfüllung der Verpflichtung *zusätzlich* erforderlichen Kosten, d.h. neben den Einzelkosten auch *verpflichtungsbezogene* Gemeinkosten zu erfassen.[2]

2354

3.1.4 Rückgriffsansprüche/Bewertungseinheiten

„So gut wie sichere" **Rückgriffsansprüche** (z.B. Erstattungsforderungen aus Produkthaftungsverpflichtungen) sind zu **aktivieren**, dürfen aber den Rückstellungsbetrag nicht übersteigen (IAS 37.53). Für „unsichere" Rückgriffsansprüche ist die Angabe einer **Eventualforderung** zu prüfen; eine Saldierung mit den Rückstellungen im Rahmen der Bewertung ist unzulässig. In der GuV jedoch dürfen (Wahlrecht!) Aufwendungen aus der Bildung von Rückstellungen mit zugehörigen Erträgen aus aktivierten Rückgriffsansprüchen saldiert werden (IAS 37.54).

2355

Nach HGB sind demgegenüber nur „sichere" Rückgriffsansprüche zu aktivieren. Unsichere sind hingegen im Rahmen der **Bewertung** ggf. in den **Saldierungsbereich** der Rückstellung einzubeziehen.[3]

3.1.5 Erlöse aus Anlageabgängen

Mögliche Erträge aus erwartetem Abgang von Vermögenswerten sind bei der Bewertung von Rückstellungen grundsätzlich nicht zu berücksichtigen (IAS 37.51 f.). Etwas anderes gilt jedoch, wenn sich hinreichend sichere Erträge unmittelbar aus der Erfüllung der Verpflichtung ergeben, z.B. Erlöse aus der Verwertung von Komponenten und Stoffen bei der Altfahrzeugrücknahme[4] (Rz. 2370).

2356

Erträge aus erwartetem Abgang von Vermögenswerten sind bei **Drohverlustrückstellungen** zu berücksichtigen, da diese von vornherein auf Saldierung angelegt sind (IAS 37.68).

---

1 H.M., vgl. *Schmidbauer*, BB 2000, 1130; *von Keitz u.a.*, in Baetge u.a., Rechnungslegung nach IFRS, 2. Aufl., IAS 37 Rz. 106; *Hoffmann* in Haufe IFRS-Kommentar, 7. Aufl. 2009, § 21 Rz. 151; *ADS International*, Abschnitt 18 Rz. 66.
2 Vgl. *ADS International*, Abschnitt 18 Rz. 66: Dies wird aus dem Verbot der Passivierung von Ausgaben zur Aufrechterhaltung des künftigen Geschäftsbetriebs (IAS 37.18, Rz. 2312) abgeleitet.
3 Zu Einzelheiten s. *Ernsting/von Keitz*, DB 1998, 2477 (2481 f.).
4 Vgl. *ADS International*, Abschnitt 18 Rz. 101, 132.

3.1.6 Abzinsung

2357 Nach IAS 37.45 besteht eine generelle **Abzinsungspflicht** für Rückstellungen, sofern der Effekt einer Abzinsung wesentlich ist. Parameter zur Beurteilung der Wesentlichkeit sind die **Fristigkeit**, die **absolute Höhe der Verpflichtung** und der **Zinssatz**. Der Abzinsungseffekt wird
– bei größeren Beträgen bei kürzeren Laufzeiten und
– bei kleineren Beträgen erst bei längeren Laufzeiten
wesentlich sein. In der **Konzernrichtlinie** sollten diese Parameter konkretisiert werden. Selbst bei zweijähriger Fristigkeit kann die Abzinsung ggf. unterbleiben.[1]

2358 Als Basis zur **Zinssatzbestimmung** sollte ein der Fristigkeit der Verpflichtung entsprechender Marktzinssatz herangezogen werden. Sollten die künftigen Auszahlungen auf Basis des aktuellen Preisniveaus geschätzt worden sein, ist ein Realzins (Nominalzins abzüglich Inflationsrate), andernfalls – bei einer Bewertung zu geschätzten künftigen Preisen – der Nominalzinssatz zu verwenden.[2] Eine doppelte Risikoberücksichtigung – im Zinssatz und in den künftigen Auszahlungen – ist nicht zulässig. Zu verwenden ist ein Zinssatz *vor* Steuern (IAS 37.47).

2359 Auch nach HGB i. d. F. BilMoG sind Rückstellungen abzuzinsen. Es gilt eine „harte" Grenze von erwarteten Inanspruchnahmen jenseits eines Jahres. Ferner ist ein von der Bundesbank zur Verfügung gestellter Durchschnittszinssatz zu verwenden.[3] Zinssatzunterschiede können so einer Vereinheitlichung von IFRS und HGB-Werten bereits entgegenstehen.

3.2 Folgebewertung (Anpassung, Inanspruchnahme und Auflösung)

2360 Zu jedem Bilanzstichtag sind Ansatz und Bewertung der Rückstellungen zu prüfen und ggf. anzupassen (IAS 37.59). Wegen des unterschiedlichen Ausweises ist zwischen Anpassungseffekten der eigentlichen Verpflichtung und Änderungen des Zinssatzes zu unterscheiden. Die Anpassung ist jeweils erfolgswirksam vorzunehmen mit der Ausnahme von Entsorgungsverpflichtungen, die beim Vermögenswert hinzuaktiviert worden sind: Hier sind Anpassungen der eigentlichen Verpflichtung und Anpassungen infolge von Zinssatzänderungen erfolgsneutral (durch Änderung des Buchwertes des Vermögenswerts) vorzunehmen (s. Rz. 1136); der Anpassungsbetrag aus der jährlichen Aufzinsung der Verpflichtung ist jedoch erfolgswirksam im **Finanzierungsaufwand** zu erfassen (IAS 37.60).

2361 Rückstellungen sind nur für solche Ausgaben zu verbrauchen, für die sie ursprünglich gebildet wurden (IAS 37.61 f.). Sollte mit einer Inanspruchnahme nicht mehr gerechnet werden, sind Rückstellungen aufzulösen (IAS 37.59).

2362–2369 frei

---

1 Vgl. auch IAS 37 Anhang D Bsp. 1.
2 So *Ernsting/von Keitz*, DB 1998, 2477 (2481); s. auch ED IAS 37.IE, Example 19.
3 Vgl. *Theile/Stahnke*, DB 2008, 1757 (1759).

4. ABC der Rückstellungen

Abbruchverpflichtung: s. Entsorgungsverpflichtung 2370

Abfallbeseitigung: Es besteht Rückstellungspflicht bei gesetzlicher (Abfallgesetz, Verpackungsverordnung) oder faktischer Verpflichtung (verlautbarte und gelebte Umweltpolitik), s. auch Rz. 2318.

Abschluss- und Prüfungskosten u.Ä.: Auf Grund gesetzlicher Verpflichtung und wirtschaftlicher Verursachung rückstellungspflichtig. Interne (Zusatz)-Kosten sind ebenfalls einzubeziehen.[1] Gleiches gilt für Steuererklärungskosten.

Anpassungsverpflichtungen, z.B. die Erfüllung umweltrechtlicher Auflagen: Keine Rückstellung mangels Unentziehbarkeit, vgl. Rz. 2312 f.

Ansammlungsrückstellungen s. Entsorgungsverpflichtungen und Rekultivierungsverpflichtungen.

Altfahrzeugrücknahme: Nach der **Altfahrzeugverordnung** vom 21.6.2002 sind Autohersteller und -importeure zur kostenlosen Rücknahme und Entsorgung von Fahrzeugen ihrer Marke verpflichtet. Die Verpflichtung gilt ab 1.1.2007 für alle jemals im Inland in Verkehr gebrachten Fahrzeuge.[2] Im Ausland sind ggf. dort bestehende Regelungen zu beachten. Die Verordnung stellt eine öffentlich-rechtliche Verpflichtung und das In-Verkehr-Bringen das maßgebende Vergangenheitsereignis dar (Rz. 2310). Die Bewertung erfolgt unter Schätzung des Rücklaufs, der zukünftigen Kosten und Verwertungserlöse (Rz. 2356) sowie inklusive Abzinsung.

Aufbewahrungspflicht: z.B. für Buchungsbelege etc.: Ansatzpflicht, da unentziehbare Verpflichtung gegenüber der Öffentlichkeit[3] (keine Innenverpflichtung), Bewertung mit Gemeinkosten (Rz. 2354).

Aufwandsrückstellungen: Ansatzverbot (Rz. 2314).

Ausstehende Rechnungen: Sind als *accruals* anzusetzen (Rz. 2303).

Berufsgenossenschaft: Sind als *accruals* anzusetzen (Rz. 2303).

Bonusrückstellungen u.Ä.: Sind als *accruals* anzusetzen (Rz. 2303).

Bürgschaften: Unterliegen IAS 39, das Vertragsverhältnis ist anzusetzen, Folgebewertung nach IAS 37, d.h. Prüfung auf Inanspruchnahme (Rz. 2153).

Drohverlustrückstellungen s. Rz. 2335 ff.

Elektroschrott: Nach dem Elektro- und Elektronikgerätegesetz (ElektroG) vom 16.3.2005 sind Hersteller spätestens ab 24.3.2006 verpflichtet, Kosten der Rücknahme und Entsorgung für **Elektroschrott** zu tragen. Die Entsorgung wird über ein kollektives Rücknahmesystem organisiert: Dabei muss wie folgt unterschieden werden:[4]

---

1 Vgl. *ADS International*, Abschnitt 18 Rz. 125.
2 Für vor dem 30.6.2002 in Verkehr gebrachte Fahrzeuge galt bis zum 1.1.2007 eine Karenzfrist.
3 Vgl. *Hoffmann* in Haufe IFRS Kommentar, 7. Aufl. 2009, § 21 Rz. 100.
4 Vgl. *Oser/Ross*, WPg 2005, 1069 (1074 ff.).

(a) Keine Verpflichtung und damit keine Rückstellung für **vor dem 13.8.2005 an gewerbliche Nutzer** gelieferte (in Verkehr gebrachte) Geräte.

(b) *Keine* Rückstellung für **vor dem 13.8.2005 an Privatpersonen** gelieferte Geräte. (Nur) hier ist IFRIC 6 einschlägig, wonach sich der Anteil an den Entsorgungskosten nicht nach den tatsächlich in der Vergangenheit in Verkehr gebrachten Geräten richtet, sondern nach dem Marktanteil im Rücknahmezeitpunkt. Vergangenheitsereignis ist also nicht das In-Verkehr-Bringen der Altgeräte, sondern die zukünftige Marktteilnahme in der Abrechnungsperiode (IFRIC 6.9).

(c) Rücknahmeverpflichtung und damit Rückstellung bei **ab dem 13.8.2005** in Verkehr gebrachten Geräte (s. auch **Altfahrzeugrücknahme**).[1]

Entsorgungsverpflichtungen: Entsorgungen betreffen z.B. Stilllegung von Kraftwerken und Bohrinseln, Ausbau von Mietereinbauten etc. Wenn die rechtliche (oder ggf. faktische) Verpflichtung **unentziehbar** entstanden ist und die sonstigen Voraussetzungen für eine Rückstellung vorliegen, besteht *in voller Höhe* des besten Schätzwertes (aber regelmäßig abgezinst) Ansatzpflicht. Allerdings sind Aufwendungen, die im Zusammenhang mit künftigen Erträgen stehen, *ergebnismäßig* nicht rückstellungsfähig (Rz. 2313). Die Entstehung der Verpflichtung wird daher zugleich und in gleicher Höhe dem Vermögenswert hinzuaktiviert, also *erfolgsneutral* gebucht.[2] Über die höheren Abschreibungsbeträge stellt sich so prinzipiell dieselbe Erfolgswirkung ein wie bei der bilanziellen Behandlung einer Ansammlungsrückstellung nach HGB (zu weiteren Einzelheiten und Beispiel s. auch Rz. 1132 ff.).

Garantieverpflichtungen: Die Lieferung oder Leistungserbringung unter Übernahme von Gewährleistung führt zu einer Verbindlichkeit dem Grunde nach (Rz. 2310[3]). In der Regel können Garantieleistungen nicht für jeden einzelnen verkauften Artikel, sondern nur für eine Vielzahl gleichartiger Produkte unter Berücksichtigung von Erfahrungen der Vergangenheit sinnvoll bestimmt werden. Dann kommen Sammelbewertungen oder **Pauschalrückstellungen** in Betracht. Bei größeren Einzelgarantierückstellungen sind die Eintrittswahrscheinlichkeiten zu würdigen (Rz. 2323 f.).

Handelsvertreterausgleichszahlung: Überwiegend wird in der Abfindung nach § 89b HGB eine Abgeltung künftiger wirtschaftlicher Vorteile gesehen, die das Unternehmen aus der Tätigkeit des Handelsvertreters erzielt. Trotz der Zukunftsbezogenheit liegt Unentziehbarkeit i.S.v. IAS 37.19 vor (Rz. 2311), da die Zahlung aus der Liquidationsmasse zu leisten ist. U.E. ist eine Passivie-

---

1 Bei privaten Nutzern ist die Rückstellungsbildung dann umstritten, wenn die Kostenbeteiligung nach dem sog. Umlageverfahren erfolgt, sich also nach dem jeweiligen Marktanteil richtet. Gegen Rückstellungsbildung, d.h. Bilanzierung wie im Fall (b) RIC 2.25 ff. sowie *Schäfer*, BB 2004, S. 2735 ff., wie hier aber *Marx/Köhlmann*, BB 2005, 2007 (2011) sowie IDW, in IDW-FN 2005, S. 781 mit Hinweis auf die durch das Unternehmen zu stellenden Garantien i.V.m. der Unwahrscheinlichkeit des Marktaustritts (faktische Verpflichtung, Rz. 2318).
2 S. auch IAS 37 Anhang C Bsp. 3.
3 Zutreffend auch ED IAS 37.25.

rung¹ bei gleichzeitiger Aktivierung eines Kundenstamms² und dessen ratierliche Abschreibung wie bei **Entsorgungsverpflichtungen** sachgerecht.

Kulanzrückstellungen: Als faktische Verpflichtung rückstellungspflichtig (Rz. 2318). U.E. reicht eine Verpflichtung gegenüber einem *Teil* der Kundschaft (z.b. wichtige Großkunden) aus, da diese sich auf die gesetzte Erwartung verlassen können.

Mietereinbauten s. Entsorgungsverpflichtung.

Patentverletzung: U.E. bei entsprechender Entdeckungswahrscheinlichkeit auch vor Geltendmachung des Anspruchs ansatzpflichtig³, s. auch Prozesse.

Pauschalrückstellungen: Pauschalrückstellungen (Sammel- oder Pauschalbewertungen) sind als Anwendung eines Schätzmaßstabs zulässig, wenn eine Bewertung erst für eine Vielzahl von Bewertungsvorgängen sinnvoll möglich ist, insbesondere bei Garantieleistungen (Rz. 2324). Wenn die „Pauschal-Garantierückstellung" eines Industrieunternehmens etwa auch künftige Aufwendungen für kostenlose Ersatzlieferungen oder andere Kosten der Gewährleistungsbearbeitung (z.B. anteilige Aufwendungen der Vertriebsabteilung, Warenannahme, Ursachenforschung der Entwicklungsabteilung etc.) abbildet, sind derartige Rückstellungen bei Erfüllung der Kriterien Unentziehbarkeit (Rz. 2311 ff.), Wahrscheinlichkeit der Inanspruchnahme (Rz. 2320 ff.), Bewertbarkeit (Rz. 2330) zwingend in einem IFRS-Abschluss anzusetzen.⁴ Diese Beträge dürfen daher nicht aus einem Verständnis als generelle Reserve heraus bei der Überleitung vom HGB-Abschluss zur Handelsbilanz II nach IFRS eliminiert werden.

Personalrückstellungen s. zu Pensionsrückstellungen sowie zu allen sonstigen Leistungen an Arbeitnehmer Rz. 2400 ff.

Produktrücknahmeverpflichtung s. Altfahrzeugrücknahme bzw. Elektroschrott.

Prozesse/Rechtsstreitigkeiten:

(a) Bei **Passivprozessen** hat die Klagerhebung anderer Parteien Indizwirkung für ein ggf. bestehendes Vergangenheitsereignis⁵, etwa Pflichtverletzungen, auch wenn das Unternehmen selbst bisher nicht davon ausgegangen ist, dass eine Verpflichtung vorliegt. Nur wenn nach sorgfältiger Analyse noch keine ausreichende Wahrscheinlichkeit für eine Inanspruchnahme vorliegt, darf von einer Rückstellungsbildung abgesehen werden (dann aber Angabe als Eventualschuld; eine Nichtangabe mit der Begründung, eine

---

1 Überwiegend wird ein Passivierungsverbot angenommen, vgl. *von Keitz* u.a., in Baetge (Hrsg.), Rechnungslegung nach IFRS, IAS 37, Rz. 155; *Hoffmann* in Haufe IFRS-Kommentar, 7. Aufl. 2009, § 21 Rz. 173.
2 Die handelsrechtliche Kommentierung verneint eine Aktivierung unter Hinweis auf das Aktivierungsverbot des § 248 Abs. 2 HGB. *Otto*, BB 2005, 1324 (1325), befürwortet entgegen der h.M. einen sonstigen immateriellen Vermögensgegenstand.
3 Anders *Hoffmann* in: Haufe IFRS Kommentar, 7. Aufl. 2009, § 21 Rz. 173 (erst ab Geltendmachung des Anspruchs und auch nur bei Fortführung der verletzenden Produktionstätigkeit).
4 Wie hier *Hebestreit/Dörges* in Beck'sches IFRS-Handbuch, 2. Aufl. 2006, § 13 Rz. 137.
5 So zutreffend IASB Update June 2006, S. 3 im Kontext mit ED IAS 37.

Inanspruchnahme sei abwegig (*remote*) (Rz. 2326), kommt u.E. wegen der Klage nicht in Betracht).

Zu den rückstellungspflichtigen Kosten zählt die erwartete Sanktion nebst Kosten. Ist zu erwarten, dass ein Kläger durch alle Instanzen gehen wird, sind die Kosten aller Instanzen zu erfassen, ansonsten, d.h. bei einer jeweils neuen Abwägung nur die **Kosten der jeweiligen Instanz**.[1] S. auch **Wertaufhellung**; zu einem Beispiel s. Rz. 720 „Rückstellungen".

Bei den **Anhangangaben** kann die Nennung von Einzelheiten unterbleiben, wenn eine Beeinträchtigung der eigenen Rechtsposition zu befürchten ist (**Schutzklausel** nach IAS 37.92, s. Rz. 2393).

(b) Bei **Aktivprozessen** ist die Notwendigkeit der Klageerhebung ein Indiz dafür, dass die Forderung *nicht* quasi sicher ist, so dass ein Ansatz *nicht* in Betracht kommt (Rz. 2304). Prozesskosten werden zurückgestellt, wenn ein (vollständiges) Obsiegen unwahrscheinlich ist.

Reparaturen: Nicht rückstellungsfähig, da entweder Innenverpflichtung (Rz. 2314 f.) oder als Nutzenpotential zukunftsbezogen (Rz. 2313).

Rekultivierung: Betrifft Verpflichtungen zur Wiederauffüllung und Herrichtung von im Tagebau ausgebeuteten Flächen.[2] Der Verpflichtungsumfang steigt hier nach dem Ausbeutefortschritt und ist entsprechend zu passivieren; dies entspricht handels- und steuerrechtlicher Sichtweise.[3]

Restrukturierungsrückstellungen s. Rz. 2340 ff.

Schadenersatz: Maßgebend für die Einschätzung, ob ein Vergangenheitsereignis vorliegt, ist entweder die eigene Beurteilung, ggf. unterstützt durch Expertenrat wie Anwaltsbestätigungen oder die geltend gemachte Forderung einer anderen Partei. Im erstgenannten Fall kommt eine Rückstellung auch in Betracht, wenn die Gegenseite von dem Schaden oder der Verursachung durch das Unternehmen noch keine Kenntnis hat, aber eine Aufdeckung wahrscheinlich ist.

Notwendig ist jedoch ein konkretes Ereignis. Der Beginn des Geschäfts, d.h. das Setzen einer Gefährdungshaftung, für alle möglichen zukünftigen Fehler aufzukommen, stellt *kein* relevantes Vergangenheitsereignis dar. Daher können bspw. nur tatsächlich vom Unternehmen bis zum Stichtag verschuldete Unfälle zu Rückstellungen führen und nicht etwa die danach möglicherweise noch eintretenden Schäden.[4]

Steuerschulden s. Rz. 2600.

Umweltschutzmaßnahmen: Nicht rückstellungsfähig im Zusammenhang mit künftigen Investitionen inklusive **Erhaltungsaufwand** (Rz. 2313). Für die **Beseitigung entstandener Umweltschäden (Altlasten)** gilt: Bei Bestehen eines

---

1 Vgl. *ADS International*, Abschnitt 18 Rz. 168.
2 S. auch IAS 37 Anhang C Bsp. 3.
3 Vgl. *Hoyos/M. Ring* in Beck'scher Bilanz-Kommentar, 6. Aufl. 2006, § 249 HGB Rz. 100 „Rekultivierung".
4 A.A. *Kühne/Nerlich*, BB 2005, S. 1839 (1843 f.) zum ED IAS 37: Dieser setzt jedoch wie der bestehende IAS 37 ebenfalls ein konkretes Vergangenheitsereignis voraus.

entsprechenden Gesetzes oder erlassener Verfügungen besteht eine rechtliche Verpflichtung, bei verlautbarter Umweltpolitik eine faktische Verpflichtung. Existieren z.B. in einem Entwicklungsland keine Umweltschutzvorschriften, kann eine faktische Verpflichtung trotzdem vorliegen, wenn eine wesentliche, für das Unternehmen relevante Öffentlichkeit in einem anderen Land[1] entsprechende Erwartungen hegt. Erfolgt die Beseitigung nicht freiwillig, muss die Rückstellungsbildung die Wahrscheinlichkeit des Entdecktwerdens bzw. des Einschreitens der Behörden berücksichtigen. Altlastenrückstellungen sind typischerweise langfristig und daher abzuzinsen. S. auch **Entsorgungsverpflichtungen** bzw. **Abfallbeseitigung**.

Künftige Verluste: Ansatzverbot (IAS 37.63). Allerdings ist ein möglicher Wertminderungsbedarf nach IAS 36 zu prüfen (Rz. 1500 ff.).

Wertaufhellung: Für Ansatz und Bewertung von Rückstellungen, aber auch bei der Angabe von Eventualschulden und Eventualverbindlichkeiten sind wertaufhellende Tatsachen zu berücksichtigen (IAS 10.7 f.; s. zu einem Beispiel zu Prozessrückstellungen Rz. 720). Eine imparitätische Berücksichtigung kommt jedoch nicht in Betracht.

Wiederherstellungsverpflichtung s. auch **Entsorgungsverpflichtung**.

frei   2371–2379

5. Ausweis

Hinsichtlich des Bilanzausweises enthält IAS 37 keine Vorschriften. Rückstellungen sind nach der Fristigkeit zu gliedern, s. insoweit Rz. 4112 und Rz. 4118.   2380

⊃ Wir empfehlen, Zuführungen zu Rückstellungen den entsprechenden Aufwandsarten bzw. Funktionsbereichen zuzuordnen. Werden Rückstellungen zum Barwert angesetzt, ist der Zinsaufwand für die Aufzinsung im Finanzergebnis zu erfassen (IAS 37.60). Das gilt auch für die Effekte aus Zinssatzänderungen, es sei denn, die Änderung betrifft aktivierte Entsorgungsverpflichtungen und ähnliche Sachverhalte.

frei   2381–2389

6. Anhangangaben

6.1 Rückstellungsspiegel und Erläuterungen

Im Anhang sind gem. IAS 37.84 die Rückstellungen nach einheitlichen Sachverhalten in Gruppen zu gliedern. Für jede dieser Gruppen sind im Anhang die Buchwerte zu Beginn der Periode, die Zuführungen einschließlich Neubildungen, Zinseffekte, Inanspruchnahmen, Auflösungen und Buchwerte am Ende der Periode anzugeben. Es ist zu empfehlen, dies in einem **Rückstellungsspie-**   2390

---

[1] U.E. reicht ein von dem Unternehmen als relevant angesehener Kreis aus; eine nähere Bestimmung ist nicht nötig. Anders möglicherweise *Lüdenbach/Hoffmann*, BB 2005, 2344 (2345).

gel darzustellen; Vorjahresbeträge sind jedoch nicht erforderlich, aber üblich. Ferner ist über die Art der Verpflichtung, die wesentlichen Annahmen und über aktivierte Rückgriffsansprüche zu berichten.

Beispiel (Volkswagen, Geschäftsbericht 2007, S. 195 und 235):
„Gemäß IAS 37 werden Rückstellungen gebildet, soweit gegenüber Dritten eine gegenwärtige Verpflichtung aus einem vergangenen Ereignis besteht, die künftig wahrscheinlich zu einem Abfluss von Ressourcen führt und deren Höhe zuverlässig geschätzt werden kann. Rückstellungen, die nicht schon im Folgejahr zu einem Ressourcenabfluss führen, werden mit ihrem auf den Bilanzstichtag abgezinsten Erfüllungsbetrag angesetzt. Der Abzinsung liegen Marktzinssätze zugrunde. Im Inland wurde ein Zinssatz von 5,2 % verwendet. Der Erfüllungsbetrag umfasst auch die erwarteten Kostensteigerungen. Rückstellungen werden nicht mit Rückgriffsansprüchen verrechnet.

In den Verpflichtungen aus dem Absatzgeschäft sind Rückstellungen enthalten, die alle Risiken aus dem Verkauf von Fahrzeugen, Teilen und Originalteilen bis hin zur Entsorgung von Altfahrzeugen einschließen. Im Wesentlichen sind dies Gewährleistungsansprüche, die unter Zugrundelegung des bisherigen bzw. des geschätzten zukünftigen Schadensverlaufs ermittelt werden. Des Weiteren sind hierin Rückstellungen für auf Grund rechtlicher oder faktischer Verpflichtung zu gewährende Rabatte, Boni und Ähnliches enthalten, die nach dem Bilanzstichtag anfallen, jedoch durch Umsätze vor dem Bilanzstichtag verursacht wurden. Rückstellungen für Kosten der Belegschaft werden u.a. für Jubiläumszuwendungen, Zeitguthaben, Altersteilzeit, Abfindungen und ähnliche Verpflichtungen gebildet. Die übrigen Rückstellungen betreffen eine Vielzahl von erkennbaren Einzelrisiken und ungewissen Verpflichtungen, die in Höhe ihres wahrscheinlichen Eintritts berücksichtigt werden" Die Zahlungsabflüsse der Sonstigen Rückstellungen werden zu 53 % im Folgejahr, zu 39 % in den Jahren 2008–2012 und zu 8 % danach erwartet."

2391 Der zugehörige Rückstellungsspiegel zeigt folgende Entwicklung:

Mio. Euro	Verpflichtungen aus dem Absatzgeschäft	Kosten der Belegschaft	Übrige Rückstellungen	Gesamt
Stand am 1.1.2007	9 152	3 680	3 169	**16 001**
Währungsdifferenzen	− 102	− 5	5	− 102
Konzernkreisänderungen	0	6	99	105
Verbrauch	− 4 062	− 1 656	− 579	− 6 297
Zuführung/Neubildung	5 445	1 093	2 011	8 549
Aufzinsung	41	− 14	− 4	23
Auflösung	− 339	− 75	− 307	− 721
Stand am 31.12.2007	**10 135**	**3 029**	**4 394**	**17 558**

Die Angaben von „Währungsdifferenzen" und „Konzernkreisänderungen" werden von IAS 37 nicht gefordert, ergänzen aber den Spiegel analog zu den Angabeverpflichtungen beim Anlagenspiegel (s. Rz. 1090, 1210). Die gewählte Art der Darstellung ist informativer als die sonst nötige Zusammenfassung unter beispielsweise „sonstige Änderungen".

Soweit es sich bei den „Kosten der Belegschaft" um Verpflichtungsrückstände gegenüber Arbeitnehmern handelt, könnten sie gem. IAS 19 (Rz. 2400 ff.) auch als Verbindlichkeiten ausgewiesen werden („abgegrenzte Schulden" bzw. „abzugrenzender Aufwand"). Die hier vorgefundene Darstellung ist in der Praxis bislang üblich. Der Einbezug in die Rückstellungen bietet auch insoweit ein höheres Maß an Information, da ein entsprechender Spiegel und die Entwicklung der Position im Anhang von IAS 19 nicht gefordert wird.

6.2 Angaben zu Eventualverbindlichkeiten und -forderungen

Es ist jeweils mit einer kurzen Beschreibung über **Eventualverbindlichkeiten** (s. Beispiel in Rz. 2330) und, spiegelbildlich, über **Eventualforderungen** zu berichten (IAS 37.86; 37.89). **Fehlanzeige** ist erforderlich, falls die Angaben erforderlich gewesen wären, unter Praktikabilitätsgesichtspunkten jedoch unterlassen wurden (IAS 37.91). 2392

6.3 Unterlassen von Angaben auf Grund Schutzklausel

Sollten für einen **Rechtsstreit** Rückstellungen angesetzt oder Eventualverbindlichkeiten angegeben werden, sind erläuternde Angaben nicht erforderlich, falls daraus Nachteile für das Unternehmen erwachsen würden. Hierzu gehört u.E. bspw. auch eine zurückgestellte Schadensumme. 2393

Die Anwendung dieser **Schutzklausel** und die Begründung für die Anwendung sind anzugeben (IAS 37.92). Zum Sonderfall der nicht bezifferbaren Wahrscheinlichkeit der Inanspruchnahme vgl. Rz. 2330.

frei   2394–2399

XIV. Pensionsverpflichtungen und andere Leistungen an Arbeitnehmer (IAS 19)

1. Überblick und Wegweiser

1.1 Standards und Anwendungsbereich

IAS 19 regelt mit der Ausnahme von aktienorientierten Vergütungen (*share based payments*, Rz. 2500) umfassend die bilanzielle Behandlung aller Leistungen gegenüber Arbeitnehmern. 2400

C. Ansatz und Bewertung der Bilanzposten sowie Angabepflichten

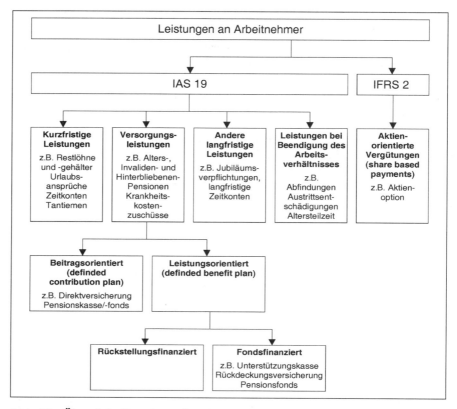

Abb. 63: Übersicht Regelungsbereiche IAS 19 und IFRS 2

2401 IAS 19 ist zuletzt in 2005 hinsichtlich **gemeinschaftlicher Versorgungseinrichtungen** (Rz. 2417) und des Wahlrechts zur **erfolgsneutralen Erfassung** von Über- oder Unterdeckungen bei Pensionsverpflichtungen (Rz. 2435) geändert worden.

IAS 19 wird ergänzt durch **IFRIC 14**, der Einzelheiten zum Vermögenswertüberhang bei Planvermögen regelt (Rz. 2466 ff.); **SIC 12.6** zu Zweckgesellschaften stellt klar, dass die Auslagerung von Vermögen zur Deckung von Pensionsverpflichtungen nicht zu einer Konsolidierung führt (Rz. 2470).

2402 Für **externe Träger** von Versorgungseinrichtungen (Pensionskassen, Unterstützungskassen etc.), also nicht für das bilanzierende Unternehmen, das die Versorgungsverpflichtung eingegangen ist, wird IAS 19 durch **IAS 26** ergänzt, der dem externen Träger Angabepflichten für beitrags- und leistungsorientierte Pensionspläne auferlegt.

2403–2404 frei

1.2 Wesentliche Abweichungen zum HGB

Der wesentliche Anwendungsbereich von IAS 19 sind leistungsorientierte Pensionszusagen (*defined benefit plans*), in HGB-Diktion die Bilanzierung von **Pensionsrückstellungen**. 2405

	HGB alt	HGB i.d.F. BilMoG	IFRS
Ausnahmen von der Passivierungsplicht (Wahlrechte)	1. unmittelbare Altzusagen (bis 31.12.1986) 2. mittelbare, etwa über Unterstützungskassen u.Ä. abgewickelte Verpflichtungen		Keine
Bewertungsverfahren	Nicht geregelt, üblich: Teilwertverfahren oder Anwartschaftsbarwertverfahren		Anwartschaftsbarwertverfahren
Zinssatz	Nicht geregelt: häufig noch Übernahme steuerlicher Werte mit Zinssatz von 6% ohne Kostensteigerung	Fristenkongruenter Durchschnittszins oder pauschalierter durchschnittlicher Marktzins	Fristenkongruenter Stichtagszins
Gehalts-/Pensionssteigerungen		Pflicht	Pflicht
Karrieretrend		Nicht geregelt, aber in Diskussion	Pflicht
Saldierung	Nicht zulässig	Pflicht bei insolvenzgesichertem Vermögen	
Glättungs- und Verteilungsverfahren	Keine	Mehrrückstellungen bei Erstanwendung BilMoG dürfen bis 31.12.2024 angesammelt werden (Art. 67 Abs. 1 EGHGB)	Für versicherungsmathematische Gewinne und Verluste: 1. Korridormethode 2. Erfolgsneutrale Erfassung

In der **bisherigen HGB Praxis** wurden häufig die **steuerlichen Werte** angesetzt und als handelsrechtliche *Untergrenze* angesehen.[1] Wegen der Pflicht zur Berücksichtigung von Marktzinsen und insbesondere Gehalts- und Rentensteigerungen ist die Übernahme des steuerlichen Wertansatzes in die Handelsbilanz künftig nicht mehr möglich.[2]

Abgesehen von der großzügigen Übergangsregelung und dem fortbestehenden Passivierungswahlrecht für Altzusagen **unterscheiden sich das HGB** und **IAS 19** insbesondere noch durch die **Glättungs- und Verteilungsverfahren**: Während man nach HGB gewohnt ist, eine einmal errechnete Rückstellung auch in der Bilanz anzusetzen und deren Veränderung in der GuV abzubilden, kennt IAS 19 für Schätzungsänderungen (sog. versicherungsmathematische Gewinne und Verluste) folgende Wahlrechte: 2406

---

[1] Z.T. aber auch handelsrechtlich nicht vertretbar, vgl. IDW, HFA 2/1988, Tz. 5 sowie *Ellrott/Rhiel* in Beck scher Bilanzkommentar, 6. Aufl. 2006, § 249 HGB Rz. 197.
[2] Vgl. *Theile*, Bilanzrechtsmodernisierungsgesetz, 2. Aufl. 2009, § 253, Rz. 18.

(a) Sog. **Korridor-Methode**: Nach IAS 19 ist es zulässig, die Auswirkungen unerwarteter Parameterabweichungen (Sterbetafel, Zinssatzänderungen) gegenüber den am Jahresanfang geschätzten Werten innerhalb bestimmter Grenzen (sog. 10%-Korridor, Rz. 2436) überhaupt nicht zu bilanzieren. In Bezug auf Zinssatzänderungen ist IFRS dabei allerdings auch nicht kritikwürdiger als das *bisherige* HGB, da Marktwertschwankungen der Verpflichtung nach bisherigem HGB bei (steuerlicher und handelsrechtlicher) Fixierung des Zinssatzes bei 6% ebenfalls nicht in der Bilanz abgebildet werden. Das ändert sich freilich durch das BilMoG infolge der Verwendung fristenkongruenter oder pauschaler Durchschnittszinssätze.

(b) Alternativ ist zwar die volle Rückstellung zu passivieren, die Effekte aus Erwartungsanpassungen müssen aber nicht in der GuV gebucht werden, sondern können (Wahlrecht) erfolgsneutral im Eigenkapital erfasst werden (**SORIE-Methode**, Rz. 2445).

Die Bedeutung des nach IAS 19 allein zulässigen **Anwartschaftsbarwertverfahrens** (*projected unit credit method*, s. Rz. 2420 ff.) wird hingegen meist überschätzt, denn das **Teilwertverfahren** führt bei identischen Parametern (Gehalts- und Rententrend etc.) sogar c.p. zu *höheren* Rückstellungen.[1]

2407 Für den HGB-Anwender bisher ungewohnt erscheint die nach § 246 Abs. 2 HGB idF BilMoG vorgeschriebene **Saldierung von Pensionsverpflichtungen** mit den zu ihrer Deckung vorhandenen Vermögenswerten (**Planvermögen** oder *plan assets*, vgl. Rz. 2460 ff.).

Beispiel:

Mio. Euro	
Barwert der extern finanzierten Verpflichtungen	3 000
Beizulegender Zeitwert des Planvermögens	−2 700
Unterdeckung	**300**
Barwert der nicht über einen Fonds finanzierten Verpflichtungen	13 000
Pensionsrückstellungen insgesamt	**13 700**

Tatsächlich wurde diese Vorgehensweise im HGB Abschluss jedoch bereits bei Pensionskassen oder Unterstützungskassen praktiziert, insoweit nur eine **Unterdeckung** (**Subsidiärhaftung**) im Trägerunternehmen passiviert wird. Ist die Abwicklung zukünftig über einen externen Träger so organisiert, dass die sog. *plan assets* für die pensionsberechtigten Arbeitnehmer auch rechtlich reserviert, d.h. bei Einzelvollstreckung und Insolvenz einem Gläubigerzugriff entzogen sind, z.B. bei **verpfändeten Rückdeckungsversiche-**

---

[1] Vgl. *Seemann* in Beck'sches IFRS-Handbuch, 2. Aufl. 2006, § 26 Rz. 68.

rungen, ist die Saldierung zwangsläufig, aber wegen der **Bilanzverkürzung durchaus erwünscht**.

1.3 Neuere Entwicklungen

Im Rahmen eines mit US-GAAP durchgeführten mehrjährigen Projekts (*post-employment-benefits*) hat der IASB im März 2008 ein Diskussionspapier vorgelegt, das u.a. die **Abschaffung der Korridormethode** beinhaltet und sich insbesondere mit der **Abgrenzung beitragsorientierter von leistungsorientierten Plänen** befasst. Nach den Vorüberlegungen könnten Versorgungspläne sehr viel häufiger als früher nicht mehr als beitragsorientiert, sondern als leistungsorientiert zu klassifizieren sein (Rz. 2412 ff.). Da die Vorschläge auf einhellige Ablehnung stießen, ist eine Umsetzung fraglich.[1]   2408

Am 30.6.2005 sind im Rahmen des kurzfristigen Konvergenzprojekts mit US-GAAP (Rz. 46) Vorschläge zu geringfügigen Änderungen der Bilanzierung von Abfindungen (*termination benefits*) nach IAS 19 erfolgt. Da sich die ursprünglich für den 1.1.2009 geplante Umsetzung verzögert hat, ist ein Inkrafttreten der Änderungen nicht vor 2010 zu erwarten.   2409

2. Pensionspläne und Durchführungswege

2.1 Arten von Versorgungsverpflichtungen

Als Leistungen nach Beendigung des Arbeitsverhältnisses (*post-employment benefits*) werden sämtliche Leistungen eines Unternehmens an seine Arbeitnehmer klassifiziert, die ihrem wirtschaftlichen Charakter nach als **Versorgungsleistungen** anzusehen sind: 2410

- Hierzu zählen alle Arten von **Alters-, Invaliden- und Hinterbliebenenleistungen** neben klassischen Pensionen etwa auch **Krankheitskostenzuschüsse**, vorzugsweise bei US-Tochtergesellschaften[2] sowie

- in einzelnen Ländern auf Grund *gesetzlicher* Vorschriften zu zahlende **Entlassungsentschädigungen**. Diese haben eher Versorgungscharakter (IAS 19.136) und sind daher wie solche zu bilanzieren, ggf. inkl. Anwendung der Korridormethode (Rz. 2436).

Die Versorgungspläne hängen i.d.R. von Beschäftigungsdauer und Entgelt ab: 2411

- Sie können allgemein oder auf einen bestimmten Mitarbeiterkreis (i.d.R. leitende Angestellte) oder auf einzelne Personen (Einzelzusagen) beschränkt sein.

- Der Anspruch der Arbeitnehmer kann auf Vertrag oder betrieblicher Übung beruhen (IAS 19.3).

---

1 Kritisch auch *Rhiel*, PiR 2008, 156.
2 Vgl. z.B. Bayer, Konzernabschluss 2008, S. 209.

2.2 Abgrenzung von beitrags- und leistungsorientierten Plänen

2412 Für die Bilanzierung ist es aus IFRS-Sicht ohne Bedeutung, wie die Rechtsverhältnisse zwischen Arbeitgeber, Arbeitnehmer und Versorgungseinrichtung formell ausgestaltet sind (IAS 19.3), ob also der Arbeitnehmer unmittelbare oder mittelbare (über die Versorgungseinrichtung) Versorgungsansprüche gegenüber dem Arbeitgeber hat. Auch der Durchführungsweg ist irrelevant für die Frage, ob eine Versorgungsleistung vorliegt (IAS 19.24). Entscheidend für die Bilanzierung von Pensionsverpflichtungen ist einzig, ob ein beitragsorientierter (*defined contribution plan*) oder ein leistungsorientierter Pensionsplan (*defined benefit plan*) vorliegt.

Art	Beitragsorientiert	Leistungsorientiert
Merkmal	Zahlung von Beiträgen	Zusage von Leistungen
Bilanzierung	Aufwand in Höhe der Beiträge	a) Gutachten b) Bilanzposten (Pensionsrückstellung/Vermögenswert) c) Umfangreiche Anhangangaben
Risiko des Arbeitgebers	Begrenzt auf laufende Beiträge, d.h. keine Nachschüsse	Volles Kapitalanlage- und biometrisches Risiko, z.B., a) dass die späteren Pensionszahlungen bei negativer Entwicklung des Unternehmens nicht geleistet werden können oder b) dass die Lebenserwartung der Begünstigten über die in Sterbetafeln niedergelegte Erwartung hinaus ansteigt.
Ausgestaltung	Nur mittelbar (z.B. Direktversicherung nach § 4b EStG)	a) Unmittelbar (z.B. Direktzusage) oder b) Mittelbar (über externen Träger, z.B. U-Kasse)

2413 Wegen der unterschiedlichen Bilanzierungsfolgen kommt der sachgerechten Abgrenzung eine entscheidende Bedeutung zu. Dabei kann ein Plan **vordergründig als beitragsorientiert erscheinen, sich tatsächlich aber als leistungsorientierter Plan entpuppen**, wenn der Arbeitgeber z.B. Garantien übernommen hat, die über die aktuellen Beitragszahlungen hinausgehen:

So hat der Arbeitgeber nach § 1 Abs. 1 Satz 3 BetrAVG eine Subsidiärhaftung für den Fall der Insolvenz des externen Versorgungsträgers (sog. finale Haftung). Außerdem sind Beitragszusagen gemäß § 1 Abs. 2 Nr. 2 BetrAVG regelmäßig mit Mindestleistungen versehen.[1] Daher könnte bei rein rechtlicher Betrachtung oft von vornherein gar kein beitrags-, sondern nur ein leistungsorientierter Plan vorliegen.[2] In der Praxis werden sog. **versicherungsför-**

---
1 Vgl. *Seemann* in Beck'sches IFRS Handbuch, 2. Aufl. 2006, § 26 Rz. 17.
2 Vgl. *Rhiel* in Haufe IFRS Kommentar, 7. Aufl. 2009, § 22 Rz. 10. Diese Ansicht wurde bereits vom IASB in dem später zurückgezogenen Entwurf IFRIC D9 vertreten, wonach bei festen Beitragszusagen mit Mindestrenditen (ggf. „0") leistungsorientierte

mige **Durchführungswege** oder „fast risikolose Direktversicherungen"[1] mit folgenden Merkmalen zurzeit jedoch noch als **beitragsorientierte Pläne** behandelt:

- Der Arbeitnehmer ist versicherte Person sowie Bezugsberechtigter und hat einen Rechtsanspruch gegen den Versicherer.
- Die vom Versicherer gezahlte Leistung „richtet sich nach den gezahlten Beiträgen". Bei unverfallbarem Ausscheiden des Mitarbeiters besteht keine Nachschusspflicht des Arbeitgebers.
- Die garantierte Leistung entspricht höchstens dem aufsichtsrechtlichen Höchstzins (z.Z. 2,25 %).
- Die Überschüsse kommen ausschließlich dem Versicherten zugute.

◌ Die wirtschaftliche Begründung lautet, dass die Verpflichtung des Arbeitgebers letztlich durch die eingezahlten Beiträge („**kongruent**") gedeckt ist.[2] Diese vom Ende her gedachte Ratio zu der vorzunehmenden Klassifizierung liefert zugleich folgende **Faustformel**: Bestehen Zweifel in der Beurteilung, liegt immer dann ein **leistungsorientierter Plan** vor, wenn sich nach den diesbezüglichen Bilanzierungsvorschriften entweder (a) ein (wesentlicher) Verpflichtungsüberhang oder (b) ein (wesentlicher) Vermögenswertüberhang ergibt: 2414

Beispiel 1:
In der Schweiz wird die sog. 2. Säule der Altersversorgung (BVG, Berufliches Vorsorgegesetz) durch Einzahlungen von Beiträgen in Sammelstiftungen o.ä. abgewickelt. U.a. sehen diese gesetzlichen Vorschriften eine Steigerung der nach dem Bruttogehalt bemessenen Beiträge von 7 % auf 18 % mit zunehmendem Alter vor. Diese Steigerung (*backloading*) wäre aber bei einer Rückstellungsberechnung nach IAS 19.67 gleichmäßig zu verteilen (Rz. 2422). Im Wesentlichen hierdurch kann es zu erheblichen Unterdeckungen kommen:[3] Damit liegt ein leistungsorientierter Plan vor, und der **Verpflichtungsüberhang** ist zu passivieren.

Pläne vorlagen, vgl. *Mühlberger/Schwinger/Wildner* in Thiele/von Keitz/Brücks (Hrsg.), Internationales Bilanzrecht, 2008, IAS 19 Rz. 130.
1 Vgl. *Seemann* in Beck'sches IFRS Handbuch, 2. Aufl. 2006, § 26 Rz. 18; *Rhiel* in Haufe IFRS Kommentar, 7. Aufl. 2009, § 22, Rz. 10 f., 63 ff., ebenso zum folgenden Katalog.
2 Vgl. *Seemann* in Beck'sches IFRS Handbuch, 2. Aufl. 2006, § 26 Rz. 19.
3 Die Heranziehung des backloading wird von *Jeger/Welser*, Der Schweizer Treuhänder 2007, 706 (708) abgelehnt, weil diese Folge erst nach zuvor erfolgter Klassifikation als beitrags- oder leistungsabhängig eintritt. Diese Sicht ist zwar c.p. formal zutreffend, aber eben doch nicht gerechtfertigt, wenn von der rein rechtlichen Würdigung abgewichen werden soll. Beim BVG Plan kommen jedoch noch weitere Aspekte hinzu, bspw. die Anforderung von Nachschüssen in Form von laufenden Risikoprämien etc.

Beispiel 2:

Ein Plan mit geringen garantierten Mindestleistungen sieht die Rückzahlung von Überschüssen **an den Arbeitgeber** vor. Da die Überschüsse nicht den Versicherten zugute kommen[1], liegt ein leistungsorientierter Plan vor: Der **Vermögenswertüberhang** muss aktiviert werden (Rz. 2466 ff.).

Es bleibt jedoch auch bei kongruenter Deckung bei leistungsorientierten Plänen, wenn (a) Leistungen durch (b) den Arbeitgeber zugesagt sind:

Durchführungsweg		Klassifizierung	Begründung
Unmittelbare Zusage von Leistungen		leistungsorientiert	(a) *Leistung* (statt Beitrag) (b) Anspruch gegen *Unternehmen* selbst (statt gegen Externe)
Unterstützungskasse		leistungsorientiert	Anspruch auf *Leistungen*
Zusage mit verpfändeter kongruenter Rückdeckungsversicherung		leistungsorientiert	Weder Verpflichtungs- noch Vermögenswertüberhang, aber Anspruch (a) auf *Leistung* (b) gegenüber dem *Arbeitgeber*
Direktversicherungen (s.o.)		beitragsorientiert	Wirtschaftlich kongruent gedeckt: Mögliche Haftung bei Insolvenz des Versicherers stellt eine nicht bilanzierungspflichtige Eventualschuld dar
Pensionskassen/ Pensionsfonds	nach Grundsätzen wie Versicherung geführt	beitragsorientiert	
	mit Anforderung von Nachschüssen vom Arbeitgeber	leistungsorientiert	U.a. wesentliche Garantie des Arbeitgebers über vergangene Beitragszahlung hinaus
Sog. Cash plans:[2] Arbeitgeber schreibt Beiträge auf einem tatsächlichen oder virtuellen Kapitalkonto gut und garantiert feste oder variable Verzinsung (ggf. z.T. fix und z.T variabel, sog. „Hybridpläne")		leistungsorientiert	a) Virtuelle Pläne, d.h. Gutschrift erfolgt im Unternehmen: bereits mangels Zahlung durch Externen nicht beitragsorientiert b) Im Übrigen liegt schädliche Garantieleitung vor

2415–2416 frei

---

[1] Unschädlich sind (geringe) unerwartete Verbilligungen sowie der Rückfluss von Deckungskapital bei Ausscheiden von Arbeitnehmern mit verfallbarem Anspruch, vgl. *Rhiel* in Haufe IFRS Kommentar, 7. Aufl. 2009, § 22 Rz. 9, 65.
[2] Vgl. *Mühlberger/Schwinger/Wildner* in Thiele/von Keitz/Brücks, Internationales Bilanzrecht, 2008, IAS 19 Rz. 131.

2.3 Gemeinschaftliche Versorgungseinrichtungen (*multi employer plans*)/ Staatspläne

Hierbei ist zu unterscheiden:[1]

2417

Bezeichnung	Merkmale/Beispiele	Bilanzierung
Gemeinschaftliche Pläne mehrerer Arbeitgeber (IAS 19.29-32B) (*multi employer plans, MEP*) (IAS 19.36)[2]	**Gemeinsame Risikotragung** a) Überbetriebliche Pensionskassen, -fonds mit Möglichkeit der Zuordnung zu einzelnen Arbeitgebern (z.B. BVG Schweiz, Rz. 2414) b) pauschale kollektive Versorgungseinrichtungen, z.B. Versorgungsanstalt des Bundes/der Länder, VBL u.Ä.; Mitarbeitervorsorgungskasse (Österreich)	**Falls nach Arbeitgebern trennbar:** Jeder bilanziert seinen Anteil nach den individuellen Merkmalen (beitrags- oder leistungsorientiert) Falls *nicht* nach Arbeitgebern trennbar und **Informationen** über Plan **nicht** verfügbar (häufig): Bilanzierung als beitragsorientierter Plan mit Anhangangaben
Gemeinsam verwaltete Pläne mehrerer Arbeitgeber (IAS 19.33) (*group administration plans*)	**Gemeinsame Vermögensanlage** (*asset management*) ohne Risikoteilung. Bereits aus steuerlichen Gründen ist oft die Zuordnung zu jeweiligem Unternehmen notwendig bei: a) Unterstützungskassen b) CTA Gestaltungen	Klarstellung, dass kein multiemployer plan vorliegt, sondern dass **jedes Unternehmen seinen Teil des Plans** nach den individuellen Merkmalen als beitrags- oder leistungsorientiert zu bilanzieren hat
Konzerninterne gemeinschaftliche leistungsorientierte Pläne (IAS 19.34 f.)	Konzerninterner MEP	Im **Konzern** kein Problem: Bilanzierung *eines* Plans; Nur klarstellend für **Einzelabschlüsse**, dass Aufteilung zu erfolgen hat (und nicht unter Berufung auf fehlende Informationen *jeweils* wie ein beitragsorientierter Plan behandelt werden darf).

Die Regelungen zu gemeinschaftlichen Versorgungseinrichtungen sind Ausdruck des **puren Pragmatismus**:

– Wenn Pläne gemeinsam geführt (MEP) oder zur Erzielung von Kostenvorteilen gemeinsam verwaltet werden, sind sie nach Arbeitgebern zu trennen und dort nach den jeweiligen Merkmalen zu bilanzieren, **soweit eine Trennung möglich ist**.

---

[1] Vgl. zu den folgenden Ausführungen auch *Rhiel*, DB 2005, 293 (294 ff.).
[2] Staatspläne sind wie MEP's zu behandeln, d.h. mangels Trennbarkeit nach Arbeitgebern praktisch immer als beitragsorientiert zu betrachten: Staatspläne sind Versorgungssysteme *unter staatlicher Verwaltung* (z.B. gesetzliche Rentenversicherung, AHV in der Schweiz etc.). *Keine* Staatspläne sind jedoch staatlich erzwungene Systeme unter Verwaltung *unabhängiger Körperschaften*, z.B. BVG Schweiz (Rz. 2414) oder die Mitarbeitervorsorgungskasse für „Entlassungsentschädigungen" in Österreich: Es handelt sich jeweils um MEP's.

– Falls **keine Trennung möglich** ist *und* falls keine Informationen über mögliche Unterdeckungen vorliegen, sind diese schlicht zu ignorieren und nur die Beiträge als **Aufwand** zu buchen, wie z.B. bei der gesetzlichen Rentenversicherung (!). In diesem Fall müssen lediglich Beiträge abgegrenzt und ggf. Nachschüsse *bei Anforderung* nach IAS 19.32B i.V.m. IAS 37 zurückgestellt werden (etwa Sanierungsgelder des VBL).[1]

➲ Bestehen Zweifel, ob ein beitrags- oder leistungsorientierter Plan vorliegt, sollte zunächst geprüft werden, ob es sich um einen MEP oder Staatsplan ohne Möglichkeit der Trennung handelt. Dann erfolgt in jedem Fall die Bilanzierung als beitragsorientierter Plan.

3. Bilanzierung von beitragsorientierten Pensionsplänen

2418 Für das Unternehmen resultiert aus beitragsorientierten Pensionsplänen weder ein Bewertungsproblem noch ein Haftungsrisiko hinsichtlich der Pensionsansprüche seiner Arbeitnehmer (IAS 19.25). Die Zahlungen z.B. an die Versicherungsgesellschaft (externer Träger) werden als *laufender Personalaufwand* erfasst.[2] Bei Über- oder Unterzahlungen im Vergleich zur vertraglichen Vereinbarung ist abzugrenzen und ein sonstiger Vermögenswert bzw. eine sonstige Verbindlichkeit anzusetzen (IAS 19.44). Eine Abzinsung der Verbindlichkeit ist bei Rückständen von mehr als zwölf Monaten erforderlich (IAS 19.45). Angabepflichtig ist lediglich der *Aufwand* für beitragsorientierte Pensionspläne (IAS 19.46), zweckmäßigerweise im Anhang.

2419 frei

4. Bilanzierung von leistungsorientierten Pensionsplänen

4.1 Berechnung der tatsächlichen Pensionsverpflichtung (Defined Benefit Obligation, DBO)

4.1.1 Anwartschaftsbarwertverfahren (*projected unit credit method*)

2420 Als Bewertungsverfahren der Pensionsverpflichtung ist einzig die **projected unit credit method** (**Anwartschaftsbarwertverfahren**) zulässig (IAS 19.64). Hiernach sind die künftigen Leistungen, soweit sie den zurückliegenden Dienstjahren zuzurechnen sind, mit dem versicherungsmathematischen Barwert zu bewerten.

---

[1] Vgl. *Seemann* in Beck'sches IFRS Handbuch, 2. Aufl. 2006, § 26 Rz. 100.
[2] Zur Aktivierung als Bestandteil von Herstellungskosten s. Hinweis in Rz. 1622.

XIV. Pensionsverpflichtungen und andere Leistungen an Arbeitnehmer (IAS 19)

Beispiel:[1]

	Lebensalter	Jahr	Faktor pro Dienstjahr	Rente ab 65		Anteil am Barwert bei Rentenbeginn (65)	Abzinsung auf jeweiligen Stichtag	Entwicklung der Verpflichtung (DBO)			
				Erdient im lfd. Jahr	Kumuliert			1.1.	Zinsaufwand 5% p.a.	Dienstzeitaufwand	31.12.
Zusage	30	0									
	31	1	1%	1 000	1 000	12 500	2 379	0	0	2 379	2 379
	32	2	1%	1 000	2 000	25 000	4 997	2 379	119	2 499	4 997
Beispiel	33	3	1%	1 000	3 000	37 500	7 870	4 997	250	2 623	7 870
	usw.	usw.	usw.	usw.	usw.	usw.	usw.	usw.	usw.	usw.	usw.
Rentenalter	65	5	35%	35 000	5 000	437 500	437 500	404 762	20 238	12 500	437 500

Abb. 64: Anwartschaftsbarwertverfahren

Ein 30-jähriger erhalte eine Pensionszusage über eine jährliche Betriebsrente, die sich nach dem letzten Gehalt bei Eintritt des Versorgungsfalls, multipliziert mit einem Faktor (hier 1,0 %) pro Dienstjahr richtet. Zu schätzen ist der Zeitpunkt für das letzte Dienstjahr (im Beispiel im Alter von 65 Jahren) sowie das in jenem Jahr voraussichtliche Gehalt (z.B. 100 000). Somit beträgt die ab Lebensalter 65 zu zahlende Rente jährlich 35 000[2] (100 000 × 1 % × 35 Dienstjahre). Im 3. Jahr (Lebensalter 33) hat der Arbeitnehmer von dieser zukünftigen jährlichen Rente bereits einen Anteil von 3000 (100 000 × 1 % × 3 Dienstjahre) erdient. Bei einer angenommenen Lebenserwartung von 85 würde dieser Teil der Rente somit 20 Jahre lang gezahlt. Bei einem Rentenbarwertfaktor von rd. 12,5 (20 Jahre, 5 % p.a.) betrüge der Barwert des bis zum Lebensalter von 33 erdienten Anspruchs, bezogen auf das Renteneintrittsalter von 65, somit 37 500 (= 3000 × 12,5). Dieser Betrag ist wiederum auf den aktuellen Stichtag (hier auf das Alter 33 oder Jahr 3) abzuzinsen; der Barwert der *bis zu diesem Zeitpunkt* erdienten Pensionsverpflichtung beträgt damit 7870 (37 500 : $1{,}05^{32}$).

Der rechte Teil des Tableaus zeigt die Aufteilung der Veränderung des Barwertes auf einen gedanklichen Zinsanteil (Aufzinsung des Vorjahresbetrags = **Zinsaufwand** von 250 im Jahr 3) und einen Anteil für den Wert des in der jeweiligen Periode erdienten Pensionsanspruchs (**Dienstzeitaufwand**). Der *im Jahr 3 erdiente zusätzliche* Rentenanspruch von 1000 p.a. entspricht somit einem Barwertäquivalent (Dienstzeitaufwand) von 2623.[3]

---

[1] Nach *Feld*, WPg 2003, 638 (646 f.).
[2] Zwecks Vereinfachung der Darstellung werde von Rentensteigerungen (Rz. 2423) abstrahiert.
[3] Typisch für das Anwartschaftsverfahren ist, dass der Dienstzeitaufwand im Zeitablauf ansteigt. Demgegenüber ist das Teilwertverfahren (nach § 6a EStG) durch einen im Zeitablauf identischen Dienstzeitaufwand gekennzeichnet, weshalb der Teilwert bei identischen Parametern zu höheren Rückstellungen führt, vgl. Rz. 2406.

2422 Die **Verteilung der Pensionsansprüche auf die Dienstzeit** ergibt sich grundsätzlich aus dem konkreten Pensionsplan (IAS 19.67). Dies gilt jedoch ausnahmsweise nicht, wenn der Plan spätere Dienstjahre mit steigenden Ansprüchen (Faktoren) belegt, also z.B. 0,5 % in den ersten zehn Dienstjahren, 1,0 % zwischen dem 11. und 20. Dienstjahr und 1,5 % ab dem 21. Dienstjahr (sog. *backloading*[1]). IAS 19.67 verlangt abweichend vom Plan eine gleichmäßige Verteilung. Beim sog. *frontloading* (höhere Ansprüche in früheren Dienstjahren) bleibt es hingegen beim Pensionsplan.

4.1.2 Bewertungsparameter

2423 Neben dem Mengengerüst (Mitarbeiter, Pensionsplan) sind bei der Bewertung bestimmte **versicherungsmathematische Annahmen** in Betracht zu ziehen:

Ratio	Die Verpflichtung könnte zum bilanzierten Wert **von** einem **fremden Dritten abgelöst** werden:[2]
Vorgehensweise	Diskontierung künftig erwarteter **Nominalbeträge** mit einem **(Vorsteuer)-Nominalzins** (IAS 19.76)
Kostensteigerungen	inklusive **Gehalts-, Renten- und Karrieretrend** (IAS 19.83 f.)
Diskontierungssatz	a) **Laufzeitäquivalente Rendite** für erstrangige, fest verzinsliche Industrieanleihen (IAS 19.78). b) Die Änderung von Zinssätzen ist der Fair value-Orientierung geschuldet, aber nicht unkritisch zu sehen, führt sie doch zu Ergebnisvolatilitäten, auch wenn eine Ablösung der Pensionsverpflichtung nicht in Betracht kommt. c) Allerdings können Volatilitäten durch die Verteilungswahlrechte (Rz. 2435) geglättet werden.
Verfallbarkeit/ Fluktuation	a) Die mögliche Verfallbarkeit des Anspruchs wird über **Fluktuationswahrscheinlichkeiten** erfasst (IAS 19.69). b) Das Ausscheiden durch Tod (IAS 19.73a) wird im Regelfall durch anerkannte **Sterbetafeln** (in Deutschland z.B. Heubeck) reflektiert.

Beispiel (Volkswagen AG, Geschäftsbericht 2007, S. 234):

In %	Deutschland		Ausland	
	2007	2006	2007	2006
Abzinsungssatz zum 31.12.	5,50	4,50	2,00–9,00	2,00–11,50
Erwartete Erträge aus Planvermögen zum 31.12.[3]	5,00	5,00	2,00–9,80	4,50–11,05

---

1 Vgl. *Rhiel* in Haufe IFRS-Kommentar, 7. Aufl. 2009, § 22 Rz. 29.
2 Vgl. *Thoms-Meyer*, Grundsätze ordnungsmäßiger Bilanzierung für Pensionsrückstellungen, 1995, S. 196.
3 Die erwarteten Erträge aus Planvermögen (Rz. 2437) betreffen zwar nicht die Brutto-Pensionsverpflichtung, werden aber oft zusammen mit den Parametern der Pensionsverpflichtung dargestellt.

In %	Deutschland		Ausland	
	2007	2006	2007	2006
Entgelttrend	2,50	1,50–2,00	2,00–7,60	1,50–5,86
Rententrend	1,00–1,60	1,00–1,25	2,20–5,25	1,70–5,10
Fluktuationsrate	0,75–1,40	1,00–2,00	3,00–5,25	3,00–7,00
Jährlicher Anstieg der Kosten für Gesundheitsvorsorge	–	–	4,50–7,75	4,50–7,75

Die **Bandbreite** bei den Auslandsplänen ist durch die Einzelbewertung der in verschiedenen Ländern geltenden Pläne begründet (Rz. 2428), wobei die geographische Aufteilung und die Angabe von Bandbreiten auf den Anhangvorschriften des IAS 19.122 (Rz. 2475) beruhen. Seit 2007 sind die Diskontierungssätze wieder gestiegen. Die Rentensteigerungen im Inland orientieren sich oft, entsprechend der Anpassungspflicht nach § 16 BetrAVG, an der erwarteten Inflationsrate oder Nettolohnentwicklung (zzt. 1,5 %–2 %).

frei   2424–2425

4.2 Berechnung des tatsächlichen Planvermögens

Planvermögen (zu Voraussetzungen s. Rz. 2460 f.) ist zum Fair value zu bewerten (IAS 19.102) und umfasst aus HGB-Perspektive auch unrealisierte Wertsteigerungen (IAS 19.7), z.B. Kurssteigerungen oder Gewinnguthaben bei Versicherungen. Bei fehlenden Marktpreisen, z.B. Immobilien, nicht notierten Wertpapieren etc. sind die in Rz. 480 ff. dargelegten Grundsätze zur Fair value-Bestimmung heranzuziehen. Schulden (mit Ausnahme der Versorgungsverpflichtung selbst) werden abgezogen (Nettoplanvermögen, IAS 19.103).   2426

Ist ein **qualifizierter Versicherungsvertrag** (Rückdeckungsversicherung, Rz. 2464) abgeschlossen, der die zugesagten Leistungen hinsichtlich Betrag und Fälligkeit ganz oder teilweise kongruent abdeckt, entspricht der Fair value der Versicherungspolice dem Barwert der *abgedeckten* Verpflichtungen (IAS 19.104). Dies entspricht auch bisheriger *handelsrechtlicher* Bilanzierung[1] sowie im Ergebnis der expliziten Behandlung sog. „wertpapiergebundener Zusagen" nach BilMoG (Rz. 179) und beruht auf dem Gedanken, dass der Wert der Rückdeckungsversicherung darin besteht, das Unternehmen vermögensmäßig von der bilanzierten Verpflichtung zu entlasten. In der Praxis ergeben sich trotz kongruenter Deckung oft unterschiedliche Werte, wenn die garantierten Rückflüsse aus der Versicherung mit einem niedrigeren Zinssatz (z.B. 2,5 %) als die korrespondierende Verpflichtung (z.B. 4,0 %) abgezinst werden. Dann ist die vorläufig zu hohe Bewertung der Rückdeckungsversicherung auf den Wert der Verpflichtung zu korrigieren. Die direkte Abwertung der Rückdeckungsversicherung hat u.E. Vorrang vor der sog. Vermögenswertbegrenzung (sog. *asset ceiling*, Rz. 2468).

---

[1] Vgl. IDW, 196. HFA Sitzung v. 2.3.2005, IDW-FN 2005, 333 entgegen BFH v. 25.2.2004, BStBl. 2004, 654 ff.

4.3 Turnus der Wertermittlung der Verpflichtung bzw. des Planvermögens

2427 IAS 19.56 verlangt sowohl für die DBO als auch für das Planvermögen formal lediglich eine regelmäßige Wertermittlung. Da trotzdem die „richtigen" Bilanzwerte getroffen werden sollen, kommen Bilanzierende bei Pensionsverpflichtungen (DBO) um **jährliche Neuberechnungen** durch versicherungsmathematische Gutachten (IAS 19.57) praktisch nicht herum. Für die **Zwischenberichterstattung** kann eine zeitproportionale Fortschreibung der Werte erfolgen, die nur bei wesentlichen außergewöhnlichen Parameteränderungen angepasst werden muss (IAS 34.B9).

4.4 Keine Zusammenfassung verschiedener Versorgungspläne

2428 Verschiedene von einem Unternehmen aufgelegte Pläne (z.B. unterschiedliche Pensionspläne bei den jeweiligen Tochtergesellschaften oder Ländern) dürfen trotz der Annahme des Konzerns als eine wirtschaftliche Einheit nicht zusammengefasst werden (**keine Gesamtbewertung**).[1] Daraus folgt:
- Berechnung der Unter-/Überdeckungen (Korridor etc.) pro Plan (IAS 19.92)[2], d.h. keine Saldierung mit gegenläufigen Abweichungen anderer Pläne und
- grundsätzlich keine Saldierung von Planvermögen eines Plans mit der Pensionsverpflichtung eines anderen Plans (zu Ausnahmen vgl. IAS 19.116).

2429 frei

4.5 Begriff der versicherungsmathematischen Gewinne und Verluste

4.5.1 Definition

2430 Kennzeichnend für Pensionsrückstellungen nach IAS 19 ist, dass mit **geplanten Aufwendungen** gerechnet wird. Am Jahresanfang wird also **abgeschätzt**,
- wie die Sterblichkeit, die Fluktuation, der Gehalts- und Rententrend etc. sich entwickeln,
- wie hoch der Diskontierungsfaktor ist,
- welche Erträge das Planvermögen voraussichtlich erzielen wird.

Aus diesen geplanten Werten ergibt sich der in der GuV abzubildende Aufwand des Geschäftsjahres bereits zu Jahresbeginn[3], so dass **Aufwandsüberraschungen ausbleiben**. Zugleich ist am Jahresende auf Basis des neuen Mengengerüsts und unter Berücksichtigung der tatsächlichen Wertentwicklung für Gehälter, Renten, Zinsen etc. der Verpflichtungsumfang gemäß Rz. 2420 ff. als Ist-Größe zu bestimmen.

---

1 Vgl. *Wollmert* u.a. in Baetge u.a. (Hrsg.), Rechnungslegung nach IFRS, 2002, IAS 19, Rz. 83, 154.
2 Anders bei Ausübung des Wahlrechts zur vollständigen Verrechnung versicherungsmathematischer Gewinne und Verluste mit dem Eigenkapital nach IAS 19.93A (vgl. Rz. 2445).
3 Damit wird verständlich, warum IFRS-Pensionsgutachten immer auch die für das *Folgejahr* erwarteten Aufwendungen und Zahlungen nennen, Rz. 2441.

Beispiel:

Tatsächlicher Verpflichtungsumfang 1.1.02	5000
Dienstzeitaufwand	350
Aufzinsung	250
Zahlungen	− 450
Erwarteter Verpflichtungsumfang 31.12.02	**5150**
Abweichung	250
Tatsächlicher Verpflichtungsumfang 31.12.02	**5400**

In der GuV des Geschäftsjahres wird somit der *erwartete* Aufwand von 600 (350 Dienstzeitaufwand + 250 Aufzinsung) erfasst. Die Differenzen zwischen den Planwerten und den Istwerten des Geschäftsjahres sind die Veränderungen der sog. **versicherungsmathematischen Gewinne und Verluste des Geschäftsjahres**.

Ebenso kann der tatsächliche Fair value des Planvermögens (Rz. 2426) am Jahresende von dem am Jahresanfang erwarteten Wert abweichen: 2431

Tatsächliches Planvermögen 1.1.02	1500
Erwartete Erträge	100
Zahlungen	− 50
Erwartetes Planvermögen 31.12.02	**1550**
Abweichung	− 150
Tatsächliches Planvermögen 31.12.02	**1400**

Auch in Bezug auf **Planvermögen** werden in der GuV die erwarteten Erträge (100) und nicht die tatsächlichen Erträge erfasst. Im Beispiel sind tatsächlich *Verluste* von 50 erzielt worden (100–150). „Erträge" umfassen dabei nicht nur laufende Zins- oder Dividendenerträge, sondern auch unrealisierte Gewinne und Verluste. Daher können auch *erwartete* Aktienkurssteigerungen ergebnismäßig vereinnahmt werden, auch wenn sich diese Erwartungen nicht erfüllen.[1] Die Differenz zwischen den Planwerten und den Istwerten des Geschäftsjahres zählen ebenfalls zu den Veränderungen der versicherungsmathematischen Gewinne und Verluste des Geschäftsjahres.

4.5.2 Ursachen für versicherungsmathematische Gewinne und Verluste

Ursachen für die Abweichungen der Ist- von den erwarteten Werten können z.B. sein: 2432

---

1 Vgl. z.B. Siemens im Geschäftsjahr 2001, Geschäftsbericht S. 96 f.: Dort wurden erwartete Erträge von rd. 1,6 Mrd. Euro vereinnahmt, die in der GuV zu einem Nettopensions*ertrag* von 51 Mio. Euro führten, während das Planvermögen tatsächlich einen Verlust von rd. 5,3 Mrd. erzielt hatte, so dass insofern eine Erwartungsanpassung von 6,9 Mio. Euro erfolgsneutral behandelt wurde, Vgl. Siemens, Geschäftsbericht 2001, S. 96 f. sowie *Müller*, WPg 2003, 163 (168); (Siemens bilanzierte damals zwar nach US-GAAP, dort besteht jedoch eine vergleichbare Problematik wie bei IFRS).

– In Bezug auf den **Verpflichtungsumfang (DBO)** können Gehalts- und Pensionssteigerungen im laufenden Jahr höher ausfallen als geplant. Werden diese Erkenntnisse bei der Ermittlung der Pensionsverpflichtung (DBO) zum 31.12. berücksichtigt, führt dies zu steigenden Werten (**Parameteränderung**). Gleiches gilt, wenn weniger Berechtigte wegfallen, als man es nach **biometrischen Annahmen** (Sterbetafel) erwarten konnte. Bei Zinssatzänderungen gilt Folgendes:

Zinssatzreduzierungen führen zu einem unerwarteten Anstieg der Verpflichtungen und damit zu einer Erhöhung der (kumulierten) versicherungsmathematischen Verluste bzw. Verringerung der (kumulierten) versicherungsmathematischen Gewinne. **Zinssatzerhöhungen** führen zu einem unerwarteten Rückgang der Verpflichtungen und damit zu einer Verringerung der (kumulierten) versicherungsmathematischen Verluste bzw. Erhöhung der (kumulierten) versicherungsmathematischen Gewinne.

– *Nicht* zu den versicherungsmathematischen Verlusten gehören jedoch etwaige **Planänderungen**, die als Verbesserung des Leistungsumfangs auf Grund einer veränderten Zusage zu qualifizieren und als nachzuverrechnender Dienstzeitaufwand zu behandeln sind, s. Rz. 2453 ff.

2433 In Bezug auf das **Planvermögen** können Abweichungen bei entsprechender Anlage der Fondsmittel in einer unerwartet schlechten Börsenentwicklung liegen. Dramatische Einbrüche waren z.B. bei Ende der New Economy ab 2001 zu beobachten.[1] Bei Fair value-Schätzungen nach der DCF Methode können auch steigende Zinsen c.p. zu sinkenden Fair values führen.

2434 frei

4.6 Bilanzierung der versicherungsmathematischen Gewinne und Verluste

4.6.1 Bilanzierungsalternativen im Überblick

2435 Seit 2005 (Rz. 2401) bestehen zur Bilanzierung der versicherungsmathematischen Gewinne und Verluste **drei Varianten**:

Bezeichnung	Korridormethode	„Mehrverrechnung"[2]	Erfolgsneutrale Verrechnung
Vorschrift	IAS 19.92 f.	IAS 19.93, 19.95	IAS 19.93A
Anwendung in der Praxis	Regelfall bis 2004	Ausnahme	Ab 2005 häufige Anwendung
Schuldenausweis in Bilanz	Teilweise	Teilweise bis vollständig	Vollständig
GuV-Effekt	Erfolgswirksam	Erfolgswirksam	Erfolgsneutral

---

1 Vgl. *Zimmermann/Schilling*, KoR 2003, 13 (15).
2 Für diese Alternative hat sich kein fester Begriff eingebürgert, gemeint ist eine über die Mindestverrechnung (Korridormethode) hinausgehende, evtl. vollständige erfolgswirksame Verrechnung.

Bezeichnung	Korridormethode	„Mehrverrechnung"[1]	Erfolgsneutrale Verrechnung
Durchführung	Mindest-Aufwandsverrechnung	Höhere, ggf. vollständige Aufwandsverrechnung	Vollständige Verrechnung mit Gewinnrücklagen
		Gleichermaßen für Gewinne und Verluste	

Abb. 65: Varianten der Bilanzierung der versicherungsmathematischen Gewinne und Verluste

4.6.2 Korridormethode

Nach dieser in der Praxis bis 2004 oft angewendeten Methode sind versicherungsmathematische Gewinne und Verluste in einer **Nebenrechnung** *außerhalb der Bilanz* fest zu halten[2] und gem. IAS 19.92 daraufhin zu prüfen, ob sie weiter in der Nebenrechnung vorgetragen oder erfolgswirksam zu erfassen sind. 2436

Die Funktionsweise der Korridormethode sei an nachfolgendem Tableau demonstriert, das wir **Pensionenspiegel** nennen. 2437

Deutsche Bezeichnung	Pensionsverpflichtung	*abzgl.* Plan-Vermögen	Versicherungsmath. Verluste (−) Gewinne (+)	Netto-Rückstellung lt. Bilanz
Englische Bezeichnung	Defined Benefit Obligation (DBO)	Plan Assets	Actuarial Losses (−) Gains (+)	Defined Benefit Liability
Tatsächliche Werte 1.1.02	**5000**	**−1500**	**−1000**	**2500**
Dienstzeitkosten (current service cost)	350			350
Zinskosten (interest cost) 5,0% von 5000	250			250
Tilgung (amortisation)			50	50
Erwartete Erträge (return)		−100		−100
Pensionsaufwendungen (pension cost)	**600**	**−100**	**50**	**550**
Zahlungen	−450	50		−400
Erwartete Werte 31.12.02	**5150**	**−1550**	**−950**	**2650**
Erhöhung versicherungsmathematischer Verluste	250	150	−400	0
Tatsächliche Werte 31.12.02	**5400**	**−1400**	**−1350**	**2650**
Noch nicht amortisierte Beträge 1.1. Korridor 10% von 5000 (DBO 1.1.)			1000 −500	
Überschuss Tilgung in Jahren Tilgung im lfd. Jahr			500 10 50	

Abb. 66: Bilanzierung von Pensionsrückstellungen nach der Korridormethode

---

[1] Für diese Alternative hat sich kein fester Begriff eingebürgert, gemeint ist eine über die Mindestverrechnung (Korridormethode) hinausgehende, evtl. vollständige erfolgswirksame Verrechnung.

[2] *Schildbach*, BFuP 2002, 263 (270) spricht von „schwarze(n) Konten", s. aber Rz. 2406.

(a) In der linken Spalte ist die Entwicklung der **tatsächlichen Pensionsverpflichtung** (*Defined Benefit Obligation, DBO*, wie in Rz. 2420 exemplarisch berechnet) dargestellt.

(b) Die zweite Spalte von links enthält die Entwicklung des unter bestimmten Voraussetzungen zur Deckung der Verpflichtung (a) gewidmeten **Planvermögens**. Dabei kann es sich um Vermögen von Fonds oder Unterstützungskassen, aber auch um an Arbeitnehmer verpfändete Rückdeckungsversicherungen handeln (s. Rz. 2460 ff.).

(c) Die Verpflichtung (a) muss zwingend mit dem Planvermögen (b) **saldiert** werden, was jedoch zur Bilanzverkürzung (z.B. Erhöhung der Eigenkapitalquote) durchaus willkommen ist.

(d) Zwischen der **tatsächlichen Nettoverpflichtung** und der bilanzierten **Netto-Rückstellung** kommt es in Höhe der versicherungsmathematischen Gewinne oder (im Beispiel) Verluste zu Abweichungen (Rz. 2432 ff.). Der Pensionenspiegel zeigt auch den sog. **Finanzierungsstatus**, also die *nicht* in der Bilanz passivierten Verpflichtungen. Dies ist im Beispiel am 31.12.02 ein Betrag von 1350 oder 25 % der Bruttoverpflichtung (5400).

(e) Der **Pensionsaufwand** (*laufender* Dienstzeitaufwand, Zinsaufwand, saldiert mit den Erträge aus Planvermögen) bemisst sich nach den am **Jahresanfang erwarteten Werten** (Rz. 2430).

(f) Eine erfolgswirksame Erfassung (Amortisation) der versicherungsmathematischen Gewinne bzw. (hier) Verluste erfolgt für den Teil des Saldos, der den **höheren** der beiden Beträge 10 % des Verpflichtungsumfangs (DBO) **oder** 10 % des Planvermögens zum *Ende der Vorperiode* übersteigt (sog. **10 %-Korridor**). Im Beispiel bezieht sich der höhere der Beträge auf die am 1.1. bestehende DBO (5000) und nicht auf das Planvermögen (1500), so dass der Korridor 10 % von 5000 = 500 beträgt. Übersteigende Beträge (500 = 1000 − 500) sind mindestens über die erwartete Restlebensarbeitszeit der vom Plan erfassten Arbeitnehmer linear zu verteilen (im Beispiel über 10 Jahre).

Da sich die Referenzwerte für die Amortisation auf den Vorjahresendstand (1.1.) beziehen, spielt die im laufenden Jahr erfolgte Erhöhung der versicherungsmathematischen Verluste von 1000 auf 1350 für die notwendige Amortisation keine Rolle. Die Erwartungsänderungen wirken sich vielmehr erst im Folgejahr aus. Hieraus folgt, dass Schwankungen (hier Verluste) nur teilweise und zeitlich verzögert ergebniswirksam werden können.[1]

2438 Bei reinen **Rentnerbeständen** ist gemäß IAS 19.93 mangels Restdienstzeit eine sofortige Amortisation der versicherungsmathematischen Gewinne und Verluste vorzunehmen.[2]

2439 Die Berechnung des Korridors erfolgt pro Versorgungsplan (Rz. 2428). Der **Pensionenspiegel** in Rz. 2437 zeigt somit exemplarisch **einen** Plan bzw. reflektiert

---

1 Vgl. *Pellens u.a.*, Internationale Rechnungslegung, 7. Aufl. 2008, S. 457.
2 Vereinzelt wird auch eine Verteilung über die restliche Lebenserwartung befürwortet, vgl. *Höfer*, Die Bewertung von Pensionsverpflichtungen nach internationalem Standard, in Küting/Langenbucher (Hrsg.), FS Weber, 1999 S. 107 (248).

das dazugehörige Pensionsgutachten. Im Konzernabschluss sind mehrere Pläne allerdings zusammengefasst *auszuweisen*. Dabei müssen Beträge in ausländischer Währung nach der jeweils anzuwendenden Methode umgerechnet werden (Rz. 3130 ff.). Bei Anwendung der Stichtagskursmethode wäre somit eine Zeile **Währungsumrechnungseffekte** zu ergänzen. Im Falle von **Veränderungen des Konsolidierungskreises** sind Zu- und Abgänge ebenfalls in einer separaten Zeile zu erfassen (vgl. jeweils IAS 19.120A).

⊃ Im Übrigen kann der Pensionenspiegel als Anregung für die Abfrage der Daten bei Tochtergesellschaften (**Konsolidierungsformblätter** oder *reporting package*) und insbesondere für **Pensionsgutachten** selbst dienen: Diese sind oft sehr unübersichtlich, sei es, dass nicht deutlich genug zwischen erwarteten und tatsächlichen Werten unterschieden oder der Zusammenhang zwischen einzelnen Komponenten nur unzureichend erläutert wird und es für den Bilanzierenden dadurch oft mühsam ist, die relevanten Daten überhaupt zu identifizieren (Rz. 2441). 2440

4.6.3 Praxishinweis: Auswertung von Pensionsgutachten

Pensionsgutachten nach IAS 19 zu einem Bilanzstichtag (z.B. 31.12.02) enthalten immer (a) die *tatsächliche* DBO bzw. das Planvermögen **zum aktuellen Stichtag** (31.12.02), und zusätzlich eine Vorausschau der erwarteten Entwicklung (Pensionsaufwendungen etc., Rz. 2430) für das **Folgejahr** (z.B. 03). Daraus folgt für die **Bilanzierung zum 31.12.02** (ausschnittsweise für die Verpflichtung, DBO): 2441

– Der Pensionsaufwand für 02 (Dienstzeitaufwand (350)/Zinsaufwand (250)/ Amortisation versicherungsmathematischer Verluste/Gewinne, 50) ergibt sich aus dem Gutachten *des Vorjahres*, d.h. zum 31.12.01 (!).
– Die Abweichung der tatsächlichen Verpflichtung (DBO) zur erwarteten DBO (250 = 5.400 tatsächliche DBO – 5.150 erwartete DBO) ergibt sich aus dem Pensionsgutachten zum 31.12.02 bzw. durch Vergleich beider Gutachten.

4.6.4 Kein Korridor bei Unternehmenserwerben oder IFRS Erstanwendung

Bei **Unternehmenserwerben** (IAS 19.108) und auch bei Umstellung auf IFRS (**IFRS-Erstanwendung**) kommt die Korridormethode für Abweichungen zwischen den bisherigen Werten und dem IFRS-Wert *im Erwerbs- bzw. Umstellungszeitpunkt* jedoch *nicht* zur Anwendung (Rz. 5101). Es ist jeweils der Saldo aus DBO und Planvermögen anzusetzen. 2442

4.6.5 Wahlrecht zur schnelleren erfolgswirksamen Erfassung („Mehrverrechnung")

Alternativ zur Korridormethode kann eine **schnellere Verteilung** gewählt werden, z.B. die Verrechnung von Beträgen innerhalb des Korridors (IAS 19.95) bis hin zur vollständigen Erfassung. Die Verteilungsregelung in IAS 19.93 kenn- 2443 zeichnet insoweit nur die **Mindestverteilung**. Obwohl die Korridormethode auf die *Vorjahresendstände* der versicherungsmathematischen Gewinne und Verluste abstellt, ist es zulässig, die schnellere Verrechnung nach den Endständen zu bemessen, also z.B. die am Jahres*ende* bestehenden Unterdeckungen sofort ergebniswirksam zu erfassen.[1] Das gewählte Verfahren ist allerdings **stetig anzuwenden**. Eine **imparitätische Behandlung** (sofortige Realisierung von Gewinnen, aber Streckung von Verlusten) ist **nicht zulässig (IAS 19.93)**.

2444 frei

4.6.6 Wahlrecht zur sofortigen erfolgsneutralen Verrechnung mit dem Eigenkapital

2445 Um einen Anreiz für den vollständigen Ausweis von Verpflichtungen in der Bilanz zu schaffen, ist es ab 2005 erlaubt, die versicherungsmathematischen Gewinne und Verluste erfolgsneutral mit dem Eigenkapital zu verrechnen. Wird von dieser Methode Gebrauch gemacht, heißt das im Einzelnen:

- Das Wahlrecht ist für **alle Pläne und die gesamten im Geschäftsjahr eingetretenen Gewinne und Verluste** anzuwenden (IAS 19.93A; kein Rosinenpicken).

- Da zu den Erwartungsabweichungen auch der **Wegfall von Verpflichtungen** auf Grund von Tod gehört (Rz. 2456), ist in solchen Fällen eine ertragswirksame Auflösung *ausgeschlossen*. Die daraus resultierenden Gewinne sind ebenfalls erfolgsneutral zu behandeln.

- Die **Erstanwendung** geschieht **retrospektiv** nach **IAS 8** unter erfolgsneutraler Änderung der Vorjahreseröffnungsbilanz (IAS 19.160): Für einen Abschluss zum 31.12.02 bedeutet dies die Anpassung der Werte zum 1.1.01.

- Die laufenden Nach-Steuer-Beträge sind erfolgsneutral mit dem Eigenkapital zu verrechnen, entweder mit den **Gewinnrücklagen** am Jahresende (IAS 19.93D)[2], oder, was wir aus Gründen der Transparenz bevorzugen, in einer separaten Kategorie der erfolgsneutralen Eigenkapitalveränderungen, wie dies z.B. BMW, TUI oder Volkswagen praktizieren (s. i.E. Rz. 4340).

- Nach der Neuregelung kommt es niemals zu einer erfolgswirksamen Behandlung. Eine sog. reclassification (früher *recycling*), d.h. die nachträgliche GuV Abbildung von zuvor erfolgsneutral behandelten Beträgen, ist nicht vorgesehen.[3] Die Verrechnung ist damit endgültig, soweit sich Gewinne oder Verluste in Zukunft nicht umkehren.

- Zur Abbildung der Verrechnung in der **Gesamtergebnisrechnung** s. Rz. 4310 ff. bzw. im **Eigenkapitalspiegel** s. Rz. 4362.

---

1 Vgl. *Hasenburg/Böckem*, WPg 2004, 855 (857).
2 Der kumulierte Betrag der erfolgsneutral mit dem Eigenkapital verrechneten Beträge ergäbe sich daher nicht mehr aus dem Eigenkapitalspiegel und müsste dann in einer separaten Anhangangabe genannt werden (IAS 19.120Ai und IAS 19.BC48S).
3 Vgl. zur Begründung IAS 19.BC48P ff.

Bei erfolgsneutraler Verrechnung gestaltet sich der **Pensionenspiegel** wie folgt 2446
(Abb. 67):
Die erfolgsneutrale Verrechnung der versicherungsmathematischen Gewinne
und Verluste (brutto 1400) ist höher als der kumulierte nach der Korridormethode ausgewiesene Betrag (1350 lt. Rz. 2437), da der Betrag der bei Anwendung der Korridormethode in der GuV erfolgswirksam behandelten Amortisation (50 im laufenden Jahr) zusätzlich erfolgsneutral verrechnet wird.[1]

Abwandlung von Rz. 2437	Pensions-verpflich-tung	abzgl. Planver-mögen	tatsäch-liche Netto-Rück-stellung lt. Bilanz	Nachrichtlich: kumulierte versicherungs-mathematische Verluste (−) lt. Eigenkapitalspiegel		
				Brutto	latente Steuern	netto Rz. 4362
Stand 1.1.02	5000	−1500	3500	−1000	300	−700
Dienstzeitkosten	350		350			
Zinskosten	250		250			
Erwartete Erträge		−100	−100			
Pensionsaufwen-dungen lt. GuV	600	−100	500	0		
Erfolgsneutrale Ver-rechnung mit dem Eigenkapital	250	150	400	−400	120	−280
Erfasste Aufwen-dungen insgesamt	850	50	900			
Zahlungen	−450	50	−400			
Stand 31.12.02	5400	−1400	4000	−1400	420	−980

Abb. 67: Bilanzierung von Pensionsrückstellungen bei erfolgsneutraler Verrechnung versicherungsmathematischer Gewinne und Verluste

4.6.7 Beurteilung der Korridormethode und der erfolgsneutralen Verrechnung

IAS 19.95 weist darauf hin, dass sich langfristig solche versicherungsmathe- 2447
matischen Gewinne und Verluste ausgleichen können, so dass die Schwan-
kung innerhalb des 10%-Korridors eine solche um den bestmöglichen Schätzwert sein kann. Dabei werden jedoch Faktoren zusammengefasst, die nicht
zusammengehören. Im Einzelnen ist wie folgt zu differenzieren:

---
[1] Das Beispiel abstrahiert von den kumulierten *Vorjahres*abweichungen, die zu einem unterschiedlichen *Anfangssaldo* führen können.

	Streckung (Korridor) oder erfolgsneutrale Anpassung aus Erwartungsanpassungen bzgl.:
Biometrische Parameter	a) z.B. aus zunehmender Alterung und wachsender Zahl von Altersrentnern[1] (Rz. 2432); b) hierfür fehlt u.E. die Begründung, da von einer Umkehr angesichts steigender Lebenserwartung nicht ausgegangen werden kann.
Zinssatzänderungen	a) Die Verteilung stellt praktisch eine Glättung von Schwankungen dar, die durch die geforderte Anpassung an aktuelle Marktzinssätze (Rz. 2423) erst verursacht werden.[2] b) *Diese* Glättung erscheint uns sinnvoll.[3]
Fair Value-Abweichungen des Planvermögens	a) Begrifflich irreführend, da man mit der Bezeichnung eher gutachterliche oder biometrische Abweichungen assoziiert; tatsächlich handelt es sich um als nicht dauerhaft angesehene Wertsteigerungen (bei Gewinnen) oder Wertminderungen (bei Verlusten). b) Letztere werden bei Finanzinstrumenten der Kategorie „available-for-sale" ebenfalls nicht sofort ergebniswirksam behandelt (anders aber dauerhafte Wertminderungen, Rz. 1893). c) Akzeptiert man die Begründung einer „nicht dauerhaften Wertminderung", mag hier eine Streckung oder das Wahlrecht zur sofortigen Verrechnung mit dem Eigenkapital zur Vermeidung von Ergebnisvolatilitäten[4] am ehesten gerechtfertigt sein.[5]

2448–2449 frei

4.6.8 Bilanzpolitische Spielräume

2450 Abgesehen von den konzeptionellen Erwägungen stellt sich die Frage: Für wen lohnt es sich, von dem früher in der Praxis dominierenden Korridorverfahren abzugehen und das Wahlrecht zur erfolgsneutralen Verrechnung der versicherungsmathematischen Gewinne und Verluste auszuüben:[6]

---

1 Vgl. *Zimmermann/Schilling*, KoR 2003, 13 (15).
2 Vgl. *Feld*, WPg 2003, 638 (641).
3 Die Glättung hätte auch erreicht werden können durch Verwendung von Durchschnittszinssätzen, wie sie nun im HGB-Abschluss vorgesehen sind, § 253 Abs. 2 HGB i.d.F. BilMoG.
4 Vgl. die Abwägung, nicht unbedingt Befürwortung bei *Zimmermann/Schilling*, KoR 2004, 485 (488); IAS 19.BC48E.
5 Vgl. zu weiteren Aspekten *Pawelzik*, DB 2005, 733 (738).
6 Die folgenden Ausführungen basieren auf *Theile*, PiR 2006, 17 (20 f.).

Auswirkung auf:	
Jahresergebnis	(geringer) Ergebnisanstieg durch Wegfall der Amortisation kumulierter Verluste (außerhalb des Korridors)
	Bei reinen Rentnerbeständen sind Verluste sofort zu amortisieren (bei älteren AN lineare Verteilung über kurze Restlebensarbeitszeit). Bei auslaufenden Plänen führt die Umstellung daher zu deutlichem Ergebnisplus.
	Für jene versicherungsmathematischen Verluste, die sich nicht umkehren werden (z.B. neue Sterbetafel), ist die Vorbeischleusung an der GuV endgültig.
	Bilanzpolitische Möglichkeiten bestehen bereits vorher, bei der Ermittlung der Verluste. Bei möglicher Zinssatzsenkung per Jahresende in der Spannbreite von z.B. 0,2% bis 0,6% neigen viele Unternehmen dazu, für die Planwerte den unteren Wert zu nehmen.[1] Liegt der Zinsrückgang dann tatsächlich bei 0,6%Punkten, geht die Fehleinschätzung ohne Ergebnisauswirkung in dem versicherungsmathematischen Verlust auf.
Bilanzrelationen/ EK-Quote	Bei hohen, bislang aufgelaufenen Verlusten (auch innerhalb des Korridors) kann die Umstellung das Eigenkapital empfindlich senken und den Schuldenausweis erhöhen. Da die Bilanzsumme bis auf aktive latente Steuern unverändert bleibt, verringert sich die Eigenkapitalquote.

⊃ Die häufige Anwendung des neuen Wahlrechts bei börsennotierten Konzernen ab 2005 zeigt jedoch, dass zumindest diese die Ergebnisverbesserung (inkl. der wichtigen Kennziffer „**Ergebnis je Aktie**"[2]) offenbar höher gewichten als die gesunkene Eigenkapitalquote. Zwar verbleibt die stärkere **Betonung** der erfolgsneutralen Verrechnung in der Gesamtergebnisrechnung. Fraglich ist jedoch, ob diese Darstellung tatsächlich von den Jahresabschlussadressaten wahrgenommen wird. Immerhin ist auch bislang die bilanzielle Unterdeckung bereits im Anhang anzugeben, ohne dass dies zu offensichtlich erkennbaren Auswirkungen auf die Beurteilung der Unternehmen führte. 2451

frei 2452

4.7 Nachzuverrechnender Dienstzeitaufwand

Für Arbeitnehmer, die bereits über mehrere Jahre Arbeitsleistungen erbracht haben und erst dann eine Pensionszusage erhalten, *auf deren Höhe sich auch die vergangene Arbeitsleistung auswirkt,* entsteht sog. nachzuverrechnender Dienstzeitaufwand *(past service cost).* Das gilt auch für Verbesserungen einer bestehenden Versorgungszusage (IAS 19.97). Anpassungen auf Grund veränderter Schätzungen (z.B. höhere oder niedrigere Gehaltssteigerungen als ursprünglich angenommen) sind demgegenüber wie versicherungsmathematische Gewinne und Verluste (Rz. 2430 ff.) zu behandeln (IAS 19.98). 2453

---

1 Vgl. *Rhiel*, DB 2004, 293 (294).
2 Vgl. zu einer empirischen Analyse der Effekte auf das Ergebnis je Aktie *Theile*, PiR 2006, 97 (102 ff.).

2454 Falls die Anwartschaften bereits unverfallbar sind (dies kommt in der Praxis häufig vor), ist der nachzuverrechnende Dienstzeitaufwand sofort zu erfassen (IAS 19.96). Andernfalls muss der Aufwand linear über den durchschnittlichen Zeitraum bis zum Eintritt der **Unverfallbarkeit** der Anwartschaften verteilt werden (IAS 19.96). Der Pensionsspiegel wäre dann um eine entsprechende Spalte zu ergänzen.

2455 Ein Wahlrecht zur erfolgsneutralen Verrechnung mit den Gewinnrücklagen wie bei versicherungsmathematischen Verlusten (Rz. 2445) existiert für nachzuverrechnenden Dienstzeitaufwand nicht.

4.8 Plankürzungen und Planabgeltungen inkl. Übertragung von Pensionsverpflichtungen

2456 Für Plankürzungen und Planabgeltungen, die beispielsweise auf Grund einer wirtschaftlichen Schieflage des Unternehmens mit dem Betriebsrat vereinbart werden, sind folgende **Fallgruppen** zu unterscheiden:

Maßnahme	Bilanzielle Folge
(a) **Unwesentliche** Reduzierung zukünftiger/erdienter Leistungen. (b) Mitnahme *einzelner* Pensionsansprüche bei Arbeitgeberwechsel (Portabilität nach § 4 BetrAVG) (c) Abfindung *einzelner* Ansprüche gegen Einräumung einer (beitragsorientierten) Direktzusage (d) Tod *einzelner* Mitarbeiter (a) Herabsetzung des Pensionsalters anlässlich gleichzeitiger Altersteilzeitvereinbarung¹	„Normale" Erwartungsanpassungen, die zu **versicherungsmathematischen Gewinnen führen** (Korridor oder SORIE)
(b) **Wesentliche Reduzierung** der **Anzahl der Versorgungsberechtigten** oder (c) **wesentliche Kürzung zukünftiger Ansprüche**, inkl. Kürzung von Pensionssteigerungsraten² z.B. jeweils bei Betriebsschließungen bzw. Umstrukturierungen	**Plankürzung** i.S.v. IAS 19.111: Anteilige Ausbuchung von DBO und Planvermögen (insoweit keine Fortführung versicherungsmathematischer Verluste und Gewinne)
Dto., nur (**wesentliche**) Reduzierung **bereits erdienter** Ansprüche	„**Negativer nachzuverrechnender Dienstzeitaufwand**" (IAS 19.100). D.h.: Sofern unverfallbar, Gewinn, ansonsten Verteilung (analog Rz. 2454)
a) Barabgeltung oder b) Übergang auf neuen Arbeitgeber i.R. eines Unternehmensverkaufs (share deal oder § 613a BGB); d) Übertragung auf externen Versorgungsträger	**Planabgeltung** i.S.v. IAS 19.112: (ggf.) anteilige Ausbuchung von DBO und Planvermögen, insoweit keine Fortführung versicherungsmathematischer Gewinne und Verluste

---

1 Vgl. *Seemann* in Beck'sches IFRS Handbuch, 2. Aufl. 2008, § 26 Rz. 98.
2 Vgl. *Rhiel* in Haufe IFRS Kommentar, 7. Aufl. 2009, § 22 Rz. 68.

XIV. Pensionsverpflichtungen und andere Leistungen an Arbeitnehmer (IAS 19)

Eingriffe in Arbeitnehmerrechte durch **Plankürzungen** sind nur auf Grund wirtschaftlicher Schieflage und nur unter Zustimmung der Arbeitnehmergremien zulässig.[1] Kürzungen *bereits erdienter Ansprüche* sind dabei schwieriger durchsetzbar als Reduzierungen **künftiger Ansprüche**. 2457

Ähnliche Restriktionen gelten nach § 3 BetrAVG[2] für (Bar-)**Abfindungen**. Praxisrelevant ist vor allem:

- die Abfindung gegen Einräumung eines beitragsorientierten Plans bei einem wesentlichen Teil der Arbeitnehmer.
- die **Übertragung von Pensionsansprüchen** auf externe Träger (Änderung des Durchführungswegs). Die Ausbuchung der Verbindlichkeit setzt voraus, dass der Arbeitgeber bei wirtschaftlicher Betrachtung keine Subsidiärhaftung mehr trägt (Rz. 2415ff.). Dazu muss beim externen Träger[3] ein **beitragsorientierter Plan** vorliegen (Rz. 2415) oder der externe Träger die Verpflichtung endgültig übernehmen, z.B. bei der Übertragung auf Direktversicherungen und Pensionskassen im Falle der Liquidierung von Unternehmen (Liquiditätsversicherung nach § 4 Abs. 4 BetrAVG).
- Unproblematisch ist die Übertragung und Ausbuchung bei **Unternehmensverkäufen**.

Bei Plankürzungen oder Planabfindungen sind die vereinbarten Abfindungszahlungen im Ergebnis mit der zugehörigen bisherigen Nettorückstellung zu vergleichen; eine etwaige Differenz ist ergebniswirksam zu verrechnen (IAS 19.109 f.). 2458

Würde der Plan lt. Rz. 2437, d.h. bei Anwendung der Korridormethode, am 1.1. vollständig und unter wirksamer Begrenzung der Subsidiärhaftung auf einen externen Träger gegen Zahlung von 3500 abgefunden, wäre ein Aufwand in Höhe der Differenz von 1000 zu dem bisherigen Nettowert (2500) zu buchen.

Bei teilweiser Kürzung oder Abfindung reduzieren sich die verbleibende DBO und das Planvermögen entsprechend. Zur Bestimmung der anteiligen auf die Kürzung entfallenden Nettorückstellung ist der korrespondierende Anteil der versicherungsmathematischen Gewinne und Verluste bzw. des nachzuverrechnenden Dienstzeitaufwandes zu schätzen, bspw. nach der Relation der verbleibenden zu den abgegangenen DBO (IAS 19.115).

◌ Die Auslegung des „Wesentlichkeitsmerkmals" bietet bei begrenzten Umstrukturierungen **bilanzpolitischen Spielraum**, Aufwand bzw. Ertrag sofort zu buchen oder zu strecken. 2459

---

[1] Vgl. *Seemann*, Beck'sches IFRS Handbuch, 2. Aufl. 2006, § 26 Rz. 94.
[2] Vgl. *Mühlberger/Schwinger/Wildner* in Thiele/von Keitz/Brücks (Hrsg.) Internationales Bilanzrecht, 2008. IAS 19 Rz. 258 ff.
[3] Vgl. *Mühlberger/Schwinger/Wildner* in Thiele/von Keitz/Brücks (Hrsg.) Internationales Bilanzrecht, 2008, IAS 19 Rz. 259.

4.9 Einzelheiten zum Planvermögen

4.9.1 Anforderungen an Planvermögen

2460 In Deutschland ist ein Funding, also die vollständige oder teilweise Ausfinanzierung der Verpflichtung über einen externen Träger, eher noch selten, international aber üblich. Als ausgegliederter Fonds (**Planvermögen**) wird gem. IAS 19.7 eine Einheit akzeptiert, die folgende Voraussetzungen erfüllt:[1]

– Der Fonds ist vom Unternehmen **rechtlich unabhängig** und der einzige und **ausschließliche Zweck** besteht darin, **Pensionszahlungen an Berechtigte** vorzunehmen. Eine Personenidentität der Organe von Trägerunternehmen und Fonds ist unschädlich, wenn die Unabhängigkeit des Fonds, insbesondere die freie Verfügung über die Fondsmittel gewährleistet ist. Unerheblich ist eine Weisungsbefugnis zur Geldanlage, wie sie etwa bei Treuhandgestaltungen (Rz. 2463) üblich ist.[2] Entscheidend ist somit, dass der Fonds seinen Zweck erfüllen kann.[3]

– Das **Planvermögen** darf im **Insolvenzfall** des berichterstattenden Unternehmens **nicht als Masse zur Verfügung stehen**, es sei denn, das Vermögen ist höher als die Leistungsverpflichtung oder das Unternehmen hat Auszahlungen an die Leistungsempfänger vorgenommen, die vom Planvermögen erstattet werden. Mit Leistungsverpflichtung ist der Wert der Verpflichtung (DBO) und nicht der um noch nicht amortisierte Fehlbeträge (Rz. 2437 und ggf. Rz. 2454) korrigierte Betrag gemeint.[4]

(Nur) unter diesen Voraussetzungen muss bzw. darf in der **Bilanz** Planvermögen mit der Verpflichtung saldiert und in der **GuV** Erträge des Planvermögens mit dem restlichen Pensionsaufwand verrechnet werden (Rz. 2437). Da die Saldierung zu einer **Bilanzverkürzung** und damit zu **besseren Bilanzrelationen** führt, besteht ein nachvollziehbares Interesse daran, möglichst viele Vermögenswerte als Planvermögen i.S.v. IAS 19.7 zu klassifizieren.

2461 Für **planvermögensfähige Vermögenswerte** gibt es unter dem Gesichtspunkt, dass diese Werte den Versorgungsberechtigten ungeschmälert zur Verfügung stehen sollen, gewisse Restriktionen:

– Die **Nutzungsüberlassung** an das Trägerunternehmen (ggf. von zuvor vom Unternehmen auf den Fonds übertragenen Sachanlagen) ist unschädlich, wenn der Fonds die uneingeschränkte Verfügungsgewalt behält und den Vermögenswert auch weiterveräußern kann.[5] Ein **Finanzierungsleasing**verhältnis (Rz. 1300 ff.), bei dem das rechtliche Eigentum beim Fonds verbleibt,

---

1 Diese Voraussetzungen müssen u.E. auch für eine Saldierung im HGB-Abschluss erfüllt sein, § 246 Abs. 2 HGB i.d.F. BilMoG.
2 Vgl. *Mühlberger/Schwinger/Wildner* in Thiele/von Keitz/Brücks (Hrsg.) Internationales Bilanzrecht, 2008. IAS 19 Rz. 233.
3 Vgl. IDW RS HFA 2, Tz. 76 f.
4 Vgl. *Wollmert* u.a., in Baetge u.a. (Hrsg.), Rechnungslegung nach IFRS, 2002, IAS 19 Rz. 32.
5 Vgl. IDW RS HFA 2, Tz. 89.

das Trägerunternehmen aber wirtschaftlicher Eigentümer wird, ist nicht per se schädlich.[1]
- Damit die auf einen externen Träger übertragenen Mittel „sinnvoll" angelegt werden, erfolgt oft eine **Darlehensvergabe** an das Unternehmen. Dies ist grundsätzlich zulässig, vorausgesetzt, dass die Darlehensvergabe in der freien Entscheidung des Fonds steht und fremdübliche Bedingungen (inklusive Sicherheiten) vereinbart wurden.[2] Ungesicherte Darlehensforderungen sind damit kein Planvermögen. Gleiches gilt, wenn bereits bei Darlehensvergabe absehbar ist, dass das Trägerunternehmen seinen Zahlungen nicht nachkommen wird. Schädlich ist auch ein Abtretungsverbot der Darlehensforderung, da dies der freien Verfügbarkeit entgegensteht.[3]
- IAS 19.7 verbietet ausdrücklich nur die Anlage von Fondsmitteln in **nicht übertragbar vom Unternehmen ausgegebene Finanzinstrumente**. Daraus folgt, dass *handelbare* Aktien des Unternehmens Planvermögen darstellen können.[4] Sofern aufsichtsrechtliche Vorschriften nicht ohnehin im Einzelfall eine solche Anlage untersagen, sollte hiervon jedoch (s. Enron, Worldcom) Abstand genommen werden.

Damit Adressaten die Risiken aus unternehmensnahem Planvermögen zutreffend einschätzen können, verlangt IAS 19.120Ak eine **Anhangangabe** (Rz. 2476) der im Planvermögen enthaltenen eigenen Finanzinstrumente (des Unternehmens) sowie der von diesem genutzten Vermögenswerte, namentlich Immobilien.

4.9.2 Unterstützungskassen

Bei deutschen Unterstützungskassen (U-Kassen) besteht insofern ein Zielkonflikt, als: 2462

- einerseits für die Steuerbefreiung der U-Kasse Höchstgrenzen für das „zulässige Kassenvermögen" gelten[5] und Satzungen zur Sicherung der Steuerfreiheit daher regelmäßig ein Rückübertragungsrecht in Höhe der schädlichen Überschreitung an das Unternehmen vorsehen, aber
- andererseits das Kassenvermögen oft niedriger als der Sollwert der Verpflichtung (Rz. 2420) ist und die zur Sicherung der Steuerfreiheit geleisteten Rückübertragungen auf das Unternehmen daher schädlich für das Planvermögen i.S. IAS 19.7 sind:

---

1 Vgl. IDW RS HFA 2, Tz. 90 ff.
2 Vgl. IDW RS HFA 2, Tz. 84 f.; restriktiver *Höfer/Oppermann*, DB 2000, 1039 (1040).
3 Vgl. IDW RS HFA 2, Tz. 81.
4 Vgl. *Wollmert* u.a. in Baetge u.a. (Hrsg.), Rechnungslegung nach IFRS, 2002, IAS 19 Rz. 31.
5 Vgl. § 6 Abs. 6 i.V.m. § 5 Abs. 1 Nr. 3e KStG i.V.m. § 4d EStG.

Beispiel:
Beträgt das steuerlich höchstzulässige Kassenvermögen z.B. 125 (die Satzung der Unterstützungskasse sieht daher eine Entnahme bis auf den Betrag von 125 vor) und beträgt die DBO als Mindestwert der plan assets nach IAS 19.7 jedoch 150, wird zum Teil die Ansicht vertreten, dass der Teilbetrag, der auch nach der Satzung der U-Kasse dem Zugriff des Unternehmens entzogen ist (125), die Voraussetzung von Planvermögen erfüllt.[1] In der Literatur werden daneben weitere Gestaltungsvorschläge unterbreitet, etwa die Rückdeckung von Verpflichtungen bei einer Lebensversicherungsgesellschaft.[2]

Gilt die Unterstützungskasse als Planvermögen i.S.v. IAS 19.7, so können die Deckungsmittel der Unterstützungskasse mit den Verpflichtungen aus dem Versorgungssystem saldiert werden. Erreichen die Deckungsmittel (bewertet nach IFRS-Kriterien) der Unterstützungskasse nicht den Wert der Pensionsverpflichtungen, so sind entsprechende Unterdeckungen zu passivieren (Subsidiärhaftung).

4.9.3 Treuhandgestaltungen (CTA's)

2463 Bei **Treuhandgestaltungen** werden Vermögenswerte auf einen Fonds übertragen, die ausschließlich und unwiderruflich nur zur Bedienung der Pensionsansprüche verwendet werden dürfen. Die Fonds als Treuhänder sind häufig in Deutschland in der Rechtsform des „eingetragenen Vereins" organisiert. (Nur) im Insolvenzfall des Unternehmens richten sich die Ansprüche der Berechtigten direkt gegen den Fonds. In der Praxis werden verschiedene Modelle eingesetzt, die unter den Termini **asset backing** und **contractual trust arrangement** (**CTA**) diskutiert werden.[3] Charakteristisch für diese Modelle ist, dass primär Wertpapiervermögen auf einen betriebsinternen „Treuhandpensionsfonds" übertragen werden mit der Folge, dass im IFRS-Konzernabschluss die angestrebte Bilanzverkürzung durch Saldierung des Planvermögens mit den Altersversorgungsverpflichtungen erreicht und Marktwertschwankungen bei der DBO und den Wertpapieren nach der Korridor – oder SORIE-Methode geglättet werden können.

Andererseits wird dieses Vermögen im **HGB-Jahresabschluss** weiterhin beim wirtschaftlichen Eigentümer als Treuhandvermögen aktiviert. Damit ergeben sich keine schädlichen Steuerwirkungen.

---

1 Vgl. *Wollmert* u.a. in Baetge u.a. (Hrsg.), Rechnungslegung nach IFRS, 2002, IAS 19 Rz. 32; a.A. *Rößler/Doetsch/Heger*, BB 1999, 2498 (2501).
2 Vgl. hierzu *Höfer/Oppermann*, DB 2000, 1039 (1040) sowie zur Zulässigkeit der Unterstützungskasse als ausfinanziertes Fondsvermögen gem. IAS 19 auch *Rößler/Doetsch/Heger*, BB 1999, 2498 (2501).
3 Vgl. *Stöhr*, DB 1998, 2243 sowie *Rößler/Doetsch/Heger*, BB 1999, 2498.

4.9.4 Rückdeckungsversicherungen

Neben den betrieblichen Pensionsfonds als funded pension plan in Form einer Treuhandkonstruktion können grundsätzlich auch Versicherungspolicen als Planvermögen verwendet werden. Eine sog. qualifizierte Versicherungspolice (IAS 19.7) liegt vor, wenn sichergestellt ist, dass die Erlöse aus der Police nur verwendet werden können, um Leistungen an Arbeitnehmer aus einem leistungsorientierten Versorgungsplan zu bezahlen. Die geforderte Insolvenzsicherung wird über eine Verpfändung an die Berechtigten erreicht.[1] 2464

4.9.5 Vermögenswerte, die die Voraussetzungen von Planvermögen i.S.v. IAS 19.7 nicht vollständig erfüllen

Das Unternehmen kann aber auch Versicherungen abschließen, die zwar nicht die Anforderungen einer qualifizierten Versicherung (= Planvermögen) erfüllen, z.B. im Insolvenzfall als Masse zur Verfügung stehen, gleichwohl aber abgeschlossen worden sind, um die Zahlungen der Betriebsrente zu finanzieren. Wenn die Erstattung quasi-sicher ist, hat das *Unternehmen* die Police zu aktivieren (vgl. IAS 19.104 A; IAS 19.104 C f.) und *teilweise* wie normales Planvermögen zu behandeln (d.h. Ansatz zum beizulegenden Zeitwert und Saldierung der erwarteten Erträge mit den übrigen Komponenten des Pensionsaufwands in der GuV). Abweichend zum regulären Planvermögen kommt eine *Saldierung* mit der Verpflichtung in der Bilanz jedoch *nicht* in Betracht. 2465

4.9.6 Bilanzierung von Überdotierungen

Übersteigt das Planvermögen die Pensionsverpflichtung, ist grundsätzlich ein **Netto-Vermögenswert** zu aktivieren (IAS 19.58 f.), wie folgendes Beispiel zeigt: 2466

Beispiel:

31.12.	Planvermögen	Tatsächlicher Barwert der Pensions-Verpflichtung (DBO)	**Zwischensumme (tatsächlicher Vermögenswertüberhang)**	Versicherungsmath. Verluste	**Netto-Vermögenswert lt. Bilanz**
	2600	−2000	600	340	940

– Wird (wie im Beispiel) die **Korridormethode** angewendet, dürfen die versicherungsmathematischen **Verluste** (340) und ein ggf. noch nicht amortisierter nachzuverrechnender Dienstzeitaufwand (Rz. 2454) grundsätzlich über den tatsächlichen Vermögenswertüberhang von 600 hinaus aktiviert werden. Dies mutet kurios an, entspricht aber der Vorgehensweise bei einem

---

1 Dann ist auch im HGB-Abschluss zu saldieren (Rz. 179).

Verpflichtungsüberhang, denn es macht keinen Unterschied, ob eine Schuld um die Verluste zu gering oder ein Vermögenswert um diesen Betrag zu hoch angesetzt wird. Hinter der Gleichbehandlung mit einem Schuldenüberhang steckt der Grundsatz, dass an der Streckung der versicherungsmathematischen Verluste nicht gerüttelt wird (IAS 19.60).

– Allerdings ist der IASB mittlerweile zu der Erkenntnis gelangt, dass aktivierte versicherungsmathematische Verluste nicht die Definition eines asset erfüllen (IAS 19.BC48B) und hat u. a. diese Einsicht zum Anlass für das Wahlrecht des IAS 19.93A zur **erfolgsneutralen Verrechnung mit dem Eigenkapital** genommen (Rz. 2445). Wird dieses Wahlrecht ausgeübt, entfällt (abweichend vom Beispiel) die Aktivierung von Unterdeckungen.

2467 Da die eventuelle Überdeckung pro Plan ermittelt werden muss und mit Verpflichtungsüberhängen anderer Pläne nicht saldiert werden darf (Rz. 2428), können positive Vermögenswerte bei *einzelnen* Plänen somit auch vorkommen, wenn insgesamt auf Gesamtunternehmensebene eine Netto-Rückstellung vorliegt. In diesem Fall ist die Gesamt-Netto-Rückstellung im Anhang auf Netto-Vermögenswerte und restliche Netto-Rückstellung aufzugliedern (IAS 19.120Af v).

2468 Bei der Berechnung des anzusetzenden Netto-Vermögenswertes können im Einzelfall jedoch folgende **Begrenzungen** (*asset ceiling*) relevant sein:
– Bei der im Beispiel am 31.12. bestehenden Überdeckung (600 = 2600 – 2000), vor Berücksichtigung versicherungsmathematischer Verluste etc., wird vorab geprüft, ob dem Unternehmen künftig ein entsprechender **Nutzen** zufließen wird, z.B. in Form von Rückerstattungen oder geringeren künftigen Beitragszahlungen (IAS 19.58b ii). Bei der Diskontierung des künftigen Nutzens ist der Zinssatz der Pensionsverpflichtung (Rz. 2423) anzuwenden. Die künftige Verfügbarkeit (Rückzahlung) reicht für einen Vermögenswertansatz aus; es muss keine aktuelle Fälligkeit vorliegen (IFRIC 14.8).[1]
– Sollte der Nutzenbarwert (z.B. 200) geringer sein als der vorläufige Vermögenswertüberschuss (600), wird dieser erfolgswirksam wertberichtigt, wobei die Zuführung zur Wertberichtigung als separate Komponente des Pensionsaufwands auszuweisen ist (IAS 19.120Ag viii). Vorrangig ist jedoch zu prüfen, ob das Planvermögen nicht direkt niedriger zu bewerten ist (Rz. 2426). Eine in Vorjahren gebildete Wertberichtigung darf nicht aufgelöst werden, soweit die Auflösung auf neu entstandenen versicherungsmathematischen Verlusten (und ggf. nachzuverrechnendem Dienstzeitaufwand) beruht (IAS 19.58A f.).

---

1 Dies betrifft insbesondere den Fall, dass Unternehmen zu Mindestdotierungen verpflichtet sind, vgl. *Hasenburg*, WPg 2006, 1400 f.

XIV. Pensionsverpflichtungen und andere Leistungen an Arbeitnehmer (IAS 19)

	Plan-Vermögen	Barwert der Pensionsverpflichtung (DBO)	**Zwischensumme (tatsächlicher Vermögensüberhang)**	Wertberichtigung für geringeren Nutzen IAS 19.58	**Zwischensumme Nutzen-Barwert**	Versicherungsmath. Verluste	**zulässiger Nettovermögenswert lt. Bilanz**
	(1)	(2)	(3)	(4)	(5)	(6)	(7)
Tatsächliche Werte 1.1.	2 600	– 2000	600	– 400	200	340	540
Auflösung Wertberichtigung				300	300		300
Erwartete Werte 31.12.	2600	– 2000	600	– 100	500	340	840
Erhöhung der vers.-math. Verluste	– 300		– 300		– 300	300	0
Tatsächliche Werte 31.12. ohne IAS 19.58A	2300	– 2000	300	– 100	200	640	840
Vollamortisation der Erhöhung der Verluste						– 300	– 300
Tatsächliche Werte 31.12. mit IAS 19.58A	2300	– 2000	300	– 100	200	340	540

- Im Geschäftsjahr sinkt der tatsächliche Vermögenswertüberhang, Spalte (3), von 600 auf 300, da der Fair value des Planvermögens entgegen den Erwartungen um 300 abnimmt. Diese negative Erwartungsanpassung stellt einen versicherungsmathematischen Verlust dar, der nach den allgemeinen Grundsätzen nicht sofort aufwandswirksam verrechnet werden muss, sondern vorgetragen werden kann (Erhöhung der Verluste von 340 auf 640).

- Da der tatsächliche Nutzenbarwert aus der Planüberdeckung jedoch mit 200 gemäß Spalte (5) unverändert geblieben ist, darf bzw. muss die gebildete Wertberichtigung, Spalte (4), die am 1.1. noch 400 betrug, bis auf 100 ergebniswirksam[1] aufgelöst werden, im Beispiel also genau um den Betrag, um den sich die versicherungsmathematischen Verluste erhöht haben (300). Ohne gesonderte Vorschriften zum asset ceiling könnten der unveränderte Nutzenbarwert von 200 und die von 340 auf 640 erhöhten versicherungsmathematischen Verluste, zusammen 840, aktiviert werden (IAS 19.58b), was im Ergebnis auf eine ergebniswirksame Vereinnahmung der versicherungsmathematischen Verluste (!) hinausliefe.

- Diese Folge wird jedoch durch IAS 19.58A verhindert: Danach ist die im ersten Schritt gebuchte Auflösung der Wertberichtigung, soweit sie lediglich auf einer Erhöhung der versicherungsmathematischen Verluste beruhte (300), dadurch kompensiert, dass eben diese Erhöhung sofort ergebniswirksam amortisiert werden muss (– 300). Per Saldo wird ein Netto-

---
1 Da die Zuführung in früheren Jahren ebenfalls erfolgswirksam gebucht wurde.

Pensionsaufwand von „0" ausgewiesen, allerdings mit Bruttoausweis der beiden gegenläufigen Komponenten (Auflösung Wertberichtigung: + 300, Amortisation versicherungsmathematischer Verluste: – 300). Im Beispiel bleibt es somit beim tatsächlichen Netto-Vermögenswert des Vorjahres in Höhe von 540.

Bei versicherungsmathematischen Gewinnen gilt Entsprechendes (IAS 19.58Ab). Die Rechnung kann im Einzelfall sehr komplex sein. Appendix C zu IAS 19 enthält weitere Beispiele, auf die verwiesen wird.[1]

2469 frei

4.10 Konsolidierung von Pensionsfonds/Unterstützungskassen u.Ä.

2470 **Pensionsfonds inklusive Unterstützungskassen**, welche die Voraussetzungen für das Vorliegen von **Planvermögen i.S. IAS 19.7** (Rz. 2460 f.) erfüllen, sind **nicht in den Konzernabschluss des Trägerunternehmens einzubeziehen.** Da die Vermögenswerte, die unter IAS 19.7 fallen, praktisch den Unterstützungsberechtigten und nicht dem Trägerunternehmen gehören[2], liegt per se keine Control[3] über deren Vermögen vor, so dass eine Konsolidierung nicht in Betracht kommt.[4] Die Saldierung des Planvermögens mit der Verpflichtung aus dem Pensionsplan sowie der Ausweis der Subsidiärhaftung im IFRS-Abschluss (Rz. 2462) bleiben hiervon unberührt.

Erfüllen Fonds dagegen nicht die strengen Anforderungen an Planvermögen i.S.v. IAS 19.7, ist anhand der allgemeinen Control-Kriterien eine **Einbeziehung in den Konzernabschluss** zu prüfen (Rz. 3015 ff.). Bestehende Beschränkungen im Finanzmitteltransfer führen nach IAS 27 nicht automatisch zu einem Konsolidierungsverbot (s. Rz. 3037).

Bei Treuhandgestaltungen (Rz. 2463) stellt sich die Konsolidierungsfrage **nicht**, da das Trägerunternehmen wirtschaftlicher Eigentümer des Planvermögens ist und rechtlich gegenüber den Pensionsberechtigten verpflichtet bleibt.

2471–2472 frei

4.11 Ausweis

2473 IAS 19 enthält weder Regelungen über den **Bilanzausweis** (IAS 19.118) noch über den Ausweis der **Komponenten** des **Altersversorgungsaufwandes** (IAS 19.119).

---

1 Siehe auch IAS 19 Appendix C, Example 1; *Seemann* in Beck'sches IFRS-Handbuch, 2. Aufl. 2006, § 26 Rz. 34.
2 Vgl. *Förschle/Deubert* in Beck'scher Bilanz-Kommentar, 6. Aufl. 2006, § 295 HGB Rz. 15.
3 Unerheblich ist ein ggf. bestehendes gesellschaftsrechtliches Control-Verhältnis (Stimmrechte, Organidentität etc., s. Rz. 3015 ff.), da dies im Konzernabschluss nur indirekt den „eigentlich" abzubildenden Zugriff auf Vermögenswerte vermittelt.
4 Vgl. SIC 12.6 sowie IDW RS HFA 2, Tz. 74, 78.

⊃ Wir empfehlen, Zinsaufwand und ggf. Fondserträge gesondert unter Zinsaufwand oder -ertrag auszuweisen. Dies ist in der Praxis sehr beliebt[1], da ein höherer operativer Gewinn (EBIT) gezeigt wird (Rz. 4230 ff.). Die übrigen Komponenten des Altersversorgungsaufwandes sind im Personalaufwand auszuweisen bzw. bei Anwendung des Umsatzkostenverfahrens den Funktionsbereichen zuzuordnen.

Es entspricht ferner üblicher Praxis, beim Unternehmen verbleibende Verpflichtungen als **„Pensionsrückstellungen"** bzw. „Pensionsverpflichtungen" auszuweisen. Es kommt hier nur ein Ausweis unter langfristigen Schulden in Betracht. Auch die Auszahlungsbeträge des kommenden Geschäftsjahres sind als langfristig auszuweisen (Rz. 4118).

frei 2474

4.12 Anhangangaben

Wir verweisen auf die Anhang-Checkliste (Abschnitt H). 2475

⊃ Ein Großteil der erforderlichen Zahlenangaben (IAS 19.120 ff.) wurde bereits im Rahmen des **Pensionenspiegels** (Rz. 2437, 2446) erläutert: Die Bilanzierungspraxis bevorzugt in Anlehnung an die Beispiele im Appendix B zu IAS 19 statt des Pensionenspiegels eine Verteilung dieser Angaben auf mehrere Tabellen. Wer hingegen entscheidungsrelevante Informationen zur Verfügung stellen möchte, sollte die Verwendung des hier dargestellten Formats auch für die **Anhangangaben** erwägen. 2476

(Nur) in Bezug auf Krankheits- bzw. Gesundheitskosten ist eine **Sensitivitätsanalyse** vorzunehmen und die Auswirkung einer jeweils 1 % höheren oder niedrigeren Kostensteigerung (im Vergleich zur verwendeten Annahme) auf die Pensionsaufwendungen (medizinische Versorgung) bzw. die Verpflichtung (DBO) zu nennen (IAS 19.120Ao).[2] 2477

Es ist eine fünfjährige Trendanalyse (laufendes und vier vorhergehende Jahre) darzustellen, welche die Entwicklung der Verpflichtung (DBO), des Planvermögens, des Überschusses und der in den jeweiligen Jahren eingetretenen Erwartungsänderungen (gemeint sind die versicherungsmathematischen Gewinne und Verluste), unterteilt nach DBO und Planvermögen, zeigt (IAS 19.120Ap). 2478

---

[1] Der Ausweis der Zinskomponente im Finanzergebnis entspricht auch der h.M. nach HGB, vgl. *Förschle* in Beck'scher Bilanz-Kommentar, 6. Aufl. 2006, § 275 HGB Rz. 138 m.w.N. und ist nach BilMoG Pflicht.
[2] Vgl. z.B. Bayer, Geschäftsbericht 2008, S. 209.

Beispiel (vgl. IAS 19, Appendix B, Illustrative Disclosures):

	2005	2006	2007	2008	2009
Wert der Verpflichtung (DBO)	3600	4000	4200	5000	5400
Abzgl. Planvermögen	−1350	−1470	−1550	−1500	−1400
Verpflichtungsüberschuss	**2250**	**2530**	**2650**	**3500**	**4000**
Erwartungsanpassungen in Bezug auf den Wert der Verpflichtung, DBO (− Verluste/+ Gewinne)	−20	−100	20	−50	−250
Erwartungsanpassungen in Bezug auf den Wert des Planvermögens (− Verluste/+ Gewinne)	−60	80	−60	100	−150

In der Praxis finden sich auch **prozentuale Angaben**, bspw. Volkswagen, GB 2007, S. 234 (hier nur für 2007): „Unterschied zwischen erwartetem und tatsächlichem Verlauf: − 0,48 % des Barwerts der Verpflichtung, − 2,44 % des Fair values des Planvermögens".

2479 frei

5. Sonstige Leistungen an Arbeitnehmer

5.1 Kurzfristig fällige Leistungen an Arbeitnehmer

2480 Zu den kurzfristig fälligen Leistungen an Arbeitnehmer gehören alle Verpflichtungen des Unternehmens gegenüber seinen Arbeitnehmern aus Anlass des Arbeitsverhältnisses, die innerhalb von zwölf Monaten nach Ende der Berichtsperiode beglichen werden (mit Ausnahme von Altersversorgungs- und Kapitalbeteiligungsleistungen). Das können Löhne, Gehälter, Sozialbeiträge, Urlaubsrückstände, Zeitkonten, Tantiemen sowie andere Erfolgsbeteiligungen u.Ä. sein (IAS 19.8). Die Verpflichtung ist unabgezinst als **Verbindlichkeit** (*accrued expense*) anzusetzen (IAS 19.10a), unabhängig davon, ob zur Ermittlung der Verpflichtung statistische Wahrscheinlichkeiten herangezogen werden müssen (beispielsweise Fluktuationsschätzungen bei Tantiemen) oder nicht.[1] Umgekehrt sind Vorausleistungen an Arbeitnehmer zu aktivieren.

Nach IAS 19.10b kommt eine Aufwandserfassung nur in Betracht, solange der Personalaufwand nicht als Bestandteil der Anschaffungs- oder Herstellungskosten aktiviert wird.

2481 frei

5.2 Andere langfristig fällige Leistungen an Arbeitnehmer

2482 Zu den anderen langfristig fälligen Leistungen gehören beispielsweise Gewinn- und Erfolgsbeteiligungen, die mehr als zwölf Monate nach der Erbrin-

---

1 In der Praxis erfolgt der Ausweis häufig unter den Rückstellungen, s. Rz. 2303.

gung der Arbeitsleistung fällig sind, **Jubiläumsgelder** und langfristige Erwerbsunfähigkeitsleistungen (IAS 19.126). Die Bewertung erfolgt ähnlich wie bei den leistungsorientierten Pensionsverpflichtungen (also zum **Barwert** der Verpflichtung unter Berücksichtigung von Fluktuation), allerdings vereinfacht: Versicherungsmathematische Gewinne und Verluste sowie nachzuverrechnender Dienstzeitaufwand sind sofort zu erfassen (IAS 19.128 ff.); die 10%-Korridor-Regelung bei versicherungsmathematischen Gewinnen und Verlusten (Rz. 2436) kommt *nicht* zum Tragen.

Verpflichtungen aus **Altersteilzeit** gehören ebenfalls zu den anderen langfristig fälligen Leistungen an Arbeitnehmer. Das **Altersteilzeitgesetz** sieht zwei Modelle vor: Gleichverteilungsmodell und Blockmodell. 2483

Beim **Gleichverteilungsmodell** wird vereinbart, dass der Arbeitnehmer während des gesamten Altersteilzeitraumes bis zur Pensionierung mit einer reduzierten täglichen Arbeitszeit tätig ist. Nach dem **Blockmodell** arbeitet der Mitarbeiter in der ersten Phase des Altersteilzeitraumes (sog. **Beschäftigungsphase**) weiterhin mit unverminderter Arbeitszeit, und in der zweiten Phase (sog. **Freistellungsphase**) wird er vollständig von der Arbeitspflicht freigestellt. In beiden Modellen wird ein vermindertes Arbeitsentgelt, aber zusätzlich ein sog. Aufstockungsbetrag des Arbeitgebers *gleichmäßig* geleistet.

Die bilanzielle Verfahrensweise unterscheidet sich grundsätzlich nicht vom HGB. Die Abzinsung der Verpflichtungen ist jedoch nach IFRS zwingend.

Bei beiden Modellen ist der **Aufstockungsbetrag** als sog. „termination benefits" (IAS 19.7) sofort zu passivieren (IAS 19.133b).[1] Die Rückstellung für den Aufstockungsbetrag wird über die Laufzeit des Teilzeitmodells in Anspruch genommen und entsprechend verbraucht. Soweit die Verpflichtungen zur Leistung von Aufstockungsbeträgen erst nach Ablauf von 12 Monaten nach dem Abschlussstichtag fällig werden, sind sie mit dem Barwert anzusetzen (IAS 19.139).[2]

Mögliche **Erstattungsansprüche** des Unternehmens gegenüber der **Bundesagentur für Arbeit (BA)** dürfen erst aktiviert werden, wenn die entsprechenden Voraussetzungen vorliegen (Neueinstellungen).[3] Sie sind, wie andere mit Belastungen korrespondierende Erstattungsansprüche auch, nicht rückstellungsmindernd zu berücksichtigen (vgl. Rz. 2355).

Beim Blockmodell ergibt sich im Gegensatz zum Gleichverteilungsmodell in der Beschäftigungsphase ein Erfüllungsrückstand des Arbeitgebers, da der Arbeitnehmer die *volle* Arbeitsleistung erbringt, seine Vergütung jedoch (z.B. auf 50% des Vollzeitentgelts) reduziert wird. Für diese Erfüllungsrückstände ist nach IFRS ein Schuldposten (liability oder provision) anzusetzen, der mit dem (abgezinsten) Barwert bewertet wird. Die angesammelte Rückstellung wird in

---
[1] Vgl. IDW RS HFA 3, Rz. 9 sowie *Hebestreit/Dörges* in Beck'sches IFRS-Handbuch, 2. Aufl. 2006, § 13 Rz. 133.
[2] Vgl. IDW RS HFA 3, Rz. 12. Zur Höhe des zu verwendenden Zinssatzes Hinweis auf Rz. 2424.
[3] Vgl. IDW RS HFA 3, Rz. 15: Die Ansprüche müssten „virtually certain" sein.

der Phase, in der der Arbeitnehmer nicht mehr arbeitet, in Anspruch genommen.

5.3 Abfindungen

2484 IAS 19.132 weist ausdrücklich darauf hin, dass eine Abfindung als Verpflichtung aus Anlass der Beendigung des Arbeitsverhältnisses und nicht durch die vom Arbeitnehmer zuvor geleistete Arbeit begründet ist. Dementsprechend sind solche Verpflichtungen, zu denen auch **Sozialplanleistungen** gehören, sofort als **Verbindlichkeit** zu erfassen. Bei Freistellungen etwa aus **Umstrukturierungen** muss ein formaler, detaillierter und beschreibender Plan gem. IAS 19.134 vorliegen (s. auch Rz. 2340 ff.).

2485 Bei auf Grund gesetzlicher Verpflichtung zu zahlenden **Entlassungsentschädigungen**, z.B. den in Österreich gezahlten sog. **Abfertigungsverpflichtungen**, richtet sich die Bilanzierung nach dem konkreten Rechtssystem:

– Nach der z.B. in Österreich ab 2003 geltenden Gesetzesregelung müssen Arbeitgeber Beiträge in eine Mitarbeitervorsorgekasse einzahlen, deren Mittel den Arbeitnehmern zustehen. Diese Neuverpflichtungen sind sog. *multi-employer-plans* (MEP's) und wie beitragsorientierte Pläne (Rz. 2417) zu behandeln.

– Die Bilanzierung von Altverpflichtungen entspricht der Handhabung bei leistungsorientierten Plänen (Pensionsrückstellungen) (IAS 19.136), d.h. Bewertung zum Barwert unter Erfassung der Fluktuationswahrscheinlichkeit. Insbesondere kann die **Korridormethode** oder das **Wahlrecht zur erfolgsneutralen Verrechnung** angewendet werden.

2486 Werden die Leistungen länger als 12 Monate nach dem Bilanzstichtag fällig, sind sie mit dem in Rz. 2424 genannten Zinssatz abzuzinsen. Bei Sozialplänen ist zu schätzen, wie viel Arbeitnehmer von dem Angebot Gebrauch machen werden (IAS 19.139 f).

2487–2489 frei

5.4 Anhangangaben

2490 Angaben über die Bilanzierung **anderer langfristig fälliger Leistungen** an Arbeitnehmer sind nicht erforderlich, wenn diese nicht eine überragende Bedeutung haben (IAS 19.131). Gleiches gilt für **Sozialplanleistungen**. Angebote auf solche Sozialplanleistungen, deren Annahme nicht abgeschätzt werden kann, können zu angabepflichtigen Eventualschulden führen (s. hierzu Rz. 2325).

2491–2499 frei

XV. Aktienorientierte Vergütungen (IFRS 2)

1. Überblick und Wegweiser

1.1 Standards und Anwendungsbereich

Aktienoptionsprogramme waren, insbesondere in der Blüte der New Economy, ein beliebtes Mittel zur Entlohnung des gehobenen Managements, ermöglichten sie doch jungen kapitalschwachen Unternehmen (aber nicht nur diesen), ihren Mitarbeitern einen beachtlichen Vermögenszuwachs zu bescheren, ohne dafür eigene finanzielle Mittel aufwenden zu müssen.[1] Davon profitierten auch die Altaktionäre, wenn sich deren Aktienvermögen durch die Anstrengungen des nun besonders motivierten Managements ebenfalls vermehrte. Die Vergütung wurde praktisch von den Erwerbern der neu geschaffenen Aktien getragen. Insofern zogen Aktionäre und Manager an einem Strang und das Problem eines Interessenkonflikts, das sog. **Principal-agent-Problem**[2], schien bewältigt. Mit dem Niedergang der New Economy[3] wurden jedoch Übertreibungen bei US-Aktienoptionsplänen ausgemacht und es kam die Frage auf, ob nicht auch die bilanzielle Behandlung von Aktienoptionen, genauer die Nichterfassung von Personalaufwand, ihren Teil zu einer Benachteiligung von Altaktionären beigetragen habe. 2500

Die Bilanzierung von Aktienoptionen ist durch den **IFRS 2** geregelt, der in Geschäftsjahren ab 1.1.2005 anwendbar ist und seitdem punktuell geändert wurde, zuletzt mit Wirkung ab 1.1.2009 bei freiwilliger früherer Anwendung. Durch die Änderung wird klargestellt, dass Ausübungsbedingungen nur Dienstzeitbedingungen (Service Conditions) und Leistungsbedingungen (Performance Conditions) sind (Rz. 2517). Außerdem wird präzisiert, dass die Bilanzierungsregeln zur vorzeitigen Planbeendigung unabhängig davon gelten, ob der Plan vom Unternehmen selbst oder einer anderen Partei beendet wird (Rz. 2548). 2501

Der Anwendungsbereich von IFRS 2 ist indessen nicht auf *Mitarbeiter*vergütungen in Form von Aktien*optionen* begrenzt. **IFRS 2 regelt** vielmehr **umfassend alle Ausprägungen aktienorientierter Vergütungen** (*share-based payments*):[4] 2502

Form	Optionscharakter	Aktiencharakter	Buchung
Aktienorientierte Barvergütungen („cash-settled")	*Stock appreciation Rights* („SAR's") Rz. 2520 ff.	*Phantom stocks* Rz. 2520	per Aufwand an Verbindlichkeiten
Ausgabe von Aktien/Optionen („equity-settled")	Aktienoptionen Rz. 2530 ff.	Belegschaftsaktien Rz. 2555	per Aufwand an Eigenkapital

---

1 Nach einer Studie der Firicon GmbH, Düsseldorf v. Mai 2006 auf Basis aller bis 30.4.2006 veröffentlichten Geschäftsberichte gewähren 62 von 110 im DAX, MDAX und TecDAX vertretenen Unternehmen aktienorientierte Vergütungen.
2 Vgl. z.B. *Portner*, DStR 1997, 786.
3 Zu den Gründen und zu einer Bestandsaufnahme s. die Beiträge in *Bieker/Theile* (Hrsg.), Zukunftsperspektiven der New Economy, 2001.
4 In Anlehnung an *Pellens u.a.*, Internationale Rechnungslegung, 7. Aufl. 2008, S. 503.

Aktienorientierte Barvergütungen orientieren sich an dem Wert von Aktienoptionen (SAR's) oder Aktien (*phantom stocks*). Bei SAR's werden Kurssteigerungen, bei phantom stocks die gesamten Aktienwerte in bar vergütet.

2503 Bei **Aktienoptionen** ist zu unterscheiden: Hier ist das *Unternehmen* auf Grund des *Arbeitsvertrages* zur Lieferung der Aktien verpflichtet und damit dem Risiko ausgesetzt, Aktien spätestens bis zur Optionsausübung beschaffen und, je nach Einstandskurs, die Differenz zu dem vom Manager bezahlten Basispreis tragen zu müssen.[1] Als Durchführungswege kommen in Betracht.[2]

(a) **Rückkauf eigener Aktien** gem. § 71 Abs. 1 Nr. 8 AktG (Bedienung der Aktienoptionen durch bestehende eigene Aktien)

(b) **Bedingte Kapitalerhöhung** gem. § 192 Abs. 2 Nr. 3 AktG (Ausgabe von „nackten" Bezugsrechten (*naked warrants*).

Im Fall (a) führt die verbilligte Abgabe wie bei Belegschaftsaktien zu Ausgaben, nicht jedoch im Fall (b): Hier werden Aktien praktisch „aus dem Nichts" geschaffen. Die Gesellschaft ist zwar zur Lieferung von Aktien verpflichtet, aber nicht durch einen Geldabfluss belastet. Es kommt im Gegenteil noch zu einem Geldzufluss und einer Eigenkapitalerhöhung durch Einzahlung des Basispreises. Die Kritik an der Buchung von Personalaufwand[3] ist auf diese Ausprägung beschränkt. Dagegen ist die Personalaufwandsbuchung unstrittig, wenn es tatsächlich zu einem Geldabfluss aus dem Unternehmen kommt, also bei allen anderen Varianten.

2504 Schließlich unterscheidet IFRS 2 danach, **wer die Vergütung erbringt**:

Durchführungsart/Leistung durch	Gesellschaft	Aktionäre der Gesellschaft
Equity settled	IFRS 2.2a, Appendix A	IFRS 2.3
Cash settled	IFRS 2.2b, Appendix A	*z.Z. nicht geregelt (erst ab 1.1.2010 IFRS 2.3A neu, Rz. 2509)*[4]

Dabei ist aber zu unterscheiden:
– **Innerhalb eines Konzerns** (bspw. Mutterunternehmen gewährt Leistungen an Mitarbeiter von Tochterunternehmen) ist die Unterscheidung ohne Be-

---

1 Vgl. *Schruff/Hasenburg*, BFuP 1999, 616 (618).
2 Vgl. *Kropff* in Kropff u.a. (Hrsg.), Münchener Kommentar zum AktG, 2. Aufl. 2004, § 272 AktG Rz. 72, auch zu den einzelnen rechtlichen Voraussetzungen, z.B. Begrenzung der Programme auf 10% des Grundkapitals, Vereinbarung erfolgsabhängiger Ziele (Rz. 2517) etc.
3 Meist wird die Personalaufwandsbuchung mit der Begründung abgelehnt, dass die Altaktionäre und nicht die Gesellschaft die Vergütung trägt, vgl. z.B. *Rammert*, WPg 1998, 766 ff.; für die Aufwandsbuchung z.B. *Pellens/Crasselt*, DB 1998, 1431; s. zu den Argumenten IFRS 2.BC29 ff.
4 Gl.A. *Freiberg/Lüdenbach*, in: Haufe IFRS Kommentar, 7. Aufl. 2009, § 23 Rz. 125 ff. sowie mittlerweile wohl *Ernst&Young*, International GAAP 2009, S. 1763 (Fall *nicht* durch IFRIC 8.6 gedeckt).

lang (zur Behandlung in den *Einzelabschlüssen* unter Berücksichtigung von **IFRIC 11** s. Rz. 2556 f.). IFRIC 11 soll ab 1.1.2010 durch Einfügung von IFRS 2.43A-43D in den IFRS 2 integriert und damit ersetzt werden (Rz. 2509).

– Materielle Auswirkung (im Konzernabschluss) hat die Differenzierung nur, wenn die **Vergütung von einem (nicht beherrschenden) Anteilseigner der Muttergesellschaft gewährt** wird, bspw. auf Grund eines Unterbeteiligungsvertrages.[1] Geschieht dies in Form von equity settled transactions, entsteht Aufwand bei der (Konzern)-Gesellschaft, bei cash-settled demgegenüber zurzeit nicht (zur beabsichtigten Neuregelung Rz. 2509).

Unerheblich für die Anwendung von IFRS 2 ist die **Rechtsform** des Unternehmens (AG, GmbH, KG etc.). Von praktischer Bedeutung dürften jedoch nur Anreizprogramme bei AG's sein. Auch die **Art der Leistung** (z.B. Arbeitsleistung, Beratungsleistung, Warenlieferung etc.) spielt keine Rolle. IFRS 2 kommt somit auch dann zum Tragen, wenn ein Warenlieferant oder ein Berater seine Vergütung nicht in bar, sondern in Form von Aktien bzw. Aktienoptionen erhält. Solche Fälle dürften aber zumindest in Deutschland Theorie bleiben. Entsprechend der praktischen Relevanz zielt unsere Kommentierung auf **Vergütungen an Arbeitnehmer**. 2505

Bei **nicht von Arbeitnehmern erbrachten Leistungen** wird in Höhe des *erhaltenen* Fair value gebucht: Aufwand (sofern nicht zu aktivieren) an Eigenkapital. Abweichend davon regelt IFRIC 8, dass sich der Wert von Aktienoptionen an andere Parteien als Arbeitnehmer nach dem Fair value der erhaltenen Anteile richtet, wenn der Wert der erhaltenen Gegenleistung nicht bestimmbar ist. Dies entspricht der Behandlung bei Aktienoptionen an Arbeitnehmer (Rz. 2530). Diese (seltenen) Fälle, bspw. Ausgabe von Optionen an gemeinnützige Organisationen zwecks Imageförderung (!), s. IFRIC 8.IG1, hingen zuvor in der Luft, weil IFRS 2.13 stets eine Ermittelbarkeit des Fair value der erhaltenen Leistungen unterstellte. IFRIC 8 soll ab 1.1.2010 durch Anpassung des IFRS 2.2 in den IFRS 2 integriert und damit ersetzt werden (Rz. 2009). 2506

IFRS 2 ist allerdings **nicht** anwendbar, wenn Arbeitnehmer Anteile wegen ihrer Eigenschaft als Aktionär erhalten, anderen Aktionären also der gleiche Vorzug eingeräumt wird (IFRS 2.4) oder soweit andere Standards Vorrang genießen (IFRS 2.5 und 2.6). Hierzu zählen der Austausch von Finanzinstrumenten gem. IAS 32.8-10 und IAS 39.5-7 (vgl. IFRS 2.BC27) sowie **Unternehmenserwerbe** gegen Anteilsgewährung, die unter **IFRS 3** fallen (Rz. 3203): Der Verbesserungsstandard 2009 stellt klar, dass Common control-Transaktionen und Einlagen von businesses i.S.v. IFRS 3 in Joint ventures ebenfalls nicht IFRS 2 unterliegen (IFRS 2.5). 2507

1.2 Wesentliche Abweichungen zum HGB

Während virtuelle Eigenkapitalinstrumente (**Barvergütungen**) in Deutschland immer schon zulässig waren, wurde die Möglichkeit der Ausgabe von Aktien- 2508

---

[1] Vgl. *Freiberg/Lüdenbach*, in: Haufe IFRS Kommentar, 7. Aufl. 2009 § 23 Rz. 14.

optionen an Mitarbeiter erst durch das KonTraG in 1998 geschaffen. Die Bilanzierung von Barvergütungen erfolgt entsprechend IFRS durch ratierliche Dotierung wie bei Ansammlungsrückstellungen.

In Bezug auf **echte Aktienoptionen** wird eine Aufwandsbuchung mit Hinweis auf die fehlende Belastung der Gesellschaft überwiegend abgelehnt (Rz. 2503). E-DRS 11 „Bilanzierung von Aktienoptionsplänen und ähnlichen Entgeltformen", der eine Anwendung der Grundsätze des IFRS 2 auch für das Handelsrecht befürwortete, wurde äußerst kontrovers diskutiert und ist wegen der grundsätzlichen Neuausrichtung des DRSC, keine neuen Standards herauszubringen, nicht endgültig verabschiedet worden.

Durch das **BilMoG** ergeben sich insoweit keine Änderungen.

1.3 Neuere Entwicklungen

2509 Im Dezember 2007 wurden die Entwürfe zur Erweiterung des IFRS 2 und IFRIC 11 auf Barvergütungen vorgelegt, die von konzernfremden Anteilseignern geschuldet werden (Rz. 2504). Am 6.5.2009 wurde hierzu der Near Final Draft vorgelegt, der zugleich den IFRIC 8 (Rz. 2506) und IFRIC 11 (Rz. 2504, 2556 ff.) integriert und ersetzt (IFRS 2.64). Der Standard soll in Geschäftsjahren ab 1.1.2010 in Kraft treten (IFRS 2.63).

2. Begriffe

2.1 Sperrfrist, Ausübungsfrist, Einräumung und Ausübung von Optionen

2510 In der Aussicht auf steigende Kurse liegt die **Anreizwirkung** von Aktienoptionen. Nachfolgend eine typische Ausgestaltung:

> **Beispiel:**
>
> Leitenden Arbeitnehmern wird am 1.1.01 (*grant date*) die **Option eingeräumt**, Aktien des Unternehmens zum Preis von 100 (Basispreis) zu beziehen. Hierfür gelten jedoch folgende Bedingungen:
>
> – Die Arbeitnehmer müssen noch mindestens drei Jahre, d.h. bis zum 31.12.03, im Unternehmen beschäftigt sein. Erst dann darf die Option **ausgeübt** werden (**Warte- oder Sperrfrist**, *vesting period*).
>
> – Der Börsenkurs der Gesellschaft entwickelt sich bis zum Ablauf der Sperrfrist um 5 % besser als der Branchenindex (**relatives Erfolgsziel**).
>
> – Die Ausübung der Option ist auf zwei Jahre nach Ablauf der Sperrfrist, d.h. 04 und 05 (**Ausübungsfrist**), begrenzt. Am 31.12.05 **verfällt** (*forfeit*) die Option.
>
> Arbeitnehmer, die am 1.1.04 noch im Unternehmen beschäftigt sind, dürfen, wenn außerdem das relative Erfolgsziel erreicht worden ist, die Option ab 1.1.04 ausüben. Das werden sie freilich nur dann tun, wenn der Börsenkurs über 100 hinaus ansteigt. Bleibt die Kursteigerung aus, verfällt die Option (es sei denn, es erfolgt eine Anpassung der Ausübungsbedingungen, sog. *repricing*,

Rz. 2545), und der Vergütungseffekt geht verloren. Dies ist aber folgerichtig, weil die Anstrengungen des Managements offensichtlich nicht den erhofften Erfolg gebracht haben.

2.2 Innerer Wert, Gesamtwert, Zeitwert von Optionen

Im Zusammenhang mit Aktienoptionen sind folgende Begriffe von Bedeutung: 2511
- **Innerer Wert der Option:** Es handelt es sich um den Ausübungserfolg bei unterstellter sofortiger Ausübung, also um die Differenz zwischen dem Tageskurs der Aktie und dem Basispreis der Option. Bei einem Tagespreis von 150 beträgt der innere Wert somit 50 (150 – 100). Bei negativen inneren Werten (z.B. – 25 am 31.12.05 lt. unterem Tableau) würde die Option nicht ausgeübt.
- **Gesamtwert der Option:** Dies ist der Marktwert (**Fair value**) der Option bei unterstellter Handelbarkeit. Dieser berücksichtigt die Chance, dass sich die Kurse und damit der Ausübungsgewinn bis zum Ablauf der Ausübungsfrist gegenüber dem aktuellen Tageskurs noch erhöhen können. Daher ist der Marktwert immer höher als der innere Wert und umso höher, je länger die **verbleibende Frist** und je größer die **Unsicherheit** über die weitere Kursentwicklung ist. Letzteres klingt paradox, ist aber verständlich, denn je größer die Streuung (**Volatilität**), umso höher die Wahrscheinlichkeit, dass der Kurs wenigstens zu irgendeinem Zeitpunkt über den aktuellen Kurs hinaus ansteigt.
- Die Differenz zwischen dem Gesamtwert und dem inneren Wert der Option wird als **Zeitwert** bezeichnet.

In unserem Beispiel, das sich in mehreren Varianten durch diesen Abschnitt zieht, entwickeln sich die Werte wie folgt: 2512

	Zeitpunkt	Aktienkurs	Basispreis	Innerer Wert	Gesamt-wert
		(1)	(2)	(1)–(2)	
Beginn Sperrfrist	1.1.01	100,0	100,0	0,0	34,7
	31.12.01	133,3	100,0	33,3	57,4
	31.12.02	177,7	100,0	77,7	92,6
Ende Sperrfrist	31.12.03	133,3	100,0	33,3	47,4
1. Ausübung	2.1.04	133,3	100,0	33,3	47,4
	31.12.04	100,0	100,0	0,0	16,2
2. Ausübung	1.6.05	105,0	100,0	5,0	13,0
Ende Ausübungsfrist	31.12.05	75,0	100,0	(– 25,0)	0,0

Im Beispiel üben die Mitarbeiter die Optionen in 2 Tranchen aus. Ein Teil der Mitarbeiter nehme direkt nach Ablauf der Sperrfrist, am 2.1.04, die erste Gelegenheit wahr und erhält einen Gewinn von 33,3 Euro/Stk. Die Mitarbeiter der 2. Tranche haben sich verspekuliert, in Erwartung steigender Kurse mit der Ausübung zunächst gewartet und erzielen am 1.6.05 gerade noch

5 Euro/Stck. Bei fehlender Handelbarkeit der Optionen können die Berechtigten somit durch Ausübung nur die inneren Werte und nicht die höheren Marktwerte realisieren.

2.3 Optionspreisbestimmung

2.3.1 Optionspreismodelle

2513 Bereits bei der Bilanzierung von SAR's (Rz. 2520 ff.) und noch mehr bei Aktienoptionen (Rz. 2530 ff.) besteht das Problem, den Fair value von Optionen zu ermitteln. Marktwerte vergleichbarer Aktienoptionen mit identischen Konditionen (IFRS 2.16 i.V.m 2.33) sind praktisch nicht verfügbar, sei es, dass die Konditionen nicht vergleichbar sind, überhaupt keine Optionen gehandelt werden oder das betreffende Unternehmen selbst nicht börsennotiert ist. In diesem Fall soll sich die Fair value-Ermittlung nach „anerkannten" **Optionspreismodellen** richten. Als gängige Verfahren kommen das **Black & Scholes** Modell und **Binomial**modelle oder die **Monte Carlo-Simulation**[1] in Betracht. Bei diesen Verfahren geht es im Prinzip darum, die in einer ungewissen Bandbreite liegenden Kurserwartungen bzw. Ausübungserfolge zu bewerten und auf einen Stichtag zu beziehen.[2] Einzelheiten finden sich im Appendix B zu IFRS 2; in der Praxis kann man sich externer Dienstleister zur Fair value-Berechnung bedienen.[3]

2.3.2 Bewertungsparameter

2514 Neben dem vereinbarten Basispreis, den erwarteten Dividenden und einem Diskontierungszinssatz zur Berücksichtigung des Zinsgewinns aus der späteren Zahlung des Basispreises muss das Optionspreismodell insbesondere die **Laufzeit** der Option und die erwartete Kursschwankung (sog. **Volatilität**) berücksichtigen (IFRS 2.21; 2.B6).

2515 Mit **Laufzeit** ist die geschätzte *tatsächliche* Laufzeit gemeint, die regelmäßig kürzer als die *rechtliche* Ausübungsfrist ist: Wenn auf Grund von Erfahrungen der Vergangenheit zu erwarten ist, dass Mitarbeiter die erste Gelegenheit wahrnehmen und unmittelbar nach Ablauf der Sperrfrist tatsächlich ausüben werden, markiert dieser Zeitpunkt das Ende der geschätzten tatsächlichen Laufzeit (IFRS 2.9 und B16 ff.). Zu variablen, d.h. bedingungsabhängigen Laufzeiten vgl. Rz. 2537.

2516 Die schwierigste Bewertungsaufgabe besteht jedoch in der Abschätzung der **Volatilität**, d.h. künftigen Kursschwankungen. IFRS 2 verweist auf Vergangenheitsdaten (IFRS 2.B25b), ggf. bereinigt um absehbare Änderungen, z.B. nach

---

1 Die Monte Carlo-Simulation ist insbesondere geeignet für Optionen, deren Ausübungsmöglichkeit von der Outperformance gegenüber einem Vergleichsindex abhängt. Demgegenüber ist das Black & Scholes-Modell nur für einfache *plain-vanilla* Konstruktionen geeignet. Mit dem Binomialmodell können auch gängige *Cap-Call-*Programme gerechnet werden.
2 Zu den Modellen im Einzelnen siehe die Literaturhinweise in Rz. 485.
3 Z.B. Firicon GmbH.

der Aufgabe von Geschäftsbereichen (IFRS 2.B13). Bei neugegründeten oder nicht börsennotierten Unternehmen sollen Vergleichswerte anderer börsennotierter Unternehmen herangezogen werden. (IFRS 2.B26, 29). Insbesondere die fehlenden Marktpreise und die hohen Unsicherheiten und Ermessensspielräume bei Optionspreismodellen haben Kritik an der Verwendung von Fair values bei IFRS 2 hervorgerufen.[1]

2.3.3 Unterscheidung von Ausübungsbedingungen

IFRS 2.19 ff. enthält die wichtige Unterscheidung in sog. **kapitalmarktabhängige Bedingungen** (*market condition*) und **sonstige Bedingungen** (*non-vesting conditions*) einerseits sowie **Ausübungsbedingungen** (*vesting conditions*) andererseits. IFRS 2 Appendix A besagt, dass nur diejenigen Faktoren Ausübungsbedingungen i.e.S. darstellen, die den Berechtigten zur Leistungserbringung anhalten; sie repräsentieren also die vom Begünstigten zu erbringende Gegenleistung: Gewährte Optionen gelten erst dann als erworben, wenn bestimmte vorab definierte Erfolgsziele – insbesondere eine bestimmte Beschäftigungsdauer – erreicht werden. Diese sind bei der Schätzung der Anzahl der voraussichtlich ausgeübten SAR's bzw. Optionen zu erfassen. Demgegenüber sind bei der Fair value-Ermittlung nur die marktabhängigen und sonstigen Bedingungen zu berücksichtigen. Insofern kann zwischen einem **Wert- und einem Mengengerüst** unterschieden werden:[2]

2517

Wertermittlung von Optionen	
Wertgerüst	**Mengengerüst**
Parameter von Optionspreismodellen bei der Fair value-Ermittlung	Schätzung der Anzahl der voraussichtlich ausgeübten SAR's/ausgegebenen Optionen

Kapitalmarktabhängige Bedingungen (IFRS 2.21) (*market conditions*)
– Erreichen bestimmter Aktienkurse
  – absolute Aktienkurse oder absolute Kurssteigerung
  – relative Erfolgsziele (z.B. Übertreffen des Vergleichsindex)
– **Sonstige Bedingungen** (IFRS 2.21A) (non-vesting conditions)
  – von den Mitarbeitern zu leistende Zuzahlungen
  – Gewährung weiterer Anteile bei Erfüllung bestimmter Bedingungen, z.B. Sperrfristen,
  – Haltefristen nach Bezug von Aktien
	Ausübungsbedingungen i.e.S. (IFRS 2.19 f.) (*vesting conditions*)
	– Arbeitnehmereigenschaft bis Ende Sperrzeit (*service condition*)
	– Rechnungswesenbasierte Erfolgsziele (*performance conditions*)
	  – Mindestwerte oder Steigerungsraten
	  – z.B. Ergebnis je Aktie, EBIT/EBITDA, Umsatz

Abb. 68: Wertermittlung von Optionen

---

[1] Vgl. etwa die Bandbreite der Fair values im Beispiel von *Herzig/Lochmann*, WPg 2001, 82 (88) sowie die Alternativberechnungen auf Basis veröffentlichter Geschäftsberichte in der Studie der Firicon GmbH, Düsseldorf aus Mai 2006.
[2] Vgl. *Freiberg/Lüdenbach* in Haufe IFRS-Kommentar, 7. Aufl. 2009, § 23 Rz. 56.

2518 Die Unterscheidung zwischen einem Wert- und einem Mengengerüst hat bei SAR's eine geringere Bedeutung als bei Aktienoptionen, da die zwischenzeitlich gebuchte Verbindlichkeit **bei SAR's** immer an den tatsächlichen Ausübungserfolg angepasst wird.

Bei **Aktienoptionen** ist zwar der Fair value der *einzelnen* Option im Regelfall unabänderlich fixiert, der Personalaufwand kann aber, sofern auch nicht kapitalmarktabhängige Bedingungen vereinbart sind, über eine Schätzung des Mengengerüsts beeinflusst werden (Rz. 2534).

Wird eine **sonstige Bedingung** (*non-vesting condition*), die vom Unternehmen oder vom Arbeitnehmer beeinflusst werden kann (z.B. Einstellung der Zuzahlungen in einen sog. „*Save As You Earn Plan*") **nicht erfüllt**, gilt dies als Planaufhebung mit der Folge einer **sofortigen Aufwandsverrechnung** (IFRS 2.28A), s. Rz. 2548).

2519 frei

3. Aktienorientierte Barvergütungen (cash-settled)

2520 Eine Ausprägung aktienorientierter Barvergütungen sind *phantom stocks*, bei denen der gesamte *Gegenwert* von Aktien in bar ausgezahlt wird.[1] Wir befassen uns im Folgenden mit der häufigeren Variante, den *stock appreciation rights*, bei denen es sich praktisch um eine Abwandlung erfolgsabhängiger Tantiemen handelt. Wie bei diesen erfolgt keine Ausgabe von Anteilen, sondern eine **Geldzahlung**, die sich aber nach der **Wertsteigerung** der Anteile bemisst („**Unternehmenswertsteigerungstantieme**"[2]). Die Bedingungen sind üblicherweise realen Optionen nachgebildet (Sperrfrist, relative Erfolgsziele, Ausübungsfrist etc., s. Rz. 2531 ff.).

2521 Die Bilanzierung von SAR's entspricht der Passivierung sog. **Ansammlungsverbindlichkeiten**, z.B. Rekultivierungs- oder Jubiläumsverpflichtungen: Die während der Laufzeit erwartete Auszahlung wird durch sukzessive Aufwandsbuchungen periodengerecht erfasst. Der insgesamt zu verrechnende Aufwand richtet sich nach der bei Ausübung zu leistenden Auszahlung. Eine vorübergehend eventuell „falsche" Bewertung wird spätestens im Ausübungszeitraum korrigiert.

2522 Die Bewertung hat mit dem **Fair value** der **Verbindlichkeit** zu erfolgen (IFRS 2.30), d.h. in Höhe der *voraussichtlichen* künftigen Zahlung. Diese ist nach IFRS 2.33 nicht in Höhe des inneren Wertes, sondern nach dem **Gesamtwert** (Rz. 2511) einer der SAR nachgebildeten Aktienoption *am jeweiligen Bilanzstichtag* zu bemessen. Die Begründung lautet, dass der Fair value das Risiko künftiger Kurssteigerungen und damit die drohende Zahlung besser abbilde.[3]

---

[1] Die Bilanzierung von phantom stocks ist ähnlich, im Unterschied zu SAR's wird die Verbindlichkeit jedoch nur zum inneren Wert angesetzt.
[2] Vgl. *Schruff/Hasenburg*, BFuP 1999, 616 (622).
[3] Im Ergebnis IFRS 2.BC258; vgl. explizit *Gelhausen/Hönsch*, WPg 2001, 69 (72 f.) sowie nunmehr *Förschle/Hoffmann* in Beck'scher Bilanz-Kommentar, 6. Aufl. 2006, § 272 HGB Rz. 311.

Wie bei Jubiläumsrückstellungen ist ein **Fluktuationsabschlag** vorzunehmen, d.h. die Wahrscheinlichkeit zu berücksichtigen, dass Mitarbeiter vor Ablauf der Sperrfrist auf Grund von Kündigung oder Tod ausscheiden und die SAR's daher verfallen. Ebenso können SAR's erst in der Ausübungsfrist verfallen, wenn sich die Berechtigten verspekulieren und ihre SAR's nicht ausüben.

Beispiel (Abwandlung von Rz. 2512):
Am 1.1.01 seien insgesamt 100 000 SAR's (für 200 leitende Mitarbeiter à 500 Stck.) zugesagt worden. Davon werden wegen Personalfluktuation bis zum Ablauf der Sperrfrist (31.12.03) nur 85 000 Stück ausgegeben. Die tatsächliche Ausübung der SAR's vollziehe sich in 2 Tranchen von 28 000 und 57 000 Stck.

	Zeitpunkt	Wert der Verpflichtung pro SAR in Euro	Anzahl SAR	Wert SAR insgesamt Tsd. Euro	Verteilung über die Sperrfrist	Verbindlichkeit Tsd. Euro	Auszahlung Tsd. Euro	Aufwand (–) Ertrag Tsd. Euro
Beginn Sperrfrist Dotierung	1. 1.01	34,7	100 000	3 470	0,000	0 1 722	0	0 – 1 722
Dotierung	31.12.01	57,4	90 000	5 166	x 0,333	= 1 722 3 713		– 3 713
Wertanpassung	31.12.02	92,6	88 000	8 149	x 0,667	= 5 435 – 1 406		1 406
Ende Sperrfrist 1. Ausübung Wertanpassung	31.12.03 2. 1.04	47,4 33,3	85 000 – 28 000	4 029	x 1,000	= 4 029 – 932 – 2 174	– 932	– 2 174
2. Ausübung Wertanpassung	31.12.04 1. 6.05	16,2 5,0	57 000 – 57 000	923		923 – 285 – 638	– 285	638
Ende Ausübungsfrist kumuliert	31.12.05					0	– 1 217	– 1 217

Bei **Auflegung der SAR's**, d.h. am 1.1.01, erfolgt entsprechend der Nichterfassung *schwebender Geschäfte* keine bilanzielle Abbildung. Etwas anderes würde nur dann gelten, wenn die SAR's bereits bei Einräumung, d.h. sofort am 1.1.01, verwertet werden könnten. In diesem Fall wird unterstellt, dass eine Vergütung für **vergangene Leistungen** vorliegt, so dass eine *sofortige Aufwandverrechnung* vorzunehmen ist (IFRS 2.32). Diese Ausnahme liegt im Regelfall jedoch *nicht* vor. Vielmehr ist die Zusage auch im Beispiel im Hinblick auf **künftige Arbeitsleistungen** erfolgt und daher zeitanteilig abzugrenzen.

Die Abgrenzung ist über die **Sperrfrist** vorzunehmen, da wegen der anschließenden *sofortigen* Ausübungsmöglichkeit anzunehmen ist, dass nur die während der Sperrfrist geleistete Arbeit abgegolten werden soll (IFRS 2.32). Somit wird von 01 bis 03 je ein Drittel des möglichen Anspruchs aufwandswirksam. In der Ausübungsperiode (04 und 05) erfolgt nur noch eine Anpassung an geänderte Wertverhältnisse. Innerhalb der Sperrfrist bezieht sich das Mengengerüst, d.h. die Anzahl der SAR's, immer auf die bei Ende der Sperrfrist

(31.12.03) voraussichtlich *ausgegebenen* (nicht verfallenen, *vested*) SAR's. Bspw. wird am 31.12.01 davon ausgegangen, dass am 31.12.03 eine Anzahl von 90 000 SAR's ausgegeben werden wird. Die Reduzierung auf 85 000 Stck. beruht somit auf Erwartungsänderungen.

2524 Der **kumuliert verrechnete Aufwand** entspricht der bei Ausübung geleisteten **Auszahlung** (jeweils Tsd. Euro 1217).

2525–2529 frei

4. Aktienoptionsprogramme (equity-settled)

4.1 Grundsätze

2530 Die Bilanzierung von Aktienoptionen nach IFRS 2 beruht auf folgenden **Annahmen**:

(a) Aktienoptionen werden als Gegenleistung für dem Unternehmen geschuldete Arbeitsleistungen gewährt.

(b) Die Ausgabe von Aktienoptionen (*equity instruments*) bzw. die Einlage der Arbeitsleistung durch die Manager (IFRS 2.BC34 f.)[1] führt zu einer Eigenkapitalerhöhung.

(c) Da die Arbeitsleistung selbst nicht das Merkmal eines Vermögenswertes erfüllt, wird sie als Aufwand erfasst.

(d) Damit ist grundsätzlich zu buchen: „**Aufwand an Eigenkapital**" (IFRS 2.7 f.). Maßgebend ist somit der **Empfang** und **Verbrauch** einer **Ressource** durch das Unternehmen.[2] Unerheblich ist, ob mit dem Aufwand ein Zahlungsabfluss einhergeht.[3]

(e) Die Vergütung bei Aktienoptionen entspricht somit dem **Wert der eingeräumten Optionen** (IFRS 2.12), und zwar dem **Gesamtwert** (Rz. 2511) im **Zusagezeitpunkt** (*grant date*)[4] (IFRS 2.11 f.).

(f) Bei Abgeltung künftiger Arbeitsleistungen (Regelfall) ist wie bei SAR's eine **Verteilung des Personalaufwandes über eine Sperrfrist** vorzunehmen. Werden ausnahmsweise vergangene Arbeitsleistungen vergütet, erfolgt eine sofortige Aufwandsbuchung und Eigenkapitalzuführung analog (d) in voller Höhe.

---

1 Wer genau eine Einlage leistet, ist umstritten: Neben einer Einlage der Arbeitsleistung (a) werden diskutiert: (b) Einlage einer gestundeten Vergütungsforderung der Manager, allerdings erst bei Ausübung der Option, sowie (c) Einlage der Vermögenseinbusse, die die Altaktionäre erleiden (Kapitalverwässerung), vgl. *Pellens/Crasselt*, DB 1998, 217 (218); *Gebhardt*, BB 2003, 675 (676). Die letztgenannte Begründung dient allerdings auch als Argument für die entgegengesetzte Auffassung (kein Aufwand bei der Gesellschaft), vgl. für viele *Siegel*, FS Loitlsberger, S. 345 (348 f.).
2 Die Begründung lautet, dass Aufwand nicht durch den Erwerb, sondern aus dem Verbrauch der erhaltenen Arbeitsleistung resultiert, vgl. *Zeimes/Thuy*, KoR 2003, 39.
3 Vgl. IFRS 2.BC45 ff. sowie *Knorr/Wiederhold*, WPg 2003, 49 (50).
4 Vgl. zu Einzelheiten der Festlegung: IFRS. 2IG1 ff.

(g) Sollten die **Optionen** *nach Ablauf der Sperrfrist* **verfallen**, wird keine nachträgliche Anpassung des Aufwandes oder des Eigenkapitals vorgenommen, da dies die geleistete und verbrauchte bzw. eingelegte Arbeitsleistung nicht berührt.

4.2 Grundfall: Ausgabe von Optionen durch bedingte Kapitalerhöhung

Zum Zeitpunkt der Gewährung von Aktienoptionen erfolgt bereits die Buchung „Aufwand an Kapitalrücklage": 2531

Beispiel (Fortsetzung von Rz. 2512):

	Zeitpunkt	Marktwert/ Bezugs-Preis in Euro	Anzahl Optionen	Wert Optionen Tsd. Euro	Verteilung über die Sperrfrist	Kapitalrücklage Tsd. Euro	Aufwand/ Verlustvortrag Tsd. Euro	Zahlung Basispreis Tsd. Euro	Eigenkapital Tsd. Euro
Beginn Sperrfrist Dotierung	1. 1.01	34,7	100 000	3 470	0,000	0 1 041	0 – 1 041		0
Dotierung	31.12.01	34,7	90 000	3 123	x 0,333	= 1 041 995	– 1 041 – 995		0
Dotierung	31.12.02	34,7	88 000	3 054	x 0,667	= 2 036 914	– 2 036 – 914		0
Ende Sperrfrist 1. Ausübung 2. Ausübung	31.12.03 2. 1.04 1. 6.05	34,7 100,0 100,0	85 000 28 000 57 000	2 950	x 1,000	= 2 950	– 2 950	2 800 5 700	0 2 800 5 700
Kumuliert						2 950	– 2 950	8 500	8 500

Im **Gewährungszeitpunkt** (*grant date*) 1.1.01 wird der Wert der *einzelnen* Optionen (34,7) unveränderlich fixiert. Innerhalb der Sperrfrist erfolgt allerdings wie bei SAR's eine Anpassung des **Mengengerüsts** an die bei Ablauf der Sperrfrist (31.12.03) voraussichtlich ausgegebenen Optionen.[1] An diesem Tag steht die Zahl der **ausgegebenen** Optionen (85 000) endgültig fest.[2] Der jeweils geschätzte Gesamtaufwand ist entsprechend der Leistungserbringung über die Sperrfrist (01–03), d.h. hier gedrittelt, zu verteilen. Der Aufwand 02 und 03 enthält neben der ratierlichen Zuführung auch eine Anpassung an das revidierte Mengengerüst.

Nach Ablauf der Sperrfrist erfolgt weder eine weitere Anpassung des bereits gebuchten Aufwandes noch der Eigenkapitalzuführung (IFRS 2.23). Dies gilt 2532

---

1 Bei der an den Bilanzstichtagen 31.12.01 und 02 genannten Anzahl der Optionen (90 000 bzw. 88 000) handelt es sich somit nicht um die bis zu *diesen* Tagen noch nicht durch Kündigung oder Tod verfallenen Optionen, sondern um die Optionen, von denen angenommen wird, dass sie *bei Ablauf der Sperrfrist* (31.12.03) *voraussichtlich* nicht verfallen sind.
2 Ausgegeben sind diejenigen Optionen, die bis dahin nicht durch Kündigung oder Tod verfallen sind (nicht zu verwechseln mit den danach, d.h. innerhalb der Ausübungsfrist 04–05 ggf. *ausgeübten* Optionen).

selbst dann, wenn die Optionen wegen schlechter Kursentwicklung verfallen oder zwar ausgeübt werden, der Ausübungserfolg aber von dem am 1.1.01 bestehenden Marktwert abweicht. Die Begründung lautet, dass die erbrachte Gegenleistung und nicht der vom Optionsinhaber erzielte Erfolg bilanziell abzubilden sei (vgl. IFRS 2.BC218–221).

2533 Innerhalb der Sperrfrist verändert sich das Eigenkapital nicht, da der Aufwandsbuchung gleich hohe Einstellungen in die Kapitalrücklage gegenüberstehen. Bei **Ausübung** der Option (04 und 05) ist zusätzlich die Eigenkapitalzuführung in Höhe des Basispreises zu buchen.

4.3 Bedeutung von Wert- und Mengengerüst bei echten Optionen

2534 Die Unterscheidung von Mengen- und Wertgerüst hat besondere Bedeutung, wenn bei Aktienoptionen neben kapitalmarktabhängigen Kurszielen (*market conditions*), die sich auf den im Gewährungszeitpunkt bestimmten Fair value auswirken, auch kapitalmarktunabhängige, z.B. rechnungswesenbasierte Ziele (*performance conditions*) vereinbart werden, die das Mengengerüst beeinflussen (Rz. 2517).

> **Beispiel (Abwandlung von Rz. 2531):**
>
> Das Aktienoptionsprogramm sehe zusätzlich zum Schlagen des Branchenindex um mehr als 5 % (*market condition*) und zum Einhalten einer Sperrfrist vor, dass die Optionen nur ausgegeben werden, wenn der Gewinn pro Aktie (alternativ der Umsatz oder der EBITDA der neuen Sparte X bzw. des gesamten Unternehmens etc.) bis 2010 um mindestens 10 % p.a. steigt (= *performance condition*). Tatsächlich steigt der Gewinn pro Aktie nur um 8 % p.a.
>
> Obwohl der zum 1.1.01 ermittelte **Fair value** der *einzelnen* Option auf 34,7 **fixiert** ist, wird dennoch wegen Verfehlens der *performance condition* **kumuliert kein Personalaufwand** gebucht, da das **Mengengerüst**, die Anzahl der am 31.12.03 ausgegebenen Optionen, „0" beträgt (IFRS 2.19). Ein in den Vorperioden gebuchter Personalaufwand wäre in der laufenden Periode, d.h. nicht rückwirkend ertragswirksam zu stornieren (IFRS 2.20) und die frühere Dotierung der Kapitalrücklage rückgängig zu machen.
>
> Zu der (laufenden) Stornierung früheren Personalaufwands kommt es bei allen bis zum Ablauf der Sperrfrist nicht erfüllten Ausgabebedingungen, insbesondere auch beim **Ausscheiden von Mitarbeitern** (vgl. IFRS 2.IG Example 5 a.E.).

2535 Die über das **Mengengerüst** mögliche Anpassung des Personalaufwandes konterkariert unverkennbar die Fixierung des Fair value bei Auflegung des Aktienoptionsprogramms[1], wenn man einen gewissen Zusammenhang zwischen Aktienkursen und *performance conditions* (Gewinn je Aktie etc.) unterstellt (*modified grant date method*, vgl. IFRS 2.IG9).

---

1 Kritisch hierzu *Pellens u.a.*, Internationale Rechnungslegung, 7. Aufl. 2008 S. 510 f.

⊃ Aus bilanzpolitischer Sicht haben Bilanzierende somit durch die Vereinbarung erfolgsabhängiger Ziele (außerhalb von kapitalmarktorientierten Aktienkurshürden etc.) die Möglichkeit, Personalaufwand ggf. zu vermeiden, wenn sich die Anfangserwartungen nicht erfüllen. Zudem bestehen *innerhalb* der Sperrfrist erhebliche bilanzpolitische Spielräume.

Von dem Grundsatz, dass der Fair value der einzelnen Option sich nicht mehr ändert, gibt es eine Ausnahme. Diese liegt vor, wenn ein Parameter der Fair value-Berechnung seinerseits wiederum von rechnungswesenbasierten Zielen (*performance condition*) abhängt: 2536

Beispiel (Abwandlung von Rz. 2531):

Der Basispreis betrage im Normalfall 100, reduziert sich aber auf 80, wenn der Gewinn pro Aktie innerhalb der 3-jährigen Sperrfrist um mehr als x% p.a. steigt.

Die Fair value-Ermittlung darf die unterschiedlichen Basispreise nicht erfassen, da diese von einer *performance condition* abhängig sind. Es sind vielmehr zwei verschiedene Fair values zu berechnen (auf Basis von 80 bzw. von 100). Die Berechnung des Personalaufwands hat innerhalb der Sperrfrist den bei Ablauf der Sperrfrist wahrscheinlichsten Ausgang der *performance condition* zu berücksichtigen, so dass der jeweils verwendete Fair value variieren kann (vgl. IFRS 2.IG Example 4). Mit Ablauf der Sperrfrist steht neben dem Mengengerüst die Erfüllung der *performance condition* und damit der maßgebliche Fair value endgültig fest, und es erfolgt eine Anpassung an diese Werte.

4.4 Variable Sperrfristen

Oft ist die Dauer der Sperrzeit vom Erreichen bestimmter Ziele abhängig. Dann ist der voraussichtliche Leistungszeitraum zu schätzen: 2537

(a) Handelt es sich um eine kapitalmarktabhängige Bedingung, erfolgt keine spätere Anpassung.

(b) Bei *performance conditions* wird hingegen eine Anpassung des Leistungszeitraums vorgenommen, bis die Ziele erreicht sind (vgl. IFRS 2.15b).

Beispiel zu (a):

Die Sperrfrist endet, wenn der **Aktienkurs** 150 Euro/Stck. überschreitet. Es wird angenommen, dass dies voraussichtlich nach drei Jahren der Fall ist. Die Sperrfrist ist in diesem Fall von einer kapitalmarktorientierten Bedingung (Aktienkurs) abhängig. In die Fair value-Ermittlung fließt diese geschätzte Sperrfrist von 3 Jahren ein; zugleich ist der Personalaufwand auf drei Jahre zu verteilen. Es erfolgt weder eine Anpassung des Fair value noch des Verteilungszeitraums, wenn der Zielkurs vor/nach drei Jahren erreicht wird.

Beispiel zu (b):

Die Sperrfrist endet, wenn der **Gewinn je Aktie** erstmals 15 Euro/Stck. überschreitet.

Die Sperrfrist ist in diesem Fall **nicht** von einer kapitalmarktabhängigen Bedingung, sondern von einem **rechnungswesenbasierten Ziel** (*performance condition*) abhängig. Der Fair value der einzelnen Option wird von dieser Bedingung nicht beeinflusst (Rz. 2517). In diesem Fall erfolgt zu jedem Bilanzstichtag eine Anpassung (Vorziehen/Streckung) des Personalaufwandes an die revidierte voraussichtliche Sperrfrist.

2538–2539 frei

4.5 Ausnahmefall: Bewertung der Option zum inneren Wert

2540 IFRS 2.25 sieht zwar vor, dass Optionen ausnahmsweise mit dem inneren Wert angesetzt werden können, wenn der Fair value nicht zuverlässig ermittelbar sein sollte. Der Board ist jedoch der Auffassung, dass eine Fair value-Ermittlung nach expliziter Nichteinbeziehung kapitalmarktunabhängiger Ausgabebedingungen (Sperrfrist, rechnungswesenbasierte Ziele etc., Rz. 2517) als Optionsmodellparameter (IFRS 2.BC197) im Regelfall selbst bei nicht börsennotierten Unternehmen möglich sein sollte und hatte als Anwendungsfall der Ausnahmeregelung eher ungewöhnliche oder komplexe Ausgestaltungen vor Augen (IFRS 2.BC195). Die Ausnahmeregelung ist daher restriktiv auszulegen. Sollte die Ausnahmeregel im Einzelfall einmal angewendet werden, wären folgende Abweichungen zum Grundfall (Rz. 2531) zu beachten (IFRS 2.IG16):

(a) Die Bewertung erfolgt nicht zum Fair value, sondern zum inneren Wert, der jedoch zusammen mit dem Mengengerüst jährlich angepasst wird.

(b) Auch **nach Ablauf der Sperrfrist** erfolgt eine Anpassung an die tatsächlich ausgeübten Optionen: Werden Optionen nicht ausgeübt und verfallen, erfolgt insoweit eine Korrektur früheren Personalaufwandes (und der korrespondierenden Dotierung der Kapitalrücklage).

Im Ergebnis wird als kumulierter Personalaufwand damit der tatsächliche Ausübungserfolg der Manager (Tsd. Euro 1217 wie bei SAR's, Rz. 2522) ausgewiesen.

4.6 Bedienung von Aktienoptionen durch eigene Anteile

2541 Der Durchführungsweg „**Erwerb eigener Aktien**" (Rz. 2503) ist durch eine Kombination der Vorschriften zu eigenen Anteilen in IAS 32 mit IFRS 2 zu lösen (IFRIC 11.7; IFRS 2.BC330 ff.): Gemäß IAS 32.32 f. wird der bei Aktienrückkauf aufgewendete Kaufpreis erfolgsneutral vom Eigenkapital abgesetzt (Rz. 2071), da der Erwerb als Kapitalrückzahlung gilt.[1] Mit dieser Fiktion ist aber der gleiche Zustand hergestellt, als wenn das Unternehmen junge Aktien

---

[1] Ohne jedoch die Höhe des gezeichneten Kapitals zu verändern.

erst noch ausgeben müsste, so dass die Vorschriften des IFRS 2 entsprechend anzuwenden sind. Damit entsteht Aufwand in Höhe des Fair value der Aktienoptionen, der wie im Grundfall (Rz. 2531) zu verteilen ist. Mit Ausübung durch die Arbeitnehmer kommt es zu einer Einzahlung in Höhe des Basispreises. Die Buchung eines *zusätzlichen* Aufwandes in Höhe des pagatorischen Mindererlöses der Gesellschaft ist wegen IAS 32.33 unzulässig.

Betreibt das Unternehmen **Kurssicherung** durch den Erwerb von Optionen, gilt nichts anderes: Die gezahlte Optionsprämie ist wie ein Kaufpreis für eigene Anteile gem. IAS 32.16i i.V.m. IAS 32.AG14 vom Eigenkapital abzuziehen und im Übrigen wie in Rz. 2530 zu buchen. 2542

frei 2543

4.7 Planänderungen

4.7.1 Veränderung der Zahl der gewährten Optionen

Die nachträgliche Gewährung **zusätzlicher** Optionen wird behandelt wie ein neuer Optionsplan[1], d.h. Verteilung des zum Änderungsdatum ermittelten Fair value der zusätzlichen Optionen auf die voraussichtliche, ggf. nur in Bezug auf die Zusatzmenge verlängerte Sperrfrist (IFRS 2.B.43b). Eine **Verringerung** der Anzahl der gewährten Optionen wird wie ein **teilweiser** Widerruf (Rz. 2548) behandelt. 2544

4.7.2 Herabsetzung des Ausübungspreises (repricing)

Wenn sich die Kurserwartungen nicht erfüllen, sind Aktienoptionen häufig „aus dem Geld" (Bezugskurs höher als Tageskurs) und damit wertlos. Um den Anreizeffekt dennoch aufrechtzuerhalten, werden in solchen Fällen oft die Ausübungskonditionen verbessert, insbesondere der Ausübungspreis herabgesetzt. Dies wird als Erhöhung des Fair value der *ursprünglich gewährten Optionen* gewertet (IFRS 2.26), wobei die Erhöhung als Differenz der Fair value des ursprünglichen Optionsplans zum Fair value des geänderten Optionsplans jeweils *im Zeitpunkt der Planänderung* berechnet wird (IFRS 2.27 i.V.m. 2.B43a). Dieser erhöhte (***incremental***) **Fair value** wird nun nach Maßgabe der erwarteten Mitarbeiterfluktuation auf die neue Sperrfrist verteilt. Der bisher noch nicht berücksichtigte Aufwand aus dem ursprünglichen Optionsplan ist über die ursprüngliche Sperrfrist zu verteilen (IFRS 2.27, 2.B43a). 2545

Eine Konditionenänderung kann somit auf Grund bloßer Erhöhung des Fair value zu einer erheblichen Erhöhung des kumulierten Personalaufwandes führen. Dieser ist damit umso höher, je weniger das Management seine Ziele erreicht. Insbesondere diese Folge hat massive Kritik erfahren[2] und lässt Zwei-

---

[1] Obwohl im Abschnitt „modification", IFRS 2.26 ff., 2.B43b geregelt.
[2] Vgl. *Herzig/Lochmann*, WPg 2001, 81 (89); *Hoffmann/Lüdenbach*, DStR 2004, 786 (789); Diese Bilanzierungsfolge lässt sich nur damit begründen, dass die Gesellschaft für die gleiche Arbeitsleistung nun mehr aufwenden muss, weil die Anteile an Wert verloren haben, vgl. *Kirnberger* in Beck'sches IFRS-Handbuch, 2. Aufl. 2006, § 24 Rz. 35.

fel daran aufkommen, ob die Vorschrift zweckmäßig ist, den Fair value im Gewährungszeitpunkt zu fixieren.

2546 ⊃ Sind jedoch zusätzlich zur Verbleibensvoraussetzung auch rechnungswesenbasierte Ziele (*performance conditions*, Rz. 2517) vereinbart worden, die bis zum Ablauf der Sperrfrist voraussichtlich ebenfalls nicht erfüllt werden, kann der Personalaufwand des *ursprünglichen Plans* u.E. über eine entsprechende Abschätzung des Mengengerüsts kumuliert auf „0" gebracht werden (Rz. 2534). Hierfür spricht der Wortlaut des IFRS 2.27.

2547 Erfolgt die Planänderung **nach Ablauf der Sperrfrist**, ist zu unterscheiden: (a) sofortige Aufwandsbuchung, wenn keine zusätzliche Sperrfrist als Preis für die Gegenleistung vereinbart wurde oder (b) Verteilung über eine ggf. neue Sperrfrist (IFRS 2.B43a).

4.7.3 Widerruf von Optionen/Beendigung von Optionsplänen

2548 Ein Widerruf ist nur mit Zustimmung der Berechtigten möglich und erfolgt dann in aller Regel gegen Barabfindung, z.B. weil die Arbeitnehmer bei nichterfüllten Erwartungen zumindest noch eine Barvergütung erhalten sollen. Ist die Barabwicklungsmöglichkeit auch nur einer der beteiligten Parteien (Unternehmen, Arbeitnehmer) *von vornherein* eingeräumt worden, sind vorrangig die Vorschriften zu kombinierten Modellen zu beachten (Rz. 2550 ff.)

– Wird der Plan **innerhalb der Sperrfrist** widerrufen, muss der für die restliche Sperrfrist geplante Personalaufwand sofort erfasst werden (IFRS 2.28a). Dies gilt auch, wenn sog. sonstige Bedingungen (***non-vesting conditions***, Rz. 2518) nicht erfüllt werden. Sind demgegenüber **performanceabhängige** Bedingungen vereinbart, die voraussichtlich nicht erfüllt werden, bestehen die gleichen ermessensabhängigen Möglichkeiten, den Aufwand insofern kumuliert auf „0" zu bringen, wie beim *repricing* (Rz. 2534).

– Geleistete **Abfindungszahlungen** sind **wie Kapitalrückzahlungen** zu behandeln, d.h. erfolgsneutral gegen Kapitalrücklage zu buchen, aber nur soweit diese zuvor *für diesen Plan dotiert* worden ist. Eine darüber hinausgehende Zahlung führt zu Aufwand (IFRS 2.28b). Somit fällt für den widerrufenen Plan mindestens Aufwand in Höhe der Abfindungszahlungen an.

– Wird ein **Widerruf gleichzeitig mit einem neuen Plan verknüpft** (dies ist auch bei Abfindung des alten Plans möglich), haben Bilanzierende Spielraum, von einem völlig neuen Plan auszugehen oder aber den Widerruf als Änderung des alten Plans zu behandeln (IFRS 2.28c). Genaue Abgrenzungskriterien fehlen. Die Behandlung als Planänderung empfiehlt sich, wenn der Fair value des alten Plans im Widerrufszeitpunkt noch einen gewissen Wert hat, weil der incremental Fair value dann geringer ist als der isolierte Fair value des neuen Plans (Rz. 2545).

2549 frei

5. Kombinationsmodelle

Sehen Optionspläne vor, dass **wahlweise** eine Erfüllung in bar (SAR's) oder in Aktienoptionen erfolgen kann, ist danach zu differenzieren, ob das Wahlrecht dem Arbeitnehmer oder dem Unternehmen zusteht[1] (IFRS 2.34 ff.).

2550

5.1 Wahlrecht beim Arbeitnehmer

Hierbei wird im Ergebnis unterstellt, dass der Arbeitnehmer sich für die Barvariante entscheiden wird, so dass zunächst die Dotierung einer Rückstellung (Verbindlichkeit) gemäß den Vorschriften zu SAR's erfolgt. Wird später tatsächlich die Barvariante gewählt, besteht kein Unterschied zu Rz. 2522. Entscheiden sich die Arbeitnehmer dagegen für die Ausübung von Optionen, wird der Erfüllungsrückstand mit dem Wert der Verbindlichkeit im Ausübungszeitpunkt zusammen mit dem Basispreis ins Eigenkapital eingestellt:

2551

Beispiel (Abwandlung von Rz. 2522):

Die Arbeitnehmer entscheiden sich am 2.1.04 nicht für die Barvariante, sondern für die Ausübung ihrer Optionen (28 000 Stück): Dann ist der anteilige „Wert dieser Verbindlichkeit" am 2.1.04 in die Kapitalrücklage umzubuchen. Fraglich ist, ob es sich dabei um den inneren Wert (= möglichen Ausübungserfolg, im Beispiel 33,3 je Option) oder um den Gesamtwert (im Beispiel 47,4) handelt, mit dem die Verbindlichkeit bisher bewertet war. IFRS 2.39 spricht von einer Neubewertung der Verbindlichkeit („remeasure the liability to its fair value"). Da der Fair value bei SAR's grundsätzlich die mögliche Zahlung abbilden soll, ist u.E. der innere Wert maßgebend[2], so dass die Kapitalrücklage um 932 Tsd. Euro (28 000 × 33,3 Euro) zu Lasten der Verbindlichkeiten zu erhöhen ist. Die Wertdifferenz zu dem bisherigen Ansatz wird ertragswirksam aufgelöst.

Daraus folgt, dass der *kumulierte* Aufwand (gleiche Ausübungszeitpunkte unterstellt) bei einem Kombinationsmodell mit Wahlrecht des Arbeitnehmers *immer* mit dem Aufwand bei reinen SAR's (1217 Tsd. Euro lt. Rz. 2522) identisch ist.

---

1 Die nachfolgenden Beispiele unterstellen eine Gleichwertigkeit der Barvariante und der Aktienausgabevariante (Regelfall, wenn Menge und Wertgerüst identisch sind, z.B. 100 000 Aktienoptionen zum Basispreis von 100 oder 100 000 Rechte auf Zahlung des über 100 hinausgehenden Tagespreises). In anderen Fällen kann nicht unbedingt von einer Gleichwertigkeit ausgegangen werden (z.B. Einräumung der beschriebenen Option oder Barvergütung in Höhe des *vollen* Aktienwertes von 30 000 Aktien). Dann liegt ein zusammengesetztes Instrument (*compound instrument*) vor, das in einen Eigenkapital- und Fremdkapitalanteil aufzuteilen ist, vgl. IFRS 2.35 ff., *Schmidt*, DB 2002, 2657 (2662).

2 So auch *Pellens u.a.*, Internationale Rechnungslegung, 7. Aufl. 2008, S. 522 ff. und *Ernst & Young*, International GAAP 2009, S. 1863.

5.2 Wahlrecht des Unternehmens

2552 Bei einem Wahlrecht des Unternehmens hängt die Bilanzierung grundsätzlich von der beabsichtigten oder angekündigten Ausübungsart ab:

Beispiel (Abwandlung von Rz. 2522, 2531):
Bei Ausübung der Option durch die Arbeitnehmer (1.1.04–31.12.05) behalte sich das Unternehmen das Recht vor, statt der Aktienausgabe die Zahlung der Differenz zwischen Tageskurs und Basiskurs (100) vorzunehmen. Ist auf Grund der bisherigen Unternehmenspolitik davon auszugehen oder sogar angekündigt worden, dass das Unternehmen den Plan in Form einer Barvergütung abwickeln wird, hat das Unternehmen wie bei reinen SAR's eine Verbindlichkeit zu bilanzieren[1] (IFRS 2.41 f.). Sollte später dennoch eine Abwicklung durch Ausgabe von Aktien erfolgen, ist gem. Rz. 2551 zu verfahren.

2553 In allen anderen Fällen werden zunächst echte Aktienoptionen bilanziert (IFRS 2.43):

– Erfolgt (nach Ablauf der Sperrfrist) eine **Barabwicklung**, wird die Barvergütung gegen die Kapitalrücklage gebucht. Übersteigt die Zahlung die bisherige Zuführung aus diesem Optionsplan, entsteht kein zusätzlicher Aufwand (IFRS 2.43a), da die Zahlung als Rückkauf von Eigenkapitalinstrumenten angesehen wird (IFRS 2.BC267). Bleibt die Zahlung darunter, erfolgt ebenfalls keine Korrektur des während der Sperrfrist gebuchten Aufwandes.

– Erfolgt dagegen die **Ausgabe von Optionen**, wird zwar ein Cashabfluss vermieden, zugleich stellt das Unternehmen dem Arbeitnehmer jedoch einen höheren Fair value zur Verfügung als es „eigentlich" müsste, da der Fair value der Option immer den inneren Wert (der alternativen Barvergütung) im selben Zeitpunkt überschreitet (Rz. 2512). Diese oft aus der Not, d.h. dem Mangel an finanziellen Mitteln geborene „Großzügigkeit" wertet IFRS 2 nun als Entgelt für eine zusätzliche durch den Arbeitnehmer erbrachte Gegenleistung (IFRS 2.BC268), so dass neben dem innerhalb der Sperrfrist gebuchten Aufwand weiterer Aufwand in Höhe der im Ausübungszeitpunkt bestehenden Differenz zwischen innerem Wert und Fair value zu erfassen ist (IFRS 2.43b,c).[2]

---

1 Der weitere in IFRS 2.41 geregelte Fall (Verbot einer Aktienausgabe) ist überflüssig, weil das Unternehmen dann gar keine Wahl hat (allenfalls klarstellend bei einem weltweiten Optionsplan, wenn ein Verbot der Aktienausgabe nur einzelne Länder betrifft, vgl. *Ernst & Young*, International GAAP 2009, S. 1867).

2 IFRS 2.43c ist abstrakter formuliert und soll nach der Literatur auch den Fall erfassen, dass der Fair value einer Barvergütung im *Erfüllungszeitpunkt* höher ist als der fair value einer Aktienoption, vgl. z.B. Ernst & Young, International GAAP 2009, S. 1868, wobei unklar ist, wie dieser Fall bei ansonsten gleiche Parametern (insb. Basispreis = Tageskurs) überhaupt eintreten kann.

Beispiel (Abwandlung von Rz. 2531):

		Innerer Wert	Marktwert	Differenz	Stück	Aufwand
Bis Ende Sperrfrist (tatsächlich ausgegeben)	31.12.03		34,7		85 000	2 950
1. Ausübung der Option	2. 1.04	33,3	47,4	14,1	28 000	395
2. Ausübung der Option	1. 6.05	5,0	13,0	8,0	57 000	456
Aufwand bei Ausübung insgesamt					85 000	851
Kumuliert	31.12.05				85 000	3 801

Zusätzlich kommt es zu einer Eigenkapitalzufuhr in Höhe des Basispreises (8500 Tsd. Euro = 85 000 × 100 Euro).

⊃ Da diese Variante verglichen mit den anderen Varianten (entweder reiner Grundfall echter Aktienoptionen, Rz. 2531, oder Wahlrecht mit Ankündigung einer Barvergütung, Rz. 2552) extrem unvorteilhaft ist, kann eine praktische Relevanz unter bilanzpolitischen Gesichtspunkten kaum erwartet werden.[1] Abgesehen hiervon drängt sich die Frage auf, ob die unterschiedliche bilanzielle Behandlung von aktienkursorientierten Barvergütungen (SAR's) und echten Aktienoptionen konzeptionell durchzuhalten ist.

frei

6. Belegschaftsaktien

Belegschaftsaktien (*broad-based plans* oder *all-employee plans*) werden ebenfalls durch IFRS 2 erfasst (IFRS 2.BC25,17).[2] Üblicherweise werden Belegschaftsaktien mit einem Rabatt zum Tagespreis an Mitarbeiter veräußert. Dann ist zu unterscheiden:

– Wird der Rabatt endgültig nur dann gewährt, wenn der Arbeitnehmer eine gewisse Zeit im Unternehmen verbleibt (Sperrfrist, Rz. 2510), ist Aufwand in Höhe der Verbilligung über diese Sperrfrist zu verteilen und das Eigenkapital sukzessive zu erhöhen.

– Von der Sperrfrist sind bestimmte Mindesthaltedauern zu unterscheiden. Ist der Rabatt endgültig und müssen die Aktien nur eine bestimmte Zeit lang gehalten werden, wird sofort Aufwand (gegen Eigenkapital) gebucht. Der Aufwand entspricht im Regelfall der Verbilligung, lediglich bei nicht markt-

---

[1] Anders *Freiberg/Lüdenbach* in Haufe IFRS Kommentar, 7. Aufl. 2009, § 23 Rz. 94, die wohl einen Zwang zur Bilanzierung als equity settled transaction annehmen, wenn es trotz beabsichtigter oder angekündigter Barabwicklung an einer Historie von Barabwicklungen mangelt.

[2] Soweit sie nicht Teil allgemeiner Kapitalmaßnahmen sind, die allen Aktionären und damit den Arbeitnehmern in ihrer Aktionärseigenschaft gewährt werden, vgl. IFRS 2.4, Rz. 2507.

gängigen Werten kommt ein Abschlag vom Tageskurs in Betracht (IFRS 2.IG Example 11).

– In unwesentlichen Fällen kann auf die Buchung ganz verzichtet werden (IFRS 2.IG Example 11 unter Hinweis auf die materiality Definition für Bilanzierungsfehler nach IAS 8, Rz. 871 f.). Dies kann z.B. relevant sein, wenn Anzahl und Rabatt innerhalb geringer lohnsteuerfreier Grenzen bleiben, z.B. in Deutschland die 135 Euro Grenze des § 19a Abs. 1 EStG nicht übersteigen.

Die Beschaffung der eigenen Aktien zur Weitergabe an Mitarbeiter führt nach IAS 32.33 darüber hinaus weder zu Aufwand noch zu Gewinn (Rz. 2541).

7. Konzernverbund

2556 IFRIC 11 befasst sich mit der Bilanzierung von Aktienoptionen in **Einzelabschlüssen** von Konzernunternehmen. (Ab 1.1.2010 soll der IFRIC 11 durch Einfügung des IFRS 2.43A-43D in IFRS 2 integriert und damit ersetzt werden, Rz. 2509.)

(a) IFRIC 11.8 stellt klar, dass nach den Grundsätzen von Aktienoptionen zu bilanzieren ist, wenn ein *Mutterunternehmen* (MU) Aktienoptionen an Mitarbeiter eines Tochterunternehmens (TU) gewährt. Die dort zu erfassende Eigenkapitalerhöhung wird wie eine Einlage des Mutterunternehmens behandelt (Zahlen lt. Rz. 2531 für 01):

Buchung MU: Beteiligungsbuchwert TU an Kapitalrücklage MU 1041
Buchung TU: Aufwand an Kapitalrücklage TU 1041

Im Konzernabschluss wird die Erhöhung der Kapitalrücklage bei TU und die Erhöhung des Beteiligungsbuchwerts bei MU eliminiert.

2557 (b) Demgegenüber liegt nach IFRIC 11.11 eine aktienorientierte Barvergütung vor, wenn *die Tochterunternehmung* zur Lieferung von Aktien der Konzernmutter (oder eines anderen Konzernunternehmens) an ihre Mitarbeiter verpflichtet ist, da *aus Sicht der Tochter* keine *eigenen* Anteile, sondern *andere* Vermögenswerte zur Verfügung gestellt werden (IFRIC 11.BC13 ff.). Somit kommt es *bei der Tochterunternehmung* entsprechend der Änderung des Fair value wie bei normalen SAR's zu einer schwankenden Aufwandshöhe. Im Konzernabschluss bleibt es jedoch bei der Bilanzierung von Aktienoptionen: (Bsp. für 01 mit Zahlen aus Rz. 2522 und 2531)

Buchung TU   Aufwand an Verbindlichkeit: 1722
Buchung MU (nur Konzern): Storno Buchung TU und:
                Aufwand an Kapitalrücklage: 1041

Die weiteren Buchungen *im Ausübungszeitpunkt* hängen vom Durchführungsweg ab (Rz. 2503):

– Die Aufwands- und Vortragsbuchungen bei der Tochter werden im Konzernabschluss storniert.

– Bei bedingter Kapitalerhöhung wird der Optionspreis im Konzernabschluss eigenkapitalerhöhend gebucht (8500 lt. Rz. 2531).

– Bei Erwerb von Aktien der Mutter (durch die Tochter) wird darüberhinaus der Kaufpreis vom Eigenkapital abgezogen (Rz. 2541).

Zur Gewährung aktienorientierter Vergütungen durch **nicht beherrschende** 2558
Gesellschafter, außerhalb eines Konzernverbunds, s. Rz. 2504.

frei 2559

8. Latente Steuern

Aktienkursorientierte Vergütungen (SAR's) sind wie andere ergebnisabhängi- 2560
ge Vergütungen auch steuerlich abzugsfähig, allerdings wird steuerlich bei der
Bemessung der Rückstellung lediglich der geringere innere Wert berücksichtigt[1], so dass es bis zur tatsächlichen Auszahlung zu aktiven latenten Steuern
kommt.

Bei Aktienoptionen mittels bedingter Kapitalerhöhung (**echte Aktienoptionen**) 2561
ist bereits die handelsrechtliche Behandlung strittig. Überwiegend, insbesondere bei nicht erfolgter tatsächlicher Ausübung, wird eine steuerliche Abzugsfähigkeit mangels Einlagefähigkeit der Arbeitsleitung (§ 27 Abs. 2 AktG) verneint[2], so dass beim gegenwärtigen Stand der Diskussion von einer Nichtabzugsfähigkeit ausgegangen werden muss. Dann entfallen latente Steuern
bereits mangels einer *Buchwert*differenz (Rz. 2618 f.). Sind Aufwendungen dagegen (z.B. in anderen Steuerrechtssystemen) steuerlich abzugsfähig (ggf. mit
dem inneren Wert statt des Fair value), sind Steuerlatenzen nach IAS 12.68B
zu erfassen.[3] Appendix B Example 5 zu IAS 12 enthält ein ausführliches Beispiel, auf das wir verweisen.

frei 2562–2569

9. Ausweis

Der aus aktienorientieren Vergütungen resultierende **Aufwand** ist unter Per- 2570
sonalaufwand auszuweisen, die mögliche Stornierung (Rz. 2534; 2546) u.E.
zweckmäßigerweise als „sonstige betriebliche Erträge" mit Anhangerläuterung.

In der **Bilanz** erfolgt bei SAR's unter Verbindlichkeiten oder Rückstellungen
(Rz. 2303), bei echten Aktienoptionen in der Kapitalrücklage. Bei Ausübung
erfolgt die Dotierung nach allgemeinen Vorschriften, d.h. Aufteilung der Erhöhung auf gezeichnetes Kapital und Kapitalrücklage.

frei 2571–2579

---

1 Vgl. *Herzig*, DB 1999, 1 (9 f.).
2 Vgl. *Vater*, DB 2000, 2185; *Herzig*, DB 1999, 1 (8).
3 Die Berücksichtigung latenter Steuern erfolgt danach ausnahmsweise im Hinblick auf
 die künftige Abzugsfähigkeit, obwohl es entgegen dem bilanzorientierten Konzept des
 IAS 12 an unterschiedlichen Buchwerten in Steuerbilanz und IFRS-Bilanz fehlt.

10. Anhangangaben

2580 IFRS 2.44 ff. fordert umfangreiche Anhangangaben, die das Verständnis des Adressaten für die bestehenden Vereinbarungen (IFRS 2.44), die Wertermittlung (insbesondere des Fair value, IFRS 2.46) sowie die Auswirkung auf Ergebnis und Bilanz (IFRS 2.50) verbessern sollen. IFRS 2.IG23 enthält ein Beispiel für einen Ausschnitt der geforderten Angaben. IFRS 2.IG23 enthält ein Beispiel für einen Ausschnitt der geforderten Angaben. Im Übrigen verweisen wir auf die Anhang Checkliste (Abschnitt H.).

2581–2599 frei

XVI. Latente Steuern (IAS 12)

1. Übersicht und Wegweiser

1.1 Standards und Anwendungsbereich

2600 Ansatz, Bewertung und Ausweis **tatsächlicher** sowie **latenter Ertragsteuern** sind Gegenstand des IAS 12. Der zuletzt in 2000 grundlegend überarbeitete und seither punktuell geänderte Standard wird ergänzt durch zwei Interpretationen, SIC-21 zu latenten Steuern auf neubewerteten Grund und Boden sowie SIC-25 zu Änderungen im Steuerstatus von Unternehmen oder seiner Anteilseigner. Im Zentrum der Regelungen des IAS 12 steht die Bilanzierung **latenter Steuern**.

2601–2603 frei

1.2 Wesentliche Abweichungen zum HGB

2604 In Deutschland finden sich seit der Umsetzung der EU-Richtlinien durch das Bilanzrichtliniengesetz 1985 Vorschriften zu latenten Steuern. Angesichts der Ausgestaltung des deutschen Steuerrechts (bei Abweichungen vom Maßgeblichkeitsprinzip erfolgt eine tendenziell spätere Berücksichtigung von Aufwendungen in der Steuerbilanz im Vergleich zur Handelsbilanz) kommt es nach HGB häufig nur zum möglichen Ansatz aktiver latenter Steuern. Für diese besteht aber gem. § 274 HGB ein Ansatzwahlrecht, verbunden mit einer Ausschüttungssperre. Dabei ist es – entgegen der ursprünglichen Pläne – auch im BilMoG geblieben. Im Einzelnen:

	HGB (alt)	HGB i.d.F. BilMoG	IFRS
Vorschrift	§ 274 HGB (Jahresabschluss) § 306 HGB (Konzernabschluss)		IAS 12
Konzept	Timing Konzept	Temporary Konzept	
Auswirkung des Konzepts	Abbildung der Steuereffekte erfolgswirksam entstandener Differenzen	Steuerlatenzen entstehen aus einem Vergleich der HGB/IFRS-Buchwerte von Vermögen und Schulden zu den entsprechenden Buchwerten in der Steuerbilanz	
Saldierung	Pflicht	Wahlrecht	Bedingte Pflicht

	HGB (alt)	HGB i.d.F. BilMoG	IFRS
Latente Steuern auf Verlustvorträge	z.T. bereits für zulässig gehalten	Explizit in der Berechnung aktiver latenter Steuern vorgesehen bei erwartetem Ausgleich innerhalb von fünf Jahren	Ansatzpflicht bei erwartetem Ausgleich ohne explizite Frist
Ansatz	Im Jahresabschluss/HB II: Aktivüberhang: Wahlrecht, Passivüberhang: Pflicht Konsolidierungsmaßnahmen im Konzernabschluss: Pflicht		Sowohl für aktive als auch passive latente Steuern im Einzel- wie Konzernabschluss Pflicht
Anwendung	Jahresabschluss: nur bei Kapitalgesellschaften und PHG ohne natürliche Person als Vollhafter	Keine Anwendung im Jahresabschluss bei *kleinen* Kapitalgesellschaften und PHG ohne natürliche Person als Vollhafter (§ 274a Nr. 5 HGB)	Keine größen- und personenbezogenen Ausnahmen

Das HGB i.d.F BilMoG ist auf das nach IFRS ausschließlich zulässige **bilanzorientierte Temporary-Konzept**[1] eingeschwenkt.[2] Danach kommt es bei der **Entstehung** einer Steuerlatenz *nicht* auf einen Unterschied im Jahresergebnis, sondern nur in der Bilanz an (**Liability-Methode**). Daher können auch erfolgsneutrale Bewertungsänderungen (Neubewertungsmethode), die sich bei ihrem Ansatz sowohl in der IFRS- als auch in der steuerlichen Ergebnisrechnung nicht niederschlagen, zu einer (ebenfalls erfolgsneutral gebuchten) latenten Steuerposition führen. Demgegenüber galt bisher das GuV-orientierte **Timing-Konzept**: Für den Ansatz latenter Steuern kam es darauf an, dass schon bei der Entstehung ein GuV-Unterschied zwischen Handels- und Steuerbilanz (unterschiedliche Periodisierung von Aufwendungen und Erträgen in HB und StB) vorgelegen haben musste.[3] Nach beiden Konzepten müssen sich die Differenzen jedoch später ausgleichen.

2605

1.3 Neuere Entwicklungen

Im Rahmen des **Konvergenzprojekts** mit US-GAAP ist am 31.3.2009 ein Exposure Draft zur Änderung des IAS 12 vorgelegt worden (ED/2009/2), der eine

2606

---

1 Vgl. *Theile*, Latente Steuern, in Busse von Colbe/Pellens (Hrsg.), Lexikon des Rechnungswesens, 4. Aufl. 1998, S. 474 (475 f.).
2 Das DRSC hat über den DRS 10 schon vor dem BilMoG eine Annäherung an IFRS vollzogen, z.B. bei der Bildung latenter Steuern auf *quasi-permanente Differenzen* (DRS 10.8), der Aktivierung *latenter Steuern auf Verlustvorträge* (DRS 10.11) oder der Bildung latenter Steuern bei Erstkonsolidierung (nach h.M. zur sachgerechten Abbildung der *Netto*-Marktwerte des übernommenen Vermögens).
3 Zu latenten Steuern nach HGB a.F. s. *Heuser* in GmbH-Handbuch, Rz. II 382 ff.

partielle Angleichung des IAS 12 und des SFAS 109 vorsieht. Es sind im Wesentlichen folgende Änderungen geplant:[1]

- Latente Steuern sind künftig in Abhängigkeit von der betroffenen Bilanzposition in kurz- und langfristig zu unterteilen (ED IAS 12.35). Bisher erfolgt generell ein Ausweis als langfristiger Posten (Rz. 2683). Konsequenterweise sind Saldierungen dann nur innerhalb derselben Fristigkeitskategorie zulässig (ED IAS 12.37).

- Aktive latente Steuern sind stets anzusetzen, aber ggf. durch eine *valuation allowance* zu mindern (Bruttoverfahren (IAS 12.23), derzeit Ansatz des wahrscheinlichen Betrags, Nettoverfahren). Die valuation allowance ist im Anhang anzugeben (ED IAS 12.47).

- Nach einigem Hin und Her soll die Ausnahme für passive Goodwilldifferenzen bestehen bleiben, ED IAS 12.B38, (Rz. 2626).

- Betriebsprüfungsrisiken sind mit dem Erwartungswert zu erfassen, unter der Annahme, „dass die Finanzverwaltung volle Kenntnis aller relevanten Informationen hat" (ED IAS 12.26). Dies führt in Bezug auf temporäre Differenzen zu einer Umschichtung von latenten zu laufenden Steuern (Rz. 2667).[2]

- Die Ausnahmeregelung zur Nichtbildung latenter Steuern beim Erstansatz von Vermögenswerten und Schulden (außerhalb von Unternehmenserwerben nach IFRS 3, Rz. 2632) wird *formal* gestrichen (ED IAS 12.B13c), aber ohne praktische Auswirkung: Ggf. bestehende Steuervor- oder -nachteile werden erfolgsneutral durch eine Wertberichtigung oder Zuschreibung kompensiert, so dass im Endeffekt nur die Kaufpreise oder Fair values ohne Ergebniseffekte bilanziert werden (ED IAS 12.BC34 f.).

- Latente Steuern auf thesaurierte Gewinne von Tochtergesellschaften (Rz. 2640) sind nunmehr auch bei fehlender Ausschüttungsabsicht zu bilden, es sei denn, es handelt sich um ausländische Tochtergesellschaften (ED IAS 12.B5). Das diesbezügliche Ansatzverbot bleibt wegen technischer Ermittlungsschwierigkeiten bestehen.

- Bei abweichenden Ausschüttungssteuersätzen soll der für das voraussichtliche Ausschüttungsverhalten geltende Steuersatz verwendet werden (ED IAS 12.B31 f.), bisher Thesaurierungssatz (Rz. 2652).

- Bei der Überleitungsrechnung ist zwingend vom Steuersatz der Muttergesellschaft auszugehen, ED IAS 12.43 (zurzeit wahlweise auch der Konzern-Durchschnittsteuersatz, Rz. 2691).

---

[1] Zu den Reibungspunkten im Abstimmungsprozess mit US-GAAP vgl. *Loitz*, Ubg 2008, 462 ff.

[2] Außerdem sind Steuereffekte aus Erwartungsänderungen separat anzugeben (ED IAS 12.41b,e). Der IASB will vermeiden, dass wesentliche bekannte Risiken unberücksichtigt bleiben (ED IAS 12.BC63). Eine Erläuterung der Sachverhalte selbst wird wohl nicht verlangt. US GAAP (FIN 48) sieht zumindest für Abschlusserstellungszwecke eine umfangreiche Dokumentation der Betriebsprüfungsrisiken vor, vgl. *Hoffmann* in Haufe IFRS-Kommentar, 7. Aufl. 2009, § 26 Rz. 28 ff.

Die Kommentarfrist zum ED IAS 12 läuft bis zum 31.7.2009. Eine Umsetzung ist nicht vor 2010 zu erwarten.

frei   2607–2609

2. Konzept latenter Steuern nach IFRS

Die **Ratio latenter Steuern** in der IFRS-Rechnungslegung ist wie folgt: Vermögenswerte reflektieren nicht nur künftige Nutzenzuflüsse, sondern auch eine steuerliche Abschreibungsgrundlage, die durch Abschreibung oder Verkauf realisiert wird. Sind IFRS- und Steuerbilanzbuchwerte identisch, besteht insoweit kein Raum für den Ansatz latenter Steuern. Anders verhält es sich, wenn Abweichungen, sog. **temporäre Differenzen**, zwischen Vermögen und Schulden in den beiden Rechenwerken bestehen: 2610

Beispiel:
(a) Ist das IFRS-Vermögen (100 Mio. Euro) höher als die steuerlichen Buchwerte (80 Mio. Euro), etwa weil nach IAS 38 Entwicklungskosten aktiviert werden, die steuerlich nicht angesetzt werden dürfen[1], so steht den durch die IFRS-Buchwerte verkörperten künftigen Nutzenzuflüssen nur eine geringere steuerliche Abschreibungsgrundlage (tax base) gegenüber. Die künftige höhere Steuerbelastung (6 Mio. Euro = 30% von 20 Mio. Euro) ist durch passive latente Steuern zurückzustellen (IAS 12.16). Die **Passivierung latenter Steuern** führt dazu, dass es grundsätzlich **kein unversteuertes IFRS-Eigenkapital** gibt.[2]

(b) Ist dagegen das Vermögen in der Steuerbilanz (50 Mio. Euro) höher als in der IFRS-Bilanz (40 Mio. Euro), etwa weil eine Betriebsprüfung die nach IFRS notwendige Risikovorsorge bei Forderungen oder Vorräten nicht anerkennt, dann können steuerlich bei Nutzung oder Verkauf 10 Mio. Euro mehr als Aufwand verrechnet werden als in den IFRS-Buchwerten zum Ausdruck kommt. Die auf 10 Mio. Euro entfallende **künftige Steuerentlastung** darf (genauer: muss, Rz. 2615) im IFRS-Abschluss durch **Aktivierung latenter Steuern** (3 Mio. Euro bei 30% Steuersatz) abgebildet werden.

---

[1] § 5 Abs. 2 EStG.
[2] Vgl. *Pawelzik*, KoR 2006, 13 (18).

C. Ansatz und Bewertung der Bilanzposten sowie Angabepflichten

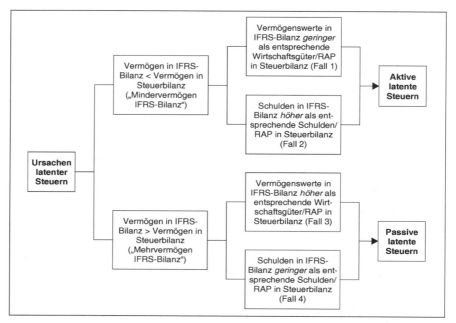

2611 **Abb. 69: Ursachen latenter Steuern**

Für die praktische Anwendung dieser Konzeption (vgl. Abb. 69) kann folgende **Faustformel** genutzt werden:

– **Mindervermögen (Mindereigenkapital) in der IFRS-Bilanz** gegenüber der Steuerbilanz, das noch nicht zur steuerlichen Entlastung (Ersparnis) in der Vergangenheit führte, bewirkt eine aktive Steuerabgrenzung (Fälle 1 und 2).

– **Mehrvermögen (Mehreigenkapital) in der IFRS-Bilanz** gegenüber der Steuerbilanz, das noch nicht der Besteuerung unterlag, führt zur passiven Abgrenzung (Fälle 3 und 4).

2612 Die sichtbare und gleichsam ästhetische Folge der Abgrenzung latenter Steuern besteht darin, dass der **Steueraufwand** in ein **erklärbares Verhältnis zum IFRS-Vor-Steuer-Ergebnis** gebracht wird:

Beispiel:

Die Tabelle in Abb. 70 zeigt, stark vereinfacht, die Ergebnisermittlung eines Unternehmens im IFRS-Abschluss und in der Steuerbilanz. Im IFRS-Abschluss 01 wurde eine Drohverlustrückstellung gebildet, deren Ansatz in der Steuerbilanz wegen § 5 Abs. 4a EStG unzulässig ist. Im folgenden Geschäftsjahr trete der Verlust in erwarteter Höhe ein. Der in der Steuerbilanz ermittelte Steueraufwand wird in den IFRS-Abschluss übernommen. Dabei zeigt sich: Das IFRS-Vor-Steuer-Ergebnis passt nicht zum ausgewiesenen Steueraufwand, beurteilt nach dem Steuersatz von 30 %. Im IFRS-Abschluss lässt sich für 01 eine Steuerquote von 100 % und für 02 von 9,0 % errechnen, obwohl der Steuersatz nur 30 % beträgt. Ein solches Verhältnis ist einem externen Bilanzadressaten kaum noch zu vermitteln.

	01		02	
	IFRS-Bilanz	Steuerbilanz	IFRS-Bilanz	Steuerbilanz
Umsatzerlöse	8000	8000	9000	9000
Aufwendungen IFRS = Steuerbilanz	−7000	−7000	−8000	−8000
Zuführung Drohverlustrückstellung	−700	−	−	−
Verlusteintritt	−	−	−	−700
Ergebnis vor Steuern	**300**	**1000**	**1000**	**300**
Laufender Steueraufwand	−300	−300	−90	−90
Ergebnis nach Steuern	**0**	**700**	**910**	**210**
Steuerquote/Steuersatz %	**100,0 %**	30,0 %	**9,0 %**	30,0 %

Abb. 70: IFRS-Bilanz ohne Ansatz latenter Steuern

Dieses Missverhältnis lässt sich durch den Ansatz aktiver latenter Steuern vermeiden: In 01 wird in Höhe der Buchwertdifferenz der Drohverlustrückstellung (700 in IFRS − 0 in StB = 700), multipliziert mit dem Steuersatz, eine aktive Steuerlatenz ergebniswirksam gebildet. Im darauf folgenden Jahr wird diese wieder aufwandswirksam ausgebucht, so dass sich in beiden Jahren eine rechnerische Steuerquote von 30,0 % ergibt, die mit dem tatsächlichen Steuersatz übereinstimmt.

2613

	01		02	
	IFRS-Bilanz	Steuerbilanz	IFRS-Bilanz	Steuerbilanz
Umsatzerlöse	8000	8000	9000	9000
Aufwendungen IFRS = Steuerbilanz	−7000	−7000	−8000	−8000
Zuführung Drohverlustrückstellung	−700	−	−	−
Verlusteintritt	−	−	−	−700
Ergebnis vor Steuern	**300**	**1000**	**1000**	**300**
Laufender Steueraufwand	−300	−300	−90	−90
Latenter Steuerertrag (+) /-aufwand (−)*	+210		−210	
Ausgewiesener Steueraufwand	**−90**		**−300**	
Ergebnis nach Steuern	**210**	**700**	**700**	**210**
Steuerquote/Steuersatz	**30,0 %**	30,0 %	**30,0 %**	30,0 %

* 700 × 30 %

Abb. 71: IFRS-Bilanz mit Ansatz latenter Steuern

frei 2614

C. Ansatz und Bewertung der Bilanzposten sowie Angabepflichten

3. Ansatz

3.1 Ansatzvoraussetzungen

3.1.1 Temporäre Differenzen

2615 Für **temporäre Differenzen**, das sind Unterschiede der Buchwerte der Vermögenswerte und Schulden im IFRS-Abschluss im Vergleich zu den entsprechenden Buchwerten in der Steuerbilanz (**Steuerwert, „tax base"**, IAS 12.5), sind aktive und passive latente Steuern anzusetzen. Voraussetzung ist, dass sich die Differenzen in Folgeperioden ausgleichen; das kann auch die Totalperiode sein. Insoweit wird zwischen **zeitlichen** und **quasi-permanenten**[1] Differenzen nicht unterschieden (vgl. zu permanenten Differenzen aber Rz. 2618).

2616 Für **passive latente Steuern** bestehen (bis auf Spezialfälle bei Tochter- und Gemeinschaftsunternehmen sowie assoziierten Unternehmen, s. Rz. 2633 ff.) keine weiteren Ansatzvoraussetzungen.

3.1.2 Künftiges zu versteuerndes Ergebnis bei aktiven latenten Steuern

2617 Hingegen sind **aktive latente Steuern** nur anzusetzen, wenn es wahrscheinlich ist, dass künftig ein zu versteuerndes Ergebnis vorliegen wird, gegen das die Steuerlatenz aufgerechnet werden kann (IAS 12.24). Diese **Ansatzvoraussetzung** ist unter folgenden Bedingungen erfüllt:

– Es liegen beim Steuersubjekt auch **passive latente Steuern** gegenüber derselben Steuerbehörde vor, die sich in voraussichtlich derselben Periode wie die aktiven latenten Steuern umkehren oder deren Umkehrung in die Periode fällt, in die Verluste aus dem latenten Steueranspruch zurückgetragen oder vorgetragen werden können (IAS 12.28).

– Sollten diese engen Voraussetzungen nicht vorliegen, ist gem. IAS 12.29 zu beurteilen, ob künftig **ausreichende zu versteuernde Einkommen** in Bezug auf die gleiche Steuerbehörde und das gleiche Steuersubjekt in der Periode der Umkehrung vorhanden sein werden oder vom Unternehmen durch Sachverhaltsgestaltung geschaffen werden können (etwa, um den Verfall eines zeitlich beschränkten steuerlichen Verlustvortrags zu verhindern oder etwa Sale-and-lease-back, s. IAS 12.30; der in Rz. 2621 wiedergegebene Katalog gilt entsprechend).

Mit diesen Kriterien soll ausgeschlossen werden, dass ein Unternehmen, welches dauerhaft steuerliche Verluste produziert und selbst bei Liquidation nicht mit einem steuerlichen Gewinn abschließen würde, in der IFRS-Bilanz noch aktive latente Steuern ansetzt.

3.1.3 Keine latenten Steuern auf permanente Differenzen

2618 Auf **permanente Differenzen**, z.B. bei Vermögenswerten, deren Veräußerung steuerfrei bleibt oder deren Abschreibung sich nie auswirkt, ist jedoch **keine Steuerabgrenzung** vorzunehmen.[2]

---

1 Zu einer Ausnahme bei quasi-permanenten Differenzen s. Rz. 2637.
2 Vgl zur Begriffsdefinition und -abgrenzung auch *ADS International*, IAS 12 Rz. 57.

XVI. Latente Steuern (IAS 12)

Beispiel:
Außerplanmäßige Abschreibungen auf Beteiligungen[1] an Kapitalgesellschaften sind nach § 8b KStG steuerlich nicht abzugsfähig. Durch eine nur im IFRS - Abschluss vorgenommene Abschreibung entsteht zwar eine bilanzielle Differenz; **mangels Umkehrmöglichkeit** (die Abschreibung wird steuerlich nie anerkannt) liegt jedoch **keine *temporäre* Differenz** i.S.v. IAS 12 vor. Folglich entfällt die Bildung latenter Steuern. Der steuerlich nicht abzugsfähige Aufwand wirkt sich vielmehr bei der Steuersatz-Überleitungsrechnung aus (Rz. 2695). Gleiches gilt für den steuerfreien Teil (95 %) von Gewinnen bei der Veräußerung von Anteilen an einer Kapitalgesellschaft (§ 8b KStG).
Ein weiterer Anwendungsfall permanenter Differenzen ist die Umwidmung von Eigen- in Fremdkapital nach IAS 32 (Rz. 2662).

Bei **bloßen Aufwandshinzurechnungen** (z.B. Bewirtungsaufwand u.a.) liegt bereits mangels Buchwertunterschieden keine Differenz vor. Der Effekt wird wiederum bei der Steuersatzüberleitung sichtbar. 2619

3.2 Latente Steuern auf Verlustrückträge und Verlustvorträge

3.2.1 Verlustrückträge

Entstehen bei einer Gesellschaft **rücktragsfähige Verluste**, ist der entsprechende Vorteil daraus in der Periode der Verlustentstehung als Vermögenswert („laufende" Steuerforderung) anzusetzen (IAS 12.13 f.). 2620

3.2.2 Verlustvorträge und Zinsvorträge nach § 4h EStG

Bei **steuerlichen Verlustvorträgen** bestehen streng genommen begrifflich keine temporären Buchwertdifferenzen: Dass die spätere Steuerminderung aber auf der früheren Verlustentstehung beruht, wird von IAS 12 zum Anlass genommen, auf steuerliche Verlustvorträge unter Beachtung der Aktivierungsvoraussetzungen (Rz. 2617) den Ansatz latenter Steuern vorzusehen (IAS 12.34). Die Aktivierbarkeit ist insbesondere dann unproblematisch, wenn die steuerlichen Verlustvorträge auf denselben Ursachen beruhen wie Sachverhalte, die *gleichzeitig* zu passiven temporären Differenzen führten (Rz. 2617), z.B. wegen Nichtaktivierung von Entwicklungskosten in der Steuerbilanz.[2] 2621

An die Aktivierung werden **formal hohe Anforderungen** gestellt, denn allein das Vorhandensein steuerlicher Verlustvorträge soll dafür sprechen, dass zukünftiges zu versteuerndes Einkommen möglicherweise nicht erzielt wird (IAS 12.35). Für den Nachweis der Realisierbarkeit wird regelmäßig eine steuerartenspezifische **Steuerplanung**[3] aufzustellen sein, wobei es im Gegen-

---

[1] Im IFRS Einzelabschluss oder bei fehlender Konsolidierung (z.B. wegen Unwesentlichkeit) im IFRS Konzernabschluss.
[2] Vgl. *Hoffmann* in Lüdenbach/Hoffmann, (Hrsg.), IFRS-Kommentar, 7. Aufl. 2009, § 26 Rz. 55 f.
[3] Vgl. *Baetge/Lienau*, WPg 2007, 15 (19) Damit werden Bilanzierende gezwungen, intersubjektiv nachprüfbare Annahmen zu treffen und zu dokumentieren.

satz zu § 274 Abs. 1 HGB i.d.F. BilMoG **keine feste 5-Jahres-Grenze** gibt.[1] IAS 12.36 stellt Leitlinien zur Verfügung, die zur Widerlegung der Realisierungsvermutung im Rahmen der Steuerplanung führen können.[2] Folgende Aspekte sind insgesamt zu berücksichtigen:

- **Analyse der Verlusthistorie**: Beruhen diese auf einmaligen Vorgängen (Restrukturierungen, einmalige Vermögensverluste)? Kritisch sind permanente „singuläre" Verlustquellen. IAS 12.82 verlangt flankierend die Nennung und substantielle Begründung für den aktivierten latenten Steueranspruch (aus Verlustvorträgen und temporären Differenzen), wenn die betreffende Konzerneinheit in den letzten zwei Jahren Verluste erzielt hat.

- Bestehen **Sachverhaltsgestaltungen** zwecks Verlustausgleichs (z.B. Sale & lease back, Verschmelzungen)? Nicht erforderlich ist, dass die Maßnahmen bereits beschlossen sind; die Maßnahmen müssen aber unter Erfassung aller organisatorischen Rahmenbedingungen durchführbar und es muss klar sein, dass die Maßnahmen als ultima ratio auch durchgeführt werden.[3]

- U.E. sind **bereits eingeleitete Restrukturierungsmaßnahmen**, etwa Stilllegung bzw. Verkauf von Verlustbereichen, Führungswechsel, Personalanpassungsmaßnahmen ein sehr starkes Indiz für einen möglichen Ausgleich von Verlustvorträgen.[4]

- **Analyse von auf Steuerarten (GewSt/KSt) herunterzubrechende Verwertungsrestriktionen**, wie

  (a) **zeitliche Begrenzung**,

  (b) **Mindestbesteuerungsvorschriften**[5],

  (c) Moratorium für **vororganschaftliche Verluste** bei Begründung einer Organschaft und

  (d) Beschränkung des Verlustausgleichs auf **bestimmte Einkunftsarten**.[6]

- Können Verluste auf Grund von **Gruppenbesteuerungsvorschriften** (wie sie z.B. in Österreich bestehen) grenzüberschreitend ausgeglichen werden, führt dies aus Konzernsicht nicht zu aktiven latenten Steuern beim Verlustunternehmen, sondern zu einer laufenden Steuerminderung beim ausländischen Mutterunternehmen.[7]

---

1 Vgl. *Ernst & Young*, International GAAP 2009, S 1679; *Hauck/Prinz*, DB 2007, 412 ff.; a.A. *Schulz-Denso* in Beck'sches IFRS Handbuch, 2. Aufl. 2006, § 25 Rz. 61; *Berger*, DB 2006, 2473 sowie DB 2007, 415 als Replik zu Hauck/Prinz.
2 Die Leitlinien sind auch für die Steuerplanung zur Prüfung der Aktivierung latenter Steuern auf steuerliche Verlustvorträge im HGB-Abschluss nach BilMoG heranzuziehen.
3 Vgl *Loitz*, WPg 2007, 778 (785 f.).
4 Restriktiv *Berger*, DB 2006, 2473 ff., der erst einen sichtbaren Erfolg der Restrukturierung als Ansatzkriterium genügen lässt.
5 Zur Wirkung der Mindestbesteuerung in Deutschland s. *Meyer u.a.*, Latente Steuern, 2009, § 2 Rz. 13 ff.
6 Vgl. *Loitz*, WPg 2007, 778 (783).
7 Vgl. *Hoffmann* in Haufe IFRS Kommentar, 7. Aufl. 2009, § 26 Rz. 97 ff.; anders im *Einzelabschluss* der Tochterunternehmung.

In den geforderten Beurteilungsgrenzen ist die Aktivierung latenter Steuern auf Verlustvorträge in IFRS-Abschlüssen jedoch zwingend.

Beispiel (Bayer AG, Geschäftsbericht 2007, S. 114, 137):
„Gemäß IAS 12 (Income Taxes) werden latente Steuern auf zeitlich begrenzte Unterschiede zwischen den Wertansätzen von Vermögenswerten und Schulden in der IFRS-Bilanz und der Steuerbilanz, aus Konsolidierungsvorgängen sowie auf wahrscheinlich realisierbare Verlustvorträge ermittelt. Aktive latente Steuern auf abzugsfähige temporäre Differenzen und steuerliche Verlustvorträge werden in der Höhe aktiviert, wie es wahrscheinlich ist, dass hierfür ein zu versteuerndes Ergebnis zukünftig verfügbar sein wird und es damit hinreichend sicher erscheint, dass die Verlustvorträge tatsächlich genutzt werden können. [...]
Die bestehenden steuerlichen Verlustvorträge können noch wie folgt genutzt werden:

In Mio. Euro	31.12.2006	31.12.2007
Innerhalb von einem Jahr	9	4
Innerhalb von zwei Jahren	14	42
Innerhalb von drei Jahren	60	33
Innerhalb von vier Jahren	67	32
Innerhalb von fünf Jahren oder später	3075	2179
	3225	**2290**

[...] Von den gesamten Verlustvorträgen sind auf steuerlich voraussichtlich realisierbare Beträge von 1896 Mio. Euro (Vorjahr: 2981 Mio. Euro) aktive latente Steuern mit 664 Mio. Euro (Vorjahr: 1132 Mio. Euro) angesetzt. [...] Für Verlustvorträge in Höhe von 394 Mio. Euro (Vorjahr: 244 Mio. Euro) mit einer theoretischen Nutzbarkeit von mehr als einem Jahr wurden keine aktiven latenten Steuern angesetzt."

Außer „normalen" Verlustvorträgen kommt seit 2008 auch die Aktivierung zukünftiger Steuerersparnisse auf den **Zinsvortrag nach § 4h EStG (Zinsschranke**, Rz. 6000 ff.) in Betracht. Hier ist eine deutlich detailliertere Planung erforderlich. So sind u.a. das steuerliche EBITDA, die Planung des Konsolidierungskreises und künftige Eigenkapitalquoten zu berücksichtigen.[1]

○ Die Aktivierung künftiger Steuerersparnisse auf Grund von Verlust- und Zinsvorträgen führt somit zu einer Milderung eingetretener Verluste im Entstehungsjahr und kann daher **abschlusspolitisch reizvoll** sein. Zudem brauchen die Beträge auch dann nicht abgezinst zu werden, wenn die Verlustverrechnung erst langfristig erwartet wird. Insofern besteht jedoch kein Unterschied zu anderen latenten Steuern (Rz. 2652).

---
[1] Vgl. *Meyer u.a.*, Latente Steuern, 2009, § 2 Rz. 42.

Die aktivierten Beträge sind in späteren Gewinnjahren abzuschreiben. Eine **außerplanmäßige Abschreibung** ist erforderlich, wenn sich die Gewinnerwartungen nicht erfüllen (Rz. 2656). Wenn zusätzlich operative Verluste entstehen, kommt es somit zu einer Verdoppelung von Aufwand.[1] Daher ist die Prüfung der künftigen Verrechenbarkeit von Verlustvorträgen mit besonderer Sorgfalt vorzunehmen. Umgekehrt kann es zur grundsätzlich ergebniswirksamen **Nachaktivierung** kommen, wenn eine ehemalige Verlustgesellschaft in die Gewinnphase eintritt (IAS 12.60b, Rz. 2656).

2624 Der Ansatz latenter Steuern auf Verlustvorträge ist auch im Rahmen der **Erstkonsolidierung** zu prüfen (Rz. 3285 f.), scheitert aber oft daran, dass bestehende Verlustvorträge, jedenfalls diejenigen des *direkt* erworbenen Unternehmens, beim **Anteilseignerwechsel** untergehen (z.B. § 8c KStG).

3.3 Ansatzverbote

2625 Für alle abzugsfähigen temporären Differenzen ist ein latenter Steueranspruch und für alle zu versteuernden temporären Differenzen eine latente Steuerschuld zu bilanzieren. Es bestehen jedoch folgende **Ausnahmen**:

3.3.1 Goodwill aus Kapitalkonsolidierung

2626 Führt die **Kapitalkonsolidierung** im Zusammenhang mit einem **share deal** zur Aktivierung eines Goodwill, der steuerlich *nicht* abgeschrieben werden kann (was in Deutschland bei Kapitalgesellschaften der Fall ist), so wird *kein* **passiver Steuerabgrenzungsposten** gebildet (IAS 12.15a, 12.21A, 12.66). Dieses Verbot vermeidet ansonsten notwendige rechnerische Iterationen, ist aber konzeptionell angreifbar, da der Goodwill nach IFRS 3 als Vermögenswert angesehen wird (IFRS 3.51a f.).[2] Aus abschlusspolitischer Sicht hat das Verbot jedoch den positiven Effekt, dass die Bilanzsumme nicht durch Aufblähung eines Goodwill auf einen Bruttowert bei gleichzeitiger Passivierung latenter Steuern erhöht wird. Werden jedoch spezielle immaterielle Vermögenswerte aktiviert, ist hierauf ein passiver Steuerabgrenzungsposten zu bilden.

2627 Anders ist dies, wenn ein Goodwill steuerlich absetzbar ist, wie im Falle eines **asset deal**. In Deutschland wird der Erwerb von **Anteilen an Personengesellschaften** steuerlich wie ein asset deal behandelt. Bei steuerlicher Absetzbarkeit des Geschäftswerts ist wegen einer unnötigen Kasuistik des IAS 12 wie folgt zu unterscheiden:[3]

(a) *IFRS-Goodwill* (z.B. *1000*) < *steuerlicher Goodwill* (z.B. *1500*): Diese Konstellation dürfte in der Erstkonsolidierung **der Regelfall** sein, da nach IFRS 3 im Vergleich zur Steuerbilanz tendenziell mehr spezielle immaterielle Ver-

---

1 Vgl. *Schildbach*, WPg 1998, 945.
2 Kritisch zur fehlenden Abgrenzung latenter Steuern auf Goodwill daher *Busse v. Colbe/Falkenhahn*, FS Graßhoff, 2005, 3 (18).
3 Vgl. zum Folgenden, *Pawelzik*, KoR 2006, 13 ff., *v. Eitzen/Dahlke/Kromer*, DB 2005, 509 (512 ff.), *Ernsting/Loitz*, DB 2004, 1059.

mögenswerte und folglich weniger Goodwill anzusetzen sind. In Bezug auf Goodwill liegt somit *IFRS-Mindervermögen* vor. Da IAS 12.24 (anders als bei *passiven* Goodwilldifferenzen) für *aktive* bei der Erstkonsolidierung entstandene Goodwilldifferenzen *kein* Ansatzverbot vorsieht, entstehen aktive latente Steuern auf die temporäre Differenz von 500.

Die aktiven latenten Steuern auf Goodwilldifferenzen und die per Saldo passiven latenten Steuern auf Differenzen bei dem übrigen Nettovermögen müssen im **Erstkonsolidierungszeitpunkt** saldiert werden (Rz. 2684), so dass zu *diesem* Zeitpunkt überhaupt keine latenten Steuern zu bilanzieren sind.

Erstkonsolidierungszeitpunkt	IFRS-Abschluss	Steuer-Bilanz	IRFS-Mehrvermögen (+) Mindervermögen (−)	passive (−) aktive (+) latente Steuern (30%)
übriges Nettovermögen	3000	2500	500	− 150
Goodwill	1000	1500	− 500	150
Anschaffungskosten/Saldo	4000	4000	0	0

Ein aktiver oder passiver Saldo latenter Steuern kann sich jedoch bei der **Folgekonsolidierung** aus unterschiedlichen Abschreibungsverläufen ergeben. Insoweit bestehen keine Besonderheiten.

(b) *IFRS-Goodwill* (z.B. *1500*) < *steuerlicher Goodwill* (z.B. *1000*): Der IFRS-Goodwill ist in einen Teilbetrag von 1000, der steuerlich abzugsfähig ist und einen Teil von 500, der nicht abzugsfähig ist, zu unterteilen: Der Betrag von 500 stellt *IFRS-Mehrvermögen* dar, auf das jedoch keine latenten Steuern berechnet werden, da IAS 12.15a) die *Passivierung* latenter Steuern auf temporäre Goodwilldifferenzen, die bei *Erstkonsolidierung* entstehen, explizit untersagt (insoweit besteht kein Unterschied zu Rz. 2626).

2628

Korrespondierend zu den Goodwilldifferenzen bestehen entgegengesetzte temporäre Differenzen zwischen den IFRS-Fair-value-Korrekturen bei materiellen und immateriellen Vermögenswerten sowie Schulden und den jeweiligen steuerlichen Werten. Für diese temporären Differenzen gelten jedoch keine Besonderheiten, latente Steuern sind ohne Ausnahme zu bilden (IAS 12.18a):

Erstkonsolidierungszeitpunkt	IFRS-Abschluss	Steuer-Bilanz	IRFS-Mindervermögen (−) Mehrvermögen (+)	aktive (+) passive (−) latente Steuern (30%)
übriges Nettovermögen	2500	3000	− 500	150
Goodwill	1500	1000	500	*Passivierungsverbot*
Anschaffungskosten/Saldo	4000	4000	0	150

Wird der nicht steuerlich abzugsfähige Goodwillteilbetrag von 500 in der Folgezeit außerplanmäßig nach IAS 36 abgewertet, geschieht dies konsequenterweise ohne latente Steuereffekte. Die planmäßige, nur steuerliche Abschreibung des Teilbetrags von 1000 führt jedoch im Rahmen der *Folgekonsolidierungen* wegen der steuerlichen Abzugsfähigkeit abweichend von Rz. 2626 zu passiven latenten Steuern (IAS 12.21B), welche die laufende Steuerersparnis ausgleichen. Die steuerlichen und IFRS-Buchwerte des Goodwill laufen auseinander, weil der Goodwill nach IFRS 3, anders als im Steuerrecht, nicht planmäßig abgeschrieben wird (Rz. 3206). Bei der Fortführung der latenten Steuern auf das übrige Nettovermögen ergeben sich keine Besonderheiten.

2629 Ein ggf. entstehender **negativer Goodwill** (*„bargain purchase"*) ist nach IFRS 3.34/IFRS 3.56b (2004) nicht anzusetzen, sondern unmittelbar erfolgswirksam zu erfassen. Damit werden die steuerlichen Anschaffungskosten (Buchwerte) zum Erwerbszeitpunkt im IFRS-Abschluss erfolgswirksam überschritten, so dass passive latente Steuern erfolgswirksam abzugrenzen sind, die sich im Zeitablauf mit Abschreibung/Veräußerung auflösen.

2630–2631 frei

3.3.2 Erfolgsneutraler Erstansatz von Vermögenswerten und Schulden sowie steuerfreie Anschaffungskostenminderungen

2632 Wird ein Vermögenswert oder eine Schuld **außerhalb eines Unternehmenszusammenschlusses nach IFRS 3** sowohl nach IFRS als auch nach Steuerrecht erfolgsneutral zu unterschiedlichen Werten eingebucht, besteht ein Ansatzverbot für aktive und passive latente Steuern (IAS 12.15c; IAS 12.22c; IAS 12.24). Folgende Sachverhalte kommen in Betracht:

– Abweichende Bewertung von **Einlagen**.

– Unterschiedliche Klassifizierung und ggf. Bewertung von **Leasingverträgen** (Operating lease lt. IFRS und Finance-Lease in der Steuerbilanz und umgekehrt).

– Erwerb einer **Tochtergesellschaft**[1], **ohne** dass die Voraussetzungen eines **business i.S.v. IFRS 3** vorliegen (Rz. 3210).

– Die **Übertragung einer § 6b-Rücklage** im *Einzelabschluss* des Erwerbers.[2]

– **Steuerfreie Investitionszulagen**. Gem. IAS 20.24 sind diese von den Anschaffungskosten abzusetzen oder als passiver Abgrenzungsposten anzusetzen, währenddessen in der Steuerbilanz die tatsächlichen Anschaffungskosten bilanziert werden, da der Zuschuss steuerfrei ist.

---

1 Beim asset deal kann es zu Abweichungen zwischen einzelnen Bilanzposten im IFRS-Abschluss und in der Steuerbilanz kommen, die sich *per Saldo* ausgleichen, da insgesamt die Anschaffungskosten anzusetzen sind.

2 Im Konzernabschluss erfolgt eine Neutralisierung der außerplanmäßigen Abschreibung durch Auflösung des Sonderpostens. U.E. ist es unerheblich, dass die Übertragung durch eine außerplanmäßige Abschreibung erfolgt, weil diese von dem Erstansatz nicht zu trennen ist.

Mit dieser Ausnahmevorschrift soll vermieden werden, **dass *bei Erwerb* ein Aufwand/Ertrag aus dem Ansatz latenter Steuern** entsteht. Nachfolgende Änderungen dieser temporären Differenzen, insbesondere durch planmäßige Abschreibungen, gelten als durch die Ersteinbuchung bedingt und unterliegen konsequenterweise ebenfalls keinen latenten Steuern. Die Ausnahmevorschrift soll künftig gestrichen werden. Allerdings führt dies i.d.R. nicht zu Ergebniseffekten, da ein möglicher Steuereffekt durch eine Wertberichtigung zu korrigieren ist (Rz. 2606).

3.3.3 Thesaurierte Ergebnisse bei Tochtergesellschaften, Gemeinschafts- und assoziierten Unternehmen – Inside- und Outside-Differenzen

Innerhalb eines Konzerns sind zur Beurteilung des Ansatzes latenter Steuern zunächst die steuerlichen Verhältnisse des jeweiligen Steuersubjekts heranzuziehen, außerhalb einer Organschaft also beispielsweise die einer Tochtergesellschaft. Fraglich ist, ob aus Konzernsicht zusätzliche Steuerfolgen zu berücksichtigen sind, wenn Jahresergebnisse zunächst bei Töchtern thesauriert und diese Gewinne erst später durch die Mutter vereinnahmt werden, sei es direkt durch **Ausschüttung** oder indirekt durch **Veräußerung** der Beteiligung. Hierzu einschlägige Sondervorschriften zur Bestimmung des „richtigen" **Steuersatzes aus Konzernsicht** enthält IAS 12.38 ff. In bestimmten Fällen muss eine erst bei der Mutter anfallende Zusatzbesteuerung als latente Steuer erfasst werden, in anderen Fällen ist dies dagegen nicht erlaubt (Ansatzverbot). Es geht hier um sog. Outside-Basis-Differenzen[1] oder kürzer Outside-Differenzen, die von sog. Inside-Differenzen zu trennen sind. Im Einzelnen:

2633

(a) Vollkonsolidierte Tochtergesellschaften und quotal konsolidierte Gemeinschaftsunternehmen

Werden zunächst bei Tochtergesellschaften thesaurierte Gewinne später ausgeschüttet und kommt es bei der Mutterunternehmung ggf. zu einer weiteren Steuer auf diese Dividende (Nachversteuerung, in Deutschland z.B. auf Grund von 5 % „nichtabzugsfähige Betriebsausgabe" = „Wegelagerersteuer"), verlangt IAS 12.39, 12.44 i.V.m. IAS 12.38 grundsätzlich eine Abbildung dieser Nachversteuerung bereits im Gewinnentstehungsjahr. Der Sinn dieser Vorschrift besteht darin, dass die aus Konzernsicht kumulierte, sich erst nach Verlagerung von Eigenkapital auf höhere Konzernstufen ergebende Steuerlast bereits bei Entstehung des Gewinns berücksichtigt werden soll.

2634

---

1 Vgl. *Ernsting*, WPg 2001, 19.

Beispiel:

	Bei Tochterkapitalgesellschaft	Bei Mutterkapitalgesellschaft	Kumuliert
	Thesaurierungssatz	Nachversteuerung von Dividenden	
	IAS 12.52A	IAS 12.39	
	IFRS-Ergebnis inkl. Inside-Differenzen	Outside-Differenzen	
Steuersatz	30 %	1 %[1]	31 %

2635 **Inside-Differenzen** bezeichnen temporäre Unterschiede zwischen Steuerwert und IFRS-Buchwert auf Ebene des steuerpflichtigen Unternehmens selbst. Diese werden im Rahmen der Handelsbilanz II erfasst und ggf. durch Konsolidierungseffekte verändert. Für Inside-Differenzen ist nach IAS 12.52A f. der Steuersatz für Gewinnthesaurierungen[2] anzuwenden (Rz. 2651).

2636 **Outside-Differenzen** betreffen die Steuerbelastung des *Anteilseigners*. Hier verlangt IAS 12.38 f. grundsätzlich eine Erfassung der Nachversteuerung bereits im Ergebnisentstehungsjahr durch Ansatz passiver latenter Steuern (bei Gewinnen, IAS 12.39) oder aktiver latenter Steuern (bei Verlusten, IAS 12.44).

Es besteht jedoch ein **Ansatzverbot** für latente Steuern auf Outside-Differenzen, wenn

– das Mutterunternehmen den zeitlichen Verlauf der Umkehrung der temporären Differenz z.B. durch Ausschüttung steuern kann (was immer gegenüber Tochterunternehmen und häufig auch gegenüber Gemeinschaftsunternehmen zu bejahen ist) *und* zugleich

– es wahrscheinlich ist, dass sich die temporäre Differenz in absehbarer Zeit *nicht* umkehren wird (IAS 12.39, 12.44). Dies ist der Fall, wenn weder Ausschüttung noch Veräußerung in Betracht kommen.

2637 Sofern es sich also um eine **quasi-permanente Differenz**[3] handelt, weil **Ausschüttungen und/oder Veräußerungen**[4] der betroffenen Konzerneinheiten **nicht beabsichtigt** sind, *dürfen* latente Steuern *nicht angesetzt* werden.

---

1 Nettodividende von 70 % (100 % – 30 %) × 5 % Bemessungsgrundlage × 30 % Steuersatz = 1,05 %, bezogen auf den Vor-Steuergewinn der TU GmbH.

2 Die Regelung zu Outside-Differenzen ist jedoch nicht mit der Vorschrift zu dem bei der Untergesellschaft selbst anzuwendenden Steuersatz abgestimmt: Eine bei der Muttergesellschaft erfolgende Nachversteuerung wird nach IAS 12.39 bereits mit Gewinnentstehung erfasst, während es der Tochtergesellschaft ihrerseits nach IAS 12.52B untersagt ist, die Folgen einer Ausschüttung, d.h. die Anwendung des Ausschüttungssatzes statt des Thesaurierungssatzes vor dem Ausschüttungsbeschluss zu berücksichtigen (Rz. 2651).

3 Obwohl dies dem ansonsten geltenden Grundsatz widerspricht, dass es auf den Zeitraum der Umkehr der temporären Differenz nicht ankommt (Rz. 2615).

4 In Bezug auf die Veräußerung wird unterstellt, dass den thesaurierten Ergebnissen eine identische Erhöhung des Marktwertes der Beteiligung entspricht. Dieser höhere

XVI. Latente Steuern (IAS 12)

Beispiel (Bayer AG, Geschäftsbericht 2007, S. 138):

„Für aufgelaufene Ergebnisse ausländischer Tochterunternehmen in Höhe von 3830 Mio. Euro (Vorjahr: 6486 Mio. Euro) wurden keine latenten Steuern gebildet, da diese Gewinne entweder keiner entsprechenden Besteuerung unterliegen oder auf unbestimmte Zeit reinvestiert werden sollen. Würden für diese zeitlichen Unterschiede latente Steuern angesetzt, wäre für die Berechnung nur der jeweils anzuwendende Quellensteuersatz, gegebenenfalls unter Berücksichtigung der deutschen Besteuerung von 5 % der ausgeschütteten Dividenden, heranzuziehen. Auf geplante Dividendenausschüttungen ausländischer Tochterunternehmen sind im Berichtsjahr 73 Mio. Euro (Vorjahr: 21 Mio. Euro) passive latente Steuern angesetzt worden".

Wenn dieses Verbot ausnahmsweise einmal nicht greifen sollte, weil eine Ausschüttung oder Veräußerung tatsächlich ansteht, wäre die Folge je nach Rechtsform der Tochtergesellschaft unterschiedlich: 2638

– Bei Tochter- und Mutter**kapitalgesellschaften**[1] sind Dividenden überwiegend steuerfrei. Wie im Bayer Abschluss erwähnt, wäre in Deutschland neben ausländischer Quellensteuer nur die Besteuerung von 5 % der Dividenden nach § 8b Abs. 5 KStG zu beachten. Bei einem Steuersatz von 30 %[2] beliefe sich die inländische Belastung lediglich auf 1,5 % der thesaurierten Gewinne (oder ca. 1 % des Vor-Steuer-Gewinns des Tochterunternehmens, s. Beispiel in Rz. 2634).

– Bei Tochter**personengesellschaften** spielt die Thesaurierung ohnehin keine Rolle, da die Ergebnisse der Muttergesellschaft steuerlich direkt zugerechnet werden, so dass bereits im Ergebnisentstehungsjahr tatsächliche Steuern entstehen. Zusätzliche Outside-Differenzen entstehen daher bei direkter Beteiligung an Personengesellschaften nicht[3] (zur Ausnahme bei Fremdwährungsumrechnung Rz. 2641).

(b) At equity bewertete Gemeinschaftsunternehmen und assoziierte Unternehmen

Für **Anteile an Gemeinschafts- oder assoziierten Unternehmen**, für die die Equity-Methode angewendet wird, gilt die Regelung gemäß Rz. 2636 entsprechend. Allerdings kommt das Ansatzverbot des IAS 12.39 bei assoziierten Unternehmen in der Regel wegen des fehlenden dominanten Einflusses auf die Ausschüttungspolitik nicht zum Tragen (IAS 12.42), so dass dort latente Steuern grundsätzlich in Betracht kommen. 2639

Veräußerungsgewinn unterliegt in Deutschland ebenfalls einer Nachsteuer auf 5 % des Gewinns.
1 Bei deutschen Gesellschaften werden thesaurierte Gewinne oft durch Ergebnisabführungsverträge vermieden.
2 Inklusive Gewerbesteuer, vgl. § 7 Satz 4 GewStG n.F. und auch *Dötsch/Pung* in Dötsch u.a., KStG, § 8b n.F. Rz. 108c.
3 Vgl. *Pawelzik*, KoR 2006, 13 (16 f.); gl.A. *Küting/Wirth/Dürr*, WPg 2006, 345 (355).

(c) Quintessenz

2640 Voraussichtlich in 2010 (evtl. für Geschäftsjahre ab 2011) soll das Ansatzverbot für latente Steuern auf Outside-Differenzen für *Inlandsgesellschaften* gestrichen werden (Rz. 2606). Bis dahin haben die Regelungen zur Nachversteuerung thesaurierter Ergebnisse jedoch eine geringe praktische Bedeutung: Entweder

– sind thesaurierte Ergebnisse wesentlich, aber es besteht ein Ansatzverbot, z.B. weil ein Konzern gerade zur Vermeidung der Nachversteuerung eine Thesaurierungspolitik bei den Tochtergesellschaften betreibt (Rz. 2637), oder

– es besteht eine Ansatzpflicht (Rz. 2639), dann ist jedoch die Wesentlichkeit zu würdigen, z.B. bei geringfügigen at equity bilanzierten Anteilen.

Die Unterscheidung von Inside- und Outside-Differenzen hat allerdings große Bedeutung für die Bilanzierung von latenten Steuern auf die nachfolgend erörterten Währungsumrechnungsdifferenzen.

3.3.4 Latente Steuern auf Währungsumrechnungsdifferenzen im Konzernabschluss

2641 Erfolgsneutrale Differenzen aus der Umrechnung von Abschlüssen nach der Stichtagsmethode (z.B. + 93 im Beispiel lt. Rz. 3132) repräsentieren eine Wertänderung des investierten (Eigen)-Kapitals und wirken sich *nicht* auf das zu versteuernde Einkommen der Tochtergesellschaft aus. Es handelt sich also nicht um Inside-Differenzen (Rz. 2635), sondern um Outside-Differenzen (Rz. 2636, vgl. IAS 12.38b und 12.40). Sofern weder eine Ausschüttung noch eine Veräußerung der Beteiligung in Betracht kommt, *dürfen* latente Steuern auf Währungsumrechnungsdifferenzen somit *nicht* erfasst werden.[1]

Falls das Ansatzverbot nicht greift, wäre bei **Tochterkapitalgesellschaften** die Frage der (Un)-Wesentlichkeit zu prüfen. Bei **Tochterpersonengesellschaften** kommt wegen des Betriebsstättenprinzips der lokale Steuersatz in Betracht, den die *Muttergesellschaft* bei Realisierung dieser Währungsdifferenzen durch Ausschüttung bzw. Veräußerung zu zahlen hat. Da die Währungsdifferenz erfolgsneutral entstanden ist, wäre eine mögliche zu berücksichtigende latente Steuer ebenfalls erfolgsneutral zu behandeln (IAS 12.61).

2642 Abschlüsse **integrierter ausländischer Einheiten** sind nach der **Zeitbezugsmethode** umzurechnen (Rz. 3112 (b)), also wie Währungstransaktionen im Abschluss der Mutter selbst. Daraus ergeben sich **erfolgswirksame Umrechnungsdifferenzen** (s. Rz. 3150). IAS 12.41 verlangt, darauf latente Steuern zu buchen, weil es sich dabei um Inside- und nicht um Outside-Differenzen handeln soll. Diese Andersbehandlung erscheint nicht schlüssig, denn auch die erfolgswirksamen Währungsdifferenzen führen ebenso wenig zu steuerpflichtigen Ergebnissen im Ausland wie die erfolgsneutral behandelten. Folgt man dennoch der Vorgabe, wären latente Steuern erfolgswirksam zu erfassen. Da integrierte ausländische Einheiten in der Praxis nur in seltenen Fällen

---

1 Gl.A. *Schulz-Danso* in Beck'sches IFRS-Handbuch, 2. Aufl. 2006, § 25 Rz. 125.

anzutreffen sind (Rz. 3122), hält sich die Auswirkung in der Rechnungslegungspraxis jedoch in Grenzen.

Die vorerwähnten **Grundsätze gelten nicht nur bei voll- oder quotaler Konsolidierung, sondern auch für at equity angesetzte assoziierte Unternehmen.** Je nach funktionaler Währung werden die Differenzen entweder erfolgsneutral vorgenommen (es sei denn, es greift das Ansatzverbot) oder erfolgswirksam (Rz. 2645 f.). Im Einzelfall ist zu entscheiden, ob die Berücksichtigung latenter Steuern überhaupt wesentlich ist. 2643

3.3.5 Abschreibungen auf Beteiligungen

Laufende Steuerersparnisse aus **steuerlich anerkannten Abschreibungen** auf Beteiligungsbuchwerte von **Kapitalgesellschaftstöchtern**, die im IFRS-Konzernabschluss nicht oder in anderer Höhe nachvollzogen werden[1], sind im IFRS-Abschluss grundsätzlich durch passive latente Steuern zu neutralisieren (umgekehrt bei Wertaufholungen). Da Beteiligungsabschreibungen zu einer besonderen Variante von Outside-Differenzen führen[2], gilt jedoch bei fehlender Ausschüttungs- oder Veräußerungsabsicht ein Ansatz*verbot* (Rz. 2636). **Steuerlich nicht anerkannte Abschreibungen** (z.B. nach § 8b KStG) führen dagegen nicht zu latenten Steuern, da permanente Differenzen vorliegen (Rz. 2618). 2644

Bei Beteiligungen an **Personengesellschaften** sind Beteiligungsabschreibungen jedoch nicht relevant, da diese in Form von Verlusten steuerlich zugleich das Steuerbilanzkapital bei der Personengesellschaft verändern und latente Steuern bereits auf Ebene der Personengesellschaft berücksichtigt werden (es liegen sog. Inside-Differenzen vor, Rz. 2635).

3.4 Erfolgswirksame und erfolgsneutrale Bildung

3.4.1 Erfolgswirksamer Ansatz

Aktive und passive latente Steuern sind erfolgswirksam anzusetzen, wenn der Sachverhalt, der zu der Differenz geführt hat, sich ebenfalls erfolgswirksam niedergeschlagen hat (IAS 12.58). 2645

Beispiel:

Eine Maschine, Anschaffungskosten 80 000 Euro, werde steuerlich (und in der HGB-Einzelbilanz) gem. AfA-Tabelle über 8 Jahre abgeschrieben, wobei zunächst degressiv mit 20 % und ab dem vierten Jahr linear abgeschrieben wird. Die wirtschaftliche Nutzungsdauer nach IFRS wird auf zehn Jahre geschätzt. Der Konzern verwendet ausschließlich die lineare Abschreibung. Der Steuersatz betrage 30 %. Die folgende Tabelle zeigt die Entwicklung der Buchwerte und der Ergebnisdifferenzen:

---

[1] Im Konzernabschluss freilich nicht auf Beteiligungsbuchwerte, sondern auf die Vermögenswerte des Tochterunternehmens.
[2] Vgl. zu Einzelheiten *Pawelzik*, KoR 2006, 13 (16).

C. Ansatz und Bewertung der Bilanzposten sowie Angabepflichten

Jahr	1 Buchwert Steuerbilanz	2 Buchwert IFRS- Konzernbilanz	3 IFRS-Mehr- vermögen	4 Passive latente Steuern (Spalte [3] × 30%)	5 Latenter Steueraufwand (+)/ latenter Steuerertrag (–)
	80 000	80 000			
01	64 000	72 000	8 000	2 400	2 400
02	51 200	64 000	12 800	3 840	1 440
03	40 960	56 000	15 040	4 512	672
04	32 768	48 000	15 232	4 570	58
05	24 576	40 000	15 424	4 627	57
06	16 384	32 000	15 616	4 685	58
07	8 192	24 000	15 808	4 743	58
08	0	16 000	16 000	4 800	57
09	0	8 000	8 000	2 400	– 2 400
10	0	0	0	0	– 2 400

Abb. 72: Entwicklung der Buchwerte und Ergebnisdifferenzen

Während der gesamten steuerlichen Nutzungsdauer ist das Vermögen in der Konzernbilanz höher als in der Steuerbilanz. Auf diese Differenz sind passive latente Steuern anzusetzen; die jeweilige Zuführung (Steueraufwand) ergibt sich aus Spalte 5. Erst in den letzten beiden Jahren der Nutzung kehrt sich die Differenz um (Steuerertrag). Zuführung und Auflösung latenter Steuern sind *ergebniswirksam*, da sich die zu Grunde liegenden Bilanzdifferenzen über die unterschiedlich hohen Abschreibungen ebenfalls ergebniswirksam niedergeschlagen haben.

3.4.2 Erfolgsneutraler Ansatz

2646 Nach IFRS kommt es aber auch zu Differenzen zwischen Konzernabschluss und Steuerbilanz infolge erfolgsneutraler Bewertungen. Bei **erfolgsneutral gebildetem IFRS-Mehrvermögen** ist die entsprechende passive Steuerlatenz und bei **erfolgsneutral gebildetem IFRS-Mindervermögen**[1] die entsprechende aktive Steuerlatenz ebenfalls erfolgsneutral zu bilden (IAS 12.61A). Dies betrifft folgende Fälle:

– Ansatz und Neubewertung der bei einem **Unternehmenszusammenschluss** (Rz. 3280 ff.) übernommenen Vermögenswerte und Schulden (dies gilt allerdings nicht immer für Goodwill, Rz. 2626 ff.) und

---

1 Denkbar bspw. bei Finanzinstrumenten der Kategorie available-for-sale, deren Fair value unter den fortgeführten Anschaffungskosten liegt, ohne dass eine Wertminderung gegeben ist, s. Rz. 1894 ff.

XVI. Latente Steuern (IAS 12)

- wahlweise Anwendung der **Neubewertungsmethode im Sachanlagevermögen** (Rz. 1180 ff.)[1],
- wahlweise Anwendung der **Neubewertungsmethode bei immateriellen Vermögenswerten** des Anlagevermögens (Rz. 1060),
- Fair value-Änderungen von **Finanzinstrumenten** der Kategorie available-for-sale (Rz. 1840 f.),
- Fair value-Änderungen von **Cashflow-Hedges** (Rz. 2265 ff.),
- Anpassung des Anfangssaldos der Gewinnrücklagen durch **Änderung der Bilanzierungs- und Bewertungsmethoden** (Rz. 836) bzw. durch Korrektur eines wesentlichen Fehlers (Rz. 870),
- **Währungsdifferenzen** aus der Umrechnung von Abschlüssen nach der Stichtagskursmethode (Rz. 3130 ff., beachte aber bei Sicherungsgeschäften Rz. 3141),
- **kombinierte Finanzinstrumente**, die bei der Ersterfassung in eine Eigenkapital- und Schuldkomponente aufgeteilt werden, ohne dass eine solche Aufteilung in der Steuerbilanz nachvollzogen wird (IAS 12.23, s. zur Aufteilung Rz. 2060),
- sofortige Verrechnung **versicherungsmathematischer Gewinne und Verluste** mit den Gewinnrücklagen (Rz. 2445).

Von den o.g. Fällen dürfte, neben den Unternehmenszusammenschlüssen, Cashflow-Hedges und den versicherungsmathematischen Gewinnen und Verlusten, den **Finanzinstrumenten der Kategorie available-for-sale** besondere Bedeutung zukommen. Hier ist zusätzlich zu berücksichtigen, dass bei Fremdkapitalinstrumenten (z.B. Industrieanleihen) die Ertragserfassung nach der Effektivzinsmethode erfolgt und nur die von den fortgeführten Anschaffungskosten abweichenden Werte (Fair value-Änderungen) erfolgsneutral erfasst werden. Die erforderlichen Korrekturen werden an folgendem Beispiel *exemplarisch* gezeigt: 2647

Beispiel:

Zu den Ausgangsdaten eines Wertpapiers, das der Kategorie available-for-sale zugeordnet worden ist, vgl. Rz. 1885. Der Konzern unterliege einem Steuersatz von 30%.

Im Jahr 01 wird in der Steuerbilanz ein Ertrag von 6 Euro erfasst; im Konzernabschluss dagegen führt die Anwendung der Effektivzinsmethode zu einem Ertrag von 7,08 Euro. Am Jahresende wird das Wertpapier im Konzern mit 89,59 Euro bewertet, wohingegen es in der Steuerbilanz bei den Anschaffungskosten von 88,51 Euro verbleibt. Die Differenz von 1,08 Euro ist erfolgswirksam entstanden und löst die erfolgswirksame Bildung passiver latenter Steuern von 1,08 Euro × 30% = 0,32 Euro aus. Wird im System auf die Daten der Steuerbilanz/Handelsbilanz I aufgesetzt, so ist zur Überleitung auf die Han-

---

1 Auch bei Grundstücken, s. SIC-21.5.

delsbilanz II nach IFRS folgende Korrekturbuchung erforderlich (s. auch die folgende Tabelle):

available-for-sale (Wertpapier) 1,08 an Ertrag 1,08
Steueraufwand 0,32 an passive latente Steuern 0,32

	1	2	3
Jahr 01	Steuerbilanz	Abweichung erfolgswirksam	IFRS-Bilanz
Wertpapiere available for sale	88,51	1,08	89,59
Passive latente Steuern/latenter Steueraufwand [2]		−0,32	−0,32
Jahresergebnis [2]/Eigenkapital [3]		0,76	0,76

Im Folgejahr ist der Marktzins auf 4 % gesunken, der Fair value des Wertpapiers mithin auf 110,48 Euro gestiegen. Die Gesamtdifferenz des Wertansatzes zur Steuerbilanz beträgt 21,97 Euro. Die Differenz des Vorjahres (1,08 Euro) ist bei der Anpassung im Saldovortrag (Spalte 2) zu erfassen. Die Differenz des laufenden Jahres ist auf Grund der Anwendung der Effektivzinsmethode in eine erfolgswirksame (1,17 Euro) und eine erfolgsneutrale Komponente (19,72 Euro) zu zerlegen. Entsprechend sind die Zuführungen des Geschäftsjahres zu den entsprechenden passiven latenten Steuern erfolgswirksam (0,35 Euro) und erfolgsneutral (5,92 Euro) zu bilden. Die Zusammenhänge zeigt die folgende Tabelle:

	1	2	3	4	5	6
Jahr 02	Steuerbilanz	Abweichung Steuerbilanz zu IFRS-Bilanz				IFRS-Bilanz
Posten		Saldovortrag	Veränderung erfolgswirksam	Veränderung erfolgsneutral	Summe	
Wertpapiere available-for-sale	88,51	1,08	1,17	19,72	21,97	110,48
Passive latente Steuern/latenter Steueraufwand [3]		−0,32	−0,35	−5,92	−6,59	
Eigenkapital [6]/Jahresergebnis [3]		*0,76	0,82	**13,8	15,38	

* Gewinnrücklage/-vortrag, ** Neubewertungsrücklage

4. Bewertung

4.1 Erstbewertung

4.1.1 Grundsatz: aktueller Steuersatz

Für die Bewertung latenter Steuern verlangt IAS 12.47, den Steuersatz heranzuziehen, der „zum Zeitpunkt der erwarteten Umkehrung der Differenz gültig ist".[1] Zugleich setzt IAS 12.48 diesen Erwartungen jedoch enge Grenzen, denn zukünftige Steuersätze dürfen nur dann berücksichtigt werden, wenn eine Steuersatzänderung hinreichend sicher bzw. bereits umgesetzt ist. Ein Steuergesetz ist in Deutschland **„substantially enacted"**, wenn die zustimmenden Beschlüsse des Bundestags und des Bundesrats vorliegen[2], bei der Unternehmenssteuerreform 2008 also nach dem Bundesratsbeschluss vom 7.7.2007. Regelmäßig wird daher nur der *aktuelle Steuersatz zum Bilanzstichtag* in Betracht kommen, es sei denn, ein verabschiedetes Steuergesetz sieht bereits andere Steuersätze vor. 2648

In Deutschland ist die **kombinierte Belastung** aus Gewerbesteuer und Körperschaftssteuer inkl. SolZ zugrunde zu legen. **Individuelle Verhältnisse** (etwa der Wegfall der Gewerbesteuer für Grundstücksunternehmen nach § 9 Nr. 1 Satz 2 GewStG oder die Beschränkung auf Gewerbesteuer bei Personengesellschaften (anders aber, *soweit* die Gewinne einer Kapitalgesellschaftsmutter zugerechnet werden, Rz. 2659) sind zu berücksichtigen. Weichen laufende Besteuerung und die Besteuerung von Veräußerungsgewinnen voneinander ab, ist die **beabsichtigte Verwendung** maßgebend (IAS 12.51). Steuersatzunterschiede abweichend vom kombinierten Steuersatz können sich auch bei der Bewertung von Verlustvorträgen ergeben, soweit sich ein körperschaftsteuerlicher vom gewerbesteuerlichen Verlustvortrag in der Bemessungsgrundlage unterscheidet.

4.1.2 Steuersatzänderungen im Wertaufhellungszeitraum

Steuersatzänderungen **innerhalb der Wertaufhellungsfrist** werden nach h.M. als wertbegründendes Ereignis angesehen. Dies führt im Regelfall nur zu einer bloßen Periodenverschiebung[3], kann aber bei **Erstkonsolidierungen** erhebliche materielle Auswirkungen haben, wenn nach dem Erwerbszeitpunkt, aber vor Durchführung der Erstkonsolidierung eine Steuersatzänderung erfolgt. 2649

---

1 So nun auch entsprechend („Abbau der Differenz") für latente Steuern im HGB-Abschluss, § 274 Abs. 2 HGB i.d.F. BilMoG.
2 Vgl. IASB update, Februar 2005, S. 4.
3 Danach waren z.B. latente Steuern in Zwischenabschlüssen zum 30.6.2007 noch nicht umzubewerten, weil die Unternehmensteuerreform erst am 7.7.2007 vom Bundesrat beschlossen wurde, vgl. RIC News v. 20.6.2007.

Beispiel:

Konzernmutter M erwirbt am 1.7.2007 das Unternehmen T mit erheblichen aktiven latenten Steuern (z.B. aus verwertbaren Verlustvorträgen). Folgt man obiger Auffassung, wären diese mit 40% zu bewerten und ab 7.7.2007 (Bundesratsbeschluss) bzw. zum 31.12.2007 erfolgswirksam auf 30% abzuschreiben (!).

Wir halten das nicht für sachgerecht: U.E. will IAS 12.47 nur „ins Blaue hinein erfolgende Schätzungen" verhindern und ist so zu verstehen, dass Gesetzesänderungen zwar konstitutiv und damit wertbegründend für die Steuersatzanpassung als solche, jedoch *wertaufhellend für die Erwartung künftiger Steuersätze* sind, die Bilanzierende per Bilanzstichtag haben dürfen. Allerdings stützt sich die h.M. auf IAS 10.22h, worin Steuersatzänderungen als **wertbegründendes** Ereignis genannt sind und nur eine Anhangangabe in Betracht kommt (Rz. 730). Dem folgt auch das BilMoG.[1]

4.1.3 Steuersatz bei Zwischengewinnen

2650 Bei der Eliminierung von **Zwischengewinnen** aus konzerninternen Lieferungen (Rz. 3830 ff.) ist u.E. der **Steuersatz des liefernden Unternehmens** anzuwenden, da das Geschäft aus Konzernsicht als Lieferung in ein Konsignationslager des Lieferers beim Empfängerunternehmen zu werten ist und die latenten Steuern daher dessen Steuerbelastung abbilden sollen (IAS 12.11) Diese „künftige" Steuerbelastung entspricht somit aus Konzernsicht der im Einzelabschluss bereits tatsächlich angefallenen Steuer auf die Liefermarge. Diese wird im Konzernabschluss lediglich bis zur Realisierung konserviert.[2]

In Konzernen sind die steuerlichen Verhältnisse heranzuziehen, die für die einzelnen Konzerngesellschaften einschlägig sind (IAS 12.11). In der Praxis kommt der Frage der anzuwendenden Steuersätze jedoch nur geringe Bedeutung zu, wenn die Berechnung latenter Steuern unter zutreffender Beachtung des Wesentlichkeitsgrundsatzes regelmäßig anhand **konzerneinheitlicher Steuersätze** erfolgt.[3]

---

1 Vgl. Gesetzesbegründung, BT-Drucks. 16/10067, S. 68; kritisch *Theile*, Bilanzrechtsmodernisierungsgesetz, 2. Aufl. 2009, § 274, Rz. 15.
2 Vgl. *Pawelzik*, Die Prüfung des Konzerneigenkapitals, 2003, S. 266 ff.; *Thiele/Eckert* in Thiele/von Keitz/Brücks (Hrsg.), Internationales Bilanzrecht 2008, IAS 12 Rz. 196; *Wendtland/Vogler*, KoR 2001, 244 (250); a.A. *Loitz*, WPg 2004, 1080 ff. sowie *Senger/Brune* in Beck'sches IFRS Handbuch, 2. Aufl. 2006, § 33 Rz. 249 ff. mit der Begründung, dass die höhere Bemessungsgrundlage beim Empfänger zu einer künftigen Steuerentlastung zu dessen Steuersätzen führt. U.E. hat die Neutralisierung des Zwischengewinns nach IAS 27.21 Vorrang; zudem werden dadurch komplexe Nachforschungen bei Lieferketten vermieden, vgl. FAS 109.124 zu US-GAAP.
3 Vgl. z.B. *ADS*, § 306 HGB Rz. 40, *Coenenberg/Hille* in Baetge u.a., Rechnungslegung nach IFRS, 2002, IAS 12 Rz. 102; im Ergebnis auch DRS 10.23 f.

XVI. Latente Steuern (IAS 12)

4.1.4 Thesaurierungssatz/Körperschaftsteuererhöhungen und -minderungen

Zur Berechnung der tatsächlichen und latenten Steuern ist der **Thesaurierungssatz** maßgeblich (IAS 12.52A). Die ertragsteuerlichen Konsequenzen der Ausschüttung werden erst bei der Beschlussfassung über die Ausschüttung erfasst (IAS 12.52B). Künftig soll dagegen das erwartete Ausschüttungsverhalten maßgebend sein (Rz. 2606). Auf Grund der Abschaffung des Anrechnungs- und Einführung des Halbeinkünfteverfahrens ist IAS 12.52A für deutsche IFRS-Konzernabschlüsse mittlerweile jedoch gegenstandslos, da für die (tatsächliche und latente) Körperschaftsteuer der Steuersatz von 15 % maßgeblich ist. 2651

Demgegenüber sind ertragsteuerliche Effekte aus **Körperschaftsteuerminderungen** (oder Erhöhungen durch Rückgriff auf EK 02) während des Zahlungszeitraums (Jahre 2008 bis 2017) mit dem **Barwert als laufende Ertragsteuerforderung oder -schuld** anzusetzen, da sie nach § 37 Abs. 4 Satz 1, Abs. 5 KStG bzw. § 38 KStG unabhängig von Ausschüttungen bestehen.[1]

4.1.5 Keine Abzinsung latenter Steuern

Latente Steuern sind *nicht abzuzinsen*, IAS 12.53. Das gilt auch für latente Steuern im HGB-Abschluss, § 274 Abs. 2 HGB i.d.F. BilMoG. 2652

4.2 Folgebewertung

4.2.1 Steuersatzänderungen

Sollte sich der **Steuersatz** im Vergleich zur Vorperiode **verändert** haben, so ist eine Neuberechnung der latenten Steuern erforderlich. Bei zuvor erfolgswirksam gebildeten latenten Steuern ist auch die Änderung erfolgswirksam zu erfassen, ansonsten erfolgsneutral (IAS 12.60a). 2653

4.2.2 Änderungen des Steuerstatus/Rechtsformwechsel (SIC 25)

Zu einer erfolgswirksamen oder erfolgsneutralen Umbewertung latenter Steuern kommt es auch bei Änderungen im Steuerstatus des Unternehmens (vgl. SIC-25.4.), bspw. bei **Rechtsformwechsel** von Personengesellschaft in Kapitalgesellschaft und umgekehrt. Hier liegt sozusagen eine besonders große Steuersatzänderung vor. 2654

Beispiel:
Bei Umwandlung einer Personengesellschaft in eine Kapitalgesellschaft bestehe ein Mindervermögen in der IFRS-Bilanz gegenüber der Steuerbilanz (Überhang aktiver latenter Steuern, Rz. 2611) von z.B. 10 Mio. Euro. Da bei Personengesellschaften die Gesellschafter Steuersubjekt der Einkommensteuer

---

[1] Vgl. *ADS International*, IAS 12, Rz. 33; *Thiele/Eckert* in Thiele/von Keitz/Brücks (Hrsg.), Internationales Bilanzrecht, 2008, IAS 12 Rz. 313.

waren, haben sie in der Vergangenheit die tatsächlichen Einkommensteuerzahlungen aus ihrem Privatvermögen getragen: Der korrespondierende Umkehreffekt (die steuerliche Entlastung) entsteht jedoch auf Ebene der inzwischen in eine Kapitalgesellschaft umgewandelten Gesellschaft. Diese bucht eine latente Körperschaftssteuerforderung in Höhe von 15 % = 1,5 Mio Euro ein, und zwar erfolgswirksam (SIC-25). Bei einem IFRS-Mehrvermögen (Überhang passiver latenter Steuern) entsteht ein Aufwand für latente Steuern.[1] Der Ergebniseffekt ist im Anhang anhand der Überleitungsrechnung (Rz. 2692) zu erkennen.

2655 ⊃ Das Beispiel illustriert zugleich die Notwendigkeit, beim Rechtsformwechsel (je nach Stand der Abweichungen zwischen IFRS und Steuerbilanz) Teile des Gesellschaftsvermögens als Gesellschafter-Fremdkapital der neuen Kapitalgesellschaft zu überlassen, auf die die früheren Gesellschafter der Personengesellschaft zur Finanzierung der Steuernachzahlungen zurückgreifen können.

4.2.3 Werthaltigkeitsprüfung/Nachaktivierung

2656 Aktive latente Steuern inklusive latente Steuern auf Verlustvorträge sind im Hinblick auf ihre Ansatzvoraussetzungen (Rz. 2617) zu jedem Stichtag zu überprüfen (IAS 12.56). Sollten die Ansatzvoraussetzungen nicht mehr bestehen, ist eine **Wertberichtigung** erfolgswirksam bzw. erfolgsneutral vorzunehmen (IAS 12.60b). Umgekehrt kommen **Nachaktivierungen** in Betracht, wenn die künftige Ausgleichsfähigkeit nunmehr gegeben erscheint (z.B. bei bisher nicht aktivierten latenten Steuern auf Verlustvorträge; diese werden erfolgswirksam nachaktviert, IAS 12.60b).

5. Sonderfälle

5.1 Organschaft

2657 Das Vorliegen eines steuerlichen Organschaftsverhältnisses führt dazu, dass die jeweilige Organgesellschaft selbst nicht Steuerschuldner ist. Vielmehr hat der Organträger auf Grund der Zurechnung des Einkommens der Organgesellschaften die entsprechenden Steuerverbindlichkeiten zu erfüllen bzw. verfügt über die entsprechenden Steuererstattungsansprüche. Hieraus folgt für den Einzelabschluss der Organgesellschaften, dass eine Steuerabgrenzung eigentlich nicht auf der Ebene der jeweiligen Gesellschaft durchzuführen wäre. Aus technischen Gründen empfiehlt es sich jedoch, die Abweichungen zwischen der Steuerbilanz der jeweiligen Organgesellschaft und den IFRS-Werten pro Gesellschaft zu ermitteln und auch in deren Handelsbilanz II zu buchen.[2] Dann ist nur Folgendes zu beachten:

---

[1] Bei Umwandlungen von Kapitalgesellschaften in Personengesellschaften treten die gegenläufigen Ergebniseffekte ein.
[2] Sog. „Stand alone"-Ansatz, der zur „Push down"-Ermittlung führt, vgl. *Meyer* u.a., Latente Steuern, 2009, § 2 Rz. 90.

XVI. Latente Steuern (IAS 12)

- Die Ansatzvoraussetzungen für aktive latente Steuern (Rz. 2617) sind auf konsolidierter Basis beim Organträger zu prüfen.
- Innerhalb eines Organkreises dürfen pro Steuerart alle bei den Organgesellschaften entstandenen latenten Steuerforderungen und -verbindlichkeiten, auch solche aus Konsolidierung, saldiert werden (Rz. 2684).

Latente Steuern auf **vororganschaftliche Verluste** sind bei Begründung der Organschaft mangels absehbarer Realisierbarkeit regelmäßig erfolgswirksam auszubuchen (u.E. auch im Konzernabschluss) und ggf. bei Beendigung der Organschaft erneut zu aktivieren[1] (Rz. 2621).

5.2 Personengesellschaften

5.2.1 Ergänzungsbilanzen

Bei Erwerb einer Personengesellschaft wird die steuerliche Ergänzungsbilanz, grob gesprochen, auch im Konzern abgebildet. Ein bezahlter Goodwill wirkt sich jedenfalls in Deutschland wie anderes Mehrkapital steuerlich aus. Auf Goodwill- und andere Differenzen sind latente Steuern gemäß Rz. 2627 ff. zu bilden. 2658

Werden nicht 100 % der Anteile an einer Personengesellschaft erworben, umfassen die steuerlichen Buchwerte (tax base) auch die Ergänzungsbilanzen der Minderheitsgesellschafter, da deren Nettovermögen ebenfalls im Konzernabschluss ausgewiesen wird (Vollkonsolidierung, Rz. 3451).

5.2.2 Steuersatz

Die Personengesellschaft selbst zahlt nur Gewerbesteuer. Bei reinen Personengesellschaftskonzernen bleibt es auch bei der bloßen Gewerbesteuerbelastung, so dass temporäre Differenzen nur mit dem Gewerbesteuersatz belegt werden.[2] 2659

Hat eine (möglicherweise nur mittelbare) Mutter jedoch die Rechtsform einer Kapitalgesellschaft, unterliegen die Ergebnisse bei dieser Mutter zusätzlich der Körperschaftsteuer. Streng genommen wäre somit eine Steuerlatenzrechnung auf Ebene der Personengesellschaft (für die Gewerbesteuer) und bei der Muttergesellschaft (für die Körperschaftsteuer) erforderlich.[3]

Hierbei ist jedoch ein pragmatischer Umgang anzuraten. Zumindest bei 100 %iger Konzernzugehörigkeit empfiehlt es sich, auf diese temporären Differenzen den kombinierten Gewerbesteuer- und Körperschaftsteuersatz anzuwenden. Dies führt jedenfalls dann zu richtigen Ergebnissen, wenn die Aktivierungsfähigkeit des aktiven latenten Körperschaftsteueranteils (Rz. 2617) aus Sicht der Mutterkapitalgesellschaft gegeben ist. In Bezug auf einen mögli-

---

1 Vgl. *Hoffmann* in Haufe IFRS Kommentar, 7. Aufl. 2009, § 26 Rz. 101, *ADS International*, IAS 12 Rz. 158.
2 IAS 12 enthält keine § 264c Abs. 3 Satz 2 HGB vergleichbare Regelung zum (statistischen) Ausweis der Einkommensteuer der Gesellschafter.
3 Vgl. *Ernsting/Loitz*, DB 2004, 1055 f.

chen Minderheitenanteil ist jedoch nur Gewerbesteuer zu erfassen. Die Körperschaftsteuer ist auch dann nicht zu berücksichtigen, wenn die Minderheitsgesellschafter die Rechtsform einer Kapitalgesellschaft haben, weil sich deren Körperschaftsteuer nicht im Konzern auswirkt. Dies schlägt sich in der Steuersatzüberleitung (Rz. 2696) nieder.

5.2.3 Ergebnisthesaurierungen

2660 Wegen der direkten Ergebniszurechnung (transparente Gesellschaft) entstehen bei Tochter-Personengesellschaften keine Outside-Differenzen (Rz. 2638), so dass eine Zusatzsteuerbelastung auf Gewinnthesaurierungen i.d.R. entfällt. Dies gilt auch für erfolgsneutrale Währungsumrechnungsdifferenzen bei Auslandstöchtern, falls keine Entnahme beabsichtigt ist (dann Ansatzverbot, Rz. 2641).

5.2.4 Steuerliche Sonderbilanzen (Sonderbetriebsvermögen)

2661 Auf **Sonderbetriebsvermögen** (z.B. ein im zivilrechtlichen Eigentum eines **Gesellschafters** befindliches Grundstück, das an die konsolidierte Personengesellschaft vermietet ist) sind nach überwiegender Ansicht[1] **keine latenten Steuern** abzugrenzen. Zwar liegt rein formal eine Differenz zwischen IFRS-Abschluss und „steuerlichem Buchwert" vor;[2] das Sonderbetriebsvermögen gehört jedoch nicht zum Gesamthandsvermögen des Konzerns, es wird dem Konzern lediglich steuerlich zugerechnet. Allerdings implizieren temporäre Differenzen i.S.v. IAS 12.5, dass wenigstens zu irgendeinem späteren Zeitpunkt einmal auch ein Buchwert im IFRS-Abschluss vorhanden ist, und diese Voraussetzung ist beim Sonderbetriebsvermögen des konzernexternen Vermieters nicht gegeben.

Die aus Sonderbetriebsvermögen oder Sonderbetriebsausgaben bzw. -einnahmen resultierenden Effekte (z.B. bei der Gewerbesteuer) beeinflussen vielmehr den laufenden Steueraufwand und sind bei der **Überleitungsrechnung** (Rz. 2692) zu erläutern.

5.2.5 Umklassifizierung von Personengesellschaftskapital in Verbindlichkeiten nach IAS 32

2662 Die **bloße Umgliederung** von gesellschaftsrechtlichem Personengesellschaft-(Eigen)-kapital in Verbindlichkeiten nach IAS 32 (Rz. 2040 ff.) **führt nicht zu latenten Steuern**[3], da es sich bei „Eigenkapital" bzw. „Fremdkapital" lediglich um Etiketten für ein und dasselbe Nettovermögen handelt, auf das unter-

---

1 Vgl. *Ring*, FR 2003, 1054; *Hoffmann* in Haufe IFRS-Kommentar, 7. Aufl. 2009, § 26 Rz. 75; *Schulz-Danso* in Beck'sches IFRS-Handbuch, 2. Aufl. 2006, § 25 Rz. 75; *Meyer u.a.*, Latente Steuern, 2009, § 2 Rz. 110; im Ergebnis auch *Fülbier/Mages*, KoR 2007, 69 (75).
2 Vgl. *Kirsch*, DStR 2002, 1877; *Ernsting/Loitz*, DB 2004, 1060.
3 A.A. *Küting/Wirth/Dürr*, WPg 2006, 345 (352 f.).

schiedliche Arten von Auszahlungsansprüchen bestehen (individuell = Fremdkapital, kollektiv = Eigenkapital, Rz. 2010 ff.).

Selbst wenn bei formaler Betrachtung eine Differenz zwischen IFRS Bilanz und Steuerbilanz angenommen würde, läge dennoch **keine temporäre Differenz** nach IAS 12 vor, da sich diese nicht umkehrt (bei Auszahlung der potentiellen Verbindlichkeit käme es nicht (!) zu einer Steuerentlastung.[1] Latente Steuern können sich daher allenfalls aus **Bewertungsunterschieden** zwischen dem vormaligen Eigenkapital und der jetzigen Schuld ergeben:

Umgliederung von z.B. 1000 Eigenkapital in Fremdkapital	Keine latenten Steuern
Konzern erwirbt 100% an Personengesellschaftstochter	Abfindungsanspruch (Eigenkapital) und korrespondierende Beteiligung (Forderung) werden wegkonsolidiert, keine latenten Steuern
Konzern erwirbt weniger als 100% an Personengesellschaftstochter. Der Abfindungsanspruch beträgt z.B. 1300 und übersteigt den Minderheitenanteil (1000) somit um 300	Konzernmutter Personenhandelsgesellschaft: Latente Steuern in Höhe der *Gewerbesteuer* auf Differenz zum bisherigen „Kapital"[2], 15% × 300 = 45
	Konzernmutter Kapitalgesellschaft: latente Steuern in Höhe der *GewSt und KSt* auf Differenz zum bisherigen „Kapital", 30% × 300 = 90

5.3 Latente Steuern auf eigene Anteile

Während eigene Anteile nach IAS 32.33 vom Eigenkapital abgesetzt werden[3] (Rz. 2071), werden sie in manchen Steuersystemen als Wirtschaftsgut anerkannt und daher in der Steuerbilanz angesetzt. Hierbei handelt es sich jedoch um eine bloße Ausweisfrage, die nicht zu temporären Differenzen führt (gleiche Lösung wie Rz. 2662).

2663

frei

2664

5.4 Latente Steuern und steuerliche Betriebsprüfung

Feststellungen der steuerlichen Betriebsprüfung berühren unmittelbar die Steuerbilanz. Im praxisrelevanten Regelfall werden die Vermögenswerte (Wirtschaftsgüter) höher und die Schulden niedriger angesetzt als ursprünglich vom Steuerpflichtigen vorgenommen. Da es ein Maßgeblichkeitsprinzip der Steuer-

2665

---

1 Vgl. *Fülbier/Mages*, KoR 2007, 69 (76).
2 Vgl *Fülbier/Mages*, KoR 2007, 69 (78), die die Differenz allerdings als Outside Differenz (Rz. 2636) interpretieren und die Frage problematisieren, ob bei fehlender Erwerbsabsicht keine latenten Steuern zu bilden sind; diese Überlegungen sind aber u.E. wegen der Fiktion des „antizipierten Erwerbs" von Minderheitsanteilen (Rz. 3503 f.) obsolet.
3 Auch im HGB-Abschluss ist der Nennbetrag eigener Anteile offen vom „gezeichneten Kapital" abzusetzen und ein darüber hinausgehender Betrag mit den frei verfügbaren Rücklagen zu verrechnen (§ 272 Abs. 1a HGB i.F.d. BilMoG)

bilanz für den IFRS-Abschluss nicht gibt, haben diese Änderungen keine unmittelbaren Auswirkungen auf die entsprechenden Vermögenswerte und Schulden in der IFRS-Bilanz.

5.4.1 Keine Anpassung der IFRS-Bilanz

2666 Vorstehende Aussage gilt jedoch nur, falls in der IFRS-Bilanz nach IFRS-Kriterien richtig bilanziert worden ist.

> **Beispiel:**
>
> Erhöht die Betriebsprüfung in einem Fertigungsunternehmen die Vorräte um 10 Mio. Euro, da die Nachweise für die geringeren steuerlichen Teilwerte nicht ausreichend seien und besteht kein Zweifel, dass die IFRS-Werte zutreffend sind, dann erfolgt in der IFRS-Bilanz keine Anpassung der Vorratswerte und es entsteht eine aktive temporäre Differenz von 10 Mio. Euro (IFRS-Mindervermögen, das durch aktive latente Steuern ausgeglichen wird, Rz. 2610). Die Betriebsprüfung führt somit zum Abfluss laufender Steuern (z.B. 30 % = 3 Mio. Euro), denen jedoch vermögensmäßig ein latenter Steueranspruch in gleicher Höhe gegenübersteht (3 Mio. Euro).

2667 Die Verschiebung zwischen tatsächlichen Steuerschulden und latenten Steuerforderungen ist u.E. nach IAS 8.48 als **Schätzungsänderung** zu klassifizieren (Rz. 860 ff.). Im vorstehenden Beispiel stellt sich die Steuerberechnung zwar nachträglich als objektiv falsch heraus, die frühere Aufstellung der Steuerbilanz beruhte aber auf einer redlichen Ermittlung der Abweichungen zwischen IFRS- und Steuerbilanz. Ein Fehler kommt damit nur in Betracht, wenn die Steuerbilanz fahrlässig falsch aufgestellt wurde.[1]

Damit sind die Folgen der Betriebsprüfung bei einer Schätzungsänderung im laufenden Jahr **erfolgswirksam einzubuchen**, d.h. laufender Steueraufwand und latenter Steuerertrag in Höhe von jeweils 3 Mio. Euro. Hierdurch ändern sich weder das Ergebnis noch das Eigenkapital; allerdings verschlechtert sich die finanzielle Situation nach Abfluss der Steuerzahlungen. Der Minderbestand an flüssigen Mitteln wird nur durch eine latente Steuerforderung „ausgeglichen". Nach ED IAS 12 sollen Betriebsprüfungsrisiken künftig mit ihrem Erwartungswert angesetzt werden (Rz. 2606). Dies würde zu einer früheren Umschichtung latenter zu laufenden Steuern führen.

Die Situation verbessert sich erst mit Umkehr der temporären Differenz, d.h. bei steuerlicher Anerkennung der Abwertung, z.B. auf Grund tatsächlicher Verschrottung. Dann kommt es zu einer Einbuchung von Steuerforderungen, Abschreibung der latenten Steuern sowie zur Steuererstattung.

2668–2669 frei

---

[1] In diesem Fall erfolgt eine erfolgsneutrale Fehlerkorrektur, Rz. 870 ff.

5.4.2 Anpassung der IFRS-Bilanz

Abweichend von Rz. 2666 ist jedoch zu verfahren, wenn die Feststellung des Betriebsprüfers auch zur Entdeckung eines Fehlers in den Wertansätzen der Vermögenswerte oder Schulden im IFRS-Abschluss führt. Hierzu folgendes, unverfängliches Beispiel, wobei vom (in der Praxis je nach Größenverhältnis möglicherweise zutreffenden) Argument der Unwesentlichkeit abgesehen werden soll: 2670

Beispiel:
Der Betriebsprüfer hat in 03 für das Geschäftsjahr 01 entdeckt, dass beim Erwerb eines neuen Betriebsareals Anschaffungsnebenkosten von 150 000 Euro nicht aktiviert worden sind. Daraufhin werden Steuerbilanz und Steuerbescheide entsprechend geändert.

Auch im ursprünglichen IFRS-Abschluss sind die Anschaffungsnebenkosten nicht aktiviert worden. Dann handelt es sich um einen (wesentlichen) Fehler im IFRS-Abschluss, der rückwirkend korrigiert wird (Rz. 872). Daher erfolgt in beiden Bilanzen eine gleichgerichtete rückwirkende Korrektur mit der Folge, dass es nicht zu Abweichungen zwischen Steuerbilanz und IFRS-Bilanz kommt. Folglich sind keine latenten Steuern abzugrenzen. Im IFRS-Abschluss wird wie in der Steuerbilanz die (höhere) tatsächliche Steuerschuld passiviert. Die Korrekturbuchung für den IFRS-Abschluss des Jahres 04 lautet somit für den **1.1.03**:

Per Grundstück 150 000 an Eigenkapital 105 000
an tatsächliche Steuerschuld 45 000

mit der entsprechenden Weiterführung in den Geschäftsjahren 03 und 04.

frei 2671–2674

6. Abstimmung latenter Steuern

Die Ermittlung der zu buchenden und im Anhang zu nennenden Werte verlangt im Vorfeld **organisatorische** Vorkehrungen zur Datenermittlung. Da latente Steuern für den HGB-Anwender (noch) ungewohnt sind (Rz. 2604), müssen Maßnahmen getroffen werden, die eine Sammlung der temporären Differenzen zunächst auf Handelsbilanz II-Ebene und anschließend auf Konzernebene (latente Steuern aus Konsolidierungsbuchungen) sowie deren Zusammenfassung für den Konzernabschluss ermöglichen. Zur Organschaft vgl. Rz. 2657, zu Personengesellschaften s. Rz. 2658 ff. 2675

Im Folgenden demonstrieren wir die **Verprobung** latenter Steuern und zeigen dabei zunächst die Zusammensetzung und Entwicklung der aktiven und passiven latenten Steuern in der Bilanz. Diese Werte werden benötigt, um die Veränderung der Bilanzposten unter Berücksichtigung erfolgsneutraler Buchungen zum Steueraufwand lt. GuV überzuleiten. Das Zahlentableau ist mit dem Beispiel zum Eigenkapitalspiegel (Rz. 4362), zum Pensionsspiegel

(Rz. 2446) und zu der Konzernkapitalflussrechnung (Rz. 4460) kompatibel. Um die Erläuterung nicht zu überfrachten, sind die dazugehörigen Bruttowerte (Bemessungsgrundlagen), also die temporären Differenzen selbst, nicht ausgewiesen.

2676 Die Entwicklung der aktiven latenten Steuern zeigt die folgende, anschließend erläuterte Aufstellung:

Aktive latente Steuern lt. Bilanz	Nicht direkt ins Eigenkapital gebucht				Direkt ins Eigenkapital gebucht			Total
	Verlustvorträge	Vorräte	Drohverlustrückstellungen	Total	Cashflow-Hedges	Pensionsrückstellungen	Total	
1.1.02	250	300	370	920	180	300	480	1400
Veränderung erfolgsneutral				0	−75	120	45	45
Konsolidierungskreisänderungen	20			20			0	20
Währungsdifferenzen	40	20		60	120		0	120
Veränderung erfolgswirksam	300	60	140	500			0	500
31.12.02	610	380	570	1560	105	420	525	2085

Die **aktiven latenten Steuern** beruhen auf folgenden Sachverhalten:

- Aktivierung zukünftiger Steuerersparnisse auf Grund bestehender **Verlustvorträge** (Rz. 2621, 2697).

- **Vorräte, Eliminierung von Zwischengewinnen:** In Einzelabschlüssen von Lieferunternehmen bereits versteuerter Gewinne werden im Konzern zunächst zurückgedreht. Daraus folgt, dass der auf die Liefermarge entfallende tatsächliche Steueraufwand durch Aktivierung eines latenten Steueranspruchs neutralisiert werden muss (Rz. 2650).

- **Rückstellungen** nach IAS 37 können über den steuerlichen Werten liegen, insbesondere bei **Drohverlustrückstellungen**, falls diese, wie jedenfalls in Deutschland, steuerlich nicht anerkannt werden. Die erst künftig tatsächlich zu erwartende Steuerentlastung wird durch Aktivierung latenter Steuern vorweggenommen.

- Die vorerwähnten Sachverhalte werden **erfolgswirksam** gebucht mit Ausnahme der Zugänge bzw. Abgänge aus **Konsolidierungskreisänderungen** sowie der erfolgsneutralen **Währungsumrechnungsbeträge**, die im Konzern bei jedem Bilanzposten zu berücksichtigen sind.

- Latente Steuern auf **Cashflow-Hedges** werden dagegen erfolgsneutral ins Eigenkapital eingestellt (der Nettobetrag nach latenten Steuern ist Teil des sog. *sonstigen Konzernergebnisses*, Rz. 4310). Cashflow-Hedges können z.B. aus Zinsswaps resultieren, um Zinsrisiken bei Bankdarlehen auszuschließen

(Tausch variabler Zinsbeträge gegen Festzinsen). *Im Beispiel* besteht eine Brutto*verbindlichkeit aus Cashflow-Hedges*, die anzeigt, dass der Marktwert des via Swap eigentlich aufgenommenen Festzinskredites höher als die vorläufig passivierten variabel verzinslichen Bankschulden ist (Rz. 2266). Es liegt somit IFRS-Mindereigenkapital vor, das zu aktiven[1] latenten Steuern führt.

– Die latenten Steuern auf **Pensionsrückstellungen** betreffen die erfolgsneutrale Verrechnung versicherungsmathematischer Verluste (Rz. 2446). Die erst spätere steuerliche Entlastung wird durch erfolgsneutrale Bildung latenter Steuern vorweggenommen.

Für die Passivseite zeigt sich folgende Entwicklung der latenten Steuern: 2677

Passive latente Steuern lt. Bilanz	nicht direkt ins Eigenkapital gebucht				direkt ins Eigenkapital gebucht	Total
	Sachanlagen	Forderungen (Wertberichtigungen)	übrige Rückstellungen	Total	Wertpapiere available-for-sale	
1.1.02	3000	100	275	3375	25	3400
Veränderung erfolgsneutral					20	20
Konsolidierungskreisänderungen	250			250		250
Währungsdifferenzen	40	20	40	100		100
Veränderung erfolgswirksam	900	– 30	260	1130		1130
31.12.02	4190	90	575	4855	45	4900

Die **passiven latenten Steuern** beruhen auf folgenden Sachverhalten:

– **Sachanlagen** werden nach IFRS im Allgemeinen linear und mit längeren Nutzungsdauern abgeschrieben als nach Steuerrecht, so dass im IFRS-Abschluss höhere Buchwerte angesetzt werden. Dieser Buchwertaufstockung stehen passive latente Steuern gegenüber.

– Im Beispiel seien bestimmte nach Steuerrecht gebildete **Wertberichtigungen auf Forderungen** nach IFRS nicht berücksichtigt. Das hierdurch im IFRS-Abschluss entstandene Mehreigenkapital (Rz. 2611) führt zu passiven latenten Steuern.

– Bei übrigen **Rückstellungen** sei eine passive temporäre Differenz entstanden, weil bestimmte Rückstellungen (entgegen dem Normalfall, Rz. 2676) zwar steuerlich, aber nicht nach IFRS gebildet werden dürfen (in Deutschland kommen dafür i.d.R. nur unterlassene Instandhaltungen, die innerhalb von 3 Monaten nach Stichtag durchgeführt werden, in Betracht). Die Stor-

---

[1] Im umgekehrten Fall (positive Marktwerte, die als Forderung bilanziert werden), käme es zu passiven latenten Steuern.

nierung dieser Rückstellung im IFRS-Abschluss führt zu Mehreigenkapital und damit zu passiven latenten Steuern (Rz. 2611).

- Marktwertänderungen bei **Wertpapieren** der Kategorie **available-for-sale** werden erfolgsneutral ins Eigenkapital eingestellt. Bei einer Fair value-Aufwertung (wie im Beispiel) sind passive latente Steuern erfolgsneutral zu erfassen (Rz. 2646 f.).

2678 Nach den obigen Vorarbeiten kann die Veränderung der aktiven und passiven latenten Steuern lt. Bilanz mit dem Steueraufwand lt. GuV verprobt werden.

Das Schema beruht auf folgender Überlegung: Würden latente Steuern nur erfolgswirksam entstehen, wäre der latente Steueraufwand in der GuV (630) identisch mit der Veränderung der Steuerlatenz lt. Bilanz. Diese Veränderung (– 815) könnte man auch als „erwarteten latenten Steueraufwand" bezeichnen.

In jedem Konzern sind jedoch üblicherweise noch Konsolidierungskreisänderungen sowie erfolgsneutrale Währungsumrechnungsdifferenzen und eben auch die für IFRS-Abschlüsse typischen, direkt ins Eigenkapital gebuchten Beträge zu berücksichtigen.

Abstimmung des Steueraufwandes lt. GuV	Aktive Latente Steuern	Passive Latente Steuern	Total
Erhöhung aktiver latenter Steuern lt. Bilanz	685		685
Erhöhung passiver latenter Steuern lt. Bilanz		– 1500	– 1500
Zwischensumme („erwarteter latenter Steueraufwand" (–)/Steuerertrag)	685	– 1500	– 815
Konsolidierungskreisänderungen	– 20	250	230
Währungsumrechnung	– 120	100	– 20
Direkt ins Eigenkapital gebucht (Cashflow-Hedges, Wertpapiere available-for-sale, Pensionsrückstellungen)	– 45	20	– 25
Latenter Steueraufwand (–)/Steuerertrag lt. GuV	500	– 1130	– 630
Laufender Steueraufwand			– 2800
Steueraufwand insgesamt			– 3430

Somit beträgt der erfolgswirksam gebuchte latente Steueraufwand nicht 815, sondern 630 (Saldo aus einem Ertrag von 500 bei aktiven latenten Steuern, Rz. 2676 und Aufwand von 1130 aus passiven latenten Steuern, Rz. 2677). Zusammen mit dem laufenden Steueraufwand (2800) ergibt sich ein Gesamtsteueraufwand von 3430 (Rz. 2694).

2679 frei

7. Ausweis

7.1 Bilanzausweis und Saldierung

7.1.1 Tatsächliche Steueransprüche und Steuerschulden

Tatsächliche Steuerschulden sind als Schuld und **tatsächliche Steuererstattungsansprüche** als Vermögenswert **getrennt** von anderen Schulden und Vermögenswerten anzusetzen. Zu den tatsächlichen Steuerforderungen zählen auch Erstattungsforderungen auf Grund von Verlustrückträgen. Es ist mit der herrschenden Praxis zu empfehlen, die Steuerschulden zunächst als Steuerrückstellung und nach Festsetzung als Verbindlichkeit auszuweisen, so dass sich gegenüber dem Verfahren nach HGB keine Änderungen ergeben. 2680

Für **tatsächliche Steuererstattungsansprüche und tatsächliche Steuerschulden** besteht ein **Saldierungsgebot**, wenn folgende Voraussetzungen vorliegen: 2681

(a) Das Unternehmen hat ein einklagbares Recht, die bilanzierten Beträge gegeneinander aufzurechnen (§ 226 AO i.V.m. § 387 BGB[1]) und

(b) Es ist beabsichtigt, den Ausgleich auf Netto-Basis herbeizuführen oder gleichzeitig mit der Realisierung des betreffenden Vermögenswertes die dazugehörige Schuld abzulösen (IAS 12.71).

Auch in einem Konzernabschluss wird ein Steuererstattungsanspruch eines einbezogenen Unternehmens nur dann gegen eine tatsächliche Steuerschuld eines anderen einbezogenen Unternehmens saldiert, wenn ein entsprechendes einklagbares Recht auf eine Netto-Zahlung besteht (IAS 12.73).

Diese Möglichkeit besteht im Ergebnis nur innerhalb des **Organkreises**, bei der es bereits durch die alleinige Steuerschuldnerschaft des Organträgers (Rz. 2657) zu einer Saldierung kommt. Ohne **Organschaft** scheidet eine Saldierung zumindest in Deutschland aus.

Eine **zeitliche Kongruenz** von Steuerforderungen und -verbindlichkeiten ist für die Saldierung im Regelfall weder für laufende noch für latente Steuern erforderlich (IAS 12.75).[2] 2682

7.1.2 Latente Steueransprüche und Steuerschulden

Latente Steueransprüche und latente Steuerschulden müssen innerhalb der langfristigen Vermögenswerte bzw. Schulden ausgewiesen werden. Das gilt auch für den Umkehreffekt des folgenden Geschäftsjahres. Zur angedachten Neuregelung s. Rz. 2606. 2683

Bilanzielle Steuerlatenzen können bzw. müssen nach IAS 12.74 im Ergebnis unter den gleichen Voraussetzungen wie tatsächliche Steuerbeträge saldiert werden (Rz. 2681 f.). Eine Saldierung tatsächlicher und latenter Steuern ist allerdings ausgeschlossen.

---

1 Voraussetzung einer Aufrechnung nach § 387 BGB ist, dass die eigene Forderung fällig und die eigene Verbindlichkeit entstanden sein muss.
2 Zu Ausnahmen bei der Aufrechnung durch verschiedene Steuersubjekte vgl. IAS 12.76.

2684 Da es sich bei latenten Steuerforderungen und Steuerschulden naturgemäß nicht um tatsächliche Steuerbeträge handelt, ist die Voraussetzung des „einklagbaren Rechts auf Aufrechnung" (IAS 12.74a) als Fiktion zu verstehen, soll die Vorschrift nicht ins Leere laufen: Latente Steuern sind somit zu saldieren, wenn sie aufrechenbar wären, *falls* es sich nicht um latente, sondern um tatsächliche Steuern handeln würde. Auch die weiteren Voraussetzungen (gleiche Steuerart, identisches Steuersubjekt bzw. identischer Organkreis, Rz. 2656) entsprechen den Anforderungen bei der Saldierung tatsächlicher Steuerbeträge.

Daraus folgt, dass auch latente Steuern aus **Konsolidierungsvorgängen** gegen latente Steuern auf temporäre Differenzen miteinander verrechnet werden müssen.[1]

Beispiel:

Unternehmen A und B sind Mitglieder eines **Organkreises**. Bei A sei aus Lieferungen an ausländische nicht zum Organkreis gehörende Vertriebsgesellschaften ein Zwischengewinn entstanden, dessen Eliminierung zu aktiven latenten Steuern von 300 führe.[2] B schreibe steuerlich degressiv, im IFRS-Abschluss dagegen linear ab. Dem höheren IFRS-Anlagevermögen stehen somit passive latente Steuern, hier in Höhe von 400, gegenüber.

Die aktiven latenten Steuern von 300 dürfen mit den passiven latenten Steuern von 400 saldiert werde, so dass im IFRS-Abschluss ein passiver Überhang von 100 auszuweisen ist.

Zudem ist in Organkreisen die Unterteilung der Steuerbeträge nach Steuerbehörden (ggf. verschiedene Gemeinden für die Gewerbesteuer, Finanzamt für die Körperschaftsteuer) wegen der gleichmäßigen gewerbesteuerlichen Zerlegung des Gesamteinkommens entbehrlich. Es können somit die kombinierten aktiven und passiven Steuerbeträge saldiert werden.

7.2 Gewinn- und Verlustrechnung

2685 In der **Gewinn- und Verlustrechnung** können der tatsächliche und latente **Steueraufwand** (Steuerertrag) *zusammen* ausgewiesen werden.[3] Die Position ist im **Anhang** aufzugliedern. In der Praxis wird im Anhang regelmäßig zwischen dem tatsächlichen und latenten Steueraufwand und -ertrag unterschieden und ggf. noch jeweils nach In- und Ausland unterteilt. Rz. 2678 enthält ein Ausweisbeispiel.

2686–2689 frei

---

[1] Einschränkend *Senger/Brune*, Beck'sches IFRS-Handbuch, 2. Aufl. 2006, § 33 Rz. 255 ff.
[2] Latente Steuern auf Zwischengewinne sind u.E. beim Lieferunternehmen zu berücksichtigen, Rz. 2650.
[3] Demgegenüber ist im HGB-Abschluss der Aufwand oder Ertrag aus der Veränderung bilanzierter latenter Steuern in der GuV gesondert unter dem Posten „Steuern vom Einkommen und Ertrag" auszuweisen, § 274 Abs. 2 HGB i.d.F. BilMoG.

8. Anhangangaben

8.1 Allgemeine Angaben

IAS 12.80 ff. enthalten eine Reihe von **Erläuterungs- und Offenlegungsempfehlungen und -pflichten**. Nachfolgend die wesentlichen: 2690

– Darstellung der allgemeinen Bilanzierungsgrundsätze:

Beispiel (Bayer AG, Geschäftsbericht 2007, S. 114):
„Als Ertragsteuern werden die in den einzelnen Ländern erhobenen Steuern auf den steuerpflichtigen Gewinn sowie die Veränderung der latenten Steuerabgrenzungen ausgewiesen. Die tatsächlichen Ertragsteuern werden auf Basis der am Bilanzstichtag gültigen bzw. verabschiedeten Regelungen in der Höhe erfasst, wie sie voraussichtlich bezahlt werden müssen. [...] Der Berechnung [der latenten Steuern] liegen die in den einzelnen Ländern zum Realisierungszeitpunkt erwarteten Steuersätze zugrunde. Diese basieren grundsätzlich auf den am Bilanzstichtag gültigen bzw. verabschiedeten gesetzlichen Regelungen. Latente Steuerforderungen und -verbindlichkeiten werden saldiert, sofern diese gegenüber der gleichen Steuerbehörde bestehen".

– Erläuterung zu Verlustvorträgen (s. Formulierungsbeispiel in Rz. 2621).
– Erläuterung der temporären Differenzen im Zusammenhang mit Tochtergesellschaften, Gemeinschafts- und assoziierten Unternehmen (Outside-Differenzen, s. Formulierungsbeispiel in Rz. 2637).
– Betrag der erfolgsneutral ins Eigenkapital eingestellten aktiven (Rz. 2676) und passiven (Rz. 2677) latenten Steuern.
– Erfolgswirksam gebuchter latenter Steuerertrag oder -aufwand und laufender Steueraufwand. Wir empfehlen die Darstellung gemäß Rz. 2678.
– Angabe künftiger ertragsteuerlicher Folgen von Dividendenzahlungen (IAS 12.81 i).

8.2 Überleitungsrechnung

Die in IAS 12.81c vorgeschriebene **Überleitungsrechnung** hat große Bedeutung für das Verständnis latenter Steuern durch den Bilanzleser. Zugleich stellt sie ein weiteres Instrument zur **Verprobung** latenter Steuern dar:[1] 2691

Würden tatsächlich sämtliche temporären Differenzen versteuert und gäbe es darüber hinaus keine weiteren Abweichungen zwischen IFRS- und Steuerbilanz, dann ergäbe sich der ausgewiesene Steueraufwand, der sich aus tatsäch-

---

[1] Die Veröffentlichung einer steuerlichen Überleitungsrechnung wird im HGB-Abschluss auf Gesetzesebene nicht gefordert, von der Bundesregierung jedoch angeregt, vgl. Bundestags-Drs. 16/10067, S. 68. Mindestens zur Verprobung ist sie u.E. unerlässlich.

lichen und latenten Steuern zusammensetzt, unmittelbar aus der Multiplikation des Vor-Steuer-Ergebnisses mit dem Steuersatz. Da diese Voraussetzungen aber nicht vorliegen, soll eine Überleitungsrechnung von einem solchermaßen erwarteten zum ausgewiesenen Steueraufwand informieren (IAS 12.84). Der anzuwendende Steuersatz zur Ermittlung des erwarteten Steueraufwands ist typischerweise der **Steuersatz des Mutterunternehmens** (sog. „*home based rate approach*"), bei starken Auslandsaktivitäten auch ein Mischsteuersatz (IAS 12.85). Mit diesem Steuersatz werden i.d.R. auch die latenten Steuern bewertet. Die Berechnungsgrundlagen für den Steuersatz sind anzugeben.

2692 Das nachfolgende Tableau zeigt zunächst die **Zusammensetzung des steuerlichen und des IFRS Ergebnisses**. Die Unterschiede haben folgende Ursachen:

– **Veränderung temporärer Differenzen**, wodurch (a) das IFRS Ergebnis geringer ist als das steuerliche Ergebnis, z.B. wegen der Bildung von Drohverlustrückstellungen und (b) das IFRS Ergebnis höher ist als das steuerliche ist (z.B. durch geringere Abschreibungen)

– Bestimmte Aufwendungen und Erträge **wirken sich steuerlich nicht aus**:

	IFRS	Steuerlich
Vorläufiges Ergebnis vor Steuern	8 000	8 000
IFRS Mindervermögen (-ergebnis), u.a. Bildung von Drohverlustrückstellungen	– 1 667	0
IFRS Mehrvermögen(-ergebnis), u.a. geringere Abschreibung auf Sachanlagen	3 767	0
Abschreibung auf nicht konsolidierte GmbH Beteiligung	– 200	0
Nicht abzugsfähige Betriebsausgaben (Bewirtung u.ä.)	– 150	0
Steuerfreie Investitionszulage	250	0
Ergebnis vor Steuern	**10 000**	**8 000**
davon Inland	*6 000*	*4 000*
davon Ausland	*4 000*	*4 000*
Tatsächliche Steuern Inland (30%)		– 1 200
Tatsächliche Steuern Ausland (40%)		– 1 600
Laufender Steueraufwand		**– 2 800**

2693 frei

2694 Unter Berücksichtigung der im Inland und Ausland anwendbaren Steuersätze errechnet sich ein laufender Steueraufwand von 2800. Im IFRS Abschluss sind außerdem latente Steuern auf die Veränderung temporärer Differenzen zu erfassen:

XVI. Latente Steuern (IAS 12)

				IFRS
Ergebnis vor Steuern				10 000
Laufende Steueraufwendungen			– 2 800	
Latenter Steuerertrag	30% von 1667 (u.a. Bildung Drohverlustrückstellungen)	500		
Latenter Steueraufwand	30% von – 3767 (u.a. geringere Afa Sachanlagen)	– 1 130		
Latenter Steueraufwand			– 630	– 630
Steueraufwand insgesamt			– 3 430	– 3 430
Ergebnis nach Steuern				6 570

Drei der in Rz. 2692 genannten Ergebniskomponenten führen **mangels temporärer Differenzen** *nicht* zu latenten Steuern (Rz. 2618):

(a) Entweder liegen keine Buchwertunterschiede vor (Bewirtungsaufwand, sofort vereinnahmte Investitionszulage) oder

(b) die Differenzen sind mangels Ausgleich nicht temporär (Teilwertabschreibung auf GmbH Beteiligung).

Nach diesen Vorarbeiten kann der aus dem Vor-Steuer-Ergebnis durch Multiplikation mit dem Steuersatz ermittelte „erwartete" oder „theoretische" Steueraufwand zum ausgewiesenen Steueraufwand übergeleitet werden (Steuersatz-Überleitungsrechnung) In der Praxis ist dabei eine nominelle Überleitung üblich; die ebenso zulässige prozentuale Überleitung wird kaum angewendet. Das folgende Beispiel erläutert beide Vorgehensweisen. 2695

Beispiel:

		nominelle Überleitung	prozentuale Überleitung
(IFRS) Ergebnis vor Steuern		10 000	
Steuersatz		30,0%	30,0%
Erwarteter Steueraufwand:		– 3 000	
Höhere ausländische Steuerbelastung	(10% von 4 000)	– 400	4,0%
Steuerlich nicht abzugsfähige Teilwertabschreibung	(30% von 200)	– 60	0,6%
Steuerlich nicht abzugsfähige Betriebsausgaben	(30% von 150)	– 45	0,5%
Nicht steuerpflichtige Investitionszulage	(30% von – 250)	75	– 0,8%
Tatsächlicher Steueraufwand		– 3 430	
Tatsächlicher Steuersatz		34,3%	34,3%

Die **Veränderung temporärer Differenzen** taucht in der Überleitungsrechnung *nicht* auf, da diese gerade mit latenten Steuern belegt werden und der tatsächliche daher mit dem erwarteten Steueraufwand korrespondiert (s. auch Rz. 2697).

Die Einfügung einer Zeile für abweichende **ausländische Steuersätze** ist notwendig, weil sich der Konzernsteuersatz nur auf das Inland bezieht. Die Zeile entfällt naturgemäß, wenn der erwartete Konzernsteuersatz bereits als Mischsatz inklusive Ausland definiert ist.

Die steuerlich wegen § 8b KStG **nicht abzugsfähige Teilwertabschreibung** hat das IFRS Ergebnis gemindert, ohne dass korrespondierende latente Steuern gebildet wurden. Daher muss der Posten in die Überleitungsrechnung aufgenommen werden.

Nicht abzugsfähige Aufwendungen betreffen neben Bewirtung, Geschenken, Bußgeldern etc. auch die Effekte gewerbesteuerlicher Hinzurechnungen (z.B. Dauerschuldzinsen), *soweit* diese *nicht* bereits bei der Bemessung des Konzern-Normalsteuersatzes (30%) erfasst worden sind.

Umgekehrt sind Effekte aus **steuerfreien Erträgen**, z.B. Investitionszulagen (Rz. 2632), vom erwarteten Steueraufwand *abzuziehen*, da die im Vor-Steuer-Ergebnis enthaltenen Erträge tatsächlich nicht versteuert wurden.

2696 Folgende weitere **Sachverhalte**, die unser Beispiel aus Vereinfachungsgründen nicht enthält, sind **regelmäßig** ebenfalls bei der Überleitungsrechnung **zu berücksichtigen**:

Steuersatzänderungen führen zu einer erfolgswirksamen Neuberechnung des Bestandes der *erfolgswirksam* entstandenen latenten Steuern (Rz. 2653), soweit dieser von der Steuersatzänderung betroffen ist. In 2008 waren etwa die Effekte aus der Unternehmenssteuerreform im Inland zu erfassen: Bei 10% Steuersatzdifferenz auf z.B. 2000 Überhang inländischer passiver latenter Steuern wäre ein latenter Steuerertrag von 200 entstanden. Da die Steuern auf das laufende Ergebnis diesen Ertrag nicht beinhalten, ist er in die Überleitungsrechnung aufzunehmen. Demgegenüber werden Steuersatzänderungen bei *erfolgsneutral* entstandenen latenten Steuern direkt im Eigenkapital berücksichtigt und sind daher bei der Überleitungsrechnung nicht zu erfassen. Im Anhang ist **die Steuersatzänderung** zu erläutern (IAS 12.81d).

Periodenfremde Steuern erfassen falsche Steuerberechnungen in Vorjahren, z.B. durch Rechenfehler, unzutreffende Erfassung nichtabzugsfähiger Ausgaben, Steuern ohne Umkehreffekt (verdeckte Gewinnausschüttungen) etc. Nicht hierunter fallen jedoch Abweichungen, die zwar zu höheren laufenden Steuern führen, aber durch latente Steuern kompensiert werden, s. Rz. 2666 f.

Steuern auf Minderheitenanteile bei Personengesellschaften sind zu korrigieren, da die Körperschaftsteuerbelastung (bei natürlichen Personen die Einkommensteuer) der Minderheitsgesellschafter im Konzernabschluss *nicht* gebucht wird (Rz. 2659).

XVI. Latente Steuern (IAS 12)

Das Vor-Steuer-Konzernergebnis kann **Equity-Ergebnisse** enthalten, bei denen es sich immer um **Nach**-Steuer-Beträge handelt (Rz. 3671). Daher kommt es bei Equity-Bilanzierung immer zu erklärungsbedürftigen Abweichungen. Werden z.B. Gewinne aus assoziierten Unternehmen von 200 (nach Steuern) vereinnahmt, dann erhöhen diese den erwarteten Steueraufwand um 30 % = 60, obwohl es sich tatsächlich bereits um einen Nach-Steuer-Betrag handelt. Dieser Effekt ist durch eine Aufwandsminderung von 60 zu korrigieren.

Recht komplex sind die Zusammenhänge bei der **Aktivierung latenter Steuern auf Verlustvorträge** (Rz. 2621): Das Verständnis für die Methodik wird sehr erleichtert, wenn man zunächst einmal den planmäßigen Normalfall betrachtet, der in der Überleitungsrechnung gerade *nicht* auftaucht: 2697

– Wenn Konzerngesellschaften im laufenden Jahr Verluste erwirtschaftet haben, werden bei Erfüllung der Ansatzvoraussetzungen die daraus resultierenden künftigen Steuerersparnisse aktiviert. Es wird somit ein aktiver latenter Steuerertrag von 700 (30 % der Verluste in Höhe von 2333) gebucht.

– *Andere* Konzerngesellschaften haben im Berichtsjahr Gewinne erwirtschaftet, die wegen bestehender steuerlicher Verlustvorträge nicht zu versteuern sind, so dass kein Steueraufwand entsteht. Allerdings sind in Vorjahren aktivierte latente Steuern auf die steuerlichen Verlustvorträge nunmehr abzuschreiben (Aufwand von 400).

	Vor-Steuer-Ergebnis	Steuern 30,0 %
Laufende Verluste mit sofortiger Aktivierung latenter Steuern	– 2 333	700
Laufende Gewinne mit Abschreibung von in Vorjahren aktivierten Steuerersparnissen auf Verlustvorträge	1 333	– 400
Saldo = erfolgswirksame Erhöhung aktiver latenter Steuern auf Verlustvorträge, Rz. 2676	– 1 000	300
Restergebnis	11 000	– 3 300
Konzernergebnis vor Steuern	10 000	– 3 000

Diese Systematik führt praktisch zu einem sofortigen Verlustausgleich (Nettoertrag = Erhöhung der aktiven latenten Steuern von 300 = 30 % des Verlustüberhangs von 1000), so dass der erwartete Steueraufwand (3000) *im Normalfall* immer zu dem Vor-Steuer-Ergebnis (10 000) passt. Folglich ist in der Überleitungsrechnung nichts Weiteres zu berücksichtigen.

In der Überleitungsrechnung sind dagegen diejenigen Vorgänge zu berücksichtigen, die **einseitig entweder nur das Vor-Steuer-Ergebnis oder nur latente Steuern auf Verlustvorträge** betreffen: 2698

(a) **Laufende Gewinne/Verluste ohne Berührung latenter Steuern auf Verlustvorträge**

 – Wurden in der Vergangenheit auf Verlustvorträge keine latenten Steuern aktiviert und fallen nun unerwartet Gewinne an, die mit Verlustvorträgen verrechnet werden können, sind im Vor-Steuer-Ergebnis enthaltene

Gewinne (z.B. 100) nicht mit Steuern belegt. Daher kommt es im Vergleich zum erwarteten Steueraufwand zu Minderaufwand auf Grund der **„Nutzung nicht aktivierter steuerlicher Verlustvorträge"** (30 Ertrag = 30% × 100).

- Die **„Fehlende steuerliche Entlastung bei Gesellschaften mit laufenden Verlusten"** betrifft *im laufenden Jahr angefallene* Verluste (z.B. 100), auf die jedoch wegen schlechter Perspektiven *keine* latenten Steuern aktiviert werden konnten: Demgegenüber impliziert der erwartete Steueraufwand eine solche Aktivierung, so dass ein Korrekturposten (– 30 Aufwand = 30% × 100) für die tatsächlich fehlende Steuerentlastung zu erfassen ist.

(b) **Nachaktivierung/Wertberichtigung latenter Steuern auf Verlustvorträge ohne laufende Gewinne/Verluste**

- Zu einem Ertrag kann es kommen, ohne dass die Verlustgesellschaft bereits Gewinne erzielt, wenn sich die Perspektiven im laufenden Geschäftsjahr verbessert haben und nunmehr ein Ausgleich von in Vorjahren bereits entstandenen Verlustvorträgen erwartet wird (**Nachaktivierung**, z.B. + 30 Ertrag = 30% × 100).
- Auch die außerplanmäßige Abschreibung (**Wertberichtigung**) von in Vorperioden aktivierten latenten Steuern auf Verlustvorträge (Rz. 2656) kann zu erklärungsbedürftigem Aufwand führen (z.B. – 30 = 30% × 100).

8.3 Aufgliederung temporärer Differenzen

2699 Gemäß IAS 12.81g i) ist für „jede Art temporärer Differenz" sowie für die Verlustvorträge der dazugehörige Betrag latenter Steuern zu nennen. Diese Vorgabe wird als Aufgliederung latenter Steuern auf Bilanzpositionen verstanden. In Fortführung des Beispiels (Rz. 2676 ff.) wäre folgendes Tableau anzufertigen:

Latente Steuern	31.12.02		31.12.01	
	Aktive	Passive	Aktive	Passive
Sachanlagen		4190		3000
Finanzanlagen		45		25
Vorräte	380		300	
Forderungen		90		100
Pensionsrückstellungen	420		300	
übrige Rückstellungen	570	575	370	275
Verlustvorträge	610		250	
Verbindlichkeiten	105		180	
Insgesamt	**2085**	**4900**	**1400**	**3400**
davon langfristig	*1200*	*3500*	*1000*	*2600*
Saldierung (Rz. 2683 f.)	– 1000	– 1000	– 700	– 700
Lt. Bilanz	**1085**	**3900**	**700**	**2700**

Beziehen sich latente Steuern auf im Konzernabschluss eliminierte einzelne Forderungen und Verbindlichkeiten (Schuldenkonsolidierung), können diese gleichwohl unter Forderungen oder Verbindlichkeiten oder in einer separaten Zeile („Konsolidierung") aufgeführt werden. Latente Steuern auf Posten, die im Konzernabschluss überhaupt nicht mehr enthalten sind (z.B. Sonderposten mit Rücklageanteil, Rz. 330), können ebenfalls separat ausgewiesen werden. Die Angabe der langfristigen, d.h. voraussichtlich nach 1 Jahr fälligen latenten Steuern beruht auf IAS 1.61b und bezieht sich zweckmäßigerweise auf die unsaldierten Beträge. Dessen ungeachtet dürfen latente Steuern nur innerhalb des Anlagevermögens/der langfristigen Schulden ausgewiesen werden.

XVII. Zur Veräußerung gehaltene langfristige Vermögenswerte und aufgegebene Geschäftsbereiche (IFRS 5)

1. Überblick und Wegweiser

1.1 Standards und Anwendungsbereich

IFRS-Abschlüsse haben die Aufgabe, dem Abschlussadressaten entscheidungsrelevante Informationen zu vermitteln. Daher sollen die Abschlussdaten den **Zeit- und Unternehmensvergleich** ermöglichen; es sollen **nachhaltige, prognosefähige Daten** übermittelt werden (s. Rz. 201). Erhebliche strukturelle Veränderungen in der wirtschaftlichen Tätigkeit eines Unternehmens – beispielsweise die Wandlung eines grundstofforientierten Konzerns[1] zum Dienstleistungs- und Touristikkonzern – können die Vergleichbarkeit und damit die Prognosefähigkeit der Daten stören. 2700

Dem entgegenzuwirken und Strukturveränderungen im Abschluss angemessen darzustellen, dient IFRS 5. Der Standard ist veranlasst worden durch ein Konvergenz-Projekt des IASB mit dem FASB. Ziel war eine weit gehende Übereinstimmung der IFRS-Regelungen mit SFAS 144 (s. zu den noch bestehenden Unterschieden IFRS 5.BC85). IFRS 5 war erstmals anzuwenden für Geschäftsjahre, die am oder nach dem 1.1.2005 begonnen haben. Die letzten Änderungen betreffen folgende Sachverhalte: 2701

Durch dem am 23.1.2009 in europäisches Recht[2] übernommen **Verbesserungsstandard 2008** (anwendbar mit Wirkung per 1.7.2009) wird der Ausweis der Vermögenswerte und Schulden von Tochterunternehmen, die unter die Controlschwelle abgestockt, aber nicht vollständig veräußert werden sollen, geändert (Rz. 2761 ff.). Der **Verbesserungsstandard 2009** (vorbehaltlich EU-Umsetzung anwendbar ab 1.1.2010) stellt klar, dass Anhangangaben zu aufgegebenen Geschäftsbereichen oder zur Veräußerung gehaltenen Vermögenswerten (held for sale) aus anderen Standards (z.B. IAS 16) grundsätzlich nur dann zu beachten sind, wenn dies nach diesen Standards *für die unter IFRS 5 fallenden Vermögenswerte oder Vermögensgruppen* explizit gefordert ist (IFRS 5.5B).

---

[1] So *Michael Frenzel*, Vorstandsvorsitzender Preussag AG, Preussag AG Geschäftsbericht 1999/2000, S. 3.
[2] Durch VO (EG) Nr. 70/2009 v. 23.1.2009, ABl. L 21 v. 24.1.2009, S. 16.

IFRIC 17 zu **Sachdividenden** (vorbehaltlich der EU-Umsetzung anwendbar in Geschäftsjahren ab 1.7.2009, Rz. 2078) stellt *assets held for distribution to owners* den *assets held for-sale* gleich (IFRS 5.5A), d.h. unter der Voraussetzung, dass eine vom Management erwogene Sachdividende innerhalb einer Jahresfrist mit hoher Wahrscheinlichkeit tatsächlich beschlossen wird (IFRS 5.12A, s. auch Rz. 2722), ist IFRS 5 anzuwenden. Bis zur tatsächlichen Auskehrung der Sachdividende kommt eine Aufwertung auf den (höheren) Fair value nicht in Betracht (IFRS 5.15A).

2702 **Folgende Regelungen kennzeichnen IFRS 5:**

- Der Anwendungsbereich betrifft nicht nur zu veräußernde oder aufgegebene Bereiche, sondern auch Gruppen von langfristigen Vermögenswerten einschließlich zugehöriger sonstiger Vermögenswerte und Schulden (sog. Veräußerungsgruppen) bis hin zu einzelnen langfristigen Vermögenswerten, die veräußert werden *sollen*.

- Der Standard enthält die Regelungen zur Bilanzierung von Tochterunternehmen, die mit Weiterveräußerungsabsicht erworben worden sind.

- Einzelne zu veräußernde langfristige Vermögenswerte sowie Vermögenswerte aus Veräußerungsgruppen und aufgegebenen Geschäftsbereichen sind gesondert in eine Ausweis- und Bewertungskategorie **assets held for sale** zu übertragen. Für hier zugeordnete langfristige Vermögenswerte gilt:

  - Die Bewertung erfolgt mit dem **geringeren** Betrag aus einem Vergleich ihres bisherigen Buchwerts mit ihrem Fair value abzüglich (erwarteter) Veräußerungskosten (Rz. 2721).

  - Eine Aufwertung auf den möglichen **höheren** Veräußerungspreis (abzgl. Veräußerungskosten) kommt (ohne vorherige außerplanmäßige Abschreibung) hingegen nicht in Betracht (Rz. 2721).

  - Nach der Umklassifizierung erfolgen bei den zugeordneten abnutzbaren Vermögenswerten **keine planmäßigen Abschreibungen** mehr.

  Schulden aus Veräußerungsgruppen und aufgegebenen Geschäftsbereichen sind als **liabilities held for sale** auszuweisen. Für sie gelten jedoch nicht die Bewertungsvorschriften des IFRS 5. Letzteres gilt auch für kurzfristige Vermögenswerte einer Veräußerungsgruppe (zu weiteren Ausnahmen vgl. Rz. 2733).

- Für aufgegebene Geschäftsbereiche sind detaillierte Angaben zu machen. Unter anderem sind in der Gewinn- und Verlustrechnung Aufwendungen und Erträge gesondert auszuweisen, und es ist ein **Ergebnis je Aktie** anzugeben. Zudem sind Cash Flow-Größen anzugeben.

- Aufgrund unklarer Begriffsbildung bietet der Standard **erhebliche Ermessensspielräume**.

2703–2704 frei

1.2 Wesentliche Unterschiede zum HGB

Besondere Bewertungs- und Ausweisvorschriften für ggf. gruppierte Vermögensgegenstände und Schulden, die abgehen *sollen*, kennt das HGB nicht. Bei vollzogenen Veräußerungen können sich Angabepflichten aus § 265 Abs. 2 HGB ergeben. 2705

Aus dem BilMoG ergeben sich keine Änderungen.

Ein DRS zum Problemkreis liegt nicht vor. 2706

frei 2707

1.3 Neuere Entwicklungen

Im September 2008 hat das IASB einen Standardentwurf zur Änderung von IFRS 5 veröffentlicht. Der Entwurf resultiert aus einem gemeinsamen Projekt von IASB und FASB mit dem Ziel, die Definition eines aufgegebenen Geschäftsbereichs zu vereinheitlichen und einheitliche Angabepflichten für Unternehmenseinheiten, die veräußert worden sind oder werden sollen, vorzuschreiben. Zu diesem Zweck schlägt das IASB zum einen vor, dass eine Einheit nur dann als aufgegebener Geschäftsbereich klassifiziert werden darf, wenn die Einheit ein Geschäftssegment darstellt oder ein Geschäft (business) ist, das mit Weiterveräußerungsabsicht erworben wird (ED IFRS 5.32). Zum anderen sind zusätzliche Angaben für aufgegebene Geschäftsbereiche vorgesehen, z.B. eine tiefere Untergliederung des Vor-Steuer-Ergebnisses als bisher und Überleitungen zur Aufstellung der erfassten Aufwendungen und Erträge (ED IFRS 5.33 ff.). Bei Umsetzung der Regelung – ursprünglich ist ein endgültiger Standard geplant für das zweite Quartal 2009 – besteht die Hoffnung, dass der Anwendungsbereich des IFRS 5 auf wirklich wesentliche Strukturverschiebungen des Unternehmens eingeengt wird. 2708

Im Rahmen der Phase B des *Financial Statement Presentation*-Projekts mit dem FASB werden außerdem einige Fragen der Abschlussdarstellung erörtert, die auch den IFRS 5 betreffen können, u. a. Angaben über die Liquiditätsnähe von Vermögen und Schulden, ihre Aggregationsgrade und Angaben über die Bewertungsmethoden und die relative Genauigkeit der Bewertung. Ein Diskussionspapier ist im Oktober 2008 veröffentlicht worden; ein Standardentwurf ist für 2010 geplant. 2709

2. Veräußerung langfristiger Vermögenswerte

2.1 Übersicht

Bisheriges Anlagevermögen (= langfristige Vermögenswerte), das veräußert werden soll, ist bilanziell in das Umlaufvermögen (= kurzfristige Vermögenswerte), und zwar in die Kategorie assets held for sale umzugliedern und gesondert zu bewerten. Die nachfolgende Tabelle gibt eine Übersicht des Regelungsumfangs des IFRS 5 im **beabsichtigten Veräußerungsfall**. Dabei ist zwischen drei unterschiedlichen Vermögensmassen zu unterscheiden (Zeile 2), 2710 weil sich hieran verschiedene Rechtsfolgen anschließen. Einzelheiten und Abgrenzungsfragen werden im Anschluss an die Tabelle erläutert.

1		Es besteht Veräußerungsabsicht über		
2	Vermögensmasse	Aufgegebener Geschäftsbereich (*discontinued operation*)	Veräußerungsgruppe (*disposal group*)	langfristiger Vermögenswert (*non-current asset*)
3	Spezielle Bewertungsvorschriften für	Sachanlagen Immaterielle Vermögenswerte des Anlagevermögens Anlageimmobilien, Cost model		
4	Gesonderter Bilanzausweis (*ohne* Anpassung Vj.)	Zugehörige Vermögenswerte gem. Ziff. 3 zuzüglich sonstiger mitzuveräußernder Vermögenswerte und Schulden		Nur die Vermögenswerte gem. Ziff. 3
5	Gesonderter GuV-Ausweis in Gesamtergebnisrechnung bzw. GuV (*mit* Anpassung Vj.)	Ja	Nein	Nein
6	Angabe Cashflows (*mit* Anpassung Vj.)	Ja; gesondert in Kapitalflussrechnung oder im Anhang	Nein	Nein
7	Ergebnis je Aktie	Ja, verwässert und unverwässert	Nein	Nein
8	Anhangangaben	Ja	Ja	Ja

Abb. 73: Regelungsumfang des IFRS 5

2.2 Abgrenzung der Vermögensmassen

2.2.1 Aufgegebene Geschäftsbereiche

2711 Ein Geschäftsbereich (*operation*) ist gem. IFRS 5.31 mindestens eine zahlungsmittelgenerierende Einheit (CGU), kann daher auch aus mehreren CGU bestehen. Die Beurteilung, ob es sich um eine CGU handelt, richtet sich nach der bisherigen Einteilung des Konzerns in seine CGU (s. hierzu Rz. 1518 ff.).

2712 Bei einem **aufgegebenen Geschäftsbereich** (*discontinued operation*) muss es sich um einen **gesonderten wesentlichen Geschäftszweig** oder einen **geographischen Bereich** handeln (IFRS 5.32 a). Ein in der Segmentberichterstattung dargestelltes Segment erfüllt alle Anforderungen an die Wesentlichkeit. Es kann jedoch auch gesonderte wesentliche Geschäftszweige geben, die in der Segmentberichterstattung *nicht* einzeln dargestellt werden.[1]

---

[1] So auch IDW RS HFA 2, Tz. 111.

XVII. Zur Veräußerung gehaltene langfristige Vermögenswerte (IFRS 5)

◯ Unwesentliche Geschäftsbereiche, also unwesentliche CGU (oder Gruppen von CGU), sind allerdings keine *discontinued operations*. Hier könnte es sich jedoch um Veräußerungsgruppen *(disposal groups)* handeln (Rz. 2714). Tatsächlich ist die Abgrenzung zwischen aufgegebenen Geschäftsbereichen und Veräußerungsgruppen fließend, es besteht erheblicher **Ermessensspielraum**. Erkennbar kommt es aber bei aufgegebenen Geschäftsbereichen nur auf die wirklich großen Bereichseinstellungen an.

Damit auf der anderen Seite die Rechtsfolgen einer *discontinued operation* durch die Stückelung des Verkaufs einzelner Untereinheiten innerhalb eines wesentlichen Geschäftszweigs nicht unterlaufen werden können, werden die Rechtsfolgen auch dann ausgelöst, wenn sich der Verkauf *einzelner* Untereinheiten innerhalb eines einzelnen abgestimmten Plans vollzieht (IFRS 5.32b). 2713

Beispiel:
Ein wesentlicher Geschäftsbereich (C1) bestehe aus drei Untereinheiten (CGU 1–3). Bei Veräußerung von C1 in einem Zug ist C1 als aufgegebener Geschäftsbereich zu qualifizieren. Werden die drei Untereinheiten stückweise veräußert, können sie jedoch durch das Raster in Rz. 2712 fallen, weil jede für sich eben nicht wesentlich ist; es handelte sich dann um Veräußerungsgruppen *(disposal groups)*, die geringere Angabepflichten auslösen. Sofern aber die Veräußerung Teil des Managementkonzepts ist (einzeln abgestimmter Plan), der zeitlich gestreckt wird, ist jede Veräußerung der drei Untereinheiten CGU 1–3 als aufgegebener Geschäftsbereich *(discontinued operation)* gem. IFRS 5 darzustellen.

2.2.2 Veräußerungsgruppe

Unterhalb der Geschäftsbereiche können Veräußerungsgruppen *(disposal groups)* zum Verkauf stehen. Eine Veräußerungsgruppe ist eine Gruppe von Vermögenswerten, die gemeinsam in einer Transaktion durch Verkauf oder auf andere Weise veräußert werden soll, einschließlich der direkt mit den Vermögenswerten in Verbindung stehenden Schulden (IFRS 5 Anhang A). Eine Veräußerungsgruppe enthält nicht zwingend nur langfristige Vermögenswerte, sondern kann neben Schulden auch Vermögenswerte umfassen, die ansonsten nicht im Anwendungsbereich von IFRS 5 sind (kurzfristige Vermögenswerte und Vermögenswerte, für die die Bewertungsvorschriften des IFRS 5 nicht anwendbar sind; vgl. dazu Rz. 2733). Sie kann grundsätzlich auch nur kurzfristige Vermögenswerte umfassen;[1] eine Umgliederung *nur* von kurzfristigen Vermögenswerten in die Kategorie assets held for sale ist aber bilanzanalytisch von wenig Interesse. 2714

---
[1] Vgl. *PwC*, IFRS Manual of Accounting 2008, Rz. 26.12; a.A. *von Keitz/Heyd* in Thiele/von Keitz/Brücks (Hrsg.), Internationales Bilanzrecht, 2008, IFRS 5, Rz. 111.

Bei einer Veräußerungsgruppe kann sich um Teile einer CGU, eine oder mehrere CGU handeln (IFRS 5.4). Diese Beschreibung trägt, wie in Rz. 2712 schon ausgeführt, nicht zur Abgrenzung von Geschäftsbereichen zu Veräußerungsgruppen bei, da auch Geschäftsbereiche aus einer oder mehreren CGU bestehen. Es ist eine **kaufmännische Einschätzung** vonnöten.

Beispiel (Daimler, Geschäftsbericht 2007, S. 167 f.):
„Der Aufsichtsrat der Daimler AG hat am 13. Dezember 2007 dem Verkauf der Grundstücke und Gebäude am Potsdamer Platz an die SEB Gruppe für einen Verkaufspreis von 1,4 Mrd. Euro zugestimmt. (...) In der Konzernbilanz zum 31. Dezember 2007 wurden die dem Potsdamer Platz zurechenbaren Vermögenswerte und Schulden gesondert als zur Veräußerung bestimmt ausgewiesen."

Beispiel (Lufthansa, Geschäftsbericht 2007, S. 151):
„Zum Jahresende 2007 wird noch ein Flugzeug des Geschäftsfelds Passagierbeförderung, für das ein Kaufvertrag vorliegt, als zum Verkauf stehend ausgewiesen. Die übrigen in dieser Position ausgewiesenen Vermögenswerte entfallen auf die vollkonsolidierte Gesellschaft LSG Sky Chefs España S.A., deren Anteile mit Vertrag vom 19. November 2007 unter dem Vorbehalt der Genehmigung durch die zuständigen Wettbewerbsbehörden verkauft wurden."

2.2.3 Langfristige Vermögenswerte

2715 Ist die Veräußerung von bisherigen

– Sachanlagen,

– langfristigen immateriellen Vermögenswerten und/oder

– Anlageimmobilien, für die das Cost model gewählt worden ist,

geplant, so fallen diese ebenfalls in den Anwendungsbereich des IFRS 5 und die Klassifizierungskriterien (Rz. 2720) sind zu prüfen. Eine Ausnahme gilt für zuvor routinemäßig vermietete Sachanlagen, die anschließend verkauft werden sollen: Hier erfolgt die Umgliederung unmittelbar in die Vorräte (s. Rz. 1193).

2716 Werden Vermögenswerte mit Weiterveräußerungsabsicht erworben – es kann sich sachlogisch ja nur um kurzfristige Vermögenswerte handeln –, die *typischerweise* beim erwerbenden Unternehmen langfristige Vermögenswerte (Sachanlagen, immaterielle Vermögenswerte, Anlageimmobilien) *wären*, gelten grundsätzlich die gleichen Rechtsfolgen.[1] Dabei muss zum Erwerbszeitpunkt

---

[1] Vgl. *Böcking/Kiefer* in Baetge u.a. (Hrsg.), Rechnungslegung nach IFRS, 2006, IFRS 5, Rz. 22; *Lüdenbach* in Haufe IFRS-Kommentar, 7. Aufl. 2009, § 29 Rz. 6 a.E. Die Unlogik des IFRS 5 bei der Abgrenzung deckt auf und kritisiert *Schildbach*, WPg 2005, 554 (556 f.).

XVII. Zur Veräußerung gehaltene langfristige Vermögenswerte (IFRS 5)

das Ein-Jahres-Kriterium des IFRS 5.8 erfüllt sein. Alle weiteren Kriterien des IFRS 5.8 müssen spätestens kurze Zeit danach (i.d.R. innerhalb von drei Monaten) gegeben sein (IFRS 5.11; zu den Kriterien des IFRS 5.8 vgl. Rz. 2722).

frei 2717–2719

2.3 Objektivierung der Verkaufsabsicht

2.3.1 Klassifizierungskriterien

Voraussetzung für die Klassifikation einer Vermögensmasse als held for sale ist (IFRS 5.7), 2720

(a) dass sie sich in einem verkaufsfähigen Zustand befindet und

(b) die Veräußerung höchstwahrscheinlich (*highly probable*) ist.

Für einzelne langfristige Vermögenswerte, Veräußerungsgruppen und aufgegebene Geschäftsbereiche gelten somit die gleichen Klassifizierungskriterien.

Die Veräußerung kann durch **Verkauf** oder durch **Tausch** erfolgen, wobei der Tausch wirtschaftliche Substanz i.S.d. IAS 16 haben muss (IFRS 5.10; s. Rz. 1150). **Stilllegungen** gelten *nicht* als Veräußerungen; für stillgelegte **Geschäftsbereiche** sind allerdings die Angabepflichten der IFRS 5.33-37 zu beachten (vgl. auch Rz. 2765 ff.).

2.3.2 Verkaufsfähiger Zustand

Maßstab für die Beurteilung des verkaufsfähigen Zustands ist die **Üblichkeit der Bedingungen**, zu denen normalerweise derartige Vermögenswerte veräußert werden (IFRS 5.7). Das dürfte für Geschäftsbereiche vergleichsweise unproblematisch sein. Ein *nicht* verkaufsfähiger Zustand könnte vorliegen, wenn die Vermögenswerte einer Fabrik veräußert werden sollen, zuvor aber noch der bestehende Auftragsbestand und die unfertigen Erzeugnisse abgearbeitet werden müssen (IFRS 5.IG Example 2). 2721

Für einzelne Vermögenswerte könnten noch notwendige Reparatur- oder Umbaumaßnahmen ein Hinderungsgrund für den verkaufsfähigen Zustand sein (IFRS 5.IG Example 1).

2.3.3 Höchstwahrscheinlicher Verkauf

Ergebnisorientiert muss absehbar sein, dass ein Verkauf gelingt. Hierzu gibt IFRS 5.8 Objektivierungskriterien vor: 2722

(a) Die zuständige **Managementebene** hat einen Plan zur Veräußerung verabschiedet. Bei der Veräußerung von Geschäftsbereichen dürfte die zuständige Managementebene der Vorstand bzw. die Geschäftsführung sein. Im Fall einer erforderlichen Zustimmungspflicht des Aufsichtsrats kann von einer Verabschiedung des Plans nur gesprochen werden, wenn auch der Aufsichtsrat zugestimmt hat.

(b) Mit der **Suche** nach einem **Käufer** ist aktiv begonnen worden.

(c) Der **Angebotspreis** muss in etwa dem Fair value entsprechen.

(d) Der (auch unterjährig verabschiedete) Plan wird aller Voraussicht nach innerhalb der nächsten **zwölf Monate** umgesetzt werden können.

(e) Signifikante **Planänderungen** sind **unwahrscheinlich**.

2723 ⊃ Geschäftsbereichsveräußerungen erfolgen häufig in einem Prozess, der vom Zeitpunkt der Verkaufsentscheidung durch das Management bis zur endgültigen Veräußerung einen längeren Zeitraum in Anspruch nimmt. Innerhalb dieses Zeitraums bestehen auf Grund der Unklarheit der Kriterien **erhebliche Ermessensspielräume** für den held for sale-Ausweis. Gleiches gilt für die Veräußerung von Vermögensgruppen bis hin zu einzelnen langfristigen Vermögenswerten., Zweifel ergeben sich beispielsweise hinsichtlich der Feststellung der Verantwortlichkeitsebene des Managements, über den Beginn der Verkaufsaktivitäten bis hin zum Erfordernis einer festen, unabänderlichen Planung.[1] Man kann insoweit von einem **faktischen Wahlrecht** der Zuordnung sprechen.

2724 Eine Verzögerung über die Zwölf-Monats-Frist hinaus ist unschädlich, soweit sie *nicht* vom Veräußerer verursacht ist und dieser weiter an seinem Plan festhält (s. IFRS 5 Anhang B).

2725 Die Kriterienerfüllung gilt als **wertbegründendes**, nicht als wertaufhellendes Ereignis. Werden die Kriterien nach dem Bilanzstichtag, aber vor Bilanzaufstellung erfüllt, sind nur einige Anhangangaben erforderlich (IFRS 5.12, s. Rz. 2751).

2726 Sobald die Kriterien nicht mehr erfüllt werden, ist eine Rückklassifizierung vorzunehmen (s. Rz. 2754).

2727–2729 frei

2.4 Bilanzierung von assets held for sale

2730 Bei Veräußerungsgruppen und aufgegebenen Geschäftsbereichen sind alle diesen zuzuordnenden Vermögenswerte in die Kategorie assets held for sale umzugliedern und gesondert bei den kurzfristigen Vermögenswerten auszuweisen (s. Rz. 4124). Sollen auch Schulden abgehen, sind diese ebenfalls gesondert innerhalb der kurzfristigen Schulden auszuweisen.

2731 Die Kategorie assets held for sale stellt nicht nur eine **Ausweiskategorie**, sondern auch eine **Bewertungskategorie** dar. Am Abschlussstichtag ist mit dem niedrigeren (*nicht* aber dem höheren) Betrag aus einem Vergleich des bisherigen Buchwerts mit dem Fair value abzüglich der erwarteten Veräußerungskosten zu bewerten. Eine Aufwertung über den bisherigen Buchwert kommt also nicht in Betracht; es handelt sich um eine **Niederstwertvorschrift**.

Mit Zuordnung abnutzbarer Anlagegegenstände in diese Kategorie endet die **planmäßige Abschreibung** (IFRS 5.25).

---

[1] S. die Beispiele bei *Lüdenbach* in Haufe, IFRS-Kommentar, 7. Aufl. 2009, § 29 Rz. 9 ff.

XVII. Zur Veräußerung gehaltene langfristige Vermögenswerte (IFRS 5)

Dabei ist zu beachten: 2732

Im Anwendungsbereich der **Bewertungsnorm** des IFRS 5 finden sich von vornherein nur langfristige Vermögenswerte, und diese auch begrenzt auf

- Sachanlagen,
- langfristige immaterielle Vermögenswerte (inklusive Goodwill) sowie
- Anlageimmobilien, für die das cost model angewendet worden ist (IFRS 5.2 i.V.m. IFRS 5.5).

Nicht unter die Bewertungsvorschriften des IFRS 5 fallen damit 2733

- kurzfristige Vermögenswerte,
- solche Vermögenswerte, die bereits nach anderen Vorschriften erfolgswirksam zum Fair value bewertet werden (z.B. Anlageimmobilien unter dem fair value model) sowie sämtliche finanzielle Vermögenswerte gem. IAS 39 und
- Vermögenswerte, für die der IASB apodiktisch annimmt, dass ein Fair value nur schwer ermittelt werden kann, z.B. latente Steueransprüche (IFRS 5.5 und 5.BC13).

Diese Vermögenswerte können zwar zu den assets held for sale gehören (wenn sie Bestandteil einer Veräußerungsgruppe sind); sie werden aber nach wie vor nach ihren einschlägigen Standards (z.B. IAS 2, IAS 12 und IAS 39 bewertet (IFRS 5.19), die bereits ihrerseits eigene Niederstwertbestimmungen enthalten.

Damit sind IFRS 5 hinsichtlich seiner Bewertungsnorm und IAS 36 im Anwendungsbereich fast identisch. Folglich verweist IFRS 5.23 im Falle der Erfassung eines Wertminderungsaufwands bei den in Rz. 2732 genannten Vermögenswerten grundsätzlich auf die Regelungen des IAS 36, die wir in Rz. 1500 ff. ausführlich kommentiert haben. 2734

Unmittelbar vor erstmaliger Klassifizierung von Vermögenswerten als assets held for sale sind diese nach ihren (bisherigen) einschlägigen Standards zu bewerten (IFRS 5.18). Dazu gehört auch der Wertminderungstest nach IAS 36.[1] Erst anschließend greift die Bewertung als assets held for sale gem. Rz. 2731. 2735

Übersteigt der Fair value abzüglich Veräußerungskosten an einem späteren Bilanzstichtag wieder den Buchwert der assets held for sale, ist eine **Zuschreibung** vorzunehmen, und zwar maximal in Höhe der an vorherigen Stichtagen nach IFRS 5 oder IAS 36 vorgenommenen außerplanmäßigen Abschreibungen (IFRS 5.21 f.). Dabei sind wiederum zunächst die Vermögenswerte, die *nicht* unter die Bewertungsregeln des IFRS 5 fallen, nach den einschlägigen IFRS zu bewerten. Kommt es dabei zu einer Wertaufholung, mindert diese das Wertaufholungspotenzial bei der Bewertung zum Fair value abzüglich Veräußerungskosten (IFRS 5.19, z.B. Fair value-Bewertung von Finanzinstrumenten). Verbleibende Wertaufholungen sind analog IAS 36.122 auf die langfristigen Vermögenswerte der Veräußerungsgruppe zu verteilen (IFRS 5.23). 2736

---

1 Vgl. IDW RS HFA 2, Tz. 104.

Dabei gilt grundsätzlich wie nach IAS 36 das **Zuschreibungsverbot für Goodwill** (Rz. 1587). Allerdings gilt die Wertobergrenze des IAS 36.123 nach IFRS 5 nicht. Nach Meinung des IDW sind Goodwill-Abschreibungen daher durch Zuschreibung anderer Vermögenswerte, ggf. über ihre ursprünglichen (fortgeführten) Anschaffungs- oder Herstellungskosten hinaus, rückgängig zu machen.[1] Diese Vorgehensweise ist u.E. kritisch, da sie das Verbot der Goodwill-Zuschreibung umgeht und ggf. sogar unter IAS 36 vorgenommene Goodwill-Abschreibungen aufgeholt werden. Wir halten es daher für sachgerecht, auch auf die Rückgängigmachung von unter IFRS 5 vorgenommenen Goodwill-Abschreibungen zu verzichten.[2]

2737 Die Bewertungsvorschriften des IFRS 5 sind ab dem Zeitpunkt der Klassifizierung von Vermögenswerten als assets held for sale anzuwenden, d.h. ggf. auch unterjährig.[3] Das betrifft z.B. die planmäßige Abschreibung abnutzbarer langfristiger Vermögenswerte, die ab dem Zeitpunkt der Klassifizierung als assets held for sale, nicht erst ab dem folgenden Abschlussstichtag auszusetzen ist.

2738–2739 frei

2.5 Ausweis und Anhangangaben[4]

2.5.1 Gewinn- und Verlustrechnung bzw. Gesamtergebnisrechnung

2740 Das **Ergebnis lt. GuV aufgegebener Geschäftsbereiche** (nicht aber dasjenige von Anlagegruppen oder einzelnen Vermögenswerten, Rz. 2743) ist von den übrigen Aufwendungen und Erträgen des Konzerns zu separieren (IFRS 5.33a). Dies geschieht in der GuV, wenn diese separat aufgestellt wird oder aber (in der GuV-Sektion) der Gesamtergebnisrechnung, wenn diese außer der GuV auch das erfolgsneutrale *other comprehensive income* einschließt (IFRS 5.33a, s. hierzu Rz. 4001). Unabhängig vom Ausweisort umfasst das zu separierende Ergebnis somit immer nur das Ergebnis lt. GuV und nicht auch das anteilige *other comprehensive income* (IAS 1.82e) oder das Gesamtergebnis (*total comprehensive income*).

2741 Zu berücksichtigen ist das gesamte Ergebnis der Periode, nicht nur der Ergebnisanteil seit dem Zeitpunkt der Klassifizierung als held for sale.[5] Anzugeben ist separat – aber in einer Summe (IFRS 5.33a)

---

[1] Das IDW empfiehlt dabei für den Fall, dass es „zu einem offensichtlichen Missverhältnis zwischen dem nach IFRS 5 ermittelten Wert und dem Einzelveräußerungswert eines in den Anwendungsbereich des IFRS 5 fallenden Vermögenswertes, der Teil einer Abgangsgruppe ist," kommt, „zusätzliche erläuternde Angaben"; vgl. IDW RS HFA 2, Tz. 107.

[2] A.A. *Böcking/Kiefer* in Baetge u.a. (Hrsg.), Rechnungslegung nach IFRS 2006, IFRS 5, Rz. 83.

[3] Vgl. IDW RS HFA 2, Tz. 95.

[4] Zu einem ausführlichen Darstellungsbeispiel s. auch *Kessler/Leinen*, KoR 2006, 558 (561 ff.).

[5] Vgl. *Lüdenbach* in Haufe IFRS-Kommentar, 7. Aufl. 2009, § 29 Rz. 26; *Küting/Wirth*, KoR 2006, 719 (727).

XVII. Zur Veräußerung gehaltene langfristige Vermögenswerte (IFRS 5)

(a) das Nach-Steuer-Ergebnis des aufgegebenen Geschäftsbereichs und

(b) das Nach-Steuer-Ergebnis aus der Bewertung als held for sale (ggf. außerplanmäßige Abschreibung, s. Rz. 2733) bzw. aus der Veräußerung dieses Geschäftsbereichs.

Die gemeinsame Darstellung dieser beiden Komponenten ist unproblematisch (s. Gliederungsvorschlag GuV in Rz. 4241).

Im Anhang oder in der GuV bzw. Gesamtergebnisrechnung – wir empfehlen den Anhang – sind zu (a) anzugeben (IFRS 5.33b) 2742

(a) Umsatzerlöse, Aufwendungen sowie das Vor-Steuer-Ergebnis und zugehöriger Steueraufwand und zu (b) ist anzugeben:

(b) das Vor-Steuer-Ergebnis aus der Bewertung als held for sale bzw. aus der Veräußerung des Geschäftsbereichs und zugehöriger Steueraufwand.

Erforderlich ist ein Rückbezug der Angaben: Die GuV bzw. Gesamtergebnisrechnung und die entsprechenden Anhangangaben sind für das **Vergleichsvorjahr** anzupassen (IFRS 5.34[1]).

Bei der beabsichtigten Veräußerung **einzelner Anlagen** oder **Anlagengruppen** kommt *kein* gesonderter GuV-Ausweis in Betracht. GuV-Wirkungen aus solchen Vermögenswerten einschließlich deren Veräußerung sind nicht gesondert, sondern innerhalb der normalen operativen Geschäftstätigkeit zu zeigen (IFRS 5.37). Eine Anhangangabe wird ebenfalls nicht gefordert. 2743

frei 2744

2.5.2 Kapitalflussrechnung

In der Kapitalflussrechnung *oder* im Anhang sind die Mittelflüsse **aufgegebener Geschäftsbereiche** aus 2745

– operativer Tätigkeit,
– Investitionstätigkeit und
– Finanzierungstätigkeit

anzugeben (IFRS 5.33 c, s. Rz. 4443), sachlogisch bis zu ihrem Abgang. Auch hier ist die Vorperiode anzupassen (IFRS 5.34). Eine tiefere Untergliederung der drei Bereiche ist nicht erforderlich. Der Cashflow *aus* der Einstellung ist u.E. der Investitionstätigkeit gesondert zuzuordnen.

Cashflows aus der Veräußerung einzelner Vermögenswerte oder Anlagengruppen lösen keine besonderen Angabepflichten aus. Mittelflüsse aus Anlagenabgängen sind der Investitionstätigkeit zuzuordnen. 2746

---

[1] Die Nichterwähnung von IFRS 5.33A (Angabeort GuV, wenn separat aufgestellt, Rz. 2740) in IFRS 5.34 ist wohl ein redaktionelles Versehen.

2.5.3 Bilanz

2747 In der Bilanz sind die Vermögenswerte der Kategorie assets held for sale gesondert anzugeben; sollen mit dem aufzugebenden Geschäftsbereich auch zugehörige Schulden abgehen, sind diese ebenfalls gesondert anzugeben (IFRS 5.38). Es kommt nur ein gesonderter Ausweis innerhalb der kurzfristigen Vermögenswerte bzw. bei den kurzfristigen Schulden in Betracht (s. Rz. 4151). Diese Umgliederung gilt für die geplante Veräußerung sämtlicher Vermögensmassen aus Rz. 2710.

Eine Anpassung der Vorjahres-Vergleichszahlen ist hingegen nicht vorgesehen (IFRS 5.40).

2748 Zweckmäßigerweise im Anhang sind die Hauptgruppen der Vermögenswerte und Schulden weiter aufzugliedern (IFRS 5.38).

2.5.4 Ergebnis je Aktie

2749 Gem. IAS 33.68 ist für das Ergebnis aus Rz. 2740 ein unverwässertes und ggf. auch verwässertes Ergebnis lt. GuV je Aktie (Rz. 2740) anzugeben, falls der Konzern angabepflichtig nach IAS 33 ist (s. Rz. 4700). Die Angabepflicht besteht nur für aufgegebene Geschäftsbereiche.

2.5.5 Sonstige Angaben

2750 Im Anhang ist in der Periode der Klassifikation oder des Verkaufs darzustellen (IFRS 5.41)
 (a) eine Beschreibung der Vermögensmasse (s. Beispiele in Rz. 2714),
 (b) eine Beschreibung der näheren Umstände der Veräußerung und der voraussichtliche Veräußerungszeitpunkt,
 (c) Gewinn oder Verlust aus der Bewertung als held for sale; ein Gewinn kann sich durch Veräußerung oder – das dürfte selten sein – durch Wertaufholung ergeben und
 (d) Angabe des Segments, zu dem die Vermögensmasse gehört.

Im Fall (c) ist bei einzelnen Vermögenswerten und Veräußerungsgruppen die Kategorie – u.E. der Posten – anzugeben, in der der Gewinn oder Verlust erfasst worden ist. Für Geschäftsbereichseinstellungen ist ohnehin der gesonderte GuV-Ausweis erforderlich.

2751 Werden die Kriterien zur Klassifizierung von Vermögensmassen als asset held for sale nach dem Bilanzstichtag, aber vor dem Tag der Freigabe des Abschlusses zur Veröffentlichung erfüllt, sind lediglich Angabepflichten nach Rz. 2750 (a), (b) und (d) erforderlich. Die Klassifizierung ist ein wertbegründendes Ereignis (Rz. 2725).

2752–2753 frei

2.6 Rückklassifizierung

Es ist nicht ausgeschlossen, dass die beabsichtigte Veräußerung scheitert. In diesem Fall ist eine Re-Klassifizierung vorzunehmen. Dabei sind die langfristigen Vermögenswerte, die auch nach IFRS 5 zu bewerten sind, mit dem niedrigeren Betrag aus einem Vergleich des (fiktiv) fortgeführten Buchwerts, der sich ergeben hätte, wenn die Klassifizierung als held for sale niemals vorgenommen worden wäre, und dem erzielbaren Betrag anzusetzen (IFRS 5.27). 2754

Für übrige, den Geschäftsbereichen oder Veräußerungsgruppen zugeordnete Vermögenswerte und Schulden erfolgt lediglich eine Umgliederung.

3. Anteile an anderen Unternehmen

3.1 Mit Weiterveräußerungsabsicht erworbene Anteile

3.1.1 Beteiligungshöhe unterhalb der Assoziierungsschwelle

Ein Erwerb von Anteilen an anderen Unternehmen mit Beteiligungshöhe von unter 20 % (Assoziierungsschwelle) bei gleichzeitiger Weiterveräußerungsabsicht ist kein Anwendungsfall des IFRS 5. Es liegt von vornherein kein langfristiges Vermögen vor. Die Anteile sind der Kategorie held for trading (IAS 39, s. Rz. 1833 f.) zuzuordnen und erfolgswirksam zum Fair value zu bewerten. 2755

3.1.2 Assoziierte Unternehmen und Gemeinschaftsunternehmen

Erwirbt ein Konzern Anteile an anderen Unternehmen, über die er maßgeblichen Einfluss ausüben kann oder die er gemeinsam mit einem anderen Partner führt und sind zugleich die Voraussetzungen der Kategorisierung als assets held for sale erfüllt (s. Rz. 2720 ff.) – es besteht also Weiterveräußerungsabsicht –, dann sind die **Anteile** nicht at equity zu bewerten oder quotal zu konsolidieren, sondern sie unterliegen der Ausweis- und Bewertungsnorm des IFRS 5 (IAS 28.13a, IAS 31.42). Ein Bewertungsproblem dürfte sich hier kaum ergeben, denn der Fair value der Anteile ist i.d.R. der eben gezahlte Kaufpreis (IFRS 5.16). 2756

◯ Wurden ursprünglich ohne Weiterveräußerungsabsicht erworbene Anteile nach der Equity-Methode bzw. der Quotenkonsolidierung einbezogen und werden bei beabsichtigtem Verkauf der Anteile die Anforderungen in Rz. 2720 ff. erfüllt, dann ist die Equity-Methode/Quotenkonsolidierung zu beenden (IAS 28. 13a, IAS 28.14; IAS 31.2a, IAS 31.42).[1] Die Anteile sind dann nach IFRS 5 zu bewerten. Letztlich handelt es sich hierbei um ein **faktisches Wahlrecht**, da die Voraussetzungen der Rz. 2720 ff. im Ermessen der Unternehmensleitung stehen. 2757

---
[1] Vgl. auch *Wolff/Robinson* in Beck'sches IFRS-Handbuch, 2. Aufl. 2006, § 28 Rz. 20.

3.1.3 Tochterunternehmen

2758 Werden Anteile erworben, die einen beherrschenden Einfluss ermöglichen und es besteht Weiterveräußerungsabsicht gem. Rz. 2720 ff., dann gilt das Tochterunternehmen als aufgegebener Geschäftsbereich (IFRS 5.32c).

Die gesamten erworbenen Vermögenswerte und Schulden des Tochterunternehmens sollen dann in jeweils einer Summe innerhalb des kurzfristigen Vermögens/der kurzfristigen Schulden gesondert ausgewiesen werden, allerdings ohne Aufgliederung auf Klassen von Vermögenswerten und Schulden im Anhang (IFRS 5.38 f.). Immerhin wird nicht verlangt, eine Kaufpreisallokation vorzunehmen; der Gesamtwert der Vermögenswerte darf vielmehr als Summe aus Gegenleistung (Rz. 3275) und übernommenen Schulden berechnet werden (IFRS 5.IG Example 13). Wir halten diese Vorgehensweise entgegen anders lautenden Meinungen[1] unter Kosten-Nutzen-Aspekten angesichts der kurzen Veräußerungsfrist von zwölf Monaten (Rz. 2722) nicht für zwingend:[2]

– Die wenngleich vereinfachte Konsolidierung hätte zur Folge, dass auch noch ein Ergebnis dieses Tochterunternehmens (inkl. other comprehensive income!) zu ermitteln, in der GuV mangels Aussagekraft jedoch direkt zu separieren wäre (Rz. 2759).

– Bei mit Veräußerungsabsicht erworbenen Teilkonzernen dürfte sich auch eine „vereinfachte" Konsolidierung schwierig gestalten (Rz. 3536).

Daher können Anteile an Tochterunternehmen[3] u.E. auch als **Anteile** in die Kategorie assets held for sale zugeordnet, bewertet und entsprechend **in einer Zeile** ausgewiesen werden[4], wie es im Übrigen auch bei Anteilen an assoziierten und Gemeinschaftsunternehmen unter den entsprechenden Voraussetzungen erforderlich ist (Rz. 2756).

2759 In der **Gewinn- und Verlustrechnung** ist nur die Angabe nach Rz. 2741 erforderlich (IFRS 5.33 a.E.). Sachlogisch ist die rückwirkende Anpassung der GuV gegenstandslos.

Die Angaben zur **Kapitalflussrechnung** (Rz. 2745) entfallen ebenfalls (IFRS 5.33c a.E.).

---

1 Vgl. *Wirth*, Firmenwertbilanzierung nach IFRS, 2005, S. 160 ff.; *Lüdenbach* in Haufe IFRS-Kommentar, 7. Aufl. 2009, § 29 Rz. 24; *Wolff/Robinson* in Beck'sches IFRS-Handbuch, 2. Aufl. 2006, § 28 Rz. 17; *von Keitz/Heyd* in Thiele/von Keitz/Brücks (Hrsg.), Internationals Bilanzrecht 2008, IFRS 5, Rz. 120.
2 Zu weiteren Argumenten siehe *Schildbach*, WPg 2005, 554 (560 f.), auch: *Pellens u.a.*, Internationale Rechnungslegung, 7. Aufl. 2008, S. 145 f. Schließlich ist der Nettoausweis den IFRS nicht fremd, etwa bei Pensionsverpflichtungen und Planvermögen oder bei der Saldierung latenter Steuern.
3 Nicht problematisieren wollen wir, ob bei Weiterveräußerungsabsicht die Beherrschungsvermutung nicht zu widerlegen ist.
4 So wie hier *Baetge/Kirsch/Thiele*, Konzernbilanzen, 7. Aufl. 2004, S. 142; *Pellens u.a.*, Internationale Rechnungslegung, 7. Aufl. 2008, S. 145 f.

Im Fall der Rückklassifizierung ist die Erstkonsolidierung rückwirkend auf den Erwerbstag zu beziehen. 2760

3.2 Verkauf von Tochterunternehmen

Als Teil des Annual Improvement Project 2008 hat der IASB folgende Klarstellung in IFRS 5 vorgenommen: Wenn ein Unternehmen plant, Anteile an einem Tochterunternehmen zu veräußern und *nach der Transaktion* nicht mehr die Kontrolle über das (bisherige) Tochterunternehmen ausübt, sind zu dem Zeitpunkt, zu dem die Kriterien für eine Klassifizierung als held for sale erfüllt sind, *sämtliche* Vermögenswerte und Schulden des Tochterunternehmens als held for sale auszuweisen (IFRS 5.8A). Nach Veräußerung der Anteile und damit nach Kontrollverlust über das ehemalige Tochterunternehmen ist ein ggf. verbleibender Anteil neu nach IAS 28 – wenn es nun ein assoziiertes Unternehmen ist – oder IAS 39 anzusetzen (IFRS 5.BC24A). 2761

Beispiel[1]
MU hält 51 % an TU und plant den Verkauf von 2 % und damit den Verlust der Kontrollmehrheit. *Alle* Vermögenswerte und Schulden des TU sind bei Erfüllung der Kriterien als held for sale auszuweisen. Damit endet die planmäßige Abschreibung (Rz. 2702) auch dann vollständig, wenn nach der Transaktion das verbleibende Vermögen planmäßig abzuschreiben wäre, z.B. bei nachfolgender Equitybilanzierung.[2]

Kommt es hingegen durch die geplante Anteilsveräußerung nicht zum Statusverlust als Tochterunternehmen – bleibt das Unternehmen also Tochterunternehmen –, ist IFRS 5 nicht anzuwenden.

Nur falls das Tochterunternehmen zugleich die Merkmale eines aufgegebenen Geschäftsbereichs erfüllt (s. Rz. 2712), sind die hierfür erforderlichen Angabepflichten (s. Rz. 2740 ff.) erforderlich (IFRS 5.36A und 5.BC.77A). 2762

Diese Änderung ist für Geschäftsjahre, die am oder nach dem 1.7.2009 beginnen, anzuwenden. 2763

frei 2764

4. Stilllegungen

Sollen einzelne langfristige Vermögenswerte oder Veräußerungsgruppen stillgelegt werden, kommt ein Ausweis als assets held for sale nicht in Betracht (IFRS 5.13). Die Vermögenswerte sind nach den allgemeinen Vorschriften auszuweisen und zu bewerten. 2765

---

1 Nach *Fink*, PiR 2008, 281 (282).
2 Vgl. *Lüdenbach* in Haufe IFRS-Kommentar, 7. Aufl. 2009, § 29 Rz. 51.

2766 Handelt es sich um stillgelegte Geschäftsbereiche, kommt ebenfalls ein Ausweis als asset held for sale nicht in Betracht. Allerdings sind ab dem Zeitpunkt der Stilllegung die Angaben zur GuV und Kapitalflussrechnung nach Rz. 2740–2747 f. erforderlich (IFRS 5.13).

2767–2999 frei

D. Konsolidierung

Der vorliegende Teil D des Buches erläutert die Aufstellung des Konzern- 3000
abschlusses nach IFRS. Aus der Perspektive deutscher Mutterunternehmen,
die den organisierten Kapitalmarkt in Anspruch nehmen, ist dessen Aufstellung verpflichtend. Andere, nicht kapitalmarktorientierte Mutterunternehmen können den IFRS-Konzernabschluss mit befreiender Wirkung für den HGB-Konzernabschluss aufstellen. Daher mündet letztlich die Erstellung einer Handelsbilanz II nach IFRS – wie in Teil B und C beschrieben – unter Berücksichtigung der im Folgenden erläuterten Vorschriften in die zu publizierende Konzernbilanz und Konzern-Gewinn- und Verlustrechnung.

I. Aufstellung des Konzernabschlusses und Konsolidierungskreis (IAS 27, 28, 31)

1. Überblick und Wegweiser

1.1 Standards und Anwendungsbereich

Die Vorschriften zur Aufstellung des **Konzernabschlusses** enthält IAS 27 3001
„Consolidated and Separate Financial Statements". Allerdings basiert die Frage, *wer* den Konzernabschluss aufstellt, also die **Rechnungslegungs***pflicht*, nach wie vor auf den Bestimmungen der 7. EG-Richtlinie in ihrer jeweiligen nationalen Umsetzung; s. hierzu Rz. 102. Daher sind die Regelungen des IAS 27.9–11 für Unternehmen in der Europäischen Union gegenstandslos.[1]

IAS 27 regelt aber – zusammen mit IAS 28, IAS 31 und IFRS 3 –, *wie* ein Kon- 3002
zernabschluss aufzustellen ist:

Frage	Regelung	Rz.
Konsolidierungskreis	IAS 27 (generell) und SIC-12 (speziell **Zweckgesellschaften**)	3015/3025
Definition Tochterunternehmen (TU)	Beherrschung (Control) durch Mutterunternehmen	3015
Weltabschlussprinzip/ Vollständigkeitsgebot	Einzubeziehen sind alle Tochterunternehmen, unabhängig von Rechtsform und Sitz (IAS 27.12)	
Einbeziehungsverbote*	Keine expliziten; bei Kapitalverkehrsrestriktionen ist Control zu prüfen	3035
Einbeziehungswahlrechte*	Nur bei Unwesentlichkeit	3035
Konsolidierung von TU	Vollkonsolidierung. Zur Kapitalkonsolidierung: IFRS 3	3200
* Für Tochterunternehmen; für Gemeinschaftsunternehmen und assoziierte Unternehmen analog		

---

[1] Es trägt nicht zur Klarheit bei, dass IAS 27.9–11 trotzdem im ABl. der EU veröffentlicht worden sind.

Frage	Regelung	Rz.
Ausweis von Minderheiten	Tochter-Kapitalgesellschaften: gesondert im Eigenkapital	3473
	Tochter-Personengesellschaften, positive: Schulden, negative: EK	3520
	Bei Optionen auf Minderheitenanteile: Schulden (KapGes/PHG)	3526
Übergangskonsolidierung	z.B. Hinzuerwerb und Teilveräußerung von Anteilen an Tochtergesellschaften: z.T. in IFRS 3, z.T. in IAS 27 geregelt	3700
Sonstige Konsolidierungsmaßnahmen	Schulden- Aufwands- und Ertragskonsolidierung, Zwischengewinneliminierung	3800
Definition Gemeinschaftsunternehmen (*Joint Ventures*)	Werden gemeinsam mit einer oder mehreren anderen Partei(en) geführt	3040
Quotenkonsolidierung	Wahlrecht für Gemeinschaftsunternehmen, einheitlich auszuüben	3600
Definition assoziierte Unternehmen	Auf welche ein maßgeblicher Einfluss ausgeübt werden kann	3045
Equity-Methode	Pflicht für assoziierte Unternehmen, Wahlrecht für Gemeinschaftsunternehmen, einheitlich auszuüben	3650

3003 Im Kontext mit der Überarbeitung von **IFRS 3** (zu Einzelheiten der Neuerungen s. Rz. 3200) ist auch IAS 27 (2008) geändert worden. Wesentliche Änderungen des IAS 27 betreffen die **Übergangskonsolidierung** und die Zulassung negativer Minderheiten. Sowohl IAS 27 (2008) als auch IFRS 3 sind erstmals anzuwenden in Geschäftsjahren, die am oder nach dem 1.7.2009 beginnen. Die frühere Anwendung beider Standards ist aus IASB-Perspektive zulässig, aber nur gemeinsam (IAS 27.45). Zur europarechtlichen Zulässigkeit der früheren Anwendung s. Rz. 63 ff.

IAS 27 (2008) und IFRS 3 (2008) sind am 12.6.2009 durch die EU umgesetzt worden (VO 494 und 495/2009). Zur Verdeutlichung der Neuerungen nennen wir im Folgenden jeweils die Vorschrift des IAS 27 (2008) i.d.R. **ohne Jahresangabe** und zusätzlich, soweit Nummerierung oder Inhalt voneinander abweichen, die Vorgängerregelung IAS 27 (2005) **mit Jahresangabe**.

3004–3005 frei

I. Aufstellung des Konzernabschlusses und Konsolidierungskreis (IAS 27, 28, 31)

1.2 Wesentliche Unterschiede zum HGB

3006

	HGB (alt)[1]	HGB i.d.F. BilMoG	IFRS
Definition Control	Das Control-Konzept des § 290 Abs. 2 Nr. 1–3 HGB ist *rechtlich* abgesichert: Eine Präsenzmehrheit begründet keine Control	Möglichkeit der Beherrschung führt zum TU-Status, damit z.B. auch Präsenzmehrheit	Nach IAS 27.13c wird z.T. bei faktischer Kontrolle (nachhaltige Präsenzmehrheit bei Hauptversammlungen) ein Mutter-Tochter-Verhältnis angenommen (s. i.E. Rz. 3022).
Einheitliche Leitung (insb. Konsolidierung von Zweckgesellschaften)	Führt nur i.V.m. Beteiligung i.S.v. § 272 HGB (i.d.R. > 20%) zur Konsolidierungspflicht	Kriterium der einheitl. Leitung formal gestrichen; Zweckgesellschaften sind nach Risiko/Chancen-Betrachtung explizit zu konsolidieren (§ 290 Abs. 2 Nr. 4 HGB)	Formal kein Kriterium: Unter die wirtschaftliche Betrachtungsweise, die im Control-Konzept nach IAS 27 und ergänzend in SIC 12 zu Zweckgesellschaften zum Ausdruck kommt, lässt sich auch die einheitliche Leitung (allerdings ohne ein Beteiligungserfordernis) subsumieren
Größenabhängige Befreiungen	§ 293 HGB		Keine
Einbeziehungswahlrechte	§ 296 HGB		Keine expliziten (nur Unwesentlichkeit)
Gemeinschaftsunternehmen[2]	§ 310 HGB: *tatsächliche* gemeinsame Führung		IAS 31: *Möglichkeit* der gemeinsamen Führung
Assoziierte Unternehmen	*Tatsächliche Ausübung* des maßgeblichen Einflusses (§ 311 Abs. 1 HGB[3])		IAS 28: *Möglichkeit* der Ausübung des maßgeblichen Einflusses
Weiterveräußerungsabsicht	Einbeziehungswahlrecht		IFRS 5 (Rz. 2755 ff.)

frei 3007

---

1 Vgl. zum Konsolidierungskreis nach HGB auch *Heuser/Theile* in GmbH-Handbuch, Rz. II 2050 ff.
2 Die praktischen Unterschiede zwischen HGB und IFRS dürften sich sowohl bei Gemeinschaftsunternehmen als auch bei assoziierten Unternehmungen in Grenzen halten.
3 Zu den Prüfkriterien s. im Einzelnen IAS 28.7 und nach HGB-Auslegung *Heuser/Theile*, in GmbH-Handbuch, Rz. II 2210 ff.

1.3 Neuere Entwicklungen

3008 Nach dem im September 2007 vorgelegten **Exposure Draft zu Joint Ventures**, der den IAS 31 ablösen soll, ist in Anlehnung an US-GAAP für Gemeinschaftsunternehmen **nur noch die Equity-Methode** zulässig. Der endgültige Standard ist für 2009 geplant. Die Übernahme in europäisches Recht wird dann voraussichtlich erst in 2010 erfolgen.

3009 Am 18.12.08 hat der IASB einen Standardentwurf **ED 10 „Consolidated Financial Statements"** herausgegeben, der die Konsolidierungsvorschriften des IAS 27 und des SIC 12 ersetzen soll. Umgesetzt wurden u.a. Anregungen des Financial Stability Forum vom April 2008. Der Entwurf enthält eine **prinzipienbasierte Definition** von „**Kontrolle** über ein Unternehmen" (control of an entity). Nach dieser Definition ergibt sich Kontrolle aus der Möglichkeit, die Aktivitäten eines anderen Unternehmens zu lenken, um (finanzielle) Rückflüsse bzw. Nutzen zu generieren. Durch die Neuregelungen sollen Möglichkeiten zur Umgehung der Konsolidierung von Tochterunternehmen (z.B. durch Zweckgesellschaften, im Entwurf „**strukturierte Unternehmen**" genannt) eingeschränkt werden. Mögliche Änderungen ergeben sich bei folgenden Sachverhalten:[1]

– Stärkere einzelfallbezogene Beurteilung potenzieller Stimmrechte (Rz. 3019 ff.),

– Konsolidierungspflicht bei faktischer Beherrschung (Rz. 3022),

– Einbeziehung der nahe stehenden Personen (related parties) als sog. agents der berichtspflichtigen Einheit: Danach wäre die Leasingobjektgesellschaft lt. Rz. 3028 wohl konsolidierungspflichtig, während dies nach dem gegenwärtigen risk-and-reward-Konzept nicht zwingend ist[2],

– erweiterte Anhangangaben, insbesondere zu nicht konsolidierten strukturierten Unternehmen.

Der voraussichtliche Anwendungszeitpunkt und der Veröffentlichungszeitpunkt des endgültigen Standards stehen noch nicht fest.

2. Konzernabschlussstichtag

3010 Konzernabschlussstichtag ist der **Bilanzstichtag des Mutterunternehmens**. Tochterunternehmen mit abweichenden Stichtagen dürfen ohne Zwischenabschluss einbezogen werden, wenn der Unterschied zwischen den Stichtagen nicht mehr als drei Monate beträgt; Berichtigungen für Auswirkungen wesentlicher Ereignisse zwischen den Stichtagen sind erforderlich (IAS 27.22 f./ IAS 27.26 f. [2005]).

3011–3014 frei

---

1 Vgl. *Beyhs/Buschhüter/Wagner*, KoR 2009, 61 (71 ff.).
2 Vgl *Freiberg*, PiR 2008, 22 (25).

I. Aufstellung des Konzernabschlusses und Konsolidierungskreis (IAS 27, 28, 31)

3. Tochterunternehmen (IAS 27)

3.1 Beherrschung nach dem Control-Konzept

3.1.1 Definition: Beherrschung

Die Verpflichtung zur Konsolidierung von Tochtergesellschaften ist an das Vorhandensein eines Mutter-Tochter-Verhältnisses, jeweils unabhängig von der Rechtsform, nach dem **Control-Konzept** geknüpft. Das frühere Konzept der einheitlichen Leitung gem. § 290 Abs. 1 HGB vor BilMoG findet sich in IAS 27 *formal* nicht (Rz. 3006). Weil es nur auf Control ankommt und diese **unteilbar** ist, kann eine Tochtergesellschaft nicht gleichzeitig zu zwei Gesellschaften in einem Mutter-Tochter-Verhältnis stehen (IAS 27.IG4).

3015

Control (**Beherrschung**) ist definiert als die **Möglichkeit**, die Finanz- und Geschäftspolitik eines Unternehmens zu bestimmen, um aus dessen Tätigkeit Nutzen zu ziehen (IAS 27.4).[1] Es kommt also nicht auf die tatsächlich ausgeübte Bestimmung der Finanz- und Geschäftspolitik an; notwendig ist aber die uneingeschränkte **Durchsetzbarkeit** des beherrschenden Einflusses.[2]

3.1.2 Widerlegbare Beherrschungsvermutung bei Stimmrechtsmehrheit

Grundsatz	Widerlegbare Beherrschungsvermutung bei unmittelbarer oder mittelbarer Stimmrechtsmehrheit (nicht: Kapitalmehrheit) an einem anderen Unternehmen (IAS 27.13)
Widerlegung der Beherrschung trotz Stimmrechtsmehrheit	Setzt materiell *außergewöhnliche Umstände* und formell einen *eindeutigen Gegenbeweis* voraus[3], z.B.: a) **Satzung oder Gesellschaftsvertrag sieht für alle wichtigen operativen Entscheidungen eine Quote von z.B. 75%** vor (unerheblich sind qualifizierte Mehrheiten bei Satzungsänderungen), *oder* b) Übertragung wesentlicher Verfügungsrechte auf den **Insolvenzverwalter** (IAS 27.32/IAS 27.21 [2005]) *oder* c) in Übereinstimmung mit der Rechtsauffassung zu § 17 Abs. 2 AktG kann die Beherrschung auch durch **Stimmbindungsverträge**[4] widerlegt werden, bei denen die Stimmrechtsmehrheit nicht ausgeübt werden darf, sowie durch **Entherrschungsverträge**.[5]

3016

---

1 Ein Treuhänder, der die Geschäftspolitik zum Vorteil eines Dritten bestimmt, übt keine Beherrschung aus, vgl. IDW RS HFA 2, Tz. 53.
2 Vgl. *Baetge/Hayn/Ströher* in Baetge u.a. (Hrsg.) Rechnungslegung nach IFRS, 2006, IAS 27 Rz. 14.
3 Vgl. *Lüdenbach* in Haufe IFRS-Kommentar, 7. Aufl. 2009, § 32 Rz. 27.
4 Vgl. zur Widerlegung der Beherrschungsvermutung auch *Lüdenbach* in Haufe IFRS-Kommentar, 7. Aufl. 2009, § 32 Rz. 30.
5 Voraussetzung ist Schriftform, Laufzeit von mindestens fünf Jahren (damit die nächste Aufsichtsratswahl nicht dominiert werden kann); vgl. *Vetter* in Schmidt/Lutter (Hrsg.), AktG 2008, § 17 Rz. 60 ff.; *Hüffer*, Aktiengesetz, 8. Aufl. 2008, § 17 Rz. 22.

D. Konsolidierung

Beispiel:

Ein Konzern sei mit 55 % an TU beteiligt; Minderheitsgesellschafter sind Mitarbeiter der TU (alternativ: der Hauptgesellschafter des Konzerns). Bei TU besteht wegen hoher Investitionen ein erheblicher Finanzbedarf, der im Gesamtkonzern zu einer teilweisen Nichtabzugsfähigkeit von Zinsen gemäß § 4h EStG (**Zinsschranke**, Rz. 6000 ff.) führen würde.

Aus diesem Grund schließt die Konzernmutter mit TU einen **Entherrschungsvertrag**, wonach die Konzernmutter bei allen wesentlichen Entscheidungen (Wahl des Aufsichtsrats, Gewinnverwendung, Feststellung Jahresabschluss etc.) ihr Stimmrecht nur insoweit ausüben wird, dass die Anzahl der von ihr abgegebenen Stimmen jeweils um 2 % hinter der Zahl der von anderen Anteilseignern der TU insgesamt abgegebenen Stimmen zurückbleibt.

Als Folge muss die TU nicht voll konsolidiert, sondern nur noch at equity bilanziert werden.[1] Die Konzernmutter hat die Beteiligung an TU ohne Anteilsveräußerung wegen des bloßen Kontrollverlusts zu entkonsolidieren. Bei entsprechenden stillen Reserven kann hieraus ein Ertrag aus der Fair value-Bewertung der Anteile entstehen (Rz. 3730 ff.)

Damit ist im Regelfall TU kein konzerngebundenes Unternehmen i.S.v. § 4h Abs. 2 EStG mehr und kann alle Zinsaufwendungen ohne Restriktionen abziehen. Naturgemäß erfordert eine so weitgehende Entscheidung die Abwägung aller Vor- und Nachteile, bspw. den fehlenden Verlustausgleich beim Herauslösen aus einem Organkreis.

3.1.3 Unwiderlegbare Beherrschungsvermutungen

3017 Wird die Hälfte oder **weniger als die Hälfte der Stimmrechte** an einem anderen Unternehmen gehalten, liegt eine Beherrschung (**unwiderlegbar**) vor, wenn mindestens eine der folgenden Möglichkeiten zutrifft (IAS 27.13):

a) Möglichkeit, über mehr als die Hälfte der Stimmrechte kraft einer mit anderen Anteilseignern abgeschlossenen Vereinbarung zu verfügen	z.B. Stimmrechtsvereinbarungen
b) Möglichkeit, die Finanz- und Geschäftspolitik eines Unternehmens gemäß einer Satzung oder einer Vereinbarung zu bestimmen	z.B. auf Grund eines Beherrschungsvertrags nach § 291 Abs. 1 Satz 1 AktG
c) Möglichkeit, die Mehrheit der Mitglieder des Vorstands oder eines gleichwertigen Leitungsgremiums ernennen oder absetzen zu können, wobei das betrachtete Unternehmen durch dieses Gremium geführt wird	Abgrenzungsfragen können sich aus dem dualistischen System in Deutschland ergeben (Trennung von Geschäftsführung und Überwachung durch Vorstand und Aufsichtsrat). Wenn ein Gesellschafter die Mehrheit im Aufsichtsrat, der andere die Mehr-
d) Möglichkeit, die Mehrheit der Stimmen bei Sitzungen des Vorstands oder eines gleichwertigen Lei-	

---

1 Es sei denn, dass die Voraussetzungen einer Zweckgesellschaft vorliegen, Rz. 3025 ff.

I. Aufstellung des Konzernabschlusses und Konsolidierungskreis (IAS 27, 28, 31)

tungsgremiums zu bestimmen, wobei das betrachtete Unternehmen durch dieses Gremium geführt wird	heit im Vorstand stellt, ist im Einzelfall **auf Basis der** Satzung **zu analysieren**, welchem Gremium die Kontrolle zukommt.[1]

3.1.4 Berechnung der Stimmrechtsmehrheit

Wie die **Mehrheit der Stimmrechte** zu ermitteln ist, insbesondere zur **Bestimmung der indirekten Rechte**, lässt IAS 27 offen. Da sich aber insgesamt die Regelungen des IAS 27 an die 7. EG-Richtlinie anlehnen[2] (dies entspricht § 290 Abs. 3 und 4 HGB), ist es naheliegend, diese analog anzuwenden:[3] 3018

Stimmrechte, die Tochtergesellschaften zustehen	Volle und nicht nur quotale Zurechnung
Stimmrechte von assoziierten oder Gemeinschaftsunternehmen an TU	Keine Berücksichtigung
Stimmrechte aus eigenen Aktien des betreffenden Unternehmens oder dessen Tochtergesellschaften	Werden bei der Berechnung der Gesamtzahl abgezogen
Auf Rechnung anderer gehaltene Stimmrechte	Werden abgezogen
Von anderen für den Konzern gehaltene Stimmrechte	Werden hinzuaddiert

3.1.5 Potenzielle Stimmrechte

Definition	Zum Umfang der Stimmrechte gehören nicht nur die am Abschlussstichtag ausstehenden Rechte, sondern auch sog. **potenzielle Stimmrechte** (IAS 27.14 f.) auf Grund von **Kaufoptionen, Wandelschuldverschreibungen** u.Ä.; einschließlich der Optionen auf solche Instrumente.[4]	3019
Ratio	Beherrschung über die mögliche Veränderung der Stimmrechtsquoten bei Optionsausübung bzw. Wandlung.	
Tragweite	a) Potenzielle Stimmrechte sind nur zur Beurteilung des Einflusses auf das Beteiligungsunternehmen zu berücksichtigen. b) Die **tatsächliche Konsolidierung** erfolgt **weiterhin auf Basis der tatsächlichen Kapitalanteile** am Abschlussstichtag (IAS 27.19/IAS 27.23 [2005]); dies eröffnet bilanzpolitische Spielräume (Rz. 3772).	

---

1 S. hierzu im Einzelnen *Bischof/Ross*, BB 2005, 203 (205 f.); im Ergebnis ebenso *Senger/Elprana* in Beck'sches IFRS-Handbuch, 2. Aufl. 2006, § 29 Rz. 6 ff.
2 Vgl. *Cairns*, Applying International Accounting Standards, 3. Aufl. 2002, S. 240.
3 So *Baetge/Hayn/Ströher* in Baetge u.a. (Hrsg.), Rechnungslegung nach IFRS, 2006, IAS 27 Rz. 43 ff. sowie zu Einzelheiten der Berechnung *Busse von Colbe* u.a., Konzernabschlüsse, 8. Aufl. 2006, S. 110 f.
4 IAS 27.IE8 Beispiel 3 sowie *Senger/Elprana* in Beck'sches IFRS-Handbuch, 2. Aufl. 2006, § 29 Rz. 11 ff.

Voraus-setzung	a) Potenzielle Stimmrechte sind allerdings nur zu berücksichtigen, wenn sie zum Beurteilungszeitpunkt tatsächlich ausgeübt werden können (s. nachf. **Beispiel 1**). b) Die Ausübbarkeit wird jedoch auch bereits dann angenommen, wenn gegenwärtig **weder die Absicht zur Optionsausübung** besteht **noch die finanziellen Mittel** dazu vorhanden sind (IAS 27.15). c) Gleiches soll gelten, wenn eine **Option aus dem Geld** ist und die Ausübung aus wirtschaftlichen Gründen unterblieben wäre (IAS 27.IG8 Bsp. 1).[1] Dies gilt jedoch nicht uneingeschränkt (s. nachf. **Beispiel 2**).

Beispiel 1:

Unternehmen A hält am 31.12.01 40 % der Kapital- und Stimmrechte an Unternehmen X und außerdem zum jeweiligen Kurswert ausübbare Aktienoptionen über weitere 20 %. Diese Option darf aber nicht vor dem 31.12.02 ausgeübt werden. Damit hat A am 31.12.01 noch nicht die Stimmrechtsmehrheit über X, sondern erst ab 31.12.02 (IAS 27.14a.E.).

Beispiel 2:

Unternehmen A hält 40 % und Unternehmen B 60 % der Kapital- und Stimmrechte an X. Außerdem besitzt A gegenüber B eine jederzeit ausübbare Kaufoption über 20 % an X zu einem Optionspreis, der den Marktpreis weit übersteigt („aus dem Geld"), so dass diese nicht ausgeübt würde.

Nach den tatsächlichen Stimmrechten (IAS 27.13) hätte B die Mehrheit an X, unter Erfassung der Kaufoption jedoch A. Da Control unteilbar ist, X also nur entweder von A *oder* B konsolidiert werden kann (Rz. 3015), ist der Zirkel durch eine **Abwägung aller Merkmale des IAS 27.13 ff. nach ihrem Sinn und Zweck** aufzulösen.[2] Da tatsächliche Stimmrechte größere Beherrschungsmöglichkeiten als potenzielle eröffnen, ist X *im vorliegenden Fall* Tochter von B und nicht von A.[3]

Die Wahrscheinlichkeit der Ausübung spielt folglich immer dann eine Rolle, wenn *zwischen mehreren Anteilseignern und Optionsinhabern* eine **Vorrangentscheidung** getroffen werden muss.[4]

---

1 Vgl. *Ernst&Young*, International GAAP 2009, S. 399; *Hendler* in Thiele/von Keitz/Brücks, Internationales Bilanzrecht, 2008, IAS 27 Rz. 149 f.; a.A. *Lüdenbach* in Haufe IFRS Kommentar, 7. Aufl. 2009, § 32 Rz. 52 mit Hinweis darauf, dass die potenziellen Stimmrechte nicht bloß arithmetisch zuzurechnen seien, sondern materiell eine Beherrschung vermitteln sollen. Gl.A. *Senger/Elprana* in Beck'scher IFRS Kommentar, 2. Aufl. 2006, § 29 Rz. 12.

2 Die Beispiele in IAS 27.IG8 sind *implementation guidance* und damit keine Vorschriften zu den Abschlüssen (IAS 8.9, s. Rz. 59); die Vorrangstellung des Standards und damit die *prinzipienorientierte Würdigung* wird durch IAS 27.IG4 („reassessment") selbst bestätigt.

3 Wären die 60 % an X im Streubesitz, könnte der Fall anders zu würdigen sein, so wohl *Hendler* in Thiele/von Keitz/Brücks, Internationales Bilanzrecht, 2008, IAS 27 Rz. 149 f.

4 Vgl. *Senger/Elprana* in Beck'sches IFRS Handbuch, 2. Aufl. 2006, § 29 Rz. 12.

I. Aufstellung des Konzernabschlusses und Konsolidierungskreis (IAS 27, 28, 31)

Die (missbräuchliche) **Vermeidung oder Herbeiführung von Konsolidierungen** 3020
gewinn- oder verlustträchtiger Gesellschaften mittels „gefahrloser" Einräumung potentieller Stimmrechte dürfte regelmäßig scheitern.[1]

frei 3021

3.2 Faktische Beherrschung

Bei faktischer Beherrschung, insbesondere auf Grund der **Präsenzmehrheit bei** 3022
Hauptversammlungen, geht der IASB von Control i.S.v. IAS 27 aus, lässt aber bis zum Abschluss des Controlprojekts (ED 10, Rz. 3009) auch abweichende Auffassungen zu.[2] Nach überwiegender Meinung muss die Einflussnahme nach IAS 27.13c/d) dagegen auch rechtlich abgesichert sein.[3] Z.T. wird bei knappen rechtlichen Mehrheiten i.V.m. ständig geringer Hauptversammlungspräsenz Beherrschung angenommen.[4] Es besteht somit ein faktisches Wahlrecht für die Annahme einer Mutter-Tochter-Beziehung[5], jedoch nur in Bezug auf das Stimmrechtskriterium des IAS 27.13c, nicht jedoch für die Beherrschungsfiktion nach IAS 27.13d (Rz. 3017).[6]

frei 3023

---

[1] Scheinoptionen zu Phantomkonditionen zählen von vornherein nicht (IAS 27.IG2). Bei stillschweigenden Übereinkommen, Optionen *nicht* auszuüben, läge eine Stimmrechtsvereinbarung nach IAS 17.13a vor, vgl. *Ernst&Young*, International GAAP 2009, S. 400. Außerdem kann eine Konsolidierung als Zweckgesellschaft in Betracht kommen (Nutzenziehung *ohne* gleichzeitige Stimmrechtsmehrheit, s. Rz. 3025 ff.). *Lüdenbach/Völkner*, BB 2006, 2738 diskutieren aber eine (überschaubare) Verschiebung des Erst- bzw. Entkonsolidierungszeitpunkts mittels Kaufoptionen.

[2] Vgl. IASB Update Oktober 2005, S. 2; *Hendler* in Thiele/von Keitz/Brücks (Hrsg.), Internationales Bilanzrecht, 2008, IAS 27 Rz. 135 f.

[3] Vgl. *Baetge/Hayn/Ströher* in Baetge u.a. (Hrsg.), Rechnungslegung nach IFRS, 2006, IAS 27 Rz. 57; *Bischof/Ross*, BB 2005, 203 (207); *Senger/Elprana* in Beck'sches IFRS-Handbuch, 2. Aufl. 2006, § 29 Rz. 10.

[4] Vgl. *Lüdenbach* in Haufe IFRS Kommentar, 7. Aufl. 2009, § 32 Rz. 25 f.

[5] A.A. *Hendler/Zülch*, WPg 2008, 484 (485) unter Hinweis auf die Bestimmung des Erwerbers nach IFRS 3.B15b (dominierender Minderheitsanteil (Rz. 3575 f.). Dabei wird aber die im ersten Schritt zu erfolgende Bestimmung eines Mutter-Tochter-Verhältnisses nach IAS 27 mit der im zweiten Schritt zu erfolgenden Definition des Erwerbers verwechselt, die ein Mutter-Tochter-Verhältnis voraussetzt (Rz. 3230 ff.). Allerdings trägt der IASB an diesem Missverständnis durch die Abkoppelung der Unterscheidung von (a) Control nach IAS 27 und (b) der Bestimmung des Erwerbers gehörige Mitverantwortung: Davon abgesehen ist IFRS 3.B15b) explizit nur bei Unternehmenserwerben durch *Anteilstausch* relevant und zielt insbesondere auf Sacheinlagen (Rz. 3570), Interessenzusammenführung (Rz. 3575). Eine Regelung des IASB zur Beherrschung durch Präsenzmehrheit kann daraus u.E. nicht abgeleitet werden.

[6] Vgl. *Baetge/Hayn/Ströher*, in Baetge u.a. (Hrsg.), Rechnungslegung nach IFRS, 2006, IAS 27 Rz. 60.

3.3 Keine Ausnahmen für Beteiligungsgesellschaften

3024 Beteiligungsgesellschaften, Fonds u.Ä. sind explizit zur **Vollkonsolidierung von Tochtergesellschaften** verpflichtet (IAS 27.16/IAS 27.19 (2005) i.V.m. IFRS 3), obwohl durchaus die Frage gestellt werden könnte, ob deren Geschäftsmodell (kurzfristiges Halten, Exit-Orientierung) nicht eher den Verzicht auf Vollkonsolidierung nahe legt. Diese Sichtweise zielt geradewegs auf den Kern der Konzernrechnungslegung, weil ein Einzelabschluss (!) mit Fortführung der Anschaffungskosten oder (bei Marktpreisen) einem Fair value-Ansatz danach als die adäquatere Bilanzierungsform erscheint (IAS 27.BC21/IAS 27.BC16 [2005]). Wegen Abgrenzungsschwierigkeiten und zur Vermeidung eines Dammbruchs lehnt der IASB diese Sichtweise jedoch ab (IAS 27.BC23 ff./IAS 27.BC18 ff. [2005]).

Immerhin wird Beteiligungsgesellschaften, Fonds u.Ä. zumindest in Bezug auf **Gemeinschaftsunternehmen** oder, häufiger, **assoziierten Unternehmen** unter bestimmten Voraussetzungen das Wahlrecht eingeräumt, diese erfolgswirksam nach IAS 39 zu bilanzieren (s. zu Einzelheiten Rz. 3601, 3651).

3.4 Einbeziehung von Zweckgesellschaften (SIC-12)

3025 Das Controlkriterium des IAS 27 zielt über die Beherrschung durch Stimmrechtsmehrheit auf Nutzenziehung. Wird aus einer Gesellschaft nun auch ohne Stimmrechtsmehrheit Nutzen gezogen „wie aus einer Tochtergesellschaft", läuft IAS 27 formal ins Leere. Diese Lücke schließt die Interpretation SIC-12, die den IAS 27 ergänzt.

SIC-12 zielt dabei auf sog. **Zweckgesellschaften** (Special Purpose Entities, SPE):[1] Zweckgesellschaften sind Unternehmen mit einem engen und genau definierten Ziel ihrer Unternehmenstätigkeit. In der Praxis findet sich häufig die Ausprägung als **Leasinggesellschaft** oder als **Finanzierungsgesellschaft** im Zusammenhang mit der **Verbriefung von Forderungen** (Securitization). Die Zweckgesellschaft wird für die Belange eines sog. **Initiators** (Sponsors) von diesem und einem **Investor** gegründet.[2] Bilanzpolitischer Hintergrund ist regelmäßig, durch die Übertragung von Vermögenswerten und Schulden auf eine andere rechtliche Einheit beim Initiator eine (bilanzneutrale) *Off-balance-sheet*-**Finanzierung** zu erreichen.

3026 Die gesellschaftsrechtlichen Vereinbarungen zwischen Initiator und Investor sind dabei regelmäßig so ausgestaltet, dass **mangels Stimmrechtsmehrheit** eine Konsolidierung nach IAS 27 beim Initiator unterbleiben würde, obwohl dieser häufig alleiniger Nutznießer der Zweckgesellschaft ist. Zweckgesell-

---

1 Die Einbeziehung von Zweckgesellschaften im Hinblick auf die Qualität von Konzernabschlüssen und den Einblick in die tatsächlichen Vermögens-, Finanz- und Ertragsverhältnisse ist nicht zuletzt durch den Enron-Fall in den Blickpunkt gerückt, vgl. *Zimmermann*, StuB 2002, 573 (576 ff.) und *Lüdenbach/Hoffmann*, DB 2002, 1169 (1172).

2 Zu Merkmalen und Funktionen von Zweckgesellschaften s. *Schruff/Rothenburger*, WPg 2002, 755 (756 f.).

schaften sind jedoch nach SIC-12.8 zu konsolidieren, wenn sie bei **wirtschaftlicher Betrachtungsweise** (*substance over form*, s. Rz. 272) beherrscht werden. Die maßgeblichen Indizien zur Beurteilung eines Beherrschungsverhältnisses nennt SIC-12.10. Konsolidieren muss:

- wer die **Mehrheit des Nutzens** (Chancen) **und der Risiken** aus der Zweckgesellschaft ziehen kann (SIC-12.10c) und/oder
- wer Anspruch auf die **Mehrheit der Residualansprüche** hat bzw. die Mehrheit der **eigentümerspezifischen Risiken** trägt (SIC-12.10d), sog. *risk and reward approach*. Das **kann auch bei geringer oder fehlender Kapitalbeteiligung der Fall** sein (SIC-12.9), wenn die Nutzenziehung bzw. das Tragen von Risiken über schuldrechtliche Vereinbarungen (Garantien etc.) erfolgt.
- Die **fehlende Stimmrechtsmehrheit** wird dabei zumeist durch eine Vorfestlegung sämtlicher geschäftspolitischer Entscheidungen (**„Autopilot"**) ersetzt (SIC-12.9, 12.10b).

Die Nichtkonsolidierung von Zweckgesellschaften war *vor* dem BilMoG nach **HGB** trotz einheitlicher Leitung durch Vermeidung einer Kapitalbeteiligung i.S.v. § 271 Abs. 1 HGB („im Zweifel > 20 %") bzw. durch Vermeidung der Controlkriterien ohne weiteres möglich. Das **BilMoG** fordert erstmals eine explizite Einbeziehung von Zweckgesellschaften, und zwar ohne Beteiligungserfordernis entsprechend SIC-12.10, wenn ein Mutterunternehmen „bei wirtschaftlicher Betrachtung die Mehrheit der Risiken und Chancen" trägt (§ 290 Abs. 2 Nr. 4 HGB).

Mit den in Rz. 3026 genannten Kriterien kommt die Idee des Konzernabschlusses als Zusammenfassung rechtlich unterschiedlicher, aber wirtschaftlich verbundener Unternehmen (**Fiktion der rechtlichen Einheit**, Einheitstheorie) klar zum Ausdruck: Die in Rz. 3025 beschriebene Übertragung von Vermögenswerten und Schulden auf eine neue rechtliche Einheit schlägt im Konzernabschluss nur dann durch, wenn auch aus wirtschaftlicher Perspektive eine Übertragung stattgefunden hat. Ist Nutznießer und Risikoträger der Übertragung jedoch weiterhin der Initiator, so wird der im Einzelabschluss realisierte bilanzpolitische Effekt der *Off-balance-sheet*-Finanzierung im Konzernabschluss zurückgedreht. Demzufolge kommt es bei der Würdigung des wirtschaftlichen Gehalts der Verbindung zur Zweckgesellschaft nach Maßgabe des **Gesamtbildes der Verhältnisse im Einzelfall** auch nicht auf die rechtliche Ausgestaltung – schuldrechtliche oder gesellschaftsrechtliche Abreden – an.[1]

Zur **konkreten Beurteilung** der Verteilung von Risiken und Chancen der Zweckgesellschaft auf den Initiator und den Investor hilft die Überlegung, dass

- Investoren der Zweckgesellschaft nur dann zur **Übernahme der Mehrheit des Risikos** bereit sein werden, wenn die **Rendite** ihres eingesetzten Kapitals dem übernommenen Risiko **angemessen** ist. Sie werden also bei Übernahme des Risikos auch an entsprechenden Chancen (Entgeltzahlungen) interessiert sein.

---
1 So auch IDW RS HFA 2, Rz. 66.

– Sollte der Fall so zu würdigen sein und der Initiator lediglich eine bestimmte Leistung gegen **marktübliches Entgelt** von einem fremden Dritten beziehen, ohne an den (weiteren) Chancen und Risiken beteiligt zu sein, käme eine Konsolidierung beim Initiator nicht in Betracht.[1]

> **Beispiel:**
>
> Der Hauptgesellschafter einer Konzernmutter errichtet über eine ihm zu 100 % gehörende Leasinggesellschaft eine Fertigungshalle, die an den Konzern verleast wird, wobei Finanzierungsleasing, d.h. die Zurechnung der Halle nach IAS 17, vermieden wird (Rz. 1344). Der Konzern ist über die Zahlung einer üblichen Leasingrate hinaus keine weiteren Verpflichtungen eingegangen.
>
> Die Leasinggesellschaft ist keine Zweckgesellschaft i.S.v. SIC-12, da das eigentümerspezifische Verwertungsrisiko nach wie vor beim Eigentümer verbleibt: Fällt der Konzern als Mieter aus, trägt die Leasinggesellschaft das Risiko, keinen neuen Mieter zu finden. Für den Konzern können sich bei diesem Sachverhalt im Abschluss jedoch Angabepflichten nicht nur aus *operating lease*, sondern auch gem. IAS 24 *related party disclosures* ergeben (s. Rz. 4761). Zu möglichen Änderungen durch ED 10 siehe jedoch Rz. 3009.
>
> Umgekehrt gilt: Trägt der Initiator (weiterhin) die Mehrheit der Risiken und Chancen am Liquidationsergebnis der Zweckgesellschaft und/oder trägt der Investor lediglich die eines normalen Kreditgebers innewohnenden Risiken durch Begrenzung oder Ausschaltung seines Verlustrisikos über die Vereinbarung von Garantien mit dem Initiator (z.B. **First-loss-Garantie, Restwertgarantie, Rendite- und Delkrederegarantien**)[2], so hat der Initiator die Zweckgesellschaft zu konsolidieren, s. Rz. 1342 ff.

3029 Um einer Konsolidierungspflicht zu entgehen und die gewünschten Bilanzstruktureffekte auch im Konzernabschluss zu erreichen, ist im Zusammenhang mit **Leasing-Objektgesellschaften** und bei **Asset-Backed-Securities-Gestaltungen** diskutiert worden, Zweckgesellschaften mit sog. **zellularem Aufbau** bzw. **Multi-Seller-Programmen** einzurichten.[3] Hierbei wird eine Zweckgesellschaft nicht für einen, sondern für mehrere Nutznießer gegründet. Das IDW vertritt hier zutreffend die Auffassung, dass eine solche rechtliche Konstruktion die Beurteilung der jeweiligen Vereinbarung nach ihrem wirtschaftlichen Gehalt nicht konterkarieren kann. In diesem Fall ist vielmehr jede einzelne Vereinbarung – z.B. jedes einzelne Leasingobjekt – mit den vorbezeichneten Maßstäben von SIC-12 zu beurteilen.[4] Werden zur Abwicklung **aktienbasierter Vergütungsprogramme** Zweckgesellschaften eingesetzt, ist im Hinblick auf die Prüfung der Einbeziehungspflicht ebenfalls SIC-12 anzuwenden (SIC 12.6).

3030–3034 frei

---

1 Vgl. *Schruff/Rothenburger*, WPg 2002, 755 (757, 762).
2 S. SIC-12 Appendix c und d sowie *Schruff/Rothenburger*, WPg 2002, 755 (762).
3 Vgl. *Findeisen/Ross*, DB 1999, 2224 (2227).
4 Vgl. IDW RS HFA 2, Rz. 59 mit Beispielen.

3.5 Einbeziehungsverbote und Einbeziehungswahlrechte

Explizite **Einbeziehungsverbote** und -wahlrechte	Keine: Tochterunternehmen sind insb. auch bei **abweichender Tätigkeit** zu konsolidieren (IAS 27.17/IAS 27.20 [2005]).	3035
TU-Erwerb mit **Weiterveräußerungsabsicht**	Wenn Weiterveräußerung innerhalb der nächsten 12 Monate: Prüfung des Ausweises des TU als held for sale nach IFRS 5 (Rz. 2755).	
Veräußerungsabsicht über TU	**Tochterunternehmen** sind weiterhin voll zu konsolidieren, auch wenn die Absicht besteht, diese zu veräußern. Ggf. Umgliederung der Vermögenswerte und Schulden des TU in die Kategorie held for sale nach IFRS 5.	
Kapitalverkehrsrestriktionen	a) Liegen gegenüber einem Tochterunternehmen erhebliche und andauernde **Kapitalverkehrsrestriktionen** vor, ist zu prüfen, ob ein Beherrschungsverhältnis noch besteht. b) Führt die Beschränkung aber nicht zu einem Verlust der Beherrschung (z.B. bei bloßem Gläubigerschutz im Insolvenzrecht, „*Chapter 11*") besteht die Konsolidierungspflicht fort.[1] c) Beim Übergang auf einen **Insolvenzverwalter** entfällt jedoch die Beherrschung (IAS 27.32/IAS 27.21 [2005], Rz. 3016).	
Unwesentlichkeit	a) Keine Konsolidierungspflicht (Das Einbeziehungswahlrecht des § 296 Abs. 2 HGB wird vom allgemeinen Wesentlichkeitsgrundsatz der IFRS abgedeckt). b) Beurteilung anhand Bilanzsumme, Umsatz und Ergebnis (bspw. kumulierter Konzernumsatz aller nicht konsolidierten TU von nur 1 % bei zugleich geringer Vermögens- und Ergebniswirkung; in großen Konzernen oft für mehrere hundert Tochterunternehmen).	
Verzicht auf Einbeziehung auf Grund hoher **Kosten oder Verzögerungen**[2]	a) Nach IFRS unter Bezugnahme auf das allgemeine Kosten-Nutzen-Prinzip (s. Rz. 278) nur ausnahmsweise und *vorübergehend* gerechtfertigt, z.B. bei Streiks.[3] b) Der **Verzicht auf eine Einbeziehung** kann allerdings *nicht* damit begründet werden, dass die Anschaffungskosten oder die Fair values der übernommenen Vermögenswerte und Schulden nicht hinreichend genau festgestellt werden können. In diesem Fall ist im Zweifel mit grob geschätzten Werten zu konsolidieren (IFRS 3.45 ff./IFRS 3.61 ff. (2004); zu Einzelheiten s. Rz. 3440).	

frei　　　　　　　　　　　　　　　　　　　　　　　　　　　　　　　　3036–3039

---

[1] Vgl. *Baetge/Hayn/Ströher* in Baetge u.a. (Hrsg.), Rechnungslegung nach IFRS, 2006, IAS 27 Rz. 103.
[2] Vgl. *Heuser/Theile* in GmbH-Handbuch, Rz. II 2113 m.w.N. (analog § 296 Abs. 1 Nr. 2 HGB).
[3] Vgl. *Baetge/Hayn/Ströher* in Baetge u.a. (Hrsg.), Rechnungslegung nach IFRS, 2006, IAS 27 Rz. 109.

4. Gemeinschaftsunternehmen und Arbeitsgemeinschaften (IAS 31)

3040 Die Merkmale von Gemeinschaftsunternehmen und gemeinsam geführten Tätigkeiten (Arbeitsgemeinschaften) zeigt die folgende Aufstellung zusammen mit einem Kurzüberblick zur Bilanzierung:

Form	Merkmale	Bilanzierung
Gemeinschaftsunternehmen i.S.v. IAS 31.24 ff.	a) unabhängig von der Rechtsform b) abgegrenzte rechtliche Einheit (IAS 31.24 ff.), c) über die zwei oder mehr Partnerunternehmen mit einer Kapitalbeteiligung **qua vertraglicher Vereinbarung** die Möglichkeit der gemeinsamen Führung innehaben (IAS 31.3) d) Auf die Form der vertraglichen Vereinbarung kommt es nicht an (i.d.R. aber schriftlich, z.B. Sitzungsprotokolle oder Satzungsbestimmung). e) Liegt auch vor, wenn die wichtigsten Eckpunkte zwischen den Partnern abgestimmt worden sind und einer der beiden Partner dem anderen die Umsetzung der Beschlüsse überlässt (IAS 31.12).[1]	a) Entweder Quotenkonsolidierung oder Equity-Methode (wie HGB) b) Die Equity-Methode wird ausdrücklich *nicht* empfohlen (IAS 31.40). c) Das Wahlrecht ist gem. IAS 8.13 für alle Joint Ventures *einheitlich* auszuüben. d) Stellt das Gemeinschaftsunternehmen einen Konzernabschluss auf, ist dieser maßgebend. e) Bei Veräußerungsabsicht *und* Erfüllung der Kriterien des IFRS 5 endet die Quotenkonsolidierung (Rz. 2757). f) Im Übrigen gelten im Hinblick auf Einbeziehungsverbote und -wahlrechte die Ausführungen unter Rz. 3035 analog.
Gemeinsam geführte Tätigkeiten (IAS 31.13–17)	a) kein rechtlich abgrenzbares Unternehmen b) Es handelt sich insoweit um eine **unechte Arbeitsgemeinschaft**, z.B. eine **Bau-Arge**	a) Vermögenswerte und Schulden jedes Partners bleiben in seiner Bilanz ausgewiesen b) Jeder Partner erfasst jeweils seinen Anteil am Umsatz, Erträgen und Aufwendungen
Vermögenswerte unter gemeinsamer Führung (IAS 31.18–23)[2]	a) Bruchteilseigentum b) **Echte Arbeitsgemeinschaften**, z.B. der **gemeinsame Betrieb einer Pipeline**.	a) Im Abschluss jedes Partners wird Bruchteilseigentum bilanziert b) Jeder Partner erfasst seinen Anteil am Umsatz, Erträgen und Aufwendungen

3041–3044 frei

---

[1] IAS 31 geht nicht darauf ein, ob es durch potenzielle Stimmrechte zu Veränderungen an der einheitlichen Leitung kommen kann. U.E. sind Vertragsbeziehungen zwischen den Partnerunternehmen, die die einheitliche Leitung festlegen, daraufhin zu analysieren, ob die einheitliche Leitung durch (ggf. potenzielle) Veränderung der Stimmrechtsquoten berührt wird.

[2] Zur Abgrenzung s. *Baetge/Klaholz/Harzheim* in Baetge u.a. (Hrsg.), Rechungslegung nach IFRS, 2007, IAS 31 Rz. 19 ff. und Rz. 34 ff.

5. Assoziierte Unternehmen (IAS 28)

Assoziierte Unternehmen sind solche, auf die der Anteilseigner[1] (nur) einen maßgeblichen Einfluss ausüben *kann*. Ein maßgeblicher Einfluss ist die Möglichkeit, an den finanz- und geschäftspolitischen Entscheidungsprozessen mitwirken zu können, ohne diese zu beherrschen oder gemeinsame Leitung auszuüben (IAS 28.2).

3045

Regelfall: Widerlegbare Assoziierungsvermutung bei Stimmrechtsquoten von 20% und mehr	Es sei denn, die Möglichkeit des maßgeblichen Einflusses kann eindeutig („*clearly*") widerlegt werden, z.B: a) bei miteinander geführten Prozessen, b) ständiger Disput in Gremien, c) Verweigerung der Entsendung in Entscheidungsgremien u.Ä. d) ggf. bei Schwierigkeiten der Datenbeschaffung (Rz. 3047).	3046
Ausnahme: Maßgeblicher Einfluss trotz geringerer Stimmrechte (IAS 28.6 f.)	a) bspw. bei der Besetzung von Gremien, b) Austausch von Führungspersonal und Know how, c) wesentliche Geschäftsbeziehungen, d) Mitwirkung an Beschlüssen.	

Strittig ist, ob die **nicht rechtzeitige Erlangung der zur Anwendung der Equity-Methode erforderlichen Daten** (Zwischenabschluss bei abweichendem Stichtag (Rz. 3661), Ermittlung und Fortschreibung der Fair values, Konzern- statt Einzelabschluss) die Assoziierungsvermutung widerlegt: Gemäß US GAAP (FIN 35.4) besteht in diesem Fall kein maßgeblicher Einfluss.[2] Nach IAS 28 wird dieser Auffassung teilweise zugestimmt.[3] U.E. ist danach zu differenzieren:

3047

a) ob das betreffende Unternehmen die **Daten nicht herausgeben *will***. Dieser Fall wäre genauso zu behandeln wie ein gegen den Konzern geführter Prozess, damit also Widerlegung der Assoziierungsvermutung, oder

b) ob das Unternehmen die **Daten nicht herausgeben *kann*** (späterer Abschluss, fehlende Ressourcen). In diesem Fall wäre die Assoziierungsvermutung nicht widerlegt;[4] die Bilanzierung kann dann auf geschätzten Werten beruhen.[5]

Zur Berücksichtigung **potenzieller Stimmrechte** s. analog Rz. 3019 (IAS 28.8 f.).

3048

Die nach IAS 28 zwingende Equity-Methode zur Bewertung der Anteile an assoziierten Unternehmen ist grundsätzlich so lange anzuwenden, wie der maßgebliche Einfluss auch tatsächlich ausgeübt werden kann (IAS 28.18). Im Übrigen gilt im Hinblick auf Einbeziehungsverbote und -wahlrechte Rz. 3035

3049

---

1 Auch hier ist also das Vorliegen eines Beteiligungsverhältnisses wie bei Gemeinschaftsunternehmen konstitutives Merkmal. Im Gegensatz zu Tochterunternehmen, s. oben Rz. 3016 f. und Rz. 3025.
2 Vgl. *Baetge/Bruns/Klaholz* in Baetge u.a. (Hrsg.), Rechnungslegung nach IFRS, 2006, IAS 28 Rz. 23.
3 Vgl. *Ernst&Young*, International GAAP 2009, S. 799.
4 Vgl. *Hayn* in Beck'sches IFRS-Handbuch, 2. Aufl. 2006, § 34 Rz. 37.
5 Vgl. *Lüdenbach* in Haufe IFRS Handbuch, 7. Aufl. 2009, § 33 Rz. 74 f.

vollumfänglich analog mit Ausnahme der Veräußerungsabsicht und Erfüllung von IFRS 5 (Rz. 2757).

6. Anhangangaben

3050 Neben den Anhangangaben der IAS sind im IFRS-Konzernabschluss insbesondere auch die Vorschriften des § 313 Abs. 2–3 HGB zu Tochtergesellschaften zu beachten. Wir verweisen auf die Anhang-Checkliste (Abschnitt H).

3051–3059 frei

7. Aufstellung von Teilkonzernabschlüssen

3060 IAS 27.9 f. sieht die Aufstellung von Teilkonzernabschlüssen nach dem **Tannenbaumprinzip** vor und benennt auch Ausnahmen hiervon. Indes sind diese Regelungen für IFRS-Konzernabschlüsse in Deutschland gegenstandslos, weil sich die Aufstellung des Konzernabschlusses – auch die Aufstellung von Teilkonzernabschlüssen – nach dem HGB richtet (Rz. 110, 121). Wenn insoweit die Bedingungen des § 291 HGB oder § 292 HGB erfüllt sind, kann die Aufstellung von Teilkonzernabschlüssen unterbleiben.

3061–3069 frei

II. Ansatz und Bewertung im Konzernabschluss

1. Überblick und Wegweiser

1.1 Standards und Anwendungsbereich

3070 Regelungen zu Ansatz und Bewertung im Konzernabschluss enthält IAS 27: Danach sind die Informationen so darzustellen, als sei der Konzern ein **rechtlich einheitliches, einziges Unternehmen** (IAS 27.18/IAS 27.22 [2005]).

1.2 Wesentliche Abweichungen zum HGB

3071 Die IFRS folgen im Ergebnis ebenfalls der **Fiktion der rechtlichen Einheit**, wie sie über Art. 26 Abs. 1 der 7. EU-Richtlinie in § 297 Abs. 3 Satz 1 HGB zum Ausdruck kommt. *Konzeptionell* bestehen daher keine Abweichungen (aber selbstverständlich ist die Bilanzierung zwischen HGB und IFRS unterschiedlich).

1.3 Neuere Entwicklungen

3072 Keine

3073–3079 frei

2. Konzerneinheitliche Bilanzierung und Bewertung

Mit der Fiktion der rechtlichen Einheit wird zunächst das Weglassen aller Innenbeziehungen der in den Konzernabschluss einbezogenen Unternehmen begründet, also die **Kapital-, Schulden- und Aufwands- und Ertragskonsolidierung** sowie das **Eliminieren aller Zwischengewinne** und -verluste (IAS 27.18 ff./IAS 27.22 ff. [2005]). Ferner ist für einbezogene Gesellschaften außerhalb des Euro-Raumes (wenn der Euro die Berichtswährung darstellt) eine **Währungsumrechnung** erforderlich. 3080

Damit aber der entstehende Konzernabschluss wirklich als Abschluss eines einzelnen Unternehmens gelesen werden kann, sind entsprechend der Fiktion der rechtlichen Einheit für alle Konzerngesellschaften **einheitliche Bilanzierungs- und Bewertungsmethoden** anzuwenden: 3081

Regelung IAS 27.24	Es sind für ähnliche Geschäftsvorfälle und andere Ereignisse unter vergleichbaren Umständen einheitliche Rechnungslegungsmethoden anzuwenden.
Ausnahmen	a) Verzicht wegen **Unwesentlichkeit** unter Kosten-Nutzen-Gesichtspunkten. b) Bei **Erstkonsolidierung** mit vorläufigen Werten (IFRS 3.45/IFRS 3.62 (2004), s. hierzu Rz. 3440), da diese ohnehin innerhalb der nächsten 12 Monate zu korrigieren ist. c) Notgedrungen bei **assoziierten Unternehmen**, wenn Daten wegen des nur maßgeblichen Einflusses nicht beschaffbar sind (Rz. 3047) (im Ergebnis IAS 28.27: nur sachgerechte Berichtigungen, eher grobe Anpassungen).

In den Konzernabschluss nach IFRS einzubeziehende Unternehmen haben daher als Grundlage der Konsolidierung eine **Handelsbilanz II** nach IFRS zu erstellen. Dabei ist es nicht ausreichend, die zahlreichen IFRS-*Wahlrechte* nur aus der Perspektive des Einzelunternehmens stetig anzuwenden. Vielmehr ist die Perspektive zu wechseln und vergleichbare Sachverhalte sind **konzernweit einheitlich** abzubilden. 3082

Beispiel:
Die Muttergesellschaft Holz AG, Warstein, verfügt weltweit über Tochterunternehmen, deren Geschäftszweck die Aufbereitung von unterschiedlichen Hölzern für die Möbelindustrie ist. Dabei wird jeweils dieselbe Lager- und Fertigungstechnik verwendet. In ihren Einzelabschlüssen bewerten einige der Tochtergesellschaften die fertigen und unfertigen Erzeugnisse nach der Durchschnittsmethode, andere nach der LIFO-Methode. Bei Bewertung der betriebsnotwendigen Grundstücke wendet die Tochtergesellschaft in Malaysia die Neubewertungsmethode an, während alle anderen nach der Anschaffungskostenmethode bilanzieren. Mit einer kürzlich erworbenen Tochtergesellschaft, der nut wood plc, soll durch die Lieferung hochwertiger Walnusswurzelhölzer für die britische Automobilindustrie ein neues Geschäftsfeld erschlossen werden. Bislang werden die Walnusswurzelhölzer bei der nut wood plc nach der FIFO-Methode bewertet.

- Die für die **Möbelindustrie** vorgesehenen Hölzer sind konzernweit grundsätzlich einheitlich zu bewerten, da sie mit denselben Verfahren gefertigt werden. Unabhängig von der jeweiligen Bewertung in den Einzelabschlüssen kommen für die Handelsbilanz II nur die Durchschnittsmethode oder die FIFO-Methode in Betracht.
- Unterschiedliche Bewertungsverfahren können jedoch dann sachlich gerechtfertigt sein (IAS 2.25 f.), wenn sich bei einer feineren Einteilung des Geschäftsfeldes die Hölzer innerhalb der Möbelindustrie noch nach Verwendungszwecken unterscheiden lassen. Dies ist sicher bei den Walnusswurzelhölzern gegeben, da sie nicht für die Möbelindustrie bestimmt sind. Folglich sind konzernweit die Hölzer für die Möbelindustrie auf der einen und die Hölzer für die **Automobilindustrie** auf der anderen Seite jeweils einheitlich zu bewerten.
- Alle **Grundstücke** sind konzernweit einheitlich entweder nach der Anschaffungskostenmethode oder nach der Neubewertungsmethode zu bewerten, da es sich um dieselbe Gruppe von Anlagevermögen handelt (IAS 16.36).

3083 ⊃ Die grundsätzliche Verpflichtung zur konzerneinheitlichen Bilanzierung findet ihre Grenze in den **Beurteilungsspielräumen und Schätzmethoden**, von denen nicht verlangt werden kann, dass sie konzernweit gleich angewendet werden – gleichwohl dies wünschenswert wäre. So mag ein Konzern bestimmt haben, dass alle Fahrzeuge nach der Neubewertungsmethode zu bilanzieren sind (konzerneinheitliche Wahlrechtsausübung). Das Verfahren der Bestimmung des Neubewertungsbetrages – z.B. Berechnung eines fiktiven Wiederbeschaffungszeitwertes oder Beauftragung eines Gutachters – kann aber unter dem Gesichtspunkt der Zweckmäßigkeit bei den einzelnen Konzerngesellschaften unterschiedlich ausgeübt werden.

3084–3099 frei

III. Währungsumrechnung (IAS 21, IAS 29)

1. Überblick und Wegweiser

1.1 Standards und Anwendungsbereich

3100 Für die Währungsumrechnung sowohl im **Einzelabschluss** (Handelsbilanz II) als auch im **Konzernabschluss** ist IAS 21 einschlägig. IAS 21 ist zum 1.1.2005 redaktionell angepasst und seitdem punktuell ergänzt worden.

Auf Grund der geänderten Übergangskonsolidierung (IAS 27) spätestens in Geschäftsjahren ab 1.7.2009 haben sich Folgeänderungen hinsichtlich der Umbuchung erfolgsneutraler Währungsumrechnungsdifferenzen bei Auf- und Abstockungen sowie Kontrollverlust ergeben (Rz. 3143 f.). Die EU-Freischaltung dieser Änderungen ist am 12.6.2009 erfolgt.

Im Juli 2008 ist IFRIC 16, anwendbar in Geschäftsjahren ab 1.10.2008, verabschiedet worden. Die Interpretation regelt Details zu Sicherungsbeziehungen im Konzern (Rz. 3142). Die EU-Freischaltung wird für das 2. Quartal 2009 erwartet.

IAS 29 und IFRIC 7 behandelt die Währungsumrechnung bei Hyperinflation (Rz. 3160 ff.). Währungsfragen im Zusammenhang mit Derivaten sind aus dem Anwendungsbereich des IAS 21 ausgenommen (IAS 21.3a) und im IAS 39 geregelt (Rz. 1815 ff.).

Die nachfolgenden Ausführungen beziehen sich auf die Währungsumrechnung im **Konzernabschluss**. Zur Umrechnung im Einzelabschluss s. Rz. 550 ff. 3101

1.2 Wesentliche Unterschiede zum HGB

Das HGB i.d.F. BilMoG enthält erstmals explizite Vorschriften zur Währungsumrechnung im Konzern. Nach § 308a HGB ist ausschließlich die erfolgsneutrale Stichtagsmethode zulässig. Eine Unterscheidung nach der verwendeten funktionalen Währung trifft das HGB nicht. Ebenso fehlen besondere Vorschriften zu Hochinflation. 3102

Da die Stichtagsmethode in der IFRS-Praxis so gut wie ausschließlich angewendet wird (Rz. 3122), bestehen praktisch keine Unterschiede. Der für HGB-Konzernabschlüsse einschlägige DRS 14 entspricht im Wesentlichen dem IAS 21 und IAS 29. Allerdings ist nach § 308a HGB die Frage der Umrechnung von HB II/HB III-Differenzen (aufgedeckte stille Reserven und Lasten) sowie die des Goodwills (Rz. 3133) nicht adressiert.[1]

1.3 Neuere Entwicklungen

Keine 3103

frei 3104–3109

2. Konzept der funktionalen Währung

Zur Aufstellung des Konzernabschlusses ist nach der Anpassung der Jahresabschlüsse an konzerneinheitliche Bilanzansatz- und Bewertungsvorschriften die **Umrechnung der Handelsbilanzen II** von Tochter- und Gemeinschaftsunternehmen sowie assoziierten Unternehmen[2] in die **Berichtswährung** (*presentation currency*) erforderlich, wenn die jeweiligen Abschlüsse nicht in der Berichtswährung aufgestellt sind. Als Berichtswährung gilt regelmäßig die Währung im Sitzland des Mutterunternehmens (IAS 21.51); die Wahl einer anderen Währung ist zu begründen (IAS 21.53). IAS 21 sieht nach dem **Konzept der funktionalen Währung** die **Zeitbezugsmethode** oder die **Stichtagskursmethode** vor. 3110

Wesentlich für das *Konzept* der funktionalen Währung ist die Unterscheidung von Konzerneinheiten in selbständige Einheiten oder unselbständige Unternehmen: Selbständige Einheiten sind dadurch gekennzeichnet, dass sie ihre 3111

---

[1] Vgl. hierzu *Theile*, Bilanzrechtsmodernisierungsgesetz, 2. Aufl. 2009, § 308a, Rz. 7 ff.
[2] Bei assoziierten Unternehmen ist auch die Umrechnung nur der Handelsbilanz I möglich, sofern auf konzerneinheitliche Bilanzierung verzichtet wird, s. Rz. 3081.

Aktivitäten eher nicht in der Währung des Mutterunternehmens, sondern in einer anderen Währung, i.d.R. der Landeswährung, betreiben. Die Anwendung der Stichtagsmethode bei eher selbständig operierenden Konzerneinheiten basiert auf der Überlegung, dass diese in Rechts- und Währungskreisen mit jeweils eigenen ökonomischen Bedingungen operieren, so dass deren Cashflow sowie Wechselkursänderungen keinen oder zumindest nur einen geringen Einfluss auf den Cashflow des Mutterunternehmens haben.

IAS 21 unterscheidet nun *formell* nicht mehr zwischen relativ selbständig und unselbständig operierenden Tochterunternehmen. Stattdessen bestimmt jedes Konzernunternehmen seine **funktionale Währung**; das ist jene Währung, in der das Unternehmen typischerweise „denkt", wirtschaftet und seinen Zahlungsverkehr abwickelt (Rz. 3121).

3112 Fremdwährungsumrechnungen *in* die jeweilige funktionale Währung werden, von genau umrissenen Ausnahmen abgesehen, erfolgswirksam nach ihrem **Zeitbezug** (IAS 21.20–34) behandelt. Dies betrifft sämtliche Währungsumrechnungen

– im **Einzelabschluss** (auf Handelsbilanz II Ebene) sowie

– Umrechnungen ganzer **Abschlüsse** derjenigen Konzerneinheiten, deren funktionale Währung nicht mit ihrer lokalen Währung übereinstimmt (früher: *unselbständige Unternehmen*).

Beispiel:

(a) Ein inländisches Konzernunternehmen (funktionale Währung: Euro) hat eine Lieferforderung in US-Dollar gegenüber einem amerikanischen Kunden. Der am Jahresende aus der Umrechnung zum Stichtagskurs in Euro resultierende Währungsgewinn oder -verlust ist ergebniswirksam[1] einzubuchen (Rz. 3150). Dieses Ergebnis fließt in den Konzernabschluss ein.

(b) Eine amerikanische Tochtergesellschaft sei ein reines Vertriebsbüro (bloße Auftragsabwicklung ohne weitere Montage oder Marketingaktivitäten). Die funktionale Währung dieser (unselbständigen) Tochtergesellschaft ist damit ebenfalls der Euro und nicht der US-Dollar (Rz. 3121). Aus steuerlichen Gründen und zur Erfüllung der lokalen Rechnungslegungsvorschriften stellt die Tochter ihren Abschluss gleichwohl in US-Dollar auf. Dieser Abschluss enthält US-Dollar Forderungen an amerikanische Kunden. Für Konzernzwecke werden die Bilanzposten dieses Abschlusses und damit auch die US-Dollar Forderungen so umgerechnet, als seien die Vorgänge direkt in der Berichtswährung gebucht.[2] Nunmehr resultieren aus der Umrechnung dieses *Abschlusses im Konzern* die gleichen ergebniswirksamen Währungsergebnisse wie bei (a).

---

1 Bei kurzfristigen Forderungen und Verbindlichkeiten nun auch nach HGB, vgl. § 256a HGB i.d.F. BilMoG.

2 IAS 21.20 ff. sind (praxisfremd) so formuliert, als würde die Tochtergesellschaft *tatsächlich* direkt in der funktionalen Währung (Euro) buchen.

Ist die funktionale Währung dagegen nicht die **Berichtswährung**, so ist von der funktionalen Währung in die Berichtswährung mit der modifizierten **Stichtagskursmethode** umzurechnen (IAS 21.38–50). 3113

Beispiel:
Eine amerikanische Vertriebstochter mit 100 Mitarbeitern steuere alle Marketingaktivitäten in eigener Verantwortung, betreibe umfangreiche Montagetätigkeiten zur Anpassung an individuelle Kundenwünsche, verwende Ergebnisse zur Markterschließung etc., so dass deren funktionale Währung der US-Dollar ist. Gegenüber einem englischen Kunden bestehe eine Forderung in £.

(a) Im Einzelabschluss (Handelsbilanz II) dieser US-Tochter wird die £ Forderung wiederum *erfolgswirksam* in *ihre* funktionale Währung (US-Dollar) umgerechnet (Rz. 3112).

(b) *Anschließend* ist der *gesamte Abschluss* der US-Tochter für Zwecke des Konzernabschlusses nach der Stichtagsmethode (Rz. 3130 ff.) in die Berichtswährung (Euro) umzurechnen. Daraus folgt, dass die in der Handelsbilanz II enthaltene, wegen (a) bereits in US-Dollar ausgedrückte Forderung nun in Euro umgerechnet wird, im Unterschied zu (a) aber *erfolgsneutral*. Außerdem fließt das Währungsergebnis (£ → US-Dollar) aus der GuV der US-Tochter, umgerechnet zum Durchschnittskurs (US-Dollar → Euro), in die Konzern-GuV ein.[1]

frei 3114–3119

3. Bestimmung der funktionalen Währung/Einteilung der Tochtergesellschaften

Das Konzept der funktionalen Währung ist keine eigene Methode der Währungsumrechnung. Abhängig von den jeweiligen Verhältnissen (IAS 21.9–14) sind Tochtergesellschaften als integrierte oder wirtschaftlich selbständige Teileinheiten zu klassifizieren und danach entsprechend entweder die modifizierte Stichtagskursmethode **oder die** Zeitbezugsmethode[2] anzuwenden: 3120

---

[1] Vgl. *Pawelzik*, Die Prüfung des Konzerneigenkapitals, 2003, S. 243.
[2] Die Zeitbezugsmethode ist in IAS 21 als eigenständige Methode zur Umrechnung von Abschlüssen nicht mehr erwähnt. Stattdessen müssen Abschlüsse von Tochterunternehmen, deren funktionale Währung die Berichtswährung des Mutterunternehmens ist, so umgerechnet werden, als seien die Geschäftsvorfälle bereits in der Berichtswährung gebucht. Da Umrechnungen im Einzelabschluss nach dem Zeitbezug erfolgen (s. Rz. 3112), glaubt man auf die explizite Erwähnung der Zeitbezugsmethode bei der Umrechnung von Abschlüssen von Tochterunternehmen verzichten zu können.

3121	Bestimmung der funktionalen Währung		Funktionale Währung abweichend von Berichtswährung (i.d.R. Landeswährung)[1]	Funktionale Währung identisch mit Berichtswährung
	Frühere Bezeichnung nach IAS 21 (1993)		relativ selbständige Einheit	relativ integrierte Einheit
	Methode		modifizierte Stichtagskursmethode	Zeitbezugsmethode
	Indikatoren			
	Cashflow	1.	Entstehung und Verwendung in Landeswährung	Cashflow steht jederzeit zur Überweisung an das Mutterunternehmen zur Verfügung
	Verkaufspreise/ Absatzmarkt	2.	Verkaufspreise werden in Landeswährung festgelegt	Festlegung in Berichtswährung
	Aufwendungen (Löhne/Material)	3.	Zahlung in Währung des Sitzlandes	Zahlung in Berichtswährung
	Aufnahme von Finanzmitteln	4.	in Währung des Sitzlandes	Finanzierung erfolgt in Berichtswährung
	Operative Cashflows	5.	vorwiegend in Landeswährung	vorwiegend in Berichtswährung
	Grad der Unabhängigkeit	6.	örtliches Management entscheidet eigenständig	Handeln nach Vorgaben der Konzernmutter
	Konzerninterne Lieferungen und Leistungen	7.	Gering	Hoch
	Veränderung Cashflows	8.	keine direkte Auswirkung auf Cashflows des Mutterunternehmens	unmittelbare Auswirkung auf Cashflows des Mutterunternehmens, Cashflows stehen zur Überweisung an das Mutterunternehmen bereit
	Eigenständigkeit der Finanzierung	9.	selbst erwirtschaftete Zahlungsmittel reichen zur Tilgung von Finanzschulden aus	erwirtschaftete Zahlungsmittel reichen nicht zur Tilgung

Abb. 75: Ausprägungen der Indikatoren zur Beurteilung der Tochtergesellschaften als integrierte oder wirtschaftlich selbständige Teileinheiten

3122 Ist eine Zuordnung auch nach Analyse der Ausprägungen der angegebenen Indikatoren nicht eindeutig möglich, soll das Management eine Gesamtwürdigung anhand der Verhältnisse vornehmen (IAS 21.12). Dabei sollen die Kriterien 1.–3. Vorrang vor den Kriterien 4.–9. haben.

⮕ In der Praxis ist zu beobachten, dass Tochterunternehmen nur in eindeutigen Fällen als unselbständige Einheiten eingestuft werden („**verlängerte Werkbank**"), während im Zweifel eher eine Klassifizierung als selbständige Einheit vorgenommen wird. Entsprechend oft kommt daher die Stichtagskursmethode zur Anwendung.[2]

---

1 Es kann sich auch um eine Drittwährung handeln, etwa wenn in Hochinflationsländern nicht die Landeswährung, sondern der US-Dollar als funktionale Währung dient, nicht jedoch die Berichtswährung (Euro).
2 Vgl. von *Keitz*, Praxis der IASB-Rechnungslegung, 2005, 2. Aufl. 2005, S. 237.

Die Grundsätze zur Bestimmung der funktionalen Währung gelten auch für **Gemeinschaftsunternehmen und assoziierte Unternehmen** (IAS 21.8, 21.44). Diese werden jedoch wegen des geringeren Grads der Einflussnahme eher als selbständig einzustufen sein. Zudem ist bei unzureichender Datenbasis für die Anwendung der Zeitbezugsmethode, insbesondere bei assoziierten Unternehmen, zwangsläufig auch die ausschließliche Verwendung der Stichtagskursmethode vertretbar.[1]   3123

frei   3124–3129

4. Modifizierte Stichtagskursmethode

4.1 Grundfall

Die modifizierte Stichtagskursmethode führt zu einer linearen Transformation der Bilanzrelationen der Tochterunternehmen in die Berichtswährung. Daher ist sie nur auf solche Tochterunternehmen anzuwenden, deren funktionale Währung von der Berichtswährung abweicht (selbständige Tochterunternehmen). Folgerichtig werden Umrechnungsdifferenzen **erfolgsneutral** behandelt.   3130

Nach IAS 21.39 werden alle Bilanzposten zum Stichtagskurs und alle Aufwands- und Ertragsposten zum jeweiligen Transaktionskurs oder, vereinfachend, zu Wochen-, Monats-, Quartals- oder Jahres**durchschnittskursen** umgerechnet.[2] Deren Anwendung setzt aber eine stetige Verteilung von Umsätzen und Aufwendungen voraus, so dass ggf. Gewichtungen vorzunehmen sind.[3] Sämtliche **Umrechnungsdifferenzen** werden **erfolgsneutral** innerhalb des Eigenkapitals erfasst und separat ausgewiesen (IAS 21.39c, s. Rz. 3143):   3131

Beispiel:[4]

Im folgenden Beispiel ist der an einheitliche Bilanzansatz- und Bewertungsmethoden angepasste Jahresabschluss eines Tochterunternehmens zum 31.12.01 nach der modifizierten Stichtagskursmethode umzurechnen. Folgende Daten sind bekannt:

Das Eigenkapital der Tochterunternehmung betrug 100 LW am 1.1.01.

Zum 1.1.01 galt ein Währungskurs von 1 LW = 2 Euro.

Am 1.3.01 wurde eine Ausschüttung in Höhe von 20 LW vorgenommen. Der Kurs betrug im Auszahlungszeitpunkt 1 LW = 2,6 Euro.

---

1 Wie hier *Niehus* in HdJ, Abt. V/3 (2005), Rz. 225.
2 Auf Tagesbasis berechnete Jahresdurchschnittskurse stehen im Internet zur Verfügung.
3 So im Ergebnis auch *Oechsle/Müller/Doleczik* in Baetge u.a. (Hrsg.), Rechnungslegung nach IFRS, 2006, IAS 21 Rz. 91.
4 Seit Einführung des Euro werden Wechselkurse in Mengennotierung angegeben. Wir stellen die Kurse aus didaktischen Gründen noch in Preisnotierung dar.

Etwa in der Mitte des Jahres ist der Euro auf 1 LW = 3 Euro weiter aufgewertet worden; seither ist der Kurs unverändert. Der Jahresdurchschnittskurs beträgt 1 LW = 2,4 Euro

Bilanz	Handelsbilanz II in LW		Umrechnung	Handelsbilanz II in Euro	
Aktiva					
Anlagevermögen	200		3	600	
Vorräte	75		3	225	
Bank	50		3	150	
Passiva					
Eigenkapital 1.1.01		100	2		200
Jahresüberschuss		15	2,4		36
Ausschüttung		−40	2,6		−104
Währungsumrechnungs-differenz		−			93
Eigenkapital 31.12.01		75	3		225
langfristige Verbindlichkeiten		160	3		480
kurzfristige Verbindlichkeiten		90	3		270
	325	325		975	975
GuV					
Umsatzerlöse		500	2,4		1200
Materialaufwand	−240		2,4	−576	
Abschreibungen	−20		2,4	−48	
Diverser Aufwand	−225		2,4	−540	
Aufwendungen zusammen	−485	−485		−1164	−1164
Jahresüberschuss		15			36

Abb. 76: Umrechnung der Bilanz und der Gewinn- und Verlustrechnung nach der modifizierten Stichtagskursmethode

Bei der Stichtagskursmethode werden alle Bilanzposten unterschiedslos mit den Stichtagskursen (1 LW = 3 Euro) umgerechnet. Dies gilt im Ergebnis auch für den Endstand des Eigenkapitals. Damit für die Darstellung der Eigenkapitalentwicklung im Eigenkapitalspiegel (Rz. 4362) erkennbar wird, wie sich Wechselkursschwankungen auf das in der Summe zum Stichtagskurs umgerechnete Eigenkapital ausgewirkt haben, ist der Anfangsstand des Eigenkapitals mit dem Vorjahresbetrag[1] anzusetzen. Anschließend ist das zu Durchschnittskursen umgerechnete Jahresergebnis aus der Gewinn- und Verlustrechnung zu entnehmen, sonstige Transaktionen (Kapitalerhöhungen, Ausschüttungen etc.) sind zu jeweiligen Transaktionskursen umzurechnen und eine verbleibende Differenz zum Anfangsbestand des EK ist als **Residualgröße**

---

1 Häufig ist in diesem Zusammenhang von einem Ansatz des Eigenkapitals zu historischen Kursen die Rede, vgl. z.B. *ADS*, § 298 HGB Rz. 34.

erfolgsneutral als **Währungsumrechnungsdifferenz** in das Eigenkapital einzustellen (IAS 21.39c).

Das **Jahresergebnis** wird demnach der Gewinn- und Verlustrechnung entnommen. Im Beispiel sind alle Ertrags- und Aufwandsposten unterschiedslos zu Durchschnittskursen (1 LW = 2,4 Euro) umgerechnet worden (Jahresüberschuss 15 LW × 2,4 = 36 Euro). Die Umrechnung der **Abschreibungen** erfolgt ebenfalls zu Durchschnittskursen, da sich das umgerechnete Anlagevermögen auf Grund der Bewertung zu Stichtagskursen entsprechend der Währungskursentwicklung vermindert; eine Umrechnung der Abschreibung zu historischen Kursen (wie bei der Zeitbezugsmethode) wäre daher nicht sachgerecht. In den sonstigen betrieblichen Erträgen und Aufwendungen möglicherweise enthaltene **Währungsergebnisse** sind ebenfalls zum Durchschnittskurs umzurechnen.

Die als Residualgröße ermittelte **Währungsumrechnungsdifferenz** kann wie folgt abgestimmt werden (IAS 21.41): 3132

Abstimmung der Umrechnungsdifferenz:	in LW		in Euro
Währungsgewinn des Anfangsvermögens	100	(3–2)	100
Währungsgewinn des Jahresüberschusses	15	(3–2,4)	9
Währungsverlust der Ausschüttung	– 40	(2,6–3,0)	– 16
Summe:			**93**

Somit existiert lediglich *eine* aus mehreren Komponenten bestehende (*bilanzielle*) Umrechnungsdifferenz (IAS 21.39c).

4.2 Umrechnung eines Goodwill

Bei der Erstkonsolidierung aufgedeckte stille Reserven/Lasten und insbesondere ein entstandener Goodwill sind in Geschäftsjahren ab 1.1.2005 auch in Folgeperioden immer zum Stichtagskurs umzurechnen (IAS 21.47). Zuvor entstandene Goodwills konnten dagegen zum historischen Kurs im Erwerbszeitpunkt fixiert werden. Dies darf nach IAS 21.59 bei den betroffenen Goodwills beibehalten werden (Wahlrecht). 3133

frei 3134–3139

4.3 Währungsumrechnung bei Schuldenkonsolidierung

4.3.1 Kurzfristige Forderungen und Verbindlichkeiten

Erfolgt die Umrechnung gleich hoher konzerninterner Forderungen und Schulden jeweils mit denselben Stichtagskursen, kann naturgemäß keine Aufrechnungsdifferenz entstehen. Im Beispiel werden Forderungen und Verbindlichkeiten von jeweils umgerechnet 1000 Euro im Rahmen der Schuldenkonsolidierung eliminiert: 3140

		Handels-Bilanz II	Kurs	Konzern Euro
Einzelabschluss der Tochtergesellschaft				
Verbindlichkeit gegenüber Konzernmutter	nominal Euro	– 1000		
Einbuchung	LW	– 800	0,80	
Aufwand (Aufwertung der Verbindlichkeit im Einzelabschluss)	LW	– 600		
Bewertung am Abschlussstichtag	LW	– 1400	1,40	– 1000
Einzelabschluss der Mutterunternehmung				
Forderung gegenüber Tochtergesellschaft	nominal Euro	1000		1000
Saldo im Konzernabschluss				0

Allerdings hat die Tochtergesellschaft die Verbindlichkeit in ihrem Einzelabschluss um 600 LW aufwerten müssen, da sie einen entsprechend höheren Betrag in LW benötigt, um die auf Euro lautende Verbindlichkeit tilgen zu können. Fraglich ist nun, wie dieser Verlust von 600 LW im Konzernabschluss zu behandeln ist. Gegen die Übernahme des umgerechneten Aufwandes in die Konzern-GuV könnte sprechen, dass der Ausweis von Währungsergebnissen aus konzerninternen Vorgängen der Einheitsfiktion widerspricht.[1] Dabei ist jedoch zu beachten, dass derartige Umrechnungsergebnisse die aus der künftigen Bezahlung von Konzernsalden auch aus Konzernsicht bestehenden Währungsrisiken und -chancen antizipieren. Die Ergebnisse betreffen damit nicht etwa den aus Konzernsicht nicht existenten Konzernsaldo, sondern das auf ausländische Währung lautende Vermögen, das für eine spätere Begleichung der Konzernsalden verwendet wird.[2] Die Umrechnungsergebnisse aus den Einzelabschlüssen sind somit (umgerechnet zu dem für die Gewinn- und Verlustrechnung maßgebenden Kurs) in den Konzernabschluss zu übernehmen. IAS 21.45 schreibt dies explizit vor.

4.3.2 Einlageähnliche Forderungen (net investment in a foreign operation)

3141 Die erfolgswirksame Buchung gemäß Rz. 3140 ist nach IFRS jedoch im Konzern ausnahmsweise dann nicht zwingend, wenn eine konzerninterne **langfristige Forderung**, d.h. nicht eine solche aus Lieferungen oder Leistungen[3] gegenüber einem Tochterunternehmen, wegen „in absehbarer Zukunft"[4] nicht geplanter oder wahrscheinlicher Rückzahlung (IAS 21.15) wirtschaftlich

---

1 Vgl. IDW HFA, WPg 1998, 552 f., zu weiteren Aspekten *Ordelheide*, BB 1993, 1558 (1559).
2 Vgl. *Pawelzik*, Die Prüfung des Konzerneigenkapitals, 2003, S. 261.
3 Unschädlich ist dagegen eine Novation, d.h. die Umwandlung einer Lieferforderung in ein langfristiges Darlehen.
4 Diese Voraussetzung wird ab einer Restlaufzeit von mindestens 1 Jahr als gegeben erachtet, vgl. *Lüdenbach* in Haufe IFRS-Kommentar, 7. Aufl. 2009, § 27 Rz. 58.

III. Währungsumrechnung (IAS 21, IAS 29)

Einlagecharakter hat (*net investment in a foreign operation*). Daraus resultierende Differenzen sind wie andere Differenzen aus der Stichtagsmethode erfolgsneutral in die entsprechende Eigenkapitalkategorie einzustellen (IAS 21.31). IAS 21.15A stellt klar, dass die betreffende Forderung nicht nur von der Muttergesellschaft, sondern von jedem anderen vollkonsolidierten Konzernunternehmen (z.B. Schwestergesellschaften) stammen darf.

Kursdifferenzen aus Währungsverbindlichkeiten, die nicht dem betreffenden Tochterunternehmen selbst als Darlehen zur Verfügung gestellt, sondern im Restkonzern zur Absicherung aufgenommen werden, können bei entsprechender Widmung als **Cashflow-Hedge des net investment** ebenfalls erfolgsneutral erfasst werden (IAS 39.86c i.V.m. IAS 39.102, IFRIC 16). Im Einzelnen: 3142
- Die Absicherung betrifft alle foreign operations i.S.v. IAS 21.8, also außer Tochtergesellschaften auch Gemeinschaftsunternehmen und assoziierte Unternehmen (IFRIC 16.1).
- Die Absicherung ist naturgemäß auf den Betrag der Nettobuchwerte der betreffenden Gesellschaft im Konzernabschluss begrenzt (IFRIC 16.11).
- Als Sicherungsinstrumente können neben originären Finanzinstrumenten (Darlehen) unter der Voraussetzung der Effektivität auch Derivate (bspw. Zins- und Währungsswaps) eingesetzt werden.
- Das Sicherungsinstrument kann bei jedem Konzernunternehmen (außer der betreffenden Konzerneinheit selbst) angesiedelt sein (IFRIC 16.14).
- Darlehen von Tochtergesellschaften in Berichtswährung an den Restkonzern sind nicht hedgefähig, d.h. entsprechende Umrechnungsdifferenzen bleiben nach Rz. 3140 erfolgswirksam.
- Nur der effektive Teil darf erfolgsneutral erfasst werden.

Beispiel:
Die Entwicklung des Eigenkapitals bei TU und eines von der MU aufgenommenen Währungsdarlehens ist wie folgt (Rz. 3131):

	1.1.	Ergebnis	Dividende	Währungs-Differenz	31.12.
Eigenkapital TU					
Landeswährung	100	15	− 40		75
Kurs	2,0	2,4	2,6		3,0
Berichtswährung	200	36	− 104	93	225
Darlehen MU					
Landeswährung	− 100				− 100
Kurs	2,0				3,0
Berichtswährung	− 200			− 100	− 300

Bei entsprechender Widmung kann der effektive Teil der Wechselkursdifferenz (93) entsprechend dem Währungsgewinn bei TU im Konzernabschluss erfolgsneutral behandelt werden. Der ineffektive Teil (7) führt hingegen zu

Ertrag in der GuV (IAS 39.102): Die Ineffektivität beruht darauf, dass der gehedgte Betrag (100 LW) wegen der das Ergebnis übersteigenden Ausschüttung im Jahresverlauf höher ist als die Nettobuchwerte der TU (75 LW am 31.12.).

Hätte MU das Darlehen dagegen nicht als hedge in a forein operation (TU) gewidmet, müsste der Währungsgewinn aus dem Darlehen bei MU nach allgemeinen Vorschriften insgesamt erfolgswirksam behandelt werden.

Die Folgebilanzierung der Währungsdifferenz (i.d.R. erfolgswirksame Auflösung bei Veräußerung von TU) richtet sich gemäß IAS 39.102 nach den Vorschriften des IAS 21.48 f. (Rz. 3144).

4.4 Bilanzierung und Auflösung erfolgsneutraler Umrechnungsdifferenzen

3143 Währungsumrechnungsdifferenzen sind auf Konzernmutter und Minderheiten aufzuteilen und innerhalb des Eigenkapitals separat auszuweisen und fortzuführen. Sie sind Teil des „übrigen Konzernergebnisses" (*other comprehensive income*, s. Rz. 4310).

3144 Die Bilanzierung aufgelaufener und erfolgsneutral im Eigenkapital erfasster Umrechnungsdifferenzen ist im Zusammenhang mit den geänderten Vorschriften zur **Übergangskonsolidierung** des IAS 27 (Rz. 3100) wie folgt angepasst worden:

– Unverändert wird beim vollständigen **Abgang des Tochterunternehmens** die **auf die Muttergesellschaft entfallende Währungsumrechnungsdifferenz** *erfolgsneutral* storniert und *erfolgswirksam* in die GuV gebucht (IAS 21.48, reclassification, s. zu einem Beispiel Rz. 3484). Dasselbe gilt für den auf *net investment in a foreign operation* entfallenden Teilbetrag (Rz. 3141).

– Dies gilt nach IAS 21.48A (2008) auch ohne vollständige Veräußerung bei **Statusverlust** (Beteiligung an Tochtergesellschaft sinkt unter Control-Schwelle von 50%, Kontrollverlust bei Gemeinschaftsunternehmen, Verlust des Einflusses auf ein assoziiertes Unternehmen). In diesem Fall wird also die gesamte auf die Mutter entfallende Umrechnungsdifferenz und nicht nur ein Teilbetrag in Höhe der abgegebenen Quote umgebucht (Rz. 3731). U.E. kann nach IAS 21 (2005) analog verfahren werden.

– Bisher nicht geregelt war die Bilanzierung der auf die **Minderheiten** entfallenden Umrechnungsdifferenzen: Nach IAS 21.48B (2008) sind diese bei Verkauf oder Kontrollverlust insgesamt erfolgsneutral auszubuchen, d.h. keine reclassification. Nach IAS 21 (2005) ist u.E. sowohl die reclassification als auch die erfolgsneutrale Ausbuchung zulässig (Rz. 3486).

– Bei **Auf- und Abstockungen von Tochterunternehmen ohne Kontrollverlust** werden Umrechnungsdifferenzen zwischen Konzernmutter und Minderheiten entsprechend der übertragenen Quote erfolgsneutral umgebucht (IAS 21.48C)[1], Rz. 3741, 3746.

---

1 IAS 21.48C (2008) erwähnt diesbezüglich zwar nur Abstockungen; die korrespondierende Behandlung bei Aufstockungen ergibt sich u.E. aus IAS 27.31.

III. Währungsumrechnung (IAS 21, IAS 29)

– Recht komplex ist die Regelung zu **Kapitalrückzahlungen**[1] (hierunter fällt auch Tilgung oder Wegfall des langfristigen Charakters von einlageähnlichen Forderungen[2], Rz. 3141 f.): Nach IAS 21.49 (2005) erfolgt eine anteilige erfolgswirksame Auflösung (reclassification) der Währungsdifferenzen, aber nur soweit, wie die Rückzahlungsbeträge die seit Erwerb thesaurierten Gewinne übersteigen.[3] Nach der ab 1.1.2009 gültigen Fassung ist der Anwendungsbereich von IAS 21.49 deutlich geschrumpft, da bei Auf- und Abstockungen von Tochterunternehmen ohne Kontrollverlust explizit eine anteilige reclassification verboten ist (s.o.). Diese kommt praktisch nur noch bei Abstockungen von Anteilen an assoziierten Unternehmen in Betracht, die danach noch assoziiertes Unternehmen bleiben.[4]

– Abschreibungen auf den Beteiligungsbuchwert bei der Muttergesellschaft[5] rechtfertigen keine erfolgswirksame Auflösung der Umrechnungsdifferenz (IAS 21.49, unverändert):

4.5 Latente Steuern

Da die Umrechnungsdifferenzen erfolgsneutral entstehen, ist auch die entsprechende jeweilige latente Steuerabgrenzung erfolgsneutral vorzunehmen (Rz. 2646). Allerdings ist zu beachten, dass solche Währungsdifferenzen nicht bei der Tochter, sondern bei der Muttergesellschaft zu steuerpflichtigen Ergebnissen führen. Es handelt sich um sog. *outside differences*. Für solche bei der Muttergesellschaft zu berücksichtigenden Differenzen besteht nach IAS 12.39 bzw. IAS 12.44 ein **Ansatzverbot für latente Steuern**, *soweit* eine künftige Ausschüttung bzw. Veräußerung der Tochtergesellschaft nicht beabsichtigt ist (s. Rz. 2641). 3145

frei 3146–3149

5. Zeitbezugsmethode

Die Zeitbezugsmethode ist nur auf solche Tochterunternehmen anzuwenden, deren funktionale Währung mit der Berichtswährung übereinstimmt („integrierte Einheiten").[6] Im Ergebnis liegt dieser Methode die Vorstellung zugrunde, dass alle Geschäftsvorfälle des Tochterunternehmens von vornherein in 3150

---

1 Ausschüttungen von Altrücklagen (die vor Erwerb entstanden sind) gelten in der bereits ab 1.1.2009 geltenden Version des IAS 21.49 (durch die EU am 2.1.2009 freigeschaltet) nicht als Teilveräußerung, so dass eine anteilige reclassification ausgeschlossen ist (IAS 21.BC35).
2 Vgl. *Lüdenbach* in Haufe IFRS Kommentar, 7. Aufl. 2009, § 27 Rz. 59.
3 Andernfalls fehlt es an der Rückzahlung investierten (Alt)-Kapitals, vgl. *Ernst&Young*, International GAAP 2009, S. 959 ff.
4 Vgl. *Ernst&Young*, International GAAP 2009, S. 963.
5 Diese werden für Konsolidierungszwecke zurückgedreht, um Doppelerfassung der verschlechterten Situation der Tochtergesellschaft im Konzernabschluss zu vermeiden.
6 Die Methode kommt in der Praxis so gut wie nicht vor, vgl. *von Keitz*, Praxis der IASB-Rechnungslegung, 2. Aufl. 2005, S. 237.

der Konzernwährung gebucht worden wären (IAS 21.20 ff.). Folglich werden Währungsumrechnungsdifferenzen **erfolgswirksam** erfasst.

3151 Am Bilanzstichtag
- sind angeschaffte und zu fortgeführten Kosten bewertete Vermögenswerte mit dem Kurs des Anschaffungszeitpunkts umzurechnen,
- sind fertige oder unfertige Erzeugnisse zu Kursen umzurechnen, zu denen auch die zugrundeliegenden Aufwendungen umgerechnet werden.
- ist für bestimmte Sachanlagen und immaterielle Vermögenswerte des Anlagevermögens bei Anwendung der Neubewertungsmethode und für Finanzinstrumente, die mit dem Fair value bewertet werden, jeweils der Kurs zum Zeitpunkt der (letzten) Neubewertung bzw. Feststellung des Fair value relevant,
- ist bei außerplanmäßig abgeschriebenem Anlagevermögen, Finanzinstrumenten oder Vorräten der Kurs zum Zeitpunkt der Ermittlung des niedrigeren Wertes maßgeblich; das ist i.d.R. der Stichtagskurs,
- sind **monetäre Posten** – das sind z.B. liquide Mittel, Forderungen, Verbindlichkeiten und Rückstellungen – zum **Stichtagskurs** umzurechnen,
- gilt für das Eigenkapital wie bei der modifizierten Stichtagskursmethode der Kurs zum Zeitpunkt der Entstehung der jeweiligen Eigenkapitalposition.

3152 Aus der Sicht des Bilanzstichtages werden somit Stichtagskurse sowie unterschiedliche historische Kurse verwendet. IAS 21.22 lässt für die historischen Kurse als Vereinfachung die Verwendung von **Wochen-** oder **Monatsdurchschnittskursen** zu, wenn die Wechselkurse nicht stark schwanken. Angesichts der Komplexität der Zeitbezugsmethode ist dies eine geradezu notwendige Vereinfachung und immer dann angezeigt, wenn Verzerrungen durch die Verwendung von Durchschnittskursen nicht als wesentlich eingestuft werden müssen, wobei, da die Vereinfachung ausdrücklich genannt ist, die Wesentlichkeitsgrenze weiter gezogen werden kann als sonst.

In der **Gewinn- und Verlustrechnung**
- werden Wertänderungen von Vermögenswerten (Abschreibungen, Materialaufwand) zu den gleichen Kursen wie die zugrundeliegenden Vermögenswerte umgerechnet.
- Die übrigen Aufwendungen und Erträge werden mit dem Kurs zum Zeitpunkt des Entstehens der Aufwendungen und Erträge oder vereinfachend mit Durchschnittskursen umgerechnet.
- Der Jahresüberschuss ergibt sich aus der Differenz der umgerechneten Aufwendungen und Erträge.

3153 Die Beachtung dieser Regelungen führt noch nicht zwingend zu einer Darstellung der Geschäftsvorfälle in einer Höhe, die erreicht worden wäre, wenn sie unmittelbar in der Berichtswährung gebucht worden wären. Daher ist die Zeitbezugsmethode noch um eine Bewertungskomponente zu erweitern, die im deutschen Sprachgebrauch unter dem Namen **Äquivalenzprinzip** bekannt geworden ist.[1] Geltende Bewertungsgrundsätze sollen äquivalent auf die Währungsumrechnung ausgedehnt werden. Dies ist auch nach IAS 21.25 vorgesehen, jedoch beschränkt auf die Bewertung von Vorräten und von Vermögenswerten, für die grundsätzlich ein Impairment-Test in Betracht kommt.

Sind beispielsweise Anschaffungswert und erzielbarer Betrag eines Vermögenswertes (oder einer cash generating unit) in Landeswährung in etwa gleich und wird der Anschaffungswert (AW) zum historischen Kurs umgerechnet, so kann der erzielbare Betrag am Bilanzstichtag, der zum Stichtagskurs umzurechnen ist, im Fall einer **Euro-Aufwertung** unter dem zum historischen Kurs umgerechneten Anschaffungswert liegen.

Um für diesen Fall die Einhaltung der **äquivalenten Bewertungsprinzipien** im umgerechneten Jahresabschluss zu gewährleisten, ist die Umrechnung auf der Aktivseite durch den Niederstwerttest

> Niederstwert = min {AW × historischer Kurs; Nettoveräußerungswert (*net realisable value* gem. IAS 2.6) bzw. erzielbarer Betrag (*recoverable amount* gem. IAS 36.5) × Stichtagskurs}

zu erweitern; es ist also der niedrigere der beiden Werte anzusetzen. Ist bereits im zugrunde gelegten Abschluss in Landeswährung eine Abschreibung etwa auf den erzielbaren Betrag vorgenommen worden, so kann bei einer **Euro-Abwertung** die Umrechnung zum Stichtagskurs zu einem höheren Bilanzansatz führen. In diesem Falle wäre der ursprüngliche Anschaffungswert zum historischen Kurs umzurechnen, mithin die Abschreibung wieder zurückzudrehen (IAS 21.25).

In der **Gewinn- und Verlustrechnung** sind Bilanzposten-korrespondierende Aufwendungen und Erträge wie die zugehörigen Bilanzposten umzurechnen, z.B. Abschreibungen. Die übrigen Aufwendungen und Erträge sind zu Transaktionskursen umzurechnen. Hierfür werden vereinfachend auch Monatsdurchschnittskurse verwendet. 3154

⊃ Die Zeitbezugsmethode[2] in Verbindung mit dem Niederstwerttest ist sehr datenaufwendig und arbeitsintensiv. Vereinfachungen sind daher in der Praxis geradezu notwendig: 3155

– Vorräte, die nach der Durchschnittsmethode, der FIFO-Fiktion oder ohnehin mit dem Nettoveräußerungswert bewertet werden, können zum Stichtagskurs umgerechnet werden. Dies gilt auch für unwesentliche Bestände an Vorräten, die ausnahmsweise oder entsprechend ihrer tatsächlichen Verbrauchsfolge weiterhin nach LIFO bewertet werden.[3]

---

1 Erstmals *Busse von Colbe*, in The Finnish Journal of Business Economics, 1972, S. 306; ausführlich auch *Busse von Colbe* u.a., Konzernabschlüsse, 8. Aufl. 2006, S. 159 ff.
2 Zu einem Zahlenbeispiel zur Zeitbezugsmethode vgl. 2. Aufl., Rz. 1579 ff.
3 Vgl. *ADS*, § 298 HGB Rz. 31. Ohne Einschränkung halten *Oechsle/Müller/Doleczik* in Baetge u.a. (Hrsg.), Rechnungslegung nach IFRS, 2006, IAS 21 Rz. 86 eine Umrechnung der Vorräte zum Stichtagskurs für zulässig.

– Der Niederstwerttest im Sachanlagevermögen ist nur bei wesentlichen Anlagen erforderlich.[1]
– In der Praxis unterbleibt häufig die gesonderte erfolgswirksame Erfassung der (unrealisierten) Gewinne und Verluste aus zum Stichtagskurs umgerechneten finanziellen Vermögenswerten oder Schulden. Für eine solche Erfassung wäre – wie im Beispiel gezeigt – der jeweilige Entstehungszeitpunkt solcher Positionen auch für die Umrechnung fest zu halten. In der Umsetzung würde dies wie eine zweite Konzernbuchführung in Berichtswährung wirken.

3156–3158 frei

6. Stetigkeit und Methodenwechsel

3159 Ändert sich die funktionale Währung, d.h. wird aus einer selbständigen eine integrierte Einheit oder umgekehrt (Rz. 3120 ff.), sind Geschäftsvorfälle und Abschlüsse nun in die neue funktionale Währung umzurechnen. Die Änderung ist prospektiv, d.h. für die Zukunft vorzunehmen (IAS 21.35). Im Einzelnen:

Erfolgt der **Wechsel von der Stichtagskurs- zur Zeitbezugsmethode**, gelten die zum Wechselzeitpunkt vorliegenden Kurse als historische Kurse für die nichtmonetären Bilanzposten, z.B. Anlagevermögen. I.d.R. liegt aus früheren Perioden eine im Eigenkapital ausgewiesene Währungsumrechnungsdifferenz vor, die unverändert vorgetragen wird. Erst beim *Abgang* der wirtschaftlich selbständigen Teileinheit werden diese Währungsdifferenzen erfolgswirksam ausgebucht (Rz. 3144). Gleiches gilt, wenn eine Forderung wirtschaftlich Einlagecharakter hat (IAS 21.37, s. Rz. 3141).

Erfolgt umgekehrt der **Wechsel von der Zeitbezugs- zur Stichtagskursmethode**, liegt zum Zeitpunkt der Umstellung eine gesondert ausgewiesene Umrechnungsdifferenz nicht vor. Insoweit ergeben sich keine Besonderheiten.

7. Hyperinflation (IAS 29)

7.1 Anwendungsbereich

3160 Bevor die Jahresabschlüsse von *selbständig operierenden* Tochterunternehmen mit Sitz in einem *Hochinflationsland* umgerechnet werden, ist eine Indexierung des Abschlusses gem. IAS 29 erforderlich (IAS 21.42 f.). Bei Tochterunternehmen, die in den Konzern stark eingegliedert sind (deren funktionale Währung die Berichtswährung ist), kann eine solche Indexierung unterbleiben, da hier die Umrechnung nach der Zeitbezugsmethode ohnehin zu einer Bereinigung des Inflationseinflusses führt.[2]

---

[1] Im Ergebnis wie hier *Busse von Colbe* u.a., Konzernabschlüsse, 8. Aufl. 2006, S. 175 ff.
[2] Vgl. *Mujkanovic/Hehn*, WPg 1996, 605 (613).

7.2 Kriterien für Hyperinflation

Zur Beurteilung, ob eine Hochinflation vorliegt, nennt IAS 29.3 eine Reihe von nicht abschließenden Kriterien: etwa, dass

- sich die kumulierte Preissteigerungsrate der letzten drei Jahre dem Wert 100 % nähert oder diesen schon überschritten hat;
- die Bevölkerung ihr Vermögen überwiegend in einer ausländischen Währung oder in Sachwerten hält bzw. dass Preise in ausländischer Währung ausgedrückt werden;
- Zinssätze, Preise und Löhne indexiert sind.

Bei der Würdigung sind insbesondere auch Änderungstendenzen (z.B. abnehmende Inflationsraten, Nachhaltigkeit von Inflationsbekämpfungsmaßnahmen etc.) zu beachten. Bei einer langen Inflationstradition führt eine kurzfristige Besserung noch nicht zu einer Nichtanwendung von IAS 29.[1]

3161

7.3 Vorgehensweise

Folgende Schritte sind durchzuführen:

3162

- Auswahl eines allgemeinen Kaufkraftindex (IAS 29.11). Bei mehreren verfügbaren Indices (z.B. Industriegüter- oder Konsumgüterindex[2]) ist derjenige zu wählen, der die allgemeine Kaufkraftentwicklung am besten widerspiegelt (IAS 29.37). Hier besteht Ermessen, das aber stetig auszuüben ist.
- Indexierung nicht-monetärer Bilanzposten (Anlagevermögen, Vorräte). Zugänge während des Geschäftsjahres sind naturgemäß nur ab Zugangszeitpunkt zu indexieren (IAS 29.15).
- Monetäre Posten und bereits zum (ggf. niedrigeren) Marktwert angesetzte Posten sind von der Indexierung ausgenommen (IAS 29.12, 29.14).
- Aus dem Saldo monetärer Vermögenswerte und Schulden ergibt sich am Jahresende ein Gläubigerverlust oder Schuldnergewinn, der erfolgswirksam in der GuV zu erfassen ist (IAS 29.27 f.).
- GuV-Posten inklusive Abschreibungen sind ebenfalls zu indexieren. Bei (in etwa) gleichmäßiger Inflationsentwicklung kann mit zeitanteiligen Inflationsraten gearbeitet werden (IAS 29.26).
- Beim Eigenkapital ist der ursprünglich eingezahlte Betrag zu indexieren. Die thesaurierten Ergebnisse ergeben sich dann aus dem Saldo der umgerechneten Bilanzposten abzüglich dem indexierten sonstigen Eigenkapital.
- Anschließend erfolgt eine „normale" Währungsumrechnung nach den Vorschriften der Stichtagsmethode (Rz. 3130 ff.).
- Die Vorjahreszahlen, ausgedrückt in Berichtswährung, bleiben unverändert (im Ergebnis IAS 21.42b).

---

[1] Vgl. *Senger/Brune*, in Beck'sches IFRS-Handbuch, 2. Aufl. 2006, § 32 Rz. 28, etwa zur Türkei.
[2] Vgl. *Lüdenbach* in Haufe IFRS-Kommentar, 7. Aufl. 2009, § 27 Rz. 72.

7.4 Methodenwechsel

3163 Bei erstmaliger Hyperinflation sieht IFRIC 7.3 grundsätzlich eine Indexierung ab Kaufzeitpunkt vor. Sofern dies bei lange zurückliegenden Käufen mangels Datenbasis nicht durchführbar ist, kommt zwangsläufig ein späterer „Erstindexierungszeitpunkt" in Betracht (prospektive Änderung gemäß IAS 8, Rz. 839 ff.).
Bei letztmaliger Hyperinflation sind die sich nach IAS 29 ergebenden indexierten Vorjahreswerte als historische Anschaffungs- und Herstellungskosten anzusehen (IAS 29.43).

3164–3169 frei

8. Anhangangaben

3170 Die Grundsätze der Währungsumrechnung sind zu erläutern:

> **Beispiel:**
> „Die Umrechnung der Jahresabschlüsse der Gesellschaften außerhalb der Europäischen Währungsunion erfolgt nach dem Konzept der funktionalen Währung. Die funktionale Währung dieser Gesellschaften ist die jeweilige Landeswährung, da diese Gesellschaften ihr Geschäft in finanzieller, wirtschaftlicher und organisatorischer Hinsicht selbständig betreiben. Sowohl die Vermögenswerte und Schulden dieser Gesellschaften als auch das anteilige Eigenkapital der assoziierten Unternehmen werden daher mit dem Mittelkurs am Bilanzstichtag umgerechnet. Die Aufwendungen und Erträge werden zum Jahresdurchschnittskurs umgerechnet. Geschäftswerte und Zeitwertanpassungen von Vermögenswerten und Schulden im Zusammenhang mit Akquisitionen von Unternehmen außerhalb der Europäischen Währungsunion werden als Vermögenswerte und Schulden der erworbenen Gesellschaft betrachtet und entsprechend mit dem Mittelkurs am Bilanzstichtag umgerechnet. Kursdifferenzen werden ergebnisneutral im übrigen Comprehensive Income erfasst."[1]

3171 Zu weiteren Anhangangaben verweisen wir auf die Anhang-Checkliste (Abschnitt H.).

3172–3199 frei

IV. Unternehmenserwerb und Kapitalkonsolidierung (IFRS 3)

1. Überblick und Wegweiser

1.1 Standards und Anwendungsbereich

3200 Unternehmenserwerbe und Kapitalkonsolidierung werden in IFRS 3 geregelt. Der Standard ist das Ergebnis eines zweiphasigen, gemeinsam mit dem FASB (US-GAAP) durchgeführten Projekts *business combination*:

---

1 Vgl. Schering, Geschäftsbericht 2005, S. 106.

- **Phase I** trat mit IFRS 3 (2004) am 31.3.2004 in Kraft und beinhaltete vor allem die Abschaffung der planmäßigen Goodwill-Abschreibung und stattdessen die Durchführung eines **jährlichen Impairment-Tests**. Zugleich wurde die Methode der Interessenzusammenführung abgeschafft und ausschließlich die Erwerbsmethode als zulässig erklärt.
- Mit dem ab 1.7.2009 gültigen IFRS 3 (2008) wurde die sog. **Phase II** des Projekts umgesetzt. Dabei wurden zahlreiche Details zu Unternehmenserwerben präzisiert und Regelungslücken geschlossen. Die beabsichtigte vollständige Konvergenz zu US-GAAP ist jedoch nicht erreicht, weil die nach US-GAAP obligatorische **Full Goodwill-Methode**, d.h. die Bewertung der Minderheiten inklusive des anteiligen Goodwill auf Grund starker Kritik im Entstehungsprozess des IFRS 3 (2008) nur als Wahlrecht vorgesehen ist.

Phase II umfasst im Wesentlichen folgende Aspekte: 3201

IFRS 3 (2008)	IFRS 3 (2004)	Rz.
Erweiterung des Anwendungsbereichs auf sog. Gegenseitigkeitsunternehmen (mutual entities), z.B. Versicherungsverein aG, Einkaufsgemeinschaften u.Ä. und auf bloße vertragliche Unternehmenszusammenschlüsse ohne Übertragung von Anteilen	ausgenommen	
Das erworbene Vermögen ist grundsätzlich zum „beizulegenden Zeitwert der für die Anteile entrichteten Gegenleistung" (*Fair value of the consideration*) anzusetzen. Auswirkung: Aufwandswirksame Erfassung aller **Nebenkosten**	„Anschaffungskosten" (des Erwerbs); teilweiser Ansatz von Nebenkosten	3250 3255
Passivierung bedingter Kaufpreiszahlungen (Earn out) im Erwerbszeitpunkt mit i.d.R. späterer erfolgswirksamer Anpassung	i.d.R. erfolgsneutrale Anpassung Goodwill	3260
Teilweise Änderung/Ergänzung einzelner **Ansatz- und Bewertungsvorschriften**		3280
Wahlrecht zur Full Goodwill Methode	Verbot	3400
Neubenennung des negativen Unterschiedsbetrags: „*(gain from)* **bargain purchase**"	Excess	3400
Explizite Regelung sog. pre-existing relationships	Nicht geregelt	3500
Redaktionelle Änderungen: a) „*acquisition method*" b) „*non-controlling interests*" Da hiermit i.W. nur Präzisierungen und keine Neuregelungen verbunden sind, behalten wir zunächst die bisherigen Begriffe bei.	a) „*purchase method*" (Erwerbsmethode), b) „*minorities*" (Minderheiten)	
Außerdem wurden die Vorschriften zur **Übergangskonsolidierung** angepasst.		3700

IFRS 3 (2008) ist anwendbar auf **Unternehmenserwerbe in Geschäftsjahren ab 1.7.2009**. Eine frühere Anwendung ist erlaubt. In diesem Fall ist IAS 27 (geändert 2008) ebenfalls früher anzuwenden (IFRS 3.64). 3202

IFRS 3 (2008) und IAS 27 (2008) sind am 12.6.2009 durch die EU freigeschaltet worden (VO 494 und 495/2009). Zur Verdeutlichung stellen wir im Folgenden neben der Neuregelung IFRS 3 (2008) auch die bisherigen Regeln des IFRS 3 (2004) dar, wobei wir die Neuregelung grundsätzlich ohne Jahreszahl zitieren.

3203 Folgende Übersicht stellt den Anwendungsbereich und entsprechende Anwendungsausnahmen des IFRS 3 komprimiert gegenüber:

Anwendungsbereich von IFRS 3	Nicht von IFRS 3 erfasst (IFRS 3.2/IFRS 3.3a/b [2004])
Ein Erwerber erlangt die Kontrolle i.S.v. IAS 27 über eines oder mehrere Geschäftsbetriebe (*business*, Rz. 3210).	Bei Erwerb einzelner Vermögenswerte oder **Gruppen von Vermögenswerten** ist IFRS 3 nicht anwendbar (Rz. 3210).
IFRS 3 gilt *grundsätzlich* für **alle Formen von Unternehmenszusammenschlüssen**: a) den Erwerb von Anteilen rechtlich selbständiger Unternehmen (*share deal*) im **KA** des Erwerbers b) Erwerb im Rahmen einer Verschmelzung, inkl. „Verschmelzung unter Gleichen" (IFRS 3 App. A [2008]). c) Erwerb von Geschäftsbetrieben, bei dem das erworbene Vermögen unmittelbar beim Erwerber bilanziert wird (*asset deal*). Damit ist IFRS 3 auch auf den **Einzelabschluss** anzuwenden.	Nicht erfasst sind jedoch Unternehmenszusammenschlüsse[1] mit **gemeinsamer Beherrschung** (*common control*). Beim Sachverhalt der gemeinsamen Beherrschung wird im Ergebnis der Konzernkreis auf „nahe stehende Personen" erweitert. So werden z.B. Unternehmenskäufe zwischen Gleichordnungskonzernen mangels Fremdtransaktion i.d.R. nur zu Buchwerten bilanziert (Rz. 3540 ff.).

3204–3205 frei

1.2 Wesentliche Abweichungen zum HGB

3206 Mit dem BilMoG fallen einige, aber nicht alle Unterschiede zu IFRS weg:

	HGB alt	HGB BilMoG	IFRS 3
Buchwertmethode	Wahlrecht	Verbot	Verbot
Neubewertungsmethode	Wahlrecht	Pflicht	Wahlrecht (IFRS 3 [2004]: Pflicht)
Full Goodwill Methode	Verbot	Verbot	Wahlrecht (IFRS 3 [2004]: Verbot)
Interessenzusammenführung	Zulässig (§ 302 HGB)	Verbot	Verbot

---

[1] Außerdem sind Joint Ventures nicht vom IFRS 3 erfasst. Die Regelungslücke betrifft jedoch nur die Bilanzierung *beim Gemeinschaftsunternehmen*. Für die Bilanzierung im Konzernabschluss der Gesellschafter gilt dagegen IAS 31 (Rz. 3600 ff.).

	HGB alt	HGB BilMoG	IFRS 3
Erstkonsolidierungszeitpunkt	Erwerb der Anteile oder erstmalige Einbeziehung oder (bei Erwerb zu verschiedenen Zeitpunkten) wenn TU eines geworden ist (§ 301 Abs. 2 HGB)	Zeitpunkt, zu dem das Unternehmen TU geworden ist (§ 301 Abs. 2 Satz 1 HGB)	Erwerbszeitpunkt = Tag des Control-Status (= TU-Status)
Konsolidierung mit vorläufigem Nettovermögen	Nein	Ja, Anpassungsfrist 12 Monate	Ja, Anpassungsfrist 12 Monate
Goodwillabschreibung	i.d.R. Planmäßig (§ 309 HGB[1]), aber auch erfolgsneutrale Verrechnung des Goodwill mit Rücklagen möglich (§ 309 Abs. 1 S. 3 HGB)	Nur noch planmäßige Abschreibung (§ 309 HGB). Anhangangabe der Gründe für eine Nutzungsdauer > 5 Jahren	Impairment-Only-Approach
Negativer Unterschiedsbetrag	Ausweis im Eigenkapital	Ausweis im Eigenkapital	Sofortiger Ertrag

Aus der fehlenden planmäßigen **Goodwillabschreibung** nach IFRS resultieren zudem Unterschiede in der Abgrenzung von Goodwill zu immateriellen Vermögenswerten (Rz. 3290 ff.).

Darüber hinaus unterscheidet das HGB nicht zwischen einem **rechtlichen** und einem **wirtschaftlichen Unternehmenserwerber**, während IFRS 3 z.B. bei Sacheinlagen oder der *reverse acquisition* auf den wirtschaftlichen Erwerber abstellt. Dies kann zu gravierenden Abweichungen hinsichtlich der Aufdeckung der Marktwerte von Tochtergesellschaften führen (Rz. 3560 ff.).

1.3 Neuere Entwicklungen

In 2008 ist mit dem neuen IFRS 3 das Projekt „business combination" abgeschlossen worden. Zurzeit stehen Nebenaspekte auf der langfristigen Agenda, z.B. das Projekt „*common control transactions*"[2]. 3207

frei 3208–3209

---

1 Nach DRS 4.31 nur planmäßige Abschreibung über die voraussichtliche Nutzungsdauer, länger als 20 Jahre nur in begründeten Ausnahmefällen.
2 Vgl. IASB update December 2007, S. 1.

2. Abgrenzung des Unternehmenserwerbs

2.1 Erwerb eines business versus Kauf einzelner Vermögenswerte

3210 IFRS 3 kennt für **Unternehmenserwerbe** spezifische Bilanzierungsvorschriften, insb. die Bilanzierung eines Goodwill und den Ansatz latenter Steuern (Rz. 3450 ff.). Werden dagegen nur **einzelne Vermögenswerte** erworben, scheidet beides aus (Rz. 3211). Daher ist vorab zu prüfen, ob IFRS 3 überhaupt in Betracht kommt:

Ein Unternehmenserwerb i.S.v. IFRS 3.3/IFRS 3.4 (2004) ist der Erwerb eines **Geschäfts oder Geschäftsbetriebs (*business*)**. Ein *business* ist definiert als **Zusammenfassung** (integrierte Gruppe) **von Einsatzfaktoren** (*input*) und **Prozessen** (*processes*), um daraus (i.d.R.) **Leistungen** (*output*) in Form von Erträgen oder Kosteneinsparungen zu erzielen (IFRS 3 Appendix A i.V.m. IFRS 3.B7 ff.). Die Abgrenzung und Definitionsmerkmale sind vergleichbar mit jenen zum **Teilbetrieb** im steuerlichen Sinne.[1]

Voraussetzung ist somit ein „**lebendes Unternehmen**" mit einer gewissen Organisation, insbesondere der **Übernahme von Personal**.[2] Ein-Objekt-Immobiliengesellschaften sind somit kein business.[3] Gleiches gilt für die Ausübung bloßer **Verwaltungstätigkeiten** (Buchführung, Gehaltsabrechnungen u.Ä.), da dies nicht als Prozess gilt (IFRS 3.B7b). Demgegenüber können Leasing- oder Entwicklungsgesellschaften ein *business* darstellen, letztere auch ohne aktuellen output, falls die entsprechenden Prozesse übernommen werden, ein Vermarktungsplan vorliegt und ein Zugang zum Absatzmarkt möglich ist (IFRS 3.B10).

Die Nichtübernahme leicht ersetzbarer Funktionen (z.B. Vertrieb, Verwaltung) hindert nicht die Annahme eines business (IFRS 3.B8), ebenso wenig die bereits beim Erwerb bestehende Absicht, den Geschäftsbetrieb später stillzulegen, da auf den **Zustand des Kaufobjekts aus Sicht eines unabhängigen Dritten**, d.h. unabhängig von der Verwendung beim Verkäufer, abzustellen ist (IFRS 3.B11). Wird mehr als die Zeitwerte, also ein **Goodwill** vergütet, deutet

---

[1] Der Begriff Teilbetrieb ist nationalgesetzlich nicht definiert, s. aber R 16 Abs. 3 EStR 2008. Europarechtlich findet sich eine Definition in Art. 2i der Fusionsrichtlinie (Richtlinie 90/434/EWG v. 23.7.1990, ABl. L Nr. 225 v. 20.8.1990, S. 1): „Teilbetrieb' = die Gesamtheit der in einem Unternehmensteil einer Gesellschaft vorhandenen aktiven und passiven Wirtschaftsgüter, die in organisatorischer Hinsicht einen selbständigen Betrieb, d.h. eine aus eigenen Mitteln funktionsfähige Einheit, darstellen."

[2] Werden bei Vermögensverwaltungsaktivitäten nur Grundstücke und Mietverträge, nicht aber das Immobilienmanagement erworben, liegt mangels Übernahme von Prozessen kein *business* vor, vgl. *Köster/Mißler* in Thiele/von Keitz/Brücks, Internationales Bilanzrecht, 2008, IFRS 3, Rz. 136; a.A. *Senger/Brune/Elprana* in Beck'sches IFRS Handbuch, 2. Aufl. 2006, § 33 Rz. 19. Andererseits kann ein *business* auch bei bisher *konzerninterner* Immobilienverwaltung vorliegen, da es nicht auf die bisherige, sondern auf die mögliche Erzielung von Erlösen durch einen potenziellen Marktteilnehmer ankommt.

[3] Vgl. *Baetge/Hayn/Ströher* in Baetge u.a. (Hrsg.), Rechnungslegung nach IFRS, 2. Aufl. 2006, IFRS 3, Rz. 44.

dies auf ein business hin (IFRS 3.B12, s. aber Rz. 3211). Die Übernahme von Verbindlichkeiten ist für sich genommen kein Indiz für ein business.

Wird kein *business*, sondern werden nur **einzelne Vermögenswerte** erworben, sind die besonderen **Bilanzierungsregeln für Unternehmenserwerbe** *nicht* anzuwenden: 3211

– Der Ansatz eines **Goodwill** ist ausgeschlossen. Der **Kaufpreis**[1] ist vielmehr **nach der Relation der Fair values** auf die erworbenen Vermögenswerte **aufzuteilen** (IFRS 3.2b/IFRS 3.4 [2004]).
– Im Regelfall werden jedoch bei fehlendem *business* auch nur die Zeitwerte der einzelnen Vermögenswerte vergütet, so dass es gar nicht zu einem Goodwill kommt. Ausnahmen sind nur bei besonderem Interesse an einem Vermögenswert denkbar, etwa Abwehr eines anderen Kaufinteressenten, ersparten Kosten (Synergien), sofortiger Verfügbarkeit bei langen Genehmigungsdauern etc. In solchen Fällen wird mehr als die Summe der einzelnen Zeitwerte vergütet, ohne dass eine Überzahlung vorliegt. Hier wirkt sich die Unterscheidung zwischen „business" und einzelnen „assets" letztlich materiell aus, denn: Anders als beim Erwerb eines *business* ist dann auch der **gedanklich im Einzelkaufpreis enthaltene „Goodwillanteil"** abnutzbarer Vermögenswerte planmäßig abzuschreiben.
– Obwohl danach Vermögenswerte oberhalb ihrer Zeitwerte angesetzt sein können, kommt eine außerplanmäßige Abschreibung nur in Betracht, wenn die CGU, der die Vermögenswerte zugeordnet sind, eine **Wertminderung** aufweist[2] (Rz. 1518 ff.).
– Außerdem entfällt die Bildung **latenter Steuern**, da die temporären Differenzen zwar erfolgsneutral bei Zugang, aber eben nicht im Rahmen eines Unternehmenszusammenschlusses entstehen (IAS 12.15bi, s. Rz. 2632).

Die Anwendung von IFRS 3 auf ein „business" ist **unabhängig von** einem *asset deal* oder *share deal* und auch streng zu unterscheiden von der Frage, ob Tochtergesellschaften überhaupt zu konsolidieren ist. Diese Frage ist *vorgelagert* nach IAS 27 (3015 ff.) bzw. SIC 12 zu **Zweckgesellschaften** (Rz. 3025 ff.) zu klären. IFRS 3 klärt dann anschließend, *wie* konsolidiert wird. Es kann somit auch der Fall eintreten, dass ein share deal vorliegt, aber kein business i.S.v. IFRS 3 erworben wird, sondern nur einzelne assets. 3212

Der Fall, dass die Kontrolle über eine Gesellschaft erlangt wird (*share deal*), an der **Minderheiten** beteiligt sind, ohne dass gleichzeitig ein *business* i.S.v. IFRS 3 erworben wird, ist nicht geregelt[3] und u.E. so zu lösen, dass die Minderheiten nur zu anteiligen Zeitwerten angesetzt werden (auch wenn die Muttergesellschaft mit ihrem Kaufpreis Synergien etc. vergütet hat). Eine proportionale Hochrechnung des Anteils der Muttergesellschaft auf die Minderheiten wäre mangels Partizipation an den im Restkonzern anfallenden Synergien 3213

---

1 Im Gegensatz zum Unternehmenserwerb gem. IFRS 3 inkl. Nebenkosten (Rz. 3255).
2 Vgl. Lüdenbach in Haufe IFRS-Kommentar, 7. Aufl. 2009, § 31, Rz. 19.
3 IAS 27.9 i.V.m. IAS 27.18 verweisen auf IFRS 3, der in diesem Fall gerade nicht gilt.

nicht sachgerecht. Der **Minderheitenanteil** ist dann entsprechend IAS 27.27 (2008) **innerhalb des Eigenkapitals** auszuweisen.[1]

3214 frei

2.2 Abgrenzung des Unternehmenserwerbs von anderen Transaktionen

3215 Ein Unternehmenserwerb kann sich im Einzelfall als sog. „**Mehrkomponentengeschäft**" darstellen, d.h. mit Transaktionen verbunden sein, die bei wirtschaftlicher Betrachtung von dem eigentlichen Kontrollerwerb zu trennen sind. IFRS 3.12 (2008) stellt **erstmals explizit das Prinzip** auf, dass die nicht zum Unternehmenserwerb gehörenden Transaktionen nach anderen, jeweils einschlägigen IFRS zu bilanzieren sind. Zuvor erfolgte die Bilanzierung unter Rückgriff auf die Vorschriften des IAS 18 zu Mehrkomponentengeschäften (Rz. 632 ff.).

3216 Nach IFRS 3.51-53 sind in diesem Kontext die folgenden Sachverhalte zu würdigen:

(1) Aufwandserfassung von Anschaffungsnebenkosten, Rz. 3255.

(2) Leistungsvergütungen an die Mitarbeiter und insbesondere Verkäufer des erworbenen Unternehmens, Rz. 3268.

(3) Ersatz von aktienorientierten Vergütungen des erworbenen Unternehmens durch neue Pläne des Erwerbers (*replacement awards*), Rz. 3270.

(4) Transaktionen, die bereits vor Unternehmenserwerb bestanden (*pre-existing relationships*), Rz. 3500.

3217–3219 frei

3. Grundlagen der Kapitalkonsolidierung nach der Erwerbsmethode

3.1 Fiktion des Einzelerwerbs von Vermögenswerten und Schulden

3220 Sehr deutlich kommt in IFRS 3 die **Fiktion des Einzelerwerbs** der Vermögenswerte und Schulden zum Ausdruck, wie sie der Erwerbsmethode (acquisition oder *purchase*-Methode[2]) zugrunde liegt. Das Verständnis dieses Grundsatzes ist für die Auslegung der Normen sowie die Lückenausfüllung von hoher Bedeutung:

---

[1] Vgl. *Köster/Mißler* in Thiele/von Keitz/Brücks, Internationales Bilanzrecht, 2008, IFRS 3, Rz. 130; a.A. *Lüdenbach* in Haufe IFRS-Kommentar, 7. Aufl. 2009, § 31 Rz. 21 (mangels Anwendbarkeit von IFRS 3 Ausgleichsposten im Fremdkapital). Dabei ist aber zu beachten, dass der Kontrollerwerb über die Tochtergesellschaft zwingend eine Konsolidierung nach IAS 27.9 erfordert; es liegt nur kein Erwerb eines *business* i.S.v. IFRS 3 vor.

[2] Die terminologische Änderung von *purchase method*, IFRS 3 (2004), zu *acquisition method* stellt keine Änderung der bisherigen Bilanzierungsprinzipien dar, sondern hat nur klarstellende Bedeutung, da ein Unternehmenserwerb auch ohne ein Kaufgeschäft vorliegen kann (IFRS 3.BC14), z.B. bei vertraglichem Zusammenschluss oder bei Kontrollerlangung ohne (weitere) Aufstockung von Anteilen, etwa bei Wegfall von Vetorechten von Minderheitsgesellschaftern, vgl. *Schwedler*, KoR 2008, 125 (131).

IV. Unternehmenserwerb und Kapitalkonsolidierung (IFRS 3)

Obwohl es sich aus Sicht der erwerbenden Muttergesellschaft beim Erwerb einer Kapitalgesellschaft um einen *share deal* handelt, wird **für Zwecke des Konzernabschlusses ein** *asset deal* **fingiert** (IFRS 3.BC25/IFRS 3.15 [2004]). In einem Konzernabschluss wird nicht en bloc der beobachtbare Gesamtkaufpreis für das erworbene Unternehmen angesetzt, sondern stattdessen die erworbenen einzelnen Vermögenswerte und übernommenen Schulden grundsätzlich zu *Einzeltauschwerten* (i.d.R. Fair values). Die Summe dieser Einzeltauschwerte ist der Substanzwert des Unternehmens, wohingegen der Gesamtkaufpreis typischerweise auch einen Teil des Erfolges aus dem *künftigen* Zusammenspiel der einzelnen Vermögenswerte und Schulden reflektiert (Synergieeffekte, Übergewinne).

Im Regelfall übersteigt der Gesamtkaufpreis (Fair value des *Gesamtunternehmens*) die Summe der Fair values der einzelnen Vermögenswerte und Schulden; es entsteht ein **Goodwill**, der, und das ist konzeptionell überzeugend, nach IAS 36 jenen Unternehmenseinheiten zugeordnet werden soll, in denen die **Synergien** erwartet werden (s. Rz. 1530). Seltener ist der umgekehrte Fall; ein zunächst festgestellter negativer Unterschiedsbetrag ist vom Erwerber zum Anlass zu nehmen, noch einmal sorgfältig die Fair value-Bewertung der einzelnen Vermögenswerte und Schulden zu überprüfen. Ein dann immer noch verbliebener negativer Unterschiedsbetrag (nach IFRS 3 (2008): *bargain purchase*, nach IFRS 3 (2004): *excess*) ist sodann sofort erfolgswirksam zu vereinnahmen (lucky buy). Zum Goodwill und *bargain purchase* s. Rz. 3400 ff.

3.2 Konsolidierungsschritte

Bei der Konsolidierung sind folgende Probleme zu lösen (ähnlich IFRS 3.5 i.V.m. 3.37/IFRS 3.16 [2004]): **3221**

(a) Identifikation des Erwerbers (Rz. 3230),

(b) Bestimmung des Erwerbszeitpunkts (Rz. 3240),

(c) Feststellung der Anschaffungskosten für den Unternehmenserwerb („Gegenleistung"), Rz. 3250,

(d) Ansatz (Rz. 3280) und Neubewertung (Rz. 3350) der erworbenen *einzelnen* Vermögenswerte und Schulden und

(e) Bilanzierung eines Unterschiedsbetrags zwischen (c) und (d) (Rz. 3400).

Nach Klärung dieser Punkte kann die Erstkonsolidierung durchgeführt werden. Eine ausführliche Fallstudie zur **Technik** der Erst-, Folge- und Entkonsolidierung findet sich ab Rz. 3450.

3.3 Konsolidierungspraxis: Bedeutung der Bilanzebenen HB II und HB III

⊃ In der **Konsolidierungspraxis** wird hinsichtlich des übernommenen, in die Konsolidierung einfließenden Vermögens und der entsprechenden Schulden jedenfalls zum Erstkonsolidierungszeitpunkt regelmäßig **zwischen einer Handelsbilanz II (HB II) und einer Handelsbilanz III (HB III) unterschieden**. Die HB II wird i.d.R. beim erworbenen Unternehmen selbst geführt. **3222**

In ihr kommt bereits die konzerneinheitliche Bewertung nach IFRS zum Ausdruck (s. Rz. 3080 ff.). Die HB III zum Erstkonsolidierungszeitpunkt enthält zusätzlich die noch nicht in der HB II angesetzten Posten sowie die Differenzen zu den jeweiligen Fair values („Aufdeckung stiller Reserven und Lasten" bzw. „Auf- und Abstockung").

Die Abbildung 77 vermittelt einen Überblick über diese Schritte.

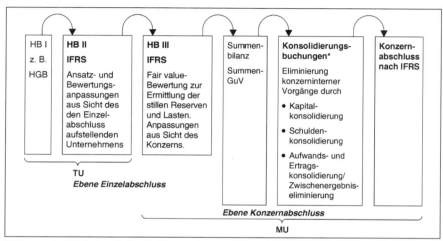

* Hier auch: EK-Spiegel, Kapitalflussrechnung, Segmentberichterstattung

Abb. 77: Vom Einzel- zum Konzernabschluss

3223 Soweit bei der Kapitalkonsolidierung die Minderheiten an der Aufdeckung der stillen Reserven und Lasten (und den Folgewirkungen daraus) partizipieren, was sowohl bei der vollständigen Neubewertungsmethode als auch bei der Full Goodwill Methode der Fall ist, ist die **Trennung von HB II und HB III methodisch nicht** mehr **nötig**. Zum Erstkonsolidierungszeitpunkt musste die Trennung gleichwohl wegen der Angabepflicht der Buchwerte des Tochterunternehmens unmittelbar *vor* Erwerb vollzogen werden (IFRS 3.67 f. [2004]). Diese Angabepflicht ist in IFRS 3 (2008) weggefallen. Dennoch ist – abseits vom push-down-accounting – davon auszugehen, dass in der Praxis die organisatorische Trennung (Erstellung der Handelsbilanz II durch die Tochtergesellschaft, Aufstellung der Handelsbilanz III durch die Konzernmutter) weiterhin regelmäßig vorgenommen wird.

Die 3 Schritte

– Ansatz und Bewertung in der HB II (Rz. 3080 ff.),

– Ansatz in der HB III (Rz. 3280 ff.) und

– Bewertung in der HB III (Rz. 3350 ff.)

haben wird daher weiterhin getrennt dargestellt.

3224–3229 frei

4. Erwerber und Erwerbszeitpunkt

4.1 Identifikation des Erwerbers

Die Anwendung der Erwerbsmethode erfordert bei jeder Unternehmenskombination, dass ein Erwerber und ein erworbenes Unternehmen identifiziert werden (IFRS 3.6/IFRS 3.17 [2004]). Dieser Schritt ist deswegen von Bedeutung, weil der Erwerber seine Buchwerte fortführt und stille Reserven und ggf. ein Goodwill nur beim erworbenen Unternehmen aufgedeckt werden. 3230

Erwerber ist grundsätzlich jener, der die Kontrolle über das erworbene Unternehmen *(business)* erlangt hat, so dass er den Nutzen aus dem erworbenen Unternehmen ziehen kann. IFRS 3.7 bzw. IFRS 3.19 (2004) verweisen insofern auf den Kontrollbegriff des IAS 27, also i.d.R. Stimmrechtsmehrheit (Rz. 3015 ff.). Dies entspricht insoweit der Systematik nach § 301 HGB. Im **Normalfall** ist die Identifikation des Erwerbers auch völlig unproblematisch: 3231

Beispiel:

Fall (1): Wird ein Tochterunternehmen erworben und der Erwerb durch **Hingabe von Zahlungsmitteln** bezahlt (IFRS 3.B14/IFRS 3.19 [2004]) ist das Tochterunternehmen immer auch erworbenes Unternehmen i.S.v. IFRS 3. Dabei spielt es keine Rolle, ob ein kleineres ein sehr viel größeres Unternehmen übernimmt (z.B. ein mittelständischer Automobilzulieferer S den dreimal größeren Reifenhersteller C):[1] S ist Erwerber, C erworbenes Unternehmen. Im Konzernabschluss von S sind die stillen Reserven und ein Goodwill von C aufzudecken.

Fall (2): Erfolgt der Erwerb gegen **Ausgabe von Anteilen** („Hingabe von Eigenkapitalinstrumenten", IFRS 3.B15 S. 1) gilt das Mutterunternehmen jedoch nur dann als Erwerber i.S.v. IFRS 3, wenn die Kapitalerhöhung sich „im Rahmen hält", d.h. 50 % nicht übersteigt und die Altanteilseigner des Mutterunternehmens ihre Mehrheit behalten; andernfalls läge eine *reverse acquisition* vor (Rz. 3560).

Nur wenn das Kontrollkriterium des IAS 27 keine eindeutige Identifikation des Erwerbers ermöglicht, sollen andere Kriterien herangezogen werden (IFRS 3.B13 ff.). Wir gehen auf diese **Sonderfälle** in Abschnitt 11 ein (siehe „**reverse acquisition**" Rz. 3560, Unternehmenserwerbe unter Beteiligung **neu gegründeter Holdings** Rz. 3570, **Interessenzusammenführung** Rz. 3575). 3232

frei 3233–3239

---

[1] Abgesehen davon, dass der Erwerber nach IAS 27 eindeutig definiert ist, gilt dies auch bei wirtschaftlicher Betrachtung, weil nach dem Herauskauf der Aktionäre der C nur noch die S bzw. deren Aktionäre als maßgebliche Akteure verbleiben.

4.2 Erwerbszeitpunkt

3240 Der **Zeitpunkt der Erstkonsolidierung** ist der **Erwerbszeitpunkt** (IFRS 3.10/ IFRS 3.36 [2004]). Das ist jener Tag, an dem der Erwerber die Möglichkeit der Kontrolle über ein business (Rz. 3210 ff.) *unter wirtschaftlicher Betrachtungsweise* erlangt hat (IFRS 3.8/IFRS 3.25 [2004]). Dieser kann, muss aber nicht mit dem rechtlichen Übergang von Nutzen und Lasten (*closing*) übereinstimmen (IFRS 3.9), bspw. dann nicht, wenn die operative Führung vor- oder nachverlagert wird.

3241 Zivilrechtliche **Rückwirkungsvereinbarungen** sind grundsätzlich unbeachtlich, da sie nicht die tatsächlichen Einflussmöglichkeiten reflektieren. **Gewinnaufteilungsabreden** und der **Zeitpunkt der Zahlung der Gegenleistung** beeinflussen nur die Höhe des übernommenen Nettovermögens bzw. den Wert der Gegenleistung, determinieren aber nicht den Erwerbszeitpunkt.

3242 Bei **gesellschaftsrechtlichen** oder **kartellrechtlichen Genehmigungsvorbehalten** richtet sich der Erwerbszeitpunkt nach den getroffenen Vereinbarungen: Handelt der Veräußerer im Schwebezustand abgestimmt mit bzw. auf Anweisung des Käufers (treuhänderisch), kann ein Kontrollübergang bereits vor Erteilung der Genehmigung vorliegen[1] (s. auch Rz. 720 „Genehmigungen"). Stellt sich bis zur Aufstellung des Abschlusses heraus, dass die Genehmigung nicht erteilt wird, muss gleichwohl *keine* Erst- und Entkonsolidierung erfolgen. Ist in einem Zwischenabschluss die Konsolidierung zunächst erfolgt, erscheint eine Anpassung (restatement) im Folgeabschluss sachgerecht.[2] Dies gilt u.E. auch, wenn die Konsolidierung in einem (Jahres-)Abschluss erfolgt ist und die Genehmigung endgültig erst in der Folgeperiode versagt wird.

3243 Ab dem Erwerbszeitpunkt sind die Ergebnisse der Geschäftstätigkeit des erworbenen Unternehmens/Betriebs im (Konzern)Abschluss abzubilden. Bei unterjährigem Erwerb ist dabei grundsätzlich ein **Zwischenabschluss** des erworbenen Unternehmens erforderlich. Liegt der Erwerbszeitpunkt kurz vor dem Bilanzstichtag, könnte geprüft werden, ob auf Grund des Wesentlichkeitsgrundsatzes auf die Erstellung eines Zwischenabschlusses verzichtet werden kann. Dies wird man sicherlich für Abweichungen von maximal drei Monaten bejahen können, da innerhalb dieser Frist auch bei abweichendem Stichtag kein Zwischenabschluss des Tochterunternehmens bei Folgekonsolidierungen erforderlich ist (IAS 27.23/IAS 27.27 [2005], s. auch Rz. 3010).

3244 Zum Erwerbszeitpunkt sind daher die Anschaffungskosten zu ermitteln und es ist zu klären, welche Vermögenswerte und Schulden des erworbenen Tochterunternehmens mit welchen Werten im Konzernabschluss anzusetzen sind.

3245–3249 frei

---

1 Vgl. *Senger/Brune/Elprana* in Beck'sches IFRS Handbuch, 2. Aufl. 2006, § 33 Rz. 39.
2 Vgl. *Lüdenbach* in Haufe IFRS-Kommentar, 7. Aufl. 2009, § 31 Rz. 31.

5. Gegenleistung/Anschaffungskosten des Unternehmenserwerbs

5.1 Definition und Grundbestandteile der Gegenleistung

IFRS 3.24 (2004) spricht von **Anschaffungskosten**, IFRS 3.37 (2008) vom beizulegenden Wert (Fair value) der **Gegenleistung** für den Unternehmenserwerb. Diese setzen sich unverändert zusammen aus den Zahlungsmitteln, Zahlungsmitteläquivalenten und dem Fair value anderer Gegenleistungen für den Erwerb (z.B. Ausgabe eigener Anteile, auf den Veräußerer übertragene Vermögenswerte, übernommene Verbindlichkeiten). Der Unterschied zwischen Anschaffungskosten und Gegenleistung liegt lediglich in der nunmehr aufwandswirksamen Erfassung von Nebenkosten (Rz. 3255). 3250

Erfolgt die Zahlung (deutlich) nach dem Erwerbszeitpunkt, ist eine **Abzinsung** zu prüfen. Der Standard enthält keine Aussagen zum Zinssatz. Es scheint sachgerecht, jenen Effektivzinssatz heranzuziehen, der für eine Fremdmittelaufnahme zu entrichten gewesen wäre. 3251

Wird die Gegenleistung durch **Ausgabe börsengängiger Wertpapiere** erbracht, ist der **Börsenkurs zum Erwerbszeitpunkt** maßgeblich (IFRS 3.33/IFRS 3.27 [2004]). Kurse bei Ankündigung des Unternehmenserwerbs oder Durchschnittskurse um den Erwerbszeitpunkt herum sind grundsätzlich nicht mehr zulässig (IFRS 3.BC342/IFRS 3.BC69 [2004]).[1] Kursänderungen zwischen Abschluss des Kaufvertrages und Erwerbszeitpunkt wirken sich insbesondere nicht ergebniswirksam aus. Zu Wertgarantien an den Verkäufer vgl. Rz. 3265. 3252

Bei **nicht liquiden Märkten** ist ggf. eine Schätzung (unter Verwendung von DCF-Methoden) nötig. Bei Hingabe nicht börsennotierter Eigenkapitalinstrumente ist dies regelmäßig der Fall. Werden nicht notierte Eigenkapitalinstrumente zum Erwerb börsennotierter Aktien hingegeben, oder weisen die Aktien des emittierenden Unternehmens eine besondere Marktenge auf, kann der Kurs des erworbenen Unternehmens die beste Fair value-Schätzung sein (IFRS 3.33/IFRS 3.27 [2004]).

IFRS 3.38 enthält im Gegensatz zu IFRS 3 (2004) die explizite Regelung, dass beim Erwerber im Erwerbszeitpunkt ein Gewinn oder Verlust entsteht, soweit **Buchwerte hingegebener Vermögenswerte oder Schulden**[2] von ihren Zeitwerten abweichen. Die Regelung ist u.E. nach IFRS 3 (2004) entsprechend anzuwenden. Eine Gewinnrealisierung unterbleibt jedoch bei der Hingabe von Vermögenswerten, die nach Erwerb im Konzern verbleiben: 3253

---

[1] Vgl. jedoch *Lüdenbach* in Haufe IFRS-Kommentar, 7. Aufl. 2009, § 31 Rz. 40 f. für den Fall besonderer Marktenge.

[2] Gemeint sind nicht die *übernommenen* Schulden (diese erhöhen die Gegenleistung, führen aber *beim Erwerber* nicht zu einem Ergebnis), sondern *abgegebene* Schulden. Dies kann ausnahmsweise der Fall sein, wenn die Gegenleistung in der Übertragung eines business des Erwerbers (inkl. Schulden) auf den Veräußerer besteht, IFRS 3.38.

Beispiel:[1]

MU erwirbt von V 60% der Anteile an TU. Die Gegenleistung besteht in einer Barzahlung von 12 Mio. Euro. Zusätzlich vereinbaren MU und V, dass MU eine Immobilie (Buchwert: 5 Mio. Euro, Zeitwert 15 Mio. Euro) auf TU überträgt.

Wirtschaftlich hat MU neben dem Barpreis zusätzlich 40% des Zeitwerts an der Immobilie (= 6 Mio. Euro), also zusammen 18 Mio. Euro hingegeben. Da die Immobilie aber den Konsolidierungskreis nicht verlässt, ist sie **nach Erwerb** bei TU abweichend vom allgemeinen Fair value Ansatz **auch nur zum bisherigen Buchwert** anzusetzen. Dann darf MU aber bei der Hingabe der Gegenleistung konsequenterweise keinen Gewinn realisieren.

Die Kapitalkonsolidierung wird im Beispiel somit auf Basis einer **Gegenleistung** von 17 Mio. Euro (12 Mio. Euro + 5 Mio. Euro Buchwert) durchgeführt. Der MU werden aber 60% des konsolidierungspflichtigen Kapitals, d.h. auch des Buchwerts der Immobilie (60% von 5 = 3 Mio. Euro) wieder zugerechnet. Damit entsteht bei der Konsolidierung bezogen auf das Grundstück auch kein Unterschiedsbetrag (ansonsten käme es, kein weiteres Nettovermögen unterstellt, zu einem *bargain purchase*, der die gewollte Buchwertfortführung vereiteln würde). Der Buchwertansatz gilt dann konsequenterweise auch für die Minderheiten.[2]

3254 frei

5.2 Anschaffungsnebenkosten

3255 Abweichend vom IFRS 3.29 (2004) sind **alle Nebenkosten** (Provisionen, Beratungs- und Due Diligence-Kosten, Notargebühren, Grunderwerbsteuer, interne Kosten etc.) nach IFRS 3 (2008) **als Aufwand zu erfassen** (IFRS 3.53): Nebenkosten gehören nicht zum Fair value der Gegenleistung (IFRS 3.BC366) und sind damit vom Unternehmenserwerb zu trennen (Rz. 3216). Da Anschaffungsnebenkosten nur mit „Anschaffungskosten" kompatibel sind, nicht aber mit dem Ansatz zum Fair value, definiert als „Betrag, der im Kaufvertrag steht" (ausführlich Rz. 520 ff.), ist die Nichtaktivierung von Nebenkosten zwingend. In der Praxis sind Nebenkosten oft nicht wesentlich.

⇨ Aus praktischer Sicht ist die neue Regelung einfacher zu handhaben, da im Jahresabschluss entsprechend den steuerlichen Regelungen z.B. Kosten der Entscheidungsfindung (Due Diligence Kosten u.Ä.) nicht aktiviert werden. Umgekehrt kann eine im Jahresabschluss erfolgte Aktivierung von Notar-

---

1 In Anlehnung an *Beyhs/Wagner*, DB 2008, 71 (78 f.).
2 A.A. *Beyhs/Wagner*, DB 2008, 71 (79, dort Fn. 75). Ein Ansatz der Minderheiten zu Zeitwerten hätte dann jedoch den Ausweis eines Minderheitengoodwill (!) zur Folge, da die Immobilie nur zu Buchwerten angesetzt werden darf. Dies wäre aber nicht sachgerecht, da dieser Goodwill nicht planmäßig abgeschrieben werden müsste, obwohl er sachlich stille Reserven eines planmäßig abschreibungspflichtigen Vermögenswerts verkörpert.

gebühren, Grunderwerbsteuer etc. bei Unwesentlichkeit auch im IFRS-Abschluss oft beibehalten werden.

IFRS 3.52c stellt klar, dass das Aktivierungsverbot auch für **Kosten des Veräußerers** gilt, soweit sie vom Erwerber erstattet werden. Zugleich soll hiermit **Missbrauch** durch höhere Zahlungen an den Veräußerer vermieden werden, mit denen der Veräußerer anschließend Nebenkosten begleicht, die eigentlich der Erwerber zahlen müsste, z.B. *finders fee* (IFRS 3.BC370). Maßstab für die Beurteilung, „wer welche Kosten" trägt, sind die Geschäftsusancen.

Unverändert sind jedoch **Finanzierungsnebenkosten** nach den allgemeinen Vorschriften zu behandeln (IFRS 3.53/IFRS 3.30 f. [2004]), also erfolgsneutraler Abzug von **Eigenkapitalbeschaffungskosten** vom Eigenkapital (Rz. 2072) und über die Effektivzinsmethode zu verteilender Aufwand bei **Fremdkapitalbeschaffungskosten** (Rz. 2130 ff.).

frei   3256–3259

5.3 Sonderfälle

5.3.1 Bedingte Kaufpreiszahlungen (Earn-out-Klauseln)

Beim Unternehmenserwerb werden häufig Vereinbarungen über **bedingte** **Kaufpreiszahlungen** getroffen („**Earn-out-Klauseln**"): Der Verkäufer erhält zum Transaktionszeitpunkt außer einem fixen Betrag einen von der wirtschaftlichen Entwicklung in späteren Jahren (gemessen an Umsatz, Ergebnis, Cashflow etc.) des veräußerten Unternehmens abhängigen Zuschlag. Seltener ist die Vereinbarung von Abschlägen, wenn sich das Unternehmen schlechter als erwartet entwickelt. 3260

Nach **IFRS 3.32 f. (2004)** war eine bedingte Kaufpreiszahlung nur dann bei Erwerb in die Anschaffungskosten mit einzubeziehen, wenn sie zuverlässig abschätzbar war. Bei Nichteintritt der Erwartungen wurden Anschaffungskosten und Goodwill bzw. negativer Unterschiedsbetrages (*bargain purchase*) erfolgsneutral angepasst. War eine solche Schätzung nicht unmittelbar möglich, erfolgte eine spätere erfolgsneutrale Anpassung. Diese Regelung führte praktisch zu einer Ausdehnung des Wertaufhellungszeitraums und vermied anpassungsbedingte Ergebnisse, war aber konzeptionell angreifbar, weil die Earn-out-Vereinbarung abweichend von anderen Verpflichtungen bilanziert wurde (IFRS 3.BC345).

IFRS 3.58 verlangt demgegenüber, die Verpflichtung oder den Rückforderungsanspruch **bereits bei Erwerb** zum Fair value **in die Gegenleistung mit einzubeziehen**, wobei die Unsicherheit in der Bewertung zum Ausdruck kommt (Wahrscheinlichkeitsgewichtung möglicher Szenarien). Im Einzelnen: 3261

– Die bei Erwerb bestimmte Gegenleistung (früher: **Anschaffungskosten**) bleibt **grundsätzlich unverändert**. Dies gilt ausnahmsweise nicht, wenn innerhalb der Anpassungsperiode von maximal einem Jahr nach Erwerb (IFRS 3.45, Rz. 3440) Erkenntnisse eintreten, die Aufschluss über die Verhältnisse *im Erwerbszeitpunkt* geben. IFRS 3.58 stellt klar, dass eine innerhalb dieser Frist eingetretene Erfüllung der Earn out Bedingung kein auf den Erwerbszeitpunkt rückwirkendes Ereignis ist.

– Führt die bedingte Gegenleistung zu Zahlungen, liegt also ein finanzieller **Vermögenswert** oder eine **Schuld** nach IAS 39 vor, wird diese in jeder Folgeperiode zum Fair value bilanziert. Etwaige Anpassungsbuchungen entsprechend den geänderten Erwartungen bzw. dem tatsächlichen Bedingungseintritt sind erfolgswirksam in der GuV zu erfassen (IFRS 3.58bi).[1]

– Besteht die Gegenleistung in der Ausgabe von eigenen Anteilen („**Eigenkapitalinstrument**"), erfolgt keine Bewertungsanpassung; eine evtl. spätere Ausgabe der Anteile führt zu einer erfolgsneutralen Umbuchung (Verschiebung zwischen gezeichnetem Kapital und anderen Komponenten) innerhalb des Eigenkapitals (IFRS 3.58a).

Beispiel:

MU kauft TU am 31.12.01. Der Kaufvertrag sieht einen fixen Barkaufpreis von 1000 und eine Earn out-Zahlung von 250 vor, wenn TU's kumulierter EBIT der Jahre 02 bis 03 den Betrag von 400 übersteigt.

Im Konzernabschluss zum 31.12.01 schätzt MU die Wahrscheinlichkeit des Erreichens der Ergebnisziele auf 80 %, so dass die Anschaffungskosten 1200 betragen. Im Konzernabschluss zum 31.12.01 wird dementsprechend eine Verbindlichkeit von 200 gebucht und die Gegenleistung von 1200 konsolidiert.

In 02 kommt es zu einem Gewinnrückgang, wodurch sich die Wahrscheinlichkeit des Erreichens der Earn out Ziele auf 20 % reduziert. Zum 31.12.02 wird die Verbindlichkeit ertragswirksam auf 50 verringert (Ertrag 150). Die aktivierte Gegenleistung (1200) bleibt unverändert.

In 03 verbessert sich die Ergebnis durch einen überraschenden Großauftrag, so dass die vereinbarte Earn out-Zahlung (250) geleistet werden muss: MU bucht Aufwand in Höhe von 200; die Gegenleistung (1200) bleibt unverändert.

	Soll		Haben	
01	Fair value (1000 + 200)	1200	Bank Verbindlichkeit	1000 200
02	Verbindlichkeit	150	Ertrag	150
03	Aufwand Verbindlichkeit	200 50	Bank	250
01–03 kumuliert	Fair value (1000 + 200) Aufwand (200 – 150)	1200 50	Bank	1250

---

[1] Es sei denn, ein Vermögenswert (aus einer *Minderung* der Gegenleistung = 1. Ausnahme) wird als available-for-sale (2. Ausnahme) klassifiziert, dann zunächst, d.h. bis zur Abwicklung, erfolgsneutrale Erfassung im *other comprehensive income* (IFRS 3.58bi).

Zu diesem Beispiel folgende Variante: 3262

Variante:
Der Kaufvertrag wurde auf Basis geschätzter Ergebniszahlen der TU für 01 geschlossen, und die Vermögenswerte und Schulden der TU wurden auf Basis geschätzter Werte für 01 übernommen. Nach Aufstellung des Konzernabschlusses der MU zum 31.12.01 stellt sich im endgültigen Abschluss von TU heraus, dass es in 01 nicht, wie erwartet, einen EBIT von 150, sondern nur von 50 erzielt hat.
Der endgültige Abschluss 01 der TU stellt eine nachträgliche Information über deren Profitabilität *im Erwerbszeitpunkt* dar. Da diese Information auch innerhalb Jahresfrist zugegangen ist, muss die Bewertung der Verbindlichkeit und damit die der Gegenleistung (Anschaffungskosten) per 1.1.02 am 31.12.02 erfolgsneutral geändert werden.

⊃ Die Neuregelung eröffnet bei Barzahlungen (Regelfall) hohen **bilanzpolitischen Spielraum**: Bei ursprünglich optimistischen Einschätzungen wird zunächst (gegen Goodwill) eine hohe Verbindlichkeit eingebucht, so dass es bei Nichteintritt zu Ertrag aus der Ausbuchung der Verbindlichkeit kommt.[1] Umgekehrt führt eine pessimistische Einschätzung bei Eintritt der Earn out-Bedingungen zu Aufwand.

frei 3263–3264

5.3.2 Wertsicherungsklauseln

Gibt der Erwerber Garantien dafür ab, dass der Wert von als Gegenleistung für 3265 den Unternehmenserwerb hingegebenen Anteilen oder Schuldtiteln des Erwerbers innerhalb einer bestimmten Frist nicht unterschritten wird, ist wie folgt zu unterscheiden:

- Erfolgt der Ausgleich durch weitere **Ausgabe von Anteilen**, findet im Konzernabschluss der Muttergesellschaft lediglich eine **Umschichtung im Eigenkapital** durch die Buchung „per Kapitalrücklage an gezeichnetes Kapital" statt (Verringerung des ursprünglichen Aufgeldes). Die ursprüngliche Gegenleistung bleibt (vorbehaltlich einer Anpassung innerhalb Jahresfrist, IFRS 3.45 ff./IFRS 3.62 (2004), Rz. 3440) unverändert.

- Werden **Wertschwankungen ausgegebener Anteile in bar ausgeglichen**, liegt auf Seiten des Erwerbers praktisch eine Stillhalteroption vor[2], deren innerer Wert im Erwerbszeitpunkt „0" ist (Ausübungspreis = Aktienkurs) und deren Fair value von der Laufzeit und der Kursvolatilität abhängt. Der Fair value der Option ist in die Gegenleistung einzubeziehen und jährlich erfolgswirksam anzupassen.

---

[1] Die Frage einer möglichen Wertminderung des Goodwills hängt von seiner Verteilung auf die CGU's des Konzerns und nicht von der weniger guten Entwicklung der TU ab.
[2] Vgl. *Lüdenbach* in Haufe IFRS-Kommentar, 7. Aufl. 2009, § 31 Rz. 51.

– Ein Barausgleich für **emittierte Schuldtitel** bedeutet praktisch einen Ausgabeabschlag, der den Buchwert der Verbindlichkeit mindert und den Effektivzins ansteigen lässt, damit der Rückzahlungsbetrag erreicht werden kann.

5.3.3 Eigenkapital- und Bilanzgarantien

3266 **Eigenkapitalgarantien** hinsichtlich der Höhe des auf Grund einer Übernahmebilanz (completion accounts) festgestellten Gesamteigenkapitals verifizieren sich im Regelfall innerhalb des Aufstellungszeitraums, spätestens innerhalb der Jahresfrist des IFRS 3.45ff./IFRS 3.62 (2004) (Rz. 3440), so dass die Berücksichtigung eventueller Kaufpreisanpassungen rechtzeitig erfolgen kann. Sollte eine Einigung innerhalb dieser Frist nicht erfolgen, ändert sich zwar bei gleichgerichteter Anpassung von Kaufpreis und übernommenen Nettovermögen der Goodwill nicht, es ergeben sich aber erfolgswirksame Korrekturen zwischenzeitlicher Abschreibungen.

3267 Davon zu unterscheiden sind **Bilanzgarantien** hinsichtlich einzelner Vermögenswerte und Schulden, z.B. die Berücksichtigung des tatsächlichen Ausgangs eines langwierigen Rechtsstreits. Dieser Bereich ist durch IFRS 3.27 neu geregelt worden: Danach ist ein Erstattungsanspruch in gleicher Höhe wie die entsprechende ungewisse Verbindlichkeit anzusetzen (Rz. 3325). Entsprechend kommt es im Konzernabschluss (vorbehaltlich einer möglichen Wertminderung der Erstattungsforderung) per Saldo nicht zu Erträgen und Aufwendungen, was dem wirtschaftlichen Gehalt der Vereinbarung entspricht.

5.3.4 Nach Erwerb an Mitarbeiter und Verkäufer gezahlte Leistungsvergütungen

3268 Leistungsgerechte Entgelte (Gehälter, Aufsichtsrats- und Beratungshonorare, Mieten etc.), die **nach der Akquisition an Mitarbeiter oder den oder die Verkäufer des erworbenen Unternehmens** geleistet werden, sind als Aufwand zu erfassen. Nicht leistungsgerechte Entgelte zählen hingegen zu den Anschaffungskosten des Unternehmenserwerbs (IFRS 3.52b). Dabei sind alle Arten von Vergütungen, neben Barzahlungen auch anteilsbasierte Vergütungen nach IFRS 2, zu würdigen.[1] IFRS 3.B54 ff. gibt Hinweise, insbesondere zur Abgrenzung variabler Tätigkeitsvergütungen von bedingten Kaufpreiszahlungen (**Earn out**, s. Rz. 3260). Bedingte Kaufpreiszahlungen liegen insbesondere vor, wenn Vergütungen auch bei Nichtleistung gezahlt werden oder das übliche Niveau übersteigen, wenn fixe Kaufpreisanteile eher am unteren Ende der Skala möglicher Unternehmenswerte liegen oder wenn Tantiemen nicht gewinnabhängig, sondern in Form eines Gewinn-Multiplikators gezahlt werden.

3269 Bei einer **Anerkennungsprämie** für den Unternehmenszusammenschluss an die bisherigen Manager (**EXIT fee**) ist wie folgt zu unterscheiden (IFRS 3IE58 ff.):

---

[1] Vgl. *Freiberg/Lüdenbach* in Haufe IFRS-Kommentar, 7. Aufl. 2009, § 23 Rz. 18.

Beispiel:

– Wird die Anerkennungsprämie zwischen Erwerber und Manager des erworbenen Unternehmens nachträglich vereinbart, hat die Zahlung eher Abfindungscharakter, insbesondere, wenn der GF nicht mehr im erworbenen Unternehmen tätig ist. Trotz Nichtleistung liegt eher eine „Leistungsvergütung", also Aufwand nach dem Erwerbszeitpunkt vor, wenn man die für den Erwerber erbrachte Leistung gerade in dem Ausscheiden des alten GF sieht (IFRS 3.IE60).

– Wird die *exit fee* dagegen lange vor Erwerb zugesagt, honoriert diese eher die vergangene Leistung der Manager (IFRS 3.IE58 f.). Daher wird die Zahlung nicht nach dem Erwerb Aufwand, sondern es erhöhen sich entsprechend die Anschaffungskosten für das erworbene Unternehmen (Gegenbuchung: Verbindlichkeit aus exit fee).

5.3.5 Ersatzansprüche für aktienorientierte Vergütungen (replacement awards)

Die Abbildung von *replacement awards* ist erstmals durch IFRS 3 (2008) geregelt und u.E. bei IFRS 3 (2004) entsprechend anzuwenden: 3270

(1) Werden bei Unternehmenserwerben aktienorientierte Vergütungsprogramme (Optionspläne) des erworbenen Unternehmens **freiwillig** durch solche des Erwerbers ersetzt (***replacement awards***), ist deren Wert nach Erwerb entsprechend IFRS 2 als Aufwand zu verrechnen (ggf. über eine Sperrfrist), weil die Freiwilligkeit impliziert, dass mit der Einräumung ausschließlich zukünftige Leistungen vergütet werden. Dies gilt auch, wenn die Einräumung durch den Erwerber deshalb erfolgt, weil die bisherigen Programme beim erworbenen Unternehmen mit dem Unternehmenserwerb automatisch verfallen (IFRS 3.B56).

(2) Nur wenn der Erwerber zur Einräumung eigener Programme **verpflichtet** ist (auf Grund gesetzlicher Vorschriften, dem Optionsplan oder auch aus dem **Unternehmenskaufvertrag**), gehört der Wert der eingeräumten Programme insoweit zur Gegenleistung des Unternehmenserwerbs, weil er sich auf bereits erbrachte Leistungen bezieht. Der andere Teil ist in zukünftigen Perioden nach IFRS 2 als Aufwand zu verrechnen (IFRS 3.B56).

Der Wert anteilsbasierter Vergütungen richtet sich dabei nicht nach dem Fair value der Vergütungen im Akquisitionszeitpunkt, sondern wird nach den Vorschriften des IFRS 2 im Akquisitionszeitpunkt ermittelt (sog. ***market based measure***[1], IFRS 3.30). 3271

---

[1] Der Unterschied zum Fair value liegt z.B. bei *equity settled transactions* darin, dass nach IFRS 2 nur kapitalmarktabhängige Bedingungen, nicht aber Ausübungsbedingungen berücksichtigt werden; letztere werden nur bei der Schätzung des Mengengerüsts erfasst (vgl. Rz. 2517, 2534), vgl. zum market based value auch *Beyhs/Wagner*, DB 2008, 73 (78).

3272 Bei **Aufteilung** des Neuplans **auf Gegenleistung und Aufwand** im Fall (2), Rz. 3270, gilt Folgendes:

a) Sind sowohl der alte als auch der neue Plan **sofort ausübbar** und ist der Wert des Neuplans mit dem Altplan identisch (z.B. jeweils 100), bezieht sich der gesamte Wert (100) auf in der Vergangenheit erbrachte Leistungen und ist daher in voller Höhe in die Gegenleistung einzubeziehen (kein Aufwand).

b) Ist entweder die **Sperrfrist** des Altplans noch nicht abgelaufen und/oder sieht der Neuplan eine Sperrfrist vor, bemisst sich der auf die Gegenleistung entfallende Teil nach der Relation der abgelaufenen Sperrfrist zu dem Maximum aus alter Gesamtsperrfrist und neuer Gesamtsperrfrist (IFRS 3.B58f.). Der Rest ist als Aufwand zu verrechnen.

Beispiel (IFRS 3.IE 61 ff.):

– Alte Sperrfrist: 6 Jahre („alte Gesamtsperrfrist"), davon bei Erwerb 4 Jahre abgelaufen.

– Neue Sperrfrist: 1 Jahr, neue (effektive) Gesamtsperrfrist somit 5 Jahre (4+1)

– Maximum aus alter (6) und neuer Gesamtsperrfrist (5) somit: 6

– Gegenleistung somit: $4/6 \times 100 = 67$, Aufwand 33

c) Sollte der Erwerber mehr hingeben (z.B. 150), als er nur auf Grund des Ersatzes des alten Plans (100) gewähren musste, ist diese **Mehrvergütung** (50) wie eine Entlohnung für künftige Leistung zu behandeln, d.h. als Aufwand zu verrechnen.

d) Soweit bei (b) oder (c) Aufwand zu verrechnen ist, geschieht dies entweder sofort, wenn keine **neue Sperrfrist** besteht oder verteilt über die neue Sperrfrist.

e) Der Fall, dass der **Wert des neuen Plans** (z.B. 80) **unter dem Wert des alten Plans** liegt (100)[1], ist nicht geregelt. U.E. sind die lt. (b) ermittelten Anteile dann auf den neuen Plan (80) zu beziehen, anstatt ggf. Ertrag zu buchen, da die vergangene Leistung der Mitarbeiter offenbar vom Erwerber geringer bewertet wird.

f) **Latente Steuereffekte** sind zu erfassen (vgl. IFRS 3.B62 i.V.m. IAS 12 Appendix B, Beispiel 6).

3273 Mit „**Einbeziehung in die Gegenleistung**" ist gemeint, dass der entsprechende Betrag *wie* die Übernahme einer Verbindlichkeit als Erhöhung der Gegenleistung behandelt wird, wobei die Gegenbuchung (Eigenkapital oder Verbindlichkeiten) davon abhängt, ob Optionen ausgegeben werden (*equity settled*) oder aktienorientierte Barvergütungen erfolgen (*cash settled*), s. Rz. 2502.

3274 frei

---

1 U.E. bei Besitzstandswahrungsklauseln in Pensionsplänen nur denkbar, wenn die Ersatzpflicht aus dem *Kaufvertrag* resultiert.

5.4 Zusammenfassung: Schema zur Ermittlung der Gegenleistung/Anschaffungskosten

Das nachfolgende Schema fasst die bei einem Unternehmenszusammenschluss ggf. auftretenden Abgrenzungsfragen zur Bestimmung der Gegenleistung (IFRS 3 [2008]) bzw. Anschaffungskosten (IFRS 3 [2004]) zusammen. 3275

Kategorie	Erläuterung	Gegenleistung IFRS 3 (2008)	AK IFRS 3 (2004)	Rz.
Barkaufpreis fix	Bei (wesentlicher) Stundung Barwert	1050	1050	3250
Fair value ausgegebener Anteile	Börsenkurs oder DCF Ermittlung	800	800	3252
Zeitwert eines vom Erwerber auf den Veräußerer übertragenen Grundstücks oder dergleichen (durch Abzug Buchwert Realisation von Gewinn und Verlust)	Jedoch Buchwert, falls Gegenstand im Konzern verbleibt (seltene Ausnahme, keine Gewinnrealisation)	500	500	3253
Nebenkosten			100	3255
Im Barpreis enthaltene finders fee*	Vom Käufer zu tragen, daher Aufwand	– 50		3255
Fair value des Earn outs	Im Erwerbszeitpunkt zu schätzen	200	200	3260
Fair value einer Kursgarantie	Wertgarantie (Barausgleich) für eigene Anteile	50	50	3265
Gehaltszahlungen nach Erwerb an Verkäufer trotz Beendigung der Tätigkeit	Verkappte Kaufpreiszahlung	300	300	3268
Exit fee an Mitarbeiter	AK, falls damit frühere Leistung abgegolten wird, jedoch i.d.R. Aufwand bei nachträglicher Vereinbarung	75	75	3269
Replacement award an Mitarbeiter des erworbenen Unternehmens	Nur bei *Verpflichtung* der Erwerbers, einen bestehenden aktienorientierten Vergütungsplan durch einen eigenen zu ersetzen	67	67	3270
Korrektur um Entgelt für Abwicklung von sog. „pre-existing relationships"	z.B. Fair value der Forderung aus einem von TU gegen MU geführten Prozess	– 100	– 100	3502 ff.
Total		2892	3042	

D. Konsolidierung

Kategorie	Erläuterung	Gegenleistung IFRS 3 (2008)	AK IFRS 3 (2004)	Rz.
Nicht Bestandteil der Gegenleistung (Aufwand)				
Alle Nebenkosten (inkl. finders fee*)		150	–	3255
Finanzierungskosten		80	80	3255

3276–3279 frei

6. Ansatz in der Handelsbilanz III

6.1 Sicht des hypothetischen Erwerbers

3280 In der **Handelsbilanz III** sind die *übernommenen* Vermögenswerte und Schulden *unabhängig von ihrem Ansatz in der Handelsbilanz II* einer Überprüfung zu unterziehen, ob sie **aus Sicht eines hypothetischen Erwerbers** die Ansatzkriterien des Frameworks erfüllen (IFRS 3.11/IFRS 3.37 [2004]) und zum Unternehmenserwerb gehören. Im Einzelfall kann es einen erheblichen Unterschied machen, ob die Sichtweise des konkreten oder die eines hypothetischen Erwerbers eingenommen wird.

Beispiel:

Würde ein hypothetischer Erwerber für eine Marke (z.B. eine große Colamarke) einen Preis bezahlen, ist dieser Vermögenswert auch dann vom tatsächlichen Erwerber anzusetzen und zu bewerten, wenn dieser plant, die Marke (etwa aus Wettbewerbsgründen) nicht zu verwerten (= bewusst zu zerstören). Ein entsprechender Kaufpreisanteil geht damit nicht in den Goodwill ein, sondern ist separat anzusetzen und bei Nichtverwertung außerplanmäßig erfolgswirksam abzuschreiben.

Das ist zwar nicht unproblematisch, aber das Konstrukt des hypothetischen Erwerbers passt zur Bewertungskonzeption des Fair value (als objektiver Marktwert, Rz. 475 ff.) und ist insoweit konzeptionell begründet.

Aus dem gleichen Grund führen **schwebende Verträge des erworbenen Tochterunternehmens mit dem erwerbenden Konzern** gemäß Rz. 3300 ff. zu immateriellen Vermögenswerten (z.B. Auftragsbestand, Kundenbeziehung, Rechte an Vermögenswerten, die dem Konzern gehören) auch wenn es solche Vermögenswerte aus konsolidierter Sicht gar nicht gibt (z.B. keine Kundenbeziehung mit sich selbst). Die dafür gezahlten Kaufpreisbestandteile gehen somit *nicht* im Goodwill auf (Rz. 3290 ff.).

Regelmäßig wird zu beobachten sein, dass das **Mengengerüst** der in der HB III anzusetzenden Posten gegenüber denen der HB II ansteigt. Dies liegt beispielsweise an aktiven latenten Steuern auf Verlustvorträge, die sich erst durch den

Erwerb als verwertbar erweisen (Rz. 3285 f.), an Sonderregelungen für immaterielle Vermögenswerte (Rz. 3300 ff.), Erstattungsansprüche aus Bilanzgarantien (Rz. 3325) und Eventualschulden (Rz. 3341).

Beim Ansatz und bei der Bewertung in der HB III ist sorgfältig vorzugehen. Nach den Feststellungen der **Deutschen Prüfstelle für Rechnungslegung** finden sich hier die **höchsten Fehlerquellen** in deutschen IFRS-Abschlüssen.[1] 3281

frei 3282–3284

6.2 Aktive latente Steuern auf Verlustvorträge

6.2.1 Verlustvorträge des Tochterunternehmens

Aufgrund des Erwerbs kann es zum Ansatz **aktiver latenter Steuern auf steuerliche Verlustvorträge des Tochterunternehmens** kommen. Das Tochterunternehmen verfügt beispielsweise über steuerliche Verlustvorträge, für die in der Handelsbilanz II bislang keine aktive latente Steuern angesetzt wurden, weil nicht davon ausgegangen werden konnte, dass das Unternehmen in der Zukunft ausgleichsfähige Gewinne erwirtschaften wird (s. Rz. 2621). 3285

↪ Diese Einschätzung mag sich durch Konzernzugehörigkeit verändert haben (IAS 12.66).[2] Bei Unternehmenserwerben ist in diesem Zusammenhang jedoch das Problem des Verlustmantelkaufs zu beachten, in Deutschland z.B. nach § 8c KStG.

Die nach IFRS 3.65 (2004) erforderliche Abschreibung eines Goodwills, wenn sich ein bei Erstkonsolidierung nicht aktivierter ökonomischer Vorteil eines bei der Tochtergesellschaft vorhandenen Verlustvortrags doch später (außerhalb der Jahresfrist) realisiert, ist mit IFRS 3 (2008) gestrichen worden. Eine (erfolgsneutrale) Anpassung der Erstkonsolidierung kommt nur bei neuen Erkenntnissen über Verhältnisse **im Erwerbszeitpunkt, die innerhalb der Jahresfrist** zugehen, in Betracht (IAS 12.68; Rz. 3440), z.B. auf Grund von Betriebsprüfungen. Außerhalb der Jahresfrist bleibt der Goodwill somit unverändert, während die **Schätzungsänderung** zu latentem Steuerertrag nach IAS 12.60b führt (Rz. 2656). 3286

6.2.2 Verlustvorträge des Erwerbers

Steuerliche **Verlustvorträge des Erwerbers**, die sich erst durch den Erwerb realisieren (z.B. mittels Organschaft oder durch erwartete Synergien), dürfen unverändert *nicht* im Rahmen der Erstkonsolidierung angesetzt werden, sondern sind erfolgswirksam zu aktivieren (IAS 12.67). 3287

frei 3288–3289

---

[1] Vgl. *DPR*, Tätigkeitsbericht 2008, S. 6.
[2] Hierin wird aber deutlich, dass die Sichtweise eines hypothetischen Erwerbers (Rz. 3280) nicht durchgehalten werden kann.

6.3 Immaterielle Vermögenswerte

6.3.1 Abgrenzung vom Goodwill

3290 Veranlasst durch die Einführung des **Impairment-only-approach** für den Goodwill ist in IFRS 3 deutlich das Bemühen des IASB zu erkennen, möglichst viele Sachverhalte außerhalb des Goodwill einzeln abzubilden.[1] Bis 2004 (IAS 22) war dies zwar auch schon vorgesehen, aber als Problem weniger drängend: Wenn im Einzelfall eine gesonderte Aktivierung unterblieb, so ging der Betrag der unterlassenen Aktivierung in den Goodwill auf, der planmäßig grundsätzlich über 20 Jahre abzuschreiben war. Die Nichtaktivierung gesonderter Sachverhalte würde jetzt jedoch dazu führen, dass sie ggf. trotz Abnutzung überhaupt nicht mehr planmäßig abgeschrieben werden.

3291 Maßgebend für die **Abgrenzung bestimmter immaterieller Sachverhalte vom Goodwill** ist auch beim Unternehmenszusammenschluss das Definitionsmerkmal der **Identifizierbarkeit** (IAS 38.43, s. Rz. 1011):

(a) Soweit es sich um einen Posten handelt, der **mit einem Recht verknüpft** ist, gilt das Kriterium der Identifizierbarkeit ohne weiteres als erfüllt.

(b) Handelt es sich nicht um ein Recht, kommt es grundsätzlich auf die **separate Verwertbarkeit** an. Diese liegt vor, soweit der betreffende Vermögenswert **losgelöst vom erworbenen Geschäftsbetrieb** veräußert werden könnte. Die Aktivierung unterbleibt jedoch auch dann nicht, wenn der immaterielle Vermögenswert nur *zusammen* mit anderen (ggf. materiellen) Vermögenswerten verwertet werden kann, bspw. eine Mineralwassermarke samt Quelle. In diesem Fall ist im Zweifel die gesamte Gruppe von Vermögenswerten als ein Vermögenswert anzusetzen (IAS 38.36).

3292–3299 frei

6.3.2 Erleichterte Ansatzvoraussetzungen für bisher nicht bilanzierte immaterielle Vermögenswerte

3300 Damit im Rahmen eines Unternehmenszusammenschlusses **immaterielle Sachverhalte** angesetzt werden können und müssen, sind grundsätzlich zwei Voraussetzungen zu erfüllen:

(a) Die Definitionsmerkmale eines immateriellen Vermögenswertes müssen vorliegen (u.a. Wahrscheinlichkeit künftigen Nutzenzuflusses, s. Rz. 301) und

(b) der Posten muss zuverlässig zum Fair value bewertet werden können (s. Rz. 3315).

---

[1] Die nach IFRS 3 zu lösende Aufgabenstellung entspricht insofern der bis 1986 in Deutschland gültigen Steuerrechtslage beim *asset deal*, denn bis dahin war Goodwill steuerlich nicht abschreibungsfähig. Daraus resultierte das Bestreben, möglichst viele immaterielle Wirtschaftsgüter separat neben dem Goodwill anzusetzen, vgl. *Lüdenbach/Hoffmann*, BFuP 2004, 596 (603).

Allerdings ist der erwartete künftige Nutzenzufluss (a) nicht mehr separat zu prüfen, sondern gilt *bei einem Unternehmenserwerb* apodiktisch immer als erfüllt, *weil* dieser in dem Fair value des Gesamtunternehmens reflektiert worden ist (so die Sonderregelung in IAS 38.33 f.).

Beispiel:
Unternehmen X habe die Aufwendungen für ein **Forschungs- und Entwicklungsprojekt** nicht aktiviert. Der Konzern A interessiert sich genau für dieses Projekt und erwirbt das Unternehmen X. Dann ist der Betrag, den A für das Projekt im Rahmen des Kaufpreises veranschlagt hat, nach dem Unternehmenszusammenschluss ggf. zu aktivieren (Rz. 1022 ff.). Nach dem Erwerb für die Fertigstellung dieser Projekte anfallende Kosten sind ihrerseits wiederum nach den allgemeinen Kriterien zu behandeln, d.h. als Aufwand, solange das Forschungsstadium andauert bzw. ggf. Aktivierung bei Übergang in die Entwicklungsphase (Rz. 3461).

Die Sonderregelung für immaterielle Vermögenswerte ist nachvollziehbar: Ein Kaufpreis für forschungsintensive Unternehmen wird gerade wegen ihrer Forschung gezahlt. Zwar wird hierdurch das konkrete Bewertungsproblem, also die Frage, welcher Betrag gerade für Forschungsprojekte etc. anzusetzen ist, nicht gelöst; die Zahlung eines Gesamtkaufpreises als Objektivierungskriterium für den Ansatz *einzelner* Vermögenswerte anzusehen, ist aus Sicht des IASB aber notwendig, um zu einer erweiterten Aktivierung von im Rahmen eines Unternehmenserwerbs zugegangenen immateriellen Vermögenswerten zu gelangen und weiterhin die Nichtaktivierung beispielsweise *interner* Forschungsprojekte (eben mangels Objektivierbarkeit) begründen zu können.

6.3.3 Checkliste immaterieller Vermögenswerte

◯ IFRS 3 gibt in seinen *Illustrative Examples* (IE 16-44) Hilfestellung, was an immateriellen Sachverhalten beim Unternehmenserwerb beobachtet werden kann. Die *Illustrative Examples* sind nicht integraler Bestandteil des Standards und werden daher auch nicht im Amtsblatt der EU in der offiziellen Fassung veröffentlicht. Wir glauben aber, dass die Beispiele sehr nützlich sind, um sich klar zu machen, worauf ggf. bei einem Unternehmenserwerb zu achten ist. Im Regelfall werden die in der folgenden Liste aufgeführten **Sachverhalte auch im Rahmen einer** *due diligence* **erfasst und bei Kaufpreisverhandlungen gewürdigt.** Die Beispiele in der nachfolgend erläuterten Liste erheben keinen Anspruch auf Vollständigkeit.

3301

	Vermögenswerte, die auf einem vertraglichen oder sonstigen Recht basieren	Vermögenswerte, die nicht auf einem vertraglichen oder sonstigen Recht basieren, aber separierbar sind
(a) absatzmarktbezogene immaterielle Vermögenswerte	– Markenrechte – Markenzeichen und Embleme – Aufmachung und Design – Zeitschriftentitel – Internet-Adressen – Wettbewerbsunterlassungsvereinbarungen	
(b) kundenbezogene immaterielle Vermögenswerte	– Auftragsbestände und Produktionsrückstände – vertragliche Kundenbeziehungen	– Kundenlisten – nichtvertragliche Kundenbeziehungen
(c) immaterielle Vermögenswerte im künstlerischen Bereich	– Theaterstücke, Opern, Ballettaufführungen – Bücher, Zeitschriften, Kompositionen, Liedtexte, Werbemelodien – Gemälde, Fotografien – Videoaufzeichnungen, Filme, TV-Sendungen	
(d) auf Verträgen basierende immaterielle Vermögenswerte	– Lizenzen, Tantiemen, Stillhaltevereinbarungen – Werbe-, Konstruktions-, Management-, Dienstleistungs-, Liefer- und Abnahmeverträge – Leasingverträge – Baurechte – Franchiserechte – Betriebs- u. Sendegenehmigungen – Förderungs- u. Abbaurechte – Schuldenbedienungsrechte durch Dritte – vorteilhafte Arbeitsverträge	
(e) technologiebezogene immaterielle Vermögenswerte	– patentierte Technologien – EDV-Software – Geschäftsgeheimnisse, zum Beispiel vertrauliche Formeln, Prozesse und Rezepte*	– nicht patentrechtlich geschützte Technologien – Datenbanken

* U.E. i.d.R. nicht mit einem Recht verknüpft.

Abb. 78: Immaterielle Vermögenswerte beim Unternehmenserwerb

3302 (a) **Markenrechte u.Ä.:** Unzweifelhaft handelt es sich um immaterielle Vermögenswerte, die auch einen wirtschaftlichen Wert verkörpern. Wer wollte bezweifeln, dass es einem potenziellen Erwerber von Coca Cola weniger um

Abfüllanlagen und wohl auch nicht so sehr um die Rezeptur, aber vor allem um das mit der Marke verbundene Image und den Bekanntheitsgrad geht? Diese Faktoren erlauben, das Produkt zu höheren Preisen im Vergleich zu Konkurrenzprodukten abzusetzen, also eine Überrendite einzufahren.

(b) **Auftragsbestand, Kundenbeziehungen u.Ä.:** Der Vorteil eines *rechtlich abgesicherten* Auftragsbestandes liegt in den künftig erwarteten Gewinnen. **Erworbene Kundenlisten** sind regelmäßig nicht rechtlich geschützt; ob sie getrennt vom Unternehmen verwertet werden können, hängt z.B. von Datenschutzbestimmungen ab. Ein allgemein bekannter Kundenkreis ist für den Erwerber ohnehin ohne Wert. 3303

Fraglich ist jedoch der Ansatz eines **nicht vertraglich**, d.h. eines nicht durch konkrete Aufträge oder ein Dauervertragsverhältnis **abgesicherten Kundenstamms**. Aus Sicht des IASB spreche für die Aktivierung, dass Kundenbeziehungen „durch Verträge etabliert werden" (selbst wenn kein Vertrag vorliegt, IFRS 3.IE30c/IFRS 3.IE Beispiel 1 [2004]). Diese weite Interpretation des Vertragskriteriums läuft praktisch auf die Aktivierung eines „stand alone Goodwill" des erworbenen Unternehmens hinaus, soweit er auf bestehende Kunden entfällt. 3304

Wir halten diese Interpretation für zu weitgehend: Abgesehen davon, dass die Anwendungsbeispiele des IFRS 3 kein integraler Bestandteil des Standards sind und daher auch aus Perspektive der Original-IFRS ab 2009 keine Verbindlichkeit mehr haben (Rz. 822), lassen sich zahlreiche materielle Einwände vorbringen: Zum einen ist eine rechtliche Verknüpfung mangels Vertrags nicht gegeben; zum anderen ist die Übertragung von Kundenbeziehungen losgelöst vom Geschäftsbetrieb i.d.R. ausgeschlossen. Darüber hinaus ist die zuverlässige Bewertung (Rz. 3315) fraglich. Daher wird eine Aktivierung derartiger Vermögenswerte überwiegend abgelehnt.[1] Bei Befürwortung einer Aktivierung käme es jedoch auch nur zu einem Ansatz des Ergebnispotenzials der *Altkunden* unter Erfassung einer Auslaufkurve (Berechnung wie in Rz. 3364) und nicht der künftigen *Neukunden*.

(c) **Urheberrechte u.Ä.:** Gegen Zahlung eines Honorars erwirbt ein Verlag die Rechte an der Verwertung von Schriftstücken. Wird der Verlag seinerseits erworben, sind die künftig erwarteten Gewinne aus der Verwertung der Schriftstücke zu schätzen und zur Fair value-Ermittlung regelmäßig zu diskontieren. 3305

(d) **Vertragliche immaterielle Vermögenswerte:** Bei dieser Kategorie geht es im Wesentlichen um die Marktwertadjustierung schwebender Verträge (s. im Einzelnen Rz. 3320 f.). 3306

---

[1] Vgl. *Lüdenbach* in Haufe IFRS-Kommentar, 7. Aufl. 2009, § 31 Rz. 80 ff.; *Senger/Brune/Elprana* in Beck'sches IFRS-Handbuch, 2. Aufl. 2006, § 33 Rz. 60; *Köster/Mißler* in Thiele/von Keitz/Brücks, Internationales Bilanzrecht, 2008, IFRS 3 Rz. 285. Der IASB erwägt jedoch, künftig auf die Unterscheidung zwischen vertraglichen und nicht vertraglichen Kundenbeziehungen zu verzichten, vgl. *IASB update*, Dezember 2008, S. 4.

3307 **(e) Geschäftsgeheimnisse u.Ä.:** Der Anteil an Ideen, Verfahren, Prozessen usw., die *rechtlich geschützt* sind, dürfte gemessen an ihrer Gesamtzahl eher gering sein. Stattdessen kommt es häufig auf *rechtlich nicht geschützte* Vermögenswerte an, etwa bei sog. Kostenführern, um auch in margenschwachen Märkten Erfolg zu haben oder bei jungen Unternehmen aus dem Technologie-Bereich. Die Separierbarkeit vom Goodwill liegt auf Grund der Veräußerbarkeit an mögliche Wettbewerber vor. Unerheblich ist, dass die Geschäftsgeheimnisse i.d.R. tatsächlich nicht veräußert würden, um die Wettbewerbsfähigkeit des Unternehmens nicht zu mindern. Zu **Forschungs- und Entwicklungskosten** s. Rz. 3300. Das Risiko eines möglichen Fehlschlags von F & E-Anstrengungen ist nicht bereits beim Ansatz, sondern vielmehr bei der Bewertung zu erfassen (Rz. 3360 ff.).

3308–3309 frei

6.3.4 Überschneidungsfreie Abgrenzung immaterieller Vermögenswerte

3310 Es ist darauf zu achten, dass die künftigen Cashflows, in denen sich der Wert insbesondere immaterieller Vermögenswerte verkörpert, nicht doppelt erfasst werden. Dabei empfiehlt es sich, **ausgehend vom konkreten Geschäftsmodell, die wesentlichen Alleinstellungsmerkmale oder Werttreiber** (*business driver*) zu **identifizieren** und in Bezug auf ihre Ansatzfähigkeit zu würdigen.

Beispiel 1:

Bei der Marke Coca Cola z.B. tritt die Wirkung anderer Vermögenswerte wie Fertigungstechniken und Abfüllanlagen sicher hinter die Anziehungskraft der Marke zurück. Daher ist die Marke (*zusammen* mit der Rezeptur, Rz. 3301 (b)) vorrangig zu bewerten. Allerdings kann es feste Lieferbeziehungen geben, die ebenfalls abzubilden sind. Das Problem der Doppelerfassung wird dadurch vermieden, dass bei der **Bewertung** der Lieferbeziehungen künftige Abschreibungen für die Nutzung der im ersten Schritt angesetzten Marke verrechnet werden (Rz. 3364).

Beispiel 2:

Eine überregional tätige Fitnessstudiokette unter einheitlicher Marke erfreut sich deswegen besonderen Zulaufs, weil zu jeder Zeit hervorragend ausgebildete und freundliche Trainer zur Verfügung stehen. Obwohl Kunden diese Tatsache mit der Marke assoziieren, liegt der wesentliche Werttreiber dennoch in dem Mitarbeiterstamm bzw. der Organisation. Beides darf jedoch wegen expliziter Aktivierungsverbote nicht angesetzt werden (Rz. 1045). Insofern können lediglich der Wiedererkennungseffekt und die materiellen Werte, die mit der einheitlichen Aufmachung (rechtlich geschütztes Logo) verbunden sind, (a) in Rz. 3301, als immaterieller Vermögenswert angesetzt werden. Ebenfalls separat anzusetzen ist der Wert der *bestehenden* Mitgliedschaften (Rz. 3302). Dabei sind absehbare Vertragsverlängerungen und (gegenläufig) der Wegfall von Kunden (Auslaufkurve) zu erfassen[1] (zur Berechnung s. Rz. 3364).

Beispiel 3:

Ein Hersteller von Eigenmarken (*private label*) für den Einzelhandel ist im Markt als Kostenführer bekannt. Diese Eigenschaft verdankt er ausgefeilten Produktionstechniken, die von einer eigenen Fertigungsabteilung entwickelt worden sind. Der im Erwerbszeitpunkt vorhandene Technologievorsprung ist als eigenständiger Vermögenswert anzusetzen (Rz. 3301), die in der Mitarbeiterqualifikation zum Ausdruck kommenden *künftigen* Kenntnisse und Verfahren dagegen nicht. Die Bilanzierung des Logos des Herstellers der Eigenmarken erfolgt wie in Beispiel 2.

Variante: Derselbe Hersteller besitzt eine neuartige, am Markt erhältliche Produktionsanlage, die den Ausschuss gegenüber der bisher verwendeten Technik um 10 % reduziert. In diesem Fall reflektiert bereits der Fair value der Maschine den Technologievorsprung, so dass der zusätzliche Ansatz eines immateriellen Vermögenswertes ausscheidet.

Beispiel 4:

Ein Konzern erwirbt eine Entwicklungsgesellschaft mit 200 Ingenieuren, die er mit dieser Qualifikation und in dieser Anzahl ansonsten erst in einem 3-Jahres-Zeitraum hätte einstellen können. Die eingesparte Personalentwicklungszeit und die aus der Qualifikation resultierenden *künftigen* Entwicklungsergebnisse gehen als erworbene Synergien im Goodwill auf. Demgegenüber sind die bei Erwerb bereits vorhandenen F & E-Projekte zu aktivieren (Rz. 3300).

frei   3311–3314

6.3.5 Zuverlässige Bewertbarkeit

Schließlich muss geklärt werden, ob die vom Goodwill sachlich abgegrenzten 3315
immateriellen Vermögenswerte zuverlässig bewertet werden können. IAS 38.35 geht apodiktisch davon aus, dass der Fair value normalerweise verlässlich genug bestimmt werden kann.[2] Praktische Bedeutung hat dieses Kriterium in Grenzfällen der Separierbarkeit immaterieller Vermögenswerte vom Goodwill. Die zuverlässige Bewertbarkeit wird z.B. abgelehnt bei nichtvertraglichen Kundenbeziehungen (Rz. 3304).

frei   3316–3319

---

1 Vgl. *Lüdenbach* in Haufe IFRS-Kommentar, 7. Aufl. 2009, § 31 Rz. 78.
2 Lediglich in jenen Fällen, in denen ein mit einem Recht verbundener immaterieller Vermögenswert nicht einzeln verwertet werden kann oder diese Möglichkeit zwar besteht, aber beim besten Willen keine Anhaltspunkte für einen Tauschwert gefunden werden können, wird gem. IAS 38.38 die Möglichkeit der verlässlichen Bewertung verneint. Wieso dann aber gerade bei immateriellen Vermögenswerten, die *nicht* mit einem Recht verbunden sind, die verlässliche Bewertung offensichtlich immer möglich sein soll, muss wohl als Geheimnis des IASB bezeichnet werden.

6.3.6 Marktwertadjustierung schwebender Verträge inkl. Leasingverträgen

3320 Bei einer Reihe der unter (d) in Rz. 3301 genannten Sachverhalte (z.B. **Arbeitsverträge, Mietverträge, Leasingverträge**) dreht es sich im Ergebnis *nicht* um die Bewertung der Mitarbeiter, Mietrechte etc., sondern darum, ob die tatsächlich vereinbarten Konditionen von den im Erwerbszeitpunkt geltenden Marktkonditionen abweichen.

> **Beispiel:**
>
> Verhandelt worden ist ein **Haustarifvertrag**, der eine Entlohnung *unter* dem branchenüblichen Entgelt vorsieht. Hier geht es *nicht um die Bewertung der Fähigkeiten der mit dem Unternehmenserwerb übernommenen Mitarbeiter*, sondern einzig um die Frage, wie diese im Vergleich zu anderen entlohnt werden (IFRS 3.IE37/IFRS 3.IE D9 [2004]). Fraglich könnte sein, ob der entsprechende Vorteil nur bis zum Ablauf des Haustarifvertrages zu bewerten ist. Überdies greift u.E. der von IFRS 3 vorgesehene Bewertungsmaßstab des Vergleichs mit anderen Arbeitsentgelten zu kurz. Ein tatsächlicher Vorteil ergibt sich nämlich nur dann, wenn das Unternehmen *wegen* der günstigen Arbeitsverträge höhere Gewinne als andere Unternehmen einfährt. Es kann aber beispielsweise sein, dass der Haustarifvertrag wegen geringerer Produktivität der Mitarbeiter im Vergleich zur Branche abgeschlossen worden ist, tatsächlich also keinen Vorteil darstellt.

3321 In anderen Fällen ist die Beurteilung leichter: Ist eine vereinbarte **Miet- oder Leasingrate** verglichen mit aktuellen Konditionen günstig, erfolgt beim **Leasingnehmer** die Aktivierung des Barwertvorteils als immaterieller Vermögenswert. Liegt dagegen ein ungünstiger Vertrag vor, ist entsprechend ein Passivposten anzusetzen, auch ohne dass ein Drohverlust vorliegt.

Beim **Leasinggeber** wirken sich vorteilhafte oder unvorteilhafte Leasingbedingungen direkt im Fair value des betroffenen Vermögenswerts aus, so dass ein separater Ansatz immaterieller Vermögenswerte oder Schulden unterbleibt (IFRS 3.B42).

3322 Leasingverträge können *selbst bei marktgerechten Konditionen* weitere Vorteile verschaffen, etwa in Form des Marktzutritts auf Grund der Anmietung von 1a-Verkaufsflächen. Hier ist dann zu prüfen, ob der Vorteil die Merkmale eines immateriellen Vermögenswerts aufweist (Rz. 3300) und bejahendenfalls ein Aktivposten anzusetzen (IFRS 3.B30). U.E. ist diese Überlegung auch nach IFRS 3 (2004) entsprechend anzuwenden.

3323–3324 frei

IV. Unternehmenserwerb und Kapitalkonsolidierung (IFRS 3)

6.4 Erstattungsansprüche aus Bilanzgarantien

IFRS 3.27 f. regelt erstmals die Bilanzierung von auf einzelne Vermögenswerte oder Schulden bezogenen Bilanzgarantien. Danach sind in Unternehmenskaufverträgen vereinbarte **Ausgleichsansprüche bzw. -verpflichtungen** grundsätzlich korrespondierend zu bilanzieren, und zwar in Bezug auf Ansatz und Bewertung (vorbehaltlich der Uneinbringlichkeit eines Erstattungsanspruchs). U.E kann nach IFRS 3 (2004) entsprechend bilanziert werden. 3325

Beispiel:
Der Kaufvertrag sieht eine Entschädigung des Käufers vor, falls TU einen Passivprozess auf Schadenersatz verliert. Die Wahrscheinlichkeit der Inanspruchnahme sei so gering, dass selbst unter den erleichterten Passivierungsvoraussetzungen für Eventualschulden (Rz. 3341) keine Prozessrückstellung angesetzt wird. In diesem Fall wird bei TU auch kein Erstattungsanspruch aktiviert (IFRS 3.28).

Im nächsten Geschäftsjahr **ändere sich die Wahrscheinlichkeitseinschätzung**. Nun sind sowohl eine Eventualverbindlichkeit zu passivieren und in gleicher Höhe ein Erstattungsanspruch anzusetzen (IFRS 3.27 S. 4). Eine abweichende Bewertung des Erstattungsanspruchs kommt nur aus Bonitätsgründen in Betracht. Im Ergebnis verbleibt somit ggf. nur eine Aufwandsspitze wegen Bonität.

Generell setzt die Vorgabe zur **korrespondierenden Bilanzierung** die Anwendung spezieller Ansatz- und Bewertungsvorschriften für Ansprüche und Schulden außer Kraft. Damit soll verhindert werden, dass aus dem Vorgang, der auf Grund der Vereinbarung für den Erwerber neutral ist, Erträge und Aufwendungen entstehen (IFRS 3.BC302 f.). Dabei richtet sich die Bewertung der Erstattungsforderung bzw. der Erstattungsverbindlichkeit nach der Bewertung des betreffenden Bilanzpostens und nicht umgekehrt. So ist eine Forderung aus **Steuerklauseln** (zur Berücksichtigung von Betriebsprüfungsrisiken) nicht zum Fair value, d.h. zum Barwert zu bewerten, weil nach IAS 12 keine Abzinsung der entsprechenden Steuerverbindlichkeit erfolgt (Rz. 2652).

frei 3326–3329

6.5 Eventualforderungen

Eventualforderungen, also Forderungen, deren Entstehen von künftigen Ereignissen abhängen (Rz. 2305), dürfen nicht angesetzt werden (IFRS 3.BC276).[1] 3330

---

[1] Vgl. *Baetge/Hayn/Ströher* in Baetge u.a. (Hrsg.), Rechnungslegung nach IFRS, 2006, IFRS 3 Rz. 143; *Köster/Mißler* in Thiele/von Keitz/Brücks (Hrsg.), Internationales Bilanzrecht 2008, IFRS 3 Rz. 303; *Pellens u.a.*, Internationale Rechnungslegung, 7. Aufl. 2008, S. 711.

> **Beispiel:**
> Zum Zeitpunkt des Erwerbs eines TU hat dieses Verhandlungen mit einem potentiellen neuen Kunden begonnen. Der Vertragsabschluss steht noch aus. Ein Aktivposten darf nicht angesetzt werden, und eine ggf. im Kaufpreis vergütete Ertragserwartung geht im Goodwill auf.
> **Variante:** Die Vertragsverhandlungen werden mit einem Altkunden geführt. Dann soll nach Auffassung des IASB, die wir nicht teilen, der Ansatz eines immateriellen Vermögenswerts in Betracht zu ziehen sein (Rz. 3304).

3331 Das Beispiel zeigt, dass die Abgrenzung von (nicht anzusetzenden) Eventualforderungen und (anzusetzenden) immateriellen Vermögenswerten alles andere als eindeutig ist. Hinzu kommt die Schwierigkeit, ein „künftiges" von einem „vergangenen" Ereignis zu trennen. So wird auch die Auffassung vertreten, (unsichere) Forderungen aus Aktivprozessen (z.B. Schadenersatz) beim Unternehmenserwerb zum Fair value anzusetzen.[1] Nach dieser Auffassung würde die Bestätigung der Schadenersatzforderung *nicht* als künftiges Ereignis gelten.

3332–3339 frei

6.6 Schulden

3340 **Schuldposten**, die in der HB II angesetzt worden sind, müssen auch in der HB III angesetzt werden.[2] IFRS 3.11 bzw. IFRS 3.41b (2004) stellen klar, dass für künftige Verluste und sonstige erwartete Aufwendungen im Zusammenhang mit dem Unternehmenserwerb keine Schulden passiviert werden dürfen.

6.6.1 Sonderregelung für Eventualschulden

3341 Für **Eventualschulden**, die noch von einem künftigen Ereignis abhängen (Rz. 2304(a)), darf ebenso wie im Einzelabschluss (und spiegelbildlich zur Eventualforderung, Rz. 3330), auch bei einem Unternehmenszusammenschluss ein Passivposten nicht angesetzt werden (IFRS 3.23). Anders dagegen verhält es sich mit Eventualschulden, die (nur) wegen der geringen Wahrscheinlichkeit der Inanspruchnahme im Einzelabschluss nicht angesetzt werden dürfen (Rz. 2304(b)): Bei einem Unternehmenserwerb gilt die Wahrscheinlichkeit des Nutzenabflusses implizit immer als erfüllt, weil der Erwerber insofern einen Kaufpreisabschlag gemacht hat (IFRS 3 BC111 [2004]). Daher ist die Eventualschuld, soweit der Fair value bestimmt werden kann, zu passivieren. Zur Folgebewertung s. Rz. 3463 und zur Abgrenzung von Restrukturierungsrückstellungen Rz. 3343.

---

1 Vgl. *Ernst&Young*, International GAAP 2009, S. 571 f., *Lüdenbach* in Haufe IFRS-Kommentar, 7. Aufl. 2009, § 31 Rz. 58.
2 Davon unberührt bleibt der Wegfall konzerninterner Forderungen und Verbindlichkeiten im Rahmen der Schuldenkonsolidierung.

◯ Die Ansatzpflicht für **Eventualschulden** ist grundsätzlich sinnvoll, soweit hierfür ein Kaufpreisabschlag gemacht worden ist. Problematisch könnte sein, dass dem Bilanzierenden wegen der den Eventualschulden immanenten Bewertungsunschärfen kaum Hürden in den Weg gestellt werden, solche Schulden nur zu behaupten, um über die spätere Auflösung von Rückstellungen die zukünftigen Ergebnisse zu verbessern und insoweit **Bilanzpolitik** zu betreiben.

Zur Bedeutung des Ansatzes von Eventualschulden beim negativen Goodwill (*bargain purchase*) vgl. Rz. 3413. **3342**

6.6.2 Restrukturierungsrückstellungen

Restrukturierungsrückstellungen des Veräußerers sind nach den allgemeinen Vorschriften, insbesondere Veröffentlichung eines Restrukturierungsplans *vor dem Erwerbszeitpunkt* (Rz. 2340 ff.), in der Handelsbilanz II anzusetzen. Demgegenüber lässt IFRS 3 Restrukturierungsrückstellungen für Maßnahmen, die der **Erwerber** aus Anlass des Unternehmenszusammenschlusses durchzuführen beabsichtigt, bei der Erstkonsolidierung grundsätzlich nicht zu (IFRS 3.11). U.E. gelten die nachfolgenden in IFRS 3 (2004) 3.42 f. explizit enthaltenen Ausführungen, die im neuen IFRS 3 nicht mehr explizit enthalten sind, unverändert, da sie lediglich den unveränderten Grundsatz zur Schuldenbilanzierung reflektieren (vgl. auch IFRS 3.BC132 ff.). Danach kommt eine Passivierung auch nicht in Betracht, wenn ein beim erworbenen Unternehmen bereits angekündigter Restrukturierungsplan nur noch davon abhängig sein sollte, dass ein Unternehmenszusammenschluss tatsächlich stattfindet. In diesem Fall liegt unmittelbar vor dem Zusammenschluss weder eine Rückstellung noch eine Eventualschuld vor. Demzufolge ist bei Bedingungseintritt, also dem Unternehmenszusammenschluss, die Rückstellung erfolgswirksam anzusetzen. Auf der anderen Seite sind bereits *vertraglich* vor dem Unternehmenserwerb eingegangene Zahlungsverpflichtungen des erworbenen Unternehmens gegenüber z.B. seinen Beschäftigten, die nur noch davon abhängig sind, dass ein Unternehmenserwerb stattfindet, vor dem Unternehmenserwerb beim erworbenen Unternehmen als Eventualschulden zu berücksichtigen und bei hinreichender Wahrscheinlichkeit des Unternehmenserwerbs auch als Rückstellungen zu passivieren. **3343**

◯ U.E. bestehen hier Abgrenzungsschwierigkeiten, die zu bilanzpolitischen Gestaltungen genutzt werden können.

Das **Bilanzierungsverbot** für Restrukturierungsrückstellungen anlässlich eines Unternehmenserwerbs ist **angreifbar**. Dabei wird nämlich ignoriert, dass die allgemeinen Ansatzvorschriften für Schulden bei einem **going concern** primär auf den *Zeitpunkt der Passivierung* zielen, während es beim **Unternehmenserwerb** darum geht, *wem* die Aufwendungen wirtschaftlich zuzuordnen sind. Dies ist bei einem Kaufpreisabschlag aber der Veräußerer und nicht der Erwerber. Die aus dem Bilanzierungsverbot resultierende Verwerfung kommt insbesondere dann zum Ausdruck, wenn der Kaufpreisabschlag zu einem *bargain purchase* führen würde: In diesem Fall ist der Abschlag anteilig vom Fair value der Vermögenswerte zu kürzen (Rz. 3414). **3344**

Auf der anderen Seite muss das Motiv des IASB zur Einführung des Bilanzierungsverbots, dass es unter IAS 22 und auch früher nach US-GAAP noch nicht gegeben hat, gewürdigt werden: In der Vergangenheit sind anlässlich von Unternehmenserwerben in der Praxis oft Restrukturierungsmaßnahmen nur behauptet worden, um Potenzial für künftige Erträge zu schaffen. Einem möglichen Missbrauch hätte man jedoch auch durch eine Pflicht zur rückwirkenden Korrektur der Erstkonsolidierung in Höhe der nicht verbrauchten Rückstellungen begegnen können.

3345–3349 frei

7. Bewertung in der Handelsbilanz III

7.1 Grundsatz: Fair value-Bewertung aus Sicht eines hypothetischen Erwerbers

3350 Die aus der Handelsbilanz II übernommenen und in der Handelsbilanz III zusätzlich angesetzten Vermögenswerte und Schulden sind grundsätzlich mit dem beizulegenden Zeitwert (**Fair value**) zum Erwerbszeitpunkt anzusetzen (IFRS 3.18/IFRS 3.36 [2004]). Hierbei ist wie beim Bilanzansatz (Rz. 3280) die **Sicht eines hypothetischen Erwerbers** und nicht die des konkreten Erwerbers maßgebend.

7.2 Ausnahmen von der Fair value-Bewertung

3351 Die nachfolgenden Ausnahmen von der Fair value-Bewertung (IFRS 3.21 ff.) haben weniger konzeptionelle als praktische Gründe: Ohne diese Ausnahmen hätten für die Folgekonsolidierung eine Vielzahl von Sonderregelungen aufgestellt werden müssen (wie bereits bei den erworbenen F&E-Projekten, Rz. 3461 oder den Eventualschulden, Rz. 3463). Insofern handelt es sich im Wesentlichen um eine begriffliche Präzisierung gegenüber IFRS 3.36 (2004), der generell von einem Ansatz der net assets zum *Fair value* sprach, obwohl teilweise kein Fair value angesetzt wurde.

- Latente und laufende **Steuern** sind nach IAS 12 zu bewerten (IFRS 3.24), d.h. nicht abzuzinsen (Rz. 2652)
- Forderungen und Verbindlichkeiten an **Arbeitnehmer**, insb. Pensionsverpflichtungen, sind nach IAS 19 zu bewerten (IFRS 3.26), Rz. 2400 ff.
- **Erstattungsansprüche aus Bilanzgarantien** sind korrespondierend zum entsprechenden Bilanzposten zu bewerten (Rz. 3325).
- Ersatzweise für aktienorientierte Vergütungspläne des erworbenen Unternehmens vom Erwerber ausgegebene Pläne (**replacement awards**) sind nach IFRS 2 zu bewerten (Rz. 3270 ff.).
- **Zurückerworbene Rechte** sind ohne Vertragsverlängerungsoption zu bewerten (Rz. 3505).
- Zur **Veräußerung i.S.v. IFRS 5** bestimmte Vermögenswerte sind entsprechend IFRS 5 zum Fair value unter Abzug von Veräußerungskosten anzusetzen (IFRS 3.31).

3352–3354 frei

7.3 Welchen Bilanzposten nach welcher Methode bewerten?

Bei der Fair value-Ermittlung werden marktpreis-, kapitalwert- und kostenorientierte Bewertungsverfahren unterschieden (s. Abbildung 79). Wir erläutern ab Rz. 3360 die **kapitalwertorientierten Verfahren**. Sollten Marktpreise auf aktiven Märkten vorhanden sein, genießt deren Verwendung oberste Priorität (Rz. 470 ff.). Im Übrigen gibt es keine Rangfolge zwischen Vergleichsverfahren (Analogiemethoden) und DCF-Methoden;[1] die Auswahl wird bestimmt durch das vorhandene Datenmaterial und Zweckmäßigkeitsüberlegungen. 3355

⊃ Welches Verfahren angewendet wird, richtet sich nach dem betreffenden Bilanzposten. Generell gilt, dass sich der Ermittlungsaufwand bereits auf Grund des Wesentlichkeitsprinzips nach der Bedeutung des betreffenden Bilanzpostens richtet: Bei untergeordneten Posten sind daher auch qualifizierte Schätzungen zulässig. Die folgende Tabelle stellt die Wertansätze einzelner Vermögenswerte und Schulden, und zwar sowohl die zum Fair value und die nicht zum Fair value anzusetzenden Bilanzposten dar: 3356

Bilanzposten	Methode	Praktische Vorgehensweise
Immaterielle Vermögenswerte	Mangels aktiver Märkte i.d.R. kapitalwertorientierte (DCF)-Verfahren	S. im Einzelnen Rz. 3360 ff.
Insb. sog. zurückerworbene Rechte	Mangels aktiver Märkte i.d.R. kapitalwertorientierte (DCF)-Verfahren	Barwertermittlung der Lizenz-Franchisegebühren, s. i.E. Rz.3505 ff.
Vorteilhafte oder unvorteilhafte Verträge, z.B. Leasingverträge	Mangels aktiver Märkte i.d.R. kapitalwertorientierte (DCF)-Verfahren	Barwertermittlung des Vorteils/Nachteils, Rz. 3360, 3502 ff.
Grundstücke und Gebäude	Markt- und Vergleichswertverfahren	Sachverständigengutachten, Richtwerttabellen bei Grund und Boden, bei jüngeren Gebäuden auch Rekonstruktionskosten
Anlageimmobilien	Markt- und Vergleichswertverfahren, Ertragswertermittlung	Sachverständigengutachten, DCF-Verfahren, s. Rz. 1447 ff., Rz. 3360 ff.
Andere Sachanlagen (insb. Maschinen)	Wiederbeschaffungskosten (mangels Verfügbarkeit, i.d.R. keine Marktpreise)	Ggf. indexierte oder geschätzte Neupreise abzgl. kalkulatorische Abschreibung, Rz. 1184 f.
Zur Veräußerung i.S.v. IFRS 5 bestimmte Vermögenswerte	Wie (i.d.R.) Sachanlagen, jedoch abzgl. Veräußerungskosten	Dito; Einzelheiten Rz. 2730 ff.
Rohstoffe	Wiederbeschaffungspreis	Übliche Vereinfachung: Buchwerte des Veräußerers (aber Prüfung der Abwertungen, Rz. 1643)

---

1 Anders IDW RS HFA 16, Tz. 19.

D. Konsolidierung

Bilanzposten	Methode	Praktische Vorgehensweise
Unfertige und fertige Erzeugnisse sowie Handelswaren	Veräußerungserlöse abzgl. Fertigstellungs- und Vertriebskosten sowie übliche Gewinnspanne	Verlustfreie Bewertung (Rz. 1643), vergleichbar mit steuerlichem Teilwert
Forderungen und sonstige Vermögenswerte	Voraussichtlicher Geldeingang (Nominalwert abzgl. Wertberichtigung). Nur in wesentlichen Fällen und bei längerfristiger Fälligkeit: Barwert[1]	Bei angemessenen Wertberichtigungen i.d.R. Übernahme aus Abschluss des Veräußerers
Eventualforderungen (beachte zum Ansatz Rz. 3366 f.), unsichere Forderungen	Geschätzter Einzahlungsbetrag (Barwert bei langfristigen Beträgen)	Ggf. Berücksichtigung unterschiedlicher Szenarien, gewichtet mit Wahrscheinlichkeiten; es ist nicht der wahrscheinlichste Wert zu verwenden
Erstattungsansprüche aus Bilanzgarantien	Korrespondierend zum Wert des betreffenden Bilanzpostens	s. Rz. 3325
Börsennotierte Wertpapiere	Aktuelle Börsenkurse	Betrifft Schuldpapiere und im Konzernabschluss i.d.R. nur unwesentliche, nicht konsolidierte Beteiligungen.
		Wertänderungen können sich aus Sicht des kaufenden Unternehmens insb. bei den Held-to-maturity-Titeln ergeben, da diese zu fortgeführten Anschaffungskosten bewertet waren. Bei Erstkonsolidierung aber Ansatz zum Fair value als neuer Ausgangspunkt der fortgeführten Kosten und damit Neubestimmung des Effektivzinssatzes.
		Die jeweilige, durch das erworbene Unternehmen bereits vorgenommene Klassifikation (Rz. 1820) kann entsprechend der Einzelerwerbsfiktion neu ausgeübt werden
Nicht börsennotierte Wertpapiere	Geschätzte Vergleichswerte unter Berücksichtigung Kurs-/Gewinn-Verhältnis, Dividendenrenditen, erwartete Wachstumsraten vergleichbarer Unternehmen, ggf. DCF-Verfahren	Rz. 480 ff.

---

[1] Klarstellend IFRS 3.B41, dass evtl. Wertberichtigungen *nicht* brutto, in einem bilanziellen Korrekturposten für Wertberichtigungen ausgewiesen werden dürfen; davon unberührt bleibt selbstverständlich die Bildung separater Konten für Wertberichtigungen.

Bilanzposten	Methode	Praktische Vorgehensweise
Pensionsrückstellungen (Verpflichtungen an Arbeitnehmer)	Anwartschaftsbarwertverfahren (Rz. 2420) abzgl. Marktwert des Planvermögens (Rz. 2426)	Gutachterwert, *keine* Fortführung einer ggf. beim Veräußerer bilanziell nicht erfassten Streckung nach der Korridormethode, Rz. 2436
Replacement awards	Wertermittlung IFRS 2 zum market based value, d.h. Anwendung der Optionspreismodelle (Rz. 3271)	Gutachterwert, Rz. 2513
Sonstige Rückstellungen	Geschätzter Erfüllungsbetrag (Barwert bei langfristigen Beträgen)	Ggf. unter Berücksichtigung unterschiedlicher Szenarien, gewichtet mit Wahrscheinlichkeiten; es ist nicht der wahrscheinlichste Wert zu verwenden. Unterschiede zu bisherigen Werten können sich aus einer anderen Risikoeinschätzung des Erwerbers ergeben (z.B. Prozesse, Garantie).
Eventualschulden	Dito.	Im Ergebnis ist der vom Erwerber gemachte Kaufpreisabschlag anzusetzen, Rz. 3413.
Schulden	Nominalwert, bei langfristigen Beträgen Barwert unter Verwendung aktueller laufzeitadäquater Marktzinssätze	Bewertungsänderungen können sich bei übernommenen **Finanzschulden** ergeben. Sie werden bei gekauften Unternehmen zu fortgeführten Anschaffungskosten angesetzt. Sind aber seit Erstbuchung von festverzinslichen emittierten Anleihen oder langfristigen Bankkrediten die Zinsen gestiegen (gesunken), so liegt der Fair value der Schuld nach der Neubewertung infolge des Unternehmenszusammenschlusses unter (über) dem bisherigen Buchwert.
Latente Steuern	Die Neubewertung der übernommenen Vermögenswerte und Schulden führt regelmäßig zum Ansatz latenter Steuern (Rz. 2615 ff.), die erfolgsneutral gebildet werden. Auf einen (bei einem *share deal*) verbleibenden Goodwill sind im Regelfall keine latenten Steuern zu beziehen (Rz. 2626 ff.).	Latente Steuern dürfen nicht abgezinst werden (Rz. 2652), so dass es zu Abweichungen vom Barwert der Steuerersparnis kommen kann, Rz. 3365 a.E.

Abb. 80: **Anwendungsleitlinien zur Bewertung, insb. Fair value-Bestimmung**

frei

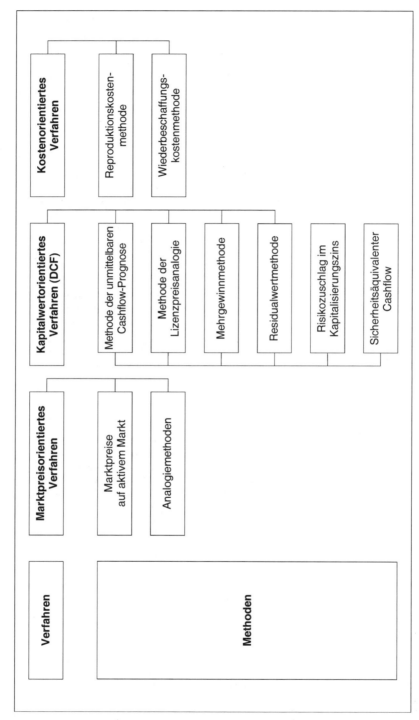

Abb. 79: Verfahren zur Fair value-Ermittlung (S. IDW RS HFA 16, Tz. 18.)

7.4 Insbesondere: Bewertung immaterieller Vermögenswerte nach DCF-Verfahren

Speziell bei immateriellen Vermögenswerten dürften Marktwerte und auch Vergleichswertverfahren mangels aktiver Märkte oder Vergleichsobjekte nur in seltenen Ausnahmefällen in Betracht kommen (Rz. 476). Vorrangig finden daher die DCF-Verfahren Anwendung. 3360

7.4.1 Methode der unmittelbaren Cashflow-Prognose

Bei dieser Methode werden dem Vermögenswert direkt zurechenbare Cashflows mit dem vermögenswertspezifischen risikoadäquaten Zinssatz diskontiert (Rz. 1564). Bei den Cashflows kann es sich um zusätzliche Einnahmen oder ersparte Ausgaben handeln, letzteres bspw. bei der Bewertung von Fertigungstechniken, die zu geringeren Ausschussquoten im Vergleich zu anderen Unternehmen führen. 3361

7.4.2 Methode der Lizenzpreisanalogie

Die Methode der Lizenzpreisanalogie (*relief from royalty method*) wird z.B. bei Marken, Patenten und Technologien angewendet. Dabei wird der Barwert ersparter Lizenzgebühren ermittelt. Die fiktiven Lizenzzahlungen lassen sich anhand von fremdüblichen Lizenzraten vergleichbarer Vermögenswerte bestimmen, die i.d.R. auf den relevanten Umsatz bezogen werden. Ausgaben zum Erhalt des zu bewertenden Vermögenswerts (z.B. Marke) sind nicht mehr zu berücksichtigen, da implizit in den Fremdlizenzraten enthalten. Bei deren Ermittlung kann auf Datenbanken zurückgegriffen werden.[1] 3362

7.4.3 Mehrgewinnmethode

Die Mehrgewinnmethode (*incremental cash flow method*) vergleicht Cashflows *ohne* den zu bewertenden Vermögenswert mit Cashflows *inklusive* diesem Vermögenswert. Anwendungsbereich ist etwa die Markenbewertung (Mehrgewinne von Markenprodukten unter Abzug höherer Marketingaufwendungen[2]) oder die Bewertung eines Wettbewerbsverbots.[3] 3363

7.4.4 Residualwertmethode

Bei der Residualwertmethode (*multi-period excess earnings method*) wird der Barwert der ausschließlich durch den zu bewertenden immateriellen Vermögenswert generierten Cashflow ermittelt. Da immaterielle Vermögenswerte i.d.R. erst im Verbund mit anderen Vermögenswerten Cashflows generieren, werden bei der Ermittlung der relevanten Einzahlungsüberschüsse fiktive Auszahlungen für diese unterstützenden Vermögenswerte abgezogen. Diese umfas- 3364

---

[1] Z.B. royaltysource.com und royaltystat.com.
[2] Vgl. *Bartels/Jonas* in Beck'sches IFRS-Handbuch, 2. Aufl. 2006, § 27 Rz. 36.
[3] Vgl. *Leibfried/Fassnacht*, KoR 2007, 48 (53).

sen den Werteverzehr und eine angemessene Verzinsung. Hiermit werden zugleich Mehrfacherfassungen identischer Cashflows vermieden (Rz. 3310 ff.). So ist bei der Bewertung von (vertraglichen) Kundenbeziehungen u.Ä. ein fiktives Nutzungsentgelt für Marken abzuziehen, bezogen auf den zuvor ermittelten Zeitwert der Marke.

Im nachfolgenden Beispiel wird ein langfristiger Auftragsbestand (analog: vertraglich gesicherte Kundenbeziehungen) bewertet. Die Umsätze ergeben sich aus dem Auftragsbuch.

Beispiel:

	Nachrichtlich (Gesamtwerte)			01	02	03
	Zeit-wert	AfA-Jahre/ Zinssatz	AfA-Zinsen			
Geplanter Gesamtumsatz				25 000	27 000	30 000
davon vertraglich abgesichert				**18 000**	**12 000**	**2 000**
davon vertraglich gesichert in %				72,0 %	44,4 %	6,7 %
jeweils anteilig:						
Materialaufwand				−7 200	−4 800	−800
Personalaufwand				−3 600	−2 400	−400
Sonstige betriebliche Aufwendungen				−1 800	−1 200	−200
Abschreibung Sachanlagen	8 000	5	−1 600	−1 152	−711	−107
Abschreibung Marke	10 000	10	−1 000	−720	−444	−67
1. Ergebnis vor Zinsen und Steuern				**3 528**	**2 444**	**427**
Verzinsung Sachanlagen	8 000	6,0 %	−480	−346	−213	−32
Verzinsung Marke	10 000	15,0 %	−1 500	−1 080	−667	−100
Verzinsung Mitarbeiterstamm	3 000	15,0 %	−450	−324	−200	−30
Verzinsung Nettoumlaufvermögen	2 000	6,0 %	−120	−86	−53	−8
2. kalkulatorische Verzinsung				**−1 836**	**−1 133**	**−170**
1. + 2. = Ergebnis nach Zinsen				**1 692**	**1 311**	**257**
Unternehmenssteuern (30 %)				−508	−393	−77
Überschüsse nach Steuern				**1 184**	**918**	**180**
Diskontierungssatz (nach Steuern)				8,0 %	8,0 %	8,0 %
Barwert				1096	787	143
Summe Barwerte				**2026**		

Fiktive Nutzungsentgelte dürfen aber nur insoweit abgezogen werden, als sie noch nicht bei der Planung berücksichtigt worden sind, z.B. bereits als Abschreibung oder Personalaufwand. Da die operativen Kosten bereits Personalaufwendungen, Abschreibungen etc. beinhalten, sind für die Kapitalbindung aus der Nutzung der betreffenden Vermögenswerte somit nur noch die Zinsanteile zu erfassen. Auch der **Wert des erworbenen Mitarbeiterstamms** ist hierbei zu verzinsen, selbst wenn dieser nicht als immaterieller Vermögenswert aktiviert werden darf.[1] Im Beispiel ergibt sich deren Wert aus einer groben Schätzung.

Bei der Festlegung von **Zinssätzen auf das investierte Kapital** ist auf die Kapitalkosten abzustellen, die bei der Bestimmung des beizulegenden Zeitwerts des unterstützenden Vermögenswerts herangezogen wurden (z.B. Marke) oder heranzuziehen wären. Die Höhe richtet sich insbesondere nach dem Risikoprofil des entsprechenden Zahlungsstroms (Rz. 1564).[2]

Bei den Zahlungsüberschüssen und dem Diskontierungssatz sind Unternehmenssteuern zu erfassen. Zur Berücksichtigung der Steuerersparnis aus einer Abschreibung auf den ermittelten Wert selbst s. nachfolgend Rz. 3365.

7.4.5 Erfassung des abschreibungsbedingten Steuervorteils (tax amortisation benefit)

Bei den *Marktwertverfahren* (Abb. 79 in Rz. 3355) ist die Steuerersparnis aus einer Abschreibung bereits im Marktpreis reflektiert. Anders ist dies bei den DCF-Verfahren. In der Berechnung lt. Rz. 3364 ist zwar der Abschreibungseffekt aus der Nutzung unterstützender Vermögenswerte (z.B. Marke) explizit erfasst, nicht aber die Steuerersparnis aus einer Abschreibung des ermittelten Werts selbst. Dies gilt unabhängig davon, ob sich der konkret zu bilanzierende Unternehmenserwerb im Wege des share deal oder des asset deal vollzieht, da sich der Fair value aus Sicht eines hypothetischen Erwerbers ergibt. Dieser kann den Gegenstand durch Einzelerwerb erlangen und abschreiben (IFRS 3.36[3]). Im Zusammenhang mit der Fiktion des hypothetischen Erwerbers ist freilich die Bestimmung der steuerlichen Verhältnisse, insbesondere des Steuersatzes, problematisch.

3365

Der **Steuervorteil ist *bei allen*** vier ab Rz. 3360 dargestellten *DCF-Verfahren* **zusätzlich zu erfassen**. Nachfolgend ein Beispiel zur Residualwertmethode. Dabei entsteht ein Zirkularitätsproblem, weil die Abschreibung auf den Fair value erfolgt, dieser aber wiederum den Barwert des abschreibungsbedingten Steuervorteils enthält. Das Problem kann über den sog. **Step up-Faktor** gelöst werden.

Beispiel (Fortführung von Rz. 3364):
- Für die Ermittlung des step up-Faktors wird der gesamte Steuervorteil (100 %) gemäß dem Abschreibungsverlauf (bestimmt nach den vertraglich gesicherten Umsatzerlösen, 56,25 %/37,5 %/6,25 %) auf die Perioden der Nutzung verteilt.

---

[1] Vgl. IDW RS HFA 16, Rz. 55.
[2] Bei Sachanlagen und dem Nettoumlaufvermögen wurde im Beispiel ein Fremdkapitalzins verwendet. Außerdem wurde unterstellt, dass die Kapitalbindung trotz des Gesamtumsatzanstiegs konstant bleibt. Dies ist bei ausreichenden Kapazitätsreserven sachgerecht; in Bezug auf das üblicherweise umsatzabhängige Nettoumlaufvermögen wurde hier aus Wesentlichkeitsgründen vereinfacht.
[3] Vgl. IDW RS HFA 16, Rz. 37 f.; kritisch *Kasperzak/Nestler*, DB 2007, 437.

- Dieser ist zum Barwert zu berechnen, also (56,25 %/1,08) + (37,5 %/1,08^2) + (6,25 %/1,08^3).
- Dies ergibt eine Summe der barwertigen Abschreibungssätze von 0,8919.
- Der Anteil der Steuerersparnis ergibt sich durch Multiplikation der 0,8919 mit dem Steuersatz von 30 %, das sind 0,2676.
- Der Step-up-Faktor beträgt dann 1/(1 – 0,26786) = 1,3653.
- Wird der Barwert der Cashflows des Vermögenswerts (2026) mit dem Step-up-Faktor (1,3653) multipliziert, ergibt sich der Fair value des Auftragsbestands (2766).

Der **Zeitwert** (2.766) wird jeweils entsprechend der Umsatzverteilung abgeschrieben. Auf den endgültige Zeitwert des Auftragsbestands sind latente Steuern von 30 % = 830 zu bilden (nicht abgezinst, Rz. 2652, so dass die latenten Steuern vom tatsächlichen Barwert von 740 [2766 – 2026] abweichen).

3366–3369 frei

7.4.6 Cashflow-Planung und Nutzungsdauerbestimmung

3370 Im Hinblick auf die sich erst bei der Folgekonsolidierung (Rz. 3460 ff.) auswirkende Nutzungsdauerbestimmung, insbesondere die Frage, ob bei immateriellen Vermögenswerten von einer **begrenzten oder unbestimmten Nutzungsdauer** auszugehen ist (Rz. 1061 ff.), ergeben sich Rückkopplungen auf die Cashflow-Prognosen:

○ Da eine unbestimmte Nutzungsdauer entsprechende „Erhaltungsaufwendungen" impliziert (hierzu zählen bei Consumermarken wie z.B. Coca Cola insbesondere die *Marketingaufwendungen*), müssen bei allen Methoden, die Cashflows diskontieren (Rz. 3360 ff.), also unmittelbare Cashflow-Prognose, Mehrgewinnmethode und Residualwertmethode entsprechende Aufwendungen eingeplant werden, um von einer unbestimmten Nutzungsdauer auszugehen.[1] Dies gilt jedoch nicht bei der Methode der Lizenzpreisanalogie (Rz. 3362), falls die anzuwendende Lizenzrate impliziert, dass der Markeninhaber die Erhaltungsaufwendungen selbst trägt.[2]

7.4.7 Beurteilung

3371 Die Ergebnisse der hier vorgestellten, aber auch anderer Bewertungsverfahren (z.B. Punktbewertungsmodelle) können trotz gleichen Datenmaterials stark schwanken. In einer umfangreichen Studie zur Bewertung der Marke eines fiktiven Modellunternehmens lagen die von neun Bewertungsinstituten ermittelten Markenwerte in einer Bandbreite zwischen 173 Mio. Euro und 958 Mio. Euro. Die Bewertungsinstitute waren große Wirtschaftsprüfungsgesell-

---

[1] Vgl. *Lüdenbach*, PiR 2006, 268 ff., ebenso zum Folgenden.
[2] Vgl. *Leibfried/Fassnacht*, KoR 2007, 48 (54 f.); die im dortigen Beispiel bewerteten Verlagsrechte an Zeitschriftentiteln stellen praktisch Produktmarken dar.

schaften, aber auch auf Markenbewertungen spezialisierte Unternehmen (z.B. Interbrand, Brand Rating). Die unterschiedlichen Werte kamen u.a. zustande, weil einige Bewerter markenstrategische Erweiterungsoptionen, andere hingegen den tax amortization benefit nicht berücksichtigt hatten.[1]

Die Studie zeigt, dass verwendete Parameter, insb. Diskontierungszinssätze kritisch zu überprüfen und ggf. anzupassen sind, wenn die (vorläufigen) Berechnungen zu unplausiblen Ergebnissen führen. Dies ist insbesondere der Fall,

- wenn die Summe der materiellen und immateriellen Vermögenswerte den Kaufpreis (die Gegenleistung) übersteigt, obwohl nur „normale"[2] Kaufpreise für das erworbenen Unternehmen gezahlt wurden, also kein sog. lucky buy vorliegt. IFRS 3.36/IFRS 3.56a (2004) sieht ausdrücklich eine kritische Überprüfung (*reassessment*) der vorläufig ermittelten Werte vor (Rz. 3413), ggf. ist ein tax amortization benefit nicht anzusetzen (Rz. 3365),
- wenn bei „normalen" Kaufpreisen die Summe der angesetzten Vermögenswerte den Kaufpreis ausschöpft, obwohl Kaufpreisanteile für Synergien oder nicht separierbare Vermögenswerte (z.B. Mitarbeiterstamm oder nicht vertraglich gesicherte Kundenbeziehungen) gezahlt wurden.

frei 3372–3379

7.5 Ausweis- und Klassifizierungsänderungen

Bereits in der Handelsbilanz II ist *konzerneinheitlich* zu bilanzieren (Rz. 3080 ff.). Für Gliederung und Bewertung ist jedoch in der Handelsbilanz II die Perspektive des Einzelabschlusses beizubehalten. Bei der Erstkonsolidierung ist jedoch auf die Perspektive des Konzernabschlusses zu wechseln (IFRS 3.15 ff.). Daher kann es im Rahmen der Erstellung der Handelsbilanz III nicht nur zu Bewertungsanpassungen, sondern auch zu Umgliederungen kommen: 3380

Beispiel:
In der Handelsbilanz II des *erworbenen* Unternehmens werden Grundstücke und Gebäude als Anlageimmobilien angesetzt. Die Vermietung erfolgt jedoch an andere Konzernunternehmen. Daher ist in der Handelsbilanz III eine Umgliederung in Sachanlagen vorzunehmen. Ob sich daraus auch Fair value-Anpassungen ergeben, ist im Einzelfall zu prüfen. Weitere Klassifizierungsänderungen mit Bewertungsfolgen können sich insbesondere bei Finanzinstrumenten nach IAS 39 ergeben (Rz. 3356 „Börsennotierte Wertpapiere).

---

1 Ein Kurzüberblick der Studie von Absatzwirtschaft und PWC, „Markenbewertung: Die Tank AG", 2004, findet sich in *Seiwert*, Absatzwirtschaft 2004, 34.
2 Gemessen an branchenüblichen Multiplikatoren, z.B. x-faches des erwarteten EBIT.

3381 Versicherungsverträge nach IFRS 4 und **Leasingverträge nach IAS 17** sind nach IFRS 3.17 (U.E. analog nach IFRS 3 [2004]) allerdings *von Klassifizierungsänderungen ausgenommen*, da IFRS 4 und IAS 17 Verträge grundsätzlich unabhängig von der Identität der Vertragsparteien regeln. Bei IAS 17 erfolgt die Einordnung als Operating oder Finance Lease zudem auf Basis der bei Vertragsbeginn geltenden Verhältnisse (Rz. 1310), vgl. IFRS 3.BC188. Allerdings kann es auf Grund der Auslegung unbestimmter Rechtsbegriffe (z.B. „überwiegender Teil der Nutzungsdauer", 90%/75% etc. beim Nutzungsdauertest, Rz. 1317) anlässlich der Umstellung auf eine konzerneinheitliche Bilanzierung zum Konflikt mit dem Verbot von Klassifizierungsänderungen kommen, wenn Verkäufer und Erwerber die Kriterien unterschiedlich auslegen.[1]

3382–3399 frei

8. Bilanzierung eines Goodwill bzw. bargain purchase

8.1 Wahlrecht: Neubewertungsmethode oder Full Goodwill-Methode

3400 Im Projekt Business Combinations, Phase II, hatte der IASB ursprünglich (und analog US-GAAP) die Full Goodwill-Methode als alleinige Methode zur Bewertung eines erworbenen *business* vorgesehen. Auf Grund zahlreicher kritischer Stellungnahmen hat der IASB dieses Vorhaben allerdings nicht umgesetzt (Rz. 3201) und stattdessen für Unternehmenszusammenschlüsse ab 1.7.2009 ein Wahlrecht zwischen der bisherigen Neubewertungsmethode und der Full Goodwill-Methode eingeführt. Die beiden Methoden unterscheiden sich nur dann, wenn der Erwerber nicht alle Anteile am erworbenen Unternehmen übernimmt, wenn also Minderheiten beteiligt bleiben. Dann gilt Folgendes:

– **Neubewertungsmethode:** Die Minderheiten werden anteilig in Höhe des grundsätzlich zum Fair value angesetzten Nettovermögens (Rz. 3223) des erworbenen Unternehmens bewertet. Anders gewendet: Die Minderheiten partizipieren an der Aufdeckung stiller Reserven und Lasten.

– **Full Goodwill-Methode:** Das (nicht zu 100%) erworbene Unternehmen wird hier mit seinem Unternehmensgesamtwert im Konzernabschluss abgebildet, also letztlich mit dem (fiktiven) Wert, der sich ergeben hätte, wenn 100% erworben worden wären. Die Minderheiten werden also zusätzlich zum Neubewertungsbetrag um einen Goodwill hochgerechnet.

⊃ Das Wahlrecht kann zu jedem Unternehmenszusammenschluss neu ausgeübt werden (IFRS 3.19); es besteht **kein Gebot horizontaler Stetigkeit**.

3401–3409 frei

---

[1] Vgl. *Lüdenbach* in Haufe, IFRS-Kommentar, 7. Aufl. 2009, § 31 Rz. 111.

8.2 Neubewertungsmethode

8.2.1 Schema zur Berechnung von Goodwill und bargain purchase

Die Beschreibung zur Goodwillermittlung ist in IFRS 3.32 abweichend von IFRS 3 (2004) formuliert, um der wahlweise zulässigen Full Goodwill-Methode Rechnung zu tragen. Die Beschreibung lässt sich gut in ein praktikables Schema übertragen.

3410

Beispiel:

MU erwirbt 80 % der Anteile an TU und wendet bei der Erstkonsolidierung die Neubewertungsmethode an. Im Fall A beträgt die Gegenleistung 1000, im Fall B 500; ein Unterschied zu den Anschaffungskosten gem. IFRS 3 (2004) soll nicht bestehen. Das Nettovermögen des TU auf Basis der HB III betrage 750. Davon entfallen auf MU 600 (= 80 %) und auf die Minderheiten 150 (= 20 %). Im Fall A übersteigt also die Gegenleistung das anteilige, auf die Muttergesellschaft entfallende Nettovermögen der TU, so dass ein (positiver) Goodwill von 400 entsteht. Im Fall B kommt es zu einem passiven Unterschiedsbetrag, auch Badwill oder *bargain purchase* (nach IFRS 3 (2004) *excess*) genannt:

Neubewertungsmethode	Fall A: Goodwill		Fall B: bargain purchase	
Schema gemäß IFRS 3.32				
Gegenleistung des Erwerbers MU		1000		500
Minderheitenanteil (20 % vom Nettovermögen TU HB III)		150		150
Total		**1150**		**650**
Neubewertete Vermögenswerte TU	*1200*		*1200*	
Neubewertete Schulden TU	*– 450*		*– 450*	
Nettovermögen TU, HB III (100 %)	750	– 750	750	– 750
Goodwill/bargain purchase (–)		**400**		**– 100**
Schema gemäß IFRS 3.36 (2004)				
Anschaffungskosten des Erwerbers MU		1000		500
Neubewertete Vermögenswerte TU	*1200*		*1200*	
Neubewertete Schulden TU	*– 450*		*– 450*	
Nettovermögen TU, HB III (100 %) Anteil Konzernmutter (80 %)	750 600	– 600	750 600	– 600
Goodwill/excess (–)		**400**		**– 100**

8.2.2 Folgebewertung des Goodwill

3411 Bei der Neubewertungsmethode ist ein **Goodwill** im Konzernabschluss nur in Bezug auf die **Konzernmutter** anzusetzen. Er unterliegt nicht der planmäßigen Abschreibung, sondern muss jährlich auf Werthaltigkeit geprüft werden. Hierzu ist er sog. zahlungsmittelgenerierenden Einheiten (CGU) zuzuordnen; als Zuordnungsmaßstab dienen die erwarteten Synergieeffekte aus dem Unternehmenszusammenschluss. Der Goodwill verbleibt *für diese Zwecke* also nicht notwendigerweise beim erworbenen Tochterunternehmen.[1] Die CGU-Zuordnung des Goodwills ist spätestens bis zum Ende des auf den Unternehmenszusammenschluss folgenden Geschäftsjahres abzuschließen. Ausführlich zu den Einzelheiten der Goodwill-Zuordnung zu CGU s. Rz. 1530 ff.

8.2.3 Ausnahme: bargain purchase

3412 Ein **passiver Unterschiedsbetrag** trägt nach IFRS 3 (2008) den Namen „*(gain from) bargain purchase*". Sollte nach erfolgter Neubewertung ein solcher bargain purchase zu beobachten sein, sind Ansatz und Bewertung der zugegangenen Vermögenswerte und Schulden nochmals zu überprüfen (*reassessment*, IFRS 3.36/IFRS 3.56 [2004]). Soweit danach überhaupt noch ein bargain purchase verbleibt, muss dieser unmittelbar erfolgswirksam erfasst werden (IFRS 3.34/IFRS 3.56 [2004]).[2] Es ist somit zulässig, beim Ansatz des erworbenen Nettovermögens im Konzernabschluss den für den Unternehmenserwerb gezahlten Gesamtkaufpreis, noch dazu erfolgswirksam, zu überschreiten. Das IASB geht jedoch davon aus, dass Fälle eines lucky buy eher selten und insbesondere bei **Erwerb unter Verkaufszwang** (IFRS 3.35/IFRS 3.BC148c [2004]), etwa aus einer Insolvenzmasse, vorkommen. **Entsprechend eng ist** bisher **der praktische Anwendungsbereich.**[3]

> ⊃ Außerhalb eines möglichen Verkaufszwangs muss ein **Verkauf „unter Wert" regelmäßig ausgeschlossen** werden, weil *per se* davon auszugehen ist, dass eine zwischen fremden Dritten abgeschlossene Transaktion und damit auch die konkret zu bilanzierende unter marktüblichen Bedingungen (IFRS 3 Appendix A, „Fair value") stattgefunden hat.[4] Der bisweilen zu beobachtenden Tendenz, der Summe von Gutachterwerten für das Nettovermögen eine höhere Bedeutung beizumessen als gezahlten Kaufpreisen, ist deutlich entgegenzutreten; sie findet in IFRS 3 *keine Grundlage*.

3413 Bei dem vor Ertragsvereinnahmung vorgeschriebenen **reassessment** ist zu prüfen, ob Vermögenswerte nicht zu hoch und Schulden, insbesondere **Eventualschulden**, nicht zu niedrig angesetzt sind:

---

1 Für Zwecke der Währungsumrechnung aber schon, s. Rz. 3133.
2 Zu Einzelheiten und zur Frage der Anwendung eines *Impairment-Tests* in solchen Konstellationen *Theile/Pawelzik*, WPg 2003, 323 (321 ff.).
3 Vgl. aber Arques Industries AG, Konzernabschluss 2004, s. dazu *Gros*, DStR 2005, 1954 sowie Solarworld, Zwischenbericht 3. Quartal 2006, S. 19: Aus Erstkonsolidierung neuer Tochterunternehmen 53,9 Mio. Ertrag.
4 Sehr deutlich *Lüdenbach/Völkner*, BB 2006, 1435 (1441).

IV. Unternehmenserwerb und Kapitalkonsolidierung (IFRS 3)

Beispiel:

Der Fair value des erworbenen Nettovermögens von TU betrage 10 000. Es bestehe ein Prozessrisiko in den USA, das jedoch nicht die Ansatzvoraussetzungen nach IAS 37 erfüllt (Rz. 2325). MU setzt bei den Kaufpreisverhandlungen wegen des Prozessrisikos einen Kaufpreisabschlag von 4000 durch, so dass für TU nur 6000 gezahlt werden. Müsste der Fair value von 10 000 bei Erstkonsolidierung ungeschmälert angesetzt werden, dürfte der Überhang über den bezahlten Kaufpreis von 6000 (sog. *bargain purchase* von 4000) im Erstkonsolidierungszeitpunkt in voller Höhe ergebniswirksam vereinnahmt werden. Daher ist die Sonderregelung über den Ansatz einer Eventualverbindlichkeit nach IFRS 3.22 f./3.37b (2004) im Erstkonsolidierungszeitpunkt sinnvoll. Sie verhindert einen bargain purchase, und der angesetzte Fair value des TU entspricht danach dem gezahlten Kaufpreis von 6000.

Dagegen sollen **Restrukturierungsrückstellungen** nicht angesetzt werden dürfen (Rz. 3343 f.). Diese Regelung steht jedoch in einem Missverhältnis zur Bilanzierung von Eventualschulden, wie folgende Überlegung zeigt: 3414

Beispiel (Abwandlung von Rz. 3413):

Der Kaufpreisabschlag von 4000 werde nicht für ein Prozessrisiko, sondern für notwendige (aber vom Verkäufer noch nicht eingeleitete) Restrukturierungsmaßnahmen gemacht. Eine solche Rückstellung darf bei der Bewertung des Nettovermögens des TU im Zuge des Erwerbs nicht angesetzt werden. Kommt es dann bei Erstkonsolidierung zu einem Ertrag von 4000 und bei Anfall der Aufwendungen, ggf. in der Folgeperiode, zu einem Aufwand von 4000? Beides wäre wohl nicht sachgerecht: Weder ist ein Ertrag erzielt worden, noch hat der Erwerber Aufwendungen, da die Restrukturierungskosten via Kaufpreisabschlag **wirtschaftlich vom Veräußerer** getragen wurden. IFRS 3 (2004).BC149 enthielt allerdings Hinweise zu Lösung des Problems, die u.E. weiterhin anwendbar sind: Danach sind Restrukturierungsaufwendungen nicht mittels Rückstellung, sondern durch Abstockung der Fair values des Vermögens auf 6000 zu berücksichtigen (sog. *reassessment* nach IFRS 3.36a/ IFRS 3.56a [2004]).[1]

Ein anderer Ansatz zur Vermeidung eines nicht gerechtfertigten bargain purchase besteht darin, das **reassessment** nicht (nur) auf das erworbene Nettovermögen zu beziehen, sondern auch **auf die Gegenleistung**[2], insbesondere bei **negativen Kaufpreisen**, also bei **Zuzahlungen des Verkäufers**. Mit dieser Herangehensweise wird der gerade durch den neuen IFRS 3 eingeführte **Mehrkomponentenansatz** konsequent angewendet (Rz. 3215) und Zahlungen bzw. Kaufpreisminderungen als Entgelt für eine **sonstige Leistung des Käufers** interpre- 3415

---

1 Vgl. *Theile/Pawelzik*, WPg 2003, 316 (321 ff.).
2 Vgl. *Lüdenbach* in Haufe IFRS-Kommentar, 7. Aufl. 2009, § 31 Rz. 130 f.

tiert, bspw. bei Verkauf eines Unternehmens mit überhöhtem Personalbestand, wenn der Verkäufer den notwendigen Personalabbau aus Imagegründen nicht durchführen will.

Wir halten diese Vorgehensweise für konzeptionell überzeugend, da die zum Kaufpreisabschlag führenden Aufwendungen gerade vom Verkäufer getragen wurden (Rz. 3344). Voraussetzung ist jedoch, dass eine **Schuld gegenüber dem Verkäufer** vorliegt, z.B. durch Abschluss gesonderter Verträge für (a) den Erwerb des Unternehmens und (b) die sonstige Leistung gegenüber dem Veräußerer. Eine Separierung vom Unternehmenserwerb ist u.E. jedoch nicht möglich, wenn keine rechtlich separierbare Leistung des Erwerbers besteht.

3416–3419 frei

8.3 Full Goodwill-Methode

8.3.1 Schema zur Berechnung des Full Goodwill

3420 Gemäß IFRS 3.19 dürfen Minderheiten abweichend von IFRS 3 (2004) auch mit ihrem vollen Goodwill, d.h. inkl. anteiligem Goodwill, bewertet werden.

Beispiel (Abwandlung von Rz. 3410):
MU wende nun die Full Goodwill-Methode an. Auf Basis einer linearen, proportionalen Hochrechnung (zur Bewertung siehe Rz. 3421) ergibt sich ein Minderheitenanteil von 250:

Full Goodwill-Methode	Total 100%	Konzernmutter 80%	Minderheiten 20%
Gegenleistung des Erwerbers MU	1000	1000	0
Fair value des Minderheitenanteils	250	0	250
Total	1250	1000	250
Nettovermögen TU, HB III	−750	−600	−150
Goodwill	500	400	100

Bei der Full Goodwill-Methode geht es somit lediglich um die vollständige **Bewertung der Minderheiten**, die eine **Sacheinlage in den Konzern**[1] tätigen. Eine Verletzung des pagatorischen Prinzips[2] ist hierin nicht zu erblicken, denn auch der bisher den Minderheiten zuzurechnende Anteil am Fair value des Nettovermögens war von der Konzernmutter nicht bezahlt worden[3] Das Beispiel zeigt zudem, dass der wesentliche, auf das Mutterunternehmen entfallende Goodwillanteil (400) auch künftig *unverändert* als Differenz zwi-

---

1 Vgl. *Busse v. Colbe* u.a., Konzernabschlüsse, 8. Aufl. 2006, S. 211; *Küting/Leinen*, WPg 2002, 1201 (1203).
2 Vgl. zur Vereinbarkeit von Sacheinlagen mit dem pagatorischen Prinzip *Thiele*, WPg 2002, 766 (768 f.).
3 Vgl. *Pawelzik*, WPg 2004, 677 (682); *Haaker*, KoR 2006, 451 (453 f.).

schen dem von der Konzernmutter gezahlten Kaufpreis und dem anteiligen Fair value des erworbenen Nettovermögens ermittelt wird (*„im Grunde wie bisher"*[1]).

8.3.2 Ermittlung des Unternehmensgesamtwerts/Minderheitenanteils

Der Fair value der Minderheiten soll sich (soweit vorhanden) aus Börsenkursen, ansonsten aus **Unternehmenswertermittlungen** ergeben (IFRS 3.B44). Eine proportionale Hochrechnung (wie in Rz. 3420 vorgenommen) ist bei **bezahlten Synergien** nicht sachgerecht, kann aber auch nicht generell ausgeschlossen werden: 3421

Beispiele:

(1) MU sei ein **reiner Finanzinvestor**. Da keine Synergien vergütet werden, könnte nur eine mögliche Kontrollprämie (IFRS 3.B45) gegen die Hochrechnung sprechen. Dieser möglichen Prämie steht aber die Tatsache gegenüber, dass Minderheiten wegen ihres Lästigkeitswerts oft nur mit einem Aufschlag herausgekauft werden können. Daher spricht u.E. in diesem Fall nichts gegen eine proportionale Hochrechnung.

(2) Sofern mit dem Mehrheitsanteil **Synergien vergütet** wurden, kommt eine proportionale Hochrechnung dagegen nicht in Betracht. Allerdings ist auch (vorbehaltlich Rz. 3424) wegen der von MU gezahlten Synergien ausgeschlossen, dass der proportional hochgerechnete Wert des Mehrheitsanteils überschritten wird. Der Minderheitenanteil kann sich im Beispiel in Rz. 3420 nur innerhalb der Bandbreite zwischen 150 (Nettovermögen) und 250 bewegen. Würde eine DCF Bewertung höhere Werte ergeben, wäre sie analog IFRS 3.36 einem reassessment zu unterziehen, weil es sich, sofern nicht unter Zwang erfolgt, um eine Transaktion unter wirtschaftlich unabhängigen Personen zu Marktbedingungen handelt (Rz. 3412). Insofern spricht auch nichts dagegen, eine DCF Berechnung anhand des Kaufpreiskalküls von MU zu verproben, indem der um Synergien bereinigte Kaufpreis von MU proportional hochgerechnet wird.

8.3.3 Beurteilung der Full Goodwill-Methode

⊃ Aus praktischer Sicht erscheint eine sachgerechte Bewertung der Minderheiten zum vollen Fair value möglich; gleichwohl mag der auf Minderheiten ausgedehnte Fair value Ansatz abschreckend wirken. Somit stellt sich aus bilanzpolitischer Sicht die Frage nach einer **Zweckmäßigkeit der Full Goodwill-Methode**: Die Anwendung des Wahlrechts kann zum einen 3422

---
1 *Pellens/Sellhorn/Amshoff*, DB 2005, 1753.

zu Vereinfachungen beim Goodwill-Impairmenttest führen, weil dieser nicht mehr proportional hochgerechnet werden muss (Rz. 1584). Andererseits wäre ein (allerdings den Minderheiten zuzurechnender) Impairment loss höher als bei Anwendung der Neubewertungsmethode.

3423 Darüber hinaus führt die Full Goodwill-Methode zu einem **höheren** Minderheitenanteil und damit **Konzerneigenkapital**; zwar ist dieser naturgemäß nicht der Konzernmutter zuzurechnen; ein höheres Eigenkapital kann sich aber für die Konzernmutter ergeben, wenn diese zu einem späteren Zeitpunkt ihre Mehrheitsbeteiligung aufstockt, weil nach der mit IAS 27 (2008) gültigen Regelung Kaufpreise, die über das bisherige Minderheitenkapital hinausgehen, erfolgsneutral mit dem Konzerneigenkapital zu verrechnen sind (Rz. 3740). Besteht **das Ziel in einem möglichst hohen Eigenkapitalausweis** und wird eine alsbaldige Aufstockung ohnehin erwogen (vgl. zu Kaufoptionen Rz. 3772), ist die Anwendung der Full Goodwill Methode ernsthaft in Betracht zu ziehen, zumal das Wahlrecht für jede einzelne Beteiligung unterschiedlich ausgeübt werden kann (IFRS 3.19).

8.3.4 Ausnahmefall: Bargain purchase und Full Goodwill

3424 In seltenen Fällen kann die Kombination eines bargain purchase bei der Konzernmutter mit einem Goodwillausweis bei den Minderheiten auftreten, und zwar dann, wenn der Veräußerer unter Zwang handelte (Rz. 3412), die Minderheiten aber hieran nicht partizipieren und daher deren voller Wert ausgewiesen wird (IFRS 3.IE46).

Allerdings ist die **Goodwillermittlung** bei wörtlicher **Anwendung des Schemas gemäß IFRS 3.32 fehlerhaft**[1], weil sie dazu führt, dass der *bargain purchase*, der sachlich nur die Muttergesellschaft betreffen kann, davon abhängen soll, ob die Minderheiten zu Buchwerten oder zum Fair value bewertet werden (!), IFRS 3.IE45 ff. Im nachfolgenden Beispiel würde der bargain purchase der Konzernmutter von 100 wegen Saldierung mit dem Minderheitengoodwill (100) gar nicht ausgewiesen[2] (linke Spalte): Richtigerweise muss die Berechnung des bargain purchase *der Konzernmutter* wie folgt geschehen:

(a) Entweder getrennt für die Konzernmutter und die Minderheiten *oder*

(b) unter Einbeziehung der *Buchwerte* (150) statt des Fair value (250) der Minderheiten *oder*

(c) es muss von der Summe aus Gegenleistung der MU (500) zzgl. Minderheiten zum Fair value (250) das Nettovermögen (750) und *zusätzlich* der Minderheitengoodwill (100), d.h. 850 statt 750 abgezogen werden:

---

1 A.A. *Hendler/Zülch*, WPg 2008, 484 (489 f.).
2 Anstatt insgesamt 850 anzusetzen (750 Nettovermögen und 100 Minderheitengoodwill) unterbleibt im Ergebnis *entweder* die beabsichtigte Aufstockung des angesetzten Vermögens von MU um den bargain purchase *oder* es erfolgt tatsächlich kein Goodwillansatz bei den Minderheiten, denn in Summe werden nur 750 angesetzt, also *entweder* die AK von MU (500) zzgl. Minderheiten zum Fair value (250) *oder* das gesamte Nettovermögen (750) *ohne* Minderheitengoodwill.

IV. Unternehmenserwerb und Kapitalkonsolidierung (IFRS 3)

	Full Goodwill nach IFRS 3.32			(b) Minderheiten zum Buchwert HB III der TU	(c) Full Goodwill Korrekt
	Total	(a) Konzernmutter	(a) Minderheiten		
Gegenleistung von MU	500	500	0	500	500
Minderheitenanteil	250	0	250	150	250
Total	750	500	250	650	750
Nettovermögen HB III TU	−750	−600	−150	−750	−750
Minderheitengoodwill	0	0	0	0	−100
Bargain purchase	0	−100	100	−100	−100

frei   3425–3439

9. Konsolidierung von vorläufigem Nettovermögen

Insbesondere bei Unternehmenserwerben kurz vor dem Bilanzstichtag kann es 3440 zu **Schwierigkeiten in der Identifikation und Bewertung des übernommenen Vermögens und der Schulden** kommen (davon zu unterscheiden sind Probleme bei der Bestimmung der *Gegenleistung/Anschaffungskosten*, Rz. 3250). Es muss dann mit provisorischen Werten konsolidiert werden (IFRS 3.45/IFRS 3.62 [2004]). Ein gänzlicher Verzicht auf den Einzelansatz übernommener Vermögenswerte und Schulden ist hingegen unzulässig.[1]

Soweit **innerhalb von 12 Monaten** (*measurement period*) nach dem Unternehmenszusammenschluss die zutreffenden Werte vorliegen, ist rückwirkend zum Erwerbszeitpunkt mit allen Folgewirkungen anzupassen (IFRS 3.46/IFRS 3.62 [2004]). Liegt vor Ablauf dieses Zeitraums ein Bilanzstichtag, ist die Vorperiode erfolgsneutral (unter Zurückdrehung aller Ergebniseffekte) zu korrigieren (IFRS 3.49/IFRS 3.62biii [2004]). Werden per Saldo höhere Schulden als Vermögenswerte angesetzt, erhöht sich der Goodwill entsprechend. Sollte diese Erhöhung über den erzielbaren Betrag hinausreichen, käme es infolge des *Impairment-Tests* zu einer erfolgswirksamen Abschreibung.

Die rückwirkende Änderung der Bilanzierung des Unternehmenserwerbs nach 3441 diesem 12-Monats-Zeitraum ist nur noch unter den Voraussetzungen des IAS 8 bei **Korrektur von Fehlern** zulässig (IFRS 3.50/IFRS 3.63 (2004), s. Rz. 870 ff.). **Schätzungsänderungen**, z.B. über die Verwertbarkeit von Verlustvorträgen, sind demgegenüber erfolgswirksam zu erfassen (Rz. 2656). Die nach IFRS 3.65 (2004) noch vorgesehene gegenläufige erfolgswirksame Anpassung des Goodwill ist gestrichen worden (Rz. 3286).

---

[1] Vgl. *Köster/Mißler* in Thiele/von Keitz/Brücks, Internationales Bilanzrecht, 2008, IFRS 3, Rz. 325.

3442 HGB-Konzernabschluss: Wenn ein Tochterunternehmen kurz vor dem Konzernbilanzstichtag erworben worden ist und die für die Konsolidierung notwendigen Daten nicht bis zum Stichtag erarbeitet werden konnten, war die Inanspruchnahme des Einbeziehungswahlrechts auf Grund unverhältnismäßig hoher Kosten oder Verzögerungen (§ 296 Abs. 1 Nr. 2 HGB) zulässig.[1] Mit dem BilMoG ist nun eine Bewertungsperiode analog IFRS 3 von 12 Monaten nach dem Tag, an dem ein Unternehmen Tochterunternehmen geworden ist, eingeführt worden (§ 301 Abs. 2 Satz 2 HGB i.d.F. BilMoG). Die Anpassung von zum Erstkonsolidierungstag noch nicht endgültigen Wertansätzen ist innerhalb dieser Jahresfrist erfolgsneutral vorzunehmen. U.E. bezieht sich die Vorschrift nicht nur auf den Wertansatz, sondern auch auf das Mengengerüst. Damit ist umgekehrt die Inanspruchnahme des Einbeziehungswahlrechts auf Grund hoher Kosten oder Verzögerungen mit der Begründung noch nicht endgültiger Wertansätze künftig nicht mehr zulässig.

3443–3449 frei

10. Erst-, Folge- und Entkonsolidierung: Zusammenfassende Fallstudie

3450 Nachfolgend erläutern wir anhand eines zusammenfassenden Beispiels den Umgang mit den Regelungen des IFRS 3. Dabei gehen wir auch auf die **Konsolidierungstechnik** ein. Angewendet wird die **Neubewertungsmethode**.

10.1 Erstkonsolidierung

10.1.1 Ausgangsdaten

3451 Bei der Methode der vollständigen Neubewertung werden die Fair values der Vermögenswerte und Schulden **unabhängig von der Beteiligungsquote** angesetzt. Daher ist der Minderheitenanteil auf Basis der Handelsbilanz III zu bestimmen.

> **Beispiel:**
>
> Ein Mutterunternehmen (MU) erwirbt am 31.12.01 80 % der Anteile an einem Tochterunternehmen (TU) und zahlt hierfür einen Kaufpreis von 400.
> – TU verfügt über einen steuerlichen Verlustvortrag von 150. Die Voraussetzungen zur Aktivierung latenter Steuern auf den Verlustvortrag liegen vor.
> – Der Fair value bisher nicht bilanzierter immaterieller Vermögenswerte betrage 200, die Nutzungsdauer 4 Jahre.
> – Der bisherige Buchwert des abnutzbaren Sachanlagevermögens bei TU betrage 300, der Fair value 400, die Nutzungsdauer 5 Jahre.
> – Der Ertragsteuersatz von MU und TU betrage 30 %.

---

[1] Vgl. *ADS*, 6. Aufl. 1996, § 296 HGB Rz. 18; *Heuser/Theile*, GmbH-Handbuch, Rz. II 2113.

Erstellung der **Handelsbilanz II**: In der Handelsbilanz II nach IFRS hat TU auf den steuerlichen Verlustvortrag aktive latente Steuern i.H.v. 45 angesetzt (= 150 × 30 %). Weitere Abweichungen zur Handelsbilanz I nach HGB sollen annahmegemäß nicht vorliegen.

Erstellung der **Handelsbilanz III**: Für die Handelsbilanz III ist auf die Perspektive eines hypothetischen Erwerbers zu wechseln. Die bisher nicht angesetzten immateriellen Werte (200) und die stillen Reserven im Sachanlagevermögen (100) werden *vollständig* aufgedeckt. Entsprechend betragen die passiven latenten Steuern 90 (30 % von 300), und die Gewinnrücklagen erhöhen sich um 210 auf 255:

	MU	TU [HB I]	TU [HB II]	TU [HB III]	Summenbilanz		Konsolidierung Soll		Haben	Konzernbilanz
Goodwill	0	0	0	0	0	1	116			116
Beteiligung	400	0	0	0	400			1	400	0
Immaterielle Werte	0	0	0	200	200					200
Sachanlagen	600	300	300	400	1000					1000
Umlaufvermögen	700	0	0	0	700					700
Latente Steuern	0	0	45	45	45					45
Summen	**1700**	**300**	**345**	**645**	**2345**		**116**		**400**	**2061**
Gezeichnetes Kapital	500	100	100	100	600	1 2	80 20			500
Gewinnrücklagen	0	0	45	255	255	1 2	204 51			0
Minderheiten	0	0	0	0	0			2	71	71
Eigenkapital	**500**	**100**	**145**	**355**	**855**		**355**		**71**	**571**
Schulden	1200	200	200	200	1400					1400
Latente Steuern	0	0	0	90	90					90
Summen	**1700**	**300**	**345**	**645**	**2345**		**355**		**71**	**2061**

Abb. 81: Tabelle zur Neubewertungsmethode

Sowohl die Eliminierung des Beteiligungsbuchwertes (Buchung 1) als auch die Umgliederung der Minderheiten (Buchung 2) beziehen sich auf die Handelsbilanz III. Bei der Neubewertungsmethode *partizipieren die Minderheiten an den aufgedeckten stillen Reserven*. Folglich beträgt der Minderheitenanteil 71 (20 % von 355).

10.1.2 Ermittlung des Goodwill

Der Goodwill ermittelt sich bei Verzicht auf das Full Goodwill-Wahlrecht (Rz. 3400) unter Verwendung des Schemas in Rz. 3410 wie folgt:

Neubewertungsmethode		Goodwill
Gegenleistung des Erwerbers MU		400
Minderheitenanteil (20% vom Nettovermögen TU HB III = 355)		71
Total		**471**
Neubewertete Vermögenswerte TU	645	
Neubewertete Schulden TU	−290	
Nettovermögen TU, HB III (100%)	355	−355
Goodwill		**116**

10.1.3 Auswirkung auf das Konzerneigenkapital

3453 Die Entwicklung der Aufnahme eines Tochterunternehmens in den Konzernabschluss inklusive Mehrheiten-Goodwill und Minderheiten kann auch durch folgendes Tableau (Auszug aus dem EK-Spiegel) verdeutlicht werden:

Konzerneigenkapitalspiegel 01	Anteil der Konzernmutter	Minderheiten	Konzern-Eigenkapital
1.1.01	500	0	500
Änderung (Erweiterung) Konsolidierungskreis 31.12.01	0	71	71
31.12.01	**500**	**71**	**571**

Innerhalb des Eigenkapitals der MU wird mit Erwerb der TU lediglich Vermögen von Beteiligung an TU (400) zu dem einzeln erworbenen Nettovermögen (284 = 80% von 355) zzgl. Goodwill (116), zusammen ebenfalls 400, umgeschichtet. Der Kauf einer Tochtergesellschaft ist somit **ohne Auswirkung auf den Eigenkapitalanteil der Konzernmutter**.[1] Nur in Höhe der Minderheiten kommt es zu einer Konzerneigenkapitalerhöhung, weil im Konzernabschluss auch das den Minderheiten gehörende Nettovermögen der TU (71 = 20% von 355) angesetzt wird, das die Konzernmutter nicht bezahlt hat (Vollkonsolidierung). Die Minderheiten tätigen damit eine Sacheinlage in den Konzern.[2]

3454–3459 frei

10.2 Folgekonsolidierung

10.2.1 Grundsatz der Wertfortschreibung

3460 Bei der Folgekonsolidierung teilen die aufgedeckten stillen Reserven und Lasten auf schon in der HB II angesetzte Posten das Schicksal der ihnen zu Grunde liegenden Vermögenswerte und Schulden. Das bedeutet beispielsweise:

---

[1] Hierin zeigt sich die Erfolgsneutralität des Anschaffungsvorgangs, vgl. *Pawelzik/Theile*, DB 2000, 2385 (2387 f.). Anders dagegen beim *bargain purchase*.
[2] Vgl. *Busse v. Colbe* u.a., Konzernabschlüsse, 8. Aufl. 2006, 211; *Pawelzik*, WPg 2004, 677 (678 f.).

- Aufstockungsbeträge beim abnutzbaren Anlagevermögen sind über dieselbe Nutzungsdauer abzuschreiben und
- Aufstockungsbeträge in den Vorräten realisieren sich, wenn sich diese umschlagen.

Von diesem Grundsatz sind jedoch einige Abweichungen und Sonderfälle zu beachten:

10.2.2 Forschungs- und Entwicklungskosten

Wurden im Rahmen der Erstkonsolidierung in der HB III erstmals Forschungs- und Entwicklungsprojekte aktiviert (s. Rz. 3300), sind Folgeausgaben für diese Projekte nach den allgemeinen Ansatzkriterien für interne Forschungs- und Entwicklungskosten zu beurteilen (IAS 38.42 f.; s. Rz. 1035 ff.).

3461

Beispiel:
Bei der Erstkonsolidierung wurde ein beim erworbenen Unternehmen nicht aktiviertes Forschungsprojekt mit einem Fair value von 10 Mio. Euro angesetzt. Der Konzern führt das Projekt weiter und betrachtet es weiterhin als Forschungsprojekt, so dass die *künftigen Ausgaben als Aufwand* zu verrechnen sind. Soweit das Projekt in die Entwicklungsphase übergeht, sind die speziellen Aktivierungsvoraussetzungen für Entwicklungskosten zu prüfen. Liegen diese vor, kommt es zur Aktivierung der Entwicklungsausgaben. Das Projekt unterliegt bis zur Fertigstellung einem jährlichen *Impairment-Test* (s. Rz. 1545, Checkliste Ziff. 10).

U.E. ist es aber auch denkbar, dass das bei einem Unternehmenserwerb erworbene Forschungs-Know-how für den erwerbenden Konzern unmittelbar nutzbar ist, ohne dass ein spezielles Projekt weiter verfolgt wird. In diesem Fall ist der „Forschungs"-Vermögenswert planmäßig abzuschreiben.

10.2.3 Finanzielle Vermögenswerte und Verbindlichkeiten

Bei *finanziellen* Vermögenswerten und Schulden, die zu fortgeführten Anschaffungskosten bewertet werden, führen Fair value-Anpassungen in der Erstkonsolidierung (Rz. 3356) zur *Neubestimmung der effektiven Zinssätze*.[1] Damit weichen künftige Zinserträge und -aufwendungen in der HB II von denen ab, die im Konzernabschluss zu erfassen sind.

3462

---

[1] Anders dagegen bei erstmaliger Anwendung der IFRS, weil dann *kein* Erwerbsvorgang vorliegt, Rz. 5062.

10.2.4 Eventualschulden

3463 Bei der Erstkonsolidierung in der HB III angesetzte Eventualschulden (s. Rz. 3341) unterliegen im Hinblick auf *Ansatz und Bewertung* in der Folgekonsolidierung *nicht* dem IAS 37, sondern sind in den Folgeperioden mit dem höheren Betrag aus

(a) sinngemäßer Anwendung des IAS 37 und

(b) dem Ausgangsbetrag, vermindert um ertragswirksame Auflösung entsprechend IAS 18,

anzusetzen (IFRS 3.56/IFRS 3.48 [2004]). Das bedeutet: Wird eine Inanspruchnahme erwartet, ggf. in ansteigender Höhe, kommt (a) in Betracht; Zuführungsbeträge sind aufwandswirksam. Sinkt die Wahrscheinlichkeit der Inanspruchnahme oder reduziert sich der erwartete Erfüllungsbetrag, kommt (b) in Betracht.

10.2.5 Goodwill und Umrechnungsdifferenzen

3464 Ist der Goodwill beim Erwerb einer wirtschaftlich selbständigen ausländischen Teileinheit (= **zum Stichtagskurs umgerechnetes Tochterunternehmen**) entstanden, ist dieser nach IAS 21.47 ebenfalls zum jeweiligen Stichtagskurs umzurechnen (Rz. 3133). Damit entstehen auch bezogen auf den Goodwill **Umrechnungsdifferenzen**, die erfolgsneutral im Eigenkapital zu erfassen und zusammen mit anderen kumulierten Umrechnungsdifferenzen erst bei Abgang des Tochterunternehmens in die GuV umzubuchen sind (Rz. 3144). Bei der Full Goodwill-Methode (Rz. 3420) würden auch die Minderheiten an dieser Umrechnungsdifferenz partizipieren.

Der Goodwill schließlich ist nur noch dann abzuschreiben, wenn eine Wertminderung nach IAS 36 vorliegt (Rz. 1500 ff.). In diesem Fall werden außerplanmäßige Goodwillabschreibungen zum Durchschnittskurs umgerechnet (Rz. 3131).

10.2.6 Minderheitenanteile

3465 Bei der Folgekonsolidierung der Minderheitenanteile ist Folgendes zu beachten:

Periodenergebnis	a) Die **Minderheiten partizipieren** bei der Neubewertungsmethode **am Ergebnis lt. Handelsbilanz III** inkl. konzerneinheitlicher Bewertung und der Fortschreibung stiller Reserven/Lasten (IAS 27.18c/27.22b [2004]).[1] Die buchungsmäßige Erfassung des Minderheitsanteils ist bei Aufstellung einer HB III unproblematisch. b) Je nach Wesentlichkeit sind die Minderheiten auch an den **übrigen ergebniswirksamen Konsolidierungsmaßnahmen** (Eliminierung der Zwischenergebnisse, ergebniswirksame Schuldenkonsolidierung) beteiligt[2] (s. auch Rz. 3810 ff.).

---

1 So auch DRS 4.43.
2 Vgl. zur Zuordnung solcher Effekte zu Minderheiten *Pawelzik*, Die Prüfung des Konzerneigenkapitals, 2003, 263 ff.

IV. Unternehmenserwerb und Kapitalkonsolidierung (IFRS 3)

Negative Minderheitenanteile	a) Negative Minderheitenanteile müssen innerhalb des Eigenkapitals ausgewiesen werden, wenn die anteiligen Verluste (inkl. der nachf. geschilderten erfolgsneutralen „Ergebnisse") das Minderheitenkapital übersteigen (IAS 27.28). Zum Sonderfall der negativen Minderheitenanteile bei Tochter-*Personengesellschaften* s. Rz. 3521. b) Nach IAS 27.35 (2004) war hingegen im Regelfall der Minderheitenanteil im Konzernabschluss mit dem Wert „Null" anzusetzen und übersteigende Verluste gegen das Konzerneigenkapital (Mehrheitenanteil) zu verrechnen.
Erfolgsneutral im Eigenkapital zu erfassende Wertänderungen, insb. übriges Konzernergebnis, other comprehensive income (Rz. 4310)	(a) Die Minderheiten partizipieren anteilig *entsprechend ihrer Beteiligungsquote an dem other comprehensive income* (Währungsumrechnungsdifferenzen (Rz. 3130 ff.), Wertänderungen von finanziellen Vermögenswerten der Kategorie available-for-sale (Rz. 1873) und bei Cashflow-Hedges (Rz. 2266), Neubewertungsrücklage bei Verwendung der Neubewertungsmethode im Sachanlagevermögen (Rz. 1180), Verrechnung versicherungsmathematischer Verluste und Gewinne (s. Rz. 2445). (b) In der Summenbilanz ist der Minderheitenanteil daran erfolgsneutral in den entsprechenden Ausgleichsposten (z.B. Ausgleichsposten für Anteile anderer Gesellschafter) umzugliedern. In der Konzernbilanz wird dann im Eigenkapital (kumuliertes *other comprehensive income*) nur der auf die *Konzernmutter (Mehrheitenanteil)* entfallende Anteil ausgewiesen (anders aber in der Gesamtergebnisrechnung, Rz. 4315). (c) Umgliederungen (gegen Gewinnrücklagen) sind auch für die Änderungen von Bilanzierungs- und Bewertungsmethoden (Rz. 836) sowie Berichtigungen wesentlicher Fehler nach der retrospektiven Methode (Rz. 870) vorzunehmen.
Tatsächliche Ansprüche der Minderheiten am Jahresergebnis	Diese bemessen sich nach derzeitiger Rechtslage bei deutschen Tochtergesellschaften nach dem *HGB-Jahresabschluss*. Die Höhe dieser Ansprüche weicht damit regelmäßig von dem Betrag der im IFRS-Abschluss ausgewiesenen Minderheitenanteile ab.

frei　　　　　　　　　　　　　　　　　　　　　　　　　　　3466–3469

10.2.7 Beispiel zur Folgekonsolidierung

Der Verdeutlichung dient die Fortsetzung der Fallstudie:　　　　　　　3470

Beispiel (Fortsetzung von Rz. 3451):

Im Geschäftsjahr 02 erzielt TU ein Ergebnis vor Steuern von 100. Da noch ein steuerlicher Verlustvortrag bestand, werden 100 als Jahresergebnis in der Handelsbilanz I ausgewiesen.

Für die Überleitung auf die Handelsbilanz II ist am 1.1.02 der Saldovortrag der aktiven latenten Steuern einzubuchen:

aktive latente Steuern　　　　45　　an　Gewinnrücklage　　　　45

Ferner sind am Jahresende aktive latente Steuern in Höhe von 30 aufzulösen, so dass sich ein Jahresüberschuss von nur 70 ergibt:

latenter Steueraufwand	30 an	aktive latente Steuern	30

Weitere Anpassungen in der Handelsbilanz II erfolgen nicht.

Zur Erstellung der Handelsbilanz III ist technisch ebenfalls am 1.1.02 der Saldovortrag hinsichtlich der aufgedeckten stillen Reserven im Anlagevermögen einzubuchen:

Immaterielle Vermögenswerte	200		
Sachanlagevermögen	100 an	Gewinnrücklagen	210
		passive latente Steuern	90

Die aufgedeckten stillen Reserven sollen annahmegemäß über eine Nutzungsdauer von 4 Jahren bei immateriellen und 5 Jahre beim materiellen Anlagevermögen sein.[1] Das führt zu einer Abschreibung von 200 : 4 Jahre = 50/Jahr und 100 : 5 Jahre = 20/Jahr, zusammen 70 und zur anteiligen Auflösung der passiven latenten Steuern von 21:

Abschreibung	70 an	immaterielle Vermögenswerte	50
		Sachanlagen	20
passive latente Steuern	21 an	latenter Steuerertrag	21

Damit entwickelt sich der Jahresüberschuss des TU wie folgt:

HB I	100
Latenter Steueraufwand	– 30
HB II	70
Abschreibung	– 70
Latenter Steuerertrag	+ 21
HB III	**21**

3471 Die so erstellte Handelsbilanz III fließt als Grundlage der Konsolidierung in die Summenbilanz ein. Die Buchung (1) zeigt die Aufrechnung des Beteiligungsbuchwerts gegen das anteilige Eigenkapital im Erwerbszeitpunkt. Der Goodwill wird nicht planmäßig abgeschrieben; der Impairment-Test ergebe im Beispiel auch keine Notwendigkeit für eine außerplanmäßige Abschreibung.[2]

3472 Die **Minderheiten**, die gemäß Buchung (2) umgegliedert werden, partizipieren jedoch *anteilig am Jahresergebnis auf Basis der Handelsbilanz III* (= 20 % von 21 = 4,2) und damit auch anteilig an den Abschreibungen der aufgedeckten stillen Reserven. Bei dem in der Zeile Jahresüberschuss genannten Betrag von 16,8 handelt es sich um den Ergebnisanteil der Konzernmutter MU (80 % von 21).

---

1 Die schon in der HB I erfassten Abschreibungen bei Sachanlagen wurden in gleicher Höhe reinvestiert, so dass der Buchwert in der HB I unverändert geblieben ist.

2 Ein möglicher Abschreibungsaufwand wäre dann nur der Konzernmutter zu belasten, weil die Minderheiten bei der Neubewertungsmethode nicht am Goodwill partizipieren, Rz. 1584.

IV. Unternehmenserwerb und Kapitalkonsolidierung (IFRS 3)

	MU [HB I]	TU [HB II]	TU [HB II]	TU [HB III]	Summen-bilanz	Konsolidierung	Soll		Haben	Konzern-bilanz
Goodwill	0	0	0	0	0	1	116			116
Beteiligung	400	0	0	0	400			1	400	0
Immaterielle Werte	0	0	0	150	150					150
Anlagevermögen	600	300	300	380	980					980
Umlaufvermögen	700	100	100	100	800					800
Latente Steuern	0	0	15	15	15					15
Summen	*1700*	*400*	*415*	*645*	*2345*		*116*		*400*	*2061*
Gezeichnetes Kapital	500	100	100	100	600	1 2	80 20			500
Gewinnrücklagen	0	0	45	255	255	1 2	204 51			0
Jahresüberschuss		100	70	21	21	2	4,2			16,8
Minderheiten	0	0	0	0	0			2	75,2	75,2
Eigenkapital	*500*	*200*	*215*	*376*	*876*		*359,2*		*75,2*	*592*
Schulden	1200	200	200	200	1400					1400
Latente Steuern	0	0	0	69	69					69
Summen	*1700*	*400*	*415*	*645*	*2345*		*359,2*		*75,2*	*2061*

Abb. 82: Folgekonsolidierung Geschäftsjahr 02

10.2.8 Auswirkung auf das Konzerneigenkapital

Die Konzerneigenkapitalentwicklung ist in 02 wie folgt:

Konzerneigenkapitalspiegel 02	Anteil der Konzern-mutter	Minder-heiten	Konzern-Eigen-kapital
1.1.02 (Rz. 3453)	500,0	71,0	571,0
Konzernjahresüberschuss 02	16,8	4,2	21,0
31.12.02	516,8	75,2	592,0

frei 3474–3479

10.3 Entkonsolidierung

10.3.1 Konstellationen

Die Notwendigkeit einer **Entkonsolidierung** ergibt sich in folgenden Fällen: Das Tochterunternehmen wird

(a) vollständig veräußert,

(b) teilweise veräußert, so dass das Mutterunternehmen die Beherrschung über das Tochterunternehmen verloren hat oder

(c) gar nicht veräußert, scheidet aber wegen Unwesentlichkeit oder wegen Verlustes von *control* aus dem Konsolidierungskreis aus.

In den Fällen (b) und (c) werden Fragen der Übergangskonsolidierung aufgeworfen, die wir in Rz. 3700 ff. behandeln. Die folgenden Ausführungen beziehen sich auf die vollständige Veräußerung, Fall (a).

10.3.2 Entkonsolidierungszeitpunkt

3481 Der Veräußerungszeitpunkt eines Tochterunternehmens ist definiert als der Zeitpunkt, zu dem das Mutterunternehmen die Beherrschung über das Tochterunternehmen verliert (IAS 27.26/27.30 [2004]). Bis zu diesem Zeitpunkt sind Aufwendungen und Erträge sowie Cashflows des Tochterunternehmens noch im Konzernabschluss abzubilden. Um die entsprechenden Informationen zu erhalten ist bei Veräußerungen daher zu beachten, dass die **Mitwirkungspflichten** des (dann ehemaligen) Tochterunternehmens gem. § 294 Abs. 3 HGB (der auch für IFRS-Konzernabschlüsse einschlägig ist, § 315a HGB) auch für die Zeit nach der Veräußerung ggf. vertraglich sicherzustellen sind.

10.3.3 Ermittlung des Entkonsolidierungserfolgs

3482 Die Handelsbilanz III des Abgangsunternehmens reflektiert die zu 100 % aufgedeckten stillen Reserven/Lasten, zuzüglich der bei der Erstkonsolidierung gesondert angesetzten Posten. An der Neubewertung haben die Minderheiten partizipiert. Folglich fließen in die Ermittlung des Abgangswertes *zwecks Ermittlung des Entkonsolidierungserfolgs des Mehrheitenanteils* auch nur die *anteiligen* Vermögenswerte und Schulden des Tochterunternehmens ein. Ein dem Abgangsunternehmen zugeordneter und noch nicht ergebniswirksam verrechneter Goodwill wird hingegen in voller Höhe berücksichtigt, da die Minderheiten nicht hieran beteiligt sind (im Beispiel wird davon ausgegangen, dass der Goodwill vollständig dem TU zugeordnet war).

3483 Damit ermittelt sich der Entkonsolidierungserfolg wie folgt:
Veräußerungserlös

-     anteilige Vermögenswerte des TU zu Buchwerten der Handelsbilanz III
+   anteilige Schulden des TU zu Buchwerten der Handelsbilanz III
+/–   ggf. *Reclassification des other comprehensive income* („Mehrheitenanteil", s. i.E. nachf. 3484)
-     Buchwert des Goodwill, der den CGU des TU zugeordnet worden ist (Rz. 1530 ff.)

=   Entkonsolidierungserfolg

10.3.4 Bilanzierung kumulierter erfolgsneutraler Ergebnisse inkl. Umbuchung in die GuV (*reclassification*)

Bei der Entkonsolidierung sind die verschiedenen Arten der bei der Tochterunternehmung gebildeten und **auf die Muttergesellschaft entfallenden** Anteile am other comprehensive income wie folgt zu bilanzieren:

Beispiel:

		vor Entkonsolidierung	Umbuchung ohne reclassification	Reclassification	GuV	nach Entkonsolidierung
Gewinnrücklagen		0	900	0	0	900
Jahresüberschuss					4100	4100
Währungsumrechnungsdifferenz	reclassification	4300	0	−4300	0	0
Rücklage available for sale	reclassification	300	0	−300	0	0
Rücklage Cashflow hedges	reclassification	−500	0	500	0	0
Neubewertungsrücklage	Umbuchung	1400	−1400	0	0	0
Vers.-math. Verluste/ Gewinne	Umbuchung	−500	500	0	0	0
Total		5000	0	−4100	4100	5000

Eine **Neubewertungsrücklage** im Sachanlagevermögen bzw. bei immateriellen Vermögenswerten ist *erfolgsneutral* in die Gewinnrücklage umzubuchen (s. ausführlich Rz. 1188). Gleiches gilt in Bezug auf die **versicherungsmathematischen Gewinne und Verluste**, *sofern diese nicht bereits mit den Gewinnrücklagen verrechnet wurden*, s. Rz. 4363.

Währungsumrechnungsdifferenzen sowie Rücklagen available for sale und Cashflow Hedges sind demgegenüber erfolgsneutral zu stornieren und *erfolgswirksam* in der GuV zu erfassen (Buchung: „Rücklage an Ertrag" bzw. „Aufwand an Rücklage"), sog. reclassification.[1] Daraus entsteht im Beispiel ein Ertrag von saldiert 4100.

Goodwill, der vor 1995[2] oder bei Erstanwendern nach IFRS 1.15 i.V.m. IFRS 1.B zulässigerweise erfolgsneutral mit dem Eigenkapital verrechnet worden war, darf bei der Entkonsolidierung nicht erfolgswirksam erfasst werden (keine reclassification[3]). Insofern besteht die gleiche Regelung wie nach IFRS 1 (Rz. 5048).

---

1 Vor IFRS 3 (2008) *recycling* genannt.
2 Vgl. IAS 22.99 ff. (1998), Fallgruppe 1a). Diese Verrechnung wurde von deutschen Konzernen häufig vorgenommen, vgl. *Pawelzik*, Die Prüfung des Konzerneigenkapitals, 2003, S. 77 m.w.N.
3 Vgl. *Watrin/Hoehne*, WPg 2008, 695 (702). Dies war in IFRS 3.80 (2004) noch explizit geregelt.

3486 Bei **Minderheitenanteilen** ist jedoch nichts zu veranlassen: Nach IAS 27.35 (2008) kommt eine reclassification anders als bei den Anteilen der Konzernmutter nicht in Betracht. Die Minderheiten sind vielmehr insgesamt erfolgsneutral auszubuchen (IAS 27.34b/35[1]). Zuvor war dies nicht geregelt und wurde in der Praxis daher unterschiedlich gehandhabt.

3487–3489 frei

10.3.5 Beispiel

3490 Fallstudie zur **Entkonsolidierung**

> **Beispiel (Fortsetzung von Rz. 3470):**
>
> Zum 1.1.03 werde TU zum Preis von 510 veräußert. Entsprechend der Erwerbsfiktion könnte man bei der Veräußerung an einen Einzelabgang der Vermögenswerte und Schulden denken. Konsequent angewendet müsste dann etwa die „Mitveräußerung" von Vorräten bei Abgang einer Tochtergesellschaft als Materialaufwand gebucht werden. Die daraus entstehende Verwerfung bei den Aufwandsquoten wäre indes irreführend, da es sich nicht um laufende Aufwendungen handelt. Demgegenüber ist es sachgerecht, einen saldierten Gesamterfolg pro Beteiligungsverkauf auszuweisen.[2] Dieser ermittelt sich wie folgt:
>
> | | |
> |---|---:|
> | Veräußerungserlös | 510,00 |
> | anteilige Vermögenswerte am 1.1.03 (645 × 0,8) | – 516,00 |
> | anteilige Schulden am 1.1.03 (269 × 0,8) | + 215,2 |
> | Goodwill | – 116,00 |
> | Veräußerungserfolg | 93,2 |

3491 frei

10.3.6 Auswirkung auf das Konzerneigenkapital

3492 Bei der *Buchung* der Entkonsolidierung im Konzernabschluss ist zu beachten, dass die am 1.1.03 veräußerte Tochtergesellschaft in der **Summenbilanz** am 31.12.03 gar nicht mehr enthalten ist. Der Abschluss der Muttergesellschaft

---

[1] Der Wortlaut des IAS 27.35 ist missverständlich. Danach sei das *other comprehensive income* so zu behandeln, als hätte die Muttergesellschaft die betreffenden Vermögenswerte und Schulden veräußert. Letzteres spricht für eine auch auf die Minderheiten bezogene reclassification, da ja nicht bloß der Anteil der Mutter abgeht. Klarstellend aber IAS 27.BC56, dass nur der Anteil der Mutter gemeint ist; so auch *Küting/Weber/Wirth*, KoR 2008, 139 (151); *Watrin/Hoehme*, WPg 2008, 695 (700).

[2] H.M., vgl. *Förschle/Deubert* in Beck'scher Bilanz-Kommentar, 6. Aufl. 2006, § 301 HGB Rz. 256 m.w.N.: Abgang einer Sachgesamtheit als einheitlicher Geschäftsvorfall.

IV. Unternehmenserwerb und Kapitalkonsolidierung (IFRS 3)

weist den *im Einzelabschluss* entstandenen Veräußerungsgewinn von 110 (510 Erlös abzgl. 400 Buchwert der Beteiligung lt. Einzelabschluss) aus. Dies ist zugleich der bei der *Konzernmutter* in der Totalperiode auszuweisende Gewinn, denn die Beteiligung wurde für 400 erworben und für 510 veräußert.[1]

⊃ Somit ist lediglich der im Einzelabschluss ausgewiesene Veräußerungsgewinn von 110 an den Veräußerungsgewinn aus Konzernsicht (93,2 s. o.) anzupassen:[2] Die Korrekturbuchung lautet in 03:

„**per: sonstige betriebliche Erträge an Gewinnrücklagen: 16,8**"

Diese Buchung berücksichtigt, dass der Teil von 16,8 des auf die Konzernmutter entfallenden Totalgewinns von 110 im *Konzernabschluss* bereits in den Vorjahren ausgewiesen wurde (Rz. 3473).[3]

	MU = Summenbilanz 31.12.03	Konsolidierung		Konzernbilanz 31.12.03
		Soll	Haben	
Anlagevermögen	600			600
Flüssige Mittel	510			510
Umlaufvermögen	700			700
Summen	**1810**	**0**	**0**	**1810**
Gezeichnetes Kapital	500			500
Gewinnrücklagen			16,8	16,8
Jahresüberschuss	110	16,8		93,2
Eigenkapital	**610**	**16,8**	**16,8**	**610**
Schulden	1200			1200
Summen	**1810**	**16,8**	**16,8**	**1810**

Abb. 83: Entkonsolidierung Geschäftsjahr 03

In Bezug auf die **Minderheiten** ist überhaupt keine Buchung vorzunehmen; der im Veräußerungszeitpunkt vorhandene Minderheitenanteil wird lediglich im Konzerneigenkapitalspiegel statistisch vom Vorjahr übergeleitet:[4] Korrespondierend zur Einlage bei Erstkonsolidierung (Rz. 3453) liegt bei Entkonsolidierung eine Entnahme des Minderheitenanteils aus dem Konzerneigenkapital vor.

---

[1] Der gesamte Konzerngewinn in der *Totalperiode* umfasst zusätzlich auch die kumulierten Minderheitenanteile am Ergebnis, 4,2 in 02, Rz. 3472 f.
[2] Damit ist eine Wiederholung der Erst- und Folgekonsolidierung im Veräußerungsjahr überflüssig, vgl. *Pawelzik*, Die Prüfung des Konzerneigenkapitals, 2003, S. 189 f.
[3] Bei innerjährlichen Beteiligungsverkäufen ist die zeitanteilige GuV in der Summen-GuV auszuweisen und das entsprechende Ergebnis sowie ggf. Fortschreibungen der erfolgsneutralen Eigenkapitaländerungen bei Ermittlung des Veräußerungserfolgs aus Konzernsicht zu berücksichtigen.
[4] Vgl. *Pawelzik*, Die Prüfung des Konzerneigenkapitals, 2003, S. 194.

Konzerneigenkapitalspiegel 03	Anteil der Konzernmutter	Minderheiten	Konzern-Eigenkapital
1.1.03 (Rz. 3473)	516,8	75,2	592,0
Konzernjahresüberschuss 03	93,2	0,0	93,2
Änderung Konsolidierungskreis (Entkonsolidierung) 1.1.03	0,0	−75,2	−75,2
31.12.03	610,0	0,0	610,0

3494–3499 frei

11. Sonderfälle

11.1 Transaktionen vor Konzernzugehörigkeit (*pre-existing relationships*)

3500 Die Bilanzierung von **Transaktionen** zwischen dem Konzern und dem neu erworbenen Tochterunternehmen *vor* dessen Konzernzugehörigkeit ist durch IFRS 3.52a erstmals explizit geregelt und bei IFRS 3 (2004) entsprechend anwendbar. Dabei ergeben sich Auswirkungen auf den Ansatz der Vermögenswerte und Schulden bei der Tochtergesellschaft sowie auf die Abgrenzung der Gegenleistung (Anschaffungskosten) des Unternehmenserwerbs:

11.1.1 Lieferungen/Verkäufe vor Konzernzugehörigkeit

3501 Hat der Konzern eine aus seiner Sicht **nicht aktivierungsfähige immaterielle Vermögensposition** an das andere Unternehmen *vor dessen Konzernzugehörigkeit* veräußert und erfolgte dort ein Bilanzansatz, so ist dieser Vermögenswert auch nach Erwerb des Tochterunternehmens im Konzernabschluss anzusetzen. Eine **Zwischengewinneliminierung** kommt erst auf Lieferungen *nach* Konzernzugehörigkeit in Betracht.

11.1.2 Abwicklung günstiger und ungünstiger Verträge

3502 **Schwebende Verträge des erworbenen Tochterunternehmens mit dem erwerbenden Konzern**, die zu immateriellen Vermögenswerten führen (z.B. Auftragsbestand, Kundenbeziehung, Rechte an Vermögenswerten, die dem Konzern gehören), sind gemäß Rz. 3300 ff. anzusetzen und zukünftig abzuschreiben, auch wenn es solche Vermögenswerte aus konsolidierter Sicht gar nicht gibt (z.B. keine Kundenbeziehung mit sich selbst). Die dafür gezahlten Kaufpreisbestandteile gehen somit nicht im Goodwill auf. Hierin kommt deutlich die von IFRS 3 eingenommene Sichtweise des *hypothetischen* Erwerbers[1] und nicht die des *konkreten* Erwerbers zum Ausdruck (Rz. 3280).

3503 Zu sofortigen **Ergebniswirkungen** kommt es jedoch, *soweit* die Konditionen der betroffenen Altverträge am Erwerbsstichtag *nicht marktüblich* sind.

---

[1] Vgl. IDW RS HFA 16, Tz. 7.

IV. Unternehmenserwerb und Kapitalkonsolidierung (IFRS 3)

Beispiel 1:

Liefert die erworbene Tochtergesellschaft auf Grund eines langjährigen Liefervertrags mit dem Konzern zu über Marktkonditionen liegenden Preisen (Vertrag für TU günstig), und wird dieser Vorteil bspw. mit 5 Mio. Euro bewertet, ist dieser Kaufpreisanteil von 5 Mio. Euro aufwandswirksam zu verrechnen[1] (IFRS 3.B52b; IE54 ff.). Bei einem insgesamt „für TU" gezahlten Preis von 50 Mio. Euro lauten die Buchungen bei Erstkonsolidierung:

	Soll	Haben
Erworbenes Nettovermögen (inkl. ggf. Goodwill) von TU	45,0 Mio. Euro	
Aufwand	5,0 Mio. Euro	
Beteiligung MU an TU		50,0 Mio. Euro
	50,0 Mio. Euro	**50,0 Mio. Euro**

Dieser Bilanzierung liegt die Fiktion zugrunde, dass der Erwerber den Verkäufer in Höhe eines Anteils von 5 Mio. Euro für dessen günstige Rechtsposition entschädigt[2] und nur 45 Mio. Euro für die Ertragsaussichten zu Marktkonditionen zahlt. Zugleich ist eine beim Konzern zuvor ggf. gebildete Drohverlustrückstellung aufzulösen.

Beispiel 2:

Wie Beispiel 1, nur sei der **Vertrag für TU ungünstig**. Auf Grund der geringeren Ertragsaussichten betrage der Kaufpreis nur 40 Mio. Euro. Die o.g. Grundsätze sind unabhängig davon anzuwenden, ob ein **Abwicklungsverlust oder -gewinn** entsteht (IFRS 3.B52): Das erworbene Nettovermögen und die Beteiligung MU an TU betragen somit 45 Mio. Euro; die Differenz von 5 Mio. Euro zur geleisteten Zahlung ist als Ertrag zu vereinnahmen.[3]

frei

---

[1] Sieht der Vertrag zwischen MU und TU bereits Abfindungszahlungen vor, ist zu unterscheiden: Bei höherer Abfindung (z.B. 6 Mio. Euro) bleibt es bei dem Wert des für MU ungünstigen Vertrags (5 Mio. Euro); bei niedrigerer vereinbarter Abfindung (z.B. 4 Mio. Euro) wird der niedrigere Betrag Aufwand (IFRS 3.B52b); auf das erworbene Nettovermögen entfielen dann 46 Mio. Euro.
[2] Vgl. *Beyhs/Wagner*, DB 2008, 73 (80).
[3] Diese Vorgehensweise weist Parallelen zum excess bzw. *bargain purchase* auf (Rz. 3410), darf aber nicht damit verwechselt werden: Beim bargain purchase wird ein Unternehmen „unter Wert" erworben, was hier aber nicht der Fall ist, da der niedrigere Kaufpreis lediglich die niedrigeren Ertragsaussichten auf Grund der bestehenden Verträge der TU reflektiert; im vorliegenden Fall wird vielmehr die Abwicklung eines vom Unternehmenserwerb zu separierenden Vorgangs abgebildet, vgl. *Lüdenbach*, in Haufe IFRS-Kommentar, 7. Aufl. 2009, § 31 Rz. 106 im Kontext mit dem Konfusionsgewinn (Beispiel 6, Rz. 3508).

11.1.3 Zurückerworbene Rechte

3505 Die Bewertung sog. **zurückerworbener Rechte** ist erstmals in IFRS 3.29 i.V.m. IFRS 3.B35 f. (2008) geregelt (u.E. analog bei IFRS 3 (2004) anwendbar).

> **Beispiel 3:**
>
> MU ist Lizenz- oder Franchisegeber und TU Lizenz- bzw. Franchisenehmer. Der Vertrag habe noch eine Laufzeit von 4 Jahren mit Verlängerungsoption um 5 Jahre. Mit Erwerb der TU durch MU werden diese Rechte zurückerworben.
>
> - MU hat für dieses Recht aus Sicht eines hypothetischen Erwerbers (Rz. 3280) einen immateriellen Vermögenswert anzusetzen, bspw. in Höhe der diskontierten Lizenz- bzw. Franchisegebühren.
> - Soweit der Vertrag für eine Partei ggf. günstig oder ungünstig ist, erfolgt jedoch eine Abspaltung des Werts, um den der Vertrag günstig oder ungünstig ist, von der Gegenleistung des Unternehmenserwerbs (Rz. 3503 f.), d.h. nur der den Marktkonditionen entsprechende Anteil der Lizenz- bzw. Franchisegebühren darf erfasst werden.
> - In Bezug auf die Bewertung des Marktkonditionen entsprechenden Teils verlangt IFRS 3.29 nun, dass lediglich die Laufzeit von vier Jahren berücksichtigt werden darf, selbst wenn fremde Dritte von einer Verlängerung ausgehen und einen höheren Fair value ansetzen würden. Hierfür gibt IFRS 3.BC308 zwei verschiedene Begründungen: (a) Vermeidung von Missbrauch, damit MU nicht mit Hinweis auf eine ihr jederzeitig mögliche Vertragsverlängerung eine unendliche Nutzungsdauer begründen kann und (b) Trennung einer möglichen Vertragsverlängerung vom Erwerbs, d.h. Anwendung der Grundsätze über die Separierung des Unternehmenserwerbs von anderen Transaktionen (Rz. 3215).

11.1.4 Eventualforderungen und -verbindlichkeiten

3506 Bestehen **gegenseitige Eventualforderungen und -verbindlichkeiten**, (z.B. aus Prozessen, Rz. 2325 f.), ist deren Fair value zu ermitteln und bei der Gegenleistung des Unternehmenserwerbs zu korrigieren, aber beim erworbenen Unternehmen *nicht* anzusetzen.

> **Beispiel 4:**
>
> **TU führt einen Prozess gegen MU**, wobei die entsprechende Eventualforderung (*contingent asset*) einen Fair value von 5 Mio. Euro habe (unter Gewichtung möglicher Prozessausgänge).
>
> Bei einer Zahlung „für TU" von 50 Mio. Euro ist wiederum ein Kaufpreisanteil von 5 Mio. Euro als Entgelt für den Verzicht des Veräußerers auf dessen

Rechtsposition zu werten und beim Erwerber als Aufwand zu erfassen; eine ggf. bei MU gebildete Prozessrückstellung wäre bei der Konsolidierung aufzulösen.

Bei der TU ist keine (!) Eventualforderung anzusetzen, weil fingiert wird, als habe der Veräußerer diese vor Verkauf als Sachdividende aus der TU entnommen und separat zum Preis von 5 Mio. Euro veräußert (IFRS 3.BC122). Die von TU separat erworbene Eventualforderung wird beim Erwerber sofort abgeschrieben; dem steht jedoch ein Ertrag aus der Auflösung von zuvor bei MU ggf. gebildeten Rückstellungen gegenüber. Damit verbleiben keine Differenzen aus Schuldenkonsolidierung.

Beispiel 5:

MU prozessiere gegen TU. Das Prozessrisiko bei TU führt zu einem Kaufpreisabschlag in Höhe des Fair values von 5 Mio. Euro, so dass an die Veräußerer ein Betrag von 40 Mio. Euro gezahlt wird.

Lösung entsprechend Beispiel 2 (Rz. 3503), d.h. Konsolidierung der TU auf Basis von 45 Mio. Euro, Abwicklungsgewinn bei MU i.H.v. 5 Mio. Euro. Bei TU ist analog zu Beispiel 4 keine Eventualverbindlichkeit anzusetzen.

frei   3507

11.1.5 Wertberichtigungen auf Forderungen

Die Bilanzierung **gegenseitiger wertberichtigter Forderungen und Verbindlichkeiten** ist in IFRS 3 (2008) nicht explizit erwähnt, aber unter Anwendung der o.g. Grundsätze zu lösen.[1]   3508

Beispiel 6:

MU habe eine um 5 Mio. Euro wertgeminderte Forderung gegenüber TU. Der Kaufpreis „für TU" betrage 50 Mio. Euro. Der Vorgang ist so zu werten, als habe MU eine Investition zur Werterhöhung der eigenen Forderung getätigt (andernfalls wäre die TU nicht bzw. nicht zu einem positiven Kaufpreis erworben worden).

Die Konsolidierung der TU ist auf Basis von 45 Mio. Euro durchzuführen. Der von der Zahlung abgespaltene Teilbetrag von 5 Mio. Euro führt bei MU zu einer erfolgsneutralen Aufstockung der Forderung. Forderung und Verbindlichkeit werden im Rahmen der Schuldenkonsolidierung eliminiert.

Beispiel 7:

TU habe eine um 5 Mio. Euro wertgeminderte Forderung an MU. Der Kaufpreis „für TU" betrage 40 Mio. Euro.

---

[1] Vgl. zum nachfolgenden *Lüdenbach* in Haufe IFRS-Kommentar, 7. Aufl. 2009, § 31 Rz. 105 ff.

Da die Forderung an MU bei TU in Höhe des Fair value, d.h. mit dem wertberichtigten Betrag anzusetzen ist (Rz. 3356) und der Kaufpreis für TU diesen niedrigeren Fair value reflektiert, entspricht die Gegenleistung für den Unternehmenserwerb der Zahlung von 40 Mio. Euro. Die Differenz zwischen wertgeminderter Forderung bei TU und höherer Verbindlichkeit bei MU führt bei der Schuldenkonsolidierung zu einem Konfusionsgewinn (*settlement gain*) von 5 Mio. Euro.

3509–3519 frei

11.2 Konsolidierung von Tochterpersonengesellschaften

11.2.1 Ausweis von Minderheiten im Konzernabschluss

3520 **Minderheitenanteile an Tochterpersonengesellschaften im Konzernabschluss** sind *immer* als **Fremdkapital** auszuweisen (IAS 32.AG29A), und zwar selbst dann, wenn sie im Einzelabschluss (ggf. Handelsbilanz II) auf Grund der **Ausnahmeregelung** des IAS 32.16A ff. Eigenkapital darstellen[1] (Rz. 2022 ff.).

Da der Konzern die mögliche Abfindungslast trägt, werden die (Nachsteuer)-**Ergebnisse der Minderheiten im Konzernabschluss als Aufwand** gebucht (nachdem sie zuvor im ersten Schritt der Konzernmutter zugerechnet wurden), zweckmäßigerweise innerhalb des Finanzergebnisses.[2]

3521 IAS 32.AG29A korrespondiert jedoch nicht mit der Neuregelung in IAS 27.28 (2008), wonach **negative Minderheiten** generell zulässig sind. Würde man IAS 32.AG29A konsequenterweise auch auf negative Minderheitsanteile bei Personengesellschaften anwenden, bestünde das Problem, eine Forderung ausweisen zu müssen, die aber bei fehlender Nachschusspflicht der Minderheitsgesellschafter nicht besteht. Damit bestehen folgende Handlungsoptionen bei der Abbildung negativer Minderheiten von Tochterpersonengesellschaften im Konzernabschluss:

– Ausweis einer Forderung nur dann, wenn die Minderheiten Nachschusspflicht haben.

– Ansonsten Ausweis des negativen Minderheitenkapitals innerhalb des Eigenkapitals (nach IAS 27 (2004) war dagegen der Minderheitenanteil „null", und der überschießende Verlust wurde vom Mehrheitenkapital abgezogen).

11.2.2 Kapitalkonsolidierung bei Erwerb aller Anteile

3522 Falls Personengesellschaften nach IAS 32 kein Eigenkapital ausweisen können (Rz. 2040 ff.), ist die Frage aufgeworfen worden, ob eine **Kapitalkonsolidierung**

---

1 Eine sachliche Begründung wird nicht gegeben, anders noch ED IAS 32.AG29A mit (unzutreffendem) Hinweis darauf, dass das Kriterium der Letztrangigkeit nicht erfüllt sei, weil die Ansprüche der Minderheitsgesellschafter bei einer Liquidation des Konzerns vorrangig vor Auskehrung des Liquidationserlöses an die jeweilige Muttergesellschaft zu erfüllen seien (zur Kritik vgl. Vorauflage, Rz. 2058).
2 Vgl. z.B. Indus AG, GB 2007, S. 41.

noch durchführbar ist. Gegen eine Kapitalkonsolidierung[1] könnte sprechen, dass mit dem „Fremdkapital" der Tochtergesellschaft eine Forderung der Mutter korrespondiere, insoweit also nur die Schuldenkonsolidierung vorzunehmen sei. Die Vorschriften zur Schuldenkonsolidierung sehen aber keine Ermittlung eines Unterschiedsbetrages vor mit der Folge, dass eine Aufdeckung stiller Reserven und eines Goodwill unterbleiben müsste.

Die Frage geht jedoch am Kern des Problems vorbei, weil „Eigenkapital" und „Fremdkapital" lediglich zwei Etiketten für ein- und dasselbe Nettovermögen sind: Der Name bezieht sich lediglich darauf, *wie* Ansprüche geltend gemacht werden (individuell = Fremdkapital, kollektiv = Eigenkapital, Rz. 2010 f.), lässt aber das Nettovermögen, auf das sich diese Ansprüche richten, unberührt.[2] Entscheidend ist somit, dass ein **Unternehmenszusammenschluss** gem. IFRS 3 vorliegt.[3]

(a) Ein Käufer hat „control" über ein business/Tochtergesellschaft erworben,

(b) für diesen Erwerb sind Kosten angefallen und

(c) die Erwerbskosten sind aufgewendet worden für den Kauf von Vermögenswerten und Schulden. Der Name Kapitalkonsolidierung steht, richtig verstanden, lediglich für die **Technik**, das erworbene Nettovermögen („*net assets*") mit dem Kaufpreis zu verrechnen;[4] allfällige Differenzen sind als Goodwill oder bargain purchase zu behandeln. Daran hat sich aber durch die Umgliederung des Gesellschafterkapitals ins Fremdkapital nichts geändert.

11.2.3 Erwerb von weniger als 100 % der Anteile (Antizipierter Erwerb der Minderheitenanteile)

Bei Erwerb von weniger als 100 % an Tochterpersonengesellschaften wirken sich die potentiellen Abfindungsansprüche von Minderheitsgesellschaftern (Rz. 3520) auf die **Konsolidierung** aus.

3523

Beispiel:
MU erwirbt 60 % an TU KG zum Preis von 6000. Das anteilige auf die Minderheiten (40 %) entfallende Nettovermögen beträgt 2800. Die Satzung der KG sehe jedoch eine Abfindung zum vollen Verkehrswert (4000) vor (Rz. 2020), so dass der gedanklich auf die Minderheiten entfallende Goodwill (1200) die Differenz zum Abfindungsanspruch repräsentiert.

---

1 Vgl. *Broser/Hoffjan/Strauch*, KoR 2004, 452 (456 f.); *Hoffmann/Lüdenbach*, DB 2005, 404 (405 f.). Erstgenannte Autoren sprechen sich nur aus übergeordneten Erwägungen (Entscheidungsrelevanz) für eine Kapitalkonsolidierung aus.
2 Das ist auch der Grund, warum die bloße Umklassifizierung von Eigen- in Fremdkapital *nicht* zu latenten Steuern führt (Rz. 2662).
3 Gl.A. *Küting/Wirth/Dürr*, WPg 2006, 345 (348); *Senger/Brune/Elprana* in Beck'sches IFRS-Handbuch, 2. Aufl. 2006, § 33 Rz. 13.
4 Vgl. *Pawelzik/Theile*, DB 2000, 2385 ff.

Bei Anwendung der Neubewertungsmethode, d.h. ohne Ausweis des Minderheitengoodwill, würde man im ersten Schritt das gesamte Nettovermögen (7000) und den Goodwillanteil der Konzernmutter (1800) ansetzen. Hinzu käme die Umgliederung des Minderheitenanteils (2800) in die Verbindlichkeiten gemäß Rz. 3520.

	TU (40%)	MU (60%)	100%
Fair value des Nettovermögens	2800	4200	7000
Goodwill	1200	1800	3000
Kaufpreis (MU)/Fair value des Abfindungsanspruchs (TU)	*4000*	*6000*	*10 000*

Bei dieser Bilanzierung wäre aber noch nicht berücksichtigt, dass der Konzern (genauer: MU) latent mit einem Abfindungsanspruch der Minderheiten von 4000[1] belastet ist und davon nach der Neubewertungsmethode i.V.m. der Umgliederung der Minderheitsanteile in Verbindlichkeiten nur 2800 in der Konzernbilanz als Schuld ausgewiesen sind. Die über die anteiligen Minderheitenbuchwerte hinausgehende Abfindungslast (1200) wäre somit nicht passiviert (und der damit korrespondierende Goodwillanteil ebenso wenig aktiviert).

Würde man bei der Kaufpreisallokation nun die bisher nicht reflektierte zusätzliche Abfindungsverpflichtung von 1200 als weitere Schuld berücksichtigen und vom Nettovermögen abziehen, ergäbe sich ein Goodwill von 3000 (statt 1800):

Goodwillermittlung nach IFRS 3.32 (2008)		
Kaufpreis MU („Gegenleistung")		6000
Minderheiten zum Fair value		2800
a) Zwischensumme		**8800**
Fair value des Nettovermögens vorläufig	– 7000	
Höhere Abfindungsverpflichtung Minderheiten	1200	
b) Fair value des Nettovermögens endgültig	**– 5800**	**– 5800**
a) + b) Goodwill Konzernmutter		**3000**
davon Goodwill Konzernmutter		*1800*
davon antizipierter Erwerb Minderheitengoodwill		*1200*

Dieses Phänomen beruht rein rechnerisch[2] darauf, dass der zusätzliche Abfindungsanspruch (1200) das vorläufige übernommene Nettovermögen (7000) auf 5800 mindert und dadurch der Goodwill als Differenz zu der Summe (8800) aus Kaufpreis MU und anteiligem Fair value der Minderheiten (2800) ansteigt.[3]

---

1 Hier annahmegemäß identisch mit dem Fair value der Anteile.
2 *Küting/Wirth/Dürr*, WPg 2006, 345 (350) bezeichnen dieses Ergebnis als „grotesk".
3 Zum gleichen Ergebnis gelangt man, wenn der Kaufpreis von MU (6000) mit dem um den gesamten Abfindungsanspruch (4000) geminderten Nettovermögen (3000 = 7000 – 4000) verglichen wird. Die Differenz beträgt dann ebenfalls 3000 (6000 – 3000).

Diese Bilanzierung hat jedoch eine klare wirtschaftliche Implikation, denn es wird so getan, als seien die Minderheiten bereits ausgeschieden und als habe der Konzern 100 % des gesamten Vermögens inklusive Minderheitengoodwill von 1200 (!) erworben, aber die Abfindung noch nicht ausgezahlt (Bilanzverlängerung: Goodwill 1200 an Abfindungsverbindlichkeit 1200). Man spricht insofern von einem „antizipierten Erwerb" und von „synthetischen Verbindlichkeiten". 3524

Damit wird im Ergebnis der gesamte Goodwill (3000) ausgewiesen wie bei der **Full Goodwill-Methode**, allerdings mit dem **Unterschied**, dass bei der Full Goodwill-Methode 1200 den Minderheiten zugeordnet würden, während beim antizipierten Erwerb der volle Betrag (3000) der Konzernmutter zugerechnet wird.

Die Fiktion des antizipierten Erwerbs ist angreifbar, steht sie doch im Widerspruch zur Definition einer Schuld im Rahmenkonzept[1] (Rz. 321), zur Bilanzierung schwebender Verträge und insbesondere zur dinglichen Zuordnung des Konzernvermögens zu Konzernmutter und Minderheiten; letztlich hat der IASB aber dem **vollständigen Ausweis möglicher Auszahlungsverpflichtungen** i.S.v. IAS 32 **Priorität** eingeräumt.

Bei der **Folgekonsolidierung** ist die Abfindungsverpflichtung wie beim Earn out nach IAS 39 erfolgswirksam anzupassen (Rz. 3260); der Goodwill bleibt (vorbehaltlich eines Impairments) unverändert. Konsequenterweise wird das auf die Minderheiten entfallende Ergebnis auch im ersten Schritt der Konzernmutter zugerechnet und im 2. Schritt als Aufwand gebucht (Rz. 3520). 3525

11.3 Verkaufsoptionen über Minderheitenanteile

Insbesondere bei Beteiligung von Finanzinvestoren kommt es vor, dass Minderheitsgesellschaftern Put-Optionen über ihre Anteile gegenüber dem Konzern eingeräumt werden, häufig auch verknüpft mit korrespondierenden Call-Optionen des Konzerns. 3526

Put-Optionen von Minderheiten gegenüber dem Konzern führen gemäß IAS 32.AG29 in Höhe des Ausübungspreises zu Verbindlichkeiten und zwar **unabhängig von der Rechtsform der betreffenden Tochtergesellschaft**, d.h. neben Personengesellschaften auch Kapitalgesellschaften.

Besteht die Option bereits im Erwerbszeitpunkt, erfolgt die Bilanzierung entsprechend einem antizipierten Erwerb, d.h. Ausweis einer synthetischen Verbindlichkeit und Erhöhung des Goodwill wie beim Erwerb von weniger als 100 % der Anteile an Personengesellschaften (Rz. 3523 f.). Die Anpassung an geänderte Fair values in Folgeperioden geschieht erfolgswirksam. Dementspre-

---

1 So explizit die Kritik (*dissenting opinion*) des IASB Mitglieds Leisenring, IAS 32.DO1-3. Zudem greift u.E. der als Begründung herangezogene IAS 32.23 nicht (so aber *KPMG*, Eigenkapital versus Fremdkapital nach IFRS, 2006, S. 57): Danach sind Erwerbsverpflichtungen für eigene Anteile (Rz. 2071) bereits vor dem tatsächlichen Eigentumsübergang als erworben zu behandeln. Hiermit sind u.E. jedoch eigene Anteile der Konzernmutter gemeint (!) und kein Minderheitenkapital.

chend sind als Minderheiten gezahlte **Dividenden bzw. Ergebniszuweisungen als Aufwand** zu erfassen. Wird die Option nach Erwerb eingeräumt, erfolgt die Ausbuchung der Minderheiten gegen Verbindlichkeit; eine etwaige Differenz zum Fair value der Option wird erfolgswirksam gebucht.

3527 Bei **tatsächlicher Ausübung der Option** wird die bisher bilanzierte Verbindlichkeit erfolgswirksam durch den tatsächlichen Basispreis ersetzt. **Verfällt die Option**, wird so bilanziert, als sei eine Mehrheitsbeteiligung abgestockt, d.h. ein Teil an Minderheiten veräußert worden[1], d.h. die bislang bilanzierte Verbindlichkeit wird wie ein Veräußerungserlös behandelt und eine Differenz zu den anteiligen Buchwerten der TU (inkl. Goodwill) wird erfolgsneutral mit dem Eigenkapital der Konzernmutter verrechnet (Rz. 3745 ff.).

Zu **Kaufoptionen** vgl. Rz. 3772.

3528–3529 frei

11.4 Mehrstufige Kapitalkonsolidierung

3530 Bei der **Kapitalkonsolidierung im mehrstufigen Konzern** ist das erwerbende Unternehmen aus IFRS-Perspektive die *jeweilige* Muttergesellschaft.[2] Eine Beschränkung der Aufdeckung des Goodwill auf den durchgerechneten Beteiligungsprozentsatz des *obersten* Mutterunternehmens, wie er in Teilen der Literatur zum HGB vertreten wird[3], kommt weder nach HGB noch nach IFRS in Betracht.[4] Aussagen zur Abbildung von Unternehmenszusammenschlüssen im mehrstufigen Konzern, die IFRS 3 zutreffend nicht enthält, sind daher auch entbehrlich.[5]

3531 Daher hat in der Praxis bei mehrstufigen Konzernen eine **sukzessive Kapitalkonsolidierung auf allen Konzernstufen** zu erfolgen. Die auf jeder Stufe durch die Verrechnung der Gegenleistung der *jeweiligen* direkten Muttergesellschaft mit dem Fair value des erworbenen Nettovermögens entstandenen Unterschiedsbeträge (Goodwill oder bargain purchase, Rz. 3400 ff.) sind ungekürzt in den Konzernabschluss zu übernehmen:

---

1 Vgl. *Ernst&Young*, International GAAP 2009, S. 478, 485.
2 Vgl. *Pawelzik/Theile*, DB 2000, 2385 (2389).
3 Vgl. *Baetge/Kirsch/Thiele*, Konzernbilanzen, 7. Aufl. 2004, S. 435–455; mittlerweile indifferent: *Küting/Weber*, Der Konzernabschluss, 10. Aufl. 2006, S. 358 f.; *ADS*, § 307 HGB Rz. 41 ff.; WP-Handbuch, Bd. I, 13. Aufl. 2006, Abschn. M Rz. 423; a.A. *Pawelzik/Theile*, DB 2000, 2385 ff., *Förschle/Hoffmann* in Beck'scher Bilanz-Kommentar, 6. Aufl. 2006, § 307 HGB Rz. 37; *Eisele/Kratz*, ZfbF 1997, 291; *Busse von Colbe* u.a., Konzernabschlüsse, 8. Aufl. 2006, 304 f.
4 Zur Begründung *Pawelzik*, WPg 2004, 677 (679 f.); *Römgens*, BB, Beilage zu Heft 39/2005, 21 ff.; *Köster/Mißler* in Thiele/von Keitz/Brücks, Internationales Bilanzrecht 2008, IFRS 3 Rz. 264; a.A. *Senger/Diersch* in Beck'sches IFRS-Handbuch, 2. Aufl. 2006, § 33 Rz. 282; *Lüdenbach* in Haufe IFRS-Kommentar, 7. Aufl. 2009, § 31 Rz. 155 ff.
5 Vgl. *Pawelzik*, WPg 2004, 677 (679); a.A. *Küting/Wirth*, KoR 2004, 337.

IV. Unternehmenserwerb und Kapitalkonsolidierung (IFRS 3)

Beispiel:

Einstufiger Konzern MU – TU				Mehrstufiger Konzern MU – TU – EU				
MU 60% TU	Aktiva EK Konzernmutter Minderheiten	KA MU 5000	4600 400	TU erwirbt EU (100%) Gegenleistung Nettovermögen Goodwill	1000 –800 200	MU 60% TU 100% EU	Goodwill andere Aktiva EK Konzernmutter Minderheiten	KA MU 200 4800 4600 400

- Mit Erwerb der EU (100%) durch TU entsteht ein mehrstufiger Konzern. Bei diesem Erwerb sind aus Konzernsicht *im Konzernabschluss* (bei TU) *bereits vorhandene Aktiva* (1000) lediglich in Nettovermögen (800) und Goodwill (200) von EU umgeschichtet worden.
- Nach der Erwerbsmethode hat der Konzern daher Anschaffungskosten auch für den bei Erwerb der EU durch TU aufgedeckten Goodwill von 200. Dieser ist daher unverändert in den Konzernabschluss der Konzernmutter „durchzureichen". Aus diesem Grund kommt eine Kürzung des Goodwill um den Anteil der Minderheiten *bei TU* (80 = 40% von 200) nicht in Betracht.

Es bedarf hierzu insbesondere *keines Rückgriffs auf die Full Goodwill-Methode*; diese wäre nur relevant, wenn TU (abweichend vom Beispiel) eine Beteiligung mit Minderheiten erworben hätte[1], z.B. 80% (statt 100%) an EU. In diesem Fall wäre *erstmalig* von den Minderheiten (bei EU) eine Sacheinlage in den Konzern in Höhe ihres Anteils am Nettovermögen (20%) getätigt worden (Rz. 3453) und nur dann würde sich die Frage stellen, wie diese *zusätzlich* in den Konzern gelangte Sacheinlage zu bewerten wäre, zum anteiligen Nettovermögen *oder* zum Full Goodwill (!).

frei 3533–3534

11.5 Erwerb eines Teilkonzerns

Beim Erwerb eines Teilkonzerns ist letztlich eine Neukonsolidierung aller erworbenen unmittelbaren und mittelbaren Tochterunternehmen notwendig. Die Verwendung des historischen Konzernabschlusses des Teilkonzerns kommt wegen der Angleichung an konzerneinheitliche Bilanzierungs- und Bewertungsmethoden sowie der Neubestimmung der Fair values insbesondere im materiellen und immateriellen Vermögen nicht in Betracht. Im Einzelnen sind zweckmäßigerweise folgende Schritte durchzuführen:

- Bestimmung und Neubewertung des Nettovermögens jeder Konzerneinheit.
- Ansatz von Beteiligungsbuchwerten der direkten Mutterunternehmen in Höhe des anteiligen neubestimmten Nettovermögens der jeweiligen Tochterunternehmen.
- Zur Ermittlung eines Goodwill bzw. bargain purchase wird das Schema des IFRS 3.32/IFRS 3.36 (2004) angewendet (Rz. 3410) mit der Maßgabe, dass als Nettovermögen dasjenige der **Teilkonzernmutter** anzusetzen ist.

---
1 A.A. *Philippi*, PiR 2009, 63.

– Der so ermittelte Goodwill wird nach CGU verteilt, bei Anwendung der Full Goodwill-Methode muss dieser Goodwill auch rechtlichen Einheiten zugeordnet werden (Rz. 1538 ff.).

3536 Sollte schon bei Erwerb des Teilkonzerns die Absicht bestehen, einige Einheiten innerhalb Jahresfrist wieder zu veräußern, ist auf diese von vornherein **IFRS 5** anzuwenden (Rz. 2758).

⊃ In diesem Fall ist der **Gesamtkaufpreis** auf die fortgeführten und abgegebenen Geschäftsbereiche **aufzuteilen**, wobei gewisse bilanzpolitische Spielräume bestehen: Rein formal muss eine Aufteilung nach der Relation der Fair values erfolgen (ggf. vereinfacht anhand der Relation der erwarteten EBITs oder angelehnt an den erwarteten Veräußerungserlös, wenn begründet werden kann, dass gerade dieser bei Erwerb der gesamten Gruppe anteilig bezahlt wurde). Die Aufteilung beeinflusst somit (a) den anzusetzenden Goodwill als auch (b) das Veräußerungsergebnis des aufgegebenen Geschäftsbereichs, das in der GuV separat auszuweisen ist (Rz. 2740 ff.).

3537–3539 frei

11.6 Transaktionen unter gemeinsamer Kontrolle (common control)

11.6.1 Anwendungsbereich

3540 Transaktionen unter common control sind definiert als Unternehmenszusammenschlüsse,

– bei denen **dieselben Personen** vor und nach der Transaktion
– auf Grund **vertraglicher Abmachungen**
– die **Kontrolle** über ein oder mehrere beteiligte Unternehmen ausüben,
– vorausgesetzt, dass die Kontrolle **nicht nur vorübergehend** ist (IRFS 3.B1 ff. [2008]).

In solchen Fällen ist IFRS 3 auf den Unternehmenszusammenschluss nicht anwendbar (IFRS 3.2c/IFRS 3.3b [2004]). Bei konzerninternen Transaktionen liegen regelmäßig *formal* auch Anwendungsfälle einer common control vor, wobei diesbezügliche Sondervorschriften wegen der Zwischengewinneliminierung überflüssig sind (Rz. 3550).

3541 Die Bedeutung der Common control-Regeln liegt vielmehr darin, die Konzerngrenzen aus wirtschaftlicher Betrachtungsweise auf Transaktionen zwischen „nahe stehenden" Personen zu erweitern, z.B. auf **Gleichordnungskonzerne** oder **Familienmitglieder**:

Beispiel:

Die Gesellschafter V und S (Vater und Sohn) sind jeweils seit mehreren Jahren mit unterschiedlichen Quoten an den Gesellschaften X und Y beteiligt, die sich mit der Projektierung (X) bzw. dem Betrieb (Y) von alternativen Energiegewinnungsanlagen beschäftigen. Wegen der geschäftlichen Verbundenheit betreiben V und S eine abgestimmte Geschäftspolitik; in Gesellschafterversammlungen wurde stets einvernehmlich abgestimmt. Zur Vorbereitung eines Börsengangs (IPO) bringen V und S ihre Anteile an X und Y in die NewCo ein. Ist aus Sicht der NewCo auf die übernommenen Anteile IFRS 3 anzuwenden, oder liegt common control vor?

V	S	V S
25%/60%	75%/40%	50%/50%
X/Y	X/Y	NewCo
		100%
		X Y

V und S sind als Familienmitglieder nahe stehende Personen i.S.v. IAS 24 (Rz. 4768). Daher besteht auch ohne schriftliche Vereinbarung die widerlegbare Vermutung, dass V und S abgestimmt handeln und die X und die Y gemeinsam beherrschen.[1] Diese Vermutung wird hier nicht widerlegt. Die Tatsache, dass NewCo im Wege des IPO veräußert wird, steht der „nicht nur vorübergehenden Beherrschung" nicht im Wege, da insoweit auf den langen Zeitraum vor Einbringung abzustellen ist. Es liegt somit eine Transaktion unter common control vor, da sich durch die Einbringung an den Beherrschungsverhältnissen nichts geändert hat.

Sind V und S keine Familienmitglieder, sind bei fehlenden schriftlichen Vereinbarungen das tatsächliche Geschäftsgebaren und eine abgestimmte oder konträre Beschlussfassung in Gesellschafterversammlungen zu würdigen. Langjährige Geschäftsfreunde, die gemeinsam ein Geschäft aufgebaut haben, können danach eher unter die Common control-Regelung fallen, als erwachsene Geschwister, die jeweils ihre eigenen Ziele verfolgen (und daher die o.g. Common control-Vermutung widerlegen). 3542

11.6.2 Bilanzierungsfolgen: Wahlrecht zwischen Erwerbsmethode und Interessenzusammenführungsmethode

Da Common control-Transaktionen explizit nicht dem IFRS 3 unterliegen, liegt nach h.M. insofern ein bewusster Regelungsverzicht vor, der über IAS 8.11 f. durch Rückgriff auf Vorschriften und Verlautbarungen anderer Standardsetter zu schließen ist[2] (Rz. 825). Danach gilt bei Common control-Transaktionen ein Wahlrecht bzgl. 3543

– Anwendung der **Erwerbsmethode** (z.T. wird diese davon abhängig gemacht, ob eine Transaktion mit „wirtschaftlicher Substanz" vorliegt[3]) und

---

1 Vgl. *Ernst&Young*, International GAAP 2009, S. 763 f., ebenso zum Folgenden.
2 Vgl. *Ernst&Young*, International GAAP 2009, S. 767, *Lüdenbach* in Haufe IFRS-Kommentar, 7. Aufl. 2009, § 31 Rz. 169.
3 Vgl. *Ernst&Young*, International GAAP 2009, S. 768, *Andrejewski*, BB 2005, 1436 (1437); a.A. *Köster/Mißler* in Thiele/von Keitz/Brücks, Internationales Bilanzrecht, 2008, IFRS 3 Rz. 118, die ein Verbot zur Anwendung der Erwerbsmethode in von IFRS 3 ausdrücklich nicht erfassten Sachverhalten sehen.

– der Buchwertfortführung, d.h. Anwendung der Grundsätze der **Interessenzusammenführungsmethode**.[1]

> **Beispiel** (Fortführung von Rz. 3541).
> Die Beteiligungen an X und Y werden am 31.12.02 in die NewCo eingebracht. Nach Anpassung an die konzerneinheitliche Bewertung betrage die Summe der Buchwerte (Eigenkapital) in den Einzelabschlüssen von X und Y 1000. Die Beteiligungen sind im Einzelabschluss der NewCo (a) zu Zeitwerten (3000) bzw. (b) zu den Anschaffungskosten der Gesellschafter V und S (zusammen 400) angesetzt.
>
> Wird das Wahlrecht zu Gunsten der **Interessenzusammenführungsmethode** ausgeübt, ist das Nettovermögen von X und Y im Konzernabschluss der NewCo zum 31.12.02 mit 1000 anzusetzen und eine Differenz zu den Beteiligungsbuchwerten erfolgsneutral mit dem Eigenkapital der NewCo zu verrechnen, d.h. dass das im Einzelabschluss der NewCo ausgewiesene Eigenkapital ebenfalls auf 1000 zu adjustieren ist (Verringerung um 2000 bei (a) bzw. Erhöhung um 600 bei (b)). Gemäß den Grundsätzen der Interessenzusammenführungsmethode ist es zweckmäßig, die Abschlüsse, insb. die GuV, so darzustellen, als habe der Zusammenschluss bereits ab Beginn der frühesten Vergleichsperiode (hier: 1.1.01) bestanden.[2]
>
> Bei Bilanzierung nach der **Erwerbsmethode** ist zunächst zu prüfen, ob die Einbringung von X und Y eine **Transaktion mit wirtschaftlicher Substanz** darstellt. Dies ist **aus Sicht von V und S** zu bejahen, da diese damit einen IPO bewerkstelligen wollen. Falls aus Perspektive von X und Y jedoch ein reines Umhängen von Beteiligungen vorliegt, wäre die Erwerbsmethode nicht anwendbar und die stillen Reserven und eine Goodwill dürfen nicht ausgewiesen werden. **Abschlusspolitisch** besteht hier ein **Zielkonflikt** zwischen höherem Gewinnausweis auf Grund fehlender Abschreibungen und geringerem Eigenkapital.
>
> Wird dagegen eine **wirtschaftliche Substanz** bejaht, weil die Zusammenführung dem Erreichen strategischer Ziele dient, wäre die Erwerbsmethode anwendbar. In diesem Fall ist die NewCo in keinem Fall der Erwerber, sondern das größere der beiden Unternehmen X und Y. Dies führt zur Aufdeckung der Buchwerte entweder bei X oder Y (s. zur Begründung und den weiteren Bilanzierungsfolgen für den Konzernabschluss der NewCo Rz. 3571 ff.).

3544–3549 frei

---

[1] Diese Methode ist zwar bei Transaktionen, die unter IFRS 3 fallen, nicht mehr zulässig (Rz. 3222), aber gerade daher bei einer explizit von IFRS 3 ausgenommenen Transaktion möglich, vgl. *Köster/Mißler* in Thiele/von Keitz/Brücks, Internationales Bilanzrecht, 2008, IFRS 3 Rz. 119.

[2] Vgl. *Ernst&Young*, International GAAP 2009, S. 777 ff.

11.7 Konzerninterne Transaktionen

11.7.1 Innerhalb eines Gesamtkonzerns

Bei internen Vorgängen innerhalb eines Gesamtkonzerns (Verschmelzungen, Abspaltungen, Umhängen von Tochterunternehmen, Gründung von Zwischenholdings etc.) ist aus Sicht der Konzernmutter gar keine Änderung der Control erfolgt. Daher liegt ein Unternehmenszusammenschluss nach IFRS 3 bereits dem Grunde nach nicht vor[1], so dass es der Common control Ausnahme nicht bedarf. Ggf. aus diesen Transaktionen resultierende Ergebnisse sind nach IAS 27.21/IAS 27.24 (2004) im Rahmen der Zwischengewinneliminierung zu stornieren. Dies gilt auch bei Beteiligung von Minderheiten, da das den Minderheiten zuzurechnende Nettovermögen bereits im Konzernabschluss erfasst ist. Allenfalls kann es zu Verschiebungen zwischen Minderheitenkapital und Eigenkapital der Konzernmutter kommen; wir gehen hierauf in Rz. 3760 ff. ein.

3550

11.7.2 Zwischen berichtendem Teilkonzern und Gesamtkonzern

Transaktionen eines nach IFRS bilanzierenden Teilkonzerns mit dem ebenfalls nach IFRS bilanzierenden Gesamtkonzern fallen als Common control-Transaktionen nicht unter IFRS 3:

3551

Beispiel:

Der börsennotierte Teilkonzern T sei wegen der Emission von Schuldverschreibungen zur Aufstellung eines (Teil-)Konzernabschlusses verpflichtet (Rz. 110). T erwirbt von der Muttergesellschaft M im Rahmen einer strategischen Neuausrichtung des Konzerns die Beteiligung B zum Preis von 100 Mio. Euro. M hatte in ihrem Konzernabschluss das Nettovermögen der B inklusive Goodwill im Veräußerungszeitpunkt mit 60 Mio. Euro angesetzt. Das Nettovermögen der B in ihrem Einzelabschluss betrage 25 Mio.

In *Teilkonzernabschlüssen* hängt die Aufdeckung stiller Reserven davon ab, ob dieser als **Teil des Gesamtkonzernabschlusses** interpretiert wird oder aber als eigenständiger Abschluss (*separate entity approach*). Im ersten Fall wird eine Aufdeckung abgelehnt, im zweiten Fall befürwortet. Das IDW hält beide Sichtweisen für zulässig.[2] Voraussetzung ist aber, dass die Transaktion wirtschaftliche Substanz hat, d.h. nicht bei **bloßem rechtlichen Umhängen von Beteiligungen (*legal reframing*)**.[3]

---

[1] Vgl. IDW RS HFA 2, Tz. 34; im Ergebnis mit etwas anderer Begründung gl.A. *Ernst& Young*, International GAAP 2009, S. 769 und 781 ff.: Buchwertfortführung, da die konzerninternen Transaktionen aus Sicht der Konzernmutter ohne Substanz sind.

[2] Vgl. IDW RS HFA 2, Rz. 34 ff. Zum Teil wird der *separate entity approach* nur bei börsennotierten Teilkonzernen für zulässig gehalten, vgl. *Küting/Wirth*, KoR 2007, 708.

[3] Vgl. *Andrejewski*, BB 2005, 1436 (1437).

3552 Bei Interpretation als Teil des Gesamtkonzernabschlusses übernimmt B die bisherigen Konzernbuchwerte (60 Mio. Euro, sog. „**predecesor accounting**"[1]) und verrechnet die Differenz zu ihren Anschaffungskosten (40 Mio. Euro) erfolgsneutral mit dem Eigenkapital.[2]

3553 Beim **separate entity approach** wird dagegen die Erwerbsmethode angewendet, insbesondere da die Transaktion eine wirtschaftliche Substanz aufweist. Dies führt zu einer Bilanzierung des Erwerbs von B nach IFRS 3, also zu einem Ansatz i.H.v. 100 Mio. Euro. Diese Lösung wird jedoch für den Fall abgelehnt[3], dass zugleich eine reverse acquisition vorliegt (dies wird regelmäßig der Fall sein, wenn T die Beteiligung an B gegen Ausgabe von Anteilen erwirbt, Rz. 3560 f.). Uns scheint diese Wertung nicht sachgerecht, da die Annahme einer **reverse acquition** die Teilkonzerngrenzen überschreiten und daher mit dem separate entity approach kollidieren würde. U.E. kommt eine Aufdeckung der Marktwerte im Teilkonzern unabhängig vom Durchführungsweg (Erwerb gegen Zahlungsmittel oder gegen Ausgabe von Anteilen) in Betracht.

3554–3559 frei

11.8 Umgekehrter Unternehmenserwerb (reverse acquisition)

11.8.1 Sachverhalt

3560 Bei der reverse acquisition erwirbt ein formalrechtlicher Erwerber (MU) durch Ausgabe von Anteilen zwar die Mehrheit an einem Tochterunternehmen (TU), die Verkäufer (bisherige Gesellschafter der TU) erlangen aber auf Grund des Tauschs ihrer Anteile ihrerseits die Mehrheit an MU.

> **Beispiel** (Abwandlung von Rz. 3231)
>
> Fall (3): Der mittelständische Automobilzulieferer S erwirbt den dreimal größeren Reifenhersteller C und „bezahlt" den Erwerb von C durch die Ausgabe neuer Anteile, wobei die Kapitalerhöhung wegen des hohen Unternehmenswertes von C im Verhältnis 1:3 erfolgt.

---

1 Angelehnt an *Kasperzak/Lieck*, DB 2008, 769 f. unter Hinweis auf SFAS 141 Appendix D8-13.
2 Teilweise wird noch die Übernahme der einzelbilanziellen Werte von B (25 Mio. Euro) wahlweise für zulässig gehalten, vgl. *Ernst&Young*, International GAAP 2009, S. 776 f. Dies erscheint uns nicht sachgerecht, da das Nettovermögen mit einem höheren Wert im Gesamtkonzernabschluss enthalten war.
3 Vgl. *Andrejewski*, BB 2005, 1436 (1438).

IV. Unternehmenserwerb und Kapitalkonsolidierung (IFRS 3)

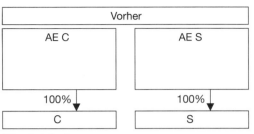
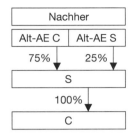

AE = Anteilseigner

Nach der Transaktion hat S zwar die Mehrheit an C erworben, die bisherigen Aktionäre von C haben aber ihrerseits auf Grund des Tauschs die Mehrheit (75 %) an S erlangt. Aus diesem Grund wird für Zwecke der Konsolidierung nicht mehr der formalrechtliche Erwerber S, sondern die C als Erwerber betrachtet (IFRS 3.B15/IFRS 3.21 [2004]). Zwar stellt S weiterhin den Konzernabschluss (IAS 27) auf. Weil C jedoch als wirtschaftlicher Erwerber gilt, werden darin die Buchwerte von C fortgeführt (!) und die stillen Reserven und ein Goodwill der S (!) aufgedeckt.

Die **Relevanz** der reverse acquition ist bei „*normalen*" Akquisitionen gering; 3561 Eine (feindliche) Übernahme, C durch S, wird kaum dergestalt finanziert werden, dass sich die Übernehmer anschließend in der Minderheitenposition wiederfinden. Sie tritt in der Praxis jedoch gelegentlich dann auf, wenn ein größeres nicht börsennotiertes Unternehmen durch einen Unternehmenszusammenschluss mit einem kleineren börsennotierten Unternehmen **indirekt** einen **kostengünstigen Börsengang** durchführen möchte.[1]

11.8.2 Bilanzierung

Die Bilanzierung der reverse acquisition sei an folgendem praxisrelevanten 3562 Beispiel demonstriert:

Die Gesellschafter der großen, aber nicht börsennotierten TU wollen mittels der relativ kleinen, aber börsennotierten MU eine kostengünstige Börsennotierung erlangen. Zu diesem Zwecke bringen sie die TU in die MU ein: MU führt entsprechend der Relation der Marktwerte eine Kapitalerhöhung im Verhältnis 1:3 durch, wodurch die bisherigen Gesellschafter der TU die Mehrheit an MU (75 %) erwerben:

---

[1] Z.B. Articon-Integralis AG (Übernahme der britischen Integralis Gruppe durch die Articon Information Systems AG), vgl. mit weiteren Beispielen *Weiser*, KoR 2005, 487 (490).

D. Konsolidierung

	TU	MU	Struktur nach Erwerb	
		(vor Erwerb der TU)	Ehemalige Anteilseigner (AE) TU	Alt-AE MU
Eigenkapital lt. Bilanz	**5000**	**1000**	75%	25%
stille Reserven	1000	700	MU 100% TU	
Goodwill	6000	2300		
Marktwerte	**12 000**	**4000**		

3563 Die *reverse acquisition* ist am besten verständlich, wenn man sie vom Ergebnis her betrachtet: Ausgehend vom *rechtlichen Erwerber* (MU) verändert sich das Eigenkapital wie folgt:

	1.1.01 EK MU	stille Reserven/ Goodwill MU	Buchwert TU	31.12.01 KA
Eigenkapital	**1000**	**3000**	**5000**	**9000**

Die **Eigenkapitalentwicklung** bringt klar den wirtschaftlichen Gehalt der Transaktion zum Ausdruck, und zwar (a) die Aufdeckung der stillen Reserven und des Goodwill beim wirtschaftlich erworbenen Unternehmen MU (zusammen 3000) und (b) die Fortführung der Buchwerte (5000) des in die MU eingelegten wirtschaftlichen Erwerbers TU (*keine* Aufdeckung der stillen Reserven und der Goodwill der TU von zusammen 7000).

3564 Bei der **Konsolidierung** sind jedoch einige Besonderheiten zu beachten, die daraus resultieren, dass der **Konzernabschluss** zwar **im Namen des rechtlichen Erwerbers** (MU) veröffentlicht wird, sich aber **wirtschaftlich als Fortsetzung des Abschlusses des wirtschaftlichen Erwerbers** (TU) darstellt (IFRS 3.B21/ IFRS 3.B7 [2004]):

– Bspw. erscheint im Konzernabschluss des rechtlichen Erwerbers MU das Jahresergebnis der TU und das nach der Transaktion von MU erzielte Ergebnis (inkl. Abschreibung auf stille Reserven).

– Als **Vorjahresvergleichszahlen** sind die Werte der TU anzugeben (IFRS 3.B21/IFRS 3.B7d [2004]).

Der gesamte Vorgang und die Abweichungen zum Vorjahresabschluss der MU sind im Anhang zu erläutern (IFRS 3.B21).

IV. Unternehmenserwerb und Kapitalkonsolidierung (IFRS 3)

	TU		MU			Summen-bilanz	Anteile an TU	stille Reserven/ Goodwill MU	Konzern-abschluss
	wirtschaftl. MU		rechtliches MU						
	rechtliches TU		wirtschaftliches TU						
			vor Erwerb	Erwerb TU	nach Erwerb		Buchung (1)	Buchung (2)	
diverse Aktiva	5 000		1 000		1 000	6 000		700	6 700
Goodwill	0		0		0	0		2 300	2 300
Anteile TU	0		0	12 000	12 000	12 000	– 12 000		0
Aktiva	**5 000**		**1 000**	**12 000**	**13 000**	**18 000**	**– 12 000**	**3 000**	**9 000**
gezeichnetes Kapital	500		1 000	3 000	4 000	4 500	– 500		4 000
Kapitalrücklage	0		0	9 000	9 000	9 000	– 11 500	3 000	500
Gewinnrück-lagen	4 500		0		0	4 500			4 500
Eigenkapital = Passiva	**5 000**		**1 000**	**12 000**	**13 000**	**18 000**	**– 12 000**	**3 000**	**9 000**
stille Reserven	1 000		700		700				1 000
Goodwill	6 000		2 300		2 300				6 000
Marktwerte	**12 000**		**4 000**		**12 000**	**16 000**			**16 000**

- Bei MU wird der rechtliche Erwerb der TU abgebildet (Zugang der Anteile in Höhe der **tatsächlichen Gegenleistung/Anschaffungskosten** = Marktwert TU von 12 000 und die entsprechende Kapitalerhöhung). Diese tatsächlichen Anschaffungskosten (12 000) sind aber *im Konzernabschluss* wegen der Buchwertfortführung bei TU nicht relevant.

- Davon zu unterscheiden sind **fiktive Anschaffungskosten** des wirtschaftlichen Erwerbers (TU) **für Anteile an MU**. Diese entsprechen dem Marktwert des rechtlichen Erwerbers (MU) *vor* der Transaktion (4000, s.o.) und sind auch materiell von Bedeutung, da sie den Maßstab für die bei MU ggfs. vorhandenen und aufzudeckenden stillen Reserven bzw. einen Goodwill darstellen.

- Die **Gewinnrücklagen** von *TU* werden fortgeführt (IFRS 3.B22c/IFRS 3.B7b [2004]). Andererseits wird aber das **gezeichnete Kapital** der *MU* (4000) übernommen, weil diese den Konzernabschluss aufstellt (IFRS 3.B22d/IFRS 3.B7c [2004]). Aus diesem Grund wird der Beteiligungsbuchwert bei *MU* (12 000) mit dem gezeichneten Kapital von *TU* (500), den bei *MU* ggf. vorhandenen Gewinnrücklagen (im Beispiel 0) und im Übrigen gegen die bei *MU* bilanzierte Kapitalrücklage verrechnet (**Buchung 1**).

- **Buchung 2** berücksichtigt den Marktwert bei MU (zusätzlicher Ausweis stiller Reserven von 700 und eines Goodwill in Höhe von 2300) auf Basis der fiktiven Anschaffungskosten der TU. Die Gegenbuchung (Erhöhung der Kapitalrücklage um 3000) ahmt praktisch die Einstellung eines Agios im Rahmen einer Sacheinlage nach.

Abweichend von Rz. 3563 wird der **Eigenkapitalspiegel** *von MU im veröffentlichten Abschluss* mit entsprechender Anhangerläuterung ausgehend vom Anfangsstand des Eigenkapitals der *TU* entwickelt, da der Konzernabschluss eine Fortsetzung des Abschlusses des rechtlich erworbenen Unternehmens (TU) darstellen soll (s.o.). Zur TU ist demnach entsprechend dem wirtschaftlichen Gehalt die MU zu „Anschaffungskosten" (Marktwerten) hinzugekommen:

	1.1.	Änderung Konsolidierungskreis	31.12.
gezeichnetes Kapital (der MU)	500	3500	4000
Kapitalrücklage	0	500	500
Gewinnrücklagen (der TU)	4500	0	4500
Eigenkapital insgesamt	**5000**	**4000**	**9000**

3566 In Bezug auf die **Wertfindung der MU**, d.h. die **Bestimmung der (fiktiven) Anschaffungskosten** ist wie folgt zu unterscheiden:

- Ist nur die **MU börsennotiert**, nicht jedoch die TU, ist grundsätzlich der Marktwert der MU (Börsenkapitalisierung) vor Erwerb (4000) relevant (IFRS 3.IE5).

- Sind MU und TU börsennotiert und reflektiert das **Umtauschverhältnis** exakt die Wertrelationen, bleibt es bei dem Betrag von 4000.

- Sind MU und TU börsennotiert und entspricht das **Umtauschverhältnis nicht den Wertverhältnissen**, etwa weil die Anteilseigner der TU den Vorteil aus der Börsennotierung honorieren und sich trotz der Einbringung von 75 % der Marktwerte z.B. nur mit einem Anteil von 70 % an MU zufrieden geben, dann hat aus deren Sicht die MU nicht mehr einen Wert von 4000 (25 % von 16 000 oder 12 000/75 % × 25 %), sondern von 12.000/70 % × 30 % = 5143.[1] Die Differenz von 1143 spiegelt den von den Anteilseignern der TU vergüteten Mehrpreis wider.[2] In diesem Fall würden die Anschaffungskosten 5143 statt 4000 betragen und ein höherer Goodwill ausgewiesen.

- Die gleiche Berechnung der Anschaffungskosten (ausgehend von TU) ist durchzuführen, wenn der Börsenkurs der MU wegen besonderer Marktenge nicht verlässlich erscheint oder wenn MU und TU nicht börsennotiert sind.

3567 Bezüglich der **Minderheiten** wird die ansonsten angewandte wirtschaftliche Betrachtungsweise durchbrochen, denn als Minderheiten werden nicht die bisherigen Altanteilseigner der MU angesehen, die durch die Transaktion ihre Mehrheit verloren haben, sondern die ggfs. noch vorhandenen Fremdgesellschafter der TU (IFRS 3.B23/IFRS 3.B10 [2004]): Bringen z.B. 20 % der Anteilseigner der TU ihre Anteile *nicht* in die MU ein, ist die TU ebenfalls voll zu konsolidieren unter Ausweis eines Minderheitenanteils von 20 % der *Buchwerte der TU* (1000 = 20 % von 5000), vgl. IFRS 3.B22e, 3.B24 bzw. IFRS 3.B11 (2004).[3]

3568 Zum (Konzern)-**Ergebnis je Aktie** vgl. IFRS 3.B25 f. und IE9 f. bzw. IFRS 3.B12 ff. (2004).

3569 frei

---

1 Diesem in IFRS 3.B20 und IFRS 3.IE4 f. bzw. IFRS 3.20 (2004) enthaltenen Schema liegt (nur für die Berechnung der fiktiven Anschaffungskosten) die Fiktion zugrunde, als habe TU durch Ausgabe von Anteilen MU erworben.
2 Vgl. *Lüdenbach* in Haufe IFRS-Kommentar, 7. Aufl. 2009, § 31 Rz. 181.
3 Davon unabhängig wird immer der volle Wert von MU (100 %) aufgedeckt; eine ggf. auf Basis des Marktwertes der TU erfolgte Wertberechnung der MU (Rz. 3566) geschieht ebenfalls durch Hochrechnung, ausgehend von dem niedrigeren eingebrachten Anteil.

11.9 Neugründung von Holdings (Sacheinlagen)

Wird zur Durchführung eines Unternehmenserwerbs eine **neue Holding** gegründet, ist diese trotz Kontrollerwerbs nicht automatisch der Erwerber i.S.v. IFRS 3:

3570

Beispiel (Abwandlung von Rz. 3231):

Fall (4): Der Hedgefonds H gründet ein Akquisitionsvehikel (NewCo), das alle Anteile an S und C gegen Hingabe von Zahlungsmitteln erwirbt.

Fall (5): Die Aktionäre von S und C einigen sich darauf, ihre Unternehmen gegen Anteile in eine neue Gesellschaft (NewCo) einzubringen bzw. auf die NewCo zu verschmelzen.

Bei (überwiegender) **Hingabe von Zahlungsmitteln**, Fall (4), ist grundsätzlich die NewCo der Erwerber (IFRS 3.B18a.E./IFRS 3.22 i.V.m. 3.19 [2004]). Es gibt keine Altaktionäre an S und C mehr, einziger Akteur ist H bzw. dessen Anteilseigner; siehe auch schon Fall (1), Rz. 3231.

Wird der Unternehmenserwerb dagegen mittels **Ausgabe von Anteilen** bewirkt (Fall (5), **Sacheinlage**), ist *nicht* das neu gegründete Unternehmen (NewCo) der Erwerber, sondern das größere der beteiligten Unternehmen oder dasjenige, dessen vormalige Anteilseigner die meisten Stimmrechte oder den größeren control-begründenden Einfluss haben (sog. **Holdingregelung**, IFRS 3.B18 i.V.m. B15 ff./IFRS 3.21 f. [2004]).

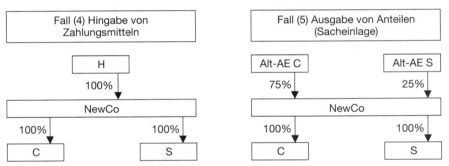

Fall (5) wird so gewertet, als habe das größere Unternehmen (C) das kleinere (S) *direkt* erworben (IFRS 3.BC100). Die NewCo stellt zwar den Konzernabschluss auf, weil sie Kontrolle i.S.v. IAS 27 ausübt. C ist aber ökonomisch der Erwerber, weil dessen Altaktionäre wiederum die NewCo beherrschen.[1]

---

[1] Streng genommen läuft die Fiktion zu Sacheinlagen ebenso wie die *reverse acquisition* zumindest nach IFRS 3 (2008) ins Leere, da IFRS 3.7, 3.B13 in Bezug auf die Bestimmung des Erwerbers einen uneingeschränkten Verweis auf den IAS 27 enthält und der formalrechtliche Erwerber (NewCo) unzweifelhaft die Kontrolle i.S.v. IAS 27 erworben hat. Doch nur wenn der Erwerber danach nicht eindeutig („*clear*") bestimmt werden kann, ist auf die Kriterien der IFRS 3.B14 ff. zurückzugreifen. Sollte danach eine Unklarheit über das Bestehen einer control nach IAS 27 verbleiben, hätte diese Unklarheit innerhalb des IAS 27 beseitigt werden müssen. Die Ursache für diese

Variante: Der Fall, dass die Anteilseigner von C und S eine NewCo in bar gründen und diese anschließend C und S erwirbt, wäre wie Fall (5) und nicht wie Fall (4) zu würdigen, denn bei Fall (4) ist ein Kontrollverlust der alten Anteilseigner erfolgt[1], während in der Variante wirtschaftlich ebenfalls ein Erwerb der S durch C stattgefunden hat.

3571 Im Rahmen der **Konsolidierung** hat die Erwerbereigenschaft von C im Fall (5) demnach folgende Konsequenzen:
- Der Konzernabschluss ist von der NewCo aufzustellen.
- Innerhalb dieses Konzernabschlusses wird das darin enthaltene Alt-Unternehmen C *wie ein Erwerber* behandelt.
- Als Folge sind im Konzernabschluss der NewCo die Buchwerte der C fortzuführen und die stillen Reserven sowie ein Goodwill der S aufzudecken.
- Ausgehend vom Summenabschluss ist bei der Konsolidierung der C durch die NewCo der Unterschiedsbetrag zwischen dem Beteiligungsansatz der C im Einzelabschluss der NewCo und dem Eigenkapital (HB II)[2] der C mit dem Eigenkapital der NewCo zu verrechnen.

Diese Grundsätze gelten unabhängig davon, ob C und S als **selbständige Tochtergesellschaften** bestehen bleiben oder **auf NewCo verschmolzen** werden.

3572 Die **Holdingregelung** und die *reverse acquisition* weisen Parallelen auf, weil die ehemaligen Anteilseigner der C im Fall (5) nun die NewCo beherrschen. Nach IFRS 3.B19 a.E. ist jedoch *formal* dann *keine reverse acquisition* gegeben, wenn die NewCo kein *business* i.S.v. IFRS 3 betreibt, also z.B. nur Verwaltungsaufgaben übernimmt (Rz. 3210 ff.). Dennoch wird auch in diesem Fall im Wege der Lückenfüllung eine Bilanzierung *entsprechend der reverse acquisition* bejaht[3], d.h. der Konzernabschluss der NewCo wird so aufgestellt, als bestehe die C lediglich unterhalb der Hülle der NewCo fort.[4] Dies wirkt sich wie folgt aus (Rz. 3564):
- In Bezug auf den **Eigenkapitalausweis im Konzernabschluss der NewCo** werden die *Gewinnrücklagen der C* fortgeführt, (IFRS 3.B22c/IFRS 3.B7b [2004]).
- Außerdem sind als **Vorjahreswerte** *die Zahlen von C* zu veröffentlichen (IFRS 3.B21a.E./IFRS 3.B7d [2004]).

3573 Überschneidungen zur *reverse acquisition* ergeben sich praktisch immer bei der **Änderung von Holdingstrukturen**, und zwar sowohl bei Erweiterungen nach unten als auch nach oben:

Unebenheit liegt darin, dass die Gesellschaftersphäre in die Betrachtung einbezogen wird, was jedoch dem auch nach IFRS geltenden Prinzip der Trennung von Gesellschafts- und Gesellschaftersphäre widerspricht, vgl. kritisch zur *reverse acquisition* bereits *Mujkanovic*, WPg 2000, S. 637 (641).

1 Vgl. *Ernst&Young*, International GAAP 2009, S. 642.
2 Beachte: HB II, also ohne Aufdeckung stiller Reserven/Lasten.
3 Hierdurch wird S aber nicht ebenfalls Erwerber, sondern bleibt erworbenes Unternehmen.
4 vgl. *Ernst&Young*, International GAAP 2009, S. 779 ff.

- Die Anteilseigner von S bringen alle Anteile an S in eine Zwischenholding (NewCo) ein.
- Der Konzern A „gibt sich eine neue Oberholding" NewCo, indem alle Anteilseigner der A ihre Anteile in die NewCo einbringen und hierfür Anteile an NewCo erwerben:

Auf Grund der Holdingregelung ist nicht die NewCo, sondern S bzw. A der Erwerber (der NewCo), so dass S bzw. A die Buchwerte fortführen. Zugleich weist die NewCo die Gewinnrücklagen bzw. die Vorjahresergebnisse von S bzw. A aus (Rz. 3572).

frei 3574

11.10 Interessenzusammenführung

Bei **Interessenzusammenführung** von in etwa gleich großen und starken Partnern (**true merger**) muss der Erwerber nach den Kriterien des IFRS 3.B15-17/ IFRS 3.20 (2004) (Größe, Stimmrechtsgewicht bzw. Managementeinfluss der ehemaligen Anteilseigner, die Frage, wer das größere Aufgeld bezahlt hat etc.). bestimmt werden. 3575

Bei mehr als zwei an der Zusammenführung beteiligten Unternehmen ist etwa das Unternehmen mit einem überdurchschnittlich hohen Stimmrechtsanteil bzw. mit einer entsprechenden Unternehmensgröße der Erwerber, oder derjenige, der die Initiative zur Zusammenführung ergriffen hat (IFRS 3.B15b, 17/IFRS 3.23 [2004]). In **Mischfällen** (teilweise Ausgabe von Anteilen und teilweise Hingabe von Zahlungsmitteln) ist der Erwerber unter Abwägung aller Merkmale sachgerecht zu bestimmen. 3576

frei 3577–3589

12. Anhangangaben

Zu den nach IFRS 3 (2004), Stand 1.1.2009 erforderlichen **Anhangangaben** über Art und Auswirkung von Unternehmenserwerben verweisen wir i.E. auf die Anhang-Checkliste in Abschnitt H. Die Anhangangaben nach IFRS 3 (2008), Stand 1.7.2009, sind zusätzlich auf der Anhang-CD enthalten. 3590

IFRS 3.B65 weist angesichts der Fülle an Informationen darauf hin, dass diese für im Einzelfall unwesentliche Unternehmenszusammenschlüsse in zusammengefasster Form gemacht werden können. In der Praxis wird die Aufgliederung des übernommenen Vermögens, die Berechnung des Goodwill/bargain purchase, die Zusammensetzung der Gegenleistung/Anschaffungskosten und die Minderheiten mit den nach IAS 7 erforderlichen Angaben bei den Erläuterungen zu Konsolidierungskreisänderungen zusammengefasst. In Rz. 4480 zeigen wir ein mit unserem Beispiel zur Konzernkapitalflussrechung kompatibles Beispiel.

Für den Goodwill ist die Darstellung seiner Entwicklung gefordert (IFRS 3.B67d); diese kann problemlos in den Anlagenspiegel integriert werden (s. Rz. 1090).

3591 Zur Darstellung von Veränderungen des Konsolidierungskreises im Anlagenspiegel (Hinweis auf Rz. 1090), bei der Kapitalflussrechnung Rz. 4457 und im Eigenkapitalspiegel Rz. 4373.

3592–3599 frei

V. Quotenkonsolidierung (IAS 31)

1. Überblick und Wegweiser

1.1 Standards und Anwendungsbereich

3600 Zur Abbildung von Gemeinschaftsunternehmen (Rz. 3040) im Konzernabschluss kann entweder die Quotenkonsolidierung oder die Equity-Methode herangezogen werden (Rz. 3650). Das Wahlrecht ist einheitlich für alle Gemeinschaftsunternehmen auszuüben.

3601 Wagniskapitalgesellschaften, Fonds, fondsgebundene Lebensversicherungen u.Ä. haben *zusätzlich* das Wahlrecht, ihre Anteile an Gemeinschaftsunternehmen statt nach IAS 31 **bei erstmaliger Erfassung** entweder

a) der Kategorie **at fair value through profit or loss** zu designieren oder

b) nach der Kategorie **held for trading** zu klassifizieren (IAS 31.1), was voraussetzt, dass die entsprechenden Klassifizierungsmerkmale (Handels- bzw. Spekulationsabsicht, Rz. 1833) vorliegen.

In beiden Fällen erfolgt dann eine erfolgswirksame Fair value-Bilanzierung. Während die Designation gem. a) jedoch endgültig ist, kann u.E. seit der Änderung des IAS 39 im Oktober 2008 unter den Bedingungen des Rz. 1848 die Kategoriezuordnung beendet werden. Anders aber als nach Rz. 1848 kommt dann nicht die Zuordnung der Anteile in available-for-sale, sondern nur die Anwendung der Quotenkonsolidierung gem. IAS 31 in Betracht. Wir nehmen an, dass der IASB diese Folgen aus den neuen Umgliederungsvorschriften des IAS 39 im Oktober 2008 nicht abgesehen hat.

3602 Einige Änderungen des IFRS 3 (2008) gegenüber seiner Vorgängerversion, Rz. 3201, haben auch für die Quotenkonsolidierung Bedeutung:

– Geänderte Ansatz- (Rz. 3280 ff.) und Bewertungsvorschriften (Rz. 3350 ff.) wirken sich bei der Aufteilung des Beteiligungsbuchwerts auf Goodwill und übriges Nettovermögen aus.

– Anschaffungsnebenkosten sind als Aufwand zu erfassen (Rz. 3255).

– Bedingte Kaufpreiszahlungen sind im Erwerbszeitpunkt zu schätzen (Rz. 3260).

– Zu Neuerungen bei der Übergangskonsolidierung s. Rz. 3700 ff.

3603–3604 frei

1.2 Wesentliche Abweichungen zum HGB

Die BilMoG-Änderungen im Vergleich zum HGB (alt) betreffen im Bereich der Quotenkonsoldierung nur die Goodwill-Abschreibung: 3605

	HGB (alt)	HGB idF BilMoG	IFRS
Regelung	§ 310 HGB/DRS 9		IAS 31
Wahlrecht Equity/Quote	Für jedes einzelne Unternehmen		einheitlich
Goodwillabschreibung	planmäßig/erfolgsneutrale EK-Verrechnung	planmäßig	Impairment-Test
Negativer Unterschiedsbetrag	Ausweis im Eigenkapital (§ 309 HGB)		Ertragsvereinnahmung des (bargain purchase)

1.3 Neuere Entwicklungen

Am 13.9.2007 ist der Entwurf zu „*Joint Arrangements*" veröffentlicht worden, der IAS 31 ersetzen soll. Wesentliche Änderung für Gemeinschaftsunternehmen ist die **Abschaffung der Quotenkonsolidierung** und die alleinige Zulässigkeit der Equity-Methode. Die Verabschiedung wird für 2009 erwartet. 3606

frei 3607–3609

2. Durchführung der Quotenkonsolidierung

Die einzelnen Schritte zur Durchführung der Quotenkonsolidierung enthält folgende Tabelle: 3610

Vorbereitung	konzerneinheitliche Ansatz- und Bewertungsnormen (IAS 31.33, s. Rz. 3080 ff.), d.h. HB II
Konsolidierung auf Basis Einzelabschluss/Konzernabschluss?	a) Keine expliziten Regelungen. Stellt das Gemeinschaftsunternehmen seinerseits einen KA auf, ist dieser u.E. zwingend der Konsolidierung zugrunde zu legen;[1] Die Partnerunternehmen haben bei gemeinschaftlicher Führung auch auf die konsolidierten Werte des Gemeinschaftsunternehmens entsprechenden Einfluss. b) Enthält der Konzernabschluss eines Gemeinschaftsunternehmens bereits Anteile anderer Gesellschafter, sind diese entsprechend anteilig zu übernehmen und u.E. auch als Minderheiten auszuweisen.
Abschlussstichtag	s. analog zur Vollkonsolidierung Rz. 3010.

---

[1] Dies entspricht auch der unstrittigen Auffassung nach HGB, vgl. *Busse von Colbe* u.a., Konzernabschlüsse, 8. Aufl. 2006, S. 504.

Übernahme in Konzernabschluss	Vermögenswerte und Schulden, Aufwendungen und Erträge des Gemeinschaftsunternehmens werden quotal (i.d.R. nach der Beteiligungsquote[1]) einbezogen
Neugründung	Sollte das Gemeinschaftsunternehmen von den Partnern neu gegründet worden sein (Bargründung oder Sacheinlage), entsteht bei der Kapitalkonsolidierung kein Unterschiedsbetrag
Erwerb der Anteile	Ermittlung der Gegenleistung (Rz. 3250 ff.) sowie (quotaler) Ansatz (Rz. 3280) und Bewertung (Rz. 3350) der erworbenen Vermögenswerte und Schulden analog zur Vollkonsolidierung. Ansatz der erworbenen Vermögenswerte und Schulden zum Fair value (Rz. 3350 ff.)
Goodwill	Ein aktiver Unterschiedsbetrag ist analog zur Vollkonsolidierung als **Goodwill** auszuweisen; keine planmäßige Abschreibung (Impairment-Only). Das Thema Full-Goodwill-Methode stellt sich nicht.
Bargain purchase	Ein passiver Unterschiedsbetrag (*bargain purchase*) ist (nach reassessement) sofort ertragswirksam zu erfassen (Rz. 3412 ff.).
Minderheiten	Nur insoweit, als ein quotal zu konsolidierender Konzernabschluss des Gemeinschaftsunternehmens seinerseits Minderheiten enthält.
Währungsumrechnung	a) Wegen der Beurteilung als Gemeinschaftsunternehmen wird hier regelmäßig die Einstufung als wirtschaftlich selbständige Teileinheit das zutreffende Ergebnis sein und daher die Umrechnung nach der **modifizierten Stichtagskursmethode** erfolgen (s. Rz. 3130 ff.). b) Zu latenten Steuern auf solche Währungsumrechnungsdifferenzen s. Rz. 2639 f.
Folgekonsolidierung	Analog Vollkonsolidierung, s. Rz. 3460 ff.
Zwischengewinneliminierung	Betrifft Transaktionen zwischen dem Gemeinschafts- und den Partnerunternehmen (Rz. 3837)
Entkonsolidierung	Quotaler Abgang, Ermittlung des Entkonsolidierungserfolgs:[2] Veräußerungserlös − Buchwerte der im Konzernabschluss erfassten Vermögenswerte des Gemeinschaftsunternehmens (= quotaler Buchwert aus der Handelsbilanz III) + Buchwerte der im Konzernabschluss erfassten Schulden des Gemeinschaftsunternehmens (= quotaler Buchwert aus der Handelsbilanz III) +/− im Eigenkapital des Konzernabschlusses erfasste Umrechnungsdifferenzen des Gemeinschaftsunternehmens

---

1 Weicht der Kapitalanteil vom vertraglich vereinbarten Gewinnanteil ab, wird auch eine Einbeziehung nach dem Gewinnanteil oder die gespaltene Einbeziehung für zulässig erachtet, vgl. hierzu *Baetge/Klaholz/Harzheim* in Baetge u.a. (Hrsg.), Rechnungslegung nach IFRS, 2007, IAS 31 Rz. 62 ff.

2 Ohne Minderheitenanteil, falls der Konsolidierung des Gemeinschaftsunternehmens sein Konzernabschluss zugrunde lag und in diesem Minderheitenanteile ausgewiesen waren; die Minderheiten werden erfolgsneutral entnommen.

	+/− im Eigenkapital des Konzernabschlusses erfasste Neubewertungsrücklage der Finanzinstrumente des Gemeinschaftsunternehmens
	− Restbuchwert eines dem Gemeinschaftsunternehmen zugeordneten Goodwills (Rz. 1530 ff.).
	= **Entkonsolidierungserfolg**

frei   3611–3619

3. Ausweis

In der *Darstellung* der quotal konsolidierten Gemeinschaftsunternehmen im Konzernabschluss eröffnet IAS 31.34 ein Wahlrecht: 3620

(a) Die anteilig übernommenen Vermögenswerte, Schulden, Aufwendungen und Erträge können mit den entsprechenden Abschlussposten des Konzerns zusammengefasst (*line-by-line*) werden oder

(b) die anteilig übernommenen Vermögenswerte, Schulden, Aufwendungen und Erträge werden innerhalb der Konzernbilanz und -GuV in *gesonderten Posten* (*separate line*) ausgewiesen.

In der Praxis üblich ist die Variante (a).

frei   3621–3629

4. Anhangangaben

Wir verweisen auf die Anhang-Checkliste (Abschnitt H.)   3630

frei   3631–3649

VI. Equity-Methode (IAS 28)

1. Überblick und Wegweiser

1.1 Standards und Anwendungsbereich

Die Anwendung der Equity-Methode ist auf Anteile an assoziierte Unternehmen (Rz. 3045) verbindlich und stellt für Gemeinschaftsunternehmen (Rz. 3040) ein Wahlrecht dar. Die Methode kommt nur im IFRS-Konzernabschluss in Betracht.   3650

Die Regelungen zur Equity-Methode enthält IAS 28, der zuletzt mit Wirkung ab 1.1.2005 überarbeitet und seither punktuell ergänzt worden ist.

Wagniskapitalgesellschaften, Fonds, fondsgebundene Lebensversicherungen u.Ä. haben *zusätzlich* das Wahlrecht, ihre Anteile an assoziierten Unternehmen statt nach IAS 28 bei erstmaliger Erfassung zur erfolgswirksamen Fair value-Bewertung nach IAS 39 vorzusehen; es gilt Rz. 3601 analog.   3651

Auch einige Änderungen des IFRS 3 (2008) gegenüber seiner Vorgängerversion haben Bedeutung für die Equity-Methode, s. 3602 analog.   3652

3653 Zuletzt ist IAS 28.33 im Rahmen des jährlichen Verbesserungsstandards 2008 (anzuwenden in Geschäftsjahren ab 1.1.2009)[1] geändert worden: Für Zwecke des Wertminderungstests nach IAS 36 werden Equity-Beteiligungen nunmehr als *ein Vermögenswert* angesehen. Ferner sind explizit Wertaufholungen hinsichtlich des gedanklich im Beteiligungsansatz enthaltenen Goodwill zugelassen (Rz. 3678).[2]

3654 frei

1.2 Wesentliche Abweichungen zum HGB

3655 Wesentlich Unterschiede zum HGB i.d.F. BilMoG liegen vor allem in der unterschiedlichen Bilanzierung des Goodwill:

	HGB (alt)	HGB i.d.F. BilMoG	IFRS
Regelung	§ 312 HGB/DRS 8		IAS 28
Erstkonsolidierungszeitpunkt	Erwerb der Anteile oder erstmalige Einbeziehung oder Zeitpunkt, zu dem das Unternehmen assoziiertes geworden ist (nur bei Erwerb von Anteilen zu verschiedenen Zeitpunkten)	Zeitpunkt, zu dem das Unternehmen assoziiertes geworden ist (§ 312 Abs. 3 HGB)	Zeitpunkt, zu dem das Unternehmen assoziiertes geworden ist (IAS 28.23)
Konsolidierung mit vorläufigem Nettovermögen	Nein	Ja, Anpassungsfrist 12 Monate	Nicht explizit, aber durch Generalverweis auf Bilanzierung Tochterunternehmen (IAS 28.20) u.E. ja, Anpassungsfrist 12 Monate
Getrennter Ausweis des Goodwill	Bei Buchwertmethode nein, bei Neubewertungsmethode möglich	nein	nein
Goodwillabschreibung	planmäßig/erfolgsneutrale EK-Verrechnung	planmäßig	Impairment-Test für den gesamten Equity-Ansatz
Negativer Unterschiedsbetrag	Ausweis im Eigenkapital (§ 309 HGB)		Ertragsvereinnahmung des (bargain purchase)

3656 frei

---

[1] In EU-Recht übernommen durch VO (EG) Nr. 70/2009 v. 23.1.2009 (ABl. EU Nr. L 21 v. 24.1.2009, S. 16).

[2] Zuvor war dies unklar; u.E. Wertaufholung mit Ausnahme des Goodwill zulässig, s. Vorauflage, Rz. 3533.

1.3 Neuere Entwicklungen

Zurzeit Fehlanzeige. 3657

frei 3658–3659

2. Vorbereitung der Equity-Methode

Die Equity-Methode ist ab dem Zeitpunkt anzuwenden, zu dem das Unternehmen ein assoziiertes geworden ist (IAS 28.23); dem folgt nun auch das HGB i.d.F. BilMoG (§ 312 Abs. 3 HGB). Zur Vorbereitung der Anwendung der Equity-Methode ist der Abschluss des assoziierten Unternehmens an **konzerneinheitliche Bilanzierungs- und Bewertungsmethoden**, falls möglich, anzupassen (IAS 28.26 f.; s. hierzu Rz. 3080 ff.). 3660

Die Regelungen des IAS 28.24 f. zur Frage, welcher **Abschlussstichtag** des assoziierten Unternehmens der Equity-Methode zugrunde gelegt wird, sind wie folgt zu lesen: Sind Konzernabschlussstichtag und Stichtag des assoziierten Unternehmens identisch, ist der entsprechende Abschluss des assoziierten Unternehmens heranzuziehen.[1] Weichen die Abschlussstichtage um *bis zu drei Monate* ab, kann noch der letzte Abschluss des assoziierten Unternehmens herangezogen werden, ggf. angepasst um sachgerechte Berichtigungen. Bei einer Abweichung von *mehr als drei Monaten* ist zwingend ein Zwischenabschluss aufzustellen (IAS 28.BC16). Wird ein Zwischenabschluss nicht geliefert, ist die Assoziierungsvermutung zu prüfen (Rz. 3047). 3661

Stellt das assoziierte Unternehmen einen **Konzernabschluss** auf, ist dieser zugrunde zu legen (IAS 28.21). 3662

Bei einer ggf. erforderlichen **Währungsumrechnung** dürfte nur die modifizierte Stichtagskursmethode in Betracht kommen (s. hierzu Rz. 3130 ff.). 3663

frei 3664

3. Erstkonsolidierung

Die Erstkonsolidierung bei der Equity-Methode entspricht insoweit einer anteilsmäßigen Erstkonsolidierung bei der Vollkonsolidierung: 3665

Anschaffungskosten Anteile	Die Anschaffungskosten der Beteiligung (analog zu IFRS 3, d.h. inkl. des Fair value bedingter Kaufpreiszahlungen, ohne Nebenkosten, Rz. 3255 f.).
Erstkonsolidierung	a) Die Anschaffungskosten sind *gedanklich* wie bei der Vollkonsolidierung in einen (anteiligen) Fair value des Nettovermögens und ggf. Goodwill oder excess zu unterteilen.

---

[1] *Nicht* jener, der ggf. schon ein Jahr alt ist. Kommt der Abschluss des assoziierten Unternehmens „zu spät", muss die Bewertung nach der Equity-Methode mit fortgeschriebenen Daten durchgeführt werden.

	b) Das Nettovermögen ist zum jeweiligen Fair value anzusetzen (analog IFRS 3.10 f., s. Rz. 3350 ff.)
	c) Der Goodwill ist – ebenso wie ein ggf. entstehender passiver Unterschiedsbetrag – grundsätzlich analog der **Vollkonsolidierung** zu behandeln (IAS 28.23).
	d) Ein **Goodwill** ist damit zu aktivieren, wird aber nicht vom Beteiligungsbuchwert getrennt (sog. *one line consolidation*), und eine planmäßige Abschreibung kommt nicht in Betracht (zum Impairment-Test s. Rz. 3676 ff.).
	e) Ein passiver Unterschiedsbetrag ist als *excess*[1] sofort erfolgswirksam zu erfassen und erhöht unmittelbar den Equity-Ansatz.[2]
Nebenrechnung	Die vorgenannten Unterschiede zwischen dem Nettovermögen und den Anschaffungskosten der Beteiligung sind gem. den Regelungen zur Vollkonsolidierung aufzudecken und in einer **Nebenrechnung** fortzuführen (IAS 28.23).

3666 Das folgende Beispiel verdeutlicht die Erstkonsolidierung:

Beispiel:

Das Mutterunternehmen (MU) erwirbt zum 31.12.01 eine Beteiligung von 40 % am assoziierten Unternehmen (AU). Der Kaufpreis beträgt 48 000 Euro.

AU bilanziert bereits nach IFRS. Die Notwendigkeit einer darüber hinausgehenden Anpassung an konzerneinheitliche Bilanzierungs- und Bewertungsmethoden besteht nach einer Überprüfung des Abschlusses nicht. Das bilanzielle Reinvermögen von AU betrage 74 000 Euro.

Ermittlung des Unterschiedsbetrags:

Kaufpreis der Beteiligung	48 000 Euro
./. anteiliges Eigenkapital (40 % von 74 000 Euro)	29 600 Euro
Unterschiedsbetrag	18 400 Euro

Die Buchwerte des kurzfristigen Vermögens und der Schulden von AU seien zugleich die Fair values. Der Buchwert bilanzieller Sachanlagen beträgt 60 000 Euro, der Fair value demgegenüber 88 000 Euro. Außerdem seien immaterielle Vermögenswerte von 15 000 Euro nicht angesetzt. In der nachfolgenden Aufstellung finden sich die Aufteilung und die Annahmen über die Nutzungsdauer aufgedeckter stiller Reserven unter Berücksichtigung latenter Steuern (Steuersatz 30 %) sowie die Berechnung des Goodwill:

---

1 IAS 28.23b spricht weiterhin von einem Überschuss der Anschaffungskosten über das einzeln identifizierbare Nettovermögen (*excess*) und nicht wie IFRS 3.34 ff. von einem *bargain purchase*.

2 Insoweit kann es – entgegen IAS 28.11 – zu einem Erstansatz oberhalb der Anschaffungskosten kommen.

Aufteilung des Unterschiedsbetrages

	Buchwert	Fair value	Differenz	**davon 40%**	Nutzungs-dauer in Jahren	Abschrei-bung p.a.
Immaterielle Vermögenswerte	0	15 000	15 000	**6 000**	4	1 500
Grundstücke	15 000	25 000	10 000	**4 000**	–	–
Gebäude	20 000	27 000	7 000	**2 800**	33	84
Bewegliches Anlagevermögen	25 000	36 000	11 000	**4 400**	5	880
Brutto insgesamt	60 000	103 000	43 000	**17 200**		2 464
Passive latente Steuern				– 5 160		– 739
Netto zusammen				12 040		1 725
Goodwill				6 360		–
Unterschieds-betrag				18 400		1 725

Diese Werte sind in einer Nebenrechnung fest zu halten und fortzuschreiben.

Für das vorangegangene Beispiel ist im Konzernabschluss von MU am 31.12.01 auszuweisen:
Anteile an assoziierte Unternehmen 48 000 Euro

frei

3667

3668–3669

4. Folgekonsolidierung

4.1 Fortschreibung des Beteiligungsansatzes

Im Rahmen der Folgekonsolidierung werden durch den Beteiligungsbuchwert die anteiligen Eigenkapitalveränderungen beim assoziierten Unternehmen widergespiegelt. Ferner sind ggf. erfolgte Ansatz- und Bewertungsanpassungen sowie aufgedeckte stille Reserven und Lasten in einer Nebenrechnung fortzuschreiben. Der Ergebnisbeitrag, den das assoziierte Unternehmen so zum Konzern beisteuert, entspricht insoweit dem einer (anteiligen) Vollkonsolidierung.

3670

Beispiel (Fortsetzung von Rz. 3666):
Im Jahr 02 habe AU einen Jahresüberschuss von 15 000 Euro (100 %[1]) erzielt und eine Gewinnausschüttung von 5000 Euro (100 %) vorgenommen. Die Entwicklung des Equity-Ansatzes zeigt folgende Tabelle:

---

[1] IAS 28.28 stellt klar, dass der Ergebnisanteil nicht Dividenden auf kumulative Vorzugsaktien umfasst, die Dritten zustehen.

D. Konsolidierung

Fortschreibung des Equity-Ansatzes in 02	1.1.02	Ergebnis	Ausschüttung	31.12.02
Eigenkapital lt. HB II von AU (40%)	29 600	6 000	−2 000	33 600
Stille Reserven immaterielle Vermögenswerte (40%)	6 000	−1 500		4 500
Stille Reserven Grundstücke (40%)	4 000	0		4 000
Stille Reserven Gebäude (40%)	2 800	−84		2 716
Stille Reserven bewegliches Anlagevermögen (40%)	4 400	−880		3 520
Brutto zusammen	17 200	−2 464	0	14 736
Passive latente Steuern (Steuersatz 30%)	−5 160	739		−4 421
Netto zusammen	12 040	−1 725	0	10 315
Goodwill	6 360	0		6 360
Unterschiedsbetrag	18 400	−1 725	0	16 675
Beteiligungsansatz AU im Konzernabschluss	48 000	4 275	−2 000	50 275

Das Tableau zeigt die in der Nebenrechnung vorzunehmende Zerlegung des Beteiligungsbuchwertes in seine einzelnen Komponenten. Alle Komponenten beziehen sich auf den Anteil des Konzerns (40%). Diese Zerlegung geschieht aber nur zur Fortschreibung der im Beteiligungsbuchwert enthaltenen stillen Reserven und des Goodwill; in der Bilanz wird dagegen ein Beteiligungsbuchwert (hier 50 275 Euro am 31.12.02) ausgewiesen.

In 02 hat AU aus Konzernsicht ein anteiliges Ergebnis von 4275 erzielt. Davon wurden 6000 (40% von 15 000) in der Handelsbilanz II ausgewiesen. Für Konzernzwecke ist die Abschreibung der durch Erwerb „aufgedeckten", d.h. im bezahlten Beteiligungsbuchwert enthaltenen stillen Reserven (1725 nach latenten Steuern) zu berücksichtigen, so dass ein im Konzernabschluss zu erfassender Ergebnisbeitrag von 4275 verbleibt.

Im Einzelabschluss der Konzernmutter ist bereits ein „normaler" Dividendenertrag von 2000 (40% von 5000) erfasst worden. Diese Ausschüttung ist zu stornieren und durch das Equityergebnis von 4275 zu ersetzen, so dass sich folgende Buchung ergibt:

	Soll	Haben	Anteile an assoziierten Unternehmen	Dividenden/Erträge aus assoziierten Unternehmen
Lt. Summenbilanz/-GuV			48 000	2 000
Anteile an AU	2 275		2 275	
Dividendenertrag	2 000			−2 000
Ertrag aus AU		4 275		4 275
Lt. Konzernbilanz/-GuV	4 275	4 275	50 275	4 275

3671 frei

VI. Equity-Methode (IAS 28)

Durch Abschreibung der stillen Reserven inkl. eines Goodwill (außerplanmäßig) nähert sich der Beteiligungsbuchwert im Zeitablauf dem anteiligen in der HB II ausgewiesenen Eigenkapital des assoziierten Unternehmens an, was der Methode (**at equity**) ihren Namen verleiht.

3672

Folgende weitere Aspekte sind zu beachten:

3673

Ausweis Ergebnisanteil	a) Der Ergebnisanteil von 4275 wird in der GuV in einer Zeile ausgewiesen. b) Der Betrag umfasst somit auch Ertragsteuern und ggf. außerplanmäßige Abschreibungen auf einen Goodwill (Rz. 3675).
Finanzanlagenspiegel	Wird freiwillig ein Finanzanlagenspiegel aufgestellt (Rz. 1981), ist das Ergebnis (4275) darin als Zugang und die Ausschüttung (2000) als Abgang auszuweisen.
Negatives Equity-Ergebnis	a) Kann aus negativen Handelsbilanz II-Ergebnissen oder aus planmäßigen oder ggf. außerplanmäßigen Abschreibungen auf die stillen Reserven inklusive Goodwill resultieren (Rz. 3675) b) Wird jeweils in gleicher Weise „vereinnahmt" (zu negativen Equity-Buchwerten s. Rz. 3680).
Other comprehensive income	a) Währungsumrechnungsdifferenzen, Rücklagen bei finanziellen Vermögenswerten der Kategorie available-for-sale sowie Cashflow-Hedges, Neubewertungsrücklage, Verrechnung versicherungsmathematischer Gewinne und Verluste im Zusammenhang mit Pensionsverpflichtungen sowie Effekte nach IAS 8[1] sind erfolgsneutral zu berücksichtigen (IAS 28.11). b) Die Werte sind in die Eigenkapitalveränderungsrechnung des Konzerns zu übernehmen (IAS 28.39).
Zwischenerfolgseliminierung	a) Ist verpflichtend vorzunehmen und unabhängig davon, ob Lieferungen des assoziierten Unternehmens an den Konzern (sog. *Upstream*-Lieferungen) oder Lieferungen des Konzerns an das assoziierte Unternehmen (sog. *Downstream*-Lieferungen) vorliegen. b) Die Eliminierung beschränkt sich aber in beiden Fällen auf die Beteiligungsquote (IAS 28.22, s. hierzu Rz. 3836). c) Die Eliminierungsbuchung geschieht zweckmäßigerweise in beiden Fällen durch Korrektur des Beteiligungsergebnisses gegen den Beteiligungsbuchwert.[2]
Latente Steuern	a) Bei der Fortschreibung des Equity-Ansatzes ist im Hinblick auf Unterschiede zum Ansatz in der Steuerbilanz der Ansatz latenter Steuern zu prüfen.

---

[1] Betrifft Effekte aus den Änderungen von Bilanzierungs- und Bewertungsmethoden sowie der Berichtigung wesentlicher Fehler bei Anwendung der retrospektiven Methode.

[2] Es ist aber auch zulässig, bei downstream-Lieferungen (Konzern an equity Unternehmen) einen Zwischengewinn gegen Umsatz und Materialaufwand des Konzerns zu buchen (vgl. z.B. *Baetge/Bruns/Klaholz* in Baetge u.a. (Hrsg.) Rechnungslegung nach IFRS, 2006, IAS 28 Rz. 100) bzw. bei Upstream-Lieferungen den betreffenden Bilanzposten des Konzerns zu korrigieren, also z.B. Vorräte statt Beteiligung (ebd.).

	b) Auf thesaurierte Ergebnisse (im Beispiel 2275 = 4275 – 2000) sind bei der Muttergesellschaft zwar grundsätzlich latente Steuern zu erfassen, da das Ansatzverbot des IAS 12.39 bei assoziierten Unternehmens hier im Regelfall nicht greift (Rz. 2639 f.). In der Praxis unterbleibt dies oft aus Unwesentlichkeit.
Sonstiges	a) Außerplanmäßige Abschreibungen (*impairment*, s. Rz. 3675 ff.). b) Kapitalerhöhungen/-rückzahlungen[1]

Im Einzelfall hängt es von der Datenbasis unter Berücksichtigung des Wesentlichkeitsgrundsatzes ab, in welchem Ausmaß die genannten Sachverhalte berücksichtigt werden können. Von den genannten sind mindestens Währungsumrechnungsdifferenzen und außerplanmäßige Abschreibungen zu erfassen.

3674 frei

4.2 Wertminderung

3675 Die Anwendung der Equity-Methode kann nicht verhindern, dass für ein Beteiligungsunternehmen ein Buchwert in einer Höhe ausgewiesen wird, die ggf. nicht mehr erzielbar ist. In diesem Fall macht eine **außerplanmäßige Abschreibung** Sinn. Da aber Beteiligungen, die nach der Equity-Methode *bewertet* werden, sowohl aus dem Anwendungsbereich des IAS 36 als auch aus dem des IAS 39 ausgenommen sind, wird das Problem in IAS 28 über eine Verweistechnik gelöst:

– In einem ersten Schritt ist zunächst gem. IAS 39.59 ff. zu prüfen, ob ein Wertminderungsindikator vorliegt (IAS 28.31).

– Nur wenn dies bejaht wird, ist in einem zweiten Schritt tatsächlich ein Impairment-Test, dann aber nach IAS 36, durchzuführen (IAS 28.33). Es ist sowohl der Nettoveräußerungspreis als auch der Nutzungswert zu ermitteln. Sollte das assoziierte Unternehmen Bestandteil einer CGU sein – beispielsweise, wenn es einem operativen Bereich des Konzerns zugeordnet worden ist[2] –, dann ist der erzielbare Betrag der CGU zu ermitteln (IAS 28.34).

3676 Im Übrigen ist die Beteiligung nach IAS 28.33 i.d.F. des jährlichen Verbesserungsstandards (Mai 2008) für Zwecke des Impairment-Tests nach **IAS 36** als **ein einzelner Vermögenswert** zu behandeln[3] und Wertminderungen *nicht* gedanklich auf im Beteiligungsansatz enthaltenem Goodwill und übrigem Nettovermögen zu verteilen.[4] Demgegenüber enthielt IAS 28.33 (2005) keinen

---

1 Diese sind bereits im Einzelabschluss gebucht und müssen nur in die Nebenrechnung integriert werden.
2 Das kann auch in der Segmentberichterstattung zum Ausdruck kommen, s. Rz. 4645.
3 Der IASB begründet die Neuregelung damit, dass nur die Beteiligung als solche, nicht aber einzelne Komponenten in der Kontrolle des Konzerns liegen (IAS 28.BC27, a.A. IAS 28.DO3).
4 Die Behandlung der Equity-Beteiligung als „ein asset i.S.v. IAS 36" verstärkt aber den Bruch gegenüber den sonstigen Regelungen des IAS 36: Auffällig ist, dass zwar ein

Hinweis auf die Reihenfolge der Verteilung eines Wertminderungsaufwandes. Allerdings läuft die Neuregelung ins Leere, weil in der Nebenrechnung die Fortschreibung der stillen Reserven/Lasten und des Goodwills erfolgen muss.[1] Dazu muss aber der Aufteilungsbetrag der außerplanmäßigen Abschreibung bekannt sein. Damit ist folgende Fallunterscheidung weiterhin relevant:

– Das assoziierte Unternehmen wird **allein stehend auf Wertminderung** getestet, und ein Wertminderungsaufwand wird festgestellt. Dann ist u.E. zunächst ein im Beteiligungsbuchwert enthaltener Goodwill abzuschreiben, sodann ggf. der übrige Buchwert.

– Das assoziierte Unternehmen ist **Bestandteil einer CGU**. Dann ist der Wertminderungsaufwand für die gesamte CGU festgestellt worden, so dass sich die Verteilung sachlogisch nur nach IAS 36 richten kann. Handelt es sich um goodwilltragende CGU, ist zunächst der Goodwill der CGU abzuschreiben, im Übrigen ist der Wertminderungsaufwand u.E. buchwertproportional auf die Vermögenswerte der CGU im Anwendungsbereich des IAS 36 zu verteilen (s. Rz. 1578 ff.). Entfällt insoweit noch ein Wertminderungsaufwand auf den Equity-Buchwert, ist dort zunächst ein ggf. noch enthaltener Goodwill abzuschreiben.

Ein Wertminderungsaufwand ist u.E. als Teil des Equity-Ergebnisss auszuweisen. 3677

4.3 Wertaufholung

Die Neuregelung des IAS 28.34 hat aber eine eindeutige Auswirkung bei **Wertaufholungen**: 3678

– Erstmals wird die Zulässigkeit von Wertaufholungen explizit bestätigt.
– Die Zuschreibung ist bis zum **erzielbaren Betrag,** höchstens bis zum **fortgeschriebenen Beteiligungsbuchwert** vorzunehmen, so dass auch ein zuvor abgeschriebener Goodwillanteil zugeschrieben werden muss. Dagegen wäre eine Wertaufholung eines Goodwills bei Tochterunternehmen unzulässig.

Ein Ertrag aus Zuschreibung ist u.E. als Teil des Equity-Ergebnisss auszuweisen. 3679

---

assoziiertes Unternehmen Bestandteil einer CGU sein kann, der Goodwill aber nicht aus dem Beteiligungsbuchwert herausgelöst werden kann. Damit kommt die Zuordnung des Goodwill zu unterschiedlichen CGU nach erwarteten Synergien, wie sie sonst bei vollkonsolidierten Unternehmen gefordert wird (Rz. 1530), bei assoziierten Unternehmen apodiktisch nicht in Betracht, obgleich es mitunter betriebswirtschaftliche Gründe hierfür gäbe. Ein weiterer Bruch gegenüber den üblichen Regelungen der Standards ist darin zu sehen, dass zwar der Beteiligungsbuchwert eines at equity bewerteten Unternehmens einen Goodwill enthalten kann, dieser aber nicht jährlich auf Wertminderung zu testen ist, sondern nur, wenn gem. IAS 39 Anzeichen darauf bestehen. Schließlich kann es im Rahmen der Bewertung at equity auch zur Zuschreibung eines Goodwillanteils kommen, Rz. 3678.
1 Gl.A. *Lüdenbach* in Haufe IFRS Kommentar, 7. Aufl. 2009, § 33 Rz. 84.

4.4 Negative Equity-Wertansätze

3680 Sollte der Equity-Ansatz einen Wert von „0" erreicht haben, das assoziierte Unternehmen aber weiterhin **Verluste** produzieren, so werden diese in einer Nebenrechnung festgehalten, es sei denn, es bestehen langfristige Verbindlichkeiten gegenüber der Muttergesellschaft, die wirtschaftlich Eigenkapitalcharakter haben und eigenkapitalerhöhend umzugliedern wären (*net investment in a foreign operation*, Rz. 3141), oder das Mutterunternehmen hat eine Verlustausgleichsverpflichtung (IAS 28.29 f.). Falls in späteren Perioden wieder Gewinne erzielt werden, sind diese zunächst (statistisch) mit den in der Nebenrechnung festgehaltenen Verlusten zu verrechnen (IAS 28.30).

3681–3684 frei

5. Entkonsolidierung

3685 Die Equity-Bewertung ist schon dann einzustellen, wenn objektivierbare Veräußerungsabsicht über die Beteiligung besteht (Rz. 2720). Es handelt sich um ein faktisches Wahlrecht (Rz. 2757).

3686 Zur **Entkonsolidierung** eines at equity bewerteten Unternehmens enthält IAS 28 keine Vorschriften, so dass auf die allgemeinen Grundsätze der Entkonsolidierung vollkonsolidierter Unternehmen zurückgegriffen werden kann (Rz. 3480 ff.). Hiernach ermittelt sich der Veräußerungserfolg aus dem Veräußerungspreis abzüglich des Buchwerts des Equity-Ansatzes zum Veräußerungszeitpunkt. Der Veräußerungserfolg wird erhöht (vermindert) um eine ggf. im Eigenkapital des *assoziierten Unternehmens* erfasste positive (negative) Rücklage aus Währungsumrechnungsdifferenz und um eine ggf. dort ausgewiesenen Neubewertungsrücklage für finanzielle Vermögenswerte der Kategorie available-for-sale. Ferner ist beim Abgang eines assoziierten Unternehmens, welches nach der modifizierten Stichtagskursmethode umgerechnet worden ist, eine im *Abschluss des Gesellschafters* ggf. vorhandene Währungsumrechnungsdifferenz erfolgswirksam auszubuchen.

3687 frei

6. Ausweis

3688 Der **Ausweis** der Beteiligungen, die at equity bilanziert sind, erfolgt gesondert im langfristigen Vermögen oder unter Berücksichtigung des Wesentlichkeitsgrundsatzes im Anhang (Rz. 4142). Analog dazu ist das Ergebnis der at equity bewerteten Beteiligungen in der GuV oder im Anhang gesondert zu zeigen (s. Rz. 4233).

3689 frei

7. Anhangangaben

Wir verweisen auf die Anhang-Checkliste in Abschnitt H. Die nach IAS 28 vorgesehenen Angaben sind u.E. analog für at equity bilanzierte Gemeinschaftsunternehmen vorzunehmen. 3690

frei 3691–3699

VII. Übergangskonsolidierungen (IFRS 3, IAS 27)

1. Überblick und Wegweiser

1.1 Standards und Anwendungsbereich

Die sog. **Übergangskonsolidierung** erfasst folgende Sachverhalte: 3700

(1) Vom **sukzessiven Beteiligungserwerb** (oder *Aufwärtskonsolidierung*) spricht man, wenn Anteile im Zeitablauf zu verschiedenen Zeitpunkten erworben werden und sich durch den Anteilserwerb ein Statuswechsel der Beteiligung ergibt (von einfacher Beteiligung über assoziiertes Unternehmen, ggf. Gemeinschaftsunternehmen, bis hin zum Tochterunternehmen).

(2) Ein **Ausscheiden aus dem Vollkonsolidierungskreis** (oder *Abwärtskonsolidierung*) liegt vor, wenn bisher vollkonsolidierte Tochtergesellschaften z.B. durch Verkauf auf unter 50 % abgestockt, aber nicht *vollständig* veräußert werden.

(3) Bei der bloßen **Veränderung von Mehrheitsbeteiligungen** ohne Statuswechsel (oberhalb i.d.R. 50 %) kommt es durch Zu- und Verkäufe zu einer Verschiebung zwischen dem Konzern und den Minderheiten. Es handelt sich eigentlich nicht um eine Übergangskonsolidierung; da die dabei aufgeworfenen Probleme jedoch recht ähnlich sind, behandeln wir auch diesen Fall in diesem Kapitel.

Mit IFRS 3 (2008) und IAS 27 (2008) wird die Bilanzierung des sukzessiven Beteiligungserwerbs geändert und außerdem die meisten der bisher nicht geregelten Fallkonstellationen explizit erfasst: 3701

	Vorher	Nachher	IFRS 3 (2004)	Neu (2008)	Rz.
(1) Sukzessiver Beteiligungserwerb	a) Einfache Beteiligung b) Equity c) Quote	Vollkonsolidierung	IFRS 3.58 ff.	IFRS 3.41	3720
	Einfache Beteiligung	a) Equity b) Quote	Nicht geregelt	Nicht geregelt	3726
(2) Abwärtskonsolidierung	Vollkonsolidierung	a) Einfache Beteiligung b) Equity c) Quote	Nicht geregelt	IAS 27.32 ff.	3730

D. Konsolidierung

	Vorher	Nachher	IFRS 3 (2004)	Neu (2008)	Rz.
(3) Veränderung bei Mehrheitsbeteiligungen	Equity	Einfache Beteiligung	Nicht geregelt	IAS 28.19	3735
	Quote	a) Equity b) Einfache Beteiligung	Nicht geregelt	IAS 31.45	3735
	Aufstockung		Nicht geregelt	IAS 27.30 f.	3740
	Abstockung		Nicht geregelt	IAS 27.30 f.	3745
	Disproportionale Kapitalerhöhung		Nicht geregelt	U.E. nicht geregelt	3750

3702 Die geänderten Vorschriften sind anwendbar auf Sachverhalte **in Geschäftsjahren ab 1.7.2009** (IFRS 3.46, IAS 27.45, IAS 28.41B, IAS 31.58A). Eine frühere Anwendung ist erlaubt, aber nur zusammen mit den jeweils anderen Vorschriften (IFRS 3 bzw. IAS 27).

3703 IFRS 3 (2008) und IAS 27 (2008) sind am 12.6.2009 in EU Recht übernommen worden (VO 494 und 495/2009). Bei dem Vergleich mit den Vorgängerregelungen ist Folgendes zu beachten:

- Der **sukzessive Beteiligungserwerb**, (1) in Rz. 3700 f., ist z.T. scheinbar abweichend zu IFRS 3 (2004) geregelt. So sind Alttranchen erstmals explizit bei Erstkonsolidierung auf den Fair value aufzustocken (Rz. 3720 f.). Indessen: Der Fair value Ansatz von Eigenkapitaltiteln ist nach IAS 39 als Benchmark vorgesehen (Rz. 1841). Daher ist die Aufstockung auf den Fair value u.E. kein Abweichen von einer *bisherigen* Regelung[1], sondern bereits nach IFRS 3 (2004) vertretbar (Rz. 3719) mit entsprechender Erläuterung und Begründung im Anhang.[2]

- Die komplette **Abwärtskonsolidierung** und die **Veränderung von Mehrheitsbeteiligungen**, (2) und (3) in Rz. 3700 f., ist vor IFRS (2008) überhaupt nicht geregelt. Daher konnten die Neuregelungen im Wege der Lückenfüllung angewendet werden (Fall (a) in Rz. 65). Zum Teil wurden die Regelungen auch bisher bereits für zulässig gehalten.

3704–3705 frei

1.2 Wesentliche Abweichungen zum HGB

3706 Wegen der Komplexität und der je nach Statuswechsel (Aufwärts-/Abwärtskonsolidierung) spezifischen Fragestellungen stellen wir die Abweichungen punktuell in den nachfolgenden Abschnitten dar.

---

[1] Also *kein* Fall von Buchstabe (b) in Rz. 65. Das gilt sogar für die *erfolgswirksame* Fair value-Bewertung von Alttranchen, insbesondere für die *reclassification* einer entsprechenden *available-for-sale*-Rücklage, da mit Erstkonsolidierung ein Abgang der Anteile vorliegt, der nach IAS 39 zu einer erfolgswirksamen Umbuchung führt (Rz. 1881).

[2] Vgl. ausführlich *Theile/Pawelzik*, KoR 2004, 96 (100); sich anschließend *Lüdenbach* in Haufe IFRS-Kommentar, 7. Aufl. 2009, § 31 Rz. 145; a.A. *Hayn* in Beck'sches IFRS-Handbuch, 2. Aufl. 2006, § 36 Rz. 6.

VII. Übergangskonsolidierungen (IFRS 3, IAS 27)

Als gemeinsames Unterscheidungsmerkmal ist allerdings erwähnenswert, dass das HGB auch nach BilMoG vom **Anschaffungskostenprinzip** geprägt ist und daher sowohl beim sukzessiven Beteiligungserwerb, (1) in Rz. 3700 f., als auch bei Statusverlust, (2) in Rz. 3700 f., an den Anschaffungskosten festhält. Im Gegensatz dazu kommt es in diesen Fällen nach IFRS 3 (2008) bzw. IAS 27 (2008) zu einer Fair value-Bewertung.

1.3 Neuere Entwicklungen

Nach Abschluss des Projekts *business combination* durch IAS 27 (2008) und IFRS 3 (2008) stehen aktuell keine Änderungen an. 3707

frei 3708–3709

2. Sukzessive Beteiligungserwerbe

2.1 Problemstellung

In den vorangegangenen Kapiteln zur Kapitalkonsolidierung, Quotenkonsolidierung und Equity-Methode sind Erst- und Entkonsolidierung jeweils **in einem Schritt** dargestellt worden. Die **Erstkonsolidierung** wurde jeweils auf dem Erwerbszeitpunkt durchgeführt. Zu diesem Zeitpunkt werden zwei Beträge einander gegenübergestellt: Der Fair value des an den Verkäufer Hingegebenen (= Gegenleistung, Anschaffungskosten) wird aufgerechnet gegen die (bei Quotenkonsolidierung und Equity-Bewertung anteilige) Summe der Fair values der erworbenen Vermögenswerte und Schulden („net assets"). In diesem Zeitpunkt stimmt der *zeitliche Bezug von Gegenleistung/Anschaffungskosten und Fair value des erworbenen Unternehmens* somit überein. 3710

Anders verhält es sich, wenn sich Anteilsveränderungen nicht nur in einer, sondern in mindestens zwei zeitlich auseinander fallenden Transaktionen vollziehen: 3711

Beispiel:
Der Konzern MU erwirbt in zwei zeitlich auseinander fallenden Tranchen die Mehrheit an TU GmbH:

Jahr	Erwerb	Folge
1.1.01	MU erwirbt 40 % der Anteile an TU GmbH zum Kaufpreis von 280.	Es liegen „einfache" Anteile (sei hier unterstellt) oder ein assoziiertes Unternehmen vor
31.12.02	Erwerb weiterer 60 % zum Kaufpreis von 840, so dass die Beteiligungsquote 100 % beträgt.	Die GmbH ist nun ein Tochterunternehmen; zum 31.12.02 ist eine Erstkonsolidierung vorzunehmen

Das folgende Tableau zeigt die Aufspaltung des „Werts" von TU (100 %) zu beiden Kaufzeitpunkten in die bilanzierungsrelevanten Komponenten, also (a) Eigenkapital lt. HB II, (b) stille Reserven lt. HB III, (c) Goodwill:

D. Konsolidierung

	Entwicklung TU (100%)				Total
	1.1.01	Ver-minderung	Zuwachs	31.12.02	
EK HB II	400		200	600	
Stille Reserven	150	−75	325	400	
EK HB III	550	−75	525	1000	
Goodwill	150	−15	265	400	
Fair value der Anteile	700	−90	790	1400	
Erworbene Quote	*40%*			*60%*	*100%*
Kaufpreis	**280**			**840**	**1120**

- Der Zuwachs an **HB II Eigenkapital** zwischen beiden Erwerbszeitpunkten entspricht den thesaurierten Gewinnen.[1]
- Die Verminderung von **stillen Reserven lt. HB III**, *die am 1.1.01 vorhanden waren* (z.B. für Auftragsbestände, Marken, Sachanlagen), resultiert aus einem entsprechenden „Werteverzehr", also Abwicklung von Auftragsbeständen, Abschreibung von Marken und Sachanlagen. Gegenläufig ist *bis zum 31.12.02* ein **Zuwachs an stillen Reserven** eingetreten, z.B. auf Grund der Einführung *neuer* Marken.
- Entsprechend ist es beim **Goodwill** zu einer Wertverringerung gekommen (z.B. durch rückläufige Geschäftsbereiche), aber auch zu Wertsteigerungen (z.B. Erschließung neuer Märkte).
- Der **Fair value der Anteile** ergibt sich hier aus linearer Hochrechnung des jeweiligen Kaufpreises.

3712 Zu den Erwerbszeitpunkten (1.1.01 und 31.12.02) bezahlt MU nur die *anteiligen, zu diesen Zeitpunkten vorhandenen „Werte"*. Die TU wird mit ihren „net assets" erstmals am 31.12.02 im Konzernabschluss abgebildet. Fraglich ist, auf welchen Zeitpunkt die Fair values der net assets festzustellen und wie der zeitliche Bezug der jeweiligen Gegenleistungen zu diesen net assets herzustellen ist. Konzeptionell sauber sind grundsätzlich zwei Lösungen:

a) Die „net assets" von TU (EK HB III) werden jeweils anteilig **pro Tranche** zu den jeweiligen Erwerbszeitpunkten (1.1.01/31.12.02) zum Fair value festgestellt und mit den Anschaffungskosten der jeweiligen Tranche verrechnet. In einer Nebenrechnung werden die Fair values, der Goodwill und der auf jede Tranche entfallende Ergebnisbeitrag bis zur Abbildung im Konzernabschluss fortgeführt. Diesem Ansatz folgt das **HGB alt**, *vor BilMoG* (Rz. 3713 ff.).

b) Die TU wird mit ihrem vollen „Wert" per Jahr 31.12.02 angesetzt. Dann werden auch die jeweiligen Alttranchen zum Erstkonsolidierungszeitpunkt

---

[1] Gewinnverwendungsentscheidungen werden auf Basis der HB I getroffen und entsprechend in der HB II nachvollzogen.

zum **Fair value** bewertet. Dies ist die Bilanzierung nach **IFRS 3 (2008)** (Rz. 3720 ff.).

In beiden Lösungen ist der zeitliche Bezug zwischen Erhaltenem und Gegebenem hinsichtlich seiner Bewertung gewahrt.

2.2 Lösungsansätze

2.2.1 Lösung nach HGB alt (Tranchenweise Konsolidierung)

Lösung a) in Rz. 3712 ist die nach HGB *vor* BilMoG (und früher nach IAS 22) mögliche Vorgehensweise (sog. **tranchenweise Konsolidierung,** so, als seien die Tranchen schon immer konsolidiert worden[1]). Es müssen somit rückwirkend die Fair values und der Goodwill zu jedem Trancheerwerbszeitpunkt ermittelt werden. Hinzu kommt, dass die HB II/HB III Differenzen sowie die Altgoodwills in einer Nebenrechnung fortzuführen sind. Diese Lösung ist aufwendig und nach BilMoG nicht mehr zulässig (Rz. 3715):

3713

Beispiel (Fortsetzung von Rz. 3711):
Die nachfolgende Tabelle enthält die Daten, die zur Konsolidierung nach HGB vor BilMoG erforderlich sind, und zwar getrennt für die beiden Erwerbstranchen:

	Tranche 1 (40%)				Tranche 2 (60%)	Erstkonsolidierung
	1.1.01	Abschreibung	Zuwachs	31.12.02 (1)	31.12.02 (2)	31.12.02 (1) + (2)
HB II	160		80	240	360	600
Stille Reserven	60	-30	*(130, kein Ansatz)*	30	240	270
HB III	220	-30	80	270	600	870
Goodwill	60	-6	*(106, kein Ansatz)*	54	240	294
Bilanzansatz	280	-36	80	324	840	1164

- In Bezug auf die **1. Tranche** wird im Erwerbszeitpunkt 1.1.01 der Kaufpreis (280) den anteiligen net assets lt. HB III (220 = 40% von 550, Rz. 3711) gegenübergestellt und damit ein Goodwill von 60 ermittelt. Zwecks Fortschreibung ist das anteilige HB III Eigenkapital (220) noch in HB II Eigenkapital (160) und stille Reserven (60) zu unterteilen (40% der Werte am 1.1.01 lt. Rz. 3711):
  - Bei der tranchenweisen Konsolidierung erfolgt eine Fortschreibung um die **thesaurierten Ergebnisse lt. HB II der 1. Tranche** (anteilig 80). Diese sind zwar nicht von MU bezahlt worden und damit nicht in den AK für

---

[1] Vgl. *Theile/Pawelzik*, KoR 2004, 94 (95 f.).

TU enthalten, fließen aber in den Konzernabschluss ein, da sich diese Wertsteigerung bereits im HB II Eigenkapital der Tochter niedergeschlagen hat und insofern „objektiviert" sind. Dies geschieht (a) bei Erstkonsolidierung, wenn die Alttranchen zuvor (wie im Beispiel) zu AK bilanziert wurden und im Übrigen (b) bei jeder Equitybilanzierung (Rz. 3650 ff.). Die Erfassung der thesaurierten Ergebnisse der Alttranchen ist aber auch eine rein praktische Notwendigkeit: Andernfalls könnte der Konsolidierung keine *einheitliche HB II* mehr zugrunde gelegt werden (!).

- **Die stillen Reserven,** *soweit bereits am 1.1.01 vorhanden,* werden planmäßig abgeschrieben, hier im Schnitt über 4 Jahre (anteilig 40 % der „Verminderung" aus Rz. 3711). Außerdem ist der **Goodwill** nach HGB planmäßig abzuschreiben, hier gemäß DRS 4.31 über 20 Jahre (anteilig 40 % der „Verminderung" aus Rz. 3711).

- Dagegen werden die anteiligen **Zuwächse** *bei stillen Reserven und Goodwill,* auf Grund neuer Marken/Märkte etc. *nicht* berücksichtigt. Dies ist konsequent anschaffungskostenorientiert.

- Bei der **2. Tranche** wird der Kaufpreis (840) den anteiligen net assets lt. HB III am 31.12.02 (600 = 60 % von 1000) gegenübergestellt. Daraus ergibt sich ein Goodwill von 240. Es werden somit jeweils 60 % der Gesamtwerte zum 31.12.02 lt. Rz. 3711 angesetzt. Eine Fortschreibung entfällt im Beispiel, weil Erwerbs-, Erstkonsolidierungszeitpunkt und Bilanzstichtag zusammenfallen.

3714 Die Erstkonsolidierung wird wie folgt gebucht (die net assets stehen stellvertretend für die in der Summenbilanz enthaltenen Vermögenswerte und Schulden der TU):

Buchungen 31.12.02	Soll	Haben
Anteile (Buchwert)		1120
Net assets (EK HB III)	¹870	
Goodwill	294	
Gewinnrücklagen		44
Total	1164	1164

- Es wird *für alle Tranchen* die **Handelsbilanz II** *am 31.12.02* **(100 % = 600) angesetzt,** *da auch die Alttranchen* entsprechend fortgeschrieben werden (Rz. 3713). **Stille Reserven (270) und Goodwill (294)** waren dagegen tranchenweise zu bestimmen und fortzuschreiben.

- Bei der **Erhöhung der Gewinnrücklagen** (44) handelt es sich um den Saldo aus anteiligen thesaurierten Gewinnen der Alttranchen (80) abzgl. Abschreibung auf stille Reserven (– 30) und Goodwill (– 6). Im Ergebnis wird so gebucht, als sei die 1. Tranche zuvor „**at equity**" bilanziert worden. Neue stille Reserven bzw. Goodwill für diese Tranche werden nicht angesetzt.

---

1 Der Betrag lässt sich alternativ zu Rz. 3713 wie folgt herleiten: 100 % des EK lt. *HB III* am 31.12.02 (1000) abzgl. anteiliger Erhöhung der stillen Reserven Tranche 1 (40 % von 325), siehe jeweils Rz. 3711.

2.2.4 Lösung nach HGB i.d.F. BilMoG

Als Erstkonsolidierungszeitpunkt kommt nur noch der Zeitpunkt in Betracht, zu dem das Unternehmen Tochterunternehmen geworden ist (§ 301 Abs. 2 HGB i.d.F. BilMoG). Damit muss fiktiv so getan werden, als sei *auch die 1. Tranche erst am 31.12.02 erworben* worden. Der zeitliche Bezug ist daher *nicht* gewahrt: Historischen Anschaffungskosten werden aktuelle Fair values gegenübergestellt.

3715

	31.12.02
Anschaffungskosten (100%)	1120
Fair value der *net assets* (HB III, 100%)	– 1000
Goodwill	120

Die Konsolidierungsbuchung lautet:

3716

Buchungen 31.12.02	Soll	Haben
Anteile		1120
Net assets (EK HB III)	1000	
Goodwill	120	
Total	**1120**	**1120**

Der technische Vorteil dieser Lösung liegt in seiner Einfachheit. Inhaltlich allerdings wird am 31.12.02 ein Teil des eigentlich auf die beiden Tranchen entfallenden Goodwill durch die Erhöhung stiller Reserven in der HB III verdrängt, die auf die Alttranche entfällt. Darüber hinaus wird ein Teil des Goodwill mit dem Ergebnisbeitrag der TU, bezogen auf die erste Tranche (Erhöhung des EK lt. HB II von 80, Rz. 3713), verrechnet. Es kommt zu einer erfolgsneutralen Verrechnung des Goodwill mit Eigenkapital, was eigentlich durch BilMoG untersagt werden sollte.[1]

2.2.3 Lösung nach IFRS 3 (2004)

IFRS 3 (2004) hat nur einen Aspekt der Problemlösung aufgegriffen, nämlich die Übernahme der net assets zum Zeitpunkt der Control-Erlangung, hier also zum Zeitpunkt 31.12.02 (1000, Rz. 3711) analog BilMoG. Zur Goodwill-Ermittlung musste dagegen auf die Zeitpunkte des Erwerbs der Alttranchen zurückgegangen werden. Damit mussten zu jedem Zeitpunkt eines Tranchenerwerbs die anteiligen net assets ermittelt werden. Eine Fortschreibung dieser Werte war jedoch *nicht* erforderlich[2], eben weil die net assets nur zur Goodwillermittlung benötigt werden; die net assets selbst werden jedoch zu ihrem Fair value am Erstkonsolidierungstag angesetzt.

3717

---

1 Vgl. kritisch *Theile/Stahnke*, StuB 2008, 578 (580).
2 Unzutreffend dagegen *Küting/Elprana/Wirth*, KoR 2003, 477 (482 ff.).

Beispiel (Fortsetzung von Rz. 3711):

Die nachfolgende Tabelle zeigt die unterschiedliche Vorgehensweise in Bezug auf net assets und Goodwill (im Unterschied zum HGB, Rz. 3713, entfällt zudem die planmäßige Goodwillabschreibung):

	Tranche 1 (40%)			Tranche 2 (60%)	Erstkonsolidierung
	1.1.01	Veränderung	31.12.02	31.12.02	31.12.02
			(1)	(2)	(1) + (2)
HB II	160	80	240	360	600
Stille Reserven	60	100	160	240	400
HB III	**220**	**180**	**400**	**600**	**1000**
Goodwill	60	(100, kein Ansatz)	60	240	300
Bilanzansatz	**280**	**180**	**460**	**840**	**1300**

3718 Die Konsolidierungsbuchung lautet:

Buchungen 31.12.02	Soll	Haben
Anteile		1120
Net assets (EK HB III)	1000	
Goodwill	300	
Gewinnrücklagen		80
Neubewertungs-RL		100
Total	**1300**	**1300**

Nach IFRS 3 (2004) ist außerdem die gesamte auf die Alttranche entfallende Erhöhung der net assets lt. HB III verschiedenen Rücklagen zuzuführen: (a) thesaurierte Ergebnisse aus der HB II (80) werden in die Gewinnrücklagen eingestellt und (b) die anteilige Erhöhung der stillen Reserven (100) wird einer Neubewertungsrücklage zugeführt. Diese ist nicht zu verwechseln mit der Neubewertungsrücklage nach IAS 16 aus der Fair value-Bewertung von Sachanlagen (Rz. 1180 ff.).

3719 Das Beispiel in Rz. 3717 f. zeigte die Erstkonsolidierung bei (a) vormaliger Bewertung der Alttranchen zu **Anschaffungskosten**, ggf. vermindert um erfolgswirksame außerplanmäßige Abschreibungen. Darüber hinaus kommen zur Bewertung der Alttranchen nach IFRS folgende Alternativen in Betracht:

(b) Zuordnung in die Kategorie **at fair value through profit or loss** und damit **erfolgswirksame Fair value-Bewertung**;

(c) Zuordnung in die Kategorie **available-for-sale** und damit **erfolgsneutrale Fair value-Bewertung** (ggf. erfolgswirksame außerplanmäßige Abschreibung, falls Fair values verlässlich ermittelbar) sowie

(d) **Bewertung at equity**, falls vor der Vollkonsolidierung ein Assoziierungsverhältnis bestanden hat.

VII. Übergangskonsolidierungen (IFRS 3, IAS 27)

Nach IFRS 3 (2004) sind bei Erstkonsolidierung *in allen Fällen* Buchwerte von 1300 anzusetzen. Eine Fair value-Bewertung der Alttranchen gemäß (b) bzw. (c) musste zum Erstkonsolidierungszeitpunkt zurückgedreht werden.[1] Waren die Anteile zuvor mit insgesamt 1400 (Rz. 3711) angesetzt, war der Teil der Fair value-Bewertung, der gedanklich auf den Goodwillzuwachs der Alttranche entfiel (100 lt. Rz. 3717) nach IFRS 3 (2004) zu stornieren (!). Konsequenter wäre es jedoch, bei der Ermittlung des Goodwill nicht an den ursprünglichen Anschaffungskosten fest zu halten, sondern die Verhältnisse zum Erstkonsolidierungszeitpunkt zugrunde zu legen[2] (wie dies nach IFRS 3 (2008) geschieht). Es würde dann der Fair value der Anteile aufgerechnet werden mit dem Fair value der übernommenen Vermögenswerte und Schulden. Das Verfahren wäre sehr einfach und passt (unabhängig davon, wie man im Einzelnen zu ihr steht), in die Fair value-Welt, wie wir im Folgenden zeigen.

2.2.4 Lösung nach IFRS 3 (2008)

IFRS 3/IAS 27 (2008) entspricht Lösung b) lt. Rz. 3712: Gedanklich wird hier Folgendes fingiert: 3720

– Ein **erfolgswirksamer Abgang der Alttranchen** und
– ihre **Neueinbuchung** zum Fair value.

Die Begründung findet diese Vorgehensweise im **Statuswechsel** des Beteiligungsunternehmens: Zuvor lag eine Investition in Finanzinstrumenten, danach in diversen einzelnen Vermögenswerten und übernommenen Schulden („Vollkonsolidierung") vor. Außerdem „passt" die Lösung zur Fair value-Orientierung der IFRS, da die Finanzinstrumente der einfachen Beteiligung nach IAS 39 regelmäßig bereits zum Fair value anzusetzen waren. Darüber hinaus ist die Vorgehensweise grundsätzlich einfach, da jegliche Fortschreibung entfällt und der Fair value der Alttranchen aus dem Kaufpreis der letzten Tranche abgeleitet werden kann (Rz. 3421).[3] Wir zeigen die Details in Rz. 3721; vorab ein schnelles Beispiel:

Beispiel (Fortsetzung von Rz. 3711):

Bei IFRS 3 (2008) wird in der Bilanz schlicht der *gesamte* Fair value aller Anteile (100 %) im Erstkonsolidierungszeitpunkt (31.12.02) angesetzt (1400), und zwar in der Aufteilung gemäß Rz. 3713: Sofern zuvor keine Fair value-Bewertung von Alttranchen erfolgte, muss dies vor/bei Erstkonsolidierung nachgeholt werden. Die Buchungen lauten:

---

[1] Zum ausführlichen Zahlenbeispiel siehe Vorauflage, Rz. 3630 ff.
[2] Vgl. *Theile/Pawelzik*, KoR 2004, 96 (100).
[3] Jedenfalls dann, wenn die letzte, controlverschaffende Tranche ausreichend groß ist.

Buchung 31.12.02	Soll	Haben
Anteile (Fair value 1400 abzgl. AK 1120)	280	
Beteiligungserträge		280
1. Fair value-Bewertung der Altanteile	280	280
Anteile (280 1. Tranche + 280 Fair value Gewinn 1. Tranche + 840 2. Tranche)		1400
Net assets (HB III)	1000	
Goodwill	400	
2. Erstkonsolidierung	1400	1400

2.2.5 Sukzessiver Beteiligungserwerb nach IFRS 3 (2008) mit Minderheiten und erfolgsneutralen Ergebnissen

3721 IFRS 3 (2008) verlangt, wie in Rz. 3720 ausgeführt, die Altranchen **erfolgswirksam zum fair value** zu bewerten und die Erstkonsolidierung auf Basis des Marktwerts der Gesamtanteile vorzunehmen[1], und zwar **unabhängig von der bisherigen Kategorie** der Altanteile (Rz. 3719).

Außerdem kommt es zu einer **Abrechnung bisheriger erfolgsneutral, im kumulierten other comprehensive income erfassten Ergebnisse.** Diese werden so aufgelöst, als sei die Beteiligung abgegangen: In Bezug auf Equity-Beteiligungen werden Währungsumrechnungsdifferenzen, Rücklagen aus Cashflow-Hedges und Wertpapiern „available-for-sale" erfolgswirksam aufgelöst (*reclassification*) und Neubewertungsrücklagen in die Konzerngewinnrücklagen umgebucht. Bei Bilanzierung der Beteiligung als „available-for-sale" selbst wird die entsprechende Rücklage ebenfalls „reclassified".

3722 Nachfolgend ein ausführlicheres Beispiel mit **Minderheitenanteilen**:

Beispiel:
- MU ist seit 1.1.01 zu 25% am assoziierten Unternehmen X mit Sitz in den USA beteiligt.
- Im Konzernabschluss der MU am 31.12.01 ist die Beteiligung an X „at equity" mit 1000 angesetzt. Hierin ist eine erfolgsneutrale Währungsumrechnungsdifferenz von 150 enthalten.
- Am 2.1.02 erwirbt MU weitere 50% an X zu einem Preis von 3500.
- MU schätzt die darin enthaltene Kontrollprämie auf 500. Folglich beträgt der Fair value der Altanteile 1500 = $^1/_2$ von (3500 − 500). Dieser Wert wird

---

[1] Dies kann dazu führen, dass auch bei vormaliger Fair value-Bewertung, Kategorie (b) und (c) in Rz. 3719, die Werte auf Grund des statusverändernden letzten Tranchenerwerbs neu bestimmt werden.

auch durch eine DCF-Berechnung bzw. einen EBIT-Multiplikator bestätigt (zur Fair value Abschätzung s. Rz. 3421).
– Der Fair value des Nettovermögens der X (100%) am 2.1.02 beträgt 4800.

Die **Ermittlung des Goodwill** (Neubewertungsmethode, also kein Full Goodwill, Rz. 3400) erfolgt gemäß IFRS 3.32 (2008) unter Einbeziehung des Fair value der Alttranche:

		Goodwill	nachrichtlich	
			MU	Minderheiten
Gegenleistung (Anschaffungskosten) des Erwerbs (50%) MU		3500	3500	–
Equity Ansatz 1.1.02	1000			
Fair value-Aufwertung (erfolgswirksam)	500			
Fair value der Alttranche (25%) MU	1500	1500	1500	–
Minderheitenanteil (25% vom Nettovermögen von 4800)		1200	0	1200
Total		**6200**	*5000*	*1200*
Nettovermögen		– 4800	– 3600	– 1200
Goodwill		**1400**	**1400**	**0**

Die **Fair value-Aufwertung** von 500 ist **als Ertrag zu buchen**, Buchung (1). Der Betrag und der GuV-Posten (zweckmäßigerweise Finanzergebnis, „Beteiligungsertrag") sind im Anhang zu nennen (IFRS 3.B64p [2008]). Außerdem ist die bisherige Umrechnungsdifferenz erfolgsneutral zu stornieren (– 150) und ertragswirksam in der GuV zu erfassen (+150), Buchung (2). Buchung (3) bildet die Erstkonsolidierung ab:

		Soll		Haben
(1)	Beteiligung X	500	Beteiligungserträge	500
(2)	Währungsumrechnungsrücklage X	150	Sonstiger betrieblicher Ertrag	150
(3)	Nettovermögen X	4800	Beteiligung X (3500 + 1500)	5000
	Goodwill	1400	Minderheiten	1200
		6850		**6850**

Zusammen resultiert aus der Erstkonsolidierung somit ein Ertrag von 650 (500 + 150) bei der Konzernmutter und eine Einlage der Minderheiten i.H.v. 25% des Nettovermögens (1200) in den Konzern:

	1.1.02	Reclassification	Ergebnis	Änderung Konsolidierungskreis	2.1.02
Übriges Eigenkapital MU	69 850		650		70 500
Währungsumrechnungsdifferenz X	150	− 150			0
Eigenkapital MU	70 000	− 150	650	0	70 500
Minderheiten	0			1200	1200
Konzerneigenkapital	**70 000**	**− 150**	**650**	**1200**	**71 700**

Sollte in Bezug auf die X eine **Neubewertungsrücklage** für Sachanlagen gebildet worden sein, wäre diese in die Konzerngewinnrücklagen umzubuchen (IAS 27.35 [2008]). Ab Erstkonsolidierung kommt es zur Bildung **neuer Währungsumrechnungsdifferenzen** sowie ggf. anderer Kategorien des other comprehensive income.

2.3 Kontrollerlangung ohne zusätzliche Anteile

3725 Gemäß IFRS 3.33 (2008) sind die Grundsätze des sukzessiven Beteiligungserwerbs auch anzuwenden, wenn ohne zusätzlichen Erwerb von Anteilen erstmals die Beherrschung über eine Tochtergesellschaft erlangt wird. In Betracht kommen:

- Stimmrechtsvereinbarungen, Gremienmehrheiten etc. (IAS 27.13a–d) führen erstmals zur Beherrschung (Rz. 3017).
- Durch Rückkauf und Einziehung von Anteilen anderer Gesellschafter bei der betreffenden Gesellschaft kommt es erstmals zur Controlmehrheit (50 %).[1]
- Konkurrierende potenzielle Stimmrechte anderer fallen weg oder laufen aus (Rz. 3019).
- Eine ehemals unwesentliche Beteiligung muss wegen Wesentlichkeit einbezogen werden (Rz. 3035).

In diesen Fällen ist die Erstkonsolidierung nach IFRS 3 (2008) wie in Rz. 3720 ff. auf Basis des Fair values der Altanteile durchzuführen, nach IFRS 3 (2004) in entsprechender Anwendung der Rz. 3717 ff.

2.4 Sukzessiver Beteiligungserwerb bis zur Equity-Bewertung oder Quotenkonsolidierung

3726 IAS 28 und IAS 31 enthalten keinerlei Regelungen, wie zu verfahren ist, wenn das Assoziierungsverhältnis oder die gemeinsame Beherrschung nicht in einem Schritt, sondern auch erst durch den Erwerb mehrerer Tranchen zu Stande kommt. Im Fall von **Regelungslücken** ist der Bilanzierende angehalten,

---

[1] Vgl. *Lüdenbach* in Haufe IFRS-Kommentar, 7. Aufl. 2009, § 31 Rz. 153.

unter Berücksichtigung von IAS 8.10 ff. adäquate Rechnungslegungsmethoden zu bestimmen (Rz. 820).

Da die Equity-Methode konzeptionell der Vollkonsolidierung entspricht, wird eine **analoge Anwendung des IFRS 3** (Rz. 3720 ff.) leicht zu begründen sein.[1] Gleiches gilt für die Quotenkonsolidierung. Demnach wären alle Anteile entsprechend IFRS 3 (2008) ungeachtet einer bisherigen Anschaffungskostenbilanzierung erfolgswirksam zum Fair value zu bewerten, zweckmäßigerweise auf Basis des letzten Erwerbs. 3727

Dies gilt u.E. auch bis zum In-Kraft-Treten des IFRS 3 (2008), d.h.: 3728

- Wurden die Anteile zuvor zum Fair value bewertet, ist für die Alttranchen der letzte Fair value-Buchwert maßgeblich; mit diesen und den neu hinzu erworbenen Anteilen erfolgt die erste Equity-Bewertung.
- Wurden die Altanteile zuvor zu Anschaffungskosten bewertet, wären die bisherigen Altanteile zum Zeitpunkt des Erwerbs der letzten Tranche mit deren Fair value zu bewerten. Auf Grund der bestehenden Regelungslücke kommt für wesentliche Alttranchen jedoch auch die Methode der tranchenweisen Konsolidierung in Betracht (Rz. 3713 ff.).

frei 3729

3. Statusverlust von Tochterunternehmen, assoziierten und Gemeinschaftsunternehmen

3.1 Ausscheiden von Tochtergesellschaften aus dem Konsolidierungskreis

3.1.1 Überblick

Die nachfolgende Tabelle fasst die wichtigsten Fragen und Antworten zusammen für den Fall, dass eine bisher vollkonsolidierte Tochtergesellschaft aus dem Konsolidierungskreis ausscheidet. 3730

	HGB	IAS 27 (2005)	IAS 27 (2008) ab 1.7.2009
Regelung	nicht explizit geregelt		IAS 27.32 ff.
Anwendung (siehe jeweils IAS 27.32, 27.BC53)	1. Regelfall: Teilverkauf[2] 2. Konzernmutter nimmt nicht an Kapitalerhöhung teil (und büßt Mehrheit ein, Rz. 3750) 3. Stimmrechtsvereinbarungen u.Ä. (IAS 27.13a–d) laufen aus (Rz. 3017) 4. Ende der Beherrschung durch Insolvenz (Rz. 3016) 5. Tochter ist nicht länger wesentlich (Rz. 3035)		

---

1 A.A. *Köster* in Thiele/von Keitz/Brücks (Hrsg.), Internationales Bilanzrecht, 2008, IAS 8 Rz. 120.
2 Es erfolgt jedoch keine Entkonsolidierung, wenn die Beteiligung nach den Vorschriften für Zweckgesellschaften (Rz. 3025) weiterhin beherrscht wird, vgl. *Lüdenbach*, PiR 2007, 117, *Watrin/Hoehne*, WPg 2008, 695 (696).

	HGB	IAS 27 (2005)	IAS 27 (2008) ab 1.7.2009
Regelung		nicht explizit geregelt	IAS 27.32 ff.
Vorgehensweise		*Best practise*: 1. Veräußerungsgewinn der Konzernmutter bei Teilverkauf wird im KA neutralisiert 2. Meist (ggf. anteilige) Fortführung des bisherigen Konzernwerts (Nettovermögen und Goodwill) als neue AK der Restanteile 3. erfolgsneutrale Ausbuchung der Minderheiten	1. Veräußerungsgewinn bei Teilverkauf wird im KA ausgewiesen (IAS 27.34) 2. Verbleibender Anteil wird erfolgswirksam zum Fair value angesetzt (IAS 27.34d) 3. Veräußerungsgewinn und Ergebnis aus Fair value-Aufwertung sind im Anhang zu nennen (IAS 27.41fi) 4. Erfolgsneutrale Ausbuchung der Minderheiten (IAS 27.34b) 5. Umbuchung (ggf. mit reclassification) des other comprehensive income von MU, IAS 27.34d (nicht bei Minderheiten)
Folgebilanzierung		AK/Fair values der Restanteile (IAS 27.36f.) sind Ausgangswerte für: 1. Equitybilanzierung (falls assoziiertes Unternehmen, i.d.R. > 20%) 2. Quotenkonsolidierung oder 3. Fortführung als „neue" AK oder künftige Fair value-Bilanzierung (IAS 39)	
Ratio		Erfolgsneutrale Behandlung (Fortführung der bisherigen Konzernwerte) mangels Markttransaktion	Wesensänderung (bisher Kontrolle über Vermögenswerte und Schulden, künftig: Investorenbeziehung) rechtfertigt Fair value-Bewertung der verbleibenden Anteile
Schwierigkeit		Keine	Fair value Ermittlung bei fehlendem Teilverkauf
Beurteilung		– konsequent AK orientiert, – einfache Handhabung	– Gewinnausweis inkl. Fair value mangels Markttransaktion nicht zwingend – Sachgerechte Abschätzung der Fair values anhand verkaufter Anteile aber möglich (bei Controlverlust wegen Insolvenz ohnehin „0")

3731 Wir stellen nachfolgend die Regelung des IAS 27 (2008) dar.[1]

---

[1] Zu Erläuterungen des IAS 27 (2004) über die Übersicht in Rz. 3730 hinaus vgl. Vorauflage, Rz. 3660.

Beispiel:

MU hält am 1.1.02 75 % an X und veräußert am 2.1.02 einen Anteil von 50 % für 5000. Der Fair value der verbleibenden 25 % betrage daher 2500 (von einer Kontrollprämie werde abstrahiert). Bei X bestehe eine auf MU entfallende Währungsumrechnungsrücklage von 300:

	MU	Minderheiten	Total X
Quoten 1.1.02	75%	25%	
Währungsumrechnungsdifferenz	300	[1]100	400
Übriges Nettovermögen	5700	1900	7600
Nettovermögen X	6000	2000	8000
zugeordneter Goodwill	1000		1000
Buchwerte X im KA (1.1.02)	7000	2000	9000
reclassification Währungsumrechnung (neutral)		−300	−300
reclassification Währungsumrechnung (Ergebnis)	300		
Abgang Vermögenswerte/ Goodwill X	−7000	−2000	−2000
Veräußerungserlös für 50%	5000		
Zugang der Restbeteiligung (25%) an X zum Fair value	2500		
Ergebnis MU	800	800	800
Buchwerte nach Kontrollverlust (2.1.02)	7500	0	7500

- Durch die Teilveräußerung hat MU **keine Control über die X** mehr, so dass die kompletten Buchwerte auszubuchen sind.
- Im Beispiel wurde der X ein **Goodwill zugeordnet**. Dabei muss es sich nicht um den Goodwill handeln, der beim ursprünglichen Erwerb der X angefallen ist, weil die Zuordnung sich nicht nach rechtlichen Einheiten, sondern danach richtet, wo Synergien anfallen (Rz. 1530 ff.). Bei dem Betrag von 1000 kann es sich durchaus um Synergien *aus einem anderen Unternehmenserwerb* handeln, die sich z.T. auch *bei X* verwirklichen (bspw. Einkaufspreisvorteile). Es ist aber auch möglich, dass X bei Erwerb durch MU über eine „stand alone" Ertragskraft verfügte, die nicht in einzeln identifizierbaren immateriellen Vermögenswerten zum Ausdruck kam, sondern sich in einem Goodwill niedergeschlagen hat.
- Im Beispiel sei die TU X Teil einer größeren CGU. Dann richtet sich die **Zuordnung des Goodwill der Höhe nach** wie beim vollständigen Verkauf nach einem **relativen Unternehmenswertvergleich**, IAS 36.86[2] (Rz. 1537):

---

[1] Im Konzernabschluss wird der auf Minderheiten entfallende Teil nicht innerhalb der Rücklage aus Währungsumrechnungsdifferenzen ausgewiesen, sondern als Teil der Minderheiten, vgl. Rz. 3465.

[2] Im Fall der Entkonsolidierung und entsprechend auch bei Controlverlust richtet sich die Bestimmung des abgehenden Goodwillanteils nach IAS 36.86, so auch *Küting/Weber/Wirth*, KoR 2008, 139 (149).

(a) es ist zu prüfen, welcher CGU der Goodwill der X zugeordnet ist.
(b) der erzielbare Betrag der gesamten goodwilltragenden CGU ist zu bestimmen, z.B. 50 000.
(c) Gleiches gilt für die X als abgehender Teil dieser CGU. Deren erzielbare Betrag wird wegen des Teilverkaufs zweckmäßigerweise als Nettoveräußerungswert bestimmt: Unter Vernachlässigung einer Kontrollprämie sind dies 10 000 (100 %).
(d) Damit macht der erzielbare Betrag von X 20 % (1/5) des erzielbaren Betrags der goodwilltragenden CGU aus.
(e) Wenn die CGU über einen Goodwill von z.B. 5000 verfügt, werden bei Controlverlust der X auch 20 % des Goodwills der CGU (1000) als Abgang erfasst.

– Nur der auf MU entfallende Teil der **Währungsumrechnungsdifferenz (300)** ist zu „reklassifizieren" (IAS 21.48 (2008), Rz. 3143).
– Die **Minderheiten (2000)** sind insgesamt **erfolgsneutral auszubuchen** (IAS 27.34b (2008), d.h. keine reclassification.
– Die **verbleibende Restbeteiligung an X (25 %)** ist **mit dem Fair value anzusetzen** (2500).
– Die 25 %ige Beteiligung an X ist in der **Folgezeit** im Zweifel als assoziiertes Unternehmen, d.h. at equity zu bewerten. Die gedankliche Unterteilung in Nettovermögen und ggf. positive bzw. negative Unterschiedsbeträge (Goodwill/*excess*) erfolgt auf Basis der Wertverhältnisse bei Controlverlust, d.h. am 2.1.02.
– Bei **Entkonsolidierung** entsteht ein der MU zuzurechnender **Gewinn** von insgesamt 800, davon 300 realisierte (nachgeholte) Währungsgewinne aus reclassification, 333 realisierte Veräußerungsgewinne aus Verkauf (5000 – 2/3 × 7000 Buchwerte) und 167 Fair value-Aufwertung der restlichen 25 % (2500 – 1/3 × 7000).

⊃ Insbesondere die **Goodwillzuordnung** eröffnet große **bilanzpolitische Spielräume** zur Bestimmung des bei Controlverlust auszuweisenden Ergebnisses. Freilich: Die Goodwillzuordnung ist nicht erst bei Abgang eines Tochterunternehmens, sondern umgekehrt bei dessen Zugang vorzunehmen. Spätere „Goodwillumhängungen" bedürfen besonderer Begründungen, z.B. organisatorische Veränderungen (Rz. 1535).

3732 Sollte den Minderheiten (abweichend vom Beispiel) auf Grund der **Full Goodwill-Methode** ein Goodwill zugeordnet worden sein, wird der im Minderheitenkapital reflektierte Goodwillanteil regelmäßig von dem auf Grund des relativen Unternehmenswertvergleichs nach IAS 36.86 (s.o.) abgehenden Goodwill abweichen. Da das Minderheitenkapital nach IAS 27.34b (2008) insgesamt erfolgsneutral auszubuchen ist, muss die **Differenz gegen die Gewinnrücklagen des Konzerns** gebucht werden.[1]

---

1 Vgl. *Watrin/Hoehne*, WPg 2008, 695 (702).

Die o.g. Grundsätze sind beim Statuswechsel **defizitärer Tochterunternehmen** entsprechend anzuwenden. Diese weisen im Konzernabschluss einen negativen Buchwert (inkl. ggf. Goodwillanteil) auf. Da der danach anzusetzende Fair value der Restanteil mindestens „0" sein muss, entsteht hier ein Gewinn in Höhe des vollen Defizits (und nicht nur in Höhe der abgegebenen Quote).[1]   3733

frei   3734

3.2 Statusverlust von assoziierten und Gemeinschaftsunternehmen

Gemäß IAS 28.19 (2008) und IAS 31.45 (2008) erfolgt die gleiche Handhabung wie bei erstmaliger Vollkonsolidierung (Rz. 3721), d.h.   3735

– Ausweis eines Veräußerungsgewinns inkl. ggf. *reclassification* in Bezug auf die veräußerten Anteile und

– Bewertung der verbleibenden Anteile zum Fair value samt:

 – Fortführung nach IAS 39 (AK bzw. Fair value) bzw.

 – Equitybewertung (bei vorherigem Gemeinschaftsunternehmen).

Die Vorgehensweise wirkt demnach wie die Vollausbuchung der alten Anteile zum Fair value und wie die Einbuchung des neuen, geringeren Anteils, ebenfalls zum Fair value.

Bis zur EU-Umsetzung der Neuregelung ist u.E. die gleiche Bilanzierung unter Rückgriff auf den Fair value-Ansatz für Eigenkapitalinstrumente nach IAS 39 (Rz. 1872 ff.) zu stützen; es ist aber auch zulässig, die Bewertung der verbleibenden Anteile auf Basis der bisherigen Konzernwerte vorzunehmen.   3736

frei   3737–3739

4. Auf- und Abstockungen ohne Statuswechsel

4.1 Aufstockungen von Mehrheitsbeteiligungen

Die nachfolgende Tabelle fasst die wichtigsten Fragen und Antworten zusammen für den Fall, dass sich die Beteiligungsquote an einer bisher schon vollkonsolidierten Tochtergesellschaft erhöht: 3740

	HGB	IAS 27 (2005)	IAS 27 (2008) ab 1.7.2009
Regelung	nicht explizit geregelt		IAS 27.30 f.
Anwendung (IAS 27.BC41 ff.)	Konzernunternehmen erwirbt an einem bereits vollkonsolidierten Unternehmen weitere Anteile hinzu (z.B. Aufstockung von 60% um 20% auf 80%).		
Vorgehensweise	1. Aktivierung von Kaufpreisen, die über das Minderheitenkapital hinausgehen, als Fair value/Goodwill *oder*		Nicht mehr zulässig

---

1 Vgl. *Hanft/Brossius*, KoR 2002, 33 ff.

	HGB	**IAS 27 (2005)**	**IAS 27 (2008) ab 1.7.2009**
		2. Erfolgsneutrale Verrechnung von Unterschiedsbeträgen mit den Konzerngewinnrücklagen	Prospektive Anwendung (i.d.R. ab 1.7.2009), d.h. keine Änderung früherer Auf- und Abstockungen (IAS 27.45b)
Ratio		Zu 1.: Aktivierung von Mehrpreisen wegen des Informationsinteresses der Anteilseigner der Konzernmutter	Zu 2: Aufstockungen geschehen nach Controlerwerb und werden daher als Kapitaltransaktion unter Kapitalgebern aufgefasst (IFRS 27.BC41 f.)
Beurteilung			– Einheitstheoretische Begründung (Neuregelung und teilweise Altpraxis, 2.) nicht zwingend: Bezahlte Mehrwerte können auch als Prämie für die nun auch rechtlich verfestigte Control aufgefasst werden (IAS 27.DO5)[1] – Goodwillbilanzierung durch Split von Unternehmenserwerben optimierbar (Rz. 3772)

3741 Wir stellen nachfolgend die Neuregelung des IAS 27 (2008) dar:[2]

Beispiel:

MU stockt am 2.1.02 ihre bisherige 60 %ige Beteiligung an X um 20 % auf und zahlt dafür einen Kaufpreis von 3000, der das bisherige anteilige Minderheitenkapital (2000) um 1000 übersteigt.

Da X zuvor bereits vollkonsolidiert war, fließt ihr Vermögen nach der Transaktion unverändert in die Summenbilanz ein. Bei der Kapitalkonsolidierung ist Folgendes zu beachten:

– Soweit der Kaufpreis das bisherige anteilige Minderheitenkapital übersteigt (1000 = 3000 – 2000), werden keine zusätzlichen stillen Reserven oder Goodwill aktiviert, sondern es erfolgt eine Verrechnung mit den Gewinnrücklagen (Buchung: Gewinnrücklagen MU an Anteile X: 1000).

– Bezogen auf X kommt es zu einer Umgliederung der bisher den Minderheiten zugerechneten Buchwerte auf MU:

Buchwerte X im Konzernabschluss	MU	Minderheiten	Total X
Währungsumrechnungsdifferenz	*240*	*160*	*400*
Übriges Nettovermögen	*5 760*	*3 840*	*9 600*
Buchwerte X im KA (1.1.02): *(60 %/40 %)*	**6 000**	**4 000**	**10 000**
Aufstockung um 20 %	2 000	– 2 000	0
Buchwerte X im KA (2.1.02): *(80 %/20 %)*	**8 000**	**2 000**	**10 000**
davon Währungsumrechnungsrücklage	*320*	*80*	*400*
davon übriges Nettovermögen	*7 680*	*1 920*	*9 600*

---

1 Vgl. *Busse von Colbe* u.a., Konzernabschlüsse, 8. Aufl. 2006, S. 335.
2 Zu Erläuterungen der Altregelung über die Übersicht in Rz. 3740 hinaus vgl. Vorauflage, Rz. 3670.

- Den Minderheiten wurden zuvor 4000 zugewiesen (*ausschnittsweise*: Vermögen X an Minderheiten: 4000), nach der Transaktion nur 2000:

Vermögen X *(ausschnittsweise)*	4000	
(zusätzliche) Anteile MU an X (Rest: 3000 – 1000 Verrechnung mit Gewinnrücklagen, s.o.)		2000
Minderheiten		2000

- U.E. ist die bei X gebildete **Währungsumrechnungsrücklage** ebenfalls anteilig umzubuchen (IAS 27.31 [2008][1]). Dies geschieht innerhalb des Eigenkapitals von MU: Gewinnrücklagen MU an Währungsumrechnungsrücklage: 80 (320–240)

Im **Konzernabschluss** kommt es zu einer **Minderung des Konzerneigenkapitals in Höhe des Kaufpreises** (3000):

- davon 1000 bei MU, da bei MU eine Kaufpreiszahlung von 3000 abfließt, ihr aber stattdessen nur 2000 Buchwerte an X zugerechnet werden (Nichtaktivierung der bezahlten stillen Reserven und Goodwill durch Verrechnung mit den Gewinnrücklagen der Konzernmutter, IAS 27.31 [2008]);
- davon 2000 als „Rückzahlung" der Minderheitenbuchwerte in Form der Kaufpreiszahlung:

Konzerneigenkapitalspiegel	1.1.02	Erwerb 20%	2.1.02
Übriges Eigenkapital MU	65 760	– 1 080	64 680
Währungsumrechnungsrücklage X	240	80	320
Eigenkapital MU	66 000	– 1 000	65 000
Minderheiten X	4 000	– 2 000	2 000
Konzerneigenkapital	**70 000**	**– 3 000**	**67 000**

Die **Verrechnung mit den Gewinnrücklagen** der Konzernmutter (hier: 1000) wird gelegentlich freiwillig im Eigenkapitalspiegel in einer separaten Spalte ausgewiesen und ist damit auch in späteren Perioden zu erkennen.[2]

frei

4.2 Abstockungen von Mehrheitsbeteiligungen

Die nachfolgende Tabelle fasst die wichtigsten Fragen und Antworten zusammen für den Fall, dass sich die Beteiligungsquote an einer bisher schon voll-

---

[1] Dies ist nur für *Abstockungen* (Rz. 3730) explizit geregelt (IAS 21.48C [2008]), ergibt sich bei *Aufstockungen* aber implizit aus der Stoßrichtung des IAS 27.30 f. (2008). Dagegen spricht nur, dass die auf Minderheiten entfallende Währungsumrechnungsdifferenz nicht explizit als solche ausgewiesen ist (Rz. 3465), sondern undifferenziert Teil des Minderheitenkapitals ist. Bei Unwesentlichkeit kann auf die Umgliederung verzichtet werden.

[2] Vgl. Otto GmbH & Co KG, GB 2007/08: Im Eigenkapitalspiegel ist bei einem Gesamteigenkapital von 1862 Mio. Euro ein negativer „Ausgleichsposten aus sukzessiven Erwerben" von 205 Mio. Euro ausgewiesen.

D. Konsolidierung

konsolidierten und auch weiterhin zu konsolidierenden Tochtergesellschaft vermindert:

	HGB	IAS 27 (2005)	IAS 27 (2008) ab 1.7.2009
Regelung		nicht explizit geregelt	IAS 27.30 f.
Anwendung (IAS 27.BC41 ff.)	Teilweise Veräußerung von Anteilen, die auch nach Veräußerung noch vollkonsolidiert werden, z.B. Verkauf von 40% an einer bisherigen 100% Tochter: Die nunmehr 60%ige Beteiligung ist mit Minderheitenausweis von 40% weiterhin voll zu konsolidieren		
Vorgehensweise	1. Ausweis eines Veräußerungsgewinns *oder*		Nicht mehr zulässig
	2. Neutralisierung eines im Einzelabschluss entstandenen Gewinns im Konzerns		a) Umbuchung aller Buchwerte (inkl. ggf. anteiligem Goodwill) von Konzern auf Minderheiten b) Das neutralisierte Veräußerungsergebnis wird den Gewinnrücklagen zugeführt (Gewinn) bzw. belastet (Verlust).
Ratio	Zu 1: Aus Sicht der Anteilseigner der Konzernmutter liegt eine Veräußerung vor		Zu 2: Kapitaltransaktionen unter Kapitalgebern
Beurteilung	– Die Neutralisierung des Veräußerungsgewinns bei Abstockung erscheint sachgerecht – Da es bei Gesamtverkauf jedoch nicht zu einem Nachholen der Ertragsbuchung kommt, wird in der Totalperiode nicht das gesamte Ergebnis gezeigt. – Gestaltungsspielraum durch Split eines Verkaufs in mehrere Tranchen (Rz. 3771)		

3746 Wir stellen nachfolgend die Neuregelung des IAS 27 (2008) dar.[1]

Beispiel:

MU stockt am 2.1.02 ihre bisherige 100%ige Beteiligung an X durch Verkauf um 40% ab und erhält dafür einen Kaufpreis von 5000. Dies führt im Einzelabschluss[2] zu einem Veräußerungsgewinn von 1000 (5000 – 4000 anteilige Buchwerte).

Wie bei der Aufstockung (Rz. 3741) gilt auch bei der Abstockung ohne Statuswechsel, dass X zuvor bereits vollkonsolidiert war und ihr *Vermögen* daher nach der Transaktion unverändert in die Summenbilanz einfließt:

Zunächst ist der im Einzelabschluss von MU ausgewiesene Veräußerungsgewinn von 1000 zu neutralisieren (Buchung: Beteiligungsertrag (Veräußerungsgewinn) an Gewinnrücklagen MU: 1000). Bei X ändert sich lediglich die Zuordnung des Vermögens zu Konzernmutter und Minderheiten:

---

1 Zu Erläuterungen der Altregelung über die Übersicht in Rz. 3745 hinaus vgl. Vorauflage, Rz. 3680 ff.
2 Von Differenzen zwischen dem Beteiligungsansatz der X bei MU und den Buchwerten im Konzernabschluss werde abstrahiert.

VII. Übergangskonsolidierungen (IFRS 3, IAS 27)

Buchwerte X im Konzernabschluss	MU	Minderheiten	Total X
Goodwill X	1 000	0	1 000
Währungsumrechnungsrücklage	400		400
Übriges Nettovermögen	8 600	0	8 600
Buchwerte X im KA (1.1.02) *(100%/0%)*	10 000	0	10 000
Abstockung um 40%	-4 000	4 000	0
Nach Abstockung (2.1.02) *(60%/40%)*	6 000	4 000	10 000
davon Goodwill	600	400	1 000
davon Währungsumrechnungsrücklage	240	160	400
davon übriges Nettovermögen	5 160	3 440	8 600

- Buchung: *(ausschnittsweise)*: Vermögen X an Minderheiten: 4000.
- Dabei spielt es keine Rolle, ob im Vermögen von X ein Goodwill enthalten ist, denn dieser wird anteilig mit veräußert (IAS 27.30 [2008]), und zwar *unabhängig von der Full Goodwill-Methode*: Diese ist nur bei erstmaliger Konsolidierung relevant (Rz. 3400). Bei Abstockungen ist Goodwill den Minderheiten zuzuordnen, da die entsprechenden Anteile zuvor bereits vom Konzern und nun auch von den Minderheiten bezahlt worden waren.[1]
- Außerdem ist die Währungsumrechnungsrücklage anteilig umzubuchen (IAS 21.48C [2008], Rz. 3144): Währungsumrechnungsrücklage MU an Gewinnrücklagen MU: 160

Im **Konzernabschluss** kommt zu einer **erfolgsneutralen Erhöhung des Konzerneigenkapitals** in Höhe des Veräußerungserlöses (5000):
- davon 1000 bei MU, da bei MU ein Veräußerungserlös von 5000 zufließt, sie dafür aber nur Buchwerte von 4000 bei X an die Minderheiten abgibt (Neutralisierung des Veräußerungsgewinns von 1000, IAS 27.31 [2008]) und
- davon 4000 durch die auf die Minderheiten umgebuchten Buchwerte an X:

Konzerneigenkapitalspiegel	1.1.02	Verkauf 40%	2.1.02
Übriges Eigenkapital MU	69 600	1 160	70 760
Währungsumrechnungsdifferenz X	400	-160	240
Eigenkapital MU	70 000	1 000	71 000
Minderheiten X	0	4 000	4 000
Konzerneigenkapital	**70 000**	**5 000**	**75 000**

frei

---

[1] Vgl. *Förschle/Hoffmann* in Beck'scher Bilanz-Kommentar, 6. Aufl. 2006, § 307 HGB Rz. 50; *Pawelzik*, WPg 2004, 677 (688); *Falkenhahn*, Änderungen der Beteiligungsstruktur an Tochterunternehmen, 2006, S. 207 ff.; a.A. *ADS*, § 301 HGB Rz. 369; *Ebeling*, Die Einheitsfiktion als Grundlage der Konzernrechnungslegung, 1995, S. 276; *Küting/Weber/Wirth*, DStR 2004, 876 (883 f.).

4.3 Disproportionale Kapitalerhöhungen

3750 Von einer sog. disproportionalen Kapitalerhöhung spricht man, wenn die Kapitalerhöhung vom Bilanzkurs abweicht, d.h. nicht der Relation des bilanziellen Eigenkapitals entspricht. Dies ist der Regelfall, da vorhandene stille Reserven und ein originärer Goodwill nicht bilanziert sind, sich die Kapitalerhöhung aber nach der Relation dieser Fair values richtet. Folgende **Anwendungsfälle** kommen in Betracht:

- disproportionale Kapitalerhöhungen mit **Reduzierung der Quote der Konzernmutter** (Rz. 3752)
- disproportionale Kapitalerhöhungen **mit Erhöhung der Quote der Konzernmutter**
- **Umstrukturierungen innerhalb eines Konzerns** (z.B. Verschmelzungen, Abspaltungen, Ausgründungen u.Ä.) unter Beteiligung von mindestens einer Tochtergesellschaft mit Minderheiten (Rz. 3760).

Die Bilanzierung disproportionaler Kapitalerhöhungen ist sowohl nach IAS 27 (2004) als auch u.E. nach IAS 27 (2008) nicht explizit geregelt.

3751 Sofern durch die Kapitalmaßnahmen im Einzelfall eine Stimmrechtsmehrheit und damit die **Beherrschung** nach IAS 27.13 (Rz. 3016 ff.) **wegfällt**, sind vorrangig die Vorschriften über das Ausscheiden aus dem Konsolidierungskreis anzuwenden (Rz. 3731).

3752 Im Übrigen kommt es zwar **nicht zu Veräußerungen**[1] (innerhalb eines Konzerns ist dies ohnehin ausgeschlossen, Rz. 3550). Es ist jedoch fraglich, ob diese Vorgänge zu **Verschiebungen der Buchwerte zwischen den Minderheiten und dem Restkonzern** führen.

Beispiel:

Nachfolgend nehmen nur die Minderheiten eine Kapitalerhöhung von 4000 bei X vor, die entsprechend der Fair values zu einer Erhöhung der Beteiligungsquote von 20 % auf rd. 43 % führt.

---

1 Im handelsrechtlichen Schrifttum wird dies z.T. anders gesehen, vgl. Nachweise bei *Pawelzik*, WPg 2004, 677 (690 ff.). Eine Veräußerung ist aber bereits deswegen ausgeschlossen, weil die Kapitalzufuhr in der Gesellschaft verbleibt, es fehlt somit der Zufluss eines Erlöses an den Restkonzern, (nur) unter dieser Voraussetzung erfolgt z.B. steuerlich eine Gewinnrealisierung durch den empfangenden Gesellschafter, vgl. BFH v. 8.12.1994, BStBl. 1995 II, S. 599 (600, Ziff. 2. a.E. m.w.N.).

VII. Übergangskonsolidierungen (IFRS 3, IAS 27)

Werte X im Konzernabschluss	MU	Minderheiten	Total X
Quote vor Kapitalerhöhung	80%	20%	100%
1. Buchwerte X im KA*	**5 000**	**1 250**	**6 250**
Stille Reserven/Goodwill (nicht im KA ausgewiesen)	3 000	750	3 750
nachrichtlich: Fair value X	8 000	2 000	10 000
2. (Disproportionale) Kapitalerhöhung**		4 000	4 000
Fair value X nach Kapitalerhöhung	8 000	6 000	14 000
Quote nach Kapitalerhöhung	57%	43%	100%
1. Buchwerte X im KA*	5 000	1 250	6 250
2. (Disproportionale) Kapitalerhöhung**	0	4 000	4 000
Buchwerte X im KA nach Kapitalerhöhung	**5 000**	**5 250**	**10 250**
Umgliederung nach IAS 27.31	857	−857	0
Buchwerte X im KA nach Umgliederung	**5 857**	**4 393**	**10 250**
Quote lt. Konzernabschluss	57%	43%	100%

Wörtlich genommen ist nach IAS 27.31 (2008) wegen der Änderung der Beteiligungsquoten (auch ohne Verkauf von Anteilen) eine Umbuchung der Buchwerte vorzunehmen, damit die Buchwerte den Beteiligungsquoten entsprechen. Im vorliegenden Fall wäre danach eine Umbuchung von 857 vorzunehmen:[1] Die Umbuchung soll dabei ein **anteiliges Übergehen vorhandener stiller Reserven/eines Goodwill** von der MU auf die Minderheiten reflektieren.

3753

A: Konzerneigenkapitalspiegel	1.1.02	Kapitalerhöhung	2.1.02
Eigenkapital MU	70 000	857	70 857
Minderheiten X	1 250	3 143	4 393
Konzerneigenkapital	**71 250**	**4 000**	**75 250**
B: Konzerneigenkapitalspiegel ohne Umbuchung (u.E. zutreffend)			
Eigenkapital MU	70 000	0	70 000
Minderheiten X	1 250	4 000	5 250
Konzerneigenkapital	**71 250**	**4 000**	**75 250**

Die Auffassung A ist u.E. **nicht sachgerecht**, denn es werden keine Fair values übertragen, sondern es erfolgt zur Erreichung einer gewünschten Beteiligungsquote eine *zusätzliche* Einlage, die sich nach dem Marktwert des vorhande-

3754

---

[1] Diese Lösung entspricht auch dem *Wortlaut* des § 307 Abs. 1 Satz 1 HGB, wonach die Fremdanteile in Höhe „ihres Anteils am Eigenkapital" anzusetzen sind. Hiergegen können jedoch die gleichen Einwände wie gegen die wörtliche Anwendung des IAS 27.31 erhoben werden.

nen Vermögens bemisst.[1] Die **Sinnwidrigkeit einer Umbuchung** wird insbesondere **bei Verkauf** der Beteiligung an X **deutlich**: Die Konzernmutter würde bei Verkauf *vor* der *Kapitalerhöhung* den Fair value von 8000 (80% von 10 000) erlösen und einen Gewinn von 3000 ausweisen (s.o.). Nach der Kapitalerhöhung würde sie ebenfalls 8000 (57% von 14 000) erlösen, aber daraus nur ein Ergebnis von 2143 (3000 − 857) erzielen, da ihr Buchwerte i.H.v. 857 zugerechnet werden, ohne dass sie hierfür Anschaffungskosten aufgewendet hat.

⊃ Die Ratio von IAS 27.31 (2008) besagt, dass bei der Übertragung von Fair values zwischen Konzernmutter und Minderheiten die Buchwerte „nachgezogen", also umgebucht werden. Fehlt es trotz Änderung von Beteiligungsquoten dagegen an der Übertragung von Fair values, wie bei disproportionalen Kapitalerhöhungen, **kommt eine Umbuchung u.E. nicht in Betracht**.[2] Eine Umbuchung ist nur unter Vereinfachungs- und Wesentlichkeitsaspekten zu rechtfertigen, wenn etwa bei der Konsolidierung von mehreren hundert Tochtergesellschaften „einfach" die neuen Quoten angewendet werden sollen.

Von der Frage unberührt bleibt die **weitere Folgekonsolidierung**: Ergebniszurechnungen, Ausschüttungen etc. werden naturgemäß auf Basis der neuen Beteiligungsquoten vorgenommen.

3755–3759 frei

4.4 Konzerninterne Umstrukturierungen

3760 Bei konzerninternen Umstrukturierungen handelt es sich um **Verschmelzungen, Abspaltungen, Ausgründungen** etc.

> **Beispiel:**
> Die Tochtergesellschaft TU 1 werde auf die Tochtergesellschaft TU 2 verschmolzen. Bei TU 1 ist der Fair value der Anteile 2mal und bei TU 2 4mal so hoch wie ihre jeweiligen Buchwerte. Da sich das Umtauschverhältnis nach der Relation der Fair values richtet, weichen bei den beteiligten Gesellschaftergruppen (Ex-Minderheiten von TU 1, Minderheiten von TU 2 und MU) nach der Fusion die jeweiligen Anteile an den Buchwerten von den Anteilen am Fair value ab.

---

[1] Dies wird besonders deutlich, wenn feste Beteiligungsquoten nicht existieren, z.B. bei einer KGaA und die Eigenkapitalanteile des persönlich haftenden Gesellschafters und der Kommanditaktionäre einer KGaA individuell fortgeschrieben werden müssen (man spricht von *effektiven Beteiligungsquoten*, vgl. *Ross*, BB 2000, 1395 ff.). Dann ist aber nicht zu erkennen, warum sich die Kapitalaufteilung bei „normalen" Gesellschaften zwingend nach den neuen (festen) Beteiligungsquoten richten sollte.

[2] A.A. *Hayn* in Beck'sches IFRS Handbuch, 2. Aufl. 2006, § 36 Rz. 61 f.

VII. Übergangskonsolidierungen (IFRS 3, IAS 27)

	TU 1		TU 2 (vor Fusion mit TU 1)		TU 2 (nach Fusion mit TU 1)		
	Fremde	MU	Fremde	MU	Fremde	MU	
					Ex-TU 1	TU 2	
Quote Fair value	20%	80%	40%	60%	8%	24%	68%
Marktwerte	40	160	120	180	40	120	340 (160+180)
Buchwerte	20	80	30	45	20	30	125 (80+45)
Anteil an Buchwerten	20%	80%	40%	60%	11%	17%	71%

Es sind zwei Fragen zu lösen:

(1) **Aufdeckung stiller Reserven und eines Goodwill**
TU 1 überträgt Vermögen auf TU 2: Trotzdem kommt es nicht zu einer Aufdeckung stiller Reserven und eines Goodwill, und zwar weder für das der MU noch für das den Minderheiten zuzurechnende Vermögen von TU 1. Dies ergibt sich zwanglos aus der Einheitsfiktion, weil innerhalb des Konzerns kein Vermögensübergang stattgefunden hat und daher die Grundsätze der **Zwischengewinneliminierung** anzuwenden sind, IAS 27.21 (2008) bzw. IAS 27.24 (2005)[1], Rz. 3550. Seit IAS 27.30 f. (2008) kann diese Lösung zudem auf die Lösung zu **Auf- und Abstockungen von Mehrheitsbeteiligungen** gestützt werden (Rz. 3740 ff.), weil danach Differenzen zwischen Gegenleistungen (Fair values der Anteile) und dem bisherigen Minderheitenkapital zwingend mit dem Eigenkapital zu verrechnen sind, was im vorliegenden Fall auf eine Beibehaltung der Buchwerte hinausläuft.

(2) **Umbuchung von Buchwerten zwischen Konzernmutter und Minderheiten**
Da die Marktwerte und die Buchwerte von TU 1 und TU 2 voneinander abweichen, liegt eine **disproportionale Kapitalerhöhung** vor. U.E. müssen Buchwerte zwischen den Minderheiten TU 2 und der Konzernmutter *nicht* gemäß IAS 27.31 (2008) umgebucht werden:[2] Da sich das Umtauschverhältnis nach der Relation der Marktwerte richtete, sind keine Fair values übertragen worden, so dass eine Rechtfertigung für die Umbuchung fehlt (Rz. 3754). Die Fortschreibung der Buchwerte bei der Folgekonsolidierung richtet sich jedoch nach den neuen Beteiligungsquoten.

frei 3761–3769

---

[1] Vgl. IDW RS HFA 2, Tz. 142. Für ein Wahlrecht zur Aufdeckung des auf Minderheiten entfallenden Vermögens dagegen *Lüdenbach* in Haufe IFRS-Kommentar, 7. Aufl. 2009, § 31 Rz. 171, 174.
[2] Vgl. *Pawelzik*, WPg 2004, 677 (692 f.).

5. Gestaltungsmöglichkeiten/Missbrauchsvorschriften (Gesamtplan) nach IAS 27 (2008)

5.1 Split von Anteilsverkäufen

3770 Die Kombination der Vorschriften des IAS 27 (2008) und IFRS 3 (2008) lädt zu vielfältigen Gestaltungen ein:

> **Beipiel:**
>
> MU besitzt 100 % der Anteile an X und möchte diese mittelfristig veräußern. Es wird ein hoher Gewinn erwartet, der aus bilanzpolitischen Gründen jedoch nicht gewünscht ist.
>
> Daher veräußert MU erst eine Tranche über 49 % und ein halbes Jahr später den Rest von 51 %. Hintergrund dieser Aufteilung ist, dass der Gewinn aus dem Verkauf der 49 % nach IAS 27.31 f. (2008) grundsätzlich erfolgsneutral den Gewinnrücklagen zugeführt wird (Rz. 3745 ff.), und nur der Gewinn aus dem Verkauf der restlichen 51 % nach IAS 27.34 (2008) in der GuV ausgewiesen werden muss (IAS 27.BC58 [2008]).

3771 Um derartigen Gestaltungen vorzubeugen, sind **separate Transaktionen** dann **zusammenzuzählen**, wenn ein sog. **Gesamtplan** vorliegt (IAS 27.33 [2008]). Hierfür gibt es folgende Indizien:

(a) Identischer Zeitpunkt der Vereinbarungen *oder*

(b) In wirtschaftlicher Betrachtung liegt ein Transaktion vor *oder*

(c) Verschiedene Vereinbarungen hängen voneinander ab *oder*

(d) Eine Vereinbarung ist ohne die jeweils andere nicht sinnvoll.

Die **Kriterien** sind **schwammig**, und es stellt sich die Frage, wann sie greifen:

- Wenn bspw. die beiden Tranchen zu verschiedenen Zeitpunkten **an verschiedene Käufer** veräußert werden, dürfte ein Gesamtplan schwerlich nachzuweisen sein.

- Praxisnäher ist der Verkauf **an einen Käufer** (insbesondere bei strategisch motivierten Transaktionen, weil der Käufer dann eine Tranche nicht ohne die andere erwerben wird).

    (a) Werden z.B. 49 % Anteile und gleichzeitig eine Kaufoption über 51 % verkauft, wäre vorrangig zu prüfen, ob nicht potentielle Stimmrechte *des Käufers* nach IAS 27.14 f. vorliegen (Rz. 3019). Dann besteht eine Konkurrenz zwischen der tatsächlichen Stimmrechtsmehrheit von MU und der potentiellen Mehrheit des Käufers. Sofern nicht eine Gesamtbetrachtung der Merkmale des IAS 27.13a–d) ergibt, dass der Käufer bereits die Beherrschung erlangt hat (Käufer stellt z.B. die Mehrheit in den Gremien), hätte der Konzern die Beherrschung *durch die Einräumung der Kaufoption* im Zweifel *nicht* verloren.

    (b) Insofern wäre dann ein **Gesamtplan** zu prüfen und im vorliegenden Fall wohl **zu bejahen**. Folglich wäre auch in Bezug auf die 1. Tranche (49 %)

ein Veräußerungsgewinn zu buchen (Tritt der Gesamtplan erst in späterer Perioden zutage, käme es zu einer Fehlerkorrektur).

◌ Allerdings hätte der IASB den Fall **auch einfacher und weniger ermessensabhängig** lösen können, und zwar durch die Vorgabe, dass ein bei Abstockung einer Mehrheitsbeteiligung zunächst erfolgsneutral erfasster Gewinn bei Kontrollverlust erfolgswirksam zu buchen ist (**reclassification**[1]). Dies wäre konzeptionell ohnehin überzeugender, da bei der jetzigen Regelung (bei fehlendem Gesamtplan) der Totalgewinn des Konzerns um den Gewinn aus dem Verkauf der ersten Tranche *zu niedrig* ausgewiesen ist.

5.2 Split von Anteilskäufen (sukzessiver Erwerb mit Kaufoption)

Auch bei Anteilskäufen ergeben sich Gestaltungsspielräume: 3772

Beipiel:
MU erwägt den Erwerb einer Beteiligung an Y, bei der ein hoher Goodwill vergütet wird. MU verfügt über ein hohes Eigenkapital und möchte aus bilanzpolitischen Gründen einen hohen Gewinn ausweisen. Wegen hoher Risiken bei Y droht mittelfristig durchaus die Gefahr einer Wertminderung (Impairment) nach IAS 36. MU will einen Goodwill daher nach Möglichkeit nicht aufdecken, sondern diesen lieber mit dem Eigenkapital verrechnen.

MU erwirbt 10 % an Y, sichert sich aber von zwei Gesellschaften A und B, die jeweils 45 % der Anteile besitzen, eine sofort zu Marktwerten ausübbare Kaufoption, übt diese aber *nicht* aus.

- Die Kaufoption führt zu sog. potentiellen Stimmrechten nach IAS 27.14 f. Als Folge beherrscht MU die Y, muss daher voll konsolidieren unter Ausweis eines 90 %igen Minderheitenanteils (IAS 17.19, Rz. 3019).
- Sofern das Wahlrecht zur **Full Goodwill-Methode** *nicht* ausgeübt wird (Rz. 3400), wird damit auch nur 10 % des Goodwills aufgedeckt.
- Ein Jahr später übt MU die Kaufoption aus, erwirbt die restlichen 90 % und verrechnet die Differenz zwischen Kaufpreis und Minderheitenbuchwerten (ohne Goodwill) entsprechend IAS 27.31 mit den Konzerngewinnrücklagen (Rz. 3740). Damit kommt es im Ergebnis nur zu einer Aufdeckung von 10 % des Goodwill.

Die Vorschriften zum **Gesamtplan** gelten formal nur für Abstockungs- und   3773
Kontrollverlustfälle (IAS 27.33 [2008]). Substance over form-Überlegungen kommen u.E. nicht in Betracht, da die Bilanzierung konform mit expliziten Regelungen zu potentiellen Stimmrechten und zur Goodwillbilanzierung erfolgt, so dass das bilanzpolitische Ziel u.E. erreicht werden kann.

---

1 Vgl. *Pawelzik*, WPg 2004, 677 (689).

⊃ Im Übrigen hätte auch dieser Fall systematisch überzeugend gelöst werden können, und zwar durch die obligatorische Vorgabe der **Full Goodwill-Methode**[1] (Rz. 3400 ff.).

3774–3779 frei

6. Anhangangaben

3780 Zusätzlich zu den Pflichtangaben bei Erstkonsolidierung in einem Schritt (Rz. 3590) sind bei **sukzessivem Anteilserwerb** (Rz. 3720) Zusatzangaben über den Fair value der Alttranche sowie zum Gewinn oder Verlust aus dem Fair value der Alttranche inkl. GuV-Posten zu machen (IFRS 3.B64p [2008]).

Bei Ausscheiden aus dem Konsolidierungskreis (Rz. 3730) sind das Veräußerungsergebnis und das Ergebnis aus der Fair value-Bewertung der Restanteile anzugeben sowie der GuV Ort anzugeben (IAS 27.41f [2008]).

Bei **Ab- oder Aufstockung von Mehrheitsbeteiligungen** (Rz. 3740, 3745) ist die Veränderung der Beteiligungsquote darzustellen (IAS 27.41e [2008]).

Für weitere Einzelheiten verweisen wir auf die Anhang-Checkliste in der beigefügten CD.

3781–3799 frei

VIII. Weitere Konsolidierungsmaßnahmen (IAS 27)

1. Überblick und Wegweiser

1.1 Standards und Anwendungsbereich

3800 Sehr knapp bestimmt IAS 27.20 f. (2008) bzw. IAS 27.24 f. (2004), dass **Schulden-, Aufwands- und Ertragskonsolidierung** sowie die **Zwischenergebniseliminierung** vorzunehmen sind. Nur bei nicht wesentlichen Beträgen oder wenn die Kosten der Eliminierung höher sind als der daraus resultierende Nutzen der Abschlussadressaten kann auf diese Konsolidierungsmaßnahmen verzichtet werden.

3801–3804 frei

1.2 Wesentliche Abweichungen zum HGB

3805 Es bestehen keine wesentlichen Unterschiede.

---

1 Vgl. *Pawelzik*, WPg 2004, 677 (686 f.).

1.3 Neuere Entwicklungen

Keine　　　　　　　　　　　　　　　　　　　　　　　　　　　　　　　　3806

frei　　　　　　　　　　　　　　　　　　　　　　　　　　　　　　3807–3809

2. Schuldenkonsolidierung

Beim Weglassen konzerninterner Forderungen und Verbindlichkeiten können 3810 folgende Arten von Aufrechnungsdifferenzen entstehen:

(a) Sog. **unechte Aufrechnungsunterschiede** aus nicht sorgfältig abgestimmten Salden und unterwegs befindlichen Zahlungen oder Warenlieferungen. Diese sind erfolgsneutral an/gegen Vorräte, Banksalden etc. umzubuchen.

(b) Sog. **echte Aufrechnungsdifferenzen** aus unterschiedlicher (nicht spiegelbildlicher) Bewertung der aufzurechnenden Posten in den Einzelabschlüssen (HB II) der Konzerngesellschaften.

In IFRS-Abschlüssen können im Einzelfall mehr echte Aufrechnungsdifferen- 3811 zen entstehen als in HGB-Abschlüssen, da für finanzielle Vermögenswerte im IFRS-Abschluss drei unterschiedliche Bewertungsverfahren in Betracht kommen (Rz. 2120):
- Nach der Effektivzinsmethode fortgeführte Anschaffungskosten,
- erfolgsneutrale Fair value-Bewertung und
- erfolgswirksame Fair value-Bewertung.

Finanzielle Verbindlichkeiten sind im IFRS-Abschluss wie folgt zu bewerten:
- Nach der Effektivzinsmethode fortgeführte Anschaffungskosten und (in Ausnahmefällen)
- erfolgswirksame Fair value-Bewertung.

Für **kurzfristige Lieferforderungen und -verbindlichkeiten** ist der Fair value der 3812 Nominalwert, eine Abzinsung kommt nicht in Betracht. Daher ergeben sich hier keine besonderen Probleme: Die einander entsprechenden Beträge sind gegeneinander aufzurechnen. Ist in der HB II eine außerplanmäßige Abschreibung auf die Forderung vorgenommen worden, ist diese in der Konsolidierung zu stornieren.

Beispiel:

Es bestehen Lieferforderungen und -verbindlichkeiten von 100. Das Lieferunternehmen nimmt auf die Forderung eine außerplanmäßige Abschreibung von 20 vor. Der Steuersatz betrage 30 %.

Die Konsolidierungsbuchung lautet:

Verbindlichkeit	100	an	Forderung	80
			Aufwand	20
Steueraufwand	6	an	passive latente Steuern	6

Sollten Forderungen und Verbindlichkeiten in der **Folgeperiode** noch bestehen, ist erfolgsneutral aufzurechnen:

Verbindlichkeit	100 an	Forderung	80
		Passive latente Steuern	6
		Rücklage[1]	14

Insoweit bestehen in der Konsolidierungstechnik keine Unterschiede zum HGB.

3813 Im Einzelfall können sich Abweichungen zur HGB-Konsolidierungstechnik ergeben, wenn finanzielle Vermögenswerte der Kategorie available-for-sale (oder auch at fair value through profit or loss) zugeordnet worden sind, die korrespondierende Schuld aber zu fortgeführten Anschaffungskosten bewertet wird.

Beispiel:

Ein zu 100 ausgereichtes konzerninternes Darlehen ist der Kategorie available-for-sale zugeordnet worden. Die korrespondierende Schuld ist zu 100 angesetzt. Auf Grund von Marktzinssatzänderungen beträgt der Fair value des Darlehens 110, die Aufwertung von 10 ist unter Berücksichtigung latenter Steuern (3) in die Neubewertungsrücklage (7) gebucht worden. Die Konsolidierungsbuchung lautet:

Verbindlichkeit	100 an	Forderung	110
Passive latente Steuern	3		
Neubewertungsrücklage	7		

3814 Die Konsolidierung von handelbaren Schuldverschreibungen ist wie im HGB-Konzernabschluss abzubilden, da die Schuldverschreibungen vom Inhaber auch an externe Dritte weiterveräußert werden können.[2]

3815 Zur **Währungsumrechnung** konzerninterner Salden s. Rz. 3140 ff.

3816–3819 frei

3. Aufwands- und Ertragseliminierung

3820 Korrespondierende Aufwands- und Ertragsposten (z.B. Innenumsatzerlöse und Materialaufwand) sind nach der Einheitsfiktion zu eliminieren. Dies geschieht im Regelfall ohne Ergebnisauswirkungen. Diese können sich im Wesentlichen nur aus der Eliminierung **konzerninterner Gewinnausschüttungen** ergeben.

3821–3829 frei

---

1 Ausgleichsposten aus Schuldenkonsolidierung.
2 Vgl. *Busse von Colbe* u.a., Konzernabschlüsse, 8. Aufl. 2006, S. 368.

4. Zwischenergebniseliminierung

4.1 Vollkonsolidierung

Bei **Zwischengewinnen** handelt es sich um die beim Lieferunternehmen angefallene, aus Konzernsicht aber noch nicht realisierte Marge, soweit der gelieferte Gegenstand den Konzernkreis noch nicht verlassen hat. **Zwischenverluste** sind hingegen *nicht* zu eliminieren, wenn sie Folge eines gesunkenen Netto-Veräußerungswerts kurzfristiger Aktiva oder eines Wertminderungsverlustes (Impairment) langfristiger Aktiva sind (IAS 27.21; 31.49). 3830

Zwischengewinne betreffen langfristige (Anlagevermögen) und kurzfristige Vermögenswerte (Vorräte). Der **Zwischengewinn** ist der **Unterschied** zwischen einheitlichen Konzernanschaffungs- und Herstellungskosten (Rz. 3080) und dem Bilanzansatz bei dem empfangenden Konzernunternehmen. 3831

Bei **Vorräten** sind die folgenden Schritte vorzunehmen: 3832

(1) Bestimmung des **Mengengerüsts** (Menge der bei Konzernunternehmen aus Lieferungen anderer Konzernunternehmen am Stichtag vorhandenen Konzernvorräte). Dies ergibt sich aus einer Dokumentation der Lagerbuchführung, ggf. aus qualifizierten Schätzungen. Vereinfachungsverfahren (z.B. **KIFO**, Konzern-in-first-out), die ohnehin nur bei Vermögenswerten relevant sind, die so auch von Fremden erworben wurden, kennen die IFRS nicht.

(2) Bestimmung der **Zwischengewinnmarge** der Lieferunternehmen unter Berücksichtigung konzerneinheitlicher AHK. Aus Konzernsicht gegenüber einer Einzelabschlusssicht zusätzlich zu aktivierende Kostenbestandteile (z.B. Transport zu den anderen Konzernunternehmen) sind oft nicht wesentlich oder können durch pauschale Zuschläge erfasst werden. Unter Kosten-/Nutzenaspekten kommt eine auf einzelne Artikel bezogene Ermittlung meist nicht in Betracht. Stattdessen sind ggf. gewichtete Konzerndurchschnitte sachgerecht und üblich.

(3) Anwendung der Zwischengewinnmarge (2) auf das Mengengerüst (1): Sofern das empfangende Unternehmen Abwertungen wegen niedrigerer erzielbarer Erlöse vorgenommen hat, mindert dies die zu eliminierenden Zwischengewinne.

Nachfolgend ein Beispiel zur Zwischengewinneliminierung in Vorräten 3833

Beispiel:

Sofern die Zwischengewinnmarge aus der GuV eines Lieferunternehmens abgeleitet wird und das liefernde Unternehmen unterschiedliche Funktionen wahrnimmt (z.B. Produktionsunternehmen, das auch die Distribution an Fremde übernimmt, aber im Übrigen an Konzernvertriebsgesellschaften liefert), ist zu beachten, dass die Marge für Konzernlieferungen von der Gesamtdurchschnittsmarge abweicht, da das empfangende Konzernunternehmen noch die Vertriebsfunktion übernimmt und hierfür eine Marge erhält. Dies ist durch sachgerechte Abschläge von der Durchschnittsmarge lt. GuV zu erfassen. Im Beispiel beträgt die Zwischengewinnmarge somit nicht 40%, sondern nur 30%.

D. Konsolidierung

	Total	Direkt	via Vertriebs-gesellschaft
Umsatz mit Fremden	*1200*	*500*	*700*
Marge Vertriebsgesellschaft	*200*		*200*
Umsatz Produktionsgesellschaft	1000	500	500
Konzerneinheitliche AHK	– 600	– 250	– 350
Marge	400	250	150
Marge % des Produktionsunternehmens	40%	50%	[1]30%

Der zu eliminierende Zwischengewinn beläuft sich somit auf 30% der bei der Vertriebsgesellschaft lagernden Konzernvorräte. Wenn diese bspw. brutto 200 betragen, aber darauf bereits Wertminderungen von 40 vorgenommen wurden, wäre noch ein Zwischengewinn von 20 zu eliminieren (30% × 200 = 60 – 40 = 20):

	31.12.01
Bruttovorräte beim Empfänger	200
Gängigkeitsabwertung 20%	– 40
Nettovorräte beim Empfänger	160
Zwischengewinn	– 20
Ansatz im Konzernabschluss (70% der Bruttowerte)	140

Ergebniswirksam wird nur die *Veränderung* der Zwischengewinne im Vergleich zur Vorperiode (nach latenten Steuern):

	1.1.01	Ergebnis	31.12.01
Zwischengewinne brutto	– 30	10	– 20
latente Steuern	9	– 3	6
Zwischengewinne netto	– 21	7	– 14

Der **Vorjahresstand** ist erfolgsneutral zu buchen:

Buchung:	Soll	Haben
Gewinnrücklagen („Ausgleichsposten Zwischengewinne" Vj.)	21	
aktive latente Steuern	6	
latenter Steueraufwand	3	
Materialaufwand/Bestandsveränderung		10
Vorräte		20
	30	**30**

---

[1] Das Beispiel ist so gewählt, dass aus allen Konzernlieferungen, bezogen auf den Endverkaufspreis des Konzerns, die gleiche Marge realisiert wird: Die AHK aus Lieferungen via Vertriebsgesellschaft (350) machen somit auch 50% der Endpreise der Vertriebsgesellschaft (700) aus.

Bei Zwischengewinnen im **Anlagevermögen** ist der Gewinn des Lieferunternehmens leichter identifizierbar. Der daraus resultierende Zwischengewinn ist entsprechend dem Abschreibungsverlauf (planmäßig und außerplanmäßig) aufzulösen (jeweils unter Erfassung latenter Steuern). 3834

Bei latenten Steuern ist u.E. der **Steuersatz** des Lieferunternehmens anzuwenden (Rz. 2650). 3835

4.2 Assoziierte Unternehmen

Die **Zwischenergebniseliminierung** gegenüber **at equity bewerteten Beteiligungen** (Rz. 3673) ist jedoch nur *anteilig* vorzunehmen (IAS 28.22): 3836

- Bei Lieferungen vom Konzern an das assoziierte Unternehmen (sog. *downstream-Transaktion*) muss Letzteres lediglich die am Abschlussstichtag noch im Bestand befindlichen, vom Konzern gelieferten Vermögenswerte melden, damit die Konzernspitze die Zwischenergebniseliminierung anteilig vornehmen kann.
- Bei *upstream-Geschäften* (Lieferungen des assoziierten Unternehmens an den Konzern) muss das assoziierte Unternehmen demgegenüber die Kalkulationsgrundlagen melden, damit die anteilsmäßige Zwischenergebniseliminierung überhaupt vorgenommen werden kann.

Die Eliminierungsbuchung geschieht zweckmäßigerweise in beiden Fällen durch Korrektur des Beteiligungsergebnisses gegen den Beteiligungsbuchwert.[1]

4.3 Gemeinschaftsunternehmen

Die **anteilsmäßige Zwischenergebniseliminierung** ist auch gegenüber quotal einbezogenen **Gemeinschaftsunternehmen** erforderlich (IAS 31.48 f., Rz. 3610): 3837

- Bezüglich der **Zwischenergebniseliminierung** aus Lieferungen (**Einlagen**) des Partnerunternehmens an das Gemeinschaftsunternehmen sind Verluste nicht zu korrigieren und Gewinne quotal in Höhe des eigenen Anteils zu eliminieren (IAS 31.48).
- Im umgekehrten Fall sind Gewinnanteile des Gemeinschaftsunternehmens aus Lieferungen an das Partnerunternehmen in Höhe der eigenen Quote erst bei Weiterlieferung an fremde Dritte auszuweisen; Verluste in Höhe einer Wertminderung sind nicht zu korrigieren.

frei 3838–3839

---

[1] Bei *Downstream*-Lieferungen (Konzern an equity Unternehmen) ist es aber auch zulässig, einen Zwischengewinn gegen Umsatz und Materialaufwand des Konzerns zu buchen (vgl. z.B. *Baetge/Bruns/Klaholz* in Baetge u.a. (Hrsg.), Rechnungslegung nach IFRS, 2006, IAS 28 Rz. 100) bzw. bei *Upstream*-Lieferungen den betreffenden Bilanzposten des Konzerns zu korrigieren, also z.B. Vorräte statt Beteiligung.

5. Auswirkungen unterschiedlicher Bewertungskategorien

3840 Die Aufrechnung von sich dem Grunde nach entsprechenden Positionen ist nach IFRS im Vergleich zum HGB komplexer, weil nach IFRS mit den fortgeführten Anschaffungskosten, erfolgsneutraler Fair value-Bewertung, erfolgswirksamer Fair value-Bewertung sowie einem (niedrigeren) erzielbaren Betrag unterschiedliche Bewertungskonzeptionen möglich sind.

> **Beispiel:**
>
> Die Konzernunternehmen LG (Vermieter) und LN (Mieter) gehören zum selben Konzernkreis. LG hat sich auf die Vermietung von Grundstücken und Gebäuden spezialisiert und wendet für deren Bilanzierung als Anlageimmobilien gem. IAS 40 in der Handelsbilanz II das Fair Value-Modell an. Wegen der Fair value-Bewertung bei LG entstehen auch Unterschiede zur Steuerbilanz, so dass latente Steuern anzusetzen sind. LG vermietet auch konzernintern Grundstücke und Gebäude an LN. LN nutzt diese zu Produktions- und Verwaltungszwecken. Aus Konzernsicht ist das Leasingverhältnis zu konsolidieren und für die Immobilien IAS 16 anzuwenden. Hiernach können die Immobilien ebenfalls zum Fair value – allerdings erfolgsneutral (Neubewertungsmethode) – oder zu fortgeführten Anschaffungs- bzw. Herstellungskosten angesetzt werden. Daher kann durch diese Konsolidierung eine ganze Reihe von Anpassungsbuchungen erforderlich werden, bei denen jeweils wegen der Abweichungen zur Steuerbilanz eine Prüfung des Ansatzes latenter Steuern notwendig ist.

3841–3849 frei

6. Auswirkungen auf Minderheitenanteile

3850 Unabhängig vom Vorliegen von **Minderheitenanteilen** sind die zuvor bezeichneten Konsolidierungsmaßnahmen bei **vollkonsolidierten Unternehmen** vollständig und *in voller Höhe* durchzuführen (IAS 27.21). Ergebniswirksame Konsolidierungsmaßnahmen sind grundsätzlich auch anteilig den Minderheitengesellschaftern zuzurechnen. s. Rz. 3465.

3851–3999 frei

E. Berichtsinstrumente und weitere Angabepflichten

Berichtsinstrumente des IFRS-Abschlusses sind Bilanz, Gewinn- und Verlustrechnung bzw. Gesamtergebnisrechnung, der Eigenkapitalspiegel und die Kapitalflussrechnung. Sie werden ergänzt um einen umfangreichen Anhang. Kapitalmarktorientierte Unternehmen haben den Anhang um eine Segmentberichterstattung zu ergänzen, und börsennotierte Aktiengesellschaften müssen ein Ergebnis je Aktie angeben. Darüber hinaus sind bei Geschäftsbeziehungen zu nahe stehenden Unternehmen und Personen weitere Angaben erforderlich. Schließlich enthält IAS 34 Regelungen über den Mindestinhalt eines Zwischenberichts. Die Erläuterung dieser Berichtsinstrumente und Angabepflichten ist Gegenstand dieses Teils des Buches. 4000

I. Gliederungsgrundsätze des Abschlusses (IAS 1)

1. Überblick und Wegweiser

1.1 Standards und Anwendungsbereich

Einschlägig für Fragen der Abschlussdarstellung und zur Gliederung der Berichtsinstrumente ist IAS 1. Dieser ist in 2007 mit Wirkung ab 1.1.2009 als Teil A des Projekts „Financial Statement Presentation" geändert worden. Nennenswerte Änderungen betreffen: 4001

Formale Änderungen	IAS 1 (2005), bis 31.12.2008	IAS 1 (2007), ab 1.1.2009
Bezeichnung und Zuordnung der Berichtsinstrumente **in IAS 1**	a) Balance sheet (Bilanz)	a) Statement of Financial Position (IAS 1.54)
	b) Income Statement (GuV)	b) Income Statement (IAS 1.81b)
	c) Statement of Recognised Income and Expense (Gesamtergebnisrechnung)	c) Statement of Comprehensive Income (IAS 1.81a/b)
	d) Statement of Changes in Equity (Eigenkapitalspiegel)	d) Statement of Changes in Equity (IAS 1.106)
	e) Cashflow Statement (Kapitalflussrechnung)	e) Statement of Cashflows (IAS 1.111)
	f) Notes (Anhang)	f) Notes (IAS 1.112)
Bezeichnung der Berichtsinstrumente **im Abschluss**	Bilanzierende können die Neubezeichnungen **im Abschluss ignorieren** und die bisherigen Bezeichnungen (z.B. Bilanz) verwenden (IAS 1.10)	

Formale Änderungen	IAS 1 (2005), bis 31.12.2008	IAS 1 (2007), ab 1.1.2009
Bilanz	a) Offenlegung von 2 Bilanzen (Lfd. Jahr und Vergleichsvorjahr) b) IFRS-Erstanwender: Wahlrecht, entweder wesentliche Posten der IFRS-Eröffnungsbilanz oder komplette IFRS-Eröffnungsbilanz zu veröffentlichen	a) Offenlegung von 2 Bilanzen (lfd. Jahr und Vergleichsvorjahr: IAS 1.38) b) Zusätzlich 3. Bilanz (**Beginn** der Vorjahresvergleichsperiode) bei retrospektiven Änderungen (neue Standards, Rechnungslegungsmethodenänderung, Darstellungsänderung, Fehlerkorrektur: IAS 1.39) c) IFRS-Erstanwender: Zusätzlich komplette IFRS-Eröffnungsbilanz (IFRS 1.6)
Gewinn-und Verlustrechnung	Zwingendes separates Statement	a) wie bisher als **separates Statement** möglich (dann muss aber direkt im Anschluss die Gesamtergebnisrechnung gezeigt werden (IAS 1.12), die vom Ergebnis lt. GuV unter Erfassung der direkt im Eigenkapital erfassten Ergebnisse zum Gesamtergebnis überleitet (IAS 1.81b), oder b) als Teil der Gesamtergebnisrechnung (IAS 1.81a)
Gesamtergebnisrechnung	Zwingend nur bei erfolgsneutraler Verrechnung versicherungsmathematischer Gewinne und Verluste bei Pensionsverpflichtungen nach IAS 19, ansonsten Wahlrecht, das other comprehensive income im Eigenkapitalspiegel oder in der Gesamtergebnisrechnung darzustellen	Immer obligatorisch, entweder: (a) im Anschluss an die GuV (ausgehend vom Jahresüberschuss) oder (b) ein Statement (inklusive gesamter GuV und der direkt ins Eigenkapital gebuchten Ergebnisse), sog. „verlängerte GuV"
Darstellung des Gesamtergebnisses	Sofern die Gesamtergebnisrechnung nicht obligatorisch ist, kann das Gesamtergebnis auch (nur) im Eigenkapitalspiegel dargestellt werden	Die einzelnen Komponenten sind sowohl in der Gesamtergebnisrechnung als auch im Eigenkapitalspiegel darzustellen.[1]

---

[1] Aufgrund einer Änderung an IAS 1.106, veranlasst durch IAS 27 (2008), der am 12.6.2009 in europäisches Recht übernommen wurde, anzuwenden für Geschäftsjahre, die nach dem 1.7.2009 beginnen (IAS 1.139A). Zu Einzelheiten siehe Rz. 4350 f.

I. Gliederungsgrundsätze des Abschlusses (IAS 1)

Formale Änderungen	IAS 1 (2005), bis 31.12.2008	IAS 1 (2007), ab 1.1.2009
Ergebnis je Aktie	Bezieht sich nur auf das Ergebnis lt. GuV	Unverändert
Eigenkapitalspiegel	Bei (freiwilliger oder obligatorischer) Aufstellung einer Gesamtergebnisrechnung entbehrlich, stattdessen Anhangangabe über Transaktionen mit Anteilseignern (Praxis: oft zusätzliche Aufstellung des Eigenkapitalspiegels)	immer obligatorisch
Angabe von Dividenden des Geschäftsjahres und der Dividende je Aktie	Im Eigenkapitalspiegel (Dividende), GuV oder Anhang	Im Eigenkapitalspiegel oder Anhang (IAS 1.107)

4002 IAS 1.81 ist in seiner Wahl der Bezeichnung der Berichtsinstrumente leicht verwirrend: Die Bezeichnung „Gesamtergebnisrechnung" (*Statement of Comprehensive Income*) findet Verwendung für

(a) die sog. „verlängerte GuV", die neben der bisherigen GuV auch die nur im Eigenkapital erfassten Aufwendungen und Erträge enthält, also auch für

(b) „kleine Gesamtergebnisrechnung", die ausschließlich die nur im Eigenkapital erfassten Aufwendungen und Erträge enthält. Dann ist zusätzlich noch die bisherige GuV zu veröffentlichen, und zwar unmittelbar *vor* der Gesamtergebnisrechnung.

Bei einer **verlängerten GuV (a)** wird das bisherige **Jahresergebnis** zu einer **Zwischensumme** (IAS 1.82f bzw. IAS 1.BC57). Dies ist einerseits konsequent, da das Rahmenkonzept (Framework) nicht nach erfolgswirksamen und erfolgsneutralen Ergebnissen unterscheidet (F.74 ff.)[1], provoziert aber die Anschlussfrage nach dem Sinn einer solchen Unterscheidung im Abschluss. Zwar beabsichtigt der IASB, das Gesamtergebnis stärker in den Blickpunkt der Abschlussadressaten zu rücken.[2] Vor diesem Hintergrund ist jedoch inkonsequent, weiterhin nur ein Jahresergebnis je Aktie und nicht ein Gesamtergebnis je Aktie zu fordern (Rz. 3702).[3] Daher sind Zweifel angebracht, ob sich die vom IASB favorisierte verlängerte GuV in der Praxis durchsetzen wird. Da die **Trennung in zwei Berichtsinstrumente** gemäß bisheriger Praxis (b) weiterhin zulässig ist, stellen wir die GuV (Rz. 4200) und die Gesamtergebnisrechnung (Rz. 4300) jeweils separat dar.

4003 Der geänderte IAS 1 ist spätestens in **Geschäftsjahren ab 1.1.2009** anzuwenden (IAS 1.139). Die EU Umsetzung ist durch VO 1274/2008 vom 17.12.2008

---

1 Vgl. *Wenk/Jagosch*, DStR 2008 1251 (1254).
2 Im ED IAS 1 war die Pflicht zu einem single statement, also zu einer verlängerten GuV vorgesehen. Diese Pflicht ist auf Grund vielfältiger Kritik aus der Erstellerpraxis zurückgezogen worden.
3 Vgl. *Theile*, PiR 2006, 97 (98 f.).

erfolgt. Am 12.6.2009 ist die bedeutsame Änderung des IAS 1.106 durch IAS 27 (2008) freigeschaltet worden (Rz. 4351).

4004 IAS 1 ist auf alle Einzel- und Konzernabschlüsse nach IFRS anzuwenden. Darüber hinaus sind die in IAS 1.15–45 niedergelegten Bilanzierungsgrundsätze auch auf die Zwischenberichterstattung anzuwenden (Rz. 4831).

4005 Die Zielsetzung des IAS 1 ist die Schaffung von Vergleichbarkeit
– sowohl mit den Abschlüssen des eigenen Unternehmens aus vorangegangenen Perioden (horizontale Vergleichbarkeit) als auch
– mit den Abschlüssen anderer Unternehmen (vertikale Vergleichbarkeit)

1.2 Wesentliche Abweichungen zum HGB

4006 Nach dem BilMoG müssen kapitalmarktorientierte Gesellschaften, die nicht zur Aufstellung eines Konzernabschlusses verpflichtet sind, ihren Jahresabschluss um eine Kapitalflussrechnung und einen Eigenkapitalspiegel erweitern (§ 264 Abs. 1 HGB i.F. BilMoG). Zuvor war dies nur für Konzernabschlüsse vorgeschrieben.

Das HGB kennt allerdings keine Gesamtergebnisrechnung; die Zusammenfassung erfolgswirksamer und erfolgsneutraler Ergebnisse – die einzige regelmäßige erfolgsneutrale Ergebniskomponente im HGB-Konzernabschluss ist ohnehin nur die Umrechnungsdifferenz nach der modifizierten Stichtagskursmethode – erfolgt im Eigenkapitalspiegel.

4007 Die Gliederungsgrundsätze des IAS 1 finden sich auch im HGB. Zur Gliederung der Bilanz und der Gewinn- und Verlustrechnung enthält das HGB allerdings im Gegensatz zu IAS 1 relativ starre Vorgaben.

1.3 Neuere Entwicklungen

4008 Für die Phase B des Projekts („Financial Statement Presentation") hat der IASB lediglich Prinzipien formuliert, etwa die Separierung aller Berichtsinstrumente in verschiedene Bereiche (geschäftlich, Finanzierung, eingestellte Bereiche und Ertragsteuern). Hierzu wurde im Oktober 2008 ein Discussion Paper vorgelegt. Für Phase C ist eine Anpassung der Zwischenberichterstattung an Phase A und B geplant. Die genaue Tragweite und zeitliche Umsetzung sind jeweils noch nicht absehbar.

4009 frei

2. Gliederungsgrundsätze

2.1 Darstellungsstetigkeit

4010 Die Darstellung und der Ausweis von Abschlussposten sind im Zeitablauf stetig beizubehalten (IAS 1.45). Mit diesem Grundsatz soll der Zeitvergleich eines Unternehmens verbessert werden. Zur Durchbrechung der Darstellungsstetigkeit s. Rz. 850 f.

2.2 Vergleichswerte der Vorperiode

Für alle quantitativen Daten sind die **Vergleichswerte aus dem Vorjahr** anzugeben, sofern ein Standard nicht etwas anderes erlaubt oder vorschreibt (IAS 1.38). Vergleichswerte aus dem Vorjahr sind daher auch für den Anhang und seine Bestandteile, etwa den Anlagenspiegel, erforderlich. Der **Rückstellungsspiegel** (Rz. 2391) braucht demgegenüber explizit *nicht* über zwei Perioden dargestellt zu werden (IAS 37.84); gleichwohl erfolgt in der Praxis der 2-Jahresausweis.

4011

In folgenden Fällen ist jedoch die Veröffentlichung einer **3. Bilanz** (Beginn der Vorjahresvergleichsperiode) erforderlich (IAS 1.39):

(a) Retrospektive Änderungen (Fehlerkorrektur, neue Standards, Änderung Darstellung und Rechnungslegungsmethoden), *soweit sich diese auf die 3. Bilanz auswirken.*[1]

(b) IFRS Erstanwendung (IFRS 1.6).

Die Vergleichsangaben sind jedoch nicht auf quantitative Daten in den Berichtsinstrumenten und im Anhang beschränkt. Erfolgten in der Vorperiode beschreibende, verbale Informationen, etwa bei Rechtsstreitigkeiten, sind diese in der laufenden Periode aufzugreifen und es ist über die Fortentwicklung zu berichten (IAS 1.40).

2.3 Angabe aller wesentlichen Posten und Informationen

Jeder **wesentliche Posten** ist in den Abschlüssen gesondert darzustellen. Unwesentliche Beträge sind mit Beträgen ähnlicher Art oder Funktion zusammenzufassen und brauchen erst dann zusammengefasst gesondert dargestellt zu werden (IAS 1.29 f.). Dies gilt nicht nur für die mindestens aufzunehmenden Posten in Bilanz und Gewinn- und Verlustrechnung, sondern auch für die Posten in den übrigen Berichtsinstrumenten. Feste Wesentlichkeitsgrenzen für den Ausweis in Bilanz und Gewinn- und Verlustrechnung enthält IAS 1 im Gegensatz etwa zu US-GAAP nicht.[2]

4012

Hervorzuheben ist, dass die **Offenlegungserfordernisse** der einzelnen Standards, insbesondere im Hinblick auf Anhangangaben, bei unwesentlichen Sachverhalten *nicht* befolgt werden müssen (IAS 1.31). Damit müssen Informationen nicht nur zusammengefasst, sondern können ggf. ganz weggelassen werden, wenn sie für den Abschlussadressaten nicht wichtig sind (Rz. 267). Eine solche Einschränkung ist geradezu erforderlich, damit der Abschlussadressat die dargebrachten Abschlussinformationen als relevant einstufen kann; ein *„information overload"* würde zudem die Verständlichkeit eines

4013

---

1 Gl.A. *Bischof/Molzahn*, IRZ 2008, 171 (173); a.A. *Wenk/Jagosch*, DStR 2008, 1251 (1253) unter u.E. sinnentstellendem Hinweis auf IAS 1.BC32.

2 Gem. SEC-Erfordernissen (Regulation S-X 5–02) müssen bspw. Wechselforderungen, die 10 % der Gesamtsumme kurzfristiger Forderungen ausmachen, gesondert ausgewiesen werden, vgl. hierzu und zu weiteren Details *Ernst & Young*, IFRS/US GAAP Comparison, 3. Aufl. 2005, S. 107 ff.

Abschlusses negativ berühren. In manchen Standards, so z.B. in IFRS 7.B3, wird in diesem Zusammenhang der Wesentlichkeitsgrundsatz noch einmal außerordentlich betont.

4014 Auf der anderen Seite ist die Frage der Wesentlichkeit im Hinblick auf die Berichtsinstrumente abgestuft zu beurteilen: Ein Posten, der wegen Unwesentlichkeit in der Bilanz nicht gesondert ausgewiesen werden muss, kann doch wesentlich genug sein, um im Anhang dargestellt werden zu müssen (IAS 1.30). Diese Disaggregation im Anhang wird auch in IAS 1.78 für einige Bilanzposten explizit gefordert, etwa bei den Vorräten oder Sachanlagen. Auch mag die absolute Größe eines Postens unwesentlich, das inhärente Vermögensrisiko aber hoch sein, so dass Anhangangaben erforderlich sind. Dies kann beispielsweise auf Finanzinstrumente zutreffen.

2.4 Saldierung

4015 Vermögenswerte und Schulden, Aufwendungen und Erträge dürfen nicht miteinander verrechnet werden, es sei denn, es wird von einem Standard oder einer Interpretation *gefordert* oder *erlaubt* (IAS 1.32). Grundsätzlich sind Saldierungen zulässig, wenn durch sie der wirtschaftliche Gehalt des Geschäftsvorfalls am besten wiedergegeben wird. Hierzu werden folgende Beispiele in IAS 1.34 genannt:

(a) Beim Abgang von **Vermögenswerten des Anlagevermögens** wird nur der resultierende Gewinn oder Verlust als Ertrag oder Aufwand gezeigt (beachte aber Sonderfall Rz. 1193); dies entspricht der deutschen Auffassung. Entstehen aus der Veräußerung mehrerer Anlagegüter sowohl Gewinne als auch Verluste, ist entgegen handelsrechtlicher Sichtweise außerdem noch deren Saldierung möglich, sofern die Einzelbeträge nicht wesentlich sind (IAS 1.35).

(b) **Erträge aus Erstattungsansprüchen** *können* mit zugehörigen **Aufwendungen aus Verpflichtungen** verrechnet werden (Rz. 2355). Davon unberührt bleibt der jeweilige Bruttoausweis der Ansprüche und Verpflichtungen in der Bilanz (IAS 37.53 f.).

4016 Bei einer Wertaufholung von **Vorräten** *gebietet* IAS 2.34 die Verrechnung mit jenem Aufwandsposten, der üblicherweise die Bestandsminderung reflektiert (also Bestandsveränderungen bei unfertigen und fertigen Erzeugnissen sowie Materialaufwand im Falle von Roh-, Hilfs- und Betriebsstoffen beim Gesamtkostenverfahren bzw. Umsatzkosten beim Umsatzkostenverfahren).[1]

Finanzielle Vermögenswerte und Schulden *sind* zu saldieren, wenn ein Rechtsanspruch auf Aufrechnung besteht *und* ein Ausgleich auf Nettobasis beabsichtigt ist bzw. zugleich mit der Verwertung des Vermögenswertes die Schuld abgelöst werden soll (IAS 32.42).[2] Vergleichbare Regelungen gelten auch für Vermögenswerte und Schulden bei **Altersversorgungsplänen** (IAS

---

[1] Die deutsche Übersetzung des IAS 2.34 – Gegenbuchung als „Verminderung des Materialaufwandes" – greift u.E. zu kurz.
[2] Vgl. zu den Aufrechnungserfordernissen nach § 387 BGB entsprechend GoB *Heuser*, in GmbH-Handbuch, Rz. II 558.

19.116 f.; Rz. 2460 f.) und für tatsächliche bzw. latente **Steuererstattungsansprüche und -schulden** (IAS 12.71 ff. und 12.74 ff.; Rz. 2681 ff..).
Zu Saldierungen in der **Kapitalflussrechnung** s. Rz. 4428.

Generell können Gewinne und Verluste aus einer Gruppe ähnlicher Transaktionen saldiert werden, *sofern die Gewinne und Verluste nicht wesentlich sind*. IAS 1.35 nennt als Beispiele Fremdwährungsgewinne und -verluste oder Gewinne und Verluste aus Finanzinstrumenten der Kategorie held for trading. Unklar ist die Reichweite des Begriffs der ähnlichen Transaktion: Können etwa Gewinne aus Schweizer Franken mit Verlusten aus dem Dollar saldiert werden? Man wird das in Analogie zur Saldierungsmöglichkeit bei Abgängen des Anlagevermögens (s. Rz. 4015 (a)) bejahen können. 4017

frei 4018–4099

II. Bilanz (IAS 1)

1. Überblick und Wegweiser

1.1 Standards und Anwendungsbereich

Gliederungsvorgaben zur Bilanz finden sich in IAS 1, s. bereits Rz. 4001 ff. Die anderen Standards enthalten äußerst selten weitere Hinweise zur Bilanzgliederung. 4100

Es bestehen keine branchenspezifischen Vorgaben, abgesehen von der Empfehlung der liquiditätsorientierten Gliederung für Banken (Rz. 4110). Angesichts der geringen Regelungsdichte im Hinblick auf Gliederungsfragen gibt es relativ hohe Freiheitsgrade, so dass bisherige Branchenpraktiken – etwa in der Versicherungswirtschaft – weitestgehend fortgeführt werden können.

frei 4101–4104

1.2 Wesentliche Abweichungen zum HGB

Eine detaillierte Vorschrift wie § 266 HGB zur Gliederung der Bilanz enthalten die IFRS nicht. Das ist erstaunlich für ein Rechnungslegungssystem, dessen einziger Zweck die Erfüllung der Informationsfunktion ist: Abschlussadressaten dürften Vergleiche zwischen Unternehmen leichter fallen, wenn die Unternehmensinformationen nach einheitlichen Schemata gegliedert sind. IAS 1.54 benennt stattdessen jene Posten, die – unter dem Vorbehalt der Wesentlichkeit – mindestens in die Bilanz aufzunehmen sind. 4105

Während die Aktivseite der Bilanz nach HGB in der Aufteilung von Anlage- und Umlaufvermögen letztlich nach der Fristigkeit zu gliedern ist, muss der Schuldbereich der Passivseite in Rückstellungen und Verbindlichkeiten aufgeteilt und damit nach der Qualität der Schuld gegliedert werden. Die IFRS-Bilanz wird dagegen i.d.R. sowohl bei den Aktiva als auch bei den Passiva nach der Fristigkeit gegliedert (Rz. 4110). 4106

1.3 Neuere Entwicklungen

4107 Siehe zum Projekt „*Financial Statement Presentation*" bereits Rz. 4008. Als Folgeänderung der geplanten Anpassung des IAS 12 ist künftig (voraussichtlich ab 2010) eine Untergliederung latenter Steuern nach der Fristigkeit der zugehörigen Bilanzposten vorzunehmen (bisher immer langfristig), s. Rz. 2606.

4108–4109 frei

2. Aktiv- und Passivseite nach Fristigkeit

2.1 Gliederung nach Fristigkeit versus Liquiditätsnähe

4110 In *Abhängigkeit der Unternehmenstätigkeit* sind nach IAS 1.60 entweder

- **kurz- und langfristige Vermögenswerte und Schulden** als getrennte Gliederungsgruppen in der Bilanz darzustellen (Regelfall, Variante 1) **oder**
- alle Vermögenswerte und Schulden grob nach ihrer **Liquiditätsnähe** anzuordnen (Ausnahme, Variante 2).

Variante 1 ist für Industrie- und Handelsunternehmen vorgesehen (IAS 1.62), wohingegen für Kreditinstitute Variante 2 in Betracht kommt (IAS 1.63). Eine Vermischung beider Varianten ist zulässig, wenn dies auf Basis einer gemischten Geschäftstätigkeit begründet ist (IAS 1.64).[1] Da in diesem Buch die IFRS-Bilanzierung für Industrie- und Handelsunternehmen im Vordergrund steht, beschäftigen wir uns ausschließlich mit der Gliederung nach der Fristigkeit gem. Variante 1.

Die Bilanz kann in Konto- oder Staffelform aufgestellt werden; üblich ist in Deutschland die **Kontoform**.

2.2 Definitionsmerkmale kurzfristiger Posten

2.2.1 Übersicht

4111 Bei der Einteilung des Anlage- und Umlaufvermögens nach EG-Recht ist die Zweckbestimmung maßgebend, wonach das Anlagevermögen jene Vermögensgegenstände umfasst, die dazu bestimmt sind, dauernd dem Geschäftsbetrieb zu dienen (Art. 15 Abs. 2 der 4. EG-Richtlinie; § 247 Abs. 2 HGB). IAS 1 geht umgekehrt vor und definiert bei einer Gliederung gemäß Variante 1 (Rz. 4110) kurzfristige Vermögenswerte (*current asset*) und Schulden (*current liability*); alle anderen Vermögenswerte und Schulden sind als langfristig (*non-current*) zu klassifizieren. Die Abgrenzungskriterien enthält Abb. 87. In IFRS-Abschlüssen ist es üblich geworden, statt von Anlage- und Umlaufver-

---

[1] Um die gemischte Art der Geschäftstätigkeit – Industrie- und Finanzgeschäft in einem Konzern – besser zum Ausdruck zu bringen, wird gelegentlich zusätzlich zu den konsolidierten Werten in der Konzernbilanz in weiteren Spalten zwischen Industrie- und Finanzgeschäft differenziert, ohne von der Gliederung nach Fristigkeit abzugehen; so etwa bei BMW, Geschäftsbericht 2007, S. 73.

mögen nur noch von lang- und kurzfristigen Vermögenswerten zu sprechen (s. auch RIC 1.21).[1]

	Kurzfristige Vermögenswerte (IAS 1.66)	Kurzfristige Schulden (IAS 1.69)
(a)	Realisation, Verkauf, Verbrauch innerhalb des normalen Geschäftszyklus,	Tilgung innerhalb des normalen Geschäftszyklus,
(b)	Realisation wird innerhalb der nächsten 12 Monate nach dem Bilanzstichtag erwartet oder	Tilgung wird innerhalb der nächsten 12 Monate nach dem Bilanzstichtag erwartet oder
(c)	gehalten primär für Handelszwecke,	eingegangen primär für Handelszwecke,
(d)	Zahlungsmittel/Zahlungsmitteläquivalente[2], ohne Verwendungsbeschränkung	das Unternehmen hat kein unbedingtes Recht, die Tilgung der Schuld über einen Zeitraum von mindestens 12 Monaten nach dem Bilanzstichtag zu verschieben

Abb. 87: **Kurzfristige Vermögenswerte und Schulden**

2.2.2 Realisierung innerhalb des normalen Geschäftszyklus

Nach der Dauer des **Geschäftszyklus** sind jene Vermögenswerte und Schulden zu beurteilen, die aus der normalen, operativen Geschäftstätigkeit heraus entstehen. 4112

Als Geschäftszyklus gilt der Zeitraum vom Erwerb von Materialien über den Leistungserstellungsprozess bis zur Realisation von Zahlungsmitteln (IAS 1.68). Das kann ein Zeitraum sein, der deutlich kürzer, aber auch deutlich länger als ein Geschäftsjahr (Zeitraum zwölf Monate) ist. Bei den **geschäftsüblichen Debitoren** und **Vorräten** handelt es sich definitionsgemäß um kurzfristige Vermögenswerte (Umlaufvermögen), unabhängig von der Zwölf-Monats-Regel. Auch für die Abgrenzung der Schulden gilt die Regelung, dass **Verbindlichkeiten**, die **aus operativen Kosten** stammen, grundsätzlich kurzfristig sind (Verbindlichkeiten aus Lieferungen und Leistungen, Verbindlichkeiten für Urlaub etc.). Dies gilt explizit auch für **Rückstellungen** (IAS 1.70) etwa aus **Gewährleistung** und u.E. auch aus **Kulanz**[3], denn Ziel ist die Abbildung des Umlaufvermögens (*working capital*).

Unternehmen, die im Bereich (langfristiger) **Auftragsfertigung** tätig sind, haben zur Ertragsrealisation grundsätzlich die Percentage of completion-Methode anzuwenden, die zur Teilgewinnrealisation führt (Rz. 1700 ff.). Der Geschäftszyklus wird hierbei aber nicht durch die Zeitpunkte der vorgezogenen Ertragsrealisation begrenzt, sondern reicht bis zum Zeitpunkt der Endabrech- 4113

---

1 Andere Bezeichnungen – z.B. Anlage- und Umlaufvermögen – sind weiterhin zulässig (IAS 1.67).
2 Zahlungsmittel sind Bargeld und Sichteinlagen, Zahlungsmitteläquivalente äußerst liquide Finanzinstrumente mit Restlaufzeiten seit Erwerbszeitpunkt von i.d.R. bis zu 3 Monaten, die nur geringen Wertschwankungsrisiken unterworfen sind (IAS 7.6 f.).
3 Sofern kulantes Verhalten geschäftsüblich ist.

nung des Fertigungsauftrags, da erst dann die entstandenen Forderungen leicht in Zahlungsmittel umwandelbar sind.

4114 Fraglich könnte in diesem Zusammenhang sein, wie in Konzernen, die in **unterschiedlichen Branchen oder Sparten** tätig sind, die Abgrenzung in kurz- und langfristige Vermögenswerte durchzuführen ist. Wir meinen, dass die Abgrenzung in kurz- und langfristig für jede betriebliche Einheit erfolgen sollte, so dass die Aggregation auf Konzernebene die tatsächlichen Verhältnisse in der Unternehmensgruppe reflektiert.[1] RIC 1.17 empfiehlt die Angabe von sich wesentlich unterscheidenden Geschäftszyklen im Anhang.

4115 Entstehen aus der operativen Geschäftstätigkeit Vermögenswerte und Schulden, die *ausnahmsweise* den Geschäftszyklus überschreiten, sind sie nach der Zwölf-Monats-Regel (Rz. 4116) zu beurteilen. Dasselbe gilt, wenn der Geschäftszyklus nicht bestimmt werden kann (IAS 1.68).

2.2.3 Zwölf-Monats-Regel

4116 Alle übrigen Vermögenswerte und Schulden, die *nicht aus dem normalen Geschäftszyklus resultieren und keine Finanzinstrumente des Handelsbestands sind* (Rz. 4121), müssen nach der Zwölf-Monats-Regel beurteilt werden.

4117 Bei ausgereichten Darlehen (**Ausleihungen**) und aufgenommenen **Finanzschulden** ist eine Aufteilung dahingehend vorzunehmen, welcher Forderungs- bzw. Tilgungsanteil innerhalb der nächsten zwölf Monate nach dem Bilanzstichtag (= kurzfristig) oder danach (= langfristig) anfällt (IAS 1.68, 1.71.).

Sollte eine ursprünglich langfristige Verbindlichkeit, die (auch ggf. teilweise) zur Tilgung innerhalb der nächsten zwölf Monate ansteht, *bis zum Bilanzaufstellungstag* prolongiert werden, ist sie weiterhin als langfristig auszuweisen. Eine Vereinbarung dergestalt nach dem Bilanzstichtag, aber vor dem Bilanzaufstellungstag ist nicht ausreichend (IAS 1.74). Damit sind **Prolongationsvereinbarungen** keine wertaufhellenden, sondern wertbegründende Ereignisse (IAS 1.76; s. Rz. 713). Etwas anderes gilt, wenn das Unternehmen ein *einseitiges Prolongationsrecht* (z.B. bei Rahmenkreditvereinbarungen) und aus Sicht des Bilanzstichtages die Einschätzung hat, zu gegebener Zeit den Kredit zu refinanzieren; in diesem Fall ist die Finanzschuld weiterhin als langfristig auszuweisen (IAS 1.73; s. auch (d) in Abb. 87).

4118 Ursprünglich **langfristige Rückstellungen**, deren Inanspruchnahme *insgesamt* im nächsten Geschäftsjahr erwartet wird, sind gem. der Zwölf-Monats-Regel als kurzfristige Rückstellungen auszuweisen. Fraglich ist, ob nicht nur bei Finanzschulden, sondern auch bei langfristigen Rückstellungen die erwarteten *Teilinanspruchnahmen* des nächsten Geschäftsjahres als kurzfristig auszuweisen sind. Bei **Pensionsrückstellungen** kann die Aufteilung gemäß RIC 1.32 unterbleiben. Wir halten dies auch im Hinblick auf andere langfristige Rück-

---

1 So auch RIC 1.15.

stellungen für sinnvoll[1], wobei ohnehin kaum davon auszugehen ist, dass es sich um wesentliche Beträge handeln wird. Der Betrag der im nächsten Geschäftsjahr fälligen Beträge ist allerdings im Anhang anzugeben (IAS 1.61, Rz. 4120).

Eine Aufteilung kommt auch bei **latenten Steuern** nicht in Betracht: Aktive 4119 und passive latente Steuern sind immer als langfristig auszuweisen (IAS 1.56), unabhängig vom Teilbetrag, der im kommenden Geschäftsjahr aufzulösen ist. Im Rahmen des ED IAS 12 soll sich dies ändern, jedoch voraussichtlich erst mit Wirkung ab 2010. Danach ist eine Zuordnung gemäß der Fristigkeit der zugehörigen Positionen vorgesehen (Rz. 2606).

Sind innerhalb der kurzfristigen Vermögenswerte und Schulden **Beträge** ent- 4120 halten, die voraussichtlich erst **nach mehr als zwölf Monaten realisiert** oder erfüllt werden, so ist für jeden in der Bilanz aufgenommenen Posten der entsprechende Betrag anzugeben (IAS 1.61), zweckmäßigerweise im Anhang. Betroffen von dieser Regelung sind insbesondere Vorräte und Gewährleistungs- sowie Kulanzrückstellungen, aber mitunter auch Forderungen aus Lieferungen und Leistungen u.Ä., die sich im normalen Geschäftszyklus umschlagen.

2.2.4 Sonderfall: Finanzinstrumente

Bei den Vermögenswerten und Schulden zu Rz. 4111 (c) handelt es sich aus- 4121 schließlich um Finanzinstrumente, die *bei Einbuchung* mit **Handelsabsicht** gehalten werden. Sie sind ungeachtet des Fälligkeitsdatums als kurzfristig auszuweisen (IAS 1.BC38C). Bezogen auf die Kategorien des IAS 39 handelt es sich im Regelfall um Finanzinstrumente der Kategorie *held for trading* (Rz. 1833; IAS 1.68 und 1.71), z.B. Derivate, die nicht zum Hedge Accounting eingesetzt werden, oder manche Wertpapiere. Umgekehrt muss nicht für jedes Finanzinstrument dieser Kategorie Handelsabsicht bestehen, etwa, wenn sich die Absicht im Zeitablauf geändert hat. Dann gilt wieder die Zwölf-Monats-Regel, wodurch ggf. eine Umgliederung in den langfristigen Bilanzausweis erfolgt.

Finanzinstrumente der Kategorie loans and receivables sind regelmäßig operativ und daher nach dem Geschäftszyklus zu beurteilen. Im Hinblick auf held-to-maturity und available-for-sale greift üblicherweise die Zwölf-Monats-Regel.

Im Wege der sog. **Fair value-Option** der IAS 39-Kategorie *at fair value through* 4122 *profit or loss* zugeordnete Vermögenswerte und Schulden sind nach der Zwölf-Monats-Regel zu beurteilen.

Der **effektive Teil** und u.E. auch der ineffektive Teil von **Derivaten**, die zu 4123 Sicherungszwecken eingesetzt werden, folgen zur Beurteilung der Fristigkeit

---

1 Dem steht auch RIC 1.27 nicht entgegen, der sich ausdrücklich auf *accruals* bezieht, die entsprechend den Verbindlichkeiten aufzuteilen sind. Zur Abgrenzung von Verbindlichkeiten, *accruals* und Rückstellungen s. Rz. 2303.

dem bilanzwirksamen Grundgeschäft, soweit vorhanden. Auf diese Weise wird der Sicherungszusammenhang nicht nur bei der Bewertung, sondern auch beim Ausweis zutreffend abgebildet. Bei der Absicherung erwarteter Transaktionen ist, mangels bilanzwirksamen Grundgeschäfts, die Zwölf-Monats-Regel zielführend. Damit gilt in der Praxis häufig: Die Fristigkeit des Derivats folgt beim Fair value-Hedge dem Grundgeschäft und beim Cashflow-Hedge der Zwölf-Monats-Regel.

2.2.5 Klassifizierung nach Verwendung

4124 Für sächliche und immaterielle Vermögenswerte sowie Anteile an anderen Unternehmen ist für die Zuordnung in lang- und kurzfristig im Übrigen die erwartete Verwendung im Unternehmen entscheidend. Demzufolge sind definitionsgemäß Sachanlagen, immaterielle Vermögenswerte des Anlagevermögens und Anlageimmobilien immer langfristig. Nähern sich abnutzbare Anlagen ihrem Nutzungsende, verbleiben sie im Anlagevermögen.[1] Dazu bestehen zwei Ausnahmen:

– Üblicherweise vermietete Sachanlagen, die routinemäßig nach Ende der Vermietzeit veräußert werden sollen, sind gem. Zwölf-Monats-Regel in das kurzfristige Vermögen umzugliedern (Rz. 1193).

– Eine Umgliederung langfristiger Vermögenswerte in den kurzfristigen Bereich kommt in Betracht, wenn sie in den nächsten zwölf Monaten veräußert werden sollen und die übrigen Kriterien zur Klassifizierung als *assets held for sale* gem. IFRS 5 erfüllt sind (IFRS 5.2 ff.; zu den Klassifizierungskriterien s. Rz. 2720 ff.).

Beispiel:

Aus dem Sachanlagevermögen soll eine Maschine innerhalb der nächsten zwölf Monate veräußert werden. Die Kriterien des IFRS 5 zur Klassifizierung der Maschine als assets held for sale seien *nicht* erfüllt. Die Maschine verbleibt trotz unverändert angestrebter Veräußerung im Sachanlagevermögen.

Umgekehrt sind Vermögenswerte aus aufgegebenen Geschäftsbereichen und Veräußerungsgruppen sowie diesen zugeordnete Verbindlichkeiten als kurzfristig auszuweisen, wenn die Klassifizierungskriterien des IFRS 5 erfüllt sind.

4125–4129 frei

3. Gliederungsschemata für die IFRS-Bilanz

4130 IAS 1.54 enthält eine Liste jener Posten, die – unter dem allgemeinen Vorbehalt der Wesentlichkeit – unmittelbar in die Bilanz aufzunehmen sind. Dabei

---

[1] Vgl. RIC 1.26.

II. Bilanz (IAS 1)

werden weder Reihenfolge noch Struktur vorgegeben, so dass neben der **Konto-** auch die **Staffelform** möglich ist. Die verwendeten Bezeichnungen können geändert werden, wenn es für das Gesamtverständnis der Vermögens- und Finanzlage des Unternehmens erforderlich ist (IAS 1.57b). Dasselbe gilt für zusätzliche Posten, Überschriften und Zwischensummen, die unter dem gleichen Gesichtspunkt hinzugefügt werden können (IAS 1.55).

In den nachfolgenden Tabellen stellen wir im Hinblick auf die Anforderungen von IAS 1 und unter weitgehender Berücksichtigung des Gliederungsschemas des § 266 HGB ein Gliederungsschema für die Bilanz eines IFRS-Abschlusses vor.

Konzernbilanz der xy-Gesellschaft zum 31.12.02			
Aktiva	Anhang	31.12.02	31.12.01
Immaterielle Vermögenswerte			
Sachanlagevermögen			
Anlageimmobilien			
At equity bewertete Beteiligungen			
Übrige Finanzanlagen			
Ertragsteuerforderungen			
Sonstige Forderungen und finanzielle Vermögenswerte			
Latente Steuern			
Langfristige Vermögenswerte			
Vorräte			
Forderungen aus Lieferungen und Leistungen			
Andere Forderungen und sonstige Vermögenswerte			
Ertragsteuerforderungen			
Wertpapiere			
Flüssige Mittel			
Zwischensumme			
Zur Veräußerung bestimmte langfristige Vermögenswerte, Veräußerungsgruppen und aufgegebene Geschäftsbereiche			
Kurzfristige Vermögenswerte			
Bilanzsumme			

Abb. 88: IFRS-Bilanzgliederung nach IAS 1: Aktiva

Konzernbilanz der xy-Gesellschaft zum 31.12.02			
Passiva	Anhang	31.12.02	31.12.01
Gezeichnetes Kapital			
Kapitalrücklage			
Gewinnrücklagen			
Bilanzgewinn			
Zwischensumme			
Anteile anderer Gesellschafter (Minderheiten)			
Eigenkapital			
Finanzschulden			
Übrige langfristige Verbindlichkeiten			
Pensionsverpflichtungen			
Ertragsteuerrückstellungen			
Übrige langfristige Rückstellungen			
Latente Steuern			
Langfristige Schulden			
Finanzschulden			
Verbindlichkeiten aus Lieferungen und Leistungen			
Sonstige kurzfristige Verbindlichkeiten			
Ertragsteuerschulden			
Kurzfristige Rückstellungen			
Zwischensumme			
Schulden im Zusammenhang mit zur Veräußerung bestimmten Veräußerungsgruppen und aufgegebenen Geschäftsbereichen			
Kurzfristige Verbindlichkeiten			
Bilanzsumme			

Abb. 89: IFRS-Bilanzgliederung nach IAS 1: Passiva

4132–4139 frei

4. Einzelne Bilanzposten

4.1 Aktiva

4.1.1 Langfristige Vermögenswerte

4140 **Immaterielle Vermögenswerte** nehmen Konzessionen, Rechte, Lizenzen u.Ä. auf, aber auch selbstgeschaffene immaterielle Vermögenswerte (aktivierte Entwicklungskosten). Ferner enthält der Posten auch den Geschäfts- oder Firmenwert (**Goodwill**). Gelegentlich wird der Goodwill auch gesondert neben den übrigen immateriellen Vermögenswerten ausgewiesen, wenn er als Einzelposten als besonders wesentlich angesehen wird.

Aus den **Sachanlagen** (nach HGB) sind jene Immobilien auszusondern, die in den Anwendungsbereich des IAS 40 fallen. Es handelt sich hierbei um vermietete oder verpachtete Immobilien oder solche, die zum Zweck der Erzielung von Wertsteigerungen gehalten werden (s. Rz. 1400 ff.). Sie sind gesondert als Finanzanlagen in Immobilien oder **Anlageimmobilien** (*investment properties*) auszuweisen. 4141

IAS 1.54e verlangt in der Bilanz den gesonderten Ausweis für „**nach der Equity-Methode bilanzierte Finanzanlagen**". Das sind vor allen Dingen assoziierte Unternehmen, können aber auch Gemeinschaftsunternehmen sein, die ebenfalls nach der Equity-Methode bewertet werden dürfen. In der Praxis wird, wenn die Beteiligungsbuchwerte an solchen Unternehmen vergleichsweise gering sind, mit Hinweis auf den Wesentlichkeitsgrundsatz häufig kein separater Ausweis vorgenommen.[1] In diesem Fall werden in der Bilanz nur „**Finanzanlagen**" ausgewiesen; die Aufgliederung erfolgt dann im Anhang. 4142

Die **übrigen Finanzanlagen** enthalten Ausleihungen, Wertpapiere und Beteiligungen i.d.R. aus dem Anwendungsbereich des IAS 39. Im Hinblick auf die Bewertung finden sich hier mit Anschaffungskosten, fortgeführten Anschaffungskosten und Fair values ganz unterschiedliche Bewertungskategorien, so dass schon aus diesem Grund eine Ausdifferenzierung im Anhang vorgenommen werden muss (zu Einzelheiten s. Rz. 1973 ff.). 4143

Ein Posten **sonstige (langfristige) Vermögenswerte** kann bei Bedarf eingefügt werden. Das kann etwa der Fall sein, wenn ausnahmsweise Forderungen des operativen Bereichs den normalen Geschäftszyklus überschreiten oder Sachverhalte der Rechnungsabgrenzung langfristig sind (vgl. auch Beispiel in Rz. 642). 4144

Latente Steuern sind immer als langfristig auszuweisen, wenn die Bilanz nach Fristigkeit gegliedert wird (IAS 1.56). Das gilt auch für den Umkehreffekt des folgenden Geschäftsjahres. Zu künftigen Reformbestrebungen vgl. Rz. 2606. 4145

Ertragsteuerforderungen gegenüber Finanzbehörden sind dagegen nach der Fristigkeit zu unterteilen; sie können durchaus auch langfristig sein, z.B. Körperschaftsteuerguthaben.

4.1.2 Kurzfristige Vermögenswerte

Bei den kurzfristigen Vermögenswerten bzw. im Umlaufvermögen sind **Vorräte** gesondert auszuweisen. Erhaltene Anzahlungen dürfen, anders als nach HGB, nicht (offen) abgesetzt werden[2], sondern müssen passivisch ausgewiesen werden. Z.T. wird jedoch ein offenes Absetzen von den Vorräten befürwortet.[3] 4146

---

1 Vgl. *von Keitz*, Praxis der IASB-Rechnungslegung, 2. Aufl. 2005, S. 31.
2 Vgl. *Lüdenbach*, in Haufe IFRS-Kommentar, 7. Aufl. 2009, § 2 Rz. 44.
3 Kein Verstoß gegen Saldierungsverbot, vgl. *Küting/Reuter*, KoR 2006, 1 (3 ff.) m.w.N.

Nicht zu den Vorräten gehören die **unfertigen Erzeugnisse aus Auftragsfertigung**. Diese sind, unabhängig von der Anwendung der *Completed contract-* oder *Percentage of completion*-Methode, als Forderungen aus Auftragsfertigung, hier allerdings ggf. saldiert mit erhaltenen Anzahlungen, auszuweisen.

4147 Es dürfte sich empfehlen, **Forderungen aus Lieferungen und Leistungen** gesondert auszuweisen. Sie können aber auch mit **anderen Forderungen** zusammengefasst werden. **Ertragsteuerforderungen** sind gesondert zu zeigen.

4148 **Geleistete Anzahlungen** können nach den (unverbindlichen) Beispielen gem. IAS 1.78b unter den Forderungen bzw. sonstigen Vermögenswerten ausgewiesen werden. U.E. ist wie nach HGB auch eine sachliche Zuordnung zu Vorräten, immateriellen Vermögenswerten des Anlagevermögens sowie Sachanlagen unabhängig von der Fristigkeit weiterhin möglich.[1]

4149 **Wertpapiere** können gehaltene Eigenkapitaltitel (Aktien, GmbH-Anteile) oder Fremdkapitaltitel (Anleihen) sein. Eigene Anteile sind vom Eigenkapital abzusetzen, was jetzt auch nach HGB i.d.F. BilMoG erforderlich ist (Rz. 2071). Wie bei den übrigen Finanzanlagen sagt auch hier der Ausweis nichts aus über die Bewertungskategorien. Daher sind im Anhang Überleitungsrechnungen und weitere Erläuterungen erforderlich (Rz. 1973 ff.).

4150 In unserer Bilanzgliederung in Abb. 88 finden sich keine **Rechnungsabgrenzungsposten**. Diese werden entgegen früherer Praxis aus Gründen internationaler Vergleichbarkeit durchgängig unter den sonstigen Vermögenswerten (entweder lang- oder meist kurzfristig) ausgewiesen und erst im Anhang bei der Aufgliederung des Bilanzpostens genannt.

4151 Vermögenswerte, die in den Anwendungsbereich des IFRS 5 fallen – das sind im Wesentlichen **Veräußerungsgruppen** und **aufgegebene Geschäftsbereiche** (zu Einzelheiten s. Rz. 2700) –, müssen gesondert ausgewiesen werden. Dabei kommt nur ein Ausweis unter kurzfristigen Vermögenswerten in Betracht (IFRS 5.3 i.V.m. 5.38). Dasselbe gilt analog für **Schulden aus Veräußerungsgruppen und aus aufgegebenen Geschäftsbereichen**.

Auffällig ist, dass abweichend von der sonst üblichen Vorgehensweise die Anpassung von Vorjahresvergleichszahlen in der Bilanz unterbleiben soll: Wird beispielsweise im Geschäftsjahr 02 die Einstellung eines Geschäftsbereiches beschlossen und bis Jahresende noch nicht vollzogen, so sind die zugehörigen Vermögenswerte und Schulden unsaldiert und separat von den übrigen Vermögenswerten und Schulden des Unternehmens anzugeben, nicht aber für das Vorjahr 01 (IFRS 5.40).

4152–4154 frei

---

[1] So auch *Lüdenbach* in Haufe IFRS-Kommentar, 7. Aufl. 2009, § 2 Rz. 44.

4.2 Passiva

4.2.1 Eigenkapital

Das Eigenkapital ist auf Bilanzebene mindestens in zwei Zeilen auszuweisen: 4155
Anteile der Gesellschafter des Mutterunternehmens und Minderheitenanteile
(IAS 1.54r,q).[1] Die **Anteile der Gesellschafter des Mutterunternehmens** können
auch entsprechend § 266 HGB untergliedert werden (Aufteilung mindestens im
Anhang 1.78e, u.E. auch durch Aufteilungspflicht im EK-Spiegel, IAS 1.106,
erfüllt, Rz. 4362). Zum Eigenkapital rechnen auch Aufwendungen und Erträge,
die unter Umgehung der Gewinn- und Verlustrechnung unmittelbar in den
Rücklagen (Gesamtergebnisrechnung) zu erfassen sind. Hierzu gehören etwa
Währungsumrechnungsdifferenzen von Tochterunternehmen, die nach der
Stichtagskursmethode umgerechnet werden, oder auch Wertänderungen von
Finanzinstrumenten der Kategorie *available-for-sale*. Diese Sachverhalte
(*„other comprehensive income"*, sonstiges Konzernergebnis) werden, falls auf
Bilanzebene in unterschiedliche Eigenkapitalkategorien differenziert wird, entweder gesondert ausgewiesen, können aber auch als Bestandteil der Gewinnrücklagen ausgewiesen werden.

Falls ein **Bilanzgewinn** separat neben den Gewinnrücklagen ausgewiesen
wird, umfasst dieser üblicherweise den Bilanzgewinn aus dem Jahresabschluss
der Konzernmutter (Rz. 4370).

Minderheitenanteile sind in der Konzernbilanz innerhalb des Eigenkapitals 4156
gesondert auszuweisen (IAS 27.27/27.32 (2005) sowie IAS 1.54q). Die Aufteilung des im Konzernabschluss auszuweisenden Eigenkapitals zwischen den
Gesellschaftern des Mutterunternehmens und den Minderheiten ist i.E. in
unserer Fallstudie zur Kapitalkonsolidierung dargestellt (Rz. 3450 ff.).

Wird *nach* dem Bilanzstichtag, aber *vor* Aufstellung des Abschlusses bereits 4157
ein Beschluss über die Ergebnisverwendung derart getroffen, dass ein bestimmter Teil des Jahresergebnisses an die Gesellschafter ausgeschüttet werden soll, ist dieser Betrag *nicht* als Verbindlichkeit auszuweisen, d.h., in diesem Fall kommt die Aufstellung der Bilanz unter Berücksichtigung der **vollständigen Ergebnisverwendung** (vgl. § 270 Abs. 2 HGB) *nicht* in Betracht
(IAS 10.12 f.). Der Betrag der vorgesehenen Ausschüttung insgesamt und je
Aktie[2] ist *zwingend* im Anhang anzugeben (IAS 1.137a).

frei 4158–4159

4.2.2 Langfristige Schulden

Die langfristigen Schulden haben wir in unserem Gliederungsvorschlag in 4160
Verbindlichkeiten (Finanzschulden und übrige langfristige Verbindlichkeiten),
Rückstellungen und latente Steuern aufgegliedert. Die Reihenfolge dieser Un-

---

1 So beispielsweise bei RWE, vgl. Geschäftsbericht 2007, S. 140.
2 Die Angabe einer „Ausschüttung je Anteilsschein", etwa bei einer GmbH-Mutter, kann u.E. nicht gefordert werden.

terteilung ist nicht vorgeschrieben. Innerhalb der langfristigen Schulden können also auch erst die Rückstellungen und dann die Verbindlichkeiten gezeigt werden. Zur Frage des Ausweises des Tilgungsanteils des nächsten Geschäftsjahres bei langfristigen Schulden s. Rz. 4117 f.

4.2.3 Kurzfristige Schulden

4161 **Abgegrenzte Schulden** (accruals) – das sind Schulden, die dem **Grunde** nach eindeutig feststehen und bei denen lediglich hinsichtlich Höhe und Zeitpunkt der Fälligkeit noch *un*wesentliche Restunsicherheiten bestehen (beispielsweise Kosten der Abschlussprüfung, erhaltene Lieferung ohne Rechnung, Beiträge zur Berufsgenossenschaft, Arbeitnehmerprämien) – sollen nach IAS 37.11 abweichend zur HGB-Praxis **nicht** unter **Rückstellungen**, sondern unter Verbindlichkeiten ausgewiesen werden. Allerdings könnte hierin ein Widerspruch zu IAS 1.78d gesehen werden, der die tiefere Aufgliederung von Rückstellungen vorschlägt und hierzu ausdrücklich auch *provisions for employee benefits* rechnet; i.d.R. handelt es sich jedoch bei Schulden gegenüber Arbeitnehmern gem. IAS 19 ausdrücklich um *accrued expenses*[1], also abgegrenzte Schulden (accruals) und insoweit um Verbindlichkeiten und nicht um Rückstellungen. Die deutsche IFRS-Praxis verfährt hier bislang uneinheitlich; häufig werden accruals, der Sichtweise des HGB folgend, unter Rückstellungen ausgewiesen. Wir halten diese Vorgehensweise schon deshalb für zulässig, da der Abschlussadressat wegen des erforderlichen **Rückstellungsspiegels** sogar mehr Informationen erhält (zu Einzelheiten s. Rz. 2391).

4162 Im Übrigen sind die **kurzfristigen Schulden** in Verbindlichkeiten und Rückstellungen aufzuteilen. **Ertragsteuerschulden** umfassen jedoch Verbindlichkeiten (bei vorliegenden Steuerbescheiden) und Steuerrückstellungen. Posten der Rechnungsabgrenzung sowie **erhaltene Anzahlungen** auf Vorräte können unter den sonstigen kurzfristigen Verbindlichkeiten ausgewiesen werden.

4163–4169 frei

5. Anhangangaben

4170 Es dürfte der Übersichtlichkeit dienen, in der Bilanz nicht nennenswert mehr Posten aufzunehmen, als es unserem Vorschlag in Rz. 4131 entspricht. Gleichwohl sind weitere Untergliederungen erforderlich, die zweckmäßigerweise nicht in der Bilanz, sondern im Anhang vorzunehmen sind (IAS 1.77 ff.). Der Detaillierungsgrad wird, anders als nach HGB, nicht vorgeschrieben. Unter

---

[1] Lediglich bei Pensionsverpflichtungen und anderen langfristigen Leistungen gegenüber Arbeitnehmern wird nicht ausdrücklich von accrued expenses gesprochen, sondern von liabilities (IAS 19.54; IAS 19.128). Der Begriff der liability (Schuld) umfasst nach dem Regelungswerk aber die liabilities i.e.S. (Verbindlichkeiten) sowie die provisions (Rückstellungen).

Berücksichtigung von Größe, Art und Funktion des Postens bzw. Betrages ist nach **kaufmännischem Ermessen** zu entscheiden (IAS 1.78). Häufig werden etwa Sachanlagen und Vorräte sowie Rückstellungen nach bisheriger HGB-Praxis im Anhang aufgeschlüsselt.

Gerade im Bereich der Finanzinstrumente, insbesondere bei finanziellen Vermögenswerten, finden sich unterschiedliche Bewertungsmaßstäbe: Sie sind zu (fortgeführten) Anschaffungskosten, erfolgsneutral oder auch erfolgswirksam zum Fair value zu bewerten. IFRS 7.8 fordert die Angabe der Buchwerte der Bewertungskategorien entweder in der Bilanz oder im Anhang. Bei einer Darstellung in der Bilanz müsste freilich noch zusätzlich zwischen lang- und kurzfristigen Vermögenswerten unterschieden werden, die sich insbesondere bei Krediten und Forderungen, available-for-sale und held-to-maturity finden werden. Die entsprechende Aufgliederung sollte daher im Anhang vorgenommen werden (s. Rz. 1973 f.). 4171

Sonderregelungen für den Ausweis von Forderungen und Verbindlichkeiten gegenüber **verbundenen und assoziierten Unternehmen** sowie **Gemeinschaftsunternehmen** und andere nahe stehende Personen enthält IAS 24. Auch diese Angaben sollten im Anhang erfolgen; zu Einzelheiten s. Rz. 4777 ff. 4172

frei 4173–4199

III. Gewinn- und Verlustrechnung (IAS 1)

1. Überblick und Wegweiser

1.1 Standards und Anwendungsbereich

IAS 1.81 enthält Darstellungsalternativen zur Gewinn- und Verlustrechnung und zur Gesamtergebnisrechnung 1, s. bereits Rz. 4001 ff. 4200

Der IASB hegt eine Präferenz dafür, die bisherige GuV (*Income Statement*) nur noch als Teil der Gesamtergebnisrechnung (*Statement of Comprehensive Income*) auszuweisen, da die Vorschriften zur GuV nur noch als Teil des Abschnitts zur Gesamtergebnisrechnung (IAS 1.82) und damit quasi versteckt vorkommen. Da eine separate GuV jedoch weiterhin zulässig ist (IAS 1.81b, 1.84) und die künftige Praxis abzuwarten bleibt, stellen wir die GuV in einem separaten Kapitel dar. Zur gleichwohl unentbehrlichen im Fall der separaten Veröffentlichung einer GuV allerdings verkürzten Gesamtergebnisrechnung s. Rz. 4315 ff. 4201

frei 4202–4204

1.2 Wesentliche Abweichungen zum HGB

Zur Gewinn- und Verlustrechnung gibt es, anders als nach § 275 HGB, nur eine Auflistung der *mindestens* aufzunehmenden Posten. Auffällig ist: In der Mindestgliederung des IAS 1.82 fehlen die operativen Aufwendungen. Man 4205 wird aber auf Grund des allgemeinen Wesentlichkeitsgrundsatzes (Rz. 4012) nur selten die operativen Aufwendungen *nicht* als einzeln unwesentlich ansehen dürfen, so dass sie regelmäßig aufzunehmen sind.

4206 Posten mit der Bezeichnung „außerordentliche Aufwendungen und Erträge" sind in der IFRS-GuV unzulässig. Da aber zusätzliche Posten eingefügt werden dürfen, ist eine andere Bezeichnung erlaubt (Rz. 4239).

1.3 Neuere Entwicklungen

4207 S. zum Projekt *„Financial Statement Presentation"* bereits Rz. 4008.

4208–4209 frei

2. Gliederungsschemata für die GuV: Gesamtkostenverfahren und Umsatzkostenverfahren

4210 Die Gewinn- und Verlustrechnung kann **entweder** nach dem **Gesamtkosten-** oder dem **Umsatzkostenverfahren** aufgestellt werden (IAS 1.99, 1.105). Eine **Mischung beider Formate** (bspw. Saldierung der Bestandsveränderung mit dem Materialaufwand beim Gesamtkostenverfahren oder Ausweis eines nicht auf Funktionsbereiche verteilten Rest-Personalaufwands beim Umsatzkostenverfahren) ist **unzulässig**.[1] Zur Ausnahme bei außerplanmäßiger Goodwillabschreibung Rz. 4224.

Ob neben der Staffelfom auch eine Kontodarstellung zulässig ist, lässt IAS 1 offen. Üblich ist allein die **Staffelform**. IAS 1.82a–f) enthält eine Aufstellung jener Posten, die **mindestens** in der Gewinn- und Verlustrechnung darzustellen sind. Darüber hinaus sind zusätzliche Posten, Überschriften und Zwischensummen einzufügen, falls eine solche Darstellung notwendig ist, um die Ertragslage den tatsächlichen Verhältnissen entsprechend darzustellen.

4211 Ausgehend von den Minimumerfordernissen nach IAS 1.82a–f und IAS 1.83a – wir haben die Angaben mit einem * gekennzeichnet – und unter Berücksichtigung der Beispiele in IAS 1.102f. sowie der Gliederungsschemata nach § 275 Abs. 2 und 3 HGB können die nachfolgenden Gliederungsvorschläge nach dem Gesamtkostenverfahren (Tabelle in Abb. 90) und dem Umsatzkostenverfahren (Tabelle in Abb. 91) entwickelt werden. Es handelt sich, dies sei betont, um unverbindliche Gliederungsvorschläge, von denen abgewichen werden kann. Wir erläutern im Folgenden die hohen Freiheitsgrade bei der Gliederung der Gewinn- und Verlustrechnung nach IAS 1.

---

[1] Vgl. *Lüdenbach*, PiR 2009, 85 ff.

III. Gewinn- und Verlustrechnung (IAS 1)

Gewinn- und Verlustrechnung der xy-Gesellschaft für die Zeit vom 1.1. bis 31.12.02			
	Anhang	02	01
Umsatzerlöse*			
Bestandsveränderungen fertiger und unfertiger Erzeugnisse			
Andere aktivierte Eigenleistungen			
Sonstige betriebliche Erträge			
Materialaufwand			
Personalaufwand			
Abschreibungen			
Sonstige betriebliche Aufwendungen			
Betriebsergebnis (operatives Ergebnis)			
Ergebnis aus at equity bewerteten Beteiligungen*			
Übriges Finanzergebnis*			
Finanzergebnis			
Ergebnis vor Ertragsteuern			
Ertragsteuern*			
Ergebnis aus aufgegebenen Geschäftsbereichen*			
Jahresergebnis (Ergebnis nach Steuern)*			
Davon auf die Anteilseigner der Konzernmutter entfallend*			
Davon auf andere Gesellschaftern entfallend*			

* = Minimumangabe gem. IAS 1.82a–f, 1.83a

Abb. 90: IFRS-Gliederung der GuV nach dem Gesamtkostenverfahren

Gewinn- und Verlustrechnung der xy-Gesellschaft für die Zeit vom 1.1. bis 31.12.02			
	Anhang	02	01
Umsatzerlöse*			
Umsatzkosten			
Bruttoergebnis			
Vertriebskosten			
Verwaltungskosten			
Forschungs- und Entwicklungskosten			
Sonstige betriebliche Erträge			
Sonstige betriebliche Aufwendungen			

Gewinn- und Verlustrechnung der xy-Gesellschaft für die Zeit vom 1.1. bis 31.12.02			
	Anhang	02	01
Betriebsergebnis (operatives Ergebnis)			
Ergebnis aus at equity bewerteten Beteiligungen*			
Übriges Finanzergebnis*			
Finanzergebnis			
Ergebnis vor Ertragsteuern			
Ertragsteuern*			
Ergebnis aus aufgegebenen Geschäftsbereichen*			
Jahresergebnis (Ergebnis nach Steuern)*			
Davon auf die Anteilseigner der Konzernmutter entfallend*			
Davon auf andere Gesellschaftern entfallend*			

* = Minimumangabe gem. IAS 1.82a–f, 1.83a

Abb. 91: IFRS-Gliederung der GuV nach dem Umsatzkostenverfahren

4212–4219 frei

3. Einzelne GuV-Posten

3.1 Umsatzerlöse

4220 Die **Umsatzerlöse** enthalten Erträge aus Lieferungen und Leistungen, aus Auftragsfertigung und Nutzungsentgelten (soweit zur üblichen Geschäftstätigkeit gehörend). Erträge aus Anlagenabgängen – mit Ausnahme jener aus üblicherweise zuvor vermieteten Sachanlagen, Rz. 1193 – sind unter den sonstigen betrieblichen Erträgen auszuweisen.

3.2 Andere Erträge und operative Aufwendungen

4221 IAS 1.85f enthält zwar keine Minimumgliederung, verlangt aber eine sachgerechte Aufgliederung der wesentlichen **operativen Aufwendungen**. Damit eröffnen sich unter Beachtung der Wesentlichkeit Freiheitsgrade in der Darstellung der operativen Aufwendungen.

> **Beispiele:**
>
> Ein Dienstleistungsunternehmen braucht bei der Gliederung nach dem Gesamtkostenverfahren den ggf. unwesentlichen Materialaufwand nicht gesondert anzugeben, sondern kann ihn innerhalb der sonstigen betrieblichen Aufwendungen ausweisen.
>
> Beim Umsatzkostenverfahren können ggf. Verwaltungs- und Vertriebskosten zusammengefasst werden. Dafür mag es angezeigt sein, Forschungskosten explizit auszuweisen.

Ob bei einer Gliederung nach dem **Gesamtkostenverfahren** die **anderen aktivierten Eigenleistungen** gesondert ausgewiesen werden, hängt von deren Wesentlichkeit ab. In Betracht kommt auch ein Ausweis als sonstiger betrieblicher Ertrag. Dieselbe Überlegung ist für **Bestandsveränderungen** fertiger und unfertiger Erzeugnisse anzustellen. 4222

Der (nicht verbindliche) *Guidance on implementing* zu IAS 1 schlägt vor, beim Gesamtkostenverfahren **außerplanmäßige Abschreibungen auf Sachanlagen** in einer gesonderten Zeile anzugeben und beim Umsatzkostenverfahren den Funktionsbereichen zuzuordnen. Ein Zwang zum gesonderten Ausweis der außerplanmäßigen Abschreibungen auf Sachanlagen im Gesamtkostenverfahren besteht aber nicht. Sie können zusammen mit den planmäßigen Abschreibungen ausgewiesen werden.[1] 4223

Ein **Goodwill** unterliegt nicht der planmäßigen Abschreibung, sondern ist ggf. **außerplanmäßig abzuschreiben**. Das können mitunter sehr hohe Beträge sein, die die Gewinn- und Verlustrechnung verzerren. Beim **Gesamtkostenverfahren** erscheint dann der gesonderte Ausweis geboten. In gleicher Weise verfährt die Praxis i.d.R.[2] auch beim **Umsatzkostenverfahren**, um Abschlusskennzahlen wie Bruttomarge nicht zu verzerren. Sofern der Goodwill zum Zweck des Impairment-Tests nicht den Funktionsbereichen (Produktion, Verwaltung, Vertrieb) zugeordnet worden ist, halten wir dieses Vorgehen sogar für geboten, um einen willkürlichen Ausweis im Umsatzkostenverfahren zu vermeiden. Eine unzulässige Vermischung von Umsatz- und Gesamtkostenverfahren (Rz. 4210) sehen wir darin nicht. 4224

Unklar ist die Erfassung der Aufwendungen und Erträge aus **Anlageimmobilien** (*investment properties*). Zugeflossene **Miet- und Pachterträge** fallen als Nutzungsentgelte in den Anwendungsbereich des IAS 18 (Rz. 642). Handelt es sich um eine der Hauptumsatztätigkeiten des Unternehmens, sind diese Erträge als Umsatzerlöse auszuweisen.[3] Soweit es sich um eine Nebentätigkeit handelt, ist vorgeschlagen worden, die Aufwendungen und Erträge dem Finanzergebnis zuzuordnen.[4] Wir halten dies wegen des Wortlauts in IAS 40.75f (*direct **operating** expense*) für zu weitgehend. Bei einer Vermietung als Nebentätigkeit ist daher der Ertrag als sonstiger betrieblicher Ertrag auszuweisen, und die zugehörigen Aufwendungen (Reparaturen, Instandhaltungen, Abschreibungen im Falle der Wahl des cost models usw.) sind immer den entsprechenden Posten der operativen Aufwendungen gem. GuV-Verfahren zuzuordnen. 4225

---

1 Im Übrigen sind nach IAS 36.126a bei außerplanmäßigen Abschreibungen die Posten in der Gewinn- und Verlustrechnung (formal: Gesamtergebnisrechnung) zu nennen, die den Aufwand aufnehmen. Gäbe es eine klare Zuordnungsvorschrift, wäre diese Angabepflicht jedoch obsolet.
2 So *Linde*, Finanzbericht 2005, S. 65. Bayer (Geschäftsbericht 2007, S. 133) zeigt die (nicht wesentlichen) Abschreibungen als Bestandteil der sonstigen betrieblichen Aufwendungen.
3 So wohl auch *Schlüter* in Beck'sches IFRS-Handbuch, 2. Aufl. 2006, § 15 Rz. 46.
4 Vgl. *Zülch*, Die Gewinn- und Verlustrechnung nach IFRS, 2005, S. 178.

Bewertungsschwankungen aus erfolgswirksamer Fair value-Bewertung der Anlageimmobilien (IAS 40.35, s. ausführlich Rz. 1445 ff.) sind u.E. hingegen dem Finanzergebnis zuzuweisen. Von dem Wahlrecht der erfolgswirksamen Fair value-Bewertung wird in Deutschland unterschiedlich Gebrauch gemacht (Rz. 1401).

4226–4229 frei

3.3 Operatives Ergebnis (EBIT)

3.3.1 Zuordnung von Posten zum Betriebsergebnis oder zum Finanzergebnis

4230 Die in unsere Schemata aufgenommene Zwischensumme **Betriebsergebnis (operatives Ergebnis)** wird von IAS 1 nicht verlangt, ist aber auch nicht untersagt. Die Angabe entspricht üblicher Praxis.[1]

Der IASB verlangt die Zwischenzeile nicht, weil er darauf verzichtet hat, ein Betriebsergebnis zu definieren (IAS 1.BC55). Falls die Zeile jedoch angegeben wird, müsse sichergestellt werden, dass innerhalb des Betriebsergebnisses sämtliche Aufwendungen und Erträge erfasst werden, die nach allgemeiner Auffassung als operativ zu bezeichnen sind. Dabei sind operative Aufwendungen auch solche, die unregelmäßig anfallen (Vorratsabwertungen) oder nicht Cashflow- relevant sind (Wertminderungen), IAS 1.BC56).

4231 Tatsächlich kommt dem Betriebsergebnis in der Terminologie EBIT (*Earnings Before Interest and Taxes*) bei der Finanzmarktkommunikation mittlerweile überragende Bedeutung zu, gefolgt vom Ergebnis vor Zinsen, Steuern und Abschreibungen (*EBITDA, Earnings before Interest, Taxes, Depreciation and Amortisation*) und anderen E*arnings-before*-Kennzahlen (wie EBT usw.).[2] Allerdings besteht international keine Einigkeit über

- die exakte Kennzahlen-Terminologie (so wird das EBIT auch als „Gewinn aus dem Kerngeschäft" oder „nachhaltiges Betriebsergebnis" u.ä. bezeichnet),
- den Ort der Veröffentlichung; häufiger noch als in der Gewinn- und Verlustrechnung wird das EBIT im Lagebericht genannt. Die Überprüfung der einzelnen Bestandteile wird dann noch schwieriger, und
- die exakte Abgrenzung (wo werden Ergebnisse aus Beteiligungen, Abschreibungen auf Beteiligungen u.ä. ausgewiesen?).[3]

4232 Hier soll allein der letzte Punkt, die Abgrenzungsfrage, erörtert werden. Diese ist nicht nur im Hinblick auf die Beteiligungen zu klären, sondern auch hinsichtlich der **Zinseffekte** aus der Aufzinsung von Pensionsverpflichtungen und aus langfristigen Rückstellungen. Sind diese Zinseffekte aus der Bewer-

---

[1] In 2005 haben 94 von 100 Unternehmen eine Zwischensumme „Betriebsergebnis", „operatives Ergebnis", „EBIT" oder vergleichbare Bezeichnungen ausgewiesen, vgl. *von Keitz*, Praxis der IASB-Rechnungslegung, 2. Aufl. 2005, S. 190.
[2] Vgl. die empirischen Abschlussanalysen von *Hillebrandt/Sellhorn*, KoR 2002, 153 sowie *Küting/Heiden*, StuB 2002, 1085 und DStR 2003, 1544.
[3] Vgl. *Heiden*, Pro-forma-Berichterstattung, 2006, insbes. S. 357 ff.

tung operativer Kosten eher dem operativen Bereich oder dem Finanzergebnis zuzuordnen?

Nach IAS 19.119 werden explizit keine Vorgaben gemacht, wo der aus der **Altersversorgung** resultierende Aufwand (laufender Dienstzeitaufwand, Zinsaufwand, Verzinsung des Planvermögens usw.) auszuweisen ist. Es erscheint sachgerecht, die **Aufzinsung der Pensionsverpflichtung unter Zinsaufwand** (nach Berücksichtigung etwaiger Erträge aus Planvermögen) im Übrigen Finanzergebnis und die Summe der übrigen Komponenten des Altersversorgungsaufwandes als Personalaufwand (Gesamtkostenverfahren) bzw. innerhalb der Funktionsbereiche (Umsatzkostenverfahren) auszuweisen.[1]

Gem. IAS 37.60 ist der Zinsaufwand aus der Aufzinsung von zuvor zum Barwert angesetzten (langfristigen) Rückstellungen als Fremdkapitalkosten und damit ebenfalls im Finanzergebnis zu erfassen (Rz. 2380).

In unserem Gliederungsschema wird das **Ergebnis aus at equity bewerteten Beteiligungen** im Finanzergebnis ausgewiesen. Alternativ ist eine Zurechnung zum EBIT zulässig, wenn das Equity-Ergebnis als Maßstab für die operative Unternehmensleistung des Mutterunternehmens betrachtet wird.[2]   4233

3.3.2 Praxishinweis: EBIT-Steigerung

➲ In der Praxis wird der Zinseffekt aus der Bewertung operativer Kosten zunehmend im Finanzergebnis ausgewiesen. Das ist leicht verständlich, weil ceteris paribus so das Betriebsergebnis (**EBIT**) gesteigert werden kann. Isoliert man nur den Zinseffekt, ist das Betriebsergebnis nach IFRS damit dauerhaft höher als ein entsprechendes nach HGB a.F., weil zumindest Sachleistungsverpflichtungen nach HGB a.F. nicht abgezinst angesetzt werden dürfen. Durch die im BilMoG eingeführte Abzinsungspflicht von Rückstellungen mit Laufzeiten von länger als einem Jahr kann eine Angleichung an IFRS dann erfolgen, wenn auch nach HGB nur der *abgezinste* Betrag zurückgestellt wird. Das ist indes wegen des Wortlauts des § 277 Abs. 5 HGB i.d.F. BilMoG strittig; denkbar ist auch, den nominellen Betrag im operativen Aufwand und zugleich einen Abzinsungsertrag im Zinsergebnis auszuweisen.[3]   4234

Auch andere Kennziffern weisen bewertungsbedingt systematisch höhere Werte nach IFRS als nach HGB a.F. auf. Das gilt vor allem für das Ergebnis vor Zinsen, Steuern und Abschreibungen (**EBITDA**). Da etwa selbsterstellte immaterielle Vermögenswerte im Gegensatz zum HGB grundsätzlich zu aktivieren sind, fällt das EBITDA, aber auch der künftige Abschreibungsaufwand im Vergleich zum HGB a.F. höher aus. Durch das mit dem BilMoG eingeführte Aktivierungswahlrecht für selbst erstellte immaterielle Vermögensgegenstände des Anlagevermögens (Entwicklungskosten für Produkt- und Verfahrens-   4235

---

1 So auch *Schlüter* in Beck'sches IFRS-Handbuch, 2. Aufl. 2006, § 15 Rz. 56.
2 Vgl. Merck KGaA, Geschäftsbericht 2008, S. 76.
3 Zu Einzelheiten s. *Theile*, DStR 2009, Beilage zu Heft 18.

neu- bzw. Weiterentwicklungen) steht es im Ermessen des Bilanzierenden, hier eine Angleichung an IFRS zu erreichen.

Ein ähnlicher Effekt der EBITDA-Steigerung im IFRS-Abschluss im Vergleich zum HGB-Abschluss ergibt sich aus der Hinzuaktivierung von als Rückstellung angesetzten Entsorgungskosten zu Sachanlagen (Rz. 1132). *Dieser* Unterschied bleibt auch nach BilMoG bestehen.

4236 frei

3.4 Finanzergebnis

4237 Gemäß IAS 1.82b sind *finance costs gesondert auszuweisen*, definiert wird aber nicht, was darunter zu verstehen ist. Da in den Minimumangaben der denkbare Gegenposten *finance revenues* nicht genannt wird, kann *finance costs* als (**übriges**) **Finanzergebnis**[1], d.h. als einen Saldo interpretiert werden, der aber im Anhang aufzugliedern ist.

Ungeachtet dessen sind einzelne Finanzposten bei Wesentlichkeit anzugeben, so dass häufig eine tiefere Untergliederung des Finanzergebnisses erforderlich und zu empfehlen ist.[2] Dementsprechend wird als Finanzergebnis meist das Ergebnis aus at equity bewerteten Beteiligungen, finanzielle Erträge und finanzielle Aufwendungen ausgewiesen.[3] Sehr ausführlich berichtet Metro[4] über das Ergebnis aus assoziierten Unternehmen, sonstiges Beteiligungsergebnis, Zinsertrag, Zinsaufwand und übriges Finanzergebnis; diese fünf Posten bilden das Finanzergebnis. In den jeweiligen Anhängen werden die Posten weiter aufgeschlüsselt.

4238 Folgender Zuordnungsvorschlag kann getroffen werden:

Der **Zinsaufwand** nimmt die Kredit- und Anleihezinsen, ggf. unter Verteilung des Disagios und sonstiger Nebenkosten nach der Effektivzinsmethode (Rz. 2135) auf. Auch die Aufzinsung von Pensions- und anderen Rückstellungen oder Verbindlichkeiten gehört hierher.[5]

Korrespondierend enthalten **Zinserträge** die Zinsen auf Forderungen und Ausleihungen sowie Aufzinsungserträge aus un- oder unterverzinslichen Forderungen.

Neben dem gesonderten Ausweis der At equity-Ergebnisse können in einem **sonstigen Beteiligungsergebnis** Dividenden, Abschreibungen, ggf. Fair value-Änderungen und Veräußerungserfolge erfasst werden.

Einem **übrigen Finanzergebnis** könnten schließlich Währungsdifferenzen *monetärer* Posten, Wertänderungen an Derivaten u. ä. zugeordnet werden.

---

1 Vgl. auch *Schlüter*, in Beck'sches IFRS-Handbuch, 2. Aufl. 2006, § 15 Rz. 64.
2 Vgl. *Lüdenbach* in Haufe IFRS-Kommentar, 7. Aufl. 2009, § 2 Rz. 70 ff.
3 Vgl. z.B. Bayer, Geschäftsbericht 2008, S. 134.
4 Geschäftsbericht 2007, S. 109.
5 Vgl. auch *ADS International*, Abschnitt 7, Rz. 177.

3.5 Ausweis von Sondereffekten/Abgrenzung zum außerordentlichen Ergebnis

Der Ausweis eines **außerordentlichen Ergebnisses** ist *unter dieser Bezeichnung* sowohl in der GuV als auch im Anhang untersagt (IAS 1.87). Gleichwohl ist der Ausweis eines „**Sonderergebnisses**" wegen der Zulässigkeit von Postenerweiterungen (Rz. 4210) erlaubt. Das Gebot, innerhalb des operativen Ergebnisses alle dort allgemein erwarteten Erträge und Aufwendungen einzubeziehen (Rz. 4230) lässt sich pragmatisch durch Ausweis von Zwischensummen lösen:

4239

Beispiel (Merck KGaA, Geschäftsbericht 2008, Ausschnitt aus Gewinn- und Verlustrechnung):

In Mio. Euro	2008	2007
	...	...
Operatives Ergebnis	1131,4	976,0
Sondermaßnahmen	– 400,0	– 775,6
Ergebnis vor Zinsen und Steuern (EBIT)	741,4	200,4

Bei den Sondermaßnahmen handelt es sich lt. Anhangangabe in 2008 im Wesentlichen um die außerplanmäßige Abschreibung von Produkttechnologien, Lizenzrechten und Firmenwerten und in 2007 im Wesentlichen um die Abschreibung von Mehrwerten, die bei der Kaufpreisallokation Serono aufgedeckt wurden.

3.6 Ergebnis vor Steuern/Ertragsteuern

Betriebsergebnis und Finanzergebnis werden zu einer freiwillig angegebenen Zwischenzeile, die als **Ergebnis vor Ertragsteuern** bezeichnet werden kann, zusammengefasst. Gesondert ist der Posten *tax expense* aufzuführen. Im gesamten Kontext der internationalen Standards macht es nur Sinn, hierunter den **Ertragsteueraufwand** inkl. latentem Steueraufwand und -ertrag zu verstehen. Eine Aufgliederung erfolgt im Anhang (Rz. 2694). Im Gegensatz dazu sieht § 274 Abs. 2 Satz 3 HGB i.d.F. BilMoG einen separaten Ausweis latenter Steuern unter dem Posten „Steuern vom Einkommen und vom Ertrag" vor.

4240

3.7 Ergebnis aufgegebener Geschäftsbereiche

Falls der Sachverhalt vorliegt, ist als **Nach-Steuer-Ergebnis** in einer Summe auszuweisen

4241

– das **Ergebnis der aufgegebenen Geschäftsbereiche** (also das Ergebnis der Geschäftstätigkeit der aufgegebenen Bereiche) einschließlich
– der **Gewinne oder Verluste aus der Einstellung** oder aus der **vorherigen Bewertung** der aufgegebenen Bereiche zum *fair value less costs to sell*.

In der GuV oder im Anhang ist das Ergebnis aufgegebener Geschäftsbereiche auf die Anteilseigner der Konzernmutter und Minderheiten aufzuteilen (IFRS 5.33d).

Abweichend aber zum entsprechenden Vermögens- und Schuldausweis (Rz. 4151) ist in der GuV die Vergleichsperiode des Vorjahres anzupassen (IFRS 5.34; zu Einzelheiten s. Rz. 2740 ff.).

Gewinne oder Verluste aus der Veräußerung bzw. Bewertung gem. IFRS 5 von übrigen Vermögenswerten und Schulden, klassifiziert als held for sale gem. IFRS 5 (vormalig langfristige Vermögenswerte oder Veräußerungsgruppen) zählen hingegen zur operativen Geschäftstätigkeit (IFRS 5.37).

3.8 Jahresergebnis

4242 Das **Jahresergebnis** (Periodenergebnis) bzw. Ergebnis nach Steuern ist aufzuteilen in

(a) den Ergebnisanteil der Anteilseigner der Muttergesellschaft und

(b) den Ergebnisanteil anderer Gesellschafter.

Die frühere Bezeichnung „*Konzern*ergebnis" für die Komponente (a) ist nach dem neuen IAS 1 (2007), anwendbar ab 1.1.2009, obsolet geworden.

3.9 Ergebnis je Aktie

4243 In der Gewinn- und Verlustrechnung sind außerdem die diversen **Ergebnisse je Aktie** anzugeben (IAS 33.66, s. Rz. 4700). Das Ergebnis je Aktie aus aufgegebenen Geschäftsbereichen darf wahlweise auch im Anhang angegeben werden (IAS 33.68).

3.10 Ergebnisverwendungsrechnung

4244 Eine Ergebnisverwendungsrechnung im Anschluss an die GuV ist nicht explizit vorgesehen: Die Ergebnisverwendung ergibt sich aus dem Eigenkapitalspiegel (Rz. 4370 f.).

4245–4249 frei

4. Anhangangaben

4250 Bei der Anwendung des **Umsatzkostenverfahrens** sind **zusätzliche** Informationen über die Aufwandsarten anzugeben. Explizit sind planmäßige Abschreibungen, Personalaufwand (IAS 1.104) und Materialaufwand (IAS 2.36d) anzugeben.[1]

---

1 Diese Informationen sind nach unserem Verständnis nach dem Konzept des Gesamtkostenverfahrens (also Aufwand der Berichtsperiode) zu ermitteln.

Die einzelnen Standards enthalten eine Fülle von Angabepflichten zu Auf- 4251
wendungen und Erträgen, die wir an den entsprechenden Stellen in Teil C
erläutert haben. Siehe hierzu vor allem die Anhangcheckliste in Abschnitt H.

frei 4252–4299

IV. Gesamtergebnisrechnung (IAS 1)

1. Überblick und Wegweiser

1.1 Standards und Anwendungsbereich

Änderungen des Eigenkapitals (Reinvermögens) ergeben sich grundsätzlich 4300
aus zwei Quellen:

- Aus erfolgsneutralen Transaktionen mit den Anteilseignern (Kapitaleinzahlungen und Ausschüttungen/Rückzahlungen) und
- aus dem Periodenergebnis (Unternehmenserfolg).

Dieses klare Konzept (sog. **Kongruenz-Prinzip**[1], wonach die Summe der Perio- 4301
dengewinne dem Totalgewinn entspricht), wird durchbrochen, wenn Aufwendungen und Erträge außerhalb der GuV, also *erfolgsneutral* erfasst werden.[2]
Erfolgsneutral meint dabei, dass diese Sachverhalte **unmittelbar im Eigenkapital** gegengebucht werden. Gleichwohl ist über die einzelnen Sachverhalte
– die Bestandteile des sog. *other comprehensive income* – zu informieren. Dies
geschieht nach IAS 1 (2007), anzuwenden ab 1.1.2009, in der für alle IFRS-
Bilanzierer nunmehr **obligatorischen Gesamtergebnisrechnung** (Rz. 4001).

Die Regelungen zur Gesamtergebnisrechnung finden sich in IAS 1.81 ff. 4302

frei 4303–4304

1.2 Wesentliche Abweichungen zum HGB

Das HGB kennt auch nach BilMoG keine Gesamtergebnisrechnung als sepa- 4305
rates Berichtsinstrument. Die Zusammenführung von Ergebnis lt. GuV und
erfolgsneutralen Ergebniskomponenten (praktisch ausschließlich Währungsumrechnungsdifferenzen) erfolgt im Eigenkapitalspiegel.

1.3 Neuere Entwicklungen

S. zum Projekt „*Financial Statement Presentation*" bereits Rz. 4008. 4306

frei 4307–4309

---

1 Nach der Schmalenbach'schen „Kongruenz"-Lehre werden alle Eigenkapitalveränderungen, die nicht auf Einlagen der und Ausschüttungen an die Eigner beruhen, unmittelbar im Periodenerfolg (in der Gewinn- und Verlustrechnung) erfasst, vgl. *Schmalenbach*, Dynamische Bilanz, 4. Aufl. 1926, S. 96 ff.
2 Vgl. *Schildbach*, DB 1999, 1813 sowie *Busse von Colbe*, FS Forster, 1992, S. 125 ff., *Busse von Colbe*, BB 2000, 2405.

2. Erfolgsneutral zu erfassende Aufwendungen und Erträge

2.1 Kategorien

4310 Zu den erfolgsneutral zu erfassenden Komponenten des *other comprehensive income* gehören abschließend (IAS 1.7)

(a) die Veränderungen der Umrechnungsdifferenzen aus der **Währungsumrechnung** nach der modifizierten Stichtagskursmethode (Rz. 3130 ff.),

(b) bei Finanzinstrumenten Wertänderungen von **finanziellen Vermögenswerten** der Kategorie *available-for-sale* (Rz. 1873 ff.),

(c) bei Sicherungsbeziehungen (Hedging) die Wertdifferenzen bei **Cashflow-Hedges** (Rz. 2265 ff.),

(d) die Veränderung der **Neubewertungsrücklage** bei Verwendung der Neubewertungsmethode (Wahlrecht) beim Sachanlagevermögen (Rz. 1180 ff.) und ggf. bei den immateriellen Vermögenswerten (Rz. 1060),

(e) die Veränderung der sog. **versicherungsmathematischen Gewinne und Verluste** im Zusammenhang mit Pensionsverpflichtungen und Planvermögen, wenn das Wahlrecht hierzu entsprechend ausgeübt wird (Rz. 2445 ff.) sowie

(f) der Anteil am *other comprehensive income* jener Unternehmen, die nach der **Equity-Methode** bewertet werden (IAS 1.82h Rz. 3673).

Bei den Buchstaben (d) „Neubewertungsmethode" und (e) „versicherungsmathematische Gewinne und Verluste" bestehen Bilanzierungswahlrechte. Die Neubewertungsmethode (d) wird in der deutschen IFRS-Praxis extrem selten und beschränkt auf einzelne Arten der Sachanlagen angewendet (Rz. 1191); bei immateriellen Vermögenswerten kommt sie gar nicht vor. Dagegen erfreut sich das Wahlrecht, versicherungsmathematische Gewinne und Verluste (e) im Eigenkapital gegenzubuchen, außerordentlich hoher Beliebtheit.[1]

4311 Eigenkapitaleffekte in im Abschluss nicht mehr dargestellten Vorperioden aus **Änderungen von Bilanzierungs- und Bewertungsmethoden** sowie Berichtigungen **wesentlicher Fehler** nach der retrospektiven Methode (Rz. 836 ff.) gehören nicht zum Konzernergebnis und sind im Gegensatz zu IAS 1 (2005) nicht in der Gesamtergebnisrechnung darzustellen. Sie werden vielmehr nur im Eigenkapitalspiegel aufgeführt (Rz. 4350).

2.2 Ersetzen erfolgsneutraler durch erfolgswirksame Ergebnisse (*reclassification*)

4312 Als *reclassification* (früher auch *recycling*) bezeichnet man die Umbuchung zuvor erfolgsneutral im Eigenkapital erfasster Beträge in die Gewinn- und Verlustrechnung. Diese findet in folgenden Fällen der Rz. 4310 statt:

– Entkonsolidierung (a), (b), (c),

– Ausbuchung (Abgang) oder außerplanmäßige Abschreibung (b),

---

[1] Vgl. Theile, PiR 2006, 97 (102 ff.).

- Erfassung des Grundgeschäfts oder dessen Realisation bzw. Beendigung der Hedge-Beziehung (c) und

- Beendigung der Equity-Bilanzierung (f) im Hinblick auf die Buchstaben (a), (b) und (c) des assoziierten oder Gemeinschaftsunternehmens, soweit die erforderlichen Informationen vorliegen.

Dagegen ist die erfolgsneutrale Erfassung zu (d) und (e) endgültig; insoweit wird hier gegen das Kongruenzprinzip verstoßen.

Wir zeigen ein ausführliches Beispiel zur Bilanzierung der einzelnen Kategorien bei **Entkonsolidierung** in Rz. 3484. Wegen spezifischer Fragestellungen gehen wir auf die **Währungsumrechnungsrücklage** in Rz. 3143 ff. ein. 4313

Nachfolgend stellen wir die reclassification beim Verkauf eines Wertpapiers der Kategorie available-for-sale in 03 dar, wobei das Wertpapier zuvor in 01 in Höhe von + 100 erfolgsneutral zum Fair value bewertet wurde:

	Buchung	Rücklage available-for-sale	Ergebnis lt. GuV	Gesamt-ergebnis kumuliert
Erhöhung Fair value erfolgsneutral in 01	Wertpapiere an Rücklage available-for-sale	100		100
reclassification 03	Rücklage available-for-sale an Wertpapierertrag	– 100	100	0
31.12.03 kumuliert		**0**	**100**	**100**

Der Sinn der *reclassification* besteht darin, die zunächst erfolgsneutral gebuchte Marktwerterhöhung bei Realisierung (Verkauf) erfolgswirksam auszuweisen. Hierzu wird die frühere erfolgsneutrale Marktwerterhöhung (+ 100) *bei Realisierung* praktisch storniert (– 100, ausgewiesen als „Abnahme des übrigen Konzernergebnisses") und durch einen Ertrag (100) innerhalb des (erfolgswirksamen) Konzernergebnisses lt. GuV ersetzt. Das *Gesamtergebnis* ändert sich hierdurch in der *Realisierungsperiode* 03 jedoch nicht (– 100 + 100 = 0); es hat sich vielmehr bereits in der Periode der erfolgsneutralen Marktwertanpassung (hier 01) erhöht.

Zum Ausweis innerhalb der Gesamtergebnisrechnung siehe Rz. 4317.

2.3 Latente Steuern

Es ist jeweils zu prüfen, ob die Sachverhalte eine **Steuerabgrenzung** (latente Steuern) auslösen. Der Steuersatz hängt etwa bei Finanzinstrumenten der Kategorie available-for-sale davon ab, ob es sich um Fremd- oder Eigenkapitaltitel (§ 8b KStG) handelt. Regelmäßig wird es bei den versicherungsmathematischen Gewinnen und Verlusten zur Steuerabgrenzung kommen. Entscheidend ist: Löst der Sachverhalt eine Steuerabgrenzung aus, ist diese ebenfalls erfolgsneutral zu bilden. 4314

Zum Ausweis innerhalb der Gesamtergebnisrechnung siehe Rz. 4318.

3. Darstellungsalternativen für die Gesamtergebnisrechnung

3.1 Wahlrecht

4315 Die Gesamtergebnisrechnung kann zusammen mit der GuV als ein statement oder direkt im Anschluss an die GuV als separates statement aufgestellt werden. Das Wahlrecht ist stetig anzuwenden:

Variante A: IAS 1.81a (Gesamtergebnisrechnung als *ein Berichtsinstrument* (inkl. GuV), „verlängerte GuV")	Varinate B: IAS 1.81b (Gesamtergebnisrechnung als *separates Berichtsinstrument* (direkt im Anschluss an die GuV, IAS 1.12)
Umsatzerlöse . . . Ergebnis vor Ertragsteuern Ergebnis aus aufgegebenen Geschäftsbereichen **Jahresergebnis** *Davon auf Anteilseigner der Muttergesellschaft entfallend* *Davon auf andere Anteilseigner entfallend*	**Jahresergebnis lt. GuV** *(Die Aufteilung des Jahresergebnisses ergibt sich bei dieser Variante bereits aus der GuV (Rz. 4211)*
a) Veränderung der Währungsumrechnung b) Wertänderungen von finanziellen Vermögenswerten der Kategorie available-for-sale c) Wertdifferenzen bei Cashflow-Hedges d) Veränderung der Neubewertungsrücklage e) Veränderung der versicherungsmathematischen Gewinne und Verluste f) Veränderung des other comprehensive income bei Bewertung at Equity g) Latente Steuern auf (a) bis (f) **Gesamtergebnis** *Davon auf Anteilseigner der Muttergesellschaft entfallend* *Davon auf andere Anteilseigner entfallend*	a) Veränderung der Währungsumrechnung b) Wertänderungen von finanziellen Vermögenswerten der Kategorie available-for-sale c) Wertdifferenzen bei Cashflow-Hedges d) Veränderung der Neubewertungsrücklage e) Veränderung der versicherungsmathematischen Gewinne und Verluste f) Veränderung des other comprehensive income bei Bewertung at Equity g) Latente Steuern auf (a) bis (f) **Gesamtergebnis** *Davon auf Anteilseigner der Muttergesellschaft entfallend* *Davon auf andere Anteilseigner entfallend*

Bei Wahl der Variante A wird optisch deutlich, dass das Jahresergebnis nur ein Zwischenergebnis aller Eigenkapitalveränderungen (außerhalb der Transaktionen mit Anteilseignern) darstellt. Die einzelnen Komponenten (a) bis (f) können auch *net of tax* dargestellt werden (IAS 1.91a); soweit ersichtlich, hat sich jedoch in der bisherigen Praxis die Bruttodarstellung (IAS 1.91b) durchgesetzt. Dann müssen die **latenten Steuern** auf (a) bis (f) zumindest in einer Summe (g) angegeben werden (Rz. 4618). Nachfolgend aber ein Vorschlag einer Gesamtergebnisrechnung mit Einzelaufteilung latenter Steuern.

Bei Variante A muss ebenfalls das **„Ergebnis aufgegebener Geschäftsbereiche"** angegeben werden, aber nur in dem GuV-Teil, da es sich lediglich auf das anteilige Ergebnis lt. GuV (IAS 1.82e) und nicht auf das Gesamtergebnis bezieht (Rz. 2740).

3.2 Beispiel für eine Gesamtergebnisrechnung

Die Gesamtergebnisrechnung nimmt (hier in der Version als separates Statement, Variante B, Rz. 4315) noch einmal das Jahresergebnis auf[1], listet dann die in der Periode erfolgsneutral erfassten Beträge (Rz. 4310) und endet mit der Summe *total comprehensive income* (Gesamtergebnis). Dieses ist aufzuteilen auf den den Gesellschaftern des Mutterunternehmens und den den Minderheiten zustehenden Betrag. Die nachfolgende Abbildung zeigt zugleich die zumindest im Anhang vorzunehmende Aufteilung der latenten Steuereffekte auf die einzelnen Kategorien des other comprehensive income (Rz. 4315), zwecks Abstimmung mit dem Eigenkapitalspiegel unterteilt nach Mehrheits- und Minderheitsgesellschafter).

Das eigentliche **Berichtsinstrument** besteht lediglich aus der rechten Spalte „02 Total" (nicht kursiv). Die Darstellung hat den Vorteil, ansonsten notwendige Anhang-Wiederholungen und zusätzliche Tabellen (IAS 1.IG) zu vermeiden:

---

[1] Die Aufteilung des Jahresergebnisses in den Anteil der Anteilseigner der Konzernmutter und den Minderheitenanteil ist dann bereits in der GuV vollzogen.

E. Berichtsinstrumente und weitere Angabepflichten

	auf Anteilseigner der Konzernmutter entfallend						auf Minderheiten entfallend			02 Total
	Jahres-überschuss	Wäh-rungs-differen-zen	Wert-papiere „availa-ble-for-sale"	Cash-flow hedges	Ver-siche-rungs-math. Verluste	Konzern-gesamt-ergebnis	Jahres-über-schuss	Wäh-rungs-differen-zen	Konzern-gesamt-ergebnis	
Jahresüberschuss	**6 370**					**6 370**	**200**		**200**	**6 570**
Währungsumrechnungsdifferenzen		3 060				3 060		300	300	3 360
Wertpapiere available-for-sale										
– Marktbewertung			900			900				900
– erfolgswirksame Realisie-rung			-100			-100				-100
Cashflow hedges				250		250				250
Versicherungsmathematische Verluste					-400	-400				-400
Bruttoveränderung		3 060	800	250	-400	3 710		300	300	4 010
Latente Steuern		0	-20¹	-75	120	25		0	0	25
Other comprehensive income, sonstiges Ergebnis		**-3 060**	**780**	**175**	**-280**	**3 735**		**-300**	**300**	**4 035**
Total comprehensive income, Gesamtergebnis						**10 105**			**500**	**10 605**
– davon auf Anteilseigner der Muttergesellschaft entfal-lend										10 105
– davon auf andere Anteils-eigner entfallend										500

Abb. 92: Gesamtergebnisrechnung

1 Der latente Steuereffekt auf Marktbewertung und erfolgswirksame Realisierung ist genau genommen getrennt anzugeben, IAS 1.90. Im Beispiel ist wegen Unwesentlich-keit auf die Angabe verzichtet worden.

Die **reclassification** bei der Rücklage für Wertpapiere available-for-sale (– 100, s. Rz. 4313) wird hier in der Bruttoform, d.h. bereits im Berichtsinstrument dargestellt. Alternativ kann die reclassification mit der übrigen Veränderung im Geschäftsjahr zusammengefasst werden (+ 800 = 900 – 100), sog. **Nettomethode**. Dann muss eine Aufteilung im Anhang erfolgen (IAS 1.94). 4317

Gegebenenfalls anfallende **latente Steuern** auf das sonstige Ergebnis werden im Beispiel ebenfalls brutto ausgewiesen. Bei den Währungsumrechnungsdifferenzen fallen *im Beispiel* keine latenten Steuern an, da die Konzernmutter keine Ausschüttungen aus den Auslandstöchtern plant (s. Rz. 2637). Alternativ können die Kategorien des sonstigen Ergebnisses auch netto ausgewiesen werden. Dann sind die auf die einzelnen Kategorien entfallenden latenten Steuern im Anhang zu nennen (IAS 1.90), ggf. im Rahmen einer Überleitung zum latenten Steueraufwand lt. GuV (Rz. 2691). 4318

frei 4319

3.3 Beurteilung der Gesamtergebnisrechnung. Es fehlt: Das Gesamtergebnis je Aktie

Mit der Gesamtergebnisrechnung soll das Gesamtergebnis eine stärkere Betonung erfahren. Umso mehr wundert es, dass für das Jahresergebnis als Zwischensumme nach wie vor auch künftig diverse Ergebnisse je Aktie anzugeben sind, nicht jedoch für das Gesamtergebnis. Im Zusammenhang mit der Neufassung des IAS 1 wurde *nicht einmal diskutiert*, ein **Gesamtergebnis** je Aktie verpflichtend vorzusehen. Darin liegt ein klarer Wertungswiderspruch: Wenn die Nichtberücksichtigung des bisherigen *other comprehensive income* bei der Ermittlung des Ergebnisses je Aktie zutreffend ist, weil dem *other comprehensive income* beispielsweise keine besondere Signalkraft zur Abschätzung künftiger Erträge zukommt, dann ist es inkonsequent, das Ergebnis lt. Gewinn- und Verlustrechnung mit dem *other comprehensive income* zu einem Gesamtergebnis zusammenzufassen. 4320

Dabei weichen die Gesamtergebnisse (je Aktie, also unter Einbeziehung der erfolgsneutral erfassten Beträge) in der Praxis erheblich von den berichteten Ergebnissen (je Aktie, im Zähler nur das Jahresergebnis lt. Gewinn- und Verlustrechnung) ab.[1] Es besteht **hohes bilanzpolitisches Potential** insbesondere bei der Zuordnung von Finanzinstrumenten in die Kategorie available-for-sale (Rz. 1840) und bei den versicherungsmathematischen Gewinnen und Verlusten im Zusammenhang mit Pensionsverpflichtungen und Planvermögen (Rz. 2435).

frei 4321–4349

---

1 S. die empirische Analyse bei *Theile*, PiR 2006, 97.

V. Eigenkapitalspiegel (IAS 1)

1. Überblick und Wegweiser

1.1 Standards und Anwendungsbereich

4350 Die Regelungen zum Eigenkapitalspiegel finden sich in IAS 1.106ff. Für den zeitlichen Anwendungsbereich des IAS 1.106 ist wie folgt zu unterscheiden:

In Geschäftsjahren, die am oder nach dem 1.1.2009 beginnen, beschränkt sich der Eigenkapitalspiegel auf folgende Bewegungen:

(1) Darstellung der Eigenkapitalauswirkungen retrospektiver Bilanzierungs- und Bewertungsänderungen sowie Fehlerkorrekturen (Rz. 836).

(2) Aufnahme des Gesamtergebnisses (getrennt nach Mehrheits- und Minderheitsgesellschaftern)

(3) Abbildung der Transaktionen mit Anteilseignern (getrennt nach Einzahlungen, z.B. Kapitalerhöhungen und Auszahlungen, z.B. Dividenden, Kapitalherabsetzungen)

(4) Darstellung der Entwicklung jeder Eigenkapitalkategorie im Geschäftsjahr.

4351 Durch die Änderungen an IAS 27 (2008) ist auch IAS 1.106 geändert worden. Mit Wirkung für Geschäftsjahre, die am oder nach dem 1.7.2009 beginnen, ist beim Eigenkapitalspiegel das Gesamtergebnis ((2) in Rz. 4350) wieder aufzuteilen in das **Ergebnis lt. GuV** und in **jede Komponente des sonstigen Ergebnisses** (other comprehensive income), wobei die Änderungen für **jede Komponente des Eigenkapitals separat** darzustellen sind. Das bedeutet letztlich eine Wiederholung der Inhalte der Gesamtergebnisrechnung gem. Variante B (Rz. 4315), wobei im Eigenkapitalspiegel – anders als in der Gesamtergebnisrechnung – auch die kumulierten Werte der Eigenkapitalkomponenten zu erkennen sind.[1] Der Informationsinhalt ist also höher als in der Gesamtergebnisrechnung selbst.

Die Übernahme der Änderung in europäisches Recht ist am 12.6.2009 erfolgt. Sollte IAS 27 vorzeitig angewendet werden, ist auch IAS 1.106 n.F. vorzeitig anzuwenden (IAS 1.139A). Da IAS 1.106 n.F. bei seiner Erstanwendung retrospektiv anzuwenden ist, dürfte jedoch gegen eine vorzeitige Anwendung unabhängig von IAS 27 nichts einzuwenden sein. Das bedeutet: U.E. kann IAS 1.106 n.F. auch für Geschäftsjahre, die am oder nach dem 1.1.2009 beginnen, angewendet werden. Zur früheren Anwendung ohne europarechtliche Legitimation siehe Rz. 65 ff.

4352–4354 frei

---

[1] Der IASB hat allerdings versäumt, das in IAS 1.IG enthaltene Beispiel an die ab 1.7.2009 gültige Rechtslage anzupassen. Dies ist ein Redaktionsversehen, vgl. *Ernst & Young*, International GAAP 2009, S. 208 f.

1.2 Wesentliche Abweichungen zum HGB

Der Eigenkapitalspiegel ist im HGB-Konzernabschluss obligatorisch. Ferner ist nach dem BilMoG ein Eigenkapitalspiegel auch für den **Jahresabschluss** kapitalmarktorientierter Gesellschaften vorgeschrieben, sofern kein Konzernabschluss aufzustellen ist (§ 264 Abs. 1 HGB i.d.F. BilMoG). Gliederungsvorschläge für den Eigenkapitalspiegel enthält DRS 7. 4355

1.3 Neuere Entwicklungen

Siehe zum Projekt „*Financial Statement Presentation*" bereits Rz. 4008. 4356

frei 4357–4360

2. Struktur

Das nachfolgende Tableau (Abb. 93) zeigt ein Beispiel für den **Konzerneigenkapitalspiegel** einer *Kapitalgesellschaft* als Konzernmutterunternehmen. Zu beachten ist, dass auch der Eigenkapitalspiegel die **Vergleichsdaten der Vorperiode** zeigen muss (IAS 1.39, s. Rz. 4011). Wir haben exemplarisch nur das Berichtsjahr dargestellt.[1] Das Beispiel basiert auf dem Rechtsstand *ohne* Rz. 4351. 4361

2.1 Unterteilung der Rücklagen

Der Eigenkapitalspiegel enthält die *kumulierten* Werte (Spalten) jeder Eigenkapitalkategorie und stellt deren Entwicklung dar (IAS 1.106d). 4362

---

[1] Die im Beispiel ausgewiesene „Änderung der Bilanzierungs- und Bewertungsmethoden und Korrektur grundlegender Fehler" bezieht sich streng genommen auf den Beginn der Vorjahresvergleichsperiode 01.

E. Berichtsinstrumente und weitere Angabepflichten

| | Gezeichnetes Kapital | Kapitalrücklage | Gewinnrücklagen | Bilanzgewinn | Kumuliertes übriges Konzernergebnis | | | | Anteil der Konzernmutter | Fremdanteile | Konzerneigenkapital |
					Währungsumrechnung	Beteiligungen available-for-sale	Cash-flow-Hedges	Rücklage für Pensionen			
Stand 1.1.02	7 000	4 000	15 000	10 000	−1 680	1 000	−420	−700	34 200	2 050	36 250
+/− Änderungen von Bilanzierungs- und Bewertungsmethoden sowie Korrektur grundlegender Fehler			−200						−200	−50	−250
Stand 1.1.02 angepasst	7 000	4 000	14 800	10 000	−1 680	1 000	−420	−700	34 000	2 000	36 000
Gesamtergebnis	0	0	2 370	4 000	3 060	780	175	−280	10 105	500	10 605
Dividenden				−9 000					−9 000	−250	−9 250
Umbuchung			1 000	−1 000					0		0
Kapitalerhöhung	1 000	3 000							4 000	50	4 050
Veränderung Konsolidierungskreis									0	400	400
Stand 31.12.02	8 000	7 000	18 170	4 000	1 380	1 780	−245	−980	39 105	2 700	41 805

Abb. 93: Eigenkapitalspiegel

2.2 Versicherungsmathematische Gewinne und Verluste

Falls von dem Wahlrecht zur erfolgsneutralen Bilanzierung Gebrauch gemacht wird, sieht IAS 19.93D die direkte Verrechnung versicherungsmathematischer Gewinne und Verluste mit den *retained earnings* (Gewinnrücklagen) vor. Die Begründung lautet, dass die erfolgsneutrale Verrechnung mit dem Eigenkapital insoweit *endgültig* ist, während bei *allen anderen* Komponenten des *other comprehensive income* eine *reclassification* (Rz. 4312) oder eine erfolgsneutrale Umbuchung in die Gewinnrücklagen (Rz. 4310 (d)) zu erfolgen hat. Da sich der **kumulierte Betrag** der verrechneten Beträge dann nicht mehr aus dem Eigenkapitalspiegel ergäbe, aber genannt werden muss, wäre eine separate Anhangangabe erforderlich (IAS 19.120Ai). Die Praxis verfährt insoweit uneinheitlich: 4363

(a) Henkel und BASF verrechnen die versicherungsmathematischen Verluste in 2007 mit den „normalen Gewinnrücklagen".

(b) VW und TUI weisen die verrechneten Verluste in 2007 in einer separaten Eigenkapitalkategorie aus (z.B. „Rücklage gemäß IAS 19"), fassen aber neben den erfolgsneutral entstandenen auch die „anderen Gewinnrücklagen" oder „angesammelten Gewinne" insgesamt unter „Gewinnrücklagen" zusammen.

(c) BMW, Merck und Adidas-Salomon bilden in 2007 für die verrechneten versicherungsmathematischen Verluste ebenfalls eine separate Eigenkapitalkategorie, subsumieren diese jedoch wie in unserem Beispiel unter dem Oberbegriff „Kumuliertes übriges Konzernergebnis" (o.ä.), d.h. getrennt von den erfolgswirksam entstandenen „normalen" Gewinnrücklagen. Dafür spricht die saubere Trennung von erfolgswirksam und erfolgsneutral entstandenen Eigenkapitalbeträgen, wie sie auch in der Gesamtergebnisrechnung vorgenommen wird.

Wir halten letztlich alle Varianten für zulässig: Die Variante (a) entspricht dem Wortlaut des IAS 19.93D. Die Varianten (b) und (c) haben den Vorteil der größeren Transparenz und machen eine separate Anhangangabe der kumulierten verrechneten versicherungsmathematischen Gewinne und Verluste (nach latenten Steuern) entbehrlich. Sachlich lässt sich u.E. auch eine separate Eigenkapitalkategorie als Teil der „retained earnings" i.S.v. IAS 19.93D interpretieren. 4364

2.3 Gesamtergebnis

Das Gesamtergebnis enthält das Ergebnis lt. GuV und das other comprehensive income. Die Darstellung entspricht der Vorgabe des IAS 1.106 (2007) a.F., anzuwenden in Geschäftsjahren, die am oder nach dem 1.1.2009 beginnen (Rz. 4350). Bei Geschäftsjahresbeginn ab 1.7.2009 ist nach IAS 1.106 n.F. (Rz. 4351) das Gesamtergebnis in seine einzelnen Bestandteile – also Ergebnis lt. GuV und die Einzelkomponenten des other comprehensive income – zu zerlegen. Das verlängert den Eigenkapitalspiegel entsprechend. Auf der anderen Seite kann die Einzeldarstellung latenter Steuern so in den Eigenkapital- 4365 spiegel integriert werden. Das wiederum macht zusätzliche Anhangangaben entbehrlich.

4366–4369 frei

2.4 Ergebnisverwendung

4370 Die Unterteilung der thesaurierten Ergebnisse in Gewinnrücklagen und **Bilanzgewinn** ist freiwillig, wobei es sich bei dem Bilanzgewinn typischerweise um den aus dem Jahresabschluss der Konzernmutter handelt. Er unterliegt auf der Hauptversammlung der Verwendungsdisposition der Anteilseigner. Fehlt der separate Ausweis, sind beabsichtigte Gewinnausschüttungen ansonsten nur durch separate Anhangangabe zu erkennen (IAS 10.13; IAS 1.137a).

Bei Tochtergesellschaften ausgewiesene Bilanzgewinne und Ergebnisvorträge fließen dagegen in die Konzern-Gewinnrücklagen ein, soweit sie auf die Konzernmutter entfallen bzw. in die Minderheitenanteile, soweit sie Minderheiten zuzurechnen sind.

4371 Der Eigenkapitalspiegel erfüllt damit zugleich die Funktion einer **Ergebnisverwendungsrechnung**[1], da die Einstellung des Ergebnisses in einzelne Kategorien (Bilanzgewinn/Ergebnisvortrag, Gewinnrücklagen) und die Verwendung (Ausschüttung) gezeigt werden. Die *Umbuchung aus dem Bilanzgewinn* (– 1000) in die Gewinnrücklagen beruht darauf, dass abweichend vom Gewinnverwendungsvorschlag, der eine Ausschüttung aus dem Vorjahresbilanzgewinn von 10 000 vorsah, nur 9000 ausgeschüttet wurden (bei Aktiengesellschaften z.B. auf Grund von § 58 Abs. 3 AktG). Zum 31.12.02 ist als Bilanzgewinn der in 03 *für* 02 zur Ausschüttung an die Anteilseigner der Konzernmutter vorgesehene Betrag (4000) ausgewiesen.

2.5 Sonstige Kapitalveränderungen

4372 Die bei der *Konzernmutter* ausgewiesene **Kapitalerhöhung** (4000) betrifft nur Einlagen von ihren Anteilseignern in die Konzernobergesellschaft. Dagegen beruht die bei *Fremdanteilen* ausgewiesene Kapitalerhöhung (50) nicht auf Kapitalerhöhungen bei der Konzernmutter, sondern auf Einlagen der Fremdgesellschafter bei *Konzerntöchtern*. Entsprechendes gilt für **Dividendenzahlungen**.

4373 Bei der **Änderung des Konsolidierungskreises** (+400) handelt es sich um den auf Minderheiten entfallenden Anteil am zum Fair value bewerteten Eigenkapital erworbener Tochterunternehmen. Die Erhöhung des Eigenkapitals beruht auf der Vollkonsolidierung, wonach das Nettovermögen der Tochtergesellschaften vollständig in die Konzernbilanz übernommen wird, auch wenn der Konzern mit weniger als 100 % beteiligt ist. Im Konzernabschluss wird daher mehr Vermögen angesetzt, als der Konzernmutter (direkt oder indirekt)

---

[1] Vgl. *Pawelzik*, Die Prüfung des Konzerneigenkapitals, 2003, S. 324.

gehört; die Minderheiten leisten bei Erstkonsolidierung in Höhe ihres Anteils an den net assets praktisch eine (Sach)-Einlage in den Konzern (Rz. 3453).

frei   4374–4399

VI. Kapitalflussrechnung (IAS 7)

1. Überblick und Wegweiser

1.1 Standards und Anwendungsbereich

Eine Kapitalflussrechnung stellt die Zuflüsse und Abflüsse von Zahlungsmit- 4400
teln und Zahlungsmitteläquivalenten (**Veränderung des Finanzmittelfonds, d.h. Veränderung der „liquiden Mittel"**) dar, wobei unterschieden wird zwischen Mittelzu- und -abflüssen aus:

– laufender Geschäftstätigkeit (operativer Tätigkeit)

– Investitionstätigkeit

– Finanzierungstätigkeit

Die entsprechenden Regelungen enthält IAS 7, der seit 1994 im Wesentlichen unverändert gültig ist. Die Kapitalflussrechnung ist integraler Bestandteil eines Einzel- oder Konzernabschlusses nach IFRS.

Im Rahmen des Verbesserungsstandards 2007 (gültig ab 1.1.2009, durch die 4401
EU freigeschaltet am 23.1.2009) wurde klargestellt, dass Aus- und Einzahlungen für Gegenstände, die erst verleast und anschließend veräußert werden, z.B. in der Automobilindustrie, als Mittelflüsse aus laufender Geschäftstätigkeit (Rz. 4430 ff.) und nicht aus Investitionstätigkeit (Rz. 4436 f.) darzustellen sind.

Als Folgeänderung der Neuregelungen zur Übergangskonsolidierung des IAS 27, anwendbar ab 1.7.2009, sind Cashflows aus Unternehmenserwerben oder vollständigen oder teilweisen Anteilsveräußerungen mit Kontrollverlust (Rz. 3730 ff.) jeweils separat in der Investitionstätigkeit darzustellen (IAS 27.39 ff.), während Cashflows aus Ab- oder Aufstockungen von Mehrheitsbeteiligungen als Transaktionen innerhalb der Anteilseigner und damit innerhalb der Finanzierungstätigkeit zu zeigen sind (IAS 7.42A,B.), siehe Rz. 4454. Die EU Freischaltung dieser Regelungen wird für das 2. Quartal 2009 erwartet.

Die Kapitalflussrechnung soll ein **Indikator** für Betrag, Zeitpunkt und Wahr- 4402
scheinlichkeit **zukünftiger Cashflows** sein (IAS 7.5) und die **Vergleichbarkeit der Ertragskraft** unterschiedlicher Unternehmen verbessern, da die Auswirkungen der Verwendung verschiedener Bilanzierungs- und Bewertungsmethoden für die gleichen Geschäftsvorfälle und Ereignisse eliminiert werden (IAS 7.4). Dabei ist jedoch zu beachten, dass eine Zukunftsprognose die Vorlage von Geschäftsplänen voraussetzt, die von IAS 1.130 gerade nicht gefordert werden. Davon abgesehen sind auch Geldflüsse zufällig (z.B. Geldeingänge auf Forderungen) oder gestaltbar, etwa durch das bewusste Hinauszögern der Bezahlung fälliger Lieferantenrechnungen bis kurz nach dem Bilanzstichtag oder

durch Leasing statt Kauf. Eine Kapitalflussrechnung stellt daher im Wesentlichen den Zusammenhang zwischen Ergebnis und Zahlungsfluss des *abgelaufenen* Geschäftsjahres her (IAS 7.5).

1.2 Wesentliche Abweichungen zum HGB

4403 Nach dem BilMoG sind Kapitalflussrechnungen nun auch für Jahresabschlüsse kapitalmarktorientierter Gesellschaften vorgeschrieben, sofern diese **nicht** zur Aufstellung eines Konzernabschlusses verpflichtet sind (§ 264 Abs. 1 HGB i.d.F. BilMoG). Für den HGB-Konzernabschluss bleibt die Kapitalflussrechnung nach wie vor obligatorisch. Bezüglich deren Ausgestaltung ist DRS 2 zu beachten. International bestehen zwischen den Vorschriften zur Kapitalflussrechnung kaum Unterschiede.[1]

1.3 Neuere Entwicklungen

4404 Siehe zum mittelfristigen Projekt „Financial Statement Presentation" bereits Rz. 4008. Im Rahmen des Verbesserungsstandards 2008 (anwendbar ab 1.1.2010) ist klargestellt worden, dass in der Investitionstätigkeit nur aktivierte Ausgaben abgebildet werden (also z.B. aktivierte Entwicklungsausgaben), während nicht aktivierte Ausgaben unter operativer Geschäftstätigkeit auszuweisen sind. In der Praxis erfolgte dies bislang uneinheitlich.

4405–4409 frei

2. Darstellung und Aufbau

2.1 Gliederung

4410 Eine Kapitalflussrechnung nach IAS 7 ist, wie das kleine Zahlenbeispiel zeigt, *aggregiert* wie folgt aufgebaut:

1. Mittelfluss aus laufender Geschäftstätigkeit	+ 2000
2. Mittelfluss aus Investitionstätigkeit	– 1400
3. Mittelfluss aus Finanzierungstätigkeit	– 400
1.–3. = Veränderung des Finanzmittelfonds	+ 200
Finanzmittelfonds am Geschäftsjahresanfang	50
Finanzmittelfonds am Geschäftsjahresende	250

Welche Zahlungsströme den drei Bereichen zuzuordnen sind, ergibt sich einerseits aus der jeweiligen Geschäftstätigkeit des Unternehmens und ist andererseits durch Vorgaben – aber auch Wahlrechte – in IAS 7 bestimmt. Generell gilt, dass die Zuordnung zu den drei Bereichen vom konkreten Unter-

---

[1] IAS 7 lehnt sich stark an die entsprechende US-GAAP Vorschrift des SFAS 95 an und war der erste Standard des IASC, der von der IOSCO und damit auch der SEC als deren Mitglied vollständig anerkannt wurde, vgl. *Biener* in Dörner u.a. (Hrsg.), IASC-Rechnungslegung, 1995, S. 18; *Pellens u.a.*, Internationale Rechnungslegung, 7. Aufl. 2008, S. 200.

nehmen abhängt. Bei einem Finanzinstitut werden beispielsweise aufgenommene und ausgereichte Kredite im Regelfall dem betrieblichen Bereich zugeordnet, während sie bei einem Nichtfinanzinstitut dem Finanzierungsbereich zuzuordnen sind.

Hinsichtlich der Gliederung *innerhalb* der drei Bereiche gibt es jedoch keine Vorgaben. Der Anhang zu IAS 7 enthält lediglich nicht verbindliche Gliederungsbeispiele. Trotz der fehlenden Vorgaben haben sich jedoch international einheitliche Vorgehensweisen herausgebildet. 4411

Üblicherweise wird die Kapitalflussrechnung in **Staffelform** mit Vorjahresvergleich aufgestellt. Das Beispiel in Rz. 4470, das wir in diesem Kapitel sukzessive entwickeln, zeigt eine gängige Konzernkapitalflussrechnung.

2.2 Abgrenzung des Finanzmittelfonds

Die Kapitalflussrechnung stellt die Veränderung eines eng definierten zahlungsmittelnahen Vermögens, des sog. Finanzmittelfonds, dar, der sich aus Zahlungsmitteln und Zahlungsmitteläquivalenten zusammensetzt: 4412

Zahlungsmittel	Kassenbestände, Schecks sowie täglich fällige Guthaben bei Banken und Finanzinstituten.
Zahlungsmitteläquivalente (IAS 7.6)	a) kurzfristige, äußerst liquide Finanzinvestitionen, die jederzeit in Zahlungsmittel umgewandelt werden können und nur unwesentlichen Wertschwankungen unterliegen b) Dies gilt bei einer Restlaufzeit < 3 Monate, ab Erwerbszeitpunkt (nicht Bilanzstichtag), als erfüllt. c) z.B Termineinlagen, Wertpapiere der Kategorie held-to-maturity oder available-for-sale, d) *nicht* jedoch At equity-Beteiligungen
Bankverbindlichkeiten (IAS 7.8).	a) grundsätzlich nicht Bestandteil des Finanzmittelfonds b) ihre Veränderungen sind vielmehr als Finanzierungstätigkeit zu zeigen c) Ausnahme, aber unüblich[1] bei Kontokorrentkrediten, wenn „Bestandteil des Cash-Managements"

2.3 Nicht zahlungswirksame Transaktionen

In der Kapitalflussrechnung sind nur tatsächliche Zahlungen abzubilden, nicht dagegen Transaktionen, die sich nicht direkt auf den Finanzmittelfonds auswirken (IAS 7.43 f.), z.B.: 4413

– Erwerb von Vermögen gegen Übernahme von unmittelbar zugeordneten Schulden,
– Finanzierungsleasing,
– Erwerb eines Unternehmens gegen Ausgabe von Anteilen,

---

1 Nur in 6 von 100 analysierten IFRS-Abschlüssen des Jahres 2003 wurden Kontokorrentverbindlichkeiten im Finanzmittelfonds berücksichtigt, vgl. *von Keitz*, Praxis der IASB-Rechnungslegung, 2. Aufl. 2005, S. 177.

- Tausch von Aktiva/Passiva,
- Zielkauf,
- Aufrechnung,
- Sacheinlagen,
- Ausgabe von Stock-Options an Mitarbeiter,
- Umwandlung von Schulden in Eigenkapital,
- Zu- und Abnahme von Minderheitenanteilen bei Erst- bzw. Entkonsolidierung (Rz. 4463).

IAS 7.44 fordert die Erläuterung solcher Transaktionen im Anhang.

4414–4419 frei

2.4 Ermittlung und Darstellung der Zahlungsströme

4420 Die Kapitalflussrechnung kann entweder **originär** aus den Zahlungsströmen der Buchhaltung (IAS 7.19a) oder **derivativ** durch eine Bereinigung der Erfolgsrechnungen und Bilanzen ermittelt werden (IAS 7.19b, 7.20). In der Praxis überwiegt die derivative Methode, da die Unternehmen nicht die für die originäre Methode erforderlichen Daten bereitstellen können bzw. die erforderliche Konzernbuchführung überhaupt nicht vorliegt.[1] Von der **Ermittlung** der Zahlungsströme ist deren *direkte* oder *indirekte* **Darstellung**[2] zu unterscheiden. Ein Darstellungswahlrecht (direkt oder indirekt) besteht nur beim Mittelfluss aus operativer Tätigkeit. Das folgende Tableau zeigt die in der Praxis anzutreffende Handhabung:

		Ermittlung	
		derivativ	originär
Darstellung	indirekt	Mittelfluss aus operativer Tätigkeit	nicht anzutreffen
	direkt	Mittelfluss aus Investitionstätigkeit	Mittelfluss aus Finanzierungstätigkeit

Abb. 94: Ermittlung und Darstellung der Mittelflüsse

2.4.1 Mittelfluss aus operativer Tätigkeit

4421 In Bezug auf die operative Tätigkeit wird der Geldfluss bei der **derivativen Ermittlung** und **indirekten Darstellung** durch Rückrechnung zahlungsunwirksamer Posten (insbesondere Abschreibungen) und durch Korrektur der Bestandsänderungen der kurzfristigen Vermögenswerte und Schulden (**Veränderung des Nettoumlaufvermögens**, s. Rz. 4433) ausgehend vom Periodenergebnis ermittelt (IAS 7.18b, 7.20). Demgegenüber werden bei der praktisch nicht

---

1 Vgl. *v. Wysocki* in Baetge u.a. (Hrsg.), Rechnungslegung nach IFRS, 2006, IAS 7 Rz. 81.

2 Oft wird auch von *direkter* und *indirekter Ermittlung* gesprochen.

angewendeten **direkten Darstellung** einzelne Zahlungsarten abgebildet (IAS 7.18a). Das Ergebnis (Mittelzufluss aus operativer Geschäftstätigkeit) ist naturgemäß bei beiden Vorgehensweisen identisch, wie folgendes Beispiel zeigt:

Darstellung	indirekt		direkt
Verbreitung	Regelfall		selten
Ermittlung	derivativ		derivativ
Jahresüberschuss	10 000	Umsatzeinnahmen	90 000
Abschreibungen	4 000	– Materialausgaben	– 45 000
Brutto-„Cashflow"	14 000	– Personalausgaben	– 20 000
Zunahme Forderungen	– 3 000	– sonstige operative Ausgaben	– 9 000
Zunahme Verbindlichkeiten	5 000		
Mittelzufluss aus operativer Tätigkeit	**16 000**	**Mittelzufluss aus operativer Tätigkeit**	**16 000**

Abb. 95: Indirekte und direkte Darstellung des Mittelflusses aus operativer Tätigkeit

Häufig wird mit direkter Darstellung auch eine originäre Ermittlung assoziiert, und zwar durch Ablesen einzelner Zahlungsarten aus Bankkonten (IAS 7.19a). Dies würde jedoch beim Bezahlen von Kreditoren per Sammelüberweisung bedeuten, diese nach Warenlieferanten und Sozialversicherungsträgern („laufende Geschäftstätigkeit") bzw. Anlagenlieferanten („Investitionstätigkeit") aufzuteilen. Umsatzsteuervoranmeldungen wären ebenfalls entsprechend zu separieren. Dies ist bereits im Einzelabschluss nicht praktikabel, so dass die originäre Ermittlung in der Praxis keine Bedeutung hat. Dies gilt selbst dann, wenn der Mittelzufluss aus operativer Tätigkeit wie im Tableau (s. Rz. 4421) rechts direkt *dargestellt* wird:

	GuV	Abschreibungen	Zunahme (–) Abnahme (+) Forderungen	Zunahme (+) Abnahme (–) Verbindlichkeiten	Kapitalflussrechnung
Umsatzerlöse/-einnahmen	93 000		– 3 000		90 000
Materialaufwand/-ausgaben	– 50 500			5 500	– 45 000
Personalaufwand/-ausgaben	– 20 000				– 20 000
Sonstige betriebliche Aufwendungen/Ausgaben	– 8 500			– 500	– 9 000
Abschreibungen	– 4 000	4 000			0
Jahresüberschuss (GuV)/ Mittelzufluss aus operativer Tätigkeit	**10 000**	**4 000**	**– 3 000**	**5 000**	**16 000**

Abb. 96: Überleitung von der GuV zur direkten Darstellung des Mittelflusses aus operativer Tätigkeit

Unabhängig von der Darstellungsart findet somit in beiden Fällen eine **derivative Ermittlung** statt. Der Unterschied besteht lediglich darin, dass bei der indirekten Darstellung vom Jahresüberschuss lt. GuV (10 000) ausgegangen wird und dieser um nicht zahlungswirksame Beträge korrigiert wird, während bei der direkten Darstellung einzelne GuV-Posten zum jeweiligen Zahlungsfluss übergeleitet werden.[1]

4423 Der **Korrekturmechanismus** ist jeweils wie folgt: Die Zunahme von Aktivposten (hier Kundenforderungen von 3000) bedeutet einen im Vergleich zum Ergebnis niedrigeren *Geldzufluss* und wird daher vom Ergebnis abgezogen, um auf den Geldzufluss überzuleiten. In Höhe der Zunahme von Kundenforderungen (3000) hat Umsatz lt. GuV insoweit noch nicht zu einem Geldzufluss geführt. Eine Zunahme von Passiva (hier bei Lieferverbindlichkeiten um 5500) bedeutet dagegen einen im Vergleich zum Ergebnis niedrigeren *Geldabfluss*: Materialaufwand lt. GuV ist in Höhe der Zunahme noch nicht liquiditätsmäßig abgeflossen.

4424 ◗ Die **indirekte Darstellung** wird – zumindest in Deutschland – in veröffentlichten Abschlüssen ausschließlich angewendet[2] und ist uneingeschränkt zu bevorzugen[3], da sie den Zusammenhang zwischen Ergebnis und Cashflow zeigt und in Verbindung mit künftigen Gewinnprognosen und Annahmen über die Veränderung des Nettoumlaufvermögens die in IAS 7.19 geforderte bessere Abschätzung *künftiger* Cashflows ermöglicht.

2.4.2 Mittelfluss aus Investitionstätigkeit

4425 **Investitionsausgaben** sind immer direkt darzustellen (IAS 7.21). Man möchte vermuten, dass zumindest diese auch originär ermittelt werden. Das ist jedoch nicht der Fall.

Beispiel:

Im Dezember 01 wird eine Maschine zu einem Preis von 1190 (inkl. 19% Umsatzsteuer) geliefert. 80% davon werden noch im Dezember 01 gezahlt, der Rest in 02. Die Vorsteuer wird im Januar 02 geltend gemacht. Wie hoch sind die Investitionsausgaben für diese Maschine in 01 und 02?

	Total	01	02
Zahlung an Lieferanten	1190	952	238
Vorsteuererstattung	– 190	0	– 190
Tatsächlicher Zahlungsabfluss, netto, originär ermittelt	**1000**	**952**	**48**
Praxis: Anlagenzugang (Regelfall)	1000	1000	0
Abweichung	**0**	**– 48**	**48**

---

1 Die derivative Ermittlung bei direkter Darstellung des operativen Mittelzuflusses wird in IAS 7.19b explizit angesprochen.
2 Vgl. von *Keitz*, Praxis der IASB-Rechnungslegung, 2. Aufl. 2005, S. 224.
3 Wie hier: *Löw*, Kapitalflussrechnung, in Löw (Hrsg.), Rechnungslegung für Banken nach IFRS, 2. Aufl. 2005, S. 239 ff.; die direkte Darstellung kann jedoch bei der kurzfristigen Liquiditätsplanung sinnvoll sein, insbesondere in Sanierungsfällen.

Die originäre Ermittlung wäre theoretisch möglich. Da die Verfolgung der Zahlung von Lieferantenrechnungen und insbesondere die Zuordnung von Vorsteuererstattungen aber praktisch undurchführbar ist, werden die Investitionsausgaben ebenfalls derivativ ausgehend von den Anlagenzugängen laut Anlagenspiegel[1] ermittelt. Die hieraus resultierende Ungenauigkeit ist unter Kosten- und Nutzen- bzw. Wesentlichkeitsaspekten zu würdigen. In folgenden Fällen ist jedoch eine Korrektur der Anlagenzugänge lt. Anlagenspiegel zwingend:

(a) Nicht zahlungswirksame Transaktionen, z.B. Finanzierungsleasing, Tausch etc. (Rz. 4413) sind immer auszuscheiden.

(b) Wesentliche Zielkäufe, insbesondere bei Beteiligungserwerben und umfangreichen Anlagenzugängen, sind zu berücksichtigen, indem die Anlagenzugänge um die Veränderung von Kaufpreisverbindlichkeiten korrigiert werden. Rz. 4461 zeigt ein Berechnungsbeispiel.

Das Beispiel in Rz. 4425 verdeutlicht zugleich einen weiteren Aspekt, und zwar die in IAS 7 nicht explizit erwähnte, aber gängige und zulässige Saldierung (Rz. 4428) der Bruttozahlung mit Vorsteuererstattungen. Investitionsausgaben werden wie alle anderen Zahlungsflüsse auch, z.B. die in Rz. 4422 direkt dargestellten Umsatzeinnahmen, immer **netto**, d.h. **ohne Umsatzsteuer** ausgewiesen. 4426

2.4.3 Mittelfluss aus Finanzierungstätigkeit

Als Anwendungsbereich für die direkte Ermittlung bleibt nur der Finanzierungsbereich, z.B. Dividendenzahlungen, Aufnahme langfristiger Darlehen etc. (IAS 7.21). Bei kurzfristigen Kontokorrentkrediten werden die Zahlungsflüsse dagegen wiederum durch Veränderung der Kontostände im Geschäftsjahr ermittelt. Insoweit liegt eine Ausnahme vom grundsätzlichen **Saldierungsverbot** vor. 4427

2.5 Saldierung

IAS 7.18, 7.21 postulieren zwar ein grundsätzliches **Saldierungsverbot** von Mittelzu- und -abflüssen (Bruttoprinzip). Tatsächlich ist die Saldierung aber häufig die Regel: Die bedeutendste Ausnahme vom Saldierungsverbot ist die Anwendung der indirekten Methode bei der Ermittlung bzw. Darstellung des Zahlungsflusses aus laufender Geschäftstätigkeit, die bereits eine umfassende Saldierung von korrespondierenden Erträgen und Aufwendungen beinhaltet (s. Rz. 4421). 4428

Eine explizite **Ausnahme vom Saldierungsverbot** betrifft Ein- und Auszahlungen für Posten mit großer Umschlaghäufigkeit, großen Beträgen und kurzen

---

1 Vgl. z.B. Merck KGaA, Geschäftsbericht 2008: Die Investitionsausgaben stimmen dort mit den Anlagenzugängen überein.

Laufzeiten (IAS 7.22b). Hiermit ist bei Produktionsunternehmen insbesondere der Finanzierungsbereich angesprochen, etwa die Ausreichung und Rückzahlung von Krediten mit einer Laufzeit von bis zu drei Monaten: Daher sind bei **Kontokorrentkrediten oder Sichteinlagen** die Veränderungen im Jahresvergleich und nicht etwa die Jahresverkehrszahlen anzugeben. Ein anderes Beispiel für zulässige Saldierungen von Ausgaben und Einnahmen ist der **Eigenhandel mit Finanzinvestitionen**.

4429 frei

3. Inhalt der drei Bereiche der Finanzmittelflüsse
3.1 Mittelfluss aus laufender Geschäftstätigkeit

4430 Mit dem Mittelfluss aus laufender Geschäftstätigkeit wird dargestellt, wie das Unternehmen im Geschäftsjahr aus der erlösbezogenen Tätigkeit Zahlungsflüsse erwirtschaftet hat (ähnlich IAS 7.13 f.). Nach der derivativen Methode (Rz. 4421 f.) wird der Zahlungsfluss aus laufender Geschäftstätigkeit wie folgt ermittelt und indirekt dargestellt:

	Rz.
Periodenergebnis (inkl. Minderheitenanteil)	4431
+/– nicht zahlungswirksame Aufwendungen/Erträge	4432
+/– Veränderungen des Nettoumlaufvermögens	4433
+/– Umgliederungen zu den Bereichen Investition oder Finanzierung	4435
= Mittelveränderung aus laufender Geschäftstätigkeit	

4431 Beim **Periodenergebnis** handelt es sich in der Praxis häufig um das Gesamtergebnis *nach* Zinsen und Steuern.[1] Weil die Zins- und Steuerzahlungen bei dieser Variante nicht erkennbar sind, müssen diese Beträge dann zusätzlich im Anhang genannt werden (IAS 7.31, 7.35). Alternativ kann das Ergebnis vor Zinsen und Steuern (EBIT) zugrunde gelegt werden. In diesem Fall müssen die Zins- und Steuerzahlungen separat ausgewiesen werden, wobei Wahlrechte bestehen, diese auch im Investitions- oder Finanzierungsbereich zu zeigen (s. Rz. 4440 f.).

4432 Die Korrektur **zahlungsunwirksamer Erträge und Aufwendungen** betrifft folgende Sachverhalte (IAS 7.20b):

+ Abschreibungen/– Zuschreibungen auf immaterielle und materielle Vermögenswerte
+ Abschreibungen/– Zuschreibungen auf Finanzanlagen
+ Fair value-Abwertungen/– Fair value-Aufwertungen
+ latente Steueraufwendungen/– latente Steuererträge
+ Zunahme/– Abnahme langfristiger Rückstellungen (insb. Pensionsrückstellungen)
+ Verluste (– Gewinne) + vereinnahmte Dividenden aus assoziierten Unternehmen (*at equity*)

---

1 Außerordentliche Zahlungen sind nach Streichung des IAS 7.29 nicht mehr separat zu zeigen.

Bei den **Abschreibungen** handelt es sich um planmäßige und außerplanmäßige Beträge auf materielle und immaterielle Vermögenswerte inkl. Goodwill. Diese werden addiert, da sie nicht ausgabewirksam sind. Auch erfolgswirksam gebuchte Abschreibungen auf Finanzanlagen fallen darunter. Korrespondierend zu Abschreibungen sind erfolgswirksam gebuchte **Zuschreibungen** mit umgekehrtem Vorzeichen zu korrigieren, d.h. abzuziehen, da sie nicht zu Einzahlungen geführt haben. Die mangels Geldfluss zu korrigierenden erfolgswirksamen Fair value-Bewertungen betreffen z.B. Anlageimmobilien oder Wertpapiere der Kategorie held for trading. Bei latenten Steuererträgen und -aufwendungen fehlt es naturgemäß ebenfalls an einem Zahlungsfluss.

Pensionsrückstellungen werden separat ausgewiesen, weil sie nicht zum Nettoumlaufvermögen gehören. Der Korrekturmechanismus ist jedoch identisch (Rz. 4423). Zu der Bereinigung im Zusammenhang mit Equity-Ergebnissen s. Rz. 4461.

Unter **Nettoumlaufvermögen** werden Vorräte, Kundenforderungen, Lieferantenverbindlichkeiten, sonstige Forderungen und Vermögenswerte und sonstige Verbindlichkeiten sowie (kurzfristige) Rückstellungen subsumiert.[1] Zur Ratio der Bereinigung s. Rz. 4423. 4433

Bei der Korrektur um bestimmte erfolgswirksame Aufwendungen/Erträge einerseits (Rz. 4432) und dem Nettoumlaufvermögen (Rz. 4433) andererseits ergeben sich Überschneidungen: Streng genommen wäre die Veränderung des Nettoumlaufvermögens zu korrigieren um separat auszuweisende Veränderungen von Wertberichtigungen auf Forderungen oder Vorräte, Rückstellungszuführungen und -auflösungen etc. Mit diesem Feinschliff würde dann eine um Bewertungseffekte bereinigte Veränderung des Nettoumlaufvermögens ausgewiesen und verdeutlicht, inwieweit etwa die Veränderung von Kundenforderungen auf ein verändertes Zahlungsverhalten von Kunden zurückzuführen ist oder auf die Veränderung von Wertberichtigungen. 4434

○ Da die Veränderung des Nettoumlaufvermögens jedoch im weitesten Sinne ebenfalls eine Korrektur um nicht zahlungswirksame Erträge/Aufwendungen darstellt und beide Vorgehensweisen zum selben Ergebnis (Mittelfluss aus laufender Geschäftätigkeit) führen, wird eine derartige Korrektur in der Praxis nur bei wesentlichen Beträgen vorgenommen.

Umgliederungen betreffen insbesondere die im Gesamtergebnis enthaltenen **Ergebnisse aus Anlagenabgängen**, da die entsprechenden Erlöse dem Investitionshaushalt zuzuordnen sind. 4435

3.2 Mittelfluss aus Investitionstätigkeit

Zum Cashflow aus Investitionstätigkeit zählen sämtliche Auszahlungen für die Beschaffung oder Herstellung langfristiger Vermögenswerte einschließlich 4436

---

1 Zu beachten ist, dass in diesen Bilanzposten ggf. enthaltene Änderungen von *Finanz*forderungen oder -schulden nicht hier, sondern im Investitions- oder Finanzierungshaushalt auszuweisen sind.

Beteiligungserwerbe und Darlehensvergabe (IAS 7.16). Spiegelbildlich sind hier auch Einzahlungen aus der Veräußerung von langfristigen Vermögenswerten einschließlich der Tilgung von Darlehen zu erfassen. Bei Darlehen/Krediten handelt es sich nicht nur um langfristige im **Anlagevermögen** ausgewiesene Ausleihungen, sondern auch um Finanzaktiva im kurzfristigen **Umlaufvermögen** (sonstige Finanzinvestitionen i.S.v. IAS 7.6). Die vorgeschriebene Einbeziehung von Finanzaktiva in den Investitionshaushalt ist nicht ideal, wenn solche „Investitionen" eher Finanzanlagen als einen die Leistungserbringung fördernden *betrieblichen* Zahlungsfluss darstellen, Letzteres z.B. bei Krediten zur Stützung von Kunden.

IAS 7.14 a.E. i.d.F. des Verbesserungsstandards 2007 (Rz. 4401) stellt klar, dass Aus- und Einzahlungen für Gegenstände i.S.v. IAS 16.68A (Rz.1193), die zunächst verleast und anschließend veräußert werden, wie häufig in der Autoindustrie, *nicht* unter Investitionstätigkeit, sondern als Mittelflüsse aus laufender Geschäftstätigkeit auszuweisen sind.

4437 Investitionsausgaben und -einnahmen werden in der Praxis direkt dargestellt, aber derivativ ausgehend vom Anlagenspiegel ermittelt (s. Rz. 4425). Investitionsausgaben und Veräußerungserlöse sind unsaldiert auszuweisen.

3.3 Mittelfluss aus Finanzierungstätigkeit

4438 Zum Cashflow aus Finanzierungstätigkeit gehören Zahlungen im Zusammenhang mit den Eigenkapitalpositionen, z.B. Dividendenzahlungen[1], Entnahmen, Kapitalerhöhungen und Rückkauf eigener Aktien sowie die Aufnahme und Tilgung von Fremdkapitalpositionen wie Anleihen, Schuldscheine, (Gesellschafter)-Darlehen u.Ä. (IAS 7.17). **Annuitätendarlehen** inkl. Zerobonds werden in einen Zinsanteil und einen Tilgungsanteil aufgeteilt und der Zinsanteil unter betrieblicher Tätigkeit ausgewiesen, soweit nicht von dem Wahlrecht Gebrauch gemacht wird, die Zinsausgaben unter der Finanzierungstätigkeit auszuweisen (s. Rz. 4440). In diesem Fall wird die nicht aufgeteilte Zahlung ausgewiesen.

4439 frei

---

[1] Wahlweise ist ein Ausweis im betrieblichen Bereich möglich, „damit die Fähigkeit eines Unternehmens, Dividenden aus laufenden Cashflows zu zahlen, leichter beurteilt werden kann" (IAS 7.34). Dieses Wahlrecht ist verfehlt, da auch die Investitionsausgaben, die im Investitionshaushalt ausgewiesen werden, zu berücksichtigen sind und der separate Ausweis im Finanzierungshaushalt ausreichend ist. Die Vermengung von Cashentstehung und Cashverwendung wird jedenfalls von der Praxis nicht vorgenommen, dort erfolgt der Ausweis im Finanzierungshaushalt. Gemäß DRS 2.37 müssen Dividendenzahlungen zutreffend stets dem Finanzierungsbereich zugeordnet werden.

3.4 Einzelfragen

3.4.1 Zinsen, Dividenden, Ertragsteuern

Gezahlte Zinsen sowie erhaltene **Zinsen** können entweder unter der laufenden Geschäftstätigkeit[1] oder in dem Bereich Finanzierungs- bzw. Investitionstätigkeit ausgewiesen werden (IAS 7.33 f.). Die gewählte Zuordnung ist stetig anzuwenden (IAS 7.31). 4440

⊃ Der Ausweis eines Zinsausgabenüberhangs im Finanzierungsbereich kann aus **abschlusspolitischen** Gründen interessant sein, um einen entsprechend höheren Mittelzufluss aus operativer Tätigkeit auszuweisen.

Für **Dividendeneinnahmen** gilt das gleiche Wahlrecht wie bei Zinszahlungen (IAS 7.33). Die überwiegend vorgenommene Klassifizierung unter laufender Geschäftstätigkeit ist insbesondere bei Erträgen aus assoziierten Unternehmen sinnvoll, weil derartige Beteiligungserwerbe oft aus strategischen Gründen erfolgen und die Equity-Methode der Konsolidierung näher steht als eine reine Geldanlage. Zu Dividendenzahlungen s. Rz. 4438.

Sofern die vorgenannten Zinseinnahmen und Zinsausgaben sowie Dividendeneinnahmen, die der „Mittelveränderung aus laufender Geschäftstätigkeit" zugerechnet werden, nicht gesondert in der Kapitalflussrechnung gezeigt werden, sind sie in den Erläuterungen zur Kapitalflussrechnung im Anhang offen zu legen. Dies entspricht üblicher Praxis. Bei einem Ausweis im Bereich der Investitions- und Finanzierungstätigkeit werden sie demgegenüber ähnlich wie gezahlte Dividenden gesondert in der Kapitalflussrechnung ausgewiesen.

Ertragsteuerzahlungen sind gesondert anzugeben und regelmäßig als Cashflows aus der laufenden Geschäftstätigkeit zu klassifizieren. Sollte – das ist der Ausnahmefall – eine Zuordnung zu bestimmten Finanzierungs- und Investitionsaktivitäten möglich sein, sind die entsprechenden Ertragsteuern in diesen Gruppen zu zeigen (IAS 7.35 f.). Abweichend hiervon wird in der Praxis häufig vom Periodenergebnis *nach* Steuern ausgegangen (Rz. 4431). In diesem Fall sind die Ertragsteuerzahlungen im Anhang anzugeben. 4441

3.4.2 Sicherungsgeschäfte (Hedging)

Einnahmen und Ausgaben aus Sicherungsgeschäften werden dem Bereich zugeordnet, in dem auch das Grundgeschäft erfasst ist (IAS 7.16), so dass im Einzelfall auch ein Ausweis im betrieblichen Bereich erfolgt, z.B. die aus der Absicherung von Umsatzerlösen oder Materialeinkäufen resultierenden Zahlungen. 4442

3.4.3 Aufgegebene Geschäftsbereiche (IFRS 5)

In der Kapitalflussrechnung ist eine Separierung von Cashflows der einzustellenden Bereiche vorzunehmen (Rz. 2745). Die Unterteilung kann wahlweise im Anhang oder durch Einfügung separater Zeilen (ggf. „davon-Vermerk") 4443

---

[1] Gezahlte Zinsen sowie erhaltene Zinsen und Dividenden werden in der Kapitalflussrechnung von Banken der betrieblichen Tätigkeit zugeordnet (IAS 7.33).

innerhalb der drei Tätigkeitsbereiche (laufende Geschäftstätigkeit, Investitions- oder Finanzierungstätigkeit) erfolgen (IFRS 5.33c).[1] Die Vorjahresbeträge sind anzupassen (IFRS 5.34).

4444–4449 frei

4. Besonderheiten im Konzernabschluss

4.1 Übersicht

4450 Zahlungsströme zu nicht konsolidierten Beteiligungen (inkl. at equity angesetzter assoziierter Unternehmen) sind zu behandeln wie solche mit fremden Dritten (Leistungsaustausch, Dividenden, Kredite, Kapitaleinzahlungen und -rückzahlungen, IAS 7.37 f.). Aus Fair value-Bewertungen resultierende zahlungsunwirksame Erträge/Aufwendungen sowie Abweichungen zwischen einem ertragsmäßig vereinnahmten Ergebnis und der zahlungsmäßig geflossenen Dividende bei assoziierten Unternehmen sind als „sonstige zahlungsunwirksame Erträge bzw. Aufwendungen" zu korrigieren (Rz. 4432). Gemeinschaftsunternehmen, die quotenkonsolidiert werden, sind mit ihrem konsolidierten Anteil als Teil des Konzern-Cashflows zu berücksichtigen; im Übrigen werden Cashflows wie mit Fremden unterstellt. Bei der im Folgenden dargestellten Ableitung der Konzernkapitalflussrechnung aus der Konzernbilanz und der Konzern-GuV ergeben sich aus der Anwendung dieser Grundsätze keine besonderen Schwierigkeiten, jedoch sind einige Besonderheiten bei Änderungen von Wechselkursen und des Konsolidierungskreises zu beachten.

4.2 Fremdwährungstransaktionen

4451 Die Erstellung einer Konzernkapitalflussrechung soll grundsätzlich durch Umrechnung von Fremdwährungs-Cashflows der einzelnen Konzerneinheiten in die Berichtswährung mit den am Zahlungstag maßgebenden Umrechnungskursen erfolgen (IAS 7.25). Wegen der erheblichen praktischen Schwierigkeiten gewährt der Standard jedoch Erleichterungen (IAS 7.27). Dementsprechend erfolgt die **Ableitung der Konzernkapitalflussrechnung** in der Praxis **derivativ** aus der Konzernbilanz und der Konzern-GuV, bei deren Aufstellung die Währungsumrechnung bereits vorgenommen wurde. Im Einzelnen:

4452 In Bezug auf **erfolgswirksame Währungsdifferenzen** haben *realisierte* Erfolge zu entsprechenden Cashzu- und -abflüssen geführt, so dass das Periodenergebnis bei der derivativen Ermittlung des Cashflow nicht zu korrigieren ist. *Unrealisierte* Erfolge, etwa aus der Anwendung der Zeitbezugsmethode bei der Umrechnung ausländischer Abschlüsse (Rz. 3130 ff.), haben zwar nicht zu Geldflüssen geführt, die notwendige Korrektur erfolgt aber indi-

---

[1] Bayer geht noch einen Schritt weiter und weist nur noch den operativen Zahlungsfluss aus fortzuführendem Geschäft aus, vgl. Geschäftsbericht 2008, S. 136. Unter Berücksichtigung des Zahlungsflusses aus eingestellter Tätigkeit ergibt sich dann der Gesamtzahlungsfluss.

rekt durch Berücksichtigung der Änderungen des Nettoumlaufvermögens (s. Rz. 4434).

Die Besonderheit von Konzernkapitalflussrechnungen besteht vor allem in der Bereinigung von **erfolgsneutralen Währungsumrechnungsdifferenzen**, die bei Umrechnung ausländischer Abschlüsse aus der Anwendung der Stichtagskursmethode entstehen, weil nur die bereinigten Veränderungen zutreffende Cashflows abbilden: Wenn eine Abnahme von Bankdarlehen in Höhe von 2000 TEuro ausschließlich auf den gesunkenen US-Dollar-Kurs bei entsprechenden Währungsdarlehen zurückzuführen ist, dann liegt insoweit kein Geldabfluss aus Darlehenstilgungen vor. 4453

4.3 Erwerb und Veräußerung von Tochtergesellschaften

Im Rahmen der Änderung der Übergangskonsolidierung des IAS 27 (2008), anwendbar ab 1.7.2009 (Rz. 4401) ist folgende Unterscheidung geregelt: 4454

– Cashflows aus Unternehmenserwerben oder vollständigen oder teilweisen Anteilsveräußerungen mit Kontrollverlust (Rz. 3730 ff.) sind jeweils separat im Investitionshaushalt darzustellen (IAS 27.39 ff.). In Bezug auf Erwerbe von vollkonsolidierten **Tochtergesellschaften** gilt dabei die Besonderheit, dass das erworbene Nettovermögen en bloc mit der im Geschäftsjahr abgeflossenen Kaufpreiszahlung als *Investitionsausgabe* anzusetzen ist. Dies ist trotz Einzelerwerbsfiktion sachgerecht, da in Höhe der übernommenen Schulden eine nicht abzubildende zahlungsunwirksame Transaktion vorliegt (s. Rz. 4414) und willkürliche Zuordnungen der verbleibenden Kaufpreis*zahlung* zu einzelnen Vermögenswerten vermieden werden. Bareinlagen bei **Neugründungen** sind hingegen als konzerninterne Verlagerung flüssiger Mittel zu eliminieren.[1]

– Demgegenüber sind Cashflows aus Ab- oder Aufstockungen von Mehrheitsbeteiligungen als Transaktionen innerhalb der Anteilseigner und damit innerhalb des Finanzierungshaushalts zu zeigen (IAS 7.42A,B).

Zahlungsflüsse aus Erwerb dürfen nicht mit solchen aus Veräußerungen bzw. Kontrollverlust saldiert werden (IAS 7.41). 4455

Die **nach Erstkonsolidierung** bei der erworbenen Tochter/Einheit entstandenen Cashflows fließen wie diejenigen anderer Einheiten in die Konzernkapitalflussrechnung ein. 4456

Die Summe der im Geschäftsjahr als Kauf- oder Verkaufspreis gezahlten oder erhaltenen Mittel wird in der Kapitalflussrechnung abzüglich der erworbenen oder veräußerten Zahlungsmittel oder Zahlungsmitteläquivalente (Finanzmittelfonds) angesetzt (IAS 7.42). Hierbei ist zu unterscheiden: 4457

– die Saldierung kommt in Betracht, wenn Akquisition und Kaufpreiszahlung in **eine Periode** fallen (Regelfall):

---

1 Vgl. v. *Wysocki* in Baetge u.a. (Hrsg.), Rechnungslegung nach IFRS, 2006, IAS 7 Rz. 125.

– Fallen Akquisition und Kaufpreiszahlung auseinander (Kaufpreisstundung, eine in Vorperioden unwesentliche Tochtergesellschaft wird erstmals konsolidiert), sind die „erstkonsolidierten" flüssigen Mittel in die Überleitung des Finanzmittelfonds am Ende der Kapitalflussrechnung (Rz. 4470) als „Zunahme von Zahlungsmitteln auf Grund von Konsolidierungskreisänderungen" aufzunehmen, da sonst innerhalb des Investitionshaushalts ein irreführender „Mittelzufluss durch erstmals konsolidierte Tochtergesellschaften" auszuweisen wäre.[1]

4458–4459 frei

4.4 Beispiel für eine Konzernkapitalflussrechnung

4460 Im Folgenden präsentieren wir die derivative Ableitung einer Konzernkapitalflussrechnung mit erstmaliger Vollkonsolidierung einer Tochtergesellschaft für das Geschäftsjahr 02. Zahlreiche erforderliche Angaben können abgelesen werden bzw. basieren auf die ohnehin zu erstellenden Anlagenspiegel, z.B. Zahlungsabflüsse für Investitionen, Erwerb von Tochtergesellschaften oder dem Eigenkapitalspiegel, z.B. Jahresergebnis, Dividenden, Kapitalerhöhungen etc. sowie der Abstimmung latenter Steuern (Rz. 2675 ff.).

4.4.1 Angaben aus den Anlagenspiegeln

4461 Die folgenden Auswertungen sind abgeleitet aus den Anlagenspiegeln zu immateriellen Vermögenswerten (Rz. 1090), zu Sachanlagen (Rz. 1210) und zu Finanzanlagen (Rz. 1981).

	Goodwill	Sonstige Immaterielle Vermögenswerte	Sachanlagen	Assoziierte Unternehmen „at equity"	Andere Finanzanlagen	Total
Zugänge	1000	600	4500		600	6700
konsolidierungspflichtiges Eigenkapital	600					600
Kaufpreis	1600	600	4500		600	7300
– übernommene flüssige Mittel (Rz. 4462 ff.)	– 150					– 150
– Zunahme Restkaufpreisverbindlichkeit	– 300	0	0		0	– 300
Geldabfluss im Geschäftsjahr	**1150**	**600**	**4500**		**600**	**6850**
Abgänge brutto	0	700	1000		1200	2900
Abgänge kumulierte Abschreibungen	0	– 500	– 600		0	– 1100
Abgänge, netto	0	200	400		1200	1800
+ Gewinne/– Verluste aus Anlagenabgängen		– 200	150		100	50

---

[1] Vgl. Busse v. Colbe u.a., Konzernabschlüsse, 8. Aufl. 2006, S. 596.

VI. Kapitalflussrechnung (IAS 7)

	Good-will	Sonstige Immaterielle Vermögenswerte	Sachanlagen	Assoziierte Unternehmen „at equity"	Andere Finanzanlagen	Total
Erlöse aus Anlagenabgängen	0	0	550		1300	1850
Equity-Ergebnis (= Zugang)				−200		
Equity-Dividendeneinnahme (= Abgang)				300		
Differenz (Zufluss > Ertrag)				100		
Abschreibungen	0	1000	6000	0	600	7600

Abb. 97: Angaben aus dem Anlagenspiegel

- Die Ermittlung der Zahlungsabflüsse für Investitionen erfolgt derivativ durch Korrektur der Anlagenzugänge um die Veränderung von Kaufpreisverbindlichkeiten (s. Rz. 4425). Im Beispiel seien diese bei immateriellen Vermögenswerten (außer Goodwill), Sachanlagen und Finanzanlagen unwesentlich, so dass als Zahlungsabflüsse die Anlagenzugänge angesetzt werden können. Wesentliche Kaufpreisverbindlichkeiten bestehen lediglich bei dem Erwerb einer Tochtergesellschaft:

- In 02 sei eine **Tochtergesellschaft** hinzuerworben und **vollkonsolidiert** worden. Im Konzern ist hierfür en bloc der gezahlte Kaufpreis anzusetzen (s. Rz. 4457).[1] Dieser Kaufpreis setzt sich gedanklich aus dem zum Fair value bewerteten konsolidierungspflichtigen Eigenkapital der Konzernmutter (hier 600, zu unterscheiden vom Anteil der *Minderheiten* in Höhe von 400 lt. Rz. 4463) und dem vom Konzern bezahlten Goodwill zusammen. Der Goodwill ist als Zugang im Anlagenspiegel ausgewiesen (1000).

  Der Kaufpreis beträgt somit 1600 (= 1000 + 600). In weiteren Schritten sind die übernommenen flüssigen Mittel (150) (Rz. 4457) sowie der im Geschäftsjahr nicht bezahlte Teil des Kaufpreises zu berücksichtigen (derivative Ermittlung des Geldabflusses). Es bestehe eine Restkaufpreisverbindlichkeit von 300. Damit beträgt der im Investitionshaushalt zu erfassende Geldabfluss des Geschäftsjahres im Hinblick auf die erworbene Tochtergesellschaft nur 1150 (= 1600 − 150 − 300).

- Die Ermittlung der **Einnahmen aus Anlagenverkäufen** erfolgt ebenfalls derivativ, indem die Buchwerte der Abgänge um Ergebnisse aus Anlagenabgängen korrigiert werden. Im Beispiel sind Gewinne in Höhe von insgesamt 50 erzielt worden, so dass die Erlöse (1850) um 50 über den abgegangenen Restbuchwerten (1800) liegen. Dabei wird unterstellt, dass die Veränderung einer möglichen Kaufpreisforderung unwesentlich ist und keine weitere Korrektur zur Überleitung auf die Einzahlungen vorzunehmen ist.

---

[1] Somit sind *nicht* die „Veränderungen Konsolidierungskreis" aus den Anlagenspiegeln zu verwenden.

– Das in der GuV vereinnahmte **Equity-Ergebnis** aus assoziierten Unternehmen (200) wird als Erhöhung des Beteiligungsbuchwertes gebucht und im Anlagenspiegel als Zugang ausgewiesen, die vom Unternehmen an den Konzern ausgezahlte Dividende (300) als Abgang. Der tatsächliche Mittelzufluss übersteigt daher das Konzernergebnis um 100 (300 – 200), so dass zwecks Überleitung auf den Mittelzufluss eine Addition um 100 vorzunehmen ist[1] (Rz. 4470).

4.4.2 Angaben aus der Bilanzveränderungsrechnung

4462 Die Bilanzveränderungsrechnung (Abb. 98) dient der Bestimmung von Zahlungsflüssen auf Grund einer **Änderung des Nettoumlaufvermögens und der Finanzforderungen und -verbindlichkeiten.**

4463 Dabei sind die Bruttoveränderungen im Geschäftsjahr um Effekte aus Konsolidierungskreisänderungen und alle Arten von direkt ins Eigenkapital gebuchten „Ergebnissen", insbesondere erfolgsneutralen Währungsumrechnungsdifferenzen, zu bereinigen. Die aus Konsolidierungskreisänderungen (Erwerb und Veräußerung von Tochtergesellschaften oder Gemeinschaftsunternehmen) resultierenden Zugänge sind zu korrigieren, da der auf Minderheiten entfallende Teil (400) eine nicht zahlungswirksame Sacheinlage darstellt (Rz. 4413) bzw. der auf die Konzernmutter entfallende Anteil durch den gezahlten Kaufpreis von 1300 repräsentiert wird (Rz. 4457).

⊃ Diese Bereinigungen führen dazu, dass die Veränderungen von Bilanzposten in der Kapitalflussrechnung bei entsprechendem Sachverhalt (Auslandstöchter, Ent- und Erstkonsolidierungen) *anders als im Einzelabschluss nicht* mit den Veränderungen lt. Bilanz identisch sind bzw. sein *dürfen*. Wird dieser Grundsatz nicht beachtet, fällt die fehlerhafte Kapitalflussrechnung ansonsten bereits externen Adressaten negativ auf.[2]

4464 Spalten „**Konzernbilanz 31.12.02 bzw. 01**": Die Erstellung der Kapitalflussrechnung erfordert zunächst eine saubere Trennung der Bilanzposten in Leistungsforderungen und Leistungsverbindlichkeiten einerseits und in Finanzforderungen und Finanzverbindlichkeiten andererseits, damit Zahlungsströme zutreffend der laufenden Geschäftstätigkeit bzw. dem Investitions- oder Finanzierungshaushalt zugeordnet werden können.

– Spalte „**Erweiterung Konsolidierungskreis 1.12.02**": Zwecks Bereinigung der Konzernbilanzwerte 31.12.02 werden die hierin enthaltenen und auf Grund der Erstkonsolidierung einer Tochtergesellschaft am 1.12.02 übernommenen Bilanzposten von der Bruttoveränderung der Bilanzposten abgezogen.

---

1 *Im Beispiel* resultieren die Zu- und Abgänge bei assoziierten Unternehmen lt. Anlagenspiegel nur aus der Equity-Fortschreibung (Rz. 3671). Daneben können jedoch auch „normale" Käufe und Verkäufe (Zu- und Abgänge) vorliegen, die als Zahlungsflüsse im Investitionshaushalt abzubilden sind.
2 Vgl. *Busse von Colbe* u.a., Konzernabschlüsse, 8. Aufl. 2006, S. 600.

VI. Kapitalflussrechnung (IAS 7)

	Konzern-bilanz 31.12.02	Konzern-bilanz 31.12.01	Verände-rung	Erweite-rung Kon-solidie-rungskreis 1.12.02	Cashflow-Hedges	Beteili-gungen available-for-sale	Versiche-rungs-mathe-matische Verluste	Währungs-umrech-nung erfolgs-neutral	Restver-änderung
Goodwill	12 000	10 000	2 000	0				–1 000	1 000
Immaterielle Vermögenswerte	3 150	3 000	150	–500				–250	–600
Sachanlagen	29 700	25 000	4 700	–4 000				–1 800	–1 100
Assoziierte Unternehmen	1 150	1 000	150	0				–250	–100
Finanzanlagen	5 630	5 800	–170	–150		–800		–80	–1 200
Latente Steuerforderungen	2 085	1 400	685	–20	75		–120	–120	500
Vorräte	18 000	19 000	–1 000	–980				–1 100	–3 080
Liefer- und sonstige Forderungen/ARAP	16 000	19 800	–3 800	–1 850				–1 200	–6 850
Finanzforderungen	300	1 000	–700	–350				–200	–1 250
Flüssige Mittel	2 550	2 000	550	–150				–150	250
zusammen	90 565	88 000	2 565	–8 000	75	–800	–120	–6 150	–12 430
Eigenkapital – Konzernmutter	39 105	34 000	5 000	–600	–175	–780	280	–3 060	770
Eigenkapital – Minderheiten	2 700	2 000	700	–400				–300	0
Pensionsrückstellungen	4 000	3 500	500				–400		100
Latente Steuerverbindlichkeiten	4 900	3 400	1 500	–250		–20		–100	1 130
Bankdarlehen	7 400	11 000	–3 600	–3 000				–300	–6 900
Kontokorrentverbindlichkeiten	5 000	7 000	–2 000	–500				–350	–2 850
Cashflow-Hedges	450	700	–250	0	250			0	0
Kaufpreisverbindlichkeit	300	0	300	0				0	300
Andere Rückstellungen	10 150	11 200	–1 050	–1 150				–910	–3 110
Lieferverbindlichkeiten	15 000	13 000	2 000	–1 800				–1 100	–900
Sonstige Verbindlichkeiten	1 560	2 200	–640	–300				–30	–970
Zusammen	90 565	88 000	2 565	–8 000	75	–800	–120	–6 150	–12 430

Abb. 98: Bilanzveränderungsrechnung

- Die erfolgsneutralen Marktwertanpassungen von **Cashflow-Hedges** sind mangels Geldfluss zu neutralisieren (175, netto, nach latenten Steuern, s. Gesamtergebnisrechnung in Rz. 4316).
- Spalte „**Beteiligungen available-for-sale**": Die aus der Gesamtergebnisrechnung (Rz. 4316) entnommene Veränderung von 780, netto, nach latenten Steuern, ist mangels Geldfluss zu korrigieren.
- Die **erfolgsneutrale Verrechnung versicherungsmathematischer Verluste** ist mangels Geldfluss zu neutralisieren (280 nach latenten Steuern, s. Gesamtergebnisrechnung lt. Rz. 4316).

4465 Spalte „**Währungsumrechnung erfolgsneutral**": Im Beispiel hat die Währungskursentwicklung zu einer Eigenkapital*zunahme* geführt, die in der Gesamtergebnisrechnung als übriges Konzernergebnis aus Währungsumrechnung ausgewiesen wird (insgesamt 3360, davon Anteil Konzernmutter: 3060 und Anteil Minderheiten: 300). Für die Kapitalflussrechnung ist dieser Betrag auf alle Bilanzposten aufzuteilen. Dabei sind zunächst die bei den Jahresabschlussarbeiten bereits ermittelten Währungsdifferenzen (Anlagen- und Rückstellungsspiegel sowie Überleitung latenter Steuern, Rz. 2675 ff.) einzutragen, wobei die ausgewiesenen Werte *im Beispiel* ein negatives Vorzeichen haben, da *positive* Beträge (Währungsgewinne) *abgezogen* werden.

- Nach diesen Vorarbeiten sind nur noch die Währungsdifferenzen, die auf *andere*, i.d.R. kurzfristige Bilanzposten entfallen, zu bestimmen. Diese können näherungsweise durch Multiplikation des in ausländischer Währung bestehenden Durchschnittsbestandes mit der Wechselkursveränderung im Geschäftsjahresverlauf[1] ermittelt werden. Nachfolgend ein Beispiel zu **Lieferforderungen**:

	31.12.02		31.12.01
Forderungen insgesamt	16 000		19 800
davon Fremdwährungsforderungen (in Berichtswährung)	4 500		6 000
Kurs am Stichtag	1,2 (0,83)		1,5 (0,67)
Forderungen in Landeswährung	5 400		9 000
Kursveränderung (0,833 − 0,667)		0,167	
× Durchschnittsforderungsbestand in LW (5400 + 9000) : 2		7 200	
= Währungsgewinn		1 200	

- Dabei handelt es sich um eine **Näherungslösung**; der exakte Betrag der erfolgsneutralen Währungsveränderung kann bei Verwendung schwankender Kurse für die Umrechnung von GuV-Posten bei Anwendung der modifizierten Stichtagsmethode (Rz. 3130 ff.) von dem oben geschätzten Betrag abweichen. Unter Kosten-/Nutzengesichtspunkten sind daher überschlägige Berechnungen und qualifizierte Schätzungen unter Berücksichtigung von Höhe und Richtung des Währungstrends sowie der Währungsstruktur der Bilanzposten ausreichend. Bei der Schätzung ist nur zu beachten, dass der

---

[1] Vgl. *ADS International*, Abschn. 23 Rz. 25.

Saldo der erfolgsneutralen Währungsdifferenzen aller Vermögenswerte und Schulden mit dem im Eigenkapitalspiegel ausgewiesenen Betrag (3360, s.o.) identisch sein muss.

Spalte „**Restveränderung**": Nach Abzug der Währungsdifferenzen verbleiben die in die Kapitalflussrechnung einfließenden Änderungsbeträge.[1] Dabei ist zu beachten, dass eine *Abnahme/Zunahme* bei *Aktivposten* (aktive latente Steuern, Vorräte, Liefer- und Finanzforderungen) einen im Vergleich zum Jahresergebnis *höheren/niedrigeren* Zahlungszufluss bedeutet (Rz. 4423). Sie geht daher mit *umgekehrtem* Vorzeichen in die Kapitalflussrechnung ein (Rz. 4470). Hingegen werden Veränderungen von *Passivposten* mit demselben Vorzeichen in die Kapitalflussrechnung übernommen. Die Abnahme der Bankdarlehen (– 6900) ist dabei noch in Tilgungen (hier: – 10 900) und Neuaufnahmen (hier: + 4000) aufzuteilen, s. Rz. 4428.

4466

4.4.3 Weitere Angaben

Die Angaben stammen aus der Gesamtergebnisrechnung (Rz. 4316) und dem Eigenkapitalspiegel gemäß Rz. 4362.

4467

– **Jahresergebnis**: Die derivative Ermittlung des Mittelflusses aus laufender Geschäftstätigkeit beginnt mit dem Jahresergebnis lt. GuV, inkl. der Minderheiten (6570), nach Zinsen und Ertragsteuern.
– Die **Dividendenzahlungen** lt. Eigenkapitalspiegel (9250 inkl. Minderheiten) sind im Finanzierungshaushalt als Auszahlung anzusetzen, vorausgesetzt, dass tatsächlich ein Zahlungsabfluss erfolgt ist und die Dividende nicht nur auf Grund eines Ausschüttungsbeschlusses in Dividendenverbindlichkeiten umgebucht wurde. Ggf. wäre die Dividende lt. Eigenkapitalspiegel um die Veränderung von Dividendenverbindlichkeiten zu korrigieren[2] (derivative Ermittlung).
– Von der **Konzernkapitalerhöhung** (insgesamt 4050) entfallen 4000 auf Einzahlungen von Anteilseignern der *Konzernmutter* und 50 auf Einzahlungen von Minderheiten in *Tochter*gesellschaften.

frei

4468–4469

4.4.4 Kapitalflussrechnung für das Geschäftsjahr 02

Nach diesen Vorarbeiten kann die Kapitalflussrechnung (Abb. 99) erstellt werden.

4470

In der Praxis werden die Veränderung latenter Steuerforderungen und -verbindlichkeiten[3], die Korrektur beim Equity-Ergebnis und die Ergebnisse aus

---

1 In Bezug auf das Anlagevermögen und das Eigenkapital werden allerdings die in Rz. 4461 und Rz. 4467 ermittelten Zahlungsflüsse verwendet.
2 Dies wird insbesondere bei Personengesellschaften notwendig sein, bei denen das Ergebnis nach dem Regelstatut per Bilanzstichtag den Verrechnungskonten gutgeschrieben wird.
3 Es handelt sich um die latenten Steuererträge bzw. -aufwendungen (Rz. 2678).

Anlagenabgängen häufig auch zusammengefasst als „sonstige nicht zahlungswirksame Erträge/Aufwendungen" ausgewiesen und im Anhang erläutert. Der unterste Teil der Kapitalflussrechnung zeigt die Überleitung vom Anfangsstand des Finanzmittelfonds (hier als „flüssige Mittel" bezeichnet) zum Endstand unter Berücksichtigung der Wechselkursänderungen (IAS 7.28) in Höhe von 150.

	Rz.	02	01
Jahresüberschuss	4 467	6 570	10 500
Abschreibungen auf Anlagevermögen	4 461	7 600	9 500
Zuschreibungen zum Anlagevermögen	1 210	– 800	0
Zunahme/Abnahme (–) langfristiger Rückstellungen	4 464	100	300
Abnahme/Zunahme (–) latenter Steuerforderungen	4463, 2678	– 500	150
Zunahme/Abnahme (–) latenter Steuerverbindlichkeiten	4463, 2678	1 130	350
Differenz zwischen Equity-Ergebnis und Equity-Dividende	4 461	100	– 200
Gewinne (–)/Verluste aus Anlagenabgängen	4 461	– 50	100
Brutto-Cashflow		14 150	20 700
Abnahme/Zunahme (–) der Vorräte	4 464	3 080	1 500
Abnahme/Zunahme (–) der Forderungen/sonst. Vermögenswerte	4 464	6 850	– 4 500
Zunahme/Abnahme (–) kurzfristiger Rückstellungen	4 464	– 3 110	4 000
Zunahme/Abnahme (–) der Verbindlichkeiten aus L + L	4 464	– 900	– 2 500
Zunahme/Abnahme (–) der sonstigen Verbindlichkeiten	4 464	– 970	– 1 000
Veränderung des Nettoumlaufvermögens		4 950	– 2 500
Mittelzufluss aus operativer Tätigkeit		19 100	18 200
Investitionen in immaterielle Vermögenswerte	4 461	– 600	– 1 500
Investitionen in Sachanlagen	4 461	– 4 500	– 6 000
Investitionen in Finanzanlagen	4 461	– 600	– 400
Akquisitionen (Erweiterung des Konsolidierungskreises)	4 461	– 1 150	0
Erlöse aus dem Abgang von immateriellen Vermögenswerten und Sachanlagen	4 461	550	300
Erlöse aus dem Abgang von Finanzanlagen	4 461	1 300	400
Veränderung der Finanzforderungen	4 464	1 250	– 500
Mittelabfluss aus investiver Tätigkeit		– 3 750	– 7 700
Ausschüttungen	4 467	– 9 250	– 8 100
Kapitalerhöhung	4 467	4 050	0
Tilgung von Bankkrediten	4463, 4466	– 10 900	– 7 000
Aufnahme von Bankkrediten	4463, 4466	4 000	3 600
Veränderung der Kontokorrentverbindlichkeiten	4 464	– 2 850	1 900
Mittelabfluss aus Finanzierungstätigkeit		– 14 950	– 9 600
Veränderung der flüssigen Mittel	4 464	400[1]	900
Veränderung der flüssigen Mittel durch Wechselkursänderungen	4 464	150	100
Flüssige Mittel am 1. Januar	4 464	2 000	1 000
Flüssige Mittel am 31. Dezember	4 464	2 550	2 000

Abb. 99: Kapitalflussrechnung

---

1 250 Restveränderung lt. Rz. 4463 zzgl. 150 bei Erstkonsolidierung übernommene flüssige Mittel (Rz. 4461).

5. Anhangangaben

IAS 7.40 verlangt Angaben zu Kaufpreisen, Kaufpreisaufteilungen etc. bei Erwerb/Veräußerung von Tochtergesellschaften und sonstigen Geschäftseinheiten (Rz. 4454). Unter Einbeziehung der nach IFRS 3.B64i, 3.B67dii notwendigen Angaben könnte die Anhangangabe wie folgt lauten: 4480

Goodwill (aus Konsolidierung)	1000
Sonstiges langfristiges Vermögen	4650
Kurzfristiges Vermögen (ohne flüssige Mittel)	3180
Latente Steuern	20
Vermögenswerte	**8850**
Latente Steuerverbindlichkeiten	– 250
Finanzverbindlichkeiten	– 3500
Andere Verbindlichkeiten	– 3250
Verbindlichkeiten	**– 7000**
Saldo	**1850**
davon auf Minderheiten entfallend	400
davon Kaufpreis (1600) abzgl. übernommene flüssige Mittel (150)	1450
– in 02 abgeflossen	1150
– Kaufpreisverbindlichkeit 31.12.02	300

Zu weiteren Anhangangaben verweisen wir auf die Anhang-Checkliste in Abschnitt H. 4481

frei 4482–4499

VII. Anhang (IAS 1)

1. Übersicht und Wegweiser

1.1 Standards und Anwendungsbereich

Da der (Konzern-)Abschluss nach IFRS ausschließlich darauf abzielt, einen wertorientierten Einblick in die Vermögens-, Finanz- und Ertragslage zu vermitteln und Veränderungen im Zeitablauf aufzuzeigen, kommt dem Anhang („notes") unter dem Aspekt der Informationsfunktion eine **herausragende Bedeutung** zu. Dem Abschlussadressaten soll ermöglicht werden, durch die im Anhang genannten Grundlagen des Abschlusses und Einzelerläuterungen allgemeine wirtschaftliche und speziell anlageorientierte Entscheidungen zu treffen und unternehmensübergreifende Vergleiche durchzuführen.[1] Einer empirischen Analyse zufolge wird der Anhang jedoch selbst bei institutionellen Anlegern vergleichsweise selten genutzt; insgesamt sei die geringe Nutzungsintensität des Anhangs „als dramatisch zu bezeichnen."[2] 4500

---

1 Vgl. *Ellrott* in Beck'scher Bilanz-Kommentar, 6. Aufl. 2006, § 284 HGB Rz. 200.
2 *Pellens* u.a., Die Zukunft der Unternehmensberichterstattung, in Börsig/Wagenhofer (Hrsg.), IFRS in Rechnungswesen und Controlling, 2006, S. 19 (22).

4501 *Welche* Angaben jeweils in den Anhang aufzunehmen sind, bestimmen die einzelnen Standards unter dem **Vorbehalt der Wesentlichkeit** der Information (IAS 1.31). In IAS 1 werden allerdings einige Mindestangaben verlangt und eine Grobstruktur empfohlen.

Die **Kapitalflussrechnung** (Rz. 4400 ff.) und die **Gesamtergebnisrechnung** (Rz. 4300 ff.) sowie der **Eigenkapitalspiegel** (Rz. 4350 ff.) sind nicht Bestandteile des Anhangs, sondern stellen **eigenständige Berichtsinstrumente** (Pflichtbestandteile des IFRS-Abschlusses) dar. Demgegenüber gehört die **Segmentberichterstattung** (s. Rz. 4600 ff.) zum Anhang, wird aber häufig wie ein eigenständiges Berichtsinstrument *vor* dem Anhang dargestellt.

4502 IAS 1.114 empfiehlt für den Anhang folgenden Aufbau:

– Angabe der Übereinstimmungserklärung (*statement of compliance*),

– Zusammenfassung der wesentlichen angewendeten Rechnungslegungsmethoden (*accounting policies*),

– Einzelerläuterungen zu den Posten der Bilanz, GuV/Gesamtergebnisrechnung, Eigenkapitalspiegel und Kapitalflussrechnung. Die Erläuterungen müssen sich über Verweise in den Berichtsinstrumenten zum Anhang auffinden lassen (*cross-reference*, IAS 1.113) und sollen möglichst systematisch dargestellt werden und

– andere Angaben.

Außerdem sind in einem IFRS-Abschluss auch einige HGB-Angaben aus § 315a HGB erforderlich. Die einzelnen Punkte werden ab Rz. 4510 erläutert.

1.2 Wesentliche Abweichungen zum HGB

4503 Durch das BilMoG sind die Anhangvorschriften sowohl für den HGB Jahres- als auch den HGB-Konzernabschluss deutlich erweitert worden. Trotzdem erreicht ein HGB-Anhang nicht den Umfang eines IFRS-Anhangs.

1.3 Neuere Entwicklungen

4504 Sobald Standards und Interpretationen geändert werden oder neue hinzukommen, ändern sich häufig auch die Angabepflichten.

4505–4509 frei

2. Erklärung, dass der Abschluss mit den EU-IFRS übereinstimmt

2.1 Generalnorm

4510 In vergleichbaren Formulierungen der unterschiedlichen Standardsetter bzw. Rechtsetzungsorgane und Normen (IASB, FASB, DRSC, EG-Richtlinien, HGB) findet sich jeweils eine **Generalnorm**, wonach Abschlüsse die Vermögens-, Finanz- und Ertragslage sowie die Mittelzu- und -abflüsse eines Unternehmens den tatsächlichen Verhältnissen entsprechend darzustellen haben („True and fair view-Grundsatz" bzw. nach IASB „**fair presentation**"). Gem.

IAS 1.15 dominiert die Vermutung, dass ein Abschluss unter Berücksichtigung der Definitionen und Ansatzkriterien für Vermögen, Schulden, Aufwendungen und Erträge im Rahmenkonzept und bei korrekter Anwendung der IFRS auch zur fair presentation führt. Die Generalnorm ist aus *dieser* Perspektive kein *overriding principle*; zur Einschränkung s. aber Rz. 4515.

2.2 Übereinstimmungserklärung

Um fair presentation zum Ausdruck zu bringen, hat das Management (der nach nationalem Recht für die Abschlusserstellung Verantwortliche, also z.B. Vorstand oder Geschäftsführung) in einem IFRS-Abschluss im Anhang anzugeben, dass der Abschluss uneingeschränkt mit den **IFRS im Einklang** steht („**Übereinstimmungserklärung**", IAS 1.16). Innerhalb der EU bezieht sich die Übereinstimmungserklärung freilich nur auf jene IFRS, die **von der EU-Kommission freigeschaltet** worden sind (Rz. 55, 62). Daher könnte eine Formulierung lauten: 4511

„Der Abschluss steht in Übereinstimmung mit allen International Financial Reporting Standards, die von der EU-Kommission genehmigt worden sind und im Berichtszeitraum anzuwenden waren."

Ein Abschluss darf umgekehrt nicht als mit den IFRS übereinstimmend bezeichnet werden, solange er nicht sämtliche Anforderungen jedes einzelnen (übernommenen) Standards und jeder anzuwendenden (und übernommenen) Interpretation des SIC/IFRIC erfüllt (IAS 1.16). Auch diese Aussage steht unter dem **Vorbehalt der Wesentlichkeit**; bei unwesentlichen Auswirkungen – etwa bei Verzicht auf Erläuterungen im Anhang bei unwesentlichen Sachverhalten (IAS 1.31) – darf demnach von den Standards abgewichen werden, ohne dass dies ein Verstoß gegen IAS 1 und den Grundsatz der fair presentation bedeuten würde.

Die Übereinstimmungserklärung hat auch vor dem Hintergrund des **IFRS 1 zur erstmaligen Anwendung der Standards** große praktische Bedeutung: Ein Abschluss, der die Übereinstimmungserklärung erstmals enthält, gilt als erster IFRS-Abschluss mit der Folge, dass auf diesen Abschluss IFRS 1 anzuwenden ist (IFRS 1.3). Zu Einzelheiten zu diesem Problemkreis s. Rz. 5010 ff. 4512

2.3 Zusätzlich: Nennung neuer Standards und deren Auswirkungen

In Bezug auf die **Auswirkungen neuer Standards** ist zu unterscheiden: 4513

Es sind die erstmalig (verpflichtend oder freiwillig vorzeitig) **angewendeten EU-IFRS-Standards** zu *nennen* (IAS 8.28). In 2005 bspw. wurde der geänderte IAS 1 mit Änderungen im Ausweis *verpflichtend* und die erst ab 2006 obligatorischen Änderungen des IAS 19 zu Pensionsrückstellungen von vielen Unternehmen bereits *freiwillig* angewendet. Erfolgt die Anwendung rückwirkend (Regelfall), sind zahlenmäßige Anpassungen der Vorjahresbeträge zu erläutern.

IAS 8.30 f. fordert eine Angabe über die **Nichtanwendung schon veröffentlichter, aber noch nicht pflichtgemäß anzuwendender Standards** und Interpreta- 4514 tionen. Die Angabe kann sich aus EU-Perspektive nur auf solche Standards und Interpretationen beziehen, die von der **EU-Kommission** bereits genehmigt worden sind, aber erst später in Kraft treten.[1] Indes verfährt die Praxis regelmäßig so, dass die vom IASB herausgegebenen Standards genannt werden, häufig ungeachtet dessen, ob sie schon in EU-Recht übernommen worden sind oder nicht. Zusätzlich soll die potenzielle Auswirkung angegeben werden, wenn der jeweils neue Standard angewendet worden *wäre*, wobei gemäß IAS 8.31eii meist eine Negativerklärung erfolgt (kein wesentlicher Einfluss[2] oder: Auswirkungen ... noch nicht abschließend ermittelt).

2.4 Ausnahmefälle

2.4.1 Ausnahmefall 1: Übereinstimmungserklärung bei Abweichen von einzelnen Standards unter Berufung auf die Generalnorm

4515 Der IASB schließt allerdings in *extrem seltenen Fällen* nicht aus, dass die Beachtung der Regelungen in den IFRS zu einem Konflikt mit der Zielsetzung im Rahmenkonzept, nämlich der Bereitstellung entscheidungsnützlicher Informationen, führen könnte. In diesem Fall ist zu prüfen, ob der (nationale oder internationale) Rechtsrahmen, in dem das Unternehmen tätig ist und der die Anwendung der IFRS vorschreibt bzw. zulässt, eine Abweichung von einer bestimmten, in den IFRS vorgesehenen Vorgehensweise (Generalnorm als *overriding principle*) ermöglicht (IAS 1.19). Mit dieser Regelung erkennt der IASB an, dass es Rechtsrahmen geben mag, die in die Interpretation der IFRS-Generalnorm eingreifen.

Da die in IAS 1 enthaltene Generalnorm einer *fair presentation* in keiner Weise von EU-Recht eingeschränkt wird[3] und die Generalnorm nach den EG-Richtlinien selbst als *overriding principle*[4] formuliert ist, ist ein Abweichen von Einzelregelungen jedenfalls grundsätzlich möglich.

4516 Abschlussersteller von IFRS anwendenden EU-Unternehmen dürfen daher bei festgestellten Konflikten der IFRS-Regelungen mit dem Ziel einer fair presentation die Abweichung von den IFRS-Standards vornehmen. Dies setzt aber voraus, dass zusätzlich die Angaben gem. IAS 1.20 erfüllt werden. Zu diesen Angaben gehört insbesondere, im Anhang darzustellen, welche zahlenmäßigen Konsequenzen sich ergeben hätten, wenn die offensichtlich nicht zu entscheidungsnützlichen Informationen führenden IFRS-Standards beachtet worden wären. Die Abweichung wird also nach IAS 1.20 unmittelbar im Abschluss vorgenommen unter Angabe der entsprechenden alternativen Behandlung gem. IFRS im Anhang.[5]

---

1 Zur vorzeitigen Anwendung noch nicht genehmigter Standards s. Rz. 4520.
2 Vgl. BMW Geschäftsbericht 2007, S. 89.
3 Speziell aus der IAS-Verordnung von 2002 lässt sich keine Einschränkung entnehmen.
4 Vgl. Abs. 5 der 4. EG-Richtlinie.
5 Hiervon zu unterscheiden ist der Fall, dass das (nationale oder internationale) Recht eine Abweichung von den Detailvorschriften *nicht* erlaubt, also möglicherweise *Nicht-EU-Anwender*. Dann müsste, die IFRS-Erfordernisse beachtend, der Abschluss

(Nur) unter der Bedingung, dass diese Anhangangaben erfolgen, besteht demnach Übereinstimmung zwischen EU-Recht und den IFRS, so dass die Übereinstimmenserklärung wie im Normalfall erfolgen könnte.

IAS 1 gibt keine Hinweise, in welchen konkreten Fällen ein Durchbrechen von Detailvorschriften (sog. *principle override*) zu Gunsten der Generalnorm (als *overriding principle*) möglich und zu begründen wäre. 4517

Zur Beurteilung, ob eine Abweichung von einer Detailvorschrift der Standards angezeigt ist, muss man die Zielsetzung der Vermittlung entscheidungsnützlicher Informationen und die dazu erforderlichen qualitativen Bilanzierungsgrundsätze im Blick haben (Rz. 260 ff.). Da aber auch alle Standardnormen qua Verabschiedung durch den Board die Vermutung in sich tragen, mit den qualitativen Bilanzierungsgrundsätzen übereinzustimmen, dürfte es nicht leicht fallen, hier eine tragfähige, den Detailnormen der Standards widersprechende Argumentation aufzubauen.

Ein *principle override* wird zurzeit im Zusammenhang mit den Vorschriften des IAS 32 zur **Eigenkapitalabgrenzung bei Personengesellschaften** diskutiert (Rz. 2053). In der Literatur wird weiterhin in den Angaben zur Abbildung von **Sicherungszusammenhängen bei Kreditinstituten** ein möglicher Anwendungsfall gesehen.[1] Auch die **Regelungen** in IFRS 3.58 ff. (2004) **zur Kapitalkonsolidierung beim sukzessiven Beteiligungserwerb** und vorheriger Fair value-Bewertung der Anteile sind vor IFRS 3 (2008, Rz. 3700 ff.) als nicht sachgerecht beurteilt worden. Explizit wurde hier für eine Lösung gegen den Wortlaut des IFRS 3 und für ein Vorziehen der durch IFRS 3 (2008) vorgesehenen Vorgehensweise votiert.[2] 4518

Insgesamt kann in praktischer Hinsicht von einem sehr **restriktiven overriding principle** gesprochen werden.[3] Einer missbräuchlichen Verwendung der fair presentation bei Abweichungen von Detailnormen wird durch die dann erforderlichen Anhangangaben „ein relativ stabiler Riegel vorgeschoben."[4] 4519

---

also gemäß den Standards aufgestellt werden. Da sich in diesem Fall jedoch ein Konflikt mit dem Rahmenkonzept ergeben würde – eine fair presentation wird nach Ansicht des Abschlussaufstellers nicht erzielt –, fordert IAS 1.23 zahlenmäßige Anpassungen im Anhang betreffend jene Posten, die bei Anwendung der vom Abschlussersteller eigentlich bevorzugten, d.h. von IFRS abweichenden Vorgehensweise vorgenommen worden wären. Im oben dargestellten Fall ist es genau umgekehrt (Abschluss *abweichend* vom Standard mit Anhangangabe der den Standards entsprechenden Bilanzierung).

1 Vgl. *Bellavite-Hövermann/Barckow* in Baetge u.a. (Hrsg.), Rechnungslegung nach IFRS, 2. Aufl. 2002, IAS 39, Rz. 187.
2 Vgl. *Theile/Pawelzik*, KoR 2004, 94.
3 Vgl. *Förschle/Kroner* in Beck'scher Bilanz-Kommentar, 6. Aufl. 2006, § 264 HGB Rz. 146 f.
4 *Lüdenbach/Hoffmann* in Haufe IFRS-Kommentar, 7. Aufl. 2009, § 1 Rz. 76.

2.4.2 Ausnahmefall 2: Übereinstimmungserklärung bei Anwendung von durch die EU-Kommission nicht genehmigten Standards

4520 In seltenen Fällen, zur Ausfüllung von Regelungslücken, dürfen auch IFRS angewendet werden, obwohl sie (noch) nicht von der EU-Kommission freigeschaltet worden sind (Rz. 65 ff.). Dann scheint eine Ergänzung der Übereinstimmungserklärung erforderlich, die inhaltlich etwa Folgendes ausdrückt: „Obwohl IFRS xy von der EU-Kommission nicht genehmigt worden ist, haben wir den Standard inhaltlich angewandt, da er aus unserer Sicht mit den übrigen von der EU-Kommission genehmigten Standards in Übereinstimmung steht und den Anforderungen des IAS 8.10 [ggf. sprachlich ausführen] genügt."

4521–4529 frei

3. Wesentliche Rechnungslegungsmethoden

3.1 Angabe der Rechnungslegungsmethoden

4530 Zu den Rechnungslegungsmethoden (*accounting policies*), die in der Zusammenfassung anzugeben sind, zählen gem. IAS 1.117 die Bewertungsgrundlagen und die sonstigen Rechnungslegungsmethoden. Der Abschlussadressat soll mit den Angaben in der Zusammenfassung verstehen können, auf welche Art und Weise wesentliche Geschäftsvorfälle und Ereignisse im Abschluss wiedergegeben werden. Dabei kann eine Rechnungslegungsmethode auch dann bedeutsam sein, wenn die ausgewiesenen Beträge nicht wesentlich sind, beispielsweise wenn eine vermietete Gewerbeimmobilie nach den Vorschriften zu Anlageimmobilien bilanziert wird. Außerdem soll auch über solche Methoden berichtet werden, die das Unternehmen anwendet, weil nach den Standards noch eine **Regelungslücke** besteht (IAS 1.121 i.V.m. IAS 8.10, s. Rz. 820).

3.2 Wahlrechtsausübung

4531 Zu den **Bewertungsgrundlagen** gehören die Anschaffungs- und Herstellungskosten, Fair values, Nettoveräußerungswert usw. Es muss deutlich werden, welcher Bilanzposten wie bewertet worden ist. Bei den **sonstigen Rechnungslegungsmethoden** ist insbesondere auf die Frage der **Wahlrechtsausübung** einzugehen, z.B., ob die Full Goodwill-Methode angewandt wurde oder ob Gemeinschaftsunternehmen quotal konsolidiert oder nach der Equity-Methode bewertet werden (IAS 1.119; zur Wahlrechtsausübung bei den Rechnungslegungsmethoden s. Rz. 830 ff.).

4532 Im Einzelfall kann ein **Hinweis auf Unwesentlichkeit** angebracht sein: „Als Finanzinvestitionen gehaltene Immobilien ... haben für die Merck Gruppe nur eine untergeordnete Bedeutung, werden sie zu Anschaffungskosten bilanziert.[1]"

---

[1] Merck KGaA, Anhang 2008, Bilanzierungs- und Bewertungsgrundsätze. Wegen des *Wahlrechts* zur Fair value-Bilanzierung bezieht sich diese Aussage nur auf die unterlassene Anhangangabe der Fair values bei zulässiger Anschaffungskostenbilanzierung, s. Rz. 1442.

IFRS kennen nur wenige *explizite* Bewertungswahlrechte (s. die Liste in Rz. 833). In vielen Fällen setzt aber eine bestimmte Bilanzierungsweise die Erfüllung von Bedingungen voraus, die einer **Einschätzung** (*judgement*, IAS 1.123) des Abschlusserstellers bedarf (**verdeckte Wahlrechte**). Dies betrifft etwa die Klassifizierung der finanziellen Vermögenswerte, die Beurteilung von Leasingverträgen oder Ermessen bei der **Aktivierung von Entwicklungskosten**: „Die Aktivierung von Entwicklungskosten des Unternehmensbereichs Pharma ist nicht möglich, da auf Grund der hohen Risiken bis zur Markteinführung pharmazeutischer Produkte die Voraussetzungen des IAS 38 nicht vollständig erfüllt sind. Die nach der Zulassung durch die zuständigen Behörden anfallenden Kosten sind unwesentlich."[1]

4533

Über solche Einschätzungen ist zwingend in der Zusammenfassung der Rechnungslegungsmethoden zu berichten (IAS 1.122).

3.3 Diskussion zu Schätzungsunsicherheiten

Von den vorgenannten Erläuterungen zu den verdeckten Wahlrechten zu unterscheiden[2] sind Angaben zu Schlüsselannahmen und wesentliche Unsicherheitsfaktoren in Schätzungen zur Bestimmung der Buchwerte der bilanzierten **Vermögenswerte** und **Schulden**, wenn und soweit durch die getroffenen Schätzungen

4534

– ein Risiko der Buchwertanpassung für die Vermögenswerte und Schulden
– innerhalb des nächsten Geschäftsjahres

besteht (IAS 1.125). Hiervon können Forderungen aus Lieferungen und Leistungen (Forderungsausfälle), das Anlagevermögen (außerplanmäßige Abschreibungen) oder etwa auch Rückstellungen betroffen sein.

Nicht anzugeben sind Unsicherheiten über Vermögenswerte und Schulden, die zum Fair value bewertet werden, wenn die Bewertung auf beobachtbaren Marktpreisen fußt (IAS 1.128). Auch die Beschränkung des Zeithorizonts auf ein Jahr verringert die Angabepflichten und dient der Praktikabilität (IAS 1 BC79).

4535

IAS 1.129 komplettiert entsprechende Vorschriften, die bereits in den Einzelstandards bestehen, bspw. Angaben nach IAS 36 zum Goodwill-Impairment-Test oder zu bilanzierten oder mangels wahrscheinlicher Inanspruchnahme nicht bilanzierten Rückstellungen (IAS 37.86 bzw. IAS 37.89). Die Vorschrift kann somit relevant werden, wenn Einzelstandards keine entsprechenden Vorschriften enthalten.

4536

Die Angabepflicht soll wie folgt erfüllt werden:

4537

– Nicht notwendig ist die Veröffentlichung von Prognoserechnungen (IAS 1.130). Stattdessen sollen die Angaben letztlich in der Art einer **Sensitivi-**

---

1 Merck KGaA, Anhang 2008, Bilanzierungs- und Bewertungsgrundsätze.
2 Den Zusammenhang zwischen den Angabepflichten nach IAS 1.113 und IAS 1.116 diskutieren *Kirsch*, StuB 2004, 481; *Diersch* in Beck'sches IFRS-Handbuch, 2. Aufl. 2006, § 19 Rz. 39.

tätsanalyse über die Schätzungsinputs erfolgen (IAS 1.129). Dies geschieht in der Praxis punktuell abhängig von Sachverhalt und Wesentlichkeit, etwa bei Bayer zum Goodwill-Impairment-Test (Geschäftsbericht 2005, S. 105): „Falls der Barwert der künftigen Zahlungen ... um 10 % kleiner wäre als der erwartete Barwert, wäre im Segment Crop Protection ... der Restbuchwert des Geschäfts- und Firmenwerts um 48 Mio. Euro zu verringern."

– Überwiegend dürften Sensitivitätsanalysen unpraktikabel sein. Dann genügt ein Hinweis, dass die realisierten Werte von den Buchwerten abweichen können (IAS 1.131). Dabei sind bei unterschiedlichen Unsicherheitsgraden die jeweiligen Buchwerte anzugeben. Es dürfte aber ausreichen, die wesentlichen Unsicherheitsbereiche anzugeben. BMW z.B. nennt die konzerneinheitliche Festlegung von Nutzungsdauern, die Bilanzierung und Bewertung von Rückstellungen sowie die Realisierbarkeit späterer Steuerentlastungen.[1] Die zugehörigen Buchwerte werden an dieser Stelle nicht angegeben, weil sie sich aus der Bilanz bzw. den Aufgliederungen im Anhang ergeben.

4538 Über die Risiken kann in der Zusammenfassung der Bilanzierungs- und Bewertungsgrundsätze berichtet werden; ebenso zulässig ist die Nennung bei den Einzelerläuterungen (IAS 1.132).[2]

4539 frei

4. Einzelerläuterungen

4540 Hierbei handelt es sich um die ergänzenden Informationen zu den in den Abschlussbestandteilen dargestellten Posten, und zwar in der Reihenfolge, in der jeder Posten und jeder Abschlussbestandteil dargestellt wird. Auch die Aufgliederungen zu den in den Berichtsinstrumenten genannten Posten sind hier vorzunehmen, also jene Angaben, die wahlweise auch im Anhang gemacht werden können.

Welche ergänzenden Informationen das jeweils sind, ergibt sich aus den einzelnen Standards. Dabei ist es ausdrücklich zulässig, zusammengehörige Angaben etwa zur Bilanz und zur Gewinn- und Verlustrechnung zusammenzufassen (IAS 1.115). Siehe im Einzelnen unsere Anhang-Checkliste in Abschnitt H.

5. Andere Angaben

4541 Zu den anderen Angaben gehören nach IAS 1.138 ausdrücklich die folgenden, falls sie nicht an anderer Stelle zusammen mit dem Abschluss veröffentlicht werden. Bei der „anderen Stelle" kann es sich wegen der Befreiungswirkung u.E. nur um den Lagebericht handeln (z.B. beim Risikobericht, Rz. 2287). Der Geschäftsbericht reicht nicht aus, da er nicht Abschlussbestandteil ist.

---

[1] Vgl. BMW, Geschäftsbericht 2007, S. 88.
[2] So auch *Lüdenbach* in Haufe IFRS-Kommentar, 7. Aufl. 2009, § 5 Rz. 60.

(a) Sitz und Rechtsform des Mutterunternehmens einschließlich Adresse,

(b) Beschreibung der Art der Geschäftstätigkeit des Konzerns und seiner Hauptaktivitäten,

(c) ggf. Name des Mutterunternehmens und des obersten Mutterunternehmens des Konzerns (im Falle von Teilkonzernabschlüssen).

Die **Abschlussbestandteile** sind eindeutig zu bezeichnen (IAS 1.51), und insgesamt muss der Abschluss von anderen Informationen des Geschäftsberichts unterschieden werden können (IAS 1.49). Neben dem Namen des berichtenden Unternehmens ist gem. IAS 1.51 anzugeben, ob es sich um den **Einzel- oder Konzernabschluss** handelt. Anzugeben sind ferner **Bilanzstichtag bzw. Berichtsperiode** sowie die **Berichtswährung** in ihrem jeweiligen Präzisionsgrad (z.B. Mio. Euro oder Tsd. Euro). 4542

Ferner ist der **Gewinnverwendungsvorschlag** oder -beschluss anzugeben und bei Aktiengesellschaften zusätzlich der Betrag der Dividende je Aktie. Im Fall von rückständigen Dividendenzahlungen an Vorzugsaktionäre ist der kumulierte Betrag anzugeben (IAS 1.137). 4543

Daneben sehen manche Standards Angabepflichten vor, die an dieser Stelle erfüllt werden können, etwa die Angaben zu Eventualforderungen oder -verbindlichkeiten und Angaben zur Risikopolitik des Unternehmens. Denkbar ist aber auch, diese Angaben bei den Einzelerläuterungen vorzunehmen. 4544

frei 4545–4559

6. HGB-Angaben im IFRS-Abschluss

6.1 Konzernabschluss

Es bleiben wegen § 315a Abs. 1 HGB auch bei Aufstellung eines Konzernabschlusses nach IFRS folgende nationalen Vorschriften anwendbar:[1] 4560

- § 244 HGB: Aufstellung in deutscher Sprache und in Euro.
- § 245 HGB: Unterzeichnung.
- § 264 Abs. 3 Nr. 4 und Abs. 4 HGB sowie § 264b Nr. 4 HGB: Angabe der ggf. von bestimmten Aufstellungspflichten, Prüfung und Offenlegung befreiten Tochtergesellschaften.
- § 294 Abs. 3 HGB: Mitwirkungspflichten der Tochtergesellschaften bei der Aufstellung des Konzernabschlusses.
- § 297 Abs. 2 Satz 4 HGB: Bilanzeid (nur bei kapitalmarktorientierten Mutterunternehmen).
- § 313 Abs. 2 bis 3 HGB: Angabepflichten zum Beteiligungsbesitz. Die Angabepflicht ergänzt die Standards, weil diese selbst keine entsprechende An-

---

[1] Zur europarechtlichen Zulässigkeit dieser Vorschriften s. Regierungsbegründung zum Gesetzentwurf des Bilanzrechtsreformgesetzes, BR-Drs. 326/04 v. 30.4.2004, S. 71 ff.

gabe vorsehen. Es bleibt ferner dabei, dass kapitalmarktorientierte Mutterunternehmen von der Ausnahmeregelung des § 313 Abs. 3 Satz 1 HGB keinen Gebrauch machen dürfen (§ 313 Abs. 3 HGB).

- § 314 Abs. 1 Nr. 4 HGB: durchschnittliche Zahl der Arbeitnehmer, Personalaufwand.
- § 314 Abs. 1 Nr. 6 HGB: Organbezüge; hier ergeben sich Überschneidungen nach IAS 24.16 (Rz. 4781).
- § 314 Abs. 1 Nr. 8 HGB: Entsprechenserklärung zum Corporate Governance Kodex gem. § 161 AktG.
- § 314 Abs. 1 Nr. 9 HGB: Honorar für den Abschlussprüfer.

6.2 Einzelabschluss

4561 Nach § 325 Abs. 2a Satz 3 HGB sind auch in einem IFRS-Einzelabschluss einige nationale Vorschriften nach wie vor zu beachten:

- § 243 Abs. 2 HGB: Grundsatz der Klarheit und Übersichtlichkeit. Tatsächlich finden sich diese Grundsätze so nicht explizit in den IFRS, sind aber für einen der Information verpflichteten Abschluss unerlässlich.
- § 244 HGB: Aufstellung in deutscher Sprache und in Euro.
- § 245 HGB: Unterzeichnung.
- § 257 HGB: Aufbewahrung von Unterlagen, Aufbewahrungsfristen; hier: Aufbewahrung des Einzelabschlusses.
- § 264 Abs. 2 Satz 3 HGB: Bilanzeid (nur bei kapitalmarktorientierten Unternehmen).
- § 285 Satz 1 Nr. 7 HGB: Zahl der beschäftigten Arbeitnehmer.
- § 285 Satz 1 Nr. 8 Buchstabe b) HGB: Personalaufwand des Geschäftsjahrs.
- § 285 Satz 1 Nr. 9 und 10 HGB: Angaben zu den Organmitgliedern, zu deren Bezügen und zu diesen gewährten Vorschüssen und Krediten. Diese Angaben werden teilweise auch nach IAS 24.16 verlangt.
- § 285 Satz 1 Nr. 11 und 11a HGB: Angaben über Unternehmen, an denen das bilanzierende Unternehmen zu 20 % oder mehr beteiligt oder deren unbeschränkt haftender Gesellschafter es ist. Bei diesen Angaben zum Beteiligungsbesitz ergeben sich teilweise Überschneidungen mit den Angabepflichten nach IAS 27.42.
- § 285 Satz 1 Nr. 14 HGB: Angaben zu einem Konzern, dem das bilanzierende Unternehmen angehört. Die Angabepflichten gehen über jene nach IAS 1.126c hinaus.
- § 285 Satz 1 Nr. 15 HGB: Angaben zu den persönlich haftenden Gesellschaftern bei Gesellschaften i.S.d. § 264a Abs. 1 HGB.
- § 285 Satz 1 Nr. 16 HGB: Entsprechenserklärung zum Corporate Governance Kodex gem. § 161 AktG.
- § 285 Satz 1 Nr. 17 HGB: Angaben zum Honorar des Abschlussprüfers (soweit nicht in einem Konzernabschluss enthalten).

- § 286 Abs. 1 HGB: Unterlassung von Angaben, als es für das Wohl der Bundesrepublik Deutschland erforderlich ist. Unter dieser Bedingung kann nur auf solche Angaben verzichtet werden, die nach HGB, also die in dieser Liste genannten, erforderlich sind. Angaben, die sich (unter Beachtung des Wesentlichkeitsgrundsatzes) verpflichtend aus den EU-IFRS ergeben, dürfen nicht weggelassen werden, soweit dann die Vollständigkeit der Anwendung der EU-IFRS nicht mehr gegeben ist. In diesem Fall nämlich entfällt das Wahlrecht der befreienden Offenlegung des Einzelabschlusses (§ 325 Abs. 2a Satz 6 HGB; Rz. 130). Es muss dann wieder ein HGB-Jahresabschluss publiziert werden.
- § 286 Abs. 3 HGB: Einschränkung der Angabepflichten zum Anteilsbesitz und zur Beteiligung als persönlich haftender Gesellschafter. Problematisch ist die Einschränkung in dem Fall, dass der Kapitalgesellschaft oder dem anderen Unternehmen sonst ein erheblicher Nachteil zugefügt werden könnte, soweit Angabepflichten berührt sind, die sich *auch* aus IAS 27.42 ergeben: IAS 27 kennt keine Schutzklausel analog HGB. Insoweit wäre, analog zum vorangegangenen Punkt, ggf. die Vollständigkeit der Anwendung der EU-IFRS fraglich.

7. Anhang-Checkliste

IFRS *Anhänge* gelten als respekteinflößend. Dabei ist jedoch zu beachten, dass sich der Umfang von Anhangangaben nach dem konkreten Sachverhalt richtet (IAS 1.120). Börsennotierte Unternehmen verfügen zudem über ein umfangreicheres Mengengerüst als Mittelständler, etwa bei Finanzinstrumenten. Welche Angaben im Einzelfall relevant sind, ergibt sich aus der Anhang-Checkliste (Rechtsstand 1.1.2009), die in Abschnitt H abgedruckt ist. Eine Anhang-Checkliste nach dem Rechtsstand 1.7.2009 befindet sich zusätzlich auf der Anhang-CD. Bei der Reihenfolge haben wir uns an einer sinnvollen Gliederung für Industrie-, Handels- und Dienstleistungsunternehmen orientiert. Die Abarbeitung der Checkliste ist unentbehrlich. Unabhängig davon ist es unverfänglich, sich bei den notwendigen Textbausteinen und dem Aufbau an veröffentlichten Abschlüssen zu orientieren. 4562

frei   4563–4599

VIII. Segmentberichterstattung (IFRS 8)

1. Überblick und Wegweiser

1.1 Standard und Anwendungsbereich

Mit der Bilanz und der Gewinn- und Verlustrechnung wird eine hochaggregierte Darstellung der Vermögens- und Ertragslage des Gesamtunternehmens (Konzern oder Einzelunternehmen) geboten. Diese Art der Darstellung lässt nicht mehr erkennen, in welchen Bereichen das Unternehmen seine Stärken und Schwächen hat und wo Risiken und Chancen bestehen. Abhilfe schafft   4600 hier die Segmentberichterstattung.¹ Durch die Disaggregation ausgewählter Abschlussdaten nach Geschäftssegmenten sowie zusätzliche Angaben für geographische Segmente soll der Abschlussadressat in die Lage versetzt werden, die finanziellen Auswirkungen der verschiedenen Geschäftstätigkeiten eines Unternehmens sowie das ökonomische Umfeld, in dem das Unternehmen operiert, zu erkennen (IFRS 8.1).²

Die entsprechenden **Regelungen** hierzu enthält IFRS 8, der in Geschäftsjahren ab 1.1.2009 IAS 14 ersetzt. IFRS 8 ist am 22.11.2007 von der EU anerkannt worden.

4601 Zentrales Prinzip des IFRS 8 ist der sog. *management approach*. Danach werden die in der externen Berichterstattung dargestellten Informationen über Segmente unmittelbar dem internen Rechnungswesen des Unternehmens entnommen, um die Steuerungs- und Entscheidungsstrukturen eines Unternehmens extern transparent zu machen.³ Hieraus resultieren die folgenden **wesentlichen Unterschiede des IFRS 8 im Vergleich zu IAS 14:**⁴

– Gemäß IFRS 8 sind Angaben über jene Segmente erforderlich, die das Unternehmen zu **internen Berichts- und Steuerungszwecken** eingerichtet hat. Die Segmentierung erfolgt nicht mehr – wie nach IAS 14 – auf der primären Ebene alternativ nach Geschäftsbereichen (Produkten, Dienstleistungen) oder nach Regionen; die bisherige Unterscheidung zwischen primärem und sekundärem Berichtsformat entfällt. Vielmehr sind zwingend Angaben zu Geschäftssegmenten zu machen und um Angaben nach Regionen sowie nach Produkten bzw. Dienstleistungen und Kundengruppen zu ergänzen.

– Nach IAS 14 waren für die Segmentangaben die auf den Jahres- oder Konzernabschluss angewendeten Bilanzierungs- und Bewertungsregeln maßgebend (IAS 14.44). Demgegenüber sind nach IFRS 8 auch davon abweichende Methoden anzuwenden, wenn diese für die interne Steuerung verwendet werden (IFRS 8.25), etwa Ergebnisgrößen unter Erfassung kalkulatorischer Kosten⁵ oder auch HGB-Zahlen.⁶ In diesem Fall ist die Brücke zum Jahres- oder Konzernabschluss durch **Überleitungsrechnungen** zu schlagen (IFRS 8.28b). Der *management approach* bestimmt daher nicht nur die Abgrenzung der Segmente, sondern auch die anzugebenden Segmentdaten.

Bei der Erstanwendung von IFRS 8 sind Vorjahreszahlen anzupassen, soweit mit vertretbarem Aufwand möglich (IFRS 8.36).

---

1 Zur Bedeutung der Segmentberichterstattung im Rahmen kapitalmarktorientierter Rechnungslegung vgl. *Haller*, Segmentberichterstattung, in Haller/Raffournier/Walton (Hrsg.), Unternehmenspublizität im internationalen Wettbewerb, 2000, S. 755 (757 ff.); *Grottke/Krammer*, KoR 2008, 670 (670 f.).
2 Vgl. auch *Haller* in Baetge u.a. (Hrsg.), Rechnungslegung nach IFRS, 2008, IFRS 8 Tz. 2.
3 Vgl. *Haller* in Baetge u.a. (Hrsg), Rechnungslegung nach IFRS, 2008, IFRS 8 Tz. 5 ff.
4 Zu den Unterschieden zwischen IFRS 8 und IAS 14 vgl. auch *Haller* in Baetge u.a. (Hrsg), Rechnungslegung nach IFRS, 2008, IFRS 8 Tz. 15.
5 Vgl. *Alvarez/Büttner*, KoR 2006, 307 (313).
6 Vgl. IFRS 8.BC9.

Die Segmentberichterstattung ist für Unternehmen vorgeschrieben, deren Aktien oder schuldrechtliche Wertpapiere an einer **Wertpapierbörse** (einschließlich OTC-Markt) gehandelt werden oder die den Handel in die Wege geleitet (beantragt) haben und für diese Zwecke einen IFRS-konformen Abschluss einreichen müssen (IFRS 8.2).[1] Dies ist i.d.R. der Konzernabschluss.[2] Sollte im Übrigen ein nach IFRS bilanzierendes Unternehmen in seinen Abschluss freiwillig eine Segmentberichterstattung aufnehmen, so hat diese den Anforderungen des IFRS 8 zu entsprechen; ansonsten dürfen die Informationen nicht als „Segmentinformationen" bezeichnet werden (IFRS 8.3). Hiervon unberührt bleiben segmentierte Zusatzinformationen im sonstigen Teil eines Geschäftsberichts. 4602

Die Segmentberichterstattung ist kein eigener IFRS-Berichtsbestandteil und daher Teil des Anhangs; sie wird in der Praxis jedoch gelegentlich wie ein eigenes Statement behandelt.[3] 4603

Die Vorschriften zur Segmentberichterstattung haben darüber hinaus **eine erhebliche Bedeutung** für die **Goodwillzuordnung** im Rahmen des **Impairment-Tests**: Ein Goodwill darf maximal einer zahlungsmittelgenerierenden Einheit (cash generating unit, CGU) oder einer Gruppe von CGU zugeordnet werden, die nicht größer als ein Geschäftssegment i.S.v. IFRS 8 ist (IAS 36.80, s. Rz. 1531). 4604

1.2 Wesentliche Abweichungen zum HGB

Da europäische kapitalmarktorientierte Mutterunternehmen nach der IAS-Verordnung seit 2005 ohnehin zur IFRS-Rechnungslegung und damit zur Segmentberichterstattung verpflichtet sind, wurde die nach § 297 Abs. 1 HGB bis 2004 bestehende Pflicht zur Segmentberichterstattung konsequenterweise durch das BilReG gestrichen. Die Bestimmungen des DRS 3 (Segmentberichterstattung) können daher nur noch dann zur Anwendung kommen, soweit im Rahmen eines HGB-Konzernabschlusses der Empfehlung des § 297 Abs. 1 Satz 2 HGB zur freiwilligen Segmentberichterstattung gefolgt wird.[4] 4605

Nach HGB i.d.F BilMoG können kapitalmarktorientierte Unternehmen, die nicht zur Erstellung eines Konzernabschlusses verpflichtet sind, ihren Jahres-

---

1 Zum Anwendungsbereich des IFRS 8 vgl. auch *Alvarez* in Thiele/von Keitz/Brücks (Hrsg.), Internationales Bilanzrecht, 2008, IFRS 8, Tz. 106 ff.
2 IFRS 8.2 ist allerdings auch für die Einzelabschlüsse solcher Unternehmen relevant, deren Anteile im Prime Standard der Frankfurter Wertpapierbörse gehandelt werden und die nicht zur Konzernrechnungslegung verpflichtet sind, vgl. *Fink/Ulbrich*, KoR 2006, 233 (235) m.w.N. Der Nutzen einer Segmentberichterstattung für Einzelabschlüsse dürfte jedoch überschaubar sein. Als Erleichterung sieht IFRS 8.4 vor, dass sich die Segmentberichterstattung bei einer gemeinsamen Veröffentlichung von Einzel- und Konzernabschluss auf die konsolidierte Segmentberichterstattung beschränken darf.
3 Vgl. z.B. Merck KGaA, Geschäftsbericht 2008, S. 74 f.
4 Vgl. *Fink/Ulbrich*, KoR 2006, 233 (235) sowie § 297 Abs. 1 Satz 2 HGB i. d. F. BilReG, gültig für Geschäftsjahre, die ab 31.12.2004 beginnen, vgl. Art. 58 Abs. 3 EGHGB. Zuvor war die Segmentberichterstattung für kapitalmarktorientierte Unternehmen vorgeschrieben.

abschluss um eine Segmentberichterstattung erweitern; die Segmentberichterstattung ist insofern **freiwillig** (§ 264 Abs. 1 Satz 1 HGB). Gleiches gilt für Unternehmen, die in den Geltungsbereich des PublG fallen und nach § 264d HGB kapitalmarktorientiert sind (§ 5 Abs. 2a PublG).

1.3 Neuere Entwicklungen

4606 Zu den Auswirkungen des Annual Improvement Project 2009 auf die Obergrenze für die Goodwillzuordnung (Geschäftssegments i.S.v. IFRS 8.5) beim Goodwill Impairment-Test (IAS 36.80) Hinweis auf Rz. 1507, 1531).

Darüber hinaus können sich durch die Phasen B und C des Projekts (Financial Statement Presentation, Rz. 4008) mittelfristig Auswirkungen auf die Segmentberichterstattung ergeben.

4607–4609 frei

2. Segmentabgrenzung

2.1 Grundsatz

4610 Nach IFRS 8 erfolgt die Segmentabgrenzung in zwei Schritten: Zuerst ist zu prüfen, welche Einheiten eines Unternehmens die Definition eines *Geschäftssegments* nach IFRS 8.5 erfüllen. Anschließend ist festzulegen, welche der Geschäftssegmente *berichtspflichtige Segmente* darstellen (IFRS 8.12 ff.).[1]

2.2 Definition der Geschäftssegmente

4611 IFRS 8 kennt ausschließlich Geschäftssegmente (*operating segments*). Diese sind definiert als Unternehmensteile (IFRS 8.5)

– deren Geschäftsaktivitäten zu konzerninternen oder konzernexternen Aufwendungen und Erträgen führen,

– deren operatives Ergebnis vom Hauptentscheidungsträger des Unternehmens (*chief operating decision maker [CODM]*) regelmäßig zur Erfolgsbeurteilung und zur Ressourcenallokation herangezogen wird *und*

– für die Finanzinformationen verfügbar sind.

IFRS 8 gibt wegen des **Vorrangs der Managemententscheidung** nur punktuelle Hinweise zur Abgrenzung der Segmente. Gemäß IFRS 8.5 können z.B. auch start-ups mit erst *in der Zukunft* anfallenden Erträgen und Aufwendungen Geschäftssegmente sein; Unternehmenszentralen erfüllen die Voraussetzungen für Geschäftssegmente dagegen häufig nicht. Auch Pensionsfonds sind keine Geschäftssegmente (IFRS 8.6).

Vertikal integrierte Segmente, die ihre Leistungen (fast) ausschließlich an andere Segmente des Unternehmens abgeben, sind unter den allgemeinen Voraussetzungen des IFRS 8.5 ff. Geschäftssegmente (IFRS 8.IN12); sie genießen demnach keine Sonderbehandlung.

---

1 Vgl. *Grottke/Krammer*, KoR 2008, 670 (671).

Der Begriff „**Hauptentscheidungsträger**" *(CODM)* bezeichnet eine Funktion, die ein Manager innerhalb des Unternehmens ausübt, unabhängig von der Bezeichnung der Funktion des Managers im Unternehmen. Entscheidend ist die Verantwortlichkeit des Managers für die Ressourcenallokation und die Beurteilung der Ertragskraft der Segmente.[1] Dabei kann es sich um eine einzelne Person (z.B. CEO, COO) oder um ein Gremium (Vorstand, Geschäftsführung) handeln (IFRS 8.7).[2] In einem Konzern ist der Hauptentscheidungsträger ein Manager oder das Leitungsgremium des Mutterunternehmens.[3]

4612

Für Unternehmen, die zu Steuerungszwecken relativ stark in Verantwortungsbereiche untergliedert sind, bis etwa hinab zu Maschinenkostenstellen, können sich aus den Regelungen des IFRS 8 zahlreiche Geschäftssegmente ergeben (vgl. aber die Empfehlung des IFRS 8.19 zur Beschränkung der Anzahl der Segmente, Rz. 4615):

4613

Beispiel:
Eine Einzelhandelskette habe für jedes Geschäft einen für Personalführung, Werbung etc. und damit für die Ergebnisse verantwortlichen lokalen Manager. Die Unternehmensleitung lässt sich zur Überwachung dieser Manager monatlich die Ergebnisse jedes einzelnen Geschäfts berichten und entscheidet daraufhin über Schließung/Erweiterung/Investitionen etc.
Jedes Geschäft erfüllt die Merkmale eines Geschäftssegments i.S.v. IFRS 8.5 (IFRS 8BC.A73).
Gleiches gilt, wenn sich die Unternehmensleitung die Ergebnisse von rechtlichen Einheiten berichten lässt, um die Leistung der jeweiligen Geschäftsführung zu messen und die Konzernressourcen in Form von Investitionen und Kapitalzuführungen aufzuteilen. Dann handelt es sich bei jeder rechtlichen Einheit um ein Geschäftssegment i.S.v. IFRS 8.[4]

Bei einer **Matrixorganisation**, z.B. unternehmensinterne Segmentierung nach (a) Produkten und Regionen oder (b) drei Produktgeschäftsfeldern und 50 rechtlichen Einheiten, wird nach dem core principle (IFRS 8.1) beurteilt, was für Zwecke des IFRS 8 als Geschäftssegment angesehen wird, d.h. es ist die Segmentabgrenzung zu wählen, welche die externe Informationsvermittlung am besten gewährleistet (IFRS 8.10). Insoweit liegt faktisch ein Wahlrecht für die Segmentabgrenzung vor.[5]

4614

---

1 Vgl. *PwC*, IFRS Manual of Accounting 2008, Tz. 10A31.
2 Vgl. auch *Heintges/Urbanczik/Wulbrand*, DB 2008, 2773 (2773 f.); *Wenk/Jagosch*, KoR 2008, 661 (662).
3 Vgl. *Haller* in Baetge u.a. (Hrsg), Rechnungslegung nach IFRS, 2008, IFRS 8, Tz. 41.
4 Vgl. *Fink/Ulbrich*, KoR 2006, 233 (236).
5 Vgl. auch *Grottke/Krammer*, KoR 2008, 670 (671); *Wenk/Jagosch*, KoR 2008, 661 (662 f.).

2.3 Berichtspflichtige Segmente

2.3.1 Möglichkeiten zur Zusammenfassung von Geschäftssegmenten

4615 Sind Geschäftssegmente identifiziert, heißt dies noch nicht, dass auch über jedes einzelne Segment zu berichten ist. Vielmehr dürfen Geschäftssegmente zu berichtspflichtigen Segmenten zusammengefasst werden, wenn sie

- nach den Kriterien des IFRS 8.12 ähnlich sind oder
- die Wesentlichkeitsgrenzen des IFRS 8.13 nicht überschreiten.

Diesen Möglichkeiten zur Zusammenfassung von Geschäftssegmenten liegt die Idee zugrunde, dass eine atomisierte Segmentberichterstattung gerade *keine* entscheidungsnützlichen Informationen liefert.[1] IFRS 8.19 empfiehlt eine praktische Höchstanzahl von zehn Berichtssegmenten. Diese Zahl ist zwar nur eine unverbindliche Vorgabe; eine Überschreitung sollte aber Anlass sein, eine Zusammenfassung von Geschäftssegmenten nach IFRS 8.12 oder IFRS 8.13 zu prüfen.

2.3.2 Zusammenfassung ähnlicher Segmente

4616 Geschäftssegmente dürfen zusammengefasst werden, wenn sie vergleichbare wirtschaftliche Merkmale aufweisen, die Zusammenfassung mit dem Grundprinzip des IFRS 8.1 übereinstimmt, nämlich Informationen über die spezifischen Geschäftsaktivitäten des Unternehmens zu geben (*similar economic characteristics*) *und* in *sämtlichen* der folgenden Merkmale ähnlich sind (IFRS 8.12):

Kriterien nach IFRS 8.12	Wesentliche Aspekte
(a) Art der Produkte und Dienstleistungen	– Ähnlichkeit des Bestimmungszwecks – Substitute/Komplementärgüter
(b) Art der Produktionsprozesse	– Gemeinsame Nutzung von Produktionsanlagen – Ähnliche Qualifikation der Arbeitskräfte – Einsatz gleicher/ähnlicher Rohstoffe
(c) Kundengruppen	– Privatkunden, gewerbliche Kunden, staatliche Institutionen – Abhängigkeit von Großkunden
(d) Vertriebsmethoden	– Ähnlichkeit der Vertriebsmethoden – Gemeinsame Vertriebsorganisation – Gemeinsame Vertriebskanäle
(e) Art des regulatorischen Regelungsumfeldes (*regulatory environment*)	– Ähnliche zivilrechtliche Bestimmungen (z.B. für bestimmte Branchen) – Ähnliche steuerliche Rahmenbedingungen

Abb. 100: Ähnliche wirtschaftliche Kriterien

---

[1] Ein *information overload* soll verhindert werden, vgl. Böcking/Benecke, WPg 1999, 839 (842).

Entscheidend ist die Ähnlichkeit hinsichtlich *aller* Merkmale. Nicht ausreichend ist eine identische wirtschaftliche Entwicklung (z.B. Margentrend, Umsatzrendite) bei unterschiedlichen Merkmalen (IFRS 8.BCA4).

Andererseits schließt IFRS 8.12 von der Ähnlichkeit der vorgenannten Merkmale auf eine ähnliche langfristige wirtschaftliche Entwicklung (Margen) und nicht umgekehrt. Daraus folgt, dass eine *gegenwärtig* identitische Profitabilität nicht gegeben sein muss, um Geschäftssegmente, z.B. verschiedene rechtliche Einheiten eines Bereichs, zusammenfassen zu können.[1] — 4617

Im Übrigen ist die genaue Ausformulierung vor dem Hintergrund des Hauptprinzips (*core principle*) des IFRS 8.1 zu würdigen. Dieses ist bewusst global ausgestaltet, „getreu dem Motto: Im Grundsatz gilt das als relevant für den Abschlussnutzer, was das Management selbst für seine Entscheidungsfundierung, die Abgrenzung der Geschäftstätigkeit im Rahmen der Segmentierung und die inhaltliche Ausgestaltung der Segmentberichte zugrunde legt".[2] — 4618

Beispiel:
Ein mittelständischer Konzern mit *einer* **Kernkompetenz** habe seine **Funktionen** in jeweils verschiedene rechtlichen Einheiten aufgeteilt (Entwicklung, Produktion mit verschiedenen Fertigungsstufen und Standorten, Vertriebsgesellschaften in verschiedenen Regionen), ohne dass eine Matrixorganisation vorliegt (Rz. 4614). Weil das Management sich die Ergebnisse jeder rechtlichen Einheit berichten lässt und Investitionen entsprechend steuert, liegen Geschäftssegmente i.S.v. IFRS 8.5 vor. Die Aufrechterhaltung jeder Funktion und damit jeder rechtlichen Einheit wird vom Management zur Erfüllung der Kernkompetenz als notwendig angesehen.

In diesem Fall liegt u.E. bereits außerhalb der Wesentlichkeitskriterien (Rz. 4621) eine Ähnlichkeit der Merkmale i.S.v. IFRS 8.12 vor. Die Ähnlichkeit i.S.v. IFRS beruht auf dem **übergeordneten gemeinsamen Geschäftszweck, dem alle Einheiten trotz der Funktionenteilung dienen.** Ein wirtschaftlich vergleichbares Regelungsumfeld (Kriterium (e) in Rz. 4616) ergibt sich selbst bei Tätigkeit in mehreren Regionen aus der globalen Vernetzung der Weltwirtschaft. Das Hauptprinzip (*core principle*) des IFRS 8.1 hat u.E. Vorrang vor einer engen Auslegung des IFRS 8.12. Berichtssegmente i.S.v. IFRS 8.5 i.V.m. IFRS 8.11a beziehen sich daher u.E. auf **Kernkompetenzen.**

frei — 4619–4620

---

[1] So auch *Alvarez/Büttner*, KoR 2006, 307 (311, dort Fn. 39).
[2] *Alvarez/Büttner*, KoR 2006, 307 (311, dort Fn. 39).

2.3.3 Zusammenfassung unwesentlicher Segmente

4621 Ein Segment ist nur dann berichtspflichtig, wenn seine **Erlöse** *oder* sein **Ergebnis** *oder* sein **Vermögen** jeweils mehr als *10 %* der entsprechenden Gesamtwerte aller Segmente ausmachen (IFRS 8.13):
- Die Werte sind somit *nicht* kumulativ zu erfüllen, es reicht die Überschreitung bereits eines Merkmals, um Berichtspflicht auszulösen.
- Bei den Erlösen handelt es sich um Innen- und Außenumsätze.
- Die *Vergleichsgesamtwerte* umfassen auch die Beiträge der nicht einzeln berichteten Segmente.[1]
- Beim Wesentlichkeitstest für das **Ergebnis** sind jeweils die positiven und negativen Ergebnisse aller Segmente zu addieren. Der größere der beiden Beträge dient als Maßstab für die 10 %-Grenze.

Beispiel:

Es bestehen 10 Segmente, davon sieben mit positiven Ergebnissen (Summe 75), drei mit Verlusten (Summe – 20).

Segmente mit einem Ergebnis > 7,5 (10 % des größeren *Betrags, hier* 75) sind berichtspflichtig, unabhängig davon, ob ein Segmentverlust oder ein Segmentgewinn vorliegt.

4622 Geschäftssegmente, welche die Kriterien des IFRS 8.13 nicht überschreiten, können mit anderen unwesentlichen Segmenten zusammengefasst werden, wenn die Geschäftssegmente hinsichtlich der *meisten* Kriterien des IFRS 8.12 ähnlich sind (IFRS 8.14). Sollen wesentliche und unwesentliche Segmente zusammengefasst werden, müssen *sämtliche* Kriterien des IFRS 8.12 erfüllt sein.[2] Ansonsten sind unwesentliche Geschäftssegmente zusammen mit Geschäftstätigkeiten, die keine Geschäftssegmente darstellen, in einer Kategorie „Sonstige Segmente" zusammenzufassen, die getrennt von der Überleitung der Daten der berichtspflichtigen Segmente zu den Konzerndaten darzustellen ist (IFRS 8.16).

Ein unwesentliches Segment kann freiwillig berichtet werden (IFRS 8.13).

4623 Um zu verhindern, dass die als unwesentlich eingestuften Segmente zusammen einen wesentlichen Teil des Unternehmens ausmachen, ist geregelt, dass die *Außenerlöse* der berichtspflichtigen Segmente zusammen **mindestens 75 % der** (konsolidierten) **Gesamterlöse** ausmachen müssen (IFRS 8.15). Ggf. sind weitere, zunächst als unwesentlich eingestufte Segmente ebenfalls in die Berichterstattung aufzunehmen, bis die 75 %-Grenze überschritten wird. Vorrangig sollten die größten der kleinen Segmente zusätzlich ausgewiesen werden.

4624 frei

---

[1] Vgl. *Alvarez/Büttner*, KoR 2006, 307 (311).
[2] Vgl. *Haller* in Baetge u.a. (Hrsg.), Rechnungslegung nach IFRS, 2008, IFRS 8 Tz. 65.

Die Größenkriterien sind in *jeder Periode neu zu berechnen*. Allerdings kann 4625
es vorkommen, dass ein in der laufenden Periode unwesentliches Segment in
der Vorperiode noch wesentlich war. In diesem Fall darf das nun unwesentliche Segment jedoch weiterhin gesondert ausgewiesen werden, wenn ihm vom
Management eine andauernde Bedeutung beigemessen wird (IFRS 8.17), z.B.
bei einem voraussichtlich nur vorübergehenden Absinken unter die 10%-
Grenzen aus konjunkturellen oder wechselkursbedingten Gründen.

Im umgekehrten Fall (erstmaliges Überschreiten der Wesentlichkeitsgrenze in
der laufenden Periode) sind die Vorjahreswerte anzupassen, es sei denn, die
Anpassung ist, z.B. mangels entsprechender interner Berichterstattung, nicht
durchführbar (IFRS 8.18).

frei 4626–4639

3. Segmentangaben

3.1 Anzuwendende Bilanzierungs- und Bewertungsmethoden

Im Gegensatz zu IAS 14 sind nach IFRS 8 entsprechend dem *management* 4640
approach grundsätzlich nicht die im IFRS-Abschluss angewendeten Bilanzierungs- und Bewertungsgrundsätze maßgebend, sondern die im internen Berichtswesen verwendeten Methoden (IFRS 8.25). Somit können bei entsprechendem Berichtswesen z.B. auch kalkulatorische oder gar HGB-Zahlen verwendet werden. Abweichungen von den IFRS-Methoden sind dann in die
Überleitung aufzunehmen und zu erläutern (IFRS 8.27b, c). Für einzelne Segmente können unterschiedliche Bilanzierungs- und Bewertungsmethoden zur
Anwendung kommen.[1] Eine Ausnahme gilt, wenn ggf. auf unterschiedlichen
Methoden beruhende Werte berichtet werden. Dann ist die Methode zu verwenden, die den IFRS am nächsten kommt (IFRS 8.26).

In welchem Umfang in der Praxis tatsächlich Abweichungen zwischen dem
internen Berichtswesen und IFRS bestehen[2], ist fraglich, haben doch gerade
kapitalmarktorientierte Unternehmen in den letzten Jahren eine Angleichung
des internen an das externe Rechnungswesen vorgenommen.

frei 4641

3.2 Zuordnungskriterien

Nach IFRS 8 sind mögliche Zuordnungen von Komponenten, die mehrere 4642
Segmente betreffen, zu Ergebnis und Vermögen, etwa bei Zentralbereichen,
sachgerecht vorzunehmen (IFRS 8.25). Eine explizite Vorgabe zur Allokation
direkt zuordenbarer Erträge und Aufwendungen hielt das IASB für entbehrlich, weil es davon ausgeht, dass eine sachgerechte Zuordnung ohnehin getroffen wird (IFRS 8.BCA89).

---

1 Vgl. *Grottke/Krammer*, KoR 2008, 670 (672).
2 Das IASB vermutete geringe Abweichungen, vgl. EB 8BC.9 f.; anders EFRAG, Commentary letter zum IFRS 8 an das IASB vom 15.6.2006, S. 2 f.

Damit sind auch asymmetrische Zuordnungen zugelassen (z.B. Zuordnung von Abschreibungen zu einem anderen Segment als die zugehörigen Vermögenswerte). Diese müssen aber erläutert werden (IFRS 8.27f). Alternativ kann auf eine Zuordnung gemeinschaftlicher Komponenten verzichtet werden; in diesem Fall werden die Komponenten im Rahmen der Überleitungsrechnungen berücksichtigt.[1]

3.3 Ergebnis, Vermögen und Schulden

4643 IFRS 8 enthält wegen des Vorrangs des management approach nur wenige Vorgaben zur genauen Ausgestaltung der Segmentberichterstattung. Es sind grundsätzlich die dem Hauptentscheidungsträger zur Verfügung gestellten Daten anzugeben. Grundsätzlich anzugeben ist eine Ergebnisgröße (IFRS 8.23 f.). Der IASB hat im Annual Improvement Project 2009 klargestellt, dass eine Vermögensgröße nur dann anzugeben ist, wenn sie unternehmensintern an den Hauptentscheidungsträger berichtet wird.[2] Auch Segmentschulden sind nur anzugeben, wenn sie Gegenstand der internen Berichterstattung sind (IFRS 8.23).

3.3.1 Ergebnis

4644 Nach IFRS 8.23 sind die intern berichteten Ergebnisgrößen anzugeben, ohne dass eine Ergebnisgröße selbst definiert wird. In der Praxis werden das (ggf. bereinigte) Ergebnis vor Abschreibungen, Zinsen und Steuern (EBITDA), Ergebnis vor Zinsen und Steuern (EBIT), seltener das Ergebnis vor Steuern (EBT) oder das Jahresergebnis verwendet. In Betracht kommen auch cashnahe „Ergebnisgrößen"[3], etwa ein Netto-Cashflow (Ergebnis inkl. Veränderung Nettoumlaufvermögen) oder ein Cashflow nach Investitionen[4] (Free Cashflow). Ein Segment-Cashflow ist aber nicht anzugeben (IFRS 8.BCA94).

Dabei sind die folgenden Ergebniskomponenten anzugeben, wenn sie in der jeweiligen Ergebnisgröße enthalten sind *oder* dem Hauptentscheidungsträger *zusätzlich* zur Ergebnisgröße mitgeteilt werden (IFRS 8.23):

(a) Außenumsätze[5]

(b) Innenumsätze

(c) Zinserträge und -aufwendungen (saldiert, falls unternehmensintern saldiert berichtet)

(d) Planmäßige Abschreibungen

---

1 Zu den Zuordnungskriterien vgl. auch *Hütten/Fink* in Haufe, IFRS-Kommentar, 7. Aufl. 2009, § 36, Tz. 62 ff.
2 Vgl. Improvements to IFRSs (April 2009), IFRS 8.23.
3 Vgl. *Alvarez/Büttner*, KoR 2006, 307 (315).
4 Vgl. Siemens, Geschäftsbericht 2005, S. 149.
5 IFRS 8.23 spricht allgemein von *revenues*, also Erträgen aus gewöhnlicher Tätigkeit (im Unterschied zu aperiodischen oder außergewöhnlichen *gains*, wie Erträge aus Anlagenabgängen, Rückstellungsauflösungen etc., vgl. im Einzelnen Rz. 601). Die Praxis subsumiert unter revenues ausschließlich Umsatzerlöse, nicht dagegen sonstige betriebliche Erträge und Zinserträge. Letzteres zählt allenfalls bei Finanzsegmenten (z.B. Konzernfinanzierung, Absatzfinanzierung) zu *revenues*, vgl. IFRS 8.IG3.

(e) Wesentliche Ertrags- und Aufwandspositionen i.S.v. IAS 1.86, z.B. Restrukturierungen, Rechtsstreitigkeiten Rückstellungsauflösungen etc.

(f) Equity-Ergebnis

(g) Ertragsteuern

(h) Wesentliche zahlungsunwirksame Posten (außer planmäßigen Abschreibungen) und sofern nicht bereits unter (e) genannt

Je enger die Ergebnisgröße, umso geringer ist grundsätzlich der Berichtsumfang. Wird bspw. das EBITDA berichtet, entfallen insoweit Angaben zu (c), (d), (g), es sei denn, dass diese dem Management zusätzlich zum EBITDA mitgeteilt werden. Davon unabhängig sind wesentliche Komponenten bei der Überleitung zum Gesamtkonzernwert (Rz. 4647) zu erläutern.

Nach IAS 36.129 sind zusätzlich außerplanmäßige Abschreibungen und Zuschreibungen für jedes berichtspflichtige Segment anzugeben.

3.3.2 Vermögen

Eine Vermögensgröße ist ebenso wenig vorgegeben und nur angabepflichtig, 4645 wenn auch intern berichtet. In der Praxis werden Bruttovermögensgrößen (mit und ohne Goodwill, mit und ohne Umlaufvermögen), aber auch Nettovermögensgrößen (*capital employed*) verwendet.[1]

Dabei sind die folgenden Vermögenskomponenten anzugeben, wenn sie in der jeweiligen Vermögensgröße enthalten sind *oder* dem Hauptentscheidungsträger *zusätzlich* zur Vermögensgröße mitgeteilt werden (IFRS 8.24):

– Equity-Beteiligungen
– Investitionen in langfristige Vermögenswerte[2]

3.3.3 Schulden

Die Angabe von Schulden ist nur vorgeschrieben, wenn sie der Unternehmensleitung regelmäßig zur Verfügung gestellt werden (IFRS 8.23). Werden bestimmte Schulden in eine Nettovermögensgröße einbezogen, also mit Vermögen saldiert (Rz. 4645), sind u.E. die verbleibenden, d.h. nicht saldierten Schulden anzugeben, soweit unternehmensintern berichtet. 4646

3.4 Überleitung zu Konzerngesamtwerten

Die folgenden Segmentangaben sind zu den Konzerngesamtwerten überzuleiten (IFRS 8.28), wobei die Überleitung nur für die Summe der Daten aller Segmente, nicht für die einzelnen Segmente erfolgen muss: 4647

---

1 Vgl. *Haller* in Baetge u.a. (Hrsg), Rechnungslegung nach IFRS 2008, IFRS 8, Tz. 87. In der Literatur wird auch die Auffassung vertreten, dass eine Nettovermögensgröße nicht angabepflichtig ist; vgl. *Heintges/Urbanczik/Wulbrand*, DB 2008, 2773 (2780).
2 Außer Finanzinstrumente, latente Steuern, Vermögenswerte aus Pensionsplänen, bestimmte Vermögenswerte aus Versicherungen (IFRS 8.24).

(a) Umsatzerlöse

(b) Segmentergebnisse zum Konzernergebnis vor Steuern[1] und Ergebnis eingestellter Geschäftsbereiche

(c) Vermögen, soweit angabepflichtig

(d) Schulden, soweit angabepflichtig

(e) Jede andere angabepflichtige, weil im Segmentergebnis bzw. Segmentvermögen enthaltene Größe

Die Überleitung geschieht unter Berücksichtigung der nicht separat, z.B. wegen Unwesentlichkeit berichteten Sammelsegmente (Rz. 4622) und unter Erfassung von Konsolidierungsmaßnahmen sowie abweichenden Bilanzierungs- und Bewertungsmethoden (Rz. 4640).

4648–4649 frei

3.5 Beispiel

4650 Das folgende Tableau zeigt eine beispielhafte Darstellung der Segmentangaben (in grober Anlehnung an IFRS 8.IG3 ff. bzw. Siemens, Geschäftsbericht 2008, S. 130 f.) inklusive der nach IFRS 8.27 f. im Anhang vorzunehmenden Erläuterungen:

Beispiel:

	Außenumsätze	Innenumsatz	Abschreibungen[3]	Ergebnis[1]	Investitionen[4]	Vermögen[5]
Baumaschinen	25 000	2 000	1 000	2 000	1 300	1 000
Landmaschinen	20 000	3 000	1 500	1 400	1 100	8 000
Druckmaschinen	15 000	1 000	1 200	300	1 500	7 000
Holzbearbeitungsmaschinen	35 000	500	3 000	3 500	4 000	15 000
Sonstige Segmente[2]	3 000	4 000	200	150	100	1 000
Summe Geschäftssegmente	**98 000**	**10 500**	**6 900**	**7 350**	**8 000**	**32 000**
Storno der Saldierung von unverzinslichen Verbindlichkeiten[6]						58 000
Konsolidierung[7]		– 10 500		– 550		– 4 000
Zentrale Finanzabteilung			30	– 1 500	50	7 000
Konzernleitung	100		120	– 1 500	200	5 000

---

1 Es sei denn, dass das Segmentergebnis Ertragsteuern umfasst. Dann wird zum Nach-Steuer-Ergebnis übergeleitet (IFRS 8.27b).

VIII. Segmentberichterstattung (IFRS 8)

	Außen-umsätze	Innen-umsatz	Ab-schrei-bungen[3]	Ergeb-nis[1]	Investi-tionen[4]	Vermö-gen[5]
Abweichende Bilanzierungs-methoden[8]				300		2 000
Wertminderung nach IAS 36[9]				-1 000		
Konzernwerte	**98 100**	**0**	**7 050**	**3 100**	**8 250**	**100 000**

(1) Das **Ergebnis** der operativen Bereiche umfasst das Ergebnis vor Finanzierungszinsen und Ertragsteuern.
(2) **Sonstige Segmente** betreffen im Wesentlichen die Konstruktionsabteilung sowie bestimmte Equity-Beteiligungen, die von der Konzernzentrale gehalten werden.
(3) **Abschreibungen** beinhalten alle planmäßigen Abschreibungen auf immaterielle Vermögenswerte und Sachanlagen.
(4) **Investitionen** umfassen Investitionen in immaterielle Vermögenswerte und Sachanlagen.
(5) Das **Vermögen** der operativen Bereiche ist definiert als Gesamtvermögen abzüglich Steuerforderungen, Rückstellungen und zinsloser Verbindlichkeiten (ohne Steuerverbindlichkeiten). Demgegenüber entspricht das Konzernvermögen der Summe aller Aktiva, d.h. der Bilanzsumme. Bei der Überleitung vom Nettovermögen der Bereiche zum Konzernwert waren daher die bei den Bereichen abgezogenen unverzinslichen Schulden zu addieren (6) und außerdem konzerninterne Salden zu konsolidieren (7).
(8) Die **Effekte aus abweichenden Bilanzierungs- und Bewertungsmethoden** betreffen beim Ergebnis im Wesentlichen die im Gesamtabschluss erfolgsneutrale Behandlung von versicherungsmathematischen Verlusten bei Pensionsrückstellungen und beim Vermögen im Wesentlichen die erfolgsneutrale Bewertung von Finanzinstrumenten.
(9) Von der **außerplanmäßigen Wertminderung nach IAS 36** (insgesamt 1000) entfallen 300 auf das operative Segment „Baumaschinen" und 700 auf das Segment „Druckmaschinen".[1]

Abb. 101: Segmentbericht

3.6 Sonstige Angaben

IFRS 8.31–34 verlangt eine Reihe von Informationen, die unabhängig von der internen Berichtsstruktur anzugeben sind (sog. **entity-wide disclosures**), auch von Unternehmen, die lediglich über ein Segment verfügen (Ein-Segment-Unternehmen[2]):

(a) Außenumsatzerlöse (Rz. 4644) **nach Produktgruppen** (IFRS 8.32),
(b) Außenumsatzerlöse und langfristiges Vermögen[3] **nach Regionen**, mindestens Inland (= Herkunftsland des Unternehmens) und Ausland mit Unterteilung nach wesentlichen Ländern.. Dabei sind – anders als bei den Angaben für die Geschäftssegmente und abweichend vom management ap-

---

[1] Es handelt sich um die Angabe wesentlicher zahlungsunwirksamer Posten nach IFRS 8.23i, die auch von IAS 36.129 gefordert wird.
[2] Vorausgesetzt, dass kapitalmarktorientiert, Rz. 4601.
[3] Außer Finanzinstrumente, latente Steuern, Vermögenswerte aus Pensionsplänen, bestimmte Vermögenswerte aus Versicherungen. (IFRS 8.33b).

proach – die im Jahres- oder Konzernabschluss verwendeten Daten anzugeben, d.h. es sind die gleichen Bilanzierungs- und Bewertungsmethoden wie in der externen Rechnungslegung zugrunde zu legen (IFRS 8.33).

Die vorgenannten Angaben sind naturgemäß nur dann anzugeben, wenn sie sich nicht bereits aus den normalen Berichtspflichten ergeben, die regionale Untergliederung somit bei Segmentierung nach Produkten und Dienstleistungen (IFRS 8.31). Auf die Angabe kann bei unverhältnismäßigem Ermittlungsaufwand verzichtet werden, wobei diese Tatsache anzugeben ist (IFRS 8.32 f.).

4652 (c) Angabe der Außenumsätze mit Kunden, die 10 % der (konsolidierten[1]) Umsatzerlöse überschreiten, inklusive Angabe der betreffenden Geschäftssegmente (IFRS 8.34). Die Identität der Kunden muss *nicht* genannt werden.

Nach IFRS 8.27a sind die Bilanzierungs- und Bewertungsgrundlagen von Transaktionen, die zwischen den Segmenten stattfinden, anzugeben, insbesondere die vom Konzern verwendete **Verrechnungspreisfindung**. Eine verbale Beschreibung (cost-plus, Marktpreise) reicht.

4653 IFRS 8.27e verlangt Angaben über Art und Ergebnisauswirkung im Falle der **Änderung der Bilanzierungs- und Bewertungsmethoden**.

4654 Schließlich sind die Kriterien für die **Zusammensetzung der Segmente** inklusive Organisationsstruktur sowie Produkte und Dienstleistungen der Segmente zu beschreiben (IFRS 8.22).

4655–4699 frei

IX. Ergebnis je Aktie (IAS 33)

1. Überblick und Wegweiser

1.1 Standards und Anwendungsbereich

4700 **Mutterunternehmen**, deren (potenzielle) Stammaktien **öffentlich gehandelt** werden oder die den Handel an einer Wertpapierbörse beantragt haben (IAS 33.2), müssen auf Basis des den Gesellschaftern des Mutterunternehmens zuzurechnenden Konzernergebnisses folgende **Ergebnisse je Aktie** (*earnings per share, EPS*) angeben:

Ergebniskategorie (je Aktie)	unverwässert	verwässert	Ort (Rz. 4701)
Ergebnis aus fortzuführender Tätigkeit	X (ggf.)	X (ggf.)	GuV oder Gesamtergebnisrechnung (GER)
Ergebnis aus aufgegebenen Geschäftsbereichen	X (ggf.)	X (ggf.)	GuV bzw. GER oder Anhang
(Jahres)-Ergebnis	X	X	GuV bzw. GER
Gesamtergebnis inklusive other comprehensive income	*nicht verlangt*	*nicht verlangt*	*entfällt*

---

1 Vgl. *Fink/Ulbrich*, KoR 2006, 233 (238).

IX. Ergebnis je Aktie (IAS 33)

Die Angaben sind für jede Klasse von Stammaktien sowohl für die *Berichtsperiode* als auch für das *Vergleichsvorjahr* anzugeben.[1] Auch ein negativer Wert ist auszuweisen (IAS 33.69). Das unverwässerte Ergebnis berücksichtigt die vorhandenen (ausgegebenen) Aktien, das verwässerte darüber hinaus die potenziellen Aktien, die z.B. auf Grund von Optionen entstehen können. Die Angaben sind auch im *Zwischenabschluss* erforderlich (IAS 33.67; 34.11).

Sollten andere Gesellschaften, die einen Abschluss nach IFRS aufstellen, **freiwillig** ein Ergebnis je Aktie veröffentlichen, so ist IAS 33 analog anzuwenden (IAS 33.3).

Die Regelungen zur Ermittlung des jeweiligen Ergebnisses je Aktie enthält IAS 33 (2005), der zuletzt ab 1.1.2009 als Folgewirkung des IAS 1 hinsichtlich des Ortes der Angabe des EPS geändert worden ist: Werden GuV und Gesamtergebnisrechnung als *zwei* Berichtsinstrumente veröffentlicht, ist das Ergebnis je Aktie nur in der GuV anzugeben (IAS 33.4A), ansonsten in der Gesamtergebnisrechnung (verlängerte GuV). 4701

Dem Ergebnis je Aktie wird eine hohe Signalkraft für den **Kapitalmarkt** zugeschrieben. IAS 33 ist jedoch auch ein Beispiel für große Detailverliebtheit bei Vernachlässigung der Grundsätze: 4702

– Die Aussagekraft eines Ergebnisses je Aktie setzt Konsens über die Ergebnisermittlung voraus. Das Projekt *performance reporting* ist aber weiterhin nur in der Diskussion. Derzeit ist die Berechnungsgrundlage ausschließlich das **Jahresergebnis lt. GuV**. Das direkt ins Eigenkapital gebuchte *other comprehensive income*, z.B. versicherungsmathematische Gewinne und Verluste aus Erwartungsänderungen im Zusammenhang mit Pensionsrückstellungen und vor allem Fair value-Änderungen von Finanzinstrumenten der Kategorie available-for-sale, wird, wie selbstverständlich, nicht einbezogen; es ist auch keine EPS-Ziffer inklusive des *other comprehensive income* zusätzlich anzugeben. Hierin liegt ein klarer Wertungswiderspruch (s. Rz. 4320).

– Eine Bereinigung um **außerordentliche und einmalige Ergebnisse** findet nicht statt. Eine Ausnahme besteht nur bei **aufgegebenen Bereichen** (IFRS 5). In diesem Fall sind Ergebnisse je Aktie sowohl ohne aufgegebene Bereiche als auch für diese anzugeben (Rz. 2749).

Das Ergebnis je Aktie bezieht sich zutreffend nur auf den **Anteil der Konzernmutter** (IAS 33.9, 33.66). Hierin liegt kein Widerspruch zur Einheitstheorie, da die Anteilseigner der Konzernmutter ansonsten nicht „ihr" Ergebnis je Aktie erfahren würden.[2] 4703

frei 4704

---

1 Die Angabepflicht gilt auch für entsprechend börsennotierte Einzelunternehmen in einem IFRS-Einzelabschluss.
2 Vgl. *Pawelzik*, WPg 2004, 677 (680).

1.2 Wesentliche Abweichungen zum HGB

4705 Mangels gesetzlicher Verpflichtung zur Veröffentlichung eines Ergebnisses je Aktie hatte sich die Praxis an den Grundsätzen der Deutschen Vereinigung für Finanzanalyse (**DVFA**) orientiert. Diese waren bis auf Bereinigungen des Periodenergebnisses mit IAS 33 vergleichbar. Mit IFRS-Pflichtanwendung für kapitalmarktorientierte Unternehmen (Rz. 110 ff.) ist deren Anwendungsbereich praktisch weggefallen. Das BilMoG führt zu keinen Änderungen.

1.3 Neuere Entwicklungen

4706 Im Rahmen des Konvergenzprojekts mit US-GAAP (Rz. 46) hat der IASB im August 2008 den (103-seitigen!) Entwurf einer Änderung des IAS 33 „*Simplifying Earnings per Share*" herausgegeben. Im Wesentlichen ist hier eine Änderung hinsichtlich der Berechnung des verwässerten Ergebnisses bei ausstehenden Optionen geplant. Außerdem sollen erfolgswirksame Fair value-Änderungen bei der Berechnung unberücksichtigt bleiben. Ein Gesamtergebnis je Aktie wird auch weiterhin *nicht* gefordert.

Die Verabschiedung der endgültigen Fassung ist für 2009 vorgesehen, über den vorgesehenen Zeitpunkt der erstmaligen Anwendung liegen noch keine Informationen vor.

4707–4709 frei

2. Unverwässertes Ergebnis je Aktie

4710 Die **Kennzahl** für das unverwässerte Ergebnis je Aktie (*basic earnings per share*) ergibt sich durch Division des *den Stammaktionären zustehenden Periodenergebnisses* durch die durchschnittlich gewichtete Anzahl der während der Periode *ausstehenden Stammaktien* (IAS 33.10):

Ergebnis je Aktie (Earnings per share, EPS) =

$$\frac{\text{den Stammaktionären zustehendes Periodenergebnis}}{\text{Gewichteter Durchschnitt umlaufender Stammaktien}}$$

4711 **Stammaktien** (*ordinary shares*) sind nach IAS 33.5 Eigenkapitalinstrumente, die allen anderen Eigenkapitalinstrumenten nachgeordnet sind.

Bei **Vorzugsaktien** ist zu unterscheiden: Stimmrechtslose Vorzugsaktien gem. § 139 AktG sind keine Stammaktien i.S.v. IAS 33.5 f., da es in Bezug auf die Nachrangigkeit gegenüber allen anderen Eigenkapitalinstrumenten nur auf den Vorzug bei der Ausschüttung des Bilanzgewinns ankommt.[1] Demgegenüber ist unerheblich, dass Vorzugsaktien bei der Verteilung des Vermögens nach § 271 AktG gleichberechtigt sind.[2] Somit besteht kein Unterschied zu

---

[1] Vgl. *Löw/Roggenbuck*, BB 2001, 1460 (1464); *Leibfried* in Haufe IFRS-Kommentar, 7. Aufl. 2009, § 35 Rz. 6; IDW RS HFA 2, Rz. 26.
[2] Nach DVFA/SG sind dagegen bei der Ermittlung des Ergebnisses je Aktie alle dividendenberechtigten Aktien zu berücksichtigen, vgl. *Busse von Colbe* u.a. (Hrsg.), Ergebnis je Aktie nach DVFA/SG, 3. Aufl. 2000, S. 115.

IX. Ergebnis je Aktie (IAS 33)

preference shares im US-amerikanischen Recht (s. auch IAS 32.18), die ebenfalls keine Stammaktien i.S.v. IAS 33.5 sind.

Besteht der Vorzug jedoch lediglich in einem Zuschlag auf die Dividende und nicht in einem Vorrang bei der Auszahlung, liegen wiederum Stammaktien i.S.v. IAS 33.5 vor.[1] In einem solchen Fall haben Stamm- und Vorzugsaktien nach Aktienrecht nicht das Gleiche Anrecht auf den Bezug von Dividenden, so dass sie aus IFRS-Perspektive unterschiedliche Klassen von Stammaktien darstellen (IAS 33.6 Satz 2 und 3). Für beide Klassen ist jeweils das Ergebnis je Aktie zu bestimmen (IAS 33.66).

Für jede Klasse von Aktien ist der **gewichtete Durchschnitt** der ausstehenden Stücke zu bestimmen. Vom Periodenbeginn an sind Veränderungen durch Emission, Aktienrück- und Aktienverkauf zu berücksichtigen. Die Anzahl der bis zur nächsten Veränderung ausstehenden Aktien ist mit der entsprechenden Anzahl der Tage zu multiplizieren; das Ergebnis ist durch die Gesamttage der betrachteten Periode (= 365 Tage im Jahr bzw. 91 oder 92 Tage im Quartal) zu dividieren. Näherungslösungen sind zulässig (IAS 33.20). Die folgende Tabelle enthält ein Beispiel zur Berechnung: 4712

Datum		Ausgegebene Aktien	Eigene Aktien	**Umlaufende Aktien**	Tage	Gewichteter Durchschnitt
1.1.01		2 500 000	–	2 500 000	151/365	1 034 247
1.6.01	Aktienrückkauf		90 000	2 410 000	107/365	706 493
15.9.01	Aktienverkauf		30 000	2 440 000	107/365	715 288
				2 440 000		2 456 028

Abb. 102: Beispieltabelle zur Ermittlung des gewichteten Durchschnitts ausstehender Aktien

Junge Aktien aus einer **Kapitalerhöhung gegen Bareinlage** zählen ab dem Tag der Emission, insoweit die Gegenleistung eingegangen ist bzw. eingefordert werden kann (IAS 33.21a). Im Fall einer **Kapitalerhöhung gegen Sacheinlage** ist der Tag des Zugangs des Vermögenswertes maßgeblich (IAS 33.21f). 4713

Sollte bei der Ausgabe junger Aktien das **Bezugsrecht** nicht ausgeschlossen sein (§ 186 Abs. 1 und 3 AktG) und der Ausgabekurs der jungen Aktien unter dem Marktwert der alten Aktien liegen, dann weist das Bezugsrecht einen positiven Wert auf. Unterstellt man eine Konstanz der Eigenkapitalrendite vor und nach der Kapitalerhöhung, so kann mit dem geringeren Emissionserlös die EPS-Größe des Vorjahres nicht erreicht werden.[2] Daher ist die Anzahl der alten Aktien mit dem Quotienten aus Marktwert je Aktie vor Kapitalerhöhung und rechnerischer Marktwert je Aktie nach Kapitalerhöhung zu multi-

---

1 Vgl. IDW RS HFA 2, Rz. 26.
2 Vgl. *Pellens/Gassen* in Baetge u.a. (Hrsg.), Rechnungslegung nach IFRS, 2002, IAS 33 Rz. 23 mit Beispiel.

plizieren. Das entsprechende korrigierte Ergebnis je Aktie ist für alle dargestellten Perioden anzugeben (IAS 33.A2, 33.IE4, dort auch mit Berechnungsbeispiel).

Werden zur Finanzierung eines **Unternehmenserwerbs** neue Aktien ausgegeben, zählen diese ab dem Erwerbszeitpunkt (IAS 33.22).

Nicht volleingezahlte Aktien sind anteilig gemäß ihrer Dividendenberechnung zu erfassen (IAS 33.A15). Soweit überhaupt keine Dividendenberechnung besteht, werden diese Anteile erst bei der Ermittlung des verwässerten Ergebnisses je Aktie berücksichtigt (IAS 33.A16).

4714 Da bei einer **Kapitalerhöhung aus Gesellschaftsmitteln** dem Unternehmen keine neuen Mittel zufließen, ist die *neue* Aktienzahl für jede im Abschluss dargestellte Periode zu Vergleichszwecken maßgeblich (IAS 33.26; 33.28). Kapitalerhöhungen aus Gesellschaftsmitteln, **Aktiensplits** und ähnliche „unechte" Kapitalmaßnahmen sind rückwirkend auch dann zu berücksichtigen, wenn sich die Maßnahme erst nach dem Bilanzstichtag ereignet hat (IAS 33.64).

4715 Als Ergebnisgröße ist das den Gesellschaftern des **Mutterunternehmens** zustehende Jahres- bzw. Periodenergebnis zu verwenden (IAS 33.12). Sollten mehrere Klassen von Stammaktien vorhanden sein – etwa die oben in Rz. 4711 genannten Vorzugsaktien –, ist die entsprechende Mehrdividende vorab vom Konzernergebnis zu kürzen und nur den Vorzugsaktien zuzuordnen.[1] Das verbleibende Ergebnis ist über alle Aktien – Stamm- und Vorzugsaktien – zu verteilen.

4716 Gem. IAS 33.66 ist neben dem Ergebnis je Aktie zusätzlich das Ergebnis je Aktie aus **fortzuführender Geschäftstätigkeit** anzugeben. Das zu bereinigende Ergebnis aus aufgegebenen Geschäftsbereichen entspricht dem gem. IFRS 5 auszuweisenden Ergebnis (Rz. 2741). Auch für das Ergebnis aus aufgegebenen Geschäftsbereichen ist ein Ergebnis je Aktie anzugeben (IAS 33.68); vgl. Rz. 4700.

4717–4719 frei

3. Verwässertes Ergebnis je Aktie

4720 Das verwässerte Ergebnis je Aktie (*diluted earnings per share*) zeigt die Auswirkungen auf die Kennzahl Ergebnis je Aktie unter Berücksichtigung der Erhöhung der Aktienzahl durch potenzielle Stammaktien und ggf. der Korrektur des Jahresergebnisses durch Wegfall von Zinsaufwendungen (IAS 33.32). **Potenzielle Stammaktien** sind Finanzinstrumente oder sonstige Verträge, die nach Wahl des Emittenten oder des Inhabers zu einer Emission von Stammaktien führen können (IAS 33.5). Hierzu zählen die aus einer **bedingten Kapitalerhöhung** i.S.d. §§ 192 ff. AktG resultierenden Umtausch- und Bezugsrechte (z.B. bei Wandel- und Optionsanleihen)[2] einschließlich stock option plans

---

[1] Vgl. IDW RS HFA 2, Rz. 28.
[2] Zu weiteren, unter § 192 AktG fallende Finanzierungsformen siehe *Hüffer*, Aktiengesetz, 7. Aufl. 2006, § 192 AktG Rz. 9 ff.

(Mitarbeiterentlohnungsprogramme, Rz. 2500 ff.), **nicht aber** eine **genehmigte Kapitalerhöhung** (genehmigtes Kapital), da sich daraus noch keine Rechte Dritter auf Aktienbezug ergeben.[1]

Potenzielle Stammaktien sind jedoch nur insoweit zu berücksichtigen, als sich bei ihrer Umwandlung in Stammaktien das Ergebnis je Aktie aus dem Fortgang der gewöhnlichen Tätigkeit vermindern würde (IAS 33.41). Bei mehreren Arten potenzieller Stammaktien (z.B. bei Emission mehrerer Wandel- und Optionsanleihen) ist der maximale Verwässerungseffekt zu ermitteln (IAS 33.IE9).[2] Würde eine Umwandlung der Verwässerung entgegenwirken, ist sie demnach *nicht* zu berücksichtigen. 4721

Der Eintritt eines Verwässerungseffekts wird ferner *nicht* angenommen, wenn bei einem Umtausch dem Unternehmen Mittel zufließen, die dem durchschnittlichen Fair value der Stammaktien entsprechen (IAS 33.46a), z.B., wenn der Basispreis von Optionen über dem durchschnittlichen Börsenkurs liegt. Hier unterstellt der Standard, dass aus der Verwendung der Mittel im Unternehmen ein Ergebnis erzielt werden kann, das dem bisherigen Ergebnis je Aktie entspricht.[3] 4722

Die Berechnungsgrundsätze des verwässerten Ergebnisses je Aktie folgen jenen für das unverwässerte Ergebnis je Aktie (IAS 33.31). Auch für potenzielle Stammaktien ist somit der **gewichtete Durchschnitt** des Jahres zu ermitteln. Wird eine Optionsanleihe beispielsweise zum 3. Juni begeben, erhöht sich die verwässerte Aktienzahl entsprechend dem Umtauschverhältnis ab diesem Zeitpunkt (IAS 33.36). Sollte das Umtauschrecht von bestimmten Bedingungen abhängig sein (z.B. Erreichen eines bestimmten Jahresergebnisses), so tritt der Verwässerungseffekt ab Bedingungseintritt ein (IAS 33.52, vgl. zur Anwendung auf Mitarbeiteroptionen Rz. 4726). 4723

Da bei einem angenommenen Umtausch von ausstehenden Finanzinstrumenten (z.B. einer **Wandelanleihe**) in Stammaktien der bisher erfasste Zinsaufwand wegfallen würde, ist das Jahresergebnis entsprechend zu erhöhen (IAS 33.33). Hierbei sind sowohl die Steuereffekte als auch mittelbare sonstige Effekte zu berücksichtigen (z.B. kann eine Erhöhung des Jahresergebnisses bei erfolgsorientierten Vergütungssystemen zu höherem Personalaufwand führen, IAS 33.35). 4724

Gem. IAS 33.58 sind Verträge, die vom Unternehmen sowohl durch die Lieferung von Stammaktien als auch von Zahlungsmitteln erfüllt werden können, als verwässernd zu berücksichtigen, da insoweit eine Erfüllung in Aktien unterstellt wird. Steht das Wahlrecht dem Inhaber zu, ist der größere Verwässerungseffekt der beiden Alternativen zu erfassen (IAS 33.60). Ferner können geschriebene **Verkaufsoptionen** auf eigene Aktien verwässernd wirken (IAS 33.63). 4725

---

1 Vgl. IDW RS HFA 2, Rz. 31.
2 Vgl. *Schlüter* in Beck'sches IFRS-Handbuch, 2. Aufl. 2006, § 16 Rz. 24.
3 Vgl. *Pellens/Gassen* in Baetge u.a. (Hrsg.), Rechnungslegung nach IFRS, 2002, IAS 33 Rz. 28.

4726 Bei **Mitarbeiteroptionsprogrammen** (Rz. 2500 ff.) ist zu unterscheiden: Zu einem Verwässerungseffekt kann es nur kommen, wenn der vom Management zu zahlende Basispreis unter dem durchschnittlichen Aktienkurs liegt (IAS 33.46b, 33.47 f.; s. Rz. 4722). Außerdem sind die Ausübungsbedingungen daraufhin zu würdigen, ob die Voraussetzungen für eine Einbeziehung (Rz. 4723) erfüllt sind. In Bezug auf die Wartefrist wird unterstellt, dass diese am Stichtag bereits abgelaufen sei (IAS 33.56).

Sind außerdem auch performance conditions (s. zum Begriff Rz. 2517) vereinbart worden, etwa eine *durchschnittliche* Gewinnsteigerung von 15 % p.a., kann diese Bedingung am Stichtag u.U. noch nicht *vollständig* erfüllt sein. Für Zwecke der EPS-Berechnung wird aber die bis zum Stichtag erzielte Einhaltung oder Nichteinhaltung fortgeschrieben (IAS 33.53 f.): Ist bspw. bei einer dreijährigen Wartefrist das Ergebnis im ersten Jahr um 17 % gestiegen, wird die Erfüllung auch während der restlichen zwei Jahre angenommen. Die potenziellen Stammaktien, sind (sofern überhaupt verwässernd, d.h. Basispreis < Durchschnittskurs) in die Berechnung eines verwässerten EPS einzubeziehen.[1] Werden die Bedingungen später tatsächlich verfehlt, erfolgt keine rückwirkende Anpassung des Vorjahres EPS-Wertes (IAS 33.52 a.E.).

4727–4728 frei

4. Ausweis

4729 Unverwässerte und verwässerte Ergebnisse je Aktie (ggf. inkl. Ergebnis je Aktie aus weiterzuführender Tätigkeit) sind für jede Klasse von Aktien in der Gewinn- und Verlustrechnung anzugeben, sofern diese separat von der Gesamtergebnisrechnung dargestellt wird, bei Veröffentlichung einer „verlängerten GuV" nur in dieser.

Die Angabepflicht gilt auch, wenn das Ergebnis negativ sein sollte (IAS 33.69).

Mindestens im Anhang ist auch das Ergebnis je Aktie aus einzustellenden Geschäftsbereichen anzugeben (IAS 33.68), s. Rz. 4700.

5. Anhangangaben

4730 Für die Ergebnisgröße im Zähler ist jeweils eine Überleitungsrechnung zum Periodenergebnis erforderlich, und es ist die jeweilige durchschnittliche Anzahl von Stammaktien anzugeben nebst einer Überleitungsrechnung von der unverwässerten zur verwässerten Anzahl (IAS 33.70a, b).

---

[1] Wie hier *Leibfried* in Haufe IFRS-Kommentar, 4. Aufl. 2006, § 35 Rz. 25 und im Ergebnis *Schlüter* in Beck'sches IFRS-Handbuch, 2004, § 16 Rz. 23 sowie IDW RS HFA 2, Rz. 30, IDW-FN 2005, 815 (821).

IX. Ergebnis je Aktie (IAS 33)

Beispiel[1]

„Das unverwässerte Ergebnis je Aktie errechnet sich aus der Division des Ergebnisanteils der Aktionäre der VOLKSWAGEN AG und der gewichteten durchschnittlichen Anzahl der während des Geschäftsjahres in Umlauf befindlichen Stamm- und Vorzugsaktien. Eine Verwässerung des Ergebnisses

	Stämme	Vorzüge	Stämme	Vorzüge
Stück				
Gewichtete durchschnittliche Anzahl Aktien – unverwässert	274 089 067	105 238 280	304 025 533	105 238 280
Wandelschuldverschreibungen	845 288	–	344 379	–
Aktienoptionen	1 868 854	–	3 214 311	–
Gewichtete durchschnittliche Anzahl Aktien – verwässert	276 803 209	105 238 280	307 584 223	105 238 280
Mio. Euro				
Aktionären zustehendes Nettoergebnis vor Mehrdividende – unverwässert	2 106	809	1 936	671
Auf Vorzugsaktien entfallende Mehrdividende	– 6	+ 6	– 6	+ 6
Nettoergebnis nach Mehrdividende – unverwässert	2 100	815	1 930	677
Aktionären zustehendes Nettoergebnis vor Mehrdividende – verwässert	2 112	803	1 942	665
Auf Vorzugsaktien entfallende Mehrdividende	– 6	+ 6	– 6	+ 6
Nettoergebnis nach Mehrdividende – verwässert	2 106	809	1 936	671
Euro				
Ergebnis je Aktie – unverwässert	7,66	7,75	6,35	6,43
Ergebnis je Aktie – verwässert	7,61	7,69	6,29	6,37

je Aktie resultiert aus so genannten potenziellen Aktien. Hierzu zählen Optionsrechte, die allerdings nur dann ergebnisverwässernd wirken, wenn diese

---

1 Volkswagen AG, Geschäftsbericht 2001, S. 106 f.

Rechte die Ausgabe von Aktien zu einem Wert unter dem durchschnittlichen Börsenkurs der Aktie zur Folge haben. Bei einem durchschnittlichen Kurs der VW-Stammaktie im Jahr 2001 von 51,93 Euro (Vorjahr: 48,23 Euro) wirkten sich die Wandlungsrechte aus der zweiten Tranche des Aktienoptionsplans verwässernd aus. Der Verwässerungseffekt aus diesen Wandlungsrechten ergab sich auf Basis eines Wandlungspreises von 46,00 Euro. Weiterhin ergab sich eine Verwässerung aus nicht ausgeübten Optionsrechten durch die Inhaber der 1986 begebenen Optionsanleihe auf der Grundlage eines Bezugspreises von 21,27 Euro."

4731 Ferner ist anzugeben, ob potenzielle Stammaktien bestehen, die aber bislang nicht verwässernd wirkten, deren Verwässerungseffekt jedoch in der Zukunft nicht ausgeschlossen werden kann (IAS 33.70c). Da auch *„contingently issuable shares"* dazu zählen, wird man auch genehmigte Kapitalerhöhungen i.S.d. §§ 202 ff. AktG dazu rechnen müssen. Schließlich ist über wesentliche „echte" Kapitalveränderungsmaßnahmen nach dem Bilanzstichtag zu berichten (IAS 33.70d).

4732–4749 frei

X. Angaben über Beziehungen zu nahe stehenden Unternehmen und Personen (IAS 24)

1. Überblick und Wegweiser

1.1 Standards und Anwendungsbereich

4750 Angaben über Beziehungen des Bericht erstattenden Unternehmens zu anderen, nahe stehenden Unternehmen und Personen werden für erforderlich gehalten, weil die Möglichkeit besteht, dass nahe stehende Unternehmen und Personen Geschäfte tätigen, die fremde Dritte nicht eingehen bzw. in anderer Höhe abwickeln würden. Daher können solche Geschäfte Auswirkungen auf die Vermögens-, Finanz- und Ertragslage des Unternehmens haben (IAS 24.6).

4751 Regelungen zur Identifikation nahe stehender Unternehmen und Personen sowie erforderliche Angaben über die Geschäftsbeziehungen zu solchen Unternehmen und Personen enthält IAS 24. Der Standard ist grundsätzlich auf den Einzel- und Konzernabschluss anzuwenden. Wir stellen in unseren Erläuterungen, wenn nicht anders vermerkt, im Wesentlichen auf den **Konzernabschluss** ab.

4752 Bei der Anwendung von IAS 24 sollte wie folgt vorgegangen werden:
(1) Wer ist Bericht erstattendes Unternehmen (Einzelunternehmen/Konzern)? Die Frage ist u.a. deshalb von Belang, weil konzerninterne Transaktionen sachlogisch keine Berichtspflicht auslösen können.
(2) Wer gehört aus Sicht des Bericht erstattenden Unternehmens zu den nahe stehenden Unternehmen und Personen?
(3) Bestanden und bestehen Geschäftsbeziehungen zwischen (1) und (2)?

X. Angaben über Beziehungen zu nahe stehenden Unternehmen und Personen (IAS 24)

(4) Welche Angabepflichten sind im Hinblick auf die Geschäftsbeziehungen (3) zu beachten?

1.2 Wesentliche Unterschiede zum HGB

1.2.1 HGB vor BilMoG

Im **Jahresabschluss** nach HGB sind in der Bilanz und GuV verschiedene Salden gegenüber verbundenen Unternehmen und Unternehmen, mit denen ein Beteiligungsverhältnis besteht, anzugeben. Ferner bestehen Angabepflichten über Organbezüge (§ 285 Nr. 9 HGB) und über den Beteiligungsbesitz (§ 285 Nr. 11 HGB); *diese* gehen weit über IAS 24 hinaus, sind aber wegen § 325 Abs. 2a HGB **auch für den IFRS-Einzelabschluss** einschlägig, s. Rz. 4561. 4753

Im **Konzernabschluss** nach HGB sind ebenfalls Angaben über den Beteiligungsbesitz, hier also Konsolidierungskreis, erforderlich (§ 313 Abs. 2 HGB), ebenso wie die Angabe der Organbezüge (§ 314 Abs. 1 Nr. 6 HGB). Über den Verweis des § 315a Abs. 1 HGB sind diese Angabepflichten **auch für den IFRS-Konzernabschluss maßgeblich**, s. Rz. 4560. Die Angabepflichten zu den Organbezügen werden durch DRS 17 konkretisiert. 4754

Außerdem wurde gem. DRS 11 nicht-kapitalmarktorientierten Mutterunternehmen und kapitalmarktorientierten Unternehmen, die lediglich einen Jahresabschluss aufstellen (DRS 11.4), empfohlen, über Beziehungen zu nahe stehenden Personen zu berichten.

1.2.2 Abänderungsrichtlinie

Mit der sog. Abänderungsrichtlinie[1] sind Art. 43 Abs. 1 Nr. 7b in die 4. EG-Richtlinie und Art. 34 Nr. 7b in die 7. EG-Richtlinie im Hinblick auf Angabepflichten zu nahe stehende Unternehmen und Personen eingefügt worden. Dabei gilt: 4755

– Für den Jahresabschluss können die Mitgliedstaaten Geschäfte zwischen zwei oder mehr Mitgliedern derselben Unternehmensgruppe aus der Angabepflicht ausnehmen, sofern die an dem Geschäft beteiligten Tochtergesellschaften **hundertprozentige Tochtergesellschaften** sind.

– Sachlogisch sind für die Angabepflicht im Konzernabschluss **gruppeninterne Transaktionen** zwischen einbezogenen Unternehmen ausgenommen.

Mit den Änderungen, die bis zum 5.9.2008 in das nationale Recht hätten umgesetzt werden müssen, wird ferner explizit für die EG-Bilanzrichtlinien ein unmittelbarer Bezug zu den IFRS, hier zum Begriff der „nahe stehenden Unternehmen und Personen" in IAS 24, hergestellt. Dieser direkte Verweis ist, soweit wir sehen, erstmalig erfolgt und hat für die Auslegung der Richtlinienvorschrift in ihrer nationalen Umsetzung unmittelbare Bedeutung. 4756

---

1 Richtlinie 2006/46/EG des Europäischen Parlaments und des Rates v. 14.6.2006, ABl. Nr. L 224 v. 16.8.2006, S. 1–7.

1.2.3 HGB nach BilMoG

4757 Die oben genannten Passagen der Abänderungsrichtlinie sind mit dem BilMoG wie folgt umgesetzt worden:

Im **Jahresabschluss** von großen Kapitalgesellschaften sowie (leicht eingeschränkt, § 288 Abs. 2 HGB i.d.F. BilMoG) von mittelgroßen AG sind zumindest die wesentlichen, nicht zu marktüblichen Bedingungen zu Stande gekommenen Geschäfte mit nahe stehenden Unternehmen und Personen anzugeben; ausgenommen sind Geschäfte mit und zwischen mittel- oder unmittelbar in hundertprozentigem Anteilsbesitz stehenden in einen Konzernabschluss einbezogenen Unternehmen (§ 285 Nr. 21 i.V.m. 288 Abs. 1 HGB i.d.F. BilMoG). Zusätzlich kann auch über **alle** Geschäfte mit diesem Personenkreis berichtet werden. Die Angabepflicht gilt im Übrigen auch für den Konzernabschluss.

4758 Das in Rz. 4755 genannte Mitgliedstaatenwahlrecht hat der Gesetzgeber also in Anspruch genommen: Im **HGB-Jahresabschluss** – im Gegensatz zum IFRS-Einzelabschluss – ist die Angabepflicht für solche Geschäfte ausgeschlossen, die mit und zwischen mittel- oder unmittelbar in hundertprozentigem Anteilsbesitz des berichtspflichtigen Unternehmens stehenden, in einen Konzernabschluss einbezogenen Unternehmen eingegangen werden. Diese Freistellung bewirkt für Muttergesellschaften von hochintegrierten Konzernen mit umfangreichem internen Leistungsverkehr eine erhebliche Entlastung von sonst wahrscheinlich umfangreichen Angabepflichten.[1] Die Freistellung ist auch insoweit begründbar, da es bei hundertprozentigem Anteilsbesitz ein möglicherweise schutzwürdiges Interesse von Minderheitsgesellschaftern der Tochterunternehmen gar nicht gibt.

4759 Die **Abänderungsrichtlinie** schreibt für den **Konzernabschluss** die Angabepflicht des Mutterunternehmens oder der einbezogenen Unternehmen über Geschäfte mit nahe stehenden Unternehmen und Personen vor.

– Zu den einbezogenen Unternehmen, also zum Konsolidierungskreis, gehören das Mutterunternehmen, alle vollkonsolidierten Tochterunternehmen und die nach der Quotenkonsolidierung einbezogenen Gemeinschaftsunternehmen,

– Unternehmen, die nach der Equity-Methode konsolidiert bzw. bewertet werden, gehören nicht dazu (Art. 33 Abs. 1 der 7. EG-Richtlinie).

Diese Abgrenzung des berichtspflichtigen Unternehmens, hier des Konzerns, stimmt mit der nach IAS 24 überein (Rz. 4766 ff.). Klar ist, dass über Geschäfte von Unternehmen innerhalb des Konsolidierungskreises wegen der Einheitstheorie nicht berichtet werden kann. Für den Konzern kann sich aber beispielsweise Berichtspflicht ergeben bei Geschäften mit assoziierten Unternehmen.

Die Umsetzung der Abänderungsrichtlinie durch § 314 Abs. 1 Nr. 13 HGB i.d.F. BilMoG ist jedoch problematisch:

---

1 Vgl. Begründung Regierungsentwurf zum BilMoG (§ 285 Nr. 21 HGB i.d.F. BilMoG), S. 159.

X. Angaben über Beziehungen zu nahe stehenden Unternehmen und Personen (IAS 24)

- Die Vorschrift spricht nur die Geschäfte des Mutterunternehmens und seiner Tochterunternehmen mit nahe stehenden Unternehmen und Personen an. Nach dem Wortlaut müsste sich eine Berichtspflicht *des Konzerns* auch dann ergeben, wenn ein *nicht konsolidiertes* Tochterunternehmen Geschäfte mit *seinen* nahe stehenden Unternehmen und Personen tätigt.

- Die Vorschrift enthält eine Lücke im Hinblick auf quotal konsolidierte Gemeinschaftsunternehmen. Nach dem Wortlaut der Vorschrift wären diese aus Sicht des Konzerns nahe stehende Unternehmen (und nicht einbezogene Unternehmen gem. Art. 33 Abs. 1 der 7. EG-Richtlinie).

- Schließlich werden von der Berichtspflicht nur Geschäfte ausgenommen mit und zwischen mittel- oder unmittelbar *in hundertprozentigem Anteilsbesitz stehenden, in einen Konzernabschluss einbezogenen Unternehmen*. Nur im Falle von hundertprozentigem Konzerngesellschaften entfiele damit die Angabepflicht. Nach dem Wortlaut der Vorschrift wäre aus Sicht des Konzerns ein Tochterunternehmen, das beispielsweise in achtzigprozentigem Anteilsbesitz der Konzernmutter steht, ein nahe stehendes Unternehmen, so dass über Geschäfte mit diesem Unternehmen berichtet werden müsste, obwohl diese Geschäfte bekanntlich konsolidiert werden.

Wir meinen, dass eine gesetzgeberische Klarstellung in diesen drei Punkten dringend erforderlich ist. Bis zu dieser Klarstellung ist § 313 Abs. 1 Nr. 13 HGB i.d.F. BilMoG nicht nach dem Wortlaut, sondern nach dem zugrunde liegenden Text der Abänderungsrichtlinie auszulegen.

Weil die §§ 285 Nr. 21, 314 Abs.1 Nr. 13 HGB i.d.F. BilMoG auf EU-Recht basieren und dieses wiederum für den Begriff der nahe stehenden Unternehmen und Personen auf IAS 24 verweist (Rz. 4756), ist auch nach HGB so vorzugehen. Damit wird explizit festgelegt, dass nationales Recht unter Rückgriff auf die IFRS auszulegen ist.

4760

Die Unterschiede und Gemeinsamkeiten der Berichtspflicht über Beziehungen zu nahe stehenden Unternehmen und Personen können wie folgt tabellarisch gegenübergestellt werden:

4761

	HGB (auch künftig zu beachten)	Zusätzliche Neuerung im HGB durch BilMoG	IFRS
Vorschriften	nicht börsennotiert: – börsennotiert: § 161 AktG (DCGK), DRS 11	§ 285 Nr. 21, § 288 Abs. 1, 2 § 314 Abs. 1 Nr. 13 Auslegung: Abänderungsrichtlinie, IAS 24	IAS 24
Abgrenzung Personenkreis	verbundene Unternehmen (§ 271 Abs. 2)	nahe stehende Unternehmen und Personen (IAS 24.9)	nahe stehende Unternehmen und Personen (IAS 24.9)

	HGB (auch künftig zu beachten)	Zusätzliche Neuerung im HGB durch BilMoG	IFRS
Angaben	**Beziehungen** zu verbundenen Unternehmen – Gliederungsvorschriften (§§ 266, 268, 275) – finanzielle Verpflichtungen (§ 285 Nr. 3) – Konzernabschluss Mutterunternehmen (§ 285 Nr. 14) – Mitglieder Geschäftsführung und Aufsichtsrat (§ 285 Nr. 9, Nr. 10) – Anteilsbesitz (§ 285 Nr. 11) – Einbezogene Konzernunternehmen (§§ 313, 314 HGB)	**Geschäfte** (§ 285 Nr. 21, § 314 Abs. 1 Nr. 13) – weite Auslegung: auch Maßnahmen z.B. – Stilllegung von Betriebsteilen – Produktionsverlagerungen – Nutzungsüberlassung von VG – Finanzierungen – Pflicht: nicht zu marktüblichen Bedingungen abgeschlossene Geschäfte – Freiwillig: zu marktüblichen Bedingungen abgeschlossene Geschäfte	**Geschäfte** (IAS 24.20) – weite Auslegung: auch Maßnahmen z.B. – Stilllegung von Betriebsteilen – Produktionsverlagerungen – Nutzungsüberlassung von VG – Finanzierungen – Pflicht: alle Geschäfte – Hinweis auf zu marktüblichen Bedingungen abgeschlossene Geschäfte nur bei Nachweis (IAS 24.21)
Ausnahmen von Berichtspflichten im Konzern: Geschäfte mit		– und zwischen (in den Konzernabschluss einbezogenen) 100%igen Tochterunternehmen sind **nicht** berichtspflichtig (beachte Rz. 4759) – Gemeinschaftsunternehmen (beachte Rz. 4749) und assoziierte Unternehmen sind berichtspflichtig im Konzernabschluss	– konsolidierten Tochterunternehmen und nach der Quotenkonsolidierung konsolidierte Gemeinschaftsunternehmen sind **nicht** berichtspflichtig (IAS 24.4) – Gemeinschaftsunternehmen und assoziierte Unternehmen (at equity bilanziert) sind berichtspflichtig im Konzernabschluss

1.2.4 Angabepflichten im Zwischenabschluss

4762 Durch das TUG sind Angabepflichten über Geschäfte mit nahe stehenden Personen für Unternehmen, die als Inlandsemittenten Aktien begeben und konzernrechnungslegungspflichtig sind, auch für den Halbjahresfinanzbericht eingeführt worden. Diese Angaben können wahlweise im Zwischenlagebericht oder im Anhang gemacht werden (§ 37w WpHG). Dabei sind die für den

X. Angaben über Beziehungen zu nahe stehenden Unternehmen und Personen (IAS 24)

Jahresabschluss geltenden Rechnungslegungsgrundsätze anzuwenden (§ 37w WpHG), d.h. ein nach IFRS bilanzierendes Unternehmen muss im Halbjahresfinanzbericht Angaben nach IAS 24 machen. Gleiches gilt auch für den Fall, dass ein Quartalsfinanzbericht erstellt wird (§ 37x Abs. 3 WpHG). Die Regelungen des WpHG werden durch DRS 16 ergänzt, wobei zu beachten ist, dass nach DRS 16.8 die Unternehmen, die einen IFRS-Konzernabschluss erstellen (§ 37y Nr. 2 WpHG), statt der Regeln des DRS 16.15-16-33 die Regeln des IAS 34 (Zwischenberichterstattung) einzuhalten haben.[1]

Unternehmen, die zwar als Inlandsemittenten Aktien begeben, aber *nicht* zur Aufstellung eines Konzernabschlusses und Konzernlageberichts verpflichtet sind, müssen gemäß TranspRLDV im Zwischenlagebericht zumindest Angaben zu Geschäften mit nahe stehenden Unternehmen und Personen machen, wenn im Berichtszeitraum wesentliche Geschäfte zu marktunüblichen Bedingungen abgeschlossen wurden (§ 37w Abs. 4 Satz 2 WpHG).

1.3 Neuere Entwicklungen

Im Februar 2007 ist ein **ED IAS 24** erschienen, der zum einen die Definition der nahe stehenden Personen klarstellen (aber nicht ändern) sollte und zum anderen Erleichterungen für Unternehmen, die *beide* unter der Beherrschung einer Gebietskörperschaft (zentrale oder regionale Regierung) stehen, vorsah. Nach Auswertung der Stellungnahmen zu diesem Standardentwurf hat der IASB im Dezember 2008 einen zweiten Exposure Draft zu IAS 24 mit überarbeiteten Änderungsvorschlägen veröffentlicht, im Wesentlichen mit folgenden Vorschlägen:

– Die Definition der nahe stehenden Unternehmen und Personen soll erweitert werden. Zukünftig sollen sämtliche Unternehmen eines Konzerns einschließlich Gemeinschafts- und assoziierten Unternehmen untereinander als nahe stehend angesehen werden. Bisher gelten nur Tochter-, Gemeinschafts- und assoziierte Unternehmen im Verhältnis zum Mutterunternehmen als nahe stehend, nicht aber die Beteiligungsunternehmen im Verhältnis zueinander. Letzteres soll durch den Entwurf geändert werden. Ähnliches soll gelten, wenn eine natürliche Person oder deren nahe Angehörige ein Unternehmen (gemeinschaftlich) beherrschen und über ein anderes Unternehmen mindestens maßgeblichen Einfluss ausüben. In diesem Fall würden die beiden Unternehmen als nahe stehend angesehen.

4763

Beispiel:

Person X und Person Y sind enge Verwandte. X ist ein Gemeinschaftsunternehmer von Unternehmen A und Y hat maßgeblichen Einfluss auf Unternehmen B. A und B sind in den Abschlüssen der beiden Unternehmen als nahe stehende Unternehmen zu betrachten.

---

1 Vgl. auch *Zimmermann* in Fuchs, WpHG-Kommentar, § 37w Rz. 14.

– Es sollen Erleichterungen für Unternehmen eingeführt werden, die beide Tochter-, Gemeinschafts- oder assoziierte Unternehmen einer Gebietskörperschaft sind. Solche Unternehmen sollen nur ihre Beziehung zur Gebietskörperschaft sowie *wesentliche* Transaktionen mit der Gebietskörperschaft und anderen Unternehmen unter der (gemeinschaftlichen) Kontrolle oder maßgeblichem Einfluss der Gebietskörperschaft angeben müssen.

Beispiel:

Die Gebietskörperschaft S kontrolliert Unternehmen 1 mit den Tochterunternehmen A und B sowie Unternehmen 2 mit den Tochterunternehmen C und D. S sowie alle direkten und indirekten Tochterunternehmen gelten zwar als nahe stehend, Unternehmen A muss aber über Transaktionen mit S sowie Unternehmen 1, 2, B, C und D nur eingeschränkt berichten. Beziehungen zu anderen nahe stehenden Unternehmen und Personen, z.B. dem Management in Schlüsselpositionen, sind aber vollumfänglich anzugeben.

Das IASB plant, den endgültigen Standard zur Änderung von IAS 24 im zweiten Halbjahr 2009 zu verabschieden. Hinweise auf einen möglichen Erstanwendungszeitpunkt enthält der Standardentwurf nicht.

4764 frei

2. Abgrenzung nahe stehender Unternehmen und Personen zum Konzern

2.1 Nahe stehend: Begriff

4765 Unternehmen und Personen gelten in Bezug auf das Bericht erstattende Unternehmen nur dann als nahe stehend, wenn zwischen dem Bericht erstattenden Unternehmen und den anderen Unternehmen und Personen

– ein Beherrschungsverhältnis,

– gemeinsame Leitung oder

– maßgeblicher Einfluss

besteht. Die Begriffsbestimmungen von Beherrschung, gemeinsamer Leitung und maßgeblichem Einfluss entsprechen jenen aus IAS 27, IAS 28 und IAS 31 zur Abgrenzung des Konsolidierungskreises (s. Rz. 3015 ff.).

2.2 Nahe stehende Unternehmen und Konzern

2.2.1 Unternehmen aus dem Konsolidierungskreis

4766 Damit zählen Tochter- und Gemeinschaftsunternehmen sowie assoziierte Unternehmen zu den nahe stehenden Unternehmen einer den Konzernabschluss aufstellenden Muttergesellschaft. Sofern freilich IAS 24 auf den Konzernabschluss angewendet wird, sind Angabepflichten über die *Geschäftsbeziehungen* zwischen voll und quotal konsolidierten Gesellschaften entbehr-

X. Angaben über Beziehungen zu nahe stehenden Unternehmen und Personen (IAS 24)

lich („Intragroup related party transactions and outstanding balances are eliminated", IAS 24.4).

Im Konzernabschluss verbleiben daher mögliche Angabepflichten zu nicht- 4767 konsolidierten Gesellschaften (keine Anwendung der Voll- und Quotenkonsolidierung bei Tochter- und Gemeinschaftsunternehmen) sowie assoziierte Unternehmen und Joint Ventures, auf die die Equity-Methode angewendet wird (Unternehmen (3) in Abb. 103). Indes ist die Nichtkonsolidierung nur möglich bei

- Unwesentlichkeit des Tochter- oder Gemeinschaftsunternehmens oder
- wenn über diese Einheiten Weiterveräußerungsabsicht besteht (Anwendung von IFRS 5, s. Rz. 2756 f.).

Im Falle einer Nichtkonsolidierung wegen Unwesentlichkeit wird man allerdings auch davon ausgehen können, dass die Geschäftsbeziehungen dieser Gesellschaft zum Konzern insgesamt sich nur unwesentlich auf die Lage des Konzerns auswirken können, so dass nach IAS 24 nicht zu berichten ist. Lediglich also bei der **Nichtkonsolidierung wegen Weiterveräußerungsabsicht** sind Angaben im Hinblick auf Tochter- und Gemeinschaftsunternehmen in einem Konzernabschluss in Betracht zu ziehen.

Die Abb. 103 fasst in den Ziffern (3) bis (9) die möglichen weiteren nahe 4768 stehenden Unternehmen und Personen zusammen und wird nachfolgend erläutert.

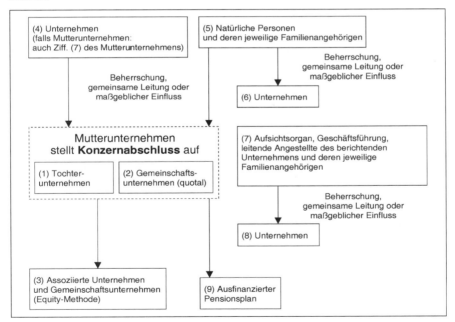

Abb. 103: **Abgrenzung nahe stehender Unternehmen und Personen zum Konzern**

In der Abbildung ist das Bericht erstattende Unternehmen der Konzern, der aus dem Mutterunternehmen und den einbezogenen Unternehmen (1) und (2) besteht; Transaktionen *zwischen diesen Unternehmen* lösen keine Berichtspflichten nach IAS 24 aus. Sofern jedoch von diesen Unternehmen auch der Einzelabschluss nach IFRS aufgestellt wird, sind die Geschäftsbeziehungen zu anderen Konzernunternehmen daraufhin zu prüfen, ob Angaben nach IAS 24 erforderlich sind. Zur möglichen Erweiterung der Definition nahe stehender Personen auf Grund eines Exposure Draft zu IAS 24 vgl. Rz. 4763.

2.2.2 Andere Unternehmen

4769 **Andere Unternehmen (4)**, die Anteile am Mutterunternehmen halten, gelten als nahe stehend, sofern sie die Möglichkeit der Ausübung beherrschenden oder maßgeblichen Einflusses haben bzw. das Mutterunternehmen gemeinsam mit anderen Unternehmen leiten. Hier kommt es im Hinblick auf die Anwendung des IAS 24 aus Sicht des Bericht erstattenden Mutterunternehmens nicht darauf an, ob es in den Abschluss des anderen Unternehmens einbezogen wird, denn das betrachtete Mutterunternehmen stellt ja seinerseits auf jeden Fall einen Abschluss auf (der aus der Perspektive des anderen Unternehmens (4) ggf. ein Teilkonzernabschluss ist). Falls es sich beim anderen Unternehmen (4) um das Mutterunternehmen des (Teil-)Konzerns handelt, gehören auch das oberste Management und die jeweiligen nahen Familienangehörigen (7) zu den nahe stehenden Personen (IAS 24.9(d)).

4770 frei

2.3 Natürliche Personen und Konzern

4771 Die vorstehenden Ausführungen gelten auch, wenn **natürliche Personen (5)** einen entsprechenden Anteil am Mutterunternehmen halten, der mindestens zu einem maßgeblichen Einfluss führt. Darüber hinaus zählen auch **nahe Familienangehörige** dieser natürlichen Personen zu den nahe stehenden Personen des Bericht erstattenden Mutterunternehmens. Sollten diese natürlichen Personen und/oder deren nahe Familienangehörige ihrerseits wiederum einen *mindestens* maßgeblichen Einfluss auf andere Unternehmen ausüben, so gelten diese **Unternehmen (6)** im Hinblick auf den Konzern ebenfalls als nahe stehende Unternehmen. *Niehus* weist auf die **Informationsprobleme** hin, die sich aus den Angabepflichten zu vorstehend genannten natürlichen Personen ergeben, da dem Konzern die Namen der Familienangehörigen und damit auch die (möglichen) Transaktionen mit diesen häufig unbekannt sein dürften.[1]

---

[1] Vgl. *Niehus*, „Related Party Transactions", in Forster u.a. (Hrsg.), FS Kropff, 1997, S. 533 (550 f.).

X. Angaben über Beziehungen zu nahe stehenden Unternehmen und Personen (IAS 24)

> **Beispiel:**
> Eine Eigentümerfamilie übt auf das Mutterunternehmen eines Konzerns einen beherrschenden Einfluss aus. Die Familie hält darüber hinaus alle Anteile an einer Leasinggesellschaft, die mit dem Konzern eine *Sale and lease back*-Transaktion durchführt. Der Leasingvertrag ist so ausgestaltet, dass das Ziel einer *Off-balance-sheet*-Darstellung erreicht wird und die Leasinggesellschaft nicht als Zweckgesellschaft aus Sicht des Konzerns zu würdigen ist. Gleichwohl gilt die Leasinggesellschaft als nahe stehendes Unternehmen. Neben ggf. der Beachtung der Sondervorschriften zur Gewinn- oder Verlusterfassung nach IAS 17 (s. Rz. 1370 ff.) sind Angaben nach IAS 24.17 f. erforderlich (s. Rz. 4779 ff.).

Die Mitglieder des **Aufsichtsrats**, des **Vorstands** bzw. der **Geschäftsführung** 4772 sowie ggf. **leitende Angestellte** des berichtenden Unternehmens (**Personen mit Schlüsselfunktionen im Management**[1]) und **die jeweiligen nahen Familienangehörigen (7)** dieser Personen sowie **andere Unternehmen (8)**, auf die diese natürlichen Personen einen *mindestens* maßgeblichen Einfluss ausüben können, sind nahe stehende Unternehmen und Personen aus der Perspektive des Bericht erstattenden Mutterunternehmens. Schließlich gehören auch **ausfinanzierte Pensionspläne (9)** zu den nahe stehenden Unternehmen.

Klärungsbedürftig ist der Begriff der **nahen Familienangehörigen** (*close mem-* 4773 *bers of the family*) einer dem Bericht erstattenden Unternehmen nahe stehenden Person. Es soll sich um Familienangehörige handeln, die diese Person in ihren Geschäftsbeziehungen zum Unternehmen beeinflussen können, oder umgekehrt von dieser Person beeinflusst werden. Der Begriff der Familie selbst wird nicht definiert, sondern umschrieben als häusliche (*domestic*) (Lebens-)Partner und Kinder sowie abhängige Angehörige der nahe stehenden Person (IAS 24.9).[2]

2.4 Negativabgrenzung: Nicht nahe stehende Unternehmen und Personen

Nicht nahe stehende Unternehmen und Personen sind üblicherweise die in 4774 IAS 24.11 genannten Unternehmen und Personen, also z.B. ein anderes Unternehmen, in dessen Aufsichtsrat ein Mitglied des Aufsichtsrats des Bericht erstattenden Unternehmens sitzt, Kapitalgeber, Gewerkschaften, das andere Partnerunternehmen eines *Joint Ventures*, Kunden und Lieferanten mit wesentlichem Geschäftsvolumen mit dem Bericht erstattenden Unternehmen usw. Zu beachten ist aber, dass trotz dieser Aufzählung eine Einzelfallprüfung nicht entbehrlich ist. Soweit nämlich auch für diese Unternehmen und Perso-

---

1 Die Abgrenzung der Führungsebene unterhalb von Vorstand/Geschäftsführung und Aufsichtsrat in den Kreis der Personen mit Schlüsselfunktionen im Management ist unklar und bietet Ermessensspielräume, vgl. auch *Hoffmann* in Haufe IFRS-Kommentar, 7. Aufl. 2009, § 30 Rz. 29.
2 Ausführlich hierzu *Andrejewski/Böckem*, KoR 2005, 170 (insbesondere 173 ff.).

nen die Kriterien des IAS 24.9 greifen, sind sie als nahe stehend zu qualifizieren.[1]

4775–4776 frei

3. Anhangangaben

3.1 Ohne Geschäftsvorfälle

4777 Im Falle des Teilkonzernabschlusses (oder eines Einzelabschlusses) ist der Name des Mutterunternehmens und, falls davon abweichend, der Name des obersten Mutterunternehmens anzugeben. Diese Angabepflicht ergibt sich sowohl aus IAS 24.12 als auch aus IAS 1.138c. IAS 24.12 ergänzt: Sollte das jeweilige Mutterunternehmen nicht abschlusspflichtig sein, ist zusätzlich der Name der nächsten Gesellschaft aus dem Gesamtkonzern anzugeben, die einen Abschluss erstellt, der den Teilkonzernabschluss (Einzelabschluss) umfasst.

4778 Die Angabepflicht aus IAS 24.12, erster Satz, es sollen Mutter-Tochter-Beziehungen offen gelegt werden, unabhängig davon, ob sich Geschäftsvorfälle ereignet haben, bezieht sich nach unserer Auffassung nur auf den Einzelabschluss: Stellt ein Mutterunternehmen einen Einzelabschluss auf, hat es jene Unternehmen anzugeben, die es wirtschaftlich kontrolliert. Betrachtet man dagegen den Konzernabschluss der Mutter, entfallen die Angabepflichten, weil nach IFRS-Lesart der Konzern *ein Unternehmen* ist[2], es auf rechtliche Einheiten gar nicht ankommt.

Letztlich wäre aber auch ein Streit über diese Frage überflüssig: Deutsche Unternehmen, die EU-IFRS-Konzernabschlüsse aufstellen müssen oder dies freiwillig tun, müssen nach wie vor die Angabepflicht des § 313 Abs. 2 und 3 HGB erfüllen (s. Rz. 4560). Diese gehen weit über IAS 24.12 hinaus.

3.2 Mit Geschäftsvorfällen

4779 Falls sich Geschäftsvorfälle zwischen dem Konzern und nahe stehenden Unternehmen und Personen ereignet haben, ist die Beziehung offen zu legen und zu beschreiben. Ferner sind die Geschäftsvorfälle und ausstehende Beträge in einer Art zu nennen und zu beschreiben, dass der Effekt der Geschäftsbeziehung auf den Abschluss nachvollzogen werden kann. Bei der Beschreibung der Geschäftsvorfälle darf die Gesellschaft nur die Formulierung verwenden, dass diese unter marktüblichen Bedingungen stattgefunden haben (*Arm's length*-Prinzip), wenn diese Bedingungen nachgewiesen werden können (IAS 24.21). Andernfalls bleibt es bei der rein deskriptiven Berichterstattung über die Geschäftsvorfälle, ohne Wertung durch die Gesellschaft (IAS 24.IN7).[3]

---

[1] Vgl. *Küting/Gattung*, WPg 2005, 1105 (1112).
[2] Von dieser Frage unberührt bleibt, dass selbstverständlich die Konzerninnenbeziehungen konsolidiert werden, IFRS 24.4.
[3] So auch *Hoffmann* in Haufe IFRS-Kommentar, 7. Aufl. 2009, § 30 Rz. 4.

X. Angaben über Beziehungen zu nahe stehenden Unternehmen und Personen (IAS 24)

Die eher allgemeine Anforderung des IAS 24.17 wird weiter konkretisiert durch geforderte **Minimumangaben** über 4780
- den Betrag der Transaktion,
- die Angabe ausstehender Beträge (Forderungen/Verbindlichkeiten) inklusive einer Angabe über die (Zahlungs-)Bedingungen, Besicherung, gegebene oder erhaltene Garantien und
- getroffene Vorkehrungen für zweifelhafte Forderungen, insbesondere Angabe des Abschreibungsbetrages.

Diese Angaben sind in einem **Konzernabschluss** separat für folgende Gruppen von nahe stehenden Unternehmen und Personen zu machen (IAS 24.18): 4781
- Im Falle der Aufstellung eines **Teilkonzernabschlusses** die Angaben über Transaktionen mit dem Mutterunternehmen oder ggf. den Partnerunternehmen, falls der Teilkonzern gemeinschaftlich geführt wird,
- Unternehmen mit maßgeblichen Einfluss auf den Konzern,
- assoziierte Unternehmen des Konzerns,
- Gemeinschaftsunternehmen des Konzerns, auf die die Equity-Methode angewendet wird,
- Personen mit Schlüsselfunktionen im Management des Konzerns oder seines Mutterunternehmens (im Falle des Teilkonzernabschlusses) und
- andere nahe stehende Unternehmen und Personen.

Die jeweils gesonderte Angabe ausstehender Beträge (Forderungen/Verbindlichkeiten) gegenüber vorgenannten Gruppen kann in Erweiterung der Grundgliederung entweder unmittelbar in der Bilanz oder im Anhang vorgenommen werden (IAS 24.19). Das ist aus dem HGB vertraut, z.B. Forderungen gegenüber verbundenen Unternehmen (im Einzelabschluss). Üblich ist allein die **Anhangangabe**. 4782

Darüber hinaus sind sämtliche Bezüge der Personen in Schlüsselfunktionen im Management anzugeben, und zwar getrennt nach folgender Aufstellung (IAS 24.16): 4783
- kurzfristige Bezüge,
- Pensionsleistungen,
- andere langfristige Leistungen,
- Abfindungen,
- Kapitalbeteiligungsleistungen (Aktienoptionsprogramme).

Die Angaben müssen nach IAS 24 nur für das Management in Summe, nicht individualisiert gemacht werden.[1]

Angaben über **Organbezüge** sind auch nach § 314 Abs. 1 Nr. 6 HGB erforderlich, der ebenfalls für den IFRS-Konzernabschluss einschlägig bleibt (Rz. 4560). Zu beachten ist, dass § 314 Abs. 1 Nr. 6 HGB zwar grundsätzlich nur die

---

1 Vgl. *Hoffmann* in Haufe IFRS-Kommentar, 7. Aufl. 2009, § 30 Rz. 28.

Angabe von Gesamtbezügen der Personengruppen verlangt, auf Grund des Vorstandsvergütungs-Offenlegungsgesetzes[1] im Falle von börsennotierten Mutterunternehmen zusätzlich die Tätigkeitsvergütung personen-individuell offen zu legen ist (§ 314 Abs. 1 Nr. 6a Satz 5–9 HGB). Diese Angabepflichten werden weiter durch DRS 17 konkretisiert. Zudem enthält der Deutsche Corporate Governance Kodex für börsennotierte Unternehmen Vorgaben für Angaben zur Vergütung von Vorstand und Aufsichtsrat.

Die nach deutschem Recht erforderlichen Angaben gehen über IAS 24 hinaus, insbesondere durch das Erfordernis einer individualisierten Angabe (vgl. Ziff. 4.2.4, 5.4.7 CorpGovKodex) der Tätigkeitsvergütung des Vorstandes börsennotierter Aktiengesellschaften.

4784–4786 frei

3.3 Beispiel und Praxishinweise

4787 Die Praxis verfährt im Umgang mit dem bisherigen IAS 24 (1994) uneinheitlich. Zumeist findet sich im Anhang zwar ein separater Abschnitt, der häufig mit „Beziehungen zu nahe stehenden Unternehmen und Personen" überschrieben ist. Die hier zu findenden Angaben differieren aber stark in der Art der Darstellung und im Detaillierungsgrad.[2] Aufgrund der Erfordernisse des HGB und des Deutschen Corporate Governance Kodex stellen deutsche börsennotierte Unternehmen umfangreiche Angaben zur Managementvergütung häufig in einem gesonderten Vergütungsbericht (vgl. Ziff. 4.2.5 CorpGov-Kodex) dar, der Bestandteil des Lageberichts ist. Im Anhang findet sich dann eine Kurzfassung zur Erfüllung der Angabepflichten nach IAS 24 mit Verweis auf die umfangreichen Angaben im Vergütungsbericht.[3]

4788 Eine besonders ausführliche Darstellung der IAS 24-Angaben enthält der Konzernabschluss der paragon AG, in dem das Mutter- und *ein* Tochterunternehmen konsolidiert sind:

Beispiel (paragon AG, Geschäftsbericht 2005, S. 56):

„(30) Beziehungen zu nahe stehenden Personen

Zu den ‚related parties' gehören die Mitglieder des Vorstands und des Aufsichtsrats und nahe Familienangehörige der Organmitglieder.

Die Gesamtbezüge des Vorstands belaufen sich auf TEuro 1545 (i. Vj. TEuro 1147). Darin enthalten ist das Fixum mit insgesamt TEuro 573 (i. Vj. TEuro 529); die erfolgsbezogenen Komponenten wurden mit insgesamt TEuro 420 (i. Vj. TEuro 450) dotiert. Ferner sind darin enthalten mit TEuro 99 die Zufüh-

---

1 V. 3.8.2005, BGBl. I 2005, 2267.
2 S. hierzu *von Keitz*, Praxis der IASB-Rechnungslegung, 2. Aufl. 2005, S. 264 ff.
3 Vgl. z.B. E.ON Geschäftsbericht 2007, S. 117 ff., 203; RWE Geschäftsbericht 2007, S. 119 ff., 202; ThyssenKrupp Geschäftsbericht 2007/2008, S. 30 ff., 212; Siemens Geschäftsbericht 2008, S. 32 ff., 227.

X. Angaben über Beziehungen zu nahe stehenden Unternehmen und Personen (IAS 24)

rung zur Pensionsrückstellung sowie ein geldwerter Vorteile für die Kfz-Nutzung und Aktienkauf in Höhe von TEuro 260. Zu den erfolgsbezogenen Komponenten mit langfristiger Anreizwirkung verweisen wir auf die Ausführungen im Abschnitt ‚Aktienoptionsplan' unter Punkt (31). Weiter gehende Erläuterungen zu der Pensionsrückstellung befinden sich unter Punkt (23).

Die Mitglieder des Aufsichtsrates haben im abgelaufenen Kalenderjahr ausschließlich eine feste Vergütung sowie eine variable Vergütung über Wertsteigerungsrechte erhalten, dazu verweisen wir auf Punkt (31). Die Gesamtbezüge des Aufsichtsrates betrugen im Berichtsjahr TEuro 56 (i. Vj. TEuro 62). Davon fallen TEuro 41 auf die Festvergütung, der variable Teil der Vergütung wurde mit TEuro 15 (i. Vj. TEuro 21) dotiert.

Der Vorstand besaß zum Bilanzstichtag 2 114 730 Aktien von insgesamt 4 086 106 Aktien, wovon 2 105 730 Aktien auf Herrn Klaus Dieter Frers entfallen. Auf den Aufsichtsrat entfallen insgesamt 6000 Aktien.

An die Familie Frers wurden in 2005 auf Grund vereinbarter Verträge Mietzahlungen in Höhe von TEuro 252 geleistet, davon entfallen TEuro 248 auf die beiden Betriebsgebäude in Delbrück.

Die im Vorjahr zum Bilanzstichtag noch bestehenden Restverbindlichkeiten gegenüber dem ehemaligen Minderheitsgesellschafter der Miquest Corp., Herrn Donald L. Goris, in Höhe von insgesamt TEuro 52 (TUSD 71) wurden vollständig bezahlt.

Zum Bilanzstichtag bestanden Höchstbetragsbürgschaften des Herrn Klaus Dieter Frers für Verbindlichkeiten der paragon AG gegenüber Kreditinstituten in Höhe von TEuro 1153.

Ferner bestehen zum Bilanzstichtag zwei Vereinbarungen zwischen dem Freistaat Thüringen (vertreten durch die Thüringer Aufbaubank, Erfurt) und Herrn Klaus Dieter Frers über einen öffentlich-rechtlichen Schuldbeitritt, wonach Herr Frers neben der paragon AG als Zuwendungsempfänger in das Rückerstattungsschuldverhältnis eintritt, das sich ergibt, falls der Freistaat Thüringen von der Gesellschaft einen Investitionszuschuss in Höhe von TEuro 3850 zurückfordert."

4789 IAS 24 beschreibt einen weit gezogenen Kreis nahe stehender Unternehmen und Personen und fordert für diese umfangreiche Angaben im Hinblick auf vorhandene Geschäftsbeziehungen. Insbesondere, soweit es sich um Beziehungen zu natürlichen Personen handelt, die nicht Mitglieder in Schlüsselpositionen des Managements sind, sind solche Angaben der Rechnungslegung nach HGB praktisch unbekannt; dies wird sich durch das BilMoG allerdings ändern. Insoweit handelt es sich aus HGB-Perspektive um Anforderungen, für deren Umgang noch keine vergleichbaren Erfahrungen vorliegen.

4790 Die größten Probleme in der praktischen Anwendung des IAS 24 im Hinblick auf die Beziehungen des Unternehmens zu nahe stehenden natürlichen Personen dürfte darin liegen zu erfahren, ob es solche Beziehungen überhaupt gibt und wie diese ausgestaltet sind.

4791 Darüber hinaus bestehen im deutschen Steuerrecht – in § 1 AStG – gewisse Ähnlichkeiten zu den Angabepflichten nach IAS 24, wenn mit nahe stehenden natürlichen Personen Geschäfte unter Bedingungen getätigt werden, die mit fremden Dritten nicht unter diesen Bedingungen getätigt worden wären. Zwar haben die IFRS keine unmittelbaren Auswirkungen auf die Besteuerung, und doch mag bei der Anwendung des IAS 24 ein steuerliches Problem erwachsen, wie *Niehus* formuliert: „Bewusst verallgemeinernd lässt sich sagen, dass ‚nahe Angehörige von Mehrheitsgesellschaftern' immer im Visier einer verdeckten Gewinnausschüttung stehen ... Man wird sagen dürfen, dass die Angabe des Bestehens von *Related-party*-Beziehungen geradezu eine Einladung an den Betriebsprüfer darstellt, sich dieses Umstands besonders anzunehmen (wenn diese im Ausland angesiedelt sind). Die IAS-Regel wird schon aus diesem Grund nicht auf eine hohe Aufgeschlossenheit bei den Aufstellern stoßen."[1]

4792 Im Hinblick auf den Aussagegehalt der Angaben nach IAS 24 für den **Abschlussadressaten** ist zu beachten: IAS 24 verlangt **keine Angaben** darüber, wie der Abschluss **ausgesehen hätte**, wenn es ggf. verzerrende Geschäftsbeziehungen zu nahe stehenden Unternehmen und Personen nicht gegeben hätte, wenn sie also zu Bedingungen abgeschlossen worden wären, wie sie unter fremden Dritten üblich sind (IAS 24.IN7).

4793–4799 frei

XI. Zwischenberichterstattung (IAS 34)

1. Überblick und Wegweiser

1.1 Standards und Anwendungsbereich

4800 Die Kompetenz über die Pflicht zur Veröffentlichung von Zwischenberichten liegt nicht beim IASB, sondern beim Gesetzgeber. Die Zwischenberichterstattung unterliegt durch die von der EU verabschiedete **Transparenzrichtlinie**[2] den EU-Harmonisierungsbemühungen. In Deutschland ist die Transparenzrichtlinie durch das **Transparenzrichtlinie-Umsetzungsgesetz** in nationales Recht überführt worden.[3]

4802 Seitdem finden sich die Vorschriften zur Zwischenberichterstattung im **Wertpapierhandelsgesetz**, die bis dahin geltenden Vorschriften des § 40 BörsG und der §§ 53–62 BörsZulV sind aufgehoben worden. Nach WpHG gilt Folgendes:

(a) **Inlandsemittenten** von **Aktien oder Schuldtiteln** haben einen **Halbjahresfinanzbericht** zu erstellen (§ 37w Abs. 1 WpHG); für reine Schuldtitelemittenten bestehen gewisse Ausnahmen (§ 37w Abs. 1, 37z Abs. 1–3 WpHG).

---

1 *Niehus*, WPg 2003, 521 (530).
2 Richtlinie 2004/109/EG des Europäischen Parlaments und des Rates vom 15.12.2004, ABl. L 390/38 v. 31.12.2004.
3 Zum TUG s. *Beiersdorf/Rahe*, BB 2007, 99.

(b) Der Halbjahresfinanzbericht umfasst mindestens (§ 37w Abs. 2 WpHG):
- einen **verkürzten Abschluss**, der mindestens aus jeweils verkürzter Bilanz, GuV und Anhang bestehen muss (§ 37w Abs. 3 Satz 1 WpHG),
- einen **Zwischenlagebericht** mit Angaben nach § 37w Abs. 4 WpHG, u.a. (beschränkt auf Aktienemittenten) die wesentlichen Geschäfte mit nahe stehenden Unternehmen und
- für den verkürzten Abschluss und den Zwischenlagebericht den neu eingeführten sog. **Bilanzeid** nach § 264 Abs. 2 Satz 3 und § 289 Abs. 1 Satz 5 HGB.
- Wird ein Einzelabschluss gem. § 325 Abs. 2a HGB nach IFRS offen gelegt, so *ist* auf den verkürzten Abschluss **ebenfalls IFRS** anzuwenden (§ 37w Abs. 3 WpHG). In diesem Fall kommt IAS 34 zum Tragen, und der Abschluss erweitert sich um eine verkürzte Kapitalflussrechnung und eine verkürzte Eigenkapitalveränderungsrechnung. Der Halbjahresfinanzbericht hat dann grundsätzlich auch die von IAS 34.16(g) geforderten Angaben zu Segmenten zu enthalten.

(c) Der verkürzte Abschluss und der Zwischenlagebericht können, müssen aber nicht einer **prüferischen Durchsicht** durch einen Abschlussprüfer unterzogen werden. Bei einer solchen Durchsicht hat der Abschlussprüfer das Ergebnis der prüferischen Durchsicht in einer Bescheinigung zum Halbjahresfinanzbericht zusammenzufassen, die mit dem Halbjahresfinanzbericht zu veröffentlichen ist. Auch eine Vollprüfung nach § 317 HGB ist zulässig mit entsprechenden Offenlegungsfolgen für den dann erforderlichen Bestätigungs- bzw. Versagungsvermerk (§ 37w Abs. 5 WpHG).

(d) Für **Aktienemittenten** wurde eine sog. **Zwischenmitteilung der Geschäftsführung** neu eingeführt (§ 37x Abs. 1 WpHG; zu ihrem Inhalt s. § 37x Abs. 2 WpHG); diese entfällt, wenn ein **Quartalsfinanzbericht** analog dem Halbjahresfinanzbericht erstellt und veröffentlicht wird, also inklusive Zwischenlagebericht. Der Quartalsfinanzbericht braucht allerdings den Bilanzeid nicht zu enthalten (§ 37x Abs. 3 WpHG).

(e) Ist der Inlandsemittent als Mutterunternehmen konzernabschlusspflichtig und verpflichtet, einen Halbjahresfinanzbericht zu erstellen und zu veröffentlichen (= kapitalmarktorientiertes Mutterunternehmen), so ist statt auf Einzelabschlussebene ein **Halbjahresfinanzbericht auf konsolidierter Basis** nach IFRS zu erstellen und zu veröffentlichen (§ 37y Nr. 2 WpHG). In diesem Fall hat sich auch die Zwischenmitteilung auf den Konzern zu beziehen (§ 37y Nr. 3 WpHG); sie entfällt u.E., wenn auf Konzernebene ein Quartalsfinanzbericht erstellt wird.

(f) Der zuletzt veröffentlichte verkürzte Abschluss und der zugehörige Zwischenlagebericht können nun auch Gegenstand einer **Prüfung durch die Deutsche Prüfstelle für Rechnungslegung** sein, allerdings nicht im Wege der stichprobenartigen Prüfung (Rz. 150).

Vorstehende Neuerungen fanden erstmals auf Finanzberichte des Geschäftsjahrs Anwendung, das nach dem 31.12.2006 begann (§ 46 Abs. 1 WpHG); für reine Schuldtitelemittenten und bisherige US-GAAP-Anwender siehe abweichend § 46 Abs. 2 WpHG.

4803 Neben dieser gesetzlichen Pflicht bestehen privatrechtliche Vereinbarungen der Unternehmen mit der Deutschen Börse AG, die an die Segment- oder Indexzugehörigkeit gekoppelt sind. Danach sind Quartalsberichte im Segment „**Prime Standard**" erforderlich, während im Segment „**General Standard**" nur die gesetzliche Mindestanforderung des Halbjahresfinanzberichts und der neuen Zwischenmitteilung erfüllt werden muss.[1]

4804 Für die **Vorlagefrist** ist § 37w Abs. 1 WpHG maßgebend (i.d.R. **2 Monate** nach Abschluss der Zwischenberichtsperiode). Dies entspricht der (rechtlich nicht bindenden) Frist von **60 Tagen** nach IAS 34.1. Außerdem ist der Zwischenbericht dem elektronischen Unternehmensregister zu übermitteln (§ 37w Abs. 1 Satz 4 WpHG).

4805 Für den IFRS-Anwender, der pflichtgemäß oder freiwillig einen Zwischenbericht nach IFRS veröffentlicht, ist entscheidend, dass auf diesen **Zwischenbericht IAS 34** anzuwenden ist (IAS 34.1). Wir erläutern in diesem Kapitel die Aufstellung von Halbjahres- oder Quartalsberichten des Konzerns nach IAS 34. Abgesehen von Folgeänderungen, die sich aus Überarbeitungen anderer IFRS für IAS 34 ergeben haben (IAS 1, IFRS 3, IFRS 8) und einer Klarstellung aus dem Annual Improvement Project 2008, wonach die Pflicht zur Angabe des EPS nur bei Unternehmen im Anwendungsbereich des IAS 33 (Rz. 4700) besteht (Rz. 4819), ist IAS 34 seit der letzten Auflage nicht geändert worden.

4806 IAS 34 wird durch IFRIC 10 Interim Financial Reporting and Impairment ergänzt. Hiernach dürfen in einem Zwischenbericht vorgenommene **außerplanmäßige Abschreibungen**, insbesondere auf **Goodwill** und bestimmte Eigenkapitalinstrumente, im nächsten Jahresabschluss nicht rückgängig gemacht werden (Rz. 4851).

1.2 Wesentliche Abweichungen zum HGB

4807 Das HGB enthält keine Vorschriften zur Zwischenberichterstattung, s. insoweit Rz. 4802. Änderungen durch das BilMoG haben sich nicht ergeben.

1.3 Neuere Entwicklungen

4808 Im Hinblick auf IAS 34 sind keine kurzfristigen Änderungen geplant. Mittelfristig können sich jedoch aus dem *„Financial Statement Presentation"* (Rz. 4008) Auswirkungen auf die Zwischenberichterstattung ergeben.

4809 frei

---

1 Vgl. *Nonnenmacher* in Marsch-Barner/Schäfer (Hrsg.), Handbuch börsennotierte AG, 2005, § 54 Rz. 32 ff.

2. Berichtsinstrumente im Zwischenbericht

2.1 Überblick

Ein Zwischenbericht enthält gem. IAS 34.8 mindestens 4810

(a) eine verkürzte Bilanz,

(b) eine verkürzte Gesamtergebnisrechnung, entweder als eine Gesamt-Rechnung oder als gesonderte Gewinn- und Verlustrechnung und zusätzliche Gesamtergebnisrechnung (Rz. 4001),

(c) einen verkürzten Eigenkapitalspiegel,

(d) eine verkürzte Kapitalflussrechnung und

(e) ausgewählte erläuternde Anhangangaben.

Die vorgenannten Berichtsinstrumente (statt eines vollständigen Abschlusses) müssen mindestens die im letzten jährlichen Abschluss aufgenommenen **Überschriften** und **Zwischensummen** enthalten (IAS 34.10). Diese kennzeichnen insoweit den Mindestinhalt der verkürzten Berichtsinstrumente. Einige der erläuternden Anhangangaben können in die Berichtsinstrumente integriert werden. Wir machen daher in Rz. 4815 ff. Vorschläge für den jeweiligen Mindestinhalt der Berichtsinstrumente unter Berücksichtigung der Integration von Anhangangaben.

Im Zwischenbericht ist anzugeben, dass er in **Übereinstimmung mit IAS 34** 4811
aufgestellt worden ist (IAS 34.19). Ein Zwischenbericht darf als mit dem IFRS übereinstimmend bezeichnet werden, wenn er den Anforderungen *aller* anzuwendenden Standards und Interpretationen entspricht (IAS 34.19).

frei 4812–4814

2.2 Verkürzte Bilanz

Für den Stichtag der aktuellen Zwischenberichtsperiode sind die entsprechenden 4815
Vergleichswerte des letzten Geschäftsjahres anzugeben. Aufbauend auf unseren Vorschlag zur Gliederung der Konzernbilanz in Rz. 4131, wäre der Mindestinhalt der verkürzten Bilanz folgender (im Beispiel für die Zwischenberichtsperiode 1.1. bis 30.9.02):

Aktiva	30.9.02	31.12.01	**Passiva**	30.9.02	31.12.01
Anlagevermögen			EK-Anteil der Konzernmutter		
Umlaufvermögen			Fremdanteile		
			Summe Eigenkapital		
			Langfristige Schulden		
			Kurzfristige Schulden		
Bilanzsumme			**Bilanzsumme**		

Abb. 104: Inhalt verkürzte Bilanz

Die Praxis verfährt für die Bilanzgliederung in Zwischenberichten sehr unterschiedlich. Das hier vorgestellte Mindestgliederungsschema wird jedoch regel- 4816

mäßig um weitere Angaben ergänzt bis hin zur vollständig aufgegliederten Bilanz, wie sie sich auch im Jahresgeschäftsbericht findet.[1]
Sollten unterjährig Bereichseinstellungen beschlossen werden und die Bedingungen des IFRS 5 erfüllt sein, so ist mindestens zu empfehlen, die Kategorie *held for sale* gesondert zu zeigen (s. Rz. 2730).

2.3 Verkürzte Gesamtergebnisrechnung

4817 Für die Gesamtergebnisrechnung (in einem oder zwei Statements, Rz. 4810 (b)) sind die kumulierten Werte seit Beginn des neuen Geschäftsjahres sowie die Quartalswerte darzustellen, jeweils mit den entsprechenden Vergleichsangaben aus der Vorperiode (IAS 34.20b). Für einen Zwischenbericht zum 30.9.02 (Geschäftsjahr = Kalenderjahr) schlagen wir, aufbauend auf unseren Vorschlag in Rz. 4211, folgende **Mindestinhalte** vor:

	9 Monate 02	9 Monate 01	3. Quartal 02	3. Quartal 01
Umsatzerlöse				
Betriebsergebnis (operatives Ergebnis)				
Finanzergebnis				
Ergebnis vor Ertragsteuern				
Ertragsteuern				
Periodenergebnis				
Anderen Gesellschaftern zustehendes Ergebnis				
Konzernergebnis				
Sonstiges Ergebnis				
Gesamtergebnis				
Ergebnis je Aktie/unverwässert				
Ergebnis je Aktie/verwässert				

Abb. 105: Inhalt verkürzte Gesamtergebnisrechnung (eine Rechnung), Gesamtkostenverfahren

	9 Monate 02	9 Monate 01	3. Quartal 02	3. Quartal 01
Umsatzerlöse				
Umsatzkosten				
Bruttoergebnis				
Betriebsergebnis (operatives Ergebnis)				
Finanzergebnis				
Ergebnis vor Ertragsteuern				
Ertragsteuern				

---
1 Vgl. Metro AG, Konzern-Zwischenabschluss 3. Quartal 2006.

	9 Monate 02	9 Monate 01	3. Quartal 02	3. Quartal 01
Periodenergebnis				
Anderen Gesellschaftern zustehendes Ergebnis				
Konzernergebnis				
Sonstiges Ergebnis				
Gesamtergebnis				
Ergebnis je Aktie/unverwässert				
Ergebnis je Aktie/verwässert				

Abb. 106: Inhalt verkürzte Gesamtergebnisrechnung (eine Rechnung), Umsatzkostenverfahren

Darüber hinaus ist eine so stark verkürzte Gesamtergebnisrechnung wie vorstehend angegeben in der Praxis nicht der Regelfall. Häufig – das ist aus unserer Sicht zu begrüßen – findet sich die Angabe wichtiger Aufwandskategorien bis hin zur vollständigen Gesamtergebnisrechnung.

4818

2.4 Ergebnis je Aktie

Unternehmen, die in den Anwendungsbereich von IAS 33, Ergebnis je Aktie, fallen (s. Rz. 4750), haben das unverwässerte und das verwässerte **Ergebnis je Aktie** in der Gesamtergebnisrechnung auch für die Zwischenberichtsperiode anzugeben (IAS 34.11). Wird die Gesamtergebnisrechnung in zwei einzelnen Rechnungen dargestellt, ist das Ergebnis je Aktie in der Gewinn- und Verlustrechnung anzugeben (IAS 34.11A).

4819

2.5 Verkürzter Eigenkapitalspiegel

Die Eigenkapitalveränderungsrechnung wird regelmäßig in der Form des Eigenkapitalspiegels dargestellt. Er hat die Daten vom Ende des letzten Geschäftsjahres bis zum Stichtag der Zwischenberichtsperiode zu enthalten, mit den entsprechenden Vergleichsangaben des Vorjahreszeitraums (IAS 34.20c).

4820

Im **verkürzten Eigenkapitalspiegel** sind nach IAS 34.8c i.V.m. IAS 1.106 neben dem Gesamtergebnis alle Veränderungen des Eigenkapitals aufzunehmen, die aus Kapitaltransaktionen mit den Gesellschaftern resultieren (IAS 34.8c). Zusätzlich ist nach IAS 34.16e über Emissionen, Rückkäufe und Rückzahlungen von Eigenkapitaltiteln und nach IAS 34.16f über gezahlte Dividenden ohnehin zu berichten. Diese Informationen können problemlos in den Eigenkapitalspiegel integriert werden, so dass nicht noch zusätzlich im Anhang hierüber berichtet werden muss. Damit verringern sich aber auch die Möglichkeiten einer Verkürzung.[1] Ein verkürzter Eigenkapitalspiegel könnte daher, in Anleh-

---

1 *Ammedick/Strieder*, Zwischenberichterstattung, 2002, S. 53, sprechen sich für einen vollständigen Eigenkapitalspiegel aus.

nung an unseren Vorschlag in Rz. 4362, für die Zwischenberichtsperiode vom 1.1. bis 30.9.02 (die Vergleichsangaben für die entsprechende Vorjahresperiode wären analog darzustellen) wie folgt aussehen:

	Gezeichnetes Kapital	Kapitalrücklage	Gewinnrücklage	Sonstiges Ergebnis	Bilanzgewinn	Anteil der Konzernmutter	Fremdanteile	Gesamt
Stand 1.1.02								
Dividendenzahlungen								
Gesamtergebnis								
Kapitalerhöhung/ Verminderung								
Stand 30.9.02								

Abb. 107: Verkürzter Eigenkapitalspiegel

4821 Zur Erweiterung des Eigenkapitalspiegels bei Änderungen der Bilanzierungs- und Bewertungsmethoden s. Rz. 4833.

2.6 Verkürzte Kapitalflussrechnung

4822 Die verkürzte Kapitalflussrechnung hat die Daten vom Ende des letzten Geschäftsjahres bis zum Stichtag der Zwischenberichtsperiode zu enthalten, mit den entsprechenden Vergleichsangaben des Vorjahreszeitraums (IAS 34.20d). Die Minimalanforderung an die verkürzte Kapitalflussrechnung wäre dann, ausgehend von unserem Vorschlag in Rz. 4470, für die Berichtsperiode 1.1.–30.9.02 wie folgt:

	1.1.–30.9.02	1.1.–30.9.01
Brutto-Cashflow		
Veränderung Netto-Umlaufvermögen		
Mittelveränderung aus laufender Geschäftstätigkeit		
Mittelveränderung aus der Investitionstätigkeit		
Mittelveränderung aus der Finanzierungstätigkeit		
Laufende Veränderung der liquiden Mittel		
Wechselkurs- und konzernkreisbedingte Änderungen		
Veränderung der liquiden Mittel gesamt		
Liquide Mittel Jahresanfang		
Liquide Mittel 30.9.		

Abb. 108: Verkürzte Kapitalflussrechnung

4823 In der Praxis findet sich eine solchermaßen verkürzte Kapitalflussrechnung regelmäßig *nicht*. Stattdessen werden, im Vergleich zur ausführlichen Kapitalflussrechnung im Geschäftsbericht, kaum Informationen zusammengefasst. Ein solches Vorgehen ist sehr zu begrüßen.

frei 4824–4829

3. Ausgewählte Anhangangaben

IAS 34.16 fordert bestimmte Mindestanhangangaben, wenn diese Informationen für den Adressaten wesentlich sind und nicht bereits an anderer Stelle des Zwischenberichts gegeben werden. In der Praxis fallen diese Anhangangaben regelmäßig sehr kurz aus. Eine Fehlanzeige bei den einzelnen Angabepflichten ist nicht erforderlich, wird aber gelegentlich freiwillig vorgenommen. 4830

3.1 Bilanzierungs- und Bewertungsmethoden

Anzugeben ist eine Erklärung, dass dieselben **Bilanzierungs- und Bewertungsmethoden** sowie Berechnungsmethoden im Zwischenabschluss befolgt werden wie im letzten jährlichen Abschluss oder, wenn die Methoden geändert worden sind, eine Beschreibung der Art und Auswirkung der Änderung (IAS 34.16a). Auf diese Methoden sind explizit die Bilanzierungsgrundsätze des IAS 1 (Rz. 250 ff.) anzuwenden (IAS 1.2). 4831

> **Beispiel (Volkswagen AG, Konzern-Zwischenabschluss 30.9.2008, S. 34):**
> „Bei der Aufstellung des Zwischenabschlusses und der Ermittlung der Vergleichszahlen für das Vorjahr wurden grundsätzlich dieselben Bilanzierungs- und Bewertungsmethoden sowie wie im Konzernabschluss 2007 angewandt. Eine detaillierte Beschreibung dieser Methoden ist im Anhang des Konzernabschlusses des Geschäftsjahres 2007 veröffentlicht. Dieser ist auch im Internet unter www.volkswagenag.com/ir abrufbar."

Werden im Verlaufe eines Jahres die Bilanzierungs- und Bewertungsmethoden geändert, so ist die Änderung gem. IAS 34.43 retrospektiv vorzunehmen und 4832

(a) entweder so durchzuführen, als sei schon immer nach den neuen Methoden bilanziert worden oder,

(b) falls (a) nicht möglich ist (weil die Daten z.B. nicht vorliegen), jener Zeitpunkt zu bestimmen, bis zu dem rückwirkende Anpassung möglich wäre, sodann prospektive Anpassung. Die rückwirkende Anpassung hat aber auf jeden Fall für alle vergangenen Quartalsberichte des aktuellen Berichtsjahrs zu erfolgen.

Das Vorgehen entspricht der Regelung des IAS 8; s. hierzu ausführlich Rz. 836 ff.

Die im Falle einer Änderung der Bilanzierungs- und Bewertungsmethoden ggf. erforderliche Anpassung der Gewinnrücklagen sollte im Eigenkapitalspiegel des Zwischenberichts transparent gemacht werden. Der Eigenkapitalspiegel 4833 würde sich dann gegenüber unserem Vorschlag in Rz. 4820 um eine bzw. – mit Zwischensumme – zwei weitere Zeilen erweitern.

4834 Sollte während einer Zwischenberichtsperiode ein **neuer** oder **überarbeiteter IFRS** angewendet werden, der *keine* Übergangsvorschriften im Hinblick auf eine nur prospektive Anwendung enthält, so erfolgt die Anpassung ebenfalls gem. Rz. 4832. Nicht geregelt ist, wie mit in der Zwischenberichtsperiode entdeckten **wesentlichen Fehlern** zu verfahren ist (s. Rz. 870 ff.). Auch hier schlagen wir vor, die Korrektur unmittelbar vorzunehmen und gem. Rz. 4832 zu verfahren.

3.2 Saison- oder Konjunktureinflüsse

4835 Die nach IAS 34.16b geforderten Bemerkungen über Saison- oder Konjunktureinflüsse auf die Geschäftätigkeit werden üblicherweise nicht in den Anhang, sondern im gesonderten Berichtsteil des Zwischenberichts über die allgemeine Geschäftsentwicklung aufgenommen.

3.3 Ungewöhnliche Ereignisse

4836 Art und Umfang von Sachverhalten, die Vermögenswerte, Schulden, Eigenkapital, Periodenergebnis oder Cashflow beeinflussen und auf Grund ihrer Art, ihres Ausmaßes oder ihrer Häufigkeit ungewöhnlich sind, sind anzugeben (IAS 34.16c). Hierunter kann beispielsweise eine bedeutende Kapitalerhöhung oder eine hohe außerplanmäßige Goodwillabschreibung fallen.

3.4 Änderungen von Schätzungen

4837 Für viele Abschlusspositionen sind auch bei unterjähriger Berichterstattung Schätzungen erforderlich (IAS 34.23). Auswirkungen der Änderungen von Schätzungen werden in der Periode der Änderung erfolgswirksam erfasst (s. Rz. 861). Sollten sich Schätzungen im Vergleich zum vorangegangenen Zwischenabschluss oder zum Jahresabschluss verändert haben, ist bei wesentlichen Auswirkungen hierüber zu berichten (IAS 34.16d).

Bei der Beurteilung, ob ein Sachverhalt *wesentlich* ist, ist dieser in das Verhältnis zu *Daten des Zwischenabschlusses* und nicht zu Daten des Jahresabschlusses zu setzen (IAS 34.25).[1]

3.5 Kapitalveränderungen

4838 Sämtliche Eigenkapitalveränderungen – Emissionen, Erwerb eigener Anteile, gezahlte Dividenden usw. – werden zweckmäßigerweise in den Eigenkapitalspiegel aufgenommen (s. Rz. 4820), so dass gesonderte Anhangangaben nicht erforderlich sind. Zu berichten ist jedoch über Emissionen oder Rückzahlungen von **Schuldverschreibungen** (IAS 34.16e).

---

1 Vgl. auch *Baetge/Bruns/Rolvering* in Baetge u.a. (Hrsg.), Rechnungslegung nach IFRS, IAS 34 Rz. 109.

3.6 Segmentangaben

Sofern ein Unternehmen im jährlichen Abschluss zur Segmentberichterstattung verpflichtet ist (s. Rz. 4600), sind für die Geschäftssegmente Außen- und Innenumsätze (sofern Bestandteil des Segmentergebnisses oder der Berichterstattung an den Hauptentscheidungsträger) sowie das Segmentergebnis anzugeben. Segmentvermögenswerte sind nur anzugeben, wenn sich wesentliche Änderungen im Vergleich zum letzten Jahresabschluss ergeben haben; gleiches gilt für Änderungen in der Zusammensetzung der Segmente oder der Ermittlung des Segmentergebnisses. Zusätzlich ist das Segmentergebnis auf das Konzernergebnis vor Steuern und aufgegebenen Geschäftsbereichen überzuleiten (IAS 34.16g). In der Praxis werden über diese Mindestangaben hinaus regelmäßig deutlich mehr Angaben zu den Segmenten gemacht. 4839

3.7 Änderungen der Unternehmensstruktur

Über Änderungen in der Zusammensetzung eines Unternehmens ist zu berichten. Hierzu zählen Unternehmenszusammenschlüsse, Erwerb oder Veräußerung von Tochtergesellschaften mit und ohne Statuswechsel (Rz. 3730 ff.) oder langfristigen Finanzinvestitionen, Restrukturierungsmaßnahmen und Aufgabe von Geschäftsbereichen (IAS 34.16i). 4840

3.8 Eventualschulden oder Eventualforderungen

Es ist über *Änderungen* der Eventualschulden oder Eventualforderungen seit dem letzten Bilanzstichtag zu berichten (IAS 34.16j). 4841

3.9 Wesentliche Ereignisse nach Ende der Zwischenberichtsperiode

Es ist über wesentliche Ereignisse nach dem Stichtag der Zwischenberichtsperiode zu berichten (IAS 34.16h). Anhaltspunkte hierfür bietet IAS 10.22. Zu solchen wesentlichen Ereignissen gehören Unternehmenszusammenschlüsse oder die geplante Einstellung von Unternehmensbereichen. 4842

frei 4843–4849

4. Bilanzierung und Bewertung

Die Erstellung von Zwischenberichten führt im Hinblick auf Ansatz- und Bewertungsfragen zu einer Fülle von Abgrenzungsproblemen. Zu deren Lösung werden in der Literatur drei Ansätze diskutiert: Der sog. integrative Ansatz, der eigenständige Ansatz oder eine Kombination von beiden.[1] IAS 34 folgt im Wesentlichen dem eigenständigen Ansatz (IAS 34.28). 4850

Nach dem **eigenständigen Ansatz** wird der Zwischenabschluss als „eigenständiger" Abschluss angesehen, auf den dieselben Periodisierungs- und Abgren- 4851

---

[1] Vgl. *Schindler/Schurbohm/Böckem*, KoR 2002, 88 (92); *Alvarez/Wotschofsky*, Zwischenberichterstattung 2000, S. 65–84; *Busse von Colbe/Reinhard* (Hrsg.), Zwischenberichterstattung 1989, S. 3 f.

zungsgrundsätze des Geschäftsjahresabschlusses stetig anzuwenden sind. IAS 34.28 lässt als Ausnahme hiervon nur die Änderungen von Bilanzierungs- und Bewertungsmethoden zu, die wir in Rz. 4832 erläutert haben. Eine *Glättung der Ergebnisse* der Zwischenberichte ist nach diesem Ansatz – anders als beim integrativen Ansatz – *nicht* möglich: Fällt im 1. Quartal ein Verlust an, ist dieser auch als solcher auszuweisen, selbst wenn für die übrigen Quartale und für das gesamte Geschäftsjahr Gewinne erwartet werden.

In diesen Ansatz reiht sich IFRIC 10 (Rz. 4805) problemlos ein. Danach darf eine in einem Zwischenbericht vorgenommene **außerplanmäßige Abschreibung** auf den **Goodwill** im nächsten Jahresabschluss nicht rückgängig gemacht werden. Dasselbe gilt für außerplanmäßige Abschreibungen auf Eigenkapitaltitel, die mangels zuverlässiger Fair value-Ermittlung zu Anschaffungskosten bewertet werden[1] (Rz. 1901). Konsequenz dieser Regelung kann aber sein, dass ein Unternehmen, das Zwischenberichte erstellt und in diesen z.B. eine außerplanmäßige Abschreibung auf Goodwill oder entsprechende Eigenkapitaltitel vornimmt, im Jahresabschluss ein anderes Ergebnis ausweist als ein Unternehmen, das keine Zwischenberichte aufstellt (und demnach auch – sofern sich der Wert eines Goodwill oder Eigenkapitaltitels bis zum Jahresende wieder erholt hat – keine Abschreibung vornimmt).[2]

Der eigenständige Ansatz impliziert auch:

4852 (a) **Saisonalen Schwankungen** oder **konjunkturellen Einflüssen** unterliegende Erträge dürfen im Zwischenabschluss nicht vorgezogen oder abgegrenzt werden, es sei denn, derartige Abgrenzungen sind auch am Ende des Geschäftsjahres angemessen (IAS 34.37).

(b) Unregelmäßig während des Geschäftsjahres anfallende Aufwendungen dürfen nicht abgegrenzt werden, es sei denn, diese Abgrenzungen wären auch am Ende des Geschäftsjahres angemessen (IAS 34.39 und IAS 34.32).

4853 Der **Ertragsteueraufwand einer Zwischenperiode** wird auf Basis des Steuersatzes abgegrenzt, der auf das gesamte Jahresergebnis angewendet würde; d.h. der geschätzte jährliche Effektivsteuersatz wird auf das Vorsteuerergebnis der Zwischenberichtsperiode angewendet (IAS 34, Anhang B.12).

4854 Zugleich wird durch IAS 34.23 anerkannt, dass bei der Erstellung von Zwischenabschlüssen dem **Aspekt der Wesentlichkeit** in zahlreichen Bewertungsfragen besondere Bedeutung zukommt (s. Rz. 267 f.). Zur Ausfüllung des Wesentlichkeitsgrundsatzes bei Bewertungsfragen enthält Anhang B von IAS 34 detaillierte Anwendungshinweise für unterschiedliche Sachverhalte und Bilanzpositionen, auf die hier verwiesen wird. Anhang C schließlich enthält Hinweise auf den Umgang mit Schätzungen; auch hierauf wird verwiesen.[3]

4855–4999 frei

---

1 Zu IFRIC 10 s. *Zülch/Fischer*, PiR 2006, 175.
2 Vgl. *Riedel/Leippe* in IFRS-Änderungskommentar 2007, S. 80 f.
3 Zu Einzelheiten siehe *Alvarez*, PiR 2006, 220.

F. Erstmalige Anwendung von IFRS (IFRS 1)

I. Überblick und Wegweiser

1. Standards und Anwendungsbereich

Die erstmalige Anwendung von IFRS bezeichnet den Übergang von der nationalen (z.B. HGB-)Rechnungslegung zur Rechnungslegung nach IFRS. Dieser Übergang ist aus deutscher Sicht vor allem bedeutsam für den Konzernabschluss. Betroffen sind dann aber nicht nur die Konzernmutter, sondern alle in den Konzernabschluss einbezogenen Unternehmen im Rahmen der jeweils konzernintern zu erstellenden HB II. Wie der Übergang zu vollziehen ist und welche Rechtsregeln hierzu anzuwenden sind, ist Gegenstand dieses Teils. 5000

Für den ersten Bilanzstichtag nach IFRS und damit für das erste Berichtsjahr ist zu beachten, dass entsprechende Vergleichsangaben des Vorjahres zu veröffentlichen sind. Ist der erste IFRS-Stichtag der 31.12.2009, so ist nicht nur das Geschäftsjahr 2009, sondern auch 2008 nach IFRS abzubilden. Damit für 2008 eine Gewinn- und Verlustrechnung, eine Kapitalflussrechnung, ein Eigenkapitalspiegel usw. abgebildet werden können, ist eine **IFRS-Eröffnungsbilanz** zum 1.1.2008 erforderlich. 5001

Kernpunkt der Umstellung von nationalem Recht auf IFRS ist daher die Erstellung der IFRS-Eröffnungsbilanz, gewissermaßen der Zeitpunkt des Eintritts in die IFRS-Welt. *Wie* die Eröffnungsbilanz aufzustellen ist, ist Gegenstand des Regelungsbereichs des IFRS 1. Der Standard wird von einem Anwender also nur ein einziges Mal benötigt, und zwar bei Aufstellung der IFRS-Eröffnungsbilanz. 5002

Die **Eckpunkte des IFRS 1** sind: 5003

- Es sind in der IFRS-Eröffnungsbilanz grundsätzlich alle Sachverhalte so abzubilden, als sei schon immer nach IFRS bilanziert worden (**retrospektiver Übergang**).

- Die hierfür einschlägigen Standards und Interpretationen sind jene, die **am ersten IFRS-Stichtag** (*reporting date*), im Beispiel lt. Rz. 5001 somit am 31.12.2009, in Kraft sind. Aus europäischer Perspektive muss man ergänzen: und die von der EU-Kommission bereits genehmigt worden sind, s. Rz. 55. Zur Beurteilung länger zurückliegender Sachverhalte sind die damals gültigen Standards und Interpretationen für den Erstanwender also irrelevant.

- Weil ein vollständiger retrospektiver Übergang sehr komplex und kompliziert sein kann, legt IFRS 1 typisierend Ausnahmebereiche fest, die von den Unternehmen in Anspruch genommen werden können, aber nicht müssen. Zugleich legt IFRS 1 dann fest, wie statt des retrospektiven Übergangs vorzugehen ist.

– Ferner enthält IFRS 1 einen knappen Katalog von Tatbeständen, bei denen der retrospektive Übergang unzulässig ist. Tatsächlich handelt es sich hierbei ebenfalls häufig um Rückwirkungswahlrechte.

Die nachfolgende Abbildung fasst die zeitlichen Rahmenvorgaben und Regelungen des IFRS 1 zusammen:

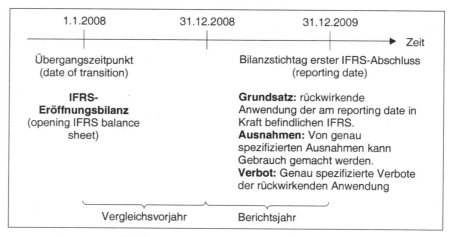

Abb. 109: Zeitliche Rahmenvorgaben der Umstellung und Übersicht zu IFRS 1

5004 frei

2. Wesentliche Abweichungen zum HGB

5005 Sind hier gegenstandslos.

3. Neuere Entwicklungen

5006 IFRS 1 ist kein statischer Standard: Werden andere neue oder überarbeitete Standards veröffentlicht, prüft der IASB in jedem Einzelfall, ob der IFRS-Erstanwender diese rückwirkend anwenden soll, wie es der Grundnorm des IFRS 1 entspricht. Ist der IASB der Auffassung, dass Erleichterungen für den IFRS-Erstanwender geschaffen werden sollen – also etwa nicht die retrospektive, sondern prospektive Anwendung eines Standards –, so werden diese Erleichterungen in den IFRS 1 eingepflegt. Daher finden sich sämtliche Erleichterungen von der rückwirkenden Standardanwendung gebündelt in IFRS 1. Übergangsvorschriften anderer Standards sind daher für den IFRS-Erstanwender gegenstandslos.

In der Vergangenheit ist IFRS 1 in diesem Sinne schon mehrfach ergänzt worden. Unseren Erläuterungen liegt die konsolidierte Neufassung des IFRS 1 (November 2008) zugrunde. Diese Fassung ist zwar bei Drucklegung noch nicht in europäisches Recht übernommen worden, hat aber nicht zu inhaltlichen Änderungen geführt. Der Standard in der Neufassung ist lediglich neu gegliedert worden; er ist wesentlich besser lesbar als die Altfassung:

Der Standard wird nun ergänzt um mehrere integrale Anhänge, die u.a. die Ausnahmen von der rückwirkenden Anwendung der IFRS enthalten:

Anhang A Definitionen

Anhang B Verbote rückwirkender IFRS-Anwendung (Pflichtausnahmen)

Anhang C Wahlrechtsausnahmen für Unternehmenszusammenschlüsse

Anhang D Sonstige Wahlrechtsausnahmen

Anhang E Besondere kurzfristige Wahlrechtsausnahmen/Übergangsvorschriften (z.Zt. leere Menge).

In der Neufassung des IFRS 1 finden sich bereits die Änderungen aus dem Jahr 2008 zur Frage, wie in der IFRS-Eröffnungsbilanz eines Einzelabschlusses die Anteile an Tochter- und Gemeinschaftsunternehmen sowie assoziierten Unternehmen zu bewerten sind: Es besteht ein Wahlrecht, sie zu Anschaffungskosten gem. IAS 27, zum Fair value gem. IAS 39 oder zum bisherigen Buchwert anzusetzen. Diese Änderung ist bereits in europäisches Recht übernommen worden.[1]   5007

Am 25.9.2008 wurde der Entwurf einer kleineren Änderung an IFRS 1 veröffentlicht. Neben branchenspezifischen Erleichterungen bei der Exploration mineralischer Ressourcen und bei preisgebundenen Industrien (hier: Übernahme kalkulatorischer Kosten als Bestandteile der Anschaffungskosten) braucht eine Neubeurteilung von Leasingverträgen nach IFRIC 4 zum Zeitpunkt der Erstellung der Eröffnungsbilanz – wie es eigentlich vorgesehen ist – nicht vorgenommen zu werden, wenn die früher vorgenommene Zuordnung nach nationalem Recht zu denselben Ergebnissen geführt hat, wie sie auch nach IFRIC 4 erreicht worden wäre.   5008

frei   5009

II. Anwendungsbereich des IFRS 1

1. Persönlicher Anwendungsbereich

1.1 Übereinstimmungserklärung: Dokumentation des Erstanwenderstatus

IFRS 1 ist anzuwenden von Unternehmen, die erstmals einen IFRS-Abschluss – unabhängig davon, ob Einzel- oder Konzernabschluss – publizieren. Der erste IFRS-Abschluss ist jener, in dem der Abschlussersteller *erstmals* eine **ausdrückliche und uneingeschränkte Erklärung der Übereinstimmung mit den IFRS** abgibt (IFRS 1.3), wie sie im Übrigen auch nach IAS 1.16 in jedem nachfolgenden IFRS-Abschluss erforderlich ist. Da die Unternehmen EU-IFRS anzuwenden haben, bezieht sich auch im Erstanwenderfall die Übereinstimmungserklärung auf EU-IFRS. Wer also bisher HGB angewendet hat und nunmehr auf EU-IFRS umstellt, hat genau hierüber eine ausdrückliche und uneingeschränkte Übereinstimmungserklärung abzugeben (Rz. 4511).   5010

---

[1] VO (EG) Nr. 69/2009 v. 23.1.2009 (Abl. EU 2009 Nr. L 21 S. 10).

1.2 Abgrenzung und Grenzfälle

5011 Für einen bisherigen (reinen) HGB-Anwender ist die Frage, ob er nun bei der Umstellung auf IFRS Erstanwender der neuen Vorschriften ist, eindeutig zu beantworten und unproblematisch.

5012 Wurden die EU-IFRS vollständig angewendet, es fehlte jedoch die **Übereinstimmungserklärung**, so liegt demgegenüber ein Erstanwenderfall vor.

Wurden die IFRS bislang **nicht vollständig** angewendet (z.B. keine Segmentberichterstattung, keine Anwendung des IAS 39), so dürfte auch keine Übereinstimmungsaussage vorliegen. Da die Übereinstimmungserklärung fehlte, kommt IFRS 1 zur Anwendung.

5013 Anders ist jedoch der Fall zu sehen, in dem schon früher nach IFRS bilanziert worden ist. Nun mag es eine Periode geben, in der nicht sämtliche IFRS vollständig angewendet wurden, die Übereinstimmungserklärung aber dennoch abgegeben worden ist: Es handelt sich **nicht um einen Erstanwenderfall**, im Übrigen unabhängig davon, ob der Abschlussprüfer auf die Abweichung von den IFRS im Testat hingewiesen hat.[1] In diesem Fall sind im nächsten IFRS-Abschluss Fehlerkorrekturen gem. IAS 8 notwendig.

Deutlich ist hervorzuheben: Gibt die Geschäftsführung eine Übereinstimmungserklärung ab, stellt der Abschlussprüfer jedoch eine Abweichung von den IFRS fest, die zur **Testatseinschränkung** führt, liegt **kein Erstanwenderfall** vor.

5014 IFRS 1 ist auch dann anzuwenden, wenn bisher nur IFRS-Abschlüsse für **interne Zwecke** erstellt worden sind (IFRS 1.3b,c,d).

5015 Ähnlich ist der Fall zu würdigen, wenn eine Tochtergesellschaft oder ein Teilkonzern bislang für **Konsolidierungszwecke** an eine Muttergesellschaft nach IFRS berichtet hat, ohne jedoch selbst Abschlüsse nach IFRS zu publizieren.

2. Zeitlicher Anwendungsbereich bei Quartalsabschlüssen

5016 Wenn im ersten IFRS-Berichtsjahr bereits Quartalsabschlüsse nach IAS 34 erstellt werden, ist auch auf die dann notwendige Eröffnungsbilanz IFRS 1 anzuwenden (IFRS 1.2b). Das verkürzt für jeden Umsteller die Umstellungsfrist: Der erste Quartalsabschluss eines Geschäftsjahres (= Kalenderjahr) ist spätestens Ende Mai zu publizieren. Da er Vergleichsinformationen der Vorperiode enthält, ist die IFRS-Eröffnungsbilanz entsprechend früher zu erstellen.

5017 Dabei entsteht folgendes Problem: Sachlogisch können zur Erstellung der IFRS-Eröffnungsbilanz für Zwecke der Quartalsberichterstattung nur jene Standards und Interpretationen angewendet werden, die zum Zeitpunkt der Erstellung des Quartalsabschlusses bekannt und zwingend anzuwenden sind.

---

1 Zu Einzelheiten und zur Kritik s. *Theile*, DB 2003, 1745 (1746).

Für den ersten *vollständigen* IFRS-Abschluss des Berichtsjahrs haben die Erstanwender jedoch jene Standards und Interpretationen auf die IFRS-Eröffnungsbilanz anzuwenden, die am *reporting date* in Kraft sind. Werden in der Zwischenzeit neue Regelungen veröffentlicht und von der EU-Kommission genehmigt, kann es noch einmal zu Änderungen an der IFRS-Eröffnungsbilanz, wie sie für den Quartalsabschluss gebraucht worden ist, kommen.

frei   5018–5019

III. Aufstellung der IFRS-Eröffnungsbilanz

1. Grundsatz der rückwirkenden Normanwendung

1.1 Verfahrensweise

Als grundlegendes Umstellungsprinzip fordert IFRS 1.7 die rückwirkende Anwendung der am Bilanzstichtag des ersten IFRS-Abschlusses in Kraft befindlichen IFRS. Diese Standards und Interpretationen sind auf das Berichtsjahr, auf das Vergleichsvorjahr und auf die IFRS-Eröffnungsbilanz anzuwenden (s. Abb. 109 in Rz. 5003). **Übergangsvorschriften** in diesen Standards haben für den Erstanwender **keine Bedeutung**, es sei denn, dies ist ausdrücklich in IFRS 1 vermerkt (IFRS 1.9).   5020

Materiell sind daher nach IFRS 1.10 in die Eröffnungsbilanz alle Vermögenswerte und Schulden so aufzunehmen, wie es nach den IFRS erforderlich ist, unabhängig davon, wie Vermögenswerte und Schulden nach den bisherigen Rechnungslegungsnormen behandelt worden sind. Es ist auch die zutreffende Klassifikation von Eigen- und Fremdkapital zu prüfen.   5021

Die rückwirkende Anwendung der Vorschriften endet aber nicht zum Zeitpunkt der IFRS-Eröffnungsbilanz. Tatsächlich sind über die IFRS-Eröffnungsbilanz hinaus für Zwecke der Bewertung genau jene Sachverhalte noch weiter zurückzuverfolgen, die in der IFRS-Eröffnungsbilanz abgebildet sind. Für alle IFRS-Buchwerte ist durch einen Vergleich mit ihrem jeweiligen Steuerwert (Steuerbilanz-Ansatz) der Ansatz **latenter Steuern** zu prüfen (IFRS 1.IG5).   5022

Als Residualgröße der so nach IFRS angesetzten und bewerteten Vermögenswerte und Schulden ergibt sich in der Eröffnungsbilanz das Eigenkapital nach IFRS. Dieses weicht vom Eigenkapital nach z.B. HGB ab. Will man aber gezeichnetes Kapital und Kapitalrücklage unverändert lassen, bietet sich die – selbstverständlich erfolgsneutrale – Verrechnung mit den **Gewinnrücklagen** an. Dies entspricht auch der Empfehlung in IFRS 1.11. Eine gesonderte „Umstellungsrücklage" oder ähnliches ist nicht erforderlich. Das nachfolgende Beispiel zeigt die rückwirkende Umstellung exemplarisch: 5023

F. Erstmalige Anwendung von IFRS (IFRS 1)

Beispiel:
Am 1. 1.01 geht eine für 1500 Tsd. Euro angeschaffte Maschine in Betrieb. Die Nutzungsdauer gem. AfA-Tabelle betrage 10 Jahre. Die Maschine wird degressiv (20 %) abgeschrieben. Tatsächlich erwartet man für die gleichmäßig beanspruchte Maschine eine Nutzungsdauer von 15 Jahren. Der Ertragsteuersatz betrage 30 %. Der Konzern will zum 31.12.07 auf IFRS umstellen und muss daher eine IFRS-Eröffnungsbilanz zum 1.1.06 aufstellen.

Datum	Abschreibung HGB/StB	Buchwert HGB/StB	Buchwertdifferenz	Buchwert IFRS	Abschreibung IFRS
1.1.01		1500		1500	
31.12.01	300	1200		1400	100
31.12.02	240	960		1300	100
31.12.03	192	768		1200	100
31.12.04	153,6	614,4		1100	100
31.12.05/1.1.06	122,9	491,5	508,5	1000	100
31.12.06	122,9	368,6		900	100
31.12.07	122,9	245,7		800	100

Zum 1.1.06 (31.12.05) beträgt der Buchwert der Maschine nach HGB/StB 491,5 Tsd. Euro. Bei einer Umstellung auf IFRS ist die Maschine zum 1.1.06 so zu bewerten, als sei schon immer IAS 16 in der am 31.12.07 gültigen Fassung angewendet worden. Nach dem vorliegenden Sachverhalt erfordert dies eine lineare Abschreibung über 15 Jahre, so dass sich zum 1.1.06 ein IFRS-Buchwert von 1000 Tsd. Euro und damit eine Differenz zum HGB und zur Steuerbilanz von 508,5 Tsd. Euro ergibt. Da sich die Differenz zur Steuerbilanz in künftigen Perioden umkehrt, sind latente Steuern – und zwar erfolgsneutral – anzusetzen. Die Überleitungsbuchung zur Eröffnungsbilanz nach IFRS lautet:

kumulierte Abschreibungen   508,5   an   Gewinnrücklagen   356,0
                                                passive latente Steuern   152,5

Durch die Stornierung der kumulierten Abschreibungen per 1.1.06 um 508,5 erhöht sich der Buchwert der Maschine um diesen Betrag auf 1000 Tsd. Euro.

1.2 Mengengerüst in der IFRS-Eröffnungsbilanz

5024 Zur Erstellung der IFRS-Eröffnungsbilanz ist zu empfehlen, auf das **Inventar** nach HGB aufzusetzen. Im Allgemeinen ist das Mengengerüst der Vermögensgegenstände, Schulden und Rechnungsabgrenzungsposten nach HGB auch in einem IFRS-Abschluss als Vermögenswerte und Schulden anzusetzen. Darüber hinaus sind folgende Besonderheiten zu beachten:
  – Die **Eigenkapitaldefinition** des HGB weicht von jener nach IAS 32 ab. Es ist nicht ausgeschlossen, dass nach HGB als Eigenkapital qualifizierte Sachver-

halte (z.B. stille Beteiligung) im IFRS-Abschluss als Schulden ausgewiesen werden müssen (Rz. 2010 ff.).

– Der Aktivierungsumfang der immateriellen Vermögenswerte ist nach IAS 38 weiter gezogen als nach HGB, es müssen grundsätzlich auch **Entwicklungskosten** aktiviert werden (s. Rz. 1030 ff.). Diese waren aber nach HGB zumindest i.d.F. vor BilMoG überhaupt nicht inventarisiert.

– Die **Leasing-Zuordnung** folgt nach HGB im Allgemeinen den steuerlichen Leasing-Erlassen. Hier kann es zu Abweichungen zu IAS 17 kommen (Rz. 1312 ff.). Daher sind alle Leasing-Verträge zu prüfen.

1.3 Praktische Grenzen der Rückwirkung

Die Bilanzierung von Unternehmenszusammenschlüssen nach IFRS 3 weicht erheblich von jener nach HGB ab (Rz. 3206). Will man eine vollständige rückwirkende Anwendung von IFRS 3 durchführen, müsste die bilanzielle Abbildung aller vergangenen **Unternehmenszusammenschlüsse** wieder aufgemacht werden. 5025

Eine vollständige rückwirkende Anwendung der am ersten IFRS-Bilanzstichtag in Kraft befindlichen Standards und Interpretationen ist daher tatsächlich kaum praktikabel. Rein technisch begrenzen bereits die **Aufbewahrungsfristen** von Abschlussunterlagen die Möglichkeit der Rückwirkung. 5026

Der IASB erkennt das Problem an und lässt **Ausnahmen von rückwirkender Normanwendung** zu oder verbietet diese sogar. Von den zugelassenen Durchbrechungen vollständiger rückwirkender Umstellung **kann**, muss aber nicht Gebrauch gemacht werden (sog. optionale Ausnahmen). Die Durchbrechungen können **einzeln** in Anspruch genommen werden. Die Durchbrechungen finden sich in den Anhängen zu IFRS 1. 5027

frei 5028–5029

2. Ausnahmen von rückwirkender Normanwendung

2.1 Verbot der Berücksichtigung später zugegangener Informationen

Werden Sachverhalte in späteren Zeitpunkten rückwirkend beurteilt, ermöglichen die in der Zwischenzeit zugegangenen Informationen in der Regel eine bessere Würdigung. Gleichwohl würde eine rückwirkende Berücksichtigung später zugegangener Informationen auf Sachverhalte, die in der IFRS-Eröffnungsbilanz dargestellt werden, die Vergleichbarkeit von Abschlüssen stören. Daher sind für die Eröffnungsbilanz nur jene Schätzungen heranzuziehen, die zum Zeitpunkt des jeweiligen Bilanzstichtags bzw. bis zum Ablauf des Wertaufhellungszeitraums bekannt waren (IFRS 1.14). Nach IFRS erforderliche zusätzliche Schätzungen – z.B. über Zinssätze oder Gehaltstrends – sollen ebenfalls die Bedingungen widerspiegeln, die zu den jeweiligen Bilanzstichtagen gegolten haben (IFRS 1.16). 5030

Flapsig ausgedrückt: Man muss sich künstlich dumm stellen.

> **Beispiel (Fortsetzung von Rz. 5023):**
> Im HGB-Abschluss per 31.12.05 hat man auf den Forderungsbestand von 100 Mio. Euro eine Einzelwertberichtigung von 5 Mio. Euro vorgenommen, weil man dies bei den verfügbaren Informationen als beste Schätzung angenommen hat. Ein Jahr später stellt sich heraus, dass eine Abschreibung von 8 Mio. Euro erforderlich gewesen wäre. Die bessere Information darf in der IFRS-Eröffnungsbilanz per 1.1.06 *nicht* berücksichtigt werden.

5031 Das Verbot der Berücksichtigung später zugegangener Informationen ist nicht auf die IFRS-Eröffnungsbilanz beschränkt. Es greift auch für den Stichtag des Vergleichsvorjahres (IFRS 1.17) und für Zeitpunkte vor der Erstellung der IFRS-Eröffnungsbilanz (z.B. in IFRS 1.B3).

5032–5039 frei

2.2 Unternehmenszusammenschlüsse

2.2.1 Zeitpunkt rückwirkender Anwendung von IFRS 3/IAS 27

5040 Beim Umstieg eines Konzerns auf IFRS dürfte die Frage der Bilanzierung vergangener Unternehmenszusammenschlüsse die größte Bedeutung einnehmen. Hier gewährt IFRS 1.C1 ein umfangreiches **Wahlrecht**: Der Konzern bestimmt selbst, ob und wenn ja, ggf. ab wann IFRS 3 (2008) und IAS 27 (2008) (IFRS 1.B7) retrospektiv anzuwenden ist. Wird die IFRS-Eröffnungsbilanz auf den 1.1.2010 aufgestellt, so kann auf die Anwendung von IFRS 3 auf alle Unternehmenszusammenschlüsse vor diesem Datum verzichtet werden. Es kann aber auch ein beliebiges Datum herausgegriffen werden, beispielsweise der 1.1.2004. Dann kann vor diesem Datum auf die Anwendung von IFRS 3 verzichtet werden; nach diesem Datum wären jedoch alle Unternehmenserwerbe retrospektiv nach IFRS 3 zu beurteilen. Diese Regelung gilt nicht nur für Tochterunternehmen, sondern auch für assoziierte Unternehmen sowie Gemeinschaftsunternehmen einschlägig (IFRS 1.C5).

5041 IFRS 3 (2008) und IAS 27 (2008) sind für den schon länger nach IFRS Bilanzierenden erst auf Unternehmenszusammenschlüsse ab 1.7.2009 anzuwenden (Rz. 3202). Ein IFRS-Erstanwender dagegen *hat diese* Fassung der Standards dann anzuwenden, wenn sein reporting date nach dem 1.7.2009 liegt (IFRS 1.7).

> **Beispiel:**
> Reporting date eines IFRS-Erstanwenders sei der 31.12.2009. Dann ist eine IFRS-Eröffnungsbilanz auf den 1.1.2008 aufzustellen. Unternehmenszusammenschlüsse *nach* dem 1.1.2008 müssen dann zwingend nach IFRS 3 (2008) abgebildet werden; freiwillig kann ein früheres Datum bestimmt werden.

III. Aufstellung der IFRS-Eröffnungsbilanz

Wird IFRS 3 *nicht* rückwirkend angewendet, bleibt die bisherige Bilanzierung von Unternehmenszusammenschlüssen unverändert. Das schließt auch die Art der Bilanzierung des Goodwill – aktiviert oder mit den Rücklagen verrechnet – ein. Ferner sind dann auch die Regelungen über 5042

– die Ergebniszuordnung auf Minderheiten (IAS 27.28, Rz. 3529 ff.),
– Auf- und Abstockungen von Mehrheitsbeteiligungen (IAS 27.30 f., Rz. 3740 ff.) sowie
– Entkonsolidierungen (IAS 27.34-37, IFRS 5.8A, Rz. 3480 ff.)

prospektiv anzuwenden (IFRS 1.B7).

Das Wahlrecht zur rückwirkenden Anwendung von IFRS 3 steht insbesondere unter dem Vorbehalt der Informationslage (Rz. 5030). Sollten beispielsweise die zur Neubewertung erforderlichen Informationen über Fair values von vergangenen Unternehmenszusammenschlüssen nicht erfasst worden sein oder nicht mehr vorliegen, ist die rückwirkende Anwendung des IFRS 3 unserer Ansicht nach von vornherein ausgeschlossen. 5043

Wenn IFRS 3 retrospektiv angewendet wird, hat dies zur Konsequenz, dass 5044
– entstandene Goodwills nicht mehr planmäßig abgeschrieben werden,
– eine Goodwillzuordnung auf CGU vorzunehmen ist und
– für diese CGU jährliche Impairment-Tests durchzuführen sind.

Wie das Wahlrecht zweckmäßigerweise ausgeübt werden sollte, kann nur unter Berücksichtigung der Umstände des Einzelfalls entschieden werden. Hierzu zwei Beispiele: 5045

Beispiel 1:
In den bisherigen HGB-Konzernabschlüssen eines Konzerns sind bei Unternehmenserwerben entstandene Goodwills immer mit den Rücklagen verrechnet worden. Das hat die Eigenkapitalquote empfindlich gemindert. Die rückwirkende Anwendung von IFRS 3 kann zum Anlass genommen werden, die Eigenkapitalquote wieder zu erhöhen, freilich unter dem Vorbehalt, dass eine außerplanmäßige Goodwill-Abschreibung weder in der Vergangenheit noch auf absehbare Zeit erforderlich war bzw. ist.

Beispiel 2:
Ein Konzern habe in 2000 eine große Unternehmensakquisition getätigt. Der entstandene Goodwill ist nach HGB angesetzt worden und wird über 15 Jahre abgeschrieben. Die wirtschaftliche Situation des Konzerns verschlechtert sich in den Folgejahren, und die Aussichten für 2007 sind düster. Tatsächlich aber kommt es danach zu einer wirtschaftlichen Erholung, und der Ausblick für 2010 ist geradezu rosig. Der Konzern erstellt zum 1.1.2010 eine IFRS-Eröffnungsbilanz. Wie kann die Akquisition abgebildet werden?
(a) Übernahme des bisherigen HGB-Goodwills per 1.1.2010, danach Ende der planmäßigen Abschreibung und jährlicher Impairment-Test.

(b) Rückwirkende Anwendung des IFRS 3 auf die Akquisition. Der entstehende Goodwill ist niedriger als der HGB-Goodwill, weil deutlich mehr immaterielle Vermögenswerte gesondert angesetzt werden (Rz. 3290 ff.). Der verbleibende Goodwill wird wegen der düsteren Aussichten in 2007 außerplanmäßig abgeschrieben. Eine spätere Zuschreibung wegen verbesserter wirtschaftlicher Entwicklung ist verboten (Rz. 1587).

Fall (a) ist die zunächst einfachere Variante. Allerdings ist bereits zum Zeitpunkt der IFRS-Eröffnungsbilanz und in allen künftigen Perioden ein Impairment-Test erforderlich. Damit besteht auch grundsätzlich die Gefahr künftiger Ergebnisbelastungen.

Demgegenüber erfordert Variante (b) zum Umstellungszeitpunkt Mehrarbeit. Auf der anderen Seite ist – bis auf die weiteren planmäßigen Abschreibungen der aktivierten immateriellen Vermögenswerte – eine überraschende Goodwillabschreibung ausgeschlossen.

5046 Alle folgenden Ausführungen gelten für den Fall, dass IFRS 3 *nicht* rückwirkend angewendet wird. Hierzu hält IFRS 1.C4 umfangreiche Regelungen bereit.

2.2.2 Klassifikation von Unternehmenszusammenschlüssen

5047 Die nach vormaligem Recht durchgeführte Einordnung des Unternehmenszusammenschlusses als Unternehmenserwerb (Rz. 3210), umgekehrter Unternehmenserwerb (3560 ff.) oder Interessenzusammenschluss (Rz. 3575) bleibt unberührt (IFRS 1.C4a).

2.2.3 Goodwill

5048 § 309 Abs. 1 HGB i.d.F. *vor* BilMoG ermöglicht, einen Goodwill entweder erfolgswirksam abzuschreiben oder erfolgsneutral mit den Rücklagen zu verrechnen.[1]

In der IFRS-Eröffnungsbilanz bleibt daher ein vormals offen mit den Rücklagen verrechneter Goodwill verrechnet. Auch bei späterem Abgang des Tochterunternehmens vermindert der so verrechnete Goodwill *nicht* den Entkonsolidierungserfolg, eine sog. *reclassification* ist also nicht zulässig (Rz. 3485). Ggf. sind noch ausstehende bedingte Kaufpreiszahlungsverpflichtungen, falls ihr Betrag zuverlässig schätzbar ist, mit den Rücklagen zu verrechnen (IFRS 1.C4i, ii).

5049 Sollte im bisherigen HGB-Konzernabschluss Goodwill aktiviert worden sein, kann dieser in der IFRS-Eröffnungsbilanz grundsätzlich unverändert fortgeführt werden. Anpassungen sind abschließend nur aus zwei Gründen erforderlich (IFRS 1.B4gi):

– Vom Goodwill sind jene immateriellen Vermögenswerte abzusetzen, die bereits im *Einzelabschluss* (HB II) des erworbenen Tochterunternehmens nach

---

1 Nach DRS 4.28 ist die erfolgsneutrale Verrechnung unzulässig.

IAS 38 hätten angesetzt werden müssen, ggf. unter Berücksichtigung latenter Steuern und Minderheitenanteile. Hier kommen in erster Linie bislang nicht aktivierte Entwicklungskosten oder selbst erstellte Software in Betracht. Irrelevant sind die (umfangreicheren) Aktivierungszwänge des IFRS 3 (z.B. günstige schwebende Verträge, Kundenlisten), da für diese die Perspektive des *hypothetischen Erwerbers* eingenommen werden müsste (Rz. 3280).

– Bisher einzeln aktivierte immaterielle Vermögenswerte, die die Ansatzkriterien des IAS 38 *nicht* erfüllen, sind dem Goodwill wieder hinzuzurechnen. Dieser Fall ist nicht praxisrelevant.[1]

Ein insoweit aus dem HGB-Abschluss übernommener und ggf. angepasster Goodwill ist unter Anwendung des IAS 36 zum Zeitpunkt der IFRS-Eröffnungsbilanz einem Impairment-Test zu unterziehen (IFRS 1.C4.gii). Daher ist eine Goodwillzuordnung zu den CGUs erforderlich (Rz. 1530 ff.) 5050

Zur Bilanzierung eines möglichen negativen Goodwill enthält IFRS 1 keine Aussage. Mangels spezieller Vorschriften ist u.E. zu prüfen, ob ein negativer Goodwill die IFRS-Ansatzkriterien einer Rückstellung nach IAS 37 erfüllt. Ist das nicht der Fall, kommt nur die erfolgsneutrale Verrechnung mit den Gewinnrücklagen in Betracht.[2] 5051

2.2.4 Ansatz der übrigen Vermögenswerte und Schulden

Alle übrigen Vermögenswerte und Schulden aus einem Unternehmenserwerb sollen, unabhängig von ihrer Behandlung nach vormaligem Recht, nach IFRS-Kriterien **angesetzt** werden (IFRS 1.C4b). Hiervon gibt es zwei Ausnahmen: 5052

(a) Bestimmte Finanzinstrumente sind vor dem 1.1.2004 ausgebucht worden. Sie können ausgebucht bleiben, selbst wenn sie nach IAS 39 nicht hätten ausgebucht werden dürfen (Rz. 5087).

(b) Im vormaligen Konzernabschluss wurden aus einem Unternehmenszusammenschluss stammende Vermögenswerte und Schulden *nicht* angesetzt. Sie werden auch in der IFRS-Eröffnungsbilanz *nicht* angesetzt, es sei denn, sie hätten bereits *im Einzelabschluss* (HB II) des erworbenen Unternehmens (nach IFRS-Kriterien) angesetzt werden müssen.

Die Anwendung von IFRS 1.C4b wird häufig bereits zu einer Übernahme der vormals in der HGB-Konzernbilanz erfassten Vermögensgegenstände, Schulden und Rechnungsabgrenzungsposten in die IFRS-Eröffnungsbilanz führen. Gleichwohl ist eine Einzelanalyse der Ansatzkriterien nicht entbehrlich. Zwei Sachverhalte sind besonders praxisrelevant: 5053

– Immaterielle Vermögenswerte hätten angesetzt werden müssen (Rz. 5049).
– Sämtliche Leasingverträge des Konzerns sind im Hinblick auf ihre Einordnung als Finanzierungs- oder Operating-Leasing zu prüfen.[3]

---

1 Vgl. *Theile*, DB 2003, 1745 (1748); *Hayn/Bösser/Pilhöfer*, BB 2003, 1607 (1611).
2 So auch *ADS International*, Abschn. 3a, Rz. 83.
3 Vgl. IFRS 1 C4f, IG 14 ff.

5054 Unabhängig davon, ob in einem Unternehmenserwerb erworben oder nicht, sind alle Sachverhalte, die den Ansatzkriterien der IFRS nicht genügen, *nicht* zu übernehmen (IFRS 1.C4c). Dies wird vor allem **Aufwands-**, aber auch ggf. **Restrukturierungsrückstellungen** (Rz. 2314 und 2340 ff.) betreffen. Die Änderungen sind ebenfalls mit den Gewinnrücklagen zu verrechnen.

2.2.5 Bewertung der übrigen Vermögenswerte und Schulden

5055 Die Bewertung der im vormaligen HGB-Konzernabschluss *nicht* angesetzten Posten soll so erfolgen, wie es IFRS im *Einzelabschluss* des Tochterunternehmens erfordern würden.[1] Sämtliche Anpassungen, die sich hieraus ergeben, sind – mit Ausnahme der Korrekturen im Verhältnis immaterieller Vermögenswerte und Goodwill (Rz. 5049) – in der Eröffnungsbilanz erfolgsneutral mit dem Eigenkapital zu verrechnen.

5056 Hinsichtlich der Bewertung der schon nach HGB angesetzten und auch nach IFRS anzusetzenden Vermögenswerte und Schulden ist zwischen Fair value-Ansatz und fortgeführten Kosten zu unterscheiden. Bei Posten, die zu **fortgeführten Anschaffungs- und Herstellungskosten** anzusetzen sind, gelten die Werte unmittelbar nach dem jeweiligen Unternehmenszusammenschluss als Ausgangswerte nach IFRS (*deemed cost*, IFRS 1.C4e). Bei vormaliger Kapitalkonsolidierung nach der Neubewertungsmethode handelt es sich demzufolge um die HB II/HB III-Werte und bei der Buchwertmethode um die Werte nach Verteilung eines ggf. aktivischen Unterschiedsbetrags (Aufdeckung der stillen Reserven), jeweils zum Erstkonsolidierungszeitpunkt. Sachlogisch können die folgenden Bewertungsgrundsätze nur auf solche Sachverhalte angewendet werden, die sowohl zum Erstkonsolidierungszeitpunkt als auch zum Zeitpunkt der IFRS-Eröffnungsbilanz im Konzernbestand waren bzw. sind, da es für Zugänge *nach* Konzernzugehörigkeit keine *deemed cost* auf den Zeitpunkt unmittelbar nach dem Unternehmenszusammenschluss gibt. Welche Konsequenzen sich hieraus ergeben, wird nachfolgend jeweils erörtert.

5057 **Sachanlagen und immaterielle Vermögenswerte des Anlagevermögens** sind ab dem Erstkonsolidierungszeitpunkt um Abschreibungen nach IAS 16 und IAS 38 zu mindern. Sind die bisherigen Abschreibungen nach HGB mit jenen nach IAS 16 und IAS 38 kompatibel[2], können insoweit die letzten Buchwerte des Sachanlagevermögens und der immateriellen Vermögensgegenstände des Anlagevermögens in die IFRS-Eröffnungsbilanz **unverändert übernommen** werden. Bei Nichtkompatibilität – z.B. bei Verwendung von (nur) nach Steuerrecht zulässigen Abschreibungen[3] – ist eine Korrektur der kumulierten Abschreibungen zu Gunsten des Buchwertes der Vermögenswerte in der Eröffnungsbilanz erforderlich;[4] zur Technik s. das Beispiel in Rz. 5023. Wurden in der Vergangenheit außerplanmäßige Abschreibungen nach HGB vorgenom-

---

1 Vgl. IFRS 1 C4f; IFRS 1 BC37c.
2 Das ist eher die Ausnahme als die Regel.
3 Im HGB i.d.F. BilMoG nicht mehr zulässig; § 254 HGB a.F. ist aufgehoben.
4 So IFRS 1.IG7 (Sachanlagen) und IG51 (immaterielle Vermögenswerte).

men, so ist auf den Stichtag der IFRS-Eröffnungsbilanz (unter Berücksichtigung nur der Verhältnisse zu diesem Tag) zu prüfen, ob auch nach IAS 36 eine Wertminderung existiert oder ggf. zurückgenommen werden muss. Diese Prüfung ist im Übrigen für alle Vermögenswerte der IFRS-Eröffnungsbilanz, die in den Anwendungsbereich von IAS 36 fallen, erforderlich.[1]

Sachanlagen und immaterielle Vermögenswerte des Anlagevermögens des Mutterunternehmens und die Zugänge dieser Posten bei Tochterunternehmen können wahlweise zum *Fair value* angesetzt werden (Rz. 5074). Dies ist u.E. auch zulässig für eben diese Vermögenswerte, wenn sie im Rahmen eines Unternehmenszusammenschlusses erworben worden sind. Es käme ansonsten zu einer unsachgemäßen und auch unpraktikablen Ungleichbehandlung.

Für **Anlageimmobilien** (*investment properties*) gelten die obigen Ausführungen bei Verwendung des *Cost model* entsprechend.

Zu weiteren Anpassungen im Hinblick auf die Anwendung des *component approach* und der Aktivierung des Gegenwerts von Entsorgungsverpflichtungen s. Rz. 5071.

Auch für **Finanzinstrumente**, die zu **fortgeführten Kosten** zu bewerten sind, gelten die Werte unmittelbar nach dem Unternehmenszusammenschluss als Ausgangswerte (*deemed cost*) nach IFRS. Dabei ist es notwendig, unter den Bedingungen des IFRS-Eröffnungsbilanzstichtages festzulegen, welche Finanzaktiva der Kategorie held-to-maturity zugeordnet werden sollen (Rz. 1827 ff.).[2] Für die Folgebewertung der zu fortgeführten Kosten anzusetzenden Finanzinstrumente (das sind die Kategorien Kredite und Forderungen, Finanzaktiva der Kategorie held-to-maturity und die große Gruppe der übrigen Verbindlichkeiten) ist die Kenntnis des Effektivzinssatzes (interner Zinsfuß) erforderlich. Das gilt auch für gehaltene Fremdkapitaltitel der Kategorie available-for-sale, obwohl diese zum Fair value zu bewerten sind (s. Rz. 5062). Da die Folgebewertung der *deemed cost* zum Zeitpunkt unmittelbar nach dem jeweiligen Unternehmenszusammenschluss beginnt, ist eben dieser Zeitpunkt zur Festlegung des Effektivzinssatzes maßgeblich. Es ist also nicht etwa ein neuer Effektivzins zum Zeitpunkt der IFRS-Eröffnungsbilanz zu bestimmen.[3]

5058

Insbesondere in Konzernen, in denen für die Vorratsbewertung die Lifo-Methode angewendet wird, können zum Zeitpunkt der IFRS-Eröffnungsbilanz noch **Vorräte** aus vergangenen Unternehmenszusammenschlüssen im Bestand sein. Diese Werte gelten als *deemed cost* und können, falls nicht in der Zwischenzeit Ab- oder Zuschreibungen nach IAS 2 erforderlich gewesen waren, unverändert in die Eröffnungsbilanz übernommen werden. Für Zugänge bei den Vorräten *nach* dem Unternehmenszusammenschluss ist allerdings

5059

---

[1] Vgl. IFRS 1.IG39 ff.
[2] Zur Zuordnungsentscheidung s. IFRS 1.IG56 und zu zeitlichen Aspekten von Zuordnungswahlrechten IFRS 1.29.
[3] So wohl auch IFRS 1.IG57. Diese Sichtweise wird ferner gestützt durch die Ablehnung einer Sonderregelung für nach der Effektivzinsmethode zu verteilende Anschaffungsnebenkosten (transaction costs) durch den Board, vgl. IFRS 1.BC72 f.

IAS 2 vollumfänglich rückwirkend anzuwenden. Wurden Vorräte bisher nur zu Einzelkosten angesetzt[1], erfordert dies insoweit eine Anpassung zu Vollkosten. Die Trennung innerhalb der Vorräte erscheint jedoch unpraktikabel. Vor allem mit dem Standard-Grundsatz der rückwirkenden Umstellung dürfte der Vollkostenansatz *aller* Vorräte des Konzerns begründet werden können.[2]

Soweit die Verbrauchsfolge nicht nachgewiesen werden kann, ist die Lifo-Fiktion ab IFRS-Eröffnungsbilanz *nicht* mehr zulässig.

5060 Vergleichbare Fragestellungen können sich bei **langfristigen Rückstellungen**, die bereits im Zeitpunkt des Unternehmenszusammenschlusses vorhanden waren, ergeben. Hier wäre eine einheitliche Bewertung aller Rückstellungen unabhängig vom Entstehungszeitpunkt nach den Kriterien des IAS 37 zum Zeitpunkt der IFRS-Eröffnungsbilanz die adäquate Vorgehensweise. Da zur Diskontierung langfristiger Rückstellungen *aktuelle* Marktzinssätze heranzuziehen sind, sind die Zinssätze zum Zeitpunkt der IFRS-Eröffnungsbilanz maßgeblich.

5061 Posten, die in der **Folgebewertung** zum **Fair value** anzusetzen sind, müssen – unabhängig davon, ob sie im Rahmen eines Unternehmenszusammenschlusses erworben worden sind oder nicht – in der Eröffnungsbilanz zum Fair value angesetzt werden. Dies betrifft

– Finanzinstrumente der Kategorie at fair value through profit or loss inkl. trading,
– finanzielle Vermögenswerte der Kategorie available-for-sale und
– als Finanzinvestitionen gehaltene Immobilien, wenn das Fair value model gewählt worden ist.[3]

Der Unterschiedsbetrag zwischen bisheriger HGB-Bewertung und Fair value von finanziellen Vermögenswerten der Kategorie available-for-sale ist jedoch abweichend von den üblichen Regelungen des IFRS 1 nicht mit den Gewinnrücklagen zu verrechnen, sondern gesondert als **Eröffnungswert der Neubewertungsrücklage** innerhalb des *other comprehensive income* aufzunehmen.[4] Die Neubewertungsrücklage kann dann nach den üblichen Bestimmungen des IAS 39 fortgeführt werden, und bei Ausbuchung des finanziellen Vermögenswerts ist sie in die Gewinn- und Verlustrechnung umzubuchen.

5062 Die vorbezeichnete Regelung ist jedoch insoweit unvollständig, als sie keine Aussage über die Ermittlung der *erfolgswirksamen Komponente* von zinstragenden Finanzinstrumenten der Kategorie available-for-sale enthält, die bekanntlich nach der Effektivzinsmethode (interner Zinsfuß) zu bestimmen ist.

---

1 Im HGB i.d.F. BilMoG nicht mehr zulässig.
2 So wohl auch das Beispiel in IG Example 11, Note 4.
3 Vgl. IFRS 1.IG61. Branchenabhängig wäre auch IAS 41 Landwirtschaft in Betracht zu ziehen.
4 Vgl. IFRS 1.IG59.

III. Aufstellung der IFRS-Eröffnungsbilanz

Beispiel (in Anlehnung an Rz. 1883 ff., ohne Steuerabgrenzung):

Im Rahmen eines Unternehmenserwerbs werde ein festverzinsliches Wertpapier erworben und nach HGB auch in den Folgeperioden mit 88,51 angesetzt. Der Effektivzins sei 8 %. Zwei Jahre später werde die IFRS-Eröffnungsbilanz erstellt. Wegen einer Marktzinsänderung betrage der Fair value 110,48. Nach dem in Rz. 5061 beschriebenen Verfahren wäre nun die Gesamtdifferenz von 110,48 abzüglich 88,51 = 21,97 in der Neubewertungsrücklage zu erfassen. Das hätte zur Folge, dass der Effektivzins aus den noch künftig zu erwartenden Zahlungen, der Laufzeit und dem Fair value von 110,48 bestimmt werden müsste (das wären im Beispiel in Rz. 1885 4 %), damit eine Folgebewertung entsprechend available-for-sale stattfinden kann.

Wir meinen aber, dass es sachgerecht ist, auf den ursprünglichen Effektivzins von 8 % aufzusetzen. Die fortgeführten Kosten des Wertpapiers wären zum Zeitpunkt der IFRS-Eröffnungsbilanz 90,76, so dass die Differenz von 90,76 und 88,51 = 2,25 mit den Gewinnrücklagen zu verrechnen ist; die Neubewertungsrücklage betrüge dann 19,72. Nur diese Lösung entspricht im Übrigen dem Grundsatz der retrospektiven Umstellung, harmoniert mit Rz. 5058 und ist vor allem auch nicht komplizierter als die andere Variante.

2.2.6 Kein vormaliger Konzernabschluss

Falls die Erstanwendung von IFRS mit der erstmaligen Aufstellung eines Konzernabschlusses zusammenfällt[1], haben unter Inanspruchnahme der Ausnahmeregelung in IFRS 1.C4j das oder die Tochterunternehmen auf den Zeitpunkt der IFRS-Eröffnungsbilanz eine HB II nach IFRS zu erstellen. Das auf dieser Basis ermittelte Eigenkapital ist mit dem Buchwert der Beteiligung zu konsolidieren, wobei jedoch weitere Anpassungen, wie sie nach IFRS 3 vorgesehen sind, unterbleiben: Ein im Rahmen dieser Erstkonsolidierung ermittelter Goodwill ist zu übernehmen. 5063

Das Verfahren ist einfach und hinsichtlich des Erstkonsolidierungszeitpunktes aus § 301 Abs. 2 HGB (auch i.d.F. BilMoG) bekannt (Rz. 3715 ff.), widerspricht jedoch IFRS 3 und somit den Grundprinzipien der Erwerbsmethode:[2] Es erfolgt eine Verrechnung von üblicherweise historischen Anschaffungskosten mit aktuellem (neubewertetem) Eigenkapital. Hat das Tochterunternehmen seit Konzernzugehörigkeit Gewinne thesauriert, so wird es bei dieser Methode oft nicht zum Ausweis eines Goodwill, sondern eines passiven Unterschiedsbetrages kommen (sog. unechter passiver Unterschiedsbetrag). Es ist sachgerecht, diesen unmittelbar mit den Gewinnrücklagen zu verrechnen.[3]

frei 5064–5069

---

[1] In Deutschland vor allem denkbar, wenn zum selben Zeitpunkt die Kapitalmarktinanspruchnahme beginnt oder ein IFRS wahlweise anwendender Konzern die Größenkriterien des § 293 HGB erstmals überschreitet.
[2] Vgl. *Busse von Colbe* u.a., Konzernabschlüsse, 8. Aufl. 2006, S. 326 f.
[3] Vgl. *Baetge*, FS Kropff, 1997, S. 349 (358).

2.3 Sachanlagen, Anlageimmobilien und immaterielle Vermögenswerte des Anlagevermögens

2.3.1 Korrekturen fortgeführter Kosten

5070 Sind die bisher verwendeten Abschreibungsmethoden und -sätze für

- Sachanlagen[1],
- Anlageimmobilien, für die das Cost model angewendet wird[2] und
- immaterielle Vermögenswerte des Anlagevermögens[3]

mit IFRS ausnahmsweise kompatibel, können die bisherigen Buchwerte übernommen werden. Es kommt also auf eine gesonderte Überprüfung ursprünglicher Anschaffungs- und Herstellungskosten (mit Ausnahme von Entsorgungsverpflichtungen, s. Rz. 5071) nicht an.

Bei wesentlichen Abweichungen (Regelfall) sind die kumulierten Abschreibungen zu Gunsten der Buchwerte zu korrigieren. Das Verfahren entspricht der oben unter Rz. 5057 beschriebenen Vorgehensweise, so dass kein Unterschied besteht zwischen solchen Vermögenswerten, die im Rahmen eines Unternehmenszusammenschlusses erworben worden sind oder später von Tochtergesellschaften oder vom Mutterunternehmen angeschafft oder hergestellt werden.

5071 Anpassungen sind jedoch erforderlich im Hinblick auf die Anwendung des sog. **component approach** (Aufteilung von Sachanlagen, wenn deren wesentliche Komponenten unterschiedliche Nutzungsdauern haben; s. hierzu ausführlich Rz. 1113 ff.)[4] und für Entsorgungsverpflichtungen, die nach IAS 37 als Rückstellungen zu passivieren sind.[5]

Für die Passivierung und zugleich Aktivierung solcher **Entsorgungsverpflichtungen** gewährt IFRS 1.D21 ein Wahlrecht: Entweder ist die Interpretation IFRIC 1, die den Umgang mit Änderungen bei solchen Entsorgungsverpflichtungen zum Gegenstand hat (s. Rz. 1173), vollumfänglich retrospektiv anzuwenden, oder es können die Erleichterungen in IFRS 1.D21 in Anspruch genommen werden.

Bei Inanspruchnahme der Erleichterung ist wie folgt vorzugehen: Die Rückstellung wird in der IFRS-Eröffnungsbilanz nach IAS 37 angesetzt und bewertet. Zur Sachanlage hinzuaktiviert wird jedoch *der Barwert* dieser Rückstellung. Dabei ist jener Diskontierungsfaktor zu verwenden, der für die Perioden zwischen Ersteinbuchung der Anlage und IFRS-Eröffnungsbilanz angemessen gewesen wäre.

---

1 Vgl. IFRS 1.IG7.
2 Vgl. IFRS 1.IG62.
3 Vgl. IFRS 1.IG51.
4 Vgl. IFRS 1.IG12.
5 Zu einem ausführlichen Beispiel s. auch *Focken/Schaefer*, BB 2004, 2343.

III. Aufstellung der IFRS-Eröffnungsbilanz

Beispiel:

Für eine Maschine, Anschaffungszeitpunkt 1.1.04 und Nutzungsdauer zehn Jahre, besteht eine Entsorgungsverpflichtung. Zum Zeitpunkt der IFRS-Eröffnungsbilanz beträgt der für 14 geschätzte Auszahlungsbetrag 30. Der Diskontierungsfaktor wird mit 6% angenommen, so dass der Barwert der in der Eröffnungsbilanz (1.1.08) zu passivierenden Verpflichtung 21,1 beträgt. Dieser Barwert ist mit dem historischen Zins auf den 1.1.04 zu diskontieren (der Zins hat sich annahmegemäß nicht verändert). Der Barwert der Verpflichtung beträgt zum 1.1.04 demnach 16,8, der zu den historischen Kosten der Maschine hinzuaktiviert werden muss. Sodann ist der Betrag von 16,8 bereits über 4 Perioden abgeschrieben worden (= 6,7 kumulierte Abschreibungen). In der IFRS-Eröffnungsbilanz ist einzubuchen:

per

Maschine (historische AK)	16,8			
Gewinnrücklage (für AfA)	6,7			
Gewinnrücklage (für Zins)	4,3			
		an kumulierte Abschreibung		6,7
		Entsorgungsverpflichtung		21,1
	27,8			27,8

Tatsächlich weicht diese – sehr zu empfehlende – Vorgehensweise von der vollständigen retrospektiven Anwendung des IFRIC 1 ab. Würde man retrospektiv umstellen, *dürften nur die an den jeweils vergangenen Stichtagen bekannten Verhältnisse* berücksichtigt werden. Zunächst dürfte nur der bei Ersteinbuchung der Sachanlage zugleich passivierte Betrag aktiviert werden. Spätere Änderungen des Verpflichtungsumfangs oder Änderungen der Zinssätze müssten sich dann auch bei der Sachanlage niederschlagen, was zu Änderungen am Abschreibungsplan führt.

Beispiel (Fortsetzung aus Rz. 5071):

Auf Basis der Erkenntnisse des Jahres 04 wird der in zehn Jahren fällige Entsorgungsbetrag mit 20 geschätzt, der, diskontiert mit 6%, einen Barwert von 11,2 ergibt. Dieser Betrag wäre zu passivieren und zugleich der Maschine hinzuzuaktivieren. In den Jahren 04 und 05 ergeben sich zusätzliche kumulierte Abschreibungen von 2,2 sowie ein kumulierter Zinsaufwand von 1,4, der die Verpflichtung auf 12,6 erhöht. Auf Grund besserer Erkenntnisse wird der künftige Auszahlungsbetrag in 06 auf 30 geschätzt, der einen Barwert von 18,8 ergibt. Maschine und Rückstellung sind in 06 um jeweils 6,2 zu erhöhen. Die Maschine hat nun insgesamt einen zusätzlichen Buchwert von 15,2, der noch über acht Jahre abzuschreiben ist, was per 1.1.08 zu kumulierten Abschreibungen von 6,0 führt. Die Verpflichtung ist über zwei Perioden um 2,3 auf 21,1 aufzuzinsen. Das Ergebnis der Anpassungsbuchung per 1.1.08 beträgt:

per

Maschine (historischer AK)	17,4		
Gewinnrücklage			
(kum. AfA 6,0 und Zinsen 3,7)	9,7		
		an kumulierte Abschreibung	6,0
		Entsorgungsverpflichtung	21,1
	27,1		27,1

5073 Die Gesamthöhe des zu verrechnenden Aufwands ist in beiden Fällen gleich, aber die Periodisierung ist anders: In Rz. 5071 kommt es im Vergleich zu Rz. 5072 zu einer höheren Eigenkapitalminderung bei Einbuchung, dafür zu einer geringeren Ergebnisbelastung durch Abschreibungen (1,68 im Vergleich zu 1,9 p.a.) in künftigen Perioden.

Jene Unternehmen, die schon länger nach IFRS bilanzieren und nun erstmals IFRIC 1 anwenden müssen, werden die vorbezeichneten Änderungen kaum vermeiden können: Das Argument, die erforderlichen Informationen wären nicht vorhanden, dürfte selten durchschlagend sein, denn bereits in den vergangenen Jahren war die Entsorgungsverpflichtung zu passivieren und nach bestmöglicher Schätzung weiterzubewerten. Es fehlte die Regelung, wie in diesem Zusammenhang mit der Aktivierung umgegangen werden sollte. Ein IFRS-Anwender würde die Entsorgungsverpflichtung im Jahr 2006 bereits auf 18,8 erhöht, die Differenz (6,2) aber möglicherweise erfolgswirksam gebucht haben.

Diese Informationslage hat der IFRS-Erstanwender für rückwirkende Zeiträume möglicherweise nicht. Daher ist die Erleichterung für den IFRS-Erstanwender in IFRS 1.D21 vernünftig.

2.3.2 Wahlrecht zur punktuellen Neubewertung

5074 Für die in Rz. 5070 genannten Vermögenswerte (u.E. inklusive solcher, die aus Unternehmenszusammenschlüssen stammen, s. Rz. 5057) – für immaterielle Vermögenswerte des Anlagevermögens eingeschränkt nur auf solche, für die ein aktiver Markt besteht[1] – ist jedoch auch eine **Fair value-Bewertung** zum Zeitpunkt der IFRS-Eröffnungsbilanz zulässig (IFRS 1.D5 i.V.m. 1.D7). Die Fair values können dann wahlweise als Ausgangswerte (*deemed cost*) für eine Folgebewertung zu fortgeführten Anschaffungs- und Herstellungskosten dienen oder sie sind Grundlage zur Anwendung der Neubewertungsmethode nach IAS 16 bzw. IAS 38.[2]

5075 ⊃ Das Wahlrecht der Fair value-Bewertung kann *einzeln* für *verschiedene* Vermögenswerte ausgeübt werden. Der Erstanwender hat so (anders als bei der Neubewertung nach IAS 16) die Möglichkeit, beispielsweise **punktuell**

---

[1] Das ist selten und etwa zu beobachten bei Taxi- oder Fischereilizenzen oder bei handelbaren Verschmutzungszertifikaten.
[2] Vgl. IFRS 1.IG9 f.

stille Reserven in eigenbetrieblich genutzten Grundstücken (Grund und Boden und Gebäude) aufzudecken, ohne das Cost model verlassen zu müssen.

Sollte ein Teil oder alle der vorbezeichneten Vermögenswerte zum Fair value bewertet werden, so ist für jede entsprechende Zeile der IFRS-Eröffnungsbilanz die Summe der Fair values und die Summe der Anpassungen zum bisherigen Buchwert nach altem Recht anzugeben (IFRS 1.30). Im Vergleich zur ohnehin erforderlichen Überleitungsrechnung[1] können sich hier zusätzliche – aber unproblematische – Offenlegungserfordernisse ergeben. 5076

frei 5077–5079

2.4 Leasing

Im Konzern befindliche Leasingverträge sind zum Zeitpunkt der IFRS-Eröffnungsbilanz nach den Kriterien des IAS 17 als Finanzierungsleasing oder Operating-Leasing zu beurteilen (Rz. 1300 ff.). Das kann dazu führen, dass vormals nicht bilanzierte Vermögenswerte qua Qualifizierung als Finanzierungsleasing nunmehr in die Bilanz aufzunehmen sind, mithin der gewünschte Effekt des *off-balance-financing* nicht mehr erreicht wird. Allerdings ist es zulässig, die Bedingungen des Leasingvertrages rückwirkend zu ändern (IFRS 1.IG14). Hierzu ist freilich die Bereitschaft des Leasinggebers erforderlich. 5080

Durch IFRIC 4 ist der Anwendungsbereich des IAS 17 erweitert worden: Es muss geprüft werden, ob indirekte Nutzungsüberlassungen ggf. ein Leasingverhältnis darstellen (Rz. 1330 ff.). Diese Prüfung kann prospektiv, erstmals bei Aufstellung der IFRS-Eröffnungsbilanz, erfolgen (IFRS 1.D9). Das ist eine bedeutende Erleichterung, da ältere Verträge über indirekte Nutzungsüberlassungen *nicht* geprüft werden müssen. Zu einer vorgesehenen weiteren Erleichterung Rz. 5008. 5081

frei 5082–5084

2.5 Finanzinstrumente

2.5.1 Kategorisierung

Für die Folgebewertung finanzieller Vermögenswerte ist deren Zuordnung in eine der vier Kategorien (Rz. 1820 ff.) entscheidend. Die Zuordnungsentscheidung und die mit ihr verbundenen Wahlrechte sind nach IAS 39 bei **Ersteinbuchung** des finanziellen Vermögenswertes zu treffen, also ggf. auf einen Zeitpunkt weit vor Erstellung der IFRS-Eröffnungsbilanz. 5085

Hiervon abweichend sieht IFRS 1.D19 vor, dass das Wahlrecht der Zuordnung in die Kategorie available-for-sale zum Zeitpunkt der IFRS-Eröffnungsbilanz ausgeübt werden kann, unabhängig davon, wie lange der entsprechende finan-

---
1 Vgl. IFRS 1.IG Example 11.

zielle Vermögenswerte schon im Bestand war. Darüber hinaus dürfen IFRS-Erstanwender die Fair value-Option (Rz. 1836) rückwirkend auf die IFRS-Eröffnungsbilanz anwenden.

5086 Die subjektiven Bedingungen der Zuordnung bereits vorhandener Wertpapiere in die Kategorie held-to-maturity, nämlich Halteabsicht und -fähigkeit (Rz. 1827 ff.), müssen erstmals für die IFRS-Eröffnungsbilanz nachgewiesen werden (IFRS 1.IG56a). Das läuft auf ein Zuordnungswahlrecht zum Zeitpunkt der IFRS-Eröffnungsbilanz hinaus. Demgegenüber können finanzielle Vermögenswerte der Kategorie Kredite und Forderungen nur dann zugeordnet werden, wenn die entsprechenden Definitionsmerkmale bereits bei Ersteinbuchung vorlagen (IFRS 1.IG56b).

2.5.2 Ausbuchung

5087 Für nicht derivative finanzielle Vermögenswerte und Schulden können die Ausbuchungsregelungen des IAS 39 prospektiv ab dem 1.1.2004 angewendet werden (IFRS 1.B2). Damit können beispielsweise finanzielle Vermögenswerte beim Factoring oder bei Pensionsgeschäften, die nach HGB ausgebucht worden sind, ausgebucht bleiben, obwohl sie nach den Regelungen des IAS 39 eigentlich hätten weiter bilanziert werden müssen.

Der IFRS-Erstanwender kann wahlweise auch einen beliebigen Zeitpunkt in der Vergangenheit bestimmen, ab dem er die Ausbuchungsregelungen des IAS 39 freiwillig anwendet, selbstverständlich unter der Voraussetzung, dass die erforderlichen Informationen damals bekannt waren (IFRS 1.B3).

5088 Damit werden dem IFRS-Erstanwender dieselben Übergangsregelungen des IAS 39 eingeräumt, wie sie für jene Unternehmen einschlägig sind, die bereits nach IFRS bilanzieren (IAS 39.106 f.).

2.5.3 Strukturierte Produkte

5089 Finanzinstrumente, die sowohl Schuld- als auch Eigenkapitalelemente enthalten (z.B. Options- oder Wandelanleihen), sind auf Seiten des Emittenten zum Zeitpunkt der Emission in diese beiden Elemente aufzuteilen (Rz. 2060). Das Agio ist in die Kapitalrücklage einzustellen. Zum Zeitpunkt der IFRS-Eröffnungsbilanz sind außerdem die kumulierten Zinseffekte (Wertunterschied zwischen Ersteinbuchung und Buchwert der Anleihe zum Zeitpunkt der IFRS-Eröffnungsbilanz infolge der Anwendung der Effektivzinsmethode) mit dem Eigenkapital zu verrechnen. IFRS 1.D18 stellt klar, dass jegliche Überlegungen zur Aufteilung dieser beiden Eigenkapitalkomponenten entbehrlich sind, wenn die Anleihe bereits ausgebucht worden ist.

2.5.4 Ersteinbuchung zum Fair value

5090 Die Ersteinbuchung eines Finanzinstruments erfolgt nach IAS 39.43 zum Fair value, ggf. korrigiert um Transaktionskosten. Der Ansatz zum Fair value ist immer dann unproblematisch, soweit ein aktiver Markt besteht. Aber auch dann, wenn das Finanzinstrument nicht auf einem aktiven Markt gehandelt wird, gilt der Transaktionspreis, also die Anschaffungskosten, normalerweise als bester Hinweis für den Fair value. Ausnahmen sind möglich, etwa bei zinslosen Darlehen, bei denen Bewertungsmodelle, die mit marktüblichen Konditionen ausgestattet werden, zu anderen Ergebnissen kommen. Dann weicht der Fair value vom Transaktionspreis ab, und es kommt zur sofortigen erfolgswirksamen Erfassung der Differenz („one day gain or loss", s. Rz. 1861).

Die vorbezeichnete Regelung sollte ursprünglich rückwirkend angewendet werden. Dabei hatte der IASB offensichtlich übersehen, dass die analoge US-GAAP-Bestimmung prospektiv für alle Zugänge ab 25.10.2002 anzuwenden war. Das erklärt folgendes Wahlrecht: Die Ersteinbuchung zum Fair value darf prospektiv ab dem 25.10.2002 oder ab dem 1.1.2004 vorgenommen werden; es kann aber auch nach wie vor retrospektiv umgestellt werden (IFRS 1.D20). 5091

Für die Ersteinbuchung von Finanzinstrumenten gilt somit ab 1.1.2004 (wahlweise auch früher): 5092

– Ansatz zum Fair value, wenn ein aktiver Markt besteht. Bei Abweichungen zwischen Transaktionspreis und Fair value kann es zu unmittelbar erfolgswirksam zu erfassenden Beträgen kommen.

– Ansatz zum auf Bewertungsmodellen beruhenden Wert, wenn kein aktiver Markt besteht, sämtlicher Dateninput für die Berechnungen (z.B. Laufzeiten, Zinssätze usw.) aber auf beobachtbaren Marktpreisen basiert (IAS 39.AG76 a.E.). Bei Abweichungen zwischen Transaktionspreis und dem berechneten Fair value kann es zu unmittelbar erfolgswirksam zu erfassenden Beträgen kommen.

– Ansatz zum Transaktionspreis, wenn weder ein aktiver Markt besteht noch Berechnungen vorliegen, die auf beobachtbaren Marktdaten beruhen. In diesem Fall kann es nicht zu *one day gains or losses* kommen.

IAS 39.AG76A klärt, dass spätere Gewinne oder Verluste möglich sind, falls beobachtbare Fair values oder entsprechende Bewertungen möglich sind (s. auch IAS 39.BC222vii). Dies gilt u.E. nur insoweit, als finanzielle Vermögenswerte zum Fair value bewertet werden, also in den Kategorien at fair value through profit or loss bzw. available-for-sale.

➲ Werden Transaktionen unter fremden Dritten zu fairen Bedingungen durchgeführt, kommt es nicht zu sofort erfolgswirksam zu erfassenden Differenzen. Die vorstehenden Sachverhalte dürften daher seltene Ausnahmen darstellen. 5093

2.5.5 Derivate und Hedging

In der IFRS-Eröffnungsbilanz sind alle Derivate zum Fair value anzusetzen. Entsprechend dürfen gem. HGB abgegrenzte Erträge oder Aufwendungen aus derivativen Finanzinstrumenten – hier dürfte vor allem die Rückstellung für drohende Verluste aus schwebenden Geschäften in Betracht kommen – nicht als solche übernommen werden (IFRS 1.B4). Zu prüfen wäre jedoch, ob eine 5094

Rückstellung dem Fair value entspricht. Die Folge wäre der betragsgleiche Ausweis des Derivats (mit negativem Marktwert), also ein Passivtausch (Rückstellung in Verbindlichkeiten). Derivate mit positivem Marktwert wären abweichend vom HGB anzusetzen.

5095 Auf (nach HGB gebildete) **Sicherungszusammenhänge**, die *nicht* die Voraussetzungen des Hedge Accounting nach IAS 39 erfüllen (Rz. 2230 ff.), dürfen die Bilanzierungsregeln für Hedge Accounting nicht angewendet werden. Sie sind unter Anwendung von IAS 39.91 und IAS 39.101 zu beenden. Eine Ausnahme besteht nur für gesicherte Nettopositionen, die als Grundgeschäft zum Zeitpunkt der IFRS-Eröffnungsbilanz designiert werden können (IFRS 1.B5).

Im Übrigen dürfen neue Sicherungszusammenhänge erst nach der IFRS-Eröffnungsbilanz wieder gebildet werden, freilich nach Maßgabe des IAS 39.

5096–5099 frei

2.6 Pensionsverpflichtungen

5100 Pensionsverpflichtungen aus leistungsorientierten Pensionsplänen sind nach IAS 19 zu bewerten. Soll für versicherungsmathematische Gewinne und Verluste im Vergleichsvorjahr und im ersten IFRS-Berichtsjahr der sog. 10 %-Korridor angewendet werden (Rz. 2436), dann erfordert das Stetigkeitsgebot auch eine Feststellung der versicherungsmathematischen Gewinne und Verluste zum Zeitpunkt der IFRS-Eröffnungsbilanz. Um diese jedoch feststellen zu können, müsste IAS 19 zusätzlich *auf alle früheren Zeitpunkte rückwirkend* angewendet werden.

⊃ Um den hierfür erforderlichen hohen Aufwand zu vermeiden, kann nach IFRS 1.D10 auf die Feststellung der versicherungsmathematischen Gewinne und Verluste zum Zeitpunkt der IFRS-Eröffnungsbilanz verzichtet und trotzdem in späteren Perioden der 10 %-Korridor angewendet werden *(fresh start)*.

In analoger Anwendung von IAS 19.57 reicht es darüber hinaus aus, nur ein oder zwei versicherungsmathematische Gutachten in Auftrag zu geben. Die drei Bilanzstichtage können dann durch Vor- oder Rückrechnung abgedeckt werden.[1]

5101 Für Abweichungen zwischen den HGB-Werten und den IFRS-Werten im Umstellungszeitpunkt kommt der Korridoransatz jedoch nicht in Betracht; diese Abweichungen sind keine versicherungsmathematischen Gewinne und Verluste.

5102 Die Angabepflichten des IAS 19.120Ap (rückwirkende, fünfjährige Trendanalyse von Pensionsverpflichtung und Planvermögen) brauchen nicht rückwirkend befolgt zu werden, sondern können ab IFRS-Eröffnungsbilanz erfolgen (IFRS 1.D11).

5103–5104 frei

---

[1] Vgl. IFRS 1.IG21.

2.7 Aktienorientierte Vergütungen

Grundsätzlich wird die rückwirkende Anwendung von IFRS 2 empfohlen. Es bestehen aber einige Erleichterungen: 5105

Bei **echten Eigenkapitalinstrumenten** ist IFRS 2 nur dann auf nach dem 7.11.2002 zugesagte Programme *zwingend* anzuwenden, wenn diese entweder (a) nach dem IFRS-Eröffnungsbilanzstichtag oder (b) nach dem 1.1.2005[1] (das spätere Datum entscheidet) ausübbar waren (Ende Sperrfrist). Eine freiwillige frühere Anwendung auf andere Pläne ist nur dann erlaubt, wenn zuvor der Fair value der Instrumente öffentlich verlautbart wurde (IFRS 1.D2).[2]

Beispiel 1:

Zusage am 1.1.2003, Ende Sperrfrist: 31.7.2004

IFRS-Eröffnungsbilanzstichtag (Beginn der Vorperiode) 1.1.2005: IFRS 2 darf nur angewendet werden, wenn der Fair value öffentlich verlautbart wurde.

Beispiel 2:

Abweichend von Beispiel 1 endet die Sperrfrist erst am 31.7.2005: IFRS 2 ist uneingeschränkt anzuwenden.

Bei **aktienorientierten Barvergütungen** ist IFRS 2 auf diejenigen Verbindlichkeiten anzuwenden, die nach dem 1.1.2005 abgewickelt werden. Die vorherige Anwendung ist freiwillig (IFRS 1.D3). 5106

Beispiel 3:

IFRS Eröffnungsbilanzdatum (Beginn der Vorperiode) 1.1.2005 (erster Bilanzstichtag: 31.12.2006):

In 2005 wurde ein Teil der Verbindlichkeiten erfüllt. Diese müssen in der IFRS Eröffnungsbilanz (1.1.2005) mit dem Fair value bewertet werden (Rz. 2521).

frei 5107–5109

2.8 Währungsdifferenzen

Die Umrechnung von Fremdwährungsabschlüssen selbständiger ausländischer Teileinheiten in die Berichtswährung führt regelmäßig zu Währungsdifferenzen, die erfolgsneutral im *other comprehensive income* auszuweisen und erst bei Realisation – z.B. dem Abgang des Tochterunternehmens – er- 5110

---

[1] Nicht: Geschäftsjahresanfang.
[2] In Betracht kommen könnte die frühere Veröffentlichung der Fair value in Folge des Deutschen Corporate Governance Kodex 4.2.3, s. *Müller/Schieg* in Pfitzer/Oser (Hrsg.), Deutscher Corporate Governance Kodex, 2003, S. 121 ff.

folgswirksam zu erfassen sind (Rz. 3144). Im Rahmen der IFRS-Eröffnungsbilanz brauchen diese Differenzen jedoch nicht gesondert erfasst zu werden (*fresh start*, IFRS 1.D13), so dass im Ergebnis der Effekt aus der Umrechnung mit den Gewinnrücklagen zu verrechnen ist. Folglich ist auch bei späterem Abgang der Tochtergesellschaften eine Realisation der – in der IFRS-Eröffnungsbilanz gesondert nicht vorhandenen – Währungsdifferenzen nicht möglich. Währungsdifferenzen ab dem Zeitpunkt der IFRS-Eröffnungsbilanz sind jedoch wieder gesondert zu erfassen und nach IAS 21 zu bilanzieren.

5111 IAS 21.47 sieht vor, dass Goodwill und Fair value-Anpassungen (HB II/HB III) in der jeweiligen Währung der ausländischen Tochterunternehmen geführt werden. Damit sind sie zum Stichtagskurs umzurechnen, wobei Währungsdifferenzen entstehen können. Nach IAS 21 (1993) bestand diesbezüglich ein Wahlrecht; Goodwill und die Anpassungen konnten auch zum Kurs im Erwerbszeitpunkt eingefroren werden, so dass in Folgeperioden keine Umrechnungsdifferenzen entstanden. IAS 21.59 (2003) erlaubt die prospektive Anwendung des IAS 21.47 (2003), und IFRS 1.C2 gibt dieses Wahlrecht an den IFRS-Erstanwender weiter. Es ist aber auch erlaubt, IAS 21 (2003) retrospektiv anzuwenden (IFRS 1.C3).

2.9 Zinskosten

5112 Aufgrund der Abschaffung des Wahlrechts zur Aktivierung von Zinskosten für qualifying assets (Rz. 1141 ff.) sind Zinskosten dann zu aktivieren, wenn die Aktivierungsvoraussetzungen (IAS 23.17) nach dem 1.1.2009 vorliegen. Von dieser Übergangsvorschrift kann auch der IFRS-Erstanwender Gebrauch machen: Die Zinskostenaktivierung beginnt ab dem 1.1.2009 oder dem ggf. späteren Datum der IFRS-Eröffnungsbilanz. Wahlweise kann auch rückwirkend aktiviert werden (IFRS 1.D23).

2.10 Dienstleistungskonzessionsvereinbarungen

5113 IFRIC 12 Dienstleistungskonzessionsvereinbarungen ist im März 2009 in europäisches Recht übernommen worden.[1] Die Übergangsvorschriften des IFRIC 12.29 f. kann auch der IFRS-Erstanwender in Anspruch nehmen (IFRS 1.D22).

5114–5119 frei

3. Praxishinweise

3.1 Wesentliche Bilanzierungsentscheidungen

5120 Die vorstehend erläuterten Sonderregelungen zu einzelnen Sachverhalten führen regelmäßig zu einer Abweichung vom Grundsatz der vollständigen retrospektiven Umstellung. Hervorzuheben sind:
– Die Abbildung der nach HGB bilanzierten *Unternehmenszusammenschlüsse* muss i.d.R. nicht wieder aufgemacht werden. Es bestehen aber bei

---

[1] VO (EG) Nr. 254/2009 v. 25.3.2009 (ABl. EU Nr. L 80 v. 26.3.2009, S. 5).

(freiwilliger) rückwirkender Anwendung des IFRS 3 im Einzelfall interessante bilanzpolitische Gestaltungsmöglichkeiten.
- Es ist zu prüfen, ob die bisherigen Buchwerte im *Sachanlagevermögen* und bei *immateriellen Vermögenswerten* übernommen werden können. Sollten im vormaligen HGB-Abschluss noch nur steuerlich motivierte Abschreibungen enthalten sein, sind diese allerdings zurückzudrehen. Das gilt auch für degressive Abschreibungen, soweit sich die Anlagen gleichmäßig abnutzen (dann wäre nach IFRS die lineare Abschreibung zwingend).
- *Leasingverträge* sind zu prüfen und ggf. rückwirkend anzupassen.

Da außerhalb der Ausnahmen unter Rz. 5040 ff. alle *übrigen* Sachverhalte nach den zum Bilanzstichtag des Berichtsjahrs der erstmaligen Anwendung von IFRS gültigen Standards **retrospektiv** zu beurteilen sind, und zwar ohne Beachtung etwaiger Übergangsvorschriften in den Standards, sind vor allem folgende mögliche Maßnahmen für die IFRS-Eröffnungsbilanz in Betracht zu ziehen: 5121

- Aktivierung *selbsterstellter immaterieller Vermögenswerte*.
- Prüfung des Aktivierungsumfangs bei *fertigen und unfertigen Erzeugnissen*; retrograde Ermittlung des beizulegenden Wertes.
- Sollten *Fertigungsaufträge* vorliegen, ist zu prüfen, ob die Anwendung der Percentage of completion-Methode in Betracht kommt.
- *Aufwandsrückstellungen* dürfen nicht übernommen werden, bei *übrigen Rückstellungen* sind Ansatz und Bewertung und insbesondere bei langfristigen Rückstellungen ist die Abzinsung zu prüfen.
- Der Ansatz *latenter Steuern* ist regelmäßig zu prüfen.

Die Umstellung auf IFRS sollte für bilanzpolitische Weichenstellungen genutzt werden, die auch über den Tag hinaus Bestand haben. *Spätere* Änderungen in der Ausübung von Bilanzierungswahlrechten lösen Anpassungen nach IAS 8 aus. 5122

Auch Ermessensspielräume, etwa im Hinblick auf die Aktivierungskriterien selbsterstellter immaterieller Vermögenswerte oder bei der Abzinsung langfristiger Rückstellungen, sollten von vornherein festgelegt und im Konzern kommuniziert werden (Bilanzierungsrichtlinie).[1]

frei 5123–5129

3.2 Unterschiedliche Erstanwendungszeitpunkte von Mutter- und Tochterunternehmen

§ 325 Abs. 2a HGB eröffnet Kapitalgesellschaften die Möglichkeit, statt eines HGB-Jahresabschlusses einen Einzelabschluss nach IFRS im Bundesanzeiger bekannt zu machen (Rz. 131). Wird von diesem Wahlrecht zum selben Zeitpunkt der Umstellung des Konzernabschlusses Gebrauch gemacht, ergeben sich im Hinblick auf die erstmalige Erstellung des Einzelabschlusses keine 5130

---
1 Hierzu im Einzelnen *Theile*, StuB 2003, 957.

von Rz. 5020 ff. abweichenden Besonderheiten; das Umstellungsprocedere gilt analog auch für den Einzelabschluss.

5131 Praxisrelevant dürfte der Sachverhalt sein, dass Mutter- und/oder Tochterunternehmen für ihren jeweiligen Einzelabschluss *später* als der Konzern umstellen. Dann hat das Einzelunternehmen bereits in der Vergangenheit für Konsolidierungszwecke eine HB II erstellt. IFRS 1.D16 lässt für diese Fälle ein Wahlrecht zu:

– Aus den Daten der HB II wird ein IFRS-Einzelabschluss generiert oder

– es werden die Regelungen des IFRS 1 angewendet, was zur Folge hat, dass das Einzelunternehmen von den entsprechenden Umstellungswahlrechten Gebrauch machen und auch eine andere Bilanzpolitik betreiben kann.

Die gleiche Regelung gilt analog für assoziierte Unternehmen und Gemeinschaftsunternehmen.

5132–5138 frei

3.3 Beurteilung

5139 Die Ausnahmen von der retrospektiven Anwendung, wie sie in IFRS 1 formuliert sind, führen in der Praxis zu einer **erheblichen Vereinfachung** der Umstellung. Im Vergleich aber zur vollständigen retrospektiven Anpassung ist nicht zu verkennen, dass die Vergleichbarkeit von Abschlüssen, die nach IFRS 1 aufgestellt sind, mit solchen, die schon über einen längeren Zeitraum nach IFRS aufgestellt worden sind, leiden wird. Der Board hat sich gleichwohl zu Lasten der zwischenbetrieblichen Vergleichbarkeit und zu Gunsten des einfacheren und praktikableren Übergangs entschieden: Hinsichtlich des Framework-Grundsatzes der Vergleichbarkeit wurde die Sichtweise geändert; im Vordergrund steht nun die Herstellung der Vergleichbarkeit der i.d.R. zwei präsentierten Geschäftsjahre des erstmaligen Anwenders.

Die weitere Zielsetzung, nämlich die Vergleichbarkeit von Abschlüssen jener Unternehmen, die zum selben Zeitpunkt umstellen (IFRS 1.BC10), dürfte jedoch angesichts der wahlweise zulässigen Abweichungen von der retrospektiven Umstellung ebenso verfehlt werden.[1] Es steht zu befürchten, dass Abschlüsse nach IFRS erst über einen längeren Zeitraum wieder miteinander vergleichbar sind, unabhängig davon, wann die einzelnen Unternehmen auf IFRS umgestellt haben.

4. Anhangangaben

4.1 Allgemeine Angaben

5140 Im ersten Abschluss nach IFRS ist zu erläutern, wie der Übergang von HGB (oder anderen Rechnungslegungsnormen) auf IFRS, die Bilanz, GuV und Cash-

---

[1] So auch *Theile*, DB 2003, 1745 (1752); *Hayn/Bösser/Pilhöfer*, BB 2003, 1607 (1612 f.); *Pellens/Detert*, KoR 2003, 369 (376); *Zeimes*, WPg 2003, 982 (990).

flows beeinflusst hat (IFRS 1.23). Eine Wirkung auf die Zahlungsströme kann sich freilich nicht ergeben; sollte aber nach bisherigem Recht eine Kapitalflussrechnung veröffentlicht worden sein, die in ihrer Entwicklung und in der Zusammensetzung des Finanzmittelfonds von IAS 7 abweicht, sollen die Abweichungen erläutert werden.[1]

4.2 Überleitungsrechnungen

Die Erläuterungen der Abweichungen von Bilanz und GuV sind mit Überleitungsrechnungen darzustellen (IFRS 1.24a,b). Damit ergeben sich für den ersten IFRS-Abschluss beispielsweise zum 31.12.2009 folgende Berichtserfordernisse: 5141

	1.1.2008	31.12.2008	31.12.2009
Bilanz	X	X	X
GUV bzw. Gesamtergebnisrechnung		X	X
Kapitalflussrechnung		X	X
Eigenkapitalveränderungsrechnung		X	X
Anhang (inkl. ggf. Segmentberichterstattung, Ergebnis je Aktie)		X	X
Überleitungsrechnung Eigenkapital	X	X	
Überleitungsrechnung Jahresergebnis		X	

Abb. 110: Berichtsumfang des ersten IFRS-Abschlusses

Die IFRS-Eröffnungsbilanz ist zwingend zu veröffentlichen (Rz. 4011). Im Rahmen der Überleitungsrechnung zum Eigenkapital werden außerdem die wesentlichen Bilanzposten gesondert dargestellt und im Anhang erläutert. Das gilt auch für wesentliche GuV-Posten bei der Überleitung des letzten HGB-Jahresergebnisses.[2]

Ist für die IFRS-Eröffnungsbilanz etwa wegen der Übernahme bisher aktivierter Goodwills ein Impairment-Test durchgeführt worden, der zu außerplanmäßigen Abschreibungen geführt hat, so sind die Offenlegungserfordernisse des IAS 36 analog zu erfüllen (IFRS 1.24c). 5142

frei 5143–5999

---

1 So wohl muss IFRS 1.25 verstanden werden.
2 Zu einem ausführlichen Beispiel s. IFRS 1.IG Example 11.

G. Zinsschranke nach § 4h EStG und IFRS-Abschluss

6000 Gegenstand dieses Teils des Buches sind die rechnungslegungsbezogenen Fragestellungen und Aspekte der steuerlichen Zinsschrankenregelung (§ 4h EStG). Die Rechnungslegung nach IFRS hat hier insoweit unmittelbar steuerliche Relevanz, als der Umfang der Abzugsfähigkeit der Zinsaufwendungen von Eigen-/Fremdkapitalrelationen abhängt, die primär auf IFRS-Abschlüssen beruhen.

Die Zinsschrankenregelung ist als „beispiellose Steuerinnovation"[1] im Schrifttum bezeichnet worden. Sie führt jedoch zu einer „Verknüpfung von Steuerrecht und IFRS"[2], die zahlreiche Zweifelsfragen bei der Anwendung der Vorschriften aufwirft. Die Steuerrechtswissenschaft sieht die Neuregelung überwiegend kritisch[3]. Ziel dieses Buchteils ist es, Hinweise zur praktischen Durchführung des sog. **Eigenkapitaltests** und zur zielgerichteten Anwendung des IFRS-Regelwerks i.S.d. Optimierung des Zinsabzugs für steuerliche Zwecke zu geben. Auf Grund der Konstruktion der Begrenzung des Betriebsausgabenabzugs gem. der Zinsschrankenregelung in § 4h EStG müssen Gestaltungen darauf ausgerichtet sein, dass die Eigenkapitalquote im Einzelabschluss des betreffenden Betriebs möglichst hoch und im Konzernabschluss möglichst niedrig ausfällt[4].

I. Zusammenhänge zwischen Rechnungslegung nach IFRS und dem steuerlichen Konzept der Zinsschranke

1. Erläuterung des Konzepts der Zinsschranke (§ 4h EStG)[5]

6001 Nach § 4h EStG ist der Abzug von Zinsaufwendungen auf die Höhe des Zinsertrags und bei einem verbleibenden **negativen Zinssaldo** auf maximal 30 % des **steuerlichen EBITDA** beschränkt. Dieser EBITDA entspricht dem steuerpflichtigen Gewinn (bei Körperschaften Einkommen nach § 8 Abs. 1 KStG[6]) erhöht um die Abschreibungen und den negativen Zinssaldo.

Der steuerliche EBITDA ist grundsätzlich **betriebsbezogen** zu ermitteln, d.h.:

– Anteile am Ergebnis einer Personengesellschaft finden beim Mitunternehmer (Muttergesellschaft) nicht nochmals Berücksichtigung.[7]

– Der steuerfreie Teil von Dividenden (95 %) wird (bereits bei der Ermittlung des steuerpflichtigen Einkommens) gekürzt.

---

1 *Homburg*, FR 2007, 717.
2 *Stibi/Thiele*, BB 2008, 2507.
3 Vgl. *Hey* in Tipke/Lang (Hrsg.), Steuerrecht, 19. Aufl. 2008, § 11 Rz. 56 m.w.N.
4 Vgl. *Lüdenbach/Hoffmann*, DStR 2007, 636 (641).
5 *Hoffmann*, Zinsschranke, Stuttgart 2008.
6 Der steuerliche EBITDA wird erhöht durch verdeckte Gewinnausschüttungen, einen Verlustabzug und den Spendenabzug i.S.v. § 9 Abs. 1 Satz 1 Nr. 2 KStG, vermindert durch den steuerfreien Teil (95 %) von Dividenden und Veräußerungsgewinnen an Kapitalgesellschaften (vgl. i.E. BMF, Schr. v. 4.7.2008 – IV C 7 – S 2742-a/07/10001 – DOK 2008/0336202, BStBl. I 2008, 218, Rz. 40 f.).
7 Vgl. BMF, Schr. v. 4.7.2008, BStBl. I 2008, 218, Rz. 42.

Beispiel:

Der Korrekturmechanismus zur Ermittlung des steuerlichen EBITDA bei einer GmbH wird nachfolgend exemplarisch gezeigt. Dabei sind zahlreiche praxisrelevante Sachverhalte (Beteiligung an Kapitalgesellschaften, Anteile am Ergebnis von Personengesellschaften, steuerfreie Investitionszulagen usw.) aufgeführt:

Jahresüberschuss lt. *Steuerbilanz*		920
+ Gewerbesteueraufwand und Körperschaftsteueraufwand (inkl. SolZ)		300
− 95 % von Dividenden aus Kapitalgesellschaften		− 95
− Beteiligungsergebnis aus Personengesellschaften		− 75
+ nicht abzugsfähige Betriebsausgaben		50
− steuerfreie Investitionszulage		− 100
Einkommen i.S.v. § 8 Abs. 1 KStG		**1000**
+ Abschreibungen i.S.v. § 7 EStG und § 6 Abs. 2, 2a EStG (GWG inkl. Sammelposten)		500
− Zinserträge	− 200	
+ Zinsaufwendungen	2000	
Zinssaldo	**1800**	**1800**
EBITDA i.S.v. § 4h EStG		3300
Zinssaldo		− 1800
maximal abzugsfähig (30 % von 3300) **„Zinsschranke"**		990
Zinsvortrag gem. § 4h EStG		− 810

Von den gesamten Zinsaufwendungen (2000) sind demnach 1190 abzugsfähig, und zwar 200 i.H. der Zinserträge und 990 = 30 % des EBITDA. Der Rest (810) kann nur vorgetragen werden. Der **Zinsvortrag** unterliegt *zusammen* mit dem ggf. negativen Zinssaldo des Folgejahres dem „30 % Test" (§ 4h Abs. 1 Satz 3 EStG).

Der **Zinssaldo** richtet sich ausschließlich nach dem Inhalt von § 4h EStG[1] in der *Steuerbilanz*. Unerheblich ist, ob der Zinsaufwand in dem Abschluss, der dem *Eigenkapitaltest* (Rz. 6022) zugrundeliegt, davon u.U. abweicht (z.B. wegen anderer Zurechnung von Leasing nach IFRS). 6002

Zinsaufwendungen, die als steuerpflichtige Sondervergütungen eines Mitunternehmers i.S.d. § 15 Abs. 1 Satz 1 Nr. 2 EStG zu qualifizieren sind, stellen weder Zinsaufwendungen der Mitunternehmerschaft noch Zinserträge des Mitunternehmers (regelmäßig die Muttergesellschaft) dar.[2] Dies bedeutet wei- 6003

---

1 Zinsaufwendungen sind Vergütungen für Fremdkapital (§ 4h Abs. 3 Satz 2 ff. EStG) inkl. Auf- und Abzinsung unverzinslicher oder niedrig verzinslicher Verbindlichkeiten. Keine Zinseinnahmen oder Zinsaufwendungen sind Dividenden, Steuerzinsen nach § 233 ff. AO, Skonti und Boni, in Miet- oder Leasingzahlungen enthaltene Finanzierungsanteile (bei fehlender steuerlicher Zurechnung). Geht das wirtschaftliche Eigentum am Leasinggegenstand (Sachkapital) steuerlich auf den Leasingnehmer über, weist der Leasinggeber also eine Darlehensforderung und der Leasingnehmer eine Darlehensverbindlichkeit aus, führen die Zinsanteile in Leasingraten zu Zinsaufwendungen und -erträgen (BMF, Schr. v. 4.7.2008, BStBl. I 2008, 218, Rz. 25).
2 Vgl. BMF, Schr. v. 4.7.2008, BStBl. I 2008, 218, Rz. 19.

terhin, dass Zinsen aus der Finanzierung des Erwerbs von Anteilen an inländischen Personengesellschaften als Sonderbetriebsausgaben der Mitunternehmerschaft zugeordnet werden und den Zinssaldo der betreffenden Mitunternehmerschaft erhöhen[1] (Rz. 6005 a.E.).

6004 Die vorbezeichnete Zinsschranke kommt unter folgenden Bedingungen jedoch **nicht** zur Anwendung (sog. **Ausnahmen**):

(1) **Freigrenze** § 4h Abs. 2 lit. a EStG *oder*	a) Der negative Zinssaldo des Betriebs beträgt weniger als 1 Mio. Euro *(nach Plänen der Bundesregierung soll die Freigrenze [befristet für 2008 und 2009] auf 3 Mio. Euro erhöht werden[2]).* b) Ein Organkreis gilt als *ein* Betrieb (Rz. 6012).
(2) **Stand alone** Unternehmen § 4h Abs. 2 lit. b EStG) *oder*	Der Betrieb gehört nicht oder nur anteilsmäßig zu einem Konzern.
(3) **Escape-Klausel** § 4h Abs. 2 lit. c EStG	a) Der Betrieb gehört zwar zu einem Konzern, seine Eigenkapitalquote ist aber besser oder genauso gut wie der Konzerndurchschnitt. b) Basis: Eigenkapitalquoten am Schluss des vorangegangenen Abschlussstichtags (Rz. 6024). c) Ein *Unterschreiten* der Eigenkapitalquote des Konzerns bis zu einem Prozentpunkt ist unschädlich.

6005 Zur Verdeutlichung sei folgendes Beispiel angeführt:

Beispiel

Das folgende Beispiel zieht sich in mehreren Facetten durch den gesamten Abschnitt: Es handelt sich um den Konzern X, dessen **Mutterunternehmen** (Rechtsform AG) in Deutschland ansässig ist. Zum Konzernkreis gehören diverse **inländische und ausländische Konzernunternehmen**. Im Inland besteht eine ertragsteuerliche **Organschaft**, zu der sämtliche inländische Unternehmen mit Ausnahme einer **inländischen Tochterpersonengesellschaft** (Mitunternehmerschaft) Y KG gehören (Beträge in T Euro).

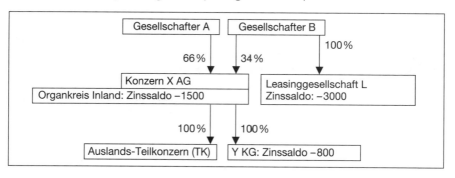

1 Vgl. BMF, Schr. v. 4.7.2008, BStBl. I 2008, 218, Rz. 19.
2 Im Rahmen des Bürgerentlastungsgesetzes, vgl. FAZ v. 27.5.2009, S. 11.

I. Zusammenhänge

Die **Prüfung der Abzugsfähigkeit** des Zinsaufwands ist zweckmäßigerweise in folgender Reihenfolge vorzunehmen:

Fragen	Anwendung auf Beispiel
1. Ist die Freigrenze von 1 Mio. Euro überschritten? Falls nein, ist der Zinsaufwand in voller Höhe abzugsfähig und es muss nichts Weiteres geprüft werden.	a) Der Organkreis Inland gilt als *ein* Betrieb. Für ihn gilt ebenfalls die Freigrenze von 1 Mio. Euro. Diese wird überschritten. b) Die Y KG gehört zum X Konzern, ist aber mangels Zugehörigkeit zum Organkreis Inland ein *eigener Betrieb* („*Zinsschrankeninsel*"[1]) und kann daher die Freigrenze von 1 Mio. Euro beanspruchen (dies gilt unabhängig von der Rechtsform, d.h. auch für eine GmbH außerhalb des Organkreises). Der Zinssaldo ist in voller Höhe abzugsfähig.
2. Falls Freigrenze überschritten: Gehört die Gesellschaft zu einem Konzern? Falls nein, ist der Zinsaufwand in voller Höhe abzugsfähig* und es muss nicht geprüft werden, ob 30% Zinsschranke eingehalten wird (stand alone Unternehmen).	a) Die Leasinggesellschaft kann den negativen Zinssaldo von 3000 mangels Konzernzugehörigkeit (*stand alone*, Rz. 6004) in voller Höhe absetzen. b) Voraussetzung ist aber, dass keine Zweckgesellschaft (Rz. 6011) und kein Gleichordnungskonzern (Rz. 6013) vorliegen.
3. Falls konzernzugehörig und Freigrenze überschritten: Wird die 30% Zinsschranke eingehalten?	a) Für den Organkreis Inland ist die Einhaltung der Zinsschranke zu prüfen. b) Das EBITDA ist ohne Ergebniszurechnung aus der Y KG zu ermitteln (Rz. 6001).
4. Falls die 30% Zinsschranke überschritten wird: Greift die Escape-Klausel?*	a) Der Eigenkapitaltest wird durchgeführt („Nachweis"). b) EK-Quote entspricht mindestens der Konzern EK-Quote (– 1% Toleranz) am vorangegangenen Abschlussstichtag (Rz. 6024).

* Bedingung: Keine schädliche Gesellschafter-Fremdfinanzierung (Rz. 6007 ff.)

Variante: Im Zinsaufwand des Organkreises (netto 1500) seien 1000 Zinsen aus der Akquisition der Y KG enthalten. Diese stellen Sonderbetriebsausgaben der X AG bei der Y KG da und erhöhen dort den Zinssaldo (Rz. 6003): Folglich können alle Zinsaufwendungen der Organschaft (– 500) abgesetzt werden, da die Freigrenze nicht erreicht wird. Allerdings überschreitet nunmehr die Y KG (1800) die Freigrenze. Zur Zuordnung der Akquisitionsschulden als negatives Sonderbetriebsvermögen zur Y KG beim *Eigenkapitaltest* s. Rz. 6044.

---

1 Vgl. *Prinz*, DB 2008, 368 (369).

6006 Die Zinsschrankenregelung führt damit zu einer bedeutsamen **Verknüpfung von Steuerrecht und internationaler Rechnungslegung nach IFRS**, da sowohl bei der Frage einer Konzernzugehörigkeit zwecks Abgrenzung der Stand alone-Unternehmen (§ 4h Abs. 2 lit. b EStG) als auch bei der Ermittlung der Eigenkapitalquote im Einzel- und Konzernabschluss (§ 4h Abs. 2 lit. c EStG) grundsätzlich auf das IFRS-Regelwerk Bezug genommen wird (Rz. 6022). § 4h EStG verwendet den (steuerlichen) Terminus „Betrieb". Im Rahmen der Darstellung im Teil G werden die Begriffe „Unternehmen" und „Konzernunternehmen" synonym für den Terminus „Betrieb" verwendet.

2. Konzernexterne (schädliche) Gesellschafterfremdfinanzierung

6007 Die Ausnahmen gem. § 4h Abs. 2 lit. c EStG („Eigenkapitaltest") und gem. § 4h Abs. 2 lit. b EStG (Stand alone-Klausel) kommen nicht in Betracht, wenn eine **schädliche Gesellschafterfremdfinanzierung** vorliegt (**Rückausnahmen** nach § 8a Abs. 2 und Abs. 3 KStG).

6008 Eine solche schädliche Gesellschafterfremdfinanzierung ist gegeben, wenn mehr als 10 % des negativen Zinssaldos eines (Konzern)-Unternehmens an einen **Gesellschafter (außerhalb des Konzerns)** fließen. Diese 10 %-Grenze gilt für **sämtliche** in- und ausländische Konzernunternehmen.

Schädlich ist die Finanzierung, wenn sie durch einen zu mehr als 25 % mittelbar oder unmittelbar an dem Konzernunternehmen beteiligten Gesellschafter oder durch eine diesem nahe stehende Person (i.S.v. § 8a Abs. 1 i.V.m. § 1 Abs. 2 AStG) erfolgt. Auch die Fremdfinanzierung des Konzerns bzw. der Gesellschaft durch einen Dritten führt zur schädlichen Fremdfinanzierung, wenn der Dritte durch entsprechende Sicherheitenstellung Rückgriff auf Vermögen des (konzern)externen Gesellschafters oder diesem nahe stehenden Personen hat. Der Rückgriff auf **konsolidiertes Vermögen** – also auf das Vermögen des Konzerns bzw. der Gesellschaft selbst – führt dagegen *nicht* zur schädlichen Gesellschafterfremdfinanzierung nach § 8a KStG.

6009 Liegt die vorstehend skizzierte schädliche Gesellschafterfremdfinanzierung vor, ist der Zinsabzug auf 30 % des EBITDA begrenzt (sofern nicht die Freigrenze von 1 Mio. Euro greift):

Beispiel 1:

Gesellschafter B hat für einen Teil der Finanzverbindlichkeiten der Leasinggesellschaft L gebürgt. Auf diesen Anteil entfallen 350 (> 10 %) des negativen Zinssaldos (3000). Es liegt eine schädliche Gesellschafterfremdfinanzierung vor. Die Stand alone-Klausel nach § 4h Abs. 2 lit. b EStG greift nicht. Da auch die Freigrenze von 1 Mio. Euro überschritten wird, ist der Zinsabzug auf 30 % des EBITDA begrenzt.

Beispiel 2:

Gesellschafter B hat einem ausländischen Konzernunternehmen Z des X-Konzerns ein geringfügiges Darlehen gegeben und erzielt daraus Zinserträge i.H.v. 2. Der gesamte negative Zinssaldo von Z beträgt – 10. Da B mit mehr als 25 % am Konzern X und dadurch mittelbar an Z beteiligt ist und die auf ihn entfallenden Zinsaufwendungen mehr als 10 % des Zinssaldos von Z betragen, kommt für *kein* Konzernunternehmen im Inland mehr die Escape-Klausel nach § 4h Abs. 2 lit. c EStG i.V.m. § 8a Abs. 2 KStG in Betracht (!). Unerheblich ist, dass (a) der Zinsaufwand im *Ausland* anfällt[1] und dass (b) der *absolute* Betrag (2) verschwindend gering ist und etwa weit unterhalb des etwa für den *Organkreis* schädlichen Betrags von 150 (10 % von 1500) liegt.

Variante: Das Darlehen an Z wird von einem konzernfremden Minderheitsgesellschafter der Z (Beteiligung 25,1 %) gewährt. Auch in diesem Fall liegt eine schädliche Gesellschafterfremdfinanzierung vor.

Als Folge des verwehrten Eigenkapitaltests nach § 4h Abs. 2 lit. c EStG i.V.m. § 8a Abs. 3 KStG ist der Zinsabzug im Organkreis Inland wegen Überschreitens der Freigrenze auf 30 % des EBITDA begrenzt.

➲ Die Vorschriften zur schädlichen Gesellschafterfremdfinanzierung erfordern eine **sorgfältige Planung** und ggf. **Umstellung der Konzernfinanzierung**: Wäre das Gesellschafterdarlehen etwa im Beispiel 2 an den Organkreis gegeben und von da aus an Z weitergeleitet worden, läge keine schädliche Gesellschafterfremdfinanzierung vor (2 < 10 % des Zinssaldos) und die Escape-Klausel wäre anwendbar (!). Als **Faustformel** gilt, dass die Finanzierung von Konzerntöchtern grundsätzlich über die Konzernmutter erfolgen sollte, es sei denn, über die „Atomisierung" der Unternehmensgruppe wird die Beanspruchung der Freigrenze von Euro 1 Mio. angestrebt.

II. Steuerlicher Konzernkreis gem. § 4h Abs. 2 EStG

1. Unterordnungskonzern

Der Eigenkapitalvergleich nach § 4h Abs. 2 Satz 1 lit. c EStG kommt nur in Betracht, wenn es sich um **konzernzugehörige** Betriebe handelt. Soweit es sich bei dem Unternehmen um ein Stand alone-Unternehmen handelt, greift die **Stand alone-Klausel** gem. § 4h Abs. 2 Satz 1 lit. b EStG. Dann ist ein Eigenkapitaltest entbehrlich, da die Zinsschranke ohnehin nicht greift, sofern keine schädliche Gesellschafterfremdfinanzierung nach § 8a KStG vorliegt (vgl. Rz. 6007 ff.). 6010

Ob ein Unternehmen konzernzugehörig ist, bestimmt sich regelmäßig nach § 4h Abs. 3 Satz 5 EStG.[2] Ein Unternehmen gehört danach zu einem **Konzern**, wenn es nach dem einschlägigen Rechnungslegungsstandard (HGB oder IFRS, Rz. 6022) voll konsolidiert wird oder zumindest werden könnte (**potenzielle** 6011

---

1 Zur Kritik an der fehlenden Begrenzung auf inländische Rechtsträger und der dadurch verursachten überschießenden Wirkung *Prinz*, § 8a KStG Anm. J 07/16, HHR Lfg. Jahresband 2008, Februar 2008, K 36.
2 Vgl. BMF, Schr. v. 4.7.2008, BStBl. I 2008, 218, Rz. 59.

Konsolidierungsfähigkeit). Bei dieser Abgrenzung ist der größtmögliche Konsolidierungskreis maßgebend.[1] Die Zuordnung von Zweckgesellschaften und Verbriefungsgesellschaften ist dabei unklar und auch umstritten:

Konzernunternehmen	Stand alone-Unternehmen
a) (Vollkonsolidierte) **Tochterunternehmen**, u.E. inkl. TU mit Veräußerungsabsicht i.S.v. IFRS 5 (Rz. 2755 ff.) b) Tochterunternehmen, die wegen **Unwesentlichkeit** (§ 296 Abs. 2 HGB, IAS 8.8, vgl. Rz. 3035) nicht in den Konzernabschluss einbezogen werden, sind nichtsdestoweniger steuerlich als konzernzugehörig zu betrachten.[2] Sie sind in den Eigenkapitalvergleich einzubeziehen, sofern die 30%-Grenze nicht eingehalten wird (keine Standalone Klausel nach § 4h Abs. 2 Satz 1 lit. b EStG). c) **Zweckgesellschaften** (Rz. 3025) sind grundsätzlich für Zwecke der Zinsschranke als konzernangehörig zu betrachten, wenn nach dem jeweils zur Anwendung kommenden Rechnungslegungsstandard (wie z.B. IFRS) eine Konsolidierung in den Konzernabschluss zu erfolgen hat.[3]	a) **Gemeinschaftsunternehmen** nach § 310 HGB und IAS 31, die anteilsmäßig konsolidiert werden (vgl. Rz. 3040) b) **assoziierte Unternehmen** nach § 311 HGB bzw. IAS 28, die at equity-bilanziert werden (vgl. Rz. 3045) und c) **Beteiligungsunternehmen**, die zu Anschaffungskosten oder at fair value bilanziert werden (vgl. Rz. 1933 ff.).[4] d) Dagegen gelten sog. **Verbriefungsgesellschaften** im Rahmen von Asset-backed-securities-Gestaltungen (Rz. 3025) für *Zwecke der Zinsschranke* als **nicht** konzernangehörig[5], selbst wenn eine Einbeziehung in den Konzernabschluss (allein) auf Grund einer wirtschaftlichen Betrachtungsweise unter Berücksichtigung der Nutzen- und Risikoverteilung erfolgt ist.

Beispiel:

Die Leasinggesellschaft L in Rz. 6005 sei identisch mit der in Rz. 3028: Da die wesentlichen Chancen und Risiken beim Gesellschafter von L und nicht beim Konzern X liegen, handelt es sich **nicht** um eine Zweckgesellschaft, so dass L nicht durch X zu konsolidieren ist. Damit ist L ein Stand alone-Unternehmen i.S.v. § 4h EStG.

---

1 Vgl. *Rödder/Stangl*, DB 2007, 479 (480); *Hennrichs*, DB 2007, 2101.
2 Vgl. *Hennrichs*, DB 2007, 2101 (2104); BMF, Schr. v. 4.7.2008, BStBl. I 2008, 218, Rz. 72.
3 BMF, Schr. v. 4.7.2008, BStBl. I 2008, 218, Rz. 67.
4 Vgl. BMF, Schr. v. 4.7.2008, BStBl. I 2008, 218, Rz. 61; *Ganssauge/Mattern*, DStR 2008, 213 (217 f.).
5 BT-Drs. 16/4841 S. 50, kritisch zu dieser Auffassung *Hennrichs*, DB 2007, 2101; Die Finanzverwaltung bestätigt diese Auffassung in dem BMF, Schr. v. 4.7.2008, BStBl. I 2008, 218, Rz. 67.

2. Besonderheiten bei Organschaft

Bei steuerlich wirksamer Organschaft im Inland ergeben sich in der Praxis erhebliche Auswirkungen für die Anwendung der Zinsschrankenregelung und für die Durchführung des Eigenkapitaltests. So gelten sämtliche Unternehmen des Organkreises als **„ein Betrieb"** i.S.d. § 4h EStG (§ 15 Satz 1 Nr. 3 Satz 2 KStG). **Folge:**

6012

– Besteht der gesamte Konzern nur aus einem *inländischen* Organkreis, handelt es sich um **ein „Stand alone-Unternehmen"**, für das § 4h Abs. 2 lit. b EStG gilt. Bei nichtschädlicher Gesellschafterfremdfinanzierung nach § 8a Abs. 2 KStG (vgl. Rz. 6007 ff.) greift dann die Zinsschranke nach § 4h Abs. 1 EStG für den Konzern **nicht**.

– Falls die Stand alone-Ausnahme nicht greift, gilt die **Freigrenze** von **1 Mio. Euro für den gesamten Organkreis** (Rz. 6005).

– Beim Eigenkapitaltest ist für den **Organkreis** ein **„Teilkonzernabschluss"**[1] aufzustellen. Nur für diesen konsolidierten Teilkonzernabschluss ist die Eigenkapitalquote des Unternehmens (Betriebs) zu ermitteln (vgl. Rz. 6039).

3. Gleichordnungskonzern

In einem Gleichordnungskonzern kommt es weder nach HGB noch nach IFRS zur Konzernrechnungslegung (vgl. Rz. 3015). § 4h EStG verlangt jedoch die Anwendung der Zinsschrankenregelung auch im Falle des **Gleichordnungskonzerns** (**erweiterter steuerlicher Konzernbegriff** nach § 4h Abs. 3 Satz 6 EStG). Ein Konzern kann damit im steuerlichen Sinne auch dann vorliegen, wenn eine natürliche Person an der Spitze einer Unternehmensgruppe steht und die Beteiligungen an den beherrschten Rechtsträgern im Privatvermögen gehalten werden, sofern die Finanz- und Geschäftspolitik der Unternehmen einheitlich von der natürlichen Person als Konzernspitze bestimmt werden *kann.*[2]

6013

Beispiel:

Abweichend vom Beispiel in Rz. 6005 sei der *Mehrheitsgesellschafter* des Konzerns X (*Gesellschafter A* mit 66 %) an der Leasinggesellschaft L beteiligt. Als Folge liegt für Zwecke der Zinsschranke ein Gleichordnungskonzern vor. Damit ist die Leasinggesellschaft kein Stand alone-Unternehmen mehr, so dass der Zinsabzug (vorbehaltlich des Eigenkapitaltests) auf 30 % des EBITDA begrenzt ist.

---

1 Vgl. *Köhler*, DStR 2007, 597 (602) sowie *Ganssauge/Mattern*, DStR 2008 (267).
2 Vgl. BMF, Schr. v. 4.7.2008, BStBl. I 2008, 218, Rz. 60; die Anwendung der Konzernrechnungslegungsvorschriften im Zusammenhang mit der Durchführung des Eigenkapitaltests wirft vielfältige Fragen auf, vgl. hierzu auch IDW-Schreiben vom 17.8.2008 an das BMF, abgedruckt in IDW FN Nr. 4/2008, S. 135.

Kein Gleichordnungskonzern liegt jedoch bei identischen Beteiligungsverhältnissen einer Gesellschaftergruppe (jeder Gesellschafter unter 50 %) bei mehreren Unternehmen vor.[1]

6014 Bei Vorliegen eines Gleichordnungskonzerns wäre ein entsprechender Konzernabschluss aufzustellen, d.h. **Zusammenfassung** der verschiedenen (Konzern)-**Abschlüsse** (ohne Aufdeckung der vom beherrschenden Gesellschafter bezahlten Mehrwerte, aber *insoweit* auch ohne Kürzung um Beteiligungsbuchwerte).

Das Vorliegen eines Gleichordnungskonzerns und die damit verbundene additive Zusammenfassung lediglich der Konzerngesellschaften unterhalb der Konzernspitze kann erhebliche Auswirkungen für die konzernexterne (schädliche) Gesellschafterfremdfinanzierung haben (vgl. Rz. 6007 ff.).

Beispiel:
Konzernspitze in einer mittelständischen Unternehmensgruppe (10 Unternehmen) ist der Mehrheitsgesellschafter V, der als Konzernspitze in dem Gleichordnungskonzern betrachtet wird.

Überlässt V den von ihm beherrschten Kapitalgesellschaften Fremdkapital, liegt keine unschädliche konzerninterne Gesellschafterfremdfinanzierung vor, da die Konzernspitze selbst nicht Teil des Konzernabschlusses ist. Vielmehr kann eine schädliche Fremdfinanzierung von Konzerngesellschaften gegeben sein, *falls* die Voraussetzungen des § 8a Abs. 3 KStG vorliegen.[2]

⊃ In einer solchen Konstellation ist zu prüfen, ob die Umwandlung des Gleichordnungskonzerns in einen Unterordnungskonzern dazu führt, dass die schädliche Gesellschafterfremdfinanzierung entfällt. Ob eine solche Maßnahme zielführend ist, hängt von den Umständen des Einzelfalles ab.

4. GmbH & Co. KGs

6015 Bei den klassischen **GmbH & Co. KG Strukturen** liegt ein Konzern i.S.v. § 4h EStG **nicht** vor.[3] Die Finanzverwaltung geht hierbei davon aus, dass nur ein Betrieb i.S.d. Zinsschranke vorliegt, wenn sich die Tätigkeit der Komplementär-GmbH neben ihrer Vertretungsbefugnis auf die Übernahme der Haftung und Geschäftsführung für die KG beschränkt und weder die KG noch die Komplementär GmbH anderweitig zu einem Konzern gehören.

6016–6019 frei

---
[1] Vgl. *Köster*, BB 2007, 2278 (2279) unter Hinweis auf die Gesetzesbegründung BT-Drucks. 16/4841, S. 82.
[2] Vgl. BMF, Schr. v. 4.7.2008, BStBl. I 2008, 218, Rz. 80.
[3] Vgl. *Hick* in HHR, Lfg. Jahresband 2008, Februar 2008, § 4h EStG, Anm. J 07-45, E 66 sowie BMF, Schr. v. 4.7.2008, BStBl. I 2008, 218, Rz. 66.

III. Durchführung des Eigenkapitaltests

1. Bestimmung der anzuwendenden Rechnungslegungsgrundsätze

1.1 Für den Eigenkapitalquotenvergleich maßgeblicher Konzernabschluss

Nach der Gesetzesbegründung[1] ist der Ermittlung der Eigenkapitalquote der größtmögliche Konsolidierungskreis mit dem sich für diesen Konsolidierungskreis ergebenden obersten Rechtsträger zugrundezulegen. Ähnlich wie nach dem IFRS-Regelwerk (vgl. Rz. 102 ff., 3015) ist bei einem **mehrstufigen Konzernaufbau** auf die **Konzernspitze** abzustellen.[2] 6020

Für die Durchführung des Eigenkapitaltests im Konzern gilt somit das **Prinzip der Maßgeblichkeit der obersten Ebene**.[3]

frei 6021

1.2 Maßgeblicher Rechnungslegungsstandard für den Eigenkapitalvergleich

Nach Festlegung der Konzernspitze, die dem Eigenkapitalvergleich zugrundezulegen ist, ist zu entscheiden, welcher **Rechnungslegungsstandard** dem Konzernabschluss (und damit auch dem Einzelabschluss des Unternehmens) zugrundezulegen ist. 6022

Grundsätze	a) Der Eigenkapitaltest basiert **vorrangig auf IFRS Abschlüssen** (§ 4h Abs. 2 lit. c Satz 8 EStG) b) Dies gilt auch dann, wenn bislang kein Konzernabschluss erstellt wurde (§ 4h Abs. 2 Satz 1 lit. c Satz 8 EStG)[4] c) U.E. sind (wie im IFRS-Konzernabschluss nach § 315a HGB) die nach dem Verfahren der IAS-Verordnung (vgl. Rz. 60) von der EU übernommenen IFRS[5] („*endorsed* IFRS") maßgebend.
Ausnahmen:	a) Hiervon abweichend können Abschlüsse nach dem **Handelsrecht** eines Mitgliedsstaats der EU (z.B. nach HGB) verwendet werden (§ 4h Abs. 2 Satz 1 lit. c Satz 9 EStG), wenn – kein Konzernabschluss nach den IFRS zu erstellen und offen zu legen ist *und* – für keines der letzten fünf Wirtschaftsjahre ein Konzernabschluss nach den IFRS erstellt wurde. b) Bei Einbeziehung in einen befreienden US-GAAP Abschluss kann dieser verwendet werden, wenn weder ein IFRS Abschluss noch ein dem Handelsrecht der EU entsprechender Abschluss offen gelegt wurde[6]

---

1 BT-Drs. 16/4841, S. 50.
2 Vgl. *Hick*, HHR, Lieferung Jahresband 2008, Februar 2008, § 4h Anm. J 07/28, E 43.
3 *Hennrichs*, DB 2007, 2101 (2103).
4 BMF, Schr. v. 4.7.2008, BStBl. I 2008, 218, Rz. 77.
5 So auch *Hennrichs* mit überzeugender Begründung, DB 2007, 2101 (2103); *Küting/Weber/Reuter*, DStR 2007, 1602 (1604).
6 Vgl. § 4h Abs. 2 Satz 9 Hs. 2 EStG; *Küting/Weber/Reuter*, DStR 2008, 1602 (1603).

Beispiele:

(1) Ein **nicht börsennotiertes europäisches Mutterunternehmen**[1] stellt seinen Konzernabschluss auf der Grundlage der 7. EG-Richtlinie auf (vgl. Rz. 50 ff.). Der Eigenkapitaltest der deutschen Tochtergesellschaft(en) *kann* dann auf Basis des Handelsrechts der Konzernmutter erfolgen.

(2) Nach einem in 2007 erfolgten **Delisting** wird ab 31.12.2007 nur noch ein HGB Konzernabschluss aufgestellt (der letzte IFRS Konzernabschluss datiert somit vom 31.12.2006). Bis einschließlich 2011 muss der Eigenkapitaltest daher noch auf IFRS Basis erfolgen.[2]

(3) Ein **mittelständischer Konzern** legt *freiwillig* gem. § 315a Abs. 3 HGB einen vom HGB-Konzernabschluss befreienden **IFRS-Konzernabschluss** offen. Damit muss der Eigenkapitaltest auf Basis dieses IFRS-Abschlusses erfolgen.

(4) Mangels Konzernaufstellungspflicht für einen **Gleichordnungskonzern** kann der Eigenkapitaltest sowohl nach IFRS als auch nach HGB erfolgen.[3]

(5) Ein mittelständischer Konzern ist nach § 293 HGB von der Aufstellung eines Konzernabschlusses befreit. Der nach § 4h EStG erforderliche Konzernabschluss kann nach IFRS oder nach HGB aufgestellt werden.

6023 ⊃ Die ggf. mögliche Verwendung eines vom bisherigen Rechnungslegungssystem abweichenden Standards wird unter **Kosten/Nutzen-Gesichtspunkten**[4] **naturgemäß** nur dann in Betracht kommen, wenn anderenfalls der Eigenkapitaltest scheitert. Voraussetzung für ein „Umbiegen" des Eigenkapitaltests sind aber abweichende Bilanzierungsregeln mit wesentlichen Eigenkapitaleffekten, etwa das auch nach BilMoG bestehende Passivierungswahlrecht für Altpensionszusagen versus Passivierungspflicht nach IFRS (Rz. 2405), keine planmäßige Goodwillabschreibung nach IFRS (Rz. 1500 ff.) oder die abweichende Zurechnung von Leasing (Rz. 1300 ff.).

2. Zeitliche Aspekte

6024 Die auf Abzugsfähigkeit nach § 4h EStG zu prüfenden Zinsaufwendungen für einen Veranlagungszeitraum richten sich *immer* nach dem Geschäftsjahr des **Einzelabschlusses des Betriebs** und nicht nach dem für Konzernabschlusszwecke ggf. aufgestellten Zwischenabschluss, s. nachfolgend unter (2).

(1) In Bezug auf den **Eigenkapitaltest** sind die Fälle unproblematisch, in denen der Stichtag des Einzelabschlusses des zu testenden Betriebs und der Kon-

---

1 Vgl. *Heuser/Theile* in GmbH-Handbuch, Rz. II 2085 ff.
2 Vgl. *Köster*, BB 2007, 2278 (2280).
3 Gl.A. *Köster*, BB 2007, 2278 (2280); dies gilt auch, wenn eines der Unternehmen wegen Börsennotierung nach IFRS bilanziert.
4 Vgl. *Köster*, BB 2007, 2278 (2280 f.).

zernabschlussstichtag übereinstimmen, und zwar unabhängig davon, ob (a) Geschäftsjahr = Kalenderjahr oder (b) *jeweils* abweichendes Geschäftsjahr (z.B. 30.4.): Im Fall (b) ist z.B. für den Zinsabzug im Veranlagungszeitraum 2009 die EK-Quote vom 30.4.2008 maßgebend (Schluss des vorangegangenen Abschlussstichtages, § 4h Abs. 2 lit. c Satz 3 EStG, bei Neugründungen Stichtag der Eröffnungsbilanz[1]).

(2) Weicht der Konzernstichtag (z.B. 31.12) dagegen von dem Stichtag des Einzelabschlusses (z.B. 30.4.) ab und wird das Unternehmen daher auf Basis eines **Zwischenabschlusses** in den Konzernabschlusses einbezogen, ist für den Zinsabzug z.B. des Veranlagungszeitraums 2009 (Stichtag des Einzelabschlusses z.B. 30.4.2009) die EK-Quote des (zurückliegenden) Abschlusses (Zwischenabschlusses) maßgebend, der in den Konzernabschluss eingegangen ist (31.12.2008[2]).

3. Ermittlung der Eigenkapitalquote des Konzerns

Die Eigenkapitalquote des Konzerns ist das **Verhältnis des (konsolidierten) Eigenkapitals zur Konzernbilanzsumme** (§ 4h Abs. 2 lit. c Satz 3 EStG), **inklusive Minderheitsanteilen**. Dabei stellt sich die Frage, ob dieser Konzernabschluss um Konzerngesellschaften, die als Stand alone-Unternehmen und daher nicht (selbst) in den Eigenkapitaltest einbezogen werden (Rz. 6011), gleichwohl aber im Konzernabschluss enthalten sind, zu bereinigen ist. Der Gesetzesbegründung[3] könnte ein solches **Korrespondenzprinzip** entnommen werden. Dann wäre die **Bilanzsumme des Konzerns** um dieses Gesamtvermögen und das Eigenkapital des Konzerns um das Nettovermögen der jeweiligen Gesellschaft zu kürzen. Der Wortlaut des Gesetzes gibt ein solches Prinzip jedoch nicht her.[4] Im Einzelnen (s. zu den Kategorien jeweils Rz. 6011):

Stand Alone-Unternehmen: (Gemeinschaftsunternehmen, assoziierte Unternehmen, einfache Beteiligung)	a) U.E. *keine* Herausrechnung aus dem KA[5], da sich das konsolidierte EK aus dem maßgeblichen Konzernabschluss ergibt (§ 4h Abs. 2 lit. c Satz 3 i.V.m. Satz 8 EStG). b) Die Finanzverwaltung ist grundsätzlich a.A., verzichtet aber bei unwesentlichen Auswirkungen auf die Konzern EK-Quote auf eine Korrektur des KA.[6]
Dto. in Bezug auf wegen Unwesentlichkeit nicht in KA einbezogene Unternehmen	U.E. muss der vorliegende Konzernabschluss *nicht* um diese Unternehmen *erweitert* werden.[7]

---

1 Vgl. BMF, Schr. v. 4.7.2008, BStBl. I 2008, 218, Rz. 70.
2 Vgl. BMF, Schr. v. 4.7.2008, BStBl. I 2008, 218, Rz. 70.
3 BT-Drs. 16/4841, S. 50, vgl. auch *Heintges/Kamphaus/Loitz*, DB 2007, 1261 (1263).
4 Vgl. *Hennrichs*, DB 2007, 2101 (2104).
5 So auch *Ganssauge/Mattern*, DStR 2008, 213 (218).
6 Vgl. BMF, Schr. v. 4.7.2008, BStBl. I 2008, 218, Rz. 72.
7 Ebenso *Hennrichs*, DB 2007, 2101 (2104); *Ganssauge/Mattern*, DStR 2008, 213 (217 f.); BMF, Schr. v. 4.7.2008, BStBl. I 2008, 218, Rz. 72.

Verbriefungsgesellschaften	a) Sind grundsätzlich aus dem KA herauszurechnen, da sie in den KA einbezogen wurden, aber steuerlich als nichtkonzernangehörig betrachtet werden.[1] b) Sofern sich hierdurch keine erheblichen Veränderungen der Konzerneigenkapitalquote ergeben würden, verzichtet die Finanzverwaltung aber auf die Korrektur.
Zweckgesellschaften	Diese werden nach Ansicht der Finanzverwaltung dann als konzernangehörig betrachtet, wenn sie im KA enthalten sind. Eine Modifizierung ist dann entbehrlich.

6026 Die vorbezeichneten Modifizierungen bzw. Korrekturen des IFRS-Konzernabschlusses sind außerhalb des Abschlusses in einer **Nebenrechnung** vorzunehmen[2] (vgl. auch Rz. 6061).

Zur Korrektur des (konsolidierten) Eigenkapitals hinsichtlich des **stimmrechtslosen Kapitals** Hinweis auf die Ausführungen unter Rz. 6041.[3]

6027–6029 frei

4. Ermittlung der Eigenkapitalquote des Betriebs

6030 Die Eigenkapitalquote des Unternehmens ermittelt sich aus dem Verhältnis „**Eigenkapital zur Bilanzsumme**".

4.1 Grundsatz der Einheitlichkeit der anzuwendenden Rechnungslegungsstandards auf Konzern- und Unternehmensebene

6031 Zur Durchführung des Eigenkapitaltests für das in Deutschland steuerpflichtige Unternehmen ist der Eigenkapitalquote des Konzerns die Eigenkapitalquote des Unternehmens gegenüberzustellen. Hierbei ist der Einzelabschluss nach den gleichen Rechnungslegungsstandards wie der Konzernabschluss aufzustellen.[4] **Wahlrechte** sind damit im Einzel- und im Konzernabschluss **einheitlich** auszuüben (§ 4h Abs. 2 Satz 1c Satz 8 und 11 EStG). Zur interessenbezogenen Auswahl dieser Wahlrechte zwecks Optimierung der steuerlichen Abzugsfähigkeit der Zinsaufwendungen wird verwiesen auf Rz. 6090 ff.

Zur Anwendung dieses **Prinzips der Einheitlichkeit der Bewertung** im Einzel- und Konzernabschluss ist maßgebend, welche Bilanzregeln die oberste Konzernebene anwendet. Dies schlägt auf die Einzelabschlüsse der Tochterunternehmen durch (vgl. auch Rz. 3080 ff.). Hennrichs spricht insoweit von einer „**steuerlich induzierten Obliegenheit**" der konzernangehörigen Betriebe zur

---

1 Vgl. BMF, Schr. v. 4.7.2008, BStBl. I 2008, 218, Rz. 72, ebenso nachfolgend zu b).
2 Vgl. BMF, Schr. v. 4.7.2008, BStBl. I 2008, 218, Rz. 71.
3 Das Eigenkapital, das hinsichtlich der fehlenden Stimmrechte zu modifizieren ist, wird zwar in § 4h Abs. 2 lit. c Satz 5 EStG nur bei der Ermittlung der Eigenkapitalquote des Betriebs angesprochen, gilt aber für die Ermittlung der Eigenkapitalquote des Konzerns entsprechend, vgl. insoweit *Köster*, BB 2007, 2278 (2281).
4 Vgl. *Hennrichs*, DB 2007, 2101 (2105); *Köster*, BB 2007, 2278 (2281).

Bilanzierung nach IFRS – eine Wirkung, die in der Literatur als „ungewöhnlich" bezeichnet wird.[1]

4.2 Ermittlung des Eigenkapitals

4.2.1 Ermittlungsschema

Das **Eigenkapital des Betriebs** ist ausgehend vom Eigenkapital der Handelsbilanz II (vgl. Rz. 3220 ff.) durch **Modifikationen** wie folgt zu ermitteln (§ 4h Abs. 2 lit. c Satz 5–7 EStG[2]); die Einzelheiten werden nachfolgend erläutert: 6032

	Eigenkapital des Betriebs lt. Handelsbilanz II (Rz. 6031)
+	bei Unternehmenserwerben aufgedeckte und im Einzelabschluss bisher nicht bilanzierte stille Reserven[3] und Lasten inklusive latenter Steuern[4]
=	Eigenkapital lt. Handelsbilanz III
+	im Konzernabschluss enthaltener Firmenwert, soweit er auf das Unternehmen entfällt
+/–	Konsolidierungseffekte (Zwischengewinneliminierung/Schuldenkonsolidierung)
–	Anteile an anderen Konzerngesellschaften
+	die Hälfte des Sonderpostens mit Rücklageanteil (§ 273 HGB; nach BilMoG entfällt diese Hinzurechnung)
–	Eigenkapital, das keine Stimmrechte vermittelt (mit Ausnahme von Vorzugsaktien)
–	Einlagen der letzten sechs Monate vor dem maßgeblichen Abschlussstichtag, soweit ihnen Entnahmen oder Ausschüttungen innerhalb der ersten sechs Monate nach dem maßgeblichen Abschlussstichtag gegenüberstehen
+/–	Sonderbetriebsvermögen im Falle einer Mitunternehmerschaft (Personengesellschaft)
=	**Eigenkapital des Betriebs i.S.v. § 4h EStG**

Die vorbezeichneten Modifikationen sind außerhalb des Abschlusses in einer **Nebenrechnung**[5] vorzunehmen (vgl. Rz. 6026, 6061).

---

1 Vgl. *Hennrichs*, DB 2007, 2101 (2105); *Heintges/Kamphaus/Loitz*, DB 2007, 1261.
2 I.V.m. BMF, Schr. v. 4.7.2008, BStBl. I 2008, 218, Rz. 73 ff.
3 Diese Hinzurechnung ist in Rz. 73 des BMF Schreibens (anders als in § 4h Abs. 2 lit. c Satz 5 EStG) nun explizit genannt. Zuvor war strittig, ob die stillen Reserven bei diversen immateriellen Vermögenswerten, die in der Handelsbilanz III nach den IFRS-Vorschriften bevorzugt separat neben dem Firmenwert (Goodwill) aufzudecken sind (vgl. Rz. 3290 ff.), dem EK des Betriebs hinzuzurechnen sind oder nicht. Vor diesem Hintergrund wird der Auffassung von Hennrichs gefolgt, dass die Rechtsanwendung nicht an der Wortlautgrenze enden dürfe, vielmehr ist der ratio legis durch Analogieschluss bei der Rechtsanwendung Rechnung zu tragen ist. Andernfalls würde die Vergleichbarkeit von Konzernabschluss und Einzelabschluss in wertungswidersprüchlicher Weise verletzt, vgl. *Hennrichs*, DB 2007, 2101 (2105); a.A. *Hick*, HHR, Lieferung Jahresband 2008, Februar 2008, § 4h Anm. J 07/27, E 39.
4 Stille Lasten und latente Steuern sind im BMF-Schreiben v. 4.7.2008 nicht explizit genannt, die Erfassung ergibt sich aber zwanglos aus der Generalklausel der Rz. 73 (Ansatz mit den im Konzernabschluss abgebildeten Werten).
5 Vgl. BMF, Schr. v. 4.7.2008, BStBl. I, 2008, 218, Rz. 71.

4.2.2 Stille Reserven/Lasten und Firmenwerte

6033 Nach der Ratio des Eigenkapitaltests ist der zu testende Betrieb ein **Ausschnitt des Gesamtkonzerns**. Bei dieser Betrachtungsweise, die auf dem Konzept der Konsolidierung nach der Erwerbsmethode (vgl. Rz. 3220) basiert, handelt es sich bei dem Einzelabschluss gem. § 4h EStG nicht um den Abschluss der rechtlichen Einheit, sondern um den Abschluss, der die auf diese rechtliche Einheit entfallenden Vermögenswerte und Schulden abbildet.[1] Dieser ist folglich das Ergebnis des sog. *„push down accounting"*.[2] Aus alledem folgt:[3]

- Ist der zu testende Betrieb ein **Tochterunternehmen**, umfasst sein Eigenkapital über das Eigenkapital der konzerneinheitlich aufgestellten Handelsbilanz II hinaus auch die beim Unternehmenserwerb *durch die Mutter* aufgedeckten und im Einzelabschluss bisher nicht bilanzierten immateriellen Vermögenswerte und Schulden mit ihren (fortgeführten) Konzernwerten inkl. latenter Steuern (vgl. im Einzelnen Rz. 3280 ff.) sowie die diesem Betrieb zurechenbaren Firmenwerte (Rz. 6034).

- Ist der zu testende Betrieb ein **Mutterunternehmen**, sind Anteile an anderen Konzerngesellschaften abzuziehen (Rz. 6038), weil stattdessen das hinter diesen Beteiligungsbuchwerten stehende Vermögen (HB II, stille Reserven und Firmenwert) angesetzt wird: Dabei wird das HB II Eigenkapital und die stillen Reserven immer *dem Betrieb der Tochtergesellschaft* zugeordnet; die Allokation des Firmenwerts hängt davon ab, wo die entsprechenden Erträge anfallen: (a) erworbene Tochtergesellschaft (b) Erwerber (c) oder eine andere Konzerneinheit (s. nachfolgend Rz. 6034 ff.).

4.2.3 Insbesondere: Zuordnung von Firmenwerten zu Betrieben

6034 Besondere Zuordnungsschwierigkeiten können sich ergeben, wenn der Impairment-Test nicht pro Konzernunternehmen durchgeführt wird, sondern nach IFRS auf der Grundlage der sog. „Cash generating units" erfolgt. Dies führt in IFRS-Abschlüssen regelmäßig dazu, dass die **Zuordnung des Firmenwerts abweichend von rechtlichen Einheiten** erfolgt (Rz. 1530 ff.).

In der Literatur wird hierzu z.T. die Ansicht vertreten, dass für Zwecke des Eigenkapitaltests der einem Betrieb zurechenbare Firmenwert beim Erwerb des zu testenden Betriebs entstanden sein muss.[4] Demgegenüber gilt für den IFRS Konzernabschluss die von rechtlichen Einheiten abweichende Zuord-

---

1 Vgl. auch *Stibi/Thiele*, BB 2008, 2507 (2510).
2 In der Literatur wird in diesem Zusammenhang von der „Scheibentheorie" gesprochen, vgl. *Huken*, DB 2008, 544 (548); *Fischer/Wagner*, BB 2008, 1872. Aus dem Konzernabschluss wird der für den Eigenkapitalvergleich nach § 4h EStG maßgebliche Einzelabschluss herausgeschnitten („top-down-approach"), vgl. *Köhler/Hahne*, DStR 2008, 1515; *Schulz*, DB 2008, 2050.
3 Vgl. zur Zuordnung von Konzerneigenkapital zu Konzerneinheiten *Pawelzik*, WPg 2004, 677 (684 ff.) sowie *ders.*, Die Prüfung des Konzerneigenkapitals, Düsseldorf 2003, S. 58 ff.
4 Vgl. *Köster*, BB 2007, 2278 (2281) unter Hinweis auf *Heintges/Kamphaus/Loitz*, DB 2007, 1261 (1264). Diese diskutieren aber lediglich die Problematik der Aufteilung auf Betriebe, stellen die Zuordnungskriterien nach IAS 36 aber nicht in Frage.

nung des Firmenwerts, wenn sich die aus dem Erwerb eines Unternehmens ergebenden Synergien (z.B. Einkaufspreisvorteile, ersparte Entwicklungskosten) auch bei anderen Konzerngesellschaften (z.B. beim Mutterunternehmen) verwirklichen.

Folgendes Beispiel soll der Verdeutlichung dienen: 6035

> **Beispiel:**
> Die X AG mit einem EK von 100 erwirbt eine Auslandsbeteiligung A zum Kaufpreis von 150. Nach Abzug des Beteiligungswerts verbleibt ein negatives Eigenkapital (Schuldenüberhang von – 50 (100–150). Dann hängt es von der Zuordnung des Firmenwerts ab, ob dieser Schuldenüberhang ausgeglichen werden kann oder nicht. In der **Variante 1** entfällt der Firmenwert in voller Höhe auf das Ausland, bei **Variante 2** realisieren sich die Synergien dagegen nur im Inland:
>
> Dem Beteiligungsbuchwert von 150 stehe bei A ein HB II EK von 10, stille Reserven von 40 und ein Goodwill von 100 gegenüber. In dem nachfolgenden Tableau werden die in Rz. 6032 beschriebenen Modifikationen (Spalte „Konsolidierung") den Konzerneinheiten (X AG und A) in den rechten Spalten direkt zugeordnet, d.h. (a) Abzug des Beteiligungsbuchwerts von 150 vom EK der X AG, (b) Zuordnung der stillen Reserven von 40 zu A und (c) Zuordnung des Firmenwerts zu A (Variante 1) bzw. X AG (Variante 2). Die maßgebenden EK-Quoten können dann direkt abgelesen werden:

	X AG vor Erwerb	Erwerb A	X AG nach Erwerb	A HB II	Konsoli-dierung	**Konzern**	Variante 1, davon		Variante 2, davon	
							X AG	A	X AG	A
Beteiligung an A	0	150	150	0	– 150	0	0	0	0	0
Firmenwert	0	0	0	0	100	100	0	100	100	0
Sonstige Aktiva	150	0	150	200	40	390	150	240	150	240
Bilanzsumme	**150**	**150**	**300**	**200**	**– 10**	**490**	**150**	**340**	**250**	**240**
EK Quote	*67%*		*33%*	*5%*		*20%*	*–33%*	*44%*	*20%*	*21%*
Eigenkapital	100	0	100	10	– 10	100	– 50	150	50	50
Sonstige Schulden	50	0	50	190	0	240	50	190	50	190
Akquisitions-schulden	0	150	150	0	0	150	150	0	150	0
Bilanzsumme	**150**	**150**	**300**	**200**	**– 10**	**490**	**150**	**340**	**250**	**240**

Variante 1: Da auch die Zinsaufwendungen, von Ausnahmen[1] abgesehen, der Mutter zugeordnet bleiben, gerät die X AG bei dieser Akquisitionsstruktur steuerlich doppelt „in die Zange": Der Eigenkapitaltest wird verfehlt (– 33 % < 20 % lt. Konzernabschluss), weil der Schuldenüberhang im Inland (– 50) nicht durch Synergien (Firmenwert) ausgeglichen, und das erworbene Eigenkapital inkl. stiller Reserven und Firmenwert dem Ausland zugeordnet wird. Außerdem droht bei nicht ausreichenden Inlandsgewinnen die Zinsschranke, da die erworbenen operativen Erträge (EBITDA) entsprechend der Goodwillzuordnung im Ausland anfallen.

---

1 Ausnahme Sonderbetriebsausgaben bei Erwerb von Personengesellschaften (Rz. 6003).

Variante 2: Der Schuldenüberhang wird durch den dem Inland zugeordneten Firmenwert ausgeglichen (– 50 + 100 = + 50); der Eigenkapitaltest wird mit 20 %, wenn auch knapp, bestanden.

6036 Das Beispiel verdeutlicht, wie wenig sachgerecht die Zuordnung des Firmenwerts zu den erworbenen Einheiten im Einzelfall sein kann. Wenn sich Synergien bei Erwerb von Auslandstöchtern auch im Inland realisieren und dort zu höheren steuerlichen Ergebnissen führen, ist es u.E. gerechtfertigt, auch insoweit den Zinsabzug zuzulassen.[1] Dies erfordert aber (bei Überschreiten der Zinsschranke) zwingend die Zuordnung des Firmenwerts zum Inland, und zwar unabhängig von IFRS oder HGB.

◌ Damit stellt sich die praktische Frage, wie **vorhandene Firmenwerte auf Betriebe aufzuteilen** sind.[2]

– Maßgebend sind zunächst die im IFRS Abschluss vorhandenen **Obergrenzen** (Segmente, s. IAS 36.80b). Ein dem Segment A zugeordneter Firmenwert kann somit nicht einem Betrieb des Segments B zugerechnet werden.

– Innerhalb eines Segments oder wenn Firmenwerte bei **Ein-Segment-Unternehmen** dem Gesamtunternehmen zugeordnet wurden (Rz. 1542), muss ein **sachgerechter Maßstab** gefunden werden; in Anlehnung an IAS 36.81 kommt bspw. die *Relation der Unternehmenswerte* oder *Ergebnisgrößen* (EBIT/EBITDA) in Betracht.[3]

Streng genommen wären die zum jeweiligen Erwerbszeitpunkt und nicht die bei erstmaliger Durchführung des Eigenkapitaltests ab 2008 vorhandenen Aufteilungsmaßstäbe (Unternehmenswerte, Ergebniserwartungen) zu berücksichtigen. Diese Vorgabe ist jedoch praktisch nicht durchführbar, da in der Vergangenheit keine Berechnungen angestellt werden mussten, so dass zwangsläufig *erhebliche bilanzpolitische Spielräume* bestehen.

Fraglich ist, inwieweit die **Finanzverwaltung** diese Zuordnung gem. IFRS infrage stellen darf. Weil die IFRS nicht direkt in Steuerrecht transformiert wurden, sondern lediglich für steuerliche Dienste in Anspruch genommen werden, wird hier der Ansicht von *Hennrichs* gefolgt, dass die Finanzbehörden kein Recht zur eigenen IFRS Auslegung haben, sondern die IFRS so auszulegen und anzuwenden haben, wie sie vorgefunden werden.[4] Die Grenze liegt jedoch bei sachlich nicht begründbaren Zuordnungen (bspw. kann ein reiner Finanzinvestor, der singuläre Beteiligungen ohne weitere Synergien erwirbt, die Firmenwerte nur den jeweiligen Betrieben zuordnen).

---

1 Vgl. *Pawelzik*, Ubg 2009, 50 (52).
2 Das mögliche Gegenargument, dass Firmenwerte nach IAS 36 nicht weiter als auf CGU heruntergebrochen werden können, schlägt nicht durch, da eine Zuordnung zu einzelnen Bereichen bzw. Betrieben aus vielfältigem Anlass gefordert wird, z.B. (a) bei Reorganisation und Teilabgang (IAS 36.86 f.) oder (b) nach Einführung der Full Goodwill Methode unter Minderheitenbeteiligung (IAS 36.C7), vgl. Rz. 1535 ff.
3 *Heintges/Kamphaus/Loitz*, DB 2007, 1261 (1264).
4 Vgl. *Hennrichs*, DStR 2007, 1926 (1930).

Im Übrigen gilt für das **Stetigkeitsgebot**: Sofern nicht **Umstrukturierungen**, Verkäufe von Teilbetrieben (operations i.S.v. IAS 36.86 f.) eine Umgliederung erfordern, darf die Zuordnung nicht geändert werden.[1] Die Höhe des Firmenwerts ist darüberhinaus naturgemäß auch von **Wertminderungen** beeinflusst.

Hinsichtlich der Frage der Zuordnung des Firmenwerts ergibt sich für die Praxis **Gestaltungsbedarf**, auf den unter Rz. 6109 eingegangen wird.

4.2.4 Konsolidierungseffekte

Die Zurechnung von **Konsolidierungseffekten** (Schuldenkonsolidierung oder Zwischengewinneliminierung) ist im Gesetz nicht *explizit* genannt, ergibt sich jedoch zwanglos aus der Ratio des Eigenkapitaltests (vgl. Rz. 6033) und auch aus § 4h Abs. 2 Satz 1 lit. c Satz 6 EStG, wonach das Eigenkapital (Vermögensgegenstände und Schulden) „mit den im Konzernabschluss enthaltenen Werten" anzusetzen ist. Ob die Zurechnung tatsächlich erfolgt, ist wiederum eine Frage der Wesentlichkeit und der Auswirkung.   6037

Bspw. ist das Eigenkapital grundsätzlich um **Zwischengewinne** (unter Erfassung latenter Steuern) zu kürzen. U.E. muss dies beim Lieferunternehmen geschehen, da die Zwischengewinneliminierung dessen Ergebnis und Eigenkapital korrigiert.[2] In der Literatur finden sich aber auch anders lautende Meinungen, die eine Korrektur des Eigenkapitals beim Empfängerunternehmen befürworten, so dass sich je nach steuerlicher Zweckmäßigkeit auch in die andere Richtung argumentieren lässt (s. zur Zuordnung Rz. 2650). Es gilt jedoch das Stetigkeitsgebot.

4.2.5 Anteile an anderen Konzerngesellschaften

Die Beteiligungsbuchwertkürzung dient der Vermeidung von Doppelerfassungen[3] und erstreckt sich auf Anteile an **in- und ausländischen** Kapital- und Personengesellschaften.   6038

Betroffen von der Kürzung sind nur die konzernzugehörigen (vollkonsolidierten) Gesellschaften i.S.v. § 4h Abs. 2 lit. c EStG, **nicht** jedoch die Stand alone-Unternehmen (assoziierte Unternehmen etc.) gem. § 4h Abs. 2 lit. b EStG (Rz. 6011)[4] und u.E. auch nicht die wegen Unwesentlichkeit nicht konsolidierten Tochtergesellschaften (vgl. Rz. 6025).

---

1 Im Ergebnis wohl gl.A. *Heintges/Kamphaus/Loitz*, DB 2007, 1261 (1264).
2 Der Vorratsansatz bei Empfängerunternehmen ist lediglich Maßstab für die beim Lieferunternehmen aus Konzernsicht (noch) nicht realisierte Marge, vgl. *Pawelzik*, Die Prüfung des Konzerneigenkapitals, Düsseldorf 2003, S. 266 ff.
3 Vgl. hierzu *Möhlenbrock*, Ubg 2008, 1 (10). Durch schlichte Zwischenschaltung von weiteren Konzerngesellschaften könnte ansonsten künstlich Eigenkapital geschaffen werden (= Kaskadeneffekt).
4 Vgl. *Köhler*, DStR 2007, 597 (601); *Ganssauge/Mattern*, DStR 2008, 267 (269).

4.2.6 Besonderheiten bei Organschaft

6039 Da Organträger und Organgesellschaften als ein Betrieb (Unternehmen) i.S.d. § 4h EStG gelten (Rz. 6012), ist für den Organkreis eine besondere Konsolidierung vorzunehmen. Bedeutsam ist damit für die Fälle der Unternehmens-Akquisition, dass auf Grund der bei dieser Konsolidierung erfolgenden Eliminierung der Beteiligungsbuchwerte die Zurechnung des bei der Akquisition erworbenen und bezahlten HB II Eigenkapitals, der stillen Reserven und ggf. des Firmenwerts gegenübersteht. Somit entfällt die einseitige Kürzung um Beteiligungsbuchwerte, wie sie in Nicht-Organschaftsfällen auftritt.

Nach dieser Konsolidierung betrifft die Beteiligungsbuchwertkürzung naturgemäß nur die **nicht** zum Organkreis gehörenden Beteiligungen, im Beispiel aus Rz. 6005 somit die Beteiligungen an den Auslandstöchtern und an der Y KG (s. auch Fallstudie Rz. 6071).

4.2.7 Sonderposten mit Rücklageanteil

6040 Mit dem BilMoG ist diese Korrektur obsolet geworden, da der Sonderposten in den Eigenkapital- und Fremdkapitalanteil (latente Steuern) aufzulösen ist. Im IFRS-Abschluss gab es den Sonderposten mit Rücklageanteil ohnehin nicht (vgl. Rz. 330).

4.2.8 Eigenkapital, das keine Stimmrechte vermittelt

6041 Eigenkapital des Unternehmens, das keine Stimmrechte vermittelt, ist bei der Ermittlung des Eigenkapitals des Unternehmens zu kürzen, es sei denn, es handelt sich um Vorzugsaktien. Diese Vorschrift zielt auf das sog. **Mezzanine Kapital**[1], soweit es im IFRS oder HGB Abschluss als Eigenkapital qualifiziert wird, dessen Vergütungen jedoch trotz des Eigenkapitalcharakters steuerlich abzugsfähig sind.

4.2.9 Einlagen vor dem Abschlussstichtag

6042 Durch die Regelung sollen kurzfristige Erhöhungen des Eigenkapitals unter dem Aspekt des Missbrauchs vermieden werden.[2] Das Eigenkapital ist folglich zu kürzen um Einlagen der letzten sechs Monate vor dem maßgeblichen Abschlussstichtag, soweit ihnen Entnahmen oder Ausschüttungen innerhalb der ersten sechs Monate nach dem maßgeblichen Abschlussstichtag gegenüber stehen.

4.2.10 Sonderbetriebsvermögen der Mitunternehmerschaft

6043 Die Einbeziehung des Sonderbetriebsvermögens in den Eigenkapitaltest hat vor allem für **Tochterpersonengesellschaften** Bedeutung, da nur das Sonderbe-

---

1 Vgl. *Stangl/Hageböke* in Schaumburg/Rödder, Unternehmenssteuerreform 2008, München 2007, S. 484; *Ganssauge/Mattern*, DStR 2008, 267 (268).
2 Vgl. *Hick*, § 4h EStG, HHR Lfg. Jahresband 2008, Februar 2008, J 07-27, E 41.

triebsvermögen zu erfassen ist, *das im Konzernabschluss enthalten ist* (§ 4h Abs. 2 lit. c Satz 7 EStG). Daraus folgt, dass Sonderbetriebsvermögen von **konzernfremden Mitunternehmern** *nicht* zu berücksichtigen ist[1], ebenso wenig Sonderbetriebsvermögen von Gesellschaftern bei einem Personengesellschafts-**Mutterunternehmen.**

Zu erfassen ist sowohl das **positive als auch das negative Sonderbetriebsvermögen.** Durch positives Sonderbetriebsvermögen (z.B. Überlassung von Vermögensgegenständen auf Grund eines Miet- oder Pachtverhältnisses *innerhalb des Konzerns*) erhöht sich das Eigenkapital der Tochterpersonengesellschaft, bei negativem Sonderbetriebsvermögen (Darlehen *eines Konzernunternehmens* zur Finanzierung des Erwerbs der Mitunternehmerschaft) mindert sich das Eigenkapital des Tochterpersonenunternehmens (s. auch Rz. 6003). 6044

Im Ergebnis kommt es zu einer **Umschichtung von Konzerneigenkapital** (bewertet zu Konzernwerten), da auch der in den Konzernabschluss einbezogene Mitunternehmer eine entsprechende Korrektur vornehmen muss.[2] Zur Modifizierung der Bilanzsummen s. Rz. 6053 f.

4.2.11 Gesellschaftsrechtliche Kündigungsrechte

Bei gesellschaftsrechtlichen Kündigungsrechten ist nach § 4h Abs. 2 lit. c Satz 4, Hs. 2 EStG mindestens das Eigenkapital anzusetzen, das sich nach den Vorschriften des HGB ergeben würde. Dies gilt (a) sowohl für den **zu testenden Betrieb** als auch (b) für das **Kapital bei Personengesellschafts-Mutterunternehmen** sowie (c) für **Minderheitenanteile an Personengesellschaften** in Konzernabschlüssen.[3] 6045

Die Regelung ist nur verständlich vor dem Hintergrund, dass nach der Eigenkapitalabgrenzung gem. IAS 32 im IFRS-Abschluss das **Eigenkapital von Personengesellschaften** (PHG) ggf. als Fremdkapital auszuweisen ist (dies gilt regelmäßig für Minderheiten im Konzernabschluss [Rz. 3520] und im Einzel- bzw. Konzernabschluss einer PHG, soweit nicht die Ausnahmeregelung des IAS 32.16A ff. greift [Rz. 2022 ff.]).

frei 6046–6049

4.3 Ermittlung der Bilanzsumme

4.3.1 Ermittlungsschema

Die **Bilanzsumme** des Unternehmens ergibt sich ausgehend von der Handelsbilanz II durch folgende **Modifikationen:**[4] 6050

---

1 So *Wagner/Fischer*, BB 2007, 1811 (1815).
2 Vgl. *Wagner/Fischer*, BB 2007, 1811 (1815); *Ganssauge/Mattern*, DStR 2008, 267 (270); *Hick*, § 4h EStG, HHR, Lfg. Jahresband 2008, Februar 2008, Anm. J 07/27, E 42.
3 Vgl. *Hick*, § 4h EStG, HHR Lfg. Jahresband 2008, Februar 2008, Anm. J 07-26, E 38; *Prinz*, FR 2006, 566.
4 Vgl. BMF, Schr. v. 4.7.2008, BStBl. I 2008, 218, Rz. 76.

G. IFRS und steuerliches Konzept der Zinsschranke

	Bilanzsumme lt. Handelsbilanz II
+	bei Unternehmenserwerben aufgedeckte und im Einzelabschluss bisher nicht bilanzierte stille Reserven (insb. bei immateriellen Vermögenswerten) und Lasten inkl. latenter Steuern mit ihren Konzernwerten
=	Bilanzsumme lt. Handelsbilanz III
+	im Konzernabschluss enthaltener Firmenwert, soweit er auf das Unternehmen entfällt
+/−	Konsolidierungseffekte (Zwischengewinneliminierung/Schuldenkonsolidierung)
−	Anteile an anderen Konzerngesellschaften
−	Einlagen der letzten sechs Monate vor dem maßgeblichen Abschlussstichtag, soweit ihnen Entnahmen oder Ausschüttungen innerhalb der ersten sechs Monate nach dem maßgeblichen Abschlussstichtag gegenüberstehen
−	Kapitalforderungen, die nicht im Konzernabschluss ausgewiesen sind und denen Verbindlichkeiten i.S.d. § 4h Abs. 3 EStG in mindestens gleicher Höhe gegenüberstehen
+/−	Sonderbetriebsvermögen im Falle einer Mitunternehmerschaft (Personengesellschaft)
=	**Bilanzsumme des Betriebs i.S.v. § 4h EStG**

Zur Dokumentation der vorbezeichneten **Nebenrechnung** vgl. Rz. 6032, 6061.

4.3.2 Grundsätzlich: Korrespondenzprinzip

6052 Überwiegend ist eine Veränderung des im Quotienten auszuweisenden Eigenkapitals korrespondierend auch bei der Bilanzsumme zu berücksichtigen. Im Einzelnen:

Soweit bei der Ermittlung der Eigenkapitalquote des Unternehmens die **Handelsbilanz III** zugrundegelegt wird, erübrigt sich die Korrektur um die bei Unternehmenserwerb durch die Mutter aufgedeckten stillen Reserven und Lasten.

Es ist sachgerecht, dass **Anteile an anderen Konzerngesellschaften**, soweit sie bei der Ermittlung des Eigenkapitals gekürzt werden, auch bei der Ermittlung der Bilanzsumme herauszurechnen sind (vgl. Rz. 6032 ff.). Entsprechendes gilt für die Korrektur von **Konsolidierungseffekten** und **Einlagen**.

Da **Eigenkapital**, das keine Stimmrechte vermittelt und der **Sonderposten mit Rücklageanteil** (der aber ohnehin im IFRS-Abschluss entfällt) nicht die Bilanzsumme betreffen, entfällt naturgemäß insoweit eine Korrektur der Bilanzsumme.

4.3.3 Modifizierung der Bilanzsumme um Sonderbetriebsvermögen

6053 Bei **positivem Sonderbetriebsvermögen** (SBV), z.B. einem an eine andere Konzerneinheit vermieteten Gebäude, folgt die korrespondierend zum Eigenkapital vorgenommene Bereinigung der Bilanzsumme einer klaren Ratio: Beim Eigentümer wird die Entnahme eines Vermögenswertes, also eine Eigenkapitalreduzierung mit gleichzeitiger Bilanzverkürzung fingiert und bei der nutzenden Mitunternehmerschaft die entsprechende Einlage mit Bilanzverlängerung.

Bei **negativem Sonderbetriebsvermögen**, insb. **Akquisitionsdarlehen** zur Finanzierung des Erwerbs einer Mitunternehmerschaft (KG), wäre die Modifizierung der Bilanzsumme u.E. nicht sachgerecht[1], denn die Ratio der Modifikation besteht in einer *buchmäßigen* Übertragung von Schulden von erwerbender Mutter zu erworbener Tochter-KG, also einem bloßen **Passivtausch** (Buchungssatz Mutter: per Schulden an EK; Buchungssatz Tochter: per EK an Schulden) *ohne Veränderung der Bilanzsummen*: 6054

Beispiel:
Die Muttergesellschaft X AG habe als einzigen Vermögenswert eine Beteiligung an der Y KG (Buchwert 100). Diesem stehe Eigenkapital von 25 und ein Akquisitionsdarlehen von 75 gegenüber. Durch die Vorschriften zur Modifizierung des Eigenkapitals wird das gesamte Nettovermögen der X AG (Beteiligung bzw. dahinter stehendes HB II EK, stille Reserven, Firmenwert unter Übernahme der Darlehen) für Zwecke des Eigenkapitaltests der Y KG zugeordnet. Nach diesen Modifikationen müsste die X AG „leer" sein, d.h. ihr Eigenkapital *und* ihre Bilanzsumme „0" betragen. Die Modifizierung des Eigenkapitals ist auch zutreffend, nicht aber die Erhöhung der Bilanzsumme:

	Eigenkapital	Bilanzsumme
X AG lt. EA	25	100
– Beteiligung an Y KG	– 100	– 100
Zwischensumme	– 75	0
Erhöhung um Wegfall der Akquisitionsschulden (negatives SBV)	75	75
X AG für Zwecke des Eigenkapitaltests	**0**	**75**

Die Erhöhung der Bilanzsumme um bzw. auf 75 impliziert, als seien Vermögenswerte von 75 in die X AG eingelegt worden (hierdurch wird *eigenkapitalmäßig* der nach Abzug des Beteiligungsbuchwerts vorhandene Schuldenüberhang von – 75 ausgeglichen), diese Aktiva aber noch nicht zum Ausgleich der Akquisitionsschulden verwendet worden (!) (Vermögenswerte 75/Akquisitionsschulden 75, kein EK). Hieraus folgt:

⊃ Bei negativem Sonderbetriebsvermögen muss u.E. nur das Eigenkapital modifiziert werden. Hierfür spricht der Wortlaut im Gesetz (§ 4h Abs. 2 lit c. S. 7 EStG) und das BMF Schreiben[2], „Sonderbetriebsvermögen ist dem Betrieb der Mitunternehmerschaft zuzuordnen".

---
1 Vgl. *Pawelzik*, Ubg 2009, 50 (54); a.A. möglicherweise *Köhler*, DStR 2007, 597 (602).
2 BMF, Schr. v. 4.7.2008 – IV C 7, BStBl. I 2008, 218, Rz. 75 f.

4.3.4 Korrektur um „Kapitalforderungen"

6055 Die Bilanzsumme ist um (a) **Kapitalforderungen** zu kürzen, die (b) nicht im Konzernabschluss ausgewiesen sind und (c) denen Verbindlichkeiten in mindestens gleicher Höhe gegenüber stehen (§ 4h Abs. 2 lit. c Satz 6 EStG). Nach der Gesetzesbegründung soll die Bilanzverlängerung aus der Weiterreichung von Fremdkapital korrigiert werden und sich nicht negativ auf die Eigenkapitalquote auswirken.[1]

6056 In der Literatur wird „Kapitalforderung" z.T. ausschließlich auf „**Durchleitungsfälle**" bei Kapitalgesellschaften begrenzt.[2] Z.T. wird eine Kapitalüberlassung „in Geld" (Kreditgewährung) für ausreichend gehalten.[3] Wir halten jedoch beide Sichtweisen noch für zu eng; das nachfolgende Beispiel illustriert die Problematik:

Beispiel:
Bei X handele es sich um einen internationalen Konzern mit vielfältigen Liefer- und Leistungsbeziehungen: Der Inlandsbereich bestehe aus einem steuerlichen Betrieb i.S.v. § 4h EStG (z.B. ein Organkreis):[4]

	unbereinigt um Forderungen L+L				bereinigt um Forderungen L+L					
	Inland	Ausland	Konsol.	Konzern X	Inland			Ausland		
					vor	Bereinigung	nach	vor	Bereinigung	nach
Ford. L+L Konzern	50	50	-100	0	50	-50	0	50	-50	0
Sonstige Aktiva	50	100		150	50	0	50	100	0	100
Bilanzsumme	100	150	-100	150	100	-50	50	150	-50	100
EK Quote	**20,0%**	**20,0%**		**33,3%**	**20,0%**		**40,0%**	**20,0%**		**30,0%**
Eigenkapital	20	30		50	20		20	30		30
Verb. L+L Konzern	50	50	-100	0	50	-50	0	50	-50	0
Sonstige Schulden	30	70		100	30		30	70		70
Bilanzsumme	100	150	-100	150	100	-50	50	150	-50	100

Im Beispiel bestehen zwischen den beiden Konzerneinheiten keine Darlehensforderungen, sondern „normale" Lieferforderungen von 50; diese werden im Konzernabschluss eliminiert. Unbereinigt erfolgt keine Kürzung der Bilanzsumme des Inlandsunternehmens um derartige Forderungen. Als Folge ist die EK-Quote im Inland, aber auch bei der anderen Konzerneinheit mit 20 % *jeweils niedriger* als die Konzernquote von 33,3 % (!). Dieses Ergebnis ist offensichtlich nicht sachgerecht.

6057 frei

---

1 Vgl. BT Drs. 16/4841, S. 49.
2 Vgl. *Möhlenbrock*, Ubg 2008, 1 (9 Fn. 96).
3 So *Hick*, § 4h EStG, HHR Lfg. Jahresband 2008, Februar 2008, Anm. J 07/27, E 41.
4 Im nachfolgenden Tableau ist die in Rz. 6075 beschriebene Kürzung des Eigenkapitals und der Bilanzsumme des Inlands um Beteiligungsbuchwerte der Auslandstöchter bereits erfasst, ebenso die Zuordnung von Goodwill und stillen Reserven zu den betreffenden Konzerneinheiten; daher entfällt *insoweit* die Konsolidierungsspalte aus Rz. 6071.

Vielmehr ist entsprechend dem Grundgedanken des Eigenkapitaltests, dass die 6058
jeweils betrachtete Einheit ein Ausschnitt des Gesamtkonzerns (vgl. Rz. 6033)
sein soll, eine Kürzung um **alle eliminierten Konzernforderungen** vorzunehmen: Nach dieser Kürzung beträgt die EK-Quote im Inland 40 % und liegt
damit oberhalb der Konzernquote, so dass der Eigenkapitaltest u.E. bestanden
wäre. Dieses Ergebnis ergibt sich im Übrigen auch daraus, dass Forderungen
aus Lieferungen und Leistungen nach **IAS 39** als **Finanzinstrumente**, also „Kapitalforderungen" im wörtlichen Sinne klassifiziert werden (Rz. 1825 f.).

Dieser Lösung könnte sich die Finanzverwaltung *de lege lata* im Wege der 6059
teleologischen Extension[1] des § 4 h Abs. 2 Satz 1 lit. c Satz 6 EStG anschließen: Die teleologische Extension setzt eine Divergenz zwischen Gesetzeswortlaut und Gesetzeszweck voraus. Diese Voraussetzung ist hier gegeben,
denn es entspricht der Systematik des Konzernabschlusses und dem gesetzgeberischen Willen, die Bilanzsumme des Betriebs und die Bilanzsumme des
Konzerns gleichnamig zu machen. Damit ist aber die Kürzung der Bilanzsumme des Betriebes zwingend erforderlich, um die gebotene Gleichnamigkeit
und Vergleichbarkeit der Eigenkapitalquoten sicherzustellen. Hieraus folgt,
dass bei der gesetzlich angeordneten Kürzung der Bilanzsumme des Betriebs
nicht nur Kapitalforderungen, sondern *sämtliche Konzernforderungen* zu kürzen sind.[2]

Zur Vermeidung von Auseinandersetzungen mit der Finanzverwaltung liegen 6060
im Übrigen folgende Sachverhaltsgestaltungen nahe:

(1) Begleichung von Konzernsalden in höchstmöglichem Umfang.

(2) Novation von Lieferforderungen in „Kapitalforderungen", etwa über Einrichtung von (verzinslichen) Verrechnungskonten.

(3) Abtretung aller Forderungen an die Konzernmutter als Clearingstelle mit
Saldierung von Forderungen und Verbindlichkeiten.

4.4 Überleitungsrechnung

Wurde der Einzelabschluss **nicht nach denselben Rechnungslegungsstandards** 6061
wie der Konzernabschluss aufgestellt, ist die Eigenkapitalquote des Unternehmens in einer **Überleitungsrechnung** nach den für den Konzernabschluss geltenden Rechnungslegungsstandards zu ermitteln (§ 4h Abs. 2 Satz 1 lit. c
Satz 11 EStG).

Diese ist einer **prüferischen Durchsicht** zu unterziehen und auf Verlangen der
Finanzbehörde sogar durch einen Abschlussprüfer, der die Voraussetzungen
des § 319 HGB erfüllt, zu prüfen (§ 4h Abs. 2 Satz 1 lit. c Satz 12 f. EStG).

---

1 Zum Begriff der teleologischen Extension vgl. *Drüen* in *Tipke/Kruse*, AO/FGO, § 4
AO Tz. 340 ff. und 381 ff. (Lfg. 111 Oktober 2006); BFH v. 7.3.1995 – VII R 84/94,
BStBl. II 1995, 557; kritisch *Herzberg*, NJW 1990, 2526 ff.
2 Vgl. *Pawelzik*, DB 2008, 2439 (2441), außerdem zu Vorschlägen de lege ferenda
(a) Kürzung der Bilanzsummen um den höheren Betrag aus Konzernforderungen/-verbindlichkeiten, (b) Aufblähung der Konzernbilanzsumme um eliminierte Konzernsalden.

Weil die Überleitungsrechnung gem. § 4h Abs. 2 Satz 1 lit. c Satz 12 EStG einer prüferischen Durchsicht zu unterziehen ist und gegebenenfalls sogar einer Prüfung durch einen externen Abschlussprüfer unterliegt, ist die Abgrenzung dieser **Überleitungsrechnung** von der **Nebenrechnung**[1] zur Dokumentation der **steuerlichen Modifikationen** i.S.d. § 4h Abs. 2 Satz 1 lit. c Satz 4–7 EStG – die nicht einer solchen Durchsicht bzw. Prüfung unterliegt – bedeutsam.

Wir vertreten die Auffassung, dass die im BMF-Schreiben[2] angesprochenen Modifikationen des Eigenkapitals und der Bilanzsumme *nicht* Gegenstand der in § 4h Abs. 2 Satz 1 lit. c Satz 11 EStG angesprochenen Überleitungsrechnung sind.

Zu unterscheiden ist damit zwischen der „Überleitungsrechnung i.e.S." und der (außerbilanziellen) Nebenrechnung für die steuerlichen Modifikationen. Die Überleitungsrechnung erstreckt sich auf die in § 4h Abs. 2 Satz 1 lit. c Satz 4 Halbs. 1 angesprochenen Wahlrechte, die im Konzernabschluss und im Jahresabschluss einheitlich auszuüben sind. **Prüfungsobjekt** nach § 4h Abs. 2 Satz 1 lit. c Satz 11 EStG ist damit diese Überleitungsrechnung und nicht die nach § 4h Abs. 2 Satz 1 lit. c Satz 5 erforderlichen steuerlichen Modifikationen, die in einer Nebenrechnung (vergleichbar § 60 EStDV) zu dokumentieren sind. Wurde der Jahresabschluss oder Einzelabschluss nicht nach denselben Rechnungslegungsstandards wie der Konzernabschluss aufgestellt, ist zur Ermittlung der Eigenkapitalquote des Betriebes im Rahmen der prüferischen Durchsicht nach § 4h Abs. 2 Satz 1 lit. c Satz 12 EStG eine Überleitung des Jahresabschlusses oder Einzelabschlusses auf die Rechnungslegungsstandards des Konzerns vorzunehmen.[3]

Eine Überleitungsrechnung kommt auch dann in Betracht, wenn ein IFRS-Abschluss nicht nur den sog. „endorsed IFRS" (vgl. Rz. 60) entspricht, sondern darüber hinaus auch die von IASB verabschiedeten IFRS („Original IFRS") berücksichtigt, z.B. im Fall eines Mutterbetriebs mit Sitz in einem Drittstaat, also außerhalb der EU, die nach Original IFRS bilanzieren.

Es ist zu erwarten, dass das IDW einen **Prüfungshinweis** zur prüferischen Durchsicht gem. § 4h Abs. 2 Satz 1 lit. c Satz 12 herausgeben wird, der dem Berufsstand Hinweise zur Durchführung der prüferischen Durchsicht gibt.[4]

6062–6064 frei

IV. Zinsvortrag und latente Steueransprüche

6065 Soweit ein negativer Zinssaldo nach § 4h EStG steuerlich nicht abzugsfähig ist, wird er nach § 4h Abs. 1 Satz 2 EStG in die folgenden Wirtschaftsjahre

---

1 Vgl. BMF, Schr. v. 4.7.2008 – IV C 7, BStBl. I 2008, 218, Rz. 71.
2 Vgl. BMF, Schr. v. 4.7.2008 – IV C 7, BStBl. I 2008, 218, Rz. 75 und Rz. 76.
3 Vgl. *Hick*, § 4h EStG, HHR, Lfg. Jahresband 2008, Anm. J 07/30, E 46.
4 Ein Entwurf des IDW Prüfungsstandards „Grundsätze für die prüferische Durchsicht von Überleitungsrechnungen nach § 4h EStG in Zusammenhang mit dem Betriebsausgabenabzug für Zinsaufwendungen (Zinsschranke)" (IDW EPS 901), verabschiedet vom HFA am 6.3.2009, liegt bereits vor, abrufbar unter www.idw.de/Verlautbarungen/IDW Prüfungsstandards.

vorgetragen (**Zinsvortrag** nach § 4h Abs. 1 Satz 2 EStG). Auf die hieraus resultierende künftige Steuerentlastung kommt die Aktivierung latenter Steuern im IFRS-Abschluss in Betracht, s. Rz. 2621 f.

frei   6066–6069

V. Zusammenfassende Fallstudie

1. Annahmen

Die Fallstudie knüpft an das Beispiel in Rz. 6005 an (Organkreis Inland, Beteiligung an inländischer Y KG, Auslandstöchter): 6070

(1) Abweichend von Rz. 6005 überschreite der negative Zinssaldo bei der Y KG die Freigrenze von 1 Mio. Euro. Da sowohl im Organkreis Inland als auch bei der Y KG der negative Zinssaldo mehr als 30 % des jeweiligen EBITDA beträgt, ist jeweils der Eigenkapitaltest durchzuführen, und zwar auf Basis der IFRS Abschlüsse (Rz. 6022).

(2) Unternehmen, die aus **Wesentlichkeitsgründen** nicht in den Konzernabschluss einbezogen werden, liegen **nicht** vor (vgl. Rz. 6011).

(3) Im inländischen Organkreis werden **Beteiligungen an assoziierten Unternehmen**, Nettovermögen von **Gemeinschaftsunternehmen** sowie „**einfache" Beteiligungen** (Beteiligungen an Stand alone-Unternehmen) mit einem Buchwert von zusammen 7 Mio. Euro ausgewiesen (werden unter diverse Aktiva ausgewiesen, vgl. Rz. 6071).

(4) Die **Leasinggesellschaft L** erfüllt *nicht* die Voraussetzung für eine zu konsolidierende **Zweckgesellschaft** (Rz. 6011).

(5) **Abschlussstichtag** des Mutterunternehmens und sämtlicher Tochtergesellschaften ist der 31.12.

(6) Zwecks Anwendung einheitlicher **Bilanzierungs- und Bewertungsmethoden** im Konzern sind Ansatz- und Bewertungsanpassungen erforderlich, die in der Handelsbilanz II der Konzerngesellschaften abgebildet werden. Auf den inländischen Organkreis entfallen 10 Mio. Euro und auf die Y KG 1 Mio. Euro dieser Anpassungen.

(7) Im inländischen Organkreis resultiert aus der **Fair value-Bewertung** immaterieller Vermögensgegenstände (bezahlte stille Reserven bei Erwerb der Beteiligungsgesellschaft) ein fortgeschriebener Aufstockungsbetrag von 3 Mio. Euro. Der im Konzernabschluss berücksichtigte **Firmenwert** hinsichtlich der Unternehmen des inländischen Organkreises beläuft sich auf 8 Mio. Euro. In der Summenbilanz des Organkreises sind stattdessen Beteiligungsbuchwerte von 17 Mio. Euro enthalten.

(8) Im inländischen Organkreis wird die **Beteiligung an den ausländischen Konzerngesellschaften** mit einem Buchwert von 29 Mio. Euro ausgewiesen. Dem steht im Konzernabschluss ein nur dem Ausland zurechenbarer Goodwill von 15 Mio. Euro und fortgeschriebene stille Reserven von 4 Mio. Euro gegenüber.

(9) Außerdem enthält der Konzernkreis Inland die **Beteiligung an der Y KG** mit einem Buchwert von 3 Mio. Euro. Die Y KG wurde vom Konzern vor vielen Jahren neu gegründet (kein Goodwill, keine stillen Reserven).

(10) Die Einzelabschlüsse der Mitglieder des Organkreises und der Y KG (Handelsbilanz I) werden nach **HGB** erstellt.

(11) Ein Unternehmen des inländischen Organkreises hat eine **Lagerhalle** mit einem Buchwert (Konzernwert) von 2 Mio. Euro **an die Y KG vermietet**.

(12) Der Organkreis Inland hat **Darlehen** an andere ausländische Konzerngesellschaften gewährt, denen Verbindlichkeiten gegenüber Dritten in gleicher Höhe (mindestens) gegenüberstehen (5 Mio. Euro). Weitere Konzernforderungen bestehen nicht.

2. Ermittlung der Eigenkapitalquoten

2.1 Eigenkapital des Organkreises und der Mitunternehmerschaft

6071 Das nachfolgende Tableau (Zahlen in Mio. Euro) zeigt zunächst die Zusammensetzung des Konzerneigenkapitals für die relevanten Konzerneinheiten:

	Organschaft Inland			Y KG	Auslands-Teilkonzern	Konsolidierung		Konzern
	Summenbilanz	Konsolidierung	Teil-KA			Auslands-TK	Y KG	
Beteiligung an Y KG, Auslands-TK	32		32			−29	−3	0
Beteiligungen an TU im Organkreis	17	−17	0					0
Goodwill	0	8	8			15		23
Diverse Aktiva (einschl. Beteiligungen)	52	3	55	30	388	4		477
Kapitalforderungen an Auslands-TK	5		5			−5		0
Bilanzsumme	**106**	**−6**	**100**	**30**	**388**	**−15**	**−3**	**500**
Eigenkapital lt. HB I	48	−17	31	3	82	−29	−3	84
Ansatz und Bewertungsanpassungen HB II	10		10	1				11
Ansatz und Bewertungsanpassungen HB III		11	11			19	0	30
Eigenkapital lt. HB II/III	**58**	**−6**	**52**	**4**	**82**	**−10**	**−3**	**125**
Kapitalschulden ggü. Organkreis Inland	0		0		5	−5		0
Übrige Schulden	48		48	26	301			375
Bilanzsumme	**106**	**−6**	**100**	**30**	**388**	**−15**	**−3**	**500**

6072 Die verschiedenen Konzerneinheiten sind wie folgt zu berücksichtigen:

– Da die Unternehmen des **inländischen Organkreises** als ein Betrieb gelten (Rz. 6012), ist ein konsolidierter Abschluss („Teil-KA") für die Organschaft zu erstellen (Rz. 6039).

– Da die **Y KG** nicht in den inländischen Organkreis einbezogen ist, ist für sie gesondert der Eigenkapitaltest neben dem Organkreis durchzuführen. Die ggf. **fehlende Eigenkapitaleigenschaft** von KG-„Kapital" nach IFRS wird für Zwecke des Eigenkapitaltests nach § 4h EStG **ignoriert** (Rz. 6045).

– Die im Konzernabschluss enthaltenen **nichtkonsolidierten Konzerngesellschaften** mit Beteiligungsbuchwerten bzw. Vermögen von zusammen 7 Mio. Euro sind sog. Stand alone-Unternehmen, die nicht in den Eigenkapitaltest einzubeziehen sind (Rz. 6011). Gleichwohl ist weder das Eigenkapital noch die Bilanzsumme des Konzerns um das Gesamtvermögen der jeweiligen Gesellschaft zu kürzen (Annahme 3).

– Da die **Leasinggesellschaft L** nicht konsolidiert wird, gilt sie (auch) steuerlich als nichtkonzernangehörig mit der Folge, dass sie nicht in den Eigenkapitalvergleich einzubeziehen ist (Annahme 4).

Die erforderlichen **Ansatz- und Bewertungsanpassungen** zwecks einheitlicher Bilanzierung und Bewertung im Konzernabschluss (Rz. 6031) werden bereits in der Handelsbilanz II berücksichtigt, so dass eine gesonderte Modifizierung für steuerliche Zwecke entfällt. 6073

Werden für die Konzerngesellschaften Handelsbilanzen III erstellt, umfasst ihr Eigenkapital auch die fortgeschriebenen stillen Reserven aus Unternehmenserwerben (z.B. beim **Organkreis Inland** i.H.v. 3 Mio. Euro). Gelegentlich wird der **Firmenwert** (8 Mio. Euro) wie im Beispiel bereits in der Handelsbilanz III abgebildet. Dann entfällt eine weitere Modifizierung des Eigenkapitals; andernfalls wären stille Reserven und Firmenwerte zu addieren (Annahme 7). 6074

Folgende **Modifikationen des Eigenkapitals** sind jedoch noch vorzunehmen: 6075

– Beim Organkreis sind die **Buchwerte von Anteilen an anderen Konzerngesellschaften**, die im Konzern konsolidiert werden (ausländische Tochterunternehmen: 29 Mio. Euro, Y KG: 3 Mio. Euro) zu kürzen, Rz. 6038. (Keine Kürzung jedoch – wie beim Konzern-Eigenkapital – um Anteile bzw. Vermögen von Stand alone-Unternehmen i.H.v. 7 Mio. Euro).

– Das von einem Unternehmen des Organkreises der Y KG mietweise überlassene Vermögen (vgl. Rz. 6043 f.) mindert das Eigenkapital des Organkreises und erhöht das Eigenkapital der Mitunternehmerschaft (Annahme 11).

	Organschaft Inland Teil-KA	Y KG	Konzern
Eigenkapital lt. HB III – Anteile an Auslands-TK – Anteile an Y KG +/– Umschichtung SBV-Vermögen	52 – 29 – 3 – 2	4 – – 2	125 – – –
(1) Modifiziertes Eigenkapital	18	6	125
Eigenkapitalquote (1) : (2)	29,5 %	18,8 %	25,0 %
Bilanzsumme – Anteile an Auslands-TK – Anteile an Y KG +/– Umschichtung SBV-Vermögen – Kapitalforderungen	100 – 29 – 3 – 2 – 5	30 – – 2 –	500 – – – –
(2) Modifizierte Bilanzsumme	61	32	500

2.2 Eigenkapital des Konzerns

6076 Das Eigenkapital des Konzerns ergibt sich unmittelbar aus dem Konzernabschluss (125).

2.3 Bilanzsumme des Organkreises und der Mitunternehmerschaft

6077 Modifizierungen der Bilanzsumme hinsichtlich **stiller Reserven und Lasten** sowie des **Firmenwerts** entfallen, wenn – wie hier im Beispiel – die Bilanz des Betriebs diese bereits enthält (Handelsbilanz III zzgl. Firmenwert, s. Rz. 6032).

Anteile an anderen Konzerngesellschaften, die bei der Ermittlung des Eigenkapitals gekürzt werden, sind auch bei der Ermittlung der Bilanzsumme herauszurechnen (vgl. Rz. 6050 f.). Entsprechendes gilt für die Modifizierung beim **Sonderbetriebsvermögen**.

Die **Kapitalforderungen** sind nur bei der Bilanzsumme zu kürzen (Rz. 6055).

2.4 Bilanzsumme des Konzernabschlusses

6078 Die Bilanzsumme ergibt sich unmittelbar aus dem Konzernabschluss (500).

3. Ergebnis des Eigenkapitaltests

6079 Unter Verwendung der modifizierten Werte errechnet sich folgende Eigenkapitalquote (Rz. 6075):

- Da die **Eigenkapitalquote** im Organkreis mit 29,5 % höher liegt als im Konzernabschluss (25,0 %), ist der Eigenkapitaltest für den Organkreis bestanden und die Zinsen sind im Organkreis unbeschränkt abzugsfähig.

- Die **Eigenkapitalquote der Y KG** mit 18,8 % liegt unter der Eigenkapitalquote im Konzernabschluss (25,0 %), damit greift die Begrenzung der Zinsschrankenregelung. Hinsichtlich der Maßnahmen, die zur Überwindung der Hürde des beschränkten Zinsausgabenabzugs in Betracht zu ziehen sind, wird auf die nachfolgenden Ausführungen (vgl. Rz. 6090 ff.) verwiesen.

6080–6089 frei

VI. Gestaltungsfragen

1. Fragestellung

6090 Neben der **technischen Durchführung des Eigenkapitaltests** und für die Fälle, in denen der Eigenkapitaltest nicht bestanden wird, stellt sich die Frage, welche **gestaltungspolitischen Spielräume** bestehen, um die Hürde des beschränkten Zinsausgabenabzugs zu überwinden. Einige ausschließlich steuerrechtlich motivierte Möglichkeiten haben wir bereits in den vorangegangenen Kapiteln eingestreut und erläutert. Hierzu gehören:

- Gestaltung der Akquisitionsstruktur in Konzernen mittels Organschaft (vgl. Rz. 6012) und **ausländischen Landesholdings** (Rz. 6036)

- Akquisitionsfinanzierung über **Mitunternehmerschaften** (Rz. 6044)
- Einsatz der **Freigrenzen** in Höhe von 1 Mio. Euro nach § 4h Abs. 2 lit. a EStG im Rahmen der **Aufbauorganisation** einer Unternehmensgruppe (Rz. 6005) durch Zinsschrankeninseln *außerhalb* Organschaften
- Begründung einer **Stammhausstruktur** mit in- und ausländischen Betriebsstätten statt Tochtergesellschaften[1]
- Umwandlung eines Gleichordnungskonzerns in einen Unterordnungskonzern (vgl. Rz. 6014)

Der Schwerpunkt der nachfolgenden Ausführungen liegt aber in den **Gestaltungsmöglichkeiten** bei ansonsten gegebener Konzernstruktur, damit ein Unternehmen den Eigenkapitaltest erfolgreich besteht. Dabei müssen Gestaltungen darauf ausgerichtet sein, dass die Eigenkapitalquote im Einzelabschluss des betreffenden Betriebs möglichst hoch und im Konzernabschluss möglichst niedrig ausfällt (Rz. 6000). 6091

2. Erhöhung der Eigenkapitalquote des Unternehmens („Betriebs")

2.1 Grundsatz der Stetigkeit

Beim Einsatz des **bilanzpolitischen Instrumentariums** im IFRS-Jahresabschluss ist das umfangreiche **Stetigkeitsgebot** zu beachten hinsichtlich der Auswahl von Rechnungslegungsmethoden. Neben der Stetigkeit in zeitlicher Hinsicht (**horizontale Stetigkeit,** Rz 810), ist auch die grundsätzlich konzerneinheitliche Verwendung von Rechnungslegungsmethoden zu beachten (sog. **vertikale Stetigkeit**[2] oder Fiktion der rechtlichen Einheit, Rz. 3080 ff.). Die Hürde besteht weniger darin, dass ein Wechsel von Bilanzierungs- und Bewertungsmethoden überhaupt zulässig ist (dies ist unter Berufung auf eine erhöhte Aussagekraft i.d.R. möglich, vgl. Rz. 830); die Restriktion resultiert vielmehr daraus, dass Wahlrechte i.d.R. als **Unternehmenswahlrechte** ausgestaltet sind, also **konzerneinheitlich** auszuüben sind. Daraus folgt, dass der Einsatz derjenigen eigenkapitalerhöhenden Wahlrechte i.S.d. Zinsschranke dann optimal ist, wenn deren Auswirkung auf die Erhöhung des Eigenkapitals im Einzelabschluss prozentual höher als im Konzernabschluss ist.[3] 6092

2.2 Unternehmenswahlrechte

2.2.1 Neubewertung von Sachanlagen

Nach IAS 16 ist die Neubewertung von Sachanlagen zum fair value möglich (vgl. im Einzelnen Rz. 1160 ff.). Die **Neubewertungsmethode** führt zu einer verbesserten Eigenkapitalquote, da die über die Anschaffungs- und Herstellungskosten hinausgehende fair value Bewertung das Eigenkapital des Unternehmens erhöht. 6093

---

1 Vgl. *Prinz,* DB 2008, 368 (369).
2 Vgl. *Köster,* BB 2007, 2278 (2282).
3 Vgl. *Köster,* BB 2007, 2278 (2282).

Zu den Auswirkungen des Grundsatzes der Stetigkeit bei Anwendung der Neubewertungsmethode wird verwiesen auf Rz. 1161 sowie auf Rz. 1182 hinsichtlich der **Restriktion**, dass nur **Gruppen von Sachanlagen** neu bewertet werden können .Die Neubewertungsmethode lohnt sich also dann, wenn einzelne Gruppen (Grundstücke und Gebäude oder Maschinen) schwerpunktmäßig im Inland vorhanden sind.

2.2.2 Bewertung von Anlageimmobilien

6094 Für die sog. **Anlageimmobilien** besteht das Bewertungswahlrecht der erfolgswirksamen fair value-Bewertung nach IAS 40 statt der Bilanzierung zu fortgeführten Kosten nach IAS 16 (vgl. Rz. 1442 ff.).

2.2.3 Zuwendung der öffentlichen Hand

6095 Öffentliche Zuwendungen für Investitionen sind in der Bilanz entweder als passivische Abgrenzung darzustellen oder vom Buchwert des Vermögenswertes abzusetzen (vgl. Rz. 1271 ff.).

Durch dieses Wahlrecht ändert sich zwar nicht das in der Bilanz auszuweisende Eigenkapital des Unternehmens, bei Anwendung der **Bruttomethode** erhöht sich jedoch die Bilanzsumme und folglich reduziert sich bei gleich hohem Eigenkapital die Eigenkapitalquote. Die **Nettomethode** führt damit ceteris paribus zu einer verbesserten Eigenkapitalquote.[1]

2.2.4 Bilanzierung der versicherungsmathematischen Gewinne und Verluste

6096 Zur Bilanzierung der versicherungsmathematischen Gewinne und Verluste stehen **drei Varianten** zur Verfügung: Die Korridormethode, die „Mehrverrechnung" und die erfolgsneutrale Verrechnung (vgl. hierzu im Einzelnen Rz. 2435 ff.).

In **bilanzpolitischer Hinsicht** ist festzustellen: Bei versicherungsmathematischen Verlusten (Gewinnen) führt die Korridormethode zu der höchsten (niedrigsten) und die erfolgsneutrale Verrechnung mit dem Eigenkapital zu der niedrigsten (höchsten) Eigenkapitalquote.

2.2.5 Erstmalige Anwendung von IFRS

6097 Ein erhebliches Gestaltungspotential im Hinblick auf die Bilanzsumme des Konzerns bietet **IFRS 1** auf Grund des Wahlrechts zur Bestimmung des Zeitpunkts der rückwirkenden Anwendung von IFRS 3. Der Konzern kann selbst bestimmen, ob und wenn ja, ggf. ab wann IFRS 3 **retrospektiv** anzuwenden ist. Sind in dem Konzern bei Unternehmenserwerben entstandene Goodwills immer mit den Rücklagen verrechnet worden, so wurde hierdurch die Eigenkapitalquote des Konzerns empfindlich gemindert. Daher kann es im Hinblick auf die Zinsschrankenregelung zielführend sein, durch rückwirkende Anwendung

---

1 Vgl. *Köster*, BB 2007, 2278 (2283).

von IFRS 3 die **Eigenkapitalquote im Konzern** zu beeinflussen (vgl. hierzu im Einzelnen Rz. 5040 ff.).

2.3 Nicht unternehmenseinheitliche Ausübung von Wahlrechten

2.3.1 Fair value-Bewertung nach IAS 39

Eine Erhöhung der Eigenkapitalquote kann auch dadurch erreicht werden, finanzielle Vermögenswerte per Option der Kategorie available-for-sale zuzuordnen. Betroffen können solche Finanzinstrumente sein, die eigentlich den Kategorien loans and receivables oder held-to-maturity hätten zugeordnet werden können. Wenn von der Option Gebrauch gemacht wird, sind diese Finanzinstrumente nicht zu fortgeführten Kosten, sondern zum fair value zu bewerten. Bei erwarteten Fair value-Anstiegen wird das zu einer Erhöhung des Eigenkapitals führen. Diese **Designierung** kann bei *jeder* Anschaffung eines Finanzinstruments neu ausgeübt werden (vgl. Rz. 1840). Allerdings dürfte der Effekt eher gering sein, da die in Frage kommenden Finanzinstrumente – es kann sich nur um Fremdkapitaltitel handeln – kaum Fair value-Steigerungen ausgesetzt sein werden. Investitionen in Eigenkapitaltitel hingegen sind nicht von dieser Optionsmöglichkeit betroffen, weil diese ohnehin zum fair value zu bewerten sind (wenn sie nicht voll konsolidiert oder at equity bewertet sind).

6098

2.3.2 Ermessensspielräume

Die grundsätzliche Verpflichtung zur konzerneinheitlichen Bilanzierung und Bewertung (vgl. Rz. 3086, 830 ff.) findet ihre Grenze in den **Beurteilungsspielräumen und Schätzmethoden**, die das IFRS-Regelwerk beinhaltet und von deren Ausnutzen und Auswahl nicht verlangt werden kann, dass sie konzernweit gleich i.S.d. vertikalen Stetigkeit angewendet werden. Vor allem die Beurteilungsspielräume können dazu führen, dass aus Ansatzpflichten **faktische Aktivierungswahlrechte** werden (vgl. hierzu die Ausführungen zu den Entwicklungskosten unter Rz. 1040). Ähnliches gilt bei der Bemessung der Rückstellungen nach IAS 37, nach der die **bestmögliche Schätzung** (IAS 37.37) verlangt wird[1] (vgl. Rz. 2351).

6099

(1) Aktivierung von Entwicklungskosten

Kein formales, aber ein faktisches Aktivierungswahlrecht besteht bei der Beurteilung, ob Entwicklungskosten die Voraussetzungen für eine Aktivierung erfüllen oder nicht (Rz. 1035 ff.). Wenn zudem der Schwerpunkt der Entwicklungsaktivitäten im Inland liegt, kann durch die Aktivierung von Entwicklungskosten die EK-Quote der entsprechenden inländischen Betriebe merklich erhöht werden.

6100

---

1 Vgl. *Tanski*, Bilanzpolitik und Bilanzanalyse nach IFRS, Instrumentarium, Spielräume, Gestaltung, München 2006, S. 45.

(2) Aktivierung von Fremdkapitalkosten bei Anschaffung und Herstellung (IAS 23)

6101 Das bisherige Wahlrecht, Fremdkapitalkosten als laufenden Aufwand zu verrechnen oder als Anschaffungs- oder Herstellungskosten zu aktivieren, entfällt ab 2009 (vgl. hierzu Rz. 1141 ff.). Nichtsdestoweniger bestehen weiterhin bilanzpolitische Gestaltungsmöglichkeiten bei der Bestimmung der sog. qualifying assets (vgl. Rz. 1142), der Festlegung des Aktivierungszeitraums und bei der Entscheidung über die Höhe des Zinses (vgl. Rz. 1144).

(3) Langfristige Fertigung nach IAS 11

6102 Als Gestaltungsparameter sind in Betracht zu ziehen:
- **Verlässliche Schätzung** des Ergebnisses nach IAS 11.22
- Verfahren zur Ermittlung des **Fertigstellungsgrads** (vgl. Rz. 1727 ff.)
- Berücksichtigung der **Verluste** nach IAS 11.36 (vgl. Rz. 1734)

(4) Weitere Beispielsfälle für bilanzpolitische Ermessensspielräume

6103
- Abgrenzung Cash Generating Units („CGU") (vgl. Rz. 1528, 1541) und insbesondere Zuordnung von Firmenwerten zu Betrieben (Rz. 6034 ff.)
- Komponentenansatz bei den Sachanlagen (vgl. Rz. 1115, 1172)
- Einbeziehung von Zweckgesellschaften (vgl. Rz. 3025)
- Nutzungswertermittlung bei Impairment-Tests (vgl. Rz. 1558)
- Zuordnung gemeinschaftlicher Vermögenswerte zu CGU (vgl. Rz. 1572)

2.4 Bilanzpolitik durch Sachverhaltsgestaltung

6104 Durch bilanzwirksame Entscheidungen vor dem Abschlussstichtag kann auch im IFRS-Jahresabschluss eine Bilanzpolitik betrieben werden, die zur Verwirklichung bestimmter Zielsetzungen führt.[1] Die insoweit bestehenden Möglichkeiten können auch für Zwecke der Optimierung des Zinsausgabenabzugs im Rahmen der steuerlichen Zinsschrankenregelung genutzt werden.

2.4.1 Leasing

6105 Ggf. ist die **Substitution von Fremdkapital durch Sachkapital** (Leasing- bzw. Mietverhältnisse) in Betracht zu ziehen (vgl. Rz. 6003).

Darüber hinaus können Leasingverträge nach IAS 17 so gestaltet werden, dass der Leasinggegenstand entweder beim Leasinggeber oder beim Leasingnehmer bilanziert wird. Hierdurch wird die Eigenkapitalquote des Konzerns und des Einzelunternehmens beeinflusst. Die Zuordnung des Leasingobjekts nach IAS 17 ist auch dann *für den Eigenkapitaltest* maßgebend, wenn steuerlich nach den Leasingerlassen eine davon abweichende Zurechnung erfolgt

---

[1] Vgl. auch *Tanski*, Bilanzpolitik und Bilanzanalyse nach IFRS, Instrumentarium, Spielräume, Gestaltung, München 2006, S. 6 ff.

(Rz. 6002). Demgegenüber umfasst der Zinssaldo auch **Zinsanteile aus Leasingraten, wenn Leasing** steuerlich dem Unternehmen zugerechnet wird (Rz. 6002).

2.4.2 Restrukturierungsrückstellung gem. IAS 37.72

Ob eine Restrukturierungsrückstellung zulässig oder geboten ist, hängt davon ab, ob die Ansatzvoraussetzungen nach IAS 37.72 erfüllt sind (vgl. hierzu Rz. 2340). Ob diese Voraussetzungen vorliegen oder nicht, ist **gestaltbar** und bietet damit Möglichkeiten zur Beeinflussung der Eigenkapitalquote. 6106

2.4.3 Verrechnungen und Saldierungen

Hierbei bestehen folgende Gestaltungsmöglichkeiten: 6107

- Durch Verrechnungsvereinbarungen (z.B. Abtretung an eine Konzernclearingstelle, Rz. 6060, aber auch mit fremden Dritten) lassen sich Bilanzsummen „punktgenau", d.h. begrenzt auf bestimmte Betriebe, erhöhen oder verringern.
- **freie liquide Mittel** können vor Ende des Geschäftsjahres zur Tilgung von Fremdverbindlichkeiten eingesetzt werden, wodurch sich die Bilanzsumme des Unternehmens verringert.
- **Schaffung von Planvermögen** i.S.v. IAS 19.7 (Rz. 2460 ff.) zwecks Saldierung mit Pensionsrückstellungen.
- **Saldierung** aktiver und passiver **latenter Steuern** (Rz. 2683).

2.5 Allokation von Eigenkapital im Konzern

Je nach Sachverhalt mag der gestalterische Wille zur Beeinflussung der EK-Quote von (inländischen) Betrieben durch bilanzpolitische Werkzeuge an seine Grenzen stoßen, insbesondere wenn Wahlrechte unternehmenseinheitlich ausgeübt werden müssen und sich die EK-Quoten aller Konzerneinheiten gleichmäßig verändern. Dann hilft letztlich nur eine Kapitulation vor dem gesetzgeberischen Willen, die „Besteuerungsbasis" im Inland zu vergrößern, sprich: das Eigenkapital zu erhöhen bzw. vom Ausland ins Inland zu verlagern. In Betracht kommen folgende Maßnahmen: 6108

- Verlagerung von Eigenkapital durch **Ausschüttungen bzw. Einlagen**, z.B. durch Umschichtung von Verbindlichkeiten der Tochterunternehmen in Eigenkapital, die die Eigenkapitalquote des Tochterunternehmens verbessert, die Eigenkapitalquote des Konzerns jedoch unberührt lässt.
- Dies kann auch durch **Verkauf nicht betriebsnotwendigen Betriebsvermögens** und **Rückführung von Darlehen** geschehen.
- Bei der Reduktion der Eigenkapitalquote des **Mutterunternehmens** durch Ausschüttung[1] ist zu beachten, dass bei Rückfluss derartiger Dividenden als Fremdkapital die Restriktion der schädlichen Gesellschafterfremdfinanzie-

---

[1] Vgl. *Krüger/Thiere*, KoR 2007, 470 (475).

rung nach § 8a KStG in Betracht zu ziehen ist (vgl. insoweit Rz. 6007 ff.). Die Spielräume dürften daher regelmäßig nur sehr begrenzt sein.

2.6 Änderung des Konsolidierungskreises

6109 Nach § 4h Abs. 3 Satz 5 EStG gehört ein Unternehmen nur dann zu einem Konzern, wenn es nach den IFRS-Regeln (IAS 27) zum **Konsolidierungskreis** gehört oder gehören könnte (vgl. zum Konsolidierungskreis nach IFRS Rz. 3010 ff.). Gehört das Unternehmen nicht zu einem Konzern, handelt es sich also um ein sog. „Stand alone-Unternehmen", ist das Unternehmen folglich nicht in den Eigenkapitaltest einzubeziehen (Rz. 6011).

Unter Rz. 3016 wird auf die Möglichkeit hingewiesen, ein bisheriges Tochterunternehmen durch Abschluss eines **Enthherrschungsvertrag** ohne Veräußerung quasi aus dem Konzern „herauszuwerfen" und zu einem Stand alone-Unternehmen zu machen. Diese Lösung wird freilich nur in geeigneten Fällen in Betracht kommen, unter sorgfältiger Abwägung der damit verbundenen Nachteile, bspw. fehlender Verlustausgleich nach Herauslösen aus einem Organkreis.

2.7 Zuordnung von Akquisitionsschulden und Firmenwerten

6110 Der Gesetzgeber übt mit der Systematik der Zuordnung von Akquisitionsschulden und Firmenwerten letztlich Druck aus, die *Finanzierung von Beteiligungserwerben* so zu gestalten, dass Schulden, Zinsaufwendungen und „erworbene" operative Ertragsquellen zusammenfallen.[1] Im Einzelnen:

– Finanzierung des **Erwerbs einer GmbH im Inland**: Bei Organschaft (ein Betrieb, Rz. 6012) fallen Schulden, erworbenes Eigenkapital, Zinsaufwendungen und operative Erträge zusammen, ohne Organschaft dagegen (vorbehaltlich der Zuordnung des Firmenwerts zum Erwerber, Rz. 6034) nicht.

– Finanzierung des **Erwerbs einer Personengesellschaft** (PHG) **im Inland**: Durch die Sondervorschrift des § 4h Abs. 2 lit. c Satz 7 EStG wird die Akquisitionsfinanzierung als negatives Sonderbetriebsvermögen der PHG und damit *dem erworbenen Betrieb zugeordnet* (Rz. 6044).[2]

– **Kann** ein **Firmenwert** bei dem Erwerb von Auslandsgesellschaften nicht dem Inland zugeordnet werden, sollten Erwerb und Finanzierung der Beteiligung durch eine ausländische Landesholding erfolgen, der ausländische operative Ergebnisse zugerechnet werden.

3. Zusammenfassende Beurteilung des Instrumentariums

6111 ⊃ U.E. besteht folgende **Rangfolge** bei der Optimierung der Eigenkapitalstruktur:

(1) Priorität hat die **Optimierung der Konzern- und Akquisitionsstruktur** (Rz. 6090, 6109). Es dürfte z.B. nicht gelingen, eine fundamental falsche

---
1 Vgl. *Pawelzik*, Ubg 2009, 50 (53 f.).
2 Die Umschichtung des negativen Sonderbetriebsvermögens verbessert den Eigenkapitaltest bei der Muttergesellschaft in Bezug auf die verbleibenden Zinsaufwendungen.

Akquisitionsstruktur durch bilanzpolitische Maßnahmen auszugleichen.

(2) Zwecks dauerhafter Entlastung (Vermeidung jährlicher Anpassungen) langfristige Determinierung der notwendigen Eigenkapitalausstattung (**Eigenkapital-Allokation**, Rz. 6107).

(3) Eigenkapitalerhöhung im Inland (bzw. bei einzelnen Betrieben) durch **bilanzpolitische Maßnahmen**. Da auch ermessensbedingte Spielräume wegen des Vorrangs der konzerneinheitlichen Bilanzierung (Rz. 6092) nicht überdehnt werden können, ist Voraussetzung, dass sich Sachverhalte (nahezu) ausschließlich auf die zu „**gestaltenden**" Konzerneinheiten beschränken, bspw.:

– Neubewertung von Sachanlagen (Rz. 6093)

– Aktivierung von Entwicklungskosten (Rz. 6100).

Ein großer bilanzpolitischer Hebel dürfte darüberhinaus in der **Zuordnung von Firmenwerten** liegen (Rz. 6034); insoweit ergeben sich Überschneidungen zu (1).

H. Anhang-Checkliste

Hinweise:

- Die nachfolgende Anhang-Checkliste stellt eine zweckmäßige Gliederung des Anhangs von Industrie-, Handels- und Dienstleistungsunternehmen dar. Rechtsstand, wenn nicht anders angegeben: 1.1.2009.
- Eine Anhang-Checkliste nach dem Stand 1.7.2009 befindet sich zusätzlich auf der CD. Die Abweichungen zum Stand 1.1.2009 betreffen im Wesentlichen die Vorschriften des IFRS 3 und IAS 27 zu Unternehmenserwerben (Rz. 3200 ff.) und zur Übergangskonsolidierung (Rz. 3700 ff.).
- Wir gehen nicht auf Branchenbesonderheiten von Banken, Versicherungsunternehmen (IFRS 4) sowie Landwirtschaft (IAS 41) ein.

Inhalt	Alle IFRS-Abschlüsse	Nur bei Kapitalmarktorientierung	Ggf. im Lagebericht
1. Allgemeine Angaben	x		(x) z.T.
1.1 Angabe des Unternehmens	x		
1.2 Konzernabschluss	x		
1.3 Einzelabschluss			
1.4 Stichtag und Berichtsperiode	x		
1.5 Berichtswährung	x		
2. Anwendung der International Financial Reporting Standards (IFRS)	x		
2.1 Übereinstimmungserklärung mit EU-IFRS	x		
2.2 Abweichen von einem EU-IFRS-Standard	x		
2.3 Verpflichtende Erstanwendung neuer Standards oder Interpretationen	x		
2.4 Freiwillige vorzeitige Anwendung neuer Standards und Interpretationen	x		
2.5 Nichtanwendung freigeschalteter, aber noch nicht in Kraft getretener Standards und Interpretationen	x		
2.6 Freiwillige Änderungen von Bilanzierungs- und Bewertungsmethoden	x		
2.7 Änderung von Schätzungen	x		
2.8 Korrektur von Fehlern	x		
2.9 Erstmalige IFRS-Anwendung (Umstellung von HGB)	x		
3. Konsolidierungskreis	x		
3.1 Tochterunternehmen	x		(x) z.T.
3.2 Assoziierte Unternehmen (Einzel- und Konzernabschluss)	x		
3.3 Gemeinschaftsunternehmen (Einzel- und Konzernabschluss)	x		

H. Anhang-Checkliste

Inhalt	Alle IFRS-Abschlüsse	Nur bei Kapitalmarktorientierung	Ggf. im Lagebericht
3.4 Unternehmenserwerbe	x		
3.5 Unternehmensverkäufe inkl. aufgegebene Bereiche und Veräußerungsabsicht bei langfristigen Vermögenswerten	x		
4. Konsolidierungsmethoden	x		
4.1 Konzerneinheitliche Bilanzierung	x		
4.2 Konsolidierungsmaßnahmen	x		
4.3 Gemeinschaftsunternehmen	x		
4.4 Assoziierte Unternehmen	x		
5. Währungsumrechnung	x		
5.1 Methode	x		
5.2 Berichtswährung und funktionale Währung	x		
5.3 Umrechnung von Goodwill	x		
5.4 Angabe der Währungsergebnisse	x		
5.5 Angaben bei Hyperinflation	x		
6. Bilanzierungs- und Bewertungsmethoden	x		
6.1 Zweifel an der Unternehmensfortführung	x		x
6.2 Wesentliche Ermessensentscheidungen des Managements bzgl. der Anwendung von Bilanzierungs- und Bewertungsmethoden	x		
6.3 Angabe der wichtigsten zukunftsbezogenen Annahmen sowie wesentliche Quellen von Schätzungsunsicherheiten	x		
6.4 Angabe der angewandten wesentlichen Bilanzierungs- und Bewertungsmethoden inklusive Wahlrechtsausübung und Nennung von Bewertungsgrundlagen	x		
7. Einzelangaben zur Bilanz	x		
7.1 Immaterielle Vermögenswerte (ohne Goodwill)	x		
7.2 Mineralische Ressourcen	x		
7.3 Öffentliche Konzessionen (Dienstleistungslizenzen)	x		
7.4 Goodwill (Geschäfts- oder Firmenwert)	x		
7.5 Sachanlagen	x		
7.6 Anlageimmobilien	x		
7.7 Zuwendungen der öffentlichen Hand	x		
7.8 Leasing	x		
7.9 Wertminderungen und Wertaufholungen	x		
7.10 Anteile an assoziierten Unternehmen	x		
7.11 Gemeinschaftsunternehmen (Joint Ventures)	x		
7.12 Vorräte	x		
7.13 Langfristige Fertigungsaufträge	x		

H. Anhang-Checkliste

Inhalt	Alle IFRS-Abschlüsse	Nur bei Kapitalmarktorientierung	Ggf. im Lagebericht
7.14 Flüssige Mittel	x		
7.15 Finanzinstrumente	x		
7.16 Forderungen aus Lieferungen und Leistungen	x		
7.17 Übrige Forderungen und Vermögenswerte	x		
7.18 Eigenkapital	x		
7.19 Aktienorientierte Vergütungen	x		
7.20 Finanzschulden	x		
7.21 Verbindlichkeiten aus Lieferungen und Leistungen	x		
7.22 Übrige Verbindlichkeiten	x		
7.23 Pensionsrückstellungen	x		
7.24 Angaben bei externen Trägern von Altersversorgungsplänen	x		
7.25 Sonstige Rückstellungen	x		
8. Einzelangaben zur Gewinn- und Verlustrechnung	x		
8.1 Umsatzerlöse	x		
8.2 Separate Angabe bestimmter GuV-Posten	x		
8.3 Angabe des GuV-Postens bestimmter Aufwendungen	x		
8.4 Ertragsteuern (insb. latente Steuern)	x		
8.5 Ergebnis je Aktie		x	
9. Erläuterungen zur Kapitalflussrechnung	x		
9.1 Separater Ausweis bestimmter Zahlungen	x		
9.2 Angaben zu Unternehmensakquisitionen und -veräußerungen	x		
9.3 Wesentliche zahlungsunwirksame Transaktionen	x		
9.4 Finanzmittelfonds	x		
9.5 Zahlungsströme aus aufgegebenen Geschäftsbereichen	x		
9.6 Freiwillige Angaben	x		
10. Erläuterungen zur Segmentberichterstattung		x	
10.1 Segmentbericht		x	
10.2 Erläuterung und Abgrenzung von Geschäftssegmenten		x	
10.3 Bilanzierungs- und Bewertungsgrundlagen		x	
10.4 Änderung der Segmentzuordnung		x	
10.5 Sonstige Angaben		x	
11. Sicherungsbeziehungen (Hedge Accounting)	x		
11.1 Allgemeine Angaben	x		
11.2 Angaben zu Cashflow-Hedges	x		
11.3 Sonstige Angaben	x		

H. Anhang-Checkliste

Inhalt	Alle IFRS-Abschlüsse	Nur bei Kapitalmarktorientierung	Ggf. im Lagebericht
12. Risikoberichterstattung	x		x
12.1 Allgemeine Grundsätze	x		x
12.2 Qualitative Angaben	x		x
12.3 Quantitative Angaben	x		x
12.4 Kreditrisiko	x		x
12.5 Liquiditätsrisiko	x		x
12.6 Marktrisiko	x		x
13. Haftungsverhältnisse (Eventualverbindlichkeiten und Eventualforderungen)	x		
13.1 Eventualverbindlichkeiten	x		
13.2 Eventualforderungen	x		
13.3 Negativerklärung	x		
14. Sonstige finanzielle Verpflichtungen	x		
14.1 Bestellobligo	x		
14.2 Leasingobligo	x		
15. Beziehungen zu nahe stehende Personen und Unternehmen	x		
15.1 Angaben zum Mutterunternehmen	x		
15.2 Vergütungen für Mitglieder des Managements in Schlüsselpositionen	x		
15.3 Geschäfte mit nahe stehenden Unternehmen und Personen	x		
16. Vom HGB geforderte Anhangangaben	x		
16.1 Konzernabschluss	x		
16.2 Einzelabschluss			
17. Ereignisse nach dem Bilanzstichtag	x		
17.1 Ergebnisverwendung	x		
17.2 Aktualisierung von Anhangangaben bei wertaufhellenden Informationen	x		
17.3 Nennung wesentlicher wertbegründender Ereignisse nach dem Stichtag	x		
17.4 Freigabe des Abschlusses	x		
18. Angaben in Zwischenberichten		x	
18.1 Ausgestaltung verkürzter Zwischenberichte		x	
18.2 Übereinstimmenserklärung mit den EU-IFRS		x	
18.3 Mindestangaben		x	
18.4 Beispiele für Einzelangaben		x	
18.5 Zusätzliche Angaben bei IFRS-Erstanwendung		x	

H. Anhang-Checkliste

Bereich	Vorschrift	Rz.	Ja	Nein	Ent-fällt
1 Allgemeine Angaben					
1.1 Angabe des Unternehmens		4541 f.			
Name des Unternehmens, ggf. Hinweis auf Namensänderung	IAS 1.51a				
Sitz, Rechtsform, Land, Anschrift (*Hinweis: soweit nicht im Lagebericht genannt*)	IAS 1.138a				
Beschreibung der Art der Geschäftstätigkeit (*Hinweis: soweit nicht im Lagebericht genannt*)	IAS 1.138b				
Bei Unternehmen mit begrenzter Laufzeit: Angabe des Zeitraums	IAS 1.138d	2060			
1.2 Konzernabschluss		4541 f.			
Angabe, dass ein Konzernabschluss vorliegt	IAS 1.51b				
Bei Teilkonzernabschlüssen: Name des Mutterunternehmens und des obersten Mutterunternehmens des Konzerns	IAS 1.138c				
1.3 Einzelabschluss		4542			
Angabe, dass ein Einzelabschluss vorliegt	IAS 1.51b, IAS 27.42a				
Name des Mutterunternehmens und des obersten Mutterunternehmens des Konzerns	IAS 1.38c				
Bei zusätzlich zu Konzernabschlüssen aufgestellten Einzelabschlüssen:					
– Angabe des Grunds für den zusätzlichen Einzelabschluss (sofern dieser nicht gesetzlich vorgeschrieben ist)	IAS 27.42a				
– Angabe der Abschlüsse, in die der Einzelabschluss seinerseits in Übereinstimmung mit IAS 27.9, IAS 28 und IAS 31 einbezogen wurde	IAS 27.42bE.				
Im Einzelabschluss des Mutterunternehmens, wenn ein befreiender (Teil-)Konzernabschluss dieses Unternehmens gemäß IAS 27.10 nicht aufgestellt wird: – Die Tatsache, dass von der Befreiung Gebrauch gemacht wurde – Name und Sitzland des Unternehmens, welches einen übergeordneten Konzernabschluss i.S.v. IAS 27.10d nach IFRS veröffentlicht, Ort der Verfügbarkeit dieses (befreienden) Konzernabschlusses	IAS 27.41a				
1.4 Stichtag und Berichtsperiode		4542			
Stichtag bzw. Berichtsperiode	IAS 1.51c				
Bei Berichtsperioden, die länger oder kürzer als ein Jahr sind:					
– Grund für die Verwendung einer längeren bzw. kürzeren Periode	IAS 1.36a				
– Hinweis darauf, dass die Vergleichszahlen für die GuV, die Veränderung des Eigenkapitals, der Kapitalflussrechnung, der Anhangangaben sowie ggf. der Segmentberichterstattung nicht vergleichbar sind	IAS 1.36b				

Bereich	Vorschrift	Rz.	Ja	Nein	Entfällt
1.5 Berichtswährung		4542			
Berichtswährung (*Hinweis: gemäß § 244 HGB i.V.m. § 298 I HGB ist der Abschluss in Euro aufzustellen*)	IAS 1.51d				
Angabe der Rundung (z.B. Tsd. oder Mio.)	IAS 1.51e, IAS 1.53				
2. Anwendung der International Financial Reporting Standards (IFRS)					
2.1 Übereinstimmungserklärung mit EU-IFRS		4511			
Erklärung, dass der Abschluss vollständig mit den EU-IFRS übereinstimmt	IAS 1.16, IAS 1.114a				
2.2 Abweichen von einem EU-IFRS-Standard		4515 ff.			
Weicht ein Unternehmen ausnahmsweise von einem Standard oder einer Interpretation ab, weil diese seines Erachtens einer fair presentation widerspricht, sind anzugeben:	IAS 1.19, IAS 1.24				
– Aussage, dass der Abschluss durch das Abweichen den tatsächlichen Verhältnissen entspricht	IAS 1.20a				
– Aussage, dass der Abschluss im Übrigen vollständig den EU-IFRS entspricht	IAS 1.20b				
– Angabe des Standards oder der Interpretation, von der das Unternehmen abweicht, Art und Grund der Abweichung sowie Angabe der Bilanzierungsweise, die der Standard oder die Interpretation fordert	IAS 1.20c				
– Auswirkungen des Abweichens auf alle Posten der Berichts- und Vergleichsperiode (erfolgsneutrales und erfolgswirksames Ergebnis, Vermögenswerte und Schulden, Eigenkapital, Kapitalflussrechnung, ggf. Segmentberichterstattung, Ergebnis je Aktie)	IAS 1.20d				
Hat eine Abweichung aus einer früheren Periode Auswirkungen auf die aktuelle Periode, sind die Angaben gemäß 1.20c und d ebenfalls zu machen	IAS 1.21, IAS 1.22	4515 ff.			
Verbieten gesetzliche Regelungen ein für notwendig gehaltenes Abweichen von einem Standard oder einer Interpretation, ist daran fest zu halten, aber folgende Angaben zu machen:	IAS 1.23, IAS 1.24	4516			
– Angaben zur betreffenden für irreführend gehaltenen Vorschrift, eine Begründung für den Konflikt sowie	IAS 1.23a				
– Angabe der aus Sicht des Managements notwendigen, aber unterlassenen Abweichungen von der Vorschrift für Berichts- und Vorperiode	IAS 1.23b				
2.3 Verpflichtende Erstanwendung neuer Standards oder Interpretationen		4513			
Angabe des Standards oder der Interpretation	IAS 8.28a				
Ggf. Anwendung von Übergangsvorschriften	IAS 8.28b				
Art der Änderung der Bilanzierungs- und Bewertungsmethode	IAS 8.28c				
Ggf. eine Beschreibung der Übergangsvorschriften	IAS 8.28d				
Ggf. die Übergangsvorschriften, die einen Effekt auf zukünftige Perioden haben könnten	IAS 8.28e				

Bereich	Vorschrift	Rz.	Ja	Nein	Ent-fällt
Anpassungsbetrag für jede dargestellte Periode und jeden Posten (soweit durchführbar)	IAS 8.28fi				
Bei Anwendung des IAS 33 (Ziff. 8.5): Auswirkungen auf die anzugebenden Ergebnisse je Aktie für jede Periode	IAS 8.28fii				
Der Betrag der Anpassung, der sich auf frühere Perioden bezieht, die im Abschluss nicht dargestellt sind (soweit durchführbar)	IAS 8.28g				
Falls die rückwirkende Anwendung für frühere Perioden unpraktikabel ist, sind die Umstände aufzuzeigen und es ist anzugeben, wie und ab wann die Änderung angewendet wurde	IAS 8.28h				
2.4 Freiwillige vorzeitige Anwendung neuer Standards und Interpretationen		4513			
Angabe der vorzeitigen Anwendung	IFRS 7.43, IFRS 8.35				
Die Angaben gem. Ziff. 2.3. sind ebenfalls zu machen	IAS 8.28				
2.5 Nichtanwendung freigeschalteter, aber noch nicht in Kraft getretenen Standards und Interpretationen		4514			
Angabe dieser Tatsache	IAS 8.30a				
Titel des neuen Standards oder der neuen Interpretation	IAS 8.31a				
Art der bevorstehenden Änderung der Bilanzierungs- und Bewertungsmethoden	IAS 8.31b				
Zeitpunkt der zwingenden Anwendung des Standards bzw. der Interpretation	IAS 8.31c				
Zeitpunkt, zu dem eine Anwendung des Standards bzw. der Interpretation erstmals beabsichtigt ist	IAS 8.31d				
Entweder: Angabe der erwarteten Auswirkungen der erstmaligen Anwendung des Standards/Interpretation auf den Abschluss bei Erstanwendung	IAS 8.31ei, IAS 8.30b				
Oder: eine Erklärung, dass diese Auswirkungen unbekannt oder nicht zuverlässig abzuschätzen sind	IAS 8.31eii				
2.6 Freiwillige Änderungen von Bilanzierungs- und Bewertungsmethoden		881			
Art der Änderung	IAS 8.29a				
Gründe für verlässlichere oder relevantere Informationen durch geänderte Methode	IAS 8.29b				
Anpassungsbetrag für jede dargestellte Periode und jeden Posten (soweit durchführbar)	IAS 8.29ci				
Bei Anwendung des IAS 33 (Ziff. 8.5): Auswirkungen auf die anzugebenden Ergebnisse je Aktie für jede Periode	IAS 8.29cii				
Der Betrag der Anpassung, der sich auf frühere Perioden bezieht, die im Abschluss nicht dargestellt sind (soweit durchführbar)	IAS 8.29d				
Falls die rückwirkende Anwendung für frühere Perioden nicht durchführbar ist, sind die Umstände aufzuzeigen, und es ist darzulegen, wie und ab wann die Änderung angewendet wurde	IAS 8.29e				

Bereich	Vorschrift	Rz.	Ja	Nein	Entfällt
2.7 Änderung von Schätzungen		882			
Art und Betrag der Änderungen von Schätzungen mit Auswirkungen in der Berichtsperiode oder in einer zukünftigen Periode	IAS 8.39				
Hinweis, wenn Angabe der Auswirkungen auf zukünftige Perioden unpraktikabel ist	IAS 8.40				
Insbesondere: Schätzungsänderungen bei Sachanlagen und immateriellen Vermögenswerten mit wesentlichen Auswirkungen (z.B. Nutzungsdauer, Abschreibungsmethode, Entsorgungskosten, Restwert)	IAS 16.76, IAS 38.121				
2.8 Korrektur von Fehlern		883			
Art des Fehlers	IAS 8.49a				
Berichtigungsbetrag für jede dargestellte frühere Periode und für jeden betroffenen Posten	IAS 8.49bi				
Wenn IAS 33 anwendbar: Auswirkungen auf die anzugebenden Ergebnisse je Aktie für jede Periode	IAS 8.49bii				
Betragsmäßige Korrektur zu Beginn der frühesten dargestellten Periode (Beginn der Vergleichsperiode)	IAS 8.49c				
Falls die rückwirkende Anpassung einzelner vergangener Perioden nicht durchführbar ist, sind die Umstände aufzuzeigen, und es ist darzulegen, wie und ab wann der Fehler berichtigt wurde	IAS 8.49d				
2.9 Erstmalige IFRS Anwendung (Umstellung von HGB)					
2.9.1 Grundsätze					
Der IFRS-Erstabschluss muss sämtliche ansonsten nach anderen IFRS notwendigen Angaben enthalten	IFRS 1.20				
Der erstmalige Abschluss muss Vergleichsinformationen nach IFRS für mindestens ein Jahr enthalten (zusätzlich die IFRS Eröffnungsbilanz)	IFRS 1.21	4011			
2.9.2 Überleitungsrechnungen von HGB zu IFRS		5141 ff.			
Darstellung des Einflusses der Umstellung von der bisherigen Rechnungslegung (z.B. HGB) zum IFRS-Abschluss auf Vermögen, Ergebnis und Cashflow	IFRS 1.23				
Hierzu müssen folgende Überleitungsrechnungen dargestellt werden:					
– Überleitung vom HGB-Eigenkapital zum IFRS-Eigenkapital zum Eröffnungsbilanzstichtag und zum letzten HGB-Abschlussstichtag	IFRS 1.24ai, IFRS 1.24aii				
– Überleitung des letzten HGB-Geschäftsjahresergebnisses (Jahresüberschuss/-fehlbetrag) auf das IFRS-Ergebnis (Gesamtergebnis, inkl. erfolgsneutralem *other comprehensive income*) desselben Jahres	IFRS 1.24b				
Separate Angabe in den Übergangsrechnungen gemäß IFRS 1.24a/b, welche Anpassungen auf Grund von Korrekturen festgestellter Fehler i.S.v. IAS 8.41 f. vorgenommen wurden	IFRS 1.26				

Bereich	Vorschrift	Rz.	Ja	Nein	Entfällt
Im Gegensatz dazu sind Anpassungen auf Grund von freiwilligen Änderungen von Rechnungslegungsmethoden bei IFRS-Erstanwendung nicht separat in den Überleitungsrechnungen gemäß IFRS 1.24a/b zu nennen.	IFRS 1.27				
Wurde nach HGB eine Kapitalflussrechnung aufgestellt, sind die wesentlichen Anpassungen der Kapitalflussrechnung von HGB nach IFRS für das Letzte HGB-Geschäftsjahr zu erläutern	IFRS 1.25				
Angabe der Tatsache, dass das Unternehmen in vorangegangenen Berichtsperioden keine Abschlüsse veröffentlicht hat.	IFRS 1.28				
2.9.3 Sonstige Angaben zur Überleitung von HGB auf IFRS		5141 ff.			
Enthält ein Abschluss Daten nach vorherigen Rechnungslegungssystemen für Zeiträume vor der IFRS-Eröffnungsbilanz, sind diese					
– als nicht IFRS-konform zu kennzeichnen und	IFRS 1.22a				
– die wichtigsten Abweichungen für eine Übereinstimmung mit IFRS zu beschreiben (nicht notwendigerweise Quantifizierung)	IFRS 1.22b				
Angaben zu Wertminderungen oder Wertaufholungen in der IFRS-Eröffnungsbilanz, die ansonsten nach IAS 36 für im Geschäftsjahr erfolgte Wertminderungen/-aufholungen vorgesehen sind	IFRS 1.24c				
Hat ein Unternehmen von dem Wahlrecht nach IFRS 1.D19 Gebrauch gemacht, bestimmte finanzielle Vermögenswerte und finanzielle Schulden als „available-for-sale" einzuordnen (Rz. 1840 f.) oder (unter bestimmten Voraussetzungen) die Fair value-Option (Rz. 1836 ff.) anzuwenden, hat es folgende Angaben zu machen:	IFRS 1.29				
– die beizulegenden Zeitwerte der designierten finanziellen Vermögenswerte bzw. Verbindlichkeiten					
– der bisherige bilanzielle Ausweis und					
– die bisherigen Buchwerte					
Bei Verwendung des beizulegenden Zeitwerts als neue Anschaffungs- oder Herstellungskosten (deemed cost) bei immateriellen Vermögenswerten, Sachanlagen oder Anlageimmobilien:	IFRS 1.30	5074			
– Summe der beizulegenden Zeitwerte und	IFRS 1.30a				
– Differenz zu den bisherigen Buchwerten	IFRS 1.30b				
In einem IFRS *Einzelabschluss*: Bei Verwendung des beizulegenden Werts oder des bisherigen HGB Buchwerts als neue Anschaffungskosten (deemed cost) für Tochtergesellschaften, assoziierte Unternehmen und Gemeinschaftsunternehmen:	IFRS 1.31				
– Gesamtbetrag der zu bisherigen Buchwerte angesetzten Tochtergesellschaften etc.	IFRS 1.31a				
– Summe der beizulegenden Zeitwerte und Differenz zu den bisherigen Buchwerten	IFRS 1.31b/c				
Hinweis: Vgl. Ziff. 18.5 zu weiteren Angaben bei Zwischenberichterstattung nach IAS 34					

H. Anhang-Checkliste

Bereich	Vorschrift	Rz.	Ja	Nein	Entfällt
3. Konsolidierungskreis		3015 ff.			
Hinweis: An dieser Stelle finden sich oft die nach HGB vorgeschriebenen Angaben zum Anteilsbesitz (Ziff. 16)					
3.1 Tochterunternehmen					
3.1.1 Tochterunternehmen im Konzernabschluss					
Art der Beziehung zu Tochterunternehmen, wenn die Beherrschung nicht auf Stimmrechtsmehrheit beruht	IAS 27.40c				
Ggf. Widerlegung des Beherrschungsverhältnisses trotz Stimmrechtsmehrheit	IAS 27.40d				
Ggf. für die Konsolidierung verwendete Abschlüsse mit abweichenden Abschlussstichtagen von Tochterunternehmen mit Begründung	IAS 27.40e				
Art und Umfang erheblicher Beschränkungen des Finanzmitteltransfers (z.B. Dividenden, Darlehensrückzahlungen) an das Mutterunternehmen	IAS 27.40f				
3.1.2 Tochterunternehmen im Einzelabschluss					
Im Einzelabschluss des Mutterunternehmens, wenn ein (Teil)-Konzernabschluss dieses Unternehmens gemäß IAS 27.10 nicht aufgestellt wird (vgl. Ziff. 1.3):	IAS 27.41				
– Liste Anteilsbesitz zu allen wesentlichen Anteilen an Tochterunternehmen, Gemeinschafts- und assoziierten Unternehmen unter Angabe des Namens, des Sitzlandes, der Beteiligungsquote und ggf. abweichender Stimmrechtsquote	IAS 27.41b, § 313, II–IV HGB				
– Eine Beschreibung der Bilanzierungsmethode dieser Anteile	IAS 27.41c	1935 ff.			
Im Einzelabschluss des Mutterunternehmens in anderen Fällen als denen des IAS 27.41 (s. Ziff. 1.3), im Einzelabschluss des Partnerunternehmens eines Gemeinschaftsunternehmens oder des Anteilseigners eines assoziierten Unternehmens:	IAS 27.42				
– Liste Anteilsbesitz zu allen wesentlichen Anteilen an Tochterunternehmen, Gemeinschafts- und assoziierten Unternehmen unter Angabe des Namens, des Sitzlandes, der Beteiligungsquote und ggf. abweichender Stimmrechtsquote	IAS 27.42b				
– Eine Beschreibung der Bilanzierungsmethode für diese Anteile	IAS 27.42c	1935 ff.			
3.2 Assoziierte Unternehmen (Einzel- und Konzernabschluss)		3045 ff.			
Begründung, warum trotz Haltens von weniger als 20% der Stimmrechte (direkt oder indirekt) an einem assoziierten Unternehmen doch ein maßgeblicher Einfluss vorliegt	IAS 28.37c				
Begründung, warum trotz Haltens von 20% oder mehr der Stimmrechte (direkt oder indirekt) an einem assoziierten Unternehmen doch kein maßgeblicher Einfluss vorliegt	IAS 28.37d				
Angabe und Begründung eines evtl. vom Konzernabschlussstichtag abweichenden Stichtages des Equity-Abschlusses	IAS 28.37e				

Bereich	Vorschrift	Rz.	Ja	Nein	Ent-fällt
Art und Umfang erheblicher Beschränkungen des Finanzmitteltransfers an den Anteilseigner Hinweis: Die Angabe ist auch von Beteiligungsgesellschaften u.Ä. zu machen, die assoziierte Unternehmen wahlweise nach IAS 39 zum Fair value bewerten	IAS 28.37f i.V.m. IAS 28.1a.E.	3035			
3.3 Gemeinschaftsunternehmen (Einzel- und Konzernabschluss)					
Angabe und Beschreibung der wesentlichen Gemeinschaftsunternehmen mit Nennung der Beteiligungsquote	IAS 31.56	3040 ff.			
3.4 Unternehmenserwerbe		3200 ff.			
3.4.1 Berichtsgrundsätze					
Angaben über Art und finanzielle Auswirkungen von Unternehmenszusammenschlüssen	IFRS 3.66				
– der Berichtsperiode	IFRS 3.66a				
– im Zeitraum zwischen Stichtag und Freigabe des Abschlusses zur Veröffentlichung (s. auch Ziff. 17.3), sofern nicht unpraktikabel, dann Angabe dieser Tatsache Hinweis: Alle nachfolgenden Angaben des IFRS 3.67 müssen separat für beide Fälle erfolgen	IFRS 3.66b IFRS 3.71				
Bei unwesentlichen Unternehmenserwerben dürfen die Angaben des IFRS 3.67 zusammengefasst werden	IFRS 3.68				
3.4.2 Beschreibung des Erwerbsgegenstands					
Name und Beschreibung des erworbenen Unternehmens	IFRS 3.67a				
Erwerbszeitpunkt	IFRS 3.67b	3240 ff.			
Prozentsatz der erworbenen Stimmrechte	IFRS 3.67c				
3.4.3 Anschaffungskosten, erworbenes Vermögen und Unterschiedsbeträge					
Anschaffungskosten einschließlich einer Beschreibung der Kostenbestandteile Sofern Eigenkapitalinstrumente hingegeben wurden, – Angabe der Anzahl und – der beizulegenden Zeitwerte inklusive Methode der Wertermittlung, insbesondere bei fehlenden Börsennotierungen	IFRS 3.67d IFRS 3.67di IFRS 3.67dii	3275			
Aufgliederung – der Fair values der erworbenen Vermögenswerte, Schulden und Eventualschulden (HB III) – der entsprechenden Buchwerte lt. HB II (vor Erwerb), sofern nicht unpraktikabel; dann Angabe dieser Tatsache Hinweis: Diese Angabe erfolgt zusammen mit dem Kaufpreis (Anschaffungskosten) und den zu Unternehmenserwerben nach IAS 7 (Kapitalflussrechnung, vgl. Ziff. 9.2) geforderten Angaben meist gebündelt an dieser Stelle des Anhangs (Rz. 4480)	IFRS 3.67f	4480			
Angaben zu Eventualschulden, die im Rahmen der Verteilung der Anschaffungskosten angesetzt bzw. ausnahmsweise nicht angesetzt wurden	IFRS 3.67f, IFRS 3.50 i.V.m. IAS 37.86 ff.	3341 f.			

Bereich	Vorschrift	Rz.	Ja	Nein	Ent- fällt
Positiver Goodwill: – Angabe eines bei der Konsolidierung entstandenen Goodwill – Erläuterung der Faktoren, die zu einem positiven Goodwill geführt haben – Beschreibung der immateriellen Vermögenswerte, die nicht gesondert vom Goodwill erfasst wurden inkl. Begründung	IFRS 3.75b IFRS 3.67h IFRS 3.67h	3410 f.			
Negativer Goodwill (*excess*): – Erläuterung der Faktoren, die zu einem negativen Goodwill (excess) geführt haben – Der Betrag eines erfolgswirksam vereinnahmten negativen Goodwill (excess) und des Postens in der GuV, in dem der Ertrag erfasst wurde	IFRS 3.67h IFRS 3.67g	3412 ff.			
Bei vorläufiger Bilanzierung eines Unternehmenszusammenschlusses i.S.v. IFRS 3.62 – während der Berichtsperiode ist diese Tatsache mit Begründung anzugeben – In der Folgeperiode nach IFRS 3.62 (d. h. innerhalb des 12-Monats-Zeitraums) durchgeführte Anpassungen einer zuvor vorläufigen Bilanzierung eines Unternehmenszusammenschlusses – Wenn die Berichtigung außerhalb des 12-Monats-Zeitraums des IFRS 3.62 erfolgt, sind die dann nach den Grundsätzen der Fehlerberichtigung (IAS 8) vorzunehmenden Korrekturen von Vermögenswerten, Schulden oder Eventualschulden des erworbenen Unternehmens anzugeben	IFRS 3.69 IFRS 3.73b IFRS 3.73c	3440			
3.4.4 Sonstige Angaben					
Beschreibung der Geschäftsbereiche, die das Unternehmen nach dem Zusammenschluss veräußern will	IFRS 3.67e				
Betrag des Gewinns oder Verlusts des erworbenen Unternehmens seit dem Erwerbszeitpunkt, der im Periodenergebnis des erwerbenden Unternehmens enthalten ist, sofern nicht unpraktikabel; dann Angabe dieser Tatsache.	IFRS 3.67i				
Für Unternehmenszusammenschlüsse in der Berichtsperiode: – die Umsätze des erworbenen Unternehmens für die Berichtsperiode – der Gewinn oder Verlust des erworbenen Unternehmens für die Berichtsperiode jeweils *unter der Annahme, dass der Erwerb zu Anfang der Berichtsperiode* erfolgt wäre, sofern die Ermittlung nicht unpraktikabel ist, dann Angabe dieser Tatsache	IFRS 3.70a IFRS 3.70b				
Angabe wesentlicher sonstiger Auswirkungen von Unternehmenszusammenschlüssen in Berichts- oder Vorperioden, insbesondere *wesentlicher* Gewinne bzw. Verluste aus erworbenen Vermögenswerten, Schulden oder Eventualschulden (soweit nicht eine Anpassung der vorläufigen Konsolidierung nach IFRS 3.62, s. Ziff. 3.4.3 a.E. erfolgt).	IFRS 3.73a				

Bereich	Vorschrift	Rz.	Ja	Nein	Entfällt
3.5 Unternehmensverkäufe inkl. aufgegebene Bereiche und Veräußerungsabsicht bei langfristigen Vermögenswerten		2740 ff.			
3.5.1 Beschreibung des aufgegebenen Geschäftsbereichs					
Wenn in der Berichtsperiode ein aufgegebener Geschäftsbereich (oder langfristiger Vermögenswert) als zur Veräußerung gehalten klassifiziert oder veräußert wurde:	IFRS 5.41				
– Beschreibung des Vermögenswerts bzw. des Unternehmensbereichs	IFRS 5.41a				
– Umstände und Zeitpunkt der erfolgten oder erwarteten Veräußerung	IFRS 5.41b				
– Angabe eines bereits erfassten Gewinns oder Verlusts inklusive zugehöriger GuV-Position	IFRS 5.41c				
– Ggf. Angabe des zugehörigen Segments	IFRS 5.41d				
Bei Planänderung hinsichtlich der Veräußerung oder Aufgabe eines Geschäftsbereichs (oder langfristigen Vermögenswerts):	IFRS 5.42				
– Erläuterung der Sachverhalte und Umstände der Planänderung					
– Auswirkung der Planänderung auf das Ergebnis der Berichtsperiode und Vorperiode					
– Zusätzlich ist ein im Vorjahr ausgewiesenes Ergebnis aus aufgegebenen Geschäftsbereichen in das laufende Ergebnis umzugliedern und der angepasste Betrag zu kennzeichnen	IFRS 5.36				
3.5.2 Separierung von Ergebnis und Vermögen des aufgegebenen Bereichs					
Soweit nicht in der GuV bzw. im GuV-Teil der Gesamtergebnisrechnung ausgewiesen:	IFRS 5.33/ 5.33A				
– Aufgliederung der Erlöse, Aufwendungen, des Ergebnisses vor Steuern sowie des zugehörigen Ertragsteueraufwands	IFRS 5.33bi, IFRS 5.33bii				
– Bewertungs- oder Veräußerungsergebnis nach Steuern des aufgegebenen Geschäftsbereichs sowie den zugehörigen Ertragsteueraufwand	IFRS 5.33biii, IFRS 5.33biv				
Hinweis: Die Angaben entfallen bei in Weiterveräußerungsabsicht erworbenen Tochtergesellschaften	IFRS 5.33b				
Angabe der Mittelflüsse aus operativer, Investitions- und Finanzierungstätigkeit des aufgegebenen Geschäftsbereichs (sofern nicht in der Kapitalflussrechnung separat ausgewiesen); *Hinweis: Die Angaben entfallen bei in Weiterveräußerungsabsicht erworbenen Tochtergesellschaften*	IFRS 5.33c				
Anpassung der Angaben gem. IFRS 5.33 für dargestellte Vorperioden	IFRS 5.34				
Soweit nicht in Bilanz oder Eigenkapitalspiegel vorgenommen:	IFRS 5.38				
– Aufgliederung der zur Veräußerung gehaltenen Vermögenswerte und Schulden nach Hauptgruppen (gilt nicht für mit Veräußerungsabsicht erworbenen Tochterunternehmen, vgl. IFRS 5.39). *Hinweis: nach IFRS 5.40 ist*					

H. Anhang-Checkliste

Bereich	Vorschrift	Rz.	Ja	Nein	Entfällt
die Umgliederung von Vorjahresbilanzzahlen (abweichend von GuV-Werten), nicht erforderlich. – Angabe der kumulierten direkt im Eigenkapital erfassten Ergebnisse in Verbindung mit aufgegebenen Geschäftsbereichen und langfristigen zur Veräußerung gehaltenen Vermögenswerten.					
Art und Höhe der Anpassung von Beträgen für in Vorperioden erfolgten Veräußerungen aufgegebener Geschäftsbereiche (soweit in Vorjahren berichtet), z.B.:	IFRS 5.35				
– Nachträgliche Kaufpreisanpassungen u.Ä.	IFRS 5.35a				
– Regelung verbliebener Unsicherheiten hinsichtlich Kostentragung zwischen Verkäufer und Käufer bei Umwelt- und Produkthaftung	IFRS 5.35b				
– Abgeltung von Versorgungsleistungen an Arbeitnehmer	IFRS 5.35c				
Bei stillgelegten Bereichen kommt ein Ausweis als held for sale nicht in Betracht. Trotzdem sind die Angaben des IFRS 5.34 f. zu Ergebnis und Cashflow zu machen	IFRS 5.13	2766			
4. Konsolidierungsmethoden	IAS 1.117				
4.1 Konzerneinheitliche Bilanzierung		3080 ff.			
Hinweis auf einheitliche Bilanzierung- und Bewertungsmethoden	IAS 1.117, IAS 27.28				
4.2 Konsolidierungsmaßnahmen		3800 ff.			
Hinweis auf Erwerbsmethode, Zwischenabschlüsse u.Ä., sonstige Konsolidierungsmaßnahmen wie Zwischengewinneliminierung, Schuldenkonsolidierung, Aufwands- und Ertragseliminierung	IAS 1.117 i.V.m. IFRS 3, IAS 27				
4.3 Gemeinschaftsunternehmen		3040			
Auf die Anteile an Gemeinschaftsunternehmen angewendete Bilanzierungs- bzw. Konsolidierungsmethode	IAS 31.57				
4.4 Assoziierte Unternehmen		3045			
Angabe, dass Equity-Methode gem. IAS 28.13 (im Konzernabschluss held for sale) nicht angewendet wurde	IAS 28.37h				
5. Währungsumrechnung		3170 ff.			
5.1 Methode					
Angabe, inwieweit eine Umrechnung nach der Stichtagskursmethode oder der Zeitbezugsmethode erfolgt	IAS 1.117, IAS 21				
5.2 Berichtswährung und funktionale Währung					
Ggf. Angabe und Begründung, dass Berichtswährung nicht mit der funktionalen Währung *der Konzernmutter* übereinstimmt (s. Ziff. 1.5) inkl. Angabe der funktionalen Währung	IAS 21.51, IAS 21.53				
Hinweis: Wird der Abschluss in einer von der funktionalen Währung der Konzernmutter abweichenden Berichtswährung aufgestellt, darf der Abschluss nur dann als IFRS-konform bezeichnet werden (s. Ziff. 2.1), wenn bei der Umrechnung auch die Grundsätze der Umrechnung bei Hyperinflation i.S.v. IAS 21.39, 21.42 beachtet wurden	IAS 21.55				

Bereich	Vorschrift	Rz.	Ja	Nein	Entfällt
Angabe und Begründung für einen Wechsel der funktionalen Währung entweder der Konzernmutter oder wesentlicher Tochtergesellschaften	IAS 21.54				
Erfolgen Angaben, insbesondere freiwillige Zusatzangaben in Währungen, die von der Berichts- oder funktionaler Währung abweichen: – Kennzeichnung als zusätzliche Informationen – Angabe der Währung – Funktionale Währung des Unternehmens sowie die auf die Zusatzinformationen angewendete Umrechnungsmethode	IAS 21.56, IAS 21.57 IAS 21.57a IAS 21.57b IAS 21.57c				
5.3 Umrechnung von Goodwill					
Angabe der Methode der Umrechnung von Goodwill bei Erwerben in Geschäftsjahren, die vor dem 1.1.2005 beginnen	IAS 21.59, IAS 21.47	3133			
5.4 Angabe der Währungsergebnisse					
Betrag der erfolgswirksam verrechneten Umrechnungsdifferenzen (mit Ausnahmen der erfolgswirksamen Zeitwertbewertung nach IAS 39)	IAS 21.52a				
Betrag der erfolgsneutral mit dem Eigenkapital verrechneten Umrechnungsdifferenzen einschließlich der Entwicklung des Postens im Geschäftsjahr (sofern kein Eigenkapitalspiegel aufgestellt wird)	IAS 21.52b				
5.5 Angaben bei Hyperinflation		3160 ff.			
Angabe der Rechnungslegungsgrundsätze für die Hyperinflation	IAS 1.117				
Angabe des Gewinns oder Verlusts aus der Nettoposition monetärer Posten	IAS 29.9				
Angabe, dass Abschlusszahlen auf Grund von Kaufkraftänderungen indexiert wurden	IAS 29.39a				
Angabe, ob der Abschluss auf historischen AHK oder auf Wiederbeschaffungskosten basiert	IAS 29.39b				
Angabe von Art und Veränderung des verwendeten Kaufkraftindices	IAS 29.39c				
6. Bilanzierungs- und Bewertungsmethoden					
6.1 Zweifel an der Unternehmensfortführung		265			
Angabe von Zweifeln und Begründung, wenn die Fortführung des Unternehmen mindestens während der 12 Monate, die auf den Bilanzstichtag folgen, nicht gewährleistet ist (sofern nicht im Lagebericht enthalten)	IAS 1.25, IAS 1.26				
Angabe der Tatsache und Begründung, dass bei der Bilanzierung und Bewertung nicht von der Unternehmensfortführung ausgegangen wird (sofern nicht im Lagebericht enthalten)	IAS 1.25, IAS 1.26				
6.2 Wesentliche Ermessensentscheidungen des Managements bzgl. der Anwendung von Bilanzierungs- und Bewertungsmethoden	IAS 1.122	4531 ff.			
Hinweis: Diese Angabe erfolgt zwingend bei der Erläuterung der Bilanzierungs- und Bewertungsmethoden (ggf. pro Bilanzposten lt. nachf. 6.4)	IAS 1.122				

Bereich	Vorschrift	Rz.	Ja	Nein	Entfällt
6.3 Angabe der wichtigsten zukunftsbezogenen Annahmen sowie wesentliche Quellen von Schätzungsunsicherheiten	IAS 1.125– IAS 1.133	4534 ff.			
Hinweis: Diese Angabe erfolgt entweder bei der Erläuterung der Bilanzierungs- und Bewertungsmethoden oder bei den einzelnen Bilanzposten (Ziff. 7)					
6.4 Angabe der angewandten wesentlichen Bilanzierungs- und Bewertungsmethoden inklusive Wahlrechtsausübung und Nennung von Bewertungsgrundlagen	IAS 1.114b, IAS 1.117b, IAS 1.119	4530 ff.			
6.4.1 Grundsätze der Realisierung von Umsatzerlösen und sonstigen Erträgen		610 ff.			
Umsatzrealisierung bei Warenverkäufen	IAS 18.35a				
Grundsätze der Ertragsrealisierung bei Dienstleistungsaufträgen	IAS 18.35a				
6.4.2 Grundsätze der Ertragsrealisierung bei langfristiger Auftragsfertigung		1750			
Methoden zur Ermittlung der Auftragserlöse	IAS 11.39b				
Methoden zur Ermittlung des Fertigstellungsgrads laufender Projekte	IAS 11.39c				
6.4.3 Zuwendungen der öffentlichen Hand		1290			
Erläuterung der Bilanzierungsprinzipien inkl. Darstellungsprinzipien	IAS 20.39a				
6.4.4 Immaterielle Vermögenswerte		1090 ff.			
Bewertung zu fortgeführten AHK oder Anwendung der Neubewertungsmethode	IAS 1.117				
Bestimmung der Anschaffungs- und Herstellungskosten	IAS 1.117, IAS 38.24				
Einbeziehung von Fremdkapitalzinsen in die AHK	IAS 1.117				
Für jede Gruppe – getrennt für selbst geschaffene und sonstige immaterielle Vermögenswerte: – Nutzungsdauern – Insbesondere: Angabe und Begründung, wenn von einer unbestimmten Nutzungsdauer ausgegangen wird – Abschreibungsmethode	 IAS 38.118a IAS 38.118a, IAS 38.122a IAS 38.118b				
Grundsätze der Abgrenzung und Bilanzierung von Forschungs- und Entwicklungskosten	IAS 1.117, IAS 38.54 ff.	1030 ff.			
Einzelheiten der Fair value-Ermittlung bei Anwendung der Neubewertungsmethode – Zeitpunkt der Neubewertungen – Methoden und Parameter der Zeitwertschätzung	 IAS 38.124ai IAS 38.124c	470 ff.			
Erläuterung der Bilanzierungsprinzipien zu mineralischen Ressourcen	IFRS 6.24a	1004			
6.4.5 Sachanlagen		1210 ff.			
Bewertung zu fortgeführten AHK oder Anwendung der Neubewertungsmethode	IAS 1.117				

H. Anhang-Checkliste

Bereich	Vorschrift	Rz.	Ja	Nein	Entfällt
Bestimmung der Anschaffungs- und Herstellungskosten	IAS 16.73a				
Einbeziehung von Fremdkapitalzinsen in die AHK	IAS 1.117				
Je Gruppe von Sachanlagen (ähnlicher Art und Verwendung): – Abschreibungsmethoden – Nutzungsdauern oder Abschreibungssätze	IAS 16.73 IAS 16.73b IAS 16.73c				
Einzelheiten der Fair value-Ermittlung bei Anwendung der Neubewertungsmethode – Zeitpunkt der Neubewertungen – Angabe der Hinzuziehung eines unabhängigen Gutachters – Methoden und Parameter der Zeitwertschätzung – Verwendung von Markt- und Transaktionspreisen bzw. anderer Bewertungsmethoden	 IAS 16.77a IAS 16.77b IAS 16.77c IAS 16.77d	1180 ff.			
6.4.6 Anlageimmobilien		1471 ff.			
Bewertung zu fortgeführten AHK oder zu Zeitwerten	IAS 40.75a				
Bei Bewertung zu fortgeführten AHK: – Abschreibungsmethoden – Nutzungsdauern oder Abschreibungssätze	 IAS 40.79a IAS 40.79b				
Ob Anlageimmobilien, die im Wege eines Operating-Lease geleast wurden, auf Grund des Wahlrechts des IAS 40.6 in der Bilanz des Leasingnehmers als Vermögenswert angesetzt und dort zum Fair value bewertet werden	IAS 40.75b	1327, 1414 ff.			
Erörterung von Abgrenzungsschwierigkeiten zu selbst genutzten Immobilien	IAS 40.75c	1410 ff.			
Einzelheiten der Fair value-Ermittlung: – Methoden und Parameter der Zeitwertschätzung – Verwendung von Markt- und Transaktionspreisen bzw. anderer Bewertungsmethoden – Angabe der Hinzuziehung eines unabhängigen Gutachters mit einschlägigen Erfahrungen (ggf. explizite Fehlanzeige)	 IAS 40.75d IAS 40.75d IAS 40.74e				
6.4.7 Leasing	IAS 1.117	1300 ff.			
6.4.8 Wertminderungen nach IAS 36		1500 ff.			
Hinweis: Einzelangaben bei festgestellter Wertminderung sind demgegenüber in Ziff. 7.9 enthalten					
Abgrenzung von cash generating units (CGU) und Goodwillzuordnung					
Grundsätze der Abgrenzung von CGU	IAS 1.117, IAS 36.66 ff.	1518 ff.			
Grundsätze der Zuordnung von Goodwill oder immateriellen Vermögenswerten mit unbestimmter Nutzungsdauer	IAS 1.108, IAS 36.80 ff.	1530 ff.			
Eine Beschreibung der CGU, inklusive etwaiger Änderungen in der Zusammenfassung der Vermögenswerte	IAS 1.117, IAS 36.130di	1530			
Bei am Stichtag nicht abgeschlossener Zuordnung des Goodwill zu einer CGU (IAS 36.84): Angabe des noch nicht zugeordneten Betrags inkl. Begründung	IAS 36.133	1534			

Bereich	Vorschrift	Rz.	Ja	Nein	Ent-fällt
Angaben zu CGU mit zugeordnetem wesentlichem Goodwill oder immateriellen Vermögenswerten mit unbestimmter Nutzungsdauer					
Grundlage der Bestimmung des erzielbaren Werts der CGU oder Gruppen von CGU (Nutzungswert oder beizulegender Zeitwert abzüglich Veräußerungskosten)	IAS 36.134c				
Sofern der erzielbare Betrag auf dem Nutzungswert basiert		1557			
Wesentliche Prämissen bei der Ableitung der Cashflow-Prognosen	IAS 36.134di				
Angabe, ob die Planung auf Erfahrungen aus der Vergangenheit oder auf externen Daten beruht; Begründung für eventuelle Abweichungen von Erfahrungswerten und externen Daten	IAS 36.134dii				
Länge des Detailplanungszeitraums; Ggf. Begründung, warum der Detailplanungszeitraum den Zeitraum von 5 Jahren überschreitet	IAS 36.134diii				
Wachstumsrate, die der Fortschreibung der Planung nach dem Detailplanungszeitraum zugrunde liegt, sowie eine Begründung, falls die Wachstumsrate über dem langfristigen Durchschnitt für die Produkte, Branche oder dem Land liegt, in dem die CGU tätig ist	IAS 36.134div				
Diskontierungsfaktor	IAS 36.134dv	1562 ff.			
Sofern der erzielbare Betrag auf dem beizulegenden Zeitwert abzüglich Veräußerungskosten basiert		1555			
Angabe der Wertermittlungsmethode	IAS 36.134e				
Falls der Wert nicht anhand eines beobachtbaren Marktpreises abgeleitet wurde:					
– Angabe wesentlicher Bewertungsprämissen	IAS 36.134ei				
– Angabe, ob die Planung auf Erfahrungen aus der Vergangenheit oder externen Daten beruht und Begründung für eventuelle Abweichungen von Erfahrungswerten und externen Daten	IAS 36.134eii				
Falls der beizulegende Zeitwert abzgl. Veräußerungskosten auf Barwertberechnungen (DCF) beruht:					
– Planungszeitraum	IAS 36.134eiii				
– Wachstumsrate nach Ende des Detailplanungszeitraums	IAS 36.134eiv				
– Diskontierungszinssatz	IAS 36.134ev				
Wird ein Wertminderungstest unter den Voraussetzungen des IAS 36.24 bzw. IAS 36.99 in späteren Perioden verwendet, beziehen sich die Angaben gemäß IAS 36.134 auf diesen verwendeten Wertminderungstest	IAS 36.136				
6.4.9 Vorräte		1652			
Bewertungsmethoden, insbesondere Bestimmung von Anschaffungs- und Herstellungskosten und erzielbare Beträge	IAS 2.36a				

Bereich	Vorschrift	Rz.	Ja	Nein	Ent-fällt
6.4.10 Finanzinstrumente		1970			
Bilanzierungs- und Bewertungsprinzipien	IFRS 7.21	1971 f.			
Insb. Kriterien für die Einordnung von Finanzinstrumenten zu Bewertungskategorien, z.B. „at fair value through profit and loss", Anwendung der Fair value-Option, available-for-sale					
Angabe des Zugangszeitpunktes	IFRS 7.B5c				
Ableitung von beizulegenden Zeitwerten					
Ob die beizulegenden Zeitwerte für finanzielle Vermögenswerte und finanzielle Verbindlichkeiten aus einem aktiven Markt abgeleitet oder mittels Bewertungsmethode geschätzt wurden	IFRS 7.27b	1976 ff., 470 ff.			
Methoden und Bewertungsparameter zur Bestimmung des beizulegenden Zeitwerts für die Bewertungskategorien des IAS 39 von finanziellen Vermögenswerten und Verbindlichkeiten, z.B. verwendete Zinssätze, erwartete Kreditausfälle etc.	IFRS 7.27a	1976 f.			
Ob Bewertungsmethoden auf Annahmen beruhen, die nicht durch aktuell beobachtbare Markttransaktionen desselben Instruments und nicht auf verfügbaren Marktdaten basieren.	IFRS 7.27c	1976 f.			
Falls die Verwendung einer anderen möglichen Annahme zu einer wesentlichen Änderung des beizulegenden Zeitwerts geführt hätte, ist diese Tatsache und die Auswirkungen der Verwendung dieser alternativen Annahmen anzugeben (die Wesentlichkeit ist anhand der Bilanzsumme, des Ergebnisses oder bei erfolgsneutraler Bilanzierung anhand des Eigenkapitals zu würdigen).	IFRS 7.27c				
Im Falle von IFRS 7.27c ist der GuV-Effekt aus den mittels einer Bewertungsmethode geschätzten beizulegenden Zeitwerts anzugeben	IFRS 7.27d				
Angaben bei unterlassener Bilanzierung von beizulegenden Zeitwerten					
Hinweis: Angaben zum beizulegenden Zeitwert sind nicht erforderlich:					
Wenn der Buchwert näherungsweise dem beizulegenden Zeitwert entspricht, z.B. bei kurzfristigen Forderungen aus Lieferungen und Leistungen sowie Verbindlichkeiten. In diesem Fall ist auf die Übereinstimmung hinzuweisen	IFRS 7.29a				
Bei Eigenkapitalinstrumenten ohne aktive Märkte (z.B. GmbH-Anteile), deren beizulegender Zeitwert nicht zuverlässig bestimmt werden kann	IFRS 7.29b	1866			
Bei einem Vertrag, der eine ermessenabhängige Überschussbeteiligung enthält (z.B. bei Versicherungsverträgen nach IFRS 4), wenn ihr beizulegender Zeitwert nicht zuverlässig bestimmt werden kann	IFRS 7.29c				
In den Fällen des IFRS 7.29a, b sind folgende Angaben zu machen:		1977			
Die Tatsache, dass der beizulegende Zeitwert nicht zuverlässig bestimmt werden kann samt Begründung	IFRS 7.30a, b				

H. Anhang-Checkliste

Bereich	Vorschrift	Rz.	Ja	Nein	Entfällt
Beschreibung der Finanzinstrumente sowie des Buchwerts	IFRS 7.30b				
Angaben über einen ggf. bestehenden Markt	IFRS 7.30c				
Angaben über eine evtl. Veräußerungsabsicht in Bezug auf diese Finanzinstrumente	IFRS 7.30d				
Wenn diese Finanzinstrumente ausgebucht worden sind, Angabe des Buchwerts bei Ausbuchung und des erfassten Gewinns oder Verlusts	IFRS 7.30e				
6.4.11 Leistungen an Arbeitnehmer					
Hinweis: betrifft insb. Pensionsrückstellungen					
Anwendung Anwartschaftsbarwertverfahren	IAS 1.117, IAS 19.64 ff.	2420 ff.			
Methode der Behandlung versicherungsmathematischer Gewinne und Verluste (z.B. Korridor oder erfolgsneutrale Verrechnung)	IAS 19.120Aa	2435			
6.4.12 Sonstige Rückstellungen	IAS 1.117	2390			
6.4.13 Latente Steuern	IAS 1.117	2690			
7. Einzelangaben zur Bilanz	IAS 1.114c				
7.1 Immaterielle Vermögenswerte (ohne Goodwill)		1090 ff.			
7.1.1 Anlagenspiegel	IAS 38.118c, e				
Über unser Beispiel in Rz. 1090 ff. hinaus können ggf. folgende Komponenten zu berücksichtigen sein: – Immaterielle Vermögenswerte von Veräußerungseinheiten i.S.v. IFRS 5 – Neubewertungen – Wertminderungen und Wertaufholungen nach IAS 36	IAS 38.118eii IAS 38.118eiii IAS 38.118eiv, IAS 38.118ev				
7.1.2 Allgemeine Angaben					
GuV-Posten, in dem/denen die Abschreibungen enthalten sind (sofern nicht aus GuV ersichtlich)	IAS 38.118d				
Bei immateriellen Vermögenswerten mit unbegrenzter Nutzungsdauer – Angabe der Buchwerte – Aufgliederung nach CGU (s. Ziff. 6.4.8)	IAS 38.122a IAS 36.134b				
Im Geschäftsjahr aktivierte Fremdkapitalkosten inkl. Zinssatz	IAS 23.26a, b	1144 f.			
Beschreibung wesentlicher einzelner Vermögenswerte inkl. – Buchwert – Verbleibende Abschreibungsdauer	IAS 38.122b				
Bei Erwerb mit Zuwendung der öffentlichen Hand und Zugangsbewertung zum beizulegenden Zeitwert: – Angabe des beizulegender Zeitwerts im Zugangszeitpunkt – Buchwert – Methode der Folgebewertung (fortgeführte AHK oder Neubewertungsmethode)	IAS 38.122ci IAS 38.122cii IAS 38.122ciii	1052			

Bereich	Vorschrift	Rz.	Ja	Nein	Ent-fällt
Sonstige Bilanzierung von Zuwendungen der öffentlichen Hand (s. Ziff. 7.7)	IAS 20.39b, c	1290			
Bei Einschränkung der Eigentumsrechte – Art der Beschränkung inkl. betroffener Buchwerte – Buchwerte der Vermögenswerte, die als Sicherheiten für Verbindlichkeiten gestellt wurden	IAS 38.122d				
Periodenaufwand für Forschung und Entwicklung	IAS 38.126				
7.1.3 Angaben zu Wertminderungen (s. i.E. Ziff. 7.9)	IAS 38.120				
7.1.4 Bei Anwendung der Neubewertungsmethode	IAS 38.124				
Für jede Gruppe: – Buchwerte neubewerteter Vermögenswerte – Fiktiver Buchwert bei Anschaffungskostenmethode	IAS 38.124aii IAS 38.124aiii				
Entwicklung der Neubewertungsrücklage (soweit nicht aus Eigenkapitalspiegel ersichtlich) inklusive Angabe möglicher Ausschüttungsbeschränkungen	IAS 38.124b				
7.1.5 Freiwillige Angaben	IAS 38.128				
Beschreibung der Vermögenswerte, die vollständig abgeschrieben und noch im Gebrauch des Unternehmens sind	IAS 38.128a				
Kurze Beschreibung von Ressourcen, die wegen Nichterfüllung der Aktivierungskriterien nicht als immaterielle Vermögenswerte angesetzt wurden	IAS 38.128b				
7.2 Mineralische Ressourcen		1004			
Hinweis: soweit nicht in Bilanz separat ausgewiesen					
Aufgliederung von Vermögenswerten und Verbindlichkeiten im Zusammenhang mit mineralischen Ressourcen	IFRS 6.24b				
Beachtung der Anhangvorschriften des IAS 16 (Ziff. 7.5) und IAS 38 (Ziff. 7.1)	IFRS 6.25				
7.3 Öffentliche Konzessionen (Dienstleistungslizenzen)		1709			
Hinweis: Betrifft z.B. Konzessionen zum Betrieb von Autobahnen, Versorgungseinrichtungen u.Ä.	SIC-29.1				
Angaben bei Lizenzgeber und -nehmer für jede einzelne Vereinbarung oder für Gruppen von Vereinbarungen: – Beschreibung der Vereinbarung – Wesentliche Vertragskonditionen (Dauer, Preisanpassungen u.Ä.)	SIC-29.6a SIC-29.6b				
Art und Umfang von: – Rechten, bestimmte Vermögenswerte zu nutzen – Zu erfüllenden Verpflichtungen oder Rechten auf das Einbringen von Dienstleistungen – Verpflichtungen, Sachanlagen zu erwerben oder zu errichten – Verpflichtungen, bestimmte Vermögenswerte am Ende der Laufzeit der Lizenz zu übergeben oder Ansprüche, solche zu diesem Zeitpunkt zu erhalten – Verlängerungs- und Kündigungsoptionen	SIC-29.6c				

Bereich	Vorschrift	Rz.	Ja	Nein	Ent-fällt
– Anderen Rechten und Verpflichtungen (z.B. Großreparaturen) Veränderung der Vereinbarung in der Berichtsperiode	SIC-29.6d				
7.4 Goodwill (Geschäfts- oder Firmenwert)					
s. Ziff. 3.4 zu Unternehmenserwerben					
s. Ziff. 6.4.8 zur Goodwillzuordnung und Grundlagen des Wertminderungstests					
7.4.1 Anlagenspiegel		1090 ff.			
Über unser Beispiel in Rz. 1090 ff. hinaus sind ggf. folgende Komponenten zu berücksichtigen:	IFRS 3.75				
– Anpassungen des Goodwill durch die nachträgliche Erfassung eines latenten steuerlichen Vermögenswerts i.S.v. IFRS 3.65	IFRS 3.75c				
– Goodwill von aufgegebenen Geschäftsbereichen i.S.v. IFRS 5	IFRS 3.75d				
– Goodwill, der in der Berichtsperiode als Abgang behandelt wurde, ohne zuvor einem solchen aufgegebenen Geschäftsbereich zugeordnet gewesen zu sein	IFRS 3.75d				
– Wertminderungsaufwand nach IAS 36 (kumuliert und in Periode)	IFRS 3.75e, h				
7.4.2 Aufgliederung der Buchwerte nach CGU (s. Ziff. 6.4.8)	IAS 36.134a				
7.4.3 Erläuterungen zu Wertminderungen gemäß IAS 36 (s. Ziff. 7.9).	IFRS 3.76	1500			
7.5 Sachanlagen		1210 ff.			
7.5.1 Anlagenspiegel	IAS 16.73d, e, IAS 16.75				
Über unser Beispiel in Rz. 1210 hinaus sind ggf. zusätzlich zu berücksichtigen:					
– Sachanlagen von Veräußerungseinheiten i.S.v. IFRS 5	IAS 16.73eii				
– Neubewertungen	IAS 16.73eiv				
– Wertminderungen und Wertaufholungen nach IAS 36	IAS 16.73ev, IAS 16.73evi				
7.5.2 Allgemeine Erläuterungen					
Aufgliederung in Grundstücke, Maschinen, Betriebsausstattung etc. (sofern nicht in der Bilanz vorgenommen)	IAS 1.78a				
Bei Einschränkung der Eigentumsrechte: – Art der Beschränkung inkl. betroffener Buchwerte – Buchwerte der Vermögenswerte, die als Sicherheiten für Verbindlichkeiten gestellt wurden	IAS 16.74a				
Aktivierung von Fremdkapitalkosten inkl. Zinssatz	IAS 23.26a, b	1144 ff.			
Zuwendungen der öffentlichen Hand in der Berichtsperiode (s. auch Ziff. 7.7)	IAS 20.36, 20.39b, c				
7.5.3 Angaben zu Wertminderungen					
Erläuterungen zu Wertminderungen nach IAS 36 (s. i.E. Ziff. 7.9)	IAS 16.78	1500			
Erhaltene Entschädigungen für Wertminderungen	IAS 16.74d				

Bereich	Vorschrift	Rz.	Ja	Nein	Entfällt
7.5.4 Bei Anwendung der Neuwertungsmethode					
Fiktiver Buchwert bei Anschaffungskostenmethode	IAS 16.77e				
Entwicklung der Neubewertungsrücklage (soweit nicht aus Eigenkapitalspiegel ersichtlich) sowie Angabe evtl. Ausschüttungsbeschränkungen	IAS 16.77f				
7.5.5 Freiwillige Angaben					
Buchwert zeitweilig nicht genutzter Sachanlagen	IAS 16.79a				
Historische AHK vollständig abgeschriebener, aber noch genutzter Sachanlagen	IAS 16.79b				
Buchwert nicht genutzter und nicht als zum Verkauf nach IFRS 5 bestimmter Sachanlagen	IAS 16.79c				
Bei Anschaffungskostenbilanzierung: Angabe des beizulegenden Zeitwerts bei wesentlichen Abweichungen vom Buchwert	IAS 16.79d				
7.6 Anlageimmobilien		1471 ff.			
7.6.1 Angaben unabhängig von Bewertungsmethode					
Mieterträge	IAS 40.75fi	4225			
Direkt zurechenbare betriebliche Aufwendungen (inkl. Reparaturen) für vermietete Objekte	IAS 40.75fii	4225			
Direkt zurechenbare betriebliche Aufwendungen (inkl. Reparaturen) für nicht vermietete Objekte	IAS 40.75fiii	4225			
Kumulierte Änderung des ergebniswirksam erfassten beizulegenden Zeitwerts bei Verkauf von Anlageimmobilien aus einem Bestand, in dem das Anschaffungskostenmodell angewendet wird, in einen Bestand mit Anwendung beizulegender Zeitwerte	IAS 40.75fiv	1462 ff.			
Beschränkungen der Veräußerbarkeit und des Zuflusses von Erträgen und Veräußerungserlösen	IAS 40.75g				
Vertragliche Verpflichtungen zum Erwerb, zur Herstellung, Entwicklung, Reparatur, Instandhaltung oder Verbesserung	IAS 40.75h				
7.6.2 Angaben bei Anschaffungskostenbilanzierung					
Anlagenspiegel. Über unser Beispiel in Rz. 1210 hinaus sind ggf. zusätzlich zu berücksichtigen:	IAS 40.79c, d				
– Nachträgliche AHK sind separat von anderen Zugängen auszuweisen (auch bei Unternehmenszusammenschlüssen)	IAS 40.79di, IAS 40.79dii				
– Anlageimmobilien von Veräußerungseinheiten i.S.v. IFRS 5	IAS 40.79diii				
– Wertminderungen und Wertaufholungen nach IAS 36	IAS 40.79dv				
– Umgliederungen aus bzw. zu selbstgenutzten Immobilien oder Vorräten	IAS 40.79dvii				
Beizulegender Zeitwert; wenn nicht bestimmbar, Beschreibung der Immobilien, Erklärung, warum der beizulegende Zeitwert nicht verlässlich bestimmt werden kann und Schätzungsbreite für Zeitwert	IAS 40.79e				

Bereich	Vorschrift	Rz.	Ja	Nein	Entfällt
7.6.3 Angaben bei Bilanzierung zum beizulegenden Zeitwert					
Anlagenspiegel. Über unser Beispiel in Rz. 1210 hinaus sind ggf. zusätzlich zu berücksichtigen: – Nachträgliche AHK sind separat von anderen Zugängen auszuweisen – Anlageimmobilien von Veräußerungseinheiten i.S.v. IFRS 5 – Nettogewinne oder -verluste aus der Anpassung des beizulegenden Zeitwerts – Umgliederungen aus bzw. zu selbstgenutzten Immobilien oder Vorräten	IAS 40.76 IAS 40.76a IAS 40.76c IAS 40.76d IAS 40.76f				
Bei wesentlichen Wertanpassungen zur Stornierung von Doppelzählungen i.S.v. IAS 40.50 (z.B. in einem Gutachtenwert berücksichtigte Betriebsvorrichtungen): Überleitungsrechnung auf den neuen Buchwert	IAS 40.77				
Bei ausnahmsweiser Anschaffungskostenmethode wegen nicht bestimmbarem Zeitwert: – Gesonderter Anlagenspiegel gemäß IAS 40.76 für die entsprechenden Immobilien – Beschreibung der Immobilien – Begründung, warum der beizulegende Zeitwert nicht verlässlich bestimmt werden kann – Schätzungsbreite für Zeitwert – bei Abgang: Angabe, dass der Verkauf einer ausnahmsweise zu fortgeführten AHK bilanzierten Anlagenimmobilie erfolgte, Buchwert bei Abgang sowie Veräußerungsergebnis	IAS 40.78 IAS 40.78a IAS 40.78b IAS 40.78c IAS 40.78d				
7.7 Zuwendungen der öffentlichen Hand		1290			
Soweit nicht bei anderen Bilanzposten (insb. Sachanlagen, Ziff. 7.5) genannt: – Art und Umfang der Zuwendungen – Angabe von Risiken aus unerfüllten Zuwendungsbedingungen bei erhaltenen Zuwendungen	IAS 20.39b IAS 20.39c				
7.8 Leasing		1390 ff.			
Hinweis: Diese Angaben finden sich entweder bei den betreffenden Bilanzposten (insbesondere Sachanlagen, Ziff. 7.5), z.T. (Leasingobligo) auch bei den sonstigen finanziellen Verpflichtungen (Ziff. 14.2)					
7.8.1 Anhangangaben des Leasingnehmers beim Operating Lease		1390			
Summe der künftigen Mindestleasingzahlungen der unkündbaren Operating-Leasingverhältnisse, gegliedert nach Fälligkeit: – bis 1 Jahr – über 1 bis 5 Jahre – über 5 Jahre	IAS 17.35a				
Ist in Fällen verdeckter Leasingverhältnisse i.S.v. IFRIC 4 eine Separierung von Zahlungen in Nutzungsentgelte und Vergütung von Output nicht zuverlässig möglich, ist diese Tatsache anzugeben und die Gesamtzahlungen als Min-	IFRIC 4.15b	1365 ff.			

Bereich	Vorschrift	Rz.	Ja	Nein	Entfällt
destleasingzahlungen zu nennen (aber getrennt von anderen Leasingzahlungen, die keine leasingfremden Elemente enthalten)					
Summe der künftig erwarteten Mindestleasingzahlungen auf Grund unkündbarer Untermietverhältnisse	IAS 17.35b				
Aufwendungen aus Leasingverhältnissen und Untermietverhältnissen, die erfolgswirksam in der GuV erfasst sind, getrennt nach Mindestleasingzahlungen, bedingten Mietzahlungen und Zahlungen aus Untermietverhältnissen	IAS 17.35c				
Allgemeine Beschreibung der wesentlichen Leasingvereinbarungen insb.: – Konditionen bedingter Mietzahlungen, – das Bestehen und die Konditionen von Verlängerungs- oder Kaufpreisoptionen sowie Preisanpassungsklauseln und – durch Leasingvereinbarungen auferlegte Beschränkungen (z.B. Dividendenbeschränkungen, weitere Verschuldung und zusätzliches Leasing)	IAS 17.35d				
7.8.2 Anhangangaben des Leasingnehmers beim Finance Lease		1391			
Buchwert für jede Gruppe von Vermögenswerten	IAS 17.31a				
Überleitung von der Summe der künftigen Mindestleasingzahlungen zu deren Barwerten am Stichtag, untergliedert nach folgenden Fälligkeiten: – bis 1 Jahr – über 1 bis 5 Jahre – über 5 Jahre	IAS 17.31b				
Erfolgswirksam erfasste, bedingte Leasingzahlungen	IAS 17.31c				
Summe der künftig erwarteten Mindestleasingzahlungen auf Grund unkündbarer Untermietverhältnissen	IAS 17.31d				
Allgemeine Beschreibung der wesentlichen Leasingvereinbarungen, insb.: – Konditionen bedingter Mietzahlungen, – das Bestehen und die Konditionen von Verlängerungs- oder Kaufoptionen sowie Preisanpassungsklauseln und – durch Leasingvereinbarungen auferlegte Beschränkungen (z.B. Dividendenbeschränkungen, weitere Verschuldung und zusätzliches Leasing)	IAS 17.31e				
Beachtung der Angabepflichten gem. IAS 16, 36, 38, 40, 41	IAS 17.32	1391			
7.8.3 Anhangangaben des Leasinggebers beim Operating Lease		1392			
Summe der künftigen Mindestleasingzahlungen der unkündbaren Operating-Leasingverhältnisse, gegliedert nach folgenden Fälligkeiten: – bis 1 Jahr – über 1 bis 5 Jahre – über 5 Jahre	IAS 17.56a				

Bereich	Vorschrift	Rz.	Ja	Nein	Entfällt
Summe der erfolgswirksam erfassten bedingten Mietzahlungen	IAS 17.56b				
Allgemeine Beschreibung der Leasingvereinbarungen	IAS 17.56c				
Beachtung der Angabepflichten der IAS 16, 36, 38, 40, 41	IAS 17.57	1391			
7.8.4 Anhangangaben des Leasinggebers bei Finanzierungsleasing		1392			
Überleitung der Bruttoinvestitionen in das Leasingobjekt am Stichtag – zum Barwert der Mindestleasingzahlungen, – zum unrealisierten Finanzertrag sowie – zu den vom Leasinggeber erwarteten nicht garantierten Restwerten	IAS 17.47a IAS 17.47b IAS 17.47c				
Dabei sind die Bruttoinvestitionen sowie der Barwert der ausstehenden Mindestleasingzahlungen nach folgenden Fälligkeiten zu gliedern: – bis 1 Jahr – über 1 bis 5 Jahre – über 5 Jahre	IAS 17.47a				
Kumulierte Wertberichtigungen auf uneinbringliche Mindestleasingzahlungen	IAS 17.47d				
Erfolgswirksam erfasste bedingte Mietzahlungen	IAS 17.47e				
Allgemeine Beschreibung der wesentlichen Leasingvereinbarungen des Leasinggebers	IAS 17.47f				
Freiwillig: Angabe eines Wachstumsindikators, ermittelt als: Bruttoinvestition abzgl. nicht realisierter Erträge aus neuen Leasingobjekten abzgl. der entsprechenden Beträge gekündigter Leasingverhältnisse	IAS 17.48				
7.8.5 Sale-and-lease-back-Transaktionen		1370 ff.			
Bei Sale-and-lease-back-Transaktionen sind die Angabepflichten für Leasingnehmer und -geber entsprechend anzuwenden, insb. sind die wesentlichen Leasingvereinbarungen anzugeben	IAS 17.65				
7.8.6 Angaben bei Transaktionen ohne wirtschaftliche Substanz		1340			
Beschreibung der Vereinbarung mit folgenden Angaben: – Angabe des betreffenden Vermögenswerts und etwaiger Nutzungsbeschränkung – Laufzeit und andere wichtige Bedingungen der Vereinbarung – miteinander verbundene Transaktionen einschließlich aller Optionen	SIC-27.10ai SIC-27.10aii SIC-27.10aiii				
Bilanzierungsmethode für die erhaltenen Entgelte	SIC-27.10b				
Betrag, der in der Berichtsperiode als Ertrag erfasst wurde	SIC-27.10b				
Posten in der GuV, in dem der Ertrag erfasst wurde	SIC-27.10b				

H. Anhang-Checkliste

Bereich	Vorschrift	Rz.	Ja	Nein	Entfällt
7.9 Wertminderungen und Wertaufholungen		1500 ff.			
Hinweis: s. Ziff. 6.4.8 zur Definition von cash generating units (CGU) sowie zu den Bewertungsmethoden und Berechnungsgrundlagen des Wertminderungstests. Die nachfolgenden Einzelangaben sind zusätzlich bei einer festgestellten Wertminderung zu machen und finden sich zumeist bei den betreffenden Bilanzposten, insb. Goodwill (Ziff. 7.4) und (sonstige) immaterielle Vermögenswerte (Ziff. 7.1)					
7.9.1 Wertminderungsaufwand/-ertrag					
Angabe der Wertminderungsaufwendungen sowie des GuV-Postens, in dem diese enthalten sind	IAS 36.126a				
Wertaufholungen sowie GuV-Posten, in dem diese enthalten sind	IAS 36.126b				
Unmittelbar im Eigenkapital erfasste Wertminderungen der Berichtsperiode	IAS 36.126c				
Unmittelbar im Eigenkapital erfasste Wertaufholungen der Berichtsperiode	IAS 36.126d				
Hinweis: Die vorgenannten Angaben des IAS 36.126 sind für jede Gruppe von Vermögenswerten zu machen und können auch durch separaten Ausweis im Anlagenspiegel erfolgen.	IAS 36.127, IAS 36.128				
Bei wesentlichen Wertminderungen oder Wertaufholungen eines einzelnen Vermögenswertes, einer CGU oder einer CGU mit zugeordnetem Goodwill:	IAS 36.130				
– Angabe der auslösenden Ereignisse bzw. Umstände	IAS 36.130a				
– Betrag der Wertminderung/-aufholung	IAS 36.130b				
Bezieht sich die Wertminderung auf einen einzelnen Vermögenswert, sind anzugeben:					
– Art des Vermögenswerts und	IAS 36.130ci				
– Ggf. das betreffende Segment (primäres Berichtsformat)	IAS 36.130cii				
Bezieht sich die Wertminderung auf eine CGU, sind anzugeben:					
– Beschreibung der CGU	IAS 36.130di				
– Aufgliederung des Wertminderungsaufwands oder der Wertaufholung nach Gruppen von Vermögenswerten	IAS 36.130dii				
– Ggf. das betreffende Segment (primäres Berichtsformat)	IAS 36.130dii				
– Ggf. Änderungen in der Zuordnung der Vermögenswerte samt Begründung	IAS 36.130diii				
Angabe der Berechnungsgrundlage des erzielbaren Betrags (beizulegender Zeitwert abzüglich Veräußerungskosten oder Nutzungswert)	IAS 36.130e				
Bei Verwendung des beizulegenden Zeitwerts abzüglich Veräußerungskosten: Basis für die Ermittlung dieser Größe, insb., ob auf einen aktiven Markt abgestellt wurde	IAS 36.130f				
Bei Verwendung des Nutzungswerts: Abzinsungssatz der Berichts- und der Vorperiode	IAS 36.130g				

Bereich	Vorschrift	Rz.	Ja	Nein	Entfällt
Sind einzelne Wertminderungen oder Wertaufholungen unwesentlich, sind folgende Angaben zu machen:	IAS 36.131				
– Angabe der wichtigsten Gruppen von Vermögenswerten, die von Wertminderungen/-aufholungen betroffen sind	IAS 36.131a				
– Die wichtigsten Ereignisse und Umstände, die zu den Wertminderungen bzw. Wertaufholungen geführt haben	IAS 36.131b				

7.9.2 Sensitivitätsanalyse

Bereich	Vorschrift	Rz.	Ja	Nein	Entfällt
Wenn die mögliche Änderung eines wesentlichen Bewertungsparameters dazu führen würde, dass der erzielbare Betrag unter den Buchwert der CGU oder Gruppen von CGU sinkt, sind anzugeben:					
– der Betrag, um den der erzielbare Betrag den Buchwert übersteigt	IAS 36.134fi				
– der dieser wesentlichen Annahme zugewiesene Wert	IAS 36.134fii				
– der Wert, den der betreffende Parameter erreichen darf, damit der erzielbare Betrag dem Buchwert entspricht, so dass es zu keiner Wertminderung kommt.	IAS 36.134fiii				

7.9.3 Besondere Angaben bei Zuordnung von Goodwill oder Vermögenswerten mit unbestimmter Nutzungsdauer zu mehreren CGU

Bereich	Vorschrift	Rz.	Ja	Nein	Entfällt
Falls ein Teil oder der gesamte Buchwert eines Goodwill oder eines immateriellen Vermögenswerts mit unbestimmter Nutzungsdauer in nicht unbedeutendem Umfang verschiedenen CGU oder Gruppen von CGU zugeordnet wurde und der auf diese Weise zugeordnete Buchwert unbedeutend zum Gesamtbuchwert des Goodwill oder der immateriellen Vermögenswerte mit unbestimmter Nutzungsdauer ist:	IAS 36.135 S. 1				
– Angabe dieser Tatsache					
– Angabe der den CGU oder Gruppen von CGU zugeordneten Buchwerte des Goodwill und der immateriellen Vermögenswerte mit unbestimmter Nutzungsdauer					
Wenn darüber hinaus die erzielbaren Beträge irgendeiner dieser CGU (Gruppen von CGU) auf denselben wesentlichen Annahmen beruhen und die Summe der Buchwerte des Goodwill oder der immateriellen Vermögenswerte mit unbegrenzter Nutzungsdauer, die diesen Einheiten zugeordnet sind, signifikant ist im Vergleich zum Gesamtbuchwert des Goodwill oder der immateriellen Vermögenswerte mit unbestimmter Nutzungsdauer, sind anzugeben:	IAS 36.135 S. 2				
– Diese Tatsache	IAS 36.135 S. 2				
– Summe der Buchwerte des diesen CGU (Gruppe von CGU) zugeordneten Goodwill	IAS 36.135a				
– Summe der Buchwerte der diesen CGU (Gruppen von CGU) zugeordneten immateriellen Vermögenswerten mit unbestimmter Nutzungsdauer	IAS 36.135b				
– Beschreibung wesentlicher Annahmen	IAS 36.135c				
– Beschreibung des Managementansatzes zur Bestimmung der wesentlichen Annahmen (Erfahrungen, externe Datenquellen)	IAS 36.135d				

Bereich	Vorschrift	Rz.	Ja	Nein	Entfällt
Wenn in dem vorgenannten Fall des IAS 36.135 S. 2 eine für möglich gehaltene Änderung wesentlicher Annahmen dazu führen würde, dass die Summe der Buchwerte dieser CGU (Gruppen von CGU) die Summe der erzielbare Beträge übersteigen würde, sind anzugeben:	IAS 36.135e				
– Der Betrag, um den die Summe der erzielbaren Beträge die Summe der Buchwerte übersteigt	IAS 36.135ei				
– Der diesem wesentlichen Parameter zugewiesene Wert	IAS 36.135eii				
– Der Wert, den der betreffende Parameter erreichen darf, damit der erzielbare Betrag dem Buchwert entspricht, so dass es zu keiner Wertminderung kommt	IAS 36.135eiii				
Wird ein Wertminderungstest unter den Voraussetzungen des IAS 36.24 bzw. IAS 36.99 in späteren Perioden verwendet, beziehen sich die Angaben gemäß IAS 36.134 und IAS 36.135 auf diesen verwendeten Wertminderungstest	IAS 36.136				
7.10 Anteile an assoziierten Unternehmen		3650			
Ausweis der Buchwerte und Ergebnisanteile assoziierter Unternehmen (sofern nicht in Bilanz oder GuV separat ausgewiesen)	IAS 28.38				
Beizulegender Zeitwert der Anteile an assoziierten Unternehmen bei Börsennotierung	IAS 28.37a				
Angabe des Gesamtbetrags der Vermögenswerte, Schulden, Umsatzerlöse und Jahresergebnisse der assoziierten Unternehmen	IAS 28.37b				
Nicht erfasster Verlustanteil des Konzerns (Berichtsperiode und kumuliert)	IAS 28.37g				
Angabe des Gesamtbetrags der Vermögenswerte, Schulden, Umsatzerlöse und Jahresergebnisse der assoziierten Unternehmen, die nicht nach der Equity-Methode bilanziert werden	IAS 28.37i				
Gesonderte Angabe des Anteils an aufgegebenen Geschäftsbereichen der assoziierten Unternehmen	IAS 28.38				
Gesonderte Angabe erfolgsneutraler Eigenkapitalveränderungen der assoziierten Unternehmen (soweit nicht im Eigenkapitalspiegel genannt)	IAS 28.39				
Angabe der folgenden Eventualschulden:	IAS 28.40				
– Anteilig auf den Konzern entfallende Eventualschulden des assoziierten Unternehmens, für die dieser zusammen mit anderen Anteilseigner haftet	IAS 28.40a				
– Angabe der Eventualschulden, die aus einer Haftung des Konzerns für einzelne Schulden des assoziierten Unternehmens entstehen	IAS 28.40b				
7.11 Gemeinschaftsunternehmen (Joint Ventures)		3430			
Separate Angabe folgender Eventualverbindlichkeiten:					
– Eventualschulden eines Partnerunternehmens auf Grund von gemeinschaftlich eingegangenen Verpflichtungen aller Partnerunternehmen zu Gunsten des Joint Ventures und seinen Anteil an gemeinschaftlich mit anderen Partnerunternehmen eingegangenen Eventualschulden	IAS 31.54a				

H. Anhang-Checkliste

Bereich	Vorschrift	Rz.	Ja	Nein	Entfällt
– Anteil an den Eventualschulden des Gemeinschaftsunternehmens, für das das berichtende Unternehmen ggf. haftet	IAS 31.54b				
– Eventualschulden, die aus der Haftung des Partnerunternehmens für die Schulden der anderen Partnerunternehmen des Joint Ventures entstehen	IAS 31.54c				
Verpflichtungen in Bezug auf den Anteil am Gemeinschaftsunternehmen *Hinweis: Die Angaben nach IAS 31.55-56 sind auch von Beteiligungsgesellschaften u.Ä. zu machen, die Gemeinschaftsunternehmen wahlweise nach IAS 39 zum Fair value bewerten*	IAS 31.1a.E.	3600			
– Alle Kapitalverpflichtungen des Partnerunternehmens in Bezug auf seine Anteile an Joint Ventures sowie den eigenen Anteil an allen gemeinschaftlich eingegangenen Kapitalverpflichtungen	IAS 31.55a				
– Seinen Anteil an den Kapitalverpflichtungen des Joint Ventures selbst	IAS 31.55b				
Angabe des Gesamtbetrags der kurz- und langfristigen Vermögenswerte sowie Schulden, Erträge und Aufwendungen der Gemeinschaftsunternehmen	IAS 31.56				
7.12 Vorräte		1652 ff.			
Aufgliederung des Gesamtbuchwerts der Vorräte nach einer unternehmensspezifischen Untergliederung, z.B.: – Roh- und Betriebsstoffe – Handelswaren – Unfertige Erzeugnisse – Fertige Erzeugnisse	IAS 1.78c, IAS 2.36b, IAS 2.37				
Buchwert der zum beizulegenden Zeitwert abzüglich Vertriebsaufwendungen angesetzten Vorräte	IAS 2.36c				
Wertminderungsaufwand der Periode gemäß IAS 2.34	IAS 2.36e				
Erträge aus Wertaufholungen der Periode gemäß IAS 2.34	IAS 2.36f				
Umstände oder Ereignisse für Wertaufholungen	IAS 2.36g				
Buchwert der als Sicherheit verpfändeten Vorräte	IAS 2.36h				
Angabe der ggf. aktivierten Fremdkapitalkosten unter Angabe des angewendeten Fremdkapitalzinssatzes	IAS 23.29				
7.13 Langfristige Fertigungsaufträge		1750			
Auftragserlöse der Berichtsperiode	IAS 11.39a				
Zu laufenden Projekten: – Summe der angefallenen Kosten und ausgewiesenen Gewinne (abzüglich etwaiger ausgewiesener Verluste) – Betrag erhaltener Anzahlungen – Betrag von Einbehalten	IAS 11.40a IAS 11.40b IAS 11.40c				
Angabe der aktivierten Fremdkapitalkosten unter Angabe des Zinssatzes	IAS 23.29	1144 ff.			
Angabe (sofern nicht in Bilanz separat ausgewiesen) – Aufträge mit aktivischem Saldo gegenüber Kunden als Vermögenswert	IAS 11.42a				

Bereich	Vorschrift	Rz.	Ja	Nein	Ent- fällt
– Aufträge mit passivischem Saldo gegenüber Kunden als Schulden	IAS 11.42b				
Rückstellungen, Eventualforderungen und Eventualschulden im Kontext mit Fertigungsaufträgen	IAS 11.45				
7.14 Flüssige Mittel					
Gesonderte Angaben von: – Schecks, Kassenbeständen und Guthaben bei Kreditinstituten – Kurzfristigen Geldanlagen	IAS 1.78				
7.15 Finanzinstrumente		1970 ff.			
Hinweis: Die nachfolgenden Angaben werden ggf. bei einzelnen Arten von Finanzinstrumenten gemacht (z.B. Finanzanlagen, Forderungen, Finanzschulden etc.)					
Hinweis: Die Angaben nach IFRS 7 sind auch zu machen, wenn Beteiligungsgesellschaften u.Ä. Tochtergesellschaften (im Einzelabschluss), assoziierte Unternehmen und Gemeinschaftsunternehmen wahlweise zum Fair value nach IAS 39 bewerten	IFRS 7.3a	3601/ 3651			
Hinweis: IFRS 7 ist nicht anwendbar auf puttable instruments, die nach der Sonderregelung des IAS 32.16A ff. als Eigenkapital auszuweisen sind.	IFRS 7.3f	2020 ff.			
7.15.1 Überleitung von Bilanzposten zu den Bewertungskategorien des IAS 39	IFRS 7.8				
für finanzielle Vermögenswerte		1973 ff.			
für finanzielle Verbindlichkeiten		2172			
Hinweis: Betrifft meist Finanzanlagen. Die Überleitung ist entbehrlich, wenn klar ist, dass ein Bilanzposten nur aus einer Bewertungskategorie besteht (z.B. Forderungen = Kredite und Ausleihungen („loans and receivables") = fortgeführte Anschaffungskosten) und dies bereits bei den Rechnungslegungsmethoden (Ziff. 6.4.10.) erwähnt wurde					
7.15.2 Angaben zum Fair value					
Sofern IFRS 7.29 nicht etwas anderes besagt (vgl. Ziff. 6.4.10), hat ein Unternehmen den beizulegenden Zeitwert für jede Klasse von finanziellen Vermögenswerten und finanziellen Verbindlichkeiten so anzugeben, dass ein Vergleich mit den entsprechenden Buchwerten möglich ist	IFRS 7.25	1974			
Bei der Angabe der beizulegenden Zeitwerte sind die finanziellen Vermögenswerte und finanziellen Verbindlichkeiten in Klassen einzuteilen, wobei eine Saldierung zwischen den verschiedenen Klassen nur in dem Maße zulässig ist, wie die zugehörigen Buchwerte in der Bilanz saldiert werden	IFRS 7.26	1974			
7.15.3 Erfolgswirksame Fair value-Bewertung von Forderungen und Ausleihungen					
Maximales Kreditrisiko i.S.v. IFRS 7.36a am Bilanzstichtag	IFRS 7.9a				

H. Anhang-Checkliste

Bereich	Vorschrift	Rz.	Ja	Nein	Entfällt
Betrag, um den dieses maximale Risiko durch ein Kreditderivat oder ähnliches Instrument ausgeglichen wird	IFRS 7.9b				
Die auf Schwankungen des Kreditrisikos (also nicht auf Zinssatz-, Währungsschwankungen etc.) beruhende Veränderung des beizulegenden Zeitwerts während der Periode und kumulativ	IFRS 7.9c				
Angabe der hierzu verwendeten Ermittlungsmethode sowie evtl. Bewertungsunsicherheiten	IFRS 7.11a, b				
Veränderung des beizulegenden Zeitwerts eines verbundenen Kreditderivats oder ähnlichen Instruments während der Periode und kumulativ	IFRS 7.9d				
7.15.4 Wechsel der Bewertungskategorien finanzieller Vermögenswerte					
von available-for-sale zu held-to-maturity und umgekehrt: – Umklassifizierungsbetrag bei jeder Kategorie und – Grund für die Umklassifizierung (vgl. IAS 39.51–54)	IFRS 7.12	1843 ff., 1980			
7.15.5 Übertragung finanzieller Vermögenswerte ohne Ausbuchung		1914 ff.			
Hinweis: Betrifft Übertragungen, ohne dass finanzielle Vermögenswerte (ggf. Teile davon) die Voraussetzungen einer Ausbuchung i.S.v. IAS 39.15–37 erfüllen.					
Angabe der Art der Vermögenswerte	IFRS 7.13a				
Art der Risiken und Chancen, denen das Unternehmen weiterhin ausgesetzt ist	IFRS 7.13b				
Wenn das Unternehmen weiterhin die Vermögenswerte vollständig ansetzt: Buchwerte der Vermögenswerte und der ggf. damit verbundenen Verbindlichkeiten	IFRS 7.13c				
Wenn das Unternehmen die Vermögenswerte im Umfang seines anhaltenden Engagements (continuing involvement) ansetzt: Ursprünglicher Buchwert sowie weiterhin angesetzter Buchwert des Vermögenswerts sowie evtl. damit verbundene Verbindlichkeiten	IFRS 7.13d				
7.15.6 Gewährte Sicherheiten		1980			
Buchwert der als Sicherheit für Verbindlichkeiten inkl. Eventualschulden verpfändeten finanziellen Vermögenswerte	IFRS 7.14a				
Details der Sicherungsvereinbarungen	IFRS 7.14b				
7.15.7 Erhaltene Sicherheiten		1980			
Hinweis: Gemeint sind Sicherheiten für finanzielle oder nichtfinanzielle Vermögenswerte, die der Inhaber jederzeit verkaufen oder verpfänden kann					
Beizulegender Zeitwert *gehaltener* Sicherheiten	IFRS 7.15a				
Beizulegender Zeitwert von *verkauften oder weiter verpfändeten* Sicherheiten und ob das Unternehmen zur Rückgabe verpflichtet ist	IFRS 7.15b				
Details der Nutzugsvereinbarung	IFRS 7.15c				

Bereich	Vorschrift	Rz.	Ja	Nein	Ent-fällt
7.15.8 Wertberichtigungen finanzieller Vermögenswerte		1972			
Betrifft brutto gebuchte Wertberichtigungen (d. h. keine direkten Abwertungen): Wertberichtigungsspiegel für jede Kategorie von finanziellen Vermögenswerten, mindestens Wertberichtigungsaufwand der Periode und Stand am Jahresende	IFRS 7.16	1922			
Hinweis: Die nachfolgenden GuV-Erläuterungen können gemäß IAS 1.106 mit den vorgenannten Erläuterungen zu Bilanzposten zusammengefasst, aber auch in Abschnitt 8. („Einzelangaben zur GuV") erfolgen. Im letztgenannten Fall erfolgt der Ausweis in den verschiedenen GuV-Posten des Zins- und Beteiligungsergebnisses					
7.15.9 Nettogewinn oder Nettoverlust pro (erfolgswirksamer) Bewertungskategorie					
Finanzielle Vermögenswerte und finanzielle Verbindlichkeiten, die erfolgswirksam zum beizulegenden Zeitwert angesetzt werden, getrennt nach folgenden Kategorien: – zu Handelszwecken gehalten – auf Grund der Fair value-Option klassifiziert	IFRS 7.20ai	1979, 2179			
Bis zur Endfälligkeit gehaltene Finanzinstrumente	IFRS 7.20aiii	1979			
Kredite und Forderungen	IFRS 7.20aiv	1979			
Finanziellen Verbindlichkeiten, die zu fortgeführten Anschaffungskosten bewertet werden	IFRS 7.20av	2179			
7.15.10 Erfolgsneutrale Bewertungsergebnisse		1979			
Betrifft zur Veräußerung verfügbare finanzielle Vermögenswerte (soweit nicht aus Eigenkapitalspiegel ersichtlich) – In der Periode erfolgsneutral mit dem Eigenkapital verrechneter Gewinn oder Verlust – Betrag, der aus dem Eigenkapital in die GuV umgebucht wurde (recycling)	IFRS 7.20aii				
7.15.11 Zinserträge und gesamte Zinsaufwendungen					
(berechnet nach der Effektivzinsmethode) für finanzielle Vermögenswerte und finanzielle Verbindlichkeiten, die nicht erfolgswirksam zu beizulegendem Zeitwert bewertet werden	IFRS 7.20b	1978, 2178			
Zinserträge aus der (späteren) Aufzinsung von im Wert geminderten finanziellen Vermögenswerten	IFRS 7.20d	1900			
7.15.12 Erträge und Aufwendungen aus Gebühren					
(soweit nicht bei der Bestimmung des effektiven Zinssatzes berücksichtigt) bei:	IFRS 7.20c				
– finanziellen Vermögenswerten oder finanziellen Verbindlichkeiten, die nicht erfolgswirksam zum beizulegenden Zeitwert bewertet werden	IFRS 7.20ci				
– treuhänderischen Tätigkeiten aus dem Halten oder Investieren von Vermögenswerten	IFRS 7.20cii				

Bereich	Vorschrift	Rz.	Ja	Nein	Ent-fällt
7.15.13 Wertminderungen		1979			
für jede Kategorie der finanziellen Vermögenswerte – erfolgswirksam (s. Kategorien in Ziff. 7.15.9) – erfolgsneutral (s. Ziff. 7.15.10)	IFRS 7.20e				
7.15.14 Angaben zu sog. „one-day gains or losses"		1861			
Hinweis: Bei Abweichung des Transaktionspreises vom anzusetzenden Fair value im Zugangszeitpunkt ist für jede Bewertungskategorie (Klasse i.S.v. IFRS 7) anzugeben: – Methode zur Behandlung dieser Differenz – die Entwicklung der ggf. kumulierten (noch) nicht erfolgswirksam angesetzten Differenz im Geschäftsjahr	IFRS 7.28a, IFRS 7.28b				
7.16 Forderungen aus Lieferungen und Leistungen					
Hinweis: Betrifft über Ziff. 7.15 hinausgehende Angaben					
Gesonderte Angabe von:		4170			
– Forderungen an Handelskunden	IAS 1.78b				
– Forderungen an nahe stehende Unternehmen und Personen, z.B. assoziierte Unternehmen	IAS 24.17b	4780			
Beträge, die bis bzw. nach mehr als 12 Monaten nach Bilanzstichtag fällig werden	IAS 1.61a/b	4120			
7.17 Übrige Forderungen und Vermögenswerte					
Hinweis: Betrifft über Ziff. 7.15 hinausgehende Angaben					
Gesonderte Angabe von:		4170			
– geleisteten Vorauszahlungen	IAS 1.78b				
– Forderungen an nahe stehende Unternehmen und Personen, z.B. assoziierte Unternehmen	IAS 24.17b	4780			
Beträge, die bis bzw. nach mehr als 12 Monaten nach Bilanzstichtag fällig werden	IAS 1.61a/b	4120			
7.18 Eigenkapital		2080			
7.18.1 Aufgliederung des Eigenkapitals (soweit nicht in der Bilanz vorgenommen)		2070			
Gezeichnetes Kapital, Kommanditkapital etc.	IAS 1.78e				
Kapitalrücklage	IAS 1.78e				
Andere Rücklagen	IAS 1.78e				
7.18.2 Angaben zum gezeichneten Kapital					
Hinweis: Für Personengesellschaften sind vergleichbare Angaben zu machen	IAS 1.80				
Anzahl der genehmigten Anteile	IAS 1.79ai				
Anzahl der ausgegebenen und – voll eingezahlten Anteile bzw. – nicht voll eingezahlten Anteile	IAS 1.79aii				
Nennwert der Anteile oder Angabe, dass die Anteile keinen Nennwert haben	IAS 1.79aiii				
Überleitungsrechnung der Anzahl der ausgegebenen Anteile am Anfang und am Ende der Berichtsperiode	IAS 1.79aiv				

H. Anhang-Checkliste

Bereich	Vorschrift	Rz.	Ja	Nein	Ent-fällt
Rechte, Vorzugsrechte und Beschränkungen für die jeweilige Kategorie von Anteilen einschließlich Beschränkungen bei der Dividendenausschüttung und der Kapitalrückzahlung	IAS 1.79av				
Eigene Anteile, die das Unternehmen selbst, seine Tochterunternehmen oder assoziierte Unternehmen halten	IAS 1.79avi				
Anteile, die für eine Ausgabe auf Grund von Optionen und Verkaufsverträgen vorgehalten wurden unter Angabe der Bedingungen und Beträge	IAS 1.79avii				
7.18.3 Angaben zu Rücklagen		2070			
Beschreibung von Art und Zweck jeder Rücklage innerhalb des Eigenkapitals *Hinweis: Nur soweit dies nicht bereits aus der Bezeichnung, insb. beim kumulierten erfolgsneutralen Ergebnis deutlich wird*	IAS 1.79b				
7.18.4 Angaben zu puttable instruments		2035 ff.			
Angabe der puttable instruments, die auf Grund der Ausnahmeregelung des IAS 32.16Aff. als Eigenkapital ausgewiesen sind	IAS 1.136Aa				
„Management" der Abfindungsverpflichtung inkl. Änderung ggü. dem Vorjahr *Hinweis: Hiermit sind insbesondere sich abzeichnende Kündigungen von Gesellschaftern gemeint*	IAS 1.136Ab				
Betrag der möglichen Abfindungszahlung	IAS 1.136Ac				
Darstellung der Abfindungsklausel	IAS 1.136Ad				
Umgliederung von Eigen- in Fremdkapital und umgekehrt, wenn eine Änderung von Rückforderungsrechten zur Umklassifizierung nach den Eigenkapitalmerkmalen des IAS 32 führt (Tatsache der Umgliederung, Zeitpunkt und Gründe)	IAS 1.80A/ IFRIC 2.13	2030 ff.			
7.18.5 Kapitalmanagement		2080			
Beschreibung der Ziele, Strategie und Maßnahmen des (Eigen-)Kapitalmanagements, z.B.	IAS 1.134				
– Angabe des vom Management verwendeten Kapitalbegriffs (ggf. weiter als das bilanzielle Eigenkapital nach IAS 32)	IAS 1.135ai				
– Nennung von extern (gesetzlich) vorgegebenen Eigenkapitalanforderungen und Beschreibung von deren Handhabung	IAS 1.135aii				
– Aussage über die Zielerreichung des Kapitalmanagements	IAS 1.135aiii				
Quantitative Angabe des vom Management definierten „Kapitals" (z.B. inkl. Gesellschafterdarlehen, Mezzanine etc.)	IAS 1.135b				
Änderungen des Kapitalmanagements (IAS 1.135a) und des Kapitals (IAS 1.135b) ggü. dem Vorjahr	IAS 1.135c				
ob die externen Kapitalvorschriften eingehalten wurden	IAS 1.135d				
Falls nicht, Angabe der Konsequenzen der Nichteinhaltung	IAS 1.135e				

H. Anhang-Checkliste

Bereich	Vorschrift	Rz.	Ja	Nein	Entfällt
Bei konglomeraten Konzernen (Banken, Versicherungen), die verschiedenen aufsichtsrechtlichen Vorschriften unterliegen, sind ggf. separate Teilangaben zu machen	IAS 1.136				
7.18.6 Ergebnisverwendung		4543			
Ausschüttungen des laufenden Geschäftsjahres (soweit kein Eigenkapitalspiegel erstellt wird) und Betrag je Aktie	IAS 1.107				
Vor der Abschlussfreigabe vorgeschlagene oder beschlossene Dividende (Insgesamt und je Aktie)	IAS 1.137a				
Betrag der aufgelaufenen, noch nicht bilanzierten Vorzugsdividenden	IAS 1.137b				
7.18.7 Sonstige Angaben					
Hinweis: Nur soweit sich diese nicht bereits aus einem Eigenkapitalspiegel ergeben					
Betrag der vom Eigenkapital abgesetzten eigenen Anteile	IAS 32.34	2071			
Vom Eigenkapital erfolgsneutral abgesetzte Eigenkapitalbeschaffungskosten	IAS 32.39	2072			
7.19 Aktienorientierte Vergütungen	IFRS 2.50	2500 ff.			
Hinweis: Diese Angaben erfolgen meist innerhalb der Erläuterungen zum Eigenkapital (Ziff. 7.18)					
7.19.1 Beschreibung der zugrundeliegenden vertraglichen Vereinbarungen					
Art des Programms (z.B. Barvergütung oder Optionspläne)	IFRS 2.45a	2502			
Ausübungsbedingungen	IFRS 2.45a	2517			
Maximale Anzahl gewährter Optionen	IFRS 2.45a				
Die Angaben können für ähnliche Programme zusammengefasst werden	IFRS 2.45a				
7.19.2 Optionenspiegel					
Entwicklung von Anzahl und gewichtetem Ausübungspreis der ausstehenden Optionen in der Berichtsperiode unter Berücksichtigung der gewährten, der verfallenen und der ausgeübten Optionen	IFRS 2.45b				
Bei ausgeübten Optionen: Angabe des bei Ausübung bestehenden Aktienpreises (ggf. gewichteter Jahresdurchschnittskurs)	IFRS 2.45c				
In Bezug auf die am Ende der Berichtsperiode ausstehenden Optionen: – Angabe, wie viel davon noch ausübbar sind – Angaben der Ausübungspreisspanne – durchschnittlich verbleibende Ausübungsfrist	IFRS 2.45d				
7.19.3 Angaben zur Fair value-Ermittlung bei Aktienoptionen und gewährten Eigenkapitalinstrumenten	IFRS 2.46				
Wurde der beizulegende Zeitwert indirekt unter Bezugnahme auf den beizulegenden Zeitwert der Eigenkapitalinstrumente bemessen, sind mindestens folgende Angaben zu machen:					

Bereich	Vorschrift	Rz.	Ja	Nein	Ent-fällt
Für gewährte Aktienoptionen		2530 ff.			
– Angabe des Optionspreismodells (z.B. Black & Scholes, Monte Carlo, Binomialmodelle)	IFRS 2.47ai				
– Modellparameter (z.B. Basispreis, erwarteter Aktienkurs, Volatilität, risikofreier Zinssatz, erwartete Dividenden, erwarteter Ausübungszeitpunkt u.Ä.)	IFRS 2.47ai				
– Angabe, wie die erwartete Volatilität bestimmt wurde und inwieweit sie auf der historischen Volatilität beruht	IFRS 2.47aii				
– Erläuterung weiterer herangezogener Merkmale, insbesondere verwendeter Marktpreise	IFRS 2.47aiii				
Für andere gewährte Eigenkapitalinstrumente					
Angabe der Anzahl und des durchschnittlichen beizulegende Zeitwerts bei Ausgabe inkl.	IFRS 2.47b				
– Ermittlung des beizulegenden Zeitwerts, falls nicht aus beobachtbaren Marktpreisen abgeleitet	IFRS 2.47bi				
– Berücksichtigung erwarteter Dividenden bei der Ermittlung des beizulegenden Zeitwerts	IFRS 2.47bii				
– Einfluss anderer Ausstattungsmerkmale der gewährten Eigenkapitalinstrumente auf die Bestimmung des beizulegenden Zeitwerts	IFRS 2.47biii				
Bei Änderung von Vereinbarungen (Aktienoptionsprogramme bzw. andere gewährte Eigenkapitalinstrumente)		2544 ff.			
– Erläuterung der Planänderung	IFRS 2.47ci				
– Zusätzlich gewährter beizulegender Zeitwert (*incremental fair value*)	IFRS 2.47cii				
– Ermittlung des zusätzlichen beizulegenden Zeitwerts entsprechend IFRS 2.47a, b	IFRS 2.47ciii				
Wurden die in der Berichtsperiode erhaltenen Güter oder Dienstleistungen direkt zum beizulegenden Zeitwert angesetzt, ist die Art der Bestimmung des beizulegenden Zeitwerts anzugeben	IFRS 2.48				
Angabe, falls der beizulegende Zeitwert erhaltener Güter und Dienstleistungen (anderer als Arbeitsleistungen) indirekt durch den beizulegenden Zeitwert des gewährten Eigenkapitalinstruments bestimmt wurde, einschließlich Begründung	IFRS 2.49	2506			
7.19.4 Aktienorientierte Barvergütungen		2520 ff.			
Gesamtaufwand der Berichtsperiode (ohne die ggf. als AHK für erhaltene Güter und Dienstleistungen aktivierten Beträge)	IFRS 2.51a				
Anteil am Gesamtaufwand, der auf aktienorientierte Barvergütungen mit Ausgleich durch Eigenkapitalinstrumente entfällt	IFRS 2.51a				
Gesamtbuchwert der Schulden aus aktienorientierten Vergütungen am Ende der Berichtsperiode	IFRS 2.51bi				
Gesamter innerer Wert der Schulden am Ende der Berichtsperiode, bei denen das Recht der Gegenpartei auf Erhalt von flüssigen Mitteln oder anderen Vermögenswerten zum Ende der Berichtsperiode ausübar war	IFRS 2.51bii				

H. Anhang-Checkliste

Bereich	Vorschrift	Rz.	Ja	Nein	Entfällt
7.20 Finanzschulden					
Hinweis: Betrifft über Ziff. 7.15 hinausgehende Angaben					
7.20.1 Gesonderte Angaben		4170			
Verbindlichkeiten gegenüber nahe stehenden Unternehmen und Personen, z.B. assoziierten Unternehmen	IAS 24.17b				
7.20.2 Erfolgswirksame Fair value-Bewertung von finanziellen Verbindlichkeiten		2180			
Die auf Schwankungen des Kreditrisikos (also nicht auf Zinssatz-, Währungsschwankungen etc.) beruhende Veränderung des beizulegenden Zeitwerts während der Periode und kumulativ	IFRS 7.10a				
Angabe der hierzu verwendeten Ermittlungsmethode sowie evtl. Bewertungsunsicherheiten	IFRS 7.11a, b				
Unterschied zwischen dem Buchwert der finanziellen Verbindlichkeit und vertragsgemäß bei Fälligkeit zu zahlenden Betrag	IFRS 7.10b				
7.20.3 Zusammengesetze Instrumente (*compound instruments*)		2060			
Enthalten emittierte Instrumente mit Fremdkapital- und Eigenkapitalkomponenten i.S.v. IAS 32.28 mehrere eingebettete Derivate, deren Werte voneinander abhängig sind (wie z.B. bei einem kündbaren wandelbaren Schuldinstrument), ist die Existenz dieser Merkmale anzugeben	IFRS 7.17				
7.20.4 Nichteinhaltung von Kredit- u.ä. Verträgen		2180			
Hinweis: Betrifft loans payable, d.h. nicht: Verbindlichkeiten aus Lieferungen und Leistungen					
Details zu Zahlungsstörungen oder sonstiger Vertragsverletzungen in Bezug auf Tilgung, Zinszahlungen etc. während der Periode	IFRS 7.18a				
Buchwert der betroffenen Darlehensverbindlichkeiten am Bilanzstichtag	IFRS 7.18b				
Ob vor Freigabe des Abschlusses zur Veröffentlichung die Zahlungen nachgeholt oder die Bedingungen der Darlehensverbindlichkeiten neu verhandelt worden sind	IFRS 7.18c				
Auffangklausel: Bei anderen als in IFRS 7.18 beschriebenen Verletzungen des Darlehensvertrags sind dieselben Angaben zu machen, falls diese Verletzungen den Darlehensgeber zur vorzeitigen Rückzahlung berechtigen (es sei denn, dass die Leistungsstörung bis zum Bilanzstichtag beseitigt oder die Darlehensbedingungen neu verhandelt wurden)	IFRS 7.19				
7.21 Verbindlichkeiten aus Lieferungen und Leistungen					
Hinweis: Betrifft über Ziff. 7.15 hinausgehende Angaben					
Gesonderte Angaben von:		4170			
– Verbindlichkeiten gegenüber Handelskunden	IAS 1.78b analog				
– Verbindlichkeiten gegenüber nahe stehenden Unternehmen und Personen, z.B. assoziierten Unternehmen	IAS 24.17b	4780			

H. Anhang-Checkliste

Bereich	Vorschrift	Rz.	Ja	Nein	Ent-fällt
Beträge, die bis bzw. nach mehr als 12 Monaten nach Bilanzstichtag fällig werden	IAS 1.61a/b	4120			
7.22 Übrige Verbindlichkeiten					
Hinweis: Betrifft über Ziff. 7.15 hinausgehende Angaben					
Gesonderte Angaben von Verbindlichkeiten gegenüber nahe stehenden Unternehmen und Personen, z.B. assoziierten Unternehmen	IAS 24.17b	4170, 4780			
Beträge, die bis bzw. nach mehr als 12 Monaten nach Bilanzstichtag fällig werden	IAS 1.61a/b	4120			
7.23 Pensionsrückstellungen		2475 ff.			
Hinweis: Die nachfolgenden Angaben beziehen sich auf sog. leistungsorientierte Versorgungspläne (Rz. 2413 f.) Bei beitragsorientierten Versorgungsplänen (Rz. 2412) ist lediglich der Periodenaufwand anzugeben	IAS 19.46				
7.23.1 Zusammenfassung von Anhangangaben					
Bei mehreren Plänen ist eine sachgerechte Zusammenfassung zulässig – z.B. bestimmte Regionen oder ähnliche Risikomerkmale – nicht aber: Zusammenfassung von Pensions- mit Krankheitskostenplänen – Bei Zusammenfassung von Angaben sind bzgl. Einzelangaben Bandbreiten oder Durchschnittswerte zulässig	IAS 19.122				
7.23.2 Allgemeine Beschreibung der Versorgungspläne		2410 ff.			
Z.B. Regionen	IAS 19.120Ab				
Betroffene Mitarbeitergruppen	IAS 19.121				
Pensionsleistungen und/oder Krankheitskosten					
7.23.3 Versicherungsmathematische Parameter		2423 ff.			
Hinweis: Jede versicherungsmathematische Annahme ist (vorbehaltlich der Zusammenfassung mehrerer Pläne lt. Ziff. 7.23.1) in absoluten Werten anzugeben (z.B. als gewichteter Prozentsatz) und nicht nur als Bandbreite	IAS 19.120An (a.E.)				
Diskontierungssätze	IAS 19.120Ani				
Erwartete Renditen des Planvermögens für die dargestellten Berichtsperioden	IAS 19.120Anii				
Erwartete Erträge aus aktivierten Erstattungsansprüchen i.S.v. IAS 19.104A für die dargestellten Berichtsperioden	IAS 19.120Aniii				
Erwartete Lohn- und Gehalts- sowie Pensionssteigerungen	IAS 19.120Aniv				
Kostentrend der medizinischen Versorgung	IAS 19.120Anv				
Alle anderen verwendeten wesentlichen versicherungsmathematischen Annahmen	IAS 19.120Anvi				

Bereich	Vorschrift	Rz.	Ja	Nein	Ent- fällt
7.23.4 Sensitivitätsanalyse bei wesentlichen Kosten der medizinischen Versorgung		2477			
Angabe der Auswirkungen einer um einen Prozentpunkt höheren oder niedrigeren Trendannahme auf den – Aufwand und – den Wert der Verpflichtung	IAS 19.120Aoi IAS 19.120Aoii				
7.23.5 Einzelheiten zum Planvermögen		2460 ff.			
Aufgliederung des Planvermögens nach wesentlichen Vermögenswertarten	IAS 19.120Aj				
Angabe, inwieweit das Planvermögen – eigene Finanzinstrumente des Unternehmens sowie – selbstgenutzte Immobilien oder andere Vermögenswerte umfasst	IAS 19.120Aki IAS 19.120Akii				
Verbale Beschreibung der Ermittlungsmethode von erwarteten Planerträgen (insgesamt und unterteilt nach Arten von Vermögenswerten)	IAS 19.120Al				
Tatsächliche Erträge aus Planvermögen und aus aktivierten Erstattungsansprüchen (IAS 19.104A, soweit nicht aus dem Pensionenspiegel gem. Ziff. 7.23.6 ersichtlich)	IAS 19.120Am				
Voraussichtlich im Folgejahr fällige Beiträge zum Planvermögen, soweit ermittelbar	IAS 19.120Aq				
7.23.6 Aufgliederungen des Bilanzpostens Pensionsrückstellungen		2437, 2446			
Entwicklung der Sollwerte der Pensionsverpflichtung	IAS 19.120Ac				
Entwicklung des Planvermögens	IAS 19.120 Ae				
Überleitung zur bilanzierten Nettoverpflichtung (sog. Finanzierungsstatus) sowie	IAS 19.120Af				
Zusammensetzung des Pensionsaufwands (mit Angabe des GuV-Postens, soweit nicht bei den Erläuterungen zu GuV-Posten genannt)	IAS 19.120Ag				
Über die in unseren Pensionsspiegeln gem. Rz. 2437 und 2446 enthaltenen Komponenten hinaus können im Einzelfall folgende Bewegungen zu berücksichtigen sein: – Beitragszahlungen der Berechtigten – Währungskurseffekte – Nachzuverrechnender Dienstzeitaufwand (Rz. 2453 ff.) – Auswirkungen von Unternehmenszusammenschlüssen – Plankürzungen oder -abgeltungen – Begrenzung eines Vermögenswertüberhangs (asset ceiling, s. Rz. 2466 ff.)	IAS 19.120Ac, e, f				
7.23.7 Zusätzlich bei erfolgsneutraler Verrechnung versicherungsmathematischer Gewinne und Verluste		2445			
Kumulierte erfolgsneutral verrechnete versicherungsmathematische Gewinne und Verluste (soweit nicht aus dem Eigenkapitalspiegel ersichtlich)	IAS 19.120Ai				

H. Anhang-Checkliste

Bereich	Vorschrift	Rz.	Ja	Nein	Entfällt
7.23.8 Deckungsanteil der Pensionsverpflichtungen		2407			
Aufteilung des Sollwerts der Pensionsverpflichtung auf solche, die ganz oder teilweise durch Planvermögen und solche, die nicht gedeckt sind	IAS 19.120Ad				
7.23.9 Von Dritten zu leistenden Erstattungen i.S.v. IAS 19.104A, die außerhalb des Planvermögens als separater Vermögenswert aktiviert werden		2465			
Angabe des Buchwerts	IAS 19.120Afiv				
Angabe eines erfolgswirksam vereinnahmten Ertrags	IAS 19.120Agiv				
7.23.10 5-Jahres-Trendanalyse		2478			
Hinweis: Mit dieser Trendanalyse ist mit erstmaliger Anwendung der neuen Anhangsvorschriften in Geschäftsjahren ab 1.1.2006 zu beginnen, bei Geschäftsjahr = Kalenderjahr somit ab Beginn der Vorperiode (1.1.2005)	IAS 19.160				
Für die letzten 5 Jahre vor dem Abschlussstichtag: Angabe der erwarteten und tatsächlichen Werte von Pensionsverpflichtung und Planvermögen inklusive Angabe von Erwartungsabweichungen (versicherungsmathematische Gewinne und Verluste)	IAS 19.120Ap				
7.23.11 Gemeinschaftliche Pläne mehrerer Arbeitgeber					
Falls ein solcher Plan mangels Informationen nicht als leistungsorientierter Plan bilanziert wird:	IAS 19.30				
– Angabe der Tatsache, dass der Plan ein leistungsorientierter Plan ist	IAS 19.30bi				
– Begründung, warum keine ausreichenden Informationen zur Verfügung stehen	IAS 19.30bii				
Soweit eine Vermögensüber- oder -unterdeckung Auswirkungen auf die Höhe der künftigen Beitragszahlungen hat:					
– alle verfügbaren Informationen über die Vermögensüber- oder -unterdeckung	IAS 19.30ci				
– die zur Bestimmung der Vermögensüber- oder -unterdeckung verwendeten Grundlagen	IAS 19.30cii				
– etwaige Auswirkungen für das Unternehmen	IAS 19.30ciii				
7.24 Angaben bei externen Trägern von Altersversorgungsplänen		2470			
Hinweis: Diese Angaben sind nur für die Träger (z.B. Pensionskassen), nicht aber für die Arbeitgeber selbst relevant					
7.24.1 Aufstellung des für Leistungen zur Verfügung stehenden Nettovermögens					
Aufgliederung der Vermögenswerte am Ende der Berichtsperiode	IAS 26.35ai				
Bewertungsgrundlagen	IAS 26.35aii				
Begründung, wenn eine Schätzung des beizulegenden Zeitwerts von Kapitalanlagen des Altersversorgungsplans ggf. nicht möglich ist	IAS 26.32				

H. Anhang-Checkliste

Bereich	Vorschrift	Rz.	Ja	Nein	Ent-fällt
Einzelheiten zu jeder einzelnen Kapitalanlage, die entweder 5% des für Leistungen zur Verfügung stehenden Nettovermögens oder 5% einer Wertpapiergattung oder -art übersteigt	IAS 26.35aiii				
Einzelheiten jeder Beteiligung am Arbeitgeber	IAS 26.35aiv				
andere Schulden als den versicherungsmathematischen Barwert der zugesagten Versorgungsleistung	IAS 26.35av				
7.24.2 Bewegungsbilanz des für Leistungen zur Verfügung stehenden Nettovermögens	IAS 26.34a				
Arbeitgeberbeiträge	IAS 26.35bi				
Arbeitnehmerbeiträge	IAS 26.35bii				
Anlageerträge wie Zinsen und Dividenden	IAS 26.35biii				
sonstige Erträge	IAS 26.35biv				
gezahlte oder zu zahlende Leistungen	IAS 26.35bv				
Verwaltungsaufwand	IAS 26.35bvi				
andere Aufwendungen	IAS 26.35bvii				
Ertragsteuern	IAS 26.35bviii				
Gewinne und Verluste aus der Veräußerung von Kapitalanlagen und Wertänderungen der Kapitalanlagen	IAS 26.35bix				
Vermögensübertragungen von und an andere Pläne	IAS 26.35bx				
7.24.3 Beschreibung der Grundsätze der Fondsfinanzierung	IAS 26.35c				
7.24.4 Bei leistungsorientierten Plänen					
Angabe des versicherungsmathematischen Barwerts der zugesagten Versorgungsleistungen	IAS 26.35d				
Beschreibung der maßgeblichen versicherungsmathematischen Annahmen und Methoden (s. auch Ziff. 7.23.3)	IAS 26.35e				
7.24.5 Beschreibung des Altersversorgungsplans	IAS 26.34c				
Die Namen der Arbeitgeber und der vom Plan erfassten Arbeitnehmergruppen	IAS 26.36a				
Die Anzahl der Begünstigten, welche Leistungen erhalten, und die Anzahl der anderen Begünstigten, in geeigneter Gruppierung	IAS 26.36b				
Die Art des Plan – beitrags- oder leistungsorientiert	IAS 26.36c				
Eine Angabe dazu, ob Begünstigte an den Plan Beiträge leisten	IAS 26.36d				
Eine Beschreibung der den Begünstigten zugesagten Versorgungsleistungen	IAS 26.36e				
Eine Beschreibung aller Regelungen hinsichtlich einer Schließung des Plans sowie	IAS 26.36f				
Veränderungen in den Posten (a) bis (f) während der Berichtsperiode	IAS 26.36g				
7.25 Sonstige Rückstellungen		2390 ff.			
Hinweis: Die Angaben nach IAS 37 werden üblicherweise mit den Angaben nach IAS 19 für Rückstellungen in					

Bereich	Vorschrift	Rz.	Ja	Nein	Entfällt
Bezug auf sonstige Leistungen an Arbeitnehmer (außer Pensionsrückstellungen) an dieser Stelle zusammengefasst					
7.25.1 Rückstellungsspiegel	IAS 37.84, IAS 19.131, IAS 19.142	2391			
Sachgerechte Unterteilung nach Rückstellungsarten					
Rückstellungen für Leistungen an Arbeitnehmer sind getrennt von anderen Rückstellungen auszuweisen	IAS 1.78d				
Hinweis: Ausnahmsweise sind Vorjahreswerte nicht anzugeben; in der Praxis ist die Angabe jedoch üblich	IAS 37.84 a.E.				
7.25.2 Erläuterungen von Rückstellungen	IAS 37.85, IAS 19.131, IAS 19.142				
Beschreibung der Art der Verpflichtung	IAS 37.85a				
Erwarteter Zeitpunkt des Geld- bzw. Nutzenabflusses	IAS 37.85a				
Betragsmäßige Angaben je Gruppe von Rückstellungen bei Realisierung bis bzw. nach 12 Monaten	IAS 1.61a/b	4120			
Erläuterung von Unsicherheiten in Bezug auf Höhe und Zeitpunkt des Geld- bzw. Nutzenabflusses	IAS 37.85b				
Höhe möglicher Rückgriffsansprüche unter Nennung aktivierter Beträge	IAS 37.85c	2355			
Querverweis zu Eventualverbindlichkeiten (Haftungsverhältnisse lt. Ziff. 13.)	IAS 37.88				
Schutzklausel: Falls die Angaben des IAS 37.84–89 zu einer schwerwiegenden Beeinträchtigung des Unternehmens führen (insb. in laufenden Rechtsstreitigkeiten), kann ihre Angabe unterbleiben. Dann ist jedoch auf die Inanspruchnahme der Schutzklausel hinzuweisen	IAS 37.92	2393			
Rückstellungen in Bezug auf Aufgabe von Geschäftsbereichen	IFRS 5.30				
7.25.3 Angaben zu Entsorgungsfonds					
Hinweis: betrifft z.B. Anteile am grünen Punkt u.Ä.					
Art der Beteiligung und Angabe etwaiger Verfügungsbeschränkungen	IFRIC 5.11				
Hinweis: Die nachfolgenden Angaben werden ggf. alternativ in Ziff. 13. „Haftungsverhältnisse" gemacht					
Mögliche Nachschusspflichten an Entsorgungsfonds i.S.v. IFRIC 5	IFRIC 5.12				
Mögliche Rückerstattung aus Entsorgungsfonds i.S.v. IFRIC 5	IFRIC 5.13				
8. Einzelangaben zur Gewinn- und Verlustrechnung	IAS 1.114c				
8.1 Umsatzerlöse		610 ff.			
Aufgliederung wesentlicher Erlöse – Warenverkauf – Dienstleistungen	IAS 18.35bi IAS 18.35bii				

H. Anhang-Checkliste

Bereich	Vorschrift	Rz.	Ja	Nein	Ent-fällt
– Lizenzerträge – Angabe wesentlicher Arten von Warenerlösen und Dienstleistungen	IAS 18.35biv IAS 18.35c				
8.2 Separate Angabe bestimmter GuV-Posten		4221			
Hinweis: Die nachfolgenden Angaben sind nicht abschließende Beispiele und nur insoweit zu machen, wie sie nicht in der GuV separat ausgewiesen, gleichwohl aber wesentlich sind:	IAS 1.97				
Vorratsabwertungen und -wertaufholungen	IAS 1.98a				
Wertminderungen und Wertaufholungen bei Sachanlagen	IAS 1.98a				
Restrukturierungsaufwendungen inklusive Rückstellungsauflösungen	IAS 1.98b				
Veräußerungsergebnisse von Sachanlagen	IAS 1.98c				
Veräußerungsergebnisse von Finanzanlagen	IAS 1.98d				
Ergebnisse aus aufgegebenen Geschäftsbereichen	IAS 1.98e	2740 ff.			
Aufwendungen und Erträge aus Rechtsstreitigkeiten	IAS 1.98f				
Rückstellungsauflösungen	IAS 1.98g				
Abschreibungsaufwand	IAS 1.102	4250			
Personalaufwand	IAS 1.102	4250			
Materialaufwand („Betrag der Vorräte, die als Aufwand der Berichtsperiode erfasst worden sind")	IAS 2.36d	4221			
– bei UKV separater Ausweis, da in den Herstellungskosten auch andere Beträge enthalten sind	IAS 2.38				
– bei GKV separate Angabe der Bestandsveränderung	IAS 2.39				
Gesonderter Ausweis eines wesentlichen Gewinns oder Verlusts aus der Neubewertung eines nach IAS 32 als finanzielle Verbindlichkeit auszuweisenden „Kapitals", auch wenn dies Residualansprüche verkörpert	IAS 32.41	2040 ff.			
Ggf. gesonderter Ausweis eines erfolgswirksam vereinnahmten excess	IFRS 3.67g				
Angabe der Erträge, Aufwendungen im Zusammenhang mit mineralischen Ressourcen	IFRS 6.24b	1004			
8.3 Angabe des GuV-Postens bestimmter Aufwendungen					
Hinweis: Sofern nicht separat in GuV oder bereits bei den entsprechenden Bilanzposten ausgewiesen					
Erfolgswirksam vereinnahmter excess	IFRS 3.67g				
Angabe eines (vor Veräußerung) bereits erfassten Bewertungsverlustes oder einer Wertaufholung i.V.m. der Veräußerung aufgegebener Bereiche	IFRS 5.41c	2731			
Der in der Berichtsperiode vom Eigenkapital in die GuV umgebuchte Betrag (recycling) eines Cashflow-Hedges (Ziff. 11.2)	IFRS 7.23d				
Wertminderungen oder Wertaufholungen nach IAS 36	IAS 36.126a, b				

Bereich	Vorschrift	Rz.	Ja	Nein	Ent- fällt
Bestandteile der Pensionsaufwendungen (Dienstzeitkosten u.Ä. in Personalkosten bei GKV bzw. in Funktionsbereichen bei UKV und Zinskosten bzw. erwartete Erträge aus Planvermögen in Zinsergebnis)	IAS 19.120Ag	4232			
Planmäßige Abschreibungen auf immaterielle Vermögenswerte	IAS 38.118d				
8.4 Ertragsteuern (insb. latente Steuern)		2690 ff.			
Hinweis: Diese Angaben erfolgen zumeist gem. IAS 1.106 zu Bilanz und GuV gebündelt unter „Einzelangaben zur GuV"					
8.4.1 Aufgliederung der wesentlichen Komponenten des Steueraufwands/Steuerertrags	IAS 12.79	2678			
Tatsächlicher Steueraufwand					
Angabe des tatsächlichen Steueraufwands bzw. Steuerertrags	IAS 12.80a				
Periodenfremde tatsächliche Ertragsteuern	IAS 12.80b				
Betrag der Minderung des tatsächlichen Steueraufwands auf Grund der Nutzung bisher nicht berücksichtigter steuerlicher Verluste, auf Grund von Steuergutschriften oder bisher nicht berücksichtigter temporärer Differenzen	IAS 12.80e				
Latenter Steueraufwand/-ertrag					
Latenter Steueraufwand bzw. -ertrag, der auf der Entstehung bzw. der Umkehrung temporärer Unterschiede beruht	IAS 12.80c				
Latenter Steueraufwand bzw. -ertrag, der auf Änderungen der Steuersätze oder der Einführung neuer Steuergesetze beruht	IAS 12.80d				
Betrag der Minderung des latenten Steueraufwands auf Grund bisher nicht berücksichtigter steuerlicher Verluste, auf Grund von Steuergutschriften oder bisher nicht berücksichtigter temporärer Differenzen	IAS 12.80f				
Latenter Steueraufwand bzw. -ertrag aus einer Abwertung oder Wertaufholung in Bezug auf latente Steueransprüche	IAS 12.80g				
Auswirkungen des IAS 8					
Betrag des Ertragsteueraufwands bzw. -ertrags, der aus Änderungen der Bilanzierungs- und Bewertungsmethoden und Fehlerberichtigung resultiert, die erfolgswirksam gem. IAS 8 erfasst wurden, weil sie nicht rückwirkend berücksichtigt werden können	IAS 12.80h				
8.4.2 Erfolgsneutral entstandene Steuern		2676 f.			
Summe tatsächlicher und latenter Steuern, die direkt mit dem Eigenkapital verrechnet wurden (kumuliert)	IAS 12.81a				
Betrag latenter Steuern, der auf jede Kategorie des „other comprehensive income" entfällt	IAS 12.81ab	4316			
8.4.3 Steuersatzüberleitung		2691 ff.			
Erläuterung der Relation zwischen Steueraufwand/-ertrag und dem ausgewiesenen Vor-Steuer-Ergebnis					

Bereich	Vorschrift	Rz.	Ja	Nein	Ent-fällt
– inklusive Angabe der Grundlage für die verwendeten Steuersätze	IAS 12.81c				
– Erläuterung der Änderungen des oder der anzuwendenden Steuersätze im Vergleich zum Vorjahr	IAS 12.81d				
8.4.4 Aufgliederung latenter Steuern		2699			
Für jede Art von temporären Unterschieden und jeder Art noch nicht genutzter steuerlicher Verluste bzw. noch nicht genutzter Steuergutschriften:	IAS 12.81g				
– Betrag der in der Bilanz angesetzten aktiven und passiven latenten Steuern sowie	IAS 12.81gi				
– Betrag des in der GuV erfassten latenten Steuerertrags oder -aufwands, sofern dies nicht bereits aus den Änderungen der in der Bilanz angesetzten Beträge hervorgeht.	IAS 12.81gii				
8.4.5 Sonstige Angaben					
Der Betrag und ggf. das Verfallsdatum von temporären Differenzen, nicht genutzten steuerlichen Verlustvorträgen und nicht genutzten Steuergutschriften, für die in der Bilanz keine aktiven latenten Steuern angesetzt wurden	IAS 12.81e	2621			
Der Gesamtbetrag der temporären Differenzen im Zusammenhang mit Anteilen an Tochterunternehmen, Zweigniederlassungen, assoziierten Unternehmen sowie Anteilen an Joint Ventures, für die keine latenten Steuern angesetzt wurden.	IAS 12.81f	2637			
Der auf eingestellte Geschäftsbereiche entfallende Steueraufwand für:		2742			
– den auf die Aufgabe entfallenden Gewinn oder Verlust	IAS 12.81hi				
– das Periodenergebnis aus der gewöhnlichen Geschäftstätigkeit, das auf den aufgegebenen Geschäftsbereich entfällt	IAS 12.81hii				
Die ertragsteuerlichen Konsequenzen von Dividendenzahlungen an die Anteilseigner des Unternehmens,					
– die vor Freigabe des Abschlusses vorgeschlagen oder beschlossen wurden, aber nicht als Verbindlichkeit passiviert sind	IAS 12.81i, IAS 10.13				
– die sich (darüber hinaus) in Bezug auf bisher thesaurierte Gewinne ergeben inkl. Beschreibung des Steuersystems, das zu solchen Konsequenzen führt	IAS 12.82A, IAS 12.87A				
Der Betrag eines latenten Steueranspruchs und die substanziellen Hinweise für seinen Ansatz, wenn					
– die Realisierung des latenten Steueranspruchs von zukünftigen zu versteuernden Ergebnissen abhängt, die höher als die Ergebniseffekte aus der Umkehrung bestehender zu versteuernder temporärer Differenzen, und	IAS 12.82a	2617			
– wenn das Unternehmen in der lfd. Periode oder der Vorperiode im selben Steuerrechtskreis, auf den sich der latente Steueranspruch bezieht, Verluste erlitten hat	IAS 12.82b	2621			
Der Betrag an aktiven und passiven latenten Steuern, der erwartungsgemäß innerhalb von 12 Monaten nach dem Abschlussstichtag realisiert wird	IAS 1.61	2699			

Bereich	Vorschrift	Rz.	Ja	Nein	Ent-fällt
8.5 Ergebnis je Aktie		4730 ff.			
Hinweis: Nur bei kapitalmarktorientierten Aktiengesellschaften					
8.5.1 Anpassung von Vorjahreswerten					
Die Vergleichszahlen für alle veröffentlichten Vorjahre sind anzupassen, wenn sich die Aktienzahl geändert hat	IAS 33.64				
8.5.2 Erläuterung der Berechnung					
Hinweis: Jeweils grundsätzlich für das unverwässerte und verwässerte Ergebnis je Aktie					
Berechnung der als Zähler verwendeten Ergebnisse und Überleitung zum auf die Konzernmutter entfallenden Anteil am Periodenergebnis	IAS 33.70a				
Erläuterung der als Nenner verwendeten durchschnittlichen Anzahl von Stammaktien und Überleitung dieser Nenner zueinander	IAS 33.70b				
Angabe der Instrumente (inkl. bedingtes Kapital), die das unverwässerte Ergebnis in Zukunft potenziell verwässern können, die jedoch nicht in die Berechnung des verwässerten Ergebnisses je Aktie eingeflossen sind, weil sie für die dargestellten Perioden einer Verwässerung entgegenwirken	IAS 33.70c	4731, 4721 ff.			
Beschreibung aller Veränderungen von Stammaktien oder potenziellen Stammaktien nach dem Bilanzstichtag, die sich noch nicht auf das Ergebnis je Aktie in der abgelaufenen Periode ausgewirkt haben. *Hinweis: Dies gilt nicht bei Neuemissionen, Emission von Gratisaktien, Aktiensplits oder Aktienzusammenlegungen i.S.v. IAS 33.64, die bereits zu einer rückwirkenden Änderung des Ergebnisses je Aktie führen*	IAS 33.70d	4721 ff., 4731			
8.5.3 Beschreibung der Konditionen potenzieller Stammaktien	IAS 33.72				
8.5.4 Ergebnis je Aktie für aufgegebene Geschäftsbereiche		4716			
Angabe des unverwässerten und verwässerten Ergebnisses je Aktie, das auf aufgegebene Geschäftsbereiche i.S.v. IFRS 5 entfällt (soweit nicht in der GuV angegeben)	IAS 33.68				
8.5.5 Ergebnis je Aktie bei Verwendung anderer Ergebnisgrößen					
Werden freiwillig Ergebnisse je Aktie berichtet, die auf Teilen von Periodengesamtergebnissen beruhen (z.B. EBIT), ist die Berechnung gemäß IAS 33 durchzuführen; außerdem ist die verwendete Ergebnisgröße zum Periodenergebnis überzuleiten	IAS 33.73/A				
9. Erläuterungen zur Kapitalflussrechnung	IAS 1.114c	4400 ff.			
9.1 Separater Ausweis bestimmter Zahlungen					
Hinweis: Soweit nicht in der Kapitalflussrechnung ausgewiesen					
Zinseinnahmen und Zinsausgaben	IAS 7.31				
Dividendeneinnahmen	IAS 7.31				

H. Anhang-Checkliste

Bereich	Vorschrift	Rz.	Ja	Nein	Entfällt
Dividendenausgaben	IAS 7.34				
Ertragsteuerzahlungen	IAS 7.35				
Cashflows (operativ und aus Investitionen) im Zusammenhang mit mineralischen Ressourcen	IFRS 6.24b				
9.2 Angaben zu Unternehmensakquisitionen und -veräußerungen					
Hinweis: Diese Angabe wird meist zusammen mit den Angaben gemäß IFRS 3.67 f. im Abschnitt „Konsolidierungskreis", Ziff. 3.4 (Unternehmenserwerbe) bzw. Ziff. 3.5 (Unternehmensverkäufe) gemacht		4480			
Der gesamte Kaufpreis bzw. Veräußerungserlös	IAS 7.40a				
Der Anteil des Kaufpreises bzw. Veräußerungserlöses, der durch Zahlungsmittel- bzw. Zahlungsmitteläquivalente beglichen wurde	IAS 7.40b				
Betrag der mit der Akquisition übernommenen bzw. mit Veräußerung abgegebenen Zahlungsmittel und Zahlungsmitteläquivalente des betreffenden Unternehmens bzw. der Geschäftseinheit	IAS 7.40c				
Die Beträge der nach Hauptgruppen gegliederten Vermögenswerte und Schulden – mit Ausnahme der Zahlungsmittel und Zahlungsmitteläquivalente – des Unternehmens, welches erworben bzw. veräußert wurde	IAS 7.40d				
9.3 Wesentliche zahlungsunwirksame Transaktionen	IAS 7.43				
Beispiele:	IAS 7.44				
Erwerb von Vermögen gegen Übernahme von unmittelbar zugeordneten Schulden					
Erwerb von Vermögen gegen Ausgabe von Anteilen					
Tausch von Aktiva/Passiva					
Sacheinlagen					
Ausgabe von Stock options an Mitarbeiter					
Finanzierungsleasing					
Umwandlung von Schulden in Eigenkapital					
9.4 Finanzmittelfonds					
Erläuterung der Zusammensetzung des Finanzmittelfonds inkl. Überleitung zu Bilanzposten	IAS 7.45	4412			
Erläuterung der Definition des Finanzmittelfonds (insb. kurzfristige Finanzschulden, die Teil des Cashmanagements i.S.v. IAS 7.8 sind)	IAS 7.46				
Erläuterung von Änderungen der Zusammensetzung im Vergleich zur Vorperiode	IAS 7.47				
Angabe wesentlicher Verfügungsbeschränkungen	IAS 7.48, IAS 7.49				
9.5 Zahlungsströme aus aufgegebenen Geschäftsbereichen		2745			
Soweit nicht in der Kapitalflussrechnung bereits separat ausgewiesen	IFRS 5.33c				

Bereich	Vorschrift	Rz.	Ja	Nein	Entfällt
– Aus laufender Geschäftstätigkeit – Aus Investitionstätigkeit – Aus Finanzierungstätigkeit *Hinweis: Die Angabe ist nicht notwendig für in Veräußerungsabsicht erworbene Tochterunternehmen*					
9.6 Freiwillige Angaben					
Nicht ausgenutzte Kreditlinien inkl. etwaige Beschränkungen (z.B. Verwendungsauflagen)	IAS 7.50a				
Auf Gemeinschaftsunternehmen entfallende Zahlungsströme (getrennt nach lfd. Geschäftstätigkeit, Investitions- und Finanzierungstätigkeit)	IAS 7.50b				
Gesamtbetrag der Zahlungsflüsse, die die Erweiterung der betrieblichen Kapazität betreffen im Unterschied zu Zahlungsflüssen, die zur Erhaltung der Kapazitäten erforderlich sind	IAS 7.50c				
Aufgliederung der Zahlungsflüsse aus lfd. Geschäftstätigkeit, Investitions- und Finanzierungstätigkeit nach Geschäftssegmenten	IAS 7.50d				
10. Erläuterungen zur Segmentberichterstattung		4640 ff.			
Hinweis: Nur bei kapitalmarktorientierten Unternehmen					
10.1 Segmentbericht		4650			
Hinweis: Der „eigentliche" Segmentbericht ist zwar Anhangbestandteil, wird aber oft wie ein eigenes Statement im Anschluss an die GuV gezeigt					
10.1.1 Angabe folgender Größen pro Segment:					
Segmentergebnisse	IFRS 8.21b, IFRS 8.23	4644			
Angaben zum Wertminderungsaufwand und zu Wertaufholungen, unterteilt nach erfolgswirksam und erfolgsneutral behandelten Beträgen	IAS 36.129	4650			
Segmentvermögen	IFRS 8.21b, IFRS 8.24	4645			
Segmentschulden (nur, wenn intern an Management berichtet)	IFRS 8.21b	4646			
10.1.2 Überleitung folgender Größen zu den jeweiligen Konzerngesamtwerten	IFRS 8.21c	4647			
Segmentumsatz	IFRS 8.28a				
Segmentergebnis	IFRS 8.28b				
Segmentvermögen	IFRS 8.28c				
Ggf. (wenn Teil der internen Berichterstattung) Segmentschulden	IFRS 8.28d				
Jeder andere berichtete wesentliche Posten	IFRS 8.28e				
10.2 Erläuterung und Abgrenzung von Geschäftssegmenten		4654			
Beschreibung der Unternehmensorganisation (im Hinblick auf Produkte und Dienstleistungen, Regionen etc.)	IFRS 8.22a				

Bereich	Vorschrift	Rz.	Ja	Nein	Ent-fällt
Erläuterung der Zusammenfassung von Geschäftssegmenten nach IFRS 8.12 ff.	IFRS 8.22a				
Erläuterung der Produkte und Dienstleistungen pro Geschäftssegment	IFRS 8.22b				
10.3 Bilanzierungs- und Bewertungsgrundlagen		4653			
Erläuterung der verwendeten Bewertungsmethoden (z.B. IFRS, HGB, kalkulatorische Größen etc.)	IFRS 8.27a				
Erläuterung der Bilanzierung konzerninterner Transaktionen zwischen den Segmenten	IFRS 8.27a				
Erläuterung der Unterschiede zwischen den für die Segmentberichterstattung und den im Konzernabschluss angewendeten Bilanzierungs- und Bewertungsmethoden (soweit nicht aus der Überleitung gem. Ziff. 10.1.2 ersichtlich)	IFRS 8.27b, c, d				
Erläuterung von Art und Ergebnisauswirkung einer Änderung von Bewertungsmethoden gegenüber dem Vorjahr	IFRS 8.27e				
Erläuterung der Art und Auswirkung sog. asymmetrischer Zuordnungen (z.B. Einbeziehung von Abschreibungsaufwand in Segmentergebnis ohne Zuordnung des betreffenden Vermögenswerts zum Segmentvermögen)	IFRS 8.28f				
10.4 Änderung der Segmentzuordnung		4654			
Angabe der Anpassung von Segmentwerten bei Änderung der Segmentzuordnung	IFRS 8.29				
Wenn trotz Änderung des Segmentzuschnitts keine Anpassung der Vorjahreswerte erfolgte, sind im Jahr der Anpassung die Werte nach altem und neuem Zuschnitt zu berichten, es sei denn, dass dies nicht oder nicht mit vertretbarem Aufwand möglich ist	IFRS 8.30				
10.5 Sonstige Angaben					
Hinweis: Diese Angaben sind auch bei Ein-Segment-Unternehmen zu machen (Voraussetzung Kapitalmarktorientierung)	IFRS 8.31				
Hinweis: Bei den Angaben gem. Ziff. 10.5.1 und 10.5.2 sind die im Konzernabschluss angewendeten Bilanzierungs- und Bewertungsgrundsätze anzuwenden	IFRS 8.32, IFRS 8.33				
10.5.1 Aufgliederung der Außenumsatzerlöse		4651			
Aufgliederung nach Arten von Waren oder Dienstleistungen	IFRS 8.32				
Falls nicht oder nur mit unvertretbarem Aufwand durchführbar, dann Angabe dieser Tatsache	IFRS 8.32				
10.5.2 Aufgliederung nach Regionen		4651			
Aufgliederung der Außenumsatzerlöse nach wesentlichen Regionen, mindestens In- und Ausland	IFRS 8.33a				
Aufgliederung langfristiger Vermögenswerte nach wesentlichen Ländern, mindestens In- und Ausland (außer Finanzinstrumente, latente Steuern, Planvermögen bei Versorgungsleistungen und Vermögenswerte aus Versicherungsverträgen)	IFRS 8.33b				

Bereich	Vorschrift	Rz.	Ja	Nein	Ent-fällt
Falls nicht oder nur mit unvertretbarem Aufwand durchführbar, dann Angabe dieser Tatsache	IFRS 8.33				
10.5.3 Umsätze mit Großkunden		4652			
Angabe des Umsatzes mit Kunden, die 10% der Außenumsatzerlöse übersteigen (*Hinweis: keine Namensnennung erforderlich*)	IFRS 8.34				
Kunden, die in gewisser Weise verbunden sind (Unternehmen, Landes- und Bundesregierungsstellen unter common control) gelten insoweit als ein Kunde	IFRS 8.34				
Nennung des/der betroffenen Geschäftssegmente	IFRS 8.34				
11. Sicherungsbeziehungen (Hedge Accounting)		2280 ff.			
11.1 Allgemeine Angaben					
Hinweis: Getrennt für jede Art von Sicherungsgeschäft (Fair value-Hedge, Cashflow-Hedge, Hedges of net investments in foreign operations):					
Beschreibung der Art jeder Sicherungsbeziehung	IFRS 7.22a				
Angabe der zum Bilanzstichtag als Sicherungsinstrument eingesetzten Finanzinstrumente inkl. deren beizulegenden Zeitwerte	IFRS 7.22b				
Art der abgesicherten Risiken	IFRS 7.22c				
11.2 Angaben zu Cashflow-Hedges		2265 ff.			
Die Perioden, in denen die Cashflows erwartungsgemäß auftreten und wann diese sich voraussichtlich in der GuV niederschlagen	IFRS 7.23a				
Eine Beschreibung aller ursprünglich erwarteten, aber nicht länger verfolgten Transaktionen, für die zuvor eine Absicherungsbilanzierung erfolgte	IFRS 7.23b				
Der während der Berichtsperiode erfolgsneutral mit dem Eigenkapital verrechnete Betrag (soweit nicht aus dem Eigenkapitalspiegel ersichtlich)	IFRS 7.23c				
Der in der Berichtsperiode vom Eigenkapital in die GuV umgebuchte Betrag (recycling), (sofern nicht aus dem Eigenkapitalspiegel ersichtlich) inklusive Angabe des GuV-Postens	IFRS 7.23d				
Betrag aus der Absicherung einer höchstwahrscheinlich eintretenden erwarteten Transaktion, der während der Berichtsperiode aus dem Eigenkapital in die Anschaffungskosten oder einen anderen Buchwert eines nicht finanziellen Vermögenswerts oder einer nicht finanziellen Verbindlichkeit umgebucht wurde	IFRS 7.23e				
Der in der GuV erfasste ineffiziente Teil von Cashflow-Hedges	IFRS 7.24b				
11.3 Sonstige Angaben					
Bei Fair value-Hedges, Gewinne und Verluste		2255 ff.			
– aus dem Sicherungsinstrument	IFRS 7.24ai				
– aus dem gesicherten Grundgeschäft	IFRS 7.24aii				
Der in der GuV erfolgswirksam erfasste ineffiziente Teil von Hedges of „net investments in foreign operations"	IFRS 7.24c	2259			

H. Anhang-Checkliste

Bereich	Vorschrift	Rz.	Ja	Nein	Ent-fällt
12. Risikoberichterstattung		2285 ff.			
Hinweis: Soweit nicht in den Lagebericht integriert					
12.1 Allgemeine Grundsätze					
Auffangklausel: Ein Unternehmen hat alle Angaben zu machen, die dem Abschlussadressaten eine Beurteilung der Art und des Ausmaßes der sich aus den Finanzinstrumenten ergebenden Risiken ermöglichen, denen das Unternehmen am Bilanzstichtag ausgesetzt ist	IFRS 7.31				
Hinweis: Die nachfolgenden Angaben des IFRS 7.33–42 konzentrieren sich auf die sich aus den Finanzinstrumenten ergebenden Risiken und deren Management. Typischerweise (jedoch ohne darauf beschränkt zu sein) handelt es sich um das Kreditrisiko (Ausfallrisiko), Liquiditätsrisiko und Marktrisiko	IFRS 7.32				
12.2 Qualitative Angaben					
Für jede aus Finanzinstrumenten resultierende Risikoart:					
Ausmaß und Entstehen von Risiken	IFRS 7.33a				
Ziele, Struktur und Prozesse zur Beurteilung und Steuerung der Risiken	IFRS 7.33b				
Alle Änderungen der beiden vorgenannten Punkte gegenüber dem Vorjahr	IFRS 7.33c				
12.3 Quantitative Angaben					
Für jede aus Finanzinstrumenten resultierende Risikoart:					
Zusammengefasste quantitative Angaben über das Risiko am Bilanzstichtag. *Hinweis: Diese Angaben sollen auf den intern den obersten Leistungsebenen i.S.v. IAS 24 (z.B. Aufsichtsrat oder Vorstand) zur Verfügung gestellten Informationen beruhen*	IFRS 7.34a				
Darüber hinaus bei wesentlichen Risiken die nachfolgend aufgeführten Angaben gemäß IFRS 36–42 geforderten Angaben	IFRS 7.34b				
Risikokonzentrationen (Klumpenrisiken), wenn sie nicht aus den Angaben gemäß IFRS 7.34a, b ersichtlich sind	IFRS 7.34c				
Wenn die zum Bilanzstichtag veröffentlichten quantitativen Angaben nicht repräsentativ für das Ausmaß des Risikos während der Berichtsperiode sind, hat das Unternehmen darüber hinausgehende Angaben zu machen, um Repräsentativität zu erreichen.	IFRS 7.35				
12.4 Kreditrisiko					
12.4.1 Angaben zum Ausfallrisiko					
Für jede Klasse von Finanzinstrumenten:					
Maximales (realistisches) Ausfallrisiko am Bilanzstichtag ohne Berücksichtigung von Sicherheiten oder anderen Bonitätsverbesserungen (z.B. Aufrechnungsmöglichkeiten)	IFRS 7.36a				
Betrag und Beschreibung möglicher gehaltener Sicherheiten und anderer Bonitätsverbesserungen	IFRS 7.36b				
Angaben über die Bonität finanzieller Vermögenswerte, die weder überfällig noch wertgemindert sind	IFRS 7.36c				

Bereich	Vorschrift	Rz.	Ja	Nein	Entfällt
Buchwert von finanziellen Vermögenswerten, deren Vertragsbedingungen neu verhandelt wurden und die anderenfalls in Verzug oder wertgemindert wären	IFRS 7.36d				
12.4.2 Angaben zu finanziellen Vermögenswerten, die überfällig oder wertgemindert sind					
Für jede Klasse von finanziellen Vermögenswerten:					
Altersanalyse der finanziellen Vermögenswerte, die am Bilanzstichtag überfällig, aber nicht wertgemindert sind	IFRS 7.37a				
Analyse finanzieller Vermögenswerte, die am Bilanzstichtag wertberichtigt wurden einschließlich der Wertminderungsfaktoren	IFRS 7.37b				
Für die vorgenannten Beträge eine Beschreibung der von dem Unternehmen gehaltenen Sicherheiten und anderer Bonitätsverbesserungen sowie eine Schätzung der beizulegenden Zeitwerte, sofern dies nicht undurchführbar ist	IFRS 7.37c				
12.4.3 Verwertung erhaltener Sicherheiten und anderer Bonitätsverbesserungen					
Art und Buchwert erhaltener und aktivierter Vermögenswerte	IFRS 7.38a				
Wenn diese Vermögenswerte nicht leicht liquidiert werden können, sind die Grundsätze für den Verkauf oder deren Nutzung zu beschreiben	IFRS 7.38b				
12.5 Liquiditätsrisiko					
Aufgliederung der finanziellen Verbindlichkeiten nach vertraglichen Restlaufzeiten	IFRS 7.39a				
Hinweis: Gemeint ist eine über die Aufgliederung in der Bilanz in kurz- und langfristig hinausgehende feinere Untergliederung	IFRS 7.B11				
Beschreibung des Managements des Liquiditätsrisikos	IFRS 7.39b				
12.6 Marktrisiko					
Falls das Unternehmen zur Risikosteuerung bereits **Sensitivitätsanalysen** einsetzt (z.B. Value-at-risk, die gegenseitige Abhängigkeiten zwischen Risikovariablen, z.B. Zinssätze und Währungskurse berücksichtigen): – Beschreibung der dabei verwendeten Methoden sowie der Hauptparameter und Annahmen – Beschreibung des Ziels der verwendeten Methode und der Grenzen, die daraus entstehen können, dass die Parameter den beizulegenden Zeitwert der einbezogenen Vermögenswerte und Verbindlichkeiten nicht angemessen reflektieren	IFRS 7.41a IFRS 7.41b				
Sofern zur Risikosteuerung bisher keine Sensitivitätsanalysen i.S.v. IFRS 7.41 erstellt wurden, ist eine solche für Zwecke der Risikoberichterstattung anzufertigen: – Sensitivitätsanalyse für jede Marktrisikoart, der das Unternehmen am Bilanzstichtag ausgesetzt ist inkl. Auswirkung möglicher Veränderungen der relevanten Risikovariablen auf Gewinn oder Verlust und Eigenkapital	IFRS 7.40a				

Bereich	Vorschrift	Rz.	Ja	Nein	Ent-fällt
– Beschreibung der dabei angewendeten Methoden und verwendeten Annahmen	IFRS 7.40b				
– Änderung von Methoden und Annahmen gegenüber der Vorperiode unter Angabe der Gründe	IFRS 7.40c				
Wenn die gemäß IFRS 7.40 oder IFRS 7.41 veröffentlichte Sensitivitätsanalyse das Risiko eines Finanzinstruments nicht adäquat widerspiegelt (z.B. weil das Risiko am Jahresende von dem während des Geschäftsjahres bestehenden Risiko abweicht), hat das Unternehmen diese Tatsache und den Grund für diese Wertung anzugeben	IFRS 7.42				
13. Haftungsverhältnisse (Eventualverbindlichkeiten und Eventualforderungen)					
13.1 Eventualverbindlichkeiten		2392			
Beschreibung der Art und Auswirkungen von Eventualverbindlichkeiten (z.B. Bürgschaften, Garantieverträge, Rechtsstreitigkeiten, ggf. im Kontext mit Arbeitnehmern etc.)	IAS 37.86a	2330			
Erläuterung von Unsicherheiten in Bezug auf Höhe und Zeitpunkt des Geld- bzw. Nutzenabflusses	IAS 37.86b	2330			
Insbesondere: Eventualschulden (oder -forderungen) im Kontext mit Steuerstreitigkeiten	IAS 12.88				
Insbesondere: Eventualschulden im Zusammenhang mit Garantien, Ansprüchen seitens Kunden etc.	IAS 18.36				
Insbesondere: Angabe einer Eventualschuld aus Versorgungsleistungen an Arbeitnehmer	IAS 19.125	2490			
Insbesondere: Angabe einer Eventualschuld für ein Angebot auf Abfindungen an Arbeitnehmer, bei dem die Anzahl der Arbeitnehmer, die dem Angebot zustimmen, ungewiss ist	IAS 19.141	2490			
Insbesondere: Mögliche Nachschusspflichten an Entsorgungsfonds i.S.v. IFRIC 5	IFRIC 5.12				
Höhe möglicher Rückgriffsansprüche	IAS 37.85c	2355			
Querverweis auf mögliche gebildete Rückstellungen (Ziff. 7.25.2)	IAS 37.88				
13.2 Eventualforderungen					
Beschreibung der Art und Auswirkung der Eventualforderung	IAS 37.89 f.	2305			
Insbesondere: Mögliche Rückerstattung aus Entsorgungsfonds i.S.v. IFRIC 5	IFRIC 5.13				
13.3 Negativerklärung					
Eine evtl. Nichtangabe der Informationen gem. IAS 37.86 bzw. 37.89 ist anzugeben	IAS 37.91				
14. Sonstige finanzielle Verpflichtungen					
14.1 Bestellobligo					
Zum Erwerb von Sachanlagen	IAS 16.74c				
Zum Erwerb immaterieller Vermögenswerte	IAS 38.122e				

Bereich	Vorschrift	Rz.	Ja	Nein	Entfällt
14.2 Leasingobligo des Leasingnehmers beim Operating Lease					
Hinweis: Sofern nicht bei Bilanzposten, Ziff. 7.8.1 angegeben	IAS 17.35a				
15. Beziehungen zu nahe stehende Personen und Unternehmen		4775 ff.			
15.1 Angaben zum Mutterunternehmen		4775			
Name des direkten Mutterunternehmens	IAS 24.12				
Name des obersten beherrschenden Unternehmens	IAS 24.12				
Falls keines der vorgenannten Unternehmen Abschlüsse veröffentlicht, Name des nächst höheren Mutterunternehmens, das Abschlüsse veröffentlicht	IAS 24.12, IAS 24.15				
15.2 Vergütungen für Mitglieder des Managements in Schlüsselpositionen		4781			
Insgesamt und je Kategorie:					
kurzfristig fällige Leistungen	IAS 24.16a				
Leistungen nach Beendigung des Arbeitsverhältnisses	IAS 24.16b, IAS 19.124b				
andere langfristig fällige Leistungen	IAS 24.16c				
Leistungen aus Anlass der Beendigung des Arbeitsverhältnisses	IAS 24.16d, IAS 19.143				
Aktienorientierte Vergütungen	IAS 24.16e				
15.3 Geschäfte mit nahe stehenden Unternehmen und Personen					
15.3.1 Die nachfolgenden Angaben müssen gesondert für folgende Gruppen erfolgen		4779			
Das Mutterunternehmen	IAS 24.18a				
Unternehmen mit gemeinsamer Führung oder maßgeblichem Einfluss auf das Unternehmen	IAS 24.18b				
Tochterunternehmen	IAS 24.18c				
Assoziierte Unternehmen	IAS 24.18d				
Gemeinschaftsunternehmen	IAS 24.18e				
Mitglieder des Managements in Schlüsselpositionen	IAS 24.18f				
Sonstige nahe stehende Unternehmen und Personen	IAS 24.18g				
15.3.2 Beschreibung der Beziehungen		4777			
Hinweis: Unabhängig davon, ob Geschäfte stattgefunden haben	IAS 24.12 f., IAS 24.17				
– Art der Beziehung					
– Information über das Geschäft					
Beispiele für Geschäftsvorfälle:					
Hinweis: Sachgerechte Aggregierungen sind zulässig	IAS 24.22				
Warenkäufe und -verkäufe	IAS 24.20a				
Käufe und Verkäufe von Grundstücken, Bauten und anderen Vermögenswerten	IAS 24.20b				

H. Anhang-Checkliste

Bereich	Vorschrift	Rz.	Ja	Nein	Ent-fällt
Geleistete oder bezogene Dienstleistungen	IAS 24.20c				
Leasingverhältnisse/Mietverhältnisse	IAS 24.20d				
Transfers im Bereich Forschung und Entwicklung	IAS 24.20e				
Lizenzvereinbarungen	IAS 24.20f				
Finanzierungen	IAS 24.20g				
Gewährung von Bürgschaften und Sicherheiten	IAS 24.20h				
Erfüllung von Verbindlichkeiten für Rechnung des Unternehmens oder durch das Unternehmen für Rechnung Dritter	IAS 24.20i				
Leistungen nach Beendigung des Arbeitsverhältnisses	IAS 19.124a				
Eine evtl. explizite Aussage, dass die Geschäftsbeziehungen dem Fremdvergleich standhalten, darf nur gemacht werden, wenn dies substantiiert nachgewiesen werden kann	IAS 24.21				
15.3.3 Einzelangaben		4778			
Hinweis: Es handelt sich um Mindestangaben					
Betrag des Geschäftsvorfalls	IAS 24.17a				
Ausstehende Salden (soweit nicht bei jeweiligen Bilanzposten genannt, z.B. Ziff. 7.16 ff.), inkl. – Bedingungen und Konditionen einschließlich einer möglichen Besicherung sowie die Art der Leistungserfüllung	IAS 24.17bi				
– Einzelheiten gewährter und erhaltener Garantien	IAS 24.17bii				
Wertberichtigungen auf offene Forderungen	IAS 24.17c				
Periodenaufwand für Forderungsabschreibungen u.Ä.	IAS 24.17d				
16. Vom HGB i.d.F. BilMoG geforderte zusätzliche Anhangangaben					
16.1 Konzernabschluss		4560			
Unterzeichnung	§ 245 HGB				
Nennung der von Offenlegung befreiten Tochtergesellschaften	§ 264 III Nr. 4, § 264b Nr. 3 HGB				
Bilanzeid	§ 297 II S. 4 HGB				
Angabepflichten zum Beteiligungsbesitz	§ 313, II–III HGB				
Durchschnittliche Zahl der Arbeitnehmer, Personalaufwand	§ 314, I Nr. 4 HGB				
Organbezüge; hier ergeben sich Überschneidungen nach IAS 24.16 (Ziff. 15.2)	§ 314, I Nr. 6 HGB				
Entsprechenserklärung zum Corporate Governance Kodex gem. § 161 AktG	§ 314, I Nr. 8 HGB				
Honorar für den Abschlussprüfer (nur bei kapitalmarktorientierten Mutterunternehmen).	§ 314, I Nr. 9 HGB				

H. Anhang-Checkliste

Bereich	Vorschrift	Rz.	Ja	Nein	Ent-fällt
16.2 Einzelabschluss		4561			
Unterzeichnung	§ 245 HGB				
Bilanzeid	§ 264 II S. 3 HGB				
Zahl der beschäftigten Arbeitnehmer	§ 285 S. 1 Nr. 7 HGB				
Personalaufwand des Geschäftsjahrs	§ 285 S. 1 Nr. 8b HGB				
Angaben zu den Organmitgliedern, zu deren Bezügen und zu diesen gewährten Vorschüssen und Krediten (teilweise auch nach IAS 24.16 verlangt, Ziff. 15.2)	§ 285 S. 1 Nr. 9 und 10 HGB				
Angaben über Unternehmen, an denen das bilanzierende Unternehmen zu 20% oder mehr beteiligt oder deren unbeschränkt haftender Gesellschafter es ist. Bei diesen Angaben zum Beteiligungsbesitz ergeben sich teilweise Überschneidungen mit den Angabepflichten nach IAS 27.42 (Ziff. 3.1.2)	§ 285 S. 1 Nr. 11 und 11a HGB				
Angaben zu einem Konzern, dem das bilanzierende Unternehmen angehört. Die Angabepflichten gehen über jene nach IAS 1.138c hinaus (Ziff. 1.2 f.)	§ 285 S. 1 Nr. 14 HGB				
Angaben zu den persönlich haftenden Gesellschaftern bei Gesellschaften i.S.d. § 264a Abs. 1 HGB	§ 285 S. 1 Nr. 15 HGB				
Entsprechenserklärung zum Corporate Governance Kodex gem. § 161 AktG	§ 285 S. 1 Nr. 16 HGB				
Angaben zum Honorar des Abschlussprüfers (nur bei kapitalmarktorientierten Unternehmen)	§ 285 S. 1 Nr. 17 HGB				
Unterlassung von Angaben, soweit es für das Wohl der Bundesrepublik Deutschland erforderlich ist	§ 286 I HGB				
Einschränkung der Angabepflichten zum Anteilsbesitz und zur Beteiligung als persönlich haftender Gesellschafter	§ 286 I HGB				
17. Ereignisse nach dem Bilanzstichtag					
17.1 Ergebnisverwendung					
Hinweis: Soweit nicht in Ziff. 7.18.6 (Eigenkapital) und Ziff. 8.4.5 (Latente Steuern) genannt					
Vor der Veröffentlichungsfreigabe vorgeschlagene oder beschlossene Dividende (insgesamt und je Aktie)	IAS 1.137a, IAS 10.13	4543			
Ertragsteuerliche Konsequenzen	IAS 12.81i				
17.2 Aktualisierung von Anhangangaben bei wertaufhellenden Informationen	IAS 10.19				
17.3 Nennung wesentlicher wertbegründender Ereignisse nach dem Stichtag		730			
Erläuterung der Art und finanziellen Auswirkung *wesentlicher* im Abschluss nicht berücksichtigter wertbegründender Ereignisse (bei Unmöglichkeit der Angabe finanzieller Auswirkungen ist dies anzugeben).	IAS 10.21a, b				
Beispiele:					
Unternehmenserwerbe. *Hinweis: Diesbzgl. Einzelangaben nach IFRS 3 finden sich meist auch in Ziff. 3.4*	IAS 10.22a				

H. Anhang-Checkliste

Bereich	Vorschrift	Rz.	Ja	Nein	Entfällt
Einstellung von Geschäftsbereichen	IAS 10.22b, c				
Wesentliche Anlagenzugänge bzw. Verkäufe und Enteignungen	IAS 10.22c				
Zerstörung wesentlicher Anlagen durch Feuer oder Naturkatastrophen	IAS 10.22d				
Ankündigung oder Beginn wesentlicher Umstrukturierungsmaßnahmen	IAS 10.22e, IAS 37.75				
Wesentliche Eigenkapitaltransaktionen	IAS 10.22f, IAS 33.70d				
Ungewöhnlich hohe Preis- oder Währungsänderungen	IAS 10.22g				
Steuersatzänderungen mit wesentlichen Auswirkungen auf laufende oder latente Steuern	IAS 10.22h, IAS 12.88				
Eingehen wesentlicher Verpflichtungen inkl. Eventualverpflichtungen (z.B. Bürgschaften)	IAS 10.22i				
Beginn von Rechtsstreitigkeiten, die ihre Ursache nach dem Stichtag haben	IAS 10.22j				
17.4 Freigabe des Abschlusses					
Hinweis: Üblicherweise erfolgen diese Angaben mit Unterzeichnung am Schluss des Anhangs					
Zeitpunkt der Freigabe	IAS 10.17	710 ff.			
Nennung des für die Freigabe Verantwortlichen	IAS 10.17	710 ff.			
18. Angaben in Zwischenberichten					
Hinweis: Nur bei kapitalmarktorientierten Unternehmen; zum Anwendungsbereich im Einzelnen §§ 37w ff. WpHG		4801			
Hinweis: Wird der Zwischenbericht als vollständiger Abschluss veröffentlicht, hat der Anhang alle für einen vollständigen Abschluss geforderten Angaben zu enthalten	IAS 34.9				
Die nachfolgenden Angaben beziehen sich auf die üblicherweise **verkürzten Zwischenberichte**		4810 ff.			
18.1 Ausgestaltung verkürzter Zwischenberichte					
Vollständige Angabe aller Überschriften und Zwischensummen des letzten Geschäftsjahresabschlusses	IAS 34.10				
Zusätzliche Angaben, wenn ihr Weglassen irreführend wäre	IAS 34.10				
Generalklausel: Angabe aller für das Verständnis der Veränderungen der Vermögens-, Finanz- und Ertragslage seit dem Abschlussstichtag erforderlichen Angaben	IAS 34.10				
18.2 Übereinstimmungserklärung mit EU-IFRS		4811			
Erklärung, dass der Zwischenabschluss vollständig mit den EU-IFRS übereinstimmt	IAS 34.19				
Bilanzeid (nur bei Halbjahresberichten)	§§ 37w II Nr. 3, 37y Nr. 1 WpHG				

H. Anhang-Checkliste

Bereich	Vorschrift	Rz.	Ja	Nein	Ent-fällt
18.3 Mindestangaben		4830 ff.			
Erklärung, dass die gleichen Bilanzierungs- und Bewertungsmethoden wie im letzten Geschäftsjahresabschluss angewendet wurden bzw. Angabe von Art und Auswirkung von Änderungen	IAS 34.16a				
Erläuterung von Saison- oder Konjunktureinflüssen	IAS 34.16b, IAS 34.21				
Erläuterung ungewöhnlicher Sachverhalte mit wesentlichen Auswirkungen auf den Zwischenabschluss	IAS 34.16c				
Wesentliche Schätzungsänderungen	IAS 34.16d				
Emissionen, Rückkäufe und Rückzahlungen von Schuldverschreibungen oder Eigenkapitaltiteln	IAS 34.16e				
Dividendenzahlungen (zusammengefasst oder je Aktie) für jede Aktiengattung	IAS 34.16f				
Segmentergebnis lt. GuV inklusive Überleitung zum Konzernergebnis lt. GuV (ggf. vor Steuern bzw. aufgegebenen Geschäftsbereichen, wenn das Segmentergebnis dort endet) inkl. Erläuterung wesentlicher Überleitungsposten	IAS 34.16giii/vi				
Angabe von Außen- und Innenumsatzerlösen pro Segment (nur, wenn an den CODM berichtet, Regelfall)	IAS 34.16gi/ii				
Wesentliche Vermögensänderungen (pro Segment) im Vergleich zum letzten Geschäftsjahresabschluss	IAS 34.16giv				
Erläuterung möglicher Änderungen in der Segmentzuordnung oder den angewandten Bilanzierungsprinzipien gegenüber dem letzten Geschäftsjahresabschluss	IAS 34.16gv				
Wesentliche Ereignisse nach dem Stichtag des Zwischenabschlusses	IAS 34.16h				
Auswirkungen wesentlicher Unternehmensänderungen (insb. Konsolidierungskreisänderungen, Restrukturierungen, Aufgabe von Geschäftsbereichen auf den Zwischenabschluss)	IAS 34.16i				
Hinweis Bei Unternehmenszusammenschlüssen sind die in IFRS 3 geforderten Angaben zu machen (s. Ziff. 3.4)	IAS 34.16i				
Änderungen der Eventualschulden und Eventualforderungen seit dem letzten Bilanzstichtag	IAS 34.16j				
18.4 Beispiele für Einzelangaben					
Abschreibungen und Wertaufholungen von Vorräten	IAS 34.17a				
Wertminderungen und Wertaufholungen bei Sachanlagen, immateriellen und anderen Vermögenswerten	IAS 34.17b				
Auflösung von Restrukturierungsrückstellungen	IAS 34.17c				
Anschaffung und Verkauf von Sachanlagen	IAS 34.17d				
Bestellobligo für Sachanlagen	IAS 34.17a				
Beendigung von Rechtsstreitigkeiten	IAS 34.17f				
Fehlerkorrekturen früherer Perioden	IAS 34.17g				
Kreditausfälle und -vertragsbrüche, die nicht bis zum Bilanzdatum beseitigt wurden	IAS 34.17i				

Bereich	Vorschrift	Rz.	Ja	Nein	Ent-fällt
Geschäftsvorfälle mit nahe stehenden Unternehmen und Personen	IAS 34.17j				
18.5 Zusätzliche Angaben bei IFRS Erstanwendung					
Zusätzlich sind bei der IFRS Erstanwendung (im 1. IFRS-Berichtsjahr) folgende Überleitungen erforderlich, falls das Unternehmen auch im Vorjahr Zwischenberichte nach bisherigen Rechnungslegungsmethoden erstellt hat:	IFRS 1.32				
– Überleitung des HGB-Eigenkapitals zum IFRS-Eigenkapital zum Ende jeder Zwischenberichtsperiode	IFRS 1.32ai				
– Überleitung des HGB-Ergebnisses (Jahresüberschuss/-fehlbetrag) auf das IFRS-Ergebnis (Gesamtergebnis) für den entsprechenden Zwischenberichtszeitraum und für den Zeitraum vom Anfang des Geschäftsjahres bis zum Ende des entsprechenden Zwischenberichtszeitraums	IFRS 1.32aii				
– Überleitung von Eigenkapital und Ergebnis gem. IFRS 1.24a/b (s. Ziff. 2.9.2), (nur im 1. Zwischenabschluss)	IFRS 1.32b				
Auch wenn der vormalige HGB-Zwischenbericht keine erläuternden Angaben des IAS 34.15 ff. enthielt, sind diese in den IFRS-Zwischenabschlüssen zu machen	IFRS 1.33				

Literaturverzeichnis

Adler, Hans / Düring, Walther / Schmaltz, Kurt, Rechnungslegung und Prüfung der Unternehmen, 6. Aufl., Stuttgart (Loseblatt)
Adler, Hans / Düring, Walther / Schmaltz, Kurt, Rechnungslegung nach Internationalen Standards, Stuttgart (Loseblatt)
Alexander, David/Archer, Simon, Miller International Accounting Standards Guide, New York u.a. 2000
Alvarez, Manuel, Unterjährige Erfolgsermittlung nach IFRS, PiR 2006, 220–228
Alvarez, Manuel / Büttner, Manuel, ED 8 Operation Segments, KoR 2006, 307–318
Alvarez, Manuel / Wotschofsky, Stefan, Zwischenberichterstattung nach Börsenrecht, IAS und US-GAAP, Bielefeld 2000
Alvarez, Manuel / Wotschofsky, Stefan / Miethig, Michaela, Leasingverhältnisse nach IAS 17: Zurechnung, Bilanzierung, Konsolidierung, WPg 2001, 933–947
Ammann, Helmut / Müller, Stefan, Vergleichende Darstellung der Gewinnrealisierung gem. HGB, US-GAAP und IAS bei langfristiger Fertigung, BBK 2002, Fach 20, 601–614
Ammedick, Oliver / Strieder, Thomas, Zwischenberichterstattung börsennotierter Gesellschaften, München 2002
Andrejewski, Kai C., Bilanzierung der Zusammenschlüsse von Unternehmen unter gemeinsamer Beherrschung als rein rechtliche Umgestaltung, BB 2005, 1436–1438
Andrejewski, Kai C. / Böckem, Hanne, Die Bedeutung natürlicher Personen im Kontext des IAS 24, KoR 2005, 170–176
Andrejewski, Kai C. / Fladung, Hans-Dieter / Kühn, Sigrid, Abbildung von Unternehmenszusammenschlüssen nach ED IFRS 3, WPg 2006, 80–88
Arbeitskreis „Externe Unternehmensrechnung" der Schmalenbach-Gesellschaft Deutsche Gesellschaft für Betriebswirtschaft e.V., Die Zukunft der Rechnungslegung aus Sicht von Wissenschaft und Praxis – Fachprogramm des Arbeitskreises Externe Unternehmensrechnung im Rahmen des 54. Deutschen Betriebswirtschafter-Tags, DB 2001, 160 f.
Assmann, Heinz-Dieter / Schneider, Uwe H. (Hrsg.), Wertpapierhandelsgesetz – Kommentar, 4. Aufl., Köln 2006

Bader, Axel / Pickl, Hubert, Bilanzielle Würdigung von Internetauftritten nach IFRS, PIR 2006, 141–145
Baetge, Jörg, in: Schmalenbach-Gesellschaft e.V. (Hrsg.), Internationalisierung der Wirtschaft, Stuttgart 1993, 113 ff.
Baetge, Jörg / Beermann, Thomas, Die Neubewertung des Sachanlagevermögens nach International Accounting Standards (IAS), StuB 1999, 341–348
Baetge, Jörg / Kirsch, Hans-Jürgen / Thiele, Stefan, Konzernbilanzen, 7. Aufl., Düsseldorf 2004
Baetge, Jörg / Kirsch, Hans-Jürgen / Leuschner, Carl-Friedrich / Jerzembek, Lothar, Die Kapitalabgrenzung nach IAS 32 – Ein Vorschlag zur Modifizierung des IAS 32, DB 2006, 2133–2138
Baetge, Jörg / Lienau, Achim, Praxis der Bilanzierung latenter Steuern im Konzernabschluss nach IFRS im DAX und MDAX, WPg 2007, 15–22

Baetge, Jörg / Schulz, Roland, Fair value-Option für Verbindlichkeiten, PIR 2006, 127–134

Baetge, Jörg / Winkeljohann, Norbert / Haenelt, Timo, Die Bilanzierung des gesellschaftsrechtlichen Eigenkapitals von Nicht-Kapitalgesellschaften nach der novellierten Kapitalabgrenzung des IAS 1 (rev. 2008), DB 2008, 1518–1522

Baetge, Jörg / Zülch, Henning, Fair Value-Accounting, BFuP 2001, 543–562

Baetge, Jörg / Zülch, Henning, Rechnungslegungsgrundsätze nach HGB und IFRS, in v. Wysocki / Schulze-Osterloh / Hennrichs / Kuhner (Hrsg.), Handbuch des Jahresabschlusses (HdJ), Abt. I/2 (2006)

Baetge, Jörg u.a. (Hrsg.), Rechnungslegung nach IFRS: Kommentar auf der Grundlage des deutschen Bilanzrechts, 2. Aufl., Stuttgart (Loseblatt)

Ballwieser, Wolfgang, Die Entwicklung der Theorie der Rechnungslegung in den USA, ZfbF-Sonderheft 32/1993, 107–138

Ballwieser, Wolfgang, Geschäftswert, in Busse von Colbe / Pellens (Hrsg.), Lexikon des Rechnungswesens, 4. Aufl., München/Wien 1998, S. 283–286

Ballwieser, Wolfgang, Informations-GoB – auch im Lichte von IAS und US-GAAP, KoR 2002, 115–121

Ballwieser, Wolfgang, Unternehmensbewertung in der IFRS-Rechnungslegung, in Börsig, Clemens / Wagenhofer, Alfred (Hrsg.), IFRS in Rechnungswesen und Controlling, Stuttgart 2006, S. 265–282

Ballwieser, Wolfgang / Küting, Karlheinz / Schildbach, Thomas, Fair value – erstrebenswerter Wertansatz im Rahmen einer Reform der handelsrechtlichen Rechnungslegung?, BFuP 2004, 529–549

Ballwieser, Wolfgang (Hrsg.), US-amerikanische Rechnungslegung, 4. Aufl., Stuttgart 2000

Ballwieser, Wolfgang u.a. (Hrsg.), Bilanzrecht und Kapitalmarkt, Festschrift Moxter, Düsseldorf 1994

Ballwieser, Wolfgang, IFRS-Rechnungslegung, Vahlen 2006

Ballwieser, Wolfgang / Küting, Karlheinz / Schildbach, Thomas, Fair value – erstrebenswerter Wertansatz im Rahmen einer Reform der handelsrechtlichen Rechnungslegung?, BFuP 2004, 529–549

Balthasar, Helmut in Ebke, Werner F. / Luttermann, Claus / Siegel, Stanley, Internationale Rechnungslegungsstandards für börsenunabhängige Unternehmen? Baden-Baden 2007, S. 247 ff.

Balz, Gerhard K. / Ilina, Ksenis, Kommanditkapital nach International Accounting Standards – ist die GmbH & Co. KG kapitalmarkttauglich?, BB 2005, 2759–2763

Barckow, Andreas, Die Bilanzierung von derivativen Finanzinstrumenten und Sicherungsbeziehungen, Düsseldorf 2004

Barckow, Andreas, ED Fair Value Option – Der Entwurf des IASB zur Einschränkung der Fair-Value-Option in IAS 39 (rev. 2003), WPg 2004, 793–798

Barckow, Andreas / Glaum, Martin, Bilanzierung von Finanzinstrumenten nach IAS 39 (rev. 2004) – ein Schritt in Richtung Full Fair Value Model?, KoR 2004, 185–203

Barckow, Andreas / Schmidt, Martin, IASB Exposure Draft „Financial Instruments Puttable at Fair Value and Obligations Arising on Liquidation", KoR 2006 623–634

Barckow, Andreas / Schmidt, Martin, Die Abgrenzung von Eigenkapital und Fremdkapital – der Entwurf des IASB zu Änderungen an IAS 32, WPg 2006, 950–952

Baumbach, Adolf / Hopt, Klaus J., Kommentar zum Handelsgesetzbuch, 33. Aufl., München 2008

Baumunk, Henrik, Anlageimmobilien (IAS 40), in Weber, Ernst / Baumunk, Henrik (Hrsg.), IFRS Immobilien, München 2005, S. 71–97

Beck'scher Bilanz-Kommentar, 6. Aufl., München 2006

Beck'sches IFRS-Handbuch, 2. Aufl., München 2006

Beiersdorf, Kati, IFRS für kleine und mittelgroße Unternehmen: Veröffentlich des Arbeitsentwurfs, BB 2006, 1898–1900

Beiersdorf, Kati / Buchheim, Regine, IASB-Diskussionspapier „Management Commentary" – Export des deutschen Lageberichts als Managementbericht?, BB 2006, 96–100

Beiersdorf, Kati / Davis, Annette, IASB-Standard for Small and Medium-sized Entities: keine unmittelbare Rechtswirkung in Europa, BB 2006, 987–990

Beiersdorf, Kati / Rake, Ingo, Verabschiedung des Gesetzes zur Umsetzung der EU-Transparenzrichtlinie (TUG) – Update zu BB 2006, 1874 ff., BB 2007, 99–100

Benecke, Birka, Internationale Rechnungslegung und Management Approach, Wiesbaden 2000

Berger, Axel, Was der DPR aufgefallen ist: Ermessensspielraum und die Bilanzierung von latenten Steuern auf Verlustvorträge, DB 2006, 2473–2475

Beyhs, Oliver, Impairment of Assets nach International Accounting Standards, Frankfurt/M. u.a. 2002

Beyhs, Oliver / Buschhüter, Michael / Wagner, Bernadette, Die neuen Vorschläge des IASB zur Abbildung von Tochter- und Zweckgesellschaften in ED 10, KoR 2009, 61–73

Beyhs, Oliver / Wagner, Bernadette, Die neuen Vorschriften des IASB zur Abbildung von Unternehmenszusammenschlüssen, DB 2008, 73–83

Biebel, Reinhard, Rechnungslegung aus europäischer Sicht, IRZ 2008, 79–85

Bieg, Hartmut / Heyd, Reinhard (Hrsg.), Fair Value, München 2005

Bieker, Markus, Ökonomische Analyse des Fair Value Accounting, Frankfurt/M., 2006

Bieker, Markus, Der Fair Value im Karriere-Knick? – Auswirkungen der Finanzmarktkrise auf die fair value-Bewertung von Finanzinstrumenten nach IFRS, PiR 2008, 394–399

Bieker, Markus / Schmidt, Lars, Der Vorschlag der Europäischen Kommission zur Änderung der Bilanzrichtlinien, KoR 2002, 206–219

Bieker, Markus / Theile, Carsten (Hrsg.), Zukunftsperspektiven der New Economy, Herne 2001

Biener, Herbert, Bedeutung und Chancen der IASC-Vorschriften als internationale Rechnungslegungsnorm, in Dörner, Dietrich u.a. (Hrsg.), IASC-Rechnungslegung, Düsseldorf 1995, S. 9–25

Bischof, Stefan, Erfassung der ausschüttungsbedingten Änderung des Körperschaftsteueraufwands nach Handelsrecht und nach International Accounting Standards im Licht der §§ 37 und 38 KStG, DB 2002, 1565–1569

Bischof, Stefan / Molzahn, Sybille, IAS 1 (revised 2007) „Presentation of Financial Statements", IRZ 2008, 171–179

Bischof, Stefan / Ross, Norbert, Qualitative Mindestanforderungen an das Organ nach HGB und IFRS bei einem Mutter-Tochter-Verhältnis durch Organschaft, BB 2005, 203–207

Bitz, Michael / Schneeloch, Dieter / Wittstock, Wilfried, Der Jahresabschluss, 4. Aufl., München 2003

Black, Fischer / Scholes, Myron, The Pricing of Options and Corporate Liabilities, in The Journal of Political Economy 1973, S. 637–654

Blaum, Ulf / Kessler, Harald, Das Ende der phasengleichen Vereinnahmung von Beteiligungserträgen in der Steuerbilanz?, StuB 2000, 1233–1246

Bleckmann, Albert, Zu den Auslegungsmethoden des Europäischen Gerichtshofs, NJW 1982, 1177–1182

Böckem, Hanne / Schurbohm, Anne, Die Bilanzierung von Immobilien nach den International Accounting Standards, KoR 2002, 38–51

Böckem, Hanne / Schurbohm-Ebneth, Anne, Praktische Fragestellungen der Implementierung von IAS 40 – Als Finanzanlagen gehaltene Immobilien (investment properties), KoR 2003, 335–343

Böckem, Hanne / Schurbohm-Ebneth, Anne, Klassifizierung von Immobilien in Weber, Ernst / Baumunk, Henrik (Hrsg.), IFRS Immobilien, München 2005, S. 5–22

Böcking, Hans-Joachim, Segmentberichterstattung – Ein Baustein zur Kontrolle und Transparenz im Unternehmensbereich!, in Dörner / Menold / Pfitzer (Hrsg.), Reform des Aktienrechts, der Rechnungslegung und Prüfung: KonTraG – KapAEG – EuroEG – StückAG, Stuttgart 1999, S. 505–538

Bömmelburg, Peter / Landgraf, Christian / Luce, Karsten, Die Auswirkungen der Eigenkapitalabgrenzung nach IAS 32 (rev. 2008) auf deutsche Personengesellschaften, PiR 2008, 143–149

Bogajewskaja, Janina, Exposure Draft des IASB zur Änderung des IAS 1 Presentation of Financial Statements, BB 2006, 1155–1159

Bohl, Werner, IAS/IFRS und steuerliche Gewinnermittlung, DB 2004, 2381–2383

Bonin, Christoph, Finanzinstrumente im IFRS-Abschluss – Planung grundlegender Neuerungen der Angabepflichten durch ED 7 Financial Instruments: Disclosures, DB 2004, 1569–1573

Boujong, Karlheinz / Ebenroth, Carsten Thomas / Joost, Detlev (Hrsg.), HGB-Kommentar, München 2001

Breker, Norbert / Gebhardt, Günther / Pape, Jochen, Das Fair-Value-Projekt für Finanzinstrumente – Stand der Erörterungen der Joint Working Group of Standard Setters im Juli 2000, WPg 2000, 729–744

Breker, Norbert / Harrison Davis A. / Schmidt, Martin, Die Abgrenzung von Eigen- und Fremdkapital – Der gegenwärtige IASB-Ansatz und Verbesserungsvorschläge, KoR 2005, 469–479

Breker, Norbert / Naumann, Klaus-Peter / Tielmann, Sandra, Der Wirtschaftsprüfer als Begleiter der Internationalisierung der Rechnungslegung, WPg 1999, 140–154 (Teil I) und 185–195 (Teil II)

Brodersen, Christian / Littan, Sonja, Realisierung des Körperschaftsteuer-Guthabens durch Umwandlung in eine Personengesellschaft. Gestaltungsüberlegungen zum StVergAbG, GmbHR 2003, 678–683

Broser, Manuela / Hoffjan, Andreas / Strauch, Joachim, Bilanzierung des Eigenkapitals von Kommanditgesellschaften nach IAS 32 (rev. 2003), KoR 2004, 452–459

Brücks, Michael / Duhr, Andreas, Bilanzierung von Contingent Assets und Contingent Liabilities: Beispielhafte Würdigung der aktuellen Überlegungen von IASB und FASB, KoR 2006, 243–251

Brücks, Michael / Kerkhoff, Guido / Richter, Michael, Impairmenttest für den Goodwill nach IFRS – Vergleich mit den Regelungen nach US-GAAP: Gemeinsamkeiten und Unterschiede, KoR 2005, 1–7

Brücks, Michael / Richter, Michael, Business Combinations (Phase II), KoR 2005, 407–415

Brücks, Michael / Wiederhold, Philipp, IFRS 3 Business Combinations, KoR 2004, 177–185

Brüggemann, Benedikt / Lühn, Michael / Siegel, Mikosch, Bilanzierung hybrider Finanzinstrumente nach HGB, IFRS und US-GAAP im Vergleich, KoR 2004, 340–352 und 389–402

Brüggerhoff, Jürgen, Capital Asset Pricing Model (CAPM), in Busse von Colbe / Pellens (Hrsg.), Lexikon des Rechnungswesens, 4. Aufl., München/Wien 1998, S. 157–159

Buchheim, Regine / Gröner, Susanne / Kühne, Mareike, Übernahme von IAS/IFRS in Europa: Ablauf und Wirkung des Komitologieverfahrens auf die Rechnungslegung, BB 2004, 1783–1788

Buchheim, Regine / Knorr, Liesel, Der Lagebericht nach DRS 15 und internationale Entwicklungen, WPg 2006, 413–425

Buchheim, Regine / Knorr, Liesel / Schmidt, Martin, Anwendung der IFRS in Europa: Das neue Endorsement-Verfahren, KoR 2008, 334–341

Buchheim,Regine / Knorr, Liesel / Schmidt, Martin, Anwendung der IFRS in Europa: Die Auswirkungen des neuen Endorsement-Verfahrens auf die Rechnungslegung, KoR 2008, 373–379.

Buchheim, Regine / Schmidt, Martin, IFRS 7: Angaben zu Finanzinstrumenten – Darstellung und Würdigung, KoR 2005, 397–406

Busse von Colbe, Walther, Zur Umrechnung der Jahresabschlüsse ausländischer Konzernunternehmen für die Aufstellung von Konzernabschlüssen bei Wechselkursänderungen, in The Finnish Journal of Business Economics, 1972, S. 306–333

Busse von Colbe, Walther, Handelsrechtliche Bilanzierung von Optionsanleihen und Optionsentgelten aus betriebswirtschaftlicher Sicht, in Busse von Colbe u.a. (Hrsg.), Bilanzierung von Optionsanleihen im Handelsrecht, Heidelberg 1987

Busse von Colbe, Walther, Gefährdung des Kongruenz-Prinzips durch erfolgsneutrale Verrechnung von Aufwendungen im Konzernabschluss, in Adolf Moxter u.a. (Hrsg.), Festschrift Forster, 1992, S. 125–138

Busse von Colbe, Walther, Die Entwicklung des Jahresabschlusses als Informationsinstrument, ZfbF-Sonderheft 32/1993, 11–29

Busse von Colbe, Walther, Entwicklungstendenzen und Internationalisierung der Rechnungslegung von Konzernen, in Odenthal u.a. (Hrsg.), Wirtschaftswissenschaft und Unternehmenspraxis – Tagungsband zum 1. Bochumer Ökonomen-Tag, Bochum 1998, S. 61–68

Busse von Colbe, Walther, Eigenkapitalveränderungsrechnung nach dem E-DRS 7, BB 2000, 2405–2407

Busse von Colbe, Walther, Bilanzierung des Goodwill – FASB bläst zum Rückzug, BB 2001, Heft 9, Seite I („die erste Seite")

Busse von Colbe, Walther, Ist die Bilanzierung des Firmenwerts nach dem Non-amortization-Impairment-Ansatz des SFAS-Entwurfs von 2001 mit § 292a HGB vereinbar?, DB 2001, 877–879

Busse von Colbe, Walther, Die deutsche Rechnungslegung vor einem Paradigmawechsel, ZfbF 2002, 159–172

Busse von Colbe, Walther, Vorschlag der EG-Kommission zur Anpassung der Bilanzrichtlinien an die IAS – Abschied von der Harmonisierung?, BB 2002, 1530–1536

Busse von Colbe, Walther, Kleine Reform der Konzernrechnungslegung durch das TransPuG – Ein weiterer Schritt zur Internationalisierung der Rechnungslegung, BB 2002, 1583–1588
Busse von Colbe, Walther u.a., Konzernabschlüsse, 8. Aufl., Wiesbaden 2006
Busse von Colbe, Walther / Becker, Winfried / Berndt, Helmut (Hrsg.), Ergebnis je Aktie nach DVFA/SG, 3. Aufl., Stuttgart 2000
Busse von Colbe, Walther / Falkenhahn, Gunther, Neuere Entwicklung der Methoden der Kapitalkonsolidierung, in Jander, Heidrun / Krey, Antje (Hrsg.), Betriebliches Rechnungswesen und Controlling im Spannungsfeld von Theorie und Praxis, Festschrift für Jürgen Graßhoff, Hamburg 2005
Busse von Colbe, Walther / Pellens, Bernhard (Hrsg.), Lexikon des Rechnungswesens, 4. Aufl., München/Wien 1998
Busse von Colbe, Walther / Reinhard, Herbert (Hrsg.), Zwischenberichterstattung nach neuem Recht für börsennotierte Unternehmen, Stuttgart 1989
Busse von Colbe, Walther / Seeberg, Thomas (Hrsg.), Vereinbarkeit internationaler Konzernrechnungslegung mit handelsrechtlichen Grundsätzen – Empfehlungen des Arbeitskreises „Externe Unternehmensrechnung" der Schmalenbach-Gesellschaft – Deutsche Gesellschaft für Betriebswirtschaft e.V., 2. Aufl., ZfbF-Sonderheft 43/1999

Cairns, David, Applying international accounting standards, 3. Aufl., London 2002
Castan, Edgar u.a., Beck'sches Handbuch der Rechnungslegung, München (Loseblatt)
Ciric, Dejan, Grundsätze ordnungsmäßiger Wertaufhellung, Düsseldorf 1995
Clemm, Hermann, Zur Problematik einer wahren Rechnungslegung, in Crezelius, Georg / Hirte, Heribert / Vieweg, Klaus (Hrsg.), Festschrift für Volker Röhricht, Köln 2005, S. 767–785
Clemm, Hermann / Nonnenmacher, Rolf, Überlegungen zur Bilanzierung von Swapgeschäften, in Knobbe-Keuk / Klein / Moxter (Hrsg.), Handelsrecht und Steuerrecht, Festschrift Döllerer, Düsseldorf 1988, S. 65–79
Coenenberg, Adolf G., Jahresabschluss und Jahresabschlussanalyse, 20. Aufl., Landsberg a.L. 2005

Dettmeier, Michael / Pöschke, Moritz, Das Eigenkapital der deutschen Immobilien-Aktiengesellschaft (REIT) nach IAS 32, PiR 2008, 86–89
Deutsches Rechnungslegungs Standards Committee e.V. (Hrsg.), Deutsche Rechnungslegungs Standards (DRS), Stuttgart (Loseblatt)
Dietborn, Christof / Strnad, Oliver, Besteuerung von Aktienoptionen nach dem Erlass des Finanzministeriums NRW vom 27.3.2003 – erste Würdigung, BB 2003, 1094–1096
Dötsch, Ewald u.a. (Hrsg.), Die Körperschaftsteuer – Kommentar zum Körperschaftsteuergesetz, Stuttgart Loseblatt
Dorenkamp, Axel, Materiality-Entscheidungen: Qualitativer statt quantitativer Prüfungsansatz, BB 2003, 1116–1119
Drukarczyk, Jochen, Finanzierung, 10. Aufl., Stuttgart 2008
Dyckerhoff, Christian / Lüdenbach, Norbert / Schulz, Roland, Praktische Probleme bei der Durchführung von Impairment-Tests im Sachanlagevermögen, in Axel v. Werder / Harald Wiedmann (Hrsg.), Internationalisierung der Rechnungslegung und Corporate Governance, Festschrift für Klaus Pohle, Stuttgart 2003, S. 33–60

Ebbers, Gabi, IFRS 4: Insurance Contracts, WPg 2004, 1377–1385

Ebeling, Ralf Michael, Die Einheitsfiktion als Grundlage der Konzernrechnungslegung – Aussagegehalt und Ansätze zur Weiterentwicklung des Konzernabschlusses nach deutschem HGB unter Berücksichtigung konsolidierungstechnischer Fragen, Stuttgart 1995

Eckes, Burkhard / Sittmann-Haury, Caroline, Die neuen Offenlegungsvorschriften zu Finanzinstrumenten nach IFRS 7 und zum Kapital nach IAS 1 – Aussagekraft und Implikationen für die Praxis, WPg 2006, 425–436

Eckes, Burkhard / Weigel, Wolfgang, Die Fair Value-Option, KoR 2006, 415–423

Eisele, Wolfgang / Kratz, Norbert, Der Ausweis von Anteilen außenstehender Gesellschafter im mehrstufigen Konzern, ZfbF 1997, 291–310

Eitzen, Bernd v. / Dahlke, Jürgen / Kromer, Christoph, Auswirkungen des IFRS 3 auf die Bilanzierung latenter Steuern aus Unternehmenszusammenschlüssen, DB 2005, 509–513

Ekkenga, Jens, Bilanzierung von Stock Options Plans nach US-GAAP, IFRS und HGB – Aktuelle Entwicklungen und aktienrechtliche Zulässigkeit der Aufwandsverrechnung, DB 2004, 1897–1903

Emmerich, Gerhard / Naumann, Klaus-Peter, Zur Behandlung von Genussrechten im Jahresabschluss von Kapitalgesellschaften, WPg 1994, 677–689

Epstein, Barry J. / Mirza, Abbas Ali, IAS 2004 Interpretation and Application, New York 2004

Erchinger, Holger / Melcher, Winfried, Fehler in der Internationalen Rechnungslegung, KoR 2008, 616–625 (Teil 1); 679–689 (Teil 2)

Ernst & Young (Hrsg.), Kommentar zum Körperschaftsteuergesetz, Loseblatt, Bonn Berlin

Ernst & Young (Hrsg.), International GAAP 2008, London 2008

Ernst & Young (Hrsg.), International GAAP 2009, London 2009

Ernst & Young (Hrsg.), IFRS/US GAAP Comparison, 3. Aufl., London 2005

Ernsting, Ingo, Auswirkungen des Steuersenkungsgesetzes auf die Steuerabgrenzung in Konzernabschlüssen nach US-GAAP und IAS, WPg 2001, 11–22

Ernsting, Ingo / von Keitz, Isabel, Bilanzierung von Rückstellungen nach IAS 37, DB 1998, 2477–2484

Ernsting, Ingo / Loitz, Rüdiger, Zur Bilanzierung latenter Steuern bei Personengesellschaften nach IAS 12, DB 2004, 1053–1060

Esser, Maik, Goodwillbilanzierung nach SFAS 141/142 – Eine ökonomische Analyse, Frankfurt/M. u.a. 2004

Esser, Maik, Leasingverhältnisse in der IFRS-Rechnungslegung – Darstellung der Leasingbilanzierung gem. IAS 17 und IFRIC 4, StuB 2005, 429–436

Esser, Maik / Hackenberger, Jens, Bilanzierung immaterieller Vermögenswerte des Anlagevermögens nach IFRS und US-GAAP, KoR 2004, 402–414

Falkenhahn, Gunther, Änderungen der Beteiligungsstruktur an Tochtergesellschaften, Düsseldorf 2006

Fédération des Experts Comptables Européens, How European Companies are Applying IAS 19 (revised) on Pension Accounting in the first Years of Application, o.O., 2001

Federmann, Rudolf, Bilanzierung nach Handelsrecht und Steuerrecht, 12. Aufl., Berlin 2008

Feld, Klaus-Peter, Die Bilanzierung von Pensionsrückstellungen nach HGB und IAS – Überblick über die wesentlichen Regelungen und Unterschiede unter

Berücksichtigung von Abweichungen zwischen IAS und US-GAAP, WPg 2003, 573–586 und 638–648

Fey, Gerd / Mujkanovic, Robin, Segmentberichterstattung im internationalen Umfeld, DBW 1999, 261–275

Findeisen, Klaus-Dieter, Die Bilanzierung von Leasingverträgen nach den Vorschriften des International Accounting Standards Committee, RIW 1997, 838–847

Fink, Christian, Management Commentary: Eine Diskussionsgrundlage zur internationalen Lageberichterstattung, KoR 2006, 141–152

Fink, Christian, Improvements to IFRSs, PiR 2008, 281–289

Fink, Christian / Ulbrich, Philipp, Segmentberichterstattung nach ED 8 – Operating Segments, KoR 2006, 233–243

Fischer, Daniel T., Das Diskussionspapier „Preliminary Views on Revenue Recognition in Contracts with Customers" des IASB und des FASB, PiR 2009, 111–113.

Fischer, Hardy / Wagner, Thomas, Das BMF-Schreiben zur Zinsschranke – Überblick/Bewertung/Verbleibende Gestaltungen, BB 2008, 1872–1879

Fischer, Thomas M. / Vielmeyer, Uwe, Bilanzierung der Aufwendungen für die Erstellung von Internetauftritten nach US-GAAP, IAS und HGB, BB 2001, 1294–1301

Fladt, Guido / Feige, Peter, Die Änderungsvorschläge des IASB zu IAS 37 und IAS 19 – Analyse und kritische Würdigung –, WPg 2006, 274–281

Förschle, Gerhart / Kroner, Matthias, International Accounting Standards: Offene Fragen zur künftigen Steuerabgrenzung, DB 1996, 1633–1639

Förschle, Gerhart / Kroner, Matthias / Heddäus, Birgit, Ungewisse Verpflichtungen nach IAS 37 im Vergleich zum HGB, WPg 1999, 41–54

Focken, Elke / Schaefer, Wiebke, Umstellung der Bilanzierung des Sachanlagevermögens auf IAS/IFRS – ein Praxisbeispiel, BB 2004, 2343–2349

Franke, Günter / Hax, Herbert, Finanzwirtschaft des Unternehmens und Kapitalmarkt, 5. Aufl., Berlin 2003

Freiberg, Jens, Earn out-Klauseln beim Unternehmenserwerb (ED 10), PiR 2008, 31–33

Freidl, David / Kühn, Bettina, Bewertung, Einsatz und Bilanzierung von Zinsswaps in Industrieunternehmen, BBK 2008, 1293–1306

Füllbier, Rolf Uwe, Systemtauglichkeit der International Financial Reporting Standards für Zwecke der steuerlichen Gewinnermittlung, StuW 2006, 228–242

Fülbier, Rolf Uwe / Fehr Jane, Aktueller Diskussionsstand im aktuellen IASB/FASB-Leasingprojekt: Weiter Richtung full fair value?, PiR 2008, 181–188

Fülbier, Rolf Uwe / Gassen, Joachim, Das Bilanzrechtsmodernisierungsgesetz (BilMoG):Handelsrechtliche GoB vor der Neuinterpretation, DB 2007, 2605–2612

Fülbier, Rolf Uwe / Gassen, Joachim / Küting, Ulrich / Weller, Manuel, Öffentliche Zuwendungen und Bilanzpolitik: Eine beispielhafte Analyse von IAS 20, KoR 2008, 474–484

Fülbier, Rolf Uwe / Honold, Dirk / Klar, Alexander, Bilanzierung immaterieller Vermögenswerte, RIW 2000, 833–844

Fülbier, Rolf Uwe / Mages, Monika K., Überlegungen zur Bilanzierung latenter Steuern bei Personengesellschaften nach IAS 12, KoR 2007, 69–79

Fülbier, Rolf Uwe / Pferdehirt, Marc Henrik, Überlegungen des IASB zur künftigen Leasingbilanzierung: Abschied vom off balance sheet approach, KoR 2005, 275–285

Fülbier, Rolf Uwe / Silva, Jorge Lirio / Pferdehirt, Marc Henrik, Impact of Lease Capitalization on Financial Rations of Listed German Companies, sbr 2008, 122–144.

Fülbier, Rolf Uwe / Sellhorn, Thorsten, Pensionsverpflichtungen nach IAS 19 – Eine beispielhafte Darstellung, StuB 2004, 385–394

Ganssauge, Karsten / Mattern, Oliver, Der Eigenkapitaltest im Rahmen der Zinsschranke, DStR 2008, 213–219 (Teil 1) und 267–270 (Teil 2)

Gassen, Joachim / Fischkin, Michael / Hill, Verena, Das Rahmenkonzept-Projekt des IASB und des FASB: Eine normendeskriptive Analyse des aktuellen Stands, WPg 2008, 874–882

Gebhardt, Günther, Konsistente Bilanzierung von Aktienoptionen und Stock Appreciation Rights – eine konzeptionelle Auseinandersetzung mit E-DRS 11 und IFRS ED 2, BB 2003, 675–681

Gebhardt, Günther / Naumann, Thomas K., Grundzüge der Bilanzierung von Financial Instruments und von Absicherungszusammenhängen nach IAS 39, DB 1999, 1461–1469

Gelhausen, Hans Friedrich / Hönsch, Henning, Bilanzierung aktienkursabhängiger Entlohnungsformen, WPg 2001, 69–81

Glaum, Martin / Förschle, Gerhart, Rechnungslegung für Finanzinstrumente und Risikomanagement – Ergebnisse einer empirischen Untersuchung, DB 2000, 1525–1534

Göth, Peter, Das Eigenkapital im Konzernabschluss. Bilanzielle Darstellung, Ergebnisverwendungsrechnung, Konsolidierungstechnik, Stuttgart 1997

Goette, Wulf, Ausschließung und Austritt aus der GmbH in der Rechtsprechung des Bundesgerichtshofs, DStR 2001, 533–542

Götz, Jan / Spanheimer, Jürgen, Nutzungsrechte im Anwendungsbereich von IAS 17 – Inhalt und Auswirkungen von IFRIC 4 zur Identifizierung von Leasingverhältnissen, BB 2005, 259–265

Gohdes, Alfred E., IAS 19 – Endgültige Neufassung, Betriebliche Altersversorgung 1998, S. 166–170

Gosch, Dietmar, Einige Bemerkungen zur aktuellen bilanzsteuerrechtlichen Rechtsprechung des I. Senats des BFH, DStR 2002, 977–984

Gros, Stefan E., Bilanzierung eines „bargain purchase" nach IFR 3, DStR 2005, 1954–1960

Großer, Christina, Sollen nach International Accounting Standards Abschlussaufwendungen aktiviert und eine Schwankungsrückstellung passiviert werden?, ZVersWiss 2000, 301–322

Grünberger, David, Bilanzierung von Finanzgarantien nach der Neufassung von IAS 39, KoR 2006, 81–92

Günther, Edeltraud, Rechnungslegung von Emissionsrechten, KoR 2003, 432–443

Haaker, Andreas, Die Zuordnung des Goodwill auf Cash Generating Units zum Zweck des Impairment-Tests nach IFRS, KoR 2005, 426–434

Haaker, Andreas, Einheitstheorie und Fair Value-Orientierung: Informationsnutzen der full goodwill method nach ED IFRS 3 und mögliche Auswirkungen auf die investororientierte Bilanzanalyse, KoR 2006, 451–458

Habersack, Matthias / Mülbert, O. Peter. / Schlitt, Michael (Hrsg.), Unternehmensfinanzierung am Kapitalmarkt, 2. Aufl. Köln 2008

Hachmeister, Dirk, Reporting Financial Performance und Fair Value, in Bieg, Hartmut / Heyd, Reinhard (Hrsg.), Fair Value, München 2005, S. 371–389

Hachmeister, Dirk, Verbindlichkeiten nach IFRS, München 2006

Hachmeister, Dirk, Das Finanzanlagevermögen, in v. Wysocki / Schulze-Osterloh / Hennrichs / Kuhner (Hrsg.), Handbuch des Jahresabschlusses (HdJ), Abt. II/3 (2006)

Hachmeister, Dirk / Kunath, Oliver, Die Bilanzierung des Geschäfts- oder Firmenwerts im Übergang auf IFRS 3, KoR 2005, 62–75

Hain, Thorsten, Restrukturierungsaufwendungen in der Rechnungslegung nach HGB, IAS und US-GAAP, Düsseldorf 2000

Haller, Axel, Die Grundlagen der externen Rechnungslegung in den USA, 4. Aufl., Stuttgart 1994

Haller, Axel, Segmentberichterstattung, in Haller / Raffournier / Walton (Hrsg.), Unternehmenspublizität im internationalen Wettbewerb, Stuttgart 2000, S. 755–805

Haller, Axel / Schloßgaugl, Maria, Notwendigkeit einer Neugestaltung des Performance Reporting nach International Accounting (Financial Reporting) Standards, KoR 2003, 317–327

Haller, Axel / Walton, Peter, Unternehmenspublizität im Spannungsfeld nationaler Prägung und internationaler Harmonisierung, in Haller / Raffournier / Walton (Hrsg.), Unternehmenspublizität im internationalen Wettbewerb, Stuttgart 2000, S. 3–72

Haller, Axel / Raffournier, Bernard / Walton, Peter (Hrsg.), Unternehmenspublizität im internationalen Wettbewerb, Stuttgart 2000

Hanft, Stephan / Kretschmer, Thomas, Negative Minderheitenanteile im Konzernabschluss nach HGB, US-GAAP und IAS, BB 2001, 2047–2049

Hasenburg, Christof, Klarstellung bei der Bilanzierung von Planvermögen – Interpretationsentwurf IFRIC D 19 relativiert Auswirkung von Mindestdotierungsverpflichtungen, WPg 2006, 1400–1401

Hasenburg, Christof / Böckem, Hanne, Änderungsvorschläge zu IAS 19 „Actuarial Gains and Losses, Group Plans and Disclosures" sowie IFRC D6 „Multi-employer Plans", WPg 2004, 855–861

Häusler, Harald / Holzer, Peter, Die moderne Kapitalflussrechnung und die internationale Konzernrechnungslegung, WPg 1989, 221–231

Haufe IFRS-Kommentar, hrsg. von Lüdenbach, Norbert / Hoffmann, Wolf-Dieter, 7. Aufl., Freiburg i. Br. 2009

Haunhorst, Sabine, Der Lohnzufluss bei Gewährung handelbarer Aktienoptionen – oder wie aus einem Traum vom günstigen Aktienbezug ein Alptraum werden kann, DB 2003, 1864–1867

Havermann, Hans, Zur Bilanzierung von Beteiligungen an Kapitalgesellschaften in Einzel- und Konzernabschlüssen, WPg 1975, 233–242

Havermann, Hans, Internationale Entwicklungen in der Rechnungslegung, in Ballwieser, Wolfgang u.a. (Hrsg.), Bilanzrecht und Kapitalmarkt, Festschrift Moxter, Düsseldorf 1994, S. 655–677

Havermann, Hans, Konzernrechnungslegung – quo vadis, WPg 2000, 121

Hayn, Marc / Ehsen, Thomas, Impairment Test im HGB – Beteiligungsbewertung gemäß IDW ERS HFA 10, FB 2003, 205–213

Hayn, Sven / Bösser, Jörg / Pilhofer, Jochen, Erstmalige Anwendung von International Financial Reporting Standards (IFRS 1), BB 2003, 1607–1613

Hayn, Sven / Graf Waldersee, Georg, IFRS/US-GAAP/HGB im Vergleich, 6. Aufl., Stuttgart 2006

Hayn, Sven / Grüne, Michael, Konzernabschluss nach IFRS, München 2006

Heiden, Matthias, Pro-forma-Berichterstattung, Berlin 2006

Heintges, Sebastian, Entwicklung der Rechnungslegung nach Internationalen Vorschriften – Konsequenzen für deutsche Unternehmen, DB 2006, 1569–1576

Heintges, Sebastian / Boggel, Anja / Wulbrand, Hanno, Immobilienvermögen nach dem Fair Value-Modell des IAS 40 – Aspekte aus der Praxis, DB 2008, 2037–2043

Heintges, Sebastian / Kamphaus, Christine / Loitz, Rüdiger, Jahresabschluss nach IFRS und Zinsschranke, DB 2007, 1261–1266

Heintzen, Markus, Verfassungsrechtliche Anforderungen an das Rechnungslegungsrecht für börsennotierte Unternehmen, KoR 2001, 150–154

Helmschrott, Harald, Zum Einfluss von SIC 12 und IAS 39 auf die Bestimmung des wirtschaftlichen Eigentums bei Leasingvermögen nach IAS 17, WPg 2000, 426–429

Helmschrott, Harald, Die Anwendung von IAS 40 (investment property) auf Immobilien-Leasingobjekte, DB 2001, 2457–2459

Hendler, Matthias / Zülch, Henning, Unternehmenszusammenschlüsse und Änderung von Beteiligungsverhältnissen bei Tochterunternehmen – die neuen Regelungen des IFRS 3 und IAS 27, WPg 2008, 484–493

Hennrichs, Joachim, Kündbare Gesellschaftereinlagen nach IAS 32 – Ein Beispiel zur Auslegung und Rechtskontrolle von in Gemeinschaftsrecht übernommenen IFRS –, WPg 2006, 1253–1262

Hennrichs, Joachim, Zinsschranke, IFRS-Rechnung und prüferische Durchsicht oder Prüfung, DStR 2007, 1926–1931

Hennrichs, Joachim, Zinsschranke, Eigenkapitalvergleich und IFRS, DB 2007, 2101–2107

Herrmann / Heuer / Raupach, Einkommensteuer- und Körperschaftsteuergesetz – Kommentar, Köln (Loseblatt)

Herzig, Norbert, Rückstellungen wegen öffentlich-rechtlicher Verpflichtungen, insbesondere Umweltschutz, DB 1990, 1341–1355

Herzig, Norbert, Steuerliche und bilanzielle Probleme bei Stock Options und Stock Appreciation Rights, DB 1999, 1–12

Herzig, Norbert, Aktuelle Entwicklungen bei § 8b KStG und § 3c EStG, DB 2003, 1459–1468

Herzig, Norbert, IAS/IFRS und steuerliche Gewinnermittlung, Düsseldorf 2004

Herzig, Norbert / Bohn, Alexander, Modifizierte Zinsschranke und Unternehmensfinanzierung, DB 2007, 1–10

Herzig, Norbert / Gellrich, Kai M. / Jensen-Nissen, Lars, IAS/IFRS und steuerliche Gewinnermittlung, BFuP 2004, 550–577

Herzig, Norbert / Gellrich, Kai M., Geplante Änderungen von IAS 37 zur Passivierung ungewisser Verbindlichkeiten – Ausstrahlung auf die steuerliche Gewinnermittlung, WPg 2006, 505–515

Herzig, Norbert / Liekenbrock, Bernhard, Zinsschranke im Organkreis, DB 2007, 2387–2395

Herzig, Norbert / Lochmann, Uwe, Bilanzierung von Aktienoptionsplänen und ähnlichen Entlohnungsformen – Stellungnahme zum Positionspapier des DRSC, WPg 2001, 82–90

Herzig, Norbert / Lochmann, Uwe / Liekenbrock, Bernard, Die Zinsschranke im Lichte einer Unternehmensbefragung, DB 2008, 593–602

Heubeck, Klaus / Seeger, Norbert, „Ungedeckte" Pensionsverpflichtungen im Rating von Unternehmen, DB 2004, 993–998

Heuser, Paul J., Publizität, in Busse von Colbe / Pellens (Hrsg.), Lexikon des Rechnungswesens, 4. Aufl., München/Wien 1998, S. 587–591

Heuser, Paul J., IAS (IFRS) und zukünftige Rechnungslegung in Deutschland, GmbHR 2003, 340–342

Heuser, Paul J., Kapitalerhaltung aus Sicht des Abschlussprüfers – Solvenztest versus Überleitungsrechnung, Status:Recht 2008, 176

Heuser, Paul J. / Theile, Carsten, Auswirkungen des Bilanzrechtsreformgesetzes auf den Jahresabschluss und den Lagebericht der GmbH, GmbHR 2005, 201–206

Heuser, Paul J. / Theile, Carsten, Auswirkungen des Bilanzrechtsreformgesetzes auf den Konzernabschluss und Konzernlagebericht der GmbH, GmbHR 2005, 1539–1542

Heuser, Paul J. / Theile, Carsten in Centrale für GmbH (Hrsg.), GmbH-Handbuch, Band II, Köln (Loseblatt)

Heuser, Paul J. / Theile, Carsten / Pawelzik, Kai Udo, Die Auswirkungen von Betriebsprüfungen auf IFRS-Abschlüsse, DStR 2006, 717–720

Heymann, Gerd in Castan, Edgar u.a. (Hrsg.), Beck'sches Handbuch der Rechnungslegung, Loseblatt München 1987, Stand Oktober 1996, Band II, Abschnitt B 231

Hick, Christian in HHR, § 4h EStG Betriebsausgabeabzug für Zinsaufwendungen (Zinsschranke)

Hillebrandt, Franca / Sellhorn, Thorsten, Pro-Forma-Earnings: Umsatz vor Aufwendungen?, KoR 2002, 153–154

Hitz, Markus, Fair value in der IFRS-Rechnungslegung – Konzeption, Inhalt und Zweckmäßigkeit, WPg 2005, 1013–1027

Höfer, Reinhold, Die Bewertung von Pensionsverpflichtungen nach internationalen Standards, in Küting, Karlheinz / Langenbucher, Günther (Hrsg.), Internationale Rechnungslegung, Festschrift Weber, Stuttgart 1999, S. 107–121

Höfer, Reinhold / Oppermann, Dieter, Änderung des IAS 19 für den Bilanzausweis von Betriebsrenten, DB 2000, 1039–1040

Hoffmann, Wolf-Dieter, Zinsschranke, Stuttgart 2008

Hoffmann, Wolf-Dieter / Lüdenbach, Norbert, Die Bilanzierung aktienorientierter Vergütungsformen nach IFRS 2 (Share-Based Payment), DStR 2004, 786–792

Hoffmann, Wolf-Dieter / Lüdenbach, Norbert, IFRS-Rechnungslegung für Personengesellschaften als Theater des Absurden, DB 2005, 404–409

Hoffmann, Wolf-Dieter / Lüdenbach, Norbert, Die Neuregelung des IASB zum Eigenkapital bei Personengesellschaften, DB 2006, 1797–1800

Hoffmann, Wolf-Dieter / Lüdenbach, Norbert, Die bilanzielle Abbildung der Hypothekenkrise und die Zukunft des Bilanzrechts, DB 2007, 2213–2219

Hoffmann, Wolf-Dieter / Lüdenbach, Norbert, Inhaltliche Schwerpunkte des BilMoG-Regierungsentwurfs, DStR 2008, Beihefter zu Heft 30/2008

Hollmann, Sebastian, Reporting Performance, Düsseldorf 2003

Holzner, Peter / Renner, Ulrich, Ermittlung des Verkehrswertes von Grundstücken und des Wertes baulicher Anlagen, 29. Aufl., Isernhagen 2005

Homburg, Stefan: Die Zinsschranke – eine beispiellose Steuerinnovation, FR 2007, 717–728

Hommel, Michael, Neue Goodwillbilanzierung – das FASB auf dem Weg zur entobjektivierten Bilanz?, BB 2001, 1943–1949

Hommel, Michael / Schmitz, Stefanie / Wolf, Sandra, IFRIC D21 „Real Estate Sales" – Die Percentage-of-Completion-Methode vor dem Aus?, WPg 2007, 1012–1020

Hommel, Michael / Schmitz, Stefanie / Wüstemann, Sonja, Discussion Paper „Revenue Recognition" – Misstrauensvotum gegen den Fair Value?, BB 2009, 374–378

Hommel, Michael / Wich, Stefan, Neues zur Entwicklung der Rückstellungsbilanzierung nach IFRS, WPg 2007, 509–516

Hommel, Ulrich / Scholich, Martin / Vollrath, Robert (Hrsg.), Realoptionen in der Unternehmenspraxis, Berlin 2001

Hommelhoff, Peter, Konzeptionelle Grundfragen einer Bilanzrechtsreform, in Kleindiek, Detlef / Oehler, Wolfgang (Hrsg.), Die Zukunft des deutschen Bilanzrechts, Köln 2000, S. 141–159

Hopwood, Anthony G., Some reflections on „The harmonization of accounting within the EU", EAR 1994, 241–253

Hüffer, Uwe, Aktiengesetz, 8. Aufl., München 2008

Huken, Johannes, Entwurf eines BMF-Schreibens zur Zinsschranke, DB 2008, 544–549

Hundsdoerfer, Jochen, Die Vorräte, in v. Wysocki / Schulze-Osterloh / Hennrichs / Kuhner (Hrsg.), Handbuch des Jahresabschlusses (HdJ), Abt. II/4 (2004)

Institut der Wirtschaftsprüfer (Hrsg.), IDW Prüfungsstandards (IDW PS), IDW Stellungnahmen zur Rechnungslegung (IDW RS), IDW Standards (IDW S), IDW Prüfungs- und IDW-Rechnungslegungshinweise (IDW PH und IDW RH), Düsseldorf (Loseblatt)

Jamin, Wolfgang / Krankowsky, Matthias, Die Hedge Accounting-Regeln des IAS 39, KoR 2003, 502–515

Jeger, Matthias / Welser, Martin, Vollversicherte BVG-Pläne unter IAS 19: Leistungs- oder beitragsorientiert?, Der Schweizer Treuhänder 2007, 706–709

Joint Working Group of Standards Setters, Draft Standard Financial Instruments and Similar Items, London 2000

Jungk, Karsten, Fair oder unfair – das ist die Frage, FAZ v.6.2.2009, S. 13.

Kasperzak, Rainer / Lieck, Hans, Die Darstellung von Unternehmenszusammenschlüssen unter gemeinsamer Beherrschung im IFRS-Teilkonzernabschluss einer börsennotierten AG, DB 2008, 769–777

Kasperzak, Rainer / Nestler, Anke, Zur Berücksichtigung des Tax Amortisation Benefit bei der Fair Value-Ermittlung immaterieller Vermögenswerte nach IFRS 3, DB 2007, 437–478

Kämpfer, Georg, Zum Ansatz von Aufwandsrückstellungen nach § 249 Abs. 2 HGB, in Ballwieser, Wolfgang u.a. (Hrsg.), Bilanzrecht und Kapitalmarkt, Festschrift Moxter, Düsseldorf 1994, S. 257–275

von Keitz, Isabel, Immaterielle Güter in der internationalen Rechnungslegung, Düsseldorf 1997

von Keitz, Isabel, Praxis der IASB-Rechnungslegung: Derzeit (noch) uneinheitlich und HGB-orientiert, DB 2003, 1801–1806

von Keitz, Isabel, Praxis der IASB-Rechnungslegung, 2. Aufl., Stuttgart 2005

von Keitz, Isabel / Schmieszek, Oliver, Ertragserfassung – Anforderungen nach den Vorschriften des IASB und deren praktische Umsetzung, KoR 2004, 118–127

von Keitz, Isabel / Stolle, Ingeborg, Fehlerfeststellung, -veröffentlichung und -korrektur im Rahmen des deutschen Enforcement, KoR 2008, 213–226

Kessler, Harald / Leinen, Markus, Darstellung von discontinued operations in Bilanz und GuV, KoR 2006, 558–566

Kessler, Harald / Leinen, Markus / Strickmann, Michael, Fallstudie zur Umstellung auf die IFRS-Rechnungslegung, Herne/Berlin 2005

Kieso, Donald / Weygandt, Jerry / Warfield, Terry, Intermediate Accounting, 10. Aufl., New York 2001

Kilger, Wolfgang / Pampel, Jochen / Vikas, Kurt, Flexible Plankostenrechnung und Deckungsbeitragsrechnung, 11. Aufl., Wiesbaden 2002

Kirsch, Hanno, Abgrenzung latenter Steuern bei Personengesellschaften in Deutschland nach IAS 12, DStR 2002, 1875–1880

Kirsch, Hanno, Cashflow-Planungen zur Durchführung des Asset Impairment Test nach US-GAAP, BB 2003, 1775–1781

Kirsch, Hanno, Offenlegung von Einschätzungen und Prognosen des Managements nach IAS 1 (revised 2003) für das langfristige Vermögen, StuB 2004, 481–489

Kirsch, Hanno, Finanz- und erfolgswirtschaftliche Jahresabschlussanalyse nach IFRS, München 2004

Kirsch, Hanno, IFRS-Rechnungslegung für kleine und mittlere Unternehmen, Herne 2007

Kirsch, Hanno, Positionierung des Regierungsentwurfs des Bilanzrechtsmodernisierungsgesetzes zu den IFRS, PiR 2008, 224–230

Kleiber, Wolfgang / Simon, Jürgen / Weyers, Gustav (Hrsg.), Verkehrswertermittlung von Grundstücken, 5. Aufl., Bonn 2006

Kleindiek, Detlef / Oehler, Wolfgang (Hrsg.), Die Zukunft des deutschen Bilanzrechts im Zeichen internationaler Rechnungslegung und privater Standardsetzung, Köln 2000

Knobbe-Keuk, Brigitte, Bilanz- und Unternehmenssteuerrecht, 9. Aufl., Köln 1993

Knobbe-Keuk, Brigitte / Klein, Franz / Moxter, Adolf (Hrsg.), Handelsrecht und Steuerrecht, Festschrift Döllerer, Düsseldorf 1988

Knorr, Liesel / Buchheim, Regine / Schmidt, Martin, Konzernrechnungslegungspflicht und Konsolidierungskreis – Wechselwirkungen und Folgen für die Verpflichtung zur Anwendung der IFRS, BB 2005, 2399–2403

Knorr, Liesel / Wiederhold, Philipp, IASB Exposure Draft 2 „Share-based payment" – Ende der Diskussion in Sicht?, WPg 2003, 49–56

Köhler, Stefan, Erste Gedanken zur Zinsschranke nach der Unternehmensteuerreform, DStR 2007, 597–604

Köhler, Stefan / Hahne, Klaus D., BMF-Schreiben zur Anwendung der steuerlichen Zinsschranke und zur Gesellschafter-Fremdfinanzierung bei Kapitalgesellschaften – Wichtige Verwaltungsregelungen, strittige Punkte und offene Fragen nach dem BMF-Schreiben vom 4.7.2008, IV C 7 – S 2742-a/07/10001, DStR 2008, 1505–1517

KPMG (Hrsg.), Eigenkapital versus Fremdkapital nach IFRS, Stuttgart 2006

KPMG (Hrsg.), IFRS aktuell, 3. Aufl., Stuttgart 2008

Köster, Oliver, Zinsschranke: Eigenkapitaltest und Bilanzpolitik, BB 2007, 2278–2284

Kropff, Bruno, in Kropff, Bruno / Semler, Johannes (Hrsg.), Münchner Kommentar zum Aktiengesetz, 2. Aufl., München 2004

Krüger, Holm / Thiere, Mathias, Gestaltungen im Bereich der Rechnungslegung als Reaktion auf die Einführung einer Zinsschranke, KoR 2007, 470–477

Krumnow, Jürgen, Das derivate Geschäft als Motor des Wandels für das Bankcontrolling, DBW 1995, 11–20

Krumnow, Jürgen u.a. (Hrsg.), Rechnungslegung der Kreditinstitute, 2. Aufl., Stuttgart 2004

Kühnberger, Manfred, Rechnungslegung und Bilanzpolitik der REIT-AG, BB 2007, 1211–1218

Kühne, Mareike, Ertragsvereinnahmung in der Diskussion des IASB: Hoffnung für das Realisationsprinzip?, WPg 2006, 1393–1399

Kühne, Mareike / Nerlich, Christoph, Vorschläge für eine geänderte Rückstellungsbilanzierung nach IAS 37: Darstellung und kritische Würdigung, BB 2005, 1839–1844

Kümpel, Thomas, Bilanzierung und Bewertung des Vorratsvermögens nach IAS 2 (revised 2003), DB 2003, 2609–2615

Kümpel, Thomas, Vorratsbewertung und Auftragsfertigung nach IFRS, München 2005

Kümpel, Thomas / Becker, Michael, Leasing nach IFRS, München 2006

Kümpel, Thomas / Becker, Michael, Bilanzielle Zurechnung von Leasingobjekten nach IAS 17, DStR 2006, 1471–1477

Kümpel, Thomas / Becker, Michael, Bilanzierung nachträglicher Änderungen von Leasingvereinbarungen nach IFRS, PiR 2006, 243–250

Kußmaul, Heinz, Fair Value-Bewertung und Maßgeblichkeit, in Bieg, Hartmut / Heyd, Reinhard (Hrsg.), Fair Value, München 2005, S. 179–202

Kußmaul, Heinz / Henkes, Jörg, IFRS für den Mittelstand, Anwender- und Adressatenkreis im Kontext der neuesten Entwicklungen beim SME-Projekt des IASB, BB 2006, 2235–2240

Kußmaul, Heinz / Tcherveniachki, Vassil, Entwicklung der Rechnungslegung mittelständischer Unternehmen im Kontext der Internationalisierung der Bilanzierungspraxis, DStR 2005, 616–621

Küting, Karlheinz, Saarbrücker Thesen zur Fortentwicklung des deutschen Bilanzrechts, BB 2004, Heft 30 „Die erste Seite"

Küting, Karlheinz, Der Geschäfts- oder Firmenwert in der deutschen Konsolidierungspraxis 2005, DStR 2006, 1665–1671

Küting, Karlheinz, Der Geschäfts- oder Firmenwert in der deutschen Konsolidierungspraxis 2007 – Ein Beitrag zur empirischen Rechnungslegungsforschung, DStR 2008, 1795–1802

Küting, Karlheinz, Das deutsche Bilanzrecht im Spiegel der Zeiten – Zugleich eine Einordnung des Bilanzrechtsmodernisierungsgesetzes in das aktuelle und historische Bilanzrecht, DStR 2009, 288

Küting, Karlheinz / Elprana, Kai / Wirth, Johannes, Sukzessive Anteilserwerbe in der Konzernrechnungslegung nach IAS 22/ED 3 und dem Buisness Combinations Project (Phase II), KoR 2003, 477–490

Küting, Karlheinz / Gattung, Andreas, Nahe stehende Unternehmen und Personen nach IAS 24 (Teil 2), WPg 2005, 1105–1113

Küting, Karlheinz / Gattung, Andreas / Wirth, Johannes, Zeitpunkt der erstmaligen Aussetzung der planmäßigen Abschreibung des Geschäfts- oder Firmenwerts nach IFRS 3, KoR 2004, 247–249

Küting, Karlheinz / Göth, Peter, Negatives Eigenkapital von Tochterunternehmen in der Kapitalkonsolidierung und die Auswirkungen auf den Konzernabschluss, BB 1994, 2446–2456

Küting, Karlheinz / Göth, Peter, Minderheitenanteile im Konzernabschluss eines mehrstufigen Konzerns, WPg 1997, 305–320

Küting, Karlheinz / Harth, Hans-Jörg / Leinen, Markus, Fehlende Vergleichbarkeit von Jahresabschlüssen als Hindernis einer internationalen Jahresabschlussanalyse?, WPg 2001, 681–690

Küting, Karlheinz / Heiden, Matthias, Pro-Forma-Ergebnisse in deutschen Geschäftsberichten, StuB 2002, 1085–1089

Küting, Karlheinz / Heiden, Matthias, Zur Systematik von Pro-forma-Kennzahlen – Gleichzeitig: Fortsetzung einer empirischen Bestandsaufnahme, DStR 2003, 1544–1552

Küting, Karlheinz / Hellen, Heinz-Hermann / Brakensiek, Sonja, Die Bilanzierung von Leasinggeschäften nach IAS und US-GAAP, DStR 1999, 39–44

Küting, Karlheinz / Hütten, Christoph, Der befreiende Konzernlagebericht nach internationalen Vorschriften, WPg 1999, 12–19

Küting, Karlheinz / Langenbucher, Günther (Hrsg.), Internationale Rechnungslegung, Festschrift Weber, Stuttgart 1999

Küting, Karlheinz / Müller, Wolfgang / Pilhofer, Jochen, Reverse Acquisitions' als Anwendungsfall einer, Reverse Consolidation' bei der Erstellung von Konzernabschlüssen nach US-GAAP und IAS – ein Leitbild für die deutsche Rechnungslegung?, WPg 2000, 257–269

Küting, Karlheinz / Pfitzer, Norbert / Weber, Claus-Peter, Das neue deutsche Bilanzrecht, Stuttgart 2008

Küting, Karlheinz / Pilhofer, Jochen / Kirchhof, Jürgen, Die Bilanzierung von Software aus der Sicht des Herstellers nach US-GAAP und IAS, WPg 2002, 73–85

Küting, Karlheinz / Ranker, Daniel, Tendenzen zur Auslegung der endorsed IFRS als sekundäres Gemeinschaftsrecht, BB 2004, 2510–2515

Küting, Karlheinz / Reuter, Michael, Erhaltene Anzahlungen in der Bilanzanalyse, KoR 2006, 1–13

Küting, Karlheinz / Trappmann, Helmut / Keßler, Marco, Die Eignung von Bodenrichtwerten zur Ausfüllung der bilanziellen Bewertungsmaßstäbe bei Grundstücken nach HGB und den IFRS, DB 2006, 1853–1861

Küting, Karlheinz / Weber, Claus-Peter, Der Konzernabschluss, 11. Aufl., Stuttgart 2008

Küting, Karlheinz / Weber, Claus-Peter (Hrsg.), Handbuch der Rechnungslegung – Kommentar zur Bilanzierung und Prüfung, Band Ia, 5. Aufl., Stuttgart 2006

Küting, Karlheinz / Weber, Claus-Peter / Reuter, Michael, Steuerbemessungsgrundlage als neuer Bilanzzweck des IFRS-Konzernabschlusses durch die Zinsschrankenregelung?, DStR 2008, 1602–1610

Küting, Karlheinz / Weber, Claus-Peter / Wirth, Johannes, Die neue Goodwillbilanzierung nach SFAS 142, KoR 2001, 185–198

Küting, Karlheinz / Weber, Claus-Peter / Wirth, Johannes, Bilanzierung von Anteilsverkäufen an bislang vollkonsolidierten Tochterunternehmen nach IFRS 3, DStR 2004, 876–884

Küting, Karlheinz / Weber, Claus-Peter / Wirth, Johannes, Die Goodwillbilanzierung im finalisierten Business Combinations Projekt Phase II, KoR 2008, 139–152

Küting, Karlheinz / Wirth, Johannes, Internationale Konzernrechnungslegung: Anschaffungskosten von Beteiligungen an voll zu konsolidierenden Unternehmen, BB 2001, 1190–1197

Küting, Karlheinz / Wirth, Johannes, Bilanzierung von Unternehmenszusammenschlüssen nach IFRS 3, KoR 2004, 167–177

Küting, Karlheinz / Wirth, Johannes / Dürr, Ulrike, Personengesellschaften durch IAS 32 (rev. 2004) vor der Schuldenfalle?, WPg 2006, 69–79

Küting, Karlheinz / Wirth, Johannes / DürrUlrike, Standardkonforme Anwendung von IAS 32 (rev. 2003) im Kontext der konzernbilanziellen Rechnungslegung von Personengesellschaften, WPg 2006, 345–355

Küting, Karlheinz / Zwirner, Christian, Bilanzierung und Bewertung bei Film- und Medienunternehmen des Neuen Marktes, Finanz Betrieb, Beilage 3/2001

Küting, Peter / Döge, Burkhardt / Pfingsten, Andreas, Neukonzeption der Fair Value-Option nach IAS 39, KoR 2006, 597–612

Kuhn, Steffen / Paa, Christian, Neue Offenlegungsvorschriften nach IFRS 7 Financial Instruments: Disclosures sowie geänderte Angabepflichten zum Kapital nach IAS 1, DB 2005, 1977–1983

Kuhn, Steffen / Scharpf, Paul, Rechnungslegung von Financial Instruments nach IAS 39, 3. Aufl., Stuttgart 2006

Kustner, Clemens, Special Purpose Entities – Wirtschaftliche Merkmale und Bilanzierung in der internationalen Rechnungslegung, KoR 2004, 308–318

Lanfermann, Georg / Maul, Silja, Änderung der EU-Rechnungslegungsrichtlinien, BB 2006, 2011–2015

Lanfermann, Georg / Röhricht, Victoria, Auswirkungen des geänderten IFRS-Endorsement-Prozesses auf die Unternehmen, BB 2008, 826–830

Lange, Jens, Bilanzierung von Stock Options – Kritische Anmerkungen zu ausgewählten Aspekten von E-DRS 11, WPg 2002, 354–370

Leffson, Ulrich, Transnationale Einflüsse auf das deutsche Bilanzrecht, in Gross, Gerhard (Hrsg.), Der Wirtschaftsprüfer im Schnittpunkt nationaler und internationaler Entwicklungen, Festschrift v. Wysocki, Düsseldorf 1985, S. 1–16

Leffson, Ulrich, Die Grundsätze ordnungsmäßiger Buchführung, 7. Aufl., Düsseldorf 1987

Leffson, Ulrich, Grundsätze ordnungsmäßiger Buchführung, in Busse von Colbe / Pellens (Hrsg.), Lexikon des Rechnungswesens, 4. Aufl. 1998, S. 324–328

Leibfried, Peter / Fassnacht, Andreas, Fallstudie Unternehmenserwerb und Kaufpreisallokation, KoR 2007, 48–57

Lenz, Carl Otto (Hrsg.), EG-Vertrag Kommentar, 2. Aufl., Köln u.a., 1999

Lenz, Hansrudi / Fiebiger, André, Die Gliederung der Bilanz nach HGB und IAS, in v. Wysocki / Schulze-Osterloh / Hennrichs / Kuhner (Hrsg.), Handbuch des Jahresabschlusses (HdJ), Abt. I/6 (2002)

Leuschner, Carl-Friedrich, Gewinnrealisierung bei langfristiger Fertigung, in Förschle, Gerhart / Kaiser, Klaus / Moxter, Adolf (Hrsg.), Rechenschaftslegung im Wandel, Festschrift Budde, München 1995, S. 377–396

Lewis, Richard / Pendrill, David, Advanced Financial Accounting, 6. Aufl., Essex 2000

Lorson, Peter / Gattung, Andreas, Die Forderung nach einer „faithful representation", KoR 2008, 556–565

Löw, Edgar, IFRS 7 – Financial Instruments: Disclosures, WPg 2005, 1337–1352

Löw, Edgar, Neue Offenlegungsforderungen zu Finanzinstrumenten und Risikoberichterstattung nach IFRS 7, BB 2005, 2175–2184

Löw, Edgar (Hrsg.), Rechnungslegung für Banken nach IFRS, 2. Aufl., Wiesbaden 2005

Löw, Edgar, Ausweisfragen in Bilanz und Gewinn- und Verlustrechnung bei Financial Instruments, KoR 2006, Beilage 1

Löw, Edgar / Blaschke, Silke, Verabschiedung des Amendment zu IAS 39 Financial Instruments: Recognition and Measurement – The Fair Value Option, BB 2005, 1727–1736

Löw, Edgar / Lorenz, Karsten, Ansatz und Bewertung von Finanzinstrumenten, in Löw, Edgar (Hrsg.), Rechnungslegung für Banken nach IFRS, 2. Aufl., Wiesbaden 2005, S. 415–604

Löw, Edgar / Roggenbuck, Harald E., Ergebnis-je-Aktie-Kennziffern für Banken im Blickwinkel nationaler und internationaler Rechnungslegung, BB 2001, 1460–1468

Löw, Edgar / Schildbach, Stephan, Financial Instruments-Änderungen von IAS 39 auf Grund des Amendments Project des IASB, BB 2004, 875–882

Löw, Edgar / Antonakopoulos, Nadine, Die Bilanzierung ausgewählter Gesellschaftsanteile nach IFRS unter Berücksichtigung der Neuregelungen nach IAS 32 (rev. 2008), KoR 2008, 261–271

Loitz, Rüdiger, Latente Steuern und steuerliche Überleitungsrechnung – Unterschiede zwischen IAS/IFRS und US-GAAP, WPg 2004, 1177–1194

Loitz, Rüdiger, Bilanzierung latenter Steueransprüche für Vorträge noch nicht genutzter steuerlicher Verluste nach IFRS, WPg 2007, 778–787

Loitz, Rüdiger, Aktuelle Fragen zu latenten Steuern, Ubg 2008, 462–468

Loitz, Rüdiger / Rössel, Carsten, Die Diskontierung von latenten Steuern, DB 2002, 645–652

Ludewig, Rainer, Ein Appell – nicht nur an die Wirtschaftsprüfer, WPg 2002, 613–615

Lüdenbach, Norbert, International Accounting Standards, 3. Aufl., Freiburg i. Br. 2004

Lüdenbach, Norbert, Die Fair value-Ermittlung von Marken unter Berücksichtigung von Markenerhaltungsaufwendungen, PiR 2006, 268–270

Lüdenbach, Norbert / Hoffmann Wolf-Dieter (Hrsg.), Haufe IFRS-Kommentar, 7. Aufl., Freiburg i. Br. 2009

Lüdenbach, Norbert, Veräußerung eines Tochterunternehmens an finanzschwachen Erwerber, PiR 2007, 115–118

Lüdenbach, Norbert, Im Aufhellungszeitraum ergehendes Urteil im Aktivprozess, PiR 2007, 143–145

Lüdenbach, Norbert, Die risiko- und laufzeitäquivalente Diskontierung von sonstigen Rückstellungen nach IAS 37, PiR 2007, 329–339

Lüdenbach, Norbert, Mischung von Umsatz- und Gesamtkostenverfahren, PiR 2009, 85–87

Lüdenbach, Norbert / Freiberg, Jens, Wirtschaftliches Eigentum nach IAS 17 – die unterschätzte Bedeutung des Spezialleasings, BB 2006, 259–264

Lüdenbach, Norbert / Freiberg, Jens, Zweifelhafter Objektivierungsbeitrag des Fair Value Measurements-Projekts, KoR 2006, 437–445

Lüdenbach, Norbert / Freiberg, Jens, Flächendeckende Auswirkungen der Finanzmarktkrise auf den IFRS-Abschluss, PiR 2008, 385–394

Lüdenbach, Norbert / Hoffmann, Wolf-Dieter, Enron und die Umkehrung der Kausalität bei der Rechnungslegung, DB 2002, 1169–1176

Lüdenbach, Norbert / Hoffmann, Wolf-Dieter, Faktische Verpflichtungen und (verdeckte) Aufwandsrückstellungen nach IFRS und HGB/EStG, BB 2005, 2344–2349

Lüdenbach, Norbert / Hoffmann, Wolf-Dieter, Übergangskonsolidierung und Auf- oder Abstockung von Mehrheitsbeteiligungen nach ED IAS 27 und ED IFRS 3, DB 2005, 1805–1811

Lüdenbach, Norbert / Hoffmann, Wolf-Dieter, Erlösrealisierung bei Mehrkomponentengeschäften nach IFRS und HGB/EStG, DStR 2006, 153–157

Lüdenbach, Norbert / Hoffmann, Wolf-Dieter, Das schwebende Geschäft als Vermögenswert: Bilanzierung bei Erwerb und Verkauf von Nutzungsrechten, DStR 2006, 1382–1387

Lüdenbach, Norbert / Hoffmann, Wolf-Dieter, Der lange Schatten der IFRS über die HGB-Rechnungslegung, DStR 2007, Beihefter zu Heft 50/2007

Lüdenbach, Norbert / Hoffmann, Wolf-Dieter, Der IFRS-Konzernabschluss als Bestandteil der Steuerbemessungsgrundlage für die Zinsschranke nach § 4h EStG-E, DStR 2007, 636–642

Lüdenbach, Norbert / Hoffmann, Wolfgang-Dieter, Die wichtigsten Änderungen der HGB-Rechnungslegung durch das BilMoG, StuB 2009, 287–316

Lüdenbach, Norbert / Prusacyk, Peter, Bilanzierung von „In-Process Research and Development" beim Unternehmenserwerb nach IFRS und US-GAAP, KoR 2004, 415–422

Lüdenbach, Norbert / Völkner, Burkhard, Bilanzpolitische Bedeutung von Options- und Terminkontrakten über Anteile bei der Konsolidierung nach IFRS, BB 2006, 2738–2743

Mandler, Udo, Der deutsche Mittelstand vor der IAS-Umstellung 2005, Herne/Berlin 2004

Marks, Peter, Entwicklungstendenzen beim Bestätigungsvermerk, WPg 1989, 121–128 (Teil 1) und 164–173 (Teil 2)

Marten, Kai-Uwe / Weiser, Felix / Köhler, Anette, Aktive latente Steuern auf steuerliche Verlustvorträge: zunehmende Tendenz zur Aktivierung, BB 2003, 2335–2341

Marten, Kai-Uwe u.a., Rechnungslegung nach IAS – Nutzeneffekte aus Sicht von Eigenkapitalgebern, BB 2002, 2007–2012

Marx, Franz Jürgen / Köhlmann, Sarah, Bilanzielle Abbildung von Rücknahmeverpflichtungen nach HGB und IFRS, BB 2005, 2007–2013

Matena, Sonja, Bilanzielle Vermögenszurechnung nach IFRS, Düsseldorf 2004

Mattheus, Daniela / Schwab, Martin, Fehlerkorrektur nach dem Rechnungslegungs-Enforcement: Private Initiative vor staatlicher Intervention, BB 2004, 1099

Matzen, Frank J., Unternehmensbewertung von Wohnungsbauunternehmen, Köln 2005

Mayer-Wegelin, Eberhard,: Impairmenttest nach IAS 36 – Realität und Ermessensspielraum BB 2009, 94–97

Meek, Gary K., Vereinigte Staaten von Amerika, in Haller / Raffournier / Walton (Hrsg.), Unternehmenspublizität im internationalen Wettbewerb, Stuttgart 2000, S. 153–203

Mellwig, Winfried, Die bilanzielle Darstellung von Leasingverträgen nach den Grundsätzen des IASC – Derzeitige Regelung und Reformvorschläge, DB 1998, Beilage 12/98

Mellwig, Winfried / Weinstock, Marc, Die Zurechnung von mobilen Leasingobjekten nach deutschem Handelsrecht und den Vorschriften des IASC, DB 1996, 2345–2352

Merkt, Hanno, IFRS und die Folgen für den Kapitalschutz im Gesellschaftsrecht, in Börsig, Clemens / Wagenhofer, Alfred (Hrsg.), IFRS in Rechnungswesen und Controlling, Stuttgart 2006, S. 89–109

Meyer, Jürgen, Bilanzierung nach IFRS, US-GAAP und HGB – Probleme beim Buchen für parallele Abschlüsse, DB 2004, 2060–2063

Meyer, Marco / Loitz, Rüdiger / Quella, Jerome-Oliver / Zerwas Peter (Hrsg.), Latente Steuern, Wiesbaden 2009

Meyer, Ulf / Wünsch, Martin / Erdmann, Mark-Ken, Effizientes und effektives Cash-flow Reporting gemäß IAS 7 auf Basis eines integrierten Rechnungswesens, DB 2006, 1965–1967

Mikus, Rudolf, Die Bedienung von Aktienoptionen durch eigene Anteile nach der Unternehmenssteuerreform, BB 2002, 178–181

Möhlenbrock, Rolf, Detailfragen der Zinsschranke aus Sicht der Finanzverwaltung, Ubg 2008, 1–12

Morich, Sven / Oversberg, Thomas, Annual-Improvements-Projekt: Zwischen redaktioneller Anpassung und materieller Änderung der IFRS, WPg 2009, 351–360

Moxter, Adolf, Das System der handelsrechtlichen Grundsätze ordnungsmäßiger Bilanzierung, in Gross, Gerhard (Hrsg.), Der Wirtschaftsprüfer im Schnittpunkt nationaler und internationaler Entwicklungen, Festschrift v. Wysocki, Düsseldorf 1985, S. 17–28

Moxter, Adolf, Rückstellungskriterien im Streit, ZfbF 1995, 311–326

Moxter, Adolf, Bilanzrechtsprechung, 5. Aufl., Tübingen 1999

Moxter, Adolf, Rückstellungen nach IAS: Abweichungen vom geltenden deutschen Bilanzrecht, BB 1999, 519–527

Moxter, Adolf, Grundsätze ordnungsmäßiger Rechungslegung, Düsseldorf 2003

Moxter, Adolf, Unterschiede im Wertaufhellungsverständnis zwischen den handelsrechtlichen GoB und den IAS/IFRS, BB 2003, 2559–2564

Moxter, Adolf, Zur Funktionsinadäquanz von Bilanzen, in Crezelius, Georg / Hirte, Heribert / Vieweg, Klaus (Hrsg.), Festschrift für Volker Röhricht, Köln 2005, S. 1007–1014

Müller, Stefan, Probleme bei der Abbildung der betrieblichen Altersversorgung in Rechnungslegungssystemen – Unter besonderer Berücksichtigung der Änderungen zu IAS 19 –, WPg 2003, 163–174

Müller, Thomas / Reinke, Rüdiger, Behandlung von Genussrechten im Jahresabschluss – Eine kritische Bestandsaufnahme, WPg 1995, 569–576

Mujkanovic, Robin, Fair Value im Financial Statement nach International Accounting Standards, Stuttgart 2002

Mujkanovic, Robin / Hehn, Bettina, Währungsumrechnung im Konzern nach international Accounting Standards, WPg 1996, 605–616

Mujkanovic, Robin / Raatz, Pascal, Der Component Approach nach IAS 16 im HGB-Abschluss?, KoR 2008, 245–250

Naumann, Thomas K., Zur Bilanzierung von Stock Option – Erwiderung und Replik zu dem Beitrag von Pellens / Crasselt, DB 1998, S. 217, DB 1998, 1428–1431

Naumann, Klaus-Peter / Breker, Norbert, Bewertungsprinzipien für die Rechnungslegung nach HGB, Bilanzsteuerrecht und IAS/IFRS, in v. Wysocki / Schulze-Osterloh / Hennrichs / Kuhner (Hrsg.), Handbuch des Jahresabschlusses (HdJ), Abt. I/7 (2003)

Neu, Norbert / Neumann, Ralf / Neumayer, Jochen, Handbuch GmbH-Besteuerung, Köln 1999

Nicolaisen, Donald T., Update on SEC hot topics, in Börsig, Clemens / Wagenhofer, Alfred (Hrsg.), IFRS in Rechnungswesen und Controlling, Stuttgart 2006, S. 59–85

Niehus, Rudolf J., Die 7. EG-Richtlinie und die „Pooling of interests"-Methode einer konsolidierten Rechnungslegung, WPg 1983, 437–446

Niehus, Rudolf J., „Related Party Transactions" – Anmerkungen zu einem (künftig auch für deutsche Unternehmen geltenden?) internationalen Bilanzierungsgrundsatz, in Forster u.a. (Hrsg.), Aktien- und Bilanzrecht, Festschrift Kropff, Düsseldorf 1997, S. 533–553

Niehus, Rudolf J., IAS 24: Related Party Disclosures – „Nahe Familienangehörige" als Gegenstand der Rechnungslegung und Abschlussprüfung, WPg 2003, 521–532

Niehus, Rudolf J., Die Equity-Bewertung, in v. Wysocki / Schulze-Osterloh / Hennrichs / Kuhner (Hrsg.), Handbuch des Jahresabschlusses (HdJ), Abt. V/3 (2005)

Niehus, Rudolf J. / Thyll, Alfred, Konzernabschluss nach U.S. GAAP, 2. Aufl., Stuttgart 2000

Nobes,Christopher / Parker, Robert B., Comparative International Accounting, 3rd Edition, New York et al. 1991

Odenthal, Christian u.a. (Hrsg.), Wirtschaftswissenschaft und Unternehmenspraxis – Tagungsband zum 1. Bochumer Ökonomen-Tag, Bochum 1998

Oestereicher, Andreas / Spengel, Christoph, Maßgeblichkeit der International Accounting Standards für die steuerliche Gewinnermittlung?, Baden-Baden 1999

Oestereicher, Andreas / Spengel, Christoph, Anwendung von IAS in der EU – Zukunft des Maßgeblichkeitsprinzips und Steuerbelastung, RIW 2001, 889–902

Ordelheide, Dieter, Wettbewerb der Rechnungslegungssysteme IAS, US-GAAP und HGB, in Börsig, Clemens / Coenenberg, Adolf G. (Hrsg.), Controlling und Rechnungswesen im internationalen Wettbewerb, Stuttgart 1998, S. 15–53

Oser, Peter / Ross, Norbert, Rückstellungen auf Grund der Pflicht zur Rücknahme und Entsorgung von sog. Elektroschrott beim Hersteller – Bilanzierung nach HGB, IFRS und US-GAAP –, WPg 2005, 1069–1077

Ossadnik, Wolfgang, Grundsatz und Interpretation der „Materiality" – Eine Untersuchung zur Auslegung ausgewählter Wesentlichkeits-Bestimmungen durch die Rechnungslegungspraxis, WPg 1993, 617–629

Ossadnik, Wolfgang, Materiality als Grundsatz externer Rechnungslegung, WPg 1995, 33–42

Oversberg, Thomas, IFRIC 15 – Agreements for the construction of Real Estate, PiR 2008, 247–253

Pape, Jochen / Bogajewskaja, Janina / Borchmann, Thomas, Der Standardentwurf des IASB zur Änderung von IAS 32 und IAS 39 – Darstellung und kritische Würdigung, KoR 2002, 219–234

Pape, Jochen / Breker, Norbert, Financial Instruments – Joint Working Group – Aktueller Stand der Erörterungen im Oktober 1998, WPg 1999, 1–12

Pape, Jochen / Breker, Norbert, Financial Instruments – Standard der Joint Working Group of Standard Setters, WPg 2001, 1458–1467

Pawelzik, Kai Udo, Die Prüfung des Konzerneigenkapitals, Düsseldorf 2003

Pawelzik, Kai Udo, Die Konsolidierung von Minderheiten nach IAS/IFRS der Phase II („business combinations"), WPg 2004, 677–694

Pawelzik, Kai Udo, Pensionenspiegel für Pensionsrückstellungen nach IAS 19, DB 2005, 733–740

Pawelzik, Kai Udo, Latente Steuern auf Goodwilldifferenzen bei der Konsolidierung von Personengesellschaften nach IFRS, KoR 2006, 13–19

Pawelzik, Kai Udo, Kommen Personengesellschaften durch den „ownership approach" nach IFRS wieder zu Eigenkapital?, KoR 2006, 153–160

Pawelzik, Kai Udo, Die Erstellung einer Kapitalflussrechnung nach IAS 7, KoR 2006, 344–352

Pawelzik, Kai Udo, IFRS-Abschlüsse im Mittelstand – Warum eigentlich nicht?, DB 2006, 793–799

Pawelzik, Kai Udo, Unzureichende Eliminierung von Konzernforderungen beim Eigenkapitaltest nach § 4h EStG, DB 2008, 2439–2443

Pawelzik, Kai Udo, Die Zuordnung von Firmenwerten und Akquisitionsschulden beim Eigenkapitaltest nach § 4h EStG (Zinsschranke) – Implikationen für die Akquisitionsstruktur, Ubg 2009, 50–56

Pawelzik, Kai Udo, Impairment only – Kritik und Rechtfertigung, Status: Recht 2009, 59–60

Pawelzik, Kai Udo / Theile, Carsten, Eigenkapitalvernichtung im GmbH & Co. KG-Konzernabschluss?, DB 2000, 2385–2389

Peemöller, Volker H. / Hofmann, Stefan, Bilanzskandale, Berlin 2005

Pellens, Bernhard, Jahresabschluss (Funktionen), in Busse von Colbe / Pellens (Hrsg.), Lexikon des Rechnungswesens, 4. Aufl., München/Wien 1998, S. 367–370

Pellens, Bernhard u.a., Die Zukunft der Unternehmensberichterstattung in Börsig, Clemens / Wagenhofer, Alfred (Hrsg.), IFRS in Rechnungswesen und Controlling, Stuttgart 2006, S. 19–35

Pellens, Bernhard / Basche, Kerstin / Sellhorn, Thorsten, Full Goodwill Method – Renaissance der reinen Einheitstheorie in der Konzernbilanzierung?, KoR 2003, 1–4

Pellens Bernhard / Crasselt, Nils, Bilanzierung von Stock Options, DB 1998, 217–223

Pellens Bernhard / Crasselt, Nils, Replik zu Naumann, DB 1998, 1428, DB 1998, 1431–1433

Pellens Bernhard / Crasselt, Nils, Bilanzierung von Aktienoptionsplänen und ähnlichen Entgeltformen nach IFRS 2 „Share-based Payment", KoR 2004, 113–118

Pellens, Bernhard / Detert, Karsten, IFRS 1 „First-time Adoption of International Financial Reporting Standards", KoR 2003, 369–376

Pellens, Bernhard / Fülbier, Uwe / Gassen, Joachim, Internationale Rechnungslegung, 7. Aufl., Stuttgart 2008

Pellens, Bernhard / Jödicke, Dirk / Jödicke, Ralf, Anwendbarkeit nicht freigegebener IFRS innerhalb der EU, BB 2007, 2503–2507

Pellens, Bernhard / Sellhorn, Thorsten, Kapitalkonsolidierung nach der Fresh-Start-Methode, BB 1999, 2125–2132

Pellens, Bernhard / Sellhorn, Thorsten, Goodwill-Bilanzierung nach SFAS 141 und 142 für deutsche Unternehmen, DB 2001, 1681–1689

Pellens, Bernhard / Sellhorn, Thorsten / Amshoff, Holger, Reform der Konzernbilanzierung – Neufassung von IFRS 3 „Business Combinations", DB 2005, 1749–1755

Pellens, Bernhard / Sellhorn, Thorsten / Amshoff, Holger, IFRS 3 (rev. 2008): Einheitstheorie in der M&A-Bilanzierung, BB 2008, 602–606

Petersen, Jochen, Rechnungslegung für Pensionsverpflichtungen nach HGB, US-GAAP und IAS, Düsseldorf 2002

Petersen, Karl / Bansbach, Florian / Dornbach, Eike (Hrsg.), IFRS Praxishandbuch, 4. Aufl. München 2009

Pfitzer, Norbert / Oser, Peter (Hrsg.), Deutscher Corporate Governance Kodex, Stuttgart 2003

Pfitzer, Norbert / Oser, Peter / Orth, Christian, Offene Fragen und Systemwidrigkeiten des Bilanzrechtsreformgesetzes (BilReG), DB 2004, 2593–2602

Petersen, Karl / Zwirner, Christian, Zur Bedeutung der Fair value-Bewertung in der deutschen Bilanzierungspraxis, PiR 2008, 218–224

Philippi, Björn, Ermittlung des Goodwill nach IFRS 3 in einem mehrstufigen Konzern, PiR 2009, 61–66

Portner, Rosemarie, Mitarbeiteroptionen (Stock Options): Gesellschaftsrechtliche Grundlagen und Besteuerung, DStR 1997, 786–788

Prahl, Reinhard / Naumann, Thomas K., Financial Instruments; Sonderdruck aus v. Wysocki, Klaus / Schulze-Osterloh, Joachim (Hrsg.), Handbuch des Jahresabschlusses (HdJ), Köln 2000

Preißler, Gerald „Prinzipienbasierung" der IAS?, DB 2002, 2389–2395

PriceWaterhouseCoopers (Hrsg.), Understanding IAS, 2. Aufl. 1998

Prigge, Cord, Inhaltliche Redundanzen in Konzernlagebericht und IFRS-Konzernanhang, KoR 2006, 252–258

Prinz, Ulrich, Eigenkapitalvernichtende Konsequenzen freiwilliger IAS/IFRS Bilanzierung bei deutschen Personengesellschaften, FR 2006, 566–572

Prinz, Ulrich, in HHR, § 8a KStG Betriebsausgabenabzug für Zinsaufwendungen (Zinsschranke)

Prinz, Ulrich, Zinsschranke und Organisationsstruktur: Rechtsformübergreifend, aber nicht rechtsformneutral anwendbar, DB 2008, 368–370

Prinz, Ulrich, Optimierte Akquisitionsfinanzierung in Zeiten der Zinsschranke, Status Recht 2008, 22–23

Rade, Katja / Kropp, Matthias, Jahrgangsbezogener Sammelposten und Poolabschreibung des § 6 Abs. 2a EStG – endgültiger Abschied von der Einheitsbilanz?, WPg 2008, 13–22

Rammert, Stefan, Die Bilanzierung von Aktienoptionen für Manager – Überlegungen zur Anwendung von US-GAAP im handelsrechtlichen Jahresabschluss, WPg 1998, 766–777

Rammert, Stefan, Lohnt die Erhaltung der Kapitalerhaltung?, BFuP 2004, 578–595

Rammert, Stefan / Meurer, Holger, Geplante Änderungen in der Eigenkapitalabgrenzung nach IAS 32 – eine Erleichterung für deutsche Unternehmen?, PiR 2006, 1–6

Rammert, Stefan, Der Solvenztest – eine unausgereifte Alternative zur Kapitalerhaltung, in: Wirtschaftsprüfung im Wandel, hrsg. von Ballwieser / Grewe, Festschrift 100 Jahre Südtreu / Deloitte 1907–2007, München 2008, 429 ff.

Raupach, Arndt, Das Verhältnis zwischen Gesellschaftsrecht und Bilanzrecht unter dem Einfluss international anerkannter Rechnungslegungsgrundsätze, in Crezelius, Georg / Hirte, Heribert / Vieweg, Klaus (Hrsg.), Festschrift für Volker Röhricht, Köln 2005, S. 1033–1054

Remme, Werner / Theile, Carsten, Die Auswirkungen von „KonTraG" und „KapAEG" auf die GmbH, GmbHR 1998, 909–915

Rhiel, Raimund, Pensionsverpflichtungen im IFRS-Abschluss – Die Neuerungen in IAS 19 vom Dezember 2004, DB 2005, 293–297

Rhiel, Raimund, Das Diskussionspapier des IASB zur Bilanzierung von Pensionen, PiR 2008, 156 ff.

Rhiel, Raimund / Veit, Annekatrin, Auswirkungen des Gesetzes zur Modernisierung des Bilanzrechts (BilMoG) auf Pensionsverpflichtungen, DB 2008, 1509–1514

Richter, Michael, Die Bewertung des Goodwill nach SFAS No. 141 und SFAS No. 142 – Eine kritische Würdigung des impairment only-Ansatzes, Düsseldorf 2004

Ring, Stephan, Die Behandlung von Sonderbilanzen bei der Ermittlung latenter Steuern nach IAS 12, FR 2003, 1053–1056

Risse, Axel, International Accounting Standards für den deutschen Konzernabschluss, Wiesbaden 1996

Rockel, Werner u.a., Versicherungsbilanzen, 2. Aufl., Stuttgart 2007

Roese, Bernd / Trepte, Folker / Vielmeyer, Uwe, IFRIC Interpretation 9: Neubeurteilung der Abspaltungspflicht eingebetteter Derivate, WPg 2006, 1089–1095

Rödder, Thomas, Unternehmensteuerreformgesetz 2008, DStR 2007, Beihefter zu Heft 40/2007, 1–19

Rödder, Thoma / Stangl, Ingo, Zur geplanten Zinsschranke, DB 2007, 479–485

Römgens, Thorsten, Behandlung des auf Minderheiten entfallenden Goodwill im mehrstufigen Konzernabschluss nach IFRS 3, BB, Beilage zu Heft 39/2005

Rößler, Norbert / Doetsch, Peter A. / Heger, Heinz-Josef, Auslagerung von Pensionsverpflichtungen im Rahmen einer Bilanzierung gemäß SFAS bzw. IAS, BB 1999, 2498–2504

Ross, Norbert, Anteil am Nennkapital und Konsolidierungsquote – Keine pauschale Gleichsetzung, BB 2000, 1395–1397

Rossmanith, Jonas, Die Bedeutung des Materiality-Grundsatzes für die Rechnungslegungs- und Prüfungspraxis, Schweizer Treuhänder 2000, 801–808

Rossmanith, Jonas / Funk, Wilfried / Alber, Miriam, Stock Options – Neue Bilanzierungs- und Bewertungsansätze nach IFRS 2 und SFAS 123 (R) im Vergleich, WPg 2006, 664–671

Rost, Peter, Der internationale Harmonisierungsprozess der Rechnungslegung, Frankfurt 1991

Ruhnke, Klaus, Kapitalkostensatzermittlung für die Zwecke der Nutzungswertbestimmung gem. IAS 36, BB 2008, 43–47

Ruhnke, Klaus / Nerlich, Christoph, Abbildung von Filmrechten in einem IAS/IFRS-Jahresabschluss, WPg 2003, 753–763

Ruhnke, Klaus / Nerlich, Christoph, Behandlung von Regelungslücken innerhalb der IFRS, DB 2004, 389–395

Schaber, Mathias / Isert, Dietmar, Bilanzierung von Hybridanleihen und Genussrechten nach IFRS, BB 2006, 2401–2407

Schaber, Mathias / Kuhn, Steffen / Eichhorn, Sonja, Eigenkapitalcharakter von Genussrechten in der Rechnungslegung nach HGB und IFRS, BB 2004, 315–319

Schaber, Mathias / Rehm, Kati / Märkl, Helmut, Handbuch strukturierter Finanzinstrumente, Düsseldorf 2008

Schäfer, Lothar, Droht die Pflicht zur kumulierten Rückstellungsbildung für die Entsorgung von Elektrogeräten?, BB 2004, 2735–2744

Scharpf, Paul, Rechnungslegung von Financial Instruments nach IAS 39, Stuttgart 2001

Scharpf, Paul, Hedge Accounting nach IAS 39: Ermittlung und bilanzielle Behandlung der Hedge (In-)Effektivität, KoR 2004, Beilage 1

Scharpf, Paul, IFRS 7 Financial Instruments – Eine Erläuterung zu den neuen Angabepflichten für Finanzinstrumente, KoR 2006, Beilage 2

Scharpf, Paul / Lutz, Günther, Risikomanagement, Bilanzierung und Aufsicht von Finanzderivaten, 2. Aufl., Stuttgart 2000

Scharpf, Paul / Schaber, Mathias, Bilanzierung von Bewertungseinheiten nach § 254 HGB-E (BilMoG), KoR 2008, 532–542

Schaumburg, Harald / Rödder, Thomas (Hrsg.): Unternehmenssteuerreform 2008, München 2007

Scheer, August-Wilhelm, Instandhaltungspolitik, Wiesbaden 1974

Scheffler, Eberhard, Internationale Rechnungslegung und deutsches Bilanzrecht, DStR 1999, 1285–1292

Scheffler, Eberhard, Aufgaben und erste Erfahrungen des Enforcements, IRZ 2006, 13–21

Schiffers, Joachim, Steuervergünstigungsabbaugesetz: Geänderte Rahmenbedingungen für die Ausschüttungspolitik der GmbH, GmbHR 2003, 673–678

Schildbach, Thomas, Anmerkungen zu den neuen Konzernrechnungslegungsvorschriften, DBW 1987, 391–400

Schildbach, Thomas, Latente Steuern auf permanente Differenzen und andere Kuriositäten – Ein Blick in das gelobte Land jenseits der Maßgeblichkeit, WPg 1998, 939–947

Schildbach, Thomas, Externe Rechnungslegung und Kongruenz – Ursache für die Unterlegenheit deutscher verglichen mit angelsächsischer Bilanzierung?, DB 1999, 1813–1820

Schildbach, Thomas, US-GAAP, 2. Aufl., München 2002

Schildbach, Thomas, IAS als Rechnungslegungsstandards für alle, BFuP 2002, 263–278

Schildbach, Thomas, Prinzipienorientierung – wirksamer Schutz gegen Enronitis?, BFuP 2003, 247–267

Schildbach, Thomas, Was leistet IFRS 5?, WPg 2005, 554–561

Schildbach, Thomas, Prinzipienorientierung – wirksamer Schutz gegen Enronitis? BFuP 2003, 247–266

Schildbach, Thomas, Was bringt die Lockerung der IFRS für Finanzinstrumente, DStR 2008, 2381–2385

Schindler, Joachim / Schurbohm, Anne / Böckem, Hanne, Praktische Fragestellungen der Rechnungslegung und Prüfung von Zwischenberichten, KoR 2002, 88–95
Schmalenbach, Eugen, Dynamische Bilanz, 4. Aufl. 1926
Schmidbauer, Rainer, Bilanzierung umweltschutzbedingter Aufwendungen im Handels- und Steuerrecht sowie nach IAS, BB 2000, 1130–1137
Schmidt, Fritz, Die organische Bilanz im Rahmen der Wirtschaft, Leipzig 1921 (Nachdruck Wiesbaden 1979)
Schmidt, Hartmut / Ketzel, Eberhard / Prigge, Stefan (Hrsg.), Moderne Konzepte für Finanzmärkte, Beschäftigung und Wirtschaftsverfassung – Gedenkschrift für Stützel, Tübingen 2000
Schmidt, Karsten, Gesellschaftsrecht, 4. Aufl., Köln u.a. 2002
Schmidt, Karsten (Hrsg.), Münchner Kommentar zum Handelsgesetzbuch, München 2001
Schmidt, Karsten / Lutter, Marcus (Hrsg.), Kommentar zum Aktiengesetz, Köln 2008
Schmidt, Lars, Bilanzierung von Aktienoptionen nach IAS/IFRS – Der Exposure Draft „Share-based payment" des IASB, DB 2002, 2657–2663
Schmidt, Lars, Bilanzierung von Aktienoptionen nach IFRS 2, Frankfurt 2006
Schmidt, Martin, Eigenkapital nach IAS 32 bei Personengesellschaften: aktueller IASB-Vorschlag und Aktivitäten anderer Standardsetter, BB 2006, 1563–1566
Schmidt, Martin, „Cash-flow hedge accounting of forecast intragroup transactions" und „Financial guarantee contracts", WPg 2006, 773–778
Schmidt, Martin / Schreiber, Stefan M., Neubeurteilung eingebetteter Derivate IFRIC 9 – Darstellung und kritische Würdigung, KoR 2006, 445–451
Schmidt, Martin, Ergebnis- statt Prinzipienorientierung, BB 2008, 434–439
Schmidt, Matthias, Die Folgebewertung des Sachanlagevermögens nach den International Accounting Standards, WPg 1998, 808–816
Schmidt, Matthias, Latente Steuern nach den US-GAAP in deutschen Konzernabschlüssen: Wesentliche Konsequenzen einer Steuerabgrenzung gemäß SFAS No. 109 statt nach § 274 und § 306 HGB, in Ballwieser (Hrsg.), US-amerikanische Rechnungslegung, 4. Aufl., Stuttgart 2000, S. 241–281
Schmittmann, Jens M., Rechtsfragen bei der Bilanzierung und Bewertung einer Domain nach HGB, IAS und US-GAAP, StuB 2002, 105–114
Schneider, Dieter, Rechtsfindung durch Reduktion von Grundsätzen ordnungsmäßiger Buchführung aus gesetzlichen Jahresabschlusszwecken?, StuW 1983, 141–160
Schneider, Dieter, Investition, Finanzierung und Besteuerung, 7. Aufl., Wiesbaden 1992
Schneider, Dieter, Bilanzen im Rechtssinne als Vorläufer dynamischer und „rein betriebswirtschaftlicher" Bilanzen, in Ballwieser, Wolfgang u.a. (Hrsg.), Bilanzrecht und Kapitalmarkt, Festschrift Moxter, Düsseldorf 1994, S. 1149–1174
Schneider, Dieter, Betriebswirtschaftslehre Bd. 2: Rechnungswesen, 2. Aufl., München/Wien 1997
Schön, Wolfgang, Die Auslegung europäischen Steuerrechts – Das harmonisierte Steuerrecht zwischen nationalem Zivilrecht und europäischem Gemeinschaftsrecht, Köln 1993
Schön, Wolfgang, Steuerliche Einkünfteermittlung, Maßgeblichkeitsprinzip und Europäisches Bilanzrecht, in Klein u.a. (Hrsg.), „Unternehmen Steuern", Festschrift für Hans Flick, Köln 1997, 573 ff.

Schön, Wolfgang, Kompetenzen der Gerichte zur Auslegung von IAS/IFRS, BB 2004, 763–768

Schreiber, Stefan M., IFRIC-Verlautbarungen der letzten 18 Monate: die Interpretationen IFRC 6 bis IFRC 10 und ausgewählte „Non-Interpretations", BB 2006 1842–1848

Schreiber, Stefan / Schmidt, Martin, BB-IFRIC-Report: IFRIC 15 und 16 – Darstellung und kritische Würdigung, BB 2008, 2058–2062

Schruff, Lothar, Rechnungslegung und Prüfung der AG und GmbH nach neuem Recht (4. EG-Richtlinie), Düsseldorf 1978

Schruff, Wienand / Hasenburg, Christof, Stock Options-Programme im handelsrechtlichen Jahresabschluss, BFuP 1999, 616–644

Schruff, Wienand / Rothenburger, Manuel, Zur Konsolidierung von Special Purpose Entities im Konzernabschluss nach US-GAAP, IAS und HGB, WPg 2002, 755–765

Schulz, Sebastian, Zinsschranke und IFRS – Geklärte, ungeklärte und neue Fragen nach dem Anwendungserlass vom 4.7.2008, DB 2008, 2043–2050

Schulze-Osterloh, Joachim, Internationale Rechnungslegung für den Einzelabschluss und für Unternehmen, die den öffentlichen Kapitalmarkt nicht in Anspruch nehmen, ZIP 2003, 93–101

Schulze-Osterloh, Joachim, Vorschläge für ein Bilanzrechtsmodernisierungsgesetz, ZIP 2004, 1128–1137

Schwab, Martin, Der Deutsche Rechnungslegungs-Standard Nr. 7 im Widerspruch zum geltenden deutschen Bilanzrecht, DB 2001, 880–882

Schwedler, Kristina, Business Combinations Phase II: Die neuen Vorschriften zur Bilanzierung von Unternehmenszusammenschlüssen, KoR 2008, 125–138

Schween, Carsten, Standardentwurf des IASB zur Segmentberichterstattung: ED IFRS 8 – Operating Segments, WPg 2006 516–517

Schweitzer, Marcell / Küpper, Hans-Ulrich, Systeme der Kosten- und Erlösrechnung, 7. Aufl., München 1998

Seicht, Gerhard (Hrsg.), Jahrbuch für Controlling und Rechnungswesen 2001, Wien 2001

Seiwert, Martin, Führende Bewertungsverfahren im Vergleich, Absatzwirtschaft 2004, 34–37

Sellhorn, Thorsten, Ansätze zur bilanziellen Behandlung des Goodwill im Rahmen einer kapitalmarktorientierten Rechnungslegung, DB 2000, 885–892

Semjonow, Christin, „Improvements to IFRSs" – Zweiter Exposure Draft zum Annual-Improvements-Process-Projekt, WPg 2009, 90–97

Siegel, Theodor, Bilanzierung von Aktienoptionen und der Charakter eigener Aktien, in Wagner, Udo (Hrsg.), Zum Erkenntnisstand der Betriebswirtschaftslehre am Beginn des 21. Jahrhunderts, Festschrift für Erich Loitlsberger zum 80. Geburtstag, Berlin 2001, S. 345–371

Siegel, Theodor, Anpassungsrückstellungen aus der Sicht des I. Senats des BFH und aus Sicht der GoB – Erwiderung, mit Replik von Koths, DB 2002, 707–709

Siegel, Theodor, Unentziehbarkeit als zentrales Kriterium für den Ansatz von Rückstellungen, DStR 2002, 1192–1196

Simon, Jürgen u.a., Schätzung und Ermittlung von Grundstückswerten, 8. Aufl., München 2004

Simons, Dirk, Erfolgsneutrale oder erfolgswirksame Buchung von Aktienoptionsprogrammen? – Eine gegenüberstellende Bewertung anhand eines Beispiels, WPg 2001, 90–99

Solfrian, Gregor / Siebraße, Dirk, Der Wegfall der umgekehrten Maßgeblichkeit im Konzern, StuB 2004, 111–119

Stibi, Bernd / Thiele, Stefan, IFRS und Zinsschranke nach dem BMF-Schreiben vom 4.7.2007 – Ausweg oder Irrweg?, BB 2008, 2507–2511

Spindler, Daniel, Zeitwertbilanzierung nach dem ADHGB von 1861 und nach den IAS/IFRS – eine empirische Analyse aus Kapitalgebersicht, Sternenfels 2005

Stöhr, Jens-Peter, Betrieblicher Pensionsfonds in Form einer Treuhand findet Anerkennung als „funded pension plan" nach US-GAAP, DB 1998, 2233–2234

Streim, Hannes / Bieker, Marcus / Esser, Maik, Der schleichende Abschied von der Ausschüttungsbilanz – Grundsätzliche Überlegungen zum Inhalt einer Informationsbilanz, in Dirrigl, Hans / Wellisch, Dietmar / Wenger, Ekkehard (Hrsg.), Steuern, Rechnungslegung und Kapitalmarkt – Festschrift Wagner, Wiesbaden 2004, 229–244

Streim, Hannes / Bieker, Marcus / Leippe, Britta, Anmerkungen zur theoretischen Fundierung der Rechnungslegung nach International Accounting Standards, in Schmidt / Ketzel / Prigge (Hrsg.), Moderne Konzepte für Finanzmärkte, Beschäftigung und Wirtschaftsverfassung – Gedenkschrift für Stützel, Tübingen 2000, S. 177–206

Streim, Hannes / Leippe, Britta, Neubewertung nach International Accounting Standards – Darstellung, Anwendungsprobleme und kritische Analyse, in Seicht, Gerhard (Hrsg.), Jahrbuch für Controlling und Rechnungswesen 2001, Wien 2001, S. 373–411

Strobl, Elisabeth, Matching Principle und deutsches Bilanzrecht, in Ballwieser u.a. (Hrsg.), Bilanzrecht und Kapitalmarkt, Festschrift Moxter, Düsseldorf 1994, S. 407–432

Ströher, Thomas, Die Bilanzierung von Unternehmenszusammenschlüssen unter Common Control nach IFRS, Düsseldorf 2008

Stützel, Wolfgang, Bemerkungen zur Bilanztheorie, ZfB 1967, 314–340

Tanski, Joachim S., Bilanzpolitik und Bilanzanalyse nach IFRS, München 2006

Telkamp, Heinz-Jürgen / Bruns, Carsten, Wertminderungen von Vermögenswerten nach IAS 36: Erfahrungen aus der Praxis, Finanz Betrieb, Beilage 1/2000, 24–31

Theile, Carsten, Zeitkongruente Aktivierung von Dividendenansprüchen und Realisationsprinzip, IStR 1996, 395–400

Theile, Carsten, Latente Steuern, in Busse von Colbe / Pellens (Hrsg.), Lexikon des Rechnungswesens, 4. Aufl., München/Wien 1998, S. 474–479

Theile, Carsten, Maßgeblichkeitsprinzip, europäisches und internationales Bilanzrecht: die Bilanzierung bei der GmbH und GmbH & Co. im Umbruch, GmbHR 1999, 1182–1189 (Teil I) und 1241–1248 (Teil II)

Theile, Carsten, Kapitalmarktorientierte Rechnungslegung auch für die GmbH zwingend?, GmbHR 2001, 892–898

Theile, Carsten, Neuerungen bei der GmbH durch das Transparenz- und Publizitätsgesetz – TransPuG, GmbHR 2002, 231–235

Theile, Carsten, Erstmalige Anwendung der IAS/IFRS, DB 2003, 1745–1752

Theile, Carsten, Wahlrechte und Ermessensspielräume nach IAS/IFRS, StuB 2003, 957–964

Theile, Carsten, Pensionsverpflichtungen: Erfolgsneutrale Verrechnung versicherungsmathematischer Gewinne und Verluste – Vor- und Nachteile eines neuen Wahlrechts, PiR 2006, 17–21

Theile, Carsten, Gesamtergebnis je Aktie: Eine Kennzahl zur Schaffung von Vergleichbarkeit zwischen IFRS-Abschlüssen? Eine empirisch gestützte Analyse, PiR 2006, 97–104

Theile, Carsten, Systematik der fair value-Ermittlung, PiR 2007, 1–8

Theile, Carsten, Übungsbuch IFRS – Aufgaben und Lösungen zur internationalen Rechungslegung, Wiesbaden 2007

Theile, Carsten, Sozialplanverpflichtungen und Restrukturierungen – Konzeptionelle Mängel beim Passivierungsgebot für faktische Verpflichtungen, PiR 2007, 297–303

Theile, Carsten, Bilanzrechtsmodernisierungsgesetz, Herne 2008, 2. Aufl. 2009

Theile, Carsten, Immaterielle Vermögensgegenstände nach RegE BilMoG – Akzentverschiebung beim Begriff des Vermögensgegenstands?, WPg 2008, 1064–1069

Theile, Carsten, Fair value oder Renaissance des Anschaffungskostenmodells. Wie aus der Finanzmarktkrise (auch) eine Krise der Rechnungslegung wurde, BBK 2009, 21–24

Theile, Carsten, Der neue Jahresabschluss nach BilMoG, DStR 2009, Beil. zu Heft 18

Theile, Carsten / Hartmann, Angelika, BilMoG: Zur Unmaßgeblichkeit der Handels- für die Steuerbilanz, DStR 2008, 2031–2035

Theile, Carsten / Pawelzik, Kai Udo, Erfolgswirksamkeit des Anschaffungsvorgangs nach ED 3 beim Unternehmenserwerb im Konzern – Zur Bilanzierung eines excess (vormals negativer Goodwill), WPg 2003, 316–324

Theile, Carsten / Pawelzik, Kai Udo, Fair Value-Beteiligungsbuchwerte als Grundlage der Erstkonsolidierung nach IAS/IFRS?, KoR 2004, 94–100

Theile, Carsten / Stahnke, Melanie, Zum Erstkonsolidierungszeitpunkt im Konzernabschluss nach dem BilMoG-RegE, StuB 2008, 578–582

Theile, Carsten / Stahnke, Melanie, Bilanzierung sonstiger Rückstellungen nach dem BilMoG-Regierungsentwurf, DB 2008, 1757–1760

Thiele, Konstanze, Partielles Endorsement von IAS 39: Europäischer Sonderweg bei der Bilanzierung von Finanzinstrumenten, DStR 2004, 2162–2168

Thiele, Stefan / von Keitz, Isabel / Brücks, Michael (Hrsg.), Internationales Bilanzrecht, Rechnungslegung nach IFRS, Bonn-Berlin 2008

Thoms-Meyer, Dirk, Grundsätze ordnungsmäßiger Bilanzierung für Pensionsrückstellungen. Unter Berücksichtigung von SFAS 87 und SFAS 106, Düsseldorf 1995

Trapp, Christoph, in Habersack, Matthias / Mülbert, O. Peter / Schlitt, Michael (Hrsg.), Unternehmensfinanzierung am Kapitalmarkt, 2. Aufl. Köln 2008, § 31, S. 845–870

Tweedie, David, Statement before the comittee on Banking Housing and Urban Affairs of the U.S. Senate, 14.2.2002, www.iasb.org/uploaded-files/documents/8_129_020214–dpt.pdf (22.7.2004)

Vater, Hendrik, Bilanzielle und körperschaftsteuerliche Behandlung von Stock Options, DB 2000, 2177–2186

Vater, Hendrik, Exposure Draft zur Ergänzung von IFRS 2 „Share-based Payment", WPg 2006, 713–718

Vaupe F. Christoph, in Habersack, Matthias / Mülbert, O. Peter / Schlitt, Michael (Hrsg.), Unternehmensfinanzierung am Kapitalmarkt, 2. Aufl. Köln 2008, § 21, S. 570–612

Wagenhofer, Alfred, Internationale Rechnungslegungsstandards – IAS/IFRS, 4. Aufl., Wien/Frankfurt 2003

Wagner, Franz. W., Aufgabe der Maßgeblichkeit bei einer Internationalisierung der Rechnungslegung?, Eine Analyse der ökonomischen Wirkungen des Bilanzsteuerrechts, DB 1998, 2068–2077

Wagner, Thomas / Fischer, Hardy, Anwendung der Zinsschranke bei Personengesellschaften, BB 2007, 1811–1816

Waldersee, Georg Graf, Bilanzierung von Finanzderivaten nach HGB, IAS und US-GAAP, in Küting / Langenbucher (Hrsg.), Internationale Rechnungslegung, Festschrift Weber, Stuttgart 1999, S. 239–264

Walton, Peter, Großbritannien, in Haller / Raffournier / Walton (Hrsg.), Unternehmenspublizität im internationalen Wettbewerb, Stuttgart 2000, S. 205–255

Watrin, Christoph / Hoehne, Felix, Endkonsolidierung von Tochterunternehmen nach IAS 27 (2008), WPg 2008, 695–704

Watrin, Christoph / Strohm, Christiane / Struffert, Ralf, Aktuelle Entwicklungen der Bilanzierung von Unternehmenszusammenschlüssen nach IFRS, WPg 2004, 1450–1461

Weber, Claus-Peter / Zündorf, Horst, Der Einfluss von Veränderungen des Beteiligungsbuchwerts auf die Kapitalkonsolidierung, BB 1989, 1852–1864

Weber, Ernst / Baumunk, Henrik (Hrsg.), IFRS Immobilien – Praxiskommentar der wesentlichen immobilienrelevanten International Financial Reporting Standards, München/Unterschleißheim 2005

Wenk, Marc Oliver / Jagosch, Christian, Änderung zur Darstellung von IFRS Abschlüssen – IAS 1 (revised 2007) „Presentation of Financial Statements", DStR 2008, 1251–1257

Weiser, Felix M., Die bilanzielle Abbildung umgekehrter Unternehmenserwerbe im Rahmen der Rechnungslegung nach IFRS, KoR 2005, 487–498

Wiedmann, Harald, Fair Value in der internationalen Rechnungslegung, in Lanfermann (Hrsg.), Internationale Wirtschaftsprüfung, Festschrift Havermann, Düsseldorf 1995, S. 779–811

Wiedmann, Harald, Bilanzrecht, München 1999

Wiedmann, Harald / Schwedler, Kristina, Die Rahmenkonzepte von IASB und FASB: Konzeption, Vergleich und Entwicklungstendenzen, in Festschrift Baetge, 2007, S. 679–716

Wiley IFRS 2008, hrsg. v. Ballwieser u.a., 4. Aufl., Weinheim 2008

Winkeljohann, Norbert, Eigenkapital nach IFRS/Änderungen zu IAS 32 Finanzinstrumente: Darstellung und Interpretationsansätze vor dem Hintergrund der Ausgestaltung von Gesellschaftsverträgen, Status Recht 2009, 45–47

Wirth, Johannes, Firmenwertbilanzierung nach IFRS, Stuttgart 2005

Wohlgemuth, Michael, Die Anschaffungskosten in der Handels- und Steuerbilanz, in v. Wysocki / Schulze-Osterloh / Hennrichs / Kuhner (Hrsg.), Handbuch des Jahresabschlusses (HdJ), Abt. I/9 (1999)

Wohlgemuth, Michael / Ständer, Ute, Der Bewertungsmaßstab „Herstellungskosten" nach HGB und IAS, WPg 2003, 203–211

Wojcik, Karl-Philipp, Die internationalen Rechnungslegungsstandards IAS/IFRS als europäisches Recht, Berlin 2008.

Wollmert, Peter, Übergang auf IAS – Plädoyer für eine rückwirkende Umbewertung mit erfolgsneutraler Verrechnung der Umbewertungseffekte, DB 1995, 990

Wollmert, Peter / Achleitner, Ann-Kristin, Konzeptionelle Grundlagen der IAS-Rechnungslegung, WPg 1997, 209–222 und 245–256

Wolz, Matthias, Die Festlegung von Wesentlichkeitsgrenzen in der deutschen Wirtschaftsprüfungspraxis, ZfbF 2004, 122–145

WP-Handbuch 2006, Band I, 13. Aufl., Düsseldorf 2006

Wüstemann, Jens / Kierzek, Sonja, Ertragsvereinnahmung im neuen Referenzrahmen von IASB und FASB – internationaler Abschied vom Realisationsprinzip?, BB 2005, 427–434

Wüstemann, Jens / Kierzek, Sonja, Ertragsvereinnahmung im neuen Referenzrahmen von IASB und FASB – Update zu BB 2005, 427 ff., BB 2005, 2799–2802

Wüstemann, Jens / Kierzek, Sonja, Transnational legalization of accounting, in Brütsch, Christian und Lehmkuhl, Dirk (Hrsg.), Law and Legalization in Transnational Relations, London 2007, 33–57

v. Wysocki, Klaus, Zur Abgrenzung und Offenlegung des Finanzmittelfonds in der Kapitalflussrechnung nach internationalen Grundsätzen und nach der Stellungnahme HFA 1/1995, in Lanfermann (Hrsg.), Internationale Wirtschaftsprüfung, Festschrift Havermann, Düsseldorf 1995, S. 813–828

v. Wysocki, Klaus / Schulze-Osterloh, Joachim / Hennrichs, Joachim / Kuhner, Christoph (Hrsg.), Handbuch des Jahresabschlusses (HdJ) – Rechnungslegung nach HGB und internationalen Standards, Köln (Loseblatt)

Zeimes, Markus, Zur erstmaligen Anwendung der International Financial Reporting Standards gemäß IFRS 1, WPg 2003, 982–991

Zeimes, Markus, Anschaffungskosten von Anteilen an einem Tochterunternehmen – Geplante Änderungen von IFRS 1 –, WPg 2007, 333–335

Zeimes, Markus / Thuy, Michael G., Aktienoptionen sind als Aufwand zu erfassen, KoR 2003, 39–44

Zimmermann, Jochen, Zur Qualität der US-GAAP, StuB 2002, 573–582

Zimmermann, Jochen / Schilling, Sebastian, Ergebnisrisiko betriebliche Altersversorgung? – Eine Analyse der US-GAAP-Pensionsverpflichtungen deutscher Großkonzerne, KoR 2003, 14–21

Zimmermann, Jochen / Schilling, Sebastian, Änderungen der Bilanzierung von Pensionsverpflichtungen nach IAS 19 und deren Wirkung auf die Jahresabschlüsse deutscher Unternehmen, KoR 2004, 485–491

Zimmermann, Jochen / Vollmer, Philipp B., FASB und IASB auf dem Weg zu einer neuen Erfolgsrechnung? – Analyse des Projekts Financial Statements Presentation und von ED Amendments to IAS 1, PiR 2006, 105–111

Zülch, Henning, Die Bilanzierung von Investment Properties nach IAS 40, Düsseldorf 2003

Zülch, Henning, Das deutsche Enforcement-Modell des Bilanzkontrollgesetzes – Ausgestaltung und Implikationen für Rechnungslegung und Abschlussprüfung, StuB 2005, 1

Zülch, Henning, Die Gewinn- und Verlustrechnung nach IFRS, Herne/Berlin 2005

Zülch, Henning / Daniel T. Fischer / Erdmann, Mark-Ken, Neuerungen in der Darstellung eines IFRS Abschlusses gem. IAS 1 „Presentation of Financial Statements" (revised 2007), WPg 2007, 963–968

Zülch, Henning / Erdmann, Mark-Ken / Wünsch, Martin, Geplante Änderungen bei der Bilanzierung von gemeinschaftlich geführten Unternehmen durch den Exposure Draft ED 9 Joint Arrangements, WPg 2008, 204–208

Zülch, Henning / Fischer, Daniel, Wertminderung im Rahmen der Zwischenberichterstattung gem. IFRIC 10, PiR 2006, 175–176

Stichwortverzeichnis

Die Zahlen verweisen auf die Randziffern.

Abbaurecht 1004
Abfertigungsrückstellung 2412, 2485
Abfindung
– Arbeitnehmer 2341, **2484**
– bei Personengesellschaften 2020, 2035
Abfindungsklausel 2035, 2060
Abschluss
– Befreiung von Offenlegung 122
– Bestandteile 205, 4000
– Gliederungsgrundsätze 4001
– größenabhängige Erleichterungen 203
– Grundsätze 250
– Konzernabschluss, Stichtag 3010
– Prüfung 140
– Publizität 141
– Rechtswirkung 142 f.
– Tag der Freigabe zur Veröffentlichung 710
Abschlussfunktion
– Information 6
– Zahlungsbemessung 4
Abschlussprüfung 140
Abschreibungen, außerplanmäßige 1500
– Anhangangaben 1590
– Ausweis 4223 f., 4238
– BilMoG 188
– Finanzanlagen 1890
– finanzielle Vermögenswerte 1890
– auf Goodwill 1500, 1530
– immaterielle Vermögenswerte 1069
– bei Neubewertung 1189
– Sachanlagen 1160, 1515
– Wertaufhellung 720
– Wertpapiere des Umlaufvermögens 1890
– s. auch Wertminderung
Abschreibungen, planmäßige
– Anhangangaben 1211
– keine bei aufgegebenen Bereichen 2702, **2731**
– immaterielle Vermögenswerte 1064
– Sachanlagen 1163
Abwärtskonsolidierung 3700
Accounting Regulatory Committee 60
Accruals 2303, 4161
– Working Group 26, 41
Akquisitionsmethode 3201, **3220**
Aktienorientierte Vergütungen 2500
– Aktienoptionen, echte 2530
– Altaktionäre 2500

– Aktionäre des Mutterunternehmens, Leistung durch 2504, 2509
– Anhangangaben 2580
– Aufwandsbuchung 2503, **2530**, 2541
– Aufwandsbuchung, Stornierung **2534**, 2546
– Ausübungsbedingungen 2517 f.
– Ausübungserfolg 2512, 2532
– Ausübungsfrist 2510
– Ausweis 2570
– Barvergütungen, aktienorientierte 2502, **2520**
– Basispreis 2510
– Belegschaftsaktien 2502, **2555**
– bedingte Kapitalerhöhung 2503, **2531**
– Binomialmodelle 2513
– Black & Scholes Modell 2513
– Cash settled 2502, **2520**
– Durchführungswege 2503
– eigene Aktien 2502, **2541**
– Eigenkapitalveränderung durch Aktienoptionen 2503, **2530**
– Equity settled 2502, **2530**
– Ersatzansprüche (replacement awards) 3270
– Erstanwendung, IFRS 1 5105
– Erwerber der neuen Aktien 2500
– Fluktuationsabschlag 2521, 2531
– grant date 2510, 2531
– IFRIC 8: 2506
– IFRIC 11: 2509, 2556
– Kombinationsmodelle 2550
– Konzernverbund 2556
– latente Steuern 2560
– market based measure 3271
– market condition 2517
– modified grant date method 2535
– Monte Carlo Modelle 2513
– New Economy 2500
– Optionen, innerer Wert (intrinsic value) 2511, 2540
– Optionen, Gesamtwert (Fair value) **2511**, 2521, 2531
– Optionen, Zeitwert 2511
– Optionspreismodelle **2513**
– performance condition 2517
– Phantom stocks 2502, 2520
– Planänderungen 2544 ff.
– replacement awards 3270
– repricing **2545**

1011

- service condition 2717, 2534
- Stock Appreciation Rights (SAR's) 2502, **2520**
- Stock options 2502, **2530**
- Sperrfrist **2510**, 2523, 2531
- Sperrfrist, variable 2537
- Unternehmenswertsteigerungstantieme 2520
- US-GAAP 2501
- vesting conditions 2517
- vesting period (Wartefrist) 2510
- Volatilität 2516
- Widerruf von Optionen 2548

Aktiver Markt
- Begriff 475
- bei Finanzinstrumenten 1827, 1866
- bei immateriellen Vermögenswerten 1060
- bei Abgrenzung zahlungsmittelgenerierender Einheiten (CGU) 1525

Aktivierung 301 ff., *s. auch Bilanzansatz*
All-or-nothing approach 1307
Altersteilzeit 2483
Amtlicher Handel *s. geregelter Markt*
Anerkennungsprämie (EXIT fee) 3269

Anhangangaben
- Abschlussbestandteil 205
- Abschreibungen, außerplanmäßige 1590
- Abweichung von IFRS-Erfordernissen 4515
- aktienorientierte Vergütungen 2580
- Anlageimmobilien 1471
- Anteilsbesitz 4560 f.
- Assoziierte Unternehmen 3050 ff., 3690
- Aufgabe von Geschäftsbereichen 2740
- Ausschüttung 4543
- Berichtsperiode 4542
- Berichtswährung 4542
- Beteiligungsbesitz 4560 f.
- Bilanzierungs- und Bewertungsmethoden, Änderung 881
- Dividende je Aktie 4543
- Eigenkapital 2080
- Equity-Bewertung 3690
- Ergebnis je Aktie 2275
- erstmalige Anwendung IFRS 5140
- Eventualforderungen 2392
- Eventualverbindlichkeiten **2392**
- Fehlerkorrektur 883
- Fertigungsaufträge 1746
- Finanzergebnis 4326
- Finanzinstrumente 1970
- Geschäftstätigkeit 4541
- Gewinnverwendungsvorschlag 4543
- Goodwill 1091, 1590, 3590
- Hedge Accounting 2280
- HGB Angaben 4560
- immaterielle Vermögenswerte 1090
- Investment Property *s. Anlageimmobilien*
- Kapitalflussrechnung 4480
- Kapitalkonsolidierung 3590
- Konsolidierungskreis 3050, 3590, 4560
- latente Steuern 2690
- Leasing 1390
- Leistungen an Arbeitnehmer 2490
- nahe stehende Unternehmen und Personen 4775
- Pensionspläne, beitragsorientierte 2418
- Pensionspläne, leistungsorientierte 2475
- Prognoserechnung 4537
- Quotenkonsolidierung 3630
- Rechnungslegungsmethoden 880, **4530**
- Risikoberichterstattung 2285
- Rückstellungen 2390
- Sachanlagen 1211
- Schätzung, Änderung 882
- Segmentberichterstattung 4640
- Sitz und Rechtsform 4541
- Stetigkeit, Durchbrechung 881, 4513, 4531
- Stock options 2580
- Tag der Freigabe zur Veröffentlichung 730
- Übereinstimmung mit IFRS 4510
- Übergangskonsolidierung 3780
- Unternehmensfortführungsannahme, Widerlegung 265
- Unternehmenszusammenschluss 3590
- Vorjahr, Vergleichswerte 4011
- Vorräte 1652
- Währungsumrechnung 556, **3170**
- wertbegründende Tatsachen 731
- Wesentlichkeit 201
- Zinsänderungsrisiken 2286
- Zuschreibungen 1590

Anhanggliederung
- Aufbau 4502
- Bestandteile 4500
- Einzelerläuterungen 4540
- Rechnungslegungsmethoden 4530
- Schätzungen 4534
- Übereinstimmungserklärung 4510

Anlagengitter 1210, s. auch *Anlagenspiegel*
Anlageimmobilie 1400
- Abgrenzung zu anderen Grundstücken 1410
- Anhangangaben 1471
- s. auch *Anlagenspiegel*
- Ansatzkriterien 1410
- Bauphase 1416, **1435**, 1445
- Begriff 1411
- Betreiberrisiko 1419
- cost model 1442
- Dokumentation in Konzernrichtlinie 1417
- Fair value-Bestimmung 1447
- Fair value model 1442 ff.
- Folgebewertung, Wahlrecht 1442
- Folgebewertung, Wahlrechtaufhebung 1443
- Gutachten 1445
- Methodenwechsel 1455
- Mischnutzung 1420
- Nutzungsänderung 1462
- Operating-Leasing 1327, 1413
- qualifizierte Vermögenswerte 1142, 1440
- **REITG** 1401
- Unbestimmte Nutzung 1422
- Unternehmenserwerb 1438, 3356, 3840
- Veräußerung 1460
- Zugangsbewertung 1435

Anlagenspiegel
- Abgänge 1093
- Änderung Konsolidierungskreis 1092
- deutsche Praxis 1090
- direkte Nettomethode 1090
- Finanzanlagen 1081
- immaterielle Vermögenswerte 1090
- Kapitalflussrechnung 4471
- Sachanlagen 1210

Anlagevermögen
- Abgrenzung Umlaufvermögen 4111
- Angaben zum ~, 1090, 1210, 1981
- Saldierung bei Abgang von 4015
- Unternehmenserwerb 3356
- Veräußerungsabsicht 2720
- Zusammensetzung 4140

Anlaufkosten 1045
Ansammlungsrückstellung 1135, **2370**, 2521
Ansatz- und Bewertungswahlrechte 833, 3080
Anschaffungskosten
- finanzielle Verbindlichkeiten 2130

- finanzielle Vermögenswerte 1860
- immaterielle Vermögenswerte 1051
- Sachanlagen 1126
- beim Tausch 1150
- Übersicht 412
- Unternehmenserwerb 3250, 3275
- Vorräte 1616

Anschaffungsnebenkosten
- Fair value 520
- Unternehmenserwerb 3255

Anteile anderer Gesellschafter 4156, s. auch *Minderheitenanteile*
Antizipierter Erwerb (von Minderheitenanteilen) 3523
Anwartschaftsbarwertverfahren 2405, **2420**
Anwendungsleitlinien 59, **822**, 3304
Anzahlungen
- Anwendungsbereich von IAS 39 **1814**
- ~ auf Vorräte, Ausweis 4148

Arbeitsgemeinschaft 3040
Arm's length's transaction 450
Asset Backed Securities
- Begriff 3029
- Factoring 1928
- Pensionsverpflichtungen 2463
- Zweckgesellschaften 3029

Asset deal
- Kapitalkonsolidierung 3203, 3212, 3220
- latente Steuern bei Kapitalkonsolidierung 2627

Assets held for sale 2730, s. auch *Aufgabe von Geschäftsbereichen*
Assoziierte Unternehmen
- Ausweis 4233
- Begriff 3045
- Equity-Methode s. auch dort 3650
- finanzieller Vermögenswert 1933
- Konsolidierungsverbot 3046
- Konsolidierungswahlrecht 3049
- Konzernabschluss 3002
- konzerneinheitliche Bilanzierung 3660
- nahe stehendes Unternehmen 4779
- maßgeblicher Einfluss 3046
- Weiterveräußerungsabsicht 2756

Aufgabe von Geschäftsbereichen 2700
- Anhangangaben 2740 Anlagevermögen 2715
- assets held for sale 2730
- Ausweis 2740
- Bilanz 2747
- Ergebnis je Aktie 2749
- Ergebnis nach Steuern 2740

1013

- Gesamtergebnisrechnung 2740, 4315
- Geschäftsbereich, Begriff 2711
- GuV 2740, 4315
- Kapitalflussrechnung 2745
- Offenlegungspflicht, Zeitpunkt 2723
- Rückklassifizierung 2754
- Segmentberichterstattung 2750
- Statusverlust von Tochterunternehmen 2761
- Stilllegung 2765
- Tochterunternehmen etc. mit Veräußerungsabsicht 2755
- Verkaufsabsicht 2Z20
- Verkauf von Tochterunternehmen etc. 2761
- Weiterveräußerungsabsicht von Anteilen 2755
- Wertminderung 2732
- Zwischenabschluss 4836, 4842

Aufsichtsrat
- Controlkonzept 3017
- nahe stehende Person 4767
- Organbezüge 4560 f., 4781

Auftragsbestand 3280, 3303
Auftragsfertigung 1700, s. auch Fertigungsaufträge
Aufwand
- Begriffe 600
- Definition 601
- für die Beschaffung von Eigenkapital 2072
- für Reorganisation 1045

Aufwandsrückstellungen
- BilMoG 117, 1117
- Komponentenansatz 1117
- Passivierungsverbot 329, **2314**

Aufwands- und Ertragskonsolidierung 3820
Aufwärtskonsolidierung 3700
Ausbildungskosten 1045
Ausbuchung
- finanzielle Verbindlichkeiten 1910
- finanzielle Vermögenswerte 2145

Auslegung
- Rahmenkonzept 32
- Standards und Interpretationen 70

Ausleihungen 1826
Ausschüttung
- Anhangangabe 4543
- Begrenzung durch Kapitalerhaltung 11

Ausschüttungsbeschluss
- Anhangangabe 4543
- Dividendenverbindlichkeit 2011, 2060

Ausschüttungssperre 2604
Außenverpflichtungen 329, 2314

Außerordentliche Posten
- Gewinn- und Verlustrechnung 4239
- Kapitalflussrechnung 4431

Ausweisänderungen
- Finanzinstrumente (Umgliederungen) 1843
- Unternehmenserwerb 3380

Available-for-sale
- Begriff 1840
- s. auch Finanzinstrumente

Bargain purchase
- Ansatz, Begriff 3201, 3410
- Equity-Bilanzierung 3665
- Full Goodwill 3424
- Latente Steuern 2629
- Reassessment 3413

Basisannahmen 261
Basis for conclusions 34
Bedingte Kaufpreiszahlung 3260
Befreiungen, größenabhängige 203
Beherrschung 3015, s. auch Konsolidierungskreis
Beizulegender Zeitwert 450, s. auch Fair Value
Berichtendes Unternehmen 4541
Berichtsinstrumente 205, 4000
Berichtswesen, internes
- Abgrenzung zahlungsmittelgenerierender Einheiten (CGU's) 1532
- Segmentberichterstattung 4607

Bestätigungsvermerk
- Datum der Erteilung 711

Bestmögliche Verwendung 459
Beteiligungen 1933
- Kapitalflussrechnung 4450

Betriebsprüfung 2665
Betriebssystem, Computer 1045
Bewertung 412
Bewertungseinheiten 182, 2200
Bewertungswahlrechte 415
Bilanzansatz
- Schulden 321
- Vermögenswerte 301

Bilanzgarantien 3267
Bilanzgliederung 4110
- Fristigkeit 4110
- Konto- oder Staffelform 4130
- Zwischenbericht 4815

Bilanzierungsgrundsätze 250
- Einzelbewertung 410
- Entscheidungsrelevanz 260
- fair presentation 260, 4510
- faithful representation 270
- Going Concern 264

Stichwortverzeichnis

- Vergleich zum HGB 255
- Matching principle 261
- Neutralität 274
- Periodisierungsprinzip 261
- Relevanz 267
- Saldierungsverbot 4015
- Stetigkeit, Bilanzierungs- und Bewertungsmethoden 276, **810**
- Stetigkeit, Darstellung und Ausweis 276, **810**, 4010
- Stichtagsprinzip 700
- substance over form 272
- Unternehmensfortführung 264
- Vergleichbarkeit 275
- Verlässlichkeit 269
- vernünftige kaufmännische Beurteilung 279
- Verständlichkeit 266
- Vollständigkeit 273
- Vorsichtsprinzip 271
- Wertaufhellung 710
- Wesentlichkeit 201, 268
- Willkürfreiheit 274
- wirtschaftliche Betrachtungsweise 272
- Zielkonflikte 277

Bilanzierungs- und Bewertungsmethoden
- Abgrenzung von Schätzungen 812
- Angabe 4530
- Änderungen 830
- Auswahl 820
- Begriff 820
- Darstellung bei Änderungen 836
- neue Standards 831, 4513
- Regelungslücken 825
- Segmentberichterstattung 4640
- Stetigkeit 810
- Zwischenbericht 4831

Bilanzierungshandbuch s. *Konzernrichtlinie*

Bilanzkontinuität 830, s. auch *Kongruenz*

BilMoG
- Annäherung an IFRS 16
- Abschlussprüferrichtlinie 157
- Aktivierungswahlrechte 312
- Ansatzstetigkeit 188
- assoziierte Unternehmen 3655
- Aufwandsrückstellungen 177, 1117
- Aufwendungen für die Ingangsetzung und Erweiterung des Geschäftsbetriebs 188
- außerplanmäßige Abschreibungen 188, 1505
- Auslegung HGB 158

- Befreiung von Buchführung für kleine Einzelkaufleute 161
- Beherrschung (Control) 3006
- Bewertungseinheiten 182, 2206
- Bewertungsstetigkeit 188
- Bewertungsregeln 405
- Eigene Anteile 186
- Eigenkapitalabgrenzung 189
- Einheitliche Leitung 191, 3006
- Entwicklungskosten 169, 1030
- Equitybilanzierung 3655
- Ergebnis vor Ertragsteuern 189
- Erstanwendungszeitpunkte 160
- Erstkonsolidierungszeitpunkt 191, 3715
- Fair value-Richtlinie 157
- Generalüberholung 1117
- Geschäfts- oder Firmenwert 188
- Herstellungskosten 171, 1607, 1621
- immaterielle Vermögensgegenstände 169, 1008
- Interessenzusammenführungsmethode 191
- Kapitalkonsolidierung 3206, 3715
- Konzernabschluss 190
- Konsolidierung mit vorläufigen Werten 191, 3442
- künftige Wertschwankungen 188
- latente Steuern 184, 2604
- langfristige Auftragsfertigung 189, 1706
- Leasing 1306
- Micro entities 193
- Modernisierungsrichtlinie 157
- modifizierte Stichtagskursmethode 191
- nahe stehende Unternehmen 187
- Neubewertungsmethode 191
- Passivierungswahlrechte 331
- Pensionsrückstellungen 178, 2405
- Quotenkonsolidierung 3605
- Rechnungslegungsmethoden, Schätzungen und Fehler 805
- Sachanlagen 1117
- Schwellenwerte Jahresabschluss/Konzernabschluss 162
- Sonderposten mit Rücklageanteil 167, 330
- sonstige Rückstellungen 175, 2306
- sukzessiver Beteiligungserwerb 3715
- Verhältnis von IFRS zu HGB 155
- Vorräte 171, 1607, 1621
- Übergangskonsolidierung 3706
- Übersicht der Abweichungen zu IFRS 155

1015

- umgekehrte Maßgeblichkeit 165
- Umsetzung von EG Richtlinien 157
- Verbrauchsfolgefiktionen 188, 1631
- Währungsumrechnung im Jahresabschluss 173
- Währungsumrechnung im Konzernabschluss 191, 3102
- Wertaufhellung 705
- Wertminderung 1505
- Wirtschaftliches Eigentum 189, 1306
- Zeitwertbilanzierung von Finanzinstrumenten 14, 189, 1807
- Zweckgesellschaften 191, 3026
- Zuschreibungsgebot 188

Binomialmodelle 485, 2513
Black & Scholes Modell 485, 2513
Branchenspezifische Sonderregelungen 204
Bürgschaften 2153
Business/~ combination 3200, 3210

Capital Asset Pricing Model 1562
Case law 3
Cash generating unit
- Abgrenzung 1518
- Begriff 1518
- Goodwillzuordnung 1530
- Impairment 1500 ff.
- Segmentberichterstattung 1519, **1531**, 4630
- Wertminderungstest 1555

Cashflow 4410
- aus Finanzierungstätigkeit 4438
- aus laufender Geschäftstätigkeit 4430
- aus Investitionstätigkeit 4425

Cashflow-Hedges 2265, s. auch Hedge Accounting
Cashflow-Hedge eines net investment in a foreign operation 3142
Cash settled 2502, **2530**, s. auch aktienorientierte Vergütungen
Chapter 11: 3035
Code law 2
Common control 3203, **3540**
Comparability 275
Completeness 273
Completed Contract Methode 1712
Component approach 1113
- Abschreibung 1168
- Finanzinstrumente 1918

Contingent assets 2305, 3330
Contingent liabilities 2304, 2325, 3341
Continuous transfer 1708
Continuing involvement 1919

Control 3015, s. auch Konsolidierungskreis
Cost to cost 1726, s. auch langfristige Fertigung
Current asset 4111
Current liability 4111

Darlehen 1825, s. auch finanzielle Vermögenswerte
Decision usefulness 6, 260
Derivate 1815, s. auch Finanzinstrumente
Deutsche Prüfstelle für Rechnungslegung 150
Dienstleistungen
- Ertragserfassung 630

Dienstleistungskonzessionen 1704, 5113
Disagio 1869
Discounted Cashflow (DCF)
- Anlageimmobilien 1449
- Fair value 483
- Kapitalkonsolidierung 3360
- Wertminderung 1557

Dissenting opinions 34
Dividende je Aktie 4543
Dividenden
- Angabe nach dem Stichtag beschlossener Dividenden 4543
- Kapitalflussrechnung 4440
- Verbindlichkeit 2011, 2060
- Vereinnahmung, phasengleiche 645, 720

Dollar-Offset-Methode 2251
Domain 1045
Downstream-Transaktion 3673, 3836
Drohende Verluste aus schwebenden Geschäften 2335
Drucktitel 1045
Dualistisches Führungssystem 3017
Due process 40

Earn-out-Klausel 3260
EBIT
- Ausweis in GuV 4230
- Goodwillaufteilung 1530
- Pensionsaufwand 2473
- Segmentberichterstattung 4644

EBITDA
- immaterielle Vermögenswerte 1081

ED 10: 1344, 3009, 3028
Effektivität des Sicherungszusammenhangs 2250, s. auch Hedge Accounting

Effektivzinsmethode
- finanzielle Vermögenswerte 1869
- finanzielle Verbindlichkeiten 2135

EFRAG 60

EG-Richtlinie s. *Richtlinien der EG/EU*

Eigene Anteile 2071

Eigenkapital
- Aktienorientierte Vergütungen 2530
- Anhangangaben 2080
- Anhangangaben bei Personengesellschaften 2035
- Aufwendungen für Beschaffung 2072
- ausstehende Einlagen 2073
- Ausweis 2070
- eigene Anteile 186, 2071
- Ergebnisverwendungsrechnung 4370
- erstmalige Anwendung IFRS 5141
- Kapitalmanagement 2081
- Kapitalerhöhung 2074
- Leistungsbezüge gegen Anteilsgewährung 2075
- Minderheitenanteile 3465, 4156
- Minderheitenanteile an Tochterpersonengesellschaften 3520
- other comprehensive income 4310, s. auch dort
- Sacheinlage 2077

Eigenkapitalbegriff 2010
- ABC des Eigenkapitals 2060
- Abfindungsanspruch von Gesellschaftern 2020, 2027
- Abfindungsklausel 2027, 2035
- Auszahlungsverpflichtung 2011
- ewige Rente 2060
- Genossenschaften 2060
- Genussrechte 2060
- Gesellschafterverrechnungskonten 2060
- individuelles Entnahmerecht 2011, 2020
- Kapitalgesellschaften 2011, 2060
- Kapitalkonsolidierung bei Fremdkapitalklassifizierung 3520 ff.
- Kündigungsrecht von Gesellschaftern 2020
- Kredite mit unbestimmter oder < 10-jähriger Laufzeit 2060
- Liquidationserlös 2060
- nach HGB 2006
- Mezzaninekapital 2060
- Optionsanleihe 2060
- Personengesellschaften 2022
- Principle override 2053
- puttable instrument (Rückgabemöglichkeit) 2020, 2060

- REIT 2060
- RIC 3: 2022
- Satzungsänderung zur Erfüllung der IFRS Definition 2051
- schuldrechtliche Verträge 2006
- stille Gesellschaft 2060
- Substance-over-form 2052
- Verkehrswert der Anteile 2035
- Wandelanleihe 2060
- Zinsschranke 6025

Eigenkapitalgarantie 3266

Eigenkapitalinstrumente 1810, s. auch *Finanzinstrumente*

Eigenkapitaltest 6020, s. auch *Zinsschranke*

Eigenkapitalspiegel 4350
- Abschlussbestandteil 4001
- Änderung Konsolidierungskreis 4373
- Aufbau 4360
- Bilanzgewinn 4370
- BilMoG 4355
- Ergebnisverwendungsrechnung 4371
- Fehlerkorrektur 4361
- Gesamtergebnis 4351, 4365
- Gewinnausschüttungen 4371
- Gewinnrücklagen 4361
- Kapitalerhöhung 4372
- other comprehensive income 4351
- Versicherungsmathematische Gewinne und Verluste 4363
- Zwischenbericht 4820

Eigenkapitaltitel 1810, s. auch *Finanzinstrumente*

Einheitliche Leitung 191, 3006, s. auch *Konsolierungskreis*

Einheitlichkeit der Bewertung
- Konzernabschluss 3080
- Zinsschranke 6031

Einheitstheorie 3070

Einstellung von Bereichen 2700, s. auch *Aufgabe von Geschäftsbereichen*

Einzelabschluss
- HGB-Vorschriften 4561
- nach IFRS 130 ff.

Einzelbewertung 410 f.

Einzelkosten 1615

Einzelveräußerbarkeit 311

Einzelwertberichtigung, pauschalierte 1921, s. auch *Finanzinstrumente*

Elektroschrott 2370

Emissionsrechte 1045

Endorsement 55 f.

Enforcement 150

Entherrschungsverträge 3016, 6108

Entkonsolidierung
- nach Kapitalkonsolidierung gem. IFRS: 3480 ff.
- bei Equitybilanzierung 3685
- bei Quotenkonsolidierung 3610

Entlassungsentschädigung 2410, 2485

Entscheidungsrelevante Informationen 201, 260

Entsorgungsverpflichtung
- Aktivierung 1132
- Anpassung 1173
- Passivierung 2370

Entwicklungskosten
- Aktivierungsvoraussetzungen 1035
- Begriff 1032
- BilMoG 169, 1030

Equity-Methode 3650
- Abschlussstichtag 3661
- Anhangangaben 3050, 3690
- Anwendungsbereich 3045
- Anlagenspiegel 1981
- Ausweis 3688
- Bargain purchase 3665
- Entkonsolidierung 3685
- Erstkonsolidierung 3665
- excess 3665
- Folgekonsolidierung 3670
- Goodwill 3665
- Kapitalflussrechnung 4461
- Konzernabschluss des assoziierten Unternehmens 3662
- konzerneinheitliche Bewertung 3660
- latente Steuern 2639, 3666, 3673
- negatives Equity-Ergebnis 3673
- negative Equity-Buchwert 3680
- other comprehensive income 3673
- Segmentberichterstattung 4644 f.
- Übergangskonsolidierung 3701, 3722, 3726, 3730
- Verluste 3673
- Währungsumrechnung 3663, 3673
- Wertaufholung 3678
- Wertminderung 3675
- Zwischenabschluss 3661
- Zwischenergebniseliminierung 3673, 3836

Equity settled 2502, **2530**, *s. auch aktienorientierte Vergütungen*

Erfindungen 1045

Erfolgsbeteiligungen 720, 2520

Ergebnis je Aktie 4700
- Aktiensplit 4714
- Anhangangaben 4731
- Anwendungsbereich 4700
- Aussagekraft 4701
- basic earnings per share 4710
- Bereinigtes Ergebnis 4705
- Bezugsrecht 4713
- diluted earnings per share 4720
- Durchschnitt, Ermittlung 4712
- Kapitalerhöhung 4713
- Kapitalerhöhung aus Gesellschaftsmitteln 4714
- Konzernergebnis 4715
- Mitarbeiteroptionsprogramme 4726
- Optionanleihe 4721
- other comprehensive income 4321, 4701
- Stammaktien 4711
- Stammaktien, potenzielle 4720
- unverwässertes 4710
- verwässertes 4720
- Vorzugsaktien 4711
- Wandelanleihe 4721
- weitergeführte Geschäftstätigkeit 4716
- Zwischenabschluss 4819

Ergebnisverwendung 4543

Ergebnisverwendungsrechnung 4371

Erhaltene Anzahlungen 4146

Erhaltungsaufwand 1119, 1560

Erleichterungen, größenabhängige 203

Ermessen
- Abgrenzung cash generating units (CGU) 1528, 1541
- aktienorientierte Vergütungen 2516, 2518, 2534
- erstmalige Anwendung IFRS 5120
- Komponentenansatz bei Sachanlagen 1115, 1172
- Konsolidierung von Zweckgesellschaften 3025
- konzerneinheitliche Bilanzierung und Bewertung 3083
- Leasing 1312
- Nutzungswertermittlung 1558
- Segmentabgrenzung 4615
- Realisierungszeitpunkt 3122
- Rückstellungsbildung 2351
- verdeckte Wahlrechte 834
- Währungsumrechnung, Einteilung von Konzernunternehmen bei 3122
- Zuordnung gemeinschaftlicher Vermögenswerte zu CGU 1572

Ersatzansprüche 3270

Erstattungsansprüche
- Saldierung mit Rückstellungen 2355
- aus Planvermögen 2465
- Bilanzgarantien beim Unternehmenserwerb 3225

Erstkonsolidierungszeitpunkt 3710, 3715
Erstmalige Anwendung IFRS 5000
- aktienorientierte Vergütungen 5105
- Anhangangaben 5140
- Anlageimmobilien 5070
- Anteile an Tochterunternehmen etc. im EA 5007
- anzuwendende Standards 5010, 5016
- Aufwandsrückstellung 5054
- deemed cost 5074
- Dienstleistungskonzessionen 5113
- Eigenkapitalabgrenzung 5023
- Entsorgungsverpflichtungen 5071
- Erstanwenderstatus 5010
- Fair value-Ansatz, Wahlrecht zum 5074
- Fertigungsaufträge 5121
- Finanzinstrumente 5058, **5085**
- Gewinnrücklagen 5023
- Goodwill 5048
- Hedge Accounting 5094
- IFRIC 12 5113
- IFRS-Eröffnungsbilanz 5003, 5030
- Inventar 5024
- immaterielle Vermögenswerte 5049, 5053
- Impairment-Test 5044, 5050
- Interessenzusammenführungsmethode 5047
- Kapitalkonsolidierung 5040
- Komponentenansatz 5071
- latente Steuern 5022
- Leasing 5080
- Neubewertungsrücklage 5061, 5074
- Pensionsverpflichtungen 5100
- qualifizierter Vermögenswert 5112
- Quartalsabschlüsse 5016
- reporting date 5003
- Restrukturierungsrückstellung 5054
- retrospektive Umstellung **5020**, 5030
- Rückstellungen 5054
- Sachanlagen 5070
- Schätzungen 5030
- strukturierte Produkte 5089
- Übereinstimmungserklärung 5010
- Überleitungsrechnungen 5141
- Unternehmenszusammenschlüsse 5040
- Vergleichsvorjahr 5003
- Vorräte 5059
- Währungsdifferenzen 5110
- Zinskosten 5112

Ertrag
- Begriffe 600
- Realisierung 610, s. auch Realisationszeitpunkt

Ertragsteuerzahlungen
- Kapitalflussrechnung 4472

Ertragswert s. auch Nutzungswert

Erweiterungsaufwand 312, 1045

Erwerber
- Neugründung von Holdings 3570
- Reverse acquisition 3560
- True merger 3575
- Unternehmenserwerb 3230

Erwerbsmethode 3210, s. auch Kapitalkonsolidierung

Erzielbarer Betrag 1510, s. auch Wertminderung

EuGH 70
EU-IFRS 62
EU-Recht
- Endorsement 55 f.
- EuGH 70
- IAS-Verordnung 50
- IFRS-Anwendung 51

EU-Verordnung s. IAS-Verordnung

Eventualforderungen
- Ansatz 2305
- Anhang 2392
- Unternehmenserwerb 3330, 3506
- Wertaufhellung 720, 2305

Eventualschulden
- Ansatz 2304, **2325**
- Anhang 2392
- Unternehmenserwerb **3341**, 3506

Ewige Rente 2060

Excess, s. auch bargain purchase
- Ansatz, Begriff 201, 3410
- Equity-Bilanzierung 3665, 2629

Expenses 601

Factoring 1923
Fair value
- Aktienoptionen 2511
- Anlageimmobilien 1447
- Anwendungsbereich 450, 500
- Bewertung, erfolgsneutral 414
- Bewertung, erfolgswirksam 414
- Definition 450
- Ermittlungsverfahren (Checkliste) 492
- finanzielle Vermögenswerte 1833
- inaktive Märkte 1882
- in internationaler Rechnungslegung 13
- in Finanzkrise 1882, 1893
- im Mittelstand 509
- Neubewertung Sachanlagen 1180, 5074
- Option 1836 ff., 1948 f.

- Optionspreismodelle 485, 2513
- Tausch 1150
- theoretische Konzeption 450
- Transaktionskosten 520
- Unternehmenserwerb 3350
- Vergleich mit anderen Bewertungskategorien 520
- Vermutungen, Checkliste 3356

Fair value-Option
- Anhangangaben 1972, 2171
- Bedingungen 1836
- finanzielle Verbindlichkeiten 2122
- finanzielle Vermögenswerte 1836, 1948
- Sicherungsgeschäfte 2220

Faktische Beherrschung 3022

Fehler
- Abbildung entdeckter 872
- Begriff 870
- Betriebsprüfung 2665
- Beurteilung der Wesentlichkeit 871
- Darstellung der Korrektur im Eigenkapitalspiegel 4361

Fertigungsaufträge 1700
- Abgrenzung zu Vorräten 1701
- Anhangangaben 1746
- Ansatz 1710
- Auftragserlöse 1722
- Auftragskosten 1724
- Ausweis und Erläuterungen 1740
- Ausweis von Forderungen 1740
- BilMoG 1706
- Completed Contract Methode 1707, 1712
- Continuous transfer 1708
- Cost-plus-Vertrag 1720
- Cost to cost-Methode 1726, 1731
- Effort expended-Methode 1726
- Festpreisvertrag 1720
- Fremdkapitalzinsen 1143, 1724
- Grad der Fertigstellung 1725
- HGB-Abweichung 1707
- Immobilienbauprojekte (IFRIC 15) 1707
- Labour hours-Methode 1726, 1731
- Percentage of completion-Methode, Anwendungsvoraussetzungen 1720
- Percentage of completion-Methode, Begriff 1712
- Physical-observation-Methode 1726, 1731
- Public-private-partnerships (IFRIC 12) 1709
- Qualifizierter Vermögenswert 1143, 1724

- Teilgewinnrealisierung 1712
- Teilleistungen, erhaltene Anzahlungen 1742
- Umsatzerlöse 1740
- US GAAP 1708
- Verluste 1715, 1734
- Vertragsänderungen 1733

Festwertansatz
- Sachanlagen 1174
- Vorräte 1632

Finance costs 4237

Fiktion der rechtlichen Einheit 3080

Filmlizenz 1005

financial component approach 1307

Finanzanlagen s. *finanzielle Vermögenswerte*

Finanzanlagen in Immobilien 1400, s. *auch Anlageimmobilien*

Finanzielle Verbindlichkeiten 2100
- HGB-Abweichungen 2106
- Anhangangaben 2170
- Anschaffungskosten 2130
- Ausbuchung 2145
- Begriff 1810, 2100
- Bilanzansatz 2110
- Bilanzausweis 2161
- Bürgschaft 2153
- Disagio 2130
- Effektivzinsmethode 2135
- Fair value-Option 2122, 2220
- Folgebewertung 2135
- Fristigkeit, Bilanzgliederung 2161
- Hedge Accounting s. *auch dort,* 2100
- Kategorien 2120
- Prolongation, Ausweis 4117
- Rückzahlungsbetrag 2137
- Saldierung 4015
- Tilgung 2145
- Umschuldung 2145
- Unternehmenserwerb 3356
- Verbindlichkeiten aus Lieferungen und Leistungen 2150
- Verbindlichkeitenspiegel 2173
- Wandelanleihe, Ergebnis je Aktie 2265

Finanzielle Vermögenswerte 1800
- aktiver Markt 475
- Anhangangaben 1970
- Anleihen 1826
- Anschaffungskosten 1860
- Anschaffungsnebenkosten 1862
- Anteile an Investmentfonds 1825
- Asset Backed Securities 1928
- assoziiertes Unternehmen 1933
- at fair value through profit or loss 1833

- Ausbuchung 1910
- Ausleihungen 1826
- Ausweis als lang- oder kurzfristig 1961, 4121
- außerplanmäßige Abschreibungen 1890
- available-for-sale, Begriff 1840
- Begriff 1810
- Bilanzansatz 1813
- bis zur Endfälligkeit zu haltende ~ 1827
- Continuing involvement approach 1919
- Darlehen 1825
- Dauerhaftigkeit von Wertminderungen 1895
- Derivat 1815
- Effektivzinsmethode 1869
- Einzelwertberichtigung, pauschalierte 1921
- embedded Derivatives 1941
- erfolgswirksames Fair value-Finanzvermögen 1833
- Erfüllungstag 1850
- Factoring 1923
- Fair value-Option 1836, 1948
- festverzinsliche Wertpapiere 1827
- Finanzanlagenspiegel 1981
- Finanzkrise 1809, 1882, 1893
- Folgebewertung 1965
- Forderungen aus Lieferungen und Leistungen 1920
- Forderungen, kurzfristige 1920
- Forderungspool 1825
- Gemeinschaftsunternehmen 1933
- GmbH-Anteile 1866
- Handelstag 1850
- Hedge Accounting 1020, s. auch dort
- held for trading, Ausweis 4121
- held for trading, Begriff 1833
- held-to-maturity, Begriff 1827
- held-to-maturity, Veräußerung 1831
- HGB-Abweichung 1807
- inaktive Märkte 1882, 1893
- interner Zinsfuß 1869
- Kassageschäft 1850
- Kategorien 1820
- Kategorien, Wechsel 1843
- Kredite und Forderungen 1825
- Konsortialkredite 1826
- loans and receivables 1825
- latente Steuern 1342
- Neubewertungsrücklage 1873, 4312
- neuere Entwicklungen 1808
- Optionsanleihe 1020
- Optionspreismodelle 485
- Paketzu- oder -abschläge 470
- pass-trough-arrangement 1914
- Pensionsgeschäfte 1916, 1929
- Reclassification 1881, 1912, 1984
- Saldierung 4015
- Sanktionen bei held-to-maturity 1844
- Sperrfrist 1846
- Stetigkeit Kategorisierung 1843
- strukturierte Produkte 1941
- Stückzinsen 1939
- Termingeschäfte 872
- Tochtergesellschaft 1933
- Transaktionskosten 1862
- Transaktionspreis 1860 f.
- Umgliederungen zwischen den Kategorien 1843
- Unternehmenserwerb 3356
- Währungsumrechnung 1874, 1877
- Wandelanleihe 1005
- Warentermingeschäfte 1816
- Wechsel zwischen den Kategorien 1843
- Wertminderungen 1890
- Zinsertrag 1869 ff.
- Zugangsbewertung 1860 ff.
- Zuordnungsentscheidung 1842
- zur Veräußerung verfügbar 1840
- Zuschreibung 1901

Finanzinstrumente
- Anhangangaben 1970, 2170, 2280
- Anwendungsbereich IAS 32/IAS 39/ IFRS 7 1800
- available-for-sale 1840
- Begriff 1800, 1810
- Derivate, Begriff 1815
- Derivate, Kategorisierung 1833
- Eigenkapitalinstrument, Begriff 1812, 1866
- erstmalige Anwendung IFRS 5058, 5085
- Fair value-Option 1836, 1948
- GmbH-Anteile 1866
- one-day-profit-or-loss 1961
- Rechtsentwicklung 1803
- Rechtslage 1803
- Saldierung 4015
- Stetigkeit Kategorisierung 1843, 2125
- strukturierte Produkte 1941
- Überleitungsrechnung 1973
- Übertragung 1914
- Unternehmenserwerb 3356
- unwinding 1900

– *s. auch finanzielle Verbindlichkeiten*
– *s. auch finanzielle Vermögenswerte*
Finanzkrise 1252, 1809, 1882, 1893
Finanzmittelfonds
– Beschränkungen 4471
– Bestandteile 4412
Finanzplan
– Entwicklungskosten 1037
– keine Veröffentlichung 7, 267
– Nutzungswertbestimmung 1558
Firm commitment 2265
Firmenwert
– derivativer 1045
– Konzernabschluss 3410
– originärer 1045
– *s. auch Goodwill*
Forderungen an Unternehmen mit Beteiligungsverhältnis 4780
Forderungen aus Lieferungen und Leistungen
– Ausweis 4147
– Bewertung 1920
– Klassifizierung 1825
– *s. auch finanzielle Vermögenswerte*
Forderungen gegen verbundene Unternehmen 4780
Forderungen, sonstige 635
Forschungskosten 1031
– Unternehmenszusammenschluss 3300, 3461
Framework 250, *s. Rahmenkonzept*
Freigabe des Abschlusses zur Veröffentlichung 710
Freigrenze bei Zinsschranke 6005
Freiverkehr 115
Fremdkapitalkosten, Aktivierung von 1142, *s. auch qualifizierter Vermögenswert*
Fremdwährungsumrechnung *s. auch Währungsumrechnung*
– BilMoG 173
– Einzelabschluss 550
– Konzernabschluss 3100
Full Goodwill-Methode
– Kapitalkonsolidierung 3201, 3400, 3420
– Impairment-Test nach IAS 36: 1538, 1586

Gains 601, 4644
Gebrauchsmusterrecht 1045
Gegenleistung
– Unternehmenserwerb 3250, 3275
Geleistete Anzahlungen
– Ausweis 4148

– auf Sachanlagen 1210
– auf Vorräte 1605
Gemeinkosten
– Rückstellungen 2354
– Sachanlagen 1130
– Vorräte 1615
Gemeinschaftsunternehmen 3040
– Arbeitsgemeinschaft 3040
– finanzieller Vermögenswert 1934, 1935
– gemeinsame Führung 3040
– Konsolidierungsmethoden 3040
– Konsolidierungsverbot 3035
– Konsolidierungswahlrecht 3040
– nahe stehendes Unternehmen 4779
– Weiterveräußerungsabsicht 2756
– Quotenkonsolidierung *s. auch dort*, 3600
Genehmigungsvorbehalte
– Unternehmenserwerbe 3241
– Wertaufhellung 720
Generalnorm
– Abweichung von IFRS/Interpretationen 4515
– Beachtung aller IFRS 4511
– fair presentation 4510
– overriding principle 4515
Generalüberholung 1117
Geographisches Segment 4607
Geregelter Markt
– Begriff 113
– Schuldtitel 116
– Zulassung zum Handel am ~ 116
Geringwertige Wirtschaftsgüter 1111
Gesamtergebnisrechnung
– Abgrenzung zum Eigenkapitalspiegel 4001
– Abgrenzung zur GuV 4001, 4301
– Darstellungsalternativen 4315
– Erfolgsneutrale Ergebnisse 4310
– Ergebnis je Aktie 4320, 4701
– latente Steuern 4314
– other comprehensive income 4310
– sonstiges (Konzern)-Ergebnis 4310
– Reclassification 4312
Geschäftsführung
– nahe stehende Person 4767
– Organbezüge 4560, 4561, 4781
Geschäftsbereich
– Angaben 4640
– Berichtspflichtige 4615
– Definition 4610
– Impairment-Test 4630
– Matrixorganisation 4612
– Stetigkeit der Abgrenzung 4625

- Vertikal integrierte Geschäftsbereiche 4620
- Zusammenfassung 4616

Geschäftssegment 4607, *s. auch Geschäftsbereich*

Geschäftswert
- BilMoG 188, 1025, 1505
- derivativer 1045
- im Konzernabschluss 3400
- originärer 1045
- Wertminderung 1502, 1512
- *s. auch Goodwill*

Geschmacksmusterrecht 1045
Gewerbliche Schutzrechte 1045
Gewinnermittlung, periodengerechte 12
Gewinnrealisierung 610, *s. auch Realisierungszeitpunkt*
Gewinnvereinnahmung, phasengleiche 645, 720
Gewinnverwendungsvorschlag 4543

Gewinnrücklagen
- erstmalige Anwendung IFRS 5023
- Unterteilung im Eigenkapitalspiegel 4361
- Verrechnung versicherungsmathematischer Gewinne und Verluste 2445, 4363

Gläubigerschutz 14
Gleichordnungskonzern 3541, 6013
GmbH-Anteile 1866

GmbH & Co. KG
- Anwendung IFRS 100
- Eigenkapital 2020
- Zinsschranke 6015

Going Concern 264, *s. auch Unternehmensfortführung*

Goodwill
- Abschreibung, planmäßige 1502, 3411
- Abschreibung, außerplanmäßige 1500, *s. auch Wertminderung*
- Anhangangaben 1590, 3590
- Anlagenspiegel 1090
- Anpassung, nachträgliche 3440
- Ansatzpflicht 1025, 1045, 3411
- BilMoG 188, 1025, 1505
- Entkonsolidierung 3485
- Equity-Methode, Ausweis 3665
- Ermittlungsschema 3410, 3424
- erstmalige Anwendung IFRS 5048
- Folgekonsolidierung 3464
- Impairment 1500, *s. auch Wertminderung*
- Impairment-only-approach 1500, 3206, 3411
- Impairment-Test 1502, 1582

- Kapitalflussrechnung 4461
- latente Steuern 2626
- Quotenkonsolidierung 3610
- Reclassification 3485
- Segmentberichterstattung 4645
- Nach US-GAAP 3200
- Währungsumrechnung 3133, 3464
- Wertminderung 1502, 1582
- Zinsschranke 6034, 6110

Größenabhängige Erleichterungen 203, 5202
Größenkriterien Konzernabschluss 121
Gründungskosten 1045
Grundlegende Fehler 870
Grundsätze ordnungsmäßiger Buchführung 255, *s. Bilanzierungsgrundsätze*

GuV-Ausweis/Gliederung
- Altersversorgungsaufwand 4232, 2473
- andere aktivierte Eigenleistungen 4222
- Aufgabe von Geschäftsbereichen 4241
- Aufwandsarten 4221
- Aufwendungen von besonderer Bedeutung 4239
- außerordentliches Ergebnis 4239
- Beteiligungsergebnis 4237
- EBIT 4230
- Ergebnis aus Equity-Bewertung 4233
- Ergebnis der betrieblichen Tätigkeit 4230
- Erträge aus anderen Wertpapieren und Ausleihungen des Finanzanlagevermögens 4237
- Erträge von besonderer Bedeutung 4239
- Finanzergebnis 4237
- Gesamtkostenverfahren 4210
- Kontoform 4210
- Konzernergebnis 4242
- operatives Ergebnis 4230
- Pensionsaufwand 4232, 2473
- Personalaufwand 4221
- Produktionsaufwendungen 4222
- reporting comprehensive income 4310
- Staffelform 4210
- Umsatzerlöse 4220
- Umsatzkostenverfahren 4210
- zusätzliche Posten 4210
- Verkauf zuvor vermieteter Sachanlagen 1193
- Zwischenbericht 4817
- Zwischensummen 4210, 4239

Haftungsverhältnisse 2325, 2392
Handelsbilanz II/III
- Einheitliche Bewertung 3082

- Kapitalkonsolidierung 3222
- Zinsschranke 6031, 6092

Handelsvertreterabfindung 2370

Hedge Accounting 2230
- Anhangangaben 2280
- BilMoG 182, 3006
- Cashflow-Hedge 2252, 2265
- Derivat, strukturiertes Produkt 2237
- Dokumentation 2246
- Dollar-Offset-Methode 2251
- Eligible Hedged Items 2208
- Effektivität 2250
- Eigenkapitalspiegel 4310
- erstmalige Anwendung IFRS 5095
- Fair value-Hedge 2255
- firm commitment 2231
- forecast transaction 2231
- Grundgeschäfte 2232
- Kapitalflussrechnung 4442
- Nettoinvestition in Tochtergesellschaft 3143
- over hedge 2267
- Risiken 2210
- Risikomanagementzielsetzungen 2246
- Sicherungsbeziehung, Arten 2230
- Sicherungsinstrumente 2236
- under hedge 2267
- Voraussetzungen 2245
- Zinsswap 2259, 2266

Hedging
- Begriff 2200
- *s. auch Hedge-Accounting*

Held for trading
- Begriff 1833
- *s. auch finanzielle Vermögenswerte*

Held-to-maturity
- Begriff 1827
- *s. auch finanzielle Vermögenswerte*

Herstellungskosten
- anschaffungsnahe ~ 1119
- BilMoG 171
- immaterielle Vermögenswerte 1054
- Sachanlagen 1140
- Übersicht 413
- Vorräte 1620

HGB-Jahresabschluss 100, *s. auch Abschluss bzw. BilMoG*

HGB-Vorschriften
- im IFRS-Einzelabschluss 4561
- im IFRS-Konzernabschluss 4560

Hochinflation 3160

Holding
- Unternehmenserwerb bei Neugründung von ~ 3570

Horizontale Integration, CGU 1523

Hyperinflation 3160, *s. auch Währungsumrechnung*
- Anhangangaben 3173
- Vorgehensweise 3162
- Indexierung 3162
- Kriterien für Hochinflation 3161
- Methodenwechsel 3163

Hypothetischer Erwerber 3280, 3350

Hypothetischer Marktteilnehmer 462

IAS
- Standards 33

IAS-Abschluss *s. Abschluss*

IAS-Verordnung 50
- Endorsement 55
- Mitgliedstaatenwahlrechte 52
- Pflichtanwendung für Kapitalmarktkonzerne 51

IASB
- Aufgaben, Begriff 23
- Homepage 45
- Regelungswerk 30
- Zielsetzung 21

IASC
- Gründung 20
- Organisationsstruktur 22

IASC Foundation
- Begriff 22
- Zielsetzungen 21

IFRS-Anwendung
- Einzelabschluss 130
- erstmalige Anwendung von IFRS 5000, *s. auch dort*
- für KMU 203
- IAS-Verordnung 50
- Kapitalmarktkonzern 110
- nicht freigeschaltete IFRS 64, 67
- Pflicht im Konzernabschluss 110
- Wahlrecht im Konzernabschluss 120

IFRIC
- Aufgaben, Begriff 24
- *s. auch Interpretationen*

IFRS
- Abweichung vom EU-Recht 68
- Anwendung auf amerikanischem Kapitalmarkt 90
- Anwendung innerhalb EU 100
- Begriff 33
- EU-Recht 50
- Konvergenz mit US-GAAP EU-Recht 46
- Standards 33
- Vorwort 31
- Zustandekommen (due process) 40

IFRS-Eröffnungsbilanz 5020, *s. auch erstmalige Anwendung von IFRS*
Immaterielle Vermögenswerte 1001
- ABC 1045
- Abgang 1080
- Abschreibung, außerplanmäßige 1069, 1500
- Abschreibung, planmäßige 1064
- Abschreibungsmethode 1067
- Anhangangaben 1090
- Anlagenspiegel 1090
- Anschaffungskosten 1051
- Anwendungsbereich Standards 1001
- Ausweis 1086
- Bilanzansatz 1020
- BilMoG 169, 1008
- Checkliste Unternehmenserwerb 3356
- Definition 1010
- Einzelerwerb 1022
- Entwicklungsausgaben 1032
- Ergebniskennzahlen 1081
- Erstbewertung 1050
- Fertigungsaufträge 1004
- Firmenwert 1025
- Folgebewertung 1060
- Forschungsausgaben 1031
- Goodwill 1025
- Greifbarkeit 1012
- HGB-Abweichungen 1008
- Herstellungskosten 1054
- Identifizierbarkeit 1011
- Investitionszuschuss 1052, 1274
- Kundenbeziehungen 1045, 3303
- Leasingvereinbarungen 1005
- Lizenzvereinbarungen 1005
- Neubewertungsmethode 1060
- neuere Entwicklung 1009
- Nutzenzufluss 1021, 1036
- Nutzungsdauer 1061, 1066
- physische Substanz 1013
- selbstgeschaffene 1030
- Separierbarkeit 1011
- Tausch 1053
- Überlassungsverhältnisse 1005
- Unternehmenserwerb 1022, 3300
- Verfügungsmacht 1014
- Vorräte 1004
- Weiterentwicklungskosten 1033
- Wertminderungstest 1037, 1069
- Zugangsbewertung 1050
Zuschreibung 1069
Immobilienbauprojekte
- Fertigungsaufträge (IFRIC 15) 1707
- Fremdkapitalzinsen 1143
Impairment losses 1575

Impairment-only-approach 1502, 3200
Impairment-Test 1500, *s. auch Wertminderungstest*
Imparität
- Fertigungsaufträge 1715
Implementation Guidance 36, 59, **822**
Inaktive Märkte 491, 1882
Informationsfunktion 201
Ingangsetzungs- und Erweiterungsaufwand 312, 1045
Interessenzusammenführung 3575
Interessenzusammenführungsmethode 3200, 3543, 5047
International Accounting Standards Board *s. IASB*
International Accounting Standards Committee *s. IASC*
International Financial Reporting Standards *s. IFRS*
International Financial Reporting Standards Committee *s. IFRIC*
Interner Zinsfuß *s. auch Effektivzinsmethode*
- finanzielle Schulden 2130
- finanzielle Vermögenswerte 1869
- Leasing 1320
Internes Berichtswesen
- Abgrenzung zahlungsmittelgenerierender Einheiten (CGU) 1532
- Segmentabgrenzung 4607, 4610
Internetauftritt 1045
Internet-Domain 1045
Interpretationen
- Begriff 35
- IFRIC 24
- SIC 24
- Verpflichtungsgrad 35
- Zustandekommen (due process) 44
Investitionszulagen/-zuschüsse
- Anhangangabe 1290
- Ansatz 1271
- latente Steuern 1277, 2632
Investment Property 1400, *s. auch Anlageimmobilien*

Jahresabschluss *s. Abschluss*
Joint Venture 3040, *s. auch Gemeinschaftsunternehmen*
Jubiläumsrückstellungen 2483
Junk bonds 1928

Kapitalbeteiligungsleistungen 2500, *s. auch aktienorientierten Vergütungen*
Kapitalerhöhung
- Aufwendungen für ~ 2072

1025

- disproportionale ~ 3750
- Eigenkapitalspiegel 4372
- Ergebnis je Aktie 4713, 4720
- Kapitalflussrechnung 4438, 4467

Kapitalflussrechnung 4400
- Abschlussbestandteil 205, 4400
- Änderung Konsolidierungskreis 4454, 4461
- Anhangangaben 4480
- Anlagenspiegel, Abstimmung mit 4461
- Bankverbindlichkeiten 4413
- BilMoG 4403
- Cashflow aus Finanzierungstätigkeit 4427
- Cashflow aus Investitionstätigkeit 4425
- Cashflow aus laufender Geschäftstätigkeit 4421
- Darlehensaufnahme 4466
- Darlehensvergabe 4466
- derivative Ermittlung von Zahlungsflüssen 4420, 4425
- derivative Ermittlung einer Konzernkapitalflussrechnung 4451, 4461
- direkte Darstellung 4420
- Dividendenzahlungen 4440
- Dividendeneinzahlungen 4440
- EBIT 4431
- Eigenkapitalspiegel, Abstimmung mit ~ 4467
- einzustellende Bereiche (IFRS 5) 4443
- Equity-Ergebnisse 4450, 4461
- Ermittlungsmethoden 4420
- Ertragsteuerzahlungen 4441
- finanzielle Vermögenswerte 1965
- Finanzmittelfonds 4412
- Fremdwährungstransaktionen 4451, 4463
- Gliederung 4410
- Hedging 4442
- nach HGB/DRS 2 4403
- indirekte Darstellung 4420
- Kontokorrentverbindlichkeiten 4413
- Kontrollverlust bei Tochtergesellschaften 4454
- Kreditlinie 4473
- Nettoumlaufvermögen 4433
- Nutzen 4401
- originäre Ermittlung 4420, 4427
- Periodenergebnis 4431
- Sachanlagen 4425, 4461
- Sacheinlage 4414, 4463
- Saldierung 4426, **4428**
- Staffelform 4411

- Sicherungsgeschäfte 4442
- Tochtergesellschaften, Erwerb/Veräußerung, Statuswechsel 4454, 4461
- nach US-GAAP 4403
- Verkauf zuvor vermieteter Sachanlagen 4436
- Währungsumrechnungsdifferenzen 4451, 4463
- zahlungsunwirksame Transaktionen 4414, 4463
- Zinsen 4440
- Zwischenbericht 4822

Kapitalgesellschaften
- Einzel- und Konzernabschluss 100
- Eigenkapital bei ~ 2011, 2060

Kapitalkonsolidierung 3200
- Abgrenzung immaterieller Vermögenswerte von Goodwill 3290, 3310
- Abwicklung günstiger/ungünstiger Verträge 3502
- acquisition method 3201, 3220
- Anerkennungsprämie 3269
- Anhangangaben 3590
- Ansatz 3280
- Anschaffungskosten 3250, 3275
- Anschaffungsnebenkosten 3255
- Arbeitsverträge 3320
- asset deal 3203, 3212, 3220
- bargain purchase (passiver Unterschiedsbetrag) 3410
- bedingte Kaufpreiszahlung 3260
- Bewertung 3350
- BilMoG 3206, 3715
- business 3210
- business combinations Phase II 3200
- bedingte Kaufpreiszahlungen 3260
- Cashflow-Prognose, Methode der unmittelbaren 3361
- common control 3540
- Earn-out-Klausel 3260
- Einzelerwerbsfiktion **3220**
- Entkonsolidierung 3480
- Entkonsolidierungserfolg 3482
- Erstkonsolidierungszeitpunkt 3240, 3715
- Erwerber **3230**, 3560, 3570, 3770
- Erwerbsmethode **3220**
- Erwerbszeitpunkt 3240
- Eventualschulden **3341**, 3413, 3463
- excess (passiver Unterschiedsbetrag) **3201**, 3410
- Exit fee 3269
- Fair values 3350
- Fallstudie zur ~ 3450

1026

- Finanzinstrumente, Klassifikation 3380
- Folgekonsolidierung 3460
- Forschungs- und Entwicklungsprojekte **3300**, 3461
- bei Fremdkapitalklassifizierung von Tochtergesellschaften 3522 ff.
- Full Goodwill-Methode 3200, 3400, 3420
- Gegenleistung 3250, 3275
- Geschäftsgeheimnisse 3307
- Goodwill 3220, 3400, 3410
- immaterielle Vermögenswerte, Ansatz 3300
- immaterielle Vermögenswerte, Bewertung 3360
- immaterielle Vermögenswerte, Checkliste 3301
- Interessenzusammenführung 3575
- Interessenzusammenführungsmethode 3200, 5047
- Kaufpreisallokation 3220
- Kundenlisten 3303
- latente Steuern 3285, 3451
- Leasingverträge 3321
- Leistungsvergütungen an Verkäufer 3268
- Lizenzpreisanalogie 3362
- Markenrechte 3302, 3310
- Mehrgewinnmethode 3363
- mehrstufiger Konzern 3530
- Mietverträge 3321
- Minderheiten **3400**, 3465, 3520
- s. auch Minderheitenanteile
- Neubewertungsmethode 3206, 3400
- other comprehensive income 3465, 3484
- pre-existing relationship 3500 ff.
- purchase method 3201, 3220
- reclassification 3484, OP
- Residualwertmethode 3364
- Restrukturierungsrückstellungen 3343, 3414
- Reverse acquisition 3560
- Sacheinlage der Minderheiten 3420, 3453
- share deal 3203, 3212, 3220
- stille Reserven, Aufdeckung 3220, 3280
- Schulden 3340
- schwebende Geschäfte, Bewertung 3320, 3330
- sukzessiver Beteiligungserwerb 3710
- Synergieeffekte 3220
- tax amortisation benefit 3365
- Transaktionen vor Konzernzugehörigkeit 3500
- true merger 3575
- Übergangskonsolidierung 3700
- umgekehrter Unternehmenserwerb 3560
- Urheberrechte 3305
- Veräußerungszeitpunkt 3481
- Verlustvorträge, aktive latente Steuern 3285
- Vollkonsolidierung 3451
- Vorläufige ~ 3440
- Währungsumrechnungsdifferenz 3484
- Wertberichtigungen auf Forderungen 3508
- Wertsicherungsklausel 3265
- Zahlungen an Verkäufer nach Akquisition 3268
- zurückerworbene Rechte 3505
- Zwischenabschluss 3243, 4840

Kapitalmarkt
- amtlicher Handel/geregelter Markt 113
- IFRS Anwendung auf dem amerikanischen ~ 90

Kapitalmarktkonzerne 51, 102
Kapitalverkehrsbeschränkung
Konsolidierung 3035
Klassifizierungsänderung
- Finanzinstrumente 1843
- Unternehmenserwerb 3380

Kleine und mittelgroße Unternehmen, Spezial IFRS für ~ 203
KMU-IFRS 203
Komitologieverfahren 60
Komponentenansatz 113, s. auch *Component approach*
Kongruenzprinzip 837, 4301
Konsolidierungskreis
- abweichende Tätigkeit 3035
- Abweichung zum HGB 3006
- Angabe Anteilsbesitz 4560 f.
- Anlagenspiegel 1090, 1210, 1981
- Anhangangaben 3050
- Arbeitsgemeinschaften 3040
- assoziierte Unternehmen 3045
- Angabe Anteilsbesitz 4560 f.
- Beherrschung 3015
- Beteiligungsgesellschaften 3024
- BilMoG 3006
- Chapter 11 3035
- Control-Konzept 3015
- ED 10 3009
- Eigenkapitalspiegel 4350
- Einbeziehungsverbote 3035

- Einbeziehungswahlrechte 3035
- einheitliche Leitung 3006
- Entherrschungsverträge 3016, 6108
- faktische Beherrschung 3022
- Gemeinschaftsunternehmen 3040
- Kapitalflussrechnung 4454, 4463
- Kapitalverkehrsrestriktion 3035
- Stimmrechte (auch potenzielle) 3016, 3019
- Tochterunternehmen 3015
- Unwesentlichkeit 3035
- Weiterveräußerungsabsicht 3035
- Weltabschlussprinzip 3002
- Zweckgesellschaft s. auch dort, 3025

Konsolidierungsmaßnahmen
- Aufwands- und Ertragseliminierung 3820
- Bewertungskategorien, Auswirkungen von ~ 3840
- Kapitalkonsolidierung s. auch dort, 3200
- Minderheitenanteile, Auswirkungen auf ~ 3465, 3850
- Schuldenkonsolidierung 3140, 3810
- Zwischengewinneliminierung 3830

Konsolidierungsverbot 3035
Konsolidierungswahlrecht 3035
Konsortialkredit 1826
Konzern
- Kapitalmarkt 110
- Mittelstand 120

Konzernabschluss s. auch Abschluss
- assoziierte Unternehmen 3045, 3650
- Aufstellungspflicht 102, 123, 3002
- Befreiungen, größenabhängige 121
- Bewertung, einheitliche 3080
- Bilanzansatz, einheitlicher 3080
- Billigung 142
- BilMoG 190
- Gemeinschaftsunternehmen 3040, 3600
- Handelsbilanz II 3082, 3222, 3713
- HGB-Vorschriften im IFRS-Konzernabschluss 4560
- Konsolidierungskreis 3015, s. dort
- Konsolidierungsmethoden 3003
- Konzernabschlussstichtag 3010
- konzerneinheitliche Bilanzierung 3080, s. dort
- Prüfung 140
- Publizität 141
- Teilkonzernabschluss 114
- US-GAAP 115
- Weltabschlussprinzip 3002

Konzernergebnis
- Ergebnis je Aktie 4715
- GuV 4242

Konzerninterne Transaktionen 3550, 3760, 3800
Konzernlagebericht 207
Konzernrichtlinie
- Entwicklungskosten 1034
- erstmalige Anwendung IFRS 5122
- immaterielle Vermögenswerte, selbsterstellte 1034
- Finanzinstrumente 1821
- Komponentenansatz 1121

Konzession 1045
Kreditlinien 4473
Kreditzusagen 1802
Kulanzrückstellung 2318, 2370
Kundenbeziehungen 1045, 3303
Kundenlisten 1045, 3303
Kuppelproduktion
- Vorratsbewertung 1633
- zahlungsmittelgenerierende Einheiten (CGU) 1521

Lagebericht 207, 2287, 4541
Landwirtschaftliche Erzeugnisse 1602
Langfristige Fertigung 1700, s. auch Fertigungsaufträge
Latente Steuern 2600
- Abschreibung auf Beteiligungen 2644
- Abstimmung **2675**, 2691
- Abzinsung 2652
- aktienorientierte Vergütungen 2560
- aktive, Ansatz 2617
- Anhangangaben 2690
- Ansatzverbote 2625
- Anteile an Tochter-, Gemeinschafts- und assoziierten Unternehmen 2633
- asset deal 2627
- Aufgliederung temporärer Differenzen 2699
- ausländische Steuersätze 2695
- Ausschüttungen 2637
- Ausweis in Bilanz **2680**, 2699
- Ausweis in GuV 2685
- available-for-sale 2647, 2677
- Bewertung 2648, 2659
- BilMoG 184, 2604
- Business i.S.v. IFRS 3: 2632
- Cashflow-Hedges 2646, 2676
- Drohverlustrückstellungen 2612
- eigene Anteile 2562, 2663
- Eigenkapital von Tochterpersonengesellschaften nach IAS 32: 2662
- Einlagen 2632

- Equity-Methode 2639, 3673
- erfolgsneutraler Erstansatz 2646
- erfolgswirksamer Erstansatz 2645
- Ergänzungsbilanzen 2658
- Ergebnisthesaurierungen 2633, 2651
- excess 2629
- Gemeinschaftsunternehmen 2634, 2639
- Goodwill 2626
- Impairment-Test 2628
- Inside differences 2634
- Investitionszulagen 1277, 2632, 2695
- Investitionszuschüsse 1278
- Kapitalkonsolidierung 2626
- Leasingverträge 2632
- Liability-Methode 2605
- Maßgeblichkeitsprinzip 165, 2604
- Nachaktivierung 2656, 2698
- nicht abzugsfähige Ausgaben 2619, 2695
- Organschaft 2657, 2681
- periodenfremde Steuern 2696
- Neubewertungsmethode 2646
- outside differences 2634
- passive latente Steuern, Ansatz 2616
- permanente Differenzen 2618
- Personengesellschaften 2627, **2658**, 2656
- quasi-permanente Differenzen 2605, 2637
- Rechtsformwechsel 2656
- Saldierung **2681**, 2699
- share deal 2626
- Sonderbilanzen 2661
- Sonderposten mit Rücklageanteil 165, 2632
- Steueraufwand, tatsächlicher 2678, 2695
- Steueraufwand, theoretischer, 2695
- steuerfreie Erträge 2618, 2695
- steuerliche Betriebsprüfung 2665
- Steuersatz **2648**, 2659
- Steuersatzänderung 2649, **2653**, 2696
- Steuersatzänderung
- tax base 2615
- temporäre Differenzen 2615
- Temporary-Konzept 2605
- Teilwertabschreibung 2618, 2695
- Thesaurierung bei Personengesellschaften 2660
- Thesaurierungssatz 2651
- Timing-Konzept 2605
- Überleitungsrechnung 2691
- valuation allowance 2606
- Versicherungsmathematische Gewinne und Verluste 2676
- Unternehmenserwerb 3285, 3451
- Verlustrückträge 2620
- Verlustvorträge 2621, 2697
- Zinsvortrag § 4h EStG 2622
- Währungsumrechnung 2641, 3145
- Wertaufhellung 730, 2649
- Wertberichtigung 2656, 2698
- Zwischengewinneliminierung 2650, 2676

Leasing 1300
- all-or-nothing-approach 1307
- Andienungsrecht 1318
- Anhangangaben 1390
- Anlageimmobilien 1327, 1414
- bargain purchase option test 1315
- Bedingte Zahlungen 1319
- BilMoG 1306
- economic life test 1317
- ED 10: 1344
- Eigentumsübergang 1314, 1325
- ERP Software 1321
- Erstkonsolidierung 2624, 3321
- erstmalige Bewertung 1350
- Filme 1301
- financial component approach 1307
- Finanzierungs-Leasing 1300, 1350
- First-loss-Garantie 1322
- Folgebewertung 1351, 1357, 1361
- Gebäude 1326
- Grenzfremdkapitalzinssatz 1320
- Grund und Boden 1308, 1325
- Grundmietzeit 1317, 1322
- Hersteller- oder Händler-Leasing 1356
- immaterielle Vermögenswerte 1005, 1301
- indirekte Nutzungsrechte 1302, **1330**, 1365
- interner Zinsfuß 1320
- Kaufoption 1315, 1321
- Körperschaftsteuererhöhungen und -minderungen 2651
- Leasing-Erlasse 1315
- Leasingobjektgesellschaften 1342
- Lizenzen 1005, 1301
- Mieterdarlehen 1318, 1322, 1343
- Mietkaufvertrag 1314
- Mietverlängerungsoption 1315, 1317
- Mindestleasingzahlungen, Barwert 1318
- nahe stehende Personen 1344
- Nettoinvestitionswert 1355
- Nutzungsdauerkriterium 1317
- Nutzungsrecht i.S.v. IFRIC 4 1332

- Operating-Leasing 1300, 1360
- Opportunitätskosten 1316
- Output i.S.v. IFRIC 4 1332
- Outsourcing 1302
- Patente 1301
- pay-on-production 1302
- recovery of investment test 1318
- related parties 1344
- Restwert 1320
- sale and lease back 1370
- Spezial-Leasing 1321
- substance over form 1312
- take-or-pay 1302, 1330
- transfer of ownership test 1314
- Untermietverhältnisse 1341
- Unternehmenserwerb 3321, 3381
- Vermögenswert, spezifizierter i.S.v. IFRIC 4 1331
- Vertragsanreiz, Leasingnehmer 1360
- Vertragsbeginn 1310
- Vertragsänderungen 1311
- Vertragskosten 1356
- Vollamortisation 1318
- wirtschaftliche Betrachtungsweise 1312
- wirtschaftliches Eigentum 1306
- Zinsstaffelmethode 1352
- Zuordnung 1312
- Zweckgesellschaft 1342

Legal reframing 3551
Leistungsschutzrechte 1045
Lifo-Methode
- Vorratsbewertung 1630
- Zeitbezugsmethode 3155

Lizenz 1006, 1045
Lizenzpreisanalogie 3362
Losses 601
Löhne und Gehälter, rückständige 2480

Markennamen und -rechte 1045, 3255
Marktanteile 1045
market based measure 3270
Marktwert des Eigenkapitals 7, 1542
Maßgeblichkeitsprinzip 151, 2604
Matching principle
- Begriff 261
- Wirkungsweise 263
- Zeitpunkt der Ertragsrealisation 611

Mehrkomponentengeschäft
- Ertragsrealisierung 632
- Unternehmenserwerbe 3215, **3500**

Mehrgewinnmethode 3363
Mehrstufige Kapitalkonsolidierung 3530
Memorandum of Understanding 46
Mietkaufvertrag 1314

Minderheitenanteile
- antizipierter Erwerb 3523
- Ausweis 4156, **4361**
- Entkonsolidierung 3493
- Folgekonsolidierung 3465
- Full Goodwill-Methode **3420**, 3746
- Goodwill 3410
- s. auch Kapitalkonsolidierung
- Kaufoptionen über ~ 3772
- Konsolidierungsmaßnahmen, erfolgswirksame 3465
- mehrstufige Kapitalkonsolidierung 3530
- negativer Wert 3465, 3520
- other comprehensive income 3465, 3484
- Putoptionen über ~ 3526
- Quotenkonsolidierung 3610
- reclassification 3145, 3484
- Sacheinlage bei Erstkonsolidierung 3420, 3453, 4350
- Tochterpersonengesellschaften 3520 ff.
- Übergangskonsolidierung 3721, 3740, 3745, 3750
- Verkaufsoptionen über ~ 3526
- Verluste 3465, 3520
- Zwischenergebniseliminierung 3850

Mitarbeiter-Know-how 1045, 3307, 3313
Mittelstand
- Fair value, Bedeutung des im ~ 509
- Freiwillige IFRS Anwendung 120
- IFRS für KMU (SME) 203
- Impairment-Test im ~ 1542
- Konzernabschluss 120

Monetäre Posten 552, 3151, s. auch Währungsumrechnung
Monistisches Führungssystem 3017

Nahe stehende Unternehmen und Personen 4750
- Abgrenzung zum Konzern 4760
- andere Unternehmen 4764
- Anhangangaben 4775
- assoziierte Unternehmen 4761
- Aufsichtsrat 4767
- Beteiligungsbesitz, Angaben 4560, 4776
- Familienangehörige 4767
- Gemeinschaftsunternehmen 4761
- Geschäftsführung 4767
- Geschäftsvorfälle 4777
- Leasing 1344
- natürliche Personen 4766
- Organbezüge 4560 f., 4781

- Pensionsplan 4781
- Tochterunternehmen 4761
- Zweckgesellschaft 3028
- Vorstand 4767

Negativer Goodwill 3412, s. *bargain purchase*

Nettoveräußerungspreis
- Begriff 1510
- Ermittlung 1555

Nettoveräußerungswert
- Absatzmarkt 1644
- Begriff 1641
- Ermittlung 1642
- Roh-, Hilfs- und Betriebsstoffe 1643
- Wertaufhellung 714, 1641

Neubewertungsmethode
- available-for-sale 1841
- immaterielle Vermögenswerte 1060
- Kapitalkonsolidierung 3410
- Sachanlagen 1180

Neubewertungsrücklage
- Ausbuchung Sachanlagen 1187
- available-for-sale 1841, 4317
- Gesamtergebnisrechnung 4317
- Übergangskonsolidierung 3718
- reclassification 3484, 4312

Neutralität 274

Nicht beherrschende Gesellschafter 3201, s. auch *Minderheiten*

Niederstwertbestimmungen 415

Niederstwerttest nach Zeitbezugsmethode 554, 3153

Non-controlling interests 3201, s. auch *Minderheiten*

NON IFRIC 822

Norwalk Agreement 46

Notes s. *Anhangangaben*

Nutzen und Kosten der Informationsbereitstellung 278

Nutzenabfluss
- Aufwand 600
- Passivierungskriterium 325
- Wahrscheinlichkeit 325

Nutzenzufluss
- Aktivierungskriterium 304
- Ertrag 600
- Wahrscheinlichkeit 304

Nutzungsentgelt 642

Nutzungswert
- Begriff 1510
- Ermittlung 1557
- Multiplikatorverfahren 1566

Off-balance-sheet-Finanzierung
- Asset backed securities 1923

- Leasing 1342
- Zweckgesellschaft 3025

Offenlegung
- von Abschlüssen 130, 141
- Befreiung von ~ gemäß § 264b HGB 126

One-day-profit-or-loss 521, 1861

Operatives Ergebnis
- GuV 4230
- Pensionsaufwand 2473, 4232
- Segmentberichterstattung 4644

Optionsanleihe 2060, 2145

Optionspreismodelle 485

Organbezüge 4560 f., 4781

Organschaft
- latente Steuern 2657
- Zinsschranke 6012, 6039

Other comprehensive income
- Ausweis 4315, 4351
- Bestandteile 4310
- Cashflow-Hedge 4310
- Entkonsolidierung 3484
- Eigenkapitalspiegel 4351, 4361
- Equity-Methode 3673
- Ergebnis je Aktie 4321
- Gesamtergebnisrechnung 4310
- Minderheitenanteile 3465
- reclassification 3484, 4312

Over-hedge 2267

Passiver Unterschiedsbetrag 3410, s. auch *bargain purchase*

Passivierung 320, s. auch *Bilanzansatz*

Patentrechte 1045

Pauschalgarantierückstellung 2370

Pauschalwertberichtigung 1921

Pensionenspiegel 2437, 2446

Pensionsgeschäfte 1929

Pensionskassen
- IAS 19, s. *Pensionsverpflichtungen*
- IAS 26 (Vorschriften für externe Träger) 2402

Pensionsverpflichtungen 2400
- Abgeltung 2456
- Anhangangaben 2475
- Anwartschaftsbarwertverfahren 2405, 2420
- asset ceiling 2468
- Ausweis 2473
- backloading 2414, 2422
- beitragsorientierter Plan 2412
- Bewertungsparameter 2423
- Bilanzierungsalternativen 2435, 2447
- BilMoG 178, 2405

- defined benefit obligation (DBO) **2420**, 2430, 2437
- defined benefit liability 2437
- defined benefit plan 2412
- defined contribution plan 2412
- Dienstzeitaufwand 2421, **2430**, 2437
- Dienstzeitaufwand, nachzuverrechnender 2453
- Direktversicherung 2412
- Diskontierungszinssatz 2423
- Entlassungsentschädigung 2410, 2485
- erfolgsneutrale Verrechnung versicherungsmathematischer Gewinne und Verluste 2435, **2445**
- Erwartungsabweichungen 2430
- Fünf-Jahres-Trendanalyse 2478
- Finanzierungsstatus 2437
- Fluktuation von Mitarbeitern 2423
- fondsfinanzierte ~ 2400, 2460
- frontloading 2422
- Funding 1104
- Gehaltstrend 2405, 2423
- Gemeinschaftliche Versorgungspläne 2517
- Gesamtergebnisrechnung **2445**, 4302, 4310
- Group administration plans 2517
- IFRS Erstanwendung 2442, 5100
- Invalidenleistungen 2410
- Karrieretrend 2423
- Kongruent gedeckte Pläne 2414, 2424
- Konsolidierung von Pensionskassen u.Ä. 2470
- Korridormethode 2405, **2436**
- Krankheitskosten, (Gesundheitskosten) 2410, 2477
- Leistungsorientierter Plan 2412
- Mehrverrechnung 2442
- Mittelbare Versorgungsverpflichtungen 2405, 2414
- Multi-employer plans 2417
- Nettorückstellung 2437
- past service cost 2453
- Pensionenspiegel 2437, 2446
- Pensionsaufwand 2430, **2437**, 2473
- Pensionsgutachten 2441
- Pensionskassen 2414, 2417
- Pensionspläne 2410
- Planabgeltungen 2456
- Planänderungen 2456
- Planerträge 2426, **2431**, 2437
- Plankürzung 2456
- Planvermögen 2406, 2426, 2437, **2460**
- projected unit credit method 2405, **2420**
- Rententrend 2405, 2423
- Rentnerbestände 2438
- Rückdeckungsversicherungen 2464
- Rückstellung 2473
- rückstellungsfinanzierte ~ 2400
- Saldierung 2406, 2437, 2460
- Sensitivitätsanalyse 2477
- Staatspläne 2517
- Sterbetafel 2405, 2423
- Teilwertverfahren 2405
- Treuhandgestaltungen 2463
- Übertragung von ~ 2456
- Überdotierungen 2466
- Unverfallbarkeit 2423
- Unmittelbare Versorgungsverpflichtungen 2405, 2414
- Unternehmenserwerb 2442, 3356
- Unternehmensverkäufe 2457
- Unterstützungskassen 2462, 2470
- Unverfallbarkeit 2425
- US-GAAP 2407
- Versicherungsförmige Durchführungswege 2413, 2424
- versicherungsmathematische Gewinne und Verluste 2430, **2435**, 2466
- Versicherungspolice 2464
- Versorgungspläne 2410
- Wahlrechte 2435, 2449
- Zinsaufwand 2430, 2473
- Zusammenfassung von Pensionsplänen 2428

Pensionszusagen
- beitragsorientiert, Begriff 2412
- beitragsorientiert, Bilanzierung 2418
- leistungsorientiert, Begriff 2413
- leistungsorientiert, Bilanzierung 2420
- *s. auch Pensionsverpflichtungen*

Percentage of completion-Methode
- Dienstleistungsgeschäfte 630
- Fertigungsaufträge 1720
- Systemgeschäfte 632
- *s. auch Fertigungsaufträge*

Periodisierung 261

Personengesellschaften
- Abfindungsklausel 2060
- Eigenkapitalausweis 2020
- IFRS-Anwendung 100
- Unternehmenserwerb 3520
- Zinsschranke 6005

Phasengleiche Gewinnvereinnahmung 645, 720

Pooling of Interests 3200, 3543

Post-employment benefits 2410, *s. auch Pensionsverpflichtungen*

Präsenzmehrheit 3022

Pre-existing relationships 3500
Predecesor accounting 3552
Principle override 2063, **4515 ff.**
Professional judgement 279
Projected unit credit method 2405, **2420**
Provision 2300, s. auch Rückstellungen
Prudence 271
Prüfstelle für Rechnungslegung 150, 874
Publizität 141
Public-private-partnerships 1709
Purchase-Methode 3201, 3220, s. Kapitalkonsolidierung

Qualifying assets 1142, 1621, 1724
Qualitative Anforderungen
– Relevanz und Wesentlichkeit 267
– Vergleichbarkeit und Stetigkeitsgrundsatz 275
– Verlässlichkeit 269
– Verständlichkeit 266
– Zielkonflikt 277
Quartalsabschluss 4800, s. auch Zwischenbericht
Quotenkonsolidierung 3600
– Anhangangaben 3050, 3630
– Anwendungsbereich 3040
– Ausweis 3620
– Entkonsolidierung 3610
– Erstkonsolidierung 3610
– Folgekonsolidierung 3610
– Kapitalflussrechnung 4473
– Konzernabschluss 3610
– Minderheitenanteile 3610
– Unterschiedsbetrag 3610
– Zwischenergebniseliminierung 3610, 3837

Rahmenkonzept
– Basisannahmen 261
– Bedeutung 250
– qualitative Anforderungen 266
– Reform des ~ 257
Ratenkaufvertrag
– Leasing-Zuordnung 1314
Rauchgasentschwefelungsanlage, Rückstellung 2312
Realisationszeitpunkt
– Dividenden 645
– erfolgsabhängige Vergütung 643
– Fertigungsaufträge 1700
– Kommissionsgeschäft 615
– Leistungen 630
– Lieferungen 610
– Mehrkomponentengeschäft 632
– Nutzungsentgelte 642

– sonstige Forderungen 635
– Systemgeschäft 632
– Tausch 616
– Zinsen 640
Rechnungsabgrenzungsposten
– Ausweis 4150
– Schuld 328
– Vermögenswert 310
Rechnungslegung
– Funktionen 10
– funktionsabhängige 131
– Gesellschaftsrecht 3
– Harmonisierung 16
– kapitalmarktorientierte 6
– Ziele 4
Rechnungslegungsgrundsätze 250, s. auch Bilanzierungsgrundsätze
Rechnungslegungsmethoden 800
– Abgrenzung von Schätzungen 812
– Anhangangaben 880
– Änderungen **830**, 1146,
– Auswahl 820
– Begriff 800, 812
– Darstellungswahlrechte 850
– Fehlerkorrektur 870
– neue Standards 831
– neue Geschäftsvorfälle 834
– NON IFRIC 822
– prospektive Änderung 839
– Regelungslücken 825
– retrospektive Änderung 836
– Schätzungsänderung 818
– Stetigkeitsprinzip 810
– Stetigkeit von Bilanzansatz und -bewertung 833
– Stetigkeit der Darstellung 850
– Verfahrenswahlrechte 817
– Wahlrechte, offene 833
– Wahlrechte, verdeckte 834
Rechnungslegungsphilosophie 1
Rechnungslegungswahlrechte
– offene 833, 850
– verdeckte 834
Reclassification
– *Umgliederung von Finanzinstrumenten* 1843
– *von erfolgsneutralen Ergebnissen*
– Anlagenspiegel 1984
– available-for-sale Finanzinstrumente 1896
– Begriff 4312
– Entkonsolidierung 3484
– erfolgsneutral verrechneter Goodwill 3485
– Gesamtergebnisrechnung 4312

- Gewinne bei Teilveräußerung von Tochtergesellschaften 3771
- bei Minderheitenanteilen 3486
- Währungsumrechnungsdifferenzen 3144

Recoverable amount 1510
Recycling, *s. auch reclassification*
Regelungslücken 251, 825
REITG 1401, 2060,
related parties 4750, *s. auch nahe stehende Unternehmen und Personen*
Relevanz von Abschlussinformationen 267
Reliability 269
replacement awards 3270
Residualwertmethode 3364
Restrukturierungskosten
- Rückstellung 2340
- Unternehmenserwerb 3343, 3414

Replacement rewards 3270
Revenues 601
Revenue recognition 1708
Reverse acquisition 3560
Richterlicher Überprüfung
- Anwendung der EU IFRS 80
- IFRS für Zwecke der Zinsschranke 85

Richtlinien der EG/EU
- Auslegung der IFRS 70
- Komitologieverfahren 60
- Konzernrechnungslegungspflicht 112
- Modernisierungsrichtlinie 16
- Transparenzrichtlinie 4800
- Weiterentwicklung 16

Risks & reward approach
- Segmentberichterstattung 4607
- Zweckgesellschaften 1342, **3026**

Rückdeckungsversicherung 2464
Rückstellungen 2300
- Abzinsung 2357
- Accruals 2303
- Anhangangaben 2390
- Anpassungsverpflichtung 2312
- Ansammlungsrückstellung 1135, **2370**, 2521
- Aufbewahrungspflicht 2370
- Auflösung 2360
- Aufwandsrückstellungen 193, 2314
- Ausweis 242, 244, 2303, 2380
- Beseitigungsverpflichtung 2313
- bester Schätzwert 2350
- Bewertung 2350
- Bewertungsanpassung 2360
- BilMoG 175, 2306
- Drohverluste 2335
- Elektroschrott 2370
- Entsorgungsverpflichtung 1132, 2313
- Erfüllungsbetrag 2350
- Erstattungsansprüche 2355
- Erfüllungszeitpunkt 2353
- Erwartungswert 2352
- Eventualforderungen 720, 2305
- Eventualschulden 2304, 2307, 2325
- Eventualschulden, Ansatz bei Kapitalkonsolidierung 3341, 3413, 3463
- faktische Verpflichtung 2318
- Haftungsverhältnisse 2325, 2392
- HGB-Abweichung 1306
- Inanspruchnahme 2320
- Kulanz 2318, 2370
- latente Steuern 1287
- Mietereinbauten 2370
- Passivierungspflicht 2302
- Patentverletzung 2370
- Pauschalrückstellung 2370
- Pensionsverpflichtungen *s. dort*, 2400
- Preis- und Kostensteigerungen 2306, 2353
- rechtliche Verpflichtung 2310
- Rekultivierung 2370
- Restrukturierung 2307, 2340
- Restrukturierung, Ansatz bei Kapitalkonsolidierung 3343, 3414
- Rückstellungsspiegel 2390
- Saldierungsbereich 2355
- Sammelrückstellungen 2370
- Schätzung, zuverlässige 2330
- Schutzklausel bei Erläuterung 2393
- Umweltschäden 2313
- Unentziehbarkeit 2311
- ungünstige Verträge 3320
- Wahrscheinlichkeit, bei Ansatz 2320
- Wahrscheinlichkeit, bei Bewertung 2351
- wertaufhellende Tatsachen 2370
- Wertminderungen, Vorrang 2336
- Zinssatz 2358
- Zinssatzänderung 2360

Rücktrittsrecht
- bei Lieferungen 612

Rückwirkung
- Unternehmenserwerbe 3241
- Wertaufhellung 720

Sachanlagen 1100
- Abgang 1192
- Abgrenzung zu Anlageimmobilien 1100, 1417
- Abschreibung, außerplanmäßige 1515, **1578**
- Abschreibung, Beginn 1166

- Abschreibung, Komponentenansatz 1168
- Abschreibung, planmäßige 1163
- Abschreibungsmethode 1165
- Abschreibungsplan, Überprüfung 1167, 1547
- Abschreibungsvolumen 1163
- Anhangangaben 1211
- Anlageimmobilien s. auch dort, 1400
- Anlagenspiegel s. auch dort, 1210
- Ansatz 1110
- Anschaffungskosten 1126
- Anschaffungsnebenkosten 1130
- Anwendungsbereich Standards 1100
- Barpreisäquivalent 1128
- Beginn der Abschreibung 1166
- Bilanzansatz 1110
- BilMoG 1117
- component approach 1113, 1168
- Definition 1110
- einheitlicher Nutzungs- und Funktionszusammenhang 1116
- Entsorgungsverpflichtung 1132
- Erhaltungsaufwand 1119
- Ersatzteile 1112
- Festwertansatz 1174
- Folgebewertung, Methodenwechsel 1161
- Folgebewertung, Wahlrecht 1160
- Fremdkapitalkosten, Aktivierung 1141
- Fremdkapitalkosten, Methodenänderung 1146
- Generalüberholung bzw. -inspektion 1117
- geringwertige Wirtschaftsgüter 1111
- Herstellungskosten 1140
- HGB-Abweichungen 1106
- Investitionszuschüsse 1271
- Komponentenansatz 1113, 1168
- nachträgliche Anschaffungs- oder Herstellungskosten 1118
- Neubewertung, latente Steuern 1183
- Neubewertung, Wertfindung 1184
- Neubewertungsbetrag, Abschreibung 1186
- Neubewertungsmethode 1180
- Neubewertungsmethode, praktische Bedeutung 1191
- Neubewertungsrücklage, Auflösung 1187
- neuere Entwicklung 1108
- Nutzungsdauer 1164
- qualifizierter Vermögenswert 1142
- Restwert 1163
- Stilllegung 1192
- Tausch 1150
- Umgliederung asset held for sale 1100
- Umweltschutzanlagen 1110
- Unternehmenserwerb 3356
- Verkauf zuvor vermieteter ~ 1193
- Zinskosten 1141
- Zugangsformen 1125
- Zuschreibung 1585

Sacheinlage
- Bilanzierung 2077
- von Minderheiten bei Erstkonsolidierung 3420, 3453

Saldierungsverbot **4015**, 4428
Sanierungsmaßnahmen 720
Schadenersatzforderung 635, 720, 2305
Schätzungen
- Änderung von 860, 2667
- erstmalige Anwendung von IAS/IFRS 5030
- Zwischenbericht 4837

Schenkungen 304
Schulden
- Bewertung 420
- Definition 320
- finanzielle Verbindlichkeiten 2100

Schuldenkonsolidierung
- Aufrechnungsdifferenzen 3810
- im Zusammenhang mit Währungsumrechnung 3140
- net investment in a foreign operation 3142

Schulungskosten 1045
Schwebende Geschäfte
- Drohverluste 2335
- Finanzinstrumente 1813
- Passivierung 323
- Unternehmenserwerb 3280, 3320, 3502

Securitization 1928
Segmentberichterstattung 4600
- Abschreibungen 4644
- Änderung der Bilanzierungs- und Bewertungsgrundsätze 4653
- Anhangangaben außer Segmentbericht 4651
- Außenumsatzerlöse 4651
- Beispiel zu Segmentbericht 4650
- berichtspflichtige Segmente 4615
- Bilanzierungs- und Bewertungsmethoden 4640
- chief operating decision maker 4610
- Ein-Segment-Unternehmen 4651
- Entity wide disclosures 4651
- Equity-Buchwert 4645

- Equity-Ergebnis 4644
- Ermessensspielräume 4610, 4615
- geographisches Segment 4607
- Geschäftssegmente nach IFRS 8 4610
- Geschäftssegment nach IAS 14 4607
- nach HGB 4605
- Impairment-Test 1531, **4630**
- information overload 4615
- internes Berichtswesen 4607, 4640
- management approach 4607, 4640
- Matrixstruktur 4612
- primäres Berichtsformat 4607
- rechtliche Einheiten 4611, 4632
- risks and rewards/returns approach 4607
- Sammelsegment 4624, 4647
- Segmentabgrenzung 4610
- Segmentangaben 4651
- Segmentcashflow 4644
- Segmentergebnis 4644
- Segmentinvestitionen 4645
- Segmentschulden 4646
- Segmentumsatz 4644
- Segmentvermögen 4645
- Segmentzusammenfassung 4654
- sekundäres Berichtsformat 4607
- start up 4610
- Stetigkeit der Segmentierung 4625
- Überleitungsrechnung 4647
- nach US-GAAP 4607
- Verrechnungspreisfindung 4652
- vertikal integrierte Segmente 4620
- Wertminderung 4650
- Wesentlichkeit 4621
- Ziele 4600
- Zuordnungsgrundsätze 4642
- Zusammenfassung ähnlicher Geschäftssegmente 4616
- Zusammenfassung unwesentlicher Geschäftssegmente 4621
- Zwischenbericht 4839

Separate entity approach 3551
Share based payments 2500, *s. auch aktienorientierte Vergütungen*
Share deal
- bei Kapitalkonsolidierung 3203, 3212, **3220**
- latente Steuern bei Kapitalkonsolidierung 2626

SEC 90
SIC *s. Interpretationen*
Sicherungsgeschäfte
- *s. auch Fair value-Option*
- *s. auch Hedge Accounting*

- Funktionsweise 2200
- Risiken 2210

SME (small and medium sized entities)-IFRS 203
Software 1045
Softwarelizenz 644
Sonderposten mit Rücklageanteil 330, 2699
Sozialbeiträge 2480
Sozialplan 2484, 2490
Special purpose entities 3025, *s. auch Zweckgesellschaft*
Sperrfrist
- Finanzinstrumente 1846
- aktienkursorientierte Vergütungen 2510

Staffelform
- Bilanz 4130
- Gewinn- und Verlustrechung 4210
- Kapitalflussrechnung 4411

Standards
- Allgemeines 33
- Aufbau, typischer 34
- erstmalige Anwendung eines neuen 831
- Endorsement 55
- Entwurf (exposure draft) 42
- EU-IFRS 55
- EU Freischaltung 55 ff.
- rückwirkende Anwendung 64, 836
- Verpflichtungsgrad 30
- verweigerte Freischaltung 68
- vorzeitige Anwendung 65
- Zustandekommen (due process) 40

Standards Advisory Council 25
Stetigkeit
- Abgrenzung zahlungsmittelgenerierende Einheit 1527
- Bilanzierungsgrundsatz 275
- Darstellung 275
- Fertigungsaufträge 1727
- Goodwillzuordnung 1535
- Kategorien Finanzinstrumente 1843, 2125
- Rechnungslegungsmethoden 810
- Segmentabgrenzung 4625
- Währungsumrechnung 3159

Steuerabgrenzung 2600, *s. auch latente Steuern*
Steueraufwand 4240
Steuerforderungen
- Ausweis 2680, 2683, 4145
- Saldierung 2681, 2683

Steuerrecht 145, 6000
Steuersatzänderungen 720, 2673

1036

Steuerschulden
- Ausweis 2680, 2683, 4162
- Saldierung 2681, 2683

Steuerzahlungen in Kapitalflussrechnung 4441

Stichtagsprinzip 700

Stille Reserven
- HGB-Rechnungslegung 11
- Vorräte 1644
- Aufdeckung bei Kapitalkonsolidierung 3231

Stock options 2500, s. auch aktienorientierte Vergütungen

Strafrecht 142

Strukturierte Produkte 1941

Stückzinsen 1939

Substance over form
- Grundsatz 272
- Eigenkapitalbegriff 2062
- Leasing 1312
- Zweckgesellschaft 3025

Sukzessiver Beteiligungserwerb 3710, s. auch Übergangskonsolidierung

Systemgeschäfte, Ertragsrealisation bei ~ 632

Synergieeffekte 1530, 3220

Tannenbaumprinzip 3060
Tantiemen 2480
Tausch 1150, 2077, 2720
Tax amortisation benefit 3365
Tax expense 4240
Teilbetrieb 3210
Teilgewinnrealisierung 1700, s. auch Percentage of completion-Methode

Teilkonzern
- ~abschluss 114, 3060
- ~abschluss als Basis der Einbeziehung in KA 3610, 3662
- Erwerb eines ~ 3535
- Zinsschranke 6012, 6039

Teilzahlungskäufe 613
Termination benefits 2407, 2485
Timeliness 277

Tochtergesellschaft
- Controlkriterium 3015
- eingegliederte bei Währungsumrechnung 3120
- finanzieller Vermögenswert im Einzelabschluss 1033
- Konsolidierungsverbot 3035
- Konsolidierungswahlrecht 3035
- Personengesellschaft 3520
- selbständig operierende bei Währungsumrechnung 3120

- Vollkonsolidierung 3451
- Weiterveräußerungsabsicht 2755, 3035

Tochterunternehmen s. Tochtergesellschaft

Transaktionskosten 520, 1862, 3255
Transparenzrichtlinie 4802
True merger 3575

Übereinstimmungserklärung
- Beachtung IFRS 4510
- bei Abweichen von IFRS 4515
- bei nicht genehmigten Standards 4520
- Erstanwendung IFRS 5010
- Zwischenbericht 4811

Übergang HGB – IFRS 5000, s. auch erstmalige Anwendung IFRS

Übergangskonsolidierungen 3700
- Abstocken einer Mehrheitsbeteiligung 3745
- Abwärtskonsolidierung 3700
- Anhang 3760
- Aufstocken einer Mehrheitsbeteiligung 3740
- Aufwärtskonsolidierung 3700
- BilMoG 3715
- disproportionle Kapitalerhöhung 3750
- Fair value der net assets 3711
- Fair value der Altanteile 3711, 3730
- Gesamtplan 3770
- Goodwilldeterminierung 3711
- Kontrollerlangung ohne zusätzliche Anteile 3725
- konzerninterne Umstrukturierungen 3760
- Neubewertungsrücklage nach IFRS 3 (2004) 3718
- reclassification 3721, 3730
- Split von Anteilskäufen 3772
- Split von Anteilsverkäufen 3770
- Statuswechsel 3730
- sukzessiver Beteiligungserwerb bis zur Vollkonsolidierung 3710
- Sukzessiver Beteiligungserwerb bis Equity/Quote 3726
- tranchenweise Konsolidierung nach HGB/IAS 22 3713
- Unternehmenswertvergleich 3731

Überlassungsverhältnis
- bei immateriellen Vermögenswerten 1005

Umgekehrte Maßgeblichkeit 14, 165
Umgekehrter Unternehmenserwerb 3560

Umgliederung
- von Finanzinstrumenten 1843
- erfolgsneutraler Ergebnisse (reclassification) 4312

Umsatzerlöse
- Bestandteile 4220
- Fertigungsaufträge 1740

Umschuldung 2152

Umweltschäden
- Beseitigungsverpflichtung 2313, 2370

Unabhängigkeit von Zahlungsflüssen 1514, 1518
- s. auch cash generating unit
- s. auch Wertminderung
- s. auch zahlungsmittelgenerierende Einheiten

Under hedge 2267

Unrealisierte Gewinne und Verluste
- erfolgswirksame Erfassung 414, 1445, 1885
- other comprehensive income 4310

Unternehmensbewertung 703, 959

Unternehmenserwerb 3200
- Kapitalkonsolidierung s. auch dort, 3220
- s. auch Unternehmenszusammenschluss

Unternehmensfortführung 264

Unternehmenswert 1542

Unternehmenswertvergleich 1541, 3731

Unternehmenszusammenschluss 3001
- Anhangangaben 3050, 3590
- Begriff 3210
- Common control 3540
- im Einzelabschluss 3201
- Erwerber **3230**, 3560 ff.
- Kapitalkonsolidierung s. auch dort, 3200
- Kaufpreisallokation 3220
- Konsolidierungskreis s. auch dort, 3015
- umgekehrter Unternehmenserwerb 3560
- Vergleich zum HGB 3206
- Vertraglicher ~ 3201

Unterstützungskassen
- Konsolidierung 2470
- Pensionsverpflichtungen s. auch dort, 2406
- Planvermögen 2462

Upstream-Transaktion 3673, 3836

Urheber- und Leistungsschutzrechte 1045

Urlaubsverpflichtungen 2303, 2480

US-GAAP
- Abschlüsse gem. § 292a HGB 115
- aktienorientierte Vergütungen (Stock options) 2501
- Finanzinstrumente, one day gains or losses 5091
- Goodwill aus Kapitalkonsolidierung 3200
- Kapitalflussrechnung 4403
- Konvergenz mit IFRS 46
- Konzernabschluss 115
- Leasing 1317, 1320
- Rückstellungen 2307, 2407
- Unternehmenszusammenschluss 3200

Valuation allowance 2606

Verbrauchsfolgeverfahren 1628

Verfügungsmacht 302

Vergleichbarkeit 275

Verkehrswert
- von Personengesellschaftsanteilen 2035

Verlässlichkeit
- der Abschlussinformationen 260

Verlagstitel 1045

Verlegungsausgaben 1045

Verlustpufferfunktion
- von Eigenkapital 2006

Verlustrücktrag
- Aktivierung von Steuererstattungen aus ~ 2620

Verlustvortrag
- Latente Steuern 2621
- Unternehmenserwerb 3285

Vermögensgegenstand 310

Vermögenswert
- component approach 1113
- Definition 301
- erstmalige Bewertung 413
- Folgebewertung 415
- qualifizierter ~ 1142

Vernünftige kaufmännische Beurteilung 279, s. auch Ermessen

Versicherungsverträge
- Abgrenzung zu Finanzinstrumenten 1801
- Aufwendungen für Abschluss von 1045
- Derivate 1818
- Rückdeckungsversicherung für Pensionen 2406, 2464
- Unternehmenserwerb 3381

Verständlichkeit
- der Abschlussinformationen 266

Vertikale Integration
- Abgrenzung zahlungsmittelgenerierender Einheiten (CGU's) 1525
- Segmentzuordnung 4620

Verträge
- schwebende ~, Drohverlust 2335
- Unternehmenserwerb, 3280, 3320, 3502

Verwaltungskosten
- Anschaffungsnebenkosten 1130, 1617
- Herstellungskosten 1620

Volatilität des Ergebnisses
- Fair value-Bewertung von Finanzinstrumenten 1885
- außerplanmäßige Goodwillabschreibung 1541
- Pensionsverpflichtungen 2448

Volatilitäten von Kursen 2516

Vollkonsolidierung s. *Kapitalkonsolidierung*, 3200

Vorräte
- Abgrenzung zu Fertigungsaufträgen 1701
- Anhangangaben 1652
- Anschaffungskosten 1615
- Anwendungsbereich Standards 1600
- Ausweis 1651, 4146
- Barpreisäquivalent 1618
- BilMoG 1607
- Bilanzansatz 1610
- Divisionskalkulation 1626
- Durchschnittsmethode 1629
- Erhaltene Anzahlungen, Saldierung mit ~ 4146
- Festwertansatz 1632
- FIFO 1629
- fixe Gemeinkosten 1627
- Fremdkapitalkosten 1621
- Gemeinkostenumfang 1623
- Gliederung 1651
- HGB-Abweichungen 1607
- Herstellungskosten 1615, 1620
- KIFO 1631
- Kuppelprodukte 1633
- Leerkosten 1626
- LIFO 1630
- Nettoveräußerungswert 1641
- Niederstwertprinzip 1640, 1644
- Normalbeschäftigung 1626
- qualifizierter Vermögenswert 1142, 1621
- retrograde Wertermittlung 1627
- Saldierung bei Wertaufholung 4016
- Tausch 1619
- Unternehmenserwerb 3356
- Verbrauchsfolge 1628
- Zugangsbewertung 1615
- Zuschreibungspflicht 1645

Vorsichtsprinzip 271

Vorstandsmitglied
- nahe stehende Person 4767
- Organbezüge 4560 f., 4781

Vorwort
- zu IAS, IFRS 31
- zu IFRIC 31

Währungsumrechnung im Einzelabschluss 550
- Anhangangaben 556
- Anlageimmobilien 552
- BilMoG 173
- erstmalige Erfassung 551
- monetäre Posten 552
- Neubewertungsmethode 555
- nicht monetäre Posten 552
- Niederstwert 554
- Umrechnungsdifferenzen 553
- Zeitbezugsmethode 554

Währungsumrechnung im Konzernabschluss 3100
- Äquivalenzprinzip 3153
- Anhangangaben 3170
- assoziierte Unternehmen 3123, 3673
- Berichtswährung 3110
- BilMoG 3102
- Cashflow-Hedge eines net investment 3142
- Eigenkapitalspiegel 3143
- erfolgsneutral 3143
- erfolgswirksam 3150
- funktionale Währung, Bestimmung der 3120
- funktionale Währung, Konzept 3110
- Gemeinschaftsunternehmen 3123, 3610
- Gesamtergebnisrechnung 4316
- Goodwill 3133
- Hyperinflation 3160, *s. auch dort*
- latente Steuern 3145, 2641
- Methodenwechsel 3159
- modifizierte Stichtagskursmethode 3130
- monetäre Posten 3151
- net investment in a foreign operation 3141
- Niederstwerttest 3153
- presentation currency 3110
- reclassification 3144
- Schuldenkonsolidierung 3140
- Stetigkeit 1590

1039

- Tochterunternehmen, Einteilung 3111, **3120**
- Umrechnungsdifferenzen, Stichtagskursmethode 3143
- Umrechnungsdifferenzen, Zeitbezugsmethode 3150
- Umrechnungskurse 3131, 3151
- Vereinfachungen 3152
- Zeitbezugsmethode 3150

Wahlrechte, verdeckte 834
- s. auch Ermessen
- s. auch Rechnungslegungswahlrechte

Wandelanleihe 2060, **2154**
Warentermingeschäft 1814, 1816
Warenzeichen 1045
Weiterbildungskosten 1045
Weiterveräußerungsabsicht von Tochtergesellschaften 2755, 3035
Web-Page 1045
Werbung 1045

Wertaufhellende Tatsachen
- Beispiele 720
- BilMoG 705
- Grundsatz 713
- Rückstellungen 2370
- Vorräte 714
- Wertaufhellungszeitraum 710

Wertaufholung
- Anhaltspunkte 1585
- finanzielle Vermögenswerte 1901
- Forderung 1922
- Goodwill 1585
- Höchstgrenze 1586
- Reihenfolge 1586

Wertbegründende Tatsachen
- Aufgabe von Geschäftsbereichen 2725
- Berücksichtigung 731
- Grundsatz 713
- Zwischenbericht 4842

Wertberichtigung auf Forderungen 1921
Wertminderungen 1500
- s. auch Abschreibungen außerplanmäßige
- Abgang von Goodwill 1536
- Abschreibungsplan 1547
- aktiver Markt 1526
- Anhaltspunkte 1545, 1548
- Anhangangaben 1590
- assoziierte Unternehmen 3675
- Aufgaben von Geschäftsbereichen 2732
- Berichtswesen 1532
- BilMoG 189
- cash generating unit s. auch dort, 1518
- dauernde 956
- Detailplanungszeitraum 1558
- Discounted Cashflow-Methode 1557
- drohende Verluste aus schwebenden Geschäften 2336
- Erfassung 1578
- erzielbarer Betrag 1510
- finanzielle Vermögenswerte 1890 ff.
- Full Goodwill-Methode 1538, 1586
- gemeinschaftliche Vermögenswerte 1572
- Goodwill im Konzernabschluss 1530, 1571, 3411
- horizontale Integration 1523
- Impairment-only-approach 1502, 3200
- Indikatoren 1545, 1548
- Konzeption 1510
- Konzernabschluss 1501
- Minderheitenanteile 1583
- Multiplikatorverfahren 1566
- Nettoveräußerungspreis s. auch dort, 1555
- neubewertete Vermögenswerte 1576
- Nutzungswert s. auch dort, 1557
- Segment 1519, 1531, 4630
- Stetigkeit der CGU Abgrenzung 1527
- Stetigkeit der Goodwillzuordnung 1535
- Synergieeffekte 1530
- Unternehmenswert 1542
- vertikale Integration 1525
- Verteilung Aufwand 1578, 1582
- zahlungsmittelgenerierende Einheit, Abgrenzung 1518
- zahlungsmittelgenerierende Einheit, Begriff 1518
- Zeitpunkt der Goodwillzuordnung 1534

Wertminderungstest
- Anhaltspunkte, Checklisten 1545, 1548
- finanzielle Vermögenswerte 1891
- immaterielle Vermögenswerte 1500
- Konzernabschluss 1501
- Turnus 1545, 1548
- Zeitpunkt 1545, 1548
- s. auch Wertminderung

Wertpapiere des Umlaufvermögens
 s. finanzielle Vermögenswerte
Wertpapieremittenten 113, 115
Wertsicherungsklausel 3265
Wesentlichkeit
- Angaben zu Finanzinstrumenten 1970, 2170
- Fehler 871

- Festwertansatz 1174
- geringwertige Wirtschaftsgüter 1111
- Grundsatz 267
- Komponentenansatz 1121
- Konzernkapitalflussrechnung 4465
- latente Steuern auf outside differences 2640
- Steuersatz bei latenten Steuern 2648
- Übereinstimmungserklärung 4511
- Wertaufholung 1585
- Wertminderungen 1546
- Zwischenbericht 4842

Wetterderivate 1818
Willkürfreiheit 274
Wirtschaftsgüter, gering- und geringstwertige 111

Zahlungsbemessungsfunktion 5
Zahlungsmittel 4412
Zahlungsmitteläquivalente 4412
Zahlungsmittelgenerierende Einheit 1518, s. auch cash generating unit (CGU)
Zahlungsziele 613
Zeitnähe der Abschlusserstellung 277
Zeitkonten 2480
Zeitungs- und Verlagstitel 1045
Zielsetzung
- IFRS-Rechnungslegung 4 ff.
- Standards 34

Zinsen
- Kapitalflussrechnung 4440
- Realisation 641
- Stückzinsen 1939

Zinsertrag
- Finanzinstrumente 1869

Zinskosten
- Aktivierungsumfang 1143 f.
- Aktivierungswahlrecht 1142
- Aufwand 1142
- Konvergenz US-GAAP 1141
- Methodenänderung 1146
- Opportunitätskosten 1144
- qualifizierter Vermögenswert 1142

Zinsschranke 6000
- Akquisitionsstruktur 6110
- assoziierte Unternehmen 6011
- Ausnahmen 6004
- Anteile an anderen Konzerngesellschaften 6011, 6038,
- Beteiligungsunternehmen 6011
- Beteiligungsbuchwertkürzung 6038
- betriebsbezogene Ermittlung des EBITDA 6001
- Bilanzsumme 6050
- Bilanzpolitik 6090
- Eigenkapitalallokation im Konzern 6108
- Eigenkapitalermittlung 6032
- Eigenkapitaltest 6005, **6020**, 6070
- Eigenkapital ohne Stimmrechte 6041
- Eigenkapitalquote 6025, 6030
- Einheitlichkeit der Bewertung 6031, 6073, 6092
- Einlagen vor dem Stichtag 6042
- Entherrschungsvertrag 3016, 6109
- Ermessensspielräume beim Eigenkapitaltest 6099
- Escape-Klausel 6004
- Fallstudie 6070
- Firmenwertzuordnung 6034, 6110
- Freigrenze 6004, 6070
- Gemeinschaftsunternehmen 6011
- gesellschaftsrechtliche Kündigungsrechte 6045
- Gleichordnungskonzern 6005, 6013
- GmbH & Co KG 6015
- Kapitalforderungen, konzerninterne 6055
- Konsolidierungseffekte 6037
- Konzept 6001
- Konzernkreis nach § 4h EStG 6010
- Konzernspitze 6021
- Korrespondenzprinzip 6052
- Leasing 6002, 6105
- Mitunternehmerschaft 6005
- Modifikationen der Bilanzsumme 6050
- Modifikationen des Eigenkapitals 6032
- Organkreis/Organschaft 6005, **6012**, 6039
- Prüfschema 6005
- Rechnungslegungsstandard bei Eigenkapitaltest 6022
- Sachverhaltsgestaltung 6104
- Schädliche Gesellschafterfremdfinanzierung 6007
- Sonderbetriebsvermögen 6005, **6043**, **6053**
- Sonderbetriebsvermögen, negatives 6054
- Sonderposten mit Rücklageanteil 6040
- Stand alone-Unternehmen 6004
- Stetigkeitsprinzip 6092
- steuerlicher EBITDA 6001
- Stichtag für Eigenkapitaltest 6024
- stille Reserven/Lasten 6033
- Teilkonzernabschluss 6039, 6070

- Tochterunternehmen, unwesentliche 6011
- Tochterunternehmen, vollkonsolidierte 6011
- Überleitungsrechnung 6061
- Verbriefungsgesellschaften 6011, 6025
- Wahlrechte nach IFRS 6093
- Zinssaldo 6001
- Zinsschrankeninsel 6005
- Zinsvortrag 2622, 6001, 6064
- Zweckgesellschaft 6011
- Zinsvortrag 6045

Zuschreibung s. *Wertaufholung*
Zurückerworbene Rechte 3505
Zuwendungen der öffentlichen Hand 1250
- Anhangangaben 1290
- Ansatz 1260
- Aufwands- und Ertragszuschüsse 1275
- Ausweis 1270
- Bewertung 1270
- Bürgschaften 1252
- Darlehen, erlassbare 1250
- Darlehen, zinslose oder niedrig verzinsliche 1252
- Emmissionsrechte 1256
- Investitionszuschüsse und -zulagen 1271
- latente Steuern 1277, 2632
- Öffentliche Hand 1251
- private Zuschüsse 1251
- Rückzahlungsverpflichtungen 1280
- Zinsvorteil 1252

Zweckgesellschaft
- Ausnahmen gem. SIC 12 1518
- Asset Backed Securities 1928, 3029
- Autopilot 3026
- BilMoG 191, 3026
- Einbeziehung in Konzernabschluss 3025
- Eigentümerspezifische Risiken 1343, 3026
- Leasing 1342, 3025
- Multi-Seller-Programm 3029
- nahe stehende Personen 3028
- Pensionsgeschäft 1928
- Related party 3028
- risk & reward approach 3026
- substance over form 3026
- wirtschaftliche Betrachtungsweise 3026
- zellularer Aufbau 3029

Zwischenabschluss/-bericht 4800
- amtlicher Handel 4800
- Aufgabe von Geschäftsbereichen 4842
- Bestandteile 4810
- Bilanz 4815
- Bilanzierungs- und Bewertungsmethoden 4831
- Eigenkapitalspiegel 4820
- eigenständiger Ansatz 4851
- Ergebnis je Aktie 4819
- erstmalige Anwendung IFRS 5000
- erstmalige Anwendung neuer Standards 4834
- Ertragsteueraufwand 4852
- Eventualforderungen 4841
- Eventualschulden 4841
- Gesamtergebnisrechnung 4812
- Goodwillabschreibungen 4806, 4851
- GuV 4817
- Kapitalflussrechnung 4822
- Kapitalveränderung 4838
- Konjunktureinflüsse 4835, 4851
- Saisoneinflüsse 4835, 4851
- Schätzungen 4837
- Segmentangaben 4839
- Transparenzrichtlinie 4800
- TUG 4802
- Übereinstimmungserklärung 4811
- ungewöhnliche Ereignisse 4836
- Unternehmensstruktur 4840
- Vorlagefrist 4813
- wertbeeinflussende Tatsachen 4842
- Wesentlichkeit 4853

Zwischenergebniseliminierung 2676, 3830
Zwölf-Monats-Regel 4116

Heuser/Theile, **IFRS-Handbuch Einzel- und Konzernabschluss**, 4. Auflage

- Hinweise und Anregungen: _____

_____

_____

_____

_____

- Auf Seite _____ Rz. _____ Zeile _____ von oben/unten

muss es statt _____

_____

_____

richtig heißen _____

_____

_____

Heuser/Theile, **IFRS-Handbuch Einzel- und Konzernabschluss**, 4. Auflage

- Hinweise und Anregungen: _____

_____

_____

_____

_____

- Auf Seite _____ Rz. _____ Zeile _____ von oben/unten

muss es statt _____

_____

_____

richtig heißen _____

_____

_____

Absender

_____
_____
_____

Informationen unter **www.otto-schmidt.de**

So können Sie uns auch erreichen:
lektorat@otto-schmidt.de

Wichtig: Bitte immer den Titel des Werkes angeben!

Antwortkarte

Verlag Dr. Otto Schmidt KG
Lektorat
Gustav-Heinemann-Ufer 58
50968 Köln

Absender

_____
_____
_____

Informationen unter **www.otto-schmidt.de**

So können Sie uns auch erreichen:
lektorat@otto-schmidt.de

Wichtig: Bitte immer den Titel des Werkes angeben!

Antwortkarte

Verlag Dr. Otto Schmidt KG
Lektorat
Gustav-Heinemann-Ufer 58
50968 Köln